LE GUIDE MICHELIN

FRANCE

SOMMAIRE

Consultez le Guide MICHELIN sur :
www.restaurant.michelin.fr
et écrivez-nous à :
leguidemichelin-france@tp.michelin.com

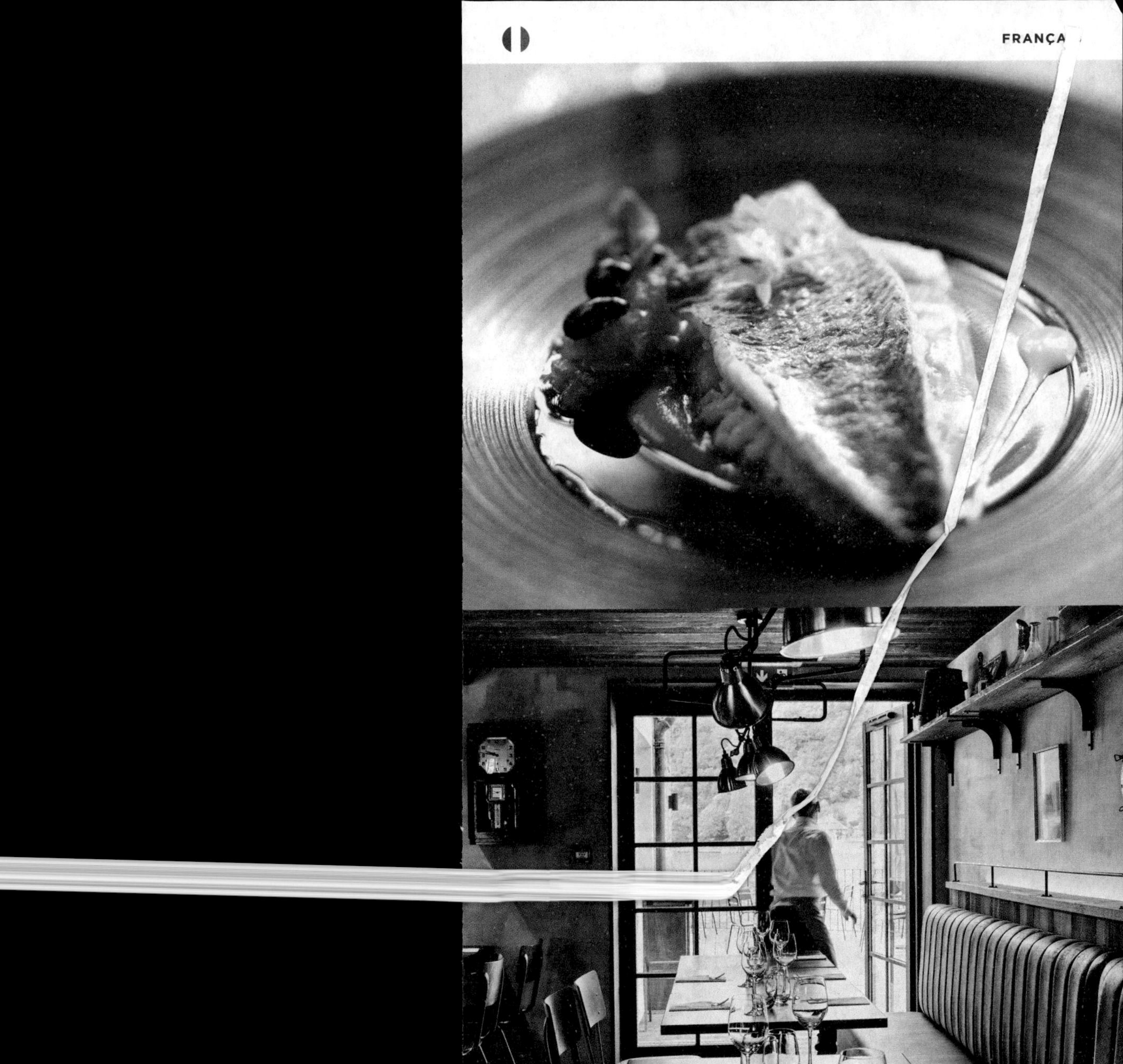

CHÈRE LECTRICE, CHER LECTEUR,

Nous sommes très heureux de vous présenter l'édition 2020 du Guide MICHELIN France. Nos inspecteurs ont sillonné le pays sans relâche pour établir en toute indépendance cette sélection d'hôtels et de restaurants. Cette année, celle-ci fait la part belle à la jeune génération, celle qui fait bouger les lignes et dynamise les territoires partout en France.

• Composé au plus près de la réalité du terrain, le Guide MICHELIN reflète les enjeux de son époque. Les initiatives liées au développement durable en sont l'exemple parfait. Ce mouvement planétaire, qui conditionne l'avenir de nos sociétés, s'impose dans le quotidien des restaurants. Soutien à une agriculture durable et raisonnée, lutte contre la surpêche, utilisation de produits bio, locaux et sourcés, attention portée au recyclage des déchets : c'est dans les mains des chefs et de leurs équipes que ces initiatives prennent vie.

• Une responsabilité à 360°, autant écologique qu'économique et sociale : voici la philosophie qui gagne du terrain dans le monde gastronomique, et que le Guide MICHELIN veut accompagner. La durabilité s'envisage comme un tout, et c'est l'affaire de tous. De la cheffe de partie au commis, des plongeurs au "second", de la sommelière au maître d'hôtel, jusqu'à vous qui nous lisez, chacun a son rôle à jouer dans l'invention de la gastronomie de demain.

• Bien sûr, ces nouveaux défis ne doivent pas éclipser la raison d'être de la gastronomie : le plaisir. C'est à votre plaisir que les restaurants travaillent toute [illegible] C'est aussi lui qui sert de boussole à nos inspecteurs sur la route. Tables étoilées, Bib Gourmand ou Assiette : quels que soient votre envie et votre budget, nous promettons de bien vous conseiller. À vous, désormais, de feuilleter ce livre et d'aller vous régaler au gré de votre gourmandise…

Le Guide MICHELIN

2020… LE PALMARÈS

3 ÉTOILES… ✿✿✿

Annecy (74)	**Le Clos des Sens**
Les Baux-de-Provence (13)	**L'Oustau de Baumanière N**
Le Castellet (83)	**Christophe Bacquié**
Chagny (71)	**Maison Lameloise**
Courchevel 1850 (73)	**Le 1947 au Cheval Blanc**
Eugénie-les-Bains (40)	**Les Prés d'Eugénie-Michel Guérard**
Fontjoncouse (11)	**Auberge du Vieux Puits**
Marseille (13)	**Le Petit Nice**
Megève (74)	**Flocons de Sel**
Menton (06)	**Mirazur**
Monte-Carlo (MC)	**Le Louis XV-Alain Ducasse**
Paris 1er	**Kei N**
Paris 4e	**L'Ambroisie**
Paris 6e	**Guy Savoy**

Millet /L'Oustau de Baumanière

Antoinette Bruno/Kei

Paris 7e	**Arpège**
Paris 8e	**Alain Ducasse au Plaza Athénée**
Paris 8e	**Le Cinq**
Paris 8e	**Épicure au Bristol**
Paris 8e	**Alléno Paris au Pavillon Ledoyen**
Paris 8e	**Pierre Gagnaire**
Paris 16e	**Le Pré Catelan**
Reims (51)	**L'Assiette Champenoise**
Roanne / Ouches (42)	**Le Bois sans Feuilles - Troisgros**
La Rochelle (17)	**Christopher Coutanceau N**
Saint-Bonnet-le-Froid (43)	**Régis et Jacques Marcon**
Saint-Martin-de-Belleville (73)	**René et Maxime Meilleur**
Saint-Tropez (83)	**La Vague d'Or-Cheval Blanc St-Tropez**
Valence (26)	**Pic**
Vonnas (01)	**Georges Blanc**

Découvrez toutes les étoiles 2020 en fin de guide, page 1266.

TROIS FOIS 3 ÉTOILES !

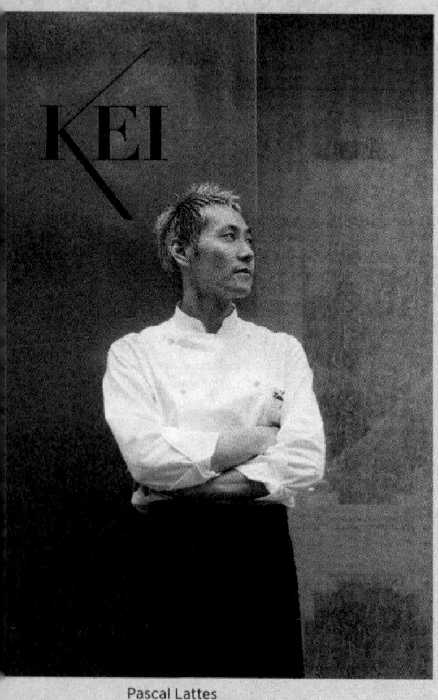

Pascal Lattes

Kei PARIS 1er

Kei Kobayashi

Ceux qui le suivent depuis ses débuts (et ils sont nombreux) lui ont toujours prédit un destin radieux. Ils avaient vu juste : Kei Kobayashi décroche une troisième étoile dans le Guide MICHELIN 2020. Chef né à Nagano, au Japon, formé à l'école prestigieuse de Gilles Goujon (L'Auberge du Vieux Puits, Fontjoncouse) et Alain Ducasse (Plaza Athénée, Paris 8e), Kei avait d'abord découvert la cuisine par le biais de son père, cuisinier dans un restaurant traditionnel kaiseki (repas décliné en petits plats, comparable à la gastronomie occidentale). Mais sa vocation naît véritablement en regardant un documentaire sur la... cuisine française. Aujourd'hui, à Paris, son travail tutoie la perfection : virtuose des alliances de saveurs, toujours juste dans la conception de ses assiettes, il émerveille avec une partition où ressort le meilleur de la France et du Japon. Un exemple ? Ce jardin de légumes croquants, saumon fumé, mousse de roquette et émulsion au citron : une création tout simplement extraordinaire, preuve éclatante d'un talent arrivé à maturité.

Christopher Coutanceau

LA ROCHELLE

Philippe Vaures

Trois étoiles viennent couronner Christopher Coutanceau dans le Guide MICHELIN 2020 : la consécration pour ce Rochelais pur jus, chef hors-pair, «cuisinier-pêcheur» émérite et grand amoureux de produits marins. Une passion qui court dans la famille depuis longtemps – le grand-père, puis Richard, le père, avaient ouvert la voie avant lui. Christopher va plus loin : il milite en faveur de la pêche durable et contre le gaspillage. Sa cuisine, admirable, est le prolongement de cet engagement, un vrai bouquet de senteurs marines, une ode à l'océan vivante et percutante. Les plus beaux produits de la mer (bar de ligne, turbot, sole, oursins, lotte et langoustines, huîtres, tourteaux et tant d'autres) sont magnifiés avec une maîtrise totale et beaucoup d'imagination, toujours au service du goût : de l'entrée au dessert, c'est un enchantement. D'autant plus que ces plaisirs s'offrent dans un décor marin épuré et chic, avec 40 mètres de baie vitrée donnant sur les flots...

L'Oustau de Baumanière **Glenn Viel**

LES BAUX-DE-PROVENCE

Chez Glenn Viel, tout impressionne : la carrure, le talent, l'énergie communicative, mais aussi le parcours sans faute (Plaza Athénée et Meurice à Paris, Cheval Blanc et Kilimandjaro à Courchevel). Arrivé à l'Oustau de Baumanière en 2015, ce Breton d'origine ne cachait pas sa volonté d'aller décrocher une troisième étoile dans cette maison mythique de Provence, gérée de main de maître par son propriétaire Jean-André Charial. Mission accomplie, et de quelle manière ! Il pioche dans la riche production locale (huile d'olive de la vallée des Baux, légumes bio du jardin de Baumanière, mais aussi poules et cochons) pour composer des assiettes superbes, entourées de jolies attentions : accords mets et pains, vaisselle réalisée dans la poterie maison... Il excelle aussi dans la relecture des recettes légendaires, comme la poularde aux morilles ou l'agneau des Alpilles en croûte.

Les Tables étoilées 2020

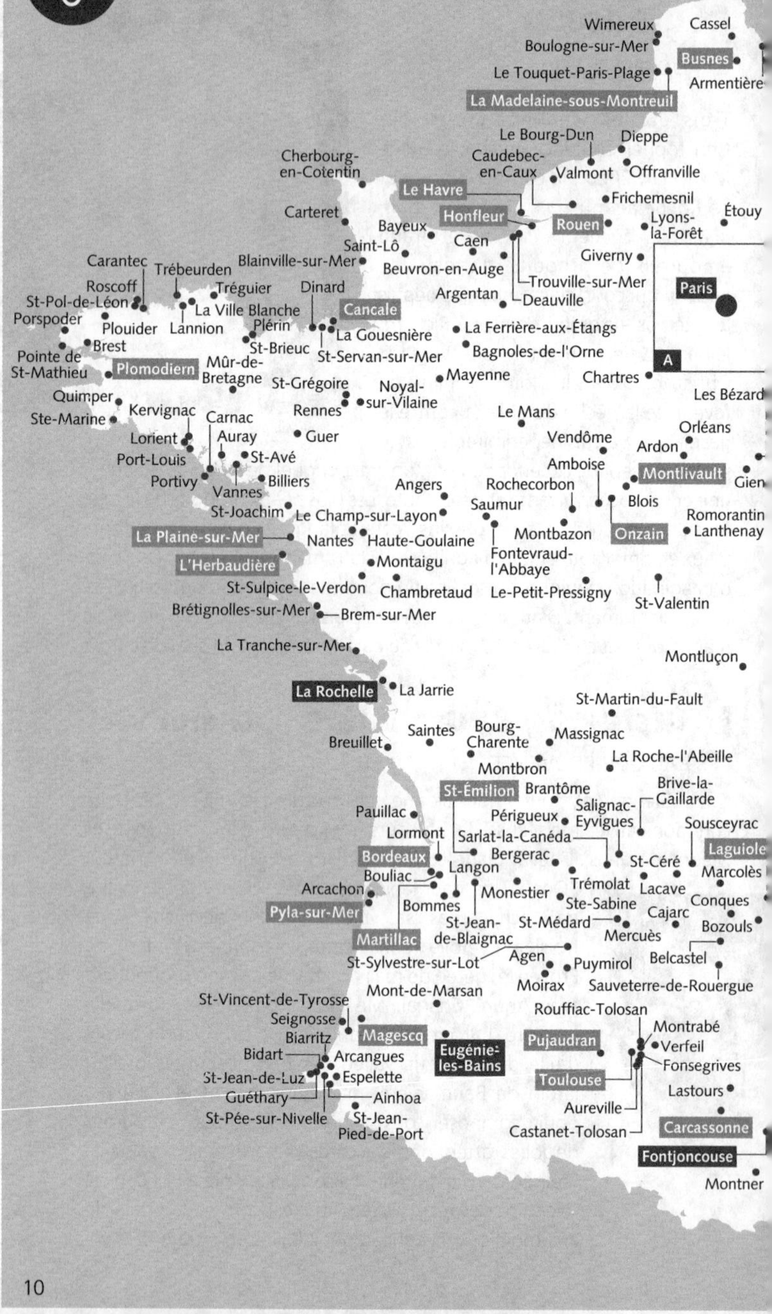

Wimereux
Cassel
Boulogne-sur-Mer
Busnes
Le Touquet-Paris-Plage
Armentière
La Madelaine-sous-Montreuil
Le Bourg-Dun
Dieppe
Cherbourg-en-Cotentin
Caudebec-en-Caux
Valmont
Offranville
Le Havre
Frichemesnil
Carteret
Honfleur
Rouen
Étouy
Bayeux
Lyons-la-Forêt
Saint-Lô
Caen
Giverny
Carantec
Trébeurden
Blainville-sur-Mer
Beuvron-en-Auge
Roscoff
Tréguier
Dinard
Trouville-sur-Mer
Paris
St-Pol-de-Léon
La Ville Blanche
Argentan
Deauville
Porspoder
Cancale
Plouider
Lannion
Plérin
La Ferrière-aux-Étangs
Brest
La Gouesnière
Pointe de St-Mathieu
St-Brieuc
St-Servan-sur-Mer
Bagnoles-de-l'Orne
Plomodiern
Mûr-de-Bretagne
A
Mayenne
Chartres
St-Grégoire
Noyal-sur-Vilaine
Quimper
Les Bézard
Ste-Marine
Kervignac
Rennes
Le Mans
Carnac
Orléans
Lorient
Auray
Guer
Vendôme
Ardon
Port-Louis
St-Avé
Amboise
Montlivault
Portivy
Billiers
Gien
Vannes
Angers
Rochecorbon
Blois
St-Joachim
Saumur
Le Champ-sur-Layon
Romorantin-Lanthenay
La Plaine-sur-Mer
Nantes
Haute-Goulaine
Montbazon
Onzain
Fontevraud-l'Abbaye
L'Herbaudière
Montaigu
St-Sulpice-le-Verdon
Chambretaud
Le-Petit-Pressigny
St-Valentin
Brétignolles-sur-Mer
Brem-sur-Mer
La Tranche-sur-Mer
Montluçon
La Rochelle
La Jarrie
St-Martin-du-Fault
Saintes
Bourg-Charente
Massignac
Breuillet
La Roche-l'Abeille
Montbron
St-Émilion
Brantôme
Brive-la-Gaillarde
Salignac-Eyvigues
Pauillac
Périgueux
Sousceyrac
Lormont
Sarlat-la-Canéda
Laguiole
Bordeaux
Bergerac
St-Céré
Marcolès
Langon
Bouliac
Trémolat
Lacave
Arcachon
Monestier
Conques
Bommes
Ste-Sabine
Pyla-sur-Mer
Cajarc
St-Jean-de-Blaignac
St-Médard
Bozouls
Mercuès
Martillac
Agen
Belcastel
St-Sylvestre-sur-Lot
Puymirol
Moirax
Sauveterre-de-Rouergue
Mont-de-Marsan
St-Vincent-de-Tyrosse
Rouffiac-Tolosan
Seignosse
Montrabé
Magescq
Pujaudran
Verfeil
Biarritz
Eugénie-les-Bains
Bidart
Arcangues
Fonsegrives
St-Jean-de-Luz
Espelette
Toulouse
Lastours
Guéthary
Ainhoa
Aureville
St-Pée-sur-Nivelle
St-Jean-Pied-de-Port
Castanet-Tolosan
Carcassonne
Fontjoncouse
Montner

La couleur correspond à l'établissement le plus étoilé de la localité.

Paris ✻✻✻ La localité possède au moins un restaurant 3 étoiles

Rouen ✻✻ La localité possède au moins un restaurant 2 étoiles

Rennes ✻ La localité possède au moins un restaurant 1 étoile

Les Tables étoilées 2020

La couleur correspond à l'établissement le plus étoilé de la localité.

Île-de-France

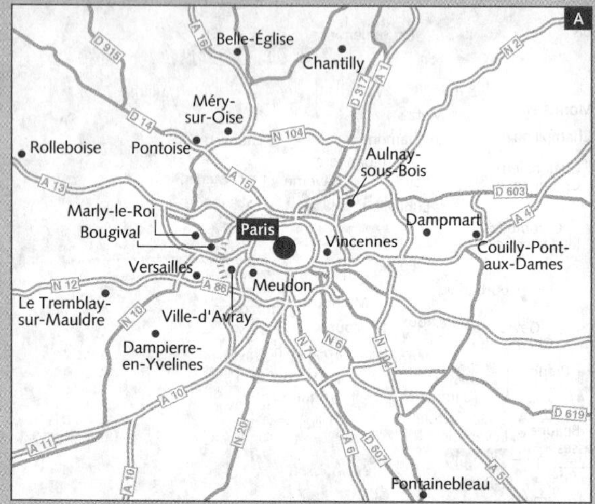

Provence

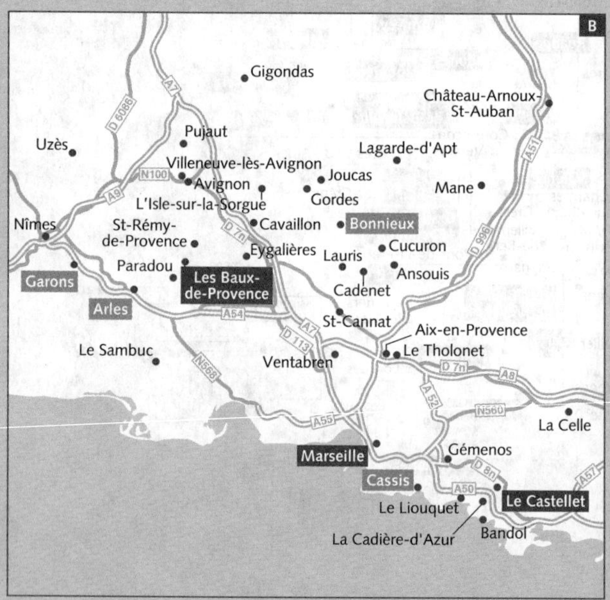

Alsace

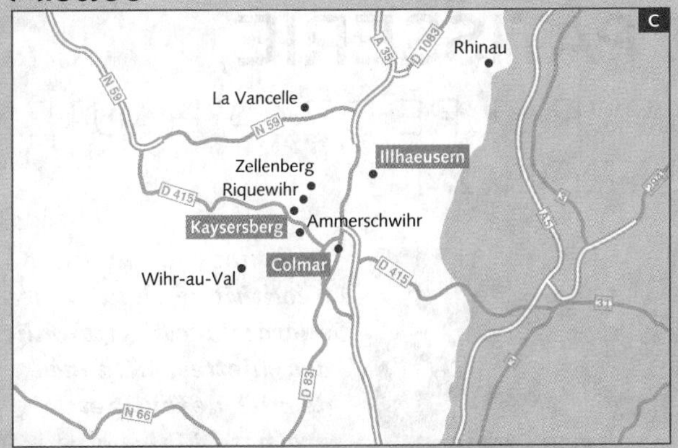

Rhône-Alpes

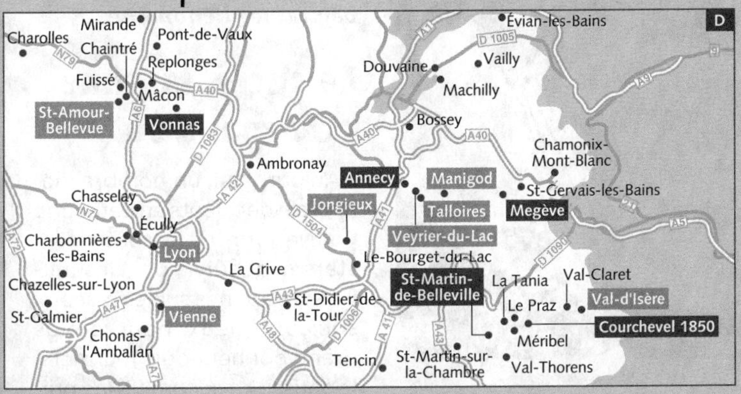

Côte-d'Azur

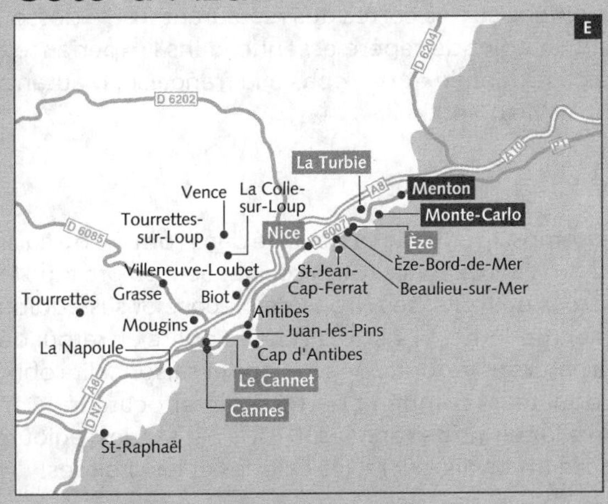

LA PÂTISSERIE,

VALEUR SÛRE DE LA HAUTE GASTRONOMIE

Thomas Demarczyk/iStock

Déjà, nos cousins du Néolithique aimaient le sucré : ils confectionnaient des galettes, mélanges de miel, de fruits et de graines... Mais notre époque voit éclore un véritable phénomène.

Le sucré, l'ultime gourmandise

• Aujourd'hui, un nombre incroyable de talents en pâtisserie voit le jour, et les pâtissiers stars sont suivis par des milliers d'abonnés sur les réseaux sociaux. Mieux, pour le plus grand bonheur des gourmets, le pâtissier a accompli une brillante métamorphose : désormais, son métier fait rêver. Son nom s'affiche sur les cartes des restaurants, et le dessert est devenu un point de repère essentiel dans l'expérience de la haute gastronomie et du repas à la française. D'autant plus qu'il en est le point final...

Retour à la nature

• Longtemps, le pâtissier a travaillé dans l'ombre du cuisinier, coupé des clients et des fournisseurs. Seul ou presque face à ses purées de fruits, ses sirops de glucose et ses additifs. Le pâtissier moderne, à l'instar du chef, a opéré un retour décisif vers la nature et le goût. Locavorisme et saisonnalité obligent, les producteurs comptent parmi ses interlocuteurs. Comme la nouvelle cuisine des années 1970, la pâtisserie d'aujourd'hui chasse le (mauvais) sucre, les calories et les graisses.

• Cette quête de sens, que réclame aussi le convive, s'accompagne d'un retour vers le goût. Le pâtissier "cuisine" ses desserts, en les assaisonnant et en travaillant à l'équilibre des saveurs, à la façon des meilleurs chefs. Le safran, le gingembre, le piment ou des poivres spécifiques, tel le sansho au parfum d'agrume, font partie de son garde-manger.

Passion dessert

Le dessert occupe une place incontournable au sein du repas gastronomique à la française. Le Guide MICHELIN et Valrhona ont donc souhaité, pour la deuxième année consécutive, mettre à l'honneur cette expérience sucrée unique en distinguant la profession de pâtissier. Sélectionné par les inspecteurs du Guide MICHELIN, la promotion Passion Dessert 2020 met en lumière les pâtissiers parmi les meilleurs, toutes générations confondues. Retrouvez-la sur le site du Guide MICHELIN (guide.michelin.com).

Le roi chocolat

• C'est l'ingrédient incontournable de nos fins de repas. Faites le test : difficile de trouver, en France, un restaurant n'ayant pas de dessert au chocolat sur sa carte ! Dégusté à l'origine sous forme de boisson épicée par les peuples mésoaméricains, le chocolat est aujourd'hui l'objet de toutes nos attentions. Le produit a connu un renouvellement remarquable ces dernières années. Grâce au fameux sourcing (le choix scrupuleux des fournisseurs), le pâtissier travaille autant de variétés de fèves de cacao qu'il le souhaite, jouant sur toute une gamme de sensations gustatives et d'émotions. Avec le chocolat, le pâtissier trouve une matière vivante qui lui permet d'exprimer toute sa créativité.

LES ENGAGEMENTS DU GUIDE MICHELIN

L'EXPÉRIENCE AU SERVICE DE LA QUALITÉ

Qu'il soit au Japon, aux Etats-Unis, en Chine ou en Europe, l'inspecteur du Guide MICHELIN respecte exactement les mêmes critères pour évaluer la qualité d'une table ou d'un établissement hôtelier. Car si le guide peut se prévaloir d'une notoriété mondiale, c'est notamment grâce à la constance de son engagement vis-à-vis de ses lecteurs. Un engagement dont nous voulons réaffirmer ici les principes :

La visite anonyme

Première règle d'or, les inspecteurs testent de façon anonyme et régulière les tables et les chambres, afin d'apprécier pleinement le niveau des prestations offertes à tout client, en s'acquittant toujours de leurs additions. Les avis de nos lecteurs nous fournissent par ailleurs de précieux témoignages, autant d'informations qui sont prises en compte lors de l'élaboration de nos itinéraires gastronomiques.

L'indépendance

Pour garder un point de vue parfaitement objectif – dans le seul intérêt du lecteur –, la sélection des établissements s'effectue en toute indépendance, et l'inscription des établissements dans le Guide est totalement gratuite. Les décisions sont discutées collégialement par les inspecteurs et le rédacteur en chef, et les plus hautes distinctions font l'objet d'un débat au niveau européen.

Le choix du meilleur

Loin de l'annuaire d'adresses, le Guide se concentre sur une sélection des meilleurs restaurants et hôtels, dans toutes les catégories de confort et de prix. Un choix qui résulte de l'application rigoureuse d'une même méthode par tous les inspecteurs, quel que soit le pays où il œuvre.

Nos étoiles – une ✿, deux ✿✿ ou trois ✿✿✿ – distinguent les cuisines les plus remarquables, quel que soit leur style. Le choix des produits, la maîtrise des techniques culinaires et des cuissons, l'harmonie et l'équilibre des saveurs, la personnalité de la cuisine et la constance de la prestation : voilà les critères qui, au-delà des genres et des types de cuisine, définissent les plus belles tables.

✿✿✿ TROIS ÉTOILES MICHELIN

Une cuisine unique. Vaut le voyage !

La signature d'un très grand chef ! Produits d'exception, pureté et puissance des saveurs, équilibre des compositions : la cuisine est ici portée au rang d'art. Les assiettes, parfaitement abouties, s'érigent souvent en classiques.

✿✿ DEUX ÉTOILES MICHELIN

Une cuisine d'exception. Vaut le détour !

Les meilleurs produits magnifiés par le savoir-faire et l'inspiration d'un chef de talent, qui signe, avec son équipe, des assiettes subtiles et percutantes, parfois très originales.

✿UNE ÉTOILE MICHELIN

Une cuisine d'une grande finesse. Vaut l'étape !

Des produits de première qualité, une finesse d'exécution évidente, des saveurs marquées, une constance dans la réalisation des plats.

BIB GOURMAND

Nos meilleurs rapports qualité-prix.

Un moment de gourmandise à 34 € (38 € à Paris) : de bons produits bien mis en valeur, une addition mesurée, une cuisine d'un excellent rapport qualité-prix.

L'ASSIETTE MICHELIN

Une cuisine de qualité.

Qualité des produits et tour de main du chef : un bon repas tout simplement.

Une mise à jour annuelle

Les informations pratiques, les classements et distinctions sont tous revus et mis à jour chaque année, afin d'offrir l'information la plus fiable.

L'homogénéité de la sélection

Les critères de classification sont identiques pour tous les pays couverts par le Guide MICHELIN. A chaque culture sa cuisine, mais la qualité se doit de rester un principe universel...

« L'aide à la mobilité » : c'est la mission que s'est donnée Michelin.

MODE D'EMPLOI...

COMMENT UTILISER LE GUIDE

RESTAURANTS

Les restaurants sont classés par qualité de cuisine :

Les Étoiles

✿✿✿ Une cuisine unique. Vaut le voyage !

✿✿ Une cuisine d'exception. Vaut le détour !

✿ Une cuisine d'une grande finesse. Vaut l'étape !

Bib Gourmand

Nos meilleurs rapports qualité-prix.

34 € en province,
38 € à Paris

L'Assiette

Une cuisine de qualité.

Dans chaque catégorie de qualité de cuisine, les établissements sont classés par standing (de XXXXX à X), puis par ordre alphabétique.

QUIMPER
29000 – Finistère – Carte régionale n
Carte Michelin 308-G7

✿ **Mariontan** (Éric Mariontan)
CRÉATIVE · ÉLÉGANT XXX Dans
soigné : l'accueil et le service, la c
étoffée et la jolie terrasse... Les g
Spécialités : Œuf de poule cuit
Canard dans tous ses états. Dess
Menu 27 € (déjeuner), 50/88 €
Plan : A2-s – *25 rue Louis-Vivent –*
Fermé 25 avril-3 mai, samedi midi,

Le Margeron
CRÉATIVE · RUSTIQUE XX Insta
charme ancien séduit d'emblée a
des touches plus actuelles. Côté
d'huîtres au safran, ris de veau po
Menu 17 € (déjeuner), 26/35€ –
Plan : A1-e – *52 rue des Gentilshor*
Fermé 2 février-3 mars, août, midi,

Ty Coat N
RÉGIONALE • AUBERGE X Une
où l'on se régale de viandes rôti
Bretagne et organise des soiré
agréables et originales : leur thèn
Menu 13 € (déjeuner), 31/38 €
23 rue René-d'Helbingue – 02 5
Fermé 19 janvier-2 février, mardi m

Manoir de Locmaria
CHÂTEAU • GRAND STYLE Villé
cette belle demeure à l'architectu
et des chambres garnies de mob
qui change avec les marées...
18 chambres – 159/320 € – 4 s
Plan : C2-f – *3 venelle de la Poteri*
www.manoir-de-locmaria.com – Fe

HÔTELS

Les hôtels sont classés par catégories de confort, de à , puis par ordre alphabétique.

Maison d'hôtes.

Les symboles en rouge ?
Nos plus belles adresses ! Du charme, du caractère, un supplément d'âme...

Localiser l'établissement

Les établissements sont situés sur les plans de ville, et leurs coordonnées indiquées dans leur adresse.

Mots-clés

Deux mots-clés pour identifier en un clin d'œil le type de cuisine (pour les restaurants), et le style (décor, ambiance...) de l'établissement.

de maître du 19e s., tout est raffiné et
son – fine et subtile –, la carte des vins
nais sont séduits ; les autres aussi !
rée de pomme de terre aux truffes.

77 – www.restaurant-mariontan.com –
r et lundi

A/C

de la vieille ville, ce restaurant au
salle qui mêle le charme de l'ancien et
plats rivalisent de saveurs: marinière
s petits légumes... Prix doux en prime.

53 48 11 55 – www.lemargeron.com –
lundi

uberge, accueillante et chaleureuse,
ne. Le propriétaire a vécu en Grande-
s et écossaises. Les chambres sont
le celui... du petit-déjeuner !

www.tycoat.fr –
e soir et lundi

bretonne... Dans son ravissant jardin,
domine l'odet. De l'enfilade de salons
on a tout loisir d'admirer le paysage

€ Tablet. PLUS
6 76 76 –
r-12 février

Carte des vins particulièrement intéresssante

Équipements & services

- Hôtel avec restaurant
- Restaurant avec chambres
- Au calme
- Belle vue
- Parc ou jardin
- Ascenseur
- Aménagements pour personnes handicapées
- A/C Air conditionné
- Repas servi au jardin ou en terrasse
- Piscine de plein air/couverte
- Spa
- Salle de fitness
- Salle de conférences
- Salon pour repas privés
- Service voiturier
- P Parking
- Garage dans l'hôtel
- Cartes de paiement non acceptées
- M Station de métro la plus proche

N Nouvel établissement dans le guide

Prix

Restaurants

Menu 35/60 € Carte 20/35 €	Prix mini/maxi des menus et à la carte

Hôtels

85/120 €	Prix mini/maxi d'une chambre pour deux personnes, petit-déjeuner compris
10 €	Petit-déjeuner en sus
Tablet. PLUS	Hôtel membre du Club Tablet Plus

LÉGENDE DES PLANS

• Hôtels
• Restaurants

Curiosités

Bâtiment intéressant
Édifice religieux intéressant

Voirie

Autoroute • Double chaussée de type autoroutier
Echangeurs numérotés: complet, partiels
Grande voie de circulation
Rue réglementée ou impraticable
Rue piétonne
Parking
Tunnel
Gare et voie ferrée
Funiculaire
Téléphérique

Signes divers

Office de tourisme
Édifice religieux
Tour • Ruines • Moulin à vent
Jardin, parc, bois • Cimetière
Stade • Golf • Hippodrome
Piscine de plein air, couverte
Vue • Panorama
Monument • Fontaine
Port de plaisance
Phare
Aéroport
Station de métro
Gare routière
Tramway
Transport par bateau :
passagers et voitures, passagers seulement
Bureau principal de poste restante
Hôtel de ville • Université, grande école

CONTENTS

Introduction

Regional maps 36

Restaurants & hotels 88

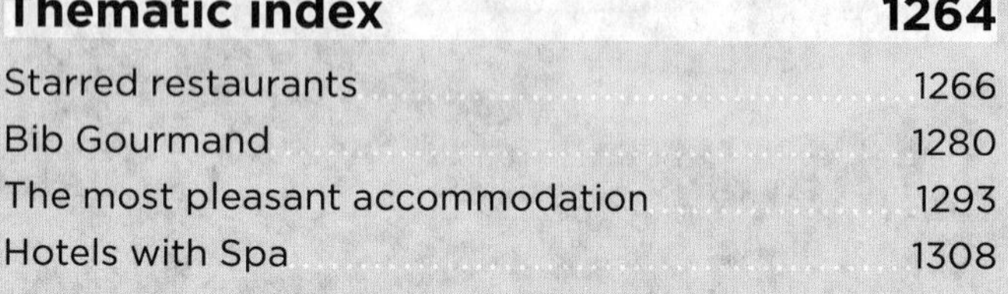

Thematic index 1264

Consultez le guide MICHELIN sur :
www.restaurant.michelin.fr
et écrivez-nous à :
leguidemichelin-france@tp.michelin.com

JLB/Hostellerie de Levernois (bas) - L'Aubergade (haut)

DEAR READER,

We are delighted to present the 2020 edition of the MICHELIN Guide France. Our inspectors have travelled the length and breadth of the country to bring you this independent selection of hotels and restaurants. This year, the focus is particularly on the new generation of chefs, who are shaking things up all over France.

• *The MICHELIN Guide reflects the reality on the ground and engages with the issues of the times. Sustainable development is a prime example. This global trend, which is influencing the future of our societies, is becoming an essential part of the daily life of restaurants. Supporting sound agriculture, combatting overfishing, using organic and locally sourced produce, properly recycling waste : it is in the hands of chefs and their teams that these initiatives come to life.*

• *A 360° responsibility, as much ecological as economic and social: this is the philosophy that is gaining ground in the world of gastronomy, a philosophy shared by the MICHELIN Guide. Sustainability is of concern to us all, and we can all make a difference. From the line chef to the commis, from the dishwasher to the sous-chef, from the sommelier to the restaurant manager, and to you, reading this guide, all have a part to play in inventing the gastronomy of tomorrow.*

• *Of course, these new challenges should not overshadow the raison d'être of gastronomy: pleasure. It is for your pleasure that restaurants work all year round; and pleasure is the guiding principle for our inspectors on the road. Starred restaurants, Bib Gourmand or Plate... whatever your desire and your budget, we promise to advise you well. Now over to you, as you leaf through this book and prepare for your gourmet experience...*

The MICHELIN Guide

THREE TIMES 3 ÉTOILES !

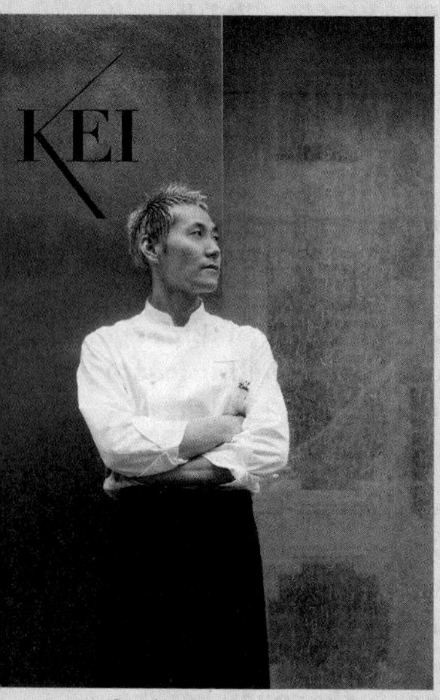

Pascal Lattes

Kei PARIS 1rst

Kei Kobayashi

Fans of Kei Kobayashi (and there are many) have always predicted that he would go far. And they were right: restaurant Kei gains a third star in the MICHELIN GUIDE 2020. Born in Nagano, Japan, trained in the prestigious kitchens of Gilles Goujon (L'Auberge du Vieux Puits, Fontjoncouse) and Alain Ducasse (Plaza Athenée, Paris 8e), it was Kei's father, chef in a traditional kaiseki restaurant (multi-course tasting menu, comparable with Western gastronomy) who first introduced him to cooking. But Kei's calling became clear while watching a documentary about...French cuisine! Today in Paris, his virtuosity finds expression in dishes that are close to perfection, and which marry the best of Japan and France to dazzling effect. An example? His garden of crisp vegetables, smoked salmon, rocket mousse and lemon emulsion: a simply extraordinary creation, proof of a talent that has reached maturity.

henk

Christopher Coutanceau

LA ROCHELLE

Philippe Vaures

Three stars for Christopher Coutanceau in the MICHELIN GUIDE 2020: the crowning achievement for this exceptional chef, born-and-bred in La Rochelle, passionate fisherman and lover of all things sea-related. A passion which runs in the family – both his grandfather and Richard, his father, paved the way. Christopher takes things a stage further though, in his activism for sustainable fishing and for the reduction of waste. His cooking is an extension of this commitment, bursting with marine scents, an ode to the ocean, alive and full of force. The best produce (line-caught bass, turbot, sole, sea-urchins, monkfish and langoustines, oysters, crabs...) is magnified by technical precision and lots of imagination, with flavour always uppermost: from the starter to the dessert, it is simply spellbinding. And the chic and minimalist marine-themed dining room, with its 40 metres of glass overlooking the waves, adds to the pleasure...

L'Oustau de Baumanière

LES BAUX-DE-PROVENCE

Glenn Viel

Everything about Glenn Viel is impressive: his physical presence, his talent, his boundless energy, but also his faultless c.v. (Plaza Athenée and Meurice in Paris, Cheval Blanc and Kilimandjaro in Courchevel). On arrival at the Oustau de Baumanière in 2015, the chef from Brittany made clear his ambition to gain a third star at this mythical Provençal establishment, owned by Jean-André Charial. Mission accomplished, and how! Making the most of the bountiful local produce (olive oil from the Vallée des Baux, organic vegetables from the kitchen garden, but also hens and pigs), he composes superb dishes, accompanied by interesting and unusual touches: food and bread pairings, stone-ware produced in the Oustau's pottery... He excels also in updating legendary recipes, like poularde with morel mushrooms, or pastry-crusted lamb from the Alpilles.

DESSERT, A MAINSTAY OF HIGH-END GASTRONOMY

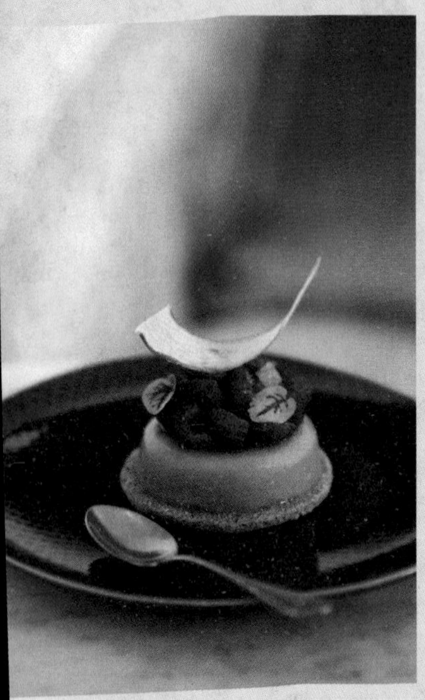

G. Soularue/hemis.fr

Already, our Neolithic cousins loved sweet things and made sweet treats by mixing honey, fruit and seeds. But our era is witnessing the emergence of an incredible number of talents in pâtisserie.

Sweetness, the ultimate gourmandise

Today, star pastry chefs have thousands of followers on social media. To the delight of food lovers, pâtissiers have managed a brilliant metamorphosis: theirs has become a profession people dream of, and their names feature on restaurant menus. Dessert has evolved into an essential reference point in the experience of fine cuisine and French-style dining – all the more so as it is the final note of the meal.

Back to nature

• For a long time, pâtissiers worked in the shadow of the chef, cut off from customers and suppliers, with only their fruit purées, glucose syrups and additives for company. But the modern pastry cook, like the chef, has turned decisively back to nature and taste. With the shift to local and seasonal food, producers have become part of the equation. Like "nouvelle cuisine" in the 1970s,

Passion dessert

Dessert is an indispensable part of any French gourmet meal. That's why, for the second year in a row, the MICHELIN Guide and Valrhona have decided to showcase this unique, sweet experience by bringing the pastry-making profession to the fore. Picked by MICHELIN Guide inspectors, the 2020 Passion Dessert line-up spotlights some of the best pastry chefs, from across the generations. Find the prize-winners on the MICHELIN Guide website (guide.michelin.com).

the desserts of today seek to reduce (bad) sugar, calories and fat. This quest for relevance, which diners also demand, is accompanied by a return to the taste of things. Pastry chefs "cook" their desserts, seasoning them and working to balance the flavours, like all the best chefs. Saffron, chilli or specific peppers, such as citrus-flavoured sansho, are part of their pantry.

Chocolate reigns supreme

• It is the "must" to round off a meal. Take the test: you'll be hard pressed to find a restaurant in France that doesn't have a chocolate dessert on its menu. Originally enjoyed as a spicy drink by Mesoamerican peoples, nowadays chocolate is firmly in the limelight. The product has undergone a remarkable renaissance in recent years. Thanks to the focus on scrupulous sourcing, pastry chefs work with as many varieties of cocoa beans as they want, drawing on a whole range of taste sensations and emotions. In chocolate, pâtissiers have found a vibrant material that allows them to give free rein to their creativity.

THE MICHELIN GUIDE'S COMMITMENTS

EXPERIENCED IN QUALITY!

Whether they are in Japan, the USA, China or Europe, our inspectors apply the same criteria to judge the quality of each and every hotel and restaurant. The MICHELIN Guide commands a worldwide reputation thanks to the commitments we make to our readers – and we reiterate these below:

Anonymous inspections

The golden rule is that the inspectors test the restaurants and the accommodation anonymously and regularly in order to judge the level of service offered to all guests, and they always settle their bill. The views of our readers also provide precious information which helps in the preparation of our gastronomic itineraries.

Independence

To remain totally objective for our readers, the selection is made with complete independence. Entry into the guide is free. All decisions are discussed with the Editor and our highest awards are considered at a global level.

Our famous one ✿, two ✿✿ and three ✿✿✿ stars identify establishments serving the highest quality cuisine – taking into account the quality of ingredients, the mastery of techniques and flavours, the levels of creativity and, of course, consistency.

Selection and choice

The guide offers a selection of the best restaurants and hotels in every category of comfort and price. This is only possible because all the inspectors rigorously apply the same methods.

✿✿✿ THREE MICHELIN STARS

Exceptional cuisine, worth a special journey!

Our highest award is given for the superlative cooking of chefs at the peak of their profession. The ingredients are exemplary, the cooking is elevated to an art form and their dishes are often destined to become classics.

✿✿ TWO MICHELIN STARS

Excellent cooking, worth a detour!

The personality and talent of the chef and their team is evident in the expertly crafted dishes, which are refined, inspired and sometimes highly original.

✿ ONE MICHELIN STAR

High quality cooking, worth a stop!

Using top quality ingredients, dishes with distinct flavours are carefully prepared to a consistently high standard.

BIB GOURMAND

Good quality, good value cooking.

'Bibs' are awarded for simple yet skilful cooking for 34€ (38€ in Paris) for three courses.

THE MICHELIN ASSIETTE

Good cooking

Fresh ingredients, carefully prepared: simply a good meal.

Annual updates

All the practical information, classifications and awards are revised and updated every year to give the most reliable information possible.

Consistency

The criteria for the classifications are the same in every country covered by the MICHELIN guide.

The sole aim of Michelin is to make your travels safe and enjoyable.

SEEK AND SELECT...

HOW TO USE THIS GUIDE

RESTAURANTS

Restaurants are classified by the quality of their cuisine:

Stars

✿✿✿ Exceptional cuisine, worth a special journey!

✿✿ Excellent cooking, worth a detour!

✿ High quality cooking, worth a stop!

Bib Gourmand

☺ Good quality, good value cooking.
Menu for 34€ in the regions
38€ in Paris

The Assiette

🍽 Good cooking.

Within each cuisine category, restaurants are listed by comfort, from XXXXX to X, and in alphabetical order.

Red: Our most delightful places.

HOTELS

Hotels are classified by categories of comfort, from 🏨🏨🏨🏨🏨 to 🏨, and in alphabetical order.

🏠 Guesthouses

Red: Our most delightful places.

Locating the establishment

Location and coordinates on the town plan, with main sights.

Key words

Each entry now comes with two key words, making it quick and easy to identify the type of establishment and/or the food that it serves.

QUIMPER
✉ 29000 – Finistère – Carte régionale n°
Carte Michelin 308-G7

✿ **Mariontan** (Éric Mariontan)
CRÉATIVE · ÉLÉGANT XXX Dans c
soigné : l'accueil et le service, la c
étoffée et la jolie terrasse... Les g
Spécialités : Œuf de poule cuit
Canard dans tous ses états. Dess
Menu 27 € (déjeuner), 50/88 €
Plan : A2-s – *25 rue Louis-Vivent –*
Fermé 25 avril-3 mai, samedi midi,

☺ **Le Margeron**
CRÉATIVE · RUSTIQUE XX Instal
charme ancien séduit d'emblée a
des touches plus actuelles. Côté
d'huîtres au safran, ris de veau po
Menu 17 € (déjeuner), 26/35€ – C
Plan : A1-e – *52 rue des Gentilshon*
Fermé 2 février-3 mars, août, midi,

🍽 **Ty Coat** N
RÉGIONALE • AUBERGE X Une
où l'on se régale de viandes rôtie
Bretagne et organise des soirée
agréables et originales : leur thèm
Menu 13 € (déjeuner), 31/38 €
23 rue René-d'Helbingue – ☎ 02 54
Fermé 19 janvier-2 février, mardi m

🏨🏨🏨 **Manoir de Locmaria**
CHÂTEAU • GRAND STYLE Villég
cette belle demeure à l'architectu
et des chambres garnies de mob
qui change avec les marées...
18 chambres – 159/320 € – 4 su
Plan : C2-f – *3 venelle de la Poterie*
www.manoir-de-locmaria.com – Fe

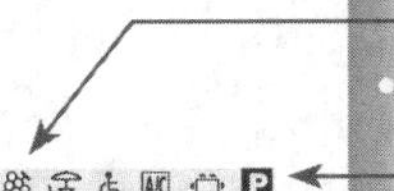

son de maître du 19e s., tout est raffiné et saison – fine et subtile –, la carte des vins agenais sont séduits ; les autres aussi ! purée de pomme de terre aux truffes.

7 99 77 – *www.restaurant-mariontan.com* – *soir et lundi*

eur de la vieille ville, ce restaurant au le salle qui mêle le charme de l'ancien et es plats rivalisent de saveurs : marinière ses petits légumes... Prix doux en prime.

6 €

02 53 48 11 55 – www.lemargeron.com – *e et lundi*

e auberge, accueillante et chaleureuse, oche. Le propriétaire a vécu en Grande- ises et écossaises. Les chambres sont ande celui... du petit-déjeuner !

) – www.tycoat.fr – *che soir et lundi*

la bretonne... Dans son ravissant jardin, ue domine l'odet. De l'enfilade de salons en, on a tout loisir d'admirer le paysage

21 € Tablet. PLUS

7 76 76 76 – *vier-12 février*

Particularly interesting wine list

Facilities & services

- Hotel with a restaurant
- Restaurant with bedrooms
- Peaceful establishment
- Great view
- Garden or park
- Lift (elevator)
- Wheelchair access
- Air conditioning
- Outside dining available
- Swimming pool: outdoor or indoor
- Wellness centre
- Exercise room
- Conference room
- Private dining room
- Valet parking
- Car park
- Garage
- Credit cards not accepted
- Nearest Underground station

New establishment in the guide

Prices

Restaurants

Menu 35/60 €	
Carte 20/35 €	Lowest/highest price

Hotels

120/150 €	Lowest/highest price for double room, breakfast included
10 €	Breakfast price where not included in rate
Tablet. PLUS	Hotel member of Club Tablet Plus

TOWN PLAN KEY

- Hotels
- Restaurants

Sights

Place of interest
Interesting place of worship

Road

Motorway, dual carriageway
Junction: complete, limited
Main traffic artery
Unsuitable for traffic; street subject to restrictions
Pedestrian street
Car park
Tunnel
Station and railway
Funicular
Cable car, cable way

Various signs

Tourist Information Centre
Place of worship
Tower or mast • Ruins • Windmill
Garden, park, wood • Cemetery
Stadium • Golf course • Racecourse
Outdoor or indoor swimming pool
View • Panorama
Monument • Fountain
Pleasure boat harbour
Lighthouse
Airport
Underground station
Coach station
Tramway
Ferry services:
passengers and cars, passengers only
Main post office with poste restante
Town Hall • University, College

Cartes régionales

Localité possédant au moins...

- ● un hôtel ou un restaurant
- ✿ une table étoilée
- ☺ un restaurant « Bib Gourmand »
- ⌂ un hôtel ou une maison d'hôtes de charme

Place with at least...

- ● a hotel or a restaurant
- ✿ a starred establishment
- ☺ a restaurant « Bib Gourmand »
- ⌂ particularly pleasant accommodation

GREAT BRITAIN
MANCHE
OCÉAN ATLANTIQUE
ESPAÑA
ROUEN
CAEN
Normandie
17
Bretagne
7
RENNES
23
Pays de la Loire
8
Centre-Val de Loire
NANTES
POITIERS
Poitou-Charentes
20
Limousin
19
LIMOGES
NOUVELLE-AQUITAINE
BORDEAUX
Aquitaine
18
22
Midi
TOULOUSE

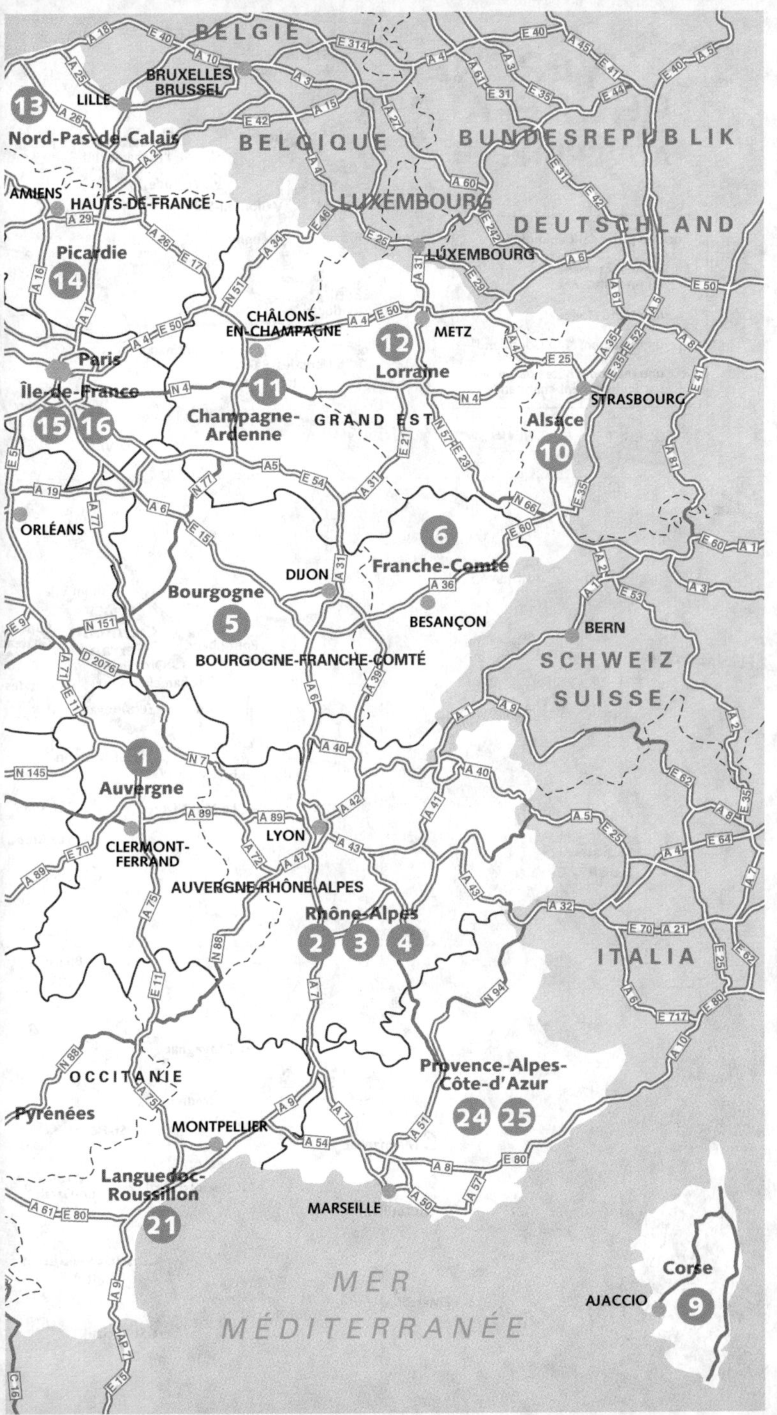
BELGIE
BRUXELLES
BRUSSEL
LILLE
13
Nord-Pas-de-Calais
BELGIQUE
BUNDESREPUBLIK
DEUTSCHLAND
AMIENS
HAUTS-DE-FRANCE
LUXEMBOURG
LUXEMBOURG
Picardie
14
CHÂLONS-
EN-CHAMPAGNE
METZ
12
Lorraine
Paris
Île-de-France
11
15
16
Champagne-
Ardenne
GRAND EST
Alsace
STRASBOURG
10
ORLÉANS
6
Franche-Comté
DIJON
Bourgogne
5
BESANÇON
BERN
BOURGOGNE-FRANCHE-COMTÉ
SCHWEIZ
SUISSE
1
Auvergne
LYON
CLERMONT-
FERRAND
AUVERGNE-RHÔNE-ALPES
Rhône-Alpes
2
3
4
ITALIA
OCCITANIE
Provence-Alpes-
Côte-d'Azur
24
25
Pyrénées
MONTPELLIER
Languedoc-
Roussillon
21
MARSEILLE
MER
MÉDITERRANÉE
Corse
AJACCIO
9

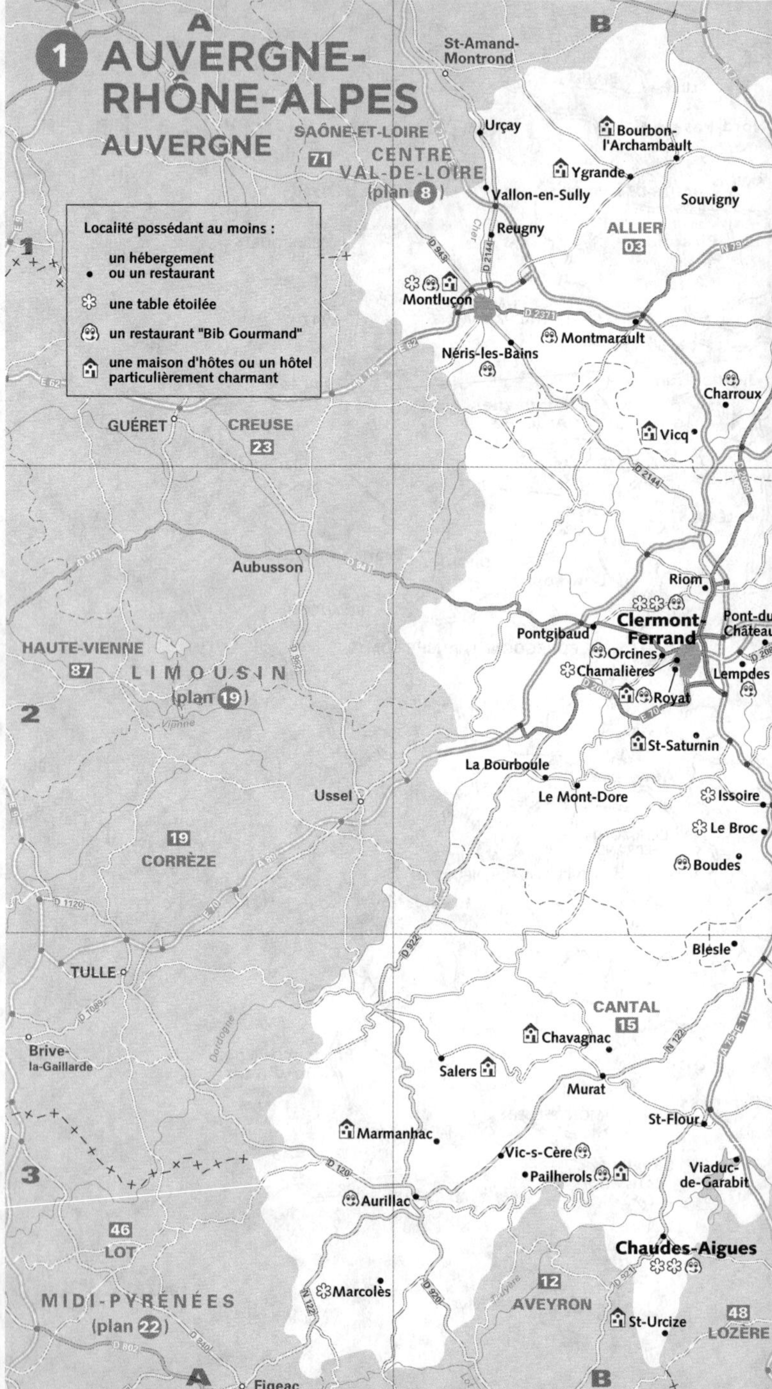
1
AUVERGNE-RHÔNE-ALPES
AUVERGNE
Localité possédant au moins :
un hébergement ou un restaurant
une table étoilée
un restaurant "Bib Gourmand"
une maison d'hôtes ou un hôtel particulièrement charmant
A
B
1
2
3
St-Amand-Montrond
SAÔNE-ET-LOIRE
71
CENTRE VAL-DE-LOIRE
(plan 8)
Urçay
Bourbon-l'Archambault
Ygrande
Vallon-en-Sully
Souvigny
Reugny
ALLIER
03
Montluçon
Montmarault
Néris-les-Bains
Charroux
Vicq
GUÉRET
CREUSE
23
Aubusson
Riom
Clermont-Ferrand
Pont-du-Château
Pontgibaud
Orcines
Chamalières
Royat
Lempdes
HAUTE-VIENNE
87
LIMOUSIN
(plan 19)
St-Saturnin
La Bourboule
Le Mont-Dore
Issoire
Ussel
Le Broc
Boudes
19
CORRÈZE
Blesle
TULLE
CANTAL
15
Chavagnac
Brive-la-Gaillarde
Salers
Murat
St-Flour
Marmanhac
Vic-s-Cère
Viaduc-de-Garabit
Pailherols
Aurillac
46
LOT
Chaudes-Aigues
Marcolès
12
AVEYRON
MIDI-PYRÉNÉES
(plan 22)
St-Urcize
48
LOZÈRE
Figeac

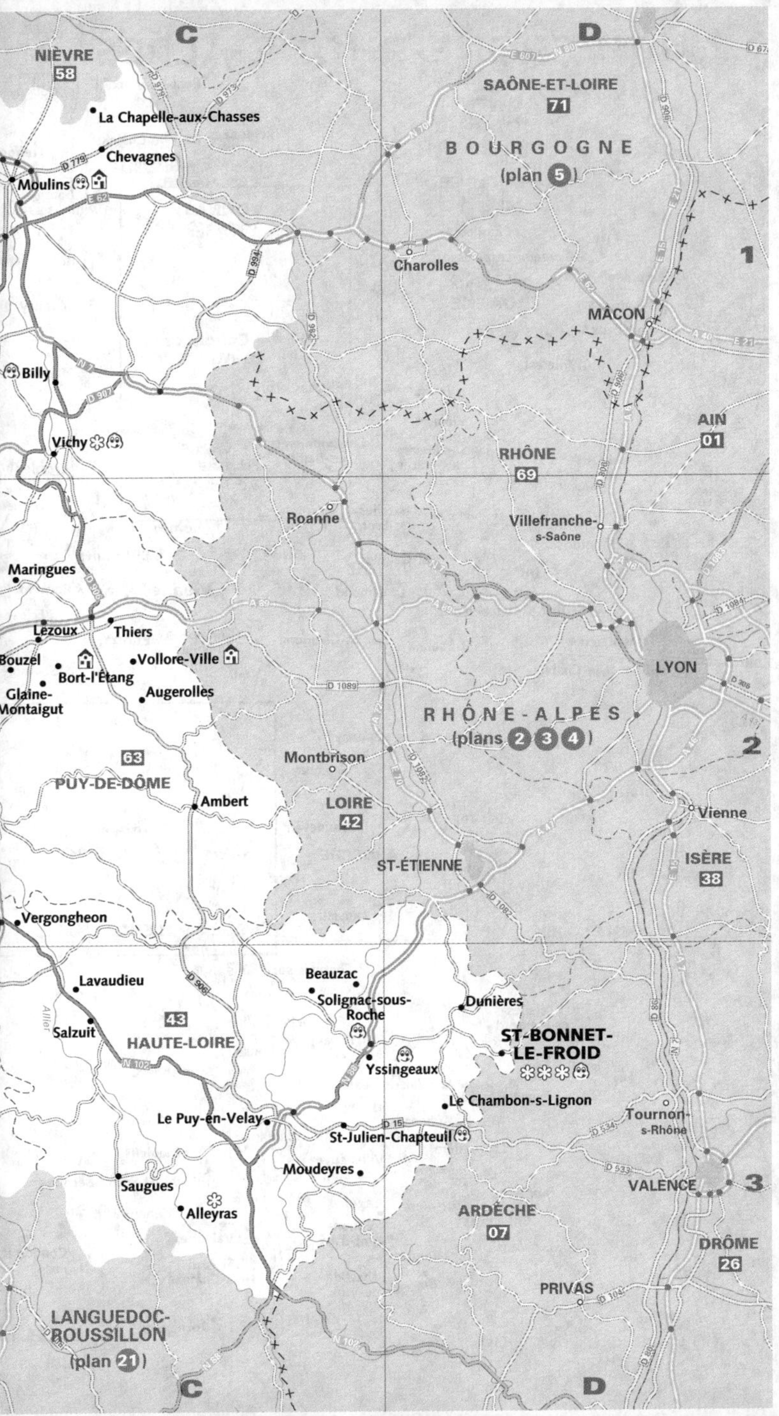
C
D
NIÈVRE
58
SAÔNE-ET-LOIRE
71
BOURGOGNE
(plan 5)
La Chapelle-aux-Chasses
Chevagnes
Moulins
Charolles
MÂCON
1
Billy
Vichy
AIN
01
RHÔNE
69
Roanne
Villefranche-s-Saône
Maringues
Lezoux
Thiers
Bouzel
Bort-l'Étang
Vollore-Ville
Glaine-Montaigut
Augerolles
LYON
RHÔNE-ALPES
(plans 2 3 4)
2
Montbrison
63
PUY-DE-DÔME
Ambert
LOIRE
42
Vienne
ISÈRE
38
ST-ÉTIENNE
Vergongheon
Lavaudieu
Beauzac
Solignac-sous-Roche
Dunières
43
Salzuit
HAUTE-LOIRE
ST-BONNET-LE-FROID
Yssingeaux
Le Chambon-s-Lignon
Tournon-s-Rhône
Le Puy-en-Velay
St-Julien-Chapteuil
Moudeyres
Saugues
VALENCE
3
Alleyras
ARDÈCHE
07
DRÔME
26
PRIVAS
LANGUEDOC-ROUSSILLON
(plan 21)
C
D

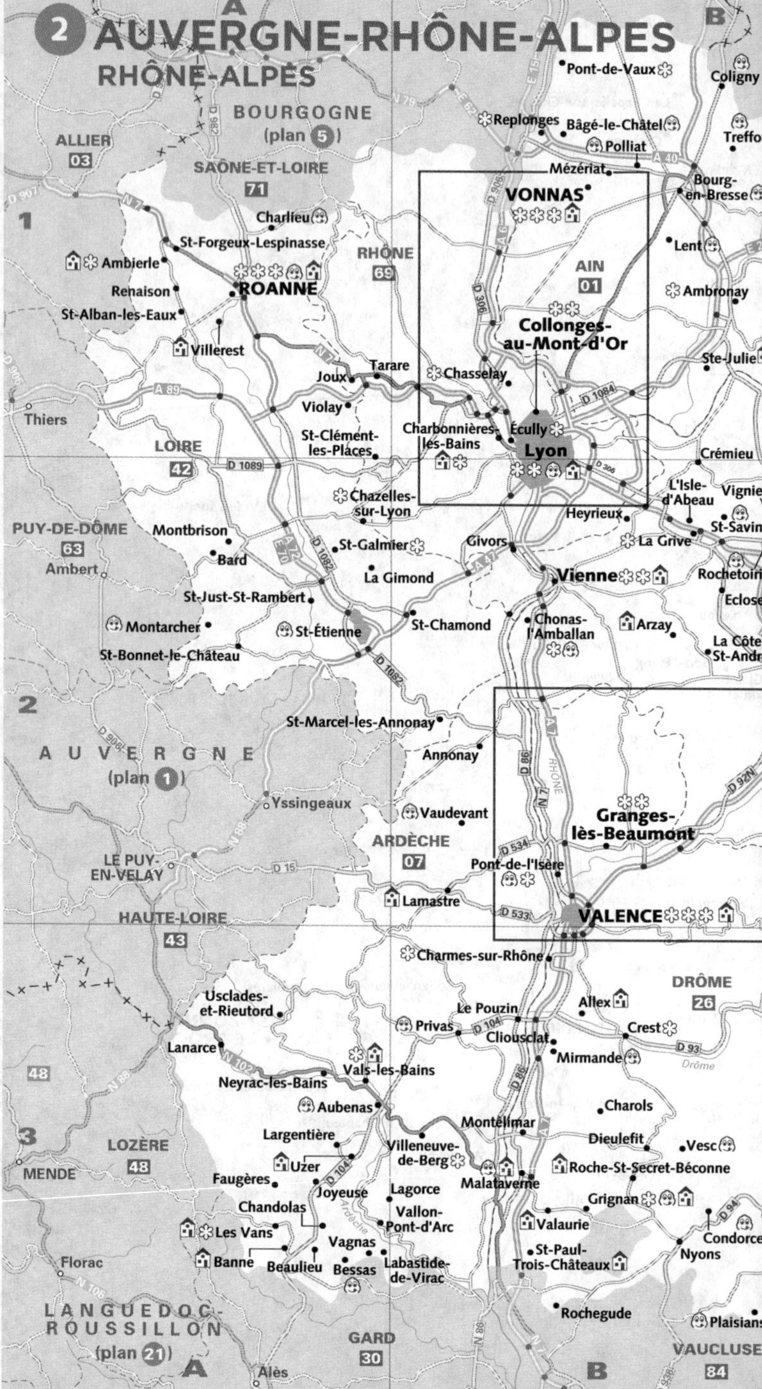

2 AUVERGNE-RHÔNE-ALPES
RHÔNE-ALPES
BOURGOGNE
(plan 5)
ALLIER
03
SAÔNE-ET-LOIRE
71
RHÔNE
69
AIN
01
LOIRE
42
PUY-DE-DÔME
63
AUVERGNE
(plan 1)
ARDÈCHE
07
HAUTE-LOIRE
43
DRÔME
26
LOZÈRE
48
48
LANGUEDOC-ROUSSILLON
(plan 21)
GARD
30
VAUCLUSE
84
Pont-de-Vaux
Coligny
Replonges
Bâgé-le-Châtel
Polliat
Treffort
Mézériat
Bourg-en-Bresse
VONNAS
Charlieu
St-Forgeux-Lespinasse
Ambierle
Renaison
ROANNE
St-Alban-les-Eaux
Villerest
Lent
Ambronay
Collonges-au-Mont-d'Or
Ste-Julie
Chasselay
Tarare
Joux
Violay
Thiers
Charbonnières-les-Bains
Écully
Lyon
St-Clément-les-Places
Crémieu
L'Isle-d'Abeau
Vignieu
Heyrieux
St-Savin
Chazelles-sur-Lyon
Montbrison
Bard
Ambert
St-Galmier
Givors
La Grive
La Gimond
Vienne
Rochetoirin
St-Just-St-Rambert
Eclose
Chonas-l'Amballan
Arzay
Montarcher
St-Étienne
St-Chamond
La Côte-St-André
St-Bonnet-le-Château
St-Marcel-les-Annonay
Annonay
Yssingeaux
Vaudevant
Granges-lès-Beaumont
LE PUY-EN-VELAY
Pont-de-l'Isère
Lamastre
VALENCE
Charmes-sur-Rhône
Usclades-et-Rieutord
Le Pouzin
Allex
Privas
Crest
Cliousclat
Lanarce
Mirmande
Vals-les-Bains
Neyrac-les-Bains
Aubenas
Charols
Montélimar
Largentière
Villeneuve-de-Berg
Dieulefit
Vesc
MENDE
Uzer
Malataverne
Roche-St-Secret-Béconne
Faugères
Joyeuse
Lagorce
Grignan
Chandolas
Vallon-Pont-d'Arc
Valaurie
Les Vans
Vagnas
Condorcet
Banne
Beaulieu
Bessas
Labastide-de-Virac
St-Paul-Trois-Châteaux
Nyons
Florac
Rochegude
Plaisians
Alès
A
B
1
2
3
D 907
N 7
A 89
D 1089
D 906
A 72
E 70
D 1082
A 47
D 1084
D 306
A 6
A 40
E 21
E 15
E 62
N 79
D 982
A 7
D 86
D 534
D 533
D 92N
N 88
D 15
N 102
D 104
D 93
D 94
N 106
Rhône
Drôme
Ardèche

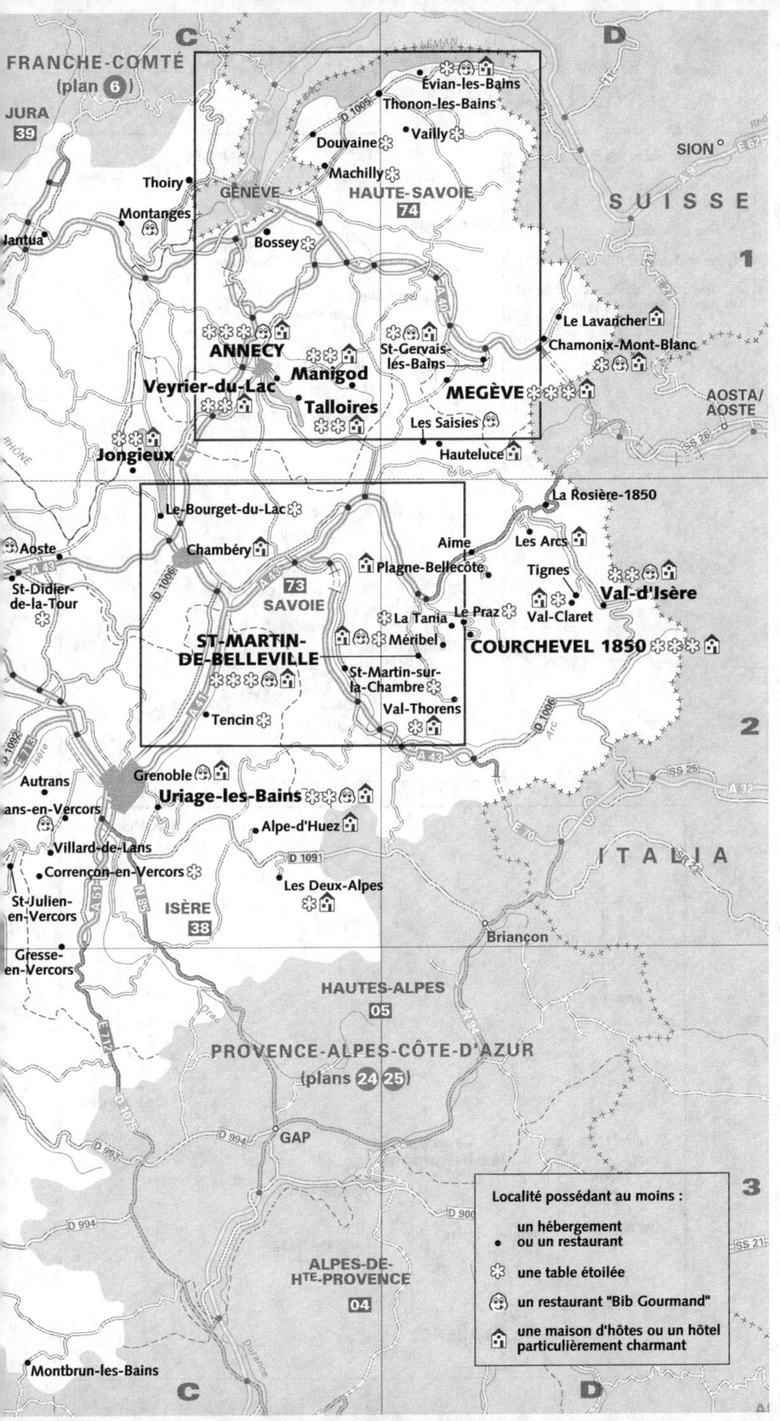

C
D
FRANCHE-COMTÉ
(plan 6)
JURA
39
Évian-les-Bains
Thonon-les-Bains
Vailly
Douvaine
Machilly
Thoiry
GENÈVE
HAUTE-SAVOIE
74
Montanges
Nantua
Bossey
SION
SUISSE
1
Le Lavancher
Chamonix-Mont-Blanc
ANNECY
Manigod
St-Gervais-les-Bains
Veyrier-du-Lac
Talloires
MEGÈVE
AOSTA/AOSTE
Les Saisies
Jongieux
Hauteluce
La Rosière-1850
Le-Bourget-du-Lac
Aoste
Chambéry
Aime
Les Arcs
St-Didier-de-la-Tour
Plagne-Bellecôte
73
SAVOIE
Tignes
Val-d'Isère
La Tania
Le Praz
Val-Claret
ST-MARTIN-DE-BELLEVILLE
Méribel
COURCHEVEL 1850
St-Martin-sur-la-Chambre
Val-Thorens
Tencin
2
Grenoble
Autrans
Uriage-les-Bains
Lans-en-Vercors
Alpe-d'Huez
Villard-de-Lans
ITALIA
Corrençon-en-Vercors
Les Deux-Alpes
St-Julien-en-Vercors
ISÈRE
38
Briançon
Gresse-en-Vercors
HAUTES-ALPES
05
PROVENCE-ALPES-CÔTE-D'AZUR
(plans 24 25)
GAP
3
Localité possédant au moins :
un hébergement ou un restaurant
une table étoilée
un restaurant "Bib Gourmand"
une maison d'hôtes ou un hôtel particulièrement charmant
ALPES-DE-HTE-PROVENCE
04
Montbrun-les-Bains
C
D

3 AUVERGNE-RHÔNE-ALPES
RHÔNE-ALPES

Localité possédant au moins :
- un hébergement ou un restaurant
- une table étoilée
- un restaurant "Bib Gourmand"
- une maison d'hôtes ou un hôtel particulièrement charmant

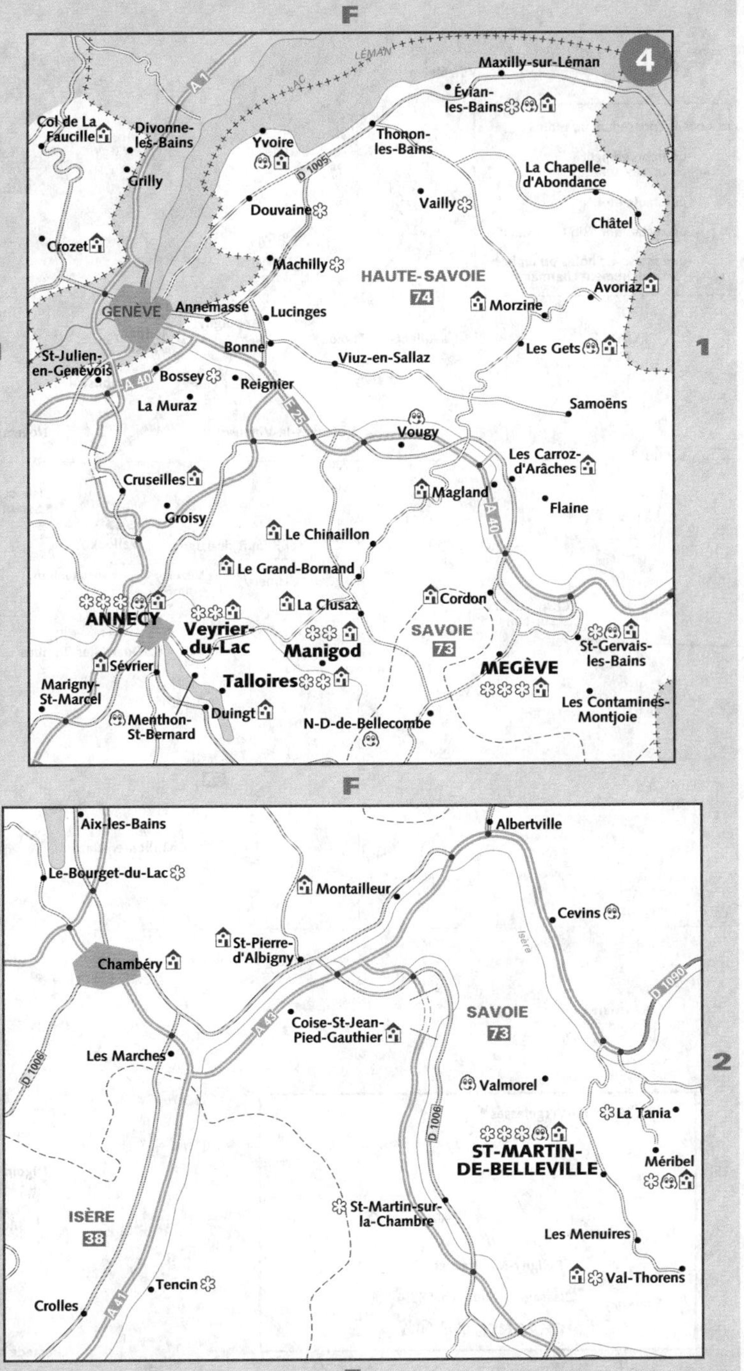

F
4
LÉMAN
LAC
A 1
Maxilly-sur-Léman
Évian-les-Bains
Col de La Faucille
Divonne-les-Bains
Grilly
Yvoire
Thonon-les-Bains
D 1005
La Chapelle-d'Abondance
Douvaine
Vailly
Châtel
Crozet
Machilly
HAUTE-SAVOIE
74
Avoriaz
GENÈVE
Annemasse
Lucinges
Morzine
Bonne
Les Gets
1
St-Julien-en-Genevois
Viuz-en-Sallaz
A 40
Bossey
Reignier
La Muraz
E 25
Samoëns
Vougy
Les Carroz-d'Arâches
Cruseilles
Magland
Flaine
Groisy
A 40
Le Chinaillon
Le Grand-Bornand
La Clusaz
Cordon
ANNECY
Veyrier-du-Lac
SAVOIE
73
St-Gervais-les-Bains
Manigod
Sévrier
MEGÈVE
Talloires
Marigny-St-Marcel
Les Contamines-Montjoie
Menthon-St-Bernard
Duingt
N-D-de-Bellecombe
F
Aix-les-Bains
Albertville
Le-Bourget-du-Lac
Montailleur
Cevins
Isère
St-Pierre-d'Albigny
Chambéry
D 1090
A 43
SAVOIE
73
Coise-St-Jean-Pied-Gauthier
2
Les Marches
D 1006
Valmorel
La Tania
ST-MARTIN-DE-BELLEVILLE
D 1006
Méribel
ISÈRE
38
St-Martin-sur-la-Chambre
Les Menuires
Val-Thorens
Tencin
Crolles
A 41
F

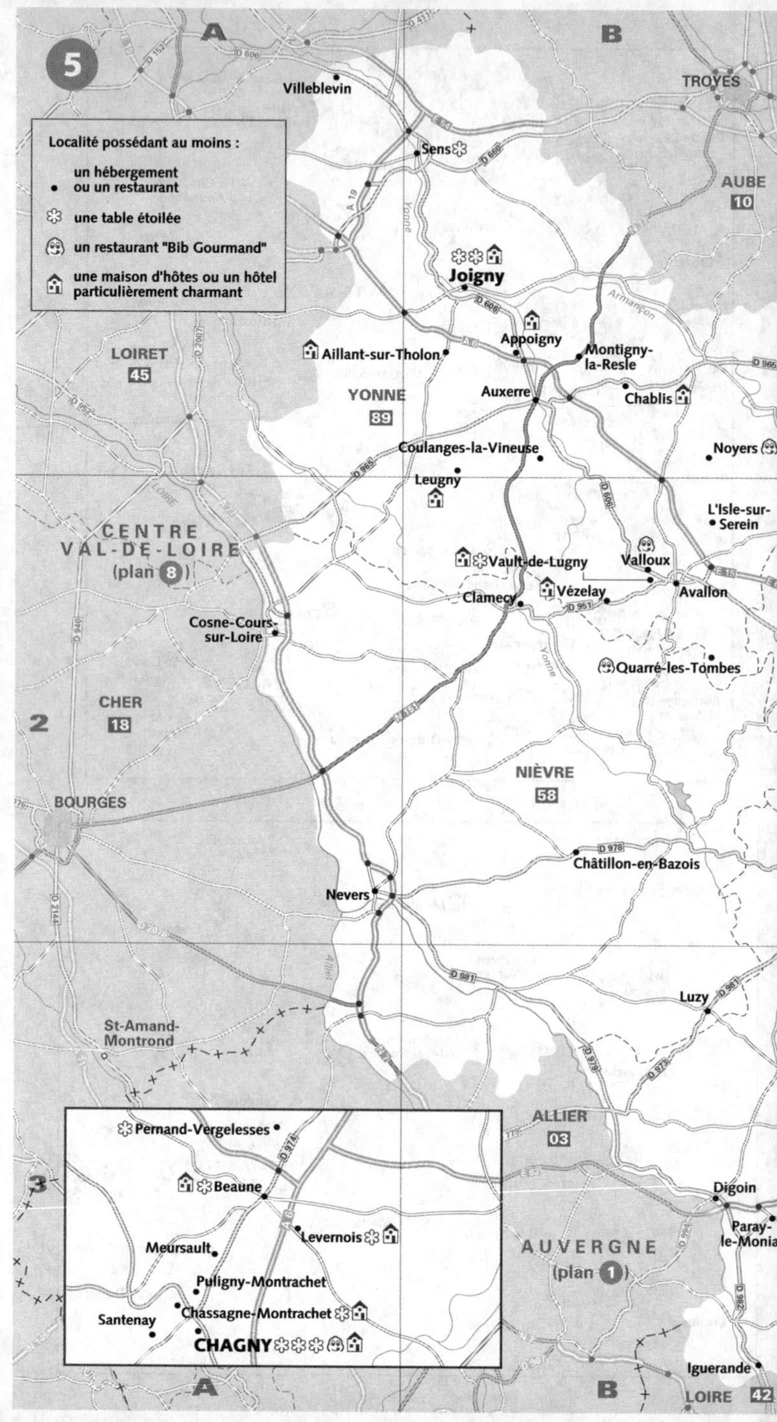
5
A
B
Localité possédant au moins :
un hébergement ou un restaurant
une table étoilée
un restaurant "Bib Gourmand"
une maison d'hôtes ou un hôtel particulièrement charmant
Villeblevin
TROYES
Sens
AUBE
10
Joigny
Appoigny
Aillant-sur-Tholon
Montigny-la-Resle
LOIRET
45
YONNE
89
Auxerre
Chablis
Coulanges-la-Vineuse
Noyers
Leugny
L'Isle-sur-Serein
CENTRE
VAL-DE-LOIRE
(plan 8)
Vault-de-Lugny
Valloux
Clamecy
Vézelay
Avallon
Cosne-Cours-sur-Loire
Quarré-les-Tombes
CHER
18
2
NIÈVRE
58
BOURGES
Châtillon-en-Bazois
Nevers
Luzy
St-Amand-Montrond
ALLIER
03
Pernand-Vergelesses
Beaune
3
Digoin
Levernois
Paray-le-Monia
Meursault
AUVERGNE
(plan 1)
Puligny-Montrachet
Chassagne-Montrachet
Santenay
CHAGNY
Iguerande
LOIRE
42

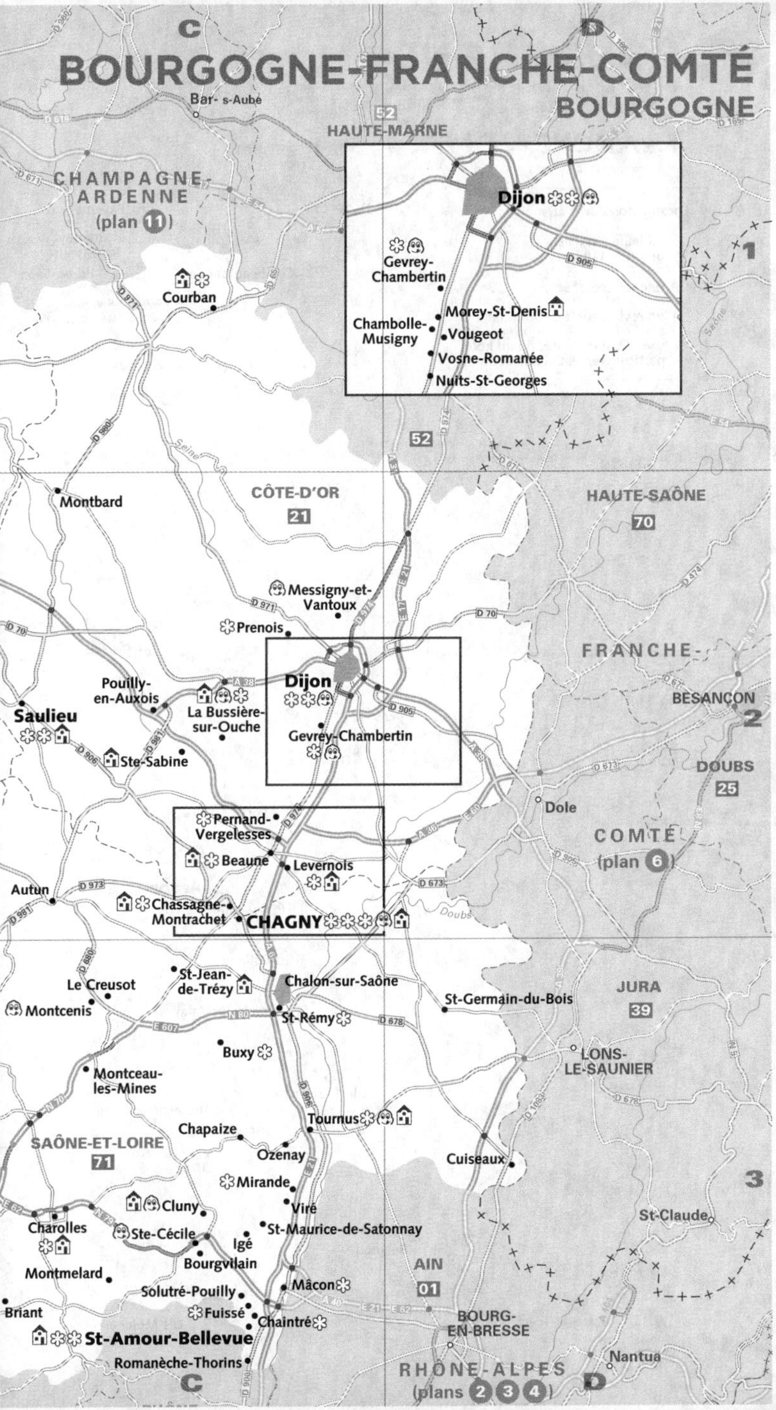
C
D
BOURGOGNE-FRANCHE-COMTÉ
BOURGOGNE
Bar-s-Aube
HAUTE-MARNE
52
CHAMPAGNE-
ARDENNE
(plan 11)
Dijon
Gevrey-
Chambertin
Morey-St-Denis
Chambolle-
Musigny
Vougeot
Vosne-Romanée
Nuits-St-Georges
Courban
1
Montbard
CÔTE-D'OR
21
HAUTE-SAÔNE
70
Messigny-et-
Vantoux
Prenois
Dijon
Gevrey-Chambertin
FRANCHE-
BESANÇON
2
Pouilly-
en-Auxois
La Bussière-
sur-Ouche
Saulieu
Ste-Sabine
DOUBS
25
Dole
Pernand-
Vergelesses
Beaune
Levernois
COMTÉ
(plan 6)
Autun
Chassagne-
Montrachet
CHAGNY
St-Jean-
de-Trézy
Le Creusot
Chalon-sur-Saône
Montcenis
St-Rémy
St-Germain-du-Bois
JURA
39
Buxy
LONS-
LE-SAUNIER
Montceau-
les-Mines
Tournus
Chapaize
SAÔNE-ET-LOIRE
71
Ozenay
Cuiseaux
Mirande
3
Viré
Cluny
Charolles
Ste-Cécile
St-Maurice-de-Satonnay
St-Claude
Igé
Bourgvilain
AIN
01
Montmelard
Mâcon
Solutré-Pouilly
Briant
Fuissé
BOURG-
EN-BRESSE
Chaintré
St-Amour-Bellevue
Nantua
Romanèche-Thorins
RHÔNE-ALPES
(plans 2 3 4)

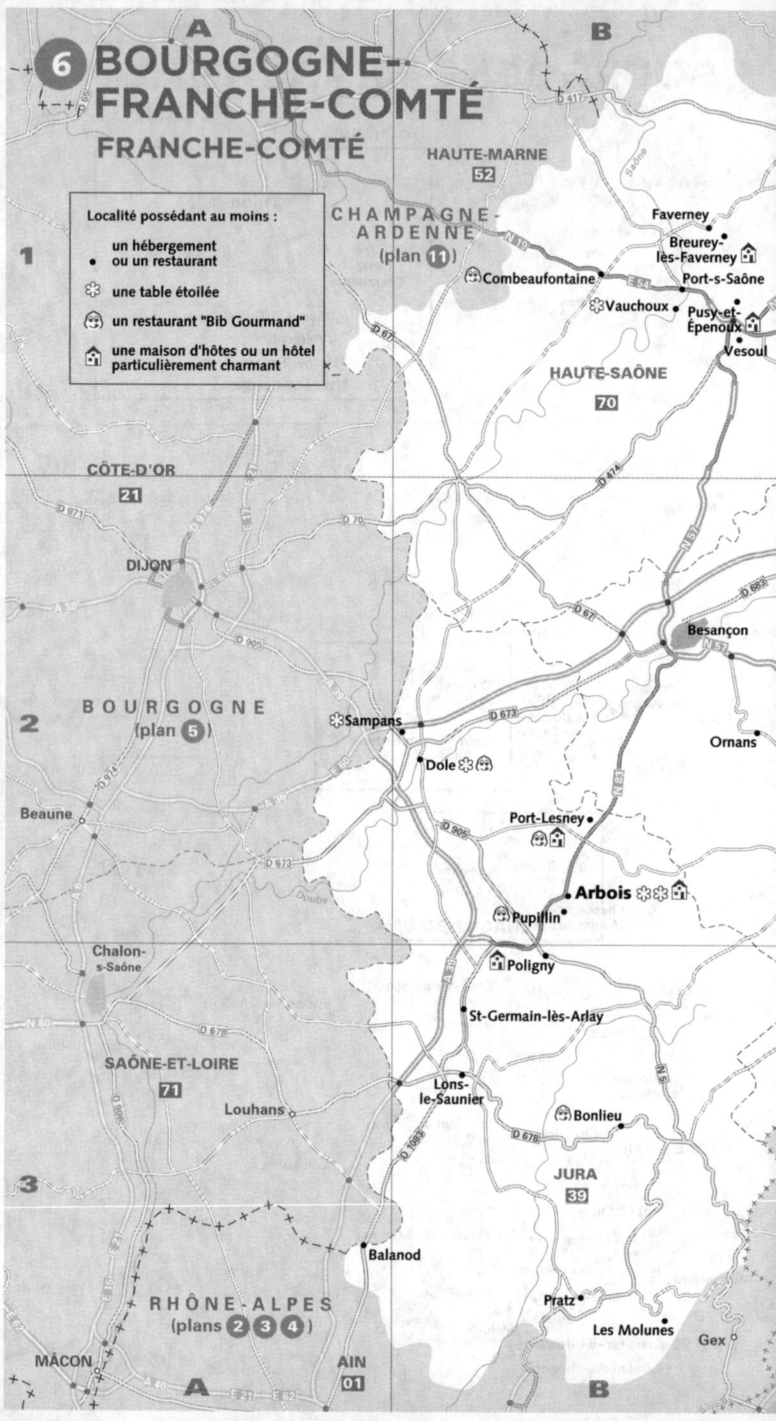

6 BOURGOGNE-FRANCHE-COMTÉ
FRANCHE-COMTÉ
Localité possédant au moins :
un hébergement ou un restaurant
une table étoilée
un restaurant "Bib Gourmand"
une maison d'hôtes ou un hôtel particulièrement charmant
A
B
1
2
3
HAUTE-MARNE
52
CHAMPAGNE-ARDENNE
(plan 11)
Faverney
Breurey-lès-Faverney
Combeaufontaine
Port-s-Saône
Vauchoux
Pusy-et-Épenoux
Vesoul
HAUTE-SAÔNE
70
CÔTE-D'OR
21
DIJON
Besançon
BOURGOGNE
(plan 5)
Sampans
Dole
Ornans
Beaune
Port-Lesney
Arbois
Pupillin
Chalon-s-Saône
Poligny
St-Germain-lès-Arlay
SAÔNE-ET-LOIRE
71
Lons-le-Saunier
Louhans
Bonlieu
JURA
39
Balanod
RHÔNE-ALPES
(plans 2 3 4)
Pratz
Les Molunes
Gex
MÂCON
AIN
01
D 65
D 417
Saône
N 19
E 54
D 67
D 474
N 57
D 683
D 971
D 974
E 21
E 17
D 70
A 38
D 905
A 39
D 673
E 60
A 36
N 83
A 6
D 673
Doubs
N 80
D 678
D 906
D 1083
N 5
E 15
E 62
A 40
E 21
E 62

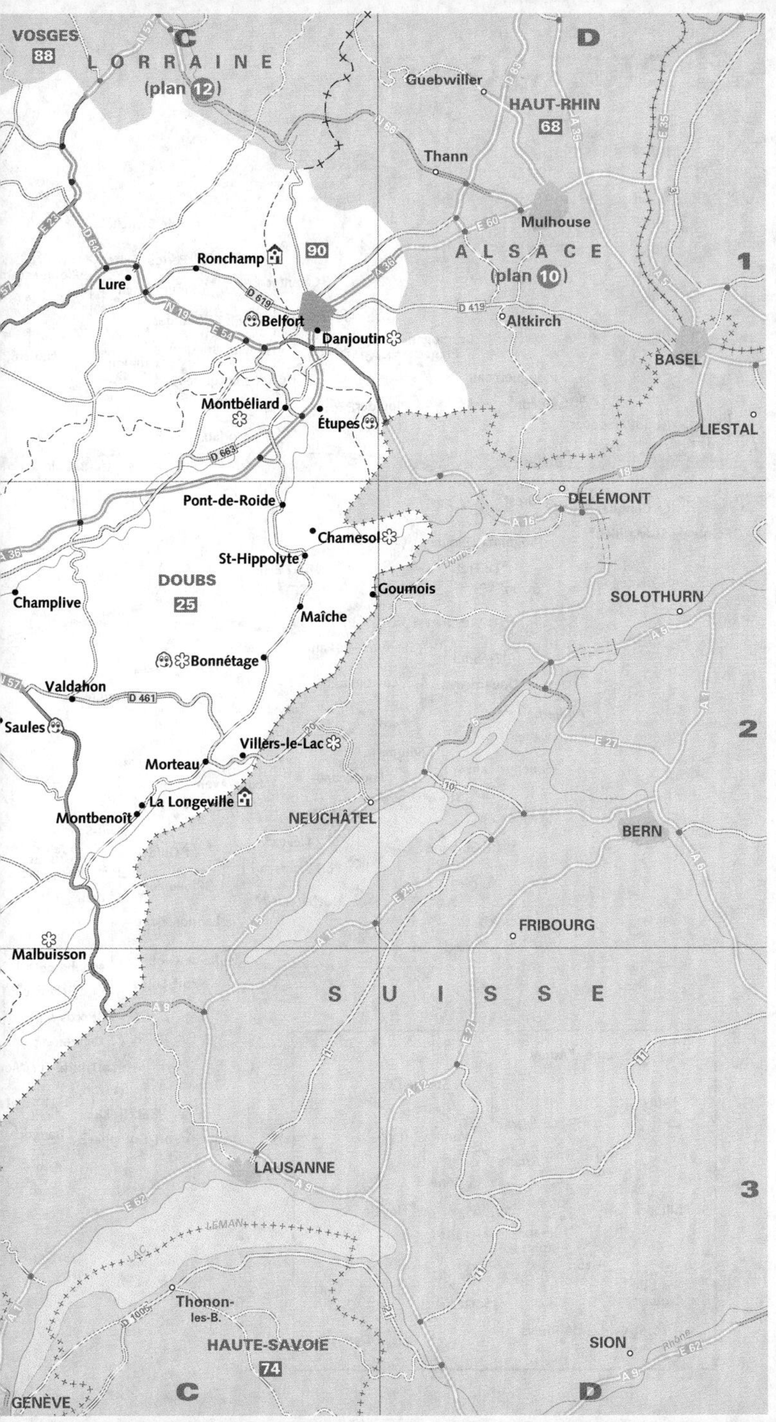

VOSGES
88
C
LORRAINE
(plan 12)
D
Guebwiller
HAUT-RHIN
68
Thann
Mulhouse
ALSACE
(plan 10)
1
Ronchamp
90
Lure
Belfort
Danjoutin
Altkirch
BASEL
Montbéliard
Étupes
LIESTAL
DELÉMONT
Pont-de-Roide
Chamesol
St-Hippolyte
DOUBS
25
Goumois
Champlive
SOLOTHURN
Maîche
Bonnétage
Valdahon
2
Saules
Villers-le-Lac
Morteau
La Longeville
Montbenoît
NEUCHÂTEL
BERN
FRIBOURG
Malbuisson
SUISSE
LAUSANNE
3
LEMAN
LAC
Thonon-
les-B.
HAUTE-SAVOIE
74
SION
GENÈVE
C
D

7 BRETAGNE

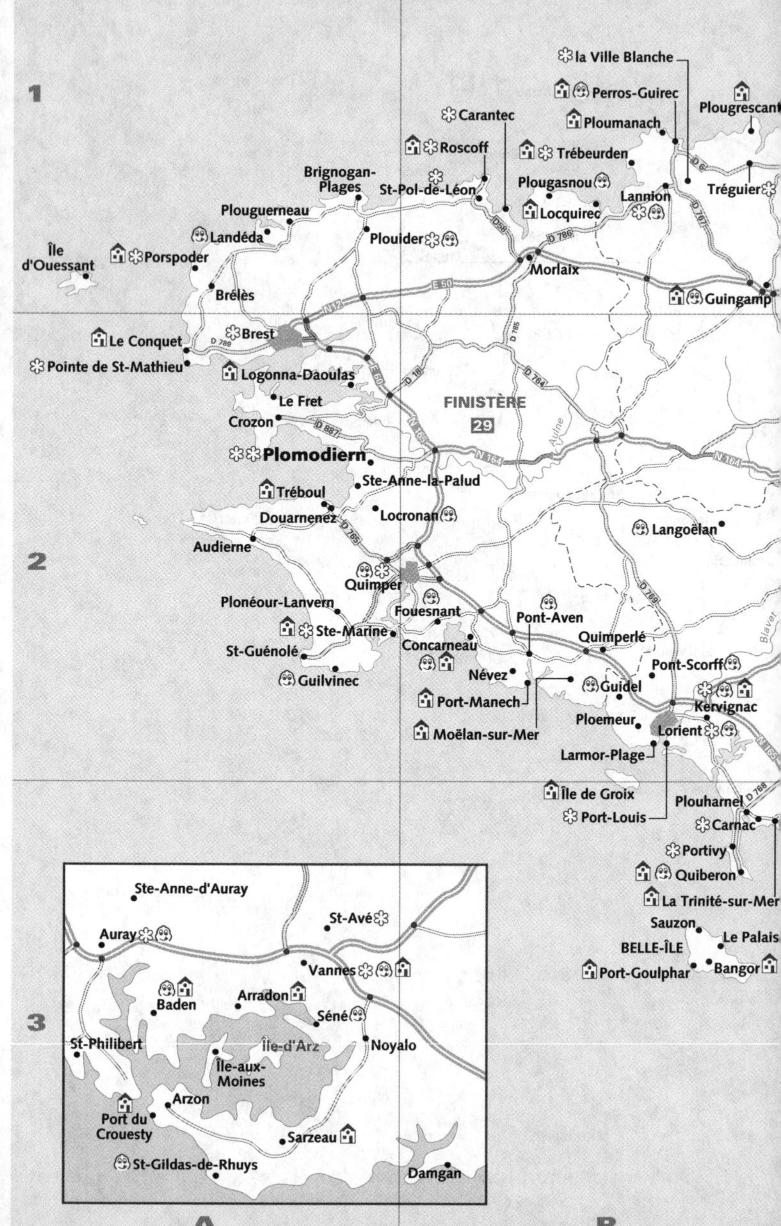

A
B
1
2
3
la Ville Blanche
Perros-Guirec
Plougrescant
Ploumanach
Carantec
Roscoff
Trébeurden
Tréguier
Brignogan-Plages
St-Pol-de-Léon
Plougasnou
Lannion
Plouguerneau
Locquirec
Landéda
Plouider
Île d'Ouessant
Porspoder
Morlaix
Brélès
Guingamp
Le Conquet
Brest
Pointe de St-Mathieu
Logonna-Daoulas
Le Fret
FINISTÈRE
29
Crozon
Plomodiern
Ste-Anne-la-Palud
Tréboul
Douarnenez
Locronan
Langoëlan
Audierne
Quimper
Fouesnant
Pont-Aven
Plonéour-Lanvern
Ste-Marine
Quimperlé
St-Guénolé
Concarneau
Pont-Scorff
Guilvinec
Névez
Guidel
Port-Manech
Kervignac
Ploemeur
Moëlan-sur-Mer
Lorient
Larmor-Plage
Île de Groix
Plouharnel
Port-Louis
Carnac
Portivy
Quiberon
La Trinité-sur-Mer
Sauzon
Le Palais
BELLE-ÎLE
Port-Goulphar
Bangor
Ste-Anne-d'Auray
St-Avé
Auray
Vannes
Baden
Arradon
Séné
St-Philibert
Île-d'Arz
Noyalo
Île-aux-Moines
Arzon
Port du Crouesty
Sarzeau
St-Gildas-de-Rhuys
Damgan
D 6
D 767
D 58
D 786
E 50
N 12
D 789
D 785
D 18
E 60
D 764
D 887
N 165
N 164
Aulne
D 765
D 769
Blavet
D 768

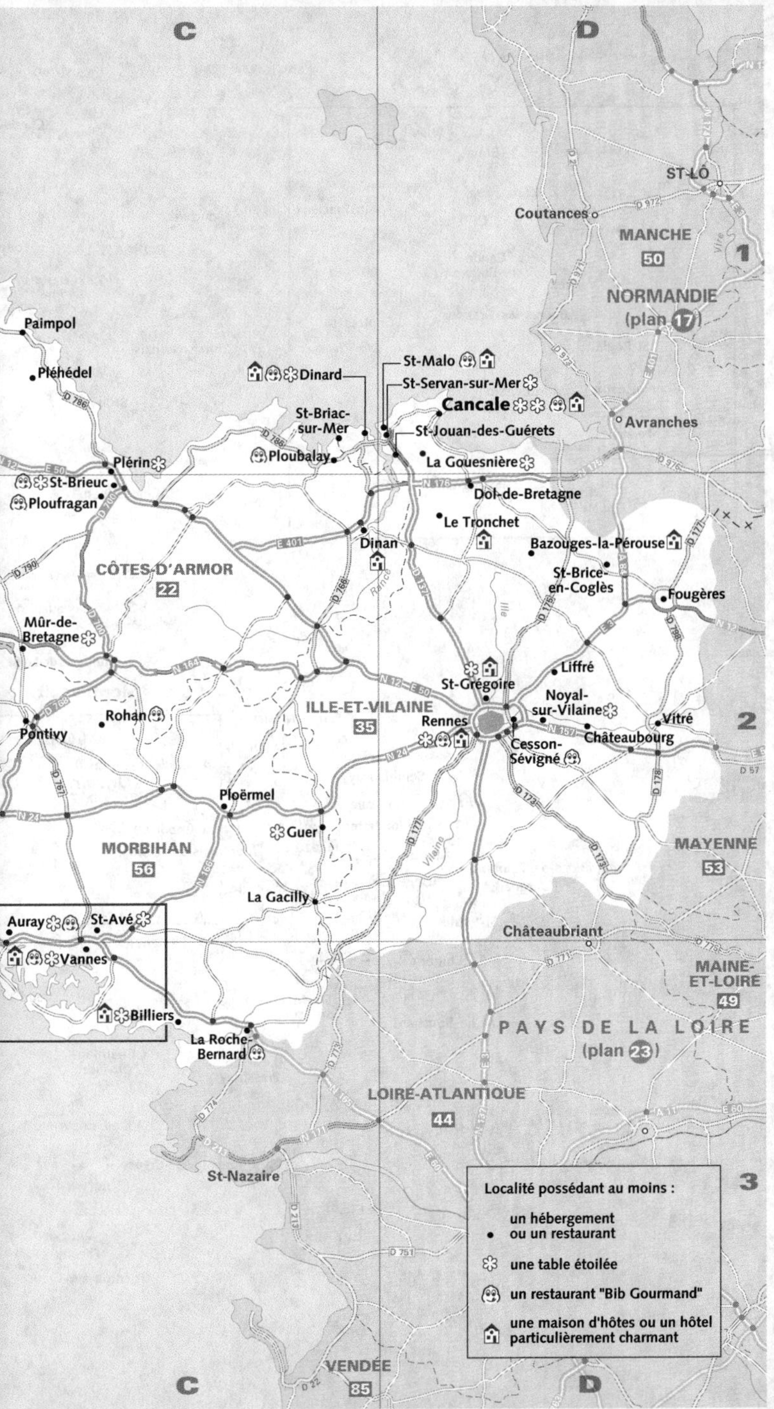
C
D
ST-LÔ
Coutances
MANCHE
50
NORMANDIE
(plan 17)
1
Paimpol
Pléhédel
Dinard
St-Malo
St-Servan-sur-Mer
Cancale
St-Briac-sur-Mer
Ploubalay
St-Jouan-des-Guérets
Avranches
La Gouesnière
Plérin
St-Brieuc
Ploufragan
Dol-de-Bretagne
Le Tronchet
Dinan
Bazouges-la-Pérouse
CÔTES-D'ARMOR
22
St-Brice-en-Coglès
Fougères
Mûr-de-Bretagne
Liffré
St-Grégoire
Noyal-sur-Vilaine
ILLE-ET-VILAINE
35
Rohan
Pontivy
Rennes
Vitré
Châteaubourg
2
Cesson-Sévigné
Ploërmel
Guer
MORBIHAN
56
MAYENNE
53
La Gacilly
Auray
St-Avé
Vannes
Châteaubriant
MAINE-ET-LOIRE
49
Billiers
La Roche-Bernard
PAYS DE LA LOIRE
(plan 23)
LOIRE-ATLANTIQUE
44
St-Nazaire
3
Localité possédant au moins :
un hébergement ou un restaurant
une table étoilée
un restaurant "Bib Gourmand"
une maison d'hôtes ou un hôtel particulièrement charmant
VENDÉE
85
C
D

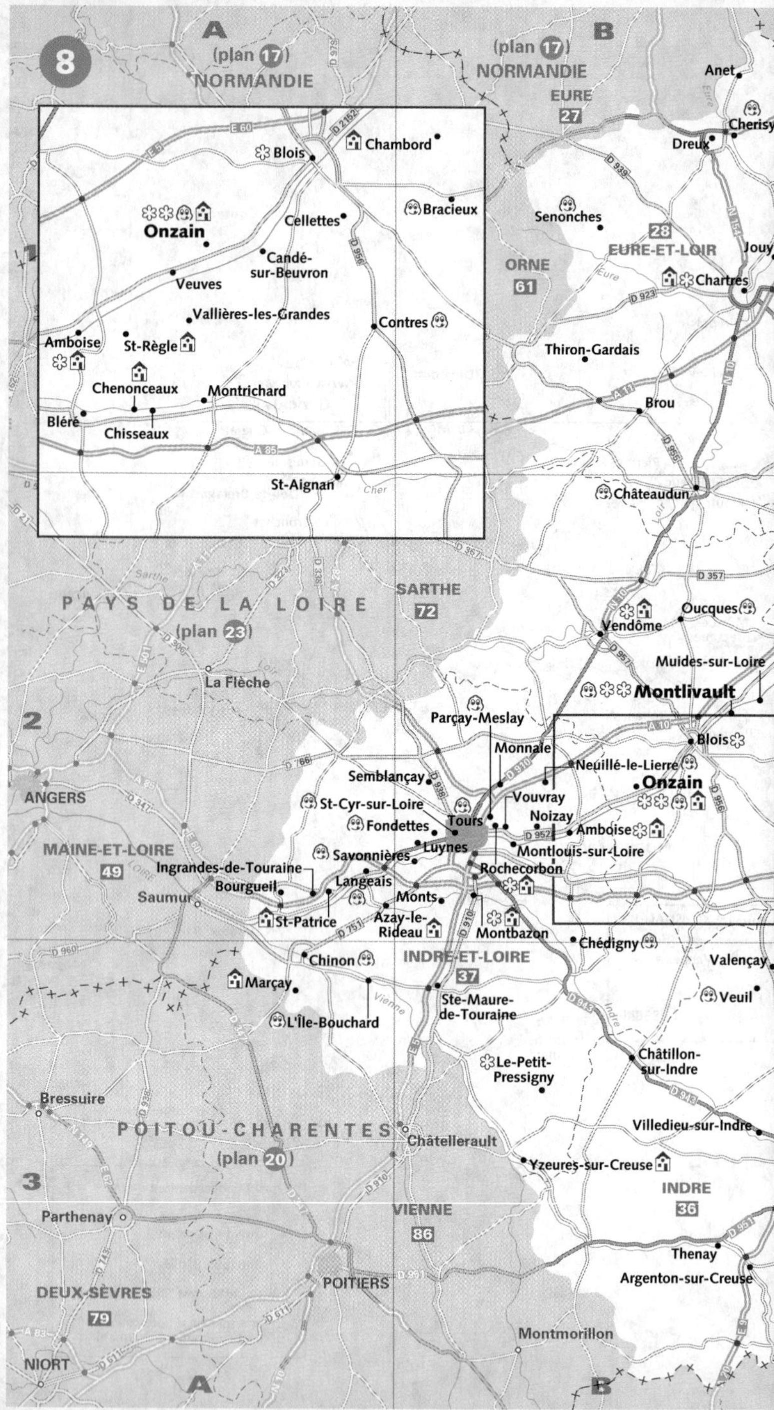
8
A
B
(plan 17)
NORMANDIE
(plan 17)
NORMANDIE
EURE
27
Anet
Cherisy
Dreux
Chambord
Blois
Bracieux
Cellettes
Onzain
Candé-sur-Beuvron
Veuves
Vallières-les-Grandes
Contres
Amboise
St-Règle
Chenonceaux
Montrichard
Bléré
Chisseaux
St-Aignan
Cher
Senonches
28
EURE-ET-LOIR
Jouy
ORNE
61
Chartres
Thiron-Gardais
Brou
Châteaudun
1
PAYS DE LA LOIRE
(plan 23)
SARTHE
72
La Flèche
Vendôme
Oucques
Muides-sur-Loire
Montlivault
2
Parçay-Meslay
Monnaie
Blois
Neuillé-le-Lierre
Onzain
ANGERS
Semblançay
St-Cyr-sur-Loire
Tours
Vouvray
Noizay
Fondettes
Amboise
Luynes
Montlouis-sur-Loire
MAINE-ET-LOIRE
49
Savonnières
Rochecorbon
Ingrandes-de-Touraine
Bourgueil
Langeais
Saumur
Monts
St-Patrice
Azay-le-Rideau
Montbazon
Chédigny
Chinon
INDRE-ET-LOIRE
37
Valençay
Marçay
Ste-Maure-de-Touraine
Veuil
L'Île-Bouchard
Le-Petit-Pressigny
Châtillon-sur-Indre
Bressuire
POITOU-CHARENTES
Châtellerault
Villedieu-sur-Indre
(plan 20)
Yzeures-sur-Creuse
3
INDRE
36
Parthenay
VIENNE
86
Thenay
Argenton-sur-Creuse
POITIERS
DEUX-SÈVRES
79
Montmorillon
NIORT
A
B

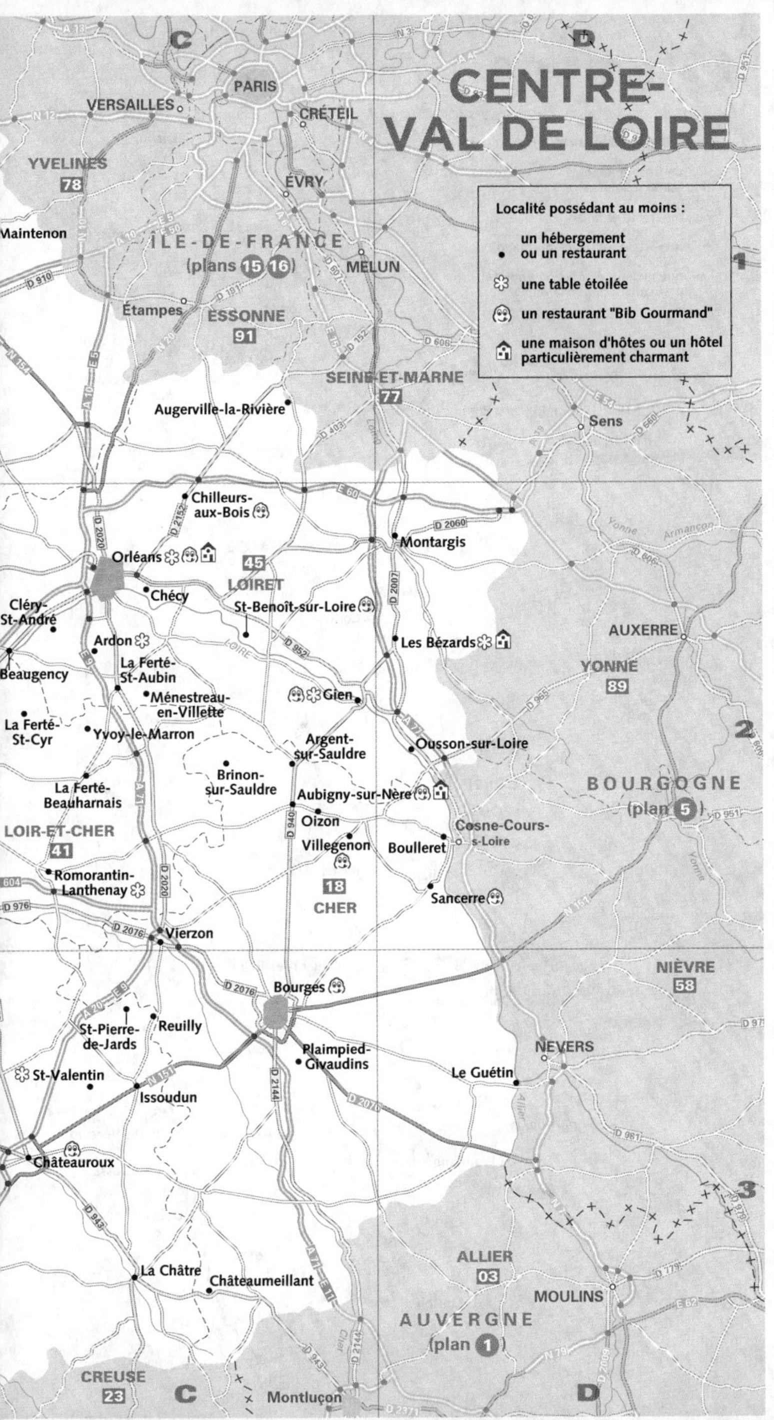
CENTRE-
VAL DE LOIRE
Localité possédant au moins :
un hébergement ou un restaurant
une table étoilée
un restaurant "Bib Gourmand"
une maison d'hôtes ou un hôtel particulièrement charmant
PARIS
VERSAILLES
CRÉTEIL
ÉVRY
MELUN
YVELINES
78
Maintenon
ÎLE-DE-FRANCE
(plans 15 16)
Étampes
ESSONNE
91
SEINE-ET-MARNE
77
Sens
Augerville-la-Rivière
Chilleurs-aux-Bois
Orléans
45
LOIRET
Montargis
Chécy
St-Benoît-sur-Loire
Cléry-St-André
Ardon
Beaugency
La Ferté-St-Aubin
Ménestreau-en-Villette
Les Bézards
AUXERRE
YONNE
89
Gien
La Ferté-St-Cyr
Yvoy-le-Marron
Argent-sur-Sauldre
Ousson-sur-Loire
Brinon-sur-Sauldre
La Ferté-Beauharnais
Aubigny-sur-Nère
BOURGOGNE
(plan 5)
LOIR-ET-CHER
41
Oizon
Villegenon
Boulleret
Cosne-Cours-s-Loire
Romorantin-Lanthenay
18
CHER
Sancerre
Vierzon
NIÈVRE
58
Bourges
St-Pierre-de-Jards
Reuilly
Plaimpied-Givaudins
NEVERS
St-Valentin
Issoudun
Le Guétin
Châteauroux
ALLIER
03
La Châtre
Châteaumeillant
MOULINS
AUVERGNE
(plan 1)
CREUSE
23
Montluçon
C
D
1
2
3

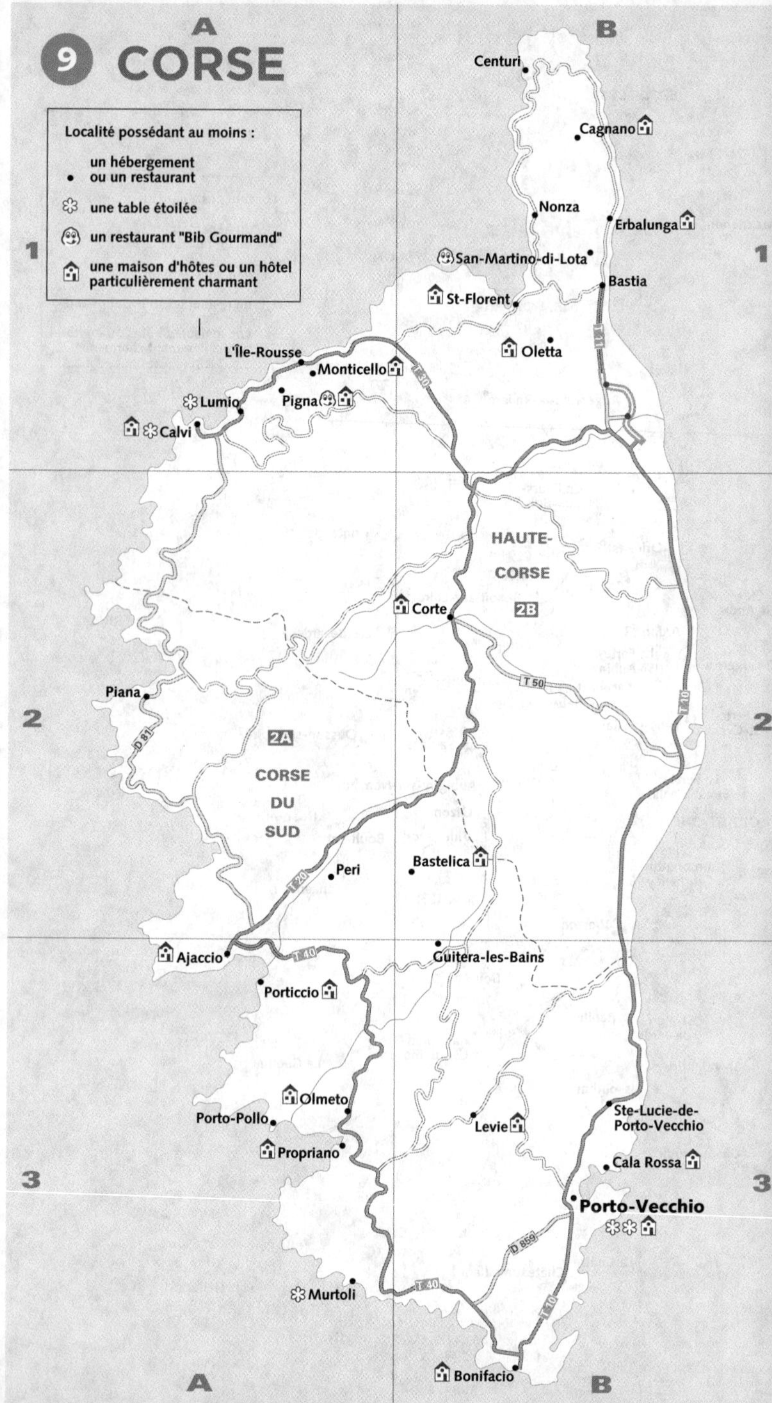
9 CORSE
A
B
1
2
3
Localité possédant au moins :
un hébergement ou un restaurant
une table étoilée
un restaurant "Bib Gourmand"
une maison d'hôtes ou un hôtel particulièrement charmant
Centuri
Cagnano
Nonza
Erbalunga
San-Martino-di-Lota
Bastia
St-Florent
Oletta
L'Île-Rousse
Monticello
Pigna
Lumio
Calvi
T 30
T 11
HAUTE-CORSE
2B
Corte
T 50
T 40
Piana
D 81
2A
CORSE DU SUD
Bastelica
Peri
T 20
Ajaccio
Guitera-les-Bains
Porticcio
Olmeto
Porto-Pollo
Propriano
Levie
Ste-Lucie-de-Porto-Vecchio
Cala Rossa
Porto-Vecchio
D 859
Murtoli
Bonifacio

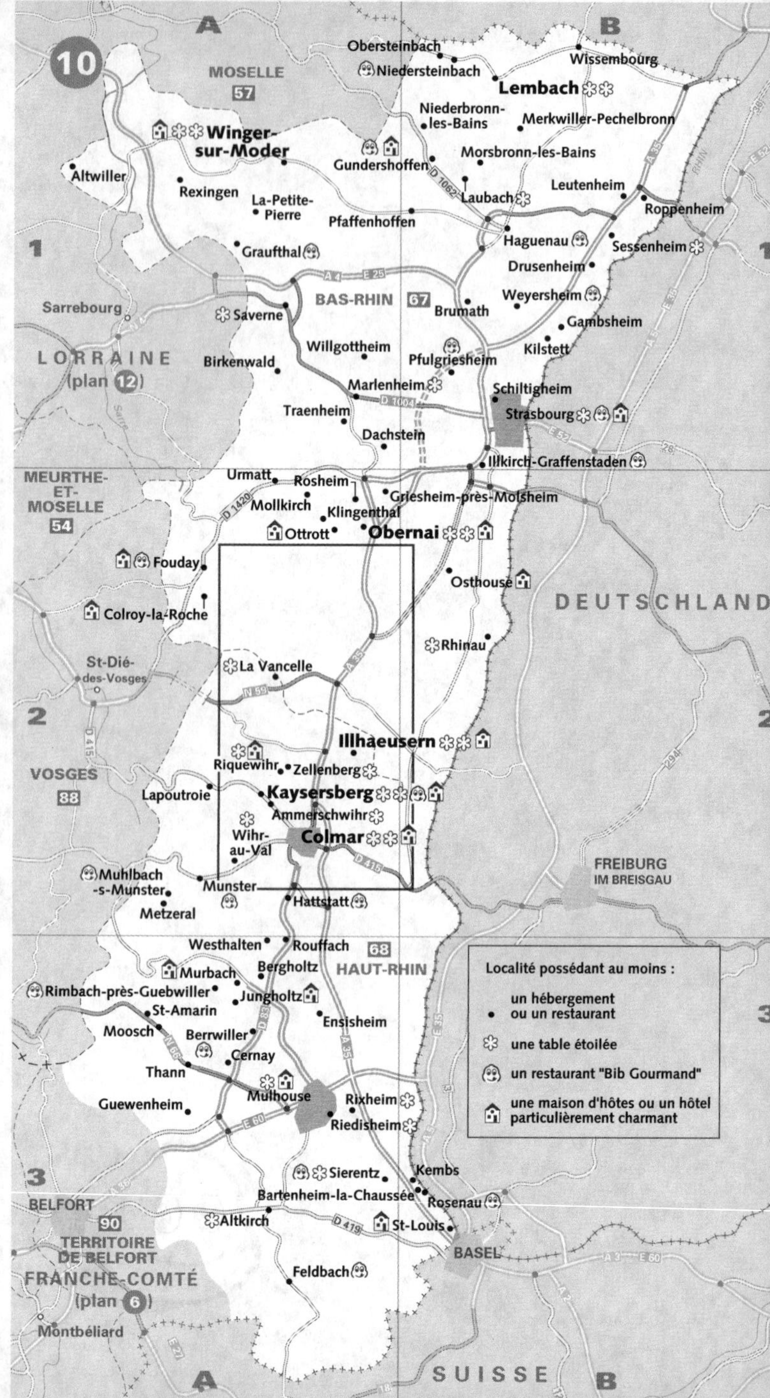
10
A
B
MOSELLE
57
Obersteinbach
Niedersteinbach
Wissembourg
Lembach
Niederbronn-les-Bains
Merkwiller-Pechelbronn
Winger-sur-Moder
Gundershoffen
Morsbronn-les-Bains
Altwiller
Rexingen
La-Petite-Pierre
Laubach
Leutenheim
Roppenheim
Pfaffenhoffen
Haguenau
Sessenheim
1
Graufthal
Drusenheim
BAS-RHIN
67
Weyersheim
Sarrebourg
Saverne
Brumath
Gambsheim
LORRAINE
(plan 12)
Willgottheim
Pfulgriesheim
Kilstett
Birkenwald
Marlenheim
Schiltigheim
Traenheim
Strasbourg
Dachstein
Illkirch-Graffenstaden
MEURTHE-ET-MOSELLE
54
Urmatt
Rosheim
Mollkirch
Griesheim-près-Molsheim
Klingenthal
Ottrott
Obernai
Fouday
Osthouse
DEUTSCHLAND
Colroy-la-Roche
Rhinau
St-Dié-des-Vosges
La Vancelle
2
Illhaeusern
Riquewihr
Zellenberg
VOSGES
88
Lapoutroie
Kaysersberg
Ammerschwihr
Wihr-au-Val
Colmar
FREIBURG IM BREISGAU
Muhlbach-s-Munster
Munster
Hattstatt
Metzeral
Westhalten
Rouffach
68
HAUT-RHIN
Murbach
Bergholtz
Rimbach-près-Guebwiller
Jungholtz
St-Amarin
Ensisheim
3
Moosch
Berrwiller
Cernay
Thann
Mulhouse
Rixheim
Guewenheim
Riedisheim
Sierentz
Kembs
Bartenheim-la-Chaussée
Rosenau
BELFORT
90
Altkirch
St-Louis
TERRITOIRE DE BELFORT
BASEL
FRANCHE-COMTÉ
(plan 6)
Feldbach
Montbéliard
SUISSE
Localité possédant au moins :
un hébergement ou un restaurant
une table étoilée
un restaurant "Bib Gourmand"
une maison d'hôtes ou un hôtel particulièrement charmant

GRAND EST
ALSACE

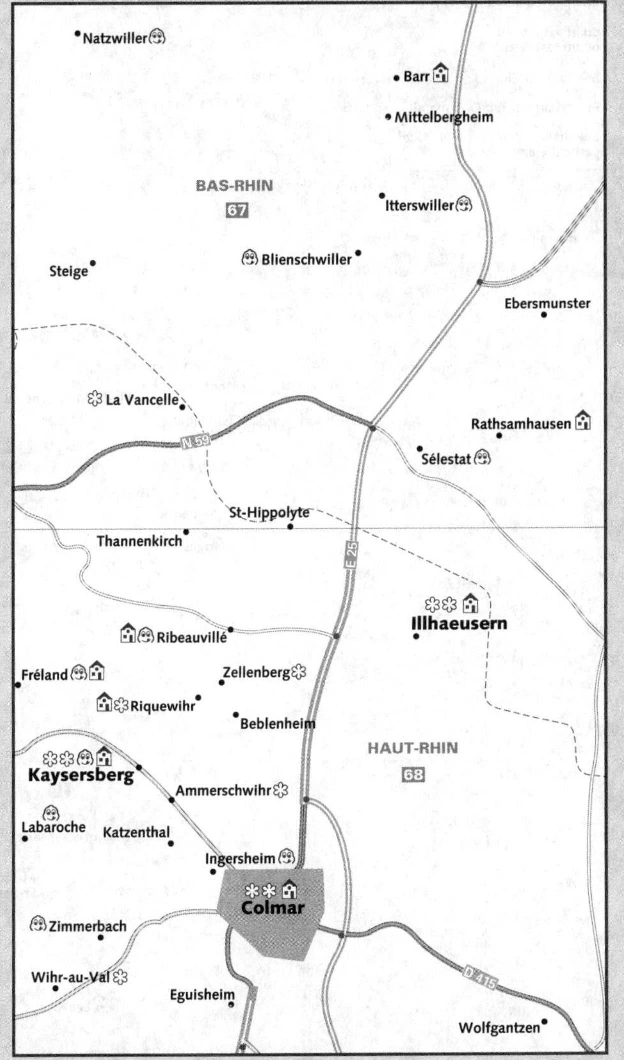

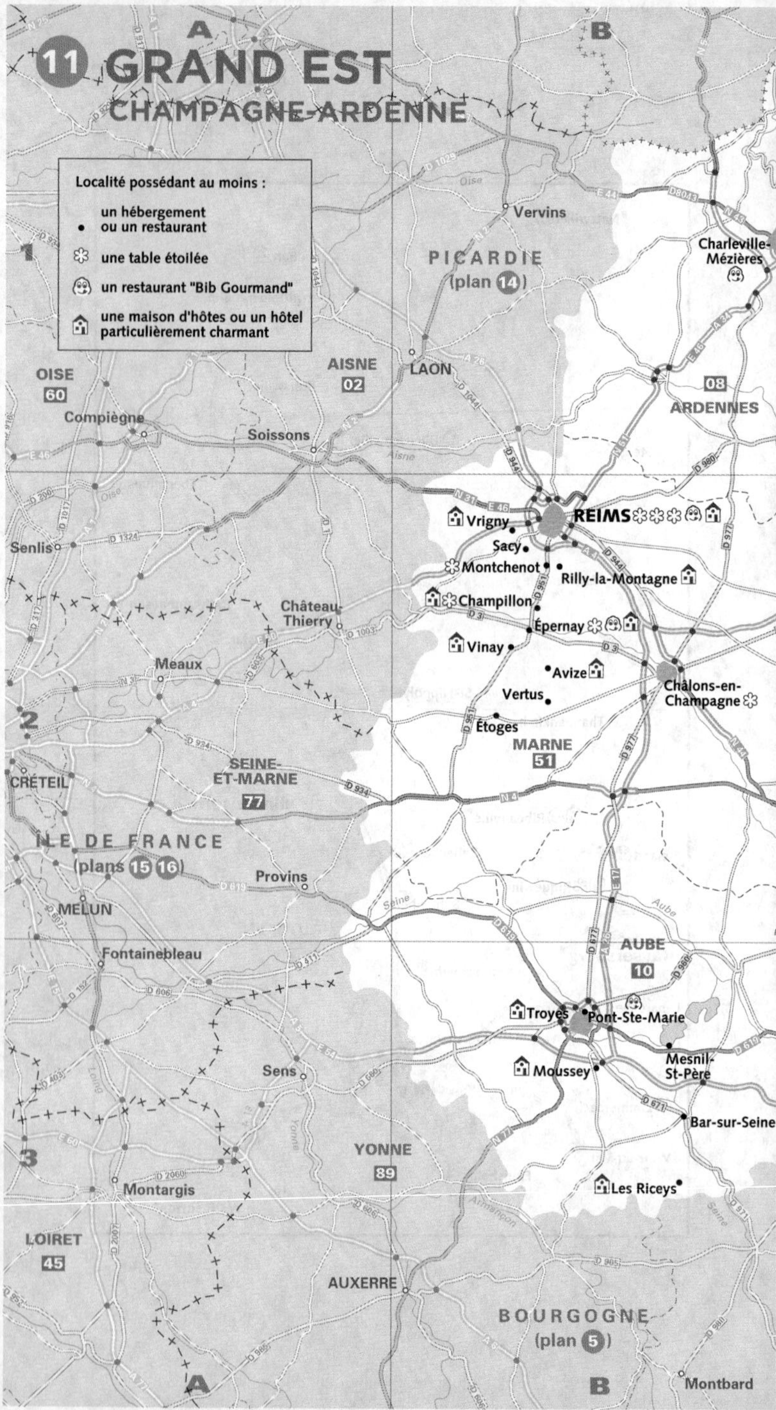

11 GRAND EST
CHAMPAGNE-ARDENNE
Localité possédant au moins :
un hébergement ou un restaurant
une table étoilée
un restaurant "Bib Gourmand"
une maison d'hôtes ou un hôtel particulièrement charmant
PICARDIE
(plan 14)
ÎLE DE FRANCE
(plans 15 16)
BOURGOGNE
(plan 5)
OISE 60
AISNE 02
ARDENNES 08
MARNE 51
SEINE-ET-MARNE 77
AUBE 10
YONNE 89
LOIRET 45
Vervins
Charleville-Mézières
LAON
Compiègne
Soissons
Senlis
REIMS
Vrigny
Sacy
Montchenot
Rilly-la-Montagne
Champillon
Château-Thierry
Épernay
Vinay
Meaux
Avize
Vertus
Châlons-en-Champagne
Étoges
CRÉTEIL
Provins
MELUN
Fontainebleau
Troyes
Pont-Ste-Marie
Mesnil-St-Père
Moussey
Sens
Bar-sur-Seine
Les Riceys
Montargis
AUXERRE
Montbard

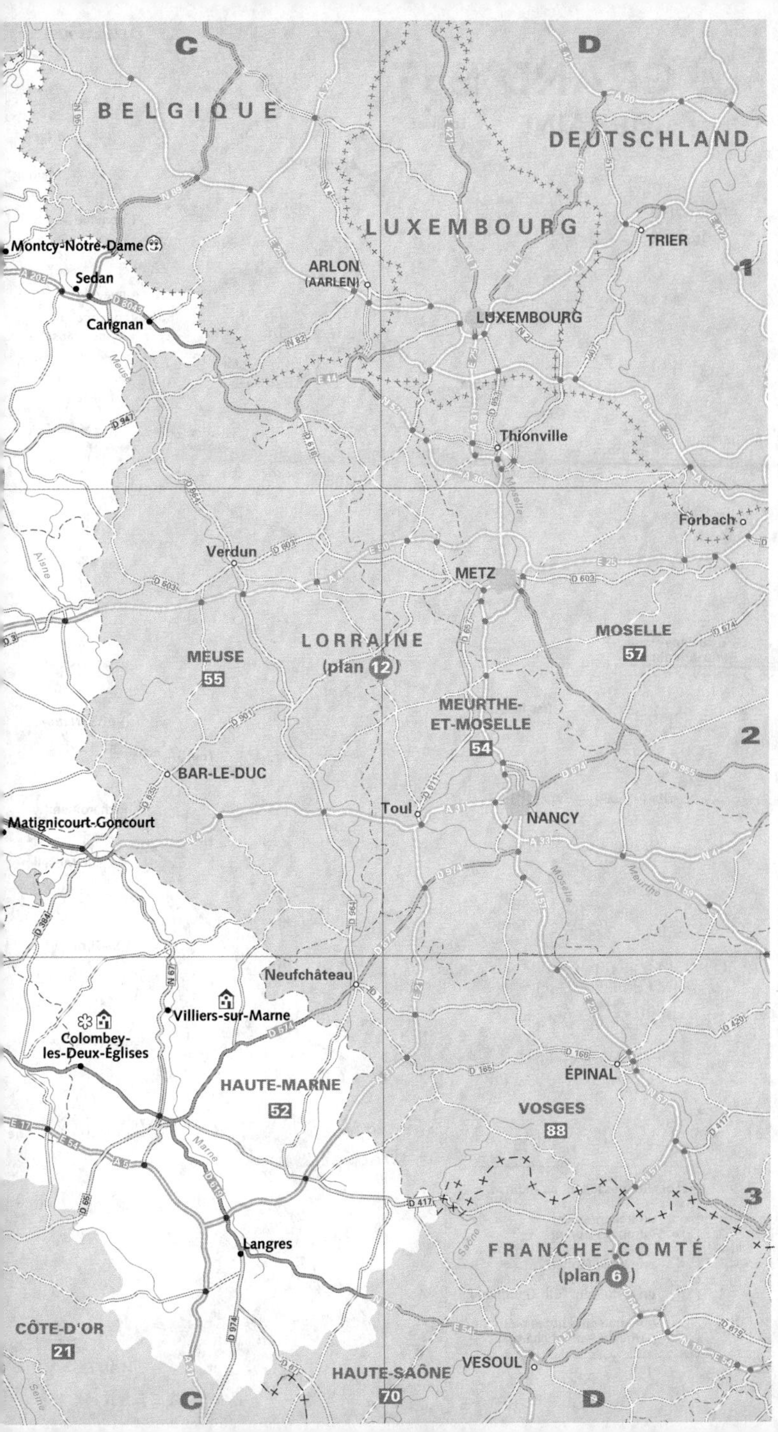
C
D
BELGIQUE
DEUTSCHLAND
LUXEMBOURG
Montcy-Notre-Dame
Sedan
Carignan
ARLON
(AARLEN)
TRIER
1
LUXEMBOURG
Thionville
Forbach
Verdun
METZ
LORRAINE
(plan 12)
MOSELLE
57
MEUSE
55
MEURTHE-
ET-MOSELLE
54
2
BAR-LE-DUC
Toul
NANCY
Matignicourt-Goncourt
Neufchâteau
Villiers-sur-Marne
Colombey-
les-Deux-Églises
HAUTE-MARNE
52
ÉPINAL
VOSGES
88
3
FRANCHE-COMTÉ
(plan 6)
Langres
CÔTE-D'OR
21
VESOUL
HAUTE-SAÔNE
70
C
D

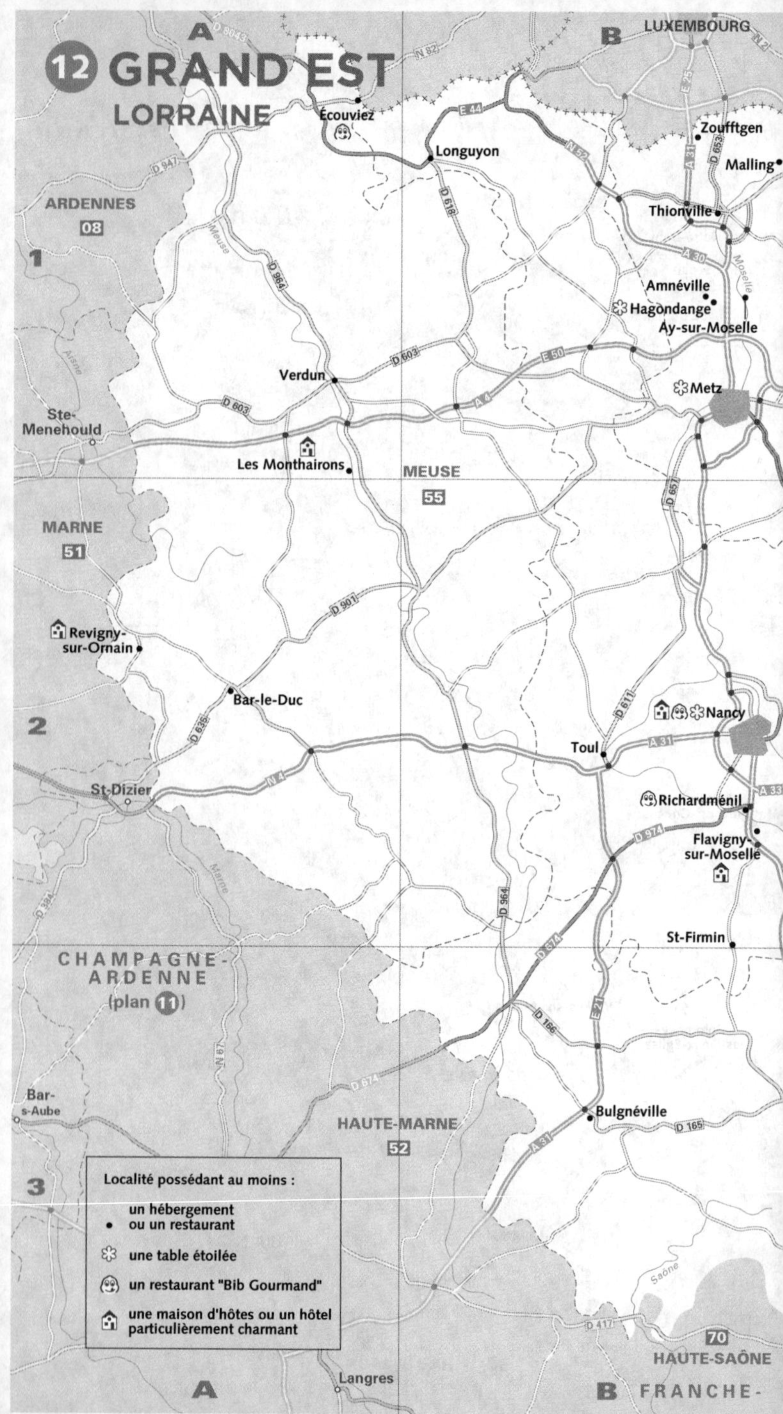

12 GRAND EST
LORRAINE
A
B
1
2
3
LUXEMBOURG
ARDENNES
08
Écouviez
Longuyon
Zoufftgen
Malling
Thionville
Amnéville
Hagondange
Ay-sur-Moselle
Metz
Verdun
Ste-Menehould
Les Monthairons
MEUSE
55
MARNE
51
Revigny-sur-Ornain
Bar-le-Duc
Nancy
Toul
St-Dizier
Richardménil
Flavigny-sur-Moselle
St-Firmin
CHAMPAGNE-ARDENNE
(plan 11)
Bar-s-Aube
HAUTE-MARNE
52
Bulgnéville
70
HAUTE-SAÔNE
Langres
FRANCHE-
Meuse
Aisne
Marne
Moselle
Saône
D 8043
N 82
E 44
N 52
E 25
A 31
D 653
N 2
D 947
D 918
D 964
A 30
E 50
D 603
A 4
D 657
D 901
D 611
D 635
N 4
A 31
A 33
D 974
D 384
D 674
E 21
D 166
N 67
D 165
D 417
Localité possédant au moins :
un hébergement ou un restaurant
une table étoilée
un restaurant "Bib Gourmand"
une maison d'hôtes ou un hôtel particulièrement charmant

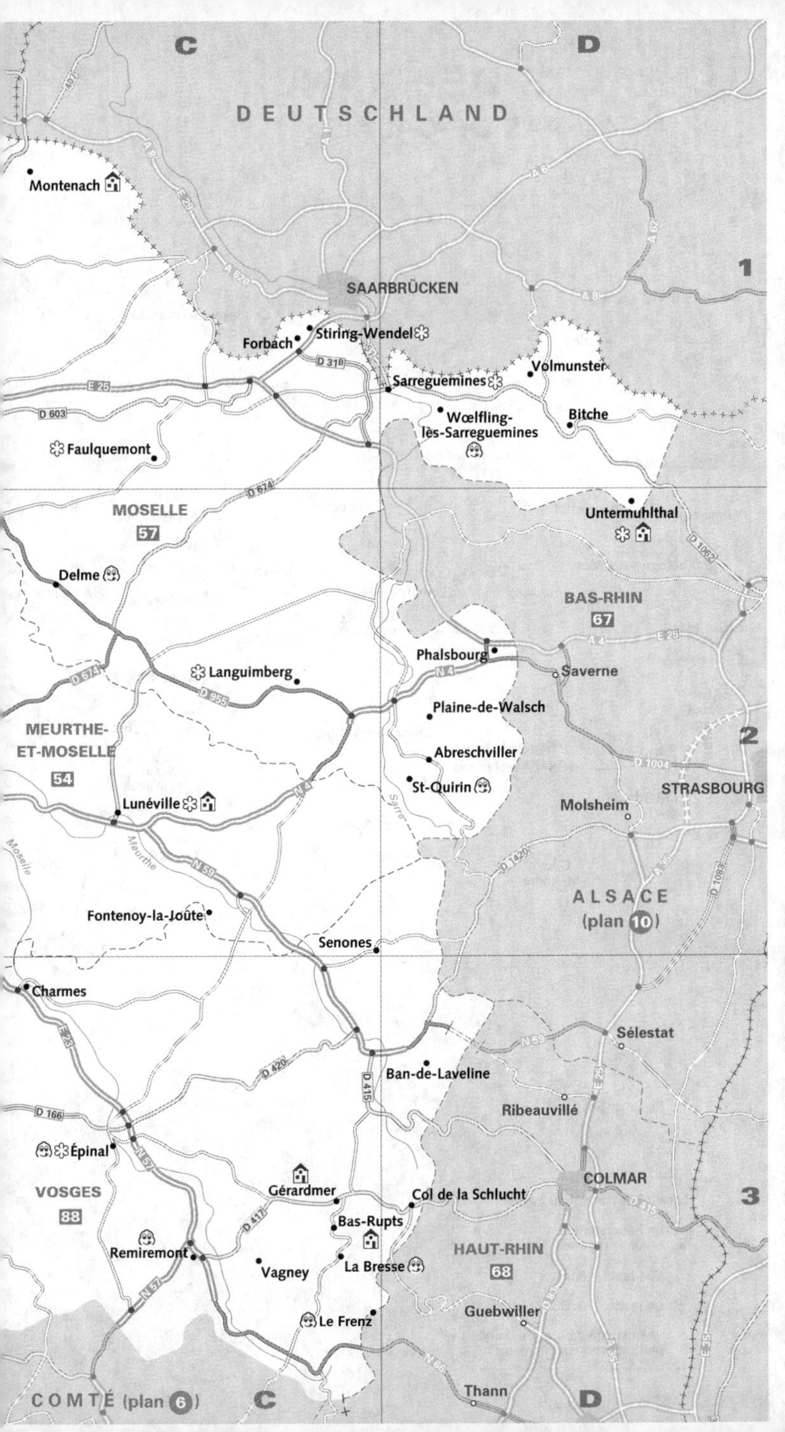
C
D
DEUTSCHLAND
Montenach
SAARBRÜCKEN
Stiring-Wendel
Forbach
Volmunster
Sarreguemines
Wœlfling-lès-Sarreguemines
Bitche
Faulquemont
MOSELLE
57
Untermuhlthal
Delme
BAS-RHIN
67
Phalsbourg
Saverne
Languimberg
Plaine-de-Walsch
MEURTHE-ET-MOSELLE
54
Abreschviller
St-Quirin
STRASBOURG
Molsheim
Lunéville
ALSACE
(plan 10)
Fontenoy-la-Joûte
Senones
Charmes
Sélestat
Ban-de-Laveline
Ribeauvillé
Épinal
VOSGES
88
Gérardmer
Col de la Schlucht
COLMAR
Bas-Rupts
Remiremont
La Bresse
Vagney
HAUT-RHIN
68
Le Frenz
Guebwiller
Thann
COMTÉ (plan 6)
1
2
3
A 8
A 6
A 620
E 29
A 1
A 62
E 25
D 603
D 31B
D 674
D 955
N 4
A 4
D 1062
D 1004
D 1420
A 35
D 1083
N 59
E 23
D 420
D 415
D 166
N 57
D 417
D 83
N 66
E 35
Moselle
Meurthe
Sarre

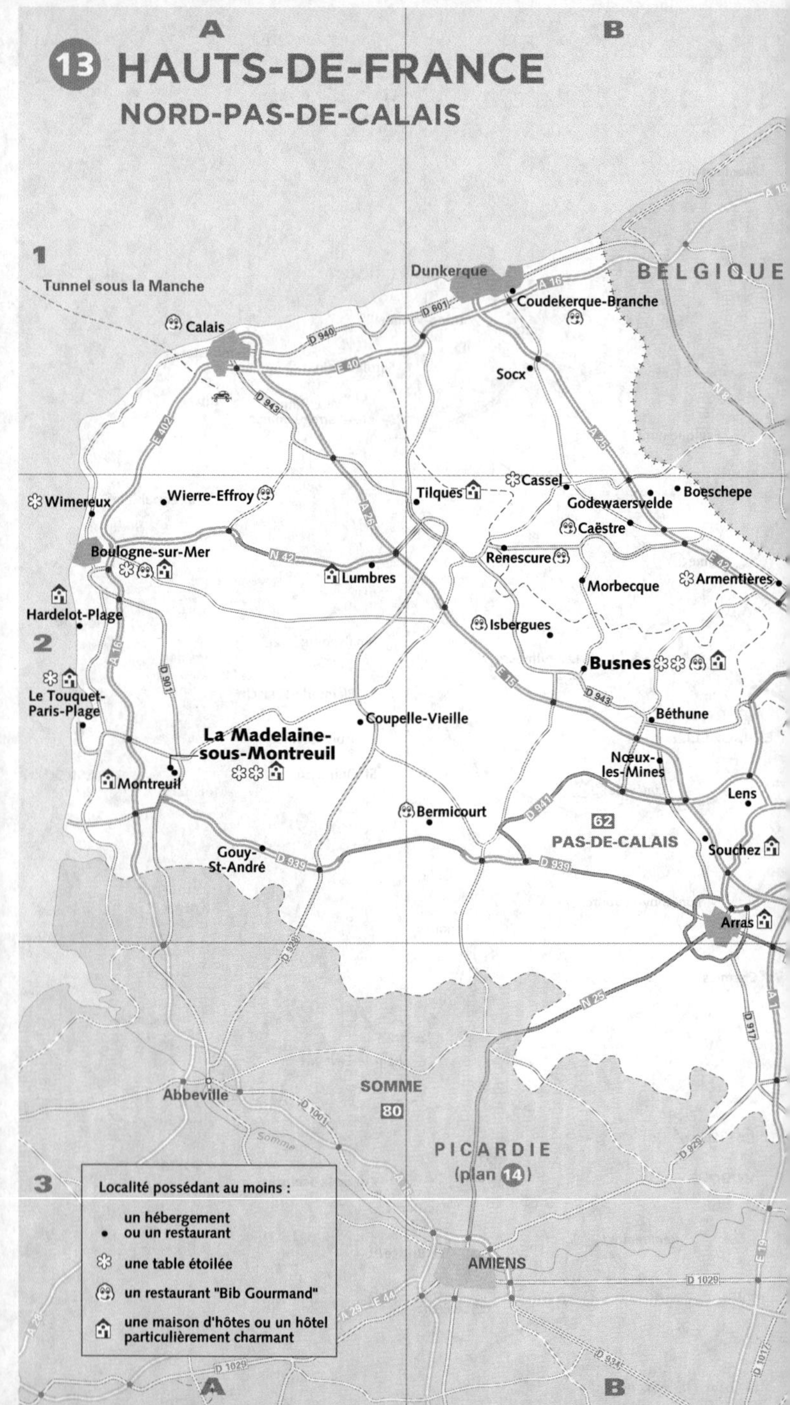

13 HAUTS-DE-FRANCE
NORD-PAS-DE-CALAIS
A
B
1
2
3
Tunnel sous la Manche
Calais
Dunkerque
Coudekerque-Branche
Socx
BELGIQUE
Wimereux
Wierre-Effroy
Tilques
Cassel
Godewaersvelde
Boeschepe
Caëstre
Boulogne-sur-Mer
Lumbres
Renescure
Morbecque
Armentières
Hardelot-Plage
Isbergues
Busnes
Le Touquet-Paris-Plage
Béthune
Coupelle-Vieille
La Madelaine-sous-Montreuil
Nœux-les-Mines
Montreuil
Lens
Bermicourt
62
PAS-DE-CALAIS
Gouy-St-André
Souchez
Arras
Abbeville
SOMME
80
PICARDIE
(plan 14)
AMIENS
Localité possédant au moins :
un hébergement ou un restaurant
une table étoilée
un restaurant "Bib Gourmand"
une maison d'hôtes ou un hôtel particulièrement charmant

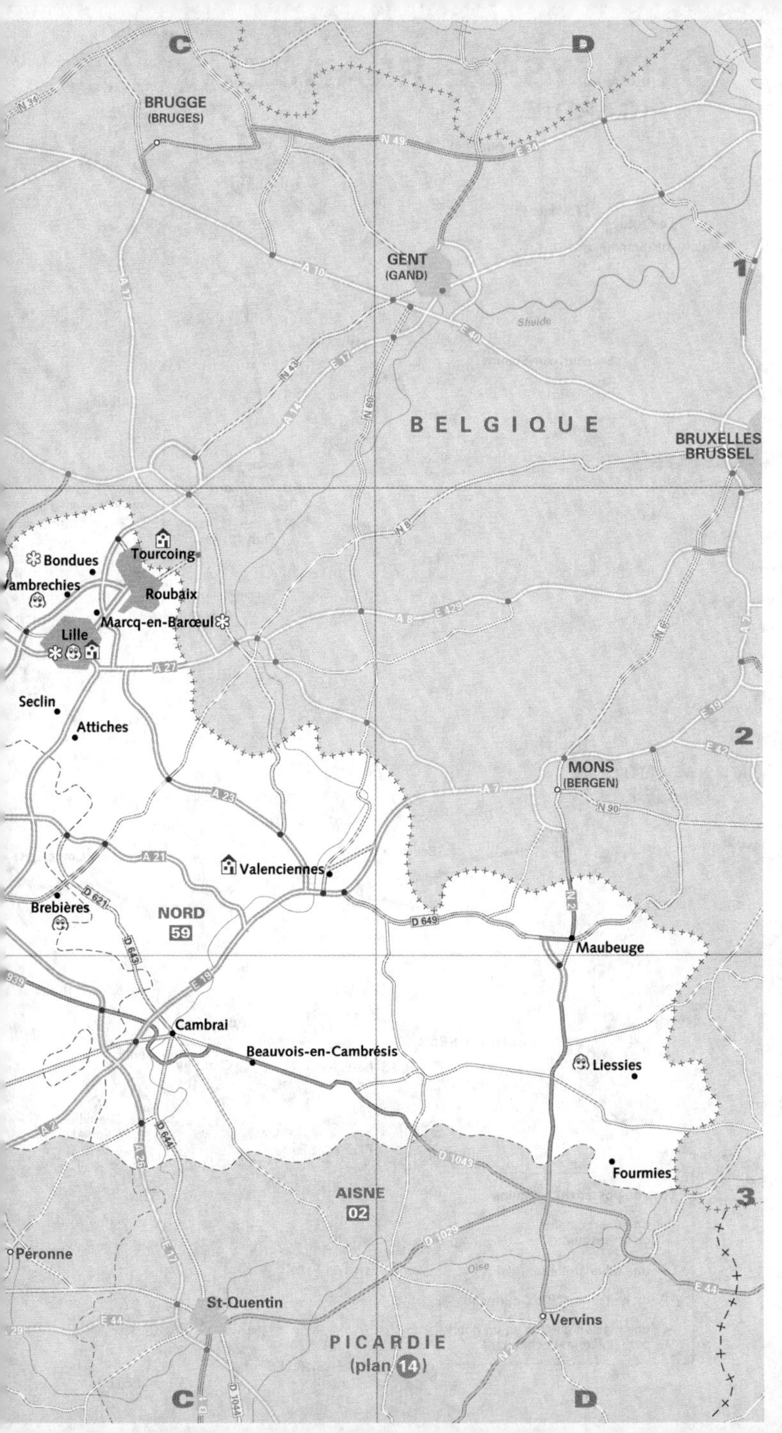

C
D
BRUGGE
(BRUGES)
GENT
(GAND)
BELGIQUE
BRUXELLES
BRUSSEL
Sheide
1
2
3
Bondues
Tourcoing
Wambrechies
Roubaix
Marcq-en-Barœul
Lille
Seclin
Attiches
MONS
(BERGEN)
Valenciennes
Brebières
NORD
59
Maubeuge
Cambrai
Beauvois-en-Cambrésis
Liessies
Fourmies
AISNE
02
Péronne
Oise
St-Quentin
Vervins
PICARDIE
(plan 14)
C
D

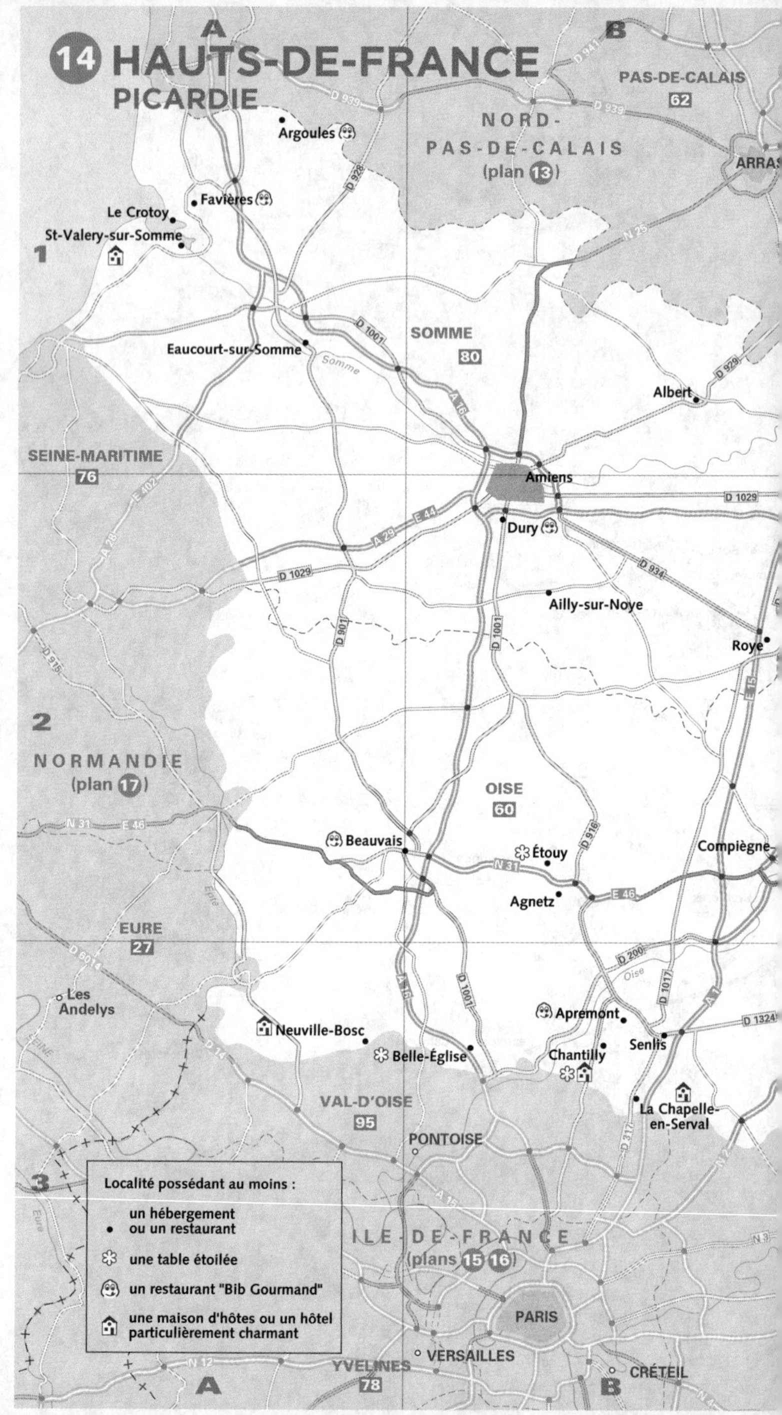
14 HAUTS-DE-FRANCE
PICARDIE
A
B
1
2
3
NORD-PAS-DE-CALAIS
(plan 13)
PAS-DE-CALAIS
62
ARRAS
Argoules
Favières
Le Crotoy
St-Valery-sur-Somme
Eaucourt-sur-Somme
Somme
SOMME
80
Albert
SEINE-MARITIME
76
Amiens
Dury
Ailly-sur-Noye
Roye
NORMANDIE
(plan 17)
OISE
60
Beauvais
Étouy
Agnetz
Compiègne
EURE
27
Les Andelys
Seine
Neuville-Bosc
Belle-Église
Apremont
Chantilly
Senlis
La Chapelle-en-Serval
VAL-D'OISE
95
PONTOISE
ILE-DE-FRANCE
(plans 15 16)
PARIS
VERSAILLES
YVELINES
78
CRÉTEIL
Localité possédant au moins :
un hébergement ou un restaurant
une table étoilée
un restaurant "Bib Gourmand"
une maison d'hôtes ou un hôtel particulièrement charmant

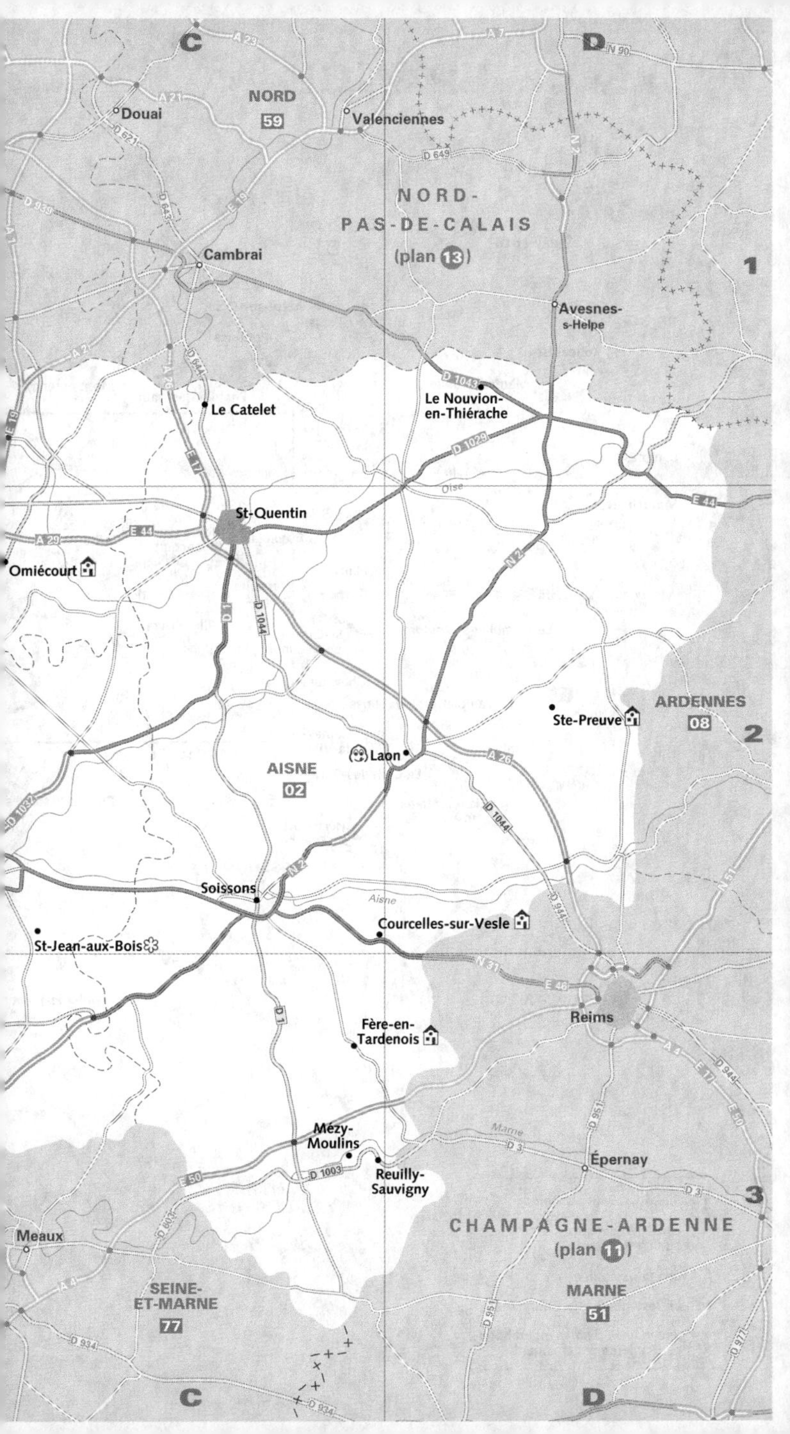
C
D
NORD
59
Douai
Valenciennes
NORD-
PAS-DE-CALAIS
(plan 13)
1
Cambrai
Avesnes-
s-Helpe
Le Catelet
Le Nouvion-
en-Thiérache
St-Quentin
Omiécourt
ARDENNES
08
Ste-Preuve
2
Laon
AISNE
02
Soissons
Courcelles-sur-Vesle
St-Jean-aux-Bois
Reims
Fère-en-
Tardenois
Mézy-
Moulins
Reuilly-
Sauvigny
Épernay
3
CHAMPAGNE-ARDENNE
(plan 11)
Meaux
SEINE-
ET-MARNE
77
MARNE
51
C
D

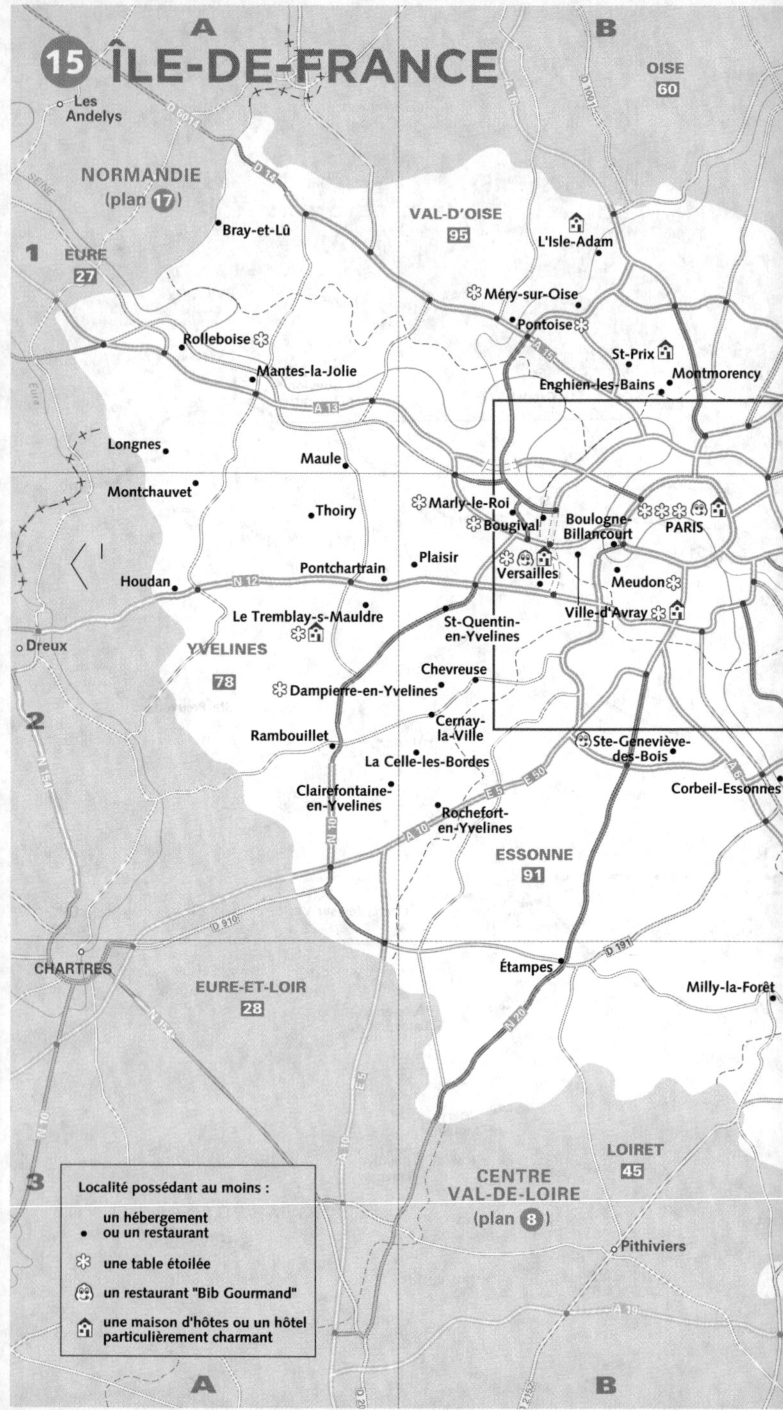
15 ÎLE-DE-FRANCE
A
B
1
2
3
Les Andelys
NORMANDIE
(plan 17)
EURE
27
OISE
60
VAL-D'OISE
95
Bray-et-Lû
L'Isle-Adam
Méry-sur-Oise
Pontoise
Rolleboise
St-Prix
Montmorency
Enghien-les-Bains
Mantes-la-Jolie
A 13
Longnes
Maule
Montchauvet
Marly-le-Roi
Thoiry
Bougival
Boulogne-Billancourt
PARIS
Plaisir
Versailles
Meudon
Pontchartrain
Houdan
N 12
Le Tremblay-s-Mauldre
Ville-d'Avray
St-Quentin-en-Yvelines
Dreux
YVELINES
78
Chevreuse
Dampierre-en-Yvelines
Cernay-la-Ville
Rambouillet
Ste-Geneviève-des-Bois
La Celle-les-Bordes
Clairefontaine-en-Yvelines
Corbeil-Essonnes
Rochefort-en-Yvelines
ESSONNE
91
D 910
D 191
CHARTRES
Étampes
EURE-ET-LOIR
28
Milly-la-Forêt
LOIRET
45
CENTRE
VAL-DE-LOIRE
(plan 8)
Pithiviers
A 19
Localité possédant au moins :
un hébergement ou un restaurant
une table étoilée
un restaurant "Bib Gourmand"
une maison d'hôtes ou un hôtel particulièrement charmant

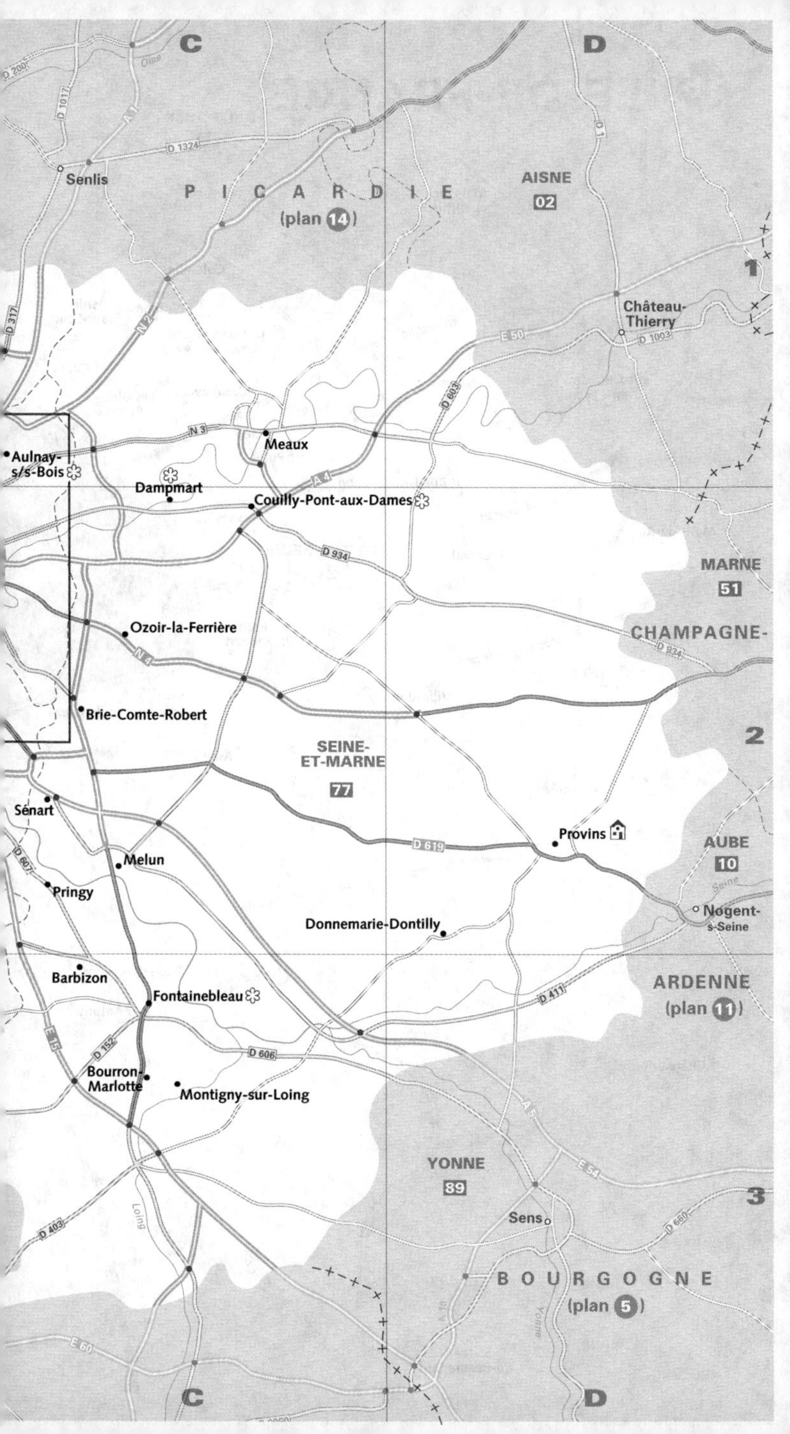

C
D
Senlis
PICARDIE
(plan 14)
AISNE
02
1
Château-Thierry
D 1003
E 50
D 1324
D 1017
D 200
A 1
Oise
D 1
D 317
N 2
N 3
D 603
Meaux
Aulnay-s/s-Bois
Dampmart
A 4
Couilly-Pont-aux-Dames
D 934
MARNE
51
CHAMPAGNE-
Ozoir-la-Ferrière
N 4
Brie-Comte-Robert
2
SEINE-ET-MARNE
77
Sénart
Provins
D 619
AUBE
10
Melun
D 607
Pringy
Seine
Nogent-s-Seine
Donnemarie-Dontilly
Barbizon
ARDENNE
(plan 11)
Fontainebleau
D 411
E 15
D 152
D 606
Bourron-Marlotte
Montigny-sur-Loing
A 5
YONNE
89
E 54
3
Loing
D 403
Sens
D 660
BOURGOGNE
(plan 5)
Yonne
A 19
E 60

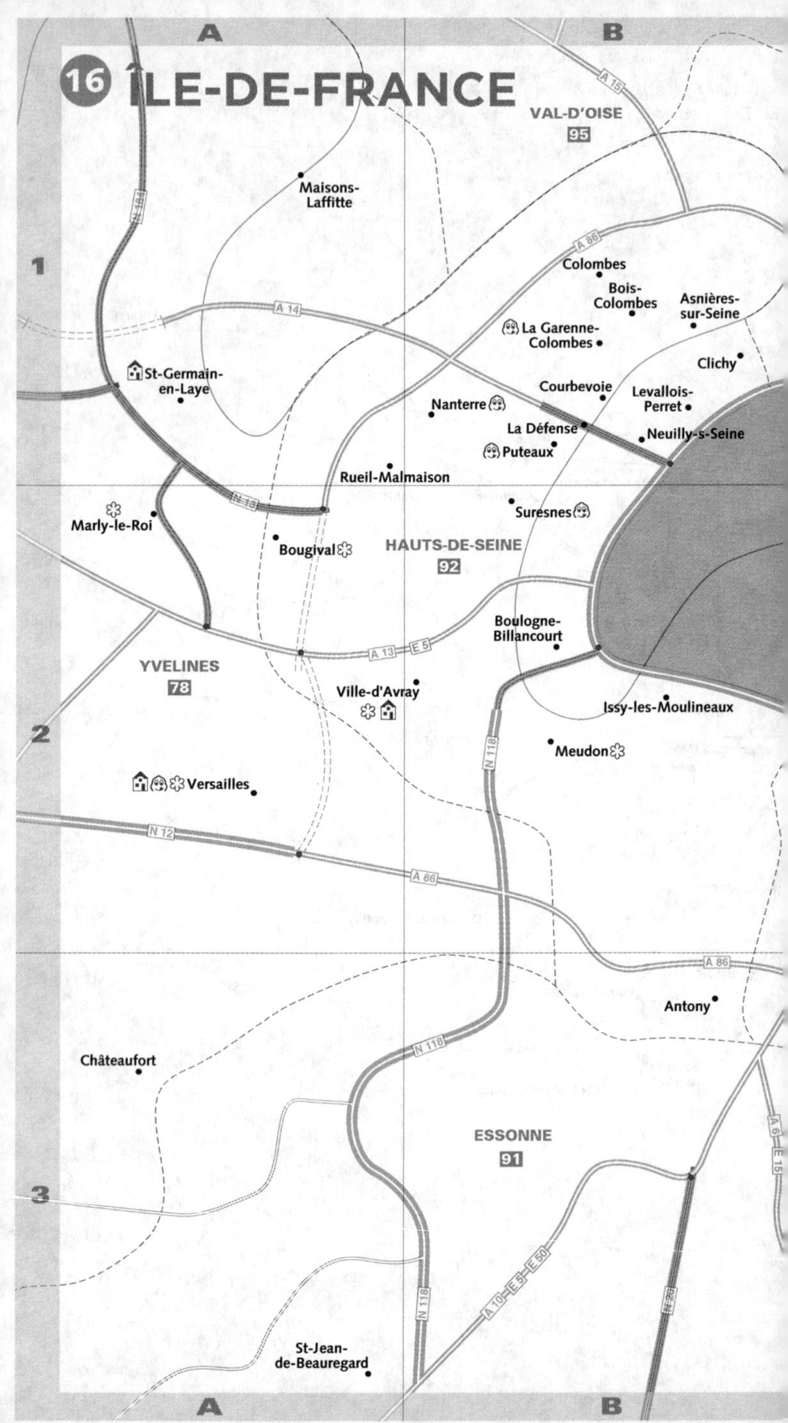

A
B
16 ÎLE-DE-FRANCE
VAL-D'OISE
95
A 15
Maisons-
Laffitte
N 184
1
A 86
Colombes
Bois-
Colombes
Asnières-
sur-Seine
A 14
La Garenne-
Colombes
Clichy
St-Germain-
en-Laye
Courbevoie
Levallois-
Perret
Nanterre
La Défense
Neuilly-s-Seine
Puteaux
Rueil-Malmaison
N 13
Suresnes
Marly-le-Roi
Bougival
HAUTS-DE-SEINE
92
Boulogne-
Billancourt
A 13
E 5
YVELINES
78
Ville-d'Avray
Issy-les-Moulineaux
2
N 118
Meudon
Versailles
N 12
A 86
A 86
Antony
Châteaufort
N 118
ESSONNE
91
A 6
E 15
3
A 10
E 5
E 50
N 118
N 20
St-Jean-
de-Beauregard
A
B

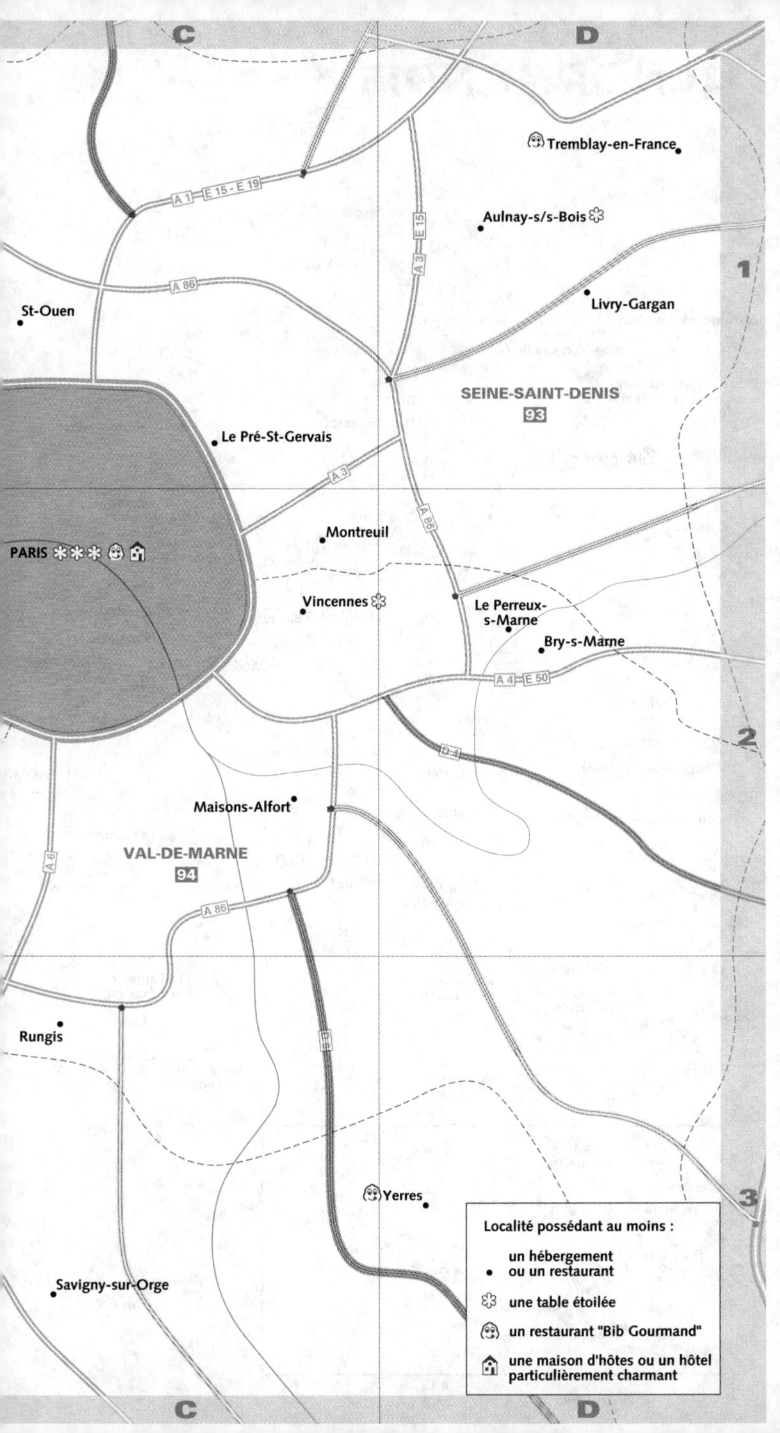
C
D
Tremblay-en-France
A 1
E 15 - E 19
Aulnay-s/s-Bois
E 15
A 3
1
A 86
Livry-Gargan
St-Ouen
SEINE-SAINT-DENIS
93
Le Pré-St-Gervais
A 3
A 86
Montreuil
PARIS
Vincennes
Le Perreux-s-Marne
Bry-s-Marne
A 4
E 50
D 4
2
Maisons-Alfort
VAL-DE-MARNE
94
A 6
A 86
Rungis
Yerres
3
Savigny-sur-Orge
Localité possédant au moins :
un hébergement ou un restaurant
une table étoilée
un restaurant "Bib Gourmand"
une maison d'hôtes ou un hôtel particulièrement charmant
C
D

17 NORMANDIE

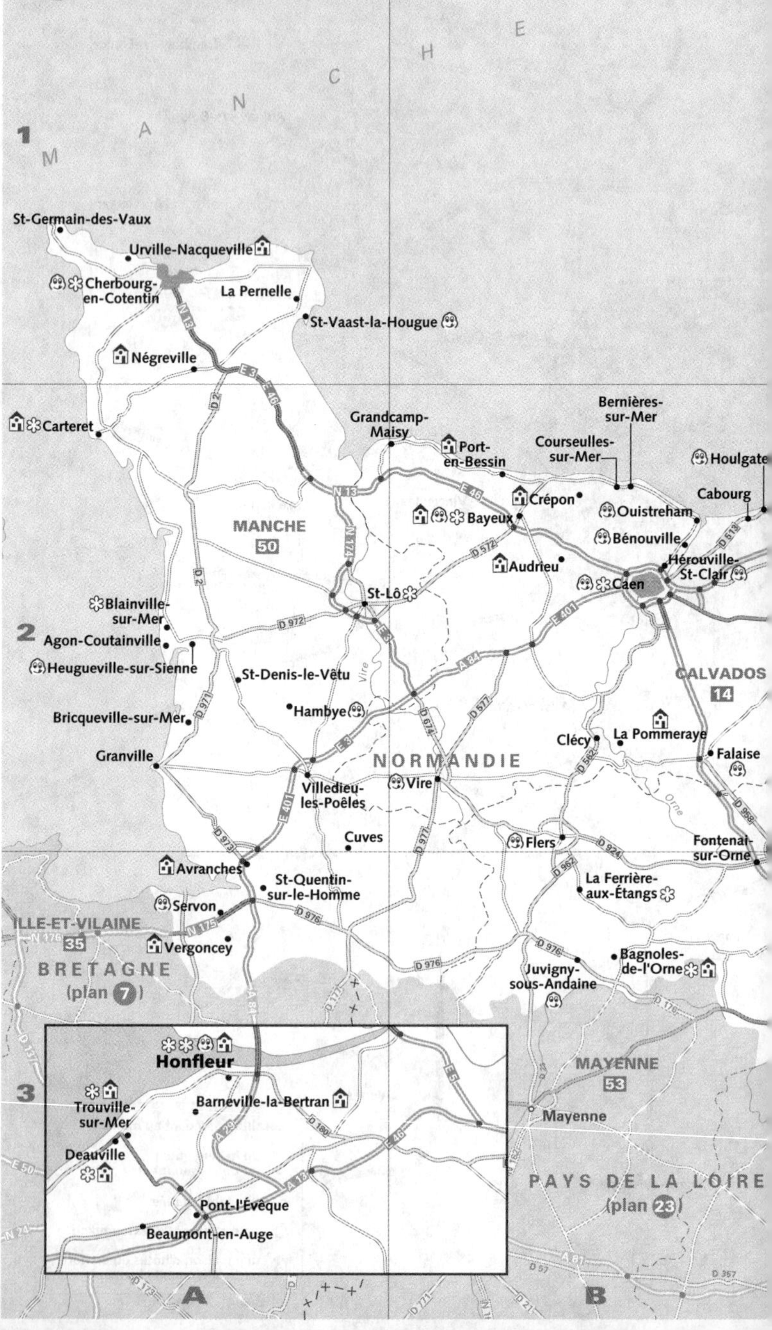

A B

1 2 3

MANCHE

St-Germain-des-Vaux
Urville-Nacqueville
Cherbourg-en-Cotentin
La Pernelle
St-Vaast-la-Hougue
Négreville
Carteret
Grandcamp-Maisy
Port-en-Bessin
Courseulles-sur-Mer
Bernières-sur-Mer
Houlgate
Cabourg
Crépon
Bayeux
Ouistreham
Bénouville
Audrieu
Hérouville-St-Clair
Caen
MANCHE 50
St-Lô
Blainville-sur-Mer
Agon-Coutainville
Heugueville-sur-Sienne
St-Denis-le-Vêtu
Hambye
Bricqueville-sur-Mer
CALVADOS 14
La Pommeraye
Clécy
Falaise
Granville
NORMANDIE
Villedieu-les-Poêles
Vire
Cuves
Flers
Fontenai-sur-Orne
Avranches
St-Quentin-sur-le-Homme
La Ferrière-aux-Étangs
Servon
ILLE-ET-VILAINE 35
Vergoncey
BRETAGNE (plan 7)
Juvigny-sous-Andaine
Bagnoles-de-l'Orne
Honfleur
Barneville-la-Bertran
Trouville-sur-Mer
Deauville
Pont-l'Évêque
Beaumont-en-Auge
MAYENNE 53
Mayenne
PAYS DE LA LOIRE (plan 23)

A B

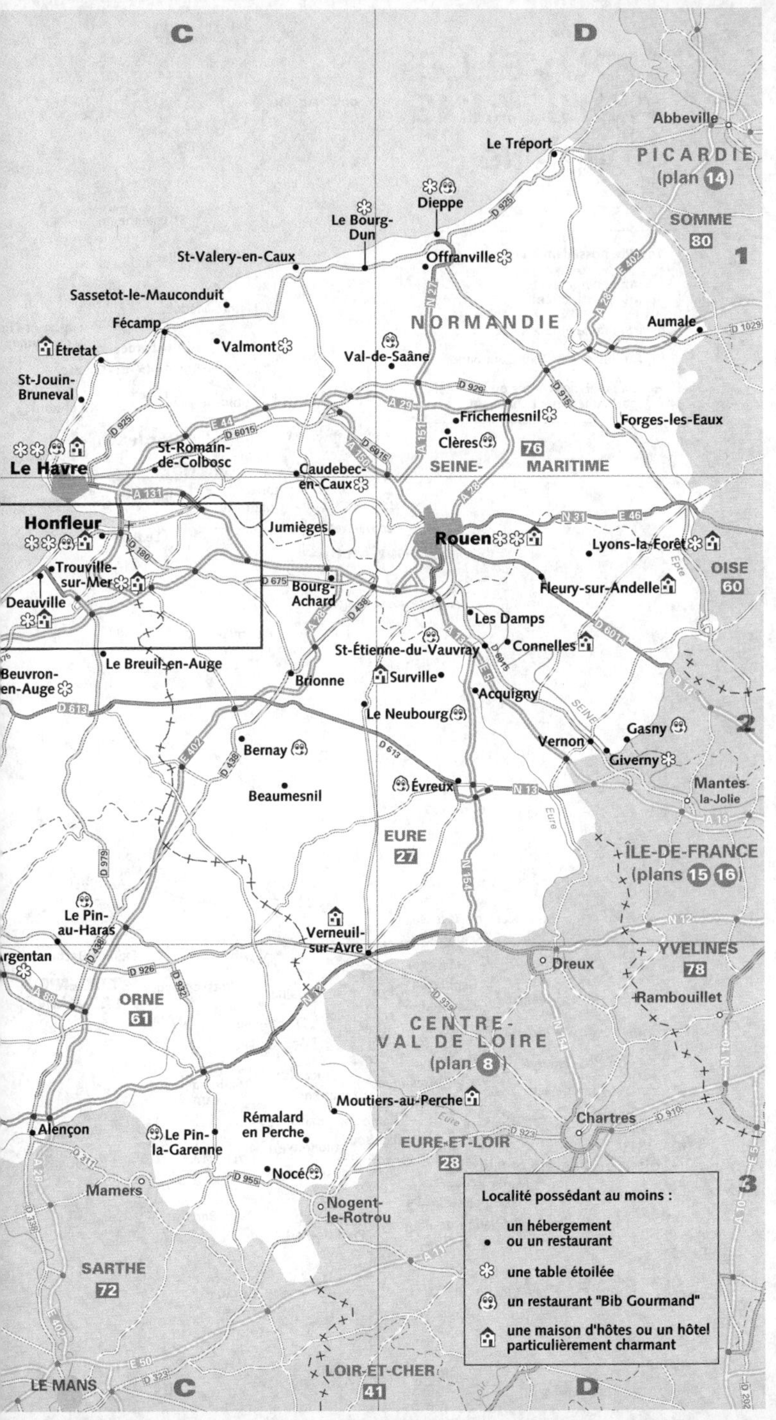

C
D
Abbeville
Le Tréport
PICARDIE
(plan 14)
Dieppe
Le Bourg-Dun
SOMME
80
1
St-Valery-en-Caux
Offranville
Sassetot-le-Mauconduit
NORMANDIE
Aumale
Fécamp
Étretat
Valmont
Val-de-Saâne
St-Jouin-Bruneval
Frichemesnil
Forges-les-Eaux
Clères
76
Le Havre
St-Romain-de-Colbosc
Caudebec-en-Caux
SEINE-
MARITIME
Honfleur
Jumièges
Rouen
Lyons-la-Forêt
OISE
60
Trouville-sur-Mer
Bourg-Achard
Fleury-sur-Andelle
Deauville
Les Damps
St-Étienne-du-Vauvray
Connelles
Le Breuil-en-Auge
Beuvron-en-Auge
Brionne
Surville
Acquigny
Le Neubourg
Gasny
2
Vernon
Bernay
Giverny
Mantes-la-Jolie
Beaumesnil
Évreux
EURE
27
ÎLE-DE-FRANCE
(plans 15 16)
Le Pin-au-Haras
Verneuil-sur-Avre
YVELINES
78
Argentan
Dreux
Rambouillet
ORNE
61
CENTRE-VAL DE LOIRE
(plan 8)
Moutiers-au-Perche
Rémalard en Perche
Chartres
Alençon
Le Pin-la-Garenne
EURE-ET-LOIR
28
Nocé
Mamers
Nogent-le-Rotrou
3
SARTHE
72
LOIR-ET-CHER
41
LE MANS
C
D
Localité possédant au moins :
un hébergement ou un restaurant
une table étoilée
un restaurant "Bib Gourmand"
une maison d'hôtes ou un hôtel particulièrement charmant

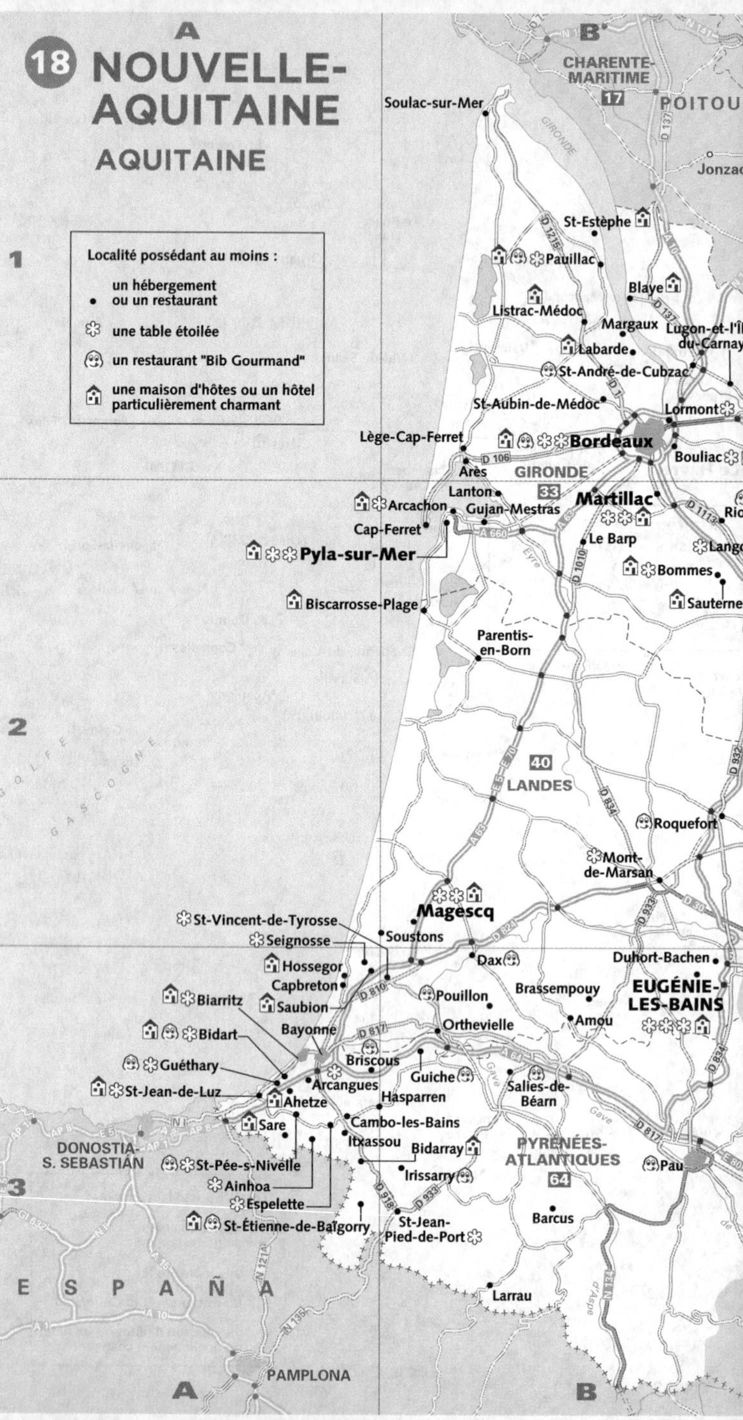

18 NOUVELLE-AQUITAINE
AQUITAINE
A
B
1
2
3
Localité possédant au moins :
• un hébergement ou un restaurant
une table étoilée
un restaurant "Bib Gourmand"
une maison d'hôtes ou un hôtel particulièrement charmant
CHARENTE-MARITIME
17
POITOU
Jonzac
GIRONDE
Soulac-sur-Mer
St-Estèphe
Pauillac
Blaye
Listrac-Médoc
Margaux
Lugon-et-l'Île-du-Carnay
Labarde
St-André-de-Cubzac
St-Aubin-de-Médoc
Lormont
Lège-Cap-Ferret
Bordeaux
Bouliac
Arès
GIRONDE
33
Lanton
Martillac
Arcachon
Gujan-Mestras
Cap-Ferret
Le Barp
Pyla-sur-Mer
Langon
Bommes
Sauternes
Biscarrosse-Plage
Parentis-en-Born
GOLFE DE GASCOGNE
40
LANDES
Roquefort
Mont-de-Marsan
Magescq
St-Vincent-de-Tyrosse
Soustons
Seignosse
Hossegor
Dax
Duhort-Bachen
Capbreton
Brassempouy
EUGÉNIE-LES-BAINS
Biarritz
Saubion
Pouillon
Amou
Bidart
Bayonne
Orthevielle
Guéthary
Briscous
Guiche
St-Jean-de-Luz
Arcangues
Salies-de-Béarn
Ahetze
Hasparren
Sare
Cambo-les-Bains
DONOSTIA-S. SEBASTIÁN
Itxassou
Bidarray
PYRÉNÉES-ATLANTIQUES
St-Pée-s-Nivelle
64
Pau
Irissarry
Ainhoa
Espelette
St-Jean-Pied-de-Port
Barcus
St-Étienne-de-Baïgorry
Larrau
ESPAÑA
PAMPLONA
A
B

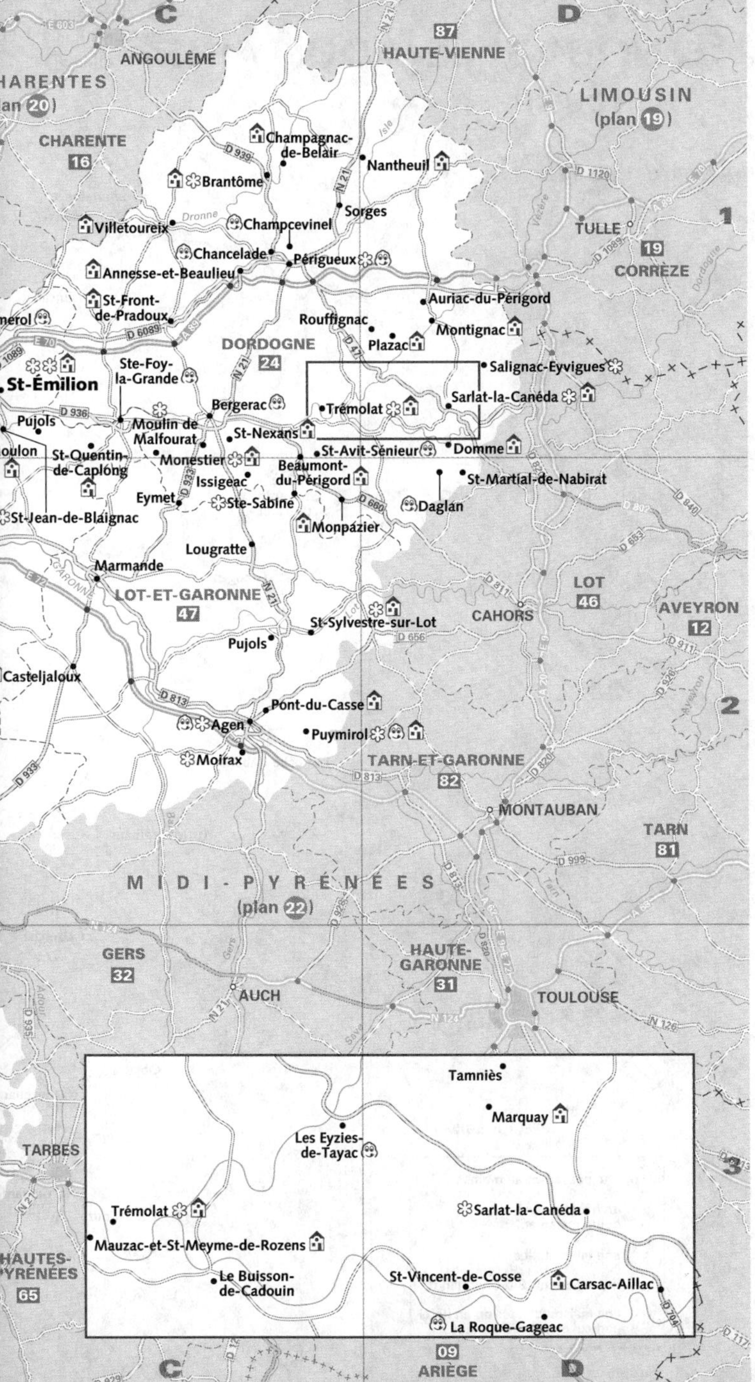
C
D
ANGOULÊME
87
HAUTE-VIENNE
CHARENTES (plan 20)
LIMOUSIN (plan 19)
CHARENTE
16
Champagnac-de-Belair
Nantheuil
Brantôme
Sorges
Villetoureix
Champcevinel
Chancelade
Périgueux
Annesse-et-Beaulieu
St-Front-de-Pradoux
TULLE
19
CORRÈZE
Auriac-du-Périgord
Rouffignac
Montignac
Plazac
DORDOGNE
24
Salignac-Eyvigues
Sarlat-la-Canéda
Ste-Foy-la-Grande
St-Émilion
Bergerac
Trémolat
Pujols
Moulin de Malfourat
St-Nexans
St-Quentin-de-Caplong
Monestier
St-Avit-Sénieur
Domme
Beaumont-du-Périgord
St-Martial-de-Nabirat
Issigeac
Eymet
Ste-Sabine
Daglan
St-Jean-de-Blaignac
Monpazier
Lougratte
Marmande
LOT-ET-GARONNE
47
LOT
46
AVEYRON
12
CAHORS
St-Sylvestre-sur-Lot
Pujols
Casteljaloux
Pont-du-Casse
Agen
Puymirol
Moirax
TARN-ET-GARONNE
82
MONTAUBAN
TARN
81
MIDI-PYRÉNÉES (plan 22)
GERS
32
HAUTE-GARONNE
31
AUCH
TOULOUSE
Tamniès
Marquay
Les Eyzies-de-Tayac
TARBES
Trémolat
Sarlat-la-Canéda
Mauzac-et-St-Meyme-de-Rozens
Le Buisson-de-Cadouin
St-Vincent-de-Cosse
Carsac-Aillac
La Roque-Gageac
HAUTES-PYRÉNÉES
65
09
ARIÈGE
1
2
3

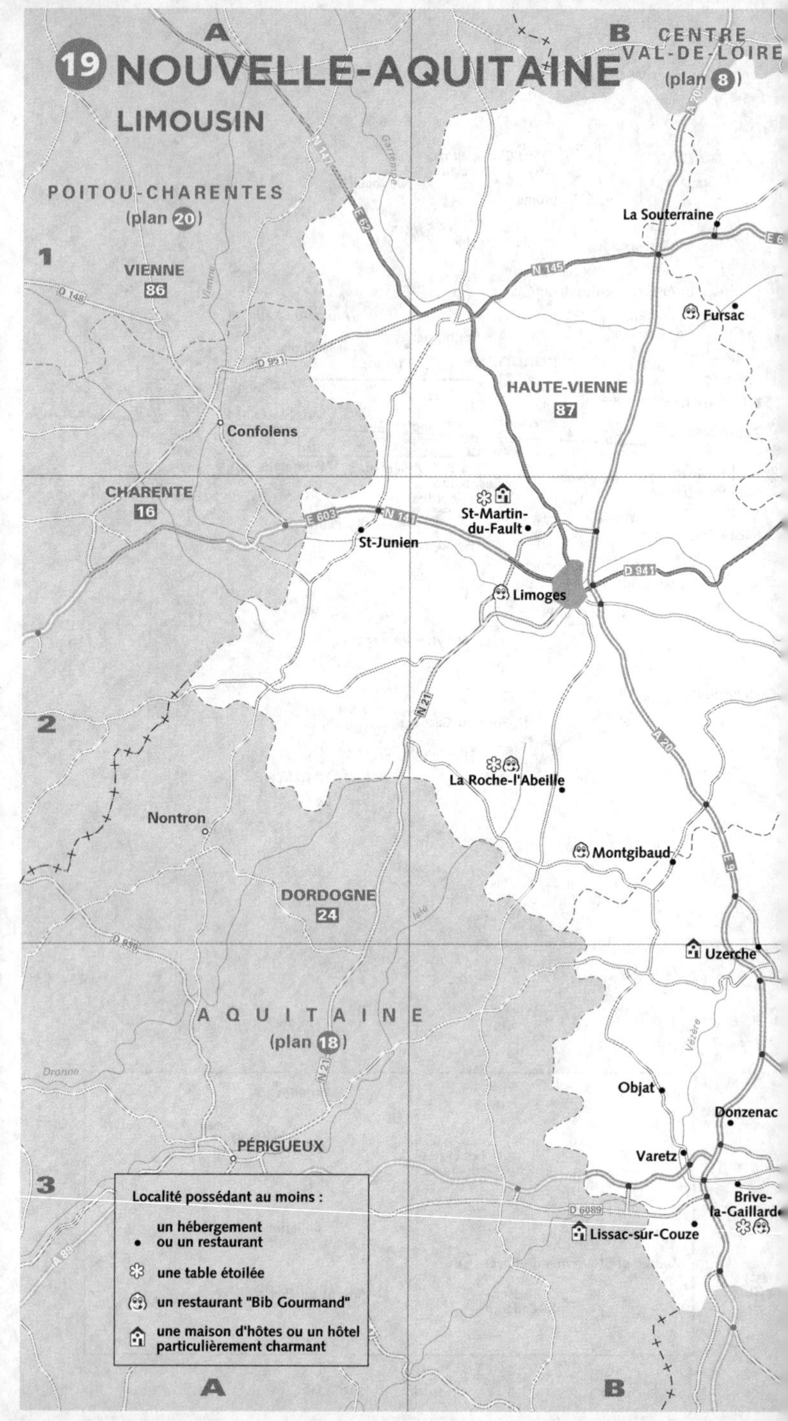
19 NOUVELLE-AQUITAINE
LIMOUSIN
A
B
CENTRE VAL-DE-LOIRE
(plan 8)
POITOU-CHARENTES
(plan 20)
1
2
3
VIENNE
86
HAUTE-VIENNE
87
CHARENTE
16
DORDOGNE
24
AQUITAINE
(plan 18)
La Souterraine
Fursac
Confolens
St-Martin-du-Fault
St-Junien
Limoges
La Roche-l'Abeille
Nontron
Montgibaud
Uzerche
Objat
Donzenac
Varetz
Brive-la-Gaillarde
Lissac-sur-Couze
PÉRIGUEUX
N 147
E 62
N 145
D 148
D 951
E 603
N 141
D 941
N 21
A 20
E 9
D 939
D 6089
A 89
Vienne
Isle
Dronne
Vézère
Localité possédant au moins :
un hébergement ou un restaurant
une table étoilée
un restaurant "Bib Gourmand"
une maison d'hôtes ou un hôtel particulièrement charmant

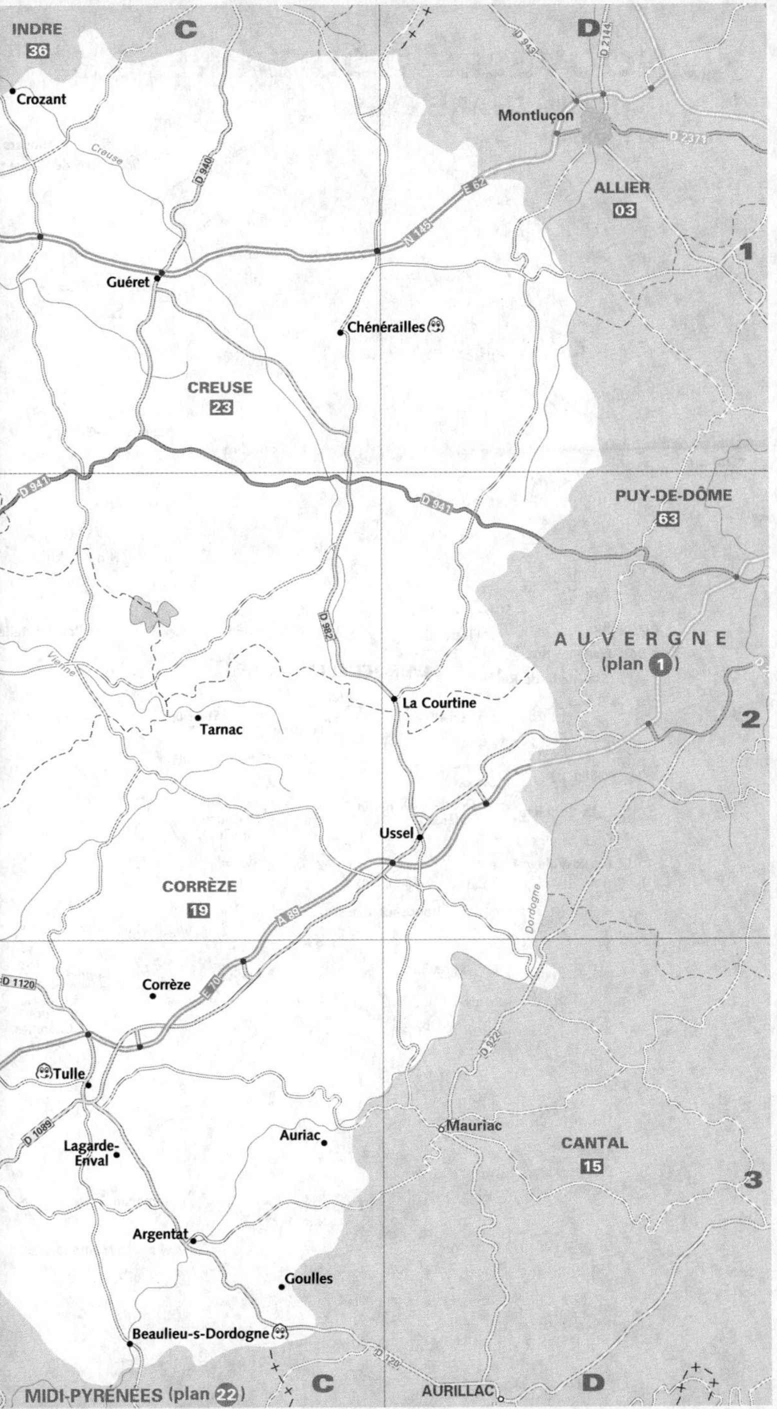

INDRE
36
C
D
Crozant
Creuse
D 940
D 943
D 2144
Montluçon
D 2371
ALLIER
03
E 62
N 145
1
Guéret
Chénérailles
CREUSE
23
D 941
D 941
PUY-DE-DÔME
63
D 982
AUVERGNE
(plan 1)
Vienne
La Courtine
Tarnac
2
Ussel
CORRÈZE
19
A 89
Dordogne
D 1120
Corrèze
E 70
D 922
Tulle
D 1089
Mauriac
Lagarde-Enval
Auriac
CANTAL
15
3
Argentat
Goulles
Beaulieu-s-Dordogne
D 120
MIDI-PYRÉNÉES (plan 22)
C
AURILLAC
D

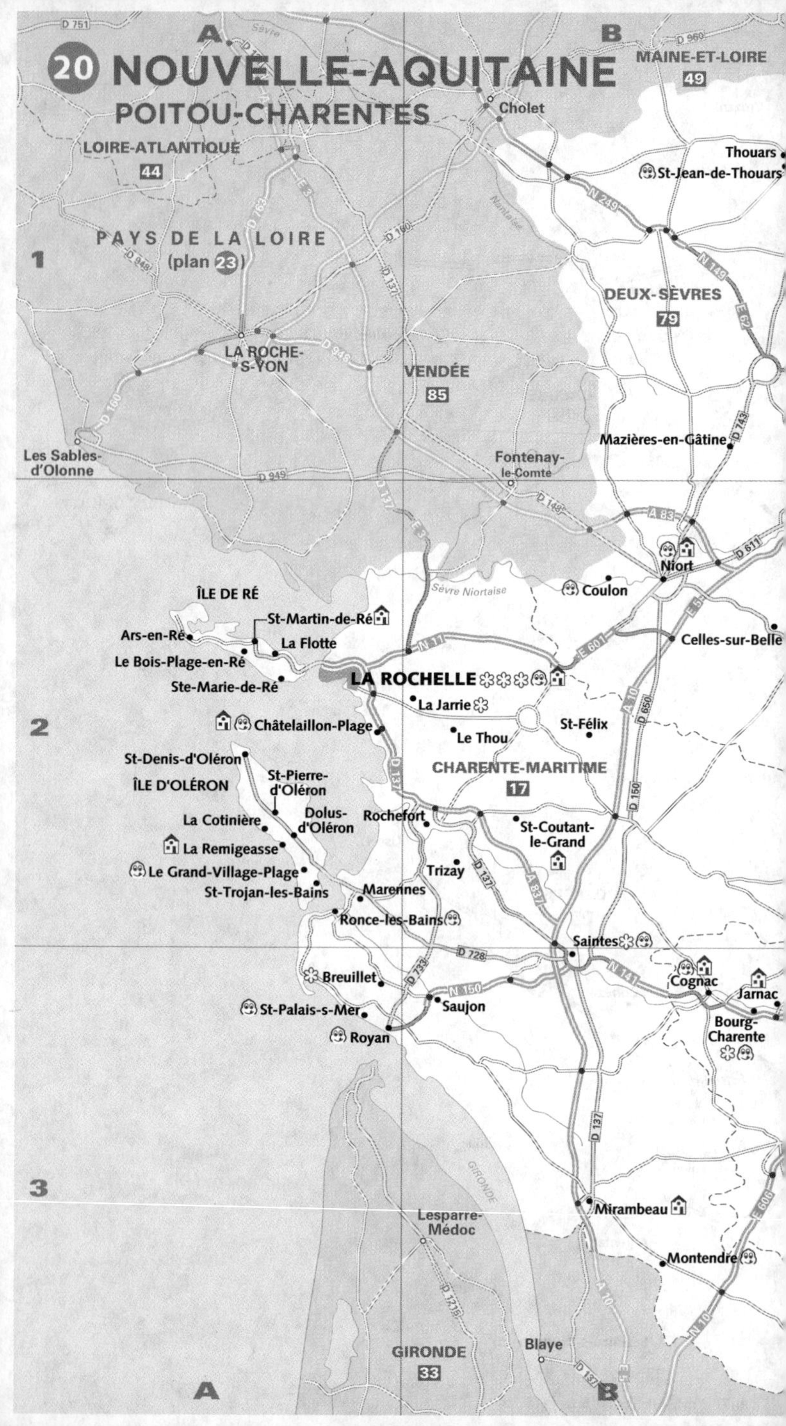
20 NOUVELLE-AQUITAINE
POITOU-CHARENTES
A
B
1
2
3
LOIRE-ATLANTIQUE
44
MAINE-ET-LOIRE
49
PAYS DE LA LOIRE
(plan 23)
Cholet
Thouars
St-Jean-de-Thouars
DEUX-SÈVRES
79
LA ROCHE-S-YON
VENDÉE
85
Les Sables-d'Olonne
Mazières-en-Gâtine
Fontenay-le-Comte
Niort
Coulon
Sèvre Niortaise
ÎLE DE RÉ
St-Martin-de-Ré
Ars-en-Ré
La Flotte
Le Bois-Plage-en-Ré
Ste-Marie-de-Ré
LA ROCHELLE
La Jarrie
Celles-sur-Belle
Châtelaillon-Plage
Le Thou
St-Félix
St-Denis-d'Oléron
ÎLE D'OLÉRON
St-Pierre-d'Oléron
CHARENTE-MARITIME
17
La Cotinière
Dolus-d'Oléron
Rochefort
St-Coutant-le-Grand
La Remigeasse
Le Grand-Village-Plage
Trizay
St-Trojan-les-Bains
Marennes
Ronce-les-Bains
Saintes
Breuillet
Cognac
Jarnac
St-Palais-s-Mer
Saujon
Royan
Bourg-Charente
GIRONDE
Mirambeau
Lesparre-Médoc
Montendre
Blaye
GIRONDE
33
D 751
D 960
N 249
N 149
E 62
D 160
D 763
E 3
D 948
D 946
D 137
D 743
D 949
D 148
A 83
D 611
N 11
E 601
E 5
A 10
D 650
D 150
A 837
D 728
D 733
N 150
N 141
D 1215
N 10
E 606
Sèvre
Nantaise

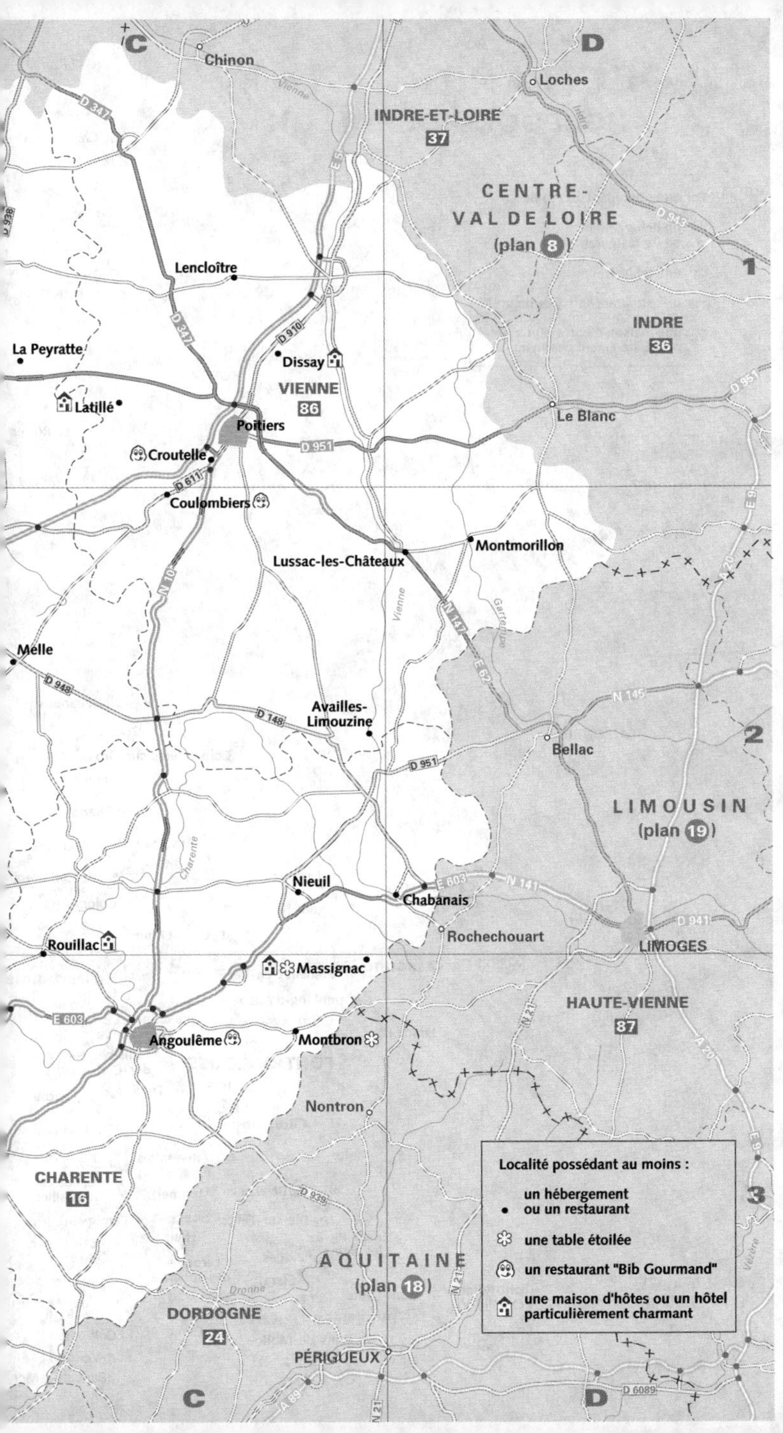
C
D
Chinon
Loches
INDRE-ET-LOIRE
37
CENTRE-
VAL DE LOIRE
(plan 8)
1
Lencloître
INDRE
36
La Peyratte
Dissay
VIENNE
86
Latillé
Poitiers
Le Blanc
Croutelle
Coulombiers
Montmorillon
Lussac-les-Châteaux
Melle
Availles-
Limouzine
Bellac
2
LIMOUSIN
(plan 19)
Nieuil
Chabanais
Rochechouart
LIMOGES
Rouillac
Massignac
HAUTE-VIENNE
87
Angoulême
Montbron
Nontron
Localité possédant au moins :
un hébergement ou un restaurant
une table étoilée
un restaurant "Bib Gourmand"
une maison d'hôtes ou un hôtel particulièrement charmant
CHARENTE
16
3
AQUITAINE
(plan 18)
DORDOGNE
24
PÉRIGUEUX
C
D

21 OCCITANIE
LANGUEDOC-ROUSSILLON
Localité possédant au moins :
un hébergement ou un restaurant
une table étoilée
un restaurant "Bib Gourmand"
une maison d'hôtes ou un hôtel particulièrement charmant
A
B
1
2
3
CANTAL
15
St-Chély-d'Apcher
Nasbinals
Figeac
Villefranche-de-Rouergue
RODEZ
TARN-ET-GARONNE
82
AVEYRON
12
Le Rozier
Millau
MONTAUBAN
ALBI
MIDI-PYRÉNÉES
(plan 22)
TARN
81
TOULOUSE
Castres
Bédarieux
Combes
Colombières-sur-Orb
Olargues
Berlou
Muret
31
HAUTE-GARONNE
31
Assignan
Le Bosc
Lastours
Minerve
Cruzy
Béziers
Castelnaudary
Aragon
Colombiers
Luc-sur-Orbieu
Carcassonne
Pradelles-en-Val
Narbonne
Pamiers
Camplong-d'Aude
St-André-de-Roquelongue
Lagrasse
Limoux
FONTJONCOUSE
Villeseque-des-Corbières
FOIX
AUDE
11
Treilles
Leucate
ARIÈGE
09
Cucugnan
Rivesaltes
Bélesta
Montner
Canet-en-Roussillon
Ille-sur-Têt
Perpignan
Molitg-les-Bains
Thuir
St-Cyprien
Prades
PRINCIPAUTÉ-D'ANDORRE
Clara
Laroque-des-Albères
Argelès-s-Mer
Font-Romeu-Odeillo-Via
Mont-Louis
66
PYRÉNÉES-ORIENTALES
Céret
Collioure
Prats-de-Mollo-la-Preste
Port-Vendres
ESPAÑA
Banyuls-s-Mer

C
D
AUVERGNE
(plan 1)
ARDÈCHE
07
VALENCE
PRIVAS
Die
RHÔNE-ALPES
(plans 2 3 4)
DRÔME
26
St-Alban-sur-Limagnole
Langogne
Aumont-Aubrac
Largentière
Chabrits
Mende
LOZÈRE
48
1
Nyons
Florac
Barjac
La Malène
Montaren-et-St-Médiers
VAUCLUSE
84
Bagnols-sur-Cèze
Alès
Gaujac
Carpentras
Soudorgues
St-Hilaire-de-Brethmas
Baron
Uzès
Tavel
Pujaut
Villeneuve-lès-Avignon
GARD
30
Vers-Pont-du-Gard
AVIGNON
Castillon-du-Gard
Quissac
Nîmes
Garons
PROVENCE-ALPES-CÔTE-D'AZUR
(plans 24 25)
St-Martin-de-Londres
Sommières
HÉRAULT
34
Les Matelles
Générac
Castries
Lunel
Arles
Castelnau-le-Lez
Aigues-Mortes
BOUCHES-DU-RHÔNE
13
2
Lavérune
Montpellier
Le Grau-du-Roi
Istres
Vailhan
Pézenas
Palavas-les-Flots
Port-Camargue
Balaruc-les-Bains
Mèze
Sète
Marseillan
Agde
Sérignan
GOLFE DU LION
3
M E D I T E R
C
D

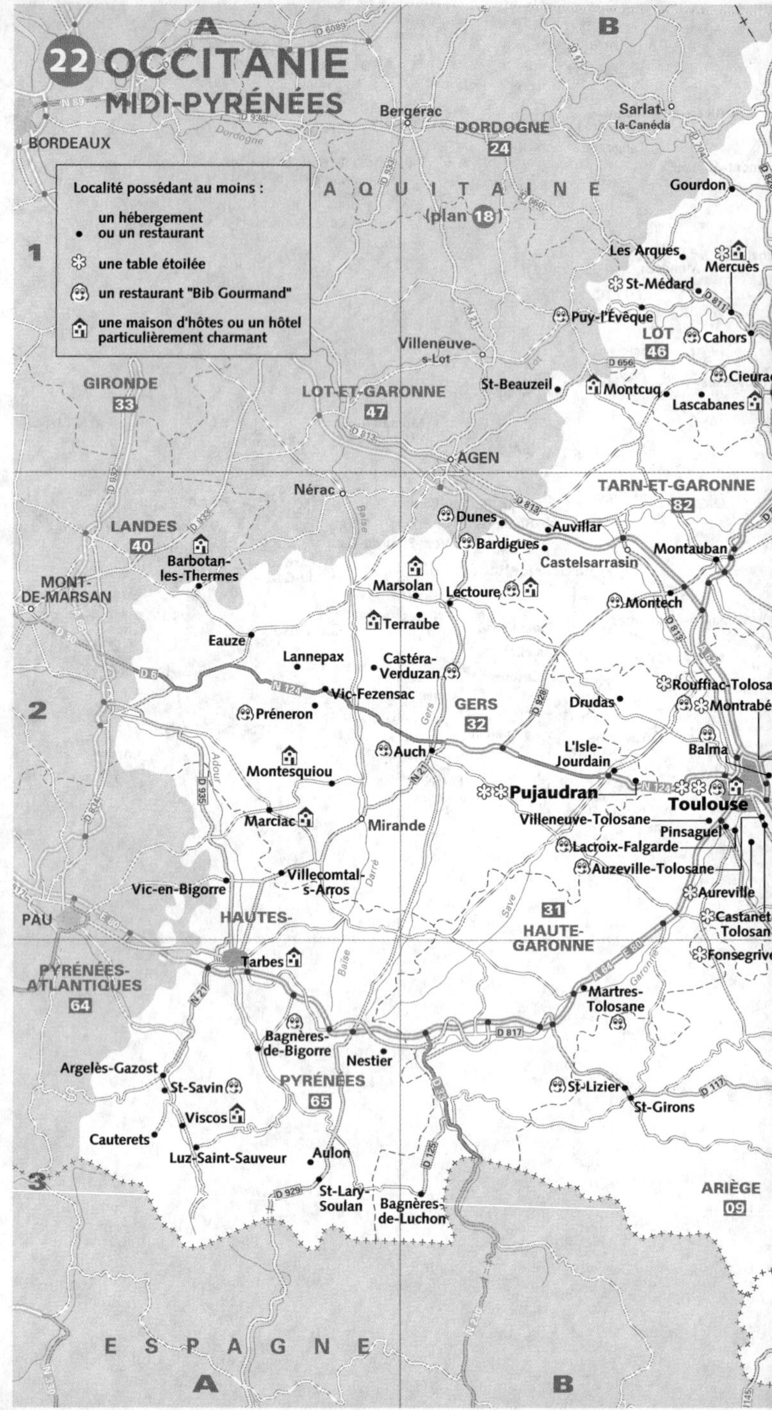
22 OCCITANIE
MIDI-PYRÉNÉES
Localité possédant au moins :
un hébergement ou un restaurant
une table étoilée
un restaurant "Bib Gourmand"
une maison d'hôtes ou un hôtel particulièrement charmant
AQUITAINE (plan 18)
BORDEAUX
Bergerac
DORDOGNE 24
Sarlat-la-Canéda
Gourdon
Les Arques
Mercuès
St-Médard
Puy-l'Évêque
LOT 46
Cahors
Villeneuve-s-Lot
St-Beauzeil
Montcuq
Cieurac
Lascabanes
GIRONDE 33
LOT-ET-GARONNE 47
AGEN
Nérac
TARN-ET-GARONNE 82
Dunes
Auvillar
Bardigues
Castelsarrasin
Montauban
LANDES 40
Barbotan-les-Thermes
Marsolan
Lectoure
Montech
MONT-DE-MARSAN
Terraube
Eauze
Lannepax
Castéra-Verduzan
Vic-Fezensac
Rouffiac-Tolosane
Préneron
GERS 32
Drudas
Montrabé
Auch
L'Isle-Jourdain
Balma
Montesquiou
Pujaudran
Toulouse
Marciac
Mirande
Villeneuve-Tolosane
Pinsaguel
Lacroix-Falgarde
Auzeville-Tolosane
Villecomtal-s-Arros
Vic-en-Bigorre
Aureville
PAU
HAUTES-PYRÉNÉES 65
31 HAUTE-GARONNE
Castanet-Tolosan
Tarbes
Fonsegrives
PYRÉNÉES-ATLANTIQUES 64
Martres-Tolosane
Bagnères-de-Bigorre
Nestier
Argelès-Gazost
St-Savin
St-Lizier
St-Girons
Viscos
Cauterets
Luz-Saint-Sauveur
Aulon
St-Lary-Soulan
Bagnères-de-Luchon
ARIÈGE 09
ESPAGNE
A
B
1
2
3

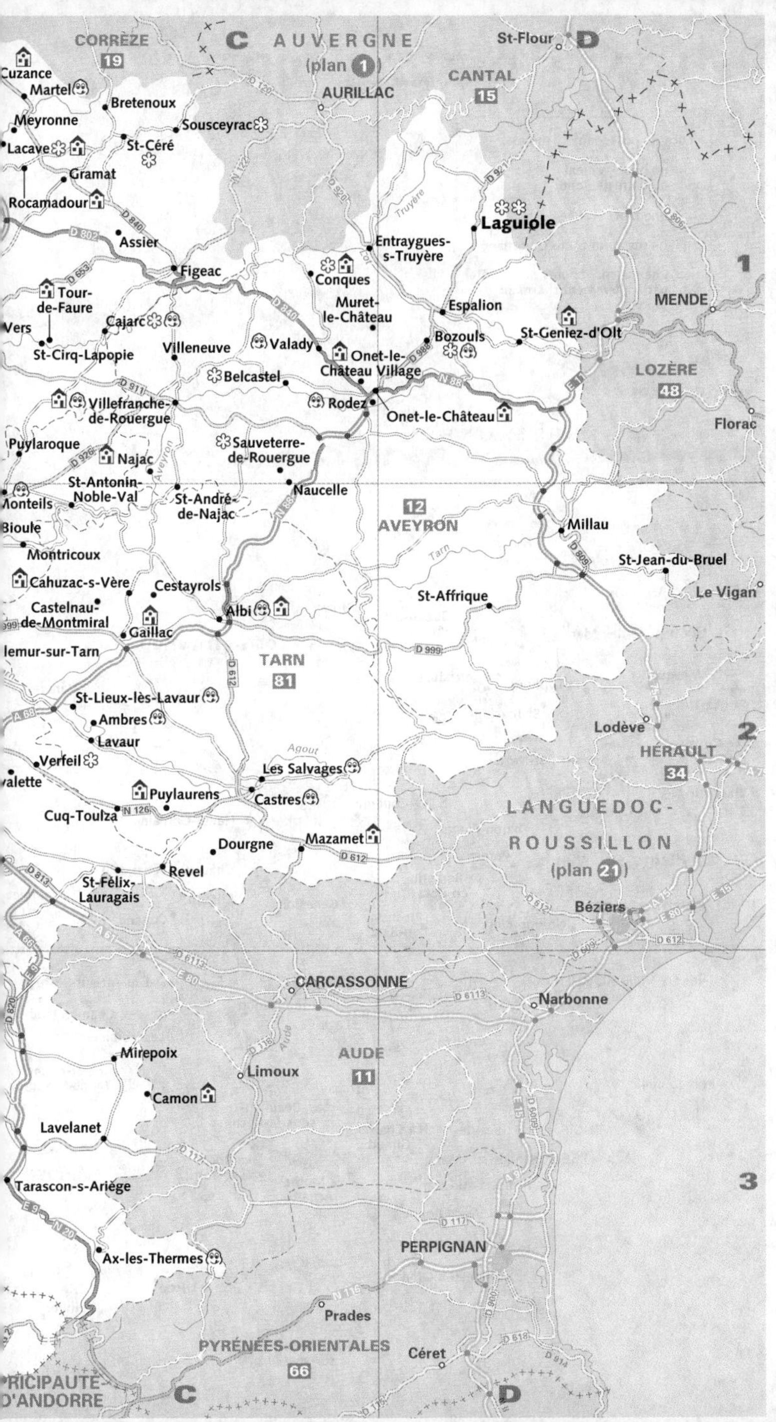
C
D
AUVERGNE
(plan 1)
CORRÈZE
19
CANTAL
15
St-Flour
AURILLAC
Cuzance
Martel
Bretenoux
Meyronne
Sousceyrac
Lacave
St-Céré
Gramat
Rocamadour
Assier
Figeac
Laguiole
Entraygues-s-Truyère
Conques
Tour-de-Faure
Vers
St-Cirq-Lapopie
Cajarc
Muret-le-Château
Espalion
MENDE
Bozouls
St-Geniez-d'Olt
Villeneuve
Valady
Onet-le-Château Village
LOZÈRE
48
Belcastel
Villefranche-de-Rouergue
Rodez
Onet-le-Château
Florac
Puylaroque
Sauveterre-de-Rouergue
Najac
St-Antonin-Noble-Val
Naucelle
Monteils
St-André-de-Najac
12
AVEYRON
Bioule
Millau
Montricoux
St-Jean-du-Bruel
Cahuzac-s-Vère
Cestayrols
Le Vigan
Castelnau-de-Montmiral
St-Affrique
Albi
Gaillac
lemur-sur-Tarn
TARN
81
St-Lieux-lès-Lavaur
Ambres
Lodève
Lavaur
HÉRAULT
34
Verfeil
Les Salvages
valette
Puylaurens
Castres
Cuq-Toulza
LANGUEDOC-ROUSSILLON
(plan 21)
Dourgne
Mazamet
Revel
St-Félix-Lauragais
Béziers
CARCASSONNE
Narbonne
Mirepoix
AUDE
11
Limoux
Camon
Lavelanet
Tarascon-s-Ariège
PERPIGNAN
Ax-les-Thermes
Prades
PYRÉNÉES-ORIENTALES
66
Céret
PRINCIPAUTÉ-D'ANDORRE
1
2
3

23 PAYS DE LA LOIRE

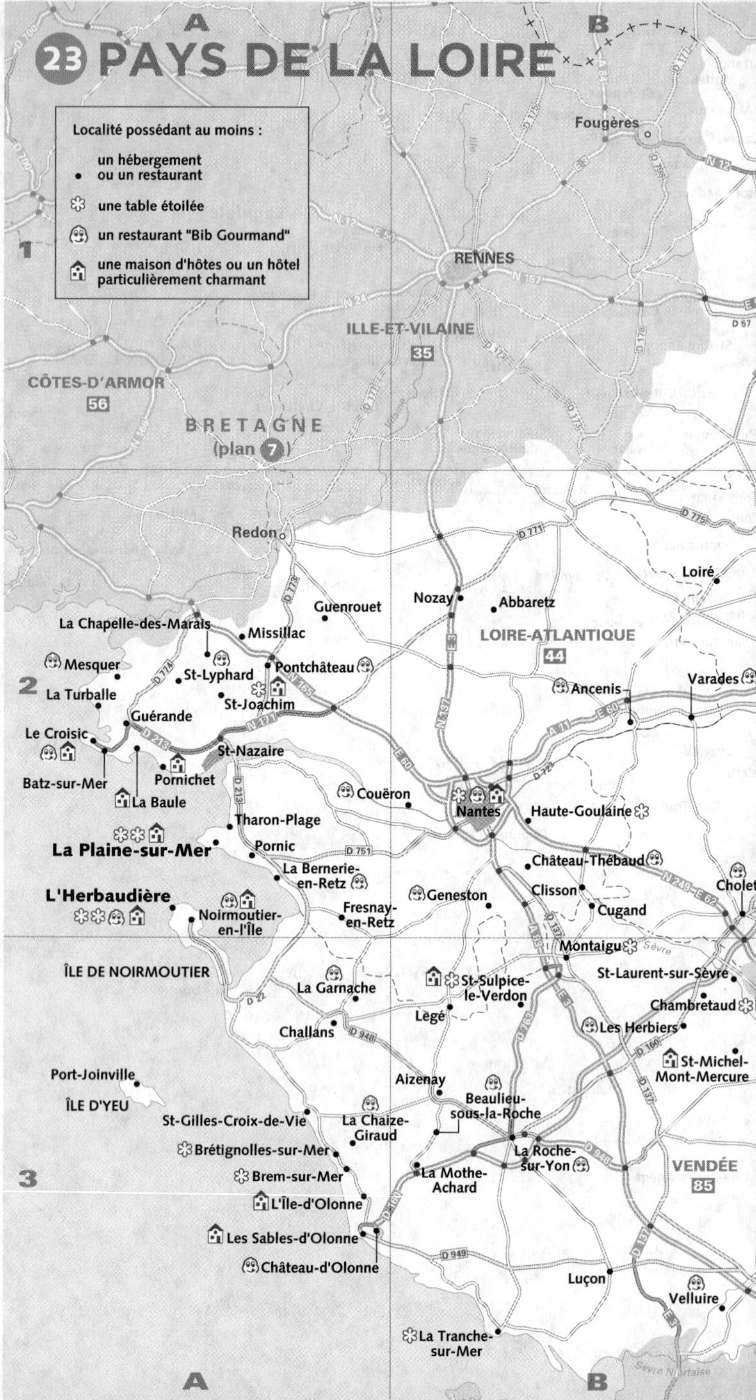

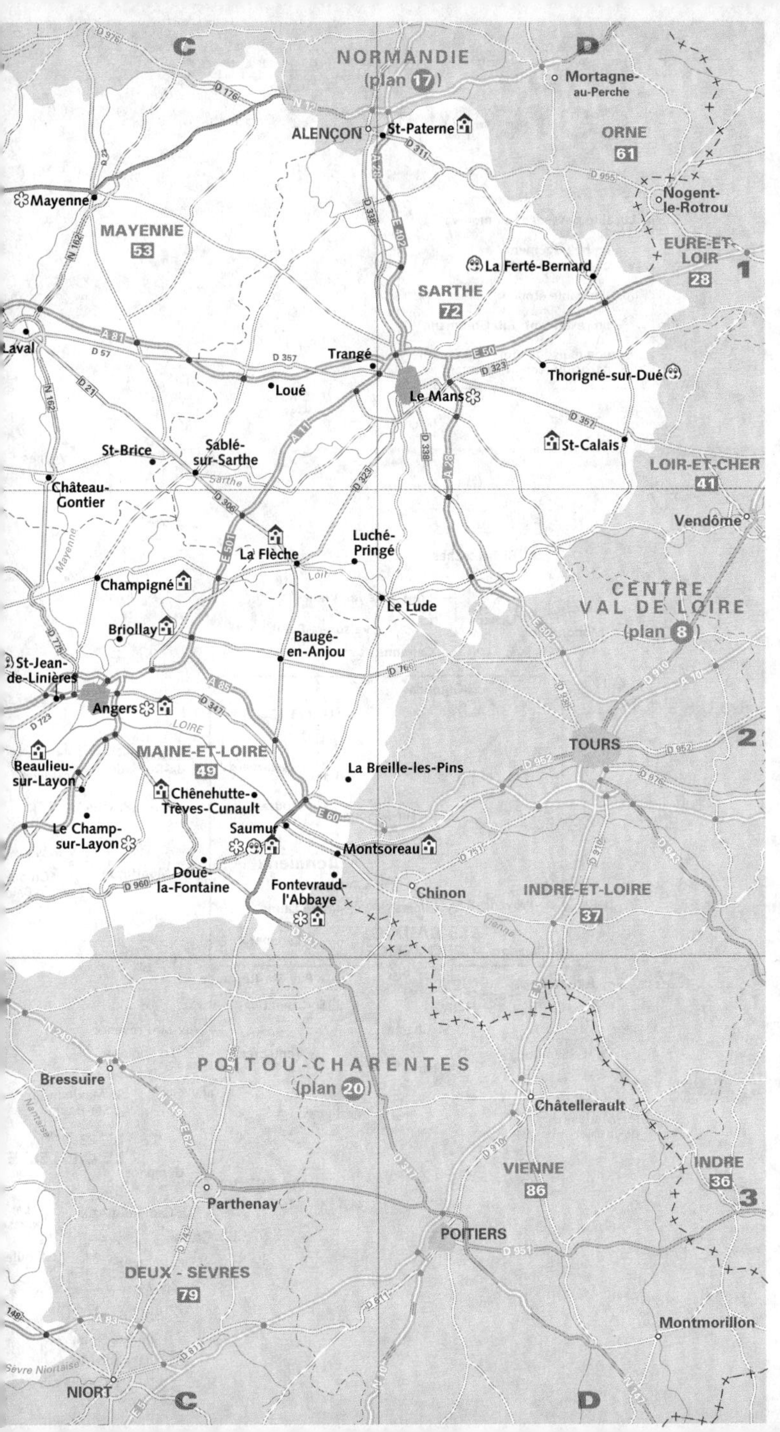

C
D
NORMANDIE
(plan 17)
Mortagne-au-Perche
ORNE
61
ALENÇON
St-Paterne
Mayenne
MAYENNE
53
Nogent-le-Rotrou
EURE-ET-LOIR
28
1
La Ferté-Bernard
SARTHE
72
Laval
Trangé
Loué
Le Mans
Thorigné-sur-Dué
St-Calais
St-Brice
Sablé-sur-Sarthe
LOIR-ET-CHER
41
Château-Gontier
Vendôme
La Flèche
Luché-Pringé
Champigné
CENTRE-VAL DE LOIRE
(plan 8)
Le Lude
Briollay
Baugé-en-Anjou
St-Jean-de-Linières
Angers
TOURS
2
Beaulieu-sur-Layon
MAINE-ET-LOIRE
49
La Breille-les-Pins
Chênehutte-Trèves-Cunault
Le Champ-sur-Layon
Saumur
Montsoreau
Doué-la-Fontaine
Fontevraud-l'Abbaye
Chinon
INDRE-ET-LOIRE
37
POITOU-CHARENTES
(plan 20)
Bressuire
Châtellerault
VIENNE
86
INDRE
36
3
Parthenay
POITIERS
DEUX - SÈVRES
79
Montmorillon
NIORT
C
D

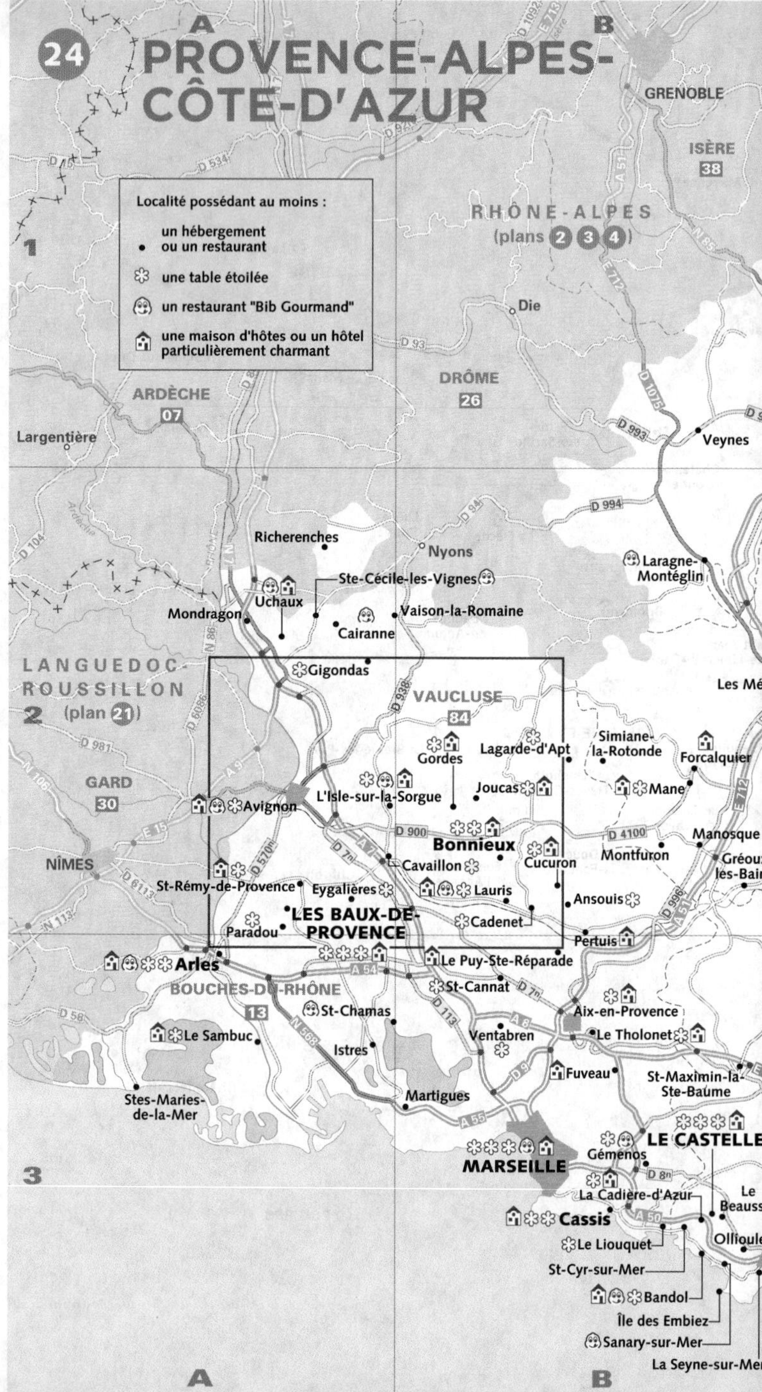
24
PROVENCE-ALPES-CÔTE-D'AZUR
Localité possédant au moins :
un hébergement ou un restaurant
une table étoilée
un restaurant "Bib Gourmand"
une maison d'hôtes ou un hôtel particulièrement charmant
GRENOBLE
ISÈRE 38
RHÔNE-ALPES (plans 2 3 4)
Die
DRÔME 26
ARDÈCHE 07
Largentière
Veynes
Richerenches
Nyons
Laragne-Montéglin
Ste-Cécile-les-Vignes
Uchaux
Mondragon
Vaison-la-Romaine
Cairanne
LANGUEDOC-ROUSSILLON (plan 21)
Gigondas
VAUCLUSE 84
Les Mées
Gordes
Lagarde-d'Apt
Simiane-la-Rotonde
Forcalquier
GARD 30
L'Isle-sur-la-Sorgue
Joucas
Mane
Avignon
Bonnieux
Manosque
NÎMES
Cavaillon
Cucuron
Montfuron
Gréoux-les-Bains
St-Rémy-de-Provence
Eygalières
Lauris
Ansouis
Paradou
LES BAUX-DE-PROVENCE
Cadenet
Pertuis
Arles
Le Puy-Ste-Réparade
BOUCHES-DU-RHÔNE 13
St-Cannat
St-Chamas
Aix-en-Provence
Le Sambuc
Ventabren
Le Tholonet
Istres
Fuveau
St-Maximin-la-Ste-Baume
Stes-Maries-de-la-Mer
Martigues
LE CASTELLET
Gémenos
MARSEILLE
La Cadière-d'Azur
Le Beausset
Cassis
Ollioules
Le Liouquet
St-Cyr-sur-Mer
Bandol
Île des Embiez
Sanary-sur-Mer
La Seyne-sur-Mer

C
D
SAVOIE
73
TORINO
Névache
Chantemerle
Montgenèvre
Serre-Chevalier
Briançon
HAUTES-ALPES
05
St-Crépin
St-Véran
Orcières
Guillestre
Col Bayard
Gap
Les Orres
ITALIA
CUNEO
Jausiers
Barcelonnette
ALPES-DE-
HTE-PROVENCE
04
Château-Arnoux-
St-Auban
Digne-les-Bains
Roubion
ALPES-
MARITIMES
06
Moustiers-
Ste-Marie
La Palud-
sur-Verdon
Point
Sublime
Châteauneuf-
Villevieille
La Turbie
Vence
La Colle-sur-Loup
MENTON
MONTE-CARLO
Tourrettes-
sur-Loup
La Martre
Nice
Èze
Fayence
Villeneuve-
Loubet-Plage
St-Jean-
Cap-Ferrat
Èze-Bord-de-Mer
Moissac-
Bellevue
Aups
Seillans
Grasse
Biot
Beaulieu-sur-Mer
Montferrat
Montauroux
Antibes
Tourtour
Mougins
Juan-les-Pins
Fox-Amphoux
Draguignan
Callas
Tourrettes
Cannes
Cap d'Antibes
Flayosc
Cotignac
Le Cannet
St-Raphaël
Lorgues
VAR
83
Les Arcs
La Napoule
Boulouris
Fréjus
La Celle
Ste-Maxime
Grimaud
Port-Grimaud
ST-TROPEZ
Cogolin
Gassin
Cuers
La Croix-Valmer
Ramatuelle
Bormes-
les-Mimosas
Gigaro
Rayol-Canadel-sur-Mer
Toulon
La Favière
Cavalière
Le Pradet
Hyères
Le Lavandou
Île de Porquerolles
1
2
3

25 PROVENCE-ALPES-CÔTE-D'AZUR

E

1 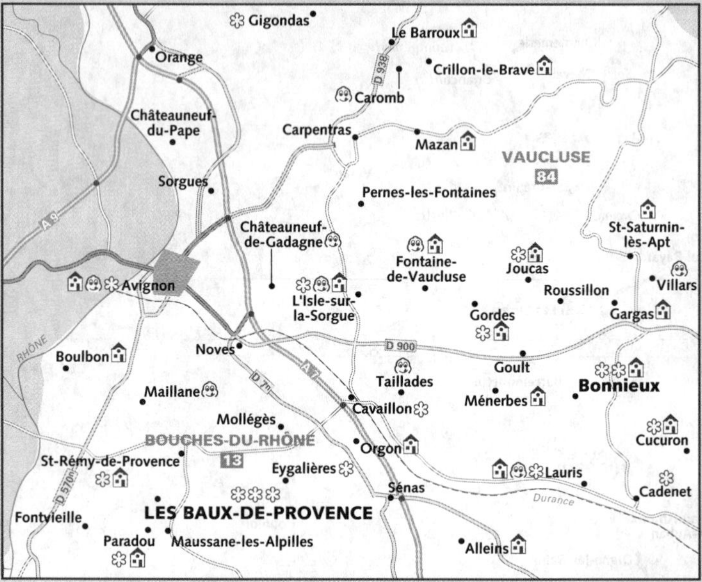 1

2 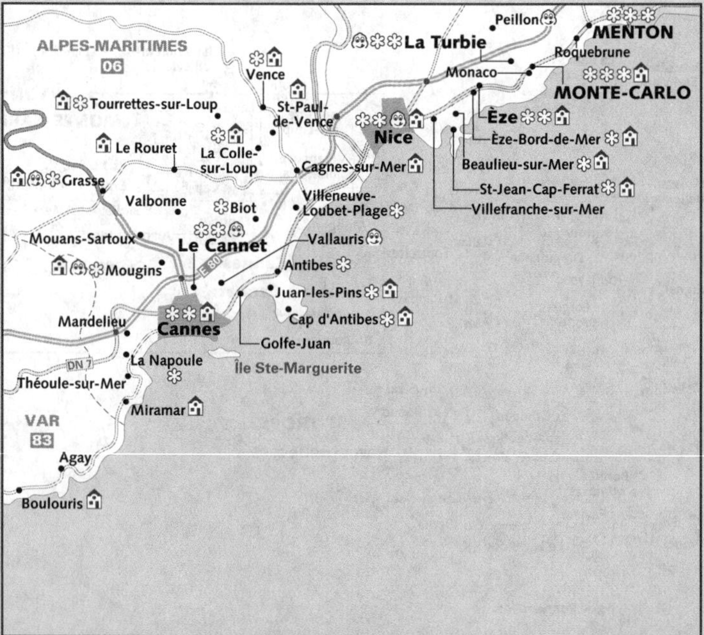 2

E

Restaurants & hôtels

Par localités de A à Z

ABBARETZ

✉ 44170 - Loire-Atlantique - Carte régionale n° **23**-B2 - Carte Michelin 316-G2

Jouffroy d'Abbans

CUISINE MODERNE • MAISON DE CAMPAGNE X Au sein du Manoir de la Jahotière, en pleine nature, on découvre cette table qui ne laisse pas indifférent : le chef y propose une bonne cuisine du marché, renouvelée régulièrement. Une raison supplémentaire de venir profiter du charme de ces lieux...

Menu 18 € (déjeuner), 39/54 € - Carte 46/56 €

Le Manoir de la Jahotière, La Jahotière - ✆ 02 40 07 71 23 - www.lajahotiere.com - Fermé 1er-14 janvier, lundi, dimanche soir

L'ABERGEMENT-CLÉMENCIAT - Ain (01) ➜ Voir Châtillon-sur-Chalaronne

ABRESCHVILLER

✉ 57560 - Moselle - Carte régionale n° **12**-D2 - Carte Michelin 307-N7

Auberge de la Forêt

CUISINE MODERNE • ÉLÉGANT XXX Cette imposante auberge, nichée au cœur de la vallée d'Abreschviller, propose classicisme et modernité, du décor, cossu, à l'assiette, au goût du jour. Profitez de la belle terrasse couverte, face au jardin verdoyant.

Menu 19 € (déjeuner), 36/70 € - Carte 42/64 €

276 rue des Verriers, à Lettenbach - ✆ 03 87 03 71 78 - www.aubergedelaforet57.com - Fermé 19-30 octobre, 28 décembre-13 janvier, lundi, mardi soir

ACQUIGNY

✉ 27400 - Eure - Carte régionale n° **17**-D2 - Carte Michelin 304-H6

L'Hostellerie d'Acquigny

CUISINE MODERNE • CONTEMPORAIN XX Le bel exemple d'une auberge de village qui a su prendre le train de la modernité, sans oublier les fondamentaux : tons et aménagements contemporains d'un côté, recettes dans l'air du temps de l'autre, réunis par le savoir-faire d'un chef amoureux des beaux produits. Cinq chambres plaisantes, dont une avec double jacuzzi privé.

Menu 39/71 €

1 rue d'Evreux - ✆ 02 32 50 20 05 - www.hostellerie-acquigny.fr - Fermé 1er-13 janvier, 13-27 juillet, lundi, mardi midi, mercredi midi, dimanche soir

AGAY

✉ 83530 - Var - Carte régionale n° **25**-E2 - Carte Michelin 340-Q5

Les Flots Bleus

CUISINE MODERNE • MÉDITERRANÉEN XX Au-dessus des flots bleus de la calanque d'Anthéor - seulement troublés par le passage des trains sur l'impressionnant viaduc voisin -, cet hôtel-restaurant joue la carte des saveurs régionales ou plus créatives, du farniente en terrasse et des nuits en toute simplicité. Les poissons, rôtis ou en soupe, sont à l'honneur !

Menu 35/45 € - Carte 35/50 €

83 route de Saint-Barthélemy - ✆ 04 94 44 80 21 - www.hotel-cote-azur.com - Fermé 18 octobre-1er avril, lundi midi, mercredi

AGDE

✉ 34300 - Hérault - Carte régionale n° **21**-C2 - Carte Michelin 339-F9

Le Bistro d'Hervé

CUISINE MODERNE • BISTRO XX Voilà un sympathique bistrot ! Dans un décor contemporain, on déguste une appétissante cuisine d'aujourd'hui : croque-monsieur de chair de crabe, fondue de tomates ; dos de cabillaud, gremolata au chorizo, etc. Le bar à tapas se prête aux grignotages. Aux beaux jours, profitez de la terrasse ombragée.

Menu 32 €

47 rue Brescou - ✆ 04 67 62 30 69 - Fermé 24 décembre-8 janvier, lundi, dimanche

au Grau d'Agde 4 km au Sud - Ouest par D32^E

Les Vagues

CUISINE MODERNE • CONVIVIAL X Que l'on se rassure : nulle vague ne viendra à bout de cette paillote installée sur l'une des plus belles plages de la station ! Évidemment, poissons et fruits de mer sont les stars de l'endroit, souvent cuisinés à la plancha, agrémentés de touches exotiques. Un petit régal.

Menu 49/60 €

chemin du Littoral-Prolongé - ✆ 04 67 39 08 63 - Fermé 20 octobre-1er avril, lundi, dimanche soir

AGEN

✉ 47000 - Lot-et-Garonne - Carte régionale n° **18**-C2 - Carte Michelin 336-F4

Mariottat (Éric Mariottat)

CUISINE MODERNE • ÉLÉGANT XXX En plein cœur de la ville, sur le site d'un ancien couvent, cet hôtel particulier campe au milieu d'un parc paisible aux arbres centenaires. Couple passionné par les arts de la table, Éric et Christiane Mariottat y défendent une haute idée de la gastronomie, à travers deux belles salles à manger d'esprit 18e s. avec moulures, fauteuils Louis XV, lustres à pendeloques, tableaux anciens et modernes. En cuisine, le chef met son expérience au service d'un "terroir contemporain" qui n'exclut pas une fascination pour le Japon. Son biscuit au cresson, petits pois frais, cubes de tofu, quenelle de brousse fraîche et purée de pois cassés est un modèle d'originalité et de fraîcheur. Son filet de turbot rôti aux asperges vertes et blanches, truffes blanches et noires, se déguste comme un classique au caractère bien trempé...

Spécialités : Paysage végétal. Pied de cochon noir de Gascogne farci au homard. Marron cube et glace au cèpe.

Menu 28 € (déjeuner), 52/89 € - Carte 79/82 €

25 rue Louis-Vivent - ✆ 05 53 77 99 77 - www.restaurant-mariottat.com - Fermé 2-23 janvier, 29 avril-12 mai, 30 septembre-12 novembre, lundi, samedi midi, dimanche soir

L'Affranchi (N)

CUISINE MODERNE • CONTEMPORAIN XX Tout Agen a entendu parler de cette affaire créée dans un esprit de "gastronomie décomplexée" : l'équipe aux commandes régale grâce à une cuisine fraîche et bonne, au plus près des producteurs et des saisons. Côté décor, c'est tout bon aussi : pierre apparente, joli parquet en chêne...

Spécialités : Œuf à 63°C, espuma chou-fleur, eryngiis au boudin noir et piment d'Espelette. Dos de cabillaud glacé au lait de coco, risotto aux piquillos. Le citron en trompe-l'œil.

Menu 16 € (déjeuner), 25/47 €

33 rue des Cornières - ✆ 05 53 95 67 59 - www.restaurant-laffranchi.com - Fermé lundi, mardi

La Table de Michel Dussau

CUISINE MODERNE • DESIGN XX Non loin du stade de rugby, la Table de Michel Dussau valorise saveurs et produits du terroir, avec une prédilection pour l'agriculture biologique. Et aussi : cave à vins vitrée, armoire de maturation des viandes, cours de cuisine, boutique. Le déjeuner est adapté à une clientèle pressée, carte plus étoffée le soir.

Menu 24/49 € - Carte 50/65 €

1350 avenue du Midi - ✆ 05 53 96 15 15 - www.la-table-agen.com - Fermé lundi, dimanche

L'Atelier

CUISINE MODERNE • INTIME X Dans cet atelier-là, c'est Marjorie qui cuisine et Stéphane qui veille sur la salle. Est-ce la touche féminine ? La cuisine est légère, tout en étant généreuse, et de saison. Gourmand !

Menu 18 € (déjeuner), 27/31 € - Carte 39/49 €

14 rue du Jeu-de-Paume - ✆ 05 53 87 89 22 - Fermé samedi, dimanche

à Moirax 9 km par N21 et D268 – Carte régionale n° **18**-C2

Auberge Le Prieuré (Benjamin Toursel)

CUISINE CRÉATIVE • CONVIVIAL XX Entre Bordeaux et Toulouse, au cœur d'un petit village pittoresque des environs d'Agen, ce restaurant de campagne entièrement refait à neuf occupe une belle maison en pierre de taille, plusieurs fois centenaire. La terrasse ombragée par de robustes platanes fait face à un prieuré clunisien fondé au 11e s. Ancien compagnon de route de Michel Trama à Puymirol, le chef Benjamin Toursel a su développer son propre style, créatif et audacieux, qui ne laisse jamais indifférent : poisson de roche laqué d'une escabèche et pulpe de pomme de terre montée comme un aïoli ; crevette carabineros de la tête au pied, chorizo et tomate. Un prieuré où l'on fait bonne chère...

Spécialités : Langoustines, yaourt framboises et chocolat blanc. Pigeon, cerises, cacao et amandes. Ganache mousseuse à la rose, rhubarbe et groseilles.

Menu 28 € (déjeuner), 63/85 €

4 Grand'Rue – ✆ 05 53 47 59 55 – www.aubergeleprieure.fr – Fermé 21 octobre-7 novembre, lundi, mardi, dimanche soir

à Pont-du-Casse 6 km au Nord - Est par D656 – Carte régionale n° **18**-C2

Château de Cambes

DEMEURE HISTORIQUE • PERSONNALISÉ À seulement 6 km du centre d'Agen, un beau château restauré par un couple de jeunes retraités passionnés par les vieilles pierres. L'immense parc, l'élégance subtile des très grandes chambres, les charmants salons, le calme, l'espace bien-être, les balades à vélo (prêt au château)... On se sent si bien !

5 chambres – 170 €

impasse de Gambillou (par D656 direction Cahors) – ✆ 05 53 95 38 73 – www.chateau-de-cambes.com – Fermé 1er janvier-13 mars, 15 novembre-31 décembre

AGNETZ

✉ 60600 – Oise – Carte régionale n° **14**-B2 – Carte Michelin 305-F4

Auberge du J'y Cours

CUISINE MODERNE • CONVIVIAL X Une adresse sympathique, bien dans son époque, avec une cuisine au goût du jour de bonne facture. Les assiettes sont soignées, goûteuses, et sont servies dans une salle bistrot chic lumineuse et accueillante. On y court.

Menu 18 € (déjeuner), 22/32 € – Carte 35/50 €

466 avenue Philippe-Courtial – ✆ 03 44 51 15 19 – www.auberge-du-j-y-cours.webnode.fr – Fermé 17 août-6 septembre, lundi, mercredi soir, dimanche soir

AGON-COUTAINVILLE

✉ 50230 – Manche – Carte régionale n° **17**-A2 – Carte Michelin 303-C5

Salicorne

CUISINE TRADITIONNELLE • TENDANCE X Voilà donc un jeune chef, qui, après un bac S se proposait de devenir... professeur de golf, avant de "tomber" par hasard sur la cuisine ! Après un solide parcours, il a aménagé un ancien garage automobile, dont il a conservé l'esprit (matériaux bruts, chaises vintage). Il y propose une carte courte et de saison, pleine de gourmandise. Mission accomplie.

Menu 24 € (déjeuner)/32 € – Carte 33/45 €

38 rue Amiral-Tourville – ✆ 09 73 21 29 29 – www.restaurant-salicorne.fr – Fermé lundi, mardi

AIGUEBELLE – Var (83) ➜ Voir Le Lavandou

AIGUES-MORTES

✉ 30220 – Gard – Carte régionale n° **21**-C2 – Carte Michelin 339-K7

L'Atelier de Nicolas

CUISINE MODERNE • TENDANCE Dans ce restaurant au style de loft industriel, avec porte vitrée en fer forgé, le chef Nicolas concocte une cuisine au goût du jour, qu'il agrémente de quelques touches asiatiques, glanées lors de ses séjours en Thaïlande. Le chef travaille volontiers les produits bio de la région ainsi qu'une petite sélection de vins nature.

Menu 24 € (déjeuner), 34/38 € - Carte 54/63 €

28 rue Alsace-Lorraine - 04 34 28 04 84 - Fermé mercredi, jeudi

Le Patio' Né

CUISINE MODERNE • CONVIVIAL Poutres apparentes et décoration contemporaine dans cet agréable restaurant. Dans sa cuisine ouverte sur la salle, le chef exécute une honnête cuisine méditerranéenne, rehaussée de saveurs du monde. Agréable patio sur l'arrière et bar d'été.

Menu 41/79 € - Carte 45/55 €

16 rue Sadi-Carnot - 09 82 31 51 73 - Fermé 1er juin-2 juillet, 16 novembre-10 décembre et le midi en semaine

Les Remparts N

BOUTIQUE HÔTEL • COSY Nichée entre la porte de la Gardette et la tour de Constance, cette ancienne caserne militaire du dix-huitième siècle bénéficie d'un magnifique emplacement dans la cité de Aigues-Mortes. A l'intérieur, le vaste lobby ouvre sur un salon très joliment décoré qui met en avant les pierres anciennes associées à des éléments contemporains. Chambres élégantes et matériaux haut-de-gamme. Petit espace détente. Charmant.

14 chambres - 168/580 € - 21 €

10 place Anatole France - 04 66 53 82 77 - www.remparts-aiguesmortes.fr - Fermé 2-18 octobre

Villa Mazarin

LUXE • PERSONNALISÉ Au cœur d'Aigues, une demeure du 15e s. tout en pierre blonde. Escalier à balustres, mobilier ancien, piscine intérieure, jardinet... on apprécie l'élégance et la discrétion des lieux.

23 chambres - 120/540 € - 22 €

35 boulevard Gambetta - 04 66 73 90 48 - www.villamazarin.com

AILLANT-SUR-THOLON

89110 - Yonne - Carte régionale n° **5**-B1 - Carte Michelin 319-D4

Domaine du Roncemay

MAISON DE CAMPAGNE • PERSONNALISÉ Idéal pour les golfeurs, au cœur d'un 18-trous, cet élégant château dispose de dépendances assez pittoresques. Les chambres sont d'un grand confort, certaines avec des salles de bains en pierre de Bourgogne. Le hammam est superbe. Buffets au déjeuner, et carte plus élaborée le soir.

16 chambres - 150/290 € - 16 € - 3 suites

Boisserelle (à 7 km) - 03 86 73 50 50 - www.roncemay.com - Fermé 15 décembre-1er mars

AILLY-SUR-NOYE

80250 - Somme - Carte régionale n° **14**-B2 - Carte Michelin 301-H9

Le Moulin des Écrevisses

CUISINE MODERNE • RUSTIQUE Une longue allée fleurie, un ancien moulin à grain, et dans l'assiette, une cuisine traditionnelle, au goût du jour, que l'on déguste, aux beaux jours, sur la terrasse surplombant le cours d'eau. Bucolique à souhait !

Menu 20 € (déjeuner), 33/48 € - Carte 41/60 €

route de Boves - 03 22 90 25 69 - www.lemoulindesecrevisses.com - Fermé lundi, samedi midi, dimanche soir

AIME

✉ 73210 – Savoie – Carte régionale n° **2**-D2 – Carte Michelin 333-M4

Union

CUISINE MODERNE · BISTRO X Union, c'est celle du britannique Phil Howard (chef de The Square, puis Elystan Street, à Londres) avec Martin Cuchet, un ami français fondu de montagne. De décembre à avril, ils régalent dans une veine simple et généreuse, en plein dans les saisons : à titre d'exemple, brandade de cabillaud, œuf et truffe, ou encore *fool* à la rhubarbe, une spécialité anglaise... Réjouissant.

Carte 31/54 €

Vieux Village de Montalbert – ✆ 04 79 55 51 07 – www.unionmontalbert.com – Fermé 26 avril-18 décembre, lundi, dimanche

AINHOA

✉ 64250 – Pyrénées-Atlantiques – Carte régionale n° **18**-A3 – Carte Michelin 342-C5

Ithurria (Xavier Isabal)

CUISINE MODERNE · AUBERGE XXX Place du Fronton à Ainhoa, face au terrain de trinquet : plus basque, tu meurs ! Cette belle maison traditionnelle a conservé ses tomettes au sol, ses poutres au plafond, ses cuivres rutilants et ses assiettes anciennes. Dans la famille Isabal, c'est désormais le fils Xavier qui tient les fourneaux (aidé par son frère Stéphane en salle). Le jeune cuisinier se fournit exclusivement auprès des producteurs locaux, tout en agrémentant l'ordinaire avec ses propres fruits et légumes. Les amoureux du terroir croiseront au fil de sa carte une piperade au jambon poêlé, des œufs aux truffes, un cochon basque en trilogie (joue confite, boudin, côte rôtie), le saumon de l'Adour, les asperges des Landes, les cèpes... Preuve que la gastronomie basque demeure une éternelle pourvoyeuse de mets plantureux.

Spécialités : Rossini de pied de porc et escalope de foie gras poêlée. Râgout de queues de langoustines aux pâtes fraîches. Fruits rouges, sorbet au lait de brebis fumé, émulsion verveine.

Menu 48/92 € – Carte 66/88 €

Place du Fronton – ✆ 05 59 29 92 11 – www.ithurria.com – Fermé 2 novembre-9 avril, mercredi, jeudi midi

Argi Eder

CUISINE CLASSIQUE · TRADITIONNEL XX Œuf piperade revisité ; veau de Mauléon en déclinaison ; tarte Argi Eder au caramel, vanille et citron jaune... Au menu de ce restaurant au cadre soigné, une fine cuisine aux accents du terroir basque, signée par un chef passionné par les produits locaux.

Menu 30/70 € – Carte 50/60 €

Route de la Chapelle - Quartier Boxate – ✆ 05 59 93 72 00 – www.argi-eder.com – Fermé 2 novembre-31 mars, lundi midi, mardi midi, mercredi midi, vendredi midi

Ithurria

FAMILIAL · COSY Un village typique, son incontournable fronton de pelote et... juste en face, cette ancienne ferme rouge et blanche (17e s.). On voudrait se coiffer d'un béret basque dans ce décor ! Belle parenthèse traditionnelle, donc, entre les murs de ce confortable hôtel-restaurant... À noter : un sympathique bistrot.

26 chambres – 130/165 € – 16 €

Place du Fronton – ✆ 05 59 29 92 11 – www.ithurria.com – Fermé 2 novembre-9 avril

Ithurria – Voir la sélection des restaurants

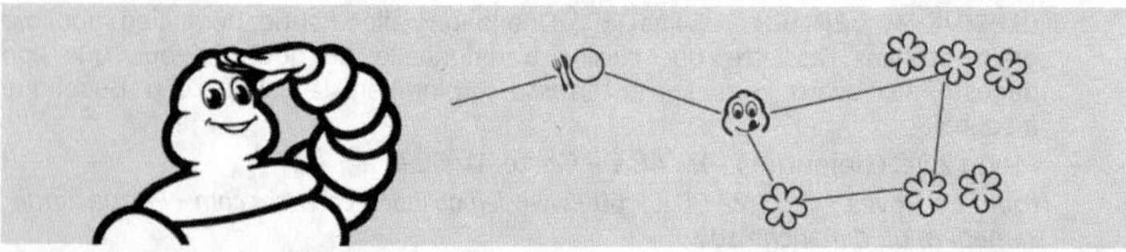

AIRE-SUR-LA-LYS

✉ 62120 - Pas-de-Calais - Carte régionale n° **13**-B2 - Carte Michelin 301-H4

à Isbergues 6 km au Sud - Est par D187 - Carte régionale n° **13**-B2

Le Buffet

CUISINE MODERNE · ÉLÉGANT XX L'ancien buffet de la gare a aujourd'hui fière allure ! Dans un cadre élégant et cosy, on déguste une savoureuse cuisine créative et maîtrisée, qui suit le rythme des saisons : le chef, Thierry Wident, travaille avec les meilleurs producteurs locaux. Si besoin, de coquettes petites chambres permettent de prolonger l'étape.

Spécialités : Maquereau en escabèche, pommes de terre primeurs. Aiguillettes de poulet de Licques panées, chou-fleur et sauce tartare. Tartelette gourmande aux fruits du moment.

Menu 22/65 € - Carte 50/70 €

22 rue de la Gare - ✆ 03 21 25 82 40 - www.le-buffet.com - Fermé 2-23 août, lundi, dimanche soir

AIX-EN-PROVENCE

✉ 13100 – Bouches-du-Rhône – Carte régionale n° **24**–B3 – Carte Michelin 340-H4

On aime...

Chaque ville possède une figure, un regard, une voix... À Aix, on écoute le murmure des fontaines, le chant des vieilles pierres célébrant les fastes du passé et, bien sûr, la symphonie des marchés. Dans l'assiette et sur les étals, la trilogie tomate, huile d'olive et ail impose sa couleur et ses parfums. Fruits et légumes sont d'une grande variété – la vallée du Rhône et de la Durance sont les plus grands vergers et potagers de France ! Les poissons de la Méditerranée sont ici comme chez eux. En ville, de belles boutiques historiques continuent de défendre le calisson, le fruit confit ou le chocolat. Aux portes de la ville, des vignobles, riches de cinq AOP, produisent blancs, rosés et rouges, tour à tour suaves, sensuels ou puissants.

P. Jacques/hemis.fr

Restaurants

❀ Château de la Gaude (N)

CUISINE MODERNE • CONTEMPORAIN XXX Après quatre ans passés au Domaine de Manville, aux Baux-de-Provence, Matthieu Dupuis-Baumal a pris le chemin d'Aix. Aux fourneaux du château de la Gaude, magnifique bastide du 17e s., le jeune chef se montre particulièrement inspiré, déploie beaucoup de technique dans l'assiette, où l'on retrouve des notes provençales mais aussi quelques influences japonaises. Les saveurs sont franches, parfois explosives, toujours contrôlées, et chaque recette porte le sceau d'une personnalité culinaire affirmée. Un lieu magique et une terrasse magnifique, somptueux écrin pour un feu d'artifice de saveurs, associées à une splendide carte des vins.

Spécialités : Artichaut barigoule, caviar osciètre, sauce champagne-yuzu. Pigeon fermier gratiné au satay et mangue épicée. Huile d'olive, citron, poivre sansho et basilic.

Menu 51€ (déjeuner), 90/135€ - Carte 121/163€

Hors plan - *3913 route des Pinchinats (Les Pinchinats) - ✆ 04 84 93 09 30 - www.chateaudelagaude.com - Fermé 2 janvier-12 février, mardi, mercredi, samedi midi*

❀ Pierre Reboul

CUISINE CRÉATIVE • ÉLÉGANT XX Véritable pèlerin du goût, Pierre Reboul a roulé sa bosse par monts et par vaux. Apprenti chez Michel Chabran à Pont-de-l'Isère, membre de la brigade de l'immense Jacques Pic (le père d'Anne-Sophie) à Valence, cuisinier à Paris chez Taillevent et Rostang, le chef a ensuite ouvert sous son propre nom à Saint-Rémy-de-Provence, Tain-l'Hermitage puis Aix-en-Provence. Sa cuisine ludique et créative, un brin moléculaire, s'épanouit dans le cadre somptueux d'un château du 16e s. Il aime jouer avec les textures, mais aussi avec les mots pour décrire ses plats - "papier iodé", "flamby", "coing-coing". De l'œuf parfait à la pintade rôtie, en passant par le biscuit au chocolat, les fondamentaux sont respectés à travers des cuissons précises et des saveurs percutantes.

Spécialités : Omble chevalier en gravlax. Loup au caviar, beurre de champagne. Savon de Marseille.

Menu 54€ (déjeuner), 115/145€

Hors plan - *Château de la Pioline, 260 rue Guillaume-du-Vair - ✆ 04 42 52 27 27 - www.chateaudelapioline.com - Fermé lundi, dimanche*

La Table du Pigonnet

CUISINE CLASSIQUE • ÉLÉGANT XXX Un endroit superbe ! La salle, élégante et immaculée, ouvre grand sur le charmant jardin, ses allées ombragées et ses massifs bien taillés... L'incarnation d'un bel art de vivre, dont témoigne aussi à sa manière la carte, inspirée par la tendance bistronomique.

Menu 39€ (déjeuner)/70€ - Carte 70/110€

Hors plan - *Le Pigonnet, 5 avenue du Pigonnet - ✆ 04 42 59 61 07 - www.hotelpigonnet.com*

Les Caves Henri IV by le Formal

CUISINE MODERNE • COSY XX Des inspirations classiques guident la main du chef de cette adresse, installée dans des caves voûtées datant du 15e s. Sa cuisine fleure bon la Provence et fait la part belle aux produits nobles : filet de bœuf en tartare coupé au couteau et salpicon de homard ; bouillabaisse de lotte aux favouilles...

Menu 35€ (déjeuner), 38/86€

Plan B2-w - *32 rue Espariat - ✆ 04 42 27 08 31 - www.restaurant-lescaveshenri4-byleformal.com - Fermé lundi, samedi midi, dimanche*

Côté Cour

CUISINE MODERNE · TENDANCE XX Décor épuré aux matières naturelles, mur végétal, toit ouvrant, ambiance glamour et musique lounge : Ronan Kernen, ancien candidat de Top Chef, a su créer ici une atmosphère tout à fait particulière. On vient ici pour voir et être vu... mais surtout pour bien manger : la cuisine du chef ne manque pas de personnalité !

Menu 30 € (déjeuner)/48 € – Carte 30/90 €

Plan B2-c – *19 cours Mirabeau – ✆ 04 42 93 12 51 – www.restaurantcotecour.fr – Fermé 23 décembre-3 janvier, lundi, dimanche*

Villa Gallici

CUISINE TRADITIONNELLE · COSY XX Luxe et tradition, sans ostentation. Au menu : une belle cuisine française gorgée de soleil, à déguster sur les tables basses des superbes salons, ou près des platanes sur la jolie terrasse... On a même aménagé un élégant caveau pour vous faire découvrir quelques grands crus. L'esprit du Sud !

Menu 105/135 €

Hors plan – *18 bis avenue de la Violette – ✆ 04 42 23 29 23 – www.villagallici.com – Fermé 2 janvier-5 février, lundi midi*

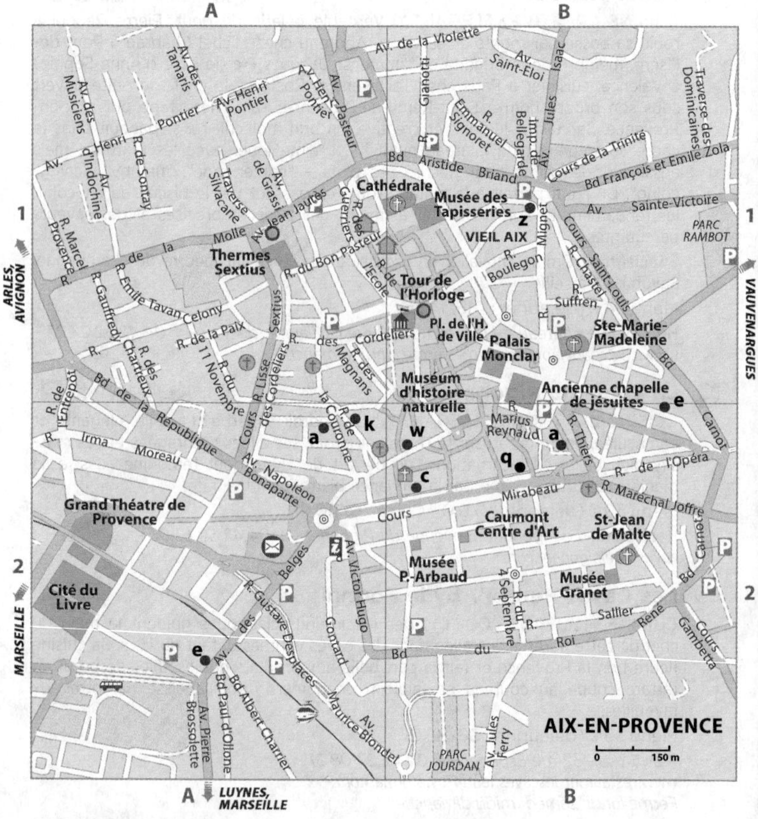

Mickaël Féval

CUISINE MODERNE • ÉLÉGANT XX Ancien chef d'Antoine – restaurant parisien spécialisé dans la cuisine de la mer –, Mickaël Féval a posé ses valises dans cette maison du cœur d'Aix. Il associe les producteurs locaux à ses assiettes, où terre et mer vont main dans la main...

Menu 39€ (déjeuner), 75/102€ – Carte 80/125€

Plan B2-a – *11 Petite-Rue-Saint-Jean – ✆ 04 42 93 29 60 – www.mickaelfeval.com – Fermé 1er-16 janvier, 8-26 août, lundi, dimanche*

Mitch

CUISINE DU MARCHÉ • CONVIVIAL X Dans ce centre-ville aux charmes innombrables – églises, fontaines, hôtels particuliers –, Mitch, le patron, vous accueille avec un grand sourire. La cuisine d'Erwan, son chef, séduit tout autant, grâce à des produits impeccables : légumes et fruits d'un maraîcher du Luberon, poisson de Bretagne, viande labellisée...

Menu 41/51€

Plan A2-k – *26 rue des Tanneurs – ✆ 04 42 26 63 08 – Fermé 23 décembre-8 janvier, dimanche et le midi*

Molène de Mickaël Féval

POISSONS ET FRUITS DE MER • INTIME X L'adresse bis de Mickaël Féval séduit par sa cuisine iodée (poisson et fruits de mer d'une fraîcheur irréprochable), ses cuissons précises et ses assiettes épurées. C'est simple, bon et lisible, à l'instar de ce maigre de méditerranée, pomme de terre au safran, et églefin fumé. Un vibrant éloge de la mer.

Menu 33€ (déjeuner), 57/82€ – Carte 61/85€

Plan B2-e – *31 bis rue Manuel – ✆ 04 42 39 81 88 – restaurantmolene.com – Fermé 27 janvier-10 février, 30 août-14 septembre, lundi, dimanche*

Pointe Noire

CUISINE MODERNE • BRANCHÉ X On doit à Alexandre Mazzia (étoilé à Marseille) la création de ce lieu décontracté, hommage à sa ville de naissance, au Congo. On déguste des assiettes percutantes, volontiers canailles, dans la salle épurée, ou en terrasse, aux beaux jours.

Menu 28€ (déjeuner)/45€ – Carte 35/50€

Plan A2-a – *37 place des Tanneurs – ✆ 04 42 92 71 35 – Fermé lundi, dimanche*

Le Vintrépide

CUISINE TRADITIONNELLE • INTIME X Une agréable petite adresse tenue par deux associés qui ont le souci de bien faire. L'un, en cuisine, prépare de délicieux plats de saison : ravioles de cochon, pigeon en croûte, turbot rôti et barigoule d'artichaut... L'autre, sommelier, a toujours le bon conseil pour le choix des vins. Un duo gagnant.

Carte 26/50€

Plan B1-z – *48 rue du Puits-Neuf – ✆ 09 83 88 96 59 – www.vintrepide.com – Fermé 28 juillet-19 août, lundi, dimanche*

Yamato

CUISINE JAPONAISE • EXOTIQUE X Cette table japonaise propose une cuisine ciselée, réalisée avec des produits frais de qualité, du poisson aux desserts "fusion". Salle à manger d'inspiration asiatique, propriétaire en costume traditionnel, et à l'étage, trois luxueuses chambres façon ryokan participent au voyage...

Menu 44/98€ – Carte 50/80€

Plan A2-e – *21 avenue des Belges – ✆ 04 42 38 00 20 – www.restaurant-yamato.com – Fermé lundi, mardi*

Hôtels

Villa Gallici

LUXE · ÉLÉGANT Cyprès, fontaine, jasmin et rosiers : voici quelques-uns des charmes du ravissant jardin provençal de cette discrète villa juchée sur les hauteurs d'Aix. Les chambres, au charme baroque, sont exclusives et raffinées. Un lieu à part !

17 chambres – 315/1240 € – 36 € – 6 suites

Hors plan – *18 bis avenue de la Violette – 04 42 23 29 23 – www.villagallici.com – Fermé 2 janvier-6 février*

Villa Gallici – Voir la sélection des restaurants

Le Pigonnet

MAISON DE MAÎTRE · PERSONNALISÉ En périphérie d'Aix, dans un beau parc verdoyant, une imposante bastide dont les chambres cultivent le romantisme et l'élégance ; celles situées dans la partie "Résidence" adoptent un style moderne et chaleureux. Cézanne lui-même s'imprégna ici des parfums et couleurs de la Provence !

49 chambres – 200/510 € – 25 € – 5 suites Tablet.PLUS

Hors plan – *5 avenue du Pigonnet – 04 42 59 02 90 – www.hotelpigonnet.com*

La Table du Pigonnet – Voir la sélection des restaurants

Château de la Gaude N

MAISON DE MAÎTRE · CONTEMPORAIN Fermez les yeux et imaginez un domaine de 25 hectares, situé en pleine nature, dont 19 hectares de vignes, 300 oliviers, 50 chênes truffiers, 12 ruches et un poulailler. Cette superbe bastide accueille chambres et suites, dont certaines dominent un jardin à la française. Et pour couronner le tout, une scène du Château de ma Mère (Marcel Pagnol), a été tournée ici. Vous entendez les cigales ?

10 chambres – 490/690 € – 7 suites

Hors plan – *3913 route des Pinchinats (Les Pinchinats) – 04 84 93 09 30 – www.chateaudelagaude.com – Fermé 2 janvier-12 février*

Château de la Gaude – Voir la sélection des restaurants

à Beaurecueil 10 km par N7 et D58

La Table de Beaurecueil

CUISINE TRADITIONNELLE · COLORÉ XX Dans une ancienne bergerie au décor résolument contemporain, on apprécie une cuisine traditionnelle aux bons parfums de Provence. Jolie sélection de vin au verre.

Menu 35/70 € – Carte 55/70 €

Hors plan – *66 route de Meyreuil – 04 42 66 94 98 – www.latabledebeaurecueil.com – Fermé lundi, mercredi, dimanche soir*

au Canet 8 km au Sud - Est par D7n

L'Auberge Provençale

CUISINE TRADITIONNELLE · RUSTIQUE XX Dans cette jolie auberge provençale, proche de la N 7, on apprécie une cuisine traditionnelle soignée, ancrée dans la région – pieds et paquets servis en cocotte, daube de joue de bœuf –, accompagnée d'un beau choix de vins issus de la France entière. Le succès est au rendez-vous, et c'est mérité !

Menu 29/61 € – Carte 48/61 €

Hors plan – *impasse de Provence, à Meyreuil – 04 42 58 68 54 – www.auberge-provencale.fr – Fermé 16-31 juillet, 24-28 décembre, mardi, mercredi*

au Puy-Ste-Réparade 14 km au Nord – Carte régionale n° **24**-B3

Francis Mallmann en Provence

VIANDES • TENDANCE La philosophie du célèbre chef argentin est ici respectée à la lettre : entrecôte fumée lentement au bout de son fil, pomme de terre écrasée et chimichurri ; agneau à la flamme dans notre dôme, aubergine, poivrons au feu… à déguster dans un cadre élégant et lumineux.

Carte 73/110 €

Hors plan – *2750 route de la Cride – 04 42 91 37 37 – www.chateau-la-coste.com – Fermé lundi midi, mardi midi, mercredi midi, jeudi midi*

Villa La Coste & Spa

GRAND LUXE • CONTEMPORAIN Cet hôtel atypique, situé au cœur des vignes de Château La Coste, ne manque pas d'allure : les 28 Villa Suites (certaines avec piscine privative) offrent une vue exceptionnelle sur le Luberon. La terrasse accueille une belle piscine entourée de pins. Spa de 750 mètres carrés, et parcours thermal. Et les services d'un palace…

28 suites – 650/2900 € Tablet. PLUS

Hors plan – *2750 route de La Cride – 04 42 50 50 00 – www.villalacoste.com – Fermé 5 janvier-10 février*

Château de Fonscolombe (N)

MAISON DE MAÎTRE • ÉLÉGANT L'ancienne propriété des marquis de Saporta et Fonscolombe offre désormais tout le confort et le luxe qu'on attend d'une telle ascendance. Chambres provençales classiques et authentiques dans la partie ancienne, climatisées dans la récente. Le parc classé, les arbres séculaires et la jolie chapelle inspirent la sérénité. Amis poètes…

49 chambres – 205/599 € – 24 € – 1 suite Tablet. PLUS

Hors plan – *Fonscolombe – 04 42 21 13 13 – www.fonscolombe.fr – Fermé 30 novembre-27 février*

au Tholonet 5 km à l'Est par D17 – Carte régionale n° **24**-B3

Le Saint-Estève

CUISINE MODERNE • ÉLÉGANT Entre vignes et oliviers, ce domaine luxueux tutoie la montagne Sainte-Victoire. Il accueille désormais le chef Julien Le Goff, arrivé de Porquerolles en 2019, qui déploie une partition méditerranéenne bien tournée avec une place particulière accordée aux produits de la mer. Citons par exemple cette délicieuse crevette gamberoni et déclinaison de tomates anciennes, avec une eau de tomate parfumée au tilleul… une assiette ambitieuse et franchement réussie. Enfin, n'oublions pas le service, aimable et efficace, et la terrasse avec une jolie vue sur la campagne.

Spécialités : Rouget rôti, cocos de Paimpol iodés aux coquillages et salicornes. Bar de ligne au caviar, pomme de terre et concombre glacés au beurre d'algues. Baba au rhum de tradition, glace vanille.

Menu 80 € (déjeuner), 125/165 € – Carte 130/180 €

Hors plan – *Les Lodges Sainte-Victoire, 2250 Route Cézanne – 04 42 27 10 14 – www.leslodgessaintevictoire.com – Fermé 15 février-2 mars*

Les Lodges Sainte-Victoire

LUXE • COSY Sur la route de la montagne Sainte-Victoire chère à Cézanne, ce domaine inauguré en 2013 cultive une quiétude toute provençale… Dans la belle bastide du 18e s. comme dans les superbes lodges indépendants (avec piscine privée) règne la même alliance de modernité et d'esprit bourgeois : une montagne de confort !

27 chambres – 200/430 € – 25 € – 8 suites

Hors plan – *2250 route Cézanne – 04 42 24 80 40 – www.leslodgessaintevictoire.com*

Le Saint-Estève – Voir la sélection des restaurants

AIX-LES-BAINS

✉ 73100 – Savoie – Carte régionale n° **4**-F2 – Carte Michelin 333-I3

Le 59 Restaurant

CUISINE MODERNE • TENDANCE Dans la famille Campanella, je demande... le frère ! Cédric a succédé à Boris aux fourneaux de cette ancienne épicerie transformée en restaurant. Dans l'assiette, on retrouve le goût de la précision, et une cuisine actuelle, volontiers inventive. L'une des meilleures adresses de la ville.

Menu 29 € (déjeuner), 46/54 € – Carte 60/85 €

59 rue du Casino – ✆ 04 56 57 11 96 – www.restaurant-le59.fr – Fermé 30 juin-22 juillet, lundi, dimanche

Golden Tulip

BUSINESS • FONCTIONNEL À deux pas du casino où se produisirent jadis Sarah Bernhardt et Luis Mariano, cet bel hôtel contemporain propose des chambres fonctionnelles et très confortables. De quoi faire des rêves de paillettes... À moins que vous ne préfériez vous détendre dans le jardin japonais, ou au spa !

101 chambres – 99/290 € – 18 € – 10 suites

avenue Charles-de-Gaulle – ✆ 04 79 34 19 19 – www.hotelgoldentulipaixlesbains.com

AIZENAY

✉ 85190 – Vendée – Carte régionale n° **23**-B3 – Carte Michelin 316-G7

La Sittelle

CUISINE MODERNE • ÉLÉGANT Cette jolie villa de la fin des années 1940 connaît une nouvelle jeunesse grâce à deux associés, anciens du château de Locguénolé. Le chef met en avant les produits de la région dans des recettes plutôt originales, avec de nombreux accords terre-mer. Accueil agréable et attentionné.

Menu 34 € (déjeuner), 48/88 € – Carte 79/92 €

33 rue du Maréchal-Leclerc – ✆ 02 51 34 79 90 – https://restaurantlasittelle.com – Fermé 2-16 janvier, 2-27 août, mardi, mercredi

AJACCIO – Corse-du-Sud (2A) ➜ Voir Corse

ALBERT

✉ 80300 – Somme – Carte régionale n° **14**-B1 – Carte Michelin 301-I8

à Authuille 5 km au Nord par D50

Auberge de la Vallée d'Ancre

CUISINE TRADITIONNELLE • ÉLÉGANT Perdue en pleine campagne, cette sympathique auberge de pays n'en est pas moins prisée ! L'accueil y est charmant ; dans sa cuisine ouverte aux regards, le chef prépare une généreuse cuisine traditionnelle, avec notamment quelques spécialités locales comme la ficelle picarde. Beau plateau de fromages.

Menu 25/30 € – Carte 30/45 €

6 rue du Moulin – ✆ 03 22 75 15 18 – Fermé 2 février-16 mars, 1er-16 septembre, lundi, mercredi soir, dimanche soir

ALBERTVILLE

✉ 73200 – Savoie – Carte régionale n° **4**-F2 – Carte Michelin 333-L3

Million

CUISINE CLASSIQUE • TRADITIONNEL Une hostellerie familiale qui cultive la tradition, aussi bien à sa table, autour de recettes classiques, que dans ses chambres au cadre gentiment suranné.

Menu 55/75 € – Carte 102/110 €

8 place de la Liberté – ✆ 04 79 32 25 15 – www.hotelmillion.fr – Fermé 27 avril-17 mai, 10-23 août, lundi, samedi midi, dimanche soir

à Monthion 7 km au Sud par route de Chambéry (sortie 26) et D64

Les 16 Clochers

CUISINE MODERNE • RUSTIQUE XX Depuis la terrasse, on jouit d'un superbe panorama sur les seize clochers de la vallée : qui dit mieux ? Mais on appréciera aussi la salle, rustique et chaleureuse. Plaisir aussi dans l'assiette : noix de Saint-Jacques et mousseline de topinambours, filet de bœuf sauce mondeuse... Bon rapport qualité-prix.

Menu 26 € (déjeuner), 33/59 €

91 chemin des 16 Clochers - ✆ 04 79 31 30 39 - www.les16clochers.fr - Fermé 1er-15 janvier, lundi, mardi, dimanche soir

ALBI

✉ 81000 - Tarn - Carte régionale n° **22**-C2 - Carte Michelin 338-E7

L'Épicurien

CUISINE MODERNE • BRANCHÉ XX C'est l'adresse branchée d'Albi, et à raison ! La déco, au design épuré, témoigne d'un bel esprit nordique ; d'ailleurs le chef est d'origine suédoise, et il concocte de jolies assiettes dans l'air du temps, gourmandes, copieuses et bien ficelées. Ajoutons à cela une carte des vins judicieuse et un service efficace.

Spécialités : Tartare de saumon, concombres marinés. Quasi de veau, caponata aubergines-salsiccia, polenta crémeuse. Dame blanche, tuile chocolat, glace vanille-amande.

Menu 22 € (déjeuner), 33/47 € - Carte 37/55 €

Plan D2-p - *42 place Jean-Jaurès - ✆ 05 63 53 10 70 - www.restaurantlepicurien.com - Fermé lundi, dimanche*

La Table du Sommelier

CUISINE MODERNE • BISTRO X Père et fils, sommeliers de formation, travaillent en duo dans ce sympathique bistrot contemporain. Le résultat ? Une cuisine savoureuse, qui revisite habilement le terroir, un imposant choix de vins (500 références), et, l'été, deux terrasses au choix : sous la pergola ou à ciel ouvert... Une adresse hautement recommandable.

Spécialités : Foie gras fumé et poêlé, rhubarbe pochée, crumble avoine et noix de cajou. Agneau de l'Aveyron rôti, croûte parmesan, sauce morilles. Comme un vacherin, fruits rouges et meringue, caramel onctueux.

Menu 18 € (déjeuner), 31/41 €

Plan D1-m - *20 rue Porta - ✆ 05 63 46 20 10 - www.latabledusommelier.com - Fermé lundi, dimanche*

Alchimy

CUISINE TRADITIONNELLE • ÉLÉGANT XX Au cœur de la vieille ville, cette belle bâtisse Art déco abrite une brasserie de style contemporain, sous une jolie verrière : impossible de manquer l'imposant lustre Murano ! Dans l'assiette, de bons plats traditionnels réalisés avec de beaux produits locaux.

Menu 20 € (déjeuner), 27/33 € - Carte 40/60 €

Plan D2-f - *10 Place du Palais - ✆ 05 63 76 18 18 - www.alchimyalbi.fr*

La Part des Anges

CUISINE MODERNE • DESIGN XX Au-dessus du Grand Théâtre, au dernier étage, cet établissement propose une cuisine au goût du jour maîtrisée, en deux styles distincts : bistrot (au hasard, paleron de bœuf braisé et mousseline de panais) ou plus moderne (foie gras confit au jus de coing et jus au café). À déguster aux beaux jours sur la vaste terrasse dominant la ville. Un ange passe...

Menu 18 € (déjeuner), 26/65 € - Carte 35/150 €

Plan C2-r - *rue des Cordeliers - ✆ 05 63 49 77 81 - www.lapartdesangesalbi.fr - Fermé dimanche soir*

Bruit en Cuisine

CUISINE TRADITIONNELLE • BISTRO Comme son nom ne l'indique pas, cette jolie maison du cœur de la vieille ville ne fait pas de bruit... mais elle gagne à être connue ! Le chef y propose une cuisine du marché, au meilleur de la tradition, à l'instar de cette savoureuse épaule d'agneau confite 7 heures, avec jus de viande au romarin et carottes braisées. La jolie terrasse offre une vue superbe sur la cathédrale Sainte-Cécile...

Menu 16 € (déjeuner)/26 €

Plan C1-q – *22 Rue de la Souque – ✆ 05 63 36 70 31 – Fermé lundi, dimanche*

La Réserve

LUXE • PERSONNALISÉ Dans un grand parc verdoyant au bord du Tarn, une villa pleine de charme ! Meubles chinés et contemporains, tissus et papiers peints élégants : les chambres sont raffinées et donnent sur la jolie piscine ou la rivière. Et quand l'heure du repas est venue, on n'est pas dépourvu...

18 chambres – 228/508 € – 20 € – 2 suites

Hors plan – *81 Route de Cordes – ✆ 05 63 60 80 80 – www.lareservealbi.com – Fermé 1er janvier-4 mai, 18 octobre-31 décembre*

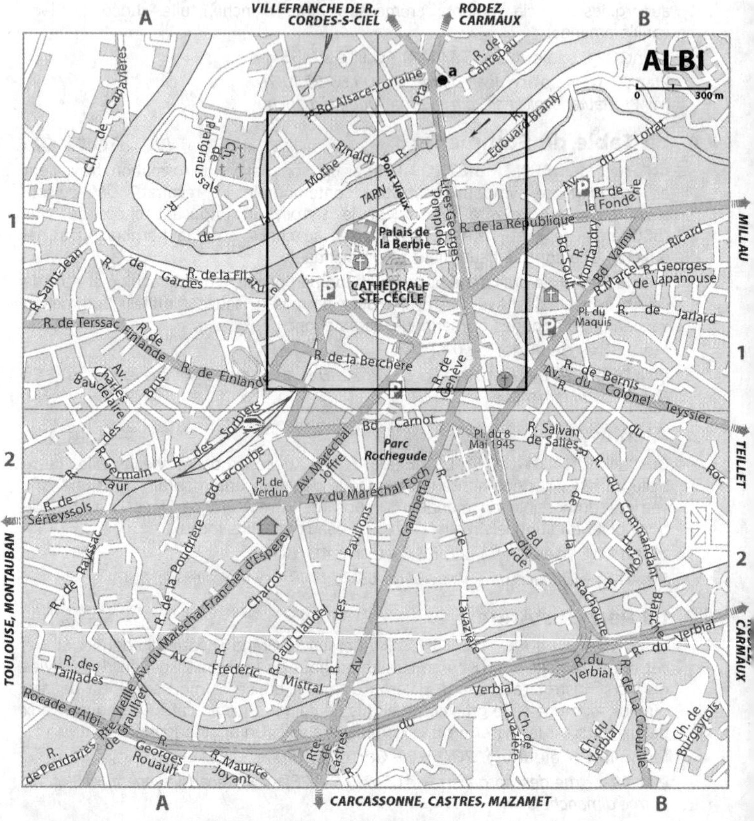

ALBI

VILLEFRANCHE DE R., CORDES-S-CIEL

RODEZ, CARMAUX

MILLAU

TEILLET

RODEZ, CARMAUX

TOULOUSE, MONTAUBAN

CARCASSONNE, CASTRES, MAZAMET

Palais de la Berbie

CATHÉDRALE STE-CÉCILE

Parc Rochegude

Alchimy

BOUTIQUE HÔTEL · ÉLÉGANT Si le restaurant vous a plu, attendez un peu de découvrir les chambres, peut-être les plus jolies de la ville ! L'élégance est ici la règle (marbre blanc dans les salles de bains, meubles signés), dans une veine Art déco qui ne laisse pas indifférent… L'alchimie fonctionne pleinement.

10 chambres ☕ - 👥 130/320 €

Plan D2-f – *10 Place du Palais – ✆ 05 63 76 18 18 – www.alchimyalbi.fr*

🍴 **Alchimy** – Voir la sélection des restaurants

L'Autre Rives

MAISON DE MAÎTRE · CONTEMPORAIN Cette maison de maître des années 1930 au toit d'ardoise, décorée avec goût dans un esprit tantôt scandinave, tantôt japonisant, propose des chambres spacieuses et confortables. Sauna, fitness et grande piscine, dans le beau jardin paysagé. Pour un séjour parfait en terres albigeoises.

5 chambres ☕ - 👥 90/170 €

Plan B1-a – *60 rue de Cantepau – ✆ 06 75 47 01 51 – www.lautrerives.com – Fermé 9-30 novembre, 23-26 décembre*

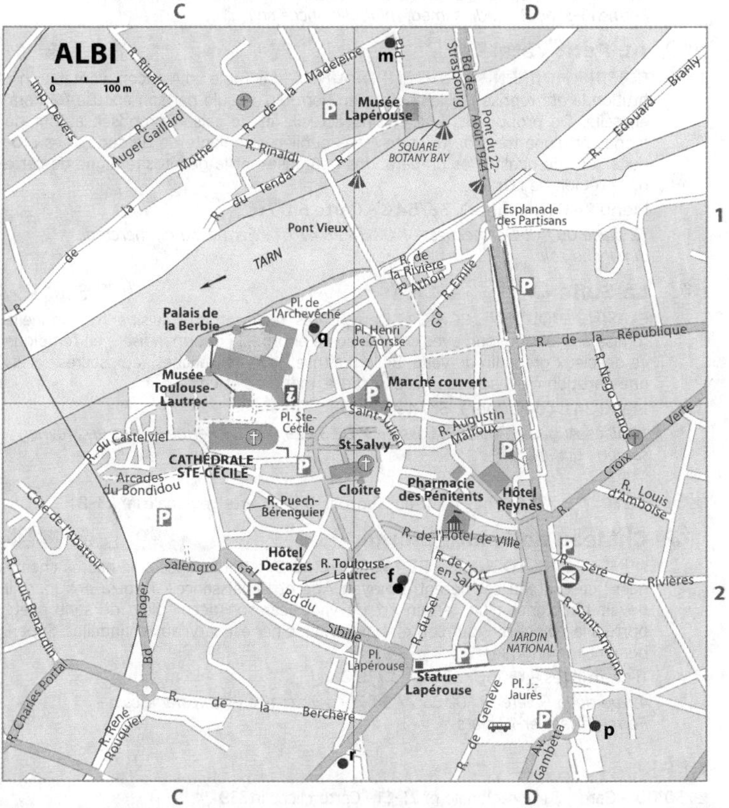

à Castelnau-de-Lévis 7 km au Nord par D600 et D1

La Taverne Besson

CUISINE TRADITIONNELLE · BRANCHÉ XX Amis gourmets, ne vous attendez pas à trouver ici une taverne comme dans les contes de Grimm mais plutôt une généreuse cuisine de tradition bien tournée (et un sympathique chariot de desserts), servie dans un cadre lumineux, ou sur la terrasse ouverte sur la campagne. On peut également réserver l'une des chambres.

Menu 24/72 € – Carte 35/65 €

Hors plan – *Rue Aubijoux – ✆ 05 63 60 90 16 – www.tavernebesson.com – Fermé lundi, mardi midi, dimanche soir*

ALENÇON

✉ 61000 – Orne – Carte régionale n° **17**-C3 – Carte Michelin 310-J4

L'Alezan

CUISINE MODERNE · ÉLÉGANT XX Entrez dans cette ancienne écurie entièrement rénovée, et résolument moderne : on n'attend plus que vous ! Un jeune couple est aux commandes : en cuisine, le chef propose une partition soignée et goûteuse, qui évolue au fil de son inspiration du moment, tandis qu'en salle son épouse assure un service de qualité. Une valeur sûre.

Menu 33/55 € – Carte 48/62 €

183 avenue du Général-Leclerc – ✆ 02 33 28 67 67 – www.lalezan-restaurant.com – Fermé 15-31 août, lundi, samedi midi, dimanche soir

Au Petit Vatel (N)

CUISINE MODERNE · CONTEMPORAIN XX " La Table" d'Alençon, véritable institution, a été reprise par le chef Julien Perrodin, épaulé par son épouse Barbara, en salle. On propose ici une cuisine actuelle et de saison proposée autour de menus et d'une très courte carte (sans oublier la roulante de desserts). Les produits sont de qualité, les préparations goûteuses, et la générosité digne de cette belle région de l'Orne !

Menu 24 € (déjeuner), 33/54 € – Carte 64/71 €

72 place du Cdt-Desmeulles – ✆ 02 33 28 47 67 – Fermé mardi, mercredi, dimanche soir

La Suite (N)

CUISINE MODERNE · CHIC XX Deux frères réalisent une cuisine traditionnelle remise au goût du jour, avec comme seule priorité, la gourmandise – en témoigne ce délicieux grenadin de veau. Belle maîtrise, saveurs franches, jeux sucrés/salés : une partition qui s'accorde avec le cadre, moderne et chic.

Menu 24 € (déjeuner), 33/49 €

13 place Auguste-Poulet-Malassis – ✆ 02 33 29 70 85 – Fermé 27 janvier-2 février, samedi, dimanche

à St-Paterne (72 Sarthe) 4 km au Sud par D311 – Carte régionale n° **23**-D1

Château de Saint-Paterne

DEMEURE HISTORIQUE · PERSONNALISÉ Des toits élancés, de hautes cheminées : ce château est né entre Moyen Âge et Renaissance ! Jusqu'à nos jours il devait témoigner d'un certain art de vivre, car son décor plein de style a été porté à la pointe du goût contemporain... Le dîner est servi aux chandelles. Superbement romantique !

11 chambres – 150/270 € – 15 €

4 Rue de la Gaieté – ✆ 02 33 27 54 71 – www.chateau-saintpaterne.com – Fermé 1er janvier-10 mars

ALÈS

✉ 30100 – Gard – Carte régionale n° **21**-C1 – Carte Michelin 339-J4

Épices et Tout

CUISINE MODERNE • CONVIVIAL X Ce petit restaurant à la devanture discrète secoue les papilles. Cuisine soignée, produits frais, et des épices utilisées avec justesse comme avec ces asperges vertes rôties et vinaigrette wasabi. Autre spécialité : la souris d'agneau confite au vin rouge. Un menu appétissant à déguster en été sur la petite terrasse.

Spécialités : Tataki de thon au sésame, pomme et céleri en rémoulade. Cabillaud en croûte de maïs, fenouil façon risotto, jus au safran. Moelleux amande-rhubarbe, crémeux mascarpone.

Menu 20 € (déjeuner), 30/37 €

15 avenue Carnot – ✆ 04 66 52 43 79 – www.epicesettout.fr – Fermé 17 février-2 mars, 20-24 mai, 17 août-1er septembre, mercredi soir, samedi midi, dimanche

à St-Hilaire-de-Brethmas 3 km par D936 – Carte régionale n° **21**-C2

Comptoir St-Hilaire

LUXE • PERSONNALISÉ La décoratrice Catherine Painvin a entièrement repensé ce mas du 17es. : chambres et suites follement originales, luxe omniprésent mais discret, à l'unisson du superbe parc avec les Cévennes à perte de vue… À la table d'hôte, on apprécie la cuisine régionale dont quelques spécialités mettant la truffe à l'honneur.

5 chambres – 290/425 €

Mas de la Rouquette – ✆ 06 04 59 94 66 – www.comptoir-saint-hilaire.com

ALLEYRAS

✉ 43580 – Haute-Loire – Carte régionale n° **1**-C3 – Carte Michelin 331-E4

Le Haut-Allier (Philippe Brun)

CUISINE MODERNE • TENDANCE XX Au cœur des gorges de l'Allier, cet hôtel-restaurant familial regarde le pont et la rivière depuis ses fenêtres. Bien ancrée dans son terroir, la famille Brun – Philippe et Odile, les parents, épaulés par leur fils et sa compagne – magnifie ces rudes contrées. Ils célèbrent ainsi les nombreux produits qu'ils trouvent dans ce coin de nature : champignons, viandes et fromages auvergnats, omble d'élevage, mais aussi plantes et fleurs sauvages. On se régale d'un pigeonneau au crumble de cèpes, gnocchis de maïs et sauce au foie gras et Xérès, ou encore d'un cappuccino de truffes de Lozère, œuf cocotte et nuage de pommes rattes truffées…

Spécialités : Foie gras de canard mi-cuit et ombre thymalus. Filet d'omble chevalier à l'aspérule odorante. Pavlova aux fruits de saison.

Menu 48 € (déjeuner), 68/110 € – Carte 77/98 €

le Pont d'Alleyras – ✆ 04 71 57 57 63 – www.hotel-lehautallier.com – Fermé 29 novembre-25 mars, lundi, mardi

Le Haut-Allier

TRADITIONNEL • CONTEMPORAIN Aux confins des gorges de l'Allier, comme au bout du monde… Dans cet environnement, cet hôtel fait preuve d'un confort bourgeois sans ostentation, d'une tenue parfaite et d'un calme salutaire. Et il serait dommage de se priver du restaurant !

12 chambres – 95/150 € – 16 €

le Pont d'Alleyras – ✆ 04 71 57 57 63 – www.hotel-lehautallier.com – Fermé 17 novembre-21 mars, 29 novembre-31 décembre

Le Haut-Allier – Voir la sélection des restaurants

ALLUY – Nièvre (58) → Voir Châtillon-en-Bazois

ALOXE-CORTON – Côte-d'Or (21) → Voir Beaune

ALPE-D'HUEZ

⊠ 38750 - Isère - Carte régionale n° **2**-C2 - Carte Michelin 333-J7

Au Chamois d'Or

CUISINE CLASSIQUE • ÉLÉGANT XXX Cette jolie table n'est pas le moindre atout de l'hôtel Chamois d'Or : dans le décor chaleureux et feutré d'une salle tout en bois, on apprécie une cuisine classique et généreuse. L'atmosphère de l'endroit se fait même romantique le soir venu...

Menu 55 € - Carte 40/85 €

169 rue Fontbelle (rond-point des pistes) - ✆ 04 76 80 31 32 - www.chamoisdor-alpedhuez.com - Fermé 19 avril-27 juin, 16 août-11 décembre

L'Espérance

CUISINE MODERNE • TENDANCE XX L'Espérance : le nom du restaurant évoque celui de l'établissement originel, qui appartenait à l'arrière-grand-père de l'actuelle propriétaire. La carte privilégie les circuits courts, et des plats gourmands travaillés dans une veine bistronomique. Les poissons arrivent directement de Concarneau, et les homards de leur vivier !

Menu 25 € (déjeuner), 55/129 € - Carte 25/129 €

Les Grandes Rousses, 425 route du Signal - ✆ 04 76 80 33 11 - www.hotelgrandesrousses.com - Fermé 26 avril-29 mai, 14 septembre-27 novembre

L'Améthyste (N)

CUISINE ACTUELLE • COSY X La table du Daria-I Nor accueille aux fourneaux un jeune chef originaire de Marseille, qui réalise une cuisine actuelle de bonne facture. Les produits sont bien sélectionnés (à titre d'exemple, asperges, écrevisse, veau de lait fermier) et le plaisir est au rendez-vous.

Menu 58/90 € - Carte 59/71 €

Daria-I Nor, 80 rue du 93ème-R.A.M., L'Éclose - ✆ 04 79 31 18 65 - www.hotel-dariainor.com - Fermé 26 avril-3 décembre, lundi midi, mardi, mercredi midi, jeudi midi, vendredi midi, samedi midi, dimanche midi

Daria-I Nor (N)

LUXE • CONTEMPORAIN Le Daria-I Nor est l'un des plus grands diamants au monde... et l'hôtel du même nom s'est imposé, dès sa création, comme l'un des joyaux du tourisme alpin ! Chambres et suites spacieuses et épurées, spa de 800 m², espace piano-bar à l'ambiance feutrée et "select" : exceptionnel en tous points.

39 chambres - 225/525 € - 7 suites

80 rue du 93ème-R.A.M., L'Eclose - ✆ 04 79 31 18 65 - www.hotel-dariainor.com - Fermé 26 avril-3 décembre

L'Améthyste - Voir la sélection des restaurants

Au Chamois d'Or

LUXE • PERSONNALISÉ Un grand chalet en bois aux balcons ciselés : sous la neige, une véritable image d'Épinal... Des feux crépitent, le décor évoque une demeure particulière, les enfants peuvent s'amuser dans "leur" salon (jeux, TV, etc.) et leurs parents profiter du spa : un vrai havre au cœur des Alpes...

40 chambres - 200/735 € - 2 suites

169 rue Fontbelle (rond-point des pistes) - ✆ 04 76 80 31 32 - www.chamoisdor-alpedhuez.com - Fermé 19 avril-27 juin, 16 août-11 décembre

Au Chamois d'Or - Voir la sélection des restaurants

Les Grandes Rousses

LUXE • MONTAGNARD Cet établissement est le fruit d'une histoire familiale, démarrée à Huez au début du 20e s. Le cuivre et le rouge sont le fil conducteur de cet intérieur montagnard d'une grande élégance ; les chambres, confortables, se parent de parquet et de pierre. Et pour les amateurs, un beau spa.

75 chambres - 90/570 € - 25 € - 30 suites

425 route du Signal - ✆ 04 76 80 33 11 - www.hotelgrandesrousses.com - Fermé 26 avril-29 mai, 14 septembre-27 novembre

L'Espérance - Voir la sélection des restaurants

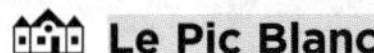

Le Pic Blanc

FAMILIAL • MONTAGNARD Grande construction moderne d'esprit chalet campée dans le quartier des Bergers, sur les hauteurs de la station. Les chambres spacieuses, de style anglais, sont dotées d'un balcon ; la salle à manger fait face aux montagnes... Solarium, piscine, sauna.

90 chambres - 89/545 € - 17 € - 2 suites

avenue du Rif Nel - 04 76 11 42 42 - www.hotel-picblanc-alpes.com - Fermé 20 avril-1er juin, 1er septembre-1er décembre

Royal Ours Blanc

TRADITIONNEL • DESIGN À 100 m des pistes, cet imposant hôtel tout en hauteur dévoile une déco moderne et design, qui multiplie les clins d'œil aux ursidés (pattes d'ours sur la moquette, imitations de nids d'abeilles)... Original et très accueillant !

44 chambres - 250/480 € - 2 suites

avenue des Jeux - 04 76 80 35 50 - www.hotelroyaloursblanc.com - Fermé 5 avril-20 décembre

ALTENSTADT - Bas-Rhin (67) → Voir Wissembourg

ALTKIRCH

68130 - Haut-Rhin - Carte régionale n° **10**-A3 - Carte Michelin 315-H11

L'Orchidée (Chatchai Klanklong)

CUISINE THAÏLANDAISE • CONTEMPORAIN Ouvert depuis octobre 2017, ce restaurant rencontre déjà un franc succès... Ce n'est que justice : cette cuisine thaïlandaise moderne s'avère soignée, élégante et parfumée, à l'instar de cette poire de bœuf vintage cuit au chalumeau, avocat, sauce nuoc mân et coriandre. On se régale du début à la fin. Une réussite.

Spécialités : Carpaccio de veau au chalumeau, caviar, pomme granny smith, nuoc-mâm et ail frit. Pigeonneau des Vosges cuit sur le coffre, navets, cerises et jus au curry massaman. Citron, mandarine et basilic thaï.

Menu 28 € (déjeuner), 65/108 € - Carte 74/80 €

33 rue Gilardoni - 03 89 88 50 39 - www.orchidee-altkirch.com - Fermé lundi, dimanche

Auberge Sundgovienne

CUISINE MODERNE • ÉLÉGANT Ce restaurant d'hôtel est très sympathique : tout y est avenant, contemporain et cosy, et l'on y apprécie une bonne cuisine d'aujourd'hui, concoctée par un chef soucieux de bien faire. Chambres bien tenues pour l'étape.

Menu 18/65 € - Carte 34/73 €

1 route de Belfort, à Carspach - 03 89 40 97 18 - www.auberge-sundgovienne.fr - Fermé 27 juillet-5 août, 22 décembre-23 janvier, lundi, mardi midi, dimanche soir

ALTWILLER

67260 - Bas-Rhin - Carte régionale n° **10**-A1 - Carte Michelin 315-F3

L'Écluse 16

CUISINE MODERNE • CONTEMPORAIN Cet ancien relais de chevaux de halage, bordant le canal des houillères de la Sarre, est installé à quelques pas... d'une écluse. Le chef, originaire du Morbihan, régale sa clientèle avec une jolie cuisine de saison, et utilise à l'occasion les produits du terroir local, qu'il agrémente de condiments, ou d'huiles aromatisées maison.

Menu 22/52 € - Carte 32/39 €

route de Bonnefontaine - 03 88 00 90 42 - www.ecluse16.com - Fermé 17-26 février, 24 août-2 septembre, lundi soir, mardi, mercredi

AMBERT

✉ 63600 - Puy-de-Dôme - Carte régionale n° **1**-C2 - Carte Michelin 326-J9

Les Copains

CUISINE TRADITIONNELLE • FAMILIAL XX Voilà plus de 80 ans que la même famille tient les rênes de cette table située en face de la pittoresque mairie en rotonde célébrée par Jules Romains dans *Les Copains*. Au menu, une généreuse cuisine élaborée à partir de produits du terroir : agneau du pays, fourme d'Ambert... On passe un excellent moment.

Menu 16 € (déjeuner), 36/64 € - Carte 40/52 €

42 boulevard Henri-IV - ✆ 04 73 82 01 02 - www.hotelrestaurantlescopains.com - Fermé 29 février-8 mars, 25 avril-3 mai, 2 septembre-4 octobre, vendredi soir, samedi, dimanche soir

Le M

CUISINE MODERNE • CONVIVIAL X On « M » ce bistrot contemporain branché, pour son accueil charmant, comme pour sa cuisine actuelle et goûteuse, proposée à l'ardoise et rythmée par les saisons. De plus les tarifs restent sages, plus encore le midi en semaine.

Menu 24 € (déjeuner)/32 €

1 place du Livradois - ✆ 04 73 82 28 91 - restaurantlemambert.com - Fermé lundi, dimanche soir

AMBIERLE

✉ 42820 - Loire - Carte régionale n° **2**-A1 - Carte Michelin 327-C3

Le Prieuré (Thierry Fernandes)

CUISINE MODERNE • CONTEMPORAIN XXX Au centre de ce village de vignerons de la Côte roannaise, ce restaurant jouxte un magnifique prieuré bénédictin du 15e s. à la toiture de tuiles polychromes vernissées de style bourguignon. Une partie contemporaine en bois est venue moderniser la belle bâtisse traditionnelle en granit qui accueille le restaurant. Enfant du pays comme son épouse qui l'épaule en salle, le chef Thierry Fernandes surprend avec sa cuisine créative et inspirée. Carpaccio de noix de Saint-Jacques, légumes croquants acidulés et huiles parfumées ; ris de veau rôti à la réglisse, jus au gamay ; dos de cabillaud juste rôti, fondue de poireaux... Technique et saveurs sont au rendez-vous dans chaque assiette.

Spécialités : Croustillant de pied de cochon et langoustine grillée à la plancha. Ris de veau rôti et caramélisé, jus au gamay de la côte roannaise. Tarte au citron meringuée revisitée, sablé petit beurre et citron confit.

Menu 48/98 € - Carte 75/105 €

11 rue de la Mairie - ✆ 04 77 65 63 24 - www.leprieureambierle.fr - Fermé 20 janvier-6 février, mardi soir, mercredi, dimanche soir

Demeure Bouquet

HÔTEL PARTICULIER • PERSONNALISÉ Au cœur du village, cette imposante demeure de 1790 trône au milieu d'un élégant jardin à la française, agrémenté d'une piscine d'été et d'une terrasse. À l'intérieur, l'escalier en pierre et fer forgé dessert cinq chambres confortables, avec tomettes et mobilier chic. Les hédonistes apprécieront.

5 chambres ☕ - 👫 120/165 €

320 rue de Faimes - ✆ 06 95 88 83 82 - www.demeurebouquet.com

AMBOISE

✉ 37400 - Indre-et-Loire - Carte régionale n° **8**-A1 - Carte Michelin 317-O4

✿ Château de Pray

CUISINE MODERNE • ÉLÉGANT XXX En amont d'Amboise, sur la rive sud de la Loire, ce château du 13e s. attire l'œil avec ses deux tours massives. L'édifice trône paisiblement au milieu d'un vaste parc à la française, où l'art de vivre ligérien perdure comme à la Renaissance. Le passé vigneron du château se devine encore dans l'ancien chai qui fait désormais office de salon cosy. De salle en salle, des vitraux du 13e s. et des tapisseries des Gobelins ornent encore ces murs séculaires. La cuisine du chef, Arnaud Philippon, flirte joliment avec notre époque : ris de veau aux grains de café torréfiés, pomme de terre ratte et shiitaké, pigeonneau du pays de Racan rôti sur l'os, petit épeautre des Corbières et mûres de ronce. Finesse d'exécution, équilibre des saveurs, approvisionnement auprès de producteurs locaux : la vie de château a du bon.

Spécialités : Pieds de couteaux pochés à la berce, céleri branche et sauce à l'huître. Faux-filet de bœuf charolais aux artichauts et jus corsé. Soufflé chaud au cassis de Touraine, sorbet au cassis frais.

Menu 59/138 € - Carte 89/100 €

Rue du Cèdre, à Chargé - ✆ 02 47 57 23 67 - www.chateaudepray.fr - Fermé 6 janvier-6 février, 23 février-4 mars, 22 novembre-3 décembre, lundi, mardi

Le Lion d'Or

CUISINE MODERNE • CONVIVIAL X Au pied du célébrissime château d'Amboise, ce restaurant résolument contemporain est niché dans une grande maison datant de 1880. Le chef y compose des assiettes dans l'air du temps, parfumées et colorées, où les beaux produits sont légion, le tout dans une ambiance conviviale. Bon rapport qualité-prix.

Menu 22 € (déjeuner), 33/55 € - Carte 43/63 €

17 quai Charles-Guinot - ✆ 02 47 57 00 23 - www.leliondor-amboise.com - Fermé lundi, mardi

Au Charme Rabelaisien

HÔTEL PARTICULIER • HISTORIQUE Cette demeure bourgeoise qui abrita banque, école et étude notariale, est devenue un hôtel de charme. Les chambres sont confortables (celles du dernier étage disposent d'une vue sur le château), et l'accueil familial ; petit jardin avec piscine. Agréable espace bien-être.

10 chambres - 150/250 € - 15 €

25 rue Rabelais - ✆ 02 47 57 53 84 - www.au-charme-rabelaisien.com

Château de Pray

DEMEURE HISTORIQUE • GRAND LUXE D'imposantes tours rondes, un grand parc arboré, quelques lits à baldaquin... Sur des fondations médiévales, ce petit château date essentiellement du 17e s. : à la croisée des époques, caractère et agrément !

19 chambres - 139/300 € - 19 €

Rue du Cèdre, à Chargé - ✆ 02 47 57 23 67 - www.chateaudepray.fr - Fermé 6 janvier-6 février, 23 février-4 mars, 22 novembre-3 décembre

✿ **Château de Pray** - Voir la sélection des restaurants

à St-Ouen-les-Vignes 6,5 km au Nord par D431

L'Aubinière

CUISINE MODERNE • CONTEMPORAIN XXX Une belle salle contemporaine et lumineuse, une cuisine de saison qui ne triche pas sur la qualité des produits et une cave riche en vins régionaux : le restaurant de l'Aubinière a vraiment tout pour plaire.

Menu 22 € (déjeuner), 38/65 € - Carte 45/80 €

29 rue Jules-Gautier - ✆ 02 47 30 15 29 - www.aubiniere.com - Fermé 2 janvier-10 février, lundi, mardi midi, dimanche soir

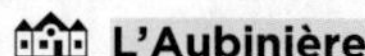

L'Aubinière

SPA ET BIEN-ÊTRE • CONTEMPORAIN Six nouvelles chambres contemporaines spacieuses et confortables, un espace bien-être (sauna, hammam, spa à débordement) et une piscine chauffée... L'auberge de l'Aubinière évolue avec son temps et demeure une étape idéale pour se ressourcer dans le Val de Loire.

12 chambres - 138/315 € - 18 €

29 rue Jules-Gautier - 02 47 30 15 29 - www.aubiniere.com - Fermé 2 janvier-10 février

L'Aubinière - Voir la sélection des restaurants

à St-Règle 3 km au Sud - Est par D31 - Carte régionale n° **8**-A1

Château des Arpentis

DEMEURE HISTORIQUE • GRAND LUXE Un château entouré de douves, dans un parc de 30 ha, au grand calme. Les chambres sont raffinées et tendues de superbes tissus. Détail notable, une imposante piscine de 22 mètres de long... parfait pour les nageurs !

13 chambres - 165/205 € - 12 €

Château des Arpentis - 02 47 23 00 00 - www.chateaudesarpentis.com - Fermé 24-25 décembre

AMBRES - Tarn (81) → Voir Lavaur

AMBRONAY

01500 - Ain - Carte régionale n° **2**-B1 - Carte Michelin 328-F4

Auberge de l'Abbaye (Ivan Lavaux)

CUISINE MODERNE • TENDANCE XX Au pied de l'abbaye bénédictine d'Ambronay, cette auberge lumineuse se pare d'une agréable décoration, bien dans l'air du temps. Natif de Nantua, formé à l'école hôtelière de Thonon-les-Bains, le chef Ivan Lavaux a commencé par travailler en salle dans de belles maisons, à Paris comme sur la Côte d'Azur. Sa véritable vocation de cuisinier se révèle à lui quand il achète l'ancien bistrot du village d'Ambronay.

Dans sa nouvelle peau de cuisinier, Ivan Lavaux se montre excellent artisan, appliqué à suivre, comme il l'explique, la "logique des produits". Ils sont ici sélectionnés avec minutie et souvent locaux, mais sans faire l'impasse sur de très beaux poissons, comme avec ce skrei au céleri rémoulade et pomme gingembre.

Spécialités : Cuisine du marché.

Menu 42 € (déjeuner), 62/92 €

Place des Anciens Combattants - 04 74 46 42 54 - www.aubergedelabbaye-ambronay.com - Fermé dimanche soir

AMIENS

80000 - Somme - Carte régionale n° **14**-B2 - Carte Michelin 301-G8

Les Orfèvres

CUISINE MODERNE • CONTEMPORAIN XX À deux pas de la célèbre cathédrale, un restaurant au décor de type atelier, épuré et moderne. Au menu : une cuisine qui connaît ses classiques, avec quelques touches plus modernes par-ci par-là... et une ambiance conviviale.

Menu 28 € (déjeuner), 45/83 € - Carte 49/90 €

14 rue des Orfèvres - 03 22 92 36 01 - www.lesorfevres.com - Fermé 28 juin-13 juillet, 28 décembre-14 janvier, mardi, mercredi

Le Vivier

POISSONS ET FRUITS DE MER • CONVIVIAL XX Un vivier à crustacés, au centre de ce restaurant, donne le ton ! Ici, on célèbre la mer et ses saveurs avec raffinement : salade de foie gras aux langoustines, blanc de turbot aux girolles... Le cadre pour ce délicieux moment pourra être, au choix, un élégant jardin d'hiver, une salle bistrot ou plus feutrée.

Menu 48/85 € - Carte 56/103 €

593 route de Rouen - 03 22 89 12 21 - www.restaurantlevivier-amiens.com - Fermé 28 juillet-26 août, 24 décembre-2 janvier, lundi, dimanche

L'Ail des Ours

CUISINE MODERNE • CONTEMPORAIN Belle découverte que cet établissement contemporain et coloré. Le chef, Stéphane Bruyer, y propose une cuisine simple, inspirée de la nature, valorisant les produits de son terroir. La table dont tout le monde parle à Amiens... et l'on comprend pourquoi !

Menu 26 € (déjeuner)/38 €

11 rue Sire-Firmin-Leroux – 03 22 48 35 40 – Fermé lundi, mardi midi, dimanche

Marotte

HISTORIQUE • COSY Bel établissement inauguré fin 2012 au cœur de la ville. Il prend ses aises dans une bâtisse de brique rouge du 19e s. (avec une extension contemporaine), dont il conserve le cachet – boiseries, moulures, etc. – et même l'esprit de demeure privée. Élégance, atmosphère feutrée et accueil charmant...

12 chambres – 175/355 € – 22 €

3 rue Marotte – 03 60 12 50 00 – www.hotel-marotte.com

à Dury 6 km au Sud par D1001 – Carte régionale n° **14**–B2

La Bonne Auberge

CUISINE MODERNE • ÉLÉGANT Dans cette pimpante auberge, point de carte : on choisit parmi les suggestions du jour, gage de fraîcheur. Le jeune chef se montre assez audacieux dans sa cuisine, osant quelques accords de saveurs originaux (qui ne font pas de mal, dans cette région où la tradition règne en maître...). Service aimable et efficace, bon rapport qualité-prix.

Spécialités : Saumon cuit à basse température, beurre blanc. Filet de bœuf façon Rossini, cacahouètes grillées et chou-fleur. Abricot et lavande.

Menu 32/64 €

63 Route Nationale – 03 22 95 03 33 – www.labonneauberge80.com – Fermé 17-21 mai, 16 août-2 septembre, 31 décembre-19 janvier, lundi, mardi soir, dimanche

L'Aubergade

CUISINE MODERNE • CONTEMPORAIN Une cuisine d'inspiration classique, respectueuse des saisons et basée sur le meilleur du marché : voici le credo et la promesse du chef Éric Boutté, fin connaisseur du terroir picard et voyageur à ses heures. Côté décor, une salle élégante, d'une grande sobriété, où l'on se sent bien.

Menu 45/90 € – Carte 67/80 €

78 Route Nationale – 03 22 89 51 41 – www.aubergade-dury.com – Fermé 12-27 avril, 9-24 août, 22 décembre-6 janvier, lundi, dimanche

AMMERSCHWIHR

68770 – Haut-Rhin – Carte régionale n° **10**–C2 – Carte Michelin 315-H8

Julien Binz

CUISINE MODERNE • COSY Sur la route des vins, au sud de Colmar, le charmant village viticole d'Ammerschwihr est niché dans la vallée du Kaysersberg, surnommée la vallée aux étoiles... Michelin, bien sûr ! La Table d'Olivier Nasti côtoie l'Alchémille, qui elle-même n'est pas loin de celle de Julien Binz. Rompu aux ficelles du métier, ancien de la brigade de l'Auberge de l'Ill, ce dernier maîtrise toutes les cordes de l'arc culinaire. Il compose une cuisine classique et saisonnière : noix de Saint-Jacques rôties, mousseline de pousses d'épinards et coulis oignon-truffe, bar sauvage en écailles soufflées et carottes en textures, ou encore homard et pickles de betterave administrent une tranquille leçon de gourmandise. Quant au sommelier de la maison, François Lhermitte, il assure une partition sans fausse note.

Spécialités : Ravioles de foie gras et truffe, velours d'artichaut. Médaillons de homard, pickles de betterave et gel litchi. Sphère chocolat-noisette, glace café et chocolat chaud.

Menu 48/93 € – Carte 77/97 €

7 rue des Cigognes – 03 89 22 98 23 – www.restaurantjulienbinz.com – Fermé lundi, mardi

Aux Armes de France

CUISINE MODERNE • BOURGEOIS XXX Un vent nouveau souffle sur cette institution alsacienne. Cette grande maison blanche cultive un certain esprit de tradition, entre décor bourgeois et carte moderne, qui a le bon goût de proposer les plats qui ont fait la réputation du lieu, comme la salade de homard et foie gras revisitée. Une étape gastronomique agréable, dans un beau village de la route des vins.

Menu 24 € (déjeuner), 35/90 € - Carte 50/85 €

1 Grand'Rue - ✆ 03 89 47 10 12 - www.auxarmesdefrance.fr - Fermé mercredi, jeudi

AMNÉVILLE

✉ 57360 - Moselle - Carte régionale n° **12**-B1 - Carte Michelin 307-H3

au Parc Thermal et de Loisirs 2,5 km au Sud, bois de Coulange

La Forêt

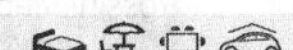

CUISINE TRADITIONNELLE • CONTEMPORAIN XX "Penser, c'est chercher des clairières dans une forêt. " On pourra méditer cette trouvaille de Jules Renard en s'attablant dans cette maison conviviale, située en plein cœur du bois de Coulange. Les recettes y sont empreintes de classicisme (sandre Vieux Strasbourg, foie gras maison, choucroute de poissons, etc.) et s'accompagnent de jolis crus.

Menu 23/48 € - Carte 40/65 €

1 rue de la Source - ✆ 03 87 70 34 34 - www.restaurant-laforet.com - Fermé 27 juillet-11 août, 21 décembre-5 janvier, lundi, mardi, dimanche soir

AMOU

✉ 40330 - Landes - Carte régionale n° **18**-B3 - Carte Michelin 335-G13

Le Commerce

CUISINE TRADITIONNELLE • RUSTIQUE X Le charme des anciennes auberges de village, la touche contemporaine en plus... Pâté maison, foie gras chaud aux piquillos, lamproie en matelote, anguilles persillées, tourtière flambée aux pommes : à la carte, la cuisine landaise et les bonnes recettes sont à l'honneur ! Quelques jolies chambres pour passer la nuit.

Menu 17/32 € - Carte 36/55 €

2 place de la Poste (près de l'église) - ✆ 05 58 89 02 28 - www.hotel-commerce-darracq.com - Fermé 24 février-10 mars, 9 novembre-1er décembre, lundi, dimanche soir

ANCENIS

✉ 44150 - Loire-Atlantique - Carte régionale n° **23**-B2 - Carte Michelin 316-I3

La Toile à Beurre

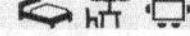

CUISINE MODERNE • RUSTIQUE X Pierres, poutres et tomettes font le cachet rustique de cette maison de 1750, bordée d'une jolie terrasse. Le chef, Pierre-Yves Ladoire, y revisite la cuisine du terroir en y mêlant sa patte personnelle. Résultat : des recettes gourmandes, mettant notamment à l'honneur les poissons sauvages. Service aimable.

Spécialités : Ballottine de volaille aux pistaches, poire pochée au vin épicé. Dos de cabillaud rôti, beurre de chinon. Pavlova aux fruits rouges.

Menu 18 € (déjeuner), 32/55 € - Carte 32/48 €

82 rue Saint-Pierre - ✆ 02 40 98 89 64 - www.latoileabeurre.com - Fermé lundi, mardi soir, mercredi soir, jeudi soir, dimanche soir

ANET

✉ 28260 - Eure-et-Loir - Carte régionale n° **8**-B1 - Carte Michelin 311-E2

Le Manoir d'Anet

CUISINE TRADITIONNELLE • ÉLÉGANT XX Un restaurant traditionnel idéalement situé face au château de Diane de Poitiers ! Dans la salle rustique et colorée, on se régale de grands classiques du genre, réalisés avec de bons produits de saison. Une offre snacking est également proposée.

Menu 27/53 € - Carte 54/73 €

3 place du Château - ✆ 02 37 41 91 05 - www.lemanoirdanet.com - Fermé mardi, mercredi

asab974/iStock

ANGERS

✉ 49000 – Maine-et-Loire – Carte régionale n° **23**–C2 – Carte Michelin 317-F4

On aime…

La capitale de l'Anjou se distingue autant par la richesse de son patrimoine que par celle de sa gastronomie. Cité florissante de la Renaissance, elle abrite les murailles de la forteresse médiévale du roi René et la tenture de l'Apocalypse. Elle est aussi la ville de naissance du "prince des gastronomes", l'écrivain et journaliste Curnonsky, qui mit son appétit d'Angevin au service de la défense du terroir. Et ce ne sont pas les spécialités qui manquent ici : sandre au beurre blanc, pâté aux prunes… En ville, c'est la Maison Jouis qui incarne depuis 1954 la référence en matière de rillettes ou de rillauds – ces morceaux de poitrine de porc maigre cuits dans la graisse où ils sont confits. Quant au quernon, un chocolat bleu, croquant et fondant, il évoque le bloc de schiste brut fendu par l'ardoisier angevin. Enfin, les vins de Loire et d'Anjou offrent une diversité fascinante.

Foodcollection/Getty Images

Restaurants

✿ Le Favre d'Anne (Pascal Favre d'Anne)

CUISINE CRÉATIVE • ÉLÉGANT XX Pendant un an, le chef Pascal Favre d'Anne et son épouse Mathilde ont parcouru l'Asie. De Madras à Tokyo, de Bangkok à Manille, de la Mongolie à l'Indonésie, le couple a fréquenté les marchés aux épices et aux poissons, découvert de nouveaux produits et de nouvelles techniques. De retour en Anjou, ils ont conçu ce lieu qui leur ressemble : cuisine ouverte, mobilier sur mesure, assiettes conçues par Pascal lui-même, arts de la table design... Il recourt aux produits du terroir angevin pour nourrir sa cuisine inspirée et métissée : les Saint-Jacques de Granville flirtent avec un trio carotte-mangue-coriandre, la truite bretonne folâtre avec le combawa, la compote de pomme se parfume au yuzu... Finesse et technicité vont main dans la main : on en sort ravi.

Spécialités : Foie gras de Nueil-sur-Layon, gaspacho de concombre et salicornes. Pigeonneau de Champigné, carottes aux agrumes et chanterelles. Le bleuet de Loire, sorbet de saison.

Menu 49 € (déjeuner), 70/105 €

Plan C3-g – *21 Foch, 21 boulevard du Maréchal-Foch (1er étage) – ☎ 02 41 36 12 12 – www.lefavredanne.fr – Fermé 26 avril-12 mai, 24 décembre-7 janvier, lundi, mardi, dimanche*

✿ Lait Thym Sel (Gaëtan Morvan)

CUISINE CRÉATIVE • CONTEMPORAIN X Parmi les belles maisons à colombages du quartier de la Doutre, on vous recommande chaudement cette petite pépite tenue par un couple plein de talent. Lui, en cuisine, décline un menu dégustation en sept plats basé sur les produits de la région. C'est délicieux, inventif, d'une lisibilité totale, et cela n'a rien d'une surprise étant donné son parcours impeccable : Prés d'Eugénie, Louis XV, ou encore SaQuaNa... On se régale de bout en bout, en profitant aussi de vins bien choisis et de tarifs qui n'ont rien d'extravagant. Attention, 16 couverts seulement à chaque service : ne laissez pas passer votre chance !

Spécialités : Cuisine du marché.

Menu 60 €

Plan A1-a – *65 rue Beaurepaire – ☎ 02 41 72 08 64 – www.laitthymsel.fr – Fermé 9 mars-5 avril, 13 juillet-5 août, 12-26 octobre, lundi, dimanche et le midi*

Le Relais

CUISINE TRADITIONNELLE • BRASSERIE XX Banquettes, sol en mosaïque, belles fresques sur le thème du vin et du "bien vivre" ajoutent à la chaleur de ce lieu élégant. Cuisine traditionnelle accompagnée d'une sélection de vins de Loire.

Menu 32 €

Plan B3-k – *9 rue de la Gare – ☎ 02 41 88 42 51 – www.lerelaisangers.fr – Fermé 8-24 août, 23 décembre-3 janvier, samedi, dimanche*

Autour d'un Cep

CUISINE TRADITIONNELLE • BISTRO X Ce "restaurant à vins" met le Val de Loire à l'honneur, autour des crus de petits propriétaires locaux et d'une "ardoise du jour" réécrite par le chef au gré du marché. Dans l'assiette, les produits ont le goût de ce qu'ils sont, dans le droit fil de la bonne tradition. Pourquoi faire compliqué quand on peut faire simple ?

Menu 25 € (déjeuner)/34 €

Plan B2-a – *9 rue Baudrière – ☎ 02 41 42 61 00 – Fermé 1er-8 janvier, 1er-15 juin, 1er-15 septembre, lundi midi, mardi midi, mercredi midi, jeudi midi, samedi, dimanche*

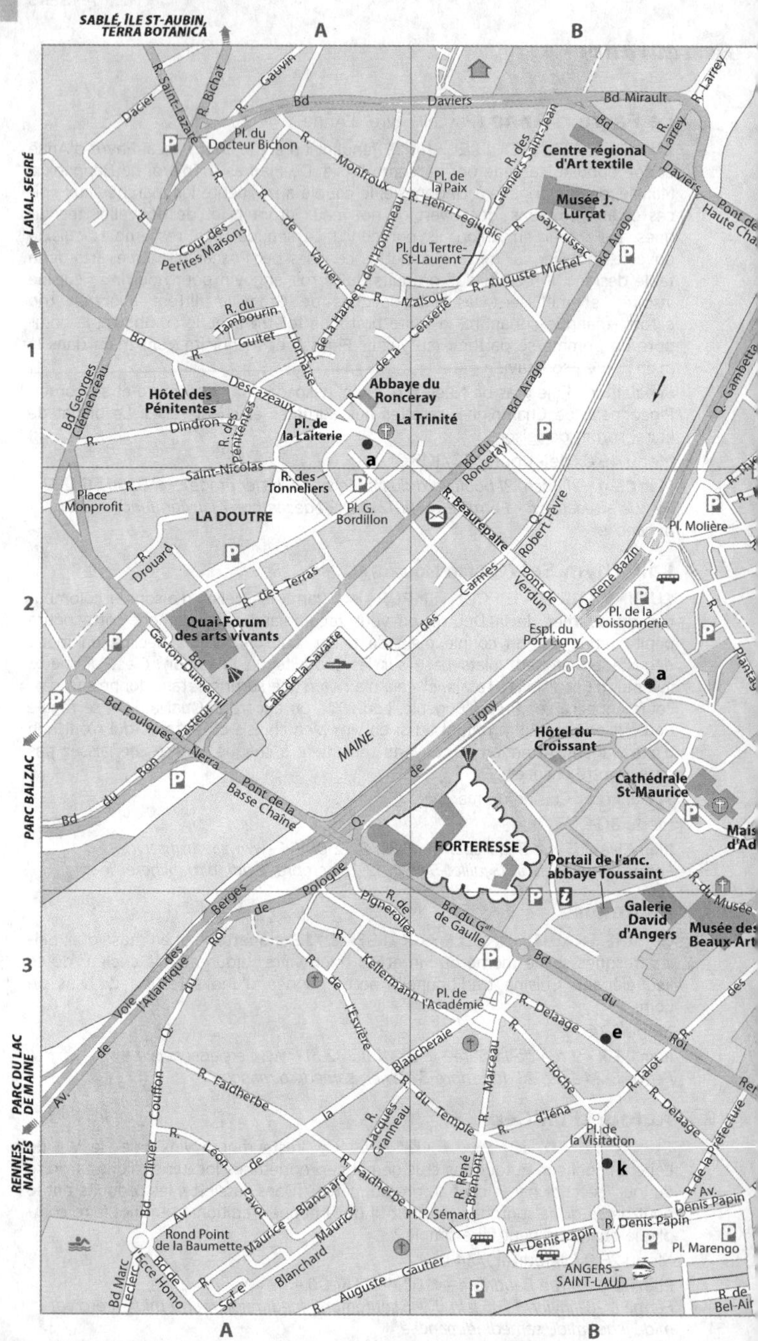

SABLÉ, ÎLE ST-AUBIN, TERRA BOTANICA
LAVAL, SEGRÉ
PARC BALZAC
PARC DU LAC DE MAINE
RENNES, NANTES
A
B
1
2
3
Centre régional d'Art textile
Musée J. Lurçat
Abbaye du Ronceray
La Trinité
Hôtel des Pénitentes
Pl. de la Laiterie
LA DOUTRE
Quai-Forum des arts vivants
MAINE
FORTERESSE
Hôtel du Croissant
Cathédrale St-Maurice
Portail de l'anc. abbaye Toussaint
Galerie David d'Angers
Musée des Beaux-Arts
Pl. Molière
Pl. de la Poissonnerie
Espl. du Port Ligny
Pl. du Docteur Bichon
Pl. de la Paix
Pl. du Tertre-St-Laurent
Place Monprofit
Pl. G. Bordillon
Pl. de l'Académie
Pl. de la Visitation
Pl. P. Sémard
Rond Point de la Baumette
Pl. Marengo
ANGERS-SAINT-LAUD
Bd Daviers
Bd Mirault
Bd Arago
Bd du Ronceray
Bd Descazeaux
Bd Georges Clémenceau
Bd Gaston Dumesnil
Bd Foulques Nerra
Bd Pasteur
Bd du Bon Pasteur
Bd du Gal de Gaulle
Bd du Roi René
Bd Olivier Couffon
Bd Marc Leclerc
Bd de l'Ecce Homo
Pont de la Basse Chaîne
Pont de Verdun
Pont de la Haute Chaîne
Q. Robert Fèvre
Q. René Bazin
Q. Gambetta
Q. des Carmes
Q. de Ligny
Q. du Roi de Pologne
Cale de la Savatte
Voie des Berges
Av. de l'Atlantique
Av. Denis Papin
Av. Maurice Blanchard
R. Beaurepaire
R. Saint-Nicolas
R. Dindron
R. des Pénitentes
R. des Tonneliers
R. Drouard
R. des Terras
R. Guitet
R. du Tambourin
Cour des Petites Maisons
R. Saint-Lazare
R. Bichat
R. Dacier
R. Gauvin
R. Monfroux
R. Henri Legludic
R. de Vauvert
R. de la Harpe
R. de l'Hommeau
R. Malsou
R. de la Censerie
R. Lionnaise
R. Auguste Michel
R. Gay-Lussac
R. des Greniers Saint-Jean
R. Larrey
R. Plantagenêt
R. du Musée
R. de Pigneroles
R. Kellermann
R. de l'Esvière
R. Delaage
R. Hoche
R. Marceau
R. Talot
R. de la Préfecture
R. Blancheraie
R. du Temple
R. d'Iéna
R. Faidherbe
R. Léon Pavot
R. Jacques Granneau
R. René Brémont
R. Denis Papin
R. de Bel-Air
R. Auguste Gautier
Sq. Maurice Blanchard
a
e
k

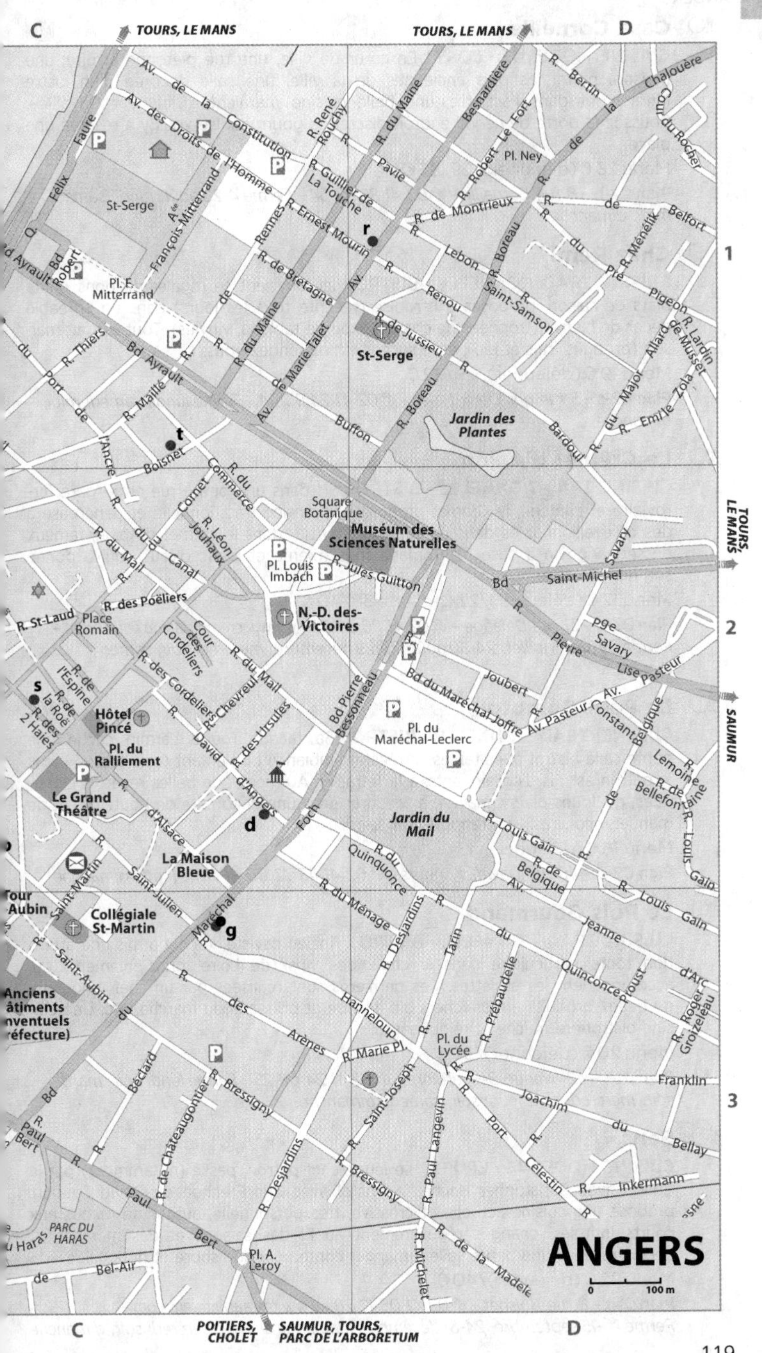
ANGERS
TOURS, LE MANS
TOURS, LE MANS
SAUMUR
POITIERS, CHOLET
SAUMUR, TOURS, PARC DE L'ARBORETUM
St-Serge
Jardin des Plantes
Square Botanique
Muséum des Sciences Naturelles
Pl. Louis Imbach
N.-D. des-Victoires
Hôtel Pincé
Pl. du Ralliement
Le Grand Théâtre
La Maison Bleue
Collégiale St-Martin
Tour Aubin
Pl. du Maréchal-Leclerc
Jardin du Mail
Pl. du Lycée
Pl. A. Leroy
PARC DU HARAS
Pl. F. Mitterrand
Place Romain
Pl. Ney
100 m

Casa Corneille

CUISINE MODERNE • COSY En cœur de ville, une rue piétonne étroite, une maison, parmi les plus anciennes de la ville, une salle décorée d'un lustre Murano, et dans l'assiette, une belle cuisine maraîchère, joliment travaillée. Poussez la porte de ce joli endroit discret, la gourmandise vous y a réservé une place.

Menu 23 € (déjeuner), 29/33 €

Plan C2-b – *8 rue Corneille – 02 41 88 33 64 – Fermé 4-20 août, lundi, samedi midi, dimanche*

Chez Rémi

CUISINE TRADITIONNELLE • BISTRO Ici, on vient se régaler de bons petits plats de saison, proposés à l'ardoise (réécrite tous les jours) dans un agréable décor de bistrot (trophées de chasse, expo de tableau, vinyles). Tout est fait maison (produits frais et bio), et le succès est au rendez-vous.

Menu 19 € (déjeuner), 29/32 €

Plan C2-s – *5 rue des Deux-Haies – 02 41 24 95 44 – Fermé lundi, samedi midi, dimanche*

Le Crêmet d'Anjou

CUISINE TRADITIONNELLE • BISTRO Sis dans une petite rue entre gare ferroviaire et château, le Crêmet propose une cuisine traditionnelle et généreuse à des prix raisonnables dans un cadre convivial - dont le crêmet d'Anjou, fameux dessert angevin à base de fromage frais (crème et blanc d'œuf), qui a donné son nom à cette maison.

Menu 17 € (déjeuner)/27 € – Carte 38/40 €

Plan B3-e – *21 rue Delaâge – 02 41 88 38 38 – www.lecremetdanjou.eatbu.com – Fermé 29 juin-5 juillet, 24-30 août, 23-29 décembre, mercredi soir, samedi, dimanche*

Le Petit Comptoir

CUISINE TRADITIONNELLE • BISTRO Sa façade rouge carmin cache une petite salle bistrot avec tables serrées et ambiance bon enfant (cela tombe bien : le patron est fils d'enseignants, à la retraite). Au menu : de belles recettes classiques, quelques plats canailles, à savourer dans une déco faite de bouteilles et de manuels scolaires. Bon rapport qualité-prix.

Menu 16 € (déjeuner)/33 €

Plan C2-d – *40 rue David-d'Angers – 02 41 43 32 00 – Fermé lundi, dimanche*

Le Pois Gourmand 

CUISINE TRADITIONNELLE • BISTRO Ancien caviste, le chef a mis une attention toute particulière dans le choix des vins (de Loire, principalement) qui accompagnent les assiettes. Ces dernières sont réalisées par un chef amoureux de beaux produits – maraîchers bio, viande et poissons du marché, etc. Une cuisine bistrotière fraîche et réjouissante.

Menu 20 € (déjeuner)/30 €

Plan D1-r – *42 avenue Besnardière – 02 41 24 09 25 – Fermé lundi soir, mardi soir, mercredi soir, jeudi soir, samedi, dimanche*

Sens

CUISINE MODERNE • ÉPURÉ Le jeune chef-patron, passé (notamment) par le Crillon avec Christopher Hache, le Bristol avec Éric Frechon ou David Toutain, propose une cuisine actuelle et créative, très personnelle, autour de menus aux courts intitulés, changés régulièrement au fil des saisons et des marchés. A découvrir dans une petite salle à manger contemporaine sobre et dépouillée.

Menu 22 € (déjeuner)/40 €

Plan C1-t – *8 rue Boisnet – 02 41 05 12 28 – www.restaurant-sens.com – Fermé 1er-15 septembre, 24-31 décembre, lundi, mardi soir, mercredi soir, dimanche*

Hôtels

21 Foch

URBAIN • CONTEMPORAIN Situé face au passage du tramway, cet ancien hôtel particulier (1850) est le pied-à-terre idéal pour visiter le château et le centre-ville. Contemporain, sympathique et décoré avec goût.

12 chambres - 80/165 € - 15 €

Plan C3-g - *21 boulevard du Maréchal-Foch - 02 30 31 41 00 - www.21foch.fr*

Le Favre d'Anne - Voir la sélection des restaurants

à Beaucouzé 7 km à l'Ouest par D323

L'Hoirie

CUISINE MODERNE • CONVIVIAL Dans une zone commerciale en périphérie de la ville, la présence de cette belle demeure angevine est presque incongrue... Mais dans l'assiette, la cohérence est totale : la cuisine, actuelle, met en valeur des produits bien choisis - à noter que tout est fait maison, jusqu'à la salaison. Et la carte des vins (surtout du Val de Loire) ravira les amateurs !

Menu 30/59 € - Carte 45/55 €

Plan A2-n - *2 rue Henris-Faris (zone commerciale) - 02 41 72 06 09 - www.restaurant-lhoirie.com - Fermé lundi, dimanche soir*

à Briollay 13 km au Nord par D50 et D52 - Carte régionale n° **23**-C2

Château de Noirieux

CUISINE MODERNE • ÉLÉGANT Une cuisine au goût du jour, qui n'a pas oublié ses classiques et met en valeur les produits du terroir angevin, accompagnée d'un bon vin de Loire ; une agréable terrasse dominant la vallée, pour un moment hors du temps... Délices intemporels.

Menu 50/115 € - Carte 99/132 €

Hors plan - *26 route du Moulin - 02 41 42 50 05 - www.chateaudenoirieux.com - Fermé 16 février-19 mars, 25 octobre-12 novembre, lundi, mardi*

Château de Noirieux

DEMEURE HISTORIQUE • GRAND LUXE La douceur angevine n'est pas un mythe... Sous les frondaisons du parc, avec au loin le Loir qui apparaît entre des rideaux d'arbres, tout n'est que quiétude. Et dans les chambres - superbes dans le château du 17e s. comme dans le manoir du 15e s. -, l'on voudrait réciter : "Mignonne, allons voir si la rose... "

19 chambres - 120/340 € - 25 €

Hors plan - *26 route du Moulin - 02 41 42 50 05 - www.chateaudenoirieux.com - Fermé 16 février-19 mars, 25 octobre-12 novembre*

Château de Noirieux - Voir la sélection des restaurants

aux Ponts-de-Cé 6 km au Sud - Est par D952 puis D160

Les 3 Lieux

CUISINE CRÉATIVE • TENDANCE Cuisine métissée et pleine de fougue, réalisée par un jeune chef qui propose un petit menu carte de 3 à 7 plats, où l'on appréciera par exemple une dorade sauvage en carpaccio, un paleron de bœuf Black Angus, ou une forêt noire revisitée. Soigné et maîtrisé.

Menu 34/74 € - Carte 49/68 €

Hors plan - *10 rue du Port-des-Noues - 02 14 03 03 53 - www.les3lieux.com - Fermé 24-30 décembre, lundi, mardi midi, mercredi midi, dimanche soir*

à St-Jean-de-Linières 8 km à l'Ouest par D323 et D723 – Carte régionale n° **23**-C2

Auberge de la Roche

CUISINE MODERNE • AUBERGE XX Thon albacore mariné aux herbes ; tranche de lard caramélisée au soja ; crémet d'Anjou aux fraises gariguettes... Une cuisine qui sent bon l'air du temps, dans cette petite auberge de province joliment fleurie. Côté véranda, ardoise plus simple le midi.

Spécialités : Crémeux de haricots blancs et flan de foie gras. La fameuse tranche de lard caramélisée et ses légumes de saison. Coque chocolat, fruits rouges, glace vanille.

Menu 24/40 € – Carte 36/62 €

Hors plan *– 10 Route Nationale 23 – ✆ 02 41 39 72 21 – www.auberge-de-la-roche.com – Fermé lundi, mardi soir, dimanche soir*

ANGOULÊME

✉ 16000 – Charente – Carte régionale n° **20**-C3 – Carte Michelin 324-K6

Cokotte

CUISINE TRADITIONNELLE • TENDANCE XX Bon moment assuré dans cette Cokotte créée par Guillaume Veyssière en lieu et place de La Ruelle. Place donc à une cuisine "brute de goût", selon les mots du chef : déclinés en cocottes, les plats se révèlent parfumés et généreux. À déguster dans trois salles en enfilade, décorées de fresques façon BD (Angoulême oblige) sur le thème des volatiles.

Spécialités : Œuf cocotte, crème de truffe. Lotte, topinambour, cerfeuil tubéreux. Chou yuzu-meringue.

Menu 33 € – Carte 37/57 €

6 rue Trois-Notre-Dame – ✆ 05 45 95 15 19 – Fermé lundi, samedi midi, dimanche

Le Terminus

POISSONS ET FRUITS DE MER • CONTEMPORAIN XX Terminus, tout le monde descend ! Devant la gare, une halte s'impose dans cette brasserie contemporaine qui affectionne le terroir, et plus encore les produits de la mer, venus tout droit de l'Atlantique, au gré des arrivages ; c'est pourquoi la carte est renouvelée tous les jours.

Menu 28/35 € – Carte 50/80 €

3 place de la Gare – ✆ 05 45 95 27 13 – www.le-terminus.com – Fermé 2-8 janvier, dimanche

Le St-Gelais

HISTORIQUE • CONTEMPORAIN Cet ancien prieuré réhabilité est l'un des plus agréables hôtels d'Angoulême. Les chambres, entre design et vintage, sont spacieuses et confortables : la garantie d'un séjour agréable.

12 chambres – †† 90/390 € – ☕ 15 € – 1 suite

12 rue du Père-Deval – ✆ 05 45 90 02 64 – www.hotel-saint-gelais-angouleme.com

à Champniers 8 km au Nord par D910 direction Poitiers

L'Air du Temps Ⓝ

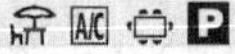

CUISINE MODERNE • RUSTIQUE XX L'ambiance et le décor sont typiques des grills des années 1980 (lambris verni au plafond, cheminée)... mais dans l'assiette, c'est une autre histoire : on se régale de plats modernes et soignés, volontiers terre-mer, réalisés par un chef d'expérience qui renouvelle régulièrement ses menus au gré du marché.

Menu 19/43 € – Carte 41/51 €

186 rue des Platanes – ✆ 05 45 68 58 11 – www.lairdutemps.eatu.com – Fermé 2-10 janvier, 16-30 août, lundi, samedi midi, dimanche soir

à Dirac 8 km au Sud - Est par D939, D101 et rte secondaire

Domaine du Châtelard

CUISINE MODERNE • MAISON DE CAMPAGNE XX Dans cette belle "maison de campagne", le chef choisit bien ses produits et réalise une cuisine dans l'air du temps, fraîche et fine, que l'on déguste l'hiver dans la plaisante salle à manger dotée d'une cheminée et l'été, sur la ravissante terrasse offrant une vue sur le lac.

Menu 35 € (déjeuner), 45/65 €

1079 route du Châtelard - ✆ 05 45 70 76 76 - www.domaineduchatelard.com - Fermé 2-21 janvier, 19 octobre-3 novembre, lundi, dimanche soir

Domaine du Châtelard

MAISON DE CAMPAGNE • PERSONNALISÉ Des bois, des prairies, un lac... Le domaine est superbe (80 ha) et cette "gentilhommière" pleine de cachet. Une véritable ode à la vie, au grand air et à la nature. Certains préféreront les chambres bourgeoises façon maison de maître, d'autres celles au décor plus actuel et personnalisé. Un accueil charmant... et quel calme !

12 chambres - 105/205 € - 15 €

1079 route du Châtelard - ✆ 05 45 70 76 76 - www.domaineduchatelard.com - Fermé 2-21 janvier, 19 octobre-3 novembre

Domaine du Châtelard - Voir la sélection des restaurants

à Soyaux 4 km au Sud - Est par D939

La Cigogne

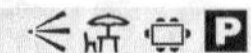

CUISINE TRADITIONNELLE • CONTEMPORAIN XX Non loin d'Angoulême, cette Cigogne est installée au pied d'anciennes carrières de pierre... un emplacement plutôt insolite ! Cadre contemporain élégant, terrasse verdoyante, et une cuisine fraîche concoctée avec de bons produits locaux.

Menu 26 € (déjeuner), 32/55 €

5 impasse Cabane-Bambou - ✆ 05 45 95 89 23 - www.la-cigogne-angouleme.com - Fermé 8-15 mars, 27 octobre-12 novembre, lundi, mercredi soir, dimanche soir

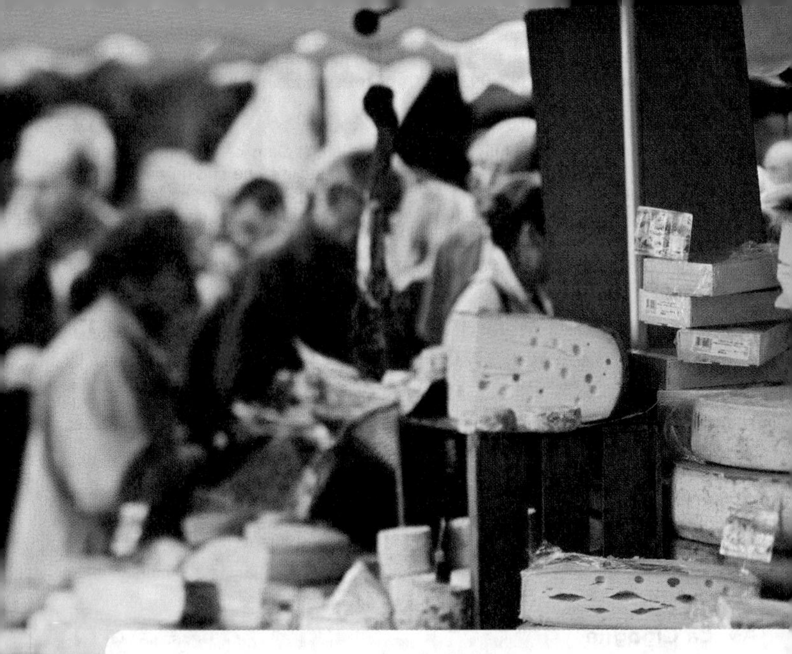

ANNECY

✉ 74000 – Haute-Savoie – Carte régionale n° **4**-F1 – Carte Michelin 328-J5

On aime...

En quelques années, Annecy et son lac sont devenus un foyer gastronomique incontournable. Serti dans un grandiose décor de montagnes, le lac est un joyau naturel dont les eaux pures recèlent bien des délices, tandis que la vieille ville mérite bien son surnom de "Venise savoyarde". Tout ici met les sens en émoi, des produits traditionnels jusqu'aux délicats poissons du lac, tels la féra ou l'omble chevalier. Des pêcheurs artisanaux veillent sur cette manne et font la joie des grandes tables étoilées... Les boutiques et les marchés de la vieille ville regorgent de produits des alpages ô combien emblématiques, tels le beaufort, le reblochon, la tomme de Savoie ou la tome des Bauges. De nombreux petits producteurs et maraîchers proposent aussi leurs herbes, leurs morilles et autres charcuteries artisanales.

J.-D. Sudres/hemis.fr

Restaurants

✿✿✿ Le Clos des Sens (Laurent Petit)

CUISINE CRÉATIVE • DESIGN XXX Fils de boucher-charcutier, Laurent Petit a été familiarisé avec les produits dans la boutique familiale, dès sa plus tendre enfance. Après être passé au Pied de Cochon, brasserie du cœur des Halles, il découvre chez Michel Guérard la gastronomie dans ce qu'elle a de plus noble. Pour lui, c'est un électrochoc : il sera chef ou rien. Au Clos des Sens, à Annecy-le-Vieux, il a peaufiné son art et franchi les échelons de la reconnaissance critique. Il s'épanouit aujourd'hui autour d'une "cuisine lacustre" de très haut niveau : exit les viandes ; place au bio, au poisson des lacs – notamment l'omble chevalier, la féra ou les écrevisses du lac Léman –, qu'il emmène dans les plus hautes sphères du goût. La patience et le travail quotidien ont fait leur œuvre : n'en déplaise à son patronyme, Laurent Petit est un grand chef.

Spécialités : L'écrevisse du lac d'Annecy et l'envolée de champignons. Omble chevalier sauvage et soupe de poutargue lacustre. Chicorée maison évanescente.

Menu 128 € (déjeuner), 168/210 €

Hors plan *– 13 rue Jean-Mermoz - à Annecy-le-Vieux – ☎ 04 50 23 07 90 – www.closdessens.com – Fermé 26 avril-4 mai, 30 août-14 septembre, 21 décembre-4 janvier, lundi, mardi midi, jeudi midi, dimanche*

✿ L'Esquisse (Stéphane Dattrino)

CUISINE MODERNE • INTIME XX Ancien second de Laurent Petit au Clos des Sens, à Annecy-le-Vieux, Stéphane Dattrino s'est dessiné pour lui tout seul une jolie pochade de restaurant. Derrière une façade discrète, les tables pour deux dominent et le service, volontairement décontracté, ne prend pas la pose. Le coup de crayon du chef se révèle très sûr. Riche en goûts et en couleurs, sa palette de saison marie des produits de belle qualité, comme les plantes et les aromates locaux (ail des ours, asperges sauvages). Crevettes rôties, avocat, mangue et citronnelle ; œuf poché basse température et polenta crémeuse ; truite du lac Léman, citron vert et amandes fraîches... Ses préparations pleines de goût et de finesse méritent les honneurs du Salon.

Spécialités : Consommé glacé de petits pois, sérac de chèvre, pistache, estragon et tagète. Suprême de pigeonneau cuit rosé, cuisse confite, noix, chou et cassis. Rhubarbe pochée et granité agastache.

Menu 39 € (déjeuner), 55/95 €

Plan A2-f *– 21 rue Royale – ☎ 04 50 44 80 59 – www.esquisse-annecy.fr – Fermé 24 août-6 septembre, 23 décembre-4 janvier, lundi, dimanche*

Cozna (N)

CUISINE MODERNE • CONTEMPORAIN X Après un parcours dans plusieurs belles tables en France et aux États-Unis, Sandra et Léo ont posé leurs valises dans une rue piétonne du vieil Annecy. La tradition est leur credo ("cozna" signifie "cuisine" en patois savoyard) et on ne va pas s'en plaindre : dans l'assiette, c'est délicieux, et le service est tout sourire. Un super bon plan.

Spécialités : Œuf parfait, petits pois à la française. Omble chevalier, agnolotti, jus aux herbes. Tatin de pommes, glace caramel.

Menu 22 € (déjeuner), 32/48 €

Plan A2-a *– 22 faubourg Sainte-Claire – ☎ 04 50 65 00 25 – www.restaurantcozna.com – Fermé lundi, dimanche*

Le Denti

CUISINE MODERNE • TRADITIONNEL X Ce restaurant, devenu la coqueluche des Annéciens, est tenu par un jeune couple d'amateurs de denti (poisson méditerranéen), deux fins cuisiniers tout-terrain ; ils proposent une savoureuse cuisine du marché, valorisant le poisson, suivant le rythme des saisons, loin de l'agitation touristique de la ville... Courez-y !

Spécialités : Encornet breton grillé, fenouil et poivrons. Thon blanc de ligne, légumes d'été confits et jus aux câpres. Abricots rôtis, financier au chocolat et caramel beurre salé.

Menu 24 € (déjeuner), 34/48 € – Carte 43/62 €

Hors plan – *25 bis avenue de Loverchy – ✆ 04 50 64 21 17 – Fermé mardi, mercredi, dimanche soir*

Minami

CUISINE JAPONAISE • ÉPURÉ Ce petit restaurant japonais fait le bonheur des habitués ! Le cadre est tout en épure et la cuisine, japonaise, se permet quelques incursions françaises. Un exemple : ces croustillants de lotte panée aux biscuits japonais, agrémentés d'une délicieuse sauce pimentée… Quelques tables en terrasse aux beaux jours.

Spécialités : Sashimi retour du marché, sauce soja parfumée au shiso. Tempura de gambas. Fondant au chocolat, cœur azuki.

Menu 20 € (déjeuner), 29/34 € – Carte 27/35 €

Plan A2-x – *19 faubourg Sainte-Claire –*
✆ 04 50 45 75 42 –
Fermé 19-26 avril, 18 octobre-9 novembre, 20-27 décembre, lundi, dimanche

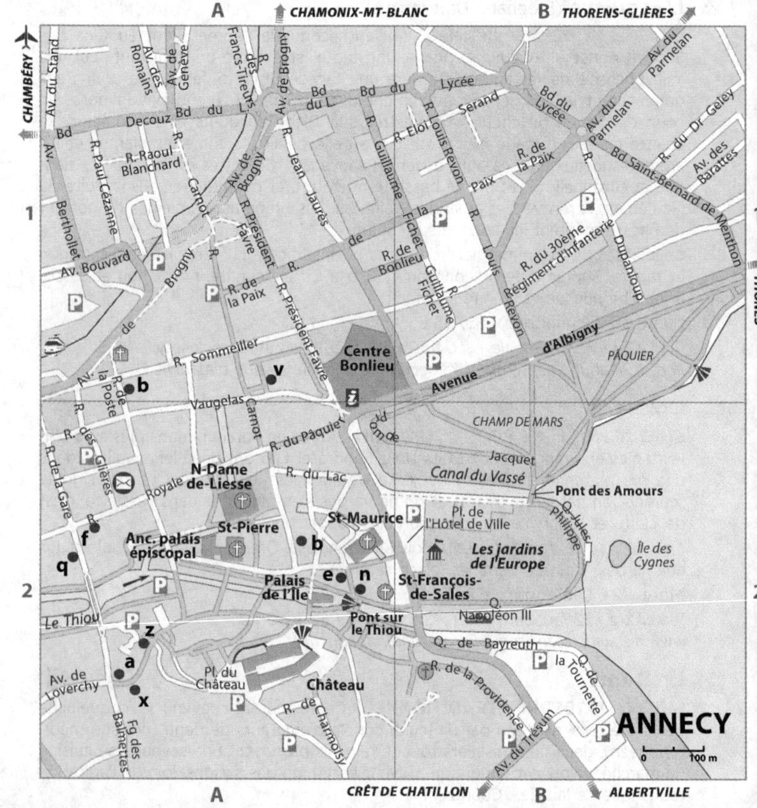

1er Mets

CUISINE MODERNE • CONTEMPORAIN ✗ Tout près de l'hôtel de ville, ce restaurant de poche est le repaire d'un jeune couple plein d'allant. Le chef imagine des assiettes pile dans la saison, modernes, savoureuses, à l'image de cette féra crue et fumée façon maki, condiment jaune d'œuf, Savora et estragon... Une jolie surprise, d'autant que le service est tout sourire.

Spécialités : Potager de légumes de saison. Joue de bœuf confite, condiment moutarde au miel. Tartelette aux abricots rôtis.

Menu 25€ (déjeuner), 34/65€ - Carte 45/53€

Plan A2-e - *Place Saint-Maurice - ☎ 04 57 09 10 54 - www.restaurant-1ermets.fr - Fermé 20-24 mai, 15 août-2 septembre, 23 décembre-5 janvier, samedi, dimanche*

La Ciboulette

CUISINE TRADITIONNELLE • ÉLÉGANT ✗✗✗ En ce lieu feutré et élégant, presque intemporel, on propose une cuisine d'un grand classicisme, qui met à l'honneur les poissons de l'Atlantique. Jolie carte des vins avec 400 références.

Menu 39€ (déjeuner), 65/81€ - Carte 80/100€

Plan A1-v - *10 rue Vaugelas (cour du Pré Carré) - ☎ 04 50 45 74 57 - www.laciboulette-annecy.com - Fermé lundi, dimanche*

La Rotonde

CUISINE MODERNE • CONTEMPORAIN ✗✗✗ La grande verrière est un véritable belvédère surplombant le lac d'Annecy : plaisant ! Originaire d'Arcachon, le chef saupoudre de Sud-Ouest ses assiettes, qui mettent en avant des produits locaux issus de l'agriculture raisonnée. Le tout dans une salle élégante et épurée, mariage subtil de matériaux chaleureux comme le cuir et le chêne.

Menu 37€ (déjeuner), 59/129€ - Carte 95/115€

Hors plan - *Les Trésoms, 15 boulevard de la Corniche - ☎ 04 50 51 43 84 - www.lestresoms.com - Fermé lundi, samedi midi, dimanche soir*

La Voile

CUISINE MODERNE • ÉLÉGANT ✗✗✗ Un cadre feutré et cossu (18 tables dont une en salon privé) et une cuisine d'aujourd'hui, rythmée par les saisons et dressée avec soin - Adrien Tupin Bron, le chef, est pâtissier de formation, ceci expliquant sûrement cela. Le tout à déguster en profitant de la jolie vue sur le lac...

Menu 45€ (déjeuner), 65/115€

Hors plan - *L'Impérial Palace, allée de l'Impérial - ☎ 04 50 09 31 08 - www.hotel-imperial-palace.com/fr/la-voile-149 - Fermé 6-24 janvier, lundi, mardi, dimanche soir*

Restaurant Vincent Favre-Félix (N)

CUISINE MODERNE • BRANCHÉ ✗✗ Après sept ans passés à L'Auberge du Lac (Veyrier-du-Lac), Vincent Favre-Félix s'est résolu à voler de ses propres ailes : il a réhabilité ce pavillon moderne, adossé à un bâtiment historique d'Annecy-le-Vieux. Cuisine créative et affirmée, ravissante terrasse sur jardin fleuri : tout est réuni pour passer un beau moment.

Menu 29€ (déjeuner), 49/72€

Hors plan - *15 chemin de l'Abbaye - à Annecy-le-Vieux (La Cour de l'Abbaye) - ☎ 04 50 01 08 88 - www.restaurant-vff.com - Fermé 15-30 août, 20-28 décembre, lundi, dimanche*

Auberge de Savoie

CUISINE MODERNE • ÉLÉGANT ✗✗ Cadre chaleureux et élégant pour cette auberge aux murs blanc et bleu pâle, adossée à l'église Saint-François. La carte fait la part belle au poisson, parfois entier, préparé devant le client... En été, on s'installe sur la terrasse, devant le restaurant.

Menu 27€ (déjeuner), 33/67€ - Carte 55/75€

Plan A2-n - *1 place Saint-François-de-Sales - ☎ 04 50 45 03 05 - www.auberge-de-savoie.com - Fermé 6-15 janvier, 18 octobre-4 novembre, mardi, mercredi*

L'Auberge Sur-les-Bois

CUISINE MODERNE • CHIC XX Revenu dans sa région, Daniel Baratier (anciennement aux Déserteurs, à Paris) a repris cette belle auberge entourée de verdure pour imaginer un lieu de vie séduisant, avec un élégant restaurant et une cave a manger. En véritable artisan, il fait lui même son pain au levain naturel, achète ses bêtes sur pieds : ses viandes sont maturées sur place. La cuisine se révèle saine et goûteuse, les produits bio sont toujours privilégiés. Une belle adresse.

Menu 36 € (déjeuner), 59/80 €

Hors plan – *79 route de Thônes - à Annecy-le-Vieux – ✆ 04 50 64 00 08 – www.rest-surlesbois.com – Fermé 22-30 décembre, lundi, mercredi soir, dimanche*

Arômatik'

CUISINE MODERNE • CONVIVIAL X Produits locaux en flux tendu, carte courte : ainsi se résume la philosophie du chef de l'Arômatik', désormais installé dans cette maison du dix-septième siècle, située en cœur de vieille ville et habilement restaurée. Ce jour-là, on se régale d'un délicieux carré d'agneau au légumes confit et jus à l'estragon.

Menu 23 € (déjeuner), 33/50 € – Carte 47/55 €

Plan A2-z – *5 rue du Collège-Chapuisien – ✆ 04 50 51 87 68 – www.restaurant-aromatik.com – Fermé lundi, dimanche*

Le Binôme

CUISINE MODERNE • BISTRO X Mathilde et Rémi forment un binôme bien rôdé, en cuisine comme en salle : lui au salé, elle au sucré, tous les deux assurant le service avec le sourire. On se régale d'assiettes de retour du marché, simples et bien exécutées, avec même... un petit kouign amann en accompagnement du café, clin d'œil aux origines bretonnes de Mathilde.

Menu 22 € (déjeuner), 34/44 €

Hors plan – *32 a avenue des Carrés - à Annecy-le-Vieux – ✆ 04 50 51 91 09 – Fermé 27 avril-3 mai, 5-19 août, mercredi, samedi midi, dimanche soir*

Bon Pain Bon Vin

CUISINE TRADITIONNELLE • BAR À VIN X Au cœur de la vieille ville, un bistrot conçu dans l'esprit des années 1950. Nappe à carreaux, cocottes en fonte... Au bar à vins, en bas, ou à l'étage, autour d'un poireau vinaigrette ou d'une blanquette, on refait le monde dans une ambiance de copains, sans prétention aucune : rien de tel ! Une vingtaine de vins au verre.

Menu 19 € (déjeuner) – Carte 25/42 €

Plan A2-b – *17 rue Filaterie – ✆ 04 50 45 25 62 – www.bonpainbonvin.fr – Fermé mardi, mercredi*

Le Bouillon

CUISINE TRADITIONNELLE • BISTRO X Le bouillon n'est pas uniquement de poule, c'est aussi l'appellation des premiers restaurants créés au 18e s. à Paris, et désormais le petit nom de ce bistrot au cadre moderne, qui réalise une sympathique cuisine du marché, comme ce quasi de veau poêlé, jus au thym et tombée d'épinards... Carte courte et produits frais.

Menu 21 € (déjeuner), 33/46 €

Plan A2-q – *9 rue de la Gare – ✆ 04 50 77 31 02 – Fermé 6-31 juillet, 25-31 décembre, lundi, dimanche*

Brasserie Brunet

CUISINE TRADITIONNELLE • COSY X Pâté en croûte "Brunet", tête de cochon caramélisée, bouillabaisse du lac... Avalanche de bonnes recettes dans une ambiance décontractée, à deux pas de la gare SNCF. Points importants : l'ouverture permanente (midi et soir, 7j/7), et l'agréable terrasse pour les beaux jours.

Menu 23 € (déjeuner)/33 € – Carte 33/65 €

Plan A1-b – *10 rue de la Poste – ✆ 04 50 51 22 10 – www.brasseriebrunet.com*

Café Brunet

CUISINE TRADITIONNELLE • BISTRO Un vrai havre de paix que ce café de 1875 qui a su conserver son âme de bistrot authentique et convivial. Sur la terrasse ombragée, on laisse le temps filer en savourant une sympathique cuisine canaille et de bons petits plats mijotés servis en cocotte... Bonne sélection de vins au verre.

Menu 33€

Hors plan – *18 place Gabriel-Fauré - à Annecy-le-Vieux – ✆ 04 50 27 65 65 – www.cafebrunet.com – Fermé 26 avril-4 mai, 30 août-14 septembre, 22 décembre-3 janvier, lundi, dimanche*

Hôtels

L'Impérial Palace

LUXE • ART DÉCO 1913 : l'année de naissance de ce grand hôtel qui trône majestueusement dans un vaste parc, au bord du lac. L'Art déco et la sobriété contemporaine se mêlent harmonieusement ; les chambres, spacieuses, donnent pour la plupart sur les flots et tout est pensé pour votre agrément : spa et piscine pour le jour, casino pour le reste de la nuit...

90 chambres – 230/520€ – 25€ – 14 suites

Hors plan – *Allée de l'Impérial – ✆ 04 50 09 30 00 – www.hotel-imperial-palace.com – Fermé 5-24 janvier*

La Voile – Voir la sélection des restaurants

Le Clos des Sens

LUXE • PERSONNALISÉ Beaux matériaux, équipements dernier cri, vue sur le lac ou la ville d'Annecy : on se sent comme chez soi dans les chambres de ce Clos des Sens. Le petit coin salon, avec sa cheminée et ses fauteuils clubs, ravira les lecteurs ; quant au beau couloir de piscine, il fera la joie de tous !

10 chambres – 230/385€ – 25€

Hors plan – *13 rue Jean-Mermoz - à Annecy-le-Vieux – ✆ 04 50 23 07 90 – www.closdessens.com – Fermé 26 avril-4 mai, 30 août-14 septembre, 21 décembre-4 janvier*

Le Clos des Sens – Voir la sélection des restaurants

Les Trésoms

TRADITIONNEL • ART DÉCO Au-dessus du lac, dans un environnement boisé, cette demeure des années 1930 se modernise sans rien perdre de son charme Art déco ! Spa et piscines sont propices à la détente. Capteurs solaires ou places pour recharger sa voiture électrique : ici, la responsabilité écologique n'est pas un vain mot.

52 chambres – 120/527€ – 25€

Hors plan – *15 boulevard de la Corniche – ✆ 04 50 51 43 84 – www.lestresoms.com*

La Rotonde – Voir la sélection des restaurants

à Pringy 8 km au Nord par D1203 et rte secondaire

Le Clos du Château

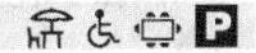

CUISINE MODERNE • TENDANCE Comme son nom l'indique, le Clos du Château jouxte le château local, au cœur du village de Pringy. Côté papilles, une carte courte et alléchante, concoctée par un chef doué, un menu du marché à prix très doux... A déguster sur l'agréable terrasse, à l'ombre des platanes.

Menu 23€ (déjeuner), 38/62€ – Carte 48/61€

Hors plan – *70 route de Cuvat – ✆ 04 50 66 82 23 – www.le-clos-du-chateau.com – Fermé 1er-6 janvier, 2-24 août, lundi, dimanche*

à Sévrier 6 km au Sud par D1508 - Carte régionale n° **4**-F1

Black Bass

CUISINE MODERNE • TENDANCE Ambiance chic et branchée, décor minimaliste (béton ciré, murs bleu canard) les pieds dans l'eau du lac d'Annecy... et cuisine réjouissante supervisée par Stéphane Buron, chef du Chabichou à Courchevel : soupe de poissons du lac comme une bouillabaisse, bar rôti sur la peau, ou encore tarte au citron meringuée.

Menu 29 € (déjeuner)/49 € - Carte 50/80 €

Hors plan - *921 route d'Albertville - 04 50 52 40 36 - www.blackbasshotel-annecy.com*

Black Bass

BOUTIQUE HÔTEL • CONTEMPORAIN Tout, dans cet hôtel, évoque le lac voisin : chambres bleutées, têtes de lits et placards en forme d'écaille de poisson... L'ensemble est élégant et confortable, et l'on profite aussi de beaux équipements : piscine, spa, fitness, service voiturier, etc.

25 chambres - 140/500 € - 29 €

Hors plan - *921 route d'Albertville - 04 50 52 40 36 - www.blackbass-annecy.com*

Black Bass - Voir la sélection des restaurants

à Veyrier-du-Lac 5,5 km à l'Est par D909 - Carte régionale n° **4**-F1

Yoann Conte

CUISINE CRÉATIVE • ÉLÉGANT C'est en mer que le Breton Yoann Conte a découvert le sens de la fraternité et l'importance du "manger". Il porte comme un étendard la volonté de mettre la gastronomie au service de recettes "brutes" et sincères. Adepte de randonnées extrêmes, il cultive son jardin au bord du lac en herboriste avisé. Sa cuisine lui ressemble : physique, terrienne, avec un soupçon d'aventure et un sourire en coin. Il suffit de goûter à son menu "Conte Vents et Marées" pour prendre la mesure de son talent, où la montagne charme l'océan, comme ce homard bleu de Bretagne fumé aux écorces de sapin, et bouillon de sarriette...

Spécialités : La carotte dans tous ses états. Homard entier de mes origines. "Mano a mano", chocolat et porto.

Menu 126 € (déjeuner), 205/249 € - Carte 155/280 €

Hors plan - *13 Vieille-Route-des-Pensières - 04 50 09 97 49 - www.yoann-conte.com - Fermé lundi, mardi*

Yoann Conte

LUXE • MONTAGNARD Cette superbe maison couleur lavande, accoudée à la montagne, se mire dans le lac d'Annecy. Les chambres et les suites, d'un style montagnard chic, possèdent toutes balcon et vue sur le lac. Terrasse somptueuse, sauna extérieur, bain norvégien, ponton avec transat, bateaux pour le ski nautique ou les navettes vers Annecy : l'élégance absolue, sans fausse note.

6 chambres - 350/900 € - 34 € - 2 suites

Hors plan - *13 Vieille-Route-des-Pensières - 04 50 09 97 49 - www.yoann-conte.com*

Yoann Conte - Voir la sélection des restaurants

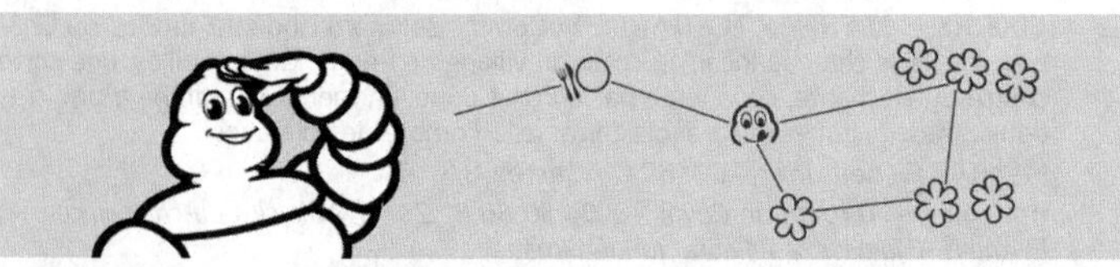

ANNEMASSE

✉ 74100 – Haute-Savoie – Carte régionale n° **4**-F1 – Carte Michelin 328-K3

L'Amaryllis

CUISINE MODERNE • TENDANCE X Un restaurant en plein centre-ville, c'est déjà un atout ; et si en prime, on y mange bien, que dire ? Derrière les fourneaux, le chef réalise une cuisine créative, bien dans son temps, et respectueuse des saisons. Menu surprise tous les soirs, formule plus rapide à midi.

Menu 22 € (déjeuner), 50/69 € – Carte 73/79 €

5 Rue Marc Courriard –
✆ 04 50 87 17 27 – www.restaurant-lamaryllis.com –
Fermé 16-31 août, 25 décembre-3 janvier, lundi, samedi midi, dimanche

ANNESSE-ET-BEAULIEU – Dordogne (24) ➜ Voir Périgueux

ANNONAY

✉ 07100 – Ardèche – Carte régionale n° **2**-B2 – Carte Michelin 331-K2

Radicelles

CUISINE MODERNE • CONVIVIAL X Au cœur de la ville, ce bistrot au goût du jour, avec sa cuisine ouverte, fait son maximum pour s'approvisionner auprès des producteurs et agriculteurs ardéchois, très souvent bio, toujours respectueux de l'environnement. Les deux menus proposés dépendent tout entier des arrivages et de la cueillette du moment. Une bonne pousse que ces radicelles !

Menu 25 € (déjeuner), 43/55 €

21 rue Montgolfier – ✆ 09 54 78 12 41 – www.radicelles.fr – Fermé lundi, mardi soir, mercredi soir, dimanche

au Golf de Gourdan 6,5 km au Nord par D519 et D820

Domaine de Saint Clair

CUISINE CRÉATIVE • ÉLÉGANT XX La table du Domaine de Saint-Clair met en avant une cuisine bien travaillée, présentée avec soin ; elle se déguste dans une grande salle moderne joliment agencée, ou sur l'espace véranda, prolongé d'une grande terrasse donnant sur la campagne ardéchoise.

Menu 23 € (déjeuner), 38/55 € – Carte 35/55 €

Route du Golf – ✆ 04 75 67 01 00 – www.domainestclair.fr – Fermé 12-31 janvier, dimanche soir

ANSE

✉ 69480 – Rhône – Carte régionale n° **3**-E1 – Carte Michelin 327-H4

Au Colombier

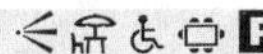

CUISINE MODERNE • CONVIVIAL X En bord de Saône, une belle bâtisse du 18e s., entre guinguette branchée et maison de pays. La cuisine est résolument dans l'air du temps mais n'oublie pas les grands classiques, telles ces belles cuisses de grenouille poêlées. Du goût et du caractère, à déguster sur une terrasse paisible et cosy...

Spécialités : Salade de haricots verts et cœur de sucrine, tomates et dès de saumon mariné, sauce caesar. Lapin farci à la basquaise, nouilles aux pleurotes et crème au romarin. Cappuccino de riz au lait à la vanille et chocolat blanc.

Menu 26 € (déjeuner), 33/69 € – Carte 45/63 €

126 allée Colombier (Pont St-Bernard) –
✆ 04 74 67 04 68 – www.aucolombier.com –
Fermé 24 décembre-22 janvier, lundi, mardi midi, dimanche soir

ANSOUIS

✉ 84240 – Vaucluse – Carte régionale n° **24**–B2 – Carte Michelin 332-F11

✿ La Closerie (Olivier Alemany)

CUISINE PROVENÇALE • MÉDITERRANÉEN XX Dans le Luberon, cette Closerie-là est une ancienne poste, où l'on met sous pli une véritable ode à la Provence ! Après avoir fait la tournée de ses producteurs, le chef marseillais Olivier Alemany, formé par Jacques Chibois notamment, écrit des recettes riches en saveurs, diligemment transmises en salle par son épouse Delphine, charmante et tout sourire. Dans ce pays de Cocagne, les produits sont gorgés de soleil et d'une fraîcheur incomparable : courgette ronde de Nice, tourteau de petite pêche, cochon du Ventoux… Les bons vins du Sud, comme ce verre de châteauneuf-du-pape la Janasse blanc de 2016, accompagnent avec bonheur cette douce relation épistolaire.

Spécialités : Salade de homard bleu et haricots verts du jardin. Agneau de pays, légumes d'ici cuisinés au jus et soubise d'oignon doux. Pain perdu caramélisé au sucre roux et sabayon glacé à la fleur d'oranger.

Menu 38 € (déjeuner), 54/76 € – Carte 75/87 €

Boulevard des Platanes – ✆ 04 90 09 90 54 – www.lacloserieansouis.com – Fermé 20 novembre-30 janvier, mercredi, jeudi, dimanche soir

ANTHY-SUR-LÉMAN – Haute-Savoie (74) ➜ Voir Thonon-les-Bains

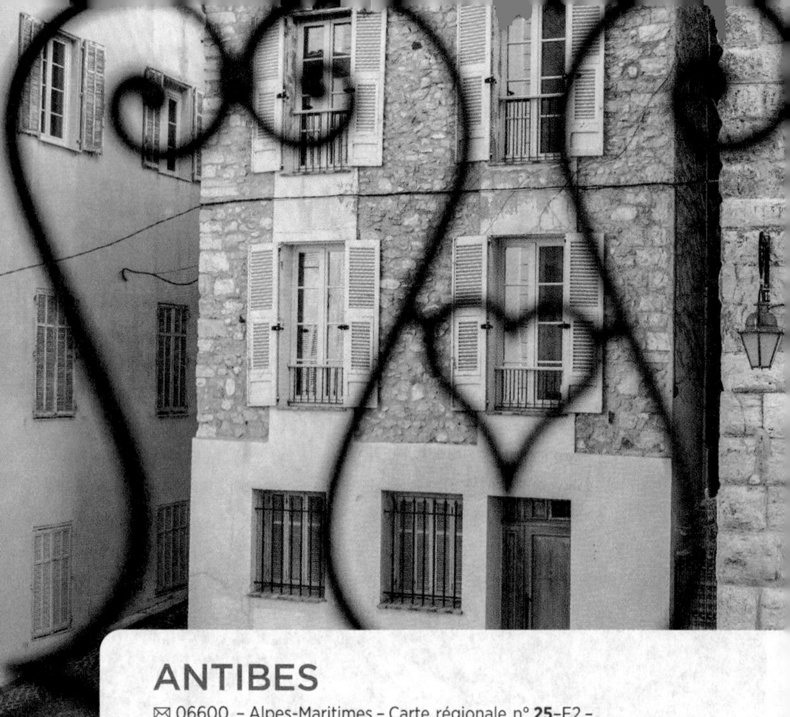

ANTIBES

✉ 06600 – Alpes-Maritimes – Carte régionale n° **25**-E2 – Carte Michelin 341-D6

On aime...

Antibes ? C'est peut-être Picasso qui en parle le mieux avec sa *Joie de Vivre*, exposée dans son musée : le tableau partage une certaine vision de la Méditerranée éternelle. La ville est construite entre deux anses : St-Roch, où vous déambulerez sur le port de plaisance, et la Salis, où vous lézarderez sur la plage. Après une flânerie dans les ruelles de la vieille ville, vous ne résisterez pas longtemps aux saveurs du Sud. Le marché provençal du cours Masséna est un passage obligé pour qui veut se fournir en produits locaux, notamment en fruits et légumes, mais aussi en spécialités corses, en confitures, épices, olives (cassées, farcies, piquantes ou en tapenade) et fromages de chèvre... Enfin, le marché des Pêcheurs accueille les derniers petits pêcheurs professionnels de la côte antiboise : fraîcheur garantie.

RossHelen/iStock

Restaurants

✿ Le Figuier de St-Esprit (Christian Morisset)

CUISINE PROVENÇALE • ÉLÉGANT XXX À cheval sur les remparts de la vieille ville, entre musée Picasso et marché provençal, cette maison de pays et de famille embaume la Provence ! Le figuier qui orne le patio ne dira pas le contraire. Voici le fief familial de Christian Morisset, dont la moustache frisée appartient presque au patrimoine antibois. Épaulé par sa femme en salle, entouré en cuisine par ses fils et son second de toujours, le patriarche aime la cuisine de beaux et bons produits qu'il choisit chaque semaine sur les marchés. Seule concession à la modernité, un écran retransmet en direct l'activité en cuisine. Ses cannellonis de supions à l'encre de seiche, jus de coquillages aux feuilles de basilic frais et sa selle d'agneau cuite en terre d'argile de Vallauris sont devenus de véritables plats signature.

Spécialités : Cannelloni de supions et palourdes à l'encre de seiche, jus de coquillages. Selle d'agneau des Alpilles cuite en terre d'argile de Vallauris, jus à la fleur de thym. Fondant mi-cuit, cœur coulant mentholé, parfait glacé à la menthe poivrée.

Menu 42 € (déjeuner), 92/142 € - Carte 110/200 €

Plan D1-a - *14 rue St-Esprit - ✆ 04 93 34 50 12 - www.christianmorisset.fr - Fermé 27 octobre-22 novembre, lundi midi, mardi, mercredi midi*

Chez Jules Le Don Juan

POISSONS ET FRUITS DE MER • MÉDITERRANÉEN XX L'atout majeur de ce Don Juan : un chef-patron passionné et travailleur, infatigable "sourceur" de produits (légumes issus de sa famille, veau d'une ferme aveyronnaise, etc.). Sa cuisine fleure bon la Provence, pour notre plus grand plaisir ; elle est servie par une équipe jeune et très accueillante.

Menu 39 € - Carte 50/65 €

Plan D1-b - *17 rue Thuret - ✆ 04 93 34 58 63 - www.restaurantdonjuan.com - Fermé 8 novembre-7 mars, mercredi*

Le 44

CUISINE MODERNE • CONTEMPORAIN XX Au rez-de-chaussée d'un immeuble des années 1920 à la façade classée, non loin de la mer, ce restaurant au cadre épuré, tenu par un jeune chef passé par de belles maisons, propose une carte attentive au marché et, en saison, quelques suggestions appétissantes.

Menu 46 € (déjeuner), 49/79 € - Carte 68/105 €

Plan D2-g - *44 boulevard Albert-1er - ✆ 09 73 29 41 85 - www.le44riviera.com - Fermé lundi, mardi*

Le Vauban

CUISINE MODERNE • ÉLÉGANT XX Dans une rue animée du vieil Antibes, ce Vauban nous sert une bonne cuisine française dans l'air du temps, réalisée avec technique et évoluant au gré des saisons- ballotine de caille, radis noir, bisque de crustacés ; dos de maigre, crème de céleri, topinambours ; soufflé fruits de la passion et banane. Réservation préférable.

Menu 25 € (déjeuner), 39/48 €

Plan D1-v - *7 bis rue Thuret - ✆ 04 93 34 33 05 - www.levauban.fr - Fermé 15-24 mars, 28 juin-7 juillet, 25 octobre-17 novembre, 21-25 décembre, lundi, mardi*

L'Arazur

CUISINE MODERNE • COSY X À la barre de ce restaurant de poche niché dans une ruelle du vieil Antibes, le jeune chef-patron célèbre les saisons avec une cuisine fraîche et colorée, en toute simplicité. Les légumes y sont particulièrement bichonnés, et le goût est au rendez-vous : la garantie d'un super moment.

Menu 34 € (déjeuner), 50/60 € - Carte 54/58 €

Plan D1-c - *6 rue des Palmiers - ✆ 04 93 34 75 60 - www.larazur.fr - Fermé 2-22 janvier, 3-10 mars, 10-17 juin, lundi, mardi, mercredi midi*

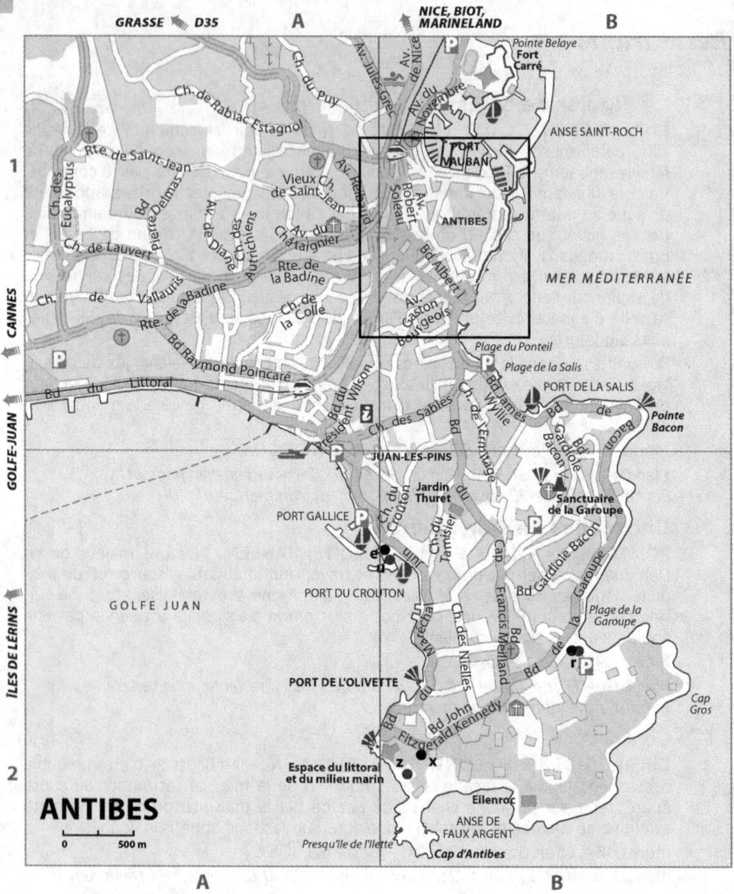

ANTIBES

0 — 500 m

Le P'tit Cageot

CUISINE MODERNE • BISTRO Cette adresse lovée dans une rue piétonne du vieil Antibes, non loin du port de plaisance, invite à s'installer sur sa petite terrasse-trottoir. Un jeune couple y concocte une goûteuse cuisine du marché, avec des produits locaux, dans un cadre rustique, au mobilier de bistrot. Goûtez au "pain et sauce" ; une sauce à la bordelaise avec échalotes flambée au cognac et agrémentée de moelle, à saucer avec gourmandise avec du pain. Carte courte et menu surprise.

Menu 35 € – Carte 37/48 €

Plan D1-e – *5 rue du Docteur-Rostan – ✆ 04 89 68 48 66 – www.restaurantleptitcageot.fr – Fermé 1er-20 janvier, 16 août-7 septembre, lundi, dimanche*

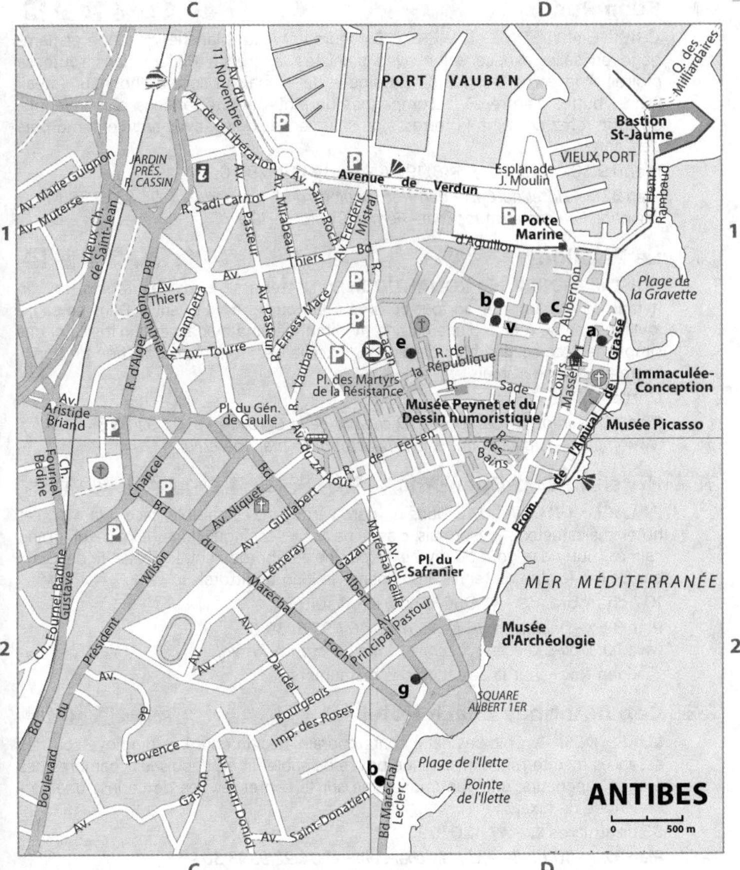

CAP D'ANTIBES

⊠ 06160 – Alpes-Maritimes – Carte régionale n° **25**–E2

✿ Les Pêcheurs

CUISINE MÉDITERRANÉENNE · DESIGN XXX Ces Pêcheurs sont superbement ancrés au bord des flots, en léger surplomb, offrant ainsi une vue somptueuse sur les îles de Lérins et les contreforts de l'Esterel. Formé ici-même, le niçois Nicolas Rondelli a ensuite navigué derrière les fourneaux d'Alain Llorca, de Michel Del Burgo, du Negresco et de Jacques Chibois. Honorant les saveurs du Sud, sa cuisine actuelle, pleinement de saison, met à l'honneur les poissons de la Méditerranée : rouget, saint-pierre, turbot et loup. Côté terre, quelques belles viandes : porcelet, chevreuil, veau fermier. Dans les deux cas, il favorise les producteurs locaux à l'image de son pêcheur Tony du port du Croûton, situé à... 50 mètres du restaurant.

Spécialités : Poisson de pêche locale. Rouget cuisiné au naturel, soupe et sabayon aïgo boulido. Chocolat crémeux extra-bitter, glace noix de coco.

Menu 90/150 € – Carte 96/164 €

Plan B2-u – *Cap d'Antibes Beach Hôtel, 10 boulevard du Maréchal-Juin – ✆ 04 92 93 13 30 – www.ca-beachhotel.com – Fermé 11 octobre-27 mars, lundi et le midi*

Eden Roc

CUISINE MODERNE · LUXE XXXXX Serveurs en veste blanche, découpe et flambage en salle, espace salon avec pianiste : la French Riviera dans toute sa gloire ! À la carte, les grands classiques de la maison sont à l'honneur (steak Diane, buffet d'entrées), accompagnés de plats méditerranéens plus inventifs. Surtout, jetez un œil à la terrasse, absolument exquise, avec sa vue sur la baie de Cannes...

Menu 92 € (déjeuner), 148/190 € - Carte 134/286 €

Plan B2-z – *Hôtel du Cap-Eden-Roc, boulevard JF-Kennedy – ✆ 04 93 61 39 01 – www.hotel-du-cap-eden-roc.com – Fermé 19 octobre-16 avril*

Le Pavillon

CUISINE MODERNE · ROMANTIQUE XXX La terrasse sous les arbres est un hymne au romantisme, surtout éclairée à la bougie la nuit venue. Dans ce cadre idyllique, on se régale d'une cuisine méditerranéenne aux accents d'Italie : citons simplement ce cordon bleu de pigeon "Excellence", foie gras réduction de Porto, betterave rouge et maïs...

Carte 73/105 €

Plan B2-r – *Impérial Garoupe, 770 chemin de la Garoupe – ✆ 04 92 93 31 64 – www.imperial-garoupe.com – Fermé 17 octobre-1er mai, mercredi*

Hôtel du Cap-Eden-Roc

PALACE · GRAND LUXE Dans un parc verdoyant et paisible, face à la mer, cet hôtel majestueux – désormais classé palace – conjugue luxe, espace et grand calme. Tout y a le goût du mythe : la piscine à débordement, idyllique, le délicieux bar Bellini, le club de tennis, les cabanes le long du littoral...

107 chambres – 650/3500 € – 11 suites

Plan B2-x – *boulevard JF-Kennedy – ✆ 04 93 61 39 01 – www.hotel-du-cap-eden-roc.com – Fermé 19 octobre-16 avril*

Eden Roc – Voir la sélection des restaurants

Cap d'Antibes Beach Hôtel

LUXE · DESIGN Chic balnéaire contemporain, design épuré, jardin noyé sous les essences méditerranéennes, plage privée de sable fin et, depuis les chambres des étages supérieurs, une vue imprenable sur le cap et les îles de Lérins : une certaine idée du luxe...

35 chambres – 420/5900 €

Plan B2-e – *10 boulevard Maréchal-Juin – ✆ 04 92 93 13 30 – www.ca-beachhotel.com – Fermé 11 octobre-27 mars*

Les Pêcheurs – Voir la sélection des restaurants

Impérial Garoupe

LUXE · PERSONNALISÉ Au bout du cap, la Garoupe et cette belle demeure méditerranéenne au cœur d'une végétation luxuriante (cactus et plantes grasses). Balcon, terrasse ou jardinet privé dans les chambres ; plage privée avec son restaurant et sa vue sur les flots...

32 chambres – 360/910 € – 3 suites

Plan B2-r – *770 chemin de la Garoupe – ✆ 04 92 93 31 61 – www.imperial-garoupe.com – Fermé 17 octobre-1er mai*

Le Pavillon – Voir la sélection des restaurants

ANTONY – Hauts-de-Seine (92) → Voir Autour de Paris

AOSTE

✉ 38490 – Isère – Carte régionale n° **2**-C2 – Carte Michelin 333-G4

Au Coq en Velours

CUISINE TRADITIONNELLE • ÉLÉGANT XX Entre Bresse et Dauphiné, cette bonne auberge de village est tenue par la même famille depuis 1900. Ne passez pas à côté de la spécialité de la maison, le "coq en velours", un délicieux coq au vin servi dans une sauce crémeuse, au grain de... velours. Quelques chambres pour la nuit, bien au calme face au jardin.

Spécialités : Truite fumée, condiments et crème aigrelette. Quenelle de brochet, sauce Nantua. Baba au rhum.

Menu 34/72€ - Carte 48/61€

1800 route de Saint-Genix - ✆ 04 76 31 60 04 - www.au-coq-en-velours.com - Fermé 17-31 août, 30 décembre-23 janvier, lundi, jeudi soir, dimanche soir

APREMONT - Oise (60) ➜ Voir Chantilly

ARAGON - Aude (11) ➜ Voir Carcassonne

ARBOIS

✉ 39600 - Jura - Carte régionale n° **6**-B2 - Carte Michelin 321-E5

Maison Jeunet (Steven Naessens)

CUISINE CRÉATIVE • ÉLÉGANT XXX Steven Naessens, originaire de Bruges, a longtemps secondé Jean-Paul Jeunet avant de lui succéder à la tête de son restaurant en 2016. Tout en assumant l'héritage de son prédécesseur, il affirme sans hésitation son identité de chef, en s'appuyant largement sur les trésors de la nature environnante : oseille des montagnes, ortie, badiane, pimprenelle... sans oublier le gibier : le lièvre à la royale est l'une de ses spécialités. Notons que cette (salutaire) révolution de palais a épargné certains grands classiques de la maison : on est ravis, par exemple, que la fameuse poularde de Bresse aux morilles et vin jaune soit toujours à la carte.

Spécialités : Coquillages, artichaut et poivre de Jamaïque. Volaille de Bresse aux morilles et vin jaune. Pomme et rhubarbe, graines de fenouil sauvage.

Menu 65€ (déjeuner), 125/155€ - Carte 110/140€

9 rue de l'Hôtel-de-Ville - ✆ 03 84 66 05 67 - www.maison-jeunet.com - Fermé 13-30 janvier, 22 juin-2 juillet, 19 octobre-5 novembre, mardi, mercredi, jeudi

Les Caudalies

CUISINE MODERNE • ÉLÉGANT XXX A la tête de cette maison bourgeoise sise au cœur des vignobles, œuvre un savant sommelier, Meilleur Ouvrier de France : Philippe Troussard. Son grand talent et la richesse de sa carte (800 références) lui permettent d'accompagner à merveille les assiettes, soignées et généreuses : l'accord mets et vin porté au rang d'art. Ambiance feutrée.

Menu 20€ (déjeuner), 45/65€ - Carte 65/71€

20 avenue Pasteur - ✆ 03 84 73 06 54 - www.lescaudalies.fr - Fermé 24 février-12 mars, 18 octobre-5 novembre, lundi, mardi

Le Bistronome

CUISINE TRADITIONNELLE • BISTRO X Après cinq ans passés à la Maison Jeunet, Lisa et Jérôme ont repris cette sympathique adresse. Au programme : salle d'été en terrasse donnant sur la rivière, intérieur de bistrot chaleureux, et surtout menu très attractif ! Plat phare de la maison, la ballottine de truites farcie aux morilles et sauce au vin jaune n'attend que vous...

Menu 19€ (déjeuner)/26€ - Carte 35/55€

62 rue de Faramand - ✆ 03 84 53 08 51 - www.le-bistronome-arbois.com - Fermé lundi, dimanche

Closerie les Capucines

HISTORIQUE • PERSONNALISÉ Ce couvent du 17e s. se niche dans une ruelle calme du centre-ville. Charme authentique, épure contemporaine dans les chambres, patio, jardin exquis... Un moment béni, une coupure salutaire !

5 chambres - 155/170€

7 rue de la Bourgogne - ✆ 03 84 66 17 38 - www.closerielescapucines.com

à Pupillin 3 km au Sud par D469 et D248 - Carte régionale n° **6**-B2

Le Grapiot

CUISINE MODERNE • DESIGN XX Installé dans un village de vignerons renommé, ce restaurant chaleureux est le fief d'un passionné de saveurs et de beaux produits. Sa cuisine se prête idéalement aux accords avec les vins locaux – ça tombe bien, sa carte des vins du Jura est l'une des plus imposante du département. Bon rapport qualité-prix.

Spécialités : Langue de bœuf, saucisse de Morteau et siphon betterave rouge. Paleron de veau de 6 heures, carottes en différentes textures et jus de volaille. Figues pochées au vin, glace vanille.

Menu 33/60 € - Carte 38/62 €

3 rue Bagier - ✆ 03 84 37 49 44 - www.legrapiot.com - Fermé 2-9 juillet, 22 décembre-24 janvier, mardi, mercredi

ARC 2000 - Savoie (73) ➜ Voir les Arcs

ARCACHON - Gironde (33) ➜ Voir Bassin d'Arcachon

ARCANGUES - Pyrénées-Atlantiques (64) ➜ Voir Biarritz

ARCIZANS-AVANT - Hautes-Pyrénées (65) ➜ Voir Argelès-Gazost

LES ARCS

✉ 83460 - Var - Carte régionale n° **24**-C3 - Carte Michelin 340-N5

Le Relais des Moines (Sébastien Sanjou)

CUISINE MODERNE • AUBERGE XXX Noyée dans la végétation, cette belle bastide du 16 e s. contemple le massif des Maures et le village pittoresque d'Arc-sur-Argens. Fils de restaurateurs du Sud-Ouest, Sébastien Sanjou est venu s'installer dans le Var où il a été soutenu à ses débuts par Jacques Maximin et Alain Ducasse. Ce Tarbais a su s'approprier avec brio le terroir méditerranéen. Il cultive notamment une relation d'exception avec son maraîcher Philippe Auda. De superbes tomates mûres et juteuses à souhait, accompagnées d'un sorbet au basilic, de burrata et assaisonnées à l'huile d'olive et au baume de Bouteville, font une entrée ensoleillée de choix. Toute la cuisine du chef est à l'avenant : colorée et imaginative, avec au cœur de chaque assiette, un beau produit, travaillé avec soin dans le respect du goût.

Spécialités : Collection de tomates ramassées du jour, buratina des Pouilles et basilic. Thon rouge de Méditerranée mi-cuit, ventrêche confite et condiments estivaux. Noisettes bio de Puget-sur-Argens, cacao et praliné.

Menu 48 € (déjeuner), 75/130 € - Carte 89/104 €

route de Ste-Roseline - ✆ 04 94 47 40 93 - www.lerelaisdesmoines.com - Fermé 16-22 mars, 2 novembre-3 décembre, lundi, mardi

LES ARCS

✉ 73700 - Savoie - Carte régionale n° **2**-D2 - Carte Michelin 333-N4

Aiguille Grive Chalets Hôtel

LUXE • CONTEMPORAIN Directement sur les pistes et à quelques minutes de la station d'Arc 1800, ce vaisseau de bois et de verre offre des vues spectaculaires sur le Mont Blanc. Beaux tissus, mobilier chic, terrasse ensoleillée : là, tout n'est qu'ordre et sportivité, luxe, calme et sommets enneigés.

18 chambres - 👫 350/440 €

Charmettoger - ✆ 04 79 40 20 30 - www.hotelaiguillegrive.com - Fermé 25 avril-5 juillet, 5 septembre-15 décembre

à Arc 2000 7 km au Sud - Est

Taj-I Mah

BOUTIQUE HÔTEL • COSY Derrière ce nom d'origine indienne signifiant "couronne de lune" se dissimule un bel ensemble hôtelier, aux clins d'œil ethniques. Les chambres, confortables, bénéficient toutes de balcons avec vue sur le massif. Espace bien-être ; table gastro et bistrot.

43 chambres - 225/640 € - 5 suites

Front de Neige - 04 79 10 34 10 - www.hotel-tajimah.com - Fermé 19 avril-11 décembre

ARDON - Loiret (45) ➜ Voir Orléans

ARÈS - Gironde (33) ➜ Voir Bassin d'Arcachon

ARGELÈS-GAZOST

65400 - Hautes-Pyrénées - Carte régionale n° **22**-A3 - Carte Michelin 342-L6

Des Petits Pois Sont Rouges

CUISINE MODERNE • CONVIVIAL XX Pas besoin d'être résident de l'hôtel Miramont pour apprécier la cuisine de son chef. Ce dernier rend hommage au terroir pyrénéen, bien sûr, mais propose également de nombreux poissons à la carte. Côté déco, on baigne dans une ambiance résolument contemporaine : table centrale rehaussée, mobilier design...

Menu 24/29 € - Carte 40/50 €

Le Miramont, 44 avenue des Pyrénées - 05 62 97 01 26 - www.des-petits-pois-sont-rouges.com - Fermé 1er-30 novembre, mercredi

à Arcizans-Avant 4, 5 km au Sud par D101 et D13

Auberge Le Cabaliros

CUISINE TRADITIONNELLE • AUBERGE X Cette sympathique auberge villageoise, à mi-chemin entre les célèbres cols d'Aubisque et du Tourmalet, tutoie les sommets pyrénéens. Dans l'assiette, de bonnes recettes de tradition - pavé de porc noir de Bigorre, ris de veau braisé -, goûteuses et joliment présentées. Et de petites chambres coquettes pour l'étape !

Menu 25/36 € - Carte 32/55 €

16 rue de l'Église - 05 62 97 04 31 - www.auberge-cabaliros.com - Fermé 9 novembre-9 février, mardi, mercredi

à St-Savin 3 km au Sud par D101 - Carte régionale n° **22**-A3

Le Viscos

CUISINE MODERNE • ÉLÉGANT XXX Aux fourneaux, Alexis (la septième génération de la maison !) régale avec des plats à la gloire du terroir, parsemés de touches plus modernes. C'est fin, juste et toujours travaillé dans le respect du produit ; les desserts, en particulier, se révèlent très bons.

Spécialités : Pâté en croûte de poule noire d'Astarac, vinaigrette de légumes. Tatin de cabillaud, légumes confits. Baba au rhum.

Menu 19 € (déjeuner), 32/85 € - Carte 52/90 €

1 rue Lamarque - 05 62 97 02 28 - www.hotel-leviscos.com - Fermé 13 janvier-3 février, 16 novembre-6 décembre, lundi, dimanche soir

ARGELÈS-SUR-MER

66700 - Pyrénées-Orientales - Carte régionale n° **21**-B3 - Carte Michelin 344-J7

La Bartavelle

CUISINE CRÉATIVE • COSY X C'est une adresse que les amoureux de la bonne chère s'échangent avec gourmandise - et pour cause : le chef, Thibaut Lesage, et son épouse Stéphanie, pâtissière, ravissent les papilles et revisitent les classiques avec une inspiration constante. Un régal ! Attention : réservation indispensable.

Spécialités : Non ! Je ne suis pas un poisson sans tête qui vit dans une boîte !. Un poulet frites salade «siouplet» !. Le dessert qui n'a pas de nom.

Menu 31/41 € - Carte 45/63 €

24 rue de la République - ✆ 06 19 25 70 13 - www.restaurant-labartavelle.fr - Fermé 20 avril-6 mai, 12-22 novembre, lundi, mardi midi, jeudi midi, vendredi midi, dimanche

Auberge du Roua

CUISINE MODERNE · COSY XX Dans un cadre vraiment intime (pierres, poutres, voûtes...), on déguste une cuisine au goût du jour, personnalisée de petites touches régionales, et réalisée avec de bons produits... Des saveurs franches et fraîches !

Menu 35/65 € - Carte 47/62 €

46 chemin du Roua (à 1,5 km) - ✆ 04 68 95 85 85 - www.aubergeduroua.com - Fermé 5 janvier-7 février, 15 novembre-30 décembre, lundi, mardi midi, mercredi midi, jeudi midi, vendredi midi, samedi midi

Le Bistrot à la Mer

CUISINE MODERNE · DESIGN X Dans ce restaurant, situé à l'intérieur d'un hôtel dominant la route de la Corniche en allant vers Collioure, on se régale de bons produits locaux et de saison, au fil d'un menu d'inspiration méditerranéenne, imaginé par le nouveau chef. Le cadre, une jolie salle lumineuse, est à la hauteur de la cuisine.

Menu 19 € (déjeuner), 33/45 € - Carte 49/58 €

Grand Hôtel du Golfe, route de Collioure (La Corniche, à 4 km) - ✆ 04 68 81 14 73 - www.grandhoteldugolfe.com - Fermé 4 novembre-13 mars, lundi, samedi midi, dimanche soir

Le Coup de Fourchette du Cayrou

CUISINE MODERNE · SIMPLE X Vous voulez tester votre coup de fourchette ? Direction Argelès et cette maison sympathique, qui doit son nom à la brique rouge traditionnelle fabriquée en Catalogne. Dans l'assiette, les produits locaux sont travaillés avec la manière, au fil des saisons.

Menu 28 € (déjeuner), 35/42 € - Carte 44/52 €

18 rue du 14 Juillet - ✆ 04 68 81 34 08 - www.le-cayrou.net - Fermé dimanche

Grand Hôtel du Golfe

TRADITIONNEL · CONTEMPORAIN Un bel hôtel sur la route de Collioure, face à la plage. Les chambres disposent de petits balcons offrant une vue imprenable sur la mer. De quoi faire des rêves de grandes traversées ou de voyages au long cours ! Espace détente (spa, hammam) et grande piscine chauffée.

36 chambres - 87/244 € - 12 €

route de Collioure (La Corniche, à 4 km) - ✆ 04 68 81 14 73 - www.grandhoteldugolfe.com - Fermé 4 novembre-13 mars

Le Bistrot à la Mer - Voir la sélection des restaurants

Château Valmy

DEMEURE HISTORIQUE · ÉLÉGANT Pour l'anecdote, ce beau château à l'allure majestueuse et peu commune a été érigé en 1900 par un architecte... danois. Aujourd'hui, c'est une maison de charme pour hôtes chic, au cœur d'un vignoble de 30 ha. Superbes chambres zen et épurées, vue splendide sur la mer et dégustation de vins au chai : quel style !

5 chambres - 220/390 €

chemin de Valmy - ✆ 04 68 81 25 70 - www.chateau-valmy.com - Fermé 1er décembre-31 mars

ARGENTAN

✉ 61200 - Orne - Carte régionale n° **17**-C2 - Carte Michelin 310-I2

✿ La Renaissance (Arnaud Viel)

CUISINE MODERNE · ÉLÉGANT XXX Dans la petite bourgade d'Argentan, la façade de La Renaissance tranche par sa modernité – un grand parallélépipède contemporain de couleur tabac. Enfant du pays, Arnaud Viel est ici chez lui, tout comme son voisin, le philosophe Michel Onfray, qui a préfacé les menus de son restaurant. La Normandie est bien là, avec ses produits de la mer au top de leur fraîcheur, du homard de Carteret aux huîtres de Veules-les-Roses, en passant par la lotte de Port-en-Bessin, mais aussi ses carottes des sables de Créances et son foie gras du pays d'Auge. Ne manquez pas l'agréable chariot de mignardises (ça se fait plutôt rare !), et le dessert signature du chef : la sphère en variation de textures...

Spécialités : Œuf de poule cuit à 63°, émulsion haddock et caviar. Ris de veau braisé au cidre et sarrasin, cromesquis de tête de veau. Pomme soufflée, mousse légère caramel au beurre salé et pomme rôties au calvados.

Menu 35/98 € - Carte 75/99 €

20 avenue de la 2ème-Division-Blindée - ✆ 02 33 36 14 20 - www.arnaudviel.com - Fermé 16-24 février, 26 juillet-23 août, lundi, dimanche

La Renaissance

FAMILIAL · CONTEMPORAIN Non loin du centre de la cité, cette imposante demeure d'après-guerre cache un hôtel confortable et feutré. Toutes les chambres ont été récemment rénovées dans un style contemporain et non moins cosy – préférez celles au calme, côté piscine. Une étape plaisante !

18 chambres - 98/138 € - 15 €

20 avenue de la 2ème-Division-Blindée - ✆ 02 33 36 14 20 - www.arnaudviel.com - Fermé 16-24 février, 2-23 août

✿ **La Renaissance** - Voir la sélection des restaurants

à Fontenai-sur-Orne 4,5 km au Sud - Ouest - Carte régionale n° **17**-B3

La Table de Catherine

CUISINE TRADITIONNELLE · AUBERGE XX Surprise derrière la façade traditionnelle : des couleurs vives et de grandes fleurs sur les murs... Un décor à l'unisson de la cuisine de la cheffe, Catherine, ambassadrice des produits de la région. Sa spécialité : la tarte fine à l'andouille de Vire et au camembert !

Menu 25 € (déjeuner), 33/55 €

Le Faisan Doré, D424 - ✆ 02 33 67 18 11 - www.latabledecatherine.com - Fermé 1er-5 janvier, 2-9 août, lundi midi, samedi midi, dimanche soir

ARGENTAT

✉ 19400 - Corrèze - Carte régionale n° **19**-C3 - Carte Michelin 329-M5

Saint-Jacques

CUISINE MODERNE · ÉLÉGANT XX En bon professionnel, le chef construit ses recettes autour des meilleurs produits de la région ; on profite même – les amateurs apprécieront – de gibier en saison. Tout cela se savoure dans une salle à la décoration élégante, ou sur la terrasse plus contemporaine.

Menu 20/65 € - Carte 63/80 €

39 Avenue Foch - ✆ 05 55 28 89 87 - www.lesaintjacques-argentat.com - Fermé 24 février-17 mars, 5-27 octobre, lundi

ARGENTON-SUR-CREUSE

✉ 36200 - Indre - Carte régionale n° **8**-B3 - Carte Michelin 323-F7

Le Cheval Noir

CUISINE TRADITIONNELLE · BISTRO XX Une soudaine envie de tradition ? Ce décor de bistrot contemporain devrait vous réjouir, avec sa carte inspirée des produits du marché. On passe devant la cuisine ouverte avant de rejoindre la salle à manger. En guise de spécialités, le croustillant de pied de porc, les œufs en couilles d'âne et les rognons de veau sauce vigneronne.

Menu 18 € (déjeuner), 29/35 € - Carte 29/39 €

27 rue Auclert-Descottes - ✆ 02 54 24 00 06 - www.le-chevalnoir.fr

ARGENT-SUR-SAULDRE

✉ 18410 - Cher - Carte régionale n° **8**-C2 - Carte Michelin 323-K1

Relais du Cor d'Argent

CUISINE TRADITIONNELLE • AUBERGE XX Un Cor d'Argent fleuri et attachant ! On s'installe dans une des salles, bien tenues, ou sur l'agréable terrasse pour savourer une cuisine traditionnelle variant selon le marché et les saisons. À moins que vous ne préfériez le menu végétarien...

Menu 23/60 € - Carte 44/72 €

39 rue Nationale - ✆ 02 48 73 63 49 - www.lecordargent.com - Fermé 18 février-19 mars, 29 juin-10 juillet, 12-21 octobre, mardi, mercredi

ARGILLIERS - Gard (30) ➔ Voir Uzès

ARGOULES

✉ 80120 - Somme - Carte régionale n° **14**-A1 - Carte Michelin 301-E5

Auberge du Coq-en-Pâte

CUISINE TRADITIONNELLE • AUBERGE X Dans les années 1930, cette auberge typiquement régionale fut offerte par le châtelain d'Argoules à sa cuisinière. Plusieurs décennies plus tard, on perpétue l'amour de la bonne chère avec des plats qui magnifient le terroir picard, entre tradition et modernité. Une adresse sympathique.

Spécialités : Ravioles de tourteau. Canard aux mûres. Parfait glacé aux mirabelles.

Menu 23 € - Carte 28/48 €

37 Grande-Rue - ✆ 03 22 29 92 09 - Fermé 13 janvier-1er février, 1er-10 avril, 2-16 septembre, lundi, mardi, dimanche soir

CatLane/iStock

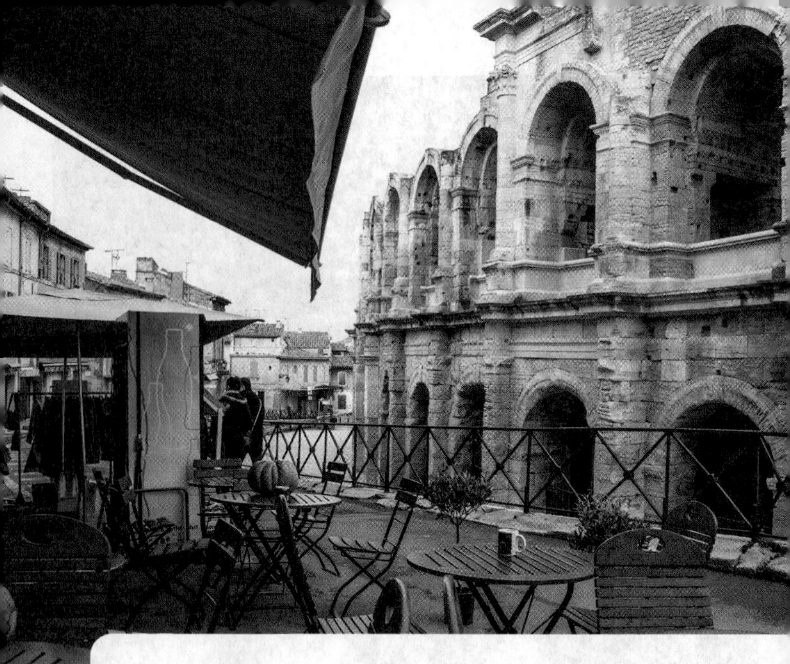

ARLES

✉ 13200 – Bouches-du-Rhône – Carte régionale n° **24**-A3 – Carte Michelin 340-C3

On aime...

Chaque samedi, le boulevard des Lices offre l'un des plus beaux – et certainement l'un des plus grands – marchés de Provence ! Sous cette lumière magique et ce ciel transparent à force d'être balayé par le mistral, les étals colorés des producteurs rivalisent de couleurs et de senteurs. Ail, oignon, tomate, aubergine et courgette de petits producteurs, fraises et melons de pleine terre : tous les fruits et légumes sont ici bénis par le soleil provençal. Chez les poissonniers, on trouve des tellines, ces petits coquillages que l'on déguste en entrée. Ici, le bœuf cède parfois la place à la viande de taureau qui se mange en gardiane (une daube), en saucisson et même en terrine – avec ou sans le fameux riz de Camargue. Les herbes de la garrigue, thym, romarin, sarriette, donnent aux fromages du caractère comme dans cette tomme de brebis ou encore cette brousse locale de chèvre frais au petit-lait. À l'image de son architecture, Arles est un millefeuille de goûts.

B. Kadic/age fotostock

Restaurants

✿✿ L'Atelier de Jean-Luc Rabanel

CUISINE CRÉATIVE · CONTEMPORAIN XX Que de chemin parcouru par le truculent Jean-Luc Rabanel ! Pour ce Gascon natif de Villeneuve-sur-Lot, tout a commencé par le terroir du Sud-Ouest, ses foies gras mirifiques et ses pâtés superbes. Puis, à la recherche d'un nouveau souffle, il est venu s'installer à Arles, au cœur de la Provence. C'est là qu'est né son véritable projet de chef, projet de toute une vie : celui d'une cuisine de la verdure et de l'iode, du légume du jardin, de l'instinct et du geste.

Toujours sur la corde raide, le chef Rabanel remet tout en cause à chaque service, et n'a qu'une obsession : insuffler dans l'assiette son émotion du moment. Tagliatelles de salsifis et joli filet de maquereau poêlé ; tendre filet de taureau de Camargue accompagné des succulents légumes du marché, betterave crapaudine, carottes fanes et mini-fenouil... Plus qu'un repas, une véritable expérience.

Spécialités : Jeune artichaut bouquet, lotte de Méditerranée et poutargue. Le tempo de la végétale, légumes rôtis et filet de taureau fumé au foin de la Crau. L'anarch'riz.

Menu 65 € (déjeuner), 95/165 €

Plan A2-k – *7 rue des Carmes – ✆ 04 90 91 07 69 – www.rabanel.com – Fermé lundi, mardi*

Bistro À Côté

CUISINE PROVENÇALE · BISTRO X À côté de son bel Atelier, Jean-Luc Rabanel a ouvert ce bistrot où règne une atmosphère décontractée : les plats sont souvent présentés dans leur poêle de cuisson ou à partager, et on expose fièrement vins et jambons. D'une recette à l'autre, on pense Espagne, Provence ou Italie ; c'est la Méditerranée que l'on célèbre !

Spécialités : Vinaigrette de haricots verts, éclats de noisettes, œuf à juste cuisson. Veau caramélisé soja-gingembre, riz noir de Camargue. Baba au rhum, crème fouettée aux gousses de vanille.

Menu 33 €

Plan A2-u – *21 rue des Carmes – ✆ 04 90 47 61 13 – www.rabanel.com – Fermé lundi, mardi*

Esperluète (N)

CUISINE DU MARCHÉ · CONVIVIAL X Le chef-patron Stéphane Laurier propose une ardoise du jour avec de beaux produits du marché, frais, mitonnés avec soin, dans un cadre de bistrot contemporain. Résultat : une table de qualité située au cœur du vieil Arles, très touristique, et qui a le bon goût de demeurer abordable.

Spécialités : Moule, safran, carotte des sables, citron confit. Thon rouge, pêche de Provence, fenouil. Moelleux au caramel, fleur de sel, tonka.

Menu 25/45 €

Plan A2-c – *6 rue Favorin – ✆ 04 90 93 10 43 – www.esperluete-arles.com – Fermé 17-29 février, 19-26 avril, 19-26 octobre*

Lou Marquès

CUISINE CLASSIQUE · COLORÉ XXX Au sein du bel hôtel Jules César redécoré par Christian Lacroix – arlésien s'il en est –, on déguste papeton d'aubergines ou risotto de riz rouge de Camargue sous d'anciennes boiseries, tandis que défilent, en ombres chinoises, taureaux et arlésiennes. Bistrot chic au déjeuner, gastronomique le soir.

Menu 33 €

Plan A2-v – *Jules César, 9 rue des Lices – ✆ 04 90 52 52 52 – www.hotel-julescesar.fr*

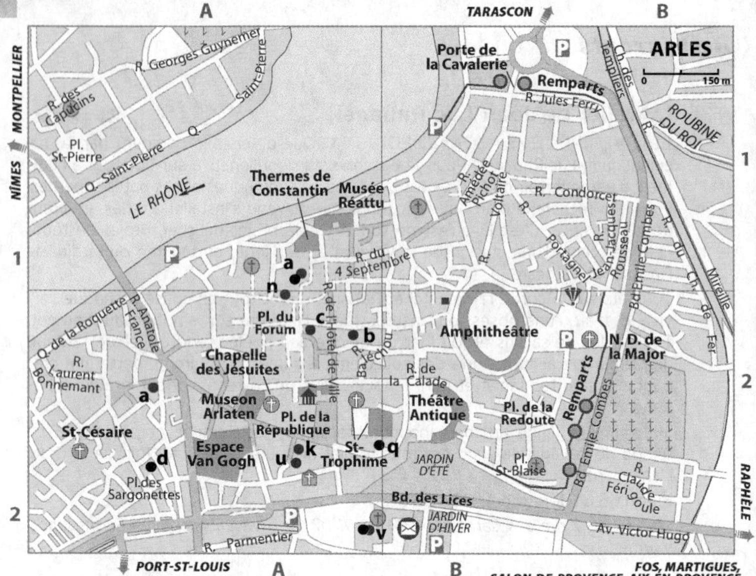

L'Arlatan

CUISINE MÉDITERRANÉENNE • DESIGN Le restaurant niché dans le superbe hôtel éponyme, se compose de deux salles à manger au décor flamboyant, œuvre de l'artiste cubain Jorge Pardo. La carte saisonnière, articulée autour d'appétissantes recettes méditerranéennes, est signée Armand Arnal, chef de La Chassagnette, table étoilée. Service non-stop de 11 heures à 23 heures, et deux bars, pour un dernier verre.

Carte 35/45€

Plan A1-a – *20 rue du Sauvage – ✆ 04 65 88 20 20 – www.arlatan.com*

Chardon

CUISINE MODERNE • BISTRO Laura Vidal et Harry Cummins, instigateurs du concept nomade "Paris Pop Up", accueillent au Chardon des cuisiniers en résidence temporaire, avec une constante : l'utilisation de produits des environs. C'est frais, c'est bon, et ça se déguste dans un cadre de bistrot très chouette. Dans le mille !

Menu 29€ (déjeuner)/39€

Plan A2-b – *37 rue des Arènes – ✆ 09 72 86 72 04 – www.hellochardon.com – Fermé 31 octobre-1er mars, mardi, mercredi, jeudi midi*

Le Galoubet

CUISINE DU MARCHÉ • VINTAGE Au cœur de la vieille ville, les connaisseurs se pressent dans ce joli bistrot à la décoration vintage. Bien sûr, ils ne viennent pas par hasard : cuisine du marché et recettes délicates, agréable terrasse sous la treille... la maison ne manque pas d'atouts.

Menu 27€ (déjeuner)/33€

Plan A2-n – *18 rue du Docteur-Fanton – ✆ 04 90 93 18 11 – Fermé lundi, dimanche*

Le Gibolin

CUISINE DU MARCHÉ • BAR À VIN "Est-ce que t'as pris ton Gibolin ? " La boisson-star des Deschiens a servi d'inspiration à ce sympathique bistrot arlésien. La cuisine familiale du chef – croustillant de pied et tête de cochon, lotte rôtie et fenouil braisé à l'orange – est accompagnée de bons vins régionaux choisis par la patronne. On se régale.

Menu 35€

Plan A2-a – *13 rue des Porcelets – ✆ 04 88 65 43 14 – Fermé 1er-31 janvier, lundi, dimanche*

Hôtels

Jules César

LUXE • MÉDITERRANÉEN Christian Lacroix, l'enfant du pays, a fait souffler un vent de fraîcheur sur le vénérable Jules César. Avalanche de couleurs vives (52 teintes en tout), jeux avec les formes et le style du mobilier, des escaliers et des luminaires... tout en respectant l'esprit des lieux. D'une fantaisie impériale !

52 chambres – 129/489 € – 24 € – 7 suites

Plan A2-v – *9 boulevard des Lices – 04 90 52 52 52 – www.hotel-julescesar.fr*

Lou Marquès – Voir la sélection des restaurants

L'Arlatan

HÔTEL PARTICULIER • DESIGN Dès la façade, une certitude : cette gracieuse demeure du 15e s. est un lieu chargé d'histoire. Salons et chambres avec poutres et tomettes, beau mobilier ancien. Agréable jardin.

30 chambres – 99/399 € – 18 € – 5 suites

Plan A1-a – *26 rue du Sauvage – 04 65 88 20 20 – www.hotel-arlatan.fr*

L'Arlatan – Voir la sélection des restaurants

L'Hôtel Particulier

LUXE • PERSONNALISÉ Sous le soleil arlésien, on pousse la porte de ce superbe hôtel particulier du quartier de la Roquette, mariant l'ancien et le moderne avec élégance. Les chambres claires et luxueuses, sont tournées vers les jardins ; massages et soins.

6 chambres – 369/389 € – 26 € – 5 suites

Plan A2-d – *4 rue de la Monnaie – 04 90 52 51 40 – www.hotel-particulier.com – Fermé 1er janvier-15 mars*

Cloître

URBAIN • DESIGN Montez dans la machine à remonter le temps ! Jouxtant le cloître de l'église St-Trophime, cet hôtel revisite le style des années 1950 : mobilier et coloris sont très séduisants. En prime, la terrasse sur le toit offre une belle vue sur la ville. Très bon rapport charme-prix.

19 chambres – 95/155 € – 14 €

Plan A2-q – *18 rue du Cloître – 04 88 09 10 00 – www.lecloitre.com*

au Sambuc 17 km au Sud - Ouest par D570 et D36 – Carte régionale n° **24**-A3

La Chassagnette

CUISINE MODERNE • TENDANCE Des taureaux paisibles, des flamants roses ensommeillés, des canaux, des rizières et le delta du Rhône : bienvenue en Camargue, et plus précisément à la Chassagnette, une ancienne bergerie réhabilitée en mas contemporain. Le chef jardinier Armand Arnal y a planté sa fourche (tte) au milieu d'un potager bio et du verger qui l'entoure. Outre les végétaux, le chef ne s'interdit rien, ni la viande de taureau des manades, ni les agneaux du voisin berger, ni les poissons de la criée du Grau-du-Roi et de l'étang de Vaccarès... Sa cuisine méditerranéenne et nature, solaire et végétale, pousse au rythme des saisons, comme avec ce tartare de thon rouge, cerises au gingembre, brunoise de concombre et jus de persil. Que de verdure !

Spécialités : Nage de galère, légumes légèrement acidulés et feuilles du jardin. Pigeon des Costières. Fraises du jardin, mousse de roquette et sorbet à la brousse du Rove.

Menu 95/125 €

Hors plan – *route du Sambuc – 04 90 97 26 96 – www.chassagnette.fr – Fermé 16 décembre-9 mars, mardi soir, mercredi soir, jeudi soir*

Le Mas de Peint

CUISINE DU TERROIR • RÉGIONAL XX Avec de bons produits – légumes du potager, riz de la propriété et taureau de l'élevage –, le chef concocte une belle cuisine du marché. La terrasse sous la glycine est ravissante et ce Mas charmant... Cuisine à la plancha autour de la piscine en été. Une bonne adresse.

Menu 39 € (déjeuner), 59/69 €

Hors plan – *Le Mas de Peint* – *04 90 97 20 62* – *www.masdepeint.com* – *Fermé 2 novembre-26 mars, mercredi, jeudi*

Le Mas de Peint

LUXE • ÉLÉGANT Dans un vaste domaine, ce superbe mas du 17e s. cultive la tradition camarguaise (promenades à cheval, arènes privées). La décoration est réussie, les chambres raffinées... Beaucoup d'élégance !

15 chambres – 250/740 € – 22 €

Hors plan – *2,5 km par route de Salins* – *04 90 97 20 62* – *www.masdepeint.com* – *Fermé 2 novembre-26 mars*

Le Mas de Peint – Voir la sélection des restaurants

ARMENTIERES

59280 – Nord – Carte régionale n° **13**-B2 – Carte Michelin 302-F3

Nature (Nicolas Gautier)

CUISINE MODERNE • ÉPURÉ XX Nicolas Gautier s'épanouit pleinement dans son nouveau fief d'Armentières. Sa cuisine, "nature" et dans l'air du temps, met en avant de jolis produits régionaux – poissons de Boulogne et Dunkerque, entre autres – avec de solides bases classiques. Harmonie des saveurs, authenticité : une très belle maison.

Spécialités : Cuisine du marché.

Menu 35/69 € – Carte 78/84 €

20 place de Saint-Vaast – *03 20 87 93 05* – *www.restaurant-nature.com* – *Fermé 20-26 avril, 3-16 août, 23 décembre-5 janvier, lundi, dimanche*

ARNAGE – Sarthe (72) → Voir Le Mans

LES ARQUES

46250 – Lot – Carte régionale n° **22**-B1 – Carte Michelin 337-D4

La Récréation

CUISINE MODERNE • CONTEMPORAIN X L'école est finie ! Dans cette sympathique maison, l'ancienne salle de classe est devenue celle du restaurant, et le préau, une jolie terrasse. Mais ici point de nostalgie : le décor tout comme la cuisine sont bien dans l'air du temps.

Menu 27 € (déjeuner), 38/49 €

Le Bourg – *05 65 22 88 08* – *www.la-recreation-restaurant.com* – *Fermé 3 novembre-13 février, mercredi, jeudi*

ARRADON – Morbihan (56) → Voir Vannes

ARRAS

62000 – Pas-de-Calais – Carte régionale n° **13**-B2 – Carte Michelin 301-J6

La Bulle d'O

CUISINE MODERNE • ÉPURÉ XX Après avoir travaillé dans des tables renommées de la région, Olivier Lainé a choisi de s'installer dans sa ville d'origine, à laquelle il a ainsi offert une vraie... bulle de fraîcheur. La carte est courte et renouvelée chaque mois, les recettes se révèlent souvent originales : sans doute la meilleure table d'Arras.

Carte 42/46 €

1 boulevard de Strasbourg – *03 21 16 19 47* – *www.labulledo.com* – *Fermé 1er-6 janvier, 10-19 avril, 1er-20 août, lundi, mercredi soir, dimanche*

Hôtel Particulier

HÔTEL PARTICULIER • ÉPURÉ En plein cœur de la ville, non loin de la Grand'-Place, cet ancien hôtel particulier (19e s.) ne manque pas de cachet ! Chambres spacieuses et bien équipées, terrasse pour prendre son petit-déjeuner aux beaux jours, agréable petit jardin au calme... Délicieux, tout simplement.

5 chambres - 99/179€ - 12€

8 rue du Péage - ✆ 09 66 81 79 27 - www.hotelparticulierarras.com

ARS-EN-RÉ - Charente-Maritime (17) ➜ Voir Île de Ré

ARZAY

✉ 38260 - Isère - Carte régionale n° **2**-B2 - Carte Michelin 333-E5

Château d'Arzay

DEMEURE HISTORIQUE • CLASSIQUE Avec leurs meubles chinés, linge brodé et ciels de lit, les chambres de cette grande maison de maître du 19e s. allient cachet et romantisme... Au fond du parc, à la lisière de la forêt, se cache une ravissante chapelle (1750). Tout est réuni pour une charmante escapade, à mi-chemin entre Lyon et Grenoble.

3 chambres - 150€

Domaine de Bonnevaux, 156 route de Vienne - ✆ 04 74 57 06 02 - www.chateaudarzay.fr - Fermé 24 décembre-3 janvier

ARZON

✉ 56640 - Morbihan - Carte régionale n° **7**-A3 - Carte Michelin 308-N9

au Port du Crouesty 2 km au Sud - Ouest - Carte régionale n° **7**-A3

Le BE

CUISINE MODERNE • CONTEMPORAIN XXX Marion Bouillot, cheffe pleine d'allant, propose un concept novateur : une cuisine bien-être, à la fois savoureuse et diététique, avec notamment ce beau filet de bar sauvage cuit à la perfection. Avec un mentor comme Michel Guérard et une telle énergie, nul doute que la gastronomie française entendra parler d'elle !

Menu 55/80€ - Carte 60/100€

Miramar la Cigale, route du Petit-Mont - ✆ 02 97 53 49 13 - www.miramar-lacigale.com - Fermé 3-26 janvier, lundi midi, mardi midi, mercredi midi, jeudi, vendredi midi, samedi midi, dimanche

Miramar la Cigale

LUXE • ÉLÉGANT Arrimé à la pointe de la presqu'île de Rhuys, cet hôtel profilé comme un paquebot a été rénové dans un style design et épuré, du meilleur effet ! Centre de thalassothérapie et spa.

100 chambres - 250/1200€ - 25€ - 13 suites

route du Petit-Mont - ✆ 02 97 53 49 13 - www.miramar-lacigale.com - Fermé 5-26 janvier

Le BE - Voir la sélection des restaurants

à Port Navalo 3 km à l'Ouest

Grand Largue

POISSONS ET FRUITS DE MER • CLASSIQUE XXX À l'étage de cette villa, on savoure aussi bien la vue panoramique sur le golfe du Morbihan qu'une cuisine gastronomique basée sur les beaux produits de la mer (homard, bar de ligne, coquillages). Au rez-de-chaussée, un vent marin souffle sur le bistrot Le P'tit Zeph.

Menu 39/89€ - Carte 72/96€

1 rue du Phare (à l'embarcadère) - ✆ 02 97 53 71 58 - www.grandlargue.fr - Fermé 7 janvier-13 février, 12 novembre-22 décembre, lundi, mardi

ASSIGNAN

✉ 34360 – Hérault – Carte régionale n° **21**–B2 – Carte Michelin 339-C8

La Table de Castigno

CUISINE MODERNE • TENDANCE XX Au cœur du vignoble de Saint-Chinian, ce petit village a été métamorphosé par des milliardaires belges devenus eux-mêmes vignerons ! Assignan est devenu une halte zen et épicurienne à grand renfort de chambres d'hôtes de luxe, de galeries et d'adresses gourmandes comme cette table gastronomique. Au piano, deux frères belges, Pieter et Ruben De Maesschalck, qui ont travaillé dans le monde entier et notamment chez Michel Bras ou au 't Zilte d'Anvers. Dans ce cadre qui mélange vieilles pierres et tons parme, cette cuisine à quatre mains, qui se renouvelle tous les jours ou presque au gré d'un menu surprise, navigue entre produits d'exception, viandes maturées, crus du domaine (bio) et touches nordiques.

Spécialités : Cuisine du marché.

Menu 41 € (déjeuner), 72/92 €

Village Castigno, Carriera de la Teuliera – ✆ 04 67 24 34 95 – https://villagecastigno.com/ – Fermé 15 décembre-4 avril, mardi, mercredi

Village Castigno

MAISON DE CAMPAGNE • INSOLITE On ne vient pas par hasard au village Castigno : place à la "détox " de wifi, d'images et de télévision (absents des chambres). Ici, on se promène à cheval dans les vignes, avant son cours de cuisine ou un massage balinais... Chambres élégantes et colorées, très bien équipées. Une expérience rare.

24 chambres – 130/510 € – ☕ 23 €

Carriera Dals Camps – ✆ 04 67 24 26 41 – www.villagecastigno.com – Fermé 1er novembre-1er avril

La Table de Castigno – Voir la sélection des restaurants

ASNIERES-SUR-SEINE – Hauts-de-Seine (92) → Voir Autour de Paris

ASSIER

✉ 46320 – Lot – Carte régionale n° **22**–C1 – Carte Michelin 337-H3

L'Assierois

CUISINE MODERNE • CONTEMPORAIN X Au centre du village, face à l'église et dotée d'une agréable terrasse ombragée, cette ancienne auberge offre désormais un cadre contemporain épuré. Le chef propose une cuisine rythmée par les saisons, assez simple le midi en semaine, beaucoup plus ambitieuse au dîner et le week-end, mais privilégiant toujours les produits locaux.

Menu 24 € (déjeuner), 35/47 € – Carte 40/50 €

place de l'Église – ✆ 05 65 40 56 27 – www.lassierois.com – Fermé 7-19 février, lundi, mercredi soir, dimanche soir

ATTICHES

✉ 59551 – Nord – Carte régionale n° **13**–C2 – Carte Michelin 302-G4

L'Essentiel

CUISINE MODERNE • TENDANCE XX Une belle bâtisse en brique rouge au croisement de deux rues, dans le hameau du Petit Attiches, tenue par un jeune couple impliqué. Terrasse et joli jardin à l'arrière : l'atmosphère est plaisante. Dans l'assiette, des plats actuels réalisés avec soin, à accompagner d'une jolie sélection de vins de vignerons. Soirées à thème bières et vins.

Menu 29 € (déjeuner), 46/82 €

19 rue de Neuville (à Petit-Attiches) – ✆ 03 20 90 06 97 – www.essentiel-restaurant.fr – Fermé 1er-8 janvier, 1er-11 mai, 3-26 août, lundi, dimanche

ATTIN – Pas-de-Calais (62) → Voir Montreuil

AUBENAS

✉ 07200 – Ardèche – Carte régionale n° **2**-A3 – Carte Michelin 331-I6

Les Coloquintes

CUISINE MODERNE • CLASSIQUE XX Ce restaurant, installé dans un ancien moulinage, et géré par un jeune couple – lui en cuisine, elle en salle – propose une cuisine contemporaine, respectueuse des circuits courts et des produits locaux, truite, châtaignes, fruits, etc. À l'été, profitez des tables à l'ombre des tilleuls, pour un dîner soyeux.

Spécialités : Cromesquis de chèvre frais, variations autour de la courgette. Truite d'Ardèche mi-fumée, mi-pochée, pot au feu de légumes. Tartelette aux myrtilles, sorbet citron-basilic.

Menu 20€ (déjeuner), 30/44€ – Carte 37/51€

Quai de l'Ardèche – ✆ 04 75 93 58 33 – www.les-coloquintes.com – Fermé mardi soir, mercredi, samedi midi

L'Aubépine

CUISINE MODERNE • TRADITIONNEL X L'Aubépine s'épanouit grâce à un jeune couple de chercheurs reconvertis dans les saveurs... Pour Manuel, le chef, les choses sont claires : le circuit court est la règle, le jeu consistant à respecter à la fois les textures mais aussi les qualités nutritives des produits. Carte renouvelée toutes les semaines au gré du marché.

Spécialités : Cuisine du marché.

Menu 23€ (déjeuner), 33/50€

13 boulevard Jean-Mathon – ✆ 04 75 35 01 28 – www.restaurant-aubepine.fr – Fermé lundi, mardi soir, mercredi soir, jeudi soir, dimanche

Notes de Saveurs

CUISINE MODERNE • TRADITIONNEL X Assis dans la salle voûtée en pierre, face aux ruines de l'ancien couvent bénédictin, on savoure une cuisine où les produits de qualité ont la part belle : dans l'assiette, c'est généreux, gourmand, parfumé et original. Une adresse conviviale et agréable, qui mérite amplement son succès !

Menu 30/45€ – Carte 35/51€

16 rue Nationale – ✆ 04 75 93 94 46 – Fermé 2-10 mars, 26 avril-5 mai, 16 août-1er septembre, 25 octobre-3 novembre, lundi, mardi soir, dimanche

Le Pierrot

CUISINE MODERNE • TENDANCE X Le chef fraîchement installé en lieu et place du restaurant M propose une cuisine actuelle, moderne et créative, voire ludique (pot de fleur en guise d'amuse-bouches) sans pour autant en oublier l'essentiel : le goût. Ainsi cette chair de crabe et coques en croustillant, crème citron et citronnelle, crumble aux herbes, joliment réalisée. Goûteux.

Menu 23€ (déjeuner), 39/75€

17 rue Champalbert – ✆ 04 75 36 41 66 – Fermé lundi, dimanche

La Villa Tartary

CUISINE MODERNE • BRANCHÉ X De belles voûtes en pierres de taille, un mobilier design, une terrasse avec vue sur le château d'Aubenas... Cet ancien moulin à eau – qui intervenait dans la fabrication de la soie – ne manque pas de charme ! Belles saveurs à la carte.

Menu 24€ (déjeuner), 35/64€ – Carte 50/70€

64 rue de Tartary – ✆ 04 75 35 23 11 – www.restaurant-ardeche.com – Fermé 4-18 septembre, lundi, dimanche

à Mercuer 6 km au Nord - Ouest par N102 et D223

Aux Vieux Arceaux

CUISINE TRADITIONNELLE • CONVIVIAL XX Benoit Court a grandi dans cette auberge, créée par ses parents. Aujourd'hui, cet ardent défenseur de la gastronomie régionale porte le terroir avec passion, et puise dans le vaste potager de la maison. Au menu, cuisses de grenouilles en persillade, filet de bœuf aux pommes dauphine... Un régal. Chambres avec terrasse pour l'étape.

Menu 30/70€

9 Route des Arceaux – ✆ 04 75 93 70 21 – www.auxvieuxarceaux.com – Fermé dimanche soir

AUBIGNY-SUR-NÈRE

✉ 18700 – Cher – Carte régionale n° **8**–C2 – Carte Michelin 323-K2

La Chaumière

CUISINE TRADITIONNELLE · CONVIVIAL XX Ne vous fiez pas à la sobriété extérieure de cet ancien relais de poste. Sitôt le pas-de-porte franchi, murs en brique et colombages composent un décor des plus chaleureux. Aux fourneaux, le chef concocte une cuisine fort agréable, qui met en valeur les saisons et les produits du marché.

Spécialités : Wrap berrichon aux lentilles vertes et crottin de Chavignol. Civet de sanglier, légumes d'automne. Paris-aubigny, crème légère au safran et fraises.

Menu 24/59 € – Carte 45/59 €

2 rue Paul-Lasnier – ✆ 02 48 58 04 01 – www.hotel-restaurant-la-chaumiere.com – Fermé 17 février-16 mars, 26 juillet-9 août, lundi, dimanche soir

La Grange des Cardeux

DEMEURE HISTORIQUE · CONTEMPORAIN Au cœur de la ville, cet ancien relais de poste reconverti en chambre d'hôte chante les louanges de la langueur discrète dans l'atmosphère feutrée d'un intérieur chiné. Où les chambres se nomment Pomme d'Amour, les Angelots, la Rainette... Vous dormirez sur vos deux oreilles.

3 chambres – 87 €

6 avenue du Parc-des-Sports – ✆ 02 48 58 23 36 – www.lagrangedescardeux.com – Fermé 1er-30 juin

AUCH

✉ 32000 – Gers – Carte régionale n° **22**–B2 – Carte Michelin 336-F8

Domaine de Baulieu

CUISINE MODERNE · CONTEMPORAIN X Deux chefs de talent, Maxime Deschamps et Stéphane Mazières, réalisent ici une cuisine moderne, bien ficelée, à base de produits locaux, mettant quelques classiques au goût du jour : ainsi ces gambas en spaghetti croustillant, une assiette indéniablement gourmande... Le cadre est élégant, le moment agréable.

Spécialités : Gambas en spaghettis croustillants, nougatine d'ail et orange, salade de plantes et herbes. Magret de canard, sarrasin comme un porridge, réduction au vin et fruits rouges. Vacherin framboise-litchi, chantilly à la rose.

Menu 21 € (déjeuner), 33/52 € – Carte 59/71 €

822 chemin de Lussan – ✆ 05 62 59 97 38 – www.ledomainedebaulieu.com – Fermé lundi midi, samedi, dimanche

Restaurant de l'Hôtel de France

CUISINE MODERNE · CLASSIQUE XX Cette institution du centre-ville reprend aujourd'hui vie sous l'égide d'une jeune équipe – trois frères réunis ici après diverses expériences internationales ! Si le cadre reste hautement classique, la cuisine joue une partition contemporaine fine et soignée : saint-pierre à la badiane, ris de veau en cocotte, soufflé à l'armagnac... Cuisine plus simple à la brasserie le 9e.

Menu 30 € (déjeuner), 45/60 € – Carte 55/75 €

place de la Libération – ✆ 05 62 61 71 71 – www.hoteldefrance-auch.com – Fermé 19 août-2 septembre, lundi, mardi, dimanche soir

Le Daroles

CUISINE MODERNE · BRASSERIE X Dans cette brasserie emblématique de la ville du début du 20e s., on célèbre le terroir gersois, mais pas seulement : saucisse de porc noir aux couennes confites, purée de pomme de terre et jus de serpolet ; cassoulet traditionnel... Les produits sont frais, les assiettes gourmandes : une bonne adresse.

Menu 29/39 € – Carte 31/50 €

4 place de la Libération – ✆ 05 62 05 00 51 – www.ledaroles.com – Fermé 1er-8 novembre

Domaine de Baulieu

MAISON DE CAMPAGNE · CONTEMPORAIN Au cœur d'un domaine verdoyant, cette ancienne ferme gasconne en pierre blonde propose 18 chambres tout confort (avec rondins de bois en guise de table de nuit), ainsi que deux salles de séminaire dans un autre bâtiment. Belle piscine extérieure et espace bien-être.

29 chambres - 95/155 € - 19 € - 10 suites

822 chemin de Lussan - 05 62 59 97 38 - www.ledomainedebaulieu.com

Domaine de Baulieu - Voir la sélection des restaurants

AUDIERNE

29770 - Finistère - Carte régionale n° **7**-A2 - Carte Michelin 308-D6

Le Goyen

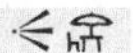

CUISINE MODERNE · ÉLÉGANT XXX Le restaurant est décoré dans un style actuel et lumineux, tout à fait en harmonie avec le travail du chef : ce dernier réalise une cuisine au goût du jour, qui met à l'honneur les artisans locaux et les produits de la mer achetés à la criée.

Menu 25 € (déjeuner), 39/93 € - Carte 58/85 €

Hôtel Le Goyen, place Jean-Simon - 02 98 70 08 88 - www.le-goyen.fr - Fermé 6 janvier-12 février, 12 novembre-19 décembre

AUDRIEU - Calvados (14) → Voir Bayeux

AUGEROLLES

63930 - Puy-de-Dôme - Carte régionale n° **1**-C2 - Carte Michelin 326-I8

Les Chênes

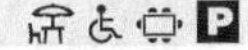

CUISINE TRADITIONNELLE · AUBERGE X Les Chênes, c'est l'histoire d'une famille. Celle du chef qui, comme ses parents et grands-parents, défend les produits de sa région (viande label Rouge, miel, myrtilles, etc.). Les années passent, la tradition se perpétue... avec la certitude qu'il ne pouvait en être autrement !

Menu 22 € (déjeuner)/43 €

route de Courpière - 04 73 53 50 34 - www.restaurant-les-chenes.com - Fermé 17-23 août, 24 décembre-4 janvier, le soir

AUGERVILLE-LA-RIVIÈRE

45330 - Loiret - Carte régionale n° **8**-C1 - Carte Michelin 318-L2

Le Jacques Cœur

CUISINE MODERNE · ROMANTIQUE XXX Si le château a déjà très fière allure, son restaurant n'est pas en reste : marqueteries aux murs, plafonds à la française, cheminée d'époque... Superbe ! Un écrin idéal pour la cuisine du chef : formé dans de belles maisons étoilées, il maîtrise parfaitement les fondamentaux et nous gratifie d'une cuisine fine et savoureuse.

Menu 68/99 € - Carte 76/121 €

Château Golf & Spa d'Augerville, place du Château - 02 38 32 12 07 - www.chateau-augerville.com - Fermé 16 février-3 mars, 20 décembre-10 janvier

Château Golf & Spa d'Augerville

DEMEURE HISTORIQUE · CONTEMPORAIN Des chambres signées par l'architecte Patrick Ribes, un domaine de 100 ha et un parcours 18 trous : ce superbe château Renaissance (15e-17e s.) prête à mener grand train - que l'on soit golfeur ou non.

37 chambres - 189 € - 25 € - 3 suites

place du Château - 02 38 32 12 07 - www.chateau-augerville.com - Fermé 16 février-3 mars, 20 décembre-10 janvier

Le Jacques Cœur - Voir la sélection des restaurants

AULNAY-SOUS-BOIS - Seine-Saint-Denis (93) → Voir Autour de Paris

AULON

✉ 65240 - Hautes-Pyrénées - Carte régionale n° **22**-A3 - Carte Michelin 342-N7

Auberge des Aryelets

CUISINE TRADITIONNELLE • AUBERGE Il faudra grimper un peu pour rejoindre ce village haut perché des Pyrénées. Sur la place centrale, un jeune couple a repris cette maison avec allant, mettant à l'honneur la tradition et les produits de la région : cochon de lait basse température et jus corsé ; agneau confit de mon enfance, jus d'ail noir...

Menu 20 € (déjeuner), 29/45 € - Carte 30/55 €

Place du Village - ✆ 05 62 39 95 59 - Fermé 13-19 avril, 18 novembre-8 décembre, lundi, mardi, dimanche soir

AUMALE

✉ 76390 - Seine-Maritime - Carte régionale n° **17**-D1 - Carte Michelin 304-K3

Villa des Houx

CUISINE CLASSIQUE • TRADITIONNEL Quel cachet ! L'architecture tout en colombages (19e s.), l'enceinte de verdure, le calme... Au menu, une cuisine généreuse et savoureuse, amie du terroir : terrine de ris de veau, caille désossée en croûte de sel... Côté décor, on joue la carte du classicisme, que ce soit dans la salle à manger ou en terrasse.

Menu 17/45 € - Carte 30/60 €

6 avenue du Général-de-Gaulle - ✆ 02 35 93 93 30 - www.villa-des-houx.com - Fermé 1er-20 janvier, 3-14 août, lundi midi

AUMONT-AUBRAC

✉ 48130 - Lozère - Carte régionale n° **21**-C1 - Carte Michelin 330-H6

Cyril Attrazic

CUISINE MODERNE • TENDANCE Cyril Atrazic nous l'a confié : "Avant même la passion de la cuisine, j'ai eu celle de la Maison". Explication de texte : la Maison, c'est l'hôtel-restaurant familial, fondé par sa grand-mère au cœur de l'Aubrac, ce haut-plateau d'altitude aux faux airs de steppe mongole. Tradition paysanne et rude climat obligent, le restaurant ne badine pas avec l'hospitalité... version contemporaine. En cuisine, le chef applique le précieux conseil du maître Michel Bras : il faut "cuisiner son territoire, utiliser des produits identitaires". Il s'y emploie donc, en extirpant par exemple un cèpe géant cueilli dans un sous-bois voisin, ou en magnifiant la célèbre viande Aubrac, produit aux mille saveurs florales, qu'il sert légèrement fumée avec du foin du pays. Difficile de mieux goûter et humer la Lozère.

Spécialités : Nouille de céleri rave, jus de pomme verte, livèche et truffe. Bœuf d'Aubrac au barbecue, confit de bœuf aux herbes potagères et beurre de pomme de terre muscade. Feuille à feuille de chocolat noir, myrtilles et thé d'Aubrac.

Menu 40 € (déjeuner), 65/115 € - Carte 70/90 €

10 Route du Languedoc - ✆ 04 66 42 86 14 - www.camillou.com - Fermé 1er janvier-1er avril, lundi, mardi

Le Gabale - Voir la sélection des restaurants

Le Gabale

CUISINE TRADITIONNELLE • BRASSERIE Cyril Attrazic tient avec cette brasserie le complément idéal à sa table gastronomique. Le décor moderne, paré de photos panoramiques des paysages d'Aubrac, est un bel écrin pour déguster des assiettes franches et bien réalisées ; on se régale le plus simplement du monde, à l'intérieur ou sur la jolie terrasse.

Menu 20 € (déjeuner)/29 € - Carte 37/53 €

Cyril Attrazic, 10 route du Languedoc - ✆ 04 66 42 86 14 - www.camillou.com

Chez Camillou

AUBERGE • CONTEMPORAIN En léger retrait de la nationale, un hôtel récent avec des chambres agréables, d'esprit contemporain et frais. Les plus qui font la différence : un petit-déjeuner copieux (charcuteries et fromages locaux), et un accueil à la fois gentil et pro !

34 chambres – 105/154 € – 13 € – 3 suites

10 route du Languedoc – 04 66 42 80 22 – www.camillou.com – Fermé 22 novembre-20 mars

AUPS

83630 – Var – Carte régionale n° **24**-C3 – Carte Michelin 340-M4

Restaurant des Gourmets

CUISINE TRADITIONNELLE • FAMILIAL Agréable petite adresse familiale dans ce village célèbre pour son marché aux truffes. Cadre coloré (fresques évoquant la Provence), goûteuse cuisine traditionnelle où la "perle noire" est à l'honneur en saison.

Menu 40 €

5 rue Voltaire – 04 94 70 14 97 – www.restaurantdesgourmets.fr – Fermé 22 juin-9 juillet, 2-19 novembre, lundi, mardi midi, dimanche soir

AURAY

56400 – Morbihan – Carte régionale n° **7**-A3 – Carte Michelin 308-N9

Terre-Mer au Domaine de Kerdrain (Anthony Jéhanno)

CUISINE MODERNE • DESIGN Nouvelle maison et nouveau décor depuis janvier 2019 pour Anthony Jehanno. Demeurent le nom, l'alliance des terroirs et la lisibilité culinaire des racines bretonnes de ce jeune chef voyageur, passé par la Côte d'Azur, Boston ou Londres, dans l'écurie d'Alain Ducasse. En s'appuyant sur un beau répertoire de produits régionaux (légumes anciens des maraîchers, coquillages des mareyeurs de la Trinité-sur-Mer, poissons des petits bateaux de pêche, etc.), lui et sa femme ont fait de ce restaurant une "belle maison" des environs. À chaque instant, la terre épouse la mer, pour le meilleur.

Spécialités : Cœur de ris de veau, gnocchis, artichaut et truffe d'été. Longe de cochon noir kintoa, cerise, boudin noir et banane. Mirabelles, verveine et paprika fumé.

Menu 34 € (déjeuner), 55/90 €

20 rue Louis-Billet – 02 97 56 63 60 – www.restaurant-terre-mer.fr – Fermé lundi, dimanche soir

Le P'tit Goustan

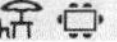

POISSONS ET FRUITS DE MER • COSY Aux fourneaux de ce P'tit Goustan, le chef aime cuisiner poissons et fruits de mer, toujours dans une démarche locavore. Le marché lui inspire des recettes originales, maîtrisées, parfumées et soignées, à déguster dans l'une des deux salles rustiques, à la décoration contemporaine et cosy. Une adresse charmante, avec terrasse et vue sur le petit port.

Spécialités : Gravlax de saumon à la betterave rouge, guacamole d'avocat et grenade. Merlu de ligne, condiment à la dulse rouge, crème de courgettes. Gaufrette de pommes de terre, crème pâtissière vanille, caramel au panais.

Menu 24/33 € – Carte 48/60 €

9 place Saint-Sauveur – 02 97 56 37 30 – www.restaurantleptitgo.wixsite.com/leptitgoustan – Fermé 6-27 janvier, 25 novembre-2 décembre, lundi, mercredi soir, dimanche soir

Le Chaudron

CUISINE TRADITIONNELLE • BISTRO Un jeune chef a rénové cette maison et y cuisine au fil de son humeur, avec un penchant certain pour les produits de la mer – par exemple, un menu est dédié au homard. C'est frais et plutôt bien tourné, sans prétention particulière : on se laisse embarquer.

Menu 19/51 €

3 route du Bono – 02 97 14 65 38 – Fermé lundi, mercredi midi, dimanche soir

La Chebaudière Ⓝ 

CUISINE MODERNE • CONTEMPORAIN X Nouvelle direction, nouvelle carte, nouveau décor (coloré) : nouvelle vie, en somme pour ce néobistrot de quartier. La cuisine marie désormais recettes traditionnelles (volaille fermière au vin jaune et aux morilles) à des plats plus originaux (mi-cuit de thon mariné miel et citron, mousseline d'artichaut). Salon privatif à l'étage.

Menu 22 € (déjeuner), 32/42 €

6 rue Abbé-Joseph-Martin – ✆ 02 97 24 09 84 – Fermé 24 août-7 septembre, lundi, dimanche

Kabuki

CUISINE JAPONAISE • CONVIVIAL X Voilà une adresse comme on en voit rarement ! Le jeune chef, un Français passionné de cuisine japonaise, prépare sushis, makis et sashimis en utilisant les meilleurs poissons de la pêche bretonne... et sert le tout dans une salle de poche moderne et conviviale, au comptoir ou à table. Dans les deux cas, un régal !

Menu 22 € (déjeuner), 32/58 € – Carte 17/58 €

32 rue Barré – ✆ 02 97 59 39 92 – www.kabuki-le-resto-du-sushi.fr – Fermé 15 février-2 mars, 20 juin-6 juillet, 1er août-7 septembre, lundi, samedi midi, dimanche

au golf de St-Laurent 10 km à l'Ouest par D22 et rte secondaire

Hôtel du Golf de St-Laurent 

TRADITIONNEL • PERSONNALISÉ Sauna, hammam, billard et piscine à deux pas du golf : dans cet hôtel, la détente n'est pas en option ! Chambres fonctionnelles, avec balcon ou terrasse. Le calme à la campagne...

42 chambres – 86/199 € – ☕ 11 €

Golf de St-Laurent (Ploëmel) – ✆ 02 97 56 88 88 – www.hotel-golf-saint-laurent.com – Fermé 1er-16 janvier

AUREVILLE

✉ 31320 – Haute-Garonne – Carte régionale n° **22**-B2 – Carte Michelin 343-G4

✿ En Marge (Frank Renimel) 

CUISINE CRÉATIVE • ÉLÉGANT XXX Frank Renimel et son épouse ont décidé de se mettre "en marge" de la ville de Toulouse : ils accueillent en plein cœur des coteaux du Lauragais – un terroir connu comme un véritable pays de Cocagne. D'un ancien corps de ferme, ils ont imaginé un loft gourmand de bois et de pierre, dont les larges baies vitrées embrassent les vallonnements d'une campagne bucolique. Calé sur les saisons, le chef change sa carte tous les mois, et marie les produits rustiques et terriens à des perles nobles comme le caviar, la truffe ou le cèpe. On est souvent bluffé par le travail dans l'assiette, où les émotions gustatives sont légion - ainsi son cassoulet revisité, un classique de la carte. Pour prolonger la douceur du séjour, cinq très belles chambres décorées avec goût par Madame Renimel et flanquées d'une petite piscine sont idéales pour l'étape gastronomique. En Marge est au cœur du goût.

Spécialités : Cappuccino de champignons et foie gras. Cassoulet déstructuré. Crémeux au yaourt et violette.

Menu 36 € (déjeuner), 66/140 € – Carte 55/180 €

1204 rte de la Croix-Falrgarde (lieu-dit Birol) – ✆ 05 61 53 07 24 – www.restaurantenmarge.com – Fermé 21 décembre-3 janvier, dimanche soir

AURIAC

✉ 19220 - Corrèze - Carte régionale n° **18**-C3 - Carte Michelin 329-N4

Les Jardins Sothys

CUISINE MODERNE • **RUSTIQUE** Carrés d'herbes aromatiques, clos japonais, roseraie, etc. Ces jardins (entrée payante), dus à la célèbre marque de cosmétiques, mêlent poésie et culte des vertus de la nature. Au restaurant, le chef magnifie le terroir corrézien à grand renfort d'épices – il a longtemps travaillé en Asie et aux Antilles –, pour un résultat parfumé et maîtrisé.

Menu 24 € (déjeuner), 31/51 € - Carte 39/60 €

route de Darazac - ✆ 05 55 91 96 89 - www.lesjardinssothys.com - Fermé 1er janvier-29 mars, lundi, mardi, dimanche soir

AURILLAC

✉ 15000 - Cantal - Carte régionale n° **1**-B3 - Carte Michelin 330-C5

Quatre Saisons

CUISINE MODERNE • **TRADITIONNEL** Sincère et bien tournée : telle est la cuisine de Didier Guibert, installé dans une petite rue calme du centre-ville, qui ne travaille qu'avec des produits frais – et notamment la viande de ses deux frères, bouchers de leur état. Une maison bien tenue.

Spécialités : Maquereau à l'huile d'olive et tomates confites. Viande de Salers, truffade inversée. Fine galette feuilletée à la vanille et rhubarbe.

Menu 34/80 € - Carte 55/75 €

10 rue Jean-Baptiste Champeil - ✆ 04 71 64 85 38 - www.quatresaisons.onlc.fr - Fermé 19-26 août, lundi, mardi midi, dimanche soir

Le Mozart Ⓝ

CUISINE MODERNE • **BISTRO** Cet ancien restaurant "savoyard", joliment relooké façon campagne chic, joue désormais une toute autre partition. Un jeune chef au parcours sérieux y compose une savoureuse cuisine moderne à l'accent du sud. Au dîner, les menus se montrent volontiers plus ambitieux et créatifs.

Menu 17 € (déjeuner), 29/60 € - Carte 40/60 €

21 rue des Carmes - ✆ 04 71 47 07 81 - Fermé 1er-10 mars, 5-15 juillet, 15-24 août, 25 octobre-9 novembre, lundi, dimanche

Le Cromesquis

CUISINE MODERNE • **CONVIVIAL** Après un joli parcours dans des tables étoilées en Suisse, le chef est revenu aux sources : son épouse est originaire de la région. Dans ce lieu atypique – une ancienne forge réaménagée à grand renfort de bois, béton et baies vitrées –, il propose des recettes modernes et goûteuses... avec, bien entendu, un cromesquis proposé chaque jour parmi les entrées !

Menu 19 € (déjeuner), 32/62 € - Carte 19/39 €

1 Rue du Salut - ✆ 04 71 62 34 80 - www.restaurant-cromesquis.fr - Fermé 24 février-2 mars, 21-28 avril, 20 août-3 septembre, lundi soir, mardi soir, mercredi soir, jeudi soir, dimanche

Hôtel des Carmes

URBAIN • **CONTEMPORAIN** Dans le centre-ville, cet hôtel propose des chambres contemporaines et personnalisées, ainsi que de nombreux services de qualité : piscine couverte avec sauna, bar, salle de réunion... Un ensemble confortable et chaleureux. Cuisine bistrotière au restaurant.

23 chambres - 50/150 € - 11 €

20 Rue des Carmes - ✆ 04 71 48 01 69 - www.hoteldescarmes.fr

AUTHUILLE - Somme (80) → Voir Albert

AUTRANS

✉ 38880 - Isère - Carte régionale n° **2**-C2 - Carte Michelin 333-G6

Les Tilleuls

CUISINE MODERNE • AUBERGE XX Le patron et son gendre forment un duo efficace : ils concoctent à quatre mains une sympathique cuisine au goût du jour en utilisant de bons produits du terroir - avec une spécialité maison, la caillette ! On apprécie ces petits plats dans une grande salle où l'esprit montagnard se fait contemporain et lumineux...

Menu 23 € (déjeuner), 28/49 € - Carte 32/59 €

111 rue de Puilboreau (La Côte) - ✆ 04 76 95 32 34 - www.hotel-tilleuls.com - Fermé 14 avril-6 mai, 2-26 novembre, mercredi soir, jeudi

La Poste

CUISINE TRADITIONNELLE • AUBERGE X Ravioles du Dauphiné à l'émulsion de Vercorais, ballotin de volaille et cœur de foie gras, tête de veau, gratin du Vercors... Le chef, souriant et dynamique, est un véritable passionné qui concocte une bonne cuisine ponctuée de notes régionales. Elle va comme un gant à l'élégant décor montagnard de la salle !

Menu 27/30 € - Carte 41/45 €

1 Place Julien Bertrand - ✆ 04 76 95 31 03 - www.hotel-barnier.com - Fermé 12 avril-1er juin, 12 octobre-12 décembre, lundi, mardi, dimanche soir

AUTUN

✉ 71400 - Saône-et-Loire - Carte régionale n° **5**-C2 - Carte Michelin 320-F8

Comptoir Cuisine

CUISINE MODERNE • CONTEMPORAIN X Situé au pied de la cathédrale, ce Comptoir Cuisine propose une cuisine au goût du jour goûteuse et soignée - y compris visuellement ! -, qu'il renouvelle chaque semaine selon son inspiration et les retours du marché.

Menu 31 €

13 place du Terreau - ✆ 03 85 54 30 60 - Fermé 11-27 juillet, 24-31 décembre, lundi, mardi midi, mercredi midi, jeudi midi, vendredi midi, samedi midi, dimanche

AUVERS - Seine-et-Marne (77) ➜ Voir Milly-la-Forêt (Essonne)

AUVILLAR

✉ 82340 - Tarn-et-Garonne - Carte régionale n° **22**-B2 - Carte Michelin 337-B7

à Bardigues 4 km au Sud par D11 - Carte régionale n° **22**-B2

Auberge de Bardigues

CUISINE MODERNE • BRANCHÉ X Au cœur du village, cette bâtisse contemporaine est une sympathique halte bistronomique. En cuisine, Ciril (fou de légumes, fruits et poissons) concocte de bons petits plats, avec une attention portée au locavorisme. A l'été, on s'installe sur la grande terrasse ouverte sur la campagne.

Spécialités : Gaspacho tomate/pastèque et gambas rôtie. Poisson de la criée. Tarte sablée amande aux figues.

Menu 25/52 €

Le Bourg - ✆ 05 63 39 05 58 - www.aubergedebardigues.com - Fermé 10-24 février, 21 octobre-4 novembre, lundi, mardi soir, mercredi soir, dimanche soir

AUXERRE

✉ 89000 - Yonne - Carte régionale n° **5**-B1 - Carte Michelin 319-E5

PASSION DESSERT, LES TALENTS DE DEMAIN...

« Valrhona tisse un lien très fort unissant chefs cuisiniers, chefs pâtissiers et producteurs de cacaos. Si fort et robuste qu'il est devenu une tresse, entremêlant compétences et expériences partagées autour du goût dans le monde entier. Cette tresse trace la voie d'une gastronomie responsable au service de l'expérience unique que les artisans du goût font vivre à leurs clients. Ces liens tissés avec passion sont aujourd'hui devenus un réseau d'échanges d'excellence, une communauté de savoir-faire d'exception, reconnu par les plus grands de la profession. Pour imaginer le meilleur du chocolat, il faut bien le connaître, savoir le travailler, le réinventer, le sublimer. Valrhona a toujours eu pour vocation de favoriser la transmission avec un objectif en tête : que chaque professionnel puisse développer ses performances et son inspiration, qu'il puisse exprimer sa singularité et son identité pour aller à la rencontre du succès et transmettre à son tour. En créant Passion Dessert avec le Guide MICHELIN, nous sommes fiers de pouvoir mettre à l'honneur de remarquables talents de la gastronomie sucrée.»

Clémentine ALZIAL, Diréctrice Générale Valrhona

Le Jardin Gourmand

CUISINE MODERNE · ÉLÉGANT XX Cette ancienne maison de vigneron distille charme classique et fantaisie contemporaine... On y savoure une bonne cuisine du marché, qui varie avec les saisons. Raffiné.

Menu 60 € (déjeuner), 74/138 € – Carte 100/140 €

56 boulevard Vauban –
03 86 51 53 52 – www.lejardingourmand.com –
Fermé 17-26 février, 15-30 juin, 31 août-8 septembre, 16 novembre-1er décembre, lundi, mardi, dimanche soir

Le Bourgogne

CUISINE TRADITIONNELLE · TENDANCE X Cadre élégant et feutré, belle terrasse et petits plats du marché (salade de cœur d'artichaut, suprême de volaille fermier) pour cette sympathique adresse, en retrait du centre-ville.

Menu 26 € (déjeuner), 33/56 € – Carte 55/72 €

15 rue de Preuilly – 03 86 51 57 50 – www.lebourgogne.fr – Fermé 9-23 août, 20 décembre-4 janvier, lundi, dimanche

Bistro L'Aspérule

CUISINE MODERNE · ÉPURÉ X L'Aspérule, jolie fleur des bois, a donné son nom à ce restaurant du cœur de la cité bourguignonne, qui ne manque ni de fraîcheur ni de délicatesse. Produits locaux de qualité, saveurs bien maîtrisées : on passe un agréable moment.

Menu 27 € (déjeuner)/32 €

34 rue du Pont – 03 86 33 24 32 – www.restaurant-asperule.fr –
Fermé 6-30 janvier, mercredi, jeudi

Le Rendez-Vous

CUISINE TRADITIONNELLE · CONVIVIAL X Amateurs de la tradition, ce restaurant est pour vous ! Au pied de l'église St-Pierre, le chef concocte de savoureuses spécialités bourguignonnes : jambon persillé, croustillant de pied de veau et autres plats mijotés... La générosité comme les saveurs sont au rendez-vous.

Menu 37/52 € – Carte 30/58 €

37 rue du Pont – 03 86 51 46 36 – www.restaurant-le-rendez-vous.com –
Fermé 22 juin-5 juillet, 21 décembre-4 janvier, samedi, dimanche

Les Maréchaux

HÔTEL PARTICULIER · ÉLÉGANT Demeure Napoléon III aux jolies chambres cosy, meublées dans le style Empire ; plus de calme côté parc. Bar feutré habillé de velours rouge.

25 chambres – 69/119 € – 11 €

6 avenue Foch – 03 86 51 43 77 – www.hotel-lesmarechaux.com –
Fermé 9 février-8 mars

à Vincelottes 16 km à l'Est par D606 et D38

Auberge Les Tilleuls

CUISINE TRADITIONNELLE · AUBERGE XX Pause bucolique au bord de l'Yonne. Ici, le chef mise sur les bons produits et concocte une savoureuse cuisine traditionnelle ou des recettes plus actuelles. Terrasse à fleur d'eau et bon choix de bourgognes. Chambres pour l'étape.

Menu 32 € (déjeuner), 36/68 € – Carte 54/91 €

12 quai de l'Yonne – 03 86 42 22 13 – www.auberge-les-tilleuls.com –
Fermé 15 décembre-13 février, mardi, mercredi

AUZEVILLE-TOLOSANE – Haute-Garonne (31) → Voir Toulouse

AVAILLES-LIMOUZINE

✉ 86460 – Vienne – Carte régionale n° **20**-C2 – Carte Michelin 322-J8

La Chatellenie (N)

CUISINE TRADITIONNELLE • CONTEMPORAIN X Emilie et Thomas Fournier, jeune couple de patrons, ont investi de leur enthousiasme et de leur talent cette auberge, nichée dans un village perdu du fin fond de la Vienne. Les produits régionaux et de saison ont la cote ici : on en profite dans une jolie petite salle à manger aux tons clairs, avec tomettes et cheminée, ou sur la terrasse, en contrebas, aux beaux jours. Chambres pour l'étape.

Menu 19 € (déjeuner), 33/75 €

1 rue du Commerce – ✆ 05 49 84 31 31 – www.lachatellenie.fr – Fermé 24 février-4 mars, 5-10 juillet, 16-23 novembre, lundi, dimanche

AVALLON

✉ 89200 – Yonne – Carte régionale n° **5**-B2 – Carte Michelin 319-G7

Les Cordois Autrement

CUISINE TRADITIONNELLE • RUSTIQUE X Tenue par la même famille depuis 1910, cette maison est désormais adossée à une église du 12e s. ; on s'installe au choix à l'intérieur, lumineux et coloré, ou sur la terrasse ombragée, pour se régaler d'une cuisine régionale remise au goût du jour : escargots de Bourgogne, œufs en meurette, rognon de veau à la graine de moutarde...

Carte 30/51 €

15 rue Bocquillot – ✆ 03 86 33 11 79 – www.lescordois.fr – Fermé 2-31 janvier, mardi, mercredi

Le Gourmillon

CUISINE TRADITIONNELLE • TENDANCE X Dans cette ancienne quincaillerie, les saveurs ne sont pas... en toc ! Au cœur de la cité, le Gourmillon décline produits du terroir et saveurs traditionnelles avec générosité (profiteroles d'escargots au beurre aillé, pavé de bœuf charolais aux morilles, etc.). Prix doux, accueil et service aux petits soins.

Menu 25/34 € – Carte 32/40 €

8 rue de Lyon – ✆ 03 86 31 62 01 – www.legourmillon.com – Fermé 6-19 janvier, jeudi soir, dimanche soir

à Pontaubert 5 km à l'Ouest par D606 et D957

Les Fleurs

CUISINE TRADITIONNELLE • AUBERGE XX Voici une maison pleine de mérite, où l'on travaille de bons produits frais. Jambon persillé maison, noix de joue de porc au miel du Morvan, rognons à la moutarde : sur des bases traditionnelles, le chef concocte des plats d'une séduisante simplicité. Le tout servi avec le sourire ! Quelques chambres coquettes pour l'étape.

Menu 24/39 € – Carte 30/40 €

69 route de Vézelay – ✆ 03 86 34 13 81 – www.hotel-lesfleurs.com – Fermé 1er-31 janvier, 15-31 décembre, lundi midi, mardi midi, mercredi, jeudi

à Sauvigny-le-Bois 4 km au Nord - Est par D957

Le Relais Fleuri

CUISINE TRADITIONNELLE • COSY XX Un certain esprit champêtre (cheminée, poutres, cuivres) règne dans cet ancien relais de poste, devenu le Relais Fleuri. On y apprécie une cuisine régionale soignée, traversée d'inspirations actuelles, et accompagnée si l'on souhaite de bons bourgognes. Un charme indéniable !

Menu 25/69 € – Carte 34/67 €

1 La Cerce – ✆ 03 86 34 02 85 – www.hotel-relais-fleuri.com

à Valloux 6 km au Nord - Ouest par D606 – Carte régionale n° **5**–B2

Auberge des Chenêts

CUISINE TRADITIONNELLE · ÉLÉGANT XX On oublie vite la route toute proche, lorsque l'on s'attable près de la cheminée de cette agréable auberge ! Au menu : de bons petits plats d'inspiration bourguignonne, joliment tournés et parfumés. La belle carte des vins fait honneur à la région.

Spécialités : Œuf meurette. Filet de bœuf aux morilles. Soufflé chaud au Grand Marnier.

Menu 29/65 €

10 route Nationale 6 – ✆ 03 86 34 23 34 – Fermé 9-18 mars, 15 juin-1er juillet, 9 novembre-2 décembre, lundi, mardi, dimanche soir

à Vault-de-Lugny 6 km au Nord - Ouest par D606 et D128 – Carte régionale n° **5**–B2

Château de Vault de Lugny

CUISINE MODERNE · HISTORIQUE XX Dans l'un de ses romans, Michel Houellebecq met en scène la terrasse de ce château qui s'ouvre face à un vaste parc et un platane du 17e s. Le chef mauricien Franco Bowanee a créé à cette occasion un pressé de homard dédié à l'écrivain. Pour le reste, ce cuisinier cisèle une fine cuisine actuelle qu'il émaille de petites touches d'exotisme. Ses assiettes franches et pleines de saveur mettent en valeur non seulement les produits nobles, mais aussi les légumes du magnifique potager du domaine. On s'attable dans un cadre majestueux – dont une salle dans les anciennes cuisines du château – et l'on se plonge dans la lecture de la remarquable carte des bourgognes.

Spécialités : Langoustine aux zestes de citron noir et croustillant de tête de veau. Pigeonneau de Bresse rôti, sauce salmis aux épices mauriciennes. Crémeux de fraise au balsamique, mousse de pamplemousse et litchi.

Menu 49 € (déjeuner), 79/129 €

11 rue du Château – ✆ 03 86 34 07 86 – www.lugny.fr – Fermé 15 novembre-18 mars, lundi midi, mardi midi, mercredi midi

Château de Vault de Lugny

DEMEURE HISTORIQUE · GRAND LUXE Dans son immense parc aux arbres centenaires, à l'abri derrière ses douves en eau et ses tours crénelées, ce château du 16e s. n'est que raffinement : tentures, lits à baldaquin, objets d'art... sans oublier la piscine logée sous des voûtes de pierre séculaires. Mémorable !

15 chambres – 220/800 € – 18 € – 2 suites

11 rue du Château – ✆ 03 86 34 07 86 – www.lugny.fr – Fermé 15 novembre-18 mars

Château de Vault de Lugny – Voir la sélection des restaurants

AVIGNON

✉ 84000 – Vaucluse – Carte régionale n° **25**–E1 – Carte Michelin 332-B10

On aime...

Quand son festival est clos, la Cité des papes se dévoile : palais, jardins, remparts, clochers, hôtels particuliers et toits de tuiles s'offrent au regard du promeneur. De tout temps, la ville fut un foyer de la gastronomie provençale. Les aromates règnent sans partage et parfument des plats gorgés de soleil : thym dans la ratatouille, romarin et sarriette sur les fromages, mais aussi ail, oignon et basilic sur la daube avignonnaise. L'huile d'olive est également incontournable, et l'on est agréablement surpris par le nombre de moulins encore en activité aux alentours d'Avignon, dans les Alpilles et la vallée des Baux, notamment. On trouve sur les marchés et dans les boutiques des tapenades, pistous et autres délices fabriqués tout près, à L'Isle-sur-la-Sorgue. Quant au marché des producteurs, il propose notamment les fruits et légumes cultivés sur l'île de la Barthelasse, la plus grande île fluviale d'Europe.

C. Moirenc/hemis.fr

Restaurants

La Mirande

CUISINE CLASSIQUE • ÉLÉGANT XXX L'œuvre du soleil, le chatoiement des couleurs, la générosité : les assiettes, fines et savoureuses, respirent le Sud, ses produits et ses traditions (langoustine, saint-pierre etc.). Ici, tout est maîtrisé : des saveurs, marquées et marquantes, au service, professionnel, distingué et souriant. Le décor aussi est délicieux : superbe salle 18e s. ou ravissant jardin, entre les murs historiques de la Mirande, l'hôtel particulier qui touche le Palais des Papes. Le goût et l'élégance, réunis en un seul lieu.

Spécialités : Thon rouge de Méditerranée, mélasse de betterave et riz de Camargue soufflé. Bœuf maturé de la Crau, aubergine à la braise et au tamarin. Rhubarbe, chèvre et baies de sil timur.

Menu 60 € (déjeuner), 95/135 €

Plan B2-g – *4 place Amirande – ✆ 04 90 14 20 20 – www.la-mirande.fr – Fermé 1er-30 janvier, mardi, mercredi*

Restaurant Sevin (Guilhem Sevin)

CUISINE MODERNE • ÉLÉGANT XXX Le poids des ans ne semble avoir aucune prise sur cette belle table : comme le bon vin, elle se bonifie avec le temps ! Longtemps second de Christian Étienne, Guilhem Sevin a pris en douceur les rênes de la magnifique demeure médiévale. Les menus de saison célèbrent successivement la tomate, le cochon, la truffe et les légumes de printemps... Mais le chef propose aussi un menu inspiré du marché et des producteurs. Il compose une partition moderne qui respecte tous les fondamentaux : cabillaud façon ceviche, huile de persil et siphon d'ail, huîtres panées de Port-Saint-Louis, riz noir de Camargue et tomates confites ou encore baudroie, billes de pomme de terre, pomme et sauce bourride au boudin.

Spécialités : Tartare de tomates green zebra, cœur de bœuf et ananas au basilic. Fritots d'huîtres de Port-Saint-Louis, riz noir de Camargue et tomates confites. Multicolore de carottes des sables en confit et en sorbet.

Menu 38 € (déjeuner), 78/133 €

Plan B2-h – *10 rue de Mons – ✆ 04 90 86 16 50 – www.christianetienne.fr – Fermé mercredi, jeudi*

La Vieille Fontaine

CUISINE MODERNE • CLASSIQUE XXX Boiseries, moulures, tableaux de Léo Lellé et cheminée composent l'élégance provençale de cette maison historique. Parfaitement à son aise, le chef Pascal Auger décline aux fourneaux une cuisine délicieusement méridionale, aussi précise que bien ficelée, véritable défilé de couleurs et de saveurs. Un exemple ? Ces beaux filets de rouget au tandoori, concombre et lait caillé, soupe de poisson au pastis Manguin... Un plat tout simplement exquis. Aux beaux jours – ils sont nombreux en Avignon –, on profite de ces douceurs sous le platane centenaire de la jolie terrasse.

Spécialités : Grillade de foie gras de canard à l agastasche, melon et miel, sirop de Banyuls. Pigeon de la Drome aux dragées et fruits rouges, thon mariné, croquette d épeautre. Fusion chocolat noir pur plantation, noisettes torréfiées, cardamome, café.

Menu 38 € (déjeuner), 46/115 € – Carte 92/100 €

Plan B2-d – *Hôtel d'Europe, 12 place Crillon – ✆ 04 90 14 76 76 – www.heurope.com – Fermé 2-6 janvier, 16 février-11 mars, 2-17 août, lundi, dimanche*

L'Agape

CUISINE MODERNE • BRANCHÉ X Julien Gleize a établi, en juin 2014, ses quartiers sur cette place sympathique au cœur de la cité des papes. C'est en chef totalement épanoui qu'on le retrouve en cuisine, composant des assiettes gourmandes et judicieusement pensées, dans lesquelles les produits de saison sont bien mis en valeur.

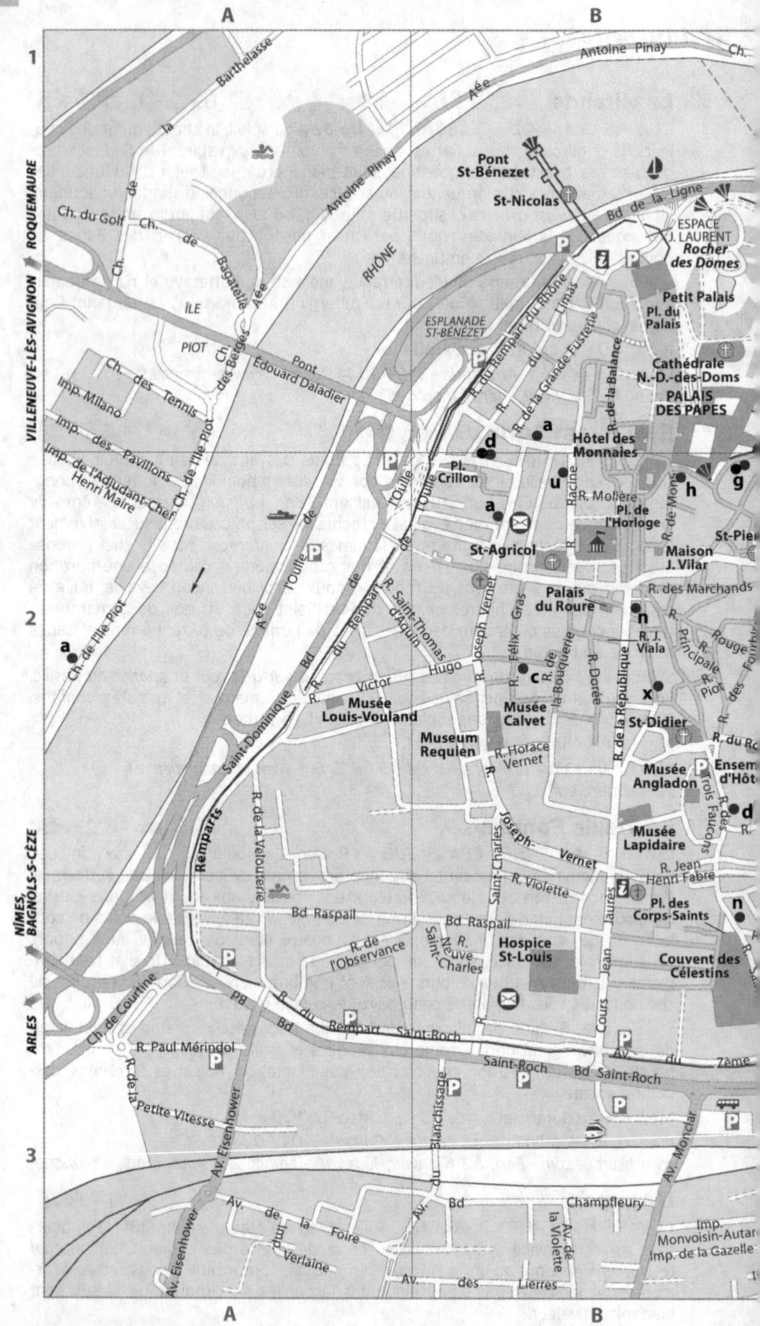
A
B
1
2
3
ROQUEMAURE
VILLENEUVE-LÈS-AVIGNON
NÎMES, BAGNOLS-S-CÈZE
ARLES
Pont St-Bénezet
St-Nicolas
ESPACE J. LAURENT
Rocher des Domes
Petit Palais
Pl. du Palais
Cathédrale N.-D.-des-Doms
PALAIS DES PAPES
Hôtel des Monnaies
Pl. Crillon
Pl. de l'Horloge
Maison J. Vilar
St-Agricol
Palais du Roure
Musée Louis-Vouland
Musée Calvet
Museum Requien
St-Didier
Musée Angladon
Musée Lapidaire
Pl. des Corps-Saints
Couvent des Célestins
Hospice St-Louis
RHÔNE
ÎLE PIOT
ESPLANADE ST-BÉNÉZET
Remparts
Antoine Pinay
Bd de la Ligne
Pont Édouard Daladier
Ch. du Golf
Ch. des Tennis
Imp. Milano
Imp. des Pavillons
Imp. de l'Adjudant-Chef Henri Maire
Ch. de l'Ile Piot
R. Victor Hugo
R. Joseph Vernet
Bd Raspail
Bd Saint-Roch
Av. Eisenhower
Bd Champfleury
Av. de la Foire
Av. des Lierres
Av. Monclar
R. Paul Mérindol
R. de la Petite Vitesse
R. de la République
Cours Jean Jaurès
R. des Marchands
R. Molière
R. Racine
R. de la Balance
R. de la Grande Fusterie
R. du Rempart du Rhône
R. du Limas
R. Saint-Charles
R. Violette
R. Jean Henri Fabre
R. Horace Vernet
R. de la Velouterie
R. de l'Observance
R. Saint-Thomas d'Aquin
R. de la Bouquerie
R. Dorée
R. Félix Gras
R. J. Viala
Imp. Monvoisin-Autard
Imp. de la Gazelle
Imp. Verlaine
Av. de la Violette

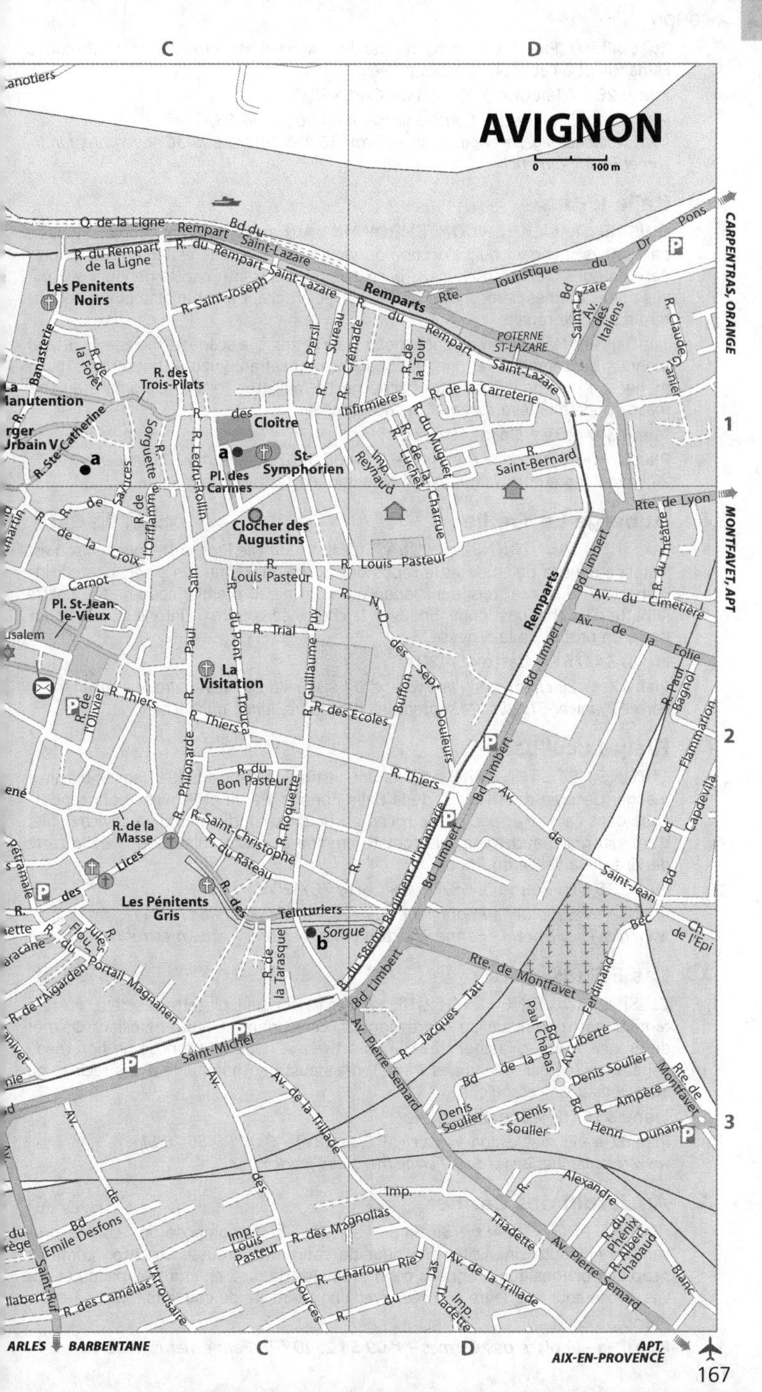
AVIGNON
0
100 m
C
D
1
2
3
CARPENTRAS, ORANGE
MONTFAVET, APT
ARLES
BARBENTANE
APT, AIX-EN-PROVENCE
Les Penitents Noirs
La Manutention
Cloître
St-Symphorien
Pl. des Carmes
Clocher des Augustins
Pl. St-Jean-le-Vieux
La Visitation
Les Pénitents Gris
POTERNE ST-LAZARE
Remparts
Bd du Rempart Saint-Lazare
R. du Rempart Saint-Lazare
Q. de la Ligne
R. du Rempart de la Ligne
R. Saint-Joseph
R. des Trois-Pilats
R. Ste-Catherine
R. de la Carreterie
R. Saint-Bernard
R. Louis Pasteur
R. Carnot
R. Thiers
R. des Ecoles
R. Trial
R. Guillaume Puy
R. du Pont Trouca
R. Paul Saïn
R. Philonarde
R. Ledru-Rollin
R. de la Croix
R. du Bon Pasteur
R. Saint-Christophe
R. du Rateau
R. des Teinturiers
Sorgue
R. Roquette
R. de la Tarasque
R. du 58ème Régiment d'Infanterie
R. de la Masse
R. des Lices
R. du Portail Magnanen
R. de l'Aigarden
Bd Limbert
Rte. de Lyon
Av. du Cimetière
Av. de la Folie
Av. de Saint-Jean
Rte. de Montfavet
Av. Pierre Semard
Av. de la Trillade
Bd Saint-Michel
R. Jacques Tati
Bd Paul Chabas
Av. Liberté
Denis Soulier
R. Ampère
Bd Henri Dunant
Bd Emile Desfons
R. des Magnolias
Imp. Louis Pasteur
R. Charloun Rieu
R. des Camélias
R. de l'Arrousaire
R. Alexandre Blanc
R. Albert Chabaud
R. du Phénix
Triadette
Av. des Italiens
Bd Saint-Lazare
R. Claude Granier
Rte. Touristique du Dr Pons
R. Paul Bagnol
Av. Flammarion
Capdevila
Bec de l'Epi
Ferdinand
Imp. Reynaud
R. du Muguet
R. de la Charrue
R. de Luchet
R. de la Tour
R. des Infirmières
R. Persil
R. Sureau
R. Crémade
R. N.-D. des Sept Douleurs
Buffon
R. Sorguette
R. de l'Oriflamme
R. de l'Olivier
R. Banasterie
R. de la Forêt
R. des Sources
a
b

Spécialités : Fleurs de courgette farcies. Agneau de Provence rôti. Biscuit à l'amande et à l'abricot, abricots poêlés.

Menu 26 € (déjeuner), 33/48 € – Carte 58/74 €

Plan B3-n – *21 place des Corps-Saints – ✆ 04 90 85 04 06 – www.restaurant-agape-avignon.com – Fermé 30 juillet-8 août, 15-30 novembre, lundi, samedi midi, dimanche*

Italie là-bas

CUISINE ITALIENNE • CONTEMPORAIN X Aux manettes, un couple d'Italiens passionnés : pendant qu'il s'occupe du service en salle, elle est en cuisine et prépare de bons plats transalpins, à base de produits frais. Cocotte de lapin aux olives noires et fines herbes, œuf perfetto avec artichaut à la romaine et crème butternut... On se régale.

Spécialités : Maquereau au chalumeau, courgettes à la scapece, mousse ricotta et menthe, guacamole à la mangue. Spaghetti au safran, yuzu et poutargue, mulet mariné au piment d'Espelette. Péché pêche-feuilletée, crème diplomate au thé, mascarpone à la fève tonka et pêches pochées.

Menu 34/120 € – Carte 46/62 €

Plan B2-x – *23 rue de la Bancasse – ✆ 04 86 81 62 27 – Fermé 2-15 janvier, 24 août-9 septembre, lundi, mardi et le midi en semaine*

Auberge La Treille

CUISINE TRADITIONNELLE • CLASSIQUE XX Sur l'île Piot, cette jolie maison est installée dans la quiétude et le repos des bords du Rhône. On y sert une cuisine respectueuse des saisons, dans laquelle on devine au premier coup de fourchette la patte d'un chef passionné. En hiver, la cheminée crépite à l'intérieur ; aux beaux jours, on profite de la terrasse !

Menu 34/75 € – Carte 45/120 €

Plan A2-a – *26 chemin de l'Ile-Piot – ✆ 04 90 16 46 20 – www.latreille-avignon.fr – Fermé 2 janvier-31 mars, 24 septembre-10 octobre, lundi, dimanche*

Hiély-Lucullus

CUISINE MODERNE • VINTAGE XX Une institution depuis 1938 ! Dans une salle à manger décorée dans l'esprit de la Belle Époque, Pérou et Provence ont rendez-vous dans l'assiette : poulpe de roche en tiradito, condiments d'un ceviche ; filet d'agneau grillé, aubergine à la tomate cramée et sauce chimichurri... Belle carte de vins de la vallée du Rhône.

Menu 35 € (déjeuner), 65/95 € – Carte 70/120 €

Plan B2-n – *5 rue de la République (1er étage) – ✆ 04 90 86 17 07 – www.hiely-lucullus.com – Fermé 22 octobre-4 novembre, mardi, mercredi*

Les 5 Sens

CUISINE MODERNE • EXOTIQUE X À l'écart sur une placette discrète, un restaurant gastronomique au cadre original, chaleureux et feutré. Meilleur Ouvrier de France Traiteur, le chef travaille en artisan. À noter : il propose un bon menu végétarien (céréales, légumes frais...), mais aussi, en hommage à ses racines du Sud-Ouest... un cassoulet !

Menu 35 € (déjeuner)/44 €

Plan B2-a – *18 rue Joseph-Vernet (pl. Plaisance) – ✆ 04 90 85 26 51 – www.restaurantles5sens.com – Fermé mercredi, jeudi*

Au Jardin des Carmes

CUISINE PROVENÇALE • SIMPLE X La jeune cheffe compose une cuisine provençale en toute simplicité : fraîcheur de courgette, brousse au citron confit et sirop de poivrons doux ; agneau confit, tomates de pays en crumble, pistou et olives... Jolie cour intérieure arborée, avec une trentaine de couverts.

Menu 35 €

Plan C1-a – *18 place des Carmes – ✆ 09 54 25 10 67 – Fermé mardi, mercredi*

Avenio

CUISINE MODERNE • CONVIVIAL Au cœur d'Avignon, ce restaurant contemporain ouvert par un jeune couple passé par de belles maisons connaît un succès mérité : produits choisis, accueil chaleureux et excellent rapport qualité-prix autour d'une cuisine qui sait humer l'air du temps.

Menu 19 € (déjeuner), 34/47 € – Carte 40/68 €

Plan B2-d – *19 rue des 3-Faucons – 04 90 03 14 41 – www.restaurant-avenio.fr – Fermé 16 février-3 mars, 23 août-1er septembre, 18 octobre-3 novembre, lundi, dimanche*

La Fourchette

CUISINE TRADITIONNELLE • BISTRO Collection de fourchettes et de guides MICHELIN, vieilles photos : un bistrot au décor original et à l'ambiance chaleureuse. Au menu, une cuisine traditionnelle aux savoureux accents du Sud, avec, en dessert, l'une des spécialités de la maison : la meringue glacée au pralin... L'adresse affiche souvent complet !

Menu 38 €

Plan B2-u – *17 rue Racine – 04 90 85 20 93 – www.la-fourchette.net – Fermé 1er-10 février, 8-31 août, samedi, dimanche*

Le Goût du Jour

CUISINE MODERNE • CONTEMPORAIN De bonnes idées, du savoir-faire... Julien Chazal, jeune chef originaire d'Avignon, fait ici une jolie démonstration ! Sa cuisine, ancrée dans les saisons, se révèle en plus soignée visuellement, avec des dressages qui ne doivent rien au hasard. Et n'oublions pas le service souriant, d'une grande simplicité.

Menu 25 € (déjeuner), 33/53 €

Plan B1-a – *20 rue Saint-Étienne – 04 32 76 32 16 – www.legoutdujour84.com – Fermé 7-17 janvier, 12-22 novembre, 24-26 décembre, mardi, mercredi*

Le Numéro 75

CUISINE MODERNE • CONVIVIAL Une demeure bourgeoise du 19e s. noyée sous la glycine : joli décor pour un repas en terrasse... Cette adresse connaît un franc succès dans la ville : la faute à son cadre chaleureux et à sa cuisine du marché pleine de sincérité !

Menu 32 € (déjeuner)/38 € – Carte 36/48 €

Plan C3-b – *75 rue Guillaume-Puy – 04 90 27 16 00 – www.numero-75.com – Fermé 1er-12 janvier, lundi soir, samedi midi, dimanche*

Pollen

CUISINE CRÉATIVE • BRANCHÉ Pollen vous convie au détour de vos butinages dans les ruelles du centre d'Avignon. Le jeune chef Mathieu Desmarest propose une cuisine lisible, épurée et axée sur le produit. Des saveurs franches, à l'instar de cette caille rôtie et choux Shanghai. On agrémente le tout d'une courte et judicieuse sélection de vins, surtout en biodynamie. Percutant.

Menu 28 € (déjeuner), 39/58 €

Plan B2-c – *3 bis rue de la Petite-Calade – 04 86 34 93 74 – www.pollen-restaurant.fr – Fermé 15-28 février, 1er-20 août, samedi, dimanche*

Hôtels & maisons d'hôtes

La Mirande

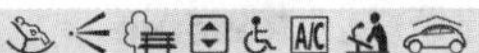

GRAND LUXE • HISTORIQUE Cet hôtel particulier du 17e s. est absolument superbe : pierres ouvragées, déluge d'objets d'art et de tentures dans l'esprit provençal du 18e s. et un délicieux jardin clos, qui s'épanouit à l'ombre du palais des Papes. Raffinement exquis !

25 chambres – 335/795 € – 30 € – 2 suites

Plan B2-g – *4 place Amirande – 04 90 14 20 20 – www.la-mirande.fr*

La Mirande – Voir la sélection des restaurants

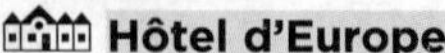

Hôtel d'Europe

HISTORIQUE • GRAND LUXE Près des remparts, cet hôtel particulier du 16e s. s'ouvrit à la clientèle dès 1799. Bonaparte, Hugo ou encore Dalí y séjournèrent. Les chambres se révèlent classiques et soigneusement tenues. Au dernier étage, les suites toisent le palais des Papes...

41 chambres – 260/590 € – 22 € – 3 suites

Plan B1-d – *12 place Crillon – 04 90 14 76 76 – www.heurope.com – Fermé 2-9 janvier, 16 février-11 mars, 2-17 août*

La Vieille Fontaine – Voir la sélection des restaurants

La Divine Comédie

HÔTEL PARTICULIER • ÉLÉGANT Imaginez donc un immense jardin privé et paysagé de 2 600 m², en plein cœur d'Avignon, où se côtoient des dizaines d'essences différentes, avec en son centre, une superbe piscine, une orangerie, et un espace bien-être. Un musée vous attend à l'intérieur de la bâtisse : sculptures, tableaux signés, gravures... On finirait par oublier de mentionner les chambres, raffinées et confortables. Un havre de paix et de goût. Incomparable.

5 chambres – 250/850 €

Plan C1-a – *16 impasse Jean-Pierre-Gras – 06 77 06 85 40 – www.la-divine-comedie.com*

au Pontet 6 km à l'Est par rte de Lyon

Auberge de Cassagne

CUISINE CLASSIQUE • RUSTIQUE XXX Poutres, tomettes, cheminée... Dans la tradition de ces auberges bourgeoises dédiées aux plaisirs de la table, le classicisme est ici de mise, de même les produits nobles et certaines recettes plus rustiques. Dans la cave, 700 références privilégient la vallée du Rhône méridionale.

Menu 42 € (déjeuner), 65/105 € – Carte 86/111 €

Hors plan – *Auberge de Cassagne & Spa, 450 allée de Cassagne – 04 90 31 04 18 – www.aubergedecassagne.com – Fermé 5-31 janvier*

AVIZE – Marne (51) → Voir Épernay

AVORIAZ

74110 – Haute-Savoie – Carte régionale n° **4**-F1 – Carte Michelin 328-N3

Les Enfants Terribles

CUISINE CLASSIQUE • COSY X Contre toute attente, ces Enfants Terribles se révèlent plutôt... chaleureux et intimistes ! Ceviche de daurade royale, citron vert et gingembre, ou encore pavé de bœuf Salers et sauce au poivre vert : on se régale de bons produits cuisinés avec précision dans un esprit bistronomique.

Carte 48/96 €

Les Dromonts, 40 place des Dromonts (accès piétonnier) – 04 56 44 57 00 – www.hoteldesdromonts.com – Fermé 14 avril-13 décembre, lundi midi, mardi midi, mercredi midi, jeudi midi, vendredi midi, samedi midi, dimanche midi

La Réserve

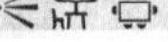

CUISINE TRADITIONNELLE • MONTAGNARD X A mi-chemin entre le cœur de la station et le quartier de la "falaise", cet établissement est devenu un incontournable. Un succès à mettre sur le compte d'une gastronomie appétissante à dominante savoyarde, et d'une belle terrasse tournée vers le domaine skiable.

Carte 45/75 €

Immeuble Epicéa – 04 50 74 02 01 – www.la-reserve-avoriaz.com – Fermé 14 avril-13 décembre

 **Les Dromonts** 

BOUTIQUE HÔTEL • VINTAGE Cet hôtel mythique d'Avoriaz a réhabilité avec brio le style des années 1960 : son l'architecture singulière épouse harmonieusement le décor environnant. Cette station skis aux pieds et sans voitures ne tolère que les traîneaux, à la plus grande joie des amoureux de la nature. Les petites chambres tout confort et astucieusement aménagées dévoilent de superbes vues sur les monts enneigés. Petit spa.

29 chambres – 236/616 € – 22 € – 6 suites

40 place des Dromonts (accès piétonnier) – ✆ 04 56 44 57 00 – www.hoteldesdromonts.com – Fermé 14 avril-13 décembre

Les Enfants Terribles – Voir la sélection des restaurants

AVRANCHES

✉ 50300 – Manche – Carte régionale n° **17**–A3 – Carte Michelin 303-D7

Obione 

CUISINE MODERNE • CONTEMPORAIN X Une sympathique adresse dans le centre-ville d'Avranches. Tous les ingrédients sont réunis pour passer un bon moment : une cuisine fine et délicate, raisonnablement créative, qui met en valeur les produits de la région, et une salle entièrement rénovée.

Menu 19 € (déjeuner), 28/45 € – Carte 35/41 €

8 rue du Docteur-Gilbert – ✆ 02 33 58 01 66 – www.restaurant-obione.fr – Fermé lundi soir, dimanche

à St-Quentin-sur-le-Homme 5 km au Sud - Est par D78 – Carte régionale n° 17–A3

Le Gué du Holme 

CUISINE TRADITIONNELLE • ÉLÉGANT XX Juste en face de l'église, au centre du bourg, cette maison en pierre du pays est pour le moins engageante. En bon professionnel, le chef met à profit le terroir et la saison : terrine de foie gras au ratafia de Champagne, filet de bœuf sauce périgourdine, moelleux chaud au chocolat...

Menu 24 € (déjeuner), 28/59 € – Carte 41/58 €

14 rue des Estuaires – ✆ 02 33 60 63 76 – www.le-gue-du-holme.com – Fermé 15-23 mars, 1er-23 novembre, lundi, samedi midi, dimanche soir

AX-LES-THERMES

✉ 09110 – Ariège – Carte régionale n° **22**–C3 – Carte Michelin 343-J8

Le Chalet 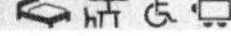

CUISINE MODERNE • CONVIVIAL XX Tartiflette ariégeoise au bethmale ; ris de veau laqué, ratatouille et jus d'olives Taggiasche... Dans ce Chalet contemporain, Frédéric Debèves revisite le terroir avec talent, jouant sur les saveurs et les textures, signant des assiettes fortes en goût. L'été, direction la terrasse, au-dessus de la rivière. Chambres pour l'étape.

Spécialités : Tartiflette ariégeoise et jambon maison. Ris de veau laqué, piperade et harissa. Cup choco-framboise, sorbet framboise-poivron.

Menu 32/60 € – Carte 48/58 €

4 avenue Durandeau – ✆ 05 61 64 24 31 – www.le-chalet.fr – Fermé 4-21 avril, 9 novembre-5 décembre, lundi, mardi midi, dimanche soir

AY-SUR-MOSELLE

✉ 57300 – Moselle – Carte régionale n° **12**-B1 – Carte Michelin 307-I3

Le Martin Pêcheur

CUISINE CLASSIQUE • MAISON DE CAMPAGNE XX Entre le canal Camifémo et la Moselle, une ancienne maison de pêcheurs (1928), où règne un bel esprit d'auberge de campagne, agrémentée d'un adorable jardin estival. Ici, la tradition se mêle aux tendances actuelles, et la cave est bien fournie !

Menu 30 € (déjeuner)/60 € – Carte 60/76 €

1 route d'Hagondange – ✆ 03 87 71 42 31 – www.restaurant-martin-pecheur.fr – Fermé 1er-6 janvier, 24 février-2 mars, 17 août-2 septembre, 26 octobre-2 novembre, lundi, mardi soir, mercredi soir, jeudi soir, samedi midi, dimanche soir

AZAY-LE-RIDEAU

✉ 37190 – Indre-et-Loire – Carte régionale n° **8**-A2 – Carte Michelin 317-L5

Auberge Pom'Poire

CUISINE MODERNE • CONVIVIAL XX Au milieu des poiriers et des pommiers se cache parfois une bonne adresse… Un joli fruit coloré et acidulé : voilà ce qui pourrait symboliser la cuisine du chef. Du peps, de la justesse, de la subtilité : ses assiettes, composées avec de beaux produits fermiers, débordent de saveurs ! Un hôtel-restaurant à croquer.

Menu 52/74 € – Carte 40/70 €

21 route de Vallères (à 4 km) – ✆ 02 47 45 83 00 – www.aubergepompoire.fr – Fermé 2-20 janvier, lundi midi, mardi midi, jeudi midi, dimanche soir

Hôtel de Biencourt

FAMILIAL • COSY Près du château, une maison tourangelle du 18e s., autrefois école primaire. Les chambres sont sobres, avec de beaux planchers. Agréable patio fleuri et petit-déjeuner soigné à base de produits régionaux.

17 chambres – 69/99 € – 12 €

7 rue Balzac – ✆ 02 47 45 20 75 – www.hoteldebiencourt.fr – Fermé 5 janvier-26 mars, 11 novembre-17 décembre

à Saché 6,5 km à l'Est par D17

Auberge du XIIe Siècle

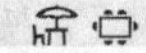

CUISINE CLASSIQUE • AUBERGE XX À deux pas du château qui l'accueillit si souvent, Balzac avait ses habitudes dans cette vénérable auberge à colombages. Dans ce cadre historique préservé, on apprécie une cuisine empreinte de classicisme, autour d'un menu-carte de saison. Superbe terrasse en été et agréable cheminée pour l'hiver.

Menu 28/70 €

1 rue du Château – ✆ 02 47 26 88 77 – www.auberge12emesiecle.eatbu.com – Fermé 25 mai-3 juin, 31 août-9 septembre, 31 décembre-15 janvier, lundi, mardi midi, dimanche soir

AZÉ – Mayenne (53) → Voir Château-Gontier

BADEN

✉ 56870 – Morbihan – Carte régionale n° **7**-A3 – Carte Michelin 308-N9

Le Gavrinis

CUISINE MODERNE • CONVIVIAL XX L'enseigne rend hommage à l'île de Gavrinis toute proche. Il faut dire qu'ici on cultive l'âme bretonne et la fierté d'un terroir riche et vivant : filets de maquereaux et compotée d'oignons, poitrine de porc confite… À savourer dans un décor soigné où dominent le bois flotté et les teintes douces.

Spécialités : Coquillages bretons, fumet crémé et sablé au blé noir. Poitrine de porc confite, jus réduit, carottes nouvelles et mousseline d'oignons. Crème brûlée à la verveine, madeleine au miel.

Menu 24€ (déjeuner), 29/43€ – Carte 42/78€

1 rue de l'Ile-Gavrinis (à Toulbroch) – ✆ 02 97 57 00 82 – www.gavrinis.com – Fermé 5-31 janvier, 15 novembre-2 décembre, lundi, samedi midi, dimanche soir

La Chaumière de Pomper

CUISINE BRETONNE • TENDANCE X Réputée dans la région, cette crêperie propose des galettes avec une farine de blé noir bio mélangée avec 10% de farine de froment, ainsi qu'une finesse de pâte et une cuisson les rendant davantage croustillantes que la moyenne... en breton, cela se nomme *kraz* ! Un conseil : optez pour les classiques, ce sont les meilleures... Belle carte de cidres.

Carte 15/25€

Moulin de Pomper - 14 lieu-dit Kerhervé – ✆ 02 97 58 59 66 – www.lachaumieredepomper.fr – Fermé 1er-7 janvier, 11 février-10 mars, 30 juin-8 juillet, 22 septembre-3 octobre, lundi, dimanche

Le Val de Brangon

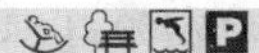

MAISON DE CAMPAGNE • COSY Avant d'embarquer pour l'île aux Moines, arrêtez-vous dans cette longère de 1824 admirablement restaurée. Décoration élégante (pierres d'origine, objets chinés, œuvres d'art), grand jardin et piscine chauffée.

5 chambres – 170/240€

12 route de Brangon – ✆ 02 97 57 06 05 – www.levaldebrangon.com – Fermé 12 janvier-31 mars

BAERENTHAL

✉ 57230 – Moselle – Carte régionale n° **12**-D1 – Carte Michelin 307-Q5

à Untermuhlthal 4 km au Sud - Est par D87 – Carte régionale n° **12**-C2

L'Arnsbourg (Fabien Mengus)

CUISINE MODERNE • ÉLÉGANT XXX Un jeune couple, Laure et Fabien Mengus, préside désormais aux destinées de cette maison emblématique, longtemps couronnée par trois étoiles sous le règne de Jean-Georges Klein, aujourd'hui chef de la Villa René Lalique. Auparavant, Fabien avait fait connaître son talent au Cygne, une table voisine. Il se montre parfaitement à l'aise entre les murs de cette institution, multipliant les ponts entre tradition et modernité, aussi bien pour la décoration que pour la cuisine. Que ce soit côté salon ou près des baies vitrées donnant sur la forêt, on déguste une cuisine tout en variations, qui met à l'honneur de beaux produits. Un moment à part.

Spécialités : Jambonnettes de grenouilles en persillade, salade de pomme de terre au Melfor d'Alsace. Médaillon de homard bleu de nos côtes et carpaccio de pied et tête de veau. Citron jaune crémeux et meringue au citron, fromage blanc vanillé, sorbet bergamote.

Menu 49€ (déjeuner), 79/139€ – Carte 97/116€

Untermuhlthal – ✆ 03 87 06 50 85 – www.arnsbourg.com – Fermé 1er-21 janvier, 27 juillet-11 août, 12-20 octobre, lundi, mardi

L'Arnsbourg

GRAND LUXE • ÉPURÉ Ses lignes contemporaines et épurées constituent un magnifique contraste dans ce paysage où le bois domine. Les chambres, spacieuses et zen, avec balcon privatif, sont la promesse d'un doux repos. Une communion hi-tech avec la nature environnante...

12 chambres – 195/215€ – 22€ – 4 suites

5 Untermuhlthal – ✆ 03 87 27 05 60 – www.arnsbourg.com – Fermé 1er-21 janvier, 27 juillet-11 août, 21-29 octobre

L'Arnsbourg – Voir la sélection des restaurants

LA BAFFE – Vosges (88) → Voir Épinal

BÂGÉ-LE-CHÂTEL

✉ 01380 – Ain – Carte régionale n° **2**–B1 – Carte Michelin 328-C3

La Table Bâgésienne

CUISINE MODERNE • COSY XX La façade de cet ancien relais de poste est bien engageante ! Une fois passée la porte, on découvre une déco contemporaine (tons gris, lin et cacao) et une généreuse cuisine bressane que le chef n'hésite pas à interpréter à sa façon.

Spécialités : Cochon frotté au tandoori puis grillé, céleri boule en rémoulade, branche en sorbet. Canette des Dombes et carottes du château de Pont-de-Veyle. Tarte Tatin à l'abricot, sorbet verveine citron.

Menu 34/82 € – Carte 48/77 €

19 Grande-Rue – ✆ 03 85 30 54 22 – www.latablebagesienne.com – Fermé 21-30 décembre, lundi, mardi, dimanche soir

BAGNÈRES-DE-BIGORRE

✉ 65200 – Hautes-Pyrénées – Carte régionale n° **22**–A3 – Carte Michelin 342-M4

Le Jardin des Brouches

CUISINE MODERNE • CONTEMPORAIN XX La jolie maison blanche est installée juste en face de l'imposant casino de Bagnères-de-Bigorre. L'intérieur, lumineux, se pare de couleurs contemporaines ; dans l'assiette, on trouve de bons produits frais et pleins de saveurs, préparés avec amour par un chef épris d'herbes et d'épices. Séduisant.

Spécialités : Foie gras de canard confit, chutney d'oignons de Trébons. Côte de porc noir de Bigorre, cassolette de haricots tarbais. Le russe.

Menu 21 € (déjeuner), 32/65 € – Carte 42/52 €

1 boulevard de l'Hypéron – ✆ 05 62 91 07 95 – www.lejardindesbrouches.fr – Fermé lundi, mercredi soir, dimanche soir

BAGNÈRES-DE-LUCHON

✉ 31110 – Haute-Garonne – Carte régionale n° **22**–B3 – Carte Michelin 343-B8

L'Heptameron des Gourmets

CUISINE CLASSIQUE • ÉLÉGANT XX Original : le chef et sa femme vous reçoivent... chez eux, au rez-de-chaussée de leur maison, dans une atmosphère très raffinée. Monsieur concocte un menu unique du marché (en sept services) et vous propose de choisir votre vin à la cave.

Menu 70 €

3 boulevard Charles-de-Gaulle – ✆ 05 61 79 78 55 – www.heptamerondesgourmets.com – Fermé 15 mai-15 juillet, 20 octobre-19 décembre, lundi, mardi midi, mercredi midi, jeudi, vendredi midi, samedi midi, dimanche

BAGNOLES-DE-L'ORNE

✉ 61140 – Orne – Carte régionale n° **17**–B3 – Carte Michelin 310-G3

Le Manoir du Lys (Franck Quinton)

CUISINE MODERNE • COSY XXX Que serait cette table aux boiseries claires et à l'agréable terrasse sans l'immense forêt d'Andaine qui l'entoure ? Aux confins du Maine, de la Normandie et de la Bretagne, ce poumon vert nourrit la cuisine forestière du chef Franck Quinton. Il prépare les champignons comme personne : cèpes rôtis au thym et au laurier, girolles sautées au romarin, abricots et noisettes, chanterelles à la crème de foie gras et parmesan, ou encore trompettes de la mort, jambon ibérique et cives... et si vous restez pour la nuit, il pourra même vous emmener à la cueillette. Ce cuistot passionné est aussi un locavore qui s'ignore : il achète ses pigeons, ses légumes et sa viande à quelques dizaines de kilomètres du restaurant. Une cuisine fine et goûteuse dans une atmosphère élégante et apaisante : cela suffit à notre bonheur.

Spécialités : Andouille de Vire, langoustine et camembert. Pigeonneau au lard de Colonnata, trompette de la mort et rhubarbe au baies roses. Macaron, crème tendre, champignons des bois et sorbet trompette.

Menu 50/99€ – Carte 55/88€

route de Juvigny-sous-Andaine – ✆ 02 33 37 80 69 – www.manoir-du-lys.fr – Fermé 2 janvier-14 février, lundi, mardi midi, mercredi midi

Ô Gayot

CUISINE TRADITIONNELLE • BISTRO X Une jolie maison en pierre et son bistrot, pile dans l'air du temps. Dans l'assiette, on trouve de bonnes recettes… bistrotières, comme il se doit ! Pavé de cabillaud à la plancha, fricassée de cocos ; tartare de bœuf coupé au couteau ; sablé au beurre et sa glace au caramel…

Menu 19/29€ – Carte 30/40€

2 avenue de la Ferté-Macé – ✆ 02 33 38 44 01 – www.ogayot.com – Fermé jeudi

Le Manoir du Lys

TRADITIONNEL • PERSONNALISÉ Au milieu des bois et dans un superbe parc, cette belle demeure normande est empreinte de quiétude… Les chambres du manoir affichent un raffinement classique ou plus contemporain, toujours chaleureux ; dans le pavillon, des suites spacieuses.

23 chambres – 145/255€ – 19€ – 7 suites

route de Juvigny-sous-Andaine – ✆ 02 33 37 80 69 – www.manoir-du-lys.fr – Fermé 2 janvier-14 février

Le Manoir du Lys – Voir la sélection des restaurants

BAGNOLS

69620 – Rhône – Carte régionale n° **3**-E1 – Carte Michelin 327-G4

1217

CUISINE MODERNE • CLASSIQUE XXX Un cadre d'exception que ce superbe château médiéval, qui semble cultiver des fastes immémoriaux… Sous le patronage d'une immense cheminée gothique délicatement sculptée, le repas se fait festin d'une belle finesse, et la tradition s'en trouve renouvelée.

Menu 28€ (déjeuner), 65/95€ – Carte 45/95€

Château de Bagnols, Le Bourg – ✆ 04 74 71 40 00 – www.chateaudebagnols.com – Fermé 1er janvier-31 mars

Château de Bagnols

GRAND LUXE • HISTORIQUE Les mots manqueraient presque pour décrire la magnificence de ce château du 13e s. dominant le vignoble beaujolais. L'accès par le pont-levis au-dessus des douves, les décors historiques (mobilier d'art, cheminées monumentales…), le superbe parc et son verger : tout est unique… jusqu'au spa, agencé à la manière d'une cuverie.

27 chambres – 199/899€ – 29€

Le Bourg – ✆ 04 74 71 40 00 – www.chateaudebagnols.com – Fermé 1er janvier-31 mars

1217 – Voir la sélection des restaurants

BAGNOLS-SUR-CEZE

30200 – Gard – Carte régionale n° **21**-D1 – Carte Michelin 339-M4

Le Cèdre de Montcaud

CUISINE MODERNE • ÉLÉGANT XXX La table gastronomique du Château de Montcaud est placée sous l'égide du talentueux Matthieu Hervé. On y déguste une cuisine régionale "terre et mer" dans une démarche locavore. Les préparations sont élégantes, minutieuses et travaillées. Le chef, normand d'origine, n'oublie pas les clins d'œil à sa région malgré son goût pour les produits de la Méditerranée (pommes, cidre, etc.). Un excellent moment, un repas foisonnant.

Menu 58/115€ – Carte 84/93€

Château de Montcaud, Hameau de Combe – ✆ 04 66 89 18 00 – www.chateau-de-montcaud.com – Fermé 6 janvier-25 mars, 17 novembre-18 décembre, lundi, mardi, mercredi midi, jeudi midi, vendredi midi, samedi midi, dimanche

Bistro de Montcaud

CUISINE TRADITIONNELLE · BISTRO Le bistrot chic du château de Montcaud propose une cuisine traditionnelle méridionale, où la priorité est donnée aux produits. La terrasse face au parc est agréable, l'accueil comme le service sont sympathiques.

Menu 26 € (déjeuner)/33 € - Carte 43/47 €

Château de Montcaud, Hameau de Combe - 04 66 33 20 15 - www.chateaudemontcaud.com - Fermé 6 janvier-25 mars, 11 novembre-18 décembre

Château de Montcaud

LUXE · CONTEMPORAIN Cette noble demeure du 19e s., au cœur d'un parc arboré, est un havre de paix. Meubles de style et tons chauds rehaussent l'élégance des chambres. À l'heure des repas, on se régale d'une cuisine traditionnelle méridionale. Avis aux amateurs de la note bleue : le brunch dominical s'accompagne de concerts de jazz en été.

27 chambres - 135/350 € - 20 € - 2 suites

Hameau de Combe - 04 66 33 20 15 - www.chateaudemontcaud.com - Fermé 6 janvier-25 mars

Bistro de Montcaud · **Le Cèdre de Montcaud** - Voir la sélection des restaurants

BALANOD

39160 - Jura - Carte régionale n° **6**-A3 - Carte Michelin 321-C8

Philippe Bouvard

CUISINE TRADITIONNELLE · RUSTIQUE Une petite auberge chaleureuse et conviviale, portée par le chef Philippe Bouvard, passionné et généreux... et qui n'a pas la grosse tête. Parmi ses spécialités, le soufflé au comté, la côte de veau ou le poulet de Bresse au vin jaune. Une adresse où l'on se sent bien.

Menu 29 € (déjeuner), 32/69 € - Carte 55/76 €

111 Grand-Rue - 03 84 48 73 65 - www.restaurantphilippebouvard.eatbu.com - Fermé lundi, mardi soir, mercredi soir, dimanche soir

BALARUC-LES-BAINS

34540 - Hérault - Carte régionale n° **21**-C2 - Carte Michelin 339-H8

Le St-Clair

POISSONS ET FRUITS DE MER · ÉLÉGANT Une maison élégante sur les quais ; la terrasse sous les palmiers ouvre sur le bassin de Thau... On y apprécie une bonne cuisine de la mer.

Menu 19/39 € - Carte 46/106 €

2bis plan du Port - 04 67 48 48 91 - www.restaurant-saintclair.com

BALMA - Haute-Garonne (31) → Voir Toulouse

BAN-DE-LAVELINE

88520 - Vosges - Carte régionale n° **12**-D3 - Carte Michelin 314-K3

Maison de Laveline

CUISINE TRADITIONNELLE · AUBERGE Cette auberge du pays vosgien, tenue par un jeune couple, propose une cuisine traditionnelle en prise sur les saisons (escargots au beurre persillé, cuisses de grenouilles rôties à l'ail et au persil, choucroute garnie, ou encore tête de veau et sa langue aux deux sauces). Chambres pour l'étape.

Menu 25/50 € - Carte 38/59 €

5 rue du 8-Mai - 03 29 51 78 17 - www.maison-de-laveline.fr - Fermé 6-13 janvier, 16-22 mars, 24-31 août, lundi, dimanche soir

BANDOL

83150 - Var - Carte régionale n° **24**-B3 - Carte Michelin 340-J7

✿ Les Oliviers

CUISINE MODERNE • ÉLÉGANT XXX Dans la baie de Renécros, on découvre avec bonheur cet intérieur lumineux et contemporain, d'une élégance rare, qui offre une vue imprenable sur la Grande Bleue. L'énergique Jérémy Czaplicki, Toulousain d'origine, a longtemps travaillé à Paris aux côtés de Jean-François Rouquette avant d'arriver dans le Var au Château de Berne. Il régale avec une cuisine méditerranéenne et provençale, colorée et parfumée. Les produits de la mer y sont à la fête, comme ces couteaux de plongée servis dans leurs coquilles avec des pois chiches, une tapenade de concombre au citron caviar et de l'ail noir bio de la Seyne-sur-Mer.

Spécialités : Couteaux de mer, pois chiches et tapenade de concombre. Homard bleu rôti au corail, sabayon au cacao amer et chou pak-choï. Truffes de la Saint-Jean, île flottante inversée aux noisettes caramélisées.

Menu 60/160 € - Carte 85/144 €

Île Rousse - Thalazur, 25 boulevard Louis-Lumière - ✆ 04 94 29 33 12 - www.ile-rousse.com - Fermé 5-12 janvier

L'Espérance

CUISINE MODERNE • COSY XX Légèrement en retrait du front de mer et de son agitation touristique, on s'attable dans ce petit restaurant discret, tenu par un couple charmant ; le chef, Gilles Pradines, y concocte une cuisine soignée et parfumée : ainsi, en guise d'entrée, cette délicieuse bisque à base de têtes de gambas, bien crémeuse et relevée au piment d'Espelette... Un régal !

Spécialités : Thon mi-cuit à l'huile de sésame, nouilles soba au parfum d'orient. Daurade royale en filet, risotto crémeux. Macaron aux framboises et sorbet.

Menu 33/78 € - Carte 55/68 €

21 rue du Docteur-Louis-Marçon - ✆ 04 94 05 85 29 - www.lesperance-bandol.com - Fermé lundi, mardi midi

L'Atelier du Goût

CUISINE MODERNE • CONTEMPORAIN X Loin de l'agitation touristique du front de mer, le jeune chef de cet Atelier concocte une cuisine moderne et sincère, au fort accent du Sud, avec un soin tout particulier apporté aux dressages. Accueil très sympathique.

Menu 33 € (déjeuner), 37/55 € - Carte 54/70 €

2 rue Pons - ✆ 04 89 66 61 37 - www.atelier-du-gout-bandol.fr - Fermé 7-29 janvier, mardi, mercredi midi, jeudi midi

Île Rousse - Thalazur

LUXE • CONTEMPORAIN Une situation idéale pour cet hôtel chic, les pieds dans l'eau ! Tout séduit : le décor contemporain, le superbe centre de thalasso, le hall d'accueil ouvert sur la piscine d'eau de mer... sans oublier les deux plages où l'on prend le soleil en toute tranquillité.

59 chambres ☕ - 👥 190/780 € - 8 suites

25 boulevard Louis-Lumière - ✆ 04 94 29 33 00 - www.ile-rousse.com - Fermé 7-13 janvier

✿ **Les Oliviers** - Voir la sélection des restaurants

BANGOR - Morbihan (56) → Voir Belle-Ile-en-Mer

BANNE

✉ 07460 - Ardèche - Carte régionale n° **2**-A3 - Carte Michelin 331-G7

Auberge de Banne

AUBERGE • ÉLÉGANT Sur sa colline à la frontière de l'Ardèche et du Gard, le village de Banne a tout d'une carte postale : un panorama superbe, un climat délicieux et... une ravissante auberge. Tombés amoureux de l'endroit, ses propriétaires ont tout repensé dans un bel esprit à la fois contemporain et rétro. Une réussite, à découvrir !

11 chambres - 👥 125/465 € - ☕ 15 €

Place du Fort - ✆ 04 75 89 07 78 - www.aubergedebanne.fr

BANYULS-SUR-MER

✉ 66650 – Pyrénées-Orientales – Carte régionale n° **21**-B3 – Carte Michelin 344-J8

✿ Le Fanal (Pascal Borrell)

CUISINE MODERNE • COSY XX Juste devant le port de Banyuls, laissez-vous guider par les lumières de ce Fanal et de son emplacement rêvé, face à la mer. Pascal Borrell, Catalan pur souche, a choisi d'y jeter ses filets après avoir navigué jusqu'aux grandes maisons parisiennes, de Ledoyen à Alain Passard. La grande affaire du Fanal, c'est évidemment le poisson qui est livré quasi-vif en cuisine : merlu de palangre, braisé minute et tagliatelles de calamar, turbot sauvage rôti au beurre de safran, mais aussi homard bleu en civet au banyuls, tartare de poissons aux aromates à l'huile d'olive d'Argoudeil (une variété endémique rarissime), bouillabaisse de pêche locale... Des recettes créatives et épurées, pleines de relief et gorgées de soleil.

Spécialités : Cromesquis d'œuf de ferme, truffe noire, duxelles de champignons, jus truffé et soufflé truffe. Ris de veau caramélisé au sautoir, gambas de Palamos en terre et mer, jus de veau réduit au café. Millefeuille au brut de baratte, vanille Bourbon et crème diplomate.

Menu 35/86 € – Carte 90/110 €

18 avenue Pierre-Fabre – ✆ 04 68 98 65 88 – www.pascal-borrell.com

La Littorine

CUISINE MÉDITERRANÉENNE • TENDANCE XX Le pari de cette Littorine ouverte sur la mer ? "Entraîner le client dans un voyage gustatif aux saveurs méditerranéennes". À la carte, poissons et produits de la région, à l'instar de ce pavé de mérou au safran des Aspres.

Menu 32/55 € – Carte 45/75 €

Plage des Elmes – ✆ 04 68 88 03 12 – www.leselmes.com

BARBIZON

✉ 77630 – Seine-et-Marne – Carte régionale n° **15**-C3 – Carte Michelin 312-E5

L'Ermitage Saint-Antoine

CUISINE TRADITIONNELLE • BISTRO X On peut aimer la cuisine et être passionné par... les deux-roues ! À l'image du chef de ce sympathique bistrot qui expose certaines de ses pièces très rétro. Côté assiette, on se régale d'une bonne cuisine de bistrot : terrine de lapin, tortilla de confit de canard... Jolie terrasse dans le patio.

Carte 28/42 €

51 Grande-Rue – ✆ 01 64 81 96 96 – www.lermitagesaintantoine.com – Fermé mercredi, jeudi

Les Pléiades

SPA ET BIEN-ÊTRE • CONTEMPORAIN Après une balade dans ce village aimé de Corot et de Millet, laissez-vous tenter par cet hôtel paisible et accueillant, dans une veine très contemporaine : design minimaliste, lignes épurées, espace bien-être et piscine, expositions diverses... Arty !

22 chambres – 135/275 € – 19 € – 4 suites

21 Grande-Rue – ✆ 01 60 66 40 25 – www.hotel-les-pleiades.com

BARBOTAN-LES-THERMES

✉ 32150 – Gers – Carte régionale n° **22**-A2 – Carte Michelin 336-B6

La Bastide

CUISINE MODERNE • ÉLÉGANT XXX Un lieu élégant, qui a une âme, et deux concepts culinaires : d'une part une cuisine santé destinée aux curistes (carte renouvelée tous les jours) ; de l'autre des mets "d'appétit" mêlant avec raffinement terroir et air du temps.

Menu 35/75 € – Carte 61/77 €

La Bastide en Gascogne, avenue des Thermes – ✆ 05 62 08 31 00 – www.bastide-gasconne.com – Fermé 1er décembre-28 février

La Bastide en Gascogne

LUXE • ÉLÉGANT Omniprésence de l'eau (avec de superbes fontaines dans les jardins à l'andalouse, une galerie menant aux thermes et au centre de balnéo) ; décor raffiné mêlant brique, bois, marbre et pierre ; chambres douillettes : cette bastide a un charme fou !

19 chambres - 195/350 € - 25 € - 6 suites

avenue des Thermes - 05 62 08 31 00 - www.bastide-gasconne.com - Fermé 1er décembre-28 février

La Bastide - Voir la sélection des restaurants

BARCELONNETTE

04400 - Alpes-de-Haute-Provence - Carte régionale n° **24**-C2 - Carte Michelin 334-H6

Azteca

FAMILIAL • MONTAGNARD Cette ancienne villa "mexicaine" de 1888 abrite aujourd'hui des chambres confortables, dont chacune est personnalisée dans un style contemporain. Dans les salons de l'hôtel, une galerie d'art accueille le travail de nombreux artistes.

27 chambres - 65/81 € - 12 €

3 rue François-Arnaud - 04 92 81 46 36 - www.azteca-hotel.fr - Fermé 15 novembre-20 décembre

à Jausiers 8 km au Nord - Est par D900 - Carte régionale n° **24**-C2

Villa Morelia

CUISINE TRADITIONNELLE • BOURGEOIS XX Cette Villa Morelia distille un certain charme bourgeois... Un écrin flatteur pour une cuisine du marché, séduisante et fidèle à la tradition. De la fraîcheur, de belles saveurs : un moment gourmet et gourmand.

Menu 49/90 €

Avenue des Mexicains - 04 92 84 67 78 - www.villa-morelia.com - Fermé 8 mars-30 avril, 22 octobre-13 février, lundi midi, mardi midi, mercredi midi, jeudi midi, vendredi midi, samedi midi, dimanche midi

BARCUS

64130 - Pyrénées-Atlantiques - Carte régionale n° **18**-B3 - Carte Michelin 342-H5

Chilo

CUISINE CLASSIQUE • AUBERGE XX C'est ici, entre les murs de cette belle maison blanche aux volets bleus, que le destin de la famille Chilo s'écrit depuis 1937. Le chef réalise une cuisine traditionnelle avec les produits du terroir local ; à déguster dans une salle ouverte sur le jardin, face aux montagnes. Chambres coquettes.

Menu 15 € (déjeuner), 34/45 € - Carte 49/70 €

68 rue Principale - 05 59 28 90 79 - www.hotel-chilo.com - Fermé 4-31 janvier, lundi, mardi midi, dimanche soir

BARD

42600 - Loire - Carte régionale n° **2**-A2 - Carte Michelin 327-D6

Auberge de la Grand'Font

CUISINE MODERNE • AUBERGE XX Jolie surprise que cette auberge rustique nichée à côté d'une belle église du 12e s. que l'on peut admirer depuis la véranda. Aux commandes, un chef passionné et exigeant - il a été finaliste au concours du Meilleur Ouvrier de France - signe une cuisine appétissante, à la fois simple et originale...

Menu 29/75 € - Carte 50/67 €

1 rue de la Grand'Font - 04 77 76 21 40 - www.auberge-lagrandfont.com - Fermé 24 février-4 mars, 20 juillet-5 août, 30 décembre-7 janvier, lundi, mardi, dimanche soir

BARDIGUES - Tarn-et-Garonne (82) → Voir Auvillar

BARJAC

✉ 30430 – Gard – Carte régionale n° **21**-D1 – Carte Michelin 339-L3

Le Carré des Saveurs

CUISINE TRADITIONNELLE • TENDANCE X Un intérieur résolument contemporain, une agréable terrasse dans une jolie cour intérieure : cadre charmant que celui de cette ancienne magnanerie cernée par les vignes. La cuisine cultive l'esprit du terroir et de la tradition, tout à l'honneur des produits locaux : le plaisir est complet.

Menu 29/45 € – Carte 49/58 €

Le Mas du Terme, 1770 chemin du Mas du Terme – ✆ 04 66 24 56 31 – www.le-carre-des-saveurs.com – Fermé 1er janvier-15 mars, 15-31 décembre

BAR-LE-DUC

✉ 55000 – Meuse – Carte régionale n° **12**-A2 – Carte Michelin 307-B6

Bistro St-Jean

CUISINE MODERNE • BISTRO X Cette ancienne épicerie est devenue un bistrot contemporain plein de saveurs et de couleurs, pile dans la tendance. Le patron, fils de pâtissier, réalise une cuisine du marché soignée, et dans l'air du temps, renouvelée au quotidien. Et toujours : le respect des produits. Service efficace et discret.

Menu 37 €

132 boulevard de la Rochelle – ✆ 03 29 45 40 40 – www.bistrosaintjean.fr – Fermé 1er-8 janvier, 17 juillet-5 août, lundi, jeudi soir, samedi midi, dimanche soir

BARNEVILLE-CARTERET

✉ 50270 – Manche – Carte régionale n° **17**-A2 – Carte Michelin 303-B3

à Carteret Carte régionale n° 17-A2

La Marine

CUISINE MODERNE • ÉLÉGANT XXX Avec sa vue panoramique sur les flots et le port, cette institution régale les amoureux de la cuisine iodée. Pleinement épanoui, Damien Goguet, l'ancien second, a repris la barre et pilote une carte courte et équilibrée. Véritable passionné, il propose des recettes pétillantes pleines de finesse et signe une véritable cuisine d'auteur tournée vers la mer. Un exemple frappant, ces huîtres pochées dans une crème gourmande, enrichie de citron vert et de caviar de hareng. Un plat aussi simple qu'harmonieux ! Espace boutique-traiteur pour emporter un peu de ces douceurs chez soi.

Spécialités : La crépinette de pieds de cochon, huîtres en petit ragoût, écume iodée. Le homard de Carteret. Le riz au lait et la pomme confite façon tatin. Glace vanille espuma de riz et cappuccino chocolat.

Menu 35 € (déjeuner), 46/94 € – Carte 81/122 €

11 rue de Paris – ✆ 02 33 53 83 31 – www.hotelmarine.com – Fermé 25 novembre-5 mars, lundi, mardi

La Marine

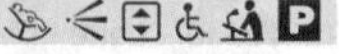

TRADITIONNEL • ÉLÉGANT Quasiment les pieds dans l'eau ! Dans cette élégante maison immaculée, les chambres sont très contemporaines, dans un esprit bains de mer chic et épuré. Et côté plage, elles ont toutes une jolie terrasse... Du style, indéniablement.

26 chambres – 117/299 € – ☕ 18 €

11 rue de Paris – ✆ 02 33 53 83 31 – www.hotelmarine.com – Fermé 26 novembre-5 mars

La Marine – Voir la sélection des restaurants

BARNEVILLE-LA-BERTRAN – Calvados (14) ➜ Voir Honfleur

BARON – Gard (30) ➜ Voir Uzès

LE BARP

✉ 33114 – Gironde – Carte régionale n° **18**–B2 – Carte Michelin 335-G7

Le Résinier

CUISINE TRADITIONNELLE • AUBERGE Cette maison de pays, conviviale et sympathique, avec sa terrasse sous une vigne, a des airs d'auberge d'autrefois ; on y sert une cuisine de tradition, où tous les produits proviennent de la région. Chambres aux styles variés, modernes ou personnalisées.

Menu 16 € (déjeuner), 25/54 €

68 avenue des Pyrénées – ✆ 05 56 88 60 07 – www.leresinier.com – Fermé dimanche soir

BARR

✉ 67140 – Bas-Rhin – Carte régionale n° **10**–C1 – Carte Michelin 315-I6

5 Terres Hôtel & Spa

LUXE • ÉLÉGANT Ce bâtiment du 17e s. situé face à l'hôtel de ville a été transformé en hôtel de luxe en 2016. Les "5 Terres" font référence aux terroirs du vignoble, comme aux cinq grands crus du Bas-Rhin. Les chambres, plutôt spacieuses, conservent l'esprit "nature", grâce à la présence de matériaux bruts (bois, cuir, verre et pierre). Certaines disposent de terrasses. Agréable table bistronomique.

26 chambres – 229/389 € – 24 € – 1 suite

11 place de l'Hôtel-de-Ville – ✆ 03 88 08 28 44 – www.5terres-hotel.fr

BARRETAINE – Jura (39) → Voir Poligny

LE BARROUX

✉ 84330 – Vaucluse – Carte régionale n° **25**–E1 – Carte Michelin 332-D9

Gajulea

CUISINE PROVENÇALE • ÉLÉGANT Dans cet ancien entrepôt, on prend un verre entre potes au bistrot branché du rez-de-chaussée, avant de descendre d'un étage au restaurant gastronomique, plus cossu, avec terrasse sur les collines (ouvert uniquement le soir). On y découvre de belles saveurs provençales, renouvelées au plus près des saisons (menu truffe l'hiver, homard l'été).

Menu 47/77 €

201 rue Louise Raymond – ✆ 04 90 62 36 94 – www.gajulea.com – Fermé 2-23 mars, 2-23 novembre, lundi, mardi midi, mercredi midi, jeudi midi, vendredi midi, samedi midi, dimanche soir

BAR-SUR-SEINE

✉ 10110 – Aube – Carte régionale n° **11**–B3 – Carte Michelin 313-G5

à Gyé-sur-Seine 11 km au Sud par D671

Le Garde Champêtre

CUISINE MODERNE • TENDANCE Cet ancien entrepôt ferroviaire transformé en restaurant-ferme durable avec serres et potager bio par un collectif de quatre associés judicieusement acoquiné à deux vignerons du cru propose une cuisine fraîche et tonique, imaginée autour des produits locaux et du jardin. Une démarche locavore et écologique très plaisante, une adresse sympathique.

Menu 18 € (déjeuner), 32/50 € – Carte 30/50 €

50 route des Riceys – ✆ 03 52 96 00 06 – www.legardechampetre.fr – Fermé 1er janvier-1er février, 1er-20 août, lundi, mardi soir, mercredi soir, dimanche soir

à Magnant 8 km au Nord - Est par D443

Le Val Moret

CUISINE MODERNE • CONVIVIAL XX C'est confortablement installé dans une salle lumineuse (tout y est de blanc vêtu) qui s'ouvre sur les coteaux champenois, qu'on s'attable devant des assiettes faisant la part belle aux produits locaux, signées par un jeune chef motivé. Côté hébergement, un sympathique couple d'hôteliers propose des chambres fort bien tenues. Agréable espace bien-être, l'"Aqua Val".

Menu 20/70€ - Carte 30/65€

rue du Maréchal-Leclerc - ✆ 03 25 29 85 12 - www.le-val-moret.com

BARTENHEIM-LA-CHAUSSÉE

✉ 68870 - Haut-Rhin - Carte régionale n° **10**-B3 - Carte Michelin 315-I11

Le Colombier

CUISINE MODERNE • CONVIVIAL X Avec sa cuisine actuelle saupoudrée de Méditerranée, pleine de couleurs et de saveurs, ainsi que ses excellents desserts, le chef de ce Colombier sait parler à nos papilles ! Quant au patron, il a le chic pour toujours nous proposer le vin idéal pour accompagner nos plats. Du bonheur, tout simplement.

Menu 18€ (déjeuner), 42/52€ - Carte 50/70€

2 rue de la Libération - ✆ 03 89 68 30 66 - www.restaurant-lecolombier.fr - Fermé 30 avril-5 mai, 11-30 août, 22 décembre-2 janvier, lundi, samedi midi, dimanche soir

BAS-RUPTS - Vosges (88) ➜ Voir Gérardmer

BASSAC - Charente (16) ➜ Voir Jarnac

BASSE-GOULAINE - Loire-Atlantique (44) ➜ Voir Nantes

MmeEmil/iStock

BASSIN D'ARCACHON

Gironde – Carte Michelin 335-D7

On aime...

Le bassin d'Arcachon est une échancrure dans la longue Côte d'Argent, une lagune sertie par la forêt, autrefois domaine des résiniers. Devenu le sixième parc naturel marin français, cet univers, en partie protégé, est animé par le vol des oiseaux. Dans ce paysage sauvage, les pinasses colorées, les cabanes sur pilotis et les ducs-d'Albe témoignent de l'activité des hommes. Côté gourmandise, on commence par aller se régaler dans l'une des cabanes des ports ostréicoles (à la Teste-de-Buch, par exemple), en accompagnant ses huîtres d'un petit verre de blanc : si ce n'est pas le bonheur, ça y ressemble ! On ira aussi se régaler de sole ou de seiche dans l'un des nombreux restaurants du bassin, avant de passer au marché d'Arcachon : sa halle Baltard recèle bien des trésors, caviar d'Aquitaine, bars, soles et turbots de la criée, bœuf de Bazas et fromages des Pyrénées...

J.D. Dallet/age fotostock

ARCACHON

✉ 33120 – Gironde – Carte régionale n° **18**-B2

Le Patio (Thierry Renou)

CUISINE MODERNE · ÉLÉGANT Dans le quartier du port, ce restaurant s'est fait un devoir de mettre en valeur les meilleurs produits aquitains : asperge des Landes, agneau de Pauillac, huîtres du bassin, pigeon, foie gras… Le chef Thierry Renou voue aussi une passion à la Thaïlande où il séjourne régulièrement : il y a des pointes de métissage dans son foie gras poché au lait de coco, dans sa sole agrémentée d'un bouillon thaï, dans ses huîtres et ses sushis parfumés à l'aloe vera, sans parler des statues de Bouddha qui décorent son restaurant. Sa cuisine se veut contemporaine et porte une attention toute particulière à l'esthétisme des assiettes – autre influence asiatique ? Quant au fameux "patio", c'est aussi un régal : une verrière qui permet de déjeuner à l'air libre ou de dîner sous la voûte étoilée…

Spécialités : Salade landaise, filet de canard, palette ibérique, foie gras et truffe. Maigre rôti et seiche en croûte de persillade, racine de wakamé et bouillon de crabe vert. Fraises de la ferme St-Henri, ganache fraise-vanille, gavotte et billes basilic-citron.

Menu 50/115 € – Carte 113/125 €

Plan B1-t – *10 Boulevard de la Plage – ✆ 05 56 83 02 72 – www.lepatio-thierryrenou.com – Fermé 8-22 mars, 1er-23 novembre, lundi, dimanche*

Chez Pierre

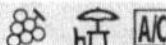

POISSONS ET FRUITS DE MER · BRASSERIE Sur le front de mer, près du palais des congrès, cette brasserie est une institution locale. Cuisine contemporaine dans l'assiette, où le poisson du bassin joue les premiers rôles aux côtés de l'huître, véritable diva, et de belles viandes de la région comme le pigeon et l'agneau.

Menu 35 € – Carte 45/80 €

Plan D1-a – *1 boulevard Veyrier-Montagnères – ✆ 05 56 22 52 94 – www.cafedelaplage.com*

Ko-sometsuke 2K

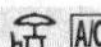

CUISINE ASIATIQUE · SIMPLE Originaire du Cambodge, la famille Khong a posé ses valises à Arcachon, et désormais, c'est elle qui invite au voyage : de la Chine au Japon, et au sud-est asiatique, en utilisant des produits régionaux. Ne manquez pas les *dim sum*, les vraies stars de la maison, dont la pâte est d'une finesse rare…

Menu 26/65 € – Carte 40/90 €

Plan D1-b – *156 boulevard de la Plage – ✆ 05 56 83 67 69 – Fermé lundi, mardi, mercredi midi*

Ville d'Hiver

BOUTIQUE HÔTEL · COSY Dans un quartier plein de cachet, cet ancien bâtiment de la Compagnie Générale des Eaux est devenu un charmant hôtel, ceinturé d'un beau jardin. À l'image de la station, il cultive un style balnéaire à la fois chic et décontracté. Les chambres sont douillettes, l'espace détente invite au lâcher prise.

18 chambres – 140/250 € – 13 €

Plan D2-f – *20 avenue Victor-Hugo – ✆ 05 56 66 10 36 – www.hotelvilledhiver.com*

Villa Lamartine

URBAIN · PERSONNALISÉ Cet établissement, situé dans une rue calme du centre-ville, offre tous les agréments d'une demeure bourgeoise familiale : petit salon cosy, plaisante salle des petits-déjeuners, et bien entendu, chambres confortables. Sans oublier un joli petit spa qui vous tend les bras…

24 chambres – 115/350 € – 14 €

Plan D1-k – *28 avenue Lamartine – ✆ 05 56 83 95 77 – www.hotelvillalamartine.com*

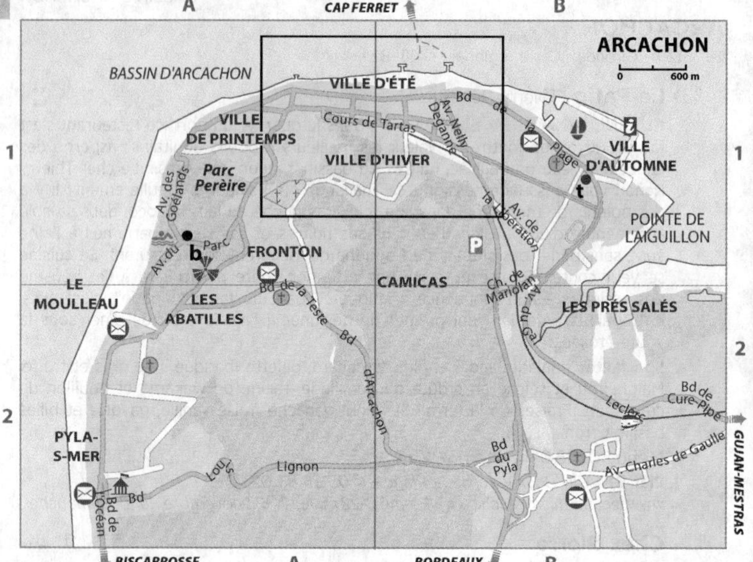

ARÈS

✉ 33740 – Gironde – Carte régionale n° **18**–B1

ONA

CUISINE VÉGÉTALIENNE · COSY Davantage qu'un restaurant, une philosophie de vie ! Claire Vallée, cheffe autodidacte, propose ici une gastronomie bio et 100% vegan – d'où le nom du restaurant, ONA, qui signifie "origine non-animale". Les assiettes sont finement travaillées, avec de belles déclinaisons sur les fruits et légumes : cette table mérite toute votre attention.

Menu 22 € (déjeuner)/54 €

3 bis rue Sophie-et-Paul-Wallerstein – ✆ 05 56 82 04 06 – www.ona.clairevallee.com – Fermé lundi, mardi, dimanche soir

CAP-FERRET

✉ 33970 – Gironde – Carte régionale n° **18**–B2 – Carte Michelin 335-D7

Pinasse Café

POISSONS ET FRUITS DE MER · COSY Avec sa terrasse idyllique donnant sur les flots, ce restaurant est une ode au bassin et à la dune du Pilat ! Poissons et crustacés du cru sont à l'honneur (huître en tête) et, pour l'anecdote iodée, la pinasse est le bateau traditionnel du littoral arcachonnais.

Menu 42 € – Carte 45/70 €

2 bis avenue de l'Océan – ✆ 05 56 03 77 87 – www.pinasse-cafe.com

GUJAN-MESTRAS

✉ 33470 – Gironde – Carte régionale n° **18**–B2 – Carte Michelin 335-E7

Bistro' 50

CUISINE MODERNE · BRANCHÉ À 100 m de la plage et du port de la Hume, le chef propose une cuisine moderne et goûteuse, qui s'appuie sur une technique solide (cuissons, bouillons). Avec, comme on l'imagine, un certain penchant pour les produits marins – même si le pied de cochon ficelé à la pomme de terre demeure un incontournable. Aux beaux jours, on profite de la vaste et agréable terrasse.

Menu 18 € (déjeuner), 24/65 € – Carte 50/60 €

50 avenue de la Plage, à La Hume – ✆ 05 57 16 35 43 – www.bistro50.fr – Fermé 7 janvier-6 février, 17-26 novembre, mardi, mercredi

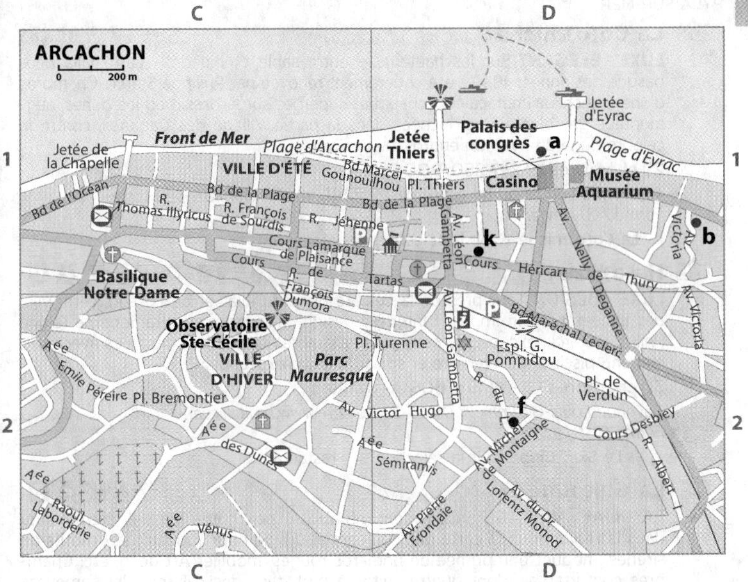

C D

ARCACHON

0 200 m

1 Jetée de la Chapelle Front de Mer Plage d'Arcachon Jetée Thiers Palais des congrès a Jetée d'Eyrac Plage d'Eyrac 1

VILLE D'ÉTÉ Bd Marcel Gounouilhou Pl. Thiers Casino Musée Aquarium

Bd de l'Océan R. Thomas Illyricus Bd de la Plage R. François de Sourdis R. Jéhenne Bd de la Plage

Av. Gambetta Av. Léon k Av. Nelly Deganne Av. Victoria b

Basilique Notre-Dame Cours Cours Lamarque de Plaisance R. de François Dumora Tartas Cours Héricart de Thury Av. Victoria

Observatoire Ste-Cécile VILLE D'HIVER Parc Mauresque Pl. Turenne Av. Léon Gambetta Bd Maréchal Leclerc Espl. G. Pompidou Pl. de Verdun

Aée Emile Péreire Pl. Bremontier R. du L. f Av. Victor Hugo

2 Aée des Dunes Aée Sémiramis Av. Michel de Montaigne Cours Desbiey R. Albert 2

Aée Raoul Laborderie Aée Vénus Av. Pierre Frondaie Av. du Dr Lorentz Monod

C D

PYLA-SUR-MER

✉ 33115 – Gironde – Carte régionale n° **18**–B2

✿✿ Le Skiff Club

CUISINE MODERNE • ÉLÉGANT XX Au sein de cet hôtel basque des années 1930 lové au cœur d'une pinède et relooké par le designer Philippe Starck, le restaurant le Skiff Club est un cocon, installé dans une coquette petite salle à manger décorée façon yacht club. Stéphane Carrade est un capitaine émérite et talentueux : il décline une réjouissante cuisine de "terroir progressif", célébrant l'Aquitaine de superbe manière. Ce chef allie générosité et finesse, comme pour ce homard rôti et travaillé avec de l'avocat grillé et du poivre Cuméo, ou ces noisettes d'agneau des Pyrénées sur leur jus de dattes, accompagnées de lamelles de truffes et de cèpes.

Spécialités : Cuisine du marché.

Menu 110/140 €

Ha(a)ïtza, 1 avenue Louis-Gaume – ✆ 05 56 22 06 06 – www.haaitza.com – Fermé 7 janvier-1er février, le midi sauf dimanche

La Co(o)rniche

CUISINE TRADITIONNELLE • TENDANCE X On s'attable dans une grande salle décorée par Philippe Starck, entourée de baies vitrées ouvertes sur l'immense terrasse : la vue sur le banc d'Arguin et le Cap Ferret ne laissera personne indifférent ! Quant à l'assiette, elle accueille des poissons et fruits de mer de première fraîcheur, à peine sortis de l'onde...

Menu 68 €

46 avenue Louis-Gaume – ✆ 05 56 22 72 11 – www.lacoorniche-pyla.com – Fermé 7-31 janvier

La Co(o)rniche

LUXE • ÉLÉGANT Sur les hauteurs – entre sable et pinède – cette villa néo-basque des années 1930 a été entièrement rénovée par Philippe Starck. Chambres d'une blancheur immaculée, échappées superbes sur le bassin ou les dunes, augmentées de seize autres, nichées dans la partie Village des Cabanes, contre la célèbre dune du Pyla. Un endroit très en vue !

29 chambres – 250/900 €

46 avenue Louis-Gaume – 05 56 22 72 11 – www.lacoorniche-pyla.com – Fermé 7-31 janvier

La Co(o)rniche – Voir la sélection des restaurants

Ha(a)ïtza

LUXE • DESIGN Tout près de la célèbre dune du Pilat et de l'océan, cette villa des années 1930 en impose ! Intérieur design chaleureux et ultramoderne (signé Philippe Starck, excusez du peu), jolies chambres lumineuses décorées avec raffinement, piscine sous verrière et spa... Un lieu d'exception.

30 chambres – 195/605 € – 8 suites

1 avenue Louis-Gaume – 05 56 22 06 06 – www.haaitza.com – Fermé 6-30 janvier

Le Skiff Club – Voir la sélection des restaurants

La Guitoune N

FAMILIAL • VINTAGE Entièrement réhabilité, cet hôtel familial bien connu dans la région joue la carte des couleurs et du glamour : rideaux aux motifs de sirènes, moquette imprimée de homards rouges, mobilier Art déco, etc. Chambres confortables, dont quatre suites à part dans des cabanes, les fameuses "guitounes" !

25 chambres – 90/350 € – 14 €

95 boulevard de l'Océan – 05 56 83 00 00 – www.laguitoune-pyla.com – Fermé 13 janvier-2 février, 1er-15 décembre

BASTELICA – Corse-du-Sud (2A) → Voir Corse

BASTIA – Haute-Corse (2B) → Voir Corse

BATZ-SUR-MER

44740 – Loire-Atlantique – Carte régionale n° **23**-A2 – Carte Michelin 316-B4

La Roche Mathieu

CUISINE TRADITIONNELLE • ÉLÉGANT XX Signe distinctif de cette maison : la formidable vue panoramique qu'elle offre sur les flots. À l'intérieur, le décor surprend et séduit ; on apprécie aussi, bien sûr, la bonne cuisine de la mer, colorée, et agrémentée d'épices.

Menu 21 € (déjeuner), 31/53 € – Carte 40/70 €

28 rue du Golf – 02 40 23 92 12 – restaurant-roche-mathieu.fr – Fermé 27 janvier-4 février, 7-25 juin, 10-24 novembre, lundi

BAUGÉ-EN-ANJOU

49150 – Maine-et-Loire – Carte régionale n° **23**-C2 – Carte Michelin 317-I3

Ô Prestige

CUISINE MODERNE • ÉLÉGANT XX Au cœur de la ville, à l'écart de l'agitation du monde, un petit restaurant comme on les aime : un jeune couple sympathique, une cuisine soignée, des produits de belle fraîcheur comme ces Saint-Jacques rôties dans leur coquille, ou encore ces rognons de veau à la baugeoise.

Menu 26 € (déjeuner), 31/85 € – Carte 55/64 €

4 rue du Cygne – 02 41 89 82 12 – www.oprestige.com – Fermé 1er-15 janvier, 1er-10 mai, 10-23 août, lundi, samedi midi, dimanche soir

⊠ 44500 – Loire-Atlantique – Carte régionale n° **23**-A2 – Carte Michelin 316-B4

Castel Marie-Louise

CUISINE MODERNE • ROMANTIQUE XXX Dans ce manoir début de siècle très feutré, on dîne près des grandes baies ou en terrasse, sous les pins... L'image vivante d'une Belle Époque, pour une cuisine gastronomique inspirée par les produits du moment.

Menu 64/110 € – Carte 73/158 €

1 avenue Andrieu – ✆ 02 40 11 48 38 – www.castel-marie-louise.com – Fermé 1er mars-2 avril, le midi sauf dimanche

Fouquet's

CUISINE CLASSIQUE • LUXE XXX Une adresse chic qui satisfait tous les palais ! Le chef et sa brigade concoctent une cuisine diététique, ainsi que de bons mets traditionnels : curistes et gourmets sont ravis.

Menu 36 € (déjeuner), 49/55 € – Carte 50/80 €

Le Royal La Baule, 6 avenue Pierre-Loti – ✆ 02 40 11 48 48 – www.lucienbarriere.com – Fermé 19 novembre-20 décembre

Carpe Diem

CUISINE MODERNE • CONTEMPORAIN XX Sur la route du golf, faites étape dans ce restaurant ! Ici, le mobilier contemporain cohabite avec la cheminée et les poutres apparentes. La carte laisse le choix entre des plats traditionnels ou plus créatifs.

Menu 33/56 € – Carte 36/60 €

29 avenue Jean-Boutroux – ✆ 02 40 24 13 14 – www.le-carpediem.fr – Fermé 3-23 février, mardi soir, mercredi, dimanche soir

L'Eden Beach

POISSONS ET FRUITS DE MER • ÉLÉGANT XX Face à la baie et presque les pieds dans l'eau... la carte met logiquement à l'honneur le poisson et les fruits de mer. En saison, le menu homard est fort apprécié !

Menu 36 € – Carte 54/100 €

L'Hermitage Barrière, 5 Esplanade Lucien-Barrière – ✆ 02 40 11 46 45 – www.hermitage-barriere.com – Fermé 6 janvier-7 février, 17 février-3 avril, 4 novembre-25 décembre

Saint-Christophe

CUISINE MODERNE • BOURGEOIS XX Confortablement installé à l'abri d'une jolie villa d'architecture balnéaire, ce restaurant à l'atmosphère feutrée, colorée et dandy (banquettes en velours, moquette tigrée, portraits et tableaux) propose une séduisante cuisine terre-mer, ponctuée de touches exotiques, comme autant de souvenirs de voyages du chef.

Menu 21 € (déjeuner), 37/50 € – Carte 40/60 €

Le Saint-Christophe, place Notre-Dame – ✆ 02 40 62 40 00 – www.st-christophe.com – Fermé 6-20 janvier, lundi, dimanche

14 Avenue

POISSONS ET FRUITS DE MER • CONVIVIAL X Voilà une adresse dont les amateurs de poisson vont faire leur cantine ! D'emblée, on vous présente la pêche du jour, d'une fraîcheur sans faille : langoustes de gros calibre, soles, sardines de la Turballe... On se régale de ces beaux produits cuisinés dans le respect des saveurs.

Menu 24 € (déjeuner)/41 € – Carte 43/88 €

14 avenue Pavie – ✆ 02 40 60 09 21 – www.14avenue-labaule.com – Fermé 30 novembre-24 décembre, lundi, mardi, dimanche soir

L'Hermitage Barrière

PALACE • GRAND LUXE Malgré les modes et l'usure du temps, le charme reste intact dans ce palace des années 1920, dont la façade anglo-normande se dresse face à la plage, au milieu des pins. Des vastes chambres élégantes à la piscine chauffée et au hammam, tout ici conspire à votre bonheur...

192 chambres – 729/2179 € – 32 € – 8 suites

5 esplanade Lucien-Barrière – 02 40 11 46 46 – www.hermitage-barriere.com – Fermé 6 janvier-7 février, 17 février-3 avril, 4 novembre-25 décembre

L'Eden Beach – Voir la sélection des restaurants

Le Royal La Baule

SPA ET BIEN-ÊTRE • CLASSIQUE Bien-être et confort dans cet hôtel monumental né en 1896 face à la plage. Chambres contemporaines, lumineuses et imposante suite royale. Sans oublier le bar feutré et le centre de thalasso : hérité de la Belle Époque, le mythe Royal n'est pas prêt de s'éteindre !

73 chambres – 245/1845 € – 32 € – 14 suites

6 avenue Pierre-Loti – 02 40 11 48 48 – www.lucienbarriere.com – Fermé 19 novembre-20 décembre

Fouquet's – Voir la sélection des restaurants

Le Saint-Christophe

TRADITIONNEL • PERSONNALISÉ Quatre villas nichées au creux d'un jardin verdoyant... Le charme agit : architectures 1900 (tourelles, balcons de bois), mobilier ancien, aquarelles signées par la maîtresse de maison, etc.

44 chambres – 69/305 € – 14 €

1 Avenue des Alcyons – 02 40 62 40 00 – www.st-christophe.com

Saint-Christophe – Voir la sélection des restaurants

LES BAUX-DE-PROVENCE

13520 – Bouches-du-Rhône – Carte régionale n° **25**–E1 – Carte Michelin 340-D3

L'Oustau de Baumanière

CUISINE MODERNE • LUXE Formidable ambassadeur de l'art de vivre méditerranéen, le domaine provençal de Baumanière offre un mélange unique de repos, de rusticité et d'élégance. Glenn Viel y compose une partition de haute volée, piochant dans la riche production locale (huile d'olive de la vallée des Baux, légumes bio du jardin de Baumanière, mais aussi poules et cochons) pour composer des assiettes d'une simplicité désarmante, entourées de jolies attentions : accords mets et pains, vaisselle réalisée dans la poterie maison... Le chef se montre aussi à son aise pour rajeunir des recettes mythiques – poularde aux morilles, agneau des Alpilles en croûte, etc. À déguster aux beaux jours sur la terrasse ombragée, face aux Alpilles.

Spécialités : Rouget onctueux, crème fermière, écailles croustillantes et socca. Pigeonneau dans un nid de foin, champignon de Paris légèrement fumé et pulpe d'abricot. Millefeuille tradition Baumanière à la vanille de Madagascar.

Menu 95 € (déjeuner), 135/220 € – Carte 137/196 €

Mas de Baumanière – 04 90 54 33 07 – www.baumaniere.com – Fermé 6 janvier-6 mars

L'Aupiho

CUISINE MODERNE • ÉLÉGANT Une table soignée, rendant un vibrant hommage à la tradition régionale – comment pourrait-il en être autrement sur ces terres privilégiées, au pied des Alpilles et des Baux ? Paradoxe : cette passion du terroir provençal, on la doit à un jeune chef belge, Lieven Van Aken, qui a commencé sa carrière à Bruxelles puis chez Michel Guérard. Les recettes sont subtiles, d'une grande précision, qui n'exclut ni l'audace (comme cette association de l'agneau et de l'anguille fumée) ni l'intensité (comme cette soupe de roche qui accompagne une bouillabaisse revisitée) ; la terrasse, sous des platanes centenaires, n'est pas moins délicieuse...

Spécialités : Huîtres de l'étang de Thau, crème de chou-fleur à la citronnelle et beignet d'araignée de mer. Filet de loup en croûte de noisettes du Piémont. Pêche confite à la verveine, crémeux au citron kalamensi et sorbet au fromage frais.

Menu 87/155€ - Carte 107/168€

Domaine de Manville, Route de Mausanne (au golf) - ✆ 04 90 54 40 20 - www.domainedemanville.fr - Fermé 6 janvier-11 février, lundi, mardi, le midi

La Cabro d'Or

CUISINE PROVENÇALE • MÉDITERRANÉEN XXX Un site superbe, avec une terrasse à l'ombre de mûriers-platanes et une jolie vue sur ces éperons rocheux qui ont fait la célébrité de la cité et de ses environs... Une adresse enchanteresse.

Menu 33€ (déjeuner)/87€ - Carte 85/120€

Baumanière, Mas de Baumanière - ✆ 04 90 54 33 07 - www.baumaniere.com

Le Bistrot de l'Aupiho

CUISINE TRADITIONNELLE • BISTRO X À l'étage, au-dessus de la réception de l'hôtel, le Bistrot vous accueille dans une ambiance simple et chic. Au programme, classiques provençaux, plats du jour inspirés par le marché... et savoureuses pâtisseries - baba au rhum, paris-brest, millefeuille, etc.

Menu 32€ (déjeuner) - Carte 44/55€

Domaine de Manville, Route de Mausanne (au golf) - ✆ 04 90 54 40 20 - www.domainedemanville.fr - Fermé 6 janvier-11 février, dimanche soir

Domaine de Manville

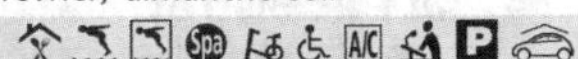

SPA ET BIEN-ÊTRE • ÉLÉGANT Dans un ravissant vallon situé entre les Baux-de-Provence et Maussane-les-Alpilles, cet ancien domaine agricole a été magnifiquement reconverti : golf 18 trous, vastes chambres luxueuses, piscine, cinéma privé et spa... L'alliance du luxe, des vieilles pierres et de la nature provençale.

30 chambres - 325/455€ - 28€ - 9 suites

Route de Mausanne (au golf) - ✆ 04 90 54 40 20 - www.domainedemanville.fr

✿ **L'Aupiho** • **Le Bistrot de l'Aupiho** - Voir la sélection des restaurants

Baumanière

LUXE • CLASSIQUE L'Oustau, la Guigou, le Manoir, la Flora et la Carita : cinq demeures provençales composent ce domaine exceptionnel, situé aux pieds des rochers qui conduisent au Val d'enfer. Les chambres y sont confortables et raffinées ; on profite aussi d'un beau jardin avec piscine et spa. Mythique !

39 chambres - 225/713€ - 30€ - 15 suites Tablet. PLUS

Mas de Baumanière - ✆ 04 90 54 33 07 - www.baumaniere.com - Fermé 6 janvier-6 mars

✿✿✿ **L'Oustau de Baumanière** • **La Cabro d'Or** - Voir la sélection des restaurants

Benvengudo

TRADITIONNEL • MÉDITERRANÉEN Dans son beau jardin paysager, cette bastide et son annexe "côté jardin" dissimulent des chambres d'inspiration provençale, aussi jolies que confortables. Cuisine régionale au restaurant.

20 chambres - 144/384€ - 20€ - 8 suites

Vallon de l'Arcoule - ✆ 04 90 54 32 54 - www.benvengudo.com - Fermé 2 janvier-13 mars, 11 novembre-20 décembre

BAYARD (COL) - Hautes-Alpes (05) → Voir Col Bayard

BAYEUX

✉ 14400 - Calvados - Carte régionale n° **17**-B2 - Carte Michelin 303-H4

✿ Château de Sully

CUISINE MODERNE • ÉLÉGANT XXX Après avoir arpenté les plages du Débarquement et admiré la Tapisserie de Bayeux, franchissez les grilles de ce château du 18e s. Il étire sa longue façade classique au milieu d'un parc à l'anglaise, peuplé de cèdres bleus du Liban, de tilleuls et de séquoias. Vous voilà installés ? Tout est normand dans les assiettes de Nicolas Fages, ou presque : petits légumes, fromage de chèvre et de vache, foie gras de canard... Teintée de souvenirs d'enfance et de voyages, sa cuisine subtile et délicate ondoie en finesse, entre homard du Cotentin, lotte rôtie au cochon de Bayeux ou encore pigeonneau de Suisse... normande, bien-entendu !

Spécialités : Homard du Cotentin à l'huile pimentée, salade d'herbes et de fleurs. Pigeonneau normand en croûte de cumin et de ras-el-hanout, taboulé à la coriandre. Gâteau moelleux de chocolat noir bio, ganache et diplomate au citron jaune et coriandre.

Menu 65/119 € – Carte 77/88 €

route de Port-en-Bessin – ✆ 02 31 22 29 48 – www.chateau-de-sully.com – Fermé 10 novembre-7 janvier, lundi, le midi sauf dimanche

L'Angle Saint-Laurent

CUISINE MODERNE • COSY XX Un cadre plein de fraîcheur, à l'angle des rues St-Laurent et des Bouchers : pierres apparentes, poutres peintes, éclairage tamisé. Les produits de la région ont la part belle à la carte (cochon de Bayeux, huîtres normandes, gruyère de Carrouges...), à travers des recettes savoureuses, originales et joliment ficelées. Voilà un Angle au carré !

Spécialités : Maquereau mariné, cappuccino d'oignon fumé. Goujonnette de plie, haricots coco au fenouil et chorizo de Bayeux. Profiterole, crème glacée au sésame, abricots séchés et sauce chocolat.

Menu 33/44 € – Carte 45/62 €

2 rue des Bouchers – ✆ 02 31 92 03 01 – www.langlesaintlaurent.com – Fermé lundi, samedi midi, dimanche

Au Ptit Bistrot

CUISINE MODERNE • CONVIVIAL X Juste derrière la cathédrale, c'est l'adresse dont tout Bayeux raffole... Comment résister à ces prix d'amis, à cette cuisine du marché fraîche et bien tournée, à cet intérieur élégant et discrètement vintage – poutres, comptoir à l'ancienne –, à ce service tout sourire ? Pensez à réserver à l'avance : les places sont comptées.

Spécialités : Ratatouille servie froide et chorizo snacké. Pêche côtière rôtie à l'huile d'olive noire, tapenade et oignon rouge. Sablé breton, crémeux thym, abricot et brisures de nougat.

Menu 17 € (déjeuner), 30/35 € – Carte 36/55 €

31 rue Larcher – ✆ 02 31 92 30 08 – Fermé 22 mars-6 avril, 22 décembre-6 janvier, lundi, dimanche

Le Lion d'Or

CUISINE MODERNE • CONTEMPORAIN XX Le Lion d'Or rugit plus que jamais. Le chef travaille les produits du terroir normand de belle manière, faisant preuve d'une bonne maîtrise des cuissons et des assaisonnements. Une vraie renaissance.

Menu 19 € (déjeuner), 29/36 € – Carte 59/78 €

71 rue St-Jean – ✆ 02 31 92 06 90 – www.liondor-bayeux.fr – Fermé 29 décembre-23 janvier, lundi midi, samedi midi

La Rapière

CUISINE MODERNE • COSY XX Cette maison du quinzième siècle, nichée dans une ruelle pittoresque, propose sous l'égide de son sympathique chef Simon Boudet une cuisine de saison savoureuse, qui ne saurait renier de solides bases traditionnelles. L'ensemble fleure bon le terroir, et s'enrichit même de touches asiatiques. En garde !

Menu 36/46 €

53 rue St-Jean – ✆ 02 31 21 05 45 – www.larapiere.net – Fermé 12-27 janvier, 15 août-1er septembre, lundi midi, mardi midi, mercredi midi, dimanche

Château de Sully

DEMEURE HISTORIQUE • CLASSIQUE De lourdes grilles, une grande allée ; une très belle entrée en matière pour ce château du 18e s. plein de charme. Les chambres cultivent un luxe discret et l'on aime à flâner sous les frondaisons du parc. Piscine, jacuzzi... Histoire et détente !

23 chambres – 179/249 € – 21 € – 2 suites

route de Port-en-Bessin – ✆ 02 31 22 29 48 – www.chateau-de-sully.com – Fermé 8 novembre-4 février

Château de Sully – Voir la sélection des restaurants

Villa Lara

LUXE • ÉLÉGANT Cet hôtel récent se trouve à deux pas de la célèbre Tapisserie de Bayeux. Les chambres y sont raffinées et donnent toutes sur la cathédrale. Luxe discret et sens du détail concourent à faire de cette adresse l'un des meilleurs établissements de la ville. La Villa Augustine, adjacente, propose quatre somptueuses suites, de chacune plus de 200 mètres carrés.

23 chambres – 220/460 € – 25 € – 9 suites

6 place de Québec – 02 31 92 00 55 – www.hotel-villalara.com – Fermé 1er décembre-28 février

Tardif Noble Guesthouse

HISTORIQUE • CLASSIQUE Amoureux de demeures historiques, cette adresse est pour vous ! Un parc aux arbres centenaires, une architecture remarquable (18e s.), le tout près de la belle cathédrale. Une maison très reposante, avec un cachet certain.

5 chambres – 130/390 €

57 rue Larcher – 02 31 92 67 72 – www.hoteltardif.com

à Audrieu 13 km au Sud - Est par D6 – Carte régionale n° **17**-B2

Le Séran

CUISINE MODERNE • LUXE XXX Boiseries, parquet et poutres d'époque, mobilier de style : bienvenue en ce château du siècle des Lumières, pour un voyage gastronomique empreint de la noblesse des produits de la région. Créativité et vins de choix sont également au rendez-vous.

Menu 75/105 € – Carte 75/100 €

Château d'Audrieu – 02 31 80 21 52 – www.chateaudaudrieu.com – Fermé 1er janvier-28 février

Château d'Audrieu

DEMEURE HISTORIQUE • ÉLÉGANT Superbe ! Un château du 18e s., classé monument historique, rénové dans l'esprit de l'époque, au sein d'un parc ravissant. Jardin de fleurs blanches, de roses, d'herbes... avec même une chambre-chalet suspendue dans les arbres... Avis aux amateurs.

26 chambres – 295/957 € – 27 € – 4 suites

Château d'Audrieu – 02 31 80 21 52 – www.chateaudaudrieu.com – Fermé 1er janvier-28 février

Le Séran – Voir la sélection des restaurants

BAYONNE

64100 – Pyrénées-Atlantiques – Carte régionale n° **18**-A3 – Carte Michelin 342-D2

Auberge du Cheval Blanc

CUISINE CLASSIQUE • ÉLÉGANT XX Ce relais de poste du 18e s. est tenu par la même famille depuis 1959. La salle arbore les couleurs blanc et rouge du Pays basque... et la cuisine revisite le répertoire régional, avec la complicité de bons produits bayonnais (sel, jambon, chocolat, irouléguy, etc.).

Menu 25/45 € – Carte 45/57 €

68 rue Bourgneuf – 05 59 59 01 33 – www.cheval-blanc-bayonne.com – Fermé 29 juin-13 juillet, lundi, samedi midi, dimanche soir

Goxoki

CUISINE TRADITIONNELLE • CLASSIQUE XX Le *goxoki*, c'est l'endroit chaleureux, en basque. Un nom tout indiqué pour ce restaurant du petit Bayonne où officie un chef au parcours solide – il a notamment passé vingt ans auprès de Jean Cousseau, à Magescq. Sa cuisine, très française, fait la part belle aux produits de saison, locaux bien entendu, avec une carte de gibier. Le classicisme dans ce qu'il a de meilleur

Menu 25/69 € – Carte 90/110 €

24 rue Marengo – 05 59 59 49 89 – https://restaurant-goxoki.business.site – Fermé 21 janvier-10 mars, 7-17 juillet, lundi midi, mercredi midi, dimanche soir

La Grange

CUISINE TRADITIONNELLE • CONTEMPORAIN X Dans cette maison en plein cœur de la ville, les vieilles pierres se marient harmonieusement avec une déco plutôt contemporaine. Dans l'assiette, place à une cuisine du marché et quelques spécialités de bistrot à l'accent basque. Et l'été, profitez de la terrasse sous les arcades, au bord de la Nive...

Menu 28/41€ - Carte 35/49€

26 quai Galuperie - 05 59 46 17 84 - Fermé lundi, dimanche

La Table - Sébastien Gravé

CUISINE DU SUD-OUEST • BRANCHÉ X Après le succès de son Pottoka parisien (dans le 7e arrondissement), le chef revient à ses racines bayonnaises. Il compose des plats de bistrot inspirés du meilleur de la production du Sud-Ouest, dont la poitrine de cochon crousti-fondante pourrait devenir l'ambassadrice ! Convivial et chaleureux : indéniablement, la meilleure adresse de Bayonne.

Menu 26€ (déjeuner), 39/55€

21 quai Amiral-Dubourdieu - 05 59 46 14 94 - www.latable-sebastiengrave.fr - Fermé 23 février-9 mars, 3-24 août, lundi, dimanche

BAZOUGES-LA-PÉROUSE

35560 - Ille-et-Vilaine - Carte régionale n° **7**-D2 - Carte Michelin 309-M4

Château de la Ballue

DEMEURE HISTORIQUE • CLASSIQUE De superbes jardins d'esprit baroque et à la française entourent ce château du 17e s., dont les grandes chambres se révèlent raffinées : hauteur sous plafond, boiseries d'époque, mobilier ancien. N'oublions pas la belle piscine avec son jardin zen... et la mare aux canards.

5 chambres - 230/305€ - 20€

Château de la Ballue - 02 99 97 47 86 - www.la-ballue.com

BEAUCOUZÉ - Maine-et-Loire (49) → Voir Angers

BEAUFORT - Nord (59) → Voir Maubeuge

BEAUGENCY

45190 - Loiret - Carte régionale n° **8**-C2 - Carte Michelin 318-G5

Le P'tit Bateau

CUISINE MODERNE • AUBERGE XX C'est au cœur de la cité médiévale que ce P'tit Bateau a mis le cap sur la gourmandise, et les produits frais, avec du poisson en arrivage direct des criées de Bretagne, mais aussi des viandes. Tout est généreux, précis, présenté avec soin et savoureux. À noter : le sympathique patio pour un repas à l'air libre. Une maison qui respire l'envie de bien faire !

Menu 35/75€

54 rue du Pont - 02 38 44 56 38 - www.restaurant-lepetitbateau.fr - Fermé lundi, mardi

BEAULIEU-SOUS-LA-ROCHE

85190 - Vendée - Carte régionale n° **23**-B3 - Carte Michelin 316-G7

Café des Arts

CUISINE TRADITIONNELLE • SIMPLE X Dans cette bourgade paisible, on rencontre Virginie et Antoine Préteux, jeune couple au solide parcours. Antoine mijote une cuisine traditionnelle savoureuse, parsemée de touches modernes : tourte de canard, aile de raie, sauce citronnelle et petits légumes, ou encore baba au rhum revisité... On se régale.

Spécialités : Langoustines pochées, crème de courgettes. Canard, petits pois et framboises à la sarriette. Croustillant chocolat, tanaisie des jardins.

Menu 24€ (déjeuner), 34/42€ - Carte 52/66€

2 rue de la Poste - 02 51 98 24 80 - www.lecafedesarts-beaulieu.com - Fermé 17 février-1er mars, 24-30 août, lundi, mercredi, dimanche soir

BEAULIEU-SUR-DORDOGNE

✉ 19120 – Corrèze – Carte régionale n° **19**–C3 – Carte Michelin 329-M6

Le Turenne

CUISINE MODERNE • CONTEMPORAIN X Décoration minimaliste pour ce restaurant de l'hôtel Turenne. Le beau parcours du chef se lit dans les assiettes, goûteuses et maîtrisées ; mention spéciale au gaspacho de tomate et aux langoustines rôties. La terrasse offre un prolongement rêvé à la gourmandise, et des chambres vous attendent pour l'étape.

Spécialités : Déclinaison de chèvre frais, asperges, magret fumé et fraises. Ris de veau, artichauts poivrade et noisettes torréfiées. Crémeux chocolat et praliné.

Menu 16 € (déjeuner), 27/37 € – Carte 38/62 €

boulevard Saint-Rodolphe-de-Turenne – ✆ 05 55 28 63 60 – www.leturenne.com – Fermé 20 décembre-5 janvier, lundi, mardi

Les Flots Bleus

CUISINE MODERNE • TENDANCE XX Un bon repas en perspective dans cet hôtel-restaurant installé en bordure de Dordogne : on y propose une cuisine dans l'air du temps, basée sur les bons produits de la région. Aux beaux jours, on profitera même de la terrasse donnant sur l'église du village.

Menu 22 € (déjeuner), 27/56 € – Carte 37/58 €

place du Monturu – ✆ 05 55 91 06 21 – www.hotel-flotsbleus.com – Fermé 15 novembre-7 mars, lundi

BEAULIEU-SUR-LAYON

✉ 49750 – Maine-et-Loire – Carte régionale n° **23**–C2 – Carte Michelin 317-F5

Château Soucherie

DEMEURE HISTORIQUE • COSY Sur les coteaux du Layon, un château au cœur d'un domaine viticole de 28 ha. Les chambres, situées dans les dépendances ("La Maison des Amis"), conjuguent à merveille mobilier ancien et confort moderne ! Le plus : une visite de la propriété, avec dégustation, est proposée aux nouveaux arrivants. Une adresse raffinée.

4 chambres ☕ – 👥 115/135 €

Chateau Soucherie – ✆ 02 41 78 31 18 – www.domaine-de-la-soucherie.fr

BEAULIEU-SUR-MER

✉ 06310 – Alpes-Maritimes – Carte régionale n° **25**–E2 – Carte Michelin 341-F5

Restaurant des Rois

CUISINE MODERNE • LUXE XXXX C'est l'un des palaces les plus chics de la Côte d'Azur. Construit en 1880, puis agrandi dans le style de la Renaissance florentine, il accueille à partir des années 1900 têtes couronnées et stars hollywoodiennes, de Rita Hayworth à Frank Sinatra. Les dîners qu'on y prend sur la terrasse face aux flots bleus sont évidemment magiques. La cuisine est désormais mise en œuvre par le chef Julien Roucheteau, de retour de Paris (Table du Lancaster, Scène Thélème). Fidèle à l'histoire de cette maison, il s'emploie à magnifier les produits de la Méditerranée : en sa compagnie, on festoie de caviar, langoustine et dorade, au gré d'une carte qui se concentre sur l'essentiel.

Spécialités : Transparence de langoustine aux éffluves de feuilles de shiso rouge, caviar oscièetre. Vapeur de "cèleriolis" à l'houmous, oseille aux saveurs fenouillées. Soufflé "Réserve" au Grand Marnier, sorbet mandarine berlugane.

Menu 140/215 € – Carte 170/280 €

La Réserve de Beaulieu & Spa, 5 boulevard du Maréchal-Leclerc – ✆ 04 93 01 00 01 – www.reservebeaulieu.com – Fermé 11 octobre-19 décembre, le midi

L'eSCentiel

CUISINE TRADITIONNELLE • BISTRO Charles Séméria, c'est l'enfant du pays : berlugan et fier de l'être. Fini les grands hôtels de la Côte d'Azur, il revient aux fondamentaux dans ce restaurant de poche, situé à deux pas du centre et du port de plaisance. Les plats sont simples et goûteux, et les prix aussi doux qu'un soleil azuréen.

Carte 32/47 €

26 boulevard Maréchal-Leclerc – ✆ 04 93 01 17 33 – www.lescentielbeaulieu.com – Fermé 25 juin-14 juillet, 19 décembre-10 janvier, vendredi soir, samedi, dimanche

La Table de la Réserve

CUISINE MÉDITERRANÉENNE • COLORÉ Cette Table apporte un plus indéniable à l'offre de restauration de ce superbe établissement. La carte, orientée terroir, fait aussi la part belle à la Méditerranée : cannelloni de légumes, pasta ou encore daurade royale rôtie... À déguster dans une ambiance conviviale et décontractée.

Menu 23 € (déjeuner) – Carte 44/78 €

La Réserve de Beaulieu & Spa, 5 Boulevard du Maréchal Leclerc – ✆ 04 93 01 00 01 – www.reservebeaulieu.com – Fermé 11 octobre-19 décembre, lundi, mardi

La Réserve de Beaulieu & Spa

GRAND LUXE • ÉLÉGANT Entre Nice et Monaco, cette architecture digne d'un palais florentin (1880) se détache magnifiquement sur les falaises tombant dans la Méditerranée... Avec ses décors fastueux (mobilier ancien, tapisseries, boiseries, etc.), sa superbe piscine en balcon sur la Grande Bleue, son ponton privé, etc., voilà bien l'une des plus belles adresses de la Riviera !

34 chambres – 230/1755 € – 45 € – 5 suites

5 boulevard du Maréchal-Leclerc – ✆ 04 93 01 00 01 – www.reservebeaulieu.com – Fermé 11 octobre-19 décembre

Restaurant des Rois • **La Table de la Réserve** – Voir la sélection des restaurants

BEAUMESNIL

27410 – Eure – Carte régionale n° **17**-C2 – Carte Michelin 304-E7

L'Étape Louis 13

CUISINE TRADITIONNELLE • CLASSIQUE Près du château de Beaumesnil, au superbe style Louis XIII, ce presbytère du 17e s. distille une ambiance intemporelle... Sous l'égide de ses propriétaires, il est idéal pour se mettre au parfum de la tradition normande : huîtres chaudes au camembert, soufflé léger au calvados, etc. Fraîcheur et saveurs sont au rendez-vous.

Menu 34/46 €

2 route de la Barre-en-Ouche – ✆ 02 32 45 17 27 – www.etapelouis13.fr – Fermé lundi, mardi

BEAUMONT-EN-AUGE

14950 – Calvados – Carte régionale n° **17**-A3 – Carte Michelin 303-M4

Auberge de l'Abbaye

CUISINE TRADITIONNELLE • AUBERGE Cette auberge tient toutes ses promesses. Des produits du terroir bien travaillés, des dressages soignés, de la générosité et un goût pour les herbes fraîches, le tout évoluant au fil des saisons... sans oublier l'intérieur rustique, qui ne manque pas de cachet. Un vrai plaisir.

Menu 27/42 € – Carte 38/58 €

2 rue de la Libération – ✆ 02 31 64 82 31 – www.auberge-abbaye-beaumont.com – Fermé 12-27 janvier, mercredi

ehaurylik/iStock

BEAUNE

✉ 21200 – Côte-d'Or – Carte régionale n° **5**–A3 – Carte Michelin 320-I7

On aime...

Difficile de trouver une ville dont le destin dépende à ce point du vin. Et quelle beauté ! Au cœur du vignoble bourguignon, Beaune est à la fois la capitale viticole de la Bourgogne et une incomparable ville d'art. L'Hôtel-Dieu, la basilique-collégiale Notre-Dame, les remparts, dont les bastions abritent des caves fameuses, constituent l'un des plus beaux ensembles de la région. Les Hospices de Beaune possèdent notamment un extraordinaire vignoble situé sur la côte de Nuits et la côte de Beaune. Chaque année, sous la halle médiévale, a lieu une célébrissime vente aux enchères de ces vins. Dans les ruelles, restées très pittoresques, on trouve bars à vin, restos tendance et boutiques de bouche où les produits du terroir – pain d'épice ou moutarde – et les recettes emblématiques – escargots de Bourgogne ou jambon persillé – figurent en bonne place.

F. Cateloy/Mond Image/age fotostock

Restaurants

✿ Le Jardin des Remparts (Christophe Bocquillon)

CUISINE MODERNE • ÉLÉGANT XXX Cette élégante villa bourgeoise des années 1930 offre le couvert au pied des remparts de la vieille ville. On est accueilli dans deux salles entre classique (cheminée en marbre, parquet ancien) et touches plus modernes, comme les boiseries peintes dans des teintes douces et les tableaux contemporains. Le jeune Christophe Bocquillon a pris les clefs de la maison et signe une cuisine tout en netteté et saveurs, où les meilleurs produits de saison dévoilent des accords originaux. Des huîtres Gillardeau pochées patientent sous un voile de lait fumé et de fines lamelles de citron confit ; le maigre sauvage apprivoise les baies de cassis ; le paleron de bœuf Angus est cuisiné avec des huîtres. Aux beaux jours, la terrasse est l'une des plus prisées de Beaune.

Spécialités : Cuisine du marché.

Menu 32 € (déjeuner), 65/89 € – Carte 94/104 €

Plan A2-a – *10 rue de l'Hôtel-Dieu – ✆ 03 80 24 79 41 – www.le-jardin-des-remparts.com – Fermé 26 avril-4 mai, 18-26 octobre, 20 décembre-31 janvier, lundi, dimanche*

✿ Le Bénaton (Keishi Sugimura)

CUISINE CRÉATIVE • CONTEMPORAIN XX Au cœur de la Bourgogne, Beaune est fameuse pour ses ventes aux enchères annuelles de vins, qui se tiennent entre les murs de ses hospices aux toits de tuiles vernissées. C'est dire si le chef japonais Keishi Sugimura, passionné par la gastronomie et le vin français, est à sa place dans cette ville gourmande. Formé au Japon, le cuisinier voue une passion au pâté en croûte, qui lui valut le titre de vice-champion du monde en 2013. Il régale de beaux produits de saison avec une pointe de créativité, à travers des recettes classiques aux saveurs harmonieuses et aux cuissons millimétrées : sole meunière et vapeur, foie gras de canard, tête de veau rôtie et langoustines, Saint-Jacques en deux façons, meringue moelleuse aux agrumes. Cuisinière elle-même, l'épouse du chef assure le service, qui se déroule l'été sur une terrasse face à un petit jardin japonisant.

Spécialités : Pâté en croûte, pickles maison, kumquats et aubergine brûlée. Filet de volaille de Bresse cuit à basse température, la cuisse confite, champignons et sauce Albufera. Mousse de yuzu et agrumes, glace azuki et biscuit au thé vert matcha.

Menu 34 € (déjeuner), 62/115 € – Carte 100/114 €

Plan A2-b – *25 rue du Faubourg-Bretonnière – ✆ 03 80 22 00 26 – www.lebenaton.com – Fermé 1er-14 janvier, 5-12 août, mercredi, jeudi midi, samedi midi*

✿ Le Carmin (Christophe Quéant)

CUISINE MODERNE • CONTEMPORAIN XX Au bord de la place Carnot, tout proche de l'Hôtel-Dieu, ce restaurant à la façade moderne occupe le rez-de-chaussée d'une vieille maison charmante. Passé dans les établissements de Robuchon et Ducasse, le chef Christophe Quéant y propose une cuisine au goût du jour et de saison, s'appuyant sur de solides bases traditionnelles. Ses produits au top sont tranquillement magnifiés par des cuissons au cordeau et des préparations lisibles et sans chichis. Avant ou après une visite à l'Hôtel-Dieu, on s'assied sur de belles chaises de style Louis XV, au milieu des vieilles pierres... Il y a pire ! On se régale alors d'un pâté en croûte au canard colvert, d'un blanc de volaille fermière, gnocchis et poireaux nains et d'un bouchon bourguignon, flambé au marc de Bourgogne en dessert.

Spécialités : Foie gras de canard, amandes et figue au poivre timut. Suprême et cuisse de pigeon caramélisés, mousseline de pomme de terre. Soufflé aux écorces d'agrumes confites et Cointreau.

Menu 38 € (déjeuner), 58/125 € – Carte 90/120 €

Plan A2-c – *4B place Carnot – ✆ 03 80 24 22 42 – www.restaurant-lecarmin.com – Fermé 23 février-9 mars, lundi, dimanche*

Le Clos du Cèdre

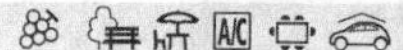

CUISINE MODERNE • ÉLÉGANT XXX Une élégante maison de maître, cossue et pleine de cachet, dans un jardin verdoyant où l'on installe quelques tables l'été venu... Un cadre parfait pour déguster une cuisine à la fois bien dans l'air du temps et solidement ancrée dans la tradition française. Menu plus simple au déjeuner.

Menu 32 € (déjeuner), 58/94 € - Carte 79/98 €

Plan A1-t – *Hostellerie Cèdre, 12 boulevard du Maréchal-Foch – ✆ 03 80 24 01 01 – www.cedrebeaune.com – Fermé 6-28 janvier, lundi, mardi*

Loiseau des Vignes

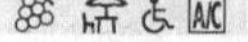

CUISINE MODERNE • ÉLÉGANT XX Situé au centre-ville de Beaune, dans un cadre classique, cette cuisine griffée Loiseau propose une carte actuelle, agrémentée de touches exotiques et de clins d'œil au terroir bourguignon. A noter, une belle carte des vins, avec un choix rare de vins au verre.

Menu 38 € (déjeuner), 59/119 € - Carte 105/141 €

Plan A2-z – *31 rue Maufoux – ✆ 03 80 24 12 06 – www.bernard-loiseau.com – Fermé 26 janvier-12 février, lundi, dimanche*

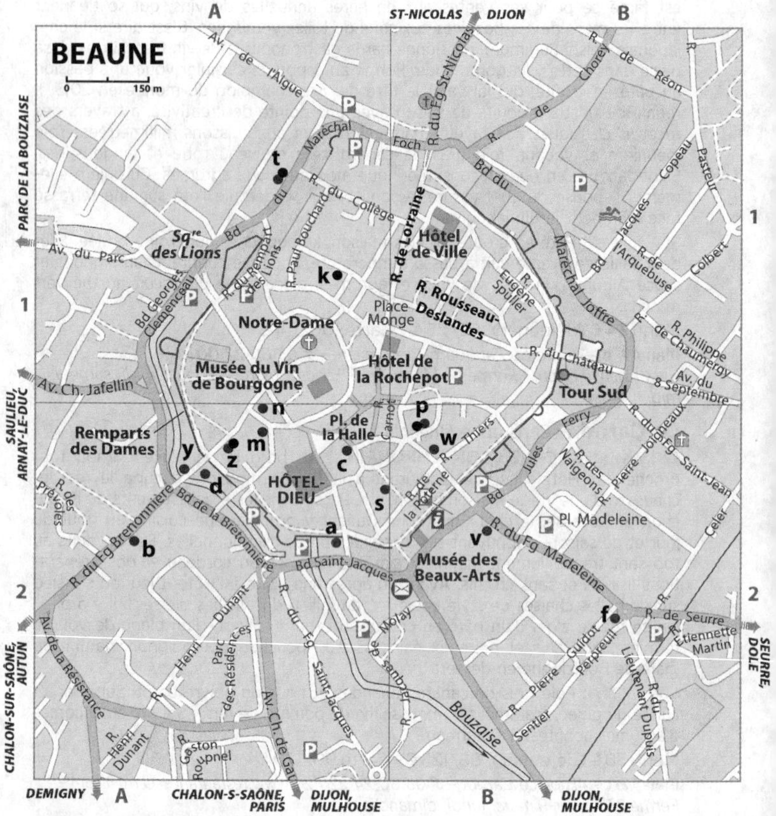

L'Écusson

CUISINE MODERNE • CONTEMPORAIN XX Un Écusson aux couleurs de la gourmandise ! Le chef, passé par des maisons de renom, concocte une cuisine du marché fraîche, goûteuse et inspirée, à l'image des asperges vertes de Provence et tourteau ou du filet d'omble chevalier, pousses de brocoli et ail des ours... à apprécier dans une salle lumineuse et contemporaine.

Menu 25 € (déjeuner), 52/100 € - Carte 65/95 €

Plan B2-f - *2 rue du Lieutenant-Dupuis - ✆ 03 80 24 03 82 - www.ecusson.fr - Fermé 22 février-8 mars, lundi, dimanche*

Bistro de l'Hôtel

CUISINE TRADITIONNELLE • CHIC X Une élégante salle de style bistrot chic, au service d'une cuisine qui honore la tradition et les très beaux produits. La spécialité de la maison ? La volaille de Bresse rôtie ! Quant à la carte des vins, elle est tout simplement impressionnante...

Menu 95 € - Carte 50/120 €

Plan B2-p - *L'Hôtel, 5 rue Samuel-Legay - ✆ 03 80 25 94 10 - www.lhoteldebeaune.com - Fermé 14 décembre-3 janvier, lundi midi, mardi midi, mercredi midi, jeudi midi, vendredi midi, samedi midi, dimanche*

Bissoh

CUISINE JAPONAISE • ÉPURÉ X Dans sa cuisine ouverte, entourée d'un comptoir avec une dizaine de couverts, le chef japonais Mikihiko Sawahata s'affaire avec maestria. Couteaux, chou chinois, huîtres ou encore bœuf Ozaki : avec ces produits remarquables, il réalise de superbes assiettes, inventives et parfumées. Réservation indispensable !

Menu 35/63 €

Plan A2-y - *42 rue Maufoux - ✆ 03 80 24 01 02 - Fermé lundi, mardi*

Caves Madeleine (N)

CUISINE MODERNE • BISTRO X À deux pas du centre-ville, cette cave à manger est un petit bijou. Martial, le chef, s'est acoquiné avec les meilleurs producteurs du coin – y compris les meilleurs vignerons ! – et compose une cuisine saine, savoureuse et pleine de peps. Service décontracté et sans chichi : la vérité est dans le verre et dans l'assiette.

Menu 23 € (déjeuner)/55 € - Carte 40/60 €

Plan B2-v - *8 rue du Faubourg-Madeleine - ✆ 03 80 22 93 30 - Fermé mercredi, dimanche*

L'Expression (N)

CUISINE MODERNE • CONTEMPORAIN X Cette nouvelle adresse du centre-ville au cadre contemporain (cuisines ouvertes, cave vitrée) propose de jolis produits de saison et de belles pièces à partager (poisson du marché entier, côte de bœuf de Galice). Ici, les cuissons se font à haute température dans un four à charbon du bois et dans une ambiance conviviale. Vins triés sur le volet.

Carte 54/83 €

Plan A2-n - *11 rue Maufoux - ✆ 03 80 80 05 89 - Fermé mardi, mercredi*

Ma Cuisine

CUISINE TRADITIONNELLE • BISTRO X Un bistrot convivial, où tout tourne autour du vin, avec un choix hors pair de quelque 800 crus (le patron est fin connaisseur de breuvages). Le chef régale sa clientèle d'une cuisine traditionnelle sans fioriture, qui va droit au but - escargots, foie gras, côte de veau, crème caramel - dans une ambiance qui est l'antithèse du bling-bling. Revigorant.

Menu 28 € - Carte 36/80 €

Plan A2-s - *passage Ste-Hélène - ✆ 03 80 22 30 22 - Fermé 1er-31 août, mercredi, samedi, dimanche*

Le Maufoux

CUISINE DU MARCHÉ • BISTRO Ce sympathique bistrot au cadre contemporain, tenu par l'équipe du Soufflot à Meursault propose une cuisine simple mais goûteuse et généreuse ; escargots en persillade, saumon fumé maison, cassoulet "allégé" (les plats chauds souvent servis en cocotte), cheesecake etc. Belle sélection de vins à prix d'ami.

Menu 32 €

Plan A2-d – *45 rue Maufoux – 03 80 80 02 40 – www.lemaufoux.fr – Fermé samedi, dimanche*

Le Relais de Saulx

CUISINE MODERNE • RUSTIQUE Olivier Streiff a repris avec sa compagne cette maison de caractère (1673) du centre de Beaune, non loin des Hospices. Il y sert une cuisine bistronomique goûteuse et sans esbroufe, parfois même canaille, qui régalera les amateurs de beaux produits bio… avec presque toujours un risotto à la carte, son dada !

Menu 36 €

Plan A2-m – *6 rue Louis-Véry – 03 80 22 01 35 – Fermé 13 février-3 mars, 24 août-3 septembre, 20-29 décembre, lundi midi, samedi, dimanche*

La Superb

CUISINE MODERNE • CONVIVIAL Sis dans une petite rue commerçante proche de la place Carnot, au cœur de la vieille ville, ce "bar à manger" contemporain propose une cuisine du marché, rythmée par les saisons, habile à valoriser de beaux produits. Sans oublier le sympathique menu déjeuner ! Goûteux et sans superflu.

Menu 28 € (déjeuner) – Carte 48/70 €

Plan B2-w – *15 rue d'Alsace – 03 80 22 68 53 – Fermé lundi, dimanche*

Hôtels & maisons d'hôtes

Le Cep

LUXE • HISTORIQUE Le Cep ? Une myriade d'hôtels particuliers et de maisons anciennes (16e et 18e s.) dont les chambres, très personnalisées prennent des airs de musée – tissus d'éditeurs, lustres à pampilles, plafonds à la française, mobilier choisi… Avec, avantages non négligeables, un service conciergerie, un spa complet, et pour les noctambules ou les insomniaques, un bar chic ouvert 24h/24.

38 chambres – 169/329 € – 22 € – 24 suites

Plan A2-z – *27 rue Maufoux – 03 80 22 35 48 – www.hotel-cep-beaune.com*

Hostellerie Cèdre

LUXE • ÉLÉGANT Dans le jardin, un cèdre majestueux et… cette belle demeure bourgeoise (début 20e s.) empreinte de classicisme. Boiseries, moulures, mobilier de style et sens du confort : rien ne manque.

40 chambres – 198/390 € – 25 €

Plan A1-t – *12 boulevard du Maréchal-Foch – 03 80 24 01 01 – www.cedrebeaune.com – Fermé 6-28 janvier*

Le Clos du Cèdre – Voir la sélection des restaurants

Chez Les Fatien

LUXE • PERSONNALISÉ Mobilier chiné, cheminées, lustres de Murano, baignoires sur pieds… le luxe sans tapage, dans une belle bâtisse en pierre. Au petit-déjeuner, on savoure de bons produits du terroir et, pour la détente, il est même possible de louer des vélos. L'une des meilleures adresses de Beaune !

4 chambres – 270/345 €

Plan A1-k – *17 rue Ste-Marguerite – 03 80 22 82 84 – www.hotel-fatien-beaune.com*

à Aloxe-Corton 6 km au Nord par A6, E15, E60

Villa Louise

MAISON DE CAMPAGNE • COSY Une belle demeure vigneronne du 17e s. avec son espace bien-être et son beau jardin se perdant dans les parcelles de Corton... L'ambiance est cosy à souhait et les chambres, toutes différentes, dégagent un vrai charme. Produits locaux au petit-déjeuner.

14 chambres - 98/240 € - 18 €

Hors plan *- 9 rue Franche - 03 80 26 46 70 - www.hotel-villa-louise.fr - Fermé 11 janvier-20 février*

à Chorey-lès-Beaune 4,6 km au Nord - Est par D974 et D20

Ermitage de Corton

CUISINE MODERNE • CHIC XXX Actuelle et soignée : telle est la cuisine de ce doux Ermitage, qui n'oublie pas de célébrer aussi les indémodables de la Bourgogne - œufs en meurette, escargots... Décor élégant, terrasse devant les vignes, chambres spacieuses pour l'étape.

Menu 30 € (déjeuner), 47/79 € - Carte 40/82 €

Hors plan *- D974 - 03 80 22 05 28 - www.ermitagecorton.com - Fermé 16 février-18 mars, 22-27 décembre*

à Levernois 5 km au Sud - Est par rte de Verdun - sur - le - Doubs, D970 et D111L - Carte régionale n° **5**-A3

Hostellerie de Levernois

CUISINE MODERNE • ÉLÉGANT XXXX Au cœur d'un grand parc traversé par une rivière, cette belle bâtisse s'enorgueillit de quelques vieilles pierres datant du 18e s. Le restaurant, lui, est installé tout dans une maison élégante (19e s.) dont la salle à manger donne sur un jardin à la française. Un cadre bucolique à souhait. Le chef Philippe Augé y cisèle une cuisine de saison bien exécutée, réalisée sur de belles bases classiques - langoustine au poivre Timut, poireaux crayons, artichauts, tomates confites et chorizo ; blanquette de turbot, légumes primeur, champignons et sauce au chablis. Gardez une petite place en fin de repas pour le plateau de fromages qui compte plus d'une quarantaine de variétés ! Boutique et cave de dégustation.

Spécialités : Risotto acquerello au vert, cuisses de grenouilles et escargots de Bourgogne, crème d'ail doux. Volaille de Bresse en deux services. Soufflé chaud au Grand Marnier.

Menu 75/120 € - Carte 101/122 €

Hors plan *- rue du Golf - 03 80 24 73 58 - www.levernois.com - Fermé 2 février-10 mars, lundi midi, mardi midi, mercredi midi, jeudi midi, vendredi midi, samedi midi*

Le Bistrot du Bord de l'Eau

CUISINE TRADITIONNELLE • CONVIVIAL X Une belle âme rustique - des pierres, des poutres, une cheminée - pour une cuisine traditionnelle et des plats du terroir. Œufs façon meurette, poitrine de cochon, blanquette de veau, à déguster au coin du feu ou sur la terrasse, au bord de la rivière... Gourmand et appétissant !

Menu 30 € (déjeuner)/34 € - Carte 42/63 €

Hors plan *- Hostellerie de Levernois, rue du Golf - 03 80 24 89 58 - www.levernois.com - Fermé 2 février-10 mars, mardi soir, mercredi soir*

Hostellerie de Levernois

LUXE • ÉLÉGANT Le chant de la rivière qui traverse le parc, une élégante gentilhommière du 19e s. et ses dépendances, un bistrot au bord de l'eau et un très bon "gastro"... Quant aux chambres, elles mêlent avec beaucoup de finesse le contemporain et l'ancien. Tenue parfaite, fonctionnement excellent, avec du style et du caractère !

22 chambres - 210/315 € - 25 € - 4 suites

Hors plan *- rue du Golf - 03 80 24 73 58 - www.levernois.com - Fermé 2 février-10 mars*

Hostellerie de Levernois • **Le Bistrot du Bord de l'Eau** - Voir la sélection des restaurants

à Pernand-Vergelesses 7 km au Nord par D18 – Carte régionale n° **5**-A3

✿ Le Charlemagne

CUISINE CRÉATIVE • CONTEMPORAIN XXX Au cœur de ce vignoble dédié au corton-charlemagne, Laurent Peugeot et son chef régalent leurs convives dans un intérieur zen et contemporain, propice à la gourmandise. La cuisine, entre France et Japon (jusqu'à la carte, présentée sous forme de manga !), est parcourue d'associations surprenantes mais qui fonctionnent toujours. Des créations atypiques, éminemment personnelles, basées sur des produits issus des circuits courts et sélectionnés avec soin. Le tout s'accompagne d'une carte des vins magnifique – ce n'est pas un hasard, notre hôte est lui-même un connaisseur... et un producteur de vin.

Spécialités : Foie gras poêlé, nashi et marmelade de pruneaux. Bœuf Wagyu de Kobe, pâte de sésame, acidulé yuzu, shimeji et pickles. Chocolat, crémeux à la Chartreuse, crosmesquis au poivre timut et brownie soja.

Menu 39 € (déjeuner), 64/115 € – Carte 95/135 €

Hors plan *– 1 route des Vergelesses – ✆ 03 80 21 51 45 – www.lecharlemagne.fr – Fermé mardi, mercredi*

à Pommard 4,5 km au Sud - Ouest par D974

Auprès du Clocher

CUISINE MODERNE • CONTEMPORAIN XX Au cœur du village, ce restaurant contemporain donne sur... l'église ; c'est charmant, bien sûr, mais on vient et revient surtout pour la cuisine locavore (légumes bio, notamment) et la carte des vins de la région – le patron est sommelier de formation. Simple et agréable !

Menu 28 € (déjeuner), 55/70 € – Carte 50/65 €

Hors plan *– 1 rue de Nackenheim (près de l'église) – ✆ 03 80 22 21 79 – www.aupresduclocher.com – Fermé mardi, mercredi*

Le Clos du Colombier

MAISON DE CAMPAGNE • PERSONNALISÉ Une belle demeure de maître (1835) raffinée – beaux parquets et moulures, trumeaux, mobilier ancien – et pleine de personnalité. L'espace bien-être (jacuzzi, sauna) donne directement sur les vignes qui entourent la maison... Nota bene : pas de télé ! Restauration sur réservation pour les hôtes.

11 chambres – 160/280 € – 18 €

Hors plan *– 1 rue du Colombier – ✆ 03 80 22 00 27 – www.closducolombier.com – Fermé 30 novembre-15 mars*

à Savigny-lès-Beaune 7 km au Nord par D18 et D2

Le 428 (N)

CUISINE MODERNE • CONTEMPORAIN XX L'ancien restaurant l'Ouvrée est devenu le 428. L'Ouvrée est la mesure de surface viticole en Bourgogne. Une ouvrée équivaut à 428 m², soit la surface de vigne qui pouvait être bêchée par un vigneron en une journée, et d'où le nom du restaurant... le 428. Aux fourneaux de ce 428, Christophe Ledru, chef talentueux, vu dernièrement au Cèdre à Beaune, passé notamment chez Ducasse. Dans une salle contemporaine et épurée, il propose une cuisine actuelle et soignée, accompagnée d'une jolie sélection de vins du village (entre autres).

Menu 27 € (déjeuner), 33/85 €

Hors plan *– 54 rue de Bourgogne – ✆ 03 80 21 51 52 – www.louvree.fr – Fermé 6 janvier-2 février, lundi, mardi midi, dimanche soir*

à Volnay 5 km au Sud - Ouest par D974

L'Agastache

CUISINE MODERNE • COLORÉ X Le bouche-à-oreille a imposé progressivement cette table dans la région, et c'est mérité : le chef est très attentif à la qualité de ses produits (veau de l'Aveyron, pigeonneau de Pornic, produits des fermes aux alentours) et sa cuisine se révèle aussi gourmande que bien équilibrée.

Menu 25 € (déjeuner), 40/45 €

Hors plan *– 1 rue de la Cave – ✆ 03 80 21 12 30 – www.lagastache-restaurant.com – Fermé lundi, dimanche*

BEAURECUEIL - Bouches-du-Rhône (13) → Voir Aix-en-Provence

LE BEAUSSET

83330 - Var - Carte régionale n° **24**-B3 - Carte Michelin 340-J6

Auberge La Cauquière

CUISINE MODERNE • AUBERGE X Le chef-propriétaire de cette ancienne auberge mitonne une cuisine au goût du jour, soignée et parfumée : pressé de légumes confits et de brousse de brebis, quasi de veau cuit au sautoir à l'ail confit et artichaut barigoule... De quoi repartir du bon pied !

Menu 35/55€ - Carte 40/60€

7 rue du Chanoine-Boeuf - ✆ 04 94 74 98 15 - www.lacauquiere.fr - Fermé 3-26 janvier, 17 février-3 mars, lundi, mardi

BEAUVAIS

60000 - Oise - Carte régionale n° **14**-B2 - Carte Michelin 305-D4

La Baie d'Halong

CUISINE VIETNAMIENNE • EXOTIQUE X Fermez les yeux, vous êtes en Asie. Dans ce restaurant, le chef prépare une excellente cuisine vietnamienne alliant bons produits frais et savants dosages d'épices. Attention, l'adresse fait souvent salle comble le soir, d'autant que l'accueil, d'une gentillesse exquise, invite à prendre des habitudes...

Spécialités : Dégustation de plusieurs spécialités. Bœuf au saté. Nage de perles du Japon, coco caramélisé et fruits frais.

Menu 29/43€

49 rue de la Madeleine - ✆ 03 44 45 39 83 - Fermé 26 avril-11 mai, 2-25 août, 20 décembre-7 janvier, lundi, samedi midi, dimanche

Autrement

CUISINE MODERNE • TENDANCE XX Légèrement à l'écart du centre-ville, une petite adresse tranquille qui permet de voir la vie... autrement. Le chef, originaire de la région, maîtrise parfaitement cuissons et assaisonnements et travaille de bons produits ; sa cuisine, originale et colorée, a le mérite de la clarté... et son dessert signature fait toujours mouche : le paris-brest !

Menu 25€ (déjeuner)/60€ - Carte 40/75€

128 rue de Paris (quartier Voisinlieu) - ✆ 03 44 02 61 60 - www.autrement-restaurant.fr - Fermé 22 février-1er mars, 10-30 août, lundi, mercredi soir, samedi midi, dimanche soir

Le Senso

CUISINE MODERNE • ÉPURÉ XX Sur la place du marché, ce restaurant joue la carte de la simplicité, avec un décor contemporain de belle facture. Quelques touches créatives à signaler dans les assiettes du chef, qui porte une attention toute particulière aux dressages. Ne manquez pas sa spécialité : le kouign amann.

Menu 20€ (déjeuner), 45/65€

25 rue d'Agincourt - ✆ 03 64 19 69 06 - lesensorestaurant.free.fr - Fermé 1er-14 septembre, lundi, dimanche

BEAUVOIS-EN-CAMBRÉSIS

59157 - Nord - Carte régionale n° **13**-C3 - Carte Michelin 302-I7

Le Contemporain

CUISINE MODERNE • TENDANCE X Un couple expérimenté tient les rênes de cette maison de famille datant du 19e s., devenue un restaurant en 2008. Lui assure le service et l'accueil, en plus de l'entretien du potager ; elle, aux fourneaux, met en valeur cette production maison dans des assiettes savoureuses. Véranda moderne et lumineuse.

Menu 52€

4 rue Jean-Jaurès - ✆ 03 27 76 03 17 - www.restaurant-lecontemporain.fr - Fermé 17-23 août, lundi, mardi soir, mercredi soir, samedi midi, dimanche soir

BEAUZAC

✉ 43590 - Haute-Loire - Carte régionale n° **1**-C3 - Carte Michelin 331-G2

🍴 L'Air du Temps

CUISINE TRADITIONNELLE • CONVIVIAL XX Dans ce petit hameau de la vallée de la Loire, une accueillante maison de pays, très lumineuse. La cheffe y concocte une copieuse cuisine régionale ; une étape généreuse que l'on peut prolonger grâce aux chambres, coquettes et confortables.

Menu 14 € (déjeuner), 25/60 € - Carte 42/60 € (à Confolent)

✆ 04 71 61 49 05 - www.airdutemps-restaurant.fr - Fermé 1er janvier-4 février, 17 avril-6 mai, 16 octobre-4 novembre, lundi, dimanche soir

BEBLENHEIM

✉ 68980 - Haut-Rhin - Carte régionale n° **10**-C2 - Carte Michelin 315-H8

🍴 Auberge Le Bouc Bleu Ⓝ

CUISINE MODERNE • FAMILIAL XX Livres et objets anciens donnent un air de brocante à ce petit restaurant campagnard situé non loin de l'église. L'endroit est tenu par un couple sympathique, qui travaille en famille et met en avant les bons produits du marché. Quant à la carte des vins, elle fait carrément le tour de France !

Menu 19 € (déjeuner), 37/56 € - Carte 49/59 €

2 rue du 5-Décembre - ✆ 03 89 47 88 21 - www.aubergeleboucbleu.com - Fermé 11-27 mars, mercredi, jeudi, vendredi midi

BÉDARIEUX

✉ 34600 - Hérault - Carte régionale n° **21**-B2 - Carte Michelin 339-D7

à Hérépian 6 km au Sud - Est par D908

🍴 L'Ocre Rouge

CUISINE MODERNE • MÉDITERRANÉEN XX Un relais de poste à la façade... ocre rouge. Sous les voûtes des anciennes écuries ou dans la cour intérieure, on apprécie une cuisine de saison où dominent les produits frais et locaux. À déguster (au déjeuner) sur la terrasse. Quelques jolies chambres sous les toits, sans télévision.

Menu 33/39 € - Carte 47/56 €

12 place de la Croix - ✆ 04 67 95 06 93 - www.locrerouge.fr - Fermé 16 novembre-16 janvier, lundi midi, mardi midi, mercredi midi, jeudi midi, vendredi midi, samedi midi, dimanche

à Villemagne-l'Argentière 8 km à l'Ouest par D908 et D922

🍴 Auberge de l'Abbaye

CUISINE MODERNE • RUSTIQUE X Un petit village médiéval. Dans un recoin, une tour du 12e s. qui jette son ombre sur un mur en pierres. Et derrière ce mur, cette délicieuse auberge qui gagne à être connue. On y sert une bonne cuisine au goût du jour, qui privilégie les circuits courts. À déguster dans une atmosphère monastique.

Menu 33/55 €

4 place de l'Abbaye - ✆ 04 67 95 34 84 - www.aubergeabbaye.com - Fermé 20-29 avril, 2-17 novembre, 21 décembre-15 janvier, lundi, mardi soir, mercredi, samedi midi, dimanche soir

BELCASTEL

✉ 12390 - Aveyron - Carte régionale n° **22**-C1 - Carte Michelin 338-G4

Vieux Pont (Nicole Fagegaltier et Bruno Rouquier)

CUISINE MODERNE • CONVIVIAL XX Niché dans la verdure et dominé par son château, le paisible bourg de Belcastel grimpe en étages sur la rive droite de l'Aveyron. Rien de mieux, pour s'ouvrir l'appétit, que ses rues couvertes de pavés ou de galets ainsi que ses calades escarpées ! Régaler les hôtes de passage, c'est une tradition dans cette maison familiale ouverte par les grands-parents des deux sœurs Nicole et Michèle Fagegaltier, désormais aux commandes. La carte, alléchante comme il se doit, met en avant l'agneau et le veau de l'Aveyron et du Ségala, le bœuf d'Aubrac, le porc noir de Bigorre, l'oignon doux des Cévennes mais aussi des poissons et des fromages fermiers. Foie de canard poêlé, crumble aux noix et potimarron, ou encore ris d'agneau poêlé à l'huile de sarriette et carottes : qu'il est bon ce Vieux Pont !

Spécialités : Ris d'agneau rissolés, sauce acidulée au safran et chips au curcuma. Poitrine de pigeon, beurre de noix, riz sauvage, jus de viande et huile de sarriette. Biscuit chocolat, crème glacée au poivre du Sichuan, caramel et gelée pamplemousse.

Menu 35 € (déjeuner), 58/98 € - Carte 68/83 €

05 65 64 52 29 - www.hotelbelcastel.com - Fermé 2 janvier-7 mars, 29 juin-3 juillet, lundi, mardi, dimanche soir

BÉLESTA

✉ 66720 - Pyrénées-Orientales - Carte régionale n° **21**-B3 - Carte Michelin 344-G6

La Coopérative

CUISINE CRÉATIVE • DESIGN XX Cet ancien chai a conservé sa charpente métallique : l'endroit, très spacieux et confortable, a un charme fou ! Côté assiette, le chef nous régale avec des plats très inventifs, pleins de saveurs, faisant la part belle aux produits de saison... sans oublier de les accompagner de bons vins du village et de la région.

Menu 45/109 € - Carte 98/113 €

Riberach, 2 route de Caladroy - 04 68 50 30 10 - www.riberach.com - Fermé 1er janvier-31 mars, 11 novembre-20 décembre, lundi, mardi

Riberach

LUXE • DESIGN Au pied du château médiéval, l'ancienne coopérative viticole s'est muée en hôtel de charme. Matériaux bruts, terrasses privatives : les chambres sont zen, design... avec vue sur les vignes. La piscine, filtrée naturellement, est ravissante.

18 chambres - 165/210 € - 18 € - 6 suites

2 route de Caladroy - 04 68 50 30 10 - www.riberach.com - Fermé 1er janvier-31 mars, 11 novembre-20 décembre

La Coopérative - Voir la sélection des restaurants

BELFORT

✉ 90000 - Territoire de Belfort - Carte régionale n° **6**-C1 - Carte Michelin 315-F11

Les Capucins

CUISINE MODERNE • COSY XX Râble de lapin en ballotine farcie de citron confit au sel ; œuf cuit à 63°C comme une carbonara ; pied de cochon, foie gras poêlé et sauce Périgueux... Voici les belles spécialités que l'on déguste dans cet hôtel-restaurant installé dans les anciennes brasseries Wagner. Belle carte des vins (près de 500 références).

Spécialités : Betterave rouge, crème de cancoillotte, caviar de hareng fumé et framboises marinées. Truite de Delle, beurre blanc au pontarlier, brownie aux épinards. Rocher coco, ganache mangue, caramel passion.

Menu 23 € (déjeuner), 33/65 € - Carte 40/65 €

20 faubourg de Montbéliard - 03 84 28 04 60 - www.hotellescapucins.com - Fermé 3-25 août, 21 décembre-5 janvier, samedi, dimanche

Le Dix'vins

CUISINE MODERNE • BISTRO X Cuisine dans l'air du temps, bien tournée, aux cuissons justes, pour ce bistrot de Belfort. A noter quelques audaces sur les choix de produits ; poulpe, omble, médaillon de pied de porc et jus corsé. L'atmosphère est sympathique et le service avenant.

Menu 16 € (déjeuner)/35 € - Carte 38/50 €

3 bis rue du Comte-de-la-Suze - 09 67 58 39 50 - Fermé lundi, dimanche

Le Pot au Feu

CUISINE TRADITIONNELLE • RUSTIQUE X Dans l'une des plus jolies rues de la vieille ville, au pied de la citadelle, un restaurant pittoresque, installé dans une belle cave tout en pierre, assez romantique le soir venu. Au menu, des recettes au goût d'autrefois, tels le pot-au-feu au foie gras et le baeckeofe, spécialités de la patronne. Belle carte des vins.

Menu 21€ (déjeuner), 26/36€ – Carte 21/55€

27 bis Grande-Rue – ✆ 03 84 28 57 84 – www.lepotaufeu.fr – Fermé 1er-6 janvier, 10-16 août, lundi midi, samedi midi, dimanche

à Danjoutin 3 km au Sud – Carte régionale n° **6**-C1

Le Pot d'Étain (Philippe Zeiger)

CUISINE MODERNE • CONTEMPORAIN XX À quelques minutes du Lion de Belfort, ce Pot d'Étain brille de gourmandise grâce à un argentier de talent, le chef Philippe Zeiger. Il a relooké cette adresse incontournable qui se décline en trois salles, dont une table d'hôtes et un salon privatif. Il propose une cuisine précise et équilibrée, sans fausse note, appuyée sur des produits d'une fraîcheur irréprochable et, de temps à autre, des mariages de saveurs inédits. Ainsi la lotte et jus de coquillages, avec une belle gambas vapeur, une marinière de moules subtilement relevée au combawa, accompagnée d'une garniture au cordeau : asperges vertes croquantes et pois (très) gourmands. Une gourmandise qui file droit à l'essentiel ! À noter aussi, le rapport qualité-prix bluffant.

Spécialités : Raviole ouverte de pied de cochon et coquillages, écume iodée. Ris de veau caramélisé, fricassée de girolles au vin jaune. Soufflé au thym citron du jardin, sorbet fraise.

Menu 35€ (déjeuner), 58/98€ – Carte 85/120€

4 avenue de la République – ✆ 03 84 28 31 95 – www.restaurant-potdetain.fr – Fermé lundi, samedi midi, dimanche soir

à Sevenans 5 Km à l'Ouest par N1019 et D437

La Tour Penchée

CUISINE MODERNE • ÉLÉGANT XX Des produits frais de qualité, des préparations et dressages soignés : on sent dans cette maison la patte d'un cuisinier solide, qui a fréquenté plusieurs tables étoilées. Salade de tourteau des côtes bretonnes ou filet de turbot rôti aux herbes s'accompagnent d'une carte des vins bien fournie.

Menu 25€ (déjeuner), 55/85€ – Carte 65/92€

2 rue de Delle – ✆ 03 84 56 06 52 – www.latourpenchee.com – Fermé 6-14 janvier, 3-18 août, lundi, mardi, dimanche soir

BELLE-ÉGLISE

✉ 60540 – Oise – Carte régionale n° **14**-B3 – Carte Michelin 305-E5

La Grange de Belle-Église (Marc Duval)

CUISINE CLASSIQUE • ÉLÉGANT XXX Il y a des noms de restaurant et de village qui font très "France éternelle" : la Grange de Belle-Église relève de cet imaginaire bucolique et gourmand. On s'attend à y déguster de belles recettes traditionnelles réalisées avec amour à partir de bons produits issus des campagnes environnantes. Gagné ! Dans cette ancienne grange à charbon reconvertie en un havre paisible et cossu, la bonne chère revêt ses plus beaux atours. Le chef Marc Duval fait assaut de classicisme, non sans s'autoriser des écarts modernes. Noix de Saint-Jacques, jus au sauternes et fruits d'automne, dos de saumon au verjus, potimarron à la myrte, bar de ligne et moules de bouchot, et autres pigeonneau et ris de veau se dégustent dans une salle à manger feutrée qui s'ouvre aux beaux jours sur un jardin pimpant.

Spécialités : Escalope de saumon fumé tiède et caviar. Bar rôti, fraîcheur de tomates fondues et jus au safran. Fraises mara des bois, crémeux citron-yuzu et pain aux pralines.

Menu 27€ (déjeuner), 64/85€ – Carte 115/180€

28 boulevard René-Aimé-Lagabrielle – ✆ 03 44 08 49 00 – www.lagrangedebelleeglise.fr – Fermé 17 février-3 mars, 10-25 août, lundi, mardi midi, dimanche soir

BELLE-ÎLE-EN-MER ✉ 56360 - Morbihan - Carte régionale n° **7**-B3 - Carte Michelin 308-L10

BANGOR

✉ 56360 - Morbihan - Carte régionale n° **7**-B3 - Carte Michelin 308-L11

La Table de la Désirade

CUISINE MODERNE • CONVIVIAL XX Sans doute l'une des meilleures tables de Belle-Île-en-Mer ! Derrière les fourneaux, le chef signe une cuisine dans l'air du temps en privilégiant les petits producteurs de l'île. Ainsi, dans un charmant décor, tout de bois et pierre vêtu, les désirs des gourmets ne tardent pas à devenir réalité...

Menu 36 € (déjeuner), 58/79 €

Le Petit-Cosquet - ✆ 02 97 31 70 70 - www.hotel-la-desirade.com - Fermé 4 janvier-3 avril, 1er novembre-30 décembre

LE PALAIS

✉ 56360 - Morbihan - Carte régionale n° **7**-B3

L'Annexe

CUISINE BRETONNE • BISTRO X Dans cet ancien café de marins, datant des années 1950, le décor est resté retro ! On vient ici pour l'atmosphère conviviale et la qualité des crêpes, à l'instar de cette Palatine aux filets de sardines fraîches rôties, et concassé de tomate. Les habitués s'y pressent : c'est toujours bon signe.

Carte 10/27 €

3 quai de l'Yser - ✆ 02 97 31 81 53 - Fermé 6 janvier-3 avril, mercredi

Le Goéland

CUISINE TRADITIONNELLE • CONVIVIAL X Ce bistrot rétro propose une cuisine canaille et gourmande, autour des poissons (grillés, en croûte de sel, etc.) et des légumes bio, issus d'un producteur de l'île et du potager du patron (plus de 30 variétés de tomates !). Parmi les spécialités : sardines marinées, fricassée de palourdes, charcuterie de la mer.

Menu 31 € - Carte 37/69 €

3 quai Vauban - ✆ 02 97 31 81 26 - Fermé 7 janvier-6 février, 1er-19 décembre, lundi

Citadelle Vauban Hôtel-Musée

HISTORIQUE • INSOLITE Cet hôtel-musée a investi la citadelle Vauban. Les chambres, décorées sur le thème de la Compagnie des Indes, donnent presque toutes sur la mer et invitent à des rêves de voyage.

55 chambres - 122/370 € - 19 €

rue de la Citadelle - ✆ 02 97 31 84 17 - www.citadellevauban.com - Fermé 1er octobre-30 avril

PORT-GOULPHAR

✉ 56360 - Morbihan - Carte régionale n° **7**-B3

Le 180°

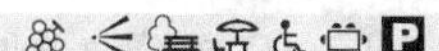

CUISINE CRÉATIVE • ÉLÉGANT XXX À la barre de ce bateau, avec vue imprenable sur l'anse de Goulphar, le chef concocte des recettes créatives, avec les meilleurs produits de l'île, comme ce beau menu homard. Une traversée vivifiante, pleine d'embruns, de talent et de fraîcheur.

Menu 95/130 € - Carte 76/97 €

Castel Clara Thalasso & Spa - ✆ 02 97 31 84 21 - www.castel-clara.com - Fermé lundi midi, mardi midi, mercredi midi, jeudi midi, vendredi midi, samedi midi, dimanche midi

Le Marie Galante

CUISINE TRADITIONNELLE • CONVIVIAL XX On s'installe dans une élégante salle à manger, dont les larges baies vitrées dévoilent une superbe vue sur la mer, pour savourer une cuisine soignée aux accents marins, à l'instar de la raviole de homard au jambon ibérique, ou de la daurade royale en croûte de sel aux algues. Terrasse exquise.

Menu 36 € – Carte 43/72 €

Le Grand Large – 02 97 31 80 92 – www.hotelgrandlarge.com – Fermé 1er novembre-30 décembre, lundi midi, mardi midi

Castel Clara Thalasso & Spa

LUXE • PERSONNALISÉ Emplacement idyllique sur la côte sauvage, centre "thalasso", chambres et suites raffinées, beau panorama : le luxe discret... au bout du monde. Ou comment respirer l'air du large en gardant les pieds sur terre ! Restaurant gastronomique ; buffets de fruits de mer et de crustacés au Café Clara.

58 chambres – 135/476 € – 25 € – 5 suites

02 97 31 84 21 – www.castel-clara.com

Le 180° – Voir la sélection des restaurants

Le Grand Large

MAISON DE MAÎTRE • FONCTIONNEL Ce manoir, posé sur la Côte Sauvage, contemple l'océan et les aiguilles de Port-Coton. Les chambres, dont certaines ont un balcon, donnent sur les flots ou la lande. Restauration traditionnelle au Marie Galante.

34 chambres – 100/300 € – 17 €

02 97 31 80 92 – www.hotelgrandlarge.com – Fermé 1er novembre-30 décembre

Le Marie Galante – Voir la sélection des restaurants

SAUZON

56360 – Morbihan – Carte régionale n° **7**-B3

Roz Avel

CUISINE MODERNE • TRADITIONNEL XX Derrière les fourneaux de cette maison de pays, le chef rend un bel hommage aux produits de la mer : ormeau snacké et rouelle de tête de veau, turbot en écaille de pomme de terre, crêpe soufflée au chouchen... De quoi en perdre le sens de l'orientation, s'il n'y avait le Roz Avel (rose des vents) !

Menu 33 € (déjeuner), 43/60 € – Carte 45/80 €

rue du Lieutenant Riou (derrière l'église) – 02 97 31 61 48 – Fermé 5 janvier-25 mars, 11 novembre-20 décembre, mercredi

Café de la Cale

POISSONS ET FRUITS DE MER • BISTRO X Face au port, ce bistrot marin, précédé d'une terrasse, propose de déguster poissons frétillants et coquillages, issus pour partie de la pêche locale. À la carte, seule subsiste une viande : l'agneau de Belle-Île-en-Mer. Une adresse conviviale et chaleureuse, où l'on s'enivre de cette précieuse âme bretonne.

Menu 25 € (déjeuner) – Carte 40/60 €

quai Guerveur – 02 97 31 65 74 – Fermé 3 janvier-8 février, 24 février-1er avril, 5-19 octobre, 4 novembre-26 décembre

BELLÊME

61130 – Orne – Carte régionale n° **17**-C3 – Carte Michelin 310-M4

à Nocé 8 km à l'Est par D203 – Carte régionale n° **17**-C3

Auberge des 3 J

CUISINE MODERNE • AUBERGE XX Voilà plus de trente ans que le chef, Stéphan Joly, œuvre aux fourneaux : c'est dire s'il maîtrise son art ! Il signe assurément une belle cuisine, fondée sur la tradition – mais pas seulement – et le terroir local : les saveurs sont au rendez-vous... Et le cadre élégant de l'auberge ajoute au plaisir du repas.

Spécialités : Thon mi-cuit, gingembre, coriandre et yuzu. Cannelloni de langoustines et vieux parmesan. Millefeuille coing, pomme et citron.

Menu 28/40 € - Carte 35/45 €

1 place du Docteur-Gireaux - ✆ 02 33 73 41 03 - www.auberge-3j.fr - Fermé 5-20 janvier, 20 septembre-6 octobre, lundi, mardi, mercredi, dimanche soir

BELLERIVE-SUR-ALLIER - Allier (03) → Voir Vichy

BELLEVILLE

✉ 69220 - Rhône - Carte régionale n° **3**-E1 - Carte Michelin 327-H3

Le Beaujolais

CUISINE TRADITIONNELLE • VINTAGE Ce Beaujolais se devait de faire honneur à cette région riche en saveurs et en bons vins ! Le sympathique couple à la tête de cette maison relève le défi avec une bonne cuisine traditionnelle. Un exemple ? L'andouillette beaujolaise pur porc cuite en cocotte, avec pommes de terre rissolées au thym.

Spécialités : Chèvre brioché, piperade de poivrons grillés et lomo. Dos de cabillaud vapeur, asperges blanches en mimosa. Sablé breton, crème aux fraises et marmelade de rhubarbe.

Menu 19 € (déjeuner), 29/46 €

40 rue du Maréchal-Foch (près de la gare) - ✆ 04 74 66 05 31 - www.restaurant-le-beaujolais.com - Fermé 3-23 août, lundi soir, mardi soir, mercredi, dimanche soir

BÉNODET

✉ 29950 - Finistère - Carte Michelin 308-G7

à Ste-Marine 5 km à l'Ouest par pont de Cornouaille - Carte régionale n° **7**-A2

Les Trois Rochers

CUISINE MODERNE • TENDANCE Dans l'estuaire de l'Odet, face au port de Bénodet, on a les flots d'un côté et un parc de pins et de chênes de l'autre... Vous avouerez qu'il y a pire ! Le chef, diplômé à Quimper, a roulé sa bosse en Bretagne et en Suisse, et c'est avant tout les artisans et producteurs bretons (bio, pour la plupart) qu'il met en avant dans sa cuisine. Il marie les trésors de la région avec des épices venues d'ailleurs et des herbes fraîches, dans l'objectif d'en sublimer le goût. À titre d'exemple, ses ravioles de langoustines et bouillon de crustacés sont un vrai délice... Attention, ouverture le soir uniquement.

Spécialités : Raviole de langoustine, bouillon de crustacés. Bar de ligne, tartare de coquillages et jus de salicorne. Cristalline de fraise.

Menu 55/95 €

Villa Tri Men, 16 rue du Phare - ✆ 02 98 51 94 94 - www.trimen.fr - Fermé 5 janvier-18 mars, 8 novembre-26 décembre, lundi, mardi midi, mercredi midi, jeudi midi, vendredi midi, samedi midi, dimanche

Villa Tri Men

HÔTEL PARTICULIER • ÉLÉGANT Le jardin de cette belle villa de 1913 descend en pente douce jusqu'à la mer, et l'on peut, en toute quiétude, y lire ou prendre un verre. L'intérieur, feutré et cossu, donne à l'ensemble un charme indéniable ; les chambres sont spacieuses et élégantes dans leur parti pris minimaliste.

19 chambres - 108/398 € - 18 €

16 rue du Phare - ✆ 02 98 51 94 94 - www.trimen.fr - Fermé 5 janvier-19 mars, 8 novembre-26 décembre

Les Trois Rochers - Voir la sélection des restaurants

BÉNOUVILLE - Calvados (14) → Voir Caen

BERGERAC

✉ 24100 – Dordogne – Carte régionale n° **18**–C1 – Carte Michelin 329-D6

Le Bistro d'en Face

CUISINE MODERNE • CONTEMPORAIN ✗ Le chef-patron Hugo Brégeon, épaulé par son épouse Aurore en salle, s'est installé dans une petite maison, dont la terrasse délivre un panorama imprenable sur la vieille ville, la Dordogne et ses gabarres. L'assiette, goûteuse et travaillée, est à la hauteur de la vue : une cuisine bistronomique pleine de fougue, qui revisite avec brio quelques classiques. Le tout pour un rapport plaisir/prix imbattable. Un "bib plein pot", comme on dit chez nous.

Spécialités : Tataki de thon, fenouil givré, saveurs thaïes. Chipirons grillés, rougail mangue, cromesquis petits pois mentholés. Pavlova exotique.

Menu 28/37 €

1 rue Fénelon – ✆ 05 53 61 34 06 – Fermé 19 avril-3 mai, 17 octobre-6 novembre, lundi soir, mardi soir, mercredi soir, jeudi soir, dimanche

L'Imparfait

CUISINE TRADITIONNELLE • RUSTIQUE ✗✗ Dans cette bâtisse médiévale du vieux Bergerac, on se régale d'une goûteuse cuisine inspirée du terroir périgourdin, à apprécier sur la terrasse en été, ou le reste de l'année, dans la salle à manger rustique près de la cheminée.

Menu 29 € (déjeuner), 39/49 € – Carte 43/62 €

8 rue des Fontaines – ✆ 05 53 57 47 92 – www.imparfait.com

La Table du Marché Couvert

CUISINE MODERNE • COSY ✗✗ Impossible de ne pas remarquer cette maison d'angle à la façade rouge, face aux halles ! Dans ce bistrot chic à l'élégance toute contemporaine – un cadre soigné –, les recettes s'inspirent du marché... évidemment.

Menu 26 € (déjeuner), 36/52 € – Carte 55/65 €

21 place Louis-de-la-Bardonnie – ✆ 05 53 22 49 46 – www.table-du-marche.com – Fermé 23 février-8 mars, 21 juin-5 juillet, lundi, dimanche

Le Vin'Quatre

CUISINE MODERNE • CONVIVIAL ✗ Dans le cœur historique de Bergerac, avec quelques tables en terrasse, ce petit restaurant est tenu par un jeune couple charmant, Charlie Ray, chef britannique, épaulé de Mélanie en salle. Le menu varie au rythme des saisons, et les préparations soignées et goûteuses font mouche ! Autant dire que la réservation s'impose.

Menu 35 €

14 rue St-Clar – ✆ 05 53 22 37 26 – www.levinquatre.fr – Fermé 6-19 janvier, 12-26 avril, 18 octobre-1er novembre, lundi soir, mardi soir, jeudi soir, vendredi soir, samedi, dimanche

au Moulin de Malfourat 8 km au Sud par D933, dir. Mont - de - Marsan et rte secondaire – Carte régionale n° **18**–C1

La Tour des Vents

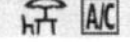

CUISINE MODERNE • ÉLÉGANT ✗✗✗ Au sommet du vignoble de Bergerac, à côté d'un moulin à vent ruiné, cette belle maison cossue offre une vue inoubliable. L'ancien second, Damien Fagette, a pris les rênes de cette tour bien nommée. Comme Marie Rougié avant lui, il cultive le terroir périgourdin en travaillant la blonde d'Aquitaine, le foie gras et le poulet fermier du Périgord. Soignée et maîtrisée, sa cuisine au goût du jour vaut par ses produits de grande qualité, la justesse de ses cuissons et ses saveurs bien marquées. On y a entre autres dégusté une délicate huître au caviar du Périgord, purée de céleri, pomme verte et écume iodée, suivie d'une pomme de ris de veau laquée au curry, petits pois, oignons nouveaux et carottes fondantes... Un vent d'enthousiasme souffle sur cette bonne table.

Spécialités : Cuisine du marché.

Menu 41€ (déjeuner), 52/95€ - Carte 83/100€

✆ 05 53 58 30 10 - www.tourdesvents.com - Fermé 6-21 janvier, 25 novembre-2 décembre, lundi, mardi

à St-Nexans 10 km au Sud par N21 et D19 - Carte régionale n° **18**-C1

La Chartreuse du Bignac

CUISINE MODERNE • ÉLÉGANT XX L'ancienne grange du domaine abrite désormais une salle à manger intime et cosy, augmentée d'une cuisine vitrée permettant d'observer le chef, en maître des fourneaux, concocter une cuisine actuelle, rythmée par les saisons. L'été, la terrasse offre un somptueux panorama.

Menu 35/90€

Le Bignac - ✆ 05 53 22 12 80 - www.abignac.com - Fermé 18 décembre-13 février, lundi midi, mardi, mercredi midi, jeudi midi, vendredi midi, samedi midi

La Chartreuse du Bignac

LUXE • ÉLÉGANT Une belle chartreuse du 18ᵉs., posée sur un coteau dominant vignobles, vergers et bois... Quel site ! Il fait bon se prélasser dans le parc de 12 ha ou au bord de la piscine. Beaucoup de raffinement dans les chambres, dont certaines logées dans l'ancien moulin et la boulangerie, tous deux entièrement restaurés.

12 chambres - 125/265€ - 24€ - 1 suite

Le Bignac - ✆ 05 53 22 12 80 - www.abignac.com - Fermé 18 décembre-13 février

La Chartreuse du Bignac - Voir la sélection des restaurants

BERGÈRES-LÈS-VERTUS - Marne (51) ➜ Voir Vertus

BERGHOLTZ

✉ 68500 - Haut-Rhin - Carte régionale n° **10**-A3 - Carte Michelin 315-H9

La Petite Auberge

CUISINE MODERNE • AUBERGE XX Des préparations goûteuses, 100 % maison, réalisées à base de bons produits : voilà le chef vous réserve ! Il s'en tient à une philosophie toute simple : "Faire ce qu'on m'a appris depuis que j'ai commencé ce métier. " Pari tenu et franc succès.

Menu 25€ (déjeuner), 47/88€ - Carte 59/73€

4 rue de l'Église - ✆ 03 89 28 52 90 - www.lapetiteauberge.fr - Fermé 2-15 janvier, mardi, mercredi

BERLOU

✉ 34360 - Hérault - Carte régionale n° **21**-B2 - Carte Michelin 339-C8

Le Faitout

CUISINE MODERNE • COSY X Qu'espérer du faitout d'un chef touche-à-tout ? Un maximum de gourmandise ! Frédéric Révilla, porté par sa passion pour la région, fait feu de tout bois : saveurs du jardin, veau catalan, chevreau du pays, navet de Pardailhan, vin de St-Chinian (le village est voisin) : tout s'associe avec soin et simplicité dans ses recettes à contre-courant, tout a du goût !

Spécialités : Cuisine du marché.

Menu 25€ (déjeuner), 33/67€ - Carte 41/62€

1 place du Pont - ✆ 04 67 24 16 99 - www.lefaitout.net - Fermé lundi, dimanche soir

BERMICOURT

✉ 62130 - Pas-de-Calais - Carte régionale n° **13**-B2 - Carte Michelin 301-G5

La Cour de Rémi

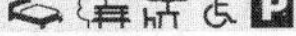

CUISINE TRADITIONNELLE • CONVIVIAL X Après une première vie professionnelle menée tambour battant à l'étranger, le chef est revenu aux sources pour se consacrer à la cuisine, sa première passion. Cuissons millimétrées, assaisonnements au poil, bon rapport qualité-prix et vins naturels : il nous régale avec un enthousiasme communicatif !

Spécialités : Tripes de porc grillées, ail des ours et poireaux. Dos de cabillaud, purée de carottes au gingembre. Riz au lait grand-mère, confiture de lait.

Menu 32/36 €

1 rue Baillet - ✆ 03 21 03 33 33 - www.lacourderemi.com - Fermé 11-17 février, lundi, samedi midi, dimanche soir

BERNAY

✉ 27300 - Eure - Carte régionale n° **17**-C2 - Carte Michelin 304-D7

Le Moulin Fouret

CUISINE MODERNE • COSY XX Du moulin subsistent les rouages... mais on découvre avant tout une belle et grande maison couverte de vigne vierge, avec sa terrasse au calme d'un cours d'eau. Reprise en 2018 par le Chef Cédric Auger, cette auberge offre désormais un cadre plus cosy et une cuisine actuelle rythmée par les saisons.

Spécialités : Saumon cuit à basse température. Tataki de thon rouge. Baba au calvados.

Menu 26 € (déjeuner), 32/62 € - Carte 44/69 €

2 route du Moulin-Fouret, à Saint-Aubin-le-Vertueux - ✆ 02 32 43 19 95 - www.lemoulinfouret.fr - Fermé 3-11 février, 21-29 décembre, lundi, mardi

LA BERNERIE-EN-RETZ

✉ 44760 - Loire-Atlantique - Carte régionale n° **23**-A2 - Carte Michelin 316-D5

L'Artimon

CUISINE TRADITIONNELLE • FAMILIAL X Cet Artimon porte haut les valeurs de la bonne cuisine, attirant de loin les amateurs : il faut dire que le chef travaille en vrai artisan de beaux produits locaux. La petite salle - toute simple et d'esprit marin - ne désemplit pas !

Spécialités : Merlu rôti, petits pois et sorbet roquette. Lotte au four, risotto à la truffe d'été. Fine nougatine framboises, ganache chocolat blanc.

Menu 21 € (déjeuner), 33/45 €

17 rue Jean-du-Plessis - ✆ 02 51 74 61 60 - Fermé 3-9 février, 7 septembre-12 octobre, lundi, mardi, mercredi, dimanche soir

BERNIÈRES-SUR-MER

✉ 14990 - Calvados - Carte régionale n° **17**-B2 - Carte Michelin 303-J4

L'As de Trèfle

CUISINE MODERNE • COSY XX Légèrement en retrait des plages du Débarquement, nous voilà dans le repaire d'Anthony Vallette, un chef normand plein d'entrain. Au fil des saisons, il pioche dans le terroir local - poissons de la Manche, andouille de Vire, cochon de Bayeux - et compose des plats bien maîtrisés, avec juste ce qu'il faut d'audace !

Menu 26 € (déjeuner), 39/69 € - Carte 47/73 €

420 rue Léopold-Hettier - ✆ 02 31 97 22 60 - www.restaurantasdetrefle.com - Fermé lundi, mardi soir

BERRWILLER

✉ 68500 - Haut-Rhin - Carte régionale n° **10**-A3 - Carte Michelin 315-H9

L'Arbre Vert

CUISINE MODERNE • ÉLÉGANT XX Cinquième génération et toujours très Vert ! Cet Arbre pourrait bien être généalogique, tant son histoire se confond avec celle de la famille Koenig... Au menu : toute la fraîcheur du terroir alsacien, avec de beaux vins du cru.

Spécialités : Presskopf de tête et pied de veau. Comme un parmentier de saumon et choucroute. Vacherin minute framboise-vanille.

Menu 26 € (déjeuner), 28/60 € - Carte 52/82 €

96 rue Principale - ✆ 03 89 76 73 19 - www.restaurant-koenig.com - Fermé 9-24 mars, 6-22 juillet, lundi, mardi, dimanche soir

BESANÇON

✉ 25000 - Doubs - Carte régionale n° **6**-B2 - Carte Michelin 321-G3

Le Manège

CUISINE MODERNE • TENDANCE XXX Une vraie bonne table que cet ancien manège militaire (au pied de la citadelle) ; on y déguste une cuisine délicate et savoureuse, signée par un chef autodidacte et amoureux du travail bien fait. Une valeur sûre.

Menu 19 € (déjeuner), 33/48 € - Carte 39/52 €

2 faubourg Rivotte -
✆ 03 81 48 01 48 - www.restaurantlemanege.com -
Fermé 2-24 janvier, 17-31 août, lundi, samedi midi, dimanche soir

Le St-Pierre

CUISINE TRADITIONNELLE • ÉLÉGANT XXX Une cuisine gastronomique mettant le poisson et les bons produits à l'honneur ; beaucoup de finesse relevée d'une pointe d'originalité ; un cadre élégant et cosy (pierres apparentes) : ce Saint-Pierre est un petit paradis des saveurs !

Menu 44/78 € - Carte 70/85 €

104 rue Battant -
✆ 03 81 81 20 99 - www.restaurant-saintpierre.com -
Fermé 27 juillet-15 août, 23 décembre-3 janvier, samedi midi, dimanche

Le Poker d'As

CUISINE TRADITIONNELLE • RUSTIQUE XX Dans cette sympathique maison familiale, le respect de la tradition n'empêche pas l'évolution : si les tables sculptées sont toujours de mise, le décor se fait désormais plus moderne. Et dans l'assiette, on trouve toujours de bons produits du terroir régional, travaillés avec soin...

Menu 26/49 € - Carte 37/76 €

14 square St-Amour - ✆ 03 81 81 42 49 - Fermé 13 juillet-11 août,
23 décembre-5 janvier, lundi, dimanche

Le Saint Cerf

CUISINE MODERNE • CONTEMPORAIN X Ce bistrot contemporain au cadre agréable propose une cuisine mâtinée d'influences diverses, dont des touches asiatiques, maîtrisée de bout en bout, sans ostentation, et goûteuse. Ajoutez à cela une tendance affichée au "nature" (saisonnalité, produits), saupoudrez de plats végétariens et vous obtenez une valeur sûre du renouveau bisontin.

Menu 23 € (déjeuner)/30 € - Carte 35/80 €

1 rue Megevand - ✆ 03 81 50 10 20 -
Fermé 1er-2 janvier, 18-27 avril, 8 août-1er septembre, lundi soir, samedi, dimanche

Le Sauvage

HISTORIQUE • ÉLÉGANT Dans la vieille ville, le bâtiment est chargé d'histoire : couvent des minimes depuis le Moyen-Âge, saisi à la Révolution, il a été investi par les sœurs clarisses à partir de 1854... Salons intimes, belles boiseries et mobilier chiné, vues sur le Doubs et les remparts : les lieux ne sont qu'élégance et quiétude.

24 chambres - 109/299 € - ☕ 16 €

6 rue du Chapître - ✆ 03 81 82 00 21 - www.hotel-lesauvage.com

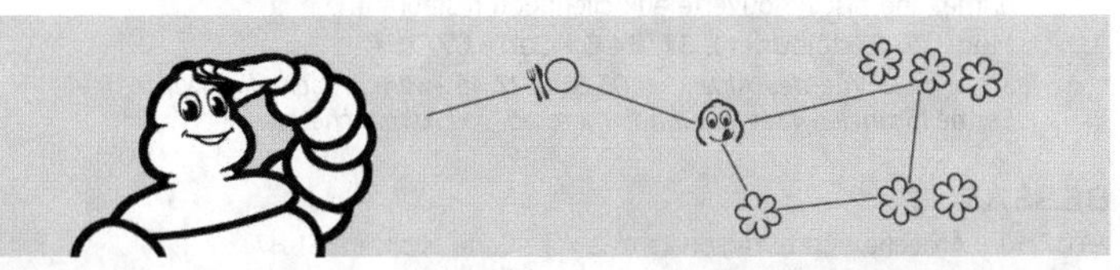

à Châtillon-le-Duc 10 km au Nord par D108

Bistro Paul

CUISINE MODERNE • BISTRO X Des produits honnêtes et bien mis en valeur, une exécution maîtrisée, une partition bistrotière séduisante, le tout réalisé par un jeune chef très compétent : voici ce qui vous attend dans cette maison toute de rouge vêtue, installée dans les environs de Besançon.

Menu 30 € – Carte 30/52 €

11 chemin des Maurapan – ✆ 03 81 88 59 95 – Fermé 2-8 mars, 9-31 août, lundi soir, mardi soir, dimanche

à École-Valentin 7 km au Nord de Besançon par N57

Bistrot de Valentin

CUISINE TRADITIONNELLE • BISTRO X Produits locaux de bonne qualité, assaisonnements et cuissons maîtrisés, assiettes aussi précises que gourmandes... L'esprit est gastronomique mais sans prétention, au gré d'une carte courte renouvelée au fil des saisons.

Menu 30/50 € – Carte 35/45 €

34 rue du Vallon – ✆ 03 81 80 03 90 – www.bistrotdevalentin.fr – Fermé 1er-5 janvier, 9-30 août, lundi soir, mardi soir, mercredi soir, dimanche

à Geneuille 13 km au Nord par N57 et D1

Château de la Dame Blanche

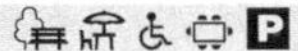

CUISINE MODERNE • CHIC XXX Une grande dame que cette demeure à l'abri des regards, dont les décors cultivent un élégant classicisme. Le chef signe une cuisine gastronomique goûteuse et bien maîtrisée, à l'image de ce sandre d'inspiration du Doubs, sabayon au vin jaune et vieux comté râpé... Service courtois.

Menu 30 € (déjeuner), 48/90 € – Carte 75/90 €

1 chemin de la Goulotte – ✆ 03 81 57 64 64 – www.chateau-de-la-dame-blanche.com – Fermé 24 décembre-6 janvier, lundi midi, dimanche

Château de la Dame Blanche

MAISON DE CAMPAGNE • PERSONNALISÉ Une superbe propriété dans la campagne bisontine, digne d'une image d'Épinal : cette belle demeure bourgeoise se dresse dans un grand parc boisé. Un lieu de douce villégiature : spa, grand calme et... pour les amoureux de nature, deux chambres perchées dans des cabanes en haut des arbres !

33 chambres – 95/174 € – 15 € – 2 suites

1 chemin de la Goulotte – ✆ 03 81 57 64 64 – www.chateau-de-la-dame-blanche.com – Fermé 24 décembre-6 janvier

Château de la Dame Blanche – Voir la sélection des restaurants

à Montfaucon 9 km au Sud - Est par D464 et D146

La Cheminée

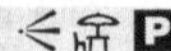

CUISINE CLASSIQUE • AUBERGE XX Pour une bouffée d'air pur en dehors de Besançon, voilà un chalet tout indiqué : sur les hauteurs du village, dominant les reliefs alentour, il offre un joli décor pour apprécier les spécialités régionales. En prime, une piscine ouverte aux clients du restaurant.

Menu 26 € (déjeuner), 37/64 € – Carte 67/75 €

3 rue de la Vue-des-Alpes – ✆ 03 81 81 17 48 – www.restaurantlacheminee.fr – Fermé 13 janvier-4 février, lundi, mercredi soir, dimanche soir

BESSAS

✉ 07150 – Ardèche – Carte régionale n° **2**-A3 – Carte Michelin 331-H7

Auberge des Granges

CUISINE MODERNE • CONVIVIAL X Le jeune chef régale ses clients avec une cuisine liée aux produits du terroir, mais ne s'interdit pas des voyages à la mer, à partir du homard jusqu'aux Saint-Jacques. Autant de délices à déguster dans l'ambiance feutrée d'une ancienne grange. En été, profitez de la belle terrasse avec vue sur la campagne ardéchoise.

Spécialités : Cromesquis de veau et caillette ardéchoise du chef. Filet de truite saumonée, petits légumes de saison. Déclinaison de sorbets.

Menu 33/59 € - Carte 47/66 €

Au village - ✆ 04 75 38 02 01 - www.aubergedesgranges.com - Fermé 2-31 janvier, lundi, mardi midi

BESSINES - Deux-Sèvres (79) ➜ Voir Niort

BÉTHUNE

✉ 62400 - Pas-de-Calais - Carte régionale n° **13**-B2 - Carte Michelin 301-I4

Au Départ

CUISINE MODERNE • ÉLÉGANT XXX La bonne table de Béthune, à deux pas de la gare. La salle, élégante et contemporaine est en parfaite adéquation avec la cuisine du chef, gourmande et bien ficelée. L'un de ses plats phares : le dos de bar grillé au barbecue "Green Egg". Belle carte des vins.

Menu 37/62 € - Carte 55/97 €

1 place François-Mitterrand - ✆ 03 21 57 18 04 - www.restaurant-depart.fr - Fermé 2-8 mars, 10 août-1er septembre, lundi, mardi, samedi midi, dimanche soir

à Busnes 14 km au Nord - Ouest par D 943 et D187 - Carte régionale n° **13**-B2

Meurin (Marc Meurin)

CUISINE MODERNE • ÉLÉGANT XXXX Bienvenue au château de Beaulieu, splendide demeure en brique rouge nichée au cœur des Hauts-de-France, non loin de Béthune. Divine surprise, on y trouve (en plus d'une tranquillité à toute épreuve) un chef de grand talent, originaire de la région : Marc Meurin. Avec "un bagage minimum", selon ses propres termes, il a su se hisser au rang des meilleurs cuisiniers du pays. Il compose une cuisine de haute volée, subtile et lisible, qui emprunte à la région ses meilleurs produits (on pense à la pomme de terre laurette) dans une démarche locavore cohérente et affirmée. Nos sens sont en ébullition, nos papilles en redemandent... jusqu'au chariot de mignardises qui, à lui tout seul, vaut carrément le détour.

Spécialités : Homard bleu, royale de poireau, huile de cive et févettes. Pigeonneau des Flandres, nectarine acidulée et jus à la coriandre. Parfum de rose.

Menu 90 € (déjeuner), 120/200 € - Carte 122/132 €

Hôtel Le Château de Beaulieu, 1098 route de Lillers - ✆ 03 21 68 88 88 - www.lechateaudebeaulieu.fr - Fermé 2-17 janvier, 3-23 août, lundi, mardi midi, mercredi midi, jeudi midi, samedi midi, dimanche soir

Le Jardin d'Alice

CUISINE MODERNE • TENDANCE XX La seconde table du chef Marc Meurin, au sein du Château de Beaulieu, version bistrot coloré et décalé : nul doute que la pétillante héroïne de Lewis Carroll aurait apprécié l'endroit (déco branchée, parc) et plus encore la belle cuisine dans l'air du temps. C'est très souvent complet, pensez à réserver...

Spécialités : Beignet de maroilles, salade d'endives. Dodine de volaille de Licques, fondue d'échalotes de Busnes. Parfait glacé chicorée façon liégeois.

Menu 33/40 € - Carte 51/57 €

Hôtel Le Château de Beaulieu, 1098 route de Lillers - ✆ 03 21 68 88 88 - www.lejardindalice.fr

Le Château de Beaulieu

DEMEURE HISTORIQUE • ÉLÉGANT Promesse d'un week-end de charme dans cette élégante demeure en brique de 1680, sise dans un grand parc (jardin aromatique, vignes). Élégantes et feutrées, les chambres sont très confortables et d'une quiétude incomparable. Grand espace séminaires.

16 chambres – 170/280 € – 20 € – 4 suites

1098 route de Lillers – 03 21 68 88 88 – www.lechateaudebeaulieu.fr – Fermé 1er-15 janvier, 3-23 août

Meurin • Le Jardin d'Alice – Voir la sélection des restaurants

à Gosnay 5 km au Sud - Ouest par D941 et D181

Robert II

CUISINE CLASSIQUE • ÉLÉGANT XXX Le Robert II fait dans l'exercice de style avec la découpe au guéridon et le flambage devant le client. La cuisine privilégie les saisons et les produits nobles : ris de veau, homard, bar, turbot... Quant à la carte des vins, elle est exceptionnelle : plus de 800 appellations !

Menu 74/149 € – Carte 75/150 €

La Chartreuse du Val St-Esprit, 1 rue de Fouquières – 03 21 62 80 00 – www.ledomainedelachartreuse.com

La Chartreuse du Val St-Esprit

DEMEURE HISTORIQUE • CLASSIQUE Bâti sur les ruines d'une ancienne chartreuse dans un parc de 6 ha, ce château (1762) a beaucoup de charme et d'élégance. Les chambres arborent un style cossu : mobilier ancien, papiers peints et tentures dans la grande tradition... Un petit coin de paradis !

53 chambres – 111/420 € – 20 € – 1 suite

1 rue de Fouquières – 03 21 62 80 00 – www.ledomainedelachartreuse.com

Robert II – Voir la sélection des restaurants

BEUVRON-EN-AUGE

14430 – Calvados – Carte régionale n° **17**-C2 – Carte Michelin 303-L4

Le Pavé d'Auge (Jérôme Bansard)

CUISINE CLASSIQUE • ÉLÉGANT XXX Au cœur du Pays d'Auge, entre Caen et Lisieux, Beuvron-en-Auge ressemble à une Normandie de carte postale, avec ses maisons à colombages des 17e et 18e s., ses manoirs et ses jardinières débordant de fleurs à la belle saison. Étoilé depuis plus d'un quart de siècle, le chef Jérôme Bansard a investi les anciennes halles du village, en conservant le meilleur des matériaux d'origine. C'est même lui qui vient prendre les commandes en salle ! Au fil des saisons, on croise les huîtres de Saint-Vaast, le homard de Carteret, du saint-pierre, de la barbue, des escalopes de foie gras, des ris de veau, des tripes aux pommes, de l'andouille. Chambres d'hôtes pour prolonger l'étape.

Spécialités : Noix de Saint-Jacques. Lièvre à la royale. Soufflé au Grand Marnier.

Menu 45/75 €

Le bourg – 02 31 79 26 71 – www.pavedauge.com – Fermé 17-25 février, 16 novembre-26 décembre, lundi, mardi

LES BÉZARDS

45290 – Loiret – Carte régionale n° **8**-D2 – Carte Michelin 318-N5

Auberge des Templiers

CUISINE MODERNE • ÉLÉGANT XXX Certaines beautés ne se démodent jamais... Les plus vieilles pierres de cet ancien relais de poste remontent au 17e s. C'est la demeure solognote dans toute sa splendeur, avec sa façade à colombages et ses briques roses. Dans ce décor immuable, de poutres et de cristal, la salle ouvre sur un magnifique parc aux essences centenaires. Un jeune chef d'origine belge, qui a fait ses classes entre Toulouse et Courchevel, régale ses convives avec une cuisine moderne et épurée, aux jeux de textures maîtrisés : truite fumée, quinoa aux herbes, crème de raifort ; sandre rôti, céleri branche, citron ; fraise, rhubarbe, consommé de roquette et sorbet à l'huile d'olive...

Spécialités : Foie gras de canard mi-cuit en soupe sèche, cassis et pomme tapée. Pigeon rôti, jus au cidre du Gâtinais. Soufflé Rothschild, glace à la vanille Bourbon.

Menu 70 € (déjeuner), 80/160 € - Carte 110/150 €

20 Route Départementale 2007 (à Boismorand) - 02 38 31 80 01 - www.lestempliers.com - Fermé lundi, mardi midi

Auberge des Templiers

DEMEURE HISTORIQUE · ÉLÉGANT Une superbe architecture tout en colombages (17e s.), du mobilier d'époque, un cottage aux toits de chaume niché au milieu d'un parc, un accueil et des prestations dans la grande tradition française, sans oublier la superbe piscine : tels sont les trésors de ces Templiers.

20 chambres - 155/325 € - 25 € - 6 suites

20 Route Départementale 2007 (à Boismorand) - 02 38 31 80 01 - www.lestempliers.com - Fermé 17 février-6 mars

Auberge des Templiers - Voir la sélection des restaurants

BÉZIERS

34500 - Hérault - Carte régionale n° **21**-B2 - Carte Michelin 339-E8

Pica Pica (N)

CUISINE MÉDITERRANÉENNE · CONTEMPORAIN Ancien chef étoilé à l'Octopus et MOF 2004, Fabien Lefebvre a ouvert ce bistrot où se joue une partition gourmande et conviviale. On y sert une cuisine méditerranéenne décomplexée et joliment métissée, entre sélection de tapas, brochettes, plats soignés et desserts goûteux. Un concept sans chichi, imaginé dans un esprit de partage. Le menu déjeuner est une aubaine. Une réussite.

Spécialités : Sélection de tapas. Bocadillo au homard et au tourteau. Millefeuille à la tropézienne.

Menu 23 € (déjeuner) - Carte 32/55 €

20 boulevard Jean-Jaurès - 04 48 11 03 40

L'Ambassade

CUISINE MODERNE · ÉLÉGANT Fraîcheur des produits, équilibre des assiettes : Patrick Olry, chef bien connu dans la région, fait ici la démonstration de son savoir-faire et de sa constance. Surtout, ne manquez pas les menus-dégustation sur la truffe, la Saint-Jacques ou le homard, qui ne sont pas pour rien dans la réputation de la maison.

Menu 32/130 € - Carte 55/80 €

22 boulevard de Verdun (face à la gare) - 04 67 76 06 24 - www.restaurant-lambassade.com - Fermé lundi, dimanche

Octopus

CUISINE MODERNE · CONTEMPORAIN Moment de jolie gastronomie au cœur de Béziers, autour d'une belle cuisine de saison, signée Franck Radiu, accompagnée d'une sympathique sélection de vins "nature". Chaleureux décor contemporain et agréable terrasse en prime.

Menu 33/90 €

12 rue Boïeldieu - 04 67 49 90 00 - www.octopus-beziers.fr - Fermé lundi, dimanche

La Maison de Petit Pierre

CUISINE MODERNE · AUBERGE Dans son restaurant non loin des arènes, Pierre Augé remporte un succès mérité. En véritable aubergiste, il compose une cuisine goûteuse et soignée, où les produits du marché sont en bonne place. L'ambiance et la convivialité font le reste : au final, une adresse vraiment sympathique.

Menu 25 € (déjeuner), 42/75 €

22 avenue Pierre-Verdier - 04 67 30 91 85 - www.lamaisondepetitpierre.fr - Fermé 1er-5 janvier, 17 août-3 septembre, lundi soir, mardi soir, mercredi soir, dimanche

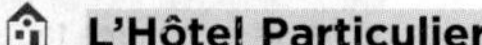

L'Hôtel Particulier

HÔTEL PARTICULIER · DESIGN Cette belle maison bourgeoise de 1892 a su préserver le charme de l'ancien (parquet, mosaïques de marbre) sans renoncer à la modernité (moulures retroéclairées, baignoires balnéo, bluetooth). Possibilité de massages en chambre. Petit-déjeuner jusqu'à midi. Une réussite !

9 chambres – 105/220 € – 15 €

65b avenue du 22-Août-1944 – 04 67 49 04 47 – www.hotelparticulierbeziers.com – Fermé 22 décembre-6 janvier

oska25/iStock

BIARRITZ

✉ 64200 – Pyrénées-Atlantiques – Carte régionale n° **18**-A3 – Carte Michelin 342-C4

On aime...

Pourquoi ne pas commencer la journée par un café aux halles, le cœur battant de la ville, fréquentées par les épicuriens et les chefs ? Deux édifices, l'un de brique et de métal, l'autre de style basque et orné d'une belle charpente en bois, permettent de faire connaissance avec l'identité culinaire basque et ses délices. Et ils sont nombreux, à l'image de la préparation dite "à la basquaise", qui mêle tomate, poivron, ail et oignon – avec ou sans le fameux jambon de Bayonne. Impossible de passer également à côté de la piperade, manière de ratatouille relevée au piment avec œufs brouillés, jambon, voire poulet ou thon. Au Pays basque, le piment d'Espelette est croqué à toutes les sauces, cru, cuit, en poudre, notamment pour la conservation du jambon. Pour compléter votre panier, ne manquez pas de flâner dans les rayons de la Maison Arostéguy, une épicerie fine historique qui propose de beaux produits locaux salés et sucrés.

J.-D. Sudres/hemis.fr

Restaurants

✿ L'Atelier Alexandre Bousquet

CUISINE MODERNE • COSY XX Sur les hauteurs de Biarritz, cette ancienne ferme basque est le fief d'Isabelle Caulier (Aveyronnaise) et d'Alexandre Bousquet, originaire du Tarn, formé chez Michel Guérard et aux Crayères. Ce dernier compose une cuisine pleine de finesse et de subtilité, autour de produits de superbe qualité, locaux en grande majorité. Saveurs et textures se marient en parfaite harmonie, tout au long de menus en quatre ou six séquences (et d'un menu déjeuner). Voyez par exemple ce turbot, épinard et caviar, ou encore ce ris de veau doré au sautoir en déclinaison autour de l'oignon – un pur régal ! Une cuisine bien affirmée, une adresse à découvrir.

Spécialités : Carpaccio de crevettes des Charentes, fenouil et passion. Saint-pierre, aubergine et olives. Figues, réglisse et mélisse.

Menu 35 € (déjeuner), 75/95 €

Plan A2-y – *52 rue Alan-Seeger – ✆ 05 59 41 10 11 – www.latelier-alexandrebousquet.com – Fermé 23 février-8 mars, 18 octobre-2 novembre, lundi, dimanche*

✿ L'Impertinent (Fabian Feldmann)

CUISINE CRÉATIVE • CONTEMPORAIN XX Impertinent : insolent, effronté et même irrévérencieux, selon le dictionnaire ! Il y a aussi un côté rock'n'roll chez l'Allemand Fabian Feldmann, un chef créatif qui aime casser les codes. Pourtant, les codes, il les connaît sur le bout de sa fourchette : notre rebelle a suivi le parcours classique des grandes maisons, comme L'Oasis à La Napoule et Pierre Gagnaire à Paris. Dans son repaire biarrot, il laisse libre cours à une imagination parfois débridée, mais toujours juste. De belles matières premières, notamment les poissons de la criée de Ciboure, sont cuisinées et assaisonnées avec originalité. Tartare de veau, œuf de ferme, champignons et céleri ; homard, concombre, petit épeautre, algues marinées, sauce au whisky ; sorbet concombre, écume à la vodka, granité citron vert... L'impertinence a du bon.

Spécialités : Cuisine du marché.

Menu 38 € (déjeuner), 82/101 €

Plan A1-a – *5 rue d'Alsace – ✆ 05 59 51 03 67 – www.l-impertinent.fr – Fermé 7-20 janvier, 26 novembre-8 décembre, lundi, mardi midi, mercredi midi, jeudi midi, dimanche*

✿ Les Rosiers (Andrée et Stéphane Rosier)

CUISINE MODERNE • CONVIVIAL XX Avec un tel patronyme, les Rosier auraient pu exercer le métier de pépiniériste. Au lieu de quoi, la première meilleure ouvrière de France (en 2007), aidée par son époux, concocte une séduisante cuisine-vérité à quatre mains. Si leur adresse a conservé extérieurement ses atours basques, l'intérieur a basculé dans la modernité, avec ses murs dépouillés, son parquet de bois et ses tables rondes design. Notre virtuose ne met jamais sa technique en avant : elle préfère le goût et les saveurs qu'elle extrait de beaux produits locaux, poissons et crevettes sauvages, pigeonneau et volaille fermière, notamment. De la citronnelle et de l'algue nori par ici, du gingembre et du citron confit par-là, Andrée Rosier aime aussi booster ses plats avec quelques touches exotiques. Le Japon, où les Rosier ont ouvert deux tables, s'inviterait-il désormais à Biarritz ?

Spécialités : Chair de tourteau, fine gelée de concombre et caramel de fenouil. Ris de veau cuit dans un beurre mousseux. Moelleux au chocolat, glace au maïs grillé et mousse pop-corn.

Menu 39 € (déjeuner), 89/139 € – Carte 72/92 €

Plan A2-z – *32 avenue Beau-Soleil – ✆ 05 59 23 13 68 – www.restaurant-lesrosiers.fr – Fermé lundi, mardi*

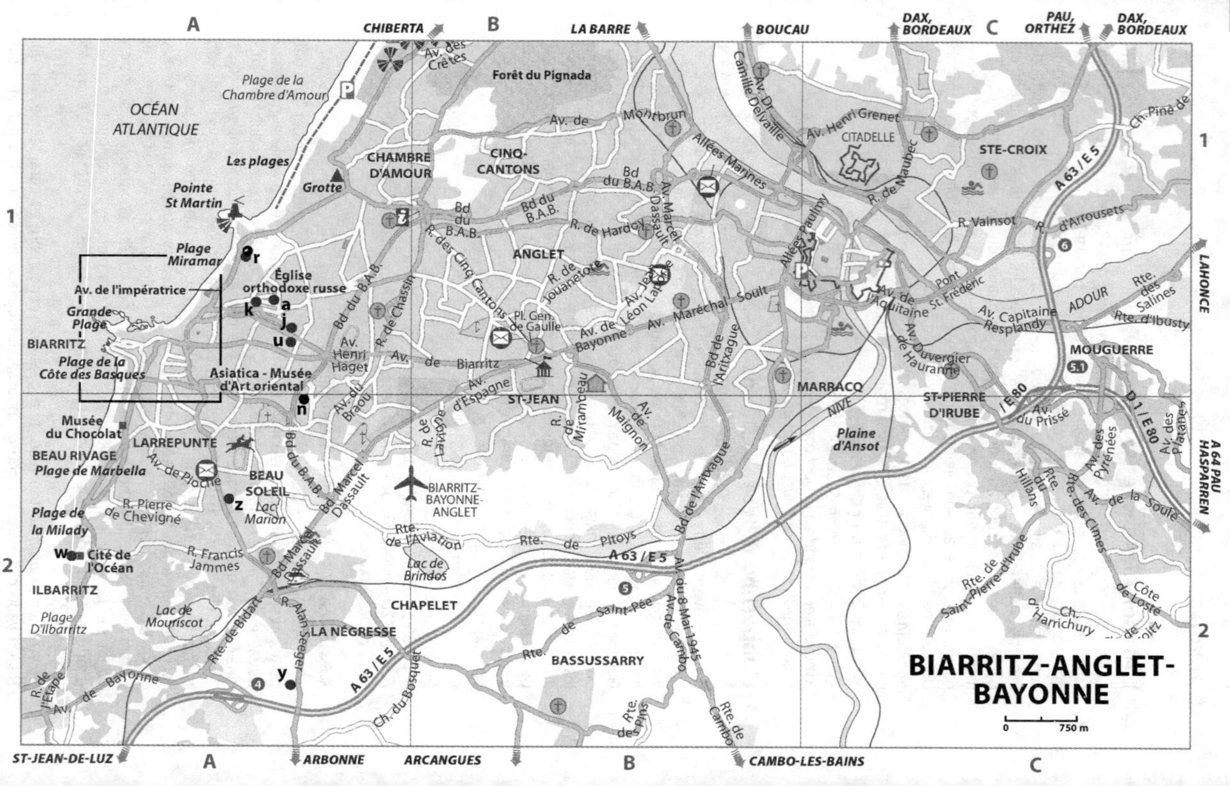

BIARRITZ-ANGLET-BAYONNE
0
750 m
A
B
C
1
2
CHIBERTA
LA BARRE
BOUCAU
DAX, BORDEAUX
PAU, ORTHEZ
DAX, BORDEAUX
LAHONCE
A 64 PAU HASPARREN
ST-JEAN-DE-LUZ
ARBONNE
ARCANGUES
CAMBO-LES-BAINS
OCÉAN ATLANTIQUE
Plage de la Chambre d'Amour
Av. des Crêtes
Forêt du Pignada
Les plages
Grotte
Pointe St Martin
CHAMBRE D'AMOUR
CINQ-CANTONS
Av. de Montbrun
Av. Dr Camille Delvaille
Av. Henri Grenet
CITADELLE
STE-CROIX
Ch. Piné de
Allées Marines
A 63 / E 5
R. de Maubec
R. Vainsot
R. d'Arrousets
Plage Miramar
Av. de l'impératrice
Grande Plage
BIARRITZ
Plage de la Côte des Basques
Église orthodoxe russe
Asiatica - Musée d'Art oriental
Bd du B.A.B.
Bd du B.A.B.
Bd du B.A.B.
R. de Hardoy
Av. Marcel Dassault
ANGLET
R. des Cinq Cantons
R. de Jouanetote
Av. Jean Léon Laporte
Allées Paulmy
Pont St Frédéric
Av. de l'Aquitaine
ADOUR
Rte. des Salines
Rte. d'Ibusty
Av. Capitaine Resplandy
MOUGUERRE
Av. Duvergier de Hauranne
Pl. Gén. de Gaulle
Av. de Bayonne
Av. Maréchal Soult
Bd de l'Aritxague
R. de Chassin
Av. Henri Haget
Av. de Biarritz
Av. d'Espagne
Av. du Braou
ST-JEAN
R. de Lamige
R. de Miramceau
Av. de Maignon
MARRACQ
ST-PIERRE D'IRUBE
/ E 80
D 1 / E 80
Av. du Prissé
NIVE
Plaine d'Ansot
Av. des Platanes
Av. des Pyrénées
Rte. du Hillans
Rte. des Cimes
Av. de la Soule
Musée du Chocolat
LARREPUNTE
BEAU RIVAGE
Plage de Marbella
Av. de Pioche
BEAU SOLEIL
Lac Marion
R. Pierre de Chevigné
Plage de la Milady
Cité de l'Océan
R. Francis Jammes
ILBARRITZ
Plage D'Ilbarritz
Lac de Mouriscot
Bd du B.A.B.
Bd Marcel Dassault
Bd Marcel Dassault
BIARRITZ-BAYONNE-ANGLET
Rte. de l'Aviation
Rte. de Pitoys
Lac de Brindos
A 63 / E 5
Bd de l'Aritxague
Av. du 8 Mai 1945
Av. de Cambo
Rte. de Saint-Pierre-d'Irube
Côte de Losté
Ch. d'Harrichury
CHAPELET
Rte. de Bidart
R. Alan Seeger
LA NÉGRESSE
Rte. de Saint-Pée
BASSUSSARRY
A 63 / E 5
Ch. du Bosquet
Rte. des Pins
Rte. de Cambo
R. de l'Étape
Av. de Bayonne

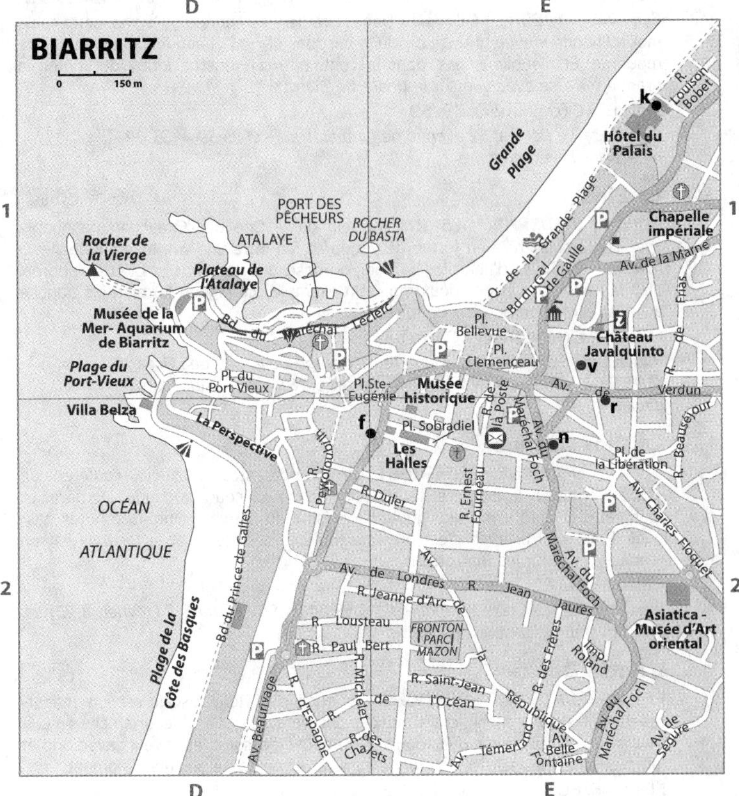

Le Bistrot Gourmet

CUISINE MODERNE · BRASSERIE XX Dans un quartier plutôt calme, la façade discrète abrite ce restaurant aux allures de bistrot chic. La cuisine, gourmande et bien maîtrisée, se décline (c'est plutôt rare) en demi-portions ou en plats, selon l'appétit de chacun. Service attentionné et souriant.

Carte 45/68 €

Plan A1-k – *18 rue de la Bergerie –*
✆ 05 59 22 09 37 – www.le-bistrot-gourmet.com –
Fermé lundi midi, mardi, mercredi, jeudi midi

La Table d'Aranda

CUISINE MODERNE · RUSTIQUE XX Bon bouche à oreille pour cette table vouée à la satisfaction de vos papilles... Ambiance rustique et basque (ancienne rôtisserie) ; cuisine actuelle avec quelques touches de créativité.

Menu 22 € (déjeuner), 30/57 €

Plan A1-j – *87 avenue de la Marne –*
✆ 05 59 22 16 04 – www.tabledaranda.fr –
Fermé lundi, dimanche

Iqori

CUISINE MODERNE • DESIGN X Dans le cadre intemporel du Regina, cette table met à l'honneur avec brio les produits basques et de l'Atlantique, dans une veine moderne. Et n'oublions pas, dans la continuité du superbe lobby de l'hôtel, la grande terrasse avec vue sur le phare de Biarritz.

Menu 29 € (déjeuner), 39/59 €

Plan A1-r – *Le Regina, 52 avenue de l'Impératrice – ✆ 05 59 41 33 09 – hotelregina-biarritz.com*

Le Sin

CUISINE MODERNE • DESIGN X Au sein de la Cité de l'Océan, immanquable avec son architecture en forme de vague, le Sin offre une vue magnifique sur la mer et le château d'Ilbarritz. Le chef propose une cuisine bistrotière élaborée, qu'il fait évoluer tous les deux mois. Un exemple : ce pigeon fermier, jus tranché à l'ail et écrasé de pomme de terre.

Menu 32 € (déjeuner) – Carte 53/75 €

Plan A2-w – *1 avenue de la Plage (au 1er étage de la Cité de l'Océan) – ✆ 05 59 47 82 89 – www.le-sin.com – Fermé 6-26 janvier, lundi, mardi soir, dimanche soir*

Le Clos Basque

CUISINE MODERNE • RUSTIQUE X Pierres apparentes et azulejos confèrent un esprit ibérique à la petite salle, où l'on mange au coude-à-coude. Derrière les fourneaux, le chef signe une goûteuse cuisine du marché teintée de notes basques. Pensez à réserver, c'est presque toujours complet – et la terrasse est un rendez-vous pour les Biarrots !

Carte 26/33 €

Plan E1-v – *12 rue Louis-Barthou – ✆ 05 59 24 24 96 – Fermé 3-24 février, 8-22 juin, 2-23 novembre, lundi, dimanche soir*

L'Entre Deux

CUISINE CLASSIQUE • BRANCHÉ X Le jeune chef Rémy Escale est aux manettes de ce bistrot branché, chaleureux et décoré avec goût. Objectif affiché en cuisine : rester au plus près du produit et du goût ! Il associe les saveurs avec brio et fait preuve d'une maîtrise technique sans faille : on passe un super moment.

Menu 45/60 €

Plan E2-n – *5 avenue du Maréchal-Foch – ✆ 05 59 22 51 50 – www.lentredeuxbiarritz.com – Fermé 5-14 janvier, 8-17 mars, 21 juin-7 juillet, 27 septembre-6 octobre, lundi, mardi midi, mercredi midi, jeudi midi, dimanche*

Léonie

CUISINE MODERNE • BISTRO X Un jeune couple est au gouvernail de ce bistrot sympathique, situé non loin du rond-point de l'Europe. Originaire de Poitou-Charentes, le chef est tombé amoureux du Pays basque et de ses produits ; il a fait du gibier sa spécialité, en saison. Une bonne adresse.

Menu 18 € (déjeuner), 39/50 €

Plan A1-u – *7 avenue de Larochefoucault – ✆ 05 59 41 01 26 – www.restaurant-biarritz-leonie.com – Fermé mardi soir, mercredi*

Le Pim'Pi Bistrot

CUISINE MODERNE • BISTRO X Une bonne cuisine de bistrot, moderne et bien pensée, gourmande sans jamais peser sur l'estomac : voilà ce que propose le chef du Pim'Pi, que l'on avait déjà croisé lorsqu'il officiait chez Léonie, à Biarritz également. Si l'on ajoute à cela une ambiance très conviviale, difficile de résister à l'envie de s'attabler ici...

Menu 20 € (déjeuner)/39 €

Plan E2-r – *14 Avenue de Verdun – ✆ 05 59 24 12 62 – www.lepimpi-bistrot.com – Fermé 12-30 janvier, 28 juin-7 juillet, lundi, dimanche*

Hôtels

Hôtel du Palais

PALACE • PERSONNALISÉ Un véritable palais de bord de mer... Résidence d'été construite par Napoléon III pour son épouse Eugénie, il fut ensuite l'un des hauts lieux de la Belle Époque (il devint hôtel en 1893). Grand escalier magistral, antiquités, confort dans les moindres détails... Cuisine classique à la Villa Eugénie. Luxe intemporel !

139 chambres – 525/1535 € – 50 € – 21 suites

Plan E1-k – *1 avenue de l'Impératrice – 05 59 41 12 34 – www.hotel-du-palais.com – Fermé 1er octobre-30 juin*

Beaumanoir

LUXE • DESIGN Mobilier baroque et design, salle à manger d'esprit orangeraie, bar à champagne et suites ! Un charme luxueux règne dans ces anciennes écuries, à deux pas du centre et des plages.

5 chambres – 250/550 € – 29 € – 3 suites

Plan A2-n – *10 avenue de Tamamès – 05 59 24 89 29 – www.lebeaumanoir.com – Fermé 1er janvier-30 avril, 1er novembre-31 décembre*

Le Regina

LUXE • COSY Une élégante façade blanche dominant la baie de Biarritz... La quintessence même du grand hôtel Belle Époque ! Après une complète réfection, l'établissement a retrouvé tout son lustre, mêlant âme Art déco et esprit couture – avec des clins d'œil à Coco Chanel. De la chambre "boudoir" au spa dernier cri, tout est superbe...

57 chambres – 149/519 € – 26 € – 8 suites

Plan A1-r – *52 avenue de l'Impératrice – 05 59 41 33 09 – www.hotelregina-biarritz.com*

Iqori – Voir la sélection des restaurants

Hôtel de Silhouette

MAISON DE MAÎTRE • PERSONNALISÉ Une architecture noble et des décors originaux (notes colorées, papiers peints d'inspiration surréaliste, etc.) : cette demeure du 17e s. – ancienne propriété de la famille de Silhouette – a accompli sa mue. Déco tendance et détente, surtout dans les chambres avec vue sur la mer...

21 chambres – 229/549 € – 15 €

Plan D2-f – *30 rue Gambetta (quartier des Halles) – 05 59 24 93 82 – www.hotelsilhouette.com*

à Arcangues 8 km par La Négresse, D254 et D3 – Carte régionale n° **18**-A3

Moulin d'Alotz (Fabrice Idiart)

CUISINE CRÉATIVE • COSY Le chef trentenaire bayonnais Fabrice Idiart, est à la fois basque, attachant, entier, humble, locavore et ardent défenseur des produits du terroir local (sans oublier les légumes, herbes et fleurs de son potager cultivé par son papa) : ça fait beaucoup pour un seul homme. Mais le gaillard a des épaules et du talent : il propose une cuisine actuelle et créative, mûrement réfléchie, maîtrisée en termes de cuisson et d'assaisonnement, riche de personnalité au niveau des saveurs et des jeux de texture. Une table pleine de sensibilité et d'émotion, en adéquation avec l'atmosphère bucolique et romantique de ce moulin basque du 17e s. niché au cœur de la verdure.

Spécialités : Foie gras de canard du pays Basque au naturel. Merlu de ligne et parmentier glacé à l'ail noir. Plantes médicinales sucrées, infusées, meringue acidulée et mousse de lait.

Menu 72/88 € – Carte 52/65 €

Hors plan – *chemin Alotz-Errota – 05 59 43 04 54 – www.moulindalotz.com – Fermé 18 février-9 mars, 30 juin-7 juillet, 6-13 octobre, mardi, mercredi*

Gaztelur

CUISINE MODERNE • MAISON DE CAMPAGNE XX Cette magnifique demeure datant de 1401– meubles anciens, délicieux patio entouré de verdure – ne doit pas faire oublier l'essentiel : une cuisine de première fraîcheur, composée au gré du marché par un chef nouvellement venu, attentif aux saisons et aux choix des produits. Avec pour écrin, un lieu sublime.

Menu 35 € (déjeuner), 75/105 € – Carte 60/90 €

Hors plan – *chemin de Gastelhur – ✆ 05 59 23 04 06 – www.gaztelur.com – Fermé 13-29 janvier, 22-30 juin, 16 novembre-2 décembre, lundi, mardi*

BIDARRAY

✉ 64780 – Pyrénées-Atlantiques – Carte régionale n° **18**–A3 – Carte Michelin 342-D3

Ostapé

CUISINE CLASSIQUE • ÉLÉGANT XXX Au sein d'un superbe domaine bucolique, entre de nobles murs du 17e s., cette table élégante revisite avec bonheur la gastronomie navarraise. Les recettes sont autant de variations autour des bons produits locaux, à l'unisson de cette grandiose nature basque !

Menu 45/79 € – Carte 65/85 €

Domaine de Chahatoenia – ✆ 05 59 37 91 91 – www.ostape.com – Fermé 15 novembre-1er mars, mardi midi, mercredi midi

Ostapé

LUXE • TRADITIONNEL Plusieurs maisons basques parsemées dans un paysage de collines verdoyantes – un domaine de 45 ha que l'on parcourt avec une golfette prêtée pour le séjour ! Avec des chambres spacieuses et raffinées, de belles prestations, une nature préservée et omniprésente, voilà bien un établissement à part…

20 suites – 210/630 € – 27 € – 2 chambres

Domaine de Chahatoenia – ✆ 05 59 37 91 91 – www.ostape.com – Fermé 15 novembre-1er mars

Ostapé – Voir la sélection des restaurants

BIDART

✉ 64210 – Pyrénées-Atlantiques – Carte régionale n° **22**–A3 – Carte Michelin 342-C4

La Table des Frères Ibarboure (Xabi et Patrice Ibarboure)

CUISINE MODERNE • ÉLÉGANT XXX La troisième génération d'Ibarboure préside en douceur aux destinées de cette belle maison de famille, abritée au milieu de son parc. Philippe, le père, qui a décroché l'étoile il y a longtemps, n'est jamais très loin… En cuisine, on retrouve les deux fils : Xabi, le chef, et Patrice, MOF 2018 en pâtisserie, qui déroule son CV sucré construit entre Paris et New-York. On croisera au fil des saisons des produits basques qui plantent le décor : saumon de l'Adour, porc noir de Kintoa, fruits rouges de Mendionde, pain d'épices d'Ainhoa, piment d'Espelette, agneau des Pyrénées, fromage d'Ossau-Iraty. Mais leur propre potager leur permet aussi de "sortir" des fleurs de courgette farcies aux langoustines, ou bien ces légumes et jardin d'herbes, émulsion de roquette et eau de tomate, une belle recette printanière.

Spécialités : Langoustines et foie gras poêlés, consommé de crustacés zesté d'orange. Déclinaison de cochon kintoa. Dégustation de chocolats grands crus.

Menu 47 € (déjeuner), 84/117 € – Carte 100/125 €

Hostellerie des Frères Ibarboure, chemin Ttalienea – ✆ 05 59 47 58 30 – www.freresibarboure.com – Fermé 6-24 janvier, 9-18 mars, 16-25 novembre, lundi midi, mercredi

Ahizpak Le Restaurant des Sœurs

CUISINE MODERNE • CONTEMPORAIN C'est ici le repaire de trois *ahizpak* ("sœurs", en basque) absolument charmantes ! La plus jeune d'entre elles, Yenofa, travaille de superbes produits du terroir basque au bon vouloir des arrivages et des saisons ; ses plats, en plus d'être fins et goûteux, témoignent d'une générosité sans faille. Brunch le dimanche.

Spécialités : Ceviche de dorade, mousse d'avocat. Roulés d'aubergine à l'effiloché de canard. Tarte légère au chocolat, glace café.

Menu 32 €

avenue de Biarritz (Résidence Océanic) – 05 59 22 58 81 – Fermé mercredi midi, dimanche soir

L'Antre

CUISINE CRÉATIVE • BISTRO Dans ce bistrot de cœur de village, la démarche locale est une vraie philosophie : avec des produits du marché ou faits maison (y compris charcuterie, poisson séché, vinaigres...), Luke Dolphin fait des merveilles. Maîtrise technique bien présente, assiettes pleines de surprises... et accueil tout sourire.

Menu 40/60 €

6 avenue de la Grande-Plage – 05 59 47 78 92 – Fermé 6-28 janvier, lundi, mardi midi, mercredi midi, jeudi midi, dimanche

Elements

CUISINE MODERNE • TENDANCE L'ambiance est au rock et au punk (Iggy Pop, Sex Pistols, Eric Clapton) dans cette maison, et l'assiette *groove* tout autant : le jeune chef envoie des plats aussi intuitifs qu'inspirés, rythmés par les bons produits de la côte basque, avec en soutien de joyeux crus nature... et, certains weekends, des soirées vigneronnes prises d'assaut.

Menu 44 € – Carte 25/80 €

1247 avenue de Bayonne – 09 86 38 08 51 – www.restaurant-elements.com/ – Fermé 23 décembre-19 janvier, lundi, samedi, dimanche

Hostellerie des Frères Ibarboure

FAMILIAL • PERSONNALISÉ Beaucoup de fraîcheur et de calme dans les chambres de cette grande demeure basque, qui est aussi une étape gastronomique reconnue dans la région. Bel atout : l'écrin de verdure du parc. Petit-déjeuner gourmand servi, l'été, au bord de la piscine.

12 chambres – 139/299 € – 19 €

chemin Ttalienea – 05 59 47 58 30 – www.freresibarboure.com – Fermé 6-24 janvier, 9-18 mars, 16-25 novembre

La Table des Frères Ibarboure – Voir la sélection des restaurants

BILLIERS

56190 – Morbihan – Carte régionale n° **7**-C3 – Carte Michelin 308-Q9

Domaine de Rochevilaine

CUISINE MODERNE • ÉLÉGANT Face à l'océan, cet hôtel-restaurant ne fait qu'un avec la presqu'île sauvage qui l'accueille. Un jardin extraordinaire planté d'espèces méditerranéennes croît à l'abri du vent. Cactus, lauriers rose et palmiers poussent entre les différentes maisons, longères et manoirs, certains séculaires, où se répartissent les chambres. La mer est chez elle dans la cuisine iodée du chef Maxime Nouail, pêcheur impénitent et kayakiste de cœur. Le homard, les langoustines et les huîtres sont cuisinés sous toutes leurs formes, le maigre, le turbot et le saint-pierre sauvages se succèdent dans les assiettes au gré de la pêche... Mais le chef, breton de l'intérieur, connaît tout aussi bien ses viandes : pigeon, bœuf et agneau ne sont jamais loin, parfois mariés à des produits marins. Et n'oublions pas la cave extraordinaire, aux 650 références et 25 000 bouteilles...

Spécialités : Langoustine en carpaccio, rôtie et en cromesquis. Homard bleu laqué à la gelée de pomme et kari-gosse. Ravioles citron, infusion et sorbet framboise.

Menu 45 € (déjeuner), 80/120 € – Carte 80/95 €

à la Pointe de Pen Lan – 02 97 41 61 61 – www.domainerochevilaine.com

Domaine de Rochevilaine

SPA ET BIEN-ÊTRE · ÉLÉGANT Sur une pointe rocheuse fendant l'océan : l'âme du granit… alliée au luxe ! Le domaine consiste en un hameau (avec quelques bâtisses très anciennes), mêlant identité bretonne et décors ethniques – notamment au centre de balnéothérapie.

33 chambres – 221/595 € – 25 € – 4 suites

à la Pointe de Pen Lan – 02 97 41 61 61 – www.domainerochevilaine.com

Domaine de Rochevilaine – Voir la sélection des restaurants

BILLY

03260 – Allier – Carte régionale n° **1**-C1 – Carte Michelin 326-H5

Auberge du Pont

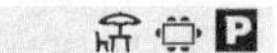

CUISINE MODERNE · BISTRO Les fidèles de cette auberge se pressent toujours à ses portes, en quête d'une cuisine du marché goûteuse, réalisée par un chef plein d'entrain. Si le temps le permet, installez-vous sur la terrasse ombragée, qui surplombe l'Allier… Une certaine définition du bonheur.

Spécialités : Gravlax de saumon charbonneux, sablé wasabi, pannacotta citron et sorbet betterave. Flanchet de veau aux sésames, mousseline de patate douce au safran. Pomme confite vergeoise, biscuit breton, glace mélilot.

Menu 21 € (déjeuner), 33/63 €

1 route de Marcenat – 04 70 43 50 09 – www.auberge-du-pont-billy.fr – Fermé 1er-7 janvier, 10-19 mai, 9 août-1er septembre, lundi, dimanche

BIOT

06410 – Alpes-Maritimes – Carte régionale n° **25**-E2 – Carte Michelin 341-D6

Les Terraillers (Michaël Fulci)

CUISINE CRÉATIVE · ÉLÉGANT Entre Antibes et Cagnes-sur-Mer, ce village doit sa renommée à ses verreries d'art et sa poterie tirée d'un terroir riche en argile. D'ailleurs, les parents du chef Michaël Fulci ont créé leur restaurant dans un ancien atelier de potier, dont même le four a été transformé en petit salon cosy ! Aux beaux jours, la belle terrasse ombragée d'une treille attire les convives comme le pollen les abeilles… Mickaël Fulci a reçu une véritable formation de cuisinier méditerranéen, passant d'Alain Ducasse au légendaire Roger Vergé. On retrouve ainsi à la carte tous les fruits et légumes des marchés locaux, des fleurs de courgette au citron de Menton en passant par la figue. La truffe est également bien présente, qu'elle soit noire et vauclusienne ou bien blanche et d'Alba. Une cuisine aux accents du sud, raffinée et goûteuse.

Spécialités : Calamar cuit à la flamme, tzatziki à la provençale, concombre et caviar. Ris de veau cuit en cocotte, crème d'endives, pétales de truffe, endive grillée et farcie au jambon et emmental. Cube en croustillant de noisettes et amandes, biscuit chocolat.

Menu 48 € (déjeuner), 79/130 € – Carte 105/170 €

11 route du Chemin-Neuf (au pied du village) – 04 93 65 01 59 – www.lesterraillers.com – Fermé 26 octobre-5 décembre, lundi, mardi

La Bastide de Biot N

TRADITIONNEL · CONTEMPORAIN Cet hôtel, situé en léger surplomb de la route qui mène à Biot, offre une très belle vue sur le village. Chaque chambre, à la décoration contemporaine et aux tons clairs, bénéficie d'un balcon ou d'une terrasse ombragée. La piscine dévoile un panorama superbe. Petite salle de fitness. Très agréable.

17 chambres – 80/480 € – 19 €

625 route de la Mer – 04 93 65 50 50 – www.labastidedebiot.fr – Fermé 15 novembre-1er mars

BIOULE

82800 – Tarn-et-Garonne – Carte régionale n° **22**-C2 – Carte Michelin 337-F7

Les Boissières

CUISINE MODERNE · CONVIVIAL Des plats bien ficelés et maîtrisés, qui respectent les fondamentaux et mettent en avant de jolies saveurs : voici ce que vous propose le chef ! Vous aurez même droit à quelques touches asiatiques – un clin d'œil aux origines de sa compagne. Le tout se découvre, aux beaux jours, sur l'agréable terrasse avec ses colonnes en pierre...

Menu 23 € (déjeuner) – Carte 40/55 €

708 route de Caussade – ✆ 05 63 24 50 02 – www.lesboissieres.com – Fermé lundi, samedi midi, dimanche soir

BIRKENWALD

✉ 67440 – Bas-Rhin – Carte régionale n° **10**–A1 – Carte Michelin 315-I5

Au Chasseur

CUISINE TRADITIONNELLE · COSY Installez-vous dans d'élégantes salles à manger boisées, ou dans la winstub relookée dans un style plus contemporain. Ici, on se délecte d'une bonne cuisine traditionnelle, teintée de touches actuelles. Gibier en saison.

Menu 33/36 € – Carte 45/63 €

7 rue de l'Église – ✆ 03 88 70 61 32 – www.chasseurbirkenwald.com – Fermé 28 juin-9 juillet, 22 décembre-22 janvier, lundi, mardi midi, mercredi midi, jeudi midi, vendredi midi, samedi midi, dimanche soir

BISCARROSSE

✉ 40600 – Landes – Carte Michelin 335-E8

à Biscarrosse-Plage 10 km au Nord - Ouest par D146 – Carte régionale n° **18**–B2

Grand Hôtel de la Plage

LUXE · DESIGN Telle Aphrodite née de l'écume, cette belle architecture contemporaine semble émaner de l'Océan, dominant les flots de ses lignes originales et surtout de sa blancheur immaculée. Très design, épuré, chic, plein de charme : de la piscine à débordement au restaurant de la mer, l'établissement vaut le coup d'œil... et un séjour !

33 chambres – 180/540 €

2 avenue de la Plage – ✆ 05 58 82 74 00 – www.legrandhoteldelaplage.fr – Fermé 1er novembre-27 mars

BITCHE

✉ 57230 – Moselle – Carte régionale n° **12**–D1 – Carte Michelin 307-P4

Le Strasbourg

CUISINE MODERNE · ÉLÉGANT Une véritable auberge du 21e s., sobre et épurée, bien en phase avec son époque. L'appétissante cuisine de Lutz Janisch s'inscrit dans le terroir local, dont on savoure gibier (en saison), agneau, légumes et fromages. Chambres sobres et fonctionnelles, certaines rénovées.

Menu 42/82 € – Carte 62/74 €

24 Rue Teyssier – ✆ 03 87 96 00 44 – www.le-strasbourg.fr – Fermé 26 octobre-4 novembre, 30 décembre-22 janvier, lundi, mardi midi, dimanche soir

BLAINVILLE-SUR-MER

✉ 50560 – Manche – Carte régionale n° **17**–A2 – Carte Michelin 303-C5

Le Mascaret (Philippe Hardy)

CUISINE CRÉATIVE · ÉLÉGANT Amoureux de sa Manche natale, l'aventureux Philippe Hardy a officié dans de grandes maisons étoilées, et aux fourneaux de l'ambassadeur de France à Sofia. C'est là qu'il a rencontré sa femme, Nadia, ex-danseuse étoile. Grâce à leurs efforts, cette ancienne pension de jeunes filles a été métamorphosée en petit hôtel-restaurant chic et doux. Tout autour s'épanouissent le jardin et le potager, qui fournissent légumes et herbes aromatiques à partir de semences paysannes. L'autre grande affaire du Mascaret, c'est la mer : le chef ne rate pas une occasion d'apprêter le poisson sauvage et les crustacés. Un régal.

Spécialités : Homard à l'orange et cocos de Paimpol. Bar de ligne, écume de citron vert. Passionnément chocolat.

Menu 24 € (déjeuner), 44/98 € – Carte 90/105 €

1 rue de Bas – ✆ 02 33 45 86 09 – www.lemascaret.fr – Fermé 2-20 janvier, 23-29 novembre, lundi, dimanche soir

BLANQUEFORT – Gironde (33) ➜ Voir Bordeaux

BLAYE

✉ 33390 – Gironde – Carte régionale n° **18**-B1 – Carte Michelin 335-H4

Clos Réaud de la Citadelle

MAISON DE MAÎTRE • COSY Totalement transformée par Helena et Fernando, ses propriétaires, cette ancienne chartreuse (1742) a un charme fou : mobilier et bibelots chinés, grandes cheminées, et surtout des chambres charmantes, toutes différentes. Piscine, jacuzzi et sauna.

5 chambres – 121/200 €

8 rue des Maçons – ✆ 06 99 44 43 34 – www.closreaud-citadelle.com

BLÉRÉ

✉ 37150 – Indre-et-Loire – Carte régionale n° **8**-A1 – Carte Michelin 317-O5

Le Cheval Blanc

CUISINE CLASSIQUE • COSY XX Velouté de petits pois, jambon serrano et crème de chèvre ; pavé d'esturgeon à la mousseline de carottes... Au cœur de Bléré, dans cette demeure historique du 17ᵉs. (qui abrite aussi des chambres coquettes), le chef réalise une cuisine classique bien troussée, qui montre qu'il maîtrise son affaire. À noter que la carte est légèrement plus étoffée le soir.

Menu 32/85 € – Carte 40/60 €

5 place Charles-Bidault – ✆ 02 47 30 30 14 – www.lechevalblancblere.fr – Fermé 1er-20 janvier, lundi, mardi

La Boulaye

CUISINE MODERNE • ROMANTIQUE X Il faut se perdre un peu dans la campagne pour trouver cette grange du 17ᵉ s., qui se révèle romantique et chaleureuse... C'est la maîtresse des lieux qui cuisine et ses plats sont très personnels ; on la sent inspirée par le terroir. Ses créations sont généreuses, aromatiques et colorées.

Menu 32 € – Carte 39/51 €

Lieu-dit La Boulaye – ✆ 02 47 50 29 21 – www.laboulaye.fr – Fermé 15 novembre-1er mars, lundi, mardi, mercredi midi

BLESLE

✉ 43450 – Haute-Loire – Carte régionale n° **1**-B3 – Carte Michelin 331-B2

La Bougnate

CUISINE CLASSIQUE • AUBERGE X Elle a du charme cette Bougnate, paisible petite auberge de village aux volets bleus. En terrasse au pied de sa façade parcourue de vigne vierge, ou dans le décor rustique de sa salle, on apprécie une jolie cuisine locavore, concoctée dans le souci de la qualité. Et pour la nuit, les chambres ont le charme de la simplicité...

Menu 14 € (déjeuner), 24/34 €

place du Vallat – ✆ 04 71 76 29 30 – www.labougnate.fr – Fermé 1er janvier-15 mars, lundi, mardi

BLIENSCHWILLER

✉ 67650 – Bas-Rhin – Carte régionale n° **10**-C1 – Carte Michelin 315-I6

Le Pressoir de Bacchus

CUISINE MODERNE • COSY XX On se presse dans cette jolie maison de la route des vins : le week-end, il convient de réserver très à l'avance. Telle est la renommée de la cuisine des Grucker, mère et fils, qui accommodent la tradition régionale avec originalité et goût ! Et la carte des vins met à l'honneur les nombreux vignerons de la commune...

Spécialités : Truite de la vallée en gravlax et bibalakas fermier. Dos de maigre, choucroute, sauce fumée et crémée. Meringue glacée.

Menu 33/53 € – Carte 36/57 €

50 route des Vins – ✆ 03 88 92 43 01 – Fermé lundi soir, mardi, mercredi midi

BLOIS

✉ 41000 – Loir-et-Cher – Carte régionale n° **8**–A1 – Carte Michelin 318-E6

Assa (Fumiko et Anthony Maubert)

CUISINE CRÉATIVE • ÉPURÉ XX À la sortie de Blois, cette bâtisse des années 1930 domine la Loire, qui projette ses reflets jusque dans la salle. Anthony et Fumiko Maubert, lui Français, elle Japonaise, ont choisi ce décor pour exercer leur métier. Anthony a longtemps travaillé aux côtés d'Arnaud Donckele (La Vague d'Or), tandis que Fumiko cumule les talents de nutritionniste et de pâtissière – de fait, ses créations frappent par leur légèreté et leur faible teneur en sucre ajouté. Chaque matin (traduction du japonais "asa"), ils réécrivent à quatre mains le menu du jour en s'appuyant sur des produits impeccables et sur de nombreux condiments et ingrédients japonais. Baies de Sanshō, yuzu sauvage, bouillon aux algues nori, thé matcha et pâte de haricot rouge azuki se marient harmonieusement au travail des petits producteurs ligériens.

Spécialités : Voyage d'ici au pays du soleil levant. Le végétal tout juste sorti du jardin. Cérémonie, gourmandise et tradition.

Menu 59/103 € – Carte 92 €

189 Quai Ulysse Besnard – ✆ 02 54 78 09 01 – www.assarestaurant.com – Fermé 16 mars-5 avril, 21 septembre-4 octobre, 21-25 décembre, lundi, mardi, jeudi midi, dimanche soir

L'Orangerie du Château

CUISINE MODERNE • ÉLÉGANT XXX Dans une dépendance du château (15e s.), avec une belle terrasse ouvrant sur le monument... Esprit Renaissance et cuisine actuelle.

Menu 40/88 € – Carte 98/108 €

1 avenue Docteur-Jean-Laigret – ✆ 02 54 78 05 36 – www.orangerie-du-chateau.fr – Fermé 23 février-2 mars, lundi, dimanche

Le Médicis

CUISINE MODERNE • CONVIVIAL XX Le décor est bien en phase avec les créations dans l'air du temps que l'on retrouve dans l'assiette. La cuisine suit le marché et les saisons, et le chef parsème sa cuisine de quelques touches asiatiques bienvenues : on passe un bon moment. Service chaleureux.

Menu 41 € (déjeuner), 40/85 € – Carte 32/85 €

2 allée François-1er – ✆ 02 54 43 94 04 – www.le-medicis.com – Fermé 2-23 janvier, 20-27 juillet, 19-26 octobre, lundi, dimanche soir

Au Rendez-vous des Pêcheurs

CUISINE MODERNE • CONVIVIAL X Un ancien repaire de pêcheurs dont le décor cultive un bel esprit bistrotier ! Poissons de la Loire, légumes bio de maraîchers de la région : les assiettes mettent à l'honneur de bons produits. Profitez en particulier du menu déjeuner, un vrai bon plan.

Menu 27 € (déjeuner), 39/89 € – Carte 75/97 €

27 rue du Foix – ✆ 02 54 74 67 48 – www.rendezvousdespecheurs.com – Fermé 1er-13 janvier, lundi, dimanche

BOESCHEPE

✉ 59299 - Nord - Carte régionale n° **13**-B2 - Carte Michelin 302-E3

Auberge du Vert Mont

CUISINE CRÉATIVE • RUSTIQUE X Ambiance champêtre et service (très) décontracté dans cette auberge familiale, nichée dans la campagne des Flandres, près de la frontière belge. Une cuisine locavore (fruits, légumes, viandes et poissons), sans oublier la bière locale ! Quelques chambres en matériaux bruts pour l'étape.

Menu 25 € (déjeuner), 40/60 €

1318 rue du Mont-Noir - ✆ 03 28 49 41 26 - www.vertmont.fr - Fermé lundi, dimanche

BOIS-COLOMBES - Hauts-de-Seine (92) ➜ Voir Autour de Paris

BOIS-PLAGE-EN-RÉ - Charente-Maritime (17) ➜ Voir Île de Ré

BOISSEUIL - Haute-Vienne (87) ➜ Voir Limoges

BOMMES - Gironde (33) ➜ Voir Sauternes

BONDUES - Nord (59) ➜ Voir Lille

BONIFACIO - Corse-du-Sud (2A) ➜ Voir Corse

BONLIEU

✉ 39130 - Jura - Carte régionale n° **6**-B3 - Carte Michelin 321-F7

La Poutre

CUISINE MODERNE • RUSTIQUE XX Au cœur du bourg, cette auberge familiale de 1740 cultive son charme rustique. Pour la petite histoire, sachez que la poutre qui soutient le plafond mesure 17 m et provient d'une grume de sapin de 3 m^3 ! Quant au chef, il vous régale d'une jolie cuisine d'aujourd'hui, savoureuse et raffinée.

Spécialités : Royale de comté et salade de roquette. Pavé de truite rose, beurre au pontarlier-anis, polenta à la gaude. Île flottante, crème anglaise à la reine-des-prés.

Menu 34/95 € - Carte 60/89 €

25 Grande-Rue - ✆ 03 84 25 57 77 - www.aubergedelapoutre.com - Fermé 20 octobre-5 mai, mardi, mercredi

BONNE

✉ 74380 - Haute-Savoie - Carte régionale n° **4**-F1 - Carte Michelin 328-K3

au Pont-de-Fillinges 2,5 km à l'Est

Le Pré d'Antoine

CUISINE MODERNE • ÉLÉGANT XX Un élégant décor contemporain, un service de qualité : on ne regrette pas d'avoir franchi le seuil de cette belle maison montagnarde, légèrement en retrait de la route. Le chef, Bernard Binaud, installé ici depuis 27 ans, met tout son savoir-faire au service d'une cuisine de saison, savoureuse et sans fioriture. Une institution.

Menu 25 € (déjeuner), 48/65 € - Carte 40/80 €

15 route de Chez-Radelet - ✆ 04 50 36 45 06 - www.lepredantoine.com - Fermé 1er-8 janvier, 29 juin-19 juillet, lundi, mardi midi, dimanche soir

BONNÉTAGE

✉ 25210 - Doubs - Carte régionale n° **6**-C2 - Carte Michelin 321-K3

✿ L'Étang du Moulin (Jacques Barnachon)

CUISINE MODERNE · FAMILIAL XXX En été, on atterrit ici après une longue marche par les belles forêts jurassiennes, l'appétit en bandoulière. Et en hiver, c'est raquettes au pied qu'on s'installe dans ce décor de conte de Noël, avec l'envie de se réchauffer avec un crémeux de potiron... Ce chalet contemporain, situé au pied des montagnes et au bord d'un étang, tient toutes ses promesses. Dans un registre plutôt traditionnel, la cuisine de Jacques Barnachon fait la part belle au terroir, de l'entrée (où le foie gras est souvent à l'honneur) jusqu'au dessert, en passant par les gibiers d'automne. La maison célèbre les morilles printanières au vin jaune avec une gourmandise incomparable. On se laisse séduire par des produits de qualité et des combinaisons de saveurs harmonieuses... et par une carte des vins pleine de bonnes surprises.

Spécialités : Morilles cuites en ragoût à la crème et au vin jaune. Ris de veau caramélisé au miel de sapin, navets au curry et pomme elstar. Fraîcheur de gentiane, parfait glacé aux bourgeons de sapin.

Menu 49/149 € – Carte 73/98 €

5 chemin de l'Étang-du-Moulin – ✆ 03 81 68 92 78 – www.etang-du-moulin.com – Fermé 6-22 janvier, 6-15 juillet, 16-25 novembre, 21-29 décembre, lundi, mardi, mercredi midi, dimanche soir

Le Bistrot

CUISINE TRADITIONNELLE · BISTRO X Croûte forestière, entrecôte de veau, filet de truite, saucisse de Morteau : les produits et recettes de tradition sont au menu de cet agréable Bistrot, qui complète idéalement l'offre de restauration de l'Étang du Moulin. Une cuisine simple et bien réalisée : on en redemande !

Spécialités : Croûte forestière. Filets de truite meunière, écrasé de pomme de terre, sauce au vin d'Arbois. Eclair au chocolat, glace sapinette.

Menu 19 € (déjeuner), 24/33 € – Carte 32/57 €

L'Étang du Moulin, 5 chemin de l'Étang-du-Moulin – ✆ 03 81 68 92 78 – www.etang-du-moulin.com – Fermé 4-21 janvier, 21-29 décembre, lundi, mardi midi

L'Étang du Moulin

FAMILIAL · FONCTIONNEL La nature pour écrin ! Ce grand chalet se dresse au bord d'un étang dont seul le léger clapotis vient troubler le calme des environs... Les chambres ouvrent grand sur la nature (certaines avec balcon) et leur décor contemporain rend zen. Agréable espace bien-être.

19 chambres – 125/225 € – 15 €

5 chemin de l'Étang-du-Moulin – ✆ 03 81 68 92 78 – www.etang-du-moulin.com – Fermé 6-22 janvier, 21-28 décembre

Le Bistrot · ✿ **L'Étang du Moulin** – Voir la sélection des restaurants

BONNEVILLE

✉ 74130 – Haute-Savoie – Carte régionale n° **4**-F1 – Carte Michelin 328-L4

à Vougy 5 km à l'Est par D1205 – Carte régionale n° **4**-F1

Le Capucin Gourmand

CUISINE CLASSIQUE · CONVIVIAL XX Ici, deux salles pour deux atmosphères différentes, mais complémentaires : conviviale et vintage pour le bistrot (décor rétro, grands miroirs, banquettes en cuir), feutrée et élégante pour le restaurant. La cuisine, de son côté, poursuit la même ambition de qualité et de tradition : tête de veau, cassolette d'escargots de Magland, carré d'agneau rôti...

Spécialités : Œufs brouillés aux truffes. Porc fermier, jus de chorizo, purée de pommes de terre à l'ail des ours. Crème légère au chocolat, biscuit Sacher, sorbet cacao et gelée d'agrumes aux épices.

Menu 33/65 € – Carte 39/66 €

1520 route de Genève – ✆ 04 50 34 03 50 – www.lecapucingourmand.com – Fermé 1er-12 janvier, 2-30 août, lundi, samedi midi, dimanche

BONNIEUX

✉ 84480 - Vaucluse - Carte régionale n° **25**-E1 - Carte Michelin 332-E11

La Bastide de Capelongue (Édouard Loubet)

CUISINE CRÉATIVE • ÉLÉGANT XXX Pour Édouard Loubet, savoyard d'origine, la haute gastronomie a toujours été une histoire de coups de foudre. Pour le Luberon (à prononcer sans accent aigu!), où il a trouvé "une énergie incroyable, des plantes, des produits, des agriculteurs", et enfin pour le village de Bonnieux.

Sa Bastide est devenue un lieu de villégiature des saveurs provençales. Produits de la cueillette (ciboulette, sarriette, poireau sauvage, racines et bourgeons), légumes du marché et belles viandes de la région... qu'il arrose de vins sur mesure. Dans l'assiette, on ressent tout l'amour du chef pour son pays d'adoption, pour ses paysans, pour cette nature qui renaît à chaque printemps... Longue vie à cette Bastide!

Spécialités : Truffe d'été en croûte, coulis de maïs à la mélisse et pop-corn. Carré d'agneau saisi en cocotte et fumé au thym, jus au serpolet. Soufflé parfumé au cèdre, glace au clou de girofle.

Menu 85 € (déjeuner), 140/230 € - Carte 125/175 €

Chemin des Cabanes - ✆ 04 90 75 89 78 - www.capelongue.com - Fermé 11 novembre-13 mars, mardi, mercredi

La Bergerie

CUISINE TRADITIONNELLE • BISTRO X La Bastide de Capelongue version bistrot! À l'unisson de la superbe vue dévoilée par la terrasse, la carte braque les projecteurs sur les produits de la région : tapenade, gigot d'agneau à la ficelle et plats en cocotte, indémodables marquises au chocolat et œufs à la neige. Et le savoir-faire de l'équipe n'est plus à prouver...

Menu 38 € - Carte 40/60 €

La Bastide de Capelongue, Chemin des Cabanes - ✆ 04 90 75 89 78 - www.capelongue.com

L'Arôme

CUISINE PROVENÇALE • COSY X Au pied du village, cette adresse respire l'intimité avec le terroir. De la salle voûtée du 14e s. à la terrasse, le décor frais et champêtre est des plus charmants. La cuisine elle-même cultive l'authenticité : en témoigne ce porc noir de Bigorre, confit de 8 heures, fruits de saison aux épices et vin de Maury...

Menu 49 € - Carte 58/63 €

2 Rue Lucien Blanc - ✆ 04 90 75 88 62 - www.laromerestaurant.com - Fermé 15 novembre-31 mars, mercredi, jeudi midi

Le Fournil

CUISINE PROVENÇALE • BRANCHÉ X Pittoresque et originale, cette maison adossée à la colline avec sa terrasse, sur une placette à l'ombre des platanes, et sa salle troglodyte au décor contemporain. Au menu : une cuisine méridionale mettant en valeur de beaux produits, notamment à travers le menu du soir, plus recherché qu'au déjeuner.

Carte 40/50 €

Place Carnot - ✆ 04 90 75 83 62 - www.lefournil-bonnieux.com - Fermé 22 novembre-6 mars, 24 novembre-7 mars, lundi, mardi

 **La Bastide de Capelongue** 

LUXE • MÉDITERRANÉEN Au sommet des collines plantées de cèdres, ce petit hameau est un hymne à la Provence. La plupart des chambres, confortables et raffinées, jouissent d'une terrasse ou d'un balcon. Magnifique bassin de nage parmi la lavande. Idéal pour un bol d'air gorgé de soleil et de senteurs !

29 chambres - 110/350 € - 28 € - 10 suites

Chemin des Cabanes - 04 90 75 89 78 - www.capelongue.com - Fermé 11 novembre-13 mars

La Bastide de Capelongue • **La Bergerie** - Voir la sélection des restaurants

BORDEAUX

✉ 33000 – Gironde – Carte régionale n° **18**–B1 – Carte Michelin 335-H5

On aime...

C'est peu dire que la capitale de l'Aquitaine a le vent en poupe, et l'inauguration de la Cité du vin et de la LGV (ligne grande vitesse, qui rapproche la ville à 2h05 de Paris) accentuent encore son pouvoir d'attraction. La ville poursuit sa métamorphose entamée avec la réhabilitation des quais et l'inscription de son somptueux centre historique au Patrimoine mondial de l'Unesco en 2007. Mais Bordeaux, qui doit sa prospérité à la vigne et au commerce avec l'outre-mer, a aussi des arguments culinaires à revendre. Sa gastronomie s'appuie sur un terroir d'une richesse incomparable : agneau de Pauillac (généralement servi avec ses haricots), lamproie mijotée dans sa sauce – aux vins bordelais, bien sûr ! –, ou encore cannelés dévoilant leur irrésistible croûte caramélisée...

littleclie/iStock

Restaurants

✿✿ La Grande Maison de Bernard Magrez

CUISINE CRÉATIVE · ÉLÉGANT XXXX Le défi était de taille. Reprendre cette institution bordelaise, la Grande (et sublime) Maison du Bordelais Bernard Magrez : hall feutré, imposant escalier, deux salles à manger parées de bibliothèques murales et de fauteuils Napoléon III, lustres et voluptés... Qui de mieux, pour relever ce défi, que Pierre Gagnaire, élu par ses pairs en 2015 plus grand chef étoilé du monde ? Aux fourneaux, son homme de confiance s'appelle Jean-Denis Le Bras, compagnon de route depuis onze ans. Tout en restant fidèle à la philosophie du grand chef, le Breton construit son propre discours avec des assiettes fines et précises, aux forts contrastes de saveurs, qui rendent un émouvant hommage au terroir aquitain. Pari tenu, donc, avec une gastronomie de haute volée et une somptueuse carte des vins, de plus de 1 000 références.

Spécialités : Velouté de coquillages au caviar oscietre, algues et herbes sauvages. Aiguillettes de homard bleu à la nacre, mousseline d'huile d'olive et bisque dodo. Le grand dessert de Pierre Gagnaire.

Menu 85 € (déjeuner), 145/195 €

Plan 2 C1-g – *10 rue Labottière – ✆ 05 35 38 16 16 – www.lagrandemaison-bordeaux.com – Fermé 1er-15 janvier, 16 août-1er septembre, lundi, mardi, dimanche*

✿✿ Le Pressoir d'Argent - Gordon Ramsay

CUISINE MODERNE · ÉLÉGANT XXXX Le restaurateur britannique Gordon Ramsay (né en Écosse), véritable star, affole les statistiques sur Instagram. Celui qui aurait pu devenir footballeur professionnel, sans une méchante blessure, a choisi une carrière tout aussi sportive : chef cuisinier.

Triplement étoilé en Angleterre, son talent s'exprime également en France, au Pressoir d'Argent, dont il signe la carte, laissant à son équipe le soin de la réaliser. La maison doit son nom à la presse à homard Christofle en argent massif qui trône dans la salle : une pièce rarissime, conçue par Jacques Le Divellec, chef du restaurant La Cuisine de la Mer dans les années 1980, afin d'extraire les sucs du homard en salle.

Foie gras, truffes, caviar, poissons et vins : le terroir aquitain règne ici en majesté, et 95 % des produits utilisés en cuisine sont issus de la production locale. Gordon Ramsay ? *So French !*

Spécialités : Araignée de mer des côtes basques, avocat, agrume, coriandre et radis. Homard bleu à la presse. La crêpe comme la faisait mon arrière grand-père Raymond Oliver.

Menu 185/295 € – Carte 140/295 €

Plan 3 F2-g – *InterContinental - Le Grand Hôtel, 2 place de la Comédie (1er étage) – ✆ 05 57 30 43 42 – www.bordeaux.intercontinental.com – Fermé 1er-13 janvier, 1er-11 mai, 2-17 août, 1er-9 novembre, lundi, dimanche et le midi*

✿ Le Pavillon des Boulevards (Thomas Morel)

CUISINE CRÉATIVE · CONTEMPORAIN XXX Véritable institution de la gastronomie bordelaise depuis plusieurs décennies, cette maison de ville – une échoppe bordelaise traditionnelle – invite à franchir son seuil. L'ancien propriétaire a remis les clefs à son second, le chef Thomas Morel, et au sommelier Thibaut Berton. Ils ont remis au goût du jour la décoration, non sans conserver le chic bourgeois emblématique de l'adresse. Laissant libre cours à leur inspiration, aussi bien du côté garde-manger que du côté cave, les deux compères proposent une cuisine créative, jouant des associations d'arômes et de parfums, et accompagnée de bons vins de la région. Léger liégeois de caviar, homard à la crème de châtaignes ; langoureux turbot, haricots de Paimpol, émulsion de beurre fumée et pesto de coriandre pour le peps. Les boulevards ont du bon.

Spécialités : Foie gras "éponge" café rhubarbe, condiment café soja. Ris de veau, pomme de terre et citron confit, jus simple. Pickles de mangue à la vanille, coco, pistache.

Menu 35 € (déjeuner), 95/140 €

Plan 2 C2-a – *120 rue de la Croix-de-Seguey – ✆ 05 56 81 51 02 – www.lepavillondesboulevards.fr – Fermé 21 avril-2 mai, 18 août-2 septembre, 31 décembre-7 janvier, lundi, dimanche*

✿ L'Oiseau Bleu

CUISINE MODERNE · DESIGN XX Cette maison classique en pierre bordelaise est une institution de la rive droite, où les bonnes tables ne courent pas les rues ! Elle accueille aujourd'hui l'ancien – et néanmoins jeune – sous-chef des Sources de Caudalie, à Martillac. Il réalise une cuisine épurée et lisible, à l'opposé de la démonstration technique, porté par deux obsessions très saines : le produit et le goût. Son risotto de crozets, coquillages et crumble au sarrasin est une réussite, tout comme les anciens plats "phares" de la maison qu'il garde à la carte : soufflé chaud, pigeon rôti au foin... Côté décor, une salle lumineuse et colorée, avec joli parquet, et même un patio-jardin charmant pour les beaux jours.

Spécialités : Risotto de crozets aux coquillages, émulsion marinière, sarrasin et citron vert. Saint-Jacques rôties, crémeux de racine de persil, polenta au vieux brebis et émulsion beurre noisette. Soufflé au chocolat.

Menu 29 € (déjeuner), 46/70 € – Carte 53/70 €

Plan 4 H1-e – *127 avenue Thiers – ✆ 05 56 81 09 39 – www.loiseaubleu.fr – Fermé 1er-8 janvier, 26 avril-11 mai, 16-31 août, lundi, dimanche*

✿ Garopapilles (Tanguy Laviale)

CUISINE MODERNE · ÉPURÉ X Pas facile d'obtenir une table ici, étant donné le succès de la maison... mais, bien sûr, le jeu en vaut la chandelle. Les deux jeunes associés, chef et sommelier, font recette avec une cuisine sans complexe, créative et pile dans l'air du temps. Menu unique oblige, il faudra accepter d'avancer "en aveugle", mais c'est aussi la garantie de ne jamais manger deux fois la même chose ! On ne s'ennuie jamais à table, on se régale des produits du jour, on arrose le tout de l'une des 500 références de la région ou d'ailleurs, choisis avec soin par le sommelier : dans ces lieux, l'accord mets-vin est une affaire très sérieuse. Allez-y sans hésiter : vos papilles n'ont rien à craindre.

Spécialités : Cuisine du marché.

Menu 39 € (déjeuner)/90 €

Plan 3 F2-d – *62 rue Abbé-de-l'Epée – ✆ 09 72 45 55 36 – www.garopapilles.com – Fermé 1er-23 août, 25 décembre-3 janvier, lundi, mardi soir, mercredi soir, samedi, dimanche*

✿ La Table d'Hôtes - Le Quatrième Mur (Philippe Etchebest)

CUISINE CRÉATIVE · CONVIVIAL X Au Grand Théâtre de Bordeaux, magnifique exemple d'architecture néoclassique, même la gourmandise se donne en spectacle. Les 12 convives de "Chef Etchebest" partagent la même grande table dans une cave voûtée, et sont plongés dans les coulisses d'un restaurant, au milieu des annonces de plats et du va-et-vient des serveurs. Tout, ici, est surprise : du menu aux accords mets et vins, jusqu'aux couverts que l'on choisit soi-même. Même esprit dans les recettes du chef, franchement originales, qui témoignent d'une recherche poussée dans l'harmonie des saveurs. La technique est impeccable (cette sole farcie !), on se régale tout en faisant connaissance avec ses voisins de table. Et même quand Philippe Etchebest est absent, il est un peu là : en visioconférence avec les convives, avant le début du repas ! Une expérience, on vous dit...

Spécialités : Cuisine du marché.

Menu 170 €

Plan 3 F2-r – *2 place de la Comédie – ✆ 05 56 02 49 70 – www.quatrieme-mur.com*

Le Quatrième Mur – Voir la sélection des restaurants

Soléna (Victor Ostronzec)

CUISINE MODERNE • SIMPLE Légèrement à l'écart de l'hyper-centre bordelais, la façade discrète ouvre sur un intérieur confortable. Installé ici depuis 2016, on trouve un jeune chef : Victor Ostronzec, barbe blonde bien en ordre, vraie gentillesse et talent incontestable. Il se distingue par une cuisine technique et créative, avec des dressages souvent inspirés, et trouve toujours le petit plus qui fait la différence dans un plat. Sa volonté de surprendre est manifeste et fait plaisir à voir. Encore une bonne nouvelle, et pas des moindres : son travail est bien mis en valeur par un service aux petits soins.

Spécialités : Cuisine du marché.

Menu 45 € (déjeuner), 59/75 €

Plan 3 E2-b – *5 rue Chauffour – ✆ 05 57 53 28 06 – www.solena-restaurant.com – Fermé 24 février-9 mars, 20 avril-4 mai, 10-24 août, lundi, mardi, mercredi midi, jeudi midi, vendredi midi*

Tentazioni (Giovanni Pireddu)

CUISINE ITALIENNE • BISTRO Elle est bretonne, il est italien, ils se sont rencontrés en Corse... et ils tiennent à Bordeaux une table petite par la taille, mais grande par le plaisir. Les assiettes du chef sont bluffantes de précision et d'inspiration, d'autant qu'elles mettent en valeur des produits de haute volée : langoustine, araignée, thon rouge, pigeon... Une cuisine inspirée, très contemporaine, éclatante de saveurs et parcourue (origines du chef obligent !) de fréquents clins d'œil à l'Italie, sans jamais verser dans la nostalgie ou la démonstration "identitaire". Un vrai plaisir du début à la fin, jusqu'à l'excellent rapport qualité-prix.

Spécialités : Gambero rosso sicilienne, pêche jaune, amande fraiche et jus de corail monté à l'huile d'olive. Saint-pierre, cèpes et sabayon à la vernaccia. Tartufo tiramisu.

Menu 25 € (déjeuner), 49/69 €

Plan 3 F1-e – *59 rue du Palais-Gallien – ✆ 05 56 52 62 12 – www.tentazioni-bordeaux.fr – Fermé 1er-16 septembre, lundi, mardi midi, mercredi midi, dimanche*

Le Cent 33 (N)

CUISINE CRÉATIVE • BRANCHÉ Fabien Beaufour a peaufiné son concept dans les moindres détails, lorgnant notamment vers New York pour trouver l'inspiration : on compose son repas avec plusieurs plats en petites portions, en fonction de ses envies et de son porte-monnaie. Les saveurs sont intenses, contrastées, les cuissons parfaites et les assaisonnements percutants... C'est tout bon.

Spécialités : Tête de cochon au torchon, ravigote et betterave. Pêche du jour au feu de bois. Madeleines tièdes et crème à la fève tonka.

Menu 35 € (déjeuner)/55 € – Carte 35/63 €

Plan 2 C1-b – *139 rue du Jardin-Public – ✆ 05 56 15 90 40 – www.cent33.com – Fermé 3-23 août, 21-27 décembre, lundi, dimanche*

Mets Mots

CUISINE TRADITIONNELLE • BISTRO La recette gagnante de Mets Mots ? Un endroit riche de son histoire (une ancienne imprimerie), un trio de toques ayant travaillé chez Pierre Gagnaire, une cuisine du marché bien troussée. Jour après jour, les habitués s'y pressent, ce qui est toujours bon signe... Saveurs et convivialité : bravo.

Spécialités : Tartare de betteraves aux herbes, cecina et yaourt d'amandes fermentées. Dorade grillée, purée de pomme de terre aux algues, épinards et jus de coquillages. Clafoutis au rhum vieux, abricots rôtis au romarin, melon confit et crème de chèvre.

Menu 22 € (déjeuner), 33/58 €

Plan 3 F1-a – *98 rue Fondaudège – ✆ 05 57 83 38 24 – www.metsmots.fr – Fermé lundi soir, samedi, dimanche*

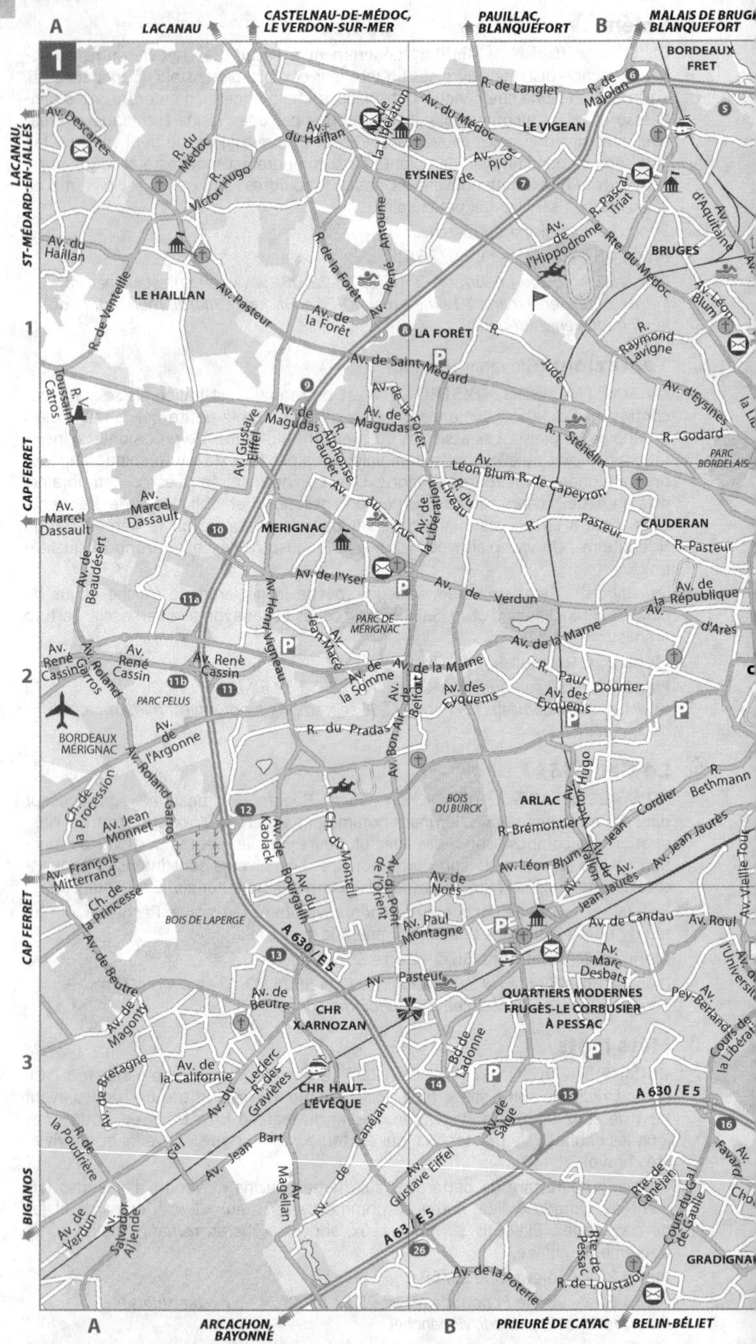
A
LACANAU
CASTELNAU-DE-MÉDOC, LE VERDON-SUR-MER
PAUILLAC, BLANQUEFORT
B
MALAIS DE BRUGES, BLANQUEFORT
1
BORDEAUX FRET
LACANAU, ST-MÉDARD-EN-JALLES
Av. Descartes
R. du Médoc
R. Victor Hugo
Av. du Haillan
Av. de la Libération
R. de Langlet
R. de Majolan
Av. du Médoc
LE VIGEAN
EYSINES
Av. de Picot
R. Pascal Triat
Av. de l'Hippodrome
Rte. du Médoc
Av. d'Aquitaine
BRUGES
R. de la Forêt
Av. René Antoune
Av. Pasteur
LE HAILLAN
R. de Venteille
Av. de la Forêt
LA FORÊT
Av. Léon Blum
R. Jude
R. Raymond Lavigne
Av. de Saint-Médard
R. Toussaint Catros
Av. d'Eysines
Av. de Magudas
Av. Gustave Eiffel
R. Alphonse Daudet
Av. de la Forêt
R. Stéhelin
R. Godard
PARC BORDELAIS
CAP FERRET
Av. Léon Blum
R. de Capeyron
Av. du Truc
Av. de la Libération
R. du Liveau
Av. Marcel Dassault
MERIGNAC
R. Pasteur
CAUDERAN
Av. de Beaudésert
Av. de l'Yser
Av. de Verdun
Av. de la République
Av. d'Arès
PARC DE MÉRIGNAC
Av. Jean Macé
Av. Henri Vigneau
Av. de la Marne
2
Av. René Cassin
Av. Roland Garros
Av. de la Somme
Av. de Belfort
Av. des Eyquems
R. Paul Doumer
PARC PELUS
BORDEAUX MÉRIGNAC
Av. de l'Argonne
R. du Pradas
Av. Bon Air
Av. Victor Hugo
R. Bethmann
Ch. de la Procession
Av. Roland Garros
BOIS DU BURCK
ARLAC
R. Cordier
Av. Jean Monnet
Av. de Kaolack
Ch. du Monteil
R. Brémontier
Av. Jean Cordier
Av. Jean Jaurès
Av. François Mitterrand
Av. de Bourgailh
Av. de l'Orient
Av. du Pont
Av. de Noès
Av. Léon Blum
Av. du Vallon
Av. Vieille Tour
Ch. de la Princesse
BOIS DE LAPERGE
Av. du Bourgailh
Av. Paul Montagne
Av. de Candau
Av. Roul
A 630 / E 5
Av. Marc Desbats
Av. de l'Université
Av. de Beutre
Av. Pasteur
QUARTIERS MODERNES FRUGÈS-LE CORBUSIER À PESSAC
Av. Pey-Berland
Av. de Magonty
CHR X.ARNOZAN
Cours de la Libération
3
Av. de Bretagne
Av. de la Californie
Av. du Leclerc
R. des Gravières
CHR HAUT-L'ÉVÊQUE
Bd de Ladonne
A 630 / E 5
R. de la Poudrière
Av. du Gal
Av. Jean Bart
Av. de Canéjan
Av. de Saige
Av. Favard
BIGANOS
Av. Magellan
Av. Gustave Eiffel
Rte. de Canéjan
Cours du Gal de Gaulle
Av. de Verdun
Av. Salvador Allende
A 63 / E 5
Rte. de Pessac
GRADIGNAN
Av. de la Poterie
R. de Loustalot
A
ARCACHON, BAYONNE
B
PRIEURÉ DE CAYAC
BELIN-BÉLIET

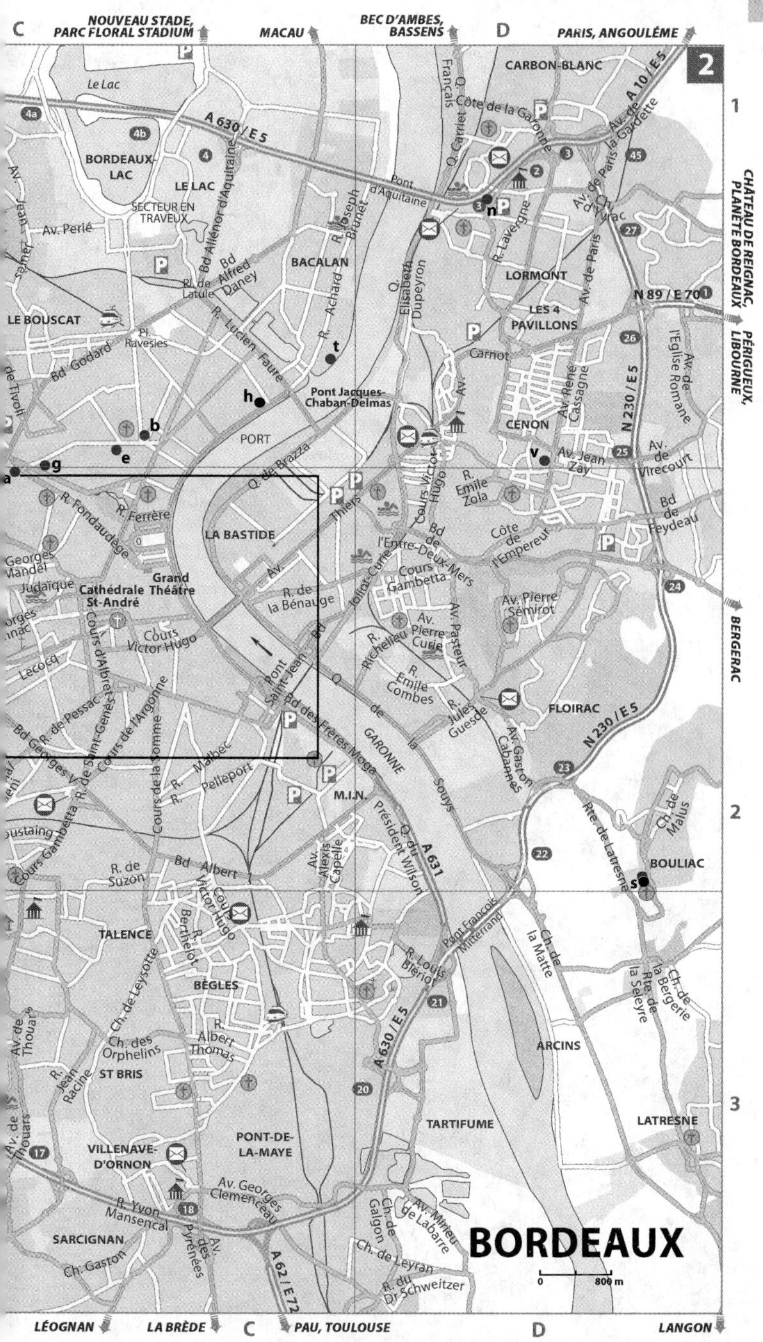
NOUVEAU STADE, PARC FLORAL STADIUM
MACAU
BEC D'AMBES, BASSENS
PARIS, ANGOULÊME
CHÂTEAU DE REIGNAC, PLANÈTE BORDEAUX
PÉRIGUEUX, LIBOURNE
BERGERAC
LÉOGNAN
LA BRÈDE
PAU, TOULOUSE
LANGON
CARBON-BLANC
BORDEAUX-LAC
LE LAC
SECTEUR EN TRAVEUX
BACALAN
LORMONT
LES 4 PAVILLONS
LE BOUSCAT
Pont Jacques-Chaban-Delmas
PORT
CENON
LA BASTIDE
Grand Théâtre
Cathédrale St-André
FLOIRAC
M.I.N.
BOULIAC
TALENCE
BÈGLES
ST BRIS
ARCINS
TARTIFUME
LATRESNE
VILLENAVE-D'ORNON
PONT-DE-LA-MAYE
SARCIGNAN
A 630 / E 5
A 10 / E 5
N 89 / E 70
N 230 / E 5
A 631
A 62 / E 72
Pont d'Aquitaine
Pont Saint-Jean
Pont François Mitterrand
BORDEAUX
0
800 m

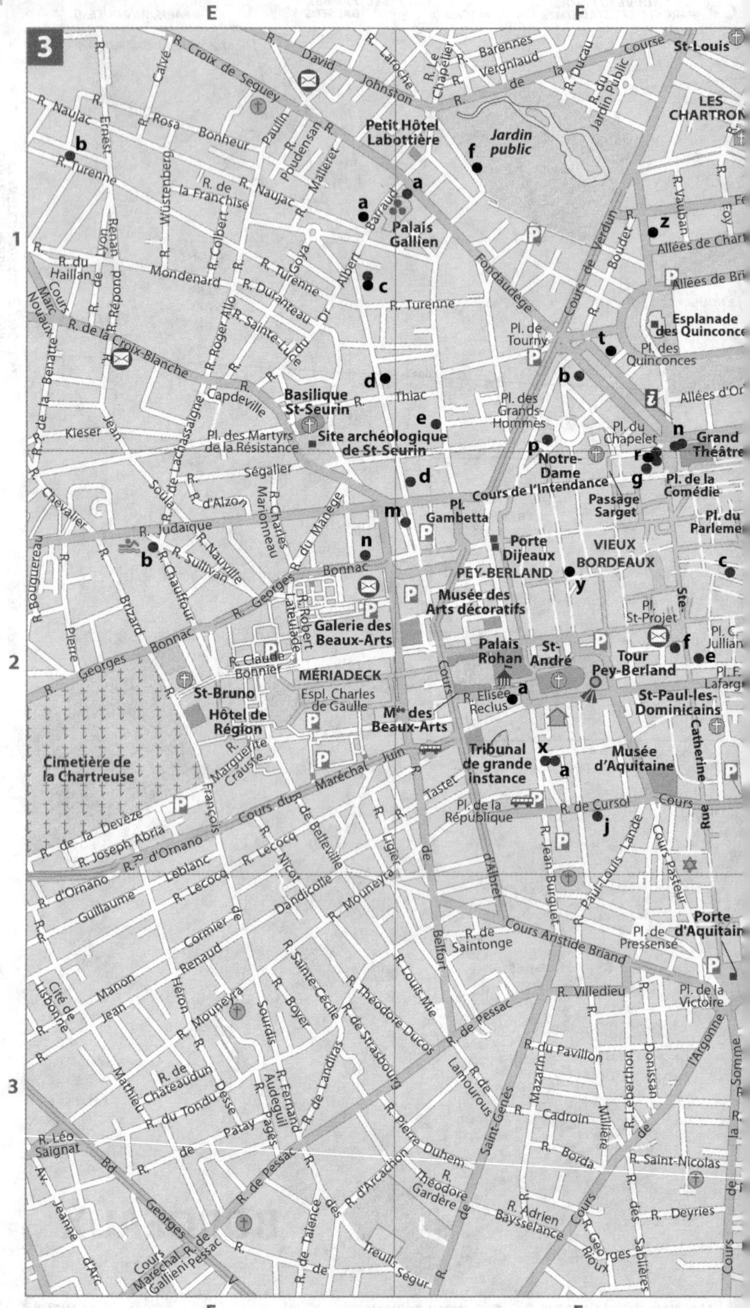

E
F
3
1
2
3
Petit Hôtel Labottière
Jardin public
Palais Gallien
St-Louis
LES CHARTRONS
Esplanade des Quinconces
Pl. de Tourny
Pl. des Quinconces
Basilique St-Seurin
Site archéologique de St-Seurin
Pl. des Martyrs de la Résistance
Pl. des Grands-Hommes
Pl. du Chapelet
Notre-Dame
Grand Théâtre
Pl. de la Comédie
Cours de l'Intendance
Passage Sarget
Pl. Gambetta
Pl. du Parlement
Porte Dijeaux
VIEUX BORDEAUX
PEY-BERLAND
Musée des Arts décoratifs
Galerie des Beaux-Arts
MÉRIADECK
Espl. Charles de Gaulle
Palais Rohan
St-André
Tour Pey-Berland
St-Paul-les-Dominicains
Pl. St-Projet
St-Bruno
Hôtel de Région
Cimetière de la Chartreuse
Mée des Beaux-Arts
Tribunal de grande instance
Musée d'Aquitaine
Pl. de la République
Pl. de Pressensé
Porte d'Aquitaine
Pl. de la Victoire
Cours Aristide Briand
Cours de Verdun
Cours du Maréchal Juin
Cours d'Albret
Cours de la Somme
Cours Pasteur
R. Judaïque
R. de Pessac
Bd Georges V
Cours Maréchal Gallieni
R. du Pavillon
R. Villedieu
R. Saint-Nicolas
E
F

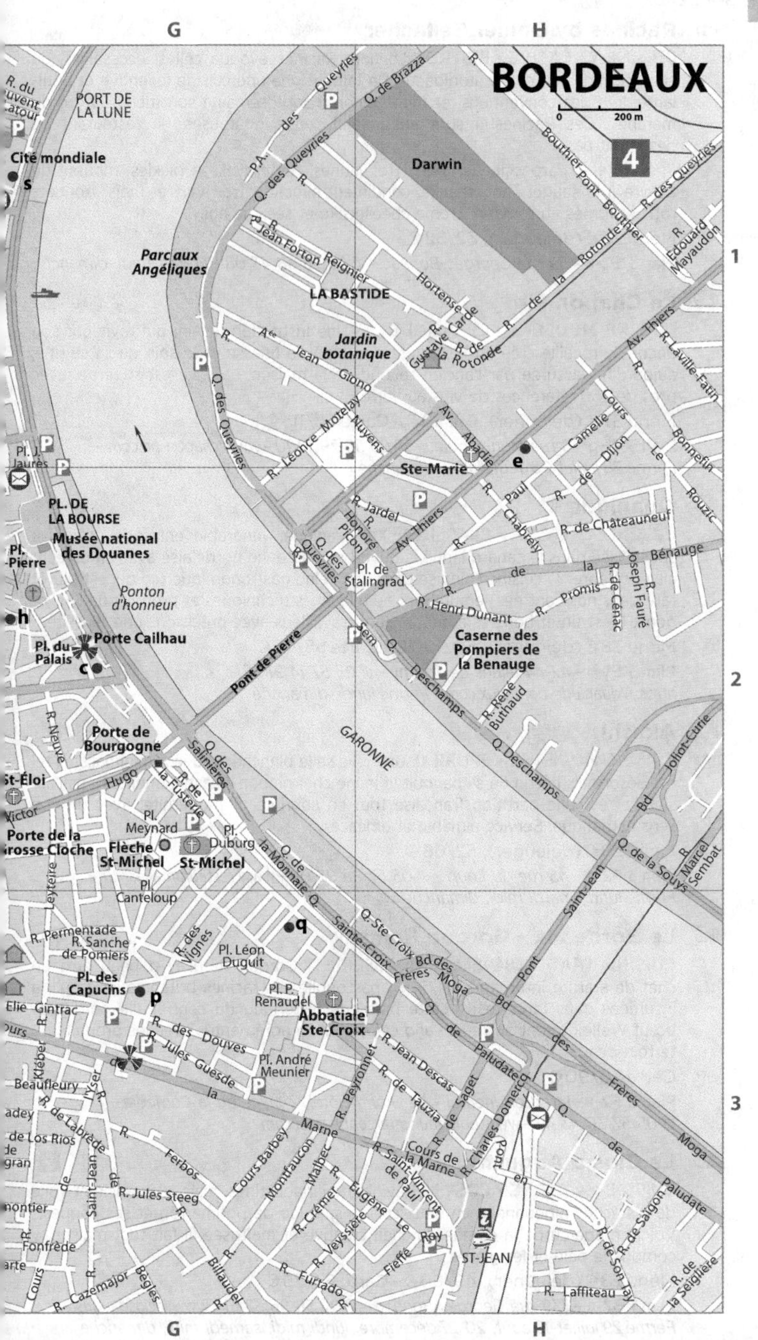
BORDEAUX
0
200 m
4
G
H
1
2
3
PORT DE LA LUNE
Cité mondiale
s
Parc aux Angéliques
LA BASTIDE
Jardin botanique
Darwin
Ste-Marie
e
PL. DE LA BOURSE
Musée national des Douanes
Ponton d'honneur
h
Porte Cailhau
Pl. du Palais
c
Pont de Pierre
GARONNE
Pl. de Stalingrad
Caserne des Pompiers de la Benauge
Porte de Bourgogne
St-Éloi
Porte de la Grosse Cloche
Flèche St-Michel
St-Michel
Pl. Meynard
Pl. Duburg
Pl. Canteloup
q
Pl. Léon Duguit
Pl. des Capucins
p
Pl. P. Renaudel
Abbatiale Ste-Croix
Pl. André Meunier
ST-JEAN
Q. des Queyries
Q. de Brazza
R. Jean Forton
R. Reignier
R. Hortense
R. Gustave Carde
R. de la Rotonde
R. Bouthier
Pont Bouthier
R. des Queyries
R. Edouard Mayaudon
Av. Thiers
R. Laville-Fatin
Cours Le Rouzic
R. Camelle
R. de Dijon
R. Bonnefin
R. Léonce Motelay
R. Nuyens
Av. Abadie
R. Paul Chabrely
R. de Châteauneuf
R. Jardel
R. Honoré Picon
R. de la Benauge
R. Joseph Fauré
R. de Cénac
R. Promis
R. Henri Dunant
Q. Deschamps
R. René Buthaud
Bd Joliot-Curie
Q. de la Souys
R. Marcel Sembat
Pont Saint-Jean
Q. des Salinières
R. de la Fusterie
Q. de la Monnaie
Q. Sainte-Croix
Q. Ste Croix
Bd des Frères Moga
Q. de Paludate
R. Charles Domercq
R. Jean Descas
R. de Tauzia
R. de Saget
R. Peyronnet
Cours de la Marne
R. Saint-Vincent de Paul
R. Eugène Le Roy
R. Fieffé
R. Crémer
R. Veyssière
R. Malbec
R. Montfaucon
Cours Barbey
R. Ferbos
R. Jules Steeg
R. Billaudel
R. Furtado
R. Cazemajor
R. de Bègles
R. de Saïgon
R. de Son Tay
R. de la Seiglière
R. Laffiteau
Pont en U
R. des Douves
Cours Jules Guesde
R. des Vignes
R. Permentade
R. Sanche de Pomiers
R. Leyteire
R. Neuve
R. Kléber
R. de l'Yser
R. de Labrède
R. Saint-Jean
Elie Gintrac
Beaufleury
de Los Rios
Fonfrède
Hugo
Victor
Pl. J. Jaurès
Pl. ...-Pierre

Racines by Daniel Gallacher

CUISINE CRÉATIVE · BISTRO Le nom Racines évoque celles, écossaises, du chef, comme son côté autodidacte. De fait, il signe une cuisine inventive et pétillante, loin des conventions, et fait évoluer chaque semaine son menu au gré du marché... Ces Racines-là sont aussi solides que goûteuses : le restaurant ne désemplit pas.

Spécialités : Carpaccio de courgettes jaunes, betteraves en pickles, mousse de chèvre à la sauge. Thon snacké, condiment avocat, citron vert et maïs. Abricots rôtis et fumés au romarin, crème cheesecake et sésame noir.

Menu 23€ (déjeuner), 32/52€

Plan 3 E2-n – *59 rue Georges-Bonnac – ✆ 05 56 98 43 08 – Fermé lundi, dimanche*

Le Chapon Fin

CUISINE MODERNE · CLASSIQUE Une institution locale, qui ravit par son décor de rocaille créé en 1901, autant que par la finesse et le soin de sa cuisine, aujourd'hui assurée par l'ancien second de la maison. La cave est superbe, avec près de 250 références de vins au verre !

Menu 37€ (déjeuner), 69/99€ – Carte 85/115€

Plan 3 F1-p – *5 rue Montesquieu – ✆ 05 56 79 10 10 – www.chapon-fin.com – Fermé 28 juillet-26 août, lundi, dimanche*

Quanjude

CUISINE CHINOISE · CLASSIQUE Quanjude, vénérable enseigne pékinoise spécialisée dans le canard laqué, a ouvert son antenne bordelaise avec un objectif clair : célébrer la cuisine chinoise dans une veine gastronomique (ce qui est plutôt rare dans nos contrées) en utilisant au mieux les techniques et produits de l'hexagone. C'est fin et bon, les assiettes sont travaillées avec précision : une réussite.

Menu 38€ (déjeuner), 60/100€ – Carte 55/97€

Plan 3 F1-b – *42-44 allées de Tourny – ✆ 05 57 14 91 35 – https://quanjude-bordeaux.com – Fermé lundi, dimanche*

Akashi

CUISINE MODERNE · ÉPURÉ Une jolie salle blanche au décor minimaliste : tel est désormais l'écrin où s'épanouit le jeune chef nippon Akashi Kaneko. Dans l'assiette, c'est une partition française tout en sobriété et modernité, avec un vrai sens esthétique. Service aimable et efficace.

Menu 29€ (déjeuner), 52/68€

Plan 3 F2-e – *45 rue du Loup – ✆ 05 57 99 95 09 – www.restaurantakashi.fr – Fermé lundi, mardi midi, dimanche*

Le Bordeaux - Gordon Ramsay

CUISINE TRADITIONNELLE · BRASSERIE Gordon Ramsay a beau être un chef de stature internationale, il n'a pas oublié ses racines britanniques... qu'il a insufflées dans la carte de cette brasserie historique du centre-ville bordelais : bœuf Wellington et autre *fish and chips* sont ici agrémentés avec les produits du terroir local.

Carte 50/90€

Plan 3 F2-r – *InterContinental - Le Grand Hôtel, 2 place de la Comédie – ✆ 05 57 30 43 42 – www.bordeaux.intercontinental.com*

Le Clos d'Augusta

CUISINE MODERNE · COSY Raviolis de langoustines, maïs à la vanille et voile de pistache ; pigeonneau en deux cuissons, pulpe de potimarron et ses coques... Voici un aperçu de la cuisine du chef, créative et maîtrisée. Il fait tout maison, y compris le pain et les glaces !

Menu 28€ (déjeuner), 49/69€ – Carte 63/75€

Plan 1 B2-a – *339 rue Georges-Bonnac – ✆ 05 56 96 32 51 – www.leclosdaugusta.fr – Fermé 29 juillet-19 août, 20-27 décembre, lundi midi, samedi midi, dimanche*

Le Davoli

CUISINE MODERNE · COSY XX Le quartier St-Pierre, ses petites rues, ses bars, ses restaurants et... Le Davoli ! Une adresse où les gourmands apprécient des recettes alléchantes, entre classicisme et modernité, réalisées par un chef ayant travaillé dans de belles maisons. Cerise sur le gâteau : l'accueil, aux petits soins.

Menu 28 € (déjeuner), 42/64 €

Plan 4 G2-h – *13 rue des Bahutiers – ✆ 05 56 48 22 19 – www.ledavoli.com – Fermé 23 février-2 mars, 26 juillet-19 août, lundi, dimanche*

Julien Cruège (N)

CUISINE MODERNE · TENDANCE XX Dans cette maison de la Croix-Blanche, typiquement bordelaise, le chef Julien Cruège propose une cuisine d'une simplicité réjouissante, entre tradition et modernité. Terrine de canard, légumes en pickles ; dos de lieu jaune et carbonara de céleri... Aux beaux jours, on profite d'une agréable terrasse.

Menu 24 € (déjeuner), 35/60 € – Carte 56/70 €

Plan 3 E1-b – *245 rue Turenne – ✆ 05 56 81 97 86 – www.juliencruege.fr – Fermé 29 février-9 mars, 1er-24 août, 21 décembre-2 janvier, samedi, dimanche*

La Table de Montaigne (N)

CUISINE MODERNE · CHIC XX Le restaurant du Palais Gallien (hôtel 5 étoiles qui vient d'ouvrir ses portes) propose une belle cuisine d'inspiration classique, aux touches contemporaines. Côté produits, tous les légumes proviennent de potagers privés. Une belle entrée en matière.

Menu 35 € (déjeuner), 59/75 € – Carte 70/80 €

Plan 3 F1-c – *Le Palais Gallien, 144 rue de l'Abbé-de-l'Épée – ✆ 05 57 08 01 27 – https://hotel-palais-gallien-bordeaux.com – Fermé lundi, mardi midi, samedi midi, dimanche*

La Tupina

CUISINE TRADITIONNELLE · RUSTIQUE XX Véritable institution, cette auberge champêtre a tout le goût d'autrefois... Sanguette, macaronade, frites à la graisse de canard : le terroir est défendu avec conviction, et l'on se régale de copieux plats du Sud-Ouest, mais aussi de viandes rôties et de légumes de saison – de beaux produits exposés sur le comptoir et qui mettent en appétit. Incontournable !

Menu 18 € (déjeuner), 64/74 € – Carte 45/80 €

Plan 4 G3-q – *6 rue Porte-de-la-Monnaie – ✆ 05 56 91 56 37 – www.latupina.com – Fermé lundi*

Le Quatrième Mur

CUISINE MODERNE · BRASSERIE X Au théâtre, le quatrième mur est celui, invisible, qui sépare le public de la scène. Un nom tout choisi pour cette table installée dans les ors du Grand théâtre ! Un produit de qualité, une cuisson précise, une garniture et un jus : Philippe Etchebest va à l'essentiel et nous régale en toute simplicité.

Menu 34 € (déjeuner)/51 €

Plan 3 F1-n – *La Table d'Hôtes - Le Quatrième Mur, 2 place de la Comédie – ✆ 05 56 02 49 70 – www.quatrieme-mur.com*

Le 7

CUISINE MODERNE · DESIGN X Comme son nom l'indique, ce restaurant est installé au septième étage de la Cité du Vin : il offre un panorama imprenable sur la Garonne et le centre-ville de Bordeaux. Au menu, une cuisine dans l'air du temps plutôt bien tournée, avec un joli choix de vins au verre.

Menu 65 € – Carte 65/70 €

Plan 2 C1-t – *4 esplanade de Pontac (à la Cité du Vin) – ✆ 05 64 31 05 40 – www.le7restaurant.com*

L'Air de Famille

CUISINE MODERNE • SIMPLE Les propriétaires, Florence et Mickael, ont donné un vigoureux coup de jeune à ce bistrot familial, tout en lui offrant quelques aménagements salutaires. Derrière ses fourneaux, visibles depuis la salle, le chef revisite la tradition en y imprimant une once de modernité et son savoir-faire ne fait aucun doute. Simple et bon, sans prétention : allez-y les yeux fermés.

Menu 18 € (déjeuner)/33 €

Plan 2 C1-e – *15 rue Albert-Pitres – 05 56 52 13 69 – www.lairdefamillebordeaux.com – Fermé 25 juillet-24 août, 21 décembre-4 janvier, lundi, mardi soir, samedi midi, dimanche*

Bo-tannique N

CUISINE MODERNE • BRANCHÉ Trois associés et amis sont installés dans cette jolie adresse, qu'ils ont totalement métamorphosée : déco dans l'air du temps, pierre bordelaise apparente... Leur cuisine, tout en franchise et en contrastes, pioche dans leurs souvenirs de voyage : thon croustillant, émulsion sriracha ; volaille en vinaigrette de kumquat et citronnelle. Une réussite.

Menu 21 € (déjeuner)/39 € – Carte 40/55 €

Plan 3 F2-f – *2 rue Tustal – 05 56 81 34 92 – https://bo-tannique-bordeaux.eatbu.com – Fermé lundi, dimanche*

C'Yusha

CUISINE MODERNE • CONVIVIAL Cuisine actuelle relevée d'épices, de plantes et d'herbes, signée par un chef qui travaille seul, sous le regard des gourmands. Et cerise sur le gâteau : les légumes sont ceux de son potager. Côté cadre, le minimalisme et l'intimité (peu de couverts) priment. Au cœur du vieux Bordeaux, un lieu résolument contemporain.

Menu 20 € (déjeuner), 35/45 €

Plan 4 G2-c – *12 rue Ausone – 05 56 69 89 70 – www.cyusha.com – Fermé 2-23 août, 22-29 décembre, lundi, vendredi midi, samedi midi, dimanche*

Le Chicoula, bistrot d'Art N

CUISINE MODERNE • VINTAGE Ce bistrot de poche a ouvert sans tambours ni trompettes, et pourtant ! Le chef maîtrise très bien son sujet, comme en témoigne ce menu unique tout en saveurs originales et en dressages harmonieux. La déco n'est pas en reste, qui se pare d'œuvres d'artistes locaux, avec vernissages occasionnels – le chef est lui-même peintre à ses heures...

Menu 28 € (déjeuner), 36/55 €

Plan 3 F2-j – *22 rue de Cursol – 06 52 40 64 54 – www.lechicoula.fr – Fermé lundi, mardi midi, dimanche*

Le Clandestin N

CUISINE DU MARCHÉ • BISTRO À deux pas du marché des Capucins, cette table se distingue par une cuisine bistrotière aussi fraîche que maîtrisée. Dans ses menus, revisités chaque semaine, le chef instille ses souvenirs de voyage et utilise au mieux les produits du marché – y compris les plus simples. Une franche réussite.

Menu 21 € (déjeuner), 33/41 €

Plan 4 G3-p – *56 rue du Hamel – 09 83 89 29 90 – www.leclandestin-restaurant.fr – Fermé 20 juillet-14 août, lundi, mardi, dimanche soir*

Hâ

CUISINE MODERNE • DESIGN X À quelques pas de la cathédrale Saint-André et de l'hôtel de ville, ce joli restaurant propose une cuisine du marché pile dans l'air du temps, équilibrée et goûteuse. Des plats marqués par les différentes expériences du chef, qui a grandi dans le Périgord et s'est formé auprès de grands noms (Amat, Piège, Ducasse...).

Menu 34 € (déjeuner)/75 €

Plan 3 F2-a – *50 rue du Hâ – ✆ 05 57 83 77 10 – www.ha-restaurant.fr – Fermé 1er-25 août, 24 décembre-5 janvier, samedi, dimanche*

Influences

CUISINE MODERNE • SIMPLE X À deux pas de la place Gambetta, cette façade anodine réserve une très jolie surprise. Un sympathique couple franco-américain, Ronnie sous la toque (qui a travaillé en Californie, dans de solides établissements) et Aliénor, entre cuisine et service, propose des assiettes parfumées et savoureuses, aux influences française, américaine et italienne.

Menu 35 € (déjeuner), 42/65 €

Plan 3 F2-m – *36 rue St-Sernin – ✆ 05 56 81 01 05 – www.restaurant-influences.com – Fermé lundi, mardi, mercredi, jeudi midi, samedi midi*

Loco by Jem's (N)

CUISINE MODERNE • BRANCHÉ X Une excellente surprise que cette table excentrée, où officie un jeune chef au solide bagage technique. Seul en cuisine, il compose une cuisine aux saveurs marquées et contrastées, créative juste ce qu'il faut. Foie gras, Saint-Jacques, turbot ou encore canard de Chalosse... Un vrai régal.

Menu 19 € (déjeuner), 39/49 €

Plan 1 B2-c – *293 rue d'Ornano – ✆ 05 56 55 99 37 – Fermé 25 juillet-18 août, 21-29 décembre, mercredi soir, samedi, dimanche*

Miles

CUISINE CRÉATIVE • CONVIVIAL X Cette table conviviale et branchée, nichée dans une ruelle du centre-ville, ne désemplit pas. Le repas se dessine autour d'un menu unique, avec des recettes renouvelées chaque semaine au gré du marché. La consigne est donc simple : pensez à réserver et laissez-vous porter par l'inspiration du soir...

Menu 29 € (déjeuner)/55 €

Plan 3 F2-c – *33 rue Cancera – ✆ 05 56 81 18 24 – www.restaurantmiles.com – Fermé lundi, mardi midi, mercredi midi, samedi midi, dimanche*

Nofa (N)

CUISINE ITALIENNE • BRANCHÉ X Nofa, c'est "Notre famille". Un nom parfait pour cette maison emmenée par deux frères, Luc et Maxime (l'un en salle, l'autre en cuisine), épaulés par leur sœur et leurs épouses. Dans l'assiette, Maxime réinterprète les classiques italiens en y mettant de l'intensité et du contraste, et en s'appuyant sur des produits de première qualité : un vrai coup de cœur.

Menu 39/49 €

Plan 3 F2-x – *62-64 rue du Hâ – https://nofa.fr – Fermé 1er-18 mai, 24-31 décembre, lundi, dimanche et le midi*

Symbiose

CUISINE MODERNE • BISTRO X Tenue par quatre jeunes associés, cette Symbiose porte bien son nom ! Tout, ici, est marqué du sceau de l'évidence : les assiettes franches et rondement menées, le service convivial et décontracté, la clientèle majoritairement jeune et plutôt branchée, sans oublier la petite salle genre bistrot... et un bar à cocktail façon speakeasy, partie intégrante du concept ! Rapport qualité-prix imbattable à midi.

Menu 23 € (déjeuner)/50 €

Plan 4 G1-s – *4 quai des Chartrons – ✆ 05 56 23 67 15 – Fermé lundi soir, jeudi soir, vendredi soir, samedi soir, dimanche*

Hôtels & maisons d'hôtes

InterContinental - Le Grand Hôtel

LUXE • COSY Sa façade néoclassique (1776), en parfaite harmonie avec celle du Grand Théâtre, est un petit joyau. Dans les chambres règne une atmosphère cossue, chatoyante et feutrée ; quant au spa de 1 000 m², il dispose d'une terrasse sur le toit offrant une vue imprenable sur Bordeaux. Un établissement de prestige, au cœur de la capitale du vin.

96 chambres – 300/600 € – 38 € – 34 suites

Plan 3 F2-r – *2-5 place de la Comédie – ✆ 05 57 30 44 44 – www.bordeaux.intercontinental.com*

✿✿ **Le Pressoir d'Argent - Gordon Ramsay** • **Le Bordeaux - Gordon Ramsay** – Voir la sélection des restaurants

Le Palais Gallien Ⓝ

MAISON DE MAÎTRE • ÉLÉGANT Près du Palais Gallien – un amphithéâtre romain, l'un des plus anciens vestiges de la ville –, cette maison de maître de la fin du 19e s. a été réhabilitée avec soin : chambres à l'identité affirmée (parquets anciens, moulures), jolies salles de bains, piscine dans la cour de l'hôtel…

22 chambres – 230/420 € – 25 € – 4 suites

Plan 3 E1-c – *144 rue de l'Abbé-de-l'Épée – ✆ 05 57 08 01 27 – https://hotel-palais-gallien-bordeaux.com*

La Table de Montaigne – Voir la sélection des restaurants

Yndo

HÔTEL PARTICULIER • DESIGN Vu de l'extérieur, c'est un bel hôtel particulier du 18e s. Fort heureusement, l'intérieur n'est pas en reste : design et délicatement feutré, il est propice au repos… Les chambres sont confortables et ont chacune leur propre personnalité.

12 chambres – 230/600 € – 18 €

Plan 3 E1-d – *108 rue Abbé-de-l'Epée – ✆ 05 56 23 88 88 – www.yndohotel.fr*

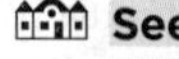

Seeko'o

BUSINESS • CONTEMPORAIN Seeko'o ? Un "iceberg" en inuit. L'intérieur joue cette carte nordique avec une alliance de bleu, blanc et de bois clairs ; les chambres, confortables, ont été rénovées avec beaucoup d'élégance.

43 chambres – 188/310 € – 17 € – 1 suite

Plan 2 C1-h – *54 quai de Bacalan – ✆ 05 56 39 07 07 – www.seekoo-hotel.com*

Hôtel Cardinal Ⓝ

HÔTEL PARTICULIER • ÉLÉGANT Situé à deux pas de la place Pey-Berland, ce très bel hôtel particulier du dix-huitième siècle a été transformé en hôtel de charme. Matériaux nobles (velours, laiton, marbre), mobilier contemporain et beaux parquets en chêne, dans un style inspiré des années 1930. Atmosphère feutrée et cosy. Idéal pour une villégiature en terre bordelaise.

6 suites – 211/656 € – 22 € – 4 chambres

Plan 3 F2-a – *4 rue Élisée-Reclus – ✆ 05 56 01 62 32 – http://hotelcardinalbordeaux.com*

Hôtel des Quinconces

DEMEURE HISTORIQUE • PERSONNALISÉ À deux pas de la place du même nom, une demeure édifiée en 1834 dans le plus pur style bordelais. Grande verrière ouverte sur une courette avec jardin, chambres spacieuses – sept modernes et épurées, superbement rénovées, et deux davantage dans l'esprit des lieux… Du caractère.

9 chambres – 280/580 € – 21 €

Plan 3 F1-z – *22 cours du Maréchal-Foch – ✆ 05 56 01 18 88 – https://hoteldesquinconces.com*

Mama Shelter

URBAIN • DESIGN Mama Shelter, c'est un véritable concept : après Paris, Lyon et Marseille, il se décline en plein cœur de la métropole bordelaise. On retrouve avec plaisir cette déco très urbaine (béton brut, détails insolites et colorés, etc.) et cette ambiance éclectique (notamment au restaurant) qui font toute la saveur du concept !

97 chambres – 89/439 € – 17 €

Plan 3 F2-y – *19 rue Poquelin-Molière – 05 57 30 45 45 – www.mamashelter.com*

Le Clos d'Émile

HÔTEL PARTICULIER • ÉLÉGANT Dans une rue calme du centre-ville, ce charmant hôtel particulier du 18e s. propose des chambres d'hôtes chaleureuses (tons taupe, beige, bordeaux) et soigneusement décorées. N'hésitez pas à aller y poser vos valises...

5 chambres – 190/260 €

Plan 3 F1-f – *3 bis rue Émile-Zola – 05 33 57 21 23 – www.leclosdemile.fr – Fermé 24-25 décembre*

à Blanquefort 3 km au Nord, sortie n° 6

Les Criquets

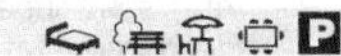

CUISINE MODERNE • ÉLÉGANT XX Cet élégant restaurant s'ouvre sur un joli jardin et une ravissante terrasse ; la carte suit savamment les saisons. Une agréable étape gastronomique aux portes de Bordeaux, disposant aussi de chambres confortables et d'un petit spa.

Menu 21 € (déjeuner), 45/80 € – Carte 60/90 €

Hors plan – *130 avenue du 11-Novembre – 05 56 35 09 24 – www.lescriquets.com – Fermé lundi, dimanche*

à Bouliac Sud - Est, sortie n° 23 – Carte régionale n° **18**-B1

Le Saint-James

CUISINE MODERNE • DESIGN XXX Adresse mythique s'il en est, le Saint-James fut longtemps le fief de Jean-Marie Amat. Cet avant-gardiste avait fait appel à l'architecte Jean Nouvel pour rénover son hôtellerie, devenue une référence du design. Dans ce lieu magique dont les fenêtres regardent les vignes, le chef Nicolas Magie rend d'abord hommage aux producteurs de Nouvelle-Aquitaine, dont il magnifie les produits, du caviar de Gironde au bœuf de Bazas. Le charme puissant de sa cuisine tient ensuite à sa maîtrise des cuissons et à l'harmonie des goûts et des textures : cylindre de bœuf en tartare et anchois frais fumés ; langoustines saisies sous un voile de lard Colonnata et jus de tête ; abricot et sablé croustillant aux cacahuètes, crémeux praliné et citron vert. Sans maléfices et avec talent, Nicolas Magie perpétue avec brio la légende du Saint-James.

Spécialités : Caviar osciètre grand cru, crevettes, huîtres, couteaux et coques au naturel. Ris de veau de lait du Limousin rôti au sautoir, parfumé au café et girolles clous. Chocolat namelaka guanaja, café croustillant, cacao amer et streusel aux noix de pécan.

Menu 49 € (déjeuner), 70/160 € – Carte 120/190 €

Plan 2 D2-s – *3 place Camille-Hosteins (près de l'église) – 05 57 97 06 00 – www.saintjames-bouliac.com – Fermé 5-20 janvier, 15-23 novembre, lundi, mardi midi, dimanche*

Le Saint-James

LUXE • DESIGN Conçue par Jean Nouvel, cette maison surplombant la ville et les vignes – classées premières-côtes-de-bordeaux – s'inspire des séchoirs à tabac typiques de la région. L'épure, la lumière et le design dominent avec élégance et harmonie... Le Bordelais est à vous.

18 chambres – 175/695 € – 28 €

Plan 2 D2-s – *3 place Camille-Hosteins (près de l'église) – 05 57 97 06 00 – www.saintjames-bouliac.com – Fermé 5-20 janvier, 15-23 novembre*

Le Saint-James – Voir la sélection des restaurants

à Cenon Est, sortie n° 25

Paradoxe

CUISINE MODERNE • CONTEMPORAIN XX Le chef Christophe Girardot a racheté le restaurant La Cape au printemps dernier, devenu Paradoxe. Il propose une cuisine au goût du jour, concoctée à base de produits de qualité. Terrasse d'été prisée aux beaux jours.

Menu 32 € (déjeuner)/65 € – Carte 57/70 €

Plan 2 D1-v – *9 allée de la Morlette – ✆ 05 57 80 24 25 – www.restaurant-paradoxe.com – Fermé 3-26 août, 7-27 décembre, lundi, dimanche*

à Lormont Nord - Est, sortie n°2 – Carte régionale n° 18-B1

Le Prince Noir - Vivien Durand

CUISINE MODERNE • DESIGN XX Les écuries d'un château, un cube de verre et béton, une vue sur le pont d'Aquitaine : le cadre, déjà, surprend. Mais pas autant que la cuisine de Vivien Durand, qui réinterprète la tradition française dans une veine gastronomique. Un pari osé, lorsqu'on parle d'une blanquette de poisson ou d'un petit salé aux lentilles... Mais il faut admettre que son pari est réussi ! Les saveurs sont souvent éclatantes, les produits (locaux pour l'immense majorité) sont superbement mis en valeur, il y a dans son travail un côté "brut de décoffrage" attachant, qui parle à l'instinct et au cœur. Ajoutons à cela une démarche écolo sincère (plus de caisses en polystyrène pour le poisson, par exemple), on se retrouve avec une table exemplaire.

Spécialités : Cuisine du marché.

Menu 90/115 € – Carte 40/120 €

Plan 2 D1-n – *1 rue du Prince-Noir – ✆ 05 56 06 12 52 – www.leprincenoir-restaurant.fr – Fermé 15 août-7 septembre, 21 décembre-6 janvier, samedi, dimanche*

à Martillac 9 km au Sud, sortie n° 18, D1113 et rte secondaire – Carte régionale n° 18-B2

La Grand'Vigne

CUISINE MODERNE • ROMANTIQUE XXXX À quelques kilomètres seulement de Bordeaux, une orangerie datant du 18e s., véritable petit paradis niché au cœur du vignoble. Aux fourneaux de la Grand'Vigne, la table gastronomique de l'hôtel, on trouve le chef Nicolas Masse, qui rend notre passage en ces lieux encore plus mémorable...

Maître dans l'art d'associer saveurs et textures, le chef nous régale par exemple d'une belle asperge blanche dorée à la braise, accompagnée d'un émincé de homard bleu et d'un sabayon à l'orange : un plat renversant, où générosité et gourmandise sont au rendez-vous. Bien entendu, on trouvera une très belle carte des vins pour accompagner notre repas, au premier rang desquels ceux du château Smith Haut Lafitte.

Spécialités : Homard cuit à la braise, ravioles aux légumes du potager et basilic. Côte de veau de lait des Pyrénées, pommes de terre des vendangeurs aux truffes noires et au verjus. Sarments de vigne sur terre de Graves et chocolats grands crus.

Menu 95 € (déjeuner), 130/170 € – Carte 133/179 €

Hors plan – *Les Sources de Caudalie, chemin de Smith-Haut-Lafitte – ✆ 05 57 83 83 83 – www.sources-caudalie.com – Fermé 5 janvier-11 mars, lundi, mardi, mercredi midi, jeudi midi, vendredi midi*

La Table du Lavoir

CUISINE DU TERROIR • RUSTIQUE X Un cadre original que cette superbe halle tout en bois (18e s.), sous laquelle on lavait autrefois les vêtements utilisés pour les vendanges ! La cuisine joue la carte de la bonne tradition. Où l'on retrouve l'atmosphère plaisante des auberges d'autrefois.

Menu 42 € – Carte 40/58 €

Hors plan – *Les Sources de Caudalie, chemin de Smith-Haut-Lafitte – ✆ 05 57 83 83 83 – www.sources-caudalie.com – Fermé 5 janvier-13 février*

 **Les Sources de Caudalie**    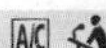 

GRAND LUXE • ÉLÉGANT Au milieu des vignes, ce domaine superbe dédié au bien-être est le berceau de la vinothérapie. Bois brut, meubles chinés, plaisirs gastronomiques : le luxe sans ostentation, en harmonie avec la nature. Les chambres, réparties dans plusieurs demeures au milieu des vignes, sont autant d'invitation à la détente. Superbe spa.

40 chambres - 270/330 € - 26 € - 21 suites

Hors plan - *chemin de Smith-Haut-Lafitte - ✆ 05 57 83 83 83 - www.sources-caudalie.com - Fermé 5 janvier-13 février*

La Grand'Vigne • **La Table du Lavoir** - Voir la sélection des restaurants

Château Le Thil 

HISTORIQUE • PERSONNALISÉ Cette superbe demeure, édifiée en 1737, au cœur d'un parc aux arbres centenaires et entourée des vignes du Château Le Thil (une des propriétés viticoles des Pessac Léognan) abrite plaisants salons et chambres charmantes. De ce havre, on goûte aux joies buissonnières, à pied ou à vélo, sur les chemins qui sillonnent entre les vignes. Bienfaisant.

11 chambres - 220/360 € - 26 €

Hors plan - *chemin Le Thil - ✆ 05 57 83 83 83 - www.sources-caudalie.com - Fermé 1er octobre-31 mars*

à Mérignac Ouest, sortie n° 9

Blisss A/C

CUISINE CRÉATIVE • CONTEMPORAIN Dans cette petite zone commerciale, une belle surprise : Anthony Aycaguer, chef expérimenté, décline des assiettes modernes, aux visuels épurés, qui évoluent au gré du marché. Menu surprise en cinq plats, renouvelé deux fois par mois. Réservation impérative.

Menu 72 €

Hors plan - *98 avenue de Magudas - ✆ 05 56 98 66 72 - www.blisss.fr - Fermé 25-31 mai, 14 août-20 septembre, lundi, dimanche et le midi*

BORMES-LES-MIMOSAS

✉ 83230 - Var - Carte régionale n° **24**-C3 - Carte Michelin 340-N7

Cap 120 

CUISINE CLASSIQUE • CONVIVIAL Ce restaurant permet de profiter d'une vue superbe sur le port de Bormes, avec ses centaines de yachts et de voiliers. Les recettes marient tradition et touches originales : cœur de ris de veau rôti et sorbet fraise, rhubarbe et pistache comptent parmi les spécialités maison.

Menu 23 € (déjeuner), 33/49 € - Carte 35/50 €

quai d'Honneur - au port - ✆ 04 94 92 73 56 - www.cap120-restaurant.com - Fermé 2 janvier-13 février, 12 novembre-15 décembre, mercredi, jeudi, dimanche soir

Le Jardin 

CUISINE TRADITIONNELLE • SIMPLE Dans le village, tout près de l'église St-Trophyme, ce petit restaurant séduit d'abord par son cadre rustique et sa délicieuse terrasse avec fontaine et pergola... Aux fourneaux, un couple franco-anglais célèbre la tradition avec de beaux accents méridionaux. Tout est fait maison : on passe un super moment.

Menu 38/42 €

1 ruelle du Moulin - ✆ 04 94 71 14 86 - www.lejardinrestaurantbormes.com - Fermé 20 octobre-9 février, lundi, mardi midi

à la Favière 5 km au Sud - Est par D41 – Carte régionale n° **24**–C3

Mimosa

CUISINE PROVENÇALE • TENDANCE X Cet établissement proche du port de plaisance propose une cuisine moderne aux influences provençales. Gaspacho de tomates, niçoise de légumes ; gambas snackées et risotto : les dressages sont soignés, les saveurs percutantes et les cuissons maîtrisées. Bref, on se régale, à toutes les étapes ! Menus truffe selon les saisons, et avenante terrasse pour les jours estivaux.

Spécialités : Salade de tentacules d'encornet, aïoli et oignon "crispy". Daurade royale, artichaut barigoule et pistou. Tout chocolat.

Menu 33/46 € – Carte 49/62 €

284 boulevard du Front-de-Mer – ✆ 09 87 36 49 46 – Fermé 10 novembre-2 février, lundi, dimanche soir

BORNY – Moselle (57) ➜ Voir Metz

BORT-L'ÉTANG – Puy-de-Dôme (63) ➜ Voir Lezoux

LE BOSC

✉ 34490 – Hérault – Carte régionale n° **21**–B2 – Carte Michelin 339-F6

La Réserve

CUISINE MODERNE • CONVIVIAL XX Tout près du lac du Salagou, cette maison est le repaire d'un jeune chef originaire de Dunkerque, venu s'installer sous le soleil de l'Hérault... Avec talent et imagination, il concocte une cuisine au goût du jour, qui met bien en avant la fraîcheur des produits sélectionnés. Acclimatation réussie !

Menu 24/70 €

hameau de Cartels – ✆ 04 67 88 50 22 – www.lareserveduboscc.com – Fermé lundi, mardi, dimanche soir

BOSSEY – Haute-Savoie (74) ➜ Voir St-Julien-en-Genevois

BOUDES

✉ 63340 – Puy-de-Dôme – Carte régionale n° **1**–B2 – Carte Michelin 326-G10

Le Boudes La Vigne

CUISINE MODERNE • AUBERGE XX Cette sympathique auberge, bâtie sur d'anciennes fortifications, se trouve au cœur de ce village de vignerons où l'on produit... le boudes, l'un des cinq crus des côtes d'Auvergne. Derrière les fourneaux, le chef réalise une cuisine généreuse et parfumée, bien en prise avec son époque. Chambres fonctionnelles à l'étage.

Spécialités : Foie gras brioché. Poitrine de canette, miel et melon. Moelleux chocolat grand cru, glace noisette torréfiée.

Menu 24 € (déjeuner), 33/60 €

place de la Mairie – ✆ 04 73 96 55 66 – www.leboudeslavigne.franceserv.com – Fermé 29 juin-9 juillet, 31 août-10 septembre, 30 décembre-17 janvier, lundi, mardi midi, dimanche soir

BOUGIVAL – Yvelines (78) ➜ Voir Autour de Paris

BOULIAC – Gironde (33) ➜ Voir Bordeaux

BOULLERET

✉ 18240 – Cher – Carte régionale n° **8**–D2

L'Ardoise du Marché

CUISINE MODERNE • INTIME XX Delphine et Julien ont repris ensemble cette maison de la commune berrichonne de Boulleret. En bons professionnels, ils ont mis toutes les chances de leur côté : les assiettes sont bien composées, les produits superbes (poissons, écrevisses pattes rouges, pigeons, jambon ibérique...) et l'accueil agréable.

Menu 25 € (déjeuner), 45/70 € - Carte 45/70 €

19 place des Tilleuls - ✆ 02 48 72 39 62 - www.ardoise-du-marche.com - Fermé 1er-5 janvier, 16 mars-1er avril, 3-26 août, lundi, mardi, dimanche soir

BOULOGNE-BILLANCOURT - Hauts-de-Seine (92) ➜ Voir Autour de Paris

BOULOGNE-SUR-MER

✉ 62200 - Pas-de-Calais - Carte régionale n° **13**-A2 - Carte Michelin 301-C3

La Matelote (Tony Lestienne)

CUISINE CLASSIQUE • CONTEMPORAIN XXX Quand on s'appelle "matelote", on se dédie tout entier aux produits de la mer ! Amoureux de "sa" Côte d'Opale, le capitaine et chef Tony Lestienne est aussi le coauteur d'ouvrages consacrés au hareng et au maquereau. Ces poissons "méprisés", et les autres espèces dites "nobles", sont travaillés dans les règles de l'art et de la tradition : noix de Saint-Jacques en carpaccio et beurre d'échalote, salade de homard bleu, sole, mouclade persillée et frites de polenta. Chef bourlingueur du Brésil à Hong-Kong, Stellio, le fils, reprend doucement les filets des mains de son père. À sa demande, la décoratrice Caroline Tissier a relooké avec succès les salles à manger façon Art déco. Fauteuils noir et blanc, épaisse moquette, lustres design : un cadre qui a tout d'un yacht de luxe.

Spécialités : Salade tiède de homard bleu, sauce crustacés. Sole boulonnaise, mouclade et frites de polenta. Saveur rhubarbe, framboise, vinaigrette pistache et sablé breton.

Menu 35/82 € - Carte 65/82 €

80 boulevard Sainte-Beuve - ✆ 03 21 30 17 97 - www.la-matelote.com - Fermé 20 décembre-15 janvier, jeudi midi

L'Îlot Vert

CUISINE MODERNE • CONVIVIAL X Une bonne surprise que ce restaurant aux airs de bistrot chic, où œuvre un jeune chef formé dans de belles maisons : il signe une cuisine bien d'aujourd'hui – avec une pointe de créativité –, joliment tournée et savoureuse, aux prix mesurés. Sympathique terrasse fleurie côté cour.

Spécialités : Cuisine du marché.

Menu 26 € (déjeuner), 34/53 € - Carte 48/68 €

34-36 rue de Lille - ✆ 03 21 92 01 62 - www.lilotvert.fr - Fermé 16-30 août, 20 décembre-3 janvier, lundi, dimanche

Restaurant de la Plage

POISSONS ET FRUITS DE MER • CONVIVIAL XX Après une petite baignade, rien de mieux qu'un bon repas pour reprendre des forces ! Face à la plage, cette adresse fait honneur aux produits de la mer : filet de sole meunière aux pommes vapeur, noix de Saint-Jacques en saison... Avec, au dessert, des crêpes Suzette flambées en salle devant le client. Délicieux !

Menu 28/55 € - Carte 51/92 €

124 boulevard Ste-Beuve - ✆ 03 21 99 90 90 - www.restaurantdelaplage.fr - Fermé 5-15 janvier, lundi, mercredi soir, dimanche soir

La Matelote

TRADITIONNEL • PERSONNALISÉ Fière bâtisse des années 1930 sur le front de mer, face au Nausicaa. Les chambres y sont confortables et très bien tenues. Espace détente de qualité (avec par exemple une piscine à contre-courant).

36 chambres - 105/265 € - 16 €

70 boulevard Ste-Beuve - ✆ 03 21 30 33 33 - www.la-matelote.com

La Matelote - Voir la sélection des restaurants

à Pont-de-Briques 5 km au Sud

Hostellerie de la Rivière

CUISINE MODERNE • COSY XXX Une bonne cuisine actuelle rythmée par les saisons, à déguster dans un intérieur élégant et feutré, ou sur la terrasse arborée aux beaux jours : voilà ce qui vous attend dans cette sympathique maison tenue en famille. Le midi, une formule "bistrot" permet même de se régaler à moindre coût... Bien vu !

Menu 42/60 € - Carte 64/76 €

17 rue de la Gare - ✆ 03 21 32 22 81 - www.lhostelleriedelariviere.fr - Fermé 2-29 janvier, 17 août-3 septembre, lundi, mardi, dimanche soir

BOURBON-L'ARCHAMBAULT

✉ 03160 - Allier - Carte régionale n° **1**-B1 - Carte Michelin 326-F3

Le Talleyrand

CUISINE TRADITIONNELLE • HISTORIQUE XX À la table de la Montespan et de Talleyrand, le classicisme français et la tradition bourbonnaise sont à l'honneur, dans un cadre raffiné mêlant poutres et pierres. Du caractère !

Menu 20 € (déjeuner), 30/40 €

Grand Hôtel Montespan-Talleyrand, place des Thermes - ✆ 04 70 67 00 24 - www.hotel-montespan-talleyrand.com - Fermé 15 novembre-31 mars

Grand Hôtel Montespan-Talleyrand

HISTORIQUE • CLASSIQUE Mme de Sévigné et Talleyrand y logèrent, la Montespan y mourut... Cet hôtel, ancien couvent des Capucins, dont les fondations les plus anciennes datent du 11es., se situe au cœur de la station thermale. Décor de caractère et chambres spacieuses. Depuis la piscine, la vue sur le château des ducs de Bourbon est superbe !

39 chambres - 85/250 € - 13 € - 2 suites

Place des Thermes - ✆ 04 70 67 00 24 - www.hotel-montespan.com - Fermé 15 novembre-31 mars

Le Talleyrand - Voir la sélection des restaurants

LA BOURBOULE

✉ 63150 - Puy-de-Dôme - Carte régionale n° **1**-B2 - Carte Michelin 326-D9

L'Amuse Bouche

CUISINE MODERNE • BISTRO X Il est des couples qui se forment en cuisine... Elle a raccroché le tablier pour s'occuper de la salle, lui est resté derrière les fourneaux pour travailler des produits frais et servir bien plus qu'un amuse-bouche. Beaucoup de goût en cette adresse !

Menu 29/38 €

15 rue des Frères Rozier - ✆ 04 73 21 68 85 - www.restaurant-lamusebouche.fr - Fermé 1er-10 janvier, 1er-22 juillet, 12 novembre-22 décembre, lundi midi, mardi, mercredi

BOURDEAU - Savoie (73) → Voir le Bourget-du-Lac

BOURDEILLES - Dordogne (24) → Voir Brantôme

BOURG-ACHARD

✉ 27310 - Eure - Carte régionale n° **17**-C2 - Carte Michelin 304-E5

L'Amandier

CUISINE MODERNE • ÉLÉGANT XXX De bien jolis fruits naissent de cet Amandier, dont le chef cuisine avec justesse et savoir-faire des produits de qualité - poissons et crustacés en tête. Les assiettes se dégustent avec plaisir et l'on passe un agréable moment... À l'heure de l'apéritif et du café, n'hésitez pas à profiter du jardin !

Menu 29/56 € - Carte 54/70 €

581 route de Rouen - ✆ 02 32 57 11 49 - www.lamandier-bourgachard.fr - Fermé 30 mars-9 avril, 31 août-9 septembre, mardi, mercredi, dimanche soir

BOURG-CHARENTE - Charente (16) ➜ Voir Jarnac

LE BOURG-DUN

✉ 76740 - Seine-Maritime - Carte régionale n° **17**-C1 - Carte Michelin 304-F2

Auberge du Dun (Pierre Chrétien)

CUISINE CLASSIQUE · ÉLÉGANT XXX Pierre Chrétien, c'est l'expérience incarnée : présent depuis 1981, il est l'âme de cette institution locale. Deux salles classiques et coquettes vous accueillent, avec leurs boiseries et tentures ; l'une d'entre elles offre une vue sur les cuisines. Côté assiette, justement, la partition est elle aussi classique, dans le sens noble du terme : cœur de ris de veau, galette de pied de cochon croustillante... Des grands standards joués sans fausse note. Côté service aussi, le chef et son épouse mettent toute leur passion au service de leurs hôtes, si bien que l'on passe chez eux un moment très agréable.

Spécialités : Risotto de homard, sauce cardinal. Turbot cuit à basse température parfumé à la citronnelle. Soufflé "Alexandre Le Grand".

Menu 33/58 € - Carte 85/100 €

3 route de Dieppe (face à l'église) - ✆ 02 35 83 05 84 - www.auberge-du-dun.fr - Fermé 17 février-3 mars, lundi, mercredi, dimanche soir

BOURG-EN-BRESSE

✉ 01000 - Ain - Carte régionale n° **2**-B1 - Carte Michelin 328-E3

Mets et Vins

CUISINE MODERNE · CONTEMPORAIN XX Ici œuvre Stéphane Prévalet, un chef adepte des produits du terroir local et du "fait maison", habile à s'extraire des sentiers battus de la tradition. On se régale ainsi d'une canette des Dombes en deux façons : le filet cuit rosé, servi avec sa cuisse en pastilla aux fruits secs... le tout dans une salle épurée, décorée de troncs de bouleaux. Une adresse comme on les aime.

Spécialités : Velouté de petits pois au fromage de chèvre. Filet de canette des Dombes juste rôti. Soupe de fraises au basilic thaï, sorbet cerise.

Menu 19 € (déjeuner), 31/69 € - Carte 40/59 €

11 rue de la République - ✆ 04 74 45 20 78 - www.restaurant-metsetvins.com - Fermé 2-15 janvier, 6-22 juillet, lundi, mardi, dimanche soir

L'Auberge Bressane

CUISINE CLASSIQUE · TRADITIONNEL XXX Une table incontournable : la cuisine fait la part belle aux spécialités régionales (volaille de Bresse, cuisses de grenouille, écrevisses...) et les vieux millésimes abondent sur la carte des vins. Terrasse avec vue sur l'église du monastère royal de Brou.

Menu 34/89 € - Carte 60/110 €

166 boulevard de Brou - ✆ 04 74 22 22 68 - www.aubergebressane.fr - Fermé mardi

Place Bernard 

CUISINE TRADITIONNELLE · BRASSERIE XX Une maison 1900 placée sous la houlette du chef étoilé Georges Blanc. Cette jolie brasserie sous véranda, rehaussée d'une fresque à la gloire de la dynastie Blanc, donne sur le cours de Verdun. Dans l'assiette, le répertoire régional domine, dont la fameuse volaille de Bresse AOP à la crème selon la mère Blanc.

Menu 22 € (déjeuner), 25/57 € - Carte 42/70 €

19 place Bernard - ✆ 04 74 45 29 11 - www.lespritblanc.com

La Coq'hote

CUISINE TRADITIONNELLE · BISTRO X La cuisine du terroir de ce sympathique chef bourguignon, adepte de l'agriculture raisonnée, met en avant spécialités régionales, plats inspirés des saisons et des produits locaux. Le pâté en croûte de volaille est savoureux. Convivial et chaleureux.

Menu 15 € (déjeuner), 23/30 €

15 rue Paul-Pioda - ✆ 04 74 47 10 66 - www.lacoqhote.fr - Fermé lundi, dimanche

à St-Denis-lès-Bourg 3 km à l'Ouest

Racines

CUISINE MODERNE • VINTAGE La maison familiale a gardé tout son charme (belles tables fabriquées par le grand-père, poêle à bois, caisse enregistreuse), mais le temps de la modernité est venu ! Rentré au bercail, le chef a relancé l'affaire avec une cuisine goûteuse et lisible, au plus près des producteurs locaux. Un coup de cœur.

Menu 25 € (déjeuner), 33/67 €

1981 avenue de Trévoux – ✆ 04 74 52 40 63 – domainedulac-racines.fr – Fermé lundi, mardi, mercredi soir, jeudi soir, dimanche soir

BOURGES

✉ 18000 – Cher – Carte régionale n° **8**-C3 – Carte Michelin 323-K4

Le Beauvoir

CUISINE TRADITIONNELLE • ÉLÉGANT Une table élégante et accueillante, avec une terrasse sur la cour à l'arrière. À la suite de son beau-père, le chef concocte une appétissante cuisine traditionnelle où les produits frais ont la part belle. Une valeur sûre.

Spécialités : Pressé de confit de canard, oignons doux et chorizo. Poitrine de cochon cuite à basse température, petits légumes et cives en tempura. Soufflé au chocolat, crème anglaise au café de Colombie.

Menu 18/60 €

Plan B1-e – *1 avenue Marx-Dormoy –*
✆ 02 48 65 42 44 – www.restaurant-lebeauvoir.com –
Fermé 1er-25 août, dimanche soir

Le Bourbonnoux

CUISINE MODERNE • CLASSIQUE Dans ce restaurant du quartier historique, les gourmands se régalent d'une appétissante cuisine traditionnelle : rognons de veau, gigolettes de pintade et sauce aux cèpes, gibier en saison, et même nougat glacé en dessert, l'une des spécialités de la maison. À savourer au beau milieu d'une collection de canards en porcelaine... pour un repas sans couacs.

Menu 20 € (déjeuner), 29/38 € – Carte 37/48 €

Plan B2-a – *44 rue Bourbonnoux –*
✆ 02 48 24 14 76 – www.bourbonnoux.com –
Fermé vendredi, samedi midi, dimanche soir

La Suite

CUISINE MODERNE • TENDANCE Ce bistrot contemporain a du style, avec son intérieur moderne et convivial, mais ce n'est pas son seul atout. La carte met l'eau à la bouche, et le concept de planches gourmandes favorise la convivialité... d'autant que les saveurs sont au rendez-vous ! N'oublions pas la jolie terrasse sur le patio, et la carte des vins qui ne doit rien au hasard – et pour cause, le patron est sommelier de formation.

Menu 19 € (déjeuner)/25 € – Carte 42/50 €

Plan B2-n – *50 rue Bourbonnoux – ✆ 02 48 65 96 26 – www.lasuite-bourges.com – Fermé 14 juillet-4 août, 22 décembre-4 janvier, lundi, dimanche*

La Prose

CUISINE MODERNE • CONTEMPORAIN Voilà une prose qui ne plaira pas qu'aux lettrés ! La cheffe de ce restaurant propose une jolie cuisine passionnée et pleine de fraîcheur : fondant de homard et sa sauce homardine réduite, foie de veau et persillade au vinaigre de Xérès, profiteroles vanille et caramel... à accompagner d'un vin bien choisi. Bon rapport qualité-prix.

Menu 26/39 €

Plan B1-z – *7 rue Jean-Girard –*
✆ 02 48 70 70 30 – www.restaurant-la-prose.com –
Fermé 1er-20 mai, lundi, dimanche

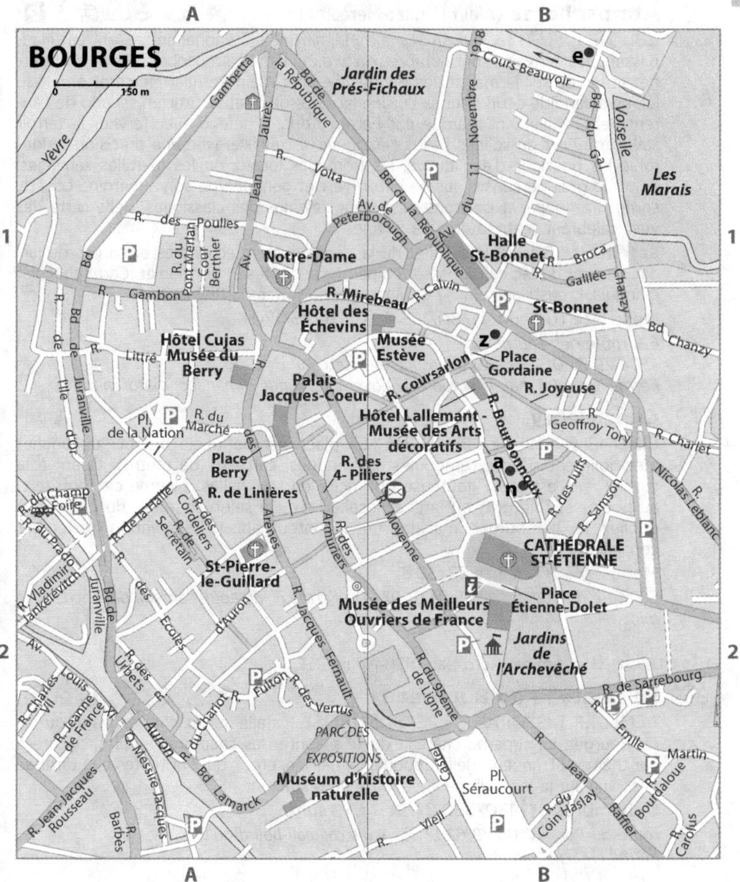

LE BOURGET-DU-LAC

✉ 73370 – Savoie – Carte régionale n° **4**–F2 – Carte Michelin 333-I4

✿ Lamartine (Pierre Marin)

CUISINE MODERNE • COSY XXX Entre Aix-les-Bains et Chambéry, face au lac cher à Lamartine – il lui dédiera l'un de ses plus célèbres poèmes en souvenir de ses amours passées ("Ô temps, suspends ton vol... ") –, cette table est une valeur sûre de la région. Et une institution qui ne désemplit pas : les parents du chef Pierre Marin ont écrit la première page de cette auberge en... 1964. Lui-même, formé notamment chez Pierre Orsi à Lyon, a rejoint son père en 1987. Membre de l'académie culinaire de France, il défend une cuisine traditionnelle revisitée, toujours inspirée et savoureuse. Les poissons d'eau douce et de lac sont traités avec le respect qu'il convient à une table savoyarde. Un service très agréable dans un cadre chic et élégant.

Spécialités : Œuf du Tremblay, foie gras de canard poêlé et déclinaison de courgettes violon. Omble chevalier et champignons. Chocolat et Chartreuse verte.

Menu 40 € (déjeuner), 63/105 € – Carte 79/121 €

route du Tunnel – ✆ 04 79 25 01 03 – www.lamartine-marin.com – Fermé 27 avril-5 mai, 5-20 octobre, 23 décembre-14 janvier, lundi, mardi, dimanche

✿ **Atmosphères** (Alain Périllat-Mercerot)

CUISINE CRÉATIVE • DESIGN XXX De Lamartine à Stendhal en passant par Maupassant, les écrivains sont nombreux à avoir célébré l'atmosphère du lac du Bourget et la vue sur le massif des Bauges. Le chef Alain Perrillat-Mercerot en a fait, lui, un splendide écrin pour sa cuisine lacustre et créative. Ancien second de Laurent Petit, également marqué par Ferran Adrià, il défend avec ferveur le terroir savoyard. Fort de solides bases classiques, il travaille avec une précision redoutable les poissons d'eau douce, les fromages locaux ou les myrtilles sauvages. Son foie gras de canard, jus de citron vert et gentiane ou son aubergine confite, sorbet framboise et poivrons doux sont devenus des classiques. Belle carte des vins, célébrant (entre autres) la Savoie.

Spécialités : Biscuit de brochet du lac, consommé d'écrevisses et herbes du jardin. Lavaret du lac cuit à basse température, blettes et pormonier. Carré chocolat gianduja, croustillant praliné et glace aux noisettes du Piémont.

Menu 52 € (déjeuner), 80/135 € - Carte 115/120 €

618 route des Tournelles -
✆ 04 79 25 01 29 - www.atmospheres-hotel.com -
Fermé 19 avril-4 mai, 17 octobre-12 novembre, lundi, dimanche, mardi midi

Chez Henry

CUISINE MODERNE • BRANCHÉ X La place est petite, le bistrot "de poche" mais joliment décoré (ampoules suspendues, carreaux de métro). Quant à la cuisine, elle est aussi goûteuse que riche en trouvailles, comme ce chou farci au poulet et foie gras ou le cheesecake travaillé selon l'humeur du chef. Sans oublier le hamburger maison, un incontournable ! Réservation fortement conseillée.

Menu 27/32 € - Carte 32/38 €

50 route du Tunnel - ✆ 09 83 01 07 90 - Fermé 1er-30 août, samedi, dimanche et le midi

à Bourdeau 4 km au Nord par D1504 puis D13

Le Château de Bourdeau

DEMEURE HISTORIQUE • PERSONNALISÉ Installé sur la côte sauvage du lac du Bourget, ce superbe château du 11e s abrite des chambres amples, décorées par thèmes (Trappeur, Belle Époque, Lamartine, etc.), qui ont toutes une terrasse avec vue sur le lac. Cuisine voyageuse au restaurant.

6 chambres - 130/350 € - 17 € - 1 suite

route du Port - ✆ 04 79 62 12 83 - www.chateau-bourdeau.fr -
Fermé 1er-31 janvier

BOURGOIN-JALLIEU

✉ 38300 - Isère - Carte régionale n° **2**-B2 - Carte Michelin 333-E4

à La Grive 4, 5 km à l'Ouest par D312 - Carte régionale n° **2**-B2

✿ **L'Émulsion** (Romain Hubert)

CUISINE MODERNE • ÉLÉGANT XX Installé depuis 2011, le jeune chef produit des assiettes de grande qualité : fondamentaux solides, dressages soignés, jeux étonnants (et pertinents) sur les textures... Une cuisine qui doit également beaucoup à des produits triés sur le volet, à 99% locaux et en direct, d'ailleurs la carte ne manque pas de citer les producteurs et éleveurs partenaires du restaurant. Une attention louable ! Quant au cadre, moderne et plutôt chic, il sied à merveille à cette partition, sans parler de la petite terrasse-patio à l'arrière, idéale pour les beaux jours. Une émulsion comme aimerait en goûter plus souvent.

Spécialités : Foie gras et hibiscus. Pigeonneau de Saint-Alban. Cube glacé, Antésite et menthe.

Menu 44 € (déjeuner), 56/80 €

57 route de Lyon, lieu-dit La Grive - ✆ 04 74 28 19 12 - www.lemulsion-restaurant.com -
Fermé 3-25 août, 23 décembre-5 janvier, lundi, dimanche

BOURGUEIL

✉ 37140 - Indre-et-Loire - Carte régionale n° **8**-A2 - Carte Michelin 317-J5

La Rose de Pindare

CUISINE MODERNE • COSY XX Anagramme de Pierre Ronsard – à deux lettres près –, La Rose de Pindare a conservé toute sa fraîcheur ! On s'installe dans une salle fleurie ou sur la terrasse pour déguster une cuisine dans l'air du temps, concoctée avec de beaux produits. Une bonne adresse.

Menu 21/45 € - Carte 26/57 €

4 place Hublin – ☎ 02 47 97 70 50 - www.larosedepindare.com – Fermé 1er-10 février, mercredi

BOURGVILAIN

✉ 71520 - Saône-et-Loire - Carte régionale n° **5**-C3 - Carte Michelin 320-H11

Auberge Larochette

CUISINE MODERNE • AUBERGE XX Cette sympathique auberge, située au cœur d'un village à quelques kilomètres de Cluny, dévoile une cuisine fraîche et maîtrisée. La cheminée crépite en hiver, la terrasse ombragée permet de profiter de l'été. Accueil attentionné.

Menu 18 € (déjeuner), 28/46 € - Carte 40/70 €

Le Bourg - ☎ 03 85 50 81 73 - www.aubergelarochette.com – Fermé 24 février-9 mars, lundi, mardi, dimanche soir

BOURRON-MARLOTTE

✉ 77780 - Seine-et-Marne - Carte régionale n° **15**-C3 - Carte Michelin 312-F5

Les Prémices

CUISINE CRÉATIVE • TENDANCE XXX Dans les dépendances du château de Bourron (fin 16e-début 17e s.), salle moderne et terrasse fleurie. Cuisine inventive fervente des produits exotiques ; belle carte de vins.

Menu 60/95 €

12bis rue Blaise-de-Montesquiou - ☎ 01 64 78 33 00 - www.restaurant-les-premices.com – Fermé 3-16 août, 24 décembre-8 janvier, lundi, mardi, dimanche soir

Château de Bourron

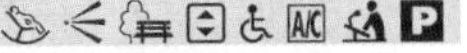

DEMEURE HISTORIQUE • PERSONNALISÉ À quelques kilomètres de Fontainebleau, une exceptionnelle propriété du 17e s., entourée de douves et ceinte d'un parc de 42 hectares. Un escalier en chêne mène à des chambres amples et confortables ; d'autres, plus modernes, sont situées dans une dépendance. Un ensemble raffiné, où souffle le vent de l'histoire.

15 chambres - 185/700 € - 16 €

16 avenue Blaise de Montesquiou - ☎ 01 64 78 39 39 - www.bourron.fr

BOUTERVILLIERS - Essonne (91) ➜ Voir Étampes

BOUZEL

✉ 63910 - Puy-de-Dôme - Carte régionale n° **1**-C2 - Carte Michelin 326-G8

L'Auberge du Ver Luisant

CUISINE TRADITIONNELLE • AUBERGE XX Voilà un ver luisant qui brille derrière les fourneaux ! Dans cette jolie maison de pays, on savoure une goûteuse cuisine traditionnelle, où transparaît tout l'amour du chef pour la gastronomie. Service attentionné et petits prix à la clé.

Menu 18 € (déjeuner), 35/64 €

2 rue du Breuil - ☎ 04 73 62 93 83 – Fermé 2-6 janvier, 20-26 avril, 17 août-6 septembre, lundi, mardi, mercredi soir, jeudi soir, dimanche soir

BOUZIGUES - Hérault (34) ➜ Voir Mèze

BOZOULS

✉ 12340 - Aveyron - Carte régionale n° **22**-D1 - Carte Michelin 338-I4

Le Belvédère (Guillaume Viala)

CUISINE MODERNE • COSY Guillaume Viala, qui se destinait à une carrière scientifique, a troqué éprouvettes et cornues contre couteau et planche à découper. Cet Aveyronnais a bifurqué vers la cuisine, passant notamment trois ans chez Michel Bras. Puis, avec son épouse sommelière, il a jeté son dévolu sur cette auberge rustique et chic, qui offre une vue imprenable sur le fameux "trou" de Bozouls, un cirque naturel creusé dans le causse. Tous deux nourrissent une passion contagieuse pour l'agriculture paysanne traditionnelle et les vins d'auteurs. Leur poulpe du golfe du Lion cuit en cocotte, jus épicé, charlotte fumée et pois chiche, pissenlit et roquette, est un exemple à suivre : simplicité enfantine, produits communs bien mis en valeur, exécution parfaite. Une réussite.

Spécialités : Cuisine du marché.

Menu 43/107 €

11 route du Maquis-Jean-Pierre – ✆ 05 65 44 92 66 – www.belvedere-bozouls.com – Fermé 9-27 mars, 29 juin-8 juillet, 16 novembre-4 décembre, lundi, mardi midi, mercredi midi, dimanche soir

À la Route d'Argent

CUISINE TRADITIONNELLE • ÉLÉGANT Au rez-de-chaussée de l'hôtel, un restaurant à la décoration moderne et lumineux, où l'on déguste des plats traditionnels généreux et gourmands. Feuilleté aux asperges, ris d'agneau à l'aligot et endive braisée, etc. : la carte varie au gré du marché et les cuissons sont toujours justes... Médaille d'argent !

Spécialités : Ris d'agneau persillés, pascade aux herbes. Médaillon de veau de l'Aveyron, légumes du moment et aligot. Millefeuille à la nougatine, crème mascarpone et café.

Menu 21/46 €

1 route de Gabriac – ✆ 05 65 44 92 27 – www.laroutedargent.com – Fermé 1er janvier-25 février, lundi, mardi midi, dimanche soir

BRACIEUX

✉ 41250 - Loir-et-Cher - Carte régionale n° **8**-B1 - Carte Michelin 318-G6

Le Rendez-vous des Gourmets

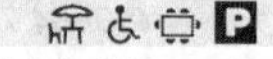

CUISINE TRADITIONNELLE • AUBERGE Cette auberge familiale est le repaire du chef Didier Doreau, qui travaille de beaux produits en respectant la tradition (agneau confit aux herbes potagères, gratin d'agrumes, etc.), et s'est taillé une solide réputation régionale pour ses préparations autour du gibier - sanglier, chevreuil, lièvre, entre autres... Avis aux amateurs !

Spécialités : Saumon mi-fumé, mi-cuit et velouté glacé de petits pois. Lièvre à la royale. Gratin de fruits de saison.

Menu 23/75 € - Carte 40/79 €

20 rue Roger-Brun – ✆ 02 54 46 03 87 – Fermé 19-29 avril, 4-12 juillet, 26 octobre-3 novembre, 25 décembre-17 janvier, mercredi, samedi midi, dimanche soir

BRANTÔME

✉ 24310 - Dordogne - Carte régionale n° **18**-C1 - Carte Michelin 329-E3

✿ Le Moulin de l'Abbaye

CUISINE MODERNE · ÉLÉGANT XXX Une adresse de charme ? C'est peu dire ! Dans un village pittoresque où l'on voyage de la Préhistoire jusqu'à la Renaissance, ce restaurant occupe un environnement exceptionnel. Adossée à la falaise, cette dépendance de l'abbaye bénédictine de Brantôme déroule une magnifique terrasse au bord de la Dronne, face à un pont coudé du 16e s. Méditerranéen et grand voyageur, le chef Jean-Michel Bardet y a amarré sa gabarre : de la Côte d'Azur à la Corse, du Luxembourg à Hong-Kong, ce finaliste du concours du Meilleur ouvrier de France 2014 a écumé les belles adresses. Excellent technicien, à la fois subtil et créatif, il se plaît aujourd'hui à mélanger avec allégresse les beaux poissons de la Grande Bleue, le pigeonneau et l'agneau du Périgord, le caviar, la truffe et les légumes locaux.

Spécialités : Tout le Périgord en croûte, du canard, du cochon, du veau et du foie gras. Agneau à la plancha, fenouil confit et rôti, oignons farcis à la brousse de brebis, olives noires et condiment citron vert brûlé. Framboises du Tursan, ricotta, sablé et glace limoncello.

Menu 55 € (déjeuner), 70/120 € - Carte 109/126 €

1 route de Bourdeilles - ✆ 05 53 05 80 22 - www.moulinabbaye.com - Fermé 27 octobre-2 avril, lundi, mardi, mercredi midi

Le Moulin de l'Abbaye

LUXE · COSY Un ravissant moulin et sa maison de meunier : voilà un cadre bucolique qui laisse rêveur ! Les chambres, empreintes de douceur romantique, sont bercées par le murmure d'une cascade. Quiétude, quand tu nous tiens...

20 chambres - 145/445 € - 22 €

1 route de Bourdeilles - ✆ 05 53 05 80 22 - www.moulinabbaye.com - Fermé 27 octobre-2 avril

✿ **Le Moulin de l'Abbaye** - Voir la sélection des restaurants

Moulin de Vigonac

TRADITIONNEL · COSY Esprit romantique en ce moulin du 16es., bercé par la Dronne. Les chambres, confortables et bien tenues, sont joliment décorées. À la belle saison, on profite du parc et de la piscine... et, en toutes saisons, d'un accueil familial et chaleureux.

10 chambres - 125/300 € - 18 €

Route de Périgueux - ✆ 05 53 05 87 59 - www.moulindevigonac.com - Fermé 1er décembre-14 mars

à Bourdeilles 9, 3 km au Sud - Ouest par D78

L'Atelier des Sens

CUISINE MODERNE · CONVIVIAL X Après avoir travaillé dans différents coins de France (Savoie, Corse, St-Tropez), ce jeune couple s'est décidé à reprendre l'affaire avec une idée en tête : faire une cuisine simple et bonne, rythmée par les saisons. Le chef montre une vraie maîtrise de son sujet, tant sur la sélection des produits que le soin des préparations.

Menu 18 € (déjeuner), 30/70 € - Carte 27/62 €

Place de la Halle - ✆ 05 53 46 14 73 - https://latelier-des-sens-81.webself.net/ - Fermé 6-27 janvier, lundi, mardi, dimanche soir

à Champagnac-de-Belair 6 km au Nord - Est par D78 et D83 -

Carte régionale n° **18**-C1

Le Moulin du Roc

LUXE · ÉLÉGANT Le lieu est magique : un luxueux moulin à huile sur la Dronne, entouré de verdure. Les chambres sont superbes, le jardin au bord de l'eau invite à la rêverie. Au Roda, cuisine simple à base de bons produits locaux.

15 chambres - 200/490 € - 22 €

avenue Eugène-le-Roy - ✆ 05 53 02 86 00 - www.moulinduroc.com - Fermé 2 novembre-27 mars

BRASSEMPOUY

✉ 40330 – Landes – Carte régionale n° **18**–B3 – Carte Michelin 335-G13

L'Auberge du Laurier

CUISINE TRADITIONNELLE • AUBERGE X Une jolie cuisine de tradition et de région : voici ce que l'on déguste dans cette auberge chaleureuse et lumineuse, dont la terrasse borde le jardin potager.

Menu 22 € (déjeuner)/31 €

1459 route d'Amou – ✆ 05 58 75 08 05 – www.aubergedulaurier.fr – Fermé 24-31 décembre, mardi

Hôtel Lodge La Petite Couronne

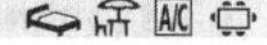

MAISON DE CAMPAGNE • PERSONNALISÉ Défenseurs de la planète, cette adresse est faite pour vous ! En pleine campagne, l'établissement, tout en bois, joue la carte écolo, et les chambres, confortables et bien tenues, respectent les normes environnementales. Petit-déjeuner copieux, servi face à la piscine.

11 chambres – 92/110 €

route d'Amou –
✆ 05 58 79 38 37 – www.lapetitecouronne.fr –
Fermé 11-18 octobre, 24-31 décembre

BREBIÈRES – Pas-de-Calais (62) ➜ Voir Douai

LA BREILLE-LES-PINS

✉ 49390 – Maine-et-Loire – Carte régionale n° **23**–C2 – Carte Michelin 317-J4

L'Orée des Bois

CUISINE TRADITIONNELLE • AUBERGE XX Au cœur du village, dans un bâtiment des années 1980, le restaurant dévoile une salle lumineuse, parée de mobilier contemporain. Quant aux assiettes, elles embaument les parfums du terroir. Chambres simples et bien tenues pour l'étape.

Menu 19/56 € – Carte 34/57 €

2 rue Saumuroise –
✆ 02 41 38 85 45 – www.hotel-restaurant-loreedesbois.fr –
Fermé 2-18 janvier, 26 octobre-8 novembre, lundi midi, mercredi, dimanche soir

BRÉLÈS

✉ 29810 – Finistère – Carte régionale n° **7**–A1 – Carte Michelin 308-C4

Auberge de Bel Air

CUISINE TRADITIONNELLE • AUBERGE X Une charmante ferme en granit, posée au bord de l'aber Ildut, avec un grand jardin et un étang. Dans l'assiette, une cuisine de la mer typique de la Bretagne, à l'image de ce filet de lieu jaune à la crème de homard. Quant au cadre, rustique, il prête à la tranquillité...

Menu 28/46 € – Carte 30/50 €

route de Lanildut –
✆ 02 98 04 36 01 – www.restaubergedebelair.com –
Fermé 1er-31 janvier, 15 octobre-8 novembre, lundi, mardi, dimanche soir

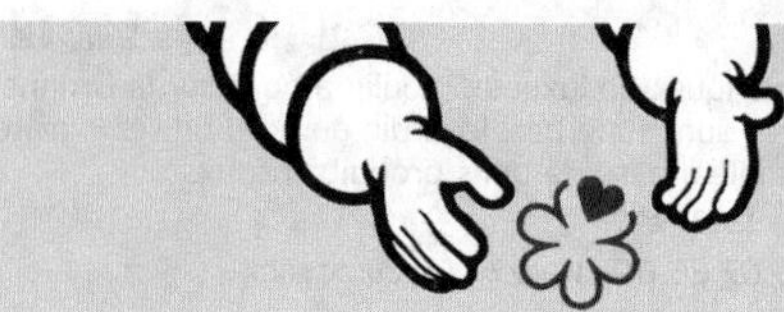

BREM-SUR-MER

✉ 85470 - Vendée - Carte régionale n° **23**-A3 - Carte Michelin 316-F8

Les Genêts (Nicolas Coutand)

CUISINE MODERNE • DESIGN XX À quelques kilomètres des Sables-d'Olonne, une maison de maître, rénovée avec originalité, accueille le couple talentueux formé par Nicolas et Amélie Coutand. Le chef a notamment travaillé chez les Troisgros à Roanne et à L'Amphitryon à Lorient. Adepte de la fraîcheur et la saisonnalité, il propose une cuisine créative, enlevée et savoureuse, et met un point d'honneur à cuisiner des produits de la région ou réputés moins nobles - comme la sardine, le maquereau et le merlu. Un grand potager de 1400 mètres carrés apporte une touche végétale à des assiettes légères, d'une grande finesse, et proposées à des prix raisonnables.

Spécialités : Langoustines, abricot, concombre et fromage blanc. Caille de Vendée à la braise, estragon et groseilles. Pêches, fenouil et sésame noir.

Menu 27 € (déjeuner), 52/70 €

21 bis rue de l'Océan -
✆ 02 51 96 81 59 - www.restaurant-les-genets.fr -
Fermé 6-23 janvier, 22 juin-2 juillet, 12 novembre-3 décembre, lundi, mardi, dimanche soir

LA BRESSE

✉ 88250 - Vosges - Carte régionale n° **12**-C3 - Carte Michelin 314-J4

La Table d'Angèle

CUISINE MODERNE • CONTEMPORAIN X Au cœur des Vosges, un couple sympathique explore le terroir avec subtilité : assiettes soignées et savoureuses, produits de grande qualité, utilisation de fumaisons, épices et herbes... On en redemande ! Sans oublier l'accueil toujours impeccable d'Angèle, la patronne.

Spécialités : Truite blanche fumée, pomme de terre croustillante et perles de hareng. Veau marbré au charbon végétal, tartelette de petits pois, oignons paille et lardons. Far bressaud aux myrtilles, sorbet yaourt et miel de sapin.

Menu 21 € (déjeuner), 33/66 € - Carte 46/60 €

30 Grande-Rue -
✆ 03 29 25 41 97 - www.la-table-dangele.com -
Fermé 21 juin-8 juillet, 16-22 septembre, 11 novembre-5 décembre, lundi, mardi, dimanche soir

BRESSIEUX

✉ 38870 - Isère - Carte régionale n° **3**-E2 - Carte Michelin 333-E6

Auberge du Château

CUISINE MODERNE • CONVIVIAL XX Christèle et Xavier Vanheule, passionnés de cuisine et de bons vins, donnent le meilleur d'eux-mêmes pour faire de leur auberge une belle maison. Les produits viennent des fermes environnantes et débordent de fraîcheur. Tout en contemplant les monts du Lyonnais, on se régale de plats savoureux aux parfums méridionaux...

Spécialités : Fraîcheur de courgettes multicolores, copeaux de serrano, figues et mousse de chèvre. Daurade royale poêlée, purée d'olives noires et fenouil confit. Tarte fine de fruits du verger au romarin, chiboust et crème glacée lavande.

Menu 32/76 €

67 montée du Château - ✆ 04 74 20 91 01 - www.aubergedebressieux.fr -
Fermé mardi, mercredi, dimanche soir

BRESSON - Isère (38) ➜ Voir Grenoble

BREST

✉ 29200 – Finistère – Carte régionale n° **7**-A2 – Carte Michelin 308-E4

✿ **Le M** (Philippe Le Bigot)

CUISINE MODERNE • ÉLÉGANT XXX Tout habillée de granit, cette demeure typiquement bretonne défie les éléments au milieu de son jardin luxuriant, digne de celui d'un armateur au long cours. Natif du Morbihan, le chef Philippe Le Bigot peut se vanter d'un parcours atypique, hors des sentiers battus, qui l'a emmené jusqu'aux îles lointaines. Sa cuisine associe les produits locaux, et notamment ceux de la mer, à des saveurs et des parfums exotiques tirés des fruits de la passion, du gingembre ou du citron kalamensi. De la nage de coquillages et huîtres à l'ormeau sauvage aux saveurs marines, du filet de saint-pierre, jus au cidre, espuma passion au ris de veau, on aime le M pour ses saveurs harmonieuses et sa belle maîtrise dans la conception des plats.

Spécialités : Ormeaux sauvages aux saveurs marines, cerfeuil tubéreux et saucisse aux algues. Lieu jaune de ligne, croquant de sarrasin, oignons aux agrumes et jus orange-citronnelle. Amanite au citron kalamensi.

Menu 47 € (déjeuner), 60/115 €

Hors plan – *22 rue du Commandant-Drogou – ✆ 02 98 47 90 00 – www.le-m.fr – Fermé 26 avril-6 mai, 16 août-4 septembre, 27 décembre-14 janvier, lundi, dimanche*

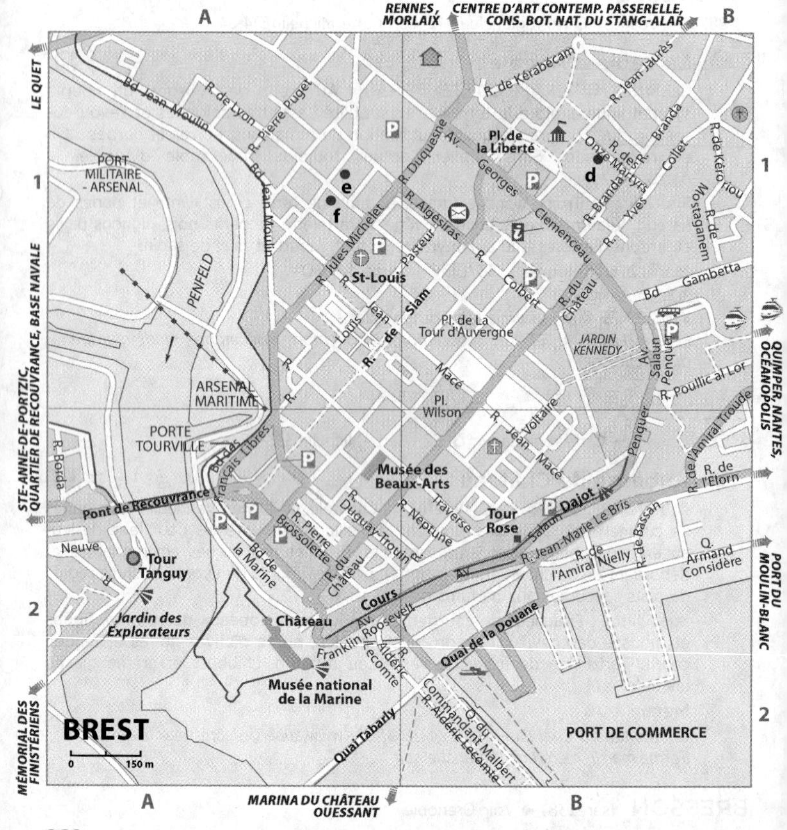

L'Embrun

CUISINE MODERNE • CONTEMPORAIN XX Les embruns médiatiques passés, retour aux racines ! Guillaume Pape, ancien finaliste de Top Chef, s'est installé sur ses terres natales, dans un lieu moderne, pour proposer une cuisine de saison et de terroir, bien réalisée, soucieuse de la qualité de ses produits, à l'instar de ces langoustines rôties et asperges blanches de la Torche.

Menu 28 € (déjeuner), 42/75 € - Carte 56/64 €

Plan A1-f - *48 rue de Lyon - ✆ 02 98 43 08 52 - www.lembrunrestaurant.fr - Fermé 2-13 janvier, 1er-15 mars, 9-24 août, lundi, dimanche*

L'Imaginaire

CUISINE CRÉATIVE • TENDANCE XX Cette table est une aubaine ! Le chef, inspiré, signe des assiettes franches et incisives, délestées du superflu. Il ne travaille qu'avec des produits de premier choix et des fournisseurs sélectionnés par ses soins pour livrer une partition sans fausse note, de l'incipit à la conclusion. En salle, madame maîtrise son sujet en sommellerie. Une cuisine de marché et "d'humeur" fine et délicate, à des prix imbattables. Menu fixe, plus ambitieux le soir. En bref : un coup de cœur.

Menu 28 € (déjeuner), 40/65 €

Plan A1-e - *23 rue de Fautras - ✆ 02 98 43 30 13 - www.restaurant-imaginaire.fr - Fermé 1er-15 janvier, 6-27 août, lundi, mercredi soir, dimanche soir*

Hinoki

CUISINE JAPONAISE • ÉPURÉ X Un vrai restaurant japonais sur Brest ? Hinoki est tenu par un chef breton, qui voue une passion aussi dévorante que iodée à la cuisine de l'archipel. Les poissons de pêche locale sont sélectionnés avec une minutie extrême. Un conseil : attablez-vous au comptoir (dix couverts) pour vivre une expérience qui dépasse la gastronomie. Le chef réalise sous vos yeux ses sushis et makis. Sensation de privilège assurée.

Menu 77/97 €

Plan B1-d - *6 rue des Onze-Martyrs - ✆ 02 98 43 23 68 - www.sushinoki.fr - Fermé lundi, dimanche et le midi*

BRETENOUX

✉ 46130 - Lot - Carte régionale n° **22**-C1 - Carte Michelin 337-H2

au Port de Gagnac 6 km au Nord - Est par D940 et D14

Auberge du Vieux Port

CUISINE RÉGIONALE • AUBERGE XX Transmise de père en fils depuis trois générations, cette table de l'Auberge du Vieux Port est à l'image de l'établissement : conviviale et attrayante. On y savoure une bonne cuisine de terroir - mention spéciale pour les ris d'agneau et la flambée quercynoise. Jolie salle avec cheminée, bien agréable l'hiver venu.

Menu 17 € (déjeuner), 26/34 € - Carte 31/45 €

✆ 05 65 38 50 05 - www.auberge-vieuxport-lot.com - Fermé samedi midi, dimanche soir

BRÉTIGNOLLES-SUR-MER

✉ 85470 - Vendée - Carte régionale n° **23**-A3 - Carte Michelin 316-E8

Jean-Marc Pérochon

CUISINE MODERNE • ÉLÉGANT XXX Attablé derrière les grandes baies vitrées du restaurant, on admire les reflets du soleil sur l'Atlantique... Un sacré loup de mer y a posé l'ancre : Jean-Marc Pérochon a pris la mer à l'âge de 17 ans, quand il a traversé la Manche direction l'Écosse, avant de parcourir l'Europe et le monde jusqu'aux Antilles. Mais c'est dans son hôtel-restaurant vendéen que sa cuisine a atteint l'épure : tout en saveurs exotiques, en extractions, en jus et émulsions, elle se révèle très percutante. Il faut dire aussi qu'elle s'appuie sur des produits impeccables : notamment les poissons et les crustacés de la criée de Saint-Gilles-Croix-de-Vie (qui dominent la carte), mais aussi la volaille de Challans et les légumes des maraîchers locaux.

Spécialités : Cuisine de marché.

Menu 28 € (déjeuner), 64/110 € - Carte 87/92 €

Hôtellerie des Brisants, 63 avenue de la Grande-Roche - ✆ 02 51 33 65 53 - www.lesbrisants.com - Fermé 17 février-19 mars, 16 novembre-17 décembre, lundi, mardi midi, dimanche soir

LE BREUIL-EN-AUGE

✉ 14130 - Calvados - Carte régionale n° **17**-C2 - Carte Michelin 303-N4

Le Dauphin

CUISINE MODERNE · CLASSIQUE XX Avec ses colombages et sa charmante atmosphère, cet ancien relais de poste incarne la Normandie rêvée... Le jeune chef travaille de beaux produits avec passion (homards et ormeaux de la côte, par exemple) et maîtrise bien son sujet. On passe un moment agréable.

Menu 22 € (déjeuner), 29/69 € - Carte 60/85 €

2 rue de L'Eglise - ✆ 02 31 65 08 11 - www.ledauphin-restaurant.com - Fermé 19 novembre-7 décembre, lundi, mercredi soir, dimanche soir

BREUILLET - Charente-Maritime (17) ➜ Voir Royan

BREUREY-LES-FAVERNEY - Haute-Saône (70) ➜ Voir Faverney

BRIANÇON

✉ 05100 - Hautes-Alpes - Carte régionale n° **24**-C1 - Carte Michelin 334-H3

Au Plaisir Ambré

CUISINE MODERNE · CONTEMPORAIN XX Dans la cité Vauban, cette ancienne boucherie reste vouée aux bons produits. Fraîcheur : tel est le maître mot du chef, habile cuisinier qui sait révéler les meilleures saveurs. Un exemple ? Cette bavette Duroc de Batallé, purée de yacon au beurre fumé, carottes et jus au cumin... Vous avez dit plaisir ?

Spécialités : Salade d'artichauts violets et burrata, vinaigrette échalote et tomates. Râble de lapin farci aux calamars, purée de haricots coco et fèves de fontaine. Framboise en texture, meringue à l'estragon et glace au thé matcha.

Menu 26 € (déjeuner), 33/46 €

26 Grande-Rue - ✆ 04 92 52 63 46 - www.auplaisirambre.com - Fermé mercredi, jeudi

Le Pêché Gourmand

CUISINE MODERNE · CONTEMPORAIN X Un restaurant au bord de la Guisane, tenu par un jeune couple franco-australien amoureux de gastronomie. Sharon concocte une agréable cuisine de saison, et Jimmy s'occupe de son côté de préparer les pâtisseries. Service aimable et professionnel.

Menu 26 € (déjeuner), 39/75 € - Carte 60/80 €

2 route de Gap - ✆ 04 92 21 33 21 - www.peche-gourmand.com - Fermé 20-26 avril, 18-24 mai, 19 octobre-1er novembre, lundi, dimanche

BRIANT

✉ 71110 - Saône-et-Loire - Carte régionale n° **5**-C3 - Carte Michelin 320-E12

Auberge de Briant

CUISINE TRADITIONNELLE · AUBERGE XX La salle à manger, contemporaine et lumineuse, surplombe la campagne environnante. On profite des bons plats du chef, Filipe, mettant notamment en avant le bœuf de race charolaise... et des bons desserts d'Angélique, son épouse, qui assure aussi un accueil charmant !

Menu 31/60 € - Carte 39/57 €

✆ 03 85 25 98 69 - www.aubergedebriant.com - Fermé mardi soir, mercredi, dimanche soir

BRICQUEVILLE-SUR-MER

✉ 50290 - Manche - Carte régionale n° **17**-A2 - Carte Michelin 303-C6

La Passerelle

CUISINE MODERNE · CONTEMPORAIN XX Le chef, venu d'Orléans, a eu un véritable coup de foudre pour ce restaurant, situé en bordure du Havre de la Vanlée, qui offre un paysage propice aux promenades parmi les moutons de pré salé. Désormais bien installé, il propose une cuisine du moment et du marché, fraîche et goûteuse, à l'image de cette la lotte, chorizo et poireau. Une jolie adresse.

Menu 35€ (déjeuner), 40/78€

113 route du Havre-de-la-Vanlée – 02 33 61 65 51 – www.restaurant-la-passerelle.fr – Fermé 6-15 janvier, 7-16 décembre, lundi, mardi

BRIE-COMTE-ROBERT - Seine-et-Marne (77) → Voir Autour de Paris

BRIGNOGAN-PLAGES

29890 – Finistère – Carte régionale n° **7**–A1 – Carte Michelin 308-F3

Hôtel de la Mer

PERSONNALISÉ · ÉCO-RESPONSABLE Ah, les merveilleux littoraux du Finistère-Nord. Cet Hôtel de la Mer, surplombant les récifs et la plage de la Côte des Légendes, s'est mué en un lieu délicieux : chambres spacieuses avec vue sur la mer, espace bien-être avec sauna, hammam et jacuzzi... Ici, on cuisine éco-responsable, à base de produits du terroir, et zéro déchet.

26 chambres – 90/190€ – 14€

Côtes des Légendes-Promenade des Chardons Bleus (plage des Chardons Bleus) – 02 98 43 18 47 – www.hoteldelamer.bzh – Fermé 1er octobre-7 janvier

BRINON-SUR-SAULDRE

18410 – Cher – Carte régionale n° **8**–C2 – Carte Michelin 323-J1

La Solognote

CUISINE MODERNE · AUBERGE XX Dans la longue rue menant à l'église, cette auberge bien connue des locaux a repris des couleurs, sous l'impulsion d'un jeune couple motivé. Ils ont gardé le cachet rustique des lieux et dépoussiéré l'assiette, avec des préparations simples et bien tournées. Un exemple ? Les asperges à l'œuf poché et sabayon - un délice.

Menu 29/33€

34 Grande-Rue – 02 48 58 50 29 – www.hotel-brinonsursauldre.fr – Fermé lundi midi, mardi midi, mercredi midi, dimanche

BRIOLLAY - Maine-et-Loire (49) → Voir Angers

BRIONNE

27800 – Eure – Carte régionale n° **17**–C2 – Carte Michelin 304-E6

Le Logis

CUISINE MODERNE · CONTEMPORAIN XXX Porc ibérique bellota à la plancha, œuf cuit à 63°C : voici ce que vous réserve le chef, Alain Depoix, qui affectionne la nouveauté autant que les produits du cru - et plus encore les légumes du potager maison, entretenu par son épouse. Une table qui respire la générosité !

Menu 22€ (déjeuner), 42/95€

1 place St-Denis (angle de la rue Tragin) – 02 32 44 81 73 – www.lelogisdebrionne.com – Fermé 22 décembre-20 janvier, lundi, mardi midi, dimanche

BRISCOUS

64240 – Pyrénées-Atlantiques – Carte régionale n° **18**–A3 – Carte Michelin 342-D2

Maison Joanto

CUISINE MODERNE · CONTEMPORAIN X Joanto, c'est "Petit Jean" en basque... et pourtant, voilà bien une demeure qui ne mérite aucun diminutif ! Sa belle architecture traditionnelle, son décor plein de cachet, son ambiance chaleureuse, tout séduit, et plus encore sa cuisine, où le terroir basque explose de saveurs. Le rapport qualité-prix a tout... d'un grand.

Spécialités : Foie gras mi-cuit au gingembre, gelée d'abricot, toast brioché. Filet de lieu grillé, risotto de fregola, émulsion à l'ail. Feuille-à-feuille chocolat, ganache montée, glace spéculos.

Menu 13 € (déjeuner), 28/33 € – Carte 29/47 €

chemin du Village – ✆ 05 59 20 27 70 – www.maisonjoanto-restaurant.fr – Fermé 26 juin-12 juillet, mardi soir, mercredi, dimanche soir

BRIVE-LA-GAILLARDE

✉ 19100 – Corrèze – Carte régionale n° **19**-B3 – Carte Michelin 329-K5

✿ La Table d'Olivier (Pierre Neveu) ♿ A/C

CUISINE MODERNE • COSY XX À la Table d'Olivier, Pierre est en cuisine tandis que sa compagne Fanny, ex-pâtissière, caracole en salle. Lui, Normand d'origine, œuvre avec passion dans sa Corrèze d'adoption. Au cœur de la ville, il a bichonné cette maison toute de poutres et de pierre apparente, au mobilier contemporain et aux luminaires design. Pour un rapport qualité-prix tout simplement renversant, sa cuisine au goût du jour se révèle très gourmande, aussi fine que colorée : homard bleu, bar breton, caviar d'aquitaine ; lotte de Bretagne, ravioli de homard, carotte et yuzu ; bœuf français, carotte-piment, poivre sarawak de Bornéo ; noix de coco, mangue, passion et yuzu. À table !

Spécialités : Homard bleu, haddock, petit pois menthe et caviar. Ris de veau, truffe et oignons des Cévennes. Macaron, yuzu, fruits rouges et shiso.

Menu 32 € (déjeuner), 48/71 € – Carte 60/70 €

3 rue Saint-Ambroise – ✆ 05 55 18 95 95 – Fermé 1er-16 janvier, 24 août-13 septembre, lundi, mardi, mercredi midi

En Cuisine ♿ A/C

CUISINE MODERNE • BISTRO XX Prenez un jeune chef passionné, travailleur, entouré d'une équipe à son image. Ajoutez une cuisine raffinée, où les saveurs sont franches et où la présentation des plats met d'emblée l'eau à la bouche. Vous y êtes presque... Saupoudrez le tout d'un service avec le sourire. Vous pouvez savourer !

Spécialités : Le bœuf limousin. Le veau. Le chocolat.

Menu 33/45 €

39 avenue Edouard-Herriot – ✆ 05 55 74 97 53 – www.encuisine.net – Fermé 2-14 janvier, lundi, dimanche

La Toupine A/C

CUISINE MODERNE • TENDANCE XX Dans une maison typiquement locale, ce restaurant affirme son look minimaliste chic (inox, pierre et bois exotique). Au menu : galette de pieds de cochon panés et escalope de foie gras ; pavé de veau en croûte de noix et gratin de cèpes, etc. Une savoureuse cuisine du marché, entre tradition et modernité.

Spécialités : Fricassée d'encornets, chorizettes et ratatouille froide. Pavé de noix de veau grillé, grenailles et poireaux rôtis. Arlette crème vanille et fruits rouges.

Menu 24 € (déjeuner), 32/45 € – Carte 38/53 €

27 avenue Pasteur – ✆ 05 55 23 71 58 – www.latoupine.fr – Fermé 24 février-4 mars, 12-20 mai, 25 août-9 septembre, 3-11 novembre, lundi, dimanche

Bistrot C. Forget 

CUISINE MODERNE • BISTRO X Sur une avenue menant au marché de Brive, le propriétaire de ce restaurant l'a transformé de fond en comble pour en faire un bistrot contemporain bien dans son époque ! Pari gagné dans le décor... et dans l'assiette, où l'on trouve une cuisine gourmande et bien réalisée, qui fait la part belle aux viandes du Limousin.

Menu 28/43 €

53 avenue de Paris – ✆ 05 55 74 32 47 – Fermé 21-30 décembre, lundi, dimanche

Bistrot Chambon

CUISINE TRADITIONNELLE • BISTRO X L'ambiance est conviviale dans ce bistrot contemporain haut en couleurs. Le chef se met en quatre pour faire apprécier les spécialités du genre : sole meunière, tête de veau, pied de porc, etc. De bons produits frais, cuisinés avec soin et servis au pas de charge, affluence oblige !

Menu 20 € (déjeuner)/34 € - Carte 26/63 €

8 rue des Échevins - ✆ 05 55 22 36 83 - www.bistrot-chambon.fr - Fermé 2-24 août, lundi, dimanche

Chez Francis

CUISINE TRADITIONNELLE • BISTRO X Publicités rétro, objets en tout genre et dédicaces laissées par les clients : la parfaite ambiance d'un bistrot familial. On est tout à son aise pour déguster de bons produits et jolies recettes, avec en particulières de belles viandes limousines longuement maturées – un luxe !

Menu 23/29 € - Carte 48/68 €

61 avenue de Paris - ✆ 05 55 74 41 72 - www.chezfrancis.fr - Fermé 2-7 février, 7-15 juin, 30 août-4 septembre, lundi, dimanche

à Lissac-sur-Couze 14 km à l'Ouest par D920 et D158 -

Carte régionale n° **19**-B3

Château de Lissac

DEMEURE HISTORIQUE • PERSONNALISÉ Un lieu magique ! Le château, construit entre le Moyen-Âge et le 18e s., contemple le lac de Causse de son superbe parc planté de marronniers, de magnolias, de tilleuls... Les chambres sont décorées avec goût ; un vrai supplément d'âme.

5 chambres - 130/240 € - 14 €

au bourg - ✆ 06 08 14 95 97 - www.chateaudelissac.com - Fermé 15 novembre-30 mars

à Varetz 10 km au Nord - Ouest par D901 et D152 - Carte régionale n° 19-B3

Château de Castel Novel

CUISINE MODERNE • ROMANTIQUE XXX Difficile de résister au charme de ce joli château... Dans un décor de caractère, on sert une cuisine d'aujourd'hui, qui met à l'honneur les produits du terroir – à la croisée du Limousin, du Périgord et du Quercy – au fil des saisons...

Menu 42 € (déjeuner), 65/104 € - Carte 82/103 €

Château de Castel Novel - ✆ 05 55 85 00 01 - www.castelnovel.com - Fermé 25 octobre-14 avril, lundi, samedi midi, dimanche soir

LE BROC - Puy-de-Dôme (63) ➜ Voir Issoire

BROU

✉ 28160 - Eure-et-Loir - Carte régionale n° **8**-B1 - Carte Michelin 311-C6

L'Ascalier

CUISINE TRADITIONNELLE • CONVIVIAL X À deux pas de la place du marché, un chef expérimenté compose une bonne cuisine de tradition avec les produits d'ici... le tout à prix doux. Et pour ceux qui se posent la question, il y a bel et bien un "ascalier" dans ce restaurant : très joli, il date du 16e s. et conduit à la salle à manger de l'étage.

Menu 23/37 € - Carte 24/48 €

9 place du Dauphin - ✆ 02 37 96 05 52 - Fermé lundi soir, mardi, dimanche soir

BRUMATH

✉ 67170 – Bas-Rhin – Carte régionale n° **10**–B1 – Carte Michelin 315-K4

L'Atelier du Bœuf

CUISINE MODERNE • BISTRO Ce restaurant a été baptisé en clin d'œil à Joël Robuchon, et la raison en est simple : Élodie et Alexandre se sont rencontrés à l'Atelier de Londres. Au menu, c'est bistronomie et grande fraîcheur : carpaccio de veau façon vitello tonnato ; pavé d'esturgeon, asperges blanches et pamplemousse... avec une terrasse agréable pour les beaux jours.

Menu 24 € (déjeuner)/43 €

2 place Geoffroy-Velten – ✆ 03 88 37 11 53 – www.latelierduboeuf.fr – Fermé lundi, mardi, samedi midi, dimanche soir

BRY-SUR-MARNE – Val-de-Marne (94) ➜ Voir Autour de Paris

BUELLAS

✉ 01310 – Ain – Carte régionale n° **3**–E1 – Carte Michelin 328-D3

L'Auberge Bressane de Buellas

CUISINE TRADITIONNELLE • AUBERGE Dans cette auberge (une ex-boulangerie), on se régale de belles recettes du terroir avec un zeste de saveurs du Sud et une dose d'inventivité. On peut opter pour le restaurant traditionnel, d'un côté, ou pour l'Intimiste, de l'autre, où la proposition est plus ambitieuse, et le décor élégant et cosy. Dans les deux cas, le service est attentionné et les prix raisonnables.

Menu 23/48 € – Carte 24/42 €

10 route de Buesle (place du Prieuré) – ✆ 04 74 24 20 20 – www.auberge-buellas.com – Fermé 2-8 janvier, 24-27 août, 26 octobre-4 novembre, mercredi, dimanche soir

LE BUISSON-DE-CADOUIN

✉ 24480 – Dordogne – Carte régionale n° **18**–C3 – Carte Michelin 329-G6

Auberge de l'Espérance

CUISINE TRADITIONNELLE • AUBERGE Âmes désespérées, courez dans cette adresse qui saura vous redonner foi en la vie ! L'accueil de la patronne n'est que sourire et chaleur, et la cuisine est pleine de jolies attentions, alliant fraîcheur et franche gourmandise. Voilà qui rappelle que les plaisirs simples sont parfois les plus marquants...

Menu 19 € (déjeuner), 38/47 € – Carte 48/66 €

3 avenue des Sycomores – ✆ 05 53 74 23 66 – lesperance.eatbu.com – Fermé 17 février-5 mars, 7-16 octobre, mardi, mercredi

BULGNEVILLE

✉ 88140 – Vosges – Carte régionale n° **12**–B3 – Carte Michelin 314-D3

La Marmite Beaujolaise

CUISINE MODERNE • AUBERGE S'il y a une chose qu'on ne peut reprocher au chef Rémi Lebouc, c'est de se reposer sur ses acquis ! Dans cette auberge du 18e s. installée au pied de l'église, au centre du village, il propose une cuisine de plus en plus créative au fil des ans, sans pour autant renier ses bases traditionnelles. Prix maîtrisés.

Menu 17 € (déjeuner), 25/45 € – Carte 44/60 €

34 rue de l'Hôtel-de-Ville – ✆ 03 29 09 16 58 – www.restaurant-lamarmitebeaujolaise.com – Fermé 1er-8 janvier, 21 septembre-6 octobre, lundi, mardi soir, dimanche soir

BUSNES – Pas-de-Calais (62) ➜ Voir Béthune

LA BUSSIÈRE-SUR-OUCHE

✉ 21360 – Côte-d'Or – Carte régionale n° **5**–C2 – Carte Michelin 320-I6

✿ 1131

CUISINE MODERNE · HISTORIQUE XXX Meilleur ouvrier de France, Guillaume Royer a fait ses armes auprès de Christophe Bacquié au Castellet. Autant dire qu'il n'est pas le premier venu ! De retour dans son pays natal, il met tout son talent au service des bons produits régionaux : escargots, grenouilles, poissons de lac et de rivière, cassis et miel des fleurs du parc... Circuits courts de rigueur, assiettes savoureuses et techniquement irréprochables : décidément, une table d'excellente tenue. Y compris côté liquide, avec une carte des vins recelant bien des trésors. Un mot enfin sur le cadre : une ancienne abbaye superbement restaurée, qui vous laissera sans voix...

Spécialités : Tomates bio de notre maraîcher. Truite bio de la source de Crisenon. Myrtilles sauvages et mousse au chocolat.

Menu 98/145 € – Carte 151/157 €

Abbaye de la Bussière, Route Départementale 33 – ✆ 03 80 49 02 29 – www.abbayedelabussiere.fr – Fermé 2 janvier-13 février, lundi, mardi, mercredi midi, jeudi midi, vendredi midi, samedi midi

Le Bistrot des Moines

CUISINE TRADITIONNELLE · HISTORIQUE X Un bistrot sympathique, où l'on retrouve les créations inspirées de Guillaume Royer, M.O.F. 2015, qui met en valeur le marché du jour et l'envie du moment. Une cuisine de terroir généreuse à souhait ; à plus forte raison lorsqu'il fait beau que l'on est installé en terrasse, face au parc...

Spécialités : Terrine de paleron de bœuf confit, pickles d'oignon rouge et salade verte. Pavé de truite et poêlée de légumes. L'abricot de Provence, crème vanillée.

Menu 33/39 €

Abbaye de la Bussière, Route Départementale 33 – ✆ 03 80 49 02 29 – www.abbayedelabussiere.fr – Fermé 2 janvier-13 février, dimanche et le soir du mercredi au samedi

Abbaye de la Bussière

DEMEURE HISTORIQUE · GRAND LUXE Une abbaye cistercienne du 12e s. noyée dans la verdure. Si le cloître des moines a disparu, la quiétude reste entière : architectures gothiques, pièce d'eau, chambres luxueuses et... gourmandises !

17 chambres – 225/540 € – ☕ 25 € – 3 suites

Route Départementale 33 – ✆ 03 80 49 02 29 – www.abbayedelabussiere.fr – Fermé 6 janvier-12 février

✿ **1131** · **Le Bistrot des Moines** – Voir la sélection des restaurants

BUXY

✉ 71390 – Saône-et-Loire – Carte régionale n° **5**-C3 – Carte Michelin 320-I9

✿ L'Empreinte Ⓝ (Maxime Kowalczyk)

CUISINE MODERNE · ÉLÉGANT XX L'ancien restaurant "Les Années Vins" a été repris par un jeune couple dynamique et sympathique, passé par de belles maisons de la région (Lameloise notamment pour Maxime, en cuisine). Ils proposent des assiettes qui fleurent bon l'air du temps avec des produits (viandes, volailles, plantes sauvages) souvent locaux, des menus au bon rapport qualité-prix et un chariot de fromages riche d'une cinquantaine de variétés, véritable passion de madame, auvergnate. Service attentionné et tables espacées : une agréable expérience.

Spécialités : Foie gras de canard mi-cuit, mirabelles pochées à la lavande, pain d'épice et jeunes pousses. Pigeon poché puis rôti, crumble aux noix de macadamia, cèpes et pomme de terre. Citron en trompe-l'œil, framboise, basilic et poivre timut.

Menu 29 € (déjeuner), 49/74 € – Carte 68/76 €

2 Grande-Rue – ✆ 03 85 92 15 76 – www.lempreinte-restaurant.fr – Fermé lundi, dimanche soir

CABOURG

✉ 14390 – Calvados – Carte régionale n° **17**–B2 – Carte Michelin 303-L4

Le Balbec

CUISINE MODERNE • ÉLÉGANT XXX La galerie, sur le front de mer, vous attend ; y retrouverez-vous le temps perdu ? Le restaurant du Grand Hôtel de Cabourg met toujours un point d'honneur à proposer des assiettes précises et raffinées, qui regorgent de belles saveurs.

Menu 75/115 € – Carte 75/94 €

Grand Hôtel de Cabourg, promenade Marcel-Proust – ✆ 02 31 91 01 79 – www.grand-hotel-cabourg.com – Fermé lundi, mardi, mercredi midi, jeudi midi, vendredi midi

Le Baligan

POISSONS ET FRUITS DE MER • BISTRO X Cannes à pêche, lithographies, fresques, etc. Dans ce bistrot au décor marin, on vous propose les produits de la criée locale : fraîcheur garantie ! Les spécialités du chef : symphonie de la mer (homard et spaghettis maison à l'encre de seiche), bouillabaisse cabourgeaise... À déguster en terrasse aux beaux jours.

Menu 19 € (déjeuner), 32/69 € – Carte 40/100 €

8 Avenue Alfred Piat – ✆ 02 31 24 10 92 – www.lebaligan.fr – Fermé 8-26 décembre, mercredi

Grand Hôtel de Cabourg

HISTORIQUE • ÉLÉGANT Ce palace du front de mer, hanté par le souvenir de Proust, ressemble à l'auteur d'*À la recherche du temps perdu* : élégant et feutré. De mai à septembre, le restaurant de la plage propose salades et poissons, dont on se régale, les pieds dans l'eau. Petit espace bien-être.

68 chambres – 197/862 € – 29 € – 3 suites

promenade Marcel-Proust – ✆ 02 31 91 01 79 – www.grand-hotel-cabourg.com

Le Balbec – Voir la sélection des restaurants

au Hôme 2 km à l'Ouest par D514

Au Pied des Marais

CUISINE TRADITIONNELLE • CONVIVIAL XX À la sortie de Cabourg, un établissement où l'on s'installe dans une ambiance chaleureuse, près de la cheminée ou dans la véranda. On y apprécie des plats traditionnels, des spécialités (dont de fameux pieds de cochon) et des grillades au feu de bois. Une table où l'on passe un vrai bon moment !

Menu 39/59 € – Carte 50/93 €

26 avenue du Président-Coty – ✆ 02 31 91 27 55 – www.aupieddesmarais.com – Fermé 27 janvier-12 février, 23 juin-2 juillet, 15-25 décembre, mardi, mercredi

CABRIS – Alpes-Maritimes (06) → Voir Grasse

CADENET

✉ 84160 – Vaucluse – Carte régionale n° **25**–E1 – Carte Michelin 332-F11

Auberge La Fenière (Reine et Nadia Sammut)

CUISINE PROVENÇALE • ÉLÉGANT XXX Dans un parc verdoyant face au Grand Luberon, Reine Sammut est l'une des chefs emblématiques de la cuisine méditerranéenne. En duo avec sa fille Nadia, elle propose une cuisine sans gluten – une protéine à laquelle Nadia est allergique. Le gluten, mais aussi le sucre blanc raffiné et le lait, ont été bannis au profit d'un travail impressionnant sur les farines (de pois chiches, de pois cassés et de riz notamment) et les sucres de fruit. En témoignent sur la table les bons petits pains à la farine de châtaigne cuits dans un pot en terre d'Aubagne, les gressins au charbon végétal, les papadums (le pain indien) aux graines de cumin, la foccacia à l'anis... Le duo s'appuie également sur le potager maison pour nourrir cette gastronomie du Sud, saine et nature.

Spécialités : Galette de levain de pois chiche, tomates confites multicolores et herbes du jardin. Cochon Mangalica d'Oppède, petits farcis et chips de riz de Camargue. Paris-lourmarin.

Menu 55 € (déjeuner), 90/130 € - Carte 100/115 €

1680 route de Lourmarin - ✆ 04 90 68 11 79 - www.aubergelafeniere.com - Fermé 5 janvier-8 février, 21-25 décembre, lundi, mardi

Bistrot La Cour de Ferme - Voir la sélection des restaurants

Bistrot La Cour de Ferme

CUISINE PROVENÇALE • RUSTIQUE Salmorejo de tomates et croûtons de pain à la farine de châtaigne ; véritables pieds et paquets marseillais de Reine, pommes de terre grenaille ; clafoutis aux fruits de saison : cet ancien relais de poste du 19e s. propose une goûteuse cuisine du terroir méditerranéen, servie dans une ambiance chaleureuse, ou sur la belle terrasse fleurie.

Menu 36 € - Carte 35/70 €

Auberge La Fenière, 1680 route de Lourmarin - ✆ 04 90 68 11 79 - www.aubergelafeniere.com - Fermé 29 septembre-2 avril, mercredi, jeudi, dimanche soir

LA CADIÈRE-D'AZUR

83740 - Var - Carte régionale n° **24**-B3 - Carte Michelin 340-J6

Hostellerie Bérard (Jean-François Bérard)

CUISINE MODERNE • CLASSIQUE À la suite de son père René qui avait ouvert en 1969, Jean-François Bérard a repris le flambeau de la table familiale. Le fiston a hérité d'un bel outil de travail, dans un village fortifié perché sur une colline face au Castellet. La vue, délicieuse, embrasse un paysage de pins, de palmiers et de vignes. Ce cuisinier est aussi un jardinier passionné, dont la main verte fouraille en permanence dans le potager attenant, comme en attestent des menus baptisés "100% végétal" ou "balade dans le jardin". On l'a compris, le chef ne travaille que les produits de qualité, mis en valeur par des jus corsés, des émulsions subtiles et de nombreuses herbes aromatiques "maison". Du beau travail au service du goût, entre héritage et nouveauté, dans une ambiance chaleureuse et familiale.

Spécialités : Langoustine en chaud-froid, jus de pomme verte, crème à la moutarde et caviar. Canard burgaud rôti mariné à la monarde et cèpes rôtis au lard de Colonnata. Ivresse de chocolat du Bélize à la mûre et poivre du Sichuan.

Menu 37 € (déjeuner), 61/174 € - Carte 94/147 €

Hostellerie Bérard & Spa, 6 rue Gabriel-Péri - ✆ 04 94 90 11 43 - www.hotel-berard.com - Fermé 5 janvier-7 février, lundi, mardi

Le Bistrot de Jef

CUISINE PROVENÇALE • CONVIVIAL Un bistrot convivial et accueillant, où une jeune équipe dynamique assure notre bonheur. La cuisine sent bon la Provence et la Méditerranée, et ces couleurs du Sud prennent d'autant plus de relief dans la véranda, où l'on jouit d'une vue superbe sur la vallée environnante !

Menu 34 € - Carte 36/53 €

Hostellerie Bérard & Spa, 6 rue Gabriel-Péri - ✆ 04 94 90 11 43 - www.hotel-berard.com - Fermé 5 janvier-7 février, mercredi, jeudi

Hostellerie Bérard & Spa

FAMILIAL • PERSONNALISÉ Une de ces adresses de tradition de l'hôtellerie française... Elle réunit plusieurs maisons de ce joli village perché : charme des vieilles pierres, de l'esprit provençal et d'un accueil prévenant - sans compter les plaisirs gastronomiques -, sous l'égide de toute une famille animée par le désir de la qualité.

35 chambres - 109/399 € - 23 €

6 rue Gabriel-Péri - ✆ 04 94 90 11 43 - www.hotel-berard.com - Fermé 5 janvier-7 février

Hostellerie Bérard • **Le Bistrot de Jef** - Voir la sélection des restaurants

CAEN

✉ 14000 – Calvados – Carte régionale n° **17**–B2 – Carte Michelin 303-J4

On aime...

Belle vitrine d'une région réputée pour sa gastronomie, Caen en est la vitrine gourmande. Le meilleur de la Normandie s'est donné rendez-vous dans ses murs : fromages (du célébrissime camembert au livarot, en passant par le pont-l'évêque), pommes, calvados, cidre et pommeau, crème fraîche, mais aussi douceurs marines comme les huîtres et les Saint-Jacques. Caen possède même une recette à son nom, les tripes à la mode de Caen, dont raffolaient Guillaume le Conquérant et son épouse Mathilde ! Autre motif de délectation : le patrimoine architectural et culturel de la ville, pourtant largement éprouvée par les bombardements de la seconde guerre mondiale. Le Mémorial, l'Abbaye-aux-Hommes, le musée des Beaux-Arts, sans compter la vue depuis les remparts... Aucun doute, Caen vaut le coup.

G. Gerault/hemis.fr

Restaurants

✿ Ivan Vautier

CUISINE MODERNE • CONTEMPORAIN XXX Ivan Vautier, normand pur beurre et ancien second de Michel Bruneau à La Bourride, qui s'est aussi illustré aux Crayères à Reims et chez Le Divellec, temple parisien de la cuisine iodée, est installé depuis 1994 dans cette maison excentrée du cœur de ville, qu'il a largement remaniée au fil des années, pour en faire un lieu sobrement contemporain. Fier de son terroir, le cuisinier n'hésite pas à donner une petite touche locale à ses recettes : saumon de la baie des Veys poché à 38°C, crème d'Isigny-Sainte-Mère ; homard côtier et croustillant d'andouille de Vire ; pigeonneau normand en 3 façons... Les chambres permettent de prolonger l'étape, tout en profitant de l'espace bien-être.

Spécialités : Saumon de la baie des Veys poché à 38°, ketchup de framboise et poivre timut. Poitrines de pigeonneau rôties, les cuisses et les ailes en rillettes et les abatis en farce. Raviole croustillante d'ananas Victoria, pesto au basilic et sorbet ananas.

Menu 38 € (déjeuner), 68/108 € - Carte 78/106 €

Hors plan - *3 avenue Henry-Cheron - ✆ 02 31 73 32 71 - www.ivanvautier.com - Fermé lundi, dimanche soir*

✿ À Contre Sens (Anthony Caillot)

CUISINE MODERNE • COSY XX Sur son site Internet, le chef Anthony Caillot pose au milieu d'un troupeau de vaches, manière de rappeler pour ce fils d'agriculteur son lien très fort avec l'élevage, le maraîchage et le monde courageux des petits producteurs. Familier des étoilés et des hôtels de grand standing, le chef a craqué pour cette maison traditionnelle d'une rue discrète de Caen, où il reçoit avec simplicité et générosité. Saine au possible, la cuisine d'Anthony Caillot trouve son équilibre entre lisibilité et audace. Les produits normands sont transcendés par des cuissons impeccables et de petites touches exotiques (yuzu, kimchi, gingembre) : raviole de foie gras de canard normand pochée dans un bouillon parfumé de livèche et cébette ; poisson des côtes normandes en vapeur douce au beurre d'algues et râpée cornichon-bergamote ; ganache chocolat et moelleux au gingembre. À Contre-sens suit la bonne route.

Spécialités : Fine raviole de foie gras pochée dans un bouillon pickles, livèche et cébette. Pêche de Port-en-Bessin au beurre de fleurs, rémoulade de courgette et céréales aux aromates. Tarte caramel, glace au foin d'été, pomme et gingembre.

Menu 27 € (déjeuner), 58/68 € - Carte 72/77 €

Plan B2-r - *8-10 rue des Croisiers - ✆ 02 31 97 44 48 - www.acontresens.fr - Fermé 6-21 janvier, 23 juillet-25 août, lundi, mardi midi, dimanche*

✿ Initial (Yohann Lemonnier)

CUISINE CRÉATIVE • ÉPURÉ X "Initial" : qui marque l'origine de quelque chose... comme l'amitié et la complicité de deux associés, Yvan (Michaud) et le chef Yohann (Lemonnier), passé chez Passard et au Lucas Carton. Ici, on se délecte d'assiettes créatives et épurées, imaginées autour d'un menu unique décliné en plusieurs plats selon les envies et l'appétit. Cette cuisine « à l'instinct » varie au gré des saisons, des achats, et bénéficie d'intéressants accords mets et vins. Intitulés brefs pour saveurs percutantes : cabillaud/concombre ; barbue/courgette etc. Fraîcheur et saisonnalité, jeux de textures : une table dotée d'une jolie personnalité.

Spécialités : Cuisine du marché.

Menu 35 € (déjeuner), 56/70 €

Plan A2-z - *24 rue Saint-Manvieu - ✆ 02 50 53 69 86 - www.initial-restaurant.com - Fermé 1er-14 janvier, 2-24 août, lundi, mardi midi, mercredi midi, dimanche*

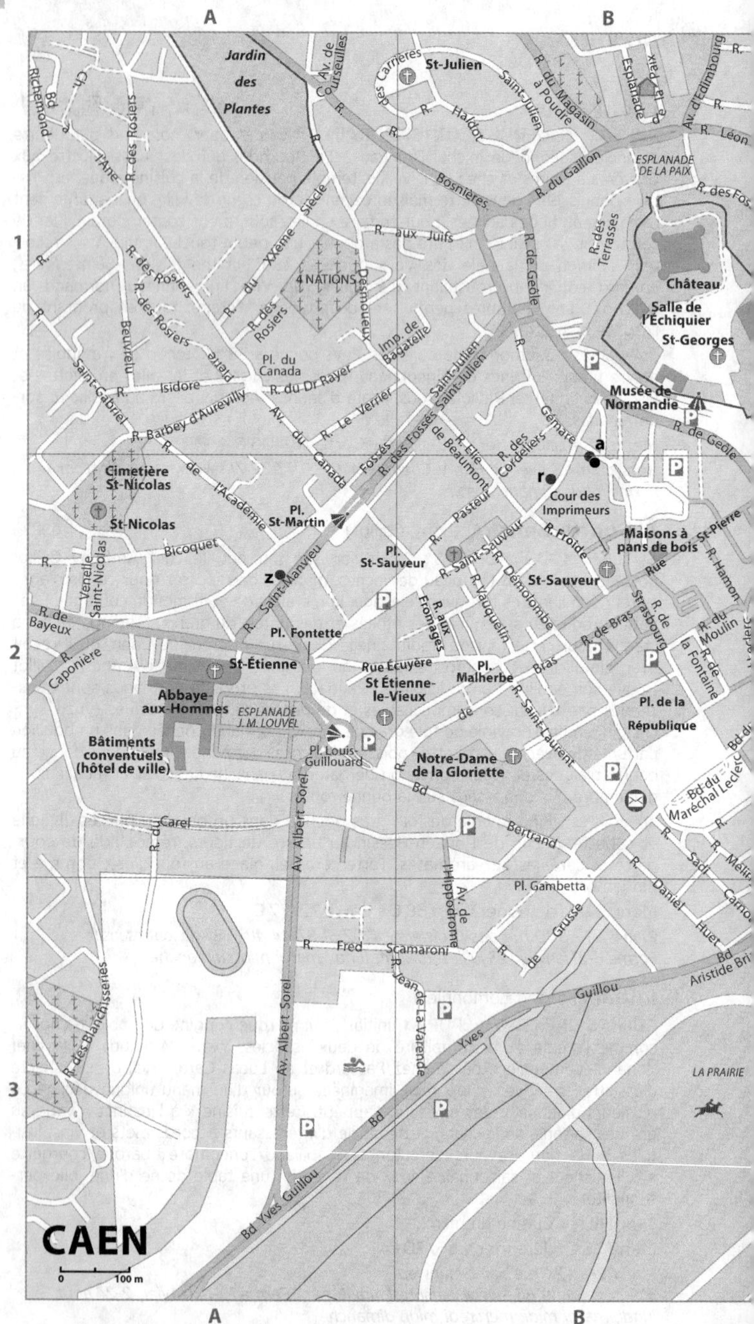
A
B
1
2
3
CAEN
0
100 m
Jardin des Plantes
St-Julien
Château
Salle de l'Échiquier
St-Georges
Musée de Normandie
ESPLANADE DE LA PAIX
4 NATIONS
Pl. du Canada
Cimetière St-Nicolas
St-Nicolas
Pl. St-Martin
Pl. St-Sauveur
St-Sauveur
Cour des Imprimeurs
Maisons à pans de bois
Pl. Fontette
St-Étienne
Abbaye-aux-Hommes
ESPLANADE J. M. LOUVEL
Bâtiments conventuels (hôtel de ville)
Pl. Louis-Guillouard
St Étienne-le-Vieux
Pl. Malherbe
Notre-Dame de la Gloriette
Pl. de la République
Pl. Gambetta
LA PRAIRIE
Rue Écuyère
R. Froide
R. Saint-Pierre
R. de Bras
R. Saint-Laurent
R. de Strasbourg
R. Demolombe
R. Vauquelin
R. aux Fromages
R. Saint-Sauveur
R. Pasteur
R. Élie de Beaumont
R. des Cordeliers
R. Gémare
R. de Geôle
R. du Gaillon
R. Bosnières
R. aux Juifs
R. Saint-Julien
R. des Fossés Saint-Julien
Fossés Saint-Julien
R. Saint-Manvieu
Av. du Canada
R. Le Verrier
R. du Dr Rayer
Imp. de Bagatelle
R. Desmoueux
R. des Rosiers
R. du XXème Siècle
R. Haldot
R. des Carrières
R. du Magasin à Poudre
Esplanade de la Paix
Av. d'Edimbourg
R. Léon
R. des Fossés
R. des Terrasses
Av. de Courseulles
Bd Richemond
Ch. de l'Âne
R. Isidore Pierre
R. Beuvrelu
R. Saint-Gabriel
R. Barbey d'Aurevilly
R. de l'Académie
R. Bicoquet
Venelle Saint-Nicolas
R. de Bayeux
R. Caponière
R. du Carel
Av. Albert Sorel
Bd Bertrand
Av. de l'Hippodrome
R. Fred Scamaroni
R. Jean de La Varende
R. de Grusse
R. Daniel Huet
R. Sadi Carnot
R. Hamon
R. du Moulin
R. de la Fontaine
Bd du Maréchal Leclerc
Bd Aristide Briand
Bd Yves Guillou
R. des Blanchisseries

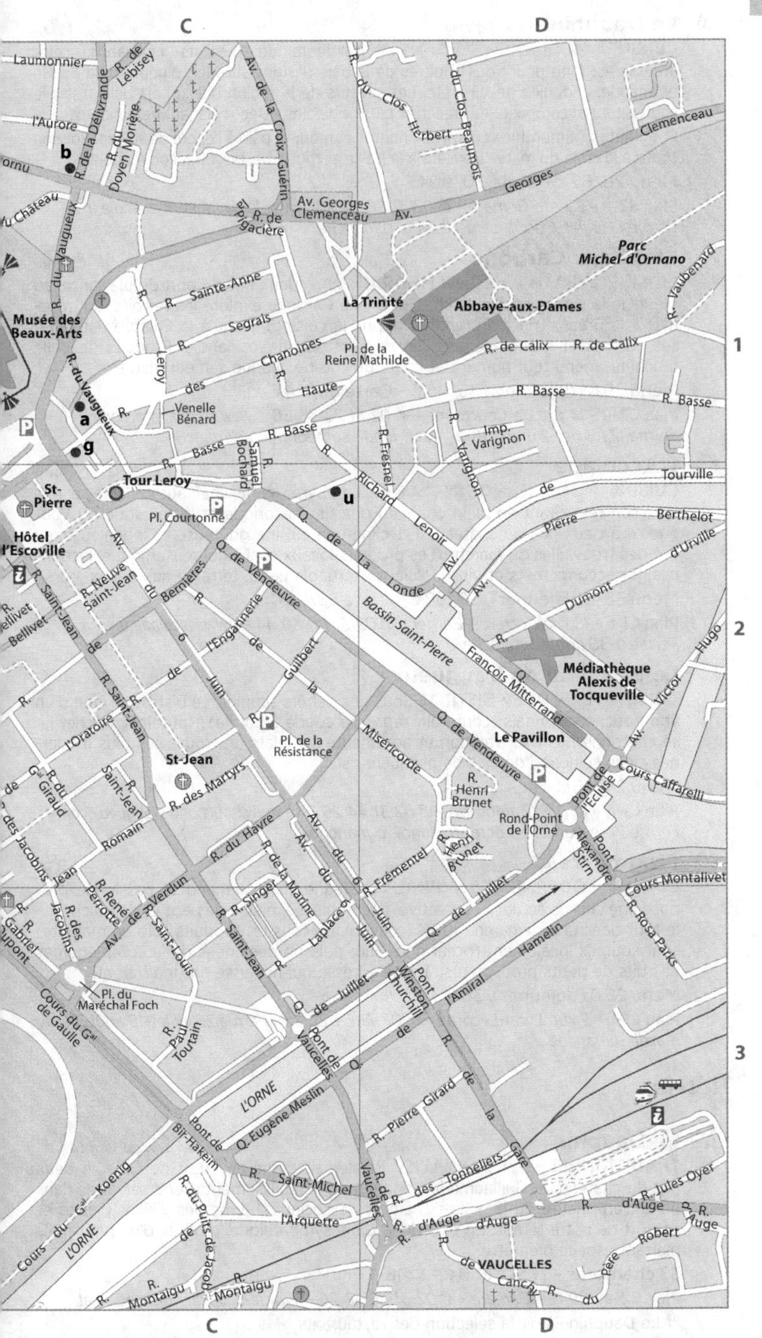
C
D
Musée des Beaux-Arts
Tour Leroy
St-Pierre
Hôtel d'Escoville
St-Jean
La Trinité
Abbaye-aux-Dames
Parc Michel-d'Ornano
Médiathèque Alexis de Tocqueville
Le Pavillon
Bassin Saint-Pierre
Rond-Point de l'Orne
Pl. Courtonne
Pl. de la Résistance
Pl. de la Reine Mathilde
Pl. du Maréchal Foch
L'ORNE
VAUCELLES
Av. Georges Clemenceau
Cours Caffarelli
Cours Montalivet
Cours du Gal de Gaulle
Cours du Gal Koenig
1
2
3

Le Dauphin 

CUISINE MODERNE · ÉLÉGANT XXX Amateurs de produits normands, cette adresse est faite pour vous ! Huîtres de la baie d'Isigny-sur-Mer, pigeon de la Suisse normande, andouille de Vire, etc. Les saveurs de la région ont la part belle, mais le chef sait aussi composer des recettes plus originales... Décor élégant et lumineux.

Spécialités : Smoothie végétal aux huîtres et moules, pain à l'encre de seiche. Poisson choisi à la criée du matin. Douceur à la fraise et rhubarbe, biscuit façon madeleine.

Menu 26/62 € – Carte 70/90 €

Plan B2-a – *29 rue Gemare – 02 31 86 22 26 – www.le-dauphin-normandie.fr – Fermé 13 juillet-6 août, samedi midi, dimanche*

Stéphane Carbone

CUISINE CRÉATIVE · CONTEMPORAIN XXX À deux pas du port de plaisance, au cœur de la vie caennaise, le chef Stéphane Carbone explore les terroirs, du Lyonnais à la Bresse (où il a grandi et appris la cuisine), jusqu'à la Calabre natale de ses parents et grands-parents, en passant par la Normandie. Produits de belle fraîcheur, menu tout homard et cours de cuisine chaque samedi matin.

Menu 29 € (déjeuner), 35/98 € – Carte 86/94 €

Plan C2-u – *14 rue de Courtonne – 02 31 28 36 60 – www.stephanecarbone.fr – Fermé 17 février-2 mars, 10-24 août, lundi, samedi midi, dimanche*

L'Accolade

CUISINE MODERNE · COSY XX Pierre Lefebvre, jeune chef autodidacte, a installé son restaurant en plein cœur du quartier historique et pittoresque du Vaugueux, à deux pas du château. Il décline une cuisine goûteuse et ingénieuse, au gré des trouvailles du marché. Les produits locaux sont rigoureusement sélectionnés, les accords mets et vins judicieux. Agréable patio, terrasse aux beaux jours.

Menu 38 € (déjeuner), 50/68 € – Carte 58/72 €

Plan C1-a – *18 rue Porte-au-Berger – 02 31 80 30 44 – www.laccolade.fr – Fermé 9-30 août, dimanche*

Le Bouchon du Vaugueux

CUISINE MODERNE · BISTRO X Sous des dehors simples, ce bistrot a l'âme d'un vrai bouchon lyonnais (comptoir, repas au coude-à-coude) ; toutefois, le chef ne se cantonne pas à la tradition et agrémente ses plats de trouvailles plus modernes. Jolie sélection de vins de producteurs.

Menu 24/35 €

Plan C1-g – *12 rue Graindorge – 02 31 44 26 26 – www.bouchonduvaugueux.com – Fermé 21 septembre-5 octobre, lundi, dimanche*

Fragments N

CUISINE MODERNE · CONVIVIAL X Un jeune chef normand et passionné propose une cuisine actuelle et créative, décomplexée, pleine de peps et de fraîcheur - le tout dans une démarche 100% locavore, où tous les produits (bio en majorité) sont sourcés localement (bœuf normand, poisson des criées de la côte, légumes et fruits de petits producteurs...). Une adresse qui ne laisse pas indifférent.

Menu 25 € (déjeuner)/38 €

Plan C1-b – *2 rue Léon-Lecornu – 07 71 69 29 76 – Fermé 26 juillet-19 août, lundi, mardi, dimanche*

Hôtels

Le Dauphin

TRADITIONNEL · PERSONNALISÉ Idéalement situé au cœur de Caen, à deux pas du château de Guillaume le Conquérant, l'établissement prend ses aises dans un ancien prieuré du 15e s. Les chambres associent charme des vieilles pierres et confort de notre temps. En plus de la table sympathique, profitez d'un petit mais plaisant espace bien-être.

37 chambres – 90/250 € – 16 €

Plan B2-a – *29 rue Gemare – 02 31 86 22 26 – www.le-dauphin-normandie.net*

Le Dauphin – Voir la sélection des restaurants

S.PELLEGRINO
750 ml ℮

à Bénouville 10 km au Nord - Est par D515 – Carte régionale n° **17**–B2

Manoir Hastings

CUISINE MODERNE • **COSY** XX Bien à l'abri de cette belle bâtisse en pierre, datant du 17e s., le chef travaille de savoureux produits frais qu'il agrémente dans des plats généreux et goûteux ; l'intérieur est chaleureux, mariant l'ancien et la modernité. Pour l'étape, quatre chambres au décor romantique.

Spécialités : Saumon d'Isigny, pomme à l'huile et oignon nouveau. Joue de cochon confite au cidre, écrasé aux deux pommes. Clafoutis tiède aux poires-pommes-calvados.

Menu 26 € (déjeuner), 32/46 € – Carte 56/70 €

Hors plan – *18 avenue de la Côte-de-Nacre – ✆ 02 31 44 62 43 – www.manoirdhastings.fr – Fermé lundi, mardi*

à Fleury-sur-Orne 4 km au Sud par D562A

Auberge de l'Île Enchantée

CUISINE MODERNE • **COSY** XX L'ancien chef de La Glycine (Bénouville) s'est installé dans cet ancien bar de pêcheurs situé en bordure de l'Orne. Fidèle à l'esprit de la maison, il propose une cuisine traditionnelle revisitée, qu'il fait évoluer au gré des saisons. Du sérieux.

Menu 19/38 € – Carte 48/49 €

Hors plan – *1 rue St-André (au bord de l'Orne) – ✆ 02 31 52 15 52 – www.ileenchantee.fr – Fermé 5-26 août, 28 octobre-4 novembre, lundi, mardi, dimanche soir*

à Hérouville St-Clair 3 km au Nord - Est – Carte régionale n° **17**–B2

L'Espérance - Stéphane Carbone

CUISINE MODERNE • **CONTEMPORAIN** XX Installée sur le chemin de halage du canal reliant Caen et la mer, cette maison couleur rouille est tenue par Stéphane Carbone, chef bien connu des Caennais : il y cultive un esprit qui lui est personnel, entre tradition et air du temps. Les préparations se révèlent goûteuses et soignées, réalisées à base de produits frais de grande qualité ; on trouve toujours, au chapitre des classiques, la tête de veau sauce gribiche.

Spécialités : Piquillos farcis à la mousse de haddock, espuma de petits pois. Tête de veau, sauce gribiche, fondue de poireaux. Nougat glacé aux pralines roses.

Menu 22 € (déjeuner), 33/46 € – Carte 39/63 €

Hors plan – *512 rue Abbé-Alix (au bord du canal) – ✆ 02 31 44 97 10 – www.esperance-stephanecarbone.fr – Fermé 1er-15 janvier, 5-19 octobre, lundi, mardi soir, dimanche soir*

CAËSTRE

✉ 59190 – Nord – Carte régionale n° **13**–B2 – Carte Michelin 302-D3

L'Auberge...

CUISINE MODERNE • **CONVIVIAL** X Non loin d'Hazebrouck, un lieu qui fut autrefois une tannerie, puis un estaminet dans la plus pure tradition chti, jusqu'à devenir un restaurant moderne, où l'on met en valeur les produits de la région. Bons classiques du terroir, ambiance rustique, beau choix de bières.

Spécialités : Déclinaison de tomates d'antan et saumon fumé. Carbonade flamande revisitée. Cassis, rhubarbe, chocolat.

Menu 19/33 €

2590 route de Bailleul – ✆ 03 28 40 25 25 – www.laubergecaestre.com – Fermé 1er-15 janvier, lundi, samedi midi, dimanche soir

CAGNANO – Haute-Corse (2B) ➜ Voir Corse

CAGNES-SUR-MER

✉ 06800 – Alpes-Maritimes – Carte régionale n° **25**–E2 – Carte Michelin 341-D6

au Haut-de-Cagnes

Château Le Cagnard

CUISINE MODERNE • ROMANTIQUE XX La belle terrasse avec vue jusqu'au cap d'Antibes, la cuisine actuelle bien réalisée (tartare de thon rouge, mayonnaise au miso ; filet de canard laqué, carottes persillées et oignons cébettes) : voici les atouts du lieu. Détail qui séduit : l'élégante salle à manger dispose d'un toit coulissant pour laisser entrer la lumière.

Menu 45/65 € – Carte 55/66 €

45 rue Sous-Barri – ✆ 04 93 20 73 22 – www.lecagnard.com – Fermé 1er janvier-10 février, lundi midi, mardi midi, mercredi midi, jeudi midi, vendredi midi, samedi midi, dimanche midi

Fleur de Sel

CUISINE TRADITIONNELLE • BISTRO X Dans ce charmant restaurant d'esprit très Sud, on savoure une cuisine méditerranéenne fraîche, colorée et généreuse. Légumes du jardin en soupe à l'ancienne, langoustines en risotto crémeux... Les créations d'un chef expérimenté, qui ne manque pas d'inspiration.

Menu 37/69 € – Carte 49/73 €

85 montée de la Bourgade – ✆ 04 93 20 33 33 – www.restaurant-fleurdesel.com – Fermé 5-19 janvier, 13-27 juin, 3-10 octobre, 19-25 décembre, mercredi et le midi

Château Le Cagnard

DEMEURE HISTORIQUE • ROMANTIQUE Perchée sur les remparts de ce bourg médiéval, cette belle bâtisse du 13e s. domine les environs. Chambres et parties communes sont empreintes de caractère et d'élégance, avec des touches provençales. Beauvoir, Saint-Exupéry, Pagnol : ils sont nombreux à s'être laissés séduire...

26 chambres – 130/410 € – 25 € – 2 suites

54 rue Sous-Barri – ✆ 04 93 20 73 22 – www.lecagnard.com – Fermé 1er janvier-10 février

Château Le Cagnard – Voir la sélection des restaurants

CAHORS

✉ 46000 – Lot – Carte régionale n° **22**–B1 – Carte Michelin 337-E5

L'Ô à la Bouche

CUISINE MODERNE • CONTEMPORAIN XX À la tête de cette attachante adresse, un couple de passionnés qui a sillonné les contrées lointaines avant de jeter l'ancre à Cahors. Jean-François concocte des plats gourmands, comme ce marbré de lapereau, déclinaison de betterave et crème au wasabi ; ou ce dos de cabillaud rôti, écrasée de pommes de terre et poivrons confits.

Spécialités : Pressé de courgette et gésiers de canard, tempura de courgette. Filet de merlu, purée de pois chiches et tomate confite. Pêche, crème légère au thym et sablé breton.

Menu 27 € (déjeuner), 28/45 €

56 Allées Fénelon – ✆ 05 65 35 65 69 – www.loalabouche-restaurant.com – Fermé lundi, dimanche

Le Balandre - Le Bistro 1911

CUISINE MODERNE • BOURGEOIS XXX Vitraux, belle hauteur sous plafond, moulures... Le cadre de ce restaurant, propriété familiale depuis plus de 100 ans, vaut le détour. Aux fourneaux, Alexandre, le fils de la famille, n'oublie pas certains « grands classiques » de la maison, tout en proposant une cuisine en phase avec son époque, en formule bistrot en semaine, plus ambitieuse le week-end.

Menu 50/65 € – Carte 57/67 €

5 avenue Charles-de-Freycinet – ✆ 05 65 53 32 00 – www.balandre.com – Fermé 5-17 janvier, 22 mars-3 avril, 14 novembre-3 décembre, lundi, mardi, mercredi, jeudi, vendredi midi, dimanche

Au Fil des Douceurs

CUISINE TRADITIONNELLE • CONVIVIAL XX Après 23 années passées dans son bateau-restaurant sur le Lot, le chef du Fil des Douceurs a posé pied à terre et pris ses quartiers dans cette petite maison colorée, au cadre contemporain, face au superbe pont de Valentré (14e s.). Sa bonne cuisine traditionnelle, à prix doux, nous fait toujours voyager !

Menu 27/39 € - Carte 40/57 €

32 avenue André-Breton - ✆ 05 65 22 13 04 -
Fermé 1er-21 janvier, lundi, dimanche

à Caillac 13 km au Nord, rte de Bergerac et D145

Le Vinois

CUISINE MODERNE • CONTEMPORAIN XX Au cœur du vignoble de Cahors, ne ratez pas cette étonnante auberge au décor contemporain et sa goûteuse cuisine, actuelle et soignée, appuyée sur de solides bases classiques qui privilégie autour d'une courte carte de saison les produits du terroir local. Quelques chambres confortables.

Menu 39/63 €

Le Bourg - ✆ 05 65 30 53 60 - www.levinois.com -
Fermé 1er janvier-14 avril, lundi midi, mardi midi, mercredi midi, jeudi midi, vendredi midi, samedi, dimanche

à Cieurac 8, 5 km au Sud - Est par D6 - Carte régionale n° **22**-B1

La Table de Haute-Serre

CUISINE MODERNE • CONTEMPORAIN X Dans l'ancien chai d'un château au cœur des vignes, ce restaurant dégage le parfum très particulier des lieux authentiques. Rack à charcuterie, billot, machine à jambon et caisses de vins annoncent un beau moment de gourmandise, auquel on associe les vins du domaine. Soirée rôtissoire chaque vendredi. On se régale.

Spécialités : Bruschetta de serrano et tomate, espuma de rocamadour. Petit cochon marqué à feu vif, oignon confit aux aromates. Le chocolat et la mangue.

Menu 32/45 € - Carte 36/52 €

Château de Haute-Serre - ✆ 05 65 20 80 20 - www.hauteserre.fr - Fermé 3-23 mars, 24 novembre-10 janvier, mercredi, jeudi, dimanche soir

à Mercuès 10 km au Nord par D811 - Carte régionale n° **22**-B1

Le Duèze

CUISINE MODERNE • ÉLÉGANT XXXX Accroché au sommet d'une colline qui surplombe la vallée du Lot, ce superbe château médiéval, remanié d'innombrables fois, a traversé les siècles avec panache. Il n'abrite plus le siège du pouvoir épiscopal mais des chambres luxueuses et une table gastronomique, objet des soins du chef Julien Poisot, passé notamment chez Bernard Loiseau. Loin de pratiquer une cuisine historique entre ces murs séculaires, ce maître queux talentueux pratique une cuisine bien actuelle. Ses assiettes chantent le terroir lotois à travers des préparations goûteuses qui réactualisent la tradition de fort belle manière. On peut les accompagner par l'un des bons vins de la propriété, et aux beaux jours, s'attabler en terrasse dans la cour d'honneur.

Spécialités : Fleur de courgette farcie aux girolles et à la truffe, confit de pied de porc. Artichaut barigoule, cuisse de canard confite et sauce Périgueux. Soufflé au fruit de la passion, sorbet de fruits exotiques.

Menu 89/200 € - Carte 117/131 €

Château de Mercuès, route du Château - ✆ 05 65 20 00 01 -
www.chateaudemercues.com - Fermé 17 février-26 mars, 30 novembre-23 janvier, lundi, mardi midi, mercredi midi, jeudi midi, vendredi midi, samedi midi, dimanche

Château de Mercuès

DEMEURE HISTORIQUE · ROMANTIQUE Ses imposantes tours rondes se dressent au-dessus de la vallée du Lot... La majesté de l'Histoire en ce château du 13e s., aux chambres élégantes et inspirées. Une appétissante formule au bistrot du Château le midi vient compléter celle, plus gastronomique, du Duèze.

24 chambres – 190/330 € – 28 € – 6 suites

Route du Château – 05 65 20 00 01 – www.chateaudemercues.com – Fermé 17 février-26 mars, 30 novembre-23 janvier

Le Duèze – Voir la sélection des restaurants

CAHUZAC-SUR-VÈRE

81140 – Tarn – Carte régionale n° **22**-C2 – Carte Michelin 338-D7

Château de Salettes

CUISINE MODERNE · ÉLÉGANT XXX Ce restaurant est installé dans un château du 13e s., en plein cœur d'un domaine viticole du gaillacois... Un emplacement de choix ! La cuisine, bien dans l'air du temps, est basée sur de beaux produits ; la jolie carte des vins propose les crus du Château de Salettes. Aux beaux jours, la terrasse ne manque pas de charme.

Menu 31 € (déjeuner), 49/92 € – Carte 70/90 €

Château de Salettes – 05 63 33 60 60 – www.chateaudesalettes.com – Fermé 2-22 janvier, 17-23 février, lundi, mardi midi, mercredi midi

Château de Salettes

DEMEURE HISTORIQUE · CONTEMPORAIN Pénétrez dans la cour pour découvrir ce beau château du 13e s. au milieu des vignes, remanié au fil du temps. À l'intérieur, une déco contemporaine et design, des chambres spacieuses avec murs en pierres apparentes... Charme et personnalité, en toute quiétude ! Agréable spa, tout nouveau.

16 chambres – 145/205 € – 19 € – 2 suites

Château de Salettes (lieu-dit Salettes) – 05 63 33 60 60 – www.chateaudesalettes.com – Fermé 2-22 janvier, 17-23 février

Château de Salettes – Voir la sélection des restaurants

CAILLAC – Lot (46) → Voir Cahors

CAIRANNE

84290 – Vaucluse – Carte régionale n° **24**–A2 – Carte Michelin 332-C8

Coteaux et Fourchettes

CUISINE MODERNE · CLASSIQUE XX Jolie enseigne... Dans cet ancien caveau, le terroir s'exprime aussi bien par l'assiette – savoureuse – que par le flacon – excellent choix de vins locaux. Agréable décor contemporain, terrasse ouverte sur le vignoble.

Spécialités : Foie gras de canard cuit au sel, chutney d'ananas et gingembre. Pigeon de la Lance rôti, la cuisse confite, jus corsé. Déclinaison autour du chocolat.

Menu 28 € (déjeuner), 33/79 € – Carte 42/56 €

Route de Violès – 04 90 66 35 99 – www.coteauxetfourchettes.com – Fermé jeudi

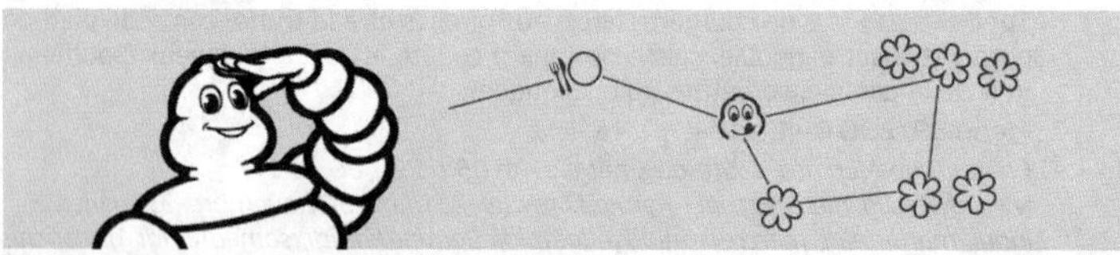

CAJARC

✉ 46160 - Lot - Carte régionale n° **22**-C1 - Carte Michelin 337-H5

L'Allée des Vignes (Claude-Emmanuel Robin)

CUISINE CRÉATIVE • CONTEMPORAIN XX Village natal de Françoise Sagan, villégiature du président de la République Georges Pompidou, Cajarc est un petit bijou de village du Quercy. Claude-Emmanuel Robin, un franco-mexicain, et son épouse russe Evgenia, ont eu un coup de cœur pour l'ancien presbytère. Ils en ont fait un lieu élégant et charmant, apprécié également aux beaux jours, grâce à la jolie terrasse. Claude-Emmanuel se révèle un chef passionné et plein de fougue, auteur d'une cuisine créative et savoureuse, à l'instar de ce cœur de longe de thon en tartare estival de tomate ou d'une réussite comme ce foie gras poêlé à la poudre de petit épeautre torréfié, chutney de figues, crème de chou-fleur à la cardamome et jaune confit. Service jeune et charmant. La table du Lot qui sort du lot.

Spécialités : Déclinaison de foie gras, jaune d'œuf fermier confit. Bar de ligne rôti au beurre de café et au safran du Quercy. Surprise au chocolat et jeu de textures, émulsion légère de sarrasin fumé.

Menu 32€ (déjeuner), 49/95€

32 boulevard du Tour-de-Ville - ✆ 05 65 11 61 87 - www.alleedesvignes.com - Fermé 2 janvier-30 mars, lundi, mardi, mercredi midi, dimanche soir

Jeu de Quilles

CUISINE MODERNE • BISTRO X Porc noir gascon, volaille du Gers, agneau et veau aveyronnais... Bien à l'inverse d'un chien dans un Jeu de Quilles, on se lèche les babines devant les délicieux produits dénichés par le chef! Il les utilise à merveille dans des plats simples et nets, accompagnés de bons légumes bio... et de bons vins naturels.

Spécialités : Salade de haricots verts, artichauts, foie gras et truffes de la Saint-Jean. Epaule d'agneau confite aux épices douces, caponata d'aubergines et pois chiches. Soupe de pastèques et fruits rouges, sirop d'hibiscus, sorbet menthe poivrée.

Menu 32/36€

7 boulevard Tour-de-Ville - ✆ 05 65 33 71 40 - Fermé 6-27 janvier, 8-14 juin, 9-16 octobre, lundi, dimanche

CALAIS

✉ 62100 - Pas-de-Calais - Carte régionale n° **13**-A1 - Carte Michelin 301-E2

Au Côte d'Argent

POISSONS ET FRUITS DE MER • ÉLÉGANT XX Embarquement immédiat pour un voyage gourmand, riche en saveurs iodées! Dans un cadre rénové, toujours inspiré par la mer, les amateurs de poisson se régalent de la pêche locale : viennoise de cabillaud au basilic, soupe de moules du pays... Intéressante carte des vins, dont une belle sélection de bordeaux.

Spécialités : Terrine de crabe. Aile de raie au quinoa, pesto à l'ail des ours. Moelleux au chocolat et cerises confites.

Menu 22/42€ - Carte 33/68€

1 digue Gaston-Berthe - ✆ 03 21 34 68 07 - www.cotedargent.com - Fermé 17-24 février, 17-31 août, 22 décembre-4 janvier, lundi, dimanche soir

Histoire Ancienne

CUISINE TRADITIONNELLE • BISTRO X Au cœur du centre-ville, ce bistrot rétro n'est pas de l'histoire ancienne! La cuisine traditionnelle et les plats canailles y conservent toute leur fraîcheur : tête de veau sauce gribiche, cassoulet, etc. C'est goûteux, généreux et pas onéreux.

Spécialités : Soupe à l'oignon, crémeux de foie gras et croûtons aux noix. Joue de veau aux girolles. Profiteroles et sauce chocolat.

Menu 23/33€ - Carte 38/63€

20 rue Royale - ✆ 03 21 34 11 20 - www.histoire-ancienne.com - Fermé lundi soir, dimanche

Aquar'aile

POISSONS ET FRUITS DE MER • TRADITIONNEL XX L'atout de cet agréable restaurant, situé au 4e étage d'un immeuble ? Son panorama unique sur la Manche et les côtes anglaises ! La cuisine met en valeur la pêche locale : cocotte de homard, bar en croûte de sel, sole meunière... À déguster avec un bon vin issu de la carte, composée avec soin par le propriétaire des lieux.

Menu 33/48 € - Carte 55/85 €

255 rue Jean-Moulin (4ème étage) - 03 21 34 00 00 - www.aquaraile.fr - Fermé lundi soir, mercredi, dimanche soir

Le Channel

POISSONS ET FRUITS DE MER • CONTEMPORAIN XX À Calais, ce restaurant est une institution. Décor élégant, cuisine classique empreinte de modernité, produits de la mer issus de la pêche locale, et très belle carte des vins (cave ouverte sur la salle)... Voilà une plaisante escale avant la traversée du "channel" !

Menu 24/61 € - Carte 40/105 €

3 boulevard de la Résistance - 03 21 34 42 30 - www.restaurant-lechannel.com - Fermé mardi, dimanche soir

Le Grand Bleu

CUISINE MODERNE • CONTEMPORAIN XX Le chef, Matthieu Colin, met à profit son expérience dans des maisons étoilées. Dans un intérieur entièrement rénové en 2016, il continue de rendre un joli hommage à la pêche locale, mais aussi aux produits du terroir, à travers des recettes qui aiment cultiver la différence. Service aimable et efficace.

Menu 24/44 € - Carte 48/55 €

8 rue Jean-Pierre Avron - 03 21 97 97 98 - www.legrandbleu-calais.com - Fermé 16 février-4 mars, 16 août-3 septembre, mardi soir, mercredi, dimanche soir

CALA-ROSSA - Corse-du-Sud (2A) → Voir Corse (Porto-Vecchio)

CALLAS

83830 - Var - Carte régionale n° **24**-C3 - Carte Michelin 340-O4

Hostellerie Les Gorges de Pennafort

CUISINE MODERNE • CONTEMPORAIN XXX Originaire de Cogolin, Philippe Da Silva a longtemps brillé à Paris du côté de la place de l'Étoile. Amoureux de la Provence et de ses produits, il a fini par revenir au cœur de ce Var verdoyant qu'il chérit tant. Son restaurant occupe les murs d'une ancienne bastide du 19e s. adossée au calcaire des gorges de Pennafort. Très prisée par forte chaleur, une terrasse sous les tilleuls complète le décor. Le chef fréquente chaque matin ou presque le marché du cours Saleya à Nice – une passion pour les producteurs et leurs produits qui lui a valu les insignes de chevalier du Mérite agricole. Ses assiettes défendent une certaine tradition de la bombance à travers des classiques revisités avec gourmandise. La renommée de ses raviolis de foie gras et parmesan a d'ailleurs dépassé les frontières...

Spécialités : Raviolis de foie gras et parmesan. Turbot sauce champagne et caviar. Millefeuille à la vanille et sa glace minute.

Menu 63 € (déjeuner), 89/170 € - Carte 120/170 €

8660 Route Départementale 25 - 04 94 76 66 51 - www.hostellerie-pennafort.com - Fermé 18 janvier-11 mars, 24 décembre-2 janvier, lundi, mercredi midi, dimanche soir

Hostellerie Les Gorges de Pennafort

LUXE • CONTEMPORAIN Le calme est envoûtant dans ce site naturel qui ravit l'œil : les gorges de Pennafort, escarpées, rouges et noyées sous la végétation... Un véritable cocon de verdure ! Confort aux couleurs de la Provence ; belle piscine et espace bien-être de l'autre côté de la route.

13 chambres - 220/240 € - 23 € - 2 suites

8660 Route Départementale 25 - 04 94 76 66 51 - www.hostellerie-pennafort.com - Fermé 18 janvier-11 mars, 24 décembre-2 janvier

Hostellerie Les Gorges de Pennafort - Voir la sélection des restaurants

CALVI - Haute-Corse (2B) ➜ Voir Corse

CAMBO-LES-BAINS

✉ 64250 - Pyrénées-Atlantiques - Carte régionale n° **18**-A3 - Carte Michelin 342-D4

Le Bellevue

CUISINE MODERNE · TENDANCE La salle est claire, et la carte courte. Deux raisons de s'attarder dans ce restaurant décoré avec goût. La cuisine traditionnelle y est revisitée avec entrain et un sens aigu de la gourmandise, à l'image de cette terrine de pieds de porcs désossés, ou en dessert, ce soufflé chaud à l'eau de vie de poire.

Menu 15 € (déjeuner), 33/45 € - Carte 33/45 €

Rue des Terrasses - ✆ 05 59 93 75 75 - www.hotel-bellevue64.fr - Fermé 5 janvier-10 février, lundi, jeudi soir, dimanche soir

CAMBRAI

✉ 59400 - Nord - Carte régionale n° **13**-C3 - Carte Michelin 302-H6

Maison Demarcq

CUISINE MODERNE · ÉLÉGANT Cette demeure bourgeoise a été marquée par l'histoire de la ville : Napoléon y a séjourné - tout près de l'endroit où aurait été signée la fameuse Paix des Dames (1529). Le décor cultive un élégant classicisme, et la cuisine se révèle actuelle et soignée. Une belle adresse dans la capitale des "bêtises".

Menu 30 € (déjeuner), 48/70 € - Carte 54/64 €

2 rue St-Pol - ✆ 03 27 37 77 78 - www.maisondemarcq.com - Fermé lundi, samedi midi, dimanche soir

CAMON

✉ 09500 - Ariège - Carte régionale n° **22**-C3 - Carte Michelin 343-J6

L'Abbaye-Château de Camon

DEMEURE HISTORIQUE · PERSONNALISÉ Le temps semble s'être arrêté dans ce site enchanteur. L'abbaye s'adosse toujours à l'église mais les chambres n'ont plus rien de monacal, tandis que la beauté du jardin invite à la méditation. Le soir, on se dirige vers le cloître pour célébrer les sens autour d'un menu dégustation...

5 chambres - 145/195 € - 18 €

✆ 05 61 60 31 23 - www.chateaudecamon.com - Fermé 1er janvier-9 avril, 31 octobre-31 décembre

CAMPLONG-D'AUDE

✉ 11200 - Aude - Carte régionale n° **21**-B3 - Carte Michelin 344-G4

Le Clos de Mauzac

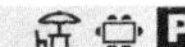

CUISINE MODERNE · CONTEMPORAIN En haut du village, une bâtisse d'inspiration traditionnelle, flanquée d'une petite tour à l'entrée. Le chef, passionné et locavore, réalise une cuisine actuelle, aux touches créatives. Les produits, d'une grande fraîcheur, se dégustent, aux beaux jours, sur la terrasse.

Menu 18 € (déjeuner), 25/60 € - Carte 35/80 €

Chemin de Garrigue Plane - ✆ 04 68 43 50 60 - www.restaurant-camplong.fr - Fermé 28 octobre-4 novembre, mercredi

CANAPVILLE - Calvados (14) ➜ Voir Deauville

✉ 35260 – Ille-et-Vilaine – Carte régionale n° **7**-D1 – Carte Michelin 309-K2

Le Coquillage (Hugo Roellinger)

POISSONS ET FRUITS DE MER • ÉLÉGANT XX Hugo Roellinger avait commencé une carrière d'officier dans la marine marchande... avant de revenir au pays et à la cuisine, dont la passion le poursuit depuis l'enfance. Sous l'œil bienveillant de son père Olivier, il s'est formé auprès de la crème des chefs (Gagnaire, Troisgros, Guérard), et a peaufiné son art patiemment. Il tient aujourd'hui la barre du vaisseau familial avec une conviction épatante, et une humilité chevillée au corps. Dans l'assiette, les poissons (et coquillages !) de la baie du Mont-Saint-Michel rencontrent de nombreuses épices ramenées d'ailleurs, dans la plus grande tradition malouine. L'émotion monte crescendo tout au long du repas, grâce à des jeux de saveurs envoûtants et une créativité parfaitement maîtrisée... Subtil, limpide, gourmand : l'évidence même.

Spécialités : Huîtres aux aromates. Homard au xérès et cacao. La roulante des gourmandises.

Menu 72/139 €

Les Maisons de Bricourt - Château Richeux, lieu-dit Le Buot – ✆ 02 99 89 64 76 – www.roellinger-bricourt.com – Fermé 19 janvier-5 mars

La Table Breizh Café

CUISINE CRÉATIVE • ÉPURÉ X Au premier étage d'une crêperie, un restaurant gastronomique franco-japonais : bienvenue dans l'univers de Bertrand Larcher ! Passionné par le sarrasin et la culture bretonne, l'homme a commencé par créer avec succès des crêperies au Japon... puis en France avec le même bonheur. Ici, dans cette salle qui offre une superbe vue sur la baie du Mont-St-Michel, le chef Fumio Kudaka (surnommé "Raphaël" par ses collègues) marie les produits bretons avec les techniques et les condiments du pays du Soleil-Levant. Dans l'assiette, le homard breton est accompagné d'algues japonaises, la cuisse de poulet est marinée et frite à la japonaise façon karaage, la brioche est garnie à la crème de yuzu-miso et accompagnée d'une glace aux pétales de cerisier japonais. Produits au top, cuissons millimétrées, précisions des assaisonnements, légèreté des mets : les noces sont réussies.

Spécialités : Homard à la vinaigrette de sésame et au miso, nanbanzuke de poulet frit et de légumes marinés. Turbot poêlé, coulis de daïkon et salicornes, purée de prunes séchées. Crème au citron, meringue au yukari et sorbet yuzu.

Menu 38 € (déjeuner), 85/160 €

7 quai Thomas (1er étage) – ✆ 02 99 89 56 46 – www.breizhcafe.com – Fermé 7 janvier-15 février, mardi, mercredi

Côté Mer

CUISINE TRADITIONNELLE • ÉLÉGANT XX Un charmant petit port, des maisons de pêcheurs, l'air iodé du large... À Cancale, impossible de ne pas regarder Côté Mer ! Dans ce restaurant, face à la baie, les poissons, coquillages et crustacés ont le vent en poupe à travers une cuisine goûteuse et soignée. Un bon rapport qualité-prix.

Spécialités : Huîtres creuses de la Baie de Cancale. Carré de porc, pommes grenaille, oignons et réduction au cidre. Baba au rhum, crème vanillée.

Menu 30/85 € – Carte 48/90 €

4 rue Ernest-Lamort – ✆ 02 99 89 66 08 – www.restaurant-cotemer.fr – Fermé 10-21 février, 25 juin-5 juillet, 4 novembre-5 décembre, mardi, mercredi, dimanche soir

L'Ormeau

POISSONS ET FRUITS DE MER • TRADITIONNEL XX Ce restaurant au cadre élégant (une salle récemment rénovée, avec vue sur la flottille de pêche) comblera les amateurs de poisson et de fruits de mer. En effet, comment refuser un plateau d'huîtres de Cancale, un filet de saint-pierre ou... des ormeaux ?

Spécialités : Coquillages farcis à la persillade. Épaule d'agneau de pré salé. Profiteroles "tout caramel".

Menu 32/65 € – Carte 40/80 €

Le Continental, 4 quai Thomas – ✆ 02 99 89 60 16 – www.hotel-cancale.com – Fermé 20 novembre-15 mars, mardi, mercredi

Le Bout du Quai

POISSONS ET FRUITS DE MER • CONTEMPORAIN XX Au bout du quai (en effet !), la belle façade vitrée de ce restaurant ouvre sur le large et ses embruns... Tandis que la cheffe, en bonne professionnelle, élabore une cuisine de la mer appliquée et gourmande.

Menu 19/44 € – Carte 28/60 €

Route de la Corniche – ✆ 02 23 15 13 62 – www.leboutduquai.fr – Fermé 6-31 janvier, lundi, dimanche soir

Breizh Café

CUISINE BRETONNE • CONVIVIAL X Sur le port de Cancale, ce Breizh Café n'a qu'une devise : "La crêpe autrement. " Et pour cause : il est né... au Japon ! Son patron, Bertrand Larcher, a le premier exporté la galette bretonne à Tokyo, et après plusieurs enseignes nippones, a récidivé au sein de la mère patrie. La qualité est au rendez-vous.

Carte 15/35 €

7 quai Thomas (rez-de-chaussée) – ✆ 02 99 89 61 76 – www.breizhcafe.com

La Ferme du Vent

MAISON DE CAMPAGNE • PERSONNALISÉ Au-dessus d'une anse avec vue splendide sur la baie du Mont-Saint-Michel, ces maisons en pierre locale abritent cinq chambres, dont les matériaux (bois brut, granit) réalisent la synthèse parfaite entre âme bretonne et design campagnard chic. Bel espace de relaxation.

6 chambres ☕ – 👥 275/500 €

Lieu-dit Le Buot – ✆ 02 99 89 64 76 – www.roellinger-bricourt.com – Fermé 19 janvier-5 mars

Les Maisons de Bricourt - Château Richeux

DEMEURE HISTORIQUE • PERSONNALISÉ Au calme d'un vaste parc, accueillant potager, plantes aromatiques et animaux, dominant la baie du Mont-St-Michel, cette superbe villa de 1920 a été aménagée avec un sens aigu du raffinement. Léon Blum y séjourna. Un lieu pétri d'histoire et de charme...

11 chambres – 👥 195/415 € – ☕ 25 € – 2 suites

Lieu-dit Le Buot – ✆ 02 99 89 64 76 – www.roellinger-bricourt.com – Fermé 19 janvier-5 mars

✿✿ **Le Coquillage** – Voir la sélection des restaurants

Hostellerie de la Motte Jean

MAISON DE CAMPAGNE • COSY Au jardin ou au bord de l'étang, profitez des plaisirs de la campagne cancalaise ! Corps de ferme de 1707 doté de chambres classiques et romantiques ; accueil charmant.

13 chambres – 👥 100/170 € – ☕ 11 €

La Motte Jean – ✆ 02 99 89 41 99 – www.hotel-mottejean.com – Fermé 1er novembre-1er avril

Les Rimains

MAISON DE MAÎTRE • COSY La famille Roellinger a fait de ce ravissant cottage des années 1930 – ceint d'un jardin surplombant la mer et longeant le chemin des douaniers –, une charmante maison d'hôtes. Chambres raffinées (meubles chinés).

4 chambres – 👥 195/390 € – ☕ 25 €

62 rue des Rimains – ✆ 02 99 89 64 76 – www.roellinger-bricourt.com – Fermé 19 janvier-5 mars

CANDÉ-SUR-BEUVRON

✉ 41120 - Loir-et-Cher - Carte régionale n° **8**-A1 - Carte Michelin 318-E7

Auberge de la Caillère

CUISINE MODERNE · ÉLÉGANT XX L'ancienne ferme (1788), agrandie et progressivement rénovée, est aujourd'hui un restaurant tout à fait remarquable ! Dans une veine plutôt actuelle, les assiettes proposées sont soignées et généreuses, avec de belles variations de goût ; quant à la carte des vins, elle fait la part belle au Val de Loire.

Menu 49/87 € - Carte 68/90 €

36 route des Montils - ✆ 02 54 44 03 08 - www.aubergedelacaillere.com - Fermé 1er janvier-14 février, mercredi et midi

LE CANET - Bouches-du-Rhône (13) ➜ Voir Aix-en-Provence

CANET-EN-ROUSSILLON

✉ 66140 - Pyrénées-Orientales - Carte régionale n° **21**-B3 - Carte Michelin 344-J6

à Canet-Plage

L'Horizon

CUISINE MÉDITERRANÉENNE · ÉLÉGANT XXX Envie d'admirer l'horizon ? Rendez-vous dans ce restaurant en bord de mer, d'où la vue est superbe ! En toute logique, les plats sont résolument méditerranéens.

Menu 30 € (déjeuner), 46/65 € - Carte 52/66 €

Les Flamants Roses, 1 voie des Flamants-Roses - ✆ 04 68 51 60 60 - www.hotel-flamants-roses.com

Le Clos des Pins

CUISINE MODERNE · ÉLÉGANT XX Près du port de plaisance, cet hôtel moderne abrite un chef motivé et imaginatif. Avec les produits du cru, il mitonne une cuisine moderne, esthétique et créative. Côté vin, la carte propose un beau choix de produits régionaux, parmi les 300 références. Côté nuit, des chambres confortables, et une jolie piscine pour l'indispensable plouf matinal, synonyme d'une journée réussie.

Menu 33 € (déjeuner), 54/90 € - Carte 58/71 €

Host et Vinum, 34 avenue du Roussillon - ✆ 04 68 80 32 63 - www.hostetvinum.com - Fermé 1er janvier-4 février, lundi

Lisovskaya/iStock

CANNES

✉ 06400 – Alpes-Maritimes – Carte régionale n° **25**-E2 – Carte Michelin 341-D6

On aime...

Cannes, la Croisette, son Festival mythique né en 1939, ses stars... et dans l'assiette, ses produits et recettes typiquement provençales, qui tiennent le haut de l'affiche ! Huile d'olive, légumes ensoleillés, herbes, pistou, piperade, bourride et aïoli, farcis niçois ou encore estouffade sont les blockbusters qui ne quittent jamais les cartes des restaurants, les vitrines des boutiques et les étals des marchés. Dans le Suquet, le plus vieux quartier de Cannes juché sur un rocher, le marché Forville est une aubaine. Accroché au plafond de l'immense halle couverte, le panneau "pêche locale" mène à une dizaine d'étals en faïence bleue qui ne proposent que la pêche des petits bateaux cannois. Outre ces trésors de la mer, de nombreux agriculteurs viennent vendre au marché leurs fruits et légumes.

PamelaJoeMcFarlane/iStock

Restaurants

✿✿ La Palme d'Or

CUISINE CRÉATIVE • LUXE XXXX Il y a des lieux dont on s'éprend au premier regard: la Palme d'Or est de ceux-là. Dans le somptueux cadre Art déco du Martinez, on domine la célébrissime Croisette et la baie de Cannes, tout en savourant le mariage réussi du luxe et du raffinement.

Bien sûr, tout cela ne vaudrait rien sans une assiette de haute tenue. Aucune inquiétude de ce côté-là: Christian Sinicropi, chef natif de Cannes, maîtrise son sujet à merveille. Fidèle à sa réputation d'artiste des fourneaux, il joue dans ces lieux divins une partition créative et sophistiquée, gorgée de soleil. Le produit, simplement mis en avant, y rayonne.

Vous réclamez des preuves? Citons par exemple cette astucieuse déclinaison en trois mouvements autour de la langoustine et du gamberoni, accompagnée d'un cru provençal d'excellente facture, ou encore ce dessert en deux temps où la mangue est portée au pinacle... Voilà qui mérite incontestablement une Palme d'Or.

Spécialités : Langoustine croustillante dans une mouvance maritime. Tarte choco-pigeon. Chocolat Palme d'Or, inspiration d'une fève de cacao.

Menu 90€ (déjeuner), 205/225€ - Carte 173/286€

Plan C2-n - *Martinez, 73 boulevard de la Croisette - ✆ 04 92 98 74 14 - https://restaurant-la-palme-d-or-cannes.com/ - Fermé 1er janvier-4 mars, lundi, mardi midi, mercredi midi, jeudi midi, vendredi midi, dimanche*

L'Affable

CUISINE TRADITIONNELLE • CHIC XX Dans le centre de Cannes, ce bistrot contemporain a le vent en poupe et dévoile de beaux atouts... au premier rang desquels sa carte, qui change avec le marché: grosses crevettes en tempura, quasi de veau aux petits légumes, sans oublier le soufflé au Grand Marnier, un best-seller de la maison.

Menu 29€ (déjeuner)/46€ - Carte 76/97€

Plan B1-d - *5 rue La Fontaine - ✆ 04 93 68 02 09 - www.restaurant-laffable.fr - Fermé 5-26 janvier, 2-30 août, samedi midi, dimanche*

Da Bouttau - Auberge Provençale

CUISINE TRADITIONNELLE • COSY XX Sur la petite rue montant vers le Suquet, une auberge fondée par Alexandre Bouttau... en 1860! Décor à l'ancienne, grillades au feu de bois, découpe et flambage en salle: on y apprécie la tradition sous toutes ces facettes. Et entre les plats, on regarde des photos de célébrités ayant fréquenté cette table...

Menu 24€ (déjeuner)/36€ - Carte 53/86€

Plan A1-d - *10 rue Saint-Antoine - ✆ 04 92 99 27 17 - www.dabouttau.com - Fermé 20-28 décembre*

Le Park 45

CUISINE MODERNE • CONTEMPORAIN XX Nouveau chef pour ce restaurant au décor élégant et plein de couleurs. Et depuis la terrasse, on apprécie la vue sur le parc. Cuisine au goût du jour, volontiers originale.

Menu 65/125€ - Carte 71/124€

Plan B2-z - *Le Grand Hôtel, 45 boulevard de la Croisette - ✆ 04 93 38 15 45 - www.grand-hotel-cannes.com - Fermé 7 décembre-3 février*

Le Relais des Semailles

CUISINE TRADITIONNELLE • RUSTIQUE XX Une vieille maison datant de la fin du 17e s., avec poutres apparentes, bibelots, cheminée et meubles anciens. L'atmosphère est cosy, apaisante, et recèle un charme indéfinissable, presque romantique... L'endroit idéal pour déguster de sympathiques plats traditionnels à l'accent provençal!

Menu 35/65€ - Carte 50/82€

Plan A1-z - *9 rue Saint-Antoine - ✆ 04 93 39 22 32 - www.lerelaisdessemailles.fr - Fermé lundi midi, jeudi midi, dimanche*

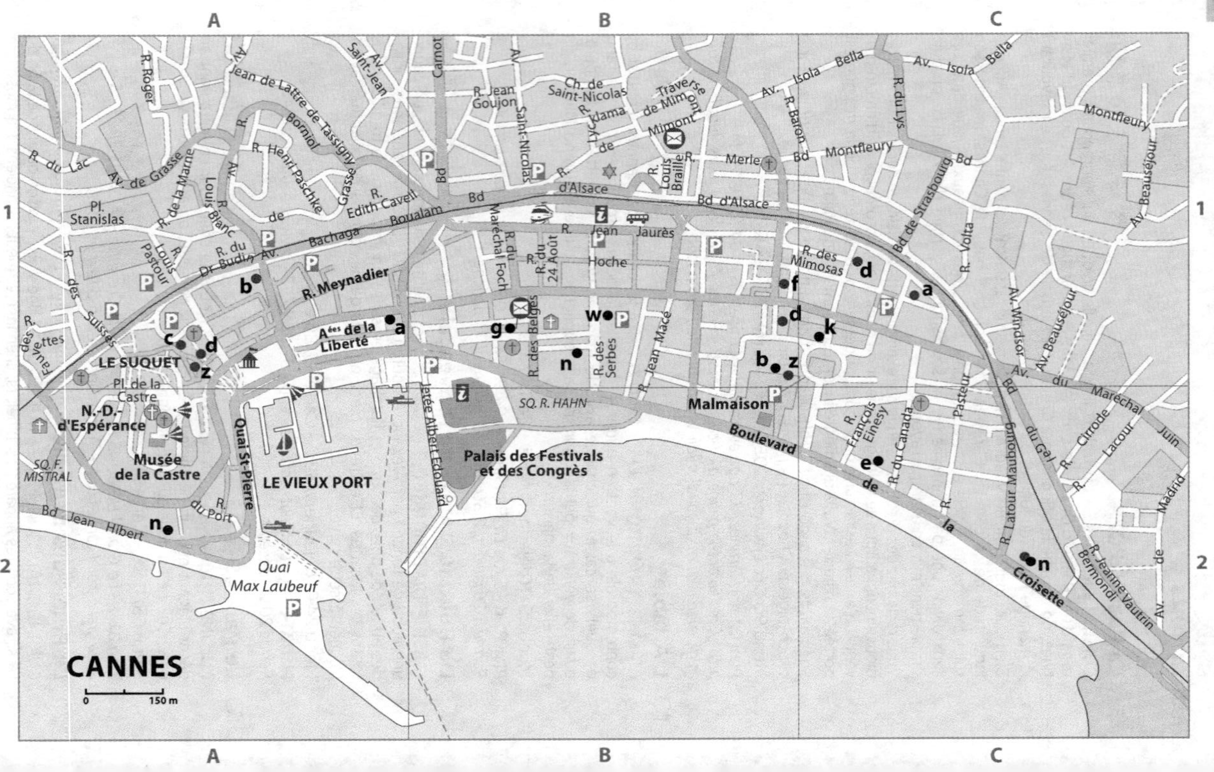
CANNES
0
150 m
A
B
C
1
2
LE SUQUET
N.-D.-d'Espérance
Musée de la Castre
Pl. de la Castre
SQ. F. MISTRAL
LE VIEUX PORT
Quai St-Pierre
Quai Max Laubeuf
Jetée Albert Edouard
Palais des Festivals et des Congrès
SQ. R. HAHN
Malmaison
Boulevard de la Croisette
Bd Jean Hibert
R. du Port
Aées de la Liberté
R. Meynadier
R. du Maréchal Foch
R. des Belges
R. des Serbes
R. Jean Jaurès
R. Hoche
R. du 24 Août
R. Jean Macé
R. des Mimosas
R. du Canada
R. François Einesy
R. Pasteur
R. Latour Maubourg
R. Jeanne Vautrin Bermondi
Bd du Gal
R. Lacour
Av. du Maréchal Juin
R. Cirrode
Av. de Madrid
Av. Windsor
Av. Beauséjour
R. Volta
Bd de Strasbourg
R. du Lys
Bd Montfleury
Montfleury
Av. Isola Bella
R. Baron
Bd d'Alsace
R. Merle
R. Louis Braille
Traverse de Mimont
R. Mimont
R. Lycklama
Ch. de Saint-Nicolas
Av. Saint-Nicolas
R. Jean Goujon
Bd Carnot
Av. Saint-Jean
R. Edith Cavell
Av. Jean de Lattre de Tassigny
R. Borniol
R. Henri Paschke
Grasse
Av. Bachaga Boualam
Av. du Dr. Budin
R. Louis Blanc
R. de la Marne
Av. de Grasse
R. Louis Pastour
R. Roger
Pl. Stanislas
R. des Suisses
R. des Fauvettes
R. du Lac

Table 22 par Noël Mantel

CUISINE TRADITIONNELLE • CONTEMPORAIN XX Dans ce quartier très touristique, à deux pas du marché Forville, une équipe sérieuse et passionnée met en avant de bons produits et de jolies saveurs provençales - homard en ravioli, poireau fondant ; carré d'agneau rôti, pommes grenaille... Gourmandise au menu, de l'entrée au dessert.

Menu 39/58 € – Carte 65/90 €

Plan A1-c – *22 rue St-Antoine – ✆ 04 93 39 13 10 – www.restaurantmantel.com – Fermé 16 février-1er mars*

La Table du Château

CUISINE MODERNE • COSY XX Il faut l'entendre parler de sa selle d'agneau, d'un Saint-Marcellin, ou de l'huile Romathym qu'il a crée pour prendre la mesure du dynamisme et de la passion des produits qui animent le chef, formé à l'école Yannick Alleno. On pioche, dans sa carte, au hasard de la gourmandise, cannelloni de tourteau et son aïoli revisité, ou ces langoustines juste tiédies, agrumes confits, et caviar. Du sérieux, de l'envie.

Menu 45/95 € – Carte 58/79 €

Hors plan – *Château de la Tour, 10 avenue Font-de-Veyre – ✆ 04 93 90 52 52 – www.hotelchateaudelatour.com – Fermé 3 novembre-6 mars, lundi, mardi*

La Toque d'Or

CUISINE CRÉATIVE • COSY XX En véritable amateur de saveurs asiatiques – mais pas seulement –, le chef de ce restaurant du vieux Nice propose un menu mystère en trois, quatre ou cinq services, en prêtant une attention particulière aux produits sélectionnés. Thon mi-cuit, courgette et carotte ; bœuf d'argentine, patate douce... : une cuisine qui tient la route.

Menu 30 € (déjeuner), 55/75 €

Plan A1-b – *11 rue Louis-Blanc – ✆ 04 93 39 68 08 – www.latoquedor-restaurant-cannes.fr – Fermé 6 janvier-13 février, lundi, dimanche*

Au Pot de Vin

CUISINE TRADITIONNELLE • BISTRO X Cette cave-bistrot familiale se distingue par une salle joliment rétro, toute de bois vêtue. Derrière le superbe comptoir, le chef mitonne de bons petits plats de tradition basés sur le marché, qu'on peut arroser d'un vin tiré de la remarquable cave (près de 1 000 références, dont bordeaux, bourgognes, italiens, etc.). Prix raisonnables.

Carte 38/50 €

Plan C1-d – *20 rue Commandant-Vidal – ✆ 04 93 68 66 18 – www.aupotdevin.com – Fermé samedi, dimanche*

L'Eponyme

CUISINE MODERNE • CONTEMPORAIN X Ici, les saveurs aux touches voyageuses s'inspirent de la cuisine méditerranéenne : à l'arrivée, une table pleine d'allant où l'on se régale par exemple d'un pavé de merlu cuit sur la peau, caviar d'aubergine ou d'un wok de gambas ou de bœuf, et ses légumes croquants. Une jolie adresse.

Menu 36/46 € – Carte 45/60 €

Plan C1-a – *4 rue de Bône – ✆ 04 93 99 48 71 – www.leponyme-cannes.com – Fermé lundi, dimanche*

La Table du Chef

CUISINE TRADITIONNELLE • BISTRO X Changement d'époque pour ce petit bistrot installé à deux pas de la rue d'Antibes. Dans sa cuisine ouverte, le jeune chef agrémente les produits du coin (marché de Forville, boucher, poissonnier...) dans des assiettes bien réalisées. Menu unique "surprise" le soir.

Menu 25 € (déjeuner)/33 €

Plan B1-f – *5 rue Jean-Daumas – ✆ 04 93 68 27 40 – Fermé 27 octobre-12 novembre, 24 décembre-2 janvier, lundi, mardi midi, dimanche*

Hôtels

Majestic Barrière

GRAND LUXE • ÉLÉGANT Face au palais des Festivals, son imposante façade toute blanche évoque le faste des Années folles. Les lieux rivalisent de luxe et de raffinement contemporain, pour un séjour chic et exclusif, bien à l'image de la cité azuréenne ! Pour dîner, au choix, le Fouquet's Cannes by Pierre Gagnaire, ou la Petite Maison de Nicole, si vous préférez pissaladière ou petits farcis niçois. Et au restaurant de la plage, cuisine au feu de bois signée Mauro Colagreco...

259 chambres – 199/3500 € – 44 € – 90 suites

Plan B1-n – *10 boulevard de la Croisette – 04 92 98 77 00 – www.lemajestic-cannes.com*

Martinez

PALACE • CONTEMPORAIN Un véritable monument ! Majestueusement dressée face à la Méditerranée, sa façade Art déco immaculée (1929) porte en elle l'histoire de la villégiature version Côte d'Azur. Des magnifiques chambres et suites azuréennes jusqu'au spa, au dernier étage, confort exquis et prestations haut de gamme cultivent le mythe de la Croisette.

382 chambres – 220/910 € – 42 € – 27 suites

Plan C2-n – *73 boulevard de la Croisette – 04 93 90 12 34 – www.hotel-martinez.com*

La Palme d'Or – Voir la sélection des restaurants

InterContinental Carlton

HISTORIQUE • GRAND LUXE Faut-il encore présenter le Carlton ? Inauguré en 1913, l'établissement s'est hissé parmi les hôtels mythiques de la Riviera. L'histoire imprègne ses murs, où sont passés plusieurs générations d'hôtes illustres. Le classicisme est la marque des lieux !

304 chambres – 199/1365 € – 45 € – 39 suites

Plan C2-e – *58 boulevard de la Croisette – 04 93 06 40 06 – www.carlton-cannes.com*

Five Seas

BOUTIQUE HÔTEL • CONTEMPORAIN À deux pas de la Croisette, cet hôtel, imaginé dans l'ancien bâtiment de la poste, cultive un charme indéniable : décor soigné, chambres personnalisées sur le thème du voyage, spa, piscine inox sur le toit... Une très agréable villégiature !

37 chambres – 185/1050 € – 8 suites

Plan B1-g – *1 rue Notre-Dame – 04 63 36 05 05 – www.fiveseashotel.com*

Le Grand Hôtel

LUXE • DESIGN Un établissement de caractère sur la Croisette, au calme derrière un superbe îlot de verdure... On le sait, les années 1970 sont aujourd'hui à la mode, et les chambres jouent cette carte "revival" avec raffinement et élégance (mobilier design, tons vintage) : une réussite qui convertira même les plus rétifs.

72 chambres – 180/840 € – 36 € – 3 suites

Plan B1-b – *45 boulevard de la Croisette – 04 93 38 15 45 – www.grand-hotel-cannes.com – Fermé 4 décembre-31 janvier, 6 décembre-3 février*

Le Park 45 – Voir la sélection des restaurants

Gray d'Albion

BUSINESS • CONTEMPORAIN Entre la Croisette et la rue d'Antibes, cet hôtel est une valeur sûre pour tous ceux – hommes d'affaires ou touristes – qui sont en quête d'un haut niveau de confort et de prestations contemporaines. Beau restaurant de plage en saison.

176 chambres – 129/1819 € – 29 € – 24 suites

Plan B2-w – *38 rue des Serbes – 04 92 99 79 79 – www.gray-dalbion.com*

Le Canberra

URBAIN • CONTEMPORAIN Une jolie bâtisse en plein centre-ville, avec son jardin verdoyant et sa piscine. Les chambres arborent un décor contemporain plutôt plaisant et se révèlent bien confortables. En saison, cuisine méditerranéenne au restaurant.

30 chambres – 111/741 € – 29 € – 5 suites

Plan C1-k – *120 rue d'Antibes – ✆ 04 97 06 95 00 – www.hotel-cannes-canberra.com – Fermé 3 janvier-9 février*

Radisson Blu 1835 Hotel & Thalasso

HÔTEL DE CHAÎNE • CONTEMPORAIN Véritable figure de proue, l'hôtel domine le vieux port de toute sa hauteur. Les chambres allient grand confort et esprit contemporain ; on profite des thermes marins et du restaurant, le 360°, qui offre une vue panoramique sur la baie de Cannes et le massif de l'Esterel.

117 chambres – 180/900 € – 35 € – 16 suites

Plan A2-n – *2 boulevard Jean-Hibert – ✆ 04 92 99 73 00 – www.radissonblu.com/hotel-cannes*

Splendid

TRADITIONNEL • CLASSIQUE À deux pas du palais des Festivals – un emplacement de choix –, ce bel hôtel (1871) cultive l'atmosphère de l'hôtellerie traditionnelle à la française. À noter que la plupart des chambres donnent sur le port de plaisance...

60 chambres – 100/300 € – 2 suites

Plan A1-a – *4 rue Félix-Faure – ✆ 04 97 06 22 22 – www.splendid-hotel-cannes.com – Fermé 5-26 janvier*

Château de la Tour

HÔTEL PARTICULIER • PERSONNALISÉ En périphérie de Cannes, un castel provençal (19e s.) dans un beau jardin, où l'on cultive l'art de la quiétude. Les chambres ont été décorées dans un style contemporain cossu et glamour, qui prête au confort. Et l'on peut profiter de la très belle terrasse du restaurant face à la piscine...

33 chambres – 190/575 € – 17 €

Hors plan – *10 avenue Font-de-Veyre – ✆ 04 93 90 52 52 – www.hotelchateaudelatour.com – Fermé 3 novembre-6 mars*

La Table du Château – Voir la sélection des restaurants

au Cannet 3 km au Nord – Carte régionale n° **25**-E2

✿✿ Villa Archange (Bruno Oger)

CUISINE MODERNE • ÉLÉGANT XXX Installez-vous dans la petite salle à manger cosy, avec vieux parquet et gros fauteuils, pour déguster la cuisine du chef Bruno Oger : ce Breton d'origine, Méditerranéen d'adoption, déploie ses inspirations iodées entre Bretagne et Côte d'Azur... Une grosse langoustine rôtie et sa marinière riviera côtoient un homard breton, avant qu'un kouign amann et sa crème glacée caramel ne ponctuent la symphonie gourmande. À l'intérieur des cuisines, une table d'hôte permet de profiter au plus près de la cérémonie culinaire. Parce qu'il est le chef attitré du Festival de Cannes, Bruno Oger aura vu défiler à sa table les plus grands acteurs : Uma Thurman, Robert De Niro ou Audrey Tautou... De quoi justifier des vocations.

Spécialités : Ormeaux de l'île de Groix poêlés et artichauts de Provence. Turbot, céleri bio, vierge feuille, échalote et noix. Traou mad aux fruits de saison.

Menu 72 € (déjeuner), 165/350 € – Carte 180/290 €

Hors plan – *rue de l'Ouest (par avenue Campon) – ✆ 04 92 18 18 28 – www.bruno-oger.com – Fermé 15 février-2 mars, 18 octobre-2 novembre, 20-28 décembre, lundi, mardi midi, mercredi midi, jeudi midi, dimanche*

Bistrot des Anges – Voir la sélection des restaurants

Bistrot des Anges

CUISINE TRADITIONNELLE • CONTEMPORAIN X Dans l'échelle séraphique, l'équipe de la Villa Archange pense brasserie : ici, décor moderne et ambiance conviviale, formules ensoleillées et chariot de douceurs... angéliques.

Spécialités : Pissaladière aux anchois et calamars grillés. Dos de saumon à la plancha, riz citronnelle et pignons torréfiés. Le chariot de douceurs.

Menu 33/58 € – Carte 47/93 €

Hors plan – *Villa Archange, rue de l'Ouest (par avenue Campon) – ✆ 04 92 18 18 28 – www.bruno-oger.com – Fermé dimanche soir*

Bistrot St-Sauveur

CUISINE TRADITIONNELLE • CONTEMPORAIN X Fauteuils noirs, rideaux blancs : bienvenue dans l'univers de Claude Sutter, style épuré et séduisant, jamais tape-à-l'œil. La cuisine bistrotière du chef se déguste avec bonheur, de l'andouillette grillée à la tarte sablée à la banane. Les fonds mijotent, les viandes rassissent, et nos appétits vibrionnent. Le plus difficile est de choisir !

Spécialités : Pâté en croûte. Rognons et ris de veau financière. Millefeuille à la vanille, coulis de fruits rouges.

Menu 33/38 € – Carte 38/54 €

Hors plan – *87 rue Saint-Sauveur – ✆ 04 93 94 42 03 – www.bistrotsaintsauveur.fr – Fermé lundi, dimanche soir*

Kashiwa

CUISINE JAPONAISE • ORIENTAL X Ce petit restaurant nippon (kashiwa signifie feuille de chêne), installé dans un ancien atelier de tapissier, offre une jolie palette de gastronomie japonaise (sushi, sashimi, soba etc.), mais aussi des plats plus travaillés, à l'image de ce thon rouge mi-cuit fondant. Le chef se fournit au marché Forville et auprès de petits pêcheurs, à Cannes. Petite terrasse, et position privilégiée, proche du musée Pierre Bonnard.

Menu 30/40 € – Carte 30/90 €

Hors plan – *12 Boulevard Gambetta – ✆ 09 53 97 99 67 – Fermé lundi, mardi*

LE CANNET – Alpes-Maritimes (06) ➜ Voir Cannes

CAPBRETON

✉ 40130 – Landes – Carte régionale n° **18**-A3 – Carte Michelin 335-C13

La Cuisine

CUISINE MODERNE • CONVIVIAL X Au centre du bourg, la cuisine est bel et bien à l'honneur : le chef, Johann Dubernet – secondé en salle par sa compagne Isabelle – signe des assiettes colorées, parfumées et visuelles : carpaccio de langoustine, guacamole coriandre, sésame et pousses de bambou ; saint-pierre, pâté de kumquat, sauce pomzo, tagliatelles au beurre d'algues... Subtilité et gourmandise !

Menu 18 € (déjeuner)/48 € – Carte 42/50 €

26 rue du Général-de-Gaulle – ✆ 05 58 43 66 58 – www.restaurantlacuisine.fr – Fermé 21 juin-2 juillet, lundi, mardi, mercredi

La Petite Table 

CUISINE MODERNE • VINTAGE X Des recettes goûteuses et colorées, relevées d'agrumes et d'épices, qui vont à l'essentiel : voici ce que vous réserve le chef, fort d'une longue expérience – avec, en prime, quelques jolis clins d'œil aux traditions culinaires du Moyen-Orient, où il a travaillé dans le passé.

Menu 19 € (déjeuner) – Carte 40/50 €

555 quai de la Pêcherie – ✆ 05 58 72 36 72 – lapetitetablecapbreton.fr – Fermé 23 février-12 mars, 15-26 juin, 21 décembre-15 janvier, lundi soir, mardi, mercredi, dimanche soir

CAP COZ – Finistère (29) ➜ Voir Fouesnant

CAP D'ANTIBES – Alpes-Maritimes (06) ➜ Voir Antibes

CAP-FERRET - Gironde (33) ➜ Voir Bassin d'Arcachon

CAPINGHEM - Nord (59) ➜ Voir Lille

CARANTEC

✉ 29660 - Finistère - Carte régionale n° **7**-B1 - Carte Michelin 308-H2

✿ Nicolas Carro Ⓝ

CUISINE MODERNE • ÉLÉGANT XXX Après une expérience réussie à La Table d'Olivier Nasti, à Kaysersberg, le jeune Nicolas Carro est de retour dans sa région natale – il est originaire de Loudéac. Le voilà aux fourneaux de cette maison iconique du Finistère, rendue fameuse par le chef Patrick Jeffroy, et qui offre une vue magnifique sur la baie de Morlaix. Comme son illustre prédécesseur, il célèbre les produits marins d'ici (araignées, huîtres, ormeaux sauvages, homard). Finesse et délicatesse, jeux de textures bien pensés, cuissons et assaisonnements parfaits, technique au service exclusif du goût... Sa cuisine emporte la mise sans difficulté. À Carantec, l'histoire continue de plus belle.

Spécialités : Fraîcheur de tourteau au lait ribot. Pigeonneau, vinaigrette d'abats, salsifis et champignons. Pomme reinette confite, crème crue, glace vanille.

Menu 33 € (déjeuner), 56/105 € - Carte 84/115 €

L'Hôtel de Carantec, 20 rue du Kelenn - ✆ 02 98 67 00 47 - www.hoteldecarantec.com

L'Hôtel de Carantec

LUXE • CONTEMPORAIN Cette charmante maison de 1936 surplombe la baie de Morlaix. Les chambres, contemporaines et épurées, donnent toutes sur la Manche (terrasses au 2e étage). Le jardin descend vers la mer et l'on peut s'y installer, serein, pour lire, boire un verre... avant de profiter de la très belle table de Patrick Jeffroy.

12 chambres - 70/190 € - ☕ 18 €

20 rue du Kelenn - ✆ 02 98 67 00 47 - www.hoteldecarantec.com

✿ **Nicolas Carro** - Voir la sélection des restaurants

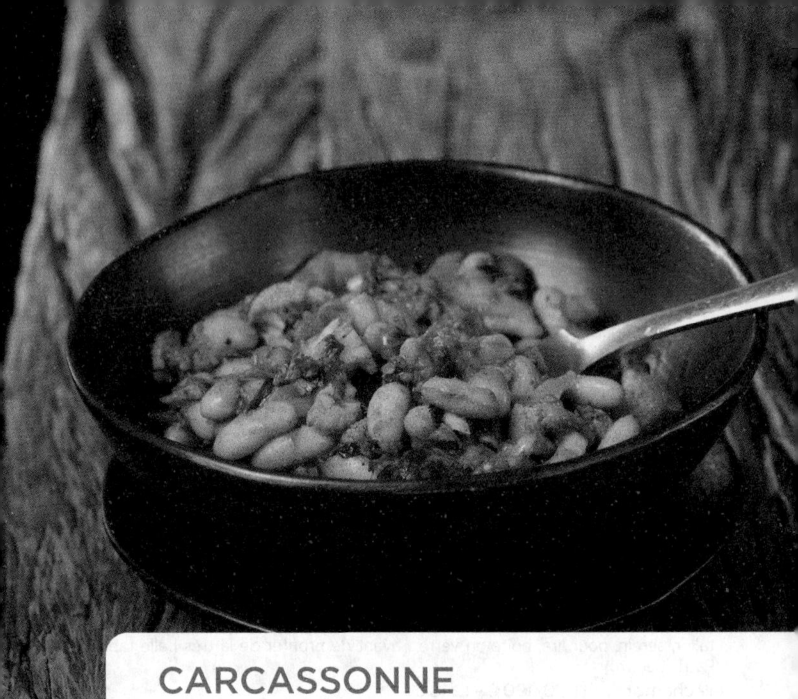

CARCASSONNE

✉ 11000 - Aude - Carte régionale n° **21**-B2 - Carte Michelin 344-F3

On aime...

Avec sa double enceinte fortifiée surplombant la plaine viticole et, plus loin, les contreforts des Corbières, la cité de Carcassonne suscite un émerveillement sans égal. Tous ceux qui ont arpenté ses ruelles s'en souviennent encore. Tant pis pour les détracteurs de Viollet-le-Duc, qui pensent qu'il n'a pas été fidèle à l'histoire lorsqu'il en a supervisé la restauration ! Autour d'elle prospère un pays de Cocagne à cheval des mondes : sous un soleil généreux, les fruits et légumes de l'Aude profonde côtoient les poissons de la Méditerranée, les fromages et les gibiers de la Montagne Noire s'encanaillent avec ceux des Pyrénées... Quant aux œnophiles, en herbe ou aguerris, ils trouvent ici leur bonheur grâce aux vignobles des Corbières, du Minervois ou de Limoux.

sjenner13/iStock

Restaurants

✿✿ La Table de Franck Putelat

CUISINE MODERNE • DESIGN XXX La Cité médiévale fait partie du patrimoine immémorial de Carcassonne et sa région... et l'on pourrait presque en dire autant de Franck Putelat. Installé au pied des remparts de ladite cité, ce natif du Jura, Audois d'adoption, cuisine – brillamment – selon le concept de classique-fiction qu'il a lui-même théorisé.

Traduction dans l'assiette : un détournement astucieux des anciens tubes gastronomiques (le classique), que le chef emmène ailleurs au gré de son inspiration du jour (la fiction). Trois exemples, devenus des incontournables : tartare d'huîtres Tarbouriech, filet de bœuf clouté de truffe noire et lard de Colonnata, ou encore bouillabaisse au foie gras de canard.

Des visuels appétissants, du goût et de la finesse : on se délecte dans une ambiance animée – musique de rigueur, avis aux amateurs – parmi une clientèle très diverse... et l'on profite d'un service professionnel et compétent.

Spécialités : Bouillabaisse légère aux coquillages, cranquette, foie gras de canard et pistil de safran. Pigeonneau du Lauragais comme un cassoulet, bouillon brûlant. Pavlova-MOF 2019.

Menu 58 € (déjeuner), 90/210 € – Carte 123/149 €

Hors plan – *80 chemin des Anglais, au Sud de la Cité – ✆ 04 68 71 80 80 – www.franck-putelat.com – Fermé lundi, dimanche*

✿ Domaine d'Auriac

CUISINE CLASSIQUE • ROMANTIQUE XXX Sur les hauteurs de Carcassonne, cet hôtel-restaurant est un conservatoire de la cuisine classique, réalisée dans les règles de l'art. Logique, dans cette maison bourgeoise du 19e s. pétrie d'histoire ! Songez que ce domaine est bâti sur les caves d'une abbaye carolingienne, édifiée elle-même sur les restes d'un oppidum romain... Le chef Philippe Deschamps est ici comme chez lui. Il excelle dans l'interprétation sans fioriture des grands classiques. Avec des produits du terroir incomparables, et notamment des gibiers, il délivre des dressages savants, des sauces profondes et des jus sapides. On se régale du mariage savoureux des premières morilles et des asperges sauvages à la saveur herbacée unique, du parmentier de queue de bœuf dans son jus au vin rouge. La grande tradition classique est entre de bonnes mains.

Spécialités : Anchois de Collioure en habits de saison. Pied de cochon en crépinettes truffées. Soufflé au Grand Marnier.

Menu 50 € (déjeuner), 70/135 € – Carte 95/130 €

Hors plan – *2535 route de St-Hilaire – ✆ 04 68 25 72 22 – www.domaine-d-auriac.com – Fermé 3 janvier-4 février, 8-23 novembre, lundi*

Brasserie à 4 Temps

CUISINE TRADITIONNELLE • CONTEMPORAIN X Dans la salle à manger entièrement rénovée, ou sur la terrasse ombragée, on profite de classiques revisités par l'ancien second de Franck Putelat. Œuf poché carbonara aux coquillettes et truffe noire, ou encore saint-pierre au céleri et coquillages. Pensez à réserver, c'est souvent complet.

Menu 18 € (déjeuner)/31 € – Carte 32/55 €

Plan B2-a – *2 boulevard Barbès – ✆ 04 68 11 44 44 – www.brasseriea4temps.com*

Robert Rodriguez

CUISINE CLASSIQUE • VINTAGE X Ce bistrot authentique, convivial et joliment rétro (objets chinés, vieux comptoir...), est incontournable à Carcassonne et pour cause : son chef fut un pionnier dans l'utilisation des produits bio et issus des circuits courts. Escargots de nos garrigues, pigeonneau élevé à l'ancienne et rôti sur une poêle de fonte... C'est toujours un régal : à découvrir absolument !

Menu 82/128 € – Carte 63/123 €

Plan B2-z – *39 rue Coste-Reboulh – ✆ 04 68 47 37 80 – www.restaurantrobertrodriguez.com – Fermé lundi, dimanche*

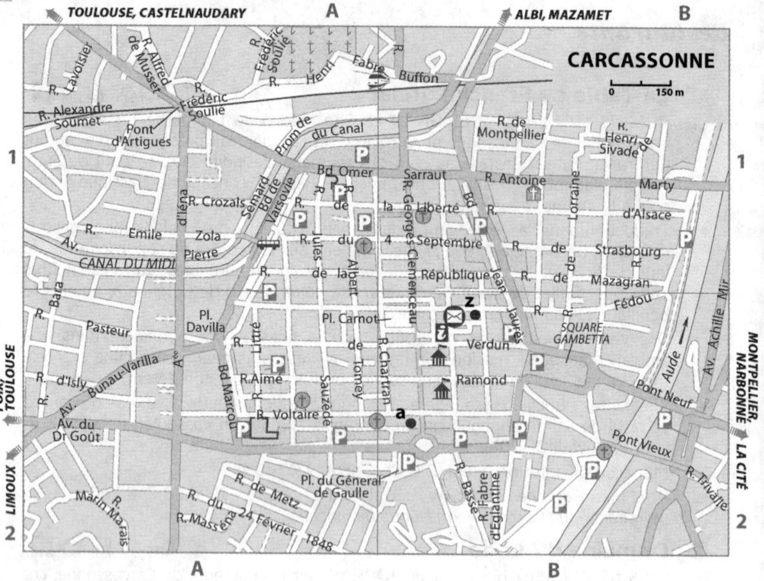

Hôtels

Domaine d'Auriac

MAISON DE MAÎTRE · PERSONNALISÉ Un grand parc arboré, un golf 18 trous et cette très belle maison de maître du 19e s. en pierre blonde. Toutes différentes et confortables, les chambres jouent la carte du classicisme bourgeois ou de la simplicité méridionale... Certaines, très spacieuses, sont idéales pour les familles.

21 chambres - 180/470 € - 25 €

Hors plan - *2535 route de St-Hilaire - 04 68 25 72 22 - www.domaine-d-auriac.com - Fermé 3 janvier-4 février, 8-23 novembre*

Domaine d'Auriac - Voir la sélection des restaurants

Hôtel du Château

URBAIN · PERSONNALISÉ Dans un îlot de verdure à l'abri de l'agitation touristique, cette belle demeure mêle l'ancien et le design avec raffinement. Au programme : hammam, massage et farniente, au pied du défilé des remparts... Les petits plus : le petit-déjeuner qui met en avant les produits locaux et le bar ouvert 24h/24.

17 chambres - 122/380 € - 15 €

Plan D1-m - *2 rue Camille-Saint-Saëns - 04 68 11 38 38 - www.hotelduchateau.net*

Pont Levis Hôtel - Franck Putelat

HISTORIQUE · DESIGN Au pied des remparts de la cité, l'adresse prend ses aises dans l'ancien musée du Moyen-Âge. Désormais, la décoration est résolument tournée vers le 21e s. (acier, béton, etc.) même si dans certaines chambres, les lits sont suspendus par des chaînes... façon pont-levis !

12 chambres - 150/320 € - 18 €

Plan D2-w - *40 chemin des Anglais - 04 68 72 08 08 - www.pontlevishotel.com*

dans la Cité - Circulation réglementée en été

La Barbacane

CUISINE CLASSIQUE • ÉLÉGANT XXX Au sein de la Cité de Carcassonne, l'Hôtel de la Cité est un superbe exemple d'édifice néogothique, bâti en 1909 sur le site de l'ancien palais épiscopal, avec de merveilleux jardins qui regardent les remparts. À l'intérieur, les vitraux, les armoiries et autres boiseries délivrent une ambiance digne de Viollet-le-Duc ! Originaire de la Bresse, ancien second de Franck Putelat ici-même, Jérôme Ryon est un chef solide dont on aime la manière classique. Basées sur des produits de qualité, notamment les poissons et crustacés de la Méditerranée toute proche, ainsi que les gibiers et les champignons automnaux, ses savoureuses préparations chantent le terroir régional : légumes d'été en fricassée, pavé de loup braisé, filet de bœuf charolais au foie gras... Belle cave riche en capiteux flacons du Sud.

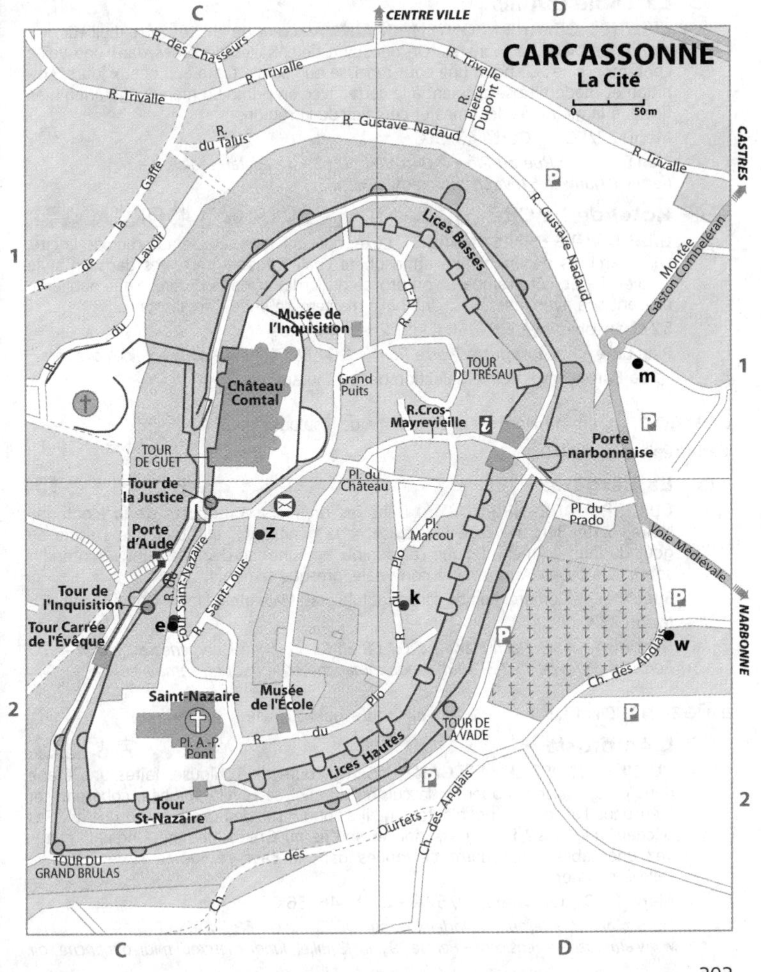

Spécialités : Fricassée de légumes et truffe en barigoule. Pavé de bœuf charolais au foie gras et joue braisée aux carottes confites. Soufflé chaud aux framboises fraîches et jus de sureau.

Menu 41€ (déjeuner), 95/145€ – Carte 101/131€

Plan C2-e – *Hôtel de La Cité, place Auguste-Pierre-Pont – ✆ 04 68 71 98 71 – www.hoteldelacite.com – Fermé 17 février-20 mars*

Comte Roger

CUISINE TRADITIONNELLE • TENDANCE XX Un décor tout en épure contemporaine, avec derrière un joli patio empreint de fraîcheur… ce Comte Roger sait recevoir ! On cuisine ici l'époque avec une certaine noblesse, entre cassoulet (la spécialité maison) et un menu végétarien qui a fière allure. La bonne petite adresse du cœur touristique.

Menu 25€ (déjeuner)/43€ – Carte 45/65€

Plan C2-z – *14 rue Saint-Louis – ✆ 04 68 11 93 40 – www.comteroger.com – Fermé 9 février-25 mars, lundi, dimanche*

La Table d'Alaïs

CUISINE MODERNE • CONTEMPORAIN X Au cœur de la cité, votre meilleur allié contre les pièges à touristes. On découvre deux salles décorées dans une veine contemporaine ; au bout, une cour-terrasse où l'on s'attable aux beaux jours. Tradition et modernité se côtoient à la carte, avec en prime un menu végétarien bien ficelé, à la gloire des légumes et céréales de la région.

Menu 22/50€ – Carte 43/51€

Plan D2-k – *32 Rue du Plô – ✆ 04 68 71 60 63 – www.latabledalais.fr – Fermé 10 janvier-5 février, mercredi, jeudi*

Hôtel de La Cité

GRAND LUXE • PERSONNALISÉ Luxe, douceur et quiétude au cœur de la cité. Les chambres dégagent une atmosphère chaleureuse – certaines dans un style médiéval – et, côté remparts, on profite du jardin et de la piscine, sans oublier le plaisant spa avec massages. Une belle manière de vivre Carcassonne…

52 chambres – 215/350€ – 28€ – 7 suites

Plan C2-e – *Place Auguste Pierre Pont – ✆ 04 68 71 98 71 – www.hoteldelacite.com*

La Barbacane – Voir la sélection des restaurants

à Aragon 12 km au Nord - Ouest par rte de Toulouse et D203 –

Carte régionale n° **21**-B2

La Bergerie

CUISINE MODERNE • COSY XX Dans les premiers contreforts de la Montagne Noire, cette Bergerie joue la qualité et la générosité, autour d'une cuisine au goût du jour. Le menu unique (disponible en ligne) se déguste dans un intérieur sobre et élégant. Atmosphère conviviale, presque familiale.

Spécialités : Compression de canard et foie gras. Matelote de lotte. Dôme chocolat.

Menu 33€

Hors plan – *Allée Pech Marie – ✆ 04 68 26 10 65 – www.labergeriearagon.com – Fermé 7-25 février, 22-31 août, lundi, dimanche et le midi en semaine*

à Pezens 10 km au Nord - Ouest par route de Toulouse

L'Ambrosia

CUISINE MODERNE • ÉLÉGANT XX Sur la route de Toulouse, faites une étape dans cette maison moderne : la cuisine du chef se révèle soignée, cohérente et bien dans l'air du temps, d'autant qu'il s'appuie sur des produits de qualité. Ses pêchers mignons ? Foie gras, thon et soufflé au Grand Marnier. Original : réservez une table pour quatre personnes dans la cave réfrigérée située dans la salle à manger.

Menu 25€ (déjeuner), 41/52€ – Carte 46/56€

Hors plan – *Carrefour la Madeleine, sur D6113 – ✆ 04 68 24 92 53 – www.ambrosia-pezens.com – Fermé 29 juin-12 juillet, lundi, mercredi midi, dimanche soir*

à Trèbes 8 km à l'Est par N113

Le Moulin de Trèbes

CUISINE MODERNE • MAISON DE CAMPAGNE Quel charme, cet ancien moulin ! Sa terrasse donne directement sur le canal du Midi, et son intérieur a bénéficié d'une rénovation complète. Quant à la cuisine, elle se révèle simple et moderne, avec comme spécialité le ris de veau caramélisé au sésame et compote d'endives... Un vrai plaisir.

Menu 21 € (déjeuner) – Carte 40/60 €

Hors plan – *1 Rue du Moulin de Trèbes – 04 68 78 97 57 – Fermé 2-30 janvier, lundi, dimanche midi*

CARIGNAN

08110 – Ardennes – Carte régionale n° **11**-C1 – Carte Michelin 306-N5

La Gourmandière

CUISINE TRADITIONNELLE • ÉLÉGANT Cette maison bourgeoise de 1890 choie ses convives : cuisine gourmande et généreuse, superbe carte des vins, et espace lounge. La cheffe est épaulée par son fils Maxence, qui réalise de savoureuses pâtisseries. Ris de veau et foie gras sont les spécialités maison.

Menu 35/85 € – Carte 75/130 €

19 avenue de Blagny – 03 24 22 20 99 – Fermé 20 janvier-3 février, 22 juin-2 juillet, 21 septembre-1er octobre, lundi, dimanche soir

CARNAC

56340 – Morbihan – Carte régionale n° **7**-B3 – Carte Michelin 308-M9

Côté Cuisine (Laëtitia et Stéphane Cosnier)

CUISINE MODERNE • TENDANCE Entre bourg et plage, cet hôtel restaurant avait perdu de sa superbe avant qu'un couple de professionnels passionnés, Laëtitia et Stéphane Cosnie, ne lui redonne un coup de fouet visuel et gastronomique. Côté déco, la grande salle contemporaine joue l'épure avec son sol en béton ciré, ses cuisines à moitié ouvertes et ses étagères remplies de livres de cuisine. Formés notamment au Bristol et chez Taillevent, nos deux complices réalisent à quatre mains une partition parfumée et bien goûteuse, qui met en valeur les produits régionaux de la plus belle des manières. On s'en régale au coin de la cheminée, en hiver, ou sur l'agréable terrasse aux beaux jours.

Spécialités : Coquillages et huîtres du Pô au beurre d'algues et jus herbacé. Homard et ris de veau rôtis au beurre salé, légumes du moment. Tarte soufflée au chocolat grand cru et lait ribot glacé.

Menu 28 € (déjeuner), 35/48 €

36 avenue Zacharie Le Rouzic – 02 97 57 50 35 – www.cotecuisine-carnac.fr – Fermé 2 janvier-13 février, 22 juin-1er juillet, mardi, mercredi

La Côte

CUISINE CRÉATIVE • TENDANCE Une salle dédiée au vin, une autre résolument contemporaine et ouvrant sur un jardin japonisant : cette ferme proche du site mégalithique de Kermario vit avec son temps. De même la carte, qui allie bons produits et imagination.

Menu 27 € (déjeuner), 39/83 €

3 impasse Parc-Er-Forn (alignements de Kermario) – 02 97 52 02 80 – www.restaurant-la-cote.com – Fermé 3 janvier-12 février, 16-22 novembre, lundi, mardi, dimanche soir

L'Eskell

POISSONS ET FRUITS DE MER • CLASSIQUE Tous deux bretons d'origine, Alexandre (chef) et Vincent (chef pâtissier) célèbrent la Bretagne et les alliances terre-mer. Une cuisine authentique de bonne facture, renouvelée très régulièrement, à déguster en profitant de la vue sur la mer.

Menu 33/89 € – Carte 56/71 €

Le Diana, 21 boulevard de la Plage – 02 97 52 05 38 – www.lediana.com – Fermé 2 janvier-7 février, lundi midi, mardi midi, mercredi midi, jeudi midi, vendredi midi, samedi midi

Tumulus

CUISINE MODERNE • CLASSIQUE XX La salle à manger, lumineuse, offre une vue panoramique sur le jardin et la piscine, mais aussi Carnac : voilà qui met en condition. Quant à l'assiette, elle régale avec des recettes actuelles où le poisson est en bonne place : bar rôti, velouté de coquillages au romarin, lotte braisée au combava...

Menu 29 € (déjeuner), 40/89 € – Carte 35/85 €

Chemin du Tumulus – 02 97 52 08 21 – www.hotel-tumulus.com – Fermé 1er-15 janvier, 20-29 décembre, lundi midi, mardi midi

La Calypso

POISSONS ET FRUITS DE MER • CONVIVIAL X Les habitués ne s'y trompent pas : dans ce charmant bistrot marin, poissons, coquillages et crustacés sont d'une grande fraîcheur. Dans l'une des salles, dont le décor est à l'unisson, on fait même griller les mets dans la cheminée. Face au parc à huîtres, une adresse authentique à souhait !

Carte 75/200 €

158 rue du Po (zone ostréïcole du Pô) – 02 97 52 06 14 – www.calypso-carnac.com – Fermé 1er janvier-4 février, 16 novembre-3 février, lundi, dimanche soir

Auberge le Râtelier

CUISINE TRADITIONNELLE • AUBERGE X Une délicieuse petite auberge à l'ancienne, dont la façade est recouverte de vigne vierge. Une touche bucolique qui séduit, tout comme l'ambiance conviviale et la cuisine, régionale et axée sur le poisson. Quelques chambres à l'étage.

Menu 24/55 € – Carte 43/79 €

4 chemin du Douet – 02 97 52 05 04 – www.le-ratelier.com – Fermé 6 janvier-6 février, 15 novembre-15 décembre, mardi, mercredi

Le Diana

TRADITIONNEL • CLASSIQUE Atmosphère cossue dans cet hôtel à l'architecture d'inspiration bretonne. Les chambres, plutôt spacieuses, donnent sur l'océan ou – plus au calme – sur la cour, et leur entretien est impeccable. Pour se détendre, direction l'espace bien-être !

38 chambres – 60/430 € – 19 € – 4 suites

21 boulevard de la Plage – 02 97 52 05 38 – www.lediana.com – Fermé 2 janvier-7 février

L'Eskell – Voir la sélection des restaurants

Tumulus

MAISON DE MAÎTRE • CONTEMPORAIN Bien au calme, ce petit manoir des années 1920 est perché sur les hauteurs de Carnac. On loge dans des chambres confortables ; préférez les plus spacieuses, qui disposent d'une terrasse.

27 chambres – 75/220 € – 16 € – 2 suites

Chemin du Tumulus – 02 97 52 08 21 – www.hotel-tumulus.com – Fermé 1er-15 janvier, 20-29 décembre

Tumulus – Voir la sélection des restaurants

CAROMB

84330 – Vaucluse – Carte régionale n° **25**–E1 – Carte Michelin 332-D9

Le 6 à Table

CUISINE MODERNE • CONTEMPORAIN X Dans ce village paisible, une placette qui coule des jours heureux dans l'ombre de l'église : digne d'une carte postale de jadis ! Le chef travaille un maximum de produits de saison, locaux pour la plupart (figues, fromages, légumes), et fait preuve de soin et de finesse dans la préparation de ses assiettes. Le tout dans un intérieur moderne, d'esprit atelier, ou sur la terrasse.

Spécialités : Ceviche de dorade, avocat au piment d'Espelette et salade d'herbes. Thon rouge snacké, légumes d'une niçoise. Marmelade aux fraises et gingembre, sorbet granny smith.

Menu 33/53 € – Carte 44/60 €

6 place Nationale – 04 90 62 37 91 – www.pascal-poulain.com – Fermé 5-20 janvier, 7-15 juin, 27 octobre-10 novembre, lundi, dimanche

CARPENTRAS

✉ 84200 - Vaucluse - Carte régionale n° **25**-E1 - Carte Michelin 332-D9

Chez Serge

CUISINE TRADITIONNELLE • BISTRO Serge Ghoukassian aime le vin (une passion et un métier, car il est un sommelier exigeant), les truffes et la gourmandise ; rien d'étonnant si son restaurant a autant de goût et de nez ! Le flacon séduit également : un joli décor de bistrot contemporain dans des murs du 16e s. parfaitement vieillis.

Menu 20 € (déjeuner), 33/59 €

90 rue Cottier - ✆ 04 90 63 21 24 - www.chez-serge.com - Fermé 6-7 janvier

à Mazan 7 km à l'Est par D942 - Carte régionale n° **25**-E1

Château de Mazan

LUXE • PERSONNALISÉ Cette demeure de 1720 appartint au marquis de Sade. Moulures, tomettes, objets chinés, baignoires à l'ancienne : toute l'élégance d'une maison de famille provençale, noble et pure. À noter : les chambres en rez-de-jardin disposent d'une terrasse.

28 chambres - 180/550 € - 20 € - 3 suites

Place Napoléon - ✆ 04 90 69 62 61 - www.chateaudemazan.com - Fermé 1er janvier-15 avril, 15 octobre-31 décembre

CARQUEFOU - Loire-Atlantique (44) → Voir Nantes

LES CARROZ-D'ARÂCHES

✉ 74300 - Haute-Savoie - Carte régionale n° **4**-F1 - Carte Michelin 328-M4

Les Servages

CUISINE MODERNE • ÉLÉGANT Une chose est sûre : le chef aime son métier, et cette passion est communicative. Il réalise une cuisine actuelle, soignée et généreuse, avec des produits de superbe qualité : poissons frais, crustacés, etc. Son pageot de ligne et calamars, comme son cabillaud côtier, en sont de délicieux exemples... parmi une carte qui évolue régulièrement.

Menu 35/80 € - Carte 60/100 €

Les Servages d'Armelle, 841 route des Servages - ✆ 04 50 90 01 62 - www.servages.com - Fermé 20 avril-26 juin, 16 septembre-5 décembre, lundi

Les Servages d'Armelle

LUXE • MONTAGNARD Sur les hauteurs de la station, ce superbe chalet ancien a été transformé en un hôtel de grand charme. Une dizaine de chambres et de suites spacieuses, toutes en matériaux de prestige : vieux planchers, poutres, meubles polis par les ans... et vraies cheminées !

8 chambres - 135/565 € - 25 € - 2 suites

841 route des Servages - ✆ 04 50 90 01 62 - www.servages.com - Fermé 21 avril-27 juin

Les Servages - Voir la sélection des restaurants

CARSAC-AILLAC

✉ 24200 - Dordogne - Carte régionale n° **18**-D3 - Carte Michelin 329-I6

La Villa Romaine

MAISON DE CAMPAGNE • ÉLÉGANT Bâtie sur un site gallo-romain proche de la Dordogne, cette ancienne métairie a effectivement un petit air italien, avec ses cyprès ! Chambres confortables et élégantes ; terrasses, jardin et piscine des plus agréables.

15 chambres - 129/219 € - 17 € - 2 suites

Saint-Rome - ✆ 05 53 28 52 07 - www.lavillaromaine.com - Fermé 1er-6 janvier, 15 février-15 mars

CARTERET - Manche (50) → Voir Barneville-Carteret

CASSEL

✉ 59670 – Nord – Carte régionale n° **13**–B2 – Carte Michelin 302-C3

✿ Haut Bonheur de la Table (Eugène Hobraiche)

CUISINE MODERNE • FAMILIAL XX En plein cœur des Flandres, entre Steenvoorde et Saint-Omer, Cassel est un pimpant petit village de briques juché sur le mont du même nom. À petit village, petit restaurant : le Haut Bonheur de la Table offre une vingtaine de couverts à peine dans une belle demeure du 18e s. Mais ses propriétaires n'en affichent pas moins une grande passion pour la belle gastronomie. Artisan soigneux, Eugène Hobraiche concocte une cuisine bien dans l'air du temps, en osmose avec les saisons et nourrie des fruits et des légumes locaux ainsi que des poissons de la criée de Dunkerque. Un exemple ? Ses langoustines et gambas rôties batifolent à merveille sur leur crémeux de courgettes vertes, rondelles de courgettes jaunes à la vapeur, bouillon de carapace traité à la citronnelle...

Spécialités : Cuisine du marché.

Menu 45/57 €

18 Grande-Place – ✆ 03 28 40 51 03 – www.hautbonheurdelatable.com – Fermé 15 février-19 mars, 17 août-3 septembre, lundi soir, mardi, mercredi, dimanche soir

Fenêtre sur Cour

CUISINE MODERNE • COSY XX Pigeonneau de Steenvoorde en deux façons ; lotte, bouillon, jeunes légumes et crevettes grises... Le chef propose une cuisine au goût du jour, au gré des saisons. La salle en mezzanine sur l'arrière (et sa fenêtre sur cour) sert de terrasse aux beaux jours.

Menu 40/63 €

5 rue du Maréchal-Foch – ✆ 03 28 42 03 19 – www.restaurant-fenetresurcour.com – Fermé lundi soir, mardi soir, mercredi, jeudi soir, dimanche soir

CASSIS

✉ 13260 – Bouches-du-Rhône – Carte régionale n° **24**–B3 – Carte Michelin 340-I6

✿✿ La Villa Madie (Dimitri Droisneau)

CUISINE MODERNE • DESIGN XXX Un curriculum rutilant fait-il nécessairement un chef talentueux ? Dans le cas de Dimitri Droisneau, on aurait tendance à dire que oui. Ses passages à la Tour d'Argent ou à l'Ambroisie du maître Bernard Pacaud (Paris) ont fait de lui un cuisinier rigoureux et créatif. C'est avec son épouse Marielle qu'il a nourri le projet de reprise de la Villa Madie, au pied du cap Canaille. Entre l'Aveyronnaise et le Normand, l'union est personnelle mais aussi professionnelle : depuis 2014, le duo propose une expérience gastronomique de haut niveau, d'une cohérence sans faille. Sur la terrasse enchanteresse, devant l'étendue marine et ses reflets, on se délecte des recettes fines et percutantes de Dimitri, qui pioche à grands traits dans les trésors de la Méditerranée... On en redemande.

Spécialités : Rougets immergés dans un brouet aux condiments d'ici. Loup de pays flanqué d'une écume iodée et poivre sansho. Tarte au citron.

Menu 115 € (déjeuner), 165/220 € – Carte 158/228 €

Avenue du Revestel (anse de Corton) – ✆ 04 96 18 00 00 – www.lavillamadie.com – Fermé 2 janvier-5 février, mardi, mercredi

La Brasserie du Corton – Voir la sélection des restaurants

La Presqu'île

CUISINE MODERNE • CONTEMPORAIN XX L'endroit, au bout d'une presqu'île entre Cassis et ses célèbres calanques, est tout simplement magique ! La villa, comme posée sur les rochers face au cap Canaille, joue la modernité dans l'assiette, en s'appuyant sur de beaux produits méditerranéens.

Menu 39 € (déjeuner), 65/88 €

Avenue Notre-Dame - Esplanade Port-Miou – ✆ 04 42 01 03 77 – www.restaurant-la-presquile.fr – Fermé 11 novembre-10 février, lundi, dimanche soir

La Brasserie du Corton

CUISINE MODERNE • ÉPURÉ Intelligemment repensé (cuisine ouverte, réaménagement de la salle), l'espace brasserie de la Villa Madie joue toujours la carte de la simplicité et du marché, avec de séduisantes associations terre et mer. Aux beaux jours, on profite de la terrasse face à la jolie crique.

Menu 33 € (déjeuner) – Carte 48/64 €

La Villa Madie, Avenue du Revestel (anse de Corton) – 04 96 18 00 00 – www.lavillamadie.com – Fermé 1er janvier-5 février, samedi, dimanche

Les Roches Blanches

LUXE • ART DÉCO Cette magnifique bâtisse de 1878 devenue hôtel en 1920 et accrochée aux rochers de Cassis, se mire et s'admire dans la mer. Chambres spacieuses, matériaux nobles : l'âme des années 1930 et l'horizon comme unique infini. Sans doute le plus bel hôtel de front de mer des environs.

34 chambres – 300/990 € – 32 € – 2 suites

9 avenue des Calanques – 04 42 01 09 30 – https://roches-blanches-cassis.com – Fermé 16 décembre-9 février

CASTANET-TOLOSAN – Haute-Garonne (31) → Voir Toulouse

CASTELJALOUX

47700 – Lot-et-Garonne – Carte régionale n° **18**–C2 – Carte Michelin 336-C4

La Vieille Auberge

CUISINE CLASSIQUE • CONTEMPORAIN Belle hauteur sous plafond, charpente cathédrale, grandes baies vitrées façon orangeraie : suite à son déménagement, voici le superbe écrin de cette maison bien connue dans les parages. Côté cuisine, recettes classiques dans les règles de l'art, revisitées juste ce qu'il faut, déclinées dans deux menus au bon rapport qualité-prix.

Menu 25 € (déjeuner), 35/65 € – Carte 50/70 €

Clos Castel, 13 avenue du 8-Mai-1945 – 05 53 93 01 36 – www.clos-castel.fr – Fermé lundi, dimanche soir

Clos Castel N

MAISON DE MAÎTRE • ÉLÉGANT Escalier en chêne, poutres apparentes, boiseries dans le salon : cette ancienne maison bourgeoise, entièrement rénovée, a conservé tout son charme ! Les chambres sont élégantes et feutrées, plutôt spacieuses, et l'on profite d'un petit parc arboré et d'un espace bien-être. Une belle adresse.

9 chambres – 125/210 € – 15 € – 1 suite

13 avenue du 8-Mai-1945 – 05 64 13 76 00 – www.clos-castel.fr – Fermé 16 février-2 mars

La Vieille Auberge – Voir la sélection des restaurants

LE CASTELLET

83330 – Var – Carte régionale n° **24**–B3 – Carte Michelin 340-J6

La Goguette

CUISINE MODERNE • FAMILIAL Le chef va chaque matin au port de Saint-Cyr ou de Sanary chercher son poisson.... ses viandes, quand à elles, viennent généralement d'Auvergne. Il n'y a que du bon dans l'assiette, jusqu'au rapport qualité-prix ! Tout cela dans le cadre délicieux d'une maison en pierre, au cœur d'un village piétonnier...

Menu 42/65 €

1 Impasse de l'Homme-de-Paille (accès piétonnier) – 04 94 90 71 96 – Fermé mardi, mercredi, jeudi, vendredi midi

au Circuit Paul Ricard 11 km au Nord par D226, D26 et DN8 -

Carte régionale n° **24**-B3

✿✿✿ Christophe Bacquié

CUISINE MODERNE · CONTEMPORAIN XXXX Itinéraire sans ratures que celui de Christophe Bacquié, Meilleur Ouvrier de France 2004 et artisan infatigable. Les choses sérieuses ont commencé pour lui à l'Oasis (Mandelieu-La Napoule) aux côtés de Stéphane Raimbault. Puis il multiplie les expériences parisiennes avant de retrouver la Corse, où il a grandi (La Villa à Calvi). Il s'épanouit aujourd'hui à l'Hôtel du Castellet, un endroit splendide, niché au cœur de la Provence, tout proche du circuit automobile Paul-Ricard. Merlu de ligne, saint-pierre, langoustines de casier, poulpe (un summum !), mais aussi légumes des maraîchers locaux : ses assiettes chantent les louanges de la région, cette Méditerranée éternelle et qui, décidément, enfante de bien talentueux créateurs.

Spécialités : Aïoli moderne, légumes de nos maraîchers et poulpe de Méditerranée. Retour de pêche grillé, pois chiche de Rougiers, coquillages et jus de salicorne. Pamplemousse et eau à la baie des Batak.

Menu 150 € (déjeuner), 205/270 €

Hôtel & Spa du Castellet, 3001 route des Hauts-du-Camp - ✆ 04 94 98 29 69 - www.hotelducastellet.com - Fermé lundi, mardi midi, mercredi midi, dimanche

San Felice

CUISINE MODERNE · BISTRO X La San Felice n'est pas qu'un roman de Dumas, c'est aussi - au sein de l'hôtel du Castellet - un bistrot chic et inventif ! Asperges au lard de Colonnata, agneau allaiton au jus de viande truffé et aux légumes d'hiver, baba au rhum : la carte est volontairement courte et met en avant de délicieux produits de saison.

Menu 59 €

Hôtel & Spa du Castellet, 3001 route des Hauts-du-Camp - ✆ 04 94 98 29 58 - www.hotelducastellet.com - Fermé 1er janvier-13 février, 30 novembre-31 décembre

Hôtel & Spa du Castellet

SPA ET BIEN-ÊTRE · ÉLÉGANT Douze hectares de pinède dominant l'arrière-pays varois, avec la Méditerranée à l'horizon. Si tous les paradis sont perdus, l'hôtel du Castellet en a conservé le goût : coursives, bassins, parterres de lavande... et un spa de 700 m². Félicité à la provençale !

33 chambres - 245/875 € - 45 € - 9 suites

3001 route des Hauts-du-Camp - ✆ 04 94 98 37 77 - www.hotelducastellet.com - Fermé 1er janvier-13 février, 14-31 décembre

✿✿✿ **Christophe Bacquié** · **San Felice** - Voir la sélection des restaurants

CASTELNAUDARY

✉ 11400 - Aude - Carte régionale n° **21**-A2 - Carte Michelin 344-C3

Le Tirou

CUISINE RÉGIONALE · AUBERGE XX Une jolie ménagerie dans le jardin, des mets du terroir 100 % maison - le cassoulet, notamment, est délicieux -, des produits et des vins du cru : cette auberge champêtre et familiale a tout pour plaire... et l'on peut aussi acheter les conserves du chef. Difficile de faire plus authentique !

Menu 26 € (déjeuner), 36/45 € - Carte 46/65 €

90 Avenue Monseigneur de Langle - ✆ 04 68 94 15 95 - www.tirou.fr - Fermé 1er-20 janvier, 20-27 juin, lundi, mardi soir, mercredi soir, jeudi soir, vendredi soir, dimanche soir

CASTELNAU-DE-LÉVIS - Tarn (81) ➜ Voir Albi

CASTELNAU-DE-MONTMIRAL

✉ 81140 - Tarn - Carte régionale n° **22**-C2 - Carte Michelin 338-C7

Le Ménagier

CUISINE CLASSIQUE • AUBERGE XX On a retrouvé monsieur Garrigues, étoilé à Toulouse (le Pastel) et chef du Carré des Feuillants à son ouverture, avec Alain Dutournier et il est en forme olympique ! Ici, priment les beaux produits. De la truffe entière en chou farci et ris de veau au mille-feuilles minute au fruit de la passion, ce n'est qu'un défilé de gourmandise, qui laisse baba.

Menu 39/69 € – Carte 56/76 €

Place des Arcades – 05 63 42 08 35 – www.lemenagier.com – Fermé 1er-16 janvier, 23 septembre-5 octobre, lundi, mardi, mercredi

CASTELNAU-LE-LEZ – Hérault (34) → Voir Montpellier

CASTÉRA-VERDUZAN

32410 – Gers – Carte régionale n° **22**-A2 – Carte Michelin 336-E7

Le Florida

CUISINE TRADITIONNELLE • SIMPLE XX Cette maison traditionnelle, située à la sortie de la station thermale, rend un vibrant hommage au patrimoine. On s'y régale de spécialités locales, près d'un bon feu de cheminée, l'hiver, ou sur la terrasse ombragée et fleurie, l'été. Deux chambres spacieuses, joliment décorées, en font une étape appréciée.

Spécialités : Boudin snacké, "patchwork" de pomme et légumes de saison. Tripier blanc de veau, croustillant de lard, raisins et armagnac. Pannacotta, minestrone de mangue confite.

Menu 19 € (déjeuner), 33/65 € – Carte 45/62 €

2 rue du Lac – 05 62 68 13 22 – www.lefloridagascony.fr – Fermé 15-23 juin, 21-29 septembre, lundi, mardi

CASTILLON-DU-GARD – Gard (30) → Voir Pont-du-Gard

CASTRES

81100 – Tarn – Carte régionale n° **22**-C2 – Carte Michelin 338-F9

La Part des Anges

CUISINE MODERNE • BRANCHÉ X Une cuisine du marché en plein dans les saisons, généreuse et créative juste ce qu'il faut, voilà ce que mitonne le chef de cette adresse installée non loin de l'Agout. Les petits producteurs des environs sont mis à l'honneur et les saveurs au rendez-vous. Service attentionné.

Spécialités : Cuisine du marché.

Menu 19 € (déjeuner), 31/49 € – Carte 36/45 €

7 rue d'Empare – 05 63 51 65 25 – Fermé 15-31 août, lundi, dimanche

Bistrot Saveurs

CUISINE MODERNE • COSY X Messieurs les Anglais... cuisinez les premiers ! Voilà ce qu'on pourrait s'exclamer en découvrant les assiettes de Simon Scott, dont l'expérience l'a mené de Londres à la Provence, avant de s'installer dans le Tarn. Il travaille des produits de belle qualité, et les prix sont vraiment raisonnables.

Menu 25 € (déjeuner), 35/80 €

5 rue Sainte-Foy – 05 63 50 11 45 – www.bistrot-saveurs-81.fr – Fermé 3-25 août, samedi, dimanche

aux Salvages 5 km au Nord par D89 – Carte régionale n° **22**-C2

Les Mets d'Adélaïde

CUISINE MODERNE • ÉLÉGANT XX Nulle envie de retourner à l'école ? Parions que vous allez changer d'avis ! Ces Mets d'Adélaïde prennent leurs aises dans l'ancienne école du village. Mais point de nostalgie : le décor est épuré et le chef délivre une jolie leçon de gastronomie d'aujourd'hui. L'accueil mérite aussi une bonne appréciation !

Spécialités : Sablé maïs et coriandre, gambas croustillantes, chèvre frais et pamplemousse. Supreme de volaille, crumble de beaufort et coquilles farcies aux champignons. Cigare de riz crémeux aux abricots secs et fruits de la passion.

Menu 30/48 €

28 avenue Georges-Alquier – ✆ 05 63 35 78 42 – Fermé lundi, mardi, dimanche soir

CASTRIES – Hérault (34) ➔ Voir Montpellier

LE CATELET

✉ 02420 – Aisne – Carte régionale n° **14**-C1 – Carte Michelin 306-B2

La Coriandre

CUISINE TRADITIONNELLE • RUSTIQUE XX Entre St-Quentin et Cambrai, une auberge bien appréciée dans la région. Le chef, Sébastien Monatte, travaille au plus près des saisons et aime enrichir son répertoire gastronomique de notes méditerranéennes, tout en honorant les grands classiques, à l'image de ce succulent millefeuille à la vanille de Madagascar...

Menu 22 € (déjeuner), 42/46 € – Carte 46/55 €

68 rue du Général-Augereau – ✆ 03 23 66 21 71 – www.restaurant-la-coriandre.com – Fermé 2-26 août, lundi, mardi soir, mercredi soir, jeudi soir, dimanche soir

CAUDEBEC-EN-CAUX

✉ 76490 – Seine-Maritime – Carte régionale n° **17**-C1 – Carte Michelin 304-E4

G.a. au Manoir de Rétival (David Goerne)

CUISINE MODERNE • COSY XX Dans ce manoir perché au-dessus de la Seine, officie David Goerne, un chef allemand fou de gastronomie française. Adepte de la simplicité, il reçoit à sa "table d'hôte" dans sa cuisine vintage. Aux murs, les cuivres rutilent. Aux beaux jours, on pourra aussi s'attabler dehors sur la terrasse panoramique, surplombant la Seine et dominant le pont de Brotonne. Le chef aime improviser devant ses convives : subtil et créatif, notamment dans l'usage des herbes, des poivres et autres assaisonnements, il va droit à l'essentiel. Rehaussée par une brassée d'herbes et de fleurs et d'une émulsion au citron, sa divine poêlée de légumes frais du jardin sur un jaune d'œuf mariné à la sauce soja fleure bon le miracle printanier. S'il est fou de végétal, David Goerne n'est pas moins à l'aise avec le homard, le foie gras ou encore le pigeonneau, au gré d'une inspiration sans cesse renouvelée.

Spécialités : Salade de légumes de notre potager. Ris de veau, truffe et jus corsé. Gâteau à la vanille et au chocolat blanc.

Menu 69 € (déjeuner), 98/149 €

2 rue Saint-Clair – ✆ 06 50 23 43 63 – www.restaurant-ga.fr – Fermé 1er-20 janvier, lundi, mardi, mercredi, dimanche soir

CAUSSADE

✉ 82300 – Tarn-et-Garonne – Carte régionale n° **22**-C2 – Carte Michelin 337-F7

à Monteils 3 km au Nord - Est par D17 – Carte régionale n° 22-C2

Le Clos Monteils

CUISINE TRADITIONNELLE • RUSTIQUE X Françoise et Bernard Bordaries ont fait de ce presbytère de 1771 un lieu convivial et intime, telle une maison de famille. Elle vous accueille avec gentillesse, tandis que lui s'active aux fourneaux. Son credo : cuisiner sur des bases simples et mettre en avant le produit avec des recettes vraiment bien ficelées. On se régale !

Spécialités : Œuf mollet au vin rouge et escargots persillés. Noisette de cochon, chapelure de chorizo, piquillos et lingots. Choco'pralin, anglaise whisky tourbé.

Menu 21 € (déjeuner), 33/58 €

7 chemin du Moulin – ✆ 05 63 93 03 51 – www.leclosmonteils.fr – Fermé 15 janvier-28 février, 1er-15 novembre, lundi, mardi, mercredi midi, samedi midi, dimanche soir

CAUTERETS

✉ 65110 – Hautes-Pyrénées – Carte régionale n° **22**–A3 – Carte Michelin 342-L7

L'Abri du Benques

CUISINE MODERNE • TENDANCE XX Sur la route du pont d'Espagne, dans un cadre magique – entre montagne et torrents –, ce restaurant au décor contemporain propose une cuisine actuelle signée par un jeune chef du pays.

Menu 19/49 € – Carte 30/60 €

Lieu-dit la Raillère – ✆ 05 62 92 50 15 – www.benques.com – Fermé 2 janvier-1er février, 27 octobre-20 décembre, lundi soir, mardi, mercredi soir

CAVAILLON

✉ 84300 – Vaucluse – Carte régionale n° **25**–E1 – Carte Michelin 332-D10

Maison Prévôt (Jean-Jacques Prévôt)

CUISINE MODERNE • ÉLÉGANT XXX "Je n'ai qu'un désir à émettre, c'est que mes livres aient toujours pour les Cavaillonnais le même charme que leurs melons ont pour moi " : ainsi s'exprime Alexandre Dumas dans son Grand dictionnaire de cuisine. Dumas avait du goût, et cette sympathique maison familiale l'a compris. Ici, on célèbre avec passion le melon de Cavaillon : un menu entier lui est même dédié en saison. Truffes et légumes du pays occupent aussi une place de choix sur la carte, qui sait mettre de beaux produits en valeur. Un travail de qualité, sans fioritures, au service des saveurs. Pour la petite histoire, Dumas obtiendra de Cavaillon une rente viagère, contre l'intégralité de ses écrits...

Spécialités : Rosace de sardine cuite au four et fondue d'oignon au thym. Melon garni d'une bouillabaisse de homard mitonné au four. Mangue et fruit de la passion, douceur thé vert et meringue.

Menu 35 € (déjeuner), 60/95 € – Carte 65/91 €

353 avenue de Verdun – ✆ 04 90 71 32 43 – maisonprevot.com – Fermé 8-22 mars, 18 octobre-1er novembre, lundi, dimanche

CAVALIÈRE

✉ 83980 – Var – Carte régionale n° **24**–C3 – Carte Michelin 340-N7

Le Club de Cavalière & Spa

CUISINE MODERNE • ÉLÉGANT XXX Rougets en filets, pistou d'herbes et fenouil confit ; loup de pleine mer rôti sur la peau ; soufflé chaud aux fruits de la passion... De beaux produits de la mer (et quelques viandes), cuisinés avec finesse. À apprécier face aux flots !

Carte 80/114 €

30 avenue du Cap Nègre – ✆ 04 98 04 34 34 – www.clubdecavaliere.com – Fermé 5 octobre-30 avril

Smash Club

CUISINE CLASSIQUE • CONVIVIAL X Insolite, ce restaurant situé au cœur d'un club de tennis... Mais ne vous fiez pas aux apparences : on sert ici une délicieuse cuisine aux accents provençaux, à la fois généreuse et soignée, déjà plébiscitée par la population locale. Le menu change régulièrement mais certains classiques demeurent, dont un réjouissant baba au rhum.

Menu 44 €

Avenue du Golf (au tennis de Cavalière) – ✆ 04 94 05 84 31

Le Club de Cavalière & Spa

LUXE • BORD DE MER Une demeure élégante ouverte sur la plage. Du style, assurément : un vrai esprit bourgeois – très confortable – décliné dans une veine contemporaine. Piscine, spa, sauna, jacuzzi, fitness, bateau privé... Détente assurée !

32 chambres – 460/1270 € – 5 suites

30 avenue du Cap Nègre – ✆ 04 98 04 34 34 – www.clubdecavaliere.com – Fermé 5 octobre-30 avril

Le Club de Cavalière & Spa – Voir la sélection des restaurants

LA CELLE

✉ 83170 – Var – Carte régionale n° **24**–C3 – Carte Michelin 340-L5

✿ Hostellerie de l'Abbaye de la Celle

CUISINE MÉDITERRANÉENNE • HISTORIQUE XXX Non loin de l'abbaye de la Celle, cette thébaïde gourmande occupe les murs d'une belle bâtisse classique du 18e s. Cette adresse de la galaxie Ducasse offre désormais tous les agréments d'un hôtel de luxe. Le chef Nicolas Pierantoni, né à Brignoles, est un enfant du pays qui a grandi dans le village. Formé au Louis XV à Monaco, il a continué comme second ici même aux côtés de Benoît Witz. Comme il convient à un lieu où l'esprit souffle, on cisèle une cuisine méridionale pleine de sagesse qui n'empêche pas la gourmandise et la générosité, à l'image de cette belle volaille jaune des Landes en trois cuissons, ou de ce délicieux entremet au chocolat sur sa génoise chocolat-praliné croustillant, et coiffée d'une excellent crémeux au chocolat bien puissant.

Spécialités : Ratatouille des jardins de Provence et crustacés. Pagre de Méditerranée, courgette fleur farcie et panisses dorées. Tartelette citron-framboise.

Menu 54 € (déjeuner), 79/105 € – Carte 82/104 €

Place du Général-de-Gaulle – ✆ 04 98 05 14 14 – www.abbaye-celle.com – Fermé 1er janvier-8 février, mardi, mercredi

Hostellerie de l'Abbaye de la Celle

MAISON DE MAÎTRE • ÉLÉGANT Cette ancienne hostellerie d'abbaye distille un bel esprit d'antan avec ses murs du 18e s. et son décor provençal bourgeois. Le matin, le soleil filtre à travers les grands arbres, et l'on découvre avec bonheur le jardin environnant, avec son potager et son conservatoire des vignes – 88 cépages différents !

10 chambres – 180/310 € – 25 €

Place du Général-de-Gaulle – ✆ 04 98 05 14 14 – www.abbaye-celle.com – Fermé 1er janvier-8 février

✿ **Hostellerie de l'Abbaye de la Celle** – Voir la sélection des restaurants

LA CELLE-LES-BORDES

✉ 78720 – Yvelines – Carte régionale n° **15**–B2 – Carte Michelin 311-H4

L'Auberge de l'Élan

CUISINE TRADITIONNELLE • CONVIVIAL X Au cœur de la vallée de Chevreuse, une maison de village où se mêlent déco rustique et objets modernes. Le chef et patron concocte une bonne cuisine du marché : ris de veau aux morilles, tournedos de bœuf Rossini... Voilà pour les plats incontournables ! Petite terrasse toute indiquée pour les beaux jours.

Menu 48/80 €

5 rue du Village (Les Bordes) – ✆ 01 34 85 15 55 – www.laubergedelelan.fr – Fermé 2-10 janvier, 31 août-15 septembre, lundi, mardi, mercredi soir, dimanche soir

CELLES-SUR-BELLE

✉ 79370 – Deux-Sèvres – Carte régionale n° **20**–B2 – Carte Michelin 322-E7

Hostellerie de l'Abbaye

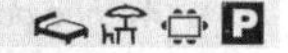

CUISINE MODERNE • AUBERGE XX De la viande au poisson, les produits sont très frais et de qualité, et le chef démontre un vrai tour de main, revisitant la tradition au gré des saisons. Formule brasserie au déjeuner. Le tout à savourer dans une salle des plus chaleureuses ou sur la terrasse. Une bonne adresse.

Menu 25 € – Carte 38/59 €

1 place des Époux-Laurant – ✆ 05 49 26 03 18 – www.hostellerie-de-abbaye.fr – Fermé 23-30 décembre, samedi midi, dimanche soir

CELLETTES

✉ 41120 – Loir-et-Cher – Carte régionale n° **8**–A1 – Carte Michelin 318-F6

La Vieille Tour

CUISINE MODERNE • CONVIVIAL La vieille tour de cette maison du 15e s., visible de loin, vous guidera vers cette halte gourmande. Là, le patron vous régalera d'une cuisine actuelle bien troussée, réalisée avec de bons produits, et régulièrement réinventée au fil des saisons. À votre Tour !

Menu 21 € (déjeuner), 35/57 €

7 rue Nationale – 02 54 74 67 15 – www.restaurant-la-vieille-tour-blois.com – Fermé lundi soir, mercredi, dimanche soir

CENON – Gironde (33) → Voir Bordeaux

CENTURI – Haute-Corse (2B) → Voir Corse

CERCIÉ

69220 – Rhône – Carte régionale n° **3**–E1 – Carte Michelin 327-H3

L'Écume Gourmande

CUISINE MODERNE • CONTEMPORAIN Cette adresse est emmenée par un jeune chef passé par la maison de Paul Bocuse. Il mitonne une cuisine aux bases classiques, sagement inventive : de vraies sauces, des cuissons impeccables, un dessert très gourmand... et une belle cave vitrée, abritant près de 250 références à prix raisonnables.

Menu 20 € (déjeuner), 31/56 €

35 Grande-Rue – 04 37 55 23 06 – www.ecume-gourmande.fr – Fermé lundi, mardi, dimanche soir

CÉRET

66400 – Pyrénées-Orientales – Carte régionale n° **21**–B3 – Carte Michelin 344-H8

L'Atelier de Fred

CUISINE MÉDITERRANÉENNE • BISTRO C'est une adresse où les habitués se pressent. Le sens de l'accueil de Fred, la cuisine méditerranéenne goûteuse et gorgée de soleil de David, son associé, et ce je-ne-sais-quoi qui fait la différence. La majorité des légumes et herbes aromatiques servis au restaurant sont issus du potager de mille mètres carrés du chef. Le menu du déjeuner est d'un excellent rapport qualité/prix, la cuisine très soignée. On se régale.

Menu 28 € (déjeuner), 45/58 € – Carte 40/60 €

12 rue St-Férreol – 04 68 95 47 41 – Fermé 23 décembre-12 février, lundi, dimanche

CERGY – Val-d'Oise (95) → Voir Autour de Paris (Cergy-Pontoise)

CERNAY

68700 – Haut-Rhin – Carte régionale n° **10**–A3 – Carte Michelin 315-H10

Hostellerie d'Alsace

CUISINE TRADITIONNELLE • CONVIVIAL Dans cette grande maison à colombages, le chef interprète avec savoir-faire les classiques de la maison : foie gras de canard, carré d'agneau rôti en croûte d'herbes, filet de bœuf aux morilles.

Menu 24/72 € – Carte 43/77 €

61 rue Poincaré – 03 89 75 59 81 – www.hostellerie-alsace.fr – Fermé 18-26 avril, 20 juillet-9 août, 20 décembre-3 janvier, samedi, dimanche

CERNAY-LA-VILLE – Yvelines (78) → Voir Autour de Paris

CESSON – Côtes-d'Armor (22) → Voir St-Brieuc

CESSON-SÉVIGNÉ – Ille-et-Vilaine (35) → Voir Rennes

CESTAYROLS

✉ 81150 – Tarn – Carte régionale n° **22**-C2 – Carte Michelin 338-D7

Lou Cantoun

CUISINE TRADITIONNELLE • RUSTIQUE XX L'intérieur de cette maison de village, rustique aux touches actuelles, n'est pas dénué de charme, et la terrasse est très plaisante. Le potager du chef abonde les marmites en légumes frais. Une cuisine traditionnelle actualisée, goûteuse et colorée !

Menu 20 € (déjeuner), 32/45 € – Carte 46/55 €

Le Bourg (Le village) – ✆ 05 63 53 28 39 – www.loucantoun.fr

CEVINS

✉ 73730 – Savoie – Carte régionale n° **4**-F2 – Carte Michelin 333-L4

La Fleur de Sel

CUISINE MODERNE • CONVIVIAL XX Sur la route des stations, cette maison récente met en avant une appétissante cuisine de saison, servie par des produits de qualité. Côté décor, on a rénové l'ensemble dans une veine moderne, avec toujours la belle cheminée qui crépite au milieu de la pièce... Délicieux.

Spécialités : Carpaccio d'omble chevalier. Rognon de veau à la plancha, pommes de terre nouvelles et champignons. Coulant chaud au chocolat.

Menu 23 € (déjeuner), 33/72 € – Carte 63/82 €

15 route du Portelin – ✆ 04 79 37 49 98 – www.restaurant-fleurdesel.fr – Fermé lundi, mardi soir, dimanche soir

CHABANAIS

✉ 16150 – Charente – Carte régionale n° **20**-C2 – Carte Michelin 324-O4

Le Vieux Moulin

CUISINE DU MARCHÉ • TRADITIONNEL XX Ce restaurant, aménagé dans un vieux moulin, nous accueille dans une salle lumineuse, avec sa belle cheminée pour les flambées hivernales. L'été, la terrasse bordant la rivière voisine permet de profiter de la jolie cuisine du marché, autour de recettes originales et maîtrisées, privilégiant les circuits courts.

Menu 18 € (déjeuner), 36/50 €

Étang du Moulin – ✆ 05 45 84 24 97 – www.levieuxmoulin-chabanais.com – Fermé 6-29 janvier, 27 avril-13 mai, 5-28 octobre, lundi soir, mardi, mercredi

CHABLIS

✉ 89800 – Yonne – Carte régionale n° **5**-B1 – Carte Michelin 319-F5

Hostellerie des Clos

CUISINE CLASSIQUE • ÉLÉGANT XXX Une certaine intimité règne dans ce clos, au décor élégant et feutré. On y déguste des vins de Chablis évidemment, et une cuisine empreinte de classicisme qui leur sied bien.

Menu 48/96 € – Carte 66/99 €

16 rue Jules-Rathier – ✆ 03 86 42 10 63 – www.hostellerie-des-clos.fr – Fermé 22 décembre-19 janvier

Au Fil du Zinc

CUISINE MODERNE • BISTRO X Ryo Nagahama, chef japonais passé par les cases Robuchon et Alléno, revisite ici l'héritage bistrotier avec précision et créativité, et fait mouche avec de délicieux produits locaux : légumes d'un maraîcher de Noyers, cochon de la ferme de Clavisy, truites locales... le tout accompagné de bons chablis.

Menu 33 € (déjeuner), 38/63 €

18 rue des Moulins – ✆ 03 86 33 96 39 – www.restaurant-chablis.com – Fermé 8-31 mars, 28 octobre-14 novembre, mardi, mercredi

Les Trois Bourgeons

CUISINE TRADITIONNELLE • SIMPLE Ce bistrot contemporain a bourgeonné gentiment entre les murs d'une ancienne cave du Domaine Laroche, fameux producteur de chablis. Une équipe nippone, formée dans les belles maisons françaises, y soigne ses clients avec une cuisine traditionnelle et bourguignonne. Une bonne adresse qui a tout bon.

Menu 22 € (déjeuner), 32/39 € – Carte 22/39 €

10 rue Auxerroise – 03 86 46 63 23 – www.les-trois-bourgeons.restaurant-chablis.fr – Fermé 1er-20 janvier, 10-25 novembre, lundi, dimanche

CHAGNY

71150 – Saône-et-Loire – Carte régionale n° **5**-A3 – Carte Michelin 320-I8

Maison Lameloise (Eric Pras)

CUISINE MODERNE • ÉLÉGANT Ah, Lameloise ! Le simple énoncé de ce nom fait déjà frémir d'aise les fins palais de Bourgogne et d'ailleurs. Impossible de résumer en quelques lignes l'histoire de cette institution qui entama son parcours étoilé, tenez-vous bien, en... 1926. Mais qu'on se rassure : en dépit de son grand âge, Lameloise n'a pas l'âme nostalgique. Eric Pras, devenu chef de la maison en 2009, le résume en une phrase, presque un mantra : "La tradition, c'est l'avenir." Autant dire qu'il n'a pas l'intention de se reposer sur ses lauriers. Fidèle à l'esprit des lieux, aussi inspiré que pointilleux, il assène avec sérénité de véritables coups de massue gustatifs, rendant hommage au terroir (escargots, volaille de Bresse, bœuf charolais, cazette du Morvan) tout en restant en phase avec l'époque. Très belle sélection de vins, au verre notamment. Du grand art.

Spécialités : Langoustines marinées croustillantes au riz soufflé, céleri et pomme verte, crème à la moutarde et caviar. Homard bleu dans l'esprit d'un bourguignon, queue rôtie et sauce civet. Onctueux chocolat Équateur, crème glacée à la fève de cacao, gelée et sorbet chocolat et espuma cardamome verte.

Menu 85 € (déjeuner), 170/235 €

36 place d'Armes – 03 85 87 65 65 – www.lameloise.fr – Fermé 25 février-4 mars, 25 août-2 septembre, 21 décembre-21 janvier, mardi, mercredi

Pierre & Jean

CUISINE MODERNE • CONVIVIAL Il ne s'agit pas du roman de Maupassant, mais de "la maison d'en face" du prestigieux Lameloise, du nom de ses fondateurs. Une "annexe" un rien canaille qui explore avec finesse la cuisine du moment et revisite les recettes des ancêtres. Les classiques de la maison : pâté en croûte tradition, entremets tout chocolat...

Spécialités : Pâté en croûte tradition. Escargots de Bourgogne. Entremets tout chocolat.

Menu 33/39 € – Carte 41/47 €

2 rue de la Poste – 03 85 87 08 67 – www.pierrejean-restaurant.fr – Fermé 20 décembre-19 janvier, lundi, mardi

Maison Lameloise

TRADITIONNEL • ÉLÉGANT Cette haute maison bourguignonne – un ancien relais de poste datant du 15e s. – incarne la grande hôtellerie de tradition ! Les chambres à l'élégance toute classique, le restaurant qui vaut le voyage, le service dévoué aux clients : tout honore l'art de recevoir.

16 chambres – 205/400 € – 26 €

36 place d'Armes – 03 85 87 65 65 – www.lameloise.fr – Fermé 25 février-4 mars, 25 août-2 septembre, 21 décembre-21 janvier

Maison Lameloise – Voir la sélection des restaurants

CHAINTRÉ

✉ 71570 - Saône-et-Loire - Carte régionale n° **5**-C3 - Carte Michelin 320-I12

La Table de Chaintré (Sébastien Grospellier)

CUISINE MODERNE • INTIME XX La maison régionale dans toute sa splendeur ! Dans ce village typique niché au milieu du vignoble de Pouilly-Fuissé, on trouve un jeune couple sympathique et travailleur. Lui, en cuisine, pioche de beaux produits au marché et les magnifie avec des assiettes bien troussées. À titre d'exemple, citons ces asperges vertes et sardine bretonnes, ce homard normand au beurre mousseux, ou encore cette tranche de veau fermier avec radis multicolores et brocolis violets... Le tout accompagné de beaux nectars de Bourgogne et du Beaujolais. Envie d'y retourner ? Aucun souci, le menu unique est renouvelé chaque semaine. On aurait tort de se priver.

Spécialités : Émietté de tourteau, fumet en fine gelée, betteraves et lait mousseux parfumé au café. Lièvre à la royale. Tarte fine aux figues, sorbet au thé earl grey.

Menu 42 € (déjeuner)/62 €

72 place du Luminaire - ✆ 03 85 32 90 95 - www.latabledechaintre.com - Fermé 2-8 janvier, 17 août-4 septembre, 24-30 décembre, lundi, mardi, dimanche soir

LA CHAIZE-GIRAUD

✉ 85220 - Vendée - Carte régionale n° **23**-A3 - Carte Michelin 316-F8

La Chaize Gourmande (N)

CUISINE DU MARCHÉ • BISTRO X Sa cuisine se veut "sagement voyageuse". Ou comment de discrètes touches d'originalité viennent taquiner des ingrédients (principalement) régionaux. Cédric Merlaud, au CV sérieux, propose des recettes soignées, parfumées et plaisantes, à l'instar de ce joli filet de merlan poêlé et sa crème de civette au curry. Le chef privilégie les légumes de la région, comme la pêche des ports vendéens. Frais et goûteux.

Spécialités : Sardine marinée au poivre vert et fenouil, coulis de tomate à l'ouzo. Poulpe confit, crème de crustacés au citron. Mi-cuit au chocolat, coulis framboise et poivron, glace chocolat et piment d'Espelette.

Menu 18 € (déjeuner), 33/37 €

2 place du Marché - ✆ 02 51 22 75 33 - www.lachaizegourmande.com - Fermé 1er-17 juin, 26 octobre-11 novembre, mardi, mercredi, dimanche soir

CHALLANS

✉ 85300 - Vendée - Carte régionale n° **23**-A3 - Carte Michelin 316-E6

L'Apart

CUISINE MODERNE • CONTEMPORAIN X Il est des destins tout tracés, comme celui de ce restaurant installé dans un ancien magasin de cuisines... Xavier Yvernogeau, le chef, y compose des assiettes bien d'aujourd'hui, pleines de fraîcheur et d'allant, en agençant de beaux produits ; son menu homard est l'un des "must" de la maison !

Menu 31 € (déjeuner), 34/65 € - Carte 32/55 €

38 route de Soullans - ✆ 02 51 68 00 66 - www.apart-restaurant-challans.fr - Fermé 1er-11 mai, 15 août-7 septembre, lundi, mercredi soir, dimanche

à la Garnache 6,5 km au Nord - Est - Carte régionale n° **23**-A3

Le Petit St-Thomas

CUISINE MODERNE • TRADITIONNEL XX Ce restaurant, affaire familiale depuis vingt ans, est fréquenté par une clientèle d'habitués - ce qui est toujours un gage de qualité. Côté papilles, de belles recettes traditionnelles, parfois revisitées, à l'image de ce cochon de lait farci porcetta, involtini de pied et tête de cochon et pil pil ail citron.

Spécialités : Velouté de betterave, effiloché de bœuf au foie gras. Ballottine de volaille, pleurotes, céréales et jus corsé. Bousât maraîchin (fondant au chocolat), glace vanille.

Menu 30/56 € - Carte 47/80 €

25 rue de Lattre-de-Tassigny - ✆ 02 51 49 05 99 - www.restaurant-petit-st-thomas.com - Fermé 2-24 janvier, 22 juin-10 juillet, lundi, mercredi soir, dimanche soir

CHÂLONS-EN-CHAMPAGNE

✉ 51000 – Marne – Carte régionale n° **11**-B2 – Carte Michelin 306-I9

✿ Jérôme Feck

CUISINE MODERNE • ÉLÉGANT XXX On vient dans cette ville pour sa cathédrale Saint-Étienne, sa collégiale Notre-Dame-en-Vaux, son charme indéniable et ses nombreux lieux de mémoire, témoins d'un riche passé. Dans son hôtel d'Angleterre, le chef Jérôme Feck œuvre en faveur de la tradition gastronomique champenoise et perpétue l'héritage de cette table emblématique de la ville. Également pâtissier, il a roulé sa bosse de Langres à Reims en passant par Épernay : c'est dire s'il connaît son terroir du Grand-Est. Ses points forts ? Les sauces et les jus qui se révèlent intenses, concentrés et équilibrés – mention spéciale à la lotte sauce orange et épices vadouvan et à la sauce civet qui nappe le pavé de biche Rossini. Les produits sont rehaussés de saveurs étudiées, tantôt jouant sur l'acidité, tantôt sur le fumé... Délicieux.

Spécialités : Cuisine du marché.

Menu 66/96 € – Carte 79/135 €

Hôtel d'Angleterre, 19 place Monseigneur-Tissier – ✆ 03 26 68 21 51 – www.hotel-dangleterre.fr – Fermé 17 février-3 mars, 10-26 août, lundi midi, samedi midi, dimanche

Au Carillon Gourmand

CUISINE MODERNE • ÉLÉGANT XX Dans cette adresse chic et élégante, volontiers design, le carillon marque l'heure de la tradition revisitée. Accueil agréable et vaisselle de belle facture. Le menu-carte présente un très bon rapport qualité-prix.

Menu 39/52 €

15 bis place Monseigneur-Tissier – ✆ 03 26 64 45 07 – www.carillongourmand.com – Fermé 22 février-2 mars, 3-24 août, lundi, mercredi soir, dimanche soir

Les Temps Changent

CUISINE TRADITIONNELLE • BISTRO X Un bistrot au cadre contemporain et élégant, où s'apprécie une bonne cuisine du marché, dans une ambiance chaleureuse. Alors oui, Les Temps Changent, et c'est très bien ainsi !

Menu 37 €

Hôtel d'Angleterre, 1 rue Garinet – ✆ 03 26 66 41 09 – www.hotel-dangleterre.fr – Fermé 17 février-3 mars, 10-26 août, lundi midi, samedi midi, dimanche

à l'Épine 8,4 km au Nord - Ouest par N3

Cuvée 31

CUISINE MODERNE • CONTEMPORAIN XX Cette ancienne institution, située face à la Basilique Notre-Dame de l'Épine, propose une cuisine des plus gourmandes. Décor soigné, jeune équipe hyper-motivée, service aux petits soins : on se sent comme chez soi.

Menu 55/105 € – Carte 63/82 €

Aux Armes de Champagne, 31 avenue du Luxembourg – ✆ 03 26 67 13 03 – www.armesdechampagne.com – Fermé 6-31 janvier, lundi, mardi

CHALON-SUR-SAÔNE

✉ 71100 – Saône-et-Loire – Carte régionale n° **5**-C3 – Carte Michelin 320-J9

Aromatique

CUISINE CRÉATIVE • ÉPURÉ X Ici, c'est en couple que l'on Aromatise ! Lui, en cuisine, compose une cuisine créative et inspirée avec de bons produits frais... et une petite touche d'épices ; elle, en salle, accueille chaleureusement la clientèle. Aucun risque de déjà-vu : le menu est renouvelé chaque mois. Probablement la meilleure table du centre-ville.

Menu 24 € (déjeuner), 38/55 €

14 rue de Strasbourg – ✆ 03 58 09 62 25 – www.aromatique-restaurant.com – Fermé lundi, dimanche

Le Bistrot

CUISINE MODERNE • BISTRO X Sur l'île St-Laurent, une adresse conviviale où le chef propose un menu à prix tendre le midi (saumon fumé maison, cuisse et magret de canard rôtis etc.) et une partition plus élaborée le soir (tartare de Saint-Jacques, mangue et céleri ; pluma de cochon, risotto crémeux au comté). A noter que légumes et fruits proviennent en partie du potager ; fraîcheur garantie.

Menu 22€ (déjeuner), 30/38€

31 rue de Strasbourg – ✆ 03 85 93 22 01 – Fermé 20 août-6 septembre, lundi, mercredi soir, dimanche

Les Gourmands Disent

CUISINE MODERNE • INTIME X Dans la "rue des restaurants" de l'île St-Laurent, un duo de passionnés – lui est du Nord, elle de Saône-et-Loire – fait battre le cœur de cette petite adresse sympathique. Ils nous gratifient de préparations goûteuses, sans esbroufe, renouvelées régulièrement. Attention, amis gourmands : il y a peu de couverts, mieux vaut donc réserver... Qu'on se le dise !

Menu 22€ (déjeuner)/37€

59 rue de Strasbourg – ✆ 03 85 48 75 21 – Fermé lundi, mardi

Parcours

CUISINE MODERNE • CONVIVIAL X Dans une rue piétonne, tout près des quais de Saône, une agréable adresse. Le chef, sérieux et appliqué, maîtrise bien son sujet ; ses assiettes, bien dans l'air du temps, mettent en valeur de beaux produits de saison.

Menu 21€ (déjeuner), 30/55€ – Carte 43/54€

32 rue de Strasbourg – ✆ 03 85 93 91 38 – www.restaurantparcours.com – Fermé 18-29 octobre, mercredi, dimanche

à Dracy-le-Fort 6 km au Nord - Ouest et D978

La Garenne

CUISINE TRADITIONNELLE • CONTEMPORAIN XX Nouveau chef, nouvelle carte, nouvel envol pour cette bien jolie Garenne, où l'on se régale par exemple d'un foie gras à l'anguille fumée, pain au gros sel et tronçon de lotte, choux braisé, verts de légumes. Pour ne rien gâcher, le décor est sobre et élégant, avec quelques jolies reproductions des œuvres d'Alain Thomas.

Menu 22€ (déjeuner), 38/46€

Le Dracy, 4 rue du Pressoir – ✆ 03 85 87 81 81 – www.ledracy.com – Fermé 23 décembre-5 janvier

à St-Rémy 4 km à l'Ouest (route du Creusot) N6, N80 et route secondaire – Carte régionale n° **5**–C3

L'Amaryllis (Cédric Burtin)

CUISINE CRÉATIVE • ÉLÉGANT XXX Bienvenue dans ce paisible moulin du 19e s., une ancienne minoterie, baigné par son bief. Un potager créé de toutes pièces est venu alimenter les cuisines du restaurant. Né dans les pâturages du Charolais, le chef Cédric Burtin a peaufiné sa formation auprès de restaurants lyonnais comme ceux de Paul Bocuse et de Pierre Orsi. Aujourd'hui, cette table bien connue dans la région rallie les suffrages de nombreux locaux et autant de fidèles. Il faut dire que ce cuisinier délicat n'a pas son pareil pour laisser s'épanouir une cuisine empreinte d'inventivité, de fraîcheur, toujours maîtrisée et magnifiée par un dressage très travaillé.

Spécialités : Foie gras de canard servi chaud, émulsion de vinaigre balsamique. Langoustines de Bretagne, courgette du jardin et sauce au Noilly Prat. Chocolat et truffe noire.

Menu 40€ (déjeuner), 70/120€ – Carte 104/110€

Chemin de Martorez – ✆ 03 85 48 12 98 – www.lamaryllis.com – Fermé 2-6 janvier, 17-31 août, 26 octobre-9 novembre, lundi, mardi midi, dimanche soir

CHAMAGNE – Vosges (88) → Voir Charmes

CHAMALIÈRES - Puy-de-Dôme (63) ➜ Voir Clermont-Ferrand

CHAMBÉRY

✉ 73000 - Savoie - Carte régionale n° **4**-F2 - Carte Michelin 333-I4

Le Bistrot

CUISINE DU MARCHÉ • TRADITIONNEL Au menu de ce bistrot tout proche de la fontaine aux éléphants, du théâtre et de la cathédrale : saucisson brioché à la pistache, joue de bœuf braisé au vin rouge, brioche façon pain perdu... Une cuisine du marché basée sur de jolis produits, rendus dans toute leur vérité. Le maître-mot du lieu : faire plaisir aux clients !

Menu 18 € (déjeuner), 33/47 € - Carte 36/55 €

Plan B2-d - *6 rue du Théâtre - ✆ 09 82 32 10 78 - www.restaurant-lebistrot.com - Fermé lundi, dimanche*

Le Carré des Sens

CUISINE MODERNE • BISTRO Joliment située sur l'une des places centrales de la ville, cette maison est le fief d'un chef trentenaire, qui revisite les classiques de la tradition française - tartiflette ou soufflé au Grand Marnier, par exemple - avec passion et précision. Aux beaux jours, la terrasse est prise d'assaut.

Menu 32/55 € - Carte 47/53 €

Plan B2-a - *32 place Monge - ✆ 04 79 65 98 07 - www.carredessens-chambery.com - Fermé lundi, dimanche*

L'Émulsion

CUISINE MODERNE • CONVIVIAL La devanture en arc de pierre incite à pousser la porte... Bonne idée ! Voilà une table moderne et conviviale, orchestrée par un jeune chef passionné. Il prépare une alléchante cuisine du marché : quenelle de lotte, velouté de poivrons ; parmentier de canard... Bon et sans chichis : vous y reviendrez !

Menu 41 € - Carte 17/23 €

Plan A2-e - *41 rue Jean-Pierre-Veyrat - ✆ 04 79 84 24 15 - www.restaurant-lemulsion.fr - Fermé 2-25 août, 23-30 décembre, lundi, dimanche*

La Maniguette

CUISINE MODERNE • RUSTIQUE Fort de son expérience, le chef Christophe Rochard mène de main de maître ce restaurant situé au pied du château. La vieille demeure est charmante - murs anciens, poutres massives - et la cuisine délicieuse : langoustines et couteaux rôtis ; volaille contisée de truffes, jus de cèpes... Menu renouvelé deux fois par mois.

Menu 23 € (déjeuner), 32/58 € - Carte 40/59 €

Plan A2-u - *99 rue de la Juiverie - ✆ 04 79 62 25 26 - www.lamaniguette.fr - Fermé lundi, dimanche*

Onze Grandes et Trois Petites

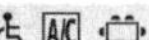

CUISINE TRADITIONNELLE • CONVIVIAL Le chef propose une cuisine canaille et sans chichis, en utilisant les bons produits des halles voisines, et de jolies pièces de viande maturée. L'ambiance est franchement cordiale - on découpe même le poisson en salle -, quant au nom mystérieux du restaurant, c'est une autre histoire...

Menu 21 € (déjeuner) - Carte 35/70 €

Plan A2-b - *16 rue Jean-Pierre-Veyrat - ✆ 04 79 62 66 74 - www.onzegrandes.fr - Fermé 4-25 août, lundi, dimanche*

Pinson Ⓝ

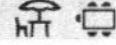

CUISINE MODERNE • COSY Cette jolie adresse de centre-ville bénéficie de l'enthousiasme communicatif de ses jeunes propriétaires, qui comme le pinson, aiment voyager... et nous convier avec eux. Lui en cuisine, passé par de belles maisons (Londres, Paris), propose une cuisine soignée aux influences métissées ; madame en salle apporte son savoir-faire du milieu du luxe. L'accueil est charmant, le cadre chaleureux.

Carte 41/70 €

Plan B2-b - *22 place Monge - ✆ 04 79 70 96 40 - www.restaurant-pinson.fr - Fermé 9 août-1er septembre, lundi, mardi soir, mercredi soir, jeudi soir, dimanche*

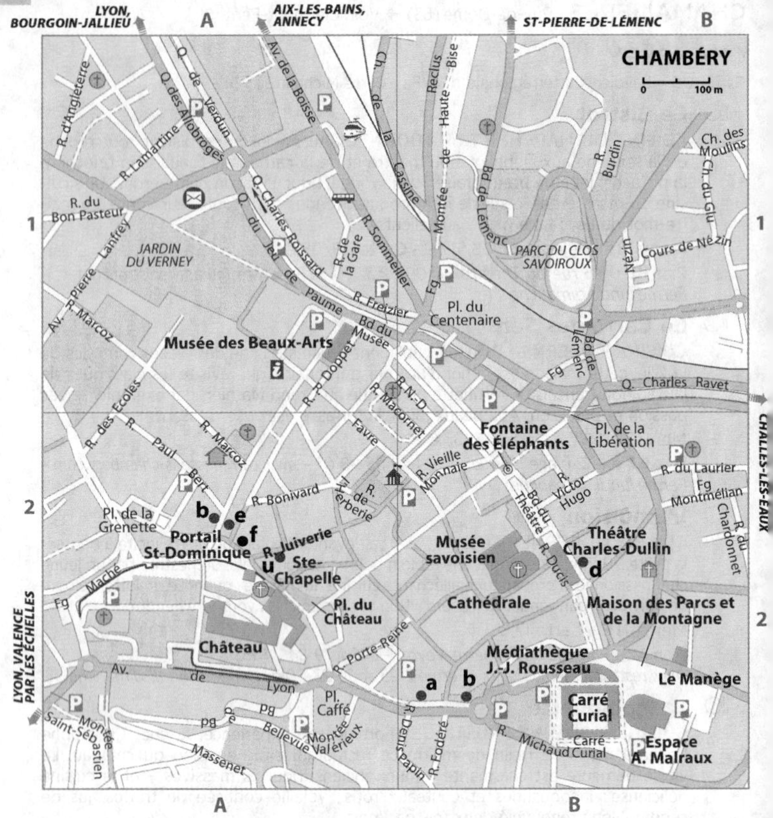

Petit Hôtel Confidentiel

HÔTEL PARTICULIER · ÉLÉGANT Ce joli hôtel de charme du centre-ville de Chambéry, installé dans un bâtiment du 15e s., diffuse l'atmosphère feutrée que seuls les siècles savent patiner : la vitre rencontre le parquet massif dans un esprit loft. C'est à la fois chaleureux et racé : les habitués espèrent qu'il restera confidentiel...

18 chambres – 280/850 € – 25 €

Plan A2-f – *10 rue de la Trésorerie – ✆ 04 79 26 24 17 – www.petithotelconfidentiel.com*

à Chambéry-le-Vieux 5 km au Nord par N201 et route secondaire (sortie Chambéry-le-Haut)

L'Orangerie

CUISINE MODERNE · ÉLÉGANT XXX Un chef italien talentueux concocte une cuisine moderne aux clins d'œil méridionaux. Ce jour-là, un filet de sole farci, écrevisses, épinard et champignons. A midi, la Cantine propose une agréable offre bistrotière.

Menu 51/80 €

Hors plan – *Château de Candie, 68 Rue Bobby Sands – ✆ 04 79 96 63 00 – www.chateaudecandie.com – Fermé lundi, mardi, mercredi midi, jeudi midi, vendredi midi*

CHAMBOLLE-MUSIGNY

✉ 21220 - Côte-d'Or - Carte régionale n° **5**-D1 - Carte Michelin 320-J6

Le Millésime

CUISINE MODERNE • CONTEMPORAIN XX Un restaurant contemporain dans ce village de vignerons. Cuisine actuelle (foie gras poché, bouillon rhubarbe et hibiscus ; pluma de cochon ibérique, tartare de bulots) tout comme le cadre, cave vitrée qui met en valeur la magnifique sélection de bourgognes, et boutique de vins où patientent quelques étiquettes prestigieuses...

Menu 20 € (déjeuner), 33/65 € - Carte 48/89 €

1 rue Traversière - ✆ 03 80 62 80 37 - www.restaurant-le-millesime.com - Fermé 1er-15 janvier, 1er-15 août, lundi, dimanche

CHAMBORD

✉ 41250 - Loir-et-Cher - Carte régionale n° **8**-B1 - Carte Michelin 318-G6

Le Grand Saint-Michel

CUISINE MODERNE • CONTEMPORAIN XX Réhabilitée en même temps que l'hôtel qui l'abrite, la salle à manger se pare de bois et tissus choisis : un environnement idéal pour déguster les assiettes fraîches et colorées du chef, un véritable passionné. Et n'oublions pas, bien sûr, la vue sur le mythique château, depuis la terrasse : inoubliable !

Menu 39 € (déjeuner), 80/90 € - Carte 53/84 €

Relais de Chambord, place Saint-Louis - ✆ 02 54 81 01 01 - www.relaisdechambord.com

Relais de Chambord

BOUTIQUE HÔTEL • PERSONNALISÉ Au cœur du domaine de Chambord (dont le château a soufflé 500 bougies en 2019), ce Relais a été rénové avec le concours du cabinet Wilmotte. Esprit maison de campagne chic, chambres soignées avec de nombreux clins d'œil au château, sans oublier l'accès au domaine le soir, après le départ des touristes... Un séjour de choix.

56 chambres - 170/600 € - 25 €

Place Saint-Louis - ✆ 02 54 81 01 01 - www.relaisdechambord.com

Le Grand Saint-Michel - Voir la sélection des restaurants

CHAMBRETAUD

✉ 85500 - Vendée - Carte régionale n° **23**-B3 - Carte Michelin 316-K6

La Table du Boisniard

CUISINE MODERNE • ROMANTIQUE XXX Le chef Valentin Morice, pâtissier de formation, a converti La Table du Boisniard en archipel du goût. Il propose une cuisine créative et harmonieuse, élaborée à partir de produits d'excellence, avec de vrais moments de grâce - par exemple quand il travaille les jus et bouillons. On se souvient notamment des langoustines bretonnes, raviole de céleri, curry noir et eau de coco, ou encore du turbot sauvage confit aux herbes fraîches, pâtissons, rove de garrigue et jus d'arêtes aux pistaches torréfiées... La partition, attentive aux saisons, se savoure dans une élégante salle à manger ou en terrasse, aux beaux jours. Une adresse hautement recommandable.

Spécialités : Langoustines bretonnes, raviole de céleri, curry noir et eau de coco. Pigeonneau en trois services, polenta crémeuse et sucs battus au café. Tubes croustillants au pollen, parfait glacé au miel et cacahouètes.

Menu 42/75 € - Carte 65/80 €

Château du Boisniard, route de la Verrie - ✆ 02 51 67 50 01 - www.chateau-boisniard.com - Fermé 1er-12 janvier, 17 février-3 mars, 28 octobre-12 novembre, lundi, mardi, dimanche soir

Château du Boisniard

DEMEURE HISTORIQUE • PERSONNALISÉ Tout près du Puy du Fou, un château du 15e s. avec son parc de 13 hectares, ses chambres au charme bourgeois et ses "maisons des bois", véritables petits chalets au décor original... Pour les amoureux d'échappées vertes !

27 chambres – 132/683 € – 29 €

route de la Verrie – ✆ 02 51 67 50 01 – www.chateau-boisniard.com – Fermé 1er-12 janvier, 17 février-3 mars, 28 octobre-12 novembre

✿ **La Table du Boisniard** – Voir la sélection des restaurants

CHAMESOL

✉ 25190 – Doubs – Carte régionale n° **6**-C2 – Carte Michelin 321-K2

✿ Mon Plaisir (Christian Pilloud)

CUISINE MODERNE • COSY XXX Sur le plateau de Lomont qui domine la vallée du Doubs, cette accueillante maison de pays fait de l'œil dès l'entrée du village. L'ambiance cosy, avec son salon confortable et sa salle à manger bourgeoise élégante, est tout entière dédiée aux plaisirs généreux de la table. Admirateur de Paul Bocuse et du grand chef suisse Freddy Girardet, le chef Christian Pilloud est un classique ouvert à la modernité. Professionnel rigoureux, il magnifie les beaux produits du terroir, escargots, volailles fermières, fromages de Bourgogne et de Franche-Comté. Au rythme des saisons, on se régale de pressé de foie gras avec ses ris de veau à la truffe, de tourteau au combawa, de boudin blanc d'escargots ou d'un carré de cochon en croûte de pomme de terre.

Spécialités : Cuisine du marché.

Menu 48/95 €

22 lieu-dit Journal – ✆ 03 81 92 56 17 – www.restaurant-mon-plaisir.com – Fermé 24 août-9 septembre, 22 décembre-1er janvier, lundi, mardi, dimanche soir

Anastasia Dobrusina/iStock

CHAMONIX-MONT-BLANC

✉ 74400 – Haute-Savoie – Carte régionale n° **2**–D1 – Carte Michelin 328-O5

On aime...

Située au pied du mythique massif du Mont-Blanc, Chamonix jouit d'un statut unique dans les Alpes du Nord. Si sa vocation touristique est née avec les débuts de l'alpinisme, elle a su préserver et cultiver un esprit de village et une gastronomie de terroir, sur laquelle le reblochon règne en maître (on en fait même des sucettes !) – mais pas seulement. Ce serait oublier le persillé des Aravis, la tome de Savoie, le beaufort et l'abondance, le chevrotin, la tome des Bauges... Et nous ne parlons ici que de fromages ! Citons, au hasard de nos souvenirs gourmands, la longeole, cette variété locale de saucisson à cuire avec de petits morceaux de couenne, du fenouil et du vin rouge, et l'inévitable tartiflette (une création récente puisque le plat date des années 1980 seulement), fille naturelle de Sa Majesté le reblochon. Arrosez le tout de Roussette de Savoie, ou d'un verre de genépi, et les sommets sont à vous.

J.-L. Armand/Photononstop

Restaurants

Albert 1er

CUISINE CLASSIQUE • ÉLÉGANT XXXX Pierre, Marcel, Joseph, Clothilde... depuis sa fondation en 1903 près du chemin de fer de Chamonix, quatre générations ont porté cette maison – devenue un hameau au fil des ans – avec enthousiasme. La matière première de cette cuisine ? Les incontournables produits de la région (omble chevalier et féra du Léman, escargots du pays du Mont-Blanc, canette des Dombes, cochons et agneaux des fermes alentour...), rehaussés par tout ce qui pousse dans le jardin aromatique de la maison : oxalis, ache des montagnes, thym citronné, sarriette, mélisse, sauge et on en passe. Les saveurs sont là, avec quelques beaux clins d'œil au Piémont voisin. À arroser de l'une des... 19 000 bouteilles de la cave.

Spécialités : Risotto à la truffe blanche d'Alba. Tartare de féra du Léman mi-fumée et en croûte de pain, mousseline de carotte et sabayon sapin. Soufflé chaud à la Chartreuse verte, glace Chartreuse.

Menu 73/176 € – Carte 135/160 €

Plan B1-f – *Hôtel Hameau Albert 1er, 38 route du Bouchet – ✆ 04 50 53 05 09 – www.hameaualbert.fr – Fermé 3-22 mai, 18 octobre-4 décembre, mardi midi, mercredi, jeudi midi*

La Maison Carrier

CUISINE RÉGIONALE • RUSTIQUE XX Une ferme typique et conviviale, au sein du luxueux Hameau Albert 1er. Goûtez aux petits plats mitonnés, quenelle de brochet, élaborés avec de superbes produits du terroir, boudin noir. Généreux, nobles et savoureux, comme l'étaient les recettes de nos grands-mères...

Spécialités : Boudin noir, poire, lard et oignons. Quenelles de brochet aux écrevisses, risotto piémontais. Le "Vré" de toutes les tartes de Grand-Mère.

Menu 33/46 € – Carte 46/72 €

Plan B1-r – *Hôtel Hameau Albert 1er, 44 route du Bouchet – ✆ 04 50 53 00 03 – www.hameaualbert.fr – Fermé 1er-18 juin, 2 novembre-10 décembre, lundi, mardi*

Atmosphère

CUISINE TRADITIONNELLE • TENDANCE XX Dans le centre-ville, cette adresse qui surplombe l'Arve ne manque pas d'atmosphère : une salle claire et des produits travaillés avec justesse, entre tradition savoyarde et fine cuisine d'aujourd'hui. Belle sélection de vins. On est conquis.

Spécialités : Truite saumonée fumée et crevettes à l'aneth. Filet de rascasse en aïoli, fenouil braisé. Pêche pochée à la verveine, glace au lait.

Menu 25 € (déjeuner), 34/45 € – Carte 45/85 €

Plan A1-n – *123 place Balmat – ✆ 04 50 55 97 97 – www.restaurant-atmosphere.com*

La Télécabine

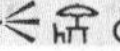

CUISINE TRADITIONNELLE • MONTAGNARD XX Au-dessus de l'entrée, une télécabine (un "œuf", devrait-on plutôt dire) est suspendue : le décor est planté ! L'intérieur est résolument montagnard et la grande terrasse donne sur le massif du Mont-Blanc, en adéquation parfaite avec la cuisine proposée, goûteuse et généreuse.

Spécialités : Escargots de Magland au beurre persillé. Volaille fermière au vin jaune. "Lion" revisité.

Menu 28 € (déjeuner), 34/44 € – Carte 38/69 €

Plan A1-g – *27 rue de la Tour – ✆ 04 50 47 04 66 – www.restaurant-latelecabine.fr*

Akashon

CUISINE MODERNE • ÉPURÉ X Au sein du complexe hôtelier L'Heliopic, on dîne d'une cuisine fine et savoureuse, oscillant entre clins d'œils à la gastronomie locale et partition plus actuelle, le tout dans un cadre épuré aux matériaux bruts- métal et granit.

Spécialités : Œufs de poule, chou-fleur cru et cuit, noisettes grillées et fontine du Val d'Aoste. Suprême de poulet fermier, farçon chamoniard (recette de mon père). Croustillant caramel et chocolat, praliné sarrasin, crème glacée chocolat.

Menu 34/65 € – Carte 40/60 €

Plan A2-v – *Hôtel L'Héliopic, 50 place de l'Aiguille-du-Midi – ✆ 04 50 54 55 56 – restaurant-akashon.com – Fermé 1er-26 novembre, le midi*

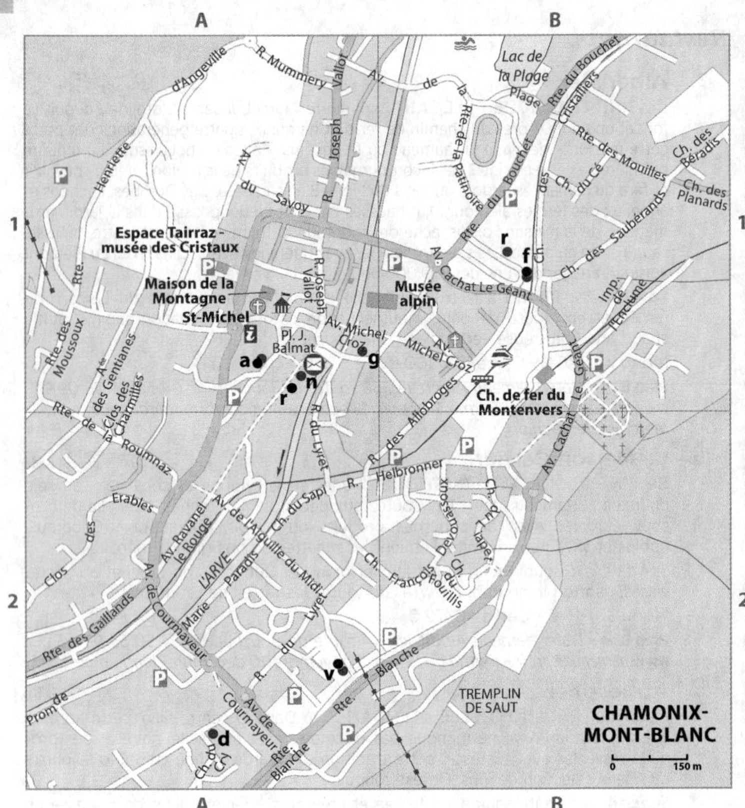

L'Impossible

CUISINE ITALIENNE • RUSTIQUE XX En artisan-cuisinier passionné, le chef d'origine toscane Auro Bucci (qui a longtemps officié dans le Piémont puis dans la vallée d'Aoste) cuisine des produits en majorité bio (ravioli et cannelloni maison), des desserts sans gluten, ainsi qu'un appétissant menu végétarien, attentif aux saisons, à déguster dans cette jolie ferme, située à l'écart de la ville.

Menu 30/60 €

Plan A2-d – *9 chemin du Cry – ✆ 04 50 53 20 36 – www.restaurant-impossible.com – Fermé 1er-15 mai, 1er novembre-4 décembre, lundi midi, mardi, mercredi midi, jeudi midi, vendredi midi, samedi midi, dimanche midi*

Le Matafan

CUISINE MODERNE • ÉLÉGANT XX Que ce soit dans la salle à manger chaleureuse (belle cheminée centrale) ou les pieds dans l'herbe, face à la grande piscine, on se régale ! La carte, assez courte, évolue au gré des saisons et profite de quelques influences italiennes ; le service est convivial.

Menu 46/48 €

Plan A1-a – *Mont-Blanc, 62 allée du Majestic – ✆ 04 50 53 35 46 – www.lematafan.com – Fermé 3-29 novembre*

Hôtels

Hameau Albert 1er

LUXE • PERSONNALISÉ Ce véritable hameau associant plusieurs chalets constitue un délicieux havre montagnard, sous un beau tapis de neige l'hiver, tout en vert tendre aux beaux jours... Noblesse des matériaux (dont des boiseries de vieux chalets d'alpage) et chic contemporain, confort extrême et spa d'exception : un sommet de luxe !

32 chambres – 180/720 € – 25 € – 5 suites

Plan B1-f – *38 route du Bouchet – 04 50 53 05 09 – www.hameaualbert.fr – Fermé 1er novembre-4 décembre*

Albert 1er • **La Maison Carrier** – Voir la sélection des restaurants

Mont-Blanc

LUXE • ÉLÉGANT Renaissance de cet hôtel historique, après une rénovation de pied en cap. La décoratrice Sybille de Margerie a su mettre en valeur tous ses charmes, révélant la beauté des moulures anciennes et du grand escalier, et jouant partout la carte d'un chic à la fois contemporain et intemporel... À redécouvrir !

41 chambres – 190/1700 € – 25 €

Plan A1-a – *62 allée du Majestic – 04 50 53 05 64 – www.hotelmontblancchamonix.com – Fermé 2-26 novembre*

Le Matafan – Voir la sélection des restaurants

Grand Hôtel des Alpes

HISTORIQUE • ÉLÉGANT Ce "grand hôtel" mythique, bâti en 1840, a été merveilleusement restauré. Le résultat est à la fois intime et raffiné : hall cossu, bar feutré, élégants salons, chambres raffinées et des suites tout en bois rustique. Le tout au cœur de la station.

30 chambres – 175/590 € – 20 € – 3 suites

Plan A1-r – *89 rue Docteur-Paccard – 04 50 55 37 80 – www.grandhoteldesalpes.com – Fermé 13 avril-5 juin, 28 septembre-15 décembre*

Auberge du Bois Prin

FAMILIAL • PERSONNALISÉ Ce joli chalet perche sur les hauteurs de la station, offrant une vue imprenable sur Chamonix et le massif du Mont-Blanc... et c'est d'un calme olympien ! Les chambres, toutes de mobilier classique et de lambris, ont le goût de la simplicité ; deux suites plus contemporaines ont été aménagées dans un chalet voisin.

11 chambres – 150/335 € – 22 € – 3 suites

69 chemin de l'Hermine, aux Moussoux – 04 50 53 33 51 – www.boisprin.com – Fermé 23 avril-16 mai, 21 octobre-5 décembre

L'Héliopic

TRADITIONNEL • DESIGN Au départ du téléphérique de l'aiguille du Midi, ces deux grands chalets de pierre et de bois nous plongent dans un décor contemporain, parsemé de clins d'œil à l'alpinisme des années 1950. Plaids, coussins et rideaux donnent aux chambres une délicieuse touche vintage ; on passe de longs moments dans le superbe spa...

102 chambres – 100/350 € – 17 €

Plan A2-v – *50 place de l'Aiguille-du-Midi – 04 50 54 55 56 – www.heliopic-hotel-spa.com – Fermé 1er-27 novembre*

Akashon – Voir la sélection des restaurants

au Lavancher 6 km au Nord par D1506 et route secondaire – Carte régionale n° **2**–D1

Les Chalets de Philippe

CUISINE MODERNE • ÉLÉGANT XX On découvre avec grand intérêt ces deux belles tables d'hôtes joliment décorées et fleuries. Le chef régale les convives avec des créations dans l'air du temps : le menu unique évolue quotidiennement. Un endroit atypique, lové dans un environnement splendide.

Menu 60 € (déjeuner), 80/170 €

Hors plan – *700-718 rte du Chapeau – ✆ 06 07 23 17 26 – www.chaletsphilippe.com*

Les Chalets de Philippe

LUXE • PERSONNALISÉ Insolite, unique, marquant... Voilà bien un hôtel exclusif ! Cet ensemble de superbes chalets, accrochés à flanc de montagne parmi les sapins, porte l'esprit savoyard à des sommets de charme : bois ancien, objets rares, détails délicats, dans un esprit quasi baroque mais avec un goût toujours sûr.

15 chambres – 150/350 € – 18 €

Hors plan – *700-718 route du Chapeau – ✆ 06 07 23 17 26 – www.chaletsphilippe.com*

Les Chalets de Philippe – Voir la sélection des restaurants

Le Montenvers à la Mer de Glace accès par le train de la Mer de Glace – Carte régionale n° **2**–D1

Refuge du Montenvers

AUBERGE • CONTEMPORAIN Cette bâtisse en granite, perchée à 1913 mètres, et édifiée en 1880 pour héberger les premiers alpinistes est devenu un hôtel au calme, rénové avec goût dans l'esprit refuge. Le restaurant panoramique dévoile une vue splendide sur la mer de glace. Accessible uniquement par train, ou à pied pour les plus courageux ! Authentique.

18 chambres – 170/290 € – 2 suites

Hors plan – *Le Montenvers – ✆ 04 50 53 87 70 – www.montenvers.terminal-neige.com – Fermé 1er-18 octobre*

CHAMPAGNAC-DE-BELAIR – Dordogne (24) → Voir Brantôme

CHAMPCEVINEL – Dordogne (24) → Voir Périgueux

CHAMPILLON

✉ 51160 – Marne – Carte régionale n° **11**–B2 – Carte Michelin 306-F8

Le Royal

CUISINE MODERNE • CONTEMPORAIN XXXX Parti du Negresco, à Nice, le chef et Meilleur Ouvrier de France Jean-Denis Rieubland s'est trouvé un défi à sa mesure : il est désormais installé aux fourneaux de ce grand hôtel flambant neuf, en plein cœur du vignoble champenois. Préparations fines et délicates, dressages soignés : il ne lui a pas fallu longtemps pour prendre ses marques, rien que de très normal pour un Agenais amateur de rugby... Durablement marqué par son séjour dans la baie des Anges, il en a rapporté quelques-uns de ses plats fétiches comme les langoustines rôties au piment d'Espelette, cromesquis de tête de veau aux feuilles de roquette, ou encore son tourteau parfumé de kombawa, caviar, mangue et agrumes.

Spécialités : Tourteau, parfumé de combava, caviar, mangue et agrumes. Ris de veau clouté au chorizo, girolles, oignons caramélisés, jus court au xérès. Baba au citron, chantilly vanillée et champagne rosé.

Menu 125/180 € – Carte 134/225 €

Royal Champagne, Hameau de Bellevue, 9 rue de la République – ✆ 03 26 52 87 11 – www.royalchampagne.com – Fermé lundi, dimanche, le midi

Royal Champagne

LUXE • CONTEMPORAIN Flambant neuf ! Après quatre ans de travaux, le Royal Champagne a rouvert ses portes. Chambres sans vis-à-vis avec balcon ou terrasse, décoration contemporaine avec des notes de bois rappelant la nature environnante, spa de 1500 m² et piscines intérieure et extérieure... Du grand standing.

47 chambres - 350/870 € - 33 € - 3 suites

Hameau de Bellevue, 9 rue de la République - 03 26 52 87 11 - www.royalchampagne.com

Le Royal - Voir la sélection des restaurants

CHAMPLIVE

25360 - Doubs - Carte régionale n° **6**-C1 - Carte Michelin 321-H3

Auberge du Château de Vaite

CUISINE RÉGIONALE • CONTEMPORAIN XX Désormais géré par la jeune génération de la famille, ce restaurant moderne décline une cuisine traditionnelle bien tournée (truites, grenouilles, etc.). Thèmes décalés dans les chambres (blanc, nature) et, toujours, ce mur végétal qui fait de l'établissement une curiosité dans la région.

Menu 29/45 € - Carte 28/64 €

17 Grande-Rue - 03 81 55 20 66 - www.auberge-chateau-vaite.com - Fermé 1er-24 janvier, 29 juin-13 juillet, lundi

CHAMPNIERS - Charente (16) ➜ Voir Angoulême

CHAMP-SUR-LAYON

49380 - Maine-et-Loire - Carte régionale n° **23**-C2 - Carte Michelin 317-F5

La Table de la Bergerie (David Guitton)

CUISINE MODERNE • TENDANCE X Près d'Angers, en plein vignoble des coteaux-du-Layon, ce restaurant mérite toute votre attention. Il abrite le jeune et talentueux David Guitton, originaire de Loire-Atlantique, formé auprès des plus grands aux quatre coins du monde : États-Unis, Londres, Monaco... Pas de carte ici, mais un menu assez court, branché sur les saisons. Le chef se fournit chez les producteurs locaux (viande, poisson, fruits et légumes) et compose des recettes fines et délicates, d'uns simplicité désarmante, qu'on n'oubliera pas de sitôt. Quelques vins au verre pour découvrir la production (bio) du domaine.

Spécialités : Cuisine du marché.

Menu 29 € (déjeuner), 45/70 €

La Bergerie - 02 41 78 30 62 - www.latable-bergerie.fr - Fermé 6-14 janvier, 9-24 mars, 1er-18 août, lundi, mardi, dimanche soir

CHANCELADE - Dordogne (24) ➜ Voir Périgueux

CHANDOLAS

07230 - Ardèche - Carte régionale n° **2**-A3 - Carte Michelin 331-H7

Auberge les Murets

CUISINE TRADITIONNELLE • RUSTIQUE XX Des voûtes et... le terroir ! La cuisine du chef, préparée en toute simplicité, joue agréablement avec la tradition et, l'été, il fait bon s'installer sous le mûrier.

Menu 22/46 € - Carte 30/42 €

D104 - 04 75 39 08 32 - www.aubergelesmurets.com - Fermé 4-31 janvier, lundi midi, mardi midi

CHANTEMERLE - Hautes-Alpes (05) ➜ Voir Serre-Chevalier

CHANTILLY

✉ 60500 – Oise – Carte régionale n° **14**-B3 – Carte Michelin 305-F5

✿ La Table du Connétable

CUISINE MODERNE • ÉLÉGANT XXXX Le château royal de Chantilly cumule les superlatifs : un superbe parc signé Le Nôtre, un musée renfermant la deuxième collection de peintures anciennes en France, des écuries jamais égalées en splendeur... Une visite inoubliable avant de s'attabler dans cette luxueuse auberge contiguë aux jardins. Dans un cadre somptueux, entre tableaux, lustres et belles tentures, attendez-vous à un repas raffiné en forme d'expérience, rehaussé par un service irréprochable.

Spécialités : Cuisine du marché.

Menu 65 € (déjeuner), 95/175 € – Carte 131/173 €

Auberge du Jeu de Paume, 4 rue du Connétable – ✆ 03 44 65 50 00 – www.aubergedujeudepaumechantilly.fr – Fermé 1er-14 janvier, 2-25 août, lundi, mardi midi, mercredi midi, jeudi midi, dimanche

Le Verbois

CUISINE MODERNE • CONTEMPORAIN XXX Dans la famille Guibet, je demande le fils ! Dans la droite ligne de son père, Guillaume a repris les fourneaux de l'ancien relais de chasse (1886). Portée par les saisons, sa cuisine est créative et astucieuse, parfois franchement portée sur l'Asie (et pour cause, il a fait ses classes chez Kei, à Paris), toujours convaincante. Même dynamisme du côté du décor, entre bois, cuir et métal, d'une grande élégance.

Menu 39 € (déjeuner), 47/85 € – Carte 70/100 €

6 rue la Grande-Folie – ✆ 03 44 24 06 22 – www.leverbois.com – Fermé 2-13 janvier, 3-23 août, lundi, dimanche soir

Auberge du Jeu de Paume

LUXE • ÉLÉGANT Beaucoup de raffinement dans ce luxueux établissement en bordure du Domaine de Chantilly, entre les Grandes Écuries et le château. Les chambres spacieuses et à l'élégance classique (avec vue sur la ville ou le parc), les deux restaurants, le spa de 600 m²... tout est princier.

78 chambres – 700/1200 € – 38 € – 14 suites

4 rue du Connétable – ✆ 03 44 65 50 00 – www.aubergedujeudepaumechantilly.fr

✿ **La Table du Connétable** – Voir la sélection des restaurants

Apremont 6 km au Nord par D606 – Carte régionale n° **14**-B3

Auberge La Grange aux Loups

CUISINE CLASSIQUE • AUBERGE XX Cette auberge villageoise doit sa renaissance à un couple passionné, qui a complètement rénové les lieux dans une veine contemporaine. Le chef revisite joyeusement les classiques et y met un soin de tous les instants ; ses savoureuses assiettes se dégustent sur la terrasse d'été, aux beaux jours.

Spécialités : Terrine de volaille et boudin blanc aux cerises. Poitrine de porc confite, crémeux de pommes de terre de la baie de Somme. Baba au rhum, fruits rouges et chantilly.

Menu 32/99 €

8 rue du 11-Novembre – ✆ 03 44 25 33 79 – www.lagrangeauxloups.com – Fermé 1er-6 janvier, 23 février-2 mars, 19-27 avril, 9-31 août, lundi, dimanche

à Gouvieux 4 km à l'Ouest par D909

Château de la Tour

DEMEURE HISTORIQUE • COSY Pour se mettre au vert pas trop loin de Paris, cette belle demeure du début du 20e s., cachée dans un joli parc de 8 ha, est tout indiquée. À l'intérieur, un salon très "british", avec fauteuil club, bar en bois et billard, et des chambres classiques et spacieuses.

47 chambres - 129/269 €

chemin du Château-de-la-Tour - 03 44 62 38 38 - www.lechateaudelatour.fr

à Montgrésin 5 km au Sud - Est par D924A

Relais d'Aumale

CUISINE MODERNE • ÉLÉGANT XX La grande salle à manger – une lumineuse véranda au cadre cosy et feutré – n'attend plus que vous ! Vous y dégusterez la cuisine d'un jeune chef bien dans son époque, qui n'oublie jamais ses bases traditionnelles.

Menu 45/62 €

37 place des Fêtes-Henry-Delaunay - 03 44 54 61 31 - www.relais-aumale.fr - Fermé 27 juillet-16 août, 20 décembre-3 janvier, lundi midi, mardi midi, mercredi midi, dimanche

CHAPAIZE

71460 - Saône-et-Loire - Carte régionale n° **5**-C3 - Carte Michelin 320-I10

La Table de Chapaize

CUISINE MODERNE • CONTEMPORAIN X L'église romane, bâtie vers l'an mil, est l'une des plus vieilles d'Europe et fait la réputation de ce village... mais elle a de la concurrence. Cette charmante maison met les produits locaux à l'honneur ; tout est fait maison, y compris les glaces, et le menu change tous les mois.

Menu 28/35 € - Carte 37/46 €

Le Bourg - 03 85 38 07 18 - www.latabledechapaize.fr - Fermé 6 janvier-6 février, lundi, jeudi

LA CHAPELLE-AUX-CHASSES

03230 - Allier - Carte régionale n° **1**-C1 - Carte Michelin 326-I2

Auberge de la Chapelle aux Chasses

CUISINE MODERNE • AUBERGE XX De cet ancien presbytère, les gourmands ont fait leur repaire ! Dans un cadre rustique, on déguste une appétissante cuisine du moment, qui évolue au gré des saisons : lasagnes de jarret de veau mijoté à la tomate, risotto aux langoustines et asperges... L'été, on profite de la terrasse ouverte sur le jardin.

Menu 24 € (déjeuner), 32/82 € - Carte 41/48 €

Le Bourg - 04 70 43 44 71 - www.aubergedelachapelleauxchasses.com - Fermé 23 mars-3 avril, 2-19 juin, 27 juillet-7 août, mardi, mercredi

LA CHAPELLE-D'ABONDANCE

74360 - Haute-Savoie - Carte régionale n° **4**-F1 - Carte Michelin 328-N3

Les Cornettes

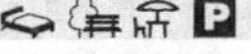

CUISINE TRADITIONNELLE • RÉGIONAL XX Ce restaurant, cité au guide Michelin depuis 1933, est une véritable institution dans tout le Chablais. Au menu : tourte au gibier, filet de féra à l'ail des ours et morilles, pintade rôtie sur l'os. Les charcuteries sont affinées et fumées sur place dans une atmosphère typiquement montagnarde. C'est simple, bon, et rustique à souhait.

Menu 26/48 € - Carte 37/140 €

43 route des Frasses - 04 50 73 50 24 - www.lescornettes.com - Fermé 1er-15 mai, 15 octobre-15 décembre

L'Ensoleillé

CUISINE TRADITIONNELLE • MONTAGNARD XX Cet imposant chalet n'a pas volé son nom : il jouit de l'ensoleillement exceptionnel de la vallée. On y apprécie une bonne cuisine du terroir alpin, revisitée au fil des inspirations du chef. Pour se faire une idée : opéra de foie gras de canard et chutney de fruits d'automne, ou encore pavé de bœuf grillé aux girolles. Formule brasserie le midi.

Menu 21 € (déjeuner), 28/45 € – Carte 30/63 €

109 route des Frasses – ✆ 04 50 73 50 42 – www.hotel-ensoleille.com – Fermé 13 avril-22 mai, 20 septembre-20 décembre, mardi

Les Gentianettes

CUISINE MODERNE • CONVIVIAL XX La neige, la montagne, l'envie de paresser près de la cheminée autour de jolis plats... Ici, pas d'esbroufe, mais une cuisine traditionnelle pleine de finesse. Et côté carnotzet, honneur aux spécialités savoyardes (pierrade, raclette, fondue, etc.).

Menu 26 € (déjeuner), 39/69 € – Carte 46/85 €

route de Chevenne – ✆ 04 50 73 56 46 – www.gentianettes.fr – Fermé 31 mars-27 juin, 7 septembre-18 décembre, lundi midi

LA CHAPELLE-DES-MARAIS

✉ 44410 – Loire-Atlantique – Carte régionale n° **23**-A2 – Carte Michelin 316-C3

Le Penlys

CUISINE TRADITIONNELLE • AUBERGE X De cet ancien "routier" au cœur d'un village de Brière, ses actuels propriétaires ont su faire un petit restaurant sans prétention, mais tout à fait sérieux : on y apprécie des recettes traditionnelles cuisinées sans chichis, dans une ambiance familiale qui va bien au décor, tout simple. Prix raisonnables.

Menu 20 € (déjeuner)/33 €

41 rue de Penlys – ✆ 02 40 53 91 44 – www.restaurantlepenlys.com – Fermé 2-12 juillet, 22 décembre-8 janvier, lundi, mardi soir, mercredi soir, jeudi soir, vendredi soir, samedi soir, dimanche soir

LA CHAPELLE-EN-SERVAL

✉ 60520 – Oise – Carte régionale n° **14**-B3 – Carte Michelin 305-G6

Mont Royal

DEMEURE HISTORIQUE • GRAND LUXE Ce superbe château de 1909 se dresse au milieu d'un grand parc arboré et s'inspire des édifices du 18e s. Dès l'entrée, hauts plafonds, miroirs et mobilier de style donnent le ton : luxe et raffinement ! Au restaurant L'Opéra, cuisine actuelle et de saison.

102 chambres – 280/900 € – 35 € – 6 suites

allée des Marronniers – ✆ 03 44 54 50 50 – http://montroyal-chantilly.tiara-hotels.com

LA CHAPELLE-ST-MESMIN – Loiret (45) → Voir Orléans

LA CHAPELLE-TAILLEFERT – Creuse (23) → Voir Guéret

CHARBONNIÈRES-LES-BAINS – Rhône (69) → Voir Lyon

CHARLEVILLE-MÉZIÈRES

✉ 08000 – Ardennes – Carte régionale n° **11**-B1 – Carte Michelin 306-K4

La Table d'Arthur R

CUISINE MODERNE • CONVIVIAL X Cette table à la mode propose deux formules. Recettes traditionnelles et beaux flacons dans la cave voûtée ; au rez-de-chaussée, bistrot contemporain et grands classiques (tête de veau, steak tartare, etc.). Soirées dégustations mets et vins (500 références). Décontracté et original !

Spécialités : Vichyssoise de moules de bouchot, île flottante au safran. Poitrine de canard et pastilla de cuisse, tatin de butternut aux figues. Croustillant de banane rôtie à la vergeoise, glace spéculos et sauce caramel.

Menu 31 € – Carte 36/51 €

9 rue Pierre Bérégovoy – ✆ 03 24 57 05 64 – www.latabledarthur.fr – Fermé 19 avril-5 mai, 9 août-1er septembre, lundi soir, mercredi soir, dimanche

La Papillote

CUISINE MODERNE • CONTEMPORAIN XX Tout près de la place Ducale, en face du théâtre, ce restaurant moderne propose une cuisine actuelle, où le terroir occupe une place de choix. Deux suites confortables pour l'étape.

Menu 23 € (déjeuner), 35/59 € – Carte 43/60 €

6 place du Théâtre – ✆ 03 24 37 41 34 – www.lapapillote08.fr – Fermé lundi, dimanche soir

Amorini

CUISINE ITALIENNE • SIMPLE X Un petit restaurant italien, sur la place Ducale, avec un menu au diapason : antipasti, charcuterie, bonnes pâtes et vins transalpins. Il y a même une petite épicerie ouverte pendant le service ! Une reproduction des fresques de la Villa des Mystères à Pompéi orne les quatre murs de la salle-à-manger.

Carte 24/33 €

46 place Ducale – ✆ 03 24 37 48 80 – Fermé 12-28 avril, 26 juillet-19 août, lundi, mardi soir, mercredi soir, jeudi soir, vendredi soir, dimanche

à Montcy-Notre-Dame 4 km au Nord par D1 – Carte régionale n° **11**-C1

L'Auberge du Laminak

CUISINE MODERNE • AUBERGE XX Dans cette charmante auberge en lisière de forêt, le Pays basque – origine du chef – rencontre les beaux produits des Ardennes. Résultat, des recettes savoureuses, maîtrisées, tel ce pigeonneau désossé à l'ancienne, farci au foie gras, spécialité du chef…

Spécialités : Cassole d'escargots, tomates et jambon. Le cochon basque. Frangipane pistache et framboises.

Menu 17 € (déjeuner), 32/42 € – Carte 32/46 €

Route de Nouzonville – ✆ 03 24 33 37 55 – www.auberge-ardennes.com – Fermé 15-28 février, 5-30 août, lundi soir, mardi soir, mercredi soir, dimanche

CHARLIEU

✉ 42190 – Loire – Carte régionale n° **2**-A1 – Carte Michelin 327-E3

Relais de l'Abbaye

CUISINE MODERNE • CONTEMPORAIN XX Ce Relais de facture moderne, ouvert sur les prés environnants, est bien ancré dans son terroir. Aux fourneaux, on trouve un chef passionné de beaux produits, qui célèbre la production régionale (andouille de Charlieu, viande charolaise, fromage, etc.) dans des assiettes généreuses et soignées.

Spécialités : Galette de chèvre frais, jambon cru, melon et crème glacée à l'hypocras. Tournedos de lapin à la fourme d'Ambert, champignons farcis et jus au romarin. Tartelette au chocolat, glace noisette.

Menu 23 € (déjeuner), 32/88 € – Carte 40/80 €

415 route du Beaujolais – ✆ 04 77 60 00 88 – www.relais-abbaye.fr – Fermé 21-31 décembre

L'Atelier Rongefer

CUISINE MODERNE • CONTEMPORAIN XX Carine et Fabien Gauthier ont su marier l'esprit industriel de cette ancienne usine textile – poutrelles métalliques, verrière zénithale – et le confort d'un intérieur très contemporain : une vraie réussite. On y apprécie toujours une cuisine gastronomique vive et colorée, réglée sur les saisons, avec deux menus par mois.

Menu 19 € (déjeuner), 34/56 €

22 rue Jean-Jaurès – ✆ 04 77 60 01 57 – www.atelierrongefer.fr – Fermé 20 janvier-7 février, 10 août-4 septembre, mardi, mercredi, dimanche soir

CHARMES

✉ 88130 – Vosges – Carte régionale n° **12**–C3 – Carte Michelin 314-F2

à Chamagne 4 km au Nord par D9

Le Chamagnon

CUISINE MODERNE • CONTEMPORAIN X Dans le village de Claude Gellée dit Le Lorrain, ce bistrot chaleureux propose une cuisine privilégiant le terroir – fricassée de rognons de veau, tournedos de magret, menu truffe ou cèpes, etc. – comme la modernité – sashimis de thon, par exemple. Le point commun de tout cela ? La qualité des produits et de jolis vins !

Menu 13 € (déjeuner), 38/65 € – Carte 40/60 €

236 rue du Patis – ✆ 03 29 38 14 74 – www.lechamagnon.fr – Fermé 2-17 août, 19-26 octobre, 26 décembre-4 janvier, lundi, mardi, mercredi soir, dimanche soir

CHARMES-SUR-RHÔNE

✉ 07800 – Ardèche – Carte régionale n° **2**–B3 – Carte Michelin 331-K4

Le Carré d'Alethius (Olivier Samin)

CUISINE MODERNE • TENDANCE XX Entre Drôme et Ardèche, il souffle comme un parfum de Provence dans cette "maison romaine" dédiée au sénateur Aléthius. La villa est organisée autour de sa cour carrée, délicieux patio verdoyant où l'on s'attable aux beaux jours. Jeune légionnaire chez Jean-Michel Lorain à la Côte Saint-Jacques, Olivier Samin est devenu centurion chez Anne-Sophie Pic, l'emblématique chef trois étoiles de Valence où il a longtemps exercé le poste de second. Il compose une cuisine fraîche et sensible, au gré du marché (fruits et légumes régionaux, escargots de l'Eyrieux, fromages locaux) et des saisons (un menu est dédié à la truffe l'hiver, un autre au homard l'été), avec un sacré sens de l'équilibre : cuissons précises, veloutés et crèmes d'une légèreté aérienne. Carrément délicieux.

Spécialités : Thon rouge aller-retour, escabèche d'oignons nouveaux et estragon. Sphère de foie gras et chou vert, consommé de canard ambré et noisettes torréfiées. Abricot confit, crémeux mascarpone, infusion romarin et praliné noix de pécan.

Menu 32 € (déjeuner), 54/99 €

4 rue Paul-Bertois – ✆ 04 75 78 30 52 – www.lecarredalethius.com – Fermé 1er-9 janvier, 24 février-9 mars, 16-31 août, lundi, mardi midi, mercredi midi, dimanche soir

CHAROLS

✉ 26450 – Drôme – Carte régionale n° **2**–B3 – Carte Michelin 332-C6

Château les Oliviers de Salettes

DEMEURE HISTORIQUE • COSY Situé en pleine campagne, ce beau château du 16e s. entouré d'un agréable parc arboré, est le lieu idéal pour se ressourcer. Chambres élégantes, accueil charmant et superbe piscine à débordement. Difficile d'en partir...

26 chambres – 149/285 € – 19 € – 6 suites

1205 route du Château – ✆ 04 75 00 19 30 – www.chateau-lesoliviers.com – Fermé 31 octobre-31 mars

CHAROLLES

✉ 71120 – Saône-et-Loire – Carte régionale n° **5**–C3 – Carte Michelin 320-F11

✿ Frédéric Doucet

CUISINE MODERNE · ÉLÉGANT XXX La table de Frédéric Doucet, c'est une certaine idée du terroir et de la tradition, réinventés avec passion et créativité. Fils de bistrotiers, cet enfant de la balle a roulé sa bosse chez les plus grands, de Pierre Orsi à Paul Bocuse en passant par l'illustre maison Troisgros. Blotti au cœur d'un village aux tours pointues et aux toits patinés, le chef administre une solide leçon de choses : rien que de beaux produits de Saône-et-Loire, bœuf, fromage de chèvre ou escargots, servis par une technique classique rigoureuse qui n'exclut jamais l'inspiration. Tourte de pigeon au foie gras et épinards d'anthologie, ou encore sandre rôti, crème de parmesan, poêlée de cèpes et de pleurotes légendaire : difficile de résister aux douceurs de Frédéric Doucet.

Spécialités : Mon œuf meurette. Tourte de pigeon au foie gras, épinards et sauce foie gras. Baba au rhum.

Menu 45/115 € – Carte 87/125 €

Maison Doucet, 2 avenue de la Libération (près de l'église) – ✆ 03 85 24 11 32 – www.maison-doucet.com – Fermé 6-19 janvier, lundi, mardi midi, dimanche soir

Le Bistrot du Quai

CUISINE TRADITIONNELLE · BISTRO X Dans cette adresse située face à la maison mère, le chef propose une cuisine traditionnelle et des viandes cuites à la broche. Menu du jour rythmé par les saisons, et menu charolais, mettant en avant les produits du terroir bourguignon. Terrasse surplombant le cours d'eau.

Menu 29/49 € – Carte 34/61 €

Maison Doucet, 1 avenue de la Libération (près de l'église) – ✆ 03 85 25 51 75 – www.maison-doucet.com – Fermé 23 décembre-5 janvier

Maison Doucet

LUXE · ÉLÉGANT Cet hôtel-restaurant jouit d'une réputation solide – et méritée – dans la région. Les chambres, réparties dans plusieurs maisons, sont spacieuses et contemporaines ; on profite d'une piscine et d'un petit-déjeuner copieux, qui permet de découvrir les fromages et charcuteries locales.

18 chambres – 164/384 €

2 avenue de la Libération (près de l'église) – ✆ 03 85 24 11 32 – www.maison-doucet.com – Fermé 6-19 janvier

✿ **Frédéric Doucet** · **Le Bistrot du Quai** – Voir la sélection des restaurants

CHARROUX

✉ 03140 – Allier – Carte régionale n° **1**-B1 – Carte Michelin 326-F5

Ferme Saint-Sébastien

CUISINE MODERNE · AUBERGE XX Dans cette authentique ferme bourbonnaise du milieu du 19 e s., entièrement rénovée, il fait bon s'attabler autour des petits plats concoctés par la maîtresse des lieux... On y apprécie une cuisine d'aujourd'hui fleurant bon le terroir. Une bonne adresse.

Spécialités : Beignet de courgette, crème ciboulette. Dans le cochon tout est bon (travers, boudin, mignon). Farandole de desserts.

Menu 27/58 €

chemin du Bourion – ✆ 04 70 56 88 83 – www.fermesaintsebastien.fr – Fermé 28 juin-9 juillet, 20 décembre-24 janvier, lundi, mardi, dimanche soir

CHARTRES

28000 – Eure-et-Loir – Carte régionale n° **8**-B1 – Carte Michelin 311-E5

✿ Le Georges

CUISINE MODERNE • COSY XXX Le Grand Monarque, qui abrite le Georges, traverse les siècles avec constance – l'hôtel était déjà cité dans le Guide Michelin 1900. Cette maison au décor élégant occupe une place idéale entre Paris et la Loire, au carrefour des régions de l'Ouest. Formé à Narbonne mais aussi chez Joël Robuchon et Éric Frechon, le jeune chef Thomas Parnaud insuffle un nouvel élan à cette table vénérable. Grand lecteur d'Escoffier, il s'emploie notamment à revisiter les préparations "à la Chartres" où l'estragon est roi, comme dans sa recette d'œuf fermier cuit mollet et glacé d'un jus de veau. On ne manquera pas non plus son soufflé au Grand Marnier, classique d'entre les classiques parfaitement exécuté : de l'entrée au dessert, il fait toujours bon relâcher sa monture chez Georges...

Spécialités : L'œuf à la Chartres. Côte de veau de l'Aveyron "Grand Monarque". Soufflé chaud au Grand Marnier.

Menu 57 € (déjeuner), 78/98 € – Carte 80/146 €

Le Grand Monarque, 22 place des Epars – ✆ 02 37 18 15 15 – www.monarque.fr – Fermé lundi, dimanche

La Cour du Monarque

CUISINE TRADITIONNELLE • BRASSERIE X Il faut traverser le hall de l'hôtel du Grand Monarque pour entrer dans sa "Cour", une brasserie cosy très courue des Chartrains... On vient dans cette jolie salle sous verrière pour savourer une bonne cuisine de tradition, basée sur de beaux produits.

Menu 34 € (déjeuner) – Carte 31/46 €

Le Grand Monarque, 22 place des Epars – ✆ 02 37 18 15 07 – www.monarque.fr

Esprit Gourmand

CUISINE TRADITIONNELLE • BISTRO X Dans une petite rue proche de la cathédrale, ce bistrot est emmené par un chef-patron aux idées claires : le programme dans l'assiette, c'est produits de saison et recettes traditionnelles. Quelques tables dans la petite cour intérieure.

Menu 25 € – Carte 33/50 €

6 rue du Cheval-Blanc – ✆ 02 37 36 97 84 – Fermé lundi, mardi, dimanche soir

Terra N

CUISINE ITALIENNE • CONVIVIAL X À deux pas du centre-ville, dans les faubourgs de Chartres, une cuisine comme une invitation au voyage : le chef est Italien et son épouse Sud-Africaine ! La cuisine se révèle excellente, tout droit venue d'Italie, et se déguste dans une ambiance conviviale, façon bistrot. On se régale.

Carte 30/55 €

65 avenue du Maréchal-Maunoury – ✆ 02 37 84 81 47 – www.terrachartres.com – Fermé 12-26 janvier, 16 août-6 septembre, lundi, dimanche soir

Le Grand Monarque

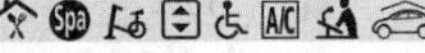

SPA ET BIEN-ÊTRE • ÉLÉGANT L'hôtel de tradition par excellence, déjà recommandé par le guide Michelin 1900 ! On s'y repose dans des chambres spacieuses et élégantes. Un tour au magnifique spa s'impose avant d'aller dîner au Georges.

52 chambres – 154/219 € – 17 € – 6 suites

22 place des Epars – ✆ 02 37 18 15 15 – www.monarque.fr

✿ **Le Georges** • **La Cour du Monarque** – Voir la sélection des restaurants

CHASSAGNE-MONTRACHET

21190 – Côte-d'Or – Carte régionale n° **5**-A3 – Carte Michelin 320-I8

✿ Ed.Em (Edouard Mignot)

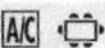

CUISINE MODERNE • CLASSIQUE XX Ed. Em ? La contraction d'Édouard et Émilie, qui ont investi les locaux de l'ancien restaurant Chassagne au cœur du célèbre vignoble bourguignon. Édouard est un jeune chef au solide parcours, commencé au Quai d'Orsay, poursuivi chez Philippe Rochat, Lameloise et Régis Marcon où il a rencontré sa moitié, Émilie – une pâtissière talentueuse qui garantit des fins de repas délicieuses. Avant, on aura goûté aux plats du chef, qui réalise une cuisine à la fois personnelle et subtile, réalisée à base de bons produits préparés avec soin : raie bouclée et foie gras, rémoulade de céleri rave et curcuma ; sandre de Saône, gnocchis de pomme de terre, chou rouge en texture...

Spécialités : Huître zéro, bourgeons de cassis, poireaux des sables et sauce vigneronne. Côte de veau de lait de Dordogne rôtie, poitrine braisée, polenta fraîche et haricots sabre à la menthe. Framboises et hibiscus, crème noisette et arlette croustillante au chocolat.

Menu 32 € (déjeuner), 42/105 € – Carte 89/97 €

4 impasse Chenevottes – ✆ 03 80 21 94 94 – www.restaurant-edem.com – Fermé lundi, mardi

Château de Chassagne-Montrachet

DEMEURE HISTORIQUE • DESIGN Les amateurs d'œnotourisme se réjouiront de découvrir ce ravissant château (fin 18e s.) et de visiter ses magnifiques caves, datant des 11e et 14e s. Les belles chambres mêlent mobilier design et vieilles pierres ; expositions d'art contemporain dans les salons.

5 chambres – 250/295 €

5 chemin du Château – ✆ 03 80 21 98 57 – www.chateaudechassagnemontrachet.com – Fermé 1er-3 janvier, 25-27 décembre

CHASSELAY

✉ 69380 – Rhône – Carte régionale n° **3**–E1 – Carte Michelin 327-H4

✿ Guy Lassausaie

CUISINE MODERNE • ÉLÉGANT XXX C'est en 1984 que Guy Lassausaie a pris place aux fourneaux de cette maison familiale, fondée quatre générations plus tôt – en 1906 – dans cette périphérie lyonnaise aujourd'hui constellée d'étoiles (le Pont de Collonges du regretté Paul Bocuse n'est qu'à une poignée de kilomètres).

Là, le Meilleur Ouvrier de France trace un sillon rudement efficace : il célèbre la tradition locale (et, plus généralement, française) avec enthousiasme et de jolies inspirations. Citons par exemple ce filet de bar de ligne, galette de seigle, caviar et fine purée d'artichaut, ou encore ce carré de cochon de lait et mangue acidulée... Une cuisine étonnante et souvent attachante.

Spécialités : Gâteau de tourteau et avocat, fèves, pois gourmands et velouté de brebis. Filet de bar de ligne, galette de seigle au caviar et purée d'artichaut. Carpaccio d'ananas à la badiane, dacquoise coco et tuile de pomme de terre.

Menu 75/120 € – Carte 81/110 €

35 Rue de Belle-Sise – ✆ 04 78 47 62 59 – www.guy-lassausaie.com – Fermé 24 février-4 mars, 3-27 août, mardi, mercredi

CHÂTEAU-ARNOUX-ST-AUBAN

✉ 04160 – Alpes-de-Haute-Provence – Carte régionale n° **24**–C2 – Carte Michelin 334-E8

✿ La Bonne Étape (Jany Gleize)

CUISINE PROVENÇALE • ÉLÉGANT XXX Sur la table, du pain, une fougasse, des olives et de l'huile d'olive, des tomates multicolores gorgées de soleil. Dans la salle de ce mas rénové, belle interprétation bourgeoise du répertoire local, il flotte comme des fragrances de thym, de sarriette et de lavande... on dirait bien le Sud ! Depuis près d'un demi-siècle, le chef Jany Gleize incarne la cuisine provençale classique, goûteuse et gourmande. Cèpes en raviolis ou en flan, foie gras de canard et tourte de colvert, lièvre à la royale et agneau de Sisteron : Giono lui-même aurait apprécié ces saveurs bien marquées, ces parfums capiteux d'une cuisine riche. On vient de très loin pour déguster ces pieds et paquets d'anthologie, nappés d'une excellente sauce tomate bien relevée qui donne toute sa mesure à la recette.

Spécialités : Calmars farcis aux herbes et aux pignons de pin, sauce tomate à l'huile des Mées. Agneau de Sisteron rôti à feu d'enfer, jus à la sarriette. Crème glacée au miel de lavande dans sa ruche.

Menu 35€ (déjeuner), 75/115€ – Carte 82/103€

Chemin du Lac – ✆ 04 92 64 00 09 – www.bonneetape.com – Fermé 1er janvier-13 février, lundi, mardi

Au Goût du Jour

CUISINE PROVENÇALE · VINTAGE Ne cherchez pas des plats particulièrement au goût du jour... Ici, le chef réalise une goûteuse cuisine du terroir. Dans l'assiette, les produits du marché et du jardin défilent au gré des saisons. Cadre tout en simplicité, aux couleurs de la Provence.

Carte 28/35€

14 avenue du Général-de-Gaulle – ✆ 04 92 64 48 48 – www.bonneetape.com/bistrot.html – Fermé 2 janvier-13 février

La Bonne Étape

FAMILIAL · CLASSIQUE Comment ne pas tomber sous le charme de cette demeure du 18e s. qui fleure bon la Provence ? Un beau jardin fleuri, un grand potager bio, des chambres spacieuses, du mobilier d'époque : une Bonne Étape dont on ne veut repartir !

18 chambres – 176/540€ – 24€

Chemin du Lac – ✆ 04 92 64 00 09 – www.bonneetape.com – Fermé 1er janvier-13 février

La Bonne Étape – Voir la sélection des restaurants

CHÂTEAUBERNARD – Charente (16) → Voir Cognac

CHÂTEAUBOURG

✉ 35220 – Ille-et-Vilaine – Carte régionale n° **7**-D2 – Carte Michelin 309-N6

Le Restaurant Panoramique - Ar Milin'

CUISINE TRADITIONNELLE · DESIGN Dans cet ancien moulin, on profite d'une vue panoramique sur la Vilaine et l'immense parc. Vous passerez devant la cuisine ouverte avant de rejoindre une salle au cadre moderne et coloré, cohabitant avec de vieilles poutres. Le menu change tous les mois.

Menu 34/48€ – Carte 30/45€

Ar Milin', 30 rue de Paris – ✆ 02 99 00 30 91 – www.armilin.com – Fermé 23 décembre-1er janvier, lundi, dimanche soir

CHÂTEAU-D'OLONNE – Vendée (85) → Voir Sables-d'Olonne

CHÂTEAUDUN

✉ 28200 – Eure-et-Loir – Carte régionale n° **8**-B2 – Carte Michelin 311-D7

Aux Trois Pastoureaux

CUISINE TRADITIONNELLE · CLASSIQUE Si Jean-François Lucchese est un ancien pâtissier, il se définit surtout comme un "artisan du goût", soucieux des associations d'ingrédients, des cuissons et des assaisonnements. Ses recettes pétillent de saveurs ! Le "menu médiéval" plonge droit dans la tradition...

Spécialités : Œuf bio poché, pain perdu aux épices et cappuccino de foie gras. Caille rôtie "recette médiévale". Soufflé glacé au Grand Marnier.

Menu 33/56€ – Carte 42/68€

31 rue André-Gillet – ✆ 02 37 45 74 40 – www.aux-trois-pastoureaux.fr – Fermé 27 juillet-11 août, lundi, mardi midi, dimanche

CHÂTEAUFORT – Yvelines (78) → Voir Autour de Paris

CHÂTEAU-GONTIER

✉ 53200 – Mayenne – Carte régionale n° **23**-C1 – Carte Michelin 310-E8

à Azé 2, 6 km au Sud - Est par D22

Le Prieuré

CUISINE ACTUELLE • CONTEMPORAIN XX C'est au centre d'un sympathique village, en périphérie de Château Gontier, que le gourmet dégourdi découvre cet ancien prieuré du onzième siècle, au cadre bucolique. La belle terrasse donne sur un jardin. En toile de fond la Mayenne, et dans l'assiette, une cuisine fraîche et soignée finit d'emporter l'enthousiasme.

Menu 16 € (déjeuner), 26/55 €

1 rue du Prieuré - ✆ 02 43 12 83 43 - www.restaurantleprieure.fr - Fermé 26 août-2 septembre, 14-28 octobre, lundi, mercredi soir, dimanche soir

CHÂTEAUMEILLANT

✉ 18370 - Cher - Carte régionale n° **8**-C3 - Carte Michelin 323-J7

La Goutte Noire

CUISINE MODERNE • CONVIVIAL XX Du nom du ruisseau qui coule dans le village, cette table ne manque pas d'attraits : une grande véranda très lumineuse, une cuisine qui explore le terroir avec goût et générosité (bons vins et fromages régionaux) et un accueil délicat.

Menu 15 € (déjeuner), 26/48 € - Carte 49/78 €

21 rue du Château - ✆ 02 48 96 98 87 - www.la-goutte-noire.fr - Fermé 2-20 janvier, lundi, dimanche soir

CHÂTEAUNEUF-DE-GADAGNE

✉ 84470 - Vaucluse - Carte régionale n° **25**-E1 - Carte Michelin 84-C10

La Maison de Celou

CUISINE MODERNE • COSY X Cette Maison, perchée sur les remparts du vieux village, incarne à merveille les douceurs provençales... et pour cause ! Un jeune chef talentueux y compose des assiettes enlevées, savoureuses : suprême de pintade, farce fine et gratin de macaronis ; sole meunière ; crêpe Suzette flambée en salle, devant vos yeux...

Spécialités : Risotto de fruits de mer, beurre à l'ail. Agneau confit, raviole ouverte de petits légumes. Crêpes Suzette.

Menu 21 € (déjeuner), 32/45 € - Carte 40/70 €

impasse de l'Alouette - Portail du Thor - ✆ 04 90 16 08 61 - www.lamaisondecelou84.com - Fermé 15 février-2 mars, lundi, mercredi soir, dimanche soir

CHÂTEAUNEUF-DU-PAPE

✉ 84230 - Vaucluse - Carte régionale n° **25**-E1 - Carte Michelin 332-B9

Le Verger des Papes

CUISINE PROVENÇALE • RUSTIQUE X Belle situation pour ce restaurant adossé aux remparts du château et dont la terrasse réserve une vue à couper le souffle. La cuisine provençale est à l'honneur : biscuit de saumon cru bio mariné à l'huile d'olive, côte de taureau de Camargue grillée, vacherin au citron... Bons produits et vins de la vallée du Rhône.

Menu 23 € (déjeuner)/34 € - Carte 47/55 €

2 rue du Château - ✆ 04 90 83 50 40 - www.vergerdespapes.com - Fermé 20 décembre-5 mars, lundi, dimanche soir

CHÂTEAUNEUF-VILLEVIEILLE

✉ 06390 - Alpes-Maritimes - Carte régionale n° **24**-D2 - Carte Michelin 341-E5

La Parare

MAISON DE CAMPAGNE • PERSONNALISÉ Une superbe bergerie du 17e s., isolée parmi les oliviers et restaurée par un couple polyglotte : Sydney est franco-hollandais et Karin, suédoise ! Déco façon campagne chic, avec de discrètes touches asiatiques ; petite piscine et grand jardin pour flâner.

5 chambres - 140/180 €

67 Calade du Pastre - ✆ 493792262 - www.laparare.com - Fermé 12 février-15 décembre

CHÂTEAUROUX

✉ 36000 – Indre – Carte régionale n° **8**–C3 – Carte Michelin 323-G6

Jeux 2 Goûts

CUISINE MODERNE • ÉLÉGANT XX Bien implanté dans sa région natale après plusieurs années passées dans de belles maisons parisiennes, Christophe Marchais chatouille les papilles de Châteauroux. Il prépare des assiettes goûteuses et créatives, stimulé par un lieu chargé d'histoire. La meilleure table de la ville.

Spécialités : Tartelette au chèvre frais et noisettes, sorbet persil plat et tomates. Ventrèche de cochon basque cuite 10 heures. Baba chocolat, marmelade et sorbet abricot.

Menu 18 € (déjeuner), 28/52 €

40 rue Grande – ✆ 02 54 27 66 28 – www.jeux2gouts.fr – Fermé 18 février-4 mars, 27 juillet-17 août, lundi, dimanche

Le P'tit Bouchon

CUISINE TRADITIONNELLE • BISTRO X On s'installe dans deux petites salles de bistrot décorées de centaines de bibelots (une véritable brocante), où règne une ambiance bon enfant. Place à la cuisine, traditionnelle et régionale : œufs pochés en "couilles d'âne" (version berrichonne des œufs en meurette), andouillette de Reuilly ou encore rognons de veau...

Menu 19 € (déjeuner), 29/32 € – Carte 28/42 €

64 rue Grande – ✆ 02 54 61 50 40 – www.leptitbouchon.fr – Fermé 1er-31 août, lundi, dimanche

CHÂTEAU-THÉBAUD

✉ 44690 – Loire-Atlantique – Carte régionale n° **23**–B2 – Carte Michelin 316-H5

Auberge La Gaillotière

CUISINE TRADITIONNELLE • RUSTIQUE XX Pour un tête-à-tête avec le vignoble nantais... Les alignements de ceps viennent presque caresser les murs de cet ancien chai ! Anjou, muscadet, bourgueil, etc. : le Val de Loire est aussi à l'honneur à la carte. Quant à la cuisine, du terroir, généreuse et soignée, elle finit de convertir aux bienfaits de la région.

Spécialités : Terrine de foie gras de canard. Rôti de veau au poivre vert. Profiteroles, sauce chocolat.

Menu 15 € (déjeuner), 23/29 €

Lieu-dit La Gaillotière – ✆ 02 28 21 31 16 – www.auberge-la-gaillotiere.fr – Fermé 24 février-16 mars, 2-24 août, lundi, dimanche

CHÂTEL

✉ 74390 – Haute-Savoie – Carte régionale n° **4**–F1 – Carte Michelin 328-O3

Fleur de Neige (N)

CUISINE TRADITIONNELLE • MONTAGNARD XX Pâté en croûte de canard au foie gras, tête de veau sauce ravigote, pavlova aux myrtilles : cette cuisine de tradition, bonne et généreuse, se déguste dans une ambiance familiale, et à l'été sur la belle terrasse panoramique, avec vue sur les massifs du Chablais.

Menu 20 € (déjeuner), 32/49 €

564 route de Vonnes – ✆ 04 50 73 20 10 – www.hotel-fleurdeneige.fr – Fermé 13 avril-19 juin, 19 octobre-17 décembre, mercredi

Le Vieux Four

CUISINE TRADITIONNELLE • RUSTIQUE XX Rustique et chaleureuse, cette vieille ferme (1852) joue la carte de l'authenticité et ravit ses hôtes. On admire les figurines nichées dans les mangeoires de l'étable, tout en se régalant de petits plats savoyards ou d'une cuisine plus actuelle.

Menu 28/53 € – Carte 31/82 €

55 route du Boude – ✆ 04 50 73 30 56 – Fermé 13 avril-19 juin, 7 septembre-4 décembre, lundi

La Poya

CUISINE TRADITIONNELLE • MONTAGNARD La Poya ? C'est le nom de ces peintures locales représentant la montée des troupeaux aux alpages. Situé au cœur de la station, ce restaurant propose de savoureuses recettes traditionnelles où les produits du terroir jouent les stars. Une bonne adresse pour reprendre des forces après quelques descentes !

Menu 36/56 € – Carte 44/74 €

196 route de Vonnes – 04 50 81 19 34 – www.lapoya.fr – Fermé mercredi, jeudi midi

Macchi

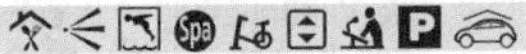

TRADITIONNEL • MONTAGNARD Derrière une jolie façade arborant des fresques tyroliennes, un hôtel charmant dont les chambres portent le nom de grands champions de ski alpin. Beau spa indien, piscine couverte... Cosy, élégant et dépaysant !

28 chambres – 125/320 €

94 chemin de l'Etringa – 04 50 73 24 12 – www.hotelmacchi.com – Fermé 20 avril-10 juin, 25 septembre-15 décembre

CHÂTELAILLON-PLAGE

17340 – Charente-Maritime – Carte régionale n° **20**-A2 – Carte Michelin 324-D3

Les Flots

CUISINE MODERNE • CONTEMPORAIN Au bord du boulevard qui longe l'immense plage, voici une adresse qui devrait ravir les amateurs de sensations iodées. On s'installe dans une salle contemporaine qui offre une belle vue sur les flots pour déguster poissons et crustacés du jour, vedettes de goûteuses préparations cent pour cent maison. Partez à l'abordage de cette jolie maison bleu et blanc (1890) face à la plage.

Spécialités : Mousseline de poisson blanc, vinaigrette aux coques et speck, émulsion coquillages. Dos de cabillaud, petit épeautre façon risotto, crème de panais. Baba au rhum, crème légère vanillée.

Menu 31/43 € – Carte 40/58 €

52 boulevard de la Mer – 05 46 56 23 42 – www.les-flots.fr – Fermé mardi

Gaya - Cuisine de Bords de Mer

POISSONS ET FRUITS DE MER • ÉLÉGANT Au sein de l'hôtel La Grande Terrasse, non loin des Boucholeurs, ce restaurant met l'iode à l'honneur. La carte est longue et les plats sont généreux, servis dans un cadre cosy qui ouvre sur la terrasse et la mer.

Menu 85 € – Carte 50/95 €

La Grande Terrasse Mgallery, avenue de la Falaise – 05 46 56 54 30 – www.la-grande-terrasse.com

La Grande Terrasse Mgallery

SPA ET BIEN-ÊTRE • COSY Un bel établissement qui surplombe la mer et laisse, au loin, deviner l'île de Ré. Les chambres revisitent l'esprit des années 1950 dans une veine contemporaine ; on profite aussi de la vaste piscine intérieure et du joli spa.

54 chambres – 160/320 € – 25 € – 18 suites

avenue de la Falaise – 05 46 56 14 14 – www.la-grande-terrasse.com

Gaya - Cuisine de Bords de Mer – Voir la sélection des restaurants

CHÂTILLON-EN-BAZOIS

✉ 58110 - Nièvre - Carte régionale n° **5**-B2 - Carte Michelin 319-E9

à Alluy 3 km au Sud - Ouest par D978 et D10

La Grangée

CUISINE MODERNE • AUBERGE X Originaire (et amoureux !) de la région, le chef Girard a transformé cette auberge communale à sa main. Il y met en avant la production locale (Charolais du Bourbonnais, légumes bio de Rouy, pintades de Vandenesse) et la cueillette, qu'il pratique lui-même le weekend : baies sauvages, herbes... Une réussite.

Menu 39 €

Le bourg - ✆ 03 86 76 11 56 - www.restaurantlagrangee.com - Fermé lundi, mardi, dimanche soir

CHÂTILLON-LE-DUC - Doubs (25) ➜ Voir Besançon

CHÂTILLON-SUR-CHALARONNE

✉ 01400 - Ain - Carte régionale n° **3**-E1 - Carte Michelin 328-C4

La Tour

CUISINE TRADITIONNELLE • CONTEMPORAIN XX Derrière une belle façade à colombages, on s'installe dans un décor baroque, où les bibelots abondent. Dans l'assiette, les plaisirs défilent : fondant crémeux de brochet et écrevisse, volaille de la Dombes à la crème, poêlée de grenouilles sautées...

Menu 27/52 € - Carte 68/79 €

place de la République - ✆ 04 74 55 05 12 - www.hotel-latour.com - Fermé 2-20 janvier, lundi, mardi midi, dimanche soir

à l'Abergement-Clémenciat 5 km au Nord - Ouest par D7 et D64C

St-Lazare

CUISINE MODERNE • ÉLÉGANT XXX Cette maison est dans la famille depuis 1899 ! Aujourd'hui, père et fils cuisinent à quatre mains : ils déclinent un menu "carte blanche" inventif, à base de bons produits frais, avec plusieurs sortes de pain maison pour accompagner chaque plat. À apprécier dans la lumineuse salle à manger.

Menu 31 € (déjeuner), 48/91 € - Carte 59/68 €

le Bourg - ✆ 04 74 24 00 23 - www.lesaintlazare.fr - Fermé lundi, mardi, mercredi, dimanche soir

CHÂTILLON-SUR-INDRE

✉ 36700 - Indre - Carte régionale n° **8**-B3 - Carte Michelin 323-D5

Auberge de la Tour

CUISINE TRADITIONNELLE • AUBERGE X Ici, un chef artisan réalise une cuisine traditionnelle, revue au goût du jour. Parmi les incontournables : foie gras, souris d'agneau, Paris-Brest, le tout, agrémenté de gentillesse ! A déguster dans l'une des deux salles rustiques ou sur la belle terrasse, à l'été.

Menu 17 € (déjeuner), 27/40 € - Carte 30/50 €

2 route du Blanc - ✆ 02 54 38 44 20 - www.auberge-de-la-tour36.fr - Fermé 6-28 janvier, 14-30 septembre, lundi, dimanche soir

LA CHÂTRE

✉ 36400 - Indre - Carte régionale n° **8**-C3 - Carte Michelin 323-H7

À l'Escargot

CUISINE TRADITIONNELLE • RUSTIQUE XX Pour la petite histoire, les parents de George Sand se seraient connus dans cet ancien relais de poste des 15e-16e s. Auraient-ils cédé aux avances de la sympathique cuisine traditionnelle qu'on y sert aujourd'hui ? Deux spécialités font la renommée de la maison : la cassolette de Lumas (escargots) à la crème d'ail et le ris de veau braisé au beurre, au sel de Guérande, sauce aux morilles.

Menu 25/41€

21 rue de Beaufort – ✆ 02 54 48 03 85 – https://www.auberge-escargot.fr – Fermé 18-27 février, 18 août-8 septembre, lundi, dimanche soir

CHAUDES-AIGUES

✉ 15110 – Cantal – Carte régionale n° **1**-B3 – Carte Michelin 330-G5

Serge Vieira

CUISINE CRÉATIVE • DESIGN XXX Deux étoiles pour un chef dont le père était ouvrier Michelin : voilà un beau pied-de-nez au destin ! Natif de Clermont-Ferrand, Serge Vieira se destinait à une carrière de dessinateur industriel, avant de se réorienter vers la cuisine. Bonne pioche : après avoir observé et appris dans des maisons de renom (Dominique Robert, Régis Marcon), il remporte le Bocuse d'Or en 2005. Dans son vaisseau contemporain – pierre, fer et verre – niché dans une forteresse médiévale, avec une vue à 360° sur les alentours, il joue dans la cour des grands. Ses assiettes, élaborées au quart de poil, sont savamment composées, et sa technique ne prend jamais le pas sur le goût. Ah, une dernière chose : les plus fatigués d'entre vous pourront même réserver une chambre, avec vue imprenable sur les monts du Cantal.

Spécialités : Escargots petits-gris de Massiac, croquettes, crème d'oignons caramélisés et mousserons des prés. Selle et ris d'agneau allaiton rôtis, poivre des moines et ravioles de petits pois au jus des cosses. Compotée de myrtilles du Cantal, crème légère à la reine-des-prés et glace au lait d'amande.

Menu 95/160€

Le Couffour – ✆ 04 71 20 73 85 – www.sergevieira.com – Fermé 29 novembre-2 avril, mardi, mercredi

Sodade

CUISINE MODERNE • DESIGN X Sodade, c'est une chanson de Cesária Évora, et un clin d'œil aux origines portugaises de Serge Vieira, propriétaire des lieux. Le chef, Aurélien Gransagne, signe une cuisine impeccable, simple et savoureuse, à déguster dans une grande salle à manger design ou sur la terrasse qui donne sur le ruisseau... Réjouissant.

Spécialités : Tartare de truite fario, pêche, fenouil et guacamole. Pintade fermière au piri-piri, truffade au cantal. Tartelette aux myrtilles, crème glacée reine-des-prés.

Menu 32/39€ – Carte 42/50€

21 avenue du Président-Georges-Pompidou – ✆ 04 71 60 10 23 – www.sergevieira.com – Fermé 20 décembre-16 mars, lundi, dimanche soir

CHAUMOUSEY – Vosges (88) → Voir Épinal

CHAVAGNAC

✉ 15300 – Cantal – Carte régionale n° **1**-B3 – Carte Michelin 330-F4

Instants d'Absolu

TRADITIONNEL • PERSONNALISÉ Cet hôtel-restaurant, "écolodge" du bout du monde, cultive une vraie façon de vivre : ici, pas de téléphone ni de télévision, mais un observatoire ornithologique et un jacuzzi extérieur, face au lac. Les chambres n'utilisent que des matériaux bruts (bois, cuir, pierre). Espace bien-être, sauna et hammam.

11 chambres – 144/170€ – 1 suite

Le Lac du Pêcher – ✆ 04 71 20 83 09 – ecolodge-france.com – Fermé 16 février-24 avril

CHAVIGNOL - Cher (18) → Voir Sancerre

CHAZELLES-SUR-LYON

✉ 42140 - Loire - Carte régionale n° **2**-A2 - Carte Michelin 327-F6

Château Blanchard (Sylvain Roux)

CUISINE MODERNE · ÉLÉGANT XXX Séduisante au milieu de son parc, cette grande maison des années 1920 s'inspire de la Renaissance italienne : peintures mythologiques en façade, marbre, mosaïques... Puis, dans l'élégante salle à manger à colonnes, la décoration fleure bon le contemporain avec son éclairage encastré, ses fauteuils profonds et son art de la table raffiné. Deux frères veillent sur cette affaire de famille : le sommelier Frédéric Roux aux choix judicieux (excellent Saint-Joseph blanc d'Aurélien Chatagnier, profond et ample) et le chef Sylvain Roux dont les réjouissantes assiettes mettent en valeur les produits du terroir. Moelleuse caille et foie gras, fondant suprême de volaille fermière à la châtaigne, délicat ananas confit : chapeau.

Spécialités : Cuisine du marché.

Menu 37 € (déjeuner), 59/98 € - Carte 60/90 €

36 route de St-Galmier - ✆ 04 77 54 28 88 - www.hotel-chateau-blanchard.com - Fermé lundi, dimanche

CHAZEY-SUR-AIN

✉ 01150 - Ain - Carte Michelin 328-E5

à Ste-Julie 2 km au Sud - Est par D40 - Carte régionale n° **2**-B1

Les Chambres de la Renaissance

DEMEURE HISTORIQUE · CONTEMPORAIN Blotti à côté de l'église, ce beau château du 12e s. aux allures de maison d'hôtes abrite des chambres confortables, au design moderne. Les anciennes écuries ont été joliment aménagées. Renaissance assurée après une bonne nuit de sommeil !

21 chambres - 80/180 € - 12 €

montée de l'Église - ✆ 04 74 37 13 07 - www.leschambresdelarenaissance.fr

CHECY

✉ 45430 - Loiret - Carte régionale n° **8**-C2 - Carte Michelin 318-J4

Le Week-End

CUISINE MODERNE · CONVIVIAL XX Poisson en arrivage direct des Sables-d'Olonne, viande de Sologne, légumes de maraîchers locaux : la maison porte une vraie attention à la qualité des produits et sait les mettre en valeur ! Mention spéciale pour le beau plateau de fromages et la carte des vins, notamment du Val de Loire (dégustations et ventes à la cave).

Menu 27 € (déjeuner), 38/65 €

1 place du Cloître - ✆ 02 38 86 84 93 - www.restaurant-leweekend.com - Fermé lundi, mardi, dimanche soir

CHÉDIGNY

✉ 37310 - Indre-et-Loire - Carte régionale n° **8**-B2 - Carte Michelin 317-O5

Le Clos aux Roses

CUISINE MODERNE · AUBERGE X Il y a quelque chose d'apaisant, de rassérénant, à passer quelques heures dans cette jolie maison en pierre. La raison à cela ? La cuisine de la cheffe, Armelle Krause, basée sur de bons produits - laitages et volailles de producteurs locaux, par exemple - mais aussi l'emplacement du restaurant : en plein cœur d'un village fleuri qui n'a rien à envier à Giverny...

Spécialités : Variation autour des légumes de saison. Selle d'agneau rôtie, artichauts et jus aux herbes. Soufflé à l'orange.

Menu 32/44 € - Carte 46/58 €

2 rue du Lavoir - ✆ 02 47 92 20 29 - www.leclosauxroses.com - Fermé 10-16 août, 19 octobre-4 novembre, 20 décembre-4 janvier, lundi soir, mardi midi, mercredi midi, dimanche soir

CHÊNEHUTTE-TREVES

✉ 49350 – Maine-et-Loire – Carte régionale n° **23**–C2 – Carte Michelin 317-I5

Le Castellane

CUISINE MODERNE • ÉLÉGANT XXX Le Castellane, restaurant du Château du Prieuré, propose une cuisine actuelle, qui fait la part belle aux produits de saison, au maximum locaux. On en profite dans une salle à manger au décor Empire ou sur la terrasse, qui offrent un beau panorama sur la Loire.

Menu 29 € (déjeuner), 40/80 € – Carte 61/84 €

Château Le Prieuré, route du Comte-de-Castellane – ✆ 02 41 67 90 14 – www.prieure.com – Fermé lundi, mardi

Château Le Prieuré

DEMEURE HISTORIQUE • CLASSIQUE Cet ancien prieuré bénédictin du douzième siècle offre une quiétude absolue, propice à la méditation. Les chambres, au style classique bourgeois (tentures murales, mobilier de style, lustres, drapées, dorures), dévoilent une très belle vue sur la Loire. Parking privé, parc arboré et paysagé de 25 hectares, tennis, mini-golf.

20 chambres – 125/359 € – 18 € – 1 suite

route du Comte-de-Castellane – ✆ 02 41 67 90 14 – www.prieure.com

Le Castellane – Voir la sélection des restaurants

CHÉNÉRAILLES

✉ 23130 – Creuse – Carte régionale n° **19**–C1 – Carte Michelin 325-K4

Le Coq d'Or

CUISINE MODERNE • FAMILIAL XX Une déco très... coquette, et pour cause : on trouve ici moults coqs rapportés des quatre coins du monde par les clients. Dans l'assiette ? Une cuisine fine et maîtrisée, alliant saveurs du terroir et créativité.

Spécialités : Terrine de foie gras. Pièce de bœuf du Limousin, jus au vin rouge et légumes de saison. Jour et nuit aux deux chocolats, glace cacahouète.

Menu 25/56 € – Carte 39/61 €

7 place du Champ-de-Foire – ✆ 05 55 62 30 83 – www.restaurant-coqdor-23.com – Fermé 6-20 janvier, 22 juin-5 juillet, 20-29 septembre, lundi, mardi soir, mercredi soir, dimanche soir

CHENONCEAUX

✉ 37150 – Indre-et-Loire – Carte régionale n° **8**–A1 – Carte Michelin 317-P5

Auberge du Bon Laboureur

CUISINE TRADITIONNELLE • ÉLÉGANT XXX Cette table creuse un sillon fertile : celui du produit et des saisons. Le chef signe une solide cuisine à l'ancienne, sagement modernisée, que l'on accompagne d'un joli choix de vins. Un repas agréable, dans un cadre qui l'est tout autant.

Menu 32 € (déjeuner), 60/115 € – Carte 68/145 €

6 rue du Docteur-Bretonneau – ✆ 02 47 23 90 02 – www.bonlaboureur.com – Fermé 5 janvier-13 février, 11 novembre-18 décembre, mardi midi

Auberge du Bon Laboureur

MAISON DE CAMPAGNE • COSY Près du "château des Dames", un véritable hameau de jolies maisonnettes couvertes de vigne vierge : chaque chambre y distille un charme particulier, comme si tout un pittoresque village se faisait demeure de famille... avec, pour couronner le tout, une belle piscine chauffée et un spa.

22 chambres – 171/475 € – 19 € – 6 suites

6 rue Docteur-Bretonneau – ✆ 02 47 23 90 02 – www.bonlaboureur.com – Fermé 3 janvier-12 février, 5 janvier-13 février, 11 novembre-20 décembre, 11 novembre-18 décembre

Auberge du Bon Laboureur – Voir la sélection des restaurants

CHERBOURG-EN-COTENTIN

✉ 50100 - Manche - Carte régionale n° **17**-A1 - Carte Michelin 303-C2

✿ Le Pily (Pierre Marion)

CUISINE CRÉATIVE • TENDANCE XX "Pily" ou Pierre en cuisine et Lydie en salle... Une histoire d'initiales, mais surtout une grande complicité : ce jeune couple a créé une jolie table contemporaine, entièrement dévouée au goût. Ne vous fiez pas à la devanture, qui ne paye pas de mine, c'est à l'intérieur - et dans l'assiette ! - que ça se passe. La carte est conçue au plus près des saisons ; elle doit beaucoup à des fournisseurs locaux triés sur le volet, et considérés comme de véritables partenaires par le chef. Les produits (légumes, poissons de petits bateaux, crustacés, pigeonneaux, fromage fermier) sont joliment mis en valeur : on tient là, sans doute, la meilleure table de Cherbourg...

Spécialités : Cuisine du marché.

Menu 47/84 €

39 Grande-Rue - ✆ 02 33 10 19 29 - www.le-pily.com - Fermé 5-14 janvier, 31 août-24 septembre, lundi midi, dimanche

Le Vauban

A/C

CUISINE MODERNE • TENDANCE XX Géré par un couple accueillant et dynamique, le Vauban propose des recettes bien dans l'air du temps, pleines de saveurs : légumes du maraîcher, viandes locales et produits de la mer sont cuisinés avec soin par le chef ; son épouse, en salle, assure le service avec gentillesse.

Spécialités : Œuf bio, petits pois, sot-l'y-laisse de poulet, chips de vitelotte. Molécules de ris de veau, pépites de foie gras poêlé. Déclinaison autour du chocolat.

Menu 25/49 € - Carte 37/62 €

22 quai Caligny - ✆ 02 33 43 10 11 - www.levauban-cherbourg.fr - Fermé 17 février-6 mars, 23 août-4 septembre, lundi, samedi midi, dimanche soir

Le Patio

CUISINE DU MARCHÉ • BISTRO X En plein cœur de la ville, on découvre le travail d'un jeune chef amoureux du bon produit. Il nous régale de jolies recettes traditionnelles réalisées dans les règles de l'art, avec un choix à l'ardoise renouvelé régulièrement. Ajoutez à cela un bon rapport qualité-prix, vous obtenez une table tout à fait recommandable. Par beau temps, on s'installe dans le petit patio.

Menu 36 €

5 rue Christine - ✆ 02 33 52 49 10 - www.restaurant-lepatio-cherbourg.fr - Fermé 3-24 août, 23 décembre-1er janvier, lundi, dimanche

CHERISY - Eure-et-Loir (28) ➜ Voir Dreux

CHEVAGNES

✉ 03230 - Allier - Carte régionale n° **1**-C1 - Carte Michelin 326-I3

Le Goût des Choses

CUISINE TRADITIONNELLE • COLORÉ XX Venez donc vous abriter dans cette jolie salle lumineuse ! Dans l'assiette, la cuisine mêle tradition et modernité ; le patron met un point d'honneur à travailler de bons produits locaux. Et en cas de grosse fatigue, deux belles chambres d'hôtes vous tendent les bras.

Menu 28/65 € - Carte 43/62 €

12 route Nationale - ✆ 04 70 43 11 12 - www.legoutdeschoses-03.com - Fermé 13 janvier-2 février, lundi, mardi, dimanche soir

CHEVREUSE - Yvelines (78) ➜ Voir Autour de Paris

CHILLEURS-AUX-BOIS

✉ 45170 - Loiret - Carte régionale n° **8**-C2 - Carte Michelin 318-J3

Le Lancelot

CUISINE MODERNE • COSY XX Au centre du village, cette accueillante maison fleurie avec jardin et terrasse – et une belle collection de rosiers – est un véritable havre de tranquillité ! La patronne propose ses créations personnelles, avec une spécialité qui met l'eau à la bouche : le pithiviers fondant, coulis de fruits rouges, pistache...

Spécialités : Œuf parfait, fricassée d'escargots, champignons et lentilles à la crème forestière. Moelleux de pintade à la gâtinaise, gratin solognot. Pithiviers fondant en millefeuille de fraises.

Menu 29/74 € – Carte 47/80 €

12 rue des Déportés – ☎ 02 38 32 91 15 – www.restaurantlelancelot.com – Fermé 3-25 août, lundi, mardi soir, mercredi soir, dimanche soir

CHINAILLON – Haute-Savoie (74) ➜ Voir Grand-Bornand

CHINON

✉ 37500 – Indre-et-Loire – Carte régionale n° **8**-A3 – Carte Michelin 317-K6

Au Chapeau Rouge

CUISINE DU TERROIR • CLASSIQUE XX Chapeau Rouge, comme celui que portaient les cochers des messageries royales. Le château de Chinon est, en effet, tout proche de ce restaurant devant lequel murmure une fontaine. On y déguste une belle cuisine fidèle aux saisons, avec des produits du terroir triés sur le volet. Menu truffe en hiver.

Spécialités : Marbré de bœuf et foie gras, vinaigrette à l'estragon. Ballottine de poissons de Loire, coulis d'écrevisses. Ganaches chocolatées à la menthe glaciale.

Menu 30/46 €

49 place du Général-de-Gaulle – ☎ 02 47 98 08 08 – www.auchapeaurouge.fr – Fermé lundi, mardi midi, dimanche soir

Les Années Trente

CUISINE MODERNE • ROMANTIQUE XX Ne vous fiez pas au nom de cet établissement ! Ici, point d'esprit années 1930 mais un décor chaleureux : tuffeau, poutres et même une cheminée... Les gourmands y apprécient une appétissante cuisine centrée sur les produits frais. Terrasse pour les beaux jours.

Menu 28/48 € – Carte 39/56 €

78 rue Haute-Saint-Maurice – ☎ 02 47 93 37 18 – www.lesannees30.com – Fermé 18 juin-9 juillet, 12-28 novembre, mardi, mercredi

L'Océanic

POISSONS ET FRUITS DE MER • CONVIVIAL XX Le vent de l'Océan souffle jusqu'à Chinon ! Comme l'enseigne l'indique, les produits de la mer sont ici à l'honneur. En cuisine, le chef prépare des poissons très frais, y ajoutant un zeste d'originalité. En saison, les menus homard, et Saint-Jacques, sont les spécialités maison. Bon rapport qualité-prix.

Menu 29/45 € – Carte 42/94 €

13 rue Rabelais – ☎ 02 47 93 44 55 – www.loceanic-chinon.com – Fermé 8-22 mars, 23 août-2 septembre, lundi, dimanche

à Marçay 9 km au Sud et D116 – Carte régionale n° **8**-A3

La Table de Marçay

CUISINE MODERNE • CLASSIQUE XX On accède au château par une allée privée et la silhouette de ses tours transporte dans un roman de l'amour courtois. Le cadre est élégant et chaleureux, la cuisine empreinte de jolies saveurs et... auréolée de vins de Loire, bien sûr. Formule bistrot à midi.

Menu 25 € (déjeuner), 39/46 € – Carte 51/60 €

Château de Marçay, Route du Château – ☎ 02 47 93 03 47 – www.chateaudemarcay.com – Fermé 7 janvier-7 février, mardi, mercredi midi

Château de Marçay

DEMEURE HISTORIQUE · ÉLÉGANT De nobles tours rondes, une belle pierre blanche... ce château des 12e-15e s. a fière allure ! Tout autour : le calme d'un grand parc et des vignes (dégustations), en face desquelles se dresse une annexe. Centre équestre depuis peu... pour un séjour à l'image de la région.

28 chambres – 139/269 € – 19 € – 4 suites

route du Château – 02 47 93 03 47 – www.chateaudemarcay.com – Fermé 7 janvier-7 février

La Table de Marçay – Voir la sélection des restaurants

CHISSAY-EN-TOURAINE – Loir-et-Cher (41) → Voir Montrichard

CHISSEAUX

37150 – Indre-et-Loire – Carte régionale n° **8**-A1 – Carte Michelin 317-P5

Auberge du Cheval Rouge

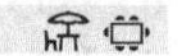

CUISINE TRADITIONNELLE · CLASSIQUE XX Noble nom que celui de cette auberge située sur la route des châteaux de la Loire. La cuisine est occupée par un chef au beau parcours, qui signe des recettes appétissantes : terrine de pied de porc au foie gras, bouillon crémeux de homard et langoustines... sans oublier des desserts très soignés – cela n'a rien d'un hasard, il est pâtissier de formation !

Menu 32/50 € – Carte 52/60 €

30 rue Nationale – 02 47 23 86 67 – www.auberge-duchevalrouge.com – Fermé 15 février-5 mars, mardi, mercredi

CHOLET

49300 – Maine-et-Loire – Carte régionale n° **23**-B2 – Carte Michelin 317-D6

L'Ourdissoir

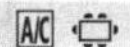

CUISINE MODERNE · INTIME X De beaux murs en pierre, témoins du travail des tisserands de la ville du mouchoir. Le chef propose un menu découverte selon son inspiration et les propositions du marché.

Spécialités : Saumon, petits pois, concombre, verveine. Pigeon en deux cuissons, girolles, huile de café. Abricots rôtis, biscuit succès, thym citron.

Menu 23 € (déjeuner), 33/56 € – Carte 46/53 €

40 rue Saint-Bonaventure – 02 41 58 55 18 – www.lourdissoir.com – Fermé 2-25 août, lundi, dimanche

La Grange

CUISINE MODERNE · AUBERGE XX Côté pile, l'image d'Épinal, les poutres apparentes qui rappellent l'ancienne ferme du pays. Côté face, des touches de couleur, de l'épure et du design, bref : la modernité ! À cheval sur tout cela, bien en équilibre : la savoureuse cuisine du chef, inspirée et respectueuse des saisons.

Menu 20 € (déjeuner), 25/60 € – Carte 42/86 €

64 rue de St-Antoine – 02 41 62 09 83 – www.lagrangecholet.fr – Fermé lundi, mercredi soir, dimanche soir

Le Pouce Pied

CUISINE TRADITIONNELLE · SIMPLE X Un restaurant de poche un peu excentré, où les tables sont décorées de pouces-pieds ! La cuisine est alléchante et gorgée de saveurs, le tout à prix raisonnable.

Menu 20 € (déjeuner), 33/38 €

1 rue du Lait-de-Beurre – 02 41 58 50 03 – www.lepoucepied.com – Fermé 2-8 janvier, 17-25 juin, 16 août-3 septembre, lundi, samedi midi, dimanche soir

à Maulévrier 13 km au Sud - Est et D20

Le Stofflet

CUISINE MODERNE • ROMANTIQUE XXX Quelle allure ! Au sein de ce beau château classique, les hauts plafonds et les lustres en cristal Grand Siècle rehaussent encore l'expérience gastronomique. Le chef signe une cuisine actuelle bien maîtrisée, inspirée par le terroir et les légumes du potager...

Menu 33/85 € - Carte 60/64 €

Château Colbert, place du Château - ☎ 02 41 55 51 33 - www.chateaucolbert.com - Fermé 1er-31 janvier, 13-19 avril, 30 avril-2 mai, dimanche soir

CHONAS-L'AMBALLAN - Isère (38) ➜ Voir Vienne

CHOREY-LÈS-BEAUNE - Côte-d'Or (21) ➜ Voir Beaune

CIBOURE - Pyrénées-Atlantiques (64) ➜ Voir St-Jean-de-Luz

CIEURAC - Lot (46) ➜ Voir Cahors

LA CIOTAT

✉ 13600 - Bouches-du-Rhône - Carte Michelin 340-I6

au Liouquet 6 km à l'Est par D559 (route de Bandol) - Carte régionale n° **24**-B3

La Table de Nans (Nans Gaillard)

CUISINE MÉDITERRANÉENNE • ÉPURÉ XX Nans Gaillard, enfant du pays et chef exigeant, avait un rêve de gamin : ouvrir son restaurant à La Ciotat, sa ville natale. Après une enfance bretonne et ses premiers pas en cuisine, de vrais postes à Paris, notamment chez Joël Robuchon, il trouve son bonheur : une auberge datant de l'entre-deux-guerres, construite en corniche face à la grande bleue avec sa terrasse magique et ses grands pins. Dans ce cadre de rêve, Nans rend hommage aux produits régionaux avec une cuisine classique revisitée avec finesse : légumes de Provence "cuits et crus", robiola frais et herbes potagères ; homard, confit de carottes au gingembre et citron vert, chair des pinces en ravioli, sauce onctueuse à la vanille de Madagascar...

Spécialités : Légumes de Provence cuits et crus, robiola. Homard poêlé au beurre, stracci toscani, truffes, tomates et basilic. Palet intense à la noisette du Piémont et sorbet yuzu.

Menu 49 € (déjeuner), 85/105 € - Carte 80/115 €

126 Corniche du Liouquet - ☎ 04 42 83 11 06 - www.latabledenans.com - Fermé 10 janvier-1er février, 10-30 novembre, lundi, mardi midi, dimanche soir

Roche Belle

CUISINE PROVENÇALE • RUSTIQUE X Dans un chaleureux cadre provençal, une maisonnette couverte de vigne vierge et sa terrasse plantée d'oliviers. La cuisine est goûteuse, ensoleillée, et fleure bon le Midi.

Menu 22 € (déjeuner)/37 € - Carte 40/60 €

Corniche du Liouquet - ☎ 04 42 71 47 60 - www.roche-belle.fr - Fermé 17 février-8 mars, 19 octobre-1er novembre, lundi, dimanche

CLAIREFONTAINE-EN-YVELINES

✉ 78120 - Yvelines - Carte régionale n° **15**-A2 - Carte Michelin 311-H4

Les Terrasses de Clairefontaine

CUISINE MODERNE • CONTEMPORAIN XXX Situé au cœur de la Vallée de Chevreuse et de la forêt de Rambouillet, ce restaurant en bordure de l'étang de Clairefontaine propose une chaleureuse cuisine au goût du jour, avec une prédisposition (en saison) pour les truffes et les gibiers, et une jolie vue sur l'étang (en toutes saisons...).

Menu 58/90 €

1 rue de Rambouillet - ☎ 01 30 59 19 19 - www.lesterrassesdeclairefontaine.com - Fermé lundi, mardi, dimanche soir

CLAMECY

✉ 58500 – Nièvre – Carte régionale n° **5**–B2 – Carte Michelin 319-E7

Angélus

CUISINE MODERNE • BISTRO X Une maison à colombages au pied de l'église. On y savoure une bonne cuisine résolument centrée sur le produit (les fournisseurs sont choisis avec soin), à l'image de ce paleron de charolais fondant et sa crème légère à la moutarde. Aux beaux jours, on profite de la jolie terrasse.

Menu 25/39 € – Carte 40/61 €

11 place Saint-Jean – ☎ 03 86 27 33 98 – www.restaurantlangelus.com – Fermé 15 février-2 mars, 19 décembre-5 janvier, lundi, mercredi soir, dimanche soir

Deux Pièces Cuisine

CUISINE MODERNE • ROMANTIQUE X Une véritable petite bonbonnière dont l'origine remonte à 1396, où se côtoient bibelots, oursons et même coucou suisse… L'âme cosy des lieux a conquis la clientèle locale. Cuisine actuelle.

Menu 20 € (déjeuner)/25 €

7 rue de la Monnaie – ☎ 03 86 27 25 07 – www.2pieces-cuisine.fr – Fermé 15 novembre-10 décembre, lundi, dimanche soir

CLARA – Pyrénées-Orientales (66) → Voir Prades

CLÉCY

✉ 14570 – Calvados – Carte régionale n° **17**–B2 – Carte Michelin 303-J6

Au Site Normand

CUISINE MODERNE • COSY XX Le chef, sympathique et professionnel, revisite ici la tradition avec maîtrise, au rythme des saisons et du marché. Ses menus surprise se dégustent dans une salle à manger cosy qui ne manque pas de cachet : poutres peintes, cheminée… Chambres confortables et petit espace bien-être permettent de prolonger l'étape. Service charmant.

Menu 36/67 €

2 rue des Châtelets – ☎ 02 31 69 71 05 – www.hotel-clecy.com – Fermé 5-13 juillet, 20 décembre-28 janvier, lundi, mardi midi, mercredi midi, jeudi midi, vendredi midi, samedi midi, dimanche

CLÈRES

✉ 76690 – Seine-Maritime – Carte régionale n° **17**–D1 – Carte Michelin 304-G4

Auberge du Moulin

CUISINE MODERNE • AUBERGE XX Une sympathique auberge tournée vers un vieux moulin, bordé par une petite rivière dont le cours est ponctué de cressonnières. On prend plaisir à déguster la cuisine dans l'air du temps concoctée par Marc Halbourg, qui valorise joliment marée et terroir normands.

Spécialités : Velouté de cresson. Poisson du marché et légumes de saison. Soupe de chocolat et madeleines tièdes.

Menu 33/53 € – Carte 41/63 €

36 rue des Moulins-du-Tot – ☎ 02 35 33 62 76 – www.aubergedumoulin.org – Fermé lundi, mardi, dimanche soir

à Frichemesnil 4 km au Nord - Est par D6 et D100 – Carte régionale n° **17**–D1

Au Souper Fin (Eric Buisset)

CUISINE MODERNE • COSY XX Depuis trois décennies, le chef et propriétaire Éric Buissert et son épouse Véronique régalent avec une probité sans pareille ! Les fidèles en témoignent : voici une enseigne qui ne ment pas. Au Frichemesnil, un bourg normand, on vous sert un fin frichti de saveurs réfléchies, concocté à base de beaux produits très frais : foie gras de canard d'un éleveur local, saint-pierre de pêche côtière dieppoise, pommes de vergers normands, coquilles Saint-Jacques d'exception… Natif du Nord, Normand par amour, le chef ne triche pas avec le bon goût des choses. Sans oublier de jolies petites chambres, pour ceux qui souhaitent prolonger le plaisir un jour de plus.

Spécialités : Foie gras de canard poêlé, tartine de coppa et fruits de saison. Côte de veau au vin jaune et aux morilles. Millefeuille à la vanille.

Menu 36 € (déjeuner), 52/60 € - Carte 61/84 €

1 route de Clères - ✆ 02 35 33 33 88 - www.souperfin.fr - Fermé 3-28 août, mercredi, jeudi, dimanche soir

CLERMONT

✉ 60600 - Oise - Carte régionale n° **14**-B2 - Carte Michelin 305-F4

à Étouy 7 km au Nord - Ouest par D151 - Carte régionale n° **14**-B2

✿ L'Orée de la Forêt (Nicolas Leclercq)

CUISINE MODERNE · ÉLÉGANT XXX Vous cherchez une bonne table proche de Paris ? En lisière de la forêt d'Ermenonville, cette belle demeure de la fin du 19e s. accueille sereinement les clients dans son parc arboré. L'idéal pour se mettre au vert, l'appétit en bandoulière. L'intérieur, feutré et élégant, séduit grâce aux efforts familiaux du chef Nicolas Leclercq et de son épouse Yolaine. La grand-mère de Nicolas avait ouvert le restaurant en... 1956 et faisait elle-même son beurre grâce au lait de sa vache ! Le grand potager (flânerie obligatoire après le repas) approvisionne la table en légumes frais et herbes aromatiques - cueillette effectuée par le père du chef. Aujourd'hui, le cuisinier, qui fabrique lui-même son pain au levain, propose une cuisine franche, colorée et attentive aux saisons.

Spécialités : Assiette comme dans un jardin, cromesquis d'œuf. Pigeonneau rôti au barbecue et légumes du potager. Millefeuille vanillé.

Menu 60/120 € - Carte 110/120 €

255 rue de la Forêt - ✆ 03 44 51 65 18 - www.loreedelaforet.fr - Fermé 2-14 janvier, 22 juillet-18 août, lundi, mardi, dimanche soir

CLERMONT-FERRAND

✉ 63000 – Puy-de-Dôme – Carte régionale n° **1**–B2 – Carte Michelin 326-F8

On aime...

Juchée sur les restes d'un ancien volcan, la capitale historique de l'Auvergne règne sur la plus grande prairie de France. Qui dit pâture dit élevage, viande et fromage ! Pas étonnant que cette ville soit l'un des ventres gourmands de la France – d'ailleurs, son sous-sol de tuf est un véritable gruyère où l'on fît longtemps mûrir vin et fromage. Arpentez les rues commerçantes de la vieille ville, comme la rue de la Boucherie, qui convergent vers la place Saint-Pierre et ses halles. Des artisans bouchers-charcutiers y vantent le porc fermier d'Auvergne, le bœuf du Mézenc, l'agneau du Puy-de-Dôme et le veau de Corrèze. Des sorciers de l'affinage subliment les cantals, les salers, les saint-nectaires et autres bleus d'Auvergne descendus des montagnes alentours. Les amateurs de poisson chercheront la truite et l'omble chevalier, qui se plaisent encore dans les rivières. D'ailleurs, à côté des crus auvergnats dont la cote ne cesse de grimper, les eaux de table auvergnates étincèlent de pureté...

Ch. Murtin/Getty Images

Restaurants

✿✿ Le Pré - Xavier Beaudiment

CUISINE CRÉATIVE • ÉLÉGANT XXX "L'Auvergne que je veux vous présenter est celle que nous allons cueillir chaque matin sur nos montagnes, dans nos prés et nos forêts". Ce qui est plaisant chez Xavier Beaudiment, originaire de la région, c'est que ses professions de foi ne sont pas boniments. Le Pré, à Clermont-Ferrand, c'est la quintessence de la simplicité – on y dîne de cochon, d'œuf ou de petits pois. Pas forcément des produits qui en mettent plein la bouche ! Mais ils sont sculptés avec une technicité époustouflante : oubliez carte et saisons, et laissez-vous bercer par une cuisine de l'instinct, au gré de menus poétiques – "Parfums des prés", "Printemps dans nos montagnes". Sans oublier la complicité, mesdames et messieurs, des 200 plantes ou herbes sauvages qui grandissent à l'abri des volcans, et d'escargots des murailles, servis dans un jus au tilleul de cueillette. Xavier Beaudiment ? Une raison suffisante pour visiter Clermont-Ferrand.

Spécialités : Escargots, jus au tilleul de cueillette. Truite, sous bois et lierre terrestre. Fraises et fleur de sureau.

Menu 39 € (déjeuner), 95/155 €

Plan A2-f – *Route de la Baraque – ✆ 04 73 19 25 00 – www.restaurant-lepre.com – Fermé 1er-14 janvier, 17 août-1er septembre, lundi, mardi, dimanche soir*

✿ Apicius (Arkadiusz Zuchmanski)

CUISINE MODERNE • ÉPURÉ XXX Au cœur de la ville, à l'étage du marché Saint-Pierre, ce restaurant chic a choisi de prendre de la hauteur. Le lieu offre une succession de salles à manger à la décoration contemporaine très réussie, et les arts de la table y sont bien mis en valeur. Le chef Arkadiusz Zuchmanski, d'origine polonaise, s'est rapproché de la France pour fortifier une vocation née dans les cuisines de ses aïeux. Il voue une passion gourmande aux produits nobles et à l'Auvergne, qui lui rappelle les paysages de sa ville natale de Drzewica. Dans l'assiette, les produits sont toujours rendus dans leur vérité, à l'image de ce velouté de cèpes parfumé à la truffe blanche, ou de ce ris de veau et oignon confit des Cévennes.

Spécialités : Saint-Jacques en marinade de citron vert, huile d'olive et poivre timut. Lièvre à la royale, gnocchis parfumés à la truffe noire. Confidentiel pour chocophiles à la fève tonka.

Menu 39 € (déjeuner), 69/118 € – Carte 80/120 €

Plan F2-b – *Place du Marché-Saint-Pierre (à l'étage) – ✆ 04 73 91 13 61 – www.apicius-clermont.com – Fermé 1er-6 janvier, 19-25 mai, 4-29 août, lundi, dimanche*

✿ Jean-Claude Leclerc

CUISINE MODERNE • ÉLÉGANT XXX Dans cet établissement proche du palais de justice, point de convocation à une audience, mais une invitation à l'épicurisme ! Voilà plus de vingt ans que Jean-Claude Leclerc tient cette table clermontoise très appréciée. Le chef y pratique une cuisine classique revisitée et de saison, à partir des produits fermiers venus aussi bien d'Auvergne que de Provence, voire de Bretagne lorsqu'il s'agit du turbot et de la sole. Tout en équilibre et très maîtrisées, les assiettes pétillent de saveurs, comme ce risotto crémeux parfumé aux champignons, coquillages et crustacés, ce turbot sauvage rôti, pommes de terre aux truffes braisées au jus de viande et crème parfumée, ou encore cette relecture gourmande de la potée auvergnate.

Spécialités : Langoustines rôties, ris de veau et grenouilles à la crème, champignons du moment comme un vol-au-vent. Filet mignon de veau, ravioli truffé, pointes d'asperges et jus de rôti. Lingot d'abricot, senteur de romarin et fraîcheur de lait d'amande.

Menu 36 € (déjeuner), 59/109 € – Carte 85/110 €

Plan F2-k – *12 rue St-Adjutor – ✆ 04 73 36 46 30 – www.restaurant-leclerc.com – Fermé 1er-9 mars, 17-25 mai, 9 août-1er septembre, lundi, dimanche*

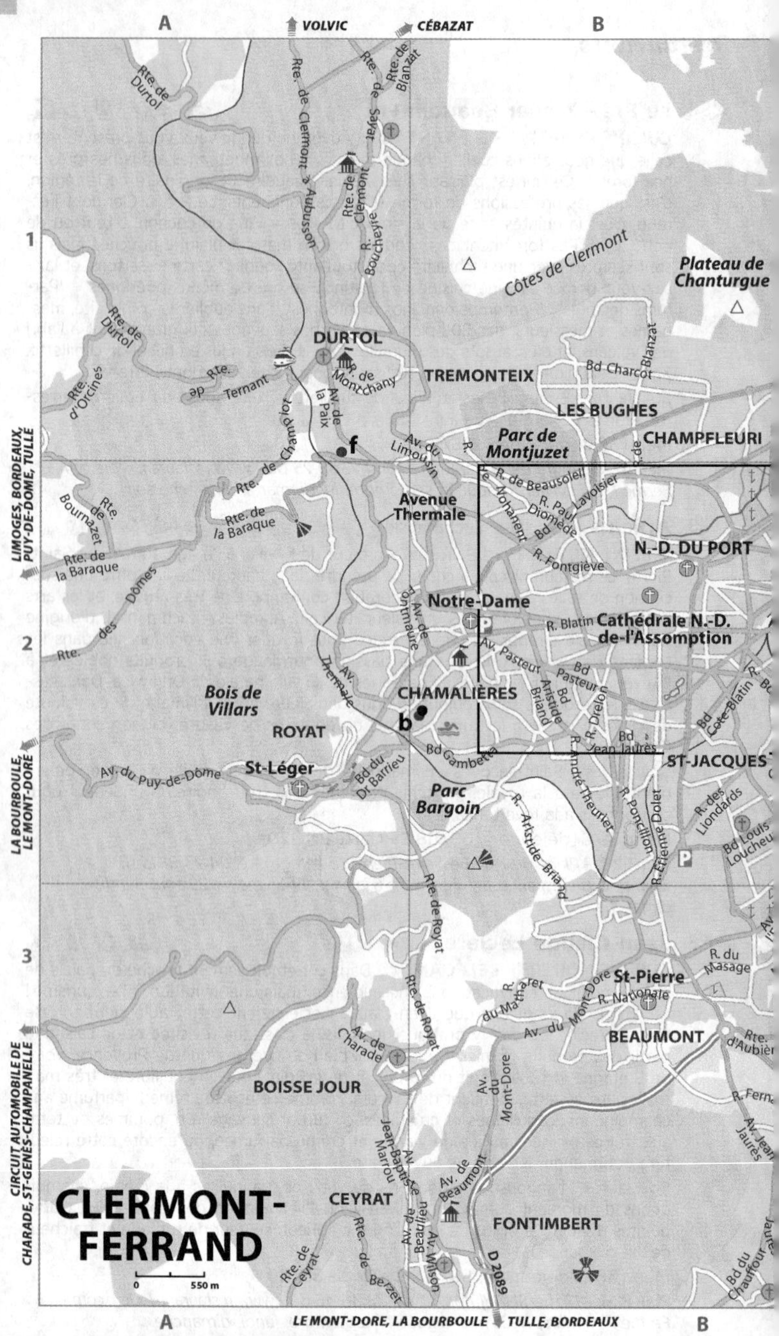

CLERMONT-FERRAND
VOLVIC
CÉBAZAT
LIMOGES, BORDEAUX, PUY-DE-DÔME, TULLE
LA BOURBOULE, LE MONT-DORE
CIRCUIT AUTOMOBILE DE CHARADE, ST-GENÈS-CHAMPANELLE
LE MONT-DORE, LA BOURBOULE
TULLE, BORDEAUX
DURTOL
TREMONTEIX
LES BUGHES
CHAMPFLEURI
Parc de Montjuzet
Plateau de Chanturgue
Côtes de Clermont
Avenue Thermale
N.-D. DU PORT
Notre-Dame
Cathédrale N.-D. de-l'Assomption
CHAMALIÈRES
Bois de Villars
ROYAT
St-Léger
Parc Bargoin
ST-JACQUES
St-Pierre
BEAUMONT
BOISSE JOUR
CEYRAT
FONTIMBERT
D 2089
0
550 m

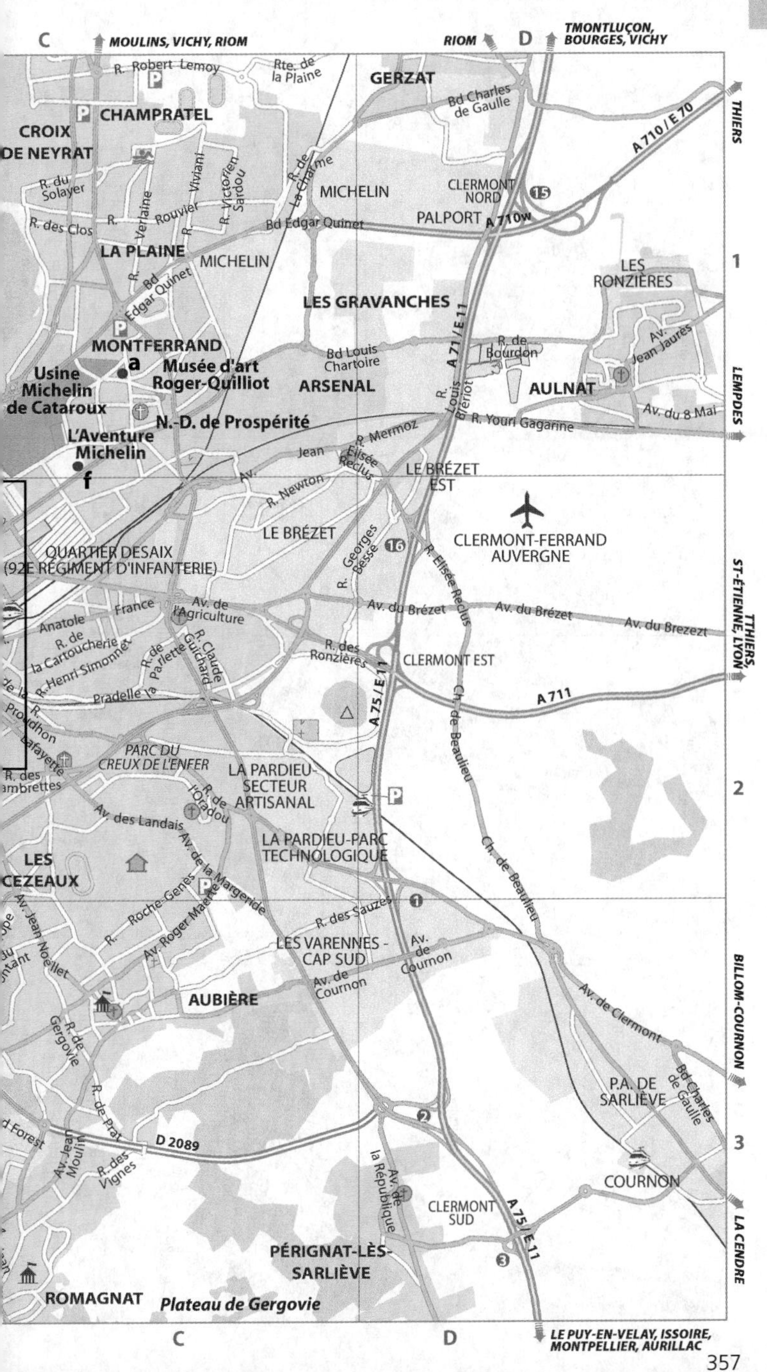
MOULINS, VICHY, RIOM
RIOM
TMONTLUÇON, BOURGES, VICHY
THIERS
LEMPDES
TTHIERS, ST-ÉTIENNE, LYON
BILLOM-COURNON
LA CENDRE
LE PUY-EN-VELAY, ISSOIRE, MONTPELLIER, AURILLAC
GERZAT
CHAMPRATEL
CROIX DE NEYRAT
MICHELIN
CLERMONT NORD
PALPORT
LA PLAINE
LES RONZIÈRES
LES GRAVANCHES
MONTFERRAND
Usine Michelin de Cataroux
Musée d'art Roger-Quilliot
ARSENAL
AULNAT
N.-D. de Prospérité
L'Aventure Michelin
LE BRÉZET EST
LE BRÉZET
CLERMONT-FERRAND AUVERGNE
QUARTIER DESAIX (92E RÉGIMENT D'INFANTERIE)
CLERMONT EST
PARC DU CREUX DE L'ENFER
LA PARDIEU-SECTEUR ARTISANAL
LA PARDIEU-PARC TECHNOLOGIQUE
LES CEZEAUX
LES VARENNES - CAP SUD
AUBIÈRE
P.A. DE SARLIÈVE
COURNON
CLERMONT SUD
PÉRIGNAT-LÈS-SARLIÈVE
ROMAGNAT
Plateau de Gergovie
A 710 / E 70
A 71 / E 11
A 75 / E 11
A 711
D 2089

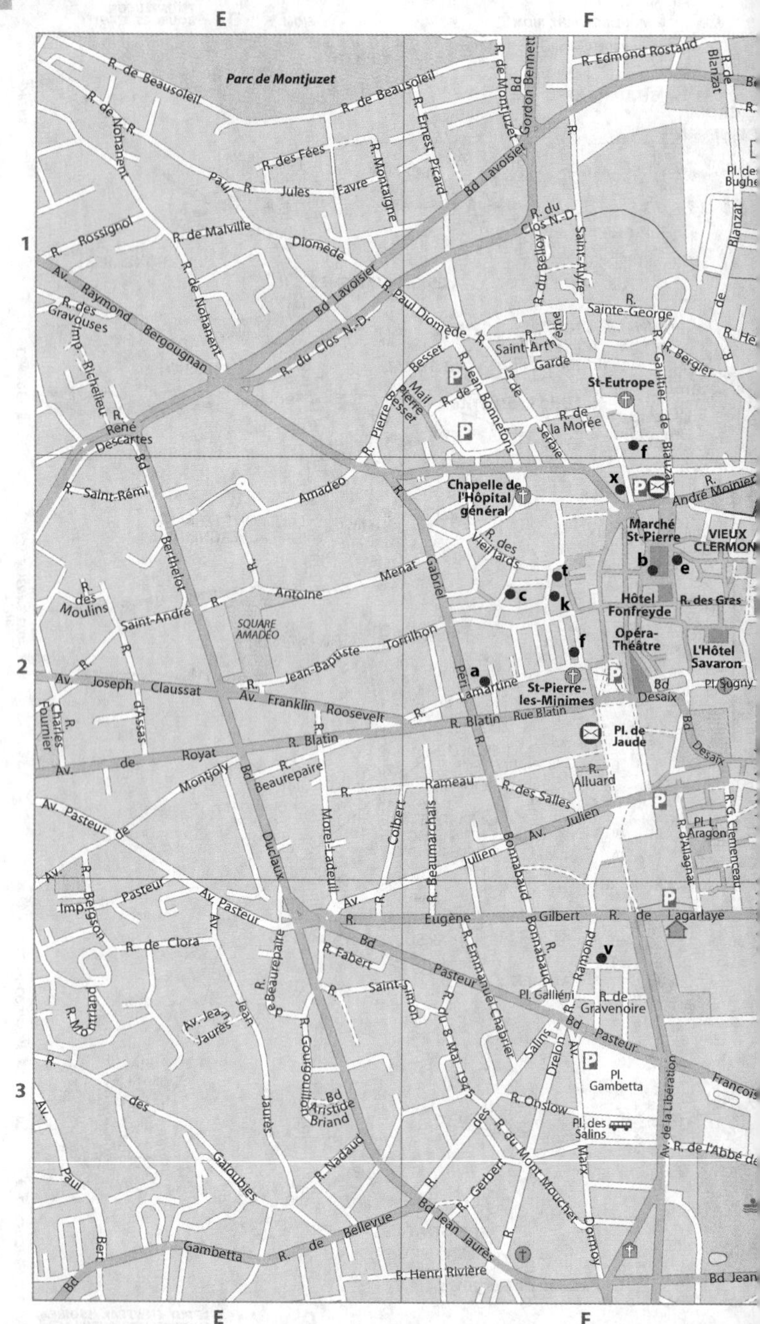
E
F
Parc de Montjuzet
R. de Beausoleil
R. Edmond Rostand
R. de Montjuzet
Bd Gordon Bennett
R. des Fées
R. Montaigne
R. Ernest Picard
Bd Lavoisier
R. Paul Diomède
R. Jules Favre
R. Rossignol
R. de Malville
R. de Nohanent
R. du Clos N.-D.
R. du Belloy
R. Saint-Alyre
R. Sainte-George
R. Saint-Arthème
R. Gaultier de Biauzat
R. Bergier
Av. Raymond Bergougnan
R. des Gravouses
Imp. Richelieu
R. René Descartes
R. Pierre Besset
Mail Pierre Besset
R. de la Garde
R. Jean Bonnefons
St-Eutrope
R. de la Morée
R. de Serbie
R. Saint-Rémi
R. Amadeo
R. Gabriel
Chapelle de l'Hôpital général
R. André Moinier
Marché St-Pierre
VIEUX CLERMONT
R. des Vieillards
R. Antoine Menat
Bd Berthelot
R. des Moulins
R. Saint-André
SQUARE AMADÉO
Hôtel Fonfreyde
R. des Gras
Opéra-Théâtre
L'Hôtel Savaron
R. Jean-Baptiste Torrilhon
R. Pierre Lamartine
St-Pierre-les-Minimes
Bd Desaix
Pl. Sugny
Av. Joseph Claussat
Av. Franklin Roosevelt
R. Blatin
Rue Blatin
Pl. de Jaude
R. Charles Fournier
R. d'Assas
Av. de Royat
R. Beaurepaire
R. Montjoly
R. Rameau
R. des Salles
R. Alluard
Av. Julien
R. G. Clemenceau
Pl. L. Aragon
R. d'Allagnat
Av. Pasteur
Bd Duclaux
R. Morel-Ladeuil
R. Colbert
R. Beaumarchais
R. Bonnabaud
Imp. Bergson
R. Eugène Gilbert
R. de Lagarlaye
R. de Clora
Bd Pasteur
R. Fabert
R. Emmanuel Chabrier
R. Ramond
R. Saint-Simon
Pl. Galliéni
R. de Gravenoire
Av. Jean Jaurès
R. du 8 Mai 1945
R. Gourgouillon
R. Drelon
R. des Salins
Pl. Gambetta
Av. de la Libération
R. Onslow
Pl. des Salins
Bd Aristide Briand
R. de l'Abbé de
R. des Galoubies
R. Nadaud
R. du Mont Mouchet
Av. Marx Dormoy
R. Gerbert
Av. Paul Bert
Bd Gambetta
R. de Bellevue
Bd Jean Jaurès
R. Henri Rivière
1
2
3
a
b
c
e
f
k
t
v
x

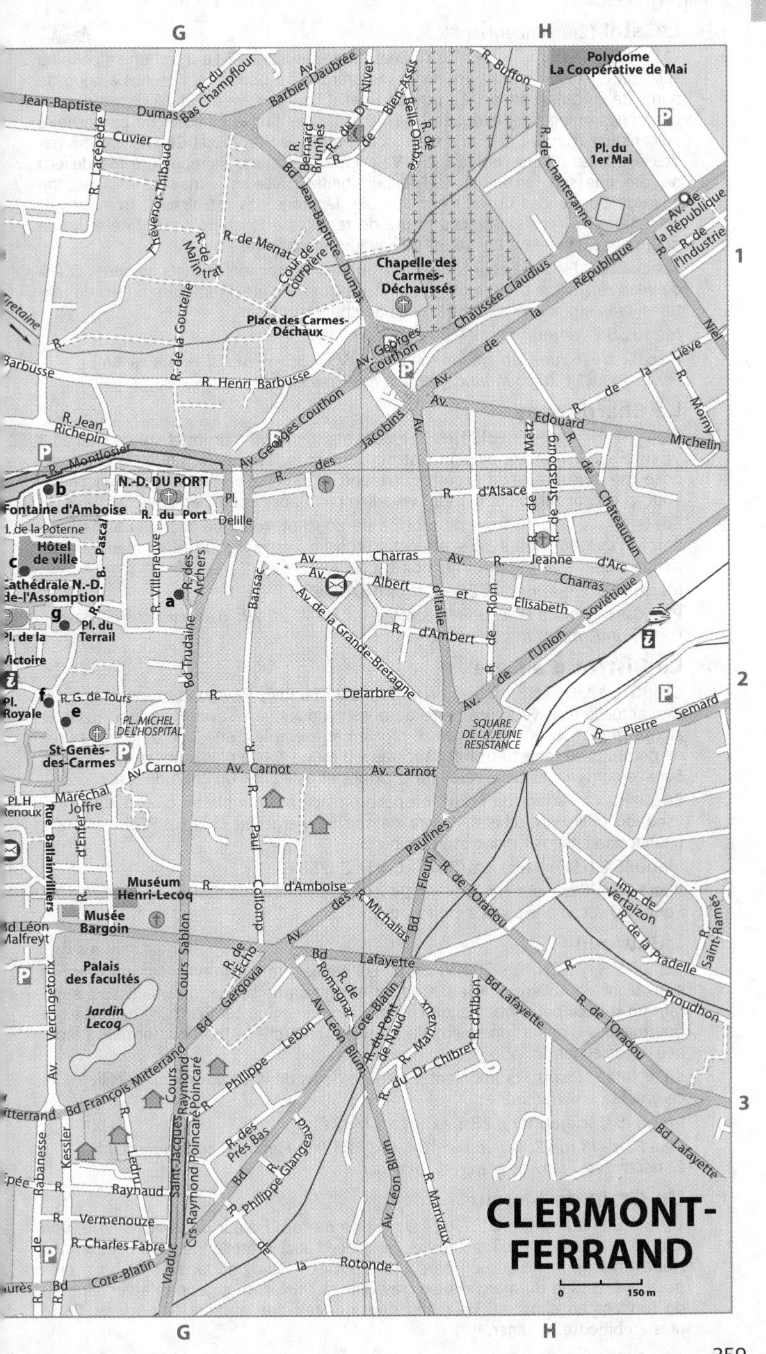
CLERMONT-FERRAND
G
H
1
2
3
Polydome
La Coopérative de Mai
Pl. du 1er Mai
Chapelle des Carmes-Déchaussés
Place des Carmes-Déchaux
N.-D. DU PORT
Fontaine d'Amboise
Hôtel de ville
Cathédrale N.-D. de-l'Assomption
Pl. du Terrail
Pl. de la Victoire
Pl. Royale
PL. MICHEL DE L'HOSPITAL
St-Genès-des-Carmes
SQUARE DE LA JEUNE RÉSISTANCE
Muséum Henri-Lecoq
Musée Bargoin
Palais des facultés
Jardin Lecoq
Av. Georges Couthon
Av. de la République
Chaussée Claudius
Av. Edouard Michelin
Av. Charras
Av. Albert et Elisabeth
Av. de la Grande-Bretagne
Av. de l'Union Soviétique
Av. d'Italie
Av. Carnot
Av. des Paulines
Bd Lafayette
Bd Jean-Baptiste Dumas
Bd Trudaine
Bd François Mitterrand
Bd Gergovia
Bd Léon Malfreyt
Bd Côte-Blatin
Av. Léon Blum
Av. Vercingétorix
Cours Sablon
Cours Raymond Poincaré
Cours Saint-Jacques
R. Henri Barbusse
R. Jean Richepin
R. Montlosier
R. du Port
R. de Chanteranne
R. de Châteaudun
R. Pierre Semard
R. de l'Oradou
R. d'Amboise
R. Delarbre
R. Paul Collomp
R. Bansac
R. d'Ambert
R. de Riom
R. d'Alsace
R. de Metz
R. de Strasbourg
R. Jeanne d'Arc
R. de la Lièvre
R. Morny
R. de Menat
R. Lacépède
R. Cuvier
R. Thévenot-Thibaud
R. de la Goutelle
R. Villeneuve
R. des Archers
R. B. Pascal
R. G. de Tours
R. de l'Écho
R. de Romagnat
R. Michalias
Bd Fleury
R. Philippe Lebon
R. Philippe Glangeaud
R. des Prés Bas
R. du Pont de Naud
R. Marivaux
R. d'Albon
R. du Dr Chibret
R. de la Pradelle
R. Saint-Rames
R. Proudhon
Imp. de Vertaizon
R. Rayhaud
R. Vermenouze
R. Charles Fabre
R. Ledru
R. Kessler
R. de Rabanesse
Rue Ballainvilliers
R. d'Enfer
Av. Maréchal Joffre
Pl. H. Renoux
R. de la Rotonde
Viaduc
R. de l'Industrie
R. Niel
R. Buffon
R. de Bien-Assis
R. de Belle Ombre
R. du Dr Nivet
R. Bernard Brunhes
Av. Barbier Daubrée
R. du Bas Champflour
Jean-Baptiste Dumas
Cour de Courpière
R. de Malintrat
R. des Jacobins
Pl. Delille
0 150 m

L'Ostal (Emmanuel Hebrard)

CUISINE MODERNE • ÉPURÉ XX Chef ou volcanologue ? La question se pose au sujet du chef clermontois Emmanuel Hébrard qui a baptisé ses menus à coup de noms de volcans, comme "Le puy de Chanat" ou "le Pariou". Et ne disons rien de ces sièges orange qui évoquent la lave et de ces tables au cœur de pierre noire volcanique, sculptée par un artiste local. Parlons-en du local ! Ce chef, formé par des pointures (Anne-Sophie Pic à Valence et Stéphane Raimbault, à Mandelieu) ne jure que son terroir natal (l'oustal signifie d'ailleurs « maison » en occitan auvergnat). Viandes du boucher du coin, légumes des maraîchers, fromages et œufs fermiers renaissent sous forme de recettes à l'identité forte. Une éruption gourmande, pleine de finesse et de saveurs... explosives !

Spécialités : Fleur de courgette farcie au pied de cochon et fruits au curry. Quasi de veau rôti, laitue braisée au ris de veau et truffe d'été. Framboise en jeu de textures, crémeux à l'angélique et glace au chocolat blanc.

Menu 35 € (déjeuner), 69/79 €

Plan G2-b – *16 rue Claussmann – ✆ 04 73 27 77 86 – www.lostal-restaurant.fr – Fermé 25 juillet-20 août, lundi, samedi midi, dimanche*

Le Chardonnay

CUISINE MODERNE • BISTRO X Hugues Maisonneuve – propriétaire de l'italien Il Visconti – a investi cet élégant bistrot. Derrière les fourneaux, un jeune chef propose une courte carte de saison et un menu du marché, particulièrement alléchant. Tout ici est savoureux et plaisant visuellement. Cadre épuré, lumières tamisées.

Spécialités : Velouté froid de moules de bouchot, toast de tourteau au fenouil. Carré d'agneau, petits pois et mousserons à l'estragon. Fraises, meringue au sichuan, crème vanille et olives noires confites.

Menu 18 € (déjeuner)/32 € – Carte 46/60 €

Plan G2-c – *1 place Philippe-Marcombes – ✆ 04 73 26 79 95 – www.lechardonnay.fr – Fermé lundi, mardi midi, dimanche*

Le Bistrot d'à Côté

CUISINE MODERNE • CONVIVIAL X Le chef Ludovic Raymond propose une cuisine actuelle et savoureuse, faite de bons produits, aux saveurs harmonieuses et aux présentations soignées. On se régale par exemple d'une joue de bœuf, purée de pommes de terre fumée et sauce au vin rouge. Carte plus ambitieuse au dîner. Service convivial et belle carte de cocktails et d'alcools. Un coup de cœur.

Spécialités : Tartare de bœuf, gaspacho, glace et crumble au bleu d'Auvergne. Espadon grillé, gnocchis à l'encre de seiche, vierge au chorizo. Pêche pochée, pannacotta chocolat blanc et verveine.

Menu 18 € (déjeuner), 28/35 € – Carte 34/55 €

Plan F2-f – *16 rue des Minimes – ✆ 04 73 29 16 16 – www.restaurant-bistrotdacote.fr – Fermé 30 décembre-5 janvier, dimanche*

L'Écureuil

CUISINE MODERNE • CONVIVIAL X Lui voulait renouer avec ses origines en s'installant en Auvergne, elle y a apporté l'entrain de ses racines italiennes, assurant un service pétillant... Benoît et Monika ont imaginé cet Écureuil chaleureux et gourmand. Au menu : une bien jolie cuisine du marché ! Attention, formule simplifiée au déjeuner.

Spécialités : Risotto du moment. Escalope de ris de veau aux morilles. Millefeuille caramélisé aux framboises.

Menu 15 € (déjeuner)/28 € – Carte 37/52 €

Plan F2-t – *18 rue St-Adjutor – ✆ 04 73 37 83 86 – Fermé 24 août-8 septembre, 22 décembre-7 janvier, mercredi, dimanche*

Un Grain de Saveur

CUISINE MODERNE • BISTRO X Dans une ruelle du cœur de la vieille ville, non loin de la cathédrale, ce restaurant remplace l'ancien étoilé Fleur de Sel. Damien Marie, chef normand au bon parcours (dont Guy Savoy et Jacques Chibois) propose une cuisine du marché bien travaillée, à l'instar du pigeon à la verveine ou du fondant au chocolat. Le menu déjeuner réjouira la clientèle pressée. Carte plus ambitieuse au dîner.

Spécialités : Charlotte de boudin noir au bleu de Laqueuille. Suprême de pintade, jus à la verveine. Tartare de pêche, miel d'Auvergne et siphon de petit suisse.

Menu 20 € (déjeuner), 32/60 €

Plan G2-e – *8 rue de l'Abbé-Girard – ✆ 04 73 90 30 59 – www.ungraindesaveur.fr – Fermé lundi, mardi, samedi midi*

Le Saint-Eutrope

CUISINE MODERNE • BISTRO ✗ On adore l'intérieur vintage de ce bistrot, où la cuisine du chef britannique Harry célèbre le marché avec des plats bien sentis (betteraves-anchois-orange, seiches à la vénitienne, canard-aubergines), et l'on accompagne ces créations de vins "nature" bien choisis. Réjouissant !

Spécialités : Cuisine du marché.

Menu 24 € (déjeuner), 33/39 € – Carte 24/58 €

Plan F1-f – *4 rue St-Eutrope – ✆ 04 73 34 30 41 – www.sainteutrope.com – Fermé 9-31 août, 17 décembre-3 janvier, lundi, mardi soir, mercredi soir, samedi soir, dimanche*

Smørrebrød

CUISINE MODERNE • ÉPURÉ ✗ Modernité, voici le maître mot, de la déco scandinave à la cuisine, qui met en avant de bons produits de saison et s'accompagne d'une belle sélection de vins. Petite terrasse dans la rue. Une adresse qui secoue la vie gastronomique clermontoise !

Spécialités : Gravlax de bœuf d'Aubrac, crémeux de maïs et pickles. Suprême de pintade confite aux feuilles de figuier. Tacos aux fraises, sorbet fromage blanc.

Menu 20 € (déjeuner), 34/55 € – Carte 43/60 €

Plan G2-a – *10-12 rue des Archers – ✆ 04 73 90 44 02 – www.restaurant-smorrebrod.com – Fermé 18-24 mai, 8-31 août, 21-27 décembre, lundi soir, samedi midi, dimanche*

Pavillon Lamartine

CUISINE MODERNE • CHIC ✗✗ Près de la place de Jaude, poussez la grille de ce Pavillon et découvrez un restaurant à l'élégance toute contemporaine. La cuisine, savoureuse et gourmande, s'inscrit dans l'air du temps. Et qui sait ? Peut-être aurait-elle inspiré le poète Alphonse de Lamartine !

Menu 29 € (déjeuner) – Carte 40/58 €

Plan F2-a – *17 rue Lamartine – ✆ 04 73 93 52 25 – www.pavillonlamartine.com – Fermé 1er-26 août, lundi soir, samedi soir, dimanche*

Alfred

CUISINE MODERNE • BISTRO ✗ Un espace ouvert sur deux niveaux façon loft, un escalier de fer en colimaçon et de beaux parquets : l'endroit a du style ! Dans l'assiette, Saint-Jacques d'Erquy et risotto d'orge au cantal, écume aux cèpes séchés : une cuisine originale, fraîche et maison, à prix raisonnable... Alfred gagne à être connu !

Menu 19 € (déjeuner)/37 € – Carte 37/48 €

Plan F3-v – *5 rue du Puits-Artésien – ✆ 04 73 35 32 06 – www.restaurant-alfred.fr – Fermé 26 avril-4 mai, 3-24 août, 23 décembre-2 janvier, lundi, dimanche*

Bath's

CUISINE MODERNE • BRASSERIE ✗ Dans une zone piétonne au pied du marché St-Pierre, il fait bon s'installer en terrasse... À l'intérieur, la cuisine au goût du jour est servie dans une ambiance de brasserie contemporaine. L'Espagne est à l'honneur avec un menu et des vins ibériques. Un lieu très vivant !

Menu 32/45 € – Carte 30/70 €

Plan F2-e – *place du Marché-St-Pierre – ✆ 04 73 31 23 22 – www.baths.fr – Fermé lundi, dimanche*

Le Comptoir des Saveurs

CUISINE MODERNE • CONVIVIAL Les deux propriétaires de cette petite adresse du centre-ville préparent menus surprise et portions dégustations, inspirés par les produits du marché Saint-Pierre, tout proche. Plats à emporter.

Menu 22 € (déjeuner), 31/45 €

Plan F2-x – *5 rue Ste-Claire – 04 73 37 10 31 – www.le-comptoir-des-saveurs.fr – Fermé 1er-7 janvier, 8 août-1er septembre, lundi, mardi soir, mercredi soir, dimanche*

Le Duguesclin

CUISINE MODERNE • INTIME Face aux vestiges de la maison d'octroi, ce restaurant familial au cadre intime et coquet propose une bonne cuisine de saison, privilégiant au maximum les produits de la région. Menu le midi en semaine adapté à la clientèle d'affaire pressée, au dîner la Carte se veut plus ambitieuse. Terrasse d'été sur l'arrière pour les beaux jours.

Menu 21 € (déjeuner), 37/67 € – Carte 47/60 €

Plan C1-a – *3 place des Cordeliers – 04 73 25 76 69 – http://colombierx.wix.com/le-duguesclin-resto – Fermé 2-8 mars, 6-27 août, 27 octobre-3 novembre, lundi soir, mardi soir, mercredi soir, dimanche*

L'En-but

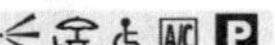

CUISINE MODERNE • CONVIVIAL Ce restaurant, situé dans l'enceinte du stade de rugby Marcel Michelin, décline bien naturellement les valeurs du rugby, au travers des menus "En Avant", "Grand Chelem" ou "Chistera", autour d'une cuisine actuelle, mettant en valeur les produits du Massif central. Imaginée dans l'esprit d'une brasserie contemporaine, la salle à manger offre une vue imprenable sur le stade et, depuis la terrasse, sur la chaine des Puys.

Menu 22 € (déjeuner), 27/60 € – Carte 45/65 €

Plan C1-f – *107 avenue de la République (accès par la porte A, puis par ascenseur porte 20) – 04 73 90 68 15 – www.lenbut.com – Fermé 1er-23 août, 19-30 décembre, samedi, dimanche*

Il Visconti

CUISINE ITALIENNE • CONVIVIAL Situé dans la vieille ville, ce bistrot moderne et confortable, propose une carte italienne, courte et alléchante. Les produits sont frais, sélectionnés, et le service efficace. La terrasse fleurie, aux accents méditerranéens, ajoute un charme indéniable, dès les beaux jours. La dolce vita au cœur de l'Auvergne !

Menu 18 € (déjeuner) – Carte 35/60 €

Plan G2-g – *9 rue du Terrail – 04 73 74 35 26 – www.ilvisconti.com – Fermé lundi, mardi midi, dimanche*

L'Instantané

CUISINE MODERNE • BISTRO Ce bistrot contemporain situé dans le quartier des galeristes propose quelques instantanés de pure gourmandise, imaginés par un chef au beau parcours (Ritz, Lasserre, Plaza). Tronçons de canard rôti, fondant de bœuf cuit 12 heures, ballotine de cabillaud, poire croustillante choco-praliné... Un régal jusqu'au dessert !

Menu 16 € (déjeuner)/32 €

Plan G2-f – *2 rue de l'Abbé-Girard – 04 73 91 97 19 – Fermé 10-30 août, samedi, dimanche*

Polypode

CUISINE MODERNE • CONTEMPORAIN Le bouche-à-oreille bat son plein à Clermont au sujet de ce Polypode, installé en lieu et place de l'ancien Goûts et Couleurs. Autour d'un menu-carte renouvelé tous les mois, le chef régale avec une cuisine fine et lisible, où le végétal fait de discrètes (et fructueuses !) apparitions.

Menu 20 € (déjeuner), 32/58 € – Carte 32/50 €

Plan F2-c – *6 place du Champgil – 04 73 19 37 82 – https://polypode.eatbu.com – Fermé 1er-8 janvier, 12-20 avril, 30 août-22 septembre, lundi, mardi soir, mercredi soir, dimanche*

à Chamalières 3,4 km à l'Ouest par D68 – Carte régionale n° 1-B2

✿ Radio

CUISINE MODERNE • ÉLÉGANT XXX Depuis les hauteurs de la ville, ce bel hôtel des années 1930 diffuse non-stop un hommage vibrant aux ondes hertziennes et à la lampe triode qui permit l'invention du cinéma parlant et de la TSF. Branché Art déco, son décor sonne comme au premier jour, avec ses mosaïques au sol, ses ferronneries d'art et son alliance du verre et du miroir. En studio, le chef Wilfrid Chaplain mixe les fréquences de sa région natale, la Normandie, et celles de son terroir d'adoption, l'Auvergne, dont il chante les douces harmonies méconnues. Technicien solide, il compose une cuisine ambitieuse, fine et délicate, qui charme le palais : bœuf charolais, raviole de joue confite, jus aromatique au vin rouge ; lotte et jus au cresson ; maquereau mariné au citron vert, céleri à la cendre. Quant au plateau de fromages d'Auvergne, il fait le buzz à lui tout seul.

Spécialités : Foie gras de canard de la plaine de Limagne au naturel, truffe et pain de seigle. Turbot de la criée du Guilvinec, jus de coquillages à la citronnelle et gingembre. Le "grand dessert".

Menu 30 € (déjeuner), 68/98 € – Carte 94/109 €

Plan B2-w – *43 avenue Pierre et Marie Curie – ✆ 04 73 30 87 83 – www.hotel-radio.fr – Fermé 1er-15 janvier, 27 octobre-7 novembre, lundi midi, samedi midi, dimanche*

Radio

TRADITIONNEL • ART DÉCO Héritage des années 1930, cet hôtel des hauteurs de Chamalières offre un beau témoignage du style Art déco – celui des années radio ! À l'exception des chambres, spacieuses, décorées de manière contemporaine.

24 chambres – 115/165 € – 15 €

Plan B2-w – *43 avenue Pierre et Marie Curie – ✆ 04 73 30 87 83 – www.hotel-radio.fr – Fermé 1er-15 janvier, 27 octobre-7 novembre*

✿ **Radio** – Voir la sélection des restaurants

à Lempdes 10 km à l'Est par D771 – Carte régionale n° 1-B2

B2K6

CUISINE MODERNE • CONVIVIAL X Ce sympathique bistrot est né de la rencontre de deux jeunes passionnés : Jérôme Bru, ancien second d'Anne-Sophie Pic, et Romain Billard, sommelier, passé également par de fameuses maisons. Au menu : une belle cuisine, rythmée par les saisons et les produits locaux, accompagnée des vins adéquats. Une belle complicité !

Spécialités : Raviole ouverte de volaille aux herbes, émulsion safran. Tranche épaisse de cochon fermier, petites rattes confites en croûte de chorizo. Abricots rôtis à la verveine du Forez, blanc-manger au lait de chèvre, glace sirop d'érable.

Menu 22 € (déjeuner), 34/55 € – Carte 49/66 €

Hors plan – *6 rue du Caire – ✆ 04 73 61 74 71 – www.b2k6.fr – Fermé 24 mai-2 juin, 2-25 août, 29 décembre-7 janvier, lundi, dimanche*

à Orcines 8 km à l'Ouest par D941 – Carte régionale n° 1-B2

Auberge de la Baraque

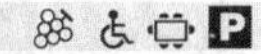

CUISINE MODERNE • COSY XX Cette Baraque-là, tout comme les plats qu'on y prépare, n'est pas faite de bric et de broc ! Dans le cadre cosy et feutré à souhait (cheminée, moulures et lustres à pampilles) de ce relais de diligence (1800), on apprécie une cuisine actuelle de qualité, savoureuse et bien présentée. Service agréable, prix raisonnables et jolie carte des vins.

Spécialités : Tarte fine aux oignons confits, œuf parfait et poitrine fumée. Magret de canard à l'orange. Crème brûlée, sablé breton et sorbet fraise.

Menu 33/62 €

Hors plan – *2 route de Bordeaux – ✆ 04 73 62 26 24 – www.laubrieres.com – Fermé 20 avril-1er mai, 29 juin-23 juillet, 19-29 octobre, lundi, mardi, mercredi*

Auberge de la Fontaine du Berger

CUISINE TRADITIONNELLE • AUBERGE X Cette maison de pays aux volets rouges regarde le puy de Dôme et le Pariou. On y apprécie une cuisine où les produits frais ont la part belle, avec par exemple ces poissons en arrivage direct de Bretagne. Ne manquez pas, en dessert, le délicieux paris-brest maison.

Spécialités : Pâté en croûte, pickles de légumes. Encornet juste snacké, riz vénéré. Paris-brest minute.

Menu 33/52 € – Carte 37/66 €

Hors plan – *167 route de Limoges – ✆ 04 73 62 10 52 – www.auberge.fr – Fermé 2-8 septembre, 24 décembre-15 janvier, lundi soir, mardi soir, mercredi, dimanche soir*

à Royat 3,4 km au Sud - Ouest par D68 – Carte régionale n° 1-B2

La Flèche d'Argent

CUISINE MODERNE • COSY XX La Flèche d'argent, surnom des Mercedes-Benz en Formule 1, évoque le circuit automobile de Charade. Aymeric Barbary signe ici une cuisine fusion, riche de ses expériences anglaises comme de ses origines auvergnates, avec un penchant pour le végétal. Au final : de belles assiettes colorées, architecturées et pleines de saveurs.

Spécialités : Cuisine du marché.

Menu 25 € (déjeuner), 33/88 € – Carte 58/78 €

Plan B1-e – *Hôtel Princesse Flore, 5 place Allard – ✆ 04 73 35 63 63 – www.princesse-flore-hotel.com – Fermé 2-13 janvier*

La Belle Meunière

CUISINE MODERNE • ROMANTIQUE XXX En bord de Tiretaine, table où fusionnent produits de saison et touches asiatiques, dans un cadre – parquet, moulures, lustres – magnifié par des vitraux contemporains. Des personnages historiques (Coco Chanel, Georges Pompidou, etc.) inspirent le décor de certaines chambres.

Menu 42/79 € – Carte 60/100 €

Plan A2-r – *25 avenue de la Vallée – ✆ 04 73 35 80 17 – www.la-belle-meuniere.com – Fermé lundi, samedi midi, dimanche soir*

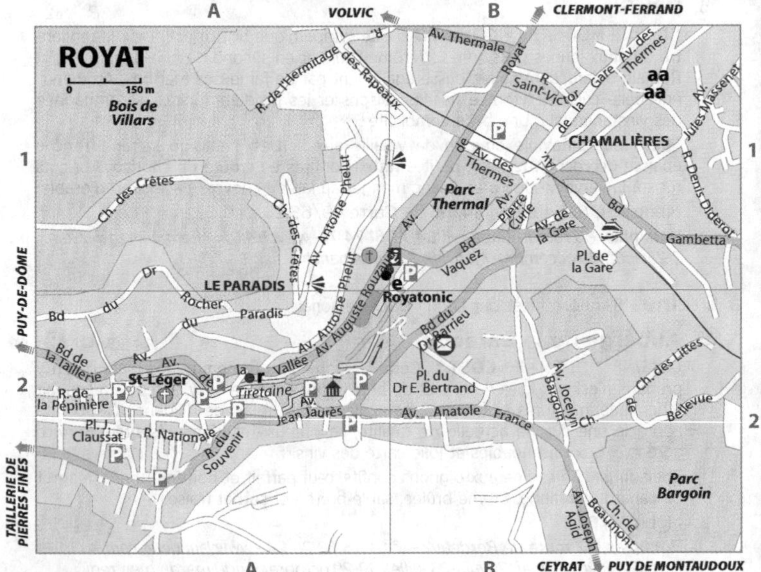

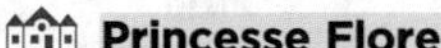

LUXE • CLASSIQUE Pour un séjour haut-de-gamme aux portes de Clermont-Ferrand, ce superbe immeuble (1883) évoque les fastes de la cité thermale à la Belle Époque : marbres et décors anciens... Chambres classiques et cosy.

43 chambres – 140/180 € – 21 € – 11 suites

Plan B1-e – *5 place Allard* – *04 73 35 63 63* – *www.princesse-flore-hotel.com* – *Fermé 1er-13 janvier*

La Flèche d'Argent – Voir la sélection des restaurants

CLÉRY-ST-ANDRÉ

45370 – Loiret – Carte régionale n° **8**–C2 – Carte Michelin 318-H5

Villa des Bordes

CUISINE TRADITIONNELLE • CONTEMPORAIN Voilà un établissement dont la cote locale ne se dément pas, et pour cause : on y goûte une cuisine traditionnelle maîtrisée, servie dans une salle contemporaine élégante, ou dans le jardin, sous les chênes et cyprès centenaires. Quelques chambres fraîches et pratiques sonnent comme une invitation à prolonger le séjour.

Menu 32/45 € – Carte 40/52 €

9 rue des Bordes – 02 38 46 94 60 – www.villadesbordes.fr – Fermé 2-23 janvier, 16 février-5 mars, 18 octobre-5 novembre, lundi, dimanche soir

CLICHY – Hauts-de-Seine (92) ➜ Voir Autour de Paris

CLIOUSCLAT

26270 – Drôme – Carte régionale n° **2**–B3 – Carte Michelin 332-C5

La Treille Muscate

CUISINE MODERNE • COSY La terrasse, au cœur du village, dégage le charme de l'authenticité ; la salle voûtée est très cosy... Produits frais, saveurs régionales revisitées par le chef : l'assiette est au diapason. Tout est fait maison et cela se sent !

Menu 25 € (déjeuner)/33 €

Le village – 04 75 63 13 10 – www.latreillemuscate.com – Fermé 1er janvier-13 février, lundi midi, jeudi midi

La Fontaine 

CUISINE TRADITIONNELLE • BISTRO Un bistrot de village sympathique. On aperçoit depuis la salle le chef s'activer en cuisine autour de produits du cru... Ici, on concocte une bonne cuisine régionale. Jolie terrasse sur la rue.

Menu 21 € (déjeuner)/30 € – Carte 28/49 €

Le village – 04 75 63 07 38 – www.lafontaine-cliousclat.fr – Fermé 19 février-11 mars, 18 octobre-4 novembre, 23 décembre-6 janvier, mardi soir, mercredi, dimanche soir

CLISSON

44190 – Loire-Atlantique – Carte régionale n° **23**–B2 – Carte Michelin 316-I5

Villa Saint-Antoine

CUISINE MODERNE • BRASSERIE Le point fort de l'ancienne filature des bords de Sèvre nantaise ? La belle terrasse au bord de l'eau, qui dévoile une vue superbe sur le château de Clisson. La partition du chef, goûteuse et particulièrement soignée, se révèle en parfaite harmonie avec la géographie des lieux.

Menu 23 € (déjeuner), 32/43 € – Carte 40/50 €

8 rue Saint-Antoine – 02 40 85 46 46 – www.hotel-villa-saint-antoine.com

CLUNY

✉ 71250 – Saône-et-Loire – Carte régionale n° **5**-C3 – Carte Michelin 320-H11

Hostellerie d'Héloïse

CUISINE TRADITIONNELLE • COSY XX Les savoureuses recettes de la région – escargots de Bourgogne, jambon persillé, bœuf charolais et réduction au vin rouge du Mâconnais... – font la réputation de cette hostellerie, qui propose aussi quelques plats plus actuels et une jolie sélection de vins au verre. Tout simplement !

Spécialités : Risotto aux asperges, noisettes torréfiées et tuile parmesan. Râble de lapin rôti, farce aux herbes, carottes, navets, fèves et oignons. Verrine citron-fraise.

Menu 29/54 € – Carte 38/60 €

7 route de Mâcon – ✆ 03 85 59 05 65 – www.hostelleriedheloise.com – Fermé 28 juin-9 juillet, 22 décembre-23 janvier, mercredi, jeudi midi, dimanche soir

Maison Tandem

MAISON DE MAÎTRE • COSY En plein cœur de la cité, non loin de l'abbaye, cette maison fut élevée en 1904 par le cuisinier du dernier empereur d'Autriche. C'est aujourd'hui une maison d'hôtes élégante et cosy ; aux beaux jours, on prend son petit-déjeuner sur la terrasse, au-dessus du jardin et de la piscine.

4 chambres – 80/160 €

21 rue d'Avril – ✆ 06 67 27 82 46 – www.maison-tandem.com

LA CLUSAZ

✉ 74220 – Haute-Savoie – Carte régionale n° **4**-F1 – Carte Michelin 328-L5

Le Cinq

CUISINE MODERNE • CONTEMPORAIN XXX Cette table est emmenée par un duo de passionnés, l'un chef de cuisine et l'autre pâtissier. Leur menu dégustation témoigne d'une attention particulière à l'esthétique des plats et à l'originalité des associations ; tout cela se déguste dans une salle luxueuse, à l'atmosphère "alpin chic".

Menu 75/155 €

Au Cœur du Village, 26 Montée du Château – ✆ 04 50 01 50 01 – www.hotel-aucoeurduvillage.fr/fr/restaurants-le-cinq-152 – Fermé 12 avril-16 décembre, lundi, dimanche,et le midi

L'Ourson

CUISINE MODERNE • CONVIVIAL XX Accueillants, motivés et travailleurs ; trois qualités de ce couple (monsieur en cuisine, madame en salle), qui donne âme à ce sympathique établissement, au gré d'une cuisine au goût du jour inspirée du terroir, servie dans une salle boisée. Le chef se plaît à travailler le gibier en automne, épices et agrumes en hiver et les plantes alpines en été. Un endroit fort recommandable.

Menu 24 € (déjeuner), 38/88 € – Carte 52/68 €

27 passage du Mont-Blanc – ✆ 04 50 68 64 89 – www.resto-ourson-laclusaz.fr – Fermé 31 mai-19 juin, 20 octobre-5 décembre, mardi, mercredi, jeudi, dimanche soir

Au Cœur du Village

LUXE • ÉLÉGANT Une harmonieuse variation sur les matières – bois, métal, grès – et les styles – design, alpestre : voici la principale réussite de cet hôtel, peut-être le meilleur de la station. Chambres chaleureuses, imposant spa avec piscine couverte, hammam, et sauna... une étape de choix.

32 chambres – 180/450 € – 28 suites

26 Montée du Château – ✆ 04 50 01 50 01 – www.hotel-aucoeurduvillage.fr – Fermé 13 avril-3 juillet, 30 août-11 décembre

Le Cinq – Voir la sélection des restaurants

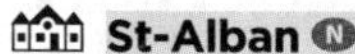

BOUTIQUE HÔTEL • TENDANCE Cet hôtel, c'est l'élégance même : des matières nobles dans la décoration (cuir, bois, laiton), d'agréables chambres au style épuré... et un spa avec grotte de glace, sauna et piscine intérieure. Restauration légère pour les résidents.

48 chambres – 100/590 € – 16 €

195 route de la Piscine – 04 58 10 10 18 – www.hotel-st-alban.com – Fermé 3-19 mai, 1er octobre-3 décembre

COCURÈS – Lozère (48) → Voir Florac

COGNAC

16100 – Charente – Carte régionale n° **20**-B3 – Carte Michelin 324-I5

La Maison

CUISINE MODERNE • ÉLÉGANT XX Savoureuse cuisine de saison dans cette belle maison de Cognac, à apprécier, au choix, dans l'une des salles bourgeoises aux pierres apparentes, ou sur la terrasse. Le décor est frais et coloré, à l'image des assiettes. Les menus combinent la tradition à une judicieuse modernité.

Spécialités : Escabèche de dorade, gaufre au parmesan et émulsion saumon fumé. Jarret de veau basse température sur l'idée d'un osso-buco. Framboise, céleri, chiboust et glace framboise.

Menu 34/86 €

1 rue du 14-Juillet – 05 45 35 21 77 – www.restaurant-lamaison-cognac.fr – Fermé dimanche soir

Les Foudres

CUISINE MODERNE • ÉLÉGANT XXX La salle à manger des Chais Monnet a été imaginée dans l'ancienne salle des foudres, ces vastes barriques centenaires utilisées pour le vieillissement du cognac... Impressionnant ! Quant à la cuisine, elle met joliment en avant les produits du territoire.

Menu 55 € (déjeuner), 80/110 € – Carte 95/120 €

Chais Monnet, 50 avenue Paul-Firino-Martell – 05 17 22 32 23 – www.chaismonnethotel.com – Fermé lundi, mardi, samedi midi, dimanche midi

Poulpette (N)

CUISINE MODERNE • CONTEMPORAIN X Voilà une table qui a tout compris. Le menu, volontairement restreint, propose une savoureuse cuisine du marché, à l'âme voyageuse, concoctée à base de beaux produits mitonnés avec soin et originalité. Amandine, ancienne professeur de danse, désormais responsable de salle et associée, et Antoine, ancien de Sciences Po mais passionné de cuisine, passé par Lucas Carton et Jadis ont uni leurs talents pour nous proposer une très agréable valse de saveurs.

Menu 26 € (déjeuner) – Carte 37/45 €

46 avenue du Maréchal-de-Lattre-de-Tassigny – 05 45 82 22 08 – www.poulpette.com – Fermé 4-19 juillet, lundi soir, mardi soir, samedi midi, dimanche

Chais Monnet

LUXE • ÉLÉGANT La plus ancienne maison de négoce de Cognac (1838) a été entièrement transformée : on y trouve deux restaurants (La Distillerie et les Foudres), des appartements, un spa avec piscine intérieure et extérieure, un salon de thé et même une salle de cinéma et plusieurs lieux de séminaires... sans oublier le superbe bar à Cognac, riche de plus de 350 références. Un lieu rêvé pour partir à la découverte de la région, entre vignobles et détente.

82 chambres – 230/490 € – 28 € – 10 suites

50 avenue Paul Firino Martell – 05 17 22 32 23 – www.chaismonnethotel.com

Les Foudres – Voir la sélection des restaurants

à Châteaubernard 3 km au Sud - Est

L'Yeuse

DEMEURE HISTORIQUE · PERSONNALISÉ Cet établissement dominant la Charente propose, au choix, chambres traditionnelles ou contemporaines, décorées par des artistes dans un esprit "graffeur". Autres avantages : un ravissant bar salon au décor bourgeois riche de plus de 200 références de Cognac, et au sous-sol, un espace bien-être avec hammam, sauna, jacuzzi et une salle de massage.

21 chambres – 145/210 € – 20 € – 3 suites

65 rue de Bellevue (quartier l'Échassier) – 05 45 36 82 60 – www.yeuse.fr – Fermé 20 décembre-20 janvier

COGOLIN

83310 – Var – Carte régionale n° **24**–C3 – Carte Michelin 340-O6

La Grange des Agapes

CUISINE MODERNE · ÉLÉGANT XX Comme tout véritable passionné, Thierry Barot est au four et au moulin. Non content de proposer une cuisine savoureuse et d'appétissants menus thématiques (tout légumes, provençal, asperges, truffe...), il donne aussi des cours de cuisine... Quelles agapes !

Spécialités : Barigoule d'artichaut. Rouelle d'aubergine, fromage de chèvre et calamar. Fraîcheur de pêche, verveine et lavande.

Menu 25 € (déjeuner), 30/60 €

7 rue du 11-novembre (place de la mairie) – 04 94 54 60 97 – www.grangeagapes.com – Fermé 23 décembre-8 janvier, lundi, dimanche

Grain de Sel

CUISINE TRADITIONNELLE · BISTRO X Au cœur de Cogolin, un jeune couple dirige ce bistrot de poche qui ne manque pas de sel. Julien est en cuisine – ouverte sur la salle – et réalise de bons plats traditionnels, où la Provence occupe une bonne place ; en salle, Émilie est aussi accueillante qu'efficace. Une agréable adresse !

Menu 31 € – Carte 44/55 €

6 rue du 11-Novembre (derrière la mairie) – 04 94 54 46 86 – www.graindesel-cogolin.fr – Fermé 6 janvier-13 février, 1er-26 décembre, lundi, dimanche

COISE-ST-JEAN-PIED-GAUTHIER

73800 – Savoie – Carte régionale n° **4**–F2 – Carte Michelin 333-J4

Château de la Tour du Puits

DEMEURE HISTORIQUE · CLASSIQUE Ce gracieux château rebâti au 18e s. dresse sa tour en poivrière au milieu d'un superbe parc arboré. Chambres décorées avec soin (boutis, mobilier chiné...). Héliport. Fine cuisine actuelle réalisée avec de bons produits ; jolie terrasse sous une tonnelle.

13 chambres – 190/330 € – 26 €

04 79 28 88 00 – www.chateaupuit.fr – Fermé 15 septembre-15 décembre

COL BAYARD

05000 – Hautes-Alpes – Carte régionale n° **24**–C1 – Carte Michelin 334-E5

à Laye 2,5 km au Nord par N85

La Laiterie du Col Bayard

CUISINE TRADITIONNELLE · AUBERGE X Tout près du col Bayard, une étape incontournable pour les amateurs de fromage ! Au menu, fondues, raclettes, plateau de plus de 60 fromages (la plupart des Alpes), mais aussi quelques plats régionaux comme les fameux tourtons du Champsaur et autres oreilles d'âne... une savoureuse plongée dans la tradition locale.

Menu 18/57 € – Carte 23/49 €

04 92 50 50 06 – www.laiterie-col-bayard.com – Fermé 8-30 juin, 2-26 novembre, lundi, mardi soir, mercredi soir, jeudi soir

COL DE CUREBOURSE - Cantal (15) ➜ Voir Vic-sur-Cère

COL DE LA FAUCILLE - Ain (01) ➜ Voir Gex

COL DE LA SCHLUCHT

✉ 88230 - Vosges - Carte régionale n° **12**-D3 - Carte Michelin 314-K4

Le Collet

CUISINE MODERNE • MONTAGNARD XX Une cuisine du terroir, concoctée par un chef d'expérience, qui a formé de nombreux cuisiniers de la région, le tout servi dans un joli décor montagnard. Les produits des environs sont joliment mis en valeur.

Menu 36 €

Route de Colmar (au Collet) - ✆ 03 29 60 09 57 - www.chalethotel-lecollet.com - Fermé 3-25 novembre

COLIGNY

✉ 01270 - Ain - Carte régionale n° **2**-B1 - Carte Michelin 328-F2

Au Petit Relais

CUISINE TRADITIONNELLE • COSY XX Ce Petit Relais propose une cuisine particulièrement goûteuse, assez sophistiquée, où se côtoient homard, poissons nobles, spécialités de la Bresse et vins choisis. La salle à manger est chaleureuse.

Spécialités : Escargots sauvages de Bourgogne. Poularde de Bresse, crème aux morilles. Mousse paris-brest, feuillantine pralinée, chocolat-noisettes.

Menu 23 € (déjeuner), 33/77 € - Carte 51/108 €

Grande-Rue - ✆ 04 74 30 10 07 - www.aupetitrelais.fr - Fermé 14-25 septembre, 7-10 décembre, mercredi soir, jeudi soir, dimanche soir

LA COLLE-SUR-LOUP

✉ 06480 - Alpes-Maritimes - Carte régionale n° **25**-E2 - Carte Michelin 341-D5

Alain Llorca

CUISINE PROVENÇALE • AUBERGE XXX Alain Llorca est une figure emblématique de la cuisine de la Côte d'Azur. Il a notamment œuvré au mythique palace Negresco, et a insufflé un temps toute son énergie au Moulin de Mougins, entre autres projets gourmands. Dans sa bastide de la Colle-sur-Loup, dont la terrasse offre une vue imprenable sur Saint-Paul-de-Vence, il laisse libre cours à sa sensibilité méditerranéenne. Cela prend souvent la forme d'une ode à l'iode, empreinte de finesse et sensibilité : joli pavé de loup dans son jus à l'huile d'olive et aux zestes d'agrumes, lotte à la niçoise et ses côtes de blettes glacées à la truffe. Mais la cuisine de ce chef inspiré chante aussi le pigeon du Tarn, le foie gras et le filet de bœuf.

Spécialités : Poupeton de fleur de courgette à la truffe noire. Pigeon fermier au grill à bois, tarte gourmande et jus court. Trois chocolats.

Menu 48 € (déjeuner), 75/230 € - Carte 95/190 €

350 route de St-Paul - ✆ 04 93 32 02 93 - www.alainllorca.com

L'Atelier des Saveurs by Stéphane Garcia (N)

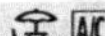

CUISINE MODERNE • CONTEMPORAIN X Le jeune chef a travaillé dans le Sud-Ouest (sa région natale), mais aussi à Monaco, avant de reprendre cette affaire. Il régale ici avec les produits du marché, dans une veine à la fois contemporaine et régionale. Son plat incontournable ? Le foie gras de canard en terrine, mariné au vin de Xérès...

Menu 33/53 € - Carte 51/65 €

51 rue Georges-Clemenceau - ✆ 04 93 59 75 71 - www.restaurant-latelierdessaveurs-sg.com - Fermé 4-26 novembre, lundi, mardi

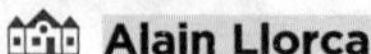

Alain Llorca

TRADITIONNEL · ÉLÉGANT Un "hôtel de chef", idéal pour parfaire l'expérience de la cuisine d'Alain Llorca. Pour décor : un jardin à flanc de colline ; pour horizon : la campagne provençale et le village de St-Paul-de-Vence... Beaux volumes et matériaux de qualité font toute l'élégance des chambres.

10 chambres – 175/460 € – 20 €

350 route de St-Paul – 04 93 32 02 93 – www.alainllorca.com

Alain Llorca – Voir la sélection des restaurants

COLLIOURE

66190 – Pyrénées-Orientales – Carte régionale n° **21**-B3 – Carte Michelin 344-J7

La Balette

CUISINE MODERNE · COSY XXX Sur la route de Port-Vendres, tous les parfums de la région se donnent rendez-vous dans ce restaurant baigné de soleil, qui regarde la rade et la belle Collioure les pieds dans l'eau... Une vue imprenable au service d'assiettes de la mer mettant en valeur des poissons de première fraîcheur, issus de la pêche locale, et plus généralement les produits catalans. Et en plus de toutes ces qualités, la cuisine bénéficie du compagnonnage d'une belle carte des vins.

Spécialités : Cuisine du marché.

Menu 48 € (déjeuner), 59/109 € – Carte 80/120 €

Relais des Trois Mas, Route de Port-Vendres –
04 68 82 05 07 – www.relaisdestroismas.com – Fermé 22 novembre-8 février, lundi, mardi

Le 5ème Péché

CUISINE MODERNE · ÉPURÉ X Un chef tokyoïte passionné de mets français et de vins... et sa petite table du vieux Collioure : quand le Japon rencontre la Catalogne ! Alors bien sûr, on déguste ici une cuisine fusion, où le poisson ultrafrais est roi.

Menu 27 € (déjeuner), 39/62 €

18 rue de la Fraternité –
04 68 98 09 76 – www.le5peche.com – Fermé 10-22 février, 10 septembre-9 novembre, lundi, dimanche

El Capillo N

CUISINE MODERNE · BISTRO X Ce petit bistrot du centre piétonnier de Collioure ne paye pas de mine et tant mieux : on évite ainsi les grappes de touristes. Le menu du midi se révèle d'un remarquable rapport qualité/prix, les poissons sont de première fraîcheur, les préparations aussi soignées que goûteuses. Une cuisine bourré de peps, qu'on accompagne d'une jolie petite sélection de vins du cru. Une adresse qui donne le sourire, emmenée par un nouveau chef de cuisine enthousiaste.

Menu 19 € (déjeuner)/25 € – Carte 19/51 €

2 rue Pasteur – 04 68 82 48 23 – Fermé 6 janvier-13 mars, 12 novembre-5 décembre, lundi, mardi

Casa Païral

TRADITIONNEL · PERSONNALISÉ Une jolie demeure catalane du 19e s. avec son traditionnel patio à l'andalouse, son jardin planté de magnolias et d'essences méditerranéennes... Les chambres, plutôt sobres, sont néanmoins très soignées. Du caractère et un vrai parfum de vacances !

27 chambres – 89/329 € – 16 €

impasse des Palmiers –
04 68 82 05 81 – www.hotel-casa-pairal.com –
Fermé 3 novembre-14 février

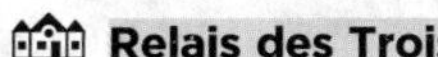

Relais des Trois Mas

FAMILIAL • COSY De ces mas enchâssés dans la roche, la vue est imprenable sur la baie de Collioure et Notre-Dame-des-Anges ! Les chambres affichent un style contemporain, dans un esprit bord de mer ; la terrasse et sa magnifique piscine complètent ce décor paradisiaque.

21 chambres – 100/500 € – 20 € – 2 suites

Route de Port-Vendres – 04 68 82 05 07 – www.relaisdestroismas.com – Fermé 1er janvier-8 février, 22 novembre-31 décembre

La Balette – Voir la sélection des restaurants

COLLONGES-AU-MONT-D'OR – Rhône (69) ➜ Voir Lyon

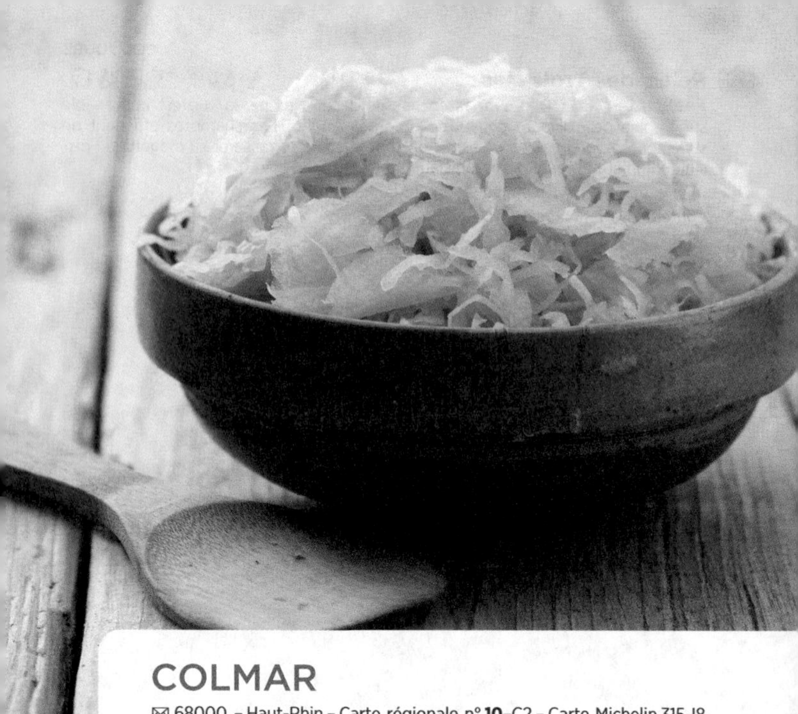

COLMAR

✉ 68000 – Haut-Rhin – Carte régionale n° **10**–C2 – Carte Michelin 315-I8

On aime...

Tout ici dit l'appartenance à l'Alsace : les canaux de la "petite Venise", les fontaines, les maisons à colombages, les géraniums aux balcons, mais aussi la gastronomie ! Les spécialités alsaciennes brillent à chaque coin de rue : choucroute, baeckeoffe, presskopf et autres spaetzle. On retrouve ces produits au marché couvert, une ancienne halle marchande rénovée qui abrite une vingtaine de commerçants et quelques tables où l'on s'arrête volontiers prendre un kougelhopf ou un jus bio. Côté douceur, la Maison alsacienne de biscuiterie propose 40 variétés de bredele, le berawecka à base de fruits, les bretzels et autres pains d'épices. Colmar est aussi l'une des rares villes à posséder des vignobles intramuros, comme le domaine Karcher, qui occupe une ancienne ferme (1602).

FoodCollection/Photononstop

Restaurants

✿✿ JY'S (Jean-Yves Schillinger)

CUISINE CRÉATIVE • COSY XX Schillinger : en Alsace, ce nom résonne avec une force particulière. On connaissait bien Jean, le père, disparu en 1995. On connaît aussi Jean-Yves, son fils qui, après s'être exilé du côté de New York (Destinée, Olica), est revenu en 2002 dans sa ville natale. Bouillonnant d'idées, il bondit d'une tradition à l'autre, saluant tour à tour l'Alsace, les États-Unis, la Bretagne et le Japon avec une facilité déconcertante. Confiant en ses forces, il régale tous azimuts. En témoignent ces ormeaux cuits à la plancha, accompagnés d'une soupe froide de laitue parfumée à l'ail des ours, ou encore ce faux-filet de bœuf Wagyu poêlé et servi avec des champignons shimejis, des feuilles de chou pak-choï et du riz frit aux cébettes : un dépaysement total... et des goûts d'exception.

Spécialités : Thon rouge mariné au wasabi, gingembre et huile de sésame. Homard breton cuit en cafetière et pâtes au basilic au beurre de crustacés. Feuille à feuille croustillant au chocolat parfumé au café.

Menu 54 € (déjeuner), 98/152 € – Carte 95/117 €

Plan C3-g – *17 rue de la Poissonnerie – ✆ 03 89 21 53 60 – www.jean-yves-schillinger.com – Fermé 9 février-2 mars, 25 août-7 septembre, lundi, dimanche*

✿ Girardin - Gastronomique (Éric Girardin)

CUISINE MODERNE • ÉPURÉ XXX La Maison des Têtes incarne bien Colmar : une superbe demeure Renaissance en pierre, richement décorée de visages grimaçants. Classée, elle abrite un restaurant. Aidé par deux architectes, Éric Girardin et son épouse ont joué à fond la carte du minimalisme, du blanc et de l'épure. Le moyen idéal d'annoncer la cuisine très actuelle du chef qui travaille avec délicatesse les beaux produits de saison. On note quelques clins d'œil discrets au terroir, avec une sauce au riesling par-ci, un maki de choucroute par-là. En conclusion, dans l'assiette, rien que du beau, du bon et des parfums d'une belle finesse : pigeon, ris de veau, chevreuil côté terre, et coquilles Saint-Jacques, cabillaud et langoustines côté mer.

Spécialités : Escargots, julienne de céleri-rave et de céleri branche, jus d'herbes. Suprême de volaille d'Alsace rôti, cuisse confite et sauce crémée au riesling. Traditionnel millefeuille à la vanille Bourbon.

Menu 120 € – Carte 110/140 €

Plan C2-y – *La Maison des Têtes, 19 rue des Têtes – ✆ 03 89 24 43 43 – www.maisondestetes.com – Fermé 10 février-3 mars, 19 août-3 septembre, lundi midi, mardi midi, mercredi, jeudi*

✿ L'Atelier du Peintre (Loïc Lefebvre)

CUISINE CRÉATIVE • COSY XX Martin Schongauer, l'un des plus grands graveurs et peintres rhénans de la fin du 15e s., est né juste en face de cet "Atelier" dont les murs eux-mêmes datent de la Renaissance. À l'intérieur, quelle rupture de ton ! Chic et cosy, le cadre est délibérément contemporain. Dans l'assiette, Loïc Lefebvre fait preuve d'une évidente personnalité culinaire. Ce Lorrain, formé au plus près des étoiles, signe une cuisine créative et haute en couleurs, qui évolue évidemment au gré des saisons. Fraîcheur et subtilité, précision et finesse marquent ses coquilles Saint-Jacques marinées et leur crème glacée amande et citron, son dos de bar sauvage, carbonara de pâtes alsaciennes, ou encore sa poire croquante au vinaigre balsamique.

Spécialités : Œuf de poule soufflé, crème de tomate rôtie, fruits rouges. Pigeon et quetsche d'Alsace, lait d'amande et jus à l'origan. Soufflé chaud au chocolat, cœur moelleux à la mûre et glace au balsamique.

Menu 35 € (déjeuner), 55/89 € – Carte 80/90 €

Plan C2-v – *1 rue Schongauer – ✆ 03 89 29 51 57 – www.atelier-peintre.fr – Fermé 16 février-2 mars, 3 août-2 septembre, lundi, mardi midi, dimanche*

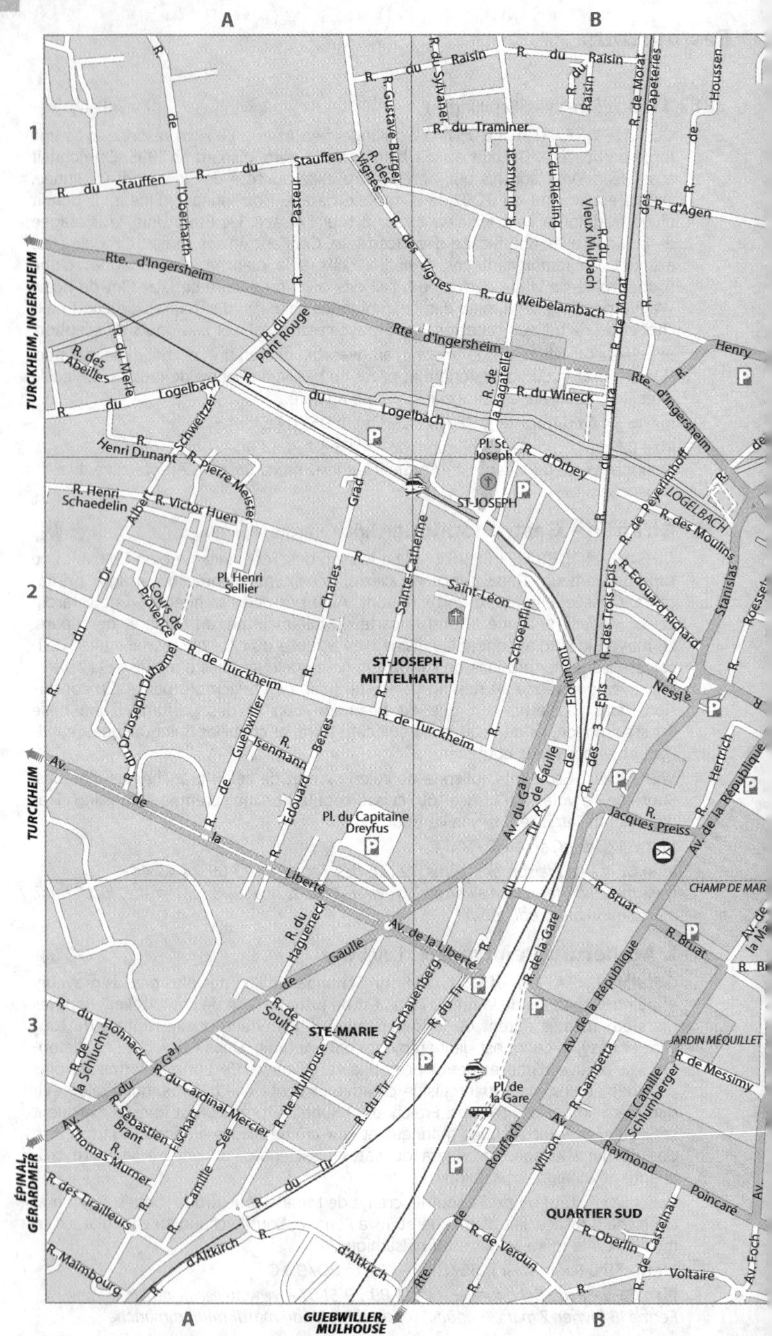
A
B
1
2
3
TURCKHEIM, INGERSHEIM
TURCKHEIM
ÉPINAL, GÉRARDMER
GUEBWILLER, MULHOUSE
R. du Raisin
R. du Sylvaner
R. Gustave Burger
R. du Traminer
R. du Muscat
R. du Riesling
R. de Morat
R. d'Agen
Rte. d'Ingersheim
R. du Weibelambach
R. du Logelbach
R. du Pont Rouge
R. des Abeilles
R. du Merle
R. du Wineck
R. de la Bagatelle
Pl. St. Joseph
ST-JOSEPH
R. d'Orbey
R. Henri Dunant
R. Pierre Meister
R. Henri Schaedelin
R. Victor Huen
Pl. Henri Sellier
Cours de Provence
R. de Turckheim
R. Saint-Léon
R. Sainte-Catherine
ST-JOSEPH MITTELHARTH
R. des Trois Epis
R. Edouard Richard
R. des Moulins
LOGELBACH
R. Dr Joseph Duhamel
R. de Guebwiller
R. Isenmann
R. Edouard Benes
Av. de la Liberté
Pl. du Capitaine Dreyfus
Av. du Gal de Gaulle
R. du Tir
R. Florimont
R. Jacques Preiss
Av. de la République
CHAMP DE MARS
R. Bruat
R. de la Gare
R. du Hohnack
R. de la Schlucht
R. de Soultz
STE-MARIE
R. du Schauenberg
R. du Cardinal Mercier
R. Sébastien Brant
R. Fischart
R. Thomas Murner
R. Camille Sée
R. de Mulhouse
Pl. de la Gare
Rte. de Rouffach
Av. Wilson
Av. Raymond Poincaré
R. Gambetta
R. Camille Schlumberger
JARDIN MÉQUILLET
R. de Messimy
QUARTIER SUD
R. Oberlin
R. de Castelnau
R. de Verdun
R. Voltaire
Av. Foch
R. des Tirailleurs
R. Maimbourg
R. d'Altkirch
R. Herrlich
R. Nessel
R. Stanislas
R. Henry

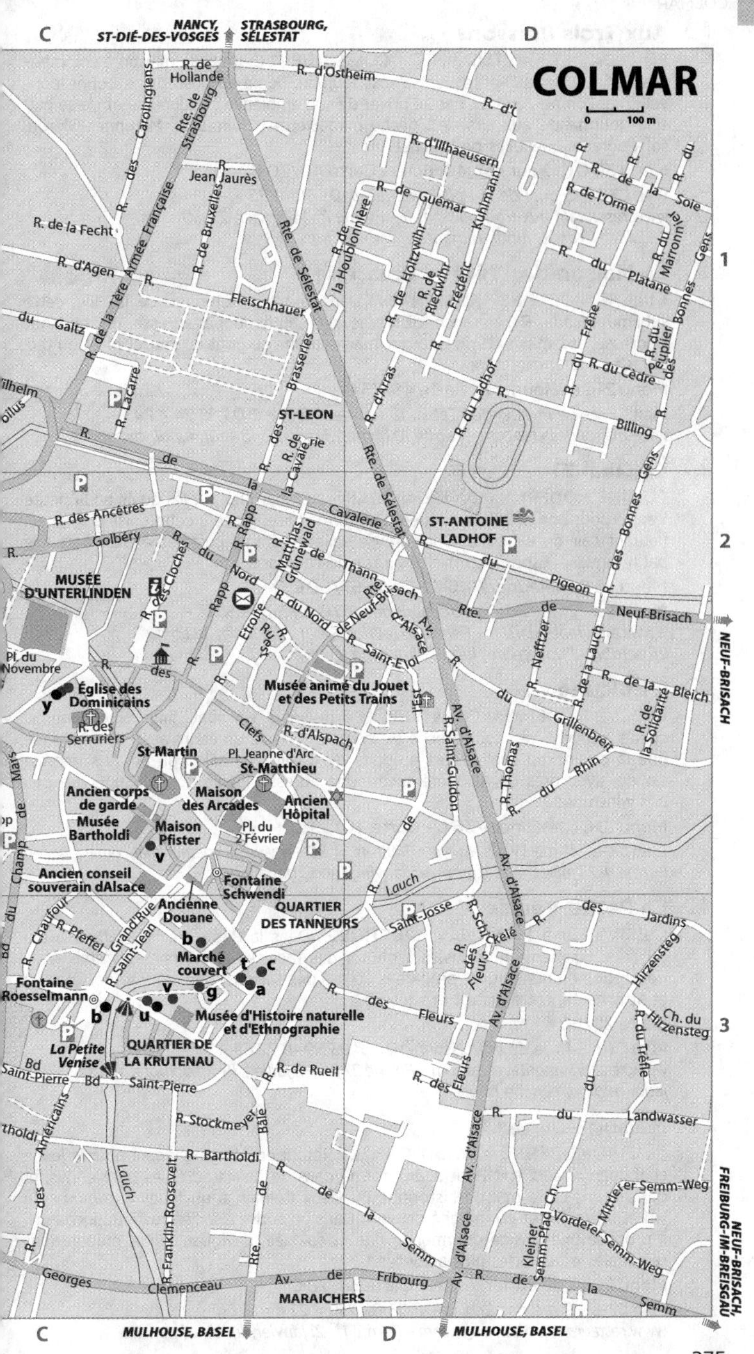
COLMAR
0
100 m
C
D
1
2
3
NANCY, ST-DIÉ-DES-VOSGES
STRASBOURG, SÉLESTAT
NEUF-BRISACH
NEUF-BRISACH, FREIBURG-IM-BREISGAU
MULHOUSE, BASEL
MULHOUSE, BASEL
ST-LEON
ST-ANTOINE LADHOF
MUSÉE D'UNTERLINDEN
Église des Dominicains
Musée animé du Jouet et des Petits Trains
St-Martin
Pl. Jeanne d'Arc
St-Matthieu
Ancien corps de garde
Maison des Arcades
Ancien Hôpital
Musée Bartholdi
Maison Pfister
Pl. du 2 Février
Ancien conseil souverain dAlsace
Fontaine Schwendi
Ancienne Douane
QUARTIER DES TANNEURS
Marché couvert
Fontaine Roesselmann
Musée d'Histoire naturelle et d'Ethnographie
La Petite Venise
QUARTIER DE LA KRUTENAU
MARAICHERS
Pl. du Novembre
R. de Hollande
R. d'Ostheim
Rte. de Strasbourg
R. des Carolingiens
R. Jean Jaurès
R. d'Illhaeusern
R. de Guémar
R. de la Fecht
R. de Bruxelles
R. de la Houblonnière
Rte. de Sélestat
R. de Holtzwihr
R. de Riedwihr
R. Frédéric Kuhlmann
R. de l'Orme
R. de la Soie
R. du Marronnier
R. du Platane
R. des Bonnes Gens
R. d'Agen
R. de la 1ère Armée Française
Fleischhauer
R. du Galtz
R. des Brasseries
R. d'Arras
R. du Ladhof
R. du Frêne
R. du Peuplier
R. du Cèdre
R. Billing
R. Lacarre
R. de la Cavalerie
R. des Ancêtres
Golbéry
R. des Cloches
R. du Nord
R. Rapp
R. Matthias Grünewald
R. de Thann
Rte. de Neuf-Brisach
Av. d'Alsace
R. du Pigeon
R. des Bonnes Gens
R. Étroite
R. de l'Est
R. Saint-Eloi
R. Nefftzer
R. de la Lauch
R. de la Bleich
R. de la Solidarité
R. des Clefs
R. d'Alspach
R. du Grillenbreit
R. Saint-Guidon
R. Thomas
R. du Rhin
R. des Serruriers
Bd du Champ de Mars
R. Chauffour
R. Pfeffel
Grand'Rue
R. Saint-Jean
Lauch
R. Saint-Josse
R. Schickelé
R. des Jardins
R. des Fleurs
Hirzensteg
Ch. du Hirzensteg
R. du Trèfle
Bd Saint-Pierre
R. de Rueil
R. Stockmeyer
Rte. de Bâle
R. du Landwasser
R. Bartholdi
R. Franklin Roosevelt
Av. des Américains
R. de la Semm
Mittlerer Semm-Weg
Vorderer Semm-Weg
Kleiner Semm-Pfad
Ch.
Av. Georges Clemenceau
Av. de Fribourg
R. de la Semm

Aux Trois Poissons

POISSONS ET FRUITS DE MER • CLASSIQUE XX Cette belle maison à colombages (16e s.) de la "Petite Venise" est toujours fidèle au poste : une bonne nouvelle, car l'on ne voudrait pas se priver de son ambiance chaleureuse et de sa cuisine gourmande aux airs de... pêche miraculeuse ! Huîtres de Marennes-Oléron, sole, dorade, quenelles de brochet, etc.

Menu 30 € (déjeuner), 40/60 € – Carte 40/70 €

Plan C3-t – *15 quai de la Poissonnerie – ☎ 03 89 41 25 21 – www.restaurant-aux-trois-poissons.fr – Fermé 1er-14 janvier, 22-30 mars, 26 juillet-10 août, lundi, dimanche*

La Maison des Têtes - Brasserie

CUISINE MODERNE • RÉGIONAL XX Dans le cœur historique de la ville, cette sublime façade Renaissance dissimule une authentique adresse de bouche ! L'adresse, aux mains d'Éric Girardin, marie cuisine au goût du jour et plats du terroir. Charme et caractère.

Menu 21 € (déjeuner) – Carte 45/73 €

Plan C2-y – *La Maison des Têtes, 19 rue des Têtes – ☎ 03 89 24 43 43 – www.maisondestetes.com – Fermé 10 février-3 mars, 2-18 août, lundi, dimanche*

Le Quai 21

CUISINE MODERNE • CONTEMPORAIN XX Embarquez sur les quais de la petite Venise pour une balade ponctuée de gourmandise, grâce à cette cuisine soignée, fleurant l'air de l'époque. Chaleureuse salle à l'étage, complétée d'un agréable patio terrasse. Esprit bistrot chic au rez-de-chaussée.

Menu 25 € (déjeuner)/46 € – Carte 57/60 €

Plan C3-c – *21 quai de la Poissonnerie – ☎ 03 89 58 58 58 – www.restaurant-quai21.fr – Fermé 16 février-3 mars, 26 juillet-18 août, 25 octobre-3 novembre, lundi, dimanche*

L'Épicurien

CUISINE MODERNE • CONVIVIAL X Ce bistrot à vin convivial – on mange au coude à coude – est tout proche de la Petite Venise. Un cadre aussi sympathique que la cuisine du chef et ses produits de qualité. La sélection de vins impressionne, avec près de 400 références. Une adresse idéale pour changer un peu des winstubs !

Menu 18 € (déjeuner)/36 € – Carte 40/59 €

Plan C3-a – *11 rue Wickram – ☎ 03 89 41 14 50 – www.epicurien-colmar.com – Fermé 4-23 juillet, 21 décembre-5 janvier, lundi, dimanche*

La Petite Venise

CUISINE TRADITIONNELLE • RUSTIQUE X Dans la Petite Venise, cette maison du 17e s. du même nom invite à goûter des recettes alsaciennes transmises de génération en génération, préparées au gré des saisons. Une adresse nostalgique et attachante, entre bistrot et winstub.

Carte 29/60 €

Plan C3-v – *4 rue de la Poissonnerie – ☎ 03 89 41 72 59 – www.restaurantpetitevenise.com – Fermé 27 juin-11 juillet, 18-24 octobre, mercredi, jeudi midi, dimanche midi*

Maison Rouge (N)

CUISINE MODERNE • TRADITIONNEL X Retour en Alsace gagnant pour le jeune chef Jean Kuentz (dit Petit Jean), formé dans de belles adresses parisiennes, et qui a repris cette maison historique du vieux Colmar, à quelques encablures de la Petite Venise et du marché couvert. Dans un cadre alsacien rustique inchangé, il propose une cuisine gourmande fine et soignée, naviguant entre préparations régionales et assiettes plus actuelles.

Menu 20 € (déjeuner)/36 € – Carte 38/78 €

Plan C3-b – *9 rue des Écoles – ☎ 03 89 23 53 22 – www.restaurant-maisonrouge.com – Fermé 1er-21 janvier, lundi, dimanche*

Wistub Brenner

CUISINE ALSACIENNE • CONVIVIAL Dans cette authentique winstub, la cuisine est forcément régionale : presskopf (hure de porc en gelée), salade au munster pané, choucroute. Production locale, ambiance conviviale, et sympathique terrasse.

Menu 32/36 €

Plan C3-u – *1 rue de Turenne – 03 89 41 42 33 – www.wistub-brenner.fr – Fermé 9-19 novembre*

Hôtels

La Maison des Têtes

HISTORIQUE • ÉLÉGANT Le couple Girardin a rénové avec goût cette superbe demeure, bâtie au 17e s. sur les vestiges du mur d'enceinte de Colmar. On apprécie l'élégance intemporelle des chambres, mêlant subtilement touches historiques des lieux à des notes plus actuelles. Un cocon charmant, à cheval sur les siècles.

21 chambres – 240/520 €

Plan C2-y – *19 rue des Têtes – 03 89 24 43 43 – www.maisondestetes.com – Fermé 10 février-3 mars*

Girardin - Gastronomique • **La Maison des Têtes - Brasserie** – Voir la sélection des restaurants

Le Colombier

HISTORIQUE • COSY Idéalement situé à l'entrée de la Petite Venise, cet hôtel offre des chambres de caractère réparties dans plusieurs maisons du 16 ème siècle. On a su préserver l'âme et le cachet historique des lieux, tout en adoptant un esprit contemporain pour une atmosphère cosy et feutrée.

58 chambres – 109/345 € – 16 € – 7 suites

Plan C3-u – *7 rue de Turenne – 03 89 23 96 00 – www.hotel-le-colombier.fr*

Hostellerie Le Maréchal

TRADITIONNEL • CLASSIQUE Les chambres de ces maisons de la Petite Venise sont garnies de meubles de style (Louis XV, Louis XVI) et répondent aux noms évocateurs de Lully, Mozart, Bizet... Quant au petit-déjeuner, copieux à souhait, il ne joue pas les arlésiennes. Et le personnel se montre très à l'écoute des clients !

30 chambres – 115/300 € – 18 €

Plan C3-b – *4 place des Six-Montagnes-Noires – 03 89 41 60 32 – www.le-marechal.com*

à Ingersheim 4 km au Nord - Ouest – Carte régionale n° **10**-C2

La Taverne Alsacienne

CUISINE TRADITIONNELLE • AUBERGE Dirigée par la famille Guggenbuhl depuis 1964, cette taverne à la façade saumon mérite amplement sa réputation. Même ceux qui ne connaissent rien à la cuisine alsacienne seront conquis par sa divine choucroute traditionnelle (entre autres délices) ; le tout accompagné de beaux vins d'Alsace !

Spécialités : Terrine de canard au foie gras. Cassolette de la mer, choucroute et sauce riesling. Vacherin minute.

Menu 19 € (déjeuner), 30/58 € – Carte 41/66 €

Hors plan – *99 rue de la République – 03 89 27 08 41 – www.tavernealsacienne-familleguggenbuhl.com – Fermé 27 juillet-12 août, 27 décembre-14 janvier, lundi, jeudi soir, dimanche soir*

à Wettolsheim 4,5 km à l'Ouest par D417 et D1bis II

La Palette

CUISINE MODERNE • CONTEMPORAIN Le chef a beau être savoyard, on déguste ici une belle cuisine traditionnelle alsacienne qui ne dédaigne pas les clins d'œil à la modernité. La carte des vins est très complète et met à l'honneur les vignerons du village. Chambres claires et fraîches pour l'étape. Une bonne adresse.

Menu 26 € (déjeuner), 39/75 € – Carte 48/68 €

Hors plan – *9 rue Herzog – 03 89 80 79 14 – www.lapalette.fr – Fermé 1er-5 janvier, 17 février-1er mars, 21-27 octobre, 23-26 décembre, lundi, mardi midi, dimanche soir*

COLOMBES – Hauts-de-Seine (92) ➔ Voir Autour de Paris

COLOMBEY-LES-DEUX-ÉGLISES

✉ 52330 – Haute-Marne – Carte régionale n° **11**-C3 – Carte Michelin 313-J4

✿ Hostellerie la Montagne (Jean-Baptiste Natali)

CUISINE MODERNE • **ÉLÉGANT** XXX Dans ce paisible village de Haute-Marne cher au général de Gaulle, cette belle demeure en pierres du 17e s. est tout entière ceinte par un beau parc qui se prolonge vers la campagne. Mais à l'intérieur, point de nostalgie ! Ni dans le décor contemporain, ni dans l'assiette – ni même dans ce menu intitulé... "Je vous ai compris ! ". Le chef Jean-Baptiste Natali a beaucoup voyagé, de Marrakech à Londres en passant par New York. Il signe une gastronomie française à l'heure contemporaine en travaillant de beaux produits comme la langoustine, le rouget, le homard, le bœuf Angus, le ris de veau. Ses tomates, caviar et huîtres, ses langoustines royales rôties et jus de groseilles glacé, son filet de rouget snacké et sa mousseline au citron vert attestent d'un métier solide.

Spécialités : Tartare de langoustines, consommé des têtes et romarin, fenouil cru et cuit. Filet de canard colvert et cuisse confite, tatin de figue pochée au vin chaud. Fine tartelette fraise et yuzu, crème glacée à l'huile d'olive.

Menu 28 € (déjeuner), 35/105 € – Carte 95/120 €

10 rue Pisseloup – ✆ 03 25 01 51 69 – www.hostellerielamontagne.com – Fermé 13-28 janvier, 17 février-3 mars, lundi, mardi

À La Table du Général

CUISINE TRADITIONNELLE • **BISTRO** X Envie de déguster les plats préférés du général de Gaulle ? Poussez donc la porte de ce petit bistrot qui fait de la résistance pour proposer, intactes, les bonnes recettes de la tradition (blanquette de veau et daube de bœuf étaient les chouchous du grand homme). Un endroit sympathique où les prix le sont tout autant.

Menu 24 € (déjeuner) – Carte 27/45 €

54 rue du Général-de-Gaulle – ✆ 03 25 01 51 69 – www.latabledugeneral.fr – Fermé 9 décembre-14 janvier, lundi, mardi, mercredi soir, jeudi soir, dimanche soir

Hostellerie la Montagne

LUXE • **COSY** Jardin et verger, demeure rénovée avec goût dans une veine contemporaine, chambres cosy et confortables : cette demeure en pierre cultive joliment les charmes de la France éternelle.

8 chambres – 120/145 € – 14 € – 1 suite

10 rue Pisseloup – ✆ 03 25 01 51 69 – www.hostellerielamontagne.com – Fermé 13-28 janvier, 17 février-3 mars

✿ **Hostellerie la Montagne** – Voir la sélection des restaurants

COLOMBIÈRES-SUR-ORB

✉ 34390 – Hérault – Carte régionale n° **21**-B2 – Carte Michelin 339-D7

Granit

CUISINE MODERNE • **AUBERGE** XX Au sein de la "Mécanique des Frères Bonano", un décor tout de granit et de bois. Dans l'assiette, des produits de saison fins et bien travaillés, à l'image de ces huîtres pochées sur un taboulé végétal au wasabi, spécialité du chef. Jolie sélection de vins de la région, et formule tapas au bistrot. Service professionnel et souriant.

Menu 42/112 €

Lieu-dit La Mécanique – ✆ 04 67 97 30 52 – www.lamecaniquedesfreresbonano.fr – Fermé mardi, mercredi, dimanche soir

COLOMBIERS

✉ 34440 – Hérault – Carte régionale n° **21**-B2 – Carte Michelin 339-D9

Au Lavoir

CUISINE MÉDITERRANÉENNE • ÉLÉGANT XX Voisine du canal du Midi, cette belle maison jaune semble rayonner, particulièrement quand le soleil baigne son jardin verdoyant (avec terrasse). Pleinement inspirée par la Méditerranée, la cuisine fait la part belle au produit et embaume les parfums du Sud. N'hésitez pas à réserver l'une des élégantes chambres de l'étage.

Menu 32/59€ – Carte 44/70€

rue du Lavoir – ✆ 04 67 26 16 15 – www.au-lavoir.com

COLROY-LA-ROCHE

✉ 67420 – Bas-Rhin – Carte régionale n° **10**–A2 – Carte Michelin 315-H6

Hostellerie La Cheneaudière

CUISINE MODERNE • ÉLÉGANT XX Dans cet établissement élégant, les salles à manger affichent un esprit nature, et montagnard chic. La carte, courte et raffinée, fait d'alléchantes propositions : variations autour du foie gras, fricassée de homard, pigeon de ferme rôti et farci...

Menu 75/105€

3 rue Vieux-Moulin – ✆ 03 88 97 61 64 – www.cheneaudiere.com – Fermé 2 mars-2 avril, lundi midi, mardi midi, mercredi midi, jeudi midi, vendredi midi, samedi midi

Hostellerie La Cheneaudière

SPA ET BIEN-ÊTRE • ÉLÉGANT À flanc de colline, cette imposante demeure d'esprit traditionnel se révèle chic et accueillante. Que ce soit dans les chambres spacieuses aux teintes apaisantes ou dans le superbe spa (2500 m2) sur le thème de la nature, on ressent comme un sentiment d'exclusivité...

32 chambres – 195/550€ – 25€ – 6 suites

3 rue Vieux-Moulin – ✆ 03 88 97 61 64 – www.cheneaudiere.com – Fermé 2 mars-2 avril

Hostellerie La Cheneaudière – Voir la sélection des restaurants

COMBEAUFONTAINE

✉ 70120 – Haute-Saône – Carte régionale n° **6**–B1 – Carte Michelin 314-D6

Le Balcon

CUISINE TRADITIONNELLE • AUBERGE XX Digne héritier de son père, le jeune chef, Jean-Philippe Gauthier, perpétue la tradition de cette belle maison, avec ses incontournables – terrine de caille aux pruneaux et à l'armagnac –, que l'on savoure dans une salle alliant caractère et authenticité. Délicieux.

Spécialités : Terrine de lapereau et foie gras. Poulet au vin jaune et morilles. Tarte sablée crème brûlée et griottines de Fougerolles.

Menu 30/67€ – Carte 44/74€

2 Grande-Rue – ✆ 03 84 92 11 13 – www.le-balcon-70.fr – Fermé 22 juin-3 juillet, 5-8 octobre, 26 décembre-20 janvier, lundi, mardi midi, dimanche soir

COMBES – Hérault (34) → Voir Lamalou-les-Bains

COMPIÈGNE

✉ 60200 – Oise – Carte régionale n° **14**–B2 – Carte Michelin 305-H4

au Meux 11 km à l'Ouest

Auberge de la Vieille Ferme

CUISINE TRADITIONNELLE • AUBERGE X Dans ce petit village non loin de Compiègne, l'ancienne ferme est aujourd'hui un hôtel-restaurant très couru. En cuisine, tout est fait maison, et le jeune chef excelle dans la réinterprétation des grands classiques : sole meunière, tête de veau... avec, parfois, quelques influences plus exotiques. Très recommandable.

Menu 33€ (déjeuner)/40€ – Carte 43/64€

58 rue de la République – ✆ 03 44 41 58 54 – www.hotel-restaurant-oise.com – Fermé 3-24 août, lundi, samedi midi, dimanche soir

à Rethondes 10 km au Sud - Est par D973

Auberge du Pont de Rethondes

CUISINE MODERNE • ÉLÉGANT XXX Sa jolie façade traditionnelle exprime le charme de ce village des bords de l'Aisne. Elle cache une salle moderne et épurée, parfaite pour profiter d'un repas porté par l'imagination du chef et les bons produits de la saison. Terrasse côté jardin.

Menu 47/88 € – Carte 60/120 €

21 rue du Maréchal-Foch – ✆ 03 44 85 60 24 – www.aubergedupont-rethondes.fr – Fermé lundi, mardi, dimanche soir

CONCARNEAU

✉ 29900 – Finistère – Carte régionale n° **7**–B2 – Carte Michelin 308-H7

Le Flaveur

CUISINE MODERNE • INTIME XX Ce restaurant se niche dans une petite rue en retrait du port de plaisance et de la ville close. Sensation d'harmonie que l'on retrouve en cuisine, où un couple réalise à quatre mains de véritables bouquets de fraîcheur. Pressé de pigeon, foie gras et aubergine ; barbue, carotte, anis, orange et coques : ils se régalent, ils nous régalent...

Spécialités : Pressé de pigeon, foie gras et aubergine. Poissons selon la pêche et coquillages du littoral. Le BZH.

Menu 20 € (déjeuner), 30/88 € – Carte 43/60 €

4 rue Duquesne – ✆ 02 98 60 43 47 – Fermé 15 février-2 mars, lundi, jeudi soir, dimanche soir

L'Amiral

POISSONS ET FRUITS DE MER • CONVIVIAL XX Un restaurant vraiment engageant, tout en boiseries sombres et allusions marines élégantes. Bien situé, face à la ville close, il propose tous les grands classiques d'une cuisine de la mer. Avec une spécialité : la grande cocotte de l'Amiral, une version chaude de l'incontournable plateau de fruits de mer !

Menu 19 € (déjeuner), 22/47 € – Carte 38/52 €

1 avenue Pierre-Gueguin – ✆ 02 98 60 55 23 – www.restaurant-amiral.com – Fermé lundi, dimanche

CONDORCET – Drôme (26) ➜ Voir Nyons

CONLEAU – Morbihan (56) ➜ Voir Vannes

CONNELLES

✉ 27430 – Eure – Carte régionale n° **17**–D2 – Carte Michelin 304-H6

Le Moulin de Connelles

CUISINE CLASSIQUE • ROMANTIQUE XXX Dans cet ancien et superbe moulin surplombant un petit bras de la Seine, on se croirait presque à Chenonceau. Ici, le décor comme l'assiette ne sont qu'élégance, classicisme de bon aloi et douceur feutrée... Un joli songe à faire tout éveillé !

Menu 46/75 €

40 route d'Amfreville-sous-les-Monts – ✆ 02 32 59 53 33 – www.moulin-de-connelles.fr – Fermé 5 janvier-10 février, 15 novembre-15 décembre, lundi, mardi midi, mercredi midi, jeudi midi

Le Moulin de Connelles

LUXE • ROMANTIQUE Sur un bras de la Seine, cet authentique manoir anglo-normand est un vrai joyau romantique ! Ses tourelles et colombages se reflètent dans le fleuve, le parc arboré est ravissant, l'accueil charmant, et les chambres d'un goût exquis. La délicatesse incarnée...

9 chambres – 150/250 € – 18 € – 3 suites

40 route d'Amfreville-sous-les-Monts – ✆ 02 32 59 53 33 – www.moulin-de-connelles.fr – Fermé 5 janvier-10 février, 15 novembre-15 décembre

Le Moulin de Connelles – Voir la sélection des restaurants

CONQUES

✉ 12320 – Aveyron – Carte régionale n° **22**–C1 – Carte Michelin 338-G3

✿ Hervé Busset

CUISINE CRÉATIVE · ÉLÉGANT XXX Sur le chemin de Saint-Jacques-de-Compostelle, non loin de l'abbatiale Sainte-Foy décorée par Pierre Soulages, cet ancien moulin aux toits de lauze se mire dans les eaux du Dourdou. Dans cet écrin de verdure, Hervé Busset, un chef autodidacte, a fait son nid. Formé, non par de grands chefs, mais par l'ethnobotaniste François Couplan, il ramasse chaque matin herbes et plantes sauvages pour concocter une cuisine nature et très "santé", sans lactose ni gluten. Sureau, plantain, lierre terrestre, fenouil sauvage, bergamote, pimprenelle et fleur de bourrache escortent de beaux produits locaux. Sur cette trame, ce cuisinier ne cesse d'innover : il varie les garnitures et superpose les saveurs, poudres, émulsions... un régal.

Spécialités : Oseille sauvage et shabu-shabu de foie gras de canard. Pigeon, concentré de patate douce et jus de berce. Crème glacée au sureau et coulis de fraise.

Menu 50 € (déjeuner), 65/110 € – Carte 70/130 €

Domaine de Cambelong – ✆ 05 65 72 84 77 – www.moulindecambelong.com – Fermé 3 novembre-9 avril, lundi, mardi midi, mercredi midi, jeudi midi

Hervé Busset

AUBERGE · CONTEMPORAIN Dans l'un des derniers moulins à eau du 18e s. en bordure du Dourdou, les chambres jouent la carte du contraste, additionnant les couleurs, affichant un style résolument contemporain et design... Calme, reposant et singulier.

9 chambres – 150/250 € – 20 € – 1 suite

Domaine de Cambelong – ✆ 05 65 72 84 77 – www.moulindecambelong.com – Fermé 3 novembre-9 avril

✿ **Hervé Busset** – Voir la sélection des restaurants

LE CONQUET

✉ 29217 – Finistère – Carte régionale n° **7**–A2 – Carte Michelin 308-C4

Sainte-Barbe (N)

CUISINE MODERNE · CONTEMPORAIN X Le restaurant de l'hôtel ne donne pas côté mer, mais offre néanmoins une jolie vue sur le port du Conquet. L'équipe est sérieuse et la carte alléchante, mettant en avant de beaux poissons et fruits de mer : maquereau en escabèche, tartine d'oignon rose ; carpaccio de poulpe ; ou encore saint-pierre, noisette et asperges grillées...

Menu 34/49 € – Carte 42/101 €

Pointe Sainte-Barbe – ✆ 02 98 48 46 13 – www.hotelsaintebarbe.com

Sainte-Barbe (N)

URBAIN · BORD DE MER La situation de l'hôtel, au-dessus des récifs et de l'océan, est tout bonnement incomparable. L'intérieur n'est pas en reste, mélange harmonieux de matières brutes et industrielles, de contemporain et de vintage. N'oublions pas l'agréable petit spa, et le *rooftop* avec sa vue à 360°... Un bonheur.

32 chambres – 180/390 € – 24 € – 2 suites

Pointe Sainte-Barbe – ✆ 02 98 48 46 13

Sainte-Barbe – Voir la sélection des restaurants

à la Pointe de St-Mathieu 4 km au Sud – Carte régionale n° **7**–B2

✿ Hostellerie de la Pointe St-Mathieu (Nolwenn Corre)

CUISINE MODERNE · CONTEMPORAIN XX Attention, belle surprise à l'Ouest ! À Plougonvelin, Nolwenn Corre a repris les fourneaux de cette Hostellerie ouverte en 1954 par ses grands-parents, et reprise en 1988 par ses parents. Une affaire de famille, donc, qui a évolué tout en gardant son esprit originel : vieilles pierres, cheminée monumentale d'une part, mobilier franchement contemporain de l'autre. La jeune cheffe se montre tout à fait à son aise en cuisine, et surtout très déterminée. Ses assiettes doivent autant à son tour de main qu'aux bons produits 100% locaux qu'elle utilise : langoustines du Guilvinec, Saint-Jacques de la rade de Brest, poissons du Conquet, légumes d'un agriculteur voisin...

Spécialités : Langoustine en jeux de cuissons, amandes fraîches et chou-fleur. Cochon breton servi dans un rocher de sel aux huîtres. Crémeux de chocolat guanaja, sarrasin torréfié et en crème glacée.

Menu 29 € (déjeuner), 49/98 € – Carte 70/115 €

7 place St-Tanguy – ✆ 02 98 89 00 19 – www.pointe-saint-mathieu.com – Fermé 6 janvier-5 février, lundi, mardi

Hostellerie de la Pointe St-Mathieu

FAMILIAL · PERSONNALISÉ Phare, sémaphores, vestiges d'abbaye... Pas de doute, c'est bien la pointe ouest de la Bretagne, et ses paysages de tempête. Heureusement, cette maison de pays élégante et contemporaine, tout en teintes douces, est un refuge de choix !

33 chambres – 95/300 €

7 place St-Tanguy – ✆ 02 98 89 00 19 – www.pointe-saint-mathieu.com

Hostellerie de la Pointe St-Mathieu – Voir la sélection des restaurants

LES CONTAMINES-MONTJOIE

✉ 74170 – Haute-Savoie – Carte régionale n° **4**-F1 – Carte Michelin 328-N6

L'Ô à la Bouche

CUISINE MODERNE · CONTEMPORAIN XX Un lieu, deux atmosphères, mais toujours l'eau à la bouche... Au rez-de-chaussée, cadre contemporain autour d'une cuisine gastronomique fraîche et goûteuse, concoctée par un chef qui affectionne les produits frais et le poisson ; au sous-sol (et seulement l'hiver), raclettes, fondues, grillades. Ne manquez pas non plus l'excellente charcuterie maison. Suggestions orales suivant le retour du marché. Une convivialité toute montagnarde.

Menu 21 € (déjeuner), 29/52 €

510 route Notre-Dame-de-la-Gorge – ✆ 04 50 47 81 67 – www.lo-contamines.com – Fermé 10 mai-20 juin, 1er-20 octobre, 3 novembre-15 décembre, lundi

CONTRES

✉ 41700 – Loir-et-Cher – Carte régionale n° **8**-A1 – Carte Michelin 318-F7

La Botte d'Asperges

A/C

CUISINE MODERNE · AUBERGE X Avec son joli nom, ce restaurant joue la carte d'une cuisine savoureuse et faite dans les règles : fumaison de foie gras de canard, chutney de pommes ; chocolat au caramel pour le dessert ; pain fait maison... Cerise sur le gâteau : le service et l'accueil sont aux petits soins.

Spécialités : Foie gras de canard, pain d'épice et betterave. Poularde de Racan, noix torréfiées, sauce vin jaune. Chocolat noir, cacahouètes et caramel beurre salé.

Menu 33/56 € – Carte 42/43 €

15 Rue Pierre-Henri Mauger – ✆ 02 54 79 50 49 – www.labottedasperges.com – Fermé 16 février-2 mars, lundi, mercredi soir, dimanche soir

CORBEIL-ESSONNES – Essonne (91) → Voir Autour de Paris

CORDON

✉ 74700 – Haute-Savoie – Carte régionale n° **4**-F1 – Carte Michelin 328-M5

Les Roches Sweet Hôtel & Spa

TRADITIONNEL · PERSONNALISÉ Perché sur les hauteurs de Cordon, ce chalet est ravissant et la vue y est superbe ! Décor alpin chic et design, restaurant feutré, chambres douillettes et jolie piscine, idéale après une journée sur les pistes... Une certaine idée du luxe made in Savoie !

20 chambres – 115/310 € – 15 € – 4 suites

90 route de la Scie – ✆ 04 50 58 06 71 – www.les-roches-hotel.com – Fermé 5-29 novembre

Le Cerf Amoureux

LUXE • COSY Un beau chalet – tout de pierre et de bois vêtu – raffiné et très cosy. Les chambres, délicieuses, avec balcon, donnent sur les Aravis ou le mont Blanc... On peut aussi profiter de l'espace bien-être et de la "cuisine familiale améliorée" proposée (dixit le propriétaire). Est-ce l'amour qui rend ce Cerf si charmant ?

9 chambres – 185/220 € – 18 € – 2 suites

à Nant-Cruy – 04 50 21 30 60 – www.lecerfamoureux.com – Fermé 1er avril-15 juin, 1er septembre-15 décembre

CORENC – Isère (38) → Voir Grenoble

CORRENÇON-EN-VERCORS – Isère (38) → Voir Villard-de-Lans

CORSE

Que dire sur l'île de Beauté qui n'ait déjà été dit ? Son histoire riche et mouvementée, la variété et la magnificence de ses paysages – villages au-dessus des criques, montagnes arborées – en font une perle rare au cœur de la Méditerranée. Les bons restaurants ne manquent pas sur l'île, proposant de nombreux produits issus de l'agriculture locale : élevage (porc, brebis, veau), mais aussi agrumes et olives... accompagnés, bien sûr des nombreux vins ensoleillés qui font la fierté des Corses. L'appellation la plus fameuse est certainement le patrimonio, mis en bouteille autour de Saint-Florent, mais d'autres se distinguent également : sartène, figari, ajaccio....

- Carte régionale n° 9
- Carte Michelin 345
- Guide Vert Michelin Corse

AJACCIO

✉ 20000 – Corse-du-Sud – Carte régionale n° **9**–A3 – Carte Michelin 345-B8

A Terrazza

CUISINE MODERNE • MÉDITERRANÉEN XX Lovée sous un grand pin parasol et des palmiers, cette charmante terrasse face à la mer, décorée d'un joli mobilier blanc, offre une vue somptueuse sur le golfe d'Ajaccio. Dans l'assiette, la cuisine dans l'air du temps s'inspire de la Méditerranée. Carte légère le midi, plus travaillée le soir.

Menu 80/95 € – Carte 80/89 €

Hors plan – *Les Mouettes, 9 cours Lucien-Bonaparte – ✆ 04 95 50 40 30 – www.hotellesmouettes.fr – Fermé 2 novembre-31 mars, lundi, dimanche et le midi*

A Nepita

CUISINE DU MARCHÉ • CONVIVIAL X Dans ce petit établissement, un chef d'expérience concocte chaque jour un menu unique autour de deux plats au choix, au gré du marché et de ses envies. Fraîcheur et saveur !

Menu 33 € (déjeuner), 42/52 €

Hors plan – *4 rue San Lazaro – ✆ 04 95 26 75 68 – Fermé 23 février-3 mars, 27 août-7 septembre, lundi, mardi soir, mercredi soir, samedi midi, dimanche*

Le Petit Restaurant N

CUISINE MODERNE • SIMPLE X Petit par le nom, grand par les intentions ! On trouve ici un jeune couple bosseur, qui met en avant la production locale, entre autres. Langoustines et émulsion de bisque d'araignée ; veau bio corse en deux services, noix en tartare et carré rôti en croûte de trompettes… ou encore ce *brocciu passu* affiné trois mois. Un régal.

Menu 32 € (déjeuner) – Carte 44/64 €

Plan B2-a – *3 rue Pozzo-Di-Borgo – ✆ 06 10 95 94 61 – Fermé lundi, dimanche*

Les Mouettes

HÔTEL PARTICULIER • PERSONNALISÉ Cette grande demeure rose de 1880 offre une vue superbe sur la piscine et la plage privée. Chambres sobres et spacieuses, la plupart avec loggia, pour rêver en regardant les mouettes. Et le soir venu, les pieds dans la mer, les yeux plantés dans les étoiles.

27 chambres – 120/595 € – ☕ 23 €

Hors plan – *9 cours Lucien-Bonaparte – ✆ 04 95 50 40 40 – www.hotellesmouettes.fr – Fermé 3 novembre-1er avril*

A Terrazza – Voir la sélection des restaurants

Le Week End

LUXE • CONTEMPORAIN Sur la route des Sanguinaires, une construction contemporaine les pieds dans l'eau : belle piscine, restaurant panoramique à la gloire des produits de la mer, et chambres luxueuses – avec parfois un jacuzzi privé sur la terrasse…

12 chambres – 190/680 € – ☕ 22 €

Hors plan – *✆ 04 95 52 51 78 – www.hotel-le-weekend.com – Fermé 5 novembre-1er mars*

à Pisciatello 12 km par N196

Auberge du Prunelli

CUISINE DU TERROIR • AUBERGE X Ambiance conviviale et authentique dans cette auberge née en 1870, perdue dans les environs d'Ajaccio. Charcuterie, fromages et miel de la vallée, légumes du potager, petits plats mijotés des heures sur le coin du fourneau, tartes concoctées avec les fruits du verger, belle sélection de vins corses… Intemporel !

Menu 44 € – Carte 27/49 €

Hors plan – *pont de Pisciatello – ✆ 04 95 20 02 75 – www.auberge-du-prunelli.fr – Fermé mardi*

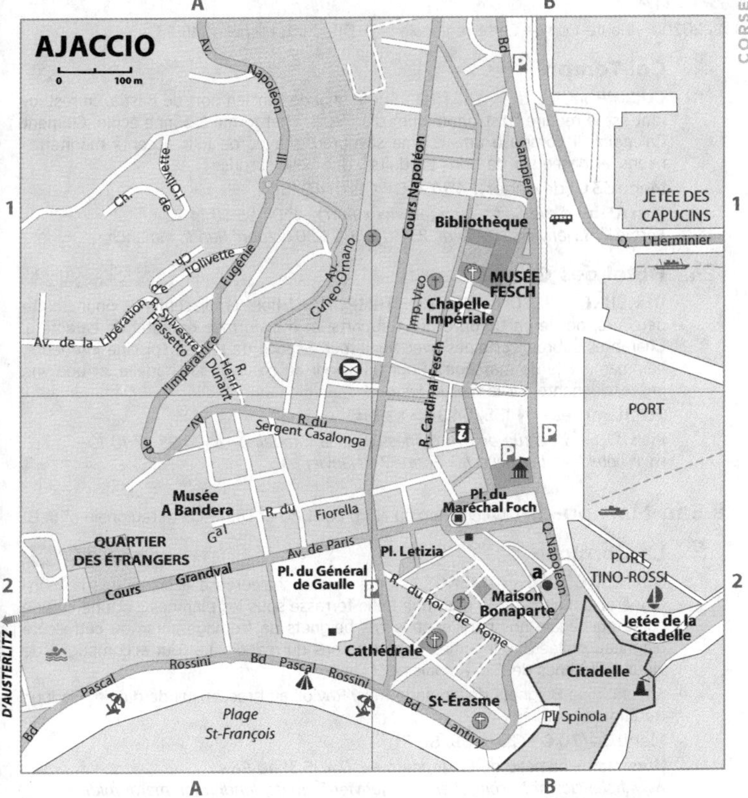

Plaine de Cuttoli 15 km par rte de Bastia, rte de Cuttoli (D1) puis rte de Bastelicaccia

U Licettu

CUISINE TRADITIONNELLE • RUSTIQUE XX Une villa dominant le golfe et noyée sous les fleurs, quelques chambres face au jardin, un accueil charmant, une cuisine corse copieuse et savoureuse (charcuteries maison, viandes rôties dans la cheminée, brocciu frais du matin même...) : autant de bonnes raisons de ne pas prendre le maquis !

Menu 44 €

Hors plan – *✆ 04 95 25 61 57 – www.u-licettu.com – Fermé 1er-15 janvier, lundi, dimanche soir*

BASTELICA

✉ 20119 – Corse-du-Sud – Carte régionale n° **9**-B2 – Carte Michelin 345-D7

Chez Paul

CUISINE DU TERROIR • RUSTIQUE X Dans cette auberge, on se régale d'une bonne cuisine corse (charcuterie maison, daube de veau, cannellonis au brocciu) depuis quatre générations ! Dans l'assiette, c'est généreux et savoureux. Aux beaux jours, on profite de la terrasse avec vue plongeante sur le village et la vallée du Prunelli.

Menu 25/27 € – Carte 28/35 €

quartier Stazzone – ✆ 04 95 28 71 59 – Fermé lundi soir, mardi soir, mercredi soir, jeudi soir, vendredi soir, dimanche soir

BASTIA

✉ 20200 – Haute-Corse – Carte régionale n° **9**–B1 – Carte Michelin 345-F3

Col Tempo

CUISINE MODERNE • BISTRO Sur le quai de l'ancien port de Bastia, ce restaurant est le repaire "bistronomique" d'un jeune chef formé à bonne école, Clément Calendini. Il compose une cuisine savoureuse, avec de jolis accents méditerranéens, et basée sur de bons produits... Une belle surprise !

Menu 33 € (déjeuner), 45/60 € – Carte 40/60 €

Plan A3-b – *4 rue Saint-Jean (au vieux Port) – ✆ 04 95 58 14 22 – Fermé 1er-15 janvier, 1er-7 avril, 23-30 juin, 23-30 octobre, lundi, dimanche*

Hôtel des Gouverneurs

DEMEURE HISTORIQUE • CONTEMPORAIN Bel emplacement pour cette demeure, posée en bordure des remparts, et transformée en hôtel de caractère. Chambres sobres, certaines avec vues mer. Espace de remise (piscine intérieure, hammam, salle de massage). Pour un séjour au cœur de la citadelle, et une vue impressionnante sur la mer et les ports.

26 chambres – 155/540 € – 19 €

Plan B3-b – *3 bis rue des Turquines (dans la Citadelle) – ✆ 04 95 47 10 10 – www.hoteldesgouverneurs.fr – Fermé 7-21 janvier*

à San-Martino-di-Lota 13 km au Nord par D80 et D131 – Carte régionale n° **9**–B1

La Corniche

CUISINE CORSE • AUBERGE Une maison chaleureuse accrochée à la montagne et donnant sur la mer, une belle terrasse sous les platanes... et une cuisine corse qui régale nos papilles, tels ces beignets de fromage corse ou cette côte d'agneau grillée aux légumes et aux herbes du maquis. Le tout accompagné de vieux millésimes de l'île. Réjouissant !

Spécialités : Beignets de fromage frais. Ravioli au brocciu, jus de daube. Fiadone traditionnel.

Menu 34/70 € – Carte 39/80 €

Hors plan – *hameau de Castagneto – ✆ 04 95 31 40 98 – www.hotel-lacorniche.com – Fermé 1er janvier-1er mars, lundi midi, mardi midi*

BONIFACIO

✉ 20169 – Corse-du-Sud – Carte régionale n° **9**–B3 – Carte Michelin 345-D11

L'A Cheda

CUISINE MODERNE • MÉDITERRANÉEN Dans un décor romantique à souhait, on s'installe sur la charmante terrasse face à la piscine. Le chef privilégie les circuits courts et choisit ses fournisseurs avec grand soin : on se régale de poissons sauvages, viande bio corse, légumes frais du potager en permaculture... Service prévenant et carte des vins riches en jolies surprises.

Menu 89/139 € – Carte 60/80 €

A Cheda, route de Porto-Vecchio, Cavallo Morto – ✆ 04 95 73 03 82 – www.restaurant-bonifacio.com – Fermé 6 janvier-7 février, mardi

L'An Faim

CUISINE MODERNE • CONVIVIAL Installé au bout de la marina, au pied des escaliers grimpant à la citadelle, ce petit restaurant prolongé d'une terrasse est un repaire d'habitués : au programme, une cuisine du marché haute en couleurs et en saveurs, qui pétille au gré d'assiettes épurées. Autant d'hommages à la production locale, comme ce succulent dos de pagre.

Menu 32 € (déjeuner) – Carte 45/62 €

7 Montée Rastello – ✆ 04 95 73 09 10 – Fermé 1er janvier-16 avril, jeudi

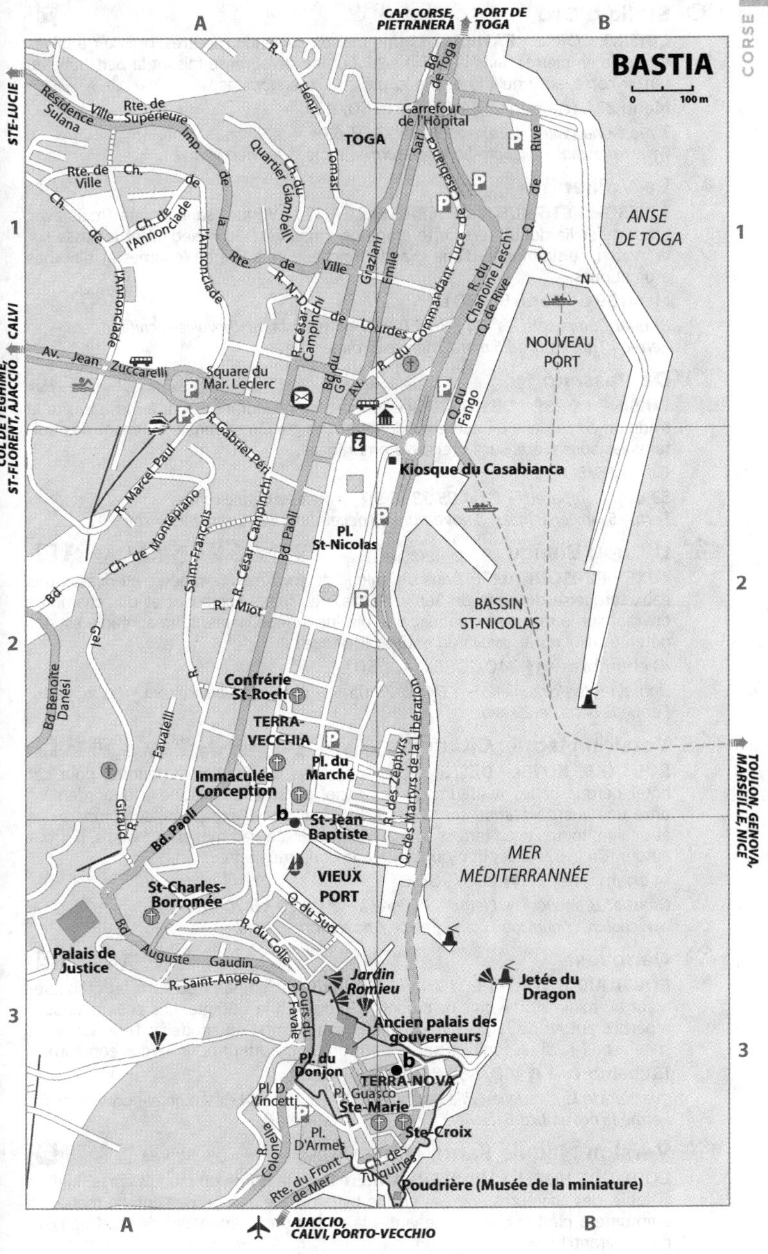

BASTIA

0 100 m

A B

CAP CORSE, PIETRANERA

PORT DE TOGA

STE-LUCIE

CALVI

COL DE TEGHIME, ST-FLORENT, AJACCIO

TOULON, GENOVA, MARSEILLE, NICE

AJACCIO, CALVI, PORTO-VECCHIO

1 2 3

Résidence Sulana

Rte. de Ville Supérieure

Imp. de la Rte. de Ville

R. Henri Tomasi

TOGA

Quartier Giambelli

Ch. du Giambelli

Bd de Toga

Carrefour de l'Hôpital

Sari

Rte. de Ville

Ch. de l'Annonciade

Ch. de l'Annonciade

l'Annonciade

R. N.-D. de Lourdes

Grazaini

Emile

R. du Commandant Luce de Casabianca

R. du Chanoine Leschi

Q. de Rive

Q. de Rive

ANSE DE TOGA

NOUVEAU PORT

Av. Jean Zuccarelli

Square du Mar. Leclerc

R. César Campinchi

Bd du Gaudio

Av.

Q. du Fango

R. Gabriel Péri

R. Marcel Paul

Kiosque du Casabianca

Ch. de Montépiano

Saint-François

R. César Campinchi

Bd Paoli

Pl. St-Nicolas

R. Miot

BASSIN ST-NICOLAS

Bd Gal Giraud

Bd Benoîte Danési

R. Favalelli

Confrérie St-Roch

TERRA-VECCHIA

Pl. du Marché

Immaculée Conception

R. des Zéphyrs

Q. des Martyrs de la Libération

b

St-Jean Baptiste

Bd. Paoli

R. Giraud

MER MÉDITERRANNÉE

VIEUX PORT

Q. du Sud

St-Charles-Borromée

Palais de Justice

Bd Auguste Gaudin

R. du Colle

R. Saint-Angelo

Jardin Romieu

Jetée du Dragon

Cours du Dr Favale

Ancien palais des gouverneurs

Pl. du Donjon

b

TERRA-NOVA

Pl. D. Vincetti

Pl. Guasco

Ste-Marie

Ste-Croix

Pl. D'Armes

R. Colonella

Rte. du Front de Mer

Ch. des Turquines

Poudrière (Musée de la miniature)

Stella d'Oro

CUISINE CORSE · FAMILIAL XX Une maison ancienne (poutres, pressoir à olives et meule en pierre) dans la vieille ville. Cuisine savoureuse faisant la part belle au terroir corse, ainsi qu'à la pêche locale et aux langoustes.

Menu 22 € (déjeuner)/31 € – Carte 50/110 €

7 rue Doria (ville haute) – ☏ 04 95 73 03 63 – www.restaurant-stelladoro-bonifacio.com – Fermé 1er janvier-1er avril

Le Voilier

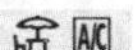

POISSONS ET FRUITS DE MER · ÉLÉGANT XX Voguez sans crainte (mais avec un portefeuille dodu) vers cette étape gourmande ! Décor élégant et terrasse sur la marina, cuisine iodée d'une grande fraîcheur, embellie de légumes et d'herbes aromatiques.

Menu 39 € – Carte 50/80 €

81 quai Comparetti – ☏ 04 95 73 07 06 – www.restaurant-levoilier-bonifacio.com – Fermé 10 novembre-25 mars, mercredi, dimanche

Da Passano

CUISINE CORSE · DESIGN X Face au port, ce restaurant et bar à vins revisite la tradition corse dans un cadre moderne et design. On se régale au chant des guitares les soirs d'été, sur la terrasse ombragée...

Carte 35/50 €

53 quai Comparetti – ☏ 04 95 28 10 90 – www.da-passano.com – Fermé 5 janvier-8 mars, 3 novembre-12 décembre, lundi, dimanche soir

U Capu Biancu

LUXE · PERSONNALISÉ Dans un splendide parc méditerranéen, au-dessus des eaux turquoise du golfe de Santa Manza, des suites luxueuses et des chambres ouvrant sur la mer ou le maquis, une piscine à débordement, un agréable espace détente... Nul doute : voilà un endroit idyllique !

41 chambres – 240/1065 € – 30 €

Domaine de Pozzoniello – ☏ 04 95 73 05 58 – www.ucapubiancu.com – Fermé 12 octobre-29 avril

Version Maquis Citadelle

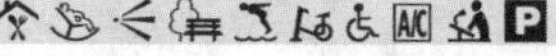

BOUTIQUE HÔTEL · DESIGN Sept bungalows fondus dans la nature, pour cet hôtel perdu sur les hauteurs de Bonifacio. La superbe piscine à débordement offre une vue dantesque sur la citadelle. Chambres d'exception, contemporaines et design, toutes avec terrasses, matériaux haut de gamme, et le maquis, partout autour. Un lieu d'exception qui invite à la contemplation.

14 chambres – 280/900 €

Quartier Brancuccio - Lieu-dit Padurella – ☏ 04 20 40 70 40 – www.hotelversionmaquis.com – Fermé 4 novembre-13 avril

Genovese

BOUTIQUE HÔTEL · PERSONNALISÉ Dans les remparts du fort, un établissement au minimalisme chic et moderne, propice à la détente. Les chambres sont réparties autour de la piscine, orientées côté marina ou citadelle. Trois superbes suites sont aussi disponibles sur le port, où un chauffeur pourra vous conduire !

15 chambres – 140/380 € – 20 € – 3 suites

quartier de la Citadelle (ville haute) – ☏ 04 95 73 12 34 – www.hotel-genovese.com – Fermé 15 novembre-6 janvier

Version Maquis Santa Manza

BOUTIQUE HÔTEL · MÉDITERRANÉEN Dans le calme du maquis corse, loin de la foule, des chambres épurées et une belle piscine à débordement. Le matin, on emprunte à pied le chemin menant à la mer, à une demi-heure de là... Dépaysement garanti !

11 chambres – 150/550 €

lieu-dit Canetto-Pertuso – ☏ 04 95 71 05 30 – www.hotelversionmaquis.com – Fermé 14 octobre-10 avril

CAGNANO

✉ 20228 – Haute-Corse – Carte régionale n° **9**–B1 – Carte Michelin 345-F2

Tra Di Noï

CUISINE MODERNE • ÉLÉGANT XX Le chef de Tra Di Noï ("entre nous", en corse) met à l'honneur les produits de l'île de façon originale, dans un esprit bistronomique revendiqué. Tout a du goût (de nombreux produits viennent du potager en permaculture), la technique et la créativité sont au rendez-vous, y compris au dessert : on passe un bon moment.

Menu 55 € (déjeuner), 75/85 € – Carte 67/78 €

Misincu, lieu-dit Misincu (en bord de mer) – ✆ 04 95 35 21 21 – www.hotel-misincu.fr – Fermé 15 octobre-22 avril

Misincu

SPA ET BIEN-ÊTRE • BORD DE MER Dans cette partie de la Corse encore sauvage et préservée, un superbe hôtel d'une blancheur éclatante, tout en arcades et en patios... La Méditerranée, en somme ! Matériaux de qualité, chambres spacieuses et épurées, belle piscine : un véritable coup de cœur.

24 chambres – 290/740 € – 30 € – 6 suites

lieu-dit Misincu (en bord de mer) – ✆ 04 95 35 21 21 – www.hotel-misincu.fr – Fermé 15 octobre-22 avril

Tra Di Noï – Voir la sélection des restaurants

CALVI

✉ 20260 – Haute-Corse – Carte régionale n° **9**–A1 – Carte Michelin 345-B4

La Signoria

CUISINE MODERNE • MÉDITERRANÉEN XXX À quelques minutes de Calvi, on découvre avec ravissement cet ancien domaine seigneurial génois, niché dans une pinède, entouré de vignobles et, au loin, de cimes enneigées... On dîne sur la terrasse donnant sur le jardin méridional planté d'essences qui fleurent bon, du rosier à l'eucalyptus. Voilà un cadre parfaitement approprié à cette cuisine qui fait chanter les produits corses, de la langoustine au veau en passant par le poisson des côtes méditerranéennes. Surprise ! C'est un chef bourguignon, Alexandre Fabris, au parcours irréprochable (de Marc Meneau à la Maison Lameloise...) qui fait preuve de tant de finesse, notamment sur ce soufflé au brocciu, réalisé dans les règles de l'art.

Spécialités : Langoustines du cap Corse et la népita du maquis. Ris de veau croustillant à la farine de châtaigne, carottes au poivre de Java et jus réglisse. Soufflé au brocciu.

Menu 55 € (déjeuner), 80/140 € – Carte 90/120 €

Route de la Forêt-de-Bonifato – ✆ 04 95 65 93 00 – www.hotel-la-signoria.com – Fermé 2 novembre-10 avril

Emile's (N)

CUISINE MODERNE • CLASSIQUE XX Au pied de la Citadelle, sur un quai planté de palmiers, cette maison typique domine le port de Calvi. Mobilier de la Belle Époque et tables dressées avec soin : il y a du raffinement ! Côté cuisine, le chef se révèle un bon technicien et compose des assiettes savoureuses et soignées.

Menu 35/85 € – Carte 70/107 €

quai Landry – ✆ 04 95 65 09 60 – www.restaurant-emiles.com – Fermé 1er novembre-31 mars, lundi midi, mardi midi

U Fanale

CUISINE CORSE • FAMILIAL X Sur la route de Porto, un endroit idéal si l'on cherche une bonne cuisine traditionnelle : jolis produits et poissons locaux sont travaillés avec une pointe de créativité... et les prix sont raisonnables ! La salle, simplement décorée, réserve une belle vue sur la baie et le phare de la Revelatta.

Menu 26/32 € – Carte 45/65 €

route de Porto – ✆ 04 95 65 18 82 – www.ufanale.com – Fermé 1er janvier-31 mars, mardi midi, jeudi midi

La Villa

GRAND LUXE • CONTEMPORAIN La vieille ville et toute la baie semblent envier cette Villa juchée sur les hauteurs ! Ce complexe hôtelier à l'élégance épurée, digne d'un couvent, distille l'essence de l'Île de Beauté... Joli spa, centre de soins, salon de coiffure, fitness, trois piscines extérieures, une intérieure : un ensemble haut de gamme, pour un séjour reposant.

25 chambres – 350/1200 € – 23 suites

chemin Notre-Dame-de-la-Serra – 04 95 65 10 10 – www.hotel-lavilla.com – Fermé 5 octobre-29 avril

La Signoria

MAISON DE MAÎTRE • MÉDITERRANÉEN Nichée dans une pinède, cette demeure du 18e s. incarne à elle seule la Méditerranée : de l'ocre, du bleu, un mobilier corse d'époque, un beau jardin paysager et... des senteurs infinies, dans la plus grande quiétude ! Joli spa. Plusieurs villas et suites, idéales pour les familles.

22 chambres – 280/800 € – 8 suites

Route de la Forêt-de-Bonifato – 04 95 65 93 00 – www.hotel-la-signoria.com – Fermé 2 novembre-10 avril

La Signoria – Voir la sélection des restaurants

CENTURI

20238 – Haute-Corse – Carte régionale n° **9**-B1 – Carte Michelin 345-F2

Le Vieux Moulin

POISSONS ET FRUITS DE MER • AUBERGE XX Ce restaurant familial, fondé en 1961, surplombe le pittoresque petit port de Centuri. On y vient pour manger de la langouste grillée (avril-sept) ou aux pâtes, une bouillabaisse ou la pêche du jour. C'est frais et bon : les habitués ne s'y trompent pas.

Carte 50/150 €

au port – 04 95 35 60 15 – www.le-vieux-moulin.net – Fermé 1er octobre-1er mars, mercredi

CORTE

20250 – Haute-Corse – Carte régionale n° **9**-B2 – Carte Michelin 345-D6

dans les Gorges de La Restonica Sud - Ouest sur D623 – Carte régionale n° 9-B2

Dominique Colonna

BOUTIQUE HÔTEL • NATURE À l'entrée des gorges, dans l'arrière-pays de Corte, cet hôtel paisible, entre rochers et pins, ravira les amoureux de la nature. Confort idéal, jolies chambres et splendide terrasse qui surplombe les flots tumultueux de la rivière, où les moins frileux iront piquer une tête !

28 chambres – 145/380 € – 19 € – 2 suites

Vallée de la Restonica – 04 95 45 25 65 – www.dominique-colonna.com – Fermé 28 octobre-31 mars

ERBALUNGA

20222 – Haute-Corse – Carte régionale n° **9**-B1 – Carte Michelin 345-F3

Le Pirate

POISSONS ET FRUITS DE MER • MÉDITERRANÉEN XX Ce restaurant est sans conteste l'une des meilleures adresses des environs. Travail dans l'assiette, originalité des associations de saveurs : le chef signe une partition solide, en se fournissant au maximum chez des producteurs locaux. Et n'oublions pas le cadre enchanteur, sur le petit port pittoresque d'Erbalunga...

Menu 42 € (déjeuner), 75/195 € – Carte 80/95 €

au port – 04 95 33 24 20 – www.restaurantlepirate.com – Fermé 1er novembre-28 mars, lundi, mardi

Castel Brando

MAISON DE MAÎTRE • ÉLÉGANT Dans cette maison de maître édifiée par un médecin des armées napoléoniennes, tout est ravissant : le jardin luxuriant et ses jolis palmiers, les chambres raffinées (certaines dans des villas annexes), les piscines, l'espace forme et massage, la véranda... Préférez les chambres côté jardin, plus calmes et plus amples. Charmant.

40 chambres – 129/339 € – 18 € – 6 suites

route du Cap – 04 95 30 10 30 – www.castelbrando.com – Fermé 3 novembre-2 avril

GUITERA-LES-BAINS

20153 – Corse-du-Sud – Carte régionale n° **9**–B3 – Carte Michelin 345-D8

Zella

CUISINE CORSE • MAISON DE CAMPAGNE Une piste chaotique mène à cette auberge de montage, cernée par un environnement sauvage et naturel. C'est là que Jean-Marie Casamarta prépare des plats de terroir, issus des petites productions agricoles alentour (et notamment de celles de son frère). A titre d'exemple : une excellente charcuterie, des lasagnes au brocciu, ou le fondant à la châtaigne. C'est savoureux et rassasiant. Quatre jolies chambres d'hôtes permettent de prolonger l'étape.

Menu 27/33 €

06 80 92 84 46 – Fermé lundi midi, mardi midi

L'ÎLE-ROUSSE

20220 – Haute-Corse – Carte régionale n° **9**–A1 – Carte Michelin 345-C4

Le Bistrot de la Place

CUISINE TRADITIONNELLE • RUSTIQUE Sur la place Paoli – si typique –, un restaurant rustique et chaleureux. Le patron concocte une sympathique cuisine traditionnelle et régionale, avec quelques suggestions de saison à l'ardoise.

Carte 45/75 €

3 place Paoli – 04 95 60 12 90 – Fermé lundi, dimanche soir

Liberata

BOUTIQUE HÔTEL • PERSONNALISÉ À deux pas de la mer, le regard est attiré par la grande façade ocre – aux volets verts ! – de cette attrayante demeure seigneuriale. On y pénètre par un lobby Art nouveau ; les chambres, sobrement contemporaines sont cosy, décorées en beige ou chocolat. Espace remise en forme.

22 chambres – 110/450 € – 19 €

La Marinella – 04 95 62 03 62 – www.hotel-liberata.com – Fermé 20 décembre-28 février

au Golf du Reginu 12 km au Sud par route de Bastia et D113

I Salti 

CUISINE MODERNE • COSY Dans la vallée du Reginu, à côté du golf, un ancien moulin converti en jolie petite maison, avec son cadre bucolique et son jardin d'esprit guinguette. L'ardoise annonce des beaux produits de Balagne - pêche locale, légumes bio. Accueil chaleureux.

Menu 75 € – Carte 60/80 €

Moulin de Salti – 04 95 34 35 59 – Fermé 25 octobre-15 avril, lundi, mardi midi, mercredi midi, jeudi midi

à Monticello 4,5 km au Sud - Est par D63 – Carte régionale n° **9**–A1

A Piattatella

BOUTIQUE HÔTEL • PERSONNALISÉ Piattatella, ou "cachette" en langue corse. Un nom tout trouvé pour ce bel hôtel au décor contemporain, niché sur les hauteurs du village. Un parcours de remise en forme, un espace bien-être, deux belles piscines, les paysages de Balagne et ce parfait sentiment d'exclusivité : tout est là !

17 chambres – 188/388 € – 20 €

chemin St-François – 04 95 60 07 00 – www.apiattatella.com – Fermé 25 octobre-9 avril

Minera

BOUTIQUE HÔTEL · ORIGINAL Détente et bien-être sont au programme de ce boutique-hôtel, qui surplombe la route du littoral et offre une vue extra sur la mer. Chambres séduisantes, beau jardin paysager, piscine et terrasse pour prendre le petit-déjeuner : on y passerait bien ses vacances...

8 chambres – 180/490 € – 22 €

Lieu-dit Minera – 04 95 60 00 45 – www.hotel-minera.com – Fermé 10 octobre-9 avril

à Pigna 8 km au Sud - Ouest par N197 et D151 – Carte régionale n° **9**–A1

A Mandria di Pigna

CUISINE CORSE · AUBERGE Cette bergerie contemporaine est à l'image du village qui l'accueille : attachante ! Courgettes, tomates et herbes aromatiques du potager, agneau et cochon de lait, en grillades ou à la broche... le terroir corse est à l'honneur. Et la générosité, de mise !

Spécialités : Aubergine "A Mandria". Brebis à l'antica. Gâteau à la châtaigne.

Menu 34 € – Carte 25/50 €

04 95 32 71 24 – www.amandria.com – Fermé 15 octobre-28 mars, lundi

LEVIE

20170 – Corse-du-Sud – Carte régionale n° **9**–B3 – Carte Michelin 345-D9

A Pignata

CUISINE CORSE · RUSTIQUE Dans ce restaurant rustique, en pleine nature, la cuisine familiale a le bon goût de la tradition... et de la simplicité, avec ce menu unique renouvelé tous les jours. Les produits sont d'une qualité exceptionnelle ; d'ailleurs, la charcuterie est fabriquée à partir des cochons de l'exploitation familiale !

Menu 53 €

route de Pianu – 04 95 78 41 90 – www.apignata.com – Fermé 3 novembre-1er avril

LUMIO

20260 – Haute-Corse – Carte régionale n° **9**–A1 – Carte Michelin 345-B4

A Casa di Ma

CUISINE CRÉATIVE · CONTEMPORAIN Lumio, village de Haute-Corse baigné de lumière et de saveurs... Le chef réalise ici une partition fine et gourmande, relevée d'une petite note créative, et toujours respectueuse du beau produit – dont l'île n'est pas avare. On se délecte par exemple d'un thon confit à la nepita (une herbe aromatique du maquis) et tartare de wakamé ou d'un rouget juste saisi, avec sa sauce comme un aziminu (bouillabaisse locale) et jeunes poireaux. Le tout dans une salle au décor contemporain, ouverte sur une jolie terrasse : cadre idéal pour découvrir cette cuisine épurée, qui respire la Méditerranée et le terroir corse. Service affable et attentif. Un bel endroit.

Spécialités : Araignée de mer rafraîchie à la népita. Loup de mer cuit à basse température et calissons de pommes de terre. Fraîcheur de citron à l'immortelle et meringue Française.

Menu 35 € (déjeuner), 60/145 € – Carte 95/145 €

Chez Charles, route de Calvi – 04 95 60 61 71 – www.hotelcorse-chezcharles.com – Fermé 13 octobre-9 avril, lundi, mardi midi

Chez Charles

FAMILIAL · CONTEMPORAIN Agréable escapade en cet hôtel au décor contemporain et design, ouvrant sur le golfe de Calvi et la montagne (chambres avec balcon, piscine à débordement), non loin de la route. Préférez les chambres avec vue mer.

29 chambres – 120/360 € – 20 €

route de Calvi – 04 95 60 61 71 – www.acasadima.com – Fermé 13 octobre-9 avril

A Casa di Ma – Voir la sélection des restaurants

NONZA

✉ 20217 – Haute-Corse – Carte régionale n° **9**–B1 – Carte Michelin 345-F3

La Sassa

CUISINE MÉDITERRANÉENNE • ROMANTIQUE Ce restaurant atypique, sans salle intérieure, se niche au pied de la tour paoline (18e s.), véritable un nid d'aigle, perché à 160 m de hauteur, offrant une vue exceptionnelle sur la côte du Cap Corse et le golfe de Saint-Florent. Cuisine basée sur les bons produits du potager maison (2000 m² !) et agréables terrasses aux multiples recoins...

Menu 45 € (déjeuner), 55/100 € – Carte 45/80 €

à la tour de Nonza – ✆ 04 95 38 55 26 – www.lasassa.com – Fermé 15 octobre-15 mai

OLETTA

✉ 20232 – Haute-Corse – Carte régionale n° **9**–B1 – Carte Michelin 345-F4

La Dimora

MAISON DE CAMPAGNE • PERSONNALISÉ Matériaux nobles, authenticité et luxe contemporain discret... Dans l'arrière-pays, cette villa du 18e s. vous reçoit en ami ; la piscine, l'espace bien-être et le jardin invitent délicatement au farniente.

15 chambres – 149/360 € – 23 € – 2 suites

route de St-Florent – ✆ 04 95 35 22 51 – www.ladimora.fr – Fermé 1er janvier-27 avril

U Palazzu Serenu

LUXE • DESIGN Embrassant le golfe de St-Florent et les paysages du Nebbio, ce palais florentin (17e s.) est un joyau ! Œuvres d'art contemporain, grand style, et chambres au décor très moderne. Le chef propose une cuisine méditerranéenne fraîche et épurée (sur réservation), à déguster sur la splendide terrasse... Très belle piscine chauffée.

6 chambres – 180/490 € – 2 suites

U Palazzu Serenu – ✆ 04 95 38 39 39 – www.upalazzuserenu.com – Fermé 6 janvier-11 février

OLMETO

✉ 20113 – Corse-du-Sud – Carte régionale n° **9**–A3 – Carte Michelin 345-C9

La Verrière

CUISINE MODERNE • ÉLÉGANT Il y a des trésors que l'on aimerait garder pour soi ; cette Verrière en fait partie ! Derrière les fourneaux, le chef s'inspire de sa Bretagne natale pour travailler de jolis produits de la mer, comme cet encornet, caviar d'aubergine, chutney de tomates et artichaut. Cadre élégant et jolie vue en terrasse.

Menu 65/125 € – Carte 88/110 €

Marinca, Lieu-dit Vitricella – ✆ 04 95 70 09 00 – www.hotel-marinca.fr – Fermé 6 octobre-24 avril, le midi

PERI

✉ 20167 – Corse-du-Sud – Carte régionale n° **9**–A2 – Carte Michelin 345-C7

Chez Séraphin

CUISINE TRADITIONNELLE • FAMILIAL Une maison corse typique dans un charmant village à flanc de montagne. La patronne y travaille de bons produits du terroir avec simplicité ; elle les agrémente des fruits, légumes et herbes du jardin. Inusable Séraphin !

Menu 55 €

au village – ✆ 04 95 25 68 94 – Fermé 30 septembre-4 avril, lundi, mardi midi, mercredi midi, jeudi midi

PORTICCIO

✉ 20166 – Corse-du-Sud – Carte régionale n° **9**-A3 – Carte Michelin 345-B8

L'Arbousier

CUISINE CLASSIQUE · CLASSIQUE XXX Savourer des langoustines, du homard et des poissons de petits pêcheurs locaux en regardant la mer... quel délice ! Une institution locale.

Menu 85 € – Carte 80/110 €

Le Maquis – ✆ 04 95 25 05 55 – www.lemaquis.com

Sofitel Thalassa

HÔTEL DE CHAÎNE · FONCTIONNEL Thalassa, déesse grecque de la mer, est bien la figure tutélaire de ce complexe hôtelier : situation isolée à la pointe du cap de Porticcio, institut de thalassothérapie, piscine à débordement, sports nautiques, chambres tournées vers la Méditerranée, et produits de la mer au restaurant lui aussi face aux flots...

96 chambres – 160/940 € – 29 € – 2 suites

domaine de la Pointe – ✆ 04 95 29 40 40 – www.sofitel.com/hotel/ajaccio – Fermé 12 janvier-12 février

PORTO-VECCHIO

✉ 20137 – Corse-du-Sud – Carte régionale n° **9**-B3 – Carte Michelin 345-E10

Casadelmar

CUISINE MODERNE · LUXE XXXX Ici, la mer est au centre de toutes choses. Bienvenue à Porto-Vecchio ! L'ancienne cité génoise a résisté à toutes les invasions barbares. Détruite, reconstruite, la citadelle de la ville porte haut la fierté corse. Autre motif de fierté, le restaurant Casadelmar : une table au (grand) cœur iodé. Ne vous laissez pas distraire par la vue ensorcelante sur la baie, ni le cadre de ce superbe hôtel, le plus étonnant se passe dans l'assiette ! Le chef Fabio Braganolo navigue entre Corse et Italie. Parmi ses plats fétiches, les "cannelloni de denti au tourteau, caviar, fraîcheur de légumes et cédrats de San Giuliano". Le poisson cru, découpé en fines lamelles, est fourré d'une chair de tourteau émietté, et surmonté d'une petite ligne de caviar iodé. Le tout offre une fraîcheur insensée aux papilles en apnée. Un travail d'orfèvre.

Spécialités : Cannelloni de denti au tourteau, fraîcheur de légumes. Effiloché de jarret de veau façon osso-buco, foie gras et cerises. Noisettes de Cervione, citron et fleur de lait.

Menu 170/255 € – Carte 177/219 €

7 km par route de la plage de Palombaggia – ✆ 04 95 72 34 34 – www.casadelmar.fr – Fermé 2 novembre-13 avril, lundi, mardi midi, mercredi midi, jeudi midi, vendredi midi, samedi midi, dimanche

Le Belvédère

CUISINE MODERNE · ROMANTIQUE XXX La mer vient flirter avec les tables, les monts se découpent sur le ciel lointain... la terrasse est idyllique ! Au cœur du golfe de Porto-Vecchio, cette enclave discrète joue la carte des beaux produits et de la gastronomie d'aujourd'hui.

Menu 39 € (déjeuner), 75/120 € – Carte 50/90 €

5 km par route de la plage de Palombaggia – ✆ 04 95 70 54 13 – www.hbcorsica.com – Fermé 2 décembre-23 avril

Don Cesar

CUISINE MODERNE · ÉLÉGANT XXX Avec son décor luxueux et raffiné, et ses larges baies vitrées ouvertes sur la terrasse, le restaurant de l'hôtel Don Cesar ne manque pas de charme ! On y sert une cuisine entre France et Italie, soignée et pleine de saveurs, qui fait la part belle aux produits de la mer (déclinaison de calamars, bouillabaisse...).

Carte 80/130 €

rue du Commandant-Quilici (au rond-point du centre commercial Leclerc prendre la direction de la clinique) – ✆ 04 95 76 09 09 – www.hoteldoncesar.com – Fermé 15 octobre-20 mai

Terraméa

CUISINE MODERNE • TENDANCE XX Ah, le Terraméa ! Au milieu des arbres, sur les hauteurs de la baie de Porto-Vecchio, on comprend qu'il ait conquis le cœur des gourmands de cette partie de la Corse : on y mange de délicieux poissons bien préparés (sardines, saint-pierre, etc.) et de bons produits du terroir local.

Carte 50/60 €

7 km par route de Palombaggia – ✆ 04 95 50 03 94 – Fermé 2 février-31 mars

La Table de Mina

CUISINE MODERNE • MÉDITERRANÉEN X Installé confortablement au bord de la piscine, sous un toit de tuiles, on profite de la jolie vue sur la mer... et on se délecte des préparations à base de produits corses, avec quelques touches exotiques, d'un chef qui a fait une bonne partie de sa carrière à la Réunion.

Menu 65 € – Carte 77/140 €

Les Bergeries de Palombaggia – ✆ 04 95 70 03 23 – www.hotel-palombaggia.com – Fermé 28 octobre-16 avril, lundi midi, mardi midi, mercredi midi, jeudi midi, vendredi midi, samedi midi, dimanche midi

Casadelmar

GRAND LUXE • CONTEMPORAIN Un long parallélépipède de bois, dans un parc planté de figuiers, de grenadiers et d'oliviers. Des lignes géométriques étudiées, des espaces design... et partout – notamment de la piscine à débordement –, une vue magique sur la baie de Porto-Vecchio : la Corse à l'heure contemporaine *"and so chic" !*

20 suites – 680/3800 € – 14 chambres Tablet.PLUS

7 km par route de la plage de Palombaggia – ✆ 04 95 72 34 34 – www.casadelmar.fr – Fermé 2 novembre-18 avril

Casadelmar – Voir la sélection des restaurants

Don Cesar

LUXE • ÉLÉGANT Dans cet hôtel créé en 2012 dans l'esprit méditerranéen, le luxe a donné rendez-vous au raffinement. Les chambres sont superbes et spacieuses (50 m² au minimum) et leurs balcons se tournent vers le golfe de Porto-Vecchio... pour rêver éveillé. Piscine, spa, jardin paysager, etc., ajoutent à la beauté des lieux.

39 chambres – 490/1980 € – 35 € – 2 suites

rue du Commandant-Quilici (au rond-point du centre commercial Leclerc prendre la direction de la clinique) – ✆ 04 95 76 09 09 – www.hoteldoncesar.com – Fermé 30 septembre-22 mai

Don Cesar – Voir la sélection des restaurants

Les Bergeries de Palombaggia

LUXE • PERSONNALISÉ Parmi les oliviers et les cyprès, plusieurs maisonnettes construites dans l'esprit des anciennes bergeries, mais très confortables... luxueuses même ! Matériaux bruts, vue sur la mer (en étage), etc. : pour une belle et discrète villégiature à deux pas de la célèbre plage de Palombaggia.

16 chambres – 295/695 € – 30 € – 5 suites

12 km par route de la plage de Palombaggia – ✆ 04 95 70 03 23 – www.hotel-palombaggia.com – Fermé 28 octobre-9 avril

La Table de Mina – Voir la sélection des restaurants

à Cala Rossa 10 km au Nord - Est par N198 et D468 – Carte régionale n° **9**-B3

La Pinède

CUISINE MODERNE • MÉDITERRANÉEN XXX Ah, dîner sous la tonnelle, dans un cadre intimiste et romantique... La cuisine fait la fête aux produits locaux (notamment herbes et légumes du potager) servis avec décontraction. Cave d'affinage pour les fromages et belle carte de vins.

Menu 70/80 € – Carte 70/90 €

Grand Hôtel de Cala Rossa – ✆ 04 95 71 61 51 – www.cala-rossa.com – Fermé 3 novembre-5 avril

Grand Hôtel de Cala Rossa

GRAND LUXE · ÉLÉGANT À demeure d'exception, écrin splendide : un jardin luxuriant, un ponton privé sur la plage et un spa de grand standing où l'on utilise des produits à base de plantes du maquis corse... Cuisine actuelle à la Pinède (légumes du potager).

31 chambres – 380/1270 € – 9 suites

04 95 71 61 51 – www.cala-rossa.com – Fermé 3 novembre-5 avril

La Pinède – Voir la sélection des restaurants

au golfe de Santa Giulia 8 km au Sud par N198 et rte secondaire – Carte régionale n° 9-B3

U Santa Marina

CUISINE MODERNE · ROMANTIQUE XX La vue sur le golfe de Santa Giulia est superbe, et le soir venu, on pourrait croquer le soleil couchant confortablement installé en bord de plage... Dans l'assiette, le chef Nikolaz Le Cheviller, Breton exilé en Corse, imagine une cuisine goûteuse et personnelle. Mariant le terroir corse et ses racines celtes, il n'hésite pas à recourir à des ingrédients comme le varech, le sarrasin, le jus de pomme, le chouchen, l'oignon de Roscoff et même le beurre demi-sel. Beaux produits (comme ce bar sauvage), cuissons maîtrisées et goûteuses, jeux de textures intéressants, plats soigneusement structurés et dressages originaux (comme cette délicieuse bouillabaisse dans son assiette en forme de barque) : un savoureux moment.

Spécialités : Œuf bio cuit moelleux. Bouillabaisse à notre façon. Kouign amann.

Menu 75/140 € – Carte 80/100 €

Marina di Santa Giulia (plage) – 04 95 70 45 00 – www.usantamarina.com – Fermé 1er novembre-1er avril, lundi midi, mardi midi, mercredi midi, jeudi midi, vendredi midi, samedi midi, dimanche midi

Les Hauts de Santa Giulia

FUSION · DESIGN X La cheffe réalise ici une bonne cuisine à base de produits sélectionnés avec soin, et parsème ses assiettes d'influences diverses (Asie et Méditerranée, principalement). Le menu carte blanche est renouvelé tous les jours ; le mobilier vintage et la jolie terrasse ajoutent au charme des lieux.

Menu 78 €

04 95 70 40 84 – Fermé 28 septembre-28 mai, lundi, mardi midi, mercredi midi, jeudi midi, vendredi midi, samedi midi, dimanche midi

à Lecci 15,5 km au Nord par D668 et D468

Emporium N

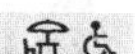

CUISINE MODERNE · TENDANCE X On doit cette belle surprise à un chef originaire de Grenoble, né de parents italiens, et passé par des tables de renom : Guy Savoy, George V... En lien direct avec le terroir (pêche locale, maraîcher de Bonifacio, veau corse), il compose une cuisine contemporaine de très bonne facture, à prix sages.

Carte 50/61 €

32 centre commercial St-Cyprien, à San Ciprianu – 04 95 73 55 86 – Fermé 1er janvier-31 mars, lundi

à la presqu'île du Benedettu 10 km au Nord - Est par N198 et D468 – Carte régionale n° 9-B3

La Plage Casadelmar

POISSONS ET FRUITS DE MER · DESIGN XX La salle et la terrasse sont posées juste au-dessus d'une plage discrète du golfe de Porto-Vecchio. Comment se lasser de la vue sur la côte et la mer ? Au sein de ce bel hôtel contemporain, la cuisine, confiée à un chef italien, se veut résolument transalpine. Une réussite.

Menu 63 € (déjeuner), 75/160 €

04 95 71 02 30 – www.laplagecasadelmar.fr – Fermé 28 septembre-1er mai

La Plage Casadelmar

LUXE • DESIGN Fermez les yeux et imaginez une superbe plage de sable fin en accès direct... Tel est l'un des atouts de ce bel établissement niché sur un petit cap du golfe de Porto-Vecchio. Un lieu à part, dont le design contemporain cultive un minimalisme chic et apaisant...

16 chambres – 510/1220 € – 3 suites

04 95 71 02 30 – www.laplagecasadelmar.fr – Fermé 15 octobre-10 mai

La Plage Casadelmar – Voir la sélection des restaurants

PROPRIANO

20110 – Corse-du-Sud – Carte régionale n° **9**–A3 – Carte Michelin 345-C9

Chez Parenti

POISSONS ET FRUITS DE MER • CLASSIQUE XX Envie de poisson frais ou de homard ? Ce restaurant, tenu depuis 1935 par la famille Parenti, est exactement ce qu'il vous faut. Raviole d'araignée de mer, langouste grillée aux épices des îles, quelques viandes aussi, souvent corses (veau tigre...) : de bons produits pleins de fraîcheur, à déguster confortablement installé sur la terrasse, face au port de plaisance.

Menu 52/75 € – Carte 52/105 €

10 avenue Napoléon-III – 04 95 76 12 14 – www.chezparenti.fr – Fermé 5 novembre-15 mars, lundi midi

Tempi Fà

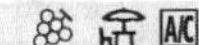

CUISINE DU TERROIR • BISTRO X Tempi fà ou « au temps d'avant » en corse... C'est exactement là où ramène cette épicerie-bistrot ! On entre par la boutique, dont le décor original reproduit une place de village, avec un vrai marché local (charcuteries, fromages, vin de myrte, etc.). Et tous ces beaux produits sont proposés à la dégustation... sans oublier la belle carte de vins de l'île.

Menu 38 €

7 avenue Napoléon-III – 04 95 76 06 52 – www.tempi-fa.com – Fermé 10 novembre-23 mars, dimanche

Terra Cotta

POISSONS ET FRUITS DE MER • COSY X Dans ce charmant petit restaurant du port, le frère du patron fournit la pêche du jour. Pagre, liche, chapon, mustelle et autres poissons frais sont préparés avec grand soin.

Menu 24 € (déjeuner), 44/55 € – Carte 50/65 €

29 avenue Napoléon-III – 04 95 74 23 80 – Fermé 1er janvier-15 avril, dimanche

Miramar Boutique Hôtel

LUXE • COSY Au cœur d'un parc luxuriant, cette villa aux murs chaulés offre une vue plongeante sur le golfe de Valinco. Beaucoup de charme : objets chinés, espace et raffinement... Carte simple et légère le midi ; poisson à la plancha, terroir corse et langouste grillée le soir.

21 chambres – 250/450 € – 30 € – 4 suites

route de la Corniche – 04 95 76 06 13 – www.miramarboutiquehotel.com – Fermé 12 octobre-15 avril

ST-FLORENT

20217 – Haute-Corse – Carte régionale n° **9**–B1 – Carte Michelin 345-E3

La Roya

CUISINE MODERNE • ÉLÉGANT XXX Atmosphère contemporaine et raffinée, terrasse dans le joli jardin, face à la plage : un cadre idyllique au service d'une cuisine bien en prise avec le terroir corse. Personnel souriant et attentionné, pour ne rien gâcher !

Menu 51/85 € – Carte 70/80 €

04 95 37 00 40 – www.hoteldelaroya.com – Fermé 1er novembre-31 mars

L'Auberge du Pêcheur

POISSONS ET FRUITS DE MER • MÉDITERRANÉEN XX Damien Muller, marin pêcheur et propriétaire de la poissonnerie Saint-Christophe, tient dans la cour jardin de la maison de son enfance un restaurant... en plein air. Un jeune chef toulousain y agrémente la pêche du jour (poisson grillé, langoustes) avec talent, tandis qu'un autre décline des sushis pleins de fraîcheur.

Carte 50/75€

route de Bastia – ✆ 06 24 36 30 42 – www.aubergedupecheur.net – Fermé 30 septembre-30 avril, dimanche et le midi en semaine

La Gaffe

CUISINE MODERNE • CONTEMPORAIN XX Le chef Yann Le Scavarec, natif du Morbihan, est aux commandes de ce restaurant idéalement situé sur les quais de Saint-Florent. Sa cuisine, actuelle et soignée, met en valeur la production des environs : agneau et veau d'Oletta, poissons en direct d'un pêcheur local, langouste au barbecue...

Menu 55€ – Carte 50/80€

promenade des Quais (quai des Pêcheurs) – ✆ 04 95 37 00 12 – www.restaurant-saint-florent.com – Fermé 15 janvier-15 mars

MaThy'S

CUISINE MODERNE • BISTRO X Façade rouge pour ce restaurant de Saint-Florent, devancé par une jolie terrasse ombragée par un mûrier-platane. Dans un esprit « restaurant de village», on sert ici une cuisine bourgeoise, méditerranéenne et corse, plus travaillée le soir. Convivialité, service souriant et jolie carte des vins complètent l'agréable tableau.

Carte 36/55€

Place Furnellu – ✆ 04 95 37 20 73 – Fermé 1er-31 janvier, lundi

La Roya

TRADITIONNEL • COSY Sur la plage de sable fin de la Roya (accès direct) et dans un jardin ravissant embaumant les senteurs méditerranéennes, cet hôtel récent est un havre de paix. Les lits sont si douillets qu'on pourrait ne plus quitter la chambre, mais la Corse est si belle... D'ailleurs, ici, on prête des vélos.

20 chambres – 200/500€ – 24€ – 8 suites

✆ 04 95 37 00 40 – www.hoteldelaroya.com – Fermé 15 novembre-25 mars

La Roya – Voir la sélection des restaurants

STE-LUCIE-DE-PORTO-VECCHIO

✉ 20144 – Corse-du-Sud – Carte régionale n° **9**-B3 – Carte Michelin 345-F9

Le Rouf

POISSONS ET FRUITS DE MER • MÉDITERRANÉEN XX Ici, on sert principalement des produits de la mer, autour de la pêche du jour et des langoustes sur les trois terrasses, face au superbe golfe de Pinarello – plage de sable blanc, voiliers au mouillage, et ancienne tour génoise... Les amoureux de la Corse seront ravis, les amoureux tout courts, aussi.

Carte 48/110€

plage de Pinarello – ✆ 04 95 71 50 48 – www.lerouf.com – Fermé 15 septembre-15 avril

Le Pinarello

LUXE • ÉLÉGANT Bel ensemble au luxe discret dans un cadre de rêve. Chambres et suites contemporaines, magnifique vue sur le golfe, centre de soins... et belle piscine sur le toit ! Au déjeuner, carte estivale, salades et charcuteries corses servies sur la terrasse face à la plage.

28 chambres – 261/980€ – 28€ – 5 suites

plage de Pinarello – ✆ 04 95 71 44 39 – www.lepinarello.com – Fermé 13 octobre-1er mai

SARTÈNE

✉ 20100 – Corse-du-Sud – Carte Michelin 345-C10

à Murtoli 25 km au Sud par route de Bonifaccio, au Domaine de Murtoli – Carte régionale n° **9**–A3

✿ La Table de la Ferme

CUISINE CORSE • CHAMPÊTRE XXX Murtoli échappe à toutes les définitions habituelles du tourisme. Un domaine gigantesque entre mer et colline, où l'on dort dans des bergeries ou villas avec piscine privative : le luxe campagnard dans tout sa splendeur. Supervisée par Mathieu Pacaud, la table gastronomique de Murtoli met en valeur les meilleurs produits corses : poissons pêchés face au domaine, safran de la voisine, légumes du potager, herbes du maquis... sans oublier l'impressionnante carte des vins (plus de 600 références). On se régale sur la terrasse, à l'abri de la tonnelle et des oliviers.

Spécialités : Langoustines du cap fumées au bois d'immortelle, bouillon émulsionné aux herbes des plaines. Carré de veau tigré grillé à la feuille de figuier et oignon confit à la vuletta. Marigny aux noisettes de Cervione et sorbet au miel de nepita.

Menu 195 €

Vallée de l'Ortolo – ✆ 04 95 71 69 24 – www.murtoli.com – Fermé 15 septembre-13 mai, lundi midi, mardi, mercredi midi, jeudi midi, vendredi midi, samedi midi, dimanche midi

La Grotte

CUISINE CORSE • CHAMPÊTRE XX Au-dessus du golf du domaine de Murtoli, en plein maquis, ce restaurant offre un cadre unique que son nom laisse présager. On dîne d'un menu corse en 5 plats, à la bougie, sur des bancs de bois, installés au cœur de la roche, ou sur l'une des superbes petites terrasses à la vue splendide. Difficile de rêver plus romantique. Réservation indispensable.

Menu 60/80 €

Vallée de l'Ortolo – ✆ 04 95 71 69 24 – www.murtoli.com – Fermé 6 janvier-31 mars, lundi midi, mardi, mercredi midi, jeudi midi, vendredi midi, samedi midi, dimanche midi

La Table de la Plage

CUISINE MÉDITERRANÉENNE • ROMANTIQUE XX Au bord de la plus jolie plage du domaine de Murtoli, ce restaurant au cadre exceptionnel se mérite. Poissons de pêche locale, langouste grillée, veau, bœuf ou agneau élevés sur le domaine : on se régale. Réservation indispensable pour pouvoir accéder à cette propriété très exclusive. Les prix ne sont pas tendres, mais le charme laisse sans voix.

Carte 95/150 €

Vallée de l'Ortolo – ✆ 04 95 71 69 24 – www.murtoli.com – Fermé 1er novembre-30 avril

CORTE – Haute-Corse (2B) ➜ Voir Corse

COSNE-COURS-SUR-LOIRE

✉ 58200 – Nièvre – Carte régionale n° **5**–A2 – Carte Michelin 319-A7

Au Bistrot d'Anatole

CUISINE CLASSIQUE • CONVIVIAL Un bistrot contemporain dans une petite rue du centre-ville. On y savoure des classiques du genre comme ce pressé de poireaux, girolles et canard confit, ou ce médaillon de lotte rôti et caponata de légumes. L'accueil souriant et l'ambiance conviviale achèvent de nous convaincre de la sympathie de l'adresse !

Menu 21€ (déjeuner), 30/36€

6 rue Anatole-France – ✆ 03 86 27 12 95 – www.chez-anatole.com – Fermé lundi, mardi soir, mercredi soir, dimanche soir

à Villechaud 4 km au Sud par D243

Le Chat

CUISINE MODERNE • BISTRO Comment un ancien bar de village – baptisé Le Chat depuis 1856, tout de même – se mue-t-il en bonne table ? Demandez donc au chef, aussi sympathique que travailleur, qui sait faire rimer créativité et convivialité. On en ronronne de plaisir.

Menu 24€ (déjeuner), 28/47€

42 rue des Guérins – ✆ 03 86 28 49 03 – www.restaurant-lechat.fr – Fermé lundi, mardi, dimanche soir

LE COTEAU – Loire (42) ➜ Voir Roanne

LA CÔTE-ST-ANDRÉ

✉ 38260 – Isère – Carte régionale n° **2**–B2 – Carte Michelin 333-E5

Hôtel de France

CUISINE MODERNE • ÉLÉGANT Ce restaurant du cœur de la cité natale de Berlioz se révèle une table de qualité, où le chef compose de belles assiettes modernes en s'appuyant sur les meilleurs produits du terroir local. On se régale d'un homard en nage d'agrumes au sauternes et citrus, ou d'un pigeonneau en croûte d'herbes... Une bonne adresse.

Menu 25€ (déjeuner), 32/75€ – Carte 52/78€

16 place de l'Église – ✆ 04 74 20 25 99 – www.hoteldefrance-csa.fr – Fermé 4-9 mai, 27 juillet-10 août, lundi, dimanche soir

COTIGNAC

✉ 83570 – Var – Carte régionale n° **24**–C3 – Carte Michelin 340-L4

Le Mas de Cotignac

FAMILIAL • PERSONNALISÉ Une maison d'hôtes aux chambres joliment décorées, entourée d'oliviers. Les températures douces permettent de profiter de la piscine chauffée (jacuzzi, sauna). Table d'hôtes le soir, garnie des fruits et légumes du potager. Confitures maison et figues au sirop du jardin au petit-déjeuner.

4 chambres – 105/155€

2930 route de Carcès – ✆ 06 80 30 36 55 – www.lemasdecotignac.fr

COTINIÈRE – Charente-Maritime (17) ➜ Voir Île d'Oléron

COUDEKERQUE-BRANCHE – Nord (59) ➜ Voir Dunkerque

COUËRON

✉ 44220 – Loire-Atlantique – Carte régionale n° **23**–B2 – Carte Michelin 316-F4

Le François II

CUISINE TRADITIONNELLE • CONVIVIAL XX L'enseigne, au décor moderne, rend hommage au duc de Bretagne, père d'Anne, mort à Couëron. Ici, la tradition est reine, et le couple de propriétaires – d'origine bretonne – sait la faire vivre ! Le chef aime s'approvisionner dans la région et travaille en véritable artisan. Une adresse attachante.

Spécialités : Gaspacho au basilic et moules, granité poivron. Thon blanc mariné et juste saisi, légumes du soleil. Blanc-manger pêche et abricot, sorbet verveine.

Menu 18 € (déjeuner), 32/57 € – Carte 44/54 €

5 place Aristide-Briand – ☏ 02 40 38 32 32 – www.francois2.com – Fermé 1er-5 janvier, 17-23 février, 13-19 avril, 20 juillet-18 août, lundi, mardi, mercredi soir, jeudi soir, dimanche soir

COUILLY-PONT-AUX-DAMES

✉ 77860 – Seine-et-Marne – Carte régionale n° **15**-C2 – Carte Michelin 312-G2

Auberge de la Brie (Alain Pavard)

CUISINE MODERNE • ÉLÉGANT XX Les gourmets viennent de toute l'Île-de-France pour profiter des bienfaits de cette institution locale, étoilée depuis 1991. En vérité, cette coquette maison a plus d'une corde à son arc : son cadre raffiné et sagement contemporain aux couleurs apaisantes, sa délicieuse cuisine actuelle personnalisée et d'une régularité à toute épreuve, et l'accueil tout sourire de Céline, l'épouse du chef Alain Pavard. Ce dernier réalise une cuisine d'inspiration classique, mais bien ancrée dans l'époque. Il séduit avec de beaux produits et des saveurs précises : splendides huîtres sur une délicate crème et citron, appétissantes noix de Saint-Jacques, foie gras de canard et velouté de topinambours, ou bien encore ris de veau braisé et légumes croquants...

Spécialités : Langoustines tièdes au citron, pousses d'épinards et sauce gingembre. Ris de veau braisé au jus, légumes croquants et champignons de saison. Agrumes, sablé breton, meringue craquante et sorbet agrumes.

Menu 45 € (déjeuner), 62/92 € – Carte 62/86 €

14 avenue Alphonse-Boulingre – ☏ 01 64 63 51 80 – www.aubergedelabrie.net – Fermé 26 avril-5 mai, 2-26 août, 24 décembre-5 janvier, lundi, mardi midi, dimanche

COULANGES-LA-VINEUSE

✉ 89580 – Yonne – Carte régionale n° **5**-B1 – Carte Michelin 319-E5

J'MCA

CUISINE MODERNE • CONVIVIAL XX Une cuisine actuelle soignée, goûteuse et bien ficelée, qui laisse s'épanouir librement d'excellents produits : voilà ce qui vous attend dans cette maison familiale installée à deux pas de l'église et de la place du village. Quant au décor, avec tableaux contemporains et plantes vertes, il ne manque pas non plus de charme.

Menu 20 € (déjeuner), 26/42 € – Carte 34/43 €

12 rue André-Vildieu – ☏ 03 86 34 33 41 – www.jmca-restaurant.fr – Fermé lundi soir, mardi soir, mercredi, jeudi soir, dimanche soir

COULOMBIERS

✉ 86600 – Vienne – Carte régionale n° **20**-C2 – Carte Michelin 322-H6

Auberge Le Centre Poitou

CUISINE TRADITIONNELLE • RUSTIQUE XX Depuis 1870, la même famille tient cet auberge qui fut autrefois un relais de poste et y cultive le sens de l'accueil. Dans l'assiette, on se régale d'une cuisine savoureuse, concoctée avec des produits soigneusement choisis, par Mathias, le fils, nouveau maître des fourneaux.

Spécialités : Courgette, basilic, jaune confit, chorizo ibérique, graines de courge et fleurs du jardin. Râble de lapin, polenta et petits pois. Chocolat, parfum de fève tonka.

Menu 33/85 € – Carte 55/70 €

39 rue Nationale – ☏ 05 49 60 90 15 – www.centre-poitou.com – Fermé 24 février-11 mars, 21 septembre-7 octobre, lundi, mardi midi, dimanche soir

COULON

79510 – Deux-Sèvres – Carte régionale n° **20**–B2 – Carte Michelin 322-C7

Le Central

CUISINE MODERNE • AUBERGE XX Pour une escapade champêtre au cœur de la Venise verte. La cuisine navigue entre tradition et tendances, autour de quelques produits fétiches : anguilles, escargots, fromage de chèvre, etc. Une valeur sûre, petite boussole dans la géographie gourmande poitevine.

Spécialités : Effeuillé de raie, petits pois, fèves, brocolis et tomate confite. Suprêmes de pintade rôtis, farce gourmande. Alliance entre l'abricot et la pistache.

Menu 22/45 € – Carte 43/60 €

4 rue d'Autremont – 05 49 35 90 20 – www.hotel-lecentral-coulon.com – Fermé 17 février-10 mars, 4-20 octobre, lundi, dimanche soir

COUPELLE-VIEILLE

62310 – Pas-de-Calais – Carte régionale n° **13**–A2 – Carte Michelin 301-F4

Le Fournil

CUISINE TRADITIONNELLE • COSY X Les apparences sont parfois trompeuses ! Ainsi, Le Fournil n'est pas installé dans une ancienne boulangerie mais dans un relais de poste du 19e s. On y savoure une cuisine traditionnelle accompagnée de bons vins... Terrasse avec vue sur le jardin.

Menu 21/41 € – Carte 36/58 €

rue de St-Omer – 03 21 04 47 13 – www.restaurant-lefournil.com – Fermé 17 février-1er mars, lundi, mardi soir, dimanche soir

COURBAN

21520 – Côte-d'Or – Carte régionale n° **5**–C1 – Carte Michelin 320-I2

Château de Courban

CUISINE MODERNE • ÉLÉGANT XXX De Tokyo au pays châtillonnais, au nord de la Bourgogne : voici le beau parcours du chef Japonais Takashi Kinoshita. Aux fourneaux du château de Courban, il se révèle un véritable amoureux de la gastronomie française et du patrimoine culinaire bourguignon en particulier, qu'il travaille avec tout le raffinement propre aux cuisiniers nippons. Dans le potager attenant, il acclimate à la Bourgogne les herbes japonaises qu'il intègre dans sa cuisine... française. Un répertoire qu'il maîtrise sur le bout des baguettes. On en veut pour preuve ce beau pigeonneau fermier, en terrine au poivre de sichuan rouge, frisée fine, vinaigrette à l'huile de cazette, la chair de cuisse hachée finement, le suprême cuit rosé, de texture de velours. De la poésie.

Spécialités : Langoustine et quinoa bio frit, petits pois téléphone, carottes fanes et sauce crustacés. Suprême de poularde de Bresse nappé à la bière bio de Vézelay, cuisse en yakitori, épinards et pommes soufflées. Parfait glacé au chocolat et café grands crus.

Menu 69/129 € – Carte 85/145 €

7 rue du Lavoir – 03 80 93 78 69 – www.chateaudecourban.com – Fermé 5-16 janvier, lundi midi, mardi midi, mercredi midi, jeudi midi, vendredi midi, samedi midi

Château de Courban

MAISON DE MAÎTRE • ÉLÉGANT Charmante, champêtre, authentique et confortable : telle est cette belle gentilhommière de 1837. Les jardins, la piscine à débordement et le spa ajoutent encore au cachet du lieu. Et l'on est reçu comme dans une maison de famille... Sympathique !

24 chambres – 119/459 € – 19 €

7 rue du Lavoir – 03 80 93 78 69 – www.chateaudecourban.com – Fermé 5-16 janvier

Château de Courban – Voir la sélection des restaurants

COURCELLES-SUR-VESLE

02220 – Aisne – Carte régionale n° **14**–C2 – Carte Michelin 306-D6

Château de Courcelles

CUISINE MODERNE • CLASSIQUE XXX Noble demeure que ce château hérité du Grand Siècle, fastueux sans être opulent, et recélant un beau jardin d'hiver, d'inspiration Second Empire. Ce décor prête à un élégant moment, autour de recettes inspirées par les tendances et accompagnées d'un impressionnant choix de vins.

Menu 45 € (déjeuner), 70/110 € – Carte 115/137 €

8 rue du Château – ✆ 03 23 74 13 53 – www.chateau-de-courcelles.fr

Château de Courcelles

DEMEURE HISTORIQUE • CLASSIQUE De longues enfilades de fenêtres, des toits à la Mansart, des allées de buis taillé... la parfaite image d'un château français du 17e s., fréquenté en leurs temps par Crébillon, Rousseau ou encore Cocteau. Grand style dans les chambres et belles prestations.

15 chambres – 205/495 € – 25 € – 3 suites

8 rue du Château – ✆ 03 23 74 13 53 – www.chateau-de-courcelles.fr

Château de Courcelles – Voir la sélection des restaurants

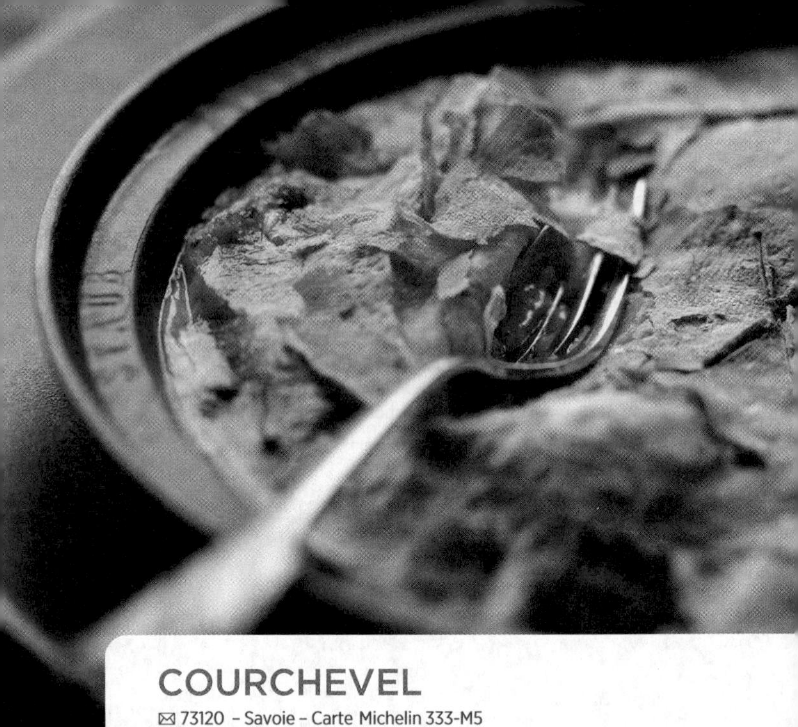

COURCHEVEL

✉ 73120 – Savoie – Carte Michelin 333-M5

On aime...

À proximité du Parc national de la Vanoise, Courchevel est l'une des stations de sports d'hiver les plus prestigieuses au monde. Sa vocation originelle, dédiée au tourisme social, a été oubliée, au profit de l'image jet-set véhiculée par Courchevel 1850, la plus huppée des quatre stations. Un conseil avant de vous lancer vers la vallée, où aiguilles et masses glacées du mont Blanc affichent leur splendeur : prenez des forces ! Fromages, fruits croquants, vin de Savoie, jus de fruits, charcuteries, miel, bières, crozets, eau minérale : Courchevel n'est pas qu'une station de villégiature huppée, c'est un lieu de gourmandise, ouvert à tous les appétits. Et si vous n'avez guère le goût pour un civet de marmotte (que l'on chasse d'octobre aux premières neiges), recette traditionnelle des Hautes-Alpes, préférez la traditionnelle tartiflette, ce plat conçu comme un gratin et cuisiné avec des tranches de pommes de terre, des lardons fumés et du reblochon fermier, le tout copieusement arrosé d'un vin blanc de Savoie.

J.-C. Amiel/hemis.fr

à Courchevel 1850 Carte régionale n° 2-D2

✿✿✿ Le 1947

CUISINE CRÉATIVE • DESIGN XXXX Remarquable parcours que celui de Yannick Alléno, chef né à Puteaux, en Île-de-France. Au fil de sa progression régulière au sein des plus grands restaurants, il a toujours su mettre sa passion au service de son ambition. Au cœur de l'Hôtel Cheval Blanc, il délivre pour une poignée de chanceux (cinq tables à peine) une saisissante partition de cuisine contemporaine, où la créativité et l'audace technique sont tout entières guidées par la recherche des saveurs. Le tout s'appuie sur des produits de premier choix, qui pourraient quasiment se suffire à eux-mêmes. Véritable marotte du chef francilien, les sauces sont inoubliables – résultat d'un travail de longue haleine sur l'extraction et la fermentation –, et la maîtrise technique est totale : une leçon de haute cuisine.

Spécialités : Une ballade en sous-bois. Bœuf Wagyu cuit au feu de bois, pommes de terre au barbot à la moelle et condimentées au cumin. Fuseau croustillant à la truffe noire et fleur de sel.

Menu 395 € – Carte 270/360 €

Plan A3-m – *Cheval Blanc, Le Jardin Alpin – ✆ 04 79 00 50 50 – www.chevalblanc.com/courchevel – Fermé 6 avril-11 décembre, lundi, mardi midi, mercredi midi, jeudi midi, vendredi midi, samedi midi, dimanche midi*

✿✿ Le Kintessence

CUISINE MODERNE • INTIME XXXX Ah, Courchevel... À la fois jet-set et écolo, le plus grand domaine skiable au monde est aussi une petite capitale du goût. Dans ce domaine, le Kintessence tire son épingle du jeu. On doit la réussite de cette table à Jean-Rémi Caillon, son chef exécutif, formé dans de belles maisons étoilées (La Chèvre d'Or à Eze et l'Abeille au Shangri-La). Laissez vos idées préconçues à la porte : le lieu, chaleureux et intime, donne l'impression d'être à la maison. Grands fauteuils moelleux, cheminée de pierre et service détendu achèvent de rendre l'expérience presque naturelle. Là, tout n'est qu'ordre et beauté... Les créations du chef sont aussi abouties que séduisantes : il magnifie le produit (notamment savoyard) sans artifice, avec talent et précision. Et n'oublions pas les superbes desserts, réalisés par le chef-pâtissier du Sarkara.

Spécialités : Racines des rives du Bourget, potager d'hiver à la truffe noire, jus aux noix de Grenoble. Perches du Léman saisies à vif, chou-fleur de printemps au foin des alpages et oseille sauvage. Crème au safran des Bauges, eau liée aux écorces d'agrumes confits et sorbet pamplemousse.

Menu 199/315 € – Carte 190/283 €

Plan B2-b – *Le K2, 238 rue des Clarines – ✆ 04 79 40 08 80 – www.lek2palace.com – Fermé 5 avril-10 décembre, lundi, mardi midi, mercredi midi, jeudi midi, vendredi midi, samedi midi, dimanche midi*

✿✿ Le Montgomerie

CUISINE CRÉATIVE • INTIME XXXX Alors, ça se passe comment, un dîner au Montgomerie ? Le plus naturellement du monde. Un voiturier vient vous quérir à votre hôtel. Le personnel, très accueillant, s'occupe du vestiaire, tout en vous proposant un verre au bar, avant de vous accompagner dans la petite salle feutrée, sous charpente, face à une baie vitrée. Quatre tables, seize couverts maximum, lumière tamisée et couleurs sombres, pour une expérience intimiste. Vous pouvez vous laisser porter par le travail de Pieter Riedijk, toque hollandaise de talent. Vous repartez avec un petit cadeau (chocolats, mignardises...), au cas où vous auriez un petit creux sur le chemin du retour à l'hôtel. Ces gens-là pensent décidément à tout !

Spécialités : Pied et côte de cardon braisé, jus infusé à l'achillée, croûtons, beaufort et moelle de bœuf. Filet d'omble chevalier cuit lentement, déclinaison de betteraves, foie gras poêlé et pomme de Savoie à crue. Chocolat-lacté, mousse chocolat, sorbet faisselle et ricotta maison.

Menu 199/315 € – Carte 190/283 €

Hors plan – *Le K2 Altitude, route de l'Altiport – ✆ 04 79 01 46 46 – www.lek2altitude.com – Fermé 5 avril-10 décembre, lundi midi, mardi midi, mercredi midi, jeudi midi, vendredi midi, samedi, dimanche midi*

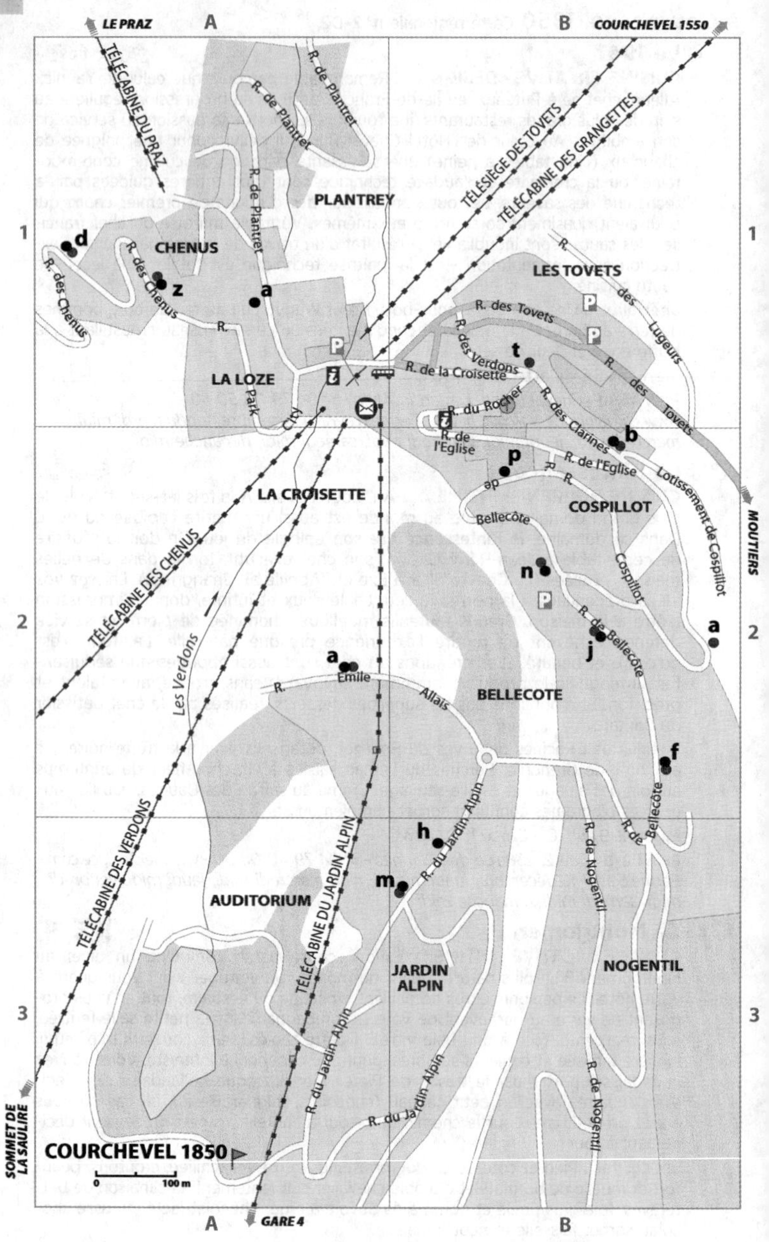

LE PRAZ
A
B
COURCHEVEL 1550
TÉLÉCABINE DU PRAZ
R. de Plantret
R. de Plantret
R. de Plantret
PLANTREY
TÉLÉSIÈGE DES TOVETS
TÉLÉCABINE DES GRANGETTES
1
1
d
CHENUS
R. des Chenus
R. des Chenus
z
a
LES TOVETS
R. des Tovets
R. des Lugeurs
R. des Verdons
t
LA LOZE
Park
City
R. de la Croisette
R. du Rocher
R. des Clarines
R. des Tovets
R. de l'Eglise
b
p
R. de l'Eglise
R. de Bellecôte
Lotissement de Cospillot
MOUTIERS
LA CROISETTE
COSPILLOT
n
Cospillot
TÉLÉCABINE DES CHENUS
2
2
Les Verdons
R. de Bellecôte
j
a
a
R. Emile Allais
BELLECOTE
f
R. de Bellecôte
TÉLÉCABINE DES VERDONS
h
R. du Jardin Alpin
R. de Nogentil
m
AUDITORIUM
TÉLÉCABINE DU JARDIN ALPIN
JARDIN ALPIN
NOGENTIL
3
3
R. du Jardin Alpin
R. du Jardin Alpin
R. du Jardin Alpin
R. de Nogentil
SOMMET DE LA SAULIRE
COURCHEVEL 1850
0
100 m
A
GARE 4
B

✿✿ Sarkara

CUISINE CRÉATIVE • COSY XXXX À partir du début d'après-midi, une divine surprise vous attend dans la salle du Kintessence, au sein de l'hôtel K2... Sébastien Vauxion, chef-pâtissier de grand talent, vous emmène dans un périple sucré d'un nouveau genre. Du jamais vu, ou presque ! Ses créations autour des fruits et légumes (mais aussi du chocolat) sont tout bonnement renversantes ; citons par exemple le céleri-clémentine, le pamplemousse-betterave, le cerfeuil-tubéreux et la poire. Et si la tonalité d'ensemble est sucrée, qu'on se rassure : c'est toujours de façon inventive et délicate, avec de brillants jeux de textures et de saveurs, et même en prime des accords ultra-précis avec des thés et cafés de grande qualité. On sort de là ravi par autant d'audace, et l'on se prend même à rêver d'un tel niveau de dessert dans tous les grands restaurants de France.

Spécialités : Ravioles caramélisées de cerfeuil tubéreux, tombée d'airelles de Savoie, poires pochées et bouillon au Chignin. Asperge verte de Nogaret, pâte d'olives de Nyons caramélisées, citrons crus et confits. Crème onctueuse au thé Hojicha, sorbet citron-datte au thé et voile translucide de cédrat.

Menu 78 € (déjeuner) – Carte 92/150 €

Plan B2-a – *Le K2, 238 rue des Clarines – ☎ 04 79 40 08 80 – www.lek2palace.com – Fermé 5 avril-10 décembre, lundi, mardi, mercredi soir, jeudi soir, vendredi soir, samedi soir, dimanche soir*

✿✿ Le Chabichou by Stéphane Buron

CUISINE CLASSIQUE • ÉLÉGANT XXX Une page se tourne dans cette institution des hauteurs de Courchevel : Michel et Maryse Rochedy, fondateurs du Chabichou dans les années 1960, en ont laissé les rênes à Stéphane Buron. Ce chef solide, Meilleur ouvrier de France 2004, connaît la maison comme sa poche et en perpétue fidèlement l'héritage : produits nobles travaillés dans les règles de l'art, partition tout en finesse, classicisme parsemé de variations bienvenues... de la belle ouvrage ! Côté décor, on trouve un intérieur d'une élégance toute feutrée : moquette, plafond à caissons, chaises à médaillons, etc. Et à midi, direction la Terrasse du Chabichou !

Spécialités : Saint-Jacques de Roscoff en pot-au-feu froid et en carpaccio mariné au citron caviar. Poitrine de cochon confite et caramélisée à la verveine. Boule de sucre, émulsion au lait, crème brûlée et sorbet citronné.

Menu 145/285 € – Carte 210/330 €

Plan A1-z – *Le Chabichou, rue des Chenus – ☎ 04 79 08 00 55 – www.chabichou-courchevel.com – Fermé 13 avril-13 décembre, lundi midi, mardi, mercredi midi, jeudi midi, vendredi midi, samedi midi, dimanche midi*

✿ Baumanière 1850

CUISINE MODERNE • ÉLÉGANT XXX Nous voici à Courchevel, synonyme depuis 1947 de luxe alpin, station huppée où rien n'est trop beau ni trop bon... Dans ce cossu chalet façon pension de famille (très) chic, Jean-André Charial, chef et propriétaire du mythique Oustau de Baumanière, a promu aux fourneaux le jeune chef Thomas Prod'Homme. Formé dans la maison mère aux Baux-de-Provence, il a glissé ensuite tout schuss entre les tables de la Méditerranée, d'Antibes à Marseille, avant de faire l'ascension du K2 (ici même à Courchevel). Il slalome aujourd'hui avec précision et élégance entre produits locaux, influences hivernales et inspirations provençales : craquante gambas carabineros confite et acidulée, tête croustillante et raviole d'oseille ; pimpant pigeon des Costières, ravioles d'abats, moût de raisin ; poire de Savoie cuite au miel et noix de Grenoble... Le plaisir est au rendez-vous.

Spécialités : Pomme de terre José en robe de truffe noire, pain toasté et beurre noisette. Ris de veau, salsifis braisés et liés au yaourt, jus tranché au mélilot. Poire de Savoie cuite au miel, noix de Grenoble, texture de lait des alpages, jus glacé poire et gingembre.

Menu 150/220 € – Carte 130/160 €

Plan B2-f – *Le Strato, route de Bellecôte – ☎ 04 79 41 51 80 – www.hotelstrato.com – Fermé 5 avril-11 décembre, lundi midi, mardi midi, mercredi midi, jeudi midi, vendredi midi, samedi midi, dimanche*

BFire

CUISINE MODERNE • TENDANCE XX Sur les hauteurs de la station, c'est ici le rendez-vous des saveurs italo-argentines et des belles viandes cuites au four à bois Josper, le tout supervisé par Mauro Colagreco (le Mirazur, à Menton)... Autant dire que vous êtes entre de bonnes mains ! C'est goûteux et généreux, et les saveurs sont au rendez-vous. Un mot enfin sur le service, élégant et efficace.

Carte 75/141 €

Plan B2-j – *Les Neiges, 422 rue de Bellecôte – ✆ 04 57 55 22 00 – Fermé 15 avril-15 décembre*

Le Koori

CUISINE MODERNE • CONTEMPORAIN XX Également aux commandes du deuxième restaurant de l'Apogée, Jean-Luc Lefrançois partage ici sa passion du Japon et de sa culture – "koori", c'est la glace, en japonais. Les plats proposés, tout en épure et en délicatesse, doivent beaucoup à la tradition nipponne, sans oublier les rolls et sashimis réalisés dans les règles de l'art. Les amateurs seront ravis !

Carte 79/208 €

Plan A2-a – *L'Apogée, 5 rue Émile-Allais (au Jardin Alpin) – ✆ 04 79 04 01 04 – www.lapogeecourchevel.com – Fermé 6 avril-12 décembre, le midi*

1850 Be Organic

CUISINE TRADITIONNELLE • ÉLÉGANT XX En haut de la station, ce chalet de bois et de pierre a l'art de séduire en toute discrétion ! Le chef rend hommage aux bons produits, bio et locaux pour la plupart : artichaut en trois textures, ou encore filet de veau, crème de cerfeuil et extraits de légumes anisés...

Menu 70/120 € – Carte 102/162 €

Plan A1-d – *La Sivolière, rue des Chenus – ✆ 04 79 08 08 33 – www.hotel-la-sivoliere.com – Fermé 14 avril-10 décembre, lundi midi, mardi midi, mercredi midi, jeudi midi, vendredi midi, samedi midi, dimanche midi*

Nama (N)

CUISINE JAPONAISE • ÉPURÉ XX "Nama" signifie "cru" en japonais. Et en effet, viandes et poissons crus occupent une place importante dans travail de Keiji Matoba, chef de plusieurs restaurants Nama partout dans le monde. Il propose une cuisine nippone tout en épure, subtilement assaisonnée, avec un bel accompagnement de sakés : un moment réjouissant. Tea time très couru.

Carte 60/155 €

Plan B2-n – *Aman Le Mélézin, 310 rue de Bellecôte – ✆ 04 79 08 01 33 – www.amanlemelezin.com – Fermé 12 avril-17 décembre*

La Saulire

CUISINE TRADITIONNELLE • MONTAGNARD XX Un décor tout de bois blond, rehaussé de vieux objets montagnards... C'est dans ce cadre authentique et chaleureux qu'il faut être vu à Courchevel, en atteste le passage de la jet-set et des têtes couronnées ! Carte traditionnelle au déjeuner, plus sophistiquée au dîner, où la truffe du Périgord est à l'honneur, midi et soir. Quelques plats traditionnels savoyards.

Carte 80/150 €

Plan B1-t – *place du Rocher – ✆ 04 79 08 07 52 – www.lasaulire.com – Fermé 15 avril-8 décembre*

Cap Horn

CUISINE TRADITIONNELLE • MONTAGNARD X Un vieux chalet, une cheminée, des maquettes, un morceau du paquebot France : voilà pour le cadre, chaleureux, aux tonalités maritimes. La carte s'amuse au grand écart, du poulet fermier rôti aux plateaux de fruits de mer. Sans oublier un livre de cave de plus de 500 références, et une adresse bis, "Mille Sabords", proposant une cuisine italienne.

Carte 70/160 €

Hors plan – *Altiport – ✆ 04 79 08 33 10 – www.maisontournier.com – Fermé 14 avril-15 décembre, lundi soir, mardi soir, mercredi soir, jeudi soir, vendredi soir, samedi soir, dimanche soir*

Les Airelles

PALACE · MONTAGNARD Le palace des neiges par excellence. Derrière le ballet des voituriers en tenue de chasseur alpin et la magnifique façade de style austro-hongrois, tout n'est que luxe et raffinement : un superbe univers à la tyrolienne, ouaté comme un tapis de neige et... infiniment chaleureux. Quant au service, il est bien digne d'un tel établissement. Cuisine italienne et savoyarde.

32 chambres – 1225/2940 € – 16 suites

Plan B3-h – *Jardin Alpin – 04 79 00 38 38 – www.airelles.fr – Fermé 14 avril-11 décembre*

L'Apogée

LUXE · COSY La déco de cet établissement flambant neuf est signée par les fameux Joseph Dirand et India Mahdavi, au style inimitable : lignes rétro tout en rondeurs et notes colorées ! Après une journée sur les pistes – dont l'accès est direct –, le refuge se révèle aussi raffiné que cosy.

35 suites – 3050/9350 € – 20 chambres

Plan A2-a – *5 rue Émile-Allais (au Jardin Alpin) – 04 79 04 01 04 – www.lapogeecourchevel.com – Fermé 5 avril-11 décembre*

Le Koori – Voir la sélection des restaurants

Cheval Blanc

PALACE · CONTEMPORAIN Du nom du célèbre château bordelais, un hôtel très "grand cru" ! Au sortir des pistes, on se réfugie avec plaisir dans ce chalet aménagé dans un superbe esprit contemporain, qui investit et réinvente tout l'imaginaire de l'hiver... Luxe et confort dans les moindres détails, avec un spa délicieux et deux restaurants pour toutes les envies.

32 chambres – 1850/4400 € – 4 suites

Plan A3-m – *Le Jardin Alpin – 04 79 00 50 50 – www.chevalblanc.com/courchevel – Fermé 6 avril-11 décembre*

Le 1947 – Voir la sélection des restaurants

Le K2

PALACE · ÉLÉGANT C'est l'un des joyaux de la station ! Personnel d'un grand professionnalisme et prestations d'excellence attendent les clients de ce vaste établissement, qui s'enorgueillit d'un superbe spa, d'une salle de cinéma, et de belles chambres au luxe sans ostentation. Un vrai paradis montagnard... Avec, l'après-midi, dégustation de pâtisseries de haut-vol au Sarkara.

37 chambres – 1500/2500 € – 11 suites

Plan B2-b – *238 rue des Clarines – 04 79 40 08 80 – www.lek2palace.com – Fermé 5 avril-10 décembre*

Sarkara • **Le Kintessence** – Voir la sélection des restaurants

Le K2 Altitude

GRAND LUXE · PERSONNALISÉ Bois vieillis, tissus chauds, cheminées... Tout le charme des Alpes est ici rendu avec un grand raffinement : ainsi culmine ce K2 Altitude, véritable hameau de montagne constitué d'une collection de chalets au confort absolu. Cuisine péruvienne à l'honneur au restaurant L'Altiplano.

32 chambres – 1200/1930 € – 18 suites

Hors plan – *356 route de l'Altiport – 04 79 01 46 46 – www.lek2altitude.com – Fermé 12 avril-10 décembre*

Le Montgomerie – Voir la sélection des restaurants

Le Strato

GRAND LUXE · PERSONNALISÉ À quelques pas du centre de la station, ce chalet associe luxe, grand confort et esprit sportif : spa de 800 m^2, mobilier design, pièces anciennes, décor mélangeant contemporain et baroque, vue sur la vallée et... accès direct aux pistes. Pour les rois de la glisse !

25 chambres – 950/4600 € – 10 suites

Plan B2-f – *route de Bellecôte – 04 79 41 51 60 – www.hotelstrato.com – Fermé 5 avril-11 décembre*

Baumanière 1850 – Voir la sélection des restaurants

Aman Le Mélézin

GRAND LUXE · ÉLÉGANT Au pied des pistes, cet hôtel élégant se révèle très intime et propice à la détente : spa complet, grandes chambres lumineuses et zen, certaines avec espace "day bed" (dédié au repos de jour)... Le tout décoré avec un goût très sûr. À noter aussi, le service de conciergerie particulièrement performant.

23 chambres – 1120/3500 € – 8 suites

Plan B2-n – *310 rue de Bellecôte – 04 79 08 01 33 – www.amanlemelezin.com – Fermé 12 avril-17 décembre*

Nama – Voir la sélection des restaurants

Annapurna

LUXE · CONTEMPORAIN Cet Annapurna-là n'a presque rien à envier à celui de l'Himalaya ! L'hôtel – le plus haut de la station – tutoie les cimes, dans un environnement immaculé. Décor d'esprit montagnard dans les chambres, qui dominent les pistes côté sud. Depuis la grande salle du restaurant ou sa terrasse, on admire la Saulire tout en reprenant des forces (cuisine traditionnelle).

63 chambres – 640/1050 € – 8 suites

Hors plan – *route de l'Altiport – 04 79 08 04 60 – www.annapurna-courchevel.com – Fermé 13 avril-13 décembre*

Le Chabichou

LUXE · MONTAGNARD Telle une hermine qui se pare de blanc l'hiver venu, un grand chalet immaculé comme la neige... Cet hôtel cossu et familial, au décor savoyard, propose de belles chambres où priment le bois et le confort. Et après une journée de ski, rien de tel pour se délasser qu'un passage au spa de 1100 m^2 ! Mais aussi : ski-shop, coiffeur etc.

41 chambres – 550/1350 € – 20 € – 18 suites

Plan A1-z – *Les Chenus – 04 79 08 00 55 – www.chabichou-courchevel.com – Fermé 13 avril-13 décembre*

Le Chabichou by Stéphane Buron – Voir la sélection des restaurants

Les Neiges

LUXE · MONTAGNARD Cet hôtel, situé sur la piste de Bellecôte, diffuse l'élégance authentique d'un chalet de montagne. La plupart des chambres, chaleureuses et contemporaines, s'ouvrent sur un balcon. On s'y repose (spa, piscine), on s'y distrait (plaisante salle de cinéma), on y dîne enfin, à la brasserie Fouquet's. Idéal pour des séjours en famille.

36 chambres – 1600/6000 € – 6 suites

Plan B2-j – *422 rue de Bellecôte – 04 57 55 21 55 – www.lesneiges-courchevel.com – Fermé 15 avril-15 décembre*

BFire – Voir la sélection des restaurants

Le K2 Djola

LUXE · MONTAGNARD Tout le charme et l'élégance des établissements K2 sont déclinés ici en version "city hotel". Le résultat se révèle bluffant : chambres spacieuses décorées avec goût, service aux petits soins, espace bien-être au sous-sol... On est conquis.

22 chambres – 555/915 € – 2 suites

Plan A1-a – *79 rue de Plantret – 04 79 22 11 99 – www.lek2djola.com – Fermé 12 avril-10 décembre*

La Sivolière

GRAND LUXE · MONTAGNARD Sur les hauteurs de la station, au grand calme, ce chalet de caractère distille un charme sûr. Décor contemporain et raffiné dans les espaces communs ; montagnard et cosy dans les chambres. Les must : le spa et la piscine face à la forêt.

27 chambres – 655/1490 € – 8 suites

Plan A1-d – *rue des Chenus – 04 79 08 08 33 – www.hotel-la-sivoliere.com – Fermé 14 avril-11 décembre*

1850 Be Organic – Voir la sélection des restaurants

au Praz (Courchevel 1300) 8 km à l'Est - Carte régionale n° **2**-D2

✿ Azimut (François Moureaux)

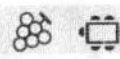

CUISINE MODERNE • RÉGIONAL XX Ce petit restaurant propose une cuisine plutôt traditionnelle, qui ne cherche pas (un bon point !) à surfer sur la mode du jour. Les produits sont choisis avec soin et mis en valeur avec simplicité : sauces goûteuses, cuissons justes, gourmandise promise et assurée. Lors d'un de nos passages, filet d'omble chevalier cuit au four, asperges vertes meunières, sauce maltaise et bouchon de pomme de terre au beurre de homard, ou encore beau tournedos de filet de bœuf sauté et laitue braisée. On accompagne le tout de bons vins du Jura - région où l'établissement prend ses quartiers d'été. Les prix mesurés et l'accueil aimable ajoutent au plaisir du moment.

Spécialités : Filet de féra du Léman au four, sauce au génépi de Pralognan-la-Vanoise. Ragoût de joues de porc de Savoie, sauce à la mondeuse. Pommes de Savoie caramélisées, riz au lait crémeux et glace aux noix.

Menu 40 € (déjeuner), 55/98 € - Carte 68/101 €

Hors plan - *Immeuble l'Or Blanc - ✆ 04 79 06 25 90 - www.restaurantazimut.com - Fermé lundi, mercredi midi*

Le Bistrot du Praz

CUISINE MODERNE • MONTAGNARD XX Un ancien second du Cheval Blanc (à Courchevel) dirige cette maison sympathique, située légèrement en retrait de la route. Dans l'assiette, on trouve une cuisine gourmande et soignée, qui oscille entre plats savoyards et créations plus exotiques ; le chef maîtrise bien son sujet et cela se sent !

Menu 45/110 € - Carte 50/90 €

Hors plan - *Le Praz - ✆ 04 79 08 41 33 - www.bistrotdupraz.fr - Fermé 1er mai-15 juin, 30 septembre-4 novembre, lundi, dimanche*

à la Tania 12 km à l'Est - Carte régionale n° **4**-F2

✿ Le Farçon (Julien Machet)

CUISINE MODERNE • MONTAGNARD XX Nichée au cœur d'une forêt d'épicéas, la station de La Tania, toute proche de Courchevel, en est pourtant si différente ! Une délicieuse surprise vous y attend : le restaurant du chef Julien Machet régale ses convives en toute simplicité, sans chichi ni complexe, vis-à-vis des grosses cylindrées des environs. Son art nous va droit au cœur : il prépare des assiettes lisibles et parfaitement exécutées avec de beaux produits, issus la plupart du temps de ce terroir savoyard qu'il chérit tant. Son beaufort vient par exemple du cœur du parc naturel de la Vanoise. Ce chef aime les légumes populaires, à l'instar de la betterave, du navet ou du topinambour, réminiscences du potager de sa grand-mère et sources d'inspiration. Excellent rapport qualité-prix.

Spécialités : Légumes crus dans l'idée d'une bagna cauda. Carpaccio vertical de tarine de Ritord, légumes du jardin et noisettes du Piémont. Mirabelle confite en coque de meringue et glace aux bourgeons de sapin.

Menu 42 € (déjeuner), 68/130 €

Hors plan - *immeuble la Kalinka - ✆ 04 79 08 80 34 - www.lefarcon.fr - Fermé 20 avril-12 juin, 20 septembre-20 novembre*

COURLANS - Jura (39) → Voir Lons-le-Saunier

COURSEULLES-SUR-MER

✉ 14470 - Calvados - Carte régionale n° **17**-B2 - Carte Michelin 303-J4

Dégustation de l'Île

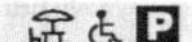

POISSONS ET FRUITS DE MER • CONTEMPORAIN X On doit à une famille d'ostréiculteurs l'ouverture de ce restaurant contemporain et bien pensé, qui met à l'honneur pêche côtière, fruits de mer, et bien entendu les huîtres affinées juste à côté, sans oublier d'autres bons produits normands. Le chef attache un soin particulier au dressage des assiettes, qui se révèlent aussi jolies que savoureuses.

Menu 19 € (déjeuner)/30 €

Route de Ver-sur-Mer - ✆ 02 31 77 35 16 - www.restaurant-degustationdelile.fr - Fermé 11 novembre-13 février, lundi, mardi

LA COURTEIX - Puy-de-Dôme (63) ➜ Voir Pontgibaud

LA COURTINE

✉ 23100 - Creuse - Carte régionale n° **19**-D2 - Carte Michelin 325-K6

Au Petit Breuil

CUISINE DU TERROIR • AUBERGE XX Tenue par la même famille depuis sept générations, cette maison à l'entrée du village dévoile un intérieur moderne et lumineux, qui ouvre sur la verdure. Ris de veau, foie gras chaud et cèpes de la région : dans l'assiette, le terroir est à la fête. Chambres rénovées pour l'étape.

Menu 22/46 € - Carte 30/46 €

route de Felletin - ✆ 05 55 66 76 67 - Fermé 20-31 décembre, lundi, vendredi soir, dimanche soir

COUTENS - Ariège (09) ➜ Voir Mirepoix

CREISSELS - Aveyron (12) ➜ Voir Millau

CRÉMIEU

✉ 38460 - Isère - Carte régionale n° **2**-B2 - Carte Michelin 333-E3

Au Pré d'Chez Vous

CUISINE MODERNE • CONVIVIAL XX Désormais installé à quelques encablures de son ancienne adresse, François-Xavier Bouvet réalise une cuisine franche et précise qui doit sans doute beaucoup à un parcours scintillant : il fut notamment chef-pâtissier de la Pyramide, à Vienne. Les assiettes sont bien construites, lisibles et soignées, avec (logique !) des desserts à tomber.

Menu 36/68 €

21 rue Porcherie - ✆ 09 83 99 23 28 - Fermé lundi, mardi, mercredi midi, jeudi midi, vendredi midi

CRÉPON

✉ 14480 - Calvados - Carte régionale n° **17**-B2 - Carte Michelin 303-I4

Ferme de la Rançonnière

HISTORIQUE • CLASSIQUE Charme, pérennité et caractère ! Imaginez une ferme médiévale fortifiée qui aurait conservé tout son cachet : pierres robustes, poutres patinées, mobilier d'époque... Les chambres sont à l'avenant et dégagent un luxe discret et authentique. Au cœur du Bessin. Cuisine du terroir au restaurant.

35 chambres - 73/203 € - 13 € - 2 suites

route d'Arromanches-les-Bains - ✆ 02 31 22 21 73 - www.ranconniere.fr - Fermé 5 janvier-8 février

CREST

✉ 26400 - Drôme - Carte régionale n° **2**-B3 - Carte Michelin 332-D5

Le Kléber (Sébastien Bonnet)

CUISINE MODERNE • ÉLÉGANT XXX Joli bourg drômois entre Valence et Montélimar, Crest possède une tour médiale de renom, un festival de jazz réputé, et cette table bien connue dans le département. Ancien hôtel quasi-centenaire, la maison, installée au bord d'une esplanade bordée de platanes, a de quoi réveiller vos papilles. De l'entrée au dessert, le jeune chef Sébastien Bonnet, un garçon du coin, redouble d'efforts pour satisfaire les gourmands avec des plats fins et savoureux : raviole au foie gras, gambas carabineros, filet de bœuf... Il a su fédérer autour de son talent nombre de producteurs drômois et ardéchois : escargots, miel, petits fruits rouges et volailles, notamment cette pintade qu'Hannibal aurait apportée d'Afrique, comme dit la légende. Son plat-signature, autour du pigeon, ne quitte jamais la carte.

Spécialités : Foie gras de canard poêlé, pêche du pays et menthe. Pigeonneau servi rosé, barbajuans de pak-choï, cuisse confite et jus aux poivres des Indes. Desserts en deux services.

Menu 35 € (déjeuner), 62/112 € - Carte 96/102 €

6 rue Aristide-Dumont - ✆ 04 75 25 11 69 - www.le-kleber.com - Fermé 6-16 janvier, lundi, mardi, mercredi, jeudi, dimanche soir

LE CREUSOT

✉ 71200 - Saône-et-Loire - Carte régionale n° **5**-C3 - Carte Michelin 320-G9

Au Cochon Ventru

CUISINE TRADITIONNELLE • **BISTRO** Cet ancien café de quartier, transformé en bistrot convivial (le décor s'inspire du patrimoine industriel de la ville), propose une carte au goût du jour : préparations traditionnelles et priorité au marché et aux saisons. Canaille à souhait.

Menu 31 € (déjeuner), 28/39 € - Carte 47/60 €

2 rue du Maréchal-Foch - ✆ 03 85 78 17 66 - www.aucochonventru.fr - Fermé 27 juillet-9 août, 23 décembre-2 janvier, lundi soir, mardi soir, dimanche

à Montcenis 3 km à l'Ouest par D784 - Carte régionale n° 5-C3

Le Montcenis

CUISINE MODERNE • **COSY** Du cachet dans le décor (cave voûtée, pierres et poutres) comme dans l'assiette. Le chef, Laurent Dufour, propose une cuisine généreuse et sincère, réalisée avec de beaux produits ; il change sa carte cinq fois par an, histoire de titiller les gourmands. Et l'hiver, il rend hommage à la truffe, sa passion !

Spécialités : Effiloché de lapin confit aux lentilles. Mignon de porc pané au pain d'épice. Bavarois praliné au cœur d'orange.

Menu 26 € (déjeuner), 34/63 € - Carte 48/90 €

place du Champ-de-Foire - ✆ 03 85 55 44 36 - Fermé lundi, mardi, dimanche soir

à St-Sernin-du-Bois 2 km au Nord - Est par D138

Le Restaurant du Château

CUISINE MODERNE • **TRADITIONNEL** Logé dans une salle à manger voûtée, au pied du château (11e s.) et face au lac, ce restaurant allie le cachet "à l'ancienne" des lieux et certains éléments de mobilier plus contemporains. La cuisine, entre tradition et modernité, se déguste aux beaux jours sur la plaisante terrasse d'été... Un vrai plaisir.

Menu 20 € (déjeuner), 29/36 €

2120 route de Saint-Sernin - ✆ 03 85 78 28 42 - www.le-restaurant-du-chateau-st-sernin-du-bois.com - Fermé mardi, mercredi, dimanche soir

CRICQUEBOEUF - Calvados (14) ➔ Voir Honfleur

CRILLON-LE-BRAVE

✉ 84410 - Vaucluse - Carte régionale n° **25**-E1 - Carte Michelin 332-D9

La Madeleine

CUISINE MODERNE • **COSY** Au cœur d'un village tout de pierres vêtu, ce petit restaurant accueille désormais la jeune cheffe Anissa Boulesteix. Les produits de la région sont bien mis en valeur ; les assiettes se dégustent dans un intérieur intimiste, ou sur la terrasse avec vue sur la campagne.

Carte 105/135 €

Crillon le Brave, Place de l'Église - ✆ 04 90 65 61 61 - www.crillonlebrave.com - Fermé 1er novembre-15 mai, lundi, mardi midi, mercredi midi, jeudi midi, vendredi midi, samedi midi, dimanche

Crillon le Brave

LUXE · PERSONNALISÉ Un village perché, le mont Ventoux pour horizon et ces belles bastides en pierre... Les chambres sont tout imprégnées de Provence et le jardin à l'italienne descend jusqu'à la piscine... Une élégance rare ! Pour se restaurer, on choisit entre la table gastronomique et le bistrot.

18 suites – 620/1150 € – 15 chambres

Place de l'Église – 04 90 65 61 61 – www.crillonlebrave.com – Fermé 1er novembre-15 mai

La Madeleine – Voir la sélection des restaurants

LE CROISIC

44490 – Loire-Atlantique – Carte régionale n° **23**–A2 – Carte Michelin 316-A4

L'Estacade

CUISINE MODERNE · CONTEMPORAIN XX Sur les quais, en face de la criée, cette adresse agréable, gérée par deux jeunes gens, passés par de belles maisons, propose une cuisine généreuse et soignée qui fait la part belles aux produits de la région (poissons, coquillages et algues bien sûr, mais aussi viandes). En salle, madame rayonne. Accueil tout sourire et service attentionné.

Spécialités : "Algoli" de lieu jaune. Merlan et langoustines. Le Croisicais.

Menu 21 € (déjeuner), 33/66 € – Carte 41/75 €

4 quai du Lénigo – 02 40 23 03 77 – www.lestacade.fr – Fermé 1er janvier-13 février, 22 juin-2 juillet, 23 novembre-10 décembre, mercredi, jeudi

L'Océan

POISSONS ET FRUITS DE MER · CONTEMPORAIN XXX Quelle vue ! La verrière – de 30 m de long – face au large offre un panorama à couper le souffle. Ici, on savoure les produits de la mer "tout frais pêchés". Mention spéciale pour le bar en croûte de sel et la sole meunière. Et le soir, on dîne tout en regardant le soleil se coucher sur les flots...

Carte 45/170 €

Port-Lin – 02 40 62 90 03 – www.restaurantlocean.com – Fermé 7 janvier-8 février

Le Lénigo

POISSONS ET FRUITS DE MER · CONVIVIAL XX Face à la criée, embarquez dans ce restaurant tenu par toute une famille très sympathique. Atmosphère marine (bois vernis, hublots) et cuisine de la mer fraîche et soignée.

Menu 32/45 € – Carte 42/69 €

11 quai du Lénigo – 02 40 23 00 31 – www.le-lenigo.fr – Fermé 4 novembre-14 février, lundi, mardi

Le Bistrot de l'Océan

POISSONS ET FRUITS DE MER · CONTEMPORAIN X Petit frère de L'Océan, le bistrot est également calé sur les horaires des marées. Toujours aussi frais, les poissons sont en revanche cuisinés avec plus de simplicité. Le tout à prix raisonnables.

Carte 32/65 €

L'Océan, Port-Lin – 02 40 62 90 03 – www.restaurantlocean.com – Fermé 5 janvier-8 février

Le Saint-Alys

CUISINE MODERNE · CONVIVIAL X Face au port de plaisance, cette petite table balayée par les vents propose une généreuse cuisine. Les présentations sont soignées et les saveurs tiennent le cap.

Menu 35/50 € – Carte 34/45 €

3 quai Hervé Rielle – 02 40 23 58 40 – Fermé 11-21 mars, 1er-8 juillet, mardi soir, mercredi, dimanche soir

Le Fort de l'Océan

LUXE • PERSONNALISÉ Un fortin en granit (18e s.) isolé sur la côte sauvage : dans les chambres très confortables et feutrées (joli décor à l'ancienne), on admire à loisir l'océan se déchaînant sur les chaos de rochers... et le contraste est délicieux.

9 chambres – 220/300 € – 24 €

Pointe du Croisic – 02 40 15 77 77 – www.hotelfortocean.com – Fermé 6 janvier-10 février

L'Océan

LUXE • CONTEMPORAIN Une situation unique pour cet hôtel (affaire familiale depuis trois générations), à même les rochers de la côte sauvage, magnifiquement illuminés le soir venu. Il abrite des chambres spacieuses, élégantes et confortables ; toutes disposent d'un grand balcon donnant sur les flots. Produits artisanaux au petit-déjeuner. Une séduisante adresse.

10 chambres – 120/475 € – 18 €

Port-Lin – 02 40 62 90 03 – www.restaurantlocean.com – Fermé 5 janvier-8 février

Le Bistrot de l'Océan • **L'Océan** – Voir la sélection des restaurants

LA CROIX-VALMER

83420 – Var – Carte régionale n° **24**-C3 – Carte Michelin 340-O6

à Gigaro 5 km au Sud - Est par route secondaire – Carte régionale n° **24**-C3

La Palmeraie

CUISINE MODERNE • ROMANTIQUE XXX Entre vignes, mer et verger, cet hôtel-restaurant, superbe bastide familiale du début du 20e s., se cache au milieu d'un jardin luxuriant, peuplé de palmiers centenaires et de magnolias. Voilà le chef Jimmy Coutel, un enfant du pays, doté d'un superbe outil de travail ! Sans omettre un potager méditerranéen où il puise courgettes, aubergines, tomates, aromates et artichauts. Son parti pris du naturel s'affirme à travers une cuisine méditerranéenne goûteuse aux dressages soignés. Elle est servie dans le jardin ou sur la terrasse qu'ombrage une pergola. Le convive s'abandonne à sa manière lisible et franche : langoustines, artichauts, épeautre et girolles ; bar, asperges, coques et épinard, ou encore baba, fraises et agrumes.

Spécialités : Huîtres cuites en coquille et ris de veau croustillant. Rouget de roche en deux services. Confit de fruits rouge et meringue croustillante à l'orange.

Menu 96/125 € – Carte 98/146 €

Château de Valmer, 81 boulevard de Gigaro – 04 94 55 15 17 – www.chateauvalmer.com – Fermé 7 octobre-30 avril, lundi midi, mardi midi, mercredi, jeudi midi, vendredi midi, samedi midi, dimanche midi

Vista N

CUISINE MÉDITERRANÉENNE • MÉDITERRANÉEN XX L'hôtel est tout bonnement sublime, le restaurant ne déçoit pas non plus ! Au bord de la piscine, l'œil tourné vers le large, on sirote un verre en se régalant d'un poisson issu de la pêche locale, de délicieux barbajuans monégasques, ou de fraises du pays. Service voiturier.

Carte 62/108 €

Lily of The Valley, Colline Saint-Michel – 04 22 73 22 09 – www.lilyofthevalley.com

La Pinède-Plage

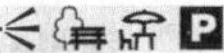

CUISINE MÉDITERRANÉENNE • MÉDITERRANÉEN XX Plaisir d'un repas en bord de mer, sur une plage privée – avec en prime une belle vue sur les îles d'Or–, autour d'une jolie cuisine méridionale, mêlant poisson, terroir provençal et spécialités italiennes...

Carte 58/108 €

382 boulevard de Gigaro – 04 94 55 16 14 – www.pinedeplage.com – Fermé 6 octobre-30 avril

Lily of The Valley

LUXE · ÉLÉGANT Tout ici, est à couper le souffle : la vue imprenable sur la mer et les îles du Levant, le magnifique spa et son "village bien-être", sans oublier la déco signée Philippe Starck, association de bois et béton en harmonie parfaite avec la nature environnante. Magique et reposant.

38 chambres – 450/1400 € – 6 suites

Colline Saint-Michel – ☎ 04 22 73 22 00 – www.lillyofthevalley.com

Vista – Voir la sélection des restaurants

Château de Valmer

LUXE · ÉCO-RESPONSABLE Une belle allée de palmiers qui se fraie un chemin entre les vignes : la première image offerte par ce domaine viticole du 19e s. Tout y confirme l'impression liminaire : raffinement, lumière, esprit azuréen... et pour une nuit très romantique, deux magnifiques cabanes perchées dans les arbres !

41 chambres – 310/750 € – 30 €

81 boulevard de Gigaro – ☎ 04 94 55 15 15 – www.chateauvalmer.com – Fermé 7 octobre-30 avril

La Palmeraie – Voir la sélection des restaurants

La Pinède-Plage

LUXE · ÉCO-RESPONSABLE Cet hôtel-restaurant porte bien son nom : ombragé de pins parasols et directement sur la plage, face aux îles d'Or ! Un établissement avec beaucoup de charme et de belles chambres ouvertes sur le large... Impression d'être loin de tout : parfait pour les vacances.

29 chambres – 250/483 € – 29 € – 3 suites

382 boulevard de Gigaro – ☎ 04 94 55 16 16 – www.pinedeplage.com – Fermé 6 octobre-30 avril

La Pinède-Plage – Voir la sélection des restaurants

CROLLES

✉ 38920 – Isère – Carte régionale n° **4**-F2 – Carte Michelin 333-I6

La Maison Haute

CUISINE MODERNE · CONVIVIAL Thomas Chegaray (en basque, "maison haute" se dit "etchegaray"), chef au beau parcours, concocte une cuisine actuelle à base de produits de saison, au gré d'une carte courte. Les plats, frais et colorés, jouent sur les textures et les goûts, ainsi cette grosse côte de cochon fermière, cuisson sur l'os, juteuse à souhait. Terrasse aux beaux jours et service très sympathique. Miam !

Menu 30 € (déjeuner)/45 € – Carte 35/50 €

place de l'Église – ☎ 04 76 08 07 68 – www.la-maison-haute.eatbu.com – Fermé 8 août-1er septembre, 21 décembre-3 janvier, lundi, dimanche

LE CROTOY

✉ 80550 – Somme – Carte régionale n° **14**-A1 – Carte Michelin 301-C6

Auberge de la Marine

CUISINE MODERNE · BISTRO Un jeune couple plein d'allant préside aux destinées de cette petite maison régionale, proche des quais. Dans l'assiette : Saint-Jacques et mousseline de pomme de terre, filet de turbotin et jus de moules au safran... Une cuisine simple et bien maîtrisée.

Menu 39/49 €

1 rue Florentin-Lefils – ☎ 03 22 27 92 44 – www.aubergedelamarine.com – Fermé 1er-29 janvier, 23 juin-1er juillet, 17-25 novembre, mardi, mercredi

Bellevue

POISSONS ET FRUITS DE MER · SIMPLE La table ne pouvait pas mieux porter son nom : la vue sur la baie de Somme est tout simplement superbe. En accord avec cette situation, le chef met en avant les beaux poissons et fruits de mer des environs (moules et coques de la baie, crevettes grises, mulet, etc.). Les amateurs seront ravis.

Menu 39/48 € – Carte 41/45 €

526 digue Jules-Noiret – ☎ 03 22 27 86 42 – www.bellevuelecrotoy.fr – Fermé 6 janvier-6 février, 30 novembre-17 décembre, mercredi, jeudi

CROUTELLE - Vienne (86) ➜ Voir Poitiers

CROZANT

✉ 23160 – Creuse – Carte régionale n° **19**–C1 – Carte Michelin 325-G2

Auberge de la Vallée

CUISINE TRADITIONNELLE • CONVIVIAL XX Viandes d'éleveurs locaux (agneau, veau, bœuf), fromages de la région (chèvre, surtout !) et légumes de son grand potager... Le chef aime les produits du terroir, et cela se sent : il en tire une cuisine délicieuse, à apprécier dans un joli décor rustique. Une sympathique auberge de campagne.

Menu 22/56 € – Carte 45/75 €

14 rue Guillaumin – ✆ 05 55 89 80 03 – www.laubergedelavallee.fr – Fermé 15 février-5 mars, 1er-9 juillet, 28 octobre-12 novembre, lundi, mardi, dimanche soir

CROZET

✉ 01170 – Ain – Carte régionale n° **4**–F1 – Carte Michelin 328-J3

Jiva

CUISINE MODERNE • BRANCHÉ XXX En sanskrit, "jiva" signifie la vie : un nom engageant, voire même apaisant, pour ce resort au luxe discret. Au restaurant, on sert une cuisine française bien calibrée, fraîche et bonne, qui suit les saisons ; la clientèle profite dès que possible de la terrasse panoramique avec sa vue imprenable sur le mont Blanc.

Menu 42 € (déjeuner) – Carte 60/90 €

Jiva Hill Resort, route d'Harée – ✆ 04 50 28 48 14 – www.jivahill.com – Fermé lundi midi, dimanche soir

Jiva Hill Resort

LUXE • DESIGN Raffinement, luxe et lignes claires vous attendent dans un domaine privé de 40 hectares, à dix minutes de l'aéroport de Genève. Les chambres sont placées sous le signe du chic contemporain, en toute discrétion : un délicieux séjour.

30 chambres – 270/680 € – 27 €

Route d'Harée – ✆ 04 50 28 48 48 – www.jivahill.com

Jiva – Voir la sélection des restaurants

CROZON

✉ 29160 – Finistère – Carte régionale n° **7**–A2 – Carte Michelin 308-E5

Le Mutin Gourmand

CUISINE MODERNE • AUBERGE XX Pas de mutinerie en vue parmi la clientèle de ce restaurant, qui occupe les locaux de l'ancienne poste de Crozon. On cuisine de bons produits frais de saison, avec quelques touches exotiques : tartare de thon rouge, citron confit et coriandre ; porc fermier de Landévennec... Avec un beau choix de vins !

Menu 18 € (déjeuner), 32/70 € – Carte 22/64 €

Hôtel de la Presqu'île, 1 rue Graveran – ✆ 02 98 27 06 51 – www.lemutingourmand.fr – Fermé 2-17 mars, 5 octobre-3 novembre, lundi, mardi midi, dimanche soir

au Fret 5,5 km au Nord par D155 et D55 – Carte régionale n° **7**–A2

Hostellerie de la Mer

CUISINE MODERNE • TENDANCE XX Le chef propose une cuisine bien en phase avec l'époque, mariant à merveille le poisson de la pêche locale et le terroir breton, à l'image de cette royale de fenouil du Léon aux langoustines... Les cuissons sont précises et magnifient des produits bien choisis !

Menu 29/76 € – Carte 38/101 €

11 quai du Fret – ✆ 02 98 27 61 90 – www.hostelleriedelamer.com – Fermé 1er janvier-3 février, 26 septembre-5 octobre, lundi, samedi midi, dimanche soir

CRUSEILLES

✉ 74350 – Haute-Savoie – Carte régionale n° **4**–F1 – Carte Michelin 328-J4

aux Avenières 6 km au Nord par D41 et route secondaire – Carte régionale n° **2**–C2

Le M des Avenières

CUISINE TRADITIONNELLE • CONTEMPORAIN Très joli cadre que celui de ce restaurant d'esprit 1920, avec boiseries, lampes d'époque et banquettes en velours... On s'y régale au fil d'une carte courte et de saison, qui utilise au mieux les produits locaux (dont la production du château). Même philosophie avec la carte des vins, volontiers nature ou bio.

Menu 45/58 € – Carte 58/68 €

Château des Avenières- La Maison des Écureuils, Les Avenières, lieu-dit Chenaz – 04 50 44 02 23 – avenieres.com – Fermé 6-22 janvier, 19 octobre-10 novembre, lundi, mardi midi, mercredi midi

Château des Avenières- La Maison des Écureuils

DEMEURE HISTORIQUE • PERSONNALISÉ Bâti en 1907, ce manoir baroque semble nimbé de mystère. Son parc représentant un papillon, ses chambres de caractère – l'une d'elles dispose même d'un observatoire ! –, son annexe au chic très contemporain, sans parler de la vue imprenable sur la chaîne des Aravis. Bref, tout ici est romantique et romanesque.

14 chambres – 140/400 € – 22 € – 6 suites

Les Avenières, lieu-dit Chenaz – 04 50 44 02 23 – www.avenieres.com – Fermé 6-22 janvier, 19 octobre-10 novembre

Le M des Avenières – Voir la sélection des restaurants

CRUZY

✉ 34310 – Hérault – Carte régionale n° **21**–B2 – Carte Michelin 339-C8

Le Terminus

CUISINE TRADITIONNELLE • BISTRO Terminus ! Tous les gourmands sont invités à descendre dans cette gare reconvertie en un petit bistrot convivial. Il est des arrêts indispensables, celui-ci en est un avec sa généreuse cuisine traditionnelle : croustillant de pied de cochon, purée maison, baba au rhum... Bon rapport saveurs-prix !

Spécialités : Croustillant de pied de cochon désossé. Épaule d'agneau confite au citron. Baba chantilly à la fine du Languedoc.

Menu 20 € (déjeuner), 33/50 € – Carte 40/68 €

avenue de la Gare – 04 67 89 71 26 – www.leterminus-cote-gare.fr – Fermé 2-6 janvier, 16 février-2 mars, 20 octobre-4 novembre, lundi, dimanche

CUCUGNAN

✉ 11350 – Aude – Carte régionale n° **21**–B3 – Carte Michelin 344-G5

Auberge du Vigneron

CUISINE TRADITIONNELLE • AUBERGE Terroir et tradition sont les deux piliers de cette agréable auberge : dans la salle, trois énormes tonneaux rappellent la vocation viticole des lieux. En terrasse, avec vue sur le vignoble, on déguste un dos de morue au jus de persil, ou un pintadeau en croûte, sauce aux morilles... En prime : quelques chambres joliment arrangées.

Menu 26/38 € – Carte 35/60 €

2 rue Achille-Mir – 04 68 45 03 00 – www.auberge-vigneron.com – Fermé 11 novembre-1er mars, lundi

CUCURON

✉ 84160 – Vaucluse – Carte régionale n° **25**–E1 – Carte Michelin 332-F11

La Petite Maison de Cucuron (Eric Sapet)

CUISINE TRADITIONNELLE · **RUSTIQUE** XX Il était une fois une petite maison jaune, près d'un étang, dans laquelle un excellent cordon bleu, Éric Sapet, magnifiait les produits du marché : champignons, dont la truffe à laquelle il dédiait un menu tout l'hiver, petits légumes des maraîchers locaux, fromages de Provence, gibiers comme le lièvre, "royalement" cuisiné. Gourmand, passionné de vins et d'œnologie, ce chef possédait un solide métier longtemps exercé à Paris, à la Tour d'Argent et chez Jacques Cagna notamment. À sa table, on accourait pour se régaler d'une blanquette de noix de Saint-Jacques ou d'une caille farcie au riz à la truffe et au foie gras. Certains clients revenaient même le samedi pour suivre les cours du chef. Gare à ceux qui oubliaient de réserver : l'adresse affichait souvent complet.

Spécialités : Fine tarte croustillante de champignons de Paris, fromage frais et truffe. Lièvre à la royale en deux services. Tarte sablée et meringuée aux myrtilles sauvages, glace au fromage blanc.

Menu 60/90 €

place de l'Étang – 04 90 68 21 99 – www.lapetitemaisondecucuron.com – Fermé lundi, mardi

MatCha

CUISINE MODERNE · **SIMPLE** X Tout est frais et fait maison ici, des légumes des petits producteurs des environs aux viandes et volailles, élevées en plein air, à l'image de cette caille rôtie, farcie aux olives, et aubergine. Une cuisine au goût du jour, appétissante en diable !

Menu 25 € (déjeuner)/39 €

montée du Château-Vieux – 04 86 78 55 96 – Fermé 14-21 mars, mardi, mercredi

Le Pavillon de Galon

HISTORIQUE · **PERSONNALISÉ** Un magnifique parc classé (jardin à la française, vignes, verger, buis, oliviers et autres arbres plusieurs fois centenaires...) entoure ce pavillon de chasse du 18e s. Un domaine très privé, aux chambres raffinées.

3 chambres – 320/610 €

chemin de Galon – 06 13 39 17 31 – www.pavillondegalon.com

CUGAND

85610 – Vendée – Carte régionale n° **23**-B2 – Carte Michelin 316-I5

L'Arôme (N)

CUISINE MODERNE · **CONTEMPORAIN** X Juste en face de l'église, une maison traditionnelle joliment restaurée : le décor est planté ! Dany Bachelier, le chef, compose une cuisine très personnelle, riche en arômes et originale sans excès. Paisible terrasse sur l'arrière, dans une cour arborée.

Menu 16 € (déjeuner), 25/31 €

8 place de l'Église – 02 51 07 08 99 – www.larome-cugand.fr – Fermé 17 février-3 mars, 4-10 mai, 3-31 août, lundi, mercredi soir, dimanche soir

CUISEAUX

71480 – Saône-et-Loire – Carte régionale n° **5**-D3 – Carte Michelin 320-M11

Le Bistrot Gourmand

CUISINE RÉGIONALE · **BISTRO** X "Plaisir et tradition", telle est la devise de cette ancienne boucherie, reconvertie en "Bistrot Gourmand". Dans cette affaire familiale, père et fille se partagent désormais la cuisine, tandis que la maman s'occupe du service en salle. Dans l'assiette, produit des terroirs bressan et jurassien, mais aussi terrines, glaces, petits pains pour le "lobster roll" - ne manquez pas la corniotte, délicieuse pâtisserie de Louhans ! Jolie petite carte de vins. Une bonne table.

Menu 17 € (déjeuner), 32/54 € – Carte 48/61 €

8 place Puvis-de-Chavannes – 03 85 72 71 57 – www.lebistrotgourmand-cuiseaux.fr – Fermé 14 septembre-5 octobre, lundi, mardi soir, mercredi soir, jeudi soir, dimanche soir

CUQ-TOULZA

✉ 81470 – Tarn – Carte régionale n° **22**–C2 – Carte Michelin 338-D9

Cuq en Terrasses

CUISINE MODERNE • COSY Sur les hauteurs du village, cette charmante maison du 18e s. est un havre de paix : insolite jardin en terrasses, accueil familial... Le chef, originaire des Cyclades, y met en valeur les produits du potager et la cuisine méditerranéenne. La véranda et la terrasse dévoilent une vue imprenable sur la plaine du Lauragais et la chaîne des Pyrénées, par beau temps. Cerise (musicale) sur le gâteau : le chef joue un morceau de piano mécanique à la fin du repas.

Menu 39 €

8 chemin du Château – ✆ 05 63 82 54 00 – www.cuqenterrasses.com – Fermé 19 octobre-30 avril, lundi midi, mardi, mercredi, jeudi midi, vendredi midi, samedi midi, dimanche midi

CUVES

✉ 50670 – Manche – Carte régionale n° **17**–A2 – Carte Michelin 303-F7

Le Moulin de Jean

CUISINE MODERNE • COSY Situé dans un site bucolique, cet ancien moulin donne dans le rustique chic, avec ses pierres et poutres apparentes, sa petite cheminée et sa mise en place soignée... sans oublier la belle cave à vins, derrière une vitre. Ne passez pas à côté de la spécialité de la maison : le pied de porc farci au boudin noir !

Menu 23 € (déjeuner)/46 €

La Lande – ✆ 02 33 48 39 29 – www.lemoulindejean.com – Fermé 6-19 janvier, lundi, mardi soir, dimanche soir

CUZANCE

✉ 46600 – Lot – Carte régionale n° **22**–C1 – Carte Michelin 337-F2

Manoir de Malagorse

LUXE • PERSONNALISÉ Ce domaine de 5 ha situé en pleine campagne vous promet un séjour mémorable : chambres personnalisées et salon-bibliothèque cosy logés dans une bâtisse régionale en pierre (19e s.). La table d'hôte met à l'honneur les fruits et légumes du Causse.

5 chambres – 175/400 €

✆ 06 89 33 54 45 – www.manoir-de-malagorse.fr – Fermé 1er novembre-1er mai

DACHSTEIN

✉ 67120 – Bas-Rhin – Carte régionale n° **10**–A1 – Carte Michelin 315-J5

Auberge de la Bruche

CUISINE TRADITIONNELLE • AUBERGE On est immédiatement séduit par cette auberge fleurie, presque adossée à la porte du village et longée par un charmant ruisseau (la fameuse "Bruche"). Les plats, savoureux et bien pensés, achèvent de nous convaincre : pâté en croûte de canard, schniderspadles au foie gras...

Menu 22 € (déjeuner), 40/60 € – Carte 48/64 €

1 rue Principale – ✆ 03 88 38 14 90 – www.auberge-bruche.com – Fermé 27 décembre-4 janvier, mercredi, samedi midi, dimanche soir

DAGLAN

✉ 24250 – Dordogne – Carte régionale n° **18**–D2 – Carte Michelin 329-I7

Le Petit Paris

CUISINE MODERNE • RUSTIQUE Au cœur d'un charmant village périgourdin, une table sympathique devancée par une grande terrasse. Ici, le chef – un enfant du pays – met un point d'honneur à valoriser les produits de sa région. Nem de confit de canard, sauce betterave-wasabi ; quasi de veau aux artichauts... Frais et savoureux !

Spécialités : Nem de confit de canard, poireaux et shiitaké, sauce saké-wasabi. Ris d'agneau, sauce teriyaki, pommes dauphines. Soufflé au Grand Marnier.

Menu 32/41 €

au bourg – ✆ 05 53 28 41 10 – www.le-petit-paris.fr – Fermé 9 novembre-13 février, lundi, mardi midi, samedi midi

DAMGAN

✉ 56750 – Morbihan – Carte régionale n° **7**–B3 – Carte Michelin 308-P9

Latitude 47°

CUISINE CRÉATIVE • **CONTEMPORAIN** Une agréable salle tournée vers l'océan, avec aux murs quelques étagères remplies d'une belle collection de whiskys, sans oublier la terrasse panoramique... Ce bistrot moderne a la classe ! Dans l'assiette, on sert une cuisine marine de belle fraîcheur.

Menu 29/39 €

Hôtel de la Plage, 38 boulevard de l'Océan – ✆ 02 97 41 10 07 – www.latitude47.fr – Fermé 2 novembre-4 février

DAMPIERRE-EN-YVELINES – Yvelines (78) → Voir Autour de Paris

DAMPMART – Seine-et-Marne (77) → Voir Autour de Paris

LES DAMPS – Eure (27) → Voir Pont-de-L'Arche

DANJOUTIN – Territoire de Belfort (90) → Voir Belfort

DARDILLY – Rhône (69) → Voir Lyon

DAX

✉ 40100 – Landes – Carte régionale n° **18**–B3 – Carte Michelin 335-E12

L'Amphitryon

CUISINE TRADITIONNELLE • **CONTEMPORAIN** Installé dans une maison centenaire aux pierres apparentes, l'Amphitryon propose une cuisine traditionnelle aux beaux accents marins... dans un cadre habillé de nombreuses essences de bois. Les assiettes sont généreuses et soignées : idéal pour faire le plein d'énergie !

Spécialités : Chipirons à la galicienne. Merlu de ligne de Pasajes. Millefeuille au piment d'Espelette.

Menu 30/43 € – Carte 45/55 €

56 cours du Maréchal Joffre – ✆ 05 58 74 58 05 – Fermé 1er-20 janvier, 21 août-4 septembre, lundi, mardi, dimanche soir

Le Splendid

LUXE • **ART DÉCO** Le style Art déco est bien préservé, tant dans le hall et le bar que dans les chambres spacieuses au charme désuet. Sans oublier le magnifique spa, construit sur un ancien château fort d'une superficie de 1800 mètres carrés, riche d'un grand bassin, et de quinze cabines de soins....

143 chambres – 71/270 € – 15 € – 3 suites

2 cours de Verdun – ✆ 05 58 35 20 10 – www.splendid-hotel-spa.com

à St-Paul-lès-Dax

Le Moulin de Poustagnacq

CUISINE MODERNE • **CONVIVIAL** Envie de manger au bord de l'eau ? Dans ce cas, faites un tour dans cet ancien moulin ! Le chef travaille les produits frais et livre une cuisine traditionnelle teintée d'un joli accent régional. Aux beaux jours, installez-vous sur la terrasse face au lac. Ambiance bucolique garantie.

Menu 39/69 € – Carte 35/40 €

chemin de Poustagnacq – ✆ 05 58 91 31 03 – www.moulindepoustagnacq.com – Fermé 20-29 décembre, lundi, mardi midi, dimanche soir

Le Relais des Plages

CUISINE MODERNE • **TRADITIONNEL** Ce couple, auparavant à Cannes, a investi ce Relais des Plages avec enthousiasme, et l'assiette en témoigne : cuisine goûteuse et moderne, aux préparations délicates, à l'instar de ce carpaccio de champignon, crème d'avocat et petit pois. Une jolie surprise.

Menu 19 € (déjeuner), 37/52 €

158 avenue de l'Océan – ✆ 05 58 91 78 86 – www.restaurant-relais-des-plages.com – Fermé lundi, dimanche soir

DEAUVILLE

✉ 14800 – Calvados – Carte régionale n° **17**–A3 – Carte Michelin 303-M3

On aime...

Toujours entre deux séances de cinéma, une partie de golf ou de tennis, une course de polo ou une régate, Deauville soigne sa réputation de raffinement. Ses plages et ses somptueuses villas 1900, dont les plus belles s'alignent sur le boulevard longeant le front de mer, lui valent une réputation méritée. Quant à son air marin, il aiguise les appétits les plus blasés ! Direction le marché, établi sous de jolies halles à colombages près de la place Morny. Il est animé par des producteurs venus du pays d'Auge et de toute la Normandie. Vous trouverez votre bonheur entre les poissons et les coquillages, notamment les coques de Cabourg, les nombreux fromages (livarot et camembert au lait cru si possible), les pommes et autre gelée de cidre...

Riou/SoFood/Photononstop

Restaurants

L'Essentiel (Mi-Ra et Charles Thuillant)

CUISINE MODERNE • CONTEMPORAIN XX Ce bistrot contemporain est le repaire du Français Charles Thuillant et la Coréenne Mi-Ra : ces deux oiseaux migrateurs, qui se sont rencontrés à Ze Kitchen Gallery, temple de la cuisine franco-asiatique, ont aussi été aperçus chez Robuchon, à l'Épi Dupin ou encore au Chateaubriand. Mais c'est à Deauville, où Charles enfant passait ses vacances, qu'ils ont ouvert cette adresse ensemble. À quatre mains, ils signent une cuisine vive et enjouée, en mouvement, où les produits du terroir normand sont associés à des influences asiatiques bien dosées : croquettes de cabillaud au haddock, condiment piquillos, velouté de potiron, foie gras poêlé et sésame, œuf frit, mousse de tarama blanc et œufs de poissons volants, ravioli de bœuf mariné et bouillon de champignons...

Spécialités : Cuisine du marché.

Menu 34 € (déjeuner), 66/82 € - Carte 66/75 €

Plan B2-f – *29 rue Mirabeau – 02 31 87 22 11 – www.lessentiel-deauville.com – Fermé 5-31 janvier, 28 juin-3 juillet, mardi, mercredi*

Maximin Hellio

CUISINE MODERNE • CONTEMPORAIN X Situé en plein cœur de la station deauvillaise, ce restaurant à la devanture sobre et moderne a eu la bonne idée de laisser une partie vitrée en façade, qui permet d'observer les cuisiniers à l'œuvre depuis la rue. A l'intérieur, sous la toque, Maximin Hellio, chef de métier, passé chez Frédéric Anton, puis étoilé dans la maison familiale de la Voile d'Or à Sables-D'or-les-Pins en Bretagne. Désormais chez lui, il met à l'honneur les produits de la mer et normands, autour de préparations soignées et créatives aux saveurs franches et précises. Intéressants accords mets et vins proposés sur tablette. Un établissement très prisé par la clientèle locale.

Spécialités : Saint-pierre de petit bateau, artichaut. Homard bleu "de mon papa". Le plein de douceurs.

Menu 36 € (déjeuner), 68/129 € - Carte 105/130 €

Plan B2-a – *64 rue Gambetta – 02 31 49 19 89 – www.maximinhellio.fr – Fermé 6-23 janvier, 22-30 juin, 28 septembre-6 octobre, lundi, mardi*

La Flambée

CUISINE MODERNE • COSY XX Pourquoi "La Flambée" ? Sans doute à cause de la grande cheminée où l'on prépare de belles grillades sous vos yeux. Châteaubriand, côtes de bœuf, entrecôte, mais aussi une belle sole ou un épais pavé de bar. Sans oublier le homard du vivier flambé au whisky, et les crêpes au Grand-Marnier en dessert. Véranda lumineuse et terrasse d'été prisées dès les beaux jours.

Menu 31/53 € - Carte 55/90 €

Plan A2-t – *81 rue du Général-Leclerc – 02 31 88 28 46 – www.laflambee-deauville.com*

Le Spinnaker

CUISINE MODERNE • CONTEMPORAIN XX Une valeur sûre que ce Spinnaker. Loin des sentiers battus, on s'installe dans un cadre moderne et épuré ; la cuisine de Frédéric Lesieur, au goût du jour, est savoureuse et soignée... et le service est aux petits oignons. On se régale !

Menu 32 € (déjeuner), 65/85 € - Carte 56/69 €

Plan B2-v – *52 rue Mirabeau – 02 31 88 24 40 – www.spinnakerdeauville.com – Fermé 5-9 janvier, 15-19 novembre, lundi, mardi*

L'Étoile des Mers

POISSONS ET FRUITS DE MER • CONVIVIAL X Sole, saint-pierre, turbot et dorade... Avis de pêche miraculeuse sur ce bistrot attachant, installé au fond d'une poissonnerie. Les produits de la mer, de première fraîcheur, sont cuits à la plancha et agrémentés de légumes de saison cuisinés sans esbroufe. Les amateurs seront conquis.

Carte 40/55 €

Plan B2-t – *74 rue Gambetta – 02 14 63 10 18 – Fermé 1er-15 janvier, 24-30 juin, mardi, mercredi*

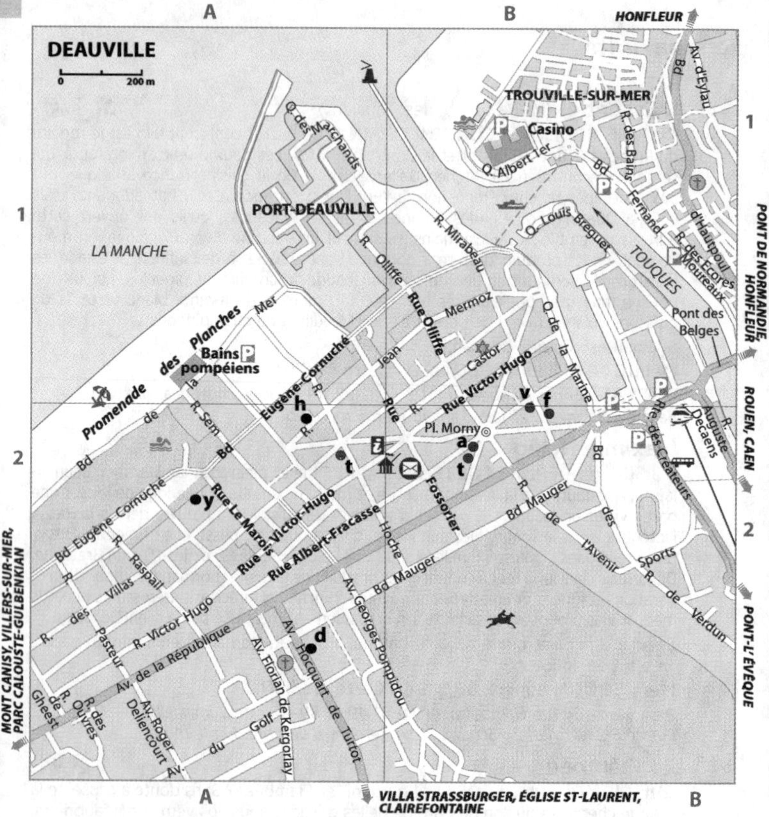

Hôtels & maisons d'hôtes

Normandy Barrière

GRAND LUXE · ÉLÉGANT Ce fier manoir anglo-normand, édifié en 1912, est devenu l'emblème de la station. L'établissement a été entièrement rénové mais l'esprit des chambres, cosy et raffinées, demeure : toile de Jouy, boiseries… Pour se détendre, on peut profiter du magnifique Spa. Un hôtel mythique. Brasserie chic, La Belle Epoque.

257 chambres – 279/1139 € – 37 € – 14 suites

Plan A2-h – *38 rue Jean Mermoz – ✆ 02 31 98 66 22 – www.hotelsbarriere.com/fr/deauville/le-normandy*

Royal Barrière

GRAND LUXE · ÉLÉGANT Cette imposante bâtisse Belle Époque, inaugurée en 1913, qui incarne une certaine idée du luxe balnéaire, est le rendez-vous de la jet-set et des stars de cinéma. Les chambres, chic et chaleureuses, sont de vrais petits palaces, sans parler de la magnifique suite "Amicalement Vôtre", la fierté de l'hôtel… Le spa et les salles de fitness complètent ce lieu d'exception. Brasserie chic dans la somptueuse salle à manger du Côté Royal.

209 chambres – 239/949 € – 35 € – 36 suites

Plan A2-y – *boulevard Eugène-Cornuche – ✆ 02 31 98 66 33 – www.hotelsbarriere.com/fr/deauville/le-royal – Fermé 1er novembre-1er avril*

 **Les Manoirs de Tourgéville** 

LUXE • PERSONNALISÉ En plein bocage du pays d'Auge, ce manoir est vraiment séduisant : chambres raffinées, apaisantes et spacieuses (nombreux duplex et triplex). Pour se détendre, il y a l'embarras du choix : piscine, vélo, massage, tennis, cinéma. Se lasser d'un tel endroit ? Impossible !

35 suites – 270/660€ – 23€ – 22 chambres

Hors plan – *668 chemin de l'Orgueil, Tourgéville – 02 31 14 48 68 – www.lesmanoirstourgeville.com*

Manoir de Benerville 

SPA ET BIEN-ÊTRE • PERSONNALISÉ Sur les hauteurs de Deauville, cette villa anglo-normande (1874) cultive un style romantique : du rose, des fleurs, la mer ou le joli parc en toile de fond... Avec les chambres, on vous propose même des soins pour encore mieux vous détendre. Le tout au grand calme ! Avis aux amoureux...

5 chambres – 190/285€

Hors plan – *route de Touques – 02 31 14 68 80 – www.manoirbenerville.com*

à Canapville 6 km au Sud - Est par D677

Auberge du Vieux Tour

CUISINE TRADITIONNELLE • AUBERGE XX Une chaumière rustique près de la départementale, mais au calme et très accueillante ! Les patrons – de vrais passionnés – font surtout appel aux producteurs locaux et vous concoctent une sympathique cuisine de tradition : asperges à la polonaise, sole meunière avec une purée maison, tarte aux pommes, etc. Quatre chambres coquettes permettent de prolonger l'étape.

Menu 29/61€ – Carte 73/73€

Hors plan – *36 route départementale 677 – 02 31 65 21 80 – www.levieuxtour.com – Fermé 6-29 janvier, 29 juin-8 juillet, mardi, mercredi*

à Touques 3 km au Sud-Est par D513 et D677

Carpe Diem N

CUISINE MODERNE • INTIME X Cette auberge discrète, à la façade colombages et ardoise, située dans la traversée du village de Touques, a été reprise par un jeune couple de professionnels, enthousiastes et talentueux. Le chef travaille au maximum en circuits courts (pêcheurs de Trouville, canard et volaille normande, légumes bio etc.) et pratique lui-même la cueillette des herbes aromatiques et plantes. Une cuisine goûteuse, pleine de vivacité.

Menu 28€ (déjeuner) – Carte 45/58€

Hors plan – *90 rue Louvel-et-Brière – 02 31 87 41 08 – www.deauville-restaurants.com – Fermé 8-16 janvier, 6-10 mai, mercredi, jeudi*

DELME

57590 – Moselle – Carte régionale n° **12**-C2 – Carte Michelin 307-J5

À la 12

CUISINE CRÉATIVE • CONTEMPORAIN XX Voici le petit royaume de la famille François, qui en tient les rênes depuis 1954. Avec Thomas et Laura, la troisième génération, la maison est entre de bonnes mains. La cuisine de Thomas n'est simple qu'en apparence et se révèle vite subtile et délicate, avec un joli penchant pour les herbes et les épices : réjouissant.

Spécialités : Déclinaison d'aubergines. Agneau rôti, courgettes grillées, olive noire et basilic. Myrtilles sauvages, crème glacée au safran et fruits confits.

Menu 14€ (déjeuner), 36/64€ – Carte 59/70€

6 place de la République – 03 87 01 30 18 – www.ala12.fr – Fermé 2-16 janvier, 13-27 juillet, lundi, mardi, dimanche soir

LES DEUX-ALPES

✉ 38860 – Isère – Carte régionale n° **2**–C2 – Carte Michelin 333-J7

Le P'tit Polyte

CUISINE MODERNE • RUSTIQUE XX Le Chalet Mounier, c'est une histoire de famille : celle de Marie et Hippolyte Mounier, qui ouvrent cet hôtel, le premier de la station, en 1933. Vient ensuite le fils Robert, dès 1971, puis aujourd'hui Alban et sa compagne Angélique, qui perpétuent l'héritage avec une implication sans faille. La salle, toute petite, est propice aux confidences, d'autant que le service sait se faire discret. L'équipe en cuisine réalise un gros travail sur la présentation des plats et le choix des produits : on se régale de préparations aussi légères que pétillantes... Idem côté vins, avec des suggestions pertinentes. Décidément, ce P'tit Polyte a tout d'un grand.

Spécialités : Foie gras au sapin. Omble chevalier au lait de chèvre de notre région. Myrtilles de nos montagnes et chocolat.

Menu 69/108 € – Carte 80/95 €

Chalet Mounier, 2 rue de la Chapelle – ✆ 04 76 80 56 90 – www.chalet-mounier.com – Fermé 24 avril-1er juillet, 27 août-19 décembre, lundi, mardi midi, mercredi midi, jeudi midi, vendredi midi, samedi midi, dimanche

Le Diable au Cœur

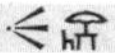

CUISINE TRADITIONNELLE • CONVIVIAL X Direction les cimes ! Empruntez le télésiège pour aller déjeuner dans ce diable de restaurant, perché à 2 400 m d'altitude. Dans le cadre agréable d'un chalet en bois clair, face à la Muzelle, on profite d'une cuisine fine et soignée, y compris dans la présentation des plats.

Menu 35 € (déjeuner) – Carte 30/60 €

7 Rue des Gorges (au sommet du télésiège du Diable) – ✆ 04 76 79 99 50 – www.lediableaucoeur.com – Fermé 1er mai-26 juin, 1er septembre-27 novembre, le soir

Chalet Mounier

TRADITIONNEL • ÉLÉGANT Tout en haut des Deux-Alpes, sur le site d'une ferme d'alpage, l'aîné des hôtels de la station, né dans les années 1930 : les lieux ont la tradition de l'accueil chevillée au corps – des chevilles en bois, évidemment ! Tout pour un beau séjour à la montagne : grand confort, piscines, sauna, fitness...

43 chambres – 180/640 € – 18 €

2 rue de la Chapelle – ✆ 04 76 80 56 90 – www.chalet-mounier.com – Fermé 25 avril-13 juin, 28 août-10 décembre

Le P'tit Polyte – Voir la sélection des restaurants

DIEPPE

✉ 76200 – Seine-Maritime – Carte régionale n° **17**–D1 – Carte Michelin 304-G2

Les Voiles d'Or (Tristan Arhan)

CUISINE MODERNE • CONTEMPORAIN XX La cinquantaine épanouie et impliquée, Tristan Arhan tient sur la falaise du Pollet (en surplomb de Dieppe) une table sans malentendu : ici, c'est la pêche du jour qui fait la loi. Exemple avec cette remarquable entrée, encornets braisés, velouté et queues de langoustines saisies à cru, betterave chiogga et courge muscade... La fraîcheur est au rendez-vous, le produit est mis en avant avec sobriété et délicatesse : on passe un excellent moment. Quant au décor, sobre et épuré, il est en phase avec le travail du chef. À noter : le service courtois, et quelques chambres originales pour l'étape.

Spécialités : Cuisine du marché.

Menu 35 € (déjeuner)/59 € – Carte 75/90 €

Plan B1-c – *2 chemin de la Falaise – ✆ 02 35 84 16 84 – www.lesvoilesdor.fr – Fermé 20 décembre-19 janvier, lundi, mardi, dimanche soir*

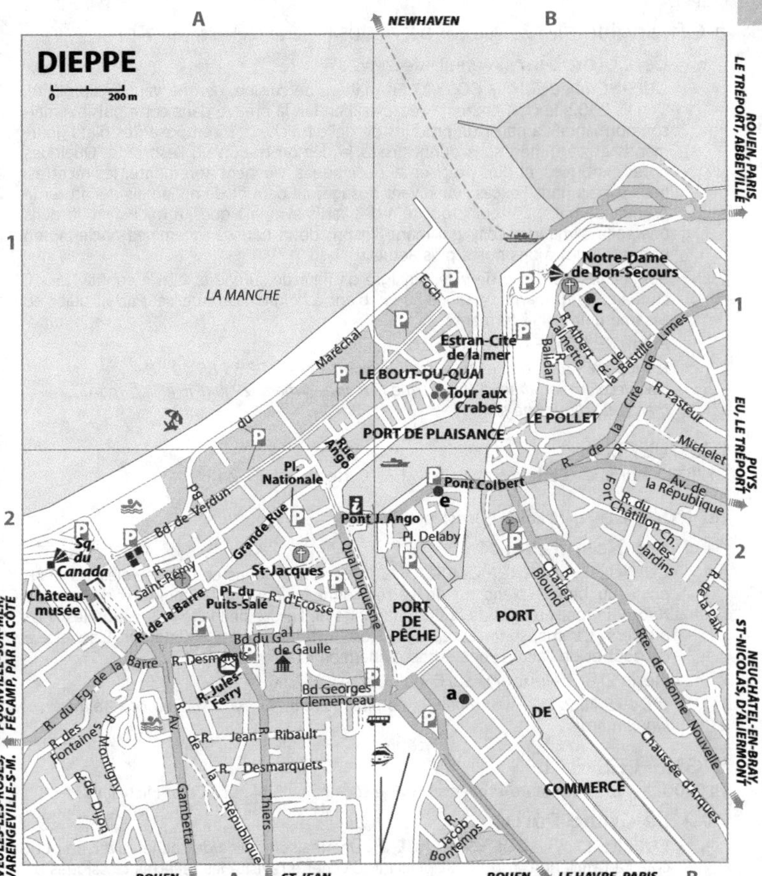

Bistrot du Pollet

POISSONS ET FRUITS DE MER · BISTRO Qu'on se le dise : dans ce bistrot, c'est la mer qui décide, et les plats dépendent directement des arrivages de la pêche locale. La qualité et la fraîcheur sont au rendez-vous, et quelle générosité dans les préparations !

Spécialités : Foie de lotte mariné. Sole au beurre citronné. Baba au rhum.

Menu 30 € – Carte 35/45 €

Plan B2-e – *23 rue Tête-de-Boeuf – ✆ 02 35 84 68 57 – www.le-bistrot-du-pollet.zenchef.com – Fermé 1er-15 janvier, 10-20 mai, 1er-15 septembre, lundi, dimanche*

Comptoir à Huîtres

POISSONS ET FRUITS DE MER · BRASSERIE Loin de l'agitation du front de mer, le long des quais, ce comptoir a des allures de brasserie parisienne bien dans son jus. Après que l'on vous a présenté la pêche du jour, sans chichi, vient l'heure du choix. Quel poisson ? Entier, coupé ? À la plancha ? À moins que vous ne préfériez la carte des huîtres... Que de fraîcheur !

Carte 40/50 €

Plan B2-a – *12 cours de Dakar – ✆ 02 35 84 19 37 – Fermé 24 février-9 mars, lundi, dimanche*

à Offranville 6 km au Sud par D927 et D54 - Carte régionale n° **17**-D1

Le Colombier (Laurent Kleczewski)

CUISINE MODERNE • COSY XX En matière de cuisine, rien ne vaut la simplicité. Depuis 2002, le chef Laurent Kleczewski en fait la preuve dans cette paisible maison normande : à partir de produits de belle fraîcheur, il compose des plats gourmands et parfumés, sans donner dans la démonstration ou l'esbroufe. Quelques notes exotiques, et plus précisément asiatiques, viennent agrémenter les recettes, mais jamais dans l'excès : un savant dosage qui permet de ne jamais dénaturer le produit de base. Le tout proposé à des tarifs sympathiques, à midi surtout, dans une salle à manger cosy qui marie l'esprit de la bâtisse (cheminée ancienne en brique rouge) à des notes plus actuelles.

Spécialités : Ceviche de vive, vinaigre de fleur de sureau et citron confit. Turbot, copeaux de rhubarbe et sauce au vin blanc à l'oignon caramélisé. Parfait glacé au sésame noir et lait fermenté.

Menu 38/87 € - Carte 58/58 €

Hors plan - *rue Loucheur (parc du Colombier) - 02 35 85 48 50 - www.lecolombieroffranville.fr - Fermé 17 février-4 mars, 29 juin-15 juillet, mardi, mercredi, dimanche soir*

DIEULEFIT

26220 - Drôme - Carte régionale n° **2**-B3 - Carte Michelin 332-D6

au Poët-Laval 5 km à l'Ouest par D540

Les Hospitaliers

CUISINE MODERNE • CLASSIQUE XX Envie de déguster des ravioles du Dauphiné au beurre blanc ou un carré d'agneau laqué à la confiture d'olives de Nyons, le tout au pied de la Commanderie de l'ordre de Malte ? Direction les Hospitaliers ! L'immense terrasse, sur les toits, offre une vue à 360 degrés. L'assiette a du goût et de l'allure : une adresse charmante.

Menu 21 € (déjeuner), 32/68 € - Carte 54/77 €

04 75 46 22 32 - www.hotel-les-hospitaliers.com - Fermé 1er novembre-2 avril, lundi, mardi

DIGNE-LES-BAINS

04000 - Alpes-de-Haute-Provence - Carte régionale n° **24**-C2 - Carte Michelin 334-F8

Le Grand Paris

CUISINE CLASSIQUE • VINTAGE XXX Une maison pleine de cachet, avec un petit côté "à l'ancienne" tout à fait plaisant. La cheffe revisite les recettes classiques de son père (jadis aux fourneaux) ; ses plats sont savoureux. Ici, la tradition se perpétue d'une bien jolie façon.

Menu 29 € (déjeuner), 39/76 € - Carte 65/90 €

19 boulevard Thiers - 04 92 31 11 15 - www.hotel-grand-paris.com - Fermé 1er décembre-31 mars, lundi midi, mardi midi, mercredi midi, jeudi midi

DIGOIN

71160 - Saône-et-Loire - Carte régionale n° **5**-B3 - Carte Michelin 320-D11

à Vigny-les-Paray 9 km au Nord - Est par D994 et D52

Auberge de Vigny

CUISINE MODERNE • CHAMPÊTRE XX Dans cette ancienne salle de classe décorée avec soin, on sert une cuisine qui joue habilement de la tradition et du passage des saisons. La carte est changée régulièrement ; la jolie terrasse donne sur le jardin et le potager... pour une douce étape champêtre.

Menu 27/45 € - Carte 38/50 €

lieu-dit Vigny - 03 85 81 10 13 - www.aubergedevigny.fr - Fermé 8 octobre-1er novembre, 24 décembre-15 janvier, lundi, mardi, dimanche soir

Svetlana-Cherruty/iStock

DIJON

✉ 21000 – Côte-d'Or – Carte régionale n° **5**-D1 – Carte Michelin 320-K6

On aime...

La capitale de la Bourgogne réussit le tour de force d'être une grande cité culturelle doublée d'une destination culinaire et viticole légendaire – n'eut-elle pas pour maire le chanoine Kir, ambassadeur d'un apéritif fameux ? Son centre-ville élégant et son musée des Beaux-Arts côtoient restaurants, bistrots, cavistes, vendeurs de moutarde et de pains d'épice. Au bout de la rue de la Musette, vous trouverez des halles métalliques (1875) qui abritent un marché animé. C'est une parfaite introduction aux produits de la gastronomie dijonnaise et bourguignonne. Les spécialités sont toutes un régal, notamment le jambon persillé (les morceaux maigres sont pris dans une gelée très persillée) ou, côté fromage, le soumaintrain et l'époisses. En ville, faites le plein de pain d'épice chez Mulot et Petitjean et de chocolats chez Fabrice Gillotte.

J.-D. Sudres/hemis.fr

Restaurants

✿✿ William Frachot

CUISINE CRÉATIVE • CONTEMPORAIN XXX Ce natif de Bourgogne et baroudeur émérite (Angleterre, Québec), primo étoilé à l'Hostellerie du Chapeau Rouge en 2003, concocte des assiettes à son image : sérieuses et appliquées, jonglant entre les saveurs d'ailleurs et le terroir bourguignon, avec ce qu'il faut d'inventivité et d'énergie. Le tout à déguster dans un décor de caractère aux boiseries claires, motifs de vignes – et chaises "shark" pivotantes jaune moutarde – autant de clins d'œil au patrimoine régional. Une cuisine inspirée, voyageuse et aboutie, à l'instar de sa tête de veau et langoustines ou du gigot d'agneau de l'Aveyron rôti, plats emblématiques de la maison.

Spécialités : Écrevisses et tête de veau croustillante. Coq de région et sauce vin rouge. Fraises de la ferme des Marcs d'Or.

Menu 59 € (déjeuner), 98/165 € – Carte 130/157 €

Plan B2-a – *Hostellerie du Chapeau Rouge, 5 rue Michelet – ✆ 03 80 50 88 88 – www.chapeau-rouge.fr – Fermé 1er-23 janvier, 2-20 août, lundi, dimanche*

✿ Loiseau des Ducs

CUISINE MODERNE • CHIC XX Près du palais ducal, l'hôtel de Talmay – un bâtiment datant du 16e s. – accueille un jeune chef formé au sein du vaisseau amiral Bernard Loiseau, aux côtés du chef Patrick Bertron. Originaire des Antilles, Louis-Philippe Vigilant associe racines bourguignonnes, classiques de Bernard Loiseau (comme les œufs en meurette revisités sauce vin rouge et compotée d'oignons) et touches créatives : aérienne salade de langoustines et de coquillages, consommé iodé au combawa, gargantuesques coquilles Saint-Jacques de plongée et poireaux, purée d'héliantis, jus au Noilly Prat. Quant à la pâtissière Lucile Darosey, Franc-comtoise issue d'une famille d'agriculteurs, elle régale avec ses compositions sucrées. Le tout s'accompagne évidemment d'une très belle sélection de grands crus servis au verre.

Spécialités : Truite de l'Aube marinée aux aromates et aux épices. Ris de veau doré au sautoir, caviar d'aubergine, garniture grenobloise. Pavlova revisitée.

Menu 38/105 € – Carte 100/120 €

Plan B2-u – *3 rue Vauban – ✆ 03 80 30 28 09 – www.bernard-loiseau.com – Fermé 2-9 janvier, 23 février-9 mars, 23 août-7 septembre, lundi, dimanche*

✿ L'Aspérule (Keigo Kimura)

CUISINE MODERNE • CONTEMPORAIN XX Installé depuis une vingtaine d'années en France, à Auxerre notamment, Keigo Kimura a ouvert cette Aspérule à Dijon, capitale historique du duché de Bourgogne et cité gastronomique s'il en est ! Légèrement à l'écart du centre-ville, il propose cette cuisine française mâtinée de Japon dont il a le secret. Comme tout bon chef japonais qui se respecte, il se montre inattaquable sur la précision et l'équilibre (dressage, cuissons, saveurs). Il parsème même ses assiettes de clins d'œils appréciables à la région, comme l'utilisation du vin jaune ou de pousses de moutarde. Dernier atout : sous le restaurant, la cave à vins renferme près de 600 références...

Spécialités : Homard fumé aux sarments de vigne, sauce au vin de Chablis. Bœuf Wagyu grillé au charbon binchotan. Pamplemousse confit, noisettes caramélisées et mousse mangue-passion.

Menu 38 € (déjeuner), 80/120 €

Plan C1-a – *43 rue Jean-Jacques Rousseau – ✆ 03 80 19 12 84 – www.restaurant-asperule.fr – Fermé 22 décembre-13 janvier, lundi, dimanche*

DZ'envies

CUISINE MODERNE • BRANCHÉ X Des envies ? Faites confiance à David Zuddas et à ses initiales ! Dans son restaurant aux airs de cantine branchée, le chef laisse s'exprimer son amour du métier et des beaux produits. On se souviendra des légumes bio du moment ; de la truite du Jura, carotte de plein champ et orange et gomasio et, versant sucré, de la tartelette de coing, miel et pollen... On se régale.

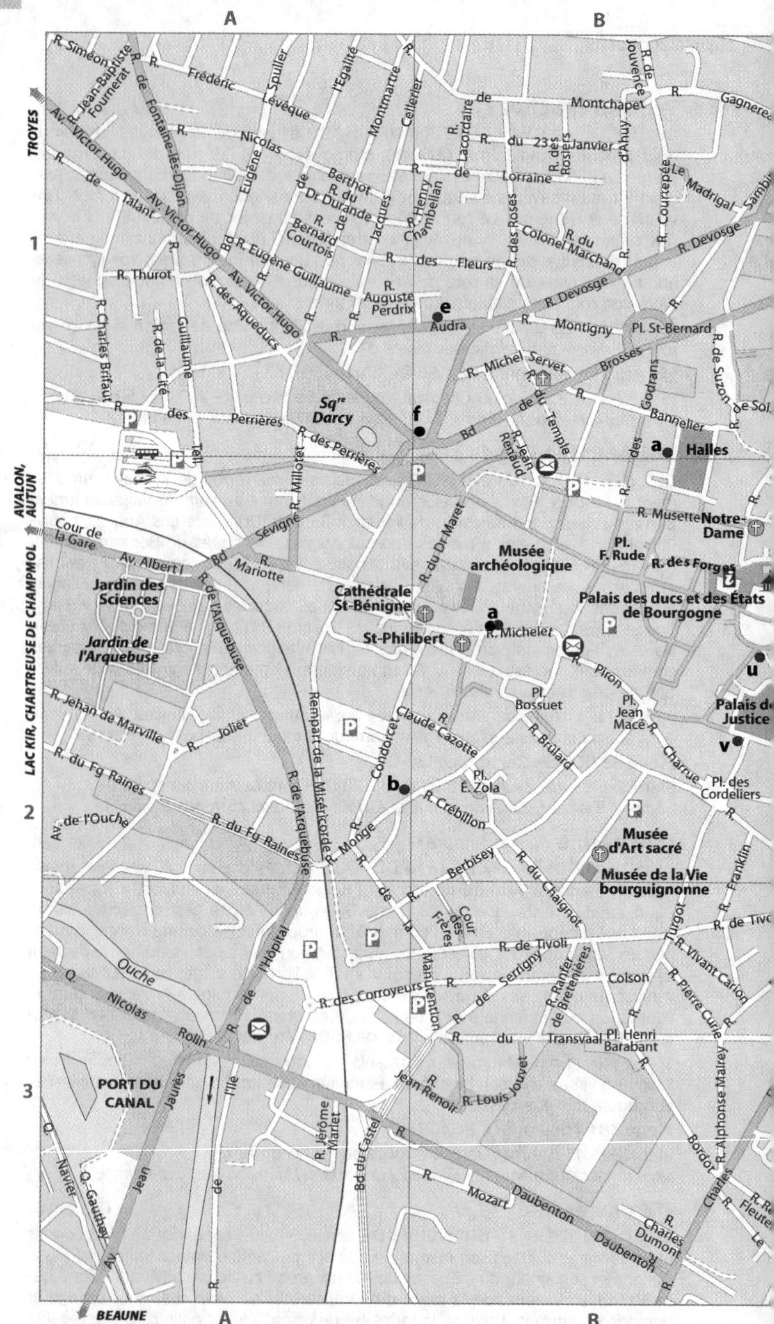

A
B
TROYES
AVALON, AUTUN
LAC KIR, CHARTREUSE DE CHAMPMOL
BEAUNE
1
2
3
R. Siméon
R. Jean-Baptiste Fournerat
R. de Fontaine-lès-Dijon
R. Frédéric Spuller
R. Léveque
R. de l'Égalité
R. Montmartre
R. Cellerier
R. Lacordaire
R. de Montchapet
R. de Jouvence
R. Gagnereaux
Av. Victor Hugo
R. de Talant
R. Nicolas Berthot
R. Eugène
R. du Dr Durande
R. de Jacques
R. Henry Chambellan
R. du 23 Janvier
R. des Rosiers
R. d'Ahuy
R. Courtépée
R. Le Madrigal
R. Sambin
R. de Lorraine
R. Bernard Courtois
R. Eugène Guillaume
Bd
R. des Roses
R. du Colonel Marchand
R. Devosge
R. des Fleurs
R. Thurot
R. des Aqueducs
R. Auguste Perdrix
e
Audra
R. Montigny
Pl. St-Bernard
R. de Suzon
R. Charles Brifaut
R. de la Cité
R. Guillaume
R. Michel Servet
R. Brosses
R. de Sol
R. des Perrières
Sq^re Darcy
f
Bd
R. du Temple
R. Jean Renaud
R. Bannelier
R. des Godrans
a
Halles
R. des Perrières
R. Millotet
R. Tell
R. Musette
Notre-Dame
Cour de la Gare
Av. Albert I
Bd Sévigné
R. Mariotte
R. du Dr Maret
Musée archéologique
Pl. F. Rude
R. des Forges
Jardin des Sciences
R. de l'Arquebuse
Cathédrale St-Bénigne
Palais des ducs et des États de Bourgogne
a
R. Michelet
Jardin de l'Arquebuse
St-Philibert
R. Piron
u
Pl. Bossuet
Pl. Jean Macé
Palais de Justice
R. Jehan de Marville
R. Joliet
Rempart de la Miséricorde
R. Condorcet
R. Claude Cazotte
R. Brûlard
v
R. Charrue
R. du Fg Raines
b
Pl. É. Zola
R. Crébillon
Pl. des Cordeliers
Av. de l'Ouche
R. du Fg Raines
R. Monge
Musée d'Art sacré
R. Berbisey
R. du Chaignot
Musée de la Vie bourguignonne
R. Franklin
R. de la Manutention
Cour des Frères
R. Turgot
R. de Tivoli
R. de Tivoli
R. Vivant Carion
R. de l'Hôpital
Ouche
R. de Serrigny
R. Ranfer de Bretenières
R. Colson
R. Pierre Curie
Q. Nicolas Rolin
R. des Corroyeurs
R. du Transvaal
Pl. Henri Barabant
PORT DU CANAL
R. Jean Renoir
R. Louis Jouvet
R. Alphonse Mairey
R. Jérôme Marlet
Bd du Castel
R. de l'Ile
Av. Jean Jaurès
Q. Navier
Q. Gauthey
R. Mozart
R. Daubenton
R. Bordot
R. Charles Dumont
R. Fleutelot

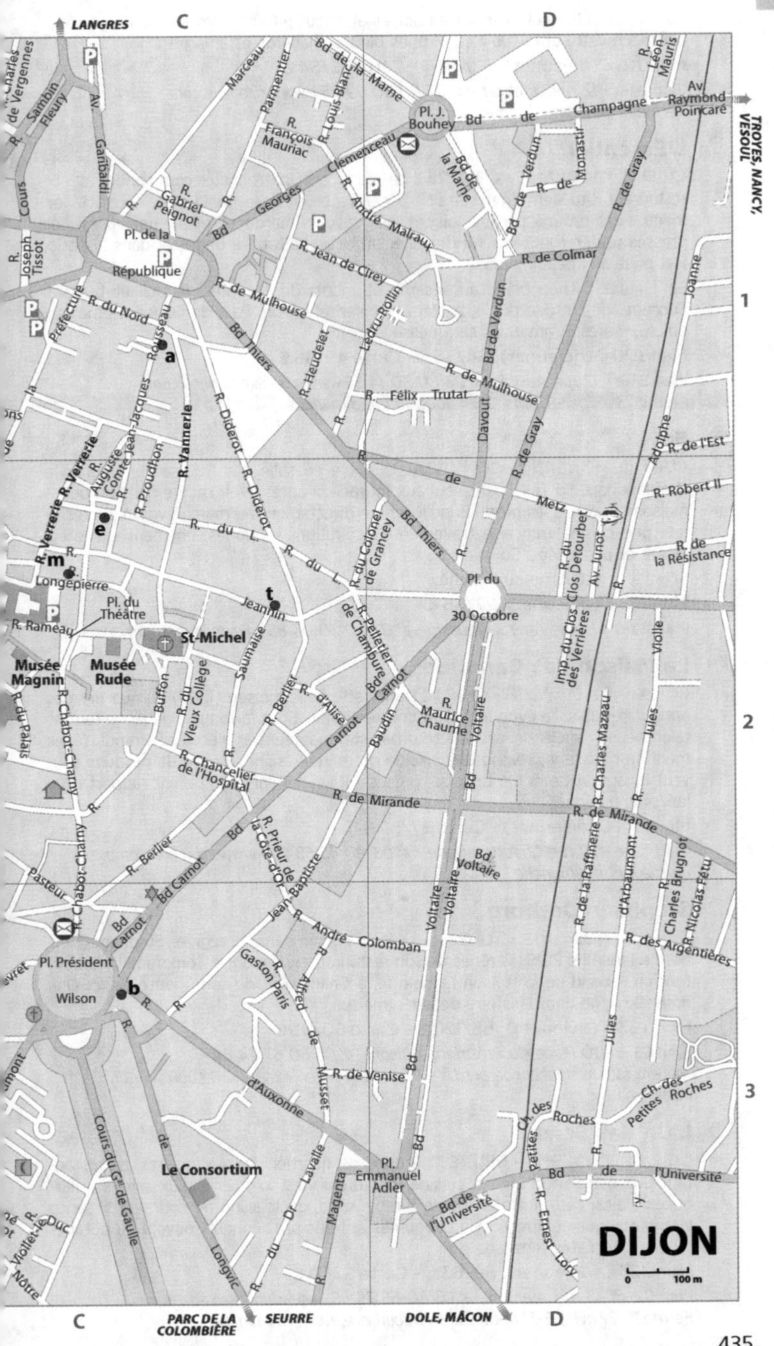

DIJON
LANGRES
TROYES, NANCY, VESOUL
PARC DE LA COLOMBIÈRE
SEURRE
DOLE, MÂCON
C
D
1
2
3
0
100 m
Pl. de la République
Pl. J. Bouhey
Pl. du 30 Octobre
Pl. Président Wilson
Pl. Emmanuel Adler
Pl. du Théâtre
St-Michel
Musée Magnin
Musée Rude
Le Consortium
Bd de Champagne
Av. Raymond Poincaré
Bd Georges Clemenceau
Bd de la Marne
Bd Thiers
Bd Carnot
Bd Voltaire
Bd de Verdun
Bd de l'Université
R. de Mulhouse
R. du Nord
R. de Gray
R. de Mirande
R. de Metz
R. Diderot
R. Vannerie
R. Verrerie
R. Jean de Cirey
R. André Malraux
R. de Colmar
R. Félix Trutat
R. Chancelier de l'Hospital
R. Berlier
R. d'Auxonne
R. Jeannin
R. du Lycée
R. Longepierre
R. Rameau
R. Chabot-Charny
R. Pasteur
R. Jean-Jacques Rousseau
R. Auguste Comte
R. Proudhon
R. Préfecture
R. Gabriel Peignot
R. François Mauriac
R. Louis Blanc
Parmentier
Marceau
Av. Garibaldi
R. Sambin
Fleury
R. Joseph Tissot
Cours
R. Heudelet
Ledru-Rollin
R. du Colonel de Grancey
R. Pelletier de Chambure
Bd Carnot
Baudin
R. Maurice Chaume
R. d'Alise
Saumaise
Buffon
R. du Vieux Collège
R. du Palais
R. Prieur de la Côte-d'Or
R. Jean-Baptiste
R. André Colomban
R. Gaston Paris
R. Alfred de Musset
R. de Venise
R. Dr Lavalle
R. Magenta
R. de Longvic
Cours du Gal de Gaulle
R. Viollet-le-Duc
R. Ernest Lory
Ch. des Petites Roches
R. des Argentières
R. de la Raffinerie
R. d'Arbaumont
R. Charles Brugnot
R. Nicolas Fétu
R. Charles Mazeau
R. Jules Violle
Imp. du Clos des Verrières
R. du Clos Detourbet
Av. Junot
R. de la Résistance
R. Robert II
R. de l'Est
R. Adolphe Joanne
R. de Monastir
R. Léon Mauris
Davout
R. de Vergennes

Spécialités : Haricots verts, framboises et anguille fumée. Volaille fermière rôtie, blette, crevette et jus de tête. Prunes bleues, macaron et amaretto.

Menu 21€ (déjeuner), 32/40€ – Carte 35/54€

Plan B1-a – *12 rue Odebert – ✆ 03 80 50 09 26 – www.dzenvies.com – Fermé 1er-10 janvier, dimanche*

L'Essentiel

CUISINE MODERNE • COLORÉ X Le jeune chef-patron aux commandes de ce restaurant situé en léger retrait du centre touristique de la ville, concocte un menu carte rythmé par les saisons, aux saveurs marquées et harmonieuses. Les pressés préféreront le menu déjeuner attractif. Le tout, à déguster dans le patio, fort prisé aux beaux jours.

Spécialités : Thon blanc au sésame et moutarde, tomates, fenouil et burrata. Suprême de pintade poêlé, betterave, céleri et citron. Pain de Gênes, crème aux épices, mûres et amandes caramélisées.

Menu 20€ (déjeuner), 34/55€ – Carte 49/56€

Plan B1-e – *12 rue Audra – ✆ 03 80 30 14 52 – www.lessentiel-dijon.com – Fermé 23 février-9 mars, 2-24 août, lundi, dimanche*

So

CUISINE MODERNE • CONVIVIAL X Épaulé en salle par Rié, sa compagne, le chef japonais, So Takahashi, seul aux fourneaux après avoir œuvré dans de belles maisons, travaille les produits qu'il achète directement au marché voisin. Le résultat : une cuisine française traversée d'inspirations nippones, finement exécutée, légère et parfumée... So good !

Spécialités : Cuisine du marché.

Menu 18€ (déjeuner), 27/35€

Plan B2-v – *15 rue Amiral-Roussin – ✆ 03 80 30 03 85 – Fermé lundi, dimanche*

La Maison des Cariatides

CUISINE DU MARCHÉ • CHIC XX Dans cette belle maison (1603) du quartier des antiquaires, la salle évoque un loft contemporain. Sous la toque, une jeune femme talentueuse, ancienne architecte-urbaniste, passée par l'école Ferrandi (avec mention pâtisserie) réalise une cuisine du marché, saine, à base de produits souvent locaux. A noter : la brigade, presque 100% féminine. Excellent rapport qualité/prix, à midi.

Menu 24€ (déjeuner) – Carte 37/59€

Plan C2-e – *28 rue Chaudronnerie – ✆ 03 80 45 59 25 – www.thomascollomb.com – Fermé lundi, dimanche*

Stéphane Derbord

CUISINE MODERNE • ÉLÉGANT XX Bien connu dans la région, Stéphane Derbord a laissé fin 2019 les rênes de son restaurant au Japonais Tomofumi Uchimura (ancien second de la Maison Lameloise, à Chagny) et de son épouse Seiko. Une nouvelle page dans l'histoire de cette maison.

Menu 33€ (déjeuner), 65/120€ – Carte 60/95€

Plan C3-b – *10 Place du Président Wilson – ✆ 03 80 67 74 64 – www.restaurantstephanederbord.fr – Fermé 16 février-4 mars, 2-19 août, lundi, dimanche*

L'Un des Sens

CUISINE MODERNE • ÉPURÉ XX Proche du quartier des Antiquaires, ce restaurant propose une goûteuse cuisine, aux dressages soignés et aux saveurs marquées - ainsi cette lotte en basse température, déclinaison de courgettes, sauce vierge mangue et citron caviar. Légumes et fruits proviennent souvent du potager du chef. Agréable terrasse.

Menu 23€ (déjeuner), 39/63€ – Carte 57/71€

Plan C2-m – *3 rue Jeannin – ✆ 03 80 65 75 58 – www.lundesens-dijon.fr – Fermé 19-27 avril, 8-31 août, 22-30 décembre, lundi, dimanche*

Masami

CUISINE JAPONAISE • **INTIME** X Un petit restaurant japonais au cadre épuré, où l'on savoure une cuisine authentique. Filet de bœuf charolais et foie gras, karaage de crabe mou... Voici les belles spécialités mises en avant par le chef ! Et pour ne rien gâcher, l'accueil est très sympathique et les tarifs mesurés.

Menu 19 € (déjeuner), 24/54 € – Carte 30/65 €

Plan C2-t – *79 rue Jeannin – ✆ 03 80 65 21 80 – www.restaurantmasami.com – Fermé 3-23 août, dimanche*

Parapluie (N)

CUISINE MODERNE • **SIMPLE** X Ce restaurant de poche propose une cuisine actuelle et voyageuse, à base de produits de saison, locaux pour la plupart. On la décline sous forme d'un menu à trois services au déjeuner (avec choix), et d'un menu unique à cinq services le soir. Prix doux et jolie petite sélection de vins, bières et autres alcools.

Menu 23 € (déjeuner)/36 €

Plan A2-b – *74 rue Monge – ✆ 03 80 28 79 94 – www.parapluie-dijon.com – Fermé 3-23 février, 3-16 août, mercredi, dimanche*

Hôtels

Grand Hôtel La Cloche

LUXE • **ÉLÉGANT** Il fait bon vivre dans cette bâtisse Belle Époque (1884), entièrement rénovée. Les chambres, aménagées dans un style contemporain chic, sont spacieuses et confortables. Cuisine actuelle au restaurant logé sous une lumineuse verrière, donnant sur une plaisante terrasse. Le brunch du dimanche est très couru !

88 chambres – 195/390 € – 23 € – 5 suites

Plan B1-f – *14 place Darcy – ✆ 03 80 30 12 32 – www.hotel-lacloche.fr*

Hostellerie du Chapeau Rouge

TRADITIONNEL • **CONTEMPORAIN** Une élégante "hostellerie" créée en 1863, mais toujours pleine de fraîcheur avec ses chambres au décor soigné, certaines très contemporaines. Le must : profiter de l'espace bien-être – massage, sauna, hammam – avant un bon dîner.

25 chambres – 115/282 € – 19 € – 3 suites

Plan B2-a – *5 rue Michelet – ✆ 03 80 50 88 88 – www.chapeau-rouge.fr*

William Frachot – Voir la sélection des restaurants

à Hauteville-lès-Dijon 6 km au Nord par D107F

La Musarde

CUISINE MODERNE • **CONTEMPORAIN** XX On peut musarder sans retenue dans cet hôtel-restaurant situé au calme, dans une ancienne ferme du 19e s. rénovée dans un esprit contemporain. On y joue la carte des produits locaux et des recettes actuelles : raviole translucide de crustacés, ou encore dos de sandre rôti au poivre de Timut...

Menu 22 € (déjeuner), 33/37 €

Hors plan – *7 rue des Riottes – ✆ 03 80 56 22 82 – www.lamusarde.fr – Fermé 3-17 août, 22 décembre-19 janvier, lundi, dimanche*

à Messigny-et-Vantoux 10 km au Nord par D996, D903 puis D974 –

Carte régionale n° **5**-C2

Auberge des Tilleuls

CUISINE TRADITIONNELLE • **BISTRO** X Au programme de cette auberge, bonne cuisine traditionnelle et prix serrés. Le chef remet au goût du jour les bons plats bistrotiers qui ont fait l'histoire de la maison : escargots en persillade, fricassée de volaille au chou, tarte aux pommes alsacienne... Attention, c'est souvent complet.

Spécialités : Terrine de foies de volaille. Bœuf bourguignon de l'auberge. Moelleux au chocolat.

Menu 22 € (déjeuner)/32 €

Hors plan – *8 place de l'Église – ✆ 03 80 35 45 22 – www.restaurant-tilleuls.fr – Fermé 1er août-1er septembre, 23 décembre-6 janvier, lundi, dimanche et le soir sauf vendredi et samedi*

à Prenois 12 km au Nord - Ouest par D971 et D104 – Carte régionale n° **5**–C2

✿ Auberge de la Charme (Nicolas Isnard et David Le Comte)

CUISINE CRÉATIVE · AUBERGE XXX Dans un petit village bourguignon, proche du circuit automobile, une auberge à la fois rustique et épurée : murs aux pierres apparentes, plafond à la française, sol en dalles de pierre et vieux four à pain inséré dans un mur. Elle est emmenée par deux cuisiniers complices, Nicolas Isnard et David Le Comte, qui se sont rencontrés dans le restaurant de Gilles Goujon, à Fontjoncouse. Ils partagent la même passion pour la gastronomie et l'Asie, qu'ils sillonnent régulièrement. Ils proposent un concept de menu à l'aveugle susceptible de déconcerter, mais qui fonctionne à merveille : on se laisse emporter par une cuisine créative, généreuse et aux influences multiples, nourrie par les voyages de ces deux globe-trotteurs.

Spécialités : Huîtres à l'époisses. Poisson du jour, poireau à la réglisse et crème coco-citronnelle-menthe. Citron, safran et miel.

Menu 38 € (déjeuner), 55/105 €

Hors plan – *12 rue de la Charme – ✆ 03 80 35 32 84 – www.aubergedelacharme.com – Fermé 23 décembre-2 janvier, lundi, mardi, dimanche soir*

DINAN

✉ 22100 – Côtes-d'Armor – Carte régionale n° **7**–C2 – Carte Michelin 309-J4

La Fleur de Sel

CUISINE MODERNE · COSY X Dans une des vieilles rues du centre historique, une Fleur comme on les aime. On y goûte une cuisine goûteuse et créative juste ce qu'il faut : savoureux *tzukune* de crabe, aile de raie pochée accompagnée d'un beurre citronné, salade composée... le tout servi avec le sourire dans un décor contemporain et coloré.

Menu 20 € (déjeuner), 30/42 € – Carte 33/51 €

7 rue Ste-Claire – ✆ 02 96 85 15 14 – www.restaurantlafleurdesel.com – Fermé lundi, mardi, dimanche soir

La Maison Pavie

HISTORIQUE · PERSONNALISÉ Un charme indéniable ! Cette demeure du 15e s., classée monument historique, a été rénovée avec un goût sûr, dans un esprit contemporain mâtiné de références voyageuses (les chambres portent les noms d'Angkor, Vinh Long, Champassak...). Elle offre un cadre rare au cœur même du Dinan historique.

5 chambres – 75/155 €

10 place St-Sauveur – ✆ 02 96 84 45 37 – www.lamaisonpavie.com

DINARD

✉ 35800 – Ille-et-Vilaine – Carte régionale n° **7**-C1 – Carte Michelin 309-J3

Le Pourquoi Pas

CUISINE MODERNE • **COSY** XX Le restaurant de l'hôtel Castelbrac porte le nom du bateau du commandant Charcot, célèbre explorateur des zones polaires. Né à Dinand, le chef Julien Hennote a lui aussi exploré d'autres horizons (culinaires), comme ceux de la Côte d'Azur et même de la Polynésie. En cuisine, il privilégie les produits du terroir local et de la pêche côtière (coquilles Saint-Jacques et ormeaux de plongée, homard, algues). Respectueux de la ressource, il privilégie aussi la pêche durable. Il agrémente ces ingrédients de manière ambitieuse dans des assiettes nettes, savoureuses et soignées, à l'instar de cette délicate chair d'araignée de mer, servie avec une chantilly de carapace au fenouil... Et la salle s'ouvre désormais sur une spacieuse terrasse avec, en ligne de mire, la cité corsaire.

Spécialités : Raviole de homard bleu de casier, jus de presse et lait d'amande. Saint-pierre rôti aux algues, pulpe d'oignon doux et ail noir. Fines feuilles croustillantes et caramélisées, vanille et lait ribot.

Menu 35 € (déjeuner), 60/100 € – Carte 70/85 €

Castelbrac, 17 avenue George-V – ✆ 02 99 80 30 00 – www.castelbrac.com – Fermé 6 janvier-7 février, lundi, mardi

Au Bouchon Breton

CUISINE TRADITIONNELLE • **BISTRO** X Charline et Jérôme ont métamorphosé cette ancienne crêperie du centre-ville de Dinard, et le résultat est ce Bouchon Breton où ils célèbrent la tradition bistrotière de belle manière. C'est savoureux, mitonné avec soin, et ils nous offrent même, il faut le noter, d'excellents desserts... Un vrai bon plan.

Spécialités : Lieu jaune ikejime, citron caviar et grenade. L'arrivage de la criée rôti, fregola sarda comme un risotto, andouille de Vire et girolles. Saint-honoré, crème glacée vanille.

Menu 18 € (déjeuner), 33/52 €

20 rue du Maréchal-Leclerc – ✆ 02 99 46 85 95 – www.au-bouchon-breton.com – Fermé 18 juin-4 juillet, 15-30 octobre, 23 décembre-25 janvier, mardi, mercredi, jeudi

Didier Méril

CUISINE MODERNE • **CONTEMPORAIN** XXX Si vous aimez les beaux paysages, installez-vous dans la salle panoramique de ce restaurant : la vue sur la baie du Prieuré y est superbe ! Les yeux rivés sur le large, les gourmands apprécient la cuisine plutôt créative du chef, à l'écoute des saisons. Chambres cosy à l'étage.

Menu 32 € (déjeuner), 38/90 € – Carte 55/67 €

1 place du Général-de-Gaulle – ✆ 02 99 46 95 74 – www.restaurant-didier-meril.com

Le Café Rouge

POISSONS ET FRUITS DE MER • **BRASSERIE** XX Toute la famille Leroux – père et mère, fils et belle-fille – s'active avec professionnalisme pour le plaisir des clients. Le banc d'écailler posé à l'entrée annonce l'esprit de la carte : cap sur des fruits de mer et poisson d'une belle fraîcheur ; la qualité est au rendez-vous.

Menu 21 € (déjeuner), 28/58 € – Carte 40/70 €

3 boulevard Féart – ✆ 02 99 46 70 52 – Fermé lundi

La Vallée

POISSONS ET FRUITS DE MER • **CONTEMPORAIN** XX Si la salle est agréable avec ses grandes baies vitrées, on ne résiste pas à la terrasse, orientée plein sud juste au-dessus de la pittoresque cale du Bec de la Vallée. Idéal pour déguster de beaux produits de la mer, cuisinés avec tout le respect qui leur est dû.

Menu 29 € (déjeuner)/44 €

6 avenue Georges-V – ✆ 02 99 46 94 00 – www.hoteldelavallee.com – Fermé 5 janvier-13 février, 22-28 décembre, lundi, mardi, dimanche soir

Grand Hôtel Dinard 

TRADITIONNEL • BORD DE MER Ce "grand hôtel" du 19e s., qui domine la promenade maritime du Clair-de-Lune, accueille les stars de cinéma lors du Festival du film britannique. Les chambres sont aménagées avec sobriété et classicisme.

88 chambres – 199/880 € – 25 € – 1 suite

46 avenue George-V – 02 99 88 26 26 – www.hotelsbarriere.com/fr/dinard/le-grand-hotel

Castelbrac 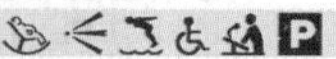

DEMEURE HISTORIQUE • COSY Cette demeure du 19e s., qui accueillait autrefois un muséum d'histoire naturelle, est installée juste au-dessus des flots : une situation exceptionnelle ! Les chambres, modernes et chaleureuses, offrent toutes une vue splendide sur la baie du Prieuré et St-Malo.

24 chambres – 270/720 € – 25 € – 1 suite Tablet. PLUS

17 avenue George-V – 02 99 80 30 00 – www.castelbrac.com – Fermé 6 janvier-7 février

Le Pourquoi Pas – Voir la sélection des restaurants

Royal Emeraude 

DEMEURE HISTORIQUE • ÉLÉGANT Agatha Christie aurait aimé ce bel hôtel en pierre et brique rouge de 1876, dont l'intérieur est vêtu de boiseries sombres, et de fauteuils clubs. Quatre thèmes décorent les chambres : paquebot, aviation, Orient Express et Indes britanniques.

47 chambres – 180/580 € – 20 €

1 boulevard Albert-1er – 02 99 46 19 19 – www.royalemeraudedinard.com

Novotel Thalassa 

HÔTEL DE CHAÎNE • FONCTIONNEL Sur la pointe de St-Énogat, cet hôtel dispose d'un beau centre de thalassothérapie. Reposez-vous dans des chambres contemporaines. Cuisine diététique au restaurant.

106 chambres – 160/335 € – 20 €

1 avenue du Château-Hébert – 02 99 16 78 10 – www.accorthalassa.com – Fermé 1er novembre-31 décembre

Villa Reine Hortense 

HISTORIQUE • ROMANTIQUE Toute la splendeur de la Belle Époque revit dans cette villa typique de la "perle" de la Côte d'Émeraude. Les chambres, élégantes, portent les noms de reines et de princesses, et dévoilent de superbes vues sur la plage et la mer. Jardin coquet et accès direct à la plage. Comme un sentiment de privilège.

7 chambres – 185/295 € – 20 € – 1 suite

19 rue de la Malouine – 02 99 46 54 31 – www.villa-reine-hortense.com – Fermé 27 septembre-10 avril

DIRAC – Charente (16) → Voir Angoulême

DISSAY

86130 – Vienne – Carte régionale n° **20**-C1 – Carte Michelin 322-I4

Château de Dissay 

CUISINE MODERNE • BOURGEOIS XXX Au Château de Dissay, une cheffe, Dorothée Teanor, propose une cuisine moderne (avec une attention particulière portée aux légumes), à déguster dans une demeure du 15ème siècle, au cadre élégant et bourgeois.

Menu 29 € (déjeuner), 49/75 € – Carte 70/90 €

111 place Pierre-d'Amboise – 05 49 11 11 11 – www.chateaudedissay.com

Château de Dissay

HISTORIQUE • PERSONNALISÉ Il a fière allure, ce château bâti au 15e s. par l'évêque de Poitiers ! Le cachet historique du lieu a été conservé, avec tout le confort moderne dont on peut rêver : chambres vastes et bien équipées, spa avec sauna, hammam et piscine intérieure... Un lieu à part.

10 chambres – 90/350 € – 25 €

111 place Pierre-d'Amboise – 05 49 11 11 11 – www.chateaudedissay.com

Château de Dissay – Voir la sélection des restaurants

DIVONNE-LES-BAINS

01220 – Ain – Carte régionale n° **4**-F1 – Carte Michelin 328-J2

Le Rectiligne

CUISINE MODERNE • CONTEMPORAIN XX Au bord du lac, cette bâtisse blanche abrite un restaurant résolument contemporain. Côté déco, mur d'eau, cave vitrée et, dans l'assiette, le même esprit moderne : cuissons à basse température et touches "d'ailleurs". Jolie sélection de vins au verre.

Menu 38 € (déjeuner), 60/100 € – Carte 82/96 €

2981 route du Lac – 04 50 20 06 13 – www.lerectiligne.fr – Fermé lundi, dimanche

à Grilly 6 km au Sud par D15 – Carte régionale n° **4**-F1

Auberge de Grilly

CUISINE MODERNE • AUBERGE X À trois kilomètres de Divonne-les-Bains, dans un charmant village, l'auberge est installée tout près de l'église : ô saints de la gourmandise, priez pour nous ! Si le décor est plutôt rustique, la cuisine, elle, fait dans le moderne et le beau produit. Attention : la réservation est impérative, le week-end surtout.

Menu 29/52 €

34 ruelle de l'Église – 04 50 20 25 14 – www.aubergedegrilly.com – Fermé 10-30 août, 23 décembre-2 janvier, lundi soir, mardi, mercredi, dimanche soir

DIZY – Marne (51) ➜ Voir Épernay

DOL-DE-BRETAGNE

35120 – Ille-et-Vilaine – Carte régionale n° **7**-D2 – Carte Michelin 309-L3

Auberge de la Cour Verte

CUISINE MODERNE • TRADITIONNEL X Cet ancien corps de ferme abrite un talent fou : celui d'un jeune chef, formé en Norvège, et revenu sur ses terres. Il signe des assiettes pleines de finesse et de saveurs. Aidé de sa compagne, ils ont réussi à faire oublier à la clientèle locale l'ancienne crêperie qui occupait les lieux. Un pari audacieux, remporté haut la main par l'énergie communicative et l'enthousiasme des nouveaux patrons. Un coup de cœur.

Menu 35 € (déjeuner), 45/69 € – Carte 48/60 €

route de Rennes – 02 99 48 41 41 – www.aubergedelacourverte.com – Fermé 2-15 mars, 2-22 novembre, lundi, mardi

DOLE

39100 – Jura – Carte régionale n° **6**-B2 – Carte Michelin 321-C4

La Chaumière (Joël Césari)

CUISINE CRÉATIVE • ÉLÉGANT XXX Cachet des pierres apparentes et style contemporain pour cette élégante auberge du 21e s. située aux portes de Dole. Le jeune Joël Césari a forgé sa vocation comme apprenti auprès d'André Jeunet, mentor de la cuisine jurassienne, avant de poursuivre sa route à Paris (Pavillon Ledoyen) ou encore à Chagny (Maison Lameloise). Amoureux de la nature, il trouve son inspiration dans les produits locaux, légumes, fruits, herbes, champignons et de nombreux poissons de rivière. Sa cuisine inventive se renouvelle au gré du marché et de la pêche : sandre, céleri, morilles ; filets de perches, coco de Paimpol, hareng fumé, citron ; ou encore brochet, risotto d'épeautre et oseille. Ces mets s'accompagnent de beaux crus du Jura ou de vins naturels, choisis par un sommelier ravi de prodiguer ses conseils avisés.

Spécialités : Tarte friable aux escargots, crème glacée à la gentiane et émulsion de persil. Poularde de Bresse et morilles au vin jaune, carotte et gingembre. Crème brûlée au vin jaune, craquant aux morilles et glace au curry.

Menu 47/110 € – Carte 90/110 €

346 avenue du Maréchal-Juin – ✆ 03 84 70 72 40 – www.lachaumiere-dole.fr – Fermé 27 avril-4 mai, 26 octobre-4 novembre, 23 décembre-15 janvier, lundi, dimanche

Grain de Sel

CUISINE MODERNE • SIMPLE Un cadre plaisant, une terrasse ombragée et des recettes originales, soignées et savoureuses : le jeune chef fait des merveilles, et l'on a beau être au Grain de Sel, la note n'est pas salée ! Carte renouvelée régulièrement.

Spécialités : Foie gras au fil des saisons. Ris de veau. Tarte au citron revisitée.

Menu 22 € (déjeuner), 25/55 €

67 rue Pasteur – ✆ 03 84 71 97 36 – www.restaurant-graindesel.fr – Fermé 19 avril-4 mai, 11 octobre-2 novembre, mardi soir, mercredi, dimanche soir

Iida-Ya

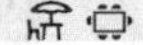

CUISINE JAPONAISE • CONTEMPORAIN Confit de poitrine de porc sauce gingembre, sushis, makis ou tempura… Dans son restaurant zen et chic – et sous vos yeux –, le chef nippon concocte des mets raffinés, autour desquels se rencontrent (et s'apprécient) les cuisines française et japonaise. Belle carte de sakés. Adulé à Dole !

Spécialités : Émietté de tourteau, artichauts, wakame. Confit de poitrine de porc au gingembre. Gâteau japonais, génoise matcha et haricots rouges sucrés.

Menu 21 € (déjeuner), 25/60 € – Carte 30/60 €

18 rue Arney – ✆ 03 84 70 98 73 – www.iida-ya.fr – Fermé 23 décembre-7 janvier, lundi, dimanche

La Romanée

POISSONS ET FRUITS DE MER • INTIME À la recherche d'un restaurant de poisson à Dole ? Cette ancienne boucherie pleine de charme – deux salles voûtées avec pierre apparente – est l'adresse qu'il vous faut. Le chef, originaire de Guérande, fait la part belle au… poisson, sans pour autant laisser les fous de viande au port. Service cordial.

Menu 20 € (déjeuner), 29/45 € – Carte 30/50 €

13 rue des Vieilles-Boucheries – ✆ 03 84 79 19 05 – www.restaurant-laromanee.fr – Fermé 8-29 juillet, 23 décembre-8 janvier, mardi soir, mercredi, dimanche soir

à Parcey 8 km au Sud par route de Lons - le - Saunier

Les Jardins Fleuris

CUISINE TRADITIONNELLE • CLASSIQUE Bar à la plancha ; caille désossée, galette de pommes de terre et morteau, soufflé glacé au Marc d'Arbois : ici les sens sont à la fête, les compliments fleurissent, et l'accueil est charmant. Terrasse sur l'arrière. Familial.

Menu 20/51 € – Carte 35/60 €

35 Route Nationale 5 – ✆ 03 84 71 04 84 – www.restaurant-jardins-fleuris.com – Fermé 29 juin-14 juillet, 16 novembre-1er décembre, 24-30 décembre, lundi soir, mardi, dimanche soir

à Sampans 6,5 km au Nord – Carte régionale n° **6**–B2

Château du Mont Joly (Romuald Fassenet)

CUISINE MODERNE • ÉLÉGANT Qu'elle est bien nommée, cette maison de maître du 18e s. qui domine la vallée de la Saône, avec sa façade rose et ses colonnes à l'italienne ! Avec son épouse, sommelière et fille de vignerons, Romuald Fassenet a transformé cette bâtisse classique en écrin design et épuré où quelques chambres permettent de faire une étape de charme à proximité de Dole. Sa cuisine, franche et gourmande, révèle une passion authentique pour le terroir jurassien (il fut d'ailleurs le second du chef Jean-Pierre Jeunet), et repose sur une grande maîtrise technique. Il réalise de superbes sauces au vin jaune du Jura ; le suprême de volaille de Bresse au vin jaune en vessie aux morilles, et la tourte de canard "MOF", font partie de ses classiques.

Spécialités : Escargots et absinthe. Poularde de Bresse au vin jaune et aux morilles. Soufflé chaud de saison.

Menu 38 € (déjeuner), 72/115 € – Carte 90/110 €

6 rue du Mont-Joly – ✆ 03 84 82 43 43 – www.chateaumontjoly.com – Fermé 1er janvier-13 mars, mardi, mercredi

DOLUS-D'OLÉRON – Charente-Maritime (17) ➜ Voir Île d'Oléron

DOMME

✉ 24250 – Dordogne – Carte régionale n° **18**-D1 – Carte Michelin 329-I7

L'Esplanade

CUISINE CLASSIQUE • BOURGEOIS XXX Une belle demeure ancienne, perchée sur les remparts, avec une terrasse sous les tilleuls. La cuisine est sincère, sans artifice, et fait apprécier les saveurs franches de la tradition. Chambres bourgeoises, certaines avec une jolie vue sur la vallée de la Dordogne.

Menu 35/60 € – Carte 52/75 €

2 rue Pontcarral – ✆ 05 53 28 31 41 – www.esplanade-perigord.com – Fermé 1er novembre-27 mars, lundi midi

1 Logis à Domme

HISTORIQUE • ÉLÉGANT Au cœur de ce village médiéval très fréquenté en saison, une jolie maison aux volets rouges, située sur les remparts. Les chambres s'y révèlent spacieuses et élégantes (parquet, tapisseries, mobilier chiné...), et le salon-bibliothèque avec cheminée prend toute sa valeur pendant les longues soirées d'hiver.

5 chambres – 130/150 € – 12 €

1 place Porte-Delbos – ✆ 05 53 23 46 42 – www.1logisadomme.fr

DONCHERY – Ardennes (08) ➜ Voir Sedan

DONNEMARIE-DONTILLY

✉ 77520 – Seine-et-Marne – Carte régionale n° **15**-D2 – Carte Michelin 312-H5

La Croix Blanche

CUISINE MODERNE • ÉLÉGANT XX Aucun doute, vous allez marquer votre passage dans ce restaurant d'une croix blanche ! Derrière les fourneaux, le chef – originaire du coin – met un point d'honneur à n'utiliser que de beaux produits de saison. Dans l'assiette, le goût est au rendez-vous : une bonne adresse.

Menu 26 € (déjeuner), 43/65 €

2 place du marché – ✆ 01 64 60 67 86 – www.restaurantlacroixblanche.fr – Fermé 25 mars-1er avril, 20 juillet-5 août, 9-18 novembre, lundi soir, mardi soir, mercredi, dimanche soir

DONZENAC

✉ 19270 – Corrèze – Carte régionale n° **19**-B3 – Carte Michelin 329-K4

Le Périgord

CUISINE TRADITIONNELLE • RUSTIQUE X À l'entrée du bourg, venez vous asseoir dans cet intérieur paré de bois massif, près de l'imposante cheminée. On vous fera goûter la spécialité de la maison : la tête de veau sauce gribiche, indémodable et toujours aussi bonne ! Du rustique comme on l'aime.

Menu 23/50 € – Carte 25/50 €

9 Avenue de Paris – ✆ 05 55 85 72 34 – Fermé 22 février-9 mars, 19 octobre-4 novembre, lundi soir, mardi soir, mercredi, dimanche soir

DOUAI

✉ 59500 – Nord – Carte Michelin 302-G5

à Brebières 6,5 km au Sud - Ouest par D650 et D950 – Carte régionale n° **13**–C2

Air Accueil

CUISINE MODERNE • CONVIVIAL XXX Près de l'aérodrome de Vitry-en-Artois, cette vaste auberge est tout sauf une simple cantine ! C'est le monde de Franck Gilabert, grand passionné de jazz (la décoration et le fond sonore en attestent), qui régale sa clientèle d'une délicieuse cuisine où transparaît toute son expérience. Les saveurs décollent !

Spécialités : Cuisine du marché.

Menu 33/65 € – Carte 50/70 €

50 rue Nationale – ✆ 03 21 50 01 02 – www.air-accueil-restaurant.com – Fermé 23 février-2 mars, 23 juillet-23 août, lundi, mercredi soir, dimanche soir

DOUARNENEZ

✉ 29100 – Finistère – Carte régionale n° **7**–A2 – Carte Michelin 308-F6

L'Insolite

CUISINE MODERNE • TENDANCE XX Cette maison est dirigée par un chef au beau parcours, Gaël Ruscart, dont la cuisine inventive fait une belle place aux produits marins. Ravioles de dorade, langoustine et mangue aux herbes fraîches ; homard bleu de nos côtes à la nage crémeuse de corail et épices douces... Une valeur sûre de la ville.

Menu 22 € (déjeuner), 38/75 € – Carte 64/102 €

Hôtel de France, 4 rue Jean-Jaurès – ✆ 02 98 92 00 02 – www.lafrance-dz.com – Fermé 10 novembre-3 décembre, lundi, dimanche

à Tréboul 3 km au Nord - Ouest – Carte régionale n° **7**–A2

Ty Mad

CUISINE MODERNE • CONVIVIAL X Sur les hauteurs de Tréboul, au calme dans un quartier paisible de villas, on se délecte d'une cuisine fraîche, où la loi du marché n'est pas un vain mot, ni l'amour du bio ! Et pour la sieste, profitez de la petite plage, en léger contrebas, accessible par le chemin côtier. Menu végan.

Menu 26 € (déjeuner)/40 € – Carte 39/45 €

3 rue St-Jean (près de la chapelle St-Jean) – ✆ 02 98 74 00 53 – www.hoteltymad.com – Fermé 1er novembre-2 avril, mardi

Ty Mad

FAMILIAL • PERSONNALISÉ Ty mad : bonne maison en breton. Il faut dire que l'hôtel a du charme avec ses matériaux naturels (pierre et bois) et sa décoration franchement zen ; même la cour a des allures de jardin japonais. Une adresse où l'on se sent bien, tout simplement.

15 chambres – 90/218 € – 15 €

3 rue St-Jean (près de la chapelle St-Jean) – ✆ 02 98 74 00 53 – www.hoteltymad.com – Fermé 1er novembre-2 avril

Ty Mad – Voir la sélection des restaurants

DOUÉ-LA-FONTAINE

✉ 49700 – Maine-et-Loire – Carte régionale n° **23**–C2 – Carte Michelin 317-H5

Auberge Bienvenue

CUISINE TRADITIONNELLE • ÉLÉGANT XX Cette maison a fêté ses 30 ans d'existence, mais ne montre aucun signe de lassitude. Confortablement installé sous les poutres et les arcades de la grande salle, on constate que la tradition a toujours du bon, surtout en cuisine.

Menu 19 € (déjeuner), 35/65 € – Carte 48/58 €

104 route de Cholet (face au zoo) – ✆ 02 41 59 22 44 – www.aubergebienvenue.com – Fermé 1er-15 janvier, 20-29 septembre, lundi, dimanche soir

DOURGNE

✉ 81110 – Tarn – Carte régionale n° **22**-C2 – Carte Michelin 338-E10

Hostellerie de la Montagne Noire

CUISINE TRADITIONNELLE • SIMPLE X Les deux fils du propriétaire forment un efficace duo en cuisine, dans ce restaurant situé au centre du village. Ils nous régalent de bonnes créations traditionnelles : terrine de foie gras, tête de veau sauce ravigote, tarte tatin… Et l'été, ça se passe sur la terrasse, à l'ombre des platanes.

Menu 17/27 € – Carte 35/48 €

15 place des Promenades – ✆ 05 63 50 31 12 – www.hoteldourgne.fr – Fermé lundi, dimanche soir

DOUVAINE

✉ 74140 – Haute-Savoie – Carte régionale n° **4**-F1 – Carte Michelin 328-K3

Ô Flaveurs (Jérôme Mamet)

CUISINE MODERNE • ROMANTIQUE XXX Ô saisons, ô châteaux, ô saveurs… comme dit le gourmet ! Avec ses pierres apparentes, ses poutres, son plancher et sa cheminée pour les rudes soirées d'hiver, cet authentique petit château du 15e s. ravira les âmes romantiques. Sur la terrasse, une clientèle majoritairement suisse se délecte de la cuisine pleine de saveurs et de fraîcheur de Jérôme Mamet, très soucieux de l'esthétisme de ses assiettes. Ce chef inventif et talentueux ne travaille que des produits de qualité, souvent bio, sélectionnés avec soin : féra, brochet, perche et écrevisse du lac Léman, poissons de mer sauvages pêchés à la ligne…

Spécialités : Langoustine panée aux éclats d'amandes et pistaches, crémeux de petits pois, émulsion verveine. Canette aux légumes de notre jardin au jus de cuisson. Délice chocolat-framboise et sorbet fruits rouges.

Menu 75 € (déjeuner), 95/130 €

Château de Chilly – ✆ 04 50 35 46 55 – www.oflaveurs.com – Fermé 31 décembre-3 janvier, mardi, mercredi

DRACY-LE-FORT – Saône-et-Loire (71) ➜ Voir Chalon-sur-Saône

DRAGUIGNAN

✉ 83300 – Var – Carte régionale n° **24**-C3 – Carte Michelin 340-N4

à Flayosc 7 km au Sud - Ouest par D557 – Carte régionale n° **24**-C3

Le Nid

CUISINE MODERNE • CONVIVIAL X Une adresse tenue par des gens charmants : Emilie est aux petits soins avec ses clients, et le chef réalise une cuisine de saison, pleine de fraîcheur et de goût. Il privilégie les circuits courts, et les producteurs locaux. Une adresse qui fait le plein tous les jours. Un nid de gourmandise, à l'excellent rapport qualité/plaisir/prix…

Spécialités : Cèpes et pâtes torréfiés, jus au persil. Suprême de canette rôti et laqué aux épices. Figues de pays, croquant amandes, mousse à la cardamome.

Menu 32/53 €

37 boulevard Jean-Moulin – ✆ 04 94 68 09 96 – www.restaurantlenid.wixsite.com/lenidflayosc – Fermé 6-24 janvier, lundi, mardi, dimanche soir

Le Cigalon

CUISINE MODERNE • SIMPLE X C'est une maison jaune aux volets verts, située en retrait du village de Flayosc. Elle en salle, lui en cuisine offrent à ce lieu une chaleur qui va au-delà de la gourmandise. Foccacia comme une pissaladière, jambon cru, premières asperges… excepté le pain et les glaces, tout est fait sur place. On dirait le Sud.

Menu 33/55 € – Carte 51/65 €

5 boulevard du Grand-Chemin – ✆ 04 94 68 69 65 – www.lecigalonflayosc.wixsite.com/site – Fermé mercredi, jeudi

L'Oustaou 

CUISINE MODERNE • COSY X Un ancien relais de poste de 1732, une atmosphère méridionale, un jeune couple sympathique, et une cuisine de saison généreuse et bien troussée, à l'instar de ce pavé d'espadon, guacamole et quinoa : que demander de plus ? Peut-être de penser à prendre son temps sur la terrasse, face à la place du village...

Menu 32 € – Carte 47/88 €

5 place Joseph-Bremond (au village) – ✆ 04 94 70 42 69 – www.restaurantloustaou.com – Fermé 18 février-4 mars, 24 décembre-8 janvier, mardi, mercredi

DREUX

✉ 28100 – Eure-et-Loir – Carte régionale n° **8**-B1 – Carte Michelin 311-E3

à Chérisy 4,5 km par N12 – Carte régionale n° **8**-B1

Le Vallon de Chérisy 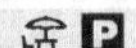

CUISINE TRADITIONNELLE • AUBERGE XX L'enseigne ? Un clin d'œil à une ode de Victor Hugo composée dans cette même auberge en 1821. Ici, la cuisine, copieuse et volontiers rustique, s'inspire des saisons et met en avant les produits locaux, en particulier les légumes et les herbes aromatiques... Gourmand et bon !

Spécialités : Croustillant de pied et queue de cochon au foie gras. Suprême de poulet fermier à la bière. Soufflé chaud à la mandarine impériale.

Menu 31/43 € – Carte 45/70 €

12 route de Paris – ✆ 02 37 43 70 08 – www.le-vallon-de-cherisy.fr – Fermé 19 février-4 mars, 20 juillet-6 août, mardi soir, mercredi, dimanche soir

à Ste-Gemme-Moronval 6 km au Nord - Est par N12, D912 et D308[1]

L'Escapade 

CUISINE CLASSIQUE • COSY XXX Faites une escapade dans cette auberge champêtre vraiment accueillante : la carte met l'accent sur la fraîcheur et la tradition, et la terrasse est si plaisible...

Menu 38 € – Carte 62/94 €

Place du Docteur-Charles-Jouve – ✆ 02 37 43 72 05 – www.aubergelescapade.fr – Fermé 15-31 janvier, 1er-8 mai, 24 août-13 septembre, lundi soir, mardi, dimanche soir

à Vernouillet 2 km au Sud par D311

Auberge de la Vallée Verte  

CUISINE TRADITIONNELLE • RUSTIQUE XX Dans la famille depuis les années 1930, ce restaurant propose une cuisine de saison savoureuse, réalisée à partir de produits locaux ; côté décor, poutres apparentes, cheminée et jolis tableaux créent une atmosphère apaisante. On profite aussi de chambres simples et bien tenues (plus grandes dans l'annexe) et d'un jardin pour se ressourcer.

Menu 36/60 € – Carte 50/80 €

6 rue Lucien-Dupuis (près de l'église) – ✆ 02 37 46 04 04 – www.aubergevalleeverte.fr – Fermé 2-23 août, 20 décembre-5 janvier, lundi, dimanche

DRUDAS

✉ 31480 – Haute-Garonne – Carte régionale n° **22**-B2 – Carte Michelin 343-E2

Le Verdurier 

CUISINE MODERNE • BOURGEOIS XXX Superbement rénové, le château de Drudas se distingue d'abord par son atmosphère chargée d'histoire, mais sa table n'est pas en reste. Avec un maximum de produits locaux, issus souvent des circuits courts, le chef réalise une cuisine de saison fraîche et bien tournée. Agréable terrasse.

Menu 35/95 € – Carte 83/94 €

Château de Drudas, au village – ✆ 05 34 57 88 88 – www.chateaudedrudas.com – Fermé 6-26 janvier, lundi, dimanche soir

Château de Drudas

DEMEURE HISTORIQUE • ÉLÉGANT Dans un joli coin de campagne au nord-ouest de Toulouse, ce château du 18e s. découvre un intérieur d'une grande élégance, et des chambres de caractère. Petit espace de remise en forme avec jacuzzi et sauna.

23 chambres - 150/480 € - 22 €

Au village - 05 34 57 88 88 - www.chateaudedrudas.com - Fermé 6-26 janvier

Le Verdurier - Voir la sélection des restaurants

DRUSENHEIM

67410 - Bas-Rhin - Carte régionale n° **10**-B1 - Carte Michelin 315-L4

Au Gourmet

CUISINE MODERNE • CONTEMPORAIN XX Le nouveau chef/patron, anciennement au Crocodile, à Strasbourg, insuffle une énergie nouvelle à cette auberge, entourée d'un grand jardin. Il prend un plaisir évident à travailler les produits de la mer et les sauces, autour d'une cuisine bourgeoise, empreinte de modernité. Ce jour-là : golden foie gras de canard, chutney de mirabelle ; filet de truite des sources du Heimbach, sauce curry-coco. Réservé aux gourmets.

Menu 24 € (déjeuner), 49/79 € - Carte 72/78 €

4 route de Herrlisheim -
03 88 53 30 60 - www.au-gourmet.fr -
Fermé lundi, mardi, mercredi midi

DUHORT-BACHEN

40800 - Landes - Carte régionale n° **18**-B3 - Carte Michelin 335-J12

Les Arcades

CUISINE TRADITIONNELLE • RUSTIQUE XX Dire que cette adresse porte haut les couleurs du terroir est un euphémisme ! Dans une ambiance champêtre ou installés sous les arcades, les gourmands dégustent de bonnes recettes traditionnelles. On propose même quelques plats d'inspiration tahitienne, où le patron a passé une grande partie de sa vie.

Menu 14 € (déjeuner) - Carte 27/41 €

232 place de la Mairie - 05 58 71 85 59 - www.restaurant-arcades.fr -
Fermé 7-13 septembre, lundi, mardi soir, dimanche soir

DUINGT

74410 - Haute-Savoie - Carte régionale n° **4**-F1 - Carte Michelin 328-K6

Comptoir du Lac

CUISINE MODERNE • DESIGN X Un restaurant aux airs de grande verrière indus' et contemporaine, cerné par la verdure, la montagne et le lac... Un endroit vraiment sympathique, pour une cuisine actuelle qui l'est elle aussi !

Menu 25 € (déjeuner)/45 € - Carte 46/56 €

Clos Marcel, 410 allée de la Plage - 04 50 68 14 10 - www.closmarcel.com -
Fermé 1er novembre-17 décembre

Clos Marcel

TRADITIONNEL • DESIGN Sur un site privilégié au bord du lac d'Annecy (ponton privé), une architecture repensée dans un esprit écologique, des chambres design et confortables : un Clos Marcel résolument 21e s.

14 chambres - 165/280 € - 18 € - 1 suite

410 allée de la Plage - 04 50 68 67 47 - www.closmarcel.com -
Fermé 3 novembre-20 décembre

Comptoir du Lac - Voir la sélection des restaurants

DUNES

✉ 82340 – Tarn-et-Garonne – Carte régionale n° **22**–B2 – Carte Michelin 337-A7

Les Templiers

CUISINE MODERNE • FAMILIAL XX Au centre de cette jolie bourgade, dans une maison du 16e s. au charme préservé. Les grands principes du chef : "la tradition, qui garantit la qualité" et "l'innovation, qui préserve de la routine". Un gage d'authenticité et de surprise… L'été, on se régale en profitant de la terrasse sous les arcades.

Spécialités : Cuisine du marché.

Menu 22 € (déjeuner), 33/43 € – Carte 49/55 €

3 place des Martyrs – ✆ 05 63 39 86 21 – Fermé 20 octobre-10 novembre, lundi, mardi, dimanche soir

DUNIÈRES

✉ 43220 – Haute-Loire – Carte régionale n° **1**–D3 – Carte Michelin 331-I2

La Tour

CUISINE DU TERROIR • FAMILIAL XX Les produits locaux (lentilles vertes du Puy, escargots de Grazac, pintade fermière, etc.) se transforment en mets alléchants sous l'impulsion du chef. C'est bon, soigné, généreux, avec en prime, un beau chariot de fromages auvergnats. Tout est sympathique, y compris les chambres, bien pratiques.

Menu 18 € (déjeuner), 32/60 € – Carte 45/65 €

7 ter route du Fraisse – ✆ 04 71 66 86 66 – www.hotelrestaurantlatour.com – Fermé 1er-7 janvier, 22 février-16 mars, 24 août-1er septembre, 16-22 novembre, lundi, dimanche soir

DUNKERQUE

✉ 59140 – Nord – Carte Michelin 302-C1

à Coudekerque-Branche Carte régionale n° **13**–B1

Le Soubise

CUISINE CLASSIQUE • AUBERGE XXX Une table élégante, où l'on se régale d'une cuisine pleine d'authenticité et de générosité… à l'image du maître des lieux, Michel Hazebroucq, véritable figure de Dunkerque, qui a passé plus de soixante ans derrière les fourneaux. Quelle longévité !

Spécialités : Escargots de Radinghem en milieu naturel. Cabillaud de petits bateaux, sauce hollandaise. Hérisson au chocolat noir.

Menu 28/51 €

49 route de Bergues – ✆ 03 28 64 66 00 – www.restaurant-soubise.com – Fermé 9-21 avril, 23 juillet-18 août, 17 décembre-5 janvier, samedi, dimanche

DURY – Somme (80) → Voir Amiens

EAUCOURT-SUR-SOMME

✉ 80580 – Somme – Carte régionale n° **14**–A1 – Carte Michelin 301-E7

Auberge du Moulin - Le Saltimbanque (N)

CUISINE MODERNE • CONVIVIAL XX Une adresse attachante, désormais tenue par un chef picard amoureux de son terroir. Le menu surprise, en cinq plats, met en avant des produits de l'agriculture raisonnée et des poissons de petite pêche. Les assiettes séduisent, on passe un agréable moment.

Menu 30 € (déjeuner), 45/55 €

1500 lieu-dit du Moulin – ✆ 03 22 27 08 94 – www.auberge-moulin-eaucourt.fr – Fermé lundi, mardi, dimanche soir

EAUZE

✉ 32800 - Gers - Carte régionale n° **22**-A2 - Carte Michelin 336-C6

La Vie en Rose

CUISINE TRADITIONNELLE • AUBERGE L'intérieur de ce restaurant a du charme et invite à apprécier, en toute sérénité, une cuisine mettant à l'honneur le terroir. Vins de Gascogne et accueil convivial.

Menu 15/49 € - Carte 43/53 €

26 rue Saint-July - ✆ 05 62 09 83 29 - www.restaurant-la-vie-en-rose.com - Fermé 12-25 juin, mardi soir, mercredi

EBERSMUNSTER

✉ 67600 - Bas-Rhin - Carte régionale n° **10**-C1 - Carte Michelin 315-J7

Restaurant des Deux Clefs

CUISINE TRADITIONNELLE • AUBERGE Ici, les poissons d'eau douce sont à l'honneur ; la grande spécialité de la maison est la matelote, que l'on déguste dans un restaurant au sobre décor alsacien, agrémenté d'une salle winstub. Versant sucré, ne manquez pas le Mont aux Amandes, cette fine pâte sablée recouverte d'une meringue aux amandes.

Menu 41 € - Carte 42/53 €

72 rue du Général-Leclerc - ✆ 03 88 85 71 55 - www.restaurantauxdeuxclefs.fr - Fermé 7-20 juillet, 24 décembre-11 janvier, lundi, mercredi

ÉCOLE-VALENTIN - Doubs (25) ➜ Voir Besançon

ÉCOUVIEZ

✉ 55600 - Meuse - Carte régionale n° **12**-A1 - Carte Michelin 307-D1

Les Épices Curiens

CUISINE MODERNE • SIMPLE En se baladant dans les parages, on passe facilement en Belgique sans s'en rendre compte... mais l'ancienne gare de ce village frontalier, transformée en un sympathique restaurant, saura vous retenir en France. On y déguste une cuisine inspirée et bien tournée, accompagnée de bons petits vins. Beaucoup de goût !

Spécialités : Focaccia de jambon de Bayonne, chèvre frais et betteraves. Entrecôte de veau aux baies de genièvre, purée aux cèpes. Brownies au chocolat, kalamansi et riz soufflé.

Menu 30 € (déjeuner), 33/54 € - Carte 58/72 €

3b place de la Gare - ✆ 03 29 86 84 58 - www.lesepicescuriens.com - Fermé 2-10 janvier, 14-24 avril, 17 août-4 septembre, 4-13 novembre, lundi soir, mardi soir, mercredi, dimanche soir

ÉCULLY - Rhône (69) ➜ Voir Lyon

EGUISHEIM

✉ 68420 - Haut-Rhin - Carte régionale n° **10**-C2 - Carte Michelin 315-H8

Au Vieux Porche

CUISINE TRADITIONNELLE • AUBERGE Cette demeure typique (1707) est installée sur le domaine viticole de la famille de la gérante. Son mari concocte de bons plats classiques et régionaux, mais il est également vigneron... Autant dire qu'on se délecte de bons vins locaux.

Menu 30/55 € - Carte 45/60 €

16 rue des Trois-Châteaux - ✆ 03 89 24 01 90 - www.auvieuxporche.fr - Fermé 15 février-10 mars, 28 juin-7 juillet, 12-20 novembre, mardi, mercredi

Le Pavillon Gourmand

CUISINE MODERNE • CONTEMPORAIN XX Cette maison de village (1683) offre un cadre lumineux mariant avec goût le cachet historique de la bâtisse à des notes plus contemporaines. On se régale d'une cuisine voguant entre recettes alsaciennes (tarte à l'oignon, choucroute, sandre soufflé au Riesling) et préparations plus actuelles. Les vins blancs du vignoble d'Eguisheim sont bien représentés, et la petite terrasse, fort appréciée l'été.

Menu 20€ (déjeuner), 25/48€ - Carte 30/55€

101 rue du Rempart-Sud - ✆ 03 89 24 36 88 - www.pavillon-gourmand.fr - Fermé 28 janvier-4 mars, 7-15 juillet, mardi, mercredi

ENGHIEN-LES-BAINS - Val-d'Oise (95) ➜ Voir Autour de Paris

ENSISHEIM

✉ 68190 - Haut-Rhin - Carte régionale n° **10**-A3 - Carte Michelin 315-I9

La Villa du Meunier

CUISINE TRADITIONNELLE • ÉLÉGANT XXX Imaginez une ancienne maison de meunier, authentique à souhait, dont l'une des salles abrite une très jolie cheminée... parfaite pour les repas d'hiver. Côté assiette, on savoure les bonnes recettes traditionnelles du chef, qui évoluent au rythme des saisons. Et l'été, on s'installe en terrasse !

Menu 24/68€ - Carte 34/62€

Le Domaine du Moulin, 44 rue de la Première-Armée - ✆ 03 89 81 15 10 - www.hotel-domainedumoulin-alsace.com - Fermé samedi midi

Le Domaine du Moulin

SPA ET BIEN-ÊTRE • ÉLÉGANT Le jardin, l'étang, la piscine et... cette grande maison récente et confortable, d'esprit alsacien, installée au cœur du village. Les chambres, spacieuses et confortables, se parent d'agréables touches contemporaines.

64 chambres - 119/250€ - 19€

44 rue de la Première-Armée - ✆ 03 89 83 42 39 - www.hotel-domainedumoulin-alsace.com

La Villa du Meunier - Voir la sélection des restaurants

ENTRAYGUES-SUR-TRUYÈRE

✉ 12140 - Aveyron - Carte régionale n° **22**-C1 - Carte Michelin 338-H3

Le Chou Rouge - Le Petit Chou

CUISINE MODERNE • BISTRO X Sur la place centrale de la ville, au rez-de-chaussée d'une bâtisse traditionnelle, ce petit bistrot "à la parisienne" - déco personnalisée, mobilier et objets chinés - propose une belle cuisine du marché, volontiers locavore. Tout, ou presque, est fait maison ! En prime, quatre jolies chambres pour l'étape.

Menu 34€

3-4 place de la République - ✆ 05 65 48 58 03 - www.lepetitchou.fr - Fermé 9 mars-3 avril, 28 septembre-9 octobre, lundi, mardi midi, mercredi midi, jeudi midi, vendredi midi, samedi midi, dimanche soir

ENTZHEIM - Bas-Rhin (67) ➜ Voir Strasbourg

ÉPENOUX - Haute-Saône (70) ➜ Voir Vesoul

ÉPERNAY

✉ 51200 - Marne - Carte régionale n° **11**-B2 - Carte Michelin 306-F8

Les Berceaux (Patrick Michelon)

CUISINE CLASSIQUE • ÉLÉGANT XXX Dans la capitale du champagne, cette table plutôt bourgeoise a su fidéliser une clientèle locale mais aussi les nombreux touristes venus visiter les caves des environs. On s'attable dans une salle cossue en deux parties dont le charme légèrement suranné associe sièges rouges, voilages bariolés, murs en fausse pierre et moquette en trompe-l'œil de parquet. Aux fourneaux, on trouve le chef Patrick Michelon. Alsacien d'origine formé notamment à l'Auberge de l'Ill, il cherche à faire ressortir le meilleur de la gastronomie champenoise dans une veine classique. Il choisit ses produits avec soin et régale ses convives avec un canard de Challans en trois façons, ou encore un turbot sauvage rôti, nappé de son excellent beurre au cidre de champagne.

Spécialités : Cuisine du marché.

Menu 51€ (déjeuner), 82/98€

13 rue des Berceaux – ✆ 03 26 55 28 84 – www.lesberceaux.com – Fermé 10 février-3 mars, 10-25 août, lundi, mardi

La Grillade Gourmande

GRILLADES • COSY XX Les spécialités de ce restaurant ? Pigeonneau désossé au foie gras en feuilleté, ris de veau à la bourgeoise, le tout préparé par un sympathique chef, Lyonnais d'origine. Côté décor : la sobriété et l'élégance priment. Aux beaux jours, on profite du jardin d'été.

Spécialités : Ecrasé de dos de cabillaud, lentillons champenois et julienne de chorizo. Suprême de poulet fermier farci aux morilles, sauce au vinaigre de Reims. Fraises au poivre noir, granité au champagne rosé.

Menu 33/59€ – Carte 45/68€

16 rue de Reims – ✆ 03 26 55 44 22 – www.lagrilladegourmande.com – Fermé 15 février-2 mars, 9 août-1er septembre, 20 décembre-1er janvier, lundi, dimanche

Le Théâtre

CUISINE TRADITIONNELLE • BRASSERIE XX Près du théâtre, le rideau s'ouvre sur l'une des plus anciennes brasseries d'Épernay – début du 20e s. –, tout en moulures et hauts plafonds. Derrière les fourneaux, le chef fait rimer tradition et produits de saisons, comme avec ce rognon de veau à la moutarde de Meaux, classique de la maison. Idéal pour se restaurer en évoquant la dernière pièce !

Spécialités : Terrine de canard aux légumes et morilles. Filet de lieu jaune et sa ratatouille. Moelleux au chocolat et compotée de griottes.

Menu 27€ (déjeuner), 33/54€

8 place Mendes-France – ✆ 03 26 58 88 19 – www.epernay-rest-letheatre.com – Fermé 20 février-5 mars, 12 juillet-3 août, 23-27 décembre, mardi soir, mercredi, dimanche soir

Cook'in

INFLUENCES ASIATIQUES • CONVIVIAL X Ce restaurant est le lieu de rencontre entre les univers français (lui, en cuisine) et thaïlandais (elle, en salle). Le résultat est une élégante cuisine fusion, réalisée avec de beaux produits – légumes de producteurs, poissons sauvages, viandes de la région –, à des tarifs plutôt imbattables. Goûtez au tournedos de bœuf mariné à la coriandre.

Spécialités : Tartare de bœuf aux parfums d'Isan. Blanquette de veau façon tom kha. Tartelette de fruits de saison.

Menu 22€ (déjeuner), 34/38€ – Carte 34/45€

18 rue Porte-Lucas – ✆ 03 26 54 89 80 – Fermé 15 août-1er septembre, lundi, samedi midi, dimanche

Bistrot le 7

CUISINE TRADITIONNELLE • BISTRO XX Aux Berceaux, il y a aussi l'option Bistrot ! Foie gras maison, sole meunière, escargots persillés, picatta de veau... le 7 ou la simplicité dans le raffinement. À noter également la belle sélection de champagnes.

Menu 38€ – Carte 58/67€

Les Berceaux, 13 rue des Berceaux – ✆ 03 26 55 28 84 – www.lesberceaux.com

La Table Kobus

CUISINE MODERNE • BRASSERIE XX Un sympathique restaurant décoré dans un esprit de brasserie à l'ancienne – sa façade date tout de même de 1900 –, où l'on déguste une cuisine moderne, épousant le rythme des saisons. Les Sparnaciens s'y précipitent.

Menu 28/65€

3 rue du Docteur-Rousseau – ✆ 03 26 51 53 53 – www.latablekobus.com – Fermé 13-20 avril, 2-24 août, 22 décembre-6 janvier, lundi, jeudi soir, dimanche soir

Symbiose N

CUISINE MODERNE • CONTEMPORAIN X Une cuisine moderne aux équilibres maîtrisés, avec des touches créatives et un goût pour les épices, sans oublier des présentations soignées : voici ce que vous réserve Symbiose ! Le couple aux commandes sait où il va, et le plaisir est là.

Menu 26€ (déjeuner), 42/53€

5 rue de Reims – ✆ 03 26 54 75 20 – www.symbiose-restaurant.com – Fermé 27 janvier-12 février, 31 août-23 septembre, mardi midi, mercredi midi

La Villa Eugène

LUXE • PERSONNALISÉ Cette belle demeure bourgeoise appartenait à un certain Eugène... Mercier, de la célèbre maison champenoise ! À méditer au bar à champagne, puis dans les chambres Louis XVI ou plus modernes. On prend son petit-déjeuner sous une jolie verrière, face à la piscine et au jardin.

15 chambres – 175/398€ – 21€

84 avenue de Champagne – ✆ 03 26 32 44 76 – www.villa-eugene.com – Fermé 26 janvier-6 février

Hôtel Jean Moët

URBAIN • CONTEMPORAIN Un bel hôtel particulier situé en plein centre d'Épernay, non loin du théâtre et du jardin de l'Hôtel-de-Ville, où l'on "bulle" avec plaisir dans des chambres raffinées et confortables. Leurs noms ? Jéroboam, Salmanazar... On ne se refait pas !

12 chambres – 140/230€ – 15€

7 rue Jean-Moet – ✆ 03 26 32 19 22 – www.hoteljeanmoet.com – Fermé 1er-16 janvier

à Avize 10 km au Sud - Est par D40 et D10 – Carte régionale n° **11**-B2

Les Avisés

CUISINE MODERNE • INTIME X Les avisés marqueront un arrêt au domaine Selosse. Stéphane Rossillon en cuisine, et sa femme au service, deux anciens de chez Anne-Sophie Pic, composent un menu unique, à base de produits sélectionnés, servis dans une charmante atmosphère "maison d'hôtes". Aux beaux jours, on profite de la grande terrasse... Carte des vins superbe.

Menu 42€ (déjeuner)/65€

59 rue de Cramant – ✆ 03 26 57 70 06 – www.selosse-lesavises.com – Fermé 25 février-4 mars, 4-19 août, 17 décembre-8 janvier, mardi, mercredi

Les Avisés

LUXE • PERSONNALISÉ Au cœur de la côte des Blancs, au sein d'une célèbre maison de champagne, une demeure confortable et élégante. Le must : une chambre avec vue sur le vignoble, et un détour par l'agréable espace bien-être !

10 chambres – 250/395€ – 20€

59 rue de Cramant – ✆ 03 26 57 70 06 – www.selosse-lesavises.com – Fermé 25 février-4 mars, 4-19 août, 17 décembre-8 janvier

Les Avisés – Voir la sélection des restaurants

à Dizy 3 km au Nord

La Table d'Annabelle

CUISINE MODERNE • CONTEMPORAIN XXX Au sein de l'hôtel Les Grains d'Argent, une cuisine dans l'air du temps ; telle est la combinaison gagnante de ce restaurant ! Une cuisine franche et enthousiaste, accompagnée à merveille par le champagne local. Ambiance conviviale et style bistronomique à la Cuisine de Clément. Chambres agréables, dont certaines donnent sur le vignoble.

Menu 38 € (déjeuner), 76/104 €

Les Grains d'Argent, 1 allée du Petit-Bois – ✆ 03 26 55 76 28 – www.lesgrainsdargent.fr – Fermé 21 décembre-14 janvier, lundi, dimanche

à Vinay 6 km au Sud - Ouest par D40 et D951 – Carte régionale n° **11**-B2

Hostellerie La Briqueterie

CUISINE MODERNE • CLASSIQUE XXX À la sortie d'Épernay, sur la route de Sézanne, arrêtez-vous dans ce restaurant au cœur des vignes. Dans un décor cossu, on apprécie la cuisine gastronomique du chef Thomas Debouzy, réalisée à partir de produits nobles (homard, ris de veau). Belle de carte de champagnes.

Menu 40 € (déjeuner), 65/120 € – Carte 97/116 €

4 route de Sézanne – ✆ 03 26 59 99 99 – www.labriqueterie.fr – Fermé 13-29 décembre, samedi midi

Hostellerie La Briqueterie

LUXE • PERSONNALISÉ Un havre de paix raffiné et cosy au cœur du vignoble ! Au salon, l'ambiance est feutrée, presque "british", parfait pour déguster une coupe de champagne en toute tranquillité. Dans les chambres, teintes douces et belles matières... pour faire de beaux rêves.

40 chambres – 210/480 € – 25 €

4 route de Sézanne – ✆ 03 26 59 99 99 – www.labriqueterie.fr – Fermé 13-29 décembre

Hostellerie La Briqueterie – Voir la sélection des restaurants

ÉPINAL

88000 – Vosges – Carte régionale n° **12**-C3 – Carte Michelin 314-G3

Les Ducs de Lorraine (Stéphane Ringer et Rémi Gornet)

CUISINE MODERNE • ÉLÉGANT XXX Au cœur de la capitale des Vosges, trois ducs associés – Stéphane Ringer et Rémi Gornet, les deux chefs, et Antoine Lecomte – règnent dans ce beau manoir de style Tudor où hauts plafonds, vitraux, bois nobles et stucs chatoient de concert pour offrir un moment d'exception. Quatre mains exécutent une cuisine fine et créative basée sur de très beaux produits – homard, langoustines, coquilles Saint-Jacques, caviar, ris de veau – et des cuissons impeccables. Final en beauté avec un délicieux chariot de desserts (dont un superbe gâteau au chocolat noir intense et biscuit légèrement imbibé au whisky). Rien de figé en cette table renommée, mais un travail de qualité, repas après repas.

Spécialités : Variation de foie gras de canard. Déclinaison autour du pigeon, jus au vieux porto. Soufflé aux mirabelles, coulis et sorbet.

Menu 47/115 € – Carte 110/155 €

5 avenue de Provence – ✆ 03 29 29 56 00 – www.restaurant-ducsdelorraine.com – Fermé 1er-10 janvier, 27 avril-3 mai, 27 juillet-18 août, lundi, dimanche

In Extremis

CUISINE MODERNE • ÉPURÉ X Excellente surprise que ce petit restaurant de poche (18 couverts à peine) déniché *in extremis* sur une petite place au pied de la basilique St-Maurice. Le jeune chef, Nicolas Grandclaude, y compose une carte concise avec des plats tout en finesse et en subtilité, qui magnifient de bons produits de saison.

Spécialités : Quasi de veau version tartare, passion, café, noisettes et vieux comté. Mijoté de haricots blancs au lomo serrano, poulpe grillé, jeunes courgettes, poivrons-anchois. Blanc-manger au lait d'amandes vanillé, fruits rouges de saison.

Menu 25 € (déjeuner), 33/51 € – Carte 50/59 €

7 place de l'Atre – ✆ 03 29 35 46 41 – www.restaurant-inextremis.com – Fermé lundi, mardi midi, dimanche

à la Baffe 10 km à l'Est par D11

La Grange Obriot

CUISINE DE SAISON · MAISON DE CAMPAGNE X Cette maison de campagne, tout à la fois table d'hôtes et auberge campagnarde, avec son décor de pierres et de bois, est l'adresse de Claudy Obriot, chef bien connu des Vosgiens. Au menu : cuisine de grand-mère et terroir. Simple, goûteux et sans chichis.

Menu 27/33 €

64 rue de la Passée – ✆ 03 29 30 84 46 – lagrangeobriot.com – Fermé 24 février-3 mars, 14-20 avril, 28 juillet-17 août, 2-9 novembre, lundi, mardi soir, mercredi soir, jeudi soir, samedi, dimanche

à Chaumousey 10 km à l'Ouest par D460

Le Calmosien

CUISINE TRADITIONNELLE · ÉLÉGANT XX A deux pas de l'église de ce village vosgien – la campagne à 10 min d'Épinal –, une jolie maison de maître dont l'intérieur classique est parsemé de touches plus modernes. Quant à la cuisine, elle est de facture traditionnelle : sole meunière, carré d'agneau au thym, tarte fine aux pommes... Service convivial.

Menu 25/65 € – Carte 45/65 €

37 rue d'Épinal – ✆ 03 29 66 80 77 – www.calmosien.com – Fermé 1er-10 août, lundi, dimanche soir

à Golbey 3,4 km au Nord

La Canaille

CUISINE MODERNE · CONVIVIAL X Un vent nouveau souffle à Epinal. Ce jeune chef propose une carte (très) courte, autour d'une cuisine du marché dans l'air du temps, qui veille à utiliser de bons produits - ainsi ces aiguillettes de barbue, mousseline de chou-fleur, et jeunes pousses. La relève est assurée.

Menu 24 € (déjeuner), 33/60 € – Carte 52/55 €

65 rue du Général-Leclerc – ✆ 03 29 65 32 29 – www.lacanaille-restaurant.fr – Fermé 1er-14 janvier, 28 juillet-10 août, lundi, dimanche

L'ÉPINE - Marne (51) ➜ Voir Châlons-sur-Saône

ERBALUNGA - Haute-Corse (2B) ➜ Voir Corse

ESPALION

✉ 12500 – Aveyron – Carte régionale n° **22**-D1 – Carte Michelin 338-I3

La Tour

CUISINE CRÉATIVE · ÉLÉGANT XX Au rez-de-chaussée, les plats de bistrot sont à l'honneur, tandis que la table gastronomique se trouve à l'étage. Là-haut, le chef réalise une cuisine volontiers créative, dans laquelle les saveurs sont au rendez-vous. Le tout dans un cadre élégant, propice à la gourmandise...

Menu 39/59 €

3 place St-Georges – ✆ 05 65 44 03 30 – www.restaurant-la-tour.fr – Fermé 12 janvier-4 février, lundi, mardi, mercredi midi

ESPALY-ST-MARCEL - Haute-Loire (43) ➜ Voir Puy-en-Velay

ESPELETTE

✉ 64250 – Pyrénées-Atlantiques – Carte régionale n° **18**–A3 – Carte Michelin 342-D2

✿ Choko Ona Ⓝ (Clément Guillemot)

CUISINE MODERNE • CONTEMPORAIN XX Quel bonheur de voir cette hostellerie longtemps fermée s'offrir une nouvelle jeunesse, grâce à l'enthousiasme d'un jeune couple originaire du village ! Clément et Flora se sont connus à l'Hostellerie de Plaisance, à Saint-Émilion, et leur complicité est évidente. Le chef concocte une cuisine contemporaine, fine et subtile, aux produits sourcés au plus près d'Espelette ; ainsi l'excellent pigeonneau rôti, très rosé, à la chair fondante, ou le maigre, cèpes, potimarron, feuille de piment, jusqu'aux framboises infusées à la fleur d'hibiscus. Deux menus sont déclinés en fonction de votre appétit. Une table délicieuse à tous points de vue.

Spécialités : Pied de cochon et jambon Ibaiama et bouillon au curry rouge. Poisson du moment, champignon farci et sauce au café. Version "Choko Ona" du tiramisu.

Menu 25 € (déjeuner), 45/65 €

155 rue Xerrendako-Bidea – ✆ 05 59 15 71 65 – www.choko-ona.fr –
Fermé 6-21 janvier, lundi, dimanche

ÉTAMPES

✉ 91150 – Essonne – Carte régionale n° **15**–B3 – Carte Michelin 312-B5

à Boutervilliers 9 km à l'Ouest par D191

Le Bouche à Oreille

CUISINE MODERNE • ÉLÉGANT XXX Un intérieur moderne, dont les murs portent de beaux épis de blé en hommage à la campagne environnante... Et des assiettes, qui mettent en valeur de beaux produits.

Menu 30 € (déjeuner), 40/54 € – Carte 60/100 €

11 rue de la Chapelle – ✆ 01 64 95 69 50 – www.bao-restaurant.fr –
Fermé 2-10 janvier, lundi soir, dimanche soir

ÉTOGES

✉ 51270 – Marne – Carte régionale n° **11**–B2 – Carte Michelin 306-F9

Le Château d'Étoges

CUISINE MODERNE • ÉLÉGANT XXX Au programme de l'Orangerie du château, une jolie cuisine mettant à l'honneur les produits de la région. Tout ici fait plaisir à voir : l'implication du chef et de son équipe, l'élégante salle, la jolie sélection de vins et champagnes...

Menu 45/80 € – Carte 72/86 €

4 rue Richebourg – ✆ 03 26 59 30 08 – www.etoges.com –
Fermé 22 janvier-13 février, lundi midi, mardi midi, mercredi midi, jeudi midi, vendredi midi

Le Château d'Étoges

DEMEURE HISTORIQUE • PERSONNALISÉ Vivez la vie de château... au moins pour quelques nuits ! Ce château familial du 17e s., lové au sein d'un parc aux arbres centenaires, dévoile de vastes intérieurs au charme désuet. Les chambres, avec leurs lits à baldaquins, sont meublées avec goût ; on profite d'un agréable spa.

28 chambres – 108/320 € – 20 € – 1 suite

4 rue Richebourg – ✆ 03 26 59 30 08 – www.etoges.com –
Fermé 22 janvier-13 février

Le Château d'Étoges – Voir la sélection des restaurants

ÉTOUY – Oise (60) → Voir Clermont

ÉTRETAT

✉ 76790 – Seine-Maritime – Carte régionale n° **17**–C1 – Carte Michelin 304-B3

Le Donjon - Domaine Saint-Clair

CUISINE MODERNE • ÉLÉGANT XXX Au cœur de son élégant manoir normand, se cache ce restaurant à la cuisine soignée et généreuse, tournée vers la mer. C'est à la criée de Fécamp que s'imagine la carte, entre coques, homard, oursins et Saint-Jacques. On s'en délecte notamment dans une salle à manger un brin déjantée, décorée d'une fresque par Jean-Charles de Castelbajac, avec Etretat et ses falaises en point d'horizon.

Menu 35/85 € – Carte 60/125 €

chemin de St-Clair – ✆ 02 35 27 08 23 – www.hoteletretat.com – Fermé 6 janvier-4 février, lundi, mardi, mercredi midi, jeudi midi, vendredi midi

Dormy House

MAISON DE MAÎTRE • ÉLÉGANT Une situation idyllique : à flanc de falaise, cette demeure de charme domine Étretat et la falaise d'Amont... Les chambres, élégantes, se répartissent entre la villa de 1850 et plusieurs dépendances. Dans le jardin, la vue à travers les pins se révèle poétique tandis que résonnent, au loin, les rumeurs de la plage.

58 chambres – 120/225 € – 18 € – 3 suites

route du Havre – ✆ 02 35 27 07 88 – www.dormy-house.com – Fermé 6 janvier-3 février

Le Donjon - Domaine Saint-Clair

DEMEURE HISTORIQUE • PERSONNALISÉ Sur les hauteurs, à l'issue d'un chemin tortueux, un lieu à part, où l'on renoue avec les plaisirs de la Belle Époque... Le domaine réunit un castel et une villa : autant d'espaces intimes et charmants, décorés dans un esprit baroque, canaille ou moderne ! Les échappées sur la côte invitent, elles, à la contemplation...

25 chambres – 90/270 € – 15 €

chemin de St-Clair – ✆ 02 35 27 08 23 – www.hoteletretat.com

Le Donjon - Domaine Saint-Clair – Voir la sélection des restaurants

ÉTUPES – Doubs (25) ➜ Voir Sochaux

EUGÉNIE-LES-BAINS

✉ 40320 – Landes – Carte régionale n° **18**–B3 – Carte Michelin 335-I12

✿✿✿ Les Prés d'Eugénie - Michel Guérard

CUISINE CLASSIQUE • ÉLÉGANT XXXXX Certains chefs doivent autant leur réputation à leur travail en cuisine qu'à leurs qualités humaines : Michel Guérard est de ceux-là. Considéré comme l'un des précurseurs de la Nouvelle Cuisine, admiré par ses pairs dans le monde entier, il continue de travailler avec la même passion et le même dévouement. Aux Prés d'Eugénie, l'expérience est totale : cadre enchanteur – une magnifique demeure au cœur d'un parc verdoyant –, service attentif au moindre détail... et surtout, cuisine en tous points exceptionnelle. On retrouve dans l'assiette tout l'héritage du chef Guérard : la veine naturaliste, bien sûr, une légèreté jamais prise en défaut, et cette capacité à marier les saveurs les plus diverses avec justesse, à la façon des instruments de l'orchestre.

Spécialités : Caviar glacé à la russe, brioche d'agrumes et velouté soyeux. Canard laqué "Vasco de Gama" et soufflé d'oranges aux cacahouètes. Feuilleté croquant au chocolat salé-poivré, sabayon d'endive caramélisée.

Menu 139/260 € – Carte 160/195 €

Les Prés d'Eugénie, place de l'Impératrice – ✆ 05 58 05 06 07 – lespresdeugenie.com – Fermé 6 janvier-12 mars, 30 novembre-17 décembre, lundi, mardi

La Ferme aux Grives

CUISINE TRADITIONNELLE • AUBERGE XX Cette vieille auberge de village a retrouvé ses couleurs d'antan. Jardin potager, vieilles poutres et tomettes... Un cadre idéal pour savourer une cuisine du terroir joliment ressuscitée. Suites exquises, pour des nuits paisibles.

Menu 52€

place de l'Impératrice – ✆ 05 58 05 05 06 – lespresdeugenie.com – Fermé 6 janvier-13 février, 30 novembre-17 décembre, mercredi, jeudi midi, dimanche soir

Les Prés d'Eugénie

GRAND LUXE • HISTORIQUE Les Prés du bonheur ! Loin d'être le simple écrin hôtelier de la célèbre table de Michel Guérard, cette demeure du 19e s., ainsi que ses annexes – le Couvent des Herbes et la "ferme thermale" –, dessinent un havre de charme, mêlant intimement raffinement et goût de la nature, plaisir et forme. Un lieu magique et hors du temps...

30 chambres – 250/830€ – 35€ – 15 suites

place de l'Impératrice – ✆ 05 58 05 06 07 – lespresdeugenie.com – Fermé 5 janvier-13 février, 29 novembre-18 décembre

Les Prés d'Eugénie - Michel Guérard – Voir la sélection des restaurants

La Maison Rose

MAISON DE CAMPAGNE • COSY À côté des thermes, cette maison à la façade rose a des allures de guesthouse ! Entièrement rénovée, elle arbore une décoration d'inspiration champêtre (cannage, bois blond), et accueille ses hôtes dans des chambres confortables et bien tenues.

36 chambres – 160/250€ – 20€

place de l'Impératrice – ✆ 05 58 05 06 07 – lespresdeugenie.com – Fermé 1er décembre-22 février

ÉVIAN-LES-BAINS

✉ 74500 – Haute-Savoie – Carte régionale n° **4**-F1 – Carte Michelin 328-M2

Les Fresques

CUISINE MODERNE • LUXE XXXX Installez-vous dans la majestueuse salle à manger de ce luxueux palace pour profiter des fresques Art Nouveau de Gustave Jaulmes. Le spectacle se déroule aussi dans l'assiette. Ici se déguste le meilleur du terroir Rhône-alpin, travaillé avec finesse et précision : poularde de Bresse au vin jaune, pêche du Léman selon arrivage (omble chevalier, perche etc.), filet de bœuf d'abondance fumé au foin d'alpage... Humble et passionné, le chef Patrice Vander ne propose que des produits nobles. L'atmosphère, exclusive et raffinée, comme le service, très attentif, contribue à ancrer cette expérience dans les mémoires.

Spécialités : Écrevisses du lac Léman, royale de foie gras, écume à la verveine. Suprême de poularde de Bresse clouté au foie gras, fines herbes et vin jaune. Soufflé chaud à la griotte et liqueur de kirsch.

Menu 80/140€ – Carte 90/110€

Royal, 13 avenue des Mateirons – ✆ 04 50 26 85 00 – www.evianresort.com – Fermé lundi, mardi midi, mercredi midi, jeudi midi, vendredi midi, samedi midi, dimanche

Le Muratore

CUISINE TRADITIONNELLE • HISTORIQUE X M. Muratore, liquoriste et confiseur, a donné son nom à cette maison lors de sa fondation en 1870. Dans un décor Belle Époque, on trouve aujourd'hui le sympathique Marc Serres, qui propose une cuisine réjouissante avec une bonne place faite aux poissons du lac (féra et perche, entre autres). Enfin, n'oublions pas la ravissante terrasse sous un vieux tilleul...

Spécialités : Escargots gratinés façon Robert Blanc. Fine mousseline de poissons sauvages du Léman, sauce homardine. Mousse au chocolat et poire pochée à la vanille.

Menu 34€ – Carte 41/71€

8 place du Docteur-Jean-Bernex – ✆ 04 50 92 82 49 – www.muratore-restaurant-evian.com – Fermé 1er novembre-11 décembre, lundi, dimanche soir

La Verniaz

CUISINE TRADITIONNELLE • CLASSIQUE XXX Située sur les hauts d'Evian, cette hostellerie centenaire à l'atmosphère authentique a bénéficié de l'enthousiasme du chef Stéphane Coffy, qui propose une cuisine classique à l'esthétisme raffiné, rehaussé d'une touche créative. Ainsi la poularde de Bresse contisée à la truffe, sauce albufera et crozets ou le ris de veau coloré et croustillant, éclaté de polenta et onctueux de céleri. Savoureux.

Menu 40 € (déjeuner), 48/80 € – Carte 66/110 €

1417 avenue du Léman, à Neuvecelle – ✆ 04 50 75 04 90 – www.verniaz.com – Fermé 5-31 janvier, 2 novembre-4 décembre, lundi, mardi, dimanche soir

Au Jardin d'Eden

CUISINE TRADITIONNELLE • BISTRO X À l'entrée de la ville, cette table réunit bien des qualités : un chef-patron au beau parcours – dont 15 ans passés au Grand Véfour –, un retour aux sources à Évian (sans jeu de mots), une cuisine généreuse et attentive aux saisons. Fricassée de ris de veau aux champignons, onglet de veau poêlé aux aromates et citron confit...

Menu 20 € (déjeuner), 35/57 € – Carte 47/62 €

1 avenue Général-Dupas – ✆ 04 50 38 62 26 – www.jardin-eden-evian.com – Fermé 13-19 avril, 15 juin-5 juillet, 16-22 novembre, lundi, mardi midi, dimanche soir

Royal

PALACE • HISTORIQUE Ce luxueux palace né en 1909, véritable mythe, a fait peau neuve pour retrouver l'esprit villégiature des années 1930, cet art de vivre à la française, entre fresques et coupole. Son splendide parc, sa vue imparable sur le lac et les montagnes, ont un goût d'éternité !

118 chambres – 👥 264/1710 € – ☕ 38 € – 32 suites

13 avenue des Mateirons – ✆ 04 50 26 85 00 – www.evianresort.com

✿ **Les Fresques** – Voir la sélection des restaurants

Ermitage

LUXE • ÉLÉGANT C'est une belle et grande maison, blottie dans un écrin de verdure sur les hauteurs du lac Léman. À l'intérieur, le style épuré joue des matériaux naturels (bois précieux, ardoise, galets, etc.) dans un esprit chic décontracté. Côté papilles, La Table propose une cuisine aux influences méditerranéennes.

80 chambres – 👥 152/730 € – ☕ 30 € – 6 suites

1230 avenue du Léman – ✆ 04 50 26 85 00 – www.hotel-ermitage-evian.com – Fermé 4 novembre-20 décembre

Hilton

SPA ET BIEN-ÊTRE • CONTEMPORAIN Un bâtiment imposant, au cadre design et ultracontemporain. La majorité des chambres disposent d'un balcon face au lac. Un endroit parfait pour le farniente chic, avec en prime une belle piscine et un superbe espace fitness.

165 chambres – 👥 139/516 € – ☕ 20 € – 5 suites

53 quai Paul-Léger – ✆ 04 50 84 60 00 – www.evianlesbains.hilton.com

à Maxilly-sur-Léman 4 km à l'Est par D1005 – Carte régionale n° **4**-F1

Chez Mathilde

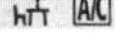

CUISINE MODERNE • CONVIVIAL X Mathilde est la fille du célèbre pêcheur du Léman, Eric Jacquier. La voilà installée dans ce lumineux petit restaurant de centre du village avec comptoir en béton, luminaires décalés et mobilier bistrot en bois clair. Elle propose une petite ardoise à son image : spontanée, ludique et intuitive. Fort sympathique.

Carte 42/60 €

97 route de Lugrin – ✆ 04 50 74 36 31 – www.restaurant-chez-mathilde.com – Fermé 1er-30 novembre, lundi, mardi

ÉVREUX

✉ 27000 – Eure – Carte régionale n° **17**–D2 – Carte Michelin 304-G7

La Gazette

CUISINE MODERNE • CONTEMPORAIN XX Une valeur sûre que ce restaurant dont le décor mêle harmonieusement le contemporain et l'ancien, entre teintes claires et poutres centenaires... Aux fourneaux, Xavier Buzieux s'attache à mettre en valeur les petits producteurs locaux et à suivre les saisons. De quoi faire parler les gazettes !

Spécialités : Tartelette champignons, œuf poché. Charlotte de volaille aux aubergines. "Profruiterolles".

Menu 26/54 €

7 rue St-Sauveur – ✆ 02 32 33 43 40 – www.restaurant-lagazette.fr – Fermé 1er-25 août, lundi, samedi midi, dimanche

EYBENS – Isère (38) → Voir Grenoble

EYGALIÈRES

✉ 13810 – Bouches-du-Rhône – Carte régionale n° **25**–E1 – Carte Michelin 340-E3

Maison Hache (N) (Christopher Hache)

CUISINE PROVENÇALE • COSY XX Christopher Hache est enfin chez lui. Sa cuisine n'a rien de celle d'un palace et c'est bien comme ça. Loin du Crillon et des grandes tables parisiennes qu'il connaît sur le bout de la toque, le chef compose un hommage savoureux à la Provence et aux Alpilles. En témoignent, dans le désordre, une sélection rigoureuse de fruits et légumes, l'agneau et les vins du terroir : on privilégie ici la proximité, les produits et producteurs du cru. Quant aux assiettes, elles sont simples dans la forme, brutes, à l'image des saveurs qui s'en dégagent, franches et pures (dont le superbe jus d'agneau), sans détours ni chichis. Ajoutons à ce tableau un cadre chic, une carte des vins inspirée, ainsi que des chambres de grand confort à l'étage. En somme : une excellente adresse.

Spécialités : Huître de Camargue grillée, artichaut en barigoule. Agneau des Alpilles, aubergines confites et sarriette. Soufflé au chocolat noir glace au thym.

Menu 36 € (déjeuner), 75/120 €

30 rue de la République – ✆ 04 90 95 00 04 – www.maisonhache.com – Fermé 1er janvier-27 février, lundi

Bistrot l'Aubergine

CUISINE MODERNE • BISTRO X Un patron gouailleur, une cuisine aux couleurs du sud, de nombreux produits de qualité (beaucoup en provenance d'Italie) cuisinés sans chichis : on aime cette Aubergine pour sa simplicité assumée, et l'attention apportée aux goûts. Attention, carte réduite au déjeuner l'été, avec de copieuses salades... mais une belle terrasse.

Carte 34/70 €

avenue Jean-Jaurès – ✆ 04 90 95 98 89 – www.laubergine-eygalieres.com – Fermé 1er janvier-14 mars, mercredi

EYMET

✉ 24500 – Dordogne – Carte régionale n° **18**–C2 – Carte Michelin 329-D8

La Cour d'Eymet

CUISINE CLASSIQUE • BOURGEOIS XX Sur la rue principale du bourg, une maison de style régional, flanquée d'une petite cour où l'on dresse quelques tables aux beaux jours. Les gourmands s'y régalent d'une cuisine soignée à base d'excellents produits. Enfin, le tout est accompagné de bons petits vins du pays.

Menu 36 € (déjeuner)/50 € – Carte 55/70 €

32 boulevard National – ✆ 05 53 22 72 83 – Fermé mercredi, dimanche soir

EYRAGUES – Bouches-du-Rhône (13) → Voir St-Rémy-de-Provence

LES EYZIES-DE-TAYAC

24620 – Dordogne – Carte régionale n° **18**–C3 – Carte Michelin 329-H6

Le Bistro des Glycines

CUISINE MODERNE • CONTEMPORAIN L'un des atouts indéniables de cet excellent hôtel : son bistrot ! Dans la jolie salle en véranda, joliment décorée (tables en bois brut, chaises de style "shaker"...), on se régale de plats dans l'air du temps, à bon rapport qualité-prix : œuf bio cuit en cocotte, tomates du potager, oignons et jambon noir de Bigorre... Miam.

Spécialités : Galantine de poulet fermier farcie au foie gras, cèpes et noix. Filet de cabillaud rôti, courgettes du potager. Baba mojito, ananas confit.

Menu 19 € (déjeuner), 33/45 € – Carte 33/45 €

Hôtel Les Glycines, 4 avenue de Laugerie – 05 53 06 97 07 – www.les-glycines-dordogne.com – Fermé 15 novembre-28 décembre, dimanche soir

Le 1862

CUISINE MODERNE • CONTEMPORAIN Des assiettes colorées et originales, aux cuissons impeccables et réalisées avec des produits de qualité, dont les légumes du potager : voici ce qui vous attend au 1862, la table principale de l'hôtel Les Glycines. Un exemple ? Ce foie gras de canard du Périgord, confit aux fraises, rhubarbe du jardin et hibiscus...

Menu 65/110 € – Carte 65/83 €

Hôtel Les Glycines, 4 avenue de Laugerie – 05 53 06 97 07 – www.les-glycines-dordogne.com – Fermé 15 novembre-28 décembre, lundi midi, mardi midi, mercredi midi, jeudi midi, vendredi midi, samedi midi, dimanche midi

Les Glycines

TRADITIONNEL • CONTEMPORAIN Cet ancien relais de poste au bord de la Vézère embaume la nature avec son parc, sa tonnelle de glycine et son potager. Les chambres se révèlent charmantes et confortables, en particulier les junior suites et les "écolodges". Espace bien-être et salle de soins.

25 chambres – 145/365 € – 17 €

4 avenue de Laugerie – 05 53 06 97 07 – www.les-glycines-dordogne.com – Fermé 15 novembre-28 décembre

Le 1862 • **Le Bistro des Glycines** – Voir la sélection des restaurants

ÈZE

06360 – Alpes-Maritimes – Carte régionale n° **25**–E2 – Carte Michelin 341-F5

La Chèvre d'Or

CUISINE CRÉATIVE • LUXE Ce qui frappe en arrivant au Château de la Chèvre d'Or, c'est sa situation d'exception : niché sur les hauteurs d'un village médiéval à flanc de rocher, l'établissement offre une vue renversante sur l'arrière-pays azuréen et sur les reflets enchanteurs de la Méditerranée. Si ce n'est pas le paradis, ça y ressemble ! Une fois remis de cette "claque" visuelle, place à table : là encore, l'enthousiasme est de mise. Avec les trésors dénichés alentour (poissons de la pêche, viandes et légumes, huile d'olive, herbes...) et tout le talent qu'on lui connaît, Arnaud Faye (MOF 2018) se fend d'assiettes harmonieuses et précises. Un exemple ? Ce lapin au poulpe fumé, blette et champignons des bois, jus d'herbes des falaises... un plat de saveurs, de réflexion, d'émotion : irrésistible, tout simplement.

Spécialités : Melon rôti sans cuisson, homard fumé à l'hysope, barbajuan des pinces. Lapin, poulpe fumé, aubergines et girolles, jus aux herbes. Vision d'un citron de pays.

Menu 90 € (déjeuner), 220/260 € – Carte 180/250 €

Château de la Chèvre d'Or, rue du Barri (accès piétonnier) – 04 92 10 66 61 – www.chevredor.com – Fermé 4 novembre-5 mars

Château Eza

CUISINE MODERNE • ROMANTIQUE XXX Évidemment, il y a le panorama éblouissant, ces variations du paysage en contrebas, le massif qui plonge ses forêts de pins dans la Méditerranée. Mais il y a aussi une cuisine moderne, à base de produits de la région ou du Sud-Ouest (région où le chef a débuté sa carrière) matinée de saveurs méditerranéennes... et la vue depuis la terrasse, à couper le souffle, mais pas l'appétit !

Menu 55 € (déjeuner)/125 € – Carte 80/150 €

rue de la Pise (accès piétonnier) – 04 93 41 12 24 – www.chateaueza.com – Fermé 1er novembre-20 décembre

Les Remparts

CUISINE PROVENÇALE • ROMANTIQUE XX Une cuisine méridionale chic, servie le midi en saison sur une terrasse sublime, posée en bordure de falaise et offrant une vue magique sur la Grande Bleue, St-Jean-Cap-Ferrat, la baie des Anges.

Carte 59/132 €

Château de la Chèvre d'Or, rue du Barri (accès piétonnier) – 04 92 10 66 61 – www.chevredor.com – Fermé 31 octobre-4 avril

Château de la Chèvre d'Or

DEMEURE HISTORIQUE • ÉLÉGANT Exceptionnel, divin, enchanteur... Un îlot céleste, agrippé aux rochers en surplomb de la Méditerranée. La plupart des chambres, disséminées dans le village, jouissent d'une vue splendide, tout comme les restaurants. Un petit paradis sur terre... au-dessus de la mer !

34 chambres – 310/1100 € – 35 € – 10 suites

rue du Barri (accès piétonnier) – 04 92 10 66 66 – www.chevredor.com – Fermé 3 novembre-6 mars

La Chèvre d'Or • **Les Remparts** – Voir la sélection des restaurants

Château Eza

DEMEURE HISTORIQUE • ÉLÉGANT Dans cette demeure du 14e s. perchée entre ciel et mer, la vue sur la côte est littéralement... époustouflante ! Quant à la décoration des chambres, elle mêle charme des pierres anciennes et raffinement contemporain : c'est élégant et subtil. Et l'on vit le mythe de la Riviera...

9 chambres – 200/1200 € – 30 € – 5 suites

rue de la Pise (accès piétonnier) – 04 93 41 12 24 – www.chateaueza.com – Fermé 1er novembre-20 décembre

Château Eza – Voir la sélection des restaurants

Les Terrasses d'Eze N

TRADITIONNEL • CONTEMPORAIN Les chambres, dans des tons blanc et bleu, ont toute une terrasse face à la mer : quelle vue époustouflante ! Pour le reste, le confort est total : piscine à débordement, parcours de bien-être avec diverses étapes (hammam, sauna, *ice fall*), courts de tennis et fitness...

85 chambres – 180/350 € – 20 € – 2 suites

1138 route de la Turbie – 04 93 29 80 68 – www.hotel-terrasses-deze.com

ÈZE-BORD-DE-MER

06360 – Alpes-Maritimes – Carte régionale n° **25**-E2 – Carte Michelin 341-F5

La Table de Patrick Raingeard

CUISINE CRÉATIVE • LUXE XXX Dans le cadre luxueux de l'hôtel Cap Estel, on franchit un lobby de marbre avant de descendre quelques marches pour arriver sur une terrasse avec la mer en toile de fond. L'art du chef Patrick Raingeard s'y épanouit au gré d'un bel hommage à la Méditerranée... Formé par Alain Passard et Jacques Maximin notamment, ce cuisinier voue un profond respect à la qualité des produits. Il défend également une pêche durable soucieuse de la préservation des ressources halieutiques. Une pointe d'inventivité rehausse toujours l'ensemble de ses assiettes particulièrement soignées. Tout ici est idyllique et confidentiel à l'image de ce grand portail à l'enseigne discrète qui ouvre sur un chemin dérobé...

Spécialités : Salade de pigeon du Lauragais et jus de persil, sésame et champignons. Lotte de méditerranée aux kumquats et hysope, risotto de courge de Nice au curcuma. Fraises de Carros, géranium, rhubarbe et glace au yaourt.

Menu 59 € (déjeuner), 130/170 € – Carte 123/159 €

Cap Estel, 1312 avenue Raymond-Poincaré – ✆ 04 93 76 29 29 – www.capestel.com – Fermé 31 octobre-15 avril, dimanche midi

Cap Estel

GRAND LUXE · ÉLÉGANT Sur une presqu'île privée, cette villa enchanteresse, construite par un prince russe à la fin du 19ᵉ s, cultive l'art du luxe discret. Ses salons magnifiques, ses chambres et suites somptueuses, son spa, son parc et sa piscine à débordement au-dessus de la mer... tout invite à un séjour de rêve, à l'abri des regards.

18 suites – 2090/12220 € – 10 chambres

1312 avenue Raymond Poincaré – ✆ 04 93 76 29 29 – www.capestel.com – Fermé 31 octobre-15 avril

La Table de Patrick Raingeard – Voir la sélection des restaurants

FALAISE

14700 – Calvados – Carte régionale n° **17**-B2 – Carte Michelin 303-K6

Ô Saveurs

CUISINE MODERNE · CLASSIQUE XX Cette adresse fait le bonheur des habitués, et pour cause : le jeune chef-patron signe une cuisine délicate et colorée, respectant le produit et utilisant au maximum les herbes de la région... Pour un résultat goûteux et maîtrisé ! Quelques chambres sobres et bien tenues pour l'étape.

Spécialités : Cannelloni de saumon et haddock. Dos de cabillaud bien épais, céleri et "kasha" façon risotto. Tarte citron, yuzu et kalamansi en sphère cassante.

Menu 22/55 € – Carte 40/61 €

38 rue Georges-Clemenceau – ✆ 02 31 90 13 14 – Fermé lundi, samedi midi, dimanche soir

FARROU – Aveyron (12) → Voir Villefranche-de-Rouergue

LA FAUCILLE (COL DE) – Ain (01) → Voir Col de la Faucille

FAUGÈRES

07230 – Ardèche – Carte régionale n° **2**-A3 – Carte Michelin 331-G7

Domaine de Chalvêches

LUXE · PERSONNALISÉ Ceux qui recherchent le silence et la nature adoreront cet hôtel moderne dont les chambres, disséminées dans le jardin, allient luxe et personnalisation. L'un des atouts de l'établissement est son exceptionnelle piscine, avec une superbe vue sur les bois et les collines alentours...

8 chambres – 205/455 € – 19 € – 5 suites

Domaine de Chalvêche – ✆ 04 75 35 76 16 – www.domaine-chalveches.fr – Fermé 15 décembre-15 janvier

FAULQUEMONT

57380 – Moselle – Carte régionale n° **12**-C1 – Carte Michelin 307-K4

Toya (Loïc Villemin)

CUISINE CRÉATIVE · ÉPURÉ XXX Tōya ? Un célèbre lac volcanique au nord du Japon, au cœur du parc national de Shikotsu-Tōya. Aux yeux du jeune chef globe-trotter Loïc Villemin, cette région est en quelque sorte l'Éden de la gastronomie. Poissons, plantes et herbes sauvages y abondent, tandis qu'on y pratique l'élevage extensif et un maraîchage de qualité. De quoi inspirer cette table zen (ouverte sur la verdure d'un golf) et branchée "nature" ! Notre aspirant moine bouddhiste a fait retraite dans les meilleurs monastères gourmands, ceux de Jean-Georges Klein, Nicolas Le Bec, Bernard Loiseau et Arnaud Lallement. Il aime travailler les beaux produits et marie technique pointue et créativité, à l'image d'un dessert très original : pomme de terre en cube, saupoudrée de crumble de chocolat, crème de lait concentré et crémeux de jaune d'œuf au citron.

Spécialités : Cuisine du marché.

Menu 52 € (déjeuner), 90/130 €

Hostellerie du Chambellan, avenue Jean-Monnet (au golf de Faulquemont) – ✆ 03 87 89 34 22 – www.toya-restaurant.fr – Fermé 1er-7 mars, 29 juillet-16 août, lundi, mardi, dimanche soir

FAVERNEY

✉ 70160 – Haute-Saône – Carte régionale n° **6**-B1 – Carte Michelin 314-E6

à Breurey-lès-Faverney 3 km au Sud - Est par D434 et D6 –

Carte régionale n° **6**-B1

Château de la Presle

DEMEURE HISTORIQUE · GRAND LUXE Vous rêvez d'un week-end de charme à la campagne ? Ce château du 19es., dans un parc de 6 ha, devrait vous plaire ! Les chambres sont ravissantes (toile de Jouy, style gustavien, etc.), sans parler du salon avec piano, du billard sous les combles et de l'espace bien-être. Cuisine bourgeoise servie dans une salle élégante.

5 chambres – 120/155 €

3 rue Louis-Pergaud – ✆ 03 84 91 41 70 – www.chateaudelapresle.com

LA FAVIÈRE – Var (83) ➜ Voir Bormes-les-Mimosas

FAVIÈRES

✉ 80120 – Somme – Carte régionale n° **14**-A1 – Carte Michelin 301-C6

La Clé des Champs

CUISINE MODERNE · CONTEMPORAIN XX Un jeune couple de professionnels a transformé cette auberge en un restaurant des plus recommandables. On ne ménage pas sa peine pour faire plaisir au client, et le résultat est là, à l'image de ce réjouissant carrelet de nos côtes, accompagné de son risotto d'avoine au butternut, et d'une hollandaise à la verveine… une affaire qui roule.

Spécialités : Maquereau mariné à la betterave, fromage frais ail-fines herbes, pickles de légumes. Poitrine de veau confite, caponata et jus "grande caravane". La noisette et le citron.

Menu 27 € (déjeuner), 33/53 €

place des Frères-Caudron – ✆ 03 22 27 88 00 – www.restaurant-lacledeschamps.com – Fermé 24 février-1er mars, 22 juin-5 juillet, 19-25 octobre, 21-27 décembre, mercredi, jeudi

FAYENCE

✉ 83440 – Var – Carte régionale n° **24**-C3 – Carte Michelin 340-P4

La Table d'Yves

CUISINE MODERNE · ÉLÉGANT X Les vignes et le village de Fayence pour décor ! L'été, on s'installe sur la terrasse de cette jolie maison en laissant le temps filer… Douce quiétude et agréables saveurs : Yves Merville concocte de bonnes recettes aux accents du terroir, avec de jolis produits du marché. On se régale !

Spécialités : Petits légumes de Provence farcis. Suprême de pintade fermière rôti, pommes de terre fondantes et fruits de saison. Poire pochée dans un vin aux épices, sorbet cassis.

Menu 34/52 € – Carte 45/78 €

1357 route de Fréjus – ✆ 04 94 76 08 44 – www.latabledyves.com – Fermé 5 décembre-6 janvier, mercredi, jeudi

Le Castellaras

CUISINE PROVENÇALE · CONVIVIAL XX Cette maison, avec son jardin arboré à flanc de colline avec le village pour toile de fond, propose une table aux couleurs de la Provence, inspirée par le marché et les saisons. Quelques chambres pour l'étape.

Menu 47 € (déjeuner), 69/99 €

461 chemin de Peymeyan – ✆ 04 94 76 13 80 – www.restaurant-castellaras.com – Fermé 2 janvier-30 mars, lundi, mardi

Le Temps des Cerises 

CUISINE TRADITIONNELLE • CONVIVIAL Une terrasse sous la tonnelle, des cuisines ouvertes sur la salle et des tableaux peints par le père du chef : l'ambiance est chaleureuse et provençale, même si ce dernier est d'origine hollandaise ! Tarte tatin de foie gras, tartare de bœuf aux huîtres et œuf poché, rognon de veau : on y chante "le temps des cerises" sans nostalgie.

Menu 32 € (déjeuner)/44 € - Carte 35/55 €

2 place de la République - ✆ 04 94 76 01 19 - www.restaurantletempsdescerises.fr - Fermé 16 décembre-13 février, mardi, mercredi

FÉCAMP

✉ 76400 - Seine-Maritime - Carte régionale n° **17**-C1 - Carte Michelin 304-C3

Le Vicomté

CUISINE TRADITIONNELLE • BISTRO Non loin des riches façades du palais Bénédictine, une petite maison qui cultive la bonhomie et la simplicité : affiches humoristiques, vieilles photos... sans oublier le patron en salle avec son grand tablier. Beaucoup de cœur dans l'accueil comme dans la cuisine de la patronne, inspirée du marché !

Menu 22 €

4 rue du Président René-Coty - ✆ 02 35 28 47 63 - Fermé 6-15 avril, 17 août-6 septembre, 21 décembre-7 janvier, mercredi, dimanche

Le Grand Pavois 

TRADITIONNEL • BORD DE MER Sa façade de granit sombre résistant aux tempêtes pavoise sur les quais : une situation idéale ! Les chambres dotées de balcons et confortables offrent des prestations de qualité, dans un décor contemporain et boisé d'esprit marin. L'un des meilleurs hôtels de la côte d'Albâtre.

35 chambres - 103/395 € - 19 €

15 quai de la Vicomté - ✆ 02 35 10 01 01 - www.hotel-grand-pavois.com

FELDBACH

✉ 68640 - Haut-Rhin - Carte régionale n° **10**-A3 - Carte Michelin 315-H11

Cheval Blanc 

CUISINE TRADITIONNELLE • ÉLÉGANT Dans cette maison typique du Sundgau, la cuisine est une passion qui se transmet de génération en génération. À la suite de son père, le jeune chef est désormais seul aux fourneaux. Il y réalise de belles recettes traditionnelles teintées de modernité, avec un penchant particulier pour le gibier... Très beau choix de vins.

Spécialités : Feuilleté d'escargots aux chanterelles. Rognons de veau au porto. Île flottante.

Menu 23/56 € - Carte 30/50 €

1 rue de Bisel - ✆ 03 89 25 81 86 - www.cheval-blanc-feldbach.fr - Fermé 18-27 février, 8-23 juillet, lundi soir, mardi, mercredi

FÈRE-EN-TARDENOIS

✉ 02130 - Aisne - Carte régionale n° **14**-C3 - Carte Michelin 306-D7

Château de Fère 

CUISINE MODERNE • BOURGEOIS Dans cette belle demeure au grand calme, la jeune chef délivre une cuisine moderne pleine d'attention et d'intentions, en valorisant de beaux produits. Les saveurs sont marquées et les visuels alléchants ; avantage plutôt rare, le restaurant est ouvert tous les jours de la semaine.

Menu 29 € (déjeuner), 65/99 € - Carte 75/100 €

route de Fismes - ✆ 03 23 82 21 13 - www.chateaudefere.com - Fermé 15 janvier-3 février, lundi midi, mardi midi, mercredi midi

Château de Fère

HISTORIQUE • GRAND LUXE Non loin se dressent les vestiges du château d'Anne de Montmorency. En pleine forêt et au grand calme, cette belle demeure du 16e s. est chargée d'histoire, mais vit au présent : piscine, spa, chambres confortables...

27 chambres – 150/800 € – 21 € – 2 suites

route de Fisme – 03 23 82 21 13 – www.chateaudefere.com

Château de Fère – Voir la sélection des restaurants

LA FERRIÈRE-AUX-ÉTANGS – Orne (61) → Voir Flers

LA FERTÉ-BEAUHARNAIS

41210 – Loir-et-Cher – Carte régionale n° **8**–C2 – Carte Michelin 318-I6

Auberge le Beauharnais

CUISINE TRADITIONNELLE • AUBERGE Dans un petit bourg de Sologne, cette auberge est tenue en famille : père et fils composent une cuisine fidèle à ses racines, mais tournée vers la modernité. Côté produits, ils privilégient les livraisons de petits fournisseurs (légumes, poissons de la Loire) et le gibier en saison (faisan, colvert, lièvre) : avis aux amateurs !

Menu 29/52 € – Carte 36/47 €

18 rue Napoléon-III – 02 54 83 64 36 – www.aubergelebeauharnais-restaurant-41.fr – Fermé 6-18 janvier, 16 juillet-8 août, mardi, mercredi

LA FERTÉ-BERNARD

72400 – Sarthe – Carte régionale n° **23**–D1 – Carte Michelin 310-M5

Restaurant du Dauphin

CUISINE MODERNE • TENDANCE Cette jolie demeure du 16e s. au pied de la porte St-Julien propose une cuisine maison et dans l'air du temps, avec quelques touches exotiques – ce ceviche de thon au lait de coco-gingembre en est un bon exemple –, à déguster dans une salle aux tons gris et framboise. Belle sélection de vins au verre.

Spécialités : Gravlax de lieu jaune dans l'esprit d'un rouleau de printemps. Râble de lapin confit, l'épaule en petit farci, purée de carottes. Sablé cacahouète, ganache Carambar et crémeux passion.

Menu 22 € (déjeuner), 33/85 € – Carte 46/60 €

3 rue d'Huisne (accès piétonnier) – 02 43 93 00 39 – www.restaurant-du-dauphin.com – Fermé 13-20 avril, 2-25 août, 27 octobre-4 novembre, lundi, dimanche

Au Bistronome

CUISINE TRADITIONNELLE • BISTRO L'intérieur, lumineux et haut de plafond, est décoré à la façon d'un bistrot contemporain. Même philosophie dans l'assiette, qui met en avant la tradition avec notamment de bonnes grillades au charbon de bois – côte de bœuf, entrecôte, andouillette, thon, sole... – préparées directement dans la salle. Simple et généreux !

Menu 23 € (déjeuner)/33 € – Carte 45/70 €

11 rue Bourgneuf – 02 43 93 21 58 – Fermé 31 juillet-26 août, lundi, mardi soir, mercredi soir, dimanche

LA FERTÉ-ST-AUBIN

45240 – Loiret – Carte régionale n° **8**–C2 – Carte Michelin 318-I5

L'Orée des Chênes

CUISINE MODERNE • RUSTIQUE Au sein d'un domaine de 70 ha, voici la maison solognote dans toute sa splendeur : cheminée, salle à manger à colombages et tomettes au sol, esprit campagnard chic... La cuisine, bien réalisée, évolue avec les saisons et nous laissera un très bon souvenir.

Menu 43/60 € – Carte 50/84 €

921 route de Marcilly – 02 38 64 84 00 – www.loreedeschenes.com

LA FERTÉ-ST-CYR

✉ 41220 - Loir-et-Cher - Carte régionale n° **8**-C2 - Carte Michelin 318-H6

La Diligence

CUISINE TRADITIONNELLE • AUBERGE XX Cet ancien relais de poste joliment restauré propose de goûteuses préparations, mettant en valeur le terroir local, et dispose de chambres confortables. L'accueil est particulièrement charmant. Une adresse aussi sympathique que coquette.

Menu 24 € (déjeuner), 36/55 €

13 rue du Bourg - ✆ 02 54 87 90 14 - www.hotel-la-diligence.com - Fermé 15 février-2 mars, 17 octobre-2 novembre, 22 décembre-6 janvier, lundi, mercredi midi, dimanche soir

FIGEAC

✉ 46100 - Lot - Carte régionale n° **22**-C1 - Carte Michelin 337-I4

La Cuisine du Marché

CUISINE TRADITIONNELLE • AUBERGE XX La vieille ville est un bel écrin pour ce restaurant agréable, dont le nom est déjà un manifeste ! On utilise de bons produits du marché pour réaliser une cuisine simple et goûteuse, mâtinée de quelques touches espagnoles - origines du chef obligent.

Menu 30 € - Carte 41/60 €

15 rue de Clermont - ✆ 05 65 50 18 55 - www.lacuisinedumarchefigeac.com - Fermé 6 janvier-6 février, lundi midi, dimanche

LES FINS - Doubs (25) → Voir Morteau

FLAINE

✉ 74300 - Haute-Savoie - Carte régionale n° **4**-F1 - Carte Michelin 328-N4

Terminal Neige Totem

BOUTIQUE HÔTEL • DESIGN Cet hôtel tendance, imaginé dans une veine industrielle (mur en béton mis à nu), et qui s'affranchit avec gourmandise des codes de l'hôtellerie (ainsi ces jeux d'arcade vintage dans la réception) offre un hébergement très confortable, augmenté d'un spa, avec massage et fitness.

96 chambres ☕ - 👥 170/540 €

Flaine Forum - ✆ 04 30 05 03 40 - www.terminal-neige.com - Fermé 22 avril-14 décembre

FLAYOSC - Var (83) → Voir Draguignan

LA FLÈCHE

✉ 72200 - Sarthe - Carte régionale n° **23**-C2 - Carte Michelin 310-I8

Le Moulin des Quatre Saisons

CUISINE MODERNE • CONTEMPORAIN XX Au centre de la ville, Cupidon semble veiller sur ce beau moulin du 17e s. posé sur les eaux du Loir ! Un cadre enchanteur... pour une cuisine actuelle, rythmée par les saisons et accompagnée de beaux vins, certains d'Autriche - pays d'origine de la propriétaire.

Menu 35 € (déjeuner), 48/96 € - Carte 77/102 €

rue Gallieni - ✆ 02 43 45 12 12 - www.camilleconstantin.com - Fermé 2-21 janvier, lundi, mercredi soir, dimanche soir

Le Gentleman

TRADITIONNEL • PERSONNALISÉ Sens de l'accueil, élégance et raffinement : un véritable hôtel de gentlemen ! Les chambres, toutes personnalisées, rivalisent de style et de confort ; le salon-bibliothèque, avec son canapé, ses boiseries et sa cheminée, est également plein de charme.

14 chambres - 👥 89/129 € - ☕ 12 €

17 rue de la Tour-d'Auvergne - ✆ 02 43 45 89 36 - www.legentleman.fr

FLERS

✉ 61100 – Orne – Carte régionale n° **17**–B2 – Carte Michelin 310-F2

Au Bout de la Rue

CUISINE MODERNE • COSY XX Gagnez le Bout de la Rue pour découvrir cette maison tenue par un jeune couple dynamique, Anaïs en salle et Yohan aux fourneaux. Ce dernier, passé par de belles maisons, signe des recettes pétillantes et maîtrisées : panacotta de pont-l'évêque, tartare de bœuf coupé au couteau... Du joli travail.

Spécialités : Raie et cresson en cromesquis, olive kalamata. Palette de porc confite, bulots au beurre d'algues, crème de pomme de terre. Pavlova, pulpe framboise, chantilly reine-des-prés et figues.

Menu 25/50 € – Carte 31/50 €

60 rue de la Gare – ✆ 02 33 65 31 53 – www.auboutdelarue.com – Fermé 1er-8 janvier, 17-24 mai, 2-16 août, mercredi soir, samedi midi, dimanche

à La Ferrière-aux-Étangs 10 km au Sud - Est par D18 et D825 –

Carte régionale n° **17**–B3

Auberge de la Mine (Hubert Nobis)

CUISINE MODERNE • ÉLÉGANT XXX Autrefois cantine de la mine de fer locale (fermée en avril 1970), cette auberge accueille le même chef depuis plus de trente ans. Formé à l'ancienne école, son maître-mot est la simplicité. Pas de chichis ou d'excès : franchise et sincérité sont au programme. Ce qui n'empêche pas une technique solide et de belles inspirations : on pense notamment à cette barbue, petits pois et beurre citronné, un vrai moment de plaisir ! Une jolie partition de saison, à déguster dans deux petites salles à manger ultra-chic et élégantes, pas guindées pour un sou. On n'aura jamais eu autant de plaisir à aller à la Mine...

Spécialités : Foie gras de canard au pommeau. Ris de veau piqué à l'andouille de Vire et braisé au foin. Dessert autour de la poire de fisée.

Menu 27 € (déjeuner), 41/74 € – Carte 72/77 €

le Gué-Plat – ✆ 02 33 66 91 10 – www.aubergedelamine.com – Fermé 2-22 janvier, 6-29 juillet, lundi, mardi, dimanche soir

FLEURIE

✉ 69820 – Rhône – Carte régionale n° **3**–E1 – Carte Michelin 327-H2

Auberge du Cep

CUISINE MODERNE • COSY XX Bienvenue dans cette maison emblématique du Beaujolais. Le jeune chef fait chanter le terroir régional (pâté en croûte, volaille fermière au fleurie) et propose aussi des créations plus actuelles, comme cette lotte rôtie au sel d'agrumes et poivre Timut. Belle sélection de vins de la région.

Menu 22 € (déjeuner), 36/60 € – Carte 65/75 €

place de l'Église – ✆ 04 74 04 10 77 – www.aubergeducep.com – Fermé 2-19 janvier, lundi, dimanche soir

FLEURVILLE

✉ 71260 – Saône-et-Loire – Carte Michelin 320-J11

à Mirande 3 km au Nord - Ouest par D55 rte de Lugny – Carte régionale n° **5**–C3

La Marande (Philippe Michel)

CUISINE MODERNE • ÉLÉGANT XX "Marander" en patois local signifie... aller manger. Sur la route de Tournus, cette belle maison bourgeoise en pierre de Bourgogne, entourée d'un beau jardin paysager, mérite assurément une halte gourmande avant un sommeil paisible. Dans ce cadre familial à l'élégance toute contemporaine, on sent la volonté des propriétaires, Élisabeth et Philippe Michel, de transmettre les gestes de l'hospitalité et la culture des produits d'exception à leurs jeunes collaborateurs. Derrière ses fourneaux, Philippe Michel fait montre de maîtrise et de délicatesse à travers des assiettes particulièrement graphiques et généreuses. Cerise(s) sur le gâteau : le beau choix de bourgognes et la superbe terrasse.

Spécialités : Pâté en croûte au foie gras et volaille, graines de moutarde au cassis. Pigeon rôti, pomme au thym et légumes de saison. Barre aux céréales, crémeux à la mélisse, gavotte croustillante et framboises.

Menu 30 € (déjeuner), 47/95 € - Carte 77/90 €

route de Lugny - ✆ 03 85 33 10 24 - www.hotel-restaurant-la-marande.com - Fermé 6-23 janvier, 19 octobre-4 novembre, lundi, mardi

FLEURY-SUR-ANDELLE

✉ 27380 - Eure - Carte régionale n° **17**-D2

Château de Bonnemare

DEMEURE HISTORIQUE · CLASSIQUE Renaître à l'époque de la Renaissance, telle est l'expérience unique à laquelle invite cet ensemble : le châtelet d'entrée, les dépendances, la chapelle, le château lui-même, tout transporte au milieu du 16e s. ! Décors historiques, fresques, tableaux et mobilier des 17e et 18e s. : l'art de vivre dans la permanence...

5 chambres - 130/230 €

990 chemin de Bacqueville - ✆ 02 32 49 03 73 - www.bonnemare.com - Fermé 2 décembre-13 février

FLEURY-SUR-ORNE - Calvados (14) ➜ Voir Caen

FLORAC

✉ 48400 - Lozère - Carte régionale n° **21**-C1 - Carte Michelin 330-J9

L'Adonis

CUISINE MODERNE · CONVIVIAL XX La carte et les menus de cette auberge familiale rendent hommage au pays cévenol et s'aventurent aussi à travers les régions voisines ; on y profite aussi d'un service attentionné et d'une jolie sélection de vins de tout le Languedoc-Roussillon.

Menu 29/57 € - Carte 48/53 €

Gorges du Tarn, 48 rue Pêcher - ✆ 04 66 45 00 63 - www.hotel-gorgesdutarn.com - Fermé 2 novembre-3 avril, mercredi midi

à Cocurès 5,5 km au Nord - Est par D806 et D998

La Lozerette

CUISINE MODERNE · ÉLÉGANT XX Au cœur des Cévennes, une auberge charmante, dont le chef propose des assiettes bien ficelées en utilisant la production régionale. Côté vins, même satisfaction : Pierrette, sommelière émérite, vous aide à choisir parmi les 300 références de la carte. N'oublions pas, enfin, le superbe plateau de fromages...

Menu 38/56 € - Carte 40/47 €

La Lozerette - ✆ 04 66 45 06 04 - www.lalozerette.com - Fermé 11 novembre-3 avril, lundi midi, mardi, mercredi midi

LA FLOTTE - Charente-Maritime (17) ➜ Voir Ile de Ré

FONT-ROMEU-ODEILLO-VIA

✉ 66120 - Pyrénées-Orientales - Carte régionale n° **21**-A3 - Carte Michelin 344-D7

La Chaumière

CUISINE CATALANE · AUBERGE XX Rangez les skis ! À l'entrée de la station, on ne résiste pas à cette sympathique chaumière où le bois domine. Au menu : une belle sélection de mets catalans et de vins régionaux. Le patron est un amoureux des bonnes choses (viandes de choix, légumes locaux) et a même créé... une cave à jambons !

Spécialités : Œuf de poule, sobressada, persil racine et crumble d'olives noires. Épaule d'agneau cuite longuement et terminée à la braise. Bonbons crousti-coulants au chocolat.

Menu 23 € (déjeuner), 27/65 € - Carte 43/65 €

96 avenue Emmanuel-Brousse - ✆ 04 68 30 04 40 - www.restaurantlachaumiere.fr - Fermé 27 avril-28 juin, 1er octobre-28 novembre, lundi

FONTAINEBLEAU

✉ 77300 - Seine-et-Marne - Carte régionale n° **15**-C3 - Carte Michelin 312-F5

✿ L'Axel (Kunihisa Goto)

CUISINE MODERNE · ÉLÉGANT XX Au cœur de Fontainebleau, à un jet de pierre du château, se cache ce restaurant sobre et chic où exerce un couple franco-japonais. Madame est en salle tandis que monsieur revisite la gastronomie française au plus près des saisons. Tout Japonais qu'il soit, Kunihisa Goto voue un culte sincère à la cuisine hexagonale, à ses vins et à ses produits emblématiques, du foie gras aux escargots. Formé à bonne école, le chef réinvente les classiques français avec un aplomb certain. Sa variation sur l'œuf parfait est devenue un classique, accompagné de ravioles au comté, garnies d'une fondue d'oignons des Cévennes, le tout parsemé de truffes ! Vous retrouverez dans chaque plat ce souci graphique, cet équilibre et cette gourmandise. Même exigence du côté du service, réactif et courtois.

Spécialités : Œuf translucide, asperge verte et émulsion de parmesan. Ris de veau croustillant, oignon doux et aubergine confite à la pâte de miso. Bulle de sucre soufflé, litchi, émulsion à la fleur d'oranger et crumble de noisette.

Menu 42 € (déjeuner), 60/110 € - Carte 105/160 €

43 rue de France - ✆ 01 64 22 01 57 - www.laxel-restaurant.com - Fermé 10-17 août, lundi, mardi, mercredi midi

La Table du Parc

CUISINE MODERNE · CONTEMPORAIN XX Mise en avant de la production locale, célébration de la tradition et du terroir… Tel est le pari de cette Table du Parc. Les assiettes sont justes et bien maîtrisées : on passe un bon moment.

Menu 32 € (déjeuner), 57/95 € - Carte 50/90 €

La Demeure du Parc, 6 rue d'Avon - ✆ 01 60 70 20 00 - www.lademeureduparc.fr - Fermé lundi, mardi, dimanche soir

Fuumi

CUISINE JAPONAISE · CONVIVIAL X Ce jeune restaurant japonais, situé dans le centre-ville de Fontainebleau n'est autre que l'annexe de l'Axel, le restaurant étoilé du chef patron Kunihisa Goto, et de son épouse Vanessa. En ce lieu convivial se dégustent plats traditionnels japonais, parfumés et généreux, mais aussi gyozas et ramen. Réservation (très) fortement conseillée.

Menu 21 € (déjeuner), 38/90 € - Carte 30/70 €

39 rue de France - ✆ 01 60 72 10 32 - www.restaurant-fuumi.com - Fermé lundi, dimanche

Aigle Noir

HISTORIQUE · ÉLÉGANT Tout près du château, cet hôtel particulier construit au 18e s. cultive une ambiance feutrée et élégante. Les chambres ont été décorées avec soin, en particulier avec quelques beaux meubles de style Empire.

49 chambres - 125/200 € - 22 € - 4 suites

27 place Napoléon-Bonaparte - ✆ 01 60 74 60 00 - www.aiglenoirhotel.com

La Demeure du Parc

BOUTIQUE HÔTEL · DESIGN En centre-ville, une auberge contemporaine dans un esprit boutique-hôtel. Les chambres, épurées et lumineuses, jouent sur les matières - bois, notamment -, et certaines d'entre elles disposent d'un balcon ou d'un petit jardin privatif.

20 chambres - 160/276 € - 18 € - 7 suites

6 rue d'Avon - ✆ 01 60 70 20 00 - www.lademeureduparc.fr

La Table du Parc - Voir la sélection des restaurants

FONTAINE-DE-VAUCLUSE

✉ 84800 - Vaucluse - Carte régionale n° **25**-E1 - Carte Michelin 332-D10

Philip

CUISINE TRADITIONNELLE • FAMILIAL X Au pied de la célèbre fontaine d'où jaillit la Sorgue, cette adresse sait jouer de ses charmes bucoliques, en particulier en terrasse... Père et fille (la maison est dans la famille depuis 1926 !) travaillent à quatre mains de beaux produits : truites fraîches, asperges, truffes, fraises... Bon rapport qualité-prix.

Spécialités : Variations autour de l'asperge. Déclinaison de truite. Verrine citron meringué.

Menu 33/52 € - Carte 50/79 €

chemin de la Fontaine - ✆ 04 90 20 31 81 - Fermé 1er octobre-31 mars

FONTENAI-SUR-ORNE - Orne (61) ➜ Voir Argentan

FONTENAY-LE-COMTE

✉ 85200 - Vendée - Carte Michelin 316-L9

à Velluire 11 km au Sud par D938ter et D68 - Carte régionale n° **23**-B3

Auberge de la Rivière

CUISINE MODERNE • AUBERGE XXX Le frémissement de la rivière toute proche, le lierre qui court sur la façade, les oies et les canards qui gambadent : cette auberge vendéenne invite à la rêverie et à la gourmandise. Sur la terrasse, on savoure de beaux produits, accompagnés d'herbes aromatiques et de subtils assaisonnements... Chambres coquettes pour l'étape.

Spécialités : Raviole croustillante d'escargots de Vendée comme un beignet. Filet de canette, shiitake et tombée de fruits rouges. Douceur autour du chocolat.

Menu 34/63 € - Carte 52/75 €

rue du Port-de-la-Fouarne - ✆ 02 51 52 32 15 - www.hotel-riviere-vendee.com - Fermé 10 février-5 mars, lundi, mardi midi

FONTENOY-LA-JOÛTE

✉ 54122 - Meurthe-et-Moselle - Carte régionale n° **12**-C2 - Carte Michelin 307-K8

L'Imprimerie

CUISINE MODERNE • CONVIVIAL X Il était une fois un petit village connu pour sa passion du livre... Quoi de plus naturel que l'ancienne imprimerie se transforme en haut lieu de culture des sens ? Ici, on propose une cuisine moderne sous forme de menus surprises ; le chef aime à rôtir dans sa cheminée les pièces entières fournies par les éleveurs voisins...

Menu 20 € (déjeuner), 40/56 €

39 rue de la Division-Leclerc - ✆ 03 83 89 57 15 - www.restaurantlimprimerie.com - Fermé mardi, mercredi, jeudi soir

FONTEVRAUD-L'ABBAYE

✉ 49590 - Maine-et-Loire - Carte régionale n° **23**-C2 - Carte Michelin 317-J5

Fontevraud Le Restaurant

CUISINE CRÉATIVE • DESIGN XX Au cœur de l'abbaye de Fontevraud, l'une des plus grandes cités monastiques d'Europe, se trouve le prieuré Saint-Lazare. Dans son cloître, devenu restaurant, le designer Patrick Jouin et l'architecte Sanjit Manku ont organisé la rencontre de l'épure monacale et des matériaux bruts, pour mieux laisser vibrer les plats du chef Thibaut Ruggeri. Ce dernier, Haut-Savoyard originaire de Megève, vainqueur du Bocuse d'Or 2013, a forgé sa foi chez les grands, de Michel Guérard à Georges Blanc. Apôtre du "beau et du bon", il compose une cuisine créative misant sur les produits du terroir local (volaille de Racan, pigeon d'Anjou...) ainsi que les herbes et légumes du potager du domaine.

Spécialités : Champignons de Paris à Fontevraud. Foie gras de canard à la ronce. Figues cuites à l'étouffée.

Menu 70/101€

Fontevraud L'Hôtel, 38 rue St-Jean-de-l'Habit - ✆ 02 46 46 10 10 - www.fontevraud.fr - Fermé lundi midi, mardi midi, mercredi midi, jeudi midi, vendredi midi

Fontevraud L'Hôtel

HISTORIQUE • CONTEMPORAIN Cet hôtel, installé au sein même de la célèbre abbaye de Fontevraud, accueille les voyageurs dans un cadre unique, habilement mis en valeur à travers un style contemporain affirmé, dont la sobriété respecte parfaitement l'esprit monacal des lieux. Élégant et apaisant.

54 chambres - 140/270€ - 18€

38 rue St-Jean-de-l'Habit - ✆ 02 46 46 10 10 - www.fontevraud.fr - Fermé 30 décembre-16 janvier

Fontevraud Le Restaurant - Voir la sélection des restaurants

FONTJONCOUSE

11360 - Aude - Carte régionale n° **21**-B3 - Carte Michelin 344-H4

Auberge du Vieux Puits (Gilles Goujon)

CUISINE CRÉATIVE • DESIGN XXX L'aubergiste des Corbières : ainsi surnomme-t-on parfois Gilles Goujon, à qui l'on doit d'avoir placé le minuscule village de Fontjoncouse, dans l'Aude, sur la carte de la haute gastronomie française. Ses marques de fabrique ? La sincérité et le savoir-faire. Les habitués le savent, chacune de ses assiettes est faite avec le cœur. Goujon n'a pas son pareil pour s'effacer derrière le produit et le laisser s'exprimer dans toute sa simplicité : la marque des grands. On se contentera de citer son incontournable œuf "pourri" de truffes melanosporum avec purée de champignons, émulsion mousseuse à la truffe, briochine tiède et velouté : le plat superstar de la maison, à juste titre ! Le reste du repas est du même tonneau, précis et affirmé, soigné et généreux, jamais dans l'esbroufe : l'excellence, tout simplement.

Spécialités : Œuf de poule pourri de truffes, briochine tiède et cappuccino à boire. Rouget barbet, pomme bonne bouche fourrée d'une brandade en "bullinada". Citron de Menton cassant, sorbet citrus bergamote et kumquat, crème thym citron.

Menu 135€ (déjeuner), 195/225€ - Carte 173/209€

5 avenue St-Victor - ✆ 04 68 44 07 37 - www.aubergeduvieuxpuits.fr - Fermé 1er décembre-27 mars, lundi, mardi, dimanche soir

FONTVIEILLE

13990 - Bouches-du-Rhône - Carte régionale n° **25**-E1 - Carte Michelin 340-D3

Le Patio

CUISINE PROVENÇALE • MÉDITERRANÉEN XX Cette jolie bergerie du 18e s. s'égaye d'un bien agréable patio planté d'acacias et de palmiers. La spécialité ? Le gigot d'agneau cuit au foin de Crau, et la cuisse de lapereau confite à l'huile d'olive des Baux... La Provence dans tous ses états !

Menu 32€ (déjeuner), 45/52€ - Carte 40/70€

117 route du Nord - ✆ 04 90 54 73 10 - www.lepatio-alpilles.com - Fermé 20 octobre-5 novembre, mardi soir, mercredi, dimanche midi

Relais du Castelet (N)

CUISINE PROVENÇALE • AUBERGE X Perdu quelque part dans la campagne entre Arles et Fontvieille, cet ancien relais de chasse est un véritable havre de paix. On y cultive l'esprit provençal : agneau de la Crau, légumes du potager maison, soupe au pistou l'été et daube de sanglier l'hiver... Une partition copieuse et soignée, à déguster en terrasse sous le mûrier.

Menu 35€ (déjeuner)/45€

Mas le Castelet, quartier Montmajour - ✆ 09 80 40 74 81 - www.lerelaisducastelet.fr - Fermé 16 février-1er mars, 19 octobre-2 novembre, 21 décembre-3 janvier, lundi, dimanche

Villa Regalido

LUXE · PERSONNALISÉ Ce vieux moulin à huile, blotti au cœur d'un jardin fleuri, rappelle les photos sépia de notre enfance. La plupart des chambres, sobres et élégantes, sont prolongées par un balcon... et l'on prend son petit-déjeuner sur une belle terrasse verdoyante. Bonne cuisine du marché au restaurant.

15 chambres – 119/349 € – 18 €

118 avenue Frédéric Mistral – 04 90 54 60 22 – www.villa-regalido.com

FORBACH

57600 – Moselle – Carte régionale n° **12**–C1 – Carte Michelin 307-M3

à Rosbrück 6 km au Sud - Ouest

Auberge Albert Marie

CUISINE TRADITIONNELLE · AUBERGE Une salle un tantinet bourgeoise, un plafond à caissons, des boiseries sombres... et la nouvelle génération qui toque aux fourneaux. Marbré de foie gras d'oie et de canard, pomme de ris de veau au foin : la tradition – savoureuse – enchante depuis plus de quarante ans, hôtes de passage comme habitués.

Menu 27 € (déjeuner), 42/50 € – Carte 48/78 €

1 rue Nationale – 03 87 04 70 76 – Fermé lundi, samedi midi, dimanche soir

à Stiring-Wendel 3 km au Nord - Est par D603 – Carte régionale n° **12**–C1

La Bonne Auberge (Lydia Egloff)

CUISINE CRÉATIVE · ÉLÉGANT À la sortie de Forbach, aux confins de la Lorraine et du Luxembourg, une adresse incontournable du bassin houiller lorrain, étoilée depuis 1990 ! C'est l'antre d'Isabelle et Lydia Egloff, deux sœurs de talent, originales et un brin fantasques (elles refusent les sortilèges d'Internet). La première supervise un service au grand charme. La seconde, s'affaire aux fourneaux. Entourée de ses cornues dans son atelier de fée, elle signe des recettes imprégnées d'une jolie sensibilité artistique. Une serre en guise de jardin d'hiver, une salle lumineuse et originale, une belle carte des vins : l'enseigne dit la vérité.

Spécialités : Marinade de truite rose bio, granité aux agrumes. Foie d'oie poêlé, mendiant caramel. Irish Coffee soufflé en chaud-froid.

Menu 48 € (déjeuner), 85/130 € – Carte 88/100 €

15 rue Nationale – 03 87 87 52 78 – Fermé 17 août-2 septembre, 28 décembre-5 janvier, lundi, mardi, samedi midi, dimanche soir

FORCALQUIER

04300 – Alpes-de-Haute-Provence – Carte régionale n° **24**–B2 – Carte Michelin 334-C9

Les Terrasses de la Bastide

CUISINE PROVENÇALE · CONVIVIAL Entendez-vous les cigales chanter ? Installés sur la belle terrasse, face au jardin, les gourmands se régalent d'une bonne cuisine méditerranéenne. La spécialité du chef : les pieds et paquets. Et si d'aventure le temps n'était pas de la partie, réfugiez-vous dans la salle décorée sur le thème de l'olive.

Menu 30 € (déjeuner), 35/42 € – Carte 31/51 €

Route de Banon – 04 92 73 32 35 – www.lesterrassesdelabastide.fr – Fermé 1er-10 janvier, 10-25 février, lundi midi, mardi midi, dimanche soir

La Bastide Saint Georges

SPA ET BIEN-ÊTRE · COSY Beaucoup de charme en ce domaine ! Les chambres sont décorées avec goût – et au naturel : bois, pierre, lin –, la plupart avec terrasse. Piscine, spa et massages. Idéal pour un séjour farniente.

23 chambres – 135/340 € – 23 € – 2 suites

Route de Banon – 04 92 75 72 80 – www.bastidesaintgeorges.com – Fermé 8 novembre-14 mars

Auberge Charembeau

FAMILIAL • À LA CAMPAGNE Une ferme du 18e s. dans un charmant parc vallonné. On s'y repose, au grand calme, dans des chambres de style provençal. Tennis, piscine : comme une invitation à la détente...

25 chambres – 90/210 € – 15 €

Lieu-dit Charambau – 04 92 70 91 70 – www.charembeau.com – Fermé 16 novembre-1er mars

à Mane 4 km au Sud par D4100 – Carte régionale n° **24**-B2

Le Cloître

CUISINE CRÉATIVE • DESIGN XXX Ce Cloître, c'est celui d'un ancien couvent des Minimes. L'histoire du lieu est éloquente : Louis Feuillée, botaniste de Louis XIV, y fit ses études, et les sœurs Franciscaines y cultivaient arbres fruitiers et vignes... C'est dire si le bon produit a toujours eu sa place ici ! L'équipe en place perpétue l'héritage de la maison avec brio. La cuisine, volontiers créative, s'attache à révéler toutes les facettes d'un produit bien choisi, que ce soit le rouget de roche ou l'agneau de Provence ; on passe un excellent moment sur la terrasse ombragée. Difficile de repartir...

Spécialités : Cuisine du marché.

Menu 85/155 €

Le Couvent des Minimes & Spa, chemin des Jeux-de-Maï – 04 92 74 77 77 – www.couventdesminimes-hotelspa.com – Fermé 1er novembre-12 février, lundi, mardi, mercredi midi, jeudi midi, vendredi midi

Le Couvent des Minimes & Spa

LUXE • TENDANCE Somptueux écrin que cet ancien couvent des Minimes de 1862, niché au cœur de la campagne. Les chambres, au décor sobre ou plus design, y sont ravissantes. Profitez des senteurs provençales du jardin, de l'imposant spa signé L'Occitane, ou du sympathique bistrot "Le Pesquier", ouvert tous les jours. Délicieux.

38 chambres – 250/655 € – 8 suites

Chemin des Jeux-de-Maï – 04 92 74 77 77 – www.couventdesminimes-hotelspa.com

Le Cloître – Voir la sélection des restaurants

FORGES-LES-EAUX

76440 – Seine-Maritime – Carte régionale n° **17**-D1 – Carte Michelin 304-J4

Forges Hôtel

RESORT • CONTEMPORAIN Cette grande propriété du groupe Partouche, située dans un parc face au Casino, offre tout le confort de chambres contemporaines, sobres et de bon goût, mais aussi le charme d'un étang (promenades en barques), des courts de tennis, un vaste spa et fitness, une piscine intérieure, un mini-club...

87 chambres – 112/206 € – 2 suites

avenue des Sources – 02 32 89 50 57 – www.forgeshotel.com – Fermé 6-12 janvier

FOUDAY

67130 – Bas-Rhin – Carte régionale n° **10**-A2 – Carte Michelin 315-H6

Julien

CUISINE TRADITIONNELLE • ÉLÉGANT XX Personnel en costume traditionnel, décor typique des Vosges (tout en bois) : on célèbre ici le folklore local dans ce qu'il a de meilleur. Dans une ambiance animée mais raffinée, on dévore de goûteuses – et copieuses – préparations régionales : choucroute, rognons et ris de veau, bouchées à la reine... Réjouissant !

Spécialités : Nems de gambas, sweet sauce chili. Millefeuille de bœuf et foie gras poêlé, sauce bordelaise. Paris-brest via Fouday.

Menu 24/60 € – Carte 32/55 €

Route de Strasbourg – 03 88 97 30 09 – www.hoteljulien.com – Fermé 7-31 janvier

Julien

SPA ET BIEN-ÊTRE • PERSONNALISÉ Un bien beau chalet, impressionnant dans son magnifique parc fleuri traversé par la Bruche. Les chambres sont raffinées, mariant la chaleur du bois à la richesse des étoffes, certaines avec jacuzzi. Le spa est superbe ! Succès oblige, pensez à réserver à l'avance.

68 chambres – 174/288 € – 22 €

Route de Strasbourg – 03 88 97 30 09 – www.hoteljulien.com – Fermé 5-30 janvier

Julien – Voir la sélection des restaurants

FOUESNANT

29170 – Finistère – Carte régionale n° **7**-B2 – Carte Michelin 308-G7

à Beg-Meil 5 km au Sud par D45

Bistrot Chez Hubert

CUISINE TRADITIONNELLE • RUSTIQUE XX Un bistrot de famille : c'est l'arrière-grand-mère du chef qui le fonda en 1903. La cuisine bourgeoise y a toujours cours : poisson, gibier en saison et, en spécialité, pied de porc désossé farci au foie gras. La tradition est respectée ! En prime, une formule tapas est proposée au bar, pour les amateurs.

Menu 19 € (déjeuner) – Carte 40/48 €

16 rue des Glénan – 02 98 94 98 04 – www.bistrotchezhubert.fr – Fermé 15-31 mars, 14 juin-1er juillet, 15 novembre-2 décembre, lundi, mardi

au Cap Coz 2,5 km au Sud - Est par rte secondaire

La Pointe du Cap Coz

CUISINE MODERNE • CLASSIQUE XX Une petite maison blanche qui semble posée sur l'océan... C'est là, presque au bout du monde, qu'on apprécie la cuisine du chef, à la fois ambitieuse et bien maîtrisée. Elle valorise les produits de la pêche et du terroir, avec des présentations soignées et des cuissons précises. En un mot : délicieux !

Spécialités : Bisque d'étrilles et moules de bouchot, espuma à la badiane. Filet de colin aux tomates confites, frites de polenta. Sablé breton, crème vanille et caramel, glace lambig.

Menu 34/78 € – Carte 54/106 €

153 avenue de la Pointe – 02 98 56 01 63 – www.hotel-capcoz.com – Fermé 1er janvier-7 février, 21-27 novembre, lundi, mardi midi, dimanche soir

Belle-Vue

POISSONS ET FRUITS DE MER • ÉLÉGANT XX De la salle du restaurant, on peut apercevoir la plage, les eaux cristallines et les arbres courbés par le vent... Féérique ! Au menu : une cuisine au goût du jour, orientée poissons et fruits de mer, que le chef travaille avec précision, en n'oubliant jamais d'y mettre une touche personnelle.

Menu 32/48 € – Carte 35/60 €

30 Descente Belle Vue – 02 98 56 00 33 – www.hotel-belle-vue.com – Fermé 31 octobre-1er mars, lundi, mardi

FOUGÈRES

35300 – Ille-et-Vilaine – Carte régionale n° **7**-D2 – Carte Michelin 309-O4

Galon ar Breizh 

CUISINE CLASSIQUE • ÉLÉGANT XX Classique et généreuse, la cuisine du chef, mais pas seulement : elle est surtout très bien réalisée ! Produits frais locaux bien mis en valeur, gourmandise partout dans les assiettes... on passe un super moment.

Menu 34/63 €

16 place Gambetta – 02 99 99 14 17 – www.restaurant-fougeres.fr – Fermé 15 janvier-8 février, lundi midi, mardi midi, mercredi midi, jeudi midi, vendredi soir, samedi midi

Haute Sève

CUISINE MODERNE • DESIGN XX Derrière une façade à colombages, une salle à l'ambiance intime et feutrée. Le chef sait cuisiner les bons produits du terroir et propose, au fil des saisons, des accords terre et mer bien au diapason de la nature bretonne.

Menu 23€ (déjeuner), 37/47€ - Carte 40/50€

37 Boulevard Jean Jaurès - ✆ 02 99 94 23 39 - www.lehauteseve.fr - Fermé 20 juillet-20 août, lundi, dimanche

FOURQUEUX - Yvelines (78) ➜ Voir Autour de Paris (St-Germain-en-Laye)

FOX-AMPHOUX

✉ 83670 - Var - Carte régionale n° **24**-C3 - Carte Michelin 340-L4

La Table de Fanette

CUISINE MODERNE • MAISON DE CAMPAGNE X Perdu en pleine nature, ce mas en pierres du 17e s., entouré d'oliviers et de chênes truffiers, propose une cuisine du marché aux accents provençaux, mettant en valeur (en saison) les truffes du domaine. Chambres au grand calme pour le repos (pas de réseau téléphonique ni de wifi).

Menu 33/69€

Le Petit-Pouvet - ✆ 04 94 80 72 03 - www.tabledefanette.com - Fermé 2-11 septembre, 20-26 novembre, lundi, dimanche soir

FRÉJUS

✉ 83600 - Var - Carte régionale n° **24**-C3 - Carte Michelin 340-P5

L'Amandier

CUISINE MODERNE • COSY XX Ravioles de Saint-Jacques et poireaux au curry ; confit de joue de bœuf à la provençale, polenta crémeuse ; biscuit chaud au chocolat... Les jolies recettes proposées par ce couple charmant ont l'accent méridional. Une excellente adresse à prix sages !

Spécialités : Déclinaison autour de la tomate. Dos de dorade au four, fine semoule aux petits légumes et basilic. Comme un chocolat liégeois.

Menu 31/43€ - Carte 39/52€

19 rue Marc-Antoine-Désaugiers - ✆ 04 94 53 48 77 - www.restaurant-lamandier-frejus.com - Fermé 22 juin-1er juillet, 16 novembre-10 décembre, lundi midi, mercredi midi, dimanche

FRÉLAND

✉ 68240 - Haut-Rhin - Carte régionale n° **10**-C2 - Carte Michelin 315-H7

Restaurant du Musée

CUISINE MODERNE • CONTEMPORAIN XX Il n'a pas fallu longtemps à Alain Schmitt, le chef, pour prendre ses marques dans cet ancien moulin posé au bord de l'Ure, et qui incarne à merveille l'âme alsacienne... Ses recettes, au goût du jour, mettent en avant le terroir et revisitent habilement la tradition. C'est simple et gourmand, et c'est surtout maîtrisé de bout en bout.

Spécialités : Salade de choucroute, hareng matjes, rhubarbe et pomme de terre. Filets de maquereaux rôtis, betteraves rouges et crème au vin blanc. Verrine de fromage blanc, fraises et sorbet rhubarbe.

Menu 28/39€ - Carte 45/70€

2 rue de la Rochette - ✆ 03 89 47 24 18 - www.restaurantmusee.fr - Fermé lundi, mercredi soir, dimanche soir

La Pierre d'Eau N

MAISON DE CAMPAGNE • COSY Située sur les hauteurs d'un petit village et accessible par une route forestière, cette maison d'hôtes, sise dans une ancienne ferme de 1835 propose des chambres confortables dans un esprit rustique chic. Table d'hôte pour les résidents, servie dans la petite salle à manger ou, aux beaux jours, sur la terrasse donnant sur les collines avoisinantes et la forêt. Excellent petit-déjeuner avec produits locaux (charcuterie, fromages) et confitures maison.

4 chambres - 150/180€

La Chaude Côte - ✆ 03 89 49 80 77 - www.lapierredeau.com

LE FRENZ - Haut-Rhin (68) ➜ Voir Kruth

FRESNAY-EN-RETZ

✉ 44580 - Loire-Atlantique - Carte régionale n° **23**-A2 - Carte Michelin 316-E5

Le Colvert

CUISINE MODERNE · COSY XX En bordure de route qui traverse le village, la façade lavande et framboise de ce sympathique restaurant attire l'œil. On s'installe dans une salle confortable, plus sobre, pour se ragaillardir d'une cuisine traditionnelle, qui aime flirter avec la nouveauté.

Menu 22 € (déjeuner), 30/57 €

1414 route de Pornic - ✆ 02 40 21 46 79 - www.lecolvert.fr - Fermé 8 août-7 septembre, lundi, mardi soir, mercredi soir, jeudi soir, dimanche soir

LE FRET - Finistère (29) ➜ Voir Crozon

FRICHEMESNIL - Seine-Maritime (76) ➜ Voir Clères

FUISSÉ - Saône-et-Loire (71) ➜ Voir Mâcon

FURSAC - Creuse (23) ➜ Voir La Souterraine

FUVEAU

✉ 13710 - Bouches-du-Rhône - Carte régionale n° **24**-B3 - Carte Michelin 340-I5

Domaine Rampale

URBAIN · CONTEMPORAIN À mi-chemin entre Marseille et Aix, au calme d'un grand domaine arboré, on profite d'une villa aux chambres spacieuses et de deux lodges indépendants. Très belle piscine et solarium, salle de sport et cuisine du marché au restaurant.

5 chambres ☕ - 👥 120/255 €

19 chemin de Fina (accès chemin du Bœuf) - ✆ 04 42 38 05 87 - www.domaine-rampale.com - Fermé 15 février-1er mars, 17 octobre-1er novembre

LA GACILLY

✉ 56200 - Morbihan - Carte régionale n° **7**-C2 - Carte Michelin 308-S8

Les Jardins Sauvages

CUISINE MODERNE · CONTEMPORAIN XX La Grée des Landes, hôtel écolo made by Yves Rocher, se devait d'avoir un restaurant en accord avec ses principes. C'est chose faite avec ces Jardins Sauvages, où traçabilité et produits locavores (potager bio) dominent.

Menu 30 € (déjeuner)/42 € - Carte 55/65 €

La Grée des Landes, Cournon - ✆ 02 99 08 50 50 - www.lagreedeslandes.com - Fermé 7-13 janvier

La Grée des Landes

SPA ET BIEN-ÊTRE · NATURE Un vrai concept que cet "éco-hôtel spa" Yves Rocher : architecture bioclimatique et matériaux bruts (lin, coton, chêne). Soins esthétiques et repos total face à la vallée de l'Aff.

33 chambres - 👥 115/360 € - ☕ 18 €

Cournon - ✆ 02 99 08 50 50 - www.lagreedeslandes.com - Fermé 7-13 janvier

Les Jardins Sauvages - Voir la sélection des restaurants

GAILLAC

✉ 81600 - Tarn - Carte régionale n° **22**-C2 - Carte Michelin 338-D7

Vigne en Foule

CUISINE MODERNE • CONVIVIAL X Un sympathique bar-restaurant dans lequel la vigne règne en maître : près de 200 références s'offrent à votre choix. Menu du jour au déjeuner, choix plus étoffé le soir. Belle cuisine de bistrot revisitée, à déguster sur l'agréable terrasse, dès le printemps...

Menu 18 € (déjeuner)/32 € - Carte 32/52 €

80 place de la Libération - ✆ 05 63 41 79 08 - www.vigneenfoule.fr - Fermé 22 juin-5 juillet, lundi, dimanche

Domaine de Perches

MAISON DE MAÎTRE • COSY Il est des lieux qui traversent les époques sans se démoder : c'est le cas de cette maison de maître, située à quelques kilomètres du centre de Gaillac. Ici, le mobilier ancien côtoie celui d'aujourd'hui, les chambres sont raffinées, élégantes et offrent une jolie vue sur les vignes. Champêtre !

4 chambres - 158/240 €

lieu-dit Perches, 2083 route de Laborie - ✆ 05 63 56 58 24 - www.domainedeperches.com - Fermé 1er février-7 mars

GAMBSHEIM

✉ 67760 - Bas-Rhin - Carte régionale n° **10**-B1 - Carte Michelin 315-L4

Fleur de Sureau

CUISINE MODERNE • CONTEMPORAIN XX Cette Fleur de Sureau a poussé face à la gare ! À ceci près que son jardinier est un chef qui a fait ses classes auprès de Jean-Georges Klein, à l'Arnsbourg, et qu'il y réalise une cuisine du marché savoureuse, aux influences nippones. À noter, un menu surprise avec des plats créatifs en diable.

Menu 25 € (déjeuner), 35/70 € - Carte 40/70 €

22 rue du Chemin-de-Fer - ✆ 03 88 21 85 22 - www.fleurdesureau.fr - Fermé 2-9 janvier, 15-31 octobre, mardi, mercredi, samedi midi

GAP

✉ 05000 - Hautes-Alpes - Carte régionale n° **24**-C1 - Carte Michelin 334-E5

Le Bouchon

CUISINE MODERNE • BISTRO X Des assiettes généreuses et fort bien cuisinées, mettant en valeur des produits de belle qualité (bio et productions locales) : cette table s'impose pour un savoureux repas, et l'ambiance sympathique donne envie de revenir... notamment pour le lièvre à la royale, spécialité du chef (en saison, bien sûr).

Menu 19 € (déjeuner)/29 € - Carte 35/60 €

4 La Placette - ✆ 04 92 46 02 43 - www.lebouchon-gap.fr - Fermé lundi, dimanche

LA GARDE - Lozère (48) → Voir St-Chély-d'Apcher

LA GARENNE-COLOMBES - Hauts-de-Seine (92) → Voir Autour de Paris

GARGAS

✉ 84400 - Vaucluse - Carte régionale n° **25**-E1 - Carte Michelin 332-F10

Restaurant Coquillade

CUISINE MODERNE • LUXE XXX On est un peu au royaume de Bacchus dans ce restaurant situé au cœur d'un domaine viticole : les gourmets honorent les vins du cru et... tous les produits de la terre provençale, auxquels la carte fait la part belle. À l'image de l'hôtel, le décor ne manque pas de superbe (colonnes, charpente).

Carte 56/90 €

Coquillade - Provence Village, Hameau Le Perrotet - ✆ 04 90 74 71 71 - www.coquillade.fr - Fermé 3 novembre-1er avril, lundi midi, mardi midi, mercredi midi, jeudi midi, vendredi midi, samedi midi, dimanche

Les Vignes et son Jardin

CUISINE TRADITIONNELLE · ÉLÉGANT Dans le bistrot chic ou dans le jardin au milieu du vignoble l'été... Un fil très rouge, donc, pour cette adresse gourmande : le travail des saisons et le sens du terroir – au sein d'un hôtel qui vaut le coup d'œil !

Menu 42/48 € – Carte 65/84 €

Coquillade - Provence Village, Hameau Le Perrotet – ✆ 04 90 74 71 71 – www.coquillade.fr – Fermé 3 novembre-3 avril, lundi midi, mardi midi, mercredi midi, jeudi midi, vendredi midi, samedi midi

Coquillade - Provence Village

GRAND LUXE · PERSONNALISÉ Un hameau provençal dont les origines remontent au 11e s. : tel est le cadre de ce luxueux domaine hôtelier. Les chambres, réparties au sein de petits mas provençaux, expriment la quintessence des lieux (vieilles pierres, charpentes). On profite même d'un superbe spa, ouvert en 2015... Vendange de plaisirs !

42 suites – 310/1500 € – 30 € – 21 chambres

Hameau Le Perrotet – ✆ 04 90 74 71 71 – www.coquillade.fr – Fermé 3 novembre-1er avril

Restaurant Coquillade · **Les Vignes et son Jardin** – Voir la sélection des restaurants

GARNACHE - Vendée (85) → Voir Challans

GARONS - Gard (30) → Voir Nîmes

GASNY

✉ 27620 – Eure – Carte régionale n° **17**-D2 – Carte Michelin 304-J7

Auberge du Prieuré Normand

CUISINE TRADITIONNELLE · AUBERGE Depuis La Roche-Guyon, en suivant les boves crayeuses, votre route vous mènera à Gasny, où cette auberge familiale anime joliment la place centrale. Produits de qualité, sauces sapides, saveurs franches : la cuisine du chef – un sérieux professionnel – est généreuse et soignée !

Spécialités : Fricassée d'escargots aux herbes. Tournedos de cabillaud, fondue de poireaux et beurre blanc. Pomme rôtie, crème pralinée noisette.

Menu 33/58 € – Carte 55/74 €

1 place de la République – ✆ 02 32 52 10 01 – www.aubergeduprieurenormand.com – Fermé lundi, mardi

GASSIN

✉ 83580 – Var – Carte régionale n° **24**-C3 – Carte Michelin 340-O6

Bello Visto

CUISINE TRADITIONNELLE · AUBERGE Un établissement situé au cœur d'un joli village perché, occupé par les Maures jusqu'au 10e s. Installez-vous sur la superbe terrasse avec vue sur le golfe de Saint-Tropez et les sommets alpins pour déguster les spécialités maison : mitonnée de petits poulpes de roche, gnocchis à la truffe, soufflé au Grand Marnier...

Spécialités : Mitonnée de petits poulpes au piment d'Espelette, risotto au citron. Selle de cochon d'Aveyron rôtie, fondue de navet à l'orange. Tourte aux pommes reinette, biscuit sablé, crème battue vanille.

Menu 33/56 € – Carte 65/82 €

place des Barrys – ✆ 04 94 56 17 30 – www.bellovisto.eu – Fermé 2 novembre-26 mars

La Verdoyante

CUISINE TRADITIONNELLE • RUSTIQUE XX Posée au cœur des vignes, cette ancienne ferme rustique jouit d'un très beau panorama... Mais la Verdoyante ne serait rien sans la passion du couple qui en tient les rênes ! Dans un décor coquet ou sur la charmante terrasse, on se régale d'une délicieuse cuisine provençale aux parfums de garrigue.

Spécialités : Soupe de poissons de roche, rouille et croûtons. Daube de joue de bœuf à la provençale. Pêches et fraises pochées à la menthe.

Menu 30/60 € – Carte 46/61 €

866 chemin vicinal Coste Brigade – ✆ 04 94 56 16 23 – www.la-verdoyante.fr – Fermé 5 octobre-3 avril, lundi, mardi midi

GAUJAC

✉ 30330 – Gard – Carte régionale n° **21**–D2 – Carte Michelin 339-M4

La Maison

CUISINE MODERNE • BISTRO X On se sent bien, un peu comme à La Maison, dans cette ancienne demeure de vignerons ! Dans les salles, magnifiques écrins de pierre, on savoure une goûteuse cuisine du marché, réalisée par madame. Monsieur, lui, s'occupe de la belle sélection de vins qui comprend notamment des crus du village. Le tout à petits prix.

Menu 25 € (déjeuner), 38/45 €

rue du Presbytère – ✆ 04 66 39 33 08 – www.lamaison.gaujac.com – Fermé 24-25 décembre, mercredi midi, samedi, dimanche

GAZERAN – Yvelines (78) ➜ Voir Rambouillet

GÉMENOS

✉ 13420 – Bouches-du-Rhône – Carte régionale n° **24**–B3 – Carte Michelin 340-I6

La Magdeleine - Mathias Dandine Ⓝ

CUISINE PROVENÇALE • ÉLÉGANT XXX Mathias Dandine a réalisé son rêve de gamin en devenant le chef de cette superbe maison de maître du 18e s., avec sa terrasse ombragée de majestueux platanes. Le chef se révèle en parfaite harmonie avec l'âme des lieux, et célèbre la Provence avec un talent certain. Sa cuisine, fine et soignée, met en valeur les meilleurs fruits et légumes de la région dans une veine moderne, comme en témoigne ce délicieux saint-pierre aux artichauts, avec quelques moules glacées au safran et un jus de barigoule lié aux cébettes... un seul exemple, qui en dit long ! Une table exquise en tous points.

Spécialités : Fleurs de courgette farcies, crevette et mousseline de courgette. Cabillaud confit, fenouil fondant, cébettes et oignons doux. Croque feuille à la vanille, fraises des bois et sorbet fromage blanc.

Menu 60 € (déjeuner), 115/150 € – Carte 75/145 €

40 avenue du 2 ème Cuirassier – ✆ 04 42 32 20 16 – www.relais-magdeleine.com – Fermé lundi, dimanche

Les Arômes

CUISINE DU MARCHÉ • MÉDITERRANÉEN XX Le restaurant a déménagé d'Aubagne à Gémenos, pour cette maison des années 1930 regardant la Sainte-Baume. L'âme d'aubergiste des hôtes, elle, n'a pas changé et Yannick Besset, le chef, régale toujours avec sa cuisine régionale où les produits de saison mêlent leurs arômes à ceux de la garrigue.

Spécialités : Velouté de cocos, pancetta et œuf mollet. Épaule d'agneau allaiton confite au feu de bois, condiment yaourt-menthe-ail. Savarin au vieux rhum.

Menu 34/75 €

230 avenue du 2ème-Cuirassier – ✆ 09 80 73 06 60 – www.lesaromesgemenos.fr – Fermé lundi, mardi soir, mercredi soir, dimanche

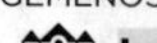 **La Magdeleine - Mathias Dandine**

MAISON DE MAÎTRE • MÉDITERRANÉEN Tout enchante, dans cette demeure provençale datant du 18e s. : cheminées anciennes, mobilier de style, tomette vernissée au sol, jusqu'au parc alentour avec ses platanes séculaires... Une plongée dans l'histoire et un séjour délicieux.

28 chambres – 175/380 € – 24 €

40 Avenue du 2 ème Cuirassier – 04 42 32 20 16 – www.relais-magdeleine.com

La Magdeleine - Mathias Dandine – Voir la sélection des restaurants

GÉNÉRAC

30510 – Gard – Carte régionale n° **21**–D2 – Carte Michelin 339-L6

L'Instant du Sud

CUISINE MODERNE • COSY Une jolie maison en pierre au cœur de ce village proche du Parc naturel régional de Camargue. Une terrasse sous les canisses, une petite salle à l'atmosphère intime : l'endroit est accueillant et les assiettes du chef achèvent de nous séduire. Bien tournées et actuelles, elles révèlent un excellent rapport qualité-prix !

Spécialités : Tataki de thon mariné, ragoût de tomate, gingembre confit, citronnelle et coriandre. Pavé de bœuf Simmental grillé, sauce brune au poivre Voatsiperifery. Entremets aux trois chocolats, crème anglaise à la menthe.

Menu 33/37 €

39 Grand-Rue – 04 66 02 03 93 – www.instantdusud.fr – Fermé lundi, dimanche et le soir sauf vendredi et samedi

GENESTON

44140 – Loire-Atlantique – Carte régionale n° **23**–B2 – Carte Michelin 316-G5

Le Pélican

CUISINE MODERNE • CONVIVIAL Comme le Pélican, ouvrez grand le bec et profitez d'une savoureuse cuisine, mêlant tradition et modernité. L'exemple parfait : un magret de canard cuit à basse température, avec écrasé de pomme de terre fumée... Délicieux et à petit prix : ce Pélican a tout compris !

Spécialités : Foie gras cuit au torchon. Quasi de veau en croûte de céréales, millefeuille de pommes de terre. Sphère au chocolat grand cru, mousse caramel et cacahouètes.

Menu 30/51 €

13 place Georges-Gaudet – 02 40 04 77 88 – www.restaurantlepelican.fr – Fermé 1er-7 janvier, 13-21 avril, 27 juillet-18 août, lundi, mardi, dimanche soir

GENEUILLE – Doubs (25) → Voir Besançon

GÉRARDMER

88400 – Vosges – Carte régionale n° **12**–C3 – Carte Michelin 314-J4

Le Pavillon Pétrus

CUISINE MODERNE • ÉLÉGANT À l'unisson de l'ambiance feutrée des parties communes (bar, billard, fumoir), la salle de ce Pavillon est spacieuse et élégante – lustres de Murano, fauteuils en velours... On y découvre une belle cuisine gastronomique. Que de saveurs !

Menu 49/92 € – Carte 64/97 €

Le Grand Hotel et Spa, Place du Tilleul – 03 29 63 06 31 – www.grandhotel-gerardmer.com – Fermé 10-20 novembre, mardi, mercredi, jeudi midi

La P'tite Sophie

CUISINE MODERNE • COSY L'annexe des Jardins de Sophie, avec son cadre boisé et contemporain, met en valeur une bonne cuisine du marché, saisonnière et généreuse – pâté en croûte de canard, jarret de veau cuit 48h, tartelette à la rhubarbe caramélisée –, et l'accueil y est particulièrement sympathique.

Menu 19 € (déjeuner), 29/35 € – Carte 36/46 €

40 rue Charles-de-Gaulle – 03 29 41 76 96 – www.compagnie-des-hotels-des-lacs.fr – Fermé 25 novembre-6 décembre, lundi, jeudi soir, dimanche soir

La Table du Rouan

CUISINE MODERNE • BRASSERIE XX Julien Jeanselme, chef concerné et accueillant, réalise une cuisine franche et fraîche, dont l'ancrage régional n'interdit pas les clins d'œil, notamment à la Provence (il affectionne la soupe de poissons), ou les hommages - ici à l'arrière-grand-père, étoilé… en 1936 ! - avec la terrine de montagne "Ernest Jeanselme". Une valeur sûre.

Menu 21/52 € - Carte 37/48 €

2 boulevard de la Jamagne - ✆ 03 29 63 36 86 - www.jamagne.com - Fermé 11 novembre-18 décembre

Le Grand Hotel et Spa

SPA ET BIEN-ÊTRE • PERSONNALISÉ Né au 19e s., il cultive sans faillir l'âme de la station vosgienne. Des chambres spacieuses classiques ou contemporaines, de superbes suites tout en bois dans un chalet indépendant, un spa magnifique, trois restaurants… Un fleuron en matière d'accueil et de confort.

62 chambres - 115/240 € - 22 € - 14 suites

Place du Tilleul - ✆ 03 29 63 06 31 - www.grandhotel-gerardmer.com - Fermé 10-20 novembre

Le Pavillon Pétrus - Voir la sélection des restaurants

Le Manoir au Lac

LUXE • CLASSIQUE Dans son parc escarpé dominant le lac, cet imposant chalet de 1830 fut jadis fréquenté par Maupassant… qui aurait pu écrire un roman sur la beauté du panorama. À l'intérieur, tout n'est que raffinement et confort : mobilier de style, épais édredons sur chaque lit, piscine couverte, etc. Une adresse d'autant plus charmante que le chef-gérant Fabrice Maillot mitonne de bons petits plats, au dîner.

14 chambres - 180/350 € - 18 € - 4 suites

59 chemin de la Droite-du-Lac - ✆ 03 29 27 10 20 - www.manoir-au-lac.com - Fermé 12 novembre-5 décembre

aux Bas-Rupts 4 km au Sud - Ouest par D486 - Carte régionale n° **12**-C3

Les Bas-Rupts

CUISINE CLASSIQUE • ÉLÉGANT XXX La table des Bas-Rupts est le lieu idéal pour apprécier une cuisine classique revisitée. Superbe carte des vins.

Menu 40 € (déjeuner), 55/105 € - Carte 80/100 €

181 route de la Bresse - ✆ 03 29 63 09 25 - www.bas-rupts.com - Fermé mardi midi, mercredi midi

Les Bas-Rupts

LUXE • COSY Un parfait décor pour un séjour de charme à la montagne : boiseries, cheminées, salons confortables, objets anciens, tableaux, piscine intérieure, etc. – sans compter l'accueil exquis. On ne peut quitter les lieux sans nostalgie…

24 chambres - 160/270 € - 25 € - 5 suites

181 route de la Bresse - ✆ 03 29 63 09 25 - www.bas-rupts.com

Les Bas-Rupts - Voir la sélection des restaurants

au Valtin 14 km au Nord - Est par D417 et D23

Auberge du Val Joli

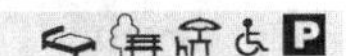

CUISINE TRADITIONNELLE • COSY XX Au creux de la vallée, cette petite hostellerie met le terroir et la tradition à l'honneur ! Pâté lorrain, truite du vivier - meunière ou fumée minute - au bleu : voici les bonnes spécialités du restaurant, dont l'intérieur a été entièrement rénové. Pour l'étape, quelques chambres confortables et personnalisées.

Menu 22/42 € - Carte 30/60 €

12 bis le Village - ✆ 03 29 60 91 37 - www.levaljoli.com - Fermé 6-16 janvier, 22 mars-2 avril, 2-19 novembre, lundi, mardi, dimanche soir

à Xonrupt-Longemer 6 km à l'Est par D417

Les Jardins de Sophie

CUISINE MODERNE • ÉLÉGANT XXX À l'occasion d'une escapade dans la forêt vosgienne depuis Gérardmer, vous ne serez pas dépourvu quand l'heure du repas sera venue : on trouve ici une cuisine au goût du jour basée sur de bons produits, que l'on déguste en profitant de la jolie vue sur la montagne et l'étendue des sapins.

Menu 35€ (déjeuner), 56/96€ – Carte 69/76€

route du Valtin – ✆ 03 29 63 37 11 – www.hotel-lesjardinsdesophie.com – Fermé mardi, mercredi

Les Jardins de Sophie

SPA ET BIEN-ÊTRE • COSY Sentiment d'exception dans ce chalet luxueux blotti dans une forêt d'épicéas... Ici, l'esprit montagnard n'est que raffinement et douceur, confort et chaleur. Une adresse délicieuse pour profiter pleinement des Vosges !

32 chambres – 155/289€ – 17€

route du Valtin – ✆ 03 29 63 37 11 – www.hotel-lesjardinsdesophie.com

Les Jardins de Sophie – Voir la sélection des restaurants

LES GETS

74260 – Haute-Savoie – Carte régionale n° **4**-F1 – Carte Michelin 328-N4

L'As des Neiges

CUISINE MODERNE • CONVIVIAL XX As de cœur pour cet As des Neiges ! Un couple à la formation solide, apprise dans des maisons étoilées, propose une cuisine précise et goûteuse, inspirée du marché et des saisons (omble chevalier, fromages de petits producteurs locaux etc.), à déguster dans un décor de chalet contemporain, de pierre et bois. Une très plaisante surprise.

Spécialités : Truite fumée, accompagnement de saison. Échine de cochon du Chablais laquée, saveur barbecue, purée de pomme de terre. Tarte soufflée au chocolat.

Menu 33/39€ – Carte 40/60€

624 rue du Centre – ✆ 04 50 80 62 53 – Fermé 20 avril-20 mai, 30 septembre-20 octobre

Les Soupers du Crychar

CUISINE TRADITIONNELLE • CONVIVIAL X Installez-vous dans l'une des deux salles en bois blond pour déguster une poularde au vin jaune et morilles, un foie gras poêlé ou un baba au vieux rhum, à accompagner d'un verre de vin (plus de 250 références). Magnifique buffet de fromages, vue imprenable sur la montagne et les pistes.

Menu 45€

Crychar, 136 impasse de la Grange-Neuve – ✆ 04 50 75 80 50 – www.crychar.com – Fermé 8 avril-29 juin, le midi

Alpina

FAMILIAL • MONTAGNARD Non loin du téléphérique, ce beau chalet à l'ambiance familiale domine le bourg... Les chambres, au cadre alpin épuré, proposent de jolies vues sur la vallée. Le restaurant, réservé aux résidents, se révèle sympathique : cadre cosy et bonne cuisine aux accents du pays.

39 chambres – 85/240€ – 13€

55 impasse Grange-Neuve – ✆ 04 50 75 80 22 – www.hotelalpina.fr – Fermé 14 avril-20 mai, 28 septembre-1er décembre

Crychar

BOUTIQUE HÔTEL • MONTAGNARD Un petit chalet au pied des pistes, chaleureux et confortable. Le feu crépite dans le salon ; les chambres, tout en bois clair, sont pimpantes et jouissent d'un balcon, et le beau spa se révèle idéal pour la relaxation. Un concentré de Savoie !

18 chambres – 100/540€ – 20€ – 2 suites

136 impasse de la Grange-Neuve – ✆ 04 50 75 80 50 – www.crychar.com – Fermé 10 avril-25 juin, 10 septembre-15 décembre

Les Soupers du Crychar – Voir la sélection des restaurants

GEVREY-CHAMBERTIN

✉ 21220 – Côte-d'Or – Carte régionale n° **5**–D1 – Carte Michelin 320-J6

La Table d'Hôte (Thomas Collomb)

CUISINE MODERNE • RUSTIQUE Également propriétaire de la Maison des Cariatides, à Dijon, Thomas Collomb tient ici une remarquable Table d'Hôtes. Il faut dire qu'il met toutes les chances de son côté : produits irréprochables, bio pour la plupart et issus de fournisseurs triés sur le volet, assiettes lisibles et soignées déclinées au fil d'un menu dégustation plein de surprises, cadre rustique-chic du plus bel effet... Mais ce n'est pas tout : la carte des vins vaut aussi son pesant de raisin (la région s'y prête, il faut dire !) et le service se révèle pro et prévenant, sans être envahissant. Bonne pioche.

Spécialités : Cuisine du marché.

Menu 32 € (déjeuner), 68/90 €

La Rôtisserie du Chambertin, 6 rue du Chambertin – ✆ 03 80 34 33 20 – www.thomascollomb.fr – Fermé lundi, dimanche

Chez Guy

CUISINE TRADITIONNELLE • CONTEMPORAIN On peut être moderne en apparence et fidèle à la tradition sur le fond ! La preuve avec ce restaurant au cadre contemporain... dont la cuisine est enracinée dans le terroir : asperges blanches de Savouges, croustillant de lard, pesto d'estragon... Sans oublier la remarquable cave qui met toute la Bourgogne à l'honneur.

Spécialités : Jambon persillé et condiments. Joue de bœuf cuite 12 heures au pinot noir, carottes fondantes, pommes de terre grenaille. Poire pochée au vin rouge, sorbet cassis.

Menu 24 € (déjeuner), 32/39 €

3 place de la Mairie – ✆ 03 80 58 51 51 – www.chez-guy.fr – Fermé lundi, dimanche

Bistrot Lucien

CUISINE TRADITIONNELLE • BISTRO Avec ses pierres apparentes, ses banquettes et son superbe bar en bois, ce bistrot est le complément idéal de l'hôtel qui l'accueille. Au programme, une belle cuisine bourguignonne : jambon persillé maison, escargots en cassolette au beurre persillé, tartes aux fruits maison... Superbe carte des vins.

Spécialités : Jambon persillé. Joue de bœuf braisée et tagliatelles. Profiteroles à la vanille de Madagascar.

Menu 28/38 € – Carte 42/65 €

La Rôtisserie du Chambertin, 6 rue du Chambertin – ✆ 03 80 34 33 20 – www.thomascollomb.fr – Fermé mardi, mercredi

La Rôtisserie du Chambertin

HISTORIQUE • CONTEMPORAIN Cette accueillante bâtisse en pierre située au sud de la ville propose de belles chambres élégantes et joliment décorées, dont un duplex, et un beau salon avec sa cheminée monumentale pour les longues soirées d'hiver... Des soirées dégustations de vins sont proposées aux hôtes, en soirée dans la cave.

9 chambres – 150/360 € – 18 €

6 rue du Chambertin – ✆ 03 80 34 33 20 – www.thomascollomb.fr

Bistrot Lucien • **La Table d'Hôte** – Voir la sélection des restaurants

GEX

✉ 01170 – Ain – Carte régionale n° **4**–F1 – Carte Michelin 328-J3

au Col de La Faucille 11,6 km au Nord par D1005 – Carte régionale n° **4**–F1

La Mainaz

LUXE • CONTEMPORAIN Atout incontestable de ce grand chalet en bois : la vue exceptionnelle sur le Léman et les Alpes ! L'hôtel a été rénové de la tête aux pieds : le style montagnard a cédé la place à un esprit alpin chic, jusque dans les chambres, très bien équipées. Au petit-déjeuner, priorité aux fromages de la région.

21 chambres – 189/339 € – 24 € – 2 suites

route du Col de la Faucille – ✆ 04 50 41 31 10 – www.la-mainaz.com

GIEN

✉ 45500 – Loiret – Carte régionale n° **8**–C2 – Carte Michelin 318-M5

✿ Côté Jardin (Arnaud Billard)

CUISINE CRÉATIVE • DESIGN XX Sur la rive gauche de la Loire et sur la route de Bourges, la brise vient autant du grand fleuve que des bons produits sélectionnés avec soin ! La carte est orientée poisson – le chef Arnaud Billard s'approvisionne deux fois par semaine chez un mareyeur de Normandie : saint-pierre, merlu, crevettes sauvages, et tant d'autres. Côté... jardin, le fournisseur est un maraîcher local qui cultive plus de 300 variétés. Aux fourneaux, ce natif de Maubeuge signe une savoureuse cuisine du marché, tout en subtiles associations d'ingrédients, à l'image de ce merlu, épinards, fraises vertes et pimprenelle. Une partition d'une grande finesse, tant d'un point de vue visuel que gustatif.

Spécialités : Cuisine du marché.

Menu 48/85€

14 route de Bourges – ✆ 02 38 38 24 67 – www.cote-jardin-restaurant.com – Fermé 9-25 mars, 24 août-9 septembre, lundi, mardi, dimanche soir

Le P'tit Bouchon

CUISINE TRADITIONNELLE • CONVIVIAL X Un vrai repaire bistronomique ! Le chef travaille avec soin de jolis produits de saison, et n'hésite pas à les accompagner d'huiles bien parfumées (notamment à la noisette) et de condiments ou d'épices en tout genre : graines de moutarde, mayonnaise au curry, piment d'Espelette, etc. On ne boude pas son plaisir.

Spécialités : Nougat de chèvre. Croustillant de canard confit, sauce au coteaux-du-layon, écrasé de pomme de terre. Moelleux au chocolat, glace vanille.

Menu 27/30€

66 rue Bernard-Palissy – ✆ 02 38 67 84 40 – www.ptitbouchon.fr – Fermé 17-26 février, 4-13 mai, 17 août-9 septembre, 18-27 novembre, lundi, dimanche

GIGARO – Var (83) ➜ Voir La Croix-Valmer

GIGONDAS

✉ 84190 – Vaucluse – Carte régionale n° **25**–E1 – Carte Michelin 332-D9

✿ L'Oustalet (Laurent Deconinck)

CUISINE MODERNE • TENDANCE XX Dans ce village de vignerons, une jolie maison en pierre dont la terrasse déborde sur une placette nantie de vieux platanes. Visuellement, on est déjà séduit ! Dans l'assiette, c'est aussi du plaisir en barres : produits de superbe fraîcheur, recettes raffinées et goûteuses, associations de saveurs pertinentes – et parfois osées. Laurent Deconinck, chef-patron en ces lieux, sait parler aux papilles. On passe un délicieux moment, d'autant que le service est efficace, tout en fluidité, et que la cave des vins réserve de magnifiques surprises...

Spécialités : Rouget au romarin en croûte de sel et huile d'olive vierge. Agneau de Provence aux herbes de nos collines, blettes et pignons. Sauge cristal, sorbet fromage blanc et feuilles de meringue à l'eucalyptus.

Menu 48€ (déjeuner), 68/98€ – Carte 72/100€

place Gabrielle-Andéol – ✆ 04 90 65 85 30 – www.loustalet-gigondas.com – Fermé 22-31 mars, 25 octobre-3 novembre, 20 décembre-16 janvier, lundi, dimanche

GILLY-LÈS-CÎTEAUX – Côte-d'Or (21) ➜ Voir Vougeot

LA GIMOND

✉ 42140 – Loire – Carte régionale n° **2**–A2 – Carte Michelin 327-F6

Le Vallon du Moulin

CUISINE TRADITIONNELLE • FAMILIAL XX Au cœur du village, ce sympathique restaurant contemporain propose une cuisine goûteuse – saumon fumé au bois de hêtre ; rôti de pintade aux champignons – qui suit le rythme des saisons. Preuve d'authenticité : le pain est fait maison avec la farine du moulin voisin !

Menu 26 € (déjeuner), 32/57 €

Le Bourg – ✆ 04 77 30 97 06 – www.le-vallon-du-moulin.com – Fermé 17-24 février, 17-31 août, lundi, mardi soir, mercredi, dimanche soir

GIVERNY

✉ 27620 – Eure – Carte régionale n° **17**–D2 – Carte Michelin 304-I6

Le Jardin des Plumes

CUISINE CRÉATIVE • ÉLÉGANT XXX À quelques minutes à pied de la maison de Claude Monet, cette belle demeure anglo-normande à colombages de 1912 invite à la détente et à la gourmandise. Splendide nid douillet néo-Art Déco (carrelage d'origine blanc cassé mâtiné de bleu, murs bleu paon, fauteuils d'esprit 1960 en cuir blanc et tables en verre et palissandre...) et plaisante terrasse entourée d'un ravissant jardin arboré. Le chef normand David Gallienne formé au Manoir du Lys a conservé certains de ses anciens producteurs de l'Orne, ses pêcheurs dieppois et en a trouvé de nouveaux. Les plats inventifs (sa tartelette de tartare de gambas est un must) jouent avec les mariages de saveurs insolites et les textures. Conseils bachiques avisés et accueil au top.

Spécialités : Raviole d'araignée de mer, bisque au combava et tagliatelles d'encornet. Sandre, topinambour et caramel au clou de girofle. Pomme au beurre vanillé, caramel et crème glacée vanille.

Menu 55/110 € – Carte 90/105 €

1 rue du Milieu – ✆ 02 32 54 26 35 – www.jardindesplumes.fr – Fermé 5-16 janvier, 15 novembre-3 décembre, lundi, mardi

La Musardière (N)

CUISINE MODERNE • BISTRO X Situé au cœur de bourg de Giverny, proche de la maison de Claude Monet et du musée des Impressionnistes, cette table sert une cuisine actuelle de bon aloi dans un cadre de bistrot contemporain et convivial, complété d'une plaisante terrasse ensoleillée aux beaux jours.

Menu 29 € – Carte 36/45 €

123 rue Claude Monet – ✆ 02 32 21 03 18 – www.lamusardiere.fr – Fermé 7-24 janvier, 12-26 novembre

GIVORS

✉ 69700 – Rhône – Carte régionale n° **2**–B2 – Carte Michelin 327-H6

à Loire-sur-Rhône 5 km par N86, rte de Condrieu

Mouton-Benoît

CUISINE MODERNE • CONTEMPORAIN XX Au bord de la route, cet établissement fondé en 1822 abritait autrefois les fourneaux des "mères" Dumas. En hiver, on y déguste la spécialité du chef : le lièvre à la royale selon la recette immortalisée par le sénateur Couteaux... il y a plus d'un siècle ! Enfin, de délicieux desserts viennent conclure ce repas.

Menu 32 € (déjeuner), 45/60 €

1167 route de Beaucaire – ✆ 04 78 07 96 36 – www.restaurant-moutonbenoit.co – Fermé 16-31 août, lundi, mardi, samedi midi, dimanche soir

GLAINE-MONTAIGUT

✉ 63160 – Puy-de-Dôme – Carte régionale n° **1**–C2 – Carte Michelin 326-H8

Auberge de la Forge

CUISINE MODERNE • AUBERGE Face à l'église romane, cette sympathique auberge est l'exacte reproduction de l'ancienne forge du village : murs en pisé, poutres apparentes, soufflet pour attiser le feu de la cheminée ! Le chef régale avec de belles assiettes entre tradition et modernité : tarte tatin au boudin noir ; caille en deux cuissons à l'ail noir de Billom ; parfait glacé à la verveine du Velay.

Menu 18 € (déjeuner), 26/50 € – Carte 30/45 €

place de l'Église – ✆ 04 73 73 41 80 – www.aubergedelaforgeglaine.com – Fermé lundi soir, mardi soir, mercredi, jeudi soir, dimanche soir

GODEWAERSVELDE

✉ 59270 – Nord – Carte régionale n° **13**–B2 – Carte Michelin 302-D3

L'Estaminet du Centre

CUISINE DU TERROIR • VINTAGE Cette institution locale a changé de mains, reprise en 2019 par un couple de restaurateurs lillois. Au programme, carte de classiques flamands à arroser d'une bière faite maison, et décor légèrement modernisé. Accueil agréable.

Carte 26/32 €

11 route de Steenvoorde – ✆ 03 28 42 21 72 – Fermé lundi, mardi, mercredi

GOLBEY – Vosges (88) ➜ Voir Épinal

GOLFE DE SANTA-GIULIA – Corse-du-Sud (2A) ➜ Voir Corse (Porto-Vecchio)

GOLFE-JUAN

✉ 06220 – Alpes-Maritimes – Carte régionale n° **25**–E2 – Carte Michelin 341-D6

Le Bistrot du Port Ⓝ

POISSONS ET FRUITS DE MER • CONTEMPORAIN Quelle belle surprise que ce restaurant situé face au vieux port, et que de chemin parcouru par ce chef-patron qui laisse libre cours à sa passion des produits de la mer et à son imagination, comme avec ces anémones soufflées et gnocchi à l'encre de seiche, écume d'oursin et tomates de mer. Produits d'une fraîcheur remarquable, cuissons maîtrisées et prise de risque constante : un restaurant et un chef qui sortent clairement du lot.

Menu 29 € (déjeuner) – Carte 60/90 €

53 avenue des Frères-Roustan – ✆ 04 93 63 70 64 – www.bistrotduport.com – Fermé 23 février-1er mars, 18 novembre-16 décembre, mardi soir, mercredi

à Vallauris 2,5 km au Nord - Ouest par D135 – Carte régionale n° **25**–E2

Les Dilettants Ⓝ

CUISINE MODERNE • CONVIVIAL Ancien commercial pour une grande marque de boules de pétanque, Thomas Filiaggi a changé de trajectoire à 30 ans pour assouvir sa passion de la cuisine. Il propose une cuisine personnelle pleine de fraîcheur, largement basée sur les légumes et produits aromatiques de son potager personnel. Une vraie pépite.

Spécialités : Terrine de cochon, pickles, salade. Agneau, aubergine, pois chiches et harissa. Figues rôties, sablé, citron.

Menu 30 €

1193 chemin de Saint-Bernard – ✆ 04 93 33 99 59 – Fermé lundi soir, mardi soir, mercredi soir, jeudi soir, dimanche

GORDES

✉ 84220 – Vaucluse – Carte régionale n° **25**–E1 – Carte Michelin 332-E10

Les Bories

CUISINE MODERNE · ÉLÉGANT XXX Au cœur du Luberon, cette bastide jouit d'un cadre idyllique, à la fois secret et grand ouvert sur la garrigue avec son parc, ses jardins aromatiques et ses piscines chauffées. Le chef Grégory Mirer est un ancien de chez Robuchon et Mauro Colagreco. Sa cuisine contemporaine revisite avec délicatesse et équilibre le terroir méditerranéen, à l'image de ce blanc de seiche et têtes d'encornets grillés, mousseline de pomme de terre, câpres en tempura, poireaux grillés et herbes sauvages. Au dessert ce soir, une belle démonstration gourmande et technique que cette composition autour de la fraise, garnie de compotée de fraises ou de sorbet, posée sur un délicieux clafoutis à la pistache... Les saveurs provençales prennent ici toute leur dimension.

Spécialités : Huîtres, crème d'algues, granité d'eau de mer et fruits de la passion. Agneau de Provence, aubergines confites, mousseline d'artichaut et olives vertes. Crémeux chocolat à la fève tonka, ganache chocolat au lait et glace au lait d'amande.

Menu 70/120 € - Carte 96/103 €

Les Bories & Spa, route de l'Abbaye-de-Sénanque - ✆ 04 90 72 00 51 - www.hotellesbories.com - Fermé 5 janvier-13 février, 16 février-9 avril, 1er novembre-18 décembre, lundi, mardi midi, mercredi midi, jeudi midi, vendredi midi, samedi midi, dimanche

Clover Gordes

CUISINE MÉDITERRANÉENNE · ÉLÉGANT XX Dans le magnifique hôtel de la Bastide de Gordes, Jean-François Piège propose une carte alléchante (c'est bien simple, on a envie de goûter à tout), valorisant les produits locaux, légumes, fruits et herbes de Provence. Le végétal fait jeu égal avec de belles viandes maturées, cuites au grill ou à la broche, et de superbes poissons de méditerranée. L'agneau de la Crau au pèbre d'ail est un régal ! A déguster dans une belle salle à la décoration provençale, modernisée et allégée. Un lieu chic et reposant.

Carte 40/100 €

La Bastide de Gordes, route de la Combe - ✆ 04 90 72 12 12 - www.clovergordes.com - Fermé 2 novembre-29 avril

La Citadelle

CUISINE TRADITIONNELLE · ÉLÉGANT X Le soir, on s'installe dans la belle salle à manger bourgeoise, très 18e s., ou sur la terrasse panoramique, devant le soleil qui se couche sur le Luberon. On se régale d'assiettes à la gloire de la Provence, ses produits nobles et ses saveurs : asperges, tomates de pays, homard, selle d'agneau rôti... A midi, l'Orangerie propose une carte similaire.

Carte 68/138 €

La Bastide de Gordes, route de la Combe - ✆ 04 90 72 12 12 - gordes.airelles.com - Fermé 2 novembre-29 avril

Carcarille

CUISINE PROVENÇALE · MÉDITERRANÉEN X Dans cette chaleureuse maison familiale, le temps est comme suspendu ! Sur la belle terrasse, on se régale d'une goûteuse cuisine régionale dans laquelle tout est fait maison : carpaccio de Saint-Jacques, pamplemousse et romarin ; carré d'agneau au sautoir, cannelloni d'aubergine et crème d'ail noir...

Menu 27 € (déjeuner), 37/70 € - Carte 54/76 €

route d'Apt - ✆ 04 90 72 02 63 - www.carcarille.com - Fermé 20 décembre-14 mars

La Bastide de Gordes

PALACE · CLASSIQUE Cette bastide, dressée à flanc de rocher face aux Alpilles, a rouvert ses portes après d'importants travaux. Plus qu'une simple rénovation, c'est une métamorphose : intérieur somptueux, évoquant avec goût l'esprit des châteaux de famille du 18e s. - tableaux, mobilier chiné -, piscines invitant à la détente...

34 chambres - 330/1410 € - 40 € - 6 suites

route de la Combe - ✆ 04 90 72 12 12 - gordes.airelles.com - Fermé 2 novembre-29 avril

La Citadelle · **Clover Gordes** - Voir la sélection des restaurants

Les Bories & Spa

LUXE • CLASSIQUE Les "bories", ce sont ces cabanes en pierres sèches des anciens bergers de Provence... Un modèle pour l'architecture de ce luxueux établissement, qui semble vivre en communion avec la garrigue, entre lavandes et oliviers. Lumière, raffinement...

32 chambres – 280/525 € – 24 € – 2 suites

route de l'Abbaye de Sénanque – ✆ 04 90 72 00 51 – www.hotellesbories.com – Fermé 5 janvier-13 février

✿ **Les Bories** – Voir la sélection des restaurants

Le Petit Palais d'Aglaé

TRADITIONNEL • PERSONNALISÉ Un hôtel à flanc de falaise ! La plupart des chambres, au style baroque revisité, proposent des vues superbes sur la campagne - tout comme la jolie piscine. Terrasses, jardin potager, sauna, hammam, et même une petite salle de projection.

16 chambres – 275/390 € – 21 €

Route de Murs – ✆ 04 32 50 21 02 – www.petitpalaisdaglae-gordes.com

Ferme Oléicole Les Callis

MAISON DE CAMPAGNE • CONTEMPORAIN À la fois oliveraie et potager bio, cet ancien relais de poste reconverti en maison d'hôtes agritouristique offre aujourd'hui sérénité, nature, et enracinement à ses invités. Les chambres, disséminées dans la bâtisse, invitent à la détente et à l'introspection...

5 chambres – 140/330 €

lieu-dit les Imberts - chemin des Fayards – ✆ 06 03 06 03 58 – www.lafermelescallis.com – Fermé 3 février-2 mars

GORGES DE LA RESTONICA – Haute-Corse (2B) ➜ Voir Corse (Corte)

GOSNAY – Pas-de-Calais (62) ➜ Voir Béthune

LA GOUESNIÈRE

✉ 35350 – Ille-et-Vilaine – Carte régionale n° **7**-D1 – Carte Michelin 309-K3

✿ La Gouesnière

CUISINE MODERNE • TRADITIONNEL XXX Entre Saint-Malo et Cancale, cette institution de l'hôtellerie-restauration a ouvert ses portes en 1936 sous la forme, à l'origine, d'un bistrot situé face à la gare. Grâce à son chef Jonathan Bigaré, la table a de nouveau le vent en poupe. Ce garçon a travaillé par le passé à l'Arnsbourg à Baerenthal, en Moselle et chez Thierry Marx quand il officiait à Pauillac. À côté des classiques – coquillages, crustacés, poissons meunière – comme cette superbe sole présentée en plateau avant sa découpe au guéridon, on sert aussi des recettes plus fines et créatives, concoctées avec un soin particulier. Une cuisine généreuse, qui flatte aussi bien l'œil que le palais : un vrai plaisir.

Spécialités : Nage de homard au bouillon clair iodé, minute de coques et huîtres. Tourte d'agneau et de foie gras, chou vert, cœur de sucrine et truffe. Soufflé tout vanille.

Menu 55/120 € – Carte 75/120 €

Maison Tirel-Guérin, lieu-dit Le Limonay (à la gare) – ✆ 02 99 89 10 46 – www.tirelguerin.com – Fermé 5-24 janvier, 28 juin-3 juillet, 29 novembre-17 décembre, lundi midi, mardi midi, mercredi, jeudi midi, vendredi midi

GOULLES

✉ 19430 – Corrèze – Carte régionale n° **19**-C3 – Carte Michelin 329-N5

Relais du Teulet (N)

CUISINE DU TERROIR • MAISON DE CAMPAGNE X Agréable surprise que cet ancien relais de diligence, tenu par la même famille depuis... cinq générations ! Le chef propose une cuisine actuelle simple et lisible, déclinée au gré d'une courte carte qui valorise les bons produits de la région – viandes de Corrèze, fruits et légumes d'Aurillac...

Menu 15 € (déjeuner), 18/35 € – Carte 30/45 €

Lieu-dit Le Teulet – ✆ 05 55 28 71 09 – www.relais-du-teulet.fr – Fermé 29 juin-5 juillet, dimanche soir

GOULT

✉ 84220 - Vaucluse - Carte régionale n° **25**–E1 - Carte Michelin 332-E10

La Bartavelle

CUISINE PROVENÇALE • RUSTIQUE XX Le petit Marcel Pagnol et son père bien-aimé auraient apprécié cette salle voûtée avec ses superbes carreaux de terre cuite. Dans une ambiance chaleureuse, on se régale (par exemple) d'un marbré de foie gras de canard aux artichauts et vinaigrette au jus de viande, ou d'un turbot, accompagné de son velouté de cocos frais. Du bel ouvrage !

Menu 47 €

rue du Cheval-Blanc - ✆ 04 90 72 33 72 - labartavellegoult.com - Fermé 5 janvier-10 mars, mardi, mercredi

Le Carillon

CUISINE MODERNE • ÉLÉGANT X Face au carillon de la grande place de Goult, ce restaurant a été entièrement rénové en 2013. Le menu, où l'on trouve de bons plats de saison, évolue tous les mois et demi. Fraîche terrasse ombragée.

Menu 25 € (déjeuner), 37/49 € - Carte 45/67 €

avenue du Luberon - ✆ 04 90 72 15 09 - www.lecarillon-restaurant.com - Fermé 1er janvier-20 février, mardi, mercredi

GOUMOIS

✉ 25470 - Doubs - Carte régionale n° **6**–C2 - Carte Michelin 321-L3

Taillard

CUISINE CLASSIQUE • VINTAGE XXX La vue sur la vallée est très agréable et la cuisine du terroir concoctée par le chef - savoureuse et très raffinée - n'a rien à lui envier ! Une maison familiale et de tradition.

Menu 33 € - Carte 55/85 €

3 route de la Corniche - ✆ 03 81 44 20 75 - www.hotel-taillard.fr - Fermé 4 novembre-13 mars, lundi midi, mercredi midi

GOURDON

✉ 46300 - Lot - Carte régionale n° **22**–B1 - Carte Michelin 337-E3

Hostellerie de la Bouriane

CUISINE TRADITIONNELLE • CLASSIQUE XX Cette belle maison de famille quercynoise, tenue par la même famille depuis 1898, a l'élégance et le charme des demeures anciennes. La cuisine, traditionnelle, tire le meilleur des produits de la région (agneau de Quercy, cailles, fromage de Rocamadour), avec une grande spécialité : le tournedos Rossini. Très belle carte des vins.

Menu 33/52 € - Carte 45/75 €

place du Foirail - ✆ 05 65 41 16 37 - www.hotellabouriane.fr - Fermé 24 janvier-17 mars, 18-27 octobre, lundi, mardi midi, mercredi midi, jeudi midi, vendredi midi, samedi midi, dimanche soir

GOUVIEUX - Oise (60) ➜ Voir Chantilly

GOUY-ST-ANDRÉ - Pas-de-Calais (62) ➜ Voir Hesdin

GRAMAT

✉ 46500 - Lot - Carte régionale n° **22**–C1 - Carte Michelin 337-G3

Le Relais des Gourmands

CUISINE TRADITIONNELLE • FAMILIAL XX La table de cet hôtel-restaurant familial, situé en léger retrait du centre-ville, propose une cuisine traditionnelle et généreuse, teintée de quelques notes actuelles. Aux beaux jours, on s'installe sous les marronniers.

Menu 23/50 € - Carte 35/64 €

2 avenue de la Gare - ✆ 05 65 38 83 92 - www.relais-des-gourmands.com - Fermé 9 février-8 mars, 1er-10 octobre, 21 décembre-4 janvier, lundi, dimanche soir

LE GRAND-BORNAND

✉ 74450 - Haute-Savoie - Carte régionale n° **4**-F1 - Carte Michelin 328-L5

Confins des Sens

CUISINE MODERNE • INTIME XX La spécialité de la maison ? La délicieuse soupe de foie gras au muscat, avec une compotée d'oignons rouges et ses cromesquis. Un bel hommage au terroir, avec la touche de créativité qui fait la différence ; le tout est mis en scène par deux chefs en cuisine. Terrasse orientée plein Sud.

Menu 26 € (déjeuner), 45/63 €

Le Villavit - ✆ 04 50 69 94 25 - www.confins-des-sens.com - Fermé mercredi, dimanche soir

L'Héliantis

CUISINE MODERNE • CONTEMPORAIN XX Prenez un jeune couple, monsieur aux pianos, madame aux desserts, ajoutez une cuisine moderne, matinée de touches japonaises, saupoudrez de sourire et de motivation, et vous obtiendrez cette charmante adresse, où l'on ne s'ennuie jamais. Terrasse en été, et carte de saison.

Menu 26 € (déjeuner), 40/60 € - Carte 59/68 €

431 Route de la Vallée du Bouchet - ✆ 04 50 02 29 87 - www.restaurant-heliantis.fr - Fermé 13-26 avril, 9-29 novembre, lundi, mardi midi, dimanche soir

Le Chalet 1864

FAMILIAL • MONTAGNARD C'est le dernier chalet, au bout de la route : la promesse d'un nouvel horizon ! Les chambres, vastes et confortables, jouent des matériaux bruts, pierre et bois. En soirée, un chef Meilleur Ouvrier de France cuisine pour les hôtes. Le plus ? Aucune télévision ne vous distraira de votre méditation...

5 chambres - 350/615 €

2645 route de Lormay - ✆ 04 50 02 28 50 - www.chalet1864.com - Fermé 12 avril-20 juin, 15 septembre-13 décembre

au Chinaillon 5,5 km au Nord par D4 - Carte régionale n° **4**-F1

Les Cimes

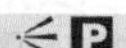

FAMILIAL • PERSONNALISÉ Au cœur de la station du Chinaillon, ce chalet entièrement rénové cultive un esprit atypique, proche d'une maison d'hôtes. Les chambres sont élégantes avec leurs murs entièrement tapissés de bois et ornés de motifs peints à la main. De véritables cocons de montagne ! Spa et bar lounge.

5 chambres - 139/169 € - 19 € - 3 suites

16 Rouet de la Floria - ✆ 04 50 27 00 38 - www.hotel-les-cimes.com - Fermé 15 avril-20 juin

GRANDCAMP-MAISY

✉ 14450 - Calvados - Carte régionale n° **17**-B2 - Carte Michelin 303-F3

La Trinquette

POISSONS ET FRUITS DE MER • CONTEMPORAIN XX Le chef passionné de cette table familiale à l'atmosphère contemporaine et chaleureuse, vous propose de déguster une cuisine d'une incomparable fraîcheur, avec l'impression de goûter moules, Saint-Jacques, sole ou turbot, au sortir de la barque du pêcheur ! Agréable véranda-salon d'un côté de la maison, et terrasse de l'autre.

Menu 30/50 €

7 rue du Joncal - ✆ 02 31 22 64 90 - www.restaurant-la-trinquette.com - Fermé 9 décembre-25 janvier, lundi, mardi

LE GRAND-VILLAGE-PLAGE - Charente-Maritime (17) ➜ Voir Île d'Oléron

GRANVILLE

✉ 50400 - Manche - Carte régionale n° **17**-A2 - Carte Michelin 303-C6

L'Edulis

CUISINE MODERNE • DESIGN XX Le décor tout en sobriété du restaurant profite à l'assiette, imaginée par un chef enthousiaste et talentueux, petit-fils de boulanger. Cuisine soignée, beaux produits régionaux, gourmandise : tout simplement, la meilleure table de Granville.

Menu 25 € (déjeuner), 39/75 €

8 rue de l'Abreuvoir – ✆ 02 14 13 45 88 – www.restaurantledulis.com – Fermé lundi, mardi, dimanche soir

Le Bistro'Nomik

CUISINE MODERNE • CONVIVIAL X Voilà une adresse qui se démarque de la trilogie moules-frites-coquillages, que l'on trouve à Granville. Face au port, l'agréable terrasse est déjà un argument de poids, mais la cuisine n'est pas en reste : ce croustillant de lieu noir, purée de topinambour et jus de langoustines corsé en est la preuve...

Menu 31 € – Carte 35/70 €

12 rue du Port – ✆ 02 33 59 60 37 – Fermé mercredi soir, jeudi, dimanche soir

à St-Pair-sur-Mer 4 km au Sud par D911

Le Pont Bleu

POISSONS ET FRUITS DE MER • CONVIVIAL XX Dans ce restaurant, situé à cinquante mètres des plages et animé par un couple de passionnés, on affectionne les produits frais et le poisson de la petite pêche locale. La cuisine, résolument iodée, n'en oublie pas les légumes, fournis par les producteurs des parages.

Menu 29/52 € – Carte 43/63 €

6 rue du Pont-Bleu – ✆ 02 33 51 88 30 – www.lepontbleu.com – Fermé 8-30 janvier, 16-19 mars, 22-25 juin, 23 novembre-4 décembre, mercredi, jeudi

GRASSE

✉ 06130 – Alpes-Maritimes – Carte régionale n° **25**-E2 – Carte Michelin 341-C6

La Bastide St-Antoine (Jacques Chibois)

CUISINE PROVENÇALE • ÉLÉGANT XXXX Jacques Chibois, l'un des chefs de file de la "cuisine du soleil", a investi depuis mai 1996 cette bastide du dix-septième siècle, dont la terrasse donne sur l'arrière-pays, et une majestueuse oliveraie. Dans le jardin, trois grâces observent les gourmets, qui se surprennent à flâner. Pour mettre en saveur cette cuisine du sud, Laurent Barberot, au beau parcours étoilé (Bernard Loiseau, Auberge de l'Ill, Plaza Athénée, Clos des Sens) propose des menus qui célèbrent pêle-mêle agrumes, herbes, huile d'olive, et autres spécialités régionales. Ensoleillé.

Spécialités : Papillon de langoustines et caviar, émulsion d'orange et pamplemousse à l'huile d'olive et au basilic. Tomate provençale farcie au ris de veau, chapelure de céleri branche et amandes craquantes. Tarte aux framboises à l'huile d'olive et citron vert, granité verveine.

Menu 69 € (déjeuner), 105/215 € – Carte 158/203 €

48 avenue Henri-Dunant (quartier St-Antoine) – ✆ 04 93 70 94 94 – www.jacques-chibois.com – Fermé 10-28 novembre

Lougolin

CUISINE MODERNE • TENDANCE X Le chef Xavier Malandran prône ici une philosophie imparable : la fraîcheur au meilleur rapport qualité-prix. Ses recettes saisonnières, mâtinées de touches provençales, possèdent toujours la pointe de créativité qui fait la différence. Installez-vous si possible en terrasse, sous les tilleuls, et profitez de la vue sur la plaine et la ville de Grasse...

Spécialités : Œuf parfait, crémeux de petits pois, nuage de brousse. Filet mignon de cochon à basse température, jus au muscat de Rivesaltes. Cheesecake à la rose, biscuit spéculos, coulis de fruits rouges.

Menu 28 € (déjeuner)/33 €

381 route de Plascassier – ✆ 04 93 60 14 44 – www.lougolin.com – Fermé lundi, dimanche soir

La Bastide St-Antoine

LUXE • ÉLÉGANT Cette imposante bastide du 18e s. trône dans un parc magnifique, doublé d'une immense oliveraie aménagée en restanques. L'image même de la Provence éternelle ! Luxueux mais sans ostentation, l'établissement cultive l'élégance aussi bien que la discrétion : la promesse d'un séjour enchanteur...

16 chambres – 240/450 € – 31 € – 7 suites

48 avenue Henri-Dunant (quartier St-Antoine) – ✆ 04 93 70 94 94 – www.jacques-chibois.com – Fermé 2-22 novembre

La Bastide St-Antoine – Voir la sélection des restaurants

à Cabris 5 km à l'Ouest par D4

Auberge de la Chèvre d'Or

CUISINE TRADITIONNELLE • AUBERGE X À l'entrée du village, voici une sympathique auberge où déguster une cuisine traditionnelle généreuse : tranche épaisse de saumon fumé maison, rognons de veau sautés à la graine de moutarde... Sans oublier la jolie terrasse.

Menu 21 € (déjeuner), 31/41 € – Carte 40/50 €

1 place du Puits – ✆ 04 93 60 54 22 – www.lachevredor.fr – Fermé 1er janvier-10 février, mardi, mercredi

LE GRAU-D'AGDE – Hérault (34) ➜ Voir Agde

LE GRAU-DU-ROI

✉ 30240 – Gard – Carte régionale n° **21**-C2 – Carte Michelin 339-J7

Le Dauphin

POISSONS ET FRUITS DE MER • BISTRO X Sur les quais, un bistrot de la mer tenu par une authentique famille de restaurateurs-pêcheurs – la propriétaire s'occupe du service, son fils œuvre en cuisine et son époux possède un chalutier ! On s'y régale d'un poulpe à la plancha, ou de la fameuse rouille à la Graulenne. Difficile d'espérer poisson plus frais.

Menu 24/32 € – Carte 36/44 €

48 quai Général-de-Gaulle – ✆ 04 66 53 91 44 – www.restaurantledauphin.fr – Fermé 1er janvier-29 février, lundi

à Port Camargue 3 km au Sud par D62B – Carte régionale n° **21**-C2

L'Amarette

POISSONS ET FRUITS DE MER • ÉLÉGANT XX Près de la plage, ce restaurant dispose d'une terrasse en étage qui offre une belle vue sur la baie d'Aigues-Mortes. Agréable cuisine de la mer.

Menu 28 € (déjeuner), 45/56 € – Carte 45/85 €

centre Commercial Camargue 2000 – ✆ 04 66 51 47 63 – www.l-amarette.com – Fermé 22 juin-1er juillet, 19-28 octobre, 21 décembre-29 janvier, mardi, mercredi

Spinaker

CUISINE MÉDITERRANÉENNE • CONTEMPORAIN XX Une cuisine méditerranéenne dans l'air du temps à savourer dans une salle moderne ou sur la jolie terrasse ouverte sur la marina et ses bateaux de plaisance. Le menu terroir offre un bon rapport qualité-prix. Chambres plaisantes dans une ambiance vacances.

Menu 32/49 € – Carte 50/90 €

Voie de la Pointe du Môle – ✆ 04 66 53 36 37 – www.spinaker.com – Fermé 2 janvier-13 février, mardi

Le Comptoir des Voiles

CUISINE MODERNE · CONVIVIAL Que l'on aime cette petite adresse tout en simplicité ! Service et ambiance décontractés, salle au coude-à-coude, cuisine du marché basée sur les produits de la mer, avec entrées sous forme de tapas : par exemple, poulpe en persillade, huîtres de Bouzigues, encornets frits... Le tout face au port de plaisance, pour ne rien gâcher.

Menu 20 € (déjeuner) - Carte 27/55 €

3 quai Bougainville (à la Capitainerie) - 04 66 51 66 67 - Fermé 2 décembre-17 février

GRAUFTHAL - Bas-Rhin (67) ➜ Voir La Petite-Pierre

GRENOBLE

38000 - Isère - Carte régionale n° **2**-C2 - Carte Michelin 333-H6

Le Rousseau

CUISINE ACTUELLE · TENDANCE Le Rousseau, c'est un jeune chef, Élie Michel-Villaz, qui a fait de la simplicité son mantra et sa principale qualité. La partition est fraîche, travaillée avec beaucoup de soin, mariée à des flacons choisis avec amour (250 références, beaucoup de nature et biodynamie)... et servie en toute convivialité. Une affaire qui roule.

Spécialités : Cuisine du marché.

Menu 23 € (déjeuner), 33/39 €

Plan B2-e - *3 rue Jean-Jacques-Rousseau - 04 76 14 86 75 - www.restaurantlerousseau.fr - Fermé 3-25 août, 31 décembre-4 janvier, lundi, dimanche*

Le Fantin Latour - Stéphane Froidevaux

CUISINE CRÉATIVE · TENDANCE Une grande sensibilité, beaucoup de personnalité... On se laisse porter par la cuisine de Stéphane Froidevaux, toujours sincère. Il décline aujourd'hui deux offres distinctes : gastronomique le soir et dans une veine plus "brasserie" à midi. Quant au cadre, un hôtel particulier du 19e s., il ne manque pas de charme.

Menu 32 € (déjeuner), 55/85 € - Carte 43/67 €

Plan C2-a - *1 rue Général-de-Beylie - 04 76 24 38 18 - www.fantin-latour.fr - Fermé lundi, dimanche soir*

Lesdiguières

CUISINE TRADITIONNELLE · CLASSIQUE À la table de l'école hôtelière, professeurs et élèves révisent leurs classiques par le biais d'un menu réglé sur les saisons. Côté décor, la tradition est aussi de mise : nappage blanc, couverts en argent, etc.

Menu 28/39 €

Hors plan - *122 cours de la Libération et du Général de Gaulle - 04 38 70 19 50 - www.hotellesdiguieres.com - Fermé 21 février-9 mars, 17 avril-4 mai, 15 juillet-31 août, 17 octobre-1er novembre, vendredi, samedi, dimanche*

Brasserie Chavant

CUISINE TRADITIONNELLE · BRASSERIE En plein centre-ville, cette adresse en impose avec son décor chic et baroque ! Au menu, les bons classiques du genre, comme cette poêlée de calamar et jus de langoustine... Pour l'anecdote : Chavant était le nom des ancêtres du maître des lieux, restaurateurs depuis 1852.

Carte 38/60 €

Plan B2-g - *2 cours Lafontaine - 04 76 87 61 83 - www.brasserie-chavant.fr*

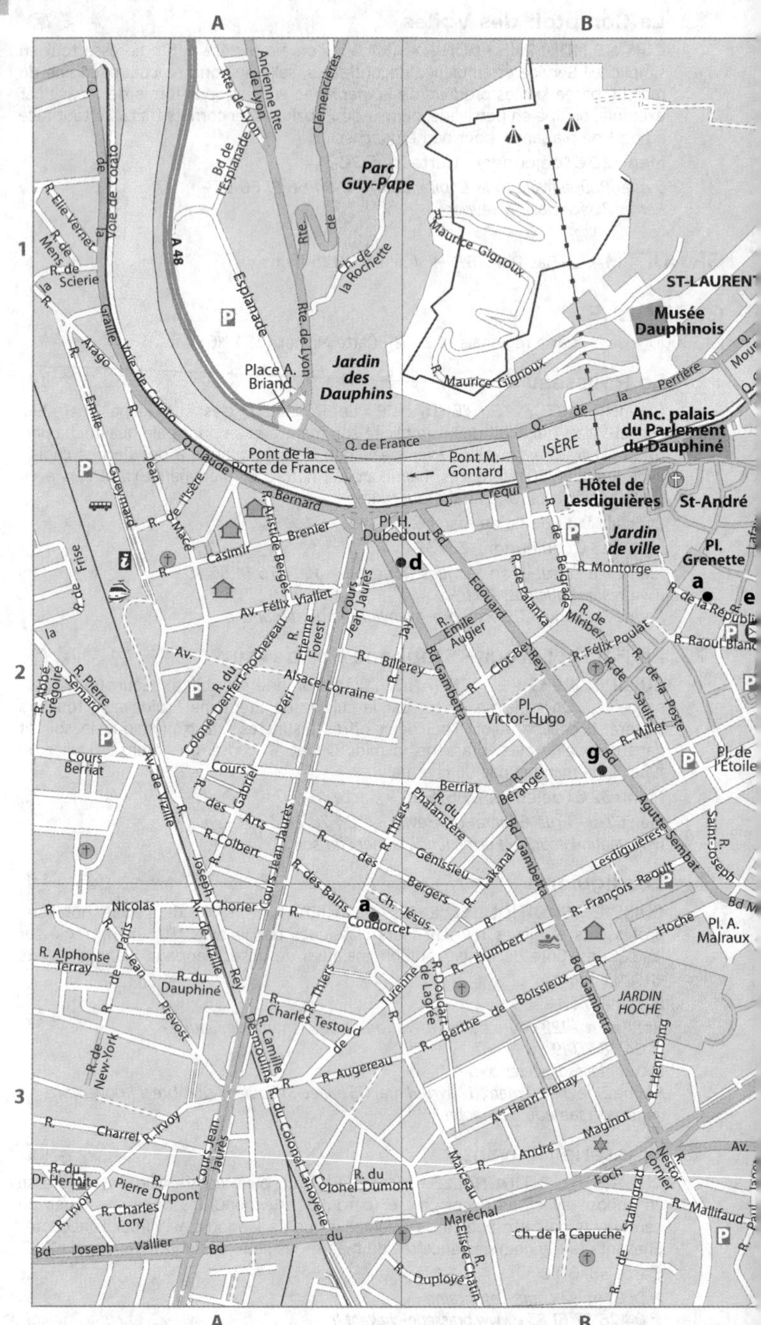

A
B
1
2
3
Parc Guy-Pape
Jardin des Dauphins
Place A. Briand
ST-LAURENT
Musée Dauphinois
Anc. palais du Parlement du Dauphiné
ISÈRE
Pont de la Porte de France
Pont M. Gontard
Hôtel de Lesdiguières
St-André
Jardin de ville
Pl. Grenette
Pl. H. Dubedout
Pl. Victor-Hugo
Pl. de l'Étoile
Pl. A. Malraux
JARDIN HOCHE
A 48
Q. de France
Q. de la Perrière
Q. Créqui
Q. Claude Bernard
Voie de Corato
R. Maurice Gignoux
Ancienne Rte. de Lyon
Rte. de Lyon
Bd de l'Esplanade
Esplanade
Rte. de Clémencières
Ch. de la Rochette
R. Elie Vernet
R. de Mens
R. de la Scierie
R. Arago
R. Emile Gueymard
R. Jean Macé
R. de l'Isère
R. Casimir Brenier
R. Aristide Bergès
Av. Félix Viallet
Cours Jean Jaurès
Bd Edouard Rey
Bd Gambetta
R. de Belgrade
R. de Palanka
R. Montorge
R. de la République
R. Raoul Blanchard
R. de Miribel
R. Félix Poulat
R. de Sault
R. de la Poste
R. Millet
R. Emile Augier
R. Clot-Bey
R. Billerey
R. Jay
Av. Alsace-Lorraine
R. Étienne Forest
R. Colonel Denfert-Rochereau
R. du Péri
R. de la Frise
R. Abbé Grégoire
R. Pierre Sémard
Cours Berriat
Av. de Vizille
R. Joseph Rey
R. Gabriel Péri
R. des Arts
R. Colbert
R. des Bains
R. Thiers
R. des Bergers
R. Génissieu
R. du Phalanstère
R. Béranger
R. Lakanal
Bd Agutte Sembat
R. Lesdiguières
R. Saint-Joseph
R. François Raoult
R. Hoche
R. Nicolas Chorier
Ch. Jésus
R. Condorcet
R. Humbert II
R. Turenne
R. Doudart de Lagrée
R. Berthe de Boissieux
R. Alphonse Terray
R. de Paris
R. Jean Prévost
R. du Dauphiné
R. de New-York
R. Charles Testoud
R. Camille Desmoulins
R. Augereau
R. du Colonel Lanoyerie
A^ée Henri Frenay
R. Henri Ding
R. André Maginot
R. Charrel
R. Irvoy
R. du Dr Hermite
R. Pierre Dupont
R. Charles Lory
R. du Colonel Dumont
R. Marceau
Bd Maréchal Foch
R. Nestor Cornier
R. de Stalingrad
R. Mallifaud
R. Elisée Châtin
Ch. de la Capuche
R. Duployé
Bd Joseph Vallier
a
d
e
g

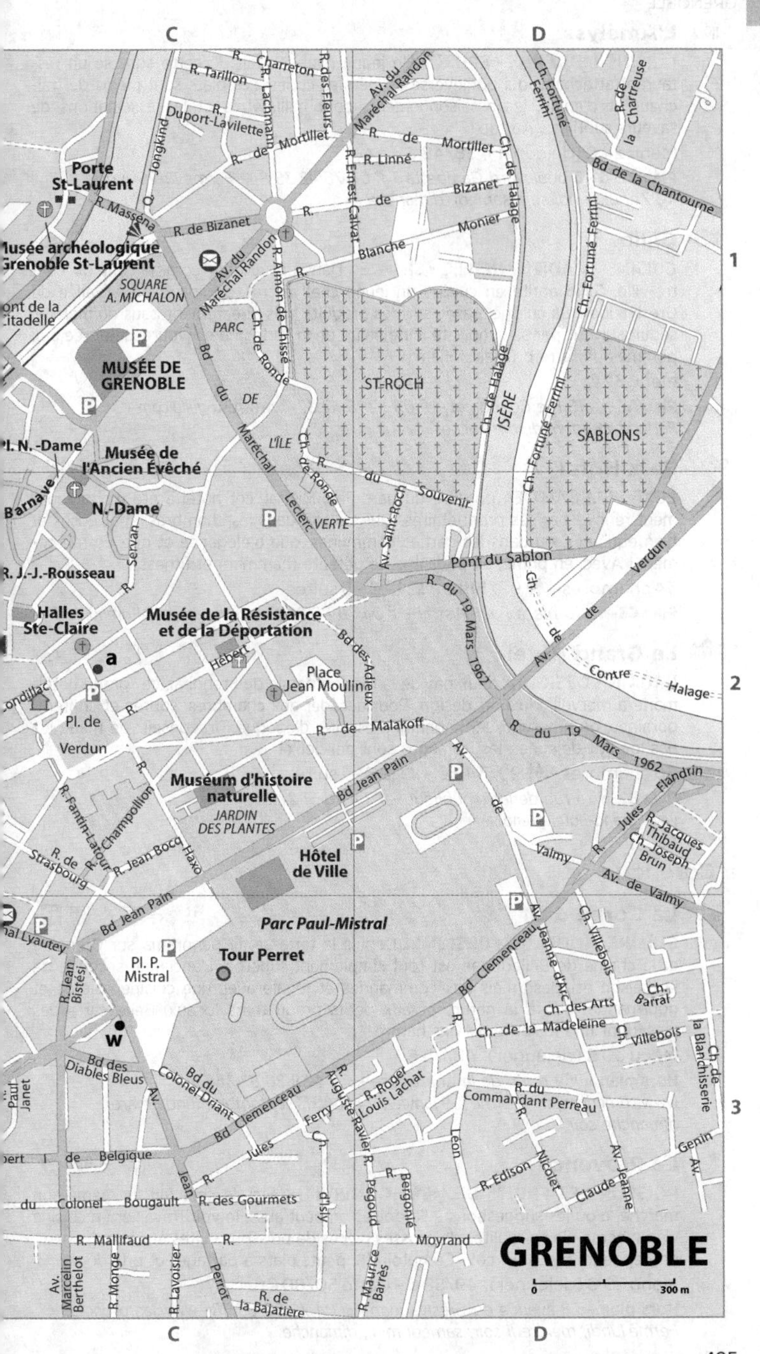
GRENOBLE
0
300 m
C
D
1
2
3
Porte St-Laurent
Musée archéologique Grenoble St-Laurent
SQUARE A. MICHALON
MUSÉE DE GRENOBLE
PARC DE L'ILE VERTE
Pl. N.-Dame
Musée de l'Ancien Évêché
N.-Dame
R. J.-J.-Rousseau
Halles Ste-Claire
Musée de la Résistance et de la Déportation
Place Jean Moulin
Pl. de Verdun
Muséum d'histoire naturelle
JARDIN DES PLANTES
Hôtel de Ville
Parc Paul-Mistral
Tour Perret
Pl. P. Mistral
ST-ROCH
SABLONS
ISÈRE
Pont du Sablon
R. Charreton
R. Tarillon
R. Lachmann
R. des Fleurs
Av. du Maréchal Randon
R. Duport-Lavilette
R. Jongkind
R. de Mortillet
R. Linné
R. Ernest Calvat
R. Masséna
R. de Bizanet
R. Monier
R. Blanche
R. Aimon de Chissé
Ch. de Ronde
Bd du Maréchal Leclerc
Ch. du Souvenir
Av. Saint-Roch
Ch. de Halage
Ch. Fortuné Ferrini
R. de la Chartreuse
Bd de la Chantourne
Av. de Verdun
Ch. de Contre Halage
R. du 19 Mars 1962
Bd des Adieux
R. de Malakoff
Bd Jean Pain
Av. de Valmy
R. Jules Flandrin
R. Jacques Thibaud
Ch. Joseph Brun
Ch. Villebois
Av. Jeanne d'Arc
Bd Clemenceau
Ch. des Arts
Ch. Barral
Ch. de la Madeleine
Ch. de la Blanchisserie
R. du Commandant Perreau
R. Nicolet
R. Edison
Av. Claude Genin
R. Léon
R. Roger Louis Lachat
R. Auguste Ravier
R. Ferry
R. Jules
Ch. d'Isly
R. Pégoud
R. Bergonié
R. Moyrand
R. Maurice Barrès
R. de la Bajatière
Av. Jean Perrot
R. Lavoisier
R. Monge
Av. Marcelin Berthelot
R. Mallifaud
R. des Gourmets
R. du Colonel Bougault
de Belgique
Bd du Colonel Driant
Bd des Diables Bleus
R. Jean Bistési
R. Paul Janet
Lyautey
R. Haxo
R. Jean Bocq
R. Champollion
R. Fantin-Latour
R. de Strasbourg
R. Servan
R. Hébert
Barnave
Pont de la Citadelle
Condillac
a
w

L'Amélyss

CUISINE MODERNE • ÉPURÉ Un jeune couple a fait de cette adresse un restaurant attachant, qui bouleverse un peu les codes. Les plats sont pleins de fraîcheur et d'envie, les assaisonnements sont millimétrés et les associations de saveurs subtiles... Au top !

Menu 24 € (déjeuner), 38/48 €

Plan B2-d – *3 boulevard Gambetta – 04 76 42 35 84 – Fermé 18-26 avril, 4-27 août, lundi soir, samedi, dimanche*

Gillio

CUISINE TRADITIONNELLE • SIMPLE Dans un quartier commerçant du centre-ville, Gillio abrite en cuisine un jeune chef discret, originaire de la vallée du Grésivaudan. Sa cuisine, basée sur des produits frais directement issus du marché, séduit surtout par sa simplicité. Originalité de la carte : une savoureuse purée aux pommes de terre brûlées... Miam !

Menu 32 €

Plan A3-a – *16 rue Condorcet – 09 52 15 42 32 – www.restogillio.com – Fermé samedi midi, dimanche*

Park Hôtel

LUXE • ÉLÉGANT En bordure du parc Paul-Mistral, cet hôtel a été magnifiquement rénové par ses propriétaires. Que ce soit dans les chambres, spacieuses et bien équipées, ou dans les parties communes, que d'élégance et que de raffinement ! Avec, en prime, un petit espace détente (hammam et fitness).

34 chambres – 99/199 € – 19 € – 5 suites

Plan C3-w – *10 place Paul-Mistral – 04 76 85 81 23 – www.park-hotel-grenoble.fr*

Le Grand Hôtel

URBAIN • DESIGN À deux pas de la maison natale de Stendhal, ce "grand hôtel" marie à merveille luxe et design. Pour accéder aux chambres, sobres et contemporaines, on emprunte le magnifique escalier d'époque. Un conseil : ne manquez pas le petit-déjeuner, les fromages sont délicieux !

66 chambres – 99/349 € – 19 € – 1 suite

Plan B2-a – *5 rue de la République – 04 76 51 22 59 – www.grand-hotel-grenoble.fr*

à Corenc 3,5 km

La Corne d'Or

CUISINE MODERNE • DESIGN Depuis la terrasse, le panorama sur Grenoble et la chaîne de Belledonne est tout simplement superbe. L'ancienne seconde de la maison est désormais aux commandes et régale avec une cuisine colorée et gourmande, ode à la nature et aux petits producteurs locaux. Belle carte des vins, dont une majorité de vins nature.

Menu 30 € (déjeuner), 48/75 €

Hors plan – *159 route de la Chartreuse – 04 38 86 62 36 – www.cornedor.com – Fermé 2-9 janvier, 24 août-13 septembre, lundi, mardi, dimanche soir*

Le Provence

POISSONS ET FRUITS DE MER • CONVIVIAL Ici, le chef fait lui-même son marché, d'où les suggestions à l'ardoise ; on peut aussi le voir travailler en cuisine via un écran. Sa spécialité : de grosses pièces de poissons cuites entières (pageot, pagre, denti, bar...). Et côté Comptoir 28, petits plats à partager et prix doux.

Menu 29 € (déjeuner), 49/58 € – Carte 50/80 €

Hors plan – *28 avenue du Grésivaudan – 04 76 90 03 38 – www.leprovence.fr – Fermé lundi, mercredi soir, samedi midi, dimanche*

à Bresson 8 km au Sud par D269c, avenue Jean - Jaurès

Chavant

CUISINE CLASSIQUE • ÉLÉGANT Qu'il est doux de venir profiter des beaux jours, dans cette auberge tenue par la famille Chavant depuis 1852 ! La cuisine donne le sourire ; pour le reste, les atouts ne manquent pas – fumoir, cave à vins, piscine, chambres spacieuses…

Menu 47 € (déjeuner), 54/120 € – Carte 50/100 €

Hors plan – *2 rue Émile-Chavant – ✆ 04 76 25 25 38 – www.chavanthotel.com – Fermé 9-25 août, lundi, samedi midi, dimanche soir*

à Eybens 5 km

La Table du 20

CUISINE TRADITIONNELLE • CONVIVIAL Situé au rez-de-chaussée d'un hôtel des années 1980, ce bistrot convivial fait le plein sans difficulté. Deux compères sont à l'origine de ce succès : Franck, au piano, propose une belle cuisine canaille, pleine de peps et de saveurs, tandis que Luc, sommelier, a toujours le vin qu'il vous faut… Plaisir garanti !

Menu 28 € (déjeuner)/48 € – Carte 38/54 €

Hors plan – *20 avenue Jean-Jaurès – ✆ 04 76 24 76 93 – www.latabledu20.fr – Fermé 25 avril-3 mai, 8-25 août, 20 décembre-5 janvier, samedi, dimanche*

à La Tronche 2,2 km au Nord par D 512

La Maison Badine (N)

CUISINE CRÉATIVE • CONTEMPORAIN Dans cette table moderne et accueillante, on n'a rien à cacher. La cuisine est ouverte, tous les plats sont dressés sur un petit îlot à la vue de tous. Aux fourneaux, le jeune chef Florian Poyet compose une cuisine actuelle et lisible, aux visuels alléchants et aux tarifs mesurés : une belle petite adresse.

Menu 23 € (déjeuner), 39/64 € – Carte 45/65 €

Hors plan – *2 rue du Pont-Prouiller – ✆ 04 76 01 03 33 – www.maison-badine.com – Fermé 5-20 août, lundi, samedi midi, dimanche*

GRÉOUX-LES-BAINS

✉ 04800 – Alpes-de-Haute-Provence – Carte régionale n° **24**–B2 – Carte Michelin 334-D10

La Crémaillère

THERMAL • TRADITIONNEL À deux pas des thermes troglodytiques, cet hôtel, confortable et chic, est idéal pour se ressourcer. Chambres contemporaines et lumineuses, avec balcon ou loggia. Au restaurant, cuisine "santé nature" pour les curistes. Quant à l'accueil et le service, ils sont tout simplement délicieux…

50 chambres – 135/205 € – ☕ 16 €

776 avenue des Thermes – ✆ 04 92 70 40 04 – www.mascremailleregreoux.com – Fermé 12 décembre-1er mars

Villa Borghèse

TRADITIONNEL • CLASSIQUE Cette Villa Borghèse, tapissée de vigne vierge, abrite de grandes chambres traditionnelles avec loggia. Sauna, espace beauté et club de bridge. Cuisine provençale au restaurant.

66 chambres – 105/202 € – ☕ 15 €

Avenue des Thermes – ✆ 04 92 78 00 91 – www.hotel-villaborghese.com – Fermé 15 novembre-13 mars

GRESSE-EN-VERCORS

✉ 38650 - Isère - Carte régionale n° **2**-C2 - Carte Michelin 333-G8

Le Chalet

CUISINE TRADITIONNELLE • RUSTIQUE XX Maison forte durant le Moyen Âge, couvent jusqu'en 1905, ce "chalet" est devenu un hôtel-restaurant sous l'impulsion de la famille Prayer, autour de deux valeurs primordiales : tradition et générosité. En témoignent les assiettes goûteuses, tels ce saumon fumé maison ou le gigot d'agneau cuit sept heures, et son gratin du Vercors...

Menu 20/46 € - Carte 33/50 €

Le village - ✆ 04 76 34 32 08 - www.hotellechalet.fr - Fermé 9 mars-7 mai, 11 octobre-19 décembre, mercredi

GRIESHEIM-PRÈS-MOLSHEIM

✉ 67870 - Bas-Rhin - Carte régionale n° **10**-A2 - Carte Michelin 315-J6

Auberge de la Chèvrerie

CUISINE MODERNE • ÉLÉGANT XX Tout est fait maison (jusqu'à l'excellent pain, aux glaces et aux sorbets) par un chef appliqué, qui s'approvisionne en fromage auprès de la chèvrerie voisine tenue par son frère... Une auberge bien sympathique, perchée dans un village en pleine nature.

Menu 19 € (déjeuner), 45/64 € - Carte 55/78 €

1 rue des Puits - ✆ 03 88 38 83 59 - www.chevrerie.com - Fermé 17 février-3 mars, 27 juillet-12 août, lundi, mardi, dimanche soir

GRIGNAN

✉ 26230 - Drôme - Carte régionale n° **2**-B3 - Carte Michelin 332-C7

Le Clair de la Plume

CUISINE MODERNE • ÉLÉGANT XX Niché au pied du château de Madame de Sévigné, le Clair de la Plume incarne à merveille l'hospitalité et la gourmandise provençales. Authentique gourmand aux yeux rieurs, le chef avignonnais Julien Allano ne connaît pas l'angoisse de la page blanche. Tout commence chez lui par une correspondance assidue avec un producteur : huile d'olive de Nyons, pintades et petits légumes de la Drôme, poissons de la criée du Grau du Roi, asperges et fraises de l'Isère, etc. Il connaît le registre des beaux produits méditerranéens sur le bout des doigts... y compris la truffe, dit-il, qu'il a "réussi à apprivoiser". Son couscous d'agneau de Provence rôti, pané, confit et accompagné d'une purée d'abricots et d'une semoule de brocoli, ne laisse pas indifférent...

Spécialités : Cuisine du marché.

Menu 45 € (déjeuner), 75/135 €

Hôtel Le Clair de la Plume, 2 place du Mail - ✆ 04 75 91 81 30 - www.clairplume.com - Fermé lundi, mardi

Le Bistro Chapouton

CUISINE TRADITIONNELLE • BISTRO X Le "côté bistro", à 400 m du Clair de la Plume. On se régale ici d'une cuisine franche et bien pensée. Pour le confort, neuf chambres à la décoration contemporaine, et une agréable piscine.

Spécialités : Œuf mollet servi froid, poivronade et tomme de chèvre. Mousseline de merlan en fine timbale, légumes croquants, sauce blanquette iodée. Mousse mascarpone à la lavande, cœur abricot.

Menu 33 € - Carte 41/70 €

Hôtel Le Clair de la Plume, 200 route de Montélimar - ✆ 04 75 00 01 01 - www.chapouton.com

La Table des Délices

CUISINE PROVENÇALE • ÉLÉGANT XX La maison, des années 1980, est sur la route de la grotte où Mme de Sévigné aimait se retirer. Le chef concocte une goûteuse cuisine régionale, dans un esprit gastronomique. Belle carte des vins.

Menu 30 € (déjeuner), 43/95 € - Carte 52/62 €

Chemin de Bessas - ✆ 04 75 46 57 22 - www.latabledesdelices.com - Fermé lundi, mardi soir, dimanche soir

Le Poème de Grignan

CUISINE MODERNE · INTIME Tout un poème, cette maison de village avec ses porcelaines anciennes et ses fleurs ! Ici, tout est soigné, goûteux, fait sur place… et sent bon la Provence. Une invitation aux plaisirs de la région.

Menu 30 € (déjeuner)/45 €

Rue Saint-Louis – 04 75 91 10 90 – www.lepoemedegrignan.com – Fermé mardi, mercredi

Le Clair de la Plume

HISTORIQUE · CLASSIQUE Le nom de cet hôtel aurait plu à Mme de Sévigné, qui résida à Grignan ! Cette demeure provençale du 18e s. propose des chambres ravissantes avec leur mobilier chiné – et plus encore lorsqu'elles donnent sur le joli jardin de curé.

12 chambres – 119/395 € – 25 € – 4 suites

2 Place du Mail – 04 75 91 81 30 – www.clairplume.com

Le Clair de la Plume · **Le Bistro Chapouton** – Voir la sélection des restaurants

GRILLY

– Ain (01) → Voir Divonne-les-Bains

GRIMAUD

83310 – Var – Carte régionale n° **24**-C3 – Carte Michelin 340-O6

Les Santons

CUISINE CLASSIQUE · COSY Une belle auberge provençale pleine de caractère, avec ses poutres apparentes, ses compositions florales et sa collection de santons… L'assiette, jamais ennuyeuse, alterne entre cuisine classique et plats actuels joliment travaillés : en témoigne cette crème glacée de petits pois, écrevisses laquées au vinaigre d'hibiscus.

Menu 41 € (déjeuner)/63 € – Carte 85/130 €

743 route Nationale – 04 94 43 21 02 – www.restaurant-les-santons.fr – Fermé lundi, mardi midi

Apopino

CUISINE MÉDITERRANÉENNE · CONVIVIAL Une bien belle découverte que ce restaurant de Grimaud, avec aux fourneaux un chef originaire du Piémont. Sa cuisine moderne, aux accents méditerranéens, fait mouche : les préparations sont soignées. Service charmant.

Menu 34 € – Carte 55/65 €

place des Pénitents – 04 94 43 25 26 – www.apopinorestaurant.com – Fermé 3-25 novembre, lundi, dimanche

Fleur de Sel 

CUISINE MODERNE · CONVIVIAL Sur les hauteurs de ce pittoresque village, au détour d'une ruelle, l'ancienne boulangerie du village s'est muée en une séduisante Fleur de Sel… Un jeune couple dynamique y propose une cuisine gourmande et dans l'air du temps. Agréable terrasse à l'ombre d'un bel olivier.

Menu 35/45 €

4 place du Cros – 04 94 43 21 54 – www.fleur-de-sel-restaurant-grimaud.com – Fermé 2 novembre-1er avril, lundi, mardi midi, mercredi midi, jeudi midi, vendredi midi, samedi midi, dimanche midi

LA GRIVE

– Isère (38) → Voir Bourgoin-Jallieu

GROISY

74570 – Haute-Savoie – Carte régionale n° **4**-F1 – Carte Michelin 328-K4

Auberge de Groisy 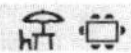

CUISINE CLASSIQUE · COSY Une jolie ferme du 19e s. revue à la mode d'aujourd'hui : pierres apparentes et poutres pour le cachet. Un endroit charmant pour déguster une cuisine bien dans son temps, gourmande à souhait, qui valorise les produits de la région. Enfin, un vrai artisan cuisinier ! Coup de cœur assuré.

Menu 25 € (déjeuner), 35/80 € – Carte 44/72 €

34 route du Chef-Lieu – 04 50 68 09 54 – www.auberge-groisy.com – Fermé 28 juin-20 juillet, 24-28 décembre, lundi, mardi, dimanche soir

GRUSON - Nord (59) ➜ Voir Lille

GUEBWILLER

✉ 68500 - Haut-Rhin - Carte Michelin 315-H9

à Murbach 5 km au Nord - Ouest par D40^II - Carte régionale n° **10**-A3

Le Jardin des Saveurs

CUISINE MODERNE · ÉLÉGANT XX Un coin de nature vosgienne... et de gourmandise ! Sous l'œil du propriétaire – cuisinier de formation –, le chef travaille de beaux produits et concocte des plats réjouissants, qui font la part belle aux saisons et au bio. Le tout à petits prix. Voilà un Jardin rafraîchissant où l'on aimerait prendre racine...

Menu 23 € (déjeuner), 33/78 € – Carte 36/56 €

Le St-Barnabé, 51 rue de Murbach – ✆ 03 89 62 14 14 – www.le-stbarnabe.com – Fermé 5-23 janvier, 8-26 mars, 28 juin-10 juillet, mercredi, jeudi midi, dimanche soir

à Rimbach-près-Guebwiller 11 km à l'Ouest par D5^I – Carte régionale n° **10**-A3

L'AO - L'Aigle d'Or

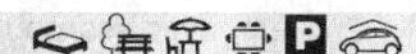

CUISINE MODERNE · RUSTIQUE X Cette maison célèbre toujours le terroir et la tradition, mais la jeune génération entend la faire entrer dans la modernité : quelques plats et dressages plus contemporains sont désormais à la carte. Chambres sobres pour prolonger l'étape.

Spécialités : Presskopf à l'alsacienne. Canette, boulgour, carotte, petits pois et condiment coriandre. Tarte citron-basilic.

Menu 22/40 € – Carte 28/50 €

5 rue Principale – ✆ 03 89 76 89 90 – www.hotelaigledor.com – Fermé lundi

GUENROUËT

✉ 44530 - Loire-Atlantique - Carte régionale n° **23**-A2 - Carte Michelin 316-E2

Le Relais St-Clair

CUISINE MODERNE · ROMANTIQUE XXX Dans cette bâtisse fleurie qui surplombe le canal de Nantes à Brest, on privilégie les menus et les produits locaux (poissons, coquillages). Belle carte des vins. À l'étage inférieur, sous les glycines, formule brasserie (grillades et buffets) au Jardin de l'Isac.

Menu 27 € (déjeuner), 32/71 € – Carte 42/65 €

31 rue de L'Isac – ✆ 02 40 87 66 11 – www.relais-saint-clair.com – Fermé 16 mars-7 avril, lundi, mardi, mercredi soir, dimanche soir

GUER

✉ 56380 - Morbihan - Carte régionale n° **7**-C2 - Carte Michelin 308-N7

Maison Tiegezh (Baptiste Denieul)

CUISINE MODERNE · CONTEMPORAIN XXX Tiegezh, c'est "famille" en breton, tout est dit ! Ses grands-parents ont fondé la première fabrique de galettes fraîches de Bretagne : Baptiste Denieul, jeune chef talentueux (passé notamment par le Bristol d'Eric Frechon) vous accueille dans un intérieur élégant et raffiné, en totale adéquation avec sa cuisine. Il travaille poissons, légumes et produits fermiers avec maîtrise et délicatesse. En salle, sa compagne Marion s'occupe de mettre en musique la symphonie. La Maison Tiegezh intègre le restaurant gastronomique, le bistrot et désormais un bel hôtel. Six chambres contemporaines et cosy permettent de prolonger l'expérience en douceur. Sans oublier le jacuzzi et la salle de massage. Une halte bénéfique en terre de Brocéliande.

Spécialités : Langoustines marinées au gingembre et noisettes torréfiées. Homard grillé et raviole au gré de la saison. Chocolat guanaja et praliné noisette.

Menu 30 € (déjeuner), 65/120 €

7 place de la Gare – ✆ 02 97 22 00 26 – maisontiegezh.fr – Fermé 20-26 juillet, 27 décembre-26 janvier, samedi, dimanche

Bistrot-Épicerie de la Maison Tiegezh – Voir la sélection des restaurants

Bistrot-Épicerie de la Maison Tiegezh

CUISINE TRADITIONNELLE • BISTRO Accolé à la Maison Tiegezh, sa maison-mère, ce bistrot contemporain propose une carte bistrotière et des plats d'inspiration régionale, le tout à base de bons produits et servi avec le sourire.

Menu 17 € (déjeuner) – Carte 25/57 €

Maison Tiegezh, 7 place de la Gare – ✆ 02 97 22 00 26 – maisontiegezh.fr – Fermé 27 décembre-26 janvier, samedi, dimanche

GUÉRET

✉ 23000 – Creuse – Carte régionale n° **19**-C1 – Carte Michelin 325-I3

Le Coq en Pâte

CUISINE CLASSIQUE • ÉLÉGANT Dans cette maison bourgeoise et cossue (19e s.), on sert une belle cuisine classique qui varie selon les saisons. Mais rassurez-vous : le homard du vivier et le filet de bœuf sont aussi des résidents permanents ! On les accompagne d'un des nombreux bordeaux présents sur la carte... Un agréable moment gastronomique.

Menu 28/62 € – Carte 40/105 €

2 rue de Pommeil – ✆ 05 55 41 43 43 – www.restaurant-lecoqenpate.com – Fermé 9-24 mars, 21 septembre-5 octobre, lundi soir, dimanche soir

à La Chapelle-Taillefert 8 km au Sud par D940

Influence

CUISINE MODERNE • ÉPURÉ Le patron de cette petite maison de village a la passion des beaux produits, volaille fermière, distillerie Philippe Marais, bœuf limousin de Courtille ; fort de sa longue expérience, il les met en valeur dans des assiettes gourmandes et bien maîtrisées.

Menu 13 € (déjeuner), 24/42 € – Carte 37/45 €

1 rue des Remparts – ✆ 05 55 81 98 32 – www.restaurant-influence.com – Fermé lundi, dimanche soir

GUÉTHARY

✉ 64210 – Pyrénées-Atlantiques – Carte régionale n° **18**-A3 – Carte Michelin 342-C4

Brikéténia (Martin et David Ibarboure)

CUISINE MODERNE • ÉLÉGANT Le petit village basque de Guétary est le fief d'une partie de la famille Ibarboure, l'autre étant à Bidart aux commandes... des Frères Ibarboure. Dans cette demeure basque des années 1930, un ancien hôtel, Martin le père et David le fils sont en cuisine. Marie-Claude, la mère, accueille ses hôtes avec une hospitalité toute basque tandis que Camille, la sœur, manie l'art bachique comme personne. Esprit de famille, quand tu nous tiens ! Notons tout de même que le fils s'est échappé jusqu'à Hong-Kong chez Pierre Gagnaire. Avec son père, il signe une cuisine de grande qualité : assaisonnements subtils, effets de transparence ou de contraste, produits choisis à leur parfaite maturité... Ces produits, très souvent basques évidemment, sont sublimés au naturel, et mis en valeur par un service charmant.

Spécialités : Œuf de ferme, sauce suprême truffée, jambon bellota et brioche parisienne. Ris de veau fermier doré au beurre, artichaut poivrade, fenouil et pastèque. Profiterole à l'éclat d'or, choux aux amandes et glace à la vanille Bourbon.

Menu 36 € (déjeuner), 59/98 € – Carte 75/102 €

Hôtel Brikéténia, rue de L'Église – ✆ 05 59 26 51 34 – www.briketenia.com – Fermé 11 novembre-3 décembre, mardi

Briket' Bistrot

CUISINE MODERNE • TENDANCE X L'hôtel de la famille Ibarboure accueille ce sympathique bistrot, indépendant du restaurant gastronomique. Le chef signe une cuisine soignée, délicate et pleine de goût, dans un cadre épuré. Les produits basques dominent logiquement la carte, mais s'agrémentent parfois de mets exotiques. L'équipe est jeune et avenante, les prix demeurent raisonnables. On se régale.

Spécialités : Terrine de foie gras, chutney de fruits et pain mendiant. Merlu de Saint-Jean-de-Luz, sauce vin blanc et légumes du marché. Baba au vieux rhum, fruits rouges et crème chantilly.

Carte 33/50€

Hôtel Brikéténia, rue de L'Église – ✆ 05 59 26 51 34 – www.briketenia.com – Fermé 11 novembre-19 avril, lundi, mardi

Gétaria

CUISINE MODERNE • CONVIVIAL X Le jeune chef de ce bistrot contemporain a été sacré vice-champion du monde de pâté en croûte en 2015... voilà qui en jette ! Le pâté est donc évidemment en bonne place à la carte, aux côtés de produits bien travaillés : persillé de Wagyu et palets de pomme de terre fumée ; pêche plate pochée à la verveine...

Menu 24€ (déjeuner) – Carte 43/49€

360 avenue du Général-de-Gaulle – ✆ 05 59 51 24 11 – www.getaria.fr – Fermé 20 janvier-10 février, mardi, mercredi

Brikéténia

FAMILIAL • ÉPURÉ Sur le site d'une ancienne briqueterie (d'où "Brikéténia"), ce relais de poste du 17e s., blanc et rouge, offre une vue dégagée sur les environs. Refaites à neuf, les chambres allient confort et esprit contemporain : idéal si l'on veut profiter du (bon) restaurant.

14 chambres – 90/150€ – 12€

rue de l'Église – ✆ 05 59 26 51 34 – www.briketenia.com – Fermé 11 novembre-4 décembre

Briket' Bistrot • **Brikéténia** – Voir la sélection des restaurants

LE GUÉTIN

✉ 18150 – Cher – Carte régionale n° **8**-D3 – Carte Michelin 323-O5

Auberge du Pont-Canal

CUISINE TRADITIONNELLE • FAMILIAL X Dans cette petite auberge familiale jouxtant le pont de l'Allier, la tradition est à l'honneur... Ris de veau, cuisses de grenouilles et friture font la fierté de la maison. Le jeune chef travaille les beaux produits avec générosité et simplicité. L'été, on s'attable sur la jolie terrasse avec vue sur la rivière.

Menu 15€ (déjeuner), 22/33€ – Carte 26/51€

37 rue des Écluses – ✆ 02 48 80 40 76 – www.auberge-du-pont-canal.fr – Fermé 4-11 janvier, lundi, mardi soir, dimanche soir

GUEWENHEIM

✉ 68116 – Haut-Rhin – Carte régionale n° **10**-A3 – Carte Michelin 315-G10

La Gare

CUISINE TRADITIONNELLE • CONVIVIAL XX Une très contemporaine institution locale (depuis 1874) ! Ou comment mixer élégance, peps et convivialité ; mêler brasserie sur le pouce et joli repas traditionnel sur la belle terrasse verdoyante... Ou comment présenter l'une des plus belles cartes des vins de France – rien que ça – tout en restant simple.

Menu 35/50€ – Carte 45/60€

2 rue Soppe – ✆ 03 89 82 51 29 – Fermé 18 février-3 mars, 29 juillet-16 août, mardi soir, mercredi

GUICHE

✉ 64520 – Pyrénées-Atlantiques – Carte régionale n° **18**–B3 – Carte Michelin 342-E1

Le Gantxo

CUISINE MODERNE • **CONTEMPORAIN** ✗ Bienvenue en terre basque. Ce Gantxo – du nom d'une passe de pelote – donne directement sur le "trinquet", l'aire de jeu du célèbre sport local. En cuisine, le chef revisite la cuisine basque de façon très personnelle ; il compose des plats bien au goût du jour, souvent copieux, toujours goûteux. Un vrai coup de cœur !

Spécialités : Pâté basque en croûte aux piquillos, chutney de tomates. Alose de l'Adour braisée à l'oseille et aux pruneaux. Mousse au chocolat, pastèque et granité verveine.

Menu 31/45 €

quartier du Port (au Trinquet) – ✆ 05 59 56 46 63 – www.restaurant-le-gantxo.fr – Fermé 2-21 janvier, 29 juin-6 juillet, 26 octobre-10 novembre, lundi, mardi, dimanche soir

GUIDEL

✉ 56520 – Morbihan – Carte régionale n° **7**–B2 – Carte Michelin 308-K8

La Table D'eux - Laurent Le Berrigaud

CUISINE MODERNE • **CONVIVIAL** ✗✗ Ce bistrot du front de mer, à l'esprit contemporain, est tenu par un jeune couple passionné – et cela se sent ! Le chef propose une cuisine du marché dans un esprit locavore. On se régale par exemple d'une cocotte de Saint-Jacques et crème de cèpes. Enfin, l'accueil est chaleureux : décidément, une excellente adresse !

Spécialités : Foie gras et ketchup à la framboise. Lotte au farz d'Ouessant. Tarte citron-basilic meringuée.

Menu 20 € (déjeuner), 30/38 €

route côtière D152 – ✆ 02 97 32 42 07 – Fermé mardi, mercredi

GUILLESTRE

✉ 05600 – Hautes-Alpes – Carte régionale n° **24**–C1 – Carte Michelin 334-H5

Dedans Dehors

CUISINE TRADITIONNELLE • **RUSTIQUE** ✗ Une ruelle médiévale dessert cette cave voûtée : tartines, salades et cuisine du terroir à la plancha, le tout agrémenté de fleurs et d'herbes folles. Un bistrot éclectique !

Carte 33/45 €

ruelle Sani – ✆ 04 92 44 29 07 – Fermé 1er septembre-1er juin, vendredi midi, dimanche

GUILVINEC

✉ 29730 – Finistère – Carte régionale n° **7**–A2 – Carte Michelin 308-F8

Le Poisson d'Avril

CUISINE MODERNE • **CONVIVIAL** ✗ Dans le port de pêche, à quelques mètres de la criée, ce restaurant est tenu par un jeune couple sympathique : ambiance conviviale garantie ! Le terroir local et le poisson de la pêche sont les deux piliers d'une cuisine goûteuse et soignée, dans laquelle tout est fait maison. En prime, quelques chambres avec terrasse.

Spécialités : Soupe d'artichaut et fenouil, queue de langoustine en kadaïf. Pluma de cochon, moules de bouchot, courgette et écume curry. Mi-cuit au chocolat, coulant piquillos et pannacotta glacée au poivron vert.

Menu 20 € (déjeuner), 31/57 € – Carte 38/59 €

19 rue de Men-Meur – ✆ 02 98 58 23 83 – www.lepoissondavril.fr – Fermé 6 janvier-4 février, 15-23 juin, 5-13 octobre, lundi, mardi

GUINGAMP

✉ 22200 – Côtes-d'Armor – Carte régionale n° **7**-B1 – Carte Michelin 309-D3

Le Clos de la Fontaine

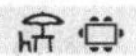

CUISINE TRADITIONNELLE · CLASSIQUE XX Le patron est passionné par le poisson et ne transige pas : dans votre assiette, toute la fraîcheur de la pêche côtière, cuisinée sans chichis et mise en valeur par des sauces délicates et des cuissons précises. Quelques plats rendent aussi hommage au terroir breton, comme le kouign patatez, le traou mad, etc.

Spécialités : Huîtres chaudes au cidre et poireaux. Rôti de lotte aux palourdes et estragon, rattes au beurre salé. Gratin de fraises en chaud-froid de citron.

Menu 18 € (déjeuner), 32/48 € – Carte 40/55 €

9 rue du Général-de-Gaulle – ✆ 02 96 21 33 63 – Fermé 27 janvier-10 février, 14-30 juillet, lundi, mardi soir, dimanche soir

La Demeure

MAISON DE MAÎTRE · PERSONNALISÉ Au cœur de la ville, cette belle maison de maître (18e s.) transformée en boutique hôtel hébergea un temps la gendarmerie. Les chambres, élégantes et personnalisées (tissus choisis, atmosphère feutrée), sont d'esprit classique ou bord de mer chic. Salon de thé so british !

10 chambres – 95/185 € – 12 €

5 rue du Général-de-Gaulle – ✆ 02 96 44 28 53 – www.demeure-vb.com – Fermé 19 août-6 septembre, 23 décembre-6 janvier

GUITERA-LES-BAINS – Corse-du-Sud (2A) ➜ Voir Corse

GUJAN-MESTRAS – Gironde (33) ➜ Voir Bassin d'Arcachon

GUNDERSHOFFEN

✉ 67110 – Bas-Rhin – Carte régionale n° **10**-B1 – Carte Michelin 315-J3

Le Cygne

CUISINE MODERNE · CONVIVIAL XX Cette noble demeure alsacienne a su évoluer avec son temps : on y découvre aujourd'hui une carte de bistrot modernisée, privilégiant la cuisine de saison, réalisée par un chef expérimenté. Bon rapport qualité-prix.

Spécialités : Tartare de gambas cuites, crème battue au raifort et aneth. Magret de canard laqué aux épices, croustillant de légumes à l'estragon et gingembre. Soupe de fruits rouges, pannacotta chocolat blanc, sorbet fromage blanc.

Menu 33/55 € – Carte 55/68 €

35 Grande-Rue – ✆ 03 88 72 96 43 – www.aucygne.fr – Fermé 2-16 janvier, 17-24 février, 20 juillet-9 août, lundi, jeudi, dimanche soir

Les Jardins du Moulin

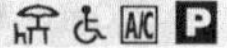

CUISINE MODERNE · COSY XX Ce restaurant s'intègre idéalement dans l'environnement du Moulin : à travers les baies vitrées de l'élégante salle à manger, on admire le jardin et la magnifique terrasse... On se régale de créations actuelles, bien tournées et rythmées par les saisons.

Menu 32 € (déjeuner), 55/75 €

Le Moulin, 7 rue du Moulin – ✆ 03 88 07 52 70 – www.jardinsdumoulin.fr – Fermé 1er-8 janvier, 16 février-4 mars, 16 août-2 septembre, 25 octobre-4 novembre, mardi, mercredi, samedi midi

Le Moulin

MAISON DE CAMPAGNE · COSY Au bout d'un petit chemin, quelques maisons alsaciennes superbement restaurées ; un ancien moulin entouré d'un parc, avec une rivière où folâtrent quelques cygnes... On se prélasse dans de belles chambres spacieuses et très calmes, décorées avec goût, que l'on ne quitte qu'à regret. Absolument charmant !

12 chambres – 98/138 € – 23 € – 2 suites

7 rue du Moulin – ✆ 03 88 07 33 30 – www.hotellemoulin.com – Fermé 3-14 janvier, 16 février-4 mars

Les Jardins du Moulin – Voir la sélection des restaurants

GYÉ-SUR-SEINE - Aube (10) ➜ Voir Bar-sur-Seine

HAGONDANGE

✉ 57300 - Moselle - Carte régionale n° **12**-B1 - Carte Michelin 307-I3

✿ Quai des Saveurs (Frédéric Sandrini)

CUISINE MODERNE • TENDANCE XXX Ceux qui l'aiment prendront le train ! Le chef Frédéric Sandrini a posé armes et bagages face à la gare d'Hagondange, toute vêtue de blanc et de grès des Vosges. Vos papilles ne resteront pas insensibles à son travail : épris de patrimoine et de transmission, il prend aussi un malin plaisir à bousculer la tradition gastronomique locale. Sa cuisine imaginative et moderne, en mouvement constant, s'appuie sur des produits de très haut niveau, notamment ses ormeaux de plongée de la baie de Saint-Brieuc, ses poissons du Guilvinec, ses volailles de Bresse ou son plateau de fromages signé Hervé Mons. Le tout dans un joli cadre contemporain plutôt sobre. Trois menus surprise à découvrir.

Spécialités : Raviole au lait fumé, caviar, tourteau et condiments. Pièce de bœuf et sa garniture de saison. Soufflé à l'eau-de-vie de mirabelle de Lorraine.

Menu 45 € (déjeuner), 65/125 € - Carte 83/120 €

69 Rue de la Gare - ✆ 03 87 71 24 98 - www.quaidessaveurs.com - Fermé lundi, mardi midi, dimanche soir

HAGUENAU

✉ 67500 - Bas-Rhin - Carte régionale n° **10**-B1 - Carte Michelin 315-K4

Le Jardin

CUISINE MODERNE • ÉLÉGANT XXX À l'unisson, père et fils ont composé une carte sagement actuelle, sans jamais oublier les classiques de la maison : soupe de poisson, carpaccio de thon, chateaubriand avec sauce béarnaise… Quant au décor, il se pare de belles notes classiques, avec notamment un superbe plafond Renaissance.

Spécialités : Terrine de poulpe façon presskopf, crème dijonnaise et émulsion aux herbes. Poisson selon arrivage, polenta aux tomates et jus au safran. Soufflé glacé au Grand Marnier.

Menu 21 € (déjeuner), 33/63 €

16 rue de la Redoute - ✆ 03 88 93 29 39 - www.lejardinhaguenau.fr - Fermé mardi, mercredi

Grains de Sel

CUISINE MODERNE • COSY XX Bien installé dans son restaurant près de la halle aux Houblons, Gilles Schnoering régale ses convives avec une courte carte de saison ; ses créations, fraîches et bien réalisées, doivent beaucoup à la qualité des produits utilisés. Judicieux accords mets et vins.

Menu 31 € (déjeuner)/50 € - Carte 46/61 €

113 Grand Rue - ✆ 03 88 90 83 82 - www.restaurant-grainsdesel.fr - Fermé 28 juin-21 juillet, 23 décembre-7 janvier, lundi, dimanche

à Niederschaeffolsheim 6 km au Sud par D263

Au Bœuf Rouge

CUISINE MODERNE • ÉLÉGANT XXX Aucun doute que ce restaurant, géré par la même famille depuis 1880, est une institution locale. On y déguste une cuisine au goût du jour et rythmée par les saisons, à l'image de cette selle de veau de lait et ris de veau croustillant, girolles et cosses truffées… Accueil chaleureux.

Menu 45/90 € - Carte 66/92 €

39 rue du Général-de Gaulle - ✆ 03 88 73 81 00 - www.boeufrouge.com - Fermé 17 février-3 mars, 13 juillet-4 août, lundi, mardi midi, dimanche soir

HAMBYE

✉ 50450 – Manche – Carte régionale n° **17**–A2 – Carte Michelin 303-E6

Auberge de l'Abbaye

CUISINE MODERNE • ÉLÉGANT À deux pas des ruines romantiques de l'abbaye de Hambye, cet hôtel-restaurant plutôt classique a été repris par un jeune couple. Le chef y avait commencé son apprentissage (poursuivi dans de bonnes maisons) ; il signe une cuisine savoureuse et sans superflu, aux solides bases traditionnelles. De nouvelles litanies gourmandes !

Spécialités : Risotto au pont-l'évêque, pomme et andouille. Magret de canard rôti aux baies roses, légumes de saison. Baba au calvados, pomme confite et crème crue.

Menu 29/75 € – Carte 59/65 €

5 route de l'Abbaye – ✆ 02 33 61 42 19 – www.aubergedelabbayehambye.com – Fermé 17 février-8 mars, 26 octobre-8 novembre, lundi, dimanche soir

HARDELOT-PLAGE

✉ 62152 – Pas-de-Calais – Carte régionale n° **13**–A2 – Carte Michelin 301-C4

Les Jardins d'Hardelot

TRADITIONNEL • COSY Créé en 2012, l'hôtel se trouve à seulement 500 m de la plage. On s'y repose dans des chambres très cosy et chaleureuses ; certaines familiales. Appétissant buffet au petit-déjeuner… avant la première baignade de la journée.

39 chambres – 69/136 € – 14 €

451 avenue Francois-1er – ✆ 03 21 32 50 40 – www.lesjardinsdhardelot.fr

HASPARREN

✉ 64240 – Pyrénées-Atlantiques – Carte régionale n° **18**–A3 – Carte Michelin 342-H2

La Maison de Pierre

CUISINE CLASSIQUE • TRADITIONNEL Une belle surprise, cette table emmenée par une jeune équipe à l'enthousiasme communicatif. Le chef met en avant la production basque de très jolie manière ; c'est gourmand et les prix sont imbattables.

Menu 17 € (déjeuner), 42/65 €

cote Paota, quartier Urcuray – ✆ 05 59 93 40 49 – www.lamaisondepierre.fr – Fermé 16 juin-8 juillet, mardi, mercredi

Berria

HÔTEL PARTICULIER • CONTEMPORAIN "Berria" signifie "nouveau", et ce n'est pas un hasard : cet hôtel presque centenaire a été rénové dans un style moderne, sans renier pour autant son identité basque – notamment avec le soutien d'artisans locaux. Un séjour de choix.

20 chambres – 104/196 € – 12 €

68 rue Francis-Jammes – ✆ 05 59 29 11 10 – www.berria.fr

HATTSTATT

✉ 68420 – Haut-Rhin – Carte régionale n° **10**–A2 – Carte Michelin 315-H8

L'Altévic

CUISINE MODERNE • CONTEMPORAIN Avec tout le talent et toute l'expérience qu'on lui connaît, Jean-Christophe Perrin propose une cuisine dans l'air du temps, inspirée par le marché, dans laquelle un beau produit de saison suffit souvent à faire recette, avec menu vegan pour les amateurs… Réjouissant.

Spécialités : Ravioles végétales de chou-rave aux champignons, vinaigrette miel et cumin. Échine de cochon aux herbes du jardin, tartare de chou-fleur et grenobloise. Soufflé traditionnel à la rhubarbe, fruits rouges et sorbet rose.

Menu 22 € (déjeuner), 32/78 € – Carte 43/70 €

4 rue du Wiggensbach – ✆ 03 89 78 83 56 – www.restaurant-laltevic.fr – Fermé lundi, mardi soir, dimanche soir

HAUTE-GOULAINE - Loire-Atlantique (44) ➔ Voir Nantes

HAUTELUCE

✉ 73620 - Savoie - Carte régionale n° **2**-D1 - Carte Michelin 333-M3

La Ferme du Chozal

CUISINE MODERNE • CONVIVIAL Ce restaurant cultive un style montagnard typique : la cuisine n'en n'est pas moins actuelle et appétissante, réalisée avec de beaux produits du terroir. Sans oublier une remarquable carte des vins des Alpes françaises, suisses et italiennes, et un service d'une rare qualité !

Menu 32/90 € - Carte 51/70 €

361 route des Combes - ✆ 04 79 38 18 18 - www.lafermeduchozal.com - Fermé 15 avril-5 juin, 27 septembre-18 décembre, lundi, dimanche soir

Mont Blanc Restaurant & Goûter

CUISINE MODERNE • MONTAGNARD Cette hostellerie centenaire, située à l'entrée du village et joliment rénovée, accueille l'enthousiasme d'un jeune chef, ancien pâtissier d'une maison étoilée. Aux jours d'été, on s'installe sur la terrasse ensoleillée, face aux massifs du Beaufortain. L'après-midi, les goûters sucrés du chef sont fort recommandables. Le menu change chaque semaine. Réservation très conseillée.

Menu 38/67 €

16 rue de la Voûte - ✆ 04 79 37 01 61 - www.montblanc-restaurant.com - Fermé 4 mai-10 juin, 2 novembre-11 décembre, lundi, mardi, mercredi midi

La Ferme du Chozal

FAMILIAL • COSY Voilà comment une ancienne ferme - un beau chalet - devient un hôtel très agréable avec sa piscine extérieure chauffée, ses chambres douillettes habillées de bois blond et son espace bien-être complet... et, cerise sur le gâteau, des propriétaires d'une gentillesse rare. Une bonne adresse.

10 chambres - 135/265 € - 19 € - 2 suites

361 route des Combes - ✆ 04 79 38 18 18 - www.lafermeduchozal.com - Fermé 12 avril-5 juin, 27 septembre-17 décembre

La Ferme du Chozal - Voir la sélection des restaurants

HAUTEVILLE-LÈS-DIJON - Côte-d'Or (21) ➔ Voir Dijon

LE HAVRE

✉ 76600 - Seine-Maritime - Carte régionale n° **17**-C2 - Carte Michelin 304-A5

Jean-Luc Tartarin

CUISINE MODERNE • CONTEMPORAIN Le Havre, son port, ses architectes (avec surtout Auguste Perret et Oscar Niemeyer, symboles de l'urbanisme du 20e s.), sa joie de vivre retrouvée... et Jean-Luc Tartarin, natif de Caen (et non de Tarascon). Formé notamment aux Crayères à Reims, chez Gill à Rouen, il signe chez lui une cuisine passionnée et de formidables bouillons et sauces, autour d'une carte iodée. Un plat emblématique ? La langoustine fumée, cuite à la broche et délicatement fumée minute sur un petit barbecue individuel. Époustouflant. Le chef cale ses inspirations sur l'entrée au port d'une pêche de ligne et de petits bateaux. Fraîcheur garantie, saveurs harmonieuses, originalité et inspiration. Quand le modernisme du Havre rencontre l'âme du terroir normand. Un alliage séduisant à déguster dans un immeuble moderne du quartier, signé Auguste Perret, et classé au patrimoine mondial par l'Unesco. Qui dit mieux ?

Spécialités : Grosses langoustines léchées par la braise de romarin, cappuccino à l'encre de seiche. Ris de veau croustillant, morilles et asperges vertes, sauce à la crème fermière. Millefeuille à la vanille Bourbon.

Menu 45 € (déjeuner), 75/245 € - Carte 120/150 €

Plan B2-t - *73 avenue Foch - ✆ 02 35 45 46 20 - www.jeanluc-tartarin.com - Fermé 2-16 janvier, 21 juillet-5 août, lundi, dimanche*

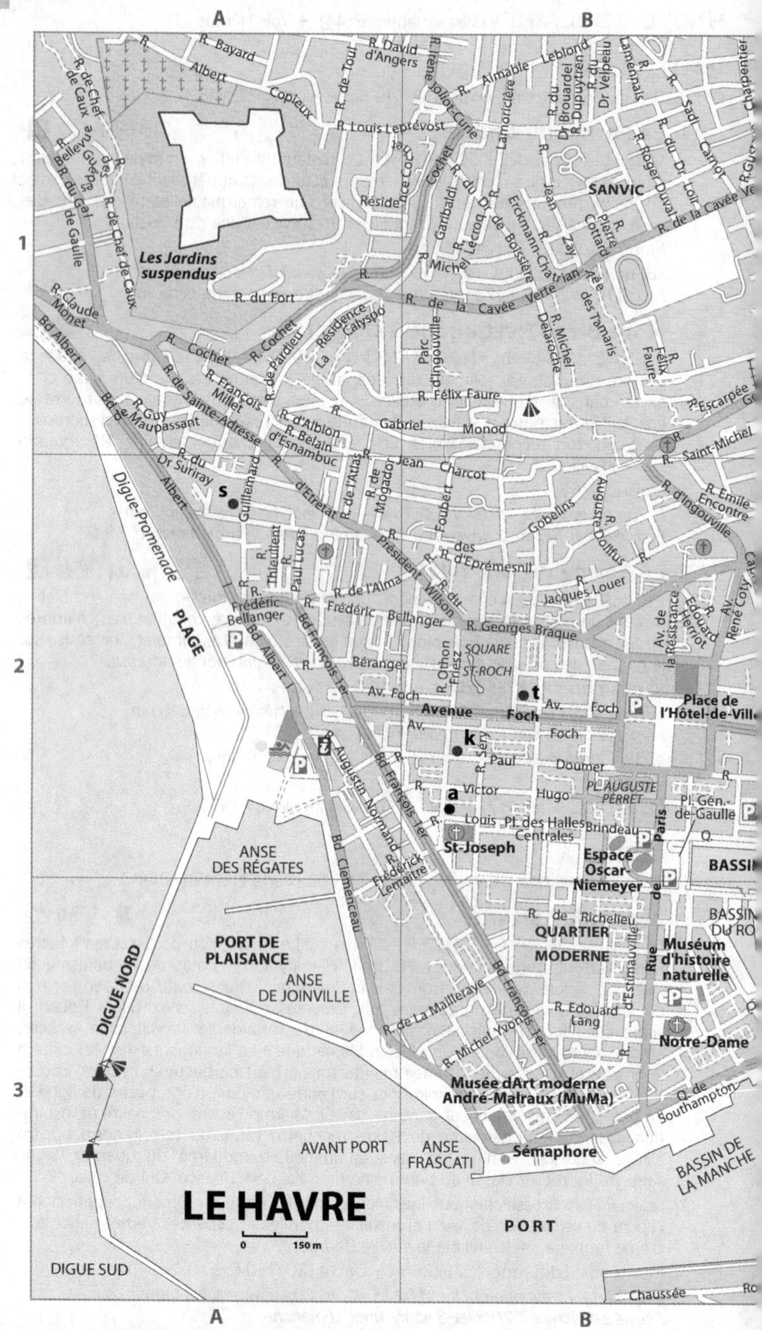

LE HAVRE
0 150 m
A
B
1
2
3
Les Jardins suspendus
SANVIC
PLAGE
Digue-Promenade
DIGUE NORD
DIGUE SUD
ANSE DES RÉGATES
PORT DE PLAISANCE
ANSE DE JOINVILLE
AVANT PORT
ANSE FRASCATI
PORT
BASSIN DE LA MANCHE
SQUARE ST-ROCH
Avenue Foch
Place de l'Hôtel-de-Ville
PL. AUGUSTE PERRET
Pl. des Halles Centrales
St-Joseph
Espace Oscar-Niemeyer
QUARTIER MODERNE
Muséum d'histoire naturelle
Notre-Dame
Musée dArt moderne André-Malraux (MuMa)
Sémaphore
Parc d'Ingouville
Rue de Paris
Bd François 1er
Bd Albert I
Bd Clemenceau
R. Augustin Normand
R. de la Cavée Verte
R. Félix Faure
R. Gabriel Monod
R. Jean Charcot
R. d'Etretat
R. du Président Wilson
R. Georges Braque
R. Frédéric Bellanger
R. de Richelieu
R. Edouard Lang
R. Michel Yvon
R. de La Mailleraye
Q. de Southampton
R. Saint-Michel
R. d'Ingouville
R. du Fort
R. Cochet
R. Louis Leprévost
R. Bayard
R. Albert Copieux
R. Aimable Leblond
R. de Sainte-Adresse
R. Guy de Maupassant
R. Victor Hugo
R. Paul Doumer
R. Louis Brindeau
R. Frédérick Lemaître
Chaussée
s
t
k
a

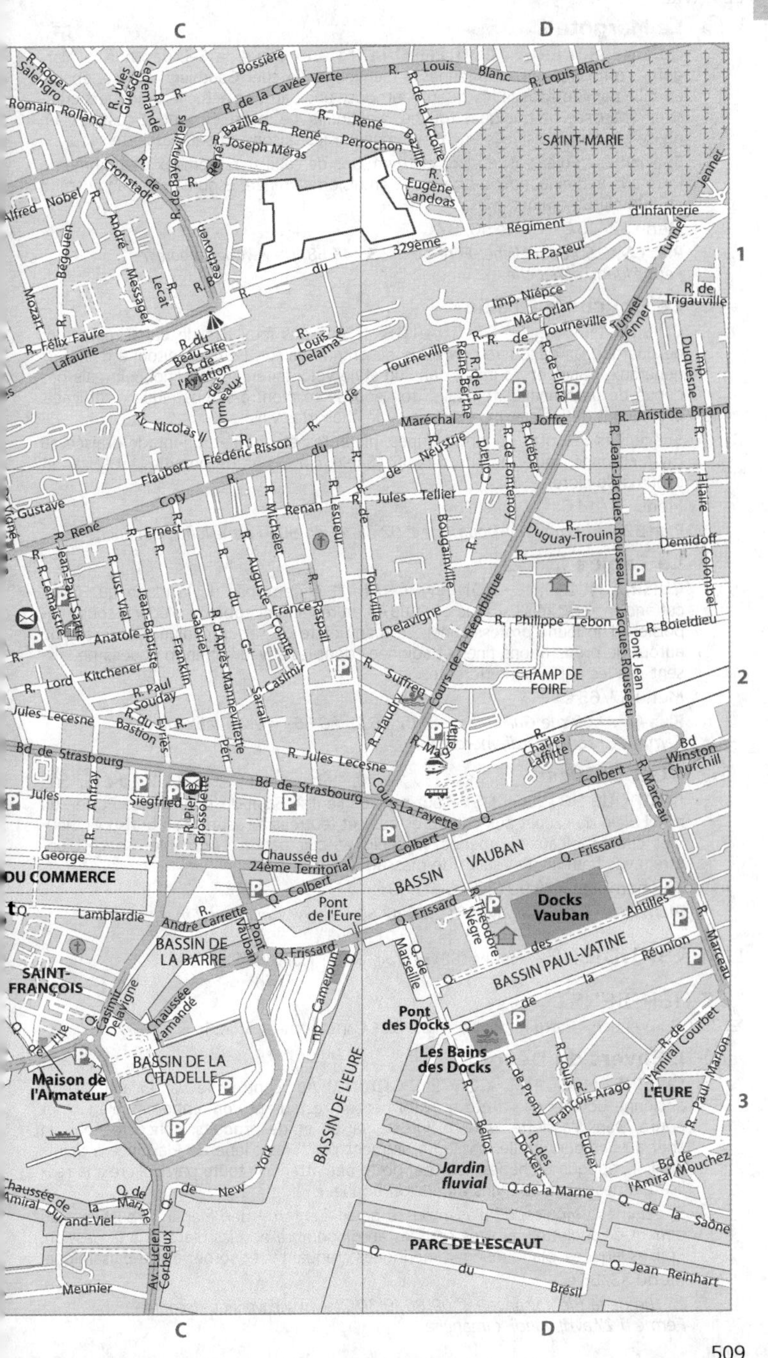
C
D
1
2
3
R. Roger Salengro
Romain Rolland
R. Jules Guesde
Ledemandé
Bossière
R. de la Cavée Verte
R. Louis Blanc
R. Louis Blanc
R. de la Victoire
SAINT-MARIE
R. Bazille
R. René Perrochon
R. Joseph Méras
R. de Bayonvillers
Cronstadt
R. Eugène Landoas
Jenner
d'Infanterie
Régiment
329ème
du
R. Pasteur
Tunnel
Alfred Nobel
R. André Messager
Bégouen
Mozart
R. Lecat
R. Beethoven
R. Félix Faure
Lafaurie
R. du Beau Site
R. de l'Aviation
R. des Ormeaux
R. Louis Delamare
Imp. Niépce
Mac-Orlan
R. de Tourneville
Tourneville
Tunnel Jenner
R. de Trigauville
Imp. Duquesne
R. de la Reine Berthe
R. de Flore
Av. Nicolas II
R. Frédéric Risson
Flaubert
Maréchal Joffre
R. Aristide Briand
R. du Maréchal
R. de Neustrie
R. Collard
R. de Fontenoy
R. Kléber
R. Jean-Jacques Rousseau
R. Hilaire Colombel
Gustave
R. René Coty
R. Ernest Renan
R. Michelet
R. Lesueur
R. de Tourville
R. Jules Tellier
Bougainville
R. Duguay-Trouin
R. Demidoff
R. Jean-Paul Sartre
R. Lemaistre
R. Just Viel
R. Jean-Baptiste Gabriel
R. du Gal Sarrail
R. Auguste Comte
R. France
R. Raspail
Delavigne
R. Philippe Lebon
R. Boieldieu
Jacques Rousseau
Pont Jean
R. Anatole
Franklin
R. d'Après Mannevillette
R. Casimir
Cours de la République
CHAMP DE FOIRE
R. Lord Kitchener
R. Paul Souday
R. Eyriès
R. du Bastion
Jules Lecesne
Péri
R. Suffren
R. Haudry
R. Magellan
R. Charles Laffitte
Bd Winston Churchill
Bd de Strasbourg
R. Jules Lecesne
Bd de Strasbourg
Cours La Fayette
Colbert
R. Marceau
Jules
Anfray
Siegfried
R. Pierre Brossolette
Q. Colbert
George V
Chaussée du 24ème Territorial
BASSIN VAUBAN
Q. Frissard
DU COMMERCE
Q. Colbert
Pont de l'Eure
R. Théodore Nègre
Docks Vauban
Antilles
Q.
Lamblardie
R. André Carrette
Pont Vauban
BASSIN DE LA BARRE
Q. Frissard
Q. Frissard
Q. de Marseille
Q. des Antilles
BASSIN PAUL-VATINE
Réunion
R. Marceau
SAINT-FRANÇOIS
Casimir Delavigne
Chaussée Lamandé
Q. Cameroun
de la
Pont des Docks
Q. de l'Île
Les Bains des Docks
R. Louis
R. de l'Amiral Courbet
Maison de l'Armateur
BASSIN DE LA CITADELLE
BASSIN DE L'EURE
R. de Prony
R. François Arago
L'EURE
R. Paul Marion
R. Bellot
R. des Dockers
Eudier
Q. de New York
Jardin fluvial
Bd de l'Amiral Mouchez
Chaussée de l'Amiral Durand-Viel
Q. de la Marine
Q. de la Marne
Q. de la Saône
Av. Lucien Corbeaux
PARC DE L'ESCAUT
Q. du Brésil
Q. Jean Reinhart
Meunier

Le Margote

CUISINE MODERNE • CONTEMPORAIN XX L'ex Fleur de Sel, devenue le Margote, s'offre une seconde jeunesse bienvenue. Le chef Gauthier Teissere, épaulé en salle par son épouse Marguerite, propose une partition actuelle, volontiers créative, rehaussée de quelques touches asiatiques. Le cadre, élégant et cosy, est en phase avec une cuisine joliment rythmée par les saisons. Chaque assiette séduit.

Spécialités : Foie gras, abricot et thym. Dos de cabillaud, crémeux de pomme de terre à la verveine, noix de pécan et émulsion safranée. Espuma de granny smith et crumble de graines.

Menu 32/45 € - Carte 56/67 €

Plan C3-t - *50 quai Michel-Féré - ✆ 02 35 43 68 10 - www.lemargote.fr - Fermé lundi, dimanche*

Le Bouche à Oreille

CUISINE MODERNE • DE QUARTIER X Sous des faux airs de banal restaurant de quartier, on découvre une table de grande valeur. Le chef mitonne des plats généreux, francs et goûteux, dans un style volontairement traditionnel, mais pas dénué de personnalité ; en salle, son épouse se montre sympathique et efficace, prodiguant de judicieux conseils pour le choix des vins.

Spécialités : Risotto de langoustines, pleurotes et ciboulette. Pintade braisée au thym citronné, sauce au citron confit. Sablé, compotée de pommes au safran et espuma de cidre.

Menu 25/44 €

Plan B2-k - *19 rue Paul-Doumer - ✆ 02 35 45 44 60 - Fermé lundi, dimanche*

La Tablée

CUISINE MODERNE • CONTEMPORAIN XX A deux pas de la plage du Havre, cet ancien karaoké s'est mué en 2019 en un restaurant sobre et élégant, sous l'impulsion d'un jeune professionnel. Le menu-carte de saison évolue régulièrement, autour de préparations fines et soignées dont les saveurs bien marquées ne laissent pas les papilles indifférentes.

Menu 37/65 €

Plan A2-s - *69 rue Guillemard - ✆ 02 76 25 86 66 - www.la-tablee.fr - Fermé 3-31 août, mardi, mercredi*

Vent d'Ouest

BOUTIQUE HÔTEL • COSY Tout près de l'église Saint-Joseph, signée Perret, un hôtel plein de cachet aux chambres cosy et feutrées à l'esprit « so british » : meubles cirés, tableaux de marine, fauteuils en cuir patiné… Agréable espace bien-être, avec hammam et salles de massages.

35 chambres - 99/200 € - 15 €

Plan B2-a - *4 rue Caligny - ✆ 02 35 42 50 69 - www.ventdouest.fr*

L'HERBAUDIÈRE - Vendée (85) → Voir Île de Noirmoutier

LES HERBIERS

✉ 85500 - Vendée - Carte régionale n° **23**-B3 - Carte Michelin 316-J6

L'Envers du Décor

CUISINE MODERNE • CONTEMPORAIN XX Au centre de la localité, cette ancienne boulangerie a été transformée en restaurant contemporain, élégant et épuré. Dans l'assiette, une cuisine de saison et de produits, concoctée par un chef au parcours étoilé, passé notamment par l'Hostellerie de Plaisance à Saint-Emilion, époque Etchebest. Le chef porte une attention toute particulière à la réalisation des sauces, servies à part. Un bonheur.

Spécialités : Moules, girolles, mousse persil, jus terre-mer. Merlan, croustillant au piment d'Espelette, carottes confites au gingembre et sucs d'arêtes à la passion. Fraises laquées, blanc-manger, meringues craquantes et sorbet fraise-balsamique.

Menu 33/55 €

23 rue de la Bienfaisance - ✆ 09 86 19 30 21 - www.envers-du-decor.fr - Fermé 11-27 avril, lundi, dimanche

Aroma

CUISINE MODERNE • COLORÉ X Ce restaurant du centre-ville, moderne et coloré, est tenu par un jeune couple plein d'allant, auteur d'une carte évolutive, ne dérogeant jamais à la sacro-sainte trilogie : fraîcheur, gourmandise et... produits vendéens !

Menu 28/44 €

7 rue du Brandon – ✆ 02 51 91 05 48 – www.restaurant-aroma.com – Fermé lundi, samedi midi, dimanche soir

HÉRÉPIAN - Hérault (34) ➜ Voir Bédarieux

HÉROUVILLE-ST-CLAIR - Calvados (14) ➜ Voir Caen

HESDIN

✉ 62140 – Pas-de-Calais – Carte régionale n° **13**-A2 – Carte Michelin 301-F5

à Gouy-St-André 14 km à l'Ouest par N39 et D137 – Carte régionale n° **13**-A2

Le Clos de la Prairie

CUISINE MODERNE • COSY XX En pleine campagne, ce charmant restaurant dégage une douceur bucolique. Derrière les fourneaux, le chef concocte, avec maîtrise, des plats au goût du jour qui suivent le rythme des saisons. L'été, profitez de la terrasse qui donne sur... la prairie, au calme. Accessible uniquement sur réservation.

Menu 48 € – Carte 54/58 €

17 rue de Saint-Rémy – ✆ 03 21 90 39 58 – www.leclosdelaprairie.com – Fermé le midi du lundi au samedi

HÉSINGUE - Haut-Rhin (68) ➜ Voir St-Louis

HEUGUEVILLE-SUR-SIENNE

✉ 50200 – Manche – Carte régionale n° **17**-A2 – Carte Michelin 303-C5

Athome

CUISINE MODERNE • AUBERGE X Un jeune couple originaire de la région s'est installé dans ce presbytère du 18e s. Lionel, en cuisine, s'appuie sur une solide expérience (séjours en Australie et au Japon) et de bons produits locaux – maraîcher bio, pêche artisanale – ; Edwige, en salle, se révèle aussi souriante qu'efficace. Succès mérité !

Spécialités : Croustillant de homard, infusion de carcasses en aïoli. Seiche cuisinée comme un risotto, jeunes légumes glacés, écume de crustacés. L'abricot en différentes textures, pannacotta verveine et glace vanille.

Menu 33/55 €

16 rue de la Sienne – ✆ 02 33 47 19 61 – Fermé 5-31 janvier, 14 juin-3 juillet, 20 septembre-9 octobre, lundi, mardi, mercredi, dimanche soir

HEYRIEUX

✉ 38540 – Isère – Carte régionale n° **2**-B2 – Carte Michelin 333-D4

L'Alouette

CUISINE TRADITIONNELLE • TENDANCE XX Voilà un restaurant contemporain fort agréable avec son sol en béton ciré, ses œuvres d'art (à vendre !), son piano à queue et son joli jardin. Le chef concocte une cuisine de saison, pleine de gourmandise, à l'instar de ce cannelloni de joue de bœuf, panais, et jus de viande. Pour accompagner cela, la cave offre un choix de plus de 450 références. Belles chambres contemporaines pour l'étape.

Menu 25 € (déjeuner), 44/60 € – Carte 25/60 €

route de St-Jean-de-Bournay, Bonnefamille – ✆ 04 78 40 06 08 – www.restaurant-alouette.com – Fermé 27 avril-4 mai, 25 juillet-26 août, lundi, samedi midi, dimanche soir

HOCHSTATT - Haut-Rhin (68) ➜ Voir Mulhouse

LE HÔME - Calvados (14) ➜ Voir Cabourg

HONFLEUR

✉ 14600 – Calvados – Carte régionale n° **17**–A3 – Carte Michelin 303-N3

On aime...

Qui n'aime pas Honfleur ? Lieu béni des muses, ce petit port de la Côte fleurie a séduit les écrivains et les peintres, de Baudelaire à Musset, de Boudin à Seurat. Son Vieux-Bassin, ses façades anciennes et cette lumière sont proprement irrésistibles... De quoi mettre en appétit les esthètes ! Ancien port de pêche à la morue comme Le Havre, Honfleur possède toujours une flotte de petits bateaux. Du jeudi au dimanche matin, ils vendent en direct sur la jetée du transit – notamment des coques, des coquilles Saint-Jacques et des crevettes grises réputées. Le samedi matin, la place Saint-Catherine sert de cadre au déballage chatoyant des produits du terroir, comme des rillettes de lapin, du confit de porc et les dérivés du cidre. Une sélection judicieuse de calvados, mais aussi de cidres et de pommeaux vous attend à la Compagnie des Calvados, à la Cave normande ou chez Gribouille, dont le décor d'ancienne brocante charme l'œil.

JHPO/Shutterstock.com

Restaurants

✿✿ SaQuaNa (Alexandre Bourdas)

CUISINE CRÉATIVE • CONTEMPORAIN XX L'origine du nom ? C'est au choix. Saveurs, Qualité, Nature, d'un côté ; mais aussi le terme japonais sakana, qui signifie "poisson". Voilà qui nous aiguille un peu sur les inspirations d'Alexandre Bourdas, le chef. Totalement recentré sur la cuisine, ayant mis le holà aux projets annexes et chronophages, il travaille à la manière d'un artisan, avec un plaisir non dissimulé ! D'intuition en intuition, de découverte en découverte, il régale sa clientèle en laissant libre cours à son geste de cuisinier. Son menu en neuf plats est traversé de fulgurances, comme cette renversante dorade, semoule de chou-fleur et crème de maquereau grillé... Fraîcheur et caractère : une vraie merveille.

Spécialités : Lotte pochée au citron vert, livèche, coriandre, bouillon noix de coco et huile de combava. Saint-Jacques, tempura de chou kale, purée de potimarron et ponzu. Nougatine cacao, chocolat blanc et truffe, crème de châtaignes grillées.

Menu 96/136 €

Plan A1-u – *22 place Hamelin – ✆ 02 31 89 40 80 – www.alexandre-bourdas.com – Fermé lundi, mardi, mercredi*

Le Bréard

CUISINE MODERNE • CONTEMPORAIN XX Cadre contemporain et cuisine subtile au menu de ce restaurant, situé dans une ruelle pavée proche de l'église Ste-Catherine. Le chef associe de belles saveurs avec créativité et générosité !

Spécialités : Tartare de dorade et radis, tuile des fanes et glace poivre sauvage-groseilles. Carrelet poché, courgettes du potager, émulsion au safran. Soufflé chaud aux fruits de la passion, glace vanille.

Menu 34/63 € – Carte 48/65 €

Plan A1-e – *7 rue du Puits – ✆ 02 31 89 53 40 – www.restaurant-lebreard.com – Fermé 6-23 janvier, lundi midi, mercredi, jeudi*

La Fleur de Sel

CUISINE MODERNE • COSY XX Dans une rue du quartier historique, Vincent Guyon réalise un travail admirable : cuissons maîtrisées, belles inspirations dans la construction visuelle des plats. Tartare de bœuf aux huîtres et mayonnaise vaporeuse aux câpres, cabillaud et noisettes torréfiées, et crème de moutarde épicée : l'ensemble dégage une vraie assurance, celle d'un chef qui sait où il va.

Spécialités : Tartare de bœuf aux huîtres. Selle d'agneau en croûte de basilic, légumes de saison. Tube croustillant aux agrumes et framboises, crème verveine citron, sorbet framboise-poivron rouge.

Menu 34/75 €

Plan A1-v – *17 rue Haute – ✆ 02 31 89 01 92 – www.lafleurdesel-honfleur.com – Fermé 6-31 janvier, 1er-5 juillet, lundi, mardi*

Les Impressionnistes

CUISINE MODERNE • ÉLÉGANT XXXX L'intérieur de style normand, élégant et luxueux, le parc arboré avec sa roseraie, la terrasse offrant une superbe vue sur l'estuaire de la Seine : c'est enchanteur, bien sûr, mais pas de quoi nous détourner de l'assiette ! Le chef signe en effet une belle cuisine contemporaine, précise et finement exécutée, autour de beaux produits du terroir normand.

Menu 80/140 € – Carte 152/169 €

Hors plan – *La Ferme Saint-Siméon, 20 rue Adolphe-Marais – ✆ 02 31 81 78 00 – www.fermesaintsimeon.fr – Fermé lundi midi, mardi midi, mercredi midi, jeudi midi*

Le Manoir des Impressionnistes

CUISINE MODERNE · ÉLÉGANT XXX Installez-vous dans la lumineuse salle à manger ou sur la terrasse aux beaux jours pour profiter d'un joli panorama sur l'estuaire, et d'une cuisine actuelle, centrée autour d'une carte de saison courte et appétissante, privilégiant les produits du terroir normand et de la pêche locale.

Carte 56/82 €

Hors plan – *23 route de Trouville – ✆ 02 31 81 63 00 – www.manoirdesimpressionnistes.com – Fermé 16 novembre-17 décembre, lundi, mardi, mercredi midi*

Entre Terre et Mer

CUISINE MODERNE · COSY XX Sur une charmante petite place touristique près du Vieux-Bassin, ce restaurant au cadre élégant et cosy navigue entre terre et mer dans l'assiette, pour une cuisine rythmée par les saisons et marquée du sceau de l'authenticité normande.

Menu 33/64 € – Carte 58/85 €

Plan A1-t – *12 place Hamelin – ✆ 02 31 89 70 60 – www.entreterreetmer-honfleur.com – Fermé 6 janvier-10 février, 14-25 décembre*

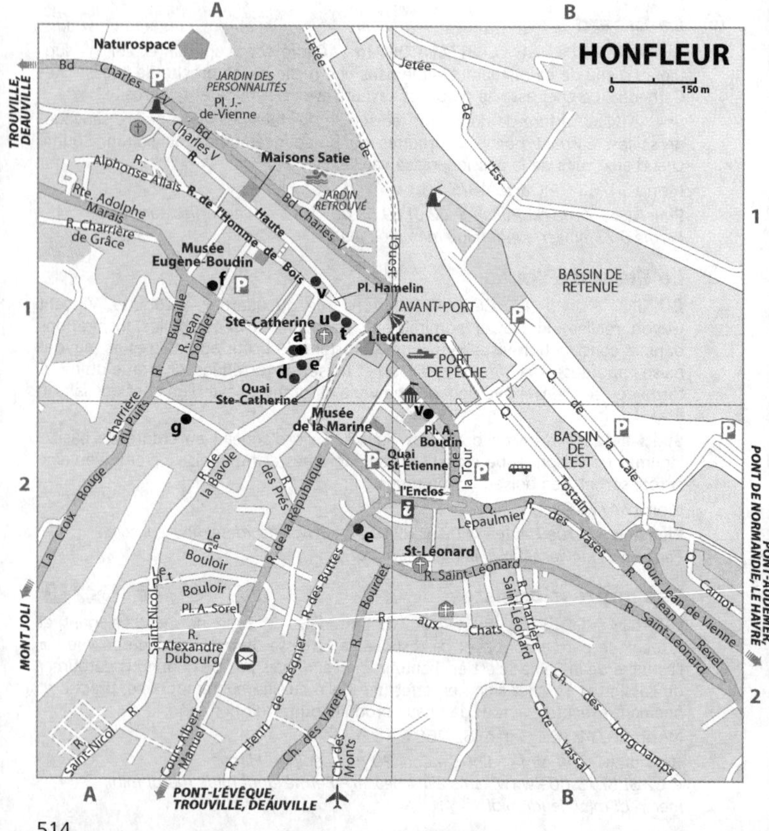

Tourbillon

CUISINE MODERNE • COSY XX Le restaurant chic et cosy des Maisons de Léa, complété d'une terrasse au pied de la jolie église Sainte-Catherine, propose une cuisine parfumée et colorée, à base de bons produits : on passe un agréable moment de gourmandise.

Carte 46/75 €

Plan A1-a – *Les Maisons de Léa, place Sainte-Catherine – ✆ 02 31 14 49 40 – www.restaurant-honfleur-lesmaisonsdelea.com – Fermé lundi midi, mardi midi, mercredi midi, jeudi midi, vendredi midi, samedi midi*

L'Endroit

CUISINE MODERNE • BRANCHÉ X Bistronomique et novateur : tel est cet Endroit, niché en léger retrait de l'agitation touristique d'Honfleur. En amoureux des beaux produits, le chef nous gratifie de beaux poissons frais, de légumes et volailles de fournisseurs locaux, qu'il travaille dans les règles de l'art. Soirées jazz les premiers vendredis du mois.

Menu 35 € – Carte 45/72 €

Plan A2-e – *3 rue Charles-et-Paul-Bréard – ✆ 02 31 88 08 43 – www.restaurantlendroithonfleur.com*

Huître Brûlée (N)

CUISINE MODERNE • CONVIVIAL X Ici, pas d'Huître Brûlée... mais une cuisine actuelle aux produits de qualité, privilégiant les achats en circuits courts (légumes bio, poisson de petit bateau), imaginée autour d'une carte de saison resserrée. Une table sympathique et conviviale ouverte par un couple de passionnés, Paul Lacheray, originaire d'Honfleur en cuisine, et sa compagne Chloé Woestelandt en salle, qui réalise ainsi son rêve d'enfance...

Carte 33/48 €

Plan A1-d – *8 rue Brûlée – ✆ 09 82 57 90 18 – Fermé mercredi, jeudi*

Hôtels

La Ferme Saint-Siméon

LUXE • ÉLÉGANT Haut lieu de l'histoire de la peinture, l'auberge que fréquentaient les impressionnistes est devenue un hôtel magnifique. Le parc domine l'estuaire – et ses lumières changeantes –, les chambres, au calme, réinventent le style rustique, version luxe. Cuisine gastronomique aux Impressionnistes et bistrotière chic à La Boucane. Intemporel comme un tableau ou une chanson de Jacques Brel.

31 chambres – 195/910 € – 32 € – 3 suites Tablet. PLUS

Hors plan – *20 rue Adolphe-Marais – ✆ 02 31 81 78 00 – www.fermesaintsimeon.fr*

Les Impressionnistes – Voir la sélection des restaurants

Les Maisons de Léa

LUXE • COSY En plein cœur de la ville, juste devant l'église Ste-Catherine, cette bâtisse est composée de plusieurs maisons élégantes, joliment décorées par thèmes (Campagne, Romance, Baltimore, Capitaine). Le confort est total, l'accueil est charmant : incontournable, tout simplement !

38 chambres – 145/195 € – 18 € – 5 suites

Plan A1-a – *place Sainte-Catherine – ✆ 02 31 14 49 49 – www.lesmaisonsdelea.com*

Tourbillon – Voir la sélection des restaurants

Le Manoir des Impressionnistes

MAISON DE MAÎTRE • PERSONNALISÉ Colombages peints, fenêtres à croisillons, toitures asymétriques, petit parc : ce manoir du 18e s. pourrait inspirer un peintre. Chambres très cosy au grand calme donnant sur la mer ou le jardin. Sans oublier l'espace bien-être, pour une détente en profondeur.

12 chambres – 190/485 € – 21 €

Hors plan – *23 route de Trouville – ✆ 02 31 81 63 00 – www.manoirdesimpressionnistes.com*

Le Manoir des Impressionnistes – Voir la sélection des restaurants

La Chaumière

MAISON DE CAMPAGNE • COSY Cette jolie ferme normande se dresse face à l'estuaire de la Seine, dans un parc qui tombe dans la mer. Chambres "campagne-chic" au grand calme, coquettes et cosy, avec pour certaines une jolie vue sur les flots. Location de vélos, de kayaks, ou d'une petite voiture électrique idéale pour sillonner Honfleur.

9 chambres – 235/389 € – 17 € – 1 suite

Hors plan – *route de Trouville, à Vasouy – 02 31 81 63 20 – www.hotel-chaumiere.fr*

L'Écrin

HISTORIQUE • PERSONNALISÉ Écrin précieux que ce véritable petit musée rempli d'objets d'art et d'ornements anciens, assurément atypique ! Dans les chambres cohabitent les styles et les détails d'époque, de la jolie mansarde au grand lit à baldaquin ; l'une d'entre elles a même servi jadis de décor au film "La chambre verte", de Truffaut... Petit-déjeuner servi face au jardin.

30 chambres – 120/200 € – 15 € – 3 suites

Plan A2-g – *19 rue Eugène-Boudin – 02 31 14 43 45 – www.hotel-ecrin-honfleur.com – Fermé 6 janvier-8 février*

La Maison de Lucie

MAISON DE MAÎTRE • COSY L'âme de la poétesse et romancière Lucie Delarue-Mardrus flotte sur ces lieux, dont elle fut propriétaire. Boiseries, canapés en cuir, bibliothèque : la maison ne manque pas de style, et propose toute une gamme de chambres décorées avec le meilleur goût... Un doux séjour.

10 chambres – 180/270 € – 14 € – 2 suites

Plan A1-f – *44 rue des Capucins – 02 31 14 40 40 – www.lamaisondelucie.com – Fermé 6-20 janvier*

à Cricqueboeuf 9 km par rte de Trouville

Manoir de la Poterie & Spa

SPA ET BIEN-ÊTRE • PERSONNALISÉ Ces belles bâtisses d'inspiration normande conjuguent les styles baroque, Directoire, bord de mer (bois flotté et patiné) ou contemporain. Côté vue, vous avez le choix entre l'estran ou la campagne. Enfin, indéniable point fort : le spa, avec notamment une piscine intérieure lumineuse, prolongée d'une terrasse tournée vers la Manche.

23 chambres – 170/275 € – 23 € – 1 suite

Hors plan – *Chemin Paul-Ruel – 02 31 88 10 40 – www.manoirdelapoterie.fr*

à Barneville-la-Bertran 5 km au Sud - Ouest par D62 et D279 – Carte régionale n° **17**–A3

Auberge de la Source

MAISON DE CAMPAGNE • COSY À l'entrée du village, cette jolie maison en brique rouge et sa longère à colombages semblent incarner l'idéal champêtre : un jardin et ses beaux arbres fruitiers ; des bassins où fraient truites et esturgeons ; des chambres d'esprit nature et cosy... et un restaurant aux airs d'auberge chic. Charmant !

14 chambres – 115/295 € – 19 € – 1 suite

Hors plan – *Chemin du Moulin – 02 31 89 25 02 – www.auberge-de-la-source.fr*

HOSSEGOR

40150 – Landes – Carte régionale n° **18**–A3 – Carte Michelin 335-C13

Jean des Sables

CUISINE CRÉATIVE • DESIGN XX Cadre épuré pour ce restaurant de plage du chef Jean Coussau : béton ciré, murs clairs, vivier, vue sur l'Océan... La cuisine est moderne, déclinée au fil d'une carte courte et bien ficelée, avec un menu spécial dédié au homard. Accueil et service aux petits soins.

Menu 33 € (déjeuner), 50/80 € - Carte 50/100 €

121 avenue de la Dune - 05 58 72 29 82 - www.jeandessables.com - Fermé 1er janvier-20 février, lundi, mardi

Les Hortensias du Lac

CUISINE MODERNE • CONVIVIAL X Superbement rénovée, cette institution locale domine le lac d'Hossegor. Le chef Philippe Moreno y propose une carte mixte, entre "incontournables" régionaux et recettes plus actuelles : dans l'ensemble, une partition de bonne facture. On en profite dans un intérieur de bistrot lumineux, ou sur l'agréable terrasse.

Carte 52/77 €

1578 avenue du Tour-du-Lac - 05 58 43 99 00 - www.leshortensiasdulac.com - Fermé 21 janvier-10 février, 16 novembre-10 décembre, mercredi, dimanche soir

Villa Seren

LUXE • CONTEMPORAIN Cette belle bâtisse, mélange de bois et de béton, s'intègre bien dans son environnement. L'intérieur, superbement décoré, accueille entre autres du mobilier d'artisans de la région ; les chambres, spacieuses et confortables, offrent une vue imprenable sur le lac d'Hossegor.

25 chambres - 145/280 € - 18 € - 2 suites

1111 avenue du Touring-Club-de-France - 05 58 58 00 55 - www.villaseren.fr - Fermé 6-22 janvier

Les Hortensias du Lac

BOUTIQUE HÔTEL • BORD DE LAC Trois belles maisons entourées d'une pinède, au bord du lac d'Hossegor : l'ensemble, moderne et épuré, s'efface devant le paysage marin. On profite d'un beau jardin planté de pins des Landes, et du spa de 450 mètres carrés, bien aménagé. Un lieu plein de charme et de vitalité.

25 chambres - 170/630 € - 23 €

1578 avenue du Tour-du-Lac - 05 58 43 99 00 - www.leshortensiasdulac.com - Fermé 21 janvier-10 février, 16 novembre-10 décembre

Les Hortensias du Lac - Voir la sélection des restaurants

à Saubion 6 km à l'Est par D33 - Carte régionale n° **18**-A3

Les Échasses

LUXE • NATURE Ces Échasses consistent en plusieurs "lodges" installée autour d'un étang : des maisonnettes en bois, confortables et design, avec poêle à bois et grandes baies vitrées donnant sur une terrasse au-dessus de l'eau... Une expérience insolite et tout à fait délicieuse.

8 chambres - 250/350 € - 15 €

701 route des Bruyères - 06 51 96 55 54 - www.ecolodge-lesechasses.com

HOUDAN

78550 - Yvelines - Carte régionale n° **15**-A2 - Carte Michelin 311-F3

La Poularde

CUISINE TRADITIONNELLE • CONVIVIAL XX Une authentique adresse de tradition, dont certains pourront juger le décor trop classique et désuet, mais dont on ne peut nier la qualité de la table : le chef honore les recettes de toujours et les produits nobles, tels le homard et les truffes en saison. Mention spéciale également pour la belle collection de whiskys.

Menu 29 € (déjeuner), 39/45 € - Carte 45/60 €

24 avenue de la République - 01 30 59 60 50 - www.alapoularde.com - Fermé 25 février-6 mars, 5-21 août, lundi, mardi, mercredi, dimanche soir

HOULGATE

✉ 14510 – Calvados – Carte régionale n° **17**–B2 – Carte Michelin 303-L4

L'Éden

CUISINE MODERNE • COSY XX Cette maison, tenue par un couple de sympathiques normands, Nicolas Tougard en cuisine et son épouse Virginie en salle, propose une cuisine au goût du jour évoluant au gré des saisons, avec des clins d'œil adressés à la Normandie (les producteurs locaux sont privilégiés) et à la tradition réinterprétée (sole meunière au beurre d'Isigny-sur-Mer, homard bleu braisé au pommeau...).

Spécialités : Quinoa rouge à la coriandre, saumon fumé et émulsion aux agrumes. Filet de merlu, charlottes et vinaigrette tiède aux tomates confites et olives. Pannacotta chocolat blanc, pêche-verveine et sablé.

Menu 27/46 € – Carte 69/87 €

7 rue Henri-Fouchard – ✆ 02 31 24 84 37 – www.eden-houlgate.com – Fermé 5 janvier-6 février, 5-13 octobre, lundi, mardi

HUNINGUE – Haut-Rhin (68) ➜ Voir St-Louis

HYÈRES

✉ 83400 – Var – Carte régionale n° **24**–C3 – Carte Michelin 340-L7

La Colombe

CUISINE TRADITIONNELLE • ÉLÉGANT XX Filet de rouget grondin, bouillon d'étrilles et croûtons à la rouille... Tel est l'ancrage provençal de la carte ! C'est en sérieux professionnels que Pascal et Nadège Bonamy ont hissé leur restaurant au rang des bonnes tables de la région. Au pied du massif des Maurettes, la finesse des assiettes ne ment pas.

Spécialités : Salade de poulpe et seiche aux aromates. Dos de cabillaud, crème d'artichauts acidulée et émulsion de coquillages. Tarte au chocolat, framboises et craquelin aux amandes.

Menu 32/68 € – Carte 63/76 €

663 route de Toulon (à la Bayorre) – ✆ 04 94 35 35 16 – www.restaurantlacolombe.com – Fermé lundi, samedi midi, dimanche soir

L'Arum

CUISINE MODERNE • TENDANCE X L'Arum tient son nom de la fleur préférée de la propriétaire et de l'arôme. En quelques mois seulement, cette table chaleureuse, située face à l'hôtel de ville, a su imposer une cuisine méditerranéenne moderne et sans chichi, qui ravira les papilles les plus exigeantes – tomate en variation ; espadon sauvage etc. En été, on profite de la terrasse ombragée. Des assiettes goûteuses et généreuses, qui vont à l'essentiel.

Spécialités : Mini tomates, chantilly à la crème de burrata, bouillon rhum ambré-vanille. Espadon snacké, caviar d'aubergine et sauce vierge. Pêche jaune en bavarois, coulis et crémeux, biscuit spéculos.

Menu 31/60 € – Carte 45/53 €

21 avenue Joseph-Clotis – ✆ 04 83 99 42 04 – Fermé 25 juin-10 juillet, lundi, dimanche

Carte Blanche

CUISINE DU MARCHÉ • SIMPLE X Cette adresse confidentielle ne s'offre qu'aux piétons : petits choix de plats sur l'ardoise, produits frais de saison, terrasse pour les beaux jours... Le chef donne carte blanche à votre gourmandise, et en salle madame assure le service avec efficacité. Chut, c'est exquis, ne le dites à personne !

Carte 35/50 €

3 rue des Porches – ✆ 04 94 23 51 56 – www.restaurant-carteblanche.fr – Fermé 15-30 juin, lundi, mardi, dimanche

IGÉ

✉ 71960 – Saône-et-Loire – Carte régionale n° **5**–C3 – Carte Michelin 320-I11

La Table d'Igé

CUISINE TRADITIONNELLE • HISTORIQUE XXX Les équipes de Georges Blanc ont su conserver le style médiéval et châtelain des lieux (tentures murales, belle et imposante cheminée, pierres et poutres), tout en rafraîchissant l'ensemble. Côté cuisine, c'est à la page et de saison, avec célébration de belles viandes charolaises et bourguignonnes et spécialités bressanes chères au grand chef...

Menu 32/70 € – Carte 52/66 €

Château d'Igé, 252 rue du Château – ✆ 03 85 33 33 99 – www.chateaudige.com

IGUERANDE

✉ 71340 – Saône-et-Loire – Carte régionale n° **5**-B3 – Carte Michelin 320-E12

La Colline du Colombier

CUISINE MODERNE • CHIC X En pleine campagne, dominant la Loire, une ferme restaurée dans un style certes champêtre... mais chic et épuré ! Un lieu nature et design, pour déguster une cuisine du terroir raffinée. Et pour prolonger l'étape, on s'installe dans les fameuses "cadoles" sur pilotis !

Menu 46 € – Carte 61/92 €

lieu-dit le Colombier – ✆ 03 85 84 07 24 – www.troisgros.com – Fermé 23 novembre-20 mars, mardi, mercredi

ÎLE AUX MOINES ✉ 56780 – Morbihan – Carte régionale n° 7-A3 – Carte Michelin 308-N9

Les Embruns

CUISINE TRADITIONNELLE • RUSTIQUE X Par mer agitée, il n'est pas rare que ce restaurant soit balayé par les embruns ! Quoi de plus normal sur cette jolie île... où le plaisir des yeux s'allie au plaisir des papilles. Ici, pas de chichi, on savoure tourteaux, poissons frais, huîtres et fruits de mer dans une ambiance conviviale... esprit insulaire oblige !

Menu 22/31 € – Carte 25/38 €

rue du Commerce – ✆ 02 97 26 30 86 – www.restaurantlesembruns.com – Fermé 20 janvier-14 mars, 29 septembre-17 octobre, mardi soir, mercredi, dimanche soir

L'ÎLE BOUCHARD

✉ 37220 – Indre-et-Loire – Carte régionale n° **8**-A3 – Carte Michelin 317-L6

Auberge de l'Île

CUISINE MODERNE • COSY XX Dans ce restaurant cossu, le chef Pierre Koniecko signe une cuisine soignée, juste et précise. Les produits de qualité, joliment mis en valeur, se dégustent dans un cadre contemporain, ou à l'été, sur la terrasse en teck.

Spécialités : Marbré de lapereau aux herbes, lentilles vertes et girolles en pickles. Magret de canard laqué, la cuisse en parmentier. Crémeux aux chocolat, glace café.

Menu 33/56 €

3 place Bouchard – ✆ 02 47 58 51 07 – www.aubergedelile.fr – Fermé 2 janvier-6 février, 1er-9 septembre, 12-18 novembre, mardi, mercredi

à Sazilly 7 km à l'Ouest par D760

Auberge du Val de Vienne

CUISINE MODERNE • COSY XX Sur la route de Chinon, faites une halte gourmande dans cet ancien relais de poste (1870) au cœur du vignoble ! On y apprécie une cuisine traditionnelle actualisée, à base de beaux produits travaillés avec inventivité. Mention spéciale pour le carpaccio de cèpes et foie gras. Belle carte des vins.

Menu 22/32 € – Carte 44/50 €

30 route de Chinon – ✆ 02 47 95 26 49 – www.aubergeduvaldevienne.com – Fermé lundi, jeudi soir, dimanche soir

ÎLE DE GROIX ✉ 56590 – Morbihan – Carte régionale n° **7**-B2 – Carte Michelin 308-K9

Le Sémaphore de la Croix

MAISON DE CAMPAGNE • PERSONNALISÉ L'isolement de ce sémaphore du 19e s. le pare de romantisme. Chambres raffinées, certaines d'inspiration marine ; préférez celles avec terrasse. Jardin fleuri et vue superbe sur l'océan font de cette adresse un véritable petit coin de paradis. Mais chut, on ne vous a rien dit !

5 chambres – 165/205 €

Le Sémaphore - Locmaria-plage, les Sables Rouges – ✆ 06 21 55 16 41 – www.semaphoredelacroix.fr – Fermé 15 octobre-31 mars

ÎLE DE NOIRMOUTIER ✉ 85680 – Vendée – Carte régionale n° **23**-A2 – Carte Michelin 316-C6

L'HERBAUDIÈRE

✉ 85330 – Vendée – Carte régionale n° **23**-A2 – Carte Michelin 316-C5

La Marine (Alexandre Couillon)

CUISINE CRÉATIVE • ÉLÉGANT Voilà vingt ans qu'Alexandre Couillon se lève à l'aube pour se rendre à la criée de Noirmoutier, point de ralliement des meilleurs poissons de l'Atlantique – maquereau, merlan, rouget, sole – avant de poursuivre vers son potager de 4000 m2, situé à quelques minutes du restaurant. C'est en fonction de la pêche du matin et de sa cueillette que le chef élabore sa carte du jour : ici, nul congélateur, tout est frais. Pour le reste, c'est sa sensibilité qui s'exprime dans l'assiette. Ainsi la célèbre huître "Erika", qui évoque avec force la marée noire de 1999, ou le "Bois de la Chaize", dessert qui flatte en chacun de nous la nostalgie de l'enfance. En termes de saveurs et d'exigence, Alexandre et Céline Couillon demeurent les capitaines incontestés de cette petite île battue par les vents.

Spécialités : Huître noire "Erika". Maigre de pays, carotte, œufs de poisson et infusion verveine. Balade dans le bois de la Chaize.

Menu 88 € (déjeuner), 112/178 €

3 rue Marie-Lemonnier (sur le port) – ✆ 02 51 39 23 09 – www.alexandrecouillon.com – Fermé 22-30 juin, 25 novembre-1er février, mardi, mercredi, dimanche soir

La Table d'Élise – Voir la sélection des restaurants

La Table d'Élise

POISSONS ET FRUITS DE MER • BISTRO Cette table marine – l'annexe du restaurant gastronomique La Marine – honore les beaux produits iodés. On reconnaît le sens des saveurs et la précision d'exécution du chef, version bistrot et sans façon… Un vrai bon moment en perspective !

Spécialités : Mulet mariné à la menthe et salade de fenouil. Lieu jaune, aubergine rôtie, sauce miel-gingembre. Chou pistache-cerise, crème glacée vanille.

Menu 22 € (déjeuner)/33 €

La Marine, 5 rue Marie-Lemonnier (sur le port) – ✆ 02 28 10 68 35 – www.alexandrecouillon.com – Fermé 22-28 juin, 25 novembre-6 février, mardi, mercredi, dimanche soir

La Maison des Toqués

CUISINE MODERNE • ÉLÉGANT Installé ici depuis l'été 2016, ce couple de professionnel a créé un petit restaurant au look contemporain (tables en bois verni et jolies chaises jaunes design) où l'on se régale de recettes dans l'air du temps, originales, imaginées au gré du marché, avec des produits de la région ; ainsi ces noix de Saint-Jacques, asperges, morilles et sauce au vin jaune. Menu sans choix à composer en 3, 4 ou 6 temps, selon l'appétit.

Menu 45/70 €

32 rue du Port – ✆ 02 28 10 15 12 – lamaisondestoques.fr – Fermé 6 janvier-7 février, 9-20 novembre, mercredi

La Maison Moizeau

BOUTIQUE HÔTEL • DESIGN Ce petit hôtel de charme, situé sur le port, non loin du restaurant La Marine d'Alexandre Couillon, possède tous les attributs de la halte douillette : chambres confortables, accueil souriant, et un excellent petit déjeuner, avec produits maison et artisanaux (dont une superbe brioche aux pralines roses). L'adresse rêvée après un repas gastronomique chez Monsieur et Madame Couillon, propriétaires des lieux.

5 chambres - 180/255 € - 24 €

7 rue Marie-Lemonnier (sur le port) - 02 51 39 23 09 - www.alexandrecouillon.com - Fermé 22-30 juin, 25 novembre-1er février

NOIRMOUTIER-EN-L'ÎLE

85330 - Vendée - Carte régionale n° **23**-A2

L'Assiette au Jardin

CUISINE MODERNE • BISTRO X On s'installe à l'intérieur d'une petite salle de bistrot aux étagères garnies de produits d'épicerie fine ou sur la coquette véranda pour déguster une partition pleine de gourmandise, où la tradition s'accommode joliment d'une âme voyageuse. Le menu, qui change toutes les deux semaines, met en avant les produits locaux ou régionaux. Une charmante adresse.

Spécialités : Carpaccio de Saint-Jacques, pommes, betteraves, sakura et bouillon japonais. Cabillaud, petits pois, asperges, émulsion au lait ribot, menthe. Glace au lait ribot, sorbet cassis.

Menu 32/40 €

9 rue du Robinet - 02 51 54 93 95 - https://lassietteaujardin.fr - Fermé 8 janvier-8 février, 15 novembre-15 décembre, lundi, mardi

L'Étier

POISSONS ET FRUITS DE MER • TRADITIONNEL XX Entre route et étier - un chenal d'eau de mer sur lequel donne la véranda -, cette maison basse typique de l'île propose de beaux produits de la pêche locale : homard grillé, turbot sauvage cuit sur l'arête, sole meunière, anguille du marais au jus d'herbes fines... sans oublier, les immanquables soufflé au Grand Marnier et Paris-Brest. Une cuisine de bon artisan, fraîche et savoureuse à souhait.

Menu 29/42 € - Carte 50/60 €

route de l'Epine - 02 51 39 10 28 - www.restaurant-letier.fr - Fermé 1er-31 janvier, lundi, mardi

Fleur de Sel

POISSONS ET FRUITS DE MER • CONTEMPORAIN XX Cette maison a le pied marin, mais pas uniquement ; à la carte, pêche locale (huîtres, pêche du jour) ou produits du terroir - volaille de Challans. Côté vue, on a l'embarras du choix : alors, vous êtes plutôt jardin et piscine, ou église et château ?

Menu 31/46 € - Carte 32/57 €

10 rue des Saulniers - 02 51 39 09 07 - www.fleurdesel.fr - Fermé 1er novembre-3 avril, lundi midi, mardi midi

Le Grand Four

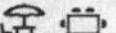

CUISINE TRADITIONNELLE • BOURGEOIS X Après une visite du château de Noirmoutier-en-l'Île, arrêtez-vous dans cette belle maison bourgeoise du 18e s. au cadre feutré et cossu. Dans ce Grand Four mijote une savoureuse cuisine du moment qui fait la part belle aux produits de l'Atlantique : huîtres de Noirmoutier, sole de l'Herbaudière, etc. De jolis arômes !

Menu 34/84 € - Carte 63/84 €

1 rue de la Cure (derrière le château) - 02 51 39 61 97 - www.legrandfour.com - Fermé 6-16 janvier, 30 novembre-31 décembre, lundi, jeudi midi, dimanche soir

L'Ilot Bleu

CUISINE DU MARCHÉ • COSY Une jeune cheffe célèbre ici le circuit court et le bio : elle se fournit auprès des petits fermiers vendéens, trouve ses légumes chez les maraîchers locaux et son poisson à la criée de l'île. L'ardoise, volontairement resserrée et alléchante, change tous les jours, les assiettes sont fraîches et précises : cet Ilot va vous plaire.

Menu 39/51 €

13 rue du Robinet – 09 73 28 00 40 – Fermé 11 novembre-20 mars, mercredi, jeudi

Le Petit Banc

CUISINE TRADITIONNELLE • BISTRO Originaires de la région lyonnaise, Véronique et Gilles ont investi cette jolie maison de pays située au pied du château. On s'installe dans un décor charmant avec banquettes rouges en skaï, mobilier de bistrot, miroirs, vieux plancher etc. pour déguster charcuteries de Lyon et produits vendéens. Ambiance à la bonne franquette.

Menu 26 €

7 rue des Douves – 02 28 10 93 21 – Fermé 2-12 février, 10-20 mai, 9-20 août, 22 novembre-3 décembre, dimanche et le midi

Général d'Elbée

DEMEURE HISTORIQUE • PERSONNALISÉ Cette demeure historique du 18e s. a été métamorphosée en un hôtel contemporain du dernier chic. Déco de grande qualité, chambres cosy et confortables, ravissant salon-bibliothèque, sans oublier le spa et la piscine extérieure avec vue sur le château éclairé, la nuit... Une véritable renaissance !

20 chambres – 110/290 € – 20 € – 5 suites

2 place d'Armes – 02 51 39 10 29 – www.generaldelbee.fr – Fermé 15 novembre-18 décembre

ÎLE DE PORQUEROLLES

83400 – Var – Carte régionale n° **24**-C3 – Carte Michelin 340-M7

La Pinède

CUISINE MODERNE • CLASSIQUE Dans ce mas coupé du monde, la carte met en valeur la Méditerranée dans un registre bistronomique à midi et plus raffiné le soir. À savourer avec pour compagnonnage la flore méditerranéenne et la mer : il n'y a plus qu'à profiter du moment...

Menu 60 € – Carte 40/80 €

Le Mas du Langoustier (3,5 km à l'Ouest du port) – 04 94 58 34 83 – www.langoustier.com – Fermé 1er octobre-1er mai

Le Mas du Langoustier

LUXE • MÉDITERRANÉEN Un petit coin de paradis à la pointe de l'île... Cette belle demeure de style provençal abrite des chambres spacieuses et fraîches. Le vrai luxe ? Le calme et la végétation méditerranéenne d'un site unique ! Navettes régulières avec le continent... qui semble si loin.

47 chambres – 320/800 € – 2 suites (3,5 km à l'Ouest du port)

04 94 58 30 09 – www.langoustier.com – Fermé 1er octobre-1er mai

La Pinède – Voir la sélection des restaurants

ansonmiao/iStock

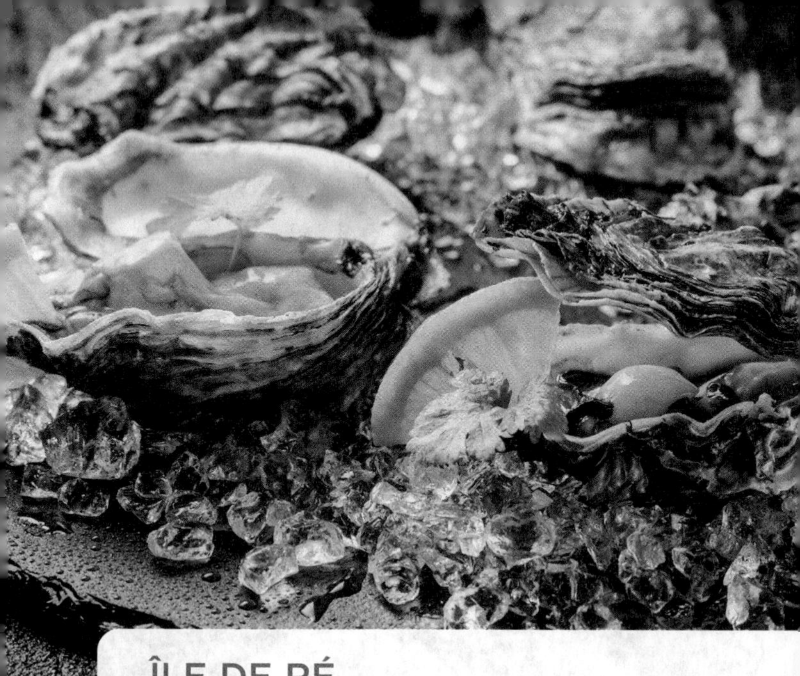

ÎLE DE RÉ

✉ 17580 – Charente-Maritime – Carte régionale n° **20**–A2 – Carte Michelin 324-B2

On aime...

Véritable plat pays, l'île de Ré déroule ses villages chaulés et immaculés avec une discrétion exemplaire, pour la plus grande satisfaction des "people" qui fréquentent assidûment cette villégiature de Charente-Maritime. Mais, entre son littoral, ses bois et ses forêts, ses vignes et ses parcs à huîtres, se cache un véritable art de vivre, fait de peu mais ô combien savoureux. Les marais salants de Loix et d'Ars perpétuent la tradition de l'or blanc, et de son fleuron, la fleur de sel. On y affine également des huîtres mais aussi des palourdes et d'autres fruits de mer, à déguster dans les cabines ostréicoles qui fleurissent le long des pistes cyclables. On les accompagne de l'un des crus élevés sur l'île ou, pour les plus audacieux, de la bière locale, face au soleil couchant sur la côte sauvage. Ré la blanche produit également une délicieuse petite pomme de terre primeur.

Shaiith/iStock

ARS-EN-RÉ

✉ 17590 – Charente-Maritime – Carte régionale n° **20**–A2 – Carte Michelin 324-A2

Le Martray

CUISINE MODERNE • CONTEMPORAIN Dans cette maison blanche, on déguste des recettes traditionnelles, mâtinées de touches modernes. Les produits sont frais, les assiettes parfumées et généreuses. La petite pergola lumineuse, tournée vers la terrasse, est très agréable. Quelques chambres confortables complètent l'offre. Au programme : promenades sur la grande plage du Martray ou le long des marais salants, à pied ou à vélo. Tout le charme de l'île de Ré.

Menu 29 € – Carte 37/51 €

8 route d'Ars (plage du Martray) – ✆ 05 46 29 40 04 – www.hotel-le-martray.com – Fermé 6 janvier-29 février, lundi, dimanche soir

Ô de Mer

CUISINE TRADITIONNELLE • COSY Les propriétaires ? Thierry et Coco, ayant trouvé leur coin de paradis à Ars. La philosophie de la maison ? Accueillir et partager autour d'une cuisine familiale. Le péché mignon du chef ? Sa Majesté la truffe, comme dans la salade de truffes, cochon noir en jambon fumé, vinaigrette aux fruits rouges ou les pappardelle en sauce légèrement crémée aux truffes. Jolie carte des vins.

Menu 25 € (déjeuner) – Carte 60/85 €

5 rue Thiers – ✆ 05 46 29 23 33 – www.odemerbistrotgourmand.fr – Fermé 10 janvier-10 février, 15 novembre-26 décembre, lundi, mardi

LE BOIS-PLAGE-EN-RÉ

✉ 17580 – Charente-Maritime – Carte régionale n° **20**–A2 – Carte Michelin 324-B2

Les Bois Flottais

TRADITIONNEL • PERSONNALISÉ Un petit hôtel à l'écart de l'agitation du village. Tomettes, lambris, bibelots marins... Ici, les chambres ont un décor très insulaire ; une partie d'entre elles donne sur l'une des piscines. Bons produits "maison" – confitures, gâteaux... – au petit-déjeuner.

19 chambres – 117/167 € – 14 €

chemin des Mouettes – ✆ 05 46 09 27 00 – www.lesboisflottais.com – Fermé 6 janvier-20 mars, 2 novembre-25 décembre

L'Océan

TRADITIONNEL • COSY Cet ensemble de plusieurs maisons de pays, au cœur du village, fut jadis la première pension de famille de l'île. On y retrouve le charme intemporel des habitations rétaises. Chambres coquettes, piscine, et bar façon yacht-club.

29 chambres – 85/185 € – 14 €

172 rue St-Martin – ✆ 05 46 09 23 07 – www.re-hotel-ocean.com – Fermé 12 novembre-13 février

LA FLOTTE

✉ 17630 – Charente-Maritime – Carte régionale n° **20**–A2

Le Richelieu

CUISINE MODERNE • CLASSIQUE Vue sur la mer pour cette table classique et élégante où l'on s'installe dans une salle panoramique. Derrière les fourneaux, le chef réalise une agréable cuisine du moment faisant la part belle aux saveurs iodées ; les produits sont frais et travaillés avec précision.

Menu 55 €

44 avenue de la Plage – ✆ 05 46 09 60 70 – www.hotel-le-richelieu.com – Fermé 14 novembre-31 mars, lundi midi, mardi midi, mercredi midi, jeudi midi, vendredi midi, samedi midi

Chai nous comme Chai vous

CUISINE TRADITIONNELLE • BISTRO X On se sent un peu comme chez soi dans ce restaurant de poche coquet et convivial. Au menu, une jolie cuisine de la mer, des vins bien choisis, une touche d'inventivité et de sympathiques petites attentions... Réservez !

Menu 33 € (déjeuner)/49 €

1 rue de la Garde – ✆ 05 46 09 49 85 – www.chainouscommechaivous.com – Fermé 30 novembre-13 décembre, mercredi, jeudi

ST-MARTIN-DE-RÉ

✉ 17410 – Charente-Maritime – Carte régionale n° **20**–A2

L'Avant Port

POISSONS ET FRUITS DE MER • BISTRO X Cette jolie maison du 17e s. située à l'entrée du port s'est muée en bistrot chic et marin, dont on profite de la lumineuse verrière et d'une – ô combien – plaisante terrasse en été. Quant à la cuisine, au goût du jour, elle célèbre le produit avant tout : poisson extra-frais, légumes de l'île...

Menu 34 € (déjeuner)/49 € – Carte 59/86 €

8 quai Daniel-Rivaille – ✆ 05 46 68 06 68 – www.lavantport.com – Fermé 4 novembre-9 février, lundi, mardi midi, dimanche soir

Les Embruns

CUISINE TRADITIONNELLE • BISTRO X Lolotte, la patronne de ce pittoresque restaurant, est une femme de caractère, aussi passionnée que sincère, et sa cuisine lui ressemble. L'ardoise fait la part belle au retour de la pêche et au marché, avec des assiettes généreuses que l'on déguste dans un décor de carte postale – bateau, rames, épuisette... Une adresse qui ne triche pas !

Menu 20 € (déjeuner)/32 €

6 rue Chay-Morin – ✆ 05 46 66 46 31 – www.lesembruns-iledere.com – Fermé 20 janvier-5 février, 25 novembre-11 décembre, lundi, mardi

Hôtel de Toiras et Villa Clarisse

BOUTIQUE HÔTEL • PERSONNALISÉ Une maison d'armateur au charme douillet et bourgeois : décoration soignée, à la fois luxueuse et cosy, accueil particulièrement attentionné... et, côté Villa Clarisse, des chambres plus épurées et modernes, mais tout aussi agréables. Une adresse pleine de charme.

13 chambres – 230/750 € – 26 € – 7 suites

1 quai Job-Foran – ✆ 05 46 35 40 32 – www.hotel-de-toiras.com

La Baronnie Hôtel & Spa

HÔTEL PARTICULIER • PERSONNALISÉ Au cœur d'un beau jardin, ces deux hôtels particuliers du 18e s., restaurés avec goût dans un esprit bourgeois, permettent de se reposer au grand calme. Douceur de vivre, service aux petits soins : un véritable havre de paix et de sérénité.

22 chambres – 179/455 € – 19 €

17 rue Baron-de-Chantal – ✆ 05 46 09 21 29 – www.hotel-labaronnie.com – Fermé 8 mars-3 avril, 24 novembre-7 février

Le Clos St-Martin

BOUTIQUE HÔTEL • COSY Un groupe de maisons typiquement rhétaises, nichées dans un beau jardin verdoyant à l'abri des regards. Spa haut de gamme, piscines extérieures chauffées, chambres d'une élégance sobre et très nature, location de vélos... et brunch le dimanche.

32 chambres – 157/617 € – 29 €

87 cours Pasteur – ✆ 05 46 01 10 62 – Fermé 12 novembre-26 décembre

STE-MARIE-DE-RÉ

✉ 17740 – Charente-Maritime – Carte régionale n° **20**–A2

Chai Pepette

CUISINE TRADITIONNELLE · BISTRO Deux associés ont repris ce bistrot avec un bonheur. Le chef Benjamin Léonard, au beau parcours (en Corse, au Canada et sur l'île de Ré) fait montre d'un bel esprit culinaire dans la tendance bistronomie, mâtiné de quelques influences plus contemporaines, avec une prédilection pour les légumes locaux de petits maraîchers et majoritairement bio. C'est frais, bien fait et d'un agréable rapport qualité/prix.

Menu 32€ - Carte 30/55€

5 place d'Antioche - 05 46 30 03 55 - Fermé 17 février-1er mars, 5-18 octobre, 14-28 décembre, lundi, dimanche soir

L'Escale

CUISINE TRADITIONNELLE · CONTEMPORAIN La tradition sans chichi, le goût à l'état brut, avec comme matériau les produits de la saison et les belles huîtres rhétaises : voilà qui résume assez bien cette Escale installée dans le bourg de La Noue, à Sainte-Marie-de-Ré. Pour l'étape, 11 chambres modernes et bien équipées.

Menu 26/39€ - Carte 40/63€

2 place des Tilleuls - à La Noue - 05 46 37 44 87 - www.lescale-hotel-restaurant-re.com - Fermé 4 novembre-13 février, lundi, dimanche soir

La Table de l'Île sous le Vent

CUISINE DU MARCHÉ · SIMPLE Cette jolie maison de plain-pied, typique de l'île de Ré, vous propose un menu du jour composé au gré du marché, avec de bons produits marins et de belles pâtisseries. Vu la petitesse des lieux (20 places environ), il est impératif de réserver.

Menu 32€

L'Ile sous le Vent, 17 bis rue du Petit-Labat - 05 46 09 60 53 - www.ilesouslevent.com - Fermé 11 novembre-11 février, lundi, mercredi, dimanche et le midi

Atalante

SPA ET BIEN-ÊTRE · CONTEMPORAIN La mer d'un côté, les vignes de l'autre, le grand calme : on passe un bon moment dans cet hôtel, dont la vocation est principalement axée sur la thalassothérapie et la détente. En prime, deux piscines, dont une couverte.

94 chambres - 119/359€ - 20€ - 3 suites

rue Port-Notre-Dame - 05 46 30 22 44 - https://relaisthalasso.com - Fermé 1er-15 décembre

L'Ile sous le Vent

FAMILIAL · PERSONNALISÉ Une belle et grande maison de plain-pied, au grand calme, bien dans l'esprit de l'île. Les chambres, entre esprit contemporain et inspirations insulaires, sont des îlots de sérénité ; cinq d'entre elles disposent même d'une mini-terrasse privative.

10 chambres - 65/150€ - 12€

17 bis rue du Petit-Labas - 05 46 09 60 53 - www.ilesouslevent.com - Fermé 11 novembre-11 février

La Table de l'Île sous le Vent - Voir la sélection des restaurants

ÎLE DES EMBIEZ ✉ 83140 - Var - Carte régionale n° **24**-B3 - Carte Michelin 340-J7

Le Garlaban

POISSONS ET FRUITS DE MER · MÉDITERRANÉEN Le Garlaban ? Ainsi s'appelait le bateau de Paul Ricard, qui fonda ce restaurant à l'emplacement de l'ancien Yacht Club, face au port de plaisance. La mer est à l'honneur : spécialités de poissons (loup en croûte de sel, par exemple), vivier de crustacés, que l'on dévore dans une ambiance marine... ou sur la délicieuse terrasse.

Menu 47/124€ - Carte 73/122€

Île des Embiez - 04 94 32 11 56 - www.lesilespaulricard.com - Fermé 2 septembre-31 mai

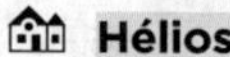

Hélios

FAMILIAL • BORD DE MER Rien que dix minutes de traversée pour rejoindre cette charmante petite île… Les chambres sont lumineuses et actuelles, toutes résolument modernes ; le spa, avec cabines de soins et hammam, fera la joie des corps harassés. L'été, cuisine méditerranéenne aux influences italiennes.

60 chambres – 157/275 € – 1 suite

Ile des Embiez – 04 94 10 66 10 – www.lesilespaulricard.com – Fermé 1er octobre-1er avril

ÎLE D'OLÉRON

17480 – Charente-Maritime – Carte régionale n° **20**-A2 – Carte Michelin 324-C4

LA COTINIÈRE

17310 – Charente-Maritime – Carte régionale n° **20**-A2 – Carte Michelin 324-C4

à la Ménounière 2 km au Nord par rte secondaire

Ô Saveurs des Îles

CUISINE MODERNE • EXOTIQUE XX Atypique, ce restaurant ethnique avec sa terrasse zen et apaisante ! Les plats créatifs de Patrick Daudu se teintent de petites touches asiatiques et mettent en avant la pêche de la Cotinière et les maraîchers bio des parages, tandis que Cécile, son épouse, vous accueille avec le sourire.

Menu 42/59 €

18 rue de la Plage – 05 46 75 86 68 – www.saveursdesiles.fr – Fermé 1er janvier-15 avril, lundi, mardi midi, dimanche soir

DOLUS-D'OLÉRON

17550 – Charente-Maritime – Carte régionale n° **20**-A2 – Carte Michelin 324-C4

à la Rémigeasse 2 km à l'Ouest par rte secondaire – Carte régionale n° 20-A2

Le Grand Large

LUXE • CONTEMPORAIN Ce fleuron de l'hôtellerie oléronaise a tout pour plaire : un emplacement en bordure des dunes, à deux pas de la plage, des chambres modernes et épurées, une très belle piscine couverte… Design, nature et trendy : délicieux.

28 chambres – 160/420 € – 19 €

2 avenue de l'Océan – 05 46 75 77 77 – www.le-grand-large.fr – Fermé 3 novembre-2 avril

à Vert-Bois 4 km au Sud par D26 et D126

Le Vert-Bois

FAMILIAL • PERSONNALISÉ Sous l'impulsion de ses propriétaires, cet hôtel entièrement rénové propose des chambres sobres, à l'atmosphère balnéaire… que l'on retrouve à la piscine ou à la plage de Vert-Bois, située à 900 mètres. Accueil charmant.

23 chambres – 75/150 € – 12 €

104 chemin St-James – 05 46 36 87 66 – www.hotel-vert-bois-oleron.com – Fermé 2 novembre-27 mars

LE GRAND-VILLAGE-PLAGE

17370 – Charente-Maritime – Carte régionale n° **20**-A2 – Carte Michelin 324-C4

Le Relais des Salines

POISSONS ET FRUITS DE MER • BISTRO X Au menu de ce bistrot marin, saveurs iodées et produits top fraîcheur. La carte se partage entre indémodables (huîtres, gâteau de langoustines, riz au lait "façon Mariette", tarte au citron du patron) et inspirations du moment. La petite salle tire parti au mieux de cette ancienne cabane ostréicole. La partie terrasse est ouverte sur les marais. Une belle surprise.

Spécialités : Cappuccino de coques et palourdes. Minute de lieu jaune aux champignons, crème de crevettes grises. Quenelles glacées de chèvre frais et fruits de saison.

Carte 33/44€

Port-des-Salines – ✆ 05 46 75 82 42 – www.lerelaisdessalines.com – Fermé 12 novembre-31 janvier, lundi, dimanche soir

ST-DENIS-D'OLÉRON

✉ 17650 – Charente-Maritime – Carte régionale n° **20**–A2

Le Jour du Poisson

A/C

CUISINE MODERNE • COSY X Dans un joli village au Nord de l'île, un couple a fait de cette ancienne moulerie un restaurant charmant. Comme son nom l'indique, le poisson est la star de la carte... mais pas que : on fait volontiers des associations terre-mer (émincé de tête de veau et crevette, poêlée de ris d'agneau et sole). Une cuisine fine et ciselée : on comprend pourquoi c'est souvent complet !

Carte 33/40€

3 rue de l'Ormeau – ✆ 05 46 75 76 21 – Fermé 22 novembre-13 février, mardi, mercredi, jeudi midi

ST-PIERRE-D'OLÉRON

✉ 17310 – Charente-Maritime – Carte régionale n° **20**–A2

De l'Île aux Papilles N

CUISINE MODERNE • RUSTIQUE X Cette maison de village un peu cachée dans une ruelle derrière une grande place de Saint-Pierre-d'Oléron est fidèle au concept annoncé : « une cuisine 100% maison et de saison à partir de produits d'Oléron et des environs ». On en profite dans une salle rustique, dont la mezzanine accueille quelques tables. Simple et bon.

Carte 31/40€

Place Camille-Mémain (angle rue du Marché) – ✆ 05 46 36 87 45 – www.ile-aux-papilles.fr – Fermé 1er décembre-31 janvier, lundi, mardi

ST-TROJAN-LES-BAINS

✉ 17370 – Charente-Maritime – Carte régionale n° **20**–A2

L'Écume

A/C

CUISINE MODERNE • CONTEMPORAIN X L'une des meilleures tables d'Oléron. Tout le mérite en revient à la cuisine de Romaric Villeneuve, moderne et assez créative, avec des emprunts à l'Asie et l'utilisation judicieuse d'épices. Avec, par-dessus le marché, des desserts très réussis ! Succès oblige, la réservation est impérative.

Menu 23€ (déjeuner), 32/75€

2 rue de la République – ✆ 05 46 75 34 66 – www.restaurant-lecume-oleron.fr – Fermé lundi, samedi midi, dimanche soir

ÎLE D'OUESSANT ✉ 29242 – Finistère – Carte régionale n° 7–A1 –

Carte Michelin 308-A4

Ty Korn

POISSONS ET FRUITS DE MER • BISTRO X À Ouessant, tout le monde connaît cette adresse voisine de l'église de Lampaul. Des fruits de mer, des poissons fraîchement pêchés ; c'est convivial et généreux. Un restaurant devenu un rendez-vous incontournable sur l'île pour les amateurs de qualité !

Carte 38/51€

au bourg de Lampaul – ✆ 02 98 48 87 33 – Fermé 6-27 janvier, 8-30 novembre, lundi midi, dimanche

ÎLE D'YEU ✉ 85350 - Vendée - Carte régionale n° **23**-A3 - Carte Michelin 316-BC7

PORT-JOINVILLE

✉ 85350 - Vendée - Carte régionale n° **23**-A3

Les Bafouettes

CUISINE MODERNE • TRADITIONNEL Ce restaurant, situé dans une petite rue près du port, et tenu par le même chef (belge) depuis 25 ans, propose une cuisine équilibrée entre produits de la mer, viandes et épices, souvenirs de ses différents voyages à l'étranger. La carte est appétissante : langoustines en deux façons ; croustillant de chair d'araignée, rémoulade de céleri et pommes vertes, etc. Et même un menu homard ! Sans doute la meilleure table de l'île.

Menu 28 € (déjeuner), 38/85 € - Carte 57/75 €

8 rue Gabriel-Guist'hau - ✆ 02 51 59 38 38 - www.lesbafouettes.com - Fermé 1er janvier-1er mars, 1er-17 octobre, lundi, dimanche soir

L'ILE-ROUSSE - Haute-Corse (2B) ➜ Voir Corse

ILLE-SUR-TÊT

✉ 66130 - Pyrénées-Orientales - Carte régionale n° **21**-B3 - Carte Michelin 344-G6

Saveurs des Orgues

CUISINE MODERNE • SIMPLE Tendez l'oreille... non pas pour entendre le chant des orgues, mais le tintement des casseroles, des couverts et des assiettes ! C'est à un joli moment de gastronomie qu'invite cette table, entre terre et mer. Les saveurs sont au rendez-vous, et l'accueil est tout sourire !

Menu 17 € (déjeuner), 33/60 € - Carte 60/72 €

1 Rue Gutenberg - ✆ 04 68 84 10 48 - Fermé 1er-14 juillet, lundi, mercredi soir, jeudi soir, dimanche soir

ILLHAEUSERN

✉ 68970 - Haut-Rhin - Carte régionale n° **10**-C2 - Carte Michelin 315-I7

✿✿ Auberge de l'Ill (Marc Haeberlin)

CUISINE CLASSIQUE • LUXE L'Auberge de l'Ill est bien davantage qu'un simple restaurant : c'est l'auberge alsacienne dans toute sa splendeur. Un lieu convivial et chaleureux, hors du temps, où chaque client est accueilli comme un membre de la famille. Un symbole dans la région, mais aussi en France et dans le monde ! Dès sa création en 1882, entre Sélestat et Riquewihr, l'adresse se fait un nom avec sa matelote au riesling et ses préparations de gibiers alsaciens. Marc Haeberlin, petit-fils des fondateurs, fait aujourd'hui l'alliance entre ces créations historiques (timbale de homard, mousseline de grenouille, foie gras aux épices) et des plats plus personnels, plus modernes. Le mythe est toujours vivace.

Spécialités : La boîte de sardines au caviar. Saumon soufflé "Auberge de l'Ill". La pêche "Haeberlin".

Menu 110 € (déjeuner)/195 € - Carte 120/290 €

Hôtel des Berges, 2 rue de Collonges-au-Mont-d'Or - ✆ 03 89 71 89 00 - www.auberge-de-l-ill.com - Fermé 1er-8 janvier, 2 février-4 mars, lundi, mardi

Hôtel des Berges

LUXE • PERSONNALISÉ Ce délicieux refuge est niché au bord de l'eau, dans le parc de l'Auberge de l'Ill. Dans ces deux bâtiments rappelant les anciens séchoirs à tabac de la région, les chambres ont un cachet fou - meubles chinés, boiseries, tableaux, sculptures... Un magnifique ensemble, désormais doté d'un spa nature (800 m^2).

15 chambres - 310/460 € - 29 € - 4 suites

4 rue de Collonges-au-Mont-d'Or - ✆ 03 89 71 87 87 - www.hoteldesberges.com - Fermé 1er-8 janvier, 2 février-4 mars

✿✿ **Auberge de l'Ill** - Voir la sélection des restaurants

ILLKIRCH-GRAFFENSTADEN - Bas-Rhin (67) ➜ Voir Strasbourg

ILLZACH - Haut-Rhin (68) ➔ Voir Mulhouse

INGERSHEIM - Haut-Rhin (68) ➔ Voir Colmar

INGRANDES-DE-TOURAINE

✉ 37140 - Indre-et-Loire - Carte régionale n° **8**-A2 - Carte Michelin 317-K5

Vincent Cuisinier de Campagne

CUISINE TRADITIONNELLE • CONVIVIAL En plein cœur des vignes, on est accueilli en ami dans cette jolie maison, qui cultive une ambiance de ferme à la fois chic et simple (tomettes, pierres et poutres apparentes, natures mortes aux murs). Légumes, volailles, œufs sont produits ici : qualité garantie ! Attention, il n'y a que 16 places : pensez à réserver.

Menu 28/45 €

19 rue de la Galottière - ✆ 02 47 96 17 21 - www.vincentcuisinierdecampagne.blogspot.com - Fermé 1er-5 janvier, dimanche soir

IRISSARRY

✉ 64780 - Pyrénées-Atlantiques - Carte régionale n° **18**-B3 - Carte Michelin 342-E3

Art'zain

CUISINE DU MARCHÉ • CONTEMPORAIN Artzain signifie "berger" en basque - hommage du propriétaire à son père. Située au centre du village, cette ancienne grange, entièrement réhabilitée dans un style rustique et design (le mobilier est l'œuvre de l'artisan basque Alki), propose une cuisine de saison volontiers locavore. Une bonne adresse.

Spécialités : Fine tarte aux oignons et piments doux, saumon fumé et glace piquillos. Merlu, flan d'aubergines et ventrèche grillée, bouillon au thym antillais. Moelleux au chocolat.

Menu 32/57 €

le bourg - ✆ 05 59 37 23 83 - www.restaurant-art-zain.fr - Fermé 24 février-10 mars, 29 juin-7 juillet, lundi, mardi, dimanche soir

ISBERGUES - Pas-de-Calais (62) ➔ Voir Aire-sur-la-Lys

L'ISLE-ADAM

✉ 95290 - Val-d'Oise - Carte régionale n° **15**-B1 - Carte Michelin 305-E6

La Villa de l'Écluse

LUXE • COSY Dans le cadre verdoyant des berges de l'Oise, non loin de la plage de l'Isle-Adam, cette belle villa des années 1940, en pierres apparentes, a été transformée en hôtel après 18 mois de travaux ! Les chambres sont de vrais cocons contemporains ; on déguste son petit-déjeuner sous la véranda ou en terrasse… Charmant !

15 chambres - 95/230 € - 13 €

chemin Pierre-Terver - ✆ 01 34 73 26 96 - www.lavilladelecluse.fr

à Presles 8 km au Nord-Est par D64

La Plume (N)

CUISINE MODERNE • CONTEMPORAIN Au cœur de la vallée de l'Oise, voici la table gastronomique d'un établissement furieusement design, signé de l'architecte star Jean-Michel Wilmotte. Aux fourneaux, on retrouve Pierre Meneau (aperçu dans Top Chef), qui signe une jolie cuisine française contemporaine, délicate et technique.

Menu 90/120 €

Le Domaine des Vanneaux, 1 route du Golf des Vanneaux - ✆ 01 34 08 40 83 - www.ledomainedesvanneaux.fr - Fermé lundi, mardi, mercredi, jeudi, vendredi midi

 **Le Domaine des Vanneaux**   

RESORT • CONTEMPORAIN Face au golf de L'Isle-Adam, voici l'interprétation – signée Jean-Michel Wilmotte – d'un corps de ferme traditionnel… soit un luxueux hôtel niché dans un écrin de verdure, avec son golf et son spa. Idéal pour s'offrir une idylle nature aux portes de Paris, le temps d'un week-end.

67 chambres – 175/365 € – 25 €

1 route du Golf des Vanneaux – 01 34 08 40 64 – www.ledomainedesvanneaux.fr

La Plume – Voir la sélection des restaurants

L'ISLE-D'ABEAU

38080 – Isère – Carte régionale n° **2**-B2 – Carte Michelin 333-E4

Le Relais du Çatey

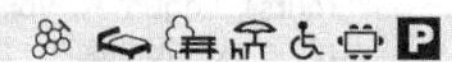

CUISINE CLASSIQUE • TENDANCE XX Décor et éclairage contemporains soulignent le cachet préservé de cette maison dauphinoise de 1774. Rognon de veau juste poêlé et beurre mousseux au poivre de Sarawak ; mirabelles en tarte fine… Plats classiques et pointes d'inventivité.

Menu 30 € (déjeuner), 45/72 € – Carte 56/72 €

10 Rue du Didier –
04 74 18 26 50 – www.le-relais-du-catey.com – Fermé 1er-6 janvier, 1er-25 août, lundi, dimanche

L'ISLE-JOURDAIN

32600 – Gers – Carte régionale n° **22**-B2 – Carte Michelin 336-I8

L'Échappée Belle

CUISINE MODERNE • CONVIVIAL X La table de L'Échappée Belle est à l'image de l'établissement : dans l'air du temps ! On y déguste une bonne cuisine du marché, réalisée par Thierry Lair, jeune chef gersois, formé par Bernard Bach au Puits Saint-Jacques. Un lieu tendance… mais pas seulement.

Menu 19 € (déjeuner), 30/45 € – Carte 34/49 €

2 place Gambetta – 05 62 07 50 05 –
www.echappee-belle.fr

à Pujaudran 8 km à l'Est par N124 – Carte régionale n° **22**-B2

Le Puits St-Jacques (Bernard Bach et William Candelon)

CUISINE CRÉATIVE • ÉLÉGANT XXX Nul doute que Cyrano, croqué avec génie par Edmond Rostand, aurait apprécié cette maison gersoise, dans lequel ricochent les accents chantants du Sud-Ouest éternel ! Ici, le Cyrano local se nomme Bernard Bach, "fils du Sud-Ouest, fougueux et généreux" (comme il aime à se définir), tombé dans la marmite tout petit, puisque ses parents étaient restaurateurs dans le Tarn-et-Garonne. Longtemps, son père cultivera pour lui un potager de 3 500 m². C'est dire le soin que Bernard Bach accorde aux produits régionaux des plaines, fermes ou vergers environnants, guerroyant pour trouver un "magret de canard qui ait goût à magret". Sans surprise, la carte flatte le terroir sudiste, mais n'hésite pas à marier terre et mer, et s'agrémente de quelques épices, au détour d'une errance voyageuse.

Spécialités : Foie gras de canard confit à l'ancienne, gelée de champignon et légumes légèrement fumés. Pied de cochon farci de poulpe, gambas à la plancha et jus de crustacés. Véritable chocolat liégeois.

Menu 34 € (déjeuner), 78/130 € – Carte 110/140 €

avenue Victor-Capoul – 05 62 07 41 11 – www.lepuitssaintjacques.fr –
Fermé 2-20 janvier, lundi, mardi, dimanche soir

L'ISLE-SUR-LA-SORGUE

✉ 84800 – Vaucluse – Carte régionale n° **25**–E1 – Carte Michelin 332-D10

Le Vivier

CUISINE MODERNE • TENDANCE XX Voilà une belle table : dans cette capitale des antiquaires et des antiquités, sa terrasse face à la Sorgue et ses rives verdoyantes sont un plaisir pour les yeux. Ce vivier de talents est cornaqué de main de maître par son propriétaire, Patrick Fischnaller, longtemps manager de belles adresses londoniennes. À ses côtés, le jeune chef Romain Gandolphe, passé chez Thierry Marx et Philippe Labbé, est comme un poisson dans l'eau. Ses assiettes, très graphiques et soignées, mêlent saveurs et textures avec délicatesse et subtilité. On se souviendra par exemple de cette belle tranche de côte de bœuf cuite au charbon de bois, accompagnée d'une fine purée de maïs doux décorée de chips de riz, escortée d'un savoureux jus de bœuf et d'une sauce barbecue épicée...

Spécialités : Pressé de foie gras et anguille fumée au pedro ximenez. Pithiviers de pigeon du Comtat, cèpes et foie gras. Chocolat, noix de souchet, gianduja et gingembre.

Menu 36 € (déjeuner), 70/90 €

800 Cours Fernande-Peyre – ✆ 04 90 38 52 80 – www.levivier-restaurant.com – Fermé 17 février-10 mars, 11-25 novembre, lundi, mardi, samedi midi, dimanche soir

La Balade des Saveurs

CUISINE TRADITIONNELLE • COSY XX Un jeune couple sympathique – Benjamin et Sophie Fabre – règne sur ce restaurant plein de fraîcheur, dont la terrasse borde le cours pittoresque de la Sorgue. Les recettes cultivent aussi bien le caractère que la douceur de la Provence. Cette Balade des Saveurs est aussi... une balade des gens heureux.

Spécialités : Fraîcheur de maquereau, gaspacho de tomates. Secreto de porc ibérique, semoule, sauce aux fruits secs. Maxi macaron framboise-combava.

Menu 20 € (déjeuner), 28/38 € – Carte 40/54 €

3 quai Jean-Jaurès – ✆ 04 90 95 27 85 – www.balade-des-saveurs.com – Fermé 13 janvier-4 février, 11-19 mai, lundi, mardi

Le Petit Henri

CUISINE MODERNE • ÉLÉGANT XX La table du Grand Hôtel Henri est dans le prolongement direct de l'établissement qui l'accueille : décor soigné, avec cheminée centenaire et lustres chatoyants, terrasse ombragée de mûriers-platanes autour d'une fontaine... et jolie cuisine de saison à dominante régionale.

Menu 29 € (déjeuner), 44/69 €

Grand Hôtel Henri, 1 cours René-Char – ✆ 04 90 38 10 52 – www.grandhotelhenri.com – Fermé 26 janvier-12 février

Café Fleurs

CUISINE MODERNE • ROMANTIQUE XX Deux salles au décor provençal clair et soigné, une agréable terrasse extérieure avec vue sur la Sorgue : joli cadre pour une cuisine actuelle au charme typiquement méridional. Bonne sélection de vins au verre.

Menu 26 € (déjeuner), 36/46 € – Carte 45/70 €

9 rue Théodore Aubanel – ✆ 04 90 20 66 94 – www.cafefleurs.com – Fermé 6 janvier-7 février, mardi, mercredi

La Prévôté

CUISINE TRADITIONNELLE • INTIME XX Dans un couvent du 17^{e}s. ouvrant sur un bras de la Sorgue, on savoure une cuisine basée sur des produits frais, dans un cadre raffiné (cheminée, poutres apparentes). Chambres très joliment décorées.

Menu 30 € (déjeuner), 49/65 € – Carte 50/65 €

4 rue Jean-Jacques Rousseau (derrière l'église) – ✆ 04 90 38 57 29 – www.la-prevote.fr – Fermé 10-26 mars, 10-27 novembre, mardi, mercredi

Le Jardin du Quai

CUISINE PROVENÇALE • BISTRO Avec son jardin ombragé, ses vieux arbres et son intérieur provençal, ce bistrot a quelque chose du charme d'antan. On y propose un menu unique réalisé avec les produits du marché, pour une cuisine goûteuse et soignée, respectueuse des saisons. Bon et sans esbroufe !

Menu 37 € (déjeuner)/45 €

91 avenue Julien Guigue (près de la gare) – 04 90 20 14 98 – www.danielhebet.com – Fermé 20 novembre-20 janvier, mardi, mercredi

Grand Hôtel Henri

BOUTIQUE HÔTEL • ÉLÉGANT Au cœur de la ville des antiquaires, on tombe immédiatement sous le charme de cette vénérable maison rénovée en 2015. Escalier en marbre de Carrare, chambres élégamment décorées de lampes et miroirs anciens, tableaux et fauteuils... Un havre de confort, jusqu'au bar à l'ambiance jazzy.

17 chambres – 115/411 € – 16 €

1 cours René-Char – 04 90 38 10 52 – www.grandhotelhenri.com – Fermé 27 janvier-10 février

Le Petit Henri – Voir la sélection des restaurants

La Maison sur la Sorgue

LUXE • PERSONNALISÉ Un très bel hôtel particulier, décoré sur le thème des voyages. Les chambres ont toutes leur cachet : baignoire sur pieds, loggia, vue sur l'église... Délicieux patio et piscine.

4 chambres – 280/450 €

6 rue Rose Goudard – 06 87 32 58 68 – www.lamaisonsurlasorgue.com

L'ISLE-SUR-SEREIN

89440 – Yonne – Carte régionale n° **5**-B2 – Carte Michelin 319-H6

Auberge du Pot d'Étain

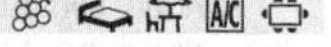

CUISINE TRADITIONNELLE • AUBERGE Bonne cuisine aux accents régionaux, exceptionnelle sélection de bourgognes (2 500 références, 40 000 bouteilles), chambres coquettes et colorées : une auberge sympathique dans la bucolique vallée du Serein... à deux tours de roue de l'A6 !

Menu 29/50 € – Carte 42/57 €

22 rue Bouchardat – 03 86 33 88 10 – www.potdetain.com – Fermé 7 janvier-4 février, 20 octobre-4 novembre, lundi, mardi midi, dimanche soir

ISSIGEAC

24560 – Dordogne – Carte régionale n° **18**-C2 – Carte Michelin 329-E7

L'Atelier

CUISINE MODERNE • COSY Aux portes de la cité médiévale, ce restaurant cosy aux notes rustiques a été repris par Fabrice Rodot (fils du chef du Relais de l'Ancienne Gare, situé à deux pas), et sa compagne Victoria Calvert, responsable de salle. On apprécie cette cuisine dans l'air du temps, qui privilégie les produits du terroir local et de saison. A déguster, l'été venu, sur l'agréable terrasse.

Menu 19 € (déjeuner), 33/55 € – Carte 32/58 €

Tour de Ville – 05 53 23 49 78 – www.latelierissigeac.fr – Fermé 8 janvier-13 février, mardi, mercredi

La Brucelière

CUISINE MODERNE • AUBERGE Avec ses murs en moellons et son mobilier en bois, sa vaisselle et sa poterie achetées au village, cette authentique auberge de campagne ne manque pas de charme. Le chef met un point d'honneur à cuisiner des produits frais à travers des recettes simples et bonnes. Jolie terrasse sur le jardin, à l'arrière.

Menu 32/36 €

place de la Capelle – 05 53 73 89 61 – www.labruceliere.com – Fermé 1er janvier-15 mars, 30 juin-10 juillet, 25 octobre-10 novembre, mardi, mercredi

ISSOIRE

✉ 63500 – Puy-de-Dôme – Carte régionale n° **1**-B2 – Carte Michelin 326-G9

L'Atelier Yssoirien (Dorian Van Bronkhorst)

CUISINE MODERNE • BRANCHÉ XX Un jeune chef propriétaire, né en Auvergne de parents hollandais, a transformé l'ancien garage en atelier gourmand moderne. Tout le monde en convient : on se sent bien dans cette maison ! Est-ce la déco "nature" composée de tables en bois brut, d'un sol en béton ciré et d'un zeste de lumière naturelle ? Est-ce la gentillesse de l'accueil et l'excellence du service ? Ou encore cette cuisine du marché, gentiment créative (un peu de kimchi par ici, un peu de soja par-là) et axée sur le produit ? Formé dans les maisons étoilées, le chef avoue un faible pour les légumes, évidemment, mais aussi les champignons (notamment la morille), sans oublier la viande de Salers, la pintade d'Auvergne ou le pigeon de l'Allier.

Spécialités : Cappuccino de girolles, pomme de terre, vanille et café. Pigeon d'Anjou, houmous de pois blonds, amandes, pois chiches façon tagine et jus corsé. Surprise entre le pamplemousse et l'asperge croustillante aux noisettes du Piémont.

Menu 30 € (déjeuner), 59/89 € – Carte 55/90 €

23 boulevard Triozon-Bayle – ✆ 04 73 89 44 47 – www.atelier-yssoirien.com – Fermé 1er-7 janvier, 15 août-1er septembre, 17-27 octobre, lundi, dimanche

Le P'tit Roseau

CUISINE MODERNE • CONVIVIAL X L'emplacement face à la gare n'est pas le plus glamour qui soit... mais il est largement compensé par la cuisine enthousiasmante de Jérémy Bonhivers. Préparations fines et goûteuses, utilisation judicieuse de fleurs, herbes aromatiques et jeunes pousses : de quoi passer un super moment.

Menu 18 € (déjeuner), 33/39 €

2 avenue de la Gare – ✆ 04 73 89 09 17 – www.lepetitroseau.fr – Fermé 1er-7 janvier, 27 avril-12 mai, 24 août-9 septembre, lundi, mardi, dimanche soir

La Table d'Arthur

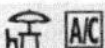

CUISINE MODERNE • BISTRO X Ce bistrot contemporain du cœur de la vieille ville, tout proche de l'abbatiale Saint-Austremoine, propose une cuisine actuelle de bon aloi, à déguster sur la petite terrasse, aux beaux jours...

Menu 18 € (déjeuner), 33/70 € – Carte 45/65 €

35 rue Saint-Antoine – ✆ 04 73 54 95 06 – www.tabledarthur.com – Fermé 2-7 janvier, 1er-20 septembre, lundi, jeudi soir, dimanche soir

au Broc 8 km au Sud par D32 et D718 – Carte régionale n° **1**-B2

Origines (Adrien Descouls)

CUISINE MODERNE • CONTEMPORAIN XXX Adrien Descouls, demi-finaliste Top Chef 2018, a décidé de prendre un peu de hauteur ! Il a pris ses quartiers au cœur de l'Auvergne (sa région natale), près d'Issoire, dans ce bâtiment moderne perché juste à côté du château du 14e s. Sur ces hauteurs, il confirme toutes les qualités qu'on avait décelées chez lui : amour du produit, capacité à mettre en valeur le terroir local avec des jeux de textures subtils et des dressages soignés... sans oublier une certaine audace ! Pour l'étape, de belles chambres confortables avec vue sur les environs.

Spécialités : Soupe au vieux cantal de nos burons et comme une salade de pomme de terre. Omble chevalier confit à l'huile de céleri, berlingot de caillé de brebis et sabayon ache de montagne. Monocle de chocolat tainori, cœur coulant et sorbet framboise.

Menu 28 € (déjeuner), 56/90 € – Carte 70/85 €

rue du Clos-de-la-Chaux – ✆ 04 73 71 71 71 – www.restaurant-origines.fr – Fermé 2-28 janvier, 31 août-15 septembre, 21-29 décembre, lundi, mardi, dimanche soir

à Sarpoil 10 km au Sud - Est par D999

La Bergerie

CUISINE MODERNE • CLASSIQUE XXX Marie et Marc-Antoine Ichambe ont repris le flambeau de cette Bergerie, où ils proposent une cuisine moderne, dans un cadre rustique et campagnard.

Menu 25 € (déjeuner), 38/79 € - Carte 45/65 €

04 73 71 02 54 - www.labergeriedesarpoil.com - Fermé mardi, mercredi, dimanche soir

à Sauxillanges 12 km à l'Est par D996

La Table St-Martin

CUISINE MODERNE • COSY XX Anciennement "Restaurant de la Mairie", cette Table Saint-Martin propose une goûteuse cuisine au goût du jour, rythmée par les saisons. Produits de qualité, préparations maîtrisées, et saveurs marquées : on passe ici un fort agréable moment.

Menu 24 € (déjeuner), 36/52 € - Carte 35/60 €

17 place Saint-Martin - 04 73 96 80 32 - www.latable-stmartin.com - Fermé 2-15 janvier, mardi soir, mercredi, dimanche soir

ISSOUDUN

36100 - Indre - Carte régionale n° **8**-C3 - Carte Michelin 323-H5

La Cognette

CUISINE CLASSIQUE • BOURGEOIS XXX Dans cette maison familiale à la gloire de Balzac (l'auteur l'évoque avec enthousiasme dans le roman *La Rabouilleuse*), la carte oscille entre tradition et modernité, avec aussi un menu régional. Quelques chambres confortables pour l'étape.

Menu 39/98 €

boulevard Stalingrad - 02 54 03 59 59 - www.la-cognette.com - Fermé 4-23 janvier, lundi, mardi midi, dimanche soir

à St-Valentin 11 km à l'Ouest par D8 et D12 - Carte régionale n° **8**-C3

Au 14 Février

CUISINE MODERNE • ÉLÉGANT XX Au Japon, deux musées célèbrent le talent de l'illustrateur Raymond Peynet, le créateur du fameux couple d'amoureux, immortalisé par un timbre. Certains de ses admirateurs japonais ont donc choisi le petit village de Saint-Valentin pour célébrer en cuisine la fête des amoureux. On s'attable dans un décor contemporain et raffiné, soit face au bar, soit le long de la véranda entre des murs blancs, parfois capitonnés de cuir rouge. Quelques affiches et lithographies de Peynet, ici et là... Une brigade 100% japonaise livre une réinterprétation tout en finesse de la cuisine française contemporaine, en l'agrémentant de subtiles touches nippones. Quant au sommelier, il joue son rôle à merveille.

Spécialités : Caviar de Sologne, lentilles, yuzu et crème épaisse. Mi-cuit de homard, cèpes, agrumes et chou-fleur. Dôme de chocolat blanc.

Menu 65/92 €

2 rue du Portail - 02 54 03 04 96 - www.sv-au14fevrier.com - Fermé 2-15 janvier, 31 août-16 septembre, lundi, mardi, mercredi, jeudi midi, dimanche soir

ISSY-LES-MOULINEAUX - Hauts-de-Seine (92) → Voir Autour de Paris

ISTRES

13800 - Bouches-du-Rhône - Carte régionale n° **24**-A3 - Carte Michelin 340-E5

Le N°7 by Gaëlle et Sylvain Devaux

CUISINE MODERNE • INTIME XX Au cœur d'Istres, une agréable terrasse sous les platanes ! Le chef concocte une cuisine voyageuse où les épices parlent de goûts lointains... et où les ingrédients émanent directement des petits producteurs locaux. Décor contemporain.

Menu 24 € (déjeuner), 46/90 €

7 avenue Hélène-Boucher - 04 90 55 25 30 - Fermé lundi, dimanche

ITTERSWILLER

✉ 67140 – Bas-Rhin – Carte régionale n° **10**-C1 – Carte Michelin 315-I6

Winstub Arnold

CUISINE ALSACIENNE • WINSTUB XX Cette winstub met à l'honneur les "elsässische spezialitäten" : kougelhopf, choucroute et tant de plats régionaux ! Soulevez donc le couvercle en fonte qui protège le baeckeofe servi en cocotte...

Spécialités : Presskopf maison et crudités. Coquelet au riesling. Kougelhopf glacé au kirsch.

Menu 24/38 € – Carte 30/60 €

Hôtel Arnold, 98 route des Vins – ✆ 03 88 85 50 58 – www.hotel-arnold.com

Arnold

TRADITIONNEL • COSY Sur la route des vins, deux bâtisses à colombages dans un village de carte postale ! Le panorama est superbe : la plupart des chambres dominent le vignoble, les villages de la plaine d'Alsace et la Forêt-Noire... Décor chaleureux et agréable espace bien-être (bassin de nage, hammam, sauna).

36 chambres – 78/159 € – 13 € – 1 suite

98 route des Vins – ✆ 03 88 85 50 58 – www.hotel-arnold.com

Winstub Arnold – Voir la sélection des restaurants

ITXASSOU

✉ 64250 – Pyrénées-Atlantiques – Carte régionale n° **18**–A3 – Carte Michelin 342-D5

Restaurant du Fronton

CUISINE TRADITIONNELLE • RUSTIQUE X Comme la pelote semble aimantée par la *chistera* (le gant en paille des joueurs), le jeune chef, Benat Bonnet, a naturellement rejoint l'établissement familial – 3e génération – après avoir fait ses classes dans plusieurs établissements de renom. Les produits locaux y sont à la fête, comme avec cet agneau rôti, pastilla d'épaule et jus au thym...

Menu 25/38 € – Carte 44/53 €

Hôtel du Fronton, place du Fronton – ✆ 05 59 29 75 10 – www.hotelrestaurantfronton.com – Fermé 1er janvier-5 février, 14-19 novembre, mardi, mercredi

JARNAC

✉ 16200 – Charente – Carte régionale n° **20**-B3 – Carte Michelin 324-I5

Restaurant du Château

CUISINE TRADITIONNELLE • BRASSERIE XX Comme un air de brasserie contemporaine au cœur de Jarnac, ville natale de François Mitterrand. On apprécie une cuisine du moment, fine et savoureuse, réalisée avec de beaux produits par un chef plein d'allant.

Menu 25 € (déjeuner), 47/58 €

place du Château – ✆ 05 45 81 07 17 – www.restaurant-du-chateau.com – Fermé lundi, mercredi soir, dimanche soir

Le Verre y Table (N)

CUISINE MODERNE • CONTEMPORAIN X La cuisine du jeune chef est fraîche, parfumée, dans l'air du temps, à l'image du décor, moderne et coloré, imaginé dans un esprit bistrot. Ce jour-là, thon mi-cuit et gambas rôties, salade estivale ; côte de cochon, jus au romarin, pommes grenailles, courgettes et purée soubise. Service souriant et efficace. Menu déjeuner à prix léger.

Menu 19 € (déjeuner), 32/44 € – Carte 31/48 €

42 avenue Carnot, à Mainxe – ✆ 05 45 35 07 28 – Fermé lundi, mercredi soir, samedi midi, dimanche soir

Ligaro

BOUTIQUE HÔTEL · ÉLÉGANT Juste en face de l'église St-Pierre, cette maison bourgeoise du 17e s. – l'une des plus vieilles de Jarnac – mêle ancien et contemporain, ambiance feutrée et confort. Chambres personnalisées et cosy, petit-déjeuner façon table d'hôtes.

11 chambres – 135/259 € – 16 €

74 Grand-Rue – 05 45 32 71 38 – www.hotel-ligaro.com

à Bassac 7 km au Sud - Est par N141 et D22

L'Essille

CUISINE TRADITIONNELLE · CONTEMPORAIN XX A deux pas d'une abbaye bénédictine, se concocte une cuisine dans l'air du temps. On accède au restaurant par un beau salon agrémenté de bouteilles de cognac – près de 200 références, l'une des plus belles collections de la région ! Chambres pour l'étape.

Menu 20 € (déjeuner), 36/60 € – Carte 45/65 €

43 route de Condé – 05 45 81 94 13 – www.hotel-restaurant-essille.com – Fermé 1er-7 janvier, samedi midi, dimanche soir

à Bourg-Charente 6 km à l'Ouest par N141 et rte secondaire –

Carte régionale n° **20**–B3

La Ribaudière (Thierry et Julien Verrat)

CUISINE CRÉATIVE · DESIGN XXX Une grande villa, un jardin qui descend en pente douce vers la Charente coulant paisiblement en contrebas... De l'autre côté du fleuve, la silhouette altière du château de Bourg-Charente domine les vignes. Dans la salle aux murs gris ardoise, les grandes baies vitrées offrent une vue sur la délicieuse terrasse et sur les berges du fleuve. Dans le même ton, les chefs Thierry et Julien Verrat, père et fils, signent une belle cuisine, où l'invention cultive le naturel. Propriétaire d'une vigne et d'une truffière, l'homme voue une passion au terroir charentais, un véritable pays de cocagne. Du cognac au pineau, en passant par le poisson de la côte et les escargots sauvages, le chef exprime le meilleur de produits de haute qualité : chacun de ses plats met le goût en avant avec une force tranquille.

Spécialités : Cuisses de grenouilles fraîches, escargots petits-gris, jus de cuisson et huile de persil. Truite fario de Gensac-la-Pallue fumée à chaud au bois de barrique, safran charentais. Cognac du terroir à la barrique.

Menu 52/114 € – Carte 85/115 €

2 place du Port – 05 45 81 30 54 – www.laribaudiere.com – Fermé 17 février-11 mars, 19 octobre-4 novembre, lundi, mardi midi, dimanche soir

La Table du Fleuve – Voir la sélection des restaurants

La Table du Fleuve (N)

CUISINE DU MARCHÉ · DESIGN X Signée Thierry et Julien Verrat, voilà une cuisine charentaise à la sauce bistronomique du plus bel aloi. Ici, le menu évolue au gré du marché. Ce jour-là, foie gras de canard mi-cuit aux truffes ; tartare de truite aux aromates et son caviar ou encore tarte aux myrtilles et son gel au pineau des Charentes. Aux beaux jours, on sert aussi sur quelques tables en terrasse. Un petit cocon chaleureux et plaisant, où la gourmandise se sent chez elle.

Spécialités : Soupe de cèpes et lard fermier braisé. Biscuit de brochet soufflé, crème d'écrevisses au cognac. Île de Bourg-Charente aux fruits de saison.

Menu 32 €

La Ribaudière, 2 place du Port – 05 45 81 30 54 – www.laribaudiere.com – Fermé 17 février-11 mars, 19 octobre-4 novembre, lundi, mardi midi, dimanche soir

LA JARRIE – Charente-Maritime (17) → Voir La Rochelle

JASSANS-RIOTTIER – Ain (01) → Voir Villefranche-sur-Saône

JAUSIERS – Alpes-de-Haute-Provence (04) → Voir Barcelonnette

JOIGNY

✉ 89300 – Yonne – Carte régionale n° **5**-B1 – Carte Michelin 319-D4

✿✿ La Côte Saint-Jacques (Jean-Michel Lorain)

CUISINE MODERNE • ÉLÉGANT XXXX Qu'elle est belle, cette bâtisse postée sur les bords de l'Yonne ! Fondé par Marie Lorain en 1945, l'hôtel-restaurant a gagné ses lettres de noblesse sous l'impulsion de son fils, Michel, puis de son petit-fils, Jean-Michel. C'est à ce chef humble et travailleur qu'on doit l'équilibre parfait qui règne ici : tradition d'un côté (boudin noir aux pommes et sa purée mousseline, côte de bœuf et macaronis farcis de foie gras et truffe), beaux éclairs d'inspiration de l'autre. Harmonie des saveurs, cuissons, assaisonnements : une belle partition gourmande rythmée par un service de qualité, efficace et proche du client.

Spécialités : Ile flottante au caviar, gelée d'ail noir et crème au raifort. Ris de veau au gingembre, petits oignons, rhubarbe et radis roses. Glace à la rose en tulipe croustillante et pétales de rose cristallisée.

Menu 82 € (déjeuner), 175/238 € – Carte 135/223 €

14 Faubourg de Paris – ✆ 03 86 62 09 70 – www.cotesaintjacques.com – Fermé lundi, mardi midi

Le Rive Gauche

CUISINE MODERNE • CLASSIQUE XX Atout charme de cette maison contemporaine dirigée par Catherine Lorain, sœur de Jean-Michel : la terrasse face aux rives de l'Yonne, mais la salle offre également de belles échappées sur la verdure. La carte met à l'honneur les saveurs régionales et la créativité. Spécialité : escargots en persillade et gnocchis aux herbes.

Menu 33/54 € – Carte 45/55 €

rue du Port-au-Bois – ✆ 03 86 91 46 66 – www.hotel-le-rive-gauche.fr – Fermé dimanche soir

La Côte Saint-Jacques

LUXE • PERSONNALISÉ Au bord de l'Yonne, cet hôtel luxueux offre de nombreux agréments : moments de détente à la piscine et au spa avec piscine couverte, hammam, sauna et jacuzzi ; sommeil réparateur dans des chambres raffinées, et beaux plaisirs gastronomiques...

21 chambres – 320/900 € – 32 € – 1 suite

14 Faubourg de Paris – ✆ 03 86 62 09 70 – www.cotesaintjacques.com

✿✿ **La Côte Saint-Jacques** – Voir la sélection des restaurants

JONGIEUX

✉ 73170 – Savoie – Carte régionale n° **2**-C1 – Carte Michelin 333-H3

✿✿ Les Morainières (Michaël Arnoult)

CUISINE CRÉATIVE • ROMANTIQUE XXX Originaire d'Orléans, Michaël Arnoult, formé chez Emmanuel Renaut, a transformé l'auberge des Morainières en un véritable petit paradis, dominant le coteau planté de vignes et la vallée du Rhône. Son credo : la fraîcheur du produit et le respect de celui ou celle qui l'a fait grandir. Choisir les producteurs locaux, les connaître, travailler de concert avec eux : une priorité. Pièce de gibier, asperges vertes, agneau de lait, truite ou féra... cette exigence se lit dans l'assiette, que l'on déguste dans une salle épurée, ouvrant sur la vallée. Pour l'étape, six chambres confortables vous attendent à quelques kilomètres de là, avec service voiturier. Plus que jamais, les Morainières valent le détour.

Spécialités : Écrevisses du Rhône, fenouil, mandarine et coriandre. Féra du lac cuite au sel et fumée, petits pois, citron et mélisse. Raisins, miel de pays, noix de muscade et fromage frais en faisselle.

Menu 65 € (déjeuner), 120/180 €

route de Marétel – ✆ 04 79 44 09 39 – www.les-morainieres.com – Fermé 26 décembre-15 janvier, lundi, mardi

Château de la Mar

DEMEURE HISTORIQUE · PERSONNALISÉ Des chambres confortables et décorées avec soin – portant les noms de cépages locaux –, un mobilier d'époque (Louis XIII et Louis XV), des plafonds à la française, un jacuzzi dans les vignes, une belle piscine : voilà ce qui vous attend dans ce superbe petit château datant de 1244... et qui cache bien son âge !

5 chambres – 240/330 €

Aimavigne – ✆ 06 26 56 99 33 – www.chateau-de-la-mar.fr – Fermé 1er octobre-30 mars

JOUCAS

✉ 84220 – Vaucluse – Carte régionale n° **25**-E1 – Carte Michelin 332-E10

La Table de Xavier Mathieu

CUISINE CRÉATIVE · MÉDITERRANÉEN XXX Grandi à Marseille, Xavier Mathieu a la Provence chevillée au corps. Le célèbre Roger Vergé, un ami de la famille, lui a ouvert les portes de la haute gastronomie. Il a complété son apprentissage chez Joël Robuchon, à Paris, avant de revenir dans le beau mas familial niché au cœur de la garrigue du Luberon. Ce chef à l'emblématique crinière blanche donne un second souffle à la tradition provençale : chaque plat est une variation sur les origines. Soupe au pistou, lapin farci à la provençale, truite de la Sorgue, soufflé au miel et hydromel... Recherche, technique et inspiration sont au rendez-vous. À découvrir dans le cadre privilégié d'une luxueuse bastide dans la garrigue, édifiée sur des vestiges datant des Chevaliers de l'Ordre de Malte.

Spécialités : Soupe au pistou, haricots, ail et basilic. Agneau cuit dans son sable chaud, haricots blancs dans leur jus au thym. Soufflé chaud à l'hydromel, glace au miel de lavande.

Menu 80/170 € – Carte 115/205 €

Hostellerie Le Phébus & Spa, route de Murs – ✆ 04 90 05 78 83 – www.lephebus.com – Fermé 20 octobre-15 avril, mardi midi, mercredi midi, jeudi midi

La Table du Mas

CUISINE MODERNE · ÉLÉGANT XXX Bar grillé, artichaut barigoule et truffe d'été : ici, on cuisine la Provence d'une jolie façon. L'âme méditerranéenne plane sur les assiettes, comme sur la grande terrasse ouverte sur la campagne.

Menu 69 € – Carte 73/84 €

Le Mas des Herbes Blanches, Lieu-dit-Toron – ✆ 04 90 05 79 79 – www.herbesblanches.com – Fermé 14 octobre-30 avril

Le Café de la Fontaine

CUISINE PROVENÇALE · RÉGIONAL X La carte de ce Café joue une partition traditionnelle aux influences méditerranéennes : volaille rôtie au citron, tarte aux fruits du marché, etc. Aux beaux jours, le service est assuré sur la terrasse où trône une... fontaine ; par mauvais temps, retour dans les salons de l'hôtel !

Menu 30 € (déjeuner) – Carte 45/75 €

Hostellerie Le Phébus & Spa, route de Murs – ✆ 04 90 05 78 83 – www.lephebus.com – Fermé 20 octobre-15 avril, lundi soir, mardi soir, mercredi soir, jeudi soir, vendredi soir, samedi soir, dimanche soir

Le Mas des Herbes Blanches

LUXE · TENDANCE Une architecture tout en pierres sèches, l'ombre des oliviers sous le soleil du Sud, une superbe piscine... et surtout un panorama grandiose sur la vallée du Luberon. Adossé au plateau de Vaucluse, ce mas est un sommet de Provence !

33 chambres – 150/581 € – 26 € – 15 suites

Lieu-dit Toron – ✆ 04 90 05 79 79 – www.herbesblanches.com – Fermé 14 octobre-30 avril

La Table du Mas – Voir la sélection des restaurants

Hostellerie Le Phébus & Spa

LUXE • CLASSIQUE Phébus... l'autre nom d'Apollon – et ce séjour que le dieu de la Beauté n'aurait sans doute pas renié ! Nichée dans la verdure, cette demeure provençale domine le Luberon ; la plupart des chambres jouissent d'un balcon, d'une terrasse voire d'une minipiscine privée. Si loin du monde des hommes...

18 chambres – 210/410 € – 30 € – 12 suites

route de Murs – 04 90 05 78 83 – www.lephebus.com – Fermé 20 octobre-15 avril

La Table de Xavier Mathieu • **Le Café de la Fontaine** – Voir la sélection des restaurants

JOUX

69170 – Rhône – Carte régionale n° **2**–A1 – Carte Michelin 327-F4

Le Tilia

CUISINE MODERNE • AUBERGE XX Tilia ? C'est le nom latin du tilleul, dont un spécimen quadri-centenaire trône en face du restaurant. Le chef, qui a notamment travaillé aux Etats-Unis et en Australie, mitonne une cuisine traditionnelle, qui s'offre parfois des escapades plus modernes - filets de rougets, beignet de calamars et sauce vierge ; cassolette de veau et ris, pommes nouvelles et légumes de Saint-Romain... Et pour le repos du gourmet, cinq jolies chambres contemporaines rendent hommage aux chefs illustres pour lesquels le patron a travaillé (Bocuse, Haeberlin, Lorrain...).

Menu 20 € (déjeuner), 30/80 € – Carte 50/75 €

place du Plaisir – 04 74 05 19 46 – www.letilia.com – Fermé 2-12 janvier, lundi, dimanche soir

JOUY

28300 – Eure-et-Loir – Carte régionale n° **8**–B1 – Carte Michelin 311-F4

La Parenthèse

CUISINE MODERNE • AUBERGE X Au cœur du village de Jouy, un jeune couple tient dans cette longère un agréable restaurant. Le chef nous régale d'assiettes goûteuses et précises – il affectionne notamment les cuissons à basse température. Il ressort de cette maison une impression générale de sérieux et de savoir-faire : c'est tout bon.

Menu 25 € (déjeuner)/38 € – Carte 38/45 €

10 place de l'Eglise – 02 37 32 41 26 – Fermé 15 février-3 mars, 28 juillet-20 août, lundi, mardi, dimanche soir

JOYEUSE

07260 – Ardèche – Carte régionale n° **2**–A3 – Carte Michelin 331-H7

La Maison de Nany

CUISINE MODERNE • COSY X On franchit une volée de marches pavées, dans ce petit centre-ville joliment préservé, pour rejoindre le repaire de Nany : une trentaine de places assises, quelques objets chinés... et bien sûr la cuisine de la cheffe, simple et maîtrisée, renouvelée chaque semaine et proposée à prix doux. On aurait tort de se priver.

Carte 35/55 €

6 place de la Peyre – 06 26 59 53 37 – Fermé 20 décembre-13 février, lundi, mardi

JUAN-LES-PINS

06160 – Alpes-Maritimes – Carte régionale n° **25**–E2 – Carte Michelin 341-D6

La Passagère

CUISINE CRÉATIVE • LUXE XXX L'hôtel accueillit dans les années 1920 les amours tumultueuses de F. Scott et Zelda Fitzgerald, le cadre invite à se perdre à l'horizon. Pas facile pour une assiette d'exister dans de telles conditions... et c'est pourtant le cas. Le chef signe une cuisine élégante, qui met en valeur les mille et une pépites du terroir méditerranéen - ainsi le rouget brûlé à la flamme préparé comme une "boui-abaisso" ou les ravioles d'araignée de mer. On se délecte de ces créations sur la terrasse, en profitant de l'exceptionnelle vue sur la mer et l'Esterel. Magique.

Spécialités : Esquinado en raviole, caviar et écume de romarin. Rouget brûlé à la flamme comme un "boui-abaisso", consommé à la citronnelle. Citron de Méditerranée en soufflé minute et sorbet kalamansi.

Menu 125/150 € – Carte 115/145 €

Belles Rives, 33 boulevard Édouard-Baudoin – ✆ 04 93 61 02 79 – www.bellesrives.com – Fermé 2 janvier-5 mars, lundi midi, mardi midi, mercredi midi, jeudi midi, vendredi midi, samedi midi, dimanche midi

Belles Rives

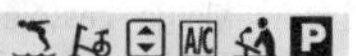

LUXE · ART DÉCO Un petit joyau Art déco où vécut Francis Scott Fitzgerald. Bar d'époque classé, chambres joliment décorées (mobilier 1930) – préférez celles côté mer –, deux restaurants (dont un gastronomique), ponton et plage privés... Élégance et nostalgie.

38 chambres – 130/3000 € – 32 € – 5 suites

33 boulevard Édouard-Baudoin – ✆ 04 93 61 02 79 – www.bellesrives.com – Fermé 2 janvier-5 mars

La Passagère – Voir la sélection des restaurants

Juana

LUXE · ART DÉCO Luxueux hôtel des années 1930 où l'on sait cultiver l'art de recevoir. Jolies chambres Art déco, équipements haut de gamme, belle piscine et, pour l'anecdote, magnifique ascenseur en bois... Le charme fou de la French Riviera !

37 chambres – 140/3000 € – 27 € – 3 suites Tablet. PLUS

19 avenue G.-Gallice – ✆ 04 93 61 08 70 – www.hotel-juana.com – Fermé 18 octobre-28 décembre

La Villa Cap d'Antibes

BOUTIQUE HÔTEL · CONTEMPORAIN Le jardin de cette grande villa 1900 est ravissant avec ses palmiers et ses oliviers. Mais il y a aussi la jolie piscine, l'accueil délicieux, ces chambres à la fois sobres et élégantes, le bar et le salon d'esprit balinais où il fait bon musarder... Un bel endroit, au calme.

26 chambres – 120/450 € – 19 €

23 avenue Saramartel – ✆ 04 92 93 48 00 – www.hotel-villa-juan.com – Fermé 3 novembre-8 mars

Mademoiselle

BOUTIQUE HÔTEL · PERSONNALISÉ Gold, Afrique, nuages, relais de chasse, romantique, sous-bois scandinave... tels sont les thèmes des chambres de cet hôtel atypique, situé au cœur de la cité. Rêverie et enchantement sont au programme.

14 chambres – 90/280 €

12 avenue Docteur-Dautheville – ✆ 04 93 61 31 34 – www.hotelmademoisellejuan.com

JUMIÈGES

✉ 76480 – Seine-Maritime – Carte régionale n° **17**–C2 – Carte Michelin 304-E5

Auberge des Ruines

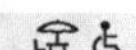

CUISINE MODERNE · COSY XX Cette jolie maison normande à colombages située à deux pas de l'Abbaye de Jumièges propose une cuisine personnalisée rythmée par les saisons et les produits du terroir normand. Lumineuse véranda et salles à manger contemporaines et cosy.

Menu 33/55 € – Carte 42/55 €

17 place de la Mairie – ✆ 02 35 37 24 05 – www.auberge-des-ruines.fr – Fermé 4 novembre-30 avril, dimanche soir

JUNGHOLTZ

✉ 68500 – Haut-Rhin – Carte régionale n° **10**–A3 – Carte Michelin 315-H9

Les Violettes

LUXE • PERSONNALISÉ Dans un cadre verdoyant, une bâtisse imposante aux airs de chalet, dont les chambres et suites, d'esprit alsacien raffiné, se révèlent très confortables (moins cossues à la Gentilhommière). Superbe spa (avec espace fitness et grotte à sel), restaurant... Détente.

55 chambres – 179/339 € – 4 suites

Route de Thierenbach – 03 89 76 91 19 – www.les-violettes.com

JUVIGNY-SOUS-ANDAINE

61140 – Orne – Carte régionale n° **17**-B3 – Carte Michelin 310-F3

Au Bon Accueil

CUISINE CRÉATIVE • AUBERGE XX L'enseigne ne ment pas : dans ce restaurant tenu par un jeune couple, on vous accueille à bras ouverts. Le chef propose une cuisine réjouissante, qui met en valeur les produits de manière originale et créative. Exemple parmi d'autres : ce veau, carottes et wasabi, un bon moment.

Spécialités : Tartare de dorade, basilic, eau de pastèque. Rumsteck, haricots, ail fumé. Abricot mi-confit, colza et verveine.

Menu 22/58 € – Carte 47/62 €

23 place St-Michel – 02 33 38 10 04 – www.aubonaccueil-normand.com – Fermé 2-13 janvier, 25 juin-9 juillet, lundi, dimanche soir

KATZENTHAL

68230 – Haut-Rhin – Carte régionale n° **10**–C2 – Carte Michelin 315-H8

À l'Agneau

CUISINE TRADITIONNELLE • RÉGIONAL XX Cette jolie maison au décor typiquement alsacien est douce... comme un agneau. On y savoure une cuisine du marché et des spécialités régionales réalisées par un chef, Thierry Hohly, passé par de belles maisons. Le tout accompagné des vins du cru. Pour l'étape, des chambres actuelles joliment rénovées.

Menu 22 € (déjeuner), 29/54 € – Carte 30/55 €

16 Grand'Rue – 03 89 80 90 25 – www.agneau-katzenthal.com – Fermé 16 février-4 mars, 8-22 juillet, 12-22 novembre, mardi, mercredi

KAYSERSBERG

68240 – Haut-Rhin – Carte régionale n° **10**–C2 – Carte Michelin 315-H8

La Table d'Olivier Nasti

CUISINE MODERNE • ÉLÉGANT XXX Ah, Kaysersberg ! Légèrement à l'écart de la route des vins, le petit village se dévoile entre deux vallons du vignoble alsacien... Là, impossible de rater la façade rouge du mythique hôtel Chambard, qui accueille la Table d'Olivier Nasti, Meilleur Ouvrier de France 2007. Magnifier le terroir, réinjecter la tradition dans des assiettes créatives, visuelles, voire ludiques : tel est l'objectif poursuivi par le chef. Pour cela, tous les ingrédients sont bons ! Gibier, morilles des Vosges, agneau de l'Aveyron, anguille du Rhin, truffe ou encore turbot sauvage... Il signe une carte personnelle, soucieuse des saisons, en portant une attention toute particulière aux sauces et décoctions. Enfin, côté vins, on profite de la présence de Jean-Baptiste Klein, sommelier aussi talentueux que passionné.

Spécialités : Anguille du Rhin au vert légèrement fumée et laquée aux agrumes. Omble chevalier, escargots de la Weiss, écrevisses et jus de persil. Coque meringuée au cacao, chocolat guanaja en émulsion et caramel tendre à la fleur de sel.

Menu 90 € (déjeuner), 153/215 € – Carte 150/230 €

Hôtel Chambard, 9-13 rue du Général-de-Gaulle – 03 89 47 10 17 – www.lechambard.fr – Fermé 6 janvier-13 février, lundi, mardi, mercredi midi

✿ **L'Alchémille** (Jérôme Jaegle)

CUISINE MODERNE • CONTEMPORAIN XX C'est l'histoire d'un enfant du village, véritable bête à concours gastronomiques, qui a transformé ce bar PMU en "lieu de vie". Fils et petit-fils de boucher-charcutier, Jérôme Jaegle est tout autant maraîcher et fou de permaculture que chef – formé par des pointures comme Jean-Yves Schillinger et Christian Têtedoie. Quasi scandinave dans l'allure, son restaurant, tout de bois clair et de matières naturelles, porte le nom de la plante favorite des alchimistes. Sa cuisine, créative et personnelle, est évidemment axée sur les herbes et les légumes de son potager, ainsi que sur les produits locaux. Menus sans choix de 5, 7, 9 ou 11 plats.

Spécialités : Mousseux de pomme de terre, croûtons de pain, sel fumé et oxalis. Truite, œuf en salaison, cresson de fontaine et achillée millefeuille. Rhubarbe, fromage blanc et romarin.

Menu 49 € (déjeuner), 63/98 €

53 route de Lapoutroie – ✆ 03 89 27 66 41 – www.lalchemille.fr – Fermé 17 février-12 mars, 27 juin-7 juillet, lundi, mardi, dimanche soir

La Vieille Forge

CUISINE MODERNE • CONTEMPORAIN XX La façade rustique cette charmante maison du 16e s. dissimule de bien jolies surprises : les assiettes de la cheffe Laurine Gutleben font la part belle aux produits frais et à la créativité, à l'instar du paleron de bœuf confit, jus de viande et pomme de terre dauphine. Belle Carte des vins en Alsace, mais pas seulement.

Spécialités : Œuf parfait. Porcelet rôti au miel. Vacherin melon-vanille.

Menu 31/69 € – Carte 50/80 €

1 rue des Écoles – ✆ 03 89 47 17 51 – www.vieilleforge-kb.com – Fermé lundi, mardi

Winstub du Chambard

CUISINE ALSACIENNE • WINSTUB X La seconde table du Chambard, version winstub. Ici, Olivier Nasti revisite tout ce que le terroir alsacien peut offrir : baeckeoffe et choucroute, tarte à l'oignon, presskopf... Sans oublier cette délicieuse tête de veau et ses pommes de terre écrasées à la muscade : goûteux et généreux, une ode à la gourmandise ! Avec gibier, été comme hiver.

Spécialités : Terrine de gibier et ses pickles. Truite, sauce matelote. Kougelhopf glacé au marc de gewurztraminer.

Menu 33 € – Carte 46/88 €

Hôtel Chambard, 9-13 rue du Général-de-Gaulle – ✆ 03 89 47 10 17 – www.lechambard.fr – Fermé 6 janvier-13 février

Flamme & Co

CUISINE ALSACIENNE • DESIGN X Une adresse où la tarte flambée est érigée en concept. Four à bois éclairé par des spots fluo, fauteuils zébrés... Et des créations telle que cette flammée foie gras et anguille fumée, ou encore ce pluma ibérique, chorizo, poivron et oignon rouge, mais aussi ces belles viandes maturées grillées au feu de bois.

Menu 26 € – Carte 25/75 €

9 rue du Général-de-Gaulle – ✆ 03 89 47 16 16 – www.flammeandco.fr – Fermé 7-31 janvier, lundi midi, mardi, mercredi midi, jeudi midi

Chambard

LUXE • PERSONNALISÉ Véritable institution dans la cité, le Chambard a fière allure : derrière sa belle façade traditionnelle (18e s.) se cache un décor ultracontemporain, chic et tendance. Quant aux gourmands, ils ont le choix entre un restaurant de haute gastronomie ou une charmante winstub... et partout un très grand confort.

27 chambres – 238/395 € – 36 € – 6 suites

9-13 rue du Général-de-Gaulle – ✆ 03 89 47 10 17 – www.lechambard.fr – Fermé 6 janvier-13 février

✿✿ **La Table d'Olivier Nasti** • **Flamme & Co** **Winstub du Chambard** – Voir la sélection des restaurants

à Kientzheim 3 km à l'Est par D28

Côté Vigne

CUISINE MODERNE • COSY XX Maison à colombage du 16e s., située face à une belle fontaine, mobilier contemporain, vins bio du domaine familial et cuisine alsacienne du marché, le tout tenu par un jeune couple charmant. Et même une petite terrasse pour les beaux jours.

Menu 17 € (déjeuner), 29/46 € - Carte 40/51 €

30 Grand-Rue - ✆ 03 89 22 14 13 - www.cote-vigne.fr - Fermé lundi, samedi midi, dimanche soir

Hostellerie Schwendi

CUISINE TRADITIONNELLE • RUSTIQUE XX Envie d'un cadre original ? Rendez-vous dans ce restaurant où l'on dîne dans l'ancienne cave à vin de l'auberge. Croquettes de munster et chutney d'échalote, truite soufflée et braisée au vin d'Alsace, sans oublier la généreuse choucroute : ici, le chef privilégie le meilleur de la gastronomie régionale. En été, on se régale sur la place. Pittoresque à souhait.

Menu 36/60 € - Carte 37/60 €

2 place Schwendi - ✆ 03 89 47 30 50 - www.schwendi.fr - Fermé 1er janvier-16 mars, mardi midi, mercredi, jeudi midi

KEMBS-LOÉCHLÉ

✉ 68680 - Haut-Rhin - Carte régionale n° **10**-B3 - Carte Michelin 315-J11

Le Petit Kembs

CUISINE MODERNE • COSY X Cette jolie maison de village à colombages abrite un intérieur cosy et chaleureux, à l'image des propriétaires des lieux. Dans l'assiette, une trilogie de foie gras, un filet de mignon de veau aux pétales de munster et lard grillé, ou encore un truffon pailleté et chocolat amer... Tout est fait maison : on se régale !

Menu 24 € (déjeuner), 34/68 € - Carte 56/85 €

49 rue Maréchal-Foch - ✆ 03 89 48 17 94 - www.lepetitkembs.fr - Fermé 23 février-2 mars, 17 août-7 septembre, lundi, mercredi, samedi midi

KERVIGNAC

✉ 56700 - Morbihan - Carte régionale n° **7**-B2 - Carte Michelin 308-L8

Château de Locguénolé

CUISINE MODERNE • CLASSIQUE XXX Le lieu, déjà, est exceptionnel : une imposante maison bourgeoise installée au cœur d'un immense parc, qui descend en pente douce vers les rives du Blavet... C'est le jeune chef Jérémie Louis qui a repris les fourneaux du restaurant. Ancien de la Maison Bernard Loiseau (Saulieu) et de l'Hostellerie de Plaisance (St-Émilion), il a intégré des influences régionales dans sa cuisine, pour un résultat enthousiasmant : recettes parfumées et précises, produits bien mis en valeur... Un vrai régal, à déguster dans un décor hyper-classique et gentiment désuet - murs jaunes lumineux, grande tapisserie style Gobelins, cheminée en granit, chaises de style Louis XV...

Spécialités : Œuf bio de Kervignac, petits pois à la française et sauge. Merlan, déclinaison de chou-fleur et beurre blanc. Poire comice rôtie et caramel au beurre salé.

Menu 49/98 € - Carte 78/95 €

Hôtel Château de Locguénolé, à Locguénolé - ✆ 02 97 76 76 76 - www.chateau-de-locguenole.com - Fermé 1er janvier-8 février, lundi, mardi midi, mercredi midi, jeudi midi, vendredi midi, samedi midi

Chai l'amère Kolette

CUISINE TRADITIONNELLE • CONTEMPORAIN XX Entre Hennebont et Port-Louis, cette maison mérite que l'on s'y attarde. Dans sa cuisine visible depuis la salle, le chef propose des recettes élaborées au gré du marché, avec le souhait de ne pas surcharger les préparations pour une meilleure lisibilité, mais avec des touches très personnelles. Une sympathique pause gourmande.

Spécialités : Filets de maquereau, huile de basilic, crème légère de petits pois. Lotte marinée aux agrumes, sauce champagne. Pomme confite au sirop de cidre et gingembre.

Menu 19 € (déjeuner), 32/55 € – Carte 45/55 €

Parc d'activités de Kernours – ✆ 02 97 36 28 74 – Fermé 30 mars-19 avril, 3-13 août, mercredi, dimanche

KIENTZHEIM - Haut-Rhin (68) ➜ Voir Kaysersberg

KILSTETT

✉ 67840 – Bas-Rhin – Carte régionale n° **10**-B1 – Carte Michelin 315-L4

Au Cheval Noir

CUISINE TRADITIONNELLE • AUBERGE XX C'est au galop qu'on se rend au Cheval Noir ! Derrière la façade de cette maison à colombages (18e s.), deux frères travaillent les beaux produits en tandem. Une cuisine traditionnelle à déguster dans de jolies salles... si tant est qu'on descende de sa monture.

Menu 17 € (déjeuner), 30/52 € – Carte 45/51 €

1 Rue du Sous-Lieutenant Maussire – ✆ 03 88 96 22 01 – www.restaurant-cheval-noir.fr – Fermé 6-21 janvier, 20 juillet-11 août, lundi, mardi, dimanche soir

KLINGENTHAL

✉ 67530 – Bas-Rhin – Carte régionale n° **10**-A2 – Carte Michelin 315-I6

À l'Étoile

CUISINE TRADITIONNELLE • CONVIVIAL XX Nichée dans un petit village alsacien, sur la route du Mont Sainte-Odile, cette auberge traditionnelle datant de 1920 est aujourd'hui tenue par la 4ème génération. On y déguste une cuisine traditionnelle du marché, proposée à l'ardoise. Quatre chambres douillettes pour l'étape, et terrasse en été.

Menu 20 € (déjeuner)/29 € – Carte 36/63 €

7 place de l'Étoile – ✆ 03 88 95 82 90 – www.restaurantaletoile.fr – Fermé 24-30 décembre, lundi, mardi soir, mercredi soir, jeudi soir, dimanche soir

KRUTH

✉ 68820 – Haut-Rhin – Carte régionale n° **10**-A3 – Carte Michelin 315-F9

à Frentz 5 km à l'Ouest par D 13bis – Carte régionale n° **12**-C3

Les Quatre Saisons

CUISINE MODERNE • COSY X Christelle aux fourneaux ; Frédéric choisissant avec soin de jolis crus... Ce couple à la ville forme ici un duo gourmand et gagnant. Dans ce chalet douillet, on se régale d'une délicieuse cuisine de saison, sans fausse note !

Spécialités : Tartine gourmande au hareng fumé et salade de choucroute crue, petits légumes au vinaigre. Strudel de paleron de bœuf aux fruits secs. Salade de fruit frais au vin.

Menu 30/46 € – Carte 31/39 €

3 route du Frenz – ✆ 03 89 82 28 61 – www.hotel4saisons.com – Fermé 2-17 janvier, 25 juin-5 juillet, 12-26 novembre, mardi, mercredi

LABARDE - Gironde (33) ➜ Voir Margaux

LABAROCHE

✉ 68910 – Haut-Rhin – Carte régionale n° **10**-C2 – Carte Michelin 315-H8

La Rochette

CUISINE MODERNE • COSY XX Une belle découverte que ce restaurant contemporain ! Ici, on régale en famille : aux fourneaux, père et fils réalisent des plats savoureux et fins, telle une réconfortante matelote au riesling... et un deuxième fils œuvre en salle en tant que sommelier. Une histoire de famille.

Spécialités : Petit baeckeofe aux escargots. Gâteau de lotte et brochet, käseknepfle et coulis d'écrevisses. Brie au kirsch.

Menu 33/65 € – Carte 44/71 €

500 lieu-dit La Rochette – ✆ 03 89 49 80 40 – www.larochette-hotel.fr – Fermé 17 février-12 mars, 2-19 novembre, lundi, mardi

LACAVE

✉ 46200 – Lot – Carte régionale n° **22**-C1 – Carte Michelin 337-F2

✿ Château de la Treyne

CUISINE CLASSIQUE • HISTORIQUE XXX Quel lieu splendide ! La Dordogne serpente au pied de ce superbe château, tout environné de verdure, avec son allée manucurée et son joli parc à la française. La vue de la terrasse embrasse un panorama qui laisse le voyageur rêveur… Qu'il est doux de prolonger l'étape dans l'une des belles chambres ! La salle à manger est telle qu'on l'attend, sol de marbre, tentures murales, plafond à caissons et cheminée en bois sculptée. On apprécie d'autant plus le repas, dans une veine classique, élégante et soignée. Il est signé par Stéphane Andrieux qui prit ici son premier poste de chef. On se régale de sa selle d'agneau du Quercy et ses petits farcis ou de ses coquilles Saint-Jacques poêlées, marmelade de tomate au chorizo et beurre de haricots blancs tarbais.

Spécialités : Risotto de céleri, velouté aux deux truffes, baluchon d'œuf poché à la truffe. Risotto de céleri, velouté aux deux truffes, baluchon d'œuf poché à la truffe. Pêche pochée au jus de groseille, menthe poivrée et miel du château.

Menu 50 € (déjeuner), 96/140 € – Carte 122/146 €

✆ 05 65 27 60 60 – www.chateaudelatreyne.com – Fermé 2 janvier-27 mars, 16 novembre-19 décembre, mardi midi, mercredi midi, jeudi midi, vendredi midi

✿ Pont de l'Ouysse (Daniel et Stéphane Chambon)

CUISINE MODERNE • ROMANTIQUE XXX Au bord de l'Ouysse, un magnifique affluent de la Dordogne, cette maison est située en contrebas d'une falaise. Elle demeure dans la même famille – les Chambon – depuis cinq générations. Elle fut construite à l'origine pour restaurer les travailleurs qui construisaient l'ancien pont emporté par une crue en 1966, et dont subsiste une arche. Deux frères veillent aujourd'hui sur l'établissement, l'un en salle et l'autre en cuisine. Ils magnifient avec simplicité et goût de superbes produits, à l'instar de cette selle d'agneau du Quercy, de ces œufs de caille fermiers, de ces légumes printaniers éclatants de fraîcheur, de ces truffes récoltées en famille… La terrasse ombragée apporte une touche de charme irrésistible.

Spécialités : Cuisses de grenouilles meunière, mousseline de cressonnette et pétales d'ail. Pied de porc truffé, crème de pomme de terre. Sphère au chocolat, crémeux aux framboises et streusel aux amandes.

Menu 40 € (déjeuner), 65/95 € – Carte 85/180 €

✆ 05 65 37 87 04 – www.lepontdelouysse.com – Fermé 4 novembre-3 avril, lundi, mardi midi

Château de la Treyne

DEMEURE HISTORIQUE • ÉLÉGANT Une situation idyllique, en surplomb de la Dordogne qui lui prête ses reflets… Vivre est un art en ce château des 14e-17e s. ! Le parc abrite un jardin à la française et une chapelle romane (expositions, concerts), les chambres sont somptueuses.

14 chambres – 350/950 € – 30 € – 4 suites

✆ 0565276060 – www.chateaudelatreyne.com – Fermé 2 janvier-27 mars, 16 novembre-19 décembre

✿ **Château de la Treyne** – Voir la sélection des restaurants

Pont de l'Ouysse

FAMILIAL • PERSONNALISÉ Une séduisante demeure du 19e s., dans un jardin baigné par l'Ouysse, qui a creusé ce vallon escarpé et verdoyant… Beaucoup de charme dans les chambres, mêlant goût de l'ancien et esprit champêtre, et belle attention portée aux clients.

19 chambres – 100/280 € – 17 €

✆ 05 65 37 87 04 – www.lepontdelouysse.com – Fermé 4 novembre-3 avril

✿ **Pont de l'Ouysse** – Voir la sélection des restaurants

LACROIX-FALGARDE - Haute-Garonne (31) ➜ Voir Toulouse

LAGARDE-D'APT

✉ 84400 – Vaucluse – Carte régionale n° **24**–B2 – Carte Michelin 332-F10

✿ Le Bistrot de Lagarde (Lloyd Tropeano)

CUISINE MODERNE • AUBERGE Voilà un lieu perdu et insolite comme on les aime : un ancien silo à missiles sur le plateau d'Albion, au cœur des monts du Vaucluse. Symbole de la guerre froide, le lieu a été investi par le jeune chef Lloyd Tropeano. Pari audacieux, pari réussi ! Ce gaillard jovial ne manque pas de sources d'inspiration, entre ses origines italiennes, la cuisine française et son goût pour l'Asie. Son talent a trouvé écho auprès des producteurs locaux, de vrais partenaires gastronomiques, qui chérissent comme lui ces paysages grandioses ! Généreux dans l'assiette, il cuisine notamment le cochon du Ventoux, l'agneau de Sisteron ou de la Crau, l'épeautre, la lavande, la châtaigne et le fromage de chèvre, sans oublier les produits de la Grande Bleue...

Spécialités : Soupe au pistou de nos "mamés". Agneau fumé au foin, herbettes du maquis, pannequet de ratatouille et épeautre. Caviar des bois, graine camarguaise et notes d'agastache.

Menu 45 € (déjeuner), 69/109 €

RD 34 – ✆ 04 90 74 57 23 – http://lebistrotdelagarde.free.fr – Fermé 8 décembre-27 mars, lundi, mardi

LAGARDE-ENVAL

✉ 19150 – Corrèze – Carte régionale n° **19**–C3 – Carte Michelin 329-L4

Auberge du Pays

CUISINE TRADITIONNELLE • RUSTIQUE Très sympathique, ce restaurant familial qui fait aussi bar-tabac. La cuisine du terroir tulliste est à l'honneur : millassou, mique, tête de veau le mercredi et farcidure le jeudi... C'est généreux et goûteux, une véritable adresse à l'ancienne ! Huit chambres à disposition pour l'étape.

Menu 17 € (déjeuner)/28 € – Carte 27/42 €

route de l'Etang – ✆ 05 55 27 16 12 – www.aubergedupays.fr – Fermé 1er-31 août, lundi, dimanche

LAGORCE

✉ 07150 – Ardèche – Carte régionale n° **2**–A3 – Carte Michelin 331-I7

les Tilleuls 

CUISINE TRADITIONNELLE • CONVIVIAL Dans cette belle demeure en pierre dans un village pittoresque de l'Ardèche, une cuisine "tradi" axée sur la région et les saisons. C'est généreux, et bien accompagné de vins locaux. Agréable terrasse avec vue sur les massifs environnants.

Menu 24/48 € – Carte 38/53 €

Place du 14 juillet – ✆ 04 75 37 72 12 – www.restaurant-lestilleuls.com – Fermé 1er janvier-24 mars, 20 octobre-17 mars, lundi, dimanche soir

LAGRASSE

✉ 11220 – Aude – Carte régionale n° **21**–B3 – Carte Michelin 344-G4

Le Bastion 

CUISINE MODERNE • RUSTIQUE Cet ancien bastion médiéval du huitième siècle se situe dans un village au cœur du massif des Corbières, réputé pour son abbaye bénédictine médiévale. On s'installe dans l'une des deux jolies salles rustiques pour déguster une « cuisine avant-garde rurale », inspirée d'Auguste Escoffier mais modernisée, avec de nettes influences régionales - ainsi la bisque de crabe vert, ses foies blonds de volaille et son aïoli. Petite carte de tapas et grande terrasse. Une sympathique adresse.

Spécialités : Bisque de crabe vert de Méditerranée, foie blond de volaille. Notre version d'un aïgo boulido au merlu. Vacherin au citron, huile d'olive-basilic et sorbet de citron.

Menu 21€ (déjeuner), 32/52€ - Carte 34/48€

50 boulevard de la Promenade - ✆ 04 68 12 02 51 - www.restaurant-bastion-lagrasse.fr - Fermé lundi

Hostellerie des Corbières

CUISINE RÉGIONALE • SIMPLE Dans cette maison de caractère, le savoir-faire du chef fait honneur au terroir et aux beaux produits locaux, agrémentés dans une veine moderne et créative. L'été, profitez de la terrasse. Quelques chambres pour la nuit.

Menu 19€ (déjeuner), 23/36€ - Carte 40/55€

9 Boulevard de la Promenade - ✆ 04 68 43 15 22 - www.hostellerie-des-corbieres.com - Fermé jeudi

LAGUIOLE

✉ 12210 - Aveyron - Carte régionale n° **22**-D1 - Carte Michelin 338-J2

Bras (Sébastien Bras)

CUISINE CRÉATIVE • DESIGN "Ma famille, l'amitié, l'Aubrac et la cuisine" : voici, énoncés par lui-même, les quatre éléments essentiels dans la vie de Sébastien Bras. Fidèle à l'héritage de son père, mais armé d'une sensibilité qui lui est propre, le chef puise dans la nature environnante et dans ses jardins les produits (fleurs, herbes, légumes) qu'il révèle ensuite dans l'assiette. Les saveurs se bousculent, l'émotion affleure bien souvent par surprise, et l'on croirait presque entendre la terre chanter au détour de certains plats. Envie de faire une étape ? De belles chambres vous accueillent, avec leurs baies vitrées ouvertes sur la campagne aveyronnaise. D'une génération à l'autre, le Suquet continue de tracer sa route singulière et attachante...

Spécialités : Gargouillou de jeunes légumes, herbes et graines germées. Pièce de bœuf de race Aubrac. Interprétation du coulant originel de 1981.

Menu 145/236€ - Carte 145/180€

Route de l'Aubrac - ✆ 05 65 51 18 20 - www.bras.fr - Fermé 11 novembre-4 avril, lundi, mardi, mercredi midi

Gilles Moreau

CUISINE MODERNE • ÉLÉGANT Le chef Gilles Moreau réalise une cuisine moderne bien ficelée. Sa patte ? Partir de recettes traditionnelles et les réactualiser au maximum. Et ça fonctionne ! Les desserts ne sont pas en reste. Terrasse sur l'arrière.

Carte 37/44€

2 allée de l'Amicale - ✆ 05 65 44 31 11 - www.gilles-moreau.fr - Fermé 1er janvier-8 février, 8 mars-4 avril, 22 juin-3 juillet, 5 novembre-20 décembre, lundi midi, mardi, mercredi, jeudi midi, vendredi midi

La Ba

CUISINE MODERNE • ÉPURÉ "La" pour Laguiole, "Ba" pour... Buenos Aires, d'où est originaire l'épouse du chef. Une union alléchante ! Au programme, une cuisine de bonne qualité, bien réalisée, avec un menu renouvelé tous les jours, et des prix imbattables ; on peut même commander quelques tapas pour l'apéritif. Ajoutez à cela l'accueil détendu et spontané, vous obtenez une adresse au poil.

Menu 22€

4 Rue Bardière - ✆ 05 65 51 68 30 - www.la-ba.fr - Fermé 30 septembre-9 octobre, mercredi, jeudi

LAMALOU-LES-BAINS

✉ 34240 - Hérault - Carte régionale n° **21**-B2 - Carte Michelin 339-D7

à Combes 10 km à l'Ouest par D908 et D180 - Carte régionale n° **21**-B2

Auberge de Combes

CUISINE MODERNE • AUBERGE Dans cette auberge perchée sur les hauteurs de la vallée de l'Orb, on tire le meilleur du terroir et des produits de saison. Dans l'assiette comme dans le paysage, la suavité brute domine... Excellent rapport qualité-prix.

Spécialités : Foie gras cuit aux sarments. Escargots petit-gris au pata negra. Millefeuille au caramel.

Menu 25 € (déjeuner), 33/61 € – Carte 50/65 €

Le bourg – ☎ 04 67 95 66 55 – www.aubergedecombes.com – Fermé 2 janvier-6 février, lundi, mardi, dimanche soir

LAMASTRE

✉ 07270 – Ardèche – Carte régionale n° **2**-B2 – Carte Michelin 331-J4

Château d'Urbilhac

FAMILIAL · PERSONNALISÉ Ce petit château de style néo-Renaissance (bâti au 16e s. et restauré au 19e s.) est prisé pour son parc de 30 ha dominant la vallée du Doux. Belle piscine. À la table d'hôte, on apprécie les recettes provençales de la maîtresse des lieux.

5 chambres – 180/220 €

route de Vernoux – ☎ 04 75 06 42 11 – www.chateaudurbilhac.fr – Fermé 31 octobre-1er avril

LANARCE

✉ 07660 – Ardèche – Carte régionale n° **2**-A3 – Carte Michelin 331-G5

Le Provence

CUISINE TRADITIONNELLE · FAMILIAL XX À mi-chemin entre Aubenas et Le Puy-en-Velay, faites étape dans ce sympathique restaurant ! On y apprécie une cuisine gourmande et généreuse axée sur les produits du terroir : agneau provenant de l'élevage familial, charcuteries, cèpes, myrtilles, etc. Une bonne adresse.

Menu 22/42 € – Carte 25/39 €

N102 – ☎ 04 66 69 46 06 – www.hotel-le-provence.com – Fermé 12 novembre-14 mars

LANDÉDA

✉ 29870 – Finistère – Carte régionale n° **7**-A1 – Carte Michelin 308-D3

Le Vioben

POISSONS ET FRUITS DE MER · CONVIVIAL X Poissons de la pêche artisanale, homards et autres fruits de mer, et plus généralement cuisine gourmande basée sur les bons produits de la région... Cette adresse a la cote localement, et l'on comprend aisément pourquoi.

Spécialités : Maquereaux marinés, crémeux et pickles de chou-fleur. Cotriade retour de pèche, bisque de crustacés. Petits choux craquelin noisettes, caramel beurre salé.

Menu 23 € (déjeuner), 29/85 € – Carte 33/90 €

30 Ar Palud (port de l'Aber Wrac'h) – ☎ 02 98 04 96 77 – www.vioben.com – Fermé 15-30 janvier

LANDSER – Haut-Rhin (68) ➜ Voir Mulhouse

LANNEPAX

✉ 32190 – Gers – Carte régionale n° **22**-A2 – Carte Michelin 336-D7

La Falène Bleue

CUISINE FRANÇAISE · CONTEMPORAIN XX Ils sont jeunes, mais ont déjà de belles années d'expérience : tels sont Fabien et Hélène, qui ont uni leurs deux prénoms pour créer cette Falène Bleue. Tout ici est simple et délicieux, des assiettes (basées sur des produits de circuits courts exclusivement) au décor, avec ses tableaux et objets chinés.

Menu 17 € (déjeuner), 33/44 €

place de la Mairie – ☎ 05 62 65 76 92 – www.lafalenebleue.fr – Fermé 13-28 janvier, 16-31 mars, lundi, mardi, dimanche soir

LANGEAIS

✉ 37130 – Indre-et-Loire – Carte régionale n° **8**-A2 – Carte Michelin 317-L5

Au Coin des Halles

CUISINE MODERNE • COSY X Dans la rue qui mène au château de Langeais, arrêtez-vous dans cette jolie maison en tuffeau. Le décor est agréable et la cuisine, inventive et boostée par les produits du terroir, fait mouche ! Aux beaux jours, on profite de l'agréable terrasse. Accueil charmant en prime.

Spécialités : Champignon galipette farci, filet de truite et cappuccino de lait fumé. Oie caramélisée aux épices, daïkon, betterave et polenta frite. Poire tapée, biscuit chocolat, vanille et crème de cassis.

Menu 33/68 € - Carte 60/70 €

9 rue Gambetta - ✆ 02 47 96 37 25 - www.aucoindeshalles.com - Fermé 8 janvier-6 février, mercredi, jeudi, dimanche soir

à St-Patrice-Côteaux-sur-Loire 10 km à l'Ouest par route de Bourgueil - Carte régionale n° **8**-A2

Château de Rochecotte

CUISINE MODERNE • ÉLÉGANT XXX Dans cet élégant château du Siècle des lumières, proche des vignobles de Bourgueil, la cuisine se décline dans un esprit gastronomique : langoustines en bouillon de citronnelle et combawa, balottine de volaille à la ventrèche landaise...

Menu 52 € - Carte 55/76 €

43 rue Dorothée-de-Dino - ✆ 02 47 96 16 16 - www.chateau-de-rochecotte.fr - Fermé 6-26 janvier, 17-23 février

Château de Rochecotte

DEMEURE HISTORIQUE • CLASSIQUE Le souvenir de la duchesse de Dino et de Talleyrand plane sur cette élégante demeure aristocratique. De l'enfilade des magnifiques salons, aux chambres intimes et raffinées, en passant par le superbe parc, les plaisirs du 18e s. restent intacts !

37 chambres - 139/316 € - 22 € - 2 suites

43 rue Dorothée-de-Dino - ✆ 02 47 96 16 16 - www.chateau-de-rochecotte.fr - Fermé 6-26 janvier, 17-23 février

Château de Rochecotte - Voir la sélection des restaurants

LANGOËLAN

✉ 56160 - Morbihan - Carte régionale n° **7**-B2 - Carte Michelin 308-L6

L'Atelier Bistrot

CUISINE MODERNE • CONVIVIAL X A 5 mn de Guémené, dans un paisible village breton, cette jolie maison en pierre abrite un charmant bistrot-auberge. Aux commandes, un jeune couple bourlingueur et passionné, de retour au pays. Les spécialités ne trompent pas : ballottin de foie gras à l'andouille de Guémené, salade d'oreilles de cochon et œuf poché, etc. On se régale !

Spécialités : Cuisine du marché.

Menu 13 € (déjeuner) - Carte 32/40 €

24 rue Duchelas - ✆ 02 97 51 37 81 - Fermé lundi, mardi, mercredi

LANGON

✉ 33210 - Gironde - Carte régionale n° **18**-B2 - Carte Michelin 335-J7

Claude Darroze

CUISINE CLASSIQUE • CONTEMPORAIN XXX Cet établissement familial sait perpétuer les traditions : on se délecte d'une cuisine classique, ponctuée de clins d'œil au Sud-Ouest, accompagnée de bons bordeaux (600 appellations). Ce jour-là, ravioles de volaille, mélange de champignons forestiers, consommé de canard à la coriandre ; merlu de la côte basque, légumes primeurs printaniers, jus de volaille, hollandaise légère au safran et soufflé léger au Grand Marnier, sorbet à l'orange sanguine. On apprécie cette carte alléchante dans un cadre moderne, ou sur l'agréable terrasse, protégée par les platanes, à la belle saison. Et pour ceux qui souhaiteraient prolonger le séjour, de bien jolies chambres se tiennent à votre disposition.

Spécialités : Salade de homard aux légumes croquants. Artichaut farci à la barigoule, foie gras poêlé et champignons sauvages. Soufflé léger au Grand Marnier.

Menu 34 € (déjeuner), 58/110 € – Carte 70/125 €

95 Cours du Général Leclerc – ✆ 05 56 63 00 48 – www.darroze.com – Fermé 21-28 décembre, lundi, dimanche soir

L'Atelier Flavien Valère

CUISINE MODERNE • SIMPLE Formé à bonne école dans le Sud-Ouest, le jeune Flavien Valère vient rythmer l'offre gastronomique de Langon. Il connaît ses gammes, aucun doute là-dessus : cuissons impeccables, assaisonnements au point, bons produits locaux travaillés avec soin... On se régale au gré de cette carte où tout est fait maison. Imparable.

Menu 17 € (déjeuner), 32/44 € – Carte 39/46 €

62 cours des Fossés – ✆ 05 56 76 25 66 – www.restaurant-atelierfv.fr – Fermé 28 juin-15 juillet, 20-25 décembre, lundi, mardi soir, dimanche soir

à St-Macaire 2 km au Nord

Abricotier

CUISINE TRADITIONNELLE • FAMILIAL À deux pas de la cité médiévale, cette maison régionale ravit par son atmosphère décontractée, sa terrasse ombragée par des mûriers centenaires pour un repas au calme. Chambres simples mais spacieuses.

Menu 23/37 € – Carte 45/60 €

2 rue François-Bergoeing (D1113) – ✆ 05 56 76 83 63 – www.restaurant-labricotier.com – Fermé 23-31 mars, 29 juin-2 juillet, 31 août-3 septembre, 8 novembre-10 décembre, lundi, mardi

LANGRES

✉ 52200 – Haute-Marne – Carte régionale n° **11**-C3 – Carte Michelin 313-L6

Le Cheval Blanc

CUISINE MODERNE • COSY Inutile de se cabrer : ce restaurant n'a que des bonnes choses à vous offrir ! Le chef réalise une cuisine centrée sur l'essentiel, avec de jolies touches d'inventivité, au fil des menus "côté mer" et "côté terre". Une partition parfaitement au diapason du décor, cosy et actuel.

Menu 23 € (déjeuner), 39/52 € – Carte 45/80 €

4 rue de l'Estres – ✆ 03 25 87 07 00 – www.hotel-langres.com – Fermé 28 octobre-30 novembre, mercredi midi

LANGUIMBERG

✉ 57810 – Moselle – Carte régionale n° **12**-C2 – Carte Michelin 307-M6

Chez Michèle (Bruno Poiré)

CUISINE MODERNE • ÉLÉGANT Ancien café de village, puis auberge familiale (entièrement rénovée)... et enfin table gastronomique reconnue au cœur de la région des étangs de Moselle. Voilà une jolie trajectoire pour ce restaurant dorénavant tenu par Bruno Poiré, le fils de Michèle. S'il a fait ses premières gammes dans le restaurant familial dès l'adolescence, ce chef a beaucoup appris sur la route, et notamment chez Georges Blanc à Vonnas et au Buerehiesel d'Antoine Westermann. Il signe une cuisine d'aujourd'hui généreuse et précise, qui n'hésite pas à lorgner du côté du Sud : on se régale dans un cadre vraiment plaisant, en profitant du service sérieux et attentif.

Spécialités : Langoustines royales crues et cuites, aromates et gelée de crustacés. Ris de veau laqué aux câpres, poireau et polenta. Fraises, crème catalane et sablé breton.

Menu 25 € (déjeuner), 45/110 € – Carte 75/82 €

57 rue Principale – ✆ 03 87 03 92 25 – www.chezmichele.fr – Fermé 2-15 janvier, 1er-10 juillet, 19-29 octobre, mardi, mercredi

LANNION

✉ 22300 – Côtes-d'Armor – Carte régionale n° **7**-B1 – Carte Michelin 309-B2

L'Anthocyane (Marc Briand)

CUISINE MODERNE • TENDANCE XX Chez le chef Marc Briand, c'est l'expérience qui prime. Au cœur de Lannion, il régale ses convives avec une cuisine qui lui ressemble : carrée, précise, sans détours inutiles... mais avec ce qu'il faut de justesse et de finesse. Ici, l'araignée de mer est délicatement travaillée avec crème d'avocat et émulsion d'agrumes ; là le filet de barbue est cuit à la perfection, avec fines asperges blanches croquantes et goûteuses... Imagination, précision technique, respect des saveurs : trois règles d'or pour un repas qui ne laisse pas indifférent.

Spécialités : Araignée de mer, radis noir et émulsion d'agrumes. Pigeon, vanille, condiment pomme verte et gingembre confit. Chocolat guanaja, framboises, sorbet poivron et framboise.

Menu 28 € (déjeuner), 42/75 €

25 avenue Ernest-Renan – ✆ 02 96 38 30 49 – www.lanthocyane.com – Fermé 8-25 mars, 22 juin-1er juillet, 27 septembre-21 octobre, lundi, mardi midi, dimanche soir

Le Brélévenez

CUISINE MODERNE • CONTEMPORAIN X Cette jolie maison en pierre de Brélévenez (un quartier de Lannion) est tenue par le couple Le Marrec. Les affaires marchent fort, et ce n'est pas un hasard : la cuisine, bien pensée et savoureuse, respecte le terroir et les saisons. Enfin, côté décor, on est attablé dans une salle moderne et épurée où l'on se sent bien.

Spécialités : Araignée, fraîcheur concombre et mousse pomme verte. Filet de veau en croûte d'ail des ours, pressé de pommes de terre et légumes nouveaux. Cerises confites, craquant beurre salé, mousse pistache et crème glacée à la fleur de sureau.

Menu 29/49 €

1 rue Stang-Ar-Béo – ✆ 02 56 14 07 91 – www.restaurant-lebrelevenez.fr – Fermé 1er-23 janvier, 19-30 avril, 19 septembre-1er octobre, mardi, mercredi, samedi midi

à La Ville-Blanche 5 km par D786, route de Tréguier – Carte régionale n° **7**-B1

La Ville Blanche (Jean-Yves Jaguin)

CUISINE MODERNE • ÉLÉGANT XXX Cet ancien bar-épicerie, installé sur la route de Lannion, est devenu au fil des décennies une étape gastronomique des Côtes-d'Armor. L'endroit fait régulièrement salle comble, grâce au travail d'un chef d'origine italienne : il valorise habilement les produits de la région, jouant avec des notes fumées, avec une juste dose d'amertume et d'acidité... le tout basé sur les herbes du jardin et les fruits du verger : un vrai régal ! En salle, son épouse assure un service impeccable, avec une équipe bien rodée. Ah, et n'oublions pas l'excellent pain...

Spécialités : Huîtres chaudes, sauce au crémant de Loire et lait ribot. Ris de veau doré au poêlon et oignon de Roscoff. Gavotte bretonne.

Menu 37 € (déjeuner), 52/88 € – Carte 80/100 €

lieu-dit Ville Blanche – ✆ 02 96 37 04 28 – www.la-ville-blanche.com – Fermé 1er-28 janvier, 22 juin-2 juillet, 5-14 octobre, 21-25 décembre, lundi midi, mardi midi, dimanche soir

LANS-EN-VERCORS

✉ 38250 – Isère – Carte régionale n° **2**-C2 – Carte Michelin 333-G7

Le Bois des Mûres

CUISINE TRADITIONNELLE • CONTEMPORAIN X Lovée au cœur de la verdure, cette adresse séduit par le soin apporté aux préparations goûteuses, à l'instar du suprême de poulet jaune fermier, farci aux grenouilles persillées. Agréable terrasse pour l'été et menu déjeuner à prix imbattable !

Spécialités : Croque monsieur aux gambas, coulis de petits pois. Filet de truite à la mousse de Saint-Jacques, lasagnes de légumes. Macaron citron yuzu et fraises, sauce pistache.

Menu 18 € (déjeuner)/32 € - Carte 45/54 €

815 avenue Léopold-Fabre - ✆ 04 76 95 48 99 - Fermé 1er-30 avril, 18 novembre-20 décembre, lundi, mardi, dimanche midi

LANTON

✉ 33138 - Gironde - Carte régionale n° **18**-B2 - Carte Michelin 335-E6

Villa La Tosca Ⓝ

BOUTIQUE HÔTEL · CONTEMPORAIN Considérée comme l'un des plus fins exemples d'architecture arcachonnaise, la Villa La Tosca marie avec brio la villa à l'italienne avec ce style villégiature typique du Sud-Ouest. Les intérieurs sont contemporains, lumineux, décorés d'antiquités d'Asie et d'objets d'art. Un moment de calme et sérénité sur le bassin d'Arcachon, à distance raisonnable des vignobles du Bordelais.

9 chambres - 170/380 €

10 allée du Bassin - ✆ 05 56 60 29 86 - www.villalatosca.com

LAON

✉ 02000 - Aisne - Carte régionale n° **14**-D2 - Carte Michelin 306-D5

Zorn - La Petite Auberge

CUISINE MODERNE · TENDANCE XX Cette belle auberge contemporaine affiche souvent complet : c'est en effet une valeur sûre de la région ! Un succès mérité pour le chef, Willy Marc Zorn, qui fait montre d'une vraie finesse d'exécution en concoctant de belles assiettes de saison, tout en saveurs franches. Excellent rapport qualité-prix.

Spécialités : Épaule d'agneau cuite longuement, pousses d'épinards et boulgour, citron confit. Poulet fermier, jus au romarin, pommes de terre écrasées. Pannacotta verveine et soupe froide de pêche.

Menu 33/59 € - Carte 65/75 €

45 boulevard Pierre-Brossolette - ✆ 03 23 23 02 38 - www.zorn-lapetiteauberge.com - Fermé 16-23 février, 9-23 août, lundi soir, samedi midi, dimanche

à Samoussy 13 km à l'Est par D977

Le Relais Charlemagne

CUISINE CLASSIQUE · AUBERGE XXX Berthe au Grand Pied, mère de Charlemagne, serait née à Samoussy, d'où l'enseigne de cette table classique, cachant un agréable jardin sur l'arrière. Parmi les grandes spécialités de la carte, on compte la salade de homard aux agrumes, le foie gras poêlé en aigre-doux et les ris de veau aux morilles.

Menu 28 € (déjeuner), 35/65 € - Carte 57/69 €

4 route de Laon - ✆ 03 23 22 21 50 - www.lerelaischarlemagne.fr - Fermé 3-31 août, lundi, mercredi soir, dimanche soir

LAPOUTROIE

✉ 68650 - Haut-Rhin - Carte régionale n° **10**-A2 - Carte Michelin 315-H8

Les Alisiers

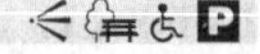

CUISINE MODERNE · COSY XX Dans une salle panoramique au décor épuré, on savoure une cuisine qui valorise les produits locaux et les légumes bio du jardin, avec de beaux mariages d'influences et de saveurs. De quoi vous donner envie de revenir !

Menu 39/68 € - Carte 48/55 €

lieu-dit Faudé - ✆ 03 89 47 52 82 - www.alisiers.com - Fermé 13-28 janvier, 16-25 février, 6-13 juillet, lundi, mardi

LARAGNE-MONTÉGLIN

✉ 05300 – Hautes-Alpes – Carte régionale n° **24**–B2 – Carte Michelin 334-C7

L'Araignée Gourmande

CUISINE TRADITIONNELLE • FAMILIAL XX Installez-vous dans cet intérieur moderne et lumineux pour découvrir le talent de Thierry Chouin : si le chef breton affectionne particulièrement les plats à base de poisson, il ne dédaigne pas l'agneau et la pomme (tous deux de la région), qu'il célèbre dans des assiettes bien tournées. De beaux hommages à la tradition.

Spécialités : Émulsion courgette-menthe et brousse de Laragne. Agneau des Alpes rôti, risotto d'épeautre et jus au thym. Vacherin selon la saison.

Menu 33/44 € – Carte 43/55 €

8 rue de la Paix – ✆ 04 92 65 13 39 – www.laraignee-gourmande.fr – Fermé 17 février-8 mars, 15-30 novembre, mardi soir, mercredi, dimanche soir

LARMOR-PLAGE

✉ 56260 – Morbihan – Carte régionale n° **7**–B2 – Carte Michelin 308-K8

Les Mouettes

CUISINE MODERNE • CONVIVIAL X Depuis la salle à manger et la terrasse, la vue sur l'Atlantique et l'île de Groix est tout simplement imprenable... Dans l'assiette, on trouve de bons produits bien travaillés, et particulièrement des poissons (dorade, saint-pierre, etc.) et des fruits de mer d'une grande fraîcheur. Service efficace et ambiance sympathique.

Menu 30/60 € – Carte 40/80 €

Rue de Rennes (Anse de Kerguélen) – ✆ 02 97 65 50 30 – www.lesmouettes.com

Les Rives du Ter

BUSINESS • CONTEMPORAIN Cet hôtel récent bordant le Ter abrite des chambres spacieuses, au style épuré, avec terrasse ou balcon donnant sur l'étang, bien au calme. Une bonne option pour profiter des jolies plages des environs.

58 chambres – 109/229 € – 15 €

15 boulevard Jean-Monnet – ✆ 02 97 35 33 50 – www.lesrivesduter.com

LAROQUE-DES-ALBÈRES

✉ 66740 – Pyrénées-Orientales – Carte régionale n° **21**–B3 – Carte Michelin 344-I7

Côté Saisons

CUISINE MODERNE • BISTRO X C'est au Ritz, à Paris, que le couple s'est rencontré. Elle était en salle, lui en cuisine, comme aujourd'hui dans leur restaurant. Une bâtisse du 19e s. avec un jardin fleuri et une jolie terrasse pour être toujours... Côté Saisons, à l'instar des recettes, savoureuses et bien ficelées ! De plus, le service est tout sourire.

Spécialités : Tête de veau tiède à la moutarde de Charroux. Cochon confit, miel et gingembre. Inspiration d'un œuf à la neige.

Menu 33/39 €

10 avenue de la Côte-Vermeille – ✆ 04 34 12 36 51 – www.cotesaisons.com – Fermé 4 janvier-3 février, 9-25 novembre, lundi, mardi, mercredi

LARRAU

✉ 64560 – Pyrénées-Atlantiques – Carte régionale n° **18**–B3 – Carte Michelin 342-G6

Etchemaïté

CUISINE TRADITIONNELLE • RUSTIQUE X Dans ces contrées montagneuses aux confins du Pays basque, une maison traditionnelle tout simplement charmante... d'autant qu'on s'y régale : par exemple, foie gras grillé, panais au pain d'épices, ou encore épaule d'agneau confite et piquillos... C'est simple, goûteux et généreux, et la vue sur les Pyrénées est superbe.

Menu 20 € (déjeuner), 26/42 € – Carte 35/48 €

Le Bourg – ✆ 05 59 28 61 45 – www.hotel-etchemaite.fr – Fermé 5 janvier-15 février, lundi, dimanche soir

LASCABANES

✉ 46800 - Lot - Carte régionale n° **22**-B1 - Carte Michelin 337-D5

Le Domaine de Saint-Géry

CUISINE TRADITIONNELLE • ROMANTIQUE XX Autoproclamé "cuisinier-paysan", Patrick Duler ne plaisante pas avec l'origine de ses produits : une grande partie de ce qui est dans l'assiette – jambon de porc noir, truffe, foie gras – vient directement de ses propres champs ! Ses préparations, simples et soignées, révèlent l'âme d'un chef véritablement passionné.

Menu 53/217 €

Le Domaine de Saint-Géry – ✆ 05 65 31 82 51 – www.saint-gery.com – Fermé 1er-31 mars, 1er novembre-29 décembre, lundi midi, mardi midi, mercredi midi, jeudi midi, vendredi midi, samedi midi, dimanche midi

LASTOURS

✉ 11600 - Aude - Carte régionale n° **21**-B2 - Carte Michelin 344-F3

Le Puits du Trésor (Jean-Marc Boyer)

CUISINE MODERNE • COSY XX Jean-Marc Boyer est un véritable artisan, et sa passion ne fait aucun doute : lors de balades en solitaire dans les collines environnantes, il déniche l'inspiration pour sa cuisine. Herbes aromatiques, asperges sauvages ou ail des ours viennent ainsi agrémenter des plats colorés, de facture assez simple, aux saveurs nettes et bien maîtrisées. À titre d'exemple : merlu à la truffe d'Alba, ou encore agneau, cèpes et fine raviole d'échalotes fondues... Le tout est proposé dans un menu unique où l'on va de surprise en surprise. Petite note à l'attention des mangeurs pressés : le repas peut s'étirer en longueur, armez-vous de patience !

Spécialités : Cuisine du marché.

Menu 47/93 €

21 route des Quatre-Châteaux – ✆ 04 68 77 50 24 – www.lepuitsdutresor.com – Fermé 16 février-10 mars, 21 octobre-6 novembre, lundi, mardi, dimanche soir

LATILLÉ

✉ 86190 - Vienne - Carte régionale n° **20**-C1 - Carte Michelin 322-G5

La Gentilhommière

DEMEURE HISTORIQUE • ROMANTIQUE Elle porte bien son nom, cette Gentilhommière de 1785 aux superbes atours : tentures, boiseries, mobilier et objets anciens parent des chambres Art déco, Empire ou encore Directoire... Un véritable répertoire de styles, d'un grand raffinement ! Quant au parc, il dégage une douce quiétude...

4 chambres – 110/120 €

1 place Robert Gerbier – ✆ 607031959 – www.gentilhommiere.fr – Fermé 24 décembre-6 janvier

LATTES - Hérault (34) → Voir Montpellier

LAUBACH

✉ 67580 - Bas-Rhin - Carte régionale n° **10**-B1 - Carte Michelin 315-K3

La Merise (Cédric Deckert)

CUISINE MODERNE • ÉLÉGANT XXX Au nord d'Haguenau, cette maison alsacienne, étonnante construction neuve réalisée à partir de matériaux anciens, épouse à merveille son cadre champêtre avec vue sur la campagne, entre collines et vergers. En cuisine, le chef Cédric Deckert, ancien second de Jean-Georges Klein ; en salle Christelle, sa femme, issue de la même grande "famille" gastronomique. Il concocte des recettes d'un beau classicisme, jamais ennuyeuses, avec des produits choisis avec soin. Il rend également hommage à son ancien patron avec un cappuccino pomme de terre et truffe, identique à la recette que l'on trouve à la Villa Lalique. En salle, une brigade féminine joue un ballet très professionnel, et prodigue de judicieux conseils sur le vin.

Spécialités : Aile de raie bretonne au wasabi et au gingembre confit, beurre mousseux. Carré de porcelet au foin. Salpicon de fruits exotiques, sorbet passion-goyave, infusion aux parfums d'herbes et d'épices.

Menu 48/100 € – Carte 60/100 €

7 rue d'Eschbach – ✆ 03 88 90 02 61 – www.lamerise.alsace – Fermé 17 février-4 mars, 27 juillet-19 août, lundi soir, mardi, mercredi

LAURIS

✉ 84360 – Vaucluse – Carte régionale n° **25**–E1 – Carte Michelin 332-E11

✿ Le Champ des Lunes

CUISINE MODERNE • DESIGN XX Cette belle bastide aixoise du 18e s. déborde de charme, offrant parc aux essences centenaires, spa, vignoble, potager mené en permaculture et même un espace d'exposition d'art contemporain installé dans d'anciennes caves de vinification – les propriétaires sont galeristes ! Et si le lieu vaut le coup d'œil, la cuisine mérite aussi bien des éloges : résolument moderne, elle magnifie des produits de belle qualité, et constitue un véritable hommage aux richesses du Luberon. Marché oblige, la carte évolue toutes les semaines ; les belles saveurs, elles, sont toujours au rendez-vous.

Spécialités : Cuisine du marché.

Menu 58 € (déjeuner), 88/198 € – Carte 78/98 €

Hôtel Domaine de Fontenille, route de Roquefraîche – ✆ 04 13 98 00 00 – www.domainedefontenille.com – Fermé 6 janvier-13 février, 4 novembre-3 décembre, lundi, mardi, dimanche soir

La Cuisine d'Amélie

CUISINE MODERNE • BISTRO X Sur les terrasses sud de la bastide, ce bistrot décline une carte de petites bouchées à partager, intitulées des "touches de goûts", salées ou sucrées, réalisées autour de produits de la région : c'est original et bien exécuté.

Spécialités : Salade de figue, radicchio, basilic, chèvre, fraise, vinaigrette à la mélasse de grenade. Bœuf montbéliard mariné, pesto menthe, anchoïade. Île flottante à la praline rose et fleur d'oranger.

Carte 30/60 €

Hôtel Domaine de Fontenille, Route de Roquefraiche – ✆ 04 13 98 00 00 – www.domainedefontenille.com – Fermé 6 janvier-15 février, mercredi, jeudi

Domaine de Fontenille

LUXE • ÉLÉGANT Sur le versant sud du Luberon, dominant la plaine de la Durance, cette belle bastide provençale a su conserver son charme d'antan ! L'art contemporain est ici partout ; les chambres lumineuses marient parfaitement couleurs régionales et modernité. Et pendant ce temps, tout autour, les platanes centenaires montent la garde...

16 chambres – 185/540 € – 23 € – 3 suites Tablet. PLUS

route de Roquefraiche – ✆ 04 13 98 00 00 – www.domainedefontenille.com – Fermé 6 janvier-13 février

✿ **Le Champ des Lunes** • **La Cuisine d'Amélie** – Voir la sélection des restaurants

LAVAL

✉ 53000 – Mayenne – Carte régionale n° **23**–C1 – Carte Michelin 310-E6

Bistro de Paris

CUISINE MODERNE • BISTRO XXX On s'attend presque à voir Émile Gallé entrer dans cette élégante salle Art nouveau ! Au cœur du quartier historique de Laval, ce bistrot chic propose des plats dans l'air du temps, au rythme des saisons. Les incontournables : tête et foie de veau ravigote, boudin blanc aux escargots et soufflé au Grand Marnier.

Menu 18 € (déjeuner), 28/53 € – Carte 53/53 €

67 rue du Val-de-Mayenne – ✆ 02 43 56 98 29 – www.lebistro-de-paris.com – Fermé 1er-6 janvier, 26 juillet-19 août, lundi, samedi midi, dimanche soir

L'Antiquaire

CUISINE MODERNE • AUBERGE XX Amis chineurs, ici, vous ne trouverez ni livres anciens, ni toiles du 19e s., ni objets des années 1930... mais vous n'y perdrez pas au change ! Cet Antiquaire-là est tout à fait plaisant et accueillant, et dans l'assiette, on apprécie une cuisine généreuse et teintée de créativité.

Menu 20 € (déjeuner), 31/55 € - Carte 38/54 €

64 rue de Vaufleury - ✆ 02 43 53 66 76 - www.restaurant-lantiquaire.fr - Fermé 13-27 avril, 6-27 juillet, lundi, samedi midi, dimanche soir

LAVALETTE

✉ 31590 - Haute-Garonne - Carte régionale n° **22**-C2 - Carte Michelin 343-H3

Auberge de la Forge

CUISINE MODERNE • COSY X Nichée dans un petit village de la région toulousaine, cette Auberge est le repaire d'un jeune chef talentueux... et bien occupé : il partage son temps entre les fourneaux et la salle ! Ses recettes regorgent de belles saveurs, de notes épicées, et s'appuient sur des produits de première fraîcheur.

Menu 21 € (déjeuner), 37/47 €

8 rue Jean-Parisot (face à l'église) - ✆ 05 61 84 76 00 - Fermé 15 août-1er septembre, lundi, mardi, dimanche soir

LE LAVANCHER - Haute-Savoie (74) ➜ Voir Chamonix

LE LAVANDOU

✉ 83980 - Var - Carte régionale n° **24**-C3 - Carte Michelin 340-N7

L'Arbre au Soleil (N) (Yorann Vandriessche)

CUISINE MODERNE • CONTEMPORAIN XX Un produit, un homme, un goût : telle est la devise du chef Yorann Vandriescche ! On l'a connu au carrefour de l'Arbre, devant les pavés de Paris-Roubaix, où il connut le succès pendant cinq ans ; le voici désormais installé au soleil, face aux bateaux de plaisance du port du Lavandou... Il a traversé la France sans rien perdre de son aptitude à régaler : il met en valeur des produits de belle qualité, il y a du peps et du goût dans l'assiette, dans une veine méridionale... mais pas que : il n'hésite pas, par exemple, à servir un délicieux welsch en hommage à ses origines nordistes. Allez-y les yeux fermés.

Spécialités : Tourteau, mayonnaise aux herbes fraîches et œuf brouillé. Homard cuit au beurre, jus de crustacés. Millefeuille croustillant, crème à la vanille de Tahiti.

Menu 33 € (déjeuner), 49/69 € - Carte 44/58 €

Nouveau Port - ✆ 04 94 24 06 04 - www.larbreausoleil.com - Fermé 15 février-2 mars, 19-27 avril, 25 octobre-2 novembre, 20-28 décembre, lundi, dimanche

Le Relais du Vieux Sauvaire

CUISINE MODERNE • CONVIVIAL X Au bout d'une route sinueuse, sur les collines au-dessus du Lavandou, au milieu des pins et de la garrigue : ce lieu exceptionnel se mérite ! La Provence est là dans toute sa splendeur, et tout particulièrement dans ce potager fertile où le chef pioche de quoi composer des assiettes goûteuses et généreuses, qui se recomposent au gré des saisons.

Menu 52 € - Carte 55/69 €

route des Crêtes - ✆ 04 94 22 02 32 - www.relaisduvieuxsauvaire.com - Fermé 30 septembre-18 avril, lundi, dimanche soir

Planches & Gamelles

CUISINE MODERNE • BISTRO X La carte indique "bouchon provençal, guinguette et vinothèque" : voilà qui annonce la couleur ! Cette sympathique maison, installée face au port de plaisance, propose une chouette cuisine du pays, simple et fraîche, accompagnée d'un bon choix de vins locaux. Bon rapport qualité-prix.

Menu 29/69 € - Carte 42/75 €

46 Quai Baptistin Pins - ✆ 09 86 28 65 28 - www.planchesetgamelles.fr - Fermé 13-26 janvier, 12-26 novembre, mercredi soir, jeudi, dimanche soir

à Aiguebelle 4, 5 km par rte de St - Tropez

L'Empreinte by Fabricio

CUISINE MODERNE · ÉLÉGANT XXX Le chef d'origine brésilienne qui avait régalé huit années durant ses clients au Sanglier Paresseux dans l'arrière pays se lance dans une nouvelle aventure culinaire, avec une cuisine française (agrémentée de quelques touches sud-américaines), servie dans un écrin contemporain lumineux.

Menu 35 € (déjeuner), 49/75 €

Avenue des Trois Dauphins – ☎ 04 94 05 76 98 – www.empreinte-restaurant.com – Fermé 2 janvier-7 février, lundi midi, mardi, mercredi midi

à St-Clair 2 km par rte de St - Tropez

Les Tamaris - Chez Raymond

POISSONS ET FRUITS DE MER · RUSTIQUE X Beignets de courgette, seiche de Méditerranée... et surtout la fameuse bouillabaisse cuite au feu de bois, une rareté : sous la houlette de Raymond, son truculent patron, cette véritable institution locale met à l'honneur les poissons de la pêche du jour. Et l'on ne résiste pas à la terrasse face à la mer...

Carte 40/90 €

Boulevard de la Baleine – ☎ 04 94 71 07 22 – Fermé 4 novembre-14 mars, mardi

LAVAUDIEU

✉ 43100 – Haute-Loire – Carte régionale n° **1**-C3 – Carte Michelin 331-C2

Court La Vigne

CUISINE TRADITIONNELLE · RUSTIQUE X Cherchez le cloître médiéval, cette charmante bergerie du 15e s. est juste à deux pas. Tout y est plaisant, le bar, la cheminée, la cour... Des vins bio locaux accompagnent une cuisine du terroir tout en simplicité.

Menu 29 €

Court La Vigne – ☎ 04 71 76 45 79 – Fermé 15 décembre-15 mars, mardi, mercredi

LES LAVAULTS – Yonne (89) ➜ Voir Quarré-les-Tombes

LAVAUR

✉ 81500 – Tarn – Carte régionale n° **22**-C2 – Carte Michelin 338-C8

L'Œuf de coq (N)

CUISINE MODERNE · BISTRO X Ancien étudiant des beaux-arts, le chef Mathieu Lacaze soigne la présentation de ses assiettes. Sa sensibilité artistique s'exprime au travers d'une cuisine du marché résolument moderne et attentive aux saisons. On en profite dans un cadre contemporain avec murs en pierres et tuiles apparentes, ou, aux beaux jours, sur la petite terrasse patio. Très belle sélection de vins.

Menu 20 € (déjeuner), 38/70 €

1 place Pasteur – ☎ 05 63 34 66 58 – www.loeufdecoq.com – Fermé 8-21 avril, 19 août-1er septembre, 23 décembre-5 janvier, lundi, mardi, dimanche soir

à Ambres 3 km au Nord par D87 – Carte régionale n° **22**-C2

Chez John

CUISINE MODERNE · CONTEMPORAIN X Un chef anglais réinterprétant avec brio le terroir local ? Bienvenue Chez John. On s'installe dans une salle à la décoration moderne et épurée pour se délecter d'une cuisine attentive aux saisons et aux détails. Son rapport qualité/prix assez imbattable attire une clientèle d'habitués. Chez John, ou l'anti-Brexit.

Spécialités : Foie gras, rhubarbe et framboises. Filet de bœuf, cromesquis de foie gras. Nectarine fumée à la lavande, chocolat blanc et crème glacée au miel.

Menu 18 € (déjeuner), 32/70 € – Carte 45/55 €

465 route de Gaillac – ☎ 05 63 57 64 85 – Fermé 2-13 janvier, 2-16 septembre, lundi, samedi midi, dimanche soir

LAVELANET

✉ 09300 - Ariège - Carte régionale n° **22**-C3 - Carte Michelin 343-J7

à Nalzen 6 km à l'Ouest par D117

Les Sapins

CUISINE TRADITIONNELLE • RUSTIQUE X Au bord d'une forêt de sapins, cette maison familiale aux airs de chalet abrite un restaurant chaleureux, décoré dans des tons gris et rouge. La cheffe célèbre la tradition et séduit avec des assiettes copieuses et généreuses : gravlax de truite bio en salade, tripes de veau façon grand-mère, paris-brest... Miam !

Menu 17 € (déjeuner), 26/54 € - Carte 48/60 €

Conte - ✆ 05 61 03 03 85 - www.restaurant-lessapins.com - Fermé lundi, mardi, dimanche soir

LAVERUNE - Hérault (34) ➜ Voir Montpellier

LAYE - Hautes-Alpes (05) ➜ Voir Col Bayard

LECCI - Corse-du-Sud (2A) ➜ Voir Porto-Vecchio (Corse)

LECTOURE

✉ 32700 - Gers - Carte régionale n° **22**-B2 - Carte Michelin 336-F6

L'Auberge des Bouviers 

CUISINE TRADITIONNELLE • RUSTIQUE X Au cœur de cette localité gersoise, l'établissement préserve si bien l'esprit "auberge" qu'il faudrait en classer la recette : des murs chaleureux (poutres et pierres), un accueil convivial, et surtout une cuisine généreuse et savoureuse, concoctée par un chef très engagé ! L'avenir appartient encore aux auberges de France...

Spécialités : La meurette gasconne. Hambourg gers. Omelette gasconne.

Menu 21 € (déjeuner)/33 € - Carte 44/75 €

8 rue Montebello - ✆ 05 62 68 95 13 - aubergedesbouviers.eatbu.com - Fermé 14-29 janvier, 29 juin-10 juillet, 1er-7 septembre, lundi, dimanche soir

Hôtel Particulier Guilhon 

GRAND LUXE • CONTEMPORAIN Ouverte en 2016 suite à de grands travaux de rénovation, cette maison d'hôtes se révèle un séjour de choix ! On y accueille dans des chambres grand luxe et tout confort, avec en prime une piscine et un espace bien-être.

5 chambres - 160/280 €

95 rue Nationale - ✆ 06 27 17 81 65 - www.hotel-particulier-guilhon.com - Fermé 13 janvier-10 février

LEMBACH

✉ 67510 - Bas-Rhin - Carte régionale n° **10**-B1 - Carte Michelin 315-K2

Auberge du Cheval Blanc (Pascal Bastian)

CUISINE CRÉATIVE • ÉLÉGANT XXXX Sa mère était couturière, son père quincaillier : aucun restaurateur à l'horizon. Et voilà pourtant le tout jeune Pascal Bastian devenu commis à l'Auberge du Cheval Blanc, du chef Fernand Mischler. Puis, passage obligé par des tables prestigieuses (dont les Crayères, à Reims, avec Gérard Boyer), avant un retour au Cheval Blanc. Aujourd'hui, c'est le couple, Carole et Pascal, qui veille à l'avenir de ce noble relais de poste (18e s.), alliance du charme alsacien et du raffinement contemporain. Les tables sont espacées pour garantir l'intimité des conversations... et de l'expérience gastronomique. On se régale d'un épais dos de sandre rôti, de belle fraîcheur, accompagné de pointes d'anguille fumée et de têtes d'asperges vertes croquantes... Et pour les amoureux de la région, sachez que des chambres vous attendent.

Spécialités : Langoustines rôties aux senteurs de raifort, betterave et salade de jeune pousse au vinaigre de framboise. Poitrine de pigeon rôti sur coffre, gâteau de griottes, olive noire et crémeux de céleri. Paris-lembach, chou croustillant, crème pralinée, noisettes caramélisées et glace noisette.

Menu 78/135 € - Carte 105/135 €

4 rue de Wissembourg - ✆ 03 88 94 41 86 - www.au-cheval-blanc.fr - Fermé 6-14 janvier, 24 février-12 mars, 29 juin-14 juillet, 2-5 novembre, lundi, mardi, vendredi midi

Auberge du Cheval Blanc

AUBERGE · PERSONNALISÉ De nouvelles chambres spacieuses et contemporaines, un salon cossu et confortable, un beau spa avec sa piscine couverte et son sauna : on se sent toujours aussi bien dans cette auberge alsacienne - un ancien relais de poste du 18e s. - située au cœur du village.

21 chambres - 240/300 € - 18 €

4 rue de Wissembourg - ✆ 03 88 94 41 86 - www.au-cheval-blanc.fr - Fermé 6-14 janvier, 24 février-12 mars, 29 juin-14 juillet, 2-5 novembre

Auberge du Cheval Blanc - Voir la sélection des restaurants

LEMPDES - Puy-de-Dôme (63) → Voir Clermont-Ferrand

LENCLOÎTRE

✉ 86140 - Vienne - Carte régionale n° **20**-C1 - Carte Michelin 322-H4

à Savigny-sous-Faye 10 km au Nord par D757, D14 et D72

Le Savignois

CUISINE MODERNE · SIMPLE Cette auberge propose une cuisine de saison fraîche et goûteuse, dans laquelle se lisent certaines influences méridionales. En salle, le service est souriant et attentionné. Une adresse sympathique.

Menu 19 € (déjeuner), 34/38 € - Carte 45/55 €

2 rue du Lavoir - ✆ 09 82 57 71 84 - Fermé 24 février-12 mars, 22 août-3 septembre, 21 octobre-5 novembre, lundi, mardi, mercredi

LENS

✉ 62300 - Pas-de-Calais - Carte régionale n° **13**-B2 - Carte Michelin 301-J5

L'Atelier de Marc Meurin

CUISINE MODERNE · TENDANCE Étonnant, le bâtiment dessine un cercle tout en verre : son architecture se marie parfaitement au Louvre-Lens voisin ! Loin d'être un simple restaurant de musée, cet Atelier confié aux bons soins de Marc Meurin, fameux chef étoilé de Busnes, met à l'honneur les produits de la région. Tout indiqué en cas de visite...

Menu 33/40 € - Carte 42/58 €

97 rue Paul-Bert (au Louvre-Lens) - ✆ 03 21 18 24 90 - www.atelierdemarcmeurin.fr - Fermé mardi, dimanche soir

LENT

✉ 01240 - Ain - Carte régionale n° **2**-B1 - Carte Michelin 328-E4

Auberge Lentaise

CUISINE MODERNE · AUBERGE Au centre du village, où trône une petite tour de l'horloge, cette ancienne maison de cocher reconvertie en auberge est sans conteste la bonne adresse du coin : le jeune couple qui dirige (seul) l'endroit propose une cuisine de qualité, au goût du jour, préparée avec des produits frais et locaux, et servis à l'intérieur ou en terrasse. Menus plus ambitieux le soir.

Spécialités : Salade de cresson, oignon de Roscoff, balsamique et comté. Lieu jaune, légumes en chermoula. Cheesecake bressan à la rhubarbe.

Menu 28 € (déjeuner), 34/74 €

Grande-Rue - ✆ 04 74 21 55 05 - www.auberge-lentaise.fr - Fermé 1er-9 janvier, lundi, mardi, dimanche soir

LESCAR - Pyrénées-Atlantiques (64) → Voir Pau

LEUCATE

✉ 11370 - Aude - Carte régionale n° **21**-B3 - Carte Michelin 344-J5

Le Grand Cap (Erwan Houssin)

CUISINE MODERNE • DESIGN XX Erwan Houssin et Pamela, son épouse pâtissière, ont décidé de jeter l'ancre sur le plateau de Leucate. Comme on les comprend : la vue embrasse l'ensemble du littoral de Sète jusqu'au massif des Albères. Devant eux, la mer et ses richesses, derrière eux, la garrigue avec ses herbes, ses vignes et ses oliviers. Breton d'origine mais élevé dans les montagnes de l'Hérault, Erwan Houssin navigue entre viande et poisson, entre Atlantique et Méditerranée. Le bœuf de l'Aubrac surfe sur les anchois catalans et les lentilles de Corbières. Le homard bleu breton vogue avec le lard de Bigorre. La langoustine du Guilvinec voyage avec du caviar des Pyrénées. Il récolte lui-même sur la falaise le fenouil, le thym, le romarin et la sarriette sauvage dont il tire de remarquables infusions, jus et sauces... Embarquement immédiat.

Spécialités : Oursin de Galice aux couteaux de Méditerranée, chou-fleur, cédrat et marinière en fine gelée. Loup de ligne, huître de Leucate au beurre d'algues, textures d'artichaut et émulsion iodée. Abricot du Roussillon en calisson aux amandes de Leucate et crème glacée au miel de nos garrigues.

Menu 39 € (déjeuner), 55/90 € - Carte 80/124 €

Chemin du Phare - ✆ 04 68 48 13 73 - www.restaurant-grand-cap.fr - Fermé 7-31 janvier, 10-28 novembre, mardi, mercredi, dimanche soir

19-21

BOUTIQUE HÔTEL • TENDANCE Depuis la rue, rien ne distingue cette ancienne maison vigneronne devenue hôtel... et pour cause, tout se joue à l'intérieur, avec un décor qui mêle l'ancien (meubles chinés, vieux carrelage, table en bois brut) et le moderne (luminaires design, vitrail signé). Les chambres sont charmantes, certaines avec terrasse ou loggia.

20 chambres - 135/310 € - 19 €

19 avenue Francis-Vals - ✆ 04 68 27 68 44 - www.hotel19-21.com - Fermé 12 novembre-2 avril

LEUGNY

✉ 89130 - Yonne - Carte régionale n° **5**-B1 - Carte Michelin 319-D5

La Borde

HISTORIQUE • PERSONNALISÉ La grille en fer forgé ouvre sur un domaine enchanteur, où tout est remarquable : le confort et le raffinement de la bâtisse historique (14e-16e s.), le charme de l'orangerie aménagée en jardin d'hiver, la merveille du parc avec son potager et son arboretum, la quiétude de l'espace bien-être... Un lieu d'exception.

6 chambres - 325/700 €

La Borde - ✆ 03 86 47 69 01 - www.lbmh.fr - Fermé 24 janvier-9 février, 5-15 septembre, 18 décembre-3 janvier

LEUTENHEIM

✉ 67480 - Bas-Rhin - Carte régionale n° **10**-B1 - Carte Michelin 315-M3

Auberge Au Vieux Couvent

CUISINE TRADITIONNELLE • AUBERGE X Au fin fond de la forêt, une maison à colombages (fin du 17e s.) simple et rustique... Le chef, Damien Hirschel, y relève le pari d'une cuisine traditionnelle pleine d'à-propos, dans laquelle les spécialités régionales et les produits du potager sont mis à l'honneur. On fait volontiers halte dans cette auberge !

Menu 34/50 €

7 rue du vieux moulin, Lieu dit Koenigsbruck - ✆ 03 88 86 39 86 - www.auberge-au-vieux-couvent.fr - Fermé 25-31 août, 26 décembre-3 janvier, lundi, mardi, mercredi soir, jeudi soir, dimanche soir

LEVALLOIS-PERRET - Hauts-de-Seine (92) ➜ Voir Autour de Paris

LEVERNOIS - Côte-d'Or (21) ➜ Voir Beaune

LEVIE - Corse-du-Sud (2A) ➜ Voir Corse

LEZOUX

✉ 63190 - Puy-de-Dôme - Carte régionale n° **1**-C2 - Carte Michelin 326-H8

Chante Bise

CUISINE TRADITIONNELLE • RUSTIQUE X "La cigale, ayant chanté tout l'été, se trouva fort dépourvue quand la bise fut venue... " Contrairement à la fable de La Fontaine, ici, point de pénurie ! Toute l'année, les gourmands apprécient une agréable cuisine traditionnelle. Accueil chaleureux et menu déjeuner au tarif imbattable.

Menu 13 € (déjeuner), 24/33 € - Carte 30/42 €

lieu-dit Courcourt - ✆ 04 73 62 91 41 - www.restaurant-chantebise63.com - Fermé 18 février-5 mars, 18 août-5 septembre, lundi, mardi, dimanche soir

à Bort-l'Étang 8 km au Sud - Est par D223 et D309 - Carte régionale n° **1**-C2

Château de Codignat

CUISINE MODERNE • ROMANTIQUE XXX Installez-vous dans ce décor élégant, rehaussé d'une pointe de faste qui rappelle l'atmosphère des buffets châtelains d'antan, pour goûter une cuisine inspirée par le marché et les saisons.

Menu 57/120 € - Carte 90/120 €

✆ 04 73 68 43 03 - www.codignat.com - Fermé 1er novembre-1er avril

Château de Codignat

DEMEURE HISTORIQUE • ROMANTIQUE Les chambres évoquent Barbe-Bleue, Louis XI, Jacques Cœur, etc. Dans toutes, on a l'impression d'être plongé au cœur d'un conte médiéval. Imprimés soyeux, balustres dorées, dais sculptés : ce château du 15e s. n'a rien d'un ogre, mais d'une fée !

14 chambres - 160/600 € - 25 € - 4 suites

Château de Codignat - ✆ 04 73 68 43 03 - www.codignat.com - Fermé 1er novembre-1er avril

Château de Codignat - Voir la sélection des restaurants

LIÈPVRE

✉ 68660 - Haut-Rhin - Carte régionale n° **10**-C1 - Carte Michelin 315-H7

à La Vancelle (Bas - Rhin) 2, 5 km au Nord - Est par D167 - Carte régionale n° **10**-C1

Auberge Frankenbourg (Sébastien Buecher)

CUISINE MODERNE • AUBERGE XX Dans ce petit village perché sur les contreforts des Vosges, cet hôtel-restaurant retient les voyageurs depuis le début du siècle dernier. Les frères Buecher, qui ont repris les rênes de cette maison familiale des mains de leurs parents, y officient avec un allant réjouissant. La cuisine de produits goûteuse et élégante de l'aîné, Sébastien, parvient à exprimer le terroir régional, tout en dépassant la tradition : citons par exemple ce foie de canard rôti, sucre de sarrasin, duxelles et dattes au citron et abricot. En salle, le cadet, Guillaume, mène le jeu dans un décor mêlant boiseries et esprit zen. Quelques chambres pour prolonger l'étape.

Spécialités : Œuf en cuisson douce, truffe, blettes au miel de truffe, artichaut et émulsion de volaille. Pigeon d'Alsace. Gâteau de sorbet au citron et meringue croustillante.

Menu 41/94 € - Carte 70/90 €

13 rue du Général-de-Gaulle - ✆ 03 88 57 93 90 - www.frankenbourg.com - Fermé 13 février-6 mars, 1er-16 juillet, 8-13 novembre, mercredi, jeudi

LIESSIES

✉ 59740 – Nord – Carte régionale n° **13**–D3 – Carte Michelin 302-M7

Le Carillon

CUISINE TRADITIONNELLE • RUSTIQUE XX Une terrasse avec tilleuls, des poutres apparentes, une cave à vins pour emporter un peu de l'endroit avec soi : cette maison a des atouts à faire valoir ! On y propose une bonne cuisine traditionnelle et régionale. Visez un peu ce millefeuille de maroilles au beurre de fines herbes, spécialité de la maison depuis 32 ans...

Spécialités : Millefeuille de maroilles au beurre de fines herbes. Suprême de volaille de Licques farci au beurre de citron et romarin. Nougat glacé, coulis de fruits rouges.

Menu 34/49 € – Carte 47/60 €

1 rue Roger-Salengro (face à l'église) – ✆ 03 27 61 80 21 – www.le-carillon.com – Fermé 8-29 avril, 19-26 août, 18 novembre-2 décembre, mardi, mercredi et le soir sauf vendredi et samedi

LIFFRE

✉ 35340 – Ille-et-Vilaine – Carte régionale n° **7**–D2 – Carte Michelin 309-M5

L'Escu de Runfao

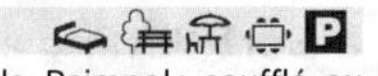

CUISINE MODERNE • ÉLÉGANT XXX Turbot aux cocos de Paimpol ; soufflé au Grand Marnier... On vient ici pour déguster une bonne cuisine de saison, ponctuée de touches créatives et fondée sur des produits de qualité. Belle salle à manger moderne, tournée vers la terrasse et le parc.

Menu 28 € (déjeuner), 36/64 € – Carte 65/84 €

Hôtel La Reposée, La Quinte – ✆ 02 99 68 31 51 – www.hotel-la-reposee.com – Fermé 3-21 août, 28 décembre-4 janvier, samedi midi, dimanche soir

GiorgioMagini/iStock

LILLE

✉ 59000 - Nord - Carte régionale n° **13**-C2 - Carte Michelin 302-G4

On aime...

Qu'il s'agisse du patrimoine ou de l'offre artistique et gastronomique, Lille n'a rien à envier aux grandes villes européennes. Tous les ingrédients sont réunis pour faire de la capitale des Flandres une destination incontournable. Cafés, boutiques et restaurants vous tendent les bras. Le sens de la fête et l'hospitalité des Lillois ne sont plus à prouver. Le terroir, les produits et la cuisine du Nord sont d'une grande diversité, trop méconnue. Préparations légumières à base de chou rouge, d'endive (le fameux chicon) ou de pomme de terre ; fromages puissants comme le maroilles ou la boulette d'Avesnes ; plats typiques comme la carbonade (un ragoût de bœuf à la bière) ou le potjevleesch, déclinaison infinie du hareng sur tous les modes. Enfin, il y a les bières qu'on ira choisir parmi les quelques 300 proposées par À les choppes, une institution du quartier de Wazemmes.

Jacques Palut/Fotolia.com

Restaurants

✿ La Table

CUISINE MODERNE • DESIGN XXX Au cœur du vieux Lille, cette demeure particulière du 18e s. abrite le talent d'un jeune chef, Thibaut Gamba. De ses Vosges natales à Paris, en passant par New-York et la Norvège, on peut dire qu'il a roulé sa bosse... Montaigne a raison : les voyages forment la jeunesse ! Thibaut Gamba marie les traditions avec une dextérité surprenante, et un talent particulier pour travailler le poisson : dorade, rouget barbet, seiche... Il n'hésite pas à surprendre, comme avec ce mariage décalé de l'encornet et d'une garniture de melon et de concombre marinés, une réussite. Et que dire de ce cabillaud sauvage rôti au beurre demi-sel, nageant sur son lit de jeunes carottes croquantes, de figues et de tomates rôties, sur une sauce épicée : une explosion de saveurs.

Spécialités : Cuisine du marché.

Menu 49 € (déjeuner), 79/99 €

Plan 2 C2-k – *Clarance, 32 rue de la Barre – ✆ 03 59 36 35 59 – www.clarancehotel.com – Fermé 9-31 août, lundi, samedi midi, dimanche soir*

✿ Rozó (Camille Pailleau et Diego Delbecq)

CUISINE MODERNE • DESIGN XX Dans le vieux Lille, une belle maison – immenses miroirs de part et d'autre de la salle, murs blancs, fauteuils de style 1950... et de belles personnes. Le duo Diego et Camille, c'est l'enthousiasme et la persévérance, le talent et l'humilité. Forts d'un parcours scintillant (Meurice et Plaza Athénée, entre autres), ils se partagent les tâches : à lui le salé, à elle les desserts. Ils régalent avec des plats "toniques et gourmands", selon les propres termes du chef, où l'on peut déjà distinguer une poignée d'incontournables : champignons cuits, crus, en pickles et cresson acidulé ; agneau et coquillages, pommes de terre iodées ; vacherin aux fruits de saison... C'est rudement bien mitonné, d'une fraîcheur à tout casser, en parfaite cohérence avec l'atmosphère des lieux : pour le dire plus vite, on se sent bien et on se régale. Pour les petits budgets, tentez le menu déjeuner, renouvelé toutes les semaines.

Spécialités : Champignons cuits et crus, pickles et cresson acidulé. Canette de la Dombes, croque des abats et des cuisses, salade tiède de radis et de navets. Miel de bruyère, granola et glace au pollen.

Menu 29 € (déjeuner)/68 € – Carte 57/68 €

Plan 3 E1-c – *79 rue de la Monnaie – ✆ 09 83 46 55 00 – www.restaurant-rozo.fr – Fermé 26 juillet-21 août, lundi, dimanche*

Gabbro

CUISINE TRADITIONNELLE • BISTRO X Une petite salle conviviale, un accueil chaleureux, une envie manifeste de partager... mais surtout, une cuisine fidèle au marché, goûteuse et gourmande, avec une spécialité : la terrine de foie selon la recette du grand-père du chef. Voici les ingrédients du succès de ce Gabbro lillois, qui n'en finit pas de faire parler de lui.

Spécialités : Merlan frit, tartare de courgette et chou-rave, salicornes. Tête de veau grillée, sauce gribiche, légumes au bouillon. Tarte aux figues, cassis, bonbon violette.

Menu 30/42 €

Plan 3 E1-e – *55 Rue Saint-André – ✆ 03 20 39 05 51 – Fermé 15 février-1er mars, 8-23 août, 19 décembre-3 janvier, lundi soir, samedi, dimanche*

SOlange

CUISINE MODERNE • BISTRO X Du caractère ! La jeune chef qui dresse les assiettes n'en manque pas : calme et concentrée, elle délivre une partition précise et enlevée où poivres et piments viennent taquiner des produits d'une qualité irréprochable (maigre, veau), toujours traités avec soin et finesse. Le rapport qualité-prix est simplement époustouflant. De la très belle bistronomie.

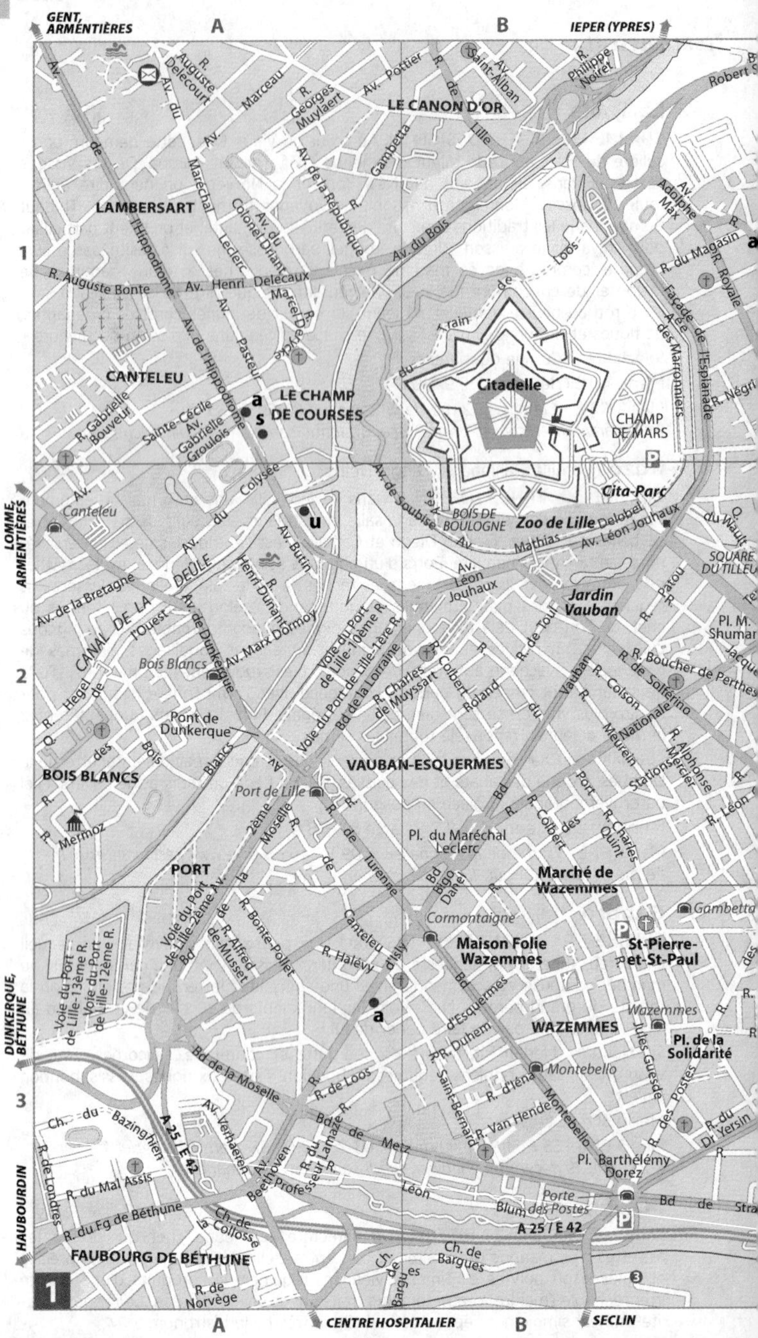
GENT, ARMENTIÈRES
IEPER (YPRES)
LOMME, ARMENTIÈRES
DUNKERQUE, BÉTHUNE
HAUBOURDIN
CENTRE HOSPITALIER
SECLIN
LE CANON D'OR
LAMBERSART
CANTELEU
LE CHAMP DE COURSES
Citadelle
CHAMP DE MARS
Cita-Parc
BOIS DE BOULOGNE
Zoo de Lille
Jardin Vauban
SQUARE DU TILLEUL
CANAL DE LA DEÛLE
Bois Blancs
Pont de Dunkerque
BOIS BLANCS
Port de Lille
VAUBAN-ESQUERMES
PORT
Pl. du Maréchal Leclerc
Marché de Wazemmes
Cormontaigne
Maison Folie Wazemmes
St-Pierre-et-St-Paul
Gambetta
Wazemmes
WAZEMMES
Pl. de la Solidarité
Montebello
Pl. Barthélémy Dorez
Porte des Postes
A 25 / E 42
FAUBOURG DE BÉTHUNE
Av. de l'Hippodrome
Av. du Maréchal Leclerc
Av. Henri Delecaux
R. Auguste Bonte
Av. du Bois
Av. de la République
Av. Léon Jouhaux
Av. Mathias Delobel
Bd Vauban
R. Nationale
R. de Solférino
R. Colbert
Bd de la Moselle
Bd de Metz
R. de Turenne
Bd d'Esquermes
Bd Montebello
R. du Fg de Béthune
R. de Loos
Av. de Dunkerque
Av. Marx Dormoy
Av. Butin
R. Royale
Façade de l'Esplanade
R. du Magasin
R. Négrier
Bd de Strasbourg
Ch. de Bargues
R. de Norvège
R. de Londres
R. du Mal Assis
A
B
1
2
3

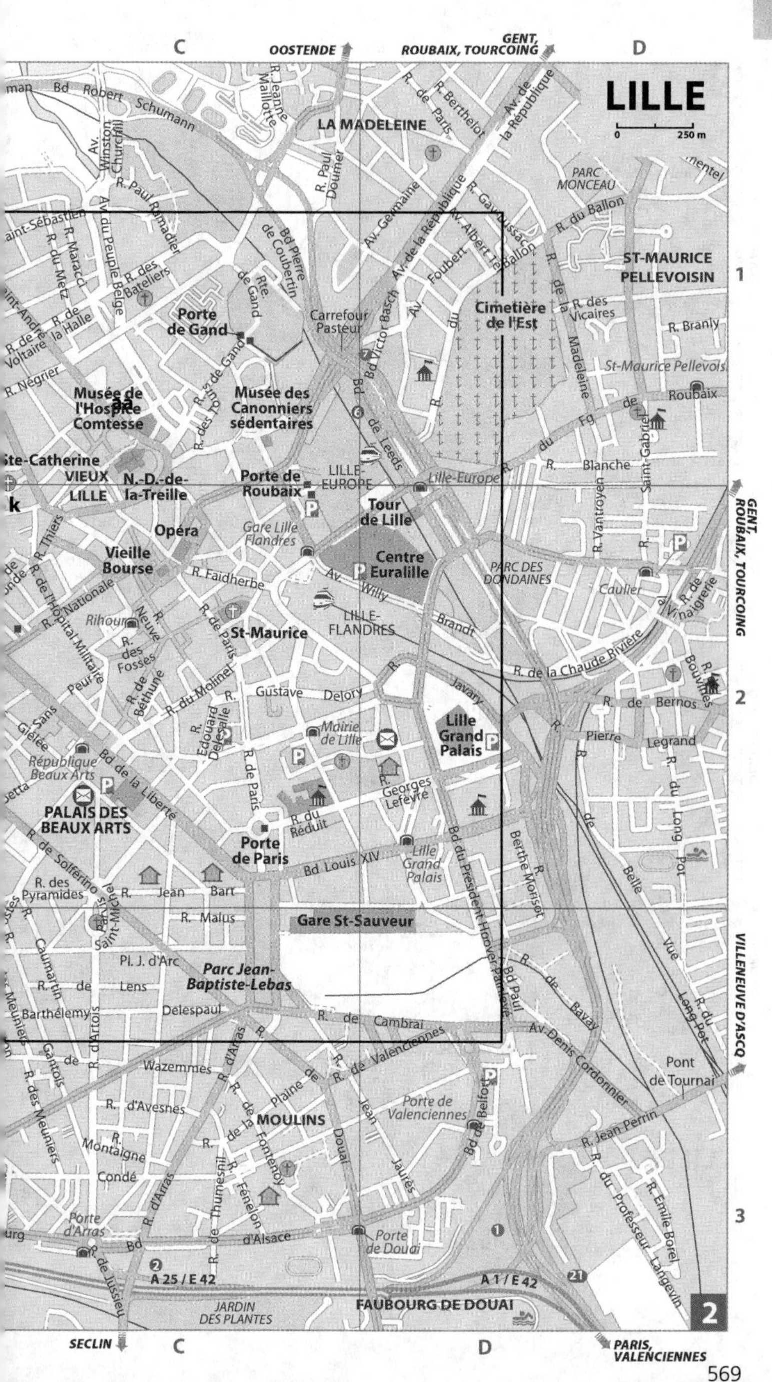
LILLE
0
250 m
C
D
1
2
3
OOSTENDE
GENT, ROUBAIX, TOURCOING
VILLENEUVE D'ASCQ
SECLIN
PARIS, VALENCIENNES
LA MADELEINE
PARC MONCEAU
ST-MAURICE PELLEVOISIN
Cimetière de l'Est
Porte de Gand
Musée de l'Hospice Comtesse
Musée des Canonniers sédentaires
Ste-Catherine
VIEUX LILLE
N.-D.-de-la-Treille
Porte de Roubaix
LILLE-EUROPE
Lille-Europe
Tour de Lille
Opéra
Gare Lille Flandres
Centre Euralille
Vieille Bourse
PARC DES DONDAINES
St-Maurice
LILLE-FLANDRES
Rihour
Mairie de Lille
Lille Grand Palais
République Beaux Arts
PALAIS DES BEAUX ARTS
Porte de Paris
Gare St-Sauveur
Parc Jean-Baptiste-Lebas
MOULINS
Porte de Valenciennes
Porte d'Arras
Porte de Douai
A 25 / E 42
A 1 / E 42
JARDIN DES PLANTES
FAUBOURG DE DOUAI
Bd Robert Schumann
Bd Pierre de Coubertin
Av. de la République
Bd de Leeds
Bd de la Liberté
Bd Louis XIV
Bd du Président Hoover
Av. Willy Brandt
R. Faidherbe
R. Nationale
R. Gustave Delory
R. de Paris
R. de Cambrai
R. de Valenciennes
R. Pierre Legrand
R. de la Chaude Rivière
Av. Denis Cordonnier
Pont de Tournai
R. Jean Perrin
Bd d'Alsace
2

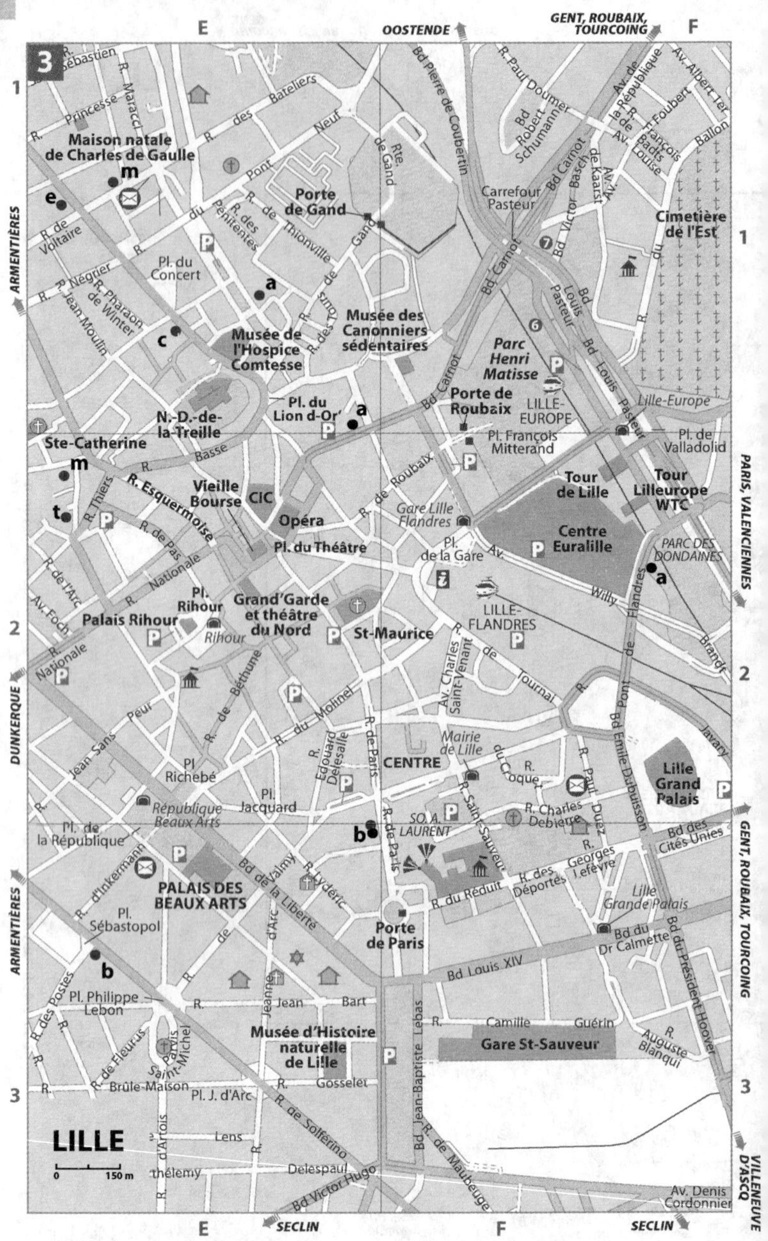

LILLE
3
Maison natale de Charles de Gaulle
Porte de Gand
Musée de l'Hospice Comtesse
Musée des Canonniers sédentaires
N.-D.-de-la-Treille
Ste-Catherine
Vieille Bourse
CIC
Opéra
Pl. du Théâtre
Palais Rihour
Grand'Garde et théâtre du Nord
St-Maurice
Parc Henri Matisse
Porte de Roubaix
Tour de Lille
Tour Lilleurope WTC
Centre Euralille
Cimetière de l'Est
Lille Grand Palais
CENTRE
Mairie de Lille
PALAIS DES BEAUX ARTS
Porte de Paris
Musée d'Histoire naturelle de Lille
Gare St-Sauveur
Gare Lille Flandres
LILLE-EUROPE
LILLE-FLANDRES
OOSTENDE
GENT, ROUBAIX, TOURCOING
ARMENTIÈRES
DUNKERQUE
PARIS, VALENCIENNES
VILLENEUVE D'ASCQ
SECLIN
0 150 m

Spécialités : Pois cassés, crème de petits pois, moules, citron confit et noisettes. Quasi de veau rôti, tatin d'aubergines, crème aigre au miso et sésame. Gâteau amande, fraises, sorbet fraise-basilic et mousse de lait au coquelicot.

Menu 25 € (déjeuner)/29 €

Plan 1 A3-a – *59 rue d'Isly – ✆ 09 86 37 22 50 – www.solange-restaurant.fr – Fermé lundi, dimanche*

Le H by Hermitage Gantois

CUISINE MODERNE • ROMANTIQUE XXX Tout près du centre-ville, l'ancien hospice (1460) abrite une table superbe, qui flotte entre des ogives en brique rouge et or, des tableaux anciens et un sol en marbre noir. La modernité est de mise dans l'assiette, avec une originalité notable : de bons accords mets et bières des Flandres, sur les conseils du sommelier de la maison !

Menu 31 € (déjeuner), 44/72 € – Carte 63/70 €

Plan 3 F3-b – *L'Hermitage Gantois, 224 rue Pierre-Mauroy – ✆ 03 20 85 30 30 – www.hotelhermitagegantois.com – Fermé lundi, samedi midi, dimanche*

La Laiterie

CUISINE MODERNE • ÉLÉGANT XXX Dans un quartier légèrement excentré, l'occasion d'une échappée gourmande. Au menu, bons produits et excellents vins (bourgognes et bordeaux) à déguster au calme de la terrasse extérieure, dans le cadre sobre et élégant de la bâtisse, ou encore à la table d'hôtes, en face des fourneaux de la cheffe.

Menu 48/78 € – Carte 67/82 €

Plan 1 A1-s – *138 avenue de l'Hippodrome, à Lambersart – ✆ 03 20 92 79 73 – www.lalaiterie.fr – Fermé lundi, dimanche soir*

Le Cerisier en Ville

CUISINE MODERNE • CHIC XX Cette nouvelle adresse gastronomique du cœur de Lille, imaginée par le chef Éric Delerue dans un bâtiment ultra-contemporain, et dont la décoration soignée (et vitrée !) fait la part belle aux artisans locaux, offre un écrin de choix à de jolies assiettes, qui ont le goût des beaux produits. Prolongez le plaisir à la brasserie La Griotte, située au rez-de-chaussée, appréciée des habitués.

Menu 55 € (déjeuner), 82/95 €

Plan 3 E1-a – *14 avenue du Peuple-Belge – ✆ 03 74 49 50 51 – www.lecerisier.com – Fermé 2-18 août, lundi, dimanche*

Empreinte

CUISINE MODERNE • ÉLÉGANT XX Près de l'ancien hippodrome, bienvenue dans cette maison des années 1950 à l'intérieur coquet et chaleureux, entre bois, cuir et acier. Dans l'assiette, le chef compose une cuisine créative, selon le marché et son inspiration du jour, avec de beaux jeux de textures et de saveurs – acidité, notamment.

Menu 33 € (déjeuner), 59/73 €

Plan 1 A1-a – *170 avenue de l'Hippodrome – ✆ 03 20 44 00 21 – www.empreinterestaurant.com – Fermé 24 août-1er septembre, 24 décembre-5 janvier, samedi, dimanche*

Rouge Barre

CUISINE MODERNE • CONVIVIAL XX Au cœur du vieux Lille, Steven Ramon confirme qu'il faudra désormais compter sur lui. Dans un intérieur intimiste, ce ch'ti pur et dur esquisse des assiettes pétillantes et inspirées, qui magnifient de beaux produits. Terrasse à l'étage.

Menu 30 € (déjeuner)/69 € – Carte 45/65 €

Plan 3 E1-m – *50 rue de la Halle – ✆ 03 20 67 08 84 – www.rougebarre.fr – Fermé lundi, dimanche*

Les Toquées by Benoît Bernard

CUISINE MODERNE • COSY XX Benoît Bernard (revenu au pays après six ans passés à l'étranger) prend ses marques dans cette maison bourgeoise des bords de la Deule et affine sa cuisine, à son image : gourmande et truculente. À la – courte – carte, on trouve une cuisine aux solides bases classiques. Une bonne adresse.

Menu 31 € (déjeuner), 60/70 € – Carte 50/70 €

Plan 1 A2-u – *110 quai Géry-Legrand – ✆ 03 20 00 12 46 – www.lestoquees.com – Fermé lundi, mardi midi, samedi midi, dimanche*

L'Arc

CUISINE MODERNE • COSY Dans le vieux Lille, cette table sympathique est portée par Sami Sfaxi, ancien de chez Marc Meurin. Éclairage tamisé, joli décor mêlant les époques, accueil très prévenant... et, surtout, cuisine de saison bien tournée, avec de solides bases classiques.

Menu 29€ (déjeuner)/60€ – Carte 40/70€

Plan 3 E2-m – *10 rue des Bouchers – 03 20 49 73 34 – www.l-arc.fr – Fermé lundi, dimanche*

Bloempot

CUISINE MODERNE • CONVIVIAL Florent Ladeyn, grand défenseur de son terroir régional, anime cette "cantine flamande" revendiquée. Décor atypique (un ancien atelier de menuiserie), bons produits nature et recettes originales : rafraîchissant ! Attention, il n'y a pas de téléphone ici, les réservations se font par le site internet ou sur place.

Menu 40/60€

Plan 3 E2-t – *22 rue des Bouchers – www.bloempot.fr – Fermé 20-26 avril, 3-23 août, 21 décembre-3 janvier, lundi, mardi soir, dimanche*

Sébastopol

CUISINE MODERNE • CONVIVIAL Le chef aime la tradition, avec jus et sauces de rigueur, mais ce n'est pas tout : il parsème ses assiettes d'associations aussi personnelles que surprenantes, avec une nette prédilection pour le "terre et mer". Le plus beau, c'est que ça fonctionne ! Carte volontairement courte, renouvelée régulièrement.

Carte 33/45€

Plan 3 E3-b – *1 place de Sébastopol – 03 20 13 13 38 – www.restaurant-sebastopol.fr – Fermé samedi, dimanche*

Le Vagabond

CUISINE CRÉATIVE • BRANCHÉ Nicolas Pourcheresse, le chef le plus "hype" des Hauts-de-France, sert ici une version débridée et créative de la cuisine paysanne, avec des produits directement piochés dans son potager. Utilisation judicieuse des légumes et des céréales, variété des techniques de cuisson : son style n'appartient qu'à lui. Plus qu'un repas, une véritable expérience !

Menu 35€ (déjeuner)/85€

Plan 1 B1-a – *112 rue Saint-André – 02 51 58 44 19 – www.le-vagabond.net – Fermé 1er-15 janvier, 15 août-3 septembre, lundi, mardi midi, mercredi midi, jeudi midi, dimanche*

Hôtels

L'Hermitage Gantois

LUXE • HISTORIQUE Fondé vers 1460, cet ancien hospice est aujourd'hui un bel hôtel. Architectures historiques, nouveau classicisme contemporain, cours et patios intérieurs... de quoi se convertir en ermite ! Le restaurant gastronomique ne manque pas d'élégance, tandis que l'estaminet cultive joliment l'esprit du Nord.

85 chambres – 149/350€ – 23€ – 3 suites

Plan 3 E3-b – *224 rue Pierre-Mauroy – 03 20 85 30 30 – www.hotelhermitagegantois.com*

Le H by Hermitage Gantois – Voir la sélection des restaurants

Barrière Lille

LUXE • CONTEMPORAIN Dans ce grand bâtiment de verre, on peut aller au théâtre, au casino et... regagner en un clin d'œil son hôtel – l'un des derniers-nés du groupe Barrière (2010). Espace, lumière, luxe sans ostentation, restaurant chic et brasserie contemporaine : de très séduisantes prestations.

125 chambres – 249/524€ – 15€ – 17 suites

Plan 3 F2-a – *777 bis Pont-de-Flandre – 03 28 14 45 00 – www.hotel-barriere-lille.com*

Clarance

LUXE • DESIGN Installé dans un hôtel particulier du 18e s., cet établissement est pour le moins atypique ! L'Albatros, le Cygne, le Balcon ou le Flacon : les chambres, claires et lumineuses, ont pour thème des poèmes de Baudelaire ; la décoration a été en partie réalisée par des artistes et artisans locaux.

18 chambres – 200/450 € – 19 € – 1 suite

Plan 1 C2-k – *32 rue de la Barre – 03 59 36 35 59 – www.clarancehotel.com*

La Table – Voir la sélection des restaurants

L'Arbre Voyageur

URBAIN • ÉLÉGANT Ce bâtiment des années 1960 (qui abritait autrefois le consulat de Pologne) est devenu un hôtel à la gloire du voyage. Ambiance chaleureuse, chambres charmantes et bien insonorisées... sans oublier le restaurant Jane, pour prolonger l'expérience à table.

45 chambres – 109/329 € – 18 € – 3 suites

Plan 3 E1-a – *45 boulevard Carnot – 03 20 20 62 62 – www.hotelarbrevoyageur.com*

à Bondues Carte régionale n° 13-C2

Val d'Auge (Christophe Hagnerelle)

CUISINE MODERNE • ÉLÉGANT XXX Cette maison est typique du Nord ! Briques rouges avec auvents gris, fenêtres à petits carreaux et encadrements de briques blanches... mais elle cache une ambiance contemporaine et feutrée. Tout jeune, le chef Christophe Hagnerelle a été profondément marqué par son passage aux côtés de Joël Robuchon du temps du Jamin, avant de s'exiler à Beyrouth et dans le Connecticut. Aujourd'hui, ce véritable artisan réalise une cuisine de saison précise, sans esbroufe, avec une pointe d'inventivité. On retrouve à la carte de beaux poissons et coquillages de la mer du Nord, turbot, bar ou saint-pierre en fonction de la pêche et coquilles Saint-Jacques, mais aussi de la grouse et du lièvre royal en saison, des ris de veau et un pigeon... des Flandres, évidemment. Bon rapport qualité-prix au déjeuner.

Spécialités : Œuf cocotte à la truffe. Lièvre à la royale. Tarte fine endive et pamplemousse.

Menu 36 € (déjeuner), 43/79 € – Carte 80/120 €

Hors plan – *805 avenue du Général-de-Gaulle – 03 20 46 26 87 – www.valdauge.com – Fermé 23 février-2 mars, 19-27 avril, 9-24 août, 22-30 décembre, lundi, samedi midi, dimanche*

à Capinghem

La Marmite de Pierrot

CUISINE TRADITIONNELLE • BISTRO X Les amateurs de produits tripiers et de cochonnailles se sentiront chez eux dans ce bistrot à l'ancienne (bar en bois, tables au coude-à-coude, banquettes en velours). Et si le truculent Pierrot a passé la main, il continue d'honorer chaque jour les lieux de sa présence... Une maison pittoresque et attachante.

Menu 31/36 €

Hors plan – *93 rue Poincaré – 03 20 92 12 41 – www.marmite-de-pierrot.com – Fermé 24 février-2 mars, 28 avril-4 mai, 27 juillet-17 août, lundi, mardi soir, mercredi soir, jeudi soir, dimanche soir*

à Gruson

L'Arbre

CUISINE MODERNE • AUBERGE XX Cette maison, tout de rouge vêtue, est installée sur un passage mythique de la course Paris-Roubaix. Mais bien loin de "l'Enfer du Nord", on profite ici d'une cuisine goûteuse et dans l'air du temps, réalisée par un jeune chef impliqué.

Menu 35 € (déjeuner), 45/82 € – Carte 66/79 €

Hors plan – *1 pavé Jean-Marie-Leblanc (croisement chemin de Bourghelles) – 03 20 79 55 33 – www.larbre.com – Fermé 21 août-11 septembre, 25-30 décembre, lundi, mardi*

à Marcq-en-Baroeul Carte régionale n° **13**-C2

Le Marcq (Abdelkader Belfatmi)

CUISINE MODERNE • COSY XX Après avoir peaufiné son talent dans de jolies tables nordistes (La Laiterie, Le Val d'Auge, Boury), le chef Abdelkader Belfatmi s'est installé au cœur de la bonne ville de Marcq. Ses assiettes montrent une identité culinaire bien affirmée : produits d'une grande fraîcheur, multitude de petites préparations savoureuses (marinades, crémeux, condiments), associations de saveurs percutantes – piment et acidité, par exemple. Quant aux visuels, très travaillés, ils donnent aux plats des allures de tableaux pointillistes ! En un mot, on se régale, d'autant que le service et le cadre se révèlent aussi agréables. Une maison qui mérite bien des éloges.

Spécialités : Poisson mariné aux épices et condiments. Ris de veau français, began harta, mini navet et poireau. Dame blanche.

Menu 39 € (déjeuner), 60/69 € – Carte 67/77 €

Hors plan – *944 avenue de la République – ✆ 03 20 00 80 48 – www.lemarcq.fr – Fermé 1er-17 janvier, 1er-6 mai, 2-24 août, lundi soir, mercredi soir, samedi midi, dimanche*

La Salle à Manger

CUISINE MODERNE • CONTEMPORAIN XX Voilà une maison qui a su évoluer avec son temps, comme en témoigne la salle à manger contemporaine et la terrasse verdoyante. Le chef y cuisine en fonction du marché et laisse libre cours à son imagination, en particulier dans le menu dégustation du soir.

Menu 32/72 € – Carte 53/60 €

Hors plan – *287 boulevard Clemenceau – ✆ 03 20 65 21 19 – www.restaurant-lasalleamanger.com – Fermé 23-29 février, 18-25 avril, 8-22 août, lundi, mardi soir, samedi midi, dimanche*

LIMOGES

✉ 87000 – Haute-Vienne – Carte régionale n° **19**-B2 – Carte Michelin 325-E6

Le Vanteaux

CUISINE MODERNE • ÉLÉGANT XX Son chef se définit comme un "agitateur de gourmandises" ! On apprécie sa cuisine qui revisite les classiques régionaux (porc "cul noir", ris de veau)... À noter : les desserts qui évoluent au gré des saisons, et la jolie sélection de vins au verre. L'été, on s'installe sur le toit, à l'ombre des canisses.

Spécialités : Foie gras poêlé, citron, miel de ronce et pulpe de châtaigne. Merlan de bœuf limousin façon teppanyaki, légumes verts. Chocolat au caramel salé et cacahouètes.

Menu 27 € (déjeuner), 34/69 € – Carte 60/69 €

Hors plan – *162 boulevard de Vanteaux – ✆ 05 55 49 01 26 – www.levanteaux.com – Fermé 1er-7 janvier, 20 avril-5 mai, 3-18 août, lundi, mardi, dimanche soir*

Amphitryon

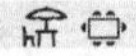

CUISINE MODERNE • COSY XX Cette jolie maison à pans de bois, au cœur du pittoresque "village" des Bouchers, est le fief du chef Olivier Polla. Il propose à ses clients une cuisine moderne tournée vers le produit, mijotée au gré de ses inspirations. Un plaisir pour les papilles.

Menu 29/85 € – Carte 50/80 €

Plan A2-d – *26 rue de la Boucherie – ✆ 05 55 33 36 39 – www.amphitryon-limoges.fr – Fermé lundi, dimanche*

L'Aparté (N)

CUISINE CRÉATIVE • CHIC XX Originaire de la Drôme, le jeune chef articule son travail autour des légumes de la saison et des belles viandes (veau et bœuf limousin) fournies par son beau-père. Il y a de la fraîcheur et de la maîtrise dans cette cuisine, qui se déguste dans un décor plaisant – fauteuils confortables, parquet patiné... Une vraie bonne adresse.

Menu 23 € (déjeuner)/65 € – Carte 32/51 €

Plan A1-a – *39 boulevard Carnot – ✆ 05 87 08 25 20 – laparte-restaurant.fr – Fermé 1er-6 janvier, 2-11 mai, 3-24 août, lundi, dimanche*

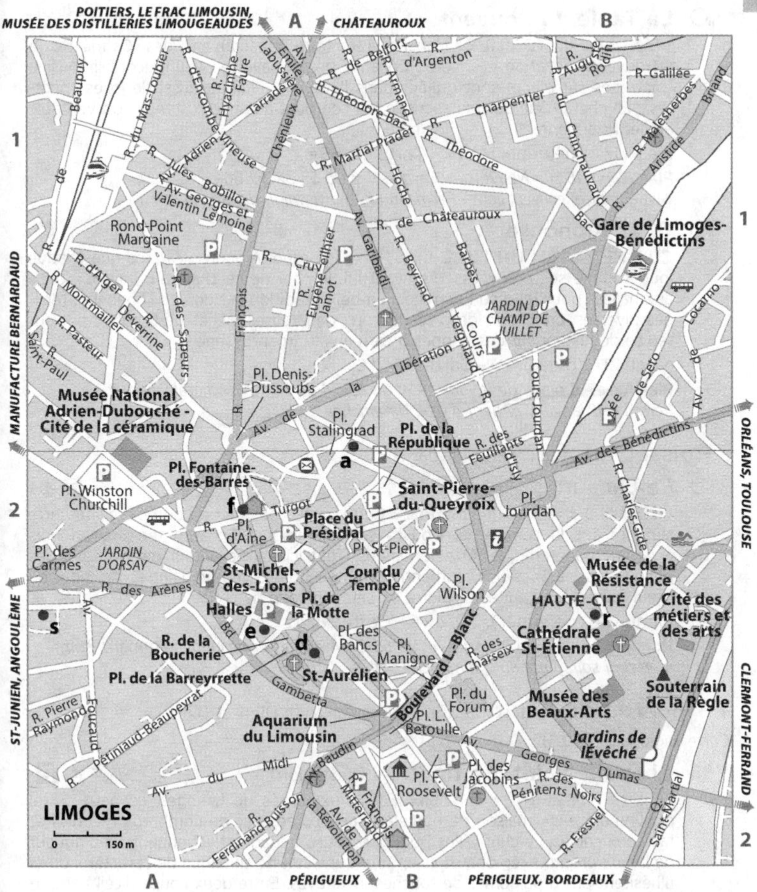

Philippe Redon

CUISINE MODERNE • ÉLÉGANT XX Vous aimez la cuisine vivante ? Vous allez être servi. Ici, on réalise des recettes qui oscillent entre bistronomie, air du temps et esprit gastronomique à l'ancienne... avec une prédilection pour les produits sur-mesure (volailles, huîtres, etc.). Et en prime, des conseils avisés sur le vin.

Menu 22 € (déjeuner)/58 € – Carte 30/55 €

Plan A2-f – *14 rue Adrien Dubouché* – *✆ 05 55 79 37 50* – *www.restaurant-philipperedon.fr* – *Fermé lundi, dimanche*

La Cuisine du Cloître

CUISINE MODERNE • ÉPURÉ X Au pied de la cathédrale, cet ancien cloître du 17e s. a du cachet ! Au gré de son envie et des saisons, le chef compose une bonne cuisine du marché. Les cuissons sont maîtrisées, les produits de qualité : une expérience sympathique.

Menu 23 € (déjeuner), 37/57 €

Plan B2-r – *6 rue des Allois* – *✆ 05 55 10 28 29* – *www.la-cuisine-du-cloitre.fr* – *Fermé 6-26 janvier, 1er-8 mai, lundi, mardi midi, dimanche soir*

La Table du Couvent

VIANDES • HISTORIQUE X L'ancien réfectoire du couvent des Carmélites a retrouvé sa vocation première ! Côte de bœuf, bavette ou entrecôte limousine (maturées sur place) sont grillées dans l'âtre, où mijotent aussi de jolies cocottes... Le chef officie dans la sacristie, où l'on peut aussi se sustenter. Un véritable atelier gourmand !

Menu 17 € (déjeuner)/25 € - Carte 25/55 €

Plan A2-s - *15 rue Neuve-des-Carmes - ✆ 05 55 32 30 66 - www.latableducouvent.com - Fermé lundi, mardi midi, dimanche soir*

Chez Alphonse

CUISINE TRADITIONNELLE • BISTRO X Pourquoi Alphonse ? Parce que chaque jour, comme ses prédécesseurs avant lui, le chef de ce charmant bistrot "fonce aux halles" pour faire son marché... La belle tradition est donc à l'honneur : terrines diverses, crépinette de pied de porc, généreuses pièces de bœuf et pot-au-feu se dégustent sur des nappes à carreaux. Gargantuesque !

Menu 21 € (déjeuner) - Carte 21/47 €

Plan A2-e - *5 place de la Motte - ✆ 05 55 34 34 14 - www.chezalphonse.fr - Fermé 6-12 janvier, 27 avril-4 mai, dimanche*

à Boisseuil 12 km au Sud - Est par A20

Le Lanaud

CUISINE DU TERROIR • SIMPLE X Cette vaste construction de bois et de verre surplombant la campagne, s'ouvre sur une impressionnante terrasse en bois avec vue panoramique. Attablons-nous. Tout ici tourne autour de la vache, des banquettes... à l'assiette, authentique et généreuse : cœur d'entrecôte, noix de bœuf fumée, côte cuite sur pierre de sel... Un coup de cœur.

Menu 18 € (déjeuner), 30/42 € - Carte 38/42 €

Hors plan - *Pôle de Lanaud - ✆ 05 55 06 46 08 - Fermé lundi soir, mardi soir, mercredi soir, jeudi soir, dimanche soir*

à St-Martin-du-Fault 13 km à l'Ouest par N141, D941 et D20 - Carte régionale n° 19-B2

✿ Chapelle Saint-Martin (Gilles Dudognon)

CUISINE MODERNE • CLASSIQUE XXX Aux portes de Limoges, ce petit castel est une ancienne maison de porcelainier, décorée avec de nombreux meubles et tableaux chinés. Le chef Gilles Dudognon et sa brigade sélectionnent avec rigueur de beaux produits régionaux. Ils en tirent une cuisine classique de caractère, qu'ils n'hésitent pas à parsemer de touches inventives. Entre deux coups d'œil admiratifs au joli parc, on se régale d'œuf parfait fermier à l'oseille avec ses langoustines, de coquilles Saint-Jacques, mousseline aux herbes, endives braisées et lard fumé ou encore d'un lait de céleri et foie gras...

Spécialités : Royale de foie gras, lait de pomme de terre truffé et croustille de foie gras. Veau fermier, panure limousine et mousseline de petit pois mentholée. Ruche "Saint-Martin", crème citron et miel.

Menu 39 € (déjeuner), 65/145 € - Carte 80/160 €

Hors plan - *✆ 05 55 75 80 17 - www.chapellesaintmartin.com - Fermé 3 janvier-9 février, lundi, mardi*

Chapelle Saint-Martin

LUXE • HISTORIQUE Nichée dans un grand parc, tout près d'un bois, cette gentilhommière en constante évolution cultive son élégance bourgeoise : chambres parées d'étoffes colorées, beau mobilier, tentures fleuries et luxueuses suites contemporaines... Sculptures, photos signées : le propriétaire, esthète averti, aime l'art. Tout s'explique !

10 chambres - 135/325 € - 25 € - 4 suites

Hors plan - *✆ 05 55 75 80 17 - www.chapellesaintmartin.com - Fermé 3 janvier-9 février*

✿ **Chapelle Saint-Martin** - Voir la sélection des restaurants

LIMOUX

✉ 11300 - Aude - Carte régionale n° **21**-B3 - Carte Michelin 344-E4

Tantine et Tonton

CUISINE MODERNE • CLASSIQUE XX Tantine et Tonton sont installés sous les hauts plafonds à moulures du Grand Hôtel Moderne et Pigeon. Dans ce décor délicieusement rétro - vieux parquets, lustres et grands miroirs - ou sur la terrasse ombragée, ils proposent une bonne cuisine dans l'air du temps. Chambres pour l'étape.

Menu 25 € (déjeuner), 28/55 € - Carte 32/60 €

Grand Hôtel Moderne et Pigeon, 1 place du Général-Leclerc (près de la poste) - ✆ 04 68 31 21 95 - www.tantinetonton.fr - Fermé 1er-4 janvier, lundi soir, dimanche

LINGOLSHEIM - Bas-Rhin (67) ➜ Voir Strasbourg

LE LIOUQUET - Bouches-du-Rhône (13) ➜ Voir La Ciotat

LISSAC-SUR-COUZE - Corrèze (19) ➜ Voir Brive-la-Gaillarde

LIVRY-GARGAN - Seine-Saint-Denis (93) ➜ Voir Paris, Environs

LA LLAGONNE - Pyrénées-Orientales (66) ➜ Voir Mont-Louis

LOCQUIREC

✉ 29241 - Finistère - Carte régionale n° **7**-B1 - Carte Michelin 308-J2

Le Grand Hôtel des Bains

SPA ET BIEN-ÊTRE • ÉLÉGANT Nostalgie, nostalgie, c'est ici que Michel Lang tourna *L'Hôtel de la Plage*. Aucun vestige des années 1970 néanmoins, plutôt un style élégant très Nouvelle-Angleterre : parquets cirés, beaux matériaux, tonalités miel, gris perle, bleu rétro... Face à la baie, spa et restaurant sont tout aussi chic.

36 chambres - 128/309 € - 17 €

15 bis rue de l'Église - ✆ 02 98 67 41 02 - www.grand-hotel-des-bains.com - Fermé 6-29 janvier, 15 novembre-6 décembre

LOCRONAN

✉ 29180 - Finistère - Carte régionale n° **7**-A2 - Carte Michelin 308-F6

Ar Maen Hir

CUISINE MODERNE • CONVIVIAL X Pour installer sa première affaire, le jeune chef Thibaud Érard (Top Chef 2018) a choisi le joli village médiéval de Locronan, près de Quimper. Il semble s'épanouir en ces lieux, où il propose une cuisine fraîche et enlevée, sans sophistication inutile. Service sympathique.

Spécialités : Cromesquis de canard au cidre breton. Filet de canette, petits pois, oignons au xérès. Rocher croustillant, chocolat et praliné.

Menu 19 € (déjeuner), 33/45 € - Carte 30/41 €

15 bis rue du Prieuré - ✆ 02 56 10 18 37 - Fermé 1er-23 janvier, lundi, samedi midi, dimanche soir

Comptoir des Voyageurs

CUISINE MODERNE • CONVIVIAL X En face de l'église, ce restaurant est emmené par un jeune couple du genre globe-trotter : Suisse, Finlande, Canada... Le chef compose une cuisine goûteuse et généreuse avec les produits d'ici : légumes et cochon des fermes environnantes, belles pièces de poisson de la criée... Aussi goûteux que sympathique.

Spécialités : Truite de Plouigneau fumée, déclinaison de carottes, vinaigrette aux agrumes. Retour de pêche, condiment aux algues et émulsion à la verveine citronnée. Macaron à la rhubarbe, crème basilic et sorbet fraise.

Menu 23 € (déjeuner), 30/55 € - Carte 34/59 €

Place de l'Église - ✆ 02 98 91 70 74 - www.comptoir-des-voyageurs.fr - Fermé 6 janvier-13 février, lundi, mardi

LOIRÉ

✉ 49440 – Maine-et-Loire – Carte régionale n° **23**-B2 – Carte Michelin 317-D3

Auberge de la Diligence

CUISINE MODERNE · RUSTIQUE XXX Vieilles pierres et terrasse : un charmant écrin pour la cuisine du chef, féru d'herbes du potager et de condiments ramenés de ses voyages en Asie. Jolie carte des vins.

Menu 29/92 € – Carte 57/85 €

4 rue de la Libération – ✆ 02 41 94 10 04 – www.diligence.fr – Fermé 28 mars-7 avril, 10 août-1er septembre, 30 décembre-8 janvier, lundi, mardi, dimanche soir

LOIRE-SUR-RHÔNE – Rhône (69) ➜ Voir Givors

LOMENER – Morbihan (56) ➜ Voir Ploemeur

LONGNES

✉ 78980 – Yvelines – Carte régionale n° **15**-A1 – Carte Michelin 311-F2

Le Pigeonnier

CUISINE TRADITIONNELLE · CHAMPÊTRE XX Impossible de se tromper d'adresse avec ce restaurant voisin... d'un pigeonnier ! Sous la belle charpente de la salle, au décor un brin rustique, la carte fait honneur à la tradition : on déguste par exemple une tête de veau sauce gribiche, ou un duo de pigeon et foie gras rôti... Tout simplement bon.

Menu 28/59 € – Carte 50/75 €

7 route de Bréval – ✆ 01 30 42 41 60 – www.lepigeonnier78.fr – Fermé lundi, mardi midi, dimanche soir

LONGUYON

✉ 54260 – Meurthe-et-Moselle – Carte régionale n° **12**-B1 – Carte Michelin 307-E2

à Rouvrois-sur-Othain (Meuse) 7,5 km au Sud par D618

La Marmite

CUISINE TRADITIONNELLE · RUSTIQUE XX Qu'on se le dise, ici, on mange de la viande ! Dans cette Marmite, des plats authentiques, concoctés avec de bons produits locaux ; le chef fait lui-même ses salaisons. Une ambiance rustique à souhait pour se régaler d'une tête de veau maison, sauce rémoulade, ou du tartare de bœuf au couteau. Accueil tout sourire.

Menu 16 € (déjeuner)/45 € – Carte 25/45 €

11 route Nationale – ✆ 03 29 85 90 79 – Fermé 1er-10 janvier, 1er-12 juillet, lundi, mardi, mercredi soir, jeudi soir, vendredi soir, samedi soir, dimanche soir

LONS-LE-SAUNIER

✉ 39000 – Jura – Carte régionale n° **6**-B3 – Carte Michelin 321-D6

à Courlans 6 km au Sud - Ouest par D678, rte de Chalon - sur - Saône

Auberge de Chavannes

CUISINE MODERNE · ÉLÉGANT XX Une auberge contemporaine et chaleureuse ! L'assiette est joliment créative ; le chef se révèle aussi à l'aise avec la bouillabaisse (il a vécu à Marseille pendant 25 ans) qu'avec un poulet au vin jaune et morilles, clin d'œil à ses origines jurassiennes. Chambres spacieuses pour l'étape.

Menu 28 € (déjeuner), 42/88 € – Carte 56/70 €

1890 avenue de Châlon – ✆ 03 84 43 24 34 – www.auberge-de-chavannes.com – Fermé lundi, mardi midi, samedi midi, dimanche soir

LORGUES

✉ 83510 - Var - Carte régionale n° **24**-C3 - Carte Michelin 340-N5

✿ **Bruno** (Benjamin Bruno)

CUISINE CLASSIQUE · AUBERGE XXX Une maison doit tant à ses propriétaires... Dans ce mas provençal, l'ancienne maison de l'arrière-grand-mère des années 1920, c'est toute la générosité de la famille Bruno qui s'exhale ! Sous l'égide de Clément Bruno, géant bienveillant et truculente figure paternelle, connue pour son culte de la truffe, les deux frères, Samuel en salle et Benjamin en cuisine, poursuivent la tradition avec juste ce qu'il faut de modernité. Si le menu unique à base de truffe est toujours là (les diamants noirs changeant en fonction des saisons), les légumes sont désormais bien présents. On passe un délicieux moment, notamment grâce à un service aussi joyeux qu'attentionné.

Spécialités : Caviar de truffe, blinis, crème fouettée, tomates confites et huile d'olive de nos moulins. Épaule d'agneau de lait des Pyrénées confite au four, jus à l'ail et au thym, truffe tuber brumale. Feuillantine de chocolat et quenelle de glace vanille.

Menu 78/195 €

2350 route des Arcs - ✆ 04 94 85 93 93 - www.restaurantbruno.com - Fermé lundi, dimanche soir

✿ **Le Jardin de Benjamin**

CUISINE MODERNE · ROMANTIQUE XXX Un vignoble (500 ha, excusez du peu...), un hôtel cinq étoiles et son spa, un restaurant étoilé et son potager : cette belle demeure à l'atmosphère mi-provençale, mi-toscane accueille un chef du pays Benjamin Collombat, qui célèbre le terroir haut-varois : les légumes, herbes et fleurs du potager (ouvert à la visite), mais aussi les fromages locaux ainsi que les vins du domaine. En pleine saison, on s'est régalé d'un superbe dessert, - les premières cerises du jardin servies poêlées, et posées sur un sablé en crumble... Ce pâtissier a du talent. Menus du soir plus ambitieux qu'au déjeuner.

Spécialités : Poireau du jardin en deux textures et sabayon au safran. Agneau de Pascalone confit en croûte de pain, tomates oubliées, ail confit et jus à la marjolaine. Chocolat en écorce, croustillant et crémeux, grué caramélisé et glace au whisky.

Menu 55 € (déjeuner), 115/165 € - Carte 100/120 €

Hôtel Château de Berne, chemin des Imberts, route de Salernes - ✆ 04 94 60 49 79 - www.chateauberne.com - Fermé 5 janvier-13 février, lundi, mardi

Le Bistrot

CUISINE TRADITIONNELLE · CONVIVIAL X Sous l'œil bienveillant de son patron, Benjamin Collombat, le chef assure une partition canaille et ensoleillée, à base de bons produits - en particulier les légumes du potager bio maison. Bourride de cabillaud, langue de bœuf sauce gribiche : c'est frais et décomplexé, et ça s'arrose des bons vins du domaine. Le tout à prix doux !

Spécialités : Salade caesar aux gambas. Darne de saumon laquée aux saveurs d'Asie, wok de nouilles sautées. Mousse au chocolat, éclats de cacahouètes.

Menu 33 € - Carte 45/57 €

Hôtel Château de Berne, chemin des Imberts, route de Salernes - ✆ 04 94 60 43 51 - www.chateauberne.com

L'Estellan

CUISINE DU MARCHÉ · FAMILIAL X Cette maisonnette, installée face aux vignes, est désormais le lieu d'expression d'un jeune couple bien dans son métier ! Ces deux-là ont déjà une solide expérience et savent où ils vont : avec de beaux produits régionaux, ils composent une cuisine moderne et savoureuse, déclinée à l'ardoise. Une étape sympathique.

Menu 30 € - Carte 49/70 €

1000 route de St-Antonin - ✆ 09 83 43 99 15 - www.estellanlorgues.com - Fermé 1er-16 janvier, 18 février-5 mars, 14-23 avril, mardi, mercredi, samedi midi

Château de Berne

SPA ET BIEN-ÊTRE • NATURE C'est au terme d'un long chemin serpentant à travers la garrigue, que se découvre la parenthèse bénie d'un domaine viticole de 500 ha. On partage son temps entre les chambres provençales (avec vue sur les vignes), les belles piscines intérieure et extérieure, le spa, les cours de cuisine, les dégustations de vin, les concerts...

27 chambres – 330/830 € – 34 € – 2 suites

Chemin des Imberts, route de Salernes – 04 94 60 49 79 – www.chateauberne.com – Fermé 5 janvier-13 février

Le Bistrot • **Le Jardin de Benjamin** – Voir la sélection des restaurants

LORIENT

56100 – Morbihan – Carte régionale n° **7**-B2 – Carte Michelin 308-K8

L'Amphitryon (Olivier Beurné)

POISSONS ET FRUITS DE MER • DESIGN XXX L'une des gloires de la gastronomie bretonne, le chef Jean-Paul Abadie, a laissé les clés de son restaurant à son fidèle sommelier, ainsi qu'au chef Olivier Beurné. Il ne s'est pas trompé : la nouvelle équipe assure une prestigieuse continuité, tout en affirmant sa différence. Volontiers ludique, la cuisine est axée sur les produits du marché que le chef emmène vers de nouveaux horizons : caviar, mascarpone de petits pois, tuile dentelle ; maquereau, jus de ratatouille, citron noir d'Iran, agastache ; langoustine, galet croustillant de crustacé, carotte curcuma, obione marine... Pas de doute : cet Amphitryon va continuer à régaler ses convives.

Spécialités : Cuisine du marché.

Menu 35/130 €

Hors plan *– 127 rue du Colonel-Müller – 02 97 83 34 04 – www.amphitryon-lorient.com – Fermé lundi, dimanche*

Le Sabayon

CUISINE MODERNE • CONVIVIAL XX Le chef lorientais David Vincent revisite ici la tradition au fil du marché et de son inspiration, avec de beaux jeux de textures et des saveurs qui tombent juste : son cabillaud et risotto de tomates confites, accompagné d'un jus de coquillages au porto blanc, en est un bon exemple... Service impeccable.

Spécialités : Œuf basse température, poireau, pomme, émulsion lait ribot. Pêche du jour, pain brioché aux oignons confits et lard fumé, sauce bordelaise. Petit far breton, caramel beurre salé et crème glacée à la vanille.

Menu 32/70 € – Carte 39/73 €

Plan B1-e *– 26 rue Auguste-Blanqui – 02 97 21 19 79 – www.lesabayon.fr – Fermé 6-19 juillet, mercredi midi, samedi midi, dimanche*

Le Tire Bouchon

CUISINE TRADITIONNELLE • COSY XX Dans ce Tire Bouchon, proche de l'arsenal, on ne fait pas que déboucher des bouteilles ! Les gourmands viennent surtout ici pour se régaler d'une goûteuse cuisine de saison. Un bon moment à savourer dans une salle coquette à souhait : grande cheminée, poutres... Accueil souriant.

Spécialités : Crémeux de pommes de terre iodé et fumé. Merlan aux petits légumes de saison. Mi-cuit, mi-fondant au chocolat.

Menu 22 € (déjeuner), 32/64 € – Carte 41/70 €

Plan B2-k *– 45 rue Jules-le-Grand – 02 97 84 71 92 – www.restaurantalorient.com – Fermé 6-21 janvier, 6-14 juillet, 31 août-8 septembre, lundi, mardi, samedi midi*

Louise

CUISINE MODERNE • CHIC XX Louise, c'était l'arrière-grand-mère du chef, qui lui a donné le goût de la cuisine : la naissance d'une vocation ! Les préparations sont fines et goûteuses (superbe plat de rouget, par exemple), distillées au fil d'un menu imposé. Service pro et agréable.

Menu 25 € (déjeuner), 55/85 €

Plan B2-d *– 4 rue Léo-le-Bourgo – 02 97 84 72 12 – www.restaurantlouise.fr – Fermé lundi, dimanche*

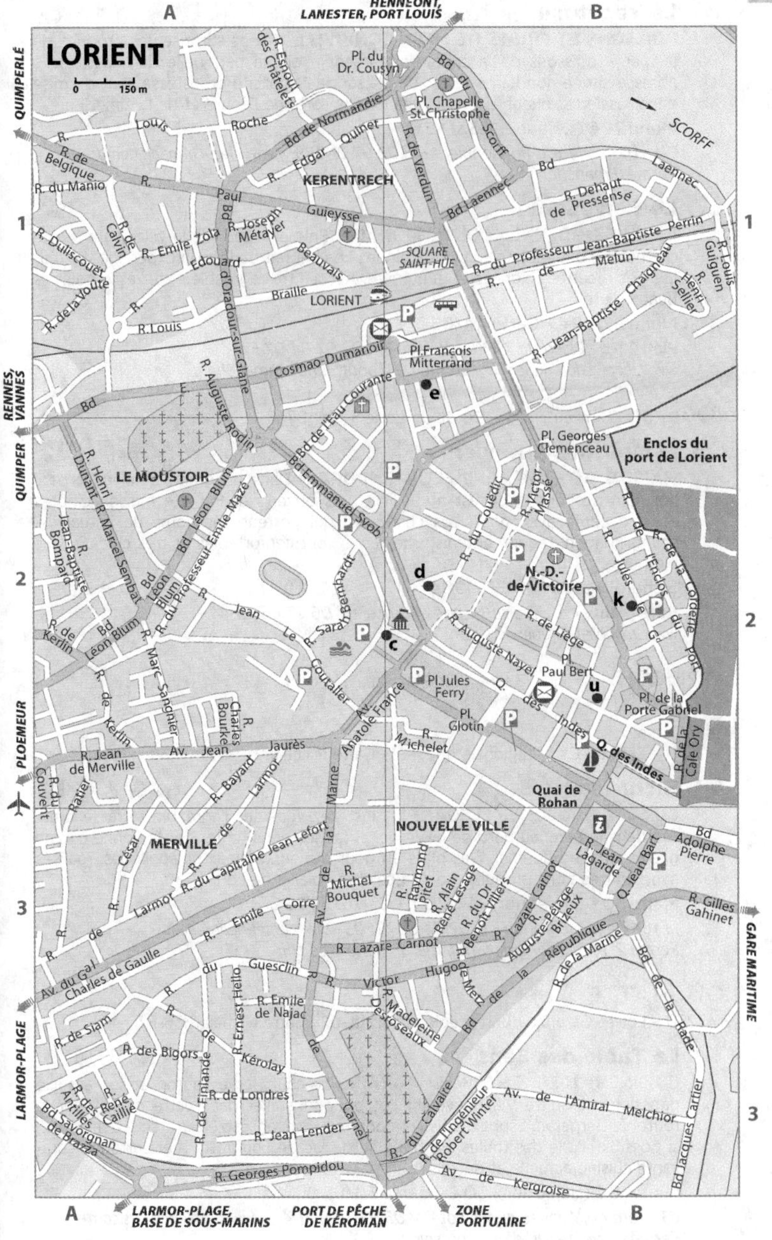
LORIENT
0
150 m
A
B
1
2
3
HENNEONT, LANESTER, PORT LOUIS
QUIMPERLÉ
RENNES, VANNES
QUIMPER
PLOEMEUR
LARMOR-PLAGE
GARE MARITIME
LARMOR-PLAGE, BASE DE SOUS-MARINS
PORT DE PÊCHE DE KÉROMAN
ZONE PORTUAIRE
SCORFF
KERENTRECH
LE MOUSTOIR
N.-D.-de-Victoire
Enclos du port de Lorient
Quai de Rohan
NOUVELLE VILLE
MERVILLE
LORIENT
SQUARE SAINT-HUE
Pl. du Dr. Cousyn
Pl. Chapelle St-Christophe
Pl. François Mitterrand
Pl. Georges Clemenceau
Pl. Jules Ferry
Pl. Glotin
Pl. Paul Bert
Pl. de la Porte Gabriel
Bd de Normandie
Bd du Scorff
Bd Laennec
R. de Verdun
R. Dehaut de Pressensé
R. du Professeur Jean-Baptiste Perrin
R. de Melun
R. Jean-Baptiste Chaigneau
R. Henri Sellier
R. Louis Guiguen
R. Paul Guieysse
R. Edgar Quinet
R. Joseph Métayer
R. Emile Zola
R. Edouard Beauvais
R. Braille
R. Louis Roche
R. de Belgique
R. du Manio
R. de Calvin
R. Duliscouët
R. de la Voûte
R. Louis
R. Esnoul des Châtelets
Bd d'Oradour-sur-Glane
Bd Cosmao-Dumanoir
R. Auguste Rodin
Bd de l'Eau Courante
Bd Emmanuel Svob
Bd Léon Blum
R. du Professeur Emile Mazé
R. Henri Dunant
R. Marcel Sembat
R. Jean-Baptiste Bompard
R. de Kerlin
R. Jean Le Coutaller
R. Sarah Bernhardt
R. Marc Sangnier
R. Charles Bourke
R. du Couëdic
R. Victor Massé
R. de l'Enclos du Port
R. Jules Le Grand
R. de la Corderie
R. de Liège
R. Auguste Nayel
Q. des Indes
R. de la Cale Ory
Av. Anatole France
R. Michelet
Av. Jean Jaurès
R. Jean de Merville
R. du Couvent
R. Ratier
R. Bayard
R. de Larmor
R. César
R. du Capitaine Jean Lefort
Av. de la Marne
R. Michel Bouquet
R. Raymond Pitet
R. Alain René Lesage
R. du Dr Benoît Villers
R. Lazare Carnot
R. Auguste-Pélage Brizeux
R. Jean Lagarde
Q. Jean Bart
Bd Adolphe Pierre
R. Gilles Gahinet
R. Emile Corre
R. Lazare Carnot
R. du Guesclin
R. Victor Hugo
R. de Metz
Bd de la République
R. de la Marine
Bd de la Rade
Av. du Gal Charles de Gaulle
R. Ernest Hello
R. Emile de Najac
R. Madeleine Desroseaux
R. de Siam
R. des Bigors
R. de Kérolay
R. de Finlande
R. de Londres
R. des Antilles
R. René Caillié
Bd Savorgnan de Brazza
R. Jean Lender
R. de Carnel
R. du Calvaire
R. de l'Ingénieur Robert Winter
Av. de l'Amiral Melchior
Bd Jacques Cartier
R. Georges Pompidou
Av. de Kergroise
c
d
e
k
u

Le Yachtman

POISSONS ET FRUITS DE MER • CONVIVIAL XX Sans surprise, les produits de la mer – poissons de la criée, notamment – ont la part belle dans cette jolie adresse située non loin du port de plaisance. Simplicité et justesse sont de mise dans l'assiette ; quant à la salle, elle joue la carte de l'épure et de l'intime.

Menu 22 € (déjeuner), 33/45 €

Plan B2-u – *14 rue Poissonnière – 02 97 21 31 91 – www.leyachtmanlorient.fr – Fermé dimanche*

Le Belvédère

CUISINE MODERNE • CONTEMPORAIN X En plein cœur de la ville, juste à côté du théâtre, une table bien sympathique ! Le chef fait parler son expérience et réalise des recettes soignées et goûteuses. Accueil très agréable et terrasse pour les beaux jours.

Menu 22/32 € – Carte 44/65 €

Plan B2-c – *Place de l'Hôtel-de-Ville – 02 97 84 07 57 – www.lebelvedere-lorient.fr – Fermé 17-31 août, lundi, dimanche*

à Quéven 7 km au Nord - Ouest de Lorient par D765

Manoir des Éperviers

MAISON DE CAMPAGNE • CONTEMPORAIN Dans un grand et élégant parc non loin de Lorient, on est accueilli à bras ouverts dans cette maison d'hôtes cosy, décorée avec goût. Les chambres, qui portent des noms de bateaux – soling, dragon, requin, optimist, melges –, sont confortables et très chic. Espace bien-être.

5 chambres – 130/190 €

Hors plan – *1 rue Pierre-Mendès-France – 06 77 45 63 44 – www.manoir-des-eperviers.com*

LORMONT – Gironde (33) → Voir Bordeaux

LOUÉ

72540 – Sarthe – Carte régionale n° **23**-C1 – Carte Michelin 310-I7

Ricordeau

CUISINE MODERNE • ÉLÉGANT XXX Installez-vous sur l'agréable terrasse dressée dans le parc, au bord de la Vègre, et laissez-vous tenter par la bonne cuisine gastronomique du chef. Des plats au goût du jour, sérieux et appliqués, réalisés avec de très bons produits, dont la célèbre volaille de Loué !

Menu 30 € (déjeuner), 47/70 € – Carte 65/75 €

13 rue de la Libération – 02 43 88 40 03 – www.hotel-ricordeau.fr – Fermé 21 février-2 mars, lundi, mardi, dimanche soir

LOUGRATTE

47290 – Lot-et-Garonne – Carte régionale n° **18**-C2 – Carte Michelin 336-F2

La Table des Sens

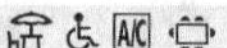

CUISINE MODERNE • CONTEMPORAIN X Le chef Hervé Sauton et son associé pâtissier ont quitté Villeneuve-sur-Lot pour s'installer dans cette maison sur la route de Bergerac. Esprit de bistrot contemporain, agréable terrasse – demandez, si possible, l'une des tables avec vue sur le lac de Lougratte – et surtout, séduisante cuisine actuelle et de saison.

Menu 18 € (déjeuner)/30 € – Carte 50/65 €

63 route de Villeneuve-sur-Lot – 05 53 36 97 04 – www.latabledessens.com – Fermé lundi, mardi, dimanche soir

LOUVIERS

27400 – Eure – Carte régionale n° **17**-D2 – Carte Michelin 304-H6

à **St-Étienne-du-Vauvray** 7 km au Nord - Est par N154 et D77 -
Carte régionale n° **17**-D2

La Ferme de la Haute Crémonville

CUISINE TRADITIONNELLE • **RÉGIONAL** X Cette superbe ferme normande, tout en colombages, semble incarner le rêve d'une vie à la campagne ! Bonjour veaux, vaches, cochons et... recettes traditionnelles : la terrine du chef sent bon le terroir, le suprême de poulet jaune sauce lie de vin embaume, les pièces de bœuf sont cuites au feu de bois. De généreux plats mijotés à la sauce champêtre.

Spécialités : Terrine campagnarde, confiture d'oignon. Dos de cabillaud, risotto crémeux reggiano. Pain perdu de ma grand-mère Henriette.

Menu 31 € - Carte 38/50 €

Route de Crémonville - ✆ 02 32 59 14 22 - www.restaurant-ferme-haute-cremonville.com - Fermé 21 février-1er mars, 18-27 avril, 1er-24 août, mercredi soir, samedi midi, dimanche

LUCEY - Meurthe-et-Moselle (54) → Voir Toul

LUCHÉ-PRINGÉ

✉ 72800 - Sarthe - Carte régionale n° **23**-C2 - Carte Michelin 310-J8

Auberge du Port des Roches

CUISINE TRADITIONNELLE • **CLASSIQUE** XX Une terrasse et un jardin au fil de l'eau, une salle champêtre et une cuisine traditionnelle pétrie d'authenticité : faites fi de toute morosité dans cette sympathique auberge des bords du Loir ! Pour l'étape, des chambres fraîches et colorées.

Menu 34/52 € - Carte 48/54 €

Port des Roches - ✆ 02 43 45 44 48 - Fermé 17-25 août, lundi, mardi midi, dimanche soir

LUCHON - Haute-Garonne (31) → Voir Bagnères-de-Luchon

LUCINGES

✉ 74380 - Haute-Savoie - Carte régionale n° **4**-F1 - Carte Michelin 328-k3

Le Bonheur dans Le Pré

CUISINE MODERNE • **BISTRO** X Dans cette vieille ferme en pleine nature, on joue à fond la carte de l'authenticité ! En cuisine, le chef compose un menu unique à partir de beaux produits locaux. Le tout bien accompagné d'un vin du coin. Dès lors, comment ne pas être convaincu que... le Bonheur est dans Le Pré ! Belle carte des vins.

Menu 34/38 €

2011 route de Bellevue - ✆ 04 50 43 37 77 - www.lebonheurdanslepre.com - Fermé 2-16 janvier, lundi, dimanche, et le midi

LUÇON

✉ 85400 - Vendée - Carte régionale n° **23**-B3 - Carte Michelin 316-I9

Au Fil des Saisons

CUISINE TRADITIONNELLE • **CONTEMPORAIN** X Dans cette sympathique auberge de bord de route, on se sustente avec plaisir et simplicité d'une cuisine fraîche, d'inspiration traditionnelle et régionale (terrine de joue de bœuf, retour de la pêche du jour, etc). Le petit potager fournit quelques légumes et herbes aromatiques. Installez-vous dans la véranda ou le jardin... selon les saisons.

Menu 29/34 €

55 route de la Roche-sur-Yon - ✆ 02 51 56 11 32 - www.aufildessaisons-vendee.com - Fermé 2-15 janvier, 22 août-5 septembre, lundi, samedi midi, dimanche soir

LUC-SUR-ORBIEU

✉ 11200 – Aude – Carte régionale n° **21**-B3 – Carte Michelin 344-H3

La Luciole

CUISINE TRADITIONNELLE • BISTRO X Le chef a réalisé un rêve d'enfant en rachetant ce café sur la petite place du village. Autodidacte passionné, il concocte avec sa fille une cuisine simple et goûteuse, faisant la part belle aux produits locaux ; galettes croustillantes aux pieds de cochon, morue gratinée à l'aïoli, baba au rhum et sorbet mojito. À déguster en terrasse, à l'ombre d'un platane centenaire.

Menu 24/46 € – Carte 32/56 €

3 place de la République – ☎ 04 68 40 87 74 – www.restaurantlaluciole.fr – Fermé mercredi, samedi midi, dimanche soir

LE LUDE

✉ 72800 – Sarthe – Carte régionale n° **23**-D2 – Carte Michelin 310-J9

La Renaissance

CUISINE MODERNE • AUBERGE XX Des produits sarthois et angevins, mais aussi le serpolet, la cardamome, le pavot, la mangue... Ce restaurant traditionnel est à la page, avec sa cuisine qui explore de nouveaux mariages de saveurs. Accueil sympathique.

Menu 20/42 € – Carte 48/77 €

2 avenue de la Libération – ☎ 02 43 94 63 10 – www.renaissancelelude.com – Fermé 19 janvier-3 février, 16-23 avril, 25-31 août, lundi, mardi midi, dimanche soir

LUGON-ET-L'ÎLE-DU-CARNEY

✉ 33240 – Gironde – Carte régionale n° **18**-B1 – Carte Michelin 335-I5

Manoir d'Astrée

FAMILIAL • ÉLÉGANT Ici, tout n'est que vigne, calme et vallons ombragés. Ce manoir du 15e s., protégé des rumeurs du monde, propose des chambres feutrées, nommées d'après une reine ou un astre, Aliénor, Astrée, Adélaïde... Dans le parc, une piscine d'été achève de transformer votre séjour en parenthèse de volupté.

4 chambres ☕ – 👥 125/155 €

Lieu-dit Pelet (r. du 8-mai-1945) – ☎ 05 57 25 24 25 – www.manoirdastree-bordeaux.com – Fermé 1er janvier-15 avril, 1er novembre-31 décembre

LUMBRES

✉ 62380 – Pas-de-Calais – Carte régionale n° **13**-A2 – Carte Michelin 301-F3

Hôtel du Golf

BUSINESS • FONCTIONNEL Au départ du parcours de golf de l'Aa, cet hôtel domine les greens et la forêt. Grand calme, confort et espace dans les chambres, aménagées avec soin. Parfait pour les golfeurs, mais aussi la clientèle business.

54 chambres – 👥 80/220 € – ☕ 16 €

Chemin des Bois – ☎ 03 21 11 42 42 – www.golf.najeti.fr

LUMIO – Haute-Corse (2B) → Voir Corse

LUNEL

✉ 34400 – Hérault – Carte régionale n° **21**-C2 – Carte Michelin 339-J6

Le Bistrot de Caro

CUISINE MODERNE • BISTRO X Dans ce petit bistrot de centre-ville, ambiance décontractée et recettes du marché vont main dans la main. La cheffe, autodidacte, régale avec les produits de la saison, qu'elle travaille avec attention et générosité. Elle réalise même de la charcuterie, grâce aux leçons reçues de son père boucher-charcutier...

Menu 32 € – Carte 36/46 €

129 cours Gabriel-Péri – ☎ 04 67 15 14 55 – Fermé lundi soir, mardi soir, mercredi soir, jeudi soir, samedi, dimanche soir

LUNÉVILLE

✉ 54300 – Meurthe-et-Moselle – Carte régionale n° **12**-C2 – Carte Michelin 307-J7

✿ Château d'Adoménil (Cyril Leclerc)

CUISINE TRADITIONNELLE • LUXE XXX Au cœur de la campagne de Lunéville, ce charmant petit château classique se prélasse au cœur de son parc boisé. On traverse une enfilade solennelle de salles au cachet historique intact, avec boiseries anciennes, parquets et cheminées... La salle à manger s'ouvre, elle, sur le parc. Quelques subtiles touches baroques et contemporaines viennent égayer ce décor de rêve qui est à l'unisson de la cuisine du chef, une cuisine traditionnelle, rehaussée de touches actuelles. Ancien pâtissier, Cyril Leclerc, lorrain talentueux et discret, aime les beaux produits. Il les traite avec respect comme en témoignent la justesse de ses cuissons et de ses saveurs. Célébrée par son épouse experte qui veille en salle, la carte des vins n'est pas en reste...

Spécialités : Grenouilles et œuf bio poché aux influences thaïes. Poitrine de pigeonneau du terroir lorrain. Dessert autour de la mirabelle de Lorraine.

Menu 77/155€ – Carte 130/130€

7 route Mathieu-de-la-Haye - Adoménil-Rehainviller (accès par Cités Ste-Anne) – ✆ 03 83 74 04 81 – www.adomenil.com –
Fermé 13-24 janvier, 17-28 février, 29 juin-9 juillet, lundi, mardi, mercredi midi, jeudi midi, vendredi midi, dimanche soir

Château d'Adoménil

DEMEURE HISTORIQUE • PERSONNALISÉ On a forcément une bonne raison de loger dans cette belle demeure du 18e s., que ce soit pour son parc boisé, ses chambres bourgeoises ou son cachet historique indéniable.

9 chambres – 200/335€ – ☕ 30€ – 5 suites

7 route Mathieu-de-la-Haye - Adoménil-Rehainviller (accès par Cités Ste-Anne) – ✆ 03 83 74 04 81 – www.adomenil.com – Fermé 13-24 janvier, 17-28 février, 29 juin-9 juillet

✿ **Château d'Adoménil** – Voir la sélection des restaurants

Domaine de Stanislas

MAISON DE MAÎTRE • ÉLÉGANT Situé à un jet de pierre du château (le "petit Versailles" de Lorraine), cette demeure de 1855 aux chambres bourgeoises (parquet en chêne, cheminée en marbre), ouvertes sur un joli jardin agrémenté d'arbres centenaires, ne manque pas d'élégance. Equipements modernes et charme de l'ancien. Table d'hôtes avec plats lorrains, sur réservation.

5 chambres – 119€

23 rue de la Tour-Blanche – ✆ 03 83 77 47 20 – www.ledomainedestanislas.com

LURE

✉ 70200 – Haute-Saône – Carte régionale n° **6**-C1 – Carte Michelin 314-G6

à Roye 2 km à l'Est par route de Belfort

Le Saisonnier

CUISINE MODERNE • MAISON DE CAMPAGNE XX Dans la traversée du village, cette ancienne ferme n'attire pas particulièrement l'attention, et pourtant. Désormais menée par un jeune chef au beau parcours, elle propose une réjouissante cuisine du marché ; on prend son repas dans une salle moderne, ou sur l'agréable terrasse à l'arrière... Sympathique.

Menu 20€ (déjeuner), 32/78€ – Carte 45/73€

56 rue de la Verrerie – ✆ 03 84 30 46 00 – www.restaurant-lesaisonnier.fr – Fermé 1er-14 janvier, lundi, mercredi soir, dimanche soir

LUSSAC-LES-CHÂTEAUX

✉ 86320 – Vienne – Carte régionale n° **20**–D2 – Carte Michelin 322-K6

Les Orangeries

CUISINE MODERNE • RUSTIQUE XX Dans cette bâtisse au charme rustique chic, le terme "éco-responsable" prend tout son sens : on y cuisine 80% de produits bio, en provenance des producteurs fermiers de la région. La carte des vins a été élaborée dans le même esprit. Un respect des saisons et du marché qui se retrouve dans l'assiette. Ici, même les chambres sont "durables", c'est dire.

Menu 25 € (déjeuner), 34/50 €

12 avenue du Docteur Dupont – ✆ 05 49 84 07 07 – www.lesorangeries.fr – Fermé lundi midi, samedi midi, dimanche soir

LUYNES

✉ 37230 – Indre-et-Loire – Carte régionale n° **8**–B2 – Carte Michelin 317-M4

Le Louis 13

CUISINE MODERNE • HISTORIQUE XXX Dans une salle qui en met plein la vue (plafonds hauts, marbre blanc au sol, cheminée d'époque), on déguste des plats soignés et savoureux, tout en profitant de la vue sur le parc. À noter : dégustations œnologiques dans les caves, superbement rénovées.

Menu 29 € (déjeuner), 45/82 € – Carte 60/80 €

Domaine de Beauvois, route de Beauvois – ✆ 02 47 55 38 77 – www.restaurant-louis13.fr

Le XII de Luynes

CUISINE MODERNE • CONTEMPORAIN X Le mélange des genres a souvent du bon ! Outre une terrasse face au château, ce relais de poste à l'allure plutôt rustique abrite un intérieur contemporain et tendance. Quant à la cuisine, elle se révèle originale, joliment ficelée et savoureuse.

Menu 24 € (déjeuner), 34/69 € – Carte 54/60 €

12 rue de la République – ✆ 02 47 26 07 41 – www.le-douze.com – Fermé 13-29 janvier, 20-29 décembre, lundi, mardi midi, dimanche soir

Domaine de Beauvois

DEMEURE HISTORIQUE • PERSONNALISÉ Vaste manoir des 16e et 17e s. au cœur d'un parc arboré avec un étang. Les chambres et leurs belles tentures murales confirment une impression d'élégant classicisme, tout comme le restaurant.

35 chambres – 159/350 € – 18 €

Route de Beauvois – ✆ 02 47 55 50 11 – www.beauvois.com

Le Louis 13 – Voir la sélection des restaurants

LUZ-ST-SAUVEUR

✉ 65120 – Hautes-Pyrénées – Carte régionale n° **22**–A3 – Carte Michelin 342-L7

L'Atelier

CUISINE MODERNE • CONVIVIAL X Étonnant parcours que celui du chef, qui fut moniteur de ski et installateur de remontées mécaniques dans une autre vie ! Après s'être formé auprès de quelques bons chefs, il a installé sa table dans l'atelier de couture familial : il y décline des plats bien maîtrisés, à l'image de ce filet de bœuf, pommes grenaille et une excellente béarnaise maison...

Carte 35/53 €

12 avenue de Saint-Sauveur – ✆ 05 62 92 85 22 – www.latelier-luz.com – Fermé 6-31 janvier, 24 mai-24 juin, 1er novembre-18 décembre, lundi midi, mardi, mercredi midi, jeudi midi

LUZY

✉ 58170 – Nièvre – Carte régionale n° **5**-B3 – Carte Michelin 319-G11

La Table de Jérôme - Le Bistrot du Morvan

CUISINE DU MARCHÉ • COSY XX Dans les murs de l'ancien Hôtel du Centre, Jérôme Raymond la joue en deux temps : cuisine moderne et inventive à la Table de Jérôme (samedi soir et dimanche midi) ; plats simples et gourmands au Bistrot du Morvan, le reste de la semaine. Belle carte des vins (500 références) faisant la part belle à la Bourgogne.

Menu 21 € (déjeuner), 33/89 €

Hôtel du Morvan, 26 rue de la République – ✆ 03 86 30 00 66 – www.hotelrestaurantdumorvan.fr – Fermé 1er-22 janvier, 24 août-5 septembre, lundi, mardi midi, dimanche soir

LYON

Lyon, ce sont d'abord les "bouchons", ces chaleureux estaminets des vieux quartiers, où l'on vient déguster les vins régionaux et la cuisine locale (tablier de sapeur, saucisson truffé ou pistaché, cervelle de canut, quenelles de brochet, bugnes, cardons à la moelle, volaille de Bresse...) dans une ambiance typiquement lyonnaise. C'est aussi, plus généralement, une offre pléthorique de bons restaurants, qui fait dire aux connaisseurs qu'il est presque impossible de mal manger dans la capitale des Gaules. C'est enfin l'ouverture de la Cité Internationale de la Gastronomie, dans le cadre du Grand Hôtel-Dieu.

69000 (Rhône)

- Carte régionale n°3-E1
- Carte Michelin 327-I5
- Guide Vert Michelin Lyon et sa région

LES TABLES À NE PAS MANQUER

LES TABLES ÉTOILÉES

✿✿

Une cuisine d'exception. Vaut le détour !

Une cuisine d'une grande finesse. Vaut l'étape !

BIB GOURMAND

Nos meilleurs rapports qualité-prix

INDEX DES RESTAURANTS

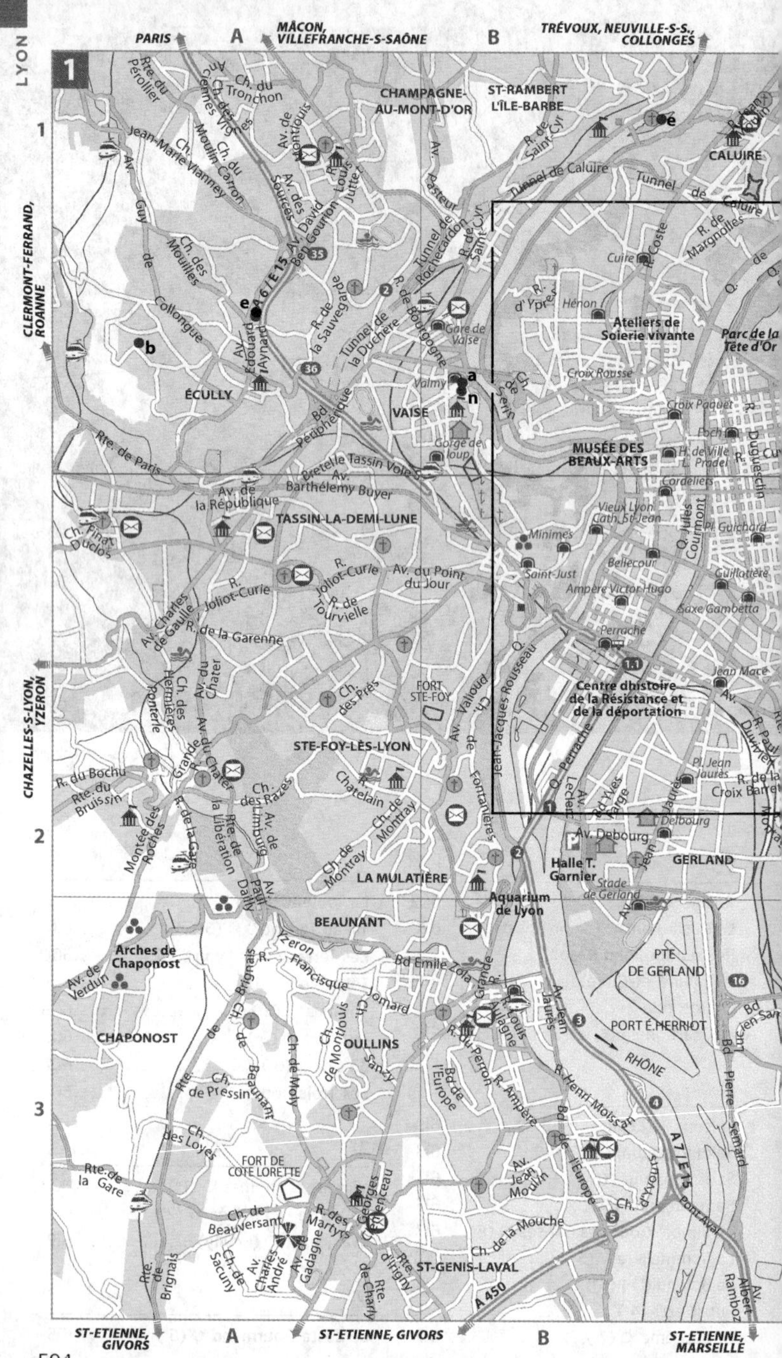
PARIS
A
MÂCON, VILLEFRANCHE-S-SAÔNE
B
TRÉVOUX, NEUVILLE-S-S., COLLONGES
1
CHAMPAGNE-AU-MONT-D'OR
ST-RAMBERT L'ÎLE-BARBE
CALUIRE
Tunnel de Caluire
Ateliers de Soierie vivante
Parc de la Tête d'Or
ÉCULLY
VAISE
MUSÉE DES BEAUX-ARTS
TASSIN-LA-DEMI-LUNE
FORT STE-FOY
STE-FOY-LÈS-LYON
Centre dhistoire de la Résistance et de la déportation
LA MULATIÈRE
Halle T. Garnier
GERLAND
Aquarium de Lyon
BEAUNANT
Arches de Chaponost
PTE DE GERLAND
CHAPONOST
OULLINS
PORT É.HERRIOT
RHÔNE
FORT DE COTE LORETTE
ST-GENIS-LAVAL
A 450
A 6 / E 15
A 7 / E 15
CLERMONT-FERRAND, ROANNE
CHAZELLES-S-LYON, YZERON
ST-ETIENNE, GIVORS
ST-ETIENNE, GIVORS
ST-ETIENNE, MARSEILLE
1
2
3

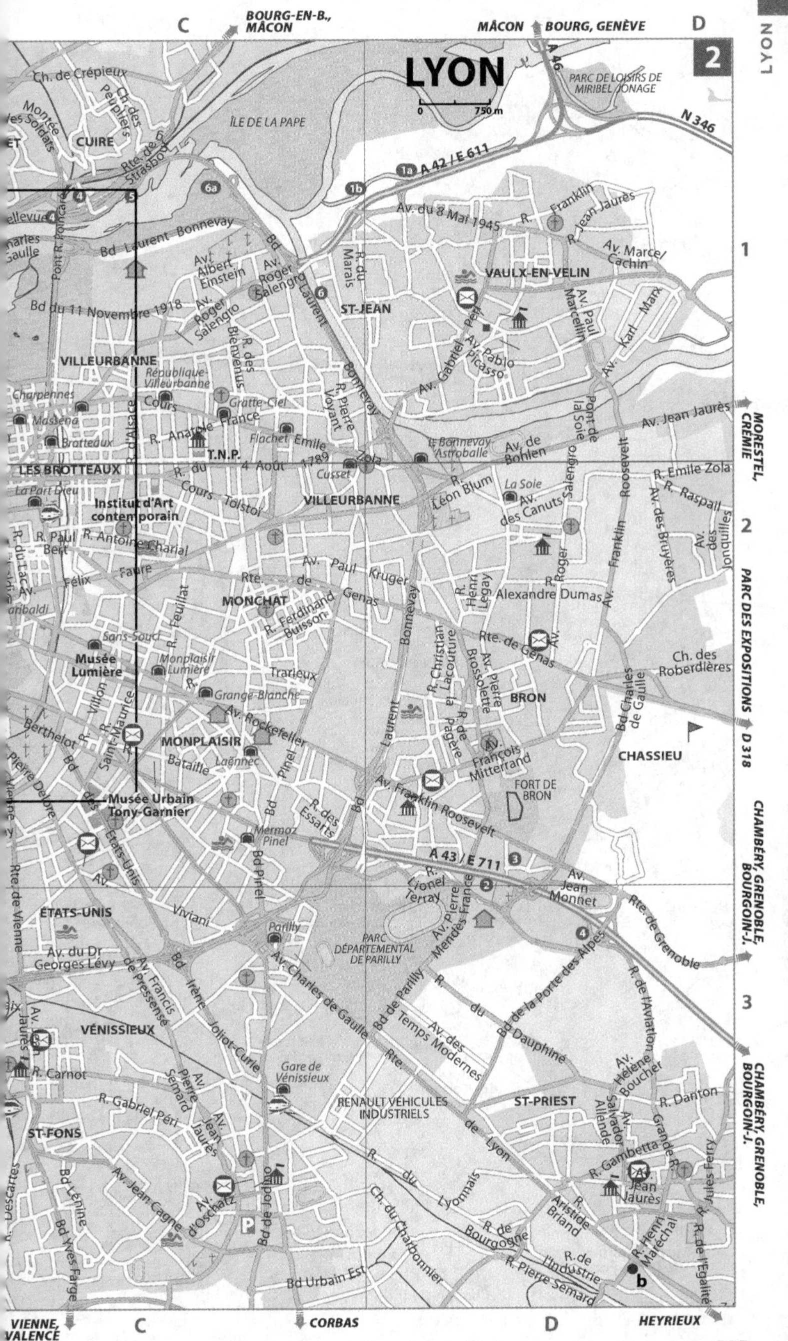
LYON
BOURG-EN-B., MÂCON
MÂCON
BOURG, GENÈVE
MORESTEL, CRÉMIE
PARC DES EXPOSITIONS
D 318
CHAMBÉRY, GRENOBLE, BOURGOIN-J.
CHAMBÉRY, GRENOBLE, BOURGOIN-J.
VIENNE, VALENCE
CORBAS
HEYRIEUX
CUIRE
ÎLE DE LA PAPE
PARC DE LOISIRS DE MIRIBEL JONAGE
VAULX-EN-VELIN
ST-JEAN
VILLEURBANNE
LES BROTTEAUX
Institut d'Art contemporain
T.N.P.
MONCHAT
Musée Lumière
MONPLAISIR
BRON
CHASSIEU
FORT DE BRON
Musée Urbain Tony-Garnier
ÉTATS-UNIS
PARC DÉPARTEMENTAL DE PARILLY
VÉNISSIEUX
ST-FONS
RENAULT VÉHICULES INDUSTRIELS
ST-PRIEST
A 42 / E 611
A 43 / E 711
N 346
A 46
Bd Laurent Bonnevay
Bd du 11 Novembre 1918
Av. Jean Jaurès
Rte. de Genas
Av. Rockefeller
Av. Franklin Roosevelt
Rte. de Grenoble
Av. Charles de Gaulle
Bd Urbain Est

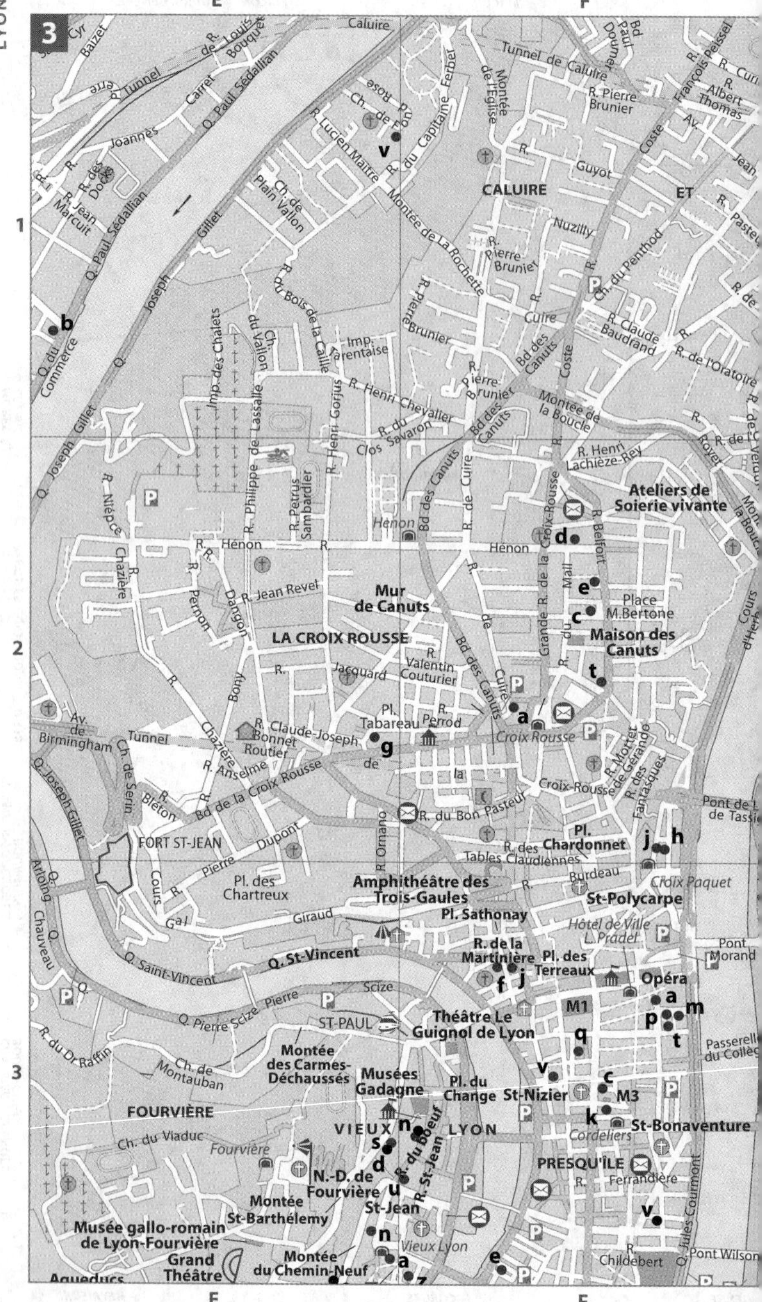
3
E
F
1
2
3
CALUIRE
ET
Tunnel de Caluire
R. Pierre Brunier
R. Albert Thomas
Q. Paul Sédallian
Q. Joseph Gillet
Q. du Commerce
R. Jean Marcuit
R. des Docks
R. Joannès Carret
R. de Louis Bouquet
Tunnel
Ch. de Plain Vallon
R. Lucien Maître
Montée de La Rochette
R. du Capitaine Ferber
Montée de l'Église
Bd Paul Doumer
R. Guyot
R. Nuzilly
Ch. du Penthod
R. Claude Baudrand
R. de l'Oratoire
Bd des Canuts
Montée de la Boucle
R. Henri Lachièze-Rey
R. du Bois de la Caille
Imp. Tarentaise
R. Henri Chevalier
R. du Clos Savaron
Imp. des Chalets
Ch. du Vallon
R. Philippe de Lassalle
R. Henri Gorjus
R. Petrus Sambardier
R. Niépce
R. Hénon
Hénon
R. de Cuire
Grande R. de la Croix-Rousse
R. Belfort
Ateliers de Soierie vivante
Mur de Canuts
R. Jean Revel
R. Chazière
R. Pernon
R. Dangon
LA CROIX ROUSSE
Place M.Bertone
Maison des Canuts
R. Jacquard
R. Valentin Couturier
Pl. Tabareau
R. Perrod
R. Claude-Joseph Bonnet
Routier
Croix Rousse
Bd de la Croix Rousse
Av. de Birmingham
Ch. de Serin
R. Anselme
R. Bléton
R. Bony
R. Mottet de Gérando
R. des Fantasques
R. du Bon Pasteur
R. Ornano
FORT ST-JEAN
R. Pierre Dupont
Pl. des Chartreux
Cours Gal Giraud
Pl. Chardonnet
R. des Tables Claudiennes
R. Burdeau
Croix Paquet
Amphithéâtre des Trois-Gaules
St-Polycarpe
Pl. Sathonay
Hôtel de Ville L. Pradel
Pont de Lattre de Tassigny
Q. St-Vincent
Q. Saint-Vincent
R. de la Martinière
Pl. des Terreaux
Opéra
Pont Morand
Q. Pierre Scize
ST-PAUL
Théâtre Le Guignol de Lyon
M1
Passerelle du Collège
R. du Dr Raffin
Ch. de Montauban
Montée des Carmes-Déchaussés
Musées Gadagne
Pl. du Change
St-Nizier
M3
FOURVIÈRE
VIEUX LYON
Ch. du Viaduc
Fourvière
Cordeliers
St-Bonaventure
R. du Boeuf
R. St-Jean
PRESQU'ÎLE
R. Ferrandière
N.-D. de Fourvière
St-Jean
Montée St-Barthélemy
Musée gallo-romain de Lyon-Fourvière
Grand Théâtre
Montée du Chemin-Neuf
Vieux Lyon
R. Childebert
Q. Jules Courmont
Pont Wilson
Q. Arloing
Q. Chauveau
Cours d'Herbouville
Aqueducs

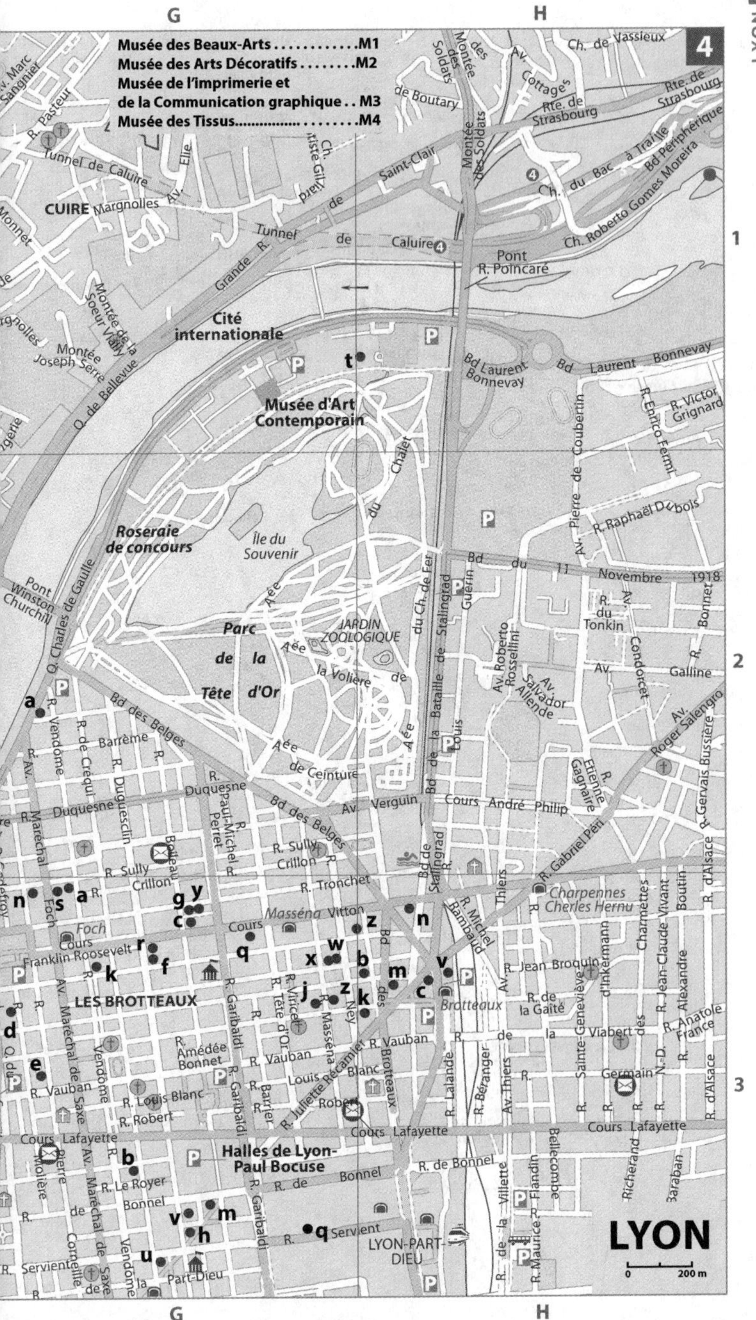
G
H
4
Musée des Beaux-Arts M1
Musée des Arts Décoratifs M2
Musée de l'imprimerie et
de la Communication graphique . . M3
Musée des Tissus. M4
CUIRE
Tunnel de Caluire
Margnolles
Grande R.
Tunnel de Caluire
Pont R. Poincaré
Ch. de Vassieux
Rte. de Strasbourg
Bd Périphérique
Ch. du Bac à Traille
Ch. Roberto Gomes Moreira
Montée des Soldats
de Boutary
Saint-Clair
Cité internationale
Q. de Bellevue
Montée Joseph Serre
Musée d'Art Contemporain
Bd Laurent Bonnevay
R. Victor Grignard
R. Enrico Fermi
Av. Pierre de Coubertin
R. Raphaël Dubois
Roseraie de concours
Île du Souvenir
Pont Winston Churchill
Q. Charles de Gaulle
Bd du 11 Novembre 1918
Parc de la Tête d'Or
JARDIN ZOOLOGIQUE
Bd de la Bataille de Stalingrad
R. du Tonkin
Av. Condorcet
Av. Galline
Av. Roberto Rossellini
Av. Salvador Allende
Av. Roger Salengro
Bd des Belges
R. Vendôme
R. de Créqui
R. Duguesclin
R. Duquesne
Cours André Philip
Av. Verguin
R. Gabriel Péri
R. Sully
R. Tronchet
Charpennes Charles Hernu
Masséna
Vitton
Foch
Cours Franklin Roosevelt
LES BROTTEAUX
R. Garibaldi
R. Tête d'Or
R. Ney
Brotteaux
R. Jean Broquin
R. de la Gaîté
R. Vauban
R. Louis Blanc
R. Robert
R. Juliette Récamier
Cours Lafayette
Halles de Lyon-Paul Bocuse
R. de Bonnel
R. Servient
LYON-PART-DIEU
Part-Dieu
Av. Maréchal de Saxe
R. Le Royer
R. Lalande
R. Béranger
Av. Thiers
R. Sainte-Geneviève
R. Anatole France
R. d'Alsace
R. de la Villette
R. Maurice Flandin
Bellecombe
Richerand
Baraban
LYON
0 200 m
1
2
3

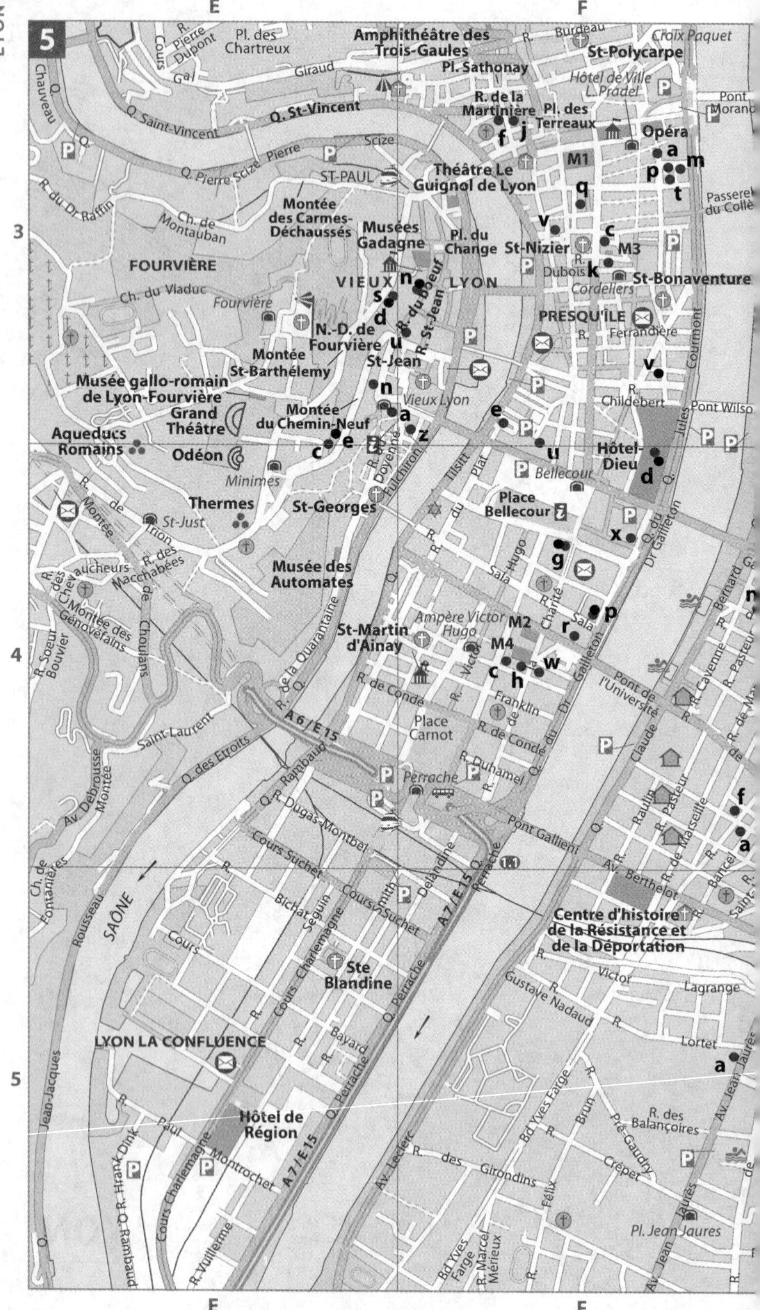
5
E
F
3
4
5
Amphithéâtre des Trois-Gaules
Pl. Sathonay
St-Polycarpe
Croix Paquet
Hôtel de Ville L. Pradel
Pl. des Chartreux
Q. St-Vincent
Pl. des Terreaux
Opéra
R. de la Martinière
Théâtre Le Guignol de Lyon
ST-PAUL
Montée des Carmes-Déchaussés
Musées Gadagne
Pl. du Change
St-Nizier
St-Bonaventure
FOURVIÈRE
VIEUX LYON
PRESQU'ÎLE
N.-D. de Fourvière
Montée St-Barthélemy
St-Jean
Musée gallo-romain de Lyon-Fourvière
Grand Théâtre
Montée du Chemin-Neuf
Vieux Lyon
Aqueducs Romains
Odéon
Minimes
Hôtel-Dieu
Bellecour
Place Bellecour
Thermes
St-Georges
St-Just
Musée des Automates
St-Martin d'Ainay
Ampère Victor Hugo
Place Carnot
Perrache
Pont de l'Université
Pont Gallieni
Pont Wilson
A 6 / E 15
A 7 / E 15
SAÔNE
Ste Blandine
Centre d'histoire de la Résistance et de la Déportation
LYON LA CONFLUENCE
Hôtel de Région
Pl. Jean Jaures
Cours Charlemagne
Cours Suchet
Av. Berthelot
Gustave Nadaud
Bd Yves Farge
Av. Leclerc
Q. Perrache
Q. Rambaud
Q. des Etroits
M1
M2
M3
M4

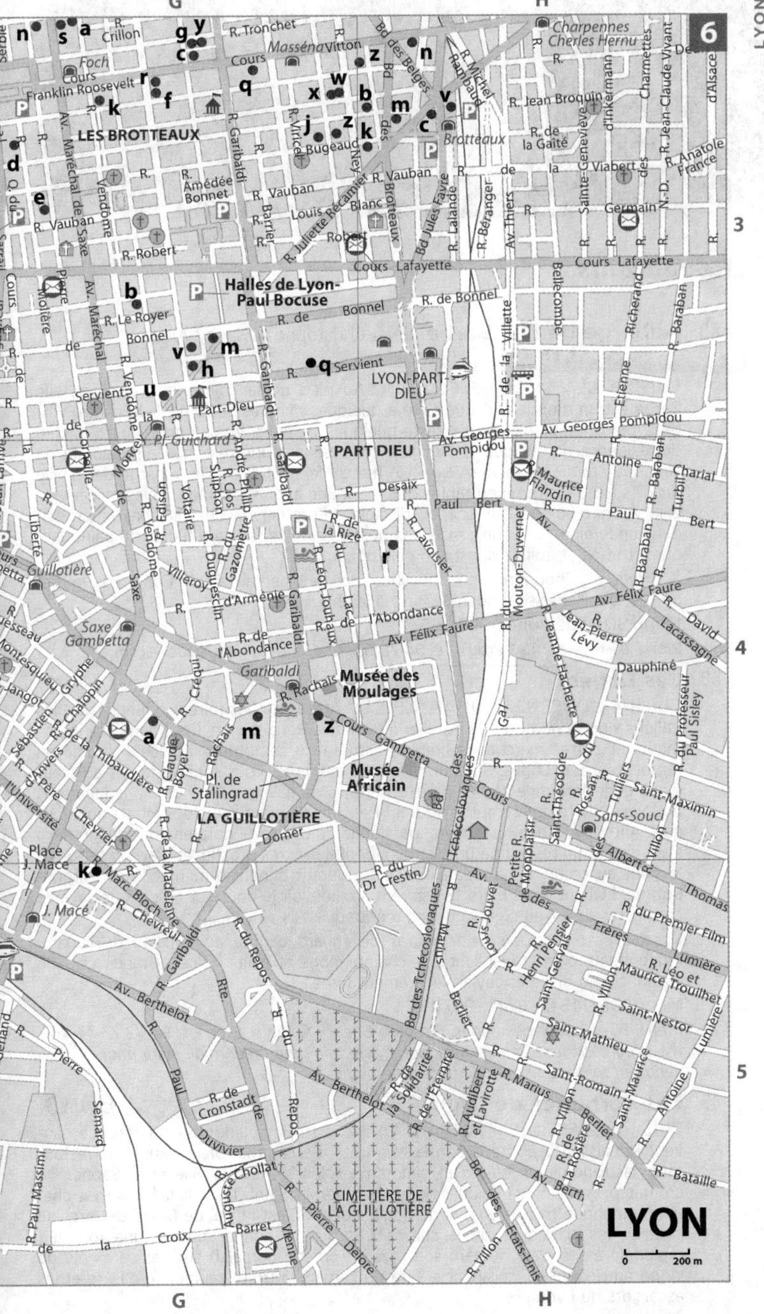
G
H
6
3
4
5
LYON
0
200 m
LES BROTTEAUX
Halles de Lyon-Paul Bocuse
PART DIEU
LYON-PART-DIEU
Musée des Moulages
Musée Africain
LA GUILLOTIÈRE
CIMETIÈRE DE LA GUILLOTIÈRE
Charpennes Charles Hernu
Masséna
Foch
Brotteaux
Pl. Guichard
Guillotière
Saxe Gambetta
Garibaldi
Sans-Souci
J. Macé
Place J. Macé
Pl. de Stalingrad
Cours Franklin Roosevelt
Cours Vitton
Cours Lafayette
Cours Gambetta
Cours Albert Thomas
Av. Maréchal de Saxe
Av. Georges Pompidou
Av. Félix Faure
Av. Thiers
Av. Berthelot
Bd des Belges
Bd des Brotteaux
Bd Jules Favre
Bd des Tchécoslovaques
Bd des Etats-Unis
R. Garibaldi
R. Vendôme
R. Tronchet
R. Crillon
R. Vauban
R. Robert
R. Bugeaud
R. Juliette Récamier
R. de Bonnel
R. Servient
R. Paul Bert
R. Desaix
R. Lavoisier
R. de l'Abondance
R. Rachais
R. Jean Broquin
R. de la Villette
R. Maurice Flandin
R. Jeanne Hachette
R. du Repos
R. de la Madeleine
R. Marc Bloch
R. Chevreul
R. de Marseille
R. Pierre Delore
R. Villon
R. Saint-Maximin
R. du Premier Film
R. Saint-Romain
R. Bataille
R. Léo et Maurice Trouilhet
R. Marius Berliet
R. Paul Massimi
Rte. de Vienne
R. du Professeur Paul Sisley
R. Antoine Charial
R. Baraban
R. Saint-Mathieu
R. Saint-Nestor
Av. des Frères Lumière
R. Domer
R. de Créqui
R. Voltaire
R. Duguesclin
R. de la Thibaudière
R. Sébastien Gryphe
R. d'Anvers
R. de l'Université
R. Chevrier
R. Montesquieu
R. Jangot
R. Chalopin
R. Claude Boyer
R. Amédée Bonnet
R. Louis Blanc
R. Le Royer
R. Molière
R. Pierre Corneille
R. Moncey
R. de la Rize
R. Léon Jouhaux
R. d'Arménie
R. de Villeroy
R. Édison
R. Clos Suiphon
R. du Gazomètre
R. Dauphiné
R. Lacassagne
R. Jean-Pierre Lévy
R. Saint-Théodore
R. Rossan
R. des Tuiliers
R. Henri Pensier
R. Saint-Gervais
R. Audibert et Lavirotte
R. de l'Éternité
R. de la Solidarité
R. du Dr Crestin
R. Louis Jouvet
R. de Cronstadt
R. Duvivier
R. Auguste Chollat
R. Barret
R. Sainte-Geneviève
R. d'Inkermann
R. des Charmettes
R. Jean-Claude Vivant
R. Anatole France
R. de la Gaîté
R. Viabert
R. Germain
R. Michel Rambaud
R. Béranger
R. Lalande
R. Bellecombe
R. Richerand
R. Mouton-Duvernet
R. Paul Bert
R. de l'Abondance
R. Ney
R. Viricel
R. Barrier
R. Pierre Sémard
R. de la Croix Barret

Vieux-Lyon - Vaise

5ᵉ - 9ᵉ arrondissements

P. Jacques /hemis.fr

Restaurants

Auberge de l'Île Barbe (Jean-Christophe Ansanay-Alex)

CUISINE CLASSIQUE · ÉLÉGANT XXX Au pied de la colline de Fourvière, l'île Barbe est un monde idyllique situé à quelques minutes seulement du centre-ville de Lyon. Une abbaye, dont il reste quelques vestiges, y fut fondée au... 5ᵉs. Lieu de résidence de quelques privilégiés, cet oasis champêtre abrite le restaurant de Jean-Christophe Ansanay-Alex. Sitôt franchi le seuil, la vieille auberge de famille du 17ᵉ s. se transforme en table contemporaine avec ses tables ovales gainées de cuir. Admirateur d'Alain Chapel, disciple d'Escoffier, le chef célèbre le produit dans une veine classique... mais pas nostalgique. Le feuille à feuille de Saint-Jacques, truffes et épinards, est son plat signature.

Spécialités : Chou farci de langoustine, beurre blanc au vin de Condrieu. Rouget de l'île, bouillabaisse moderne. Tarte à la châtaigne.

Menu 50 € (déjeuner), 98/158 €

Plan 1 B1-e (sur l'Île Barbe) – *✆ 04 78 83 99 49 – www.aubergedelile.com*

Les Loges

CUISINE MODERNE · ROMANTIQUE XXX Attirés par les foires commerciales, les Italiens vinrent nombreux s'installer à Lyon à la Renaissance. Ces banquiers, imprimeurs et autres marchands firent construire de somptueux édifices, comme en témoignent Les Loges. Sous une verrière moderne, vous serez attablés au cœur d'une cour florentine cernée par trois étages de galeries. On y dîne à la lueur des bougies et le temps semble s'arrêter ! Petit-fils de maraîchers des Monts du Lyonnais, Anthony Bonnet est un vrai passionné du produit – notamment du légume. Il s'appuie sur un réseau de producteurs dont il est très proche, et place la saison et le goût au cœur de sa créativité. Le restaurant bénéficie même de son propre potager ! Quant à ses plats, ils aspirent à émouvoir le gourmet grâce à de savants contrastes de saveurs. Voilà qui ne mérite que des éloges...

Spécialités : Escalope de foie gras de canard confite au bouillon de canard. Pigeonneau, pain croustillant aux champignons et fruits épicés. Grands crus de cacao, chuao glacé et ceylan légèrement fumé.

Menu 105/145 € – Carte 95/115 €

Plan 5 F3-n – *Cour des Loges, 6 rue du Boeuf – Ⓜ Vieux Lyon – ✆ 04 72 77 44 44 – www.courdesloges.com – Fermé lundi, mardi midi, mercredi midi, jeudi midi, vendredi midi, samedi midi, dimanche midi*

Les Terrasses de Lyon

CUISINE CLASSIQUE · ÉLÉGANT XXX Juché sur la colline de Fourvière, ce couvent Renaissance abrite désormais un hôtel de charme. Bien nommé, le restaurant gastronomique jouit d'un panorama splendide sur la ville et la Saône. On croirait presque toucher du doigt la cathédrale Saint-Jean. Il fallait ici un chef qui ne manque pas de vue, ni de perspectives ! C'est le cas de David Delsart, qui maîtrise les classiques de la cuisine française. Il donne souvent une tournure régionale à ses plats, fumant son pigeon (ou son homard) sur des sarments de vigne du Beaujolais, cuisinant la féra du Léman, la truite saumonée d'Isère et les escargots du Lyonnais.

Spécialités : Ceviche d'omble chevalier, salade croquante et yaourt aux épices. Pigeon royal d'Anjou fumé aux sarments de vigne, cuisses confites et aubergine condimentée. Soufflé chaud au chocolat, sablé viennois à la fleur de sel et crème glacée à la fève tonka.

Menu 49 € (déjeuner), 76/120 € – Carte 108/131 €

Plan 5 E3-s – *Villa Florentine, 25 Montée St-Barthélémy – Ⓜ Fourvière – ✆ 04 72 56 56 02 – www.villaflorentine.com – Fermé lundi, dimanche*

✿ Têtedoie (Christian Têtedoie)

CUISINE MODERNE • DESIGN XXX À l'instar de son mentor Paul Bocuse, Christian Têtedoie a bâti un petit empire gourmand. Juché sur la colline de Fourvière, véritable balcon sur la ville, son restaurant Têtedoie en est la vitrine gastronomique. Défenseur des traditions culinaires françaises, ce fan d'art contemporain ne cesse de les explorer avec talent, voire de les moderniser. Saint-pierre, petits pois et poivre Kerala ; bœuf, huîtres et piment de Bresse ; lapin, artichauts et foie : ces noms de plats ne ressemblent-ils pas à une exposition de peinture abstraite ? Enfin, impossible de ne pas mentionner son plat signature, ce homard en cocotte et cromesquis de tête de veau, désormais rebaptisé HTV. Générosité, sensibilité, jeux intelligents sur les textures et les saveurs : tout y est.

Spécialités : Courgette, sureau et cidre. Homard et tête de veau façon pâté en croûte et sa raviole. Figue, romarin et miel.

Menu 48 € (déjeuner), 70/145 € – Carte 90/125 €

Plan 5 E4-c – *4 rue Professeur-Pierre-Marion (montée du Chemin-Neuf) – Ⓜ Minimes – ✆ 04 78 29 40 10 – www.tetedoie.com*

✿ Au 14 Février (Tsuyoshi Arai)

CUISINE CRÉATIVE • ÉLÉGANT XX Le 14 février est désormais installé rue du Bœuf, au cœur du vieux Lyon, parmi les hôtels particuliers Renaissance, les ruelles pavées et autres galeries à arcades... De quoi se mettre en appétit pour déguster le menu surprise du chef Tsuyoshi Arai dont le talent et l'imagination, eux, n'ont pas changé ! Natif de Kyoto, il appartient à la grande famille des chefs japonais tombés amoureux du patrimoine culinaire gaulois. Il magnifie des produits d'une fraîcheur exceptionnelle (pigeonneau de la maison Masse, bœuf wagyu) en jouant sur les textures et l'amertume : bluffant carpaccio de homard bleu, velouté de cèpes de velours, douce mousse de foie gras... À chaque repas, il enchante son auditoire avec sa symphonie saisonnière. Quant au service, il est d'une extrême gentillesse.

Spécialités : Tatin de betterave et crème glacée au foie gras, noisette et livèche. Entrecôte de bœuf Wagyu grillée, ponzu et wasabi frais. Rose sous cloche façon vacherin et parfait à la framboise.

Menu 92 €

Plan 5 F3-d – *36 rue du Bœuf – Ⓜ Vieux Lyon – ✆ 04 78 92 91 39 – www.ly-au14fevrier.com – Fermé 3-17 août, 21 décembre-4 janvier, lundi, mardi midi, mercredi midi, jeudi midi, vendredi midi, dimanche*

✿ Jérémy Galvan

CUISINE CRÉATIVE • COSY X Au cœur du Vieux-Lyon, Jérémy Galvan s'est fait une place dans l'une des rues les plus étoilées de France, la rue du Bœuf. Savoyard, il a roulé sa bosse jusqu'au Québec. Comme beaucoup de chefs de sa génération, ce locavore prend très au sérieux la défense de la planète et de ceux qui en vivent – les producteurs, qu'il préfère appeler "partenaires" sur son site. Il aspire à une "cuisine d'instincts", mais aussi de souvenirs, souvent liés à la nature – normal, pour un petit-fils de maraîchers. La décoration de sa salle et ses créations culinaires s'inspirent des quatre éléments : terre et feu, eau et air. Mousse légère au beaufort, eau parfumée aux champignons, poudre de noisette et de noix de pécan comme un compost gourmand, glace au sapin : l'originalité n'est pas la moindre de ses qualités.

Spécialités : Cuisine du marché.

Menu 35 € (déjeuner), 69/109 €

Plan 5 F3-u – *29 rue du Bœuf – Ⓜ Vieux-Lyon – ✆ 04 72 40 91 47 – www.jeremygalvanrestaurant.com – Fermé 26 avril-4 mai, 17-27 juillet, 23-26 décembre, lundi, mercredi midi, samedi midi, dimanche*

La Sommelière

CUISINE MODERNE • INTIME La propriétaire sommelière, Shoko Hasegawa, et le chef Takafumi Kikuchi, originaire de Tokyo, ont tous les deux fourbi leurs armes au fameux restaurant Saint-Valentin, dans le village du même nom. La jeune femme, qui assure en salle un service plein d'attentions, a jeté son dévolu sur ce micro-restaurant d'une dizaine de couverts au cœur du vieux Lyon. Pensez absolument à réserver : les places sont chères ! Le chef met son implacable rigueur au service d'une cuisine française classique, à travers un menu unique. Les assiettes se révèlent d'une grande élégance, à l'instar de ce homard et crème de crustacés, ou du filet de bar sauvage sur peau – une expérience rehaussée par des accords mets et vins millimétrés. Excellent rapport qualité-prix.

Spécialités : Bisque de crevettes aux œufs fermiers. Rôti de côte de bœuf charolais. Opéra.

Menu 72 €

Plan 5 E3-a – *6 rue Mourguet – Ⓜ Vieux Lyon – ✆ 04 78 79 86 45 – https://la-sommeliere.net – Fermé lundi, mardi midi, mercredi midi, jeudi midi, vendredi midi, dimanche*

Racine

CUISINE MODERNE • CONVIVIAL Non pas une seule Racine, mais plusieurs. Celles, bourguignonnes, du chef, qui les revendique fièrement ; celles des produits qu'il utilise (dont 90% sont produits dans un rayon de 100 km). Quant à ses assiettes, savoureuses et équilibrées, elles font le reste ! Petit coin épicerie et bar à vins les jeudi et vendredi.

Spécialités : Gravlax de bœuf charolais. Bœuf fondant, jus corsé, et légumes de saison. Sphère chocolat, noisettes et confiture de lait.

Menu 22 € (déjeuner), 25/30 €

Plan 1 B1-a – *1 rue du Chapeau-Rouge, impasse Charavay – Ⓜ Valmy – ✆ 04 26 18 57 15 – www.racinerestaurant-lyon.com – Fermé lundi soir, mardi soir, mercredi soir, samedi, dimanche*

Substrat

CUISINE MODERNE • BISTRO "Produits de la cueillette et vins à boire" : voici la promesse de cette table entre maison de campagne et atelier d'artisan... La promesse est tenue : ail des ours, airelles, cèpes, bolets et autres myrtilles accompagnent des assiettes savoureuses et débordantes de nature, accompagnées de beaux cépages. On se régale !

Spécialités : Mousse d'estragon, champignons poêlés aux herbes et amandes fraîches. Saumon confit, sauce soja, gomasio, crémeux de petit épeautre. Pain d'épice, glace sirop d'érable et clémentine caramélisée.

Menu 23 € (déjeuner), 33/44 €

Plan 3 F2-d – *7 rue Pailleron – Ⓜ Hénon – ✆ 04 78 29 14 93 – www.substrat-restaurant.com – Fermé 10-24 août, dimanche*

Cinq Mains

CUISINE MODERNE • BISTRO Dans ce quartier très touristique en bord de Saône, cette maison en pierre apparente est désormais le fief de Grégory Cuilleron, entouré de son frère et d'un ami. La cuisine penche nettement du côté bistronomique et moderne, et s'accompagne d'une sélection de petits vins bien choisis – la passion des trois associés.

Menu 20 € (déjeuner), 35/50 €

Plan 5 F3-z – *12 Rue Monseigneur Lavarenne – Ⓜ Vieux Lyon – ✆ 04 37 57 30 52 – Fermé 1er-8 janvier, 10-15 mai, 15 août-5 septembre*

Daniel et Denise Saint-Jean

CUISINE LYONNAISE • BOUCHON LYONNAIS À deux pas de la cathédrale St-Jean, ce bouchon emblématique du Vieux Lyon est tenu par le chef Joseph Viola (Meilleur Ouvrier de France en 2004), déjà connu pour son Daniel et Denise du 3e arrondissement. Au menu de cet opus, une cuisine lyonnaise traditionnelle, qui ravira les amateurs.

Menu 33/60 € – Carte 39/58 €

Plan 5 E3-n – *32 rue Tramassac – Ⓜ Vieux Lyon – ✆ 04 78 42 24 62 – www.daniel-et-denise.fr – Fermé lundi, dimanche*

Brasserie de L'Ouest

CUISINE TRADITIONNELLE • BRASSERIE Parmi les brasseries de Paul Bocuse, celle-ci est tout bonnement immense (600 couverts par jour !). La carte rend hommage à la tradition qui a fait la réputation du grand chef (foie de veau à la Lyonnaise, poulet de Bresse rôti à la broche, sole meunière, etc.). Décor design et jolie terrasse côté Saône.

Menu 27/31 € – Carte 35/67 €

Plan 3 E1-b – *1 quai du Commerce – Ⓜ Gare de Vaise – ✆ 04 37 64 64 64 – www.brasseries-bocuse.com*

Le Tiroir

CUISINE MODERNE • TENDANCE Dans ce quartier populaire de Vaise en voie de boboïsation accélérée, un Tiroir ouvert par un chef... qui ne veut pas être mis dans une case ! Il assume les influences diverses de sa cuisine, qui évolue au fil du marché et de ses envies du moment. Les produits sont bien travaillés, dressés avec soin, servis avec le sourire : on passe un bon moment.

Menu 24 € (déjeuner), 31/46 €

Plan 1 B1-n – *20 Grande-Rue-de-Vaise – Ⓜ Valmy – ✆ 04 78 64 75 96 – Fermé lundi soir, mardi soir, samedi, dimanche*

Hôtels

Cour des Loges

LUXE • COSY Voûtes, galeries, passages... tout le charme de la Renaissance au cœur du vieux Lyon, l'élégance contemporaine en prime. Ces cinq bâtiments anciens, reliés entre eux par des traboules, forment un ensemble cossu, sans même parler de la convivialité du bistrot (le Café-Épicerie) et des douceurs du restaurant Les Loges.

56 chambres – 200/410 € – 29 € – 4 suites

Plan 3 F3-n – *6 rue du Boeuf – Ⓜ Vieux Lyon – ✆ 04 72 77 44 44 – www.courdesloges.com*

✿ **Les Loges** – Voir la sélection des restaurants

Villa Florentine

HISTORIQUE • PERSONNALISÉ Sur la colline de Fourvière, ce beau bâtiment Renaissance, devenu couvent et agrandi aux 18e-19e s., jouit d'une vue incomparable sur la ville. Les chambres dévoilent un raffinement rare. Voilà bien l'un des établissements les plus agréables de la ville...

29 chambres – 195/990 € – 27 €

Plan 5 E3-s – *25 montée St-Barthélémy – Ⓜ Fourvière – ✆ 04 72 56 56 56 – www.villaflorentine.com*

✿ **Les Terrasses de Lyon** – Voir la sélection des restaurants

Villa Maïa

LUXE • CONTEMPORAIN Imposant bâtiment de béton aux lignes épurées, perché sur la colline de Fourvière, Villa Maïa, dessiné par Jean-Michel Wilmotte, est l'hôtel de tous les superlatifs : sol en marbre, bar bibliothèque, et somptueuses chambres d'esprit zen, ouvertes sur les toits de Lyon... jusqu'aux Alpes ! Piscine couverte, fitness etc. Le luxe absolu.

35 chambres – 455/930 € – 2 suites

Plan 5 E3-e – *8 rue du Professeur-Pierre-Marion – Ⓜ Minimes – ✆ 04 78 16 01 01 – www.villa-maia.com*

, , , , &

Presqu'Île - Croix-Rousse

1er - 2e - 4e arrondissements

P. Jacques /hemis.fr

Restaurants

✿✿ Mère Brazier (Mathieu Viannay)

CUISINE CLASSIQUE • ÉLÉGANT XxX Eugénie Brazier (1895-1977), cheffe d'exception et inspiratrice de tout un pan de la cuisine française, obtint trois étoiles dans deux établissements différents. C'est dans son adresse lyonnaise, rue Royale, que Mathieu Viannay donne sa propre lecture du "mythe" Brazier. Dans un magnifique décor hybride, où les vitraux et moulures 1930 rencontrent des fauteuils Tulipe Saarinen (il fallait oser !), le chef rend un vibrant hommage aux incontournables des lieux (volaille de Bresse demi-deuil aux truffes, pain de brochet croustillant, renversant soufflé au Grand Marnier) en y insufflant son talent et son inspiration. Ne manquez pas le menu déjeuner, sans doute le meilleur rapport qualité-prix de la maison.

Spécialités : Artichaut et foie gras. Pain de brochet aux écrevisses et jus de carapaces au vin jaune. Paris-brest.

Menu 75 € (déjeuner), 120/180 € – Carte 153/250 €

Plan 3 F2-j – *12 rue Royale – Ⓜ Hôtel de Ville – ✆ 04 78 23 17 20 – www.lamerebrazier.fr – Fermé 29 février-8 mars, 1er-30 août, samedi, dimanche*

✿ Les Trois Dômes

CUISINE MODERNE • CONTEMPORAIN XxX Au dernier étage de l'hôtel, une salle à la blancheur épurée qui offre une vue tout bonnement magique sur Lyon, ses toits, ses clochers et ses dômes – et tout particulièrement la nuit... Solide professionnel, le chef Christian Lherm aime revisiter les classiques avec des produits de belle facture : tourte de homard, pomme de terre Roseval ; aiguillette de saint-pierre juste snackée ; turbot sauvage, fleurs de courgette, farcis à la ricotta et asperge verte. Une cuisine pleine de hauteur qui joue aussi sur de somptueux accords mets et vins : la carte, qui comporte les plus belles étiquettes de France, y invite fortement.

Spécialités : Salade de homard et tomates multicolores en tartare, en gaspacho et en gelée. Filet de bœuf de Salers à la truffe d'été. Cigare au chocolat, crémeux Baileys et glace au safran.

Menu 48 € (déjeuner), 83/125 € – Carte 44/87 €

Plan 5 F4-p – *Sofitel Lyon Bellecour, 20 Quai du Docteur Gailleton (8ème étage) – Ⓜ Bellecour – ✆ 04 72 41 20 97 – www.les-3-domes.com – Fermé 12-19 avril, 1er-31 août, lundi, dimanche*

✿ Prairial (Gaëtan Gentil)

CUISINE MODERNE • ÉPURÉ X Prairial : relatif aux prairies, selon le dictionnaire. Tout un programme, décoratif et culinaire, pour ce restaurant de la Presqu'île, entre la place Bellecour et les Terreaux ! Le décor, tout d'abord : ambiance scandinave avec bois blond, pierres brutes, murs végétalisés et une couleur dominante jaune qui évoque une... prairie fleurie. La cuisine ensuite : Gaëtan Gentil, ancien de l'Agapé Substance, aime le végétal et le fait savoir. Ne veut-il pas "cuisiner" les pâturages, les marées et les jardins de France dans l'un de ses menus ? Résolument créative, sa cuisine s'épanouit autour de menus surprise aux propositions mûrement réfléchies : savoureux émietté de tourteau, chou-rave et chou kale ; limpide lieu jaune, sauce au vin blanc et mousseline de carotte...

Spécialités : Tomate, tagète et pamplemousse. Cristivomer, carotte et épicéa. Chocolat grand cru alpaco, framboises, mélilot.

Menu 35 € (déjeuner), 59/94 €

Plan 5 F3-v – *11 rue Chavanne – Ⓜ Cordeliers – ✆ 04 78 27 86 93 – www.prairial-restaurant.com – Fermé 28 janvier-1er février, 1er-19 septembre, lundi, jeudi midi, dimanche*

Aromatic

CUISINE MODERNE • TENDANCE Attention, pépite dans le quartier de la Croix-Rousse ! Frédéric Taghavi et Pierre Julien Gay, complices, proposent de savoureuses recettes modernes, à base de produits top fraîcheur – dont de beaux poissons sauvages. Tout met l'eau à la bouche, à l'image de ce cabillaud sauvage et de son jus de bouillabaisse…

Spécialités : Cuisine du marché.

Menu 21 € (déjeuner), 33/48 €

Plan 3 F2-c – *15 rue du Chariot-d'Or – Ⓜ Croix-Rousse – ✆ 04 78 23 73 61 – www.aromaticrestaurant.fr – Fermé 15-23 mars, 1er-25 août, lundi, dimanche*

Le Canut et les Gones

CUISINE MODERNE • BISTRO Une ambiance unique, entre bistrot et brocante – bar en formica, parquet au sol, tapisserie vintage, collection d'horloges anciennes aux murs –, une cuisine moderne et bien rythmée par les saisons, une carte des vins garnie de plus de 300 références… Dans un coin peu fréquenté de la Croix-Rousse, une adresse à découvrir absolument.

Spécialités : Râble de lapin farci au foie gras, anguille fumée et shiso vert. Noix de veau rôti, purée de patate douce au citron confit. Île flottante menthe poivrée, tomate green zebra et citron vert, pêche au sirop de sureau.

Menu 22 € (déjeuner)/34 €

Plan 3 F2-e – *29 rue Belfort – Ⓜ Croix-Rousse – ✆ 04 78 29 17 23 – www.lecanutetlesgones.com – Fermé lundi, dimanche*

Léon de Lyon

CUISINE TRADITIONNELLE • ÉLÉGANT Cette institution lyonnaise, fondée en 1904, a été reprise par un trio d'associés dont l'humoriste (et bon vivant) Laurent Gerra. Joli cadre restauré (papier peints, tableaux), cuisine classique revisitée (cochon fermier et foie gras en terrine ; soufflé à la Chartreuse verte), carte des vins de 950 références… Du solide.

Menu 55 € – Carte 69/107 €

Plan 5 F3-q – *1 rue Pleney (angle r. du Plâtre) – Ⓜ Hôtel de Ville – ✆ 04 72 10 11 12 – www.leondelyon.com*

Epona Ⓝ

CUISINE MODERNE • CHIC Six ans de travaux ont été nécessaires pour réhabiliter l'ancien Hôtel-Dieu (hôpital jusqu'en 2010) en un hôtel de standing international tout en conservant le caractère du bâtiment. Le restaurant Epona, nommé d'après la déesse de la mythologie celtique, propose des spécialités régionales, piquées de modernité (comme ces cuisses de grenouilles et pied de cochon), à déguster dans un beau cadre, façon brasserie de luxe.

Menu 29 € (déjeuner) – Carte 49/78 €

Plan 5 F4-d – *Intercontinental Lyon-Hôtel Dieu, 20 quai Jules-Courmont – Ⓜ Bellecour – ✆ 04 26 99 24 24 – http://lyon.intercontinental.com*

L'Institut

CUISINE MODERNE • CONTEMPORAIN Place Bellecour, le restaurant d'application de l'Institut Paul-Bocuse n'a rien d'une école ! Dans un décor très contemporain signé Pierre-Yves Rochon, avec des cuisines ouvertes sur la salle, les élèves délivrent une prestation exigeante. Les assiettes, fort bien maîtrisées, méritent une bonne note.

Menu 39 € (déjeuner)/51 €

Plan 5 F4-g – *Le Royal, 20 place Bellecour – Ⓜ Bellecour – ✆ 04 78 37 23 02 – www.linstitut-restaurant.fr – Fermé 3-24 août, 23 décembre-7 janvier, lundi, dimanche*

Restaurant Fond Rose

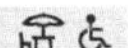

CUISINE TRADITIONNELLE • BRASSERIE XX Une maison bourgeoise des années 1920 transformée en brasserie chic par le groupe Bocuse, avec sa terrasse entourée d'arbres centenaires : une certaine idée de la quiétude. La cuisine se révèle généreuse et savoureuse, dans la tradition des bords de Saône : grenouilles, quenelles, etc. Une certaine idée du goût !

Menu 32/35 € – Carte 40/70 €

Plan 3 F1-v – *23 chemin de Fond-Rose - à Caluire-et-Cuire – ✆ 04 78 29 34 61 – www.brasseries-bocuse.fr*

L'Établi

CUISINE MODERNE • TENDANCE X Un vrai coup de cœur que ce restaurant emmené par un ancien de chez Christian Têtedoie. Menu déjeuner au bon rapport qualité-prix, plats dans l'air du temps et de saison (rouget, rhubarbe, navet et vinaigre de coing), toujours bien maîtrisés : on se régale d'un bout à l'autre du repas. Pour ne rien gâcher, le service est attentionné.

Menu 28 € (déjeuner), 54/69 €

Plan 5 F4-c – *22 rue des Remparts-d'Ainay – Ⓜ Ampère Victor Hugo – ✆ 04 78 37 49 83 – www.letabli-restaurant.fr – Fermé 1er-11 janvier, 1er-30 août, samedi, dimanche*

Le Grand Réfectoire Ⓝ

CUISINE MODERNE • BRASSERIE X Sous les voûtes séculaires de l'ancienne réfectoire des sœurs au sein de l'Hôtel-Dieu, classé Monument historique, cette immense brasserie propose une carte signée Marcel Ravin (1* Blue Bay à Monaco). On déguste une cuisine actuelle aux touches exotiques (avec des influences antillaises). Délicieux bar feutré à l'étage (L'Officine) et quelques places privilégiées au passe pour un menu dégustation.

Menu 24 € (déjeuner), 55/62 € – Carte 38/75 €

Plan 5 F3-k – *26 rue Henri-Germain (Grand Hôtel-Dieu) – Ⓜ Bellecour – ✆ 04 72 41 84 96 – legrandrefectoire.com – Fermé lundi soir, dimanche soir*

Monsieur P

CUISINE MODERNE • COSY X Sis dans un superbe immeuble Louis XV, au mobilier d'époque ou chiné en brocante, Monsieur P est aussi un repaire de gourmets. Aux fourneaux, Florent Poulard, passé par de belles maisons, propose une savoureuse cuisine moderne : il adore travailler les légumes (suite à son passage chez Alain Passard) et les pièces entières de poissons et de viandes. Un coup de cœur.

Menu 26 € (déjeuner), 48/58 € – Carte 45/60 €

Plan 3 F2-h – *14 rue Royale – Ⓜ Croix-Paquet – ✆ 04 82 31 87 63 – www.monsieurp.fr – Fermé 3-25 août, 23-27 décembre, samedi, dimanche*

L'Atelier des Augustins

CUISINE MODERNE • CONTEMPORAIN X Passé par de belles maisons et ancien chef des ambassades de France à Londres et à Bamako, Nicolas Guilloton a quitté les ors protocolaires pour créer cet Atelier, aménagé façon mini-loft avec beau plafond à la française et pierres apparentes. Ici, la cuisine reste une affaire capitale : le chef signe de jolies recettes, colorées et pleines de parfum, d'une modernité assumée.

Menu 29 € (déjeuner), 48/62 € – Carte 50/70 €

Plan 5 F3-j – *11 rue des Augustins – Ⓜ Hôtel de Ville – ✆ 04 72 00 88 01 – www.latelierdesaugustins.com – Fermé 23-31 décembre, lundi, samedi midi, dimanche*

La Bijouterie

CUISINE CRÉATIVE • BRANCHÉ X Véritable repaire de la branchitude lyonnaise, cette Bijouterie ne désemplit pas. C'est bien logique : le jeune chef se fend d'une cuisine inventive et métissée (Asie, Amérique du Sud, notamment), regorgeant de bonne idées. Menu unique le soir, "petits bijoux" à midi (dim sum, gyoza), belle carte des vins : succès garanti.

Menu 26 € (déjeuner)/51 €

Plan 5 F3-f – *16 rue Hippolyte-Flandrin – Ⓜ Hôtel de Ville – ✆ 04 78 08 14 03 – www.labijouterierestaurant.fr – Fermé 22 février-9 mars, 10-31 août, lundi, dimanche*

Le Bistrot des Voraces

CUISINE TRADITIONNELLE • BISTRO Êtes-vous simplement gourmand... ou franchement vorace ? Dans tous les cas, ce bistrot de quartier de la Croix-Rousse saura vous combler : son patron, Cédric Blin, s'est lancé ici en solo après avoir notamment fait ses classes aux Crayères, à Reims. Menu-carte à prix raisonnable.

Menu 25 €

Plan 3 F2-t – *13 rue d'Austerlitz – Ⓜ Croix-Rousse – ✆ 04 72 07 71 86 – www.bistrotdesvoraces.fr – Fermé samedi, dimanche*

Les Boulistes

CUISINE TRADITIONNELLE • BISTRO Sur le plateau de la Croix-Rousse, ce restaurant situé sur une place (haut lieu de la pétanque... d'où le nom !) propose une cuisine traditionnelle et authentique à prix doux, dont de nombreuses cocottes (cassolette d'escargots). A déguster dans un cadre bistrot, ou sur la terrasse, installée dès les beaux jours et prise d'assaut, l'été venu !

Menu 26/29 €

Plan 3 E2-g – *9 place Tabareau – Ⓜ Croix-Rousse – ✆ 04 78 28 44 13 – www.lesboulistes.fr – Fermé lundi, dimanche*

Café Terroir

CUISINE DU TERROIR • CONVIVIAL Dénicher les bons produits de la région et en faire des assiettes gourmandes : tel est le credo des deux patrons de ce Café Terroir, installé près du théâtre des Célestins. Les classiques maison : terrine de maman, saucisson pistaché rôti et sauce vin rouge, gâteau lyonnais. Belle sélection de vins, du Rhône mais pas que...

Menu 22 € (déjeuner)/32 € - Carte 30/50 €

Plan 5 F3-u – *14 rue d'Amboise – Ⓜ Bellecour – ✆ 09 53 36 08 11 – www.cafeterroir.fr – Fermé 23-31 décembre, lundi, dimanche*

Cercle Rouge

FUSION • BISTRO Cette petite façade vitrée, sise dans une rue animée proche de l'Opéra, dissimule un jeune bistrot, proposant une cuisine fusion aux influences asiatiques, sud-américaines, britanniques... à la belle maîtrise technique. Atmosphère très conviviale.

Menu 20 € (déjeuner), 36/43 €

Plan 5 F3-t – *36 rue de l'Arbre-Sec – Ⓜ Hôtel de Ville – ✆ 04 78 28 41 98 – cercle-rouge.fr – Fermé 1er-20 août, lundi, dimanche*

Culina Hortus Ⓝ

CUISINE VÉGÉTARIENNE • CONTEMPORAIN Chou-fleur / sarrasin / café ; céleri / miso / matcha : ce restaurant végétarien propose une cuisine de saison travaillée, volontiers créative, assortie d'une courte carte de vins bio et biodynamiques, dont on profite dans une atmosphère brute - bois, béton, pisé.

Menu 26 € (déjeuner), 42/58 €

Plan 5 F3-p – *38 rue de l'Arbre-Sec – Ⓜ Hôtel de Ville – ✆ 04 69 84 71 08 – www.culinahortus.com – Fermé 30 décembre-5 janvier, lundi, dimanche*

Daniel et Denise Croix-Rousse

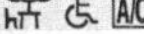

CUISINE LYONNAISE • BOUCHON LYONNAIS Ce Daniel et Denise Croix-Rousse – le troisième du genre, après la rue de Créqui et le quartier St-Jean – rencontre le même succès que ses grands frères. Pour se rassasier d'une cuisine lyonnaise roborative, dans un décor de bouchon à l'ancienne.

Menu 28/40 € - Carte 38/55 €

Plan 3 F2-a – *8 rue de Cuire – Ⓜ Croix-Rousse – ✆ 04 78 28 27 44 – www.daniel-et-denise.fr – Fermé lundi, dimanche*

Le Garet

CUISINE LYONNAISE • BOUCHON LYONNAIS Une véritable institution bien connue des amateurs de cuisine lyonnaise : tête de veau, tripes, quenelles ou andouillettes se dégustent en toute convivialité dans un cadre exemplaire du genre. Le tout est complété par une ardoise du jour avec des plats du marché, aux prix raisonnables.

Menu 22 € (déjeuner)/30 € - Carte 25/43 €

Plan 5 F3-a - *7 rue du Garet - Hôtel de Ville - 04 78 28 16 94 - Fermé 6-23 mars, 25 juillet-26 août, samedi, dimanche*

Le Musée

CUISINE LYONNAISE • BOUCHON LYONNAIS Un bouchon sincère et authentique ! Nappes à carreaux, tables au coude-à-coude, et une sacrée ambiance : le décor est planté. En cuisine, le jeune chef réalise les classiques avec un vrai savoir-faire : saucisson pistaché brioché fait maison, langue d'agneau sauce ravigote... Que du bon.

Menu 26 € (déjeuner)/30 €

Plan 5 F3-c - *2 rue des Forces - Cordeliers - 04 78 37 71 54 - Fermé 1er-31 août, 24 décembre-2 janvier, lundi, samedi soir, dimanche*

Le Poêlon d'or

CUISINE LYONNAISE • BOUCHON LYONNAIS On ne sait si le chef utilise effectivement un poêlon d'or ; en tout cas, il doit avoir un secret pour si bien revisiter le terroir lyonnais, et proposer une cuisine aussi goûteuse et parfaitement ficelée. Du gâteau de foie de volaille et coulis de tomate, à la quenelle de brochet en gratin et sauce béchamel... À découvrir !

Menu 18 € (déjeuner), 27/34 € - Carte 27/51 €

Plan 5 F4-h - *29 rue des Remparts-d'Ainay - Ampère - 04 78 37 65 60 - www.lepoelondor-restaurant.fr - Fermé 7-30 août, samedi midi, dimanche*

Brasserie le Sud

CUISINE MÉDITERRANÉENNE • BRASSERIE Il y a quelque chose de l'élégance grecque dans le décor blanc et bleu de cette brasserie Bocuse située à deux pas de la place Bellecour. Ce n'est pas un hasard : ici, c'est le Sud - pastilla de volaille cannelle et coriandre ; souris d'agneau en couscous ; morue fraîche en aïoli... Et ça l'est plus encore en été, en terrasse.

Menu 27 € (déjeuner) - Carte 35/60 €

Plan 5 F4-x - *11 place Antonin-Poncet - Bellecour - 04 72 77 80 00 - www.brasseries-bocuse.com*

Thomas

CUISINE TRADITIONNELLE • BISTRO Dans ce bistrot contemporain, le chef-patron Thomas Ponson (qui possède aussi le Bistrot et le Bouchon, situés en face) concocte de sympathiques menus midi, et une offre plus élaborée le soir, aux produits nobles (maquereau Breton, canard de Challans au sang etc.). Une adresse sérieuse.

Menu 23 € (déjeuner), 47/60 €

Plan 5 F4-w - *6 rue Laurencin - Bellecour - 04 72 56 04 76 - www.restaurant-thomas.com - Fermé samedi, dimanche*

Victoire & Thomas

CUISINE MODERNE • CONTEMPORAIN Le concept imaginé par Victoire et Thomas : une "cuisine de partage" fusion et créative, sous forme de plats et de planches, accompagnée de vins prestigieux sélectionnés par leurs soins. Au déjeuner, on profite d'un menu à prix doux ; tout cela est servi dans le cadre étonnant d'un ancien atelier de soierie. Accueil charmant.

Menu 23 € (déjeuner), 32/42 € - Carte 35/45 €

Plan 5 F3-m - *27 rue de l'Arbre-Sec - Hôtel de Ville - 04 81 11 86 19 - www.victoire-thomas.com - Fermé 1er-5 janvier, lundi, dimanche*

La Voûte - Chez Léa

CUISINE LYONNAISE • BOUCHON LYONNAIS L'un des plus vieux restaurants de Lyon ! Une équipe dynamique accueille la clientèle avec le sourire ; on perpétue avec brio la tradition (saucisson chaud, tablier de sapeur, poulet au vinaigre de vin vieux, cervelle de canut), avec quelques plats saisonniers plus "sophistiqués". Une valeur sûre.

Menu 21 € (déjeuner), 31/45 € - Carte 31/69 €

Plan 5 F3-e - *11 place Antonin-Gourju - Ⓜ Bellecour - ✆ 04 78 42 01 33 - www.lavoutechezlea.com - Fermé dimanche soir*

Hôtels

Intercontinental Lyon-Hôtel Dieu Ⓝ

LUXE • CONTEMPORAIN Sur les quais du Rhône, l'ancien Hôtel-Dieu, hôpital jusqu'en 2010, s'est mué en un hôtel de stature internationale, sans que cela nuise au caractère du bâtiment. Chambres et suites (dont une partie tournée vers le Rhône) offrent le plus grand confort. A voir absolument : le majestueux bar sous le dôme Soufflot, les plafonds à la française, les cloîtres, cours et escaliers du dix-huitième. Une décoration contemporaine et de bon goût signée Jean-Philippe Nuel.

110 chambres - 295/450 € - 32 € - 34 suites

Plan 5 F4-d - *20 quai Jules-Courmont - Ⓜ Bellecour - ✆ 04 26 99 23 23 - www.ihg.com*

Epona - Voir la sélection des restaurants

Sofitel Lyon Bellecour

HÔTEL DE CHAÎNE • CONTEMPORAIN Un Sofitel luxueux et élégant, de facture contemporaine, où la soie - fierté des célèbres canuts lyonnais - est à l'honneur ! Pour l'anecdote, Bill Clinton a séjourné dans la suite présidentielle. Deux options à l'heure des repas : les Trois Dômes ou le Silk (carte internationale, cadre zen).

135 chambres - 220/650 € - 29 € - 29 suites

Plan 5 F4-p - *20 quai Gailleton - Ⓜ Bellecour - ✆ 04 72 41 20 20 - www.sofitel.com - Fermé 20-26 avril, 1er-31 août*

Les Trois Dômes - Voir la sélection des restaurants

Carlton

LUXE • ÉLÉGANT Cet illustre établissement téléporte ses hôtes dans une atmosphère 1930, tout en dominantes de rouges. Les chambres sont spacieuses et bien aménagées, et l'ascenseur d'époque est magnifique. Le mariage du confort et du charme.

80 chambres - 150/300 € - 26 €

Plan 5 F3-v - *4 rue Jussieu - Ⓜ Cordeliers - ✆ 04 78 42 56 51 - www.hotel-carlton-lyon.com*

Le Royal

LUXE • ÉLÉGANT Inauguré en 1912, le Royal séduit alors par son confort et son raffinement. Une centaine d'années plus tard, cette institution n'a rien perdu de son charme ni de son chic... Moulures, toiles de Jouy, salon bourgeois, bar à cocktails : l'élégance, tout simplement.

67 chambres - 160/500 € - 27 € - 5 suites

Plan 5 F4-g - *20 place Bellecour - Ⓜ Bellecour - ✆ 04 78 37 57 31 - www.mgallery.com*

L'Institut - Voir la sélection des restaurants

Les Brotteaux - La Part-Dieu - La Guillotière - Gerland

3e - 6e - 7e - 8e arrondissements

P. Jacques /hemis.fr

Restaurants

✿✿ Le Neuvième Art (Christophe Roure)

CUISINE CRÉATIVE • DESIGN XXX C'est notamment dans les cuisines de Paul Bocuse ou de Régis Marcon que Christophe Roure, titulaire de trois CAP (cuisine, charcuterie, pâtisserie, qui dit mieux !) a fait son apprentissage. Meilleur Ouvrier de France en 2007, installé à Lyon depuis 2014, il fait jour après jour l'étalage de ses qualités : une subtile inventivité, une précision dans les mariages de saveurs, sans oublier un choix de produits irréprochable. À titre d'exemple, son tortello d'herbes à l'œuf et escargots persillés est un vrai tour de force : splendide travail sur l'amertume et les textures, déambulation au cœur de la verdure, jardin ou sous-bois... Un plat cohérent et exigeant, adulte si l'on peut dire, où rien n'est placé de manière anodine : à savourer tous les sens en éveil, comme on écoute un opéra de Wagner...

Spécialités : La tomate dans tous ses états, tonnato et maquereau de ligne mariné à cru. Omble chevalier des Cévennes cuit dans la cire d'abeille, beurre citron et artichaut frit. Matefaim aux abricots, sorbet amande et infusion froide au thym.

Menu 98/163 € – Carte 123/147 €

Plan 6 H3-b – *173 rue Cuvier – Ⓜ Brotteaux – ✆ 04 72 74 12 74 – www.leneuviemeart.com – Fermé 23 février-9 mars, 9 août-1er septembre, lundi, dimanche*

✿✿ Takao Takano

CUISINE CRÉATIVE • DESIGN XXX Comment ne pas admirer le parcours de Takao Takano ? Originaire de la préfecture de Yamanashi, au Japon, il a rapidement abandonné des études de droit pour se consacrer à sa véritable passion : la cuisine. Depuis 2013, il est installé dans le 6e arrondissement de Lyon, dans un intérieur tout en élégance et en sobriété.

Si le restaurant, depuis son ouverture, fait presque toujours salle comble, c'est grâce à ses assiettes tout en originalité et en finesse, qui régalent et surprennent dans le même mouvement. Et remplissent à merveille l'objectif que s'est fixé le chef : "Faire simple et bon. "

Attardons-nous un moment sur cette féra du lac Léman de grande fraîcheur, parfaitement cuite, portée par une légère sauce crémée au lait fumé et cardamome, accompagnée de quelques œufs de poisson et d'une mirepoix de côtes de blettes citronnée – une touche acidulée très agréable... Équilibre gustatif, intelligence de la composition : tout Takao Takano est là.

Spécialités : Champignons sauvages, condiment de pied de cochon et truffe. Lieu jaune de ligne, blette, escargots, persil et hollandaise fumée. Tartelette au chocolat, confiture de lait au thé earl grey.

Menu 50 € (déjeuner), 100/140 €

Plan 6 G3-n – *33 rue Malesherbes – Ⓜ Foch – ✆ 04 82 31 43 39 – www.takaotakano.com – Fermé 27 juillet-18 août, 23 décembre-7 janvier, samedi, dimanche*

Le Gourmet de Sèze (Bernard Mariller)

CUISINE CLASSIQUE • ÉLÉGANT XXX Dans une salle contemporaine aux tons noir et blanc, venez profiter de l'inventivité et du sens du détail du chef Bernard Mariller : il rend un bel hommage à ses maîtres, parmi lesquels le regretté Joël Robuchon, mais aussi Jacques Lameloise ou Michel Troigros. Fils et petit-fils d'agriculteurs de Saône-et-Loire, cet ancien chef de l'Auberge des Templiers (Loiret) réalise une cuisine moderne et goûteuse. Sa rigueur et son sérieux – sans compter des produits de saison aux petits oignons – font mouche, à l'instar de ces ravioles de langoustines (ô cette cuisson quasiment crue à cœur !) et leur embeurrée de chou vert.

Spécialités : Saint-Jacques d'Erquy. Bar de ligne. Intensité chocolat grand cru.

Menu 40 € (déjeuner), 63/107 €

Plan 6 G3-z – *125 rue de Sèze – Ⓜ Masséna – ✆ 04 78 24 23 42 – www.legourmetdeseze.com – Fermé 25 juillet-20 août, lundi, dimanche*

Le Passe Temps (Younghoon Lee)

CUISINE CRÉATIVE • ÉPURÉ XX La cuisine française ne séduit pas seulement les Japonais : le jeune chef coréen Younghoon Lee s'est pris de passion pour notre gastronomie dans un restaurant français de Séoul. Après avoir parfait son métier à l'Institut Paul Bocuse et chez Lasserre, il a ouvert son propre restaurant dans le quartier des Brotteaux avec son épouse. Épuré, l'espace est résolument contemporain avec son parquet en bois clair et sa cave à vin centrale vitrée. Doté un sens aigu de l'esthétisme et des saveurs, il réinterprète la cuisine française en l'habillant de subtiles touches coréennes... Son foie gras aux racines et légumes dans un bouillon de soja est devenu un classique. La cuisine de Lee : plus qu'un passe-temps, une passion.

Spécialités : Cuisine du marché.

Menu 34 € (déjeuner), 67/93 €

Plan 6 G3-y – *52 rue Tronchet – Ⓜ Masséna – ✆ 04 72 82 90 14 – www.lepassetemps-restaurant.com – Fermé 18 août-5 septembre, lundi, dimanche*

Les Apothicaires (Tabata et Ludovic Mey)

CUISINE CRÉATIVE • INTIME X Voici une table tendance et qui régale ! Tabata, jeune cheffe d'origine brésilienne, a rencontré Ludovic dans l'une des brasseries lyonnaises de Paul Bocuse : l'histoire commençait sous de bons auspices... Dans une ambiance joyeuse et confortable de bistrot (bibliothèque, banquettes), ces deux-là proposent une cuisine créative avec quelques touches de Scandinavie et d'Amérique du Sud. Petit plus notable : la possibilité de réserver, dès 11h du matin, l'une des deux places au passe pour le soir-même. Parfait si le restaurant affiche complet – ce qui, vu son succès, est plutôt fréquent...

Spécialités : Cuisine du marché.

Menu 29 € (déjeuner)/59 €

Plan 6 G3-k – *23 rue de Sèze – Ⓜ Foch – ✆ 04 26 02 25 09 – www.lesapothicairesrestaurant.com – Fermé 1er-24 août, samedi, dimanche*

Ani

CUISINE CRÉATIVE • BRANCHÉ X Située entre la Part-Dieu et les bords du Rhône, la troisième adresse lyonnaise du chef-patron Gaby Didonna ne laisse pas indifférent : cuisine ouverte, avec possibilité de manger au comptoir, cadre de loft industriel et dans l'assiette, une cuisine créative, autour des produits de la mer, bien exécutée et savoureuse. Une réussite.

Spécialités : Poireaux, condiment kaki et calamar poêlé. Saint-Jacques, purée de céleri et jus de viande. Glace fromage blanc, sablé breton, chantilly combava et citron vert.

Menu 23 € (déjeuner)/33 € – Carte 60/80 €

Plan 6 G3-u – *199 rue de Créqui – Ⓜ Place Guichard – ✆ 09 67 23 51 33 – Fermé 30 juillet-26 août, 22 décembre-1er janvier, lundi, dimanche*

Daniel et Denise Créqui

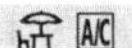

CUISINE LYONNAISE • BOUCHON LYONNAIS X Joseph Viola, Meilleur Ouvrier de France, règne sur ce petit bouchon pur jus, au décor patiné par le temps. Il propose des recettes traditionnelles parfaitement réalisées, à base de superbes produits, avec quelques suggestions de saison. Son plat fétiche ? Le pâté en croûte au ris de veau et foie gras...

Spécialités : Pâté en croûte au foie gras de canard et ris de veau. Fricassée de volaille aux oignons. Tarte Tatin aux pralines de Saint-Genix.

Menu 33/60 € – Carte 31/64 €

Plan 6 G3-b – *156 rue de Créqui* – Ⓜ *Place Guichard* – ✆ *04 78 60 66 53* – *www.daniel-et-denise.fr* – *Fermé samedi, dimanche*

Danton

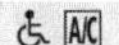

CUISINE MODERNE • CONVIVIAL X Dans ce néobistrot convivial, pas de tergiversations : les recettes vont à l'essentiel, dans une veine aussi canaille que gourmande (avec une carte des vins faisant honneur à la région, mais pas seulement). Le petit plus qui fait la différence ? Les cuissons à basse température...

Spécialités : Crémeux de chou-fleur, coquillages. Joue de bœuf, mousseline de céleri. Fondant aux marrons et banane caramélisée.

Menu 25/55 € – Carte 46/56 €

Plan 6 H4-r – *8 rue Danton* – Ⓜ *Part Dieu* – ✆ *04 37 48 00 10* – *Fermé 1er-16 août, samedi, dimanche*

Le Jean Moulin

CUISINE MODERNE • CONTEMPORAIN X Le menu change tous les jours, mais citons-en deux exemples pour se faire une idée : gâteau de foie de volaille, fondue de poireaux, écrevisse et émulsion Nantua ; œuf fumé basse température, crème de chou-fleur, comté et magret fumé... Une cuisine fraîche et bien réalisée, à déguster dans un intérieur design et "indus".

Spécialités : Cuisine du marché.

Menu 25 € (déjeuner), 34/44 €

Plan 6 G3-f – *45 rue de Sèze* – Ⓜ *Masséna* – ✆ *04 78 37 37 97* – *www.lejeanmoulin-lyon.com* – *Fermé lundi, dimanche*

Le Kitchen Café

CUISINE MODERNE • BRANCHÉ X Dans le quartier des facultés Louis Lumière et Jean Moulin, ce Kitchen Café s'annonce comme un "must". Le cadre est minimaliste, avec huit petites tables carrées ; on savoure des assiettes faisant la part belle aux produits bio – notamment légumes – de la région... et de délicieux desserts !

Spécialités : Tomates, salicorne, chèvre sec, bouillon glacé de tomate. Thon, pesto aux herbes, girolles, pommes de terre nouvelles et condiment cerise. Pastèque, sorbet fraise, mousse laitière et granola.

Menu 24 € (déjeuner)/32 €

Plan 5 F4-a – *34 rue Chevreul* – Ⓜ *Jean Macé* – ✆ *06 03 36 42 75* – *www.lekitchencafe.com* – *Fermé mardi, mercredi et le soir*

M Restaurant

CUISINE DU MARCHÉ • BRANCHÉ X Voilà un lieu qui met de bonne humeur : pan de mur orangé, fauteuils design, tables en chêne brut, on s'y sent bien... En cuisine, la partition est dirigée par un ancien de Léon de Lyon, qui a su adapter son savoir-faire et son sérieux à l'air du temps, et proposer notamment un appétissant menu du marché : on M !

Spécialités : Petites pâtes aux moules, céleri et émulsion moules. Paleron de bœuf braisé, purée de carottes et courgettes. Pannacotta cannelle, quetsches et crème à l'orange.

Menu 29 € (déjeuner), 33/39 €

Plan 6 G3-s – *47 avenue Foch* – Ⓜ *Foch* – ✆ *04 78 89 55 19* – *www.mrestaurant.fr* – *Fermé 29 février-8 mars, 26 juillet-17 août, samedi, dimanche*

Saku Restaurant

CUISINE MODERNE • SIMPLE Saku, c'est le surnom du chef de cette adresse abritée derrière une devanture discrète. Lui et son épouse, japonais tous deux, proposent une réjouissante cuisine française bien dans l'air du temps, parsemée de touches nipponnes. Les produits frais, toujours de saison, mais surtout le soin apporté aux assiettes : on passe un très bon moment.

Spécialités : Guimauve de tomate et fricassée de fruits de mer. Noix de veau fumé au foin, émulsion de maïs. Parfait glacé basilic, coulis de shiso.

Menu 20 € (déjeuner), 32/43 € – Carte 40/50 €

Plan 6 G4-m – *27 rue Rachais – Garibaldi – 04 78 69 45 31 – Fermé 27 juillet-30 août, mercredi midi, dimanche*

Sauf Imprévu

CUISINE TRADITIONNELLE • SIMPLE Félix Gagnaire mène cet accueillant bistrot dont l'œil est rivé sur la tradition. Terrine "Marguerite" en hommage à son arrière-grand-mère, cocos de Paimpol aux coquillages, côte de bœuf grillée avec frites maison : la clientèle se régale de ces plats gourmands et copieux. Tout est frais et fait maison, tout tombe juste... et les prix sont raisonnables !

Spécialités : Chou-fleur grillé, beurre doux aux crevettes roses. Veau confit, blettes au lard, chips de patate douce. Poire pochée, limoncello, parfait glacé citron.

Menu 26 € (déjeuner)/29 €

Plan 6 G3-e – *40 rue Pierre-Corneille – Foch – 04 78 52 16 35 – Fermé lundi soir, mardi soir, mercredi soir, vendredi soir, samedi, dimanche*

Sémantème

CUISINE MODERNE • CONTEMPORAIN Sémantème : forme littéraire du mot racine. Ici, le chef aime travailler les racines, les herbes aromatiques, et s'approvisionne lui-même sur les marchés de Lyon (dont celui de la Tête d'or). Jolis dressages, cuissons justes et plats savoureux. Un excellente adresse.

Spécialités : Œuf mollet, pleurotes, émulsion lard fumé et copeaux de parmesan. Quasi de veau, mousseline de haricots de Paimpol, cèpes et raisins. Lacté chocolat noir, caramel beurre salé et croustillant au beurre.

Menu 34/60 €

Plan 6 G3-z – *73 rue Masséna – Masséna – 06 46 58 36 90 – www.restaurant-semanteme-lyon.fr – Fermé lundi, dimanche*

La Table 101

CUISINE MODERNE • CONTEMPORAIN À côté des halles Paul-Bocuse, une table où les bons produits sont à la fête ! Dans l'assiette, le résultat est sans appel : une cuisine goûteuse, avec une touche créative maîtrisée. On est enthousiasmé jusqu'au dernier coup de fourchette, et l'addition, légère, achève de nous convaincre. Belle carte des vins.

Spécialités : Maquereau mariné, livèche, aubergine et canard fumé. Épaule d'agneau confite, maïs, tomates séchées, anchois et olives. Autour de la pêche et de la framboise.

Menu 27 € (déjeuner), 34/50 € – Carte 43/55 €

Plan 6 G3-m – *101 rue Moncey – Place Guichard – 04 78 60 90 23 – www.latable101.fr – Fermé 22 février-1er mars, 8-30 août, samedi, dimanche*

33 Cité

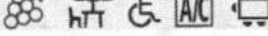

CUISINE TRADITIONNELLE • BRASSERIE Trois chefs de talent – Mathieu Viannay (MOF en 2004), Christophe Marguin et Frédéric Berthod (passé par la "case" Bocuse) – se sont associés pour créer cette brasserie sympathique et gourmande, ouvrant sur le parc de la Tête-d'Or. Au menu : les belles spécialités du genre !

Spécialités : Pâté en croûte de lapin et foie gras de canard. Tajine de volaille fermière. Vacherin minute vanille-fraise.

Menu 28 € – Carte 35/59 €

Plan 4 H1-t – *33 quai Charles-de-Gaulle – 04 37 45 45 45 – www.33cite.com – Fermé 15-22 août, dimanche soir*

Pierre Orsi

CUISINE CLASSIQUE • BOURGEOIS XXXX Venez profiter de l'élégance et du confort cossu d'une opulente maison bourgeoise. La tradition française est à l'honneur dans l'assiette. Le verre n'est pas en reste : la carte des vins affiche 1 000 références.

Menu 60 € (déjeuner), 130/140 € - Carte 91/173 €

Plan 6 G3-c - *3 place Kléber* - *Masséna* - *04 78 89 57 68* - *www.pierreorsi.com* - *Fermé lundi, dimanche*

L'Alexandrin

CUISINE MODERNE • TRADITIONNEL XX Végétarien, répertoire lyonnais revisité, ou pure création : chaque menu propose une variation gourmande, à base beaux produits frais. Nouveauté : la table d'hôte de quatre convives située en cuisine, au cœur de l'action.

Menu 38 € (déjeuner), 60/115 €

Plan 6 G3-h - *83 rue Moncey* - *Place Guichard* - *04 72 61 15 69* - *www.lalexandrin.fr* - *Fermé 3-25 août, lundi, dimanche*

Cazenove

CUISINE TRADITIONNELLE • COSY XX Un décor "so British", avec une ronde de sculptures en bronze et fauteuils Chesterfield... Dans cette atmosphère très chaleureuse, le jeune chef, d'origine chinoise, propose une cuisine de bistrot chic, classique et maîtrisée. L'adresse fait régulièrement salle comble !

Menu 38/48 € - Carte 52/120 €

Plan 6 G3-g - *75 rue Boileau* - *Masséna* - *04 78 89 82 92* - *www.le-cazenove.com* - *Fermé 1er-30 août, samedi, dimanche*

Maison Clovis

CUISINE MODERNE • CONTEMPORAIN XX L'endroit est design et élégant, sans être guindé. Le chef Clovis Khoury signe des créations de saison originales, à base de beaux produits. A deux pas, le Clos Bis sert vin et tapas, dans une atmosphère conviviale.

Menu 32 € (déjeuner), 59/95 € - Carte 57/74 €

Plan 6 H3-m - *19 boulevard des Brotteaux* - *Brotteaux* - *04 72 74 44 61* - *www.maisonclovis.com* - *Fermé 1er-11 mai, 9-17 septembre, 28 décembre-6 janvier, lundi, dimanche*

Le Président

CUISINE MODERNE • CONTEMPORAIN XX Cette institution lyonnaise reprise par Christophe Marguin propose judicieusement une cuisine moderne, sans jamais oublier les grands classiques ; grenouilles à la crème, volaille de Bresse à la crème d'Etrez. Le "Président" Edouard Herriot, alors maire de Lyon, avait l'habitude de venir y prendre son café...

Carte 47/60 €

Plan 4 G2-a - *11 avenue de Grande-Bretagne* - *04 78 94 51 17* - *www.restaurantlepresident.com* - *Fermé 29 février-8 mars, 8-30 août, samedi, dimanche*

PY (N)

CUISINE MODERNE • CONTEMPORAIN XX La suite des aventures de Pierre (en cuisine) et Yuko (en salle), anciens propriétaires des Saveurs de Py (Croix-Rousse). On s'attable dans un décor contemporain pour déguster des assiettes travaillées, généreuses et volontiers inventives, à l'instar de ce très bon dessert à base d'artichaut, de rhum et de miel. À midi, recettes plus simples pour les plus pressés.

Menu 23 € (déjeuner), 32/55 €

Plan 6 G3-q - *16 cours Vitton* - *Masséna* - *04 78 52 71 30* - *www.pyrestaurant.fr* - *Fermé 1er-31 août, lundi, dimanche*

Le Zeste Gourmand

CUISINE MODERNE • ÉPURÉ XX Une déco épurée, bien dans l'air du temps (dalles anthracite, murs blancs et jaunes, tableaux abstraits grand format…) et une cuisine au diapason : maîtrisée et savoureuse, basée sur des produits de qualité. À noter aussi un service en salle très avenant, avec de judicieux conseils sur le choix du vin : toujours précieux !

Menu 24 € (déjeuner), 52/69 €

Plan 6 G3-x – *93 Rue Bossuet – Ⓜ Masséna – ✆ 04 78 26 07 97 – www.lezestegourmand.fr – Fermé 1er-6 janvier, 9-24 août, lundi, samedi midi, dimanche*

L'Âme Sœur

CUISINE MODERNE • SIMPLE X On aime l'animation de ce repaire "bistronomique", qui emprunte son nom à un vin de Côte-Rôtie, produit par un ami du chef. La cuisine, au goût du jour, justifie le succès de l'endroit ; des menus à thèmes sont proposés selon les saisons : truffe, gibier, asperges… C'est savoureux et servi avec le sourire !

Menu 25/44 € – Carte 30/50 €

Plan 6 G3-v – *209 rue Duguesclin – Ⓜ Place Guichard – ✆ 04 78 42 47 78 – www.restaurantlamesoeur.fr – Fermé 9-30 août, lundi soir, samedi, dimanche*

L'Argot

VIANDES • DE QUARTIER X Belle idée que celle de Philippe et Audrey, les propriétaires des lieux : le client choisit sa pièce de viande dans l'armoire vitrée – bœuf limousin, de Galice, d'Aubrac, agneau de l'Aveyron, charcuteries basques… – et le chef l'accompagne de la garniture du jour. Simple et savoureux : une véritable boucherie !

Carte 30/60 €

Plan 6 H3-k – *132 Rue Bugeaud – Ⓜ Brotteaux – ✆ 04 78 24 57 88 – Fermé lundi, mardi soir, mercredi soir, samedi soir, dimanche*

L'Art et la Manière

CUISINE TRADITIONNELLE • BISTRO X Un bistrot qui célèbre l'amitié, la cuisine du marché et ces vins gouleyants que l'on boit à prix doux. Une belle manière de découvrir le quartier de la Guillotière. Les habitués sont nombreux : pour ceux qui n'auraient pas pensé à réserver, rendez-vous aux Bonnes Manières, leur seconde adresse.

Menu 31/35 € – Carte 36/55 €

Plan 6 G4-a – *102 Grande-Rue-de-la-Guillotière – Ⓜ Saxe-Gambetta – ✆ 04 37 27 05 83 – www.art-et-la-maniere.fr – Fermé 3-23 août, 29 décembre-6 janvier, samedi, dimanche*

Bernachon Passion

CUISINE TRADITIONNELLE • SIMPLE X On ne présente plus la célèbre chocolaterie lyonnaise Bernachon, dont le fils du fondateur a épousé l'aînée de Paul Bocuse. Les petits-enfants du grand chef sont aux commandes ! Au menu, de bonnes recettes traditionnelles (telles les quenelles de brochet et le pâté en croûte) et des pâtisseries… Bernachon, évidemment.

Menu 29 € (déjeuner)/30 € – Carte 40/54 €

Plan 6 G3-r – *42 cours Franklin-Roosevelt – Ⓜ Foch – ✆ 04 78 52 23 65 – www.bernachon.com – Fermé 18 juillet-25 août, lundi, mardi soir, mercredi soir, jeudi soir, vendredi soir, samedi soir, dimanche*

Le Bouchon Sully

CUISINE LYONNAISE • BISTRO X Un petit bistrot ouvert par Julien Gautier (propriétaire du M Restaurant voisin) dans un esprit de bouchon modernisé : gâteau de foies de volaille, foie de veau en persillade et tête de veau sauce ravigote sont à l'ardoise, pour notre plus grand plaisir. C'est gourmand et bien exécuté : on en redemande.

Menu 22 € (déjeuner)/27 € – Carte 33/43 €

Plan 6 G3-a – *20 rue Sully – Ⓜ Foch – ✆ 04 78 89 07 09 – www.lebouchonsully.com – Fermé 27 juillet-16 août, samedi, dimanche*

L'Écume

CUISINE MODERNE • CONVIVIAL Après avoir peaufiné leurs talents à la Maison Clovis, Laurent et Xavier ont ouvert cette Écume qui porte bien son nom. Bouillonnante, toujours en mouvement, elle fait œuvre de bistronomie avec un menu du marché renouvelé tous les jours. Jeux de textures et de saveurs dans l'assiette, carte des vins aux petits oignons : du travail bien fait.

Menu 24 € (déjeuner), 35/45 €

Plan 5 F5-a – *119 avenue Jean-Jaurès – Jean Macé – 04 78 58 70 48 – www.lecume-lyon.com – Fermé 20-26 avril, 10 août-6 septembre, lundi, mardi midi, mercredi, jeudi, vendredi*

En Mets Fais ce Qu'il te Plaît

CUISINE MODERNE • BISTRO Plutôt bohème, ce restaurant ne se soucie guère des apparences : ses propriétaires japonais nous accueillent un peu comme à la maison... mais que l'on ne s'en formalise pas : dans l'assiette, on découvre de beaux produits, des sauces et cuissons millimétrées, des saveurs subtiles... D'une désarmante sincérité qui fait craquer !

Menu 25 € (déjeuner), 38/60 €

Plan 5 F4-f – *43 rue Chevreul – Jean Macé – 04 78 72 46 58 – www.enmetsfaiscequilteplait.com – Fermé 1er-4 mars, 3-25 août, 26 décembre-5 janvier, samedi midi, dimanche*

Brasserie de L'Est

CUISINE TRADITIONNELLE • BRASSERIE Le charme ferroviaire ! Dans cette ancienne gare devenue une brasserie vivante, des trains miniatures tournent au-dessus des têtes... Les grandes cuisines sont ouvertes sur la salle ; il en sort des plats du marché voyageurs et savoureux. L'une des brasseries "cardinales" de Paul Bocuse. A noter aussi : mitoyen à la brasserie, le bar à vin "Comptoir de l'Est", propose assiettes de charcuterie et tapas.

Menu 27 € – Carte 35/61 €

Plan 6 H3-v – *14 place Jules-Ferry (gare des Brotteaux) – Brotteaux – 04 37 24 25 26 – www.brasseries-bocuse.com*

Imouto

FUSION • DESIGN Originaire du Vietnam, Gaby Didonna a ouvert son Imouto ("petite sœur", en japonais) dans un quartier populaire de Lyon. Le chef australien Guy Kendell imagine de savoureuses recettes fusion, entre tradition française et influences nippones. Goûteux et toujours bluffant !

Menu 25 € (déjeuner), 45/100 €

Plan 5 F4-n – *21 rue Pasteur – Guillotière – 04 72 76 99 53 – Fermé lundi, dimanche*

L'inaTTendu

CUISINE MODERNE • TENDANCE Cet ancien infirmier, reconverti après avoir gagné l'émission Masterchef, concocte une cuisine moderne et généreuse, à l'image de cette entrée "inaTTendue" – devenue signature –, le tataki de bœuf et cervelle de canut. En salle, son épouse, ancienne aide soignante, s'occupe désormais de nos papilles. Une adresse décidément sympathique.

Menu 20 € (déjeuner), 33/47 €

Plan 6 G3-w – *95 rue Bossuet – Masséna – 04 37 24 13 44 – www.linattendulyon.fr – Fermé 1er-10 janvier, 9 août-2 septembre, lundi soir, samedi, dimanche*

Jour de Marché

CUISINE MODERNE • BISTRO Ce petit restaurant bistronomique, situé à deux pas des quais, porte bien son nom : le menu évolue jour après jour en fonction du marché. Sympathique et familial.

Menu 35/55 €

Plan 6 G3-d – *14 rue Molière – Foch – 04 78 24 74 59 – https://restaurantjourdemarche.fr – Fermé lundi, samedi midi, dimanche*

La Mutinerie

CUISINE CRÉATIVE • TENDANCE Un jeune chef passé par de (très) belles maisons (Le Negresco, La Dame de Pic, Ledoyen et Têtedoie) propose un menu mystère au déjeuner (excellent rapport qualité/prix) comme au dîner. Une cuisine créative à déguster dans un décor vintage de briques, bois et béton ciré. La Mutinerie, ou la passion de la cuisine chevillée au corps.

Menu 30 € (déjeuner)/60 €

Plan 6 G3-j – *123 rue Bugeaud – Masséna – 04 72 74 91 51 – http://la-mutinerie.fr – Fermé 1er-11 mai, 9-24 août, lundi, dimanche*

Le Simple Goût des Choses

CUISINE MODERNE • CONTEMPORAIN Une petite adresse sympathique, où l'on propose toutes sortes de douceurs à prix très doux : c'est simple, bien fait et plein de saveurs. Idéal pour apprécier, en toute quiétude, le simple goût des choses...

Menu 26/33 €

Plan 6 H3-n – *84 cours Vitton – Masséna – 04 78 52 47 28 – www.lesimplegoutdeschoses.fr – Fermé samedi, dimanche*

Le Splendid

CUISINE TRADITIONNELLE • BRASSERIE Cette brasserie chic et confortable est marquée de l'empreinte de Georges Blanc (le grand chef de Vonnas). On lui doit les orientations de cette généreuse cuisine du terroir : grenouilles, volaille de Bresse, quenelles de brochet, etc. Aux murs, de grandes fresques murales évoquent les fameuses "mères" lyonnaises... La filiation, toujours !

Menu 24 € (déjeuner), 26/57 € – Carte 42/66 €

Plan 6 H3-c – *3 Place Jules Ferry – Brotteaux – 04 37 24 85 85 – www.lespritblanc.com*

Le Suprême

CUISINE CLASSIQUE • TRADITIONNEL Cette adresse va enchanter les Lyonnais. Un couple franco-coréen ayant travaillé chez Daniel Boulud, à New York, se trouve aux commandes de ce bistrot éloigné des quartiers touristiques. On y sert une excellente cuisine bourgeoise, dont le gallinacé est l'invité d'honneur : gâteau de foie blond, suprême de volaille de Bresse..., et en saison, menu tout gibier !

Menu 30 € (déjeuner), 42/62 €

Plan 6 G4-z – *106 cours Gambetta – Garibaldi – 04 78 72 32 68 – www.lesupremelyon.fr – Fermé 1er-9 mars, 2-25 août, lundi, samedi midi, dimanche*

Hôtels

Mama Shelter

BUSINESS • ÉPURÉ Comme ses cousines de Paris et Marseille, cette Mama Shelter met en avant une déco branchée (béton brut, objets design, détails décalés...) et des chambres résolument contemporaines, tendance minimaliste. Quant au brunch, le dimanche, il ravira les amateurs !

156 chambres – 79/239 € – 17 €

Plan 6 G5-k – *13 rue Domer – Jean Macé – 04 78 02 58 58 – www.mamashelter.com*

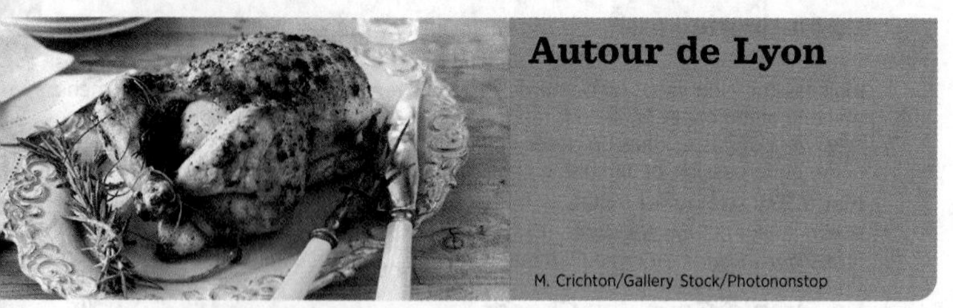

Autour de Lyon

M. Crichton/Gallery Stock/Photononstop

à Charbonnières-les-Bains 8 km au Nord - Ouest et N7 -

Carte régionale n° **3**–E1

✿ La Rotonde

CUISINE MODERNE · ÉLÉGANT XXXX Agréable moment de gastronomie dans ce domaine aux portes de la ville, à l'étage du casino Le Lyon vert, bel héritage de la période Art déco. Menus de saison à base de produits nobles, pâté en croûte "champion du monde" (qui fait son petit tour de salle), fricassée de coquillages à l'oseille, premiers haricots verts, couteaux, coques et salicorne et... service à la cloche. On dîne dans une glorieuse salle en rotonde haute de plafond, avec moquette épaisse, décorée de moulures et de remarquables compositions florales ; ce soir-là, un faux cerisier du Japon, grandeur nature, en fleur. Un endroit indéniablement original pour un restaurant.

Spécialités : Pâté en croûte "Champion du Monde 2013". Lotte de petit bateau aux coquillages, émulsion marinière. Finger praliné au citron, noisettes et crème glacée au chocolat gianduja.

Menu 48 € (déjeuner), 78/135 €

Hors plan – *Le Pavillon de la Rotonde, avenue du Casino (Domaine du Lyon Vert) – ✆ 04 78 87 00 97 – www.restaurant-rotonde.com – Fermé 2-26 août, lundi, mardi midi, samedi midi, dimanche*

Le Pavillon de la Rotonde

LUXE · ÉLÉGANT À deux pas du casino et dans un beau parc arboré, cet hôtel luxueux mêle contemporain et discrètes touches Art déco. Certaines chambres disposent d'un hammam et d'une terrasse... et l'on sert un copieux brunch le dimanche ! Une très belle adresse en périphérie de Lyon.

22 chambres – 220/420 €

Hors plan – *3 avenue Georges-Bassinet – ✆ 04 78 87 79 79 – www.pavillon-rotonde.com – Fermé 2-25 août*

✿ **La Rotonde** – Voir la sélection des restaurants

à Collonges-au-Mont-d'Or 12 km au Nord par bords de Saône (D433, D51) -

Carte régionale n° **3**–E1

✿✿ Paul Bocuse

CUISINE CLASSIQUE · ÉLÉGANT XXXXX Tous les surnoms – primat des gueules, pape de la gastronomie – ne suffisent pas à résumer Paul Bocuse, chef hors pair, aussi fort aux fourneaux qu'en affaires, dont le décès en 2018 a laissé le monde des toques sans voix. Il est celui par qui les brigades et leurs chefs sont passés de l'obscurité à la lumière : il est, en quelque sorte, le premier des modernes. Depuis sa disparition, la brigade (uniquement des MOF !) perpétue les plats signés par le grand chef (gratin de queues d'écrevisses ; soupe VGE au poulet, bœuf et truffes ; fricassée de volaille de Bresse) et propose aussi des classiques réinventés. L'histoire continue à Collonges-au-Mont-d'Or.

Spécialités : Soupe aux truffes V.G.E. Rouget barbet en écailles de pomme de terre. Œuf à la neige "grand-mère".

Menu 175/280 € - Carte 180/250 €

Hors plan *- 40 quai de la Plage - ✆ 04 72 42 90 90 - www.bocuse.fr - Fermé 2-23 janvier*

à Dardilly 13 km au Nord - Ouest par A6 puis D307 rte de Paris - Carte régionale n° 3-E1

Bol d'Air

CUISINE TRADITIONNELLE • CONVIVIAL Dans cette maison de tradition, le chef travaille de beaux produits frais en fonction du marché, déclinant sans complexe une cuisine goûteuse et généreuse. Et l'hiver, c'est le cassoulet de Castelnaudary qui est à la carte - le patron est un Chaurien ! N'oublions pas enfin la "carte du boire" composée avec soin...

Menu 20 € (déjeuner), 28/40 € - Carte 32/45 €

Hors plan *- 77 avenue de Verdun - ✆ 04 78 66 14 55 - www.restoboldair.com - Fermé 31 juillet-24 août, 20 décembre-3 janvier, lundi soir, samedi, dimanche*

à Ecully 7 km à l'Ouest (A6, sortie n° 36) - Carte régionale n° 3-E2

Saisons

CUISINE MODERNE • BOURGEOIS Ce château du 19e s., qui abrite l'école hôtelière internationale (autrefois placée sous l'égide de Paul Bocuse), propose une partition culinaire de haute volée. Elle est signée Davy Tissot, entouré d'une belle équipe tant en cuisine qu'en salle. On apprécie la finesse, la sensibilité, les dressages millimétrées, les assiettes colorées. Le tout à base de produits d'excellence. Souvenirs émus d'une aiguillette de saint-pierre en sashimi acidulé, de la queue de lotte rôtie ou d'une selle d'agneau du Limousin d'une irrésistible tendreté. Ajoutons à cela des cuissons justes, assorties de petites notes de créativité. En somme : une vraie et goûteuse cuisine de saison !

Spécialités : Aiguillette de saint-pierre acidulée et perle d'huître d'Isigny. Selle d'agneau du Limousin cuit lentement, carotte fane rôtie et petits pois à la française. Biscuit imbibé d'agrumes, mousse fromage blanc et meringue acidulée.

Menu 45/78 €

Plan 1 A1-b *- 1 A chemin de Calabert - ✆ 04 26 20 97 57 - www.saisons-restaurant.fr - Fermé 8 août-1er septembre, 19 décembre-5 janvier, samedi, dimanche*

Vraincourt

CUISINE MODERNE • COSY Installez-vous dans la salle à manger lumineuse, en véranda, tournée côté terrasse et jardin. Découvrez une carte courte, au goût du jour : par exemple, saint-pierre, mousseline de carottes, purée de kumquat et jus de moules... Pendant la belle saison, on bascule sur la terrasse pour des préparations simples et estivales.

Menu 27 € (déjeuner)/55 € - Carte 50/70 €

Plan 1 A1-e *- Maison d'Anthouard, 2 route de Champagne - ✆ 04 69 16 36 06 - www.ma-hotel.com - Fermé 15 mai-15 septembre, samedi midi, dimanche*

Maison d'Anthouard

MAISON DE MAÎTRE • COSY Pratique par sa proximité de l'autoroute, cette belle maison nichée dans un parc aurait appartenu au général d'Anthouard, de l'armée napoléonienne. Cela explique peut-être les dimensions "impériales" de l'escalier, qui distribue fièrement des chambres élégantes et feutrées.

16 chambres - 120/390 € - 17 €

Plan 1 A1-e *- 2 route de Champagne - ✆ 04 78 36 56 89 - www.ma-hotel.com*

Vraincourt - Voir la sélection des restaurants

à St-Cyr-au-Mont-d'Or 10 km au Nord par rte de St - Cyr

L'Ermitage

BOUTIQUE HÔTEL • DESIGN Cet hôtel ne manque pas d'atouts : vue extraordinaire sur Lyon et les Monts-d'Or, cadre design et épuré pour une sérénité à son zénith. Dans la "cuisine à manger", on savoure des recettes actuelles de bonne facture... Et la terrasse suspendue est superbe.

26 chambres – 99/299 € – 19 €

Hors plan – *Mont-Cindre – 04 72 19 69 69 – www.ermitage-college-hotel.com*

à St-Priest 13 km au Sud - Est par D318

Le Restaurant

CUISINE TRADITIONNELLE • CONTEMPORAIN Ce restaurant-bistrot au cadre simple et contemporain est situé à deux minutes chrono de la rocade Est de l'agglomération lyonnaise. Habitués et voyageurs de passage y dégustent une généreuse cuisine de tradition : salade d'artichauts poivrades à la feuille de moutarde ; cuisse de volaille fermière au vinaigre de vin...

Menu 29/32 €

Plan 2 D3-b – *9bis avenue de la Gare – 04 78 21 14 43 – www.le-restaurant69.fr – Fermé 24 février-1er mars, 27 juillet-24 août, lundi soir, mardi soir, mercredi soir, samedi, dimanche*

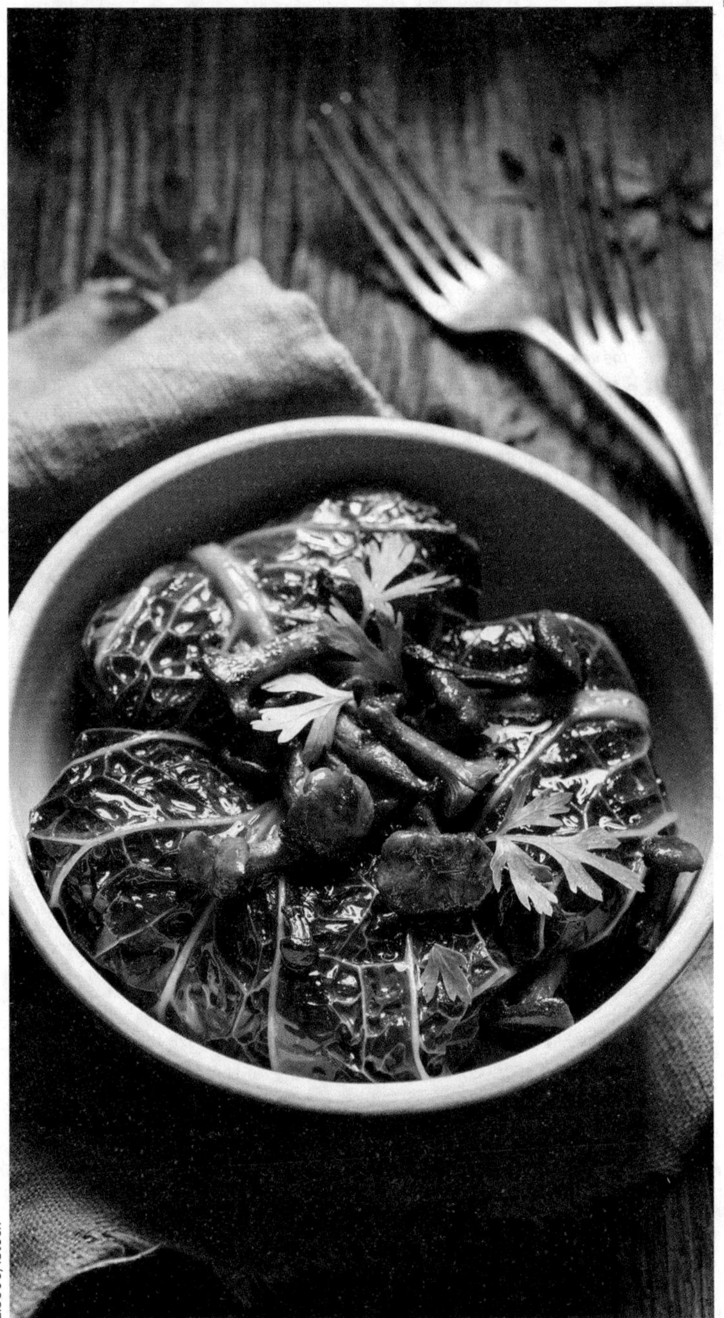

zi3000/iStock

LYONS-LA-FORÊT

✉ 27480 – Eure – Carte régionale n° **17**–D2 – Carte Michelin 304-I5

La Licorne Royale

CUISINE MODERNE • ÉLÉGANT XX Présent depuis 2008 dans cette ancienne maison à colombages d'un petit village normand, le chef se révèle un remarquable artisan. Des produits de qualité, une technique soignée, des associations de saveurs équilibrées et subtiles, au service du goût : il nous gratifie d'un repas délicieux. Le menu de saison (avec, par exemple, Saint-Jacques, truffe et turbot, fromages et dessert) est la bonne affaire de la maison ! On en profite dans un cadre chic et empreint de classicisme, avec de nombreux clins d'œil aux batailles napoléoniennes.

Spécialités : Millefeuille de foie gras de canard à l'anguille fumée et pomme granny smith. Blanc de turbot sauvage aux escargots et soupe de mousseron. Tarte fine sablée au café et au chocolat noir intense.

Menu 59/99 € – Carte 90/110 €

La Licorne, 27 place Issac-Benserade – ✆ 02 32 48 24 24 – www.hotel-licorne.com – Fermé lundi midi, mardi midi, mercredi, jeudi midi, vendredi midi

Le Bistrot du Grand Cerf

CUISINE TRADITIONNELLE • BISTRO X Ce néobistrot rustique a vraiment du cachet. Des poutres, de la brique et une jolie terrasse dans la cour pavée, pour une cuisine bistrotière – *of course* – résolument tournée vers le terroir : voici ce que vous attend ici. Cerf, cerf, ouvre-moi !

Menu 32/49 € – Carte 51/59 €

Le Grand Cerf, 31-32 place Isaac-Bensarade – ✆ 02 32 49 50 50 – www.grandcerf.fr – Fermé lundi, mardi

La Licorne

HISTORIQUE • COSY Au cœur du joli village de Lyons, non loin de la forêt domaniale, cette authentique Licorne normande dissimule de jolis secrets : ses chambres sont d'un raffinement très contemporain (douches à l'italienne, baignoires sur pieds...) et le spa Nuxe est une petite merveille (ah, la cabine de soins, perchée dans une cabane) !

16 chambres – 160/315 € – 19 € – 5 suites

27 place Issac-Benserade – ✆ 02 32 48 24 24 – www.hotel-licorne.com

La Licorne Royale – Voir la sélection des restaurants

Le Grand Cerf

AUBERGE • PERSONNALISÉ Sur la pittoresque place du village, célèbre pour sa halle du 18e s., ce Grand Cerf – arborant de beaux colombages – abrite des chambres au charme champêtre, voire "forestier", avec leur décor de branchages et même de bois de cerf ! Insolite et très cosy... À noter : on peut accéder au délicieux spa de l'hôtel La Licorne.

11 chambres – 160/310 € – 19 € – 4 suites

31-32 place Isaac-Bensarade – ✆ 02 32 49 50 50 – www.grandcerf.fr

Le Bistrot du Grand Cerf – Voir la sélection des restaurants

MACHILLY

✉ 74140 – Haute-Savoie – Carte régionale n° **4**–F1 – Carte Michelin 328-K3

Le Refuge des Gourmets (Jean-Marie et Hubert Chanove)

CUISINE MODERNE • ÉLÉGANT XXX Dans ce petit village de Haute-Savoie qui fut longtemps un haut-lieu de la culture de la framboise, le gourmet trouvera refuge dans cette auberge discrète. Ce restaurant cossu, d'inspiration Belle Époque, affiche désormais plus de trois décennies de longévité. À la suite de son père Jean-Marie, le chef Hubert Chanove (passé par de belles maisons étoilées comme celles des frères Raimbault, d'Arnaud Donckele, de Jean Sulpice ou de Michel Troisgros) compose une cuisine moderne aux touches créatives, inspirée des produits locaux et de la cueillette des fleurs et des herbes sauvages. Ses préparations s'articulent en général autour d'une saison ou d'un produit (écrevisses et poissons du Léman, chasse, homard, morilles, truffe noire...).

Spécialités : Artichaut frit, crémeux de chèvre frais, basilic et huile d'olive. Filet de bœuf, escalope de foie gras poêlée, déclinaison d'aubergines et sauce au vin de noix. Tarte feuilletée à la framboise de Machilly, crémeux de pistache et oxalis.

Menu 38€ (déjeuner), 50/93€ – Carte 98/118€

90 route des Framboises – ✆ 04 50 43 53 87 – www.refugedesgourmets.com – Fermé 2-7 janvier, 24 février-4 mars, 17 août-3 septembre, lundi, mardi midi, dimanche soir

MÂCON

✉ 71000 – Saône-et-Loire – Carte régionale n° **5**-C3 – Carte Michelin 320-I12

✿ Pierre (Christian Gaulin)

CUISINE CLASSIQUE • ÉLÉGANT XXX Dans la plus méridionale des villes de Bourgogne, cette maison discrète d'une rue piétonne héberge une valeur sûre de la gastronomie locale. L'architecture traditionnelle – poutres apparentes, vieilles pierres chaleureuses, cheminée – s'y marie avec des touches contemporaines. Depuis 1991, Christian Gaulin y célèbre les noces classiques du terroir et de la modernité. Dès qu'il le peut, ce solide technicien rend un hommage subtil à la Bresse et à la Bourgogne. Dans l'assiette, le gourmet en goguette retrouve avec bonheur une savoureuse volaille de Bresse, un moelleux foie gras, des quenelles de brochet exemplaires, un tournedos charolais tendre à souhait et un soufflé au Grand Marnier réalisé dans les règles. Adepte des bons produits, le chef cuisine ce qu'il aime... et nous le fait aimer aussi.

Spécialités : Turbot sauvage rôti aux zestes d'agrumes, blanquette de légumes et marinière de palourdes. Tournedos charolais au foie gras poêlé, sauce périgourdine et variation de légumes. Soufflé chaud aux griottines confites, sorbet et sauce à la griotte.

Menu 32€ (déjeuner), 56/103€ – Carte 84/112€

7 rue Dufour – ✆ 03 85 38 14 23 – www.restaurant-pierre.com – Fermé 9-15 mars, 29 juin-19 juillet, lundi, mardi, dimanche soir

Cassis

CUISINE MODERNE • CONTEMPORAIN X Ce restaurant repris par un jeune couple propose une cuisine soignée, goûteuse, sans chichis, dont un mémorable pâté en croûte, qui a obtenu la troisième place au Championnat du Monde, en 2016. Le chef, qui est passé chez Mathieu Viannay à La Mère Brazier, ne propose que des produits de bonne qualité (viande de Haute Loire, légumes d'un maraîcher de la région etc.), à savourer dans un cadre contemporain, avec table d'hôte et cave vitrée.

Menu 20€ (déjeuner)/33€ – Carte 47/55€

74 rue Joseph-Dufour – ✆ 03 85 38 24 53 – www.cassisrestaurant-macon.fr – Fermé 2-7 janvier, 24 août-7 septembre, mercredi soir, samedi midi, dimanche

Ma Table en Ville

CUISINE DU MARCHÉ • COLORÉ X Voilà peut-être l'archétype du bistrot du XXIe s. Un intérieur contemporain et coloré, avec son éclairage composé d'ampoules suspendues à une ancienne tuyauterie... Le chef, épaulé par son épouse, a le souci du bon produit et réalise une cuisine saine et lisible, renouvelée chaque semaine. Bon choix de vins de la région et accueil tout sourire.

Menu 25€ (déjeuner), 41/58€ – Carte 42/51€

50 rue de Strasbourg – ✆ 03 85 30 99 91 – www.matableenville.fr – Fermé 1er-5 janvier, 22 juin-5 juillet, mercredi soir, jeudi soir, vendredi soir, samedi, dimanche

à Fuissé 8,5 km au Sud - Ouest par D172 puis D54 – Carte régionale n° **5**-C3

✿ L'O des Vignes (Sébastien Chambru)

CUISINE MODERNE • CONTEMPORAIN XX Cette bâtisse en pierre du Mâconnais embrasse un paysage de vignes, qui court jusqu'à la Roche de Solutré. Elle accueille un Bourguignon du cru, Sébastien Chambru, qui a fait un passage remarqué au Moulin de Mougins, avant de s'envoler pour le Japon : à Tokyo, il est subjugué par le respect que les chefs nippons témoignent au produit. Auteur de plusieurs livres de cuisine, il cisèle aujourd'hui à Fuissé une cuisine légèrement créative, tout en finesse et en précision. On retiendra son poulpe rôti et ravioli grillé façon nippon, ou encore son saint-pierre snacké aux petits pois, carottes et jus de racine. Dans le petit bar à vins adjacent, plats canailles et crus canons sont à l'ardoise.

Spécialités : Cuisine du marché.

Menu 29 € (déjeuner), 49/74 €

rue du Bourg - ✆ 03 85 38 33 40 - www.lodesvignes.fr - Fermé 17 février-4 mars, 26 octobre-6 novembre, mardi, mercredi

LA MADELAINE-SOUS-MONTREUIL - Pas-de-Calais (62) → Voir Montreuil

MAGESCQ

✉ 40140 - Landes - Carte régionale n° **18**-B2 - Carte Michelin 335-D12

✿✿ Relais de la Poste (Clémentine et Jean Coussau)

CUISINE CLASSIQUE • ÉLÉGANT XXX Face à la pinède, on cultive le classicisme... à quatre mains, entre le chef et sa nièce. Bien ancré dans sa région, il se plait à évoquer le "maillage des petits producteurs" – foie gras, volaille, viande de chalosse, poissons de l'Adour et de Capbreton –, cette cuisine de proximité qu'il préfère appeler "cuisine de cœur". Sa saison préférée ? L'automne, pour les champignons et le gibier. Trois plats immuables révèlent ses affections : le foie de canard chaud aux raisins, la sole aux cèpes et le saumon de l'Adour (un poisson capricieux), quand les pêcheurs en attrapent. Ajoutons les superbes soufflés au Grand Marnier, aériens et crémeux, au centre desquels est glissée une petite quenelle de sorbet à l'orange sanguine, qui apporte une irrésistible fraîcheur.

Spécialités : Foie gras de canard chaud aux raisins. Pigeonneau de Magescq rôti, cuisses en viennoise et champignons sauvages. Tourte croustillante à la pomme et à l'armagnac, sorbet à la pomme flambée à l'armagnac.

Menu 60 € (déjeuner), 98/140 € - Carte 120/150 €

24 avenue de Maremne - ✆ 05 58 47 70 25 - www.relaisposte.com - Fermé 1er-18 janvier, 11 novembre-12 décembre, lundi, mardi

Côté Quillier

CUISINE MODERNE • BISTRO X Un élégant bistrot, entièrement dévolu à une bonne cuisine du marché ! Croustillant de pied de cochon, boudin noir sauce moutarde et purée de pommes de terre agria, tiramisu de fruits rouges, etc. On se régale sur la terrasse, avant de rejoindre le jardin où vous attend un jeu... de quilles. Ambiance conviviale.

Menu 23 € (déjeuner), 27/37 €

26 avenue de Maremne - ✆ 05 58 47 79 50 - www.relaisposte.com - Fermé 5-11 janvier, 11 novembre-14 décembre

Relais de la Poste 

MAISON DE CAMPAGNE • PERSONNALISÉ Des tapis de fleurs, un verger, des ceps de vignes, de belles allées de pins, une superbe piscine... On ne se lasse pas de ce parc de 8 ha, ni des chambres d'ailleurs, spacieuses et très confortables. Un castel landais plein de caractère.

14 chambres - 220/380 € - 15 € - 2 suites

24 avenue de Maremne - ✆ 05 58 47 70 25 - www.relaisposte.com - Fermé 1er-18 janvier, 11 novembre-12 décembre

✿✿ **Relais de la Poste** - Voir la sélection des restaurants

MAGLAND

✉ 74300 - Haute-Savoie - Carte régionale n° **4**-F1 - Carte Michelin 328-M4

L'Annexe 1888 (N)

MAISON DE CAMPAGNE • PERSONNALISÉ Entre Genève et Chamonix, cette vieille bâtisse d'une belle couleur jaune dorée, entièrement rénovée par Hélène Roux, architecte d'intérieur de talent, propose de confortables chambres alliant parquet de chêne en bois clair et couleurs chatoyantes. Magnifique loft au dernier étage. Le ravissant bistrot de Balme voisin, qui appartient au même propriétaire, offre une halte sympathique pour déjeuner.

5 chambres - 125/275 € - 12 €

315 rue des Grottes-de-Balme - ✆ 06 86 57 56 61 - www.annexe1888.com

MAGNANT - Aube (10) ➜ Voir Bar-sur-Seine

MAÎCHE

✉ 25120 - Doubs - Carte régionale n° **6**-C2 - Carte Michelin 321-K3

à Mancenans-Lizerne 2,5 km à l'Est par D464 et D272

Au Coin du Bois

CUISINE TRADITIONNELLE • ÉLÉGANT XX Une maison à la fois simple et soignée, entourée de sapins et avec une agréable terrasse. Le chef signe une cuisine soignée, réalisée avec de bons produits frais.

Menu 17 € (déjeuner), 32/54 € - Carte 35/70 €

Rue Sous-le-Rang - ✆ 03 81 64 00 55 - www.restaurant-aucoindubois.com - Fermé 27 janvier-7 février, 27 avril-8 mai, 26 octobre-6 novembre, lundi soir, mercredi, dimanche soir

MAILLANE - Bouches-du-Rhône (13) ➜ Voir St-Rémy-de-Provence

MAINTENON

✉ 28130 - Eure-et-Loir - Carte régionale n° **8**-C1 - Carte Michelin 311-F4

Castel Maintenon

RESORT • ÉLÉGANT À deux pas du château de Maintenon, une vaste bâtisse comprenant hôtel, restaurant, espace bien-être avec spa, et même une piscine d'eau de mer avec nage à contre-courant. Chambres modernes et confortables.

77 chambres - 111/200 € - 18 € - 4 suites

1 rue de la Ferté - ✆ 02 34 40 14 14 - www.castelmaintenon.com

MAISONS-ALFORT - Val-de-Marne (94) ➜ Voir Autour de Paris

MAISONS-LAFFITTE - Yvelines (78) ➜ Voir Autour de Paris

MALATAVERNE - Drôme (26) ➜ Voir Montélimar

MALBUISSON

✉ 25160 - Doubs - Carte régionale n° **6**-C3 - Carte Michelin 321-H6

Le Bon Accueil (Marc Faivre)

CUISINE MODERNE • COSY XXX Une solide adresse qui ne fait pas mentir son nom : depuis quatre générations, ce chalet régional, chaleureux et confortable, pratique l'art jurassien de l'hospitalité au cœur du Haut-Doubs. Il y a le lac de Saint-Point juste de l'autre côté de la route, le Suchet et la Suisse, juste derrière. Ici, on met du cœur pour assurer un bon accueil... et une bonne chère ! Le chef Marc Faivre a travaillé chez Georges Blanc, Pierre Gagnaire et à la Maison Lameloise avant de revenir sur ses terres pour y faire chanter le terroir franc-comtois. Sa cuisine fine et savoureuse nous transporte : la truite au bleu ou à l'absinthe, le poulet fermier, morilles et sauce au vin jaune du Jura (évidemment !) ou encore le pigeon rôti, foie gras de canard et artichaut...

Spécialités : Tarte fine à la saucisse de Morteau, étuvée de poireau et œuf poché. Lieu jaune à l'absinthe de Pontarlier. Sorbet à la gentiane, macaronade au pamplemousse.

Menu 47/85 € - Carte 65/95 €

1 chemin de la Grande-Source - ✆ 03 81 69 30 58 - www.le-bon-accueil.fr - Fermé 1er-17 janvier, 24 juin-4 juillet, 28 octobre-14 novembre, 16-31 décembre, lundi, mardi, dimanche soir

LA MALÈNE

✉ 48210 - Lozère - Carte régionale n° **21**-C1 - Carte Michelin 330-H9

Château de la Caze

CUISINE MODERNE • ROMANTIQUE XX On s'attable dans l'élégante salle à manger du château – parquets, cheminée, fauteuils à hauts dossiers – pour déguster un tartare de daurade royale aux agrumes, ou encore un loup de Méditerranée, risotto au jambon serrano et fenouil croquant... La carte est appétissante et les saveurs bien présentes.

Menu 23€ (déjeuner), 35/82€ - Carte 50/65€

Route des Gorges-du-Tarn - ✆ 04 66 48 51 01 - www.chateaudelacaze.com - Fermé 31 octobre-15 avril, lundi

Château de la Caze

DEMEURE HISTORIQUE • PERSONNALISÉ Sur les rives du Tarn, un superbe château fortifié construit au 15e s. Mobilier ancien, tours crénelées, baldaquins et vieilles pierres : rien ne manque ! Une atmosphère résolument châtelaine au cœur d'une nature préservée.

16 chambres - 135/320€ - 16€ - 9 suites

Route des Gorges-du-Tarn - ✆ 04 66 48 51 01 - www.chateaudelacaze.com - Fermé 31 octobre-15 avril

Château de la Caze - Voir la sélection des restaurants

MALLING

✉ 57480 - Moselle - Carte régionale n° **12**-B1 - Carte Michelin 307-I2

à Petite Hettange 1 km à l'Est sur D654

Olmi

CUISINE CLASSIQUE • CONTEMPORAIN XX Prenez un chef aux origines italiennes, le retour de la fille prodigue en pâtisserie et du fils en sommellerie, et vous obtiendrez la renaissance de cette auberge, sise dans les murs d'un ancien relais routier. Cuisine classique, pasta et terrasse sous les arbres : une affaire familiale comme on les aime !

Menu 27/80€ - Carte 58/75€

11 Route Nationale - ✆ 03 82 50 10 65 - www.olmi-restaurant.fr - Fermé 1er-7 janvier, 17-31 août, lundi, mardi, jeudi soir, dimanche soir

MANCENANS-LIZERNE - Doubs (25) → Voir Maîche

MANDELIEU

✉ 06210 - Alpes-Maritimes - Carte régionale n° **25**-E2 - Carte Michelin 341-C6

Bessem

CUISINE MODERNE • CONTEMPORAIN XX Savez-vous ce qu'est un Tuniçois ? C'est un chef d'origine tunisienne, qui a le cœur à Nice. C'est le cas de Bessem Ben Abdallah, un chef au beau parcours (notamment Gagnaire à Courchevel), qui propose un menu mystère en plusieurs déclinaisons et des produits de qualité - asperges de Pertuis, fraises Mara des bois, selle d'agneau, Saint-Pierre...

Menu 37€ (déjeuner), 55/115€

183 avenue de la République - ✆ 04 93 49 71 23 - www.bessem-restaurant.com - Fermé 17 février-3 mars, 2-17 novembre, 21-29 décembre, lundi, mardi

La Napoule Carte régionale n° **25**-E2

L'Oasis

CUISINE CLASSIQUE • LUXE XXXX Ah, le patio verdoyant et ombragé de l'Oasis ! Bien des gourmets vous en parleront. Cette institution de la Côte d'Azur n'a pas usurpé son nom : la cour luxuriante, ses vieux platanes, sa délicieuse fontaine, sa lumineuse salle à manger, son service attentionné et sa superbe cave... tout cela n'a rien d'un mirage.

Menu 65€ (déjeuner), 85/190€ - Carte 158/200€

6 rue J.H.-Carle - ✆ 04 93 49 95 52 - www.oasisetoile-mandelieu.fr - Fermé 28 novembre-27 février, lundi, dimanche

La Rotonde

CUISINE TRADITIONNELLE • CONTEMPORAIN XX À l'entrée de la station, le restaurant est tenu par un couple sérieux et sympathique. Dans une salle en demi-rotonde, avec vue sur la mer, on se régale de douceurs traditionnelles comme on les aime : salade d'artichauts et pecorino truffé, sole meunière, ou encore pavlova aux fruits rouges...

Menu 28/39€ - Carte 47/63€

391 avenue du 23-août - ✆ 04 93 49 82 60 - www.restaurantlarotonde.com - Fermé lundi soir, mardi soir, mercredi soir, dimanche

Le Bistrot de l'Oasis

CUISINE TRADITIONNELLE • CONVIVIAL X Ce restaurant est installé dans une demeure provençale séduisante, dont la façade ocre domine le port. Sur la terrasse aux allures de guinguette, vous vous laisserez porter par une cuisine de tradition, réalisée à partir des produits de la région. À noter aussi que la carte des vins recèle de jolies surprises.

Menu 33/49€ - Carte 38/61€

L'Ermitage de l'Oasis, 26 avenue Henri-Clews - ✆ 04 93 49 95 52 - www.domainedebarbossi.fr

L'Ermitage de l'Oasis

MAISON DE MAÎTRE • ÉLÉGANT Cette demeure de la baie de Cannes d'inspiration italienne, à la façade ocre et brique, est l'ancien relais d'hiver des moines des îles de Lérins. Les chambres y sont confortables ; certaines d'entre elles contemplent la mer, d'autres donnent sur le golf ou la rivière Riou.

33 chambres - 144/490€ - 3 suites

avenue Henri-Clews - ✆ 04 93 49 95 56 - www.domainedebarbossi.fr - Fermé 18 novembre-8 mars

Le Bistrot de l'Oasis - Voir la sélection des restaurants

MANE - Alpes-de-Haute-Provence (04) → Voir Forcalquier

MANIGOD

✉ 74230 - Haute-Savoie - Carte régionale n° **4**-F1 - Carte Michelin 328-L5

La Maison des Bois - Marc Veyrat

CUISINE CRÉATIVE • MONTAGNARD XXX Marc Veyrat reçoit à Manigod, le village de son enfance. Dans un cadre montagnard élégant et chaleureux (assiettes en grès, argenterie ancienne, objets paysans), armé d'un précieux Opinel, on prend part à la symphonie pastorale organisée par le chef. Un cueilleur-botaniste, en tenue savoyarde traditionnelle, nous fournit des explications sur les plantes sauvages présentes dans l'assiette ; tout au long du repas, c'est un défilé de senteurs de sous-bois - sève de sapin, champignons -, de notes herbacées, avec l'utilisation d'outils et techniques variés... À noter : l'expérience se paye au prix fort.

Spécialités : Foie gras à la myrrhe odorante. Truite du lac Léman en écorce de sapin. L'avalanche de desserts de nos pâtissiers.

Menu 295€ (déjeuner)/395€

au Col de la Croix-Fry - ✆ 04 50 60 00 00 - www.marc-veyrat.fr - Fermé 13 avril-17 mai, lundi, mardi, mercredi, jeudi midi

🍴 La Table de Marie-Ange 

CUISINE TRADITIONNELLE • INTIME XX La terrasse face aux Aravis est tout simplement magique, et il est difficile de quitter la Table de Marie-Ange... On se régale d'une jolie cuisine pétrie d'authenticité, comme avec cette rissole aux cèpes ou cette tourte au reblochon. Joli décor mêlant vieux bois et outils de paysans, accueil souriant.

Menu 71/89 € - Carte 78/98 €

Chalet Hôtel Croix-Fry, route du Col - ✆ 04 50 44 90 16 - www.hotelchaletcroixfry.com - Fermé 13 avril-27 juin, 7 septembre-18 décembre, lundi, mardi midi, mercredi midi, jeudi midi

Chalet Hôtel Croix-Fry 

LUXE • COSY Dans un cadre idyllique, au milieu des alpages, un beau chalet tenu par la même famille depuis des décennies (accueil charmant). Magnifiquement restauré, il révèle un bel intérieur montagnard... Un lieu superbe !

8 chambres - 225/395 € - ☕ 24 € - 1 suite

route du Col - ✆ 04 50 44 90 16 - www.hotelchaletcroixfry.com - Fermé 13 avril-27 juin, 7 septembre-18 décembre

La Table de Marie-Ange - Voir la sélection des restaurants

La Maison des Bois - Marc Veyrat 

LUXE • MONTAGNARD Prolonger l'expérience gastronomique unique par une nuit en altitude, c'est possible... Ce petit hameau savoyard aux chambres luxueuses offre une vue fastueuse sur les massifs alpins. Marc Veyrat a réalisé la maison de ses rêves, sur les terres de son enfance.

8 chambres - 750 € - ☕ 90 € - 2 suites

Au Col de la Croix-Fry - ✆ 04 50 60 00 00 - www.marc-veyrat.fr - Fermé 13 avril-17 mai

✿✿ **La Maison des Bois - Marc Veyrat** - Voir la sélection des restaurants

MANOM - Moselle (57) ➔ Voir Thionville

MANOSQUE

✉ 04100 - Alpes-de-Haute-Provence - Carte régionale n° **24**-B2 - Carte Michelin 334-C10

🍴 Le Bistronomique

CUISINE CLASSIQUE • CONTEMPORAIN XX Ne vous fiez pas à l'emplacement un peu improbable de ce restaurant, dans une zone d'affaires : il se trouve en effet qu'on y déguste une généreuse cuisine de tradition, dans laquelle tout est fait maison à partir d'excellents produits. Cerise sur le gâteau : le service, aimable et efficace.

Menu 57/75 € - Carte 60/70 €

180 avenue Régis-Ryckebush - ✆ 04 92 72 41 86 - www.bistronomiquerestaurant.fr - Fermé lundi soir, mardi soir, mercredi soir, jeudi soir, dimanche

🍴 Sens & Saveurs

CUISINE MODERNE • MÉDITERRANÉEN XX D'abord monastère, puis filature, ensuite entrepôt à grains au 17ᵉs. et enfin théâtre : la grande salle voûtée de ce restaurant a traversé les époques sans prendre une ride. Le rideau se lève désormais sur un lieu à l'ambiance familiale, où le chef réalise des recettes à l'accent méridional.

Menu 24 € (déjeuner), 30/64 € - Carte 53/65 €

43 boulevard des Tilleuls - ✆ 04 92 75 00 00 - www.sensetsaveurs.com - Fermé 23 février-10 mars, 23 août-8 septembre, lundi, jeudi soir, dimanche soir

LE MANS

✉ 72000 - Sarthe - Carte régionale n° **23**-D1 - Carte Michelin 310-K6

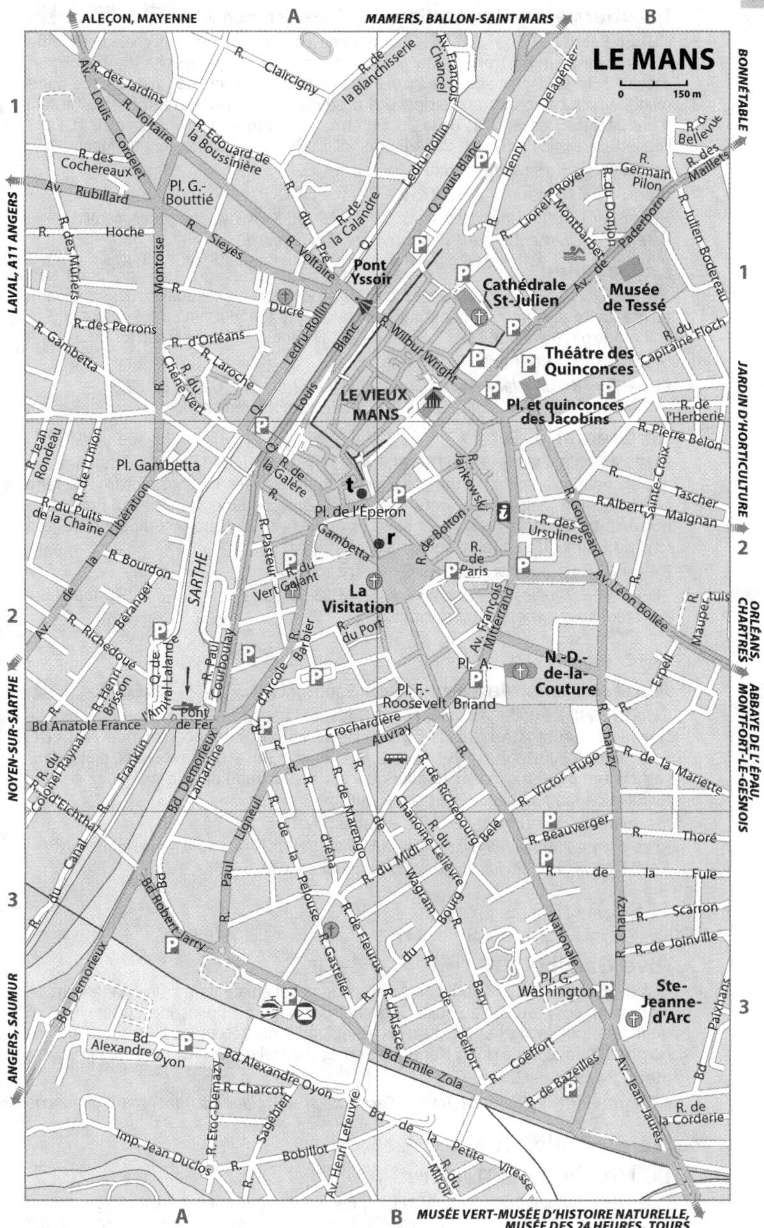
LE MANS
0
150 m
ALEÇON, MAYENNE
MAMERS, BALLON-SAINT MARS
BONNÉTABLE
LAVAL, A11 ANGERS
JARDIN D'HORTICULTURE
ORLÉANS, CHARTRES
ABBAYE DE L'ÉPAU, MONTFORT-LE-GESNOIS
NOYEN-SUR-SARTHE
ANGERS, SAUMUR
MUSÉE VERT-MUSÉE D'HISTOIRE NATURELLE, MUSÉE DES 24 HEURES, TOURS
A
B
1
2
3
Cathédrale St-Julien
Musée de Tessé
Théâtre des Quinconces
Pl. et quinconces des Jacobins
LE VIEUX MANS
Pont Yssoir
Pl. de l'Éperon
La Visitation
N.-D.-de-la-Couture
Ste-Jeanne-d'Arc
Pl. Gambetta
Pl. G.-Bouttié
Pl. A. Briand
Pl. F.-Roosevelt
Pl. G. Washington
Pont de Fer
SARTHE
Ducré
t
r
R. Claircigny
R. de la Blanchisserie
Av. François Chancel
R. Delagenière
R. des Jardins
Av. Louis Cordelet
R. Voltaire
R. Edouard de la Boussinière
R. des Cochereaux
Av. Rubillard
R. Hoche
R. Sieyès
R. Montoise
R. des Mûriers
R. des Perrons
R. Gambetta
R. d'Orléans
R. Laroche
R. du Chêne Vert
R. du Pré
R. de la Calandre
R. Ledru-Rollin
Q. Louis Blanc
R. Wilbur Wright
R. Henry
R. Lionel Royer
R. du Donjon
R. Montbarbet
Av. de Paderborn
R. Germain Pilon
R. de Bellevue
R. des Maillets
R. Julien Bodereau
R. du Capitaine Floch
R. de l'Herberie
R. Pierre Belon
R. Tascher
R. Albert Maignan
R. Sainte-Croix
R. Gougeard
R. des Ursulines
R. Jankowski
R. de Bolton
R. de Paris
Av. Léon Bollée
R. Maupertuis
R. Erpell
Av. François Mitterrand
R. Jean Rondeau
R. de l'Union
R. du Puits de la Chaîne
Av. de la Libération
R. Bourdon
R. Béranger
R. Richedoué
R. Henri-Brisson
Q. de l'Amiral Lalande
R. Paul Courboulay
R. de la Galère
R. Pasteur
R. du Vert Galant
Gambetta
R. Barbier
R. d'Arcole
R. du Port
Bd Anatole France
R. Crochardière
R. Auvray
R. du Colonel Raynal
R. d'Eichthal
R. Franklin
Bd Demorieux
R. Lamartine
R. Paul Ligneul
R. de la Pelouse
R. de Marengo
R. d'Iéna
R. de Wagram
R. Chanoine Lelièvre
R. de Richebourg
R. du Midi
R. du Bourg Belé
R. Victor Hugo
R. de la Mariette
R. Chanzy
R. Beauverger
R. Thoré
R. de la Fuie
R. Scarron
R. de Joinville
R. Nationale
R. du Canal
Bd Robert Jarry
R. Gastelier
R. de Fleurus
R. d'Alsace
R. de Belfort
R. Bary
R. Coëffort
R. de Bazeilles
Av. Jean Jaurès
Bd Paixhans
R. de la Corderie
Bd Demorieux
Bd Alexandre Oyon
Bd Emile Zola
R. Charcot
R. Etoc-Demazy
R. Sagebien
Av. Henri Lefeuvre
Bd de la Petite Vitesse
R. du Miroir
R. Bobillot
Imp. Jean Duclos

✿ L'Auberge de Bagatelle (Jean-Sébastien Monné)

CUISINE MODERNE • DESIGN XX Un jeune couple franco-belge chaleureux offre une nouvelle vie gastronomique à cette ancienne auberge au charme bucolique : sachez-le, ici se déguste désormais une cuisine soignée, pleine de saveurs et de gourmandise. Dix personnes en cuisine, des produits d'une qualité irréprochable (la féra d'Eric Jacquier, les volailles de la Cour d'Armoirie, vergers Saint-Eustache etc.). Dans l'assiette, araignée sauvage ; Saint-Pierre grillé... On passe un excellent moment.

Spécialités : Cuisine du marché.

Menu 40 € (déjeuner), 60/98 € - Carte 75/100 €

Hors plan - *489 avenue Bollée - ✆ 02 43 85 25 73 - www.aubergedebagatelle.fr - Fermé 1er-14 janvier, 10 août-1er septembre, lundi, mardi*

Le Beaulieu

CUISINE MODERNE • ÉLÉGANT XXX Des produits de bonne qualité, des jus savamment réduits, un nombre limité d'ingrédients... que le chef décline au gré de vos envies, en deux, trois, ou quatre plats. Le tout dans un intérieur élégant et feutré.

Menu 55 € (déjeuner), 69/88 €

Plan B2-r - *34 bis place de la République (1er étage) - ✆ 02 43 87 78 37 - www.lebeaulieulemans.com - Fermé 1er-17 août, samedi, dimanche*

Le Grenier à Sel

CUISINE MODERNE • CONTEMPORAIN XX À l'entrée de la cité Plantagenêt, cet ancien grenier à sel est rythmé par deux associés, avec un mot d'ordre : se faire plaisir et faire plaisir aux clients ! Dans un cadre contemporain, beaux produits - homard, turbot, foie gras... - et saveurs appuyées... le tout accompagné de jolis vins du Rhône, de Loire et de Bordeaux.

Menu 22 € (déjeuner), 45/55 € - Carte 53/63 €

Plan A2-t - *26 place de l'Eperon - ✆ 02 43 23 26 30 - Fermé 24 juillet-15 août, mercredi soir, samedi midi, dimanche*

à Arnage 10 km au Sud

Auberge des Matfeux (Xavier Souffront)

CUISINE MODERNE • ÉLÉGANT XXX Des motifs abstraits aux murs, une vaisselle signée par un artiste local : l'élégance du restaurant annonce celle de l'assiette. Avec une solide maîtrise technique, le chef compose de savoureux plats dans l'air du temps, qui gardent toujours un œil sur la tradition. Ne manquez pas les ravioles de langoustines cuites dans leur jus.

Menu 35 € (déjeuner), 55/78 € - Carte 54/90 €

Hors plan - *289 avenue Nationale - ✆ 02 43 21 10 71 - www.aubergedesmatfeux.fr - Fermé 2-6 janvier, 26 juillet-20 août, lundi, dimanche*

MANTES-LA-JOLIE

✉ 78200 - Yvelines - Carte régionale n° **15**-A1 - Carte Michelin 311-G2

Rive Gauche

CUISINE MODERNE • COSY XX Au pied de la collégiale, faites une halte dans ce restaurant cosy et chaleureux ! Son chef-patron y propose une cuisine fine et goûteuse, qui évolue au fil du marché et porte discrètement la marque de ses nombreux voyages - Hong Kong, Californie, Australie... Service attentionné.

Menu 24/50 € - Carte 50/50 €

1 Rue du Fort - ✆ 01 30 92 30 16 - Fermé 1er-31 août, lundi, samedi midi, dimanche

à Mantes-la-Ville 2 km au Sud - Est par N183

Le Moulin de la Reillère

CUISINE CLASSIQUE • ÉLÉGANT XXX Belle auberge aménagée dans un ancien moulin du 18e s. Un cadre bourgeois, avec sa terrasse et son ravissant jardin fleuri ; une cuisine classique bien réalisée.

Menu 26 € (déjeuner)/39 € - Carte 48/73 €

171 Route de Houdan - ✆ 01 30 92 22 00 - www.lemoulindelareillere.fr - Fermé 2-9 janvier, 2 mai-9 septembre, 3-23 août, lundi, samedi midi, dimanche soir

MANTES-LA-VILLE - Yvelines (78) ➜ Voir Mantes-la-Jolie

MARÇAY - Indre-et-Loire (37) ➜ Voir Chinon

LES MARCHES

✉ 73800 - Savoie - Carte régionale n° **4**-F2 - Carte Michelin 333-I5

Le K'ozzie

CUISINE MODERNE • COSY X Ce restaurant accueillant – et cosy ! – est le repaire de Maude et Sébastien, qui se sont rencontrés en Australie, pays des "Aussies" ou... "Ozzies". Sébastien concocte des plats fins et délicats, au fil de son inspiration : c'est tout bon.

Menu 23 € (déjeuner), 46/60 €

20 route de Francin - ✆ 04 79 36 91 76 - www.lekozzie.com - Fermé 1er juin-15 juillet, 21 décembre-4 janvier, lundi, mardi midi, dimanche

MARCIAC

✉ 32230 - Gers - Carte régionale n° **22**-A2 - Carte Michelin 336-C8

La Villa Toscane

TRADITIONNEL • CONTEMPORAIN Inauguré en 2014, l'hôtel a été créé dans une ancienne école et offre assurément une belle leçon de chic et de confort, des chambres, décorées avec soin – dans une veine cosy et légèrement baroque –, à l'espace bien-être, avec bassin de nage, sauna, hammam, etc. Une véritable invitation à l'école buissonnière...

13 chambres - 150/296 € - 18 € - 1 suite

41 rue St-Pierre - ✆ 05 62 08 22 22 - www.lavillatoscane-marciac.fr - Fermé 15 octobre-15 avril

MARCOLÈS

✉ 15220 - Cantal - Carte régionale n° **1**-A3 - Carte Michelin 330-C6

Auberge de la Tour (Renaud Darmanin)

CUISINE MODERNE • RUSTIQUE XXX Au cœur du village médiéval, cette bâtisse en pierre, avec sa tour d'angle et son escalier à vis, déborde de charme. Tous deux auvergnats, Lorraine et Renaud Darmanin ont modernisé et transformé cet ancien café en halte gastronomique. Après ses études à Chamalières, Renaud a fait ses classes dans de belles maisons, à Lyon chez Paul Bocuse, à Paris chez Frédéric Anton au Pré Catelan, à Genève au Parc des Eaux Vives. Le chef ne travaille que de très beaux produits frais et locaux (et notamment la châtaigne). Il réalise une cuisine fine et goûteuse, mariant avec talent le terroir à des épices d'ici et d'ailleurs.

Spécialités : Escargots au coulis d'ortie et girolles. Cuisses de grenouilles, miel de châtaignier et purée de légumes fumés au barbecue. Velours de fruits rouges et contraste d'estragon.

Menu 29 € (déjeuner), 66/95 €

place de la Fontaine - ✆ 04 71 46 99 15 - www.aubergedela-tour.com - Fermé mardi, mercredi

MARCQ-EN-BAROEUL - Nord (59) ➜ Voir Lille

MARENNES

✉ 17320 - Charente-Maritime - Carte régionale n° **20**-A2 - Carte Michelin 324-D5

Manger & Dormir sur la Plage (N)

POISSONS ET FRUITS DE MER • CONVIVIAL X On dirait le titre d'une chanson des années 1980. Cette table jeune et décontractée située en face de la mer propose une cuisine d'inspiration marine, avec un choix alléchant de crustacés, de poissons, et bien évidemment d'huîtres : l'établissement appartient en effet à la famille Gillardeau, les célèbres ostréiculteurs. La grande terrasse offre une vue adorable, avec l'île d'Oléron à l'horizon. Côté hébergement, "Dormir sur la Plage" dispose de quatre grandes junior suites, très bien aménagées.

Menu 22 € (déjeuner)/29 € - Carte 31/45 €

61 avenue William-Bertrand - ✆ 05 46 38 41 93 - www.dormirsurlaplage.fr - Fermé 1er-31 janvier

MARGAUX

✉ 33460 - Gironde - Carte régionale n° **18**-B1 - Carte Michelin 335-G4

à Labarde 5 km au Sud par D2 - Carte régionale n° **18**-B1

Nomade 

CUISINE MODERNE • CONVIVIAL Jolie surprise que cette adresse ouverte en plein Médoc par un jeune couple originaire de la région. Le chef propose une cuisine française mâtinée de touches exotiques, en utilisant autant que possible les produits locaux : le goût est au rendez-vous. Décor agréable et accueil tout sourire.

Menu 25 € (déjeuner), 35/60 €

3 route des Châteaux - ✆ 05 56 35 92 38 - www.restaurant-nomade.fr - Fermé lundi, dimanche

Château Giscours 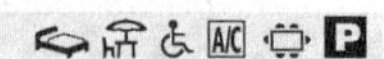

HISTORIQUE • ROMANTIQUE En plein cœur du domaine viticole de Margaux, le Château Giscours est une véritable pépite ! Dans l'ancienne écurie, on a aménagé des chambres d'un charme fou, élégantes et rustiques, parfaites pour un séjour au grand calme. Visite des chais offerte pour les résidents.

3 chambres - 180/195 €

10 route de Giscours - ✆ 05 57 97 09 09 - www.chateau-giscours.fr - Fermé 24-27 décembre, 31 décembre-2 janvier

MARIGNY-ST-MARCEL

✉ 74150 - Haute-Savoie - Carte régionale n° **4**-F1 - Carte Michelin 328-I6

Blanc

CUISINE TRADITIONNELLE • CONTEMPORAIN Cette auberge familiale propose deux options alléchantes : un restaurant contemporain et élégant, bénéficiant d'une carte travaillée, avec de beaux produits, ou la brasserie boisée au décor de chalet, où priment les spécialités fromagères savoyardes (tout comme les grenouilles et la perche). Chambres confortables, pour ceux qui souhaitent profiter de la région.

Menu 34/120 € - Carte 46/79 €

90 avenue Sindeldorf - ✆ 04 50 01 09 50 - www.blanc-hotel-restaurant.fr - Fermé 25 décembre-6 janvier, lundi midi, samedi, dimanche soir

MARINGUES

✉ 63350 - Puy-de-Dôme - Carte régionale n° **1**-C2 - Carte Michelin 326-G7

Le Carrousel 

CUISINE MODERNE • BOURGEOIS Le chef-patron, originaire de Béziers, réalise une bonne cuisine moderne, avec de franches inspirations sudistes. Produits de qualité, service professionnel et terrasse sur l'arrière... les raisons ne manquent pas de grimper dans ce Carrousel.

Menu 28 € (déjeuner), 35/83 € - Carte 81/81 €

14 rue du Pont-de-Morge - ✆ 04 73 68 70 24 - www.restaurant-lecarrousel.com - Fermé 2-16 janvier, 15 juillet-8 août, lundi soir, mardi, mercredi, dimanche soir

MARLENHEIM

✉ 67520 - Bas-Rhin - Carte régionale n° **10**-A1 - Carte Michelin 315-I5

Le Cerf (Joël Philipps) 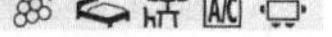

CUISINE MODERNE • COSY Faon ou daguet, allons bramer de plaisir et frotter nos cornes aux portes de cet ancien relais de poste, devenu une hostellerie gourmande ! Cet ensemble de jolies bâtisses, accessible par une cour intérieure pavée et un pimpant jardinet, nous donne des fourmis dans les sabots... pardon, les pinces ! Cette institution connut son heure de gloire grâce au talent du chef Michel Husser. Il a passé les rênes au jeune chef Joël Philipps qui concocte une cuisine bien maîtrisée, avec quelques plats régionaux revisités avec finesse (choucroute, bouchées à la reine), et d'autres puisant leur inspiration dans les voyages (bouillon de sashimi de bœuf).

Spécialités : Foie gras de canard d'Alsace en gelée de melon, jambon de cochon laineux et son chutney. Bouchée à la reine de l'arrière-grand-père Paul Wagner. Version moderne de la crêpe Suzette.

Menu 48 € (déjeuner), 89/119 € - Carte 70/100 €

30 rue du Général-de-Gaulle - ✆ 03 88 87 73 73 - www.lecerf.com - Fermé 2-16 janvier, mardi, mercredi

MARLY-LE-ROI - Yvelines (78) ➜ Voir Autour de Paris

MARMANDE

✉ 47200 - Lot-et-Garonne - Carte régionale n° **18**-C2 - Carte Michelin 336-C2

Boat aux Saveurs

CUISINE MODERNE • ÉLÉGANT XX Dans cette élégante chartreuse transformée en restaurant, les gourmands se régalent d'une cuisine inventive. La jeune chef met un point d'honneur à se fournir chez les producteurs locaux, et presque tous les légumes viennent du potager maison ! Belle terrasse au calme.

Menu 25 € (déjeuner), 44/64 € - Carte 66/77 €

36-38 avenue Jean-Jaurès - ✆ 05 53 64 20 35 - www.restaurantboatauxsaveurs.fr - Fermé 2-22 janvier, lundi, mardi, samedi midi, dimanche soir

MARQUAY

✉ 24620 - Dordogne - Carte régionale n° **18**-D3 - Carte Michelin 329-H6

Maison de Marquay

FAMILIAL • COSY Un havre de paix au cœur du bourg... Derrière les murs en pierre du jardin, on se prélasse au bord de la piscine et on profite du grand confort des lieux, où dialoguent joliment l'ancien et le moderne. Accueil très agréable ! Monsieur, ancien chef cuisinier, œuvre rien que pour vous à la table d'hôte.

4 chambres ☕ - 👫 100/130 €

Le Bourg - ✆ 05 53 59 53 59 - www.maisondemarquay.fr - Fermé 1er novembre-2 avril

MARSEILLAN

✉ 34340 - Hérault - Carte régionale n° **21**-C2 - Carte Michelin 339-G8

Le Domaine Tarbouriech

SPA ET BIEN-ÊTRE • PERSONNALISÉ Cette ancienne maison bourgeoise de vigneron, perdue dans les vignes de Picpoul, à deux pas de l'étang de Thau, pratique l'ostréathérapie, un traitement cosmétique à base de nacre de coquilles d'huîtres. Ici, les chambres se nomment Casanova, Japon, Nacre ou Jefferson. Superbe spa, détente assurée.

15 chambres - 👫 250/500 € - ☕ 18 €

Chemin de Villemarin - ✆ 04 48 14 00 30 - www.domaine-tarbouriech.fr - Fermé 2-23 janvier

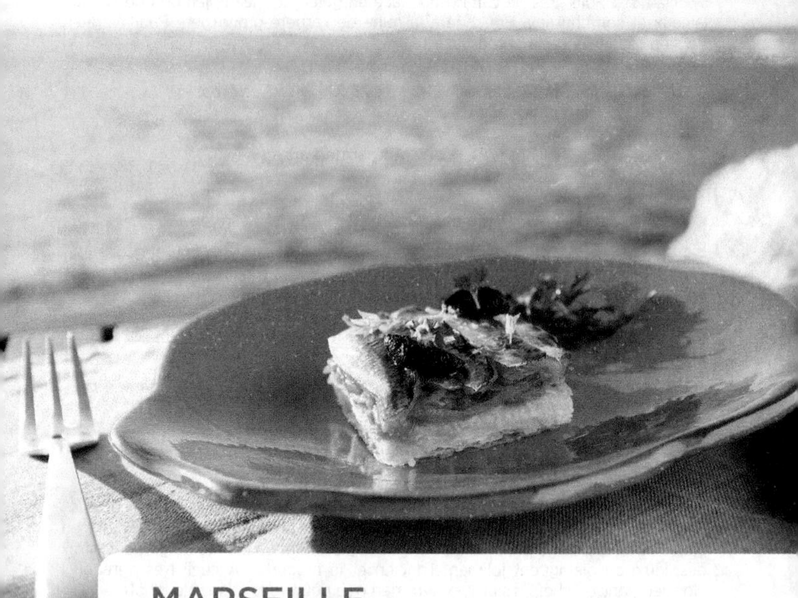

MARSEILLE

✉ 13000 – Bouches-du-Rhône – Carte régionale n° **24**-B3 – Carte Michelin 340-H6, 114-28

On aime...

Tour à tour grecque puis romaine, millefeuille de peuples et d'influences, Marseille est l'une des capitales du bassin méditerranéen. Elle fait preuve d'un vrai dynamisme culturel autour de son Mucem et de ses nouveaux espaces aménagés sur la façade maritime. C'est aussi un chaudron culinaire en ébullition permanente. Sur le Vieux-Port, on furète tous les matins devant le marché aux poissons du quai de la Fraternité, que tout le monde appelle encore de son ancien nom, le "quai des Belges". C'est le moment de préparer sa bouillabaisse ou sa bourride, la soupe de poissons de roche. Dans le quartier du Panier, les ruelles fleurent bon la Corse et l'Italie : Marseille est d'ailleurs l'un des épicentres de la pizza. Les marchés de Noailles et Belsunce ont des airs de souks à ciel ouvert : tous les ingrédients des cuisines du Maghreb sont là, des dattes aux tomates séchées, en passant par les piments et les épices.

C. Moirenc/hemis.fr

Restaurants

✿✿✿ Le Petit Nice (Gérald Passédat)

POISSONS ET FRUITS DE MER • ÉLÉGANT XXXX Impossible de dissocier Le Petit Nice de sa ville, Marseille, et de la personnalité de Gérald Passedat. "Dans la Méditerranée, je plonge dans tous les sens du terme, résume le chef. Elle me porte et m'inspire, ainsi que toutes les terres qui l'entourent". C'est peu dire qu'il s'est inspiré du terroir méditerranéen (fruits, légumes, céréales, poissons, épices...) pour créer son identité culinaire. Ce sont par exemple plus de soixante-cinq types de poissons qui défilent aux fourneaux, de la dorade au denti, en passant par le pagre, le merlan, le sarran, et même, parfois, de la murène ! Héritier d'une famille d'artistes, ancien élève d'Alain Chapel, des frères Troisgros et de Michel Guérard, Gérald Passedat a conservé intact son plaisir de cuisiner, de surprendre et d'émouvoir. Comme un goût de calanques...

Spécialités : Poissons du sud en caravane nordique, poutargue, caviar et grattons. Loup de palangre "Lucie Passedat". Nougat évanescent au lait d'amande, pistache et miel.

Menu 120 € (déjeuner), 220/390 € – Carte 260/330 €

Plan 1 A3-d – *Anse de Maldormé (hauteur 160 Corniche J.-F.-Kennedy) – ✆ 04 91 59 25 92 – www.passedat.fr – Fermé 5-20 janvier, lundi, dimanche*

✿✿ AM par Alexandre Mazzia

CUISINE CRÉATIVE • BRANCHÉ XX Dans cette zone chic et résidentielle de Marseille, Alexandre Mazzia déploie toute l'étendue de son talent et impose une personnalité culinaire atypique. Il porte la petite portion au rang d'art, avec des associations surprenantes – et même, pour tout dire, bluffantes : topinambour, réglisse et poutargue, ou encore cet admirable mariage des œufs de truite et saumon sauvage marinés au saké. Épicé, torréfié, fumé : voici les trois fils conducteurs de son travail, avec une belle place faite au végétal, et de petites touches africaines (le chef a vécu au Congo jusqu'à ses 14 ans), le tout saupoudré d'une audace sans faille. Un mot enfin sur le service, chaleureux et rythmé, avec explications précises des plats et de la philosophie du chef. Un grand moment de plaisir.

Spécialités : Plancton, pointu, beurre blanc safrané et voile de rouget. Langoustine, pop-corn d'algue et condiment citron- géranium. Banane, riz soufflé et mangue-kumquat.

Menu 79 € (déjeuner), 140/240 €

Plan 1 B3-a – *9 rue François-Rocca – ✆ 04 91 24 83 63 – www.alexandremazzia.com – Fermé 16-20 avril, 23 juillet-3 août, 18-30 décembre, lundi, dimanche*

✿ Alcyone

CUISINE MODERNE • LUXE XXXX Le chef Lionel Lévy, enfant de Marseille formé par Alain Ducasse et Eric Frechon, tient la barre de cet Alcyone (du nom de la fille du dieu Éole) né en 2013 au sein du fameux Hôtel-Dieu. Il y propose une cuisine résolument méditerranéenne, balayée par les épices et faisant la part belle aux poissons locaux (mais aussi aux viandes), tout cela dans une ambiance chic et sobre, véritable prolongement de l'hôtel. Entre les pois chiches de Rougiers, gamberoni en écaille de socca et la côte de veau poêlée, cromesquis de tête de veau, jus à la moelle, le cap est tenu.

Spécialités : Consommé de "Bouille-Abaisse". Pêche du moment et légumes de saison. Damier de chocolat et praliné, copeaux de noisettes.

Menu 99/139 € – Carte 120/160 €

Plan 3 F1-v – *Intercontinental-Hôtel Dieu, 1 place Daviel – ✆ 04 13 42 43 43 – http://marseille.intercontinental.com/les-restaurants/le-restaurant-alcyone – Fermé 1er-13 janvier, 12-20 avril, 9-24 août, lundi, mardi midi, mercredi midi, jeudi midi, vendredi midi, samedi midi, dimanche*

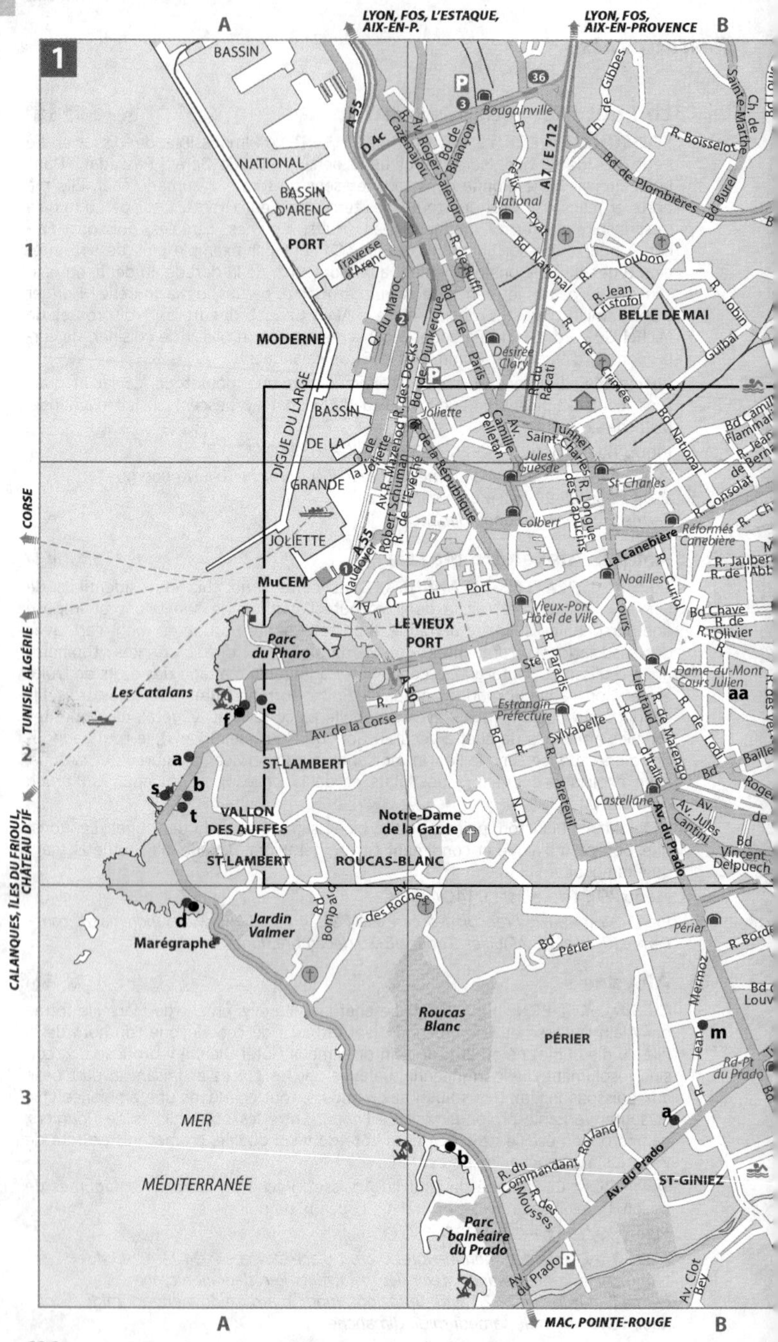
LYON, FOS, L'ESTAQUE, AIX-EN-P.
LYON, FOS, AIX-EN-PROVENCE
A
B
1
BASSIN
NATIONAL
BASSIN D'ARENC
PORT
MODERNE
BASSIN DE LA GRANDE JOLIETTE
DIGUE DU LARGE
MuCEM
Bougainville
National
Belle de Mai
Désirée Clary
Joliette
Jules Guesde
St-Charles
Colbert
Réformés Canebière
La Canebière
Noailles
Vieux-Port Hôtel de Ville
LE VIEUX PORT
Parc du Pharo
Les Catalans
Estrangin Préfecture
N.-Dame-du-Mont Cours Julien
Castellane
ST-LAMBERT
VALLON DES AUFFES
ST-LAMBERT
Notre-Dame de la Garde
ROUCAS-BLANC
Jardin Valmer
Marégraphe
Périer
Roucas Blanc
PÉRIER
Rd-Pt du Prado
ST-GINIEZ
MER
MÉDITERRANÉE
Parc balnéaire du Prado
CORSE
TUNISIE, ALGÉRIE
CALANQUES, ÎLES DU FRIOUL, CHÂTEAU D'IF
MAC, POINTE-ROUGE
2
3
Av. du Prado
Bd National
Av. de la Corse
Av. Roger Salengro
Bd de Plombières
A 55
A 50
A 7 / E 712
aa
a
b
d
e
f
s
t
m

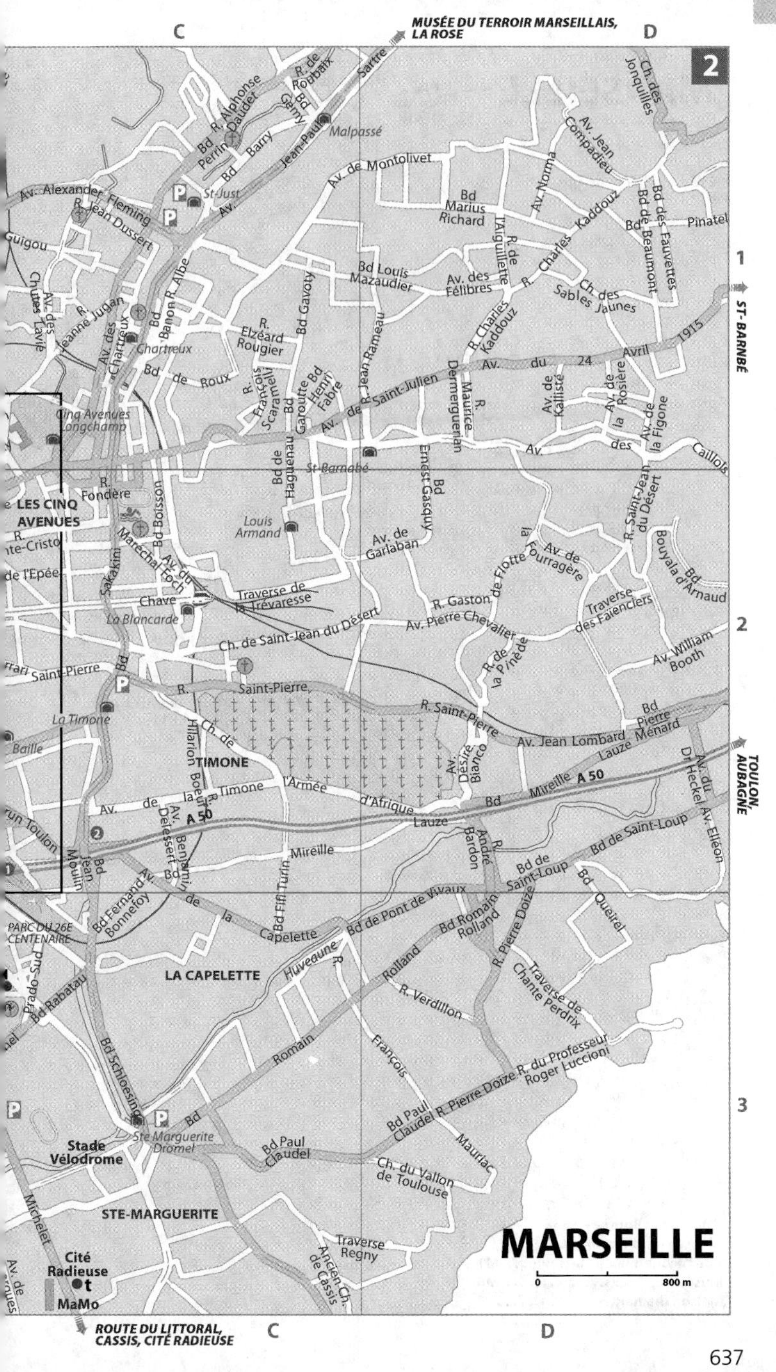

MUSÉE DU TERROIR MARSEILLAIS, LA ROSE
C
D
2
1
2
3
ST-BARNBÉ
TOULON, AUBAGNE
ROUTE DU LITTORAL, CASSIS, CITÉ RADIEUSE
LES CINQ AVENUES
TIMONE
LA CAPELETTE
STE-MARGUERITE
Stade Vélodrome
Cité Radieuse
MaMo
Malpassé
St-Just
Chartreux
Cinq Avenues Longchamp
St-Barnabé
Louis Armand
La Blancarde
La Timone
Ste Marguerite Dromel
PARC DU 26E CENTENAIRE
A 50
MARSEILLE
0
800 m

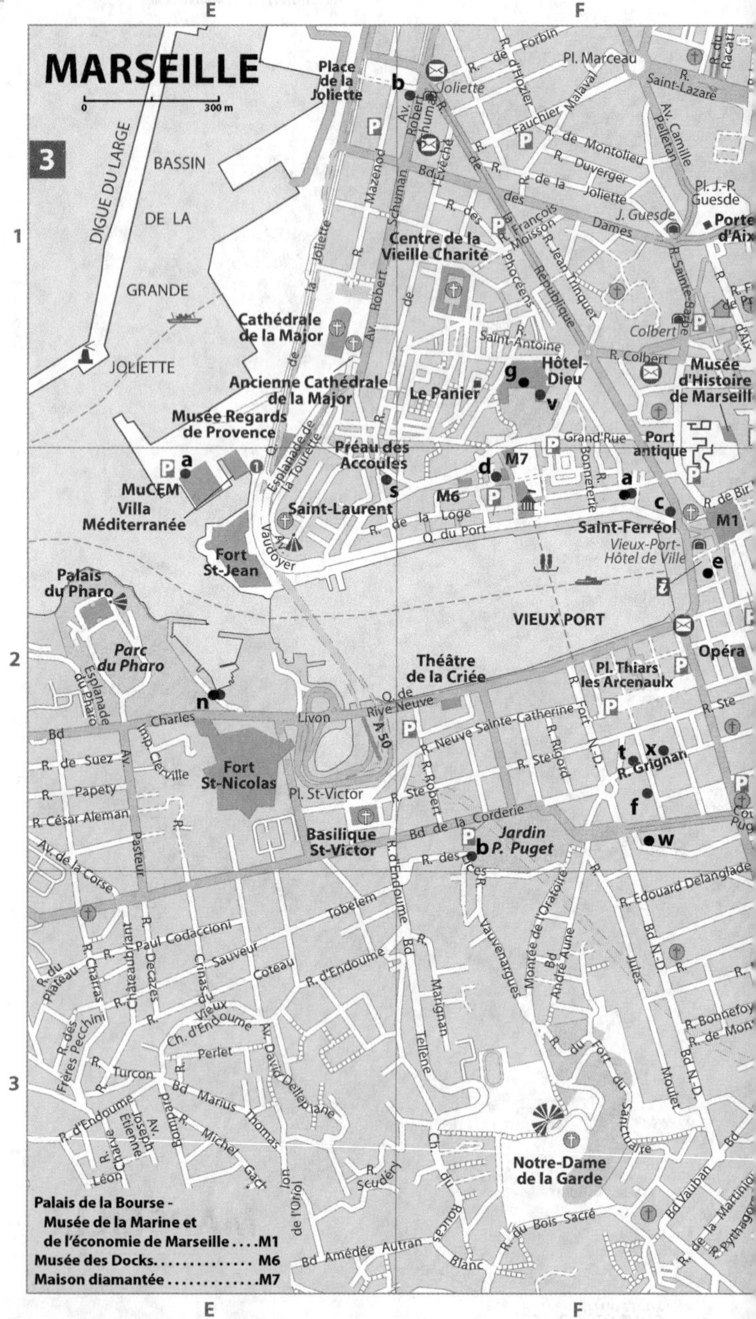
MARSEILLE
0
300 m
3
E
F
1
2
3
DIGUE DU LARGE
BASSIN
DE LA
GRANDE
JOLIETTE
Place
de la
Joliette
Pl. Marceau
R. de Forbin
R. d'Hozier
Joliette
Av. Robert Schuman
R. Mazenod
Bd. de l'Évêché
R. Fauchier
R. Malaval
R. de Montolieu
R. Duverger
R. de la Joliette
R. des Dames
J. Guesde
Pl. J.-P. Guesde
Porte d'Aix
R. Saint-Lazare
Av. Camille Pelletan
R. Sainte-Barbe
Colbert
R. Colbert
Centre de la
Vieille Charité
R. des Phocéens
R. François Moisson
R. de la République
R. Jean Trinquet
Saint-Antoine
Cathédrale
de la Major
Ancienne Cathédrale
de la Major
Musée Regards
de Provence
Hôtel-
Dieu
Le Panier
Musée
d'Histoire
de Marseille
Grand'Rue
Port
antique
Préau des
Accoules
M7
M6
Esplanade de la Tourette
MuCEM
Villa
Méditerranée
Saint-Laurent
R. de la Loge
Q. du Port
R. Bonneterie
Saint-Ferréol
M1
Vieux-Port-
Hôtel de Ville
Av. Vaudoyer
Fort
St-Jean
Palais
du Pharo
Parc
du Pharo
Esplanade du Pharo
VIEUX PORT
Opéra
Théâtre
de la Criée
Q. de Rive Neuve
Pl. Thiars
les Arcenaulx
R. Fort N.-D.
Bd Charles Livon
A 50
R. Neuve Sainte-Catherine
R. Rigord
R. Grignan
R. de Suez
Imp. Clerville
Fort
St-Nicolas
R. Papety
Pl. St-Victor
R. Robert
R. César Aleman
Av. Pasteur
Basilique
St-Victor
Bd de la Corderie
Jardin
P. Puget
R. d'Endoume
Av. de la Corse
R. Edouard Delanglade
R. Tobelem
R. Paul Codaccioni
R. Sauveur
R. Coteau
R. Chateaubriant
R. Decazes
R. Chatras
R. du Plateau
R. Vauvenargues
Montée de l'Oratoire
Bd André Aune
Bd N.-D.
R. Jules Moulet
R. Marignan
R. Tellène
Ch. du Vieux
Ch. d'Endoume
Av. David Dellepiane
R. des Frères Pecchini
R. Perlet
R. Turcon
Bd Marius Thomas
R. Michel Gachet
R. Bompard
Av. Joseph Etienne
R. Léon Chalve
R. du Fort du Sanctuaire
Notre-Dame
de la Garde
R. Bonnefoy
Bd Vauban
R. Scudéry
Ch. du Roucas Blanc
R. du Bois Sacré
Bd Amédée Autran
R. de l'Oriol
Palais de la Bourse -
Musée de la Marine et
de l'économie de Marseille M1
Musée des Docks.............. M6
Maison diamantée M7

G
H
4
Palais Longchamp
Musée Grobet-Labadié
Bd de la Libération
Alcazar
La Canebière
Saint-Vincent de Paul
R. Saint-Savournin
Pl. du Marché des Capucins
Pl. J. Jaurès
Cours Julien
R. St-Ferréol
Musée Cantini
N.-D.-du-Mont-Cours Julien
Av. du Prado
Castellane
Estrangin Préfecture
Noailles
St-Charles
Réformés-Canebière
Baille
PARC DU 26E CENTENAIRE
A 50
Tunnel Saint-Charles
Tunnel Louis Rège
Bd Baille
Bd Gilly
1
2
3

✿ L'Épuisette 

POISSONS ET FRUITS DE MER · MÉDITERRANÉEN XXX Une Épuisette parmi les rochers, quoi de plus évident ? Comme posée sur les récifs du vallon des Auffes – un cadre enchanteur –, cette table vit en intimité avec la mer... Le menu Fanny, signature de la maison, éblouit comme un soleil de juillet. Le chef maîtrise son sujet, les produits sont de première fraîcheur, les recettes précises, les saveurs marquées et la générosité naturelle. Au hasard de notre bonheur : la bouillabaisse - chapon, lotte, galinette, vive et saint-pierre, un plat gourmand et canaille en diable. Une délicieuse escale.

Spécialités : Rossini de thon et foie gras, crudités multicolores. Chapon de Méditerranée, risotto d'épeautre et aubergine grillée. Notre tarte Tatin aux pommes.

Menu 75 € (déjeuner), 105/145 € – Carte 100/132 €

Plan 1 A2-s – *158 rue du Vallon-des-Auffes – ✆ 04 91 52 17 82 – www.l-epuisette.fr – Fermé 2-10 février, 9 août-1er septembre, lundi, dimanche*

✿ Une Table au Sud (Ludovic Turac) 

CUISINE MODERNE · ÉLÉGANT XXX Aux commandes de cette table résolument ancrée dans le Sud : Ludovic Turac, tout jeune cuisinier passé notamment par l'émission Top Chef (mais aussi Le Bristol et Guy Savoy). Ses recettes inventives cultivent avec art l'esprit de la région – légumes provençaux, pêche locale, viandes des Alpes du Sud – à l'unisson du panorama sur le Vieux Port et la "Bonne Mère". En salle, Karine vous conseille de jolis petits crus, "pour s'éloigner des étiquettes et se rapprocher des vignerons".

Spécialités : Ma version de l'aïoli. Ma version de la bouillabaisse. Le citron feuille, une autre idée de la tarte au citron.

Menu 39 € (déjeuner), 58/135 € – Carte 100/150 €

Plan 3 F2-c – *2 quai du Port (1er étage) – ✆ 04 91 90 63 53 – www.unetableausud.com – Fermé 2-13 janvier, 1er-7 septembre, 24-28 décembre, lundi, dimanche soir*

✿ Saisons (Julien Diaz) 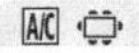

CUISINE MODERNE · CONVIVIAL X Chic et contemporain, idéalement situé au cœur de Marseille – à deux pas de la Place Castellane–, cet établissement (l'ancien restaurant Axis, joliment rebaptisé Saisons) bénéficie de l'enthousiasme conjugué d'un duo de choc : Julien Diaz, jeune chef de retour de Corse, et Guillaume Bonneaud, sommelier. Trente couverts environ, déco épurée (bois, fer, matériaux bruts), accords mets et vins pointus, et cuisine obéissant à un parti pris fort : ne travailler que des produits méditerranéens (ainsi ce pagre de pêche locale). Pari réussi, papilles ravies.

Spécialités : Poisson mariné au sel, transparence citron et poutargue de Marseille. Seiche à l'encre, texture de fenouil et de citron vert. Notre vision du tiramisu.

Menu 29 € (déjeuner), 55/85 €

Plan 4 G3-f – *8 rue Sainte-Victoire – ✆ 09 51 89 18 38 – www.restaurant-saisons.com – Fermé 2-9 janvier, 20-27 avril, 27 juillet-17 août, lundi soir, samedi, dimanche*

L'Arôme 

CUISINE MODERNE · CONVIVIAL X Dans une rue colorée typiquement marseillaise, ce petit restaurant aux airs de salle d'école décline une cuisine méditerranéenne, savoureuse et soignée, à l'instar de ces cromesquis de veau aux olives noires ou de la canette rôtie et purée de basilic. Ici, on cuisine des produits bio, et locaux. Un sans faute.

Spécialités : Cromesquis de veau. Lieu noir, fleur de courgette farcie, jus corsé. Entremets chocolat.

Menu 30 €

Plan 4 G2-g – *9 rue des 3 Rois – ✆ 04 91 42 88 80 – Fermé 22 décembre-1er janvier, dimanche et le midi*

La Cantinetta

CUISINE ITALIENNE · TRATTORIA Depuis l'enfance, Pierre-Antoine Denis est un fougueux passionné de la cuisine transalpine. Secondé par Luigi, un vieil Italien qui confectionne les pâtes, il se rend régulièrement dans la péninsule pour dénicher les meilleurs producteurs. Chaleureuse et gourmande, sa Cantinetta est une vraie trattoria !

Spécialités : Burrata pugliese. Cannelloni brousse et épinards. Pain perdu de panettone.

Carte 23/45 €

Plan 4 G2-f – *24 cours Julien – ✆ 04 91 48 10 48 – www.restaurantlacantinetta.fr – Fermé dimanche*

Madame Jeanne

CUISINE MÉDITERRANÉENNE · TENDANCE Au cœur de Marseille, dans un décor moderne, Madame Jeanne propose une cuisine méditerranéenne saine, à l'esprit artisanal, qui privilégie les circuits courts. Excellents accords mets et vin naturels (belle cave de près de 500 références). Goûteux et bien ficelé.

Spécialités : Cuisine du marché.

Carte 34/45 €

Plan 3 F2-x – *84 rue de Grignan – ✆ 04 86 26 54 16 – www.maisonbuon.com – Fermé mardi soir, dimanche*

Otto

CUISINE MÉDITERRANÉENNE · CONVIVIAL Attenzione, italien survolté ! Dans le quartier du Prado, le petit frère de la Cantinetta fait salle comble et comble les gosiers, avec une formule éprouvée : de bons petits plats méditerranéens aux accents italiens. Caponata d'aubergines, bruschetta de sardines fumées etc. Terrasse en saison.

Spécialités : Artichauts frits. Aubergine confite à l'arménienne. Sorbet citron.

Carte 26/41 €

Plan 1 B3-m – *150 rue Jean-Mermoz – ✆ 04 91 71 16 52 – Fermé 10-23 août, dimanche*

Schilling

CUISINE MODERNE · SIMPLE Que fait un jeune Écossais, originaire d'un village de pêcheurs, en arrivant par hasard à Marseille ? Il ouvre un restaurant. Le Schilling, installé entre le Vieux Port et le Panier, célèbre la rencontre entre la Méditerranée et l'Écosse au gré d'une cuisine parfumée… et d'une jolie carte de whiskys.

Spécialités : Tartare de loup, parmesan, nori et pickles de betterave. Poulpe grillé, salade de fines herbes, concombre et rhubarbe. Saint-honoré framboise et citron.

Menu 33 € – Carte 35/42 €

Plan 3 E2-s – *37 rue Caisserie – ✆ 04 91 01 81 39 – Fermé mardi, mercredi*

Les Trois Forts

CUISINE MODERNE · ÉLÉGANT Tout Marseille est là : le Vieux Port et sa myriade de mâts, les quais qui fourmillent au loin, le ciel azuré… Au 7e étage du Sofitel, le panorama est sublime. L'assiette rend également un bel hommage à la cité phocéenne, entre inspirations provençales et saveurs d'ailleurs. Beau moment !

Menu 50 € (déjeuner), 77/97 € – Carte 70/104 €

Plan 3 E2-n – *Sofitel Vieux Port, 36 boulevard Charles-Livon – ✆ 04 91 15 59 56 – www.sofitel-marseille-vieuxport.com – Fermé lundi, dimanche soir*

Chez Fonfon

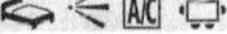

POISSONS ET FRUITS DE MER · CONVIVIAL Fraîcheur : le maître mot de cette institution familiale fondée en 1952 par Alphonse, dit "Fonfon". Bourride et bouillabaisse sont les immuables de la carte, réalisées avec le poisson sorti tout droit des "pointus" en bois que l'on aperçoit en face dans le petit port. L'adresse niche en effet dans le beau vallon des Auffes…

Carte 62/77 €

Plan 1 A2-t – *140 vallon des Auffes – ✆ 04 91 52 14 38 – www.chez-fonfon.com*

L'Escapade Marseillaise

CUISINE PROVENÇALE • CONVIVIAL XX Teintes douces entre gris et bois clair, jolis luminaires et mobilier du moment : telle est la nouvelle déco de cette Escapade qui prend du grade ! Dans l'assiette le chef fait les yeux doux à la Provence et travaille de biens alléchants produits – poulpe, rouget, pigeon, etc. Par beau temps, direction la vaste terrasse.

Menu 22 € (déjeuner), 38/60 € – Carte 45/55 €

Plan 4 G3-g – *134 rue Paradis* – *Estrangin Préfecture* – *04 91 31 61 69* – *www.lescapademarseillaise.com* – *Fermé 24 décembre-2 janvier, lundi soir, mardi soir, mercredi soir, dimanche*

Lauracée

CUISINE TRADITIONNELLE • CONTEMPORAIN XX C'est bien clair, le patron de cette maison en retrait du Vieux-Port ne sert que des produits frais : "je ne sais pas faire autre chose ! " Sa cuisine a l'accent du Sud... Quant au cadre, entièrement modernisé – murs taupe, nouveau mobilier –, il se révèle aussi bien agréable.

Menu 27 € (déjeuner)/42 € – Carte 45/60 €

Plan 3 F2-t – *96 rue de Grignan* – *04 91 33 63 36* – *www.lelauracee.com* – *Fermé 1er-31 août, lundi soir, samedi midi, dimanche*

Michel - Brasserie des Catalans

POISSONS ET FRUITS DE MER • VINTAGE XX Ambiance 100 % rétro dans cette institution (1946) de la plage des Catalans. Ici, la bouillabaisse – marseillaise, évidemment – est une religion... autant qu'un délice ! Au menu, donc, la pêche du jour, d'une remarquable fraîcheur : admirez le poisson exposé dans le "pointu" à l'entrée.

Carte 90/110 €

Plan 1 A2-e – *6 rue des Catalans* – *04 91 52 30 63* – *www.restaurant-michel-13.fr*

Péron

CUISINE MODERNE • MÉDITERRANÉEN XX Sur la Corniche, cette bâtisse accrochée à la roche offre une vue à couper le souffle sur la baie de Marseille, ses îles, le château d'If... Un vent chargé d'embruns méditerranéens souffle sur la carte : bouillabaisse, chipirons farcis, etc. Amis locavores, cette table est pour vous !

Menu 55 € (déjeuner), 72/84 € – Carte 75/100 €

Plan 1 A2-a – *56 corniche John Fitzgerald Kennedy* – *04 91 52 15 22* – *www.restaurant-peron.com*

Le Relais 50

CUISINE PROVENÇALE • DESIGN XX Carrelage, appliques, chaises, etc. : ce Relais joue la carte "revival" avec malice et élégance. Au menu, une cuisine créative qui puise dans les traditions de la Méditerranée, et que l'on peut savourer sans se ruiner. Autre attrait : la terrasse sur le Vieux-Port, avec la "Bonne Mère" en ligne de mire !

Menu 28 € (déjeuner), 40/70 € – Carte 55/60 €

Plan 3 F2-a – *Résidence du Vieux Port, 18 quai du Port* – *04 91 52 52 50* – *www.relais50.com* – *Fermé 18 août-2 septembre, 27 octobre-2 novembre, lundi, dimanche*

Tabi (N)

CUISINE JAPONAISE • CONTEMPORAIN XX Tabi, c'est le voyage en japonais : tout est dit ! Originaire de Kyoto, le chef a choisi Marseille comme ville d'adoption. Il met la pêche locale en valeur dans une cuisine japonaise traditionnelle, préparée directement devant le client. Accords mets-sakés pour les amateurs. Dépaysement garanti.

Menu 50 € (déjeuner), 79/125 €

Plan 1 A2-b – *165 Corniche du Président-John-Fitzgerald-Kennedy* – *04 91 22 09 33* – *www.restauranttabi.com* – *Fermé 1er-6 janvier, 9-24 août, lundi, dimanche*

Le Ventre de l'Architecte - Le Corbusier

CUISINE MODERNE • DESIGN Au sein de la Cité radieuse, le chef Jérôme Caprin propose une partition convaincante, articulée autour des produits de la Provence : par exemple ce vol au vent de la mer au safran, réduction de soupe de roche, ou encore ce maigre rôti, mousseline d'artichaut, fèves et citron. Un régal pour les férus d'architecture... et tous les autres.

Menu 32€ (déjeuner)/59€

Plan 2 C3-t – *280 boulevard Michelet (Cité Radieuse, 3ème étage) – 04 91 16 78 00 – www.hotellecorbusier.com – Fermé 6-13 janvier, 3-25 août, lundi, dimanche*

Bistro du Cours

CUISINE MODERNE • BISTRO Sur le cours Julien, on profite d'une cuisine canaille et gourmande déclinée au fil des saisons, le long d'un menu-carte pour le moins appétissant. Présent en salle, le propriétaire vous conseille sur le vin à choisir pour accompagner tout ça de la meilleure façon... Une maison sérieuse et accueillante.

Menu 21€ (déjeuner)/33€

Plan 4 G2-b – *13 cours Julien – 04 86 97 59 11 – www.bistroducours.com – Fermé lundi, dimanche*

Les Bords de Mer

CUISINE MODERNE • CONTEMPORAIN Une cuisine moderne, fine et délicate, avec vue imprenable sur la mer : qui dit mieux ? La carte a été élaborée en fonction des produits d'ici, avec quelques petites touches d'ailleurs pour venir pimenter le tout. C'est garanti sans chichi, et ça s'arrose de vins naturels bien choisis : une adresse sérieuse et convaincante.

Carte 40/55€

Plan 1 A2-f – *52 corniche du Président-John-Fitzgerald-Kennedy – 04 13 94 34 00 – www.lesbordsdemer.com*

Būbo 

CUISINE MODERNE • CONTEMPORAIN Le chef Fabien Torrente, passé par plusieurs maisons étoilées, propose un concept original : à midi, de faux bento (entrée, plat, dessert) pour s'adapter aux besoins d'une clientèle pressée, et des recettes plus ambitieuses en soirée. Salle de petite taille et moderne dans l'esprit "atelier post industriel". Une adresse qui a le vent en poupe.

Menu 22€ (déjeuner), 45/65€ – Carte 55/65€

Plan 4 G3-h – *34 rue du Docteur-Jean-Fiolle – 09 50 13 58 28 – www.bubo-restaurant.com – Fermé 10-23 août, lundi soir, mardi soir, dimanche*

Le Café des Épices

CUISINE MODERNE • BISTRO Derrière l'hôtel de ville, un restaurant que l'on découvre par sa grande terrasse bordée d'oliviers. Le chef propose une cuisine saine et fraîche, volontiers voyageuse : palourdes dans un bouillon thaï, cédrat et chou violet ; plat de côte de bœuf, polenta crémeuse de maïs bio, carottes de Pertuis glacées au miel de châtaignier... Une table réjouissante.

Menu 27€ (déjeuner)/41€ – Carte 40/55€

Plan 3 F2-d – *4 rue du Lacydon – 04 91 91 22 69 – www.lecafedesepices-by-acdg.com*

Cédrat

CUISINE MÉDITERRANÉENNE • CONTEMPORAIN Cette table contemporaine, que l'on doit à Eric Maillet, jeune chef passé par chez Gérald Passedat, propose de savoureuses recettes composées avec des produits locaux et mâtinées de plaisantes influences méditerranéennes et de discrètes touches asiatiques, réminiscences de ses voyages en Extrême-Orient. Chaque jour, il compose un menu annoncé sur ardoise au gré du marché et des arrivages ; le soir, menu imposé en 3 ou 5 temps. Une table pleine d'avenir.

Menu 28€ (déjeuner), 38/55€

Plan 4 G3-j – *81 rue Breteuil – 04 91 42 94 41 – Fermé 16-24 février, 2-24 août, 29 décembre-6 janvier, lundi, dimanche*

Le Goût des Choses

CUISINE TRADITIONNELLE • COSY Le (vrai) goût des choses... Une jolie ambition pour ce sympathique restaurant, tenu par un couple de professionnels installés ici après de nombreuses expériences à travers le monde. Au menu, produits du marché et réminiscences de saveurs lointaines.

Menu 22€ (déjeuner)/39€

Plan 4 G2-x – *4 place Notre-Dame-du-Mont – 04 91 48 70 62 – www.legoutdeschoses.fr – Fermé 21-27 décembre, lundi, mardi*

Lacaille

CUISINE MODERNE • BISTRO Un duo très pro propose une cuisine du sud, à prix sage. Esprit de bistrot de quartier, cuisine simple et pleine de gourmandise renouvelée au gré des saisons et du marché - ainsi la rascasse en aïoli, l'agneau comme un tajine ou la crème caramel façon cappuccino. Mention spéciale pour le service, qui est à l'image de l'assiette : affriolant.

Menu 35€

Plan 4 G2-n – *42 rue des 3-Mages – 09 86 33 20 33 – www.lacailleisnotabird.com – Fermé lundi, mardi, mercredi midi, jeudi midi, vendredi midi*

La Mercerie

CUISINE MODERNE • BRANCHÉ Une avalanche de produits locaux de qualité, un savoir-faire incontestable, de la gourmandise... Comptez sur la jeune équipe pour soigner votre faim de la meilleure des façons. Côté vins, on découvre une carte composée avec amour et résolument « nature », avec un turn-over de bon augure : tous les ingrédients pour passer un super moment.

Menu 29€ (déjeuner)/45€

Plan 4 G2-a – *9 cours Saint-Louis – 04 91 06 18 44 – www.lamerceriemarseille.com – Fermé lundi, mardi*

Le Môle Passedat - La Table

CUISINE MÉDITERRANÉENNE • DESIGN Le grand chef marseillais Gérald Passédat signe ici une cuisine de bistrot chic face à la Méditerranée, sa muse gastronomique... que l'on savoure dans l'assiette, avec notamment la pêche du moment en antiboise, ou ces asperges vertes et merlu fumé, compotée d'oranges au wasabi. Une jolie occasion de profiter de la superbe enceinte du Mucem.

Menu 42€ (déjeuner), 49/75€ – Carte 80€

Plan 3 E2-a – *1 esplanade du J4 (toit terrasse MuCEM) – 04 91 19 17 80 – www.passedat.fr – Fermé 1er mai, 25 décembre, mardi, dimanche soir*

Ourea

CUISINE MODERNE • COSY Encore une bonne table Marseillaise ! Ici, une cuisine de bistrot actuelle aux couleurs et saveurs de la Provence, à l'instar de ces figues et melons confits, lait d'amande et sorbet citron vert. Le chef, attentif aux saisons, se fournit en local (pêche en direct du port, légumes de maraîcher de Mallemort, etc). Très sympathique.

Menu 26€ (déjeuner)/39€

Plan 3 F2-f – *72 rue de la Paix-Marcel-Paul – 04 91 73 21 53 – Fermé lundi, mardi soir, dimanche*

Sépia

CUISINE MODERNE • TENDANCE Sur les flancs de la colline de Puget, en contrebas de la Bonne Mère, c'est le sourire du jeune patron qui vous accueille ! La carte alléchante célèbre le marché et promet de belles agapes : carpaccio de poulpe, murcilla et olives Taggiasche, ou encore pagre rôti autour du brocoli et vinaigrette à l'orange... le tout dans une ambiance chaleureuse.

Menu 41€ – Carte 29/45€

Plan 3 F2-b – *2 rue Vauvenargues – 09 83 82 67 27 – http://restaurant-sepia.fr – Fermé 1er-14 janvier, lundi, dimanche*

Signature

CUISINE MODERNE · BRANCHÉ La pétillante Coline Faulquier, auparavant à La Pergola, est désormais seule aux commandes de sa nouvelle adresse, imaginée autour d'une notion de partage : la carte propose des demi-portions afin de pouvoir tester plusieurs plats, mais aussi de savoureuses cocottes cuites au feu de bois. Les produits sont sélectionnés avec soin - maraîchers bios, cueilleurs d'herbes sauvages, poissons de méditerranée, etc. Coté salle, une agréable décoration contemporaine, prolongée d'un patio couvert avec cour intérieure et terrasse. Une signature originale.

Menu 48/75€ - Carte 58/80€

Plan 2 C3-v - *180 rue du Rouet - Ⓜ Rond-Point du Prado - ✆ 04 65 85 53 48 - https://signaturemarseille.com - Fermé lundi soir, samedi, dimanche*

Un Petit Cabanon

CUISINE MODERNE · BRANCHÉ Quelle jolie découverte ! Le jeune chef, originaire de Marseille, met ici tout en œuvre pour régaler ses convives. Produits locaux de rigueur (pêche locale, légumes...), saveurs marquées, avec toujours la pointe de créativité qui fait mouche : on est conquis. Ce Petit Cabanon rend de grands services à la gourmandise...

Menu 28€ (déjeuner)/33€

Plan 3 F1-b - *63 avenue Robert-Schuman - ✆ 04 91 90 01 53 - www.petit-cabanon-restaurant-marseille.com - Fermé lundi soir, mardi soir, mercredi soir, dimanche*

Hôtels

Intercontinental-Hôtel Dieu

GRAND LUXE · CONTEMPORAIN Sous l'œil bienveillant de la Bonne Mère" qu'il toise en droite ligne, cet ancien et fameux hôpital est devenu hôtel en 2013. Derrière la monumentale façade (18-19e s.), les lieux rivalisent d'espace, de sobriété et d'élégance - avec tous les services d'un établissement de luxe. Voilà qui fera date ! "

191 chambres - 220/2000€ - 29€ - 15 suites

Plan 3 F1-g - *1 place Daviel - ✆ 04 13 42 42 42 - http://marseille.intercontinental.com*

Alcyone - Voir la sélection des restaurants

Sofitel Vieux Port

LUXE · DESIGN Sur les hauteurs du Pharo, dominant les forts, la passe... et tout le Vieux Port ! Plus d'une vingtaine de chambres jouissent d'une terrasse ouvrant sur le bassin. Le grand confort au cœur du mythe marseillais.

134 chambres - 160/595€ - 3 suites

Plan 3 E2-n - *39 boulevard Charles-Livon - ✆ 04 91 15 59 00 - www.sofitel-marseille-vieuxport.com*

Les Trois Forts - Voir la sélection des restaurants

C2

LUXE · ÉLÉGANT Légèrement en retrait du vieux port, cet ancien hôtel particulier (1860) est à la pointe de la branchitude phocéenne ! Il abrite des chambres design et luxueuses ainsi qu'un salon-bar, sans oublier le petit - mais très joli - spa : bassin couvert, hammam, massages...

20 chambres - 179/500€ - 27€

Plan 3 F2-w - *48 rue Roux-de-Brignoles - ✆ 04 95 05 13 13 - www.c2-hotel.com*

Grand Hôtel Beauvau

LUXE · HISTORIQUE Cet élégant hôtel du Vieux-Port, où Chopin, Lamartine et Cocteau posèrent leurs valises, serait le premier de Marseille (1816). Les chambres, spacieuses, fourmillent de détails réjouissants (tête de lit en cordage, tissus colorés, mobilier Napoléon III), et l'ensemble possède un charme indéniable.

71 chambres - 111/610€ - 25€ - 2 suites

Plan 3 F2-e - *4 rue Beauvau - ✆ 04 91 54 91 00 - www.mgallery.com*

Le Petit Nice

LUXE · PERSONNALISÉ Sur la Corniche, ces architectures néoclassiques des années 1910 semblent lancer des œillades à la mer et à ses îles immaculées. Toute la lumière du Sud, toute la magie du site de Marseille, que l'on admire à loisir dans le plus grand confort...

16 chambres – 250/1525 € – 37 € Tablet.PLUS

Plan 1 A3-d – *Anse de Maldormé (hauteur 160 Corniche J.-F.-Kennedy) – ✆ 04 91 59 25 92 – www.passedat.fr*

✿✿✿ **Le Petit Nice** – Voir la sélection des restaurants

nhow Marseille

HÔTEL DE CHAÎNE · CONTEMPORAIN Qu'on se le dise : l'ancien Palm Beach, véritable institution locale, est devenu nhow ! L'établissement séduit avec des inspirations street art (reproductions de graffitis) et des chambres lumineuses qui donnent toutes sur la mer. Piscine, bars et spa avec hammam et jacuzzi.

150 chambres – 140/1000 € – 25 €

Plan 1 B3-b – *200 corniche John Fitzgerald Kennedy – ✆ 04 91 16 19 00 – www.nhow-marseille.com*

Résidence du Vieux Port

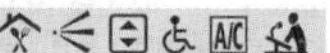

URBAIN · DESIGN Une décoration fort inspirée, en hommage aux années 1950. Les amateurs de Prouvé, Perriand ou Lurçat seront aux anges ! Les chambres, qui marient confort et simplicité, offrent une magnifique vue sur le Vieux-Port et Notre-Dame-de-la-Garde.

36 chambres – 160/250 € – 18 € – 9 suites

Plan 3 F2-a – *18 quai du Port – ✆ 04 91 91 91 22 – www.hotel-residence-marseille.com*

Le Relais 50 – Voir la sélection des restaurants

Les Bords de Mer (N)

BOUTIQUE HÔTEL · BORD DE MER À deux pas de la plage des catalans et en face du Frioul, cet ancien hôtel a quasiment les pieds dans l'eau... et a bénéficié d'une belle remise à flots. Chambres entre tons pastels et bois naturel, avec superbe vue sur la mer, mais aussi spa creusé dans la roche et rooftop : un séjour délicieux.

19 chambres – 160/250 € – 23 €

Plan 1 A2-f – *52 corniche Président-John-Fitzgerald-Kennedy – ✆ 04 13 94 34 00 – www.lesbordsdemer.com*

Les Bords de Mer – Voir la sélection des restaurants

Mama Shelter

URBAIN · DESIGN Vous aimez tout ce qui est branché ? Dans ce cas, cet hôtel ultramoderne, créé dans un quartier populaire de la cité phocéenne, est tout indiqué ! Sous la signature de Philippe Starck, la déco joue une carte design assumée : murs et plafonds en béton brut, aplats de blanc, mobilier minimaliste...

125 chambres – 79/449 € – 17 €

Plan 4 H2-z – *64 rue de la Loubière – ✆ 04 84 35 20 00 – www.mamashelter.com*

aux Goudes 12 km au Sud par rte des Goudes

L'Esplaï du Grand Bar des Goudes

POISSONS ET FRUITS DE MER · SIMPLE Ce restaurant de poissons, ancré dans le pittoresque village des Goudes, est pris d'assaut : la truculence du patron n'a d'égal que la fraîcheur des produits et le professionnalisme du personnel. Face au petit port, on se régale d'une soupe de poisson, de bourride ou de rougets, tout juste pêchés. Réservez !

Menu 35/75 € – Carte 45/70 €

Hors plan – *28-29 rue Désirée-Pélaprat – ✆ 04 91 73 43 69 – grandbardesgoudes.fr – Fermé 7 janvier-11 février, mardi, mercredi*

MARSOLAN

✉ 32700 - Gers - Carte régionale n° **22**-B2 - Carte Michelin 336-F6

Lous Grits

LUXE • ÉLÉGANT On se sent comme chez soi dans cette maison qui cultive l'art de vivre à la gasconne (meubles de famille, bibelots, faïences et mosaïques, peintures). Goût, raffinement et... entretien impeccable ! Au restaurant, cuisine traditionnelle pour les résidents uniquement.

6 chambres - 248/375€ - 20€

Le Village - 05 62 28 37 10 - www.hotel-lousgrits.com

MARTEL

✉ 46600 - Lot - Carte régionale n° **22**-C1 - Carte Michelin 337-F2

Relais Ste-Anne

CUISINE MODERNE • TRADITIONNEL XX Charmant, tel est l'adjectif qui vient immédiatement à l'esprit en entrant dans ce restaurant ! Aux beaux jours, les gourmands s'installent sur la terrasse dominant le parc arboré... et se régalent d'une cuisine dans l'air du temps, rythmée par les saisons. Accueil et service aux petits soins.

Spécialités : Tomate niçoise, rillettes de thon. Agneau du Quercy confit, pomme anna et flan aux fèves. Le sainte-anne.

Menu 32€ - Carte 47/54€

rue du Pourtanel - 05 65 37 40 56 - www.relais-sainte-anne.com - Fermé 28 octobre-30 avril

Saveurs des Halles

CUISINE RÉGIONALE • TRADITIONNEL X Ravioles de Saint-Jacques aux petits légumes ; tourte de confit de canard aux cèpes ; moelleux au chocolat, coulis à l'orange... Une cuisine simple et bonne qui va à l'essentiel : voilà ce que l'on trouve dans cette petite adresse pleine de charme, tenue par un couple de trentenaires originaires d'Agen et du Pays basque.

Menu 32/75€ - Carte 40/75€

rue Sans-Lys - 05 65 37 35 66 - Fermé 4 novembre-30 janvier, mercredi, jeudi

MARTIGUES

✉ 13500 - Bouches-du-Rhône - Carte régionale n° **24**-B3 - Carte Michelin 340-F5

Le Garage

CUISINE MODERNE • TENDANCE XX La carte de ce Garage se révèle particulièrement alléchante, et pour cause : le jeune chef est très soucieux du bon produit et se fournit presque exclusivement à l'échelon local. Un coup d'œil (et de fourchette !) à ses assiettes suffit pour mesurer son envie de créer, de surprendre, de séduire... en bref, cette table est portée par le travail d'un véritable passionné.

Menu 29€ (déjeuner), 38/49€

20 avenue Frédéric-Mistral - 04 42 44 09 51 - www.restaurantmartigues.com - Fermé 1er-15 janvier, 2-17 août, lundi, dimanche

Gusto Caffe

CUISINE ITALIENNE • TRATTORIA X Devant le port de plaisance du canal Baussengue, une sympathique trattoria où serveurs et clients s'interpellent dans une ambiance joyeuse et très... italienne ! Pâtes maison (spaghettis, gnocchis, etc.), *prosciutto di parma* découpé à la trancheuse, grands classiques transalpins... Tout simplement irrésistible.

Menu 20€ (déjeuner) - Carte 28/42€

4 quai Paul-Doumer - 04 42 43 97 85 - www.restaurantmartigues.com - Fermé 23 décembre-15 janvier, lundi, dimanche

MARTILLAC - Gironde (33) ➜ Voir Bordeaux

LA MARTRE

✉ 83840 – Var – Carte régionale n° **24**-C2 – Carte Michelin 340-O3

Château de Taulane

LUXE • CLASSIQUE Château du 18e s. situé en pleine nature, au cœur d'un superbe golf : un lieu plein de caractère, comme hors du temps. Chambres spacieuses et confortables (rénovées dans le manoir), piscine couverte, salle de fitness, soins esthétiques.

47 chambres – 145/280 € – 15 € – 4 suites

Le Logis du Pin – 04 93 40 60 80 – www.chateau-taulane.com – Fermé 28 octobre-9 avril

MARTRES-TOLOSANE

✉ 31220 – Haute-Garonne – Carte régionale n° **22**-B3 – Carte Michelin 343-E5

Le Castet

CUISINE MODERNE • ÉLÉGANT XX Qui pourrait croire que ce lieu contemporain, situé en retrait du centre-ville, fut jadis le café de la gare ? Le chef mise sur de beaux produits et une technique solide. L'une de ses spécialités : le carré de porcelet, tartelette feuilletée, boudin noir et pommes, jus au cidre... On en sort régalé. Précipitez-vous !

Spécialités : Escargots de la ferme, émulsion en tabac d'herbes. Croustillant de veau, mousseline de carotte, sauce estragon. Fraises sous cloche, sauce vin rouge.

Menu 19 € (déjeuner), 33/85 € – Carte 50/100 €

44 Avenue de la Gare – 05 61 98 80 20 – maisoncastet.eatbu.com – Fermé lundi, mardi midi, dimanche soir

MASSIGNAC

✉ 16310 – Charente – Carte régionale n° **20**-C3 – Carte Michelin 324-N5

Dyades au Domaine des Étangs

CUISINE MODERNE • MAISON DE CAMPAGNE XXX Ce domaine a de quoi faire tourner la tête : 1000 hectares de nature préservée, de forêts et de pâturages, d'étangs et de jardins ; des métairies pour accueillir un gigantesque troupeau de vaches limousines ; un château médiéval dont les anciennes écuries accueillent désormais une auberge de campagne de luxe... Une aubaine pour le chef Loïc Lecoin ! Ce natif du Cantal, enfant de maraîchers, très locavore, voue une passion aux légumes (en particulier ceux des fermes voisines) : savamment architecturée, sa cuisine met en avant les herbes, les fleurs et les produits du potager à travers des accords colorés, en harmonie avec le paysage. Agréable terrasse tournée vers le château.

Spécialités : Foie gras de la ferme de l'Arbre. Truite de la Touvre, berlingots de cagouilles et crémeux de brocolis. Lait de la ferme d'à côté, pain et miel.

Menu 48 € (déjeuner), 78/118 €

Domaine des Étangs, Domaine des Étangs (1 km route de Montemboeuf) – 05 45 61 85 00 – https://domainedesetangs.com – Fermé 2 janvier-11 février, lundi, mardi

Domaine des Étangs

DEMEURE HISTORIQUE • PERSONNALISÉ Le cadre, un parc de 1000 ha entre verdure et étangs, est exceptionnel. On y trouve de belles chambres composites, cinq suites dans le superbe château du 12e s., remanié en 1800, mais aussi (et surtout ?) six métairies, disséminées dans le domaine. Chacune d'elle dispose de son étang avec barques, vélos, voitures électriques, etc. Nouveau spa dans le moulin et galerie d'art. Élégance et faste n'ont jamais fait si bon ménage.

14 suites – 500/3000 € – 3 chambres Tablet. PLUS

Le Domaine des Étangs (1 km route de Montemboeuf) – 05 45 61 85 00 – www.domainedesetangs.com – Fermé 1er janvier-11 février

Dyades au Domaine des Étangs – Voir la sélection des restaurants

LES MATELLES

✉ 34270 – Hérault – Carte régionale n° **21**-C2 – Carte Michelin 339-H6

Le Pic Saint-Loup

CUISINE MODERNE • AUBERGE X Dans cet ancien chai transformé en restaurant, la cuisine est assurée par un duo de cuisiniers formés à l'école Ferrandi, et passés par de belles maisons parisiennes. Le résultat : produits (dont légumes) d'une très grande fraîcheur, recettes bien menées, excellent choix de petits vins locaux... Du bon travail.

Menu 20 € (déjeuner)/38 € – Carte 25/40 €

176 route de Montpellier – ✆ 04 67 84 35 18 – www.lepicsaintloup.fr – Fermé lundi, mardi, dimanche soir

MATIGNICOURT-GONCOURT

✉ 51300 – Marne – Carte régionale n° **11**-C2 – Carte Michelin 306-k10

Ô Délices des Papilles

CUISINE TRADITIONNELLE • COSY XX À la sortie du village, faites donc une halte Ô Délices des Papilles. Dans un intérieur contemporain et boisé, on célèbre la production locale (asperges, petits pois, rhubarbe, escargots...) au gré de délicieux petits plats de tradition. Et côté vin, faites confiance à l'expérience du sommelier !

Menu 28/67 € – Carte 61/83 €

11 rue du Château-d'Eau – ✆ 03 26 72 51 60 – www.odelicesdespapilles.fr – Fermé 2-17 janvier, 27 avril-6 mai, 17 août-2 septembre, lundi, mardi, dimanche soir

MAUBEUGE

✉ 59600 – Nord – Carte régionale n° **13**-D2 – Carte Michelin 302-L6

à Beaufort 8 km au Sud par rte d'Avesnes - sur - Helpe

Le Relais de Beaufort

CUISINE TRADITIONNELLE • AUBERGE XX Une auberge contemporaine ornée de sculptures et d'œuvres d'art, dont quelques toiles du chef, artiste à ses heures... et surtout une généreuse cuisine traditionnelle : fricassée de Saint-Jacques à la crème d'ail, carré d'agneau rôti au romarin...

Menu 35/47 € – Carte 29/70 €

RN 2 (à 8 km au Sud) – ✆ 03 27 63 50 36 – www.relaisdebeaufort.fr – Fermé 10-28 août, lundi, mardi soir, dimanche soir

MAULÉVRIER – Maine-et-Loire (49) → Voir Cholet

MAUSSANE-LES-ALPILLES

✉ 13520 – Bouches-du-Rhône – Carte régionale n° **25**-E1 – Carte Michelin 340-D3

Le Clos St-Roch

CUISINE DU MARCHÉ • RÉGIONAL XX Tatin d'artichauts marinés, filet et cuisse de pigeon au foie gras, poire Martin Sec au vin rouge : cette cuisine dans l'air du temps, d'inspiration méditerranéenne, est l'œuvre d'un chef ayant longtemps travaillé aux États-Unis. L'hiver, demandez une table à côté de la cheminée et, l'été, profitez de la terrasse.

Menu 32 € – Carte 40/55 €

87 avenue de la Vallée-des-Baux – ✆ 04 90 98 77 15 – www.leclosaintroch.com – Fermé 11 février-20 mars, 23 décembre-7 janvier, mercredi, jeudi

Maison Drouot

CUISINE MODERNE • COSY ✗ Le chef et son épouse souhaitaient sortir des codes de la restauration classique et accueillir les gens chez eux, façon table d'hôte. Pari remporté haut la main, avec cette adresse coup de cœur. Dans l'assiette, une belle cuisine contemporaine mêle produits du cru et saveurs plus lointaines. Service aux petits soins, discret et convivial. Deux chambres à l'étage joliment décorées, pour ceux qui ne veulent pas reprendre la route immédiatement. On les comprend.

Menu 60 €

18 impasse Michel-Durand – ✆ 06 61 07 38 54 – www.maisondrouot.com – Fermé 6 janvier-6 février, 19 octobre-7 novembre, lundi, mardi midi, mercredi midi, jeudi midi, vendredi midi, samedi midi, dimanche

Aux Ateliers

CUISINE TRADITIONNELLE • BISTRO ✗ Ce bistrot détendu et chaleureux ne désemplit pas : le chef, un Normand amoureux des Alpilles, taquine votre gourmandise au gré d'une savoureuse cuisine sans afféterie : hot-dog de homard, épaule d'agneau confite, tarte au chocolat et noix de pécan... Terrain de pétanque à l'extérieur.

Menu 25 € (déjeuner), 35/50 € – Carte 30/53 €

115 avenue de la Vallée des Baux – ✆ 04 90 49 96 58 – Fermé 13 janvier-12 février, lundi, mardi

au Paradou 2 km à l'Ouest par D17, rte d'Arles – Carte régionale n° **25**-E1

Cicada - La Table du Hameau

CUISINE CRÉATIVE • ÉLÉGANT ✗✗ Le nouveau capitaine de cette table, Christophe Chiavola, n'a pas froid aux yeux. L'étendard de cette Cicada (cigale en provençal) claque fort dans le ciel de Provence. Fort d'une solide expérience dans la région (notamment à Avignon, Gordes et Saint-Rémy-de-Provence), il signe une cuisine infiniment personnelle, savoureuse, jouant des associations osées, toujours réussies, et pleines de caractère - ainsi le taureau de manade, huître, asperge, bouillon ibérique ou le homard signature, edamame, agrumes, chou-fleur, mangue, essence de homard. On dîne dans deux salles élégantes, mariant l'ancien, le contemporain et de nombreuses œuvres d'art (le propriétaire est collectionneur). Un table d'excellence.

Spécialités : Taureau de manade, huître, asperge et fleur de sureau. Pigeon, couteau, céleri, rhubarbe et lard. Dulce caviar.

Menu 85/115 € – Carte 95/120 €

Hameau des Baux, 285 chemin de Bourgeac – ✆ 04 90 54 10 30 – www.hameaudesbaux.com/cicada – Fermé 5 janvier-13 mars, lundi, mardi midi, mercredi midi, jeudi midi, vendredi midi, samedi midi, dimanche

Nancy Bourguignon

CUISINE MODERNE • MÉDITERRANÉEN ✗✗ Légumes primeurs provençaux, poisson de ligne... Dans ce charmant restaurant, la cheffe, autodidacte et passionnée, concocte de fines et subtiles recettes, très parfumées. Agréable terrasse entourée de végétation méditerranéenne.

Carte 40/85 €

Du Côté des Olivades, lieu-dit de Bourgeac, 1 chemin de l'Ancienne-Voie-Ferrée – ✆ 04 90 54 56 78 – www.ducotedesolivades.com – Fermé lundi

Le Bistrot du Paradou

CUISINE PROVENÇALE • BISTRO ✗ Cette maison aux volets bleus est une véritable institution locale. Aïoli, volaille de Bresse à la broche, tête de veau sauce ravigote et tartes maison : on y célèbre le répertoire provençal avec des plats généreux et goûteux, à dévorer dans une ambiance joyeuse et bon enfant. Attention, menu unique !

Menu 55 € (déjeuner)/60 €

57 avenue de la Vallée-des-Baux – ✆ 04 90 54 32 70 – Fermé 24 mai-1er juin, 20 décembre-4 janvier, lundi, dimanche

B design & Spa

LUXE • DESIGN La modernité au service du confort et du bien-être résume l'esprit de cet hôtel, à l'entrée de la propriété. Vastes suites dessinées par un designer, terrasses, espace de remise de forme. Pour un beau séjour au calme...

15 chambres – 180/295 € – 22 € – 14 suites

Lieu-dit de Bourgeac – ✆ 04 90 54 58 66 – www.hotelbdesign.fr

Hameau des Baux

MAISON DE CAMPAGNE • À LA CAMPAGNE Niché au pied des Alpilles, cet hôtel au calme prend ses aises sur cinq hectares de nature préservée, dans un esprit de village provençal. Vous en ferez de même, dans l'une des 22 chambres au mobilier design, à l'authenticité préservée et au luxe discret. Piscine, tennis.

12 chambres – 205/490 € – 25 € – 9 suites Tablet. PLUS

285 chemin de Bourgeac – ✆ 04 90 54 10 30 – www.hameaudesbaux.com – Fermé 5 janvier-13 mars

Cicada - La Table du Hameau – Voir la sélection des restaurants

MAXILLY-SUR-LÉMAN – Haute-Savoie (74) → Voir Évian-les-Bains

MAYENNE

✉ 53100 – Mayenne – Carte régionale n° **23**-C1 – Carte Michelin 310-F5

L'Éveil des Sens (Nicolas Nobis)

CUISINE MODERNE • TENDANCE XX À la sortie de la ville, impossible de manquer ce restaurant dont la façade façon résille en métal oxydé accroche l'œil. Il ne reste en effet pas grand-chose de l'ancienne pizzeria transformée avec goût par le chef Nicolas Nobis et son épouse Isabelle. Ces deux-là se sont rencontrés à Alençon et ont appris leur métier chez Bernard Loiseau et Georges Blanc. La décoration sobre et épurée de leur restaurant fait la part belle au bois. Même parti-pris de simplicité et de naturel dans la cuisine du chef qui aime travailler les herbes, ortie comprise, et les légumes des producteurs mayennais. Ses cuissons et ses assaisonnements précis achèvent de (r)éveiller les papilles et les sens des convives.

Spécialités : Pressé de foie gras de canard et de queue de bœuf, vinaigrette de pot-au-feu. Saint-pierre, étuvée de chou-rave et légèreté de coques aux herbes. Tartelette au chocolat, mousse praliné, balsamique et crème glacée.

Menu 26 € (déjeuner), 45/75 €

429 boulevard Paul Lintier – ✆ 02 43 30 42 17 – www.restaurant-leveildessens.fr – Fermé 10-31 août, 24 décembre-8 janvier, lundi, mardi midi, dimanche soir

à Moulay 4,6 km au Sud par N162

La Marjolaine

CUISINE TRADITIONNELLE • ÉLÉGANT XXX Au sein de ce domaine verdoyant, dans un cadre élégant – dont une agréable terrasse –, une cuisine qui honore la tradition à travers des recettes telles que ces escargots de Cornille, bouillon de foie gras ou encore cette langue de bœuf braisée et jus de truffe.

Menu 21/47 € – Carte 44/70 €

Le Bas Mont – ✆ 02 43 00 48 42 – www.lamarjolaine.fr – Fermé 3-16 août, 21-27 décembre

Beau Rivage

CUISINE TRADITIONNELLE • AUBERGE XX Au bord de la Mayenne, avec une jolie terrasse, l'adresse a des airs de guinguette, et c'est avec plaisir que l'on atteint les rivages de la gourmandise grâce à l'appétissante cuisine traditionnelle du chef... et sa rôtissoire, où l'on voit cuire doucement brochettes de poisson, gigots de lotte, pigeons et autres cailles.

Menu 19/44 € – Carte 40/60 €

route de St-Baudelle – ✆ 02 43 00 49 13 – www.restaurantbeaurivage.com – Fermé lundi, dimanche soir

MAZAMET

✉ 81200 – Tarn – Carte régionale n° **22**–C2 – Carte Michelin 338-G10

La Villa de Mazamet

MAISON DE MAÎTRE · ÉLÉGANT Les propriétaires ? Deux Anglais tombés amoureux du Sud et de cette très belle maison de maître (1934), avec son grand escalier en pierre, ses moulures, ses cheminées en marbre, etc. Les chambres, spacieuses et lumineuses, sont raffinées ; l'accueil est charmant... Une superbe adresse.

5 chambres – 120/200 €

4 Rue Pasteur – 05 63 97 90 33 – www.villademazamet.com – Fermé 1er-31 décembre, 20 décembre-23 mars

MAZAN – Vaucluse (84) → Voir Carpentras

MAZEROLLES – Landes (40) → Voir Mont-de-Marsan

MAZIÈRES-EN-GÂTINE

✉ 79310 – Deux-Sèvres – Carte régionale n° **20**–B1 – Carte Michelin 322-E5

à Verruyes 3 km au Sud - Est par D24

Côté Plage

CUISINE MODERNE · CONVIVIAL Ce restaurant situé au bord du joli plan d'eau de Verruyes accueille l'enthousiasme d'un jeune couple, qui propose une cuisine au goût du jour, dont quelques touches rappellent leur Normandie natale.

Menu 26 €

Etang Prieuré St-Martin – 05 49 63 21 35 – Fermé lundi, mardi, mercredi, jeudi, dimanche soir

MEAUX

✉ 77100 – Seine-et-Marne – Carte régionale n° **15**–C1 – Carte Michelin 312-G2

La Grignotière

CUISINE TRADITIONNELLE · COSY Rénovée dans un style contemporain, cette Grignotière séduit avec son intérieur cosy et sa cheminée en état de marche... Au fil de l'année, on se régale par exemple d'huîtres, de coquillages et de beaux plateaux de fruits de mer, ou, pour les carnivores, de ris de veau aux morilles et de foie gras poêlé. Plaisant !

Menu 29 € (déjeuner), 39/59 € – Carte 68/88 €

36 rue de la Sablonnière – 01 64 34 21 48 – Fermé 1er août-1er septembre, lundi, jeudi, vendredi, samedi soir, dimanche

LES MÉES

✉ 04190 – Alpes-de-Haute-Provence – Carte régionale n° **24**–B2 – Carte Michelin 334-D8

La Marmite du Pêcheur

CUISINE MODERNE · CONTEMPORAIN Au pied des Pénitents, ces célèbres rochers pointus, les gourmands n'ont pas à faire profil bas ! Dans cet ancien moulin, on se régale de spécialités de poisson et de produits de la mer (bouillabaisse sur commande). La roue à aubes trône toujours dans la salle à manger aux tons sable.

Menu 26 € (déjeuner), 39/59 €

Boulevard des Tilleuls – 04 92 34 35 56 – www.lamarmitedupecheur.com – Fermé mardi, mercredi

asab974/iStock

MEGÈVE

✉ 74120 – Haute-Savoie – Carte régionale n° **4**-F1 – Carte Michelin 328-M5

On aime...

Megève l'élégante, ses chalets rustiques chics, ses hôtels de luxe, ses routes chauffées, ses boutiques de créateurs... et sa tartiflette. Il suffit de se promener dans la région au printemps, quand les prairies sont redevenues verdoyantes et que les belles tarines aux longs cils vous adressent de tendres clins d'œil pour prendre conscience de l'insolente richesse de son terroir. Agneau, poulardes, légumes, fruits, fleurs, et herbes ! Le plus beau, c'est que tout cela se mange. Serpolet, genévrier commun, crocus printanier, ail des ours, reine-des-prés... Grimpez au mont d'Arbois, fermez les yeux, le vent caresse votre visage. Cet air pur, vivifiant, qui pique vos paupières, n'est-ce pas le parfum du bonheur ? Et cette délicieuse odeur qui titille votre estomac crapahuteur, n'est-ce pas le fumet d'un chausson savoyard, cette spécialité préparée à base de pâte feuilletée, composée d'une farce aux lardons, de crème fraîche et de pommes de terre ? Décidément, aux pays des alpages, la gastronomie française est chez elle.

HandmadePictures/Fotolia.com

Restaurants

✿✿ 1920

CUISINE MODERNE • ÉLÉGANT XXX "Une cuisine de vérité, d'exigence et d'émotion" : voici les propres mots de Julien Gatillon pour qualifier son travail au sein du Four Seasons Hotel, sur les hauteurs de Megève. Le chef conduit le 1920 d'une main solide en dépit de son jeune âge ; les deux étoiles décrochées en 2016 ne doivent rien au hasard. Il travaille les produits nobles avec finesse et délicatesse, comme en témoignent cette noix de ris de veau dorée au sautoir, cardons épineux au beaufort et sauce vin jaune, ou, en dessert, ce crémeux de citron kabosu, sablé aux noix de cajou et miel de la famille… Le bon goût est au rendez-vous, l'esthétique des plats surprend et ravit : on passe un excellent moment.

Spécialités : Cardons de Pregny au beaufort d'alpage et sauce au vin jaune. Dos de daim rôti au serpolet, tartine des sous-bois et sauce poivrade. Paris-brest "collection 2020".

Menu 155/210 € – Carte 160/220 €

Plan B1-p – *Four Seasons Megève, 373 chemin des Follières – ✆ 04 50 78 62 65 – www.fourseasons.com/megeve – Fermé 14 avril-17 décembre, lundi, dimanche et le midi*

✿✿ La Table de l'Alpaga

CUISINE MODERNE • ÉLÉGANT XX Qu'il est doux de s'attabler dans ce nid douillet et chic où les matériaux bruts et nobles (marbre, chêne) composent un décor intemporel. Trentenaire intense et passionné, ancien second aux Sources de Caudalie et chez Christopher Coutanceau, le Bordelais Anthony Bisquerra raconte ici une histoire de la cuisine savoyarde : noble ambition ! Avec beaucoup d'intensité aromatique, il conte avec brio les saveurs oubliées et subjugue les produits régionaux. Son traitement des légumes, notamment, révèle une grande finesse. Comme on peut s'y attendre en Savoie, le plateau de fromages tutoie les cimes et met en valeur le travail des petits fromagers et affineurs locaux.

Spécialités : Champignons, sarrasin et livèche. Farcement savoyard à ma façon. Chocolat et Chartreuse.

Menu 112/210 € – Carte 95/125 €

Hors plan – *Alpaga, 66 allée des Marmoussets, route du Prariand – ✆ 04 50 91 48 70 – www.alpaga.com – Fermé 19 avril-19 juin, 13 septembre-26 novembre, lundi, mardi et le midi*

✿ Prima

CUISINE CLASSIQUE • BOURGEOIS XXX Seul aux fourneaux de ce chalet "historique" de la famille Rothschild, Nicolas Hensinger a carte blanche et s'en donne à cœur joie ! L'Alsacien a su capitaliser le meilleur de ses expériences professionnelles aux côtés d'Olivier Nasti à Kaysersberg puis de Yannick Alléno à Paris, sans oublier son séjour au mythique restaurant de l'Hôtel de Ville de Crissier. Ache des montagnes, ortie, oxalis, foin (pour la cuisson) et safran de la Maurienne, herbes et fleurs des prairies alpines : ce cuisinier est aussi un cueilleur dont les réalisations, fines et inspirées, assument de jolis clins d'œil aux terroirs voisins (Savoie, Dauphiné), Le tout s'arrose de beaux vins du monde entier.

Spécialités : Jaune d'œuf au panais, truffe noire et mouillette fumée au foin. Aiguillette de bar grillée, aillade à la noix de Grenoble, chou-fleur braisé et beurre blanc au bourgeon de sapin. Sélection de "cigares Rothschild", glace au cognac.

Menu 125/175 € – Carte 130/185 €

Plan B1-b – *Chalet du Mont d'Arbois, 447 chemin de la Rocaille – ✆ 04 50 21 25 03 – www.fourseasons.com/megevechalets – Fermé 6 avril-25 juin, 28 septembre-18 décembre, mardi, mercredi et le midi*

Beef Lodge 

VIANDES • ÉLÉGANT XX Un vrai repaire de carnivores, au décor très "animal" : trophées, peaux de bête, cuir… Dans la lignée des steakhouses américains, on y propose des viandes de grande qualité, sélectionnées – et maturées – avec soin : bœuf Black Angus ou Simmental, premium du Texas…

Carte 46/91€

Plan A1-s – *Lodge Park, 100 rue d'Arly – ✆ 04 50 93 05 03 – www.lodgepark.com – Fermé le midi*

Flocons Village 

CUISINE TRADITIONNELLE • AUBERGE XX La deuxième adresse d'Emmanuel Renaut, le chef bien connu des Flocons de Sel. Ces Flocons-ci jouent la carte de la simplicité et de la franchise, avec une cuisine actuelle soignée et des bons plats du terroir.

Menu 35€ – Carte 43/55€

Plan A1-a – *75 rue Saint-François – ✆ 04 50 78 35 01 – www.floconsdesel.com – Fermé 27 avril-15 mai, lundi*

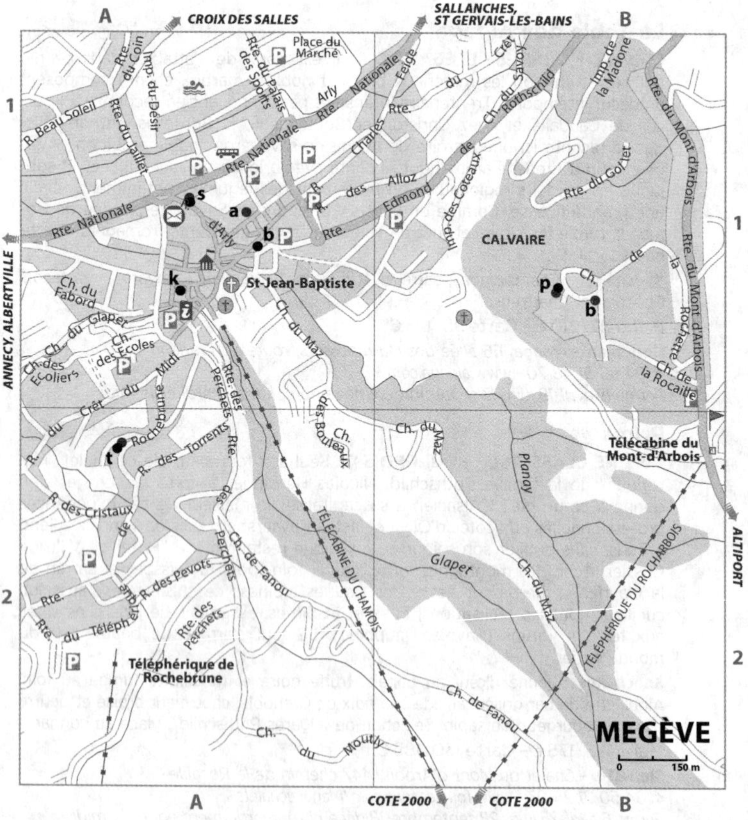

A B
CROIX DES SALLES
SALLANCHES, ST GERVAIS-LES-BAINS
ANNECY, ALBERTVILLE
ALTIPORT
COTE 2000
COTE 2000
Place du Marché
Rte. Nationale
St-Jean-Baptiste
CALVAIRE
Télécabine du Mont-d'Arbois
Téléphérique de Rochebrune
TÉLÉCABINE DU CHAMOIS
TÉLÉPHÉRIQUE DU ROCHARBOIS
MEGÈVE
0 150 m

Kaito

CUISINE JAPONAISE • ÉPURÉ XX Quand Megève rencontre le Japon, ça fait des étincelles ! Sashimis, tataki et sushis de belle fraîcheur côtoient, à la carte, des produits montagnards délicatement travaillés... comme ce gâteau de Savoie, glace aubépine. Une cuisine fine et créative, dont on peut profiter sur la terrasse avec une jolie vue sur les pistes.

Menu 65 € (déjeuner), 108/130 € - Carte 60/210 €

Hors plan - *Four Seasons Megève, 373 chemin des Follières - ✆ 04 50 78 62 64 - www.fourseasons.com/megeve - Fermé 14 avril-17 décembre, lundi midi, mardi midi, mercredi midi, jeudi midi*

Le St-Nicolas

CUISINE MODERNE • RUSTIQUE XX On entre (le soir uniquement) dans cette taverne joliment réhabilitée, pour déguster de bonnes assiettes à la gloire de la tradition et du terroir : escargots au beurre persillé, noix de quasi de veau rôti, filet de truite de Savoie et beurre blanc... le tout à prix d'ami ! Ce St-Nicolas est clairement la bonne affaire de la station.

Menu 33 € - Carte 34/64 €

Plan A2-t - *Au Coin du Feu, 252 route de Rochebrune - ✆ 04 50 21 04 94 - www.coindufeu.com - Fermé le midi*

Hôtels

Four Seasons Megève

RESORT • GRAND LUXE Trois ans de travaux, 55 chambres dont 14 suites (allant jusqu'à 150 m²), où le bois prédomine, dans un esprit chalet. Le superbe spa de 900 m² propose coiffeur, barbier, salles de massage et fitness, piscine extérieure et intérieure. Profitez aussi des activités exclusives : balade en chien de traîneaux, motoneige, et golf en été. Le grand luxe à deux pas de l'héliport.

41 chambres - 750/2035 € - 55 € - 14 suites

Hors plan - *373 chemin des Follières - ✆ 04 50 21 12 11 - www.fourseasons.com/megeve - Fermé 14 avril-17 décembre*

Kaito • **1920** - Voir la sélection des restaurants

Les Fermes de Marie

LUXE • PERSONNALISÉ On se verrait bien vivre dans ce hameau de fermes savoyardes reconstituées. Les chambres sont délicieusement montagnardes, boisées, décorées avec goût dans le style de la famille Sibuet, reconnaissable entre mille... Et le spa est superbe. Un véritable paradis des neiges !

69 chambres - 190/720 € - 31 € - 8 suites

Hors plan - *163 chemin de la Riante-Colline - ✆ 04 50 93 03 10 - www.fermesdemarie.com - Fermé 7 avril-30 juin, 1er septembre-13 décembre*

Lodge Park

RESORT • PERSONNALISÉ Atypique, chic et hors du temps : ce Lodge Park est tout cela à la fois. L'ambiance ? Celle d'une maison de trappeur dans le Grand Nord. Trophées de chasse, peaux de bêtes aux murs, cornes et bustes bovins... depuis les chambres, élégantes et chaleureuses, jusqu'au superbe spa "Pure Altitude" !

39 chambres - 185/906 € - 10 suites

Plan A1-s - *100 rue d'Arly - ✆ 04 50 93 05 03 - www.lodgepark.com - Fermé 30 mars-29 juin, 1er septembre-21 décembre*

Beef Lodge - Voir la sélection des restaurants

Alpaga

LUXE • MONTAGNARD Ce hameau de chalets très chic cultive sa différence à l'écart de la station : les chambres sont superbes dans leur esprit épuré – et néanmoins chaleureux –, loin des chalets les plus traditionnels. Mention spéciale pour le délicieux spa et son bain suédois avec vue sur le massif du Mont-Blanc...

22 chambres - 240/1230 € - 5 suites

Hors plan - *66 allée des Marmoussets, route du Prariand - ✆ 04 50 91 48 70 - www.alpaga.com - Fermé 19 avril-19 juin, 13 septembre-26 novembre*

La Table de l'Alpaga - Voir la sélection des restaurants

Le Chalet Zannier

LUXE • MONTAGNARD Un ensemble de trois superbes chalets savoyards, possédant un joli centre de détente avec piscine, hammam et sauna. L'esprit de luxe montagnard règne dans les chambres, sobres et chic, jamais tape-à-l'œil, et dans les nombreux services (navette privée vers la station).

8 chambres – 550/4000 € – 4 suites

Hors plan – *367 route du Crêt – ☎ 04 50 21 01 01 – www.zannierhotels.com – Fermé 6 avril-20 décembre*

Mont-Blanc

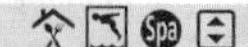

HISTORIQUE • COSY Le mythique doyen des hôtels mégevans, magnifiquement illuminé le soir venu : le "21e arrondissement de Paris" selon Cocteau, qui y a laissé son empreinte. Du faste, un bar à champagne, le charme des sports d'hiver... la belle vie, très mondaine, en plein cœur de la station !

27 chambres – 166/776 € – 11 suites

Plan A1-k – *29 rue Ambroise-Martin (place de l'Église) – ☎ 04 50 21 20 02 – www.hotelmontblanc.com – Fermé 6 avril-29 novembre*

Chalet du Mont d'Arbois

LUXE • MONTAGNARD Sous l'égide de la famille Rothschild, trois grands chalets très chic, chaleureux et raffinés, avec une vue sublime sur les sommets : toute la féerie de Megève. Ou l'art d'apprécier le luxe d'une piscine intérieure-extérieure chauffée à 30° C.

41 chambres – 430/1590 € – 45 € – 8 suites

Plan B1-p – *447 chemin de la Rocaille – ☎ 04 50 21 25 03 – www.fourseasons.com/megevechalets – Fermé 5 avril-25 juin, 28 septembre-18 décembre*

✿ **Prima** – Voir la sélection des restaurants

Au Coin du Feu

FAMILIAL • COSY Boiseries anciennes, murs chaulés, salles de bains modernes en granit et salon d'accueil au coin du feu... Atmosphère authentique, familiale et chic, pour cet hôtel entièrement rénové. Petit espace bien-être avec salle de massage.

22 chambres – 90/595 € – 19 €

Plan A2-t – *252 route de Rochebrune – ☎ 04 50 21 04 94 – www.coindufeu.com – Fermé 13-30 avril*

Le St-Nicolas – Voir la sélection des restaurants

Cœur de Megève

FAMILIAL • COSY Un hôtel idéalement situé sur l'artère principale de la station, entièrement réhabilité dans un esprit alpin contemporain, et riche de nobles matériaux (bois de noyer brossé, laine, pierre du Hainaut). Déclinaison de couleurs brique, anis et bleu acier dans les chambres, avec vue sur les pistes, sur le village ou le torrent. Et pour se restaurer, la Muse, brasserie chic et conviviale.

39 chambres – 125/450 € – 22 €

Plan A1-b – *44 rue Charles-Feige – ☎ 04 50 21 25 30 – www.coeurdemegeve.com*

à Leutaz 4 km au Sud - Ouest par rte du Bouchet

✿✿✿ Flocons de Sel (Emmanuel Renaut)

CUISINE CRÉATIVE • ÉLÉGANT Perdu dans les montagnes de Megève, l'hôtel-restaurant d'Emmanuel Renaut est une victoire de la simplicité. Meilleur Ouvrier de France, le chef entame sa carrière aux Ambassadeurs (Hôtel de Crillon), époque bénie où Constant, Camdeborde, Frechon et Rouquette s'agitaient ensemble aux fourneaux. Il rejoint ensuite Marc Veyrat à l'Auberge de l'Éridan, qu'il seconde en cuisine durant un septennat. Bien que très attaché aux produits savoyards (ses ombles et féras proviennent du lac Léman), son plaisir suprême consiste à prendre le contre-pied d'une cuisine de région parfois attendue – comme avec ses deux millimètres de polenta, devenus sa signature. Une cuisine d'altitude pour un chef au sommet.

Spécialités : Filet de féra du lac Léman cuite au sel servie froide, jus à la berce. Tourte de gibier de nos montagnes, jus à la mondeuse. Tarte tiède au chocolat légèrement fumée, glace au bois.

Menu 180 € (déjeuner)/310 € – Carte 180/305 €

Hors plan – *1775 route du Leutaz – ✆ 04 50 21 49 99 – www.floconsdesel.com – Fermé 13 avril-5 juin, 2 novembre-4 décembre, lundi midi, mardi, mercredi, jeudi midi, vendredi midi*

Le Refuge

CUISINE TRADITIONNELLE • AUBERGE XX Un charmant Refuge, typique et convivial, sur les hauteurs de la station. On y sert une vraie cuisine de chef, fine et goûteuse, mais aussi les incontournables savoyards. Parmi les spécialités : volaille rôtie au jus de truffe, tartelette de légumes bio... Avec, en prime, une sélection de grands crus servis au verre.

Menu 30 € (déjeuner) – Carte 55/74 €

Hors plan – *Hameau de Leutaz – ✆ 04 50 21 23 04 – www.refuge-megeve.com – Fermé 27 avril-12 juin, 2-26 novembre, mercredi*

Flocons de Sel

LUXE • DESIGN Les Flocons de Sel sont aussi un hôtel charmant ! Les chambres, réparties dans trois chalets, dévoilent le meilleur du chic montagnard : bois omniprésent, grands lits, salles de bains design... Le spa (avec sauna et hammam), la piscine couverte et le bain suédois achèvent d'en faire un lieu à part.

6 chambres – 🛉 260/800 € – ☕ 35 € – 4 suites

Hors plan – *1775 route du Leutaz –*
✆ 04 50 21 49 99 – www.floconsdesel.com – Fermé 13 avril-5 juin, 2 novembre-4 décembre

✿✿✿ **Flocons de Sel** – Voir la sélection des restaurants

MELLE

✉ 79500 – Deux-Sèvres – Carte régionale n° **20**–C2 – Carte Michelin 322-F7

Les Glycines

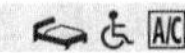

CUISINE MODERNE • COSY XX La jolie véranda de ce restaurant couvert de glycines dissimule un décor contemporain et cossu. On y revisite une cuisine traditionnelle, agrémentée de touches inventives – cromesquis d'escargots ; côte de veau, embeurré de chou ; tatin pomme-coing, sans omettre les bons desserts. Chambres coquettes.

Menu 35/49 € – Carte 41/60 €

5 place René-Groussard – ✆ 05 49 27 01 11 – www.hotel-lesglycines.com – Fermé 1er-12 janvier, dimanche soir

MELUN

✉ 77000 – Seine-et-Marne – Carte régionale n° **15**–C2 – Carte Michelin 312-E4

La Bodega

CUISINE ESPAGNOLE • CONVIVIAL XX On vient ici pour retrouver l'esprit de l'Espagne, en particulier celle des Asturies, d'où est originaire la famille propriétaire. Au menu, des produits de belle qualité, de succulentes recettes ibériques – paella bodega, bacalao aïoli, chipirones fritos, etc. – et quelques plats plus actuels. On est comblé !

Menu 21 € (déjeuner) – Carte 21/59 €

18 quai Hippolyte-Rossignol –
✆ 01 64 37 10 57 – www.bodega-melun.fr – Fermé 1er-2 janvier, 16-24 février, 15-31 août, lundi, samedi midi, dimanche

à Vaux-le-Pénil 3 km au Sud - Est

La Table St-Just

CUISINE MODERNE · ÉLÉGANT XXX Belle atmosphère dans cette ancienne ferme dépendant du château de Vaux-le-Pénil, où dominent les pierres et les poutres apparentes - dont une haute charpente en chêne dans la salle principale. Au menu, une cuisine gastronomique dans l'air du temps.

Menu 35€ (déjeuner), 56/115€ - Carte 80/100€

rue de la Libération (près du château) - ✆ 01 64 52 09 09 - www.restaurant-latablesaintjust.com - Fermé 4-20 avril, 2-30 août, 24-31 décembre, lundi, dimanche

MENDE

✉ 48000 - Lozère - Carte régionale n° **21**-C1 - Carte Michelin 330-J7

Restaurant de France

CUISINE MODERNE · ROMANTIQUE XX Tourte au ris de veau, côtes d'agneau d'Auxillac, financier aux prunes... Le chef concocte une bonne cuisine du marché qui fait la part belle aux produits du terroir, et l'équipe compétente et motivée rend ce moment agréable. Un lieu sympathique !

Menu 33/59€ - Carte 40/45€

Hôtel de France, 9 boulevard Lucien-Arnault - ✆ 04 66 65 00 04 - www.hoteldefrance-mende.com - Fermé 21 décembre-6 janvier, samedi midi

Hôtel de France

FAMILIAL · CONTEMPORAIN Un toit de lauze, des pierres : cette maison des années 1730 se révèle fort accueillante. Fer forgé, bois wengé, tomettes, chambres aux lignes épurées : tout est charmant. On profite même d'un solarium, avec une superbe vue sur les toits et les collines environnantes... Tout neuf, six nouvelles chambres dans la Grande Maison !

38 chambres - 98/135€ - 12€ - 7 suites

9 Boulevard Lucien Arnault - ✆ 04 66 65 00 04 - www.hoteldefrance-mende.com - Fermé 21 décembre-6 janvier

Restaurant de France - Voir la sélection des restaurants

à Chabrits 5 km à l'Ouest par D42 - Carte régionale n° **21**-C1

La Safranière

CUISINE MODERNE · FAMILIAL XX Une étape gourmande sur les premières marches du Gévaudan, sur le site d'une ancienne exploitation de safran. Dans un décor frais et coloré, on apprécie une jolie cuisine de saison ; les vins et fromages de la région sont à l'honneur.

Spécialités : Truite de Florac légèrement fumée, crème ciboulette et choux chinois. Gigot d'agneau rôti à l'ail, jus à la niora et haricots tarbais. Tarte fine aux abricots et romarin, glace au miel de châtaignier.

Menu 25/50€

52 rue du Lavoir - ✆ 04 66 49 31 54 - www.restaurant-la-safraniere.fr - Fermé 17 février-16 mars, 7-14 septembre, lundi, mercredi midi, dimanche soir

MÉNERBES

✉ 84560 - Vaucluse - Carte régionale n° **25**-E1 - Carte Michelin 332-E11

Les Saveurs Gourmandes

CUISINE MÉDITERRANÉENNE · INTIME X Le chef, ancien professeur de cuisine en école hôtelière, s'est installé dans une maison en partie troglodytique, au cœur du village. Il travaille d'excellents produits de la région à grand renfort d'épices et d'herbes, avec un sens aigu du dosage. Nos papilles sont à la fête... d'autant que l'addition est plutôt mesurée.

Menu 33/45€

51 rue Kléber - ✆ 04 32 50 20 53 - www.restaurantlessaveursgourmandes.com - Fermé 4 janvier-1er mars, lundi midi, mardi midi, mercredi midi, jeudi midi, vendredi midi, samedi midi, dimanche soir

La Bastide de Marie

LUXE • PERSONNALISÉ Cette superbe bastide au cœur des vignes incarne l'esprit de la Provence. Pierres apparentes, meubles anciens, tissus nobles, coins et recoins... font le caractère de chaque chambre. Romantique et charmant, idéal pour se retrouver !

14 chambres – 160/770 € – 24 € – 6 suites

Route de Bonnieux – 04 90 72 30 20 – www.labastidedemarie.com – Fermé 11 novembre-20 décembre

MÉNESTREAU-EN-VILLETTE

45240 – Loiret – Carte régionale n° **8**-C2 – Carte Michelin 318-J5

Le Relais de Sologne

CUISINE MODERNE • CONTEMPORAIN XX Cette auberge, à la salle colorée, a cependant conservé son âme d'antan. Le chef y tient tout particulièrement, lui qui signe une cuisine dans l'air du temps, avec du gibier en saison – Sologne oblige –, et agrémentée de notes exotiques.

Menu 31/56 € – Carte 62/72 €

63 place du 8-Mai-1945 – 02 38 76 97 40 – www.le-relais-de-sologne.com – Fermé lundi soir, mardi soir, mercredi, dimanche soir

LA MÉNOUNIÈRE – Charente-Maritime (17) → Voir Île d'Oléron

MENTHON-ST-BERNARD

74290 – Haute-Savoie – Carte régionale n° **4**-F1 – Carte Michelin 328-K5

Le Confidentiel

CUISINE MODERNE • COSY X Parmi tous les restaurants (dont de grosses cylindrées !) qui entourent le lac, cette maison fait office de petit poucet... au grand talent. Dans une mini-salle se succèdent des plats d'une efficacité incontestable, où la franchise des saveurs va de pair avec une ambiance conviviale et détendue. Maintenant que vous êtes dans la confidence, courez-y. Un coup de cœur.

Spécialités : Cru et cuit de légumes verts. Onglet de veau, artichauts poivrade. Tout chocolat.

Menu 33 €

24 route des Moulins – 04 50 44 00 68 – www.restaurant-leconfidentiel.fr – Fermé 4-16 janvier, 18 avril-6 mai, 15 août-6 septembre, lundi, dimanche

Le Viù

CUISINE MODERNE • TENDANCE XXX De la couleur, une vue imprenable sur le lac... Un restaurant chic, trendy et cosy, au service d'une cuisine fine et goûteuse : rafraîchi de tourteau d'Atlantique, jus de livèche et pain de maïs ; barbue aux coquillages, agnolotti et coulis de cresson...

Menu 75/145 € – Carte 80/110 €

Palace de Menthon, 665 route des Bains – 04 50 64 83 01 – www.palacedementhon.com – Fermé lundi, mardi, mercredi midi, jeudi midi, vendredi midi

Palace de Menthon

DEMEURE HISTORIQUE • ÉLÉGANT Entre lac et montagne, cet imposant hôtel de 1906 a un vrai cachet et cultive avec élégance l'art de recevoir... Le parc verdoyant et délicieux, les chambres confortables (préférez celles situées côté lac, plus récentes), les restaurants, la belle piscine couverte creusée dans la roche, le sauna, le hammam : tout invite à la détente !

66 chambres – 189/720 € – 28 € – 6 suites

665 route des Bains – 04 50 64 83 00 – www.palacedementhon.com

Le Viù – Voir la sélection des restaurants

MENTON

✉ 06500 – Alpes-Maritimes – Carte régionale n° **25**-E2 – Carte Michelin 341-F5

✿✿✿ **Mirazur** (Mauro Colagreco)

CUISINE CRÉATIVE • CONTEMPORAIN XXX Destin exceptionnel que celui de l'Argentin Mauro Colagreco, né à La Plata en 1976, et passé par toutes les écoles de l'excellence avant de voler de ses propres ailes... et de trouver, à Menton, sa véritable place. "Dernière maison avant l'Italie", le Mirazur regarde le ciel et le large les yeux dans les yeux : on ne compte plus les visiteurs hypnotisés par la vue exceptionnelle sur la Méditerranée. Porté par une équipe de talent, convaincu des bienfaits des circuits ultra-courts (son potager en permaculture en est la preuve), Mauro Colagreco est au sommet de son art. Hymne aux plantes aromatiques, aux fleurs, aux légumes et aux agrumes, sa cuisine transcende les saisons et la région. Une expérience inoubliable.

Spécialités : Betterave en croûte de sel, sauce au caviar. Pigeon, fraises des bois et épeautre. "Naranjo en flor" : crème de safran, espuma d'amande et sorbet orange.

Menu 260 €

Plan B1-m – *30 avenue Aristide-Briand – ✆ 04 92 41 86 86 – www.mirazur.fr – Fermé 6-15 janvier, 9-25 novembre, 21-30 décembre, lundi, mardi, mercredi midi*

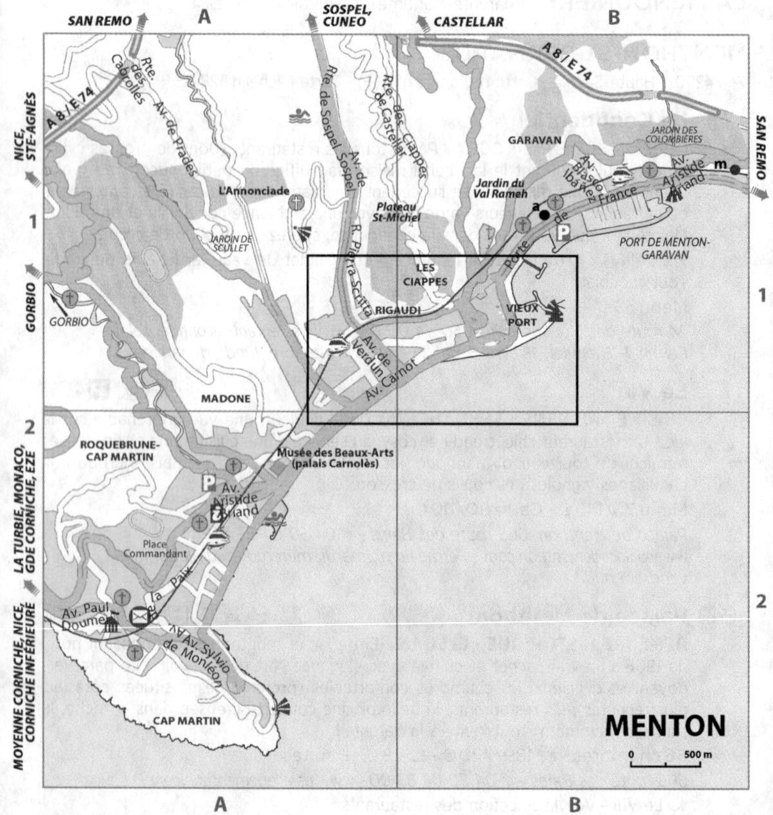

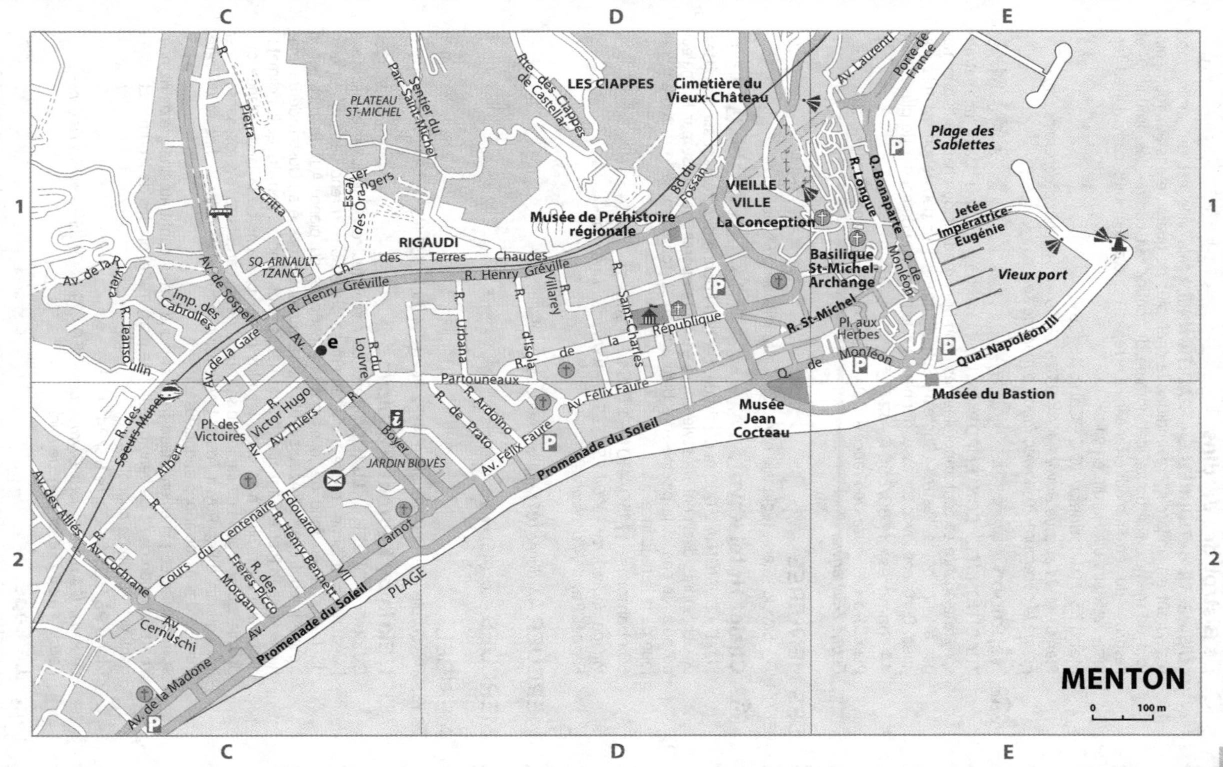
MENTON
0
100 m
C
D
E
1
2
Plage des Sablettes
Jetée Impératrice-Eugénie
Vieux port
Quai Napoléon III
Musée du Bastion
Porte de France
Av. Laurenti
Q. Bonaparte
Q. de Monléon
R. Longue
Basilique St-Michel-Archange
Pl. aux Herbes
R. St-Michel
Q. de Monléon
Musée Jean Cocteau
Cimetière du Vieux-Château
VIEILLE VILLE
La Conception
Bd du Fossan
Musée de Préhistoire régionale
LES CIAPPES
Rte. des Ciappes de Castellar
R. de la République
R. Saint-Charles
R. Villarey
R. d'Isola
R. Partouneaux
Av. Félix Faure
Promenade du Soleil
R. Ardoïno
R. de Prato
Av. Félix Faure
Ch. des Terres Chaudes
RIGAUDI
R. Henry Gréville
R. Urbana
Sentier du Parc Saint-Michel
PLATEAU ST-MICHEL
Escalier des Orangers
R. du Louvre
Av. Boyer
JARDIN BIOVÈS
Av. Carnot
PLAGE
Promenade du Soleil
SQ. ARNAULT TZANCK
R. Pietra Scritta
R. Henry Gréville
Av. de Sospel
Av. Thiers
R. Victor Hugo
Av. Edouard VII
R. Henry Bennett
Cours du Centenaire
R. des Frères Picco
Av. Morgan
Pl. des Victoires
Av. de la Gare
Imp. des Cabrolles
R. Albert I
R. des Soeurs Munet
Av. de la Riviera
Av. Cochrane
Av. Cernuschi
Av. de la Madone
Av. des Alliés

Le Bistrot des Jardins 

CUISINE TRADITIONNELLE · TRADITIONNEL "Ma ville est un jardin, mon restaurant est un jardin", revendique le chef, plus de quarante ans aux fourneaux tout de même... Nul doute, cet homme de métier sait cuisiner les produits – et l'esprit – du terroir méditerranéen ! Le repas est d'autant plus convivial en terrasse, aux airs de... jardin en ville.

Menu 33 € (déjeuner)/40 € – Carte 45/65 €

Plan C1-e – *14 avenue Boyer – 04 93 28 28 09 – www.lebistrotdesjardins.com – Fermé 14 décembre-20 janvier, lundi, dimanche soir*

Napoléon

TRADITIONNEL · CONTEMPORAIN Un hôtel très Riviera ! Dans une atmosphère élégante et contemporaine, les chambres rendent de charmants hommages à leurs hôtes illustres (Cocteau, Sutherland) et leur décoration est très soignée. Certaines, avec terrasse, donnent sur la mer : que demander de plus ?

44 chambres – 89/350 € – 14 €

Plan B1-a – *29 Porte-de-France – 04 93 35 89 50 – www.napoleon-menton.com – Fermé 7-30 janvier*

LES MENUIRES

73440 – Savoie – Carte régionale n° **4**-F2 – Carte Michelin 333-M6

Chalet Hôtel Kaya

LUXE · DESIGN À 2 000 m d'altitude, cet hôtel donne directement sur les pistes. Les chambres déclinent un style épuré et contemporain, rehaussé par la chaleur du bois. Le spa et la piscine sont bien agréables, tout comme le restaurant, qui joue dans la tendance.

50 chambres – 150/410 € – 25 € – 4 suites

Village de Reberty – 04 75 75 21 91 – www.hotel-kaya.com – Fermé 22 avril-14 décembre

MERCUER – Ardèche (07) → Voir Aubenas

MERCUÈS – Lot (46) → Voir Cahors

MÉRIBEL

73550 – Savoie – Carte régionale n° **4**-F2 – Carte Michelin 333-M5

L'Ekrin by Laurent Azoulay

CUISINE MODERNE · LUXE Dans ce chalet feutré où le luxe le dispute à l'élégance, cet Ekrin trouve parfaitement sa place : on y prend l'apéritif au coin du feu, avec en fond de jolies notes échappées du piano. Aux fourneaux, on trouve le chef Laurent Azoulay, fils de restaurateurs passé à l'Oustau de Baumanière et chez Pierre Gagnaire. Il joue habilement avec les terroirs et les climats : on trouve aussi bien à sa carte les plus beaux poissons de la Méditerranée que du miel de bourgeon de sapin, du safran ou des escargots savoyards, sans oublier les légumes d'Éric Roy à Tours. Une cuisine créative et colorée, fine et délicate, qui ose des associations audacieuses.

Spécialités : Légumes en chaud-froid et jaune d'œuf confit au vinaigre de riz noir. Tourte chaude de ris de veau de lait, foie gras, truffe, pickles de légumes et jus au genièvre. "Ekrin de chocolat".

Menu 95/305 € – Carte 118/245 €

Le Kaïla, 124 rue des Jeux Olympiques – 04 79 41 69 35 – www.lekaila.com – Fermé 4 avril-18 décembre, le midi

Le Cèpe

CUISINE TRADITIONNELLE · COSY Tout commence par de beaux produits du terroir, cèpes de la montagne ou poissons des lacs voisins, que le chef vient présenter fièrement à ses clients... Il en tire ensuite des recettes réjouissantes, fraîches et d'autant plus savoureuses que les tarifs sont imbattables. Une adresse bien dans sa peau, tout simplement !

Spécialités : Cappuccino de cèpes. Émincé de cochon de montagne aux myrtilles, frites de polenta. Mont-blanc glacé.

Menu 33 € - Carte 55/80 €

Immeuble Les Merisiers (Le Plateau) - ✆ 04 79 22 46 08 - Fermé 26 avril-6 juillet, 1er septembre-6 décembre

Le Grand Cœur & Spa

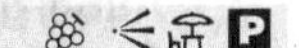

CUISINE CLASSIQUE • CLASSIQUE XXX Avec ses arcades et ses boiseries claires, la grande salle a de l'allure, et, en terrasse, on peut rêver face à la piste olympique... La cuisine est gourmande et raffinée, tout à l'honneur de superbes produits - avec des préparations plus simples à midi. Très belle carte des vins.

Menu 70/98 € - Carte 67/132 €

Hôtel Le Grand Cœur & Spa, Chemin du Grand-Cœur - ✆ 04 79 08 60 03 - www.legrandcoeur.com - Fermé 30 mars-17 décembre

Le Blanchot

CUISINE MODERNE • COSY XX Dans ce chalet, bordé par les pistes et le golf, on signe une bonne cuisine traditionnelle aux intitulés accrocheurs. On se régale, bien installé dans la salle, ou en terrasse, face à la forêt, avec une vue imprenable sur les sommets enneigés. Belle carte des vins.

Menu 41 € - Carte 60/90 €

route de l'Altiport - ✆ 04 79 00 55 78 - Fermé 15 avril-30 juin, 1er septembre-15 décembre

Le 80

CUISINE TRADITIONNELLE • COSY X Au 80, attablé sous quelques montgolfières, on cultive fièrement un esprit classique et traditionnel, autour d'une cuisine gourmande et bien tournée, à l'instar du poulet fermier, ou de l'œuf meurette, classiques de la maison. Partez donc sur les traces de Jules Verne !

Carte 45/110 €

La Chaudanne, route de la Montée - ✆ 04 79 41 69 79 - www.chaudanne.com - Fermé 12 avril-3 juillet, 30 août-12 décembre

Le Kaïla

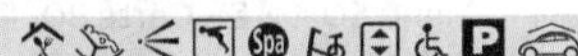

LUXE • MONTAGNARD S'il fallait illustrer l'expression "luxe montagnard" à l'aide d'un exemple, on pourrait allégrement choisir ce grand chalet, situé au cœur du village de Méribel. On ronronne de plaisir à la découverte de ses chambres chaleureuses, aux matériaux nobles (bois alpin, lauze), et du superbe petit-déjeuner... Un must !

24 chambres - 510/1950 € - 16 suites

124 rue des Jeux Olympiques - ✆ 04 79 41 69 20 - www.lekaila.com - Fermé 4 avril-18 décembre

L'Ekrin by Laurent Azoulay - Voir la sélection des restaurants

Allodis

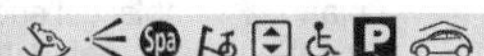

LUXE • COSY Au bout de la route conduisant au belvédère, ce joli chalet domine la station et donne directement sur les pistes. Les chambres, à la décoration alpestre ou contemporaine, permettent de se reposer au grand calme. Restauration traditionnelle.

29 chambres - 387/798 € - 13 suites

Le Belvédère - ✆ 04 79 00 56 00 - www.hotelallodis.com - Fermé 14 avril-12 décembre

Le Grand Cœur & Spa

LUXE • PERSONNALISÉ Romantisme et luxe se sont donné rendez-vous dans cet hôtel de 1952, l'un des plus anciens de la station. Bois blond et belles étoffes donnent aux chambres un charme indéniable. Les suites se parent, quant à elles, d'un style plus contemporain. Accueil prévenant.

34 chambres - 300/1020 € - 9 suites

Chemin du Grand-Cœur - ✆ 04 79 08 60 03 - www.legrandcoeur.com - Fermé 30 mars-17 décembre

Le Grand Cœur & Spa - Voir la sélection des restaurants

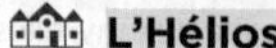

L'Hélios

LUXE • ÉPURÉ Sur les hauteurs de Méribel, ce chalet – en pierre et mélèze de Sibérie – met le plus grand domaine skiable du monde à vos pieds ! Dans les chambres règne une atmosphère contemporaine, nordique ou savoyarde des plus raffinées. Quant au spa, c'est l'endroit rêvé pour se détendre. Que demander de plus ?

14 suites – 424/1798 € – 4 chambres

Route de la Renarde – 04 79 24 22 42 – www.lhelios.com – Fermé 12 avril-19 décembre

MÉRIGNAC – Gironde (33) ➜ Voir Bordeaux

MERKWILLER-PECHELBRONN

67250 – Bas-Rhin – Carte régionale n° **10**-B1 – Carte Michelin 315-K3

Auberge Baechel-Brunn

CUISINE MODERNE • COSY XX Thomas aux fourneaux, Esther en salle : chez les Limmacher, la cuisine est une histoire familiale ! Côté assiette, la finesse est au rendez-vous, entre grands classiques et recettes nouvelles. Côté cadre, la grange d'antan a laissé place à l'épure contemporaine. Et une carte qui change souvent, pour satisfaire les (nombreux) clients habitués.

Menu 23 € (déjeuner), 49/78 € – Carte 55/70 €

3 route de Soultz – 03 88 80 78 61 – www.baechel-brunn.com – Fermé 6-23 janvier, 27 avril-1er mai, 17 août-3 septembre, lundi, mardi, dimanche soir

MERLETTE – Hautes-Alpes (05) ➜ Voir Orcières

MÉRY-SUR-OISE – Val-d'Oise (95) ➜ Voir Autour de Paris

MESNIL-ST-PÈRE

10140 – Aube – Carte régionale n° **11**-B3 – Carte Michelin 313-G4

Au Vieux Pressoir

CUISINE TRADITIONNELLE • ÉLÉGANT XXX Sur la route du lac d'Orient, cette maison à colombages, typique de la Champagne humide, propose des spécialités maison, qui jonglent avec la tradition : salade de homard bleu, pigeonneau pané à la pistache, sphère chocolat fruits rouges... On profite aussi de chambres confortables et d'un agréable espace bien-être. Le bistrot est ouvert au déjeuner quand le restaurant gastronomique est fermé.

Menu 50/98 € – Carte 80/110 €

Auberge du Lac, 5 rue du 28-août-1944 – 03 25 41 27 16 – www.auberge-du-lac.fr – Fermé 2-30 janvier, 16-27 novembre, 21-29 décembre, lundi midi, mardi midi

MESQUER

44420 – Loire-Atlantique – Carte régionale n° **23**-A2 – Carte Michelin 316-B3

La Vieille Forge

CUISINE MODERNE • RUSTIQUE XX Dans cette ancienne forge du 18e s., le piano a remplacé l'enclume ! Mais tout comme le forgeron, Ludovic Favrel ne ménage pas sa peine, toujours à la recherche des bons produits (telles les huîtres de Kercabellec) et des meilleures saveurs... le tout à petit prix. Et tout est fait maison, pain et glaces y compris.

Spécialités : Comme un carpaccio, veau et ventrèche, houmous de sarrasin. Suprême de pintade, chapelure cèpes et noisettes, gnocchis à la châtaigne. Crémeux chocolat, framboises et sorbet.

Menu 20 € (déjeuner), 33/60 € – Carte 41/58 €

32 rue d'Aha – 02 40 42 62 68 – www.vieilleforge.fr – Fermé lundi soir, mardi, mercredi midi

MESSIGNY-ET-VANTOUX - Côte-d'Or (21) → Voir Dijon

METZ

✉ 57000 - Moselle - Carte régionale n° **12**-B1 - Carte Michelin 307-I4

✿ Maison Dufossé - La Table (Christophe Dufossé)

CUISINE MODERNE • ÉLÉGANT XXXX Dans le magasin aux vivres de la célèbre citadelle de Metz, aujourd'hui transformée en hôtel, se niche l'une des meilleures tables de la ville. Aux commandes, c'est le chef Christophe Dufossé, dont le métier n'est plus à prouver ! On s'installe tout d'abord dans un cadre sobre - murs blancs ornés de rares tableaux, grandes tables rondes de bois clair avec leurs fauteuils de cuir noir... puis on se régale de produits nobles de grande qualité : foie gras, homard, truffe, Saint-Jacques, etc., préparés avec soin et une touche de créativité. Pour une expérience exclusive, réservez la salle à manger du chef, un salon privé pouvant accueillir jusqu'à dix personnes.

Spécialités : Langoustine snackée, pomme bouchon au safran, haddock fumé et raifort. Filet de bœuf de Moselle, oignons doux des Cévennes, jus fumé et champignons sauvages. Mirabelles de Lorraine au gewurztraminer et crème à la vanille de Madagascar.

Menu 85/125 € - Carte 134/164 €

Plan C2-y - *La Citadelle - Maison Dufossé, 5 avenue Ney - ✆ 03 87 17 17 17 - www.citadelle-metz.com - Fermé lundi, samedi midi, dimanche*

Derrière (N)

CUISINE MODERNE • COSY XX Quelle belle surprise ! Le chef réalise une cuisine soignée et lisible, sans jamais céder aux effets de mode, avec un respect profond pour le produit. La petite salle de derrière (d'où le nom du restaurant) a été joliment aménagée ; le service est pro et détendu. Un régal de bout en bout.

Menu 25 € (déjeuner)/65 € - Carte 54/64 €

Plan D1-a - *17 rue de la Chèvre - ✆ 03 87 66 23 63 - www.restaurant-derriere.com - Fermé lundi midi, dimanche*

El Theatris

CUISINE TRADITIONNELLE • BRASSERIE XX Dans l'un des plus beaux quartiers de la ville, tout contre l'Opéra-Théâtre, une salle oblongue où se déploient colonnes et miroirs monumentaux... La plus petite des salles à manger est l'ancien bureau du Marquis de Lafayette. Dans l'assiette, on revisite les classiques de brasserie, dont un superbe veau de lait... Belle terrasse.

Menu 29/47 € - Carte 44/56 €

Plan C1-r - *2 place de la Comédie - ✆ 03 87 56 02 02 - www.eltheatris.fr - Fermé 1er-9 janvier, dimanche soir*

Le Pampre

CUISINE MODERNE • ÉLÉGANT XX Une cuisine moderne et inventive, réalisée par un chef adepte des nouvelles techniques de cuisine, et servie dans un cadre contemporain par Madame et sa fille, qui propose un choix de vins astucieux. Bon à savoir : un menu végétarien est proposé à chaque service.

Menu 35/80 € - Carte 71/79 €

Plan C1-v - *31 place de Chambre - ✆ 03 87 50 16 20 - www.lepampre.fr - Fermé 1er-15 janvier, 4-12 mai, 24 août-9 septembre, lundi midi, mardi, mercredi midi*

À Table (N)

CUISINE MODERNE • BISTRO X Dans ce quartier d'Outre-Seille plein de vie et d'authenticité (le plus ancien quartier de Metz), véritable village au cœur du centre-ville, un sympathique duo -Paul Fabuel et son père - ont imaginé un repaire bistronomique, où produits frais et recettes maîtrisées offrent une jolie palette de saveurs. Une adresse comme on les aime.

Menu 35 € - Carte 37/49 €

Plan D2-f - *20 rue Vigne-Saint-Avold - ✆ 03 87 66 73 53 - www.atablemetz.eatbu.com - Fermé 1er-16 septembre, lundi, dimanche*

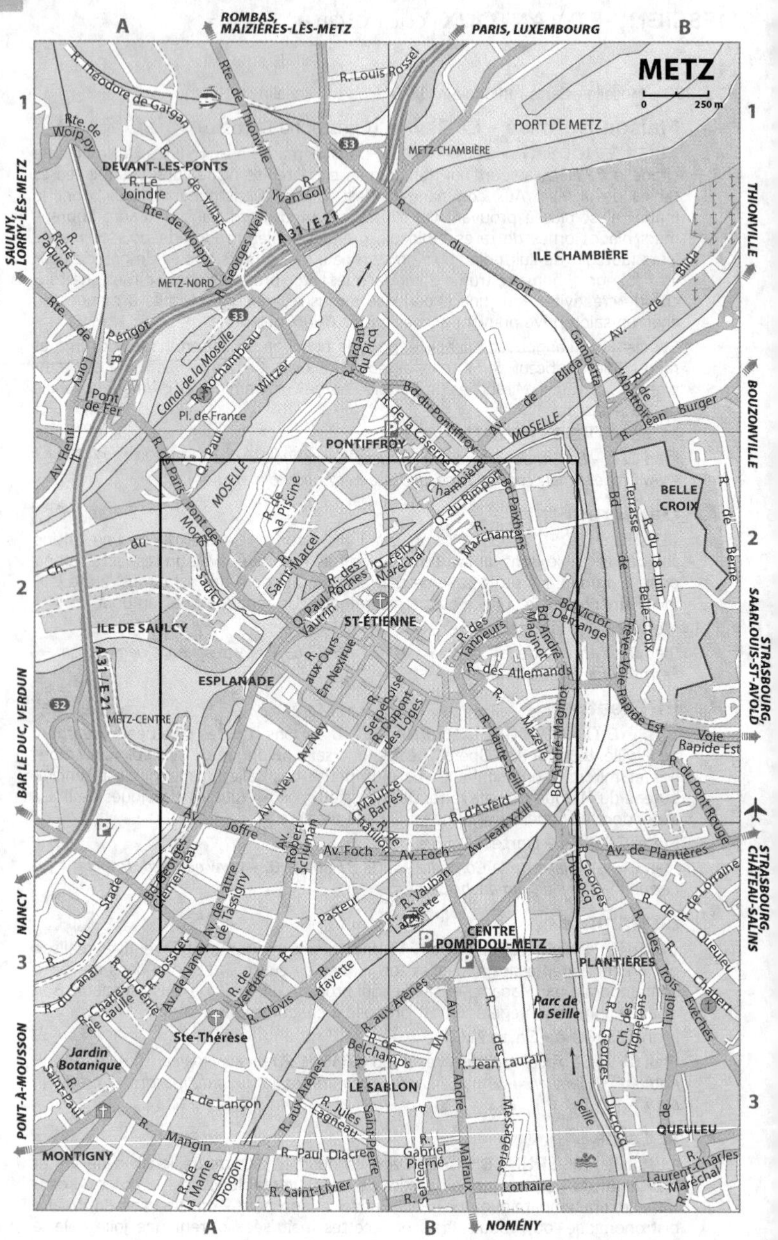
METZ
0
250 m
ROMBAS, MAIZIÈRES-LÈS-METZ
PARIS, LUXEMBOURG
THIONVILLE
BOUZONVILLE
STRASBOURG, SAARLOUIS-ST-AVOLD
STRASBOURG, CHÂTEAU-SALINS
NOMÉNY
PONT-A-MOUSSON
NANCY
BAR LE DUC, VERDUN
SAULNY, LORRY-LÈS-METZ
PORT DE METZ
METZ-CHAMBIÈRE
ILE CHAMBIÈRE
DEVANT-LES-PONTS
METZ-NORD
A 31 / E 21
PONTIFFROY
BELLE CROIX
ILE DE SAULCY
ST-ÉTIENNE
ESPLANADE
METZ-CENTRE
CENTRE POMPIDOU-METZ
PLANTIÈRES
Parc de la Seille
Ste-Thérèse
Jardin Botanique
LE SABLON
QUEULEU
MONTIGNY
MOSELLE
Canal de la Moselle
Pl. de France
Pont de Fer
Pont des Morts
Av. Foch
Av. Joffre
Av. Ney
Av. de Nancy
Av. de Plantières
Voie Rapide Est
Bd André Maginot
Bd Paixhans
Bd du Pontiffroy
Av. de Blida
R. Louis Rossel
Rte. de Thionville
R. Théodore de Gargan
Rte. de Woippy
R. Georges Weill
R. aux Arènes
R. Jean Laurain
R. Gabriel Pierné
R. Paul Diacre
R. Saint-Livier
R. Saint-Pierre
Lothaire
Av. André Malraux
R. Mangin
R. de Lançon
R. Clovis
R. Lafayette
R. Pasteur
R. Serpenoise
R. des Allemands
R. Haute-Seille
R. Mazelle
R. d'Asfeld
Av. Jean XXIII
Av. Robert Schuman
Av. de Lattre de Tassigny
Bd Georges Clemenceau
Ch. du Saulcy
R. de Paris
R. Saint-Marcel
R. de la Piscine
R. des Tanneurs
R. Marchant
Bd Victor Demange
R. du 18 Juin
Terrasse de Belle-Croix
R. du Pont Rouge
R. de Queuleu
R. des Trois Evêchés
R. Georges Ducrocq
Seille
A
B
1
2
3

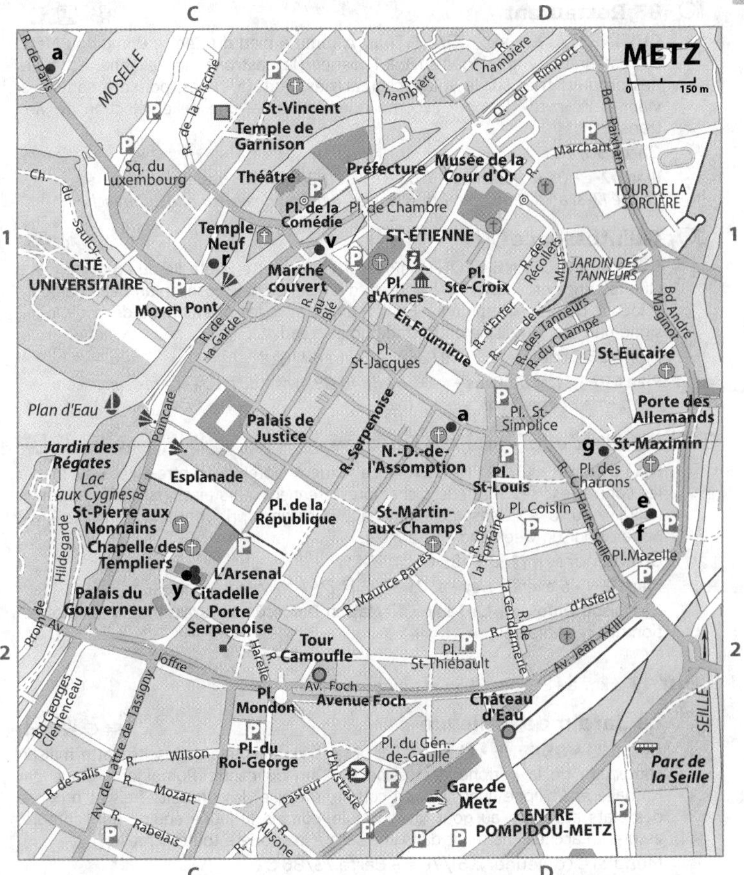

Maison Dufossé - La Brasserie

CUISINE TRADITIONNELLE · CONTEMPORAIN X Christophe Dufossé, aidé de sa jeune équipe motivée, demeure fidèle à ses exigences : aller toujours à l'essentiel en respectant le produit. Ceviche de saumon mariné aux agrumes, potée lorraine, pot de crème tiramisu…

Menu 27/33 €

Plan C2-y – *La Citadelle - Maison Dufossé, 5 avenue Ney – ✆ 03 87 17 17 17 – www.citadelle-metz.com*

Chez Moi Ⓝ

CUISINE TRADITIONNELLE · BISTRO X Ce bistrot de quartier a été repris par un jeune chef sympathique au bon parcours, qui propose plats canailles et classiques revus à "sa sauce". A la carte, ce jour-là : œuf en meurette, fricassée de sot-l'y-laisse, belle entrecôte, brioche perdue…

Menu 33 €

Plan D2-g – *22 place des Charrons – ✆ 03 87 74 39 79 – www.chez-moi.fr – Fermé 24 août-6 septembre, 30 décembre-12 janvier, lundi, dimanche*

83 Restaurant

CUISINE ITALIENNE • CONVIVIAL X À 10mn à pied du Centre Pompidou-Metz, ce restaurant sympathique met à l'honneur la gastronomie italienne, à travers des produits triés sur le volet (charcuteries, burrata, pâtes, poissons sauvages, viandes de race). Et pour accompagner tout cela, une belle sélection de vins transalpins !

Carte 50/75€

Plan D2-e – *83 rue Mazelle – ✆ 03 87 75 20 20 – www.83restaurant.com – Fermé 17-31 août, 23 décembre-6 janvier, lundi soir, samedi midi, dimanche*

Quintessence

CUISINE MODERNE • CONTEMPORAIN X Sur cette petite île du cœur de Metz, Quintessence est la première adresse d'un jeune chef mosellan au beau parcours (Flocons de Sel, notamment). En lien direct avec les producteurs de la région, il signe une bonne cuisine entre tradition et créativité.

Menu 25€ (déjeuner), 49/65€ – Carte 47/61€

Plan C1-a – *1 rue de Paris – ✆ 03 87 31 46 88 – www.quintessence-restaurant.com – Fermé mardi, mercredi, samedi midi*

La Citadelle - Maison Dufossé

HISTORIQUE • CONTEMPORAIN Ce luxueux hôtel du centre-ville a su marier les contrastes : ses spacieuses chambres prennent leurs aises dans... un bâtiment militaire du 16e s. ! L'ensemble, aménagé dans un esprit contemporain feutré, est parfait pour un week-end chic à Metz.

68 chambres – 185/195€ – 21€

Plan C2-y – *5 avenue Ney – ✆ 03 87 17 17 17 – www.citadelle-metz.com*

Maison Dufossé - La Table • **Maison Dufossé - La Brasserie** – Voir la sélection des restaurants

à Borny 3 km à l'Est par D955 et route de Strasbourg

Le Jardin de Bellevue

CUISINE MODERNE • ÉLÉGANT XXX Une belle clientèle plébiscite cette maison centenaire de la périphérie messine (à 2 km du centre Pompidou), tenue par Nathalie et Philippe Jung. Lui, en cuisine, travaille des produits frais et propose des plats attractifs, au goût du jour. Elle, comme la jeune équipe qui l'entoure, assure un accueil charmant dans une salle à la sobriété toute actuelle.

Menu 31€ (déjeuner), 51/76€ – Carte 73/86€

Hors plan – *58 rue Claude-Bernard (près du Technopole Metz 2000) – ✆ 03 87 37 10 27 – www.lejardindebellevue.com – Fermé 14-27 avril, 10-25 août, 27 décembre-7 janvier, lundi, mardi soir, samedi midi, dimanche soir*

à Plappeville 7 km par avenue Henri II

La Vigne d'Adam

CUISINE MODERNE • CONTEMPORAIN X Au cœur du village, cette ancienne maison de vigneron a été transformée en un restaurant-caviste contemporain. La cuisine épouse les saisons pour des noces gastronomiques aux invités prestigieux : lièvre à la royale à l'automne, menu truffe en hiver, asperges au printemps et homard en été ! Plus de 900 références de vins.

Menu 31€ (déjeuner), 36/95€ – Carte 45/70€

Hors plan – *50 rue du Général-de-Gaulle – ✆ 03 87 30 36 68 – www.lavignedadam.com – Fermé 11 août-2 septembre, lundi, dimanche*

METZERAL

✉ 68380 – Haut-Rhin – Carte régionale n° **10**-A2 – Carte Michelin 315-G8

Les Clarines d'Argent

CUISINE TRADITIONNELLE • AUBERGE XX Dans ce restaurant installé près d'un étang, le chef concocte une bonne cuisine traditionnelle – avec un penchant particulier pour la truite –, à apprécier dans un cadre agréable. Accueil aimable, et chambres pour l'étape.

Menu 15 € (déjeuner), 25/75 € - Carte 30/75 €

12 rue Altenhof - ✆ 03 89 77 61 48 - www.aux-deux-clefs.com - Fermé lundi, dimanche soir

MEUDON - Hauts-de-Seine (92) ➜ Voir Autour de Paris

MEURSAULT

✉ 21190 - Côte-d'Or - Carte régionale n° **5**-A3 - Carte Michelin 320-I8

Le Chevreuil

CUISINE TRADITIONNELLE • TRADITIONNEL XX Au centre du village, en face de l'église, cette maison historique est tenue par un jeune couple, lui en cuisine et elle en salle. On se régale avec la fameuse "terrine chaude de la mère Daugier", spécialité du lieu depuis 1870, mais aussi avec des plats au goût du jour. Côté décor, pierre de Bourgogne et touches contemporaines.

Menu 22 € (déjeuner), 26/65 € - Carte 50/70 €

Place de l'Hôtel-de-Ville - ✆ 03 80 21 23 25 - www.lechevreuil.fr - Fermé 10-29 février, 10-16 août, 15 décembre-2 janvier, mercredi, jeudi midi, dimanche

Le Soufflot

CUISINE MODERNE • CONTEMPORAIN X Le jeune chef Jérémy Pèze réalise une cuisine gourmande, fine et délicate dans ce restaurant situé à l'intérieur d'une ancienne maison de vigneron. Sans oublier la remarquable carte de vins, et le bon rapport qualité/prix, à midi (menu unique le soir).

Menu 32 € (déjeuner), 50/56 €

8 route Nationale 74 - ✆ 03 80 22 83 65 - www.restaurant-meursault.fr - Fermé 22 février-8 mars, samedi, dimanche

LE MEUX - Oise (60) ➜ Voir Compiègne

MEYRONNE

✉ 46200 - Lot - Carte régionale n° **22**-C1 - Carte Michelin 337-F2

La Terrasse

CUISINE MODERNE • HISTORIQUE XX La terrasse, qui domine la Dordogne, est parfaite pour un dîner romantique, et l'hiver on peut se réfugier sous les voûtes médiévales de cette ancienne place forte du 11e s. Au menu : une cuisine aux parfums bien marqués, avec quelques clins d'œil aux saveurs du Sud. Charmant !

Menu 22 € (déjeuner), 30/57 € - Carte 44/70 €

Place de l'Eglise - ✆ 05 65 32 21 60 - www.hotel-la-terrasse.com - Fermé 26 octobre-20 mars, mardi midi, mercredi midi

MÈZE

✉ 34140 - Hérault - Carte régionale n° **21**-C2 - Carte Michelin 339-G8

Les Palmiers

CUISINE MODERNE • ÉLÉGANT X On monte quelques marches pour accéder à la terrasse de ce restaurant bordé de palmiers. Tout, dans cette maison du 18e s., respire l'élégance (mobilier en rotin, pierre de pays au sol), et le restaurant ne fait pas exception : on s'y régale des créations fines et pétillantes, basées sur de bons produits frais.

Menu 25 € (déjeuner), 42/75 € - Carte 64/78 €

31 bis avenue de Montpellier - ✆ 04 34 53 55 65 - www.villa-lespalmiers.fr - Fermé 16-23 février, 15-21 juin, 25 octobre-1er novembre, 20-27 décembre, mercredi soir, samedi midi, dimanche

à Bouzigues 4 km au Nord - Est par D613 et route secondaire

La Côte Bleue

POISSONS ET FRUITS DE MER • CLASSIQUE XX C'est un plaisir de s'installer dans la grande véranda pour déguster une bonne cuisine de la mer, dont les fameuses huîtres de Bouzigues. D'ailleurs, les baies vitrées offrent un joli panorama sur l'étang de Thau et ses... parcs à huîtres ! Cette Côte Bleue porte décidément bien son nom.

Menu 20 € (déjeuner), 25/47 € – Carte 40/65 €

Avenue Louis-Tudesq – ✆ 04 67 78 30 87 – www.la-cote-bleue.fr – Fermé mercredi

MÉZÉRIAT

✉ 01660 – Ain – Carte régionale n° **3**-E1 – Carte Michelin 328-D3

Le Petit Mézériat

CUISINE MODERNE • CONTEMPORAIN X Dans un petit village, proche de Vonnas, un jeune couple a donné un coup de jeune à cet ancien restaurant, qui séduit autant pour ses formules déjeuner, autour de plats traditionnels, que par sa composition du soir, ambitieuse et actuelle, privilégiant toujours les circuits courts.

Menu 33/57 € – Carte 43/49 €

204 Grande-Rue – ✆ 04 74 25 26 08 – www.le-petit-mezeriat.fr – Fermé 1er-13 janvier, 19-26 mai, 9-25 août, lundi, mardi soir, mercredi soir, dimanche soir

MÉZY-MOULINS

✉ 02650 – Aisne – Carte régionale n° **14**-C3 – Carte Michelin 306-D8

Le Moulin Babet

CUISINE TRADITIONNELLE • AUBERGE XX Cet ancien moulin à eau tout en pierre (19e s.) profite du seul voisinage de la verdure et du Surmelin, affluent de la Marne. L'intérieur donne dans le moderne et l'épure, avec plafond en bois clair et fauteuils de designers ; la cuisine de tradition prend des accents bucoliques. Et dans les chambres, pas un bruit...

Menu 36/75 €

8 rue du Moulin-Babet – ✆ 03 23 71 44 72 – www.hotel-moulinbabet.com – Fermé 12-30 août, 20 décembre-10 janvier, lundi soir, mardi, mercredi

MILLAU

✉ 12100 – Aveyron – Carte régionale n° **22**-D2 – Carte Michelin 338-K6

à Creissels 3 km au Sud

Château de Creissels

DEMEURE HISTORIQUE • HISTORIQUE Un château du 12e s. sur un piton rocheux à l'écart de Millau, auquel on accède par une petite route. Les chambres mêlent avec élégance meubles anciens et style contemporain, avec du cachet dans la bâtisse principale, un esprit plus actuel dans son extension. La propriété ne manque pas de charme...

26 chambres – 88/172 € – 14 €

Place du Prieur – ✆ 05 65 60 16 59 – www.chateau-de-creissels.com – Fermé 1er janvier-6 mars, 19-30 décembre

MILLY-LA-FORÊT

✉ 91490 – Essonne – Carte régionale n° **15**-B3 – Carte Michelin 312-D5

Les Coqs

CUISINE MODERNE • CONTEMPORAIN XX Cette maison, installée dans un ancien magasin d'antiquités au cœur du village, a tout pour plaire : un intérieur contemporain et élégant, un patio-terrasse idéal pour les beaux jours... et, à sa tête, un jeune couple qui propose une cuisine du marché bien réalisée.

Menu 34 € (déjeuner), 41/57 €

24 place du Marché – ✆ 01 64 98 58 58 – www.lescoqs.fr – Fermé mardi, mercredi

à Auvers (Seine-et-Marne) 4 km au Sud par D948

Auberge d'Auvers Galant

CUISINE TRADITIONNELLE • RUSTIQUE XX Cet ancien relais de poste du 19e s. doit une bonne partie de son charme au jeune couple de professionnels qui en a repris les rênes il y a quelques années. Leurs assiettes font la part belle à la tradition tout en se parant de touches plus actuelles, et tout (ou presque) est fait maison : on passe un bon moment.

Menu 23 € (déjeuner), 27/55 € – Carte 55/77 €

7 Rue d'Auvers – ✆ 01 64 24 51 02 – www.aubergedauversgalant.com – Fermé lundi, mardi

MINERVE

✉ 34210 – Hérault – Carte régionale n° **21**-B2 – Carte Michelin 339-B8

Relais Chantovent

CUISINE TRADITIONNELLE • AUBERGE X Une charmante petite auberge en pays cathare... Ici, point de voiture ; les gourmands, tels des pèlerins, viennent à pied pour déguster la spécialité de la maison, le médaillon de veau farci à la sauge et cuit 26 heures à basse température... une recette de la grand-mère de la patronne ! Les autres plats, délicieux, sont réalisés avec les produits des marchés locaux. Le must : la terrasse et sa vue plongeante sur la vallée du Briant.

Menu 25/62 € – Carte 35/55 €

17 Grand-Rue – ✆ 04 68 91 14 18 – www.relaischantovent-minerve.fr – Fermé 1er janvier-6 février, 28 juin-5 juillet, 23-31 décembre, mardi soir, mercredi, dimanche soir

MIRAMAR – Alpes-Maritimes (06) ➜ Voir Théoule-sur-Mer

MIRAMBEAU

✉ 17150 – Charente-Maritime – Carte régionale n° **20**-B3 – Carte Michelin 324-G7

Les Deux Lévriers au Château de Mirambeau

CUISINE CRÉATIVE • HISTORIQUE XXX Au sein de ce château néogothique du 19e s., cette table gastronomique propose une cuisine créative et personnelle, qui marie avec finesse produits de la région et saveurs plus exotiques, dans une atmosphère feutrée et romantique. Irrésistible.

Menu 60/110 € – Carte 80/100 €

Château de Mirambeau, 1 avenue des Comtes Duchatel – ✆ 05 46 04 91 20 – www.chateaumirambeau.com – Fermé 1er novembre-1er avril, fermé le midi sauf dimanche

Château de Mirambeau

LUXE • HISTORIQUE Deux bâtisses se disputent le beau parc de 8 hectares et les faveurs des visiteurs. Tout d'abord, le château néo-gothique bâti en 1820, qui abrite de superbes chambres et suites, de fastueux salons, une cognathèque ainsi que le restaurant. L'Orangerie, toute récente, propose de son côté d'élégantes chambres feutrées et le joli spa. Dans les deux cas, on célèbre une atmosphère romantique, presque irrésistible, que vient couronner la piscine couverte. Un havre de plénitude.

37 chambres – 220/790 € – 25 € – 3 suites Tablet. PLUS

1 avenue des Comtes-Duchatel – ✆ 05 46 04 91 20 – www.chateaumirambeau.com – Fermé 1er novembre-1er avril

Les Deux Lévriers au Château de Mirambeau – Voir la sélection des restaurants

MIRANDE – Saône-et-Loire (71) ➜ Voir Fleurville

MIREPOIX

✉ 09500 – Ariège – Carte régionale n° **22**-C3 – Carte Michelin 343-J6

à Coutens 4 km à l'Ouest par D119

Clos Saint-Martin

CUISINE MODERNE • AUBERGE En bordure de la route menant à Mirepoix, cette bâtisse traditionnelle en pierres apparentes abrite une table sympathique, où la jeune chef réalise une cuisine au goût du jour, utilisant 85% de produits locaux.

Menu 17 € (déjeuner), 22/55 € – Carte 41/55 €

Chemin du Cazal – ✆ 05 61 60 45 70 – www.leclossaintmartin.restaurantmirepoix.fr – Fermé 18-28 février, 25 juin-5 juillet, 28 octobre-16 novembre, lundi soir, mardi soir, mercredi, jeudi, dimanche soir

MIRMANDE

✉ 26270 – Drôme – Carte régionale n° **2**-B3 – Carte Michelin 332-C5

La Capitelle

CUISINE MODERNE • AUBERGE Cette Capitelle ne manque pas d'atouts : une courte ardoise changée tous les deux ou trois jours, garnie de produits de qualité (locaux, autant que possible) ; des recettes traditionnelles remises au goût du jour ; des cuissons maîtrisées ; une jolie salle à manger voûtée, où trône une imposante cheminée...

Spécialités : Terrine de foie gras, chutney d'abricot. Paleron de veau longuement mijoté, sauce chocolat et petit épeautre. Baba, verveine et glace à la pogne.

Menu 20/32 € – Carte 37/44 €

1 rue du Boulanger – ✆ 04 75 63 02 72 – www.lacapitelle.com – Fermé 1er-20 janvier, 1er novembre-1er décembre, lundi, dimanche soir

MISSILLAC

✉ 44780 – Loire-Atlantique – Carte régionale n° **23**-A2 – Carte Michelin 316-D3

Le Montaigu

CUISINE MODERNE • ÉLÉGANT Au sein du domaine de la Bretesche, une grande et belle salle à manger bourgeoise – poutres, vieux chandeliers – dont les fenêtres ouvrent sur le parc et le plan d'eau. La carte fleure bon le terroir régional, associé à quelques touches exotiques : dos de cabillaud et huîtres, mousseline de rattes au beurre d'algues ; pigeon Mesquer, asperge verte, sésame et yuzu...

Menu 65/115 € – Carte 75/105 €

Domaine de La Bretesche, Route de la Baule – ✆ 02 51 76 86 96 – www.bretesche.fr – Fermé mardi, mercredi et le soir sauf dimanche

MITTELBERGHEIM

✉ 67140 – Bas-Rhin – Carte régionale n° **10**-C1 – Carte Michelin 315-I6

Am Lindeplatzel

CUISINE TRADITIONNELLE • CONVIVIAL Au cœur d'un charmant village alsacien, cette ancienne maison de vigneron propose une goûteuse cuisine traditionnelle, relevée d'une pointe d'exotisme par instants. Les produits du terroir alsacien et les vins sont à la fête... Si les 19 vignerons du village sont représentés, la carte met aussi à l'honneur les autres régions viticoles, avec une prédilection pour les vins nature. Terrasse intime avec vue dégagée. Une bien jolie adresse.

Menu 15 € (déjeuner), 32/52 € – Carte 36/50 €

71 rue Principale – ✆ 03 88 08 10 69 – www.am-lindeplatzel.fr – Fermé 23 janvier-2 février, 17-31 mai, 9-30 août, 1er-22 novembre, mercredi, jeudi

🍴 Gilg 

CUISINE TRADITIONNELLE • AUBERGE XX Route des vins, Mittelbergheim, Gilg : accès direct au charme authentique de l'Alsace ! Dans cette maison rhénane rustique à souhait, ouverte en 1641, on découvre de bonnes spécialités du terroir et autres plats bourgeois, revisités à la sauce du chef, comme ce feuilleté chaud du vigneron… Fameux !

Menu 19 € (déjeuner), 38/56 € - Carte 40/60 €

1 rue Rotland - ✆ 03 88 08 91 37 - www.hotel-gilg.com - Fermé 6 janvier-1er février, mardi, mercredi

MOËLAN-SUR-MER

✉ 29350 - Finistère - Carte régionale n° **7**-B2 - Carte Michelin 308-J8

Manoir de Kertalg 

DEMEURE HISTORIQUE • PERSONNALISÉ Une altière demeure du 19e s. dans un superbe parc forestier. Proportions monumentales, richesse des matériaux, chambres spacieuses et raffinées : un bel exemple de classicisme. Le peintre Brann, propriétaire des lieux, y expose ses œuvres d'inspiration surréaliste.

8 chambres - 145/298 € - 19 €

Le Guily, route de Riec-sur-Belon - ✆ 02 98 39 77 77 - www.manoirdekertalg.com - Fermé 1er janvier-28 avril, 15 octobre-31 décembre

MOIRAX - Lot-et-Garonne (47) ➜ Voir Agen

MOLITG-LES-BAINS

✉ 66500 - Pyrénées-Orientales - Carte régionale n° **21**-B3 - Carte Michelin 344-F7

🍴 Château de Riell 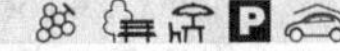

CUISINE MODERNE • ÉLÉGANT XXX En plein cœur des Pyrénées catalanes, ce restaurant raffiné puise dans les produits du riche terroir local pour offrir une cuisine vive et pleine de goût ; on la déguste en terrasse, en contemplant la cime enneigée du mont Canigou, au loin…

Menu 47/67 €

Château de Riell - ✆ 04 68 05 04 40 - www.chateauderiell.com - Fermé 10 novembre-3 avril, le mardi et le midi sauf dimanche

🍴 Café Casals 

CUISINE TRADITIONNELLE • ÉLÉGANT XX Dans ce restaurant aux couleurs du Sud et de la Catalogne, où trône le portrait de Pablo Casals (qui était habitué des lieux), curistes et gourmands peuvent ripailler ensemble. Deux types de cuisine sont proposés, signés Michel Guérard : "Santé Nature" - réservé aux résidents -, ou "d'Appétit", pour les gourmands.

Menu 35 €

Le Grand Hôtel - ✆ 04 68 05 00 50 - www.grandhotelmolitg.com - Fermé 8 décembre-28 mars, dimanche

Château de Riell 

DEMEURE HISTORIQUE • PERSONNALISÉ Malgré ses faux airs de nid d'aigle, ce château se révèle baroque et chaleureux. Les chambres sont décorées avec goût et originalité, la luxuriance du parc est un vrai bonheur, et l'on prend son petit-déjeuner dans une datcha… sans parler de la vue sur le Canigou !

17 chambres - 160/550 € - 22 €

Château de Riell - ✆ 04 68 05 04 40 - www.chateauderiell.com - Fermé 10 novembre-3 avril

🍴 **Château de Riell** - Voir la sélection des restaurants

Le Grand Hôtel

THERMAL · CLASSIQUE Un hôtel thermal raffiné et apaisant : les tons clairs dominent dans les chambres, paisibles et chaleureuses, et le jardin s'épanouit dans un beau décor de rocailles naturelles. Fait remarquable, le marbre des Pyrénées s'impose partout dans les bains.

38 chambres - 95/180 € - 16 € - 5 suites

Le Grand Hôtel - 04 68 05 00 50 - www.grandhotelmolitg.com - Fermé 8 décembre-28 mars

Café Casals - Voir la sélection des restaurants

MOLLÉGÈS

13940 - Bouches-du-Rhône - Carte régionale n° **25**-E1 - Carte Michelin 340-E3

Mas du Capoun

CUISINE MODERNE · ÉLÉGANT XX Mas raffiné où l'on mange dans une salle lumineuse et épurée ou, en été, sous la charpente d'une superbe grange restaurée. Belle cuisine actuelle, réalisée à partir de produits frais. Chambres confortables avec terrasse privative.

Menu 21 € (déjeuner)/41 €

166 avenue des Paluds - 04 90 26 07 12 - www.masducapoun.com - Fermé 10 février-5 mars, mardi soir, mercredi, samedi midi

MOLLKIRCH

67190 - Bas-Rhin - Carte régionale n° **10**-A2 - Carte Michelin 315-I5

Fischhutte

CUISINE RÉGIONALE · AUBERGE XX Une auberge au cadre chaleureux, une cuisine traditionnelle bien réalisée et goûteuse, une équipe dynamique : un vent nouveau souffle sur cette sympathique adresse, appréciée des habitués.

Menu 22 € (déjeuner), 35/46 € - Carte 32/58 €

30 route de la Fischhutte - 03 88 97 42 03 - www.fischhutte.com - Fermé 2-16 janvier, 14-28 avril, 20 juillet-4 août, lundi, mardi, dimanche soir

LES MOLUNES

39310 - Jura - Carte régionale n° **6**-B3 - Carte Michelin 321-F8

Le Pré Fillet

CUISINE TRADITIONNELLE · VINTAGE XX Au beau milieu des champs et des bois, un restaurant simple et authentique. Derrière les fourneaux, le chef concocte de bonnes recettes copieuses, dans lesquelles le terroir se taille la part du lion ; on les déguste dans une salle ouverte sur la nature. Et l'accueil est aux petits oignons !

Menu 14 € (déjeuner), 25/50 € - Carte 28/68 €

Route des Moussières - 03 84 41 62 89 - www.hotel-leprefillet.com - Fermé 26 avril-6 mai, 21 juin-1er juillet, 10 octobre-18 décembre, lundi, mardi midi, dimanche soir

MONACO (PRINCIPAUTÉ DE) → Voir en fin de guide

MONDRAGON

84430 - Vaucluse - Carte régionale n° **24**-A2 - Carte Michelin 332-B8

La Beaugravière

CUISINE PROVENÇALE · AUBERGE XX Une jolie cuisine provençale, des préparations maison – y compris le pain et les glaces –, une belle carte de vins de la région : tout cela se déguste paisiblement à l'ombre des arbres, en saison. L'hiver, la truffe noire du Vaucluse est à l'honneur, au fil d'un menu tout simplement irrésistible.

Menu 19 € (déjeuner), 33/150 € - Carte 50/80 €

Nationale 7 - 04 90 40 82 54 - www.beaugraviere.com - Fermé 15-30 septembre, lundi, mercredi soir, dimanche soir

MONESTIER

⊠ 24240 – Dordogne – Carte régionale n° **18**–C1 – Carte Michelin 329-C7

✿ **Les Fresques** (Didier Casaguana)

CUISINE MODERNE • ÉLÉGANT XXX Situé au carrefour de la Dordogne, de la Gironde et du Lot-et-Garonne, le château de Vigiers est une belle demeure périgourdine du 16e s. entourée d'un parc, d'un vignoble et même d'un golf très réputé. Le temps semble s'y être arrêté. Et entre ces gros murs séculaires, s'épanouit un restaurant aux murs décorés de fresques d'époque Renaissance... Didier Casaguana, peintre du goût, y dévoile une palette riche en goûts et en parfums, directement inspirée du terroir. Ce Toulousain confesse une passion dévorante pour la nature, travaillant les fruits et légumes des petits producteurs, mais aussi les produits nobles de ce Sud-Ouest opulent : ris de veau braisé et escalope de foie gras poêlée ; filet de bœuf Blonde d'Aquitaine ; caviar de la maison Prunier...

Spécialités : Alliance entre l'huître et le caviar, sorbet au yaourt. Pigeon rôti en cocotte, betterave et framboise. Le clin d'œil de Pierre.

Menu 47 € (déjeuner), 74/114 € – Carte 95/120 €

Château des Vigiers (au golf des Vigiers) – ✆ 05 53 61 50 00 – www.vigiers.com – Fermé 15 novembre-9 avril, lundi midi, mercredi, dimanche soir

Château des Vigiers

LUXE • ÉLÉGANT En bordure du golf et dans un beau parc arboré, ce château du 16e s. est si paisible... Les chambres affichent un style élégant et classique, tandis que, dans l'annexe – une jolie bâtisse aux airs de séchoir à tabac –, elles sont plus contemporaines... Raffinement et verdure !

71 chambres – 👥 110/380 € – ☕ 26 € (au golf des Vigiers)

✆ 05 53 61 50 00 – www.vigiers.com – Fermé 15 novembre-9 avril

✿ **Les Fresques** – Voir la sélection des restaurants

LE MONÊTIER-LES-BAINS – Hautes-Alpes (05) → Voir Serre-Chevalier

MONNAIE

⊠ 37380 – Indre-et-Loire – Carte régionale n° **8**–B2 – Carte Michelin 317-N4

L'Épicurien

CUISINE MODERNE • CONVIVIAL XX Ce restaurant a la cote dans la région, et c'est amplement justifié : accès pratique, bon rapport qualité-prix, mais surtout cuisine solide, élaborée par un chef aussi sympathique qu'expérimenté.

Menu 21 € (déjeuner), 28/43 € – Carte 43/57 €

53 rue Nationale – ✆ 02 47 56 10 34 – www.restaurant-lepicurien.com – Fermé lundi, jeudi soir, dimanche soir

MONPAZIER

⊠ 24540 – Dordogne – Carte régionale n° **18**–C2 – Carte Michelin 329-G7

Eléonore

CUISINE MODERNE • ÉLÉGANT XX Une table élégante dans un joli petit château et un menu carte qui change chaque jour, au gré de l'inspiration du chef. Ce dernier travaille de bons produits périgourdins, et cela se sent !

Menu 33/55 €

Edward 1er, 5 rue St-Pierre – ✆ 05 53 22 44 00 – www.restauranteleonore.com – Fermé 14 novembre-27 mars, le midi

Edward 1er

DEMEURE HISTORIQUE • COSY Une belle gentilhommière du 19e s. et... les joies de la vie de château ! Tout est charmant, romantique et raffiné : moulures, meubles de style, ciels de lit et... chambres avec vue sur la nature, le jardin ou le village.

17 chambres – 👥 89/235 € – ☕ 15 €

5 rue St-Pierre – ✆ 05 53 22 44 00 – www.hoteledward1er.com – Fermé 14 novembre-27 mars

Eléonore – Voir la sélection des restaurants

MONTAGNAC - Hérault (34) ➜ Voir Pézenas

MONTAIGU

✉ 85600 – Vendée – Carte régionale n° **23**–B3 – Carte Michelin 316-I6

La Robe (Xavier Giraudet)

CUISINE MODERNE · COSY XX La Robe, en œnologie, c'est la couleur, l'aspect extérieur d'un vin. Nom tout indiqué pour cette jolie maison ancienne nichée dans le vieux centre de Montaigu, qui met un point d'honneur à proposer aux clients des accords mets et vins bien soignés. Pour le reste, la cuisine de Xavier Giraudet se montre enthousiasmante : produits locaux et de saison, cuissons bien maîtrisées, gourmandise au rendez-vous, le tout dans une veine moderne de bon aloi. On gardera le souvenir d'un délicieux suprême de volaille, avec ses petites girolles cuites au jus... Quant au décor cosy, il marie harmonieusement les poutres anciennes de la demeure à du mobilier plus contemporain.

Spécialités : Saumon label rouge cuit à 50°, yaourt, citron et lamelles de concombre. Canard rôti aux épices, navet et betterave. Chocolat de Vendée en tube croustillant et en crémeux, glace à la fève tonka.

Menu 24 € (déjeuner), 43/75 € – Carte 55/75 €

3 place Reveillère-Lepeaux – ✆ 02 51 47 79 27 – www.restaurant-la-robe.com – Fermé 1er-8 janvier, 18-25 mai, 3-25 août, lundi, samedi midi, dimanche soir

à St-Georges-de-Montaigu 4 km au Sud par D137

Le Petit St-Georges

CUISINE TRADITIONNELLE · CONTEMPORAIN X Le Petit St-Georges, au cadre sobrement contemporain, propose une cuisine traditionnelle, équilibrée entre poissons et viandes. Spécialité de la maison : le tournedos de filet de bœuf charolais, jus de viande et son foie gras poêlé. A déguster aux beaux jours sur la terrasse au calme, égayée de plantations. Service toujours impeccable.

Menu 17/30 € – Carte 35/40 €

5 rue Durivum – ✆ 02 51 42 03 17 – www.lepetitstgeorges.com – Fermé 21 mars-7 avril, 22 août-14 septembre, lundi, dimanche

MONTAILLEUR

✉ 73460 – Savoie – Carte régionale n° **4**–F2 – Carte Michelin 333-K4

Suites de la Tour

MAISON DE CAMPAGNE · ROMANTIQUE Cette charmante maison d'hôte haut-de-gamme dissimule quelques surprises (le miroir au-dessus du lit, une rareté !) que les voyageurs apprécieront. La seule évocation du nom des chambres – Tentation, Romantique, Sensuelle – invite à les rejoindre. Jacuzzi personnel dans les cinq chambres.

5 chambres – 240/280 €

400 impasse de Pacoret – ✆ 04 79 37 91 59 – www.suites-de-la-tour.com – Fermé 6-20 septembre

MONTANGES

✉ 01200 – Ain – Carte régionale n° **2**–C1 – Carte Michelin 328-H4

L'Auberge du Pont des Pierres

CUISINE MODERNE · CONVIVIAL X Cette auberge, créée par un enfant du pays, ne désemplit pas ! Le jeune chef ne manque pas de talent pour cuisiner les produits de saison, souvent locaux, selon ses envies. Tout est fait maison (pain et glace compris) et l'on se régale... à petits prix. Jolie carte de vignerons indépendants.

Spécialités : Carpaccio de langue de bœuf, pickles de sapin, glace moutarde à l'ancienne. Gigot d'agneau rôti, romarin et piperade. Duo de chocolat au foin.

Menu 34/39 €

754 rue Paul-de-Vanssay – ✆ 04 50 56 36 35 – www.pontdespierres.fr – Fermé 1er-15 janvier, 2-17 juin, 25 août-2 septembre, mardi, mercredi

MONTARCHER

✉ 42380 – Loire – Carte régionale n° **2**-A2 – Carte Michelin 327-C7

Le Clos Perché

CUISINE CRÉATIVE • AUBERGE XX Il était une fois une auberge qui jouait à chat perché sur les hauts plateaux du Forez, à 1150 mètres d'altitude. C'est ici, à l'entrée de ce minuscule village, que Julien Magne a posé ses valises. Derrière les fourneaux, ce jeune chef réalise une cuisine colorée, inventive et ludique, pour laquelle on se fait volontiers souris !

Spécialités : Mosaïque thon et foie gras, granny smith et combava. Gambas, aïoli de butternut et consommé d'agrumes. Figues rôties, crème glacée spéculos et cheesecake.

Menu 34/47 € – Carte 45/55 €

Le bourg – ✆ 04 77 50 00 08 – www.leclosperche.fr – Fermé 13 février-12 mars, 19 octobre-1er novembre, lundi soir, mardi, mercredi

MONTAREN-ET-ST-MÉDIERS – Gard (30) → Voir Uzès

MONTARGIS

✉ 45200 – Loiret – Carte régionale n° **8**-D2 – Carte Michelin 318-N4

La Gloire

CUISINE MODERNE • ÉLÉGANT XXX Une vénérable institution de Montargis, postée au bord de la N7. Depuis plusieurs générations, on revisite la tradition gastronomique avec une générosité certaine ; ne manquez pas l'imposant chariot de desserts. Quelques chambres pour l'étape.

Menu 35 € (déjeuner), 46/78 € – Carte 60/105 €

74 avenue du Général-de-Gaulle – ✆ 02 38 85 04 69 – www.lagloire-montargis.com – Fermé 17 février-4 mars, 17 août-3 septembre, mardi, mercredi

L'Orangerie du Lac

CUISINE TRADITIONNELLE • CLASSIQUE XX Nul besoin d'être amateur d'agrumes pour apprécier la généreuse cuisine traditionnelle de ce restaurant. Les gourmands s'installent dans l'une des jolies petites salles ou sous la véranda aux allures de jardin d'hiver. Une sympathique halte en Gâtinais !

Menu 32/45 €

57 rue Jean-Jaurès – ✆ 02 38 93 33 83 – www.restaurant-orangerie-montargis.com – Fermé 13 juillet-5 août, lundi, mardi, dimanche soir

MONTAUBAN

✉ 82000 – Tarn-et-Garonne – Carte régionale n° **22**-B2 – Carte Michelin 337-E7

Au Fil de l'Eau

CUISINE MODERNE • TENDANCE XX En léger retrait du Tarn, cette maison régionale cache un restaurant coloré. Outre la carte de saison, le chef propose des menus du marché, renouvelés plusieurs fois par semaine au fil de ses trouvailles. Généreux et savoureux !

Menu 19 € (déjeuner), 29/40 €

14 quai Docteur-Lafforgue – ✆ 05 63 66 11 85 – www.aufildeleau82.com – Fermé lundi, dimanche

Du Bruit en Cuisine Ⓝ

CUISINE MODERNE • BRANCHÉ X Contrairement à ce que suggère son nom, ce restaurant n'a pas fait beaucoup de bruit depuis son ouverture à l'été 2018. C'est pourtant un vrai repaire gourmand, où œuvre un chef formé dans plusieurs maisons de la galaxie Ducasse. Joli travail sur les jus, sauces et condiments, saveurs bien marquées, produits de qualité… Un coup de cœur.

Menu 26 € (déjeuner), 39/55 €

12 allée Mortarieu – ✆ 05 63 91 19 25 – www.dubruitencuisine.fr – Fermé lundi, mardi

La Cave O Délices

CUISINE MODERNE • SIMPLE X Ne vous fiez pas à la façade du restaurant : plus que jamais, c'est à l'intérieur que ça se passe ! Fier de ses origines italiennes, le chef dévoile une cuisine moderne, aux touches méridionales, qui se déguste avec plaisir. Agréable salle voûtée en sous-sol.

Menu 21 € (déjeuner)/38 €

10 place Franklin-Roosevelt – ✆ 05 63 63 69 69 – www.cave-o-delices.fr – Fermé 5-28 juillet, 20 décembre-5 janvier, lundi, dimanche

Nous

CUISINE ACTUELLE • SIMPLE X Avec une économie de moyens exemplaire, le couple Campas parvient à régaler la clientèle montalbanaise : ils sélectionnent leurs produits avec soin, au plus près des saisons, et le chef les agrémente dans des assiettes bien maîtrisées. Service attentionné et chaleureux.

Menu 25 € (déjeuner), 28/44 € – Carte 31/50 €

7 rue Bessières – ✆ 05 63 91 97 03 – www.restaurant-nous.fr – Fermé 27 juin-14 juillet, 24 décembre-3 janvier, lundi soir, mardi soir, mercredi soir, samedi, dimanche

à Montech 13 km au Sud - Ouest par D928 – Carte régionale n° **22**–B2

Bistrot Constant

CUISINE TRADITIONNELLE • TENDANCE X La pimpante maison éclusière, installée au bord du canal latéral à la Garonne, abrite aujourd'hui un bistrot de chef de très bonne tenue. Côte de cochon fermier confite, gratin de macaronis ; tête de veau, langue et cervelle pochée : du grand classique effectué dans les règles de l'art, comme on l'aime !

Spécialités : Œuf mollet croustillant. Côte de cochon crousti-fondante, gratin de macaronis. Pavlova aux fruits de saison.

Menu 23 € (déjeuner), 33/38 €

25 rue de l'Usine – ✆ 05 63 24 63 02 – www.bistrotconstant.com

MONTAUROUX

✉ 83440 – Var – Carte régionale n° **24**–C3 – Carte Michelin 340-P4

Le Carré d'Ange

CUISINE MODERNE • ROMANTIQUE XX Une jolie auberge provençale, lumineuse et modernisée, où la cuisine du sud est savoureuse et mâtinée de soleil... Il n'y a qu'à voir ce homard bleu servi froid, accompagné de sa crème légère de lingots blancs bio. À déguster aux beaux jours sur la jolie terrasse. Un nouveau départ réussi !

Menu 41 € (déjeuner), 64/95 € – Carte 52/81 €

2169 quartier Narbonne – ✆ 04 94 47 71 65 – www.restaurant-carredange.fr – Fermé 6 janvier-10 février, lundi, mardi midi, dimanche soir

MONTBARD

✉ 21500 – Côte-d'Or – Carte régionale n° **5**–C2 – Carte Michelin 320-G4

à St-Rémy 3 km à l'Ouest par D905 – Carte régionale n° **5**–C2

La Mirabelle

CUISINE TRADITIONNELLE • RUSTIQUE X Sur une petite place en face de la Brenne, cette ancienne grange à sel est aujourd'hui un restaurant au cadre rustique et convivial. Gilles Muzel, le chef, élabore des recettes tout en finesse : ragoût d'escargots à la crème d'herbes, poitrine de porc cuite à basse température... Le plus difficile sera de choisir.

Menu 21/56 € – Carte 52/60 €

1 rue de la Brenne – ✆ 03 80 92 40 69 – www.restaurant-la-mirabelle.business.site – Fermé mardi soir, mercredi, dimanche soir

MONTBAZON

⊠ 37250 - Indre-et-Loire - Carte régionale n° **8**-B2 - Carte Michelin 317-N5

✿ **L'Évidence** (Gaëtan Evrard)

CUISINE MODERNE · CONTEMPORAIN XX Quitter la ville de Tours pour s'installer à la "campagne" dans cette maison ancienne en bordure d'une petite place ? Une "évidence" pour le chef Gaétan Évrard, tellement attaché à son terroir tourangeau. Légumes et viandes de la région, poissons en direct de Bretagne : le produit est ici à la fête, sublimé par la cuisine du marché d'un jeune chef qui ne manque pas d'audace - à l'image de sa mousse de fraise, carré de chocolat blanc à la purée de betterave rouge et tuiles à l'estragon. En accompagnement, on pioche dans une belle carte de vins de la Loire... et tout cela se déguste dans un décor noir et or du plus bel effet, rehaussé de mobilier à la mode scandinave.

Spécialités : Cuisine du marché.

Menu 39 € (déjeuner), 55/102 €

1 place des Marronniers -
✆ 02 47 26 00 67 - www.restaurant-levidence.com -
Fermé lundi, dimanche

Domaine de la Tortinière

CUISINE MODERNE · ÉLÉGANT XX Sur la terrasse, face au superbe parc qui s'étend en contrebas, on profite d'une cuisine actuelle et attrayante, réalisée à quatre mains par deux chefs expérimentés. Des produits de qualité, un cadre enchanteur : que demander de mieux ?

Menu 38/85 € - Carte 61/74 €

10 route de Ballan - ✆ 02 47 34 35 00 - www.tortiniere.com -
Fermé 19 décembre-29 février

Domaine de la Tortinière

DEMEURE HISTORIQUE · ÉLÉGANT Ce château du Second Empire se dresse au cœur d'un parc dominant l'Indre. Les chambres ont beaucoup de charme, certaines dans un style contemporain, et offrent une magnifique vue sur la vallée. Et aux beaux jours vous attend une agréable piscine.

27 chambres - 125/385 € - 23 € - 5 suites

10 route de Ballan - ✆ 02 47 34 35 00 - www.tortiniere.com -
Fermé 19 décembre-29 février

Domaine de la Tortinière - Voir la sélection des restaurants

MONTBÉLIARD

⊠ 25200 - Doubs - Carte régionale n° **6**-C1 - Carte Michelin 321-K1

✿ **Le St-Martin** (Olivier Prévôt-Carme)

CUISINE MODERNE · INTIME XXX À Montbéliard, ce restaurant a franchi avec allégresse les 30 ans d'existence. Christine et Olivier Prévôt-Carme y cultivent avec une bonhomie certaine la tradition du bon goût et du produit roi, valeurs solidement attachées au terroir franc-comtois. Le chef signe une cuisine riche, sans superflu. Rien de prétentieux, rien de compliqué : les recettes sonnent justes, les cuissons et les assaisonnements rehaussent la saveur de chaque ingrédient. La carte peaufine depuis toujours les classiques qui ont fait la réputation et le succès de l'adresse : filet de féra du Léman, fricassée de racines aux morilles ; volaille de Bresse au vin jaune ; risotto au vieux Comté ; rognon de veau entier, polenta aux champignons...

Spécialités : Cuisine du marché.

Menu 29 € (déjeuner)/85 € - Carte 70/95 €

1 rue du Général-Leclerc -
✆ 03 81 91 18 37 - www.le-saint-martin.fr - Fermé 16-22 mars, 18-24 mai, 27 juillet-16 août, lundi, samedi midi, dimanche

MONTBENOÎT

✉ 25650 – Doubs – Carte régionale n° **6**–C2 – Carte Michelin 321-I5

à Ville-du-Pont 2 km au Nord - Est par D437

L'Entre-Roches

CUISINE MODERNE • ÉLÉGANT XX Au cœur du Saugeais (cette amusante "République" autoproclamée à la frontière suisse), une maison que ses propriétaires soignent autant côté décor – contemporain et soigné – qu'en cuisine, où le chef s'autorise de beaux détours créatifs. Agréable terrasse sur l'arrière.

Menu 25 € (déjeuner), 39/80 € – Carte 45/90 €

1 rue Principale – ✆ 03 81 38 10 92 – www.restaurant-entre-roches.fr – Fermé lundi, mardi, dimanche soir

MONTBRISON

✉ 42600 – Loire – Carte régionale n° **2**–A2 – Carte Michelin 327-D6

Apicius

CUISINE MODERNE • CONTEMPORAIN X Cadre contemporain et épuré pour cette adresse du centre-ville, tenue par un jeune couple passé par de belles maisons. Cuisine du marché le midi en semaine, mais plus élaborée (riche en produits du terroir, fleurs et plantes sauvages) le soir. En un mot : généreux !

Menu 18 € (déjeuner), 38/42 €

29 rue Martin Bernard – ✆ 09 82 38 34 65 – www.restaurantapicius.net – Fermé 3-24 août, 24 décembre-3 janvier, lundi soir, mardi soir, mercredi, samedi midi, dimanche

MONTBRON

✉ 16220 – Charente – Carte régionale n° **20**–C3 – Carte Michelin 324-N5

Moulin de la Tardoire (Matthieu Brudo)

CUISINE MODERNE • MAISON DE CAMPAGNE XX Quelle histoire ! L'ancienne forge du 16e s. a été transformée en moulin à farine en 1854, avant de devenir un moulin à huile... C'est aujourd'hui un restaurant bucolique et charmant, installé entre rivière et verdure. Le chef, Matthieu Brudo, y propose une cuisine de saison faisant la part belle au terroir local : escargots charentais, truite de Magnac, pigeonneau et magrets de canard de Nontron... sans oublier de superbes viandes achetées entières à des petits producteurs des environs. Justesse et finesse, soin dans la présentation : on aime.

Spécialités : Esturgeon de Gensac fumé à chaud, pomme de terre tiède à la crème d'ail et vinaigrette aux échalotes. Échine de cochon confite et snackée, spaetzle aux champignons et sauce à la diable. Parfait glacé au chocolat noir, tuile croustillante au sésame et pop-corn caramélisé.

Menu 24 € (déjeuner), 33/65 €

Lieu-dit La Forge – ✆ 05 45 66 41 46 – www.moulindelatardoire.fr – Fermé 6-29 janvier, lundi, mardi soir, dimanche soir

MONTBRUN-LES-BAINS

✉ 26570 – Drôme – Carte régionale n° **2**–C3 – Carte Michelin 332-F8

L'O des Sources

CUISINE TRADITIONNELLE • BISTRO X Ne vous laissez pas intimider par le lieu et son château ! Au cœur d'un parc de 4 ha, tout près des anciens thermes, ce bistrot moderne propose une cuisine traditionnelle de bon aloi, à prix sage. Aux beaux jours, installez-vous sur la terrasse, face au mont Ventoux. En sus, une jolie sélection de vins, disponibles à la vente.

Menu 22 € (déjeuner), 26/44 € – Carte 32/42 € (à côté des thermes)

✆ 04 75 27 11 09 – www.o-des-sources.com – Fermé 11 novembre-15 mars, lundi, dimanche soir

MONTCEAU-LES-MINES

✉ 71300 – Saône-et-Loire – Carte régionale n° **5**–C3 – Carte Michelin 320-G9

Jérôme Brochot

CUISINE MODERNE • ÉLÉGANT XXX Le chef Jérôme Brochot concocte une cuisine du marché, où l'ancrage régional est à l'honneur, à choisir entre le menu bistrot ou signature, plus ambitieux.

Menu 25€ (déjeuner), 48/80€

7 place Beaubernard - ✆ 03 85 67 95 30 - www.jeromebrochot.com - Fermé 2-6 janvier, lundi, samedi midi, dimanche soir

MONTCENIS - Saône-et-Loire (71) → Voir Creusot

MONTCHAUVET

✉ 78790 - Yvelines - Carte régionale n° **15**-A2 - Carte Michelin 311-F2

La Jument Verte

CUISINE TRADITIONNELLE • AUBERGE XX Un cadre digne du roman éponyme de Marcel Aymé : maison à pans de bois, terrasse sur la place du village et intérieur rustique (pierres, poutres, cheminée). Plats traditionnels.

Menu 25€ (déjeuner), 34/46€ - Carte 42/56€

Place de l'Église - ✆ 01 30 93 43 60 - Fermé 17 février-5 mars, 31 août-16 septembre

MONTCHENOT - Marne (51) → Voir Reims

MONTCUQ

✉ 46800 - Lot - Carte régionale n° **22**-B1 - Carte Michelin 337-D5

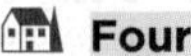

Four

FAMILIAL • PERSONNALISÉ Dans ce village médiéval, cette demeure de caractère allie authenticité et style contemporain. Les chambres personnalisées, avec mobilier design, draps en lin et petites terrasses, ont un charme fou. Recettes à base de truffe (en saison) à la table d'hôte. Jolie vue sur le village médiéval.

4 chambres - 165/195€

4 rue de Montmartre - ✆ 05 65 21 23 08 - www.4ruemontmartre.com

MONTCY-NOTRE-DAME - Ardennes (08) → Voir Charleville-Mézières

MONT-DE-MARSAN

✉ 40000 - Landes - Carte régionale n° **18**-B2 - Carte Michelin 335-H11

Les Clefs d'Argent (Christophe Dupouy)

CUISINE CRÉATIVE • FAMILIAL XX Avec les années, cette table est devenue un rendez-vous incontournable à Mont-de-Marsan. On doit ce succès au travail de Christophe Dupouy, solide professionnel formé à bonne école : Alain Ducasse, Bruno Oger, Michel Sarran... Sa cuisine est un exemple de métissage, mariant le terroir du Sud-Ouest (et plus particulièrement des Landes) à des influences béninoises - le pays d'origine de son épouse Eugénie, véritable maîtresse des lieux, qui assure un service aussi prévenant que chaleureux. Ajoutez à cela une ambiance conviviale et bon enfant, vous obtenez une maison hautement recommandable.

Spécialités : Maïs, subtilité de jaune d'œuf et de piment africain, oxalis. Agneau de Lacaune rôti, citron confit et crème à l'ail fumé. Chocolat grand cru de São Tomé et crème au Baileys.

Menu 25€ (déjeuner), 66/100€

333 avenue des Martyrs-de-la-Résistance - ✆ 05 58 06 16 45 - www.clefs-dargent.com - Fermé 2-24 août, 20-30 décembre, lundi, dimanche

Villa Mirasol

CUISINE MODERNE • COSY X La Villa Mirasol a confié les destinées de sa table au chef landais Armando Nogueira, qui aime travailler les poissons d'eau douce. Les plats s'articulent autour d'un menu-carte au prix alléchant. Tarte fine de cagouilles ; pintade fermière... Produits frais garantis !

Menu 24 € (déjeuner), 32/46 € - Carte 41/59 €

2 boulevard Ferdinand-de-Candau - ✆ 05 58 44 14 14 - www.villamirasol.fr - Fermé 27 janvier-10 février, 2-10 novembre, lundi, dimanche soir

à Mazerolles 6,5 km à l'Est par D1 et route secondaire

Auberge de la Pouillique

CUISINE MODERNE • RUSTIQUE X En chemin pour une partie de pelote basque au trinquet, nombreux sont ceux à s'arrêter dans cette ancienne ferme du 19ᵉs. Ici, point de fronton mais des plats traditionnels qui ravissent les gourmands. En hiver, on s'installe près de la cheminée ; l'été, sur la terrasse face au jardin. Prix raisonnables.

Menu 18 € (déjeuner), 25/50 € - Carte 45/50 €

656 chemin de la Pouillique - ✆ 05 58 75 22 97 - www.restaurant-auberge-lapouillique.com - Fermé 30 août-15 septembre, lundi, mardi soir, mercredi soir, jeudi soir, dimanche soir

LE MONT-DORE

✉ 63240 - Puy-de-Dôme - Carte régionale n° **1**-B2 - Carte Michelin 326-D9

La Golmotte

CUISINE TRADITIONNELLE • AUBERGE X Authenticité garantie dans cette auberge postée sur la route de Clermont-Ferrand ! Et pour cause : la salle est une ancienne étable. Au menu : des produits frais, bien cuisinés, et des assiettes copieuses. Le tout à petits prix...

Menu 26/40 € - Carte 36/51 €

Le Barbier - ✆ 04 73 65 05 77 - www.aubergelagolmotte.com - Fermé 6-17 janvier, 1er-8 octobre, mardi, mercredi

Le 1050

CUISINE DU TERROIR • BISTRO X La cuisine est à l'image du décor : chaleureuse, généreuse, montagnarde. Les spécialités régionales, parfois servies dans leur récipient de cuisson, sont à l'honneur : chou farci, potée auvergnate, viande de Salers...

Menu 24/35 € - Carte 27/42 €

Hôtel de Russie, 3 rue Favart - ✆ 04 73 65 05 97 - www.lerussie.com - Fermé 15 novembre-15 décembre

MONTECH - Tarn-et-Garonne (82) ➜ Voir Montauban

MONTEILS - Tarn-et-Garonne (82) ➜ Voir Caussade

MONTÉLIMAR

✉ 26200 - Drôme - Carte régionale n° **2**-B3 - Carte Michelin 332-B6

Café de l'Ardèche

CUISINE MODERNE • CONTEMPORAIN XX La nouvelle adresse qui monte sur Montélimar : banquettes en cuir gris, mobilier contemporain, véranda, terrasse, et dans l'assiette, une cuisine de saison bien tournée. Jolie collection de peintures de l'artiste Ricardo Santamaria.

Menu 21 € (déjeuner), 32/39 € - Carte 53/70 €

19 avenue Charles-de-Gaulle - ✆ 04 75 52 51 39 - www.cafedelardeche.fr - Fermé lundi, dimanche soir

Le Moderne

CUISINE MODERNE • BISTRO Ce sympathique jeune couple, coincé entre un restaurant marocain et un japonais, ne démérite pas pour proposer une cuisine au goût du jour : en témoignent la côte de cochon, généreuse et servie rosée, mais aussi la tatin d'abricot, à déguster en terrasse dès les beaux jours.

Menu 19 € (déjeuner), 31/45 € - Carte 37/56 €

25 Boulevard Aristide Briand - ✆ 04 75 01 31 90 - www.restaurant-lemoderne.fr - Fermé 2-15 mars, 24 août-9 septembre, lundi, mardi, mercredi soir, jeudi soir, dimanche soir

Petite France

CUISINE TRADITIONNELLE • CLASSIQUE À moins d'être initié, ce restaurant ne se trouve pas facilement : il faut aller le dénicher dans une impasse de la vieille ville. Dans la salle voûtée et chaleureuse, on déguste une cuisine traditionnelle... made in Petite France. Ambiance familiale.

Menu 28/41 € - Carte 43/61 €

34 impasse Raymond-Daujat - ✆ 04 75 46 07 94 - Fermé 10-17 mars, 12 juillet-18 août, 24 décembre-5 janvier, lundi, dimanche

à Malataverne 8,5 km au Sud - Carte régionale n° **2**-B3

Le Bistrot 270 (N)

CUISINE TRADITIONNELLE • BISTRO Le second restaurant du Domaine du Colombier propose une cuisine de bistrot bien ficelée, inspirée par des produits d'une qualité irréprochable. Les recettes simples et goûteuses, aux saveurs franches, font honneur aux classiques - foie gras de canard mi-cuit ; quasi de veau ; parmentier. Aux beaux jours, on profite de la terrasse, située à proximité de la piscine et du bar du pool house, avec vue sur les champs et la bastide.

Spécialités : Velouté de courge, espuma de lard, graines torréfiées. Parmentier et pousses de salade. Tarte aux fruits de saison, sorbet.

Menu 32/39 €

Hôtel Le Domaine du Colombier, 270 chemin de Malombre - ✆ 04 75 90 86 86 - www.domaine-colombier.com - Fermé lundi, dimanche

Le Domaine du Colombier

CUISINE MODERNE • ÉLÉGANT Sur les ruines d'un hermitage monastique, on aime s'installer dans les salles en enfilade - voûtées, à la décoration soignée - et sur l'apaisante terrasse de ce restaurant. Le chef travaille les produits du terroir, façon cuisine moderne (carpaccio de Saint-Jacques) sans oublier de rendre hommage à la tradition (tourte au foie gras, pigeon etc.).

Menu 39 € (déjeuner), 63/95 € - Carte 90/105 €

Hôtel Le Domaine du Colombier, 270 chemin de Malombre - ✆ 04 75 90 86 86 - www.domaine-colombier.com

Le Bistrot 270 - Voir la sélection des restaurants

Le Domaine du Colombier

LUXE • ÉLÉGANT Imaginez une bastide du 15ᵉ s. au cœur de la Drôme provençale. Une adresse de charme où les chambres rivalisent de douceur et d'authenticité. À cela s'ajoutent un parc arboré, une belle piscine et un accueil aux petits soins. Tout est si paisible, propice à une agréable échappée !

22 chambres - 112/365 € - 18 € - 2 suites

270 chemin de Malombre - ✆ 04 75 90 86 86 - www.domaine-colombier.com

Le Domaine du Colombier • **Le Bistrot 270** - Voir la sélection des restaurants

MONTENACH - Moselle (57) → Voir Sierck-les-Bains

MONTENDRE

✉ 17130 – Charente-Maritime – Carte régionale n° **20**–B3 – Carte Michelin 324-H8

La Quincaillerie

CUISINE MODERNE · BISTRO Un bel escalier et une galerie de style Eiffel, du parquet… Isabelle et Frédéric Milan ont eu un coup de cœur pour cette ancienne quincaillerie au cœur de Montendre. La carte est courte, car ce chef-artisan revendiqué travaille uniquement des produits frais et fait son marché chaque matin. Saveurs et générosité !

Spécialités : Tartare de maigre, citron confit et crème acidulée. Ballottine de porcelet confit, cromesquis de boudin, aubergine et ricotta. Soufflé au chocolat, sorbet yaourt.

Menu 22 € (déjeuner), 34/75 €

30 Rue de l'Hôtel de Ville – ✆ 05 46 70 42 41 – restaurantlaquincaillerie.eatbu.com – Fermé 17-23 février, 29 juin-12 juillet, 31 août-6 septembre, 2-8 octobre, lundi, mardi soir, dimanche soir

LE MONTENVERS – Haute-Savoie (74) ➜ Voir Chamonix-Mont-Blanc

MONTFAUCON – Doubs (25) ➜ Voir Besançon

MONTFERRAT

✉ 83131 – Var – Carte régionale n° **24**–C3 – Carte Michelin 340-N4

Le Clos Pierrepont

CUISINE MODERNE · RUSTIQUE Beaux produits et dressages soignés pour cette jolie adresse située non loin des gorges de Châteaudouble. Une cuisine moderne et ensoleillée à déguster dans la bâtisse du 18ème siècle ou sur la terrasse donnant sur parc de plus d'1ha, aux beaux jours.

Spécialités : Comme une pissaladière aux tomates, anchois, eau et sorbet tomate. Filet de truite, sauce vierge. Sablé petit épeautre, ganache chocolat blanc, huile d'olive et fruits rouges.

Menu 30/75 €

56 route de Draguignan – ✆ 04 94 50 21 30 – www.clospierrepont.com – Fermé 16 mars-4 avril, 16 novembre-5 décembre, lundi, mardi

MONTFURON

✉ 04110 – Alpes-de-Haute-Provence – Carte régionale n° **24**–B2 – Carte Michelin 334-C9

Chez Éric

CUISINE TRADITIONNELLE · BISTRO Sur la place d'un charmant village, cette maison en pierre sèche a tout ce qu'il faut là où il faut, de la terrasse ombragée à la déco de bistrot. Pour couronner le tout, les petits plats provençaux se révèlent goûteux. Soupe de pistou, joues de cochon braisées, baba au rhum crème fouettée : miam, n'est-ce pas ?

Menu 35/58 €

Place Daniel-Viguier – ✆ 04 92 77 75 32 – Fermé lundi, mardi midi, dimanche soir

MONTGENEVRE

✉ 05100 – Hautes-Alpes – Carte régionale n° **24**–C1 – Carte Michelin 334-I3

Anova

FAMILIAL · TENDANCE Tout près de la frontière italienne, on passe d'agréables moments dans cet imposant chalet contemporain. On y profite notamment d'une flopée de services bien pensés - skishop et casiers à skis, location de VTT, salle de jeux - et de chambres confortables (préférez les chambres plein sud, face aux pistes).

40 chambres – 140/260 € – 15 €

Place de l'Obélisque – ✆ 04 92 54 48 04 – www.anova-hotel.com – Fermé 19 avril-3 juillet, 8 septembre-29 novembre

MONTGIBAUD

✉ 19210 - Corrèze - Carte régionale n° **19**-B2 - Carte Michelin 329-J2

Le Tilleul de Sully

CUISINE MODERNE · CONVIVIAL X C'est là, à l'ombre du vieux tilleul, que se trouve cette auberge de campagne. Fleurs de courgette, choux pommelés, groseilles, etc., abondent dans le potager et le chef sait les préparer ! Une savoureuse cuisine du terroir corrézien, gourmande et généreuse, à déguster devant la cheminée ou dehors, face aux arbres fruitiers.

Spécialités : Tartine de pâté de tête, crevettes et sésame torréfié. Magret de canard rôti, cassis, petit chou farci à ma façon. Fraises compotées, glace miel, mousse chocolat blanc.

Menu 31/57 € - Carte 36/47 €

Le bourg - ✆ 05 55 98 01 96 - Fermé 22-30 juin, 14-22 septembre, 21 décembre-20 janvier, lundi midi, mardi midi, dimanche soir

MONTGRÉSIN - Oise (60) ➜ Voir Chantilly

LES MONTHAIRONS - Meuse (55) ➜ Voir Verdun

MONTHION - Savoie (73) ➜ Voir Albertville

MONTICELLO - Haute-Corse (2B) ➜ Voir Corse (Ile Rousse)

MONTIGNAC

✉ 24290 - Dordogne - Carte régionale n° **18**-D1 - Carte Michelin 329-H5

Hostellerie la Roseraie

CUISINE MODERNE · COSY XX Avec sa charmante terrasse, le lieu a beaucoup de cachet ; quant au chef, il propose une cuisine un brin complexe mais toujours bien travaillée, avec de judicieux mariages de saveurs. Service aimable et agréable.

Menu 42/59 €

11 place d'Armes - ✆ 05 53 50 53 92 - www.laroseraie-hotel.com - Fermé 1er janvier-3 avril, 23 octobre-31 décembre, mardi midi, jeudi, samedi midi

Hôtel de Bouilhac

HISTORIQUE · ÉLÉGANT Un hôtel particulier du 17e s., inscrit aux monuments historiques, à quelques pas seulement des célébrissimes grottes de Lascaux... L'architecture est typique de la région (hauts plafonds, moulures, parquets massifs) et les chambres ne manquent pas de charme.

10 chambres - 125/145 € - ☕ 20 €

Avenue du Professeur Faurel - ✆ 05 53 51 21 46 - www.hoteldebouilhac-montignaclascaux.fr

Hostellerie la Roseraie

HÔTEL PARTICULIER · CLASSIQUE Au cœur du village médiéval, une demeure du 19e s. sur les bords de la Vézère. Les chambres sont coquettes et portent des noms de roses ; deux jolies suites familiales sont installées dans une maison au bord de l'eau...

17 chambres - 90/149 € - ☕ 14 € - 3 suites

11 place d'Armes - ✆ 05 53 50 53 92 - www.laroseraie-hotel.com - Fermé 1er janvier-3 avril, 23 octobre-31 décembre

Hostellerie la Roseraie - Voir la sélection des restaurants

MONTIGNY-LA-RESLE

⊠ 89230 - Yonne - Carte régionale n° **5**-B1 - Carte Michelin 319-F4

Le Soleil d'Or

CUISINE TRADITIONNELLE • FAMILIAL XX Une chose est sûre, le chef connaît ses gammes : il travaille avec beaucoup de soin et de justesse, modernisant la tradition de fort belle manière. Biscuit de brochet aux écrevisses, sauce au safran de l'Yonne ; feuilleté de ris de veau aux champignons... sans oublier l'incontournable tête de veau ! Quelques chambres aménagées à l'arrière.

Menu 32/59 € - Carte 54/79 €

3 route d'Auxerre - ✆ 03 86 41 81 21 - www.lesoleil-dor.com - Fermé 10-16 août, lundi midi, vendredi, dimanche soir

MONTIGNY-SUR-LOING

⊠ 77690 - Seine-et-Marne - Carte régionale n° **15**-C3 - Carte Michelin 312-F5

Le DIV'20

CUISINE CRÉATIVE • BISTRO X Ce discret bistrot contemporain propose une bonne cuisine inventive, comme le prouve ce suprême de pintade à la crème réglisse et légumes méditerranéens. On fait le plein de goûts et de saveurs, avec d'autant plus de plaisir que le service est efficace et chaleureux.

Menu 19 € (déjeuner), 29/45 € - Carte 35/65 €

20 rue du Loing - ✆ 01 64 45 76 79 - www.restaurantlediv20.fr - Fermé lundi, mardi, dimanche soir

MONTLIVAULT

⊠ 41350 - Loir-et-Cher - Carte régionale n° **8**-B2 - Carte Michelin 318-F6

La Maison d'à Côté (Christophe Hay)

CUISINE MODERNE • TENDANCE XX Dans la vallée de la Loire, entre Blois et Chambord, cette Maison d'à Côté ne manque ni de charme, ni de goût. Le chef Christophe Hay et son épouse Emmanuelle ont créé les conditions d'une expérience unique. Tout y séduit : l'accueil chaleureux - l'équipe de cuisine n'hésite pas à venir en salle pour présenter les plats -, mais aussi et surtout ces assiettes nettes et précises, au plus près du terroir : produits du potager du chef, poissons de la Loire, cerfs et sangliers du domaine de Chambord... On y déguste bœuf wagyu (élevé non loin de là, par Thierry Roussel), caviar de Sologne, anguille grillée... Produits dans l'excellence de leur maturité, jusqu'à la touche sucrée, qui ne vient pas rompre l'équilibre harmonieux du repas ; ainsi ce soufflé à la liqueur de Chambord, framboise et poivre Timut. Une indéniable réussite.

Spécialités : Caviar de Sologne, radis de notre jardin et crème de fane. Carpe de Loire à la "Chambord", truffe d'été, écrevisses et sauce au vin de Cheverny. Soufflé noisette et cèpe, mousseline de cèpe et glace au pralin.

Menu 57 € (déjeuner), 98/139 € - Carte 91/173 €

17 rue de Chambord - ✆ 02 54 20 62 30 - www.lamaisondacote.fr - Fermé 1er-3 janvier, 15 février-11 mars, 25 août-2 septembre, 20-28 octobre, mardi, mercredi

Côté Bistro - Voir la sélection des restaurants

Côté Bistro

CUISINE TRADITIONNELLE • BISTRO X La carte de ce bistrot, composée par Christophe Hay, met en valeur les bons producteurs de la Loire et fait la part belle à la tradition. C'est exécuté simplement, sans chichis : on se régale ! Quant à la décoration, entre esprit loft et industriel, parée de bois et de fer, elle se révèle particulièrement accueillante.

Spécialités : Carpe fumée, pomme de terre, artichaut, oseille. Volaille, courgette, avoine et crème d'ail. Riz au lait croustillant.

Menu 32 €

La Maison d'à Côté, 25 rue de Chambord - ✆ 02 54 33 53 06 - www.lamaisondacote.fr - Fermé 2-20 janvier, 9-16 mars, lundi, dimanche soir

MONT-LOUIS

✉ 66210 – Pyrénées-Orientales – Carte régionale n° **21**–A3 – Carte Michelin 344-D7

à la Llagonne 3 km au Nord par D118

La Table du Capil

CUISINE TRADITIONNELLE · FAMILIAL Aux commandes de cette auberge, Fabrice Dubos, ancien chef de Dutournier, qui a ouvert et tenu pour lui le Pinxo, puis le Mangetout. Il réalise une partition d'aubergiste, sorte de cuisine familiale réinterprétée, à base de produits locaux. Ici, tout est garanti "maison". Chambres agréables pour l'étape.

Menu 19 € (déjeuner)/29 € – Carte 35/50 €

Corrieu, Carrer de la Quillane – ✆ 04 68 04 94 48 – www.hotel-corrieu.fr – Fermé 30 mars-30 avril, 1er-12 juin, 21 septembre-18 décembre, lundi midi

MONTLOUIS-SUR-LOIRE

✉ 37270 – Indre-et-Loire – Carte régionale n° **8**–B2 – Carte Michelin 317-N4

La Cave

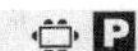

CUISINE MODERNE · RUSTIQUE À la recherche d'un lieu atypique ? Ce restaurant troglodytique, sur les rives de la Loire, est tout indiqué ! En cuisine, le chef signe une cuisine dans l'air du temps qui valorise joliment le terroir. Ses plats sont généreux et goûteux à souhait. Vins du domaine ; ambiance chaleureuse.

Menu 24 € (déjeuner), 33/56 € – Carte 41/57 €

63 quai Albert-Baillet – ✆ 02 47 45 05 05 – www.restaurant-la-cave.com – Fermé 16-29 novembre, mardi soir, mercredi, dimanche soir

Château de la Bourdaisière

HISTORIQUE · HISTORIQUE Ce superbe château des 15e-16e s. porte le cachet de l'histoire – il vit naître Gabrielle d'Estrées, la favorite d'Henri IV – mais il vit surtout au rythme de la nature : son parc de 55 ha est un haut lieu de biodiversité. Le temps passe autrement en ces lieux...

29 chambres – 110/350 € – 16 €

25 rue de la Bourdaisière – ✆ 02 47 45 16 31 – www.labourdaisiere.com – Fermé 3 janvier-15 mars, 17 novembre-25 décembre

MONTLUÇON

✉ 03100 – Allier – Carte régionale n° **1**–B1 – Carte Michelin 326-C4

La Chapelle (N)

CUISINE MODERNE · ÉLÉGANT La table du Château Saint-Jean se distingue d'abord par son cadre exceptionnel, une ancienne chapelle dont la partie supérieure a été habillée d'une cage en cuivre ajouré, qui la recouvre comme un dôme. Un étonnant (et très heureux) mariage des styles et des époques ! Dans l'assiette, même engouement : le chef Olivier Valade montre que son beau parcours (Loiseau, Darroze) ne doit rien au hasard. Sa cuisine, exécutée avec une grande précision, met en valeur de beaux produits de saison, et se révèle pleine de personnalité. Pour le reste, service efficace, rapport qualité-prix réaliste : un sans-faute.

Spécialités : Foie gras poêlé, bouillon aux algues et bonite séchée. Blanc de barbue à la nacre, risotto de laitue et lard de Colonnata. Fraises mara des bois poivrées, champagne rosé et glace verveine.

Menu 90/135 € – Carte 84/137 €

Hôtel Château Saint-Jean, Avenue Henri-de-la-Tourfondue – ✆ 04 70 03 26 57 – www.chateau-saint-jean.com – Fermé 5 janvier-5 mars, lundi, mardi, mercredi midi, jeudi midi, vendredi midi, dimanche soir

Le Bistrot Saint Jean

CUISINE MODERNE • BISTRO Cette table bistrotière, seconde adresse du Château Saint-Jean, ouvre sur une terrasse extérieure ainsi que sur le parc. C'est dans ce cadre fort plaisant que le chef Olivier Valade (qui gère en parallèle de la table gastronomique) propose une cuisine goûteuse, pleine d'entrain, à l'image de ce mi-cuit de rouget grondin mousse de chou-fleur. Excellent rapport/qualité prix. Bingo !

Spécialités : Royale de foie gras, noisettes torréfiées et jambon frit. Minute de truite, compotée de fenouil et émulsion beurre maître d'hôtel. Chariot de pâtisseries.

Menu 33€ - Carte 40/59€

Hôtel Château Saint-Jean, Avenue Henri-de-la-Tourfondue - ✆ 04 70 03 26 57 - www.chateau-saint-jean.com - Fermé 5 janvier-5 mars

Grenier à Sel

CUISINE MODERNE • ÉLÉGANT Au cœur de Montluçon, voilà bien une charmante demeure : murs du 15^{e}s. recouverts de lierre, décor raffiné (parquet, moulures...). Les beaux produits sont travaillés avec soin. L'été, profitez de la terrasse, c'est un petit coin de paradis !

Menu 25/59€ - Carte 26/49€

10 rue Sainte-Anne - ✆ 04 70 05 53 79 - www.legrenierasel.com - Fermé 24 février-11 mars, 4-12 mai, 1er-10 novembre, lundi, samedi midi, dimanche soir

Château Saint-Jean

A quelques pas du centre-ville, dans un secteur résidentiel calme et verdoyant, cet ancien château et sa chapelle du douzième siècle ont retrouvé leur splendeur d'antan. Caractère, style et confort caractérisent ce bel établissement. Agréable espace de détente avec piscine couverte.

15 chambres - 195/310€ - 25€ - 4 suites

Avenue Henri-de-la-Tour-Fondue - ✆ 04 43 01 80 28 - www.chateau-saint-jean.com - Fermé 5 janvier-5 mars

La Chapelle • **Le Bistrot Saint Jean** - Voir la sélection des restaurants

à Néris-les-Bains 8 km au Sud - Est par D2144 - Carte régionale n° **1**-B1

Côté Toqués

CUISINE MODERNE • BAR À VIN Après avoir roulé leur bosse dans le vin (ils tiennent toujours "la Cave des Toqués", juste à côté), les jeunes propriétaires ont ouvert cette épicerie-restaurant synonyme de plaisir : les meilleurs produits locaux sont mis en valeur avec quelques touches inventives, voire fusion, avec en prime de judicieux conseils sur le choix des vins.

Spécialités : Bœuf confit façon gravlax, betterave, raifort et feuilles d'huître potagère. Suprême de pintade, beurre au savagnin, céleri, morilles et amandes. Abricots marinés, crème diplomate au poivre Timut.

Menu 22€ (déjeuner), 33/46€

21 rue Hoche - ✆ 04 70 03 06 97 - Fermé 1er-15 janvier, 1er-15 août, lundi, mardi soir, mercredi soir, jeudi soir, dimanche

à St-Victor 7 km au Nord par D2144

Le Jardin Délice

CUISINE MODERNE • TENDANCE Une belle cuisine du marché, colorée et généreuse, servie dans un décor des plus agréables - une salle avec de grandes baies vitrées et sa terrasse ouvrant sur le jardin -, voilà un délicieux programme ! Le service est sérieux et professionnel, et quelques chambres permettent de faire étape.

Menu 30/59€ - Carte 39/69€

6 route de Paris - ✆ 04 70 28 80 64 - www.jardindelice.fr - Fermé 29 juin-19 juillet, lundi midi, mercredi, dimanche soir

MONTMARAULT

✉ 03390 – Allier – Carte régionale n° **1**-B1 – Carte Michelin 326-E5

Hôtel de France

CUISINE MODERNE • CHIC XX Cet établissement, situé sur la rue principale du village, invite à la pause gourmande. Un jeune chef a repris les rênes d'une adresse connue des habitués. Il compose une partition maîtrisée, volontiers créative, à déguster dans un décor moderne et soigné. Chambres confortables, idéales pour l'étape.

Spécialités : Terrine de lapin au vieux marc de Bourgogne et caviar d'aubergine au cumin. Truite comme un pot au feu. La verrine de saison.

Menu 34/71€ – Carte 36/70€

1 rue Marx-Dormoy – ✆ 04 70 07 60 26 – www.hoteldefrance-montmarault.com – Fermé 3-10 février, 20-27 avril, 16 novembre-8 décembre, lundi, dimanche soir

MONTMÉLARD

✉ 71520 – Saône-et-Loire – Carte régionale n° **5**-C3 – Carte Michelin 320-G12

Le Saint-Cyr

CUISINE TRADITIONNELLE • AUBERGE XX Des plats traditionnels avec une pointe de modernité, voici ce que l'on trouve dans son assiette ici : rumsteck charolais et jus corsé au pinot noir ; ravioles d'escargots de Bourgogne... C'est tout simplement bon, et le tout se déguste avec vue sur la campagne bourdonnaise. Chambres chaleureuses et reposantes.

Menu 19€ (déjeuner), 26/46€ – Carte 30/45€

Le Bourg – ✆ 03 85 50 20 76 – www.lesaintcyr.fr – Fermé 2-8 janvier, 17 février-4 mars, lundi midi, mardi midi

MONTMERLE-SUR-SAÔNE

✉ 01090 – Ain – Carte régionale n° **3**-E1 – Carte Michelin 328-B4

Émile Job

CUISINE CLASSIQUE • TRADITIONNEL XXX Il y a fort à parier que vous apprécierez les grands classiques qui valorisent le terroir : grenouilles, poissons de lac, poulette de Bresse, etc. Le tout à savourer dans un agréable cadre bourgeois. Aux beaux jours, on s'installe sur la terrasse qui donne sur la Saône.

Menu 30/60€ – Carte 35/70€

12 rue du Pont – ✆ 04 74 69 33 92 – www.hotelemilejob.com – Fermé lundi, mardi midi, dimanche soir

MONTMORENCY – Val-d'Oise (95) → Voir Autour de Paris

MONTMORILLON

✉ 86500 – Vienne – Carte régionale n° **20**-D2 – Carte Michelin 322-L6

Le Lucullus

CUISINE MODERNE • CONTEMPORAIN XX On s'installe dans un cadre moderne pour profiter d'une cuisine qui mise sur les produits locaux. Et aux beaux jours, c'est installé sur la terrasse au calme dans le patio que l'on songe à Lucullus, ce général romain du 1er s. av. J. -C., passé à la postérité en raison du faste de sa table. Chambres pour l'étape.

Menu 30/65€

4 boulevard de Strasbourg – ✆ 05 49 84 09 09 – www.hoteldefrance-lelucullus.fr – Fermé 21 octobre-3 novembre, lundi, mardi, dimanche soir

Bistro de Lucullus

CUISINE TRADITIONNELLE • SIMPLE X Ce bistrot, installé au sein de l'Hôtel de France, est fréquenté par une clientèle d'habitués (ce qui est toujours bon signe), qui apprécie le menu du jour, la cuisine bien tournée et l'atmosphère conviviale.

Menu 14€ – Carte 35/45€

4 boulevard de Strasbourg – ✆ 05 49 84 09 09 – www.hoteldefrance-lelucullus.fr – Fermé vendredi soir, samedi, dimanche midi

MONTNER

✉ 66720 – Pyrénées-Orientales – Carte régionale n° **21**-B3 – Carte Michelin 344-H6

✿ Auberge du Cellier (Pierre-Louis Marin)

CUISINE MODERNE • AUBERGE XX Il était une fois un petit village du Roussillon, paisible et reculé... Dans cette charmante maison locale, Pierre-Louis Marin – un enfant du pays revenu aux sources – s'approvisionne surtout chez les petits producteurs locaux et concocte une cuisine délicate, sincère et riche en saveurs, à l'instar du poisson sauvage du moment, chakchouka au safran, romesco, citron confit au sel. On s'installe dans la salle, ou, au beaux jours, sur la terrasse ombragée abritée du vent, avec vue sur la campagne. Quant aux chambres, elles sont simples mais agréables. Menu truffes en été. On passe un agréable moment.

Spécialités : Tête d'ail frais rôtie, fleur de sel et huile d'olive. Foie gras poêlé et homard, oignon nouveau à la plancha et purée de pomme de terre. Soufflé "brûlant-glacé" aux fruits de saison.

Menu 21€ (déjeuner), 38/75€ – Carte 65/83€

1 rue de Sainte-Eugénie – ✆ 04 68 29 09 78 – www.aubergeducellier.com – Fermé 2-11 mars, 22 juin-1er juillet, 19 octobre-5 novembre, mardi, mercredi

MmeEmil/iStock

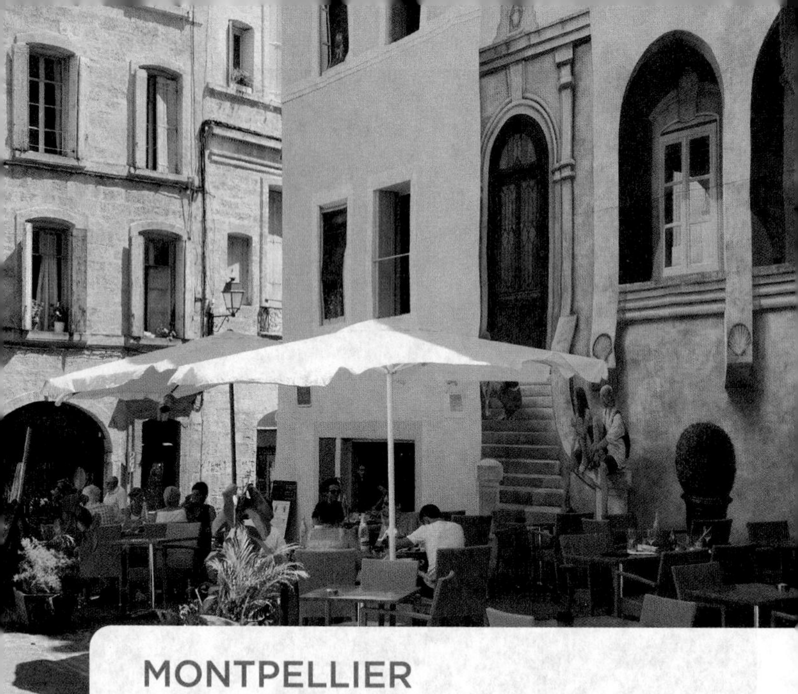

MONTPELLIER

✉ 34000 – Hérault – Carte régionale n° **21**–C2 – Carte Michelin 339-I7

On aime...

Effervescente, plurielle, audacieuse : ainsi se présente Montpellier à ses visiteurs toujours plus nombreux ! La ville joue à fond la carte de la culture pluridisciplinaire et des festivals à foison. Sa gastronomie lui ressemble, à la fois ancrée dans la tradition languedocienne et ouverte aux influences. Elle bichonne ses marchés, traditionnel, bio ou paysan, et ses quatre halles. Quand vient la saison, c'est par cageots entiers que vous pouvez acheter abricots rouges et pêches, ou des pommes reinettes du Vigan ! Pour l'apéro, privilégiez la Lucques, l'une des meilleures olives de table. On trouve aussi sur les étals des fromages comme le pélardon des Cévennes, le roquefort aveyronnais ou encore la fourme d'Aubrac. Enfin, le niveau des meilleurs vignerons de la région tutoie désormais l'excellence. Plurielle, on vous le disait !

B. Rieger/hemis.fr

Restaurants

La Réserve Rimbaud (Charles Fontes)

CUISINE MODERNE • ÉLÉGANT XXX "Montpellier la surdouée", comme elle s'est elle-même baptisée, a caché ce restaurant étoilé – le seul – sur les bords du Lez. Un peu à l'écart certes, mais bénéficiant d'un parking privé inestimable dans cette ville ! Cette réserve-là, une vieille maison de famille, recèle aussi des trésors de fraîcheur avec sa belle terrasse ombragée de platanes. Ancien second d'Alain Dutournier au Carré des Feuillants, Charles Fontès signe des compositions judicieuses, centrées sur le produit, pleines de fraîcheur et gorgées de soleil ! Dorade sauvage, poulpe et rouget de roche, anguille de Camargue et olives lucques en amuse-bouche : c'est toute l'Occitanie qui s'invite sur la nappe en coton blanc.

Spécialités : Cuisine du marché.

Menu 40 € (déjeuner)/95 € – Carte 89/95 €

Plan C1-w – *820 avenue de St-Maur – ✆ 04 67 72 52 53 – www.reserve-rimbaud.com – Fermé lundi, samedi midi, dimanche soir*

Anga

CUISINE MODERNE • ÉPURÉ X Anga signifie vapeur en suédois. Ici, on cuisine au four vapeur à haute pression (un poisson est cuit en 2 secondes !) et l'effet est époustouflant : les aliments conservent leurs valeurs nutritives, leurs goûts et textures. Que ceux qui préfèrent un carré d'agneau au four se rassurent : chez Anga, on est aussi très ouvert... à la tradition !

Spécialités : Chou-fleur, fois gras et sureau. Bœuf, citron vert et noisettes. Crémeux yuzu, sablé breton, meringue verveine.

Menu 23 € (déjeuner), 33/45 €

Plan E2-m – *19 rue du Palais-des-Guilhem – ✆ 04 67 60 61 65 – Fermé lundi, mardi midi, samedi, dimanche*

L'Artichaut

CUISINE MODERNE • CONVIVIAL X Emmené par un chef à la passion communicative, voici le temple de la cuisine de saison. Les recettes du marché s'y déclinent sous forme d'un menu-carte renouvelé régulièrement. Produits frais, préparations maison, vins régionaux : un restaurant qui fera fondre les cœurs... d'Artichaut.

Spécialités : Œuf 63,7°C, langoustines rôties et petits pois. Épaule d'agneau confite, carottes, boulgour aux raisins secs. Tarte crémeuse chocolat-tonka.

Menu 26 € (déjeuner), 33/45 €

Plan E2-n – *15 bis rue St-Firmin – ✆ 04 67 67 91 86 – www.artichaut-restaurant.com – Fermé 2-8 janvier, 9-31 août, lundi, dimanche*

Le Bistro Urbain

CUISINE MODERNE • BISTRO X À la barre de ce bistrot du cœur de Montpellier, on trouve Cédric Sangenito, chef au parcours sans accroc – Lasserre à Paris, Cala Rossa à Porto Vecchio, ou encore le Chapeau Rouge à Dijon... Sa cuisine, moderne et un brin inventive, met en valeur de bons produits frais ; la carte est renouvelée toutes les semaines. Pour le reste, prix d'ami et accueil bienveillant : un sans-faute.

Spécialités : Œuf mollet, gaspacho de betterave au gingembre. Dorade, coques et écume de câpres. Baba au rhum, crème fouettée.

Menu 25 € (déjeuner), 33/47 €

Plan F2-a – *15 boulevard Ledru-Rollin – ✆ 09 83 22 42 61 – www.bistrourbain.com – Fermé lundi, dimanche*

La Diligence

CUISINE MODERNE • HISTORIQUE XX Dans le centre historique, cette table est installée dans une ancienne teinturerie classée, qui a conservé son enchaînement de quatre salles voûtées datant du... 14e s. ! Côté cuisine, on revisite la tradition avec générosité : le plaisir est au rendez-vous.

Menu 40 € (déjeuner), 55/90 € – Carte 70 €

Plan E2-b – *2 place Pétrarque – ✆ 04 67 66 12 21 – www.la-diligence.com – Fermé 1er-8 juillet, lundi, samedi midi, dimanche*

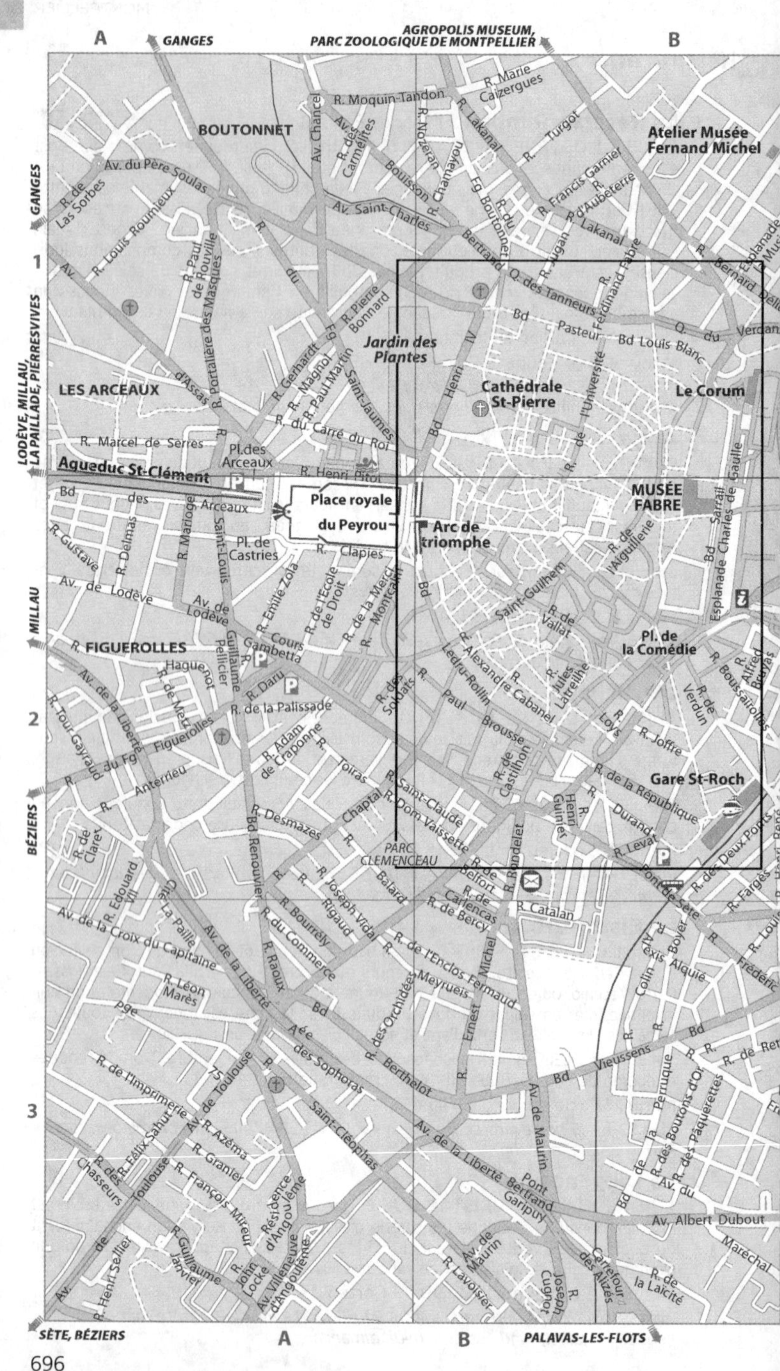

A
GANGES
AGROPOLIS MUSEUM, PARC ZOOLOGIQUE DE MONTPELLIER
B
GANGES
LODÈVE, MILLAU, LA PAILLADE, PIERRESVIVES
MILLAU
BÉZIERS
SÈTE, BÉZIERS
PALAVAS-LES-FLOTS
1
2
3
BOUTONNET
Atelier Musée Fernand Michel
LES ARCEAUX
Jardin des Plantes
Cathédrale St-Pierre
Le Corum
Aqueduc St-Clément
Place royale du Peyrou
Arc de triomphe
MUSÉE FABRE
Pl. de la Comédie
FIGUEROLLES
Gare St-Roch
PARC CLEMENCEAU
R. Moquin-Tandon
R. Marie Caizergues
Av. du Père Soulas
R. de Las Sorbes
R. Louis Roumieux
R. Paul de Rouville
R. Portalière des Masques
Av. Chancel
Av. Bouisson Bertrand
R. des Carmélites
R. Nozeran
R. Chamayou
R. Lakanal
R. Turgot
R. Francis Garnier
R. d'Aubeterre
Av. Saint-Charles
Fg Boutonnet
R. du Fg Boutonnet
R. Jugan
R. Ferdinand Fabre
R. Bernard Délicieux
Esplanade
Q. des Tanneurs
Bd Pasteur
Bd Louis Blanc
Q. du Verdanson
Av. d'Assas
R. Pierre Bonnard
R. du Fg Saint-Jaumes
R. Gerhardt
R. Magnol
R. Paul Martin
R. du Carré du Roi
Bd Henri IV
R. de l'Université
R. Marcel de Serres
Pl. des Arceaux
R. Henri Pitot
Bd des Arceaux
R. Mariotte
R. Saint-Louis
Pl. de Castries
R. Clapiès
R. Gustave
R. Delmas
Av. de Lodève
R. Émile Zola
R. de l'École de Droit
R. de la Merci
R. Montcalm
Bd Sarrail
Esplanade Charles de Gaulle
R. de l'Aiguillerie
Bd Ledru-Rollin
R. Saint-Guilhem
R. de Vallat
R. Alexandre Cabanel
R. Jules Latreilhe
R. Guillaume Pellicier
Cours Gambetta
R. Haguenot
R. de Metz
R. Daru
R. de la Palissade
R. des Soldats
R. Paul Brousse
R. Loys
R. Joffre
R. de Verdun
R. Boussairolles
R. Alfred Bruyas
Av. de la Liberté
R. Tour Gayraud
R. du Fg Figuerolles
R. Anterrieu
R. Adam de Craponne
R. Toiras
R. Saint-Claude
R. Dom-Vaissette
R. de Castilhon
R. Henri Guinier
R. de la République
R. Durand
R. Levat
R. de Claret
R. Desmazes
Bd Renouvier
R. Chaptal
R. Balard
R. Joseph Vidal
R. Rigaud
R. Bourrély
R. du Commerce
R. de Belfort
R. de Carlencas
R. de Bercy
R. Rondelet
R. Catalan
Pont de Sète
R. des Deux Ponts
R. Fargès
R. Louis
R. Frédéric
R. Edouard VII
Cité La Paille
Av. de la Croix du Capitaine
R. Léon Marès
R. Raoux
R. de l'Enclos Fermaud
R. Meyrueis
R. Ernest Michel
R. des Orchidées
R. Alexis Alquié
R. Colin
R. Boyer
Bd Berthelot
Allée des Sophoras
Bd Vieussens
R. de l'Imprimerie
Av. de Toulouse
R. Azéma
R. Félix Sahut
R. Granier
R. François Mireur
R. des Chasseurs
R. Saint-Cléophas
Av. de la Liberté
Av. de Maurin
Pont Bertrand Garipuy
Bd de la Perruque
R. des Boutons d'Or
R. des Pâquerettes
Av. du
Av. Albert Dubout
Maréchal
Résidence d'Angoulême
Av. Villeneuve d'Angoulême
R. Guillaume Janvier
R. John Locke
Av. Henri Sellier
R. Lavoisier
Av. de Maurin
R. Joseph Cugnot
Carrefour des Alizés
R. de la Laïcité

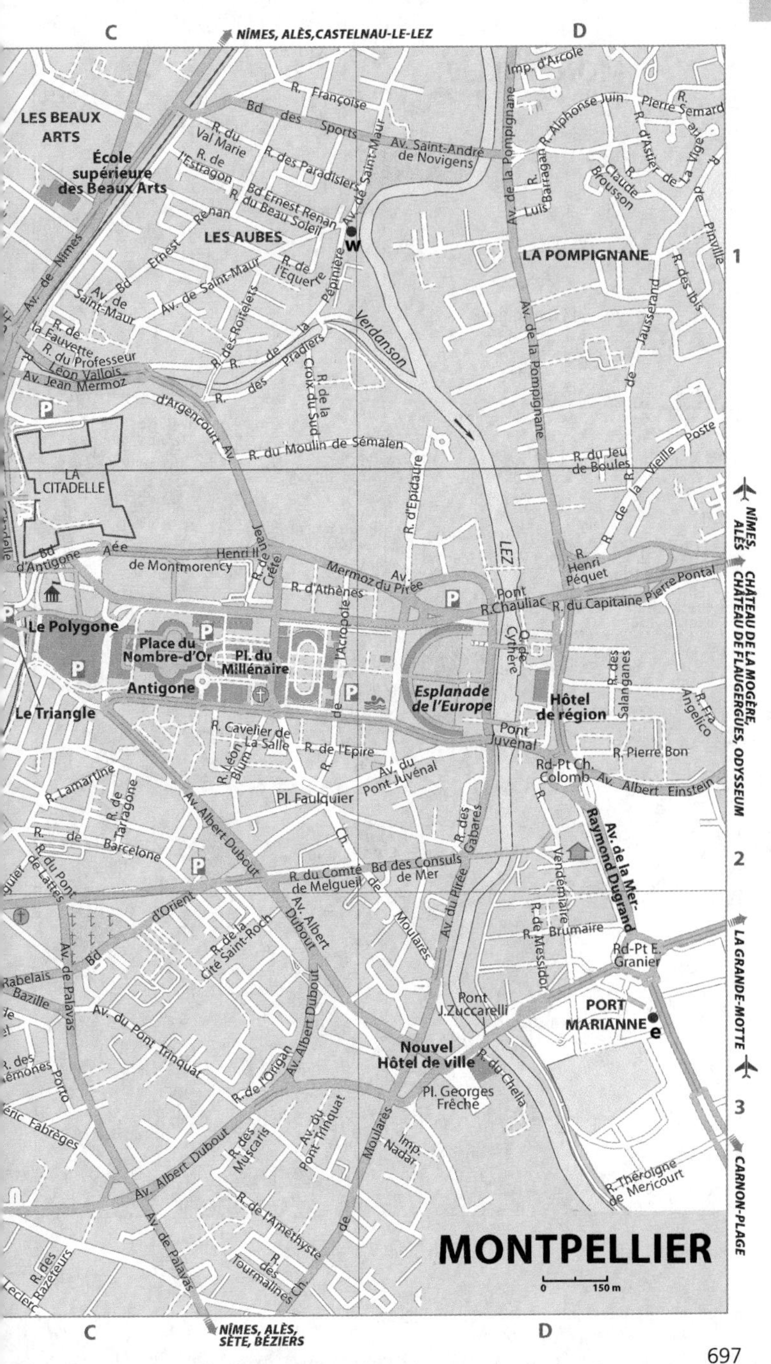
MONTPELLIER
NÎMES, ALÈS, CASTELNAU-LE-LEZ
NÎMES, ALÈS, SÈTE, BÉZIERS
NÎMES, ALÈS
CHÂTEAU DE LA MOGÈRE, CHÂTEAU DE FLAUGERGUES, ODYSSEUM
LA GRANDE-MOTTE
CARNON-PLAGE
LES BEAUX ARTS
École supérieure des Beaux Arts
LES AUBES
LA POMPIGNANE
LA CITADELLE
Le Polygone
Place du Nombre-d'Or
Pl. du Millénaire
Antigone
Le Triangle
Esplanade de l'Europe
Hôtel de région
Nouvel Hôtel de ville
PORT MARIANNE
Verdanson
LEZ
0 150 m

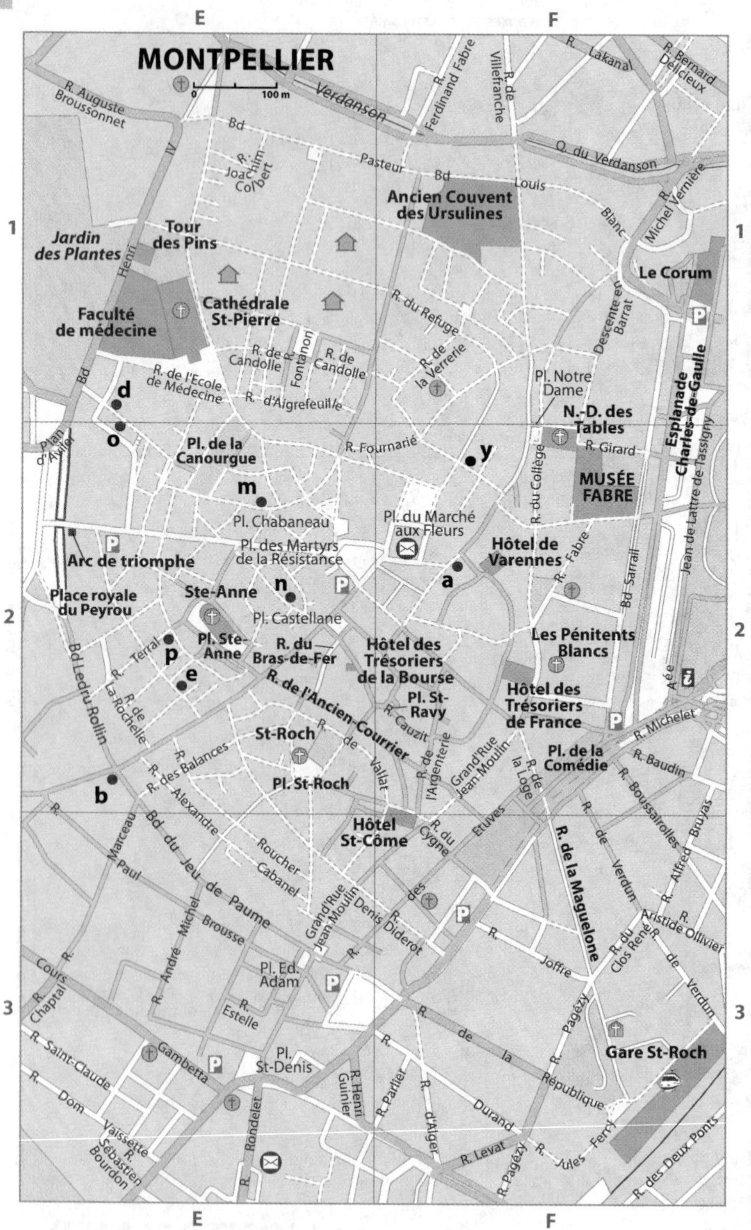
MONTPELLIER
0
100 m
E
F
1
2
3
Verdanson
R. Auguste Broussonnet
R. Lakanal
R. Bernard Délicieux
R. Ferdinand Fabre
R. de Villefranche
Q. du Verdanson
Bd Pasteur
Bd Louis Blanc
R. Michel Vernière
R. Joachim Colbert
Ancien Couvent des Ursulines
Jardin des Plantes
Tour des Pins
Le Corum
Bd Henri IV
Faculté de médecine
Cathédrale St-Pierre
R. du Refuge
Descente en Barrat
R. de la Verrerie
R. de Candolle
R. Fontanon
R. de l'Ecole de Médecine
R. d'Aigrefeuille
Pl. Notre Dame
N.-D. des Tables
Esplanade Charles-de-Gaulle
Plan d'Aviler
Pl. de la Canourgue
R. Fournarié
R. Girard
MUSÉE FABRE
R. du Collège
Pl. Chabaneau
Pl. du Marché aux Fleurs
Pl. des Martyrs de la Résistance
Arc de triomphe
Hôtel de Varennes
R. Fabre
Bd Sarrail
Jean de Lattre de Tassigny
Place royale du Peyrou
Ste-Anne
Pl. Castellane
Pl. Ste-Anne
R. du Bras-de-Fer
Hôtel des Trésoriers de la Bourse
Les Pénitents Blancs
R. Terral
R. de l'Ancien-Courrier
Pl. St-Ravy
R. Cauzit
Hôtel des Trésoriers de France
R. de La Rochelle
Bd Ledru Rollin
St-Roch
R. de Vallat
R. de l'Argenterie
Grand'Rue Jean Moulin
R. de la Loge
Pl. de la Comédie
R. Michelet
R. Baudin
R. des Balances
R. Alexandre
Pl. St-Roch
R. Boussairolles
Hôtel St-Côme
R. du Cygne
R. des Étuves
R. de Verdun
R. Alfred Bruyas
R. Marceau
R. Paul
Bd du Jeu de Paume
R. Roucher
R. Cabanel
R. de la Maguelone
R. Denis Diderot
R. Aristide Ollivier
R. André Michel
R. Brousse
R. du Clos René
R. Joffre
Cours
R. Chaptal
Pl. Ed. Adam
R. Estelle
R. Pagézy
R. de la République
Gare St-Roch
R. Saint-Claude
Gambetta
Pl. St-Denis
R. Henri Guinier
R. Parlier
R. d'Alger
R. Durand
R. Dom Vaissette
R. Sébastien Bourdon
R. Rondelet
R. Levat
R. Jules Ferry
R. des Deux Ponts
a
b
d
e
m
n
o
p
y

Pastis

CUISINE MODERNE • INTIME XX On se faufile dans l'étroite rue Terral pour découvrir ce restaurant confortable et joliment décoré. Vous allez être conquis par le menu "surprise", qui varie au gré de l'inspiration du chef et des bons produits qu'il déniche chez les producteurs des environs. Jolie terrasse au pied de l'église.

Menu 38/56 €

Plan E2-p - *3 rue Terral - ☎ 04 67 66 37 26 - www.pastis-restaurant.com - Fermé 17 août-6 septembre, lundi, dimanche*

Le Petit Jardin

CUISINE MODERNE • CLASSIQUE XX Qu'il est doux de venir s'attabler dans ce restaurant prisé des Montpelliérains ! On y profite de petits plats joliment tournés, qui évoluent au fil des saisons. On se régale des classiques de la maison : sole meunière, soufflé au Grand Marnier, ris de veau au sautoir...

Menu 41/57 € - Carte 48/84 €

Plan E1-d - *20 rue Jean-Jacques-Rousseau - ☎ 04 67 60 78 78 - www.petit-jardin.com - Fermé 22 décembre-8 janvier*

Reflet d'Obione N

CUISINE MODERNE • COSY XX Un jeune chef trentenaire, sensible à l'environnement, qui cuisine sans gluten (sans le crier sur les toits, en dépit de la mode) et essaie de réduire les graisses et le sucre... forcément, ça intrigue les papilles. Dans l'assiette, le bonheur : une cuisine précise et des saveurs éclatantes (ah, le merlu de ligne, brocoli tendre, champignon, beurre noisette citronné...). Menu végétarien et vegan. Une bien belle découverte.

Menu 31 € (déjeuner), 43/70 €

Plan E2-o - *29 rue Jean-Jacques Rousseau - ☎ 04 99 61 09 17 - www.reflet-obione.com - Fermé lundi, mardi midi, samedi midi, dimanche*

Terminal #1

CUISINE MODERNE • BRANCHÉ X Les frères Pourcel ont réhabilité cet ancien chai, dont la vaste salle à manger mêle joliment pierre, acier et bois, dans un esprit d'atelier chic. La carte met en avant les produits locaux et s'autorise quelques touches exotiques : ravioles de confit de lapin au foie gras, homard bleu au barbecue et sauce vierge marinée...

Menu 39 € (déjeuner), 49/89 € - Carte 55/112 €

Hors plan - *1408 avenue de la Mer - ☎ 04 99 58 38 38 - www.terminalpourcel.com - Fermé 25 juillet-18 août, lundi, dimanche*

La Factory

CUISINE MODERNE • BRANCHÉ X Comme son nom l'indique, cette Factory arbore un look... industriel ! Côté assiette, on retrouve une bonne cuisine dans l'air du temps, entre touches lyonnaises et bourguignonnes - quenelles de Lyon, notamment - avec une belle sélection de vins de Bourgogne et de la vallée du Rhône.

Carte 25/35 €

Plan D3-e - *598 avenue Raymond-Dugrand (Port Marianne) - ☎ 04 67 20 20 60 - www.lafactory-restaurant.fr - Fermé 23 décembre-4 janvier, dimanche*

Leclere

CUISINE MODERNE • INTIME X "Une cuisine d'arrivage" : c'est en ces termes que le jeune chef talentueux qualifie sa façon de mettre en valeur les produits, en privilégiant fraîcheur et circuits courts (poissons venus de Sète, framboises de Dordogne). L'endroit ne désemplit pas et c'est amplement mérité.

Menu 30 € (déjeuner), 40/50 €

Plan E2-e - *41 rue de la Valfère - ☎ 04 67 56 90 23 - www.restaurantleclere.com - Fermé 9-24 février, 2-10 août, 18-26 octobre, lundi, mardi midi, mercredi midi, dimanche*

Hôtels

Baudon de Mauny

HISTORIQUE • PERSONNALISÉ Beautés d'hier et d'aujourd'hui... Dallage ancien, portes sculptées, hauts plafonds, mais aussi mobilier design et aménagement très contemporain : au cœur de la ville, cet hôtel particulier du 18e s. arbore une mine superbe.

9 chambres – 155/385 € – 19 €

Plan F2-y – *1 rue de la Carbonnerie – 04 67 02 21 77 – www.baudondemauny.com – Fermé 7-29 février*

à Castelnau-le-Lez 7 km au Nord par D66 et D613 – Carte régionale n° **21**-C2

Domaine de Verchant

CUISINE MODERNE • ÉLÉGANT XX Un lieu contemporain pour une cuisine dans l'air du temps et de bons produits. On sert les vins du domaine, à déguster près de la verrière avec vue sur le jardin. Accueil aimable.

Menu 65/98 € – Carte 78/93 €

Hors plan – *1 boulevard Philippe-Lamour – 04 67 07 26 00 – www.domainedeverchant.com – Fermé mardi, mercredi*

Domaine de Verchant

LUXE • CONTEMPORAIN Une allée de platanes mène à cette belle propriété viticole du 16e s. cernée par les vignes... Les chambres sont superbes (design italien, équipements high-tech, charpente et vieilles pierres), le spa exquis, et la piscine à débordement ne connaît d'autre horizon que la mer de vignes.

26 chambres – 210/420 € – 28 € – 5 suites

Hors plan – *1 boulevard Philippe-Lamour – 04 67 07 26 00 – www.domainedeverchant.com*

Domaine de Verchant – Voir la sélection des restaurants

à Castries 8 km au Nord par D66 et D613 – Carte régionale n° **21**-C2

Disini

CUISINE MODERNE • CONVIVIAL XX Au sein d'un imposant hôtel niché au milieu des chênes, cette table fait forte impression. Dans une grande salle à manger lumineuse, ou sur la terrasse à l'abri des frondaisons, on déguste la cuisine d'une jeune chef talentueuse : des assiettes colorées, "architecturées" avec précision, mais surtout pleines de saveurs et de parfums... Accueil aimable et professionnel.

Spécialités : Tomate en variation, émulsion mozzarella di bufala et népita. Agneau confit, aubergine, ratatouille et semoule d'orge. La mûre et la figue, crème glacée aux feuilles de figuier.

Menu 24 € (déjeuner), 29/69 € – Carte 34/60 €

Hors plan – *1 rue des Carrières – 04 67 41 97 86 – www.disini-hotel.com*

à Lattes 5 km Sud par D986

Le Mazerand

CUISINE CLASSIQUE • ÉLÉGANT XXX Cette propriété, dont l'origine remonte au 17e s., marie avantageusement vieilles pierres et décor moderne. On y déguste une cuisine régionale goûteuse, comme cet émincé de foie gras de canard, ou encore ce filet de bœuf de l'Aubrac préparé dans un esprit de tournedos Rossini...

Menu 31/68 € – Carte 46/86 €

Hors plan – *Chemin du Mas de Causse – 04 67 64 82 10 – www.le-mazerand.com – Fermé 8-24 février, 22-31 août, 26-30 décembre, lundi, samedi midi, dimanche soir*

à Lavérune 9,8 km au Sud-Ouest par Avenue de Toulouse D132 -

Carte régionale n° **21**-C2

Domaine de Biar

MAISON DE MAÎTRE • ÉCO-RESPONSABLE Cette très belle bâtisse de maître datant de la fin du dix-huitième siècle a été entièrement rénovée dans une optique éco-responsable : recyclage des eaux usées pour l'arrosage du potager en permaculture, chauffage et refroidissement par pompe à chaleur, eau filtrée et réduction des emballages plastiques, etc. Ici, on se reconnecte avec la nature, notamment au travers de la "médiation équine". Chambres confortables, matériaux de qualité, joli parc et superbe piscine extérieure. La pleine campagne, non loin de Montpellier.

5 chambres - 160/410 € - 20 € Tablet.PLUS

Hors plan - *Chemin de Biar - 04 67 65 70 06 - www.domainedebiar.com*

à St-Gély-du-Fesc 13 km au Nord - Ouest par D986

Le Clos des Oliviers

CUISINE MODERNE • CLASSIQUE XX Du goût, de la simplicité, des produits de qualité bien travaillés : on apprécie ici une bonne cuisine, sans complications inutiles, et on se fait plaisir ! À noter : la carte des vins est réalisée avec le caviste voisin. L'été, on profite de la terrasse à l'ombre des canisses.

Menu 25 € (déjeuner), 39/69 € - Carte 45/60 €

Hors plan - *53 rue de l'Aven - 04 67 84 36 36 - www.clos-des-oliviers.com - Fermé lundi, dimanche soir*

MONTRABÉ - Haute-Garonne (31) → Voir Toulouse

MONTREUIL - Seine-Saint-Denis (93) → Voir Autour de Paris

MONTREUIL

62170 - Pas-de-Calais - Carte régionale n° **13**-A2 - Carte Michelin 301-D5

Château de Montreuil

CUISINE CLASSIQUE • ÉLÉGANT XXX On sert ici une cuisine de saison, qui navigue entre classicisme et touches plus actuelles, dans une salle à manger confortable, au décor feutré.

Menu 37 € (déjeuner), 78/100 €

4 chaussée des Capucins - 03 21 81 53 04 - www.chateaudemontreuil.com - Fermé 19 décembre-1er mars, lundi, mardi midi, jeudi midi

Anecdote

CUISINE TRADITIONNELLE • BISTRO X Alexandre Gauthier, chef de la Grenouillère, revient ici aux fondamentaux : bouillon de crevettes grises, entrecôte béarnaise, crêpes Suzette, tarte Tatin... avec même certains plats en hommage à son père. Bons produits, belles présentations, saveurs et générosité : une table loin d'être anecdotique.

Menu 24 € (déjeuner) - Carte 40/65 €

1 rue des Juifs (pl. de l'Église) - 03 21 86 65 80 - www.anecdote-restaurant.com - Fermé 5-20 janvier, lundi, dimanche

Château de Montreuil

LUXE • PERSONNALISÉ Dans la partie haute de la ville, une grande et élégante demeure toute blanche (années 1920) dans un jardin clos, à l'abri des remparts... et du monde extérieur. Beaucoup de calme et de raffinement en ces lieux, dans une veine "so British".

9 chambres - 150/265 € - 19 € - 1 suite

chaussée des Capucins - 03 21 81 53 04 - www.chateaudemontreuil.com - Fermé 19 décembre-1er mars

Château de Montreuil - Voir la sélection des restaurants

à Attin 4 km au Nord-Ouest par N39

Au Bon Accueil

CUISINE TRADITIONNELLE • BISTRO X On ne compte plus ces anciennes auberges auxquelles de jeunes associés offrent une seconde jeunesse… Ici encore, le pari est gagnant ! Dans un intérieur de bistrot contemporain, on savoure une bonne cuisine faite maison, qui célèbre les produits du marché. Le tout à prix doux : que demander de plus ?

Menu 25/38 €

52 Route Nationale 39 – ✆ 03 21 06 93 55 – www.au-bon-accueil-attin.fr – Fermé 17-27 février, 2-22 juin, 16-26 novembre, lundi, mercredi soir, dimanche soir

à La Madelaine-sous-Montreuil 3 km à l'Ouest par D139 et route secondaire – Carte régionale n° **13**–A2

La Grenouillère (Alexandre Gauthier)

CUISINE MODERNE • DESIGN XXX Rares sont les chefs qui démontrent une personnalité culinaire aussi affirmée que le chef de la Madelaine-sous-Montreuil, dans le Pas-de-Calais. L'histoire se déroule sous deux chapiteaux métalliques aux lignes épurées (signés de l'architecte Patrick Bouchain), qui couronnent une salle ouverte sur la nature et les fourneaux. C'est en ce laboratoire qu'Alexandre Gauthier propose une "cuisine contemporaine de racine française, libérée de ses certitudes et de ses a priori". Véritable alchimiste, il asticote les saveurs au gré d'assiettes tranchantes, autant d'instantanés de créativité, où le produit chante les louanges des saisons. Une cuisine d'art et d'essai ébouriffante.

Spécialités : Grenouilles grillées. Pigeon au blé vert. Bulle du marais.

Menu 105 € (déjeuner), 120/155 € – Carte 80/105 €

19 rue de la Grenouillère – ✆ 03 21 06 07 22 – www.lagrenouillere.fr – Fermé 6-23 janvier, 24-27 juin, 23 septembre-3 octobre, lundi midi, mardi, mercredi midi, jeudi midi

La Grenouillère

AUBERGE • DESIGN De l'hôtel-restaurant familial – une ancienne ferme picarde dans les champs –, Alexandre Gauthier a fait… un lieu d'avant-garde. À l'image de sa cuisine tout en recherches, les chambres jouent une carte très contemporaine, notamment les "huttes" créées dans le jardin par l'architecte Patrick Bouchain, au luxe sauvage !

12 chambres – 140/390 € – 23 € – 3 suites

19 rue de la Grenouillère – ✆ 03 21 06 07 22 – www.lagrenouillere.fr – Fermé 6-23 janvier, 24-27 juin, 23 septembre-3 octobre

La Grenouillère – Voir la sélection des restaurants

au Moulinel 8 km à l'Ouest par D139

Auberge du Moulinel

CUISINE TRADITIONNELLE • AUBERGE XX Un petit air de campagne chic, non loin du Touquet. Soufflé au Grand Marnier, salade de homard… Le chef réalise une alléchante cuisine traditionnelle. Tout est fait maison, y compris le pain et les glaces !

Menu 32/68 € – Carte 41/56 €

116 chaussée de l'Avant-Pays – ✆ 03 21 94 79 03 – www.aubergedumoulinel.com – Fermé 20 janvier-5 février, lundi, mardi, dimanche soir

MONTRICHARD

✉ 41400 – Loir-et-Cher – Carte régionale n° **8**–A1 – Carte Michelin 318-E7

à Chissay-en-Touraine 4 km à l'Ouest par D176

Château de Chissay

DEMEURE HISTORIQUE • PERSONNALISÉ Louis XI, le général de Gaulle : ce château du 15^{e}s. a accueilli d'illustres personnages ! Chambres classiques ; la troglodytique et le duplex du donjon ne manquent pas d'originalité... Au restaurant : voûtes, boiseries, mobilier Louis XIII et... cuisine actuelle.

32 chambres - 130/299 € - 19 € - 2 suites

Château de Chissay - ✆ 02 54 32 32 01 - www.chateaudechissay.com - Fermé 3 novembre-3 avril

MONTRICOUX

✉ 82800 - Tarn-et-Garonne - Carte régionale n° **22**-C2 - Carte Michelin 337-F7

Les Gorges de l'Aveyron

CUISINE MODERNE • CONVIVIAL XXX Au cœur d'un parc verdoyant baigné par l'Aveyron, cette villa cossue est une véritable invitation à savourer une cuisine de saison agréable et bien ficelée. La grande terrasse se révèle incontournable aux beaux jours.

Menu 36/75 €

169 route des Gorges-de-l'Aveyron - ✆ 05 63 24 50 50 - www.lesgorgesaveyron.com - Fermé 6-31 janvier, lundi, mardi

Le Délice des Papilles

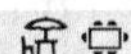

CUISINE TRADITIONNELLE • CONTEMPORAIN X Ici, on se délecte d'une bonne cuisine traditionnelle, à l'instar de ce ballotin de pigeon, farci au foie gras et truffe d'été, ou du carpaccio de langoustines. Six chambres à l'étage, et grande terrasse. Pour l'anecdote, on tourna ici quelques scènes du Vieux Fusil, avec Romy Schneider.

Menu 17 € (déjeuner), 28/60 € - Carte 35/45 €

442 route des gorges de l'Aveyron - ✆ 05 63 20 30 26 - www.ledelicesdespapilles.fr - Fermé 15 février-1er mars, 21-30 juin, 8-24 novembre, lundi, mardi, dimanche soir

MONTS

✉ 37260 - Indre-et-Loire - Carte régionale n° **8**-B2 - Carte Michelin 317-M5

Au Carrousel des Saveurs

CUISINE TRADITIONNELLE • FAMILIAL X Le jeune chef, après un parcours dans de belles maisons, a posé ses valises dans cette petite auberge familiale des bords de l'Indre pour en faire... un carrousel de saveurs. Au coin de la cheminée, on profite d'une cuisine très honnête, basée sur des produits de qualité.

Menu 26/49 €

2 rue Jean-Colin - ✆ 02 47 26 76 86 - www.aucarrouseldessaveurs.fr - Fermé 2-24 janvier, 4-20 juillet, lundi, dimanche soir

MOOSCH

✉ 68690 - Haut-Rhin - Carte régionale n° **10**-A3 - Carte Michelin 315-G9

Aux Trois Rois

CUISINE TRADITIONNELLE • CLASSIQUE XX Pâté en croûte, tête de veau... Ici, les éternels bistrotiers sont rois, mais ils partagent volontiers leur couronne avec les produits de la mer. À l'ardoise, des propositions sans cesse renouvelées et des vins qui sont de vraies petites trouvailles : un royaume du goût, de la qualité et de la convivialité !

Menu 17 € (déjeuner)/38 €

35 rue du Général-de-Gaulle - ✆ 03 89 82 34 66 - www.aux-trois-rois.com - Fermé 1er-7 janvier, lundi, mardi

MORBECQUE

✉ 59190 - Nord - Carte régionale n° **13**-B2 - Carte Michelin 302-D3

Au Cœur d'Artichaut

CUISINE MODERNE · ÉLÉGANT XX Ce restaurant contemporain, tenu avec dynamisme par un jeune couple originaire du village, propose une cuisine dans l'air du temps, attentive aux produits et aux saisons. Service attentionné, et belle salle à manger sous véranda.

Menu 19/40 € - Carte 34/51 €

8 avenue des Flandres - ✆ 03 28 48 09 21 - www.aucoeurdartichaut.fr - Fermé 17-27 février, 3-27 août, lundi soir, mercredi, dimanche soir

MOREY-ST-DENIS

✉ 21220 - Côte-d'Or - Carte régionale n° **5**-D1 - Carte Michelin 320-J6

Castel de Très Girard

CUISINE TRADITIONNELLE · CONTEMPORAIN XX Dans cet ancien pressoir, où règne une douce atmosphère contemporaine, le chef réalise une cuisine franche, de produit, et n'hésite pas à proposer de grosses pièces (pintade de la ferme de la Ruchotte rôtie, côte de bœuf de Galice, maturée 50 jours) qu'on accompagne d'un cru de la remarquable carte des vins. Belle terrasse.

Menu 28 € (déjeuner)/39 € - Carte 44/74 €

7 rue de Très-Girard - ✆ 03 80 34 33 09 - www.castel-tres-girard.com

MORLAIX

✉ 29600 - Finistère - Carte régionale n° **7**-B1 - Carte Michelin 308-H3

L'Hermine

CUISINE BRETONNE · RUSTIQUE X Poutres, tables en bois ciré, objets rustiques : une crêperie bien sympathique dans un pittoresque quartier piétonnier, avec une petite terrasse... On peut choisir parmi une cinquantaine de crêpes au sarrasin et au froment, avec une spécialité : la Godaille, une galette au thon, au beurre d'ail et aux algues.

Carte 11/30 €

35 rue Ange-de-Guernisac - ✆ 02 98 88 10 91 - www.restaurantmorlaix.com - Fermé dimanche

MORSBRONN-LES-BAINS

✉ 67360 - Bas-Rhin - Carte régionale n° **10**-B1 - Carte Michelin 315-K3

La Source des Sens

CUISINE MODERNE · CONTEMPORAIN XXX Le cadre est résolument contemporain - mobilier design et vue sur les fourneaux via un écran plasma - et la cuisine se fait volontiers créative, grâce à l'implication du chef Pierre Weller, inventif et attentif. Des recettes qui ont du sens !

Menu 19 € (déjeuner), 50/78 € - Carte 58/75 €

19 route d'Haguenau - ✆ 03 88 09 30 53 - www.lasourcedessens.fr - Fermé 19 janvier-3 février, 19 juillet-3 août, lundi, mardi midi, dimanche soir

La Source des Sens

SPA ET BIEN-ÊTRE · CONTEMPORAIN Un hôtel-restaurant très agréable dans cette station thermale du nord de l'Alsace. Chambres tendance au design sobre - plus calmes sur l'arrière du bâtiment -, espace bien-être complet avec un magnifique spa de 2 000 m^2 : tous les sens sont flattés.

32 chambres - 170/300 €

19 route d'Haguenau - ✆ 03 88 09 30 53 - www.lasourcedessens.fr - Fermé 19 janvier-3 février, 19 juillet-3 août

La Source des Sens - Voir la sélection des restaurants

MORTAGNE-AU-PERCHE

✉ 61400 - Orne - Carte Michelin 310-M3

au Pin-la-Garenne 9 km au Sud par route Bellême sur D938 –

Carte régionale n° **17**–C3

La Croix d'Or

CUISINE TRADITIONNELLE • **AUBERGE** XX Une auberge accueillante comme une maison de famille... La demeure appartenait déjà à l'arrière-grand-mère du chef ! Après avoir fait ses classes dans de grands établissements, il est revenu au pays avec son épouse – originaire du Sud-Ouest comme l'indique son accent chantant – ; ensemble, ils ont créé un véritable repaire gourmand. La tradition a du bon !

Spécialités : Saumon mariné à la vodka et épices en gravlax, mousse de radis noir. Queue de bœuf confite en pastilla, légumes façon tian. Brioche façon pain perdu à la crème d'amandes.

Menu 17 € (déjeuner), 29/47 € – Carte 31/49 €

6 rue de la Herse – ✆ 02 33 83 80 33 – lacroixdor.free.fr – Fermé 16 février-12 mars, 21 octobre-6 novembre, mardi, mercredi

MORTEAU

✉ 25500 – Doubs – Carte régionale n° **6**–C2 – Carte Michelin 321-J4

Jacques Alexandre

CUISINE TRADITIONNELLE • **CONVIVIAL** X Le chef, Laurent Gagliardi, semble avoir trouvé son rythme de croisière : son sympathique bistrot fait le plein grâce à une cuisine simple et généreuse, bien maîtrisée techniquement. L'ambiance, plutôt branchée, fait le reste...

Menu 28/38 € – Carte 29/56 €

34 Grande-Rue – ✆ 03 81 43 14 19 – www.jacques-alexandre.com – Fermé 24 décembre-2 janvier, lundi, dimanche

aux Fins 4 km au Nord par D437

Croque Saison

CUISINE DU MARCHÉ • **CONTEMPORAIN** X Originaire du Mans, le chef a créé de toutes pièces cette maison en bois et verre, dont la terrasse offre une vue imprenable sur le val de Morteau. Les assiettes sont soignées, mettant en valeur des produits de superbe qualité (poissons, notamment), et le service est efficace. Venez croquer les saisons, vous ne le regretterez pas.

Menu 45/65 € – Carte 30/45 €

Sous Les Sangles – ✆ 03 81 64 32 20 – Fermé 15 juillet-5 août, mardi soir, mercredi, dimanche soir

MORZINE

✉ 74110 – Haute-Savoie – Carte régionale n° **4**–F1 – Carte Michelin 328-N3

L'Atelier

CUISINE MODERNE • **TRADITIONNEL** XX Au sein de l'hôtel Samoyède, un cadre montagnard chic, pour une cuisine inspirée directement par les produits du marché, rehaussée de jolies influences exotiques et déclinée à travers une courte carte et un menu dégustation.

Menu 41/72 €

Le Samoyède, 9 place de l'Office-du-Tourisme – ✆ 04 50 79 00 79 – www.hotel-lesamoyede.com – Fermé 12 avril-13 juin, 6 septembre-19 décembre, mardi, le midi

La Ferme de la Fruitière

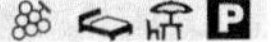

FROMAGES, FONDUES ET RACLETTES • **CONVIVIAL** X Dans cette salle boisée, une belle cheminée crépite sous vos yeux ; vous attendez l'arrivée de votre Berthoud, entre autres spécialités fromagères. Tournez la tête : à travers la vitre, la cave d'affinage de la fruitière voisine affiche ses meules d'Abondance, tommes et reblochons... Au cœur de la tradition !

Carte 40/88 €

337 route de La Plagne – ✆ 04 50 79 77 70 – www.alpage-morzine.com – Fermé 12 avril-19 juin, 15 septembre-13 décembre, lundi midi, mardi midi

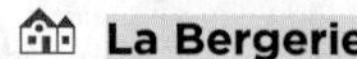

La Bergerie

TRADITIONNEL • MONTAGNARD Un chalet sympathique où règne une ambiance familiale : chambres cosy et presque toutes équipées d'une kitchenette, jeux pour les enfants et piscine chauffée. À l'intérieur ou en terrasse, bon choix de fromages savoyards pour le petit-déjeuner.

27 chambres – 120/550 € – 20 € – 2 suites

103 route du Téléphérique – 04 50 79 13 69 – www.hotel-bergerie.com – Fermé 12 avril-25 juin, 8 septembre-20 décembre

MOUANS-SARTOUX

06370 – Alpes-Maritimes – Carte régionale n° **25**-E2 – Carte Michelin 341-C6

Mon Petit Resto

CUISINE MODERNE • COSY Tout près du château datant des 15e et 16e s., cette petite maison accueille le travail d'un chef aguerri. Avec le meilleur de la production locale (légumes du marché, poissons, mais aussi viande et pain), il compose des assiettes soignées et savoureuses.

Menu 45/96 € – Carte 74/89 €

1 rue du Château – 04 93 06 00 43 – www.monpetitresto.fr – Fermé 1er-20 janvier, lundi, dimanche

Le Relais de la Pinède

CUISINE MODERNE • CONTEMPORAIN Cette étonnante maison en rondins renaît grâce à un jeune chef précis et imaginatif : figue en fine tartelette, chou rouge et chèvre frais ; loup de mer, semoule de chou-fleur et émulsion curcuma... À déguster à l'intérieur ou sur la terrasse sous les pins.

Menu 22 € (déjeuner), 37/62 €

1300 route de La Roquette-sur-Siagne – 04 93 75 28 29 – www.lerelaisdelapinede.fr – Fermé 20 juin-13 juillet, 23 décembre-14 janvier, lundi, dimanche

MOUDEYRES

43150 – Haute-Loire – Carte régionale n° **1**-C3 – Carte Michelin 331-G4

Le Pré Bossu

CUISINE TRADITIONNELLE • AUBERGE Cette chaumière aux volets rouges, de pierre vêtue, et agrémentée d'un jardin, propose de déguster une cuisine traditionnelle à base de produits de la région, dans une salle à manger aux poutres apparentes. Quelques chambres spacieuses à l'étage.

Menu 19 € (déjeuner)/33 €

Le Pré Bossu – 04 71 05 10 70 – www.leprebossu.com – Fermé 22 mars-7 avril, 14 novembre-8 décembre, lundi, dimanche soir

MOUGINS

06250 – Alpes-Maritimes – Carte régionale n° **25**-E2 – Carte Michelin 341-C6

Le Candille

CUISINE MODERNE • ÉLÉGANT Dans un beau parc de quatre hectares en contrebas de Mougins, ce mas provençal ne manque pas d'attraits. Il y a, par exemple, cette terrasse ombragée, offrant une vue splendide sur Grasse – et particulièrement la nuit, quand la ville s'illumine ! Il y a aussi, bien sûr, ces assiettes saisonnières, aux gourmands accents du Sud, réalisées à partir de très beaux produits par un chef au parcours éloquent (Passedat à Marseille, Negresco à Nice, Plaza Athénée à Paris...). On n'oubliera pas de sitôt cette côte de veau rôtie au thym, plat aussi simple que réjouissant.... D'autant que le repas est rehaussé par un service efficace et attentionné.

Spécialités : Tarte de légumes, caviar et poutargue. Ris de veau rôti aux aromates, tatin d'une piperade et purée d'ail noir. Demi-sphère chocolat noir, mousse légère chocolat et triangle à la fleur de sel.

Menu 98/135 € – Carte 95/145 €

Le Mas Candille, boulevard Rebuffel – 04 92 28 43 43 – www.lemascandille.com – Fermé 1er novembre-30 mars, le midi

L'Amandier de Mougins

CUISINE PROVENÇALE · MÉDITERRANÉEN XX Aux portes de ce village cher à Picasso, une maison pleine de fraîcheur et d'élégance. Au piano, un chef au beau parcours joue une savoureuse partition : saumon surprise en crustacé, merlu de ligne à la florentine, mousseline de patate douce légèrement vanillée... avec même un menu spécial en hommage à Roger Vergé. Superbe terrasse.

Spécialités : Araignée de mer en rémoulade, crème de chou-fleur acidulée. Filets de rouget, caviar d'aubergine, carpaccio de courgettes et beurre blanc à la badiane. Colombe de Pablo au citron, meringue et glace spéculos.

Menu 29 € (déjeuner), 33/55 € – Carte 56/77 €

48 avenue Jean-Charles-Mallet (au vieux village) – ✆ 04 93 90 00 91 – www.amandier.fr

La Place de Mougins

CUISINE CRÉATIVE · ÉLÉGANT XX Sur la place du village, évidemment ! Dans ce charmant restaurant règne une atmosphère chic et cosy, tandis qu'en cuisine, c'est l'ébullition autour d'un chef créatif et passionné ; chaque mois, il met en valeur un produit de saison, magnifiant la truffe, l'asperge, etc.

Menu 39 € (déjeuner), 65/130 € – Carte 82/117 €

41 place du Commandant-Lamy (au vieux village) – ✆ 04 93 90 15 78 – www.laplacedemougins.fr – Fermé 26 novembre-11 décembre, mercredi

Le Clos St-Basile

CUISINE MODERNE · MÉDITERRANÉEN XX Un bien agréable cadre provençal que celui de cette maison tenue par un jeune couple, tous deux passés par de belles maisons. Le chef excelle dans la confection d'une cuisine du marché savoureuse et inventive ; la patronne, sommelière, a d'excellents vins à vous conseiller. Enfin, la belle terrasse est idéale pour les beaux jours !

Menu 27 € (déjeuner), 44/65 € – Carte 60/80 €

351 avenue St-Basile – ✆ 04 92 92 93 03 – www.clossaintbasile.fr – Fermé 2-30 janvier, 22 juin-2 juillet, mardi, mercredi

Le Mas Candille

LUXE · MÉDITERRANÉEN Situés en contrebas du village de Mougins, ce superbe mas du 18e s. de 4,5 hectares et sa bastide récente ne sont que douceur et quiétude : chambres raffinées, suites mêlant élégamment le contemporain à l'esprit Sud, spa complet et parc immense aux doux effluves méridionaux. La nuit, quand la ville est illuminée, la vue sur Grasse est splendide.

39 chambres – 200/700 € – 30 € – 6 suites

boulevard Rebuffel – ✆ 04 92 28 43 43 – www.lemascandille.com

✿ **Le Candille** – Voir la sélection des restaurants

MOULAY – Mayenne (53) → Voir Mayenne

MOULIN-DE-MALFOURAT – Dordogne (24) → Voir Bergerac

LE MOULINEL – Pas-de-Calais (62) → Voir Montreuil

MOULINS

✉ 03000 – Allier – Carte régionale n° **1**-C1 – Carte Michelin 326-H3

Le Bistrot de Guillaume

CUISINE MODERNE · CONVIVIAL X En plein cœur de Moulins, la petite salle claire et intimiste donne déjà le "la", et l'on s'y attable sans se faire prier. Mais le meilleur est encore à venir : dans sa petite cuisine, le chef-patron compose des préparations à la fois fines et bien pensées, qui sont un ravissement pour les papilles.

Spécialités : Croustillant de porc, velouté de petits pois mentholé. Aïoli provençal. Pêche pochée, sorbet verveine et madeleine à l'orange.

Menu 33/38 € – Carte 40/59 €

13 rue de Pont – ✆ 04 43 51 23 82 – Fermé 16 février-10 mars, 7 juin-7 juillet, 1er-24 septembre, lundi, mardi soir, mercredi soir, dimanche

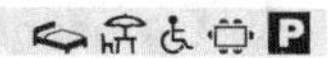

Le Clos de Bourgogne

CUISINE MODERNE • CONTEMPORAIN XX On revient volontiers dîner dans cette gentilhommière du 18e s. ! L'intérieur, récemment modernisé, se révèle bien agréable ; à la carte, on retrouve de bons petits plats bien dans l'air du temps, qui sont régulièrement renouvelés en fonction de la saison.

Menu 28 € (déjeuner), 32/60 € – Carte 51/77 €

83 rue de Bourgogne – ✆ 04 70 44 03 00 – www.clos-de-bourgogne.com – Fermé 10 août-7 septembre, 23 décembre-2 janvier, lundi, dimanche soir

La Cuisine d'Hervé

CUISINE TRADITIONNELLE • COSY XX Un restaurant moderne cosy, une mise de table soignée avec nappage, assiette de présentation et argenterie, et un chef motivé. Dans l'assiette, une cuisine traditionnelle et goûteuse (faux-filet à la périgourdine, poisson beurre blanc au champagne...). Avec en salle, une équipe féminine fort efficace. En somme, une adresse fort recommandable.

Menu 21/56 € – Carte 44/68 €

36 cours Jean-Jaurès – ✆ 04 70 44 25 66 – www.lacuisinedherve.fr – Fermé mardi soir, mercredi, jeudi soir

La Bulle d'Air

CUISINE CRÉATIVE • CONTEMPORAIN XX Depuis sa cuisine ouverte, sans jamais être prisonnier de sa bulle créative, le jeune chef Vincent Hoareau propose une cuisine fraîche et savoureuse, à déguster dans un cadre contemporain, ou sur la terrasse en été.

Menu 23 € (déjeuner), 42/56 €

22 place d'Allier – ✆ 04 70 34 24 61 – Fermé 17-23 février, 15-31 juillet, lundi, dimanche

MOULON

✉ 33420 – Gironde – Carte régionale n° **18**–C1 – Carte Michelin 335-J5

5 Lasserre

MAISON DE CAMPAGNE • DESIGN Au grand calme, cette ferme a été rénovée luxueusement dans un esprit contemporain chic... Les chambres sont grandes et très raffinées ; la piscine à débordement offre une jolie vue sur la campagne, et il y a même une vraie salle de cinéma. Un lieu d'exception !

5 chambres – 180/340 €

5 lieu-dit La Serre – ✆ 05 57 51 46 77 – www.5lasserre.com – Fermé 1er janvier-13 février

MOUSTIERS-STE-MARIE

✉ 04360 – Alpes-de-Haute-Provence – Carte régionale n° **24**–C2 – Carte Michelin 334-F9

La Bastide de Moustiers

CUISINE PROVENÇALE • ROMANTIQUE XXX En cette belle bastide – propriété d'Alain Ducasse –, on déguste une cuisine méditerranéenne et légumière pleine des senteurs du marché et du superbe potager, dont deux jardiniers s'occupent à plein temps (ne manquez pas le jardin des simples attenant). Frédéric Garnier réalise en effet une cuisine du soleil bien exécutée, aux assiettes soignées, et aux recettes inspirées. On profite aussi d'une maison très agréable, installée dans un superbe environnement où les oliviers sont rois. Une cure de jouvence, autant qu'un joli résumé de la Provence.

Spécialités : Betteraves de notre potager, yaourt aigre au sarrasin et truite. Pois chiches torréfiés et agneau à la braise. Cookpot au chocolat, agrumes confits et céréales.

Menu 65/90 €

Chemin de Quinson – ✆ 04 92 70 47 47 – www.bastide-moustiers.com – Fermé 1er novembre-11 mars

La Ferme Ste-Cécile

CUISINE MODERNE • ROMANTIQUE XX Poussez la grille et empruntez la belle allée pavée... au bout de laquelle cette ancienne ferme du 18e s. fait le bonheur des gourmands ! Derrière les fourneaux, le chef concocte avec délicatesse et subtilité une savoureuse cuisine du Sud, accompagnée d'une belle carte des vins. L'une des meilleures tables de Moustiers.

Menu 40 €

route des Gorges du Verdon - ✆ 04 92 74 64 18 - www.ferme-ste-cecile.com - Fermé 12 novembre-15 mars, lundi, dimanche soir

La Treille Muscate

CUISINE PROVENÇALE • TENDANCE XX Au pied des falaises, voilà un sympathique bistrot provençal, où l'on se régale d'une cuisine à l'accent du Sud, à l'instar de la spécialité maison, les "pieds et paquets comme les faisait Mémé Antoinette". Aux beaux jours, on profite de la terrasse, à l'ombre d'un platane qui fêtera bientôt ses 200 ans.

Menu 27 € (déjeuner), 30/40 € - Carte 60/75 €

Place de l'Église - ✆ 04 92 74 64 31 - www.restaurant-latreillemuscate.fr - Fermé 15 novembre-8 février, mercredi soir, jeudi

Les Santons

CUISINE TRADITIONNELLE • COSY X Claude Terrier et Sylvie De Backer ont voulu leur fief tout en contrastes : le moderne (chaises bariolées, tableaux contemporains) y côtoie l'ancien (poutres et plafonds boisés) ; la cuisine est traditionnelle, ancrée dans la région, mais ne recule pas devant quelques touches plus actuelles. Goûteux et charmant !

Menu 39/69 € - Carte 50/80 €

Place de l'Église - ✆ 04 92 74 66 48 - www.lessantons.com - Fermé 1er janvier-15 février, lundi

La Bastide de Moustiers

AUBERGE • PERSONNALISÉ Un petit chemin, une grille en fer forgé, des arbres fruitiers, des vieilles pierres, des faïences régionales, des draps en lin, un grand potager aromatique, un âne, des chevaux, un poney... Plus qu'un inventaire à la Prévert, le charme irrésistible d'une bastide du 17e s. !

11 chambres - 225/450 € - 24 € - 2 suites

Chemin de Quinson - ✆ 04 92 70 47 47 - www.bastide-moustiers.com - Fermé 1er novembre-11 mars

✿ **La Bastide de Moustiers** - Voir la sélection des restaurants

MUHLBACH-SUR-MUNSTER

✉ 68380 - Haut-Rhin - Carte régionale n° **10**-A2 - Carte Michelin 315-G8

Perle des Vosges

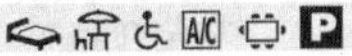

CUISINE MODERNE • ÉLÉGANT XX On aborde le repas avec un pâté en croûte forestière, airelles et pickles de concombre, une franche réussite, avant d'enchaîner avec un filet de truite blanche et trois savoureuses quenelles de brochet. Puis, après avoir profité du munster, on conclut avec une forêt-noire revisitée et hypergourmande. Tout est dit !

Spécialités : Salade de pomme de terre, truite fumée et émulsion de munster. Filet de perche, poireau, livèche et tartare chaud d'escargots. Roulé pomme verte, sablé et glace caramel.

Menu 18 € (déjeuner), 25/59 €

22 route Gaschney - ✆ 03 89 77 61 34 - www.perledesvosges.net - Fermé 2 janvier-2 février, 11-20 mars, 30 juin-6 juillet, lundi midi

MUIDES-SUR-LOIRE

✉ 41500 – Loir-et-Cher – Carte régionale n° **8**-B2 – Carte Michelin 318-G5

Auberge du Bon Terroir

CUISINE TRADITIONNELLE • RUSTIQUE X Dans cette auberge de village, la patronne – une véritable passionnée de gastronomie ! – concocte une agréable cuisine traditionnelle, où les herbes du potager tiennent une bonne place. Son mari, maître-sommelier de son état, vous accueille tout sourire. Charmante terrasse à l'ombre des tilleuls.

Menu 36/52 €

20 rue du 8-Mai-1945 – ✆ 02 54 87 59 24 – www.auberge-bon-terroir.fr – Fermé 5-25 janvier, 12 novembre-8 décembre, lundi, mardi, mercredi midi, dimanche soir

MULHOUSE

✉ 68100 – Haut-Rhin – Carte régionale n° **10**-A3 – Carte Michelin 315-I10

Il Cortile (Jean-Michel Feger)

CUISINE MÉDITERRANÉENNE • ÉLÉGANT XXX Dans une rue piétonne du vieux Mulhouse, bienvenue dans cette maison du 16e s. bien connue des alsaciens. Présent ici depuis 2001, le chef Jean-Michel Feger ne s'impose plus les touches italiennes qui ont longtemps prévalu dans ces murs : c'est désormais la Méditerranée tout entière qui le guide ! Bien dans sa peau, il assure des préparations modernes, techniquement bien abouties : filet de bœuf Simmenthal, lard de colonnata, cocos tarbais et jus au romarin ; en dessert, clémentine de Corse dans l'esprit d'un Saint-Honoré... Le service est détendu, et on profite même d'une belle terrasse, installée dans la petite cour intérieure.

Spécialités : Vitello tonnato, céleri branche, câpres et tomate séchée. Suprêmes de pigeonneau, carotte et yuzu, girolles et jus au vinaigre de fleur de sureau. Biscuit à l'huile d'olive, fraises et mousse basilic.

Menu 34 € (déjeuner), 59/105 € – Carte 72/87 €

Plan D1-a – *11 rue des Franciscains – ✆ 03 89 66 39 79 – www.ilcortile-mulhouse.fr – Fermé 5-11 mai, 1er-14 septembre, 22 décembre-6 janvier, lundi, dimanche*

L'Estérel

CUISINE MODERNE • CONVIVIAL XX Et oui, Mulhouse aussi possède son Estérel... Dans ce restaurant posté sur la route qui monte au zoo, on savoure une agréable cuisine du marché 100 % maison, 100% saisons. L'été, on profite de la terrasse ombragée. Le reste de l'année, l'agréable véranda en rotonde offre une alternative lumineuse.

Menu 30/60 € – Carte 55/70 €

Plan B2-t – *83 avenue de la 1ère-Division-Blindée – ✆ 03 89 44 23 24 – www.esterel-weber.fr – Fermé 17 février-1er mars, 4-10 mai, 17-31 août, 26 octobre-1er novembre, lundi, mercredi midi, dimanche soir*

La Table de Michèle

CUISINE MODERNE • COSY XX Michèle Brouet est une figure de la gastronomie locale. Sa table est à son image, généreuse et enjouée, tout comme l'atmosphère de la maison, très chaleureuse avec son décor d'objets hétéroclites et de bouquets de fleurs. Gourmandise et plaisir sont au rendez-vous !

Menu 26 € (déjeuner), 29/48 € – Carte 35/50 €

Plan E1-t – *16 rue de Metz – ✆ 03 89 45 37 82 – www.latabledemichele.fr – Fermé 6-11 janvier, 6 juillet-3 août, lundi, samedi midi, dimanche*

Le 4

CUISINE MODERNE • CONVIVIAL X Le 4, comme le croisement des initiales de Lionel et Tatiana, le jeune couple à la tête de ce petit restaurant du cœur de Mulhouse. Leurs plats sont colorés et inventifs, et font de réguliers clins d'œil aux produits et épices découverts lors de leurs nombreux voyages à l'autre bout du monde. Jolie carte des vins.

Menu 20 € (déjeuner) – Carte 45/50 €

Plan D1-b – *5 rue Bonbonnière – ✆ 03 89 44 94 11 – www.restaurantle4.com – Fermé lundi, dimanche soir*

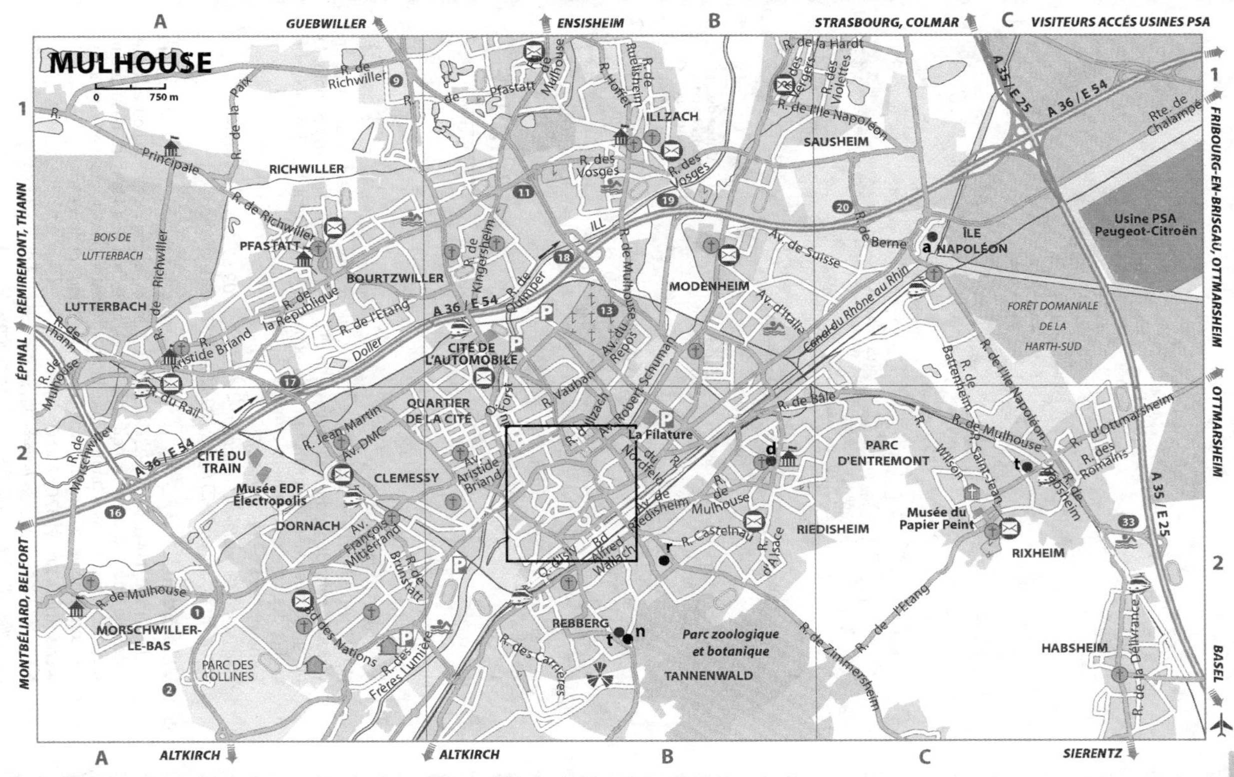

MULHOUSE
0
750 m
GUEBWILLER
ENSISHEIM
STRASBOURG, COLMAR
VISITEURS ACCÈS USINES PSA
FRIBOURG-EN-BRISGAU, OTTMARSHEIM
OTTMARSHEIM
BASEL
SIERENTZ
ALTKIRCH
ALTKIRCH
MONTBÉLIARD, BELFORT
ÉPINAL
REMIREMONT, THANN
RICHWILLER
BOIS DE LUTTERBACH
PFASTATT
BOURTZWILLER
LUTTERBACH
ILLZACH
SAUSHEIM
MODENHEIM
ÎLE NAPOLÉON
Usine PSA Peugeot-Citroën
FORÊT DOMANIALE DE LA HARTH-SUD
CITÉ DE L'AUTOMOBILE
QUARTIER DE LA CITÉ
La Filature
CITÉ DU TRAIN
Musée EDF Électropolis
CLEMESSY
DORNACH
PARC D'ENTREMONT
RIEDISHEIM
Musée du Papier Peint
RIXHEIM
HABSHEIM
REBBERG
Parc zoologique et botanique
TANNENWALD
MORSCHWILLER-LE-BAS
PARC DES COLLINES
A 35 / E 25
A 36 / E 54
Canal du Rhône au Rhin
ILL
Doller

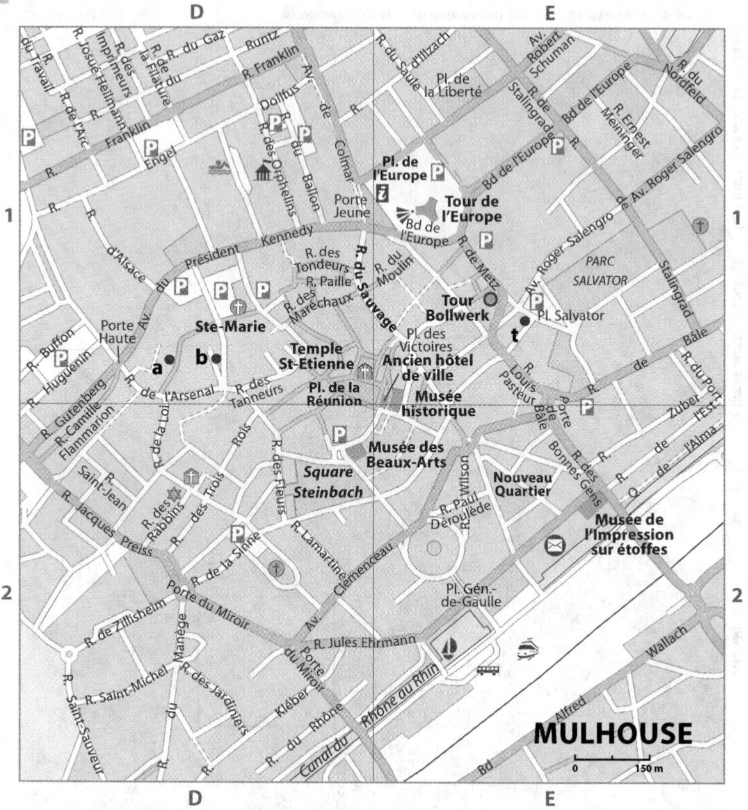

Peonia at Home

MAISON DE MAÎTRE · PERSONNALISÉ Cette maison de caractère se révèle un véritable puits de verdure au cœur de la ville... À l'intérieur, l'ancien rencontre le design jusque dans les chambres, bien équipées et confortables. Et à table, on profite des bons plats italiens d'Andrea.

5 chambres - 125/140 €

Plan B2-r – *48 boulevard Gambetta – ✆ 03 89 54 09 59 – www.peonia.fr – Fermé 15-23 janvier, 15-23 février, 20-28 août, 20-28 septembre*

Villa Éden

MAISON DE MAÎTRE · PERSONNALISÉ Sur les hauteurs de Mulhouse, cette belle villa bourgeoise ne manque pas de superbe : toit à la Mansart, beau jardin, superbes volumes, nombreuses œuvres d'art contemporain, etc. Les chambres, très confortables, déclinent chacune une thématique originale.

4 chambres - 170/230 €

Plan B2-n – *99 avenue de la 1ère-Division-Blindée – ✆ 03 89 44 50 72 – www.villa-eden.fr – Fermé 23 août-1er septembre*

, , , , &

à Hochstatt 7 km au Sud-Ouest par D8[III]

Au Cheval Blanc

CUISINE MODERNE • FAMILIAL XX Dans ce petit village aux portes du Sundgau, on se délecte de plats soignés et gourmands, réalisés par le chef au fil de son inspiration et du marché. Une adresse pour le moins appétissante...

Menu 29€ (déjeuner), 40/65€ - Carte 55/65€

Hors plan – *55 Grande-Rue – ✆ 03 89 06 27 77 – www.au-cheval-blanc-hochstatt.com – Fermé lundi soir, mardi soir, mercredi, dimanche soir*

à Illzach 3 km au Nord

La Closerie

CUISINE MODERNE • ÉLÉGANT XX Dans cette maison centenaire baignée de verdure, à l'élégance toute naturelle, la belle carte des vins accompagne une cuisine sincère. On se restaure, au choix, dans les salons cossus et intimes d'un côté, ou la salle lumineuse et contemporaine en hautes verrières de l'autre. Carte bistronomique le soir.

Menu 33/72€ - Carte 65/76€

Plan C1-a – *6 rue Henry-de-Crousaz – ✆ 03 89 61 88 00 – www.closerie.fr – Fermé 26 juillet-16 août, 23 décembre-4 janvier, lundi soir, samedi midi, dimanche*

à Landser 11 km au Sud-Est par route parc zoologique, Bruebach, D21 et D6 BIS

L'Ambroise

CUISINE MODERNE • COSY XX Dans ce village alsacien, un jeune chef motivé signe une cuisine du marché personnelle et épurée, dans le respect absolu des saisons et du marché (et ce n'est pas uniquement pour la rime !). Agréable terrasse au calme pour les beaux jours d'été.

Menu 42/60€

Hors plan – *3 place de la Paix – ✆ 03 89 81 43 99 – www.lambroise.com – Fermé 6-26 août, 24 décembre-6 janvier, mardi soir, mercredi, samedi midi*

à Riedisheim 2 km au Sud-Est par D56 et D432 – Carte régionale n° **10**-A3

✿ Maison Kieny

CUISINE MODERNE • ÉLÉGANT XXX Non loin de Mulhouse, ce chaleureux relais de poste (1850) occupe une imposante maison alsacienne au cœur du village. Les secrets de la bonne cuisine alsacienne se transmettent ici depuis six générations ! Mariella Kieny écrit l'histoire de la maison au présent, aidée par une équipe soudée et... les pâtisseries de son beau-frère. On aime toujours autant cette grande salle cossue émaillée de plusieurs éléments d'époque, pierres et poutres apparentes, boiseries et porte en vitrail. On s'attable toujours avec plaisir pour déguster une cuisine contemporaine qui revisite l'Alsace et les classiques avec finesse.

Spécialités : Tapas du terroir alsacien. Poitrine de pigeonneau cuite au sautoir et cuisses en cromesquis, réduction de balsamique. Sphère meringuée comme un vacherin.

Menu 35€ (déjeuner), 52/109€ - Carte 80/95€

Plan B2-d – *7 rue du Général-de-Gaulle – ✆ 03 89 44 07 71 – www.restaurant-kieny.com – Fermé 2-7 janvier, 23 février-4 mars, 1er-8 mai, 3-19 août, lundi, mardi, dimanche soir*

à Rixheim 3 km au Sud-Est par D66 – Carte régionale n° **10**-A3

✿ Le 7ème Continent (Laurent Haller)

CUISINE MODERNE • ÉLÉGANT XX Un véritable continent gastronomique, à l'image de la décoration du restaurant (extérieure et intérieure) signée du peintre et décorateur François Zenner, naturaliste amateur passionné par le végétal. Autre passionné, marqué par son passage chez Bernard Loiseau, le chef Laurent Haller ne manque jamais d'idées pour partager son amour de la bonne chère. Il dispense notamment des cours de cuisine et multiplie les menus à thème. Il aime revisiter les grands classiques de la cuisine française et pratique les mariages terre-mer... Sa carte, une véritable ode au marché et aux produits, est renouvelée tous les mois.

Spécialités : Effiloché d'aile de raie bretonne, fine gelée de poissons de roche, condiment pomme de terre. Pintade fermière de Challans en galantine, déclinaison sur l'artichaut et la truffe d'été. Feuille à feuille croustillante de poire et d'aubergine, sorbet cardamome.

Menu 35 € (déjeuner), 68/98 € - Carte 70/80 €

Plan C2-t - *35 avenue du Général-de-Gaulle - ✆ 03 89 64 24 85 - www.le7emecontinent.com - Fermé 1er-7 janvier, 4-11 mai, 27 juillet-10 août, lundi, samedi midi, dimanche soir*

MUNSTER

✉ 68140 - Haut-Rhin - Carte régionale n° **10**-A2 - Carte Michelin 315-G8

Les Grands Arbres

CUISINE MODERNE · ÉLÉGANT XXX Nouveau nom et un décor réinventé, sobre et chic. On se régale ici grâce au chef Thony Billon, qui revisite avec élégance la production régionale. Il compose une partition moderne et soignée, accompagnée d'une jolie carte de vins d'Alsace : réjouissant, tout simplement.

Spécialités : Foie gras à la bière et rhubarbe. Aiguillette de magret de canard, taboulé de chou-fleur. 100% chocolat, glace au lait d'amande.

Menu 20 € (déjeuner), 32/56 € - Carte 50/58 €

Hôtel Verte Vallée, 10 rue Alfred-Hartmann (parc de la Fecht) - ✆ 03 89 77 15 15 - www.vertevallee.com - Fermé 6-29 janvier

à Wihr-au-Val 6 km à l'Est par D417 - Carte régionale n° **10**-C2

La Nouvelle Auberge (Bernard Leray)

CUISINE MODERNE · AUBERGE XX À l'entrée de la vallée de Munster, cette "nouvelle auberge" est un ancien relais de poste retapé à neuf. Au rez-de-chaussée, un bistrot alsacien régale le midi en semaine. À l'étage, on trouve un restaurant gastronomique dans une belle salle à manger coiffée de poutres. Un Breton de Rennes, Bernard Leray, y officie avec brio. Son exil en Alsace ressemble à une idylle. Formé tout jeune chez Bernard Loiseau, le chef revisite avec finesse le terroir local. Chacune de ses assiettes montre beaucoup de travail et de technique, comme cette soupe d'escargots dans son coulis de persil et d'ail, accompagnée de sa tartine et d'un excellent consommé de bœuf servi bien chaud.

Spécialités : Soupe d'escargots de la Weiss, jus de persil aillé et consommé de bœuf. Pigeonneau et escalope de foie gras chaud, fleischnaka de pigeon comme un chou farci. Soufflé au marc de gewurztraminer et raisins macérés, sorbet thé vert et citron.

Menu 44 € (déjeuner), 58/80 € - Carte 70/95 €

9 route Nationale - ✆ 03 89 71 07 70 - www.nauberge.com - Fermé lundi, mardi, dimanche soir

MURAT

✉ 15300 - Cantal - Carte régionale n° **1**-B3 - Carte Michelin 330-F4

Le Jarrousset

CUISINE MODERNE · CONVIVIAL XX Dans un environnement verdoyant, cette auberge traditionnelle cultive le goût des produits locaux : le chef s'approvisionne auprès d'un réseau de fermes sélectionnées avec soin. Quant à l'ambiance, chapeau : le décor est épuré et moderne, et le mobilier et la vaisselle ont été réalisés par des artisans locaux.

Menu 15 € (déjeuner), 29/80 €

4 km à l'Est par N 122 - ✆ 04 71 20 10 69 - www.restaurant-le-jarrousset.com - Fermé 2-22 janvier, lundi, mardi, mercredi soir, dimanche soir

MURBACH - Haut-Rhin (68) ➜ Voir Guebwiller

MÛR-DE-BRETAGNE

✉ 22530 – Côtes-d'Armor – Carte régionale n° **7**-C2 – Carte Michelin 309-E5

✿ Auberge Grand'Maison (Christophe Le Fur)

CUISINE MODERNE • DESIGN XXX Quel plaisir de découvrir une cuisine comme celle-ci en cœur de Bretagne ! Ici prime la grande tradition, à la fois classique, gourmande et toujours soignée. Christophe Le Fur, originaire du Cap Fréhel, ancien chef du recteur de l'académie de Paris, a cuisiné aussi bien pour le Dalaï-Lama que pour Hillary Clinton, avant de revenir sur ses terres natales pour réaliser une partition sincère et généreuse. Ainsi le "menu vintage" hommage à Paul Bocuse n'a pas à rougir de la comparaison : poularde en vessie et sauces onctueuses, saveurs et générosité. Ajoutons à cela un travail en salle de première qualité (découpes, flambage etc.), qui révèle une équipe forte et soudée. La renaissance de cette adresse est une belle histoire d'homme et de talent.

Spécialités : Cuisine du marché.

Menu 30 € (déjeuner), 59/90 €

Rue Léon le Cerf – ✆ 02 96 28 51 10 – www.auberge-grand-maison.com – Fermé 2-9 janvier, 9-24 mars, 29 juin-7 juillet, 12-27 octobre, lundi, mardi, dimanche soir

MURET-LE-CHÂTEAU

✉ 12330 – Aveyron – Carte régionale n° **22**-C1 – Carte Michelin 338-H4

L'Auberge du Château

CUISINE MODERNE • FAMILIAL XX Quel plaisir de découvrir une cuisine comme celle-ci en cœur de Bretagne ! Ici prime la grande tradition, à la fois classique, gourmande et toujours soignée. Christophe Le Fur, originaire du Cap Fréhel, ancien chef du recteur de l'académie de Paris, a cuisiné aussi bien pour le Dalaï-Lama que pour Hillary Clinton, avant de revenir sur ses terres natales pour réaliser une partition sincère et généreuse. Ainsi le "menu vintage", hommage à Paul Bocuse, n'a pas à rougir de la comparaison : poularde en vessie et sauces onctueuses, saveurs et générosité. Ajoutons à cela un travail en salle de première qualité (découpes, flambage etc.), qui révèle une équipe forte et soudée. La renaissance de cette adresse est une belle histoire d'homme et de talent.

Menu 24 € (déjeuner), 50/70 €

Le Bourg – ✆ 05 65 47 71 57 – www.laubergeduchateau.com – Fermé 20 décembre-5 mars, dimanche soir

MURTOLI – Corse-du-Sud (2A) → Voir Corse (Sartène)

NAJAC

✉ 12270 – Aveyron – Carte régionale n° **22**-C1 – Carte Michelin 338-D5

Château de Longcol

TRADITIONNEL • CONTEMPORAIN Ce petit hameau comprenant quatre bâtiments (dont un ancien corps de ferme) a été bâti face à la piscine à débordement, et à la vallée de l'Aveyron. Préférez les chambres tournées vers la piscine. Le restaurant propose une cuisine au goût du jour. La terrasse dévoile une jolie vue. Jacuzzi intérieur.

11 chambres – 135/165 € – 15 €

La Fouillade – ✆ 06 61 68 55 86 – www.chateaudelongcol.com – Fermé 15 novembre-13 février

NALZEN – Ariège (09) → Voir Lavelanet

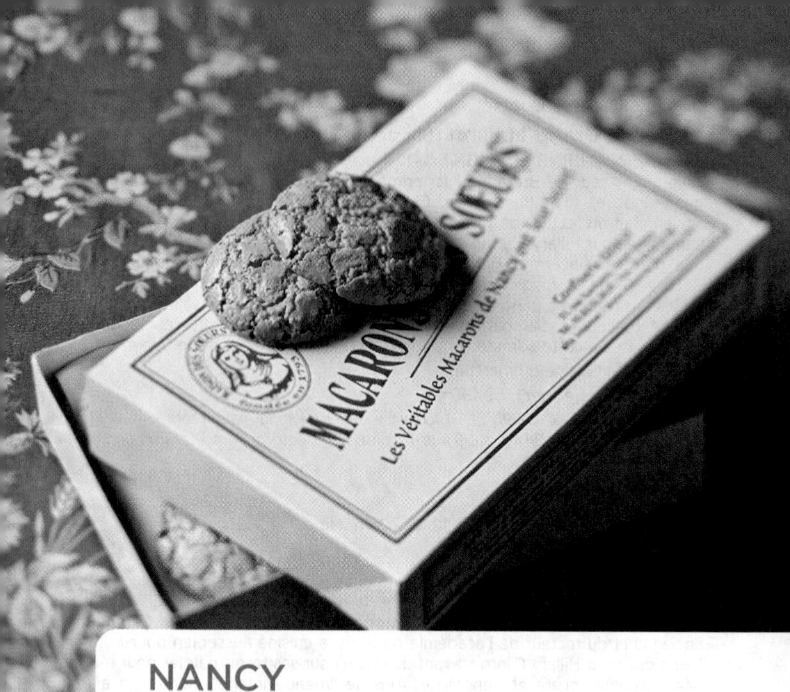

NANCY

✉ 54000 – Meurthe-et-Moselle – Carte régionale n° **12**–B2 – Carte Michelin 307-I6

On aime...

Qu'évoque Nancy pour vous ? La place Stanislas, toute de dorures sur fond de ciel bleu ? Les bergamotes sagement rangées dans leurs belles boîtes de fer ? Les macarons ? La capitale des ducs de Lorraine ? L'Art nouveau, présent dans les rues et dans les musées ? Nancy, c'est tout cela à la fois, comme on le découvre dans son marché couvert central et dans ses belles boutiques de bouche. On admire les douceurs lorraines de la Maison des Sœurs Macarons et celles de Jean-François Adam – Pâtisserie St-Epvre (fondée en 1882). Quant à la confiserie Lefèvre-Lemoine, une institution depuis 1840, c'est aussi un véritable musée de l'art lorrain, avec ses vaisseliers garnis de pièces anciennes fabriquées à la manufacture de faïences de Lunéville. Évidemment, on ne quitte pas Nancy sans un pot de confiture de groseilles de Bar-le-Duc, un munster (qui voyage bien mieux sous vide) ou une bouteille d'eau-de-vie de quetsche, mirabelle, cerise, framboise ou bien gentiane...

J.-D. Sudres/hemis.fr

Restaurants

Transparence - La Table de Patrick Fréchin

CUISINE MODERNE • CONTEMPORAIN XX Le chef Patrick Fréchin s'épanouit en toute Transparence, littéralement : depuis la salle, on peut le voir travailler derrière sa verrière d'atelier ! Ses assiettes, impeccablement exécutées, sont toujours lisibles et mettent en valeur la production maraîchère locale. Exemple, ce sandre et chlorophylle de cresson, ou encore cette alliance de la caille, du canard et des petits pois... Finesse et gourmandise sont au rendez-vous, le service se révèle efficace et courtois, si bien que l'on passe un super moment. Que demander de plus ?

Spécialités : Compression de foie gras et de Saint-Jacques à la vinaigrette de truffe. Pigeonneau poché à basse température. Opéra revisité chocolat-pistache.

Menu 32 € (déjeuner), 45/80 €

Plan A1-d - *28 rue Stanislas - ✆ 03 83 32 20 22 - www.restaurant-transparence.fr - Fermé 6-13 janvier, 27 juillet-17 août, lundi, dimanche*

La Toq'

CUISINE MODERNE • ÉLÉGANT XX Avec ou sans toque, le chef de cet élégant restaurant est un sérieux professionnel, qui signe de savoureuses assiettes en se basant sur de beaux produits. Le tout accompagné d'une carte des vins de plus de 300 références, et toc ! À déguster dans un décor mêlant voûtes en pierre séculaire et aménagement contemporain.

Spécialités : Œuf parfait aux girolles, pickles d'oignons rouges. Dos de maigre aux aromates, panisse et pistou. Crème caramel à la vanille et madeleine servie tiède.

Menu 23 € (déjeuner), 33/75 € - Carte 60/74 €

Plan A1-z - *1 rue Monseigneur-Trouillet - ✆ 03 83 30 17 20 - www.latoqueblanche.fr - Fermé 17-23 février, 26 juillet-18 août, lundi, dimanche soir*

Madame

CUISINE MODERNE • CONVIVIAL X Voici un bistrot plutôt inclassable, légèrement excentré (à l'échelle de Nancy), où une chef passionnée cuisine du frais selon le marché et ses envies du moment. L'ambiance est sympathique, c'est bon, et on ne s'ennuie jamais. Sans oublier une jolie sélection de vins nature, avec les conseils qui vont avec. Merci Madame !

Spécialités : Ravioles de cèpes, ricotta. Paleron de veau, purée de potimarron. Crumble de quetsches.

Menu 22 € (déjeuner) - Carte 33/50 €

Plan A1-a - *52 rue Henri-Deglin - ✆ 03 83 22 37 18 - www.madamerestaurant.fr - Fermé 31 mai-8 juin, 31 août-7 septembre, lundi, mercredi soir, samedi midi, dimanche soir*

Le Cap Marine

POISSONS ET FRUITS DE MER • ÉLÉGANT XXX Cette institution nancéienne, née il y a 60 ans, poursuit sa route sans accrocs, de la salle aux fourneaux. On découvre un décor chic et contemporain, tout en tons chocolat et bois blond, et une belle cuisine de la mer, ainsi la sole de ligne dorée au beurre et les grenouilles sautées aux herbes fraîches... Un régal.

Menu 30/72 € - Carte 66/87 €

Plan A1-e - *60 rue Stanislas - ✆ 03 83 37 05 03 - www.restaurant-capmarine.fr - Fermé 1er-5 janvier, 17-22 février, 4-10 mai, 17-30 août, samedi midi, dimanche*

Le Capu

CUISINE CLASSIQUE • TENDANCE XX Une table en vue dans la ville : ici, on apprécie le décor, au chic contemporain affirmé, rehaussé de notes baroques comme la cuisine, inventive et généreuse - ainsi le foie gras de canard confit, au macaron de Nancy. Et après un passage en semaine, on revient bruncher le dimanche !

Menu 18 € (déjeuner), 34/45 € - Carte 48/66 €

Plan A2-m - *31 rue Gambetta - ✆ 03 83 35 26 98 - www.lecapu.com - Fermé 2-6 janvier, 20-27 avril, 2-17 août, lundi, dimanche soir*

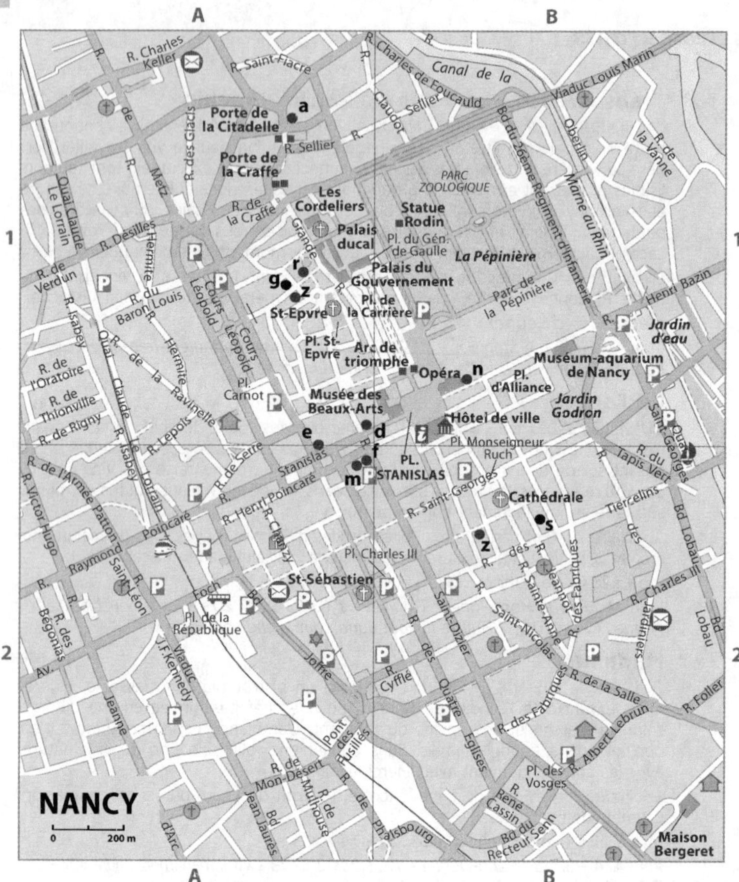

La Maison dans le Parc

CUISINE MODERNE • DESIGN XX Le long corridor d'entrée, aux pierres savamment éclairées, instaure une ambiance solennelle ; la salle est chic. Fidèle à l'histoire de la maison, le chef cuisine en allant à l'essentiel, tout en simplicité. Et n'oublions pas la belle terrasse face au parc.

Menu 42 € (déjeuner), 72/105 €

Plan B1-n – *3 rue Sainte-Catherine – ✆ 03 83 19 03 57 – www.lamaisondansleparc.com – Fermé 1er-16 janvier, 26 avril-6 mai, 9-20 août, lundi, mardi, dimanche soir*

Les Petits Gobelins

CUISINE MODERNE • CONVIVIAL XX C'est dans une rue piétonne derrière la cathédrale, au pied d'une demeure du 18e s., qu'on déniche cet agréable restaurant familial, territoire de la famille Grosse : Patrice, chef, met l'accent sur le choix des produits et l'originalité des recettes, telle cette morille farcie d'une fine purée, et son œuf cocotte. Miam !

Menu 26/38 € – Carte 25/60 €

Plan B2-z – *18 rue de la Primatiale – ✆ 03 83 35 49 03 – www.lespetitsgobelins.fr – Fermé lundi, dimanche*

V Four

CUISINE MODERNE • INTIME Disciple de Gérard Veissière, Bruno Faonio crée une cuisine actuelle et soignée, associant fraîcheur des produits et belles présentations. Inutile de dire qu'on joue souvent à guichets fermés et qu'il vaut mieux réserver.

Menu 26 € (déjeuner), 32/65 € - Carte 50/75 €

Plan A1-r - *10 rue St-Michel - 03 83 32 49 48 - www.levfour.fr - Fermé 8-17 mars, 31 août-9 septembre, lundi, dimanche soir*

Le 27 Gambetta

CUISINE MODERNE • CONVIVIAL Ris de veau, foie gras : cette cuisine de bistrot privilégie des produits frais. Une valeur sûre, entraînée par une équipe jeune et motivée.

Menu 25 € (déjeuner), 32/60 €

Plan A2-f - *27 rue Gambetta - 03 83 35 81 33 - Fermé dimanche*

Hôtels & maisons d'hôtes

Hôtel d'Haussonville

HISTORIQUE • CLASSIQUE Les amateurs de demeures classées seront comblés par ce splendide hôtel particulier du 16e s. Ici, tout n'est que raffinement : cheminées et parquets d'époque, beau salon avec piano à queue, antiquités... Quel charme !

7 chambres - 133/268 € - 17 €

Plan A1-g - *9 rue Monseigneur-Trouillet - 03 83 35 85 84 - www.hotel-haussonville.fr*

Maison de Myon

HÔTEL PARTICULIER • PERSONNALISÉ Dans cette demeure du 18e s., proche de la cathédrale, tout est du meilleur goût : chambres et salons mêlent meubles anciens et design, tissus élégants, œuvres d'art, objets précieux, etc. Même l'ancienne écurie s'est transformée en belle bibliothèque ! On propose aussi cours de cuisine et dégustations de vins.

5 chambres - 140/150 €

Plan B2-s - *7 rue Mably - 03 83 46 56 56 - www.maisondemyon.com - Fermé 2-9 janvier, 15-22 février, 13-20 août*

NANTERRE - Hauts-de-Seine (92) → Voir Autour de Paris

NANTES

✉ 44000 – Loire-Atlantique – Carte régionale n° **23**-B2 – Carte Michelin 316-G4

On aime...

Élégante, bourgeoise et dynamique, Nantes a le vent en poupe. Équilibre remarquable entre son riche passé et son modernisme, la cité des Ducs de Bretagne remporte régulièrement la palme de la ville française où il fait bon vivre et travailler. Et manger ! Située sur l'estuaire de la Loire, elle bénéficie du meilleur du fleuve, mais aussi de la campagne et de la mer. Une diversité dont on profite à chaque repas. Saveur incomparable du beurre blanc, pureté du sel de Guérande, gourmandise des douceurs nantaises ! La campagne est riche en races bovines locales, tandis que les criées de Pornic et de la Turballe approvisionnent la ville en poissons d'une fraîcheur exceptionnelle. A ses portes, le vignoble de Muscadet, une appellation dont les progrès considérables incitent à redécouvrir ce joli vin adapté à la cuisine régionale.

Restaurants

L'Atlantide 1874 - Maison Guého (Jean-Yves Guého)

CUISINE MODERNE • DESIGN XXX À deux pas du petit musée Jules Verne, cette belle maison de 1874 surplombe la Loire, face à l'embouchure du fleuve et de l'île de Nantes. Par les grandes baies vitrées panoramiques de la salle du restaurant, on contemple le ballet des bateaux, le hangar à bananes et la grande grue grise, emblème de la cité portuaire de Nantes. Breton de Vannes, formé en Alsace à l'Auberge de l'Ill, cuisinier à la Nouvelle-Orléans et à Hong-Kong, Jean-Yves Guého extrait de beaux trésors de cette Atlantide. Le chef signe une cuisine très exacte et d'une belle finesse, qui fait la part belle au poisson. Intéressante carte de vins de Loire, quelques chambres avec vue pour l'étape.

Spécialités : Cuisses de grenouilles meunières, brandade et lait d'anguille fumée. Homard du Croisic aux morilles et au jus de presse au vin jaune. Soufflé flambé à la Chartreuse.

Menu 45 € (déjeuner), 50/105 € - Carte 88/130 €

Plan 1 B2-a - *5 rue de l'Hermitage - ✆ 02 40 73 23 23 - www.restaurant-atlantide.net - Fermé 1er-8 janvier, 3-24 août, 24-27 décembre, dimanche*

LuluRouget (Ludovic Pouzelgues)

CUISINE MODERNE • CONVIVIAL X Formé chez Michel Troisgros, Ludovic Pouzelgues incarne (avec d'autres !) le renouveau gastronomique de la ville. Bien connu des Nantais, il a quitté sa table de poche du centre-ville pour s'installer à deux pas des célèbres Machines de l'île. Le cadre est plaisant, contemporain et très confortable. Ici trônent en majesté les beaux produits (les criées de la Turballe et du Croisic sont proches), travaillés avec inventivité et précision. Dans chaque plat, fidèle à son mentor roannais, le chef apporte une touche d'acidité qui relève le goût : râpée d'agrumes, câpres, cornichons, vinaigre, pâte d'ail, grenade... Une cuisine moderne avec un parfum de peps.

Spécialités : Cuisine du marché.

Menu 32 € (déjeuner), 65/95 €

Plan 4 G2-d - *4 place Albert-Camus - ✆ 02 40 47 47 98 - www.lulurouget.fr - Fermé 1er-7 janvier, 10-31 août, lundi, dimanche*

L'Océanide

POISSONS ET FRUITS DE MER • VINTAGE XX Poêlée de langoustines, Saint-Jacques et encornet ; rouget rôti, jus de coquillage... Cette Océanide-là est bien nymphe de la mer. C'est en voisin que le chef va choisir ses produits au célèbre marché de Talensac, et la fraîcheur du poisson, parfaitement travaillé, ne trompe pas ! Cadre agréable au charme désuet.

Spécialités : Araignée décortiquée, guacamole et granny smith. Escalope de cabillaud, beurre de thym, jus de coquillages. Ananas rôti, caramel au beurre salé et sorbet ananas.

Menu 22 € (déjeuner), 32/98 € - Carte 35/65 €

Plan 4 G1-n - *2 rue Paul-Bellamy - ✆ 02 40 20 32 28 - www.restaurant-oceanide.fr - Fermé 25 juillet-18 août, lundi, dimanche*

L'Instinct Gourmand

CUISINE TRADITIONNELLE • SIMPLE X Plutôt de bon goût, ce bistrot "sans étiquette" qui trace son sillon loin de tout formalisme : ici, la simplicité et la fraîcheur sont les seuls mots d'ordre. Le menu, présenté à l'ardoise, est réalisé chaque jour au gré du marché et réserve de savoureuses surprises... Pari gagnant.

Spécialités : Maquereau au vin blanc, poireau confit et pickles de daïkon. Filet de veau rôti et pané au pop-corn, purée de maïs. Parfait glacé à la pêche, granité de fruits rouges.

Menu 17 € (déjeuner)/33 €

Plan 4 G2-g - *14 rue St-Léonard - ✆ 02 40 47 41 64 - www.linstinctgourmand.com - Fermé lundi, dimanche*

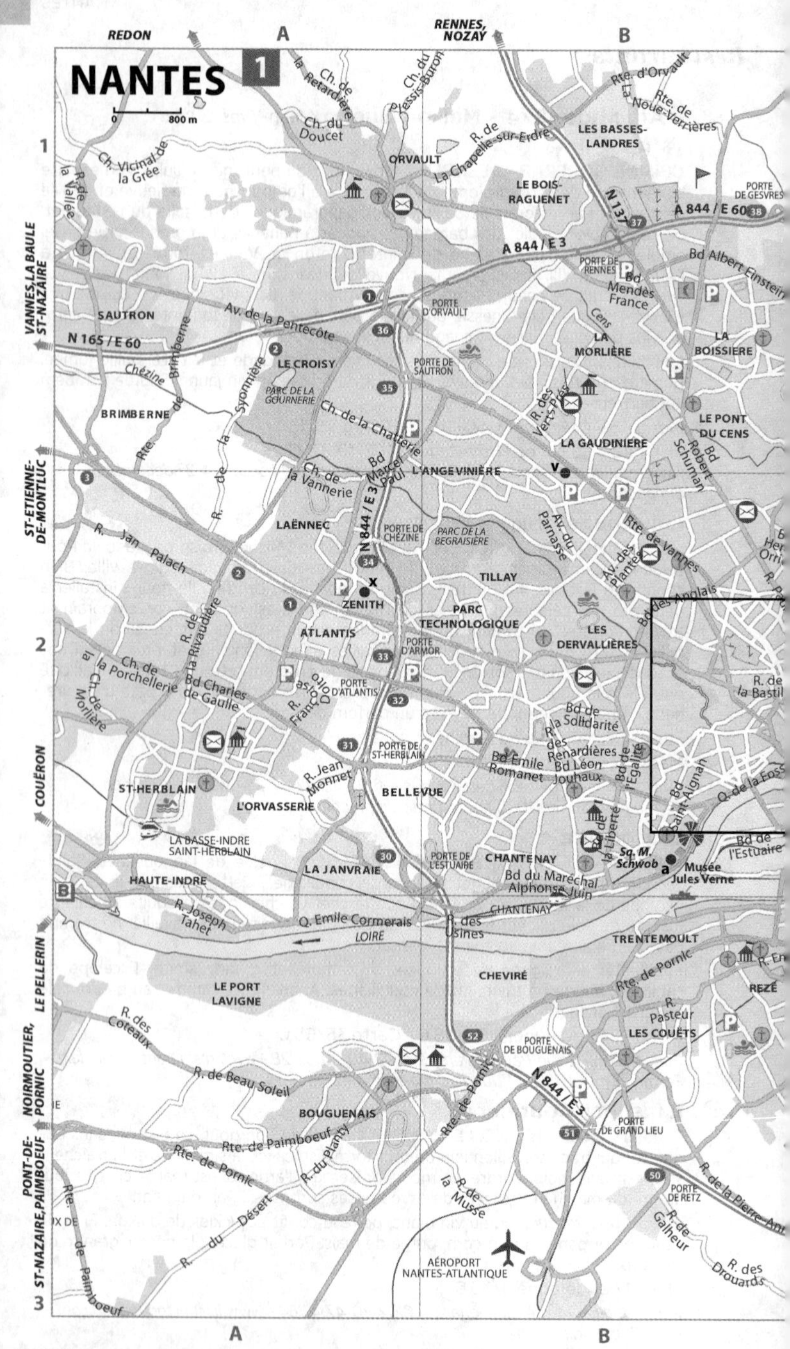
NANTES
1
0
800 m
REDON
RENNES, NOZAY
A
B
1
2
3
VANNES, LA BAULE ST-NAZAIRE
ST-ETIENNE-DE-MONTLUC
COUËRON
LE PELLERIN
NOIRMOUTIER, PORNIC
PONT-DE-ST-NAZAIRE, PAIMBOEUF
ORVAULT
LES BASSES-LANDRES
LE BOIS-RAGUENET
SAUTRON
LE CROISY
BRIMBERNE
LA MORLIÈRE
LA BOISSIERE
LA GAUDINIÈRE
LE PONT DU CENS
L'ANGEVINIÈRE
LAËNNEC
TILLAY
ZENITH
PARC TECHNOLOGIQUE
ATLANTIS
LES DERVALLIÈRES
ST-HERBLAIN
L'ORVASSERIE
BELLEVUE
LA BASSE-INDRE SAINT-HERBLAIN
HAUTE-INDRE
LA JANVRAIE
CHANTENAY
TRENTEMOULT
LE PORT LAVIGNE
CHEVIRÉ
REZÉ
LES COUËTS
BOUGUENAIS
AÉROPORT NANTES-ATLANTIQUE
A 844 / E 60
A 844 / E 3
N 137
N 165 / E 60
N 844 / E 3
PORTE DE GESVRES
PORTE DE RENNES
PORTE D'ORVAULT
PORTE DE SAUTRON
PORTE DE CHÉZINE
PORTE D'ARMOR
PORTE D'ATLANTIS
PORTE DE ST-HERBLAIN
PORTE DE L'ESTUAIRE
PORTE DE BOUGUENAIS
PORTE DE GRAND LIEU
PORTE DE RETZ
PARC DE LA GOURNERIE
PARC DE LA BEGRAISIÈRE
Ch. de la Retardière
Ch. du Plessis-Buron
Ch. du Doucet
R. de La Chapelle-sur-Erdre
Rte. d'Orvault
Rte. de La Noue-Verrières
Ch. Vicinal de la Grée
R. de la Vallée
Bd Albert Einstein
Bd Mendès France
Cens
Av. de la Pentecôte
Chézine
Brimberne
Rte. de Brimberne
R. de la Syonnière
Ch. de la Chatterie
R. des Verts-Prés
Bd Robert Schuman
Ch. de la Vannerie
Bd Marcel Paul
Av. du Parnasse
Rte. de Vannes
Av. des Plantes
R. Jan Palach
Bd des Anglais
R. de la Rivaudière
Ch. de la Porchellerie
Ch. de Morlière
Bd Charles de Gaulle
R. Françoise Dolto
R. de la Bastille
Bd de la Solidarité
R. des Renardières
Bd Emile Romanet
Bd Léon Jouhaux
Bd de l'Egalité
R. Jean Monnet
Bd Saint-Aignan
Q. de la Fosse
Bd de la Liberté
Sq. M. Schwob
Musée Jules Verne
Bd de l'Estuaire
Bd du Maréchal Alphonse Juin
CHANTENAY
R. Joseph Tahet
Q. Emile Cormerais
R. des Usines
LOIRE
Rte. de Pornic
R. Pasteur
R. des Coteaux
R. de Beau Soleil
Rte. de Pornic
Rte. de Paimboeuf
R. du Planty
Rte. de Pornic
R. de la Musse
R. du Désert
Rte. de Paimboeuf
R. de Galheur
R. de la Pierre-Anne
R. des Drouards
a
v
x
1
2
3
30
31
32
33
34
35
36
37
38
50
51
52

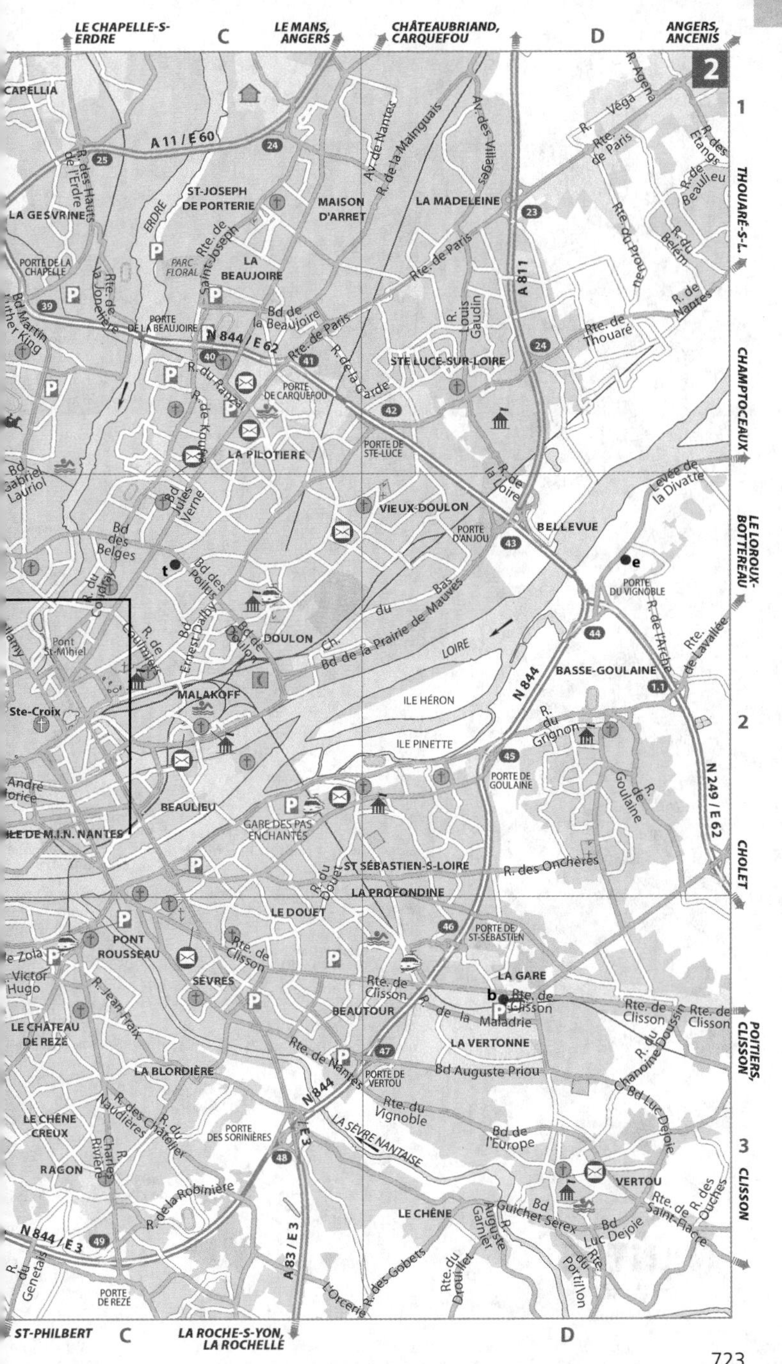
LE CHAPELLE-S-ERDRE
C
LE MANS, ANGERS
CHÂTEAUBRIAND, CARQUEFOU
D
ANGERS, ANCENIS
2
1
2
3
THOUARÉ-S-L.
CHAMPTOCEAUX
LE LOROUX-BOTTEREAU
CHOLET
POITIERS, CLISSON
CLISSON
ST-PHILBERT
LA ROCHE-S-YON, LA ROCHELLE
CAPELLIA
A 11 / E 60
LA GESVRINE
ST-JOSEPH DE PORTERIE
MAISON D'ARRET
LA MADELEINE
LA BEAUJOIRE
PARC FLORAL
ERDRE
PORTE DE LA CHAPELLE
PORTE DE LA BEAUJOIRE
N 844 / E 62
PORTE DE CARQUEFOU
STE LUCE-SUR-LOIRE
A 811
LA PILOTIERE
PORTE DE STE-LUCE
VIEUX-DOULON
PORTE D'ANJOU
BELLEVUE
PORTE DU VIGNOBLE
DOULON
LOIRE
BASSE-GOULAINE
ILE HÉRON
ILE PINETTE
MALAKOFF
Pont St-Mihiel
Ste-Croix
BEAULIEU
PORTE DE GOULAINE
GARE DES PAS ENCHANTÉS
ILE DE M.I.N. NANTES
ST SÉBASTIEN-S-LOIRE
LA PROFONDINE
N 249 / E 62
LE DOUET
PORTE DE ST-SÉBASTIEN
PONT ROUSSEAU
SÈVRES
LA GARE
BEAUTOUR
LA VERTONNE
LE CHÂTEAU DE REZÉ
LA BLORDIÈRE
PORTE DE VERTOU
N 844
LE CHÊNE CREUX
PORTE DES SORINIÈRES
LA SÈVRE NANTAISE
RAGON
VERTOU
LE CHÊNE
N 844 / E 3
A 83 / E 3
PORTE DE REZÉ
R. Véga
Rte. de Paris
Rte. de Thouaré
R. de Nantes
Levée de la Divatte
R. de l'Arche
Rte. de Lavallée
R. des Onchères
Rte. de Clisson
Bd de la Prairie de Mauves
Bd Auguste Priou
Bd de l'Europe
Rte. du Vignoble
Rte. de Nantes
Bd Luc Dejoie
Bd Guichet Sérex
Bd des Belges
Bd des Poilus
Bd Jules Verne
Bd Gabriel Lauriol
Bd de la Beaujoire
R. de la Garde
Av. de Nantes
R. de la Mainguais
Av. des Villages
R. Louis Gaudin
R. de la Robinière
R. des Naudières
R. Jean Fraix
R. de la Maladrie
t
e
b

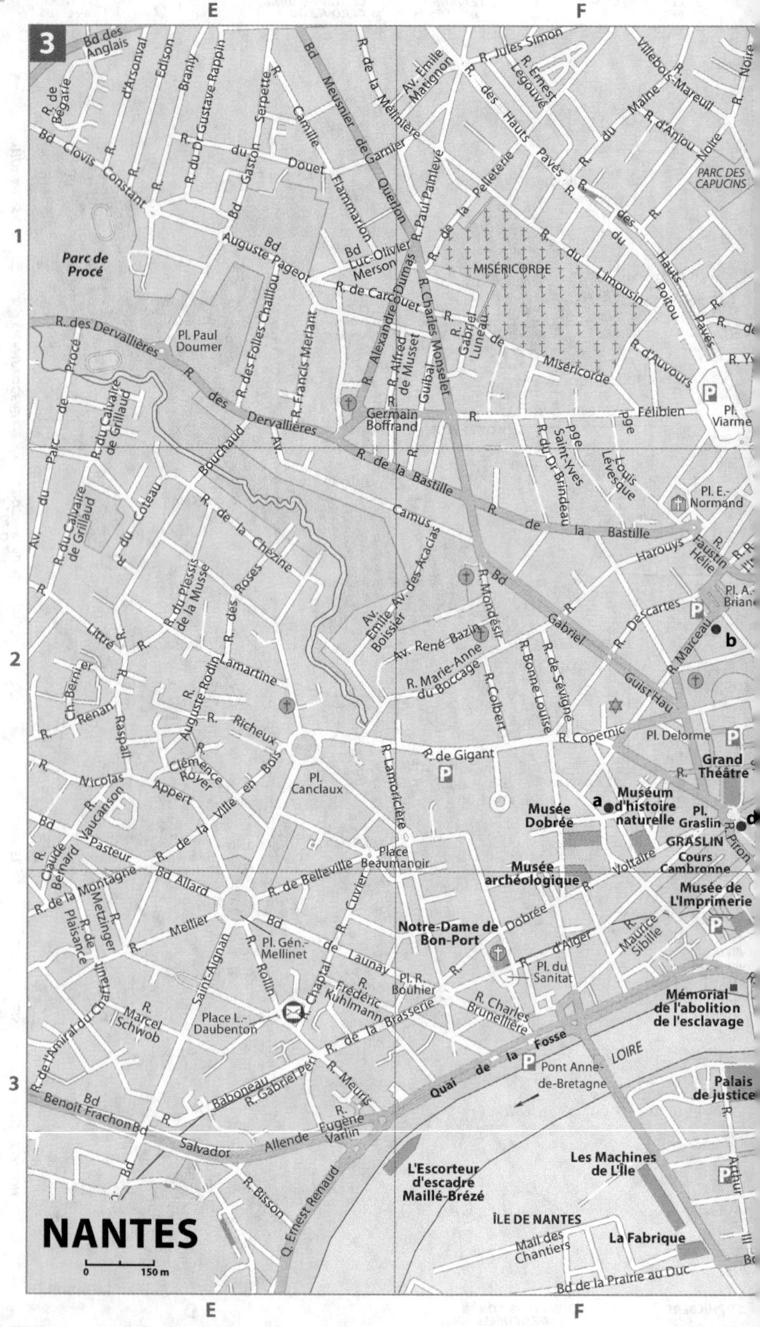
3
E
F
NANTES
0
150 m
Parc de Procé
MISÉRICORDE
PARC DES CAPUCINS
Pl. Paul Doumer
Pl. Viarme
Pl. E.-Normand
Pl. Canclaux
Place Beaumanoir
Pl. Gén.-Mellinet
Place L.-Daubenton
Pl. R. Bouhier
Pl. du Sanitat
Pl. Delorme
Grand Théâtre
Pl. Graslin
GRASLIN
Cours Cambronne
Musée Dobrée
Muséum d'histoire naturelle
Musée archéologique
Musée de L'Imprimerie
Notre-Dame de Bon-Port
Mémorial de l'abolition de l'esclavage
LOIRE
Pont Anne-de-Bretagne
Quai de la Fosse
Palais de justice
Les Machines de L'Île
L'Escorteur d'escadre Maillé-Brézé
ÎLE DE NANTES
La Fabrique
Mail des Chantiers
Bd de la Prairie au Duc
R. des Dervallières
R. de la Bastille
Bd Gabriel Guist'hau
R. de Gigant
Bd Allard
Bd de Launay
R. de la Ville en Bois
a
b
1
2
3

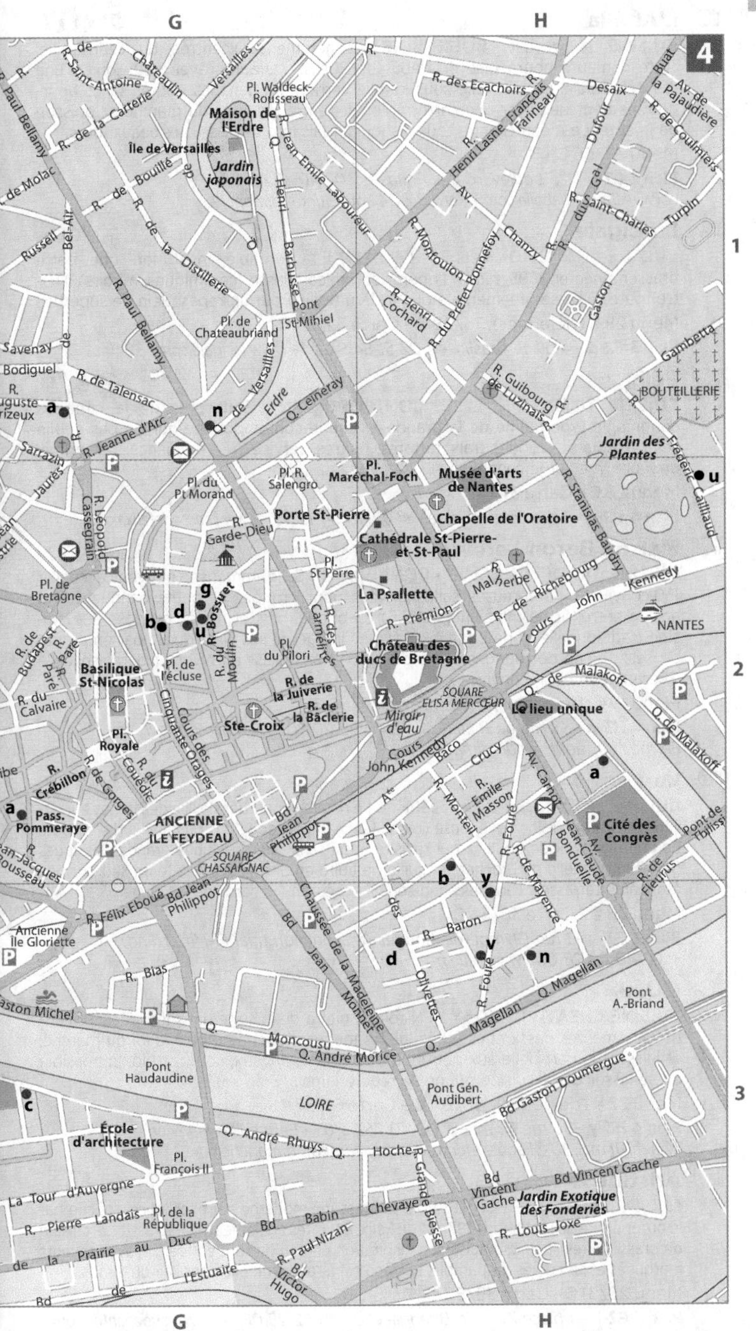
G
H
4
1
2
3
Maison de l'Erdre
Île de Versailles
Jardin japonais
Pl. Waldeck-Rousseau
Pl. de Chateaubriand
Pont St-Mihiel
Jardin des Plantes
BOUTEILLERIE
Musée d'arts de Nantes
Chapelle de l'Oratoire
Pl. Maréchal-Foch
Porte St-Pierre
Cathédrale St-Pierre-et-St-Paul
La Psallette
Château des ducs de Bretagne
SQUARE ELISA MERCŒUR
Le lieu unique
Miroir d'eau
Basilique St-Nicolas
Ste-Croix
Pl. Royale
Pass. Pommeraye
ANCIENNE ÎLE FEYDEAU
SQUARE CHASSAIGNAC
Cité des Congrès
NANTES
Ancienne Île Gloriette
LOIRE
Pont Haudaudine
Pont Gén. Audibert
Pont A.-Briand
École d'architecture
Pl. François II
Pl. de la République
Jardin Exotique des Fonderies
Cours John Kennedy
Q. André Morice
Q. André Rhuys
Q. Magellan
Bd Gaston Doumergue
Bd Vincent Gache
Chaussée de la Madeleine
Bd Jean Monnet
Cours des Cinquante Otages
G
H

L'Abélia

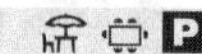

CUISINE MODERNE · BOURGEOIS XX Légèrement excentrée du centre-ville, cette demeure bourgeoise du début du 20e s., restaurée avec goût jouit d'une clientèle fidèle. On s'installe sous la jolie verrière ou dans les petites salles bourgeoises pour déguster une carte régionale, entre légumes du marché et poisson de la côte. Le menu change tous les jours. Plaisante terrasse aux beaux jours.

Menu 37/56 €

Plan 2 C2-t – *125 boulevard des Poilus – ✆ 02 40 35 40 00 – www.restaurantlabelia.com – Fermé 2-24 août, lundi, dimanche*

La Cigale

CUISINE TRADITIONNELLE · BRASSERIE XX Véritable institution que cette brasserie née en 1895, face à l'opéra : son décor classé (céramiques, miroirs) illustre toute l'ivresse ornementale du Modern Style. Pour un repas plein de superbe !

Menu 28 € (déjeuner), 16/28 € – Carte 32/54 €

Plan 3 F2-d – *4 place Graslin – ✆ 02 51 84 94 94 – www.lacigale.com*

Félix

CUISINE TRADITIONNELLE · CONTEMPORAIN XX Tout près de la cité des congrès, le type même de la grande brasserie contemporaine qui n'a pas oublié ses classiques : produits frais, tartares, huîtres, service 7j/7, ambiance... En prime, une jolie vue sur le canal St-Félix.

Menu 28 € – Carte 34/47 €

Plan 4 H2-a – *1 rue Lefevre-Utile – ✆ 02 40 34 15 93 – www.brasseriefelix.com*

Maison Baron Lefèvre

CUISINE TRADITIONNELLE · CONVIVIAL XX Salle immense (pouvant accueillir 150 convives), nombreuses salles privées pour groupes et petits banquets : cet ancien entrepôt de maraîchers (1936) en brique, bois et métal, propose une cuisine traditionnelle et de bons produits, à l'image de ses classiques : bar en croûte de sel ; poêlée de rognons et ris de veau ; Paris-brest en hiver et demoiselle de Guérande en été... Convivial.

Menu 19 € (déjeuner)/28 € – Carte 37/55 €

Plan 4 H3-n – *33 rue de Rieux – ✆ 02 40 89 20 20 – www.baron-lefevre.fr – Fermé 1er-15 août, lundi, dimanche*

Le 1

CUISINE MODERNE · BRASSERIE XX Le nouveau quartier de l'île de Nantes aura-t-il inspiré cette cuisine voyageuse (tapas façon finger food ; dos de cabillaud en croûte de chorizo ; wok de poulet), qui revisite aussi sans ciller quelques grands classiques français (quenelle de brochet ; anguille de Loire en persillade) ? L'été on sert sur une étonnante terrasse « cabane canadienne » posée sur les bords de la Loire.

Menu 28 € – Carte 38/53 €

Plan 4 G3-c – *1 rue Olympe-de-Gouges (à l'angle du quai F.-Mitterrand) – ✆ 02 40 08 28 00 – www.leun.fr*

L'U.ni

CUISINE CRÉATIVE · COSY XX Nicolas Guiet a de la suite dans les idées, et l'enthousiasme des passionnés : chez lui, les menus n'obéissent qu'à la loi du marché, et laissent la part belle aux petits producteurs régionaux, souvent bio. Impossible de se lasser d'une cuisine qui ne se répète jamais. Bien joué.

Menu 22 € (déjeuner), 43/64 € – Carte 61/67 €

Plan 4 H3-y – *36 rue Fouré – ✆ 02 40 75 53 05 – Fermé 1er-14 janvier, 27 avril-11 mai, 10-31 août, mercredi midi, samedi, dimanche*

Aristide (N)

CUISINE MODERNE · CHIC X Voici la brasserie moderne par excellence, conçue par le propriétaire de L'Atlantide 1874 et de Félix, à Nantes également. Dans l'assiette, cuisine de brasserie revisitée, qui puise son inspiration un peu partout en France, avec saveurs marquées et jus corsés : imparable. La déco est à l'avenant, pile dans l'air du temps.

Menu 28/31 € – Carte 35/50 €

Plan 3 F2-b – *1 place Aristide-Briand – ✆ 02 49 62 25 06 – www.aristidenantes.com*

Roza 

CUISINE MODERNE • ÉLÉGANT X Une cuisine dans l'air du temps, pointue, calibrée, fort bien maîtrisée par un chef expérimenté, qui en a sous la toque. Les produits sont superbes, les saveurs marquées et plaisantes, à l'instar de cette savoureuse queue de bœuf, légumes racines, purée de céleri, et jus corsé... Miam !

Menu 25 € (déjeuner) - Carte 45/55 €

Plan 3 F2-a - *3 place de la Monnaie - ✆ 02 40 54 01 87 - www.restaurantroza.com - Fermé 2-27 août, samedi, dimanche*

L'Atelier d'Alain

CUISINE TRADITIONNELLE • CONVIVIAL X Alain Ruffault a créé son Atelier dans l'ancienne boucherie de ses parents, aujourd'hui métamorphosée. Signes distinctifs des lieux : une bonne cuisine, à la fois gourmande et soignée, et de la décontraction ! Belle carte de vins.

Menu 33 € - Carte 36/70 €

Plan 4 H3-d - *24 rue des Olivettes - ✆ 02 40 84 38 66 - www.atelieralain.fr - Fermé 23 février-1er mars, 25 juillet-24 août, samedi midi, dimanche*

Le Bouchon 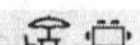

CUISINE MODERNE • BISTRO X tw=1.02wSa bonne cuisine dans l'air du temps, réinventée jour après jour ; son intérieur joliment décoré (tomettes au sol, poutres anciennes, miroirs) ; sa terrasse incontournable, véritable havre de verdure en plein cœur de la ville... On comprend mieux pourquoi cette adresse est aussi prisée des Nantais !

Menu 18 € (déjeuner), 31/35 € - Carte 32/45 €

Plan 4 G2-u - *7 rue Bossuet - ✆ 02 40 20 08 44 - www.le-bouchon-nantes.com - Fermé lundi, samedi midi, dimanche*

Les Bouteilles 

CUISINE TRADITIONNELLE • BISTRO X À côté du marché de Talensac, un bistrot à vins épatant : décor sympathique honorant Bacchus, belle cuisine de produits (charcuteries italiennes, plats canailles, poisson de la marée...) sans oublier - enseigne oblige - une mémorable carte des vins (700 références !) faisant notamment honneur à la Bourgogne.

Menu 25 € (déjeuner), 35/60 €

Plan 4 G1-a - *11 rue de Bel-Air - ✆ 02 40 08 27 65 - Fermé 1er-24 août, lundi, dimanche*

Les Chants d'Avril

CUISINE TRADITIONNELLE • BISTRO X Christophe François est le type même du chef passionné... et passionnant. Il cultive ici l'esprit de bistrot en toute simplicité : vieux parquet, comptoir en formica, bibelots... Côté cuisine, idem : il décline un menu unique au gré de son humeur et du marché du jour, en utilisant de beaux produits de la région. Rafraîchissant !

Menu 22 € (déjeuner), 29/36 € - Carte 30/45 €

Plan 4 H2-b - *2 rue Laennec - ✆ 02 40 89 34 76 - www.leschantsdavril.fr - Fermé 1er-26 août, 23 décembre-2 janvier, lundi soir, mardi soir, mercredi soir, samedi, dimanche*

Omija (N) 

CUISINE MODERNE • CONTEMPORAIN X L'omija est une baie coréenne connue pour associer les cinq saveurs en parfaite harmonie (salé, sucré, acide, amer, piquant). C'est aussi ce que Romain Bonnet, jeune chef audacieux au solide CV a décidé de réaliser... c'est dire l'ambition. Dans l'assiette, une partition dans l'air du temps joliment réalisée. Une adresse attachante.

Menu 24 € (déjeuner), 38/49 €

Plan 4 H3-v - *54 rue Fouré - ✆ 02 40 74 81 05 - www.omija.fr - Fermé 4-12 janvier, 2-23 août, 23-27 décembre, mercredi soir, samedi midi, dimanche*

Song, Saveurs & Sens

CUISINE ASIATIQUE CONTEMPORAINE • TENDANCE Nhung Phung a changé de vie pour créer son restaurant. Autodidacte, certes, mais vraie cuisinière ! Originaire du Vietnam, elle grandit au Laos, au Cambodge et en Thaïlande. Et c'est à l'aune de ces terres de parfums qu'elle construit sa personnalité culinaire : une cuisine sensible, intelligente, mesurée, entre Asie du Sud-Est et France, épices subtiles et produits de qualité...

Menu 19 € (déjeuner)/36 € – Carte 46/56 €

Plan 4 G2-a – *5 rue Santeuil – ✆ 02 40 20 88 07 – www.restaurant-song.fr – Fermé 3-10 mai, 2-24 août, 29 décembre-3 janvier, lundi, dimanche*

Hôtels

Sozo

HISTORIQUE • DESIGN Proche voisin du Jardin des Plantes, cet hôtel a été créé dans une ancienne chapelle du 19e s. ! Chambres dans les absidioles ou le chœur, vitraux pour fenêtre, clés de voûte en guise de tête de lit et, partout, un aménagement des plus design... Le cachet d'un monument historique associé à l'épure contemporaine : unique !

23 chambres – 150/350 € – 19 € – 1 suite

Plan 4 H2-u – *16 rue Frédéric-Caillaud – ✆ 02 51 82 40 00 – www.sozohotel.fr*

La Pérouse

URBAIN • ÉPURÉ Situé sur le fameux Cours des 50-Otages, cet hôtel à l'étonnante architecture contemporaine, enregistré au patrimoine architectural du 20e s., ravira les amateurs de design, d'art contemporain et de chambres au look épuré, presque radical.

46 chambres – 94/244 € – 16 €

Plan 4 D3-b – *3 allée Duquesne – ✆ 02 40 89 75 00 – www.hotel-laperouse.fr*

à Basse-Goulaine 3,5 km au Nord par N249 et D751

Villa Mon Rêve

CUISINE TRADITIONNELLE • COSY Dans un grand jardin protégé par une levée de la Loire, une jolie maison bourgeoise de la fin du 19^e^s., au cadre élégant et feutré. La carte perpétue la tradition de la cuisine des bords de Loire : cuisses de grenouille au beurre persillé ou gros plant et sa sauce aux herbes ; poissons de la région (brochet, sandre et bar) au beurre blanc. Terrasse plaisante aux beaux jours.

Menu 23 € (déjeuner), 37/61 € – Carte 50/100 €

Plan 2 D2-e – *2 Levée de la Divate – ✆ 02 40 03 55 50 – www.villa-mon-reve.com – Fermé lundi, mardi*

à Carquefou 14 km au Nord-Est par A11

Auberge du Vieux Gachet

CUISINE MODERNE • CONVIVIAL Cette ancienne ferme évoque la campagne d'antan, à deux pas de la ville : au bord de l'Erdre, face aux flots, la vue se révèle très nature. De la belle cuisine, visible à l'entrée, s'échappent les fumets harmonieux d'une cuisine traditionnelle et généreuse. La carte des vins flirte avec 350 références, l'atout charme !

Menu 22 € (déjeuner), 36/65 € – Carte 58/84 €

Hors plan – *route de la Chantrerie, au bord de l'Erdre – ✆ 02 40 25 10 92 – www.aubergeduvieuxgachet.com – Fermé lundi, dimanche soir*

Manoir de la Régate

CUISINE MODERNE • CONTEMPORAIN Une élégante demeure toute blanche, couverte de vigne vierge (19e s.) pour une escapade gastronomique aux portes de Nantes. La cuisine moderne et enthousiaste du jeune chef, attentif aux saisons, se déguste, l'été venu, sur l'agréable terrasse.

Menu 26 € (déjeuner), 30/68 € – Carte 62/68 €

Hors plan – *155 route de Gachet, au bord de l'Erdre – ✆ 02 40 18 02 97 – www.manoir-regate.com – Fermé dimanche*

à Haute-Goulaine 14 km au Sud - Est par D119 - Carte régionale n° **23**-B2

Manoir de la Boulaie (Laurent Saudeau)

CUISINE CRÉATIVE • ÉLÉGANT XXX Voici presque vingt ans que Laurent Saudeau promène son âme voyageuse dans ce bel écrin de verdure, niché au cœur du vignoble, à quelques kilomètres seulement de Nantes. Puisant dans des souvenirs de séjours dans l'océan Indien (Île Maurice, La Réunion) mais aussi aux Antilles, il élabore des recettes dans une veine contemporaine, associant de nombreux ingrédients, locaux et exotiques – au hasard, poivre de Tasmanie, algue nori, fève tonka, thé noir – ainsi que des épices. Optez pour les propositions du menu, qui reprennent les plats de la carte à moindre coût. Le tout se déguste dans un décor surprenant, mêlant classicisme et couleurs vives.

Spécialités : Raviole éphémère de homard, céleri et pomme verte. Agneau de l'Aveyron en croûte d'olive, aubergine et anchois. Galet des îles à la noix de coco, chocolat, banane et passion.

Menu 60 € (déjeuner), 110/160 € – Carte 115/135 €

Hors plan – *33 rue Chapelle St-Martin – ✆ 02 40 06 15 91 – www.manoir-de-la-boulaie.fr – Fermé 26 juillet-21 août, 20 décembre-8 janvier, lundi, mardi, dimanche soir*

à St-Herblain 8 km à l'Ouest

Les Caudalies

CUISINE MODERNE • COSY XX Savez-vous que les caudalies mesurent la durée de persistance aromatique du vin en bouche ? Un véritable programme pour cette table gastronomique tenue par un couple complémentaire : lui chef, elle sommelière. Au menu : de beaux accords mets-vins, pour une cuisine elle-même inventive et soignée. Bar à vins à l'étage.

Menu 25/60 € – Carte 42/50 €

Plan 1 B1-v – *229 route de Vannes – ✆ 02 40 94 35 35 – www.restaurant-lescaudalies.com – Fermé 21 février-3 mars, 31 juillet-26 août, lundi, mercredi soir, dimanche*

Les Pellières

CUISINE TRADITIONNELLE • RUSTIQUE XX Un petit coin de campagne dans une zone aujourd'hui urbanisée, tout près du Zénith… On remonte le temps dans cette ferme du 16e s. (avec une extension en bois et verre), où l'on déguste une cuisine de tradition très généreuse, valorisant produits du terroir, herbes et légumes du potager, au plus près des saisons.

Menu 19 € (déjeuner)/28 € – Carte 31/47 €

Plan 1 A2-x – *Esplanade Georges-Brassens (parking P1 du Zénith) – ✆ 02 40 65 08 88 – www.baron-lefevre.fr – Fermé lundi soir, dimanche*

à Vertou 7 km par D59 sortie porte de Vertou

Le Laurier Fleuri

CUISINE MODERNE • TRADITIONNEL XX Un jeune couple fait souffler un vent de renouveau sur cet ancien relais de diligence d'aspect très traditionnel ! C'est après un solide parcours dans des maisons de renom que le chef a repris les rênes des fourneaux. On sent dans chaque assiette un réel travail et une vraie envie de surprendre et de faire plaisir…

Menu 21/54 € – Carte 31/55 €

Plan 2 D3-b – *458 route de Clisson – ✆ 02 51 79 01 01 – www.laurierfleuri.fr – Fermé 1er-24 août, lundi, dimanche*

NANTUA

✉ 01130 - Ain - Carte régionale n° **2**-C1 - Carte Michelin 328-G4

L'Embarcadère

CUISINE CLASSIQUE • CONTEMPORAIN XX Les atouts de cet Embarcadère gourmand ? Sa situation près du lac bien entendu, sans oublier sa vue panoramique, mais surtout sa cuisine ! Entre spécialités du terroir bressan et quenelles de brochet de Nantua, on apprécie le travail propre et méticuleux du chef, ainsi que la fraîcheur des produits utilisés.

Menu 27/78 € - Carte 47/80 €

13 Avenue du Lac - ☎ 04 74 75 22 88 - www.hotelembarcadere.com - Fermé 21 décembre-3 janvier

LA NAPOULE - Alpes-Maritimes (06) ➜ Voir Mandelieu

NARBONNE

✉ 11100 - Aude - Carte régionale n° **21**-B3 - Carte Michelin 344-J3

La Table Saint-Crescent (Lionel Giraud)

CUISINE CRÉATIVE • ÉLÉGANT XXX Au Moyen Âge, l'abbé Saint-Crescent offrait l'asile aux pèlerins en route vers Saint-Jacques-de-Compostelle. Si les arcades et les pierres nues rappellent ce passé lointain, le cadre est aujourd'hui ultra-moderne : noir et blanc de belle facture, sol de béton ciré, sièges moulés d'une seule pièce comme de vrais sculptures... Fils de restaurateur, Lionel Giraud prêche la bonne parole du "locavorisme". Inventif, il célèbre aussi bien le produit le plus noble (thon rouge de Méditerranée) que le plus simple (haricot vert) en passant par une authentique mozzarella de bufflone des Corbières. Il prône aussi l'ikejime, cette méthode japonaise de mise à mort respectueuse du poisson qui préserve l'intégrité de sa chair.

Spécialités : Tagliatelles de calamar, champignons aux bourgeons, jus d'estragon, sarrasin grillé et émulsion madras. Merluchon légèrement fumé aux aiguilles de pins, navets ivres, extraction de mandarine et bouillon beurré. Lait cru de vache en différentes textures et températures à la vanille bleue.

Menu 35 € (déjeuner), 65/95 € - Carte 74/110 €

rond-point de la Liberté - 68 avenue du Général-Leclerc (au Palais du Vin) - ☎ 04 68 41 37 37 - www.la-table-saint-crescent.com - Fermé 1er janvier-19 avril, lundi, mardi, dimanche soir

Gaïa

CUISINE MODERNE • BRANCHÉ X L'ancienne partie restauration du Botafogo est aujourd'hui un restaurant à part entière : déco moderne (carreaux de ciment, tabourets industriels, tables en bois blond, cuisine ouverte) et cuisine actuelle à base de bons produits.

Menu 21 € (déjeuner), 26/32 € - Carte 40/60 €

8 avenue des Pyrénées - ☎ 04 68 48 36 86 - www.gaia-narbonne.fr - Fermé lundi, samedi midi, dimanche

Le Petit Comptoir

CUISINE TRADITIONNELLE • VINTAGE X Un bistrot au cachet 1930 où l'on célèbre les bons produits (charcuterie et poissons notamment) et la cuisine... bistrotière. La riche cave - 350 références, essentiellement régionales - et le bar à vins feront le bonheur des amateurs de nectars !

Menu 22 € (déjeuner)/32 € - Carte 35/50 €

4 Boulevard du Maréchal Joffre - ☎ 04 68 42 30 35 - www.petitcomptoir.com - Fermé 2-6 janvier, lundi, dimanche

La Table des Cuisiniers Cavistes

CUISINE TRADITIONNELLE • BISTRO X Dans une ambiance conviviale, cette table privilégie le marché et les produits locaux labellisés, sans oublier les légumes du potager en permaculture et la pêche locale... L'assiette et le verre vont main dans la main, les saveurs sont mises en valeur avec simplicité : on passe un bon moment.

Menu 19 € (déjeuner)/32 € - Carte 49/67 €

4 place Lamourguier - ☎ 04 68 32 96 45 - www.table-cuisiniercaviste.com - Fermé lundi, dimanche

à l'Hospitalet 10 km à l'Est par D168, rte de Narbonne - Plage

L'Art de Vivre

CUISINE MODERNE • AUBERGE XX Dans ce domaine viticole niché en plein massif de La Clape, une table qui met toutes les chances de son côté : beaux produits locaux (bio, majoritairement), plats colorés et parfumés, cuissons justes et visuels très soignés... Une adresse sérieuse.

Menu 29 € (déjeuner), 49/89 € - Carte 72/88 €

Château l'Hospitalet, Route de Narbonne-Plage - 04 68 45 28 50 - www.chateau-hospitalet.com - Fermé 18 décembre-13 janvier, lundi, samedi midi, dimanche

Château l'Hospitalet

TRADITIONNEL • COSY En pleine garrigue et au cœur d'un domaine viticole, ce complexe hôtelier cultive l'art de l'hospitalité. Les chambres arborent un agréable style contemporain et tout invite à la détente : expos d'art, boutiques d'artisanat, restaurant valorisant les vins du domaine... Un lieu qui bouge !

38 chambres - 145/350 € - 16 €

Route de Narbonne-Plage - 04 68 45 28 50 - www.chateau-hospitalet.com - Fermé 18 décembre-13 janvier

L'Art de Vivre - Voir la sélection des restaurants

NATZWILLER

67130 - Bas-Rhin - Carte régionale n° **10**-C1 - Carte Michelin 315-H6

Auberge Metzger

CUISINE TRADITIONNELLE • ÉLÉGANT XX Cuissons précises, produits de qualité, accompagnements soignés : Yves Metzger mitonne une cuisine régionale tout simplement délicieuse... et bon marché ! Une raison de plus pour faire étape dans cette auberge accueillante de la vallée de la Bruche. Chambres spacieuses et confortables.

Spécialités : Cassolette de champignons. Filet de sandre, sauce riesling. Chaud-froid de fruits de saison.

Menu 27/65 €

55 rue Principale - 03 88 97 02 42 - www.hotel-aubergemetzger.com - Fermé 2-30 janvier, 29 juin-7 juillet, 21-26 décembre, lundi, dimanche soir

NAUCELLE

12800 - Aveyron - Carte régionale n° **22**-C1 - Carte Michelin 338-G5

L'Aromatique

CUISINE MODERNE • COSY X Les jolies histoires commencent souvent ainsi : un jeune couple, passé par de prestigieuses maisons, décide de redonner de l'allant à un lieu - et y parvient ! Décor chaleureux, produits frais et menu unique le midi (cuisine plus travaillée le soir et le week-end). Ici, tout est fait maison !

Menu 17 € (déjeuner), 32/60 €

7 boulevard Eugène-Viala - 05 65 42 49 64 - www.laromatique-naucelle.fr - Fermé 7-16 avril, 17 août-2 septembre, 17-24 novembre, lundi soir, mardi, mercredi, jeudi soir, dimanche soir

NÉRIS-LES-BAINS - Allier (03) → Voir Montluçon

NESTIER

65150 - Hautes-Pyrénées - Carte régionale n° **22**-A3 - Carte Michelin 342-O6

Relais du Castéra 

CUISINE TRADITIONNELLE • FAMILIAL XX Une auberge de tradition, tenue par le même couple de professionnels depuis de longues années. Les recettes, qui mettent à l'honneur le terroir et les produits de qualité, sont alléchantes. Quelques chambres, confortables et simplement arrangées, pour l'étape.

Menu 22 € (déjeuner), 32/60 € - Carte 30/60 €

place du Calvaire - 05 62 39 77 37 - www.hotel-castera.com - Fermé 8-31 janvier, lundi, mardi, dimanche soir

LE NEUBOURG

✉ 27110 - Eure - Carte régionale n° **17**-C2 - Carte Michelin 304-F7

La Longère

CUISINE MODERNE • CONTEMPORAIN Cette ancienne longère à colombages abrite l'une des tables les plus dynamiques des environs. Le chef-patron Gérald Seuron, secondé en pâtisserie par sa compagne Alice, propose une cuisine actuelle et créative, rythmée par les saisons, à base de produits sélectionnés au maximum en circuits courts. Aux beaux jours, on dîne en terrasse.

Spécialités : Galettes de graines et jeunes légumes, huile de géranium. Mignon de porc aux épices, tian de légumes. Crémeux citron, fraises et mélisse.

Menu 25 € (déjeuner), 30/69 € - Carte 49/57 €

1c rue du Docteur-Couderc - ☎ 02 32 60 29 83 - www.restaurant-la-longere.fr - Fermé lundi, mercredi soir, dimanche soir

NEUILLÉ-LE-LIERRE

✉ 37380 - Indre-et-Loire - Carte régionale n° **8**-B2 - Carte Michelin 317-O3

Auberge de la Brenne

CUISINE TRADITIONNELLE • BOURGEOIS Andouillette et sa tarte à l'échalote, lapin délicatement mijoté dans une sauce au sauvignon : la tradition et les bons produits ont trouvé leur repaire tourangeau. Accueil charmant. À 50 m du restaurant, maison des années 1900 disposant de chambres confortables.

Spécialités : Maquereau mariné, ratatouille glacée et pesto. Sandre, beurre de salicorne et risotto au vadouvan. Crêpe soufflée aux agrumes.

Menu 33/75 € - Carte 50/85 €

19 rue de la République - ☎ 02 47 52 95 05 - www.auberge-brenne.com - Fermé mardi, mercredi, dimanche soir

NEUVILLE-BOSC

✉ 60119 - Oise - Carte régionale n° **14**-A3 - Carte Michelin 305-D5

Le Clos des Vignes

MAISON DE CAMPAGNE • COSY Au cœur du Vexin, entre prés et étangs, ce corps de ferme abrite aujourd'hui un hôtel de charme quasi confidentiel... Les chambres sont de vrais cocons, spécialement les grandes suites (L'Indonésienne, La Nature, La Nuptiale, etc.), sans oublier la piscine, le sauna, les jacuzzis... Idéal pour un séjour à deux.

9 suites - 260/380 € - ☕ 15 € - 5 chambres

13 rue des Vignes - ☎ 03 44 22 36 90 - www.leclosdesvignes.fr

NÉVACHE

✉ 05100 - Hautes-Alpes - Carte régionale n° **24**-C1 - Carte Michelin 334-H2

Le Chalet d'En Hô

FAMILIAL • MONTAGNARD Là-haut dans la montagne... Environnement naturel privilégié pour ce chalet, qui a tout d'un petit cocon d'altitude : quiétude, décor de bois très chaleureux, mais aussi sauna et jacuzzi pour récupérer après une randonnée en été - ou un tour de ski de fond en hiver ! Restaurant traditionnel.

14 chambres - 140/167 € - ☕ 15 €

Hameau des Chazales - ☎ 04 92 20 12 29 - www.chaletdenho.fr - Fermé 29 mars-5 juin, 20 septembre-25 décembre

NEVERS

✉ 58000 - Nièvre - Carte régionale n° **5**-A2 - Carte Michelin 319-B10

Le Bengy

CUISINE MODERNE · CONVIVIAL XX Au nord de Nevers, ce restaurant a pignon sur rue ! On s'y rend avec plaisir : le chef et son équipe concoctent une cuisine plaisante, avec des produits de qualité, et font évoluer la carte chaque mois. Une bonne adresse.

Menu 20/35 € - Carte 34/52 €

25 route de Paris - ✆ 03 86 38 02 84 - www.le-bengy-restaurant.com - Fermé 1er-6 janvier, 23 février-10 mars, 26 juillet-18 août, lundi, dimanche

Jean-Michel Couron

CUISINE CRÉATIVE · COSY XX Une valeur sûre de la gastronomie nivernaise, menée depuis de longues années par le chef Jean-Michel Couron, dont la cuisine associe bons produits, jolis visuels et notes d'invention. L'intérieur a été entièrement repensé dans une veine contemporaine, et l'on peut dîner sous les voûtes du 14e s. d'un ancien cloître !

Menu 38/60 € - Carte 55/65 €

21 rue St-Etienne - ✆ 03 86 61 19 28 - www.jm-couron.com - Fermé 24 février-10 mars, 20 juillet-11 août, lundi, mardi, dimanche soir

Comptoir St-Sébastien

CUISINE TRADITIONNELLE · BISTRO X Esprit de bistrot parisien dans le décor... mais aussi dans la cuisine, simple et généreuse, qui révèle de belles saveurs : escargots sautés aux champignons des bois, entrecôte charolaise à la sauce au poivre, etc. Et pour prolonger le plaisir, direction l'Olivier, le bistrot voisin tenu par les mêmes associés.

Menu 20/27 € - Carte 24/56 €

9 place St-Sébastien - ✆ 03 86 36 26 44 - www.comptoirsaintsebastien.com - Fermé dimanche soir

à Urzy 4 km par D207

La Fontaine Cavalier

CUISINE MODERNE · TENDANCE X Au menu de cet ancien corps de ferme transformé en restaurant, une savoureuse cuisine de produits : terrine de canard au foie gras vinaigrette, carré de veau en croûte de basilic et pignons de pin torréfiés, cheesecake aux fruits rouges... Le tout à prix raisonnables. Belle terrasse ouverte sur la nature.

Menu 19 € (déjeuner), 29/39 €

Chemin des Cavaliers, Domaine Jeunot - ✆ 03 86 57 41 71 - www.fontaine-cavalier.com - Fermé lundi soir, mardi soir, mercredi

NÉVEZ

✉ 29920 - Finistère - Carte régionale n° **7**-B2 - Carte Michelin 308-I8

à Raguenès-Plage 4 km au Sud par rte secondaire

Ar Men Du

CUISINE MODERNE · TENDANCE XX À vos pieds, la lande sauvage est battue par l'océan, et à quelques encablures, les rochers de l'îlot de Raguenès brillent au soleil. Quant à l'assiette, elle rend un hommage appuyé aux produits locaux : ne manquez pas, en saison, le menu spécial du chef consacré au bar.

Menu 55/110 € - Carte 76/111 €

rue des Îles - ✆ 02 98 06 84 22 - www.men-du.com - Fermé 4 janvier-4 mars, 8 novembre-17 décembre, mardi midi, mercredi midi

NEYRAC-LES-BAINS

✉ 07380 - Ardèche - Carte régionale n° **2**-A3 - Carte Michelin 331-H5

Brioude

CUISINE MODERNE · TRADITIONNEL X Près des thermes, cette auberge familiale vous régale depuis 1887 d'une cuisine soignée et locavore : carpaccio de truite d'Ardèche, tartine de légumes croquants ; bœuf fin gras du Mézenc longuement braisé, carottes confites au miel... Terrasse sous les platanes.

Menu 49/58 €

4 rue Mazade - ✆ 04 75 36 41 07 - www.hotel-levant.com - Fermé lundi, mardi, dimanche soir

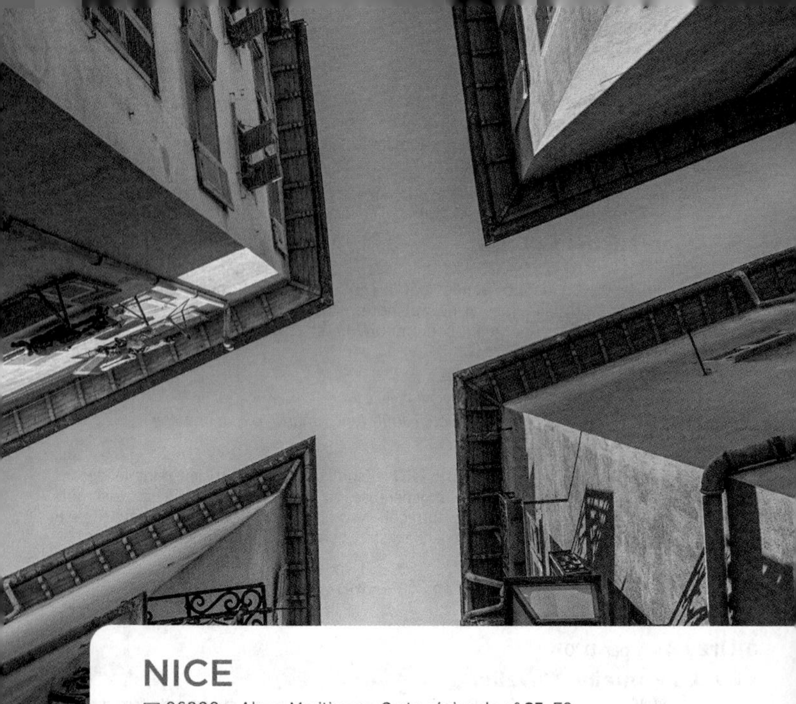

NICE

✉ 06000 – Alpes-Maritimes – Carte régionale n° **25**–E2 –
Carte Michelin 341-E5, 115-J26

On aime...

Bénie par son climat et sa double identité française et italienne, Nice est un festin. La cuisine "nissarde" s'inspire à la fois des traditions culinaires de la Provence et de la Ligurie. Les ruelles du vieux Nice accueillent tout l'éventail des produits méditerranéens. Croquez dans une socca, une galette de farine de pois chiche. Picorez l'olive noire de Nice ou la caillette, laissée six mois en saumure. Goûtez une pissaladière, tarte aux oignons garnie d'anchois et d'olives noires. Dévorez un pan bagnat, ce pain mouillé d'huile d'olive, de forme ronde, garni d'anchois et de tomates. Ne quittez pas la ville sans parcourir le marché du cours Saleya et, plus pittoresque encore, le marché aux poissons de la place Saint-François : vous y trouverez les plus belles espèces méditerranéennes, du loup à la dorade, en passant par le thon...

Kommercialize/iStock

Restaurants

✿✿ Flaveur (Gaël et Mickaël Tourteaux)

CUISINE CRÉATIVE • ÉLÉGANT XX Les frères Tourteaux, Gaël et Mickaël, sont inséparables. Même lycée hôtelier à Nice (avec passage d'examen dans la même salle !), formation commune au Negresco à l'époque d'Alain Llorca... et même envie de travailler le bon, le vrai, le savoureux, en étant son propre patron. Résultat de cette alliance fraternelle : Flaveur, leur bébé, auquel ils ont consacré toute leur énergie au point de décrocher une étoile Michelin en 2011, et une seconde en 2018.

Comment résumer la "patte" Tourteaux ? Elle tient à une certaine forme de confiance, d'audace, de prise de risque bien dosée. Par exemple, entre le produit local et les épices lointaines, ils ne choisissent pas : ce sera les deux, mon capitaine ! Au détour d'une assiette, une rascasse de la pêche niçoise rencontre un bouillon de poisson rehaussé au vadouvan, un mélange d'épices indiennes au parfum puissant... c'était risqué, c'est une réussite. Une cuisine de caractère, fine et maîtrisée de bout en bout : bravo !

Spécialités : Gamberoni de San Remo, rougail et coquillages, sucs de roche. Pêche niçoise, bouillon iodé au vadouvan. Ananas pain de sucre, tapioca et banane verte, Suzette au vieux rhum.

Menu 80 € (déjeuner), 120/175 €

Plan C2-x – *25 rue Gubernatis –*
✆ 04 93 62 53 95 – www.restaurant-flaveur.com –
Fermé 18 août-2 septembre, lundi, samedi midi, dimanche

✿ Le Chantecler

CUISINE MODERNE • ÉLÉGANT XXXX Sur la mythique Promenade des Anglais, le Negresco trône superbe face à la mer ; Virginie Basselot (Meilleur Ouvrier de France 2015, anciennement Saint-James, à Paris) pilote les cuisines du Chantecler, sa table gastronomique. Dans ce cadre d'exception, la Normande d'origine s'exprime sans arrière-pensée, avec une idée claire : celle d'offrir une cuisine "directe" à une clientèle qui en a vu d'autres. Son menu signature, bien exécuté, met en avant les bons produits de la région (petite pêche de la baie des Anges, par exemple).

Spécialités : Coquillages, cocos de Paimpol, jus de combava. Saint-pierre grillé, fenouil, bigorneaux, jus aux parfums d'aïoli. Chocolat, caramel, cacahouètes.

Menu 150/230 € – Carte 125/225 €

Plan B3-k – *Le Negresco, 37 promenade des Anglais – ✆ 04 93 16 64 00 – www.lenegresco.com – Fermé 1er janvier-13 février, lundi, mardi midi, mercredi midi, jeudi midi, vendredi midi, samedi midi, dimanche*

✿ L'Aromate (Mickaël Gracieux)

CUISINE MODERNE • ROMANTIQUE XX C'est au cœur de Nice, à proximité de la place Masséna, que se niche cette belle (et jeune) adresse. Salle contemporaine aux tons noir, blanc et doré, cuisines vitrées donnant sur la salle, matériaux bruts, bois et granit ; tout est en place pour accueillir la prestation gastronomique d'un chef au beau parcours (Oustau de Baumanière, Plaza Athénée, Le Bristol, Louis XV etc.). Il propose une cuisine moderne et créative, à base d'excellents produits, et aux dressages particulièrement soignés. Le chef a du métier et de la suite dans les idées.

Spécialités : Anchois de Méditerranée, vierge à l'abricot, tomate du jardin, pain feuilleté à l'olive. Barracuda en cocotte lutée aux feuilles de citronnier. Chocolat-café en tarte fondante.

Menu 80/105 € – Carte 95/105 €

Plan C3-z – *2 rue Gustave-Deloye – ✆ 04 93 62 98 24 – www.laromate.fr – Fermé 2-17 janvier, lundi, mardi midi, mercredi midi, jeudi midi, vendredi midi, samedi midi, dimanche*

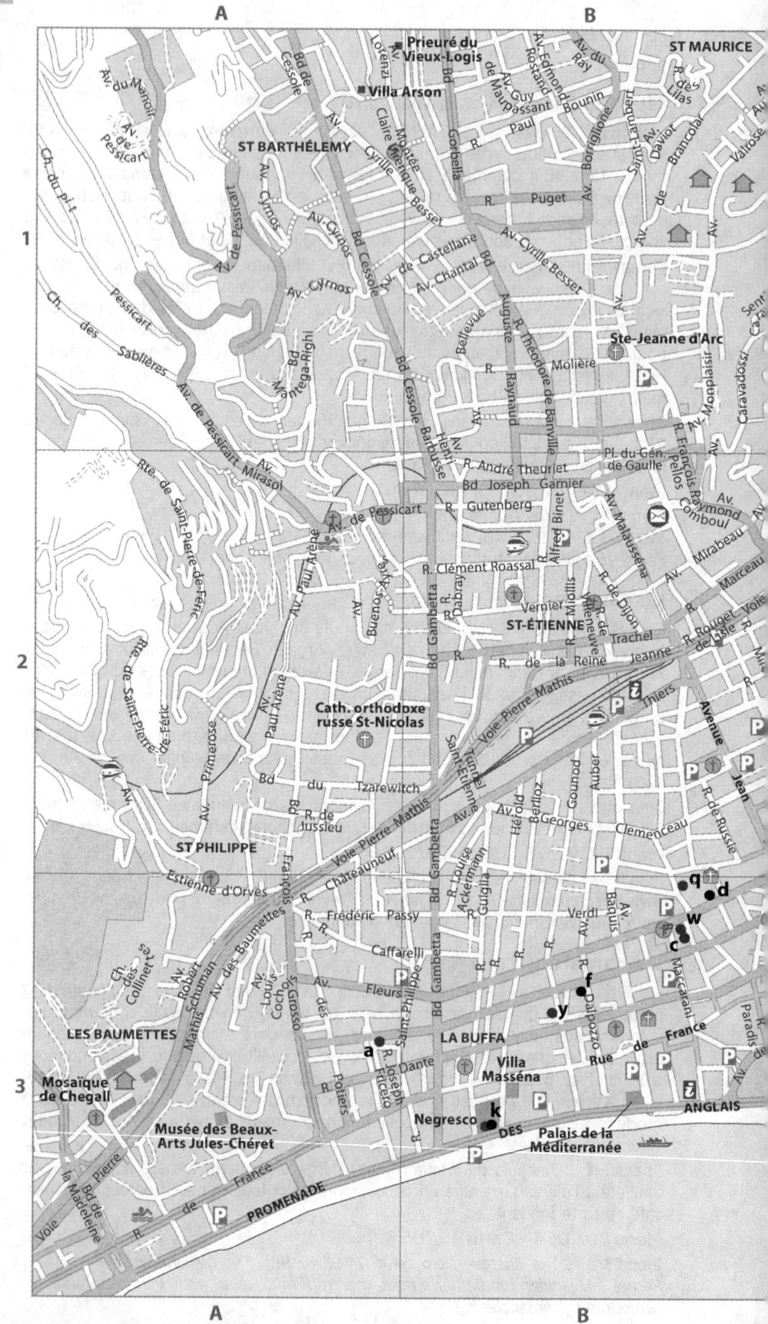

A
B
1
2
3
ST MAURICE
Prieuré du Vieux-Logis
Villa Arson
ST BARTHÉLEMY
Ste-Jeanne d'Arc
ST-ÉTIENNE
Cath. orthodoxe russe St-Nicolas
ST PHILIPPE
LES BAUMETTES
Mosaïque de Chegall
Musée des Beaux-Arts Jules-Chéret
LA BUFFA
Villa Masséna
Negresco
Palais de la Méditerranée
PROMENADE
DES
ANGLAIS
Av. de Pessicart
Ch. des Sablières
Bd Cessole
Bd Gambetta
Av. Cyrille Besset
R. Puget
Bd Joseph Garnier
R. Gutenberg
R. Clément Roassal
Av. Malausséna
Av. Mirabeau
R. de la Reine Jeanne
R. Trachel
Voie Pierre Mathis
Bd du Tzarewitch
Av. Georges Clemenceau
Avenue Jean
R. de Russie
R. Verdi
R. Frédéric Passy
R. Caffarelli
Av. des Fleurs
Rue de France
R. Dante
R. Maccarani
R. Dalpozzo
Av. Robert Schuman
Av. des Baumettes
Bd de la Madeleine

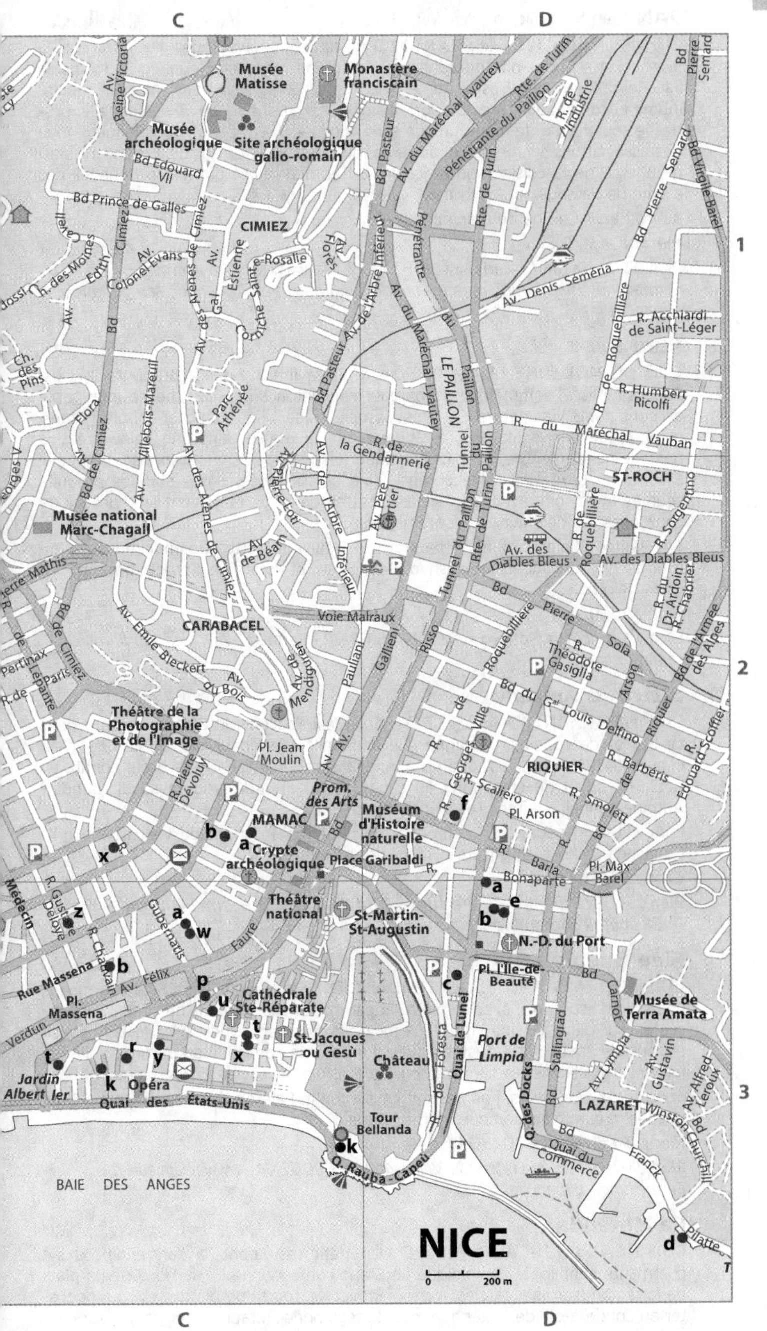
C
D
1
2
3
NICE
0
200 m
Musée Matisse
Monastère franciscain
Musée archéologique
Site archéologique gallo-romain
CIMIEZ
LE PAILLON
ST-ROCH
Musée national Marc-Chagall
CARABACEL
RIQUIER
Théâtre de la Photographie et de l'Image
Pl. Jean Moulin
Prom. des Arts
MAMAC
Muséum d'Histoire naturelle
Crypte archéologique
Place Garibaldi
Théâtre national
St-Martin-St-Augustin
N.-D. du Port
Pl. l'Ile-de-Beauté
Musée de Terra Amata
Cathédrale Ste-Réparate
St-Jacques ou Gesù
Château
Port de Limpia
Tour Bellanda
Jardin Albert Ier
Opéra
Quai des États-Unis
Q. Rauba-Capeù
BAIE DES ANGES
LAZARET
Pl. Massena
Rue Massena
Pl. Arson
Pl. Max Barel
Voie Malraux
Av. des Diables Bleus
Av. Denis Séméria
R. du Maréchal Vauban
Bd Pierre Sola
Bd du Gal Louis Delfino
Quai du Commerce
Q. des Docks
Quai de Lunel
Bd Franck Pilatte
Bd Carnot
Bd Stalingrad
Av. Jean Médecin
Bd de Cimiez
Av. des Arènes de Cimiez
Av. du Maréchal Lyautey
Av. de l'Arbre Inférieur
Bd Pasteur
Bd Virgile Barel
Bd Pierre Semard
R. de Roquebillière
R. Barla
R. Bonaparte
Bd Edouard VII
Bd Prince de Galles
Av. Reine Victoria
Bd de l'Armée des Alpes
R. Edouard Scoffier
Bd Winston Churchill
Av. Lympia
R. Smolett
R. Barbéris
R. Scaliero
R. Arson
R. Riquier
R. Théodore Gasiglia
R. Acchiardi de Saint-Léger
R. Humbert Ricolfi
R. de la Gendarmerie
Av. Pierre Loti
Av. de Béarn
Av. Emile Bieckert
Av. du Bois
Av. de Mendiguren
Av. Flora
Av. Villebois-Mareuil
Av. Colonel Evans
Av. Edith Cavell
Ch. des Moines
Ch. des Pins
Parc Athénée
Corniche Sainte-Rosalie
Av. Flores
Av. Gal Estienne
Pénétrante du Paillon
Rte. de Turin
Tunnel du Paillon
R. de l'Industrie
R. Pierre Dévoluy
R. Gubernatis
R. Gustave Deloye
R. Chauvain
Av. Félix Faure
R. de Paris
R. de Lépante
R. Pertinax
Bd Pierre Sola
R. Georges Ville
Av. Gustavin
Av. Alfred Leroux
R. de Foresta
a b f x z w p u t r y k c d e

JAN (Jan Hendrik van der Westhuizen)

CUISINE CRÉATIVE · ÉLÉGANT XX Tour à tour chef sur des yachts privés à Monaco et reporter-photographe pour un grand magazine, le jeune Sud-Africain Jan Hendrik van der Westhuizen a déjà eu plusieurs vies… Dans son petit repaire intime et romantique, près du port, il signe une cuisine créative, personnelle, proposée sous forme de menu unique sans choix (à 5 ou 7 plats), dans lequel il joue des associations sucrée-salée, du fumé, du piquant, et de l'acide, proposant ainsi un aperçu de la cuisine sud-africaine. Un établissement qui fait le bonheur des clients de passage sur la Riviera.

Spécialités : Cuisine du marché.

Menu 104/179 €

Plan D3-b – *12 rue Lascaris – ✆ 04 97 19 32 23 – www.restaurantjan.com – Fermé lundi, mardi midi, mercredi midi, jeudi midi, vendredi midi, samedi midi, dimanche*

Pure & V

CUISINE MODERNE · SIMPLE X Pure & V, ça fait rêver ! La propriétaire, c'est Vanessa Massé, sommelière au parcours en béton armé, dénicheuse infatigable de bons petits vins nature. Elle s'est associé les services d'un chef danois, notamment passé par le Marchal, à Copenhague. Il régale dans une veine créative (dorade-navet-menthe) ou plus classique (les petits pois à la française, très belle association terre-mer). Une cuisine saine et équilibrée, basée sur des produits sourcés avec soin, avec même des recettes danoises qui valent leur pesant de couronnes… À découvrir de toute urgence.

Spécialités : Chinchard, noisettes fraîches, beurre noisette et pamplemousse. Poitrine de cochon, aubergine déshydratée, basilic et coriandre. Sorbet chocolat, origan et hibiscus.

Menu 55/95 €

Plan A3-a – *15 rue Bottero – ✆ 06 19 88 68 90 – Fermé 1er-7 janvier, lundi, mardi, samedi midi*

Bistrot d'Antoine

CUISINE TRADITIONNELLE · BISTRO X C'est l'accent du Sud qui chante dans ce bistrot de copains, où règne une ambiance très conviviale. En cuisine, c'est l'ébullition ! Côté papilles, que du bon, à l'instar de cette joue de bœuf confite en pot au feu, ou du chou farci au canard confit. Bondé, vous avez dit bondé ? Antoine connaît un franc (et mérité) succès.

Spécialités : Boudin noir, compotée de reinettes. Rognons de veau sur le grill. Ganache au chocolat, tartare d'ananas et mangue.

Carte 28/54 €

Plan C3-x – *27 rue de la Préfecture – ✆ 04 93 85 29 57 – Fermé 4-15 avril, 1er-28 août, 22 décembre-2 janvier, lundi, dimanche*

Fine Gueule

CUISINE TRADITIONNELLE · TENDANCE X Dans le vieux Nice, face à la mairie, une salle d'esprit loft, avec sa pierre apparente et ses carreaux de ciment, organisée autour d'une cuisine vitrée aux faux airs d'atelier… Quel style ! Mais le plaisir est aussi – et surtout – gustatif, avec des assiettes de tradition déclinées chaque jour à l'ardoise : pissaladière maison, thon "brûlé" et caviar d'aubergines…

Spécialités : Calamars, houmous et citron confit. Paleron de veau, polenta. Pêche pochée, crème glacée yaourt et madeleine.

Menu 34 € – Carte 30/50 €

Plan C3-r – *2 rue de l'Hôtel de Ville – ✆ 04 93 80 21 64 – www.finegueule.fr – Fermé lundi, dimanche*

La Merenda

CUISINE PROVENÇALE · BISTRO X Un petit restaurant "à l'ancienne", d'une charmante simplicité… Dominique Le Stanc confectionne ici de bons petits plats de la région (sardines farcies, tripes à la niçoise, tourte de blettes, etc.) à déguster au coude-à-coude. Attention, pas de téléphone : il faut passer pour réserver.

Spécialités : Sardines farcies. Daube provençale. Tourte aux blettes.

Carte 34/40 €

Plan C3-y - *4 rue Raoul-Bosio - www.lamerenda.net - Fermé 29 février-8 mars, 8-21 juin, 17-30 août, 30 novembre-13 décembre, samedi, dimanche*

Olive et Artichaut

CUISINE RÉGIONALE • BISTRO X Originaire de Nice, le jeune chef est venu s'installer dans la région avec son épouse, bretonne, après plusieurs expériences à l'étranger. Il met les produits locaux à l'honneur dans une cuisine très gourmande, "entre mer et montagne" : tarte fine façon pissaladière au boudin noir rôti, pavé d'ombrine et beurre monté aux citrons du pays...

Spécialités : Tarte fine façon pissaladière, pancetta grillée, roquette. Paleron de veau braisé, purée d'artichaut au miel et jus de viande. Millefeuille pistaches, noisettes et framboises.

Menu 33/59 € - Carte 37/50 €

Plan C3-t - *6 rue Ste-Réparate - 04 89 14 97 51 - www.oliveartichaut.com - Fermé 25 janvier-5 février, 8-16 juin, 19-27 octobre, lundi, mardi, mercredi midi*

Vegan Gorilla

CUISINE VÉGÉTARIENNE • CONTEMPORAIN X Un chef de cuisine devenu végan propose une petite carte qui change toutes les semaines autour de produits du marché à 98% biologiques. Les recettes, uniquement végétaliennes, 100% sans gluten et réalisées avec soin, offrent un vrai plaisir gustatif et de belles saveurs.

Spécialités : Tartare végétal et grenailles. Risotto de pleurotes, réduction à l'orange et caviar végétal. Dôme chocolat, cacahouètes et caramel.

Carte 31/33 €

Plan C3-w - *7 rue du Lycée - 04 93 81 32 98 - www.restaurant-vegan.fr - Fermé 21 août-2 septembre, 4-8 décembre, mercredi, dimanche*

Le Rolancy's

POISSONS ET FRUITS DE MER • ÉLÉGANT XXX Atmosphère feutrée dans ce restaurant, idéal pour déguster de bons menus autour du homard ou du turbot, de grands classiques tels que la sole meunière, mais aussi du gibier en saison... Jacques Rolancy, Meilleur Ouvrier de France, sélectionne de superbes poissons, en provenance de Vendée et de Bretagne. Pour un bol d'air marin, et plus de simplicité, allez humer l'iode du Bistrot des Viviers, accolé à la maison mère.

Menu 29 € (déjeuner), 52/72 € - Carte 55/79 €

Plan B3-q - *22 rue Alphonse-Karr - 04 93 16 00 48 - www.les-viviers-nice.com - Fermé dimanche*

La Réserve de Nice

CUISINE MODERNE • CHIC XX À l'écart de la ville, cette belle demeure jouit d'une situation exceptionnelle, en surplomb de la mer, face à la baie des Anges et au ballet des ferries reliant la Corse. Avec ses accents Art déco, la salle a l'allure d'un paquebot... et l'on embarque pour une croisière gastronomique raffinée, ancrée en Méditerranée.

Menu 58 € (déjeuner), 77/95 € - Carte 77/104 €

Plan D3-d - *60 boulevard Franck-Pilatte - 04 97 08 14 80 - www.lareservedenice.com - Fermé 5 janvier-3 février, lundi, dimanche*

Le Bistro Gourmand

CUISINE MODERNE • CONTEMPORAIN XX Une jolie adresse contemporaine, lumineuse avec son décor où le blanc domine... La cuisine n'en a que plus de couleur : pensée au gré du marché, elle mêle sans complexe bons produits et créativité.

Menu 23 € (déjeuner), 38/85 € - Carte 45/75 €

Plan C3-t - *3 rue Desboutin - 04 92 14 55 55 - www.lebistrogourmand.fr - Fermé 22-25 décembre, mercredi, dimanche*

By pm

CUISINE MODERNE • CONTEMPORAIN XX Deux jeunes chefs talentueux aux beaux parcours (Robuchon à Monaco, la Chèvre d'Or à Eze) proposent ici sous forme de deux menus une cuisine inspirée de la culture méditerranéenne, avec une attention particuliière portée au végétal, comme dans ce "Reflet d'un jardin de légumes", plat signature, décliné au gré des saisons.

Menu 45/65€

Plan D3-c – *4 bis quai Papacino – ✆ 04 93 26 05 80 – www.bypm.fr – Fermé lundi midi, mardi midi, mercredi midi, jeudi midi, vendredi midi, dimanche*

Les Deux Canailles

CUISINE MODERNE • CONTEMPORAIN XX Ces Deux Canailles niçoises vont tambour battant, sous la houlette d'un chef japonais qui ne manque ni d'expérience ni de passion. La cuisine ? Méridionale et épurée, fraîche et d'une belle finesse, elle se pare de jolies touches nippones. Bilan : un bon moment !

Menu 29€ (déjeuner), 45/62€

Plan C3-b – *6 rue Chauvain – ✆ 09 53 83 91 99 – www.lesdeuxcanailles.com – Fermé lundi soir, mardi soir, mercredi soir, jeudi soir, samedi midi, dimanche*

Les Agitateurs

CUISINE MÉDITERRANÉENNE • CONVIVIAL X Ces agitateurs ne brassent pas de l'air. En cuisine, le chef Samuel Victori et sa compagne proposent des plats travaillés où textures, cuissons et saveurs sont maîtrisées. Leur mentor : Michel Troisgros. Leur credo : une cuisine de l'instant (on ne travaille qu'avec des fournisseurs locaux), pleine de gourmandise et de vivacité.

Menu 26€ (déjeuner), 44/69€

Plan D3-a – *24 rue Bonaparte – ✆ 09 87 33 02 03 – www.lesagitateurs.com – Fermé 13 avril-4 mai, 17-31 août, lundi, mardi, samedi midi*

L'Atelier

CUISINE RÉGIONALE • BISTRO X Originaire de Vendée, le jeune chef de cette maison doit être un peu "fada" ! Pensez-donc, oser revisiter la socca, cette indétrônable galette réalisée à base de farine de pois chiche... Et pourtant, quel succès ! Saint-pierre, bavette de bœuf Angus et gibier en saison, belle carte des vins : c'est frais et bon, on se régale.

Menu 40/70€ – Carte 40/60€

Plan C2-a – *17 rue Gioffredo – ✆ 04 93 85 50 74 – https://www.l-atelier-restaurant-nice.com – Fermé 18 février-5 mars, lundi, mardi, mercredi*

Bar des Oiseaux

CUISINE TRADITIONNELLE • BISTRO X Dans cette petite maison d'angle, le programme d'Armand Crespo ne manquera pas de réjouir les gourmands. La belle tradition (brandade, bourride) côtoie à la carte de bonnes pâtes artisanales : ravioles et volaille farcie, linguine de la mer, etc. Tout cela est proposé à prix doux, dans un décor inspiré par le pop art : on gazouille de plaisir.

Menu 20€ (déjeuner) – Carte 34/45€

Plan C3-u – *5 rue Saint-Vincent – ✆ 04 93 80 27 33 – Fermé 29 mars-8 avril, 31 juillet-25 août, lundi, dimanche*

Café Léa

CUISINE MODERNE • CONVIVIAL X Ce bistrot convivial propose une cuisine du marché parfumée, au gré de petits plats goûteux à l'instar de ces joues de cochon et légumes du marché, tendres et fondantes... sans oublier la spécialité du chef, le risotto qui évolue en fonction des saisons.

Menu 24€ (déjeuner) – Carte 30/45€

Plan C3-a – *31 rue Gioffredo – ✆ 09 83 56 57 59 – Fermé samedi, dimanche*

Le Canon

CUISINE MODERNE • BISTRO X Séduisante adresse que ce Canon, proposant une cuisine à la fois simple et exigeante : sashimi de pélamide au citron Meyer, gigot d'agneau de lait rôti... Des fournisseurs locaux triés sur le volet, quelques clins d'œil à la Méditerranée, de jolis vins 100 % nature conseillés par le patron, un séduisant cadre de bistrot vintage : on se régale.

Carte 25/60 €

Plan B3-y – *23 rue Meyerbeer – ✆ 04 93 79 09 24 – www.lecanon.fr – Fermé 9-18 février, 13-23 avril, 10 août-2 septembre, mercredi midi, samedi, dimanche*

Chabrol

CUISINE MODERNE • BISTRO X "Faire Chabrol" est une antique coutume du sud de la France qui consiste à ajouter un peu de vin dans un fond de soupe pour allonger le bouillon, avant de l'avaler à grandes goulées. Dans le restaurant éponyme, deux amis d'enfance s'attachent à mettre en valeur des produits simples (mais de qualité) au travers de recettes modernes, piquées d'une pointe d'originalité... et ça fonctionne !

Menu 32 € – Carte 39/44 €

Plan D3-e – *12 rue Bavastro – ✆ 09 83 04 36 73 – www.le-chabrol-restaurant-nice.com – Fermé 10 août-1er septembre, 21 décembre-10 janvier, lundi, mardi midi, dimanche*

Comptoir du Marché

CUISINE TRADITIONNELLE • BISTRO X Le nom de ce joli bistrot rétro dit tout du travail du chef, dont les créations sont pleines des couleurs et des parfums du marché. Gravlax de saumon mariné à la betterave, foie de veau rôti et oignons confits, magret de canard à la plancha... Comme prévu, le restaurant fait souvent salle comble !

Carte 33/49 €

Plan C3-p – *8 rue du Marché – ✆ 04 93 13 45 01 – Fermé 30 mars-6 avril, 2-24 août, 22 décembre-2 janvier, lundi, dimanche*

Eau de Vie

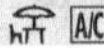

CUISINE MODERNE • SIMPLE X Tous deux originaires de La Rochelle, Antoine (en cuisine) et Quentin (salle-sommellerie) ont fait parcours commun depuis l'école hôtelière, jusqu'à ouvrir ensemble ce bistrot dans le centre-ville. Recettes voyageuses et gourmandes (poulpe au satay, quinoa rouge, pastèques poêlées et coulis de coriandre), cocktails maison et vins de petits producteurs : une table enthousiasmante.

Menu 22 € (déjeuner) – Carte 33/43 €

Plan C2-b – *11 rue Delille – ✆ 04 93 87 92 32 – www.restaurant-eaudevie.fr – Fermé samedi, dimanche*

Le Goupil

CUISINE TRADITIONNELLE • BISTRO X Deux anciens chefs ayant travaillé au Métropole de Joël Robuchon à Monaco proposent une cuisine bien ficelée, soignée et goûteuse à base de produits sélectionnés avec soin. Leur credo ? Revisiter des plats classiques - tête de veau, rognon, tourte de canard... Côté salle, décor de type bistrot, avec étagères à vin et carrelage au sol. C'est convivial, on se régale.

Menu 22 € (déjeuner) – Carte 37/52 €

Plan D2-f – *21 rue Barla – ✆ 06 09 14 06 37 – Fermé samedi, dimanche*

Le Mesclun

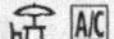

CUISINE MODERNE • BISTRO X Toujours aussi agréable, ce bistrot géré par deux excellents professionnels ! L'un compose une cuisine de saison bien soignée avec de beaux produits, tandis que l'autre nous prodigue, en salle, des conseils avisés pour le choix du vin. Au menu, rémoulade de chair de tourteau à la ciboulette et cumbawa ou ris de veau croustillant-moelleux, pousses d'épinards, girolles... Très chaleureux.

Menu 34 € (déjeuner), 58/85 € – Carte 64/79 €

Hors plan – *215 avenue de la Californie – ✆ 04 93 83 81 21 – www.le-mesclun-nice.com – Fermé 20 décembre-20 janvier, dimanche*

Mon Petit Café

CUISINE MODERNE • CHIC Salle chaleureuse et intérieur bleu vénitien, en clin d'œil aux origines de la patronne. Le marché est ici mis en valeur avec enthousiasme, au gré de plats déclinés sur ardoise : fraîcheur de tourteau, avocat et céleri rémoulade, filet de courbine aux salsifis et beurre aux herbes... Tout cela dans une ambiance chaleureuse.

Menu 22 € (déjeuner) – Carte 32/45 €

Plan B3-c – *11 bis rue Grimaldi – ✆ 04 97 20 55 36 – Fermé lundi, dimanche*

Peixes

POISSONS ET FRUITS DE MER • MÉDITERRANÉEN Près de la mairie et de l'opéra, le dernier-né des restaurants d'Armand Crespo se prénomme Peixes – à prononcer "pêche". Dans une jolie petite salle au carrelage blanc et bleu, très "Méditerranée", se dévoile une carte bourrée d'iode et d'embruns qui décline ceviche, tartare ou bien encore ce loup snacké, sauce Tom Yum. A noter aussi, des desserts d'une rare originalité. On s'en revient avec de bien jolis souvenirs.

Carte 33/44 €

Plan C3-k – *2 rue de l'Opéra – ✆ 04 93 85 96 15 – Fermé 30 mars-6 avril, 3-24 août, 23 décembre-2 janvier, lundi, dimanche*

Le Séjour Café N

CUISINE MODERNE • COSY Des étagères garnies de livres, de bibelots et de plantes vertes, des tableaux et des photos aux murs... On se croirait dans la salle de séjour d'une jolie maison particulière. Et c'est sans mentionner le charme exercé par la cuisine du marché et pleine de gourmandise (mention particulière au ris de veau et asperges !). Accueil et service des plus attentionnés.

Carte 40/65 €

Plan B3-w – *11 rue Grimaldi – ✆ 04 97 20 55 35 – www.lesejourcafe.fr – Fermé 7-30 novembre, samedi, dimanche*

Hôtels

Le Negresco

PALACE • GRAND LUXE Bâti en 1912 par Henri Negresco, cet établissement mythique regorge d'œuvres d'art exceptionnelles et cultive la démesure dans un choc des styles qui n'appartient qu'à lui. De l'emphase, de la majesté... sans oublier une élégante (et très méditerranéenne) Rotonde, où l'on déguste de bonnes spécialités "nissardes".

118 chambres – 150/800 € – 7 suites

Plan B3-k – *37 promenade des Anglais – ✆ 04 93 16 64 00 – www.lenegresco.com – Fermé 1er janvier-4 février*

Le Chantecler – Voir la sélection des restaurants

Boscolo Exedra

LUXE • DESIGN Une façade Belle Époque éclatante pour un vaisseau grandiose et immaculé, tout en luxe et sobriété... Comment résister au spa, à la piscine sur le toit terrasse du 6 ème étage ou à l'inspiration italienne de la cuisine ? Le Boscolo Exedra, ou l'art de vivre la Côte d'Azur à l'heure internationale et urbaine !

109 chambres – 160/850 € – 35 € – 3 suites

Plan B3-d – *12 boulevard Victor-Hugo – ✆ 04 97 03 89 89 – https://boscolocollection.com*

La Pérouse

LUXE • PERSONNALISÉ Une ligne d'horizon qui suit les courbes de la baie des Anges, des terrasses en surplomb de la Méditerranée, un beau jardin planté de citronniers... On est aux anges dans cette demeure un peu secrète, qui cultive une charmante simplicité, arrimée au rocher du château !

56 chambres – 245/825 € – 24 € – 1 suite

Plan C3-k – *11 quai Rauba-Capeù – ✆ 04 93 62 34 63 – www.hotel-la-perouse.com*

Windsor

BOUTIQUE HÔTEL • INSOLITE Un hôtel dédié à l'art contemporain : un grand nombre de ses chambres ont été décorées par des artistes (Ben, Basserole, François Morellet, etc.). Avis aux amateurs ! Mention spéciale pour le jardin planté de bambous et de bougainvillées, où l'on dîne les soirs d'été...

57 chambres - 82/207 € - 14 €

Plan B3-f - *11 Rue Dalpozzo - 04 93 88 59 35 - www.hotelwindsornice.com - Fermé 8-22 janvier*

NIEDERBRONN-LES-BAINS

67110 - Bas-Rhin - Carte régionale n° **10**-B1 - Carte Michelin 315-J3

Zuem Buerestuebel

CUISINE ALSACIENNE • WINSTUB Le couple Meder a réalisé un vieux rêve en s'installant ici : leur joie est manifeste, et communicative ! Au menu, on trouve une bonne cuisine alsacienne réalisée avec des produits tout à fait honnêtes, et quelques propositions qui sortent un peu du cadre (lotte, lieu jaune...). À tous les niveaux, simplicité et sérieux : une adresse attachante.

Carte 24/40 €

9 rue de la République - 03 88 80 84 26 - www.winstub-zuem-buerestuebel.com - Fermé 1er février-1er mars, 1er-30 juin, lundi, mardi

NIEDERSCHAEFFOLSHEIM - Bas-Rhin (67) → Voir Haguenau

NIEDERSTEINBACH

67510 - Bas-Rhin - Carte régionale n° **10**-B1 - Carte Michelin 315-K2

Au Cheval Blanc

CUISINE TRADITIONNELLE • TRADITIONNEL L'âme d'une winstub... et le goût du pays porté avec amour : truite au bleu, pavé de biche sauce grand-veneur... mousse au kirsch, etc. Même esprit côté décor, tout en boiseries et composé de deux "stuben", ces salles rustiques typiquement régionales. Enfin, mention spéciale pour l'accueil, tout à fait exemplaire !

Spécialités : Carpaccio de bœuf. Truite au riesling. Violon 3 chocolats.

Menu 32/62 € - Carte 33/70 €

11 rue Principale - 03 88 09 55 31 - www.hotel-cheval-blanc.fr - Fermé 27 janvier-7 mars, 24 juin-9 juillet, jeudi

NIEUIL

16270 - Charente - Carte régionale n° **20**-C2 - Carte Michelin 324-N4

La Grange aux Oies

CUISINE MODERNE • ÉLÉGANT Dans les écuries du Château de Nieuil, ce restaurant associe déco tendance et vieilles pierres. La cuisine met en avant herbes aromatiques, légumes du potager et produits locavores - bœuf du Limousin, agneau de Confolens, canard charentais et même une vodka et des eaux de vie d'une distillerie voisine ! On déguste, on se prélasse sur la jolie terrasse, qui offre une vue romantique sur le parc et le château. Les habitués, nombreux, ne s'y trompent pas. Un plaisir.

Menu 59 € - Carte 50/80 €

Château de Nieul (dans le parc du château) - 05 45 71 81 24 - www.grange-aux-oies.com - Fermé 30 mars-10 avril, 2-27 novembre, lundi, mardi, dimanche soir

Château de Nieuil

DEMEURE HISTORIQUE • TRADITIONNEL Cet ancien relais de chasse royal créé sous l'impulsion de François 1er appartient à la même famille depuis 1937. Le château se dresse fièrement dans un vaste parc arboré, au grand calme. Piscine, tennis, jardin à la française, belles chambres de style Empire et Art déco, toujours dans leur jus... Détente et élégance !

12 chambres - 130/275 € - 15 € - 2 suites

05 45 71 36 38 - www.chateaunieuilhotel.com - Fermé 1er novembre-1er décembre

NÎMES

✉ 30000 – Gard – Carte régionale n° **21**–C3 – Carte Michelin 339-L5

On aime...

Célèbre pour ses arènes, sa Maison Carrée et, désormais, son musée de la Romanité, la ville romaine est née au milieu de la garrigue, des oliveraies, des vignes et des châtaigniers. Tiraillée entre Cévennes et Camargue, elle fleure aussi délicieusement la Provence. Flânez au cœur de son Écusson, ce lacis de ruelles du quartier médiéval. Vous trouverez forcément une boutique où faire le plein de brandade de Nîmes, et une autre pour goûter à la gardiane de taureau. Pour l'apéritif, mettez sur la table des olives de Nîmes (qui bénéficient d'une AOC), une tapenade et une anchoïade. En saison, les Cévennes fournissent leur lot de pélardons, d'oignons doux et de pommes Reinette. Enfin, aux portes de la ville s'étend la plus méridionale des appellations de la vallée du Rhône : les Costières de Nîmes. Surtout dédié aux rouges, ce vignoble donne aussi des rosés et des blancs très méritants...

P. Jacques/hemis.fr

Restaurants

Jérôme Nutile

CUISINE MODERNE • ÉLÉGANT XXX Jérôme Nutile n'est pas le premier venu : Meilleur Ouvrier de France 2011, il a notamment fait les beaux jours de l'Hostellerie Le Castellas, à Collias. Dans son repaire nîmois, une ancienne ferme agricole réaménagée, il célèbre les saisons de très jolie manière : tendres poireaux cuits sur la fleur de sel de Camargue, fondant de saumon sauvage confit ; traditionnel lièvre à la royale façon Antonin Carême et à la mode du sénateur Couteaux, un grand classique en deux façons, soigné et savoureux. Ajoutons à cela un service aimable et compétent, une belle carte des vins de la région, et le compte est bon !

Spécialités : Homard étuvé, jus de tête aux zestes de citron vert. Poitrine de pigeon rôtie, crème d'olive taggiasche acidulée. Rencontre entre les noisettes et le yuzu.

Menu 45 € (déjeuner), 67/175 € - Carte 120/166 €

Hors plan – *351 chemin Bas-du-Mas-de-Boudan (au Parc Georges-Besse) – ✆ 04 66 40 65 65 – www.jerome-nutile.com – Fermé 16-26 février, 28 mai-3 juin, 23 août-2 septembre, mardi, mercredi midi*

Skab (Damien Sanchez)

CUISINE MODERNE • CONTEMPORAIN XXX Deux anciens membres de la brigade de Pierre Gagnaire ont créé ce restaurant dont le nom fusionne leurs initiales. Aujourd'hui, Alban Barbette, sommelier de son état, dirige ce repaire de gourmandise situé derrière les arènes, juste en face du musée de la Romanité. Il s'est trouvé un nouvel alter ego en la personne du chef Damien Sanchez, un Nîmois qui a travaillé à la Cabro d'Or, à la Réserve de Beaulieu, chez Christopher Coutanceau à la Rochelle et, enfin, dans sa ville natale aux côtés de Jérôme Nutile. Il convainc aisément avec une cuisine pleine de fraîcheur et de vivacité ! Dès les premiers rayons de soleil, on s'installe dans le patio à l'ombre des érables.

Spécialités : Foie gras de canard mi-cuit. Saint-pierre, artichaut barigoule au safran et fregola sarda. Le citron en soufflé, croustillant garni de madeleine et en glace.

Menu 45 € (déjeuner), 78/135 € - Carte 102/120 €

Plan B2-b – *7 rue de la République – ✆ 04 66 21 94 30 – www.restaurant-skab.fr – Fermé 2-17 janvier, 13-20 avril, 9-25 août, lundi, dimanche*

Aux Plaisirs des Halles

CUISINE TRADITIONNELLE • CONVIVIAL XX Pour l'hiver, une salle moderne habillée de bois ; pour l'été, un joli patio ; toute l'année, une cuisine du marché simple et bien tournée. Attention les yeux : à chaque service, le chef réalise un plat surprise sur un billot au milieu de la salle, devant les clients... un show qui vaut le coup d'œil !

Spécialités : Brandade de morue. Paleron de veau, garniture d'été et jus d'agrumes. Entremets chocolat noir.

Menu 25 € (déjeuner), 28/55 € - Carte 50/70 €

Plan A1-r – *4 rue Littré – ✆ 04 66 36 01 02 – www.auxplaisirsdeshalles.com – Fermé lundi, dimanche*

Le Lisita

CUISINE MODERNE • CLASSIQUE XX Manger en terrasse face aux arènes de Nîmes et, la nuit venue, voir le monument s'illuminer... C'est tous les sens en éveil que l'on s'attable ici. Au menu, une cuisine régionale gorgée de soleil, soignée et généreuse, accompagnée d'un joli choix de vins. Plaisir des pupilles et des papilles !

Spécialités : Effeuillé de brandade de morue, jeunes pousses, vinaigrette miel et curry. Pavé de taureau rôti, purée de carottes des sables, jus au costières de Nîmes. Minestrone de fraises à la menthe, sablé breton et mousse vanille.

Menu 34 €

Plan A2-h – *2 boulevard des Arènes – ✆ 04 66 67 29 15 – www.lelisita.com – Fermé 1er janvier-5 mai, lundi et dimanche*

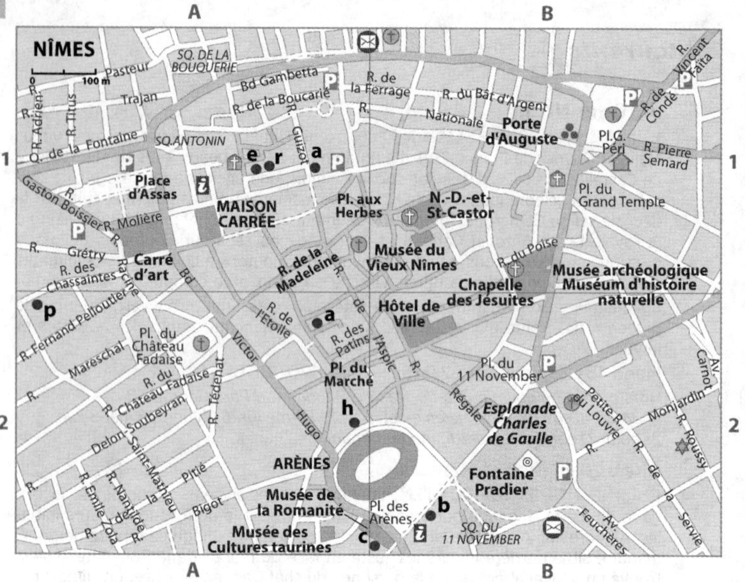

La Pie qui Couette

CUISINE MÉDITERRANÉENNE · BAR À TAPAS X Ce bar à tapas, tenu par un chef expérimenté, enchante les papilles en toute simplicité. La cuisine du marché est concoctée à partir des produits des étals voisins. Au nombre des spécialités de la maison : viandes maturées, brandade de morue, tartare de bœuf au couteau, tataki de bœuf, ou île flottante. Les portions sont généreuses, le choix des vins judicieux. Attention pas de réservation possible. Coup de cœur.

Spécialités : Brandade de morue , condiment citron confit. Rognon de veau rôti entier, crème de chorizo ibérique et polenta crémeuse. Île flottante meringuée, crème anglaise à la vanille Bourbon.

Carte 27/70 €

Plan A1-a – *1 rue Guizot (halles centrales de Nîmes) – ✆ 04 66 23 59 04 – Fermé le soir et lundi*

Duende (N)

CUISINE MODERNE · ÉLÉGANT XXX Duende ! Ou quand l'art du torero et de la danseuse de flamenco enflamment l'imaginaire de Pierre Gagnaire. Le grand chef a confié les clefs de la maison à son protégé Nicolas Fontaine. L'adresse gastronomique de l'hôtel Imperator occupe un hôtel particulier à la façade classique, qui bénéficie d'une entrée indépendante.

Menu 135/185 €

Hors plan – *Maison Albar L'Imperator, Quai de la Fontaine – ✆ 04 66 21 90 30 – www.maison-albar-hotels-nimes-imperator.com – Fermé lundi, mardi, mercredi midi, jeudi midi, samedi midi*

Vincent Croizard

CUISINE CRÉATIVE · ÉLÉGANT XXX Dans une rue étroite près du Carré d'Art, il faut d'abord sonner à la porte de cette discrète maison de ville. Le chef, autodidacte, y compose une jolie cuisine créative, osant des mariages souvent surprenants. Et c'est à son épouse qu'on doit la superbe sélection de vins, qui fait la part belle au Languedoc-Roussillon.

Menu 32 € (déjeuner), 58/96 € – Carte 78/100 €

Plan A2-p – *17 rue des Chassaintes – ✆ 04 66 67 04 99 – www.restaurantcroizard.com – Fermé 1er-9 janvier, 12-26 août, lundi, mardi*

Le Bistr'Au - Le Mas de Boudan

CUISINE MODERNE • BISTRO Jérôme Nutile propose ici une ardoise composée au gré du marché ; ses préparations revisitent les classiques et fleurent bon la bistronomie. À déguster à l'intérieur ou au calme de la terrasse, qui offre une belle échappée sur le jardin et un platane multi-centenaire...

Menu 25 € - Carte 31/55 €

Hors plan - *351 chemin Bas-du-Mas-de-Boudan (au Parc Georges-Besse) - 04 66 40 60 75 - www.jerome-nutile.com - Fermé 16-23 février, 23-30 août, 25 octobre-1er novembre, dimanche*

Le Passage de Virginie

CUISINE TRADITIONNELLE • CONVIVIAL Voilà un passage où l'on aime s'arrêter... Au cœur de la vieille ville, sa cuisine méridionale embaume de doux parfums. Au choix pour s'attabler : la salle voûtée, très cosy, ou la toute petite terrasse. Un bistrot du Sud typique et animé.

Menu 17 € (déjeuner) - Carte 35/45 €

Plan A2-a - *15 impasse Fresque - 04 66 38 29 26 - Fermé 1er janvier-3 février, 3-8 novembre, lundi, dimanche*

Le Patio Littré

CUISINE MODERNE • SIMPLE Le jeune chef, ancien second d'Alain Passard (L'Arpège, Paris), est venu s'installer dans la région d'origine de son épouse. Bien lui en a pris ! Imprégnées par le souci du produit, ses recettes sont tout simplement épatantes. Quant au patio annoncé par l'enseigne, il est parfait pour les beaux jours... Tout cela à petit prix !

Menu 21 € (déjeuner), 33/38 € - Carte 37/58 €

Plan A1-e - *10 rue Littré - 04 66 67 22 50 - www.restaurant-patio-littre-nimes.com - Fermé 1er-15 janvier, 1er-12 septembre, lundi, mardi*

La Table du 2

CUISINE FRANÇAISE • BRASSERIE Au deuxième étage du Musée de la Romanité, cette brasserie contemporaine offre une vue imprenable sur les arènes de Nîmes... et régale avec des assiettes fraîches et bien réalisées : tartare de bœuf, entrecôte grillée sauce béarnaise, œufs mimosa, carré d'agneau rôti, etc...

Menu 20 € (déjeuner)/32 € - Carte 32/60 €

Plan B2-c - *2 rue de la République (au 2ème étage du Musée de la Romanité) - 04 48 27 22 22 - www.latabledu2.com*

Hôtels

Maison Albar L'Imperator (N)

LUXE • HISTORIQUE Superbement restauré, cet hôtel en cœur de ville a retrouvé tout son charme Art déco, depuis les chambres (bois, marbre, rappels minéraux, bleu et vert façon 1930) jusqu'au joli patio-terrasse. Spa, fitness, piscine : un séjour délicieux. Les gourmets se plairont à la brasserie L'Impé, avec une carte signée Pierre Gagnaire, à déguster dans un décor design.

53 chambres - 250/850 € - 28 € - 7 suites

Hors plan - *Quai de la Fontaine - 04 66 21 90 30 - www.maison-albar-hotels-nimes-imperator.com*

Duende - Voir la sélection des restaurants

Jardins Secrets

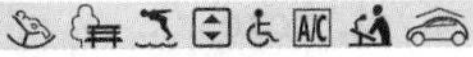

LUXE • ÉLÉGANT Exquis et confidentiel... Au cœur de la ville, cet hôtel est une parenthèse : au sein d'un jardin semé de mille essences, le décor, imaginé par une propriétaire pleine de talents, puise dans tous les raffinements du 18e s. Le spa est très beau.

10 chambres - 320/510 € - 28 € - 4 suites

Hors plan - *3 rue Gaston-Maruejols - 04 66 84 82 64 - www.jardinssecrets.net*

à Garons 9 km au Sud par D42 et D442 - Carte régionale n° **21**-D2

✿✿ Alexandre (Michel Kayser)

CUISINE MODERNE • ÉLÉGANT XXXX Son site Internet annonce la couleur : "les mets peuvent évoluer selon l'arrivage de produits frais et l'inspiration du chef". Tout est dit ! Entre Nîmes et Arles, au sein d'un parc peuplé de cèdres centenaires, Michel Kayser fait ce qu'il sait faire de mieux : cuisiner avec le cœur, magnifier les produits, utiliser sa palette technique à bon escient pour susciter l'émotion des voyageurs de passage...

C'est bien simple : dans le département, aucun chef ne célèbre le Sud avec autant de précision, avec autant d'aplomb. Huîtres Tarbouriech et coquillages en gelée de cardamome, ou encore tielle de Sète aux coudes de homards et crabes, encornets de Méditerranée et gambero rosso... Un cortège de produits méditerranéens, terre et mer confondues, et un authentique régal pour nos papilles ouvertes aux quatre vents. Avec la patte d'un chef pareil, cet Alexandre est assurément grand.

Spécialités : Île flottante à la truffe d'Uzès, velouté de cèpes des Cévennes. Taureau poêlé, lasagne d'encornet aux deux céleris acidulés et aux câpres. Figue pochée au fenouil sauvage, merlot réduit aux épices et sorbet de brebis à la coriandre.

Menu 64 € (déjeuner), 165/215 € - Carte 130/200 €

Hors plan *- 2 rue Xavier-Tronc - ✆ 04 66 70 08 99 - www.michelkayser.com - Fermé 17 février-10 mars, 31 août-15 septembre, lundi, mardi, dimanche soir*

Le Mas de l'Espérance

LUXE • COSY Dans un parc environné de pins, d'oliviers et d'arbres fruitiers - les propriétaires sont aussi arboriculteurs -, cette auguste demeure de 1780 vaut le coup d'œil ! Beaux volumes, esprit cosy, terrasses privatives dans chaque chambre - et même un lodge indonésien avec bain à remous privatif...

5 chambres ☕ - 👥 175/220 €

Hors plan *- lieu dit Saint Bénézet, 176 rue du Falcon - ✆ 04 66 70 01 51 - www.mas-esperance.com*

NIORT

✉ 79000 - Deux-Sèvres - Carte régionale n° **20**-B2 - Carte Michelin 322-D7

Le P'tit Rouquin

CUISINE TRADITIONNELLE • BISTRO X Grégory Olivette, jeune chef passé chez Meneau et Lameloise, propose une cuisine du marché soignée, à des prix raisonnables, agrémenté de vins souvent natures. On se régale d'une tourte de canard et foie gras, du boudin basque de Christian Parra, et sa déclinaison de carottes, ou d'une gâche vendéenne façon pain perdu, mousse à la fève tonka et caramel. Gourmand.

Spécialités : Œuf cocotte, crème de vieux comté. Travers de cochon cuit lentement, maïs dans tous ses états. Tarte fine, abricots rôtis, mousse légère à la lavande.

Menu 17 € (déjeuner)/28 € - Carte 27/43 €

92 rue de la Gare - ✆ 05 49 24 05 34 - www.leptitrouquin.com - Fermé 8-27 août, 24 décembre-5 janvier, vendredi soir, samedi, dimanche

à Bessines 3 km au Sud-Ouest par D611

L'Adress...

CUISINE MODERNE • CONTEMPORAIN XX Un parallélépipède de verre prolongé par une terrasse face à la verdure : voilà pour le cadre, moderne et élégant ! Quant à la cuisine du chef, elle ne souffre d'aucun reproche : recettes qui font mouche, présentations soignées. Jolie sélection de vins et fromages parfaitement affinés.

Menu 20 € (déjeuner), 36/72 € - Carte 53/67 €

1 rue des Iris - ✆ 05 49 79 41 06 - www.restaurant-ladress.fr - Fermé lundi, dimanche

à St-Liguaire 4,5 km à l'Ouest par D9 et rte secondaire

Auberge de la Roussille

CUISINE MODERNE • AUBERGE XXX On tombe forcément sous le charme de cette belle maison d'éclusier, installée dans le cadre bucolique des bords de Sèvre... un environnement enchanteur qui ne saurait masquer l'essentiel : la cuisine du chef, soignée et bien calibrée, dans laquelle les produits sont au top et agrémentés sans superflu. Un vrai bonheur.

Menu 22 € (déjeuner), 44/69 € - Carte 57/69 €

Impasse de la Roussille - ✆ 05 49 06 98 38 - www.laroussille.com - Fermé lundi, dimanche soir

à St-Symphorien 7 km au Sud par rte de St - Jean - d'Angély, D650 et D174

Auberge de Crespé

CUISINE TRADITIONNELLE • RUSTIQUE X Cuisine traditionnelle confectionnée selon le marché et les saisons ; on grille la côte de bœuf à la cheminée dans la salle à manger rustique. Agréable terrasse dominant le parc.

Menu 25 € - Carte 30/55 €

99 route d'Aiffres - ✆ 05 49 32 97 61 - www.auberge-de-crespe.fr - Fermé lundi, mardi soir, dimanche

NOCÉ - Orne (61) ➔ Voir Bellême

NŒUX-LES-MINES

✉ 62290 - Pas-de-Calais - Carte régionale n° **13**-B2 - Carte Michelin 301-I5

Le Cercle

CUISINE MODERNE • COSY XX Des assiettes maîtrisées, une cuisine au goût du jour pas piquée des hannetons : qu'il fait bon s'asseoir autour de ce Cercle ! Les produits sont de qualité et le menu change tous les jours ; quant au cadre, à la fois chic et cosy, il se pare d'élégants tableaux contemporains. Service souriant.

Menu 28/41 € - Carte 39/55 €

La Maison Rouge, 374 rue Nationale - ✆ 03 21 61 65 65 - www.hotel-lamaisonrouge.com

L'Atelier des Saveurs

CUISINE MODERNE • TRADITIONNEL XX Créée par un jeune couple de la région, cette table est une bonne surprise ! Le chef se livre à un joli travail autour du goût ; il travaille de beaux produits et fait preuve d'un savoir-faire indéniable. Une expérience d'autant plus agréable que le décor est intime et chaleureux.

Menu 22/32 €

94 rue Nationale - ✆ 03 21 26 74 74 - www.restaurant-latelierdessaveurs.fr - Fermé 2-8 janvier, lundi, mercredi soir, dimanche soir

NOIRMOUTIER-EN-L'ÎLE - Vendée (85) ➔ Voir Ile de Noirmoutier

NOIZAY

✉ 37210 - Indre-et-Loire - Carte régionale n° **8**-B2 - Carte Michelin 317-O4

Château de Noizay

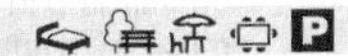

CUISINE MODERNE • INTIME XXX Pour dîner au château, quoi de mieux que ses charmants salons bourgeois avec leurs boiseries d'époque ? Ici, la cuisine joue la carte de la modernité et de la créativité, avec de doux intitulés : cochon "roi rose", sauce barbecue et pomme soufflée ; brochet juste saisi en quenelle et champignons boutons...

Menu 58/75 € - Carte 68/85 €

124 promenade de Waulsort - ✆ 02 47 52 11 01 - www.chateaudenoizay.com - Fermé 19 janvier-20 mars, lundi, mardi midi, dimanche

NONZA - Haute-Corse (2B) ➔ Voir Corse

NOTRE-DAME-DE-BELLECOMBE

✉ 73590 – Savoie – Carte régionale n° **4**–F1 – Carte Michelin 333-M3

La Ferme de Victorine

CUISINE TRADITIONNELLE · CONVIVIAL X Une ferme plus vraie que nature ; l'hiver, depuis la jolie salle rustique, on aperçoit même les vaches dans l'étable... Le chef est un passionné du terroir savoyard, toujours à la recherche des meilleurs fromages et charcuteries. Une table éminemment sympathique et très gourmande !

Spécialités : Terrine de la ferme, confiture d'oignons aux figues. Noix de veau grillée, légumes braisés au jus de viande. Variation autour du citron.

Menu 33/59 € – Carte 45/70 €

Le Planay – ✆ 04 79 31 63 46 – www.la-ferme-de-victorine.com – Fermé 8 juin-1er juillet, 10 novembre-18 décembre

LE NOUVION-EN-THIÉRACHE

✉ 02170 – Aisne – Carte régionale n° **14**–D1 – Carte Michelin 306-E2

La Paix

CUISINE TRADITIONNELLE · CLASSIQUE XX Briques, miroirs et bibelots : un décor agréable, au service d'une appétissante cuisine ! Installé ici depuis plus de trente ans, Didier Pierrart honore la tradition des bons petits plats avec un savoir-faire qui ne se dément pas. Sa spécialité : le pavé de bœuf au maroilles...

Menu 32 € – Carte 55/70 €

37 rue Jean-Vimont-Vicary – ✆ 03 23 97 04 55 – www.hotel-la-paix.fr – Fermé 17 février-4 mars, 16 août-3 septembre, lundi, samedi midi, dimanche

NOVES

✉ 13550 – Bouches-du-Rhône – Carte régionale n° **25**–E1 – Carte Michelin 340-E2

Auberge de Noves

CUISINE CLASSIQUE · VINTAGE XXX Cette auberge se révèle tout à fait charmante, et sa terrasse sous les arbres idyllique ! À l'image du lieu, la cuisine donne dans le beau classicisme : le chef vous régalera, par exemple, d'un foie gras, d'un tartare de bœuf au couteau, etc. Belle carte des vins de plus de 350 références.

Menu 85/95 € – Carte 70/130 €

route de Châteaurenard – ✆ 04 90 24 28 28 – www.aubergedenoves.com – Fermé 3 janvier-12 février, lundi, mardi

NOYALO

✉ 56450 – Morbihan – Carte régionale n° **7**–A3 – Carte Michelin 308-O9

L'Hortensia

CUISINE MODERNE · TENDANCE XX Cette ancienne ferme en pierre du 19e s., parée de toiles et d'un mobilier contemporains, a un certain cachet. La cuisine, qui fait la part belle aux produits de la mer et au terroir breton, se révèle savoureuse et bien maîtrisée. Pour l'étape, des chambres coquettes décorées sur le thème de l'hortensia.

Menu 22 € (déjeuner), 35/65 € – Carte 35/45 €

18 rue Sainte Brigitte – ✆ 02 97 43 02 00 – www.restaurantlhortensia.com – Fermé lundi, dimanche soir

NOYAL-SUR-VILAINE – Ille-et-Vilaine (35) ➜ Voir Rennes

NOYERS

✉ 89310 – Yonne – Carte régionale n° **5**–B1 – Carte Michelin 319-G5

Les Millésimes

CUISINE TRADITIONNELLE • RUSTIQUE X Ce restaurant champêtre et élégant se tient derrière la boucherie-charcuterie familiale. Le terroir et les vins bourguignons sont à l'honneur... ainsi que les produits maison ! Jambon persillé, tourte à l'époisses et pommes de terre, filet mignon de porc et jus aux oignons nouveaux...

Spécialités : Pâté en croûte de noix de veau et trompettes. Poulet farci, mousse au boudin blanc et petits légumes. Macaron, chibouste et noisettes.

Menu 30/33€

14 place de l'Hôtel-de-Ville – ✆ 03 86 82 82 16 – www.maison-paillot.com – Fermé 6-12 janvier, 3 février-2 mars, lundi, mardi, dimanche soir

NOZAY

✉ 44170 – Loire-Atlantique – Carte régionale n° **23**–B2 – Carte Michelin 316-G2

La Pierre Bleue

CUISINE MODERNE • CONVIVIAL XX Vous cherchez Éric Meunier ? Il est dans sa cuisine, évidemment ! Travailleur infatigable, discret autant que passionné, voilà un chef qui aime son métier, et cela se sent dans ses assiettes. Créations de saison, plats mijotés en hiver, fumaisons maison... Cette Pierre Bleue est une pépite.

Menu 19€ (déjeuner), 31/44€ – Carte 44/48€

22 rue Alexis-Letourneau – ✆ 02 40 79 30 49 – www.restaurantlapierrebleue.com – Fermé 6-24 juillet, 31 décembre-20 janvier, lundi soir, mardi soir, mercredi, dimanche soir

NUITS-ST-GEORGES

✉ 21700 – Côte-d'Or – Carte régionale n° **5**–D1 – Carte Michelin 320-J7

La Cabotte

CUISINE MODERNE • CONVIVIAL X Au centre de Nuits-Saint-Georges, on déguste une cuisine basée sur de bons produits (asperges de Cabannes, cochon de la ferme de Clavisy), dans un cadre rustique avec pierres apparentes et plafond à la française. Sans oublier une carte de vins étoffée et judicieuse : cette Cabotte en a dans la caboche !

Menu 35/75€ – Carte 48/70€

24 Grande Rue – ✆ 03 80 61 20 77 – www.lacabotte.fr – Fermé lundi, dimanche

NYONS

✉ 26110 – Drôme – Carte régionale n° **2**–B3 – Carte Michelin 332-D7

Le Verre à Soie

FUSION • CONVIVIAL X Après une carrière chez Christian Têtedoie (Lyon), Fei-Hsiu et Jérome Lamy ont décidé de reprendre ce Verre à Soie. Lui œuvre toujours comme sommelier, proposant de séduisants accords mets et vins, mettant en valeur la jolie cuisine de son épouse, inspirée par ses origines taïwanaises. Un beau mariage franco-asiatique.

Menu 26€ (déjeuner) – Carte 30/45€

12 place des Arcades – ✆ 04 75 26 15 18 – Fermé 20 décembre-10 janvier, mardi, mercredi, jeudi soir

à Condorcet 10 km au Nord - Est par D94 – Carte régionale n° **2**–B3

La Charrette Bleue

CUISINE TRADITIONNELLE • RUSTIQUE X Impossible de manquer ce relais de poste du 18e s. avec sa charrette bleue sur le toit ! Joli hommage à René Barjavel, dont l'œuvre du même nom racontait son enfance au pays. L'esprit de la région habite le décor (terrasse sous les canisses) comme la cuisine, soignée et gourmande. Prix doux.

Spécialités : Flan tiède au chèvre frais, fougasse oignons et olives. Filet de loup de mer, légumes de saison et risotto de quinoa. Tatin aux abricots, glace fève tonka.

Menu 26€ (déjeuner), 32/52€ – Carte 36/58€

5 chemin Barjavel (La Bonté) – ✆ 04 75 27 72 33 – www.lacharrettebleue.net – Fermé 6 janvier-7 février, mardi, mercredi

✉ 67210 - Bas-Rhin - Carte régionale n° **10**-A2 - Carte Michelin 315-I6

✿✿ La Fourchette des Ducs (Nicolas Stamm)

CUISINE CRÉATIVE • ÉLÉGANT XXXX Le grand Paul Bocuse lui-même appréciait l'accueil et l'assiette de cette maison historique d'Obernai... c'est dire ! D'année en année, le chef Nicolas Stamm a trouvé aux fourneaux l'équilibre parfait entre la célébration des classiques et la pointe d'inventivité qui fait mouche.

En toutes saisons, il nous gratifie d'assiettes de belle tenue, dans lesquelles les bons produits sont à la fête. En hiver, les suprêmes de pigeonneau, bien rosés comme promis, s'accompagnent d'un petit jardin d'herbes et de légumes hivernaux glacés : fenouil, céleri-rave, carotte, betterave... tandis que toute l'année, la tarte au chocolat décline une affriolante palette cacaotée. Cerise sur le gâteau, l'état d'esprit général de l'équipe est excellent, du service aux cuisines : un bien-être communicatif.

Spécialités : Turbot rôti meunière, grenouilles et lentilles beluga, sabayon au raifort. Agneau de lait des Pyrénées à la royale, condiment à l'ail noir et jus d'agneau à la menthe. Comme une forêt-noire, Griottines au kirsch d'Alsace et crème glacée à la vanille Bourbon.

Menu 140/175 € - Carte 140/210 €

6 rue de la Gare - ✆ 03 88 48 33 38 - www.lafourchettedesducs.com - Fermé 1er-9 janvier, 17 août-3 septembre, lundi, mardi midi, mercredi midi, jeudi midi, vendredi midi, samedi midi, dimanche soir

✿ Thierry Schwartz - Le Restaurant

CUISINE CRÉATIVE • RUSTIQUE XX Pour Thierry Schwartz, "Alsacien de cœur et d'origine", la nature ne s'envisage qu'en plein cœur de l'assiette : son engagement en faveur des producteurs locaux en est la preuve, et lui a valu les insignes de chevalier du Mérite agricole. Sa maison de 1589 en grès des Vosges, avec poutres apparentes et cheminée, séduit au premier coup d'œil. L'ancien collaborateur de Joël Robuchon y concocte des plats remarquables, aux saveurs franches, à coup de pur épeautre, d'omble chevalier, d'oseille sauvage, d'œufs bio fermiers... le tout arrosé d'un bon cru, nature de préférence : vous aurez le choix, il y a près de 1200 références.

Spécialités : L'œuf dans l'œuf aux morilles fraîches. Agneau de Bassemberg, concombre à la braise. Céleri et kiwi de Wahlenheim.

Menu 59 € (déjeuner), 109/149 €

35 rue de Sélestat - ✆ 03 88 49 90 41 - www.thierry-schwartz.fr - Fermé 1er-8 janvier, 29 juin-21 juillet, lundi, dimanche

Le Parc

CUISINE MODERNE • ÉLÉGANT XXX Voilà, dans les faubourgs de la ville, une imposante maison alsacienne où les générations se succèdent depuis la création de l'établissement en 1954. Dans l'élégante salle à manger - boiseries couleur miel, plafond à caissons, lustre en cristal -, on se régale d'une bonne cuisine actuelle, fine et bien réalisée.

Menu 62 € (déjeuner), 58/76 € - Carte 60/70 €

169 route d'Ottrott - ✆ 03 88 95 50 08 - www.hotel-du-parc.com - Fermé 1er-12 janvier, 29 juin-12 juillet, lundi, mardi midi, mercredi midi, jeudi midi, vendredi midi, samedi midi

La Stub

CUISINE ALSACIENNE • WINSTUB X Le bois qui décore les murs de cette Stub a été récupéré dans d'anciennes fermes ; un cadre chaleureux avec ses alcôves et son poêle en faïence, pour déguster tartare de hareng "grand-mère", pied de porc farci, quenelles de brochet...

Carte 45/55 €

Le Parc, 169 route d'Ottrott - ✆ 03 88 95 50 08 - www.hotel-du-parc.com - Fermé 1er-12 janvier, 29 juin-12 juillet, lundi, mardi soir, mercredi soir, jeudi soir, vendredi soir, samedi soir, dimanche

À l'Agneau d'Or

CUISINE ALSACIENNE • WINSTUB Près des remparts, une maison typiquement alsacienne, tant d'apparence que de philosophie. Le décor est éminemment chaleureux, avec du mobilier en bois, des plafonds traditionnels et des chaises typiques de l'artisanat local ; quant à l'assiette, elle cultive le goût des bonnes recettes régionales.

Menu 29/42 € - Carte 30/50 €

99 rue Général-Gouraud - 03 88 95 28 22 - http://alagneaudor.e-monsite.com/ - Fermé 20 juin-6 juillet, 24 décembre-4 janvier, lundi, samedi midi, dimanche soir

Le Parc

SPA ET BIEN-ÊTRE • COSY Des travaux pharaoniques sont en cours dans cette belle demeure, avec notamment la construction d'un spa prometteur, sur le thème "bains et jardins", et un réaménagement général des lieux. Chambres confortables, entre tradition alsacienne et modernité.

55 chambres - 140/255 € - 24 € - 7 suites

169 route d'Ottrott - 03 88 95 50 08 - www.hotel-du-parc.com - Fermé 1er-12 janvier, 29 juin-12 juillet

Le Parc • **La Stub** - Voir la sélection des restaurants

À la Cour d'Alsace

TRADITIONNEL • PERSONNALISÉ On pénètre d'abord dans la cour intérieure, non loin du centre historique de la ville. Là, dans cette ancienne propriété des barons de Gail, confort et douceur de vivre sont au rendez-vous. Idéal pour une étape gastronomique ou culturelle. Agréable espace bien-être.

50 chambres - 129/345 € - 20 € - 3 suites

3 rue de Gail - 03 88 95 07 00 - www.cour-alsace.com - Fermé 24 décembre-23 janvier

à Ottrott 4 km à l'Ouest par D426 - Carte régionale n° **10**-A2

À l'Ami Fritz

CUISINE ALSACIENNE • TRADITIONNEL M. Fritz, c'est le chef-patron, mais l'enseigne fait aussi référence au roman d'Erckmann et Chatrian (1854), dont le héros sacrifie tout à la bonne chère. Un sacré patronage pour une cuisine alsacienne bien exécutée, dans un décor qui porte également haut le charme de la région.

Menu 36/75 € - Carte 40/67 €

8 rue des Châteaux - 03 88 95 80 81 - www.amifritz.com - Fermé 13-31 janvier, mercredi

Hostellerie des Châteaux

CUISINE CLASSIQUE • ÉLÉGANT Un cadre feutré et intime, pour une cuisine classique avec quelques touches plus actuelles : foie gras d'oie maison et confit de renouée du Japon, canette rôtie aux épices douces, orecchiette à l'ail des ours...

Menu 69/95 € - Carte 60/94 €

11 rue des Châteaux (Ottrott-le-Haut) - 03 88 48 14 14 - www.hostellerie-chateaux.fr - Fermé 5 janvier-5 février, lundi midi, mardi midi, mercredi midi, jeudi midi, vendredi midi, samedi midi

Le Clos des Délices

CUISINE MODERNE • CONTEMPORAIN Un restaurant qui ouvre sur les bois... En terrasse ou dans la jolie salle contemporaine, on savoure une cuisine non dénuée de créativité, et réglée sur les saisons. Idéal pour se restaurer au vert !

Menu 49 € (déjeuner), 59/89 € - Carte 27/46 €

17 route de Klingenthal - 03 88 95 81 00 - www.leclosdesdelices.com - Fermé lundi midi, mardi midi, mercredi midi, jeudi midi

Hostellerie des Châteaux

SPA ET BIEN-ÊTRE • PERSONNALISÉ Cet imposant hôtel vous invite à un grand moment de détente : spa tout neuf et soins très complets, superbe piscine intérieure, deux restaurants, formule brunch le dimanche... Dans les chambres, spacieuses, l'esprit contemporain se marie au style alsacien. Le chic même !

48 chambres – 159/359 € – 24 € – 17 suites

11 rue des Châteaux (Ottrott-le-Haut) – 03 88 48 14 14 – www.hostellerie-chateaux.fr – Fermé 5 janvier-5 février

Hostellerie des Châteaux – Voir la sélection des restaurants

OBERSTEINBACH

67510 – Bas-Rhin – Carte régionale n° **10**-B1 – Carte Michelin 315-K2

Anthon

CUISINE MODERNE • COSY XXX Georges Flaig représente la quatrième génération aux fourneaux de cette ravissante maison à colombages, datant de 1860. Nulle nostalgie chez lui : sa cuisine est moderne et savoureuse, et met volontiers en avant les producteurs des environs : bœuf de Highland du Windstein, truite de Wingen...

Menu 26/54 € – Carte 45/65 €

40 rue Principale – 03 88 09 55 01 – www.restaurant-anthon.fr – Fermé 1er-31 janvier, mardi, mercredi

OBJAT

19130 – Corrèze – Carte régionale n° **19**-B3 – Carte Michelin 329-J4

La Tête de L'Art

CUISINE TRADITIONNELLE • BISTRO X Dans leur nouvelle adresse du nord d'Objat, avec vue sur le lac, les Duvalet déclinent les recettes traditionnelles dont ils ont le secret, toujours rehaussées d'une pointe d'originalité. Une enseigne appréciée dans la région.

Menu 18 € (déjeuner), 25/35 €

155 Avenue Jules Ferry (espace loisir Jacques Lagrave) – 05 55 25 50 42 – www.restaurantlatetedelart.eatbu.com – Fermé lundi, mercredi soir, dimanche soir

OFFRANVILLE – Seine-Maritime (76) → Voir Dieppe

OIZON

18700 – Cher – Carte régionale n° **8**-C2 – Carte Michelin 323-L2

Les Rives de l'Oizenotte

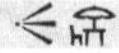

CUISINE TRADITIONNELLE • CONVIVIAL XX Sur la terrasse avec vue sur l'étang, ou dans la salle joliment décorée sur le thème de la pêche, on déguste une bonne cuisine traditionnelle, qui met en valeur les produits de la région. De quoi laisser sa gourmandise partir à la dérive...

Menu 34/48 €

Étang de Nohant – 02 48 58 06 20 – www.lesrivesdeloizenotte.fr – Fermé 22-29 juin, 20 décembre-25 janvier, lundi, mardi, dimanche soir

OLARGUES

34390 – Hérault – Carte régionale n° **21**-B2 – Carte Michelin 339-C7

Fleurs d'Olargues

CUISINE MODERNE • AUBERGE X Légumes du potager, pain maison et subtiles touches nordiques (saumon mariné au jus de betterave, pommes de terre *hasselback*) : voici le programme culinaire de cette jolie adresse familiale. La terrasse bucolique donne sur le pont du Diable (12e s.) et le village, classé parmi les plus beaux de France.

Menu 21 € (déjeuner), 37/43 €

au Pont du Diable – 04 67 97 27 04 – www.fleursdeolargues.com – Fermé 30 novembre-11 mars, lundi

OLÉRON (ÎLE D') - Charente-Maritime (17) ➜ Voir Île d'Oléron

OLIVET - Loiret (45) ➜ Voir Orléans

OLLIOULES

✉ 83190 - Var - Carte régionale n° **24**-B3 - Carte Michelin 340-K7

L'Atelier du Vigneron

CUISINE CLASSIQUE • ROMANTIQUE XXX Cet Atelier-là est à l'image de son sympathique patron : original et exubérant. Meubles de famille, tableaux anciens, touches rococo... Ce décor foisonnant sert d'écrin à une cuisine de tradition de très bonne facture. Essayez notamment le tournedos Rossini, l'une des spécialités de la maison.

Menu 35/65 € - Carte 45/70 €

348 avenue de la Résistance - ✆ 04 94 62 42 34 - www.atelier-du-vigneron.fr - Fermé 2-31 janvier, lundi, mercredi, dimanche soir

OMIÉCOURT

✉ 80320 - Somme - Carte régionale n° **14**-C2 - Carte Michelin 301-K9

Château d'Omiécourt

DEMEURE HISTORIQUE • CLASSIQUE Dans ce château de famille, entouré d'un parc de 16 ha, on est accueilli par la 5e génération ! Il fait bon se reposer dans les chambres ("1900", "Louis XVI", etc.) au beau mobilier chiné. À noter, le bel espace bien-être (sauna, hammam, jacuzzi...), parfait pour un week-end détente.

5 chambres - 158/230 €

4 rue du Bosquet - ✆ 06 59 35 50 53 - www.chateau-omiecourt.com

ONET-LE-CHÂTEAU - Aveyron (12) ➜ Voir Rodez

ONET-LE-CHÂTEAU VILLAGE - Aveyron (12) ➜ Voir Rodez

ONZAIN

✉ 41150 - Loir-et-Cher - Carte régionale n° **8**-A1 - Carte Michelin 318-E6

Domaine des Hauts de Loire

CUISINE CLASSIQUE • ÉLÉGANT XXXX Franchis la porte, amoureux du patrimoine français : tu es ici chez toi. Dans ce pavillon de chasse du 19e s. installé entre Amboise et Blois, les grands classiques sont à la fête – pressé de lièvre à la royale, salade d'anguille, caviar de Sologne –, travaillés avec un soin constant.

On doit cette excellente partition culinaire à Rémy Giraud, dont le destin de chef est intimement lié à celui du restaurant. Trente ans de maison, ce n'est pas négligeable ! Passionné de nature, il travaille d'une main experte le gibier régional et les fruits et légumes du potager maison... avec, comme liant, des sauces tout simplement remarquables. Maîtrise, générosité et gourmandise : les ingrédients de la réussite.

Spécialités : Filet d'anguille poêlé, mie de pain dorée aux graines de céleri. Bœuf poché au vin de Montlouis-sur-Loire, légumes de saison truffés. Framboises farcies au cassis, sorbet citron au basilic.

Menu 85/165 € - Carte 122/168 €

Hôtel Domaine des Hauts de Loire, 79 rue Gilbert-Navard - ✆ 02 54 20 72 57 - www.domainehautsloire.com - Fermé 13-25 décembre, lundi, mardi, mercredi midi, jeudi midi

Bistrot des Hauts de Loire

CUISINE TRADITIONNELLE • BISTRO X Dans les dépendances du domaine, une jolie bâtisse solognote avec sa charpente apparente, ses murs en brique et son parquet de chêne... Le décor est planté ! Sur la terrasse face au jardin potager, on se régale de petits plats bistrotiers (viande maturée, cuissons à la broche) et des créations plus imaginatives du chef Rémy Giraud.

Spécialités : Escargots, beurre d'aromates et noisettes grillées. Saucisse de carpe aux écrevisses et échalotes rôties. Médicis au sucre d'antan.

Menu 33/38 € - Carte 42/76 €

Hôtel Domaine des Hauts de Loire, 79 rue Gilbert-Navard - ✆ 02 54 20 72 57 - www.hautsdeloire.com - Fermé 13-25 décembre, jeudi soir

Domaine des Hauts de Loire

LUXE • CLASSIQUE Dans son parc forestier à mi-chemin entre Chenonceaux, Amboise et Blois, ce castel plus que centenaire (1860) exprime l'âme noble de la région. Objets anciens, imprimés chatoyants, beaux volumes, charpente apparente dans certaines chambres : le savoir-vivre à la ligérienne.

20 chambres - 350/515 € - 11 suites

79 rue Gilbert-Navard - 02 54 20 72 57 - www.domainehautsloire.com - Fermé 13-25 décembre

Domaine des Hauts de Loire • Bistrot des Hauts de Loire - Voir la sélection des restaurants

ORANGE

84100 - Vaucluse - Carte régionale n° **25**-E1 - Carte Michelin 332-B9

Le Mas des Aigras - Table du Verger

CUISINE PROVENÇALE • CONTEMPORAIN Un charmant mas en pierre, installé tranquillement au milieu des vignes et des champs. Le chef y prépare une goûteuse cuisine de saison, simple et bonne, avec des produits bien choisis. S'il fait beau, direction l'agréable terrasse. Pour l'étape, quelques chambres décorées dans un esprit contemporain.

Menu 32/40 € - Carte 50/70 €

chemin des Aigras (Russamp Est) - 04 90 34 81 01 - www.masdesaigras.com - Fermé 1er-8 janvier, 16-26 février, 20 octobre-6 novembre

à Sérignan-du-Comtat 8 km au Nord par N7 et D976

Le Pré du Moulin

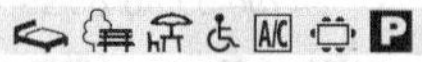

CUISINE TRADITIONNELLE • ÉLÉGANT D'abord moulin, puis école communale, cette maison de village en pierre séduit par son atmosphère bucolique... et par sa cuisine déclinée en deux parties : une carte gastronomique d'une part, des plats de bistrot d'autre part. La terrasse ombragée par de vieux platanes fleure bon, elle aussi, la Provence.

Menu 33/75 € - Carte 45/60 €

29 cours Joël-Estève - 04 90 70 05 58 - www.predumoulin.com - Fermé lundi, dimanche soir

ORCIÈRES

05170 - Hautes-Alpes - Carte régionale n° **24**-C1 - Carte Michelin 334-F4

à Merlette 5 km au Nord par D76

Les Gardettes

CUISINE BIO • RUSTIQUE Dans cet hôtel-restaurant créé par ses parents dans la ferme familiale, le chef porte haut la continuité, en utilisant les bons produits bio du Champsaur : œufs, saumon, agneau... en osmose avec son terroir ! Côté chambres, beaucoup de simplicité ; savoureuses confitures maison au petit-déjeuner.

Menu 26/35 € - Carte 27/48 €

station de Merlette - 04 92 55 71 11 - www.gardettes.com - Fermé 22 avril-6 juillet, 31 août-21 décembre, lundi midi, mardi midi, mercredi midi, jeudi midi, vendredi midi, samedi midi, dimanche midi

ORCINES - Puy-de-Dôme (63) ➜ Voir Clermont-Ferrand

ORGON

13660 - Bouches-du-Rhône - Carte régionale n° **25**-E1 - Carte Michelin 340-F3

Le Mas de la Rose

MAISON DE CAMPAGNE • PERSONNALISÉ Dans un site bucolique, d'anciennes bergeries (17e s.) joliment réaménagées en adresse de charme. Les chambres, décorées avec soin, ont l'accent de la Provence... Superbe jardin paysager avec piscine.

11 chambres - 295/485 € - 28 € - 3 suites

route d'Eygalières - 04 90 73 08 91 - www.mas-rose.com - Fermé 3 novembre-1er avril

ORLÉANS

✉ 45000 – Loiret – Carte régionale n° **8**-C2 – Carte Michelin 318-I4

Le Lièvre Gourmand (Tristan Robreau)

CUISINE MODERNE • ÉLÉGANT XXX Cette maison des bords de Loire a longtemps été le repaire d'un chef australien, désormais reparti outre-Atlantique. Il a confié les clefs de la maison à son ancien second Tristan Robreau et son épouse Émilie. Le chef s'est formé chez les Meilleur à la Bouitte et Au Rendez-vous des pêcheurs à Blois, sans compter une saison en Australie. Il choisit ses fournisseurs avec soin, et délivre une cuisine fusion inspirée notamment de ses voyages en Asie. On retrouve, par exemple, un ris de veau sauce teriyaki ou des calamars au mirin (un condiment japonais). À noter que le service est synchronisé avec l'heure d'arrivée, à midi comme le soir.

Spécialités : Gyozas de homard, corail glacé. Lap d'épaule d'agneau. Perles du Japon, coco et céleri.

Menu 41€ (déjeuner), 51/77€

Plan E3-q – *28 quai du Châtelet – ✆ 02 38 53 66 14 – www.lelievregourmand.com – Fermé 6-21 janvier, 11-26 mai, 7-22 septembre, lundi midi, mardi, mercredi midi*

La Dariole

CUISINE MODERNE • COSY X Une véritable bonbonnière que cette maison à colombages (15e s.) près de la cathédrale : tissus, fleurs, poutres, pierres apparentes... Le décor se prête à un bon repas et, de fait, le chef fait mouche à chaque plat : soin, tradition, pointe d'originalité. Une bonne adresse.

Spécialités : Rouleau de printemps aux crevettes et crudités. Araignée de porc, échalotes confites, sauce teriyaki. Café liégeois, glace à la chicorée, amandes craquantes.

Menu 28€

Plan E2-v – *25 rue Étienne-Dolet – ✆ 02 38 77 26 67 – Fermé 8-31 août, lundi soir, mercredi soir, jeudi soir, samedi, dimanche*

L'Hibiscus

CUISINE MODERNE • SIMPLE X La rue est piétonne et animée, la façade est discrète. Poussez la porte : produits frais, recettes originales, cuisine moderne, le tout emmené par un jeune chef et une patronne débordant de vitalité. Ris d'agneau, ravioles de foie gras et bouillon tamarin ; chapon en ballotines à la sauge ; baba à l'ananas caramélisé... Prix raisonnables.

Spécialités : Encornets au wok, paprika fumé, tomates confites et sorbet poivre. Onglet de veau, écrevisses et tuiles parmesan. Pavlova, framboises, ganache estragon et sorbet litchi.

Menu 32/41€

Plan E2-h – *175 rue de Bourgogne – ✆ 02 38 72 74 11 – www.hibiscus-restaurant.com – Fermé 28 juin-6 juillet, lundi, dimanche*

La Parenthèse

CUISINE TRADITIONNELLE • CONVIVIAL X David Sterne, le chef, fait dans le classique et le fait bien : escargots persillés, pressé de tête et pieds de cochon, déclinaison de foies gras de canard... C'est frais et copieux, avec des jus et sauces bien cuisinés, et ça se déguste dans un décor joliment rénové.

Spécialités : Ravioles de chèvre frais au basilic et graines de courge. Filet de bar rôti, émulsion au curry noir. Tartelette citron vert, nuage de rhum façon mojito.

Menu 19€ (déjeuner), 32/42€

Plan D3-a – *26 place du Châtelet – ✆ 02 38 62 07 50 – www.restaurant-la-parenthese.com – Fermé 11-19 avril, 25 juillet-16 août, samedi, dimanche*

Eugène

CUISINE MODERNE • COSY XX De passage dans le Loiret, il est recommandé de pousser la porte de cette maison pour découvrir la cuisine marine du chef, Alain Gérard : des plats soignés, goûteux et fins, avec d'alléchants menus surprise qu'il compose au gré de son inspiration... Quant au cadre, il est cosy (mobilier chic, tons pastel...).

Menu 29/53€ – Carte 40/65€

Plan D2-u – *24 rue Sainte-Anne – ✆ 02 38 53 82 64 – www.restauranteugene.fr – Fermé 27 juillet-16 août, 23 décembre-4 janvier, samedi, dimanche*

De Sel et d'Ardoise

CUISINE MODERNE • CONVIVIAL X Un petit bistrot contemporain, tenu par un jeune couple du métier. Lui, le Normand, est le sel ; elle, l'Ardennaise, est l'ardoise ! Pour vingt couverts au coude-à-coude, ils déclinent une séduisante cuisine de saison, qui doit beaucoup aux légumes bio des environs. Pensez à réserver à l'avance : c'est l'une des tables les plus courues de la ville...

Menu 23 € (déjeuner)/26 € – Carte 38/45 €

Plan D1-a – *44 rue du Faubourg-Bannier – ☎ 02 34 50 23 40 – Fermé 21 décembre-6 janvier, lundi, mercredi soir, samedi soir, dimanche*

Empreinte

DEMEURE HISTORIQUE • PERSONNALISÉ Lovée entre Loire et vieille ville, cette ancienne résidence aristocratique du 10e s., un temps Bourse du travail, s'est offerte une mue réussie, du spa aux chambres spacieuses (dont une avec balcon, au dernier étage). La modernité n'a pas effacé l'empreinte de l'histoire.

30 chambres – 140/280 € – 20 € – 2 suites

Plan D3-d – *80 rue du Chatelet – ☎ 02 38 75 10 52 – www.empreintehotel.com*

à Ardon 9 km au Sud – Carte régionale n° **8**-C2

La Table d'à Côté

CUISINE MODERNE • CONTEMPORAIN XX Face au golf de Limère, Christophe Hay (La Maison d'à Côté, à Montlivault) a monté cette adresse aux petits oignons, avec sa salle épurée, évoquant la nature et les forêts – les sources majeures d'inspiration du chef avec... les légumes de son jardin. Il en a confié les fourneaux au jeune chef Aurélien Largeau qui a fréquenté les cuisines de Christopher Coutanceau à la Rochelle. Une aubaine quand on sait que cette adresse privilégie les poissons de l'Atlantique (même si le sandre en vapeur de sous-bois est un must), le gibier en saison et les fameux légumes du potager maison. On privilégie ici une cuisine la plus végétale possible et des circuits courts au bénéfice des producteurs de proximité.

Spécialités : Homard fumé aux pommes de pin, betterave et sauce corail. Sandre en vapeur de sous-bois, carottes, lichen frit et vin de sureau. Œuf de poule araucana, crème aux œufs, sorbet framboise et liqueur de fruits rouges.

Menu 37 € (déjeuner), 68/92 € – Carte 78/105 €

Hors plan – *200 allée des Quatre-Vents (au golf de Limère) – ☎ 02 38 61 48 07 – www.latabledacote.fr – Fermé 4-19 août, 24 décembre-20 janvier, lundi, dimanche*

à la Chapelle-St-Mesmin 4 km à l'Ouest

Côté Saveurs

CUISINE MODERNE • ÉLÉGANT XX À l'entrée d'Orléans, cette belle maison bourgeoise propose une cuisine fine, dans laquelle les herbes et épices jouent un rôle primordial. Belle carte des vins (400 références).

Menu 32/36 € – Carte 50/67 €

Plan A2-v – *55 route d'Orléans – ☎ 02 38 72 29 51 – www.cotesaveurs.com – Fermé 23 février-4 mars, 9-24 août, 23 décembre-4 janvier, lundi, dimanche*

à Olivet 5 km au Sud par av. du Loiret et bords du Loiret

Le Pavillon Bleu

CUISINE MODERNE • ROMANTIQUE XX Esprit guinguette pour cette bâtisse de 1903 des bords du Loiret, où il fait bon s'installer à l'ombre de vieux platanes... Pour l'anecdote, la salle est aménagée dans un ancien hangar à bateaux. Côté assiettes, les techniques sont maîtrisées, les assaisonnements équilibrés : c'est savoureux. Très bon choix de vins.

Menu 29/39 € – Carte 70/120 €

Plan A2-p – *315 rue de la Reine Blanche – ☎ 02 38 66 14 30 – www.lepavillonbleu-restaurant.com – Fermé lundi, dimanche soir*

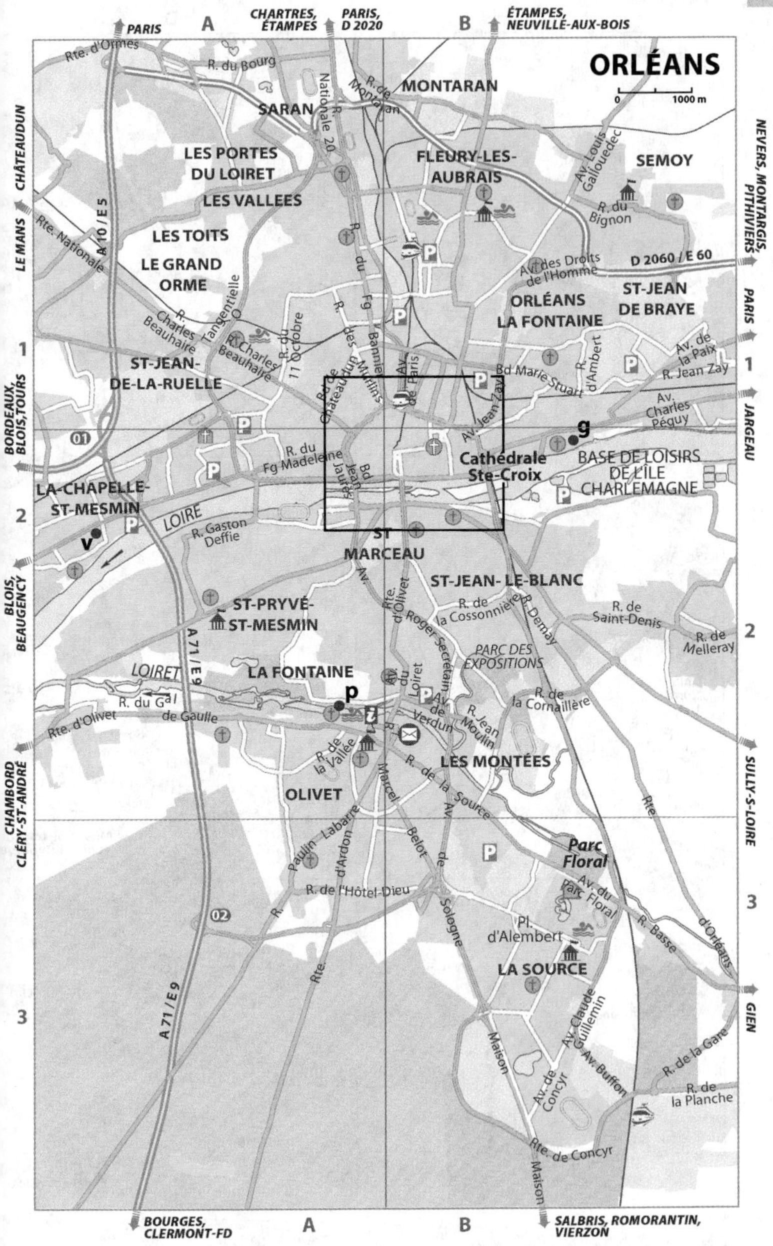
ORLÉANS
0
1000 m
PARIS
A
CHARTRES, ÉTAMPES
PARIS, D 2020
B
ÉTAMPES, NEUVILLE-AUX-BOIS
NEVERS, MONTARGIS, PITHIVIERS
PARIS
JARGEAU
SULLY-S-LOIRE
GIEN
LE MANS CHÂTEAUDUN
BORDEAUX, BLOIS, TOURS
BLOIS, BEAUGENCY
CHAMBORD CLÉRY-ST-ANDRÉ
BOURGES, CLERMONT-FD
SALBRIS, ROMORANTIN, VIERZON
1
2
3
SARAN
MONTARAN
LES PORTES DU LOIRET
LES VALLEES
LES TOITS
LE GRAND ORME
FLEURY-LES-AUBRAIS
SEMOY
ORLÉANS LA FONTAINE
ST-JEAN DE BRAYE
ST-JEAN-DE-LA-RUELLE
Cathédrale Ste-Croix
BASE DE LOISIRS DE L'ÎLE CHARLEMAGNE
LA-CHAPELLE-ST-MESMIN
LOIRE
ST MARCEAU
ST-JEAN- LE-BLANC
ST-PRYVÉ-ST-MESMIN
LOIRET
LA FONTAINE
PARC DES EXPOSITIONS
LES MONTÉES
OLIVET
Parc Floral
LA SOURCE
A 10 / E 5
A 71 / E 9
D 2060 / E 60
Rte. d'Ormes
R. du Bourg
R. Nationale 20
R. de Montaran
Av. Louis Gallouedec
R. du Bignon
Rte. Nationale
R. du Fg Bannier
Av. des Droits de l'Homme
R. Tangentielle
R. Charles Beauhaire
R. du 11 Octobre
R. des Murlins
Av. de Paris
Bd de Châteaudun
Bd Marie Stuart
R. d'Ambert
Av. de la Paix
R. Jean Zay
Av. Jean Zay
Av. Charles Péguy
R. du Fg Madeleine
Bd Jean Jaurès
R. Gaston Deffie
Rte. d'Olivet
Av. Roger Secrétain
R. de la Cossonnière
R. Demay
R. de Saint-Denis
R. de Melleray
Av. du Loiret
Av. de Verdun
R. Jean Moulin
R. de la Cornaillère
R. du Gal de Gaulle
Rte. d'Olivet
R. de la Vallée
R. Marcel Belot
R. de la Source
Av. de Sologne
R. Paulin Labarre
Rte. d'Ardon
R. de l'Hôtel-Dieu
Av. du Parc Floral
R. Basse d'Orléans
Pl. d'Alembert
Av. Claude Guillemin
Av. Buffon
Av. de Concyr
Rte. de Concyr
Maison
R. de la Gare
R. de la Planche
g
v
p
01
02

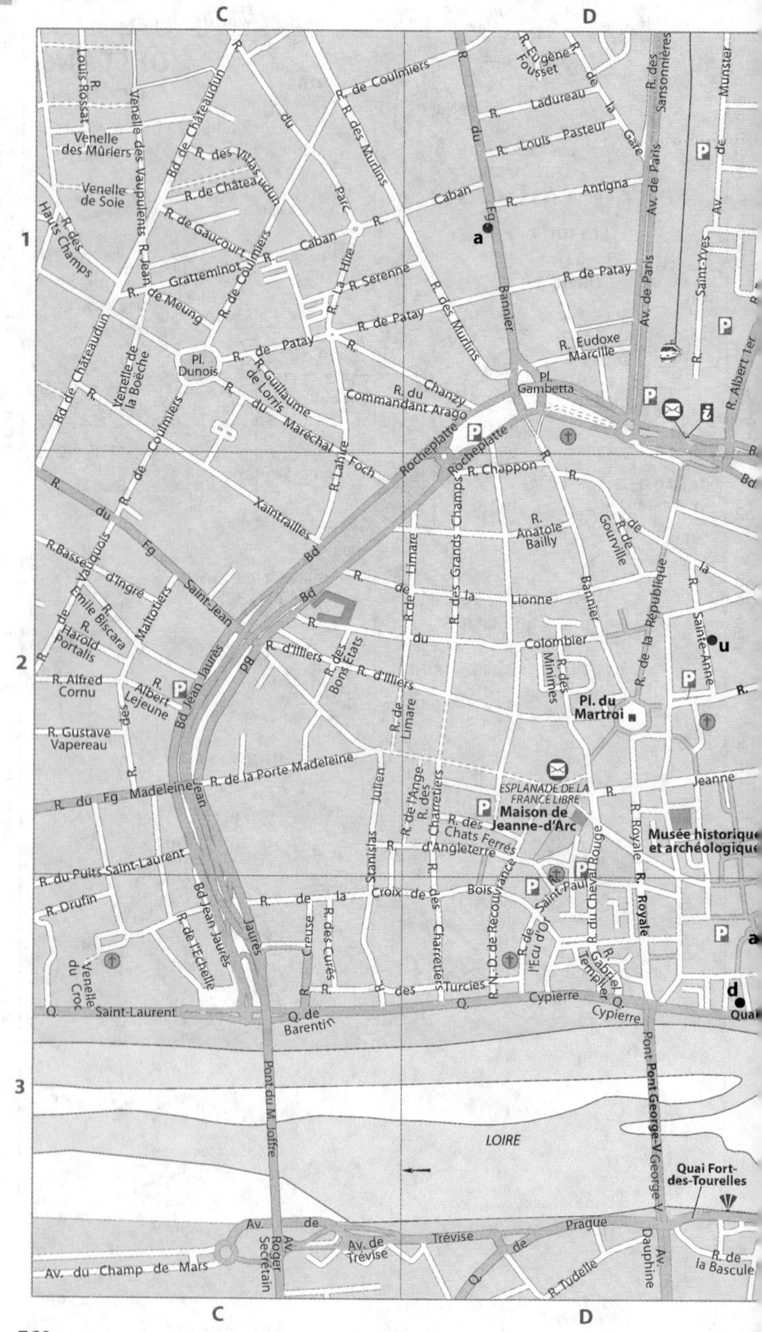
C
D
1
2
3
R. Louis Rossat
Venelle des Mûriers
Venelle de Soie
R. des Hauts Champs
Venelle des Vaupulents
R. Jean de Meung
Bd de Châteaudun
R. des Villas
R. de Châteaudun
R. de Gaucourt
R. Gratteminot
R. de Coulmiers
R. du Parc
R. des Murlins
R. Caban
R. La Hire
R. Serenne
R. de Patay
Pl. Dunois
R. Guillaume de Lorris
R. du Maréchal Foch
R. du Commandant Arago
R. Chanzy
R. Eugène Fousset
R. de la Gare
R. Ladureau
R. Louis Pasteur
R. Antigna
R. du Fg Bannier
a
R. Eudoxe Marcille
Pl. Gambetta
R. des Sansonnières
Av. de Paris
Av. de Munster
Av. Saint-Yves
R. Albert 1er
Venelle de la Boëche
R. de Coulmiers
R. Lahire
Xaintrailles
Bd Rocheplatte
Rocheplatte
R. Chappon
R. Anatole Bailly
R. de Gourville
R. de la République
R. Bannier
R. du Fg Saint-Jean
R. Basse d'Ingré
R. Émile Biscara
R. Maltotiers
R. Harold Portalis
R. Vauquois
R. Alfred Cornu
R. Albert Lejeune
R. Gustave Vapereau
Bd Jean Jaurès
R. de Limare
R. des Grands Champs
R. de la Lionne
R. du Colombier
R. d'Illiers
R. des Bons États
R. des Minimes
R. Sainte-Anne
u
Pl. du Martroi
R. de la Porte Madeleine
R. du Fg Madeleine
ESPLANADE DE LA FRANCE LIBRE
Maison de Jeanne-d'Arc
R. Jeanne
Musée historique et archéologique
R. Royale
R. Stanislas Julien
R. de l'Ange
R. des Charretiers
R. des Chats Ferrés
R. d'Angleterre
R. du Puits Saint-Laurent
R. Drufin
R. de la Croix de Bois
R. Saint-Paul
R. du Cheval Rouge
R. de l'Écu d'Or
R. N.-D. de Recouvrance
R. Gabriel Templier
R. de l'Échelle
R. Creuse
R. des Curés
R. des Turcies
Venelle du Croc
Q. Saint-Laurent
Q. de Barentin
Q. Cypierre
d
Pont du M. Joffre
Pont George-V
LOIRE
Quai Fort-des-Tourelles
Av. de Prague
Av. de Trévise
Av. Roger Secrétain
Av. du Champ de Mars
Q. de la Tudelle
Av. Dauphine
R. de la Bascule

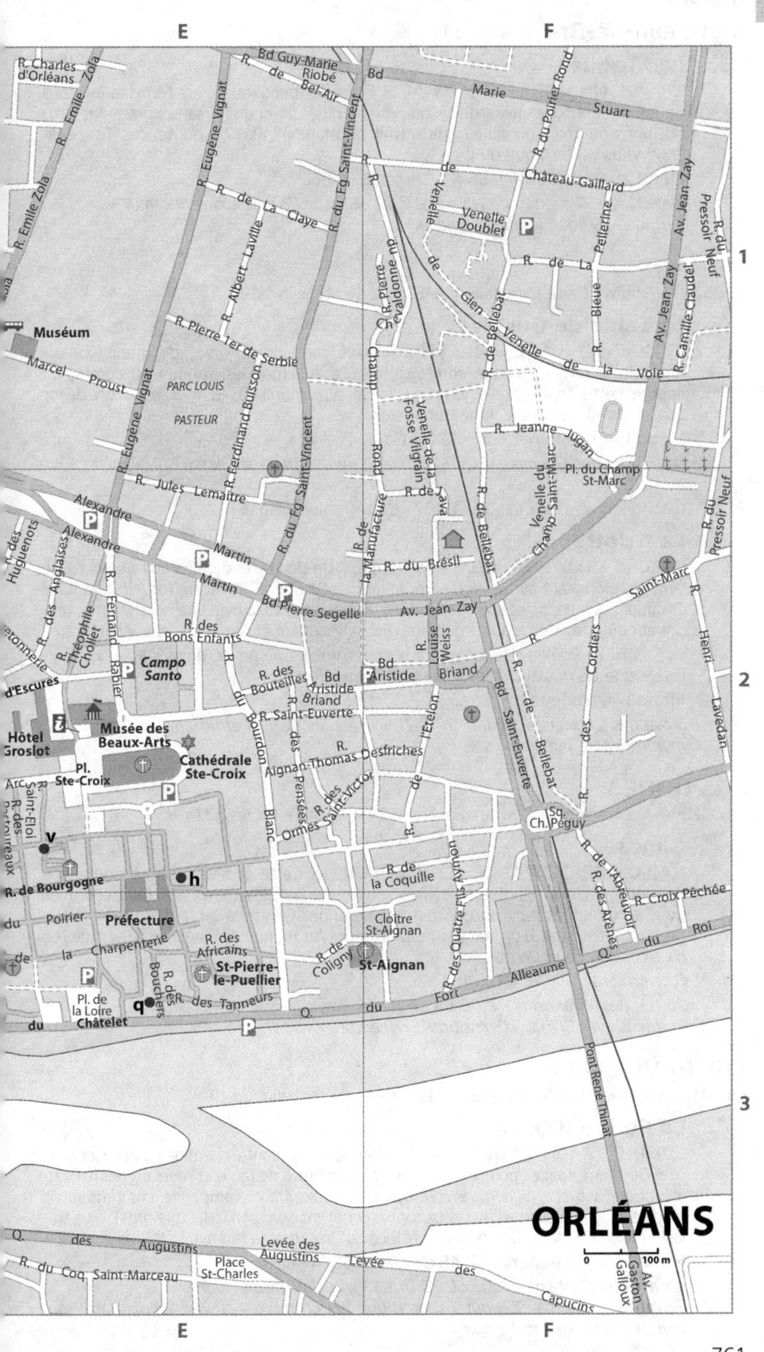
E
F
1
2
3
ORLÉANS
0
100 m
Muséum
PARC LOUIS
PASTEUR
Campo Santo
Musée des Beaux-Arts
Cathédrale Ste-Croix
Hôtel Groslot
Pl. Ste-Croix
Préfecture
St-Pierre-le-Puellier
St-Aignan
Cloître St-Aignan
Pl. de la Loire
Place St-Charles
Pl. du Champ St-Marc
Sq. Ch. Péguy
Bd Guy-Marie Riobé
Bd Marie Stuart
R. de Bel-Air
R. Eugène Vignat
R. du Fg Saint-Vincent
R. de Château-Gaillard
R. de La Claye
R. Albert Laville
R. Pierre 1er de Serbie
R. Ferdinand Buisson
Marcel Proust
R. Jules Lemaitre
Alexandre Martin
Bd Pierre Segelle
Av. Jean Zay
Bd Aristide Briand
R. Saint-Euverte
R. des Bouteilles
R. du Bourdon Blanc
R. des Pensées
R. Aignan-Thomas Desfriches
R. des Ormes Saint-Victor
R. de la Coquille
R. de Coligny
R. des Quatre Fils Aymon
R. de l'Etelon
R. Louise Weiss
R. du Brésil
R. de la Manufacture
R. Pierre Chevaldonne
R. du Champ Rond
Venelle de la Fosse Vilgrain
Venelle de Gien
Venelle de la Voie
Venelle Doublet
R. de Bellebat
R. Jeanne Jugan
Venelle du Champ Saint-Marc
R. de La Pellerine
R. Bleue
R. du Poirier Rond
R. Camille Claudel
R. du Pressoir Neuf
R. Saint-Marc
R. Henri Lavedan
R. des Cordiers
Bd Saint-Euverte
R. de l'Abreuvoir
R. des Arênes
R. Croix Pêchée
Q. du Roi
Q. du Fort Alleaume
Pont René Thinat
R. Emile Zola
R. Charles d'Orléans
R. des Huguenots
R. des Anglaises
R. Théophile Chollet
R. Fernand Rabier
R. des Bons Enfants
d'Escures
R. de Bourgogne
Poirier
de la Charpenterie
R. des Africains
R. des Bouchers
R. des Tanneurs
du Châtelet
Q. des Augustins
Levée des Augustins
Levée des Capucins
R. du Coq Saint-Marceau
Av. Gaston Galloux
R. Saint-Eloi
v
h
q

à St-Jean-de-Braye 4 km à l'Est

Les Toqués

CUISINE MODERNE • CONVIVIAL XX Le cadre bucolique avec terrasse en bord de Loire, l'appétissante ardoise qui vous indique le chemin, sans oublier les propositions de vive voix suivant le retour du marché... Pas de doute, ces Toquées-là ne vous veulent que du bien.

Menu 25 € (déjeuner)/36 € - Carte 35/45 €

Plan B2-g - *71 chemin de Halage - ✆ 02 38 86 50 20 - lestoquesorleans.fr - Fermé 15-29 août, lundi, dimanche*

ORNANS

✉ 25290 - Doubs - Carte régionale n° **6**-B2 - Carte Michelin 321-G4

La Table de Gustave

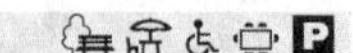

CUISINE RÉGIONALE • BRASSERIE X Une carte courte avec de grands classiques de la région (salade comtoise, croûte aux morilles, fondue au comté, ou encore cette truite "belle lodoise" farcie aux morilles), le tout dans un décor contemporain agréable : une bonne adresse.

Menu 15 € (déjeuner), 25/33 € - Carte 25/46 €

11 rue Jacques-Gervais - ✆ 03 81 62 16 79 - www.latabledegustave.fr

à Saules 6 km au Nord-Est par D492 - Carte régionale n° **6**-C2

La Griotte

CUISINE TRADITIONNELLE • AUBERGE X Un clocher et des champs alentour, une véranda plongeant sur un jardin verdoyant... cette ferme revêt de forts jolis atours ! Tradition, saveurs de saison et spécialités régionales : voilà bien une belle Griotte, tendre et goûteuse. Cerise sur le gâteau : l'accueil souriant et l'addition sans acidité.

Spécialités : Poêlée d'escargots aux asperges. Suprême de pintadeau aux morilles. Soupe de griottes et mousse glacée au kirsch.

Menu 17 € (déjeuner), 26/39 € - Carte 33/50 €

3 rue des Cerisiers - ✆ 03 81 57 17 71 - www.lagriotte.fr - Fermé lundi, mardi, mercredi soir, dimanche soir

LES ORRES

✉ 05200 - Hautes-Alpes - Carte régionale n° **24**-C1 - Carte Michelin 334-H5

Cimes

MAISON DE CAMPAGNE • CONTEMPORAIN Cette ancienne ferme abrite une délicieuse maison d'hôtes aux junior suites de belles dimensions, réalisées avec goût, et orientées plein sud, face au hameau des Orres. La table d'hôtes bénéficie de l'enthousiasme d'un ancien restaurateur. Au menu : cuisine moderne, teintée d'épices. Un coup de coeur.

5 chambres ☕ - 👥 130/145 €

26 rue des Villandrins - ✆ 06 64 54 89 38 - www.maison-cimes.com - Fermé 15 avril-31 mai, 20 octobre-15 décembre

ORTHEVIELLE

✉ 40300 - Landes - Carte régionale n° **18**-B3 - Carte Michelin 335-E13

La Ferme d'Orthe

CUISINE TRADITIONNELLE • CONVIVIAL X Imposante cheminée pour griller la côte de bœuf, solides poutres, gros tonneau en guise de table et murs en pierre : l'atmosphère, actuelle, ne nuit pas à l'âme de ce restaurant de campagne. Les plats servis au déjeuner sont simples et réjouissants (confit maison, parillada, foie gras), plus travaillés le soir. Et les produits, toujours locaux. Une adresse fort sympathique.

Menu 13 € (déjeuner), 33/45 € - Carte 35/47 €

9 rue de la Fontaine - ✆ 05 58 73 01 03 - www.lafermedorthe.fr - Fermé 18 avril-4 mai, 22 août-7 septembre, 19 décembre-4 janvier, lundi, mardi soir, mercredi soir, dimanche soir

OSTHOUSE

✉ 67150 - Bas-Rhin - Carte régionale n° **10**-B2 - Carte Michelin 315-J6

À l'Aigle d'Or

CUISINE CLASSIQUE • AUBERGE XXX Accroché à un coin de cette jolie maison de village, un magnifique aigle en fer forgé semble annoncer : "Vous êtes arrivé ! " À l'intérieur, on se régale d'une bonne cuisine classique servie dans un cadre alsacien bourgeois et chaleureux. Côté Winstub, plats traditionnels et ambiance plus familiale.

Menu 34/64 € - Carte 42/92 €

14 rue de Gerstheim - ✆ 03 88 98 06 82 - www.hotelalaferme.com - Fermé 1er-4 janvier, 17-29 février, 2-20 août, lundi, mardi

OSTWALD - Bas-Rhin (67) ➜ Voir Strasbourg

OTTROTT - Bas-Rhin (67) ➜ Voir Obernai

OUCHES - Loire (42) ➜ Voir Roanne

OUCQUES

✉ 41290 - Loir-et-Cher - Carte régionale n° **8**-B2 - Carte Michelin 318-E5

Ô en Couleur

CUISINE MODERNE • COLORÉ XX Elles enchantent, ces couleurs ! Le chef concocte des recettes bien ficelées avec de beaux produits, pour un résultat flatteur au palais et doux pour le porte-monnaie... Jolie salle au décor contemporain. Chambres confortables et colorées pour prolonger l'étape.

Spécialités : Œuf mollet aux légumes d'été, mouillette à l'anchois. Bœuf, pommes boulangères à la vanille. Dôme de fond de tarte, fraises, rhubarbes et chantilly menthe.

Menu 28/67 € - Carte 65/78 €

9 rue de Beaugency - ✆ 02 54 23 20 41 - www.o-en-couleur-oucques.com - Fermé 1er-10 janvier, lundi, dimanche soir

OUESSANT (ÎLE D') - Finistère (29) ➜ Voir Île d'Ouessant

OUISTREHAM

✉ 14150 - Calvados - Carte régionale n° **17**-B2 - Carte Michelin 303-K4

La Table d'Hôtes

CUISINE MODERNE • COSY XX Ce restaurant est le repaire d'un couple passé par de belles maisons. Joli symbole, Yoann Lavalley a racheté le fourneau sur lequel il a accompli son apprentissage... Il y conçoit des assiettes délicates et finement travaillées. Poisson du jour, viande locale, fromages normands... Les saveurs éclatent en bouche.

Spécialités : Œuf mollet, ventrèche, roquette et sauce hollandaise. Filet de lieu jaune, courgette, aubergine et crème d'étrilles. Pêche, pistache, framboises et vanille.

Menu 33/51 € - Carte 50/60 €

10 avenue du Général-Leclerc - ✆ 02 31 97 18 44 - www.latabledhotes-caen.com - Fermé 8-14 avril, 29 juin-12 juillet, 21-25 octobre, mardi soir, mercredi, dimanche soir

LES OURSINIÈRES - Var (83) ➜ Voir Pradet

OUSSON-SUR-LOIRE

✉ 45250 - Loiret - Carte régionale n° **8**-D2 - Carte Michelin 318-N6

Le Clos du Vigneron

CUISINE MODERNE • CONVIVIAL XX Les vignes des coteaux du Giennois jouxtent le Clos du vigneron. On apprécie ici une cuisine sincère, de saison et de fraîcheur, faisant la part belle au poisson : le chef travaille comme un véritable artisan, amoureux de son métier. Chambres pratiques pour l'étape.

Menu 23 € (déjeuner), 36/45 € - Carte 36/55 €

18 route Nationale 7 - ✆ 02 38 31 43 11 - www.hotel-clos-du-vigneron.com - Fermé 2-17 mars, 31 août-15 septembre, 24-31 décembre, lundi, mardi, dimanche soir

OZENAY - Saône-et-Loire (71) ➜ Voir Tournus

OZOIR-LA-FERRIÈRE - Seine-et-Marne (77) ➜ Voir Autour de Paris

PAILHEROLS

✉ 15800 - Cantal - Carte régionale n° **1**-B3 - Carte Michelin 330-E5

L'Auberge des Montagnes

CUISINE TRADITIONNELLE · AUBERGE XX Dans cette ferme située au cœur de ce village isolé, le chef cuisine exclusivement des produits locaux finement choisis. Le terroir est à l'honneur, revisité avec grand soin ! En hiver, le paysage est féerique et invite à la promenade ; cela tombe bien, car la cuisine est très généreuse. Un véritable concentré de Cantal...

Spécialités : Feuillantine de tourteau et saumon, crème d'avocat et nectar de tomate. Noix de veau du cantal, jus à l'échalote. Soufflé fruit de la passion et framboise.

Menu 30/38 € - Carte 30/43 €

Le Bourg - ✆ 04 71 47 57 01 - www.auberge-des-montagnes.com - Fermé 5-12 janvier, 22 mars-4 avril, 16-24 octobre, 1er novembre-12 décembre, lundi, mardi

L'Auberge des Montagnes

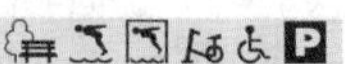

AUBERGE · COSY Ce qui frappe d'abord dans cette charmante adresse perdue en pleine montagne, c'est la gentillesse de l'accueil. On vous reçoit en famille et tout est prévu pour un séjour parfait : de jolies chambres, un spa avec piscine, des jeux...

14 chambres - 65/87 € - 11 €

Le Bourg - ✆ 04 71 47 57 01 - www.auberge-des-montagnes.com - Fermé 5-12 janvier, 22 mars-4 avril, 16-24 octobre, 1er novembre-12 décembre

L'Auberge des Montagnes - Voir la sélection des restaurants

PAIMPOL

✉ 22500 - Côtes-d'Armor - Carte régionale n° **7**-C1 - Carte Michelin 309-D2

Restaurant de la Marne

CUISINE MODERNE · TENDANCE XX En bordure du centre touristique de Paimpol, on trouve cette auberge en pierre datant du 19e s., dont le chef élabore des recettes inventives et pleines d'allant, où la recherche visuelle occupe une place importante.

Menu 29/75 € - Carte 60/100 €

30 rue de la Marne - ✆ 02 96 16 33 41 - www.hoteldelamarne-paimpol.fr - Fermé 6-27 janvier, 5-19 octobre, lundi, dimanche soir

La Serre (N)

CUISINE MODERNE · COSY XX Revenu d'Asie, où il a passé plusieurs années, le chef a créé avec deux autres associés ce restaurant chic et cosy, installé dans une rue tranquille de Paimpol. Sa cuisine moderne met en avant les produits de la région, avec de légers clins d'œil à l'Asie, et des dressages soignés.

Menu 38/85 €

4 rue de Poulgoic - ✆ 09 52 49 36 17 - laserrepaimpol.fr - Fermé 15-30 novembre, lundi, mardi midi, samedi midi, dimanche soir

à Ploubazlanec 3,5 km au Nord par D789

Les Terrasses de Bréhat

BUSINESS · CONTEMPORAIN Cet établissement, fondé en 1892, jouxte l'embarcadère et fait face à l'île de Bréhat. Les chambres, confortables et accessibles par des coursives en bois, portent le nom de villes-escales : Gustavia, Le Cap, Bergen, Kayar... La garantie d'une nuit voyageuse !

35 chambres - 90/225 € - 15 €

Pointe de L'Arcouest - ✆ 02 96 55 77 92 - www.lesterrassesdebrehat.fr - Fermé 6 décembre-5 janvier

LE PALAIS - Morbihan (56) → Voir Belle-Ile-en-Mer

PALAVAS-LES-FLOTS

34250 - Hérault - Carte régionale n° **21**-C2 - Carte Michelin 339-I7

Le St-Georges

CUISINE MODERNE • CONVIVIAL XX Dans son restaurant, situé à deux pas du casino, Paul Courtaux ne joue pas à la roulette avec nos papilles. Il réalise une cuisine pétillante et savoureuse, à l'instar de ce faux-filet de bœuf Aubrac, moelle, blette de Costebelle et moutarde... Mention spéciale à la jolie carte des vins de la région et à l'accueil charmant.

Spécialités : Tarte fine de boudin, crème à l'huile de truffe. Dos de merlu, poulpe, courgette et aïoli. Baba au rhum servi tiède, crème mascarpone vanillée.

Menu 33/65 € - Carte 47/53 €

4 boulevard Maréchal-Foch (à côté du casino, rive droite) - 04 67 68 31 38 - www.restaurant-st-georges.fr - Fermé lundi, mardi

Plage Palace

CUISINE MÉDITERRANÉENNE • TENDANCE XX Niché dans le nouvel hôtel des frères Costes, ce restaurant dispose d'un superbe emplacement face à la plage privée et la mer. Côté carte, une cuisine parfumée aux belles influences méditerranéennes. Quand le soleil se couche, tendre est la nuit - les prix, un peu moins.

Carte 42/90 €

336 avenue Saint-Maurice - 04 34 08 63 00 - www.plagepalace.com

Plage Palace

RESORT • DESIGN Emplacement idyllique, face à la plage, pour cet hôtel haut de gamme qui porte la signature des frères Costes et dont la couleur discrète se fond dans le paysage. Toutes les chambres, épurées et élégantes, bénéficient d'un balcon ; préférez celles qui donnent sur la mer (à noter, les amusantes salles de bains nichées dans de fausses cabines de plage). Une très belle piscine de nage devance l'immense plage privée, réservée aux clients.

70 chambres - 300/700 € - 2 suites

336 avenue Saint-Maurice - 04 34 08 63 00 - www.plagepalace.com

Plage Palace - Voir la sélection des restaurants

LA PALUD-SUR-VERDON

04120 - Alpes-de-Haute-Provence - Carte régionale n° **24**-C2 - Carte Michelin 334-G10

Hôtel des Gorges du Verdon

FAMILIAL • CONTEMPORAIN C'est toujours un plaisir de faire une halte dans cet hôtel de charme, à l'écart du vacarme... On s'y repose dans de belles chambres colorées et design (dont quelques beaux duplex familiaux). Beau spa "Cinq Mondes" avec hammam, fitness, salles de massage, sauna et jacuzzi.

27 chambres - 190/490 € - 17 € - 3 suites

Route de la Maline - 1 km - 04 92 77 38 26 - www.hotel-des-gorges-du-verdon.fr - Fermé 1er janvier-1er mai, 11 octobre-31 décembre

LE PARADOU - Bouches-du-Rhône (13) → Voir Maussane-les-Alpilles

PARAMÉ - Ille-et-Vilaine (35) → Voir St-Malo

&

PARAY-LE-MONIAL

✉ 71600 – Saône-et-Loire – Carte régionale n° **5**-B3 – Carte Michelin 320-E11

L'Apostrophe

CUISINE MODERNE • CONTEMPORAIN XX Le couple Garrivier décline une cuisine moderne et enlevée, en phase avec les saisons (dont la mise en avant des légumes, souvent bio ou issus de l'exploitation familiale). Qu'on se rassure, le chef a toujours une belle pièce de bœuf charolais en réserve, à savourer sur la terrasse côté jardin aux beaux jours... Quelques chambres pour l'étape.

Menu 26 € (déjeuner), 39/75 € – Carte 51/72 €

27 avenue de la Gare – ✆ 03 85 25 45 07 – www.hotel-restaurant-lapostrophe.com – Fermé 30 mars-6 avril, 17-31 août, 24 décembre-2 janiver, lundi, dimanche

à Poisson 8 km au Sud par D34

La Poste et Hôtel La Reconce

CUISINE MODERNE • CONTEMPORAIN XX Le Restaurant de la Poste est aujourd'hui emmené par un jeune chef originaire du village, avec l'aide de sa compagne. Son ambition est claire : régaler ses convives avec une cuisine dans l'air du temps, et célébrer les bons produits locaux – cette entrecôte charolaise, avec ses légumes de saison, en témoigne ! Chambres coquettes et bien tenues pour l'étape.

Menu 16 € (déjeuner), 28/54 € – Carte 38/65 €

Le bourg (face à l'église) – ✆ 03 85 81 10 72 – www.hotelreconce.com – Fermé 24 février-9 mars, 24 août-7 septembre, lundi, mardi midi, dimanche soir

PARÇAY-MESLAY – Indre-et-Loire (37) ➜ Voir Tours

PARCEY – Jura (39) ➜ Voir Dole

PARENTIS-EN-BORN

✉ 40160 – Landes – Carte régionale n° **18**-B2 – Carte Michelin 335-E8

Chez Flo

CUISINE MODERNE • BISTRO X Un restaurant convivial, façon bistrot contemporain... Dans l'esprit du lieu, la cuisine est généreuse : sous la houlette d'un jeune chef passionné, tout est fait maison, avec des produits régionaux.

Menu 14 € (déjeuner)/28 €

9 rue St-Barthélémy – ✆ 05 58 78 40 21 – Fermé lundi

bogdandreava/iStock

PARIS
ET SES ENVIRONS

Paris, c'est d'abord un décor, reconnaissable entre tous : la Seine, la tour Eiffel, bien sûr, et la non moins fameuse pyramide du Louvre. Par son urbanisme et ses monuments en grande partie préservés, elle illustre les grandes pages de l'histoire de France et du rayonnement culturel du pays. Mais Paris c'est aussi un ensemble de quartiers, comme autant de villages, où toutes les communautés sont représentées. Et lorsqu'il s'agit des plaisirs de la table, quel bonheur d'être Parisien ! Ce n'est pas un hasard si c'est ici-même qu'a été forgé le concept de restaurant : Paris, plus qu'aucune cité au monde, bat au rythme de sa vie gastronomique. Grandes brasseries centenaires, palaces aux ors inoubliables, tables coréennes, argentines, italiennes, japonaises, maisons historiques ou tout juste apparues, grande tradition française ou créativité : mille surprises vous attendent sur les deux rives de la Seine.

- Carte régionale n° 15 et 16
- Carte Michelin 301-E7 et 101
- Plan de l'agglomération parisienne

LES TABLES À NE PAS MANQUER

TOUTES LES ÉTOILES

Une cuisine unique. Vaut le voyage !

Une cuisine d'exception. Vaut le détour !

Une cuisine d'une grande finesse. Vaut l'étape !

© O. Decker/Michelin

BIB GOURMAND

Nos meilleurs rapports qualité-prix

INDEX DES RESTAURANTS

© O. Decker/Michelin

C

D

© O. Decker/Michelin

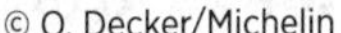

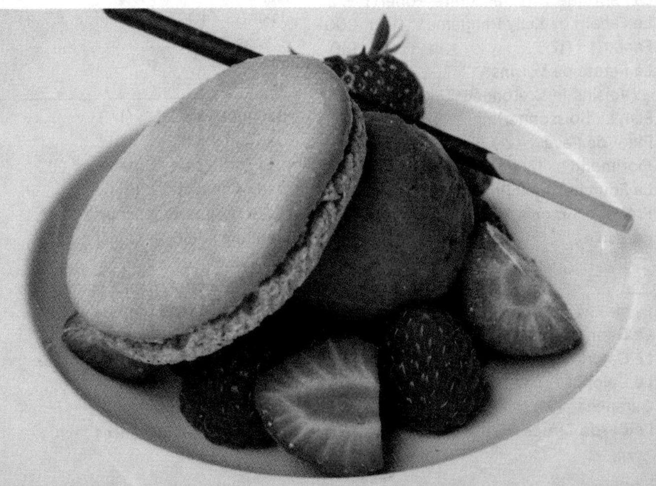

K

L

M

V

W

Y

Z

LES TABLES PAR TYPE DE CUISINE

Cuisine actuelle

Cuisine argentine

Cuisine asiatique

Cuisine basque

Cuisine bretonne

Cuisine chinoise

Cuisine classique

Cuisine coréenne

Cuisine créative

Cuisine créole

Cuisine danoise

Cuisine du marché

Cuisine du monde

Cuisine du Sud-Ouest

Cuisine du terroir

Cuisine grecque

Cuisine indienne

Cuisine israélienne

Cuisine italienne

Cuisine japonaise

Cuisine libanaise

Cuisine lyonnaise

Cuisine marocaine

Cuisine mexicaine

Cuisine moderne

Cuisine méditerranéenne

Cuisine péruvienne

Cuisine régionale

Cuisine shanghaienne

© Fotosearch/GraphicObsession

Cuisine sud-américaine

Cuisine sud-est asiatique

Cuisine thaïlandaise

Cuisine traditionnelle

Cuisine vietnamienne

Fusion

Grillades

Poissons et fruits de mer

Teppanyaki

Viandes

RESTAURANTS À MOINS DE 30 €

© Adam Wasilewski/iStock

TABLES EN TERRASSE

RESTAURANTS AVEC SALONS PARTICULIERS

INDEX DES HÔTELS

I

J

K

L

M

N

O

P

R

S

T

V

X

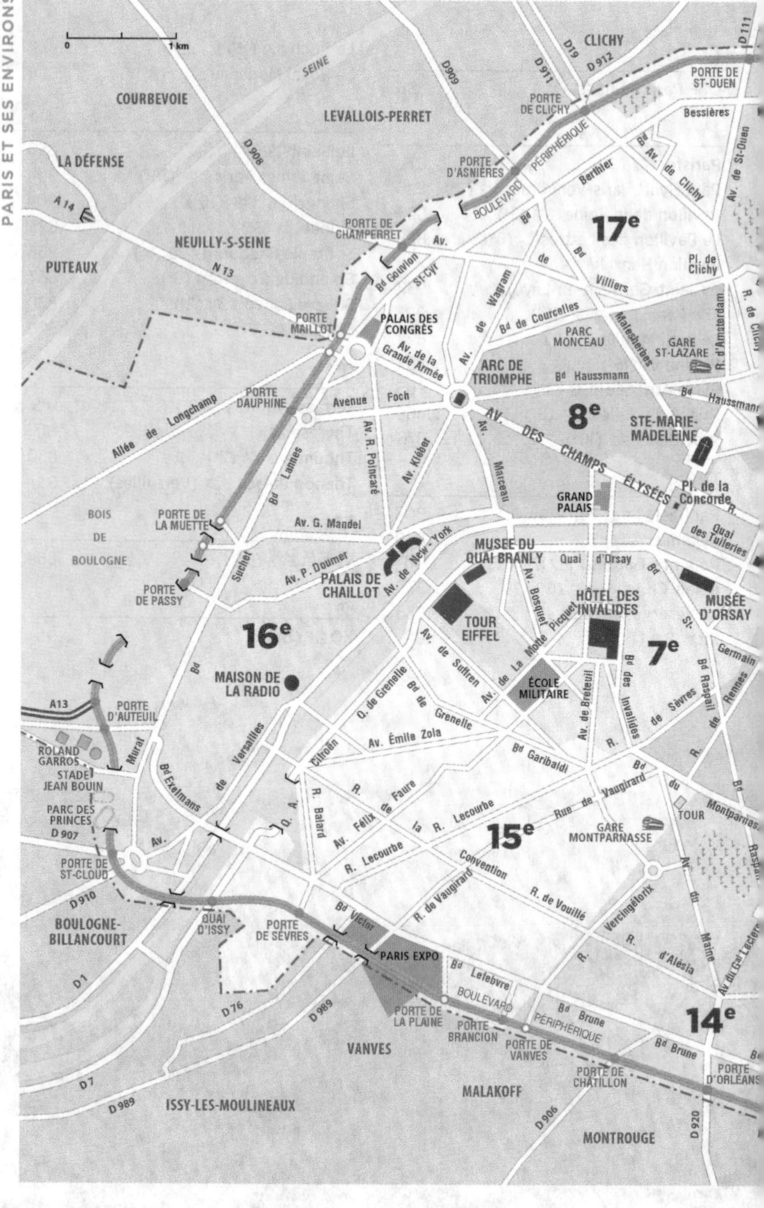
COURBEVOIE
LEVALLOIS-PERRET
CLICHY
LA DÉFENSE
PUTEAUX
NEUILLY-S-SEINE
PORTE DE ST-OUEN
PORTE DE CLICHY
PORTE D'ASNIERES
PORTE DE CHAMPERRET
PORTE MAILLOT
PALAIS DES CONGRÈS
ARC DE TRIOMPHE
PARC MONCEAU
GARE ST-LAZARE
17e
8e
STE-MARIE-MADELEINE
PORTE DAUPHINE
BOIS DE BOULOGNE
PORTE DE LA MUETTE
PORTE DE PASSY
GRAND PALAIS
Pl. de la Concorde
MUSÉE DU QUAI BRANLY
PALAIS DE CHAILLOT
TOUR EIFFEL
HÔTEL DES INVALIDES
MUSÉE D'ORSAY
16e
7e
MAISON DE LA RADIO
ÉCOLE MILITAIRE
PORTE D'AUTEUIL
ROLAND GARROS
STADE JEAN BOUIN
PARC DES PRINCES
PORTE DE ST-CLOUD
15e
GARE MONTPARNASSE
TOUR
BOULOGNE-BILLANCOURT
QUAI D'ISSY
PORTE DE SÈVRES
PARIS EXPO
PORTE DE LA PLAINE
PORTE BRANCION
PORTE DE VANVES
14e
VANVES
MALAKOFF
PORTE DE CHÂTILLON
PORTE D'ORLÉANS
ISSY-LES-MOULINEAUX
MONTROUGE
BOULEVARD PÉRIPHÉRIQUE
Av. des Champs Élysées
0
1 km

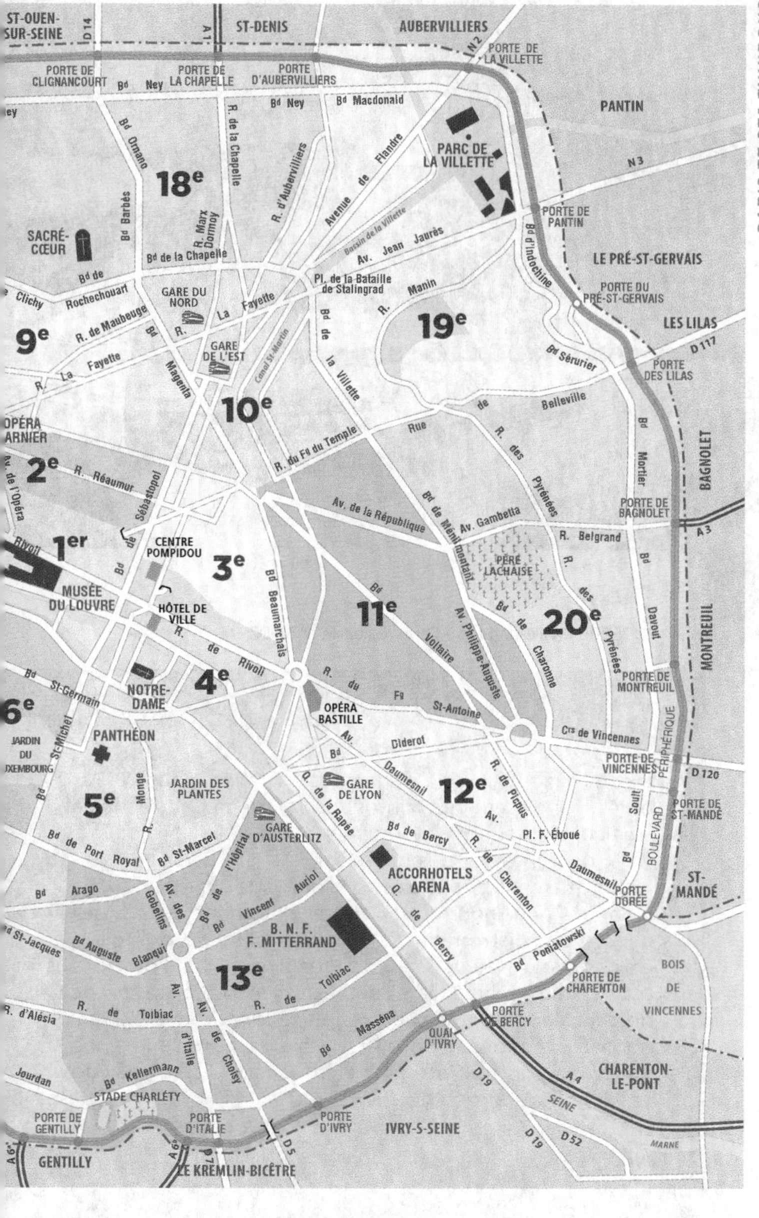
ST-OUEN-SUR-SEINE
ST-DENIS
AUBERVILLIERS
PORTE DE LA VILLETTE
PORTE DE CLIGNANCOURT
PORTE DE LA CHAPELLE
PORTE D'AUBERVILLIERS
Bd Ney
Bd Macdonald
PANTIN
PARC DE LA VILLETTE
N3
18e
Bd Ornano
R. de la Chapelle
R. d'Aubervilliers
Avenue de Flandre
Bd Barbès
R. Marx Dormoy
Bassin de la Villette
Av. Jean Jaurès
PORTE DE PANTIN
Bd d'Indochine
SACRÉ-CŒUR
Bd de la Chapelle
LE PRÉ-ST-GERVAIS
Bd de Clichy
Rochechouart
GARE DU NORD
Pl. de la Bataille de Stalingrad
R. Manin
PORTE DU PRÉ-ST-GERVAIS
LES LILAS
9e
R. de Maubeuge
R. La Fayette
GARE DE L'EST
Canal St-Martin
Bd de la Villette
19e
Bd Magenta
Bd Sérurier
D 117
PORTE DES LILAS
10e
Rue de Belleville
OPÉRA GARNIER
Av. de l'Opéra
2e
R. Réaumur
R. du Fg du Temple
R. des Pyrénées
Bd Mortier
BAGNOLET
Bd de Sébastopol
Av. de la République
Bd de Ménilmontant
Av. Gambetta
PORTE DE BAGNOLET
A3
R. Belgrand
1er
Rivoli
CENTRE POMPIDOU
3e
PÈRE LACHAISE
MUSÉE DU LOUVRE
HÔTEL DE VILLE
Bd Beaumarchais
11e
Bd Voltaire
Av. Philippe-Auguste
Bd de Charonne
20e
Bd Davout
MONTREUIL
R. de Rivoli
Bd St-Germain
NOTRE-DAME
4e
R. du Fg St-Antoine
PORTE DE MONTREUIL
6e
OPÉRA BASTILLE
PANTHÉON
JARDIN DU LUXEMBOURG
Bd St-Michel
Av. Diderot
Crs de Vincennes
BOULEVARD PÉRIPHÉRIQUE
Bd Daumesnil
PORTE DE VINCENNES
D 120
R. Monge
JARDIN DES PLANTES
GARE DE LYON
12e
R. de Picpus
Bd Soult
5e
Q. de la Rapée
PORTE DE ST-MANDÉ
GARE D'AUSTERLITZ
Bd de Bercy
Pl. F. Éboué
Bd de Port Royal
Bd St-Marcel
Bd de l'Hôpital
R. de Charenton
ACCORHOTELS ARENA
Av. Daumesnil
ST-MANDÉ
Bd Arago
Av. des Gobelins
R. Auriol
Bd Vincent
PORTE DORÉE
Q. de Bercy
Bd St-Jacques
Bd Auguste Blanqui
B. N. F. F. MITTERRAND
Bd Poniatowski
BOIS DE VINCENNES
13e
R. de Tolbiac
PORTE DE CHARENTON
R. d'Alésia
Av. d'Italie
Av. de Choisy
Bd Masséna
PORTE DE BERCY
QUAI D'IVRY
D 19
CHARENTON-LE-PONT
Jourdan
Bd Kellermann
A 4
SEINE
STADE CHARLÉTY
PORTE DE GENTILLY
PORTE D'ITALIE
PORTE D'IVRY
IVRY-S-SEINE
D 52
MARNE
A 6a
A 6b
D 5
D 7
D 14
A 1
N 2
GENTILLY
LE KREMLIN-BICÊTRE

PARIS

✉ 75000 – Ville-de-Paris – Carte régionale n° **16**–D2

On aime...

Disons-le tout net : on n'a jamais aussi bien mangé à Paris, tous arrondissements confondus. La scène parisienne est particulièrement dynamique dans l'Est et le Nord de la ville : défrichés par des pionniers, ces quartiers historiquement populaires sont devenus un véritable eldorado pour gourmets. Cette évolution, on la doit, pêle-mêle, à une bistronomie qui tutoie désormais les étoiles, à l'inlassable travail de "sourcing" de jeunes chefs passionnés d'agriculture raisonnée et de bio, ou encore à l'excellence de chefs japonais qui subliment la cuisine française. Sans oublier, comme dans tout Paris, l'affirmation d'une jeune génération de cheffes bien décidées à bousculer les codes et les goûts. Paris forever !

encrier/iStock

Palais-Royal - Louvre - Tuileries - Les Halles

1er arrondissement

Gabriela Tulian/Moment Open/Getty Images

Restaurants

✿✿✿ Kei (Kei Kobayashi) A/C

CUISINE MODERNE • ÉLÉGANT XXX "Kei", c'est Kei Kobayashi, chef né à Nagano, au Japon, et formé à l'école prestigieuse des triples étoilés Gilles Goujon (L'Auberge du Vieux Puits, Fontjoncouse) et Alain Ducasse (Plaza Athénée, Paris 8e). Son père était cuisinier dans un restaurant traditionnel *kaiseki* (gastronomie servie en petits plats, comparable à la grande cuisine occidentale), mais sa vocation naît véritablement en regardant un documentaire sur la cuisine française. Aujourd'hui, son travail tutoie la perfection : virtuose des alliances de saveurs, toujours juste dans la conception de ses assiettes, il laisse l'influence nippone affleurer par petites touches délicates, et magnifie des produits de grande qualité. Un exemple ? Ce jardin de légumes croquants, saumon fumé d'Écosse, mousse de roquette et émulsion au citron : une création tout simplement extraordinaire, preuve éclatante d'un talent arrivé à maturité.

Spécialités : Jardin de légumes croquants, saumon fumé, mousse de roquette, émulsion de citron, vinaigrette de tomates et crumble d'olives noires. Bar de ligne rôti sur ses écailles croustillantes. Smoothie aux fruits exotiques et sucre soufflé.

Menu 58 € (déjeuner), 110/280 €

5 rue du Coq-Heron – Ⓜ Louvre Rivoli – ✆ 01 42 33 14 74 – www.restaurant-kei.fr – Fermé 12-20 avril, 2-25 août, 21 décembre-4 janvier, lundi, jeudi midi, dimanche

✿✿ Le Meurice Alain Ducasse

CUISINE MODERNE • LUXE XXXXX Prenez un célèbre palace installé face au jardin des Tuileries, ajoutez-y un chef surdoué, Alain Ducasse, saupoudrez d'un luxe insensé (plafond blanc paré de dorures, lustres en cristal...), et vous obtenez Le Meurice, dont le décor suscite l'admiration des fortunes étrangères venues chercher ici l'âme parisienne. La griffe Ducasse est mise en œuvre par Jocelyn Herland, ancien de The Dorchester à Londres, qui ne se montre nullement intimidé par l'aura des lieux. Ses assiettes rendent un hommage vibrant à la tradition française. Voici par exemple une ode à un turbot : prenez un beau tronçon de turbot bien épais, cuit à l'arête, riche d'une enveloppe panée qui apporte un léger croustillant à la dégustation, et accompagnez-le d'une sauce à la grenobloise revisitée qui donne toute la puissance à cette recette...

Spécialités : Belles langoustines d'Écosse et fenouil-citron. Poulette fermière girolles et céleri. Baba au rhum de votre choix et crème mi-montée.

Menu 110 € (déjeuner)/380 € – Carte 250/380 €

Le Meurice, 228 rue de Rivoli – Ⓜ Tuileries – ✆ 01 44 58 10 55 – www.alainducasse-meurice.com/fr – Fermé 15 février-2 mars, 1er-31 août, samedi, dimanche

✿✿ La Table de l'Espadon

CUISINE MODERNE • ÉLÉGANT XXXXX "La bonne cuisine est la base du véritable bonheur. » Ces mots d'Auguste Escoffier en disent long sur la place réservée ici à la gastronomie. De fait, le premier chef des cuisines du Ritz et complice de César Ritz – le fondateur du palace en 1898 – y a érigé la cuisine en symbole de l'art de vivre à la française. Aujourd'hui, Nicolas Sale a remplacé Auguste Escoffier, mais l'émotion des goûts est demeurée intacte.

La salle est éblouissante : dorures, velours, superbes compositions florales, lustres en verre de Murano, ciel en trompe l'œil, etc. L'assiette étincelle tout autant : ravioles de tourteaux, assorties d'un bouillon tiède au gingembre citronnelle ; pomme de ris de veau ; rhubarbe... Goût, personnalité, intensité : la cuisine de Nicolas Sale fait souffler un vent de modernité sur le Ritz. Estelle Touzet, la sommelière, connaît à la perfection sa carte des vins très riche (et très chère). Quant au service, assuré à l'assiette clochée par une brigade en queue-de-pie, il est délicieusement obséquieux. Une expérience marquante.

Spécialités : Langoustine à cru, caviar, citron frais et crème évolutive. Épaule de lapin confite à la moutarde, petits carrés à la sauge et linguine comme à la maison. Miel de châtaignier, poire et amandes craquantes.

Menu 195/350 € – Carte 186/396 €

Ritz, 15 place Vendôme – Ⓜ Opéra – ✆ 01 43 16 33 74 – www.ritzparis.com – Fermé 27 janvier-11 février, 20 juillet-11 août, lundi, mardi et le midi

✿✿ Le Grand Véfour (Guy Martin)

CUISINE MODERNE • CLASSIQUE XXXX Bonaparte et Joséphine, Lamartine, Hugo, Mac-Mahon, Sartre... Depuis plus de deux siècles, l'ancien Café de Chartres est un vrai bottin mondain ! Le plus vieux restaurant de Paris (1784-1785) entre dans la légende en 1820 avec Jean Véfour, qui lui donne son nom. Le lieu, unique en son genre, est classé monument historique. Deux magnifiques salles Directoire s'ouvrent sur le jardin par des arcades : miroirs, lustres en cristal, dorures, toiles peintes fixées sous verre inspirées de l'Antiquité... En cuisine, on trouve Guy Martin, qui se plaît à rappeler qu'il a commencé comme pizzaiolo à 17 ans, et "croque" ses plats comme un artiste. Entre grands classiques de la maison et créations plus modernes, il perpétue l'héritage : le Grand Véfour continue son œuvre d'enchantement.

Spécialités : Ravioles de foie gras, crème foisonnée truffée. Parmentier de queue de bœuf aux truffes. Palet noisette et chocolat grands crus, glace au caramel brun et sel de Guérande.

Menu 115 € (déjeuner)/315 € – Carte 220/290 €

17 rue de Beaujolais – Ⓜ Palais Royal – ✆ 01 42 96 56 27 – www.grand-vefour.com – Fermé 1er-24 août, samedi, dimanche

✿✿ Sur Mesure par Thierry Marx

CUISINE CRÉATIVE • DESIGN XXX On a tout dit, ou presque, de Thierry Marx : grand voyageur, alchimiste malicieux, adepte du tai-chi, à la tête des cuisines du Mandarin Oriental, palace parisien haute couture qui lui a imaginé un restaurant sur mesure. Ou plutôt à sa démesure ? Passé le sas d'entrée, vous voilà transporté dans un univers inédit, d'un blanc immaculé et cinématographique – on hésite entre Orange Mécanique et Bienvenue à Gattaca. Tout ici porte la signature du chef, et en premier lieu ses menus uniques, successions de plats aux saveurs étonnantes. En orfèvre minutieux, il travaille la matière, joue avec intelligence sur les transparences, les saveurs et les textures. Bœuf charbon, aubergines grillées, sirop d'érable et vinaigre de feuille de cerisier ; risotto de soja aux huîtres, morilles. Une expérience.

Spécialités : Risotto de soja, huître pochée. Bœuf Wagyu façon charbon. Sweet bento.

Menu 85 € (déjeuner)/195 €

Mandarin Oriental, 251 rue St-Honoré – Ⓜ Concorde – ✆ 01 70 98 73 00 – www.mandarinoriental.fr/paris – Fermé 1er-8 janvier, 12-20 avril, 25 juillet-24 août, lundi, dimanche

✿ Les Jardins de l'Espadon

CUISINE MODERNE • ROMANTIQUE XXX Après quatre ans de travaux, le Ritz renaît de ses cendres. Les Jardins de l'Espadon proposent une expérience gastronomique d'exception au déjeuner. Traversez la galerie fleurie, toute en dorures, et installez-vous sous la véranda, bordée de verdure, pour déguster une carte courte et maligne, imaginée par Nicolas Sale.

L'ancien chef de la Table du Kilimandjaro (deux étoiles à Courchevel) se montre ici aussi le digne successeur d'Auguste Escoffier, premier chef des cuisines du Ritz ! Voyez plutôt : marinière de coquillages, persil et pâtes fraîches ; côtes et filets d'agneau, caviar d'aubergine et courgettes grillées ; chocolat de Madagascar, texture de meringue et sauce chocolat. Carte inventive, service irréprochable : on passe un fort agréable moment.

Spécialités : Cannelloni de langoustine, chou pointu et sauce au vin de Meursault. Merlan de ligne et crème de charlotte à la grenobloise. Chocolat de Madagascar, textures de meringue et sauce chocolat.

Menu 115/150 € – Carte 125/200 €

Ritz, 15 place Vendôme – Ⓜ Opéra – ✆ 01 43 16 33 74 – www.ritzparis.com – Fermé 27 janvier-11 février, lundi, mardi, mercredi soir, jeudi soir, vendredi soir, samedi soir, dimanche soir

✿ Le Baudelaire

CUISINE MODERNE · ÉLÉGANT XXX Ici, nulle raison d'être envahi par le spleen baudelairien : on se sent si bien dans ce restaurant raffiné, niché au cœur d'un jeune palace arty et feutré célébrant le nouveau chic parisien… La salle s'ordonne autour de la cour intérieure de l'établissement, un beau jardin d'hiver où il fait bon lire *Les Fleurs du mal* devant un thé. Reflets du dehors sur les tables en laque noire, confort douillet des fauteuils, grandes verrières, murs immaculés : un havre de paix… dédié à la gastronomie.

En 2016, on s'est offert ici le concours d'un chef d'expérience : Guillaume Goupil, qui fut (entre autres) le second de Stéphanie Le Quellec au Prince de Galles. Il compose une cuisine au goût du jour bien maîtrisée : poulpe de roche et pommes de terre fondantes au lard, figues de Solliès, crème glacée au miel et crumble de safran…

Spécialités : Escargots, crème de pomme de terre fumée, févettes et lait mousseux d'oignons brûlés. Ris de veau, chapelure au chorizo et petits pois à la française. Chocolat macaé, meringue cacao, crémeux, feuilles croquantes et glace.

Menu 62 € (déjeuner), 110/150 € – Carte 110/130 €

Le Burgundy, 6-8 rue Duphot – Ⓜ Madeleine – ✆ 01 71 19 49 11 – www.leburgundy.com – Fermé 22-30 décembre, samedi midi, dimanche

✿ Carré des Feuillants (Alain Dutournier)

CUISINE MODERNE · ÉLÉGANT XXX Il est rare qu'un restaurant marie si parfaitement ambiance et style culinaire. Indéniablement, le Carré des Feuillants réussit cette osmose. Point d'exubérance ou d'élans démonstratifs, tout dans la mesure et la maîtrise : c'est la première impression qui se dégage de cet ancien couvent (bâti sous Henri IV). Conçu par l'artiste plasticien Alberto Bali, ami d'Alain Dutournier, le décor n'est que lignes épurées, presque minimalistes, et matériaux naturels, dans une veine contemporaine. Marquée par la générosité et les racines landaises du chef, la cuisine fait preuve de caractère et d'inventivité. Composées à la manière d'un triptyque, les assiettes ont l'art de valoriser l'authenticité du produit tout en sublimant le "futile". Quant à la cave, elle recèle de vrais trésors.

Spécialités : Langoustines marinées, citron caviar, fleurette de légumes coraillée et noisettes grillées. Ris de veau en cocotte, cèpe persillé et dôme de macaronis aux févettes. Russe pistaché, baies rouges en gelée et crème glacée.

Menu 58 € (déjeuner)/180 € – Carte 120/160 €

14 rue de Castiglione – Ⓜ Tuileries – ✆ 01 42 86 82 82 – www.carredesfeuillants.fr – Fermé samedi, dimanche

✿ La Dame de Pic

CUISINE CRÉATIVE · DESIGN XX Un bel atout dans la cartographie des bonnes tables parisiennes : Anne-Sophie Pic a créé à deux pas du Louvre, cette table… capitale. À 550 km de Valence, où son nom a tant marqué l'histoire de la cuisine (ses père et grand-père y conquirent eux aussi trois étoiles Michelin), mais au cœur de sa griffe originale.

Un travail en finesse, en précision, doublé d'une inspiration pleine de vivacité : telle est la signature de cette grande dame de la gastronomie. On retrouve son sens de l'harmonie des saveurs, de la fraîcheur et de l'exactitude, avec toujours ces cuissons et assaisonnements au cordeau : berlingots à la fondue fribourgeoise dans un bouillon mousseux au poivre Sansho ; tourteau de casier sur sa fine gelée de mandarine ; ou encore millefeuille blanc et sa crème légère à la rose de Damas...

Spécialités : Berlingots au coulant de brillat-savarin fumé, champignons des bois à la fève tonka. Dorade royale bouillon dashi. Millefeuille aux agrumes.

Menu 69€ (déjeuner), 119/149€

20 rue du Louvre – Ⓜ Louvre Rivoli – ✆ 01 42 60 40 40 – www.anne-sophie-pic.com – Fermé 10-16 août

✿ Restaurant du Palais Royal

CUISINE CRÉATIVE • ÉLÉGANT XX C'est dans le cadre idyllique des jardins du Palais Royal, à deux pas du ministère de la Culture, qu'on trouve cet élégant restaurant qui ne cache pas ses ambitions gastronomiques. Aux fourneaux officie le jeune chef grec Philip Chronopoulos, qui fut notamment chef exécutif de l'Atelier de Joël Robuchon-Étoile. Avec de superbes produits, il signe ici une cuisine créative, percutante, se fendant de recettes d'une vivifiante maturité – en témoignent ces langoustines justes saisies, girolles et amandes fraîches. On se délecte de ces douceurs dans un cadre contemporain au luxe discret, qui est un régal pour les yeux. L'été, la terrasse sous les arcades offre à vos agapes un décor à la hauteur de l'assiette. Avis aux amateurs : les petits clafoutis maison aux fruits de saison, offerts avant le café, sont un délice... Royal, c'est le mot.

Spécialités : Herbes lactées, girolles et noix confites au château chalon. Cabillaud confit à l'huile d'argan, citron rôti et pousses d'épinards. Framboises, rhubarbes, sirop d'hibiscus et yaourt glacée à la vanille.

Menu 57€ (déjeuner)/162€ – Carte 108/174€

Galerie de Valois – Ⓜ Palais Royal – ✆ 01 40 20 00 27 – www.restaurantdupalaisroyal.com – Fermé 16 février-2 mars, 9-24 août, lundi, dimanche

✿ Yam'Tcha (Adeline Grattard)

CUISINE CRÉATIVE • ÉLÉGANT XX Adeline Grattard a reçu – et cultivé ! – un don rare, celui du sens du produit. Dans son adresse de la rue Saint-Honoré, la jeune chef choisit deux ou trois ingrédients, et ils occupent tout l'espace. Ni démonstration technique ni esbroufe, rien que de subtiles associations, rarement vues, et qui paraissent pourtant très naturelles. Formée auprès de Pascal Barbot (L'Astrance) et installée quelques années à Hong Kong, elle marie des produits d'une extrême qualité, principalement de France et d'Asie : on pense notamment à la sauce XO, au riz noir vinaigré ou au jus de crustacé, additionnés dans une partition énergique, spontanée, émouvante... Le tout se déguste avec une sélection rare de thés asiatiques, autre source d'accords très convaincants (*yam'tcha*, en chinois, c'est "boire le thé"). Ni carte ni menu : de plat en plat, on se laisse surprendre par le marché et l'inspiration du jour. Renversant.

Spécialités : Thon cru mariné, coulis de foie gras et champignons. Quasi de veau de lait et aubergines à la sichuannaise. Soupe de sésame noir et glace vanille.

Menu 150€

121 rue Saint-Honoré – Ⓜ Louvre Rivoli – ✆ 01 40 26 08 07 – www.yamtcha.com – Fermé 2 août-9 septembre, 22 décembre-8 janvier, lundi, mardi, dimanche

✿ Jin

CUISINE JAPONAISE • ÉLÉGANT X Un écrin pour la gastronomie japonaise en plein cœur de Paris, près de la rue St-Honoré ! Jin, c'est d'abord – et surtout – le savoir-faire d'un homme, Takuya Watanabe, chef originaire de Niseko, ayant d'abord travaillé avec succès au Japon... avant de succomber aux charmes de la capitale française. Comment ne pas être saisi par la dextérité avec laquelle il prépare, sous les yeux des clients, sushis et sashimis ? En provenance de Bretagne ou d'Espagne, le poisson est maturé pour être servi au meilleur moment. Des ingrédients de premier ordre pour une cuisine de haut vol : telle est la promesse du repas. De l'entrée au final, l'interprétation est superbe... Jin, c'est aussi un décor très agréable, zen et intime (le comptoir en noyer est magnifique), relayé par un service discret et efficace. Pas de vins mais de superbes sakés. Sous le Soleil-Levant exactement.

Spécialités : Sashimi. Sushi. Gâteau japonais.

Menu 135 € (déjeuner), 145/255 €

6 rue de la Sourdière – Ⓜ Tuileries – ✆ 01 42 61 60 71 – Fermé 1er-6 janvier, 2-24 août, lundi, dimanche

La Poule au Pot

CUISINE TRADITIONNELLE • VINTAGE X Service sur plateau d'argent, décor suranné de bistrot, comptoir en zinc : on se croirait presque dans un décor à la Audiard. Y compris dans l'assiette ! Jean-François Piège fait confiance à son fidèle chef exécutif, Shinya Usami, pour réhabiliter les grands classiques du répertoire culinaire français. Le talent de ce dernier est indéniable, et la partition qu'il compose ne manque pas d'arguments : il fait dans la générosité et les saveurs, à l'ancienne, ne rechignant pas au beurre et à la crème, aux os et aux arêtes, bref, il régale d'une cuisine qui n'a pas froid aux yeux. Galantine de canard et gelée corsée, merlan frit Colbert et sa sauce tartare, plateau de tartes du jour... Plaisir (coupable) garanti.

Spécialités : Gratinée à l'oignon. Poulette de Bresse au pot. Île flottante aux pralines roses.

Menu 48/82 € – Carte 58/116 €

9 rue Vauvilliers – Ⓜ Châtelet-Les-Halles – ✆ 01 42 36 32 96 – www.jeanfrancoispiege.com – Fermé 24-26 décembre

Mee

CUISINE CORÉENNE • ÉPURÉ X Le jeune patron a ouvert ce bistrot avec une idée en tête : proposer une cuisine coréenne de qualité à prix serrés. Pari tenu ! Au coude-à-coude sur des tables communes, on se régale de bouchées (ravioles, beignets), de soupes et de bons plats – basse-côte de bœuf, échine de porc, seiche – préparés avec soin. C'est goûteux et relevé : on se régale. Réservation fortement conseillée.

Spécialités : Crêpe à la ciboule. Bibimbap. Punch gingembre-cannelle, morceaux de poire nashi.

Menu 18 € (déjeuner) – Carte 23/30 €

5 rue d'Argenteuil – Ⓜ Palais Royal – ✆ 01 42 86 11 85

Zen

CUISINE JAPONAISE • ÉPURÉ X Cette table japonaise séduisante associe un décor traditionnel agréable et une authentique cuisine nippone : la carte, étoffée, est fidèle aux classiques sushis, grillades et autres tempuras, les grandes spécialités de la maison étant les gyozas et le chirashi. Attention : pas de réservation au déjeuner.

Spécialités : Gyoza. Chirashi. Fraisier à la japonaise.

Menu 21 € (déjeuner), 35/60 € – Carte 25/60 €

8 rue de l'Échelle – Ⓜ Palais Royal – ✆ 01 42 61 93 99 – www.restaurantzenparis.fr – Fermé 3-25 août

Macéo

CUISINE MODERNE • CLASSIQUE XXX Macéo, c'est d'abord un hommage à Maceo Parker, grand saxophoniste américain et ancien acolyte de James Brown... C'est aussi un cadre Second Empire et une cuisine de saison, inventive et moderne. Menu végétarien et carte de vins du monde.

Menu 35 € (déjeuner)/40 € – Carte 50/58 €

15 rue des Petits-Champs – Ⓜ Bourse – ✆ 01 42 97 53 85 – www.maceorestaurant.com – Fermé samedi midi, dimanche

Camélia

CUISINE MODERNE • ÉLÉGANT XX Faire simple, se concentrer sur la saveur de très beaux produits, s'inspirer des classiques de la gastronomie française et les rehausser d'une touche d'Asie : tel est le credo de Thierry Marx pour ce Camélia, un lieu élégant, apaisant, zen... Une réussite indéniable.

Menu 63 € (déjeuner)/98 € – Carte 68/115 €

Mandarin Oriental, 251 rue St-Honoré – Ⓜ Concorde – ✆ 01 70 98 74 00 – www.mandarinoriental.fr/paris

Le Dalí

CUISINE MÉDITERRANÉENNE • CHIC XX Le "deuxième" restaurant du Meurice, situé au cœur de la vie du palace, à la fois lieu de rendez-vous et... table soignée, qui propose une agréable cuisine de saison aux doux accents méditerranéens, comme les grands classiques de la cuisine de palace. Le beau décor classique - pilastres et miroirs - rend hommage à Dalí, qui fut un hôte fidèle des lieux.

Carte 75/180 €

Le Meurice, 228 rue de Rivoli - Ⓜ Tuileries - ✆ 01 44 58 10 44 - www.dorchestercollection.com/fr/paris/le-meurice/

L'Assaggio

CUISINE ITALIENNE • COSY XX *L'assaggio*, c'est le goût ! Le chef Ugo Alciati (du Guido Ristorante, dans le Piémont) a conçu la carte de cette élégante table installée dans l'hôtel Castille. Comme prévu, l'Italie du Nord est à l'honneur dans l'assiette - *agnolotti* préparés maison, risotto minute - et se déguste dans le ravissant patio intérieur, avec fontaine et fresques.

Menu 50 € (déjeuner)/95 € - Carte 65/90 €

Castille Paris, 35 rue Cambon - Ⓜ Madeleine - ✆ 01 44 58 44 58 - www.castille.com - Fermé 1er-31 août, lundi, samedi midi, dimanche

Brasserie du Louvre - Bocuse Ⓝ

CUISINE TRADITIONNELLE • BRASSERIE XX On s'installe dans une salle vaste et élégante, entourée de grandes baies vitrées pour admirer une vue follement parisienne - Comédie-Française, Conseil d'Etat, Louvre - mais pas seulement : la carte, alléchante, navigue avec habileté entre grands classiques lyonnais (saucisson chaud pistaché en brioche, quenelle de brochet sauce nantua, etc.) et indémodables de brasserie (salade au foie gras, sole meunière, etc.). Très belle terrasse sous les arcades de ce bâtiment, typiquement haussmannien.

Menu 34/39 € - Carte 40/100 €

Hôtel du Louvre, place André-Malraux - Ⓜ Palais Royal - Musée du Louvre - ✆ 01 44 58 37 21 - www.hoteldulouvre.com

Champeaux

CUISINE TRADITIONNELLE • BRASSERIE XX Le restaurant Champeaux, immortalisé par Zola, était situé place de la Bourse, non loin des Halles. Devenue brasserie contemporaine sous la canopée, il appartient à la galaxie Ducasse. Pâté en croûte, œufs mimosa, soufflés salés et sucrés, canard de Challans à l'orange pour deux, sans oublier les savoureux desserts au chocolat de la maison... Service toute la journée, avec carte réduite l'après-midi.

Menu 34 € (déjeuner) - Carte 40/90 €

La Canopée (Forum des Halles-Porte Rambuteau) - Ⓜ Les Halles - ✆ 01 53 45 84 50 - www.restaurant.champeaux.com

Kinugawa Vendôme

CUISINE JAPONAISE • DESIGN XX Cette table japonaise bien connue s'est métamorphosée sous l'égide du tandem Gilles & Boissier, qui en a repensé le décor, mêlant esprit contemporain et esthétique nippone : une élégante réussite. Au menu : de belles spécialités, tout en fraîcheur et maîtrise. Comptoir à sushis à l'étage.

Menu 45 € - Carte 69/110 €

9 rue Mont-Thabor - Ⓜ Tuileries - ✆ 01 42 60 65 07 - www.kinugawa.fr - Fermé 3-23 août

Loulou

CUISINE ITALIENNE • TENDANCE XX Le restaurant italien du musée des Arts décoratifs enchante les jardins du Louvre. C'est chic, cosy, et savoureux - risotto du jour, carpaccio de poisson, cochon de lait croustillant, etc. Le service, stylé et professionnel, comme l'élégante terrasse, ajoutent à l'exquise expérience.

Carte 40/90 €

107 rue Rivoli (musée des Arts Décoratifs) - Ⓜ Palais Royal - ✆ 01 42 60 41 96

Lumen N

CUISINE ITALIENNE • CONTEMPORAIN XX Un chef japonais au parcours international très solide propose une cuisine qui marie recettes italiennes et influences contemporaines. Saveurs présentes, assiettes soignées, cuissons maîtrisées : du bel ouvrage. Agréable terrasse sur rue piétonne donnant sur l'arrière de l'église Saint-Roch.

Menu 36 € (déjeuner), 65/85 € - Carte 52/66 €

15 rue des Pyramides - Ⓜ Pyramides - ✆ 01 44 50 77 00 - www.hotel-lumenparis.com - Fermé lundi, dimanche

Le Roch

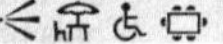

CUISINE MODERNE • CHIC XX Cette table est à l'image de l'hôtel qui l'accueille : ici, le luxe joue la carte de la simplicité, pour le meilleur ! On se sent à son aise dans ce cadre chic et chaleureux, élégant sans être guindé ; côté cuisine, bonne nouvelle, le plaisir est également de mise avec des assiettes franches et goûteuses, avec une légère dominante méridionale. C'est tout bon.

Menu 36 € (déjeuner)/75 € - Carte 46/70 €

28 rue St-Roch - Ⓜ Tuileries - ✆ 01 73 04 59 09 - www.leroch-hotel.com - Fermé lundi, dimanche

Baltard au Louvre

CUISINE MODERNE • CONTEMPORAIN X Installée dans l'ancien pavillon Baltard, avec une vue imprenable sur l'église St-Eustache, voici la dernière adresse de l'équipe de Zébulon et de Pirouette (dans le 1er également). Jeux de textures, beaux produits, élégance des assiettes : une partition de qualité, dans un esprit brasserie haut-de-gamme qui ne manque pas d'aficionados…

Menu 30 € (déjeuner), 39/49 €

9 rue Coquillère - Ⓜ Les Halles - ✆ 09 83 32 01 29 - www.baltard.com - Fermé 4-19 août, dimanche soir

L'Ardoise

CUISINE TRADITIONNELLE • CONVIVIAL X Avec ses murs recouverts d'ardoise, ce restaurant porte bien son nom. Voilà un sympathique hommage rendu à l'esprit bistrotier, hommage qui prévaut aussi dans l'assiette ; on profite d'une ardoise un peu plus "canaille" à midi. Générosité et parfums : on se régale.

Menu 39 €

28 rue du Mont-Thabor - Ⓜ Concorde - ✆ 01 42 96 28 18 - www.lardoise-paris.com - Fermé dimanche midi

Balagan

CUISINE ISRAÉLIENNE • TENDANCE X Balagan signifie "joyeux bazar" en hébreu, et ce nom préfigure l'ambiance de jubilation gourmande qui règne ici. Dans l'assiette, un florilège de saveurs méditerranéennes savamment agencées : une cuisine généreuse et parfumée, avec une belle maîtrise des épices, piments et herbes… Intéressante carte des vins, mettant en valeur les vignobles méridionaux (Israël, Liban, Italie, Espagne…).

Carte 42/65 €

9 rue d'Alger - Ⓜ Tuileries - ✆ 01 40 20 72 14 - www.balagan-paris.com - Fermé dimanche midi

Café des Abattoirs

VIANDES • BISTRO X Le pari de Michel Rostang ? Créer un bistrot à viande en clin d'œil à celui que son aïeul tenait jadis à Pont-de-Beauvoisin, dans l'Isère. De beaux morceaux de choix, tendres et bien maturés - veau du Limousin, agneau de l'Aveyron, bœuf Black Angus -, à accompagner des délicieuses sauces maison… On se régale.

Menu 32/45 €

10 rue Gomboust - Ⓜ Pyramides - ✆ 01 76 21 77 60 - www.cafedesabattoirs.com

Les Cartes Postales

CUISINE TRADITIONNELLE • ÉPURÉ Joue de bœuf braisé, croustillant de langoustine et son coulis : voici la savoureuse cuisine française relevée de notes nippones que signe Yoshimasa Watanabe, chef arrivé du Japon il y a une trentaine d'années. Intéressante formule et demi-portions à la carte.

Menu 50 € - Carte 42/80 €

7 rue Gomboust - Pyramides - 01 42 61 02 93 - Fermé 2 août-17 septembre, lundi soir, samedi midi, dimanche

Clover Grill

GRILLADES • TENDANCE D'appétissantes viandes maturées – noire de la Baltique, bœuf de Bavière, blonde d'Aquitaine, Black Angus – trônent en vitrine comme autant de pierres précieuses, à dévorer d'abord du regard... avant de les engloutir pour de bon ! De l'entrée au dessert, tout est cuit à la braise ou à la broche, ce qui donne à ce moment une saveur particulière. Une réussite.

Menu 69 € - Carte 50/130 €

6 rue Bailleul - Louvre-Rivoli - 01 40 41 59 59 - www.jeanfrancoispiege.com

Enyaa

CUISINE JAPONAISE • ÉPURÉ Déroutant et enthousiasmant, ce restaurant japonais du quartier du Palais-Royal ! Le chef compose une cuisine nipponne avec de bons produits français. Il utilise volontiers le Binchōtan (un charbon de bois blanc) pour ses cuissons, et révèle des préparations savoureuses, très sobres, voire franchement épurées. Belle carte de champagnes et sakés.

Menu 42 € (déjeuner), 58/96 €

37 rue de Montpensier - Pyramides - 01 40 26 78 25 - www.enyaa-paris.com - Fermé 1er-3 janvier, 9-24 août, lundi, dimanche soir

Gwadar

CUISINE INDIENNE • EXOTIQUE Niché sur une banquette en velours, dans un cadre cosy et sobre, on voit défiler de beaux petits plats indo-pakistanais... Et l'on salive en attendant son *butter chicken* (spécialité du chef) ou ses crevettes *madras*... Accueil et service courtois.

Menu 16 € (déjeuner)/26 € - Carte 25/40 €

39 rue St-Roch - Pyramides - 01 42 96 28 24 - www.restaurantgwadar.com - Fermé dimanche

JanTchi

CUISINE CORÉENNE • SIMPLE Jantchi signifie "fête" en coréen. Prenez place dans la (petite) file d'attente sur le trottoir de la rue Thérèse. Ici, pas de réservation mais de grands classiques de la cuisine coréenne : kounmandou (raviolis frits au porc et légumes), bibimbap et barbecue coréen. Simple, convivial, authentique : une fête, vous dit-on !

Carte 26/35 €

6 rue Thérèse - Pyramides - 01 40 15 91 07 - www.jantchi.com - Fermé dimanche

Kunitoraya

CUISINE JAPONAISE • VINTAGE Vieux zinc, miroirs et faïence métro : le Paris des soupers 1900... pour une cuisine nippone soignée à base d'udon, pâtes maison réalisées avec une farine de blé importée du Japon !

Menu 32 € (déjeuner)/100 € - Carte 50/100 €

5 rue Villedo - Pyramides - 01 47 03 07 74 - www.kunitoraya.com - Fermé 5-19 août, 23 décembre-2 janvier, lundi, dimanche soir

Nodaïwa

CUISINE JAPONAISE • ÉPURÉ Cette petite adresse, dont la maison-mère est située à Tokyo, est spécialisée dans un produit atypique... l'anguille ! Elle est travaillée méticuleusement et assaisonnée avec du soja ou du sancho, un poivre asiatique. La grande majorité de la clientèle est japonaise, ce qui en dit long sur la qualité de la cuisine.

Menu 24/90 €

272 rue St-Honoré - Palais Royal - 01 42 86 03 42 - www.nodaiwa.com - Fermé 26 janvier-9 février, 1er-20 août, dimanche

Odette

CUISINE MODERNE • COSY Non loin des Halles, au sein du luxueux hôtel Albar, la famille Rostang montre avec cette "auberge urbaine" qu'elle n'a pas perdu la main. Odette nous régale à grands coups de belles pièces à partager, bar en croûte feuilleté – succès garanti –, côte de veau, pintade rôtie, et d'assiettes efficaces, le tout sous la responsabilité d'un chef au style bien marqué.

Menu 42/55 € - Carte 40/80 €

Maison Albar Paris Céline, 25 rue du Pont-Neuf - Châtelet - 01 44 88 92 78 - www.restaurant-odette.com

Pirouette

CUISINE MODERNE • CONVIVIAL À deux pas de la nouvelle "canopée" des Halles, sur une petite place tranquille avec terrasse, une adresse contemporaine aux airs de loft gourmand. Le chef François-Xavier Ferrol, joue avec les recettes traditionnelles de la cuisine française, y ajoutant espièglerie et pirouettes, à l'instar de ces gnocchis cacahuète croustillants et fondants, chorizo et cèpes.

Menu 28 € (déjeuner), 49/65 €

5 rue Mondétour - Châtelet-Les Halles - 01 40 26 47 81 - www.restaurantpirouette.com - Fermé 4-25 août, dimanche

La Régalade St-Honoré

CUISINE TRADITIONNELLE • VINTAGE Bruno Doucet régale toujours les épicuriens du quartier des Halles avec des recettes à la gloire du terroir et du marché. Après avoir patienté avec la délicieuse terrine du chef, régalez-vous de girolles poêlées au jus de viande et œuf poché, ou d'un pigeonneau rôti à la broche... sans oublier l'emblématique riz au lait et soufflé chaud.

Menu 41 €

123 rue Saint-Honoré - Louvre Rivoli - 01 42 21 92 40 - www.laregalade.paris - Fermé 1er-23 août

Sequana

CUISINE MODERNE • INTIME Eugénie, Sénégalaise, en cuisine, conserve de son enfance le souvenir de plats familiaux ; Philippe excelle au pain et à la pâtisserie. Dans l'assiette, une cuisine virevoltante et d'une fraîcheur absolue, à l'instar de l'ormeau et l'artichaut, la sole et la fleur d'oranger... Le tout en bordure de Seine (ou Sequana, en Celte).

Menu 32 € (déjeuner), 55/75 €

72 Quai des Orfèvres - Pont Neuf - 01 43 29 78 81 - www.sequana.paris - Fermé 17-24 février, 29 mars-13 avril, lundi, dimanche soir

Taokan - St-Honoré

CUISINE CHINOISE • COSY Tao, c'est la voie, le chemin ; Kan, signifie "prendre soin" : TaoKan, c'est le lieu où l'on honore les saveurs de la gastronomie cantonaise, avec en prime quelques plats vietnamiens et thaïlandais. Citons par exemple ces raviolis pékinois grillés, ces *dim sum*, ou encore ces crevettes royales poêlées aux herbes fraîche et poivre... On se régale.

Menu 28 € (déjeuner)/70 € - Carte 42/65 €

1 rue Mont-Thabor - Tuileries - 01 42 61 97 88 - www.taokan.fr - Fermé 2-16 août, dimanche midi

Zébulon

CUISINE MODERNE • CONVIVIAL Le chef Benjamin Andreux fait chauffer les fourneaux de ce bistrot contemporain, situé derrière le jardin du Palais-Royal. Ingrédients frais, techniques maîtrisées, portions généreuses pour cette cuisine dans l'air du temps... et cuisine ouverte entre les deux salles. Goûteux.

Menu 30 € (déjeuner), 49/69 € - Carte 55/70 €

10 rue de Richelieu - Palais Royal - 01 42 36 49 44 - www.zebulon-palaisroyal.com - Fermé 2-24 août, dimanche

Hôtels

Mandarin Oriental

PALACE • PERSONNALISÉ Le vaisseau amiral du groupe hongkongais à Paris. Fidèle à ses principes, celui-ci a signé un établissement d'un extrême raffinement, à la croisée de l'élégance française et de la délicatesse... orientale. Jeux de lignes, d'espace, de quiétude, etc. Au cœur de la capitale, un palace capital !

98 chambres – 975/1500 € – 58 € – 40 suites

251 rue St-Honoré – Concorde – 01 70 98 78 88 – www.mandarinoriental.fr/paris

Sur Mesure par Thierry Marx • **Camélia** – Voir la sélection des restaurants

Le Meurice

PALACE • GRAND LUXE L'un des premiers hôtels de luxe parisiens, né en 1835. Face aux frondaisons du jardin des Tuileries, les lieux sont fastueux, dans un esprit très classique auquel le designer Philippe Starck a su apporter une touche contemporaine. Un spa superbe, un bar très intime, etc. Le Meurice ou l'art du raffinement.

136 chambres – 850/1028 € – 58 € – 24 suites

228 rue de Rivoli – Tuileries – 01 44 58 10 10 – www.dorchestercollection.com/fr/paris/le-meurice/

Le Meurice Alain Ducasse • **Le Dalí** – Voir la sélection des restaurants

Ritz

GRAND LUXE • HISTORIQUE Cet hôtel mythique laisse encore et toujours rêveur. En 1898, César Ritz inaugura, dans l'écrin de la place Vendôme, "l'hôtel parfait" : Proust, Hemingway, Coco Chanel en furent les hôtes, séduits par son raffinement incomparable. Tout y est splendide, du Bar Hemingway au spa de 1500 m² ou à la suite Mansard, avec sa grande terrasse... La légende continue.

71 chambres – 1000/2000 € – 66 € – 71 suites

15 place Vendôme – Opéra – 01 43 16 33 74 – www.ritzparis.com

La Table de l'Espadon • **Les Jardins de l'Espadon** – Voir la sélection des restaurants

Le Burgundy

LUXE • PERSONNALISÉ Luxueux, feutré et arty... Dans cet hôtel de standing, le chic parisien se décline de manière artistique : meubles design et œuvres d'art contemporain – spécialement créées – émaillent les lieux. Une réussite...

51 chambres – 380/810 € – 8 suites Tablet.PLUS

6-8 rue Duphot – Madeleine – 01 42 60 34 12 – www.leburgundy.com

Le Baudelaire – Voir la sélection des restaurants

Costes

LUXE • COSY Partout des recoins intimes – avec confidents en poirier et fauteuils crapauds –, des chambres raffinées jusque dans les détails (linge avec monogramme, superbe collection de tableaux, élégants meubles chinés, etc.), un restaurant décoré par Jacques Garcia : ce palace très chic et feutré reste le repaire de la jet-set !

82 chambres – 500/1500 € – 35 € – 2 suites

239 rue St-Honoré – Concorde – 01 42 44 50 00 – www.hotelcostes.com

Hôtel du Louvre N

DEMEURE HISTORIQUE • ÉLÉGANT Ce bâtiment de 1875, idéalement situé face au musée du Louvre et de la Comédie-Française, redessiné par le cabinet George Wong, offre l'exemple d'une renaissance réussie - tons clairs, lumineux, accentués par une magnifique verrière du début vingtième. Les chambres, au décor sobre, offrent tout le confort disponible. Pour se restaurer, un bar, L'Officine, et la brasserie. L'emplacement et la qualité des services ont évidemment un prix.

145 chambres – 500/610 € – 30 € – 19 suites

place André-Malraux – Palais Royal - Musée du Louvre – 01 73 11 12 34 – www.hoteldulouvre.com

Brasserie du Louvre - Bocuse – Voir la sélection des restaurants

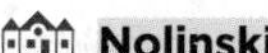 **Nolinski** 

LUXE • CONTEMPORAIN Entre l'Opéra et la Comédie Française, un hôtel très chic, lieu d'art et de vie à la française, dont l'élégance haussmannienne illumine l'avenue. Marbre de carrare, mobilier chic, chambres lumineuses : rien n'a été laissé au hasard, jusqu'au splendide spa (hammam, massages, etc.) et la grande piscine couverte. Pour se sustenter, filez à la Brasserie Réjane.

36 chambres - 420/1200 € - 25 € - 9 suites Tablet. PLUS

16 avenue de l'Opéra - Pyramides - 01 42 86 10 10 - www.nolinskiparis.com

 **Le Roch** 

BOUTIQUE HÔTEL • PERSONNALISÉ "Un hôtel pensé comme une maison", tel est la philosophie des lieux ! Ici, tout repose sur une atmosphère chaleureuse, ainsi que sur un sens de l'accueil chic et décontracté. Déco signée Sarah Lavoine, chambres tout confort : impeccable à tout point de vue.

31 chambres - 350/800 € - 37 € - 6 suites Tablet. PLUS

28 rue St-Roch - Tuileries - 01 70 83 00 00 - www.leroch-hotel.com

Le Roch - Voir la sélection des restaurants

 **La Clef Louvre** (N) 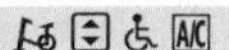

BOUTIQUE HÔTEL • ÉLÉGANT Face à la Comédie-Française, à un jet de pierre du Palais-Royal et du Musée du Louvre, des Tuileries et de la rue du Faubourg Saint-Honoré, voici un boutique-hôtel exclusif. On y cultive la discrétion. Il offre 51 suites spacieuses, qui disposent même d'une kitchenette. Le confort et l'intimité des suites luxueuses donnent envie de garder la chambre.

39 chambres - 395/895 € - 28 € - 12 suites Tablet. PLUS

8 Rue de Richelieu - Palais Royal - Musée du Louvre - 01 55 35 28 00 - www.crestcollectionbyascott.com

 **Grand Hôtel du Palais Royal** 

LUXE • ÉLÉGANT Voisin du Palais-Royal, du ministère de la Culture et du Conseil d'État, cet immeuble du début du 18e s. est impeccablement situé ! À l'intérieur, de l'élégance mais point de faste : les chambres jouent la sobriété, et l'on profite, des étages supérieurs, d'une vue splendide sur le Paris historique. Hammam, fitness et salon de coiffure.

68 chambres - 390/1400 € - 36 € - 4 suites

4 rue de Valois - Palais Royal - 01 42 96 15 35 - www.grandhoteldupalaisroyal.com

 **Maison Albar Paris Céline**

BOUTIQUE HÔTEL • PERSONNALISÉ Tout près des Halles, un hôtel contemporain tout en sobriété. Chambres agréables (la "1923", avec sa vue panoramique sur Paris, sort du lot), état d'esprit chic et plutôt décontracté, spa avec bassin de nage et fitness... Une adresse de qualité.

58 chambres - 330/1000 € - 29 € - 2 suites

25 rue du Pont-Neuf - Châtelet - 01 44 88 92 60

Odette - Voir la sélection des restaurants

 **Thérèse** (N) 

URBAIN • ÉLÉGANT Une adresse charmante située dans une petite rue calme, nichée entre le Palais-Royal et l'avenue de l'Opéra. Son décor se révèle très cosy et chic, avec par exemple des pièces de mobilier inspirées des années 1950 et des références néo-industrielles... Les chambres sont douillettes et bien agencées : une réussite !

40 chambres - 140/420 € - 17 € Tablet. PLUS

5 rue Thérèse - Pyramides - 01 42 96 10 01 - www.hoteltherese.com

Bourse - Sentier

2e arrondissement

tbralnina/iStock

Restaurants

✿ Pur' - Jean-François Rouquette

CUISINE CRÉATIVE • ÉLÉGANT XXX Deux restaurants contemporains au Park Hyatt : SENS à l'heure du déjeuner et Pur', plus feutré, pour un bien agréable dîner. Ce dernier est évidemment à l'image de l'hôtel de la rue de la Paix, où luxe signifie raffinement, modernité et discrétion. Confiée à l'imagination d'Ed Tuttle, la décoration crée une atmosphère à la fois confortable et confidentielle, avec seulement 35 couverts. Tout est pensé dans les moindres détails : les harmonies de couleurs, l'éclairage jusqu'à l'espace lui-même – vaste rotonde surmontée d'une coupole et cerclée d'une colonnade. Jean-François Rouquette (Taillevent, le Crillon, la Cantine des Gourmets, les Muses) trouve ici un lieu à sa mesure pour exprimer la grande maîtrise de son talent. Sa cuisine, créative et inspirée, accorde avec finesse d'excellents produits. Un "pur" plaisir !

Spécialités : Ormeaux dorés au beurre d'algue, artichaut poivrade, vadouvan, tobiko. Turbot doucement étuvé, jus beurré de moules, huile de fleurs. Fine feuille de chocolat "crunchy", parfait glacé au riz, sauce cacao au vinaigre sakura.

Menu 165/205 € – Carte 160/255 €

Park Hyatt Paris-Vendôme, 5 rue de la Paix – Ⓜ Opéra – ✆ 01 58 71 10 60 – www.paris-restaurant-pur.fr – Fermé 3-30 août, le midi

✿ Accents Table Bourse (Ayumi Sugiyama)

CUISINE MODERNE • DESIGN XX "L'accent nous indique l'origine de la personne ; il nous renseigne sur son pays, sa région et son histoire. C'est cette idée d'ouverture et de découverte que je veux défendre, une cuisine faite de rencontres et d'échanges" : ainsi s'exprime Ayumi Sugiyama, chef pâtissière japonaise et patronne de cette nouvelle adresse proche de la Bourse. On s'installe dans un agréable cadre contemporain, au mobilier design d'esprit scandinave. Les assiettes marient recettes classiques (le lièvre à la royale en saison est un enchantement) et créations plus piquantes, à l'instar de ce turbot sauvage, radis, shiimeji, citron et jus d'herbes. Les saveurs sont plaisantes, les préparations toujours précises. Un excellent crémeux praliné, glace café, riz soufflé-caramélisé, bulle cacahuète, émulsion banane finit de mettre l'accent sur l'impeccable expérience. Service fort aimable et professionnel.

Spécialités : Cuisine du marché.

Menu 39 € (déjeuner), 62/73 € – Carte 45/50 €

24 rue Feydeau – Ⓜ Bourse – ✆ 01 40 39 92 88 – www.accents-restaurant.com – Fermé 23-29 décembre, lundi, dimanche

✿ ERH

A/C

CUISINE MODERNE • ÉLÉGANT XX E, R et H comme Eau, Riz, Hommes : intitulé aussi mystérieux que poétique pour cette table atypique, qui compagnonne avec une boutique de sakés et un bar à whisky. Le chef japonais Keita Kitamura (ancien de chez Pierre Gagnaire, entre autres) concocte une cuisine française du marché ciselée et savoureuse avec une prédilection pour les légumes et les poissons. Il ne se prive pas de décocher quelques impressionnantes flèches gourmandes, pour un prix tout doux au déjeuner (menus 3 ou 5 plats), et des menus dégustation au dîner, composés au gré de la saison. Possibilité d'opter pour les accords mets et sakés. Le client découvre une étonnante salle à manger contemporaine sous une grande verrière, assorti d'un long comptoir devant la cuisine ouverte, où, comme au Japon, officie le chef nippon. C'est l'adresse à essayer entre le quartier des Halles et celui de Montorgueil. Quel talent, quel caractère !

Spécialités : Cuisine du marché.

Menu 45 € (déjeuner), 95/130 €

11 rue Tiquetonne – Ⓜ Étienne Marcel – ✆ 01 45 08 49 37 – www.restaurant-erh.com – Fermé 1er-7 janvier, lundi, dimanche

✿ Marcore Ⓝ (Marc Favier)

A/C

CUISINE MODERNE • CHIC XX Après avoir régalé Pigalle avec leur Bouillon, Marc Favier et Aurélie Alary récidivent avec Marcore, l'association de leurs deux prénoms… et de leurs (nombreux) talents. De l'ancien Versance, à l'angle de la rue des Panoramas, ils ont fait une table à plusieurs visages : bar bistronomique au rez-de-chaussée, table "gastro" à l'étage, et même traiteur à emporter de l'autre côté de la rue. Le chef Favier revendique une cuisine plaisir, technique sans être démonstrative, où des produits de super qualité (saint-pierre, thon rouge, bœuf wagyu français) s'épanouissent en toute simplicité. C'est lisible, franc et gourmand : un super moment.

Spécialités : Foie gras de canard des Landes poché et bouillon mélisse-cerises. Bar de ligne confit à l'huile d'olive, pickles betterave-groseille et condiment herbacé. Biscuit moelleux-sablé à la vanille de Nouvelle-Guinée, sauce chocolat blanc et glace café.

Menu 36 € (déjeuner)/80 € – Carte 75/85 €

1 Rue des Panoramas – Ⓜ Bourse – ✆ 01 45 08 00 08 – www.marcore-paris.com – Fermé samedi midi, dimanche

✿ Fleur de Pavé Ⓝ (Sylvain Sendra)

A/C

CUISINE CRÉATIVE • TENDANCE X Vous avez aimé Itinéraires ? Vous adorerez Fleur de Pavé, un resto bien d'aujourd'hui où le chef Sylvain Sendra continue son exploration culinaire, avec la même fougue et le même panache que dans sa précédente adresse. Il trousse des assiettes modernes et voyageuses, faussement brutes dans le dressage, avec des produits de superbe qualité – et en particulier les légumes très exclusifs de chez Asafumi Yamashita. Voici un chef qui n'essaie pas d'étourdir par sa technique, mais plutôt à mettre l'accent sur les saveurs et à se montrer fidèle à l'énoncé de ses plats – qu'il en soit remercié.

Spécialités : Légumes confits de nos producteurs, piment doux et sauce tom yum. Cabillaud cuit lentement, radis daïkon et pesto de coriandre, jus pomme-gingembre. Crémeux de lait comme un ashta, fraises gariguette et fève tonka, glace pistache.

Menu 45 € (déjeuner), 65/95 €

5 rue Paul-Lelong – Ⓜ Sentier – ✆ 01 40 26 38 87 – www.fleurdepave.com – Fermé samedi, dimanche

✿ Sushi B

A/C

CUISINE JAPONAISE • ÉPURÉ X Aux abords du très agréable square Louvois, ce restaurant de poche (8 places seulement) mérite que l'on s'y attarde. Son cadre, tout d'abord, est zen et dépouillé – fauteuils en tissus, comptoir élégant, verreries fines, serviettes en coton blanc, baguettes d'une belle finesse… Le marbre est omniprésent jusque dans les toilettes – japonaises, évidemment !

Mais on vient surtout ici pour constater par soi-même le grand talent du chef : en excellent artisan, il ne travaille que des produits de qualité et de première fraîcheur, avec une précision chirurgicale. Il faut voir, par exemple, la qualité d'exécution de ses sushis et makis, dont les saveurs cavalent en bouche, sans jamais d'excès de soja ou de wasabi : le sens de la mesure personnifié. Les autres plats sont équilibrés, les textures complémentaires. Une adresse fort agréable.

Spécialités : Cuisine du marché.

Menu 68 € (déjeuner), 140/210 €

5 rue Rameau - Ⓜ Bourse - ✆ 01 40 26 52 87 - https://sushi-b-fr.com/ - Fermé 1er-7 janvier, 27 avril-8 mai, 1er-18 août, lundi, mardi

Frenchie (Grégory Marchand)

CUISINE MODERNE • CONVIVIAL Drôlement *Frenchy*, le chef Grégory Marchand, lui qui a fait ses classes dans plusieurs grandes tables anglo-saxonnes (Gramercy Tavern à New York, Fifteen - par Jamie Oliver - à Londres, Mandarin Oriental à Hong Kong...). Il a aujourd'hui pris ses quartiers rue du Nil, dans ce restaurant de poche, au cœur du Sentier : la petite salle (briques, poutres, pierres apparentes, vue sur les fourneaux) ne désemplit pas, les stars s'y pressent, le murmure des gourmandises ouvre l'appétit. La "faute" à sa cuisine, qui partage tout du goût international contemporain, avec des associations de saveurs originales, centrées sur le produit, et des accords mets et vins particulièrement judicieux. Laissez-vous guider, c'est exquis.

Spécialités : Cuisine du marché.

Menu 50 € (déjeuner)/84 €

5 rue du Nil - Ⓜ Sentier - ✆ 01 40 39 96 19 - www.frenchie-restaurant.com - Fermé 1er-16 août, 23 décembre-4 janvier, lundi midi, mardi midi, mercredi midi, samedi, dimanche

Dépôt Légal

CUISINE MODERNE • TENDANCE Ce restaurant atypique, mené par Christophe Adam, chef pâtissier médiatique au parcours impeccable (le Gavroche à Londres, le Crillon et Fauchon à Paris), propose douceurs et assiettes à partager, du petit-déjeuner au dîner. A l'entrée, un grand comptoir vitré présente les pâtisseries dont de nombreux éclairs (goûtez le caramel beurre salé !). Pas de réservation le midi, et brunch le dimanche.

Spécialités : Burrata crémeuse, tomates, pastèque et fraises. Croque Vivienne. "1000 feuilles mouillettes".

Carte 30/45 €

6 rue des Petits-Champs - Ⓜ Bourse - ✆ 01 42 61 67 07 - www.depotlegalparis.com

Itacoa

CUISINE MODERNE • SIMPLE Itacoa, c'est le nom d'une plage brésilienne, sauvage et somptueuse, non loin de laquelle a grandi Rafael Gomes. Le jeune chef compose ici une cuisine du marché décomplexée, avec de nombreux hommages à ses origines sud-américaines ; le tout dans le respect des saisons, en partenariat avec des petits producteurs triés sur le volet.

Spécialités : Gaspacho de maïs, chorizo, sauce vierge. Risotto de courgettes, yuzu et curry. Crémeux au chocolat blanc.

Menu 21 € (déjeuner) - Carte 37/45 €

185 rue St-Denis - Ⓜ Réaumur-Sébastopol - ✆ 09 50 48 35 78 - www.itacoa.paris - Fermé lundi, mardi, dimanche soir

L'Oseille

CUISINE TRADITIONNELLE • BISTRO Pour l'allure, c'est le bistrot chic dans toute sa splendeur, avec comptoir, cave vitrée, chaises en bois et banquettes de rigueur. Dans l'assiette, le chef fait défiler les saisons sous la forme d'une carte courte, avec petites entrées à partager, et de généreux plats et desserts. Gourmandise et simplicité sont les maîtres-mots de cette adresse.

Spécialités : Cervelle de veau meunière. Poisson du jour au beurre monté et légumes de saison. Œuf à la neige aux amandes caramélisées.

Menu 29 € (déjeuner)/37 € - Carte 30/50 €

3 rue St-Augustin - Ⓜ Bourse - ✆ 01 45 08 13 76 - www.loseille-bourse.com - Fermé 8-30 août, samedi, dimanche

Mori Venice Bar

CUISINE ITALIENNE · ÉLÉGANT XX Installez-vous face à la Bourse ou au comptoir pour savourer les grandes spécialités de la cuisine vénitienne, et du nord-est de l'Italie. Le décor, signé Starck, évoque le raffinement vénitien. Massimo Mori, patron du restaurant étoilé Armani, choisit les produits, avec une attention portée au terroir : araignée de mer, foie de veau jusqu'aux délicieuses glaces à agrémenter de noisettes du Piémont !

Menu 44 € (déjeuner), 60/80 € - Carte 60/130 €

27 rue Vivienne - Ⓜ Bourse - ✆ 01 44 55 51 55 - www.mori-venicebar.com - Fermé samedi midi, dimanche

Drouant

CUISINE TRADITIONNELLE · ÉLÉGANT XX On y décerne le prix Goncourt depuis 1914 ! Sous la houlette de la famille Gardinier, qui a récemment repris la maison, les plats de tradition se parent de modernité. Nouvelle carte, nouveau chef : un lieu mythique, bien vivant.

Menu 45 € (déjeuner) - Carte 52/86 €

16 place Gaillon - Ⓜ Quatre Septembre - ✆ 01 42 65 15 16 - www.drouant.com

La Table du 53 Ⓝ

CUISINE MODERNE · ÉPURÉ XX Changement de gamme et de philosophie pour le Passage 53, devenue la Table du 53. On privilégie la gourmandise et le plaisir, davantage que la prouesse technique, et le résultat se révèle convaincant : produits de qualité, saveurs franches, bel équilibre d'ensemble, avec des parti-pris audacieux - délicieux poulet grillé et fumé, par exemple.

Menu 35 € (déjeuner), 53/85 €

53 Passage des Panoramas - Ⓜ Grands Boulevards - ✆ 01 42 33 04 35 - www.latabledu53.com - Fermé lundi, dimanche

Restaurant des Grands Boulevards

CUISINE ITALIENNE · CONTEMPORAIN X Sous la verrière centrale de l'hôtel, une déco moderne et tendance, très "été sur la Riviera"... et des saveurs italiennes, sous la direction du chef Giovanni Passerini. Un seul exemple, sa relecture d'un plat populaire toscan - *gnudi* aux herbes et parmesan - est une leçon de simplicité et de gourmandise. Service efficace et chaleureux.

Menu 27 € (déjeuner) - Carte 43/60 €

Hôtel des Grands Boulevards, 17 boulevard Poissonnière - Ⓜ Grands Boulevards - ✆ 01 85 73 33 32 - www.grandsboulevardshotel.com

Shabour Ⓝ

CUISINE CRÉATIVE · TENDANCE X Derrière Shabour, on trouve Assaf Granit, chef israélien déjà aux commandes de Balagan, à Paris. On retrouve ici ses marques de fabrique : ambiance débridée, déco brute, lumières tamisées... et surtout cette cuisine créative aux influences méditerranéennes, généreuse et surprenante, qui emporte tout par sa fraîcheur.

Menu 81 € - Carte 55/80 €

19 rue St-Sauveur - Ⓜ Réaumur-Sébastopol - www.restaurantshabour.com - Fermé dimanche

Spoon

CUISINE DU MONDE · DESIGN X L'ancien Terroir Parisien a laissé la place à Spoon, géré par le groupe d'Alain Ducasse. Le concept culinaire est simple : proposer une cuisine du monde, avec des recettes ethniques revisitées. Chine, Mexique, Thaïlande, Inde, Maghreb, ou encore Brésil, Japon ou Tahiti... un véritable tour du monde.

Menu 29 € (déjeuner)/45 € - Carte 36/54 €

25 place de la Bourse - Ⓜ Bourse - ✆ 01 83 92 20 30 - www.spoon-restaurant.com - Fermé 2-24 août, 23 décembre-2 janvier

A Noste

CUISINE TRADITIONNELLE · CONVIVIAL Julien Duboué rend hommage à son Sud-Ouest natal avec cet A Noste ("Chez nous" en patois gascon) : il revisite les tapas façon landaise, dans une ambiance animée. Les habitués se pressent pour déguster cette cuisine à la fois "urbaine et campagnarde".

Menu 38 € (déjeuner), 42/60 € - Carte 25/35 €

6 bis rue du Quatre-Septembre - Bourse - 01 47 03 91 91 - www.a-noste.com - Fermé 1er-3 janvier, 1er-11 mai

L'Apibo

CUISINE MODERNE · BISTRO Dans son petit bistrot du quartier Montorgueil (esprit feutré, parquet en chêne, pierre apparente), le chef signe une belle cuisine de produits, originale et délicate, tel ce superbe morceau de poitrine de cochon entièrement désossé.

Menu 30 € (déjeuner), 39/55 €

31 rue Tiquetonne - Etienne Marcel - 01 55 34 94 50 - www.restaurant-lapibo.fr - Fermé 15 août-6 septembre, lundi midi, samedi midi, dimanche

Aux Lyonnais

CUISINE LYONNAISE · BISTRO Dans ce bistrot fondé en 1890, au cadre délicieusement rétro, on se régale d'une savoureuse cuisine qui explore la gastronomie lyonnaise. Ainsi le tablier de sapeur, la quenelle de brochet sauce Nantua, le foie de veau en persillade, ou l'île flottante aux pralines roses.

Menu 34 € (déjeuner)/35 € - Carte 44/56 €

32 rue St-Marc - Richelieu Drouot - 01 42 96 65 04 - www.auxlyonnais.com - Fermé 1er-29 août, 21 décembre-2 janvier, lundi, samedi midi, dimanche

Bistro Volnay

CUISINE MODERNE · ÉLÉGANT Miroirs et comptoir en bois : cet élégant bistrot revisite l'esprit des années 1930. Le chef compose des recettes goûteuses, jouant des associations vin et poivre (avec une sélection de plus de 30 poivres du monde entier). Ici, le best-seller des desserts est le coulant au chocolat de Samana accompagné d'une glace au poivre (forcément !) et de noix de pécan caramélisées. On accompagne son repas d'une belle sélection de vins au verre, avec près de 400 références.

Menu 40 € (déjeuner), 45/68 €

8 rue Volney - Opéra - 01 42 61 06 65 - www.bistro-volnay.fr - Fermé 3-24 août, samedi, dimanche

La Bourse et la Vie

CUISINE TRADITIONNELLE · BISTRO Ce bistrot tenu par un chef américain connaît un franc succès. Sa recette ? Des plats biens français, sagement revisités par le maître des lieux, des produits de qualité et des saveurs ô combien plaisantes...

Menu 34 € (déjeuner) - Carte 63/72 €

12 rue Vivienne - Bourse - 01 42 60 08 83 - www.labourselavie.com - Fermé 3-24 août, samedi, dimanche

Circonstances

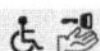

CUISINE MODERNE · CONVIVIAL Tout près du métro Grands Boulevards, ce bistrot a été créé par deux associés expérimentés, dont l'objectif est simple : réaliser une bonne cuisine du marché avec de bons produits. Ainsi cette poitrine de cochon grillée, carottes fondantes et artichauts au lard, pleine de gourmandise. Pari réussi.

Menu 38/46 €

174 rue Montmartre - Grands Boulevards - 01 42 36 17 05 - www.circonstances.fr - Fermé 1er-30 août, lundi soir, mardi soir, samedi, dimanche

Jòia par Hélène Darroze

CUISINE DU SUD-OUEST • CONTEMPORAIN La toute nouvelle table d'Hélène Darroze joue ici la convivialité autour de plats puisés dans la mémoire de son Sud-Ouest natal, avec de jolis clins d'œil aux Landes, au Pays Basque et au Béarn. Saveurs marquées, produits de qualité : un sympathique hommage à la cuisine familiale de la maison Darroze, que concoctait son père à Villeneuve de Marsan. Nostalgie, quand tu nous tiens...

Menu 29 € (déjeuner) – Carte 55/75 €

39 rue des Jeûneurs – Grands Boulevards – 01 40 20 06 06 – www.joiahelenedarroze.com

Liza

A/C

CUISINE LIBANAISE • TENDANCE Originaire de Beyrouth, Liza Asseily met ici la cuisine de son pays à l'honneur. Dans un décor contemporain parsemé de touches orientales, on opte pour un chich taouk, ou pour un kafta méchouiyé (agneau, houmous et tomates confites)... Le soir, les menus dégustation sont servis à la libanaise, c'est à dire avec une générosité proverbiale : un régal !

Menu 27 € (déjeuner), 38/48 € – Carte 42/50 €

14 rue de la Banque – Bourse – 01 55 35 00 66 – www.restaurant-liza.com – Fermé 10-16 août, dimanche soir

Monsieur K

CUISINE THAÏLANDAISE • CONVIVIAL Si le chef n'est pas un véritable passionné de l'Asie, on ne s'y connaît pas : fureteur incessant, il a tout goûté en Thaïlande, du nord au sud du pays, pour pouvoir reproduire à l'identique les meilleurs plats. Le garçon est un perfectionniste pour la bonne cause : son pad thaï est savoureux.

Menu 27 € (déjeuner)/39 € – Carte 40/50 €

10 rue Marie-Stuart – Sentier – 01 42 36 01 09 – www.kapunkaparis.com – Fermé dimanche

La Pascade

A/C

CUISINE RÉGIONALE • BISTRO Cette "cantine-auberge" récemment reprise par Bruno Doucet (qui possède les restaurants La Régalade), rend hommage à l'Aveyron, à travers l'une de ses spécialités : la pascade, une délicieuse crêpe déclinée tout au long du menu en salé et sucré, et garnie de bons produits, version gastronomique. C'est top.

Menu 34 € – Carte 45/58 €

14 rue Daunou – Opéra – 01 42 60 11 00 – www.lapascade.com – Fermé 10-30 août, dimanche

Racines

CUISINE ITALIENNE • BISTRO Simone Tondo, jeune chef d'origine sarde, a repris ce bistrot qu'il a judicieusement transformé en "osteria" à l'ancienne. L'ardoise du jour présente un choix de recettes italiennes, confectionnées avec soin à partir de produits bien choisis.

Carte 40/60 €

8 passage des Panoramas – Grands Boulevards – 01 40 13 06 41 – www.racinesparis.com – Fermé 3-30 août

Silk & Spice

CUISINE THAÏLANDAISE • EXOTIQUE Atmosphère feutrée et belles saveurs d'inspiration thaïe. Gambas et crevettes dans une réduction à la citronnelle, bœuf mijoté au curry vert : les grands classiques de la maison !

Menu 27 € (déjeuner), 37/45 € – Carte 40/60 €

6 rue Mandar – Sentier – 01 44 88 21 91 – www.silkandspice.fr

Hôtels

Park Hyatt Paris-Vendôme

LUXE • CONTEMPORAIN Ed Tuttle a conçu un hôtel conforme à ses rêves, sur la célèbre rue de la Paix : collection d'art contemporain et classicisme à la française, mobilier superbe (dont une belle collection années 1930), spa et équipements high-tech, restaurants pour toutes les envies... Le grand luxe !

110 chambres – 600/1290 € – 44 € – 43 suites

5 rue de la Paix – Opéra – 01 58 71 12 34 – www.parisvendome.park.hyatt.com

Pur' - Jean-François Rouquette – Voir la sélection des restaurants

The Hoxton

BOUTIQUE HÔTEL • DESIGN Près des Grands Boulevards, cet ancien hôtel particulier abrite un hôtel tendance, fort prisé des bobos, startupers, et fashionistas. Les chambres, décorées dans l'esprit des années 1950, proposent confort et élégance. Restaurant trendy. A l'étage, un bar cosy ouvert en soirée.

172 chambres – 99/599 €

30 rue du Sentier – Bonne Nouvelle – 01 85 65 75 00 – www.thehoxton.com

St-Marc

BOUTIQUE HÔTEL • ART DÉCO Lové dans un ancien bâtiment du 18ème siècle, cet hôtel du cœur de Paris regarde l'Opéra Comique, droit dans les yeux. C'est discret, coquet, cosy, et le petit-déjeuner se prend face à un agréable patio. Ajoutez à cela des chambres élégantes et spacieuses, et un espace spa au sous-sol (petite piscine). Charmant.

26 chambres – 365/585 € – 21 € – 1 suite

36 rue Saint-Marc – Richelieu Drouot – 01 42 86 72 72 – www.hotelsaintmarc.com

Bachaumont

URBAIN • COSY Idéalement situé entre la rue Montmartre et la rue Montorgueil, cet hôtel typiquement parisien du début du 20e s., un temps transformé en clinique, renaît avec élégance (porche en verre et fer forgé, couloir en marbre etc.). Les chambres, contemporaines, sont confortables. Cuisine dans l'air du temps, au restaurant. Petit fitness au sous-sol.

45 chambres – 200/659 € – 25 € – 4 suites

18 rue Bachaumont – Sentier – 01 81 66 47 00 – www.hotelbachaumont.com

Square Louvois

BOUTIQUE HÔTEL • COSY Dans une rue calme, à deux pas de la bibliothèque nationale et voisin du sympathique square Louvois, cet hôtel aux jolies lignes Art Deco et aux bibliothèques chargées de livres, propose des chambres chaleureuses, un spa sous cave voûtée, et une salle de petit-déjeuner feutrée, avec goûter offert tous les jours !

50 chambres – 190/350 € – 20 €

12 rue de Louvois – Bourse – 01 86 95 02 02 – www.hotel-louvois-paris.com

Hôtel des Grands Boulevards

BOUTIQUE HÔTEL • DESIGN Dans ce quartier animé, l'hôtel est installé dans un immeuble dont l'histoire remonte au 18e s. On retrouve cette identité dans les chambres, coquettes et originales, qui donnent sur la cour intérieure ou le boulevard.

50 chambres – 189/489 € – 22 €

17 boulevard Poissonnière – Grands Boulevards – 01 85 73 33 33 – www.grandsboulevardshotel.com

Restaurant des Grands Boulevards – Voir la sélection des restaurants

Le Haut Marais - Temple

3e arrondissement

Image by Michael Talalaev/Moment Open/Getty Images

Restaurants

Anne

CUISINE CLASSIQUE · LUXE XX Le Pavillon de la Reine, magnifique demeure de la place des Vosges, rend hommage à Anne d'Autriche, reine de France et épouse de Louis XIII, qui a vécu dans ces murs. Au restaurant, supervisé par Mathieu Pacaud, le chef revisite les classiques avec intelligence et un talent certain. Les saveurs sont au rendez-vous, les produits sont irréprochables : citons juste ce rouget, chipirons, gambas, soupe de poisson safranée, pois chiches... On passe un excellent moment, que ce soit dans le cadre intimiste et romantique du salon bibliothèque ou sur la superbe cour-jardin verdoyante, aux beaux jours. En prime, très beau choix de vins.

Spécialités : Foie gras de canard poché, consommé d'une bigarade, burlats farcies et pickles d'amandes fraîches. Turbot sauvage rôti meunière, sabayon de vin jaune, pastèque et melon grillés. Soufflé au chocolat.

Menu 55 € (déjeuner), 105/150 € – Carte 108/138 €

Pavillon de la Reine, 28 place des Vosges – Ⓜ Bastille – ✆ 01 40 29 19 19 – www.pavillon-de-la-reine.com/fr – Fermé lundi, mardi, dimanche soir

Auberge Nicolas Flamel

CUISINE CLASSIQUE · CHIC XX Cette auberge, la plus ancienne de Paris (1407), est classée monument historique : un cadre idéal pour le premier restaurant d'Alan Geaam. Cet autodidacte propose une cuisine tout en maîtrise, à base de produits nobles (homard, foie gras...) avec accords de saveurs bien pensés, cuissons au poil et assaisonnements de qualité.

Menu 28 € (déjeuner), 42/65 € – Carte 52/66 €

51 rue de Montmorency – Ⓜ Rambuteau – ✆ 01 42 71 77 78 – www.auberge-nicolas-flamel.fr

Soon Grill

CUISINE CORÉENNE · CONVIVIAL XX Ouvert en 2015, ce restaurant célèbre la gastronomie coréenne de bien belle manière. Les incontournables sont au rendez-vous – bibimbap servi dans un bol de pierre brûlant, raviolis grillés, bœuf mariné sauce soja –, mais on trouve aussi à la carte quelques préparations plus méconnues. C'est fin et parfumé : un régal !

Menu 21 € (déjeuner), 49/69 € – Carte 40/65 €

78 rue des Tournelles – Ⓜ Chemin Vert – ✆ 01 42 77 13 56 – www.soon-grill.com

Elmer

CUISINE MODERNE · BRANCHÉ X Tout près de République, on aime cette table chic où officie Simon Horwitz, jeune chef au riche parcours (Oustau de Baumanière, Pierre Gagnaire, voyages en Asie et en Amérique latine). Il compose une partition savoureuse et pleine de mordant, avec notamment de belles viandes cuites à la braise ou en rôtissoire.

Menu 30 € (déjeuner), 60/85 € – Carte 50/70 €

30 rue Notre-Dame-de-Nazareth – Ⓜ Temple – ✆ 01 43 56 22 95 – elmer-restaurant.fr – Fermé 3-31 août, lundi, samedi midi, dimanche

Anahi

CUISINE SUD-AMÉRICAINE · TENDANCE Depuis son ouverture, c'est LA table à ne pas manquer dans le haut Marais… et pour cause. On y goûte des viandes exceptionnelles, cuites à la braise et assaisonnées d'une excellente marinade aux herbes… Pour la petite histoire, le lieu était une boucherie dans les années 1920, comme le rappelle l'élégante verrière Art déco du plafond, et les faïences d'époque.

Carte 65/95€

49 rue Volta – Ⓜ Temple – ✆ 01 83 81 38 00 – www.anahi-paris.com – Fermé 27 juillet-16 août, lundi midi, mardi midi, mercredi midi, jeudi midi, vendredi midi, samedi midi

Au Bascou

CUISINE TRADITIONNELLE · SIMPLE Dans ce bistrot, véritable institution parisienne, la cuisine chante avec les chauds accents de la terre basque, mais pas seulement. Si de nombreux produits viennent du "pays" (piperades, chipirons, fricassée d'escargots), on se s'interdit pas des assiettes plus actuelles, ni du gibier en saison, dont le fameux oreiller de la belle Aurore. On se régale.

Menu 25€ (déjeuner) – Carte 35/65€

38 Rue Réaumur – Ⓜ Arts et Métiers – ✆ 01 42 72 69 25 – www.au-bascou.fr – Fermé 4-12 avril, 1er-23 août, 23 décembre-3 janvier, samedi, dimanche

Breizh Café - Le Marais

CUISINE BRETONNE · SIMPLE Après avoir conquis le Japon avec ses crêperies nouvelle mode (farines bio, bons produits), Bertrand Larcher a ramené en France des crêpiers nippons ! Ils défendent joliment le slogan maison : "La crêpe autrement. " Un exemple ? La basquaise : asperges, tomate, chorizo, basilic et fromage fondu. Voilà qui ne tombe pas à plat !

Carte 25/38€

109 rue Vieille-du-Temple – Ⓜ St-Sébastien Froissart – ✆ 01 42 72 13 77 – www.breizhcafe.com

Dessance

CUISINE MODERNE · CONTEMPORAIN Aux fourneaux, voici Christophe Boucher, au double cursus de… cuisinier et pâtissier, et passé par quelques locomotives du goût (Ledoyen, Grand Véfour). Dans sa cuisine ouverte, il célèbre les fruits et légumes de saison avec subtilité, et se révèle très attentif au dressage des assiettes. Excellent rapport qualité-prix au déjeuner.

Menu 30€ (déjeuner), 48/58€

74 rue des Archives – Ⓜ Arts et Métiers – ✆ 01 42 77 23 62 – www.dessance.fr – Fermé lundi, mardi

Les Enfants Rouges

CUISINE MODERNE · BISTRO A l'origine, un chef d'origine japonaise, ayant fait son apprentissage chez Yves Camdeborde et Stéphane Jégo. A l'arrivée, un beau bistrot parisien, situé au cœur du haut marais, proposant une savoureuse cuisine du marché à la française. Pâté de campagne de canard au sang, thon rouge tataki à la plancha laqué au gingembre, baba au rhum et chantilly, etc… Et cerise sur le gâteau, c'est ouvert le week-end ! N'attendez plus.

Menu 40€ (déjeuner), 55/75€

9 rue de Beauce – Ⓜ Filles du Calvaire – ✆ 01 48 87 80 61 – www.les-enfants-rouges.fr – Fermé 4-24 août, mardi, mercredi, jeudi midi

Le Mazenay

CUISINE CLASSIQUE · BRASSERIE Ici, l'accent est mis sur la belle cuisson, le bon jus et le beau produit. Pas de tintamarre inutile quand on se régale du homard breton en soupe glacée ou d'un pigeon rôti entier. Mais le chef n'a qu'une hâte : que commence la saison du gibier ! Grouse d'Écosse rôtie, lièvre à la royale… Une adresse pour bons vivants.

Menu 25€ (déjeuner) – Carte 40/67€

46 rue de Montmorency – Ⓜ Rambuteau – ✆ 06 42 83 79 52 – www.lemazenay.com – Fermé samedi midi, dimanche

Pramil

CUISINE MODERNE • BISTRO Des pierres apparentes, un sol en béton ciré, beaucoup de sobriété : le décor met d'autant mieux en valeur la belle générosité de la cuisine du marché d'Alain Pramil, un autodidacte passionné qui, dans une autre vie, était professeur de physique. Jolis vins, prix doux et accueil chaleureux : dans le mille, Pramil !

Menu 33/43 € - Carte 38/48 €

9 rue Vertbois - Ⓜ Temple - ✆ 01 42 72 03 60 - www.pramil.fr - Fermé 17-31 août, 21-28 décembre, lundi, dimanche midi

Raw

CUISINE MODERNE • COSY Raw, comme la "raw-food", autrement dit... la cuisine crue, inspirée des comptoirs californiens. Le concept de William Pradeleix joue le cru contre le cuit, afin de conserver l'apport en vitamines des aliments. Qui l'eût cru ?

Carte 30/40 €

57 rue de Turenne - Ⓜ Chemin Vert - ✆ 01 77 18 37 50 - Fermé dimanche soir

Hôtels

Pavillon de la Reine

LUXE • PERSONNALISÉ L'élégance du Paris historique, tout en noble discrétion. Passé les voûtes de la place des Vosges, première illumination à la vision de la belle cour verdoyante. Et le ravissement continue avec les chambres, feutrées et raffinées. Le luxe sans ostentation !

56 chambres - 306/630 € - 35 € - 23 suites

28 place des Vosges - Ⓜ Bastille - ✆ 01 40 29 19 19 - www.pavillon-de-la-reine.com

Anne - Voir la sélection des restaurants

Les Bains

URBAIN • PERSONNALISÉ Tel le phénix, les Bains renaissent toujours. Ils prennent aujourd'hui la forme d'un hôtel de caractère, mêlant habilement les styles (contemporain, design, Art déco) jusque dans les chambres, confortables et bien insonorisées. On profite aussi d'un bar à cocktails, de salons privés et... d'un club avec piscine !

37 chambres - 390/800 € - 22 € - 2 suites Tablet. PLUS

7 rue du Bourg-L'Abbé - Ⓜ Réaumur-Sébastopol - ✆ 01 42 77 07 07 - www.lesbains-paris.com

Sinner Ⓝ

URBAIN • DESIGN On entre dans cet hôtel de luxe comme en religion : son nom signifie en effet « pêcheur ». Ambiance gothique, concept-store dans une crypte, business-corner dans un confessionnal, bénitier dans les chambres : un concept détonnant en plein cœur du Marais. Changement radical d'ambiance avec le restaurant, festif et coloré.

42 chambres - 400/820 € - 45 € - 1 suite Tablet. PLUS

116 Rue du Temple - Ⓜ Rambuteau - ✆ 01 42 72 20 00 - www.sinnerparis.com

Jules et Jim

URBAIN • DESIGN Ne cherchez pas de lien avec le film de François Truffaut... sinon un affichage branché, voire hipster ! Cette ancienne usine du Marais, transformée en hôtel, est l'un des derniers repaires urbains à la mode. Atypiques et confortables, les chambres sont une belle démonstration du goût contemporain, version jeune et épicurienne...

23 chambres - 219/389 € - 20 €

11 rue des Gravilliers - Ⓜ Arts et Métiers - ✆ 01 44 54 13 13 - www.hoteljulesetjim.com

Le Petit Moulin

LUXE · PERSONNALISÉ Christian Lacroix a imaginé le décor "couleur du temps" de cet hôtel du Marais. C'est inédit, raffiné... entre tradition et modernité. Baignoires à pieds, tons flashy : chaque chambre est un bijou !

17 chambres - 215/450 € Tablet. PLUS

29-31 rue du Poitou - Ⓜ St-Sébastien Froissart - ✆ 01 42 74 10 10 - www.hoteldupetitmoulin.com

Île de la Cité - Île St-Louis - Le Marais - Beaubourg

4e arrondissement

Nikada/iStock

Restaurants

✿✿✿ L'Ambroisie (Bernard Pacaud)

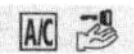

CUISINE CLASSIQUE · LUXE XXXX Comment raconter les créations de Bernard Pacaud, dont la qualité n'a d'égale que sa modestie ? L'homme est un taiseux : ça tombe bien, sa cuisine parle pour lui. Dans sa demeure quasi florentine de la place des Vosges – miroirs anciens, immense tapisserie, sol en marbre blanc et noir –, il continue de nous bluffer par sa régularité, et par le supplément d'âme qu'il insuffle en permanence à son travail. Dans ses assiettes, simples en apparence, chaque élément est posé avec certitude, à la façon d'une toile de maître. Il suffit de se laisser emporter : l'émotion affleure partout. Exceptionnelle fricassée de homard sauce civet et mousseline saint-germain, inoubliables Saint-Jacques aux poireaux, pomme de terre et truffe ; côté dessert, tarte fine sablée au cacao amer et glace vanille... Grandiose.

Spécialités : Feuillantines de langoustines aux graines de sésame, sauce curry. Escalopines de bar à l'émincé d'artichaut, caviar golden. Tarte fine sablée au cacao amer, crème glacée à la vanille Bourbon.

Carte 220/330 €

9 place des Vosges - Ⓜ St-Paul - ✆ 01 42 78 51 45 - www.ambroisie-paris.com - Fermé 9-24 février, 26 avril-4 mai, 2-24 août, lundi, dimanche

✿ Benoit

CUISINE CLASSIQUE · BISTRO XX Pour retrouver l'atmosphère d'un vrai bistrot parisien, poussez donc la porte du 20, rue St-Martin. C'est ici, en plein cœur de Paris, que l'enseigne vit le jour dès 1912, du temps des Halles populaires. À l'origine bouchon lyonnais, le bistrot est resté dans la famille Petit pendant trois générations, lesquelles ont façonné et entretenu son charme si désuet. Belle Époque, plus exactement : boiseries, cuivres, miroirs, banquettes en velours, tables serrées les unes contre les autres... Chaque élément, jusqu'aux assiettes siglées d'un "B", participe au cachet de la maison. Rien à voir avec les ersatz de bistrots à la mode ! Et si l'affaire a été cédée au groupe Ducasse (2005), elle a préservé son âme.

Traditionnelles à souhait, les recettes allient produits du terroir, justesse des cuissons et générosité. Les habitués le savent bien : "Chez toi, Benoît, on boit, festoie en rois. " Surtout si l'on pense aux plats canailles que tout le monde connaît, mais que l'on ne mange quasiment jamais... sauf ici.

Spécialités : Langue de bœuf Lucullus, cœur de romaine à la crème moutardée. Sauté gourmand de ris de veau, crêtes et rognons de coq, foie gras et jus truffé. Profiteroles Benoit, sauce chocolat chaud.

Menu 39 € (déjeuner) - Carte 70/100 €

20 rue St-Martin - Ⓜ Châtelet-Les Halles - ✆ 01 42 72 25 76 - www.benoit-paris.com - Fermé 26 juillet-23 août

✿ Le Sergent Recruteur Ⓝ (Alain Pégouret)

CUISINE MODERNE • ÉLÉGANT XX Le chef Alain Pégouret a emprunté à Joël Robuchon l'amour du geste précis et la rigueur du travail. Il suffit, pour s'en assurer, de pousser la porte du Sergent Recruteur, taverne historique de l'île Saint-Louis, reconvertie en table gastronomique. L'ancien chef du Laurent fait montre d'une impressionnante maîtrise. Ses assiettes fines, aux saveurs ciselées - et qui dévoilent, en filigrane, de solides bases classiques -, laissent le souvenir d'une belle cohérence gustative, avec un travail subtil sur les jus et les sauces ainsi qu'une attention aux belles cuissons. La maison distille une ambiance élégante et feutrée, associant habilement design contemporain et murs anciens. Une renaissance réussie.

Spécialités : Truite irisée boisée, crème fouettée au sirop d'érable, pomme verte et radis noir. Pigeon fumé, grillé, purée de haricot noir au paprika et origan. Chocolat au gingembre, sorbet cacao et citron vert sous un voile d'or.

Menu 49 € (déjeuner), 85/179 € - Carte 84/118 €

41 rue Saint-Louis-en-l'Île - Ⓜ Pont Marie - ✆ 01 43 54 75 42 - www.lesergentrecruteur.fr - Fermé 16-27 février, 9-31 août, lundi, dimanche

✿ Restaurant H (Hubert Duchenne)

CUISINE CRÉATIVE • COSY X À la recherche de belles surprises gastronomiques dans les environs de la Bastille ? On a ce qu'il vous faut : "H", comme Hubert Duchenne, jeune chef passé chez Akrame Benallal, et Jean-François Piège, au Thoumieux. Tout commence par une devanture élégante et engageante, qu'on traverse pour entrer dans cette demeure assez discrète.

Là, c'est le minimalisme même : vingt couverts à peine, pour cette salle à manger du genre intime, au cadre aussi chic que cosy. Puis, très vite, quelle jolie découverte dans l'assiette ! On se régale d'un menu unique sans choix et bien ficelé, dans lequel les recettes, bien maîtrisées, vont toujours à l'essentiel. Vous réclamez des preuves ? Cette alliance de moules, crème de persil et salicorne devrait faire l'affaire, tout comme ce maigre, amarante et sarrasin... C'est inventif et très maîtrisé : on se régale, d'autant que les produits utilisés sont d'excellente qualité.

Spécialités : Coques, beurre blanc, laitue et salicorne. Bœuf wagyu cuit au barbecue. Citron et noisette.

Menu 35 € (déjeuner), 60/80 €

13 rue Jean-Beausire - Ⓜ Bastille - ✆ 01 43 48 80 96 - www.restauranth.com - Fermé 5-12 mai, 4-25 août, 22 décembre-3 janvier, lundi, dimanche

GrandCœur

CUISINE MODERNE • COSY XX Les poutres et la pierre, les grands miroirs et le mobilier éclectique, sans oublier l'incontournable terrasse : cette maison installée dans une jolie cour pavée impose son style d'entrée. La cuisine, imaginée par Mauro Colagreco (également associé), agrémente la tradition française d'un peu d'international. Un plaisir !

Menu 30 € (déjeuner) - Carte 48/70 €

41 rue du Temple - Ⓜ Rambuteau - ✆ 01 58 28 18 90 - www.grandcoeur.paris

Baffo

CUISINE ITALIENNE • TRATTORIA X Originaire de la Maremme (au sud de la Toscane) et passionné de cuisine, Fabien Zannier a décidé de changer de vie pour rendre hommage aux saveurs de son enfance. De là cette petite table italienne forte en goût, où priment les produit frais et bio. L'occasion d'un "pranzo con i baffi", un repas à s'en lécher les moustaches !

Menu 60 € - Carte 50/85 €

12 rue Pecquay - Ⓜ Rambuteau - ✆ 07 61 88 73 04 - www.baffo.fr - Fermé 1er-9 janvier, 27 juillet-27 août, lundi, mardi midi, mercredi midi, dimanche

Capitaine

CUISINE MODERNE • BISTRO L'arrière-grand-père du chef, d'origine bretonne, était capitaine au long cours... Le capitaine, désormais, c'est lui : Baptiste Day, qui après avoir fréquenté les cuisines de grands restaurants (L'Ambroisie, L'Arpège, et l'Astrance) a décidé de prendre le large à bord d'un sympathique bistrot, et nous régale d'une très jolie cuisine du marché, ancrée dans son époque. Produits frais et de qualité, préparations goûteuses : une adresse percutante.

Menu 27 € (déjeuner), 40/70 € – Carte 40/50 €

4 impasse Guéménée – Ⓜ Bastille – ✆ 01 44 61 11 76 – Fermé 27 juillet-20 août, lundi, mardi midi, dimanche

Claude Colliot

CUISINE MODERNE • CONTEMPORAIN Chez Claude Colliot, point d'énoncés pompeux, mais une cuisine de saison qui traite les produits de qualité avec tous les égards. Les légumes proviennent directement du potager du chef, situé dans le Loiret. Léger, sain et savoureux.

Menu 42/65 € – Carte 50/69 €

40 rue des Blancs-Manteaux – Ⓜ Rambuteau – ✆ 01 42 71 55 45 – www.claudecolliot.com – Fermé 9-24 août, 24-28 décembre, lundi, dimanche

Isami

CUISINE JAPONAISE • ÉPURÉ Isami est renommé auprès des Japonais, qui savent où se rendre pour manger "comme chez eux"... Derrière son bar, Katsuo Nakamura réalise en effet des merveilles de sushis et de chirashis, démontrant une maîtrise fascinante des couteaux au service de produits ultrafrais. Un must parmi les adresses nippones de la capitale.

Carte 45/95 €

4 quai Orléans – Ⓜ Pont Marie – ✆ 01 40 46 06 97 – Fermé 2-31 août, lundi, dimanche

Tavline

CUISINE ISRAÉLIENNE • VINTAGE Un petit bout de Tel-Aviv entre Saint-Paul et Hôtel de Ville, un zeste de Maroc, un soupçon de Liban. Telle est la recette de Tavline, où les épices, provenant du "Shuk Ha'Carmel", le plus grand marché de Tel-Aviv, agrémentent une cuisine fine, dont ce mémorable memoulaïm (oignons farcis d'agneau), recette héritée de la mère du chef.

Carte 33/43 €

25 rue du Roi-de-Sicile – Ⓜ St-Paul – ✆ 09 86 55 65 65 – www.tavline.fr – Fermé 11-27 août, lundi, dimanche

Thaï Spices

CUISINE THAÏLANDAISE • COSY Entre le quai des Célestins et le village St-Paul officie un chef, Willy Lieu, qui fut le cuisinier personnel de Jacques Chirac ! Chez lui, la cuisine thaïe est à l'honneur, en version authentique : les grands classiques sont au rendez-vous – pad thaï, tom yam –, généreux et pleins de saveurs, relevés comme il se doit. Tarifs plutôt modérés et service agréable.

Carte 35/50 €

5-7 rue de l'Ave-Maria – Ⓜ Sully Morland – ✆ 01 42 78 65 49 – www.thaispices.fr – Fermé 1er-31 août, samedi midi, dimanche

Hôtels

Hôtel de Jobo

BOUTIQUE HÔTEL • PERSONNALISÉ L'établissement rend hommage à Joséphine de Beauharnais. Nul doute que l'impératrice aurait appréciée la décoration baroque imaginée par Bambi Sloan, adepte des intérieurs roses et tissus panthère. Cosy et romantique à souhait.

24 chambres – 195/380 € – 18 €

10 rue d'Ormesson – Ⓜ Saint-Paul – ✆ 01 48 04 70 48 – www.hoteldejobo.paris

Duo

URBAIN • DESIGN Un passé préservé (escalier classé, cave voûtée du 16e s.) et une atmosphère résolument contemporaine, douce et design : un beau Duo gagnant tenu par la même famille depuis 1918.

58 chambres – 160/460 € – 17 € – 2 suites

11 rue du Temple – Ⓜ Hôtel de Ville – ✆ 01 42 72 72 22 – www.duo-paris.com

Quartier Latin - Jardin des Plantes - Mouffetard

5e arrondissement

mauinow1/iStock

Restaurants

Tour d'Argent

CUISINE MODERNE • LUXE XXXXX Fondée en 1582, cette élégante auberge de bords de Seine devient un restaurant en 1780. C'est au début du 20e s. qu'André Terrail l'achète, avec une idée de génie : élever l'immeuble d'un étage pour y installer la salle à manger, et jouir ainsi d'un panorama unique, l'une des plus belles vues sur la Seine et Notre-Dame-de-Paris ! Pour le reste, l'âme de la Tour d'Argent évolue avec son temps : véritable palimpseste, la carte, réinterprétée par Yannick Franques, MOF 2004, conserve la mémoire de plusieurs décennies de haute gastronomie française. Ainsi le canard au sang, servi dans son ensemble, mis en avant en cinq plats. Que les puristes se rassurent, le service, parfaitement réglé, assure toujours le spectacle. Quant à l'extraordinaire cave, elle renfermerait... près de 400 000 bouteilles pour 15 000 références.

Spécialités : Endives, truffes noires en vessie, légumes d'hiver et mousseline de rutabagas. Caneton Frédéric Delair. Crêpes "mademoiselle" et sorbet au caillé de lait cru.

Menu 105 € (déjeuner), 360/380 € – Carte 200/350 €

15 quai de la Tournelle – Ⓜ Maubert Mutualité – ✆ 01 43 54 23 31 – www.tourdargent.com – Fermé 3-24 août, lundi, dimanche

Mavrommatis

CUISINE GRECQUE • ÉLÉGANT XXX Un vent d'audace et d'Odyssée souffle sur la table du chef chypriote Andréas Mavrommatis. On se régale ici d'une cuisine généreuse et maîtrisée, inspirée de bases classiques françaises, associées aux meilleurs produits grecs ; superbes langoustines ; quasi de veau du Limousin tendre et rosé ; et en dessert, une tarte chocolat-olive et basilic, aux saveurs percutantes. Le voyage en Grèce se poursuit au gré des saisons et inspirations du chef, dans un cadre aussi raffiné que les civilisations issues de la Méditerranée. L'établissement, entièrement réinventé par l'architecte Régis Botta dans un esprit moderne et épuré avec boiserie et murs beiges, arches et niches, offre un écrin feutré à cette somptueuse promenade hellénique gastronomique.

Spécialités : Aubergine confite au thym, légumes crus et cuits, crevette et lard de Colonnata. Encornets farcis, crevettes grillées, fenouil confit et rouille au curcuma. Ganache au chocolat aux olives, crème chocolat-basilic et glace à la fleur d'oranger.

Menu 45 € (déjeuner), 85/115 € – Carte 78/110 €

42 rue Daubenton – Ⓜ Censier Daubenton – ✆ 01 43 31 17 17 – www.mavrommatis.com – Fermé 9-31 août, lundi, mardi midi, mercredi midi, jeudi midi, dimanche

Solstice (Eric Trochon)

CUISINE CRÉATIVE • CONTEMPORAIN XX S'il existe des "écrivains pour écrivains", il y a des chefs pour chefs. MOF, pilier de l'école Ferrandi, promoteur du design culinaire, restaurateur à Séoul, Éric Trochon est de cette trempe - admiré autant que méconnu. Il est désormais chez lui dans ce restaurant intime et moderne, en compagnie de son épouse coréenne et sommelière. La déco navigue entre mobilier design et murs bruts. La carte joue aussi le minimalisme avec deux propositions percutantes - et pas plus - de l'entrée au dessert. Dans l'assiette, les textures et les contrastes font mouche, comme sur cette nage de coco de Paimpol, fenouil et melon en pickles, granité reine-des-prés ou sur ce ris de veau (vraiment) croustillant et cœur fondant, ricotta et courgettes vertes et jaunes.

Spécialités : Nage de coco de Paimpol, fenouil et melon en pickles, granité reine-des-prés. Poisson du jour grillé au binchotan, céleri, pralin noisette et jus de volaille. Papillotes de pommes vertes, glace yuzu et yaourt.

Menu 35€ (déjeuner), 65/90€ - Carte 67/83€

45 rue Claude Bernard - Censier Daubenton -
06 52 31 83 84 - www.solsticeparis.com -
Fermé lundi, mardi midi, dimanche

Alliance (Toshitaka Omiya)

CUISINE MODERNE • CONTEMPORAIN XX Apparu entre les quais de la rive gauche et le boulevard St-Germain, ce restaurant célèbre l'Alliance de Shawn et Toshi, deux anciens de l'Agapé (respectivement maître d'hôtel et cuisinier), désormais complices dans cette nouvelle aventure. Il ne faut pas compter sur Toshitaka Omiya, le chef, pour donner dans l'esbroufe ou l'artificiel : sa cuisine s'appuie sur de beaux produits de saison et va à l'essentiel, tant visuellement que gustativement. Pomme de terre Allians ; tourteau, bergamote et thé Earl Grey ; ou encore foie gras, légumes en pot-au-feu et bouillon de canard, qui s'affirme déjà comme la spécialité de la maison... De vrais éclairs de simplicité, des mélanges subtils et bien exécutés : c'est du (très) sérieux. Un mot enfin sur la salle épurée, aux subtiles touches nipponnes : on s'y sent bien, d'autant qu'elle offre une jolie vue sur les fourneaux.

Spécialités : Artichaut, ormeau et coriandre. Poulette patte noire et corail de homard. Rhubarbe, huile d'olive et thé blanc.

Menu 55€ (déjeuner), 120/185€

5 rue de Poissy - Maubert Mutualité - 01 75 51 57 54 -
www.restaurant-alliance.fr -
Fermé 1er-23 août, samedi, dimanche

Baieta (Julia Sedefdjian)

CUISINE MODERNE • CONTEMPORAIN XX "Ici, la bouillabaisse tutoie l'aïoli, et la pissaladière jalouse la socca, juste sortie du four à charbon". La jeune chef Julia Sedefdjian (ancienne des Fables de la Fontaine, Paris aussi) est désormais chez elle, heureuse et épanouie. Sa cuisine, colorée et parfumée, s'en ressent. Elle chante la Méditerranée et les bons produits, qu'elle sélectionne avec justesse et travaille avec créativité, sans jamais oublier ses racines niçoises. On se régale d'une poitrine de cochon caramélisée, ou d'un beau tronçon d'aile de raie, dorée au beurre blond... Et en dessert, ce jour-là, des fraises Gariguette parfumées, accompagnées d'un crémeux à la vanille et d'un excellent sorbet thym et framboise. Bienvenue chez Baieta - le bisou en patois niçois !

Spécialités : Jaune d'œuf croustillant, haddock cru et cuit, poireau en vinaigrette d'algues. Bouillabaieta, rouille et croûtons. Sablé fenouil, crème citronnée, mascarpone et sorbet citron-pastis.

Menu 45€ (déjeuner)/85€ - Carte 63/81€

5 rue de Pontoise - Maubert Mutualité -
01 42 02 59 19 - www.restaurant-baieta-paris.fr -
Fermé lundi, dimanche

Oka (Raphaël Régo)

CUISINE CRÉATIVE • COSY XX Le chef propriétaire brésilien Raphaël Régo au parcours alléchant (école Ferrandi, Atelier de Joël Robuchon, Taillevent) signe chez Oka une partition créative, distillant une incontestable identité culinaire, naviguant entre France (pêche des côtes vendéennes) et Brésil, privilégiant toujours de très beaux produits. On déguste les menus dans un cadre cosy et élégant, avec cuisine ouverte sur l'artiste en chef. Les préparations, aux visuels sophistiqués et épurés, jouent avec talent sur le mariage des saveurs (sucrées, pimentées, acides...) et les textures, sans jamais tomber dans l'excès de la démonstration. Faites confiance à la subtilité du sommelier pour marier mets et vins. Infiniment personnel, soigné, parfumé - en un mot : stylé. Un coup de cœur.

Spécialités : Araignée de mer, perles de tapioca et émulsion à l'eau de coco. Pigeon du Périgord, citron vert, haricots d'Amazonie et noix du Brésil aux légumes de saison. Chocolat blanc, maracuja et açaï.

Menu 45€ (déjeuner)/85€

1 rue Berthollet – Ⓜ Censier Daubenton – ✆ 01 45 30 94 56 – www.okaparis.fr – Fermé 25 juillet-22 août, lundi midi, mardi midi, mercredi midi, jeudi midi, samedi, dimanche

Sola

CUISINE MODERNE • ÉLÉGANT X Tout près des quais donnant sur Notre-Dame et... déjà au Japon ! Voilà Sola et son décor bois et zen, et au sous-sol, la cave voûtée, où les tables figurent un tatami (attention, prière de retirer ses chaussures). Le chef Kosuke Nabeta, 34 ans, propose une savoureuse passerelle entre exigence et précision de la gastronomie nippone et richesses du terroir français. Lors d'un de nos passages : thon et betterave rouge ; encornet, risotto, champignons ; foie gras, truffe noire ; lotte, coques, beurre de noisette... Une cuisine en apesanteur, harmonieuse et raffinée, et si personnelle que l'on ne saurait la réduire à ces simples adjectifs, si élogieux soient-ils.

Spécialités : Foie gras fumé au sakura, anguille, risotto et truffe noire. Agneau grillé au charbon et légumes de saison. Nuages de menthe, sudachi et abricot.

Menu 98/115€

12 rue de l'Hôtel-Colbert – Ⓜ Maubert Mutualité – ✆ 01 42 02 39 24 – www.restaurant-sola.com – Fermé 1er-13 janvier, 11-24 août, lundi, mardi midi, mercredi midi, jeudi midi, vendredi midi, samedi midi, dimanche

Cucina

CUISINE ITALIENNE • CONVIVIAL XX Le dernier né des restaurants griffés Alain Ducasse est une réussite. Côté atmosphère, déco de bistrot moderne et serveurs en marinière rouge et blanche. Côté coulisses, le chef Matteo Lorenzini, passé par des maisons étoilées (dont le Louis XV trois ans durant) signe une belle carte italienne de saison : on se régale de bout en bout, des antipasti aux dolce. Authentique et savoureux.

Spécialités : Polpo-patate. Paccheri, joue de bœuf fondante. Sorbetto al limone.

Carte 38/60€

20 rue Saint-Victor – Ⓜ Maubert-Mutualité – ✆ 01 44 31 54 54 – www.cucina-mutualite.com

Kokoro

CUISINE MODERNE • CONVIVIAL X Un jeune couple franco-japonais (tous deux anciens de chez Passard) travaille d'arrache-pied dans cette adresse à deux pas du métro Cardinal-Lemoine. Leur cuisine, réglée sur les saisons, se révèle à la fois fine, intelligente et subtile, et réserve de belles surprises... Kokoro, c'est "cœur" en japonais.

Spécialités : Ravioles de canard, miso rouge et chou-fleur. Cabillaud, asperges vertes, citron confit. Crème glacée potimarron, poire au vin rouge, gavottes.

Menu 25€ (déjeuner)/34€

2 rue des Boulangers – Ⓜ Cardinal Lemoine – ✆ 01 44 07 13 29 – www.restaurantkokoro.blogspot.fr – Fermé 1er-15 juillet, lundi midi, samedi, dimanche

Affinité

CUISINE CRÉATIVE · BISTRO XX Les deux associés du restaurant étoilé Alliance –le cuisinier Toshitaka Omiya et le directeur de salle Shawn Joyeux – ont rénové ce bistro situé légèrement en retrait du boulevard Saint-Germain. Déco tendance, cuisine actuelle, assiettes joliment créatives et même plus, si affinités...

Menu 29/60 € - Carte 48/65 €

52 boulevard Saint-Germain – Maubert - Mutualité – 01 42 02 41 71 – restaurant-affinite.fr – Fermé lundi, dimanche

Atelier Maître Albert

CUISINE TRADITIONNELLE · CONVIVIAL XX Une cheminée médiévale et des rôtissoires cohabitent avec un bel intérieur design signé J. -M. Wilmotte. Guy Savoy a imaginé la carte, avec des produits d'une qualité indéniable. Imaginez une volaille à la peau croustillante, son jus parfumé...

Menu 36 € (déjeuner)/39 € - Carte 35/45 €

1 rue Maître-Albert – Maubert Mutualité – 01 56 81 30 01 – www.ateliermaitrealbert.com – Fermé 1er janvier, 9-25 août, samedi midi, dimanche midi

Le Bel Ordinaire - Rive Gauche

CUISINE MODERNE · BISTRO XX Deuxième opus de ce concept de restaurant/épicerie et cave à vins bio, financé par crowfunding, et dont la maison-mère a d'abord ouvert avec succès dans le Xe arrondissement. Grâce à une grande cuisine ouverte où s'activent plusieurs jeunes chefs, l'accent est délibérément mis sur une savoureuse tambouille d'esprit bistro.

Menu 26 € (déjeuner) - Carte 30/45 €

5 rue de Bazeilles – Censier Daubenton – 09 81 11 72 78 – www.lebelordinaire.com/ – Fermé 3-24 août, lundi

L'Initial

CUISINE MODERNE · TRADITIONNEL XX Le chef japonais, au palmarès étincelant (Robuchon Tokyo, Bernard Loiseau à Saulieu), propose une cuisine française d'une remarquable précision réalisée autour d'un menu sans choix rythmé par les saisons. Bon rapport qualité-prix et service aux petits soins.

Menu 36 € (déjeuner)/60 €

9 rue de Bièvre – Maubert Mutualité – 01 42 01 84 22 – www.restaurant-linitial.fr – Fermé 9-31 août, lundi, mardi midi, dimanche

La Truffière

CUISINE MODERNE · INTIME XX Au cœur du vieux Paris, à deux pas de la truculente rue Mouffetard, cette maison du 17e s. a du caractère. Les assiettes, visuellement soignées, sont créatives. Menu truffe toute l'année, et remarquable carte des vins, avec pas moins de... 4600 références, françaises et mondiales. Un bel hommage à "la perle noire".

Menu 45 € (déjeuner), 72/180 € - Carte 118/180 €

4 rue Blainville – Place Monge – 01 46 33 29 82 – www.latruffiere.com – Fermé 23-29 décembre, lundi, dimanche

Ciasa Mia

CUISINE ITALIENNE · AUBERGE X Originaires du Nord de l'Italie (des Dolomites, pour être précis), Francesca et Samuel Mocci aiment à mettre en valeur ce patrimoine gustatif aussi savoureux que surprenant. Les assiettes respirent l'authenticité, tout comme le cadre, dans un esprit de petit chalet cosy. Une adresse attachante.

Menu 31 € (déjeuner), 69/89 € - Carte 76/94 €

19 rue Laplace – Maubert Mutualité – 01 43 29 19 77 – www.ciasamia.com – Fermé samedi midi, dimanche

L'Agrume

CUISINE MODERNE · CONVIVIAL X Ici, on mise sur les saisons, la fraîcheur des produits (le poisson vient de Bretagne et les primeurs des meilleures adresses) et une exécution pleine de finesse. L'assiette pétille de saveurs. Un bon bistrot de chef !

Menu 26 € (déjeuner)/48 € - Carte 55/75 €

15 rue des Fossés Saint-Marcel – St-Marcel – 01 43 31 86 48 – www.restaurant-lagrume.fr – Fermé 2-31 août, 21 décembre-4 janvier, lundi, mardi soir, dimanche

AT

CUISINE CRÉATIVE · DESIGN A deux pas des quais de Seine et de la Tour d'Argent, ce petit restaurant au décor minimaliste cultive l'âme japonaise : le chef Tanaka, passé chez Pierre Gagnaire, aime la fraîcheur et la précision ; il tient sa clientèle en haleine avec des assiettes créatives et variées. Salle voûtée au sous-sol.

Menu 55 € (déjeuner)/115 €

4 rue du Cardinal-Lemoine - Cardinal Lemoine - 01 56 81 94 08 - www.atsushitanaka.com - Fermé 7-31 août, lundi midi, dimanche

Chinaski N

CUISINE MODERNE · BISTRO Sous l'égide de l'alter ego de l'écrivain dionysiaque Charles Bukowski, voici un coffee shop diurne qui se mue en bistrot créatif le soir venu. Dans un cadre chaleureux meublé avec de la récup', un chef convivial en diable envoie une cuisine du marché sans chichis. Grande table du chef devant la cuisine ouverte et vins bio sourcés avec soin.

Menu 35 €

46 rue Daubenton - Censier Daubenton - 01 73 74 74 06 - www.chinaskiparis.com - Fermé 3-25 août, lundi, mardi, mercredi midi, jeudi midi, vendredi midi, samedi midi, dimanche midi

Les Délices d'Aphrodite

CUISINE GRECQUE · TAVERNE Dans ce sympathique restaurant aux allures de taverne, on se croirait presque en Grèce ! Poulpe mariné, caviar d'aubergines, moussaka, etc. Cette cuisine fraîche et ensoleillée tire le meilleur parti de produits de qualité.

Carte 36/57 €

4 rue de Candolle - Censier Daubenton - 01 43 31 40 39 - www.mavrommatis.fr

Kitchen Ter(re)

CUISINE MODERNE · CONTEMPORAIN William Ledeuil façonne un kaléidoscope de l'épure et du goût, où brillent des pâtes de haut-vol (réalisées par l'artisan Roland Feuillas à base d'épeautre, blé dur, engrain ou barbu du Roussillon), mais aussi un bouillon thaï, anguille, pomme de terre, ou encore un cappuccino, pommes au tamarin et glace au caramel... Absolument moderne, absolument gourmand.

Menu 30 € (déjeuner)/47 €

26 boulevard Saint-Germain - Maubert Mutualité - 01 42 39 47 48 - www.zekitchengalerie.fr - Fermé lundi, dimanche

Les Papilles

CUISINE TRADITIONNELLE · BISTRO Bistrot, cave et épicerie : une adresse attachante, où l'on fait pitance entre casiers à vins et étagères garnies de conserves. Le soir, on vous propose un menu unique où les suggestions gourmandes affolent les papilles.

Menu 35 € (déjeuner)/38 € - Carte 45/55 €

30 rue Gay-Lussac - Luxembourg - 01 43 25 20 79 - www.lespapillesparis.com - Fermé 1er-6 janvier, 12-20 avril, 26 juillet-24 août, lundi, dimanche

La Rôtisserie d'Argent

CUISINE TRADITIONNELLE · BISTRO Les propriétaires de la Tour d'Argent ont transformé cet ancien bouchon lyonnais en bistrot parisien de haute volée. La rôtissoire, bien visible, annonce le programme : bonnes viandes à la broche (poulet de Challans, pigeon, canette), grands classiques français, etc. Cuissons justes, portions généreuses, ambiance détendue ; et voilà le travail.

Carte 35/70 €

19 quai de la Tournelle - Maubert Mutualité - 01 43 54 17 47 - www.tourdargent.com/la-rotisserie-dargent

Hôtels

Atmosphères

BOUTIQUE HÔTEL • PERSONNALISÉ Un hôtel tout en lignes épurées et mobilier design dernier cri. Dès le hall, on découvre une belle exposition de photos de Thierry des Ouches ; du salon à l'espace détente (avec sauna et fitness), en passant par les chambres, le confort est total. Une réussite.

56 chambres - 150/350 € - 16 €

31 rue des Écoles - Maubert Mutualité - 01 43 26 56 02 - www.hotelatmospheres.com

Les Dames du Panthéon

BOUTIQUE HÔTEL • COSY Le Panthéon, la Sorbonne, le jardin du Luxembourg : pas de doute, nous sommes en plein cœur du Quartier latin ! Face au "temple des grands hommes", le décor des chambres s'inspire... de femmes françaises ayant marqué l'histoire : Duras, Gréco, Sand ou encore Piaf. Un hôtel romanesque et raffiné.

35 chambres - 200/450 € - 20 €

19 place du Panthéon - Luxembourg - 01 43 54 32 95 - www.hoteldupantheon.com

Monge

BOUTIQUE HÔTEL • COSY Cet hôtel de charme, situé dans le Quartier Latin, devant les arènes de Lutèce, a conservé le charme des maisons bourgeoises du 19e s. (salons en enfilade, moulures, parquet...). La décoration des chambres, entre faune et flore, louche du côté du Jardin des Plantes. Toute l'élégance à la parisienne.

30 chambres - 200/380 € - 20 €

55 rue Monge - Place Monge - 01 43 54 55 55 - www.hotelmonge.com

St-Germain-des-Prés - Odéon - Jardin du Luxembourg

6e arrondissement

I. Rasmussen/Axiom/Design Pics/Photononstop

Restaurants

✿✿✿ Guy Savoy

CUISINE CRÉATIVE • LUXE XXXX Dans le cadre exceptionnel de l'hôtel de la Monnaie, Guy Savoy rédige un nouveau chapitre de cette histoire entamée quelques décennies plus tôt : lorsque, jeune garçon, il passait la tête au-dessus des casseroles familiales dans la cuisine de la Buvette de l'Esplanade, à Bourgoin-Jallieu... Ici, il a vu les choses en grand : six salles parées de toiles contemporaines et de sculptures - dont un grand nombre prêté par François Pinault -, avec des fenêtres à huisseries anciennes donnant sur la Seine. Autant de faste ne détourne pas le chef de son travail : cette gastronomie vécue comme une fête, hommage renouvelé à la cuisine française. On retrouve notamment la soupe d'artichaut et truffes, plat emblématique de la maison, à déguster avec sa brioche tartinée de beurre de truffes...

Spécialités : Soupe d'artichaut à la truffe noire, brioche feuilletée aux champignons et aux truffes. Canette maturée aux épices, gratin de bette au laurier. Mille feuilles ouvertes à la vanille de Tahiti.

Menu 250 € (déjeuner)/478 € - Carte 250/290 €

11 quai de Conti - St-Michel - 01 43 80 40 61 - www.guysavoy.com - Fermé 2-24 août, lundi, samedi midi, dimanche

✿ Marsan par Hélène Darroze

CUISINE MODERNE • CONTEMPORAIN XxX Hélène Darroze a rouvert en 2019 son restaurant de la rue d'Assas. Le lieu est méconnaissable, totalement réinventé dans une veine cosy et élégante qui sied à merveille à cette cuisinière de grand talent. On retrouve bien entendu dans l'assiette ce qui fait la particularité de cette héritière d'une famille de cuisiniers du Sud-Ouest : la capacité à dénicher dans les terroirs de ces contrées (Aquitaine, Landes, Pays basque...) de quoi nourrir ses intentions culinaires, et la capacité à les mettre en valeur dans l'assiette. On y retrouve aussi la rigueur, l'insatiable curiosité, et ce mélange de talent et d'intuition qui fait toute la différence. Une franche réussite.

Spécialités : Huître "perle blanche" comme une icône, velouté glacé de haricots, caviar Osciètre. Homard tandoori, mousseline de carottes aux agrumes. Framboises, oseille et huile d'olive.

Menu 75€ (déjeuner), 175/225€

4 rue d'Assas - Ⓜ Sèvres Babylone - ✆ 01 42 22 00 11 - www.helenedarroze.com - Fermé samedi, dimanche

✿ Relais Louis XIII (Manuel Martinez)

CUISINE CLASSIQUE • ÉLÉGANT XxX Une table chargée d'histoire, bâtie sur les caves de l'ancien couvent des Grands-Augustins : c'est ici que, le 14 mai 1610, une heure après l'assassinat de son père Henri IV, Louis XIII apprit qu'il devrait désormais régner sur la France... La salle à manger semble se souvenir de ces grandes heures du passé : colombages, pierres apparentes, boiseries, vitraux et tentures, tout distille un charme d'autrefois, avec çà et là quelques éléments contemporains (cave vitrée, sculptures modernes).

Une atmosphère particulièrement propice à la découverte de la cuisine du chef, Manuel Martinez, tenante d'un noble classicisme culinaire. Après un joli parcours chez Ledoyen, au Crillon, à la Tour d'Argent, ce Meilleur Ouvrier de France a décidé de s'installer en ce Relais pour y perpétuer la tradition. Quoi de plus logique ? L'histoire continue donc et les habitués sont nombreux, plébiscitant notamment la formule déjeuner, d'un excellent rapport qualité-prix !

Spécialités : Ravioli de homard et foie gras, crème de cèpes. Lièvre à la royale. Millefeuille, crème légère à la vanille de Tahiti.

Menu 65€ (déjeuner), 95/145€ - Carte 95/135€

8 rue des Grands-Augustins - Ⓜ Odéon - ✆ 01 43 26 75 96 - www.relaislouis13.com - Fermé 1er-8 janvier, 1er-8 mai, 1er-31 août, lundi, dimanche

✿ Emporio Armani Caffè Ristorante

CUISINE ITALIENNE • CONTEMPORAIN XX Emplacement original pour ce restaurant, situé au 1er étage de la boutique Armani de St-Germain-des-Prés (non loin de l'église). La salle est épurée et élégante, dans le style du créateur bien sûr : camaïeu de beiges, banquettes, murs laqués, lumière tamisée... N'aurait-on affaire là qu'à un autre type de vitrine ? Au contraire, ce ristorante compte parmi les meilleures tables italiennes de la capitale. Le chef Massimo Tringali, ancien second du Casadelmar, à Porto-Vecchio, accommode des produits de grande qualité dans l'esprit de la cuisine transalpine contemporaine. C'est frais, goûteux et bien maîtrisé : de la belle ouvrage.

Spécialités : Mange-tout d'artichaut violet, petits légumes, fruits croquants et fondants. Raviolis farcis à la burrata et à l'aubergine fumée. Baba flambé à la liqueur Strega.

Menu 49€ (déjeuner), 90/120€ - Carte 86/151€

149 boulevard St-Germain (1er étage) - Ⓜ St-Germain des Prés - ✆ 01 45 48 62 15 - www.mori.paris - Fermé 5-19 août, dimanche

✿ Yoshinori (Yoshinori Morié)

CUISINE MODERNE • INTIME XX Le petit dernier du chef Yoshinori Morié (ex-Petit Verdot, Encore, L'Auberge du 15), loin de balbutier, étincelle ! Sis entre les murs d'un ancien restaurant italien entièrement transformé (pierres apparentes, poutres blanchies, boiseries japonisantes, éclairage design, lin blanc et porcelaine) nous régale d'une cuisine raffinée, végétale, esthétique, déclinée sous forme d'un menu de saison. Ainsi le tartare de veau de Corrèze, coques, choux fleur ; la lotte, lotus et champignons ou la ballotine de pigeon, cèpes, datte, carotte et combava... autant d'hymnes, non dissimulés, à l'élégance et à la gourmandise. Agréable formule du midi. Un coup de cœur.

Spécialités : Cuisine du marché.

Menu 45€ (déjeuner), 70/150€

18 rue Grégoire-de-Tours – Ⓜ Odéon – ✆ 09 84 19 76 05 – www.yoshinori-paris.com – Fermé 3-31 août, 24 décembre-4 janvier, lundi, dimanche

✿ Quinsou (Antonin Bonnet)

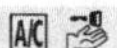

CUISINE CRÉATIVE • TENDANCE ✕ En face de la fameuse école Ferrandi chante un pinson (en occitan), dont les suaves vocalises gastronomiques risquent fort d'influencer les grandes toques de demain. Le chef, ancien du Sergent Recruteur, s'appelle Antonin Bonnet. Dans un cadre moderne et brut (carreaux de ciment, ampoules nues), il propose une cuisine d'artisan épurée, délicate, sensible et sans futilité. Dans l'assiette gazouille le produit, d'excellente qualité. Œuf mollet, chou, vinaigrette au pralin ; pigeon, céleri-rave fumé au foin, radicchio et anchoïade... Menu unique pour cette belle table, animée par un chef passionné.

Spécialités : Cuisine du marché.

Menu 38€ (déjeuner)/75€

33 rue de l'Abbé-Grégoire – Ⓜ St-Placide – ✆ 01 42 22 66 09 – Fermé 29 avril-6 mai, 5-19 août, 21 décembre-6 janvier, lundi, mardi midi, dimanche

✿ Ze Kitchen Galerie (William Ledeuil)

A/C

CUISINE CRÉATIVE • CONTEMPORAIN ✕ Sous son nom hybride, Ze Kitchen Galerie joue sur les frontières entre art et cuisine. Dans des volumes épurés cohabitent mobilier et vaisselle design, tableaux colorés, autour d'une cuisine vitrée pour suivre en direct le spectacle de la brigade. Aux fourneaux, William Ledeuil donne libre cours à sa passion pour les saveurs de l'Asie du Sud-Est (Thaïlande, Vietnam) où il puise son inspiration. Galanga, ka-chaï, curcuma, wasabi, gingembre... Autant d'herbes, de racines, d'épices et de condiments du bout du monde qui relèvent avec brio les recettes classiques françaises. Sa carte – à base de poissons, bouillons, pâtes, plats à la plancha – décline ainsi une palette d'assiettes inventives, modernes et ciselées, pour un voyage entre saveurs et couleurs.

Spécialités : Cuisine du marché.

Menu 48€ (déjeuner), 85/98€

4 rue des Grands Augustins – Ⓜ St-Michel – ✆ 01 44 32 00 32 – www.zekitchengalerie.fr – Fermé 27 juillet-21 août, samedi, dimanche

La Méditerranée

POISSONS ET FRUITS DE MER • MÉDITERRANÉEN ✕✕ Dans ce restaurant face au théâtre de l'Odéon, des fresques évoquent la Méditerranée et la cuisine de la mer chante avec l'accent du Sud. Un soin tout particulier est apporté au choix des produits, comme dans ces spécialités maison : bouillabaisse, carpaccio de bar, dorade laquée au miel...

Spécialités : Soupe de poisson. Cabillaud rôti au chorizo, purée de pomme de terre. Palet au chocolat.

Menu 37€ – Carte 55/80€

2 place de l'Odéon – Ⓜ Odéon – ✆ 01 43 26 02 30 – www.la-mediterranee.com

Esttia Ⓝ

A/C

CUISINE MÉDITERRANÉENNE • CONVIVIAL ✕ Cette coquette table méditerranéenne propose un épatant menu aux saveurs fraîches et percutantes. A sa tête, une fratrie passionnée, Julia et Antoine Patti ; dans l'assiette, un bar mariné au citron vert et condiment betterave ; et sur nos visages : un sourire ravi. L'adresse ne désemplit pas : pensez à réserver.

Spécialités : Raviole de tourteau, émulsion à la sambuca. Pavé de thon, combava et carottes acidulées. Paris-brest, praliné et romarin.

Menu 22€ (déjeuner)/36€

11 rue de la Grande-Chaumière – Ⓜ Vavin – ✆ 01 72 60 43 63 – www.esttia.net – Fermé 10 juillet-8 septembre, lundi, dimanche

Le Timbre

CUISINE MODERNE • BISTRO X Un jeune chef au parcours varié (Australie, Belgique...) est à la tête de ce bistrot charmant – tables en bois, banquettes, petite cuisine ouverte – où l'on se régale à la bonne franquette. Il propose une cuisine du marché originale et goûteuse, que l'on accompagne de bons vins, pour la plupart bio ou naturels.

Spécialités : Bonite marinée, concombre et pomme. Pigeon, olives noires et betterave en croûte de sel. Pamplemousse, glace au basilic et crémeux à la bergamote.

Menu 34 € (déjeuner), 37/59 €

3 rue Ste-Beuve – Ⓜ Notre-Dame des Champs – ✆ 01 45 49 10 40 – www.restaurantletimbre.com – Fermé 1er-7 janvier, 28 juillet-30 août, lundi, mardi midi, mercredi midi, dimanche

Lapérouse Ⓝ

CUISINE CLASSIQUE • HISTORIQUE XXX Rendez-vous mythique du Tout-Paris dès la fin du 19e s., le Laperouse a bénéficié d'une rénovation d'ampleur, sans y perdre son âme. Bois précieux, dorures et tentures ont été restaurés avec maestria ; la façade bleu cobalt et les salons privés n'ont rien perdu de leur charme. Une réussite !

Menu 75 € (déjeuner)/200 € – Carte 90/180 €

51 quai des Grands-Augustins – Ⓜ Saint-Michel – ✆ 01 43 26 68 04 – www.laperouse.com – Fermé lundi, samedi midi, dimanche

Brasserie Lutetia Ⓝ

POISSONS ET FRUITS DE MER • CHIC XX La nouvelle brasserie du célèbre hôtel Lutetia version Gérald Passédat a désormais l'accent du sud (aïoli des familles, bouillabaisse, daurade flambée au pastis etc.) Que les esthètes et les habitués se rassurent : l'atmosphère chic et décontractée perdure... tout comme les beaux plateaux de fruits de mer. Menu dégustation au Sea Bar, le soir. Véranda, mezzanine ou patio : choisissez votre table !

Menu 95 € – Carte 60/110 €

Lutetia, 45 boulevard Raspail – Ⓜ Sèvres Babylone – ✆ 01 49 54 46 92 – www.hotellutecia.com

Boutary

CUISINE MODERNE • CHIC XX Voilà le lieu idéal pour s'initier ou parfaire sa connaissance sur le caviar (oscietre, sterlet et béluga). La famille qui a repris ce restaurant élève depuis plusieurs générations ses propres esturgeons en Bulgarie du sud. On y apprécie, dans un esprit chic, le travail d'un chef nippo-coréen au beau parcours, dont la cuisine joue subtilement de notes fumées et acidulées. Avec dégustation du caviar à la royale, sur le dos de la main.

Menu 36 € (déjeuner)/89 € – Carte 36/78 €

25 rue Mazarine – Ⓜ Odéon – ✆ 01 43 43 69 10 – www.boutary-restaurant.com – Fermé 10-23 août, lundi, samedi midi, dimanche

Allard

CUISINE TRADITIONNELLE • BISTRO X On pénètre par la cuisine dans cette véritable institution, qui fait désormais partie du groupe Ducasse. Servis dans un décor 1900 pur jus, les plats hésitent entre registre bistrotier et plats canaille : escargots au beurre aux fines herbes, pâté en croûte, sole meunière, profiteroles...

Menu 34 € (déjeuner) – Carte 60/90 €

41 rue St-André-des-Arts – Ⓜ St-Michel – ✆ 01 43 26 48 23 – www.restaurant-allard.fr

Anicia Bistrot Nature

CUISINE CRÉATIVE • CONTEMPORAIN X Natif de Haute-Loire, François Gagnaire sélectionne soigneusement les petits producteurs de là-bas, et s'offre une excellente matière première pour sa cuisine : lentille verte du Puy, limousine des Monts-du-Velay, fin gras du Mézenc, fromage de vache aux artisous, bière Vellavia... Ses assiettes sont gourmandes et superbement présentées : on se régale.

Menu 26 € (déjeuner)/69 € – Carte 45/60 €

97 rue du Cherche-Midi – Ⓜ Vaneau – ✆ 01 43 35 41 50 – www.anicia-bistrot.com – Fermé 16-24 février, 9-24 août, 20-28 décembre, lundi, dimanche

Aux Prés

CUISINE MODERNE • BISTRO Un bistrot germanopratin ouvertement vintage (banquettes en cuir, miroirs fumés, papier peint floral) et une cuisine voyageuse signée Cyril Lignac, dont la créativité garde toujours un pied dans le(s) terroir(s) français.

Carte 50/90 €

27 rue du Dragon – Ⓜ St-Germain des Prés – ✆ 01 45 48 29 68 – www.restaurantauxpres.com

Le Bar des Prés

CUISINE MODERNE • DESIGN Aux commandes de ce Bar, voisin de son restaurant Aux Prés, Cyril Lignac a installé un chef japonais aux solides références. Au menu, sushis et sashimis de grande fraîcheur, mais aussi quelques plats bien dans l'air du temps : tartare de dorade, petits pois mentholés ; galette craquante, tourteau au curry Madras... Cocktails réalisés par un mixologiste.

Carte 50/75 €

25 rue du Dragon – Ⓜ St-Germain des Prés – ✆ 01 43 25 87 67 – www.lebardespres.com

Le Bon Saint-Pourçain

CUISINE MODERNE • BISTRO Planqué derrière l'église St-Sulpice, en plein cœur de St-Germain-des-Prés, cet ancien restaurant bougnat montre du soin et la passion. La cuisine du chef lorgne vers la tradition bistrotière revisitée : c'est tout simplement délicieux, sans doute grâce à l'utilisation exclusive de bons produits du marché. Réservez !

Carte 47/67 €

10 bis rue Servandoni – Ⓜ Mabillon – ✆ 01 42 01 78 24 – Fermé 4-24 août, 24-4 décembre, lundi, dimanche

Breizh Café - Odéon

CUISINE BRETONNE • CONTEMPORAIN L'emplacement, déjà, est rêvé : un immeuble en pierre de taille à même le carrefour de l'Odéon. Voici la cadette des crêperies de Bertrand Larcher, ce Breton passé par le Japon avant de venir s'installer en France. Dans l'assiette, galettes et crêpes sont à la fête, à grand renfort de farine bio, produits artisanaux... sans oublier de bons cidres et sakés. Service continu de 11 heures à 23 heures.

Carte 26/52 €

1 rue de l'Odéon – Ⓜ Odéon – ✆ 01 42 49 34 73 – https://breizhcafe.com/fr

Cézembre

CUISINE MODERNE • CONTEMPORAIN Cézembre, c'est une île côtière inhabitée de la baie de Saint-Malo... et le nom choisi par le chef, breton d'origine, pour son restaurant installé à deux pas du boulevard Saint-Germain. La cuisine, déclinée sous forme de menu unique à dominante marine (en 3 et 5 services), est soignée et généreuse (la pêche arrive en direct d'Erquy), les accords mets et vins tombent juste. Rançon du succès (et du bon rapport qualité/prix) : un restaurant qui fait salle comble, le soir.

Menu 35 € (déjeuner)/65 €

17 rue Grégoire de Tours – Ⓜ Odéon – ✆ 01 42 38 25 08 – www.cezembrerestaurant.com – Fermé 23 décembre-4 janvier, lundi, mardi

Le Cherche Midi

CUISINE ITALIENNE • BISTRO Si vous cherchiez le Midi, vous l'avez trouvé ! Dans ce bistrot italien, il règne une joie de vivre contagieuse. Pâtes fraîches fabriquées dans l'atelier à l'étage, superbes charcuteries affinées (ce jambon de Parme !), mortadelle, bresaola, mais aussi vins transalpins et café aussi serré que les tables...

Carte 40/52 €

22 rue du Cherche-Midi – Ⓜ Sèvres Babylone – ✆ 01 45 48 27 44 – www.lecherchemidi.fr – Fermé 24 décembre-1er janvier

Le Christine

CUISINE MODERNE • CONTEMPORAIN X C'est dans une ruelle plutôt calme que l'on découvre l'avenante façade de ce restaurant, où convivialité et générosité se donnent d'abord à lire, sur la carte (courte et appétissante), puis à déguster, dans les assiettes, joliment travaillées, avec toujours une option végétarienne. Service dès 18h30, le soir. Merci Christine, et à bientôt.

Menu 29€ (déjeuner), 46/52€

1 rue Christine - Ⓜ St-Michel - ☎ 01 40 51 71 64 - www.restaurantlechristine.com - Fermé samedi midi, dimanche midi

Le Comptoir du Relais

CUISINE TRADITIONNELLE • BISTRO X Dans ce sympathique bistrot de poche des années 1930, Yves Camdeborde joue sur deux tableaux : les soirs de semaine, il compose un menu unique ambitieux, renouvelé tous les jours (réservation impérative) ; à midi et le week-end, on profite sans réservation de bons plats de brasserie. Terrasse chauffée donnant sur le carrefour de l'Odéon.

Menu 60€ - Carte 29/65€

Relais St-Germain, 5 carrefour de l'Odéon - Ⓜ Odéon - ☎ 01 44 27 07 50 - www.hotel-paris-relais-saint-germain.com

Dupin

CUISINE MODERNE • CONVIVIAL X L'Épi Dupin est devenu Dupin, François Pasteau a passé la main à Nathan Helo (venu de chez Rostang) mais la démarche écologique et locavore de la maison demeure inchangée : achat de fruits et légumes en Île-de-France, traitement des déchets organiques, eau filtrée sur place, etc. Un respect de la nature et du "bien-vivre" que l'on retrouve dans ses assiettes.

Menu 42/56€

11 rue Dupin - Ⓜ Sèvres Babylone - ☎ 01 42 22 64 56 - www.epidupin.com - Fermé 2-24 août, lundi, samedi, dimanche

Fish La Boissonnerie

CUISINE MODERNE • BISTRO X Ca fait près de vingt ans que ce restaurant honore Bacchus de la plus belle des manières. 300 références de vins (bourgognes, champagnes, côtes-du-rhône) accompagnent une cuisine du marché attrayante et bien dans l'air du temps : soupe de brocolis, burrata et menthe ; côte de cochon, pommes grenaille et oignons rôtis...

Menu 29€ (déjeuner) - Carte 40/60€

69 rue de Seine - Ⓜ Odéon - ☎ 01 43 54 34 69 - www.fishlaboissonnerie.com - Fermé 23 décembre-3 janvier

KGB

CUISINE MODERNE • CONTEMPORAIN X KGB pour Kitchen Galerie Bis. Il y règne le même esprit qu'à la maison mère, à mi-chemin entre galerie d'art et restaurant peu conventionnel. On s'y régale de "zors d'œuvres" – déclinaisons de hors-d'œuvre façon tapas –, de pâtes ou de plats cuisinés mêlant tradition hexagonale et assaisonnements asiatiques.

Menu 36€ (déjeuner), 55/66€

25 rue des Grands-Augustins - Ⓜ St-Michel - ☎ 01 46 33 00 85 - www.zekitchengalerie.fr - Fermé 4-12 janvier, 1er-23 août, lundi, dimanche

Kodawari Ramen Ⓝ

CUISINE JAPONAISE • SIMPLE X On se croirait dans une ruelle du vieux Tokyo tant l'ambiance est animée et le restaurant étroit. Les ramen, fabriqués sur place et servis dans de délicieux bouillons de volaille des Landes n'attirent pas que les fans de manga, mais les gourmets de tous bords. Spécialité du lieu : le Kurogowa ramen, à base de sauce secrète et chashu de porc fermier basque. Evitez les heures de pointe, tant l'adresse est courue. Un succès mérité.

Carte 22/34€

29 rue Mazarine - Ⓜ Mabillon - ☎ 09 70 91 12 41 - www.kodawari-ramen.com

Sagan

CUISINE JAPONAISE • ÉPURÉ X Près de l'Odéon, ce restaurant de poche (quinze couverts) propose une cuisine japonaise inventive et précise : sashimi de bar, sauce soja aux algues, sômén (nouilles froides japonaises) et soupe de dashi, grill au charbon de bois et... belle carte des vins, notamment de Bourgogne blanc. A déguster dans un décor feutré et intimiste.

Carte 35/60 €

8 rue Casimir-Delavigne – Ⓜ Odéon – ✆ 06 69 37 82 19 – Fermé 4-28 août, 23 décembre-7 janvier, lundi, mardi midi, mercredi midi, jeudi midi, vendredi midi, samedi midi, dimanche

Semilla

CUISINE MODERNE • BRANCHÉ X Une bonne "graine" (*semilla* en espagnol) que ce bistrot né à l'initiative des patrons de Fish La Boissonnerie, juste en face. Ambiance conviviale, déco branchée et, dans la cuisine ouverte sur la salle, une équipe jeune et passionnée, qui travaille avec des fournisseurs triés sur le volet. Gourmand et bien ficelé !

Menu 40 € (déjeuner) – Carte 50/75 €

54 rue de Seine – Ⓜ Odéon – ✆ 01 43 54 34 50 – www.semillaparis.com – Fermé 5-19 août, 23 décembre-3 janvier

Shu

CUISINE JAPONAISE • ÉPURÉ X Il faut se baisser pour passer par la porte qui mène à cette cave du 17e s. Dans un décor minimaliste, on découvre une cuisine japonaise authentique et bien maîtrisée, où la fraîcheur des produits met en valeur kushiage, sushis et sashimis.

Menu 42/52 €

8 rue Suger – Ⓜ St-Michel – ✆ 01 46 34 25 88 – www.restaurant-shu.com – Fermé 5-13 avril, 19 juillet-3 août, lundi midi, mardi midi, mercredi midi, jeudi midi, vendredi midi, samedi midi, dimanche

Taokan - St-Germain

CUISINE CHINOISE • BRANCHÉ X Au cœur de St-Germain-des-Prés, on pousse la porte de ce joli restaurant pour célébrer une cuisine cantonaise légère et parfumée, avec quelques détours par l'Asie du Sud-Est : incontournables dim-sum, poisson à la vapeur, bœuf spicy ou loc lac... De belles présentations, de bons produits : une vraie ambassade.

Menu 24 € (déjeuner)/70 € – Carte 42/65 €

8 rue du Sabot – Ⓜ St-Germain des Prés – ✆ 01 42 84 18 36 – www.taokan.fr – Fermé 2-23 août, dimanche midi

Toyo

CUISINE CRÉATIVE • ÉPURÉ X Dans une autre vie, Toyomitsu Nakayama était le chef privé du couturier Kenzo ; aujourd'hui, il excelle dans l'art d'assembler les saveurs et les textures. Carpaccio de veau aux champignons de Paris et kombu ; sandwich aux oursins ; paella de poulet aux algues noires.... Une cuisine fraîche et parfumée, servie par une équipe attentive et discrète. Impeccable.

Menu 39 € (déjeuner), 99/150 €

17 rue Jules-Chaplain – Ⓜ Vavin – ✆ 01 43 54 28 03 – www.restaurant-toyo.com – Fermé 2-23 août, lundi midi, mardi midi, mercredi midi, jeudi midi, vendredi midi, dimanche

Wadja

CUISINE TRADITIONNELLE • BISTRO X Tables serrées, vieux zinc, miroirs, lithographies années 1930 : pas de doute, c'est un bistrot. Un seul menu le midi, d'un bon rapport qualité-prix. Ce soir-là, ris de veau cuit au sautoir et sa déclinaison au poivre Kampot et poêlée de Saint-Jacques à l'huile de sésame, algues fraîches et dashi.

Menu 24 € (déjeuner)/29 € – Carte 40/55 €

10 rue de la Grande-Chaumière – Ⓜ Vavin – ✆ 01 46 33 02 02 – Fermé 3-24 août, 23 décembre-2 janvier, samedi, dimanche

Yen 

CUISINE JAPONAISE • ÉPURÉ Un restaurant au décor très épuré pour amateurs de minimalisme zen. On s'y régale d'une cuisine japonaise soignée : sushi, tempura, soba, oursins et tofu à la gelée de soja, poulpe cuit aux haricots rouges... Mets authentiques et service rigoureux.

Menu 49 € (déjeuner), 60/120 € - Carte 40/90 €

22 rue St-Benoît - St-Germain-des-Prés - 01 45 44 11 18 - www.yen-paris.fr - Fermé 2-17 août, dimanche

Hôtels

Lutetia

LUXE • ART DÉCO Après quatre ans (!) de rénovation, cet hôtel mythique de la rive gauche, bâti en 1910, a enfin rouvert ses portes. Au programme, une leçon d'élégance et de prestations haut-de-gamme : fresques étonnantes, plaisant patio, spa de 700 m2, chambres sobres aux touches Art déco... Le Lutetia est bien de retour.

165 chambres - 1400/2200 € - 60 € - 19 suites

45 boulevard Raspail - Sèvres Babylone - 01 49 54 46 00 - www.hotellutetia.com

Brasserie Lutetia - Voir la sélection des restaurants

L'Hôtel

BOUTIQUE HÔTEL • PERSONNALISÉ C'est à "L'Hôtel" que mourut en 1900 le grand Oscar Wilde. Le décor, signé Jacques Garcia, n'est pas sans rappeler les fastes de l'art pour l'art, avec des allusions aux styles baroque, Empire, oriental... Esthétique et atypique.

20 chambres - 390/1200 € Tablet. PLUS

13 rue des Beaux Arts - St-Germain des Prés - 01 44 41 99 00 - www.l-hotel.com

Hôtel d'Aubusson

LUXE • COSY Cet hôtel particulier conserve ce raffinement propre au 17e s. avec son salon, ses beaux parquets, ses tapisseries d'Aubusson... Les chambres sont modernes et chaleureuses. Vous apprécierez la grande piscine et le spa de 400 mètres carrés - rares, rive gauche ! Et selon les jours, on organise des soirées jazz au Café Laurent, où résonnent encore les solos de trompette de Boris Vian.

50 chambres - 540/940 € - 25 €

33 Rue Dauphine - Odéon - 01 43 29 43 43 - www.hoteldaubusson.com

Relais Christine

HISTORIQUE • ÉLÉGANT Une demeure historique ! Salons chic (marbre de Carrare, parquet), chambres élégantes aux couleurs toniques ou pastel (dont quatre avec jardin privé), spa Guerlain intimiste... sans oublier la jolie cour fleurie, avec ses balancelles.

42 chambres - 365/735 € - 30 € - 6 suites

3 rue Christine - St-Michel - 01 40 51 60 80 - www.relais-christine.com

Bel Ami St-Germain des Prés

URBAIN • CONTEMPORAIN Une ancienne imprimerie, d'où sortit le premier exemplaire de Bel Ami, le célèbre roman de Maupassant. Une adresse pour urbains chic, avec un bar tendance et des chambres à la mode 1970 revisitées. Espace fitness et soins, brunch le week-end.

108 chambres - 229/660 € - 29 € - 7 suites

7-11 rue St-Benoist - St-Germain des Prés - 01 42 61 87 17 - www.hotel-bel-ami.com

Esprit St-Germain

BOUTIQUE HÔTEL • CONTEMPORAIN Tout près de l'église Saint-Sulpice, l'élégance et le confort ont rendez-vous : tableaux orientalistes et moquette léopard dans le salon-bibliothèque, style feutré jusque dans les chambres, où une réelle attention est portée à votre bien-être.

23 chambres - 306/785 € - 37 € - 5 suites

22 rue St-Sulpice - Mabillon - 01 53 10 55 55 - www.espritsaintgermain.com

La Belle Juliette

BOUTIQUE HÔTEL · ÉLÉGANT Chaque étage de l'hôtel est décoré selon un thème différent : Madame Récamier au 1er (la fameuse Juliette), l'Italie au 2e, Chateaubriand au 3e, etc. Un cadre qui marie l'ancien au moderne en restant toujours chaleureux. Un endroit de caractère !

45 chambres – 200/600 € – 22 € – 10 suites

92 rue du Cherche-Midi – Vaneau – 01 42 22 97 40 – www.labellejuliette.com

Récamier

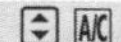

LUXE · COSY Un petit bijou d'hôtel, très Rive Gauche. La décoration évoque le style inspiré et composite des années 1940 : moquette panthère, moulures, matières et papiers peints précieux. Un sens du détail et du confort que l'on retrouve dans les chambres ; certaines donnent sur l'église Saint-Sulpice.

24 chambres – 330/610 € – 24 € Tablet PLUS

3 bis place St-Sulpice – St-Sulpice – 01 43 26 04 89 – www.hotelrecamier.com

Hôtel Baume

HÔTEL PARTICULIER · ART DÉCO A deux minutes du boulevard Saint-Germain, dans une ruelle au charme parisien, ce boutique hôtel puise son inspiration dans les années trente – soie à motifs, bois exotiques, chromes et miroirs. Jetez donc quelques vers dans votre carnet, le Quartier Latin n'est pas loin. Pour des nuits Art déco et inspirées.

35 chambres – 176/352 €

7 Rue Casimir Delavigne – Odéon – 01 53 10 28 50 – www.hotelbaume.com

Tour Eiffel - École Militaire - Invalides

7e arrondissement

Lawton/SoFood/Photononstop

Restaurants

Arpège (Alain Passard)

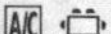

CUISINE CRÉATIVE · ÉLÉGANT "Le plus beau livre de cuisine a été écrit par la nature. " Ainsi parle Alain Passard. Son nom est associé aux légumes – et, pour les connaisseurs, à une certaine betterave en croûte de sel. Il a su avant tout le monde. Un menu 100% légumes, pensez-vous ! Aujourd'hui, sa philosophie verte s'invite à toutes les tables. Malgré le succès, l'homme qui célèbre le fruit et la fleur ne se sent jamais aussi bien que dans l'un de ses trois potagers de l'Ouest de la France, où se conjuguent les mains du cuisinier et du jardinier. Il va y cueillir ses inspirations et explorer les possibilités culinaires du légume, apportant toute sa noblesse à ce produit d'ordinaire servi en accompagnement.

Spécialités : Chaud-froid d'œuf au sirop d'érable, vinaigre de Xérès et quatre épices. Jardinière arlequin et merguez végétale. Tarte aux pommes bouquet de roses et caramel lacté.

Menu 175 € (déjeuner), 340/420 € – Carte 240/350 €

84 rue de Varenne – Varenne – 01 47 05 09 06 – www.alain-passard.com – Fermé samedi, dimanche

✿✿ Sylvestre

CUISINE MODERNE • ÉLÉGANT XXX À 9 ans, Shahzad Wahid arrive du Pakistan sans connaître un mot de français : il devient Sylvestre. Il fait ses premiers pas auprès de Thierry Marx et d'Alain Ducasse, avant de s'installer à L'Oustau de Baumanière, où il accroche à son tablier deux étoiles… qu'il récupère en arrivant chez Thoumieux. Il oriente cuisine et décoration vers le végétal et le minéral. Salle à manger feutrée et cosy, lumière tamisée ; sur la table, le sel bleu de Perse, le rose de l'Himalaya, et le noir d'Hawaï dessinent les contours de l'évasion gastronomique. La démonstration peut commencer.

Sylvestre Wahid est un artiste inspiré – en témoigne le tourteau de Roscoff, avocat et caviar doré ; la betterave en croûte de sel, foie gras et truffe ou le ris de veau de lait, salsifis laqués au miso. Enfin s'achève la symphonie gourmande par des figues rôties au jus de sycomore, comme un adieu à l'été évanoui.

Spécialités : Tourteau, avocat et caviar doré. Pigeon des Costières, cerise burlat et lentilles corail. Citron, laitue de mer et estragon.

Menu 175/250 € – Carte 170/280 €

79 rue St-Dominique (1er étage) – Ⓜ La Tour Maubourg –
✆ 01 47 05 79 00 – www.thoumieux.fr –
Fermé 1er-31 août, lundi, dimanche, le midi

✿✿ David Toutain

CUISINE CRÉATIVE • CONTEMPORAIN XX David Toutain, dont le nom est associé à de bien belles tables (Arpège, Agapé Substance…) a métamorphosé une rue discrète du quartier des ministères en carrefour de tendances. A travers sa cuisine d'auteur aux ambitions assumées, il propose une cartographie saisissante des goûts contemporains. On s'installe dans un cadre moderne, façon loft, mariant avec élégance les matériaux bruts (chêne, béton et verre) pour découvrir une partition inédite : inclinaisons végétales, légèreté et graphisme épuré. On sent le chef plein de fougue et de sagesse, parvenu à cet âge où l'équilibre intérieur permet d'assumer (et de canaliser !) sa créativité.

Spécialités : Œuf, maïs et cumin. Anguille fumée et sésame noir. Chou-fleur, coco et chocolat blanc.

Menu 70 € (déjeuner), 170/250 €

29 rue Surcouf – Ⓜ Invalides – ✆ 01 45 50 11 10 – www.davidtoutain.com –
Fermé 3-21 août, samedi, dimanche

✿✿ L'Atelier de Joël Robuchon - St-Germain

CUISINE CRÉATIVE • DESIGN X Plongés dans une semi-pénombre étudiée, deux bars se répondent autour de la cuisine centrale où les plats sont élaborés sous le regard des hôtes, assis au comptoir sur de hauts tabourets. Une idée de "cantine chic", version occidentale du teppanyaki et des bars à sushis nippons, avec au menu une cuisine "personnalisable" (sous forme de petites portions et d'assiettes) ciselée avec une précision d'orfèvre et des ingrédients de choix. Caviar sur un œuf de poule mollet et friand au saumon fumé ; merlan frit Colbert avec un beurre aux herbes : près de 80 plats différents sont proposés à midi et le soir. Sans oublier les incontournables de la maison, ravioles de king crab, côtelettes d'agneau de lait et purée de pommes de terre Joël Robuchon… Un atelier des saveurs, un must du genre.

Spécialités : Caviar sur un œuf de poule mollet et friand au saumon fumé. Côtelettes d'agneau de lait à la fleur de thym. Ganache onctueuse au chocolat araguani, glace au grué de cacao et biscuit Oreo.

Menu 185 € – Carte 90/175 €

5 rue de Montalembert – Ⓜ Rue du Bac – ✆ 01 42 22 56 56 –
www.joel-robuchon.net

✿ Le Jules Verne Ⓝ

CUISINE MODERNE · ÉLÉGANT XXX Frédéric Anton préside désormais aux destinées de ce restaurant emblématique, situé au second étage de la Tour Eiffel. Accessible par ascenseur privé, la salle culmine à 125 m du sol. La magie opère instantanément et l'assiette se révèle, elle aussi... à la hauteur. Excellents produits, cuisine fine et maîtrisée, carte des vins ébouriffante : ici, le détail est roi. On se régale par exemple d'une crème Dubarry, flan de jeunes poireaux et caviar, ou de la superbe volaille fermière cuite dans un bouillon au foie gras et sauce Albufera. Pensez à réserver très à l'avance votre table près des baies vitrées : la vue sur Paris à travers les poutrelles métalliques de la tour est tout simplement spectaculaire.

Spécialités : Crème Dubarry, flan de jeunes poireaux, caviar, pain croustillant et cerfeuil. Langoustine en ravioli, crème de parmesan et fine gelée à la truffe. Biscuit moelleux au chocolat, crème au chocolat amer et sorbet au café torréfié.

Menu 135 € (déjeuner), 190/230 €

Tour Eiffel - avenue Gustave Eiffel (Ascenseur privé pilier sud) - Ⓜ Bir-Hakeim - ✆ 01 72 76 16 61 - www.lejulesverne-paris.com

✿ Les Climats

CUISINE MODERNE · CHIC XX Le restaurant est installé dans le cadre atypique de l'ancienne Maison des Dames des Postes, Télégraphes et Téléphones, qui hébergea à partir de 1905 les opératrices des PTT. L'intérieur, d'un style Art nouveau assumé, est somptueux. Mosaïque ancienne au sol, plafond dont les arches sont égayées de motifs fleuris, luminaires originaux en laiton, vitraux etc. Côté cuisine, une alliance raffinée et créative de recettes d'inspiration française. Et n'oublions pas les deux grandes caves vitrées, offrant l'une des plus riches sélections de vins de Bourgogne de France.

Spécialités : Langoustines poêlées au beurre, mijoté de petit pois à la tagète et pamplemousse. Ris de veau braisé au citron confit, concombre à l'ail nouveau et éclats d'amandes. Soufflé à la Mandarine Impériale, mandarine à l'huile d'olive et en sorbet.

Menu 49 € (déjeuner), 130/240 € - Carte 108/130 €

41 rue de Lille - Ⓜ Rue du Bac - ✆ 01 58 62 10 08 - www.lesclimats.fr - Fermé 1er-13 janvier, 2-25 août, lundi, dimanche

✿ Divellec

POISSONS ET FRUITS DE MER · CHIC XX Le célèbre restaurant de Jacques Le Divellec (de 1983 à 2013) est désormais tenu par Mathieu Pacaud. La thématique culinaire est toujours orientée vers le grand large, carte et menus, composés au gré de la marée, sacralisent de beaux produits iodés, comme avec cette sole meunière de petit bateau, beurre noisette ou le turbotin sauvage de Bretagne. Bien installé sur le pont, on profite de la jolie vue sur l'esplanade des Invalides. On a même récupéré une ancienne librairie pour agrandir le lieu et créer une salle d'inspiration jardin d'hiver : une respiration bienvenue.

Spécialités : Calque de bar, bonbons de pomme verte et baies roses. Langouste bretonne au bois de réglisse, sauce vierge. Soufflé au chocolat grand cru.

Menu 49 € (déjeuner), 90/210 € - Carte 92/175 €

18 rue Fabert - Ⓜ Invalides - ✆ 01 45 51 91 96 - www.divellec-paris.fr

✿ Auguste (Gaël Orieux)

CUISINE MODERNE · CONTEMPORAIN XX Ambiance zen du côté des ministères ! La petite maison de Gaël Orieux – à peine une trentaine de couverts – offre un calme inattendu dans son élégant cadre contemporain, aux lignes faussement simplistes. L'ambiance se révèle feutrée et élégante, avec banquette sombre, miroirs, murs blancs sculptés et jolis fauteuils confortables...

Un espace chic et "classe" où l'on déguste une cuisine d'une sage modernité : huîtres creuses perles noires, gelée d'eau de mer, mousse de raifort, poire comice ; bar de ligne à la compotée de tomates, écume d'orange fleurée à la cannelle... La carte, courte mais très souvent renouvelée, séduit par sa variété et la qualité des produits. Gaël Orieux s'approvisionne au marché et a fait notamment le choix de ne servir que des poissons dont l'espèce n'est pas menacée (mulet noir, maigre, tacaud). Quant au choix de vins, il invite à d'agréables découvertes à prix étudiés.

Spécialités : Huîtres creuses en gelée d'eau de mer, mousse raifort et poire comice. Ris de veau croustillant, cacahouètes caramélisées, girolles, abricot sec et vin jaune. Millefeuille parfumé à la fève tonka.

Menu 39 € (déjeuner)/90 € – Carte 100/120 €

54 rue de Bourgogne – Ⓜ Varenne – ✆ 01 45 51 61 09 – www.restaurantauguste.fr – Fermé 1er-23 août, samedi, dimanche

✿ ES (Takayuki Honjo)

CUISINE MODERNE • ÉPURÉ XX L'adresse de Takayuki Honjo, chef japonais adepte de cuisine et de culture françaises. Formé dans des maisons prestigieuses (Astrance à Paris, Quintessence à Tokyo, Mugaritz au Pays basque), il a pensé son restaurant dans les moindres détails : une salle blanche et très épurée, presque monacale, où le mobilier moderne ne cherche pas à attirer l'attention. Dans ce contexte, le repas s'apparente à une forme de cérémonie. Foie gras et oursins, ou pigeon et cacao : les associations détonnent, les saveurs se mêlent intimement. L'harmonie des compositions, toujours subtiles, rappellent avec talent les racines nippones du jeune homme.

Spécialités : Cuisine du marché.

Menu 55 € (déjeuner)/105 €

91 rue de Grenelle – Ⓜ Solférino – ✆ 01 45 51 25 74 – www.es-restaurant.fr – Fermé 5-26 août, lundi, mardi midi, mercredi midi, jeudi midi, dimanche

✿ Loiseau Rive Gauche

CUISINE CRÉATIVE • ÉLÉGANT XX Cette institution du groupe Bernard Loiseau, installée rue de Bourgogne, à deux pas du Palais Bourbon, offre un décor élégant et cossu où les politiques adorent se retrouver – et ils ne sont pas les seuls ! Le nouveau chef franco-égyptien, ancien second du Shangri-La, révèle déjà une personnalité affirmée, autour d'une cuisine délicate, où les beaux produits se parent de notes végétales et florales, pour un résultat subtil et finement exécuté : citons, à titre d'exemple, l'huître n° 2 pochée carotte gingembre, le cabillaud, courgettes zéphyr et violon, ou la déclinaison autour de l'agneau du pays d'Oc. C'est maîtrisé, jusqu'au dessert bergamote citron, en accord avec la partition gastronomique. On en redemande.

Spécialités : Cuisine du marché.

Menu 45 € (déjeuner), 89/115 €

5 rue de Bourgogne – Ⓜ Assemblée Nationale – ✆ 01 45 51 79 42 – www.bernard-loiseau.com – Fermé 4-25 août, lundi, dimanche

✿ Nakatani (Shinsuke Nakatani)

CUISINE MODERNE • INTIME XX Après dix années passées auprès d'Hélène Darroze, Shinsuke Nakatani préside aux destinées de cette table feutrée et reposante, habillée de douces couleurs et de matières naturelles. Avec un sens aigu de l'assaisonnement, des cuissons et de l'esthétique des plats, ce chef japonais pétri de talent compose une belle cuisine française au gré des saisons ; les saveurs et les textures s'entremêlent avec harmonie et de l'ensemble émane une cohérence certaine. On se régale d'un menu unique (3 ou 4 plats le midi, 6 le soir), servi par un personnel discret et efficace. Étant donné le nombre de places (16 couverts), il faudra penser à réserver à l'avance. Le menu unique change tous les deux mois.

Spécialités : Consommé de légumes. Bœuf Wagyu, girolles, pomme de terre de Noirmoutier, brocoletti, sarrasin et sauce au vin rouge. Biscuit vapeur aux courges, reine-claude et crème brûlée au thé.

Menu 68 € (déjeuner), 125/165 €

27 rue Pierre-Leroux – Ⓜ Vaneau – ✆ 01 47 34 94 14 – www.restaurant-nakatani.com – Fermé 1er-12 août, lundi, dimanche

✿ Pertinence (Kwen Liew et Ryunosuke Naito)

CUISINE MODERNE • DESIGN XX C'est au restaurant Antoine, en 2011, que Ryunosuke Naito et Kwen Liew se sont rencontrés : lui, le Japonais formé dans quelques-unes des maisons les plus prestigieuses de la place parisienne (Taillevent, Meurice), elle la Malaisienne. C'est tout près du Champ-de-Mars qu'ils tiennent cette maison au cadre épuré – lattes de bois clair et chaises Knoll –, tout en pudeur, intimiste et chaleureuse, bref : à leur image. Aux fourneaux, ils composent à quatre mains une cuisine du marché aux saveurs intenses, offrant au passage un délicieux lifting à la tradition française. Leur talent ne fait décidément aucun doute.

Spécialités : Cuisine du marché.

Menu 45 € (déjeuner), 105/165 € - Carte 115/180 €

29 rue de l'Exposition - Ⓜ École Militaire - ✆ 01 45 55 20 96 - www.restaurantpertinence.com - Fermé 2 août-4 septembre, lundi, mardi midi, dimanche

✿ Le Violon d'Ingres

CUISINE TRADITIONNELLE • CONTEMPORAIN XX Le changement (et la qualité) dans la continuité : Christian Constant a revendu son Violon d'Ingres à Bertrand Bluy, originaire également du Sud-Ouest (du Lot-et-Garonne), déjà propriétaire des Papilles (Paris 5). Que les aficionados se rassurent, l'esprit des lieux, façon néobrasserie de luxe, et la cuisine demeurent inchangés. On y déguste de savoureuses recettes traditionnelles – où le Sud-Ouest tient une bonne place –, d'une belle maîtrise technique, mais joliment modernisées et toujours concoctées à base de produits de grande qualité ; ce jour-là, une gelée d'araignée de mer, crémeux de tourteaux à l'infusion d'herbes, ou une appétissante pièce d'entrecôte de bœuf cuite à la plancha. Un détail : pensez à réserver, c'est souvent complet.

Spécialités : Fine gelée d'araignée de mer, crémeux de tourteau à l'infusion d'herbes. Suprême de bar croustillant aux amandes, jus acidulé aux câpres et au citron. Soufflé chaud au Grand Marnier.

Menu 55 € (déjeuner)/140 € - Carte 90/105 €

135 rue St-Dominique - Ⓜ École Militaire - ✆ 01 45 55 15 05 - www.maisonconstant.com

✿ Aida (Koji Aida)

CUISINE JAPONAISE • ÉLÉGANT X La façade blanche de ce petit restaurant niché dans une ruelle se fond si bien dans le paysage qu'on risque de passer devant sans la remarquer. Grave erreur ! Derrière se cache un secret jalousement gardé, celui d'une délicieuse table nippone. L'intérieur se révèle élégant et sans superflu, à l'image des établissements que l'on trouve au Japon. Au choix, attablez-vous au comptoir (seulement neuf places) pour être aux premières loges face aux grandes plaques de cuisson (teppanyaki), ou dans le petit salon privé sobrement aménagé avec son tatami.

Au gré d'un menu dégustation unique, vous découvrirez une cuisine fine et pointue, tissant de beaux liens entre le Japon et la France ; les assaisonnements, les cuissons et les découpes ne font que souligner l'ingrédient principal, servi dans sa plus simple expression. Sashimis, homard de Bretagne, chateaubriand ou ris de veau, cuits au teppanyaki, s'accompagnent de bons vins de Bourgogne, sélectionnés avec passion par le chef. Service très attentif et prévenant.

Spécialités : Sashimi. Teppanyaki. Wagashi.

Menu 280 €

1 rue Pierre-Leroux - Ⓜ Vaneau - ✆ 01 43 06 14 18 - www.aida-paris.net - Fermé lundi et le midi

✿ Tomy & Co (Tomy Gousset)

CUISINE MODERNE • CONVIVIAL X À deux pas de la rue Saint-Dominique, cette adresse porte l'empreinte de Tomy Gousset, jeune chef d'origine cambodgienne, qui trace sa route sans complexes, et avec le sourire. Le garçon, venu sur le tard à la cuisine (à 23 ans), se perfectionne au Meurice, chez Taillevent et Boulud à New York. Il invente aujourd'hui une partition gastro-bistrot ancrée dans son temps, et place son "karma" (selon ses mots) au service du goût et du produit, avec une vraie démarche locavore – il travaille les légumes de son potager, situé à Courances, dans l'Essonne. Son crédo ? "Simplicité et sophistication", ce qui se traduit dans notre jargon par : "On se régale".

Spécialités : Tartelette de langue de bœuf, navet en pickles et sauce gribiche. Filet de canette Apicius, blette et figue rôties, pommes dauphine. Ossau-Iraty, confiture de cerise noire et piment fumé.

Menu 50/75€

22 rue Surcouf – Ⓜ Invalides – ✆ 01 45 51 46 93 – www.tomygousset.com – Fermé 1er-30 août, samedi, dimanche

Au Bon Accueil

A/C

CUISINE MODERNE • BISTRO XX À l'ombre de la tour Eiffel, dans une rue calme, un bistrot au chic discret où l'on sert une appétissante cuisine du marché, sensible au rythme des saisons. Poulpe grillé, pommes de terre écrasées, sauce aïoli ; selle d'agneau rôtie et épaule confite...

Spécialités : Poulpe, écrasé de pomme de terre, aïoli. Carré de porcelet rôti, lentilles vertes, romanesco et sauce à la moutarde. Éclair, mascarpone et pêches compotées.

Menu 37/58€ – Carte 65/85€

14 rue de Monttessuy – Ⓜ Alma Marceau – ✆ 01 47 05 46 11 – www.aubonaccueilparis.com – Fermé 1er-23 août, samedi, dimanche

Chez les Anges

A/C

CUISINE CLASSIQUE • ÉLÉGANT XX Une salle élégante pour une cuisine goûteuse et sincère, entre tradition et modernité : langoustines, cheveux d'ange et rémoulade de céleri rave, ou encore sole meunière et volaille de Bresse... Et en accompagnement, une belle carte de vins et whiskys.

Spécialités : Gaspacho de tomate, cervelle de canut et framboises. Quasi de veau rôti, purée de chou-fleur et jus de viande. Tarte au chocolat noir, glace vanille.

Menu 37/58€ – Carte 60/85€

54 boulevard de la Tour-Maubourg – Ⓜ La Tour Maubourg – ✆ 01 47 05 89 86 – www.chezlesanges.com – Fermé 12-31 août, samedi, dimanche

Les Cocottes - Tour Eiffel

CUISINE TRADITIONNELLE • CONVIVIAL X Le concept ? Des cocottes ! Version Staub, en fonte gris anthracite, servies dans un décor à part : ni resto ni bistrot, le lieu s'organise autour d'un comptoir tout en longueur, avec ses tabourets haut perchés. Daube de joues de bœuf aux carottes fondantes, cocotte de poulet fermier des Landes au vinaigre... Amateurs de plats mijotés, réservez.

Spécialités : La vraie salade "César Ritz". Pommes de terre caramélisées farcies au pied de porc. Fabuleuse tarte au chocolat.

Menu 30€ (déjeuner)/37€ – Carte 36/60€

135 rue St-Dominique – Ⓜ École Militaire – ✆ 01 45 50 10 28 – www.lescocottes.paris

Pottoka

A/C

CUISINE BASQUE • CONVIVIAL X Sébastien Gravé, le chef-patron, est originaire du Sud-Ouest et vénère le rugby et les bons produits basques... Merlu et bonite de la criée de St-Jean-de-Luz, porc Ibaiona, sous forme de tapas à partager : c'est gourmand et généreux, avec quelques jolies touches contemporaines pour couronner le tout.

Spécialités : Tartare de bar, citron confit, sablé parmesan et mousse yuzu. Merlu, coques au bouillon de chorizo et mousseline de petits pois. Pavlova aux fruits rouges, crémeux chocolat blanc-tonka, sorbet fraise.

Menu 28€ (déjeuner), 37/65€

4 rue de l'Exposition – Ⓜ École Militaire – ✆ 01 45 51 88 38 – www.pottoka.fr – Fermé 24 juillet-21 août, 23-27 décembre

20 Eiffel

A/C

CUISINE TRADITIONNELLE • CLASSIQUE X Dans une rue calme à deux pas de la Tour Eiffel, ce restaurant vous accueille dans un cadre sobre mais lumineux. Dans l'assiette, on trouve une cuisine traditionnelle, teintée de quelques recettes plus actuelles. A la carte, ce jour-là : terrine de lapin en croûte et jus de betterave acidulé, cuisse de canard confite sauce au persil, filet de bœuf cuit au feu de bois et pommes dauphine, soufflé aux myrtilles.

Spécialités : Galette de pieds de porc. Suprême de pintade à la verveine, polenta aux herbes. Soufflé au Grand Marnier.

Menu 34 € - Carte 50/65 €

20 rue de Monttessuy - Ⓜ Alma Marceau - ✆ 01 47 05 14 20 - www.restaurant20eiffel.fr - Fermé 2-13 janvier, 10-18 mai, 22 août-8 septembre, lundi, dimanche

Arnaud Nicolas

CUISINE MODERNE • CONVIVIAL XX Un charcutier sachant cuisiner ne court pas les rues, et surtout pas celles de ce secteur résidentiel du 7ème arrondissement (à deux pas de la Tour Eiffel, tout de même) ! Présent au Boudoir, sa première affaire, le chef patron s'approprie pâté en croûte et terrine, pour imaginer une haute couture charcutière. A déguster dans un cadre sobre et élégant. A l'entrée du restaurant, un coin boutique permet de prolonger l'expérience culinaire.

Menu 35 € (déjeuner)/62 € - Carte 47/68 €

46 avenue de la Bourdonnais - Ⓜ École Militaire - ✆ 01 45 55 59 59 - www.arnaudnicolas.paris - Fermé lundi midi, dimanche

Brasserie Thoumieux by Sylvestre

CUISINE MODERNE • BRASSERIE XX Banquettes rouges et miroirs, actrices et hommes du monde : cette brasserie de 1923 marie Belle Époque et actualité, plats de brasserie réinterprétés (os à moelle et pain grillé ; tartare de bœuf etc.) et préparations dans l'air du temps (cœur de saumon bio ; cabillaud cuit à la vapeur douce d'algues). Bien joué.

Menu 35 € (déjeuner) - Carte 45/85 €

Thoumieux, 79 rue St-Dominique - Ⓜ La Tour Maubourg - ✆ 01 47 05 79 00 - www.thoumieux.fr

Eclipses Ⓝ

CUISINE MODERNE • ÉLÉGANT XX Cette nouvelle adresse, crée par un jeune chef à l'excellent parcours étoilé (Ledoyen, Apicius, Grand Véfour) propose une cuisine dans l'air du temps, attentive aux saisons et aux produits. A déguster dans un écrin néo-classique de qualité au décor soigné. Jolie caveau voûté.

Menu 36 € (déjeuner), 69/89 € - Carte 82/116 €

27 rue de Beaune - Ⓜ Rue du Bac - ✆ 01 40 13 96 42 - www.eclipses.fr - Fermé 1er-24 août, samedi, dimanche

Garance

CUISINE CRÉATIVE • DESIGN XX Dans cette table proche des Invalides, on découvre des assiettes où le produit est roi : les légumes et le bœuf, par exemple, sont issus de la ferme familiale dans le Limousin, et restitués avec un vrai savoir-faire de cuisinier. Équipe jeune et dynamique, service complice et convivial : la totale.

Menu 42 € (déjeuner), 68/98 € - Carte 80/95 €

34 rue Saint-Dominique - Ⓜ Invalides - ✆ 01 45 55 27 56 - www.garance-saintdominique.fr - Fermé samedi, dimanche

Gaya par Pierre Gagnaire Ⓝ

CUISINE MODERNE • CHIC XX En lieu et place de la Ferme Saint-Simon (une institution datant de 1933), Gaya par Pierre Gagnaire propose une cuisine actuelle orientée poissons (tartare de thon rouge, bœuf et anguille fumée, aile de raie meunière) mais pas seulement - à découvrir dans un restaurant au cadre élégant de brasserie chic.

Menu 49 € (déjeuner)/80 € - Carte 65/125 €

6 rue de Saint-Simon - Ⓜ Rue du Bac - ✆ 01 45 44 73 73 - www.pierre-gagnaire.com - Fermé 2-25 août, lundi, dimanche

L'Inconnu

CUISINE MODERNE • COSY XX Le chef, longtemps second au Passage 53, compose une cuisine d'inspiration italienne aux touches hexagonales, avec des clins d'œil au Japon, sa terre natale. Il ne travaille que de beaux produits et en tire une cuisine inédite et créative, ainsi ces queues de langoustines bretonnes surmontées d'une émulsion au cidre et citron confit...

Menu 30 € (déjeuner)/85 €

4 rue Pierre-Leroux - Ⓜ Vanneau - ✆ 01 53 69 06 03 - www.restaurant-linconnu.fr

Petrossian

POISSONS ET FRUITS DE MER • CHIC XX Un nom mythique pour les amateurs de caviar depuis 1920, quand les frères Petrossian, d'origine arménienne, se lancèrent dans son importation. Le restaurant honore l'histoire de la maison avec de la dégustation "classique" de caviar, mais aussi des plats bien pensés où il apparaît sous d'autres formes (pressé, séché, maturé, liquide).

Menu 46 € (déjeuner), 130/170 € - Carte 61/129 €

13 Boulevard de la Tour-Maubourg - Ⓜ Invalides - ✆ 01 44 11 32 32 - www.restaurant.petrossian.fr

Thiou

CUISINE THAÏLANDAISE • ÉLÉGANT XX En face du dôme des Invalides, Apiradee Thirakomen ("Thiou" est son surnom) vous emmène dans une virée gourmande : direction la Thaïlande ! La cuisine est goûteuse et préparée avec de bons produits frais : ravioles de crevettes, phad thaï, ou encore le mystérieux - et vorace - "tigre qui pleure"... Un vrai bonheur.

Menu 29 € (déjeuner)/52 € - Carte 53/91 €

94 boulevard de la Tour-Maubourg - Ⓜ La Tour Maubourg - ✆ 01 76 21 78 84 - www.restaurant-thiou.fr - Fermé 12-18 août, samedi midi, dimanche soir

Allénothèque

CUISINE MODERNE • CONTEMPORAIN X Concept novateur et ludique pour cette table de Yannick Alléno : cave au sous-sol riche de plus de 700 références de vins (à consommer ou à emporter), restaurant au rez-de-chaussée, galerie d'art au premier étage... Dans l'assiette, une offre bistronomique soignée, fraîche et créative, selon les saisons et les produits du moment. Très tendance.

Menu 41 € (déjeuner)/90 € - Carte 46/77 €

6 allée de Beaupassage - Ⓜ Rue du Bac - ✆ 01 84 74 21 21 - www.allenotheque.fr

L'Ami Jean

CUISINE MODERNE • BISTRO X Passionné du beau produit de saison, Stéphane Jégo sert une cuisine pleine de générosité et de saveurs. Sans oublier le riz au lait de Maman Philomène ! Vu le succès, c'est toujours bondé, animé et sympathique. Des plats au caractère bien trempé. Réservation indispensable.

Menu 35 € (déjeuner)/80 € - Carte 55/80 €

27 rue Malar - Ⓜ La Tour Maubourg - ✆ 01 47 05 86 89 - www.lamijean.fr - Fermé 3-24 août, lundi, dimanche

Bistrot Belhara

CUISINE TRADITIONNELLE • BISTRO X Belhara ? Un site célèbre pour ses vagues superbes sur la côte basque. C'est par ce clin d'œil que le chef de ce bistrot rend hommage à son enfance, passée au pays basque. Formé chez les plus grands (Guérard, Loiseau, Ducasse, etc.), puis converti à la mode bistrot, Thierry Dufroux fait des merveilles en surfant sur les classiques. Toujours en haut de la vague.

Menu 34 € (déjeuner), 41/60 €

23 rue Duvivier - Ⓜ École Militaire - ✆ 01 45 51 41 77 - www.bistrotbelhara.com - Fermé 13-27 août, lundi, dimanche

Les Botanistes

CUISINE TRADITIONNELLE • BISTRO X Non loin du Bon Marché, un bistrot sympathique, aux mains d'un chef qui ne triche ni avec les produits, ni avec le goût ! La cuisine bistrotière est ici célébrée dans son environnement naturel, banquettes, tables en bois, etc. Sympathique, gourmand et convivial : les clients sont ravis, et on les comprend.

Carte 35/60 €

11 bis rue Chomel - Ⓜ Sèvres-Babylone - ✆ 01 45 49 04 54 - www.lesbotanistes.com - Fermé 1er-31 août, dimanche

¶○ Café Constant A/C

CUISINE TRADITIONNELLE • BISTRO X Ce petit bistrot d'angle sans prétention a converti la simplicité en maître mot. Le décor, brut de décoffrage, ne verse pas dans l'épate. Sur l'ardoise, on trouve de goûteux plats de bistrot, une cuisine canaille élaborée selon le marché : terrine de campagne, volaille fermière, Paris-Brest... Service non-stop dès le petit-déjeuner.

Menu 27/37 € - Carte 39/55 €

139 rue St-Dominique - Ⓜ École Militaire - ✆ 01 47 53 73 34 - www.maisonconstant.com

¶○ Clover Green

CUISINE MODERNE • CONVIVIAL X Une mini-salle sobre et épurée, au fond de laquelle trois cuisiniers s'agitent aux fourneaux : bienvenue dans l'adresse de poche et "100% green" de Jean-François Piège, en plein cœur de St-Germain-des-Prés. Les menus mettent joliment en avant les légumes de saison. Réservation indispensable.

Menu 37 € (déjeuner), 58/68 €

5 rue Perronet - Ⓜ St-Germain-des-Prés - ✆ 01 75 50 00 05 - www.clover-paris.com - Fermé 10-29 août, lundi, dimanche

¶○ Les Fables de La Fontaine A/C

CUISINE MODERNE • BISTRO X "Rien ne sert de courir, il faut partir à point". À l'encontre de la morale du *Lièvre et la Tortue*, courez découvrir ces Fables gourmandes. La salle à manger, aussi petite que lumineuse, a des airs de bistrot contemporain ; quant à la cuisine, elle se révèle plutôt moderne, avec un net penchant pour les produits de la mer.

Carte 56/75 €

131 rue St-Dominique - Ⓜ École Militaire - ✆ 01 44 18 37 55 - www.lesfablesdelafontaine.net

¶○ Florimond A/C

CUISINE TRADITIONNELLE • BISTRO X Florimond – du nom du jardinier de Monet à Giverny – a l'esprit bistrotier et convivial... Pour faire honneur à ce prénom chantant, le chef agrémente sa cuisine du terroir (nombreux produits de Corrèze, sa région d'origine) de beaux légumes. Et ce fils de charcutier fait lui-même ses saucisses, boudins et conserves !

Menu 27 € (déjeuner)/40 € - Carte 40/54 €

19 avenue de La Motte-Picquet - Ⓜ École Militaire - ✆ 01 45 55 40 38 - www.leflorimond.com - Fermé 15-25 février, 3-23 août, samedi, dimanche

¶○ Le Gentil Ⓝ

CUISINE MODERNE • SIMPLE X Cette nouvelle table de la gourmande rue Surcouf, ouverte par le chef japonais Fumitoshi Kumagai, épaulé de son épouse japonaise en salle, propose une cuisine française actuelle agrémentée de quelques touches asiatiques ; pieds de porc farcis avec chou pak choi, faux-filet de bœuf à la sauce japonaise...Les produits, de qualité, sont travaillés avec soin et subtilité.

Menu 23 € (déjeuner) - Carte 43/53 €

26 rue Surcouf - Ⓜ Invalides - ✆ 09 52 27 01 36 - Fermé samedi, dimanche

¶○ Philippe Excoffier A/C

CUISINE MODERNE • COSY X Philippe Excoffier, chef d'origine savoyarde, a posé sa toque dans un arrondissement où les ambassades sont partout. Il concocte une cuisine gourmande et canaille, à l'instar de ce ris de veau aux champignons des bois, ou de cette cassolette de homard et tatin d'artichauts...

Menu 35 € (déjeuner), 46/80 € - Carte 69/99 €

18 rue de l'Exposition - Ⓜ École Militaire - ✆ 01 45 51 78 08 - www.philippe-excoffier.fr - Fermé 3-25 août, lundi midi, dimanche

Piero TT

CUISINE ITALIENNE • TRATTORIA Bienvenue dans la trattoria italienne griffée Pierre Gagnaire. Fort de son succès aux Airelles (Courchevel) autour de la même formule, le grand chef propose une cuisine italienne, mise en scène par le jeune chef Ivan Ferrara (passé par le triple étoilé de la rue de Balzac, et l'Enoteca Pinchiorri, trois étoiles de Florence). En salle, Michele et Gianluca proposent pasta et produits rigoureusement sélectionnés dans une atmosphère chic et décontractée. Réservation très conseillée.

Carte 35/90€

44 rue du Bac - Ⓜ Rue du Bac - ✆ 01 43 20 00 40 - www.restaurantpiero.com - Fermé lundi, dimanche

Plume

CUISINE MODERNE • CONVIVIAL Né à Tunis, le chef ajoute un peu de diversité et beaucoup de talent à cette petite rue voisine du Bon Marché. On s'installe dans ce bistrot de poche, au coude-à-coude, pour apprécier une cuisine bien troussée, pile dans les saisons : la bistronomie dans ce qu'elle a de meilleur.

Menu 27€ (déjeuner), 48/69€ - Carte 50/65€

24 rue Pierre-Leroux - Ⓜ Vanneau - ✆ 01 43 06 79 85 - www.restaurantplume.com - Fermé 4-24 août, lundi, samedi midi, dimanche

Racines des Prés

CUISINE MODERNE • BRANCHÉ Cette adresse du cœur de Saint-Germain-des-Prés ne désemplit pas, et pour cause, tout y est à sa place : cuisine-comptoir, ambiance vintage décontractée, plats de bistrot bien tournés, à l'image de cet œuf parfait aux champignons de paris et noisettes. Le tout accompagné de vins choisis, issus de petites cuvées de vignerons. Un coup de maître – et de cœur.

Menu 36€ (déjeuner)/70€ - Carte 57/70€

1 rue de Gribeauval - Ⓜ Rue du Bac - ✆ 01 45 48 14 16 - www.racinesdespres.com - Fermé 24 décembre-4 janvier, samedi midi, dimanche

Le Récamier

CUISINE TRADITIONNELLE • CONVIVIAL Une bonne partie du tout-Paris ne jure que par les soufflés de ce restaurant, à deux pas du Bon Marché et de l'hôtel Lutétia. Installez-vous dans la salle signée Wilmotte ou sur la belle terrasse pour déguster une cuisine traditionnelle, goûteuse et maîtrisée. Sucré ou salé, ici le soufflé est roi, et la gourmandise sa compagne !

Carte 40/63€

4 rue Récamier - Ⓜ Sèvres Babylone - ✆ 01 45 48 86 58 - https://lerecamier.com/fr/

Savarin la Table

CUISINE MODERNE • TENDANCE Né à Béziers et d'origine algérienne, Mehdi Kebboul a la passion de la cuisine chevillée au corps. Il se distingue avec des assiettes fines, précises, mais aussi par l'utilisation judicieuse de fruits dans les plats salés, et le travail du gibier. Le talent fait le reste et on passe un excellent moment en sa compagnie, d'autant que les tarifs sont raisonnables.

Menu 40€ (déjeuner)/65€

34 rue de Bourgogne - Ⓜ Varenne - ✆ 09 86 59 19 67 - www.savarin-latable.fr - Fermé 3-23 août, lundi, samedi midi, dimanche

Hôtels

Le Cinq Codet

LUXE • DESIGN A deux pas des Invalides, cet hôtel design a tout pour plaire : un emplacement rêvé, un mobilier chic et confortable, des équipements dernier-cri, plus de 400 œuvres d'art contemporain... sans oublier l'espace bien-être et la belle terrasse patio. Concierge et voiturier.

59 chambres - 390/500€ - 8 suites Tablet. PLUS

5 rue Louis-Codet - Ⓜ École-Militaire - ✆ 01 53 85 15 60 - www.le5codet.com

Juliana

LUXE · ÉLÉGANT Dans une rue calme non loin de la Tour Eiffel, cet hôtel se distingue par son élégance – lustre monumental, miroirs extravagants, statues ethniques, console en nacre... Les chambres répondent à la double exigence du bon goût et d'un confort optimal. Belle façade aux fenêtres fleuries en été.

45 chambres – 450/900 € – 5 suites

10-12 rue Cognacq-Jay – Alma-Marceau – 01 44 05 70 00 – www.hoteljuliana.paris

Le Narcisse Blanc

LUXE · ÉLÉGANT Jolie reconversion pour cet ancien bâtiment administratif de l'armée, devenu hôtel raffiné, dont la décoration Art nouveau rend hommage à Cléo de Mérode, danseuse et icône de la Belle Époque, surnommée "joli petit narcisse". Elle aura donc inspiré Nadar, Lautrec, Proust... et ce charmant établissement. Agréable spa.

34 chambres – 280/990 € – 38 € – 3 suites

19 boulevard de la Tour-Maubourg – La Tour-Maubourg – 01 40 60 44 32 – www.lenarcisseblanc.com

Montalembert

HISTORIQUE · PERSONNALISÉ Un noble bâtiment Belle Époque (1926) idéalement situé entre la Seine, le musée d'Orsay et St-Germain-des-Prés – la terrasse du restaurant, côté rue, voisine les éditions Gallimard... Décoration chic et chambres confortables, réinventées par le décorateur Pascal Allaman.

50 chambres – 310/620 € – 5 suites Tablet. PLUS

3 rue Montalembert – Rue du Bac – 01 45 49 68 68 – www.hotelmontalembert-paris.fr

Le Bellechasse

LUXE · PERSONNALISÉ Un bel hôtel entièrement décoré par Christian Lacroix. Le créateur a signé des chambres design aux touches colorées, résolument contemporaines, souvent oniriques : un "voyage dans le voyage" très mode et plein de caractère !

33 chambres – 159/470 € – 21 €

8 rue de Bellechasse – Musée d'Orsay – 01 45 50 22 31 – www.lebellechasse.com

Le Saint

HÔTEL PARTICULIER · PERSONNALISÉ Au cœur du Carré Rive gauche, quartier célèbre pour ses antiquaires et ses galeries d'art, cet hôtel particulier respire l'élégance et le bien-être : parquet, meubles anciens et tons doux dans les chambres, salle de fitness avec hammam et soins...

54 chambres – 295/799 € – 25 €

5 rue du Pré-aux-Clercs – Rue du Bac – 01 42 61 01 51 – www.lesaint-hotelaparis.com

Thoumieux

BOUTIQUE HÔTEL · COSY Élégance, tons bruns ou vert amande : la décoratrice, India Mahdavi, a imaginé des chambres décalées, tout en imprimés chatoyants, et des salles de bains en marbre aux formes courbes. Un style unique, à voir et à vivre...

15 chambres – 160/210 €

79 rue St-Dominique – La Tour Maubourg – 01 47 05 79 00 – www.thoumieux.fr – Fermé 16-24 février, 2-31 août

Brasserie Thoumieux by Sylvestre – Voir la sélection des restaurants

, , , , &

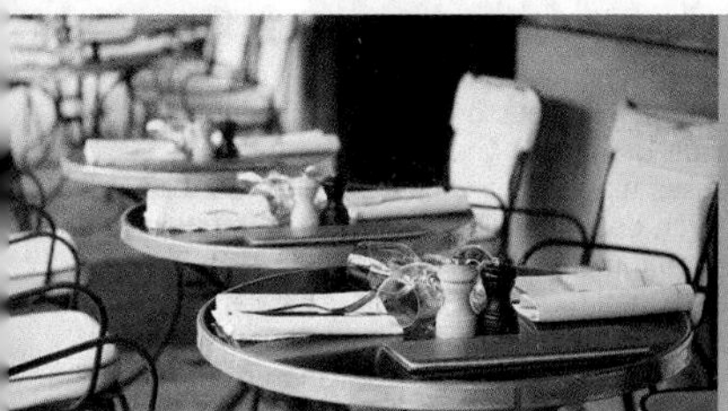

Champs-Élysées - Concorde - Madeleine

8e arrondissement

encrier/iStock

Restaurants

✿✿✿ Alain Ducasse au Plaza Athénée

CUISINE CRÉATIVE · LUXE XXXXX Sur l'impulsion énergique et créatrice d'Alain Ducasse, le célèbre restaurant du Plaza Athénée, avenue Montaigne, est devenu l'épicentre de la "naturalité", dont la genèse provient d'une réflexion sur l'état de la planète. La terre possède des ressources rares : il faut la consommer plus éthiquement et équitablement. Cette gastronomie privilégie donc logiquement la trilogie "poissons, légumes, céréales". Ici, tout est juste et parfait : du cadre classique (moulures, dorures) revu avec légèreté par Jouin-Manku et métamorphosé en écrin glorieux pour une cuisine brute, aux produits irréprochables (sans sucre ni matière grasse, ou presque), au service remarquable, orchestré par Denis Courtiade, pour qui la transmission est un impératif trop longtemps négligé. Une expérience unique, qui dépasse le simple univers gastronomique.

Spécialités : Pois chiche des Hautes-Alpes, caviar doré. Homard de Normandie, radis et cresson de fontaine, herbes pilées. Citron niçois, algues kombu à l'estragon.

Menu 210 € (déjeuner)/395 € - Carte 250/395 €

Plaza Athénée, 25 avenue Montaigne - Ⓜ Alma Marceau -
✆ 01 53 67 65 00 - www.alain-ducasse.com -
Fermé 24 juillet-30 août, 19-30 décembre, lundi midi, mardi midi, mercredi midi, samedi, dimanche

✿✿✿ Alléno Paris au Pavillon Ledoyen (Yannick Alléno)

CUISINE MODERNE · LUXE XXXXX Cette prestigieuse institution parisienne, installée dans un élégant pavillon des jardins des Champs-Élysées, incarne l'image même du grand restaurant à la française : le luxe du décor, la culture des arts de la table, le service orchestré avec élégance, tout dessine un écrin unique à la gloire de la gastronomie. De vastes baies vitrées ouvrent sur les Champs-Élysées. Le chef Yannick Alléno réalise un véritable tour de force en imprimant d'emblée sa signature. Sa cuisine est éblouissante et technique, avec une mention spéciale pour les jus et les sauces (ce que le chef appelle "le verbe de la cuisine française"), magnifiés à travers de savantes extractions : ou comment l'avant-garde se met au service de la grande tradition culinaire française.

Spécialités : Tarte de langoustine aux grains de caviar. Feuille à feuille de bœuf Wagyu aux gros Paris. Extraction de sapin en gelée glacée au café et éclats de cristalline épicés.

Menu 380/450 € - Carte 210/350 €

8 avenue Dutuit (carré Champs-Élysées) - Ⓜ Champs-Elysées Clemenceau -
✆ 01 53 05 10 00 - www.yannick-alleno.com -
Fermé lundi midi, mardi, mercredi, samedi midi, dimanche midi

✿✿ **L'Abysse au Pavillon Ledoyen** · ✿ **Pavyllon** - Voir la sélection des restaurants

✿✿✿ Le Cinq

CUISINE MODERNE • LUXE XXXXX Quel style, quel luxe opulent, entre colonnes altières, moulures, ou hautes gerbes de fleurs, sans oublier la douce lumière provenant du jardin intérieur... Difficile de garder les yeux dans l'assiette. Ce serait dommage : formé dans de prestigieuses maisons parisiennes (Lucas Carton, Taillevent, Le Ritz), Christian Le Squer y fait des merveilles. "Je porte la tradition vers la modernité, explique-t-il souvent. Comme chez Chanel : le tailleur a été créé, et ensuite, il a suivi l'évolution de la mode. " De sa Bretagne natale, le chef a conservé avant tout le goût du large – signant de superbes hommages au poisson – mais aussi celui de la terre. Bilan : un superbe carpaccio de langoustines, agrumes et avocat, ou encore une inoubliable lotte rôtie au beurre noisette, aubergine à la flamme, fromage de brebis et tomates confites...

Spécialités : Langoustines bretonnes raidies, mayonnaise tiède et galettes de sarrasin croquantes. Bar de ligne, caviar et lait ribot de mon enfance. Givré laitier au goût de levure.

Menu 150 € (déjeuner)/390 € – Carte 210/365 €

Four Seasons George V, 31 Avenue George V – Ⓜ George V – ✆ 01 49 52 71 54 – www.restaurant-lecinq.com – Fermé lundi, dimanche

✿✿✿ Épicure

CUISINE MODERNE • LUXE XXXXX Le Bristol est un monde à part, un univers de luxe absolu, de suites en spa, du superbe jardin français à la piscine sur les toits, jusqu'à cette salle à manger d'un classicisme brillant : mobilier de style Louis XVI, miroirs, grandes portes-fenêtres ouvertes sur la verdure... Le palace a choisi le nom d'Épicure pour enseigne : un philosophe grec, chantre du plaisir dans la tempérance. Une devise qui convient parfaitement à Éric Frechon, le chef : "Mon grand-père cultivait des légumes, mon père les vendait, moi, je les cuisine. " Produits superbes, technique irréprochable : il fait des merveilles dans un style traditionnel assumé, sans rien laisser au hasard. En 2019, il fêtait ses vingt ans de présence au Bristol, dont dix avec trois étoiles : tout un symbole.

Spécialités : Macaronis farcis, truffe noire, artichaut et foie gras gratinés au vieux parmesan. Merlan de ligne en croûte de pain de mie aux amandes, tétragone à l'huile de curry. Citron de Menton givré au limoncello et citron confit aux saveurs de pêche blanche et verveine.

Menu 155 € (déjeuner)/380 € – Carte 165/330 €

Le Bristol, 112 rue du Faubourg-Saint-Honoré – Ⓜ Miromesnil – ✆ 01 53 43 43 40 – www.oetkercollection.com/fr/hotels/le-bristol-paris/

✿✿✿ Pierre Gagnaire

CUISINE CRÉATIVE • ÉLÉGANT XXXX Pierre Gagnaire est l'asticoteur en chef de la cuisine française. Jonglant d'une adresse à l'autre, entre Paris, Londres, Tokyo ou Hong Kong, celui qui a été sacré meilleur chef du monde par ses pairs en 2015 réalise une cuisine d'auteur exploratrice, entière, excessive. Ce grand amateur de jazz et d'art contemporain cherche sans relâche. Le Balzac, trois étoiles depuis 1996, est à l'image de son hôte : moderne et sobre, jouant la note du raffinement discret, ton sur ton avec le service, attentionné et délicat. Les assiettes aussi, poétiques et en réinvention permanente, petites portions "satellites" mises en orbite par le chef, si bien qu'il est impossible de citer un plat emblématique, ou même une qualité principale. Si ce n'est l'excellence.

Spécialités : Parfums de terre. Canard au chocolat. Le grand dessert.

Menu 98 € (déjeuner)/325 € – Carte 360/420 €

6 rue Balzac – Ⓜ George V – ✆ 01 58 36 12 50 – www.pierregagnaire.com – Fermé 1er-13 janvier, 1er-24 mai, 8 août-1er septembre, samedi, dimanche

✿✿ Le Taillevent

CUISINE CLASSIQUE • LUXE XXXXX L'établissement, summum de classicisme à la française, est désormais propriété de la famille Gardinier (Les Crayères à Reims). L'ancien hôtel particulier du duc de Morny (19e s.), classique, feutré et propice aux repas d'affaires, est parsemé d'œuvres d'art contemporain. Nouveauté : l'institution rajeunit, avec deux nouvelles arrivées, en salle et en cuisine.

Installez-vous sous les moulures et boiseries blondes. Dans l'assiette, poireaux en croûte de sel truffé, mimosa de cèpes, essence sauvage poivrée ; langoustine à la nage, tartare d'algues, crémeux iodé, consommé ; rouget barbet confit, concentré torréfié, butternut, foie gras... Enfin, cerise sur le gâteau : les caves, pléthoriques en vins rares, qui comptent, avec celle de la Tour d'Argent, parmi les plus belles de la capitale, et de jolies bouteilles à des prix séduisants.

Spécialités : Langoustine royale aux écorces d'agrumes et crémeux iodé au beurre salé. Rouget barbet confit, concentré torréfié, coco de Paimpol et foie gras. Dame blanche à la vanille de Tahiti, chocolat de Madagascar et marjolaine.

Menu 90 € (déjeuner), 220/275 € - Carte 150/260 €

15 rue Lamennais - Ⓜ Charles de Gaulle-Etoile - ✆ 01 44 95 15 01 - www.letaillevent.com - Fermé 25 juillet-25 août, samedi, dimanche

✿✿ Le Clarence

CUISINE MODERNE • LUXE XXXX Avec la fougue et le talent qu'on lui connaît, Christophe Pelé a investi ce somptueux hôtel particulier de 1884 situé à proximité des Champs-Élysées, un arrondissement que connaît bien le chef pour avoir officié chez Ledoyen, Lasserre, Pierre Gagnaire, ou au Bristol. Aux fourneaux, ça swingue. Cet artiste de l'association terre et mer propose, selon ses inspirations, une cuisine personnelle, aux saveurs franches et marquées, qui répond toujours à la promesse de l'annonce du plat. Le menu surprise avec son concept d'assiettes « satellites » qui s'ajoutent à la préparation principale s'avère judicieux. On déguste cette partition de haut vol dans un cadre luxueux, entre murs tendus de tissus et boiseries murales. Quant à la somptueuse carte des vins, elle donne le vertige (demandez à visiter la belle cave voûtée qui abrite les grands crus). Une expérience mémorable.

Spécialités : Cuisine du marché.

Menu 90 € (déjeuner), 130/320 €

31 avenue Franklin-D.-Roosevelt - Ⓜ Franklin D. Roosevelt - ✆ 01 82 82 10 10 - www.le-clarence.paris - Fermé 2-25 août, 30 décembre-7 janvier, lundi, mardi midi, dimanche

✿✿ Le Gabriel

CUISINE MODERNE • ÉLÉGANT XXXX À deux pas des Champs-Élysées, ce restaurant est installé dans le décor élégant et luxueux de la Réserve, un ancien hôtel particulier du 19e s. Habitué des grandes maisons parisiennes, Jérôme Banctel éblouit avec une cuisine aussi solide techniquement que franche au niveau des saveurs. Il élabore ses assiettes avec de superbes produits, ne s'éloignant jamais de ses solides bases classiques, et sait porter le regard au-delà si cela se justifie - on trouvera, par exemple, ici et là, des touches asiatiques savamment dosées. Un coup de cœur particulier ? Avouons un faible pour ce cœur d'artichaut Macau en impression de fleur de cerisier et coriandre fraîche, un plat succulent, parfaitement maîtrisé...

Spécialités : Artichaut de Macau en impression de fleur de cerisier et coriandre fraîche. Pigeon de Racan mariné au cacao et sarrasin croustillant. Calisson, crémeux citron vert et amandes caramélisées.

Menu 95 € (déjeuner), 215/295 € - Carte 208/280 €

La Réserve, 42 avenue Gabriel - Ⓜ Champs-Elysées Clemenceau - ✆ 01 58 36 60 50 - www.lareserve-paris.com - Fermé samedi midi

✿✿ L'Abysse au Pavillon Ledoyen

CUISINE JAPONAISE • DESIGN XXX Un maître sushi, des produits d'une remarquable qualité (poissons ikejime de l'Atlantique) et la patte créative de Yannick Alléno... Le programme est alléchant. La salle, épurée, fait la part belle aux artistes contemporains - de l'installation de milliers de baguettes en bois par Tadashi Kawamata, street artist japonais, aux pans de murs de céramiques, imaginés par l'Américain William Coggin. Ajoutons à cela le service tiré à quatre épingles d'une grande maison, un somptueux livre de cave riche de sakés recherchés et douze places au comptoir en bois blond, pour se trouver au cœur de l'action. Détonant !

Spécialités : Collection de sushis nigiris. Bara-chirashi de poissons nobles aux condiments et bouillon minéralisé. Tempura moderne de shiso et perles au céleri.

Menu 98 € (déjeuner), 150/280 €

Alléno Paris au Pavillon Ledoyen, 8 avenue Dutuit (carré Champs-Elysées) - Ⓜ Champs-Elysées - Clemenceau - ✆ 01 53 05 10 00 - www.yannick-alleno.com - Fermé samedi, dimanche

✿✿ Le Grand Restaurant - Jean-François Piège

CUISINE MODERNE • ÉLÉGANT XXX Bienvenue dans le "laboratoire de grande cuisine" de Jean-François Piège : une salle minuscule - 25 couverts maximum - surplombée d'une verrière en angles et en reflets, où le chef exprime toute l'étendue de son expérience et de son savoir-faire. C'est bien connu, il n'est rien de plus compliqué que de faire simple ! Le blanc-manger, dessert phare du chef Piège, en est un exemple éclatant : cette île flottante inversée, d'une grande légèreté, dissimule en son cœur une savoureuse crème anglaise à la vanille. Loin des caméras de télévision, maître dans cet endroit qu'il a rêvé puis conçu, Jean-François Piège montre sa capacité à créer, d'un geste, l'émotion culinaire, sans jamais donner dans la démonstration. Voilà amplement de quoi traverser la Seine pour aller le trouver dans "sa" maison.

Spécialités : Caviar maturé au coin du feu, laitue de mer betterave, bouillon de poule. Ris de veau grilloté sur coques de noix, réduction de truffe macérée au vin de noix. Le grand dessert.

Menu 116 € (déjeuner), 306/706 € - Carte 205/276 €

7 rue d'Aguesseau - Ⓜ Madeleine - ✆ 01 53 05 00 00 - www.jeanfrancoispiege.com - Fermé 10-24 août, samedi, dimanche

✿✿ La Scène Ⓝ (Stéphanie Le Quellec)

CUISINE MODERNE • ÉLÉGANT XX "Désacraliser la grande cuisine" : voici l'objectif avoué de Stéphanie Le Quellec, qui signe un tonitruant retour avenue de Matignon, dans le 8e arrondissement. Enfin chez elle, engagée corps et âme dans ce projet, elle délivre une partition en tout point formidable : assiettes simples en apparence mais pensées dans les moindres détails (magnifiques langoustines au sarrasin et blanc-manger des pinces), saveurs nettes et franches... On retrouve à la carte certains de ses plats signature, et l'on profite aussi de desserts de haute volée. Le tout est mis en œuvre par une équipe au diapason, des cuisines à la salle, jusqu'au service attentif et convivial. Un bonheur, tout simplement.

Spécialités : Caviar osciètre, pain mi-perdu mi-soufflé, pomme pompadour. Ris de veau laqué d'une harissa, chou-fleur rôti. Vanille du moment.

Menu 75 € (déjeuner)/195 € - Carte 135/190 €

32 avenue Matignon - Ⓜ Miromesnil - ✆ 01 42 65 05 61 - www.la-scene.paris - Fermé 8-30 août, samedi, dimanche

✿✿ L'Atelier de Joël Robuchon - Étoile

CUISINE CRÉATIVE • DESIGN X Avec deux pieds dans la capitale française, les célèbres Ateliers du regretté Joël Robuchon font, au sens propre, le tour du monde. Beau symbole, cet opus est né à deux pas de l'Arc de Triomphe, au niveau - 1 du Publicis Drugstore des Champs-Élysées. Un décor tout en rouge et noir ; un grand comptoir autour duquel on prend place sur de hauts tabourets, face à la brigade à l'œuvre ; une ambiance feutrée, quasi religieuse... L'enseigne incarne une approche contemporaine de la haute cuisine. Sans se départir de la plus grande exigence, la carte laisse au client le choix entre petites portions dégustation ou portions normales. Enfin, le petit plus qui plaira aux œnophiles les plus exigeants : tous les vins au verre sont servis au magnum. La grande classe.

Spécialités : Langoustine en ravioli truffé à l'étuvée de chou vert. Côtelettes d'agneau de lait à la fleur de thym. Chocolat tendance, crémeux onctueux au chocolat araguani, sorbet cacao et biscuit Oréo.

Menu 49 € (déjeuner), 99/225 € - Carte 100/210 €

133 avenue des Champs-Élysées (Publicis Drugstore niveau -1) - Ⓜ Charles de Gaulle-Étoile - ✆ 01 47 23 75 75 - www.joel-robuchon.com

✿ Apicius

CUISINE MODERNE • ÉLÉGANT XXXX Installé dans un somptueux hôtel particulier du 18e s. aux airs de petit palais, Apicius – baptisé ainsi en hommage à cet épicurien de l'Antiquité romaine qui aurait écrit le premier livre culinaire – est entré dans une ère de changements... pour le meilleur ! Mathieu Pacaud a remplacé Jean-Pierre Vigato, demeuré aux fourneaux depuis plus de quarante ans. Les assiettes perpétuent la belle tradition bourgeoise et réalisent la synthèse entre classicisme et créativité.

Spécialités : Grand arlequin végétal. Suprême de volaille de Bresse à la feuille de citronnier et tajine de cuisse aux olives vertes. Soufflé au chocolat, glace à la vanille Bourbon et crème onctueuse.

Menu 95 € (déjeuner), 180/280 € – Carte 175/280 €

20 rue d'Artois – Ⓜ St-Philippe du Roule – ✆ 01 43 80 19 66 – www.restaurant-apicius.com – Fermé dimanche

✿ L'Écrin

CUISINE MODERNE • ÉLÉGANT XXXX L'ambassade de la grande cuisine du célèbre Hôtel de Crillon a laissé place à l'Écrin, salle "cachée", intimiste et intemporelle, pensée dans les moindres détails de l'Art de la table... La cuisine de Boris Campanella (ancien du Cheval Blanc à Courchevel) est axée sur la lisibilité, la saisonnalité et la saveur. Sa carte (tendre souvenir d'un veau fermier du Limousin petit pois girolles et vrai jus) se déguste dans un écrin savoureux, donc, qui cristallise toutes les représentations du luxe à la française – le service, à l'ancienne, n'étant pas en reste ! L'art d'assumer un héritage, sans souci de révérence mais avec une technique éprouvée. Les chefs passent, l'Écrin demeure.

Spécialités : Plin de légumes à la truffe noire et aux parfums de sauge. Turbot rôti, mijoté d'encornets terre et mer, fromage blanc persillé. Rhubarbe aux saveurs de lait à l'aneth.

Menu 195/270 € – Carte 185/250 €

Crillon, 10 place de la Concorde – Ⓜ Concorde – ✆ 01 44 71 15 30 – www.rosewoodhotels.com/fr/hotel-de-crillon – Fermé 26 juillet-25 août, lundi, dimanche, le midi

✿ Lasserre

CUISINE CLASSIQUE • LUXE XXXX Tout près des Champs-Élysées, cet hôtel particulier de style Directoire marque immanquablement les esprits. René Lasserre (disparu en 2006), monté à Paris pour apprendre le métier alors qu'il était adolescent, a élevé son restaurant au rang de symbole. Située à l'étage, la salle à manger arbore un luxueux décor : colonnes, jardinières d'orchidées et de plantes vertes, vaisselle et bibelots en argent, lustres en cristal, porcelaines de Chine... Autre élément propre à la magie de l'endroit, un étonnant toit ouvrant, devenu célèbre, illumine les tables au gré des saisons. Ancien de la maison, le chef Jean-Louis Nomicos en signe désormais la carte, parfaitement en phase avec cet héritage.

Spécialités : Macaronis farcis, truffes noires, céleris et foie gras de canard. Canard à l'orange. Crêpes Suzette.

Carte 177/275 €

17 avenue Franklin-D.-Roosevelt – Ⓜ Franklin D. Roosevelt – ✆ 01 43 59 02 13 – www.restaurant-lasserre.com – Fermé 1er-13 janvier, 1er-31 août, lundi, dimanche, le midi

✿ Le George

CUISINE ITALIENNE • ÉLÉGANT XXX Magistral lustre Baccarat, blancheur immaculée du décor et délicates compositions florales... Le décor chic et décontracté, signé Pierre-Yves Rochon, ne laisse aucun doute : on est bien au sein du prestigieux hôtel Four Seasons George V ! Aux fourneaux du George depuis septembre 2016, Simone Zanoni y imprime sa patte culinaire – dont l'empreinte a évidemment la forme de la botte transalpine.

La cuisine garde de jolis accents maritimes, mais c'est plus précisément l'Italie qui remporte la mise ; on est sous le charme de cette cuisine aérienne, qui mise toujours sur la légèreté et les petites portions, avec un respect particulier des saveurs et des méthodes de cuisson propres à la Méditerranée. À déguster à l'intérieur ou sous la haute véranda, pour profiter de la cour par tous les temps.

Spécialités : Arancini safrané et tartare de thon. Tortelli ricotta, citron et menthe fraîche. Torta di mele caramélisée.

Menu 65 € (déjeuner), 95/129 € – Carte 70/120 €

Four Seasons George V, 31 Avenue George V – Ⓜ George V – ✆ 01 49 52 72 09 – www.legeorge.com

✿ Lucas Carton

CUISINE MODERNE · HISTORIQUE XXX Ce nom évoque une longue histoire : Robert Lucas et sa "Taverne Anglaise" en 1732 ; Francis Carton en 1925 qui accole les deux patronymes et crée cette identité très sonore, "Lucas Carton", où il fera briller trois étoiles dans les années 1930 ; Alain Senderens, enfin, qui choisit en 2005 de lui donner son propre nom pour la repenser librement. Aujourd'hui, l'adresse endosse avec tact les nouveaux codes de la gastronomie contemporaine. Le jeune chef, Julien Dumas, sait rendre le meilleur de beaux produits – mention spéciale pour les légumes de petits producteurs et le travail sur l'acidité et l'amertume – et ses assiettes, bien équilibrées, sont portées par un irrésistible souffle méditerranéen. L'histoire continue pour cette institution.

Spécialités : Chou-fleur croustillant. Sarrasin et lieu de ligne croustillant. Chocolat et orge toasté.

Menu 89/189 € – Carte 144/240 €

9 place de la Madeleine – Ⓜ Madeleine – ✆ 01 42 65 22 90 – www.lucascarton.com – Fermé 1er-25 août, dimanche

✿ L'Arôme (Thomas Boullault)

CUISINE MODERNE · CHIC XXX Humer un arôme, un parfum, un bouquet : un alléchant programme proposé par Éric Martins, grand professionnel de l'accord mets et vins, qui sélectionne minutieusement chaque bouteille de sa cave. Il mène de main de maître cette table délicate qui séduit par ses assiettes inventives. Grand amoureux des produits de saison, le jeune chef, Thomas Boullault – ancien du Royal Monceau et du George V –, élabore une cuisine raffinée et contemporaine. Les menus changent chaque jour au gré du marché... Vous tomberez sous le charme de la délicatesse et de l'équilibre des saveurs : thon rouge mi-cuit fumé au foin, côte de veau aux morilles... On vient, on y revient.

Spécialités : Pressé de tourteau breton, avocat, riz koshihikari et eau de tomate. Quasi de veau, palets de céleri à la ricotta et pulpe de cédrat confit. Soufflé chaud à l'amande, marmelade et sorbet abricot.

Menu 59 € (déjeuner), 109/159 €

3 rue Saint-Philippe du Roule – Ⓜ St-Philippe-du-Roule – ✆ 01 42 25 55 98 – www.larome.fr – Fermé 3-24 août, 23-30 décembre, samedi, dimanche

✿ Le Chiberta

CUISINE CRÉATIVE · ÉPURÉ XXX Le Chiberta version Guy Savoy s'est choisi le noir comme couleur, le vin comme symbole et l'inventivité comme fil conducteur. En entrant, on est plongé dans un autre univers, tamisé, calme et feutré. Parfait pour les repas d'affaires comme pour les rencontres plus intimes. L'aménagement intérieur, conçu par l'architecte Jean-Michel Wilmotte, surprend par son minimalisme radical, tout en chic discret et design. La grande originalité du lieu reste indéniablement la "cave à vins verticale" : de grands crus habillant les murs à la manière d'une bibliothèque ou d'œuvres d'art. Entre deux alignements de bouteilles, des tableaux modernes et abstraits colorent ponctuellement l'espace. Confortablement installé à table, on apprécie toute l'étendue de la cuisine, supervisée par le "patron", qui revisite joliment la tradition.

Spécialités : Tourteau en rémoulade au pomelo et avocat-concombre-coriandre. Ris de veau laqué aux girolles, amandes fraîches et quasi de veau façon vitello tonnato aux câpres. Fraises mara des bois, pistaches et sorbet fraises des bois.

Menu 49 € (déjeuner)/110 € – Carte 90/120 €

3 rue Arsène-Houssaye – Ⓜ Charles de Gaulle-Etoile – ✆ 01 53 53 42 00 – www.lechiberta.com – Fermé 3-24 août, samedi midi, dimanche

✿ Copenhague

CUISINE DANOISE • CONTEMPORAIN XXX Sur les Champs-Élysées, la Maison du Danemark joue parfaitement son rôle d'ambassade culinaire du Grand Nord, et ce depuis 1955. Au 1er étage, le Copenhague offre un cadre apaisant avec son décor contemporain épuré et ses larges baies vitrées dominant l'avenue. À l'intérieur, ou installé sur l'agréable terrasse (dans une cour au calme, sur l'arrière), vous dégusterez la belle cuisine nordique d'Andréas Moller, valorisant de jolis produits, riche en légumes, herbes et fleurs, où s'épanouissent assaisonnements maîtrisés et notes acidulées. Chaque assiette bénéficie d'un travail précis et l'émotion est à la hauteur de la promesse. Une gastronomie tatouée aux influences scandinaves. "Velbekomme" (bon appétit) !

Spécialités : Cuisine du marché.

Menu 55 € (déjeuner), 75/115 € - Carte 60/80 €

142 avenue des Champs-Elysées (Maison du Danemark - 1er étage) - Ⓜ George V - ✆ 01 44 13 86 26 - www.restaurant-copenhague-paris.fr - Fermé 3-30 août, 23-30 décembre, samedi, dimanche

✿ Dominique Bouchet

CUISINE CLASSIQUE • ÉLÉGANT XXX Du palace au bistrot : Dominique Bouchet a choisi. Lui qui dirigea les brigades du Crillon et de la Tour d'Argent, à Paris et au Japon, aspirait à plus de légèreté, et peut-être plus de liberté. Plus rien à prouver en matière de haute gastronomie, l'envie de laisser la place aux générations montantes pour ouvrir enfin un restaurant à son nom, la volonté aussi de ne plus courir après la perfection absolue ou les récompenses...

Toutes ces raisons l'ont poussé à s'installer "chez lui" et à revenir à l'essentiel : une belle cuisine classique mise au goût du jour et incontestablement maîtrisée. C'est l'avantage de la sagesse que de ne pas s'égarer ! À noter, la belle sélection de vins au verre... mais aussi l'intérieur contemporain et chic, où s'installe confortablement la clientèle très « business » de ce quartier huppé.

Spécialités : Truite marinée au sansho, purée d'avocat, mangue et radis roses. Ris de veau laqué au jus et café torréfié, macaronis à la truffe et au parmesan. Omelette norvégienne revisitée, coulis d'ananas.

Menu 58 € (déjeuner)/128 € - Carte 95/120 €

11 rue Treilhard - Ⓜ Miromesnil -
✆ 01 45 61 09 46 - www.dominique-bouchet.com -
Fermé 10-16 février, 3-16 août, samedi, dimanche

✿ Helen

POISSONS ET FRUITS DE MER • ÉLÉGANT XXX Créé en 2012, Helen est aujourd'hui une valeur sûre parmi les restaurants de poisson des beaux quartiers. Au menu : uniquement des pièces sauvages issues de la pêche quotidienne de petits bateaux, travaillées avec grand soin et simplicité. Dans l'assiette, en effet, pas de fioritures, une seule règle compte : mettre en valeur les saveurs naturelles - et iodées - du poisson (cru, grillé, à la plancha, à la vapeur, etc.). Les amateurs sont aux anges ! De plus, la carte varie au gré des arrivages, proposant par exemple un carpaccio de daurade royale au citron caviar, des sardines à l'escabèche, un turbotin rôti à la sauge et pancetta, des rougets barbets meunière... Tout cela est servi avec précision et savoir-faire : certains poissons sont même découpés directement en salle.

Salle qui épouse également ce parti pris de sobriété, en faisant montre d'une épure toute contemporaine et d'une belle élégance... Helen, ou le raffinement dans la simplicité.

Spécialités : Carpaccio de daurade royale au citron caviar. Saint-pierre rôti aux échalotes confites. Tarte meringuée aux deux citrons.

Menu 48 € (déjeuner)/138 € - Carte 80/170 €

3 Rue Berryer - Ⓜ George V -
✆ 01 40 76 01 40 - www.helenrestaurant.com -
Fermé 1er-24 août, 23 décembre-5 janvier, lundi, samedi midi, dimanche

Penati al Barretto (Alberico Penati)

CUISINE ITALIENNE • CLASSIQUE XXX Alberico Penati aura d'emblée imposé sa table italienne parmi les meilleures de la capitale ! Il est installé au sein de l'Hôtel de Vigny, à deux pas de l'Arc de Triomphe, dans cette rue Balzac déjà bien connue des gastronomes (Pierre Gagnaire y a sa table). Un heureux augure ? Le fait est que sa cuisine honore la plus belle tradition transalpine avec raffinement et générosité. Rien de trop sophistiqué dans ces recettes, où règne même une forme de simplicité, des pâtes au risotto : le chef porte avec aisance son héritage culinaire, toujours enraciné dans ces régions si riches en produits emblématiques. Les assiettes ne mentent pas : elles débordent de saveurs. Quant au décor, il distille une ambiance feutrée et élégante, dans un beau camaïeu de bois et de tons beige et chocolat. *Eleganza e semplicità*, encore et toujours.

Spécialités : Cuisine du marché.

Menu 39 € (déjeuner)/55 € – Carte 80/110 €

9 Rue Balzac – Ⓜ George V – ✆ 01 42 99 80 00 – www.penatialbaretto.eu – Fermé samedi midi, dimanche

L'Orangerie

CUISINE MODERNE • ÉLÉGANT XX Dans cet espace de poche (18 couverts seulement), aménagé au sein de l'hôtel George V, la carte est supervisée par Christian Le Squer et mise en œuvre par Alan Taudon, un habitué de la maison – il participait précédemment à l'élaboration des plats du Cinq. Tout en conservant l'ADN du lieu (une cuisine française de saison, de jolies notes parfumées), le chef a repensé l'offre gastronomique dans une veine "healthy", allégée en matières grasses, en articulant sa carte autour des légumes, des produits laitiers et de la mer, et en faisant volontairement l'impasse sur les viandes. Les assiettes sont savoureuses et complétées à merveille par des desserts en tout point excellents, et par une carte des vins déclinée de celle, impressionnante, du Cinq.

Spécialités : Langoustine à cru et riz à sushi. Mangue rôtie en feuille de lait, olives déshydratées et cacao amer. Fleur de vacherin, framboise et menthe poivrée.

Menu 75 € (déjeuner), 95/125 € – Carte 103/146 €

Four Seasons George V, 31 Avenue George V – Ⓜ George V – ✆ 01 49 52 72 24 – www.lorangerieparis.com

Pavyllon Ⓝ

CUISINE MODERNE • CONTEMPORAIN XX On n'arrête plus Yannick Alléno ! La dernière adresse du chef francilien fait salle comble, et ce n'est que justice. Trente couverts au comptoir (dans l'esprit d'un Atelier de Joël Robuchon), une cuisine sans fausses notes, élaborée autour de belles bases classiques, mêlée de saveurs et de touches étrangères (un exemple, ces tempuras qui remplacent la garniture pour les plats principaux). C'est fin, délicat, servi dans une ambiance chic et décontractée : on passe un excellent moment.

Spécialités : Mousseline de brochet en pain brioché, extraction de céleri. Feuille à feuille de barbue braisé à la vapeur, lait fermenté et condiments. Chocolat chaud en crème tendre et cristalline de sarrasin.

Menu 68 € (déjeuner), 145/235 € – Carte 100/200 €

Alléno Paris au Pavillon Ledoyen, 8 avenue Dutuit (carré Champs-Élysées) – Ⓜ Champs-Élysées Clemenceau – ✆ 01 53 05 10 10 – www.yannick-alleno.com

Akrame (Akrame Benallal)

CUISINE CRÉATIVE • DESIGN XX À deux pas de la Madeleine, Akrame Benallal a posé ses valises et ses couteaux dans un lieu bien protégé des regards, derrière une immense porte cochère. En bon amateur du travail de Pierre Soulages, il a voulu son intérieur dominé par le noir et résolument contemporain – on y trouve plusieurs photographies, et, au plafond, une étonnante sculpture d'un homme qui tombe... Dans l'assiette, on retrouve une bonne partie de ce qui avait fait le succès de sa précédente adresse, rue Lauriston : l'inventivité, les produits de qualité, le soin apporté aux présentations. Comme on l'imagine, le succès est au rendez-vous.

Spécialités : Palourdes givrées, concombre et kiwi. Pigeon en croûte de meringue. Ananas au charbon.

Menu 75 € (déjeuner)/160 €

7 rue Tronchet – Ⓜ Madeleine – ✆ 01 40 67 11 16 – www.akrame.com – Fermé 3-23 août, samedi, dimanche

114, Faubourg

CUISINE MODERNE • ÉLÉGANT XX Au sein du Bristol, une brasserie unique, assurément ! La salle interpelle au premier coup d'œil : traversée d'imposantes colonnes dorées, elle arbore sur ses murs orangés de grands motifs de dahlias luminescents... En son cœur s'ouvre un grand escalier, qui dessert le niveau inférieur où les tables côtoient les cuisines ouvertes. Chic, chatoyant, à la fois animé et confidentiel, ce lieu est une réussite. Aux fourneaux, on revisite les grands classiques hexagonaux avec ce qu'il faut d'originalité. Les assiettes sont soigneusement dressées et les saveurs s'y marient joliment. Une prestation dans les règles de l'art, aux tarifs certes élevés... mais ne sommes-nous pas dans un palace ?

Spécialités : Œufs king-crab, mayonnaise au gingembre et citron. Sole, pousses d'épinard, huile vierge aux câpres. Millefeuille à la vanille Bourbon, caramel au beurre demi-sel.

Menu 130 € – Carte 82/150 €

Le Bristol, 114 rue du Faubourg-Saint-Honoré – Ⓜ Miromesnil – ✆ 01 53 43 44 44 – www.lebristolparis.com – Fermé samedi midi, dimanche midi

Pomze

CUISINE MODERNE • ÉPURÉ XX Adresse originale que cette Pomze, qui invite à un "voyage autour de la pomme" ! De l'épicerie (où l'on trouve cidre et calvados) au restaurant, le "fruit défendu" est le fil rouge de la maison. La cuisine se révèle créative et voyageuse, avec d'originaux accords mets-cidres... et un excellent rapport qualité-prix.

Spécialités : Croustillant de pommes et rémoulade de crevettes roses. Joues de veau braisées au cidre du Pays d'Auge et choucroute de navet. Tarte Tatin et crème fraîche de Normandie.

Menu 37 € – Carte 48/64 €

109 boulevard Haussmann (1er étage) – Ⓜ St-Augustin – ✆ 01 42 65 65 83 – www.pomze.com – Fermé 22 décembre-2 janvier, samedi soir, dimanche

Kisin

CUISINE JAPONAISE • SIMPLE X Quand un chef de Tokyo arrive à Paris, il ouvre un restaurant, sitôt ses valises posées, et nos papilles frémissent d'aise. Ici, on déguste produits japonais, et vrais udon, fabriquées devant le client. Une cuisine naturelle, sans additif, qui nous vient tout droit du pays du Soleil-Levant. Sain et goûteux.

Spécialités : Gyusuji : mijoté de tendron de bœuf au miso. Goma tantan-men : émincé de porc au sésame et épices. Sakura mochi.

Menu 30/45 € – Carte 28/42 €

9 rue de Ponthieu – Ⓜ Franklin D. Roosevelt – ✆ 01 71 26 77 28 – www.udon-kisin.fr – Fermé 1er-15 août, dimanche

Mandoobar

CUISINE CORÉENNE • SIMPLE X Dans une petite salle, raviolis et tartare de bœuf sont travaillés directement sous vos yeux par le chef, Kim Kwang-Loc, qui se révèle aussi agile que précis dans ses préparations. Il réalise une cuisine coréenne fine et parfumée, sans fausse note et joliment relevée... Nul doute, sa table sort du lot !

Spécialités : Yatchee mandoo : ravioles de chou asiatique, tofu, ciboule et pousses d'ail. Tartare de bœuf, sauce soja, sésame et poivre du Cambodge. Glace coco-charbon.

Carte 21/35 €

7 rue d'Edimbourg – Ⓜ Europe – ✆ 01 55 06 08 53 – www.mandoobar.fr – Fermé 1er-31 août, lundi, dimanche

Le Mermoz

CUISINE DU MARCHÉ • BISTRO X Manon Fleury, ex-escrimeuse passée par une prépa littéraire, a été à bonne école (Pascal Barbot, Alexandre Couillon). Elle compose au déjeuner de véritables bouquets de gourmandise – tartare de veau, abricot moelleux et origan –, bien de saison, à prix raisonnables. Et le soir ? Petites assiettes façon tapas et ambiance bar à vin.

Spécialités : Cuisine du marché.

Carte 33/48 €

16 rue Jean-Mermoz – Ⓜ Champs-Elysées – ✆ 01 45 63 65 26 – Fermé samedi, dimanche

Laurent

CUISINE MODERNE • ÉLÉGANT XXXX Ancien pavillon de chasse et guinguette sous la Révolution, Laurent conserve son cadre néoclassique et bourgeois, très en vogue à l'époque de sa création. La cuisine cultive les codes de la tradition bleu-blanc-rouge et séduit une clientèle d'affaires, de "people" et à la belle saison, de touristes, grâce à son agréable terrasse.

Menu 95/169 € – Carte 155/245 €

41 avenue Gabriel – Ⓜ Champs-Elysées Clemenceau – ✆ 01 42 25 00 39 – www.le-laurent.com – Fermé 22 décembre-6 janvier, samedi, dimanche

Imperial Treasure Ⓝ

CUISINE SHANGHAIENNE • ÉLÉGANT XXX Situé dans l'élégant hôtel La Clef Ascott, ce restaurant chinois dispose d'un très joli bar au décor moderne, puis de deux agréables salles à manger. C'est donc dans un cadre luxueux et élégant qu'on déguste une cuisine de Shanghai, préparée avec soin et de beaux ingrédients, comme la crevette impériale, carabinero sauté et riz gluant. Dépaysement des papilles assuré.

Menu 48 € (déjeuner), 88/118 € – Carte 50/130 €

44 rue de Bassano – Ⓜ George V – ✆ 01 58 56 29 09 – www.imperialtreasure.com/france/

Maison Blanche

CUISINE MODERNE • DESIGN XXX Prenez vos quartiers sur le toit du théâtre des Champs-Élysées, dans ce grand loft design en duplex qui domine Paris, face à la Tour Eiffel ! Cuisine contemporaine aux saveurs méditerranéennes, empreintes du parcours international du chef.

Menu 59 € (déjeuner), 72/125 € – Carte 59/144 €

15 avenue Montaigne – Ⓜ Alma Marceau – ✆ 01 47 23 55 99 – www.maison-blanche.fr – Fermé 9-18 août, samedi midi, dimanche soir

Le V

CUISINE MODERNE • ÉLÉGANT XXX Au cœur de l'hôtel Vernet, la salle vaut le coup d'œil pour sa superbe verrière ouvragée de la fin du 19e s., signée Gustave Eiffel, typique du charme Belle Époque… La cuisine s'inspire joliment de l'air du temps, sans oublier les classiques.

Menu 39 € (déjeuner)/95 € – Carte 83/97 €

Vernet, 25 rue Vernet – Ⓜ Charles de Gaulle-Etoile – ✆ 01 44 31 98 00 – www.hotelvernet.com – Fermé 1er-30 août, lundi, samedi midi, dimanche

Brasserie d'Aumont

CUISINE MODERNE • BRASSERIE XX La Brasserie d'Aumont déploie son atmosphère art déco, dans deux salles en enfilade, complétées d'un comptoir pour la consommation de coquillages et crustacés. Mise en place simple, mais de qualité, et classiques de brasserie remis au goût du jour. Petite carte de vins, belles références au verre. Agréable terrasse. Chic et bon.

Carte 65/120 €

Crillon, 10 place de la Concorde – Ⓜ Concorde – ✆ 01 44 71 15 15 – www.rosewoodhotels.com/fr/hotel-de-crillon

Les 110 de Taillevent

CUISINE TRADITIONNELLE • COSY XX Sous l'égide de la prestigieuse maison Taillevent, une brasserie très chic, qui joue la carte des associations mets et vins. Une réussite, aussi bien le choix remarquable de 110 vins au verre, que la cuisine, traditionnelle et bien tournée (pâté en croûte, bavette sauce au poivre, etc.). Cadre élégant et chaleureux.

Menu 46 € - Carte 47/150 €

195 rue du Faubourg-St-Honoré - Ⓜ Charles de Gaulle-Etoile - ✆ 01 40 74 20 20 - www.les-110-taillevent-paris.com - Fermé 1er-24 août

Contraste Ⓝ

CUISINE MODERNE • ÉLÉGANT XX Pourquoi Contraste ? Trois réponses : un chef breton et un chef pyrénéen, amis d'enfance réunis dans une même cuisine ; une décoration qui allie l'ancien et le design ; et enfin, un clin d'œil à l'une des grandes cuvées de champagne de la famille Selosse. Dans l'assiette, une cuisine moderne et pleine de gourmandise, élaborée à partir de beaux produits. Service aimable.

Menu 39 € (déjeuner)/75 € - Carte 54/80 €

18 rue d'Anjou - Ⓜ Madeleine - ✆ 01 42 65 08 36 - www.contraste.paris - Fermé 1er-23 août, 19-27 décembre, samedi, dimanche

Il Carpaccio

CUISINE ITALIENNE • ÉLÉGANT XX On y accède par un couloir orné de milliers de coquillages, qui évoque les nymphées du baroque italien... Même ravissement dans la salle, qui a tout d'un élégant jardin d'hiver. Un bel écrin, donc, pour apprécier une cuisine où brille le soleil de l'Italie.

Menu 82 € (déjeuner), 120/145 € - Carte 90/120 €

Le Royal Monceau, 37 avenue Hoche - Ⓜ Charles de Gaulle-Etoile - ✆ 01 42 99 88 12 - www.leroyalmonceau.com - Fermé 1er-6 janvier, 26 juillet-24 août, lundi, dimanche

Matsuhisa

CUISINE JAPONAISE • CONTEMPORAIN XX Le chef Nobu Matsuhisa est connu pour être l'inventeur du style péruvo-japonais. Il confie ici au maître sushi Hideki Endo le soin de sublimer les produits japonais - mais aussi français -, comme ces huîtres croustillantes au caviar, wasabi et sauce aïoli. Tout cela dans l'écrin somptueux du Royal Monceau.

Menu 65 € (déjeuner)/68 € - Carte 90/160 €

Le Royal Monceau, 37 avenue Hoche - Ⓜ Charles de Gaulle-Etoile - ✆ 01 42 99 98 80 - www.leroyalmonceau.com - Fermé samedi midi, dimanche midi

Okuda

CUISINE JAPONAISE • ÉLÉGANT XX Vingt-trois couverts, un décor sobre et élégant, des hôtesses en kimono traditionnel et un silence d'or : c'est dans cet écrin que l'on déguste depuis 2013 les créations "kaiseki" du célèbre chef japonais Toru Okuda.

Menu 85 € (déjeuner)/198 €

7 rue de la Trémoille - Ⓜ Alma Marceau - ✆ 01 40 70 19 19 - www.okuda.fr - Fermé 1er-31 août, mercredi, jeudi

La Régalade du Faubourg Ⓝ

CUISINE MODERNE • ÉLÉGANT XX Bruno Doucet a encore sévi dans le bel écrin d'un hôtel de luxe, dissimulé dans le quartier des ambassades, où la terrasse, habillée d'un mur en miroir et de jasmin, est un ravissement. Parmi les classiques de la maison : la terrine de bienvenue, le risotto crémeux à l'encre de seiche, le cabillaud demi-sel rôti sur la peau et ses légumes à l'huile d'olive, sans oublier le savoureux riz au lait à la vanille de la grand mère. Un régal.

Menu 50 €

Les Jardins du Faubourg, 9 rue d'Aguesseau - Ⓜ Madeleine - ✆ 01 86 54 15 15 - www.jardinsdufaubourg.com - Fermé dimanche

Le Relais Plaza

CUISINE CLASSIQUE • ÉLÉGANT XX Au sein du Plaza Athénée, la cantine chic et feutrée des maisons de couture voisines. Comment résister au charme de cette brasserie au beau décor 1930, inspiré du paquebot Normandie ? Une ambiance unique pour une cuisine qui joue la carte de la belle tradition. Si parisien...

Menu 68 € - Carte 80/135 €

Plaza Athénée, 25 avenue Montaigne - Ⓜ Alma Marceau - ✆ 01 53 67 64 00 - www.dorchestercollection.com/paris/hotel-plaza-athenee

Tosca

CUISINE ITALIENNE • COSY XX L'Italie semble s'être donnée rendez-vous dans ce restaurant de petite capacité, au mobilier chic. L'assiette chante les louanges de gastronomie transalpine : viandes, huile d'olive, fromage... Plutôt classique le midi, plus soignée le soir, souvent inspirée. Puccini aurait adoré.

Menu 109 € - Carte 50/120 €

Splendide Royal, 18 rue du Cirque - Ⓜ Miromesnil - ✆ 01 42 68 10 10 - www.splendideroyal.fr - Fermé 1er-6 janvier, 2-24 août, lundi, dimanche

Diep

CUISINE CHINOISE • EXOTIQUE XX Du rouge, du noir, des alcôves et des panneaux sculptés : l'Asie dans le décor, tout comme dans l'assiette, où l'on trouve des spécialités de Hong Kong et de Canton, mais aussi certains plats thaïlandais et vietnamiens. Avis aux amateurs : poissons et crustacés sont à l'honneur !

Carte 40/80 €

55 rue Pierre-Charon - Ⓜ George V - ✆ 01 45 63 52 76 - www.diep.fr

Edern

CUISINE MODERNE • CONTEMPORAIN XX De l'ancien Citrus Étoile, à deux pas de la place du même nom, l'ancien Top Chef Jean-Edern Hurstel a fait une table sincère et gourmande. Déco dans l'air du temps (beaux fauteuils, marbre, laiton), ambiance chaleureuse, cuisine de saison goûteuse et savoureuse : ici, on ne triche pas !

Menu 36 € (déjeuner)/45 € - Carte 40/120 €

6 rue Arsène Houssaye - ✆ 01 45 63 88 01 - www.edern-restaurant.com - Fermé 4-31 août, 22-29 décembre, lundi, samedi midi, dimanche

Le Gaigne

CUISINE MODERNE • ÉLÉGANT XX Derrière l'église Saint-Augustin, le Gaigne (d'après le surnom donné par Frédéric Anton, chef du Pré Catelan, à Mickaël Gaignon) propose une sympathique cuisine d'inspiration traditionnelle, qui évolue au gré des saisons. De bons produits, une exécution soignée : c'est gagné pour le Gaigne !

Menu 45/75 € - Carte 66/84 €

2 rue de Vienne - Ⓜ St-Augustin - ✆ 01 45 22 23 62 - www.restaurantlegaigne.fr - Fermé 3-23 août, 21 décembre-5 janvier, samedi, dimanche

Joël Robuchon-Dassaï

CUISINE JAPONAISE • CHIC XX Pâtisserie, sandwicherie, salon de thé, bar à saké et restaurant... pour une ode au Japon, pays d'élégance et de gastronomie, si cher au regretté Joël Robuchon. Cadre design avec touches seventies, cuisine nippone et française, service aux petits soins. Inspirant.

Menu 49/89 € - Carte 85/110 €

184 rue du Faubourg-Saint-Honoré - ✆ 01 76 74 74 70 - www.robuchon-dassai-laboutique.com - Fermé 1er-30 août, samedi, dimanche

Kinugawa Matignon

CUISINE JAPONAISE • ÉLÉGANT XX La seconde adresse du restaurant Kinugawa Vendôme n'a rien à envier à son aînée : on retrouve ici le même souci de précision, la cuisine d'inspiration japonaise - presque fusion - servie dans un cadre intimiste. Les puristes s'installent au bar à sushi. Très tendance !

Menu 45 € - Carte 59/125 €

1 bis rue Jean-Mermoz - Ⓜ Franklin D. Roosevelt - ✆ 01 42 25 04 23 - www.kinugawa.fr - Fermé 3-17 août

Le Marché du Lucas

CUISINE TRADITIONNELLE • CLASSIQUE XX À l'étage du restaurant Lucas Carton, dans un plaisant décor Art Nouveau, le chef Julien Dumas joue la simplicité et la gourmandise, autour d'un menu du jour annoncé verbalement. Pêche du jour, épinards, sarrasin ; glace à la courge et au marron... Un repas d'une belle tenue.

Menu 45€

9 place de la Madeleine - Ⓜ Madeleine - ✆ 01 42 65 56 66 - www.lucascarton.com - Fermé 1er-25 août, dimanche

Marius et Janette

POISSONS ET FRUITS DE MER • MÉDITERRANÉEN XX Un élégant décor façon yacht, des filets de pêche, etc. Ici, les produits de la mer sont évidemment à l'honneur ; la carte est renouvelée chaque jour, au gré des arrivages...

Menu 65€ (déjeuner) - Carte 95/180€

4 avenue George-V - Ⓜ Alma Marceau - ✆ 01 47 23 41 88 - www.mariusjanette.com

Maxan

CUISINE MODERNE • ÉLÉGANT XX C'est donc ici, à deux pas de l'avenue George-V, que l'on retrouve Maxan. On découvre un décor élégant et discret, tout en camaïeu de gris, et on renoue non sans plaisir avec cette cuisine du marché bien parfumée, à l'instar des champignons de Paris et mousserons, et leur œuf poché...

Menu 40€ - Carte 48/82€

3 rue Quentin-Bauchart - Ⓜ George V - ✆ 01 40 70 04 78 - www.rest-maxan.com - Fermé 1er-26 août, samedi midi, dimanche

Origines Ⓝ

CUISINE MODERNE • ÉLÉGANT XX Enfin chez lui ! Le chef aveyronnais Julien Boscus réalise ici une cuisine dans l'air du temps à base de bons produits. Ainsi le veau rosé du pays basque rôti, sa fine mousseline de champignons sauvages, oignon et jus. Saveurs, technique sobre et maîtrisée, cadre contemporain : l'adresse a tout pour plaire.

Menu 44€ (déjeuner)/85€ - Carte 73/90€

6 rue de Ponthieu - Ⓜ Franklin D. Roosevelt - ✆ 09 86 41 63 04 - www.origines-restaurant.com - Fermé 1er-24 août, 21-28 décembre, samedi, dimanche

Le 39V

CUISINE MODERNE • DESIGN XX La clientèle internationale se presse au sixième étage du 39 de l'avenuc George-V... et pour cause ! Sur les toits de Paris, dans un décor épuré, on profite d'une cuisine de bonne facture, avec de solides bases classiques.

Menu 40€ (déjeuner), 95/135€ - Carte 81/149€

39 avenue George-V (6ème étage - entrée par le 17 rue Quentin-Bauchart) - Ⓜ George V - ✆ 01 56 62 39 05 - www.le39v.com - Fermé 3-23 août, samedi, dimanche

Manko

CUISINE PÉRUVIENNE • ÉLÉGANT X Le chef star péruvien Gaston Acurio et le chanteur Garou ont eu un enfant : il s'appelle Manko. Ce restaurant, bar lounge et cabaret du sous-sol du Théâtre des Champs-Elysées propose des recettes péruviennes mâtinées de touches asiatiques et africaines. Une cuisine de partage bien ficelée.

Menu 31€ (déjeuner)/65€ - Carte 40/80€

15 avenue Montaigne - Ⓜ Alma Marceau - ✆ 01 82 28 00 15 - www.manko-paris.com

Shirvan

CUISINE MODERNE • CONTEMPORAIN X Ce restaurant, proche du pont de l'Alma, porte la signature d'Akrame Benallal. Pas de nappage ici, mais couverts design, timbales en grès, et une cuisine, nourrie aux influences de "la route de la soie", du Maroc à l'Inde, en passant par l'Azerbaïdjan. Une gastronomie métissée riche en épices... Service efficace et quasi continu.

Menu 40€ (déjeuner) - Carte 40/100€

5 place de l'Alma - Ⓜ Alma Marceau - ✆ 01 47 23 09 48 - www.shirvancafemetisse.fr

Le Boudoir

CUISINE TRADITIONNELLE • BISTRO X Meilleur Ouvrier de France en charcuterie, le chef a travaillé dans de belles maisons et exprime aujourd'hui dans ce Boudoir son amour du... boudin. Oui, la charcuterie peut être un art : voyez le splendide pâté en croûte de volaille et foie gras ! Décor sobre et élégant, service parfait.

Menu 35 € (déjeuner)/62 € - Carte 48/70 €

25 rue du Colisée - Ⓜ Franklin D. Roosevelt - ✆ 01 43 59 25 29 - www.boudoirparis.fr - Fermé 8-23 août, samedi, dimanche

Chez Monsieur Ⓝ

CUISINE TRADITIONNELLE • BISTRO X Voilà le bistrot parisien dans toute sa splendeur (comptoir en zinc, banquettes en velours, carrelage à motifs), avec l'immuable – et très bonne ! – cuisine qui l'accompagne : escargots de Bourgogne au beurre blanc, blanquette de veau servie en cocotte... sans oublier un large panel de vins de toutes les régions de France.

Carte 52/88 €

11 rue du Chevalier-de-Saint-George - Ⓜ Madeleine - ✆ 01 42 60 14 36 - www.chezmonsieur.fr

Lazare

CUISINE TRADITIONNELLE • BRASSERIE X Au cœur de la fameuse gare St-Lazare, on doit à Éric Frechon l'idée de cette élégante brasserie "ferroviaire" qui respecte les canons du genre : œufs mimosa, quenelles de brochet ou maquereaux au vin blanc, la belle tradition française est sur les rails ! Sympathique et très animé.

Carte 35/90 €

Parvis de la gare St-Lazare, rue Intérieure - Ⓜ St-Lazare - ✆ 01 44 90 80 80 - www.lazare-paris.fr

Marloe

CUISINE MODERNE • BISTRO X Dans ce quartier huppé, à l'angle de deux jolies rues, Marloe, aux allures de bistrot chic et cosy, séduit au-delà de la clientèle du quartier. De fait, la cuisine, élaborée à partir de produits d'excellente qualité, se révèle maîtrisée et sans esbroufe.

Carte 37/65 €

12 Rue du Commandant Rivière - Ⓜ St-Philippe-du-Roule - ✆ 01 53 76 44 44 - www.marloe.fr - Fermé 6-31 août, samedi, dimanche

Néva Cuisine

CUISINE MODERNE • ÉLÉGANT X La Néva n'est pas seulement un fleuve russe passant à Saint-Pétersbourg, c'est aussi ce restaurant où officie la cheffe Beatriz Gonzalez. Elle y signe une cuisine au goût du jour maîtrisée, à l'image de ce ris de veau crousti-fondant au big green egg. Frais et de bonne qualité.

Menu 42 €

2 rue de Berne - Ⓜ Europe - ✆ 01 45 22 18 91 - www.nevacuisineparis.com - Fermé 5-25 août, 24 décembre-1er janvier, samedi, dimanche

Le Sushi Okuda

CUISINE JAPONAISE • ÉPURÉ X Ce bar à sushis, attenant au restaurant Okuda, rappelle les izakayas (les bars) japonais, tant par le cèdre du Japon qui habille les murs que par l'étroitesse du lieu et la fraîcheur des poissons. Menus dépaysants.

Menu 95 € (déjeuner)/155 €

18 Rue du Boccador - Ⓜ Alma Marceau - ✆ 01 47 20 17 18 - www.sushiokuda.com - Fermé 1er-31 août, mercredi, jeudi

24 - Le Restaurant

CUISINE MODERNE • TENDANCE X À deux pas du rond-point des Champs-Elysées, cet établissement propose des assiettes bien travaillées, qui n'ont pas besoin d'en mettre plein la vue pour égayer notre gourmandise : en témoigne le filet mignon de veau, cerise à la réglisse, pommes de terre banane. L'accueil est aussi souriant que professionnel, et le rapport qualité prix excellent, surtout le midi.

Menu 37 € (déjeuner), 48/60 €

24 rue Jean-Mermoz - Ⓜ Franklin D. Roosevelt - ✆ 01 42 25 24 24 - www.24lerestaurant.fr - Fermé 5-26 août, samedi, dimanche

Hôtels

Le Bristol

PALACE • GRAND LUXE Ce palace de 1925, agencé autour d'un magnifique jardin, a conservé toute sa superbe. Les luxueuses chambres de style Louis XV ou Louis XVI cohabitent avec des suites (Lune de miel, Impériale, etc.) aux impressionnantes proportions. Non moins exceptionnelle, la piscine dominant Paris...

190 chambres - 1300/1700 € - 45 € - 100 suites

112 rue du Faubourg Saint-Honoré - Miromesnil - 01 53 43 43 00 - www.lebristolparis.com

114, Faubourg • **Épicure** - Voir la sélection des restaurants

Crillon

PALACE • GRAND LUXE Saluons la renaissance d'un chef-d'œuvre de l'architecture du 18e s., dont la façade, magnifiant la place de la Concorde, a conservé sa fastueuse ornementation. Chambres luxueuses, appartements à thème (dont l'un d'eux, confié à Karl Lagerfeld). L'art de vivre à la française, dans sa pure et intemporelle splendeur. Un palace mythique.

124 chambres - 1170/2000 € - 46 suites

10 place de la Concorde - Concorde - 01 44 71 15 00 - www.rosewoodhotels.com/fr/hotel-de-crillon

L'Écrin • **Brasserie d'Aumont** - Voir la sélection des restaurants

Four Seasons George V

PALACE • GRAND LUXE Ce palace mythique, né en 1928, s'est paré des splendeurs et raffinements du 18e s. Ses chambres, luxueuses et spacieuses, ses collections d'œuvres d'art, son spa superbe et sa belle cour intérieure - sans parler de son histoire gastronomique - : voilà bien un ensemble d'exception !

185 chambres - 1200/1500 € - 62 € - 59 suites

31 Avenue George V - George V - 01 49 52 70 00 - www.fourseasons.com/paris

Le Cinq • **L'Orangerie** **Le George** - Voir la sélection des restaurants

Plaza Athénée

PALACE • CLASSIQUE Palace parisien par excellence, inauguré en 1911, le Plaza Athénée vit merveilleusement le passage des années. Rien n'altère la primauté de l'établissement, véritable sommet de luxe et d'élégance à la française. Des services d'exception, dont le somptueux Spa Christian Dior, une cour-jardin pour prendre un repas léger aux beaux jours : le mythe continue...

154 chambres - 1580/1800 € - 48 € - 54 suites

25 avenue Montaigne - Alma Marceau - 01 53 67 66 65 - www.dorchestercollection.com/paris/hotel-plaza-athenee

Alain Ducasse au Plaza Athénée • **Le Relais Plaza** - Voir la sélection des restaurants

La Réserve

PALACE • ÉLÉGANT Parquet Versailles, larges canapés, corniches dorées à l'or fin : c'est vers le chic parisien de la Belle Époque que lorgne ce superbe hôtel particulier du 19es., décoré par Jacques Garcia. Suites avec vue sur les jardins de l'Élysée, le Grand Palais ou la Tour Eiffel. Cuisine internationale "sur la route des épices" proposée à la Pagode de Cos.

25 suites - 1450/15000 € - 41 € - 15 chambres

42 avenue Gabriel - Champs Elysées Clemenceau - 01 58 36 60 60 - www.lareserve-paris.com

Le Gabriel - Voir la sélection des restaurants

Le Royal Monceau

PALACE • PERSONNALISÉ Ce palace du 21e s., décoré par Philippe Starck, se joue des codes en vigueur : galerie d'art, librairie, salle de cinéma high-tech, spa superbe... Assurément arty ! En un mot : Royal.

108 chambres - 750/1950 € - 41 suites

37 avenue Hoche - Charles de Gaulle-Etoile - 01 42 99 88 00 - www.leroyalmonceau.com

Il Carpaccio • **Matsuhisa** - Voir la sélection des restaurants

Fouquet's Barrière

LUXE • ÉLÉGANT Né dans le sillage de la mythique brasserie, ce luxueux hôtel a été décoré par Jacques Garcia : styles Empire et Art déco, foisonnement d'acajou, de soie, de velours, associés à des équipements high-tech et un spa superbe. La carte de la mythique brasserie est signée Pierre Gagnaire. Une authentique expérience parisienne.

64 chambres - 630/2000 € - 49 € - 37 suites

46 avenue George V - George V - 01 40 69 60 00 - www.lefouquets-paris.com

Prince de Galles

GRAND LUXE • ART DÉCO Ce fleuron légendaire de l'Art déco parisien irradie de son élégance l'avenue George-V. Construit en 1928, nimbé d'une nouvelle fraîcheur, le charme des lieux reste intact, des chambres, luxueuses et raffinées, au bar "Les Heures", où le temps suspend son vol, face au patio classé.

115 chambres - 975/1290 € - 38 € - 44 suites

33 avenue George V - George V - 01 53 23 77 77 - www.marriott.com

Vernet

HISTORIQUE • PERSONNALISÉ Un immeuble des Années folles dans une petite rue près des Champs-Élysées... qui abrite un hôtel entièrement rénové ! Il se dégage de ces lieux un je-ne-sais-quoi de très parisien, du hall d'entrée lumineux aux chambres, dont on appréciera le décor soigné et feutré.

41 chambres - 690/2200 € - 25 € - 9 suites

25 rue Vernet - Charles de Gaulle-Etoile - 01 44 31 98 00 - www.hotelvernet.com

Le V - Voir la sélection des restaurants

Hôtel de Berri

GRAND LUXE • ART DÉCO À deux pas des Champs-Élysées, cet immeuble des années 1970 abrite un hôtel atypique, élégant et luxueux : sols à damier et statues dans le hall, grand bar, centaines d'œuvres d'art en exposition, chambres spacieuses aux équipements ultra-modernes. Cuisine méditerranéenne au restaurant Schiap.

74 chambres - 390/900 € - 35 € - 1 suite

18-22 rue de Berri - Saint-Philippe-du-Roule - 01 76 52 77 73 - www.marriott.com

Sofitel le Faubourg

LUXE • PERSONNALISÉ Élégant hôtel dans deux demeures des 18e et 19e s. Les chambres, décorées dans un style moderne et épuré, ne manquent pas d'élégance ; on profite d'un salon sous verrière, ainsi que d'un joli fitness avec hammam et salles de massages.

119 chambres - 360/800 € - 30 € - 29 suites

15 rue Boissy d'Anglas - Concorde - 01 44 94 14 14 - www.sofitel-paris-lefaubourg.com

Le Damantin N

BOUTIQUE HÔTEL • MODERNE Mêlant brique rouge et pierre de taille, ce boutique-hôtel a pris ses quartiers en bord de Seine. L'intérieur joue la carte du luxe sans ostentation : mobilier classique, velours tressés, tissus des maisons Pierre Frey, etc. Piscine, sauna et fitness, massage sur demande.

43 chambres - 350/550 € - 35 € - 1 suite Tablet. PLUS

1 Rue Bayard - Franklin Roosevelt - 01 53 75 62 62 - www.ledamantin.com

Hôtel de Sers

HÔTEL PARTICULIER • PERSONNALISÉ Le marquis de Sers ne reconnaîtrait pas son hôtel particulier de la fin du 19e s. Il faut dire qu'il mélange les styles avec succès : si le hall a conservé son caractère d'origine, les chambres, elles, sont résolument contemporaines et tendance. Un "baby palace" élégant...

45 chambres - 370/1200€ - 30€ - 7 suites

41 avenue Pierre-1er-de-Serbie - George V - 01 53 23 75 75 - www.hoteldesers.com

L'Hôtel Fauchon

BOUTIQUE HÔTEL • CONTEMPORAIN Un bel établissement, idéalement situé. Les chambres, spacieuses, ont du style (dans une veine "hôtel gourmand" chère à la marque), et donnent sur l'église de la Madeleine ou le boulevard. Espace bien-être avec hammam, fitness et cabines de soins.

47 chambres - 400/1350€ - 39€ - 7 suites Tablet. PLUS

4 boulevard Malesherbes - Madeleine - 01 87 86 28 00 - www.fauchonhotels.com

Marquis Faubourg Saint-Honoré

HISTORIQUE • PERSONNALISÉ Ce boutique-hôtel doit son nom au marquis de La Fayette, le "héros des deux mondes", qui vécut dans cet hôtel particulier du 18e s. De vastes chambres, une décoration chic et sobre, de luxueuses salles de bains : l'adresse ne manque ni de charme ni de panache !

10 suites - 600/1600€ - 29€ - 5 chambres

8 rue d'Anjou - Madeleine - 01 44 80 00 00 - www.marquisfaubourgsainthonore.com

Splendide Royal

HÔTEL PARTICULIER • ÉLÉGANT Ce palace de poche, installé dans un hôtel particulier, ancienne demeure de Pierre Cardin, séduira les amoureux du luxe discret, avec ses six suites de 65 m²et six juniors suites de 40 m², raffinées et élégantes. Charmant et familial.

6 chambres - 450/1050€ - 6 suites

18 rue du Cirque - Miromesnil - 01 43 87 10 10 - www.splendideroyal.fr

Tosca - Voir la sélection des restaurants

Hôtel Bowmann

LUXE • ÉLÉGANT Au cœur du triangle d'or, dans un immeuble du 19e s., on trouve cet hôtel ouvert après deux ans de travaux. Chambres spacieuses, entre confort moderne et élégance haussmannienne (dont une grande suite au dernier étage, avec vue sur les toits !), espace bien-être : rien ne manque.

52 chambres - 400/1800€ - 33€ - 1 suite

99 boulevard Haussmann - Saint Augustin - 01 40 08 00 10 - www.hotelbowmannparis.com

Grand Powers N

LUXE • TENDANCE Le Grand Powers (ex-Hôtel Powers) a été entièrement rénové en 2018. La décoration classique de cet immeuble haussmannien du triangle d'or (cheminée et moulures ouvragées) s'associe au contemporain chic et discret. Une nouvelle adresse très élégante à deux pas des Champs Elysées. L'établissement propose une restauration simple qui privilégie les préparations saines et légères (dim sum, salades, saumon). Petit espace fitness au sous-sol.

49 chambres - 452/850€ - 38€ - 1 suite Tablet. PLUS

52 rue François-1er - George V - 01 47 23 91 05 - www.hotelgrandpowersparis.com

Les Jardins du Faubourg N

BOUTIQUE HÔTEL • ÉLÉGANT À un jet de pierre de l'ambassade de Grande-Bretagne, un petit bijou associant modernité et classicisme très "parisien", avec une petite cour-terrasse aux jasmins envoûtants... Espace bien-être au sous-sol.

32 chambres - 400/720€ - 39€ - 4 suites

9 rue d'Aguesseau - La Madeleine - 01 86 54 15 15 - www.jardinsdufaubourg.com

La Régalade du Faubourg - Voir la sélection des restaurants

 **Le Pavillon des Lettres**

URBAIN • PERSONNALISÉ Un hôtel littéraire en plein cœur de Paris ? Vingt-six chambres pour les vingt-six lettres de l'alphabet, chacune portant le nom d'un écrivain et déclinant son œuvre dans leur décoration. Élégant et subtil : parfait pour réviser ses classiques et découvrir la ville autrement.

26 chambres - 230/590 € Tablet. PLUS

12 rue des Saussaies - Miromesnil - 01 49 24 26 26 - www.pavillondeslettres.com

 **Le Marianne**

URBAIN • CONTEMPORAIN Cette séduisante Marianne se cache dans un immeuble haussmannien, tout près des Champs-Élysées. L'hôtel a des allures de maison particulière ; les chambres, confortables, se parent de matériaux nobles (marbre, laiton) et de beaux dégradés de couleurs.

31 chambres - 170/450 € - 19 €

11 rue Paul-Baudry - St-Philipe-du-Roule - 01 45 04 30 30 - www.lemarianne.com

Chavanel

URBAIN • CONTEMPORAIN Cet hôtel appartient à la même famille depuis 1984. Depuis les voilages en dentelle française des fenêtres, jusqu'aux luminaires, tout détail est étudié. Quant au buffet du petit-déjeuner, il mérite votre appétit !

27 chambres - 200/660 € - 20 €

22 rue Tronchet - Madeleine - 01 47 42 26 14 - www.hotelchavanel.com

Opéra - Grands Boulevards

9e arrondissement

Getty Images

Restaurants

 **NESO** (Guillaume Sanchez)

CUISINE CRÉATIVE • CONTEMPORAIN XX Nomos, c'est fini : bienvenue à NESO ! L'attachant - et très tatoué - Guillaume Sanchez s'est installé dans le 9e arrondissement. Dans un lieu sobre et élégant, il propose une cuisine tout feu tout flamme, avec de l'imagination et de la technique à revendre - extractions de vapeur à froid, fermentation des légumes. Le chef ne travaille que poisson et végétal, des produits d'une grande qualité et exclusivement français. Les assiettes sont proposées dans un menu mystère en 7 ou 10 plats. Variations de saveurs et de textures, dressages originaux et très soignés, on enchaîne les petites bombinettes de saveurs, jusqu'à quelques tentatives qui laissent plus perplexe mais témoignent d'une identité forte et assumée. Et maintenant, Neso 2, face au restaurant, propose petites préparations iodées à déguster. Une expérience.

Spécialités : Cuisine du marché.

Menu 55 € (déjeuner), 90/120 €

6 rue Papillon - Poissonnière - 01 48 24 04 13 - www.neso.paris - Fermé 23 décembre-2 janvier, lundi midi, samedi, dimanche

✿ Aspic A/C

CUISINE MODERNE • BISTRO ✗ Après avoir plaqué le monde de la finance pour entrer à l'école Ferrandi, le chef a multiplié les expériences (ministère des Affaires étrangères, L'Épi Dupin entre autres) avant d'ouvrir sa propre table rue de la Tour d'Auvergne. Esprit rétro, cuisine ouverte sur la salle, service attentionné : on se sent immédiatement à l'aise. Impression confirmée par les assiettes aux dressages soignés : le menu surprise, en sept séquences, met en valeur des produits impeccables (viandes et volailles fermières, poissons de ligne et de petit bateau, herbes et épices, le tout issu des circuits courts, autant que possible) dans des préparations subtiles et délicates... avec juste ce qu'il faut de créativité bien maîtrisée. Un bonheur.

Spécialités : Cuisine du marché.

Menu 69€

24 rue de la Tour-d'Auvergne - Ⓜ Cadet - ✆ 09 82 49 30 98 - www.aspic-restaurant.fr - Fermé 2-31 août, 24 décembre-1er janvier, lundi, dimanche et le midi

✿ La Condesa (Indra Carrillo) A/C

CUISINE CRÉATIVE • COSY ✗ La Condesa est un quartier de Mexico : c'est aussi le restaurant d'Indra Carrillo, venu du Mexique pour intégrer l'institut Paul Bocuse, avant de rejoindre de grandes maisons comme le Bristol ou l'Astrance. Formé chez des MOF, notamment en poissonnerie et boulangerie, et après une expérience au Japon, il reprend l'Atelier Rodier, qu'il transforme complètement, côté salle et cuisine. Ses techniques sont françaises, mais ses inspirations font la part belle aux différentes cultures gastronomiques (pas nécessairement mexicaines). Exemple parfait, cet agnoletti de butternut infusé dans un bouillon de volaille et huile de piment mexicain, lard de colonnata. Une excellente adresse, mise en valeur par un service professionnel. Un coup de cœur.

Spécialités : Cuisine du marché.

Menu 45€ (déjeuner), 75/95€

17 rue Rodier - Ⓜ Notre-Dame de Lorette - ✆ 01 53 20 94 90 - www.lacondesa-paris.com - Fermé lundi, dimanche, le midi sauf vendredi

✿ L'Innocence (Anne Legrand et Clio Modafarri) A/C

CUISINE MODERNE • ÉPURÉ ✗ Depuis leur cuisine ouverte sur la salle, deux cheffes talentueuses, Anne Legrand (L'Atelier Rodier, Le Clarence, Itinéraires) et Clio Modaffari (The Kitchen Gallery, Itinéraires, Frenchie) célèbrent le marché et les saisons au fil d'un menu mystère en six plats. Ce jour-là, un beau pavé de filet de thon Ikejime, un suprême de pigeonneau d'une insolente tendreté, ou l'excellente poulette de la cour d'Armoise à la peau croustifondante. Produits rigoureusement sélectionnés, saveurs percutantes, jolis jeux de textures : on se régale d'un bout à l'autre des assiettes colorées du duo, qui se plaît à travailler végétal, viandes et poisson. Pensez à réserver.

Spécialités : Rouget barbet, courgette, haricots verts et sauce de tête. Lapin au foie, lard de Colonnata, sauge, chénopodes et févettes. Cerises, croustillant à la graine de fenouil et mousse d'amande.

Menu 32€ (déjeuner)/69€

28 rue de la Tour-d'Auvergne - Ⓜ Cadet - ✆ 01 45 23 99 13 - www.linnocence.fr - Fermé 9-31 août, 30 décembre-6 janvier, lundi, mardi midi, mercredi midi, jeudi midi, dimanche

✿ Louis (Stéphane Pitré) ♿

CUISINE MODERNE • INTIME ✗ Non loin des grands magasins mais dans une rue tranquille, ce petit restaurant accueille dans un intérieur intimiste, avec cuisine ouverte et caveau de dégustation au sous-sol. Aux fourneaux, un chef breton, passé chez Senderens, rend hommage à son père, grand-père et arrière-grand-père, tous prénommés "Louis". Il cisèle des menus originaux, en petites portions : blanc de cabillaud au chou romanesco, noisette du Piémont et savagnin ; ou encore agneau rôti, textures de petits pois et lard de Bigorre. Les bons appétits opteront pour le menu à 6 ou 8 plats. C'est inventif, spontané, et la cuisine est attentive au marché et aux saisons. Une pause gourmande au calme... et pour une expérience plus "bistrot", direction Le Cellier et sa cuisine simple et franche, à deux numéros de là.

Spécialités : Cuisine du marché.

Menu 42 € (déjeuner), 71/91 €

23 rue de la Victoire - Ⓜ Le Peletier - ✆ 01 55 07 86 52 - www.louis.paris - Fermé 7 juillet-18 août, samedi, dimanche

Abri Soba

CUISINE JAPONAISE · BISTRO Connaissez vous les *soba*, des pâtes japonaises au sarrasin ? Ce restaurant (la deuxième adresse des associés à l'origine d'Abri) en a fait sa spécialité et les propose, pour ainsi dire, à toutes les sauces : à midi et le soir, froides ou chaudes, avec bouillon et émincé de canard par exemple. C'est simple et savoureux : à vos baguettes.

Spécialités : Pâtes soba froides, sauce soja, tofu émincé et frit. Pâtes soba chaudes, beignets de crevettes et légumes.

Menu 38 € - Carte 25/40 €

10 rue Saulnier - Ⓜ Cadet - ✆ 01 45 23 51 68 - Fermé 12 août-1er septembre, lundi, dimanche midi

Le Caillebotte

CUISINE MODERNE · CONVIVIAL Franck Baranger, le chef, compose ces assiettes fraîches et résolument modernes dont il a le secret : langoustines servies crues sur des lasagnes de concombre, thon blanc de St-Gilles et coulis de petits pois mentholés... C'est gourmand, coloré, et colle parfaitement à l'ambiance conviviale des lieux.

Spécialités : Escabèche de maquereau de ligne, pois chiche, tom kha de carotte blanche. Canette de Challans, oignons, betteraves jaune et myrtilles. Mirabelles poêlées, crumble amande et glace verveine.

Menu 38/49 €

8 rue Hippolyte-Lebas - Ⓜ Notre-Dame de Lorette - ✆ 01 53 20 88 70 - Fermé 12-31 août, samedi, dimanche

Les Canailles Pigalle

A/C

CUISINE MODERNE · BISTRO Parfaite pour s'encanailler, cette sympathique adresse a été créée par deux Bretons formés à bonne école. Ici, ils jouent la carte de la bistronomie et des recettes de saison. Spécialités : le carpaccio de langue de bœuf et sauce ravigote, et le baba au rhum avec sa chantilly à la vanille... On se régale !

Spécialités : Carpaccio de langue de bœuf, sauce gribiche. Filet de canette rôti, mousseline de carotte jaune. Baba au rhum.

Menu 37 € - Carte 49/55 €

25 rue La Bruyère - Ⓜ St-Georges - ✆ 01 48 74 10 48 - www.restaurantlescanailles.fr - Fermé 8-30 août, samedi, dimanche

Le Pantruche

CUISINE MODERNE · BISTRO Pantruche, c'est Paris en argot... Un nom tout trouvé pour ce bistrot au décor rétrochic, qui cultive volontiers l'atmosphère gouailleuse et canaille des années 1940-1950. Côté papillles, le chef et sa petite équipe concoctent de jolis plats de saison, pile dans la tendance bistronomique.

Spécialités : Tête de veau croustillante, coquillages et herbes sauvages. Canard maturé, betteraves au vinaigre, salade braisée et cassis. Soufflé au Grand Marnier, caramel au beurre salé.

Menu 38 €

3 rue Victor-Massé - Ⓜ Pigalle - ✆ 01 48 78 55 60 - Fermé 12-31 août, samedi, dimanche

Richer

♿

CUISINE MODERNE · BRANCHÉ Cette maison séduit autant par son esprit de cantine arty que par ses assiettes, qui dévoilent une cuisine du marché fraîche et goûteuse, à l'image de ces gambas et crème de fenouil. Attention cependant, le seul moyen de réserver est de... se présenter sur place.

Spécialités : Velouté de petits pois, stracciatella de burrata, pickles de cerise et radis noir. Selle d'agneau rôtie, houmous, pleurotes, épinards, jus d'agneau. Soupe de pêche-verveine, crème légère et concombre mariné.

Carte 36/51 €

2 rue Richer - Ⓜ Poissonnière - ✆ 09 67 29 18 43 - www.lericher.com - Fermé 9-23 août, 23 décembre-1er janvier

Les Affranchis

CUISINE MODERNE • BISTRO "Affranchi" des maisons où il était salarié, le chef se joue avec bonheur des classiques pour élaborer une cuisine goûteuse, à l'image de cet œuf parfait, façon carbonara ou du lieu jaune en arlequin de chou-fleur, orange et poutargue. Une adresse qui va comme un gant à ce 9e arrondissement, aussi bourgeois que bohème.

Menu 35 € (déjeuner), 45/50 €

5 rue Henri-Monnier - St-Georges - 01 45 26 26 30 - www.lesaffranchisrestaurant.com - Fermé lundi

Belle Maison

POISSONS ET FRUITS DE MER • BISTRO Les trois associés de Pantruche et Caillebotte remettent ça avec cette Belle Maison, baptisée ainsi d'après la plage de l'île d'Yeu où ils passaient leurs vacances. Le chef manie l'iode avec une facilité déconcertante – raviole de crabe et gaspacho ; maigre de ligne, petits pois et girolles –, on se régale en sa compagnie. Appel du large reçu cinq sur cinq !

Carte 41/58 €

4 rue de Navarin - Saint-Georges - 01 42 81 11 00 - www.restaurant-bellemaison.com - Fermé lundi, dimanche

Bouillon 47

CUISINE MODERNE • CONVIVIAL Première affaire pour ce chef, qui fut pendant trois ans second de Bruno Doucet à La Régalade St-Honoré – à bonne école, donc ! Il compose ici une cuisine bistronomique bien ficelée, avec de judicieuses associations de produits de saison et de qualité... C'est gourmand, goûteux : on passe un excellent moment.

Menu 28 € (déjeuner), 42/80 €

47 rue de Rochechouart - Poissonnières - 09 51 18 66 59 - www.bouillonparis.fr - Fermé 1er-6 janvier, 1er-11 mai, 2-24 août, lundi, dimanche

Comptoir Canailles

CUISINE MODERNE • CONVIVIAL Installez-vous en toute quiétude, vous êtes entre de bonnes toques : ce jeune couple (Alain Ducasse pour lui, Institut Paul Bocuse pour elle) signe une cuisine de bistrot goûteuse, à l'image de ce ris de veau poêlé et jus corsé ou de la tête de veau croustillante, sauce gribiche - autant de classiques maîtrisés. Vins natures de petits vignerons.

Menu 24 € (déjeuner)/36 € - Carte 45/80 €

47 rue Rodier - Anvers - 01 53 20 95 56 - www.comptoircanailles.com - Fermé 2-24 août, 23 décembre-4 janvier, lundi, dimanche

Le Garde Temps

CUISINE MODERNE • BISTRO Murs en pierres apparentes, comptoir en carrelage de métro... Bienvenue au Garde Temps, sympathique bistrot ouvert par un ancien d'Yves Camdeborde : c'est frais et bien travaillé, comme cette mousseline de topinambour et maquereau, ou le coquelet jaune des landes aux herbes, et sa sauce suprême. En saison, l'ardoise s'autorise quelques plats ambitieux (truffe, homard).

Menu 25 € (déjeuner)/36 € - Carte 45/70 €

19 bis Rue Pierre Fontaine - Blanche - 09 81 48 50 55 - www.restaurant-legardetemps.fr - Fermé 5-25 août, samedi midi, dimanche

Il Cuoco Galante

CUISINE ITALIENNE • BISTRO Dans ce bistrot convivial, la jeune chef Ilaria Conti, originaire de Ligurie, décline une cuisine rafraîchissante, entre modernité et beau classicisme. Prenez par exemple ces spaghettis *al pomodoro San Marzano*, une recette vieille comme le monde... et qui n'a pas pris une ride.

Menu 24 € (déjeuner) - Carte 31/44 €

36 rue Condorcet - Anvers - 01 40 37 35 53 - www.ilcuocogalante.com - Fermé 10-17 août, lundi, dimanche

PARIS ET SES ENVIRONS

Mieux

CUISINE MODERNE • CONVIVIAL Trois associés de longue date ont ouvert cette adresse sympathique dans la rue Saint-Lazare, en plein cœur du 9e arrondissement. La cuisine célèbre le marché et les bons produits – légumes d'Annie Bertin, pêche de petit bateau –, l'ambiance est conviviale et sans prétention. Très bon rapport qualité-prix à midi.

Menu 21€ (déjeuner)/26€ - Carte 35/56€

21 rue Saint-Lazare – Notre-Dame-de-Lorette – 01 71 32 46 73 – www.mieux-restaurant.com

Orties

CUISINE CRÉATIVE • ÉPURÉ Le long du menu surprise en six temps, les bonnes surprises s'enchaînent : goût des produits, bien sûr, mais aussi créativité et maîtrise technique du chef – deux qualités qui ne vont pas toujours de pair... Voilà sans doute ce qui explique que dans cette rue Rodier où les tables ne manquent pas, ce restaurant affiche régulièrement complet !

Menu 45/68€

24 rue Rodier – Cadet – 01 45 26 86 26 – www.orties-restaurant.paris – Fermé 4-24 août, lundi, mardi midi, mercredi midi, jeudi midi, vendredi midi, samedi midi, dimanche

La Régalade Conservatoire

CUISINE MODERNE • TENDANCE Après sa Régalade du 1er arrondissement, Bruno Doucet réplique à deux pas des Grands Boulevards, au sein du luxueux hôtel de Nell. L'esprit bistrot se fait chic, et la cuisine du chef toujours aussi enlevée, généreuse et savoureuse. Vivement le nouvel opus !

Menu 41€

Hôtel de Nell, 7-9 rue du Conservatoire – Bonne Nouvelle – 01 44 83 83 60 – www.charmandmore.com

Hôtels

Intercontinental Le Grand

HISTORIQUE • GRAND LUXE Voilà bien un Grand Hôtel (né en 1862), exemplaire du 19e s., sur la place même de l'Opéra, au cœur du Paris d'Haussmann ! Son Café de la Paix au sublime décor, sa cour intérieure à l'ambiance proustienne, ses chambres de style Second Empire... Un monument parisien.

442 chambres – 335/950€ – 45€ – 28 suites

2 rue Scribe – Opéra – 01 40 07 32 32 – www.paris.intercontinental.com

Hôtel de Nell

LUXE • DESIGN Un fort bel établissement voisin du Conservatoire national supérieur d'Art dramatique. Ferait bien de la comédie qui se plaindrait de ses aménagements, au style affirmé, signés Jean-Michel Wilmotte. Bois brut, tons clairs, lignes épurées... ou tout l'esprit du luxe contemporain.

33 chambres – 250/800€ – 24€ – 1 suite Tablet. PLUS

7-9 rue du Conservatoire – Bonne Nouvelle – 01 44 83 83 60 – www.charmandmore.com

La Régalade Conservatoire – Voir la sélection des restaurants

Parister

URBAIN • COSY Hôtel au charme intemporel, proche des Grands Boulevards. Chambres feutrées et cosy, confortables, espace bien-être en sous-sol, avec couloir de nage. Le restaurant Les Passerelles propose une cuisine française et internationale. Le soir, formule tapas au bar. Une jolie adresse.

45 chambres – 225/900€ – 28€

19 rue Saulnier – Cadet – 01 80 50 91 91 – www.hotelparister.com

The Chess Hotel

URBAIN • DESIGN Ambiance chic et exclusive, à deux pas de l'Opéra, pour ce bel établissement qui mise sur la sobriété et l'élégance plutôt que sur l'esbroufe. Les chambres sont des cocons, l'accueil est sur-mesure. Restauration légère à toute heure.

50 chambres - 159/399 € - 22 €

6 rue du Helder - Opéra - 01 48 24 10 10 - www.thechesshotel.com

Adèle & Jules

BOUTIQUE HÔTEL • PERSONNALISÉ Un hôtel situé au calme, et pourtant à proximité des Grands Boulevards, des Folies Bergères, et du quartier des Antiquaires. Chambres cosy, décor "chic parisien". Une valeur sûre.

60 chambres - 170/440 € - 15 €

2 et 4 bis Cité-Rougemont - Grands Boulevards - 01 48 24 60 70 - www.hoteladelejules.com

Athénée

LUXE • COSY Non loin du théâtre de l'Athénée, cet hôtel chic assume un style néobaroque très "opéra"... signé Jacques Garcia. Draperies, velours pourpre, boiseries, chambres décorées sur un thème lyrique ("Traviata", "Faust"...), bar et fumoir. Chamarré et précieux !

20 chambres - 190/400 € - 18 €

19 rue Caumartin - Havre Caumartin - 01 40 17 99 29 - www.maisonathenee.com

Gare de l'Est - Gare du Nord - Canal St-Martin

10e arrondissement

Jacques Palut/Fotolia.com

Restaurants

Abri (Katsuaki Okiyama)

CUISINE MODERNE • SIMPLE On ne remerciera jamais assez les jeunes Japonais qui viennent s'installer à Paris, apportant dans leurs bagages de belles et bonnes idées et une technique incomparable... Passé notamment par La Table de Joël Robuchon et Taillevent, Katsuaki Okiyama s'est entouré d'une équipe 100 % nippone... mais sa cuisine est grandement française, tout en portant la marque de cette sensibilité propre à l'Asie, qui va si bien aux classiques de l'Hexagone. Si le confort est, disons, modeste (une petite salle de vingt couverts environ), on apprécie la capacité du chef à surprendre avec des plats où l'improvisation joue un grand rôle, au gré de son inspiration et des produits dont il dispose - avec, comme souvent, une partition plus ambitieuse le soir qu'à midi. N'oublions pas, enfin, l'excellent rapport qualité-prix...

Spécialités : Cuisine du marché.

Menu 30 € (déjeuner)/60 €

92 rue du Faubourg-Poissonnière - Poissonnière - 01 83 97 00 00 - Fermé 25 juillet-25 août, 25 décembre-7 janvier, lundi, dimanche

Chez Michel

CUISINE TRADITIONNELLE • RUSTIQUE Masahiro Kawai, le chef japonais de Chez Michel, joue une partition traditionnelle joyeuse et goûteuse, sans rien s'interdire : du kig ha farz (la fameuse potée bretonne) au paris-brest, en passant par le foie gras rôti, il célèbre les régions – au premier rang desquelles, la Bretagne – avec un soin et une générosité de tous les instants.

Spécialités : Emietté de tourteau des côtes bretonnes, avocat. Pintade, pommes de terre grenaille et champignons. Figues caramélisées, glace vanille et spéculos.

Menu 35€ (déjeuner)/38€

10 rue de Belzunce – Gare du Nord – 01 44 53 06 20 – www.restaurantchezmichel.fr – Fermé samedi, dimanche

52 Faubourg St-Denis

CUISINE MODERNE • DESIGN Vous aimez les néobistrots ? Vous allez être ravis : béton brut et pierres apparentes, carte courte et efficace, accompagnée de jolis vins et de bière artisanale. Tout est là, tout est bon, jusqu'au café sélectionné et torréfié par le patron. Attention : pas de réservation ni de téléphone. La rançon (et les raisons ?) du succès.

Spécialités : Moules de bouchot, consommé de céleri, salicorne. Picatta, aubergine rôtie au miso et jus corsé. Tartelette framboise, crémeux à la rose et tuile au piment de Jamaïque.

Carte 33/44€

52 rue du Faubourg-St-Denis – Strasbourg-St-Denis – 01 48 00 95 88 – www.faubourgstdenis.com – Fermé 2-23 août, 23 décembre-1er janvier

Mamagoto

CUISINE MODERNE • TENDANCE Mamagoto, c'est dinette en japonais. Koji Tsuchiya, chef nippon aguerri, propose une savoureuse sélection d'assiettes à partager et de plats individuels, mêlant influences japonaises et basques – ainsi le bœuf de Galice, pimiento et cébette, à accompagner de vins de petits vignerons. Percutant.

Spécialités : Poulpe, courgette, poutargue et lait de coco. Merlan de ligne frit, haricot vert et piment doux. Figues de Solliès, biscuit spéculos, crème citron vert.

Menu 25€ (déjeuner) – Carte 32/55€

5 rue des Petits-Hotels – Gare du Nord – 01 44 79 03 98 – www.mamagoto.fr – Fermé samedi midi, dimanche

Les Résistants

CUISINE MODERNE • CONVIVIAL Les Résistants ? Ceux qui placent au centre de leurs préoccupations, goût et traçabilité. Tel le credo des trois associés : "bien se nourrir, tout en respectant les cycles naturels". Ils le mettent en œuvre dans cette sympathique adresse où l'on déguste une cuisine du marché, qui change tous les jours. Carte des vins nature, brunch le samedi.

Spécialités : Tartare de bœuf Galloway, betterave, huile de noix et coriandre. Veau, courge, épinards et poireaux. Coing, mousse au chocolat et crumble amande.

Menu 19€ (déjeuner) – Carte 33/40€

16 rue du Château-d'Eau – République – 01 77 32 77 61 – www.lesresistants.fr – Fermé 9-24 août, lundi, dimanche

Brasserie Bellanger

CUISINE TRADITIONNELLE • BRASSERIE Ici, on déringardise la brasserie parisienne à grands coups de produits frais et de fait maison. Assiettes simples et bonnes, décoration soignée, prix raisonnables, ouverture sept jours sur sept toute l'année durant : un super plan.

Carte 21/34€

140 rue du Faubourg-Poissonnière – Anvers – 09 54 00 99 65 – www.victoretcharly.com

Le Bel Ordinaire

CUISINE MODERNE • CONVIVIAL Au-dessus des grands boulevards, voici l'une des adresses en vogue du moment. À l'intérieur, des murs en béton brut couverts de grandes armoires, sur lesquelles sont disposés les produits d'épiceries et de vins (300 références). Cuisine simple et bonne, sans prétention.

Menu 23 € (déjeuner) - Carte 25/35 €

54 rue de Paradis - Ⓜ Poissonière - ✆ 01 46 27 46 67 - www.belordinaire.com - Fermé 2-24 août, 24 décembre-2 janvier, lundi, samedi midi, dimanche

Bistro Paradis

CUISINE MODERNE • BISTRO Découvrez cet élégant bistrot branché, avec sa salle tout en longueur, habillée de bois clair et de mobilier scandinave. Le chef brésilien, ancien du Pario, marie bases françaises et ingrédients latinos ; le résultat est savoureux et particulièrement soigné. À découvrir d'urgence.

Menu 23 € (déjeuner)/45 €

55 rue Paradis - Ⓜ Poissonière - ✆ 01 42 26 59 93 - www.bistroparadis.fr - Fermé 3-23 août, samedi midi, dimanche

Chameleon

CUISINE TRADITIONNELLE • BRANCHÉ Mobilier chiné, luminaires post-industriels, cuisine bistronomique et terrasse colorée donnant sur une rue semi-piétonne... Cette adresse s'inscrit tout droit dans la tendance urbaine et contemporaine (qui a dit bobo ?). Les deux associés, Valérie et Arnaud, sont passionnés de restauration et amoureux des bons produits. Et cela se sent !

Menu 23 € (déjeuner), 38/44 €

70 rue René-Boulanger - Ⓜ Strasbourg-St-Denis - ✆ 01 42 08 99 41 - www.chameleonrestaurant.fr - Fermé 2-23 août, samedi midi, dimanche

Chez Casimir

CUISINE TRADITIONNELLE • BISTRO Une sympathique adresse 100 % bistrot, pour une cuisine franche et bien troussée. Les samedi et dimanche midi, c'est traou mad ("bonnes choses" en breton), un brunch renversant de générosité : buffet d'entrées, omelette, soupe, plat en cocotte et dessert... Un conseil, réservez !

Menu 24 € (déjeuner), 28/35 €

6 rue Belzunce - Ⓜ Gare du Nord - ✆ 01 48 78 28 80 - Fermé lundi soir, samedi soir, dimanche soir

Eels

CUISINE MODERNE • TENDANCE Chez Eels, les assiettes flirtent avec la bistronomie, et certaines d'entre elles (comme l'indique le nom du restaurant) valorisent l'anguille. Le jeune chef Adrien Ferrand a déjà du métier (6 ans chez William Ledeuil, d'abord à Ze Kitchen Galerie, puis au KGB). Avec Eels, il est désormais chez lui. Une réussite !

Menu 32 € (déjeuner), 48/60 € - Carte 50/60 €

27 rue d'Hauteville - Ⓜ Bonne Nouvelle - ✆ 01 42 28 80 20 - www.restaurant-eels.com - Fermé 4-27 août, 21 décembre-2 janvier, lundi, dimanche

Le Galopin

CUISINE MODERNE • BISTRO Dans son bistrot de la place Sainte-Marthe, Romain Tischenko cuisine comme à des amis, avec l'envie de partager ses envies du moment : jeux sur les saveurs, les herbes, les températures... Vous pourrez également tester son annexe, la "Cave à Michel" : simple comptoir, petites assiettes et jolie cave.

Menu 32 € (déjeuner)/58 € - Carte 45/55 €

34 rue Sainte-Marthe - Ⓜ Belleville - ✆ 01 42 06 05 03 - www.le-galopin.com - Fermé lundi, mardi midi, mercredi midi, jeudi midi, dimanche

Pouliche

CUISINE MODERNE • CONTEMPORAIN Retour gagnant pour la femme cheffe Amandine Chaignot après plusieurs années à Londres. Cette jeune table vivante et conviviale joue la cuisine du marché, la spontanéité et la créativité, sans jamais trahir le goût des ingrédients, sélectionnés avec soin. Le mercredi, menu exclusivement végétarien. Le dimanche, esprit cuisine bourgeoise familiale. Joli cadre, façon bistrot chic et cuisine ouverte. Une Pouliche dont on s'entiche.

Menu 28€ (déjeuner)/55€

11 rue d'Enghien - Strasbourg-St-Denis - 01 45 89 07 56 - www.poulicheparis.com

Vida

CUISINE ACTUELLE • CONTEMPORAIN Conçu et piloté par Juan Arbelaez, le plus français des chefs colombiens, Vida joue à fond la carte *healthy* et nature. Carte courte et efficace, respirant la fraîcheur et le goût (tel ce filet de sandre, champignons, haricots verts et polenta), décor plaisant et convivial... Un plaisir.

Menu 45/65€ - Carte 42/55€

49 Rue de l'Échiquier - 01 48 00 08 28 - www.restaurant-vida.com - Fermé 2-28 août, lundi, dimanche

Hôtels

Providence

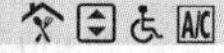

LUXE • ROMANTIQUE Dans une rue tranquille derrière les grands boulevards, un immeuble haussmannien joliment restauré accueille cet hôtel cosy et plutôt cossu. La déco sur mesure, le mobilier chiné, les chambres avec petit bar à cocktails : l'ensemble est soigné et très avenant !

18 chambres - 200/575€ - 18€ Tablet.PLUS

90 rue René-Boulanger - Strasbourg-St-Denis - 01 46 34 34 04 - www.hotelprovidenceparis.com

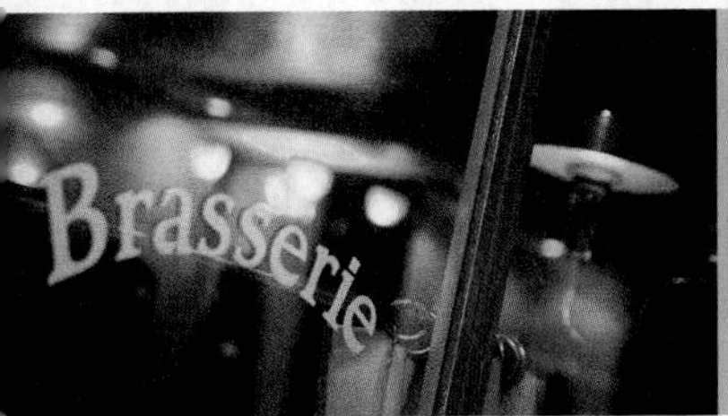

Nation-Voltaire-République

11e arrondissement

Jacques Palut/Fotolia.com

Restaurants

✿ Qui Plume la Lune

CUISINE MODERNE • COSY ✗ Qui plume la Lune, c'est d'abord un joli endroit, chaleureux et romantique… Sur l'un des murs de la salle trône une citation de William Faulkner : "Nous sommes entrés en courant dans le clair de lune et sommes allés vers la cuisine. " Pierres apparentes et matériaux naturels (bois brut, branchages, etc.) complètent ce tableau non dénué de poésie…

Qui plume la Lune, c'est aussi un havre de délices, porté par une équipe déterminée à ne sélectionner que de superbes produits – selon une éthique écologique, ainsi de beaux légumes bio – et à régaler ses clients d'assiettes tout en maîtrise et en précision : une véritable démonstration de vitalité, de fraîcheur et de senteurs. Très agréable moment, donc, sous la clarté de cette table aussi lunaire que terrestre…

Spécialités : Foie gras chaud, caramel aigre au vadouvan et crème de maïs doux. Lotte, asperge blanche marinée au vinaigre et au bouillon dashi, sabayon froid à la livèche. Bulle craquante aux fraises, mousse légère chocolat ivoire et jasmin.

Menu 50 € (déjeuner), 90/130 €

50 rue Amelot – Ⓜ Chemin Vert – ✆ 01 48 07 45 48 – www.quiplumelalune.fr – Fermé 1er-4 janvier, 4-24 août, lundi, dimanche

✿ Automne (Nobuyuki Akishige)

CUISINE MODERNE • BISTRO ✗ Le chef japonais Nobuyuki Akishige, qui peut s'enorgueillir d'un parcours impeccable (l'Atelier du peintre à Colmar, la Vague d'Or à St-Tropez, avec Arnaud Donckele, le K2 à Courchevel, la Pyramide à Vienne) signe, en lieu et place de l'ancienne Pulperia, une cuisine de saison, subtile et maîtrisée, autour de produits de très belle qualité. En guise d'écrin, le cadre simple d'un bistrot pour une partition lisible, aux saveurs harmonieuses, ainsi la truite de Banka, au chou pontoise et jus de moule aux agrumes. Le rapport prix/gourmandise est imbattable ! Une adresse comme on aimerait en découvrir plus souvent.

Spécialités : Tartelette de foie gras, coulis de raisin, moutarde violette et pain d'épice. Ris de veau croustillant, purée d'oignon, girolles sautées et truffe noire. Blanc-manger à l'estragon, coulis de citron et sorbet à l'huile d'olive.

Menu 32 € (déjeuner), 55/85 € – Carte 70/80 €

11 rue Richard-Lenoir – Ⓜ Charonne – ✆ 01 40 09 03 70 – www.automne-akishige.com – Fermé 16-31 août, lundi, mardi

✿ Le Chateaubriand (Inaki Aizpitarte) ✿

CUISINE MODERNE • BISTRO ✗ Inaki Aizpitarte, célèbre chef basque, attire la clientèle gastronome du Tout-Paris avec son bistrot "pur jus", véritable temple de la mouvance bistronomique, dont il fut l'un des initiateurs. D'hier, le lieu a conservé le décor – tel qu'on pouvait encore en trouver dans les années 1930 – jouant sur le mélange néo-rétro (zinc, ardoises, haut plafond et tables étroites). D'aujourd'hui, il possède le répertoire culinaire et un service stylé avec des serveurs tout droit sortis d'un défilé de mode, aux allures décontractées. Chaque soir, l'unique menu dégustation offre une cuisine créative, osée et goûteuse, aux associations de saveurs originales, précise dans les assaisonnements, comme dans les cuissons. Produits et vins sont choisis avec soin chez des producteurs indépendants. Pensez à réserver !

Spécialités : Cuisine du marché.

Menu 75/140 €

129 avenue Parmentier - Ⓜ Goncourt - ✆ 01 43 57 45 95 - www.lechateaubriand.net - Fermé lundi, dimanche, le midi

✿ Le Rigmarole Ⓝ (Jessica Yang et Robert Compagnon) A/C

CUISINE MODERNE • CONTEMPORAIN X Le chef Robert Compagnon et la pâtissière Jessica Yang ont uni leurs talents pour créer cette table atypique, déjà hyper-courue à Paris. Ils recréent ici l'ambiance et les saveurs des restaurants yakitori et robatayaki japonais (tartare de bar, aile de raie, remarquable brochette de volaille fermière cuite au grill devant nos yeux) aussi bien que des gastronomies italiennes ou françaises (spaghettis à la poutargue, un pur régal !). Les produits sont top, l'ensemble est d'une fraîcheur à tomber : attention, le lieu n'a rien d'un secret et il est impératif de réserver plusieurs semaines à l'avance.

Spécialités : Cuisine du marché.

Menu 35/69 €

10 rue du Grand-Prieuré - Ⓜ Oberkampf -
✆ 01 71 24 58 44 - www.lerigmarole.com -
Fermé lundi, mardi, le midi

✿ Septime (Bertrand Grébaut)

CUISINE MODERNE • CONTEMPORAIN X Des bonnes idées en pagaille, beaucoup de fraîcheur et d'aisance, de la passion et même un peu de malice, mais toujours de la précision et de la justesse : mené par le jeune Bertrand Grébaut (passé notamment par les cases Robuchon, Passard et Agapé), Septime symbolise le meilleur de cette nouvelle génération de tables parisiennes à la fois très branchées et... très épicuriennes ! Au milieu de la rue de Charonne, le lieu exploite à fond les codes de la modernité : grande verrière d'atelier, tables en bois brut, poutres en métal... Une vraie inspiration industrielle, plutôt chic dans son aboutissement, d'autant que le service, contribue à faire passer un bon moment. Comme on peut l'imaginer, tout cela se mérite : il faudra réserver précisément trois semaines à l'avance pour avoir une chance d'en profiter.

Spécialités : Cuisine du marché.

Menu 60 € (déjeuner)/95 €

80 rue de Charonne - Ⓜ Charonne -
✆ 01 43 67 38 29 - www.septime-charonne.fr -
Fermé 3-26 août, lundi midi, samedi, dimanche

Auberge Pyrénées Cévennes A/C

CUISINE DU TERROIR • AUBERGE X À peine installé, le chef Négrevergne s'inscrit déjà parfaitement dans l'histoire de cette maison. Il régale avec une savoureuse cuisine "de grand-mère", à mi-chemin de la tradition lyonnaise et le Sud-ouest (terrine maison, blanquette de veau à l'ancienne et riz grillé, millefeuille), servie en portions généreuses. Cette Auberge régale toujours autant.

Spécialités : Pâté en croûte. Blanquette de veau à l'ancienne. Soufflé caramel.

Menu 36 € - Carte 39/70 €

106 rue de la Folie-Méricourt - Ⓜ République -
✆ 01 43 57 33 78 - www.auberge-pyrenees-cevennes.fr -
Fermé 1er-23 août, samedi midi, dimanche

Repérez les hôtels accompagnés de ce logo : il signale les membres du **Club Tablet Plus**, qui offre plein de privilèges. Plus de confort, plus d'attentions... pour vivre une expérience sous le signe de l'excellence !

Clamato

POISSONS ET FRUITS DE MER • TENDANCE L'annexe de Septime a tout du "hit" bistronomique, avec ce décor tendance et cette carte courte qui met en avant la mer et les légumes. Les produits sont choisis avec grand soin : on se régale dans une atmosphère franchement conviviale. Attention, la réservation est impossible : premier arrivé, premier servi !

Spécialités : Seiche crue, sésame et piment. Courgette rôtie, graines grillées, tarama. Clamatarte.

Carte 35/70 €

80 rue de Charonne – Ⓜ Charonne – ✆ 01 43 72 74 53 – www.clamato-charonne.fr – Fermé 5-25 août

Tempi Lenti Ⓝ

CUISINE ITALIENNE • SIMPLE Aux fourneaux, Francesca Feniello, chef originaire de Bologne ; en salle, Sylvia Giorgione, sommelière, et dans l'assiette, une cuisine italienne parfumée et appétissante (vitello tonnato ; spaghetti au beurre, anchois et pain etc.). Les herbes sont fraîches, les pâtes proviennent de petits producteurs des Pouilles, les crus italiens sélectionnés avec talent. Le tout pour un rapport qualité/prix épatant. On se régale.

Spécialités : Burrata, sauce tomate, basilic. Cavatelli aux anchois, chou-fleur et olives taggiasche. Chocolat et fraises.

Menu 20 € (déjeuner) – Carte 33/36 €

13 rue Gerbier – Ⓜ Philippe Auguste – ✆ 09 81 01 81 10 – Fermé mardi, mercredi

Le Villaret

CUISINE TRADITIONNELLE • CONVIVIAL Les délicieux parfums qui vous accueillent dès la porte d'entrée ne trompent pas : voici une vraie adresse gourmande ! Le Chef-patron Olivier Gaslain, cuisinier passionné, propose une cuisine traditionnelle, rythmée par les saisons (truffe et gibier, en majesté) et la générosité. Superbe carte des vins (plus de 800 références).

Spécialités : Bruschetta de sardines, gel citron et légumes croquants. Carré d'agneau de Lozère rôti en croûte d'herbes. Baba au rhum, compotée de reines-claudes, chantilly au poivre Timut.

Menu 28 € (déjeuner), 35/60 € – Carte 50/70 €

13 rue Ternaux – Ⓜ Parmentier – ✆ 01 43 57 75 56 – Fermé 3-16 août, samedi midi, dimanche

Bon Kushikatsu

CUISINE JAPONAISE • INTIME Pour un voyage express à Osaka, à la découverte de la spécialité culinaire de la ville : les kushikatsu (des minibrochettes panées et frites à la minute). Bœuf au sansho, foie gras poivré, champignon shiitaké : les préparations se succèdent et révèlent de belles saveurs. Et l'accueil délicat finit de transporter au Japon...

Menu 58 €

24 rue Jean-Pierre-Timbaud – Ⓜ Oberkampf – ✆ 01 43 38 82 27 – www.kushikatsubon.fr – Fermé 15-31 août, lundi midi, mardi midi, mercredi, jeudi midi, vendredi midi, samedi midi, dimanche

Maison Ⓝ

CUISINE MODERNE • DESIGN Sota Atsumi, talent brut et CV en or massif (le Clown, Saturne, Toyo, Michel Troisgros à Roanne, etc), nous émeut avec sa cuisine française piquée de modernité, autour d'un menu fixe composé des meilleurs produits du marché. La salle à manger prend des allures de loft post-industriel avec son toit en v inversé, son immense table d'hôte centrale, sa cuisine ouverte, prolongée d'un comptoir. Un vrai bonheur.

Menu 55 € (déjeuner), 90/140 €

3 rue Saint-Hubert – Ⓜ Rue Saint-Maur – ✆ 01 43 38 61 95 – www.maison-sota.com – Fermé 3-25 août, lundi, mardi

Pierre Sang Signature

CUISINE CRÉATIVE • INTIME Pierre Sang, troisième ! Entre Oberkampf et Parmentier, le chef monte en gamme et régale une poignée de veinards (12 couverts seulement, du mercredi au dimanche) avec des plats "signature" créatifs et percutants, où l'on retrouve sa patte. N'oublions pas la belle carte des vins, ainsi que le décor feutré et élégant.

Menu 35 € (déjeuner)/69 €

8 rue Gambey – Ⓜ Parmentier – ✆ 09 67 31 96 80 – www.pierresang.com – Fermé lundi midi, mardi midi

Astier

CUISINE TRADITIONNELLE • BISTRO On se sustente à la bonne franquette dans ce bistrot traditionnel animé. Harengs marinés, pommes rattes en vinaigrette ; joue de porc tendre au lard croustillant... sans oublier le baba au rhum. Et pour les amateurs de viandes à la braise, direction le Grill d'Astier, juste à côté.

Menu 36/46 € – Carte 42/62 €

44 rue Jean-Pierre-Timbaud – Ⓜ Parmentier – ✆ 01 43 57 16 35 – www.restaurant-astier.com – Fermé 24-26 décembre

Auberge Flora

CUISINE MODERNE • CONVIVIAL Un vrai lieu de vie que cette auberge d'aujourd'hui, créée par la cheffe Flora Mikula : que l'on réside à l'hôtel ou non, on a l'impression d'être reçu comme à la maison ! La cuisine, pétillante et débordante de soleil et de saveurs, invite à la convivialité. Et l'on peut passer simplement pour grignoter quelques tapas...

Menu 23 € (déjeuner) – Carte 32/60 €

44 boulevard Richard-Lenoir – Ⓜ Bréguet Sabin – ✆ 01 47 00 52 77 – www.aubergeflora.com – Fermé dimanche soir

Biondi 

CUISINE ARGENTINE • CONVIVIAL Le talentueux chef a baptisé ce restaurant en souvenir de Pepe Biondi, célèbre clown argentin. L'Argentine est au menu : viandes et poissons cuits *a la parrilla,empanadas* et *ceviche* du jour... Des préparations soignées, servies par une équipe efficace. Bons vins et bonne humeur parachèvent le tableau.

Menu 17 € (déjeuner)/22 € – Carte 40/70 €

118 rue Amelot – Ⓜ Oberkampf – ✆ 01 47 00 90 18 – www.biondiparis.fr – Fermé dimanche

Bistrot Paul Bert 

CUISINE TRADITIONNELLE • BISTRO Sur la façade de ce sympathique bistrot s'affiche "Cuisine familiale". Traduisez : feuilleté de ris de veau aux champignons, cerf rôti aux airelles et purée de céleri... Des assiettes copieuses et goûteuses, préparées sans tralala. Vous en redemanderez, mais attention à bien garder de la place pour le baba au rhum !

Menu 22 € (déjeuner)/41 € – Carte 50/60 €

18 rue Paul-Bert – Ⓜ Faidherbe Chaligny – ✆ 01 43 72 24 01 – Fermé lundi, dimanche

Le Chardenoux Ⓝ

CUISINE MODERNE • BISTRO Cyril Lignac a réinventé ce bistrot parisien historique, tout en conservant le cachet Art nouveau qui le caractérise. La carte est surtout tournée vers les produits de la mer, avec les incontournables signés Lignac (lobster roll, bar en croûte de sel). Gourmand et bien exécuté : un plaisir.

Carte 50/80 €

1 rue Jules-Vallès – Ⓜ Charonne – ✆ 01 43 71 49 52 – www.restaurantlechardenoux.com

L'Écailler du Bistrot

POISSONS ET FRUITS DE MER • BISTRO Le point fort de la maison ? Des produits de la mer très frais, et des huîtres en provenance directe de la Bretagne ! Ambiance 100 % marine, ardoise du jour iodée avec saumon fumé maison, sole meunière... menu homard toute l'année ou presque.

Menu 22 € (déjeuner)/65 € - Carte 45/75 €

22 rue Paul-Bert - Ⓜ Faidherbe Chaligny - ✆ 01 43 72 76 77 - Fermé 3 août-2 septembre, lundi, dimanche

Massale

CUISINE MODERNE • BISTRO Arthur et Thomas, anciens de Zébulon et Pirouette, ont ouvert ensemble ce bistrot sympathique à quelques encablures du Père Lachaise. Le chef qui les accompagne, compose une cuisine fraîche et spontanée, virevoltant d'une saison à l'autre ; ça s'accompagne d'une sélection de vins plutôt futée, particulièrement en bio et nature. C'est tout bon.

Menu 23 € (déjeuner) - Carte 30/60 €

5 rue Guillaume-Bertrand - Ⓜ Rue Saint-Maur - ✆ 01 73 79 87 90 - www.massale.fr - Fermé samedi, dimanche

Osteria Ferrara

CUISINE ITALIENNE • OSTERIA Attention, refuge de gourmets ! L'intérieur est élégant mais c'est dans l'assiette qu'a lieu la magie. Le chef sicilien travaille une carte aux recettes italiennes bien ficelées, goûteuses et centrées sur le produit, ainsi cette longe de veau français à la Milanaise, et sa poêlée d'épinards. Un bistrot qui a une âme et une jolie carte des vins, ce qui ne gâche rien.

Carte 36/50 €

7 rue du Dahomey - Ⓜ Faidherbe Chaligny - ✆ 01 43 71 67 69 - www.osteriaferrara.com - Fermé 8-30 août, 21 décembre-6 janvier, samedi, dimanche

Pianovins

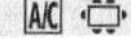

CUISINE MODERNE • ÉPURÉ Deux anciens de chez Guy Savoy, Michel Roncière et Éric Mancio, unissent ici leurs forces : le premier au "Piano", le second aux "Vins". Les assiettes, sérieuses et appliquées, évoluent chaque jour au fil du marché ; elles se dégustent dans une salle intimiste de 20 couverts environ, avec cuisine ouverte, mange debout et tables au coude à coude.

Menu 30 € (déjeuner), 49/64 €

46 rue Trousseau - Ⓜ Ledru-Rollin - ✆ 01 48 06 95 85 - www.pianovins.com - Fermé lundi, mardi midi, dimanche

Pierre Sang in Oberkampf

CUISINE CRÉATIVE • BRANCHÉ Qui est adepte de l'émission Top Chef connaît forcément Pierre Sang, finaliste de l'édition 2011. On retrouve toute la gentillesse du jeune homme, qui délivre, ici chez lui, une cuisine sensible et partageuse - particulièrement bon marché le midi ! Installez-vous au comptoir, face à la cuisine ouverte, et laissez-vous emporter.

Menu 25 € (déjeuner)/39 €

55 rue Oberkampf - Ⓜ Parmentier - ✆ 09 67 31 96 80 - www.pierresang.com - Fermé 21 décembre-4 janvier

Pierre Sang on Gambey

CUISINE CRÉATIVE • TENDANCE Pierre Sang propose ici un menu unique, simple à midi et plus élaboré en soirée. On retrouve l'attachement du chef aux beaux produits, travaillés avec soin et créativité, à l'instar de cette lotte et chorizo au bœuf wagyu ou du bar de ligne en croûte de sel. Cadre chaleureux de briques rouges.

Menu 25 € (déjeuner)/49 €

6 rue Gambey - Ⓜ Parmentier - ✆ 09 67 31 96 80 - www.pierresang.com - Fermé 11-25 août, 23 décembre-2 janvier

PARIS ET SES ENVIRONS

Le Saint-Sébastien

CUISINE MODERNE • BISTRO Programme alléchant dans ce bar de quartier transformé en repaire bistronomique : petite carte respectueuse des saisons, très axée sur le végétal, choix judicieux dans les assaisonnements, jolie maîtrise des herbes et des épices qui apportent du caractère aux assiettes... sans oublier de bons vins nature. C'est tout bon.

Menu 24 € (déjeuner) - Carte 42/52 €

42 rue Saint-Sébastien - St-Ambroise - 06 49 75 27 90 - www.lesaintsebastien.paris - Fermé 10-23 août, 23-30 décembre, lundi midi, mardi midi, mercredi midi, samedi midi, dimanche

Le Servan

CUISINE MODERNE • BISTRO À l'angle de la rue St-Maur, le fief de Katia et Tatiana Levha est l'un des bistrots gourmands les plus courus de la place parisienne. L'endroit a fière allure, avec ses fresques d'époque ; Tatiana compose une cuisine fraîche et spontanée, et ne rechigne pas à tenter des associations inattendues. Avec succès !

Menu 35/60 €

32 rue Saint-Maur - Rue Saint-Maur - 01 55 28 51 82 - www.leservan.com - Fermé 10-16 août

Siamsa

CUISINE MODERNE • BISTRO Siamsa... A l'oreille, ce nom étrange évoque le royaume de Siam et la cuisine thaïlandaise, mais dans l'assiette, on goûte une cuisine contemporaine bien française, fraîche et équilibrée (ceviche de daurade à la framboise, légumes croquants ; poitrine de porc fumé, abricots, piment, etc.). L'origine de Siamsa, nom gaélique signifiant "divertir" est un clin d'œil aux origines d'un des associés (Simon Cuddy). Un bistrot de quartier et de qualité. Le menu midi est une aubaine.

Menu 22 € (déjeuner) - Carte 41/60 €

13 rue de la Pierre-Levée - République - 01 43 38 34 72 - bluevalentine-restaurant.fr - Fermé 4-17 août, lundi, dimanche

Le Sot l'y Laisse

CUISINE MODERNE • BISTRO Bien sot qui laisserait de côté ce beau bistrot ! Aux fourneaux, Eiji Doihara, originaire d'Osaka, rend un bel hommage à cette gastronomie française qui le passionne : généreuses et gourmandes, ou légères et délicates, ses recettes font mouche à chaque fois. L'adresse remporte un succès mérité.

Menu 28 € (déjeuner) - Carte 53/60 €

70 rue Alexandre-Dumas - Alexandre Dumas - 01 40 09 79 20 - Fermé lundi midi, samedi midi, dimanche

Vantre

CUISINE MODERNE • BISTRO Le "vantre" au moyen-âge signifiait "lieu de réjouissance". C'est aujourd'hui un lieu de réjouissance pour notre ventre. Ici, deux associés, un chef de cuisine (ancien second de Saturne) et un chef sommelier (le Bristol, Taillevent) proposent une cuisine à base de produits sélectionnés. Plus de deux milles références de vins, accueil sympathique et succès mérité.

Menu 21 € (déjeuner) - Carte 42/80 €

19 rue de la Fontaine-au-Roi - Goncourt - 01 48 06 16 96 - www.vantre.fr - Fermé 1er-25 août, samedi, dimanche

Hôtels

Bastille Boutet

BOUTIQUE HÔTEL • CONTEMPORAIN Les riverains connaissent bien la somptueuse façade en mosaïque de cette ancienne usine, devenue un hôtel de luxe. Les étudiants de l'école Boulle voisine ont conçu une partie du mobilier des chambres, sobres et épurées, dont certaines jouissent d'une très belle terrasse fleurie. Une adresse de référence dans l'Est parisien.

80 chambres - 250/800 € - 26 €

22 rue Faidherbe - Faidherbe-Chaligny - 01 40 24 65 65 - www.sofitel.com

Maison Bréguet

URBAIN • COSY A deux pas de la place de la Bastille, cet hôtel de charme propose des chambres confortables et cosy, certaines avec petite terrasse. Espace bien-être avec bassin de nage à contre-courant, et restauration.

53 chambres - 300/900 € - 25 €

8 rue Breguet - Ⓜ Bréguet Sabin - ✆ 01 58 30 32 31 - www.maisonbreguet.com

Fabric

URBAIN • PERSONNALISÉ Dans une ancienne fabrique de textiles, à mi-chemin de République et de Bastille, un bel hôtel qui a gardé un peu de son héritage industriel : poutres et luminaires en fer, mobilier ancien, nuances de gris, belle hauteur sous plafond... Et des chambres design et élégantes, pour les amateurs !

33 chambres - 190/360 € - 18 €

31 rue de la Folie-Méricourt - Ⓜ Saint-Ambroise - ✆ 01 43 57 27 00 - www.hotelfabric.com

Le Général

BOUTIQUE HÔTEL • ÉPURÉ Nulle rigueur militaire chez ce Général-là ! Cet agréable hôtel, proche de la place de la République, est aménagé astucieusement et son décor joue la carte de l'épure ; il abrite des chambres chaleureuses, aménagées avec soin et goût de la couleur.

45 chambres - 114/400 € - 15 € - 1 suite

5 rue Rampon - Ⓜ République - ✆ 01 47 00 41 57 - www.legeneralhotel.com

Bastille - Bercy - Gare de Lyon

12e arrondissement

M. Kreuzer/Look/Photononstop

Restaurants

Virtus (Chiho Kanzaki et Marcelo Di Giacomo)

CUISINE MODERNE • DESIGN XX Bienvenue chez un couple – d'origine japonaise pour elle, argentine pour lui – dont la cuisine, tout en épure et en recherche, a le goût des choses nouvelles. Dans un bel intérieur vintage, aux tables espacées, autorisant l'intimité, ils écrivent à quatre mains une histoire palpitante. Beau travail sur les légumes (leur passage au Mirazur, à Menton, y est peut-être pour quelque chose !), harmonie gustative... Leur cuisine, précise, ravira les palais des gourmets et des curieux, flânant rue de Cotte : thon rouge de ligne, avocat, crème ciboulette ; canard de Challans et purée de petits pois. Ces plats s'accommodent avec excellence des vins - et des sakés - proposés à la carte. La formule de midi (qui change tous les jours) offre un excellent rapport qualité-prix.

Spécialités : Cuisine du marché.

Menu 39 € (déjeuner)/75 €

29 rue de Cotte - Ⓜ Ledru-Rollin - ✆ 09 80 68 08 08 - www.virtus-paris.com - Fermé lundi, dimanche

✿ Table - Bruno Verjus

CUISINE MODERNE • DESIGN X Choisir les plus beaux produits, les cuisiner avec humilité : tel est le credo de Bruno Verjus, étonnant personnage, entrepreneur, blogueur et critique gastronomique... devenu chef ! Dans sa cuisine ouverte face aux clients, qui n'en manquent pas une miette, il parle de chacun de ses fournisseurs avec une petite lumière dans l'œil, avec l'apparente envie de s'effacer devant l'artisan qui a produit la matière de son travail. La carte, volontairement courte, présente des compositions atypiques, au plus près des ingrédients : ormeau de plongée du Trégor snacké au beurre noisette et assaisonné de fèves de cacao et de poivre du Bénin ; saumon sauvage de l'Adour grillé à l'unilatéral, petits pois au sautoir ; fraises de jardin, huile d'olive infusée de néroli, crème glacée à l'oseille fraîche... Des recettes pleines d'énergie, où l'on devine une passion sincère et communicative !

Spécialités : Homard de casier de l'Île-d'Yeu à croquer sur son rocher. Saint-pierre sauvage en miroir terre-mer. Tarte au chocolat grand cru porcelana.

Menu 70 € (déjeuner), 120/300 € - Carte 70/300 €

3 rue de Prague - Ⓜ Ledru Rollin - ✆ 01 43 43 12 26 - www.table.paris - Fermé 2-26 août, 22 décembre-5 janvier, lundi midi, samedi midi, dimanche

Jouvence

A/C

CUISINE MODERNE • VINTAGE X Située non loin de la rue de Cîteaux, cette ancienne boutique 1900 façon apothicaire ne se repose pas sur ses lauriers décoratifs ; on y sert une cuisine actuelle, riche de produits de qualité. Ainsi cette tempura de crevettes, kimchi de concombre, et jus de céleri. Le jeune chef, passé chez Dutournier, ne manque pas de talent.

Spécialités : Moules, brocoletti, espuma iodée et citron vert. Bœuf, aubergine fumée, noisettes et jus réduit. Éclair au chocolat, gavottes au sarrasin.

Menu 24 € (déjeuner) - Carte 37/49 €

172 bis rue du Faubourg-St-Antoine - Ⓜ Faidherbe-Chaligny - ✆ 01 56 58 04 73 - www.jouvence.paris - Fermé 1er-30 août, lundi, dimanche

Amarante

CUISINE TRADITIONNELLE • BISTRO XX La façade vitrée annonce : "Cuisine de France". Tout est dit ! On décline ici une partition sans fioritures, au doux parfum d'antan, qui donne toute leur place à des produits bien choisis. Le décor est aussi simple et *vintage* que la cuisine : carrelage au sol, banquettes en skaï rouge, tables en bois. Pourquoi faire compliqué ?

Menu 22 € (déjeuner) - Carte 44/55 €

4 rue Biscornet - Ⓜ Bastille - ✆ 07 67 33 21 25 - www.amarante.paris - Fermé mercredi, jeudi

Au Trou Gascon

A/C

CUISINE DU SUD-OUEST • ÉLÉGANT XX Cette institution de la cuisine du Sud-Ouest compte des habitués de longue date. Pour ceux qui aiment le terroir, agrémenté de quelques touches plus contemporaines. Le cassoulet y est célèbre.

Menu 48 € (déjeuner)/88 € - Carte 66/87 €

40 rue Taine - Ⓜ Daumesnil - ✆ 01 43 44 34 26 - www.autrougascon.fr - Fermé samedi, dimanche

À La Biche au Bois

CUISINE TRADITIONNELLE • RUSTIQUE X De nombreux habitués se pressent dans ce discret restaurant, qui n'est pas sans rappeler les bons bistrots d'antan. Dans une ambiance animée, au coude-à-coude, on profite d'un condensé de tradition (terrine maison, coq au vin) et de gibier en saison : sanglier, civet de lièvre et... biche, bien entendu !

Menu 25 € (déjeuner)/36 € - Carte 32/45 €

45 avenue Ledru-Rollin - Ⓜ Gare de Lyon - ✆ 01 43 43 34 38 - Fermé 25 juillet-23 août, lundi midi, samedi midi, dimanche

Le Cotte Rôti

CUISINE MODERNE • CONTEMPORAIN Un restaurant à l'image de son chef, convivial et bon vivant, qui revisite avec finesse la tradition bistrotière : au gré du marché et de l'humeur du jour, il compose des plats simples et fins, qui vont droit au cœur ! Et pour accompagner le tout, rien de tel que quelques bons crus de la vallée du Rhône...

Menu 26 € (déjeuner) - Carte 40/70 €

1 rue de Cotte - Ⓜ Ledru Rollin - ✆ 01 43 45 06 37 - Fermé 25 avril-3 mai, 1er-23 août, 21 décembre-1er janvier, lundi midi, samedi, dimanche

Dersou

CUISINE CRÉATIVE • ÉPURÉ Un barman expert en cocktails et un chef nippon, Taku Sekine, passé par chez Alain Ducasse à Tokyo, proposent une expérience inédite : associer mets et cocktails, sur 5, 6 ou 7 plats. Les produits sont de première qualité (légumes d'Annie Bertin, agneau acheté sur pied, etc.) et la mixologie tient ses promesses. Belle déco industrielle et ambiance branchée.

Menu 45 € (déjeuner), 95/135 €

21 rue Saint-Nicolas - Ⓜ Ledru Rollin - ✆ 09 81 01 12 73 - www.dersouparis.com - Fermé 27 avril-11 mai, 3 août-7 septembre, lundi, mardi midi, mercredi midi, jeudi midi, vendredi midi, dimanche soir

Il Goto

CUISINE ITALIENNE • TRATTORIA Sympathique, ce restaurant tenu par Marzia et Simone, un couple d'Italiens passionnés. Burrata, trévise et potiron en aigre-douce ; tagliatelles au confit de chèvre de lait et menthe ; "torta" au mascarpone et vanille... Des créations goûteuses et soignées, que l'on accompagne d'un bon rouge transalpin !

Menu 21 € (déjeuner) - Carte 30/45 €

212 bis rue de Charenton - Ⓜ Dugommier - ✆ 01 43 46 30 02 - www.ilgoto.fr - Fermé lundi soir, dimanche

Nous 4

CUISINE TRADITIONNELLE • BISTRO Cochon en crousti-fondant, lentilles, sauce moutarde ; œuf poché, chou, crème au lard : vous l'aurez peut-être compris, ici, on se régale sans chichis, et à un rapport plaisir/prix aussi aimable que le chef, avec qui vous pouvez échanger, grâce à la cuisine ouverte. Une adresse décidément bien sympathique comme on aimerait en voir plus souvent à Paris.

Menu 26 € (déjeuner), 32/42 €

3 rue Beccaria - Ⓜ Gare de Lyon - ✆ 06 06 70 64 92 - www.nous4restaurant.com - Fermé lundi, dimanche

Passerini

CUISINE ITALIENNE • CONTEMPORAIN Giovanni Passerini a le regard vif, un talent fou, et l'ambition qui va avec. C'est à l'italienne que l'on se régale dans ce restaurant convivial, comme avec ces tripes "cacio e ova" artichauts et truffe blanche. Ici, primauté aux produits. La "spécialité" de la maison demeure les plats à partager - ainsi ce homard en deux services. Sans oublier la formule du samedi soir, centrée autour de petites assiettes. C'est goûteux, soigné. Un vrai plaisir.

Menu 27 € (déjeuner)/48 € - Carte 50/80 €

65 rue Traversière - Ⓜ Ledru Rollin - ✆ 01 43 42 27 56 - www.passerini.paris - Fermé 9-31 août, 23 décembre-2 janvier, lundi, mardi midi, dimanche

Quincy

CUISINE TRADITIONNELLE • BISTRO Une ambiance chaleureuse règne dans ce bistrot indémodable, dominé par "Bobosse", son patron truculent et haut en couleurs. Depuis 40 ans (à la louche !), les amateurs de bonne chère s'y régalent des généreuses et savoureuses spécialités du Berry et de l'Ardèche. Une table comme on n'en fait plus.

Carte 55/80 €

28 avenue Ledru-Rollin - Ⓜ Gare de Lyon - ✆ 01 46 28 46 76 - www.lequincy.fr - Fermé 3-30 août, lundi, samedi, dimanche

Will Ⓝ

CUISINE MODERNE • CONTEMPORAIN Le chef japonais Shin Okusa est aux commandes de Will, tout près du trépidant marché d'Aligre. Passionné par la tradition française, véritable disciple d'Escoffier, il reprend les grands classiques (navarin d'agneau, pithiviers de magret de canard) mais aussi les sauces, pâtés chauds et autres tourtes avec un aplomb imparable.

Menu 35 € (déjeuner)/50 €

75 rue Crozatier - Ⓜ Ledru Rollin - ✆ 01 53 17 02 44 - Fermé mardi

Place d'Italie - Gare d'Austerlitz - Bibliothèque nationale de France

13e arrondissement

Jacques Palut/Fotolia.com

Restaurants

Impérial Choisy

A/C

CUISINE CHINOISE • SIMPLE Au cœur du Chinatown parisien, un restaurant chinois apprécié par de nombreux Asiatiques qui en ont fait leur cantine. Dans une salle qui ne désemplit pas (service non-stop, voire un peu expéditif !), on se régale au coude-à-coude de belles spécialités cantonaises. Un vrai goût d'authenticité, sans se ruiner !

Spécialités : Soupe de raviolis aux crevettes. Canard laqué aux cinq parfums. Haricots rouges au lait de coco.

Carte 20/50 €

32 avenue de Choisy - Ⓜ Porte de Choisy - ✆ 01 45 86 42 40

Pho Tai

A/C

CUISINE VIETNAMIENNE • SIMPLE Dans une rue isolée du quartier asiatique, ce petit restaurant vietnamien sort du lot : tout le mérite en revient à son chef, Monsieur Te, arrivé en France en 1968 et fort bel ambassadeur de la cuisine du Vietnam. Raviolis, poulet croustillant au gingembre frais, bo bun et soupes phô : tout est parfumé et plein de saveurs !

Spécialités : Rouleau de printemps au bœuf. Poulet croustillant, gingembre, marmite au jus de coco. Crème de riz.

Carte 25/35 €

13 rue Philibert-Lucot - Ⓜ Maison Blanche - ✆ 01 45 85 97 36

Tempero

CUISINE CRÉATIVE • BISTRO Un petit bistrot sympathique, à l'image de sa chef, Alessandra Montagne, originaire du Brésil et passée par de belles tables parisiennes. Ici chez elle, elle cuisine au gré du marché de beaux produits frais et signe des recettes vivifiantes – et aux prix doux –, à la croisée de la France, du Brésil et de l'Asie. Joli métissage !

Spécialités : Maquereau fumé et légumes croquants du moment. Porc confit, céleri rave fumé au foin. Pannacotta vanille et fruit de la passion.

Menu 26 € (déjeuner), 28/45 €

5 rue Clisson - Ⓜ Chevaleret - ✆ 09 54 17 48 88 - www.tempero.fr - Fermé 1er-23 août, 25-31 décembre, lundi soir, mardi soir, mercredi soir, samedi midi, dimanche midi

Au Petit Marguery

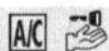

CUISINE TRADITIONNELLE • BOURGEOIS Un décor Belle Époque authentique, plaisant et convivial. La carte est dans la grande tradition : terrines maison, tête de veau ravigote, gibier en saison... Juste à côté, le Comptoir Marguery se la joue canaille, façon bistrot à sensation. Une adresse qui a une âme !

Menu 32 € - Carte 55/70 €

9 boulevard de Port-Royal - Ⓜ Les Gobelins - ✆ 01 43 31 58 59 - www.petitmarguery.com

Basilic & Spice

CUISINE THAÏLANDAISE • EXOTIQUE Au cœur du Chinatown parisien, ce restaurant propose une carte essentiellement thaïlandaise, où s'invitent quelques recettes du Cambodge voisin. Salade de papaye aux crevettes, poulet sauté au curry rouge, ou encore bar entier grillé dans une feuille de bananier à la façon khmère... Le plaisir est au rendez-vous !

Menu 24/48 € - Carte 25/55 €

88 avenue de Choisy - Ⓜ Tolbiac - ✆ 01 45 85 19 30 - www.basilicspice.com - Fermé 28 juillet-19 août, 20-26 décembre, lundi

Le Cam40 Ⓝ

CUISINE MODERNE • SIMPLE Dans ce coin de Paris où les bonnes tables ne sont pas légion, une excellente surprise. Au programme, cuisine de bistrot moderne et végétale, aux dressages soignés et à la technique limpide : ça n'a rien d'un hasard, le chef a passé une bonne partie de sa carrière dans le groupe Ducasse ! Déco agréable, avec une grande terrasse sur le devant.

Menu 23 € (déjeuner), 37/62 €

40 Boulevard Arago - Ⓜ Les Gobelins - ✆ 01 47 07 33 57 - Fermé 2-25 août, lundi, dimanche

L'Hommage

CUISINE ACTUELLE • CONTEMPORAIN Dans ce quartier où fleurissent les cantines chinoises, cet établissement se démarque par sa partition bistronomique à la française, mais aussi par sa décoration épurée - très loft nordique. Dans l'assiette c'est un sans-faute : produits de qualité, cuissons et assaisonnements maîtrisés... Excellent rapport qualité-prix.

Menu 25 € (déjeuner)/54 € - Carte 44/56 €

36 avenue de Choisy - Ⓜ Maison Blanche - ✆ 01 44 24 38 70 - www.lhommageparis.com - Fermé samedi midi, dimanche

Lao Lane Xang 2

CUISINE SUD-EST ASIATIQUE • SIMPLE L'histoire parisienne des Siackhasone, originaires du Laos, commence dans les années 1990 avec l'ouverture de deux adresses sur l'avenue d'Ivry. En 2007, Do et Ken - dignes héritiers du savoir-faire familial - ouvrent cette table qui marie spécialités laotiennes, thaïes et vietnamiennes : simplicité et parfums au menu !

Carte 25/35 €

102 avenue d'Ivry - Ⓜ Tolbiac - ✆ 01 58 89 00 00 - Fermé mercredi, jeudi midi

Marso & Co Ⓝ

CUISINE MÉDITERRANÉENNE • BRANCHÉ Tomy Gousset (Tomy & Co, près des Invalides) tient ici une table avant tout voyageuse : l'assiette pioche dans tout le bassin méditerranéen, de la Grèce au Portugal en passant par l'Italie et le Liban. Le résultat est réjouissant, les saveurs font mouche, la fraîcheur est au rendez-vous : on passe un bon moment.

Menu 36 €

16 rue Vulpian - Ⓜ Glacière - ✆ 01 45 87 37 00 - Fermé samedi, dimanche

Mer de Chine

CUISINE CHINOISE • EXOTIQUE Dans ce restaurant près de la place d'Italie, on prépare de la cuisine teochew, traduisez : du sud de Canton. Goûteux et accueillant, le tout sur une bande-son bien chinoise !

Menu 15 € (déjeuner), 20/75 € - Carte 20/55 €

159 rue du Château-des-Rentiers - Place d'Italie - 01 45 84 22 49 - Fermé lundi midi, mardi midi

Sellae

CUISINE MODERNE • BISTRO Après Mensae dans le dix-neuvième arrondissement (table en latin), voilà Sellae (chaise), la nouvelle adresse de Thibault Sombardier, étoilé chez Antoine (Paris 16). Son chef italien propose une cuisine moderne, qui louche vers l'Italie, à l'instar de la sardine "Saor", polenta croustillante et oignons frits. En dessert, ce jour-là, une généreuse mousse au chocolat proposée tiède. De beaux produits, un savoir-faire certain.

Menu 22 € (déjeuner)/36 € - Carte 41/62 €

18 rue des Wallons - Saint-Marcel - 01 43 31 36 04 - www.sellae-restaurant.com - Fermé 2-25 août, lundi, dimanche

Sourire Le Restaurant

CUISINE MODERNE • COSY Cette façade avenante dans une rue tristounette redonne le sourire. Banquettes en velours bleu, tables bistrot retro, producteurs au cordeau (Saint-Jacques de Saint-Brieux, agneau de Clavisy) : la recette est efficace et éprouvée. On trouve même la Georgette (cuillère à dessert tendance), comme à l'Elysée !

Menu 35 € (déjeuner)/68 € - Carte 55/65 €

15 rue de la Santé - Gobelins - 01 47 07 07 45 - www.sourire-restaurant.com - Fermé lundi, dimanche

Sukhothaï

CUISINE THAÏLANDAISE • EXOTIQUE Dans une ruelle calme à deux pas de la place d'Italie, une savoureuse cuisine thaïe servie dans un décor adéquat... où l'on joue des coudes. Accueil tout sourire.

Menu 14 € (déjeuner), 26/29 € - Carte 25/50 €

12 rue du Père-Guérin - Place d'Italie - 01 45 81 55 88 - Fermé dimanche

Hôtels

C.O.Q

BOUTIQUE HÔTEL • COSY Community of Quality : voilà ce que cache le sigle de ce boutique-hôtel chic et décontracté, proche de la place d'Italie. Les chambres sont confortables et bien décorées ; on profite aussi d'un agréable jardin d'hiver avec verrière et canapés...

52 chambres - 100/350 € - 14 €

15 rue Edouard-Manet - Italie - 01 45 86 35 99 - www.coqhotelparis.com

OFF Paris Seine

BOUTIQUE HÔTEL • CONTEMPORAIN Montez à bord du premier hôtel flottant de France, arrimé au pied de la gare d'Austerlitz ! À bord, difficile de croire qu'on est sur l'eau, tant le confort des chambres est identique à celui d'un hôtel classique. Un lieu atypique et attachant.

54 chambres - 160/480 € - 19 € - 4 suites

20-22 Port d'Austerlitz - Gare d'Austerlitz - 01 44 06 62 65 - www.offparisseine.com

Henriette

BOUTIQUE HÔTEL · PERSONNALISÉ Un boutique-hôtel atypique et détonant, dont les chambres évoquent une foule de styles différents (vintage, scandinave, 70's, 80's, 90's...) et dégagent dans l'ensemble une grande impression de liberté. Le petit plus : ce patio intemporel pour profiter des rayons du soleil...

32 chambres - 99/269€ - 14€

9 rue des Gobelins - Les Gobelins - 01 47 07 26 90 - www.hotelhenriette.com

Montparnasse - Denfert Rochereau - Parc Montsouris

14e arrondissement

Ekaterina Pokrovsky/Fotolia.com

Restaurants

Cobéa (Philippe Bélissent)

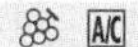

CUISINE MODERNE · ÉLÉGANT XXX Cobéa ? Une plante d'Amérique du Sud et un clin d'œil aux propriétaires : **Co** comme Jérôme Cobou en salle, **Bé** comme Philippe Bélissent aux fourneaux et **A** comme Associés. Ces deux passionnés, complices depuis plus de quinze ans, partagent une vision exigeante de la gastronomie française, entre classicisme et ouverture à toutes les influences. Aux fourneaux, Philippe cuisine surtout pour faire plaisir à ses clients – une tradition bien française –, à l'image de sa petite tartelette à l'encre de seiche, garnie de fenouil et des coquillages du moment. Son enfance voyageuse lui a inspiré un succulent agneau confit au four comme un tajine, servi entre deux tuiles de semoule avec ses citrons confits, ses herbes et sa sauce harissa maison. **Co** comme Contentement, **Bé** comme Béatitude et **A** comme Allez-y sans tarder !

Spécialités : Courgette de chez Bruno Cayron. Volaille, gnocchis à la truffe noire et parmesan. Abricots rôtis, glace au lait d'amande et pain d'épice maison.

Menu 55€ (déjeuner), 90/125€

11 rue Raymond-Losserand - Gaité - 01 43 20 21 39 - www.cobea.fr - Fermé 27 juillet-24 août, 21-28 décembre, lundi, dimanche

Aux Plumes

A/C

CUISINE MODERNE · CONVIVIAL X Une cuisine inspirée, gourmande et généreuse, réalisée par un jeune chef japonais passé par l'Astrance et le Chamarré Montmartre : voici ce qui vous attend ici. Les produits émanent des meilleurs commerçants du quartier (viandes du voisin Hugo Desnoyer, par exemple), on se régale au coude à coude dans une ambiance conviviale : allez-y les yeux fermés.

Spécialités : Cuisine du marché.

Menu 32€ (déjeuner), 38/60€

45 rue Boulard - Mouton Duvernet - 01 53 90 76 22 - www.auxplumes.com - Fermé 1er-31 août, lundi, dimanche

Bistrotters

CUISINE MODERNE • BISTRO X Une bien jolie maison que ce Bistrotters installé dans le sud du 14e, près du métro Plaisance. Le chef espagnol soigne son choix de produits – avec une préférence pour les petits producteurs d'Île-de-France – et y instille des influences variées (Asie, Méditerranée...). Service décontracté.

Spécialités : Déclinaison de légumes du moment. Croustillant de poitrine de cochon au fenouil et cidre. Pain perdu, caramel au beurre salé, chocolat croquant.

Menu 23 € (déjeuner)/37 €

9 rue Decrès – Ⓜ Plaisance – ✆ 01 45 45 58 59 – www.bistrotters.com – Fermé 24-31 décembre

Le Duc

POISSONS ET FRUITS DE MER • VINTAGE XX On se croirait dans une cabine de yacht, à l'ambiance surannée... Une large clientèle d'habitués de longue date affectionne l'adresse pour ses produits de la mer cuisinés avec soin et simplicité – un beurre émulsionné, une huile d'olive bien choisie, etc. – afin d'en révéler toute la fraîcheur. Un classique.

Menu 60 € (déjeuner) – Carte 80/200 €

243 boulevard Raspail – Ⓜ Raspail – ✆ 01 43 20 96 30 – www.restaurantleduc.com – Fermé 2-24 août, lundi, dimanche

Kigawa

CUISINE TRADITIONNELLE • ÉLÉGANT XX Kigawa comme Michihiro Kigawa, le chef de cet établissement tout simple. Fort de son expérience dans un restaurant français à Osaka, le voilà à Paris pour vous régaler de pâté en croûte, pigeon rôti et autres beaux classiques de l'Hexagone, revisités avec tact. Bon rapport qualité-prix à midi.

Menu 35 € (déjeuner), 65/100 € – Carte 65/140 €

186 rue du Château – Ⓜ Mouton Duvernet – ✆ 01 43 35 31 61 – www.kigawa.fr – Fermé 1er-15 août, lundi, dimanche

La Verrière

CUISINE MODERNE • CONTEMPORAIN XX Le cadre : une salle à manger contemporaine, où une chef japonaise au CV bien rempli (Crillon, Peninsula) célèbre la bistronomie avec beaucoup de soin. Il y a de la France, mais aussi du Japon dans l'assiette, avec une juste dose de créativité : une table réjouissante.

Carte 51/63 €

Niepce, 4 rue Niépce – Ⓜ Pernety – ✆ 01 83 75 69 21 – Fermé 1er-31 août, dimanche soir

Bistrot Augustin

CUISINE TRADITIONNELLE • BISTRO X Ce bistrot chic, au cadre intimiste, propose une cuisine du marché (et de saison) aux accents du sud, qui réveille la gourmandise. Un exemple : cette superbe côte de cochon du Périgord... Les produits sont ici à la fête, et nos appétits avec !

Menu 39 €

79 rue Daguerre – Ⓜ Gaîté – ✆ 01 43 21 92 29 – www.augustin-bistrot.fr – Fermé dimanche

L'Assiette

CUISINE CLASSIQUE • BISTRO X Une adresse franche et généreuse où l'on peut voir ce qui se trame en cuisine. Cassoulet maison, crevettes bleues obsiblue façon tartare, crème caramel au beurre salé, soufflé au chocolat... La cuisine de tradition prend l'accent bistrot chic.

Menu 35 € (déjeuner) – Carte 48/75 €

181 rue du Château – Ⓜ Mouton Duvernet – ✆ 01 43 22 64 86 – www.restaurant-lassiette.com – Fermé 3-30 août, 23 décembre-3 janvier, lundi, mardi

Aux Enfants Gâtés 

CUISINE MODERNE • BISTRO ✗ Aux murs, des citations de grands chefs et quelques recettes montrent que le patron est allé à bonne école... Il revisite la tradition de belle manière, avec l'appui des bons produits de la saison. Une jolie petite maison.

Menu 37€

4 rue Danville - Ⓜ Denfert Rochereau - ✆ 01 40 47 56 81 - www.auxenfantsgates.fr - Fermé 8-15 février, 1er-31 août, 23 décembre-7 janvier, lundi, samedi midi, dimanche

La Cagouille 

POISSONS ET FRUITS DE MER • BISTRO ✗ Accord parfait entre le cadre d'inspiration marine et de beaux produits de la mer, préparés avec justesse et servis par une équipe sympathique. Agréable terrasse, sur une petite place paisible. Belle collection de cognacs.

Menu 35€ - Carte 34/117€

10 place Constantin-Brancusi - Ⓜ Gaîté - ✆ 01 43 22 09 01 - www.la-cagouille.fr

Le Cette

CUISINE MODERNE • CONVIVIAL ✗ "Cette", c'est l'ancienne graphie de Sète et... l'hommage du patron à sa ville d'origine. Il a confié les fourneaux de son restaurant à une équipe japonaise pleine d'allant, qui réalise une merveille de cuisine française : carré de veau, rattes et truffes d'été ; turbot rôti et bouillon de mer... Savoureux et joliment mis en scène.

Menu 35€ (déjeuner), 48/60€

7 rue Campagne-Première - Ⓜ Raspail - ✆ 01 43 21 05 47 - www.lecette.fr - Fermé 1er-23 août, samedi, dimanche

La Contre Allée 

CUISINE MODERNE • TRADITIONNEL ✗ Sur une discrète contre-allée, on découvre une vraie cuisine de cuisinier, joliment travaillée et qui fait résonner l'époque avec goût. Décor moderne et ambiance conviviale en prime : à découvrir sans contre-indication.

Menu 29/36€ - Carte 39/58€

83 avenue Denfert-Rochereau - Ⓜ Denfert Rochereau - ✆ 01 43 54 99 86 - www.contre-allee.com - Fermé 15-30 août, samedi, dimanche

Le Cornichon

CUISINE MODERNE • BISTRO ✗ L'affaire de deux passionnés : le premier, ingénieur informatique depuis toujours épris de restauration ; le second, chef formé à bonne école. Ensemble, ils ont créé ce bistrot bien d'aujourd'hui. Beaux produits, jolies recettes, riches saveurs, etc. : ce Cornichon est plein de croquant et de peps !

Menu 35€ (déjeuner)/42€

34 rue Gassendi - Ⓜ Denfert Rochereau - ✆ 01 43 20 40 19 - www.lecornichon.fr - Fermé 1er-31 août, 23 décembre-5 janvier, samedi, dimanche

L'Empreinte 

CUISINE TRADITIONNELLE • BISTRO ✗ Les deux associés de ce restaurant font le pari d'une cuisine bistrotière légèrement modernisée, à déguster dans une salle à manger au charme contemporain - suspensions modernes, mobilier de couleur acajou, mur en pierre, comptoir...

Menu 37€ - Carte 41/62€

5 rue Mouton-Duvernet - Ⓜ Mouton Duvernet - ✆ 01 45 39 39 61 - www.restaurant-empreinte.paris - Fermé 10-23 août, lundi, mardi midi

La Grande Ourse 

CUISINE MODERNE • BISTRO ✗ Plutôt séduisant, ce bistrot où le gris le dispute au prune et à l'orange. La carte fait la part belle au poisson, mais pas seulement ; les cuissons sont bien maîtrisées (gambas et morue), les saveurs franches (bouillon de tomate au gingembre), et les produits de toute première qualité. Menu-carte plus étoffé au dîner.

Menu 23€ (déjeuner)/39€

9 rue Georges-Saché - Ⓜ Mouton Duvernet - ✆ 01 40 44 67 85 - www.restaurantlagrandeourse.fr - Fermé 1er-25 août, lundi, samedi midi, dimanche

PARIS ET SES ENVIRONS

Montée

A/C

CUISINE MODERNE • ÉPURÉ X Quand un chef japonais talentueux décide de partager son amour de la gastronomie française, le résultat est là : assiettes graphiques, technique solide… Le tout dans un décor design et minimaliste.

Menu 40 € (déjeuner)/105 €

9 rue Léopold-Robert – Ⓜ Notre-Dame-des-Champs – ✆ 01 43 25 57 63 – www.restaurant-montee.fr – Fermé lundi, dimanche

Les Petits Plats

CUISINE TRADITIONNELLE • BISTRO X Moulures, miroirs, comptoir en bois, grande ardoise présentant les mets du moment : un petit bistrot élégant, dans son jus 1910, pour une cuisine canaille et familiale, où les belles viandes de l'Aubrac sont notamment à l'honneur. Formule originale : la possibilité de choisir des demi-portions. Joli choix de vins.

Menu 50 € – Carte 45/58 €

39 rue des Plantes – Ⓜ Alésia – ✆ 01 45 42 50 52 – Fermé 3-23 août, dimanche

Hôtels

Niepce

A/C

HÔTEL PARTICULIER • VINTAGE Près de la gare Montparnasse, cet hôtel évoque la féminité par touches subtiles (quelques clichés et portraits de la photographe Janine Niépce, et des évocations de la condition féminine). Chambres charmantes et bien équipées, fitness : un séjour de choix.

49 chambres – 230/550 € – 22 € – 3 suites

4 rue Niépce – Ⓜ Pernety – ✆ 01 83 75 69 20 – www.niepceparis.com

La Verrière – Voir la sélection des restaurants

Porte de Versailles - Vaugirard - Beaugrenelle

15e arrondissement

Delphotostock/Fotolia.com

Restaurants

Neige d'Été (Hideki Nishi)

A/C

CUISINE MODERNE • ÉPURÉ XX Neige d'Été… Un nom d'une poésie toute japonaise, et pour cause : l'adresse est l'œuvre d'un jeune chef nippon, Hideki Nishi, entouré d'une équipe venue elle aussi du pays du Soleil-Levant. Un nom en figure d'oxymore, surtout, qui annonce des jeux de contraste et une forme d'épure : telle est en effet la marque du cuisinier, formé chez Taillevent et au George V, à Paris. Précision toute japonaise et répertoire technique hautement français s'allient donc à travers des recettes finement ciselées et subtiles, privilégiant les arrivages directs de Bretagne pour les légumes et les poissons, et les cuissons au charbon de bois pour les viandes. Un travail en justesse et en contrepoints, qui brille comme la neige en été…

Spécialités : Beignet et tartare de thon. Cochon ibérique grillé au charbon de bois japonais. Parfait à l'abricot et à la cardamome.

Menu 55€ (déjeuner), 100/185€

12 rue de l'Amiral-Roussin - Ⓜ Avenue Émile Zola - ✆ 01 42 73 66 66 - www.neigedete.fr - Fermé 15-31 août, lundi, dimanche

Pilgrim

CUISINE MODERNE • CONTEMPORAIN XX On doit à Hideki Nishi (propriétaire de Neige d'Été) l'ouverture de cette table à deux rues de la gare Montparnasse. C'est Terumitsu Saito qui en tient les rênes. Dans une cuisine centrale et légèrement surélevée, il esquisse des plats raffinés et délicats, tels de véritables petits tableaux de maître entre France et Japon : au hasard de notre repas, œuf parfait au wasabi, purée de mizuna et gelée au dashi, ou bien tataki de veau cuit au foin, coulis de cresson et daikon mariné... C'est un pur régal, une partition précise et inspirée, mais on aurait tort d'être surpris étant donné le parcours impeccable du chef - Mandarin Oriental et Grand Véfour, pour les plus emblématiques. Plus qu'un simple pèlerin, un futur lieu de pèlerinage ?

Spécialités : Émietté de crabe et gelée de dashi. Cochon ibérique et déclinaison de carottes. Riz au lait au saké.

Menu 45€ (déjeuner), 100/150€

8 rue Nicolas-Charlet - Ⓜ Pasteur - ✆ 01 40 29 09 71 - www.pilgrimparis.com - Fermé 1er-15 août, samedi, dimanche

L'Antre Amis 

CUISINE MODERNE • CONTEMPORAIN X Entrez dans cet Antre, dont le chef-patron assure la cuisine avec passion. Avec d'excellents produits de Rungis (viandes, poissons, coquillages...), il compose des assiettes soignées, exécutées avec précision, déclinées dans une carte hyper-courte et accompagnées d'une belle carte des vins - environ 150 références.

Spécialités : Œuf cuit nacré, émulsion de pomme de terre à l'huile d'olive. Noix de Saint-Jacques et palourdes, raviole de panais au sarrasin, bouillon à la coriandre. Clémentine confite, crème à la fève tonka.

Menu 38/54€ - Carte 50/65€

9 rue Bouchut - Ⓜ Ségur - ✆ 01 45 67 15 65 - www.lantreamis.com - Fermé 1er-10 janvier, 1er-31 août, samedi, dimanche

Biscotte

CUISINE MODERNE • BRANCHÉ X Maximilien (au salé) et Pauline (au sucré), deux habitués de prestigieuses maisons parisiennes (Bristol, Lasserre, Arpège, George V) proposent une cuisine du marché, goûteuse et appliquée, qui évolue au gré des saisons et des approvisionnements. Ils ont toujours à cœur de favoriser les produits locaux ou les producteurs artisanaux. Le week-end, brunch convivial et généreux. Une adresse comme on les aime.

Spécialités : Ravioles de langoustine, citronnelle, émulsion au citron kaffir. Agneau de lait de l'Aveyron à la sarriette. Biscuit verveine, rhubarbe, fraises en compotée et sorbet.

Menu 38/49€

22 rue Desnouettes - Ⓜ Convention - ✆ 01 45 33 22 22 - www.restaurant-biscotte.com - Fermé 24 juillet-18 août, 23 décembre-5 janvier, lundi, samedi soir, dimanche soir

Le Casse Noix

CUISINE TRADITIONNELLE • BISTRO X Vieilles affiches, pendules et meubles vintage : le décor est planté. Côté petits plats, l'authenticité prime aussi : délicieuse cuisine canaille, dont boudins blancs et pâtés en croûte, inspirés au chef par son papa, Meilleur Ouvrier de France à Orléans... Amusante collection de casse noix chinés par la maman du patron. Ce Casse Noix casse des briques !

Spécialités : Terrine de pintade, salade d'endives, noisettes et raisins. Joues de bœuf, légumes d'un bourguignon, jus au vin rouge. Riz au lait.

Menu 35€

56 rue de la Fédération - Ⓜ Bir-Hakeim - ✆ 01 45 66 09 01 - www.le-cassenoix.fr - Fermé 1er-24 août, 24 décembre-3 janvier, samedi, dimanche

Le Radis Beurre

CUISINE TRADITIONNELLE • BISTRO X C'est boulevard Garibaldi, à Paris, que le chef Jérôme Bonnet a trouvé l'endroit dont il rêvait pour monter son propre restaurant. Il propose une cuisine goûteuse et bien ficelée, qui porte la marque de ses origines sudistes. Un exemple ? Ce pied de cochon poêlé au foie gras de canard et jus de viande acidulé, qui mérite toute votre attention...

Spécialités : Pied de cochon poêlé au foie gras de canard, jus de viande acidulé. Poitrine de volaille fermière, pleurotes sautées. Riz au lait de ma grand-mère "Rosa".

Menu 37 € – Carte 37/45 €

51 boulevard Garibaldi – Ⓜ Sèvres Lecourbe – ✆ 01 40 33 99 26 – www.restaurantleradisbeurre.com – Fermé 24 juillet-17 août, 23 décembre-1er janvier, samedi, dimanche

L'Atelier du Parc

CUISINE MODERNE • CONTEMPORAIN XX Situé face au parc des expositions, voilà un établissement qui tranche avec les brasseries traditionnelles de la porte de Versailles, aux cartes sans surprises. On découvre une cuisine aux notes ensoleillées, à l'instar du tourteau en accras, soupe glacée de petits pois au lait de coco et ketchup maison. Une jolie surprise.

Menu 27 € (déjeuner), 36/85 € – Carte 50/73 €

35 boulevard Lefebvre – Ⓜ Porte de Versailles – ✆ 01 42 50 68 85 – www.atelierduparc.fr – Fermé 2-26 août, lundi, dimanche

Le Cherine

CUISINE LIBANAISE • CHIC XX Ce restaurant est une jolie histoire de famille, autour d'un duo père-fille, dont le nom, Cherine, a inspiré celui de l'établissement. On déguste une savoureuse cuisine libanaise dans un décor moderne (taboulé persillé, moutabal d'aubergine etc.), préparé avec minutie par un chef inspiré. Sans oublier un délicieux baklawa, en dessert !

Menu 18 € (déjeuner)/39 € – Carte 35/50 €

74 rue de la Croix-Nivert – Ⓜ Commerce – ✆ 01 53 61 92 52 – Fermé lundi

L'Accolade

CUISINE MODERNE • BISTRO X Le jeune chef, qui se destinait d'abord à une carrière de professeur de sport, a changé de cap et appris le métier de cuisinier. Dans une ambiance franchement conviviale, il propose une cuisine goûteuse, renouvelée chaque jour, dans laquelle on croise de nombreux produits du Sud-ouest, mais aussi quelques épices thaïes. Une adresse attachante.

Menu 25 € (déjeuner)/35 € – Carte 35/60 €

208 rue de la Croix-Nivert – Ⓜ Boucicaut – ✆ 01 45 57 73 20 – www.laccoladeparis.fr – Fermé 2-8 avril, 25 juillet-18 août, 25 décembre-5 janvier, lundi, dimanche

Beurre Noisette

CUISINE TRADITIONNELLE • BISTRO X Un bistrot savoureux, bien connu des habitués ! Thierry Blanqui puise son inspiration au marché : tarte aux cèpes ; canette de Challans rôtie sur l'os, épinards et coing ; Mont-blanc et de belles recettes canailles ! Un pied dans la tradition, l'autre dans la nouveauté : on se délecte... Une valeur sûre.

Menu 34 € (déjeuner), 42/60 € – Carte 38/51 €

68 rue Vasco-de-Gama – Ⓜ Lourmel – ✆ 01 48 56 82 49 – www.restaurantbeurrenoisette.com – Fermé 9-24 août, lundi, dimanche

Café Noisette Ⓝ

CUISINE DU MARCHÉ • BISTRO X Cuisine du marché à l'ardoise le midi (tartare de thon, coriandre et guacamole ; épaule d'agneau confite au citron), assiettes façon tapas et plats à partager le soir (mention spéciale pour le pâté en croûte) dans ce bistrot signé Thierry Blanqui (qui a déjà démontré son savoir-faire au Beurre Noisette) avec Noeline Imbert aux manettes. Prix sages.

Menu 28 € (déjeuner) – Carte 30/50 €

74 rue Olivier-de-Serres – Ⓜ Convention – ✆ 01 45 35 86 21 – lecafenoisette.com – Fermé samedi, dimanche

Le Clos Y

CUISINE CRÉATIVE • DESIGN Élégamment disposés les uns à côté des autres, couverts à la française et baguettes à la japonaise symbolisent l'esprit du Clos. Produits de qualité, soin d'exécution, recherche de la subtilité : Yoshitaka Ikeda révèle, s'il le fallait encore, toutes les affinités des gastronomies française et japonaise. Plus simple le midi, menu surprise le soir.

Menu 38 € (déjeuner)/68 €

27 avenue du Maine – Ⓜ Montparnasse Bienvenüe – ✆ 01 45 49 07 35 – www.leclosy.com – Fermé 4-14 mai, 3-26 août, lundi, dimanche

Le Concert de Cuisine

TEPPANYAKI • CONVIVIAL La salle de concert ? Très simple, sans chichi ni folklore japonisant. Et le chef d'orchestre ? Sous vos yeux, il réalise une belle cuisine fusion, créant des recettes très personnelles basées sur la technique du teppanyaki. Jolie mélodie !

Menu 35 € (déjeuner), 49/67 €

14 rue Nélaton – Ⓜ Bir-Hakeim – ✆ 01 40 58 10 15 – Fermé 2-23 août, lundi midi, samedi midi, dimanche

Gàbia

CUISINE MODERNE • BISTRO En face du parc Georges-Brassens cette affaire est emmenée par un jeune couple au parcours intéressant. Leur cuisine change toutes les semaines et raconte leur parcours par touches subtiles : cabillaud rôti, fricassée de lentilles au chorizo ibérique ; mini-pie aux pommes et poires caramélisées, crème fraîche... Une adresse attachante.

Menu 36 € (déjeuner) – Carte 36/45 €

77 Rue Brancion – Ⓜ Plaisance – ✆ 01 48 42 25 24 – www.gabia.fr – Fermé 28 juillet-28 août, 25 décembre-3 janvier, lundi, mardi, dimanche soir

Le Grand Pan

CUISINE TRADITIONNELLE • BISTRO Un bistrot de quartier qu'aurait pu fréquenter Georges Brassens, qui habita tout près. À l'ardoise, de belles pièces de viande à partager, une cuisine généreuse et calquée sur les saisons, parsemée de produits de qualité : homard, Saint-Jacques, cèpes... sans oublier le gibier en saison.

Menu 30 € (déjeuner) – Carte 37/55 €

20 rue Rosenwald – Ⓜ Plaisance – ✆ 01 42 50 02 50 – www.legrandpan.fr – Fermé 3-23 août, samedi, dimanche

Ida by Denny Imbroisi

CUISINE MODERNE • BISTRO Petite par la taille... mais grande par sa cuisine ! Dans un décor moderne, une cuisine inspirée du marché, qui parle l'italien sans accent : goûts francs, produits choisis, et spaghettoni alla carbonara, jaune d'œuf coulant, de haute volée. Un plaisir fou de bout en bout.

Menu 30 € (déjeuner), 44/70 € – Carte 42/55 €

117 rue de Vaugirard – Ⓜ Falguière – ✆ 01 56 58 00 02 – www.restaurant-ida.com – Fermé 22 décembre-2 janvier, dimanche

L'Os à Moelle

CUISINE TRADITIONNELLE • BISTRO Thierry Faucher est toujours aux manettes de cet Os à Moelle, où il s'affirma au début des années 2000 comme l'un des précurseurs de la bistronomie. Poireaux vinaigrette, foie de veau, purée de rutabaga au gingembre, os à moelle, soupe du jour... C'est simple, bon et généreux.

Menu 29 € (déjeuner) – Carte 37/44 €

3 rue Vasco-de-Gama – Ⓜ Lourmel – ✆ 01 45 57 27 27 – www.osamoelle-restaurant.com – Fermé 22 décembre-2 janvier, lundi, samedi midi, dimanche

Les Pères Siffleurs

CUISINE MODERNE • BISTRO En face de l'église Saint-Lambert de Vaugirard où Truffaut a tourné la scène principale de "La mariée était en noir" en 1967, ce bistrot, sympathique et vintage comme il se doit (comptoir en zinc, banquettes et fauteuils en skaï rouge) propose une cuisine du marché goûteuse, interprétée avec talent par un jeune chef. Menu déjeuner, ardoise le soir, courte carte de vins axée "nature"...

Menu 25€ (déjeuner) - Carte 38/46€

15 rue Gerbert - Vaugirard - 01 48 28 75 63 - www.lesperessiffleurs.com - Fermé 2-24 août, lundi, dimanche soir

Le Troquet

CUISINE TRADITIONNELLE • BISTRO Le "troquet" dans toute sa splendeur : décor bistrotier authentique, banquettes en moleskine, miroirs, petites tables invitant à la convivialité. Quant à l'ardoise, elle varie les plaisirs : terrine de cochon, tartare de Saint-Jacques, tagliatelles fraîches à la truffe noire...

Menu 34€ (déjeuner), 35/42€

21 rue François-Bonvin - Cambronne - 01 45 66 89 00 - www.restaurantletroquet.fr - Fermé 3-23 août, lundi, dimanche

Le Vitis

CUISINE TRADITIONNELLE • BISTRO On avait connu Marc Delacourcelle au Pré Verre, dans le 5e arrondissement ; il dirige aujourd'hui ce bistrot de poche, et nous régale de recettes bien tournées, franches et parfumées : poêlée de couteaux, cochon de lait fondant aux épices douces...

Menu 26€ (déjeuner) - Carte 35/39€

8 rue Falguière - Falguière - 01 42 73 07 02 - www.levitis.fr - Fermé lundi, dimanche

Yido

CUISINE CORÉENNE • CLASSIQUE Yido est le roi de Corée se trouvant à l'origine de l'alphabet coréen. Ici, s'écrit une page de la gastronomie coréenne à Paris. C'est authentique, familial, et savoureux. Un voyage culinaire au cœur du 15 ème arrondissement.

Menu 20€ (déjeuner), 28/48€

54 avenue Émile-Zola - Charles Michel - 01 83 06 17 10 - Fermé dimanche midi

Hôtels

Eiffel Blomet

HÔTEL PARTICULIER • ART DÉCO Dans une rue discrète, cet hôtel rénové façon Art Déco propose de jolies chambres. Les suites du dernier étage disposent de balcons, avec vue sur les toits de Paris. Petite terrasse d'extérieur, et agréable espace bien-être, avec piscine. A deux pas de la Tour Eiffel.

83 chambres - 250/450€ - 15€ - 4 suites Tablet. PLUS

78 rue Blomet - Vaugirard - 01 53 68 70 00 - hoteleiffelblomet.com

Ares

HÔTEL PARTICULIER • PERSONNALISÉ Un soupçon de baroque, une touche de cachet parisien, un bel esprit feutré, des salles de bain pleines de cachet... pour un hôtel chic et cossu, tout près de la tour Eiffel - certaines chambres donnent d'ailleurs sur la Grande Dame ! On profite aussi d'un accès gratuit à la salle de gym voisine, et de l'accueil souriant.

40 chambres - 180/750€ - 18€

7 rue Général de Larminat - La Motte-Piquet Grenelle - 01 47 34 74 04 - www.ares-paris-hotel.com

Platine

URBAIN • PERSONNALISÉ Blonde... Platine comme Marilyn Monroe à laquelle cet hôtel rend hommage. Les chambres sont confortables et bien tenues ; préférez celles avec un lit rond... Glamour à souhait ! Agréable espace détente au sous-sol. Une bonne adresse pour cultiver la "poupoupidou" attitude.

46 chambres - 129/350 € - 15 €

20 rue de l'Ingénieur-Robert-Keller - Charles Michels - 01 45 71 15 15 - www.platinehotel.fr

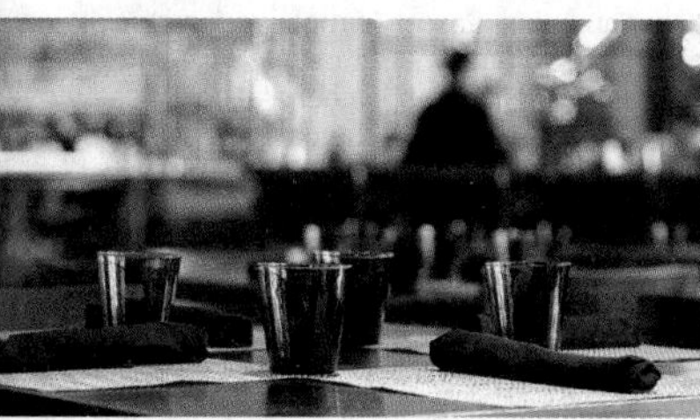

Trocadéro - Étoile - Passy - Bois de Boulogne

16e arrondissement

ekash/E+/Getty Images

Restaurants

✿✿✿ Le Pré Catelan

CUISINE CRÉATIVE • LUXE XXXXX On doit à Pierre-Yves Rochon d'avoir révolutionné ce pavillon Napoléon III niché en plein cœur du bois de Boulogne, à grand renfort de mobilier design et de tons vert, blanc et argent. Aux commandes de cette illustre maison, on trouve un Meilleur Ouvrier de France à la passion intacte : Frédéric Anton. De ses mentors (dont Joël Robuchon), le chef a hérité la précision et la rigueur, auxquelles s'ajoute un goût certain pour les associations de saveurs inédites. Souvent centrées sur un produit de choix (le rouget, la morille, le pigeonneau, la langoustine), les assiettes allient équilibre, harmonie, générosité : chacune d'entre elles est un petit bijou de travail, jusque dans sa conception graphique. N'oublions pas, bien sûr, la cave irréprochable et l'accueil au diapason.

Spécialités : Langoustine préparée en ravioli au foie gras, fine gelée à la feuille d'or. Saumon fumé au bois de cerisier, crème de wasabi, biscuit et fleur de courgette. Pomme soufflée croustillante, crème glacée au caramel, cidre et sucre pétillant.

Menu 140 € (déjeuner), 230/290 € - Carte 260/320 €

route de Suresnes - Bois de Boulogne - 01 44 14 41 14 - www.precatelanparis.com - Fermé 9-24 février, 2-24 août, 25 octobre-2 novembre, lundi, dimanche

✿✿ L'Abeille

CUISINE MODERNE • LUXE XXXX Si le Shangri-La était un paquebot, L'Abeille serait la cabine de pilotage. Le "restaurant français" de ce superbe palace parisien né au début des années 2010, tire son appellation de l'emblème napoléonien – Napoléon devient empereur vêtu d'un manteau brodé de 1 500 abeilles d'or. Bannière de l'Empire, au même titre que l'aigle, elle remplace la fleur de lys.

Moquette sombre, nuances de jaune et de gris clair, tables dressées avec soin et, çà-et-là, le motif de l'insecte rappelant les fastes de l'Empire : après tout, ne sommes-nous pas dans l'ancienne demeure du prince Roland Bonaparte ?

Ici, le capitaine de vaisseau s'appelle Christophe Moret, ancien élève de Jacques Maximin, et adoubé par Alain Ducasse, dont il dirigera les cuisines du Plaza Athénée sept années durant : "L'Abeille, répète-t-il, est un restaurant dans un palace, pas un restaurant de palace. " Araignée de mer rafraîchie à la tomate et au gingembre, sabayon coraillé ; homard et coque d'amande en cocotte lutée, pêche au parfum de sangria ; miel du maquis corse givré aux parfums de citron et d'eucalyptus - produits, saveurs, technicité, service distingué : tout est maîtrisé. Une vitrine de l'art de vivre à la française, une table au goût de miel.

Spécialités : Oursin et caviar en délicate royale. Homard en cocotte. Miel du maquis corse givré au parfum de cédrat et d'eucalyptus.

Menu 230/295 € - Carte 170/240 €

Shangri-La, 10 avenue d'Iéna - Ⓜ Iéna - ✆ 01 53 67 19 90 - www.shangri-la.com/fr/paris/shangrila/ - Fermé lundi, dimanche, le midi

✿✿ Astrance (Pascal Barbot)

CUISINE CRÉATIVE · ÉPURÉ XXX Bienvenue chez Pascal Barbot, ancien disciple d'Alain Passard, qui ajoute à la précision végétale du maître de l'Arpège sa passion pour l'Asie, assortie d'une insatiable curiosité. De fait, le chef n'a jamais cessé d'être un précurseur : sa cuisine, établie en fonction du marché et de ses humeurs personnelles, s'en va chercher l'inspiration partout où elle se trouve, du streetfood à la grande cuisine classique. Un soir chez Pascal Barbot, c'est l'assurance d'un voyage et d'un festin – surtout lorsqu'il s'accompagne de vins issus de la superbe cave. Ajoutez à cela un service professionnel et discret, en parfaite harmonie avec la philosophie des lieux. Au cours de l'année 2020, Astrance devrait déménager au 32 rue de Longchamp, adresse rendue célèbre par Joël Robuchon.

Spécialités : Ceviche de moules, lait de coco et jus de céleri branche. Rouget vapeur, beurre blanc, sauce soja et riz koshihikari. Tartelette rhubarbe, fraiseframboise et mousse au jasmin.

Menu 95 € (déjeuner)/250 €

4 rue Beethoven - Ⓜ Passy - ✆ 01 40 50 84 40 - www.astrancerestaurant.com - Fermé 26 juillet-24 août, 21 décembre-4 janvier, lundi, samedi, dimanche

✿ La Grande Cascade

CUISINE MODERNE · CLASSIQUE XXXX Transformé en restaurant pour l'Exposition universelle de 1900, le restaurant mêle les styles Empire, Belle Époque et Art nouveau : un charme incomparable se dégage de la rotonde, aménagée sous une grande verrière, et de la magnifique terrasse. La clientèle d'affaires vient y respirer le chic du Paris d'autrefois et l'air de la campagne en plein bois de Boulogne. Georges Menut veille amoureusement sur cette Grande Cascade, prenant soin de cultiver son image de grande dame. Mais l'établissement vit aussi avec son temps : pour preuve, la présence de Frédéric Robert, un chef brillant, passé par Le Grand Véfour, le Vivarois et Lucas-Carton (où il a travaillé aux côtés de Senderens pendant dix ans). Il a carte blanche pour imaginer une cuisine subtile, aux saveurs bien marquées, qui hisse cette maison parmi les belles adresses gourmandes de la capitale.

Spécialités : Macaroni, truffe noire, foie gras, céleri et gratinés au parmesan. Ris de veau croustillant aux herbes à tortue, carottes, gingembre-orange. Mille gaufres à la crème légère à la vanille de Tahiti.

Menu 89/192 € - Carte 172/216 €

Bois de Boulogne - ✆ 01 45 27 33 51 - www.restaurantsparisiens.com - Fermé 21 décembre-12 janvier

✿ L'Oiseau Blanc

CUISINE MODERNE · DESIGN XXX Le restaurant de "gastronomie française contemporaine" du Peninsula, ce luxueux hôtel installé à deux pas de l'Arc de Triomphe. Son nom fait référence à l'avion avec lequel Nungesser et Coli tentèrent – sans succès – la première traversée de l'Atlantique nord en 1927 : une reproduction grandeur nature de l'appareil est suspendue au sommet de l'hôtel, comme si elle allait partir à l'assaut des cieux. Un bel hommage rendu aux deux pionniers... mais également au ciel de Paris ! Sous sa verrière posée sur les toits, le restaurant semble en effet voler au-dessus de la capitale, et la terrasse offre une vue magistrale de la tour Eiffel au Sacré-Cœur. Un cadre parfait pour déguster une cuisine précise et colorée, où tout tombe juste : cuissons, jus et sauces, visuels...

Spécialités : Gambas française, poutargue et curcuma frais. Turbot de Bretagne et asperges blanches du Vaucluse. Nuage au pamplemousse rose et amandes torréfiées.

Menu 75 € (déjeuner), 128/150 €

The Peninsula, 19 avenue Kléber - Ⓜ Kléber - ✆ 01 58 12 67 30 - www.peninsula.com

✿ Shang Palace

CUISINE CHINOISE • EXOTIQUE XXX Shangri-La... Le nom résonne comme un voyage aux confins de l'Asie, vers un paradis luxueux et imaginaire. Le célèbre hôtel parisien, né en 2010, a su donner le même éclat à ses restaurants, dont ce Shang Palace. Situé au niveau inférieur de l'établissement, il transporte ses hôtes dans un Hong Kong merveilleux, entre raffinement extrême-oriental et élégance Art déco. Colonnes incrustées de jade, paravents sculptés et lustres en cristal promettent un dîner aussi feutré qu'étincelant. La cuisine cantonaise est à l'honneur ; on peut partager en toute convivialité un assortiment de plats servis au centre de la table. Les cuissons se révèlent précises, les parfums subtils. Les dim sum sont moelleux à souhait et le goût de la sole cuite à la vapeur s'envole accompagné de champignons noirs et de tofu soyeux. Pour finir, entre autres douceurs, une crème de mangue, garnie de pomélo et de perles de sagou, laisse une belle impression de fraîcheur...

Spécialités : Saumon Lo Hei. Canard laqué façon pékinoise. Crème de mangue, pomélo et perles de sagou.

Menu 78 € (déjeuner)/138 € - Carte 60/150 €

Shangri-La, 10 avenue d'Iéna - Ⓜ Iéna - ✆ 01 53 67 19 92 - www.shangri-la.com/fr/paris/shangrila - Fermé mardi, mercredi

✿ Antoine

CUISINE MODERNE • ÉLÉGANT XXX Le chef Thibault Sombardier est à la barre de ce haut lieu de la cuisine de la mer à Paris. La carte change chaque jour pour offrir le meilleur de la marée, en liaison directe avec les ports bretons, vendéens, basques ou méditerranéens. En cas d'arrivage surprise, on pourra même vous proposer quelques suggestions de dernière minute ! On se régale donc pour ainsi dire au gré des vagues... Que les carnivores se rassurent, un petit choix de viandes est prévu rien que pour eux - sans parler des très alléchants desserts. Le chef a l'amour de l'excellent produit et des belles saveurs, qu'il sait exalter avec finesse et inventivité. Une salle agréable, baignée de lumière et sobrement décorée, permet de les apprécier à leur juste valeur. N'hésitez pas à venir à midi : le menu déjeuner se révèle d'un excellent rapport qualité-prix.

Spécialités : Pétales de champignons en fine fleur, tranche de mulet mariné et concombre acide, lait fumé au caviar. Sole grillée aux girolles, vin jaune et sucs des têtes. Soufflé au chocolat, crème glacée au sarrasin.

Menu 49 € (déjeuner), 120/160 € - Carte 120/175 €

10 avenue de New-York - Ⓜ Alma Marceau - ✆ 01 40 70 19 28 - www.antoine-paris.fr - Fermé 8-25 août, 21-28 décembre, lundi, dimanche

✿ Étude (Keisuke Yamagishi)

CUISINE MODERNE • ÉLÉGANT XXX Une signature contemporaine, une ode à la simplicité et à l'épure : ces mots font figure d'évidence lorsque l'on découvre les créations du chef, Keisuke Yamagishi. Il a choisi de nommer son restaurant "Étude", en hommage à la musique de Frédéric Chopin - une passion -, mais aussi parce que c'est ainsi qu'il considère son travail : une recherche inlassable sur cette matière toujours vivante qu'est la gastronomie. Nourri par ses rencontres avec des petits producteurs, par la découverte de produits venus de loin - poivre de Taiwan aux notes d'agrumes, baies iraniennes -, porté enfin par son double héritage culinaire - France et Japon -, il cuisine ici tel un funambule, au gré de menus "Symphonie", "Ballade", "Prélude"... une jolie leçon d'harmonie ! Superbe.

Spécialités : Croquette de caviar impérial. Canard de Challans. Déclinaison de chocolats grands crus.

Menu 45 € (déjeuner), 80/130 €

14 rue du Bouquet-de-Longchamp – Ⓜ Boissière – ✆ 01 45 05 11 41 – www.restaurant-etude.fr – Fermé 1er-6 janvier, 16 février-9 mars, 2-24 août, lundi, samedi midi, dimanche

✿ Nomicos (Jean-Louis Nomicos)

CUISINE MODERNE • ÉLÉGANT XXX Après avoir dirigé de nombreuses années durant les cuisines du restaurant Lasserre – l'un des temples de la cuisine classique –, Jean-Louis Nomicos est bien installé dans ce restaurant qui porte son nom. Pour ce chantre de la belle tradition, qui est né près de Marseille et a grandi dans le culte de la bouillabaisse, l'art et la technique doivent avant tout rester au service des sens et du plaisir. Telle est la condition pour révéler toutes les potentialités des grandes recettes et des produits de choix – méditerranéens, si possible ! Quant au décor contemporain, il se révèle parfaitement en phase avec le travail du chef.

Spécialités : Macaroni aux truffes noires et foie gras de canard. Saint-pierre en oursinade, poutargue, fregola sarda et citron confit. Granité à l'absinthe, confit de tomates à la vanille et glace fenouil.

Menu 49 € (déjeuner), 75/145 € – Carte 118/170 €

16 avenue Bugeaud – Ⓜ Victor Hugo – ✆ 01 56 28 16 16 – www.nomicos.fr – Fermé lundi, dimanche

✿ Comice (Noam Gedalof)

CUISINE MODERNE • ÉLÉGANT XX Un couple de Canadiens, Noam Gedalof de Montréal et Etheliya Hananova de Winnipeg, a eu l'excellente idée d'ouvrir leur premier restaurant à Paris, après de belles expériences internationales : le chef – ancien du French Laundry, en Californie – s'inspire des bases de la cuisine française, qu'il saupoudre de modernité. Son obsession : mettre en valeur des produits de la saison avec le plus grand soin, et renouveler sa carte au gré de ses trouvailles. Cette séduisante partition se déguste dans une jolie salle moderne aux murs bleu profond, agrémentés de tableaux d'artistes contemporains (avec une cuisine ouverte au fond de la salle). L'ensemble est élégant et feutré. Une séduisante cuisine, lisible et pleine de gourmandise.

Spécialités : Carpaccio de noix de Saint-Jacques, main de bouddha, cédrat confits, radis et fenouil. Veau tigre, artichauts, haricots et jus de veau. Soufflé au chocolat et glace à la vanille.

Menu 140 € – Carte 92/144 €

31 Avenue de Versailles – Ⓜ Mirabeau – ✆ 01 42 15 55 70 – www.comice.paris – Fermé 5-20 avril, 26 juillet-17 août, 20 décembre-4 janvier, lundi, dimanche, le midi

✿ Alan Geaam

CUISINE CRÉATIVE • ÉLÉGANT XX On parle toujours du rêve américain... Alan Geaam, lui, préfère parler du rêve français ! Enfui de son Liban natal à l'âge de 10 ans, réfugié aux États-Unis avec sa famille, il a débarqué à Paris à 24 ans avec une idée en tête : intégrer le monde de la gastronomie, sa véritable passion. Successivement plongeur, puis commis, il intègre une école de cuisine et gravit un à un les échelons du métier. Avec l'ouverture de ce restaurant dans la rue Lauriston (anciennement Akrame), il éclate au grand jour et réalise la synthèse de ce qu'il a appris tout au long de son parcours. Ses recettes originales marient le patrimoine français et des influences libanaises avec une grande justesse – le terme de "métissage" n'a jamais été aussi approprié –, et chaque assiette respire la passion et le travail. Une bien belle table.

Spécialités : Asperge verte, soudjouk et œuf de caille. Pigeon en deux textures à la mélasse de grenade. Lait-miel de mon enfance.

Menu 48 € (déjeuner), 80/100 €

19 rue Lauriston – Ⓜ Charles de Gaulle-Etoile – ✆ 01 45 01 72 97 – www.alangeaam.fr – Fermé lundi, dimanche

L'Archeste (Yoshiaki Ito)

CUISINE CRÉATIVE • ÉPURÉ XX Devanture engageante et cadre épuré (peinture sombre effet brossé, structure en bois, grande vitre apportant de la luminosité) pour ce restaurant imaginé par un chef passionné de produit qui a officié dix-huit ans chez Hiramatsu, dont dix en tant que chef. Il émerveille son monde avec une cuisine française éclatante de modernité, précise et cohérente, qui fait la part belle à des produits d'excellente qualité tout en épousant les saisons de fort belle manière. Pas de carte ici : les menus (3 ou 6 temps à midi, 7 le soir) évoluent chaque jour au gré des humeurs du chef.

Au fait, pourquoi l'Archeste ? Dans ce nom, il faut voir un double hommage. À Alain Senderens, d'abord et à son restaurant L'Archestrate, mais aussi un savant mélange d'artiste, d'artisanal, d'orchestre et d'art. Au final, l'important, c'est qu'on s'y régale... et figurez-vous que c'est le cas.

Spécialités : Huîtres de Normandie et tartare de veau. Pigeon rôti, sauce cacao. Vacherin aux fraises.

Menu 52 € (déjeuner), 110/180 €

79 rue de la Tour – Ⓜ Rue de la Pompe – ✆ 01 40 71 69 68 – www.archeste.com – Fermé 16-24 février, 2-31 août, lundi, samedi midi, dimanche

Pages (Ryuji Teshima)

CUISINE CRÉATIVE • ÉPURÉ XX La passion des chefs japonais pour la gastronomie française s'illustre une nouvelle fois à travers ce restaurant surprenant. Passé par de belles maisons, Ryuji Teshima, dit Teshi, propose une version contemporaine et très personnelle de la cuisine de l'Hexagone. Autour de menus "surprise", il imagine des mélanges de saveurs qui peuvent paraître impropables sur le papier, mais réellement percutants dans l'assiette. On profite de son travail dans un décor épuré, et les cuisines visibles depuis la salle permettront aux curieux de le voir s'affairer aux fourneaux... Un ensemble résolument à la page !

Spécialités : Carpaccio de bœuf ozaki. Poularde grillée et jaune d'œuf. Hojicha et chocolat.

Menu 55 € (déjeuner), 105/175 €

4 rue Auguste-Vacquerie – Ⓜ Charles de Gaulle-Etoile – ✆ 01 47 20 74 94 – www.restaurantpages.fr – Fermé 5-26 août, lundi, dimanche

Ducasse sur Seine

CUISINE MODERNE • DESIGN XXX Décidément, Alain Ducasse ne manque ni d'audace, ni d'idées. La preuve, une fois de plus avec Ducasse sur Seine : ce bateau électrique, amarré au quai du port Debilly, dans le très chic 16ème arrondissement, propose une promenade gastronomique écolo et silencieuse. En même temps que les monuments de Paris, on découvre une cuisine au goût du jour rondement menée par une brigade digne des grandes maisons. Mise à flots réussie, mon capitaine.

Menu 100 € (déjeuner), 150/190 €

Port Debilly – Ⓜ Trocadéro – ✆ 01 58 00 22 08 – www.ducasse-seine.com – Fermé 27 janvier-7 février

Carte Blanche

CUISINE MODERNE • COSY XXX L'ancienne Table du Baltimore est devenue Carte Blanche, et c'est un nom qui lui va comme un gant ! En effet, en plus d'une carte aux intitulés "classiques", le client peut choisir un produit spécifique, qui sera cuisiné à sa convenance après discussion avec le chef... Le concept est plutôt malin, et le plaisir gustatif est au rendez-vous.

Menu 39 € (déjeuner), 85/135 € – Carte 50/75 €

Baltimore, 1 rue Léo-Delibes – Ⓜ Boissière – ✆ 01 44 34 54 34 – www.carteblancheparis.fr – Fermé 1er-31 août, 24-27 décembre, samedi, dimanche

Le Pergolèse

CUISINE TRADITIONNELLE • ÉLÉGANT XXX Dès le début, Stéphane Gaborieau voulait faire du Pergolèse une "belle maison bourgeoise où l'on reçoit les clients comme chez soi" : pari réussi avec une cuisine qui célèbre la tradition. Quant au décor, il se montre élégant : tentures crème, fauteuils de velours rouge, tableaux contemporains... Jolie carte des vins.

Menu 58 € (déjeuner), 125/140 € – Carte 90/140 €

40 rue Pergolèse – Ⓜ Porte Maillot – ☏ 01 45 00 21 40 – www.lepergolese.com – Fermé 1er-23 août, samedi, dimanche

Lili Ⓝ

CUISINE CHINOISE • ÉLÉGANT XX Créé par le groupe hôtelier de luxe hongkongais du même nom, le déjà célèbre hôtel Peninsula abrite comme il se doit une table asiatique. Dans un décor très théâtral, la longue carte, mise en musique par le chef Dicky To, révèle un large éventail de spécialités chinoises (certaines mises au goût européen). Une ambassade gastronomique pour l'Empire du Milieu.

Menu 45 € (déjeuner), 120/150 € – Carte 70/188 €

The Peninsula, 19 avenue Kleber – Ⓜ Kléber – ☏ 01 58 12 67 50 – www.peninsula.com/fr/ – Fermé lundi, dimanche

Brach Ⓝ

CUISINE MÉDITERRANÉENNE • CONTEMPORAIN XX Une jolie surprise dans ce nouveau lieu au cadre luxueux, où l'on a volontairement cassé les codes : on se régale d'une cuisine sans chichis, qui offre une immersion au cœur des différentes traditions gastronomiques du bassin méditerranéen. C'est sain, équilibré, et c'est le MOF Yann Brys, qui signe les desserts. Partage, échange et convivialité, avec une affection particulière pour les entrées. Bien joué.

Carte 45/75 €

1-7 rue Jean Richepin – Ⓜ La Muette – ☏ 01 44 30 10 00 – brachparis.com

Conti

CUISINE ITALIENNE • INTIME XX Stendhal aurait sans doute apprécié ce restaurant où l'on célèbre, dans l'assiette, l'Italie qu'il aimait tant et, dans le décor, le rouge et le noir. Les recettes de la Botte sont réinterprétées en associant les influences d'ici et de là-bas : une cuisine de qualité appréciée de nombreux habitués.

Menu 45 € – Carte 59/80 €

72 rue Lauriston – Ⓜ Boissière – ☏ 01 47 27 74 67 – www.leconti.fr – Fermé 3-22 août, 24 décembre-1er janvier, samedi, dimanche

Jérémie

CUISINE MODERNE • ÉLÉGANT XX En bon tenant de la bistronomie, le chef Jérémie Tourdjman s'attache à mettre en avant le produit de façon simple, franche et directe... mais sans rechigner à livrer un vrai travail de cuisinier (il est notamment passé par les cases Constant et Ducasse). Le pari est gagnant : on passe un agréable moment.

Menu 55/85 € – Carte 65/85 €

33 rue de Longchamp – Ⓜ Boissière – ☏ 01 47 04 96 81 – www.restaurantjeremie.com – Fermé 4-25 août, samedi midi, dimanche

Monsieur Bleu

CUISINE MODERNE • ÉLÉGANT XX Comme emplacement dans Paris, on fait difficilement mieux que cette adresse... Nichée dans le palais de Tokyo, elle est superbe avec sa salle Art déco tout en gris, vert et or, et sa terrasse regardant la Seine et la tour Eiffel. L'assiette n'est pas en reste, sophistiquée et savoureuse. Un endroit très en vue !

Carte 60/100 €

20 avenue de New-York (Palais de Tokyo) – Ⓜ Iéna – ☏ 01 47 20 90 47 – www.monsieurbleu.com

Pleine Terre

CUISINE MODERNE · CONTEMPORAIN Derrière une devanture discrète, passé quelques marches vers le sous-sol, on découvre un chef passionné d'agrumes, d'épices et de poivre : il développe une cuisine au plus près des saisons, et met en valeur le travail de petits producteurs triés sur le volet. Une partition inventive, mise en musique par une équipe souriante et enthousiaste : bonne pioche.

Menu 37 € (déjeuner)/75 € - Carte 65/76 €

15 rue de Bassano - Kléber - 09 81 76 76 10 - restaurant-pleineterre.com - Fermé 2-24 août, lundi, samedi midi, dimanche

La Causerie

CUISINE MODERNE · ÉLÉGANT Deux jeunes associés venus du Royal Monceau président aux destinées de cette fameuse institution de La Muette. Le chef y revisite la tradition avec grande fraîcheur, à travers une carte aussi carrée que gourmande ; quant à la déco, elle possède un agréable côté rétro : grand miroir, fresque en céramique, faïence de Sarreguemines, etc. Service attentionné.

Menu 37 €

31 rue Vital - La Muette - 01 45 20 33 00 - www.lacauserie.fr - Fermé 1er-15 août, samedi, dimanche

Mavrommatis - Le Bistro Passy

CUISINE GRECQUE · CONTEMPORAIN Le petit dernier d'Andreas Mavrommatis, pape de la gastronomie méditerranéenne à Paris. On s'installe dans une salle, façon bistrot contemporain, pour déguster carpaccio de veau, soupions au fenouil, ou poitrine de veau confite-rôtie. C'est frais et savoureux. Boutique traiteur et cave à vins.

Menu 26 € (déjeuner)/32 € - Carte 32/46 €

70 avenue Paul-Doumer - La Muette - 01 40 50 70 40 - www.mavrommatis.com - Fermé 2-31 août, lundi, dimanche

N° 41

CUISINE TRADITIONNELLE · BISTRO Dans ce sympathique bistrot de style industriel, on profite d'une cuisine gourmande de qualité, à l'instar de ce tartare de thon citron et gingembre... Une table dans l'air du temps, à classer quelque part entre brasserie et bistrot, qui doit son succès à un couple de restaurateurs passionnés et attachants, secondés par leur fils.

Carte 25/45 €

41 avenue Mozart - Ranelagh - 01 45 03 65 16 - www.n41.fr - Fermé 9-25 août

Substance

CUISINE MODERNE · CONTEMPORAIN Le chef, au CV ciselé dans de belles maisons (Le Meurice, Portos, Lasserre, Louis XV) propose une carte courte et décomplexée, qui privilégie les circuits courts et les beaux produits (turbot, bonite), évolue au gré des saisons, avec incursions jurassiennes, sa région d'origine. Très belle carte des vins de 1000 références (dont 200 champagnes), en majorité en bio ou natures. Une excellente adresse, en substance.

Menu 39 € (déjeuner)/79 € - Carte 50/75 €

18 rue de Chaillot - Alma-Marceau - 01 47 20 08 90 - www.substance.paris - Fermé samedi, dimanche

Hôtels

The Peninsula

PALACE · ÉLÉGANT C'est donc avec cet établissement que le groupe hongkongais Peninsula a pris pied à Paris en 2014. Un coup de maître ! À deux pas de l'Arc de Triomphe, dans un superbe bâtiment Belle Époque, l'hôtel a tout des plus grands : décors luxueux, équipements high-tech, prestations de haut vol, etc. Un roc, un pic, un cap... une péninsule !

166 chambres - 900/1900 € - 34 suites

19 avenue Kléber - Kléber - 01 58 12 28 88 - www.peninsula.com/fr/

L'Oiseau Blanc · **Lili** - Voir la sélection des restaurants

Shangri-La

PALACE • GRAND LUXE L'Empire mâtiné d'Asie... La signature de ce palace créé dans l'ancien hôtel du prince Roland Bonaparte (1896). Salons grandioses, vue exceptionnelle sur la tour Eiffel depuis certaines chambres, piscine et spa... sans oublier des tables pour tous les goûts.

63 chambres - 1100/2200 € - 58 € - 37 suites

10 avenue d'Iéna - Iéna - 01 53 67 19 98 - www.shangri-la.com

L'Abeille • **Shang Palace** - Voir la sélection des restaurants

Raphael

LUXE • CLASSIQUE Une magnifique galerie d'entrée tout en boiseries, des chambres très raffinées (certaines avec vue sur Paris), un bar anglais à l'élégance indéniable : tels sont les trésors du Raphael... Né en 1925 à deux pas de l'Arc de Triomphe, l'un des mythes de la grande hôtellerie parisienne.

46 chambres - 306/1020 € - 40 € - 37 suites

17 avenue Kléber - Kléber - 01 53 64 32 00 - www.raphael-hotel.com

Saint James Paris

HISTORIQUE • PERSONNALISÉ Ce superbe hôtel particulier de la fin du 19e s. bénéficie d'un décor signé Bambi Sloan. De superbes matières, des imprimés chatoyants : le style Napoléon III flirte avec une originalité toute british ! La délicieuse bibliothèque, le majestueux escalier, les volumes harmonieux : l'empreinte d'un lieu unique...

36 chambres - 400/1120 € - 36 € - 13 suites

43 avenue Bugeaud - Porte Dauphine - 01 44 05 81 81 - www.saint-james-paris.com

Brach

LUXE • PERSONNALISÉ Un hôtel surprenant et séduisant : chambres aux couleurs chaudes, signées Starck, habillées de matières naturelles - bois, cuir, béton, verre, marbre et métal -, influences africaines et asiatiques dans la déco... sans oublier le jardin urbain sur le toit, avec vue sur Paris !

55 chambres - 550/1000 € - 25 € - 3 suites Tablet. PLUS

1-7 rue Jean-Richepin - La Muette - 01 44 30 10 00 - brachparis.com

Brach - Voir la sélection des restaurants

Molitor

LUXE • DESIGN Véritable emblème de l'Ouest parisien depuis les années 1920, la piscine Molitor est réapparue sous la forme de cet hôtel de luxe au charme ravageur. Clins d'œil à l'histoire (façade bleue et jaune autour de la piscine, en particulier), épure ultramoderne dans les chambres : le mythe renaît sous nos yeux.

117 chambres - 270/700 € - 7 suites

2 avenue de la Porte-Molitor - Michel Ange Molitor - 01 56 07 08 50 - www.mltr.fr

Keppler

BOUTIQUE HÔTEL • COSY Le décor, tout en luxe et raffinement, est signé Pierre-Yves Rochon. Que ce soit dans les salons, la bibliothèque ou les petites chambres, la magie opère... Hammam, sauna et fitness complètent cet ensemble pour le moins cosy.

34 chambres - 250/500 € - 22 € - 5 suites

10 rue Keppler - George V - 01 47 20 65 05 - www.keppler.fr

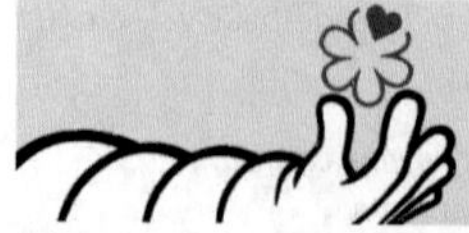

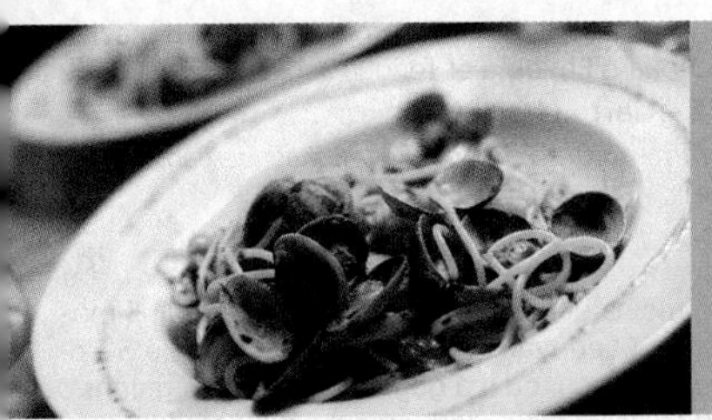

Palais des Congrès - Wagram - Ternes - Batignolles

17ᵉ arrondissement

lucydphoto/Moment Open/Getty Images

Restaurants

✿✿ Maison Rostang

CUISINE CLASSIQUE · ÉLÉGANT XXXX Entre Michel Rostang, le natif de Grenoble, "fils, petit-fils et arrière-petit-fils de grands cuisiniers", et Nicolas Beaumann, chef de la maison depuis 8 ans, le passage de témoin s'est déroulé de la meilleure des façons. Il en fallait, du talent, pour succéder à un Rostang dont les plats signatures ont marqué des générations de gourmets. On retrouve chez Nicolas Beaumann le même souci du goût : tourteau au gingembre, crémeux de courgettes en impression de caviar ; noix de ris de veau croustillante, navets farcis et petits pois étuvés, crème d'écrevisses... Quant au décor, luxueux et insolite, il séduit nouveaux venus comme habitués de la maison : salon Art nouveau, salon Lalique, salon ouvert sur le spectacle des fourneaux, collection d'œuvres d'art....

Spécialités : Queue de homard en salade de tomates, pinces en gelée, coudes en ravioles. Noix de ris de veau croustillante, tagliatelles de pomme de terre, sauce vin jaune. Cigare croustillant au havane, mousseline au cognac et glace marsala.

Menu 90 € (déjeuner), 195/235 € – Carte 153/223 €

20 rue Rennequin – Ⓜ Ternes – ✆ 01 47 63 40 77 – www.maisonrostang.com – Fermé 1er-24 août, lundi midi, samedi midi, dimanche

✿ La Scène Thélème

CUISINE MODERNE · CONTEMPORAIN XX Au 18 de la rue Troyon, l'art – et, particulièrement, le théâtre – rejoint la gastronomie. D'ailleurs, le nom du restaurant est un hommage à la l'Abbaye de Thélème, une création utopique que l'on doit à Rabelais. On peut donc, certains soirs, assister entre 19h et 20h à une représentation théâtrale (attention, 50 places seulement) avant d'aller ensuite s'attabler pour dîner. Riche idée, qui devrait trouver son public à Paris ! Côté papilles, le chef japonais Yoshitaka Takayanagi signe avec son équipe une cuisine fine et subtile, pleine de personnalité, avec des produits de premier ordre. Un travail au cordeau, que l'on apprécie d'autant plus grâce au bon rapport qualité-prix. En scène !

Spécialités : Homard et ris de veau, guacamole et sabayon à la ciboulette. Rouget cuit en écailles et pommes de terre safranées. Pavlova aux fruits rouges, crémeux à la vanille et meringue croquante.

Menu 43 € (déjeuner), 69/109 €

18 rue Troyon – Ⓜ Charles de Gaulle - Étoile – ✆ 01 77 37 60 99 – www.lascenetheleme.fr – Fermé 4-19 août, lundi, samedi midi, dimanche

✿ Agapé

CUISINE MODERNE · ÉLÉGANT XX *Agapè*... En Grèce ancienne, ce mot désignait l'amour inconditionnel de l'autre. Il désigne désormais l'alliance du bon, du brut, et du talent. La carte fait la fête aux produits de saison, travaillés dans une veine contemporaine. Même lorsqu'elle se débride, cette cuisine est toujours maîtrisée, canalisée, concentrée sur l'idée de donner du plaisir. Côté décor, une salle en teintes douces, cosy et intimiste, parée d'œuvres d'artistes contemporains. Et le talent se love aussi dans le mariage réussi entre salle et cuisine, ou dans les conseils avisés sur les accords mets et vins (plus de 600 références). Il ne reste qu'à se laisser bercer...

Spécialités : Tartare de noix de veau aux crevettes gambero rosso et caviar. Homard, cavatelli et basilic citron. Moka d'Éthiopie et fenouil sauvage.

Menu 52 € (déjeuner), 109/149 € - Carte 140/180 €

51 rue Jouffroy-D'Abbans - Ⓜ Wagram - ✆ 01 42 27 20 18 - www.agape-paris.fr - Fermé 3-24 août, samedi, dimanche

✿ Frédéric Simonin

CUISINE MODERNE • COSY XX Le moins que l'on puisse dire de Frédéric Simonin, c'est qu'il a fait un beau parcours ! Ledoyen, le Meurice, Taillevent, le Seize au Seize, et enfin la Table de Joël Robuchon, où il a gagné ses derniers galons... Rien que des grands noms, à la suite desquels il vient aujourd'hui écrire le sien, non loin de la place des Ternes (pour les connaisseurs : en lieu et place du restaurant Bath's, qu'il a entièrement transformé). Moquette noir et blanc, banquettes de velours sombre, panneaux de verre, déclinaisons élégantes de formes géométriques...

Le design des lieux sied à la cuisine du chef, fine et pleine de justesse. Ne dédaignant pas les touches inventives et parfois japonisantes, il ose les associations originales. L'équation est subtile, maîtrisée... À découvrir à la carte ou à travers le beau menu dégustation. Voilà bel et bien une table raffinée !

Spécialités : Langoustine en raviole ouverte, nage foisonnée coco et citronnelle. Veau normand cuit en cocotte, champignons et condiment d'ail noir. Parfait guanaja, concassé de biscuit cacao et caramel chocolaté cassant.

Menu 55 € (déjeuner)/148 € - Carte 120/150 €

25 rue Bayen - Ⓜ Ternes - ✆ 01 45 74 74 74 - www.fredericsimonin.com - Fermé 3-25 août, lundi, dimanche

✿ Jacques Faussat

CUISINE TRADITIONNELLE • CONTEMPORAIN XX Jacques Faussat, Gersois et fier de l'être, n'aime rien tant que la simplicité inspirée de ses racines et de son enfance. Une simplicité également apprise auprès de Michel Guérard et surtout d'Alain Dutournier – sa rencontre avec cet homme de passion, qui partage les mêmes origines que lui, sera déterminante dans sa carrière, à commencer par dix années passées aux fourneaux du Trou Gascon. Avec quelques réminiscences du Sud-Ouest, sa cuisine joue donc la carte de la générosité et des saveurs, misant tout sur de bons produits travaillés pour en faire ressortir... le meilleur. Bon rapport qualité-prix.

Spécialités : Compression de pommes de terre, foie gras de canard, jus truffé et truffe. Pigeon flambé au capucin. Soufflé aux fruits de saison.

Menu 42 € (déjeuner), 48/90 € - Carte 55/85 €

54 rue Cardinet - Ⓜ Malesherbes - ✆ 01 47 63 40 37 - www.jacquesfaussat.com - Fermé 3-21 août, 23-27 décembre, samedi, dimanche

✿ Le Faham by Kelly Rangama Ⓝ

CUISINE MODERNE • CHIC X Le faham est une orchidée endémique de l'île de la Réunion, connue pour son subtil arôme d'amande. C'est la fleur choisie par Kelly Rangama (ex-Top Chef 2017) pour symboliser son union civile et culinaire avec le pâtissier Jérôme Devreese, et leur création commune : cette table élégante et épurée, nichée au cœur des Batignolles, où la cheffe peut laisser libre cours à la cuisine qui lui ressemble : pleine de peps et de tonus, épicée mais toujours maîtrisée, avec la pointe d'exotisme qui fait la différence. Un exemple : cette légine (un poisson de la Réunion) aux carottes et gingembre en aigre-doux, avec concentration de tomates et riz croustillant... Un vrai bonheur.

Spécialités : Crevettes sauvages, texture de céleri au massalé et bisque glacée. Pavé de légine, carotte-gingembre en aigre-doux, concentration de tomates et riz croustillant. Gâteau de patate douce, tatin et sorbet de patate douce et émulsion à la baie de cannelier.

Menu 32 € (déjeuner)/69 € - Carte 59/70 €

108 rue Cardinet - ✆ 01 53 81 48 18 - www.lefaham.com - Fermé 3-24 août, lundi, dimanche

Comme Chez Maman

CUISINE MODERNE • CONVIVIAL X Au cœur des Batignolles, près d'un square, un bistrot contemporain où l'on se sent... comme chez maman ! Le jeune chef belge, Wim Van Gorp, joue la carte des jolies recettes ménagères, dont certaines rendent de délicieux hommages à ses origines flamandes... A noter : Wim propose aussi une sympathique "gastronomie de bar" dans sa deuxième adresse "Wim à Table", un peu plus loin dans la rue.

Spécialités : Terrine de cochon, pickles de légumes. Suprême de pintade rôti, pois gourmands, condiment poireaux au citron vert. Vacherin aux cerises de Gaillac.

Menu 24 € (déjeuner)/37 € - Carte 40/65 €

5 rue des Moines - Ⓜ Brochant - ✆ 01 42 28 89 53 - www.comme-chez-maman.com - Fermé 10-23 août

L'Envie du Jour

CUISINE MODERNE • CONVIVIAL X Les assiettes de Charlotte Gondor révèlent précision, couleurs et parfums. Ainsi ce tataki d'onglet de bœuf ou le cabillaud et sa salade de pois cassés, dont la netteté de la présentation éveille la gourmandise... le tout accompagné d'une petite sélection de vins bien choisis. On se régale.

Spécialités : Tataki d'onglet de bœuf. Cabillaud, salade de pois cassés et betteraves. Variation de pamplemousse, biscuit moelleux aux amandes.

Menu 32 € (déjeuner), 35/46 €

106 rue Nollet - Ⓜ Brochant - ✆ 01 42 26 01 02 - www.lenviedujour.com - Fermé 10 août-1er septembre, lundi, dimanche soir

Le Petit Verdot du 17ème

CUISINE TRADITIONNELLE • BISTRO X Deux jeunes trentenaires se sont associés pour donner un coup de fouet à cette antique adresse du quartier des Ternes. Ils déclinent ici une cuisine de bistrot généreuse et sincère, fraîche et goûteuse : escargots en raviole, bouillon de champignons, entrecôte Simmental et frites maison... À dévorer en toute convivialité !

Spécialités : Terrine de lapin, chutney d'oignons. Tartare de bœuf charolais. Riz au lait, confiture de lait.

Carte 30/47 €

9 rue Fourcroy - Ⓜ Ternes - ✆ 01 42 27 47 42 - Fermé 5-27 août, 23 décembre-2 janvier, samedi midi, dimanche

Dessirier par Rostang Père et Filles

POISSONS ET FRUITS DE MER • CHIC XXX Contemporain, arty et chic : tel est le Dessirier, navire amiral de la famille Rostang. Le restaurant attache une importance capitale à la sélection de poissons : bouillabaisse et sole meunière font partie des incontournables du lieu...

Menu 57 € - Carte 45/90 €

9 place du Maréchal-Juin - Ⓜ Pereire - ✆ 01 42 27 82 14 - www.restaurantdessirier.com

Rech

POISSONS ET FRUITS DE MER • CHIC XXX Cette institution née en 1925, toujours élégante avec son décor repensé dans un esprit épuré (murs blancs, miroirs, sol en mosaïque) fera le bonheur des amateurs de saveurs iodées, à l'instar de cette sole épaisse dorée au beurre demi-sel, pommes de terre de Noirmoutier.

Menu 44 € (déjeuner)/80 € - Carte 60/90 €

62 avenue des Ternes - Ⓜ Ternes - ✆ 01 45 72 29 47 - www.restaurant-rech.fr - Fermé 27 juillet-16 août, 23 décembre-2 janvier, lundi, dimanche

Sormani

CUISINE ITALIENNE • ROMANTIQUE XXX Tissus tendus, lustres en verre de Murano, moulures et miroirs : toute l'élégance de l'Italie s'exprime dans ce restaurant chic et feutré. La cuisine rend un hommage subtil aux spécialités transalpines, avec une appétence particulière, en saison, pour la truffe.

Carte 70/140 €

4 rue du Général-Lanrezac - Ⓜ Charles de Gaulle-Étoile - ✆ 01 43 80 13 91 - www.restaurantsormani.fr - Fermé 3-23 août, samedi, dimanche

Timgad

CUISINE MAROCAINE • ORIENTAL XX Retrouvez la splendeur passée de la cité de Timgad dans ce cadre mauresque raffiné, tout en mobilier traditionnel et stucs finement sculptés ! La carte est au diapason : riche sélection de couscous (la semoule est d'une rare finesse) et tajines et pastillas appréciés pour leurs mille et un parfums...

Carte 40/100 €

21 rue Brunel - Ⓜ Argentine - ✆ 01 45 74 23 70 - www.timgad.fr

Anona Ⓝ

CUISINE MODERNE • CONTEMPORAIN XX Une belle cuisine actuelle, et d'évidentes ambitions pour cette nouvelle adresse d'un secteur animé et populaire du dix-septième arrondissement. Le chef, au beau parcours étoilé, flatte avec talent le terroir d'Île de France, dans une démarche de développement durable. Menu attractif et courte carte au déjeuner ; en soirée, menu unique en 5 ou 7 déclinaisons, réalisé au plus près du marché.

Menu 29 € (déjeuner), 75/95 €

80 boulevard des Batignolles - ✆ 01 84 79 01 15 - www.anona.fr - Fermé 17-31 août, lundi, dimanche

Coretta

CUISINE MODERNE • DESIGN XX Dans le nouveau quartier Clichy-Batignolles, face au parc Martin-Luther-King (dont l'épouse s'appelait Coretta), cette table se veut éco-responsable. Décor design où domine le chêne, vue sur les cimes à l'étage et belle cuisine de produits signée par une équipe jeune et motivée. Le goût de la nature, oui !

Menu 29 € (déjeuner)/43 € - Carte 48/62 €

151 b rue Cardinet - Ⓜ Brochant - ✆ 01 42 26 55 55 - www.restaurantcoretta.com

Le Bistrot d'À Côté Flaubert

CUISINE TRADITIONNELLE • BISTRO X Cette table est "d'à côté" car elle jouxte le restaurant gastronomique de Michel Rostang, auquel elle appartient également. On y propose une bonne cuisine bistrotière en valorisant de beaux produits. Direction la rue Flaubert !

Menu 32 € (déjeuner) - Carte 48/66 €

10 rue Gustave Flaubert - Ⓜ Ternes - ✆ 01 42 67 05 81 - www.bistrotflaubert.com - Fermé 1er-24 août, lundi, samedi midi, dimanche

Le Bordeluche

CUISINE MODERNE • CONVIVIAL X Ce petit bistrot, tenu par un jeune patron enthousiaste, s'intègre parfaitement à ce secteur des Batignolles, nouvel eldorado bobo, où l'on ne jure plus que par vins natures ou élevés en biodynamie. Ici, on travaille "entre potes" un cuisine de saison, attentive au marché. Le Bordeluche est issu du patois gascon, le chef est marseillais, et le cadre sobre, façon bistrot, follement parisien. La bistronomie a encore de beaux jours devant elle.

Menu 27 € (déjeuner), 37/57 €

103 rue des Dames - Ⓜ Villiers - ✆ 09 52 91 95 28 - Fermé 3-26 août, lundi, samedi midi, dimanche

Le Bouchon et l'Assiette

CUISINE TRADITIONNELLE • BISTRO X Au déjeuner, l'ardoise du jour propose un joli panaché de petits plats gourmands. Le soir, place à des plaisirs plus subtils, autour d'une cuisine du marché avide de jolies saveurs. Quant à la carte des vins, elle met en avant d'intéressants petits producteurs. Rue Cardinet, le bouchon et l'assiette forment un couple épatant.

Menu 26 € (déjeuner) - Carte 40/65 €

127 rue Cardinet - Ⓜ Malesherbes - ✆ 01 42 27 83 93 - Fermé 1er-26 août, lundi, dimanche

Le Café d'Angel

CUISINE TRADITIONNELLE • BISTRO Cette petite adresse cultive la nostalgie des bistrots parisiens d'antan : banquettes en skaï, faïences aux murs, plats traditionnels à l'ardoise et cuisine visible derrière le comptoir. On y déguste en toute quiétude une poêlée de supions aux herbes fraîches ou un croustillant de boudin noir et purée de pomme de terre.

Menu 34 € – Carte 45/60 €

16 rue Brey – Ⓜ Charles de Gaulle-Étoile – ✆ 01 47 54 03 33 – www.lecafedangel.com – Fermé 1er-25 août, 23 décembre-2 janvier, samedi, dimanche

Caïus

CUISINE CRÉATIVE • CONVIVIAL Cette adresse cache bien son jeu derrière sa devanture en bois plutôt sage : de belles banquettes, de sobres chaises vêtues de cuir noir... Le chef, Jean-Marc Notelet, exhume épices et produits oubliés, avec l'art de réinventer des recettes ordinaires. Impossible de se lasser, d'autant que l'atmosphère est agréable. Bon rapport qualité-prix.

Menu 45 €

6 rue d'Armaillé – Ⓜ Charles de Gaulle-Étoile – ✆ 01 42 27 19 20 – www.caius-restaurant.fr – Fermé 3-23 août, samedi, dimanche

La Cantine du Troquet - Pereire

CUISINE TRADITIONNELLE • BISTRO Christian Etchebest, pape de la gastronomie de terroir, se trouve à l'origine de ce bistrot en angle de rue. La formule, éprouvée ailleurs, fait mouche : une cuisine traditionnelle aux accents du sud-ouest, épicé d'une pointe basque, volontiers canaille. L'atmosphère est conviviale, le bar en zinc et l'ardoise nous adresse des clins d'œil, du fond de salle. Bienvenue dans la galaxie Etchebest.

Carte 40/60 €

46 rue Bayen – Ⓜ Porte de Champerret – ✆ 01 42 67 05 11 – www.lacantinedutroquet.com – Fermé lundi, dimanche

Caves Pétrissans

CUISINE TRADITIONNELLE • VINTAGE La famille Allemoz (dont le fils, Jean-Jacques, représente la 5e génération dans cette maison) perpétue la tradition avec entrain : terrine maison, tête de veau sauce ravigote, rognon de veau flambé à l'armagnac, baba au rhum ou île flottante comptent parmi les nombreux classiques bistrotiers présents à la carte. Une maison éminemment sympathique.

Menu 44 € – Carte 46/111 €

30bis avenue Niel – Ⓜ Pereire – ✆ 01 42 27 52 03 – www.cavespetrissans.fr – Fermé 24 juillet-24 août, samedi, dimanche

XVII sur Vin

CUISINE TRADITIONNELLE • BISTRO On traverse une terrasse d'été, protégée du soleil par des buis pour gagner la salle, au décor d'inspiration bistrotière. Bistrotière, la cuisine de Bruno Turbot l'est aussi, à l'instar de cette côte de veau du Limousin, qui figure parmi les spécialités indétrônables, au même titre que l'œuf cocotte ou la brioche façon pain perdu.

Menu 40 € – Carte 50/60 €

99 rue Jouffroy d'Abbans – Ⓜ Wagram – ✆ 01 42 27 26 16 – www.xviisurvin-lebistrot.com – Fermé 11-26 août, samedi midi, dimanche

L'Entredgeu

CUISINE TRADITIONNELLE • BISTRO Ambiance animée et gourmandise garantie pour ce bistrot de quartier qui fait souvent le plein. Le chef propose une cuisine traditionnelle bien tournée, teintée de modernisme. Et toujours attentive aux saisons et au marché.

Menu 35 € (déjeuner), 45/50 €

83 rue Laugier – Ⓜ Porte de Champerret – ✆ 01 40 54 97 24 – www.lentredgeu.fr – Fermé 1er-5 janvier, dimanche

Fanfan

CUISINE MODERNE • CONTEMPORAIN Ce jeune chef réalise une cuisine aux influences asiatiques autour d'un menu unique qui obéit à la loi du marché, des produits et des saisons. Le tout servi dans un cadre contemporain avec une salle sous verrière. Les menus déjeuner sont une aubaine, le soir l'offre devient plus gastronomique.

Menu 39 € (déjeuner), 85/120 €

18 rue Bayen - Ⓜ Ternes - 01 53 81 79 77 - www.fanfanlarome.com - Fermé 3-31 août, lundi, dimanche

La Fourchette du Printemps

CUISINE MODERNE • BISTRO Dans cet élégant petit bistrot de quartier, on trouve un jeune chef passé par de belles maisons. Il cultive le goût du produit de qualité (le menu évolue selon le marché), et prend plaisir à revisiter les classiques. Une bonne table.

Menu 35 € (déjeuner), 60/85 € - Carte 65/75 €

30 rue du Printemps - Ⓜ Wagram - 01 42 27 26 97 - www.lafourchetteduprintemps.com - Fermé 1er-7 janvier, 27 juillet-30 août, lundi, dimanche

Gare au Gorille

CUISINE MODERNE • BISTRO Marc Cordonnier a maintenant fait sa place aux Batignolles. Il sait travailler les produits sans jamais les dénaturer et décline une cuisine franche et originale, sans chichi, qui préfère la personnalité à la posture. Quant à son acolyte, Louis Langevin, il conseille avec bienveillance un beau panel de vins nature.

Menu 29 € (déjeuner)/39 € - Carte 45/55 €

68 rue des Dames - Ⓜ Rome - 01 42 94 24 02 - www.gareaugorille.fr - Fermé 1er-24 août, samedi, dimanche

Le 975

CUISINE MODERNE • ÉPURÉ En angle de rue, cette façade habillée de bois ne passe pas inaperçue. Cela tombe bien, l'assiette non plus. Un duo enthousiaste, mené par un chef japonais et un passionné de vins, propose une carte courte bien troussée, aux assiettes précises et savoureuses. Les curieux s'installeront au comptoir, face à la cuisine ouverte.

Menu 17 € (déjeuner)/39 € - Carte 38/43 €

25 rue Guy-Moquet - Ⓜ Brochant - 09 53 75 67 71 - www.le975.com - Fermé 1er-5 janvier, 10-16 février, 3-23 août, samedi, dimanche

Oxte

CUISINE MEXICAINE • TENDANCE Ouvert début 2018 dans le quartier de l'Etoile, ce restaurant tendance propose une savoureuse cuisine au goût du jour, aux influences mexicaines. Les produits français sont travaillés avec des condiments, herbes et épices, par un chef mexicain, talentueux et passionné. Une réussite.

Menu 45/80 €

5 rue Troyon - Ⓜ Ternes - 01 45 75 15 15 - www.restaurant-oxte.com - Fermé 2-25 août, lundi, dimanche

Papillon

CUISINE MODERNE • BISTRO Tel Papillon, échappé du bagne de Cayenne, Christophe Saintagne a accompli sa mue en s'installant à son compte après avoir dirigé les cuisines du Plaza Athénée, puis du Meurice. Épanoui dans son élégant néo-bistrot, il signe une cuisine racée, qui privilégie toujours le goût et l'équilibre. Un conseil d'ami : réservez !

Menu 38 € (déjeuner)/75 € - Carte 50/75 €

8 rue Meissonier - Ⓜ Wagram - 01 56 79 81 88 - www.papillonparis.fr - Fermé 25 juillet-24 août, samedi, dimanche

Rooster

CUISINE MODERNE • BISTRO Tout juste débarqué de New York, Frédéric Duca a trouvé un havre de paix et de goût entre Batignolles et Wagram, partie animée et populaire du dix-septième arrondissement. En guise d'écrin, un ancien café en angle de rue : le chef marseillais signe une cuisine de produits, sans afféterie et dans l'air du temps. Carte plus ambitieuse le soir.

Menu 32€ (déjeuner), 68/75€ - Carte 47/65€

137 rue Cardinet - 01 45 79 91 48 - rooster-restaurant.com - Fermé 1er-26 août, 22-28 décembre, samedi, dimanche

La Table du Caviste Bio

CUISINE MODERNE • ÉLÉGANT À quelques encablures du Parc Monceau, ce restaurant offre l'agrément d'une salle d'esprit moderne, et d'une cuisine en phase avec son époque, fraîche et raffinée, concoctée par la cheffe japonaise Junko Kawasaki. Le tout au diapason avec les vins, exclusivement bio, eux aussi.

Menu 35€ (déjeuner), 45/65€ - Carte 45/95€

55 rue de Prony - Monceau - 01 82 10 37 02 - www.latable.bio - Fermé 1er-6 janvier, 1er-31 août, lundi, dimanche

Les Tables d'Augustin

CUISINE TRADITIONNELLE • CONVIVIAL Le quartier des Épinettes accueille ce délicieux bistrot de poche, où officie un jeune chef à l'excellent parcours (George V au côté d'Éric Briffard, l'Ambroisie...). Sa cuisine, gourmande et savoureuse, ne manque pas de caractère, avec – au déjeuner particulièrement – un excellent rapport qualité-prix ; le menu est renouvelé chaque semaine au gré du marché.

Menu 22€ (déjeuner), 39/49€ - Carte 45/55€

44 rue Guy-Môquet - Guy-Môquet - 09 83 43 11 11 - www.lestablesdaugustin.fr - Fermé samedi, dimanche

Hôtels

Regent's Garden

LUXE • COSY Savant mélange d'ancien (cheminée, mobilier de style) et de moderne dans cet hôtel particulier datant de l'époque de Napoléon III. Des espaces feutrés, un délicieux petit jardin japonisant... et, au petit-déjeuner, de bons produits issus des circuits courts. Irrésistible !

39 chambres - 149/410€ - 10€ - 1 suite

6 rue Pierre-Demours - Ternes - 01 45 74 07 30 - www.astotel.com

B Montmartre

URBAIN • DESIGN Quelques clichés de David LaChapelle, des photos dédicacées de Brigitte Bardot... Un esprit glamour qui fait écho à la place de Clichy voisine, mais auquel on ne saurait résumer cette ancienne pension de famille, transformée en hôtel par un propriétaire issu de la haute couture. Un ensemble très chic et très parisien !

36 chambres - 149/499€ - 20€

6 rue Lécluse - Place de Clichy - 01 42 93 35 77 - www.b-montmartre.com

Hidden

LUXE • PERSONNALISÉ Ambiance "nature" revendiquée pour cet hôtel étonnant, installé dans une rue tranquille à deux pas de l'Étoile : matériaux nobles comme le bois et l'ardoise, literie en fibres de coco, etc. Un lieu apaisant et très dépaysant, pour vivre un peu caché...

35 chambres - 129/849€ - 19€

28 rue de l'Arc-de-Triomphe - Charles de Gaulle-Étoile - 01 40 55 03 57 - www.hidden-hotel.com

XO

BOUTIQUE HÔTEL • À THÈME Dans ce boutique-hôtel imaginé autour du thème des vins et spiritueux, même les chambres sont au diapason : photos de vignobles, ferronneries stylisées en forme de feuille de vigne... Cours d'œnologie sur réservation.

56 chambres - 150/350 € - 19 € - 2 suites

23 rue Théodore-de-Banville - Ⓜ Pereire - ✆ 01 40 54 18 60 - www.xohotelparis.com

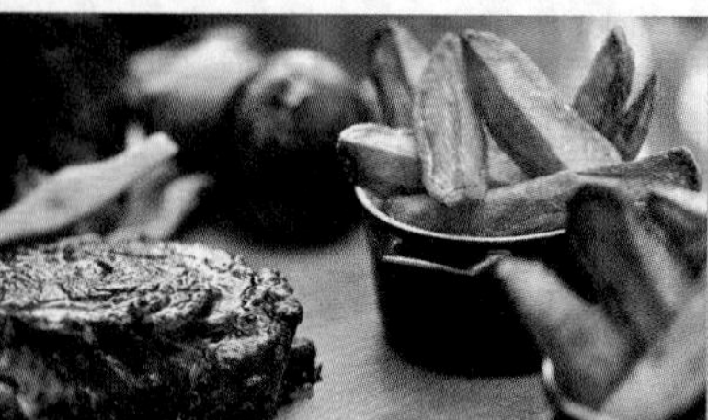

Montmartre - Pigalle

18e arrondissement

Jacques Palut/Fotolia.com

Restaurants

L'Arcane (Laurent Magnin)

CUISINE MODERNE • ÉLÉGANT XXX Emmenée par Laurent Magnin, la jeune équipe de l'Arcane a quitté le 39 rue Lamarck pour prendre ses quartiers un peu plus haut, en lieu et place de l'ancien Chamarré Montmartre. Dans l'assiette, le jeune chef montre toutes les qualités qu'on lui connaissait déjà. Technicité et saveurs sont au rendez-vous – exemple parfait, cette belle mousse légère aux petits pois agrémentée de zestes de citron jaune et de poudre de citron noir – et on passe un excellent moment, que ce soit sous la forme d'un menu surprise ou à la carte. Enfin, n'oublions pas la jolie carte des vins, qui n'hésite pas à sortir des sentiers battus.

Spécialités : Cuisine du marché.

Menu 55 € (déjeuner), 120/150 € - Carte 80/110 €

52 rue Lamarck - Ⓜ Lamarck Caulaincourt - ✆ 01 46 06 86 00 - www.restaurantlarcane.com - Fermé 2-31 août, 20-28 décembre, lundi, mardi midi, dimanche

La Table d'Eugène (Geoffroy Maillard)

CUISINE MODERNE • ÉLÉGANT XX L'enseigne sonne comme un slogan bobo, mais fait en réalité référence à Eugène Sue, l'auteur des *Mystères de Paris*, et au nom de la rue. Non loin de la mairie du 18e, l'adresse compte dorénavant parmi les meilleures tables de la capitale, par la grâce de son chef, Geoffroy Maillard. Le chef se plaît à « booster » ses assiettes avec des condiments, pickles, ou notes acides, déposées en embuscade sur la portée gastronomique. Couleurs, finesse, précision et une originalité assumée : chaque plat porte la patte du chef et son envie de régaler ses convives. Un mot aussi pour l'intérieur, moderne et épuré, avec de grands tableaux contemporains et des tables en bois clair, dans lequel on se sent parfaitement à l'aise.

Spécialités : Cuisine du marché.

Menu 45 € (déjeuner), 99/130 €

18 rue Eugène-Süe - Ⓜ Jules Joffrin - ✆ 01 42 55 61 64 - www.latabledeugene.com - Fermé 21-29 avril, 4-26 août, 24 décembre-8 janvier, lundi, dimanche

✿ Ken Kawasaki

CUISINE CRÉATIVE • ÉPURÉ X Au pied de la butte Montmartre, c'est désormais le fils de Ken Kawasaki qui officie en cuisine. Il propose une cuisine française parsemée d'influences japonaises, sous la forme de petites assiettes éminemment graphiques, savoureuses et originales. C'est le meilleur de la saison qui vous est offert, avec des ingrédients choisis avec soin, et une élégance certaine dans le travail des saveurs. Dans la plus pure tradition japonaise, ces mets sont préparés directement sous vos yeux, derrière un petit comptoir en bois clair. Un mot enfin sur le rapport qualité-prix, qui se révèle excellent, notamment au déjeuner.

Spécialités : Cuisine du marché.

Menu 45€ (déjeuner)/90€

15 rue Caulaincourt - Ⓜ Blanche - ✆ 09 70 95 98 32 - www.restaurantkenkawasaki.fr - Fermé lundi, dimanche

Etsi

CUISINE GRECQUE • CONVIVIAL X Mikaela, jeune cheffe d'origine grecque, est revenue à la cuisine de son enfance après un apprentissage dans des maisons reconnues. Ici, elle propose des mezzes percutants de fraîcheur et ponctués d'audaces. Feta, olives, câpres, charcuteries, fromages, huile d'olive proviennent tout droit de Grèce, et se dégustent dans une ambiance hyper-conviviale.

Spécialités : Kolokithokeftedes. Feta saganaki et légumes du moment. Cheveux d'ange, pistache et fleur d'oranger.

Menu 35€ - Carte 30/35€

23 Rue Eugène Carrière - Ⓜ Place de Clichy - ✆ 01 71 50 00 80 - www.etsi-paris.fr - Fermé 3-23 août, 24 décembre-1er janvier, lundi, le midi en semaine et le dimanche soir

Mokko

CUISINE DU MARCHÉ • CONTEMPORAIN X Formé sur le tard, Arthur Hantz ne nourrit pas le moindre complexe et tient au pied de la butte Montmartre une table qui va droit au cœur. Dans l'assiette, il applique une méthode diablement efficace : pas plus de trois ou quatre ingrédients par plat. Il fait la différence avec des jeux intéressants sur les textures et les saveurs. C'est coloré, ça pétille : on aime !

Spécialités : Asperges, coulis d'oignons nouveaux, émulsion parmesan et rhubarbe. Poulpe grillé, maïs et combava. Mousse au chocolat à la fève tonka.

Menu 24€ (déjeuner), 36/45€ - Carte 32/44€

3 rue Francoeur - Ⓜ Métro Lamarck-Caulaincourt - ✆ 09 80 96 93 60 - www.mokko-restaurant.com - Fermé lundi, mardi midi, mercredi midi, dimanche soir

Le Réciproque

CUISINE TRADITIONNELLE • CONTEMPORAIN X Niché dans une petite rue derrière la mairie du 18e, ce restaurant est l'œuvre de deux jeunes associés au beau parcours professionnel. L'un, en cuisine, se fend de recettes plutôt traditionnelles, savoureuses et maîtrisées ; l'autre assure en salle un service vivant et courtois. Les prix sont mesurés : un vrai bon plan !

Spécialités : Crème de champignons de Paris, œuf parfait et poêlée forestière. Poitrine de cochon, piperade au piment d'Espelette et sauce barbecue maison. Crémeux au chocolat, biscuit sablé, sorbet coco.

Menu 25€ (déjeuner), 38/45€

14 rue Ferdinand Flocon - Ⓜ Jules Joffrin - ✆ 09 86 37 80 77 - www.lereciproque.com - Fermé 26 juillet-17 août, 20 décembre-4 janvier, lundi, dimanche

Le Coq Rico

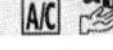

CUISINE TRADITIONNELLE • CONTEMPORAIN XX Cocorico ! La volaille française a trouvé son ambassade à Paris, en cette adresse chic et discrète créée par le fameux chef strasbourgeois, Antoine Westermann. Poulet de Bresse, volaille landaise, canette des Dombes, pigeon de Mesquer, poulet de Challans ponctuent la carte. Les pièces sont rôties avec art et dégagent de succulents parfums. Les amateurs sont comblés, les autres aussi !

Menu 31€ (déjeuner) - Carte 50/90€

98 rue Lepic - Ⓜ Lamarck Caulaincourt - ✆ 01 42 59 82 89 - www.lecoqrico.com

Le Bistrot du Maquis

CUISINE TRADITIONNELLE • BISTRO Dans la fameuse rue Caulaincourt, André Le Letty – ancien chef de l'Anacréon – célèbre les classiques du genre bistrotier : brandade de cabillaud à l'oseille, parfait glacé au Calvados... et, bien sûr, sa spécialité : le canard au sang en deux services (sur réservation).

Menu 20 € (déjeuner)/38 €

69 rue Caulaincourt – Ⓜ Lamarck Caulaincourt – ✆ 01 46 06 06 64 – www.bistrotdumaquis.com – Fermé 3-27 août, 24 décembre-2 janvier, mardi, mercredi midi

Boulom Ⓝ

A/C

CUISINE TRADITIONNELLE • BISTRO Bien caché derrière une boulangerie (goûtez leur kouign amann !), ce restaurant se présente sous la forme d'un grand buffet : à vous terrines de campagne, houmous de lentilles, poitrine de porc et autres poissons grillés... C'est bon, les produits sont de qualité, l'ambiance est plutôt relax. Succès mérité.

Menu 29 € (déjeuner)/39 €

181 rue Ordener – Ⓜ Guy Moquet – ✆ 01 46 06 64 20 – www.boulom.net

L'Esquisse

CUISINE MODERNE • BISTRO Deux jeunes passionnés se sont associés pour créer ici ce bistrot vintage et accueillant : parquet massif, banquettes en bois... On y passe un bon moment autour de recettes volontiers voyageuses et originales. Au déjeuner, menu du jour sans choix et mini carte ; au dîner, choix plus étoffé.

Menu 23 € (déjeuner) – Carte 42/50 €

151 bis rue Marcadet – Ⓜ Lamarck-Caulaincourt – ✆ 01 53 41 63 04 – Fermé 3-25 août, 30 décembre-7 janvier, lundi, dimanche

Montcalm

CUISINE MODERNE • BISTRO Voilà un sympathique bistrot de quartier, où le chef travaille de jolis produits sélectionnés, dans un esprit retour de marché. C'est bien troussé, avec des saveurs franches et travaillées. Menu déjeuner au choix limité, le soir, on choisit à la carte. Frais et bon.

Menu 26 € (déjeuner) – Carte 40/45 €

21 rue Montcalm – Ⓜ Lamarck Caulaincourt – ✆ 01 42 58 71 35 – Fermé 11-27 août, 23 décembre-4 janvier, lundi, dimanche

Polissons

CUISINE TRADITIONNELLE • BISTRO Un peu à l'écart du Montmartre touristique, une table moderne qui célèbre les saveurs franches. La carte est renouvelée souvent, avec quelques incontournables : carpaccio de dorade, aile de raie meunière, pigeon farci... Polissons ? L'adresse idéale pour encanailler votre palais !

Menu 21 € (déjeuner)/65 € – Carte 45/50 €

35 rue Ramey – Ⓜ Château Rouge – ✆ 06 46 63 57 50 – www.polissons-restaurant.fr – Fermé lundi, dimanche

La Rallonge

CUISINE MODERNE • BISTRO La Rallonge de la fameuse Table d'Eugène, plus haut dans la rue. Le chef décline ici sa cuisine au gré d'une ardoise sacrément appétissante, dans un joli décor de bistrot. Le soir, nous vous conseillons de faire confiance au chef, en choisissant le menu dégustation décliné en 5 temps. Bien plus qu'un bar à tapas, une adresse de caractère.

Menu 17 € (déjeuner)/37 € – Carte 31/45 €

16 rue Eugène-Sue – Ⓜ Jules Joffrin – ✆ 01 42 59 43 24 – www.larallonge.fr – Fermé 12-20 avril, 9-31 août, 20-28 décembre, lundi, dimanche

Signature Montmartre

FUSION • SIMPLE Dans ce coin très touristique, un restaurant de poche au cadre ultra-sobre, créé par un ancien ingénieur génie civil (!) passionné par la Corée. Avec sa petite équipe (dont Kim Young Rim, une cheffe pâtissière), il décline une cuisine franco-coréenne subtile et contrastée, où la gourmandise est la règle.

Menu 45/53 €

12 rue des Trois-Frères – Ⓜ Abbesses – ✆ 01 84 25 30 00 – www.signature-montmartre.fr – Fermé lundi, mardi, mercredi midi, jeudi midi, vendredi midi, samedi midi, dimanche midi

Hôtels

Terrass' Hôtel

BOUTIQUE HÔTEL · CONTEMPORAIN Non loin du cimetière de Montmartre, cet hôtel joue la carte de l'atelier d'artiste. Chambres modernes, originales et colorées à choisir côté cour pour le calme, ou côté rue pour le plaisir des yeux : ce bel établissement dévoile en effet une vue imprenable sur Paris, que l'on peut apprécier depuis le restaurant panoramique, au 7e étage. Petit espace bien-être.

92 chambres - 150/570 € - 25 €

12 rue Joseph de Maistre - Ⓜ Place de Clichy - 01 46 06 72 85 - www.terrass-hotel.com

L'Hôtel Particulier Montmartre

HÔTEL PARTICULIER · PERSONNALISÉ Un hôtel très... particulier. À l'issue d'un étroit passage montmartrois, on découvre une demeure Directoire au cœur d'un jardin luxuriant. Salons raffinés, chambres élégantes au décor personnalisé. Charmant bar et délicieuse véranda.

5 chambres - 390/590 € - 20 €

23 avenue Junot - Ⓜ Lamarck Caulaincourt - 01 53 41 81 40 - www.hotel-particulier-montmartre.com

Môm'Art

URBAIN · PERSONNALISÉ Une déco élégante et sans ostentation, des chambres confortables et bien agencées, un espace bien-être (sauna, fitness, cabines de soins)... Voici ce qui vous attend dans cet hôtel discret, installé à deux pas des jardins du Sacré-Cœur.

25 chambres - 150/300 € - 19 €

42 rue d'Orsel - Ⓜ Anvers - 01 82 52 26 26 - www.hotelmomart.com

La Villette - Buttes Chaumont - Gambetta - Père Lachaise

19e & 20e arrondissement

Adam Wasilewski/Fotolia.com

Les Canailles Ménilmontant

CUISINE TRADITIONNELLE · BISTRO En plein cœur de Ménilmuche, juste au-dessus du boulevard, deux associés ont pris place derrière cette façade colorée. Ils proposent de la belle tradition à tous les étages, une cuisine... canaille, bien sûr, travaillée et savoureuse, à l'instar de ce carpaccio de langue de bœuf tiède et sauce gribiche. Bon choix de vin au verre. On se régale.

Spécialités : Carpaccio de langue de bœuf tiède, sauce gribiche. Quasi de veau rôti au thym, shiitaké et céleri. Baba au rhum, chantilly au citron vert.

Menu 19 € (déjeuner)/36 €

15 rue des Panoyaux - Ⓜ Ménilmontant - 01 43 58 45 45 - www.restaurantlescanailles.fr - Fermé 1er-24 août, samedi, dimanche

Cheval d'Or (N)

A/C

CUISINE CHINOISE • TENDANCE X Taku Sekine (Dersou) et Florent Ciccoli (Jones, Au Passage, Café du Coin) régalent avec de petits plats parfumés, inspirés des cuisines cantonaise et hongkongaise. Parmi les best-sellers, le thon blanc aux poivrons rouges et piment. Brigade jeune, décor post-industriel, service décontracté : ne reste plus qu'à trouver une table...

Spécialités : Omelette aux champignons. DIY bao, ventrèche de porc. Crème caramel.

Carte 30/50 €

21 rue de la Villette – Ⓜ Pyrénées – ✆ 09 54 12 21 77 – chevaldorparis.com – Fermé lundi, mardi, mercredi midi, jeudi midi, vendredi midi

Le Grand Bain

CUISINE MODERNE • BISTRO X Dans le cœur fourmillant de Belleville, cet ancien restaurant espagnol transformé en bistrot tendance propose de petits plats créatifs, à l'ardoise. Aux fourneaux, Edward, chef anglais, en salle Edouard... et ce n'est même pas fait exprès. Quand le noctambule hipster croise le foodista pointu, il s'en vont prendre un Grand Bain...

Spécialités : Mulet, dashi, ail noir. Épaule d'agneau. Glace au citron noir, caramel et wakame.

Carte 25/45 €

14 rue Dénoyez – Ⓜ Belleville – ✆ 09 83 02 72 02 – www.legrandbainparis.com – Fermé le midi

Mensae

A/C

CUISINE MODERNE • BISTRO X Une cuisine de l'instant, pleine de fraîcheur, dans laquelle les saveurs tombent juste. Parmi les incontournables, proposés toute l'année, les cuisses de grenouilles, ail et persil ou la mousse au chocolat praliné provoqueraient des émeutes. Le décor a le bon goût de se faire discret. Petite terrasse trottoir bienvenue en été. Le menu déjeuner est une aubaine.

Spécialités : Escabèche de maquereau, betterave et raifort. Merlu, asperges vertes, petits pois, coques, hollandaise au yuzu. Mousse chocolat-praliné.

Menu 27 € (déjeuner)/36 €

23 rue Melingue – Ⓜ Pyrénées – ✆ 01 53 19 80 98 – www.mensae-restaurant.com – Fermé 11 août-1er septembre, lundi, dimanche

Sadarnac (N)

CUISINE MODERNE • CONTEMPORAIN X Ce minuscule restaurant se situe dans une rue semi-piétonne à l'atmosphère de village, au cœur du vingtième arrondissement, à quelques centaines de mètres de l'église de Saint-Germain de Charonne. On s'installe dans une petite salle coquette pour apprécier les menus à l'aveugle composés au gré du marché par la toute jeune Lise Deveix. "Sardanac" est le lieu-dit corrézien où se situe la ferme de ses grands parents.

Spécialités : Potiron, réglisse, romarin, pamplemousse. Lieu jaune, polenta et beurre noisette. Paris-brest à la poire.

Menu 25 € (déjeuner), 39/62 €

17 rue Saint-Blaise – Ⓜ Maraichers – ✆ 01 72 60 72 06 – www.restaurantsadarnac.fr – Fermé 4-24 août, lundi, dimanche

La Vierge (N)

CUISINE MODERNE • BISTRO X C'est vierge de toute idée préconçue que l'on s'attable dans un décor rétro avec tables anciennes, chaises en bois, vieux carrelage et cuisine ouverte. Côté fourneaux, Elsa Marie assure le service du midi et Julian May, son mari australien, ceux du soir. Côté assiettes, c'est frais, efficace et pétri de gourmandise : on se régale de bout en bout. Le menu déjeuner est une véritable aubaine pour les estomacs en vadrouille.

Spécialités : Carottes, houmous, coriandre. Églefin, fenouil, fromage blanc aux herbes. Tarte au chocolat.

Menu 20 € (déjeuner) – Carte 25/40 €

58 rue de la Réunion – Ⓜ Buzenval – ✆ 01 43 67 51 15 – Fermé dimanche soir

Le Baratin

CUISINE TRADITIONNELLE · BISTRO X La bistronomie doit beaucoup à la cheffe argentine Raquel Carena et nombre de jeunes chefs reconnaissent son héritage. L'occasion de revenir aux sources de la gourmandise, avec ce bistrot dans son jus. L'ardoise est plaisante à lire, les prix sont sages et les vins séduisants. Réservation fort conseillée.

Menu 19 € (déjeuner) - Carte 39/55 €

3 rue Jouye-Rouve - Ⓜ Pyrénées - ✆ 01 43 49 39 70 - Fermé 2-18 février, 24 août-20 septembre, lundi, samedi midi, dimanche

Le Cadoret Ⓝ

CUISINE TRADITIONNELLE · BISTRO X Une sœur et un frère, Léa Fleuriot (aux fourneaux) et Louis-Marie proposent dans ce bistrot de quartier une cuisine dans l'air du temps qui évolue au gré du marché et des saisons. Le midi, l'ardoise du jour ne manque pas de peps grâce à des produits frais et à l'indéniable tour de main de la cheffe. Ambiance décontractée et animée.

Menu 21 € (déjeuner) - Carte 36/42 €

1 rue Pradier - Ⓜ Belleville - ✆ 01 53 21 92 13 - Fermé lundi, dimanche

Dilia

CUISINE CRÉATIVE · SIMPLE X À l'ombre de l'église Notre-Dame-de-la-Croix, œuvre un jeune chef italien aux solides références. Ses assiettes modernes, inspirées du marché, sont parsemées de touches transalpines. Menu imposé à choisir en 4, 6 ou 7 temps, pour une jolie valse gourmande.

Menu 21 € (déjeuner), 49/79 €

1 rue d'Eupatoria - Ⓜ Ménilmontant - ✆ 09 53 56 24 14 - www.dilia.fr - Fermé 6-29 janvier, lundi midi, mardi, mercredi

Le Jourdain

CUISINE MODERNE · BISTRO X Vieux parquet, mobilier patiné, luminaires d'inspiration fifties : aucun doute, c'est le bistrot contemporain dans toute sa splendeur. À midi, belles saveurs du marché à prix modiques ; le soir, sélection de petites assiettes façon tapas, à dominante marine. On sirote un bon petit vin nature... et l'on se réjouit, en partant, des prix doux.

Menu 16 € (déjeuner)/19 € - Carte 30/50 €

101 rue des Couronnes - Ⓜ Jourdain - ✆ 01 43 66 29 10 - www.lejourdain.fr - Fermé lundi, dimanche

Lao Siam

CUISINE ASIATIQUE · SIMPLE X Rien ne distingue Lao Siam des nombreuses cantines asiatiques de Belleville... sinon la file d'attente à l'entrée ! Créé par les parents de l'actuel patron, originaires de Thaïlande et du Laos, il met à l'honneur les cuisines de ces deux pays. Tout est fait maison, fin et parfumé. Nous voilà transporté en Asie - enfin presque !

Carte 19/30 €

49 rue de Belleville - Ⓜ Pyrénées - ✆ 01 40 40 09 68

Quedubon Ⓝ

CUISINE TRADITIONNELLE · BISTRO X A deux pas du parc des Buttes Chaumont, ce bistrot de quartier propose une jolie cuisine de produits frais, travaillés avec soin et simplicité, par une jeune chef passée (notamment) par la Tour d'Argent. Beau choix de vins.

Menu 18 € (déjeuner) - Carte 40/55 €

22 rue du Plateau - Ⓜ Buttes-Chaumont - ✆ 01 42 38 18 65 - www.restaurantquedubon.fr - Fermé 1er-6 janvier, 2-25 août, lundi, samedi midi, dimanche

Mama Shelter

URBAIN · ORIGINAL Philippe Starck a signé le décor, à la fois épuré, design et fantaisiste, de ce vaste hôtel moderne. Une ambiance jeune et urbaine, à l'image de ce quartier en plein renouveau. Restaurant ouvert jusqu'à minuit.

170 chambres - 99/399 € - 17 € - 1 suite

109 rue de Bagnolet - Ⓜ Gambetta - ✆ 01 43 48 48 48 - www.mamashelter.com

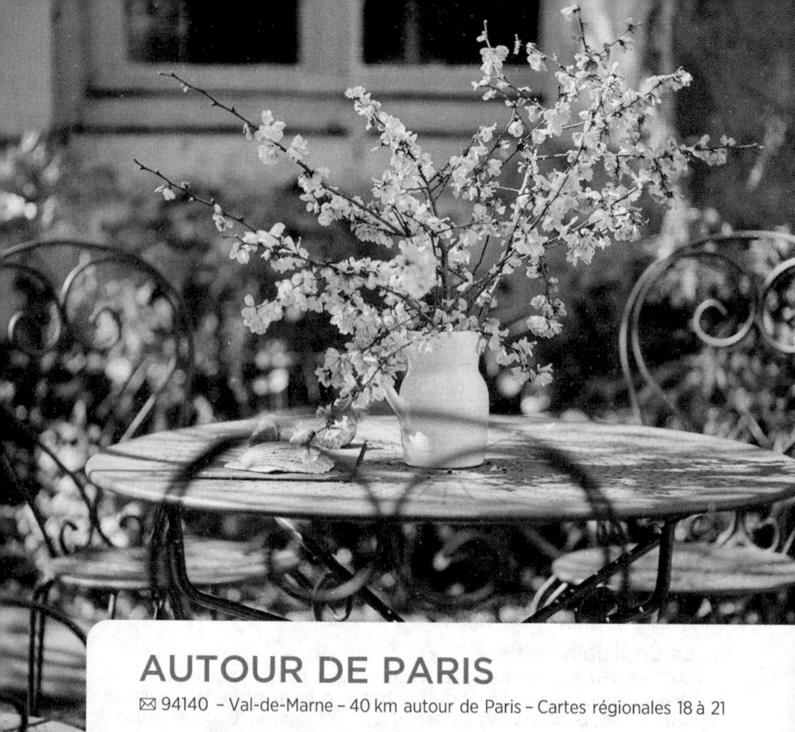

AUTOUR DE PARIS

✉ 94140 – Val-de-Marne – 40 km autour de Paris – Cartes régionales 18 à 21

On aime...

Grand Paris ou petite couronne ? Banlieue ou Île-de-France ? Qu'importe le nom que l'on donne à ce vaste territoire où la gastronomie se conjugue au pluriel. Le bonheur n'est plus dans le pré (quoique l'agriculture urbaine ait le vent en poupe) mais il est assurément dans les assiettes de la région. Aux quatre points cardinaux, de Versailles la royale à Montreuil la branchée, de la vallée de Chevreuse au Vexin, de Roissy (eh oui !) à Vincennes, du hameau niché en lisière de forêt à la Défense, le choix est large. Bistrot identitaire, restaurant étoilé, table de poisson ou de viande, cuisine italienne ou japonaise : il y en aura pour tous les goûts.

Ekaterina Pokrovsky/Fotolia.com

ANTONY

✉ 92160 – Hauts-de-Seine – Carte régionale n° **16**–B3 – Carte Michelin 311-J3, 101-25

La Table d'Antony

CUISINE MODERNE • CONTEMPORAIN XX Royal Monceau, Le Raphaël, George V, Le Meurice, Le Shangri-La : beau parcours que celui du chef François Lanoy, qui s'en va tous les matins à Rungis, tout proche, sélectionner ses produits, comme pour ses Saint-Jacques, lentilles du Puy et lard. Salle contemporaine tamisée.

Menu 49 € (déjeuner), 65/80 € – Carte 66/80 €

2 avenue Raymond-Aron – ✆ 01 47 02 48 37 – www.latabledantony.com – Fermé lundi, dimanche

ASNIÈRES-SUR-SEINE

✉ 92600 – Hauts-de-Seine – Carte régionale n° **16**–B1 – Carte Michelin 311-J2, 101-E3

Rhapsody

CUISINE MODERNE • TENDANCE X Au programme, jolis produits, recettes bistronomiques gourmandes et bien ficelées – œuf mollet et velouté de parmentier ; bonite, petit épeautre et épinards... à déguster, si possible, sur la terrasse à l'arrière, avec vue sur les cuisines.

Menu 25 € (déjeuner) – Carte 33/46 €

118 rue de Colombes – ✆ 01 47 93 33 94 – www.restaurant-rhapsody.fr – Fermé 3-18 août, samedi, dimanche

AULNAY-SOUS-BOIS

✉ 93600 – Seine-Saint-Denis – Carte régionale n° **16**–D1 – Carte Michelin 305-F7, 101-18

Auberge des Saints Pères (Jean-Claude Cahagnet)

CUISINE CRÉATIVE • ÉLÉGANT XXX Il faut reconnaître au chef de cette Auberge des Saints Pères un incontestable mérite : celui de la régularité ! Il continue, année après année, à proposer une cuisine créative et sophistiquée, à grand renfort de techniques complexes et de mariages de saveurs inattendus... sans oublier un usage astucieux des herbes et des épices. Huîtres sur une brunoise de fruits acidulés, crème froide de cocos de Paimpol ; échine de marcassin saupoudrée de genièvre, céleri et soupe à l'oignon... L'originalité de cette cuisine, associée à une maîtrise des fondamentaux (cuissons, assaisonnements) explique sans doute la bonne cote locale de l'établissement dans les environs. L'épouse du chef assure efficacement l'accueil et le service ; le décor, dans des teintes chocolat assez épurées, se révèle plaisant.

Spécialités : Eau de gaspacho, brunoise, croquette et chorizo. Pluma ibérique, banane, foie gras et lard de Colonnata. Fromage blanc, sabayon, ananas et bergamote.

Menu 32 € (déjeuner), 44/95 €

212 avenue Nonneville – ✆ 01 48 66 62 11 – www.auberge-des-saints-peres.fr – Fermé 3-24 août, lundi midi, mercredi soir, samedi midi, dimanche

BOIS-COLOMBES

✉ 92270 – Hauts-de-Seine – Carte régionale n° **16**–B1 – Carte Michelin 311-J2, 101-15

Le Chefson

CUISINE TRADITIONNELLE • BISTRO X Le Chefson ? Tout le quartier en parle ! Si vous ne connaissez pas, imaginez une cuisine traditionnelle simple et généreuse, une atmosphère bistrotière (ou plus cossue dans la deuxième salle), sans oublier de jolies suggestions du marché à l'ardoise. Plutôt rare dans une banlieue résidentielle très paisible.

Menu 25 € (déjeuner), 32/42 €

17 rue Charles-Chefson – ✆ 01 42 42 12 05 – www.lechefson.com – Fermé 15-23 février, 3-31 août, lundi soir, samedi, dimanche

BOUGIVAL

✉ 78380 – Yvelines – Carte régionale n° **16**-A2 – Carte Michelin 311-I2, 101-13

Le Camélia (Thierry Conte)

CUISINE MODERNE · ÉLÉGANT XX Les plus anciens s'en souviennent : le Camélia était l'ancien restaurant de l'illustre cuisinier Jean Delaveyne, pionnier de la nouvelle cuisine et mentor (entre autres) de Michel Guérard, Joël Robuchon, Jacques Chibois. En retrait de la Seine, cette auberge à l'avenante façade moderne a été transformée dans l'esprit d'un bistrot chic et feutré, avec cuisines ouvertes sur la salle : une métamorphose réussie. On apprécie d'autant mieux les recettes du chef, suaves et délicates, réalisées au gré du marché. Ainsi cette tomate et truffe, explosant de saveurs, ou ce beau tronçon de filet de turbot, pour finir sur un clafoutis cerise, dessert de l'enfance. Le lieu est raffiné, la cuisine hume l'air du temps, le service est jeune et aimable. Une adresse de choix, à la hauteur de sa prestigieuse histoire.

Spécialités : Salade de homard aux fruits de saison. Sole rôtie au jus d'herbes. Millefeuille aux fruits de saison.

Menu 35 € (déjeuner), 49/82 € – Carte 100/130 €

7 Quai Georges Clemenceau – ☎ 01 39 18 36 06 – www.lecamelia.com – Fermé 1er-31 août, 24-31 décembre, lundi, dimanche

BOULOGNE-BILLANCOURT

✉ 92100 – Hauts-de-Seine – Carte régionale n° **16**-B2 – Carte Michelin 311-J2, 101-24

Jean Chauvel

CUISINE MODERNE · CONTEMPORAIN XXX Jean Chauvel (qui a officié longtemps aux Magnolias, à Perreux) accueille dans une salle intimiste et élégante, aménagée au fond de sa brasserie 3B. Au fil de ses menus surprise, il fait la preuve de sa créativité et de sa technique, avec en particulier un travail poussé sur le végétal.

Menu 76/116 €

Plan B2-a – *33 avenue Général-Leclerc – Ⓜ Billancourt – ☎ 01 55 60 79 95 – www.jeanchauvel.fr – Fermé 1er-4 mai, 2-24 août, lundi, samedi midi, dimanche*

MaSa

CUISINE CRÉATIVE · CONTEMPORAIN XX Devanture noire avenante et avancée en véranda pour cet établissement où le chef compose une cuisine volontiers ludique, qui n'hésite pas à jouer la carte de la surprise. Les habitués apprécient.

Menu 48 € (déjeuner)/75 €

Plan B2-m – *112 avenue Victor-Hugo – Ⓜ Marcel Sembat – ☎ 01 48 25 49 20 – www.masa-paris.fr – Fermé 1er-17 août, 21 décembre-4 janvier, samedi, dimanche*

Le 3B Brasserie

CUISINE MODERNE · CONTEMPORAIN XX Salle lumineuse pour cette brasserie signée Jean Chauvel, aménagée par le chef d'origine bretonne en parallèle de son restaurant gastronomique. La carte met en valeur de beaux produits : tarte de tomates aux olives, volaille fermière rôtie au thym...

Menu 34 € (déjeuner) – Carte 45/50 €

Plan B2-a – *33 avenue Général-Leclerc – Ⓜ Billancourt – ☎ 01 55 60 79 95 – www.jeanchauvel.fr – Fermé 2-24 août, 22 décembre-1er janvier, lundi, samedi midi, dimanche*

La Machine à Coudes

CUISINE MODERNE · BISTRO X La jeune propriétaire, Marlène Alexandre-Buisson, a imaginé ce petit bistrot attachant, avec son décor de briques apparentes, ses vieilles étagères et ses... machines à coudre en guise de tables ! Elle s'est adjoint les services d'un chef talentueux, qui joue la partition néo-bistrot avec finesse et efficacité : on se régale.

Menu 35 € (déjeuner), 49/68 €

Plan B2-g – *35 rue Nationale – Ⓜ Billancourt – ☎ 01 47 79 05 06 – www.lamachineacoudes.fr – Fermé 9-24 août, 22 décembre-6 janvier, lundi, samedi midi, dimanche*

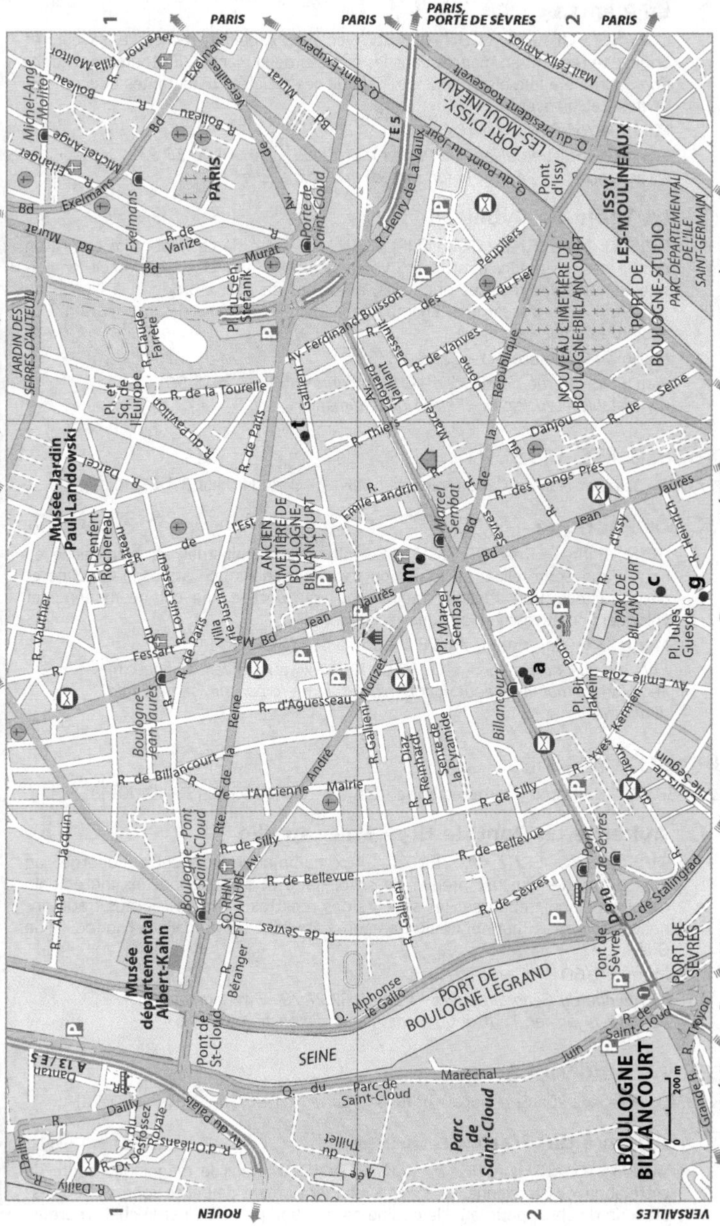
BOULOGNE BILLANCOURT
ISSY-LES-MOULINEAUX
PARIS
PARIS (PORTE D'AUTEUIL)
PARIS, PORTE DE SÈVRES
PONT DE SÈVRES
CRÉTEIL
ORLÉANS
VERSAILLES
ROUEN
SEINE
Parc de Saint-Cloud
Musée départemental Albert-Kahn
Musée-Jardin Paul-Landowski
JARDIN DES SERRES D'AUTEUIL
ANCIEN CIMETIÈRE DE BOULOGNE-BILLANCOURT
NOUVEAU CIMETIÈRE DE BOULOGNE-BILLANCOURT
PORT DE BOULOGNE LEGRAND
PORT DE BOULOGNE-STUDIO
PARC DÉPARTEMENTAL DE L'ILE SAINT-GERMAIN
PORT D'ISSY-LES-MOULINEAUX
PORT DE SÈVRES
PARC DE BILLANCOURT
Pont de St-Cloud
Pont de Sèvres
Pont d'Issy
Porte de Saint-Cloud
Boulogne-Pont de Saint-Cloud
Boulogne Jean Jaurès
Marcel Sembat
Billancourt
Michel-Ange Molitor
Michel-Ange
Exelmans
Pl. Marcel Sembat
Pl. Jules Guesde
Pl. Bir Hakeim
Pl. Denfert-Rochereau
Pl. du Gén. Stéfanik
Pl. et Sq. de l'Europe
SQ. RHIN ET DANUBE
Bd Jean Jaurès
Bd Murat
Bd Exelmans
Q. du Président Roosevelt
Q. Alphonse le Gallo
Q. de Stalingrad
Q. du Point du Jour
Av. Ferdinand Buisson
Av. Édouard Vaillant
Av. Émile Zola
Rte de la Reine
R. de Silly
R. de Bellevue
R. de Sèvres
R. d'Aguesseau
R. de Billancourt
R. de Paris
R. Gallieni
R. Henry de La Vaux
R. de Vanves
R. Thiers
R. Danjou
R. des Longs Prés
R. du Fief
R. de la Tourelle
R. de l'Ancienne Mairie
R. Yves Kermen
Cours de l'Ile Seguin
Mail Félix Amiot
A 13 / E 5
D 910
1
2
A
B
C
0
200 m

La Plantxa

CUISINE MODERNE • CONVIVIAL X Avec Juan Arbelaez, recherche, saveurs et originalité règnent en maîtres dans les cuisines de la Plantxa. En toute décontraction, "comme à la maison", on se régale de ses assiettes percutantes et soignées. Vivifiant et bienvenu !

Menu 38/55 € - Carte 40/50 €

Plan B1-t - *58 rue Gallieni - Ⓜ Porte de St-Cloud - ✆ 01 46 20 50 93 - www.plantxa.com - Fermé lundi, samedi midi, dimanche*

La Table de Cybèle

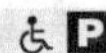

CUISINE MODERNE • CONTEMPORAIN X À la tête de ce néobistrot œuvre un couple franco-américain, et c'est Cybèle, née à San Francisco, qui officie en cuisine, signant des recettes originales, axées sur de beaux produits, à l'instar de cette fricassée d'escargots, champignons shiitake et canard fumé maison... La Table de Cybèle est si jolie...

Menu 34 € (déjeuner) - Carte 43/52 €

Plan B2-c - *38 rue de Meudon - Ⓜ Billancourt - ✆ 01 46 21 75 90 - www.latabledecybele.com - Fermé lundi, dimanche*

BRIE-COMTE-ROBERT

✉ 77170 - Seine-et-Marne - Carte régionale n° **15**-C2 - Carte Michelin 312-E3, 101-39

La Fabrique

CUISINE MODERNE • DESIGN XX Ce loft d'esprit industriel est bien caché au bout d'une petite allée, et il fait bon s'y régaler dans une atmosphère jeune et décontractée... Une adresse d'aujourd'hui, qui décline une cuisine moderne et volontiers créative, avec quelques fulgurances !

Menu 38 € (déjeuner), 75/78 € - Carte 46/75 €

1 bis rue du Coq-Gaulois - ✆ 01 60 02 10 10 - www.restaurantlafabrique.fr - Fermé 21-23 mai, 4-26 août, lundi, mardi soir, mercredi soir, samedi midi, dimanche

BRY-SUR-MARNE

✉ 94360 - Val-de-Marne - Carte régionale n° **16**-D2 - Carte Michelin 312-E2, 101-18

Auberge du Pont de Bry - La Grappille

CUISINE MODERNE • AUBERGE XX Aux commandes de cette auberge, un chef de métier qui fait preuve de savoir-faire et sélectionne des ingrédients de qualité pour rehausser les saveurs des recettes - même les plus traditionnelles : foie gras mariné, kouign amann, cassoulet de homard à l'andouille de Guéméné...

Menu 35/60 € - Carte 52/58 €

35 Avenue du Général Leclerc - ✆ 01 48 82 27 70 - www.lagrappille.fr - Fermé 2-14 janvier, 1er-16 août, lundi, mardi, dimanche soir

CERNAY-LA-VILLE

✉ 78720 - Yvelines - Carte régionale n° **15**-B2 - Carte Michelin 311-H3, 106-29, 101-31

Abbaye des Vaux de Cernay

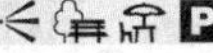

CUISINE TRADITIONNELLE • ROMANTIQUE XXX Dans le magnifique cadre de cette abbaye cistercienne, les salles à manger s'ornent de belles voûtes et ogives : un écrin de choix pour la belle cuisine de tradition préparée par le chef. Tourteau à la gelée de mangue et dentelle de sarrasin, bar sauvage à l'ail des ours et risotto aux coquillages... Réjouissant.

Menu 32 € (déjeuner), 55/85 € - Carte 28/46 €

Domaine des Vaux de Cernay - ✆ 01 34 85 23 00 - www.abbayedecernay.com

Abbaye des Vaux de Cernay

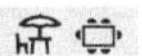

DEMEURE HISTORIQUE • PERSONNALISÉ On accède par un grand parc à cette abbaye cistercienne, magnifique ensemble architectural du 12es. Salons gothiques, vastes chambres au mobilier ancien ou plus actuel. Cuisine traditionnelle servie dans l'étonnante salle à manger coiffée de superbes voûtes.

57 chambres - 130/360 € - 20 € - 1 suite

Domaine des Vaux de Cernay - 01 34 85 23 00 - www.abbayedecernay.com

Abbaye des Vaux de Cernay - Voir la sélection des restaurants

CHÂTEAUFORT

78117 - Yvelines - Carte régionale n° **16**-A3 - Carte Michelin 311-I3, 101-22

La Belle Époque

CUISINE MODERNE • ÉLÉGANT XXX L'enseigne ne ment pas: derrière une devanture digne d'une auberge d'autrefois, on découvre un décor d'une sobre élégance, au noir et blanc très "début de siècle", assorti d'une jolie terrasse dominant la vallée de Chevreuse. Mais le chef signe une cuisine dans le goût de... notre époque.

Menu 41/80 € - Carte 72/83 €

10 Place de la Mairie - 01 39 56 95 48 - www.labelleepoque78.fr - Fermé 2-26 août, lundi, dimanche

CHEVREUSE

78460 - Yvelines - Carte régionale n° **15**-B2 - Carte Michelin 311-I3, 101-B7

Le Clos de Chevreuse

CUISINE MODERNE • TRADITIONNEL XX Le chef, dont le parcours est évocateur (il a passé sept ans au Bristol, entre autres), compose ici des préparations équilibrées et soignées, autant d'un point de vue des saveurs que sur le plan esthétique. L'été, on court s'installer sur la coquette terrasse fleurie, au calme de la cour.

Menu 28 € (déjeuner)/48 €

33 Rue de Rambouillet - 01 30 52 17 41 - www.leclosdechevreuse.fr - Fermé 15 février-1er mars, 4-26 août, mardi soir, mercredi, dimanche soir

CLICHY

92110 - Hauts-de-Seine - Carte régionale n° **16**-B1 - Carte Michelin 311-J2, 101-15

La Barrière de Clichy

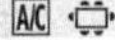

CUISINE TRADITIONNELLE • CLASSIQUE XX Aux portes de Paris, en face du nouveau Palais de justice, cette table au passé prestigieux (elle a vu passer quelques grands noms, comme Guy Savoy ou Bernard Loiseau) continue de célébrer le beau classicisme: foie gras de canard poêlé sur réduction de vinaigre balsamique, onglet de veau et sa réduction d'échalotes... sans oublier le menu signature incontournable "Tout Homard". Vive la tradition!

Menu 42 € (déjeuner), 58/69 € - Carte 55/85 €

1 rue de Paris - Mairie de Clichy - 01 47 37 05 18 - www.labarrieredeclichy.com - Fermé 1er-31 août, samedi, dimanche

COLOMBES

92700 - Hauts-de-Seine - Carte régionale n° **16**-B1 - Carte Michelin 312-C2

Bistro de Paris

CUISINE TRADITIONNELLE • BRASSERIE X Sur la rue principale, proche de l'impressionnante église de Jean Hébrard en béton armé, cette ancienne brasserie (1907) avec comptoir en zinc, miroirs, moulures et lustre à boule propose une cuisine traditionnelle sous forme d'un menu-carte et de quelques produits plus nobles, tels que la noix de ris de veau croustillante avec sa garniture de saison ou la bavette black angus de 750 gr pour deux personnes.

Menu 30 € - Carte 30/50 €

3 place du Général Leclerc - 01 47 84 22 48 - www.bistrodeparis.fr - Fermé lundi, dimanche

CORBEIL-ESSONNES

✉ 91100 – Essonne – Carte régionale n° **15**–B2 – Carte Michelin 312-D4, 101-37

Aux Armes de France

CUISINE MODERNE • COSY XX Rien ne trouble cet ancien relais de poste, aujourd'hui tenu par un chef passé par plusieurs maisons étoilées. Au menu : des recettes généreuses en saveurs, à l'image de ce turbot saisi et morilles à la crème, ou de ce millefeuille et sa sauce au caramel. Enfin, pour parachever le tableau : ambiance feutrée, accueil charmant.

Menu 38 € (déjeuner), 51/73 €

1 Boulevard Jean Jaurès – ✆ 01 60 89 27 10 – www.aux-armes-de-france.fr – Fermé lundi, dimanche

COURBEVOIE

✉ 92400 – Hauts-de-Seine – Carte régionale n° **16**–B1 – Carte Michelin 311-J2, 101-15

Le Bistrot Pierre Lambert

CUISINE CRÉATIVE • ÉPURÉ X En face du parc de Bécon, cette table au cadre épuré a été reprise par un ancien de la maison, Pierre Lambert. Au programme, on trouve une cuisine créative aux influences asiatiques, présentée sous forme d'un menu surprise renouvelé deux fois par mois.

Menu 38 € (déjeuner), 46/62 €

215 boulevard St-Denis (en face du parc de Bécon) – ✆ 01 43 33 25 35 – www.pierrelambert.fr – Fermé lundi, dimanche

DAMPIERRE-EN-YVELINES

✉ 78720 – Yvelines – Carte régionale n° **15**–B2 – Carte Michelin 311-H3, 101-31

La Table des Blot - Auberge du Château (Christophe Blot)

CUISINE MODERNE • AUBERGE XXX Cette belle et élégante auberge du 17e s. a conservé sa salle opulente, ses poutres rustiques et sa cheminée, et en dépit des touches modernes, on reconnait ici la douce langueur bourgeoise, synonyme de bien-être des appétits. A l'aise dans cet univers qui donne des gages au temps qui passe, le talent du chef et les saisons rythment la créativité des recettes. Prenons l'excellente tranche de terrine de lapin, travaillée à l'ancienne, ou le beau et épais filet de turbot : nous sommes en présence d'un homme qui aime son métier. Et le dessert, variation en trois préparations autour du chocolat, confirme l'intuition. Le service, très professionnel, valorise cette partition maîtrisée, exécutée par un chef exigeant et passionné. C'est coloré, parfumé, plein de saveurs. L'accueil chaleureux invite à prolonger l'étape - on peut en effet réserver une jolie chambre façon maison de campagne.

Spécialités : Grenouilles sautées au persil et citron. Homard décortiqué et fumé à la livèche. Cerises confites acidulées, mascarpone et meringue.

Menu 50/80 € – Carte 22/82 €

1 Grande-Rue – ✆ 01 30 47 56 56 – www.latabledesblot.com – Fermé 17 août-1er septembre, 21-30 décembre, lundi, mardi, dimanche soir

DAMPMART

✉ 77400 – Seine-et-Marne – Carte régionale n° **15**–C2 – Carte Michelin 312-F2

Le Quincangrogne (Franck Charpentier)

CUISINE MODERNE • CONVIVIAL XX En bord de Marne, cette ancienne maison de retraite a été transformée en un hôtel-restaurant accueillant. En cuisine, on trouve Franck Charpentier, chef au parcours solide - plusieurs tables étoilées au sein d'hôtels de luxe, notamment. En bon amoureux des goûts authentiques, il régale sa clientèle avec une carte simple, axée sur des produits régionaux de grande qualité. Finesse et précision des agencements de saveurs, visuels précis et bien travaillés : on se régale d'un bout à l'autre du repas. En saison, on profite même de la belle terrasse avec sa vue sur la rivière toute proche... Une étape de choix.

Spécialités : Œuf parfait de Dampmart. Cochon fermier de Dagny-sur-Marne cuit lentement, purée fumée et jus corsé au saté. Crème brûlée au thé vert, rose et crème glacée au coquelicot de Nemours.

Menu 40€ (déjeuner), 61/95€

7 rue de l'Abreuvoir - ✆ 01 64 44 44 80 - www.hotel-restaurant-lequincangrogne.fr - Fermé 1er-10 janvier, 2-28 août, lundi, mardi, dimanche soir

ENGHIEN-LES-BAINS

✉ 95880 - Val-d'Oise - Carte régionale n° **15**-B1 - Carte Michelin 305-E7, 101-5

Le Grand Hôtel

SPA ET BIEN-ÊTRE • PERSONNALISÉ Face au lac d'Enghien, ce "grand hôtel" joue la carte d'un classicisme chic et feutré. L'établissement offre un accès direct à un superbe ensemble spa et fitness. Idéal pour une villégiature aux portes de la région parisienne.

43 chambres - 115/250€

85 rue du Général-de-Gaulle - ✆ 01 39 34 10 00 - www.legrandhotel-enghien.com

LA GARENNE-COLOMBES

✉ 92250 - Hauts-de-Seine - Carte régionale n° **16**-B1 - Carte Michelin 311-J2

Le Saint Joseph

CUISINE MODERNE • BISTRO Dans ce bistrot de quartier, mijote une goûteuse cuisine au goût du jour, déclinée sous forme d'un menu-carte, imaginé par le chef Benoît Bordier, passé par les Régalade de Bruno Doucet et étoilé à Jean (Paris 9). On se régale dans une ambiance familiale, jusqu'à la petite carte des vins, mettant en avant des femmes vigneronnes. Un coup de cœur.

Spécialités : Calamar farci et brandade. Suprême de volaille, citron, quinoa. Pannacotta au miel, madeleine à l'huile d'olive.

Menu 35€ - Carte 35/60€

100 boulevard de la République - ✆ 01 42 42 64 49 - www.lesaintjoseph-restaurant.fr - Fermé 6-12 mai, 5-26 août, jeudi, samedi midi

ISSY-LES-MOULINEAUX

✉ 92130 - Hauts-de-Seine - Carte régionale n° **16**-B2 - Carte Michelin 311-J3, 101-25

La Passerelle

CUISINE MODERNE • CONTEMPORAIN Des produits rigoureusement sélectionnés, une cuisine fine et colorée où la Méditerranée fait de fréquentes incursions, le tout réalisé par un jeune chef talentueux et motivé, et servi par une équipe jeune et dévouée... On emprunte joyeusement cette Passerelle pour se rendre sur les terres de la gourmandise et des saveurs.

Menu 42€ (déjeuner), 60/95€ - Carte 65/90€

172 quai de Stalingrad - ✆ 01 46 48 80 81 - www.lapasserelle-issy.com - Fermé 1er-31 août, samedi, dimanche

LEVALLOIS-PERRET

✉ 92300 - Hauts-de-Seine - Carte régionale n° **16**-B1 - Carte Michelin 311-J2, 101-15

Auda Isakaya by Pierre Lambert

CUISINE JAPONAISE • SIMPLE Cette adresse de poche propose une cuisine franco-japonaise sous la forme *omakase*, qui peut se traduire par : "Je m'en remets à vous. " Au programme, trois, quatre ou cinq plats rehaussés de bières, sakés et autres whiskys japonais... Un izakaya à Levallois !

Menu 42/58€

51 rue Danton - Ⓜ Anatole France - ✆ 01 47 59 94 17 - www.pierrelambert.fr - Fermé 4-26 août, lundi, dimanche

LIVRY-GARGAN

⊠ 93190 – Seine-Saint-Denis – Carte régionale n° **16**-D1 – Carte Michelin 305-G7, 101-18

La Petite Marmite

CUISINE TRADITIONNELLE · CLASSIQUE XX Un auvent couvert de chaume, une salle tout en bois, des banquettes douillettes... et une cuisine traditionnelle bien mitonnée. Cette Petite Marmite réchauffe les cœurs !

Menu 35 € – Carte 50/50 €

8 boulevard de la République – ✆ 01 43 81 29 15 – www.lapetitemarmite-livrygargan.com – Fermé 20 février-5 mars, 6-27 août, mercredi, dimanche soir

MAISONS-ALFORT

⊠ 94700 – Val-de-Marne – Carte régionale n° **16**-C2 – Carte Michelin 312-D3, 101-27

La Bourgogne

CUISINE MODERNE · ÉLÉGANT XX La bonne table de Maisons-Alfort et au-delà. Ses atouts : un cadre très moderne, chaleureux et intime, et surtout de belles saveurs. La cuisine est ici une chose sérieuse, fondée sur les meilleurs produits et savoir-faire... sans craindre la nouveauté !

Menu 39/65 €

164 rue Jean-Jaurès – ✆ 01 43 75 12 75 – www.restaurant-labourgogne.com – Fermé 6-24 août, 22 décembre-3 janvier, samedi midi, dimanche

MAISONS-LAFFITTE

⊠ 78600 – Yvelines – Carte régionale n° **16**-A1 – Carte Michelin 311-I2, 101-13

Le Tastevin

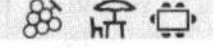

CUISINE CLASSIQUE · ÉLÉGANT XXX En bordure de parc, cette maison bourgeoise élégamment décorée cultive un certain art de vivre à la française... et chante son amour des beaux produits ! Le chef, d'origine italienne, maîtrise bien son sujet ; il revisite les classiques en y apportant quelques touches méditerranéennes. Jolie carte des vins.

Menu 48 € (déjeuner), 104/110 € – Carte 90/109 €

9 avenue Eglé – ✆ 01 39 62 11 67 – www.letastevin-restaurant.fr – Fermé lundi, dimanche soir

La Plancha

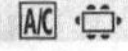

CUISINE MODERNE · COSY X Ambiance "voyage" dans ce restaurant à deux pas de la gare du RER A. La carte, assez originale, propose des recettes combinant avec succès les produits français, espagnols et japonais.

Menu 30/39 € – Carte 30/70 €

5 avenue de St-Germain – Ⓜ Maisons-Laffitte – ✆ 01 39 12 03 75 – www.laplanchadekiko.eatbu.com/ – Fermé 15 juillet-20 août, mardi, mercredi, dimanche soir

MARLY-LE-ROI

⊠ 78160 – Yvelines – Carte régionale n° **16**-A2 – Carte Michelin 312-B2, 101-12

Le Village (Tomohiro Uido)

CUISINE MODERNE · INTIME XX Ces diables de chefs japonais sont partout... et c'est tant mieux ! Prenez cette jolie auberge, sise dans une ruelle pittoresque du vieux Marly. Quoi de plus français que l'avenante façade aux tons bleu canard, puis, passé la porte, la plaisante petite salle intimiste aux tons rouge carmin, décorée de tableaux et de photos de plats ? Pourtant, en cuisine, on parle japonais. Le chef signe des préparations très maîtrisées, riches de jolis accords, de textures et de saveurs ; pareil à Jésus, il se plaît même à multiplier les petits pains – là-dessus, nous vous laissons la surprise. À Marly, la France inspire l'Asie, à moins que ce ne soit le contraire... Laissez votre palais décider.

Spécialités : Goï cuôn de homard breton et foie gras en terrine au vieux calvados. Faux-filet de bœuf de Kobe poêlé, mayonnaise de wasabi. Soufflé chaud au yuzu légèrement poivré, sorbet aux feuilles de shiso.

Menu 52/120 € - Carte 118/245 €

3 Grande-Rue - ✆ 01 39 16 28 14 - www.restaurant-levillage.fr - Fermé 20-27 janvier, 9-24 août, lundi, samedi midi, dimanche soir

MAULE

✉ 78580 - Yvelines - Carte régionale n° **15**-A1 - Carte Michelin 311-H2

La Case de Babette

CUISINE CRÉOLE • ROMANTIQUE XX Babette de Rozières, fameuse chroniqueuse culinaire, a plus d'un tour dans son sac ! Au cœur du joli bourg de Maule, elle rend hommage à sa Guadeloupe natale avec une cuisine ensoleillée, débordante de saveurs. Le service est assuré avec attention et professionnalisme, et l'on mange au son d'une discrète musique des îles...

Menu 32 € (déjeuner) - Carte 43/65 €

2 rue St-Vincent - ✆ 01 30 90 38 97 - www.lacasedebabette.com - Fermé 15 août-15 septembre, lundi, dimanche

MÉRY-SUR-OISE

✉ 95540 - Val-d'Oise - Carte Michelin 305-E6, 101-4

Le Chiquito (Alain Mihura)

CUISINE CLASSIQUE • ÉLÉGANT XXX Quelle histoire, ce Chiquito ! Saviez-vous qu'il s'agit d'un ancien bar-tabac et épicerie de village, transformé en restaurant en 1969 ? Difficile de se figurer cette parenthèse passée tant le cadre de cette maison francilienne du 17e s., élégant et plein de cachet, l'enfilade de salles bourgeoises, l'accueil, des plus prévenants, évoquent immédiatement une certaine idée de l'élégance bourgeoise. Et que dire de la cuisine d'Alain Mihura, passé chez de grands chefs étoilés, sinon qu'elle honore le plus beau classicisme, par sa précision et la finesse de ses saveurs ? Ses spécialités font claquer les langues de plaisir : cuisses de grenouilles au jus de persil, ris de veau au beurre mousseux et Paris-brest... Quelque chose d'éternel au pays de la gourmandise. La belle carte des vins, avec plus de 250 références, conforte ce charmant tableau. Une demeure tout en délicatesse, vivement recommandable.

Spécialités : Tête de veau laquée, crevette sauvage au piment d'Espelette et gribiche d'avocat. Turbot rôti, mousseline de carotte à l'orange, légumes glacés et grillés et sauce Suzette. Brownie au chocolat, caramel chaud au beurre salé, glace à la vanille et fève tonka.

Menu 70/82 € - Carte 73/88 €

3 rue de l'Oise - ✆ 01 30 36 40 23 - www.lechiquito.fr - Fermé 16-31 août, lundi, dimanche

MEUDON

✉ 92190 - Hauts-de-Seine - Carte régionale n° **16**-B2 - Carte Michelin 311-J3, 101-24

L'Escarbille (Régis Douysset)

CUISINE MODERNE • BOURGEOIS XX Contre les voies de chemin de fer, cette maison bourgeoise (ancien buffet de la gare) est devenu un restaurant gourmet, à l'atmosphère chic et contemporaine, décoré de photos et tableaux. On déguste ici les recettes d'un chef expérimenté, secondé par une équipe de confiance. En cuisine, le produit a le beau rôle, préparé et assaisonné avec justesse ; on accompagne ces douceurs de vins de petits producteurs sélectionnés avec minutie (et présentés sur tablette). À noter que l'on peut également prendre son repas sur la terrasse, et profiter d'un service de voiturier. Une attachante Escarbille.

Spécialités : Soupe d'étrilles parfumée au gingembre. Turbot, endives caramélisées et émulsion à la citronnelle. Soufflé à la pistache de Sicile, sorbet cacao.

Menu 42 € (déjeuner), 61/81 €

8 rue de Vélizy - ✆ 01 45 34 12 03 - www.lescarbille.fr - Fermé 12-20 avril, 2-24 août, 18-26 octobre, 24 décembre-4 janvier, lundi, dimanche

Quai de Meudon

CUISINE TRADITIONNELLE • CONTEMPORAIN X Cette ancienne gare, avec ses poutres métalliques et ses rivets, vous rappelle quelque chose ? Normal : elle a été bâtie par les équipes d'Eiffel pour l'exposition universelle de 1889... Le chef maîtrise ses classiques (pot-au-feu de jarret de veau, foie gras poêlé, filet de bœuf à la moelle, lièvre à la Royale). La terrasse, au deuxième étage, dévoile une belle vue sur les îles de la Seine.

Carte 45/55 €

10 route des Gardes – ✆ 01 40 95 24 60 – www.quaidemeudon.com – Fermé 4-26 août, lundi, dimanche soir

MONTMORENCY

✉ 95160 – Val-d'Oise – Carte régionale n° **15**–B1 – Carte Michelin 305-E7, 101-5

Au Cœur de la Forêt

CUISINE TRADITIONNELLE • AUBERGE XX À l'issue d'un chemin cahotant, vous voilà bien au cœur de la forêt... Si le dépaysement est garanti, la cuisine suit sans détour la voie de la tradition : au menu, rien que des valeurs sûres, au gré du marché ! Cadre élégant et champêtre, comme il se doit, avec une jolie terrasse face aux frondaisons.

Menu 49 €

Avenue du Repos-de-Diane (accès par chemin forestier) – ✆ 01 39 64 99 19 – www.aucoeurdelaforet.com – Fermé 15-25 février, 1er-31 août, lundi, jeudi soir, dimanche soir

MONTREUIL

✉ 93100 – Seine-Saint-Denis – Carte régionale n° **16**–C2 – Carte Michelin 311-k2, 101-17

Villa9Trois

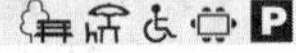

CUISINE MODERNE • DESIGN XX Une jolie demeure ancienne, un décor bourgeois et design, une grande terrasse sous les arbres, une cuisine en prise sur les dernières tendances... Cette Villa du "9Trois" est un havre pour une clientèle, disons-le, dorée. Dress code : chic et décontracté.

Menu 39/48 € – Carte 52/96 €

28 rue Colbert – Ⓜ Mairie de Montreuil – ✆ 01 48 58 17 37 – www.villa9trois.com – Fermé dimanche soir

NANTERRE

✉ 92000 – Hauts-de-Seine – Carte régionale n° **16**–B1 – Carte Michelin 311-J2, 101-D4

Cabane Ⓝ

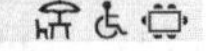

CUISINE MODERNE • TENDANCE X Pour une première affaire, c'est un coup de maître. Le jeune chef Jean-François Bury au parcours consistant (George V et Shangri-La), ancien de Top Chef 2017, fait souffler sur Nanterre un vent de bistronomie des plus agréables au travers d'un menu-carte aux recettes modernes et aux assiettes généreuses. Ce jour-là, poitrine de cochon, crème d'ail doux et fregola sarda. Tout est maîtrisé, on se régale.

Spécialités : Pâté en croûte de canard, betterave et mélasse de grenade. Magret de canard rôti à la sarriette et tatin de tomate. Tarte aux figues confites, glace yaourt.

Menu 26 € (déjeuner)/37 €

8 rue du Docteur-Foucault – ✆ 01 47 25 22 51 – www.cabanerestaurant.com – Fermé 7 août-1er septembre, 22 décembre-1er janvier, lundi, dimanche

NEUILLY-SUR-SEINE

✉ 92200 – Hauts-de-Seine – Carte régionale n° **16**–B1 – Carte Michelin 311-J2, 101-15

Ribote

CUISINE MODERNE • TENDANCE X Ce fort sympathique néo-bistrot, lové au sein de Neuilly, propose une carte courte aux libellés succincts. Les produits sont de qualité et de saison, les associations de textures pertinentes, les cuissons justes et la générosité est présente. On retrouve ici tous les codes de la bistronomie de l'Est parisien, autour d'une cuisine pleine de peps, comme le démontre joliment ce paleron de veau et butternut. Sans oublier les vins (forcément) natures.

Menu 32 € (déjeuner)/47 € – Carte 45/55 €

17 rue Paul-Chatrousse – Ⓜ Pont de Neuilly – ✆ 01 47 47 73 17 – Fermé 1er-23 août, samedi, dimanche

OZOIR-LA-FERRIÈRE

✉ 77330 – Seine-et-Marne – Carte régionale n° **15**–C2 – Carte Michelin 312-F3, 106-33, 101-30

La Gueulardière

CUISINE CLASSIQUE • ÉLÉGANT XXX En place depuis presque 30 ans, Alain Bureau est un vrai chef à l'ancienne, un authentique artisan, inconditionnel du "fait maison" : foie gras, saumon fumé, ou encore millefeuille caramélisé... Classique par ses racines, actuelle par son inspiration, sa cuisine séduit ! Cadre élégant et raffiné, superbe terrasse.

Menu 27/85 € – Carte 62/90 €

66 avenue du Général-de-Gaulle – ✆ 01 60 02 94 56 – www.la-gueulardiere.com – Fermé dimanche soir

LE PERREUX-SUR-MARNE

✉ 94170 – Val-de-Marne – Carte régionale n° **16**–D2 – Carte Michelin 312-E2, 101-18

Les Magnolias

CUISINE CRÉATIVE • ÉLÉGANT XXX Ces Magnolias se sont imposés en douceur auprès des gourmets du Perreux-sur-Marne. Le chef met un soin particulier dans la présentation de ses plats, goûteux et volontiers créatifs. Autour de lui, en cuisine et dans l'élégante salle, s'affaire une jeune équipe soucieuse de bien faire.

Menu 39/89 €

48 avenue de Bry – ✆ 01 48 72 47 43 – www.lesmagnolias.com – Fermé 8-25 août, lundi, samedi midi, dimanche soir

L'Ardoise

CUISINE TRADITIONNELLE • BISTRO X Le credo du patron : "je ne fais que ce que je maîtrise bien. " Son baron d'agneau aux herbes, son parmentier de boudin basque ou encore son riz au lait lui donnent raison ! Son petit bistrot – avec le mobilier patiné et les murs couleur beurre frais qui vont bien – est épatant.

Carte 30/48 €

22 boulevard de la Liberté – ✆ 01 43 24 18 31 – Fermé 2-27 août, lundi, dimanche

PLAISIR

✉ 78370 – Yvelines – Carte régionale n° **15**–B2 – Carte Michelin 311-H3

à Ste-Apolline 5 km au Sud - Est par D30 et D23

La Maison des Bois

CUISINE TRADITIONNELLE • AUBERGE XXX Dans la même famille depuis 1926, cette auberge typique, couverte de vigne vierge, affiche un décor des plus classiques. Même esprit à la carte, avec des recettes traditionnelles et des suggestions du marché. Terrasse ombragée sous un vieux platane.

Menu 47 € – Carte 60/80 €

1467 Avenue d'Armorique – ✆ 01 30 54 23 17 – www.lamaisondesbois.fr – Fermé mardi soir, mercredi, dimanche soir

PONTOISE

✉ 95000 – Val-d'Oise – Carte Michelin 305-D6, 101-C1

L'Or Q'idée (Naoëlle d'Hainaut)

CUISINE MODERNE • COSY XX La cheffe Naoëlle d'Hainaut a choisi cette petite rue du centre-ville de Pontoise, en contrebas de la jolie église, pour y ouvrir son premier restaurant. Résultat : une vraie réussite, de l'élégant décor (style scandinave, couleurs claires, cave sous écrin de verre, cuisine visible) aux assiettes savoureuses et bien dans l'air du temps. Souvenirs attendris de langoustines justes cuites, d'un quasi de veau à la cuisson parfaite, et en dessert, de l'effet cacahuète (un régal). Partout, une même maîtrise technique, de belles harmonies gustatives, une cuisine franche. Service bien rythmé, décontracté et professionnel par une équipe jeune et efficace. Une adresse très recommandable.

Spécialités : Carpaccio de Saint-Jacques, céleri branche, crème de yuzu et vinaigrette au curry madras. Pigeon rôti et laqué au miel de fleurs sauvages, purée de céleri et châtaigne. Les fraises de mon enfance.

Menu 42 € (déjeuner)/79 € – Carte 63/68 €

14 rue Marcel-Rousier – ✆ 01 34 35 47 10 – www.lorqidee.fr – Fermé 9-24 février, 5-25 août, lundi, mardi soir, samedi midi, dimanche

LE PRÉ ST-GERVAIS

✉ 93310 – Seine-Saint-Denis – Carte régionale n° **16**-C1 – Carte Michelin 305-F7, 101-16

Au Pouilly Reuilly

CUISINE TRADITIONNELLE • BISTRO X Un bistrot dans son jus, pour une cuisine qui ne l'est pas moins : ris de veau aux morilles, rognons émincés sauce moutarde, boudin noir grillé, côte de bœuf... Le respect de la tradition, avec des produits de qualité.

Menu 32 € – Carte 40/70 €

68 rue André-Joineau – ✆ 01 48 45 14 59 – Fermé 4-10 mai, 1er-24 août, samedi, dimanche

PUTEAUX

✉ 92800 – Hauts-de-Seine – Carte régionale n° **16**-B2 – Carte Michelin 311-J2, 101-14

Saperlipopette !

CUISINE MODERNE • BRANCHÉ XX Cette ancienne brasserie a subi un sacré lifting, devenant un restaurant chaleureux et branché, sous la houlette d'un équipe experte en la matière. La cuisine, façon bistrot chic, est généreuse et bien tournée.

Spécialités : Ceviche de dorade, concombre, céleri et pomme. Encornets, piperade de légumes, pesto de coriandre et chorizo. Ananas, mousse chocolat blanc, crumble amande et coco.

Menu 36/40 € – Carte 51/65 €

9 place du Théâtre – ✆ 01 41 37 00 00 – www.saperlipopette1.fr

L'Escargot 1903 par Yannick Tranchant

CUISINE ACTUELLE • COSY X Le chef Yannick Tranchant travaille de bons produits et propose une cuisine franche, goûteuse et gourmande ; pour ne rien gâcher, le rapport qualité-prix se révèle attractif, et le service est rapide et efficace.

Menu 45/70 €

18 Rue Charles Lorilleux – ✆ 01 47 75 03 66 – www.lescargot1903.com – Fermé samedi, dimanche

RUEIL-MALMAISON

✉ 92500 – Hauts-de-Seine – Carte régionale n° **16**-A1 – Carte Michelin 311-J2, 101-14

Ochre

CUISINE MODERNE • ÉLÉGANT XX Bienvenue chez Baptiste Renouard, pas encore trente ans et déjà un parcours de vieux briscard : Lasserre, Robuchon, Alléno, Laurent et L'Escargot 1903... Il régale ici avec une cuisine enlevée, carrée techniquement, et très végétale : 70% des herbes et fleurs proviennent de sa cueillette sur l'île des Impressionnistes. On aime !

Menu 32 € (déjeuner), 85/105 € - Carte 73/86 €

56 rue du Gué - 09 81 20 81 69 - www.ochre.fr - Fermé 9-17 février, 2-31 août, lundi, dimanche

RUNGIS

94150 - Val-de-Marne - Carte régionale n° **16**-C3 - Carte Michelin 312-D3, 101-26

La Grange des Halles

CUISINE MODERNE • CONTEMPORAIN XX Rungis, ce n'est pas seulement le célèbre marché connu de tous les chefs, mais aussi un vieux bourg, où se trouve cette Grange au look atypique - tableaux contemporains, banquettes en velours... Homard du vivier, millefeuille à la vanille de Madagascar : la cuisine est calée sur les saisons et, évidemment, le marché.

Menu 30 €

28 rue Notre-Dame - 01 46 87 08 91 - www.la-grange-des-halles.webnode.fr - Fermé 1er-24 août, lundi soir, samedi midi, dimanche

ST-GERMAIN-EN-LAYE

78100 - Yvelines - Carte régionale n° **16**-A1 - Carte Michelin 311-I2, 101-13

Cazaudehore

CUISINE CLASSIQUE • ÉLÉGANT XXX Ambiance chic et cosy, décor dans l'air du temps, délicieuse terrasse sous les acacias, cuisine soignée et belle carte des vins... Une vraie histoire de famille depuis 1928.

Menu 39 € (déjeuner), 59/85 € - Carte 47/90 €

La Forestière, 1 avenue du Président-Kennedy - 01 30 61 64 64 - www.cazaudehore.fr

Pavillon Henri IV
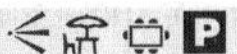

CUISINE CLASSIQUE • ÉLÉGANT XXX L'un des atouts de ce restaurant est sans conteste son superbe panorama sur la vallée de la Seine. Un cadre exceptionnel où l'on vient savourer une cuisine classique et de beaux produits ; on y inventa les pommes soufflées et la béarnaise !

Menu 35 € (déjeuner), 53/95 € - Carte 60/90 €

19 Rue Thiers - 01 39 10 15 15 - www.pavillonhenri4.fr - Fermé samedi midi, dimanche soir

Le 10

CUISINE MODERNE • ÉPURÉ X Ce restaurant lumineux, dont les baies vitrées donnent sur la rue, propose une carte courte où les produits de qualité sont à la fête, et des assiettes modernes qui vont à l'essentiel. Aucun doute : le chef, qui a travaillé pendant six ans à l'hôtel de Matignon, connaît bien son métier.

Menu 25 € (déjeuner), 35/58 € - Carte 35/65 €

10 Rue des Louviers - 01 34 51 04 24 - www.lestablesdegalilee-le10.fr - Fermé 1er-30 août, lundi, dimanche

Le Wauthier by Cagna

CUISINE MODERNE • BISTRO X Risotto du Piémont au homard et beurre blanc, escalopes de ris de veau braisées, mousseline de céleri et sauce Albufera... Une cuisine bien dans l'air du temps, réalisée avec de bons produits du marché : voilà la promesse de cette sympathique maison sangermanoise au joli intérieur de bistrot chic. Service attentionné.

Menu 35 € (déjeuner)/69 €

31 Rue Wauthier - Saint-Germain-en-Laye - 01 39 73 10 84 - www.restaurant-wauthier-by-cagna.fr - Fermé 28 juillet-20 août, lundi, mercredi midi, dimanche

Pavillon Henri IV

HISTORIQUE · CLASSIQUE Achevée en 1604 sous Henri IV, à la lisière du parc du château, cette demeure vit naître Louis XIV. Le décor des chambres fait preuve d'un classicisme de belle fraîcheur, tout comme les salons et la grande galerie (parquet, lustres en cristal). Royal !

42 chambres - 130/380 € - 20 €

19 Rue Thiers - 01 39 10 15 15 - www.pavillonhenri4.fr

Pavillon Henri IV - Voir la sélection des restaurants

à Fourqueux 2, 5 km au Sud par D98

Au Fulcosa

CUISINE MODERNE · CONVIVIAL X Fulcosa signifie "fougère" en latin : la plante, en effet, tapissait les forêts alentour... Les jeunes propriétaires ont le sens de l'histoire ! Dans un décor chaleureux, ils nous régalent d'une bonne cuisine de saison, entre tradition et innovation.

Menu 38 €

2 Rue du Maréchal Foch - 01 39 21 17 13 - www.aufulcosa.fr - Fermé 17-24 février, 18 juillet-18 août, lundi, dimanche

ST-JEAN-DE-BEAUREGARD

91940 - Essonne - Carte régionale n° **16**-A3 - Carte Michelin 312-C3, 101-33

L'Atelier Gourmand

CUISINE TRADITIONNELLE · ÉLÉGANT XX Au cœur du village, dans une ancienne ferme, une table bien nommée : on y apprécie une cuisine de tradition bien tournée et toute fraîche (le chef s'approvisionne auprès du maraîcher voisin). Cadre classique et agréable, face au jardin clos de murs.

Menu 39 € - Carte 56/60 €

5 Grande-Rue - 01 60 12 31 01 - www.lateliergourmand-restaurant.fr - Fermé 11-18 avril, 8-30 août, 23 décembre-3 janvier, samedi midi, dimanche

ST-OUEN

93400 - Seine-Saint-Denis - Carte régionale n° **16**-C1 - Carte Michelin 305-F7, 101-16

Le Ripailleur

CUISINE MODERNE · BISTRO X En face de la patinoire et à deux pas de la mairie, ce restaurant qui louche vers l'esprit bistrot propose une cuisine chaleureuse (ris de veau, pâté en croûte) à base de produits frais, et à prix imbattables. Ici, prime convivialité et ripaille ! Une adresse bien sympathique.

Menu 19 € (déjeuner) - Carte 30/47 €

9 rue du Docteur-Bauer - Mairie de St-Ouen - 09 83 04 68 50 - www.leripailleur.fr - Fermé 28 juillet-21 août, 23 décembre-2 janvier, lundi, mardi soir, mercredi soir, dimanche

Yaya

CUISINE GRECQUE · MÉDITERRANÉEN X Yaya est le surnom donné aux grands-mères dans les pays méditerranéens. Ce restaurant est né d'une rencontre entre deux frères et un chef. À l'arrivée, une jolie cuisine grecque : pita, mezzés, gâteau à l'orange (une recette de la grand-mère des deux frères, justement...). Une table sympathique dans le quartier en plein essor de Saint-Ouen.

Carte 25/65 €

8 rue de l'Hyppodrome - Mairie de St-Ouen - 01 44 04 27 65 - www.yayarestaurant.com - Fermé dimanche soir

MOB Hôtel Paris Les Puces

URBAIN · DESIGN Les bureaux de General Electric ont laissé place à cet établissement, en forme de U dans l'esprit mama shelter, avec terrasse végétalisée et potager sur le toit. Chambres confortables et standardisées. Au restaurant, cuisine bio et végétarienne, pizzas. Cinéma en plein air en été.

88 chambres - 79/139 € - 16 € - 4 suites

4-6 rue Gambetta - Garibaldi - 01 47 00 70 70 - www.mobhotel.com

ST-QUENTIN-EN-YVELINES

✉ 78190 - Yvelines - Carte régionale n° **15**-B2 - Carte Michelin 311-H3, 101-21

Voisins-le-Bretonneux

La Ferme de Voisins

CUISINE MODERNE • AUBERGE XX On accède à ce joli corps de ferme du 19e s. par une cour fleurie, qui fait office de terrasse l'été venu. La carte, plutôt courte, met en valeur les incontournables de la maison - sucettes de gambas, tête de veau "irremplaçable" - et recèle des plats goûteux et créatifs. Une belle adresse à découvrir au plus vite.

Menu 39€ (déjeuner), 45/99€

4 rue de Port-Royal - ✆ 01 30 44 18 18 - www.lafermedevoisins.fr - Fermé 8-22 août, 23 décembre-1er janvier, samedi midi, dimanche

STE-GENEVIÈVE-DES-BOIS

✉ 91700 - Essonne - Carte régionale n° **15**-B3 - Carte Michelin 312-C4, 101-35

La Table d'Antan

CUISINE DU SUD-OUEST • CLASSIQUE XX Vous serez d'abord séduit par un accueil prévenant en ce restaurant d'un quartier résidentiel. On y savoure une cuisine classique et des spécialités du Sud-Ouest de qualité.

Spécialités : Foie gras de canard aux épices, gelée au porto. Petit gigot de canard mijoté aux bolets et girolles, gratin de La Table d'Antan. Crème et mousse au chocolat, biscuit craquant aux noisettes.

Menu 32/51€ - Carte 46/63€

38 avenue de la Grande-Charmille-du-Parc (près de l'hôtel de ville) - ✆ 01 60 15 71 53 - www.latabledantan.fr - Fermé 3-24 août, lundi, mardi soir, mercredi soir, dimanche soir

SAVIGNY-SUR-ORGE

✉ 91600 - Essonne - Carte régionale n° **15**-C3 - Carte Michelin 312-D3, 101-36

Au Ménil

CUISINE CLASSIQUE • TRADITIONNEL XX Le chef, aussi expérimenté que passionné par son métier, s'est entouré d'une équipe jeune et motivée. Il en résulte une cuisine généreuse et savoureuse, sans esbroufe, réalisée avec de beaux produits directement piochés au marché de Rungis. La maison est en évolution permanente, signe que l'envie et le plaisir sont toujours au rendez-vous !

Menu 23€ (déjeuner), 38/60€

24 boulevard Aristide-Briand - ✆ 01 69 05 47 48 - www.aumenil.com - Fermé 15-31 juillet, mercredi

SÉNART

✉ 77127 - Seine-et-Marne - Carte régionale n° **15**-C2 - Carte Michelin 312-E4, 101-39

Le Plessis-Picard

La Mare au Diable

CUISINE CLASSIQUE • AUBERGE XX Amateurs de vieilles pierres, vous apprécierez cette demeure du 15e s. tapissée de vigne vierge et de glycine, ses poutres, sa grande cheminée, son parc bucolique... Un décor qui charma en son temps George Sand ! Le classicisme est de mise dans l'assiette, mais aussi quelques spécialités italiennes, origines du chef obligent.

Menu 35/49€ - Carte 50/70€

La Mare au Diable - ✆ 01 64 10 20 90 - www.lamareaudiable.fr - Fermé 17-25 février, 3-31 août, lundi, dimanche soir

SURESNES

✉ 92150 – Hauts-de-Seine – Carte régionale n° **16**-B2 – Carte Michelin 311-J2, 101-14

Les Petits Princes

CUISINE MODERNE • CONVIVIAL C'est une jolie petite maison d'angle, non loin du tram. Une vitre, façon atelier, offre un aperçu sur les cuisines. Ici, on concocte une cuisine actuelle et gourmande, jamais ennuyeuse – tartare de maigre aux agrumes, soupe de melon au gingembre frais et piment d'Espelette... À l'arrière, cour-terrasse avec verdure.

Spécialités : Champignons de Paris, jambon, noisettes et œuf parfait. Pavé de cabillaud, purée de cocos vanillée et salade de cocos. Riz au lait, fruits secs, caramel au beurre salé.

Menu 29 € (déjeuner)/38 €

26 rue du Val-d'Or – ✆ 01 41 47 87 61 – www.restaurantlespetitsprinces.fr – Fermé 2-31 août, 23 décembre-1er janvier, lundi, dimanche

Bistro Là-Haut

CUISINE MODERNE • CHIC Situé sur le mont Valérien, ce "bistrot d'altitude" offre une superbe vue sur Paris depuis sa salle de type loft. A la carte, une partition alléchante aux recettes actuelles ; cannelloni de tourteau, caviar d'aubergine et saumon croustillant, légumes croquants et tourte pigeon et foie gras, jus corsé, salade de mâche...

Menu 50 €

70 avenue Franklin-Roosevelt – ✆ 01 45 06 22 66 – bistrolahaut.fr – Fermé samedi, dimanche

TREMBLAY-EN-FRANCE

✉ 93290 – Seine-Saint-Denis – Carte régionale n° **16**-D1 – Carte Michelin 305-G7, 101-18

à Tremblay-Vieux-Pays

La Jument Verte

CUISINE MODERNE • TENDANCE Dans un hameau qui semble tranquille... et pourtant stratégiquement situé, tout près du parc des expositions de Villepinte et de l'aéroport de Roissy, voici une escale gourmande toute trouvée. On y déguste une belle cuisine tout en fraîcheur et saveurs, recherchée juste comme il faut. Décor à la fois simple et avenant.

Spécialités : Cuisine du marché.

Menu 33/53 € – Carte 38/58 €

43 route de Roissy – ✆ 01 48 60 69 90 – www.aubergelajumentverte.fr – Fermé samedi, dimanche

VERSAILLES

✉ 78000 – Yvelines – Carte régionale n° **16**-A2 – Carte Michelin 311-I3, 101-23

Gordon Ramsay au Trianon

CUISINE CRÉATIVE • ÉLÉGANT Inauguré en 1910 à la lisière du parc du château, l'hôtel Trianon Palace impose sa silhouette autoritaire aux promeneurs qui s'en approchent. Un lieu tout indiqué pour accueillir le travail – et le caractère bien trempé ! – de Gordon Ramsay, déjà triplement étoilé à Londres.

Le chef écossais supervise la mise à jour régulière de la carte – mise en œuvre au quotidien par le chef Frédéric Larquemin –, qui célèbre de beaux produits et joue principalement sur la simplicité et la pertinence des recettes. Une créativité bien maîtrisée, de jolies saveurs... on passe un très agréable moment en ces lieux, d'autant que le cadre n'est pas en reste : une élégante et lumineuse salle à manger baroque, dont les baies vitrées donnent directement sur le parc...

Spécialités : Les bouchées de la reine. Turbot sauvage français, palourdes et lentilles beluga du Perche. Millefeuille croquant aux deux vanilles.

Menu 118/199 € – Carte 137/190 €

Plan A2-r – *Trianon Palace, 1 boulevard de la Reine – ✆ 01 30 84 50 18 – www.trianonpalace.fr – Fermé 1er-23 janvier, 1er-31 août, lundi, dimanche, le midi*

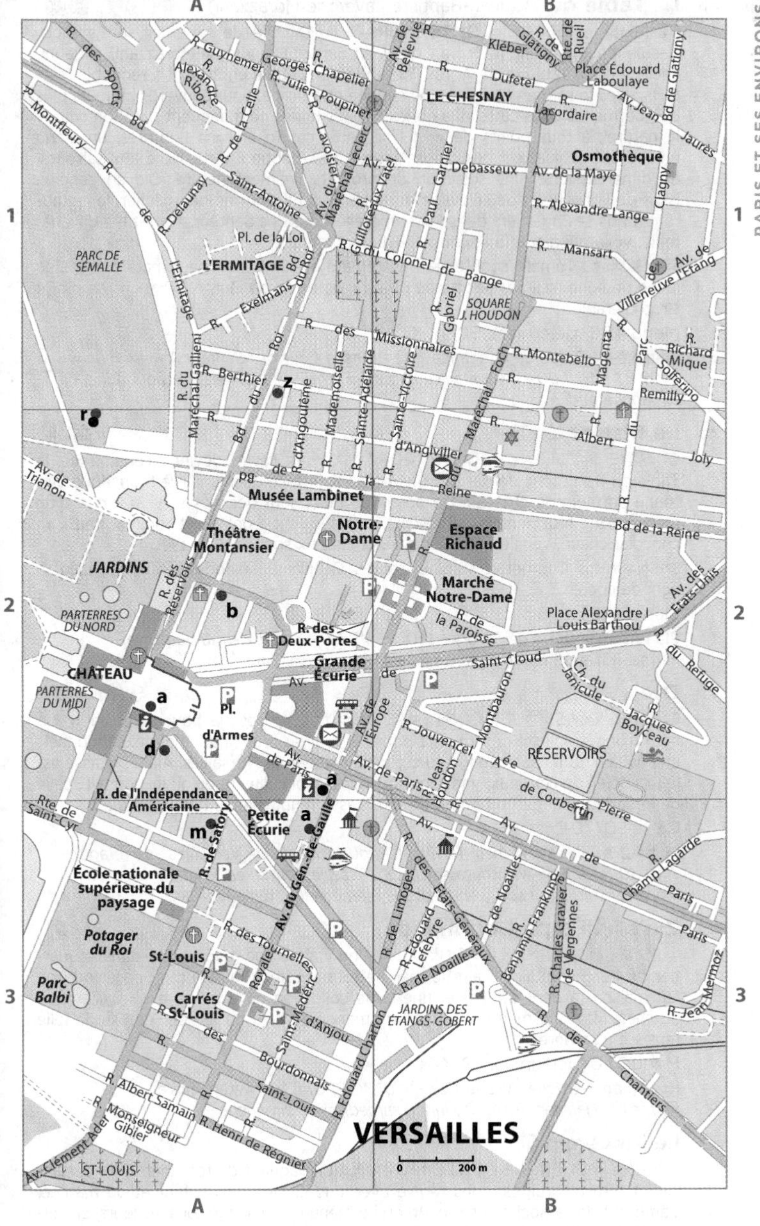
VERSAILLES
LE CHESNAY
L'ERMITAGE
Osmothèque
PARC DE SÉMALLÉ
SQUARE J. HOUDON
Musée Lambinet
Théâtre Montansier
Notre-Dame
Espace Richaud
Marché Notre-Dame
JARDINS
PARTERRES DU NORD
CHÂTEAU
PARTERRES DU MIDI
Pl. d'Armes
Grande Écurie
Petite Écurie
RÉSERVOIRS
École nationale supérieure du paysage
Potager du Roi
Parc Balbi
St-Louis
Carrés St-Louis
JARDINS DES ÉTANGS-GOBERT
ST-LOUIS
Place Édouard Laboulaye
Place Alexandre I Louis Barthou
Pl. de la Loi
Bd de la Reine
Av. de Paris
Av. de Saint-Cloud
Av. de Sceaux
Av. du Gén.-de-Gaulle
R. de Satory
R. de l'Indépendance-Américaine
R. des Réservoirs
R. des Deux-Portes
R. de la Paroisse
Av. de l'Europe
R. Jouvencel
R. Montbauron
Allée Pierre de Coubertin
Av. Maréchal Foch
Bd du Roi
Av. du Maréchal Leclerc
R. du Maréchal Gallieni
Av. de Trianon
Rte. de Saint-Cyr
R. Royale
R. d'Anjou
R. des Bourdonnais
R. Saint-Louis
R. Albert Samain
R. Monseigneur Gibier
R. Henri de Régnier
Av. Clément Ader
R. Édouard Charton
R. de Limoges
R. des États-Généraux
R. de Noailles
R. Benjamin Franklin
R. Charles Gravier de Vergennes
R. des Chantiers
R. Jean Mermoz
Champ Lagarde
R. du Refuge
Av. des États-Unis
Ch. du Janicule
R. Jacques Boyceau
R. Jean Houdon
R. Montebello
R. Richard Mique
R. Solférino
R. Remilly
R. Albert Joly
R. du Parc de Clagny
R. Magenta
Av. de Villeneuve l'Étang
R. Mansart
R. du Colonel de Bange
R. des Missionnaires
R. Berthier
R. Mademoiselle
R. Sainte-Adélaïde
R. Sainte-Victoire
R. d'Angoulême
R. d'Angiviller
R. Exelmans
R. de l'Ermitage
R. Delaunay
R. Saint-Antoine
R. Montfleury
R. des Sports
R. Guynemer
R. Alexandre Ribot
R. de la Celle
R. Georges Chapelier
R. Julien Poupinet
R. Lavoisier
R. Guillotreaux Vatel
R. Paul Garnier
R. Debasseux
Av. de la Maye
R. Alexandre Lange
R. Lacordaire
Av. Jean Jaurès
Bd de Glatigny
R. de Glatigny
Rte. de Rueil
R. Kléber
R. Dufetel
Av. de Bellevue
R. Gabriel
R. des Tournelles
R. Saint-Médéric
R. Édouard Lefebvre
0 200 m

La Table du 11 (Jean-Baptiste Lavergne-Morazzani)

CUISINE MODERNE • CONTEMPORAIN XXX Difficile de réprimer son enthousiasme en évoquant le travail de Jean-Baptiste Lavergne-Morazzani, le jeune chef de cette Table du 11. Après l'obtention de l'étoile en 2016, il a redoublé d'efforts, avec le soutien d'une équipe soudée et efficace, pour convertir toujours plus de gourmands dans cette ville où les bonnes tables ne manquent pas. Son credo : le naturel, à tous points de vue. Une carte courte et sans fioritures, un menu unique qui évolue tous les quinze jours, une attention particulière aux saisons... et, dans l'assiette, une sélection de produits vraiment nature : bio en général, issus de la pêche et de l'élevage durables, etc. Et, pour ne rien gâcher, le restaurant a pris ses quartiers dans l'intemporelle Cour des Senteurs, tout près du Château : voilà qui ajoute à l'exclusivité du moment...

Spécialités : Tomate confite, eau de tomate et condiment de tomate épicé. Lieu jaune de ligne ikejime, carotte du potager et citron de Menton. Pignons de pin et sirop d'érable.

Menu 45 € (déjeuner), 90/110 €

Plan A2-d – *8 Rue de la Chancellerie (dans la Cour des Senteurs) – ✆ 09 83 34 76 00 – www.latabledu11.com – Fermé 9-24 février, 2-31 août, lundi, dimanche midi*

Le Bistrot du 11

CUISINE MODERNE • CONTEMPORAIN X Vous l'avez deviné : l'équipe de la Table du 11 se cache derrière ce Bistrot du 11, installé dans une rue touristique piétonne non loin du château. De beaux produits sont déclinés sous la forme d'un menu-carte : œuf, lentilles et persil ; cabillaud, chou pointu et tarama ; tarte au chocolat chaud, vanille... C'est soigné, et les prix sont raisonnables.

Spécialités : Courgette, sardine, sauge. Cabillaud, amandine, citron. Chocolat, noix de coco.

Menu 37 €

Plan A3-m – *10 rue de Satory – ✆ 01 75 45 63 70 – www.lebistrotdu11.com – Fermé 2-31 août, lundi, dimanche*

Ore

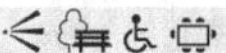

CUISINE CLASSIQUE • CONTEMPORAIN XX *Ore*, c'est la bouche, en latin. Un nom d'une simplicité désarmante pour cet endroit tout simplement exceptionnel : un pavillon du 17e s. aménagé au cœur du château de Versailles. Alain Ducasse est le Roi Soleil de ces lieux, y faisant appliquer la loi culinaire qu'on lui connaît : celle de la naturalité, et d'un hommage sans cesse renouvelé au beau produit.

Carte 50/70 €

Plan A2-a – *Place d'Armes (Pavillon Dufour-Château de Versailles - 1er étage) – ✆ 01 30 84 12 96 – www.ducasse-chateauversailles.com – Fermé lundi, mardi soir, mercredi soir, jeudi soir, vendredi soir, samedi soir, dimanche soir*

Zin's à l'Étape Gourmande

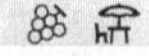

CUISINE MODERNE • CONVIVIAL XX Une vraie étape gourmande, dans le quartier de Porchefontaine. Faire le marché tous les deux jours, ne proposer que du fait-maison (à part le pain) et une large collection de vins : tel est le sacerdoce du chef, Alain Zinsmeister ! L'hiver, on mange au coin du feu et, l'été, sur la jolie terrasse à l'arrière...

Menu 37 € (déjeuner), 39/48 €

Hors plan – *125 rue Yves-le-Coz – ✆ 01 30 21 01 63 – www.arti-zins.fr – Fermé 1er-9 janvier, 3-21 août, lundi, samedi midi, dimanche*

Le Pincemin (N)

CUISINE MODERNE • CONTEMPORAIN X Le gagnant de top-chef 2016, versaillais et féru d'agrumes, nous régale avec une cuisine de l'instant et du marché, s'amusant des associations terre/mer. Le menu midi change tous les jours, en soirée, la partition est plus ambitieuse. Un coup de cœur.

Menu 35 € (déjeuner)/65 €

Plan A1-z – *10 boulevard du Roi – ✆ 09 83 50 29 64 – www.lepincemin.com – Fermé lundi, dimanche*

Pizzeria César by Simone Zanoni

CUISINE ITALIENNE • ÉLÉGANT Dans cette trattoria moderne, Simone Zanoni exprime une vision limpide : celle d'une cuisine italienne de qualité, proposée à prix attractifs. Au programme, bonnes recettes traditionnelles, pâtes (avec un laboratoire dédié), pizzas à pâte fine et croustillante... Le tout réalisé avec des produits de premier choix.

Menu 28/36 € – Carte 32/42 €

Plan A3-a – *8 avenue du Général-de-Gaulle – ✆ 01 39 53 02 29 – www.pizzeriacesar.fr – Fermé lundi*

La Tour

VIANDES • BISTRO Avis aux amateurs de viande ! Ici, on est expert en la matière : choix des morceaux, maturation, etc. Dans la salle, on a même accroché les plaques émaillées remportées par des éleveurs de bovins. Le cadre est celui d'un bistrot pur jus : tables serrées, comptoir... Ambiance conviviale.

Carte 34/60 €

Plan A2-b – *6 Rue Carnot – ✆ 01 39 50 58 46 – https://latour-restaurant.fr/ – Fermé 1er-24 août, dimanche soir*

Trianon Palace

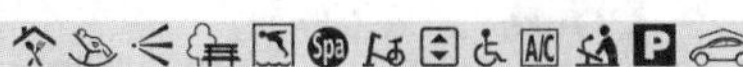

GRAND LUXE • CONTEMPORAIN Tout le monde, ou presque, a entendu parler de cet hôtel luxueux, à la lisière du parc du château. Avec ses très belles chambres, mariant avec aisance l'élégance du design contemporain et le classicisme du lieu, il n'usurpe pas sa réputation !

184 chambres – 239/959 € – 38 € – 15 suites

Plan A2-r – *1 boulevard de la Reine – ✆ 01 30 84 50 00 – www.trianonpalace.fr*

Gordon Ramsay au Trianon – Voir la sélection des restaurants

Le Louis Versailles Château - MGallery

HÔTEL DE CHAÎNE • DESIGN Protégé par son portail d'époque classé, à deux pas du château, cet hôtel élégant aux beaux volumes permet de découvrir en toute quiétude le domaine du Roi Soleil. Bon petit-déjeuner bio et sans gluten.

152 chambres – 209/299 € – 5 suites

Plan A2-a – *2 Avenue de Paris – ✆ 01 39 07 46 46 – https://lelouis-versailles-chateau.com/*

VILLE-D'AVRAY

✉ 92410 – Hauts-de-Seine – Carte régionale n° **16**-B2 – Carte Michelin 311-J3, 101-24

Le Corot

CUISINE CRÉATIVE • ÉLÉGANT À la manière du peintre Corot – qui immortalisa les étangs voisins –, le jeune Rémi Chambard s'inspire volontiers de la nature pour élaborer sa cuisine. Excellent technicien, passé par des maisons de renom (Hôtel du Palais à Biarritz, Sources de Caudalie près de Bordeaux), il prend un plaisir particulier à travailler le végétal, et pas n'importe lequel : deux fois par semaine, il va faire sa "cueillette urbaine", comme il le dit lui-même, au potager du Roi à Versailles... Ses assiettes frappent par leur fraîcheur, leur légèreté et leur esthétisme ; il les décline au long d'un menu unique en cinq ou sept services. On passe un délicieux moment dans la rotonde, en compagnie de cette cuisine de grand caractère, raffinée et bien ancrée dans son époque.

Spécialités : Saumon d'Isigny confit, oseille et tomate. Canard cuit au bois de nos forêts, livèche et fèves. Fraises, fleur de sureau et amandes.

Menu 60 € (déjeuner), 95/130 €

Les Étangs de Corot, 55 rue de Versailles – ✆ 01 41 15 37 00 – www.etangs-corot.com – Fermé lundi, mardi, mercredi midi, dimanche soir

Le Café des Artistes

CUISINE MODERNE • BISTRO Ici, se déguste une cuisine contemporaine, goûteuse et inspirée, réalisée avec de beaux produits, que l'on ira volontiers déguster en terrasse, en contemplant distraitement le charmant jardin. Idyllique et bucolique.

Menu 40€

Les Étangs de Corot, 53 rue de Versailles - 01 41 15 37 00 - www.etangs-corot.com

Les Étangs de Corot

LUXE • PERSONNALISÉ Ce ravissant hameau bâti au bord des étangs de Ville-d'Avray inspira le peintre Camille Corot. Il abrite aujourd'hui un hôtel de charme (élégantes chambres au décor soigné) et ses différents restaurants. Le spa est divin... vinothérapie oblige. Un charme bucolique unique aux portes de la capitale !

42 chambres - 179/250€ - 20€ - 1 suite

55 rue de Versailles - 01 41 15 37 00 - www.etangs-corot.com

Le Corot • **Le Café des Artistes** - Voir la sélection des restaurants

VINCENNES

94300 - Val-de-Marne - Carte régionale n° **16**-C2 - Carte Michelin 312-D2, 101-17

L'Ours (Jacky Ribault)

CUISINE MODERNE • CONTEMPORAIN Jacky Ribault (Qui Plume La Lune, dans le 11e) n'en fait pas mystère : cet Ours, installé près du château de Vincennes, représente l'aboutissement de sa carrière. Il l'a conçu à son image, jouant sur les espaces et les formes, dans un mariage réussi de bois, métal, pierre et cuir : un écrin formidable, en cohérence avec les créations culinaires dont il a le secret. Car dans l'assiette, on retrouve tout ce qu'on aime chez ce cuisinier d'expérience, volubile et passionné : le coup de patte instinctif, le visuel soigné, les inspirations brutes qui subliment des produits de premier choix. On trouvera par exemple à la carte de subtiles touches japonaises, mais aussi la plus traditionnelle pintade, ou encore cette barbue avec son risotto de riz vénéré à la betterave... Jacky Ribault est en pleine forme, et plus que jamais fidèle à lui-même.

Spécialités : Cuisine du marché.

Menu 50€ (déjeuner), 80/110€

12 rue de l'Église - 01 46 81 50 34 - www.loursrestaurant.com - Fermé 2-24 août, 24 décembre-3 janvier, lundi, dimanche

La Rigadelle

POISSONS ET FRUITS DE MER • TRADITIONNEL Spécialité du lieu : le poisson, d'une grande fraîcheur (arrivages de Bretagne) et préparé en aïoli, en bouillabaisse ou en cotriade par un chef qui connaît parfaitement son métier... et qui fait évoluer ses recettes petit à petit, touche par touche, afin de suivre les saisons. Une adresse pleine de goût... et de mérite !

Menu 36/59€ - Carte 45/73€

23 rue de Montreuil - Château de Vincennes - 01 43 28 04 23 - Fermé 15 août-8 septembre, lundi, mardi, dimanche soir

YERRES

91330 - Essonne - Carte régionale n° **16**-D3 - Carte Michelin 312-D3

Bird

CUISINE DU MARCHÉ • CONTEMPORAIN Au centre de cette charmante petite ville, sur une place piétonne proche de la mairie, un ancien salon de thé où le fils de famille, passé par de belles maisons, propose une cuisine du marché bien ficelée - tataki de bœuf, merlan, asperges et pommes de terre grenaille... Salle épurée façon scandinave, terrasse face à la fontaine. Prix doux.

Spécialités : Ceviche de dorade, lait de coco. Lapin rôti, houmous de brocolis au sésame. Autour du chocolat.

Menu 30€

38 rue Charles-de-Gaulle - 01 79 93 28 81 - www.bird-restaurant.com - Fermé 2-26 août, 23-31 décembre, lundi, mardi soir, mercredi soir, jeudi soir, dimanche

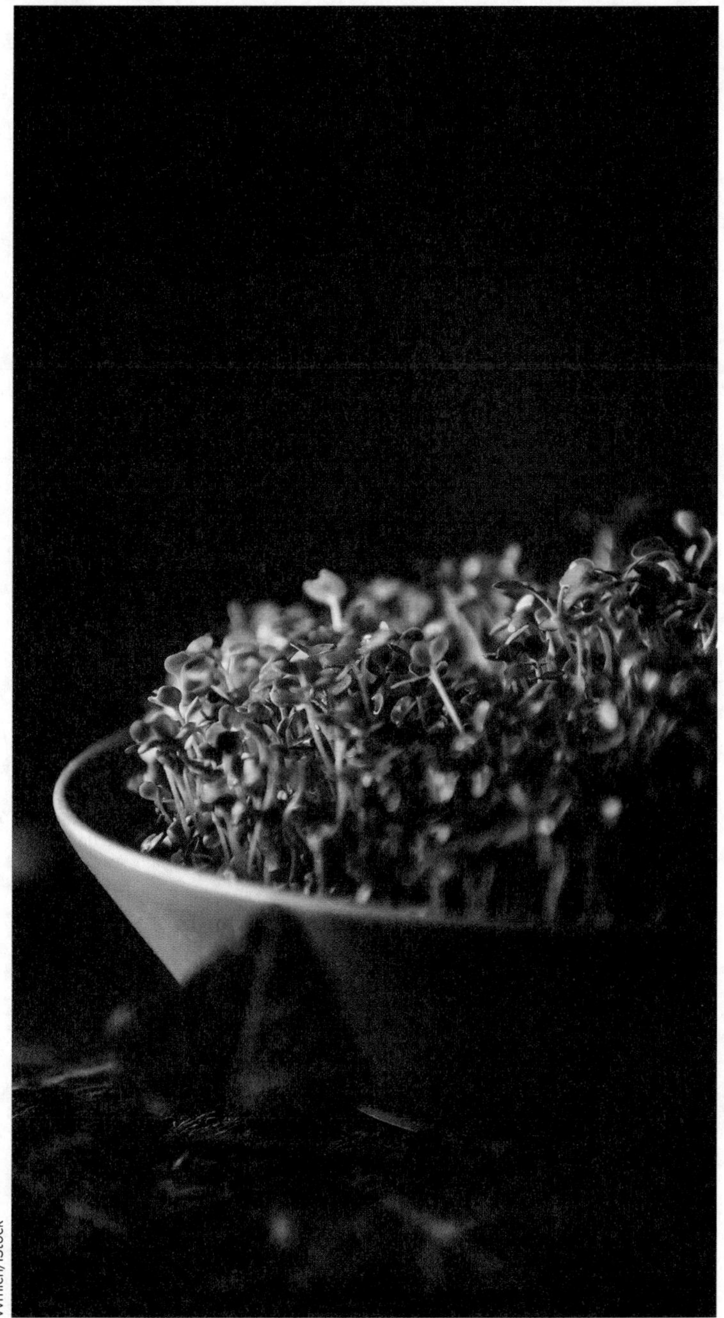
vvmich/iStock

✉ 64000 – Pyrénées-Atlantiques – Carte régionale n° **18**-B3 – Carte Michelin 342-J5

Lou Esberit

CUISINE MODERNE • TENDANCE X En béarnais, Lou Esberit signifie "éveillé" et "joyeux", en phase avec l'accueil souriant et l'enthousiasme du chef, adepte d'une cuisine épurée : bouillon de queue de bœuf à la citronnelle, foie gras poêlé et beignet de châtaigne, ou encore maigre de ligne, asperges blanches et émulsion au vin blanc, coco et ail des ours... Une jolie adresse qui réveille les papilles, face à l'église Saint-Martin.

Spécialités : Raviole ouverte de manchons de canard aux fruits des mendiants, croustillants des cœurs. Maigre de ligne snacké, soupe de laitue au Noilly Prat et cocos de Paimpol. Figues pochées à la sauge, fine gelée de porto.

Menu 20 € (déjeuner), 32/48 €

Plan B3-n – *8 rue Adoue – ✆ 09 83 97 58 58 – www.restaurant-louesberit.com – Fermé lundi, mardi midi, dimanche*

Au Fin Gourmet

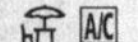

CUISINE MODERNE • CONVIVIAL XXX En face de la gare et au pied du funiculaire, un petit écrin de verdure inattendu ! La verrière aux allures de jardin d'hiver vous abrite pour déguster une cuisine de... fin gourmet. Après quoi, vous pourrez vous rendre sur les hauteurs de la ville et admirer la chaîne des Pyrénées. Offre bistrotière à midi.

Menu 29/76 € – Carte 57/61 €

Plan C3-v – *24 avenue Gaston-Lacoste – ✆ 05 59 27 47 71 – www.restaurant-aufingourmet.com – Fermé 24 février-2 mars, 27 juillet-10 août, lundi, dimanche soir*

Le Jeu de Paume

CUISINE MODERNE • ÉLÉGANT XXX Dans ce restaurant moderne et élégant, la cuisine valorise les produits de saison et du terroir, tout en laissant s'exprimer une belle créativité : ris de veau, croustillant aux olives Kalamata, salsifis et dattes ; asperges violettes des Landes, morilles et gingembre...

Menu 45/90 € – Carte 75/110 €

Plan D2-b – *Parc Beaumont, 1 avenue Edouard-VII – ✆ 05 59 11 84 00 – www.hotel-parc-beaumont.com*

L'Amateur de Thés

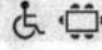

CUISINE JAPONAISE • CONTEMPORAIN X Les Palois apprécient depuis longtemps déjà le travail de Yuri Nagaya, chef originaire de Yokohama au Japon, et pour cause : elle réalise un mix surprenant entre la grande tradition culinaire de son pays natal et les techniques et produits français – foie gras, porc de Bigorre, et autres poissons de l'Atlantique. Un plaisir pour les yeux et pour les papilles.

Menu 30 € (déjeuner), 55/70 €

Plan C2-d – *1 rue de la République – ✆ 05 59 32 81 06 – www.lamateurdethes.fr – Fermé 12-26 janvier, 24 août-14 septembre, lundi, mardi, dimanche soir*

Omnivore

CUISINE MODERNE • BISTRO X Le Bistrot d'à Côté est devenu Omnivore et a profité de travaux d'envergure. Mais qu'on se rassure, si la forme se renouvelle, le fond reste le même ! Au fourneaux, le chef Stéphane célèbre toujours le produit local de saison ; en salle, Anaïs assure un service efficace, dans une ambiance conviviale.

Menu 18 € (déjeuner)/36 € – Carte 30/40 €

Plan B2-a – *1 place Gramont – ✆ 05 59 27 98 08 – www.omnivorepau.fr – Fermé lundi, samedi midi, dimanche*

Les Pipelettes

CUISINE MODERNE • BISTRO X Ici, les plats, gourmands, sont établis en fonction des produits du marché, et des récoltes d'une trentaine de producteurs proches de Pau. Menus imposés, midi et soir, mais le rapport plaisir/prix est excellent. Tout comme l'accueil, décontracté. Les pipelettes n'ont pas usurpé leur nom, ça tchatche ferme... Une adresse chaleureuse comme on les aime.

Menu 20 € (déjeuner)/38 €

Plan C2-c – *3 rue Valéry-Meunier – ✆ 05 59 98 88 06 – Fermé lundi, mardi, dimanche*

Parc Beaumont

BUSINESS • COSY Ce bâtiment de style contemporain est proche du parc et du palais des congrès ; ses chambres sont confortables, élégantes et design. Un bel hôtel polyvalent où rien n'a été oublié pour la détente (piscine, jacuzzi, spa) et les affaires.

67 chambres – 290/480 € – 26 € – 8 suites

Plan D2-b – *1 avenue Edouard-VII – 05 59 11 84 00 – www.hotel-parc-beaumont.com*

Le Jeu de Paume – Voir la sélection des restaurants

à Lescar 7, 5 km au Nord - Ouest par D817 et D601

Arraditz

CUISINE MODERNE • CONTEMPORAIN XX Cette maison du 19e s., installée dans une petite ville à la périphérie de Pau, est le fief d'un duo bien préparé : elle, pâtissière, a fait ses armes au Plaza Athénée ; lui, aux fourneaux, a aussi travaillé dans plusieurs maisons étoilées. Leur cuisine, fine et bien exécutée, met en valeur les produits de la région. Courez-y !

Menu 24 € (déjeuner), 38/68 € – Carte 57/74 €

Hors plan – *2 rue Cachau – 05 59 32 31 40 – www.arraditz.com – Fermé 2-25 mars, 12-28 octobre, lundi, mardi, dimanche soir*

PAUILLAC

33250 – Gironde – Carte régionale n° **18**-B1 – Carte Michelin 335-G3

Château Cordeillan-Bages

CUISINE MODERNE • CONTEMPORAIN XXX En plein Médoc, pays où le vin est un art de vivre à part entière, le château de Cordeillan-Bages se niche dans un parc au bord des vignes. Luxe façon relais et châteaux, détente et... gastronomie sont au programme ! Sur les murs, des œuvres d'artistes contemporains prestigieux – Pierre Alechinsky, Antoni Tapiès : excusez du peu. À la suite de ses prestigieux prédécesseurs (Thierry Marx, Jean-Luc Rocha), Julien Lefebvre ne démérite pas. Respectueux des valeurs de la grande cuisine française, excellent dénicheur de bons produits (son enfance à la ferme, en Normandie, n'y est pas pour rien !), il jette un pont entre tradition et modernité : turbot confit, carottes et artichauts ; coquilles Saint-Jacques en trois préparations ; citron en vacherin...

Spécialités : Gelée de consommé de légumes, pastorale d'herbes et de fleurs, soufflé d'oignon doux des Cévennes. Caille rôtie aux céréales, pesto de roquette et jus de houblon. Framboises, crème légère à la vanille et sorbet framboise au poivre timut.

Menu 45 € (déjeuner), 95/195 € – Carte 125/130 €

61 route des Vignerons – 05 56 59 24 24 – www.cordeillanbages.com – Fermé 14 novembre-11 mars, lundi, mardi

Café Lavinal

CUISINE TRADITIONNELLE • BISTRO X La petite place de Bages conserve son atmosphère animée d'antan avec la boutique de vins, la boulangerie et... le Café Lavinal. L'assiette célèbre le terroir local dans un esprit de franche bistronomie : bons produits frais bien préparés, recettes goûteuses... Le tout rehaussé par un service sympa et efficace.

Spécialités : Hareng en filet, pommes de terre, pickles d'oignons rouges et carottes. Gigot d'agneau de Pauillac rôti en ballottine, cannellonis d'aubergines à la ricotta et jus au romarin. Charlotte aux framboises, coulis infusé à la badiane.

Menu 29/39 € – Carte 43/57 €

place Desquet – 05 57 75 00 09 – www.jmcazes.com/fr/cafe-lavinal – Fermé 19 décembre-6 février, dimanche

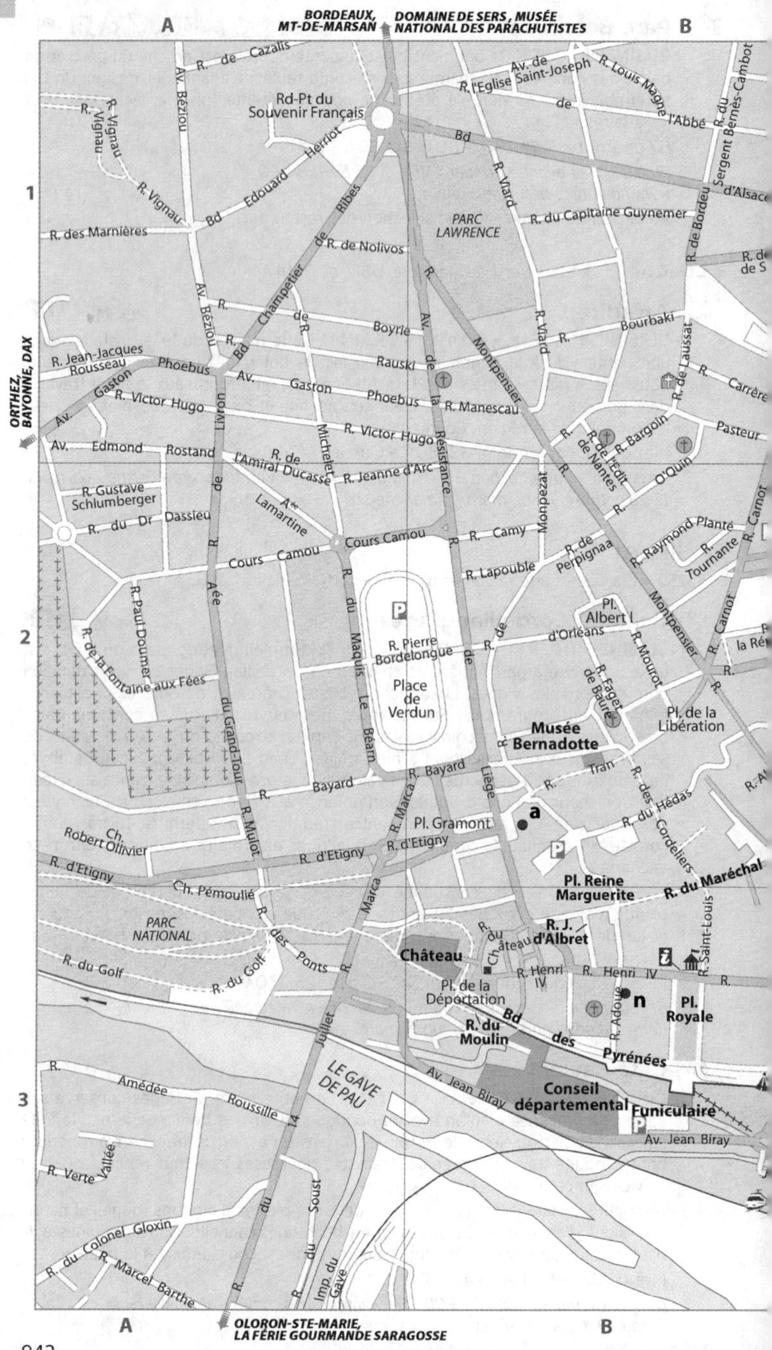
BORDEAUX, MT-DE-MARSAN
DOMAINE DE SERS, MUSÉE NATIONAL DES PARACHUTISTES
ORTHEZ, BAYONNE, DAX
OLORON-STE-MARIE, LA FÉRIE GOURMANDE SARAGOSSE
Rd-Pt du Souvenir Français
PARC LAWRENCE
Place de Verdun
Pl. Gramont
Musée Bernadotte
Pl. Albert I
Pl. de la Libération
Pl. Reine Marguerite
R. du Maréchal
R. J. d'Albret
Château
Pl. de la Déportation
R. du Moulin
Bd des Pyrénées
Pl. Royale
Conseil départemental
Funiculaire
PARC NATIONAL
LE GAVE DE PAU
Av. Jean Biray
Bd d'Alsace
R. Victor Hugo
Av. Gaston Phoebus
Cours Camou
R. d'Etigny
R. Henri IV
Av. de la Résistance
R. Montpensier
R. Marca
R. du 14 Juillet
a
n

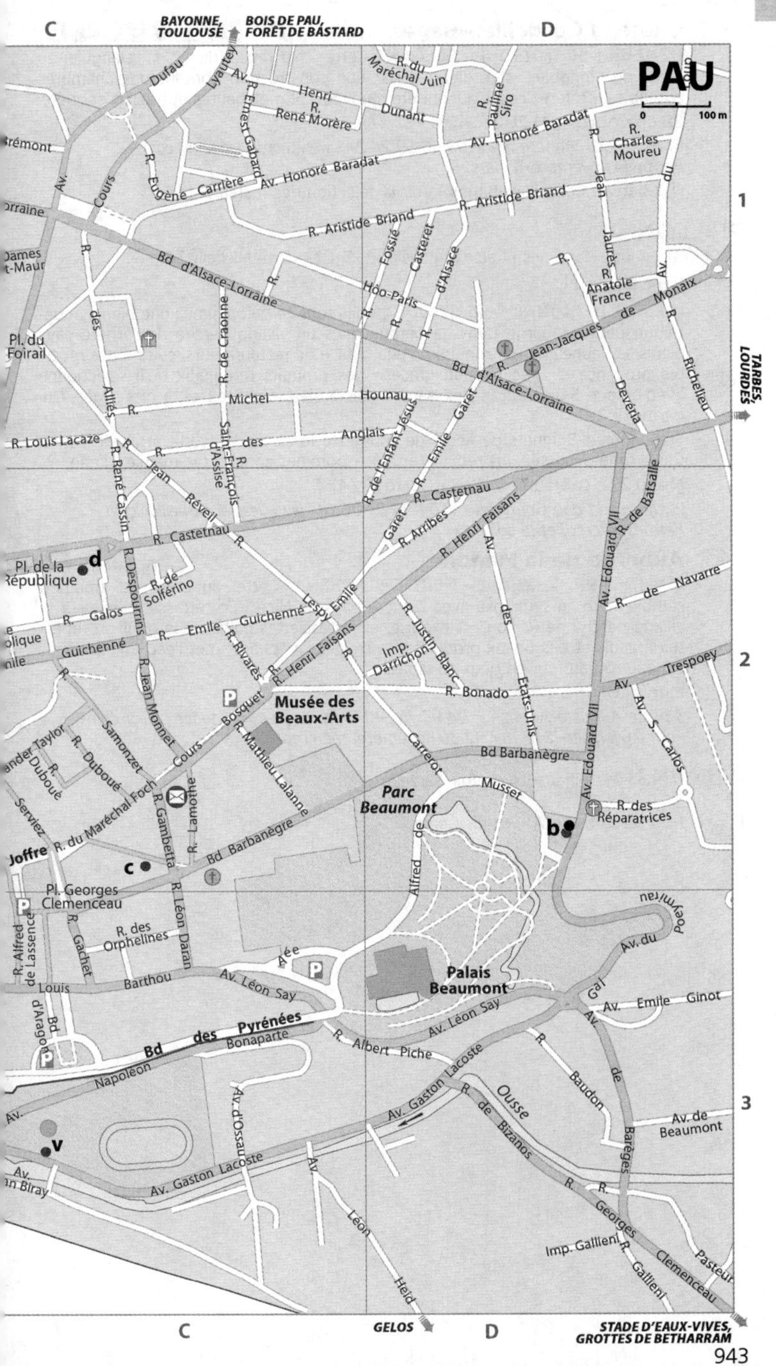
PAU
0
100 m
BAYONNE, TOULOUSE
BOIS DE PAU, FORÊT DE BÁSTARD
TARBES, LOURDES
GELOS
STADE D'EAUX-VIVES, GROTTES DE BETHARRAM
C
D
1
2
3
Musée des Beaux-Arts
Parc Beaumont
Palais Beaumont
Bd d'Alsace-Lorraine
R. Castetnau
R. Henri Faisans
Bd Barbanègre
Av. Edouard VII
Bd des Pyrénées
Av. Léon Say
Av. Gaston Lacoste
Av. Honoré Baradat
R. Aristide Briand
Pl. de la République
Pl. du Foirail
Pl. Georges Clemenceau
Cours Bosquet
Cours Lyautey
R. du Maréchal Foch
R. Jean Réveil
R. Lespy
R. Emile Guichenné
R. Bonado
Av. des Etats-Unis
Av. Trespoey
R. Gambetta
R. Léon Daran
R. Mathieu Lalanne
R. Carrerot
R. des Réparatrices
Av. du Gal Poeymirau
Av. Emile Ginot
Av. de Barèges
R. de Bizanos
R. Georges Clemenceau
Ousse
Av. Napoléon Bonaparte
Av. d'Ossau
Av. Léon Heïd
R. Albert Piche
R. Baudon
Av. de Beaumont
R. Louis Barthou
d
c
b
v

DEMEURE HISTORIQUE • ÉLÉGANT Cette chartreuse du 17e s., alanguie au cœur du vignoble, est prolongée par une construction abritant des chambres agréables. Préférez celles qui ont été rénovées, plus élégantes et tout en sobriété.

28 chambres – 200/640 € – 27 €

61 route des Vignerons – 05 56 59 24 24 – www.cordeillanbages.com – Fermé 14 novembre-11 mars

Château Cordeillan-Bages – Voir la sélection des restaurants

PEILLON

06440 – Alpes-Maritimes – Carte régionale n° **25**-E2 – Carte Michelin 341-F5

Les Plaisirs

CUISINE RÉGIONALE • RUSTIQUE Voilà tout ce qu'on aime : une bien sympathique petite auberge familiale perdue dans un village perché de l'arrière-pays niçois. Le jeune chef-patron, issu d'une famille de restaurateurs, cuisine des recettes provençales avec passion grâce à des produits régionaux qu'il sélectionne avec amour. Saveurs franches, sans chichi, assiettes goûteuses, à prix sages. Qui dit mieux ?

Spécialités : Beignets de fleurs de courgette farcies à la ricotta et citron confit. Caille rôtie désossée, jus réduit. Tarte aux pommes comme ma mamie Aimée.

Menu 22 € (déjeuner)/32 € – Carte 37/42 €

2 rue Puada dau Gourguet – 04 93 87 06 01 – www.lesplaisirs-peillon.com – Fermé mercredi et le soir

Auberge de la Madone

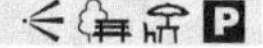

CUISINE PROVENÇALE • MÉDITERRANÉEN Cette auberge de tradition semble vivre en symbiose avec l'arrière-pays de Nice... En terrasse, la vue sur le village perché de Peillon est exquise, et les assiettes cultivent le goût du répertoire niçois et des beaux produits locaux. Le plat "phare" met l'eau à la bouche : agneau rôti au four en deux cuissons...

Menu 40/65 €

3 place Auguste-Arnulf – 04 93 79 91 17 – www.auberge-madone-peillon.com – Fermé 6 janvier-12 février, 12-30 novembre, mercredi

PENVINS – Morbihan (56) → Voir Sarzeau

PERI – Corse-du-Sud (2A) → Voir Corse

Shaiith/iStock

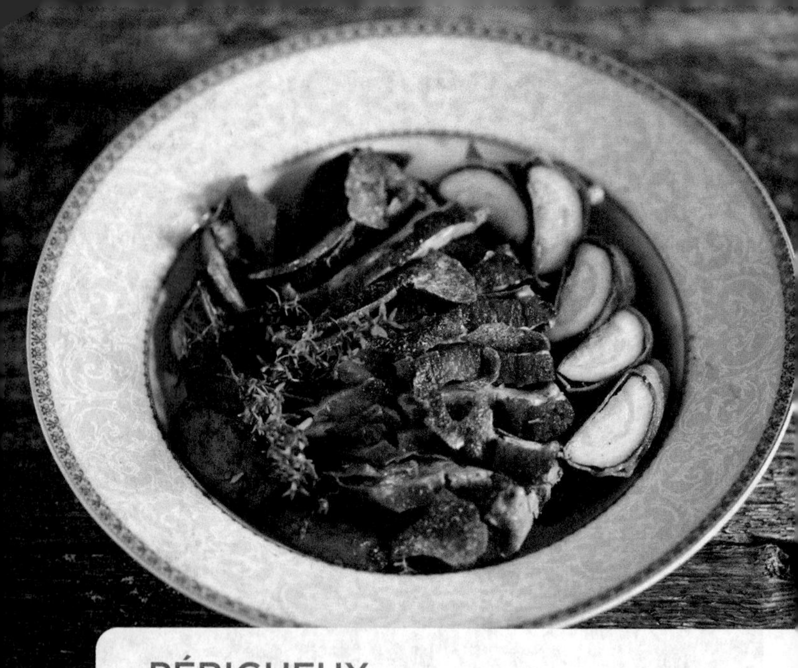

PÉRIGUEUX

✉ 24000 – Dordogne – Carte régionale n° **18**–C1 – Carte Michelin 329-F4

On aime...

Quelle ville délicieuse ! Dans la préfecture du Périgord, le marché et la gourmandise sont élevés au rang de beaux-arts. Pas étonnant : la région compte une vingtaine d'appellations, ainsi qu'une kyrielle de labels rouges et autres IGP. Des marchés, il y en a donc un sur chaque place ou presque ! Le marché aux gras consacre le palmipède dans tous ses états : magrets, canards entiers, foie gras de canard ou d'oie, confits, carcasses, graisse, magrets fourrés au foie gras. En saison, il se double d'un marché aux truffes, aussi odorant que pittoresque. Ne négligez pas pour autant les délicieux petits fromages de chèvre comme le cabécou et le rocamadour, ainsi que la noix et la fraise du Périgord, la prune reine-claude ou le melon du Quercy.

sugar0607/iStock

Restaurants

✿ L'Essentiel (Eric Vidal)

CUISINE MODERNE • COSY XX Inutile de se perdre en conjectures, mieux vaut aller à L'Essentiel. Dans ce restaurant familial voisin de la cathédrale, le produit est roi... et Éric Vidal, le chef, son brillant (et humble) serviteur. Pour une trentaine de convives, il organise une véritable explosion de saveurs, en se concentrant sur la justesse des préparations. Noix de ris de veau dorée, chou farci de foie gras et patate douce en fine purée ; tartare de mangue et ananas en fine gelée de passion et financier cuit minute... Une émoustillante partition, rehaussée par une sélection de vins qui l'est tout autant. Et un service attentionné, par-dessus le marché !

Spécialités : Huîtres en fine gelée de légumes, crémeux de tourteau et tartare de langoustine. Pigeon rôti en croûte de dragées, cuisse confite et jus aux épices douces. Vacherin aux fraises du Périgord, crème citron et sorbet basilic.

Menu 31 € (déjeuner), 49/110 € - Carte 65/85 €

Plan C2-n - *8 rue de la Clarté - ✆ 05 53 35 15 15 - www.restaurant-perigueux.com - Fermé 18 février-11 mars, 30 juin-14 juillet, lundi, dimanche*

✿ Un Parfum de Gourmandise (Sébastien Riou)

CUISINE CRÉATIVE • INTIME XX Plus qu'un simple parfum de gourmandise, c'est un véritable déluge d'arômes et de saveurs ! Catell et Sébastien Riou, elle en salle, lui aux fourneaux, ont su valoriser leur savoir-faire, forgé dans de belles maisons - le chef a fréquenté les cuisines de Patrick Jeffroy et d'Anne-Sophie Pic. Marqué par un grand-père qui l'emmenait pêcher, ramasser des herbes et cueillir des champignons, il s'inspire volontiers de la nature et des produits que lui propose ses producteurs. Fin connaisseur du terroir périgourdin, il le célèbre dans des assiettes pleines de fraîcheur, au gré d'un menu imposé.

Spécialités : Asperges vertes et sabayon au polypode. Lieu jaune aux saveurs iodées. Mousse chocolat au lait et cèpe, noisette et citron.

Menu 38 € (déjeuner), 46/70 €

Hors plan - *67 cours Saint-Georges - ✆ 05 53 53 46 33 - www.unparfumdegourmandise.com - Fermé 8 juin-5 juillet, lundi, mardi, dimanche soir*

L'Atelier (N)

CUISINE MODERNE • CONVIVIAL X Cuisinier au parcours éloquent, Cyril Haberland a ouvert avec son épouse cet Atelier dans le centre de Périgueux. Déco chaleureuse et ambiance conviviale : l'écrin parfait pour profiter des assiettes du chef, modernes et bien tournées, qui mettent à l'honneur les nombreux trésors du Sud-Ouest. À vous d'en profiter.

Spécialités : Bouillon de concombre frappé à la menthe et chèvre frais de la ferme. Magret de canard, aubergine fumée à la braise et jus au vinaigre de banyuls. Sorbet fraise à la crème d'Isigny, meringue et sarrasin grillé.

Menu 24 € (déjeuner), 34/65 € - Carte 49/64 €

Plan C2-a - *2 rue Voltaire - ✆ 05 53 04 56 71 - www.restaurant-perigueux-atelier.com - Fermé 1er-6 janvier, 24 août-7 septembre, lundi, dimanche*

Café Louise

CUISINE ITALIENNE • COSY XX Ce restaurant propose une cuisine d'inspiration italienne (antipastis, mozzarella di bufala, tiramisu... mais aussi pâtes, raviolis), agrémentée ici et là de produits du terroir périgourdin (foie gras, truffe, magret de canard). Terrasse dressée dès les beaux jours sur la jolie place pavée.

Menu 24 € (déjeuner)/39 € - Carte 36/44 €

Plan C2-b - *10 place de l'Ancien-Hôtel-de-Ville - ✆ 05 53 08 93 85 - Fermé 22 mars-3 avril, 21 juin-2 juillet, 15 novembre-2 décembre, lundi, mardi, dimanche soir*

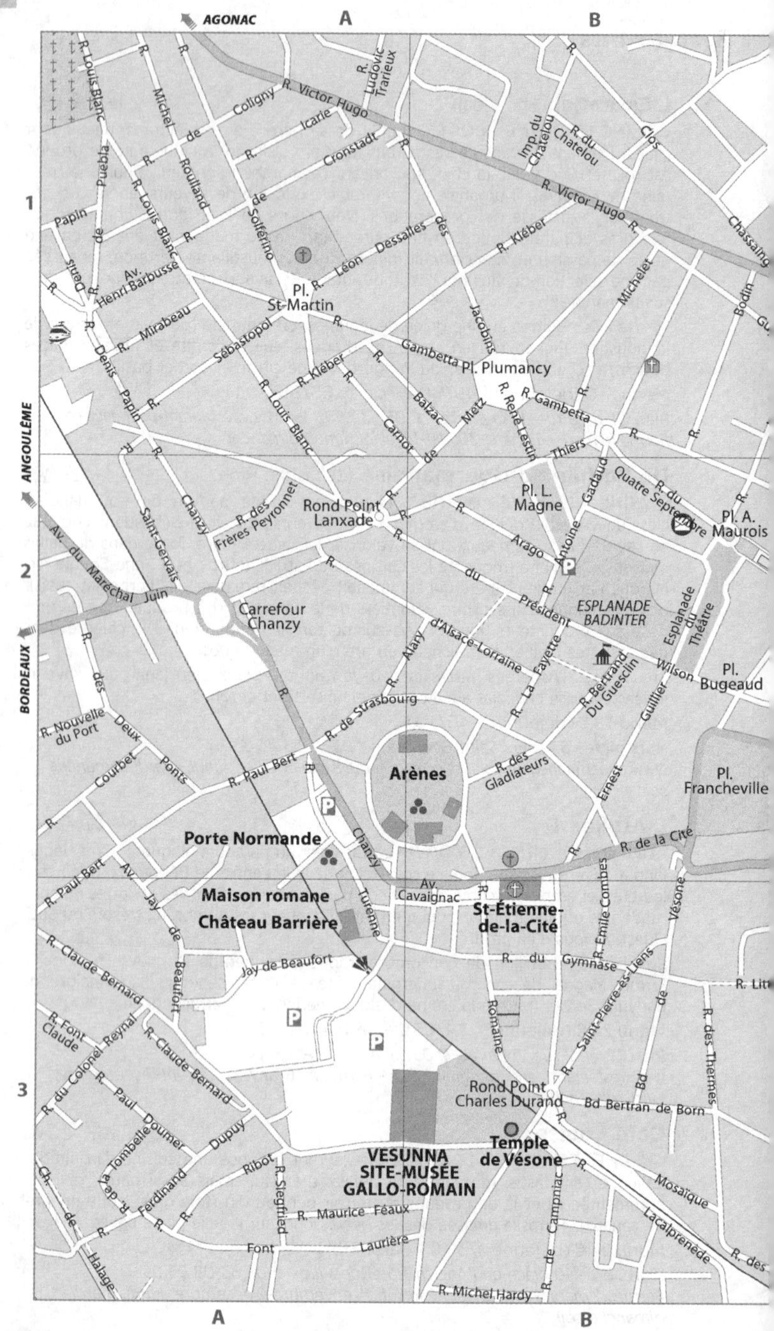

AGONAC
A
B
1
2
3
ANGOULÊME
BORDEAUX
R. Victor Hugo
Pl. St-Martin
Pl. Plumancy
Rond Point Lanxade
Carrefour Chanzy
Pl. L. Magne
Pl. A. Maurois
ESPLANADE BADINTER
Pl. Bugeaud
Pl. Francheville
Arènes
Porte Normande
Maison romane
Château Barrière
St-Étienne-de-la-Cité
Rond Point Charles Durand
Temple de Vésone
VESUNNA SITE-MUSÉE GALLO-ROMAIN

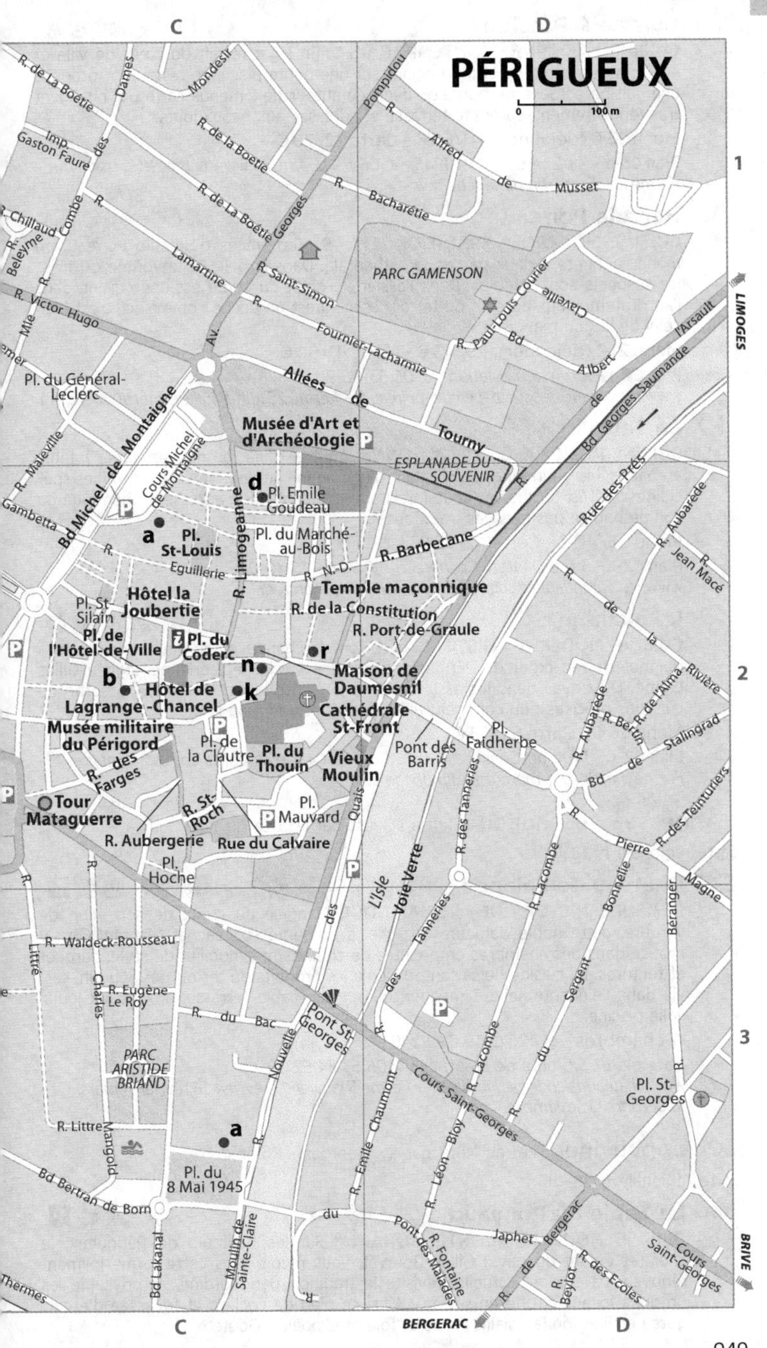
C
D
PÉRIGUEUX
0
100 m
1
2
3
LIMOGES
BRIVE
BERGERAC
PARC GAMENSON
Musée d'Art et d'Archéologie
ESPLANADE DU SOUVENIR
Pl. Emile Goudeau
Pl. du Marché-au-Bois
Pl. St-Louis
R. Barbecane
Temple maçonnique
R. de la Constitution
R. Port-de-Graule
Hôtel la Joubertie
Pl. St-Silain
Pl. de l'Hôtel-de-Ville
Pl. du Coderc
Maison de Daumesnil
Hôtel de Lagrange -Chancel
Cathédrale St-Front
Musée militaire du Périgord
Pl. de la Claustre
Pl. du Thouin
Vieux Moulin
Pont des Barris
Pl. Faidherbe
Tour Mataguerre
R. St-Roch
Pl. Mauvard
R. Aubergerie
Rue du Calvaire
Pl. Hoche
L'Isle
Voie Verte
R. Waldeck-Rousseau
R. Eugène Le Roy
PARC ARISTIDE BRIAND
R. Littre
Pl. du 8 Mai 1945
Pont St-Georges
Cours Saint-Georges
Pl. St-Georges
Bd Bertran de Born
Bd Lakanal
Moulin de Sainte-Claire
Pont des Malades
R. Fontaine
R. des Ecoles
R. Beylot
R. de Bergerac
Japhet
R. Emile Chaumont
R. Léon Bloy
R. Lacombe
R. du Sergent Bonnelie
R. Béranger
R. Pierre Magne
R. des Teinturiers
Bd de Stalingrad
R. Bertin
R. de l'Alma
R. de la Rivière
R. Aubarède
R. Jean Macé
Rue des Prés
Bd Georges Saumande
R. de l'Arsault
Bd Albert Claveille
R. Paul-Louis Courier
Allées de Tourny
R. Fournier-Lacharmie
R. Saint-Simon
R. Lamartine
R. Bacharétie
R. Alfred de Musset
Av. Georges Pompidou
R. de La Boétie
R. de la Boetie
R. Mondesir
R. des Dames
Imp. Gaston Faure
R. Chillaud
R. Combe des Dames
R. Beleyme
R. Victor Hugo
Pl. du Général-Leclerc
Bd Michel de Montaigne
Cours Michel de Montaigne
R. Maleville
R. Gambetta
R. Eguillerie
R. Limogeanne
R. N.-D.
R. des Farges
R. des Tanneries
Quais
R. Nouvelle
R. Littré
R. Charles Mangold
R. du Bac
Thermes

Cuisine & Passion

CUISINE MODERNE • CONTEMPORAIN XX En léger retrait du cœur de ville et non loin des bords de l'Isle, donnant sur une petite place, ce restaurant propose une cuisine actuelle de bon aloi, déclinée autour de 2 menus-carte qui changent très régulièrement. La petite terrasse est dressée aux beaux jours.

Menu 23 € (déjeuner), 41/65 € – Carte 22/70 €

Plan C3-a – *7 place du 8 Mai-1945 – ☎ 05 53 13 45 02 – www.cuisine-et-passion.fr – Fermé lundi, mardi, dimanche soir*

Hercule Poireau

CUISINE MODERNE • TRADITIONNEL XX Sur les traces d'Hercule Poireau, on mène l'enquête à deux pas de la cathédrale. Dans la belle salle voûtée du 16ᵉ s., les suspects sont attablés. Dans l'assiette, l'objet du crime est une cuisine dans l'air du temps aux accents du terroir... car s'il est un péché commis ici, c'est bien celui de la gourmandise !

Menu 21 € (déjeuner), 29/43 € – Carte 41/60 €

Plan C2-r – *2 rue de la Nation – ☎ 05 53 08 90 76 – www.restaurant-perigueux-hercule-poireau.fr – Fermé 25 juin-9 juillet, mardi, mercredi*

La Taula

CUISINE RÉGIONALE • TRADITIONNEL XX À la Taula (prononcez "taola"), table en patois, les gourmands se régalent d'une bonne cuisine familiale. Parmi les spécialités : pâtés, terrines et cous farcis maison... Voilà une adresse authentique où l'on ne badine pas avec les traditions !

Menu 35/40 € – Carte 42/52 €

Plan C2-k – *3 rue Denfert-Rochereau – ☎ 05 53 35 40 02 – www.restaurantlataula.com – Fermé lundi midi, mercredi*

L'Épicurien

CUISINE MODERNE • HISTORIQUE X Tout le charme d'une vieille maison croquignolette, au cœur de Périgueux, pour une cuisine épicurienne, signée Gilles Labbé. Du travail dans les assiettes, une jolie inspiration légumière, assortie de cuissons précises... ou comment allier finesse et gourmandise.

Menu 36 € – Carte 52/65 €

Plan C2-d – *1 rue du Conseil – ☎ 05 53 09 88 04 – www.lepicurien-restaurant.fr – Fermé mardi soir, mercredi, dimanche soir*

à Annesse-et-Beaulieu 15 km à l'Ouest par D3, rte de Périgueux – Carte régionale n° **18**-C1

Château de Lalande

DEMEURE HISTORIQUE • ROMANTIQUE Alanguie au creux de son écrin de verdure, cette noble demeure du 18ᵉ s. a conservé son cachet d'antan. On s'y repose dans des chambres empreintes de classicisme : mobilier de style, parquet et tentures. La cuisine de saison privilégie les produits du terroir périgourdin, servis dans l'élégante salle à manger, ou sur l'agréable terrasse, aux beaux jours. Jolie piscine.

17 chambres – 125/249 € – 18 €

Hors plan – *57 route de St-Astier – ☎ 05 53 54 52 30 – www.chateau-lalande-perigord.com – Fermé 5 janvier-12 février, 16 février-4 mars, 18 octobre-5 novembre*

à Champcevinel 5 km au Nord par av. Georges - Pompidou – Carte régionale n° **18**-C1

La Table du Pouyaud

CUISINE MODERNE • CONTEMPORAIN XX Sur les hauteurs de Périgueux, le chef (et enfant du pays) Gilles Gourvat, vous reçoit dans cette ferme joliment rénovée. La cuisine, actuelle, revisite la tradition périgourdine, et privilégie les produits locaux (truffe en saison). Ainsi ce pied de cochon et fricassée d'escargots persillés, ou la volaille farcie et foie gras poêlé... Goûteux.

Spécialités : Foie gras de canard mi-cuit, chutney de pêches et pistaches. Escabèche de volaille, citrons confits et coriandre. Nage d'abricots à la mélisse, glace verveine-citronnée.

Menu 33/78 € - Carte 54/70 €

Hors plan *- 57 route de Paris - ✆ 05 53 09 53 32 - www.table-pouyaud.fr - Fermé lundi, dimanche soir*

à Chancelade 5,5 km à l'Ouest par D710 et D1 - Carte régionale n° **18**-C1

La Verrière

CUISINE MODERNE • CONTEMPORAIN X Ouvert exclusivement le midi, le versant bistrot du Château des Reynats propose des assiettes élaborées au gré du marché par le jeune Florian Grundeler, ancien chef au Jardin des Plumes, à Giverny.

Spécialités : Sardines marinées et saisies, compression de pastèque, socca et poulpe. Pavé de merlan à l'huile de thym citron, haricots plats, pickles d'oignons et melon grillé. Tarte Tatin mangue et menthe, croquant chocolat et sorbet passion.

Menu 26 €

Hors plan *- Hôtel Château des Reynats, 15 avenue des Reynats - ✆ 05 53 03 53 59 - www.chateau-hotel-perigord.com - Fermé le soir*

Restaurant du Château

CUISINE CRÉATIVE • ÉLÉGANT XXX Rénové dans une veine plus contemporaine, l'intérieur du château conserve son charme classique (hauts plafonds moulurés, colonnes, lustres, cheminée en marbre...). Quant à la partition culinaire, elle se révèle efficace et pile dans l'air du temps, s'appuyant notamment sur des produits bien choisis.

Menu 39/79 € - Carte 39/79 €

Hors plan *- Hôtel Château des Reynats, 15 avenue des Reynats - ✆ 05 53 03 53 59 - www.chateau-hotel-perigord.com - Fermé 2-26 janvier, lundi, mardi midi, mercredi midi, jeudi midi, vendredi midi, samedi midi, dimanche*

PERNAND-VERGELESSES - Côte-d'Or (21) ➜ Voir Beaune

LA PERNELLE

✉ 50630 - Manche - Carte régionale n° **17**-A1 - Carte Michelin 303-E2

Le Panoramique

CUISINE TRADITIONNELLE • CONVIVIAL XX À côté de l'église du village, sur une colline surplombant la mer et l'île de Tatihou, un restaurant tenu par la même famille depuis... 1966. À l'origine bar, puis crêperie, c'est désormais un agréable restaurant gastronomique, où la cuisine met joliment en avant le terroir normand, au rythme des saisons !

Menu 28/57 € - Carte 35/51 €

1 Village de l'Église - ✆ 02 33 54 13 79 - www.le-panoramique.fr - Fermé 14 janvier-5 février, lundi

PERNES-LES-FONTAINES

✉ 84210 - Vaucluse - Carte régionale n° **25**-E1 - Carte Michelin 332-D10

Auberge de la Camarette

CUISINE DU MARCHÉ • MAISON DE CAMPAGNE X Dans un domaine viticole, en agriculture biologique, cette ferme comtadine du 17e s. propose un menu du marché, savoureux et ludique, qui ne manque pas d'adeptes. À déguster sur la charmante terrasse, avec un petit vin du domaine. L'adresse est très prisée : réservez !

Menu 37 €

439 chemin des Brunettes - ✆ 04 90 61 60 78 - www.domaine-camarette.com - Fermé 1er-8 mars, 15 octobre-6 novembre, 23 décembre-15 janvier, lundi, mardi midi, dimanche soir

Au Fil du Temps

CUISINE MODERNE • BISTRO Dans un quartier piétonnier, juste en face de la vieille église – transformée en centre culturel –, cette ancienne épicerie est devenue un charmant petit restaurant. On y privilégie l'agriculture raisonnée, au gré de plats bien troussés : par exemple, ce carpaccio de bœuf, jus aux cigales de mer, algues marinées et huîtres en beignet...

Menu 35 € (déjeuner)/49 €

51 Place Louis Giraud (face au centre culturel) – ✆ 04 90 30 09 48 – Fermé 17 octobre-2 novembre, lundi, mardi midi, mercredi midi, jeudi midi, dimanche

PERPIGNAN

✉ 66000 – Pyrénées-Orientales – Carte régionale n° **21**-B3 – Carte Michelin 344-I6

La Galinette (Christophe Comes)

CUISINE CRÉATIVE • DESIGN Une telle régularité fait toujours plaisir à voir – et à goûter. Étoilée depuis 2004, cette belle maison est le repaire de Christophe Comes, chef aux talents multiples. Locavore de la première heure, il élève dans son potager personnel (six hectares, qui dit mieux ?) les légumes et les fruits (agrumes et tomates, notamment) qui viendront rythmer sa cuisine. Mais il ne rechigne pas non plus à célébrer les poissons de la pêche locale ! Ajoutez à cela un excellent rapport qualité-prix, 25€ le menu complet à midi, vous obtenez une adresse qu'il ne faut manquer sous aucun prétexte...

Spécialités : Collection de tomates anciennes. Dorade de Méditerranée, ravioles de cèpes. Fruits de nos vergers.

Menu 25 € (déjeuner), 48/54 €

Plan C1-e – *23 Rue Jean Payra – ✆ 04 68 35 00 90 – www.restaurant-galinette.com – Fermé 1er-31 juillet, 22 décembre-4 janvier, lundi, dimanche*

Le Garriane

CUISINE MODERNE • SIMPLE "Garriane" pour Garry et Ariane... L'originalité est ici de mise ! Aux fourneaux, Garry, venu d'Australie, concocte une cuisine de saison ouverte sur le monde, dans laquelle le produit est roi. Midi et soir, dégustation autour d'un menu unique. Surtout, n'oubliez pas de réserver : la salle est toute petite...

Spécialités : Cuisine du marché.

Menu 25 € (déjeuner), 33/55 €

Plan A2-a – *15 rue Valette – ✆ 04 68 67 07 44 – Fermé lundi, mardi, mercredi midi, samedi midi, dimanche*

La Passerelle

CUISINE MODERNE • ÉLÉGANT Décor marin et mobilier moderne : ainsi va cette maison installée en bord de canal. À la criée, le chef déniche les bons poissons de la Méditerranée qu'il agrémente dans ses assiettes, tandis que la patronne assure un service attentionné. Bon choix de vins de la région.

Menu 24 € (déjeuner), 45/75 €

Plan C1-z – *1 cours François-Palmarole – ✆ 04 68 51 30 65 – Fermé 1er-11 mai, 26 juillet-10 août, 20 décembre-6 janvier, lundi, dimanche*

Le Divil

VIANDES • CONVIVIAL Entre le Castillet et la préfecture, un spécialiste des belles viandes maturées : le client choisit sa pièce au détail (côte de bœuf, entrecôte, faux-filet), qui est en ensuite pesée, grillée et accompagnée de bonnes frites maison. 300 références de vins pour arroser le tout.

Menu 18 € (déjeuner)/48 € – Carte 42/75 €

Plan C2-r – *9 rue Fabriques-d'en-Nabot – ✆ 04 68 34 57 73 – www.restaurant-le-divil-66.com – Fermé dimanche*

Le 17 

CUISINE CRÉATIVE • CONVIVIAL X Accolé à la cathédrale Saint-Jean-Baptiste, ce bistrot (la nouvelle adresse du 17) jouit d'une superbe cour pavée, lovée contre l'église. La cuisine du chef, très à cheval sur les saisons, privilégie les poissons, présentés sur une grande ardoise, et les produits locaux. Une adresse sympathique.

Menu 25 € (déjeuner) - Carte 51/62 €

Plan C2-t - *1 rue Cité-Bartissol (à côté de la cathédrale) - 04 68 38 56 82 - www.restaurant-le17-perpignan.fr - Fermé 10-23 février, 14 septembre-5 octobre, dimanche*

Via del Vi

CUISINE TRADITIONNELLE • BAR À VIN X Acier rouillé et façade engageante pour palais pas rouillés ! Ce sympathique bar à vins, tenu par un jeune couple dynamique, dynamite l'offre gastronomique de la ville (ainsi ces croquettes de carottes rappelant les beignets de légumes indiens), et émoustille les papilles à l'aide de jolis crus nature. Vintage et métissé : tout bon !

Carte 35/50 €

Plan B2-r - *43 avenue du Général-Leclerc - 04 68 67 84 96 - www.viadelvi.com - Fermé 1er janvier-3 février, 1er-31 juillet, lundi, mardi midi, mercredi midi, jeudi midi, vendredi midi, samedi midi, dimanche*

à Saleilles 5 km au Sud par rte d'Elne

L'AbSix

CUISINE MODERNE • ÉLÉGANT XX Ne vous fiez pas à l'allure coloniale de la maison et faites confiance au talent du chef, passé par de belles maisons, pour vous surprendre : on réalise ici une cuisine moderne, qui se révèle particulièrement précise quand elle revisite des plats classiques - ainsi le saumon d'écosse mariné comme un hareng et sa crème de céleri fumé, ou cet excellent soufflé au chocolat, dont longtemps nos papilles s'émouvront. Gibier en saison.

Menu 40/55 €

Hors plan - *2 Rue de la Cerdagne (ZA Sud Roussillon) - 04 68 54 79 02 - www.restaurant-labsix.fr - Fermé 2-24 août, lundi, dimanche*

LE PERREUX-SUR-MARNE - Val-de-Marne (94) → Voir Autour de Paris

PERROS-GUIREC

22700 - Côtes-d'Armor - Carte régionale n° **7**-B1 - Carte Michelin 309-B2

Le Manoir du Sphinx

CUISINE MODERNE • ÉLÉGANT XX De la salle à manger de cette belle maison, élégante et feutrée, on surplombe le jardin et la côte rocheuse. Une vue panoramique à couper le souffle, qui ne donne que plus de relief à des plats privilégiant les produits locaux ; la cuisine unit terre et mer dans une jolie symphonie gustative.

Spécialités : Saumon confit aux herbes, condiment concombre. Lieu jaune, quinoa aux agrumes. Chocotonka.

Menu 25 € (déjeuner), 33/50 €

67 chemin de la Messe (plage de Trestignel) - 02 96 23 25 42 - www.lemanoirdusphinx.bzh - Fermé 26 janvier-4 mars, 15 novembre-9 décembre, lundi midi, vendredi midi

La Maison de Marie

CUISINE MODERNE • ÉLÉGANT XX Cette élégante maison en granit rose semble vibrer à l'unisson de la côte... Le chef, Daniel Jaguin, a pour boussole les beaux produits de la région (Saint-Jacques des Côtes-d'Armor, huîtres de Lanmodez, etc.), qu'il agrémente avec une pointe d'originalité - notes exotiques, épices lointaines. Clair comme de l'eau de roche !

Spécialités : Terrine de poulet, pickles de légumes. Merlu à l'oseille du jardin, légumes de saison. Baba au rhum, coulis de mangue, sorbet piña colada.

Menu 33/80 € - Carte 38/55 €

24 rue Gabriel-Vicaire (à La Clarté) - 02 96 49 05 96 - www.lamaisondemarie-laclarte.bzh - Fermé lundi, dimanche et le soir sauf samedi

PERPIGNAN
0
100 m
RIVESALTES
FOIX, NARBONNE
A
B
1
2
3
PRADES, BARCELONA
BARCELONA, THUIR
Musée Joseph-Puig
LA PÉPINIÈRE
N.-D. des Anges
Pl. de Catalogne
Pl. Bardou Job
Place Salvador Dalí
Esplanade Méditerranée
a
r
P
R. Déodat de Séverac
R. des Jardins Saint-L
R. Georges Bizet
R. des Nohèdes
Ancien Ch. de Baixas
Pénétrante
R. François Rude
Av. Louis Torcatis
Bd de la France Libre
Bd Edmond Michelet
R. Marc Pierre
Av. Joseph Rous
Av. de la Grande-Bretagne
Av. de Prades
Cours Lazare Escarguel
Av. des Palmiers
Q. Vauban
Basse
Q. de Barcelone
R. Léon Dieudé
R. du 14 Juillet
R. Alexandre Joseph Oliva
Av. du Gal de Gaulle
Bd du Conflent
R. Frédéric Valette
R. Mathurin Régnier
Bd Saint-Assiscle
R. Fresnel
Q. Henri Dunant
Bd des Pyrénées
Av. Victor Dalbiez
Av. Julien Panchot
R. de Cerdagne
Q. de Hanovre
Q. de Genève
Av. du Président Doumer
Av. Henri Ribère
Bd Félix Mercader
Av. Georges Guynemer
R. Pierre Renaudel
R. Sébastopol
R. Pierre Puiggari
R. Auguste Rodin
R. Alain René Lesage
Av. Abbé Pierre
Av. de Belfort
R. des Romarins
R. des Tuileries
R. Augustin Pajou
R. Frédéric Bartholdi
R. de Puyvalador
R. Honoré Daumier
R. Camille Saint-Saëns
Av. du Commandant Ernest Vignes
Av. Henri Bataille
R. Jean Richepin
R. Pierre Bassères
R. Antoine Bourdelle
R. Guillaume Coustou
R. Nicolas Boileau
R. Paul Riquet
R. des Amiel
R. Franklin
R. Pierre Cartelet
R. des Corbières
R. du Capcir
R. du Dr Alfred Gilbert
R. du Chantier
R. Joseph Tastu
R. Marcelin
R. Jacint Verdaguer
R. Fontaine d'Amour
R. de l'Empordà
R. d'Andorre
Q. Alfred Nobel
R. de Pierre Maurin
R. du Fer à Cheval
HLM Victor Dalbiez

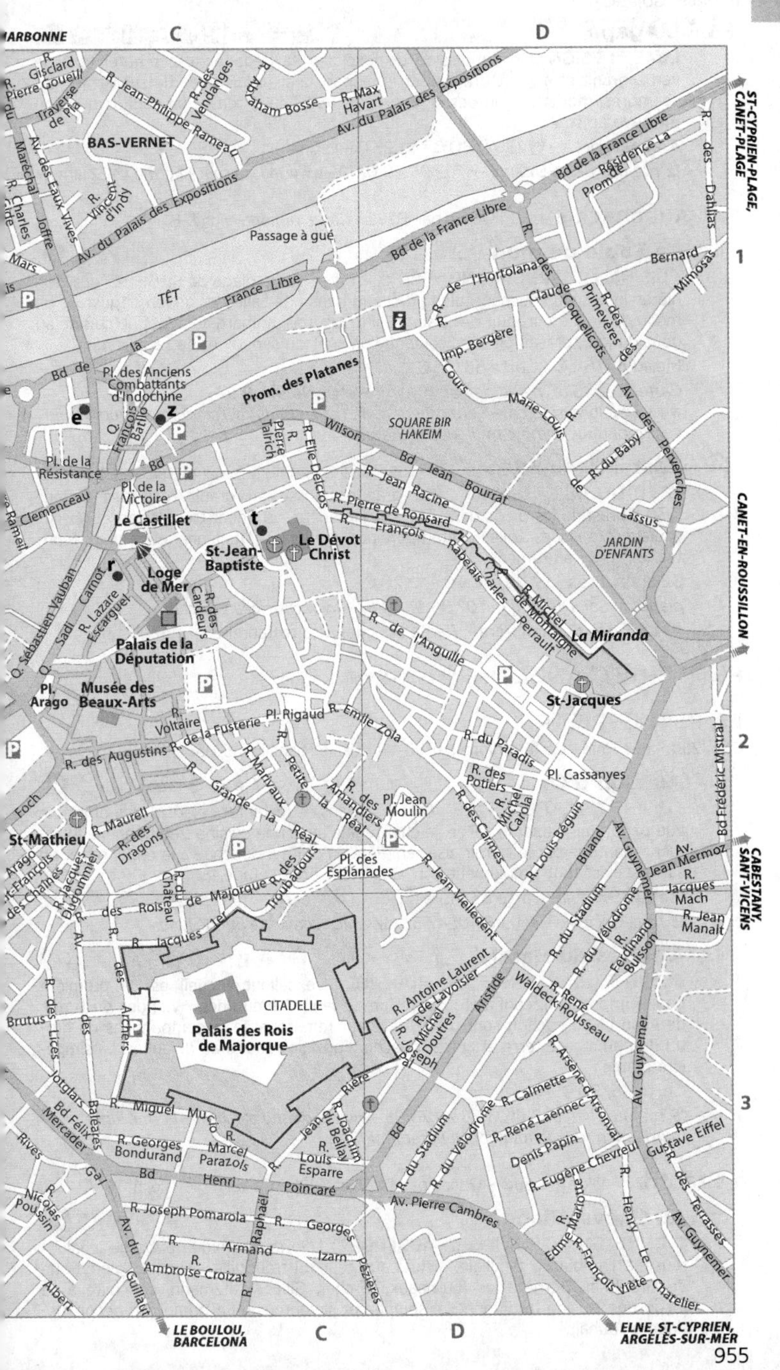

NARBONNE
C
D
ST-CYPRIEN-PLAGE, CANET-PLAGE
CANET-EN-ROUSSILLON
CABESTANY, SANT-VICENS
LE BOULOU, BARCELONA
ELNE, ST-CYPRIEN, ARGELÈS-SUR-MER
1
2
3
BAS-VERNET
TÊT
Passage à gué
Av. du Palais des Expositions
Bd de la France Libre
R. Jean-Philippe Rameau
R. Abraham Bosse
R. Max Havart
R. des Vendanges
R. Vincent d'Indy
Av. des Eaux Vives
Av. Maréchal Joffre
Traverse de Pia
R. Pierre Goueill
R. Gisclard
R. de l'Hortolana
R. des Coquelicots
R. des Primevères
R. des Dahlias
R. des Mimosas
Résidence La Prom.
Imp. Bergère
Cours Marie-Louis
R. de Lassus
R. du Baby
Av. des Pervenches
SQUARE BIR HAKEIM
JARDIN D'ENFANTS
Prom. des Platanes
Bd Wilson
Bd Jean Bourrat
Pl. des Anciens Combattants d'Indochine
Q. François Batllo
Pl. de la Résistance
Pl. de la Victoire
Bd Clemenceau
Le Castillet
Loge de Mer
Palais de la Députation
Musée des Beaux-Arts
Pl. Arago
St-Jean-Baptiste
Le Dévot Christ
R. Pierre Talrich
R. Élie Delcros
R. Jean Racine
R. Pierre de Ronsard
R. François Rabelais
R. Charles Perrault
R. Michel de Montaigne
La Miranda
St-Jacques
R. de l'Anguille
R. des Cardeurs
R. Lazare Escarguel
Q. Sébastien Vauban
Q. Sadi Carnot
R. Voltaire
R. de la Fusterie
R. des Augustins
Pl. Rigaud
R. Émile Zola
R. du Paradis
R. des Potiers
R. Michel Carola
Pl. Cassanyes
R. Marivaux
R. Petite la Réal
R. Grande la Réal
R. des Amandiers
Pl. Jean Moulin
R. des Carmes
R. Louis Béguin
St-Mathieu
R. Maurell
R. des Dragons
Foch
Arago
R. des Chaînes
R. Jacques Dugommier
Pl. des Esplanades
R. du Château
R. des Rois de Majorque
R. des Troubadours
R. Jacques 1er
R. Jean Vielledent
Bd Aristide Briand
R. du Stadium
R. du Vélodrome
Av. Guynemer
Av. Jean Mermoz
R. Jacques Mach
R. Jean Manalt
Bd Frédéric Mistral
R. Ferdinand Buisson
R. René Waldeck-Rousseau
R. Antoine Laurent de Lavoisier
R. Michel Doutres
R. Joseph Riere
R. Arsène d'Arsonval
R. Calmette
R. René Laennec
R. Denis Papin
R. Eugène Chevreul
R. Gustave Eiffel
R. des Terrasses
R. Edme Mariotte
R. François Viète
R. Henry Le Chatelier
CITADELLE
Palais des Rois de Majorque
R. des Archers
R. des Lices
Brutus
Jotglars
Baléares
Bd Félix Mercader
R. Miguel Mucio
R. Marcel Parazols
R. Joachim du Bellay
R. Jean
R. Louis Esparre
R. Georges Bondurand
Bd Henri Poincaré
Av. Pierre Cambres
R. Joseph Pomarola
R. Raphaël
R. Georges Pézières
R. Armand Izarn
R. Ambroise Croizat
Av. du Guillaut
R. Nicolas Poussin
Rives
Albert

L'Agapa

LUXE • DESIGN Une impression de luxe zen se dégage de cet hôtel tout de verre, granit et acier. Offrant pour la plupart une magnifique vue sur la mer, les chambres, modernes, au design épuré, invitent à la détente ; un confort que l'on retrouve au spa.

44 chambres – 136/360 € – 25 € – 1 suite

12 rue des Bons-Enfants – 02 96 49 01 10 – www.lagapa.com – Fermé 12-22 janvier

à Ploumanach 6 km à l'Ouest par D788 – Carte régionale n° **7**-B1

La Table de mon Père

CUISINE MODERNE • TENDANCE XX Profiter, sur la plage de St-Guirec, des dernières lueurs du couchant, bien au chaud dans une salle design, en dégustant un menu dédié à un produit de saison (Saint-Jacques, homard, etc.)... Une cuisine au goût du jour, présentée avec soin, où l'on sent du sérieux et de l'application.

Menu 49/64 € – Carte 55/75 €

Castel Beau Site, plage de Saint-Guirec – 02 96 91 40 87 – www.castelbeausite.com – Fermé lundi midi, mardi midi, mercredi midi, jeudi midi, vendredi midi, samedi midi, dimanche midi

Castel Beau Site

TRADITIONNEL • DESIGN Cette grande bâtisse en granit rose des années 1930 a presque les pieds dans l'eau ! À l'intérieur, un décor très design et réussi : couleurs tranchées, toiles contemporaines, douches à l'italienne, etc. Pour découvrir le Trégor autrement...

32 chambres – 119/309 € – 20 €

plage de Saint-Guirec – 02 96 91 40 87 – www.castelbeausite.com

La Table de mon Père – Voir la sélection des restaurants

PETITE-HETTANGE – Moselle (57) → Voir Malling

LA PETITE-PIERRE

67290 – Bas-Rhin – Carte régionale n° **10**-A1 – Carte Michelin 315-H3

Au Lion d'Or

CUISINE TRADITIONNELLE • COSY XX Dans ce restaurant élégant, qui offre une vue panoramique sur la vallée, le chef régale avec une cuisine traditionnelle fortement marquée par le terroir alsacien. Pâté en croûte, bouchée à la reine, gibier en saison : c'est tout simplement bon. Chambres pour l'étape.

Menu 39/57 € – Carte 33/65 €

15 rue Principale – 03 88 01 47 57 – www.liondor.com – Fermé lundi

Au Grès du Marché

CUISINE TRADITIONNELLE • AUBERGE X L'excellent accueil est la première bonne impression, confirmée par le fumet venu des cuisines... Viandes de bœuf, de veau et de cochon sont d'une fraîcheur remarquable, accompagnées de gratin de pomme de terre et autre spaetzle. Formule réduite au déjeuner. La simplicité même !

Carte 35/50 €

19 rue du Château – 03 88 70 78 95 – www.augresdumarche.fr – Fermé lundi, mardi, mercredi, jeudi midi, vendredi midi

à Graufthal 11 km au Sud - Ouest par D178 et D122 – Carte régionale n° **10**-A1

Au Cheval Blanc

CUISINE TRADITIONNELLE • AUBERGE XX Une sympathique auberge, chaleureuse, à l'ambiance familiale, nichée au cœur du tranquille village troglodytique de Graufthal. Derrière les fourneaux, le chef, Gilles Stutzmann, concocte à sa façon une cuisine traditionnelle, soignée et savoureuse. En prime : un décor rustique à souhait.

Spécialités : Terrine de pot au feu au raifort. Lasagnes de sandre et saumon à l'oseille. Blanc-manger coco et fruit de la passion.

Menu 28/38 € – Carte 34/55 €

19 rue Principale – ✆ 03 88 70 17 11 – www.auchevalblanc.net – Fermé 1er-12 janvier, 28 août-13 septembre, lundi soir, mardi, mercredi soir, jeudi soir

Au Vieux Moulin

CUISINE MODERNE • ÉLÉGANT XX Installez-vous dans cette maison familiale, nichée au fond de la vallée de Graufthal, pour déguster la cuisine pleine de peps de Guillaume Kassel. Œuf de poule de la ferme du Moulin et escargots du Steiberg, poitrine de canette, girolles sautées et cerises, etc. Et une carte des vins de plus de 200 références. Chambres avec vue sur l'étang.

Spécialités : Tartare de bœuf au miso, huîtres, daïkon mariné et bourgeons d'épicéa au vinaigre. Truite blanche dans l'idée d'un borchtch, sarrasin grillé, bibeleskas et raifort. Tarte tiède aux mirabelles, glace vanille au lait de chèvre.

Menu 20 € (déjeuner), 31/68 € – Carte 47/65 €

7 rue du Vieux-Moulin – ✆ 03 88 70 17 28 – www.auvieuxmoulin.eu – Fermé 16 février-5 mars, 21 juin-9 juillet, 22 novembre-3 décembre, lundi, mardi, dimanche soir

LE PETIT-PRESSIGNY

✉ 37350 – Indre-et-Loire – Carte régionale n° **8**–B3 – Carte Michelin 317-O7

La Promenade (Fabrice et Jacky Dallais)

CUISINE MODERNE • ÉLÉGANT XXX C'est une "promenade", certes, mais aussi une véritable aubaine que cette auberge de famille en pleine campagne ! Derrière les fourneaux, Jacky le père et Fabrice le fils jouent, à quatre mains, une partition aux notes actuelles, à la fois savoureuse et festive, fortement enracinée dans le terroir local. Poulette et pigeon de Racan, géline de Touraine, gibier en saison, légumes de maraichers bio, brochet et produits nobles de l'Océan : que du bon, y compris les nombreux abats qu'on n'hésite pas ici à mettre régulièrement à la carte ! À déguster dans un cadre contemporain de belle facture. Une des meilleures tables de la région et l'une des meilleures cartes de vins en France, tant dans son choix que dans la douceur des tarifs.

Spécialités : Bouillon de carotte aux fèves et sarriette. Lièvre à la royale du sénateur Couteau, conchiglioni au foie gras. Profiterole en négatif, au sorbet cacao amer.

Menu 51/100 € – Carte 85/110 €

11 Rue du Savoureulx – ✆ 02 47 94 93 52 – www.restaurantdallaislapromenade.com – Fermé 4 janvier-4 février, 14 septembre-1er octobre, lundi, mardi, dimanche soir

LE PETIT-QUEVILLY – Seine-Maritime (76) ➜ Voir Rouen

LA PEYRATTE

✉ 79200 – Deux-Sèvres – Carte régionale n° **20**–C1 – Carte Michelin 322-F4

La Forge à Fer

CUISINE DU MARCHÉ • MAISON DE CAMPAGNE X Cette ancienne forge à fer du 17ème siècle, située au bord du Thouet, accueille la cuisine à quatre mains d'un couple franco-japonais ; monsieur, enfant du pays, madame, pâtissière, originaire de Tokyo. On se régale d'un croustillant de cuisse de canard confit, d'une pièce de bœuf rôtie, ou d'une tarte aux mirabelles dans un décor de pierres et tomettes. Jolie terrasse. L'ardoise change toutes les semaines.

Menu 38 €

15 La Forge à Fer – ✆ 05 49 64 30 53 – www.laforgeafer.fr – Fermé 23 février-12 mars, 19 octobre-6 novembre, lundi soir, mardi, mercredi, jeudi soir, dimanche soir

PÉZENAS

🖂 34120 – Hérault – Carte régionale n° **21**-C2 – Carte Michelin 339-F8

✿ Restaurant De Lauzun (Matthieu de Lauzun)

CUISINE MODERNE • **CONTEMPORAIN** XX Pézenas n'est pas seulement la ville de Boby Lapointe ou de Molière : c'est désormais aussi celle de Matthieu de Lauzun. Installée au sein du domaine viticole, cette nouvelle adresse permet au jeune chef, étoilé auparavant à Gignac, de déployer tout son talent. Le beau cadre contemporain, de pierre, de bois et de cuivre, se révèle l'écrin idéal pour accueillir sa cuisine du sud, fine et savoureuse, à l'instar d'un époustouflant agneau des Drailles, condiment tomate épicée et petit bonbon de pomme de terre à l'ail doux, ou du dessert, ces abricots comme un petit vacherin aux parfums de verveine, et leur crème glacée au fromage blanc. Carte de vins étoffée. On se régale, avant une promenade dans le joli village, et une visite de l'A-Musée Boby Lapointe, dédié à l'enfant du pays.

Spécialités : Cannelloni de betterave comme une pastilla de volaille aux épices orientales. Bœuf d'Aubrac snacké, cou farci au foie gras de canard et joue de bœuf. Sphère framboise et rhubarbe.

Menu 36 € (déjeuner), 60/105 € – Carte 75/90 €

route de Nizas (au Prieuré St-Jean de Bébian) – ✆ 04 99 47 63 91 – www.restaurant-delauzun.com – Fermé 15-29 février, 1er-8 juin, 20-28 octobre, lundi, dimanche

Le Pré St-Jean

CUISINE MODERNE • **BISTRO** XX La devanture en Corten – un acier à l'aspect de rouille – s'inscrit dans une belle façade en pierre, sur le boulevard circulaire de la ville. En cuisine, beau-père et gendre réalisent une cuisine inspirée, goûteuse et gourmande, sur laquelle viennent se greffer quelques plats bistrotiers. Une réussite !

Spécialités : Poulpe de Méditerranée à l'ail des ours, jeunes légumes croquants. Râble de lapin au chorizo, jus à l'huile fumée et paella d'encornets. Baba bouchon, pêches et glace verveine.

Menu 34/70 € – Carte 50/80 €

18 avenue Maréchal-Leclerc – ✆ 04 67 98 15 31 – www.restaurant-leprestjean.fr – Fermé lundi, jeudi soir, dimanche soir

L'Entre Pots

CUISINE MODERNE • **TENDANCE** XX Voilà un jeu de mots justifié pour cet ancien entrepôt de vins dédié aux plaisirs du palais ! En cuisine, le chef mêle saveurs du terroir et touches créatives. En salle, les gourmands s'installent dans un cadre branché à la lumière tamisée. Belle sélection de crus régionaux. Le tout à prix doux.

Carte 33/58 €

8 avenue Louis-Montagne – ✆ 04 67 90 00 00 – www.restaurantentrepots.com – Fermé lundi, dimanche

à Montagnac 6,5 km au Nord - Est par D613

Côté Mas

CUISINE MODERNE • **ÉLÉGANT** X Au milieu des vignes, un restaurant chaleureux et joliment décoré : objets d'art contemporain, mobilier en bois exotique... et de jolies touches de l'océan Indien – épices, notamment – dans l'assiette. Belle carte de vins au verre (coin bistrot dans la boutique).

Menu 28 € (déjeuner), 33/64 € – Carte 45/60 €

route de Villeveyrac – ✆ 04 67 24 36 10 – www.cote-mas.fr – Fermé 15-31 octobre, lundi, mardi

PEZENS – Aude (11) ➜ Voir Carcassonne

PFAFFENHOFFEN

🖂 67350 – Bas-Rhin – Carte régionale n° **10**-B1 – Carte Michelin 315-J3

À l'Agneau

CUISINE TRADITIONNELLE • AUBERGE XX Dans cette auberge alsacienne (1769), la restauration est une affaire de famille. Deux sœurs (7e génération !) sont à la tête de l'établissement, où l'on sert une cuisine traditionnelle parsemée de touches de modernité, attentive aux saisons, dans une salle rajeunie.

Menu 23€ (déjeuner), 33/69€ - Carte 44/70€

3 rue de Saverne - ✆ 03 88 07 72 38 - www.hotel-restaurant-delagneau.com - Fermé 9-17 mars, 22-30 juin, 9-25 septembre, lundi, mardi, dimanche soir

PFULGRIESHEIM - Bas-Rhin (67) ➜ Voir Strasbourg

PHALSBOURG

✉ 57370 - Moselle - Carte régionale n° **12**-D2 - Carte Michelin 307-O6

Erckmann-Chatrian

CUISINE TRADITIONNELLE • ÉLÉGANT XX La table de l'hôtel Erckmann-Chatrian met les recettes traditionnelles à l'honneur. Ici, on privilégie les produits frais et le "fait maison"... Ainsi ces spécialités de la maison : la cassolette de sole aux girolles, et le tournedos Rossini.

Menu 24/47€ - Carte 49/129€

14 place d'Armes - ✆ 03 87 24 31 33 - www.erckmann-chatrian.net - Fermé lundi, mardi midi, dimanche soir

PIERREFONDS

✉ 60350 - Oise - Carte régionale n° **14**-C2 - Carte Michelin 305-I4

à St-Jean-aux-Bois 6 km par D85 - Carte régionale n° 14-C2

Auberge à la Bonne Idée (Yves Giustiniani)

CUISINE CLASSIQUE • ÉLÉGANT XXX Plus qu'une bonne, c'est une excellente idée qu'un repas en cette jolie auberge (pierres, poutres, cheminée...) située sur la route de Pierrefonds, en pleine forêt de Compiègne, dans un village médiéval. Il y a d'abord le choix rigoureux de bons produits d'ici comme les asperges et les fraises de l'Oise, et d'ailleurs, comme les coquilles Saint-Jacques d'Erquy en saison, les langoustines de Loctudy ou le bar et le turbot de petite pêche du Guilvinec. Il y a ensuite le solide métier d'un chef blanchi sous le harnais, Yves Giustinani : sa cuisine est raffinée et harmonieuse, soucieuse du respect des saveurs, des cuissons et des assaisonnements. Enfin, on sent autour de lui tout le travail d'une équipe animée par le désir de bien faire.

Spécialités : Ravioles de foie gras de canard, bouillon de poule crémé et jus de truffe. Ris de veau braisé, oignon des Cévennes confit et jus de veau. Crêpe à la crème légère flambée au kirsch, jus de Griottines.

Menu 40/92€ - Carte 60/90€

3 rue des Meuniers - ✆ 03 44 42 84 09 - www.a-la-bonne-idee.fr - Fermé 6-30 janvier, lundi, mardi midi, dimanche soir

Auberge à la Bonne Idée

AUBERGE • COSY En plein cœur de la forêt de Compiègne, cette charmante auberge s'articule autour d'un jardin fleuri aux beaux jours. L'intérieur se pare de belles touches rustiques (poutres apparentes, grande cheminée) ; les chambres sont cosy et bien entretenues.

23 chambres - 125/175€ - 14€

3 rue des Meuniers - ✆ 03 44 42 84 09 - www.a-la-bonne-idee.fr - Fermé 6-30 janvier

Auberge à la Bonne Idée - Voir la sélection des restaurants

PIGNA - Haute-Corse (2B) ➜ Voir Corse (Ile-Rousse)

LE PIN-AU-HARAS

⊠ 61310 - Orne - Carte régionale n° **17**-C2 - Carte Michelin 310-J2

La Tête au Loup

CUISINE TRADITIONNELLE • AUBERGE XX La faim chasse le loup du bois... Si l'animal peuplait encore la région, on pourrait le pister – à pas de loup – pour découvrir cette auberge traditionnelle, voisine du célèbre haras du Pin. En vieux loup de mer, le chef concocte de bonnes terrines maison et autres spécialités de poissons... Que du bon !

Spécialités : Terrine de foies de volaille. Filet de lieu jaune, beurre blanc. Crème brûlée au calvados.

Menu 32/49 €

✆ 02 33 35 57 69 - www.lateteauloup.fr - Fermé 16 décembre-5 février, lundi, mardi, dimanche soir

LE PIN-LA-GARENNE - Orne (61) ➜ Voir Mortagne-au-Perche

PINSAGUEL

⊠ 31120 - Haute-Garonne - Carte régionale n° **22**-B2 - Carte Michelin 343-G3

Le Gentiane

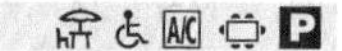

CUISINE TRADITIONNELLE • SIMPLE XX Entre autres vertus, la gentiane est connue pour stimuler l'appétit... Comme cet endroit ! Nicolas Bachon, le fils de la famille, prend progressivement ses marques : à quatre mains avec son père, il décline de jolis plats de tradition – lamproie à la bordelaise, lièvre à la royale...

Menu 17 € (déjeuner), 33/50 €

7 Rue du Cagire - ✆ 05 62 20 55 00 - www.legentiane.fr - Fermé 13-19 avril, 10-23 août, lundi, mardi, dimanche soir

PISCIATELLO - Corse-du-Sud (2A) ➜ Voir Corse (Ajaccio)

LA PLAGNE

⊠ 73210 - Savoie - Carte régionale n° **2**-D2 - Carte Michelin 333-N4

à Plagne-Bellecôte 4 km à l'Est - Carte régionale n° **2**-D2

Carlina

FAMILIAL • MONTAGNARD Ce grand chalet se niche sur les hauteurs, à Belle-Plagne. La vue depuis la terrasse n'en est que plus belle, sans parler de l'accès direct aux pistes... Les chambres se déclinent dans un esprit montagnard ou dans un style plus épuré. Une adresse fort sympathique.

46 chambres - 216/748 €

à Belle-Plagne - ✆ 04 79 09 78 46 - www.carlina-belleplagne.com - Fermé 25 avril-15 décembre

Araucaria (N)

Au pied des pistes, cet établissement se révèle moderne et cosy, adapté à une clientèle jeune et connectée. Agréable spa, espace bien-être et piscine, complétée d'un bassin pour les enfants en bas âge. Sans oublier la table de jeux, le baby-foot, l'espace pour concerts... Un hôtel qui ne manque pas d'arguments !

84 chambres - 100/250 € - 18 €

Plagne Centre - D221 - ✆ 04 58 24 11 11 - www.araucaria-hotel.com

PLAGNE-BELLECÔTE - Savoie (73) ➜ Voir la Plagne

PLAIMPIED-GIVAUDINS

⊠ 18340 - Cher - Carte régionale n° **8**-C3 - Carte Michelin 323-K5

Aux Marais

CUISINE MODERNE · RUSTIQUE X Une cuisine réalisée à quatre mains... à Plaimpied ! Formés dans de belles maisons, Amandine et Stéphane Pasquier signent une carte fraîche et plutôt audacieuse, renouvelée tous les deux mois : mariage terre-mer, sucré-salé, etc. À déguster au coin du feu en hiver, et sur la terrasse fleurie pendant les beaux jours.

Menu 28/38 €

12 rue des Marais - ✆ 02 48 25 54 45 - restaurantauxmarais.fr - Fermé 16-23 février, 26 juillet-9 août, lundi, mercredi, dimanche soir

PLAINE-DE-WALSCH

✉ 57870 - Moselle - Carte régionale n° **12**-D2 - Carte Michelin 307-N6

Étable Gourmande

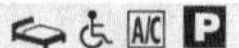

CUISINE MODERNE · AUBERGE XX Élégant et rustique, le cadre surprend d'abord. Puis vient la belle charcuterie de cochon fermier, le gibier en saison, une cuisine aussi généreuse que bien exécutée. Une étable - ou étape - effectivement gourmande ! Chambres agréables, dans un esprit chalet.

Menu 25 € (déjeuner), 38/58 €

3 route du Stossberg - ✆ 03 87 25 66 34 - www.aubergedeletable.com - Fermé 1er-7 janvier, 5-25 août, lundi midi, mardi midi, mercredi midi, jeudi midi, samedi midi, dimanche

LA PLAINE-SUR-MER

✉ 44770 - Loire-Atlantique - Carte régionale n° **23**-A2 - Carte Michelin 316-C5

✿✿ Anne de Bretagne (Mathieu Guibert)

CUISINE MODERNE · DESIGN XXX Sur la rive sud de l'estuaire de la Loire, en plein pays de Retz, cette grande maison aux lignes géométriques a quasiment les pieds dans l'eau. Aux fourneaux, on trouve un chef intelligent et discret, Mathieu Guibert, qui a plusieurs cordes à son arc : une connaissance exhaustive des producteurs de la région, un attachement aux valeurs humaines, ainsi qu'un grand respect pour les chefs qui l'ont formé tout au long de son parcours.

Sans surprise, la pêche locale tient ici les premiers rôles : ormeau sauvage de l'Atlantique juste coloré au beurre demi-sel, blettes cuisinées au vinaigre de Xérès ou encore bar de ligne braisé et caviar baeri, poireaux de la Milliassière en papillote et jus de coquillages légèrement crémé... Des alliances réussies, une relecture judicieuse des classiques : on jubile, d'autant que la cave à vins (créée par les anciens propriétaires) recèle de vraies pépites.

Spécialités : Langoustines bretonnes en carpaccio, risotto cuisiné à l'anguille fumée et émulsion de parmesan. Homard de casier piqué à la verveine, girolles cuisinées au vin d'Arbois. Chocolat guanaja infusé à l'armoise, macaron à l'estragon et crème brûlée au Zan.

Menu 41 € (déjeuner), 80/185 € - Carte 115/155 €

Port de Gravette - ✆ 02 40 21 54 72 - www.annedebretagne.com - Fermé 1er-29 janvier, 16-25 mars, 2-18 novembre, lundi, mardi

Anne de Bretagne

LUXE · ÉLÉGANT Une grande bâtisse contemporaine, toute blanche, posée sur une dune. À l'horizon : le petit port de la Gravette et... rien que la mer ! Idéal pour une escale marine rassérénante, d'autant que le décor - au design épuré - repose les sens...

20 chambres - 130/420 € - ☕ 26 €

Port de Gravette - ✆ 02 40 21 54 72 - www.annedebretagne.com - Fermé 1er-29 janvier, 16-25 mars, 2-18 novembre

✿✿ **Anne de Bretagne** - Voir la sélection des restaurants

PLAISIANS

✉ 26170 - Drôme - Carte régionale n° **2**-B3 - Carte Michelin 332-E8

Auberge de la Clue

CUISINE TRADITIONNELLE • AUBERGE X En montant vers ce village montagnard, arrêtez-vous devant la jolie Clue, goulet d'étranglement où les cours d'eau s'emballent. On vient de loin pour savourer cette cuisine du terroir face au mont Ventoux : caillette aux herbes, pieds et paquets, terrine de fromage de tête... Attention : de novembre à mars, l'auberge n'ouvre que les weekends.

Spécialités : Aumônière à la farine d'épeautre, ris d'agneau. Lapin à la tapenade. Soupe d'abricots au basilic.

Menu 30/37 € - Carte 38/60 €

place de l'Église - ✆ 04 75 28 01 17 - Fermé 17 février-13 mars, 19 octobre-6 novembre, lundi, dimanche soir

PLAISIR - Yvelines (78) ➜ Voir Autour de Paris

PLAPPEVILLE - Moselle (57) ➜ Voir Metz

PLÉHÉDEL

✉ 22290 - Côtes-d'Armor - Carte régionale n° **7**-C1 - Carte Michelin 309-D2

Mathieu Kergourlay

CUISINE MODERNE • ÉLÉGANT XX Après cinq années passées au Manoir de Lan Kerellec, le chef Mathieu Kergourlay a investi - et modernisé - ce petit château non loin de la mer. Dans l'assiette, produits de qualité, dressages soignés, et jolies surprises, comme ces filets de caille laqués d'une délicieuse réduction de canard aux épices.

Menu 26 € (déjeuner), 37/75 € - Carte 55/76 €

Château de Boisgelin, Domaine de Boisgelin - ✆ 02 96 22 37 67 - www.mathieu-kergourlay.com - Fermé mercredi

Château de Boisgelin 

DEMEURE HISTORIQUE • COSY On vous dresse le tableau : un château du 15e s. avec sa tour d'angle, entouré d'un domaine de 400 hectares (avec un golf), des touches anciennes dans la déco des chambres (robinetterie rétro, meubles de style Directoire, scènes de chasse au mur)... Bref, du cachet !

14 chambres - 89/108 € - 15 €

Domaine de Boisgelin - ✆ 02 96 22 37 67 - www.mathieu-kergourlay.com

Mathieu Kergourlay - Voir la sélection des restaurants

PLÉRIN - Côtes-d'Armor (22) ➜ Voir St-Brieuc

LE PLESSIS-PICARD - Seine-et-Marne (77) ➜ Voir Autour de Paris (Sénart)

PLOEMEUR

✉ 56270 - Morbihan - Carte régionale n° **7**-B2 - Carte Michelin 308-K8

à Lomener 4 km au Sud par D163

Le Vivier

CUISINE TRADITIONNELLE • CONVIVIAL XX Dans cet établissement posé face au large, la cuisine est évidemment vouée à Neptune : les pieds presque dans l'eau, on fait le plein d'iode avec de très beaux produits de la pêche (entre autres). Le menu enfant ravit les petits gourmands.

Menu 34/75 € - Carte 50/90 €

9 rue de Beg-Er-Vir - ✆ 02 97 82 99 60 - www.levivier-lomener.com - Fermé 1er-8 janvier, dimanche soir

PLOËRMEL

✉ 56800 - Morbihan - Carte régionale n° **7**-C2 - Carte Michelin 308-Q7

℩O Le Roi Arthur

CUISINE CLASSIQUE • ÉLÉGANT XXX Les chevaliers non pas de la Table ronde mais des Temps modernes se sentiront comme des rois dans ce restaurant baigné de lumière. Par les baies vitrées, on peut même contempler les flots. Au menu, cuisine classique et service sans fausse note. Une bonne adresse.

Menu 27€ (déjeuner), 38/44€ - Carte 47/70€

Lac au Duc - ✆ 02 97 73 64 64 - www.hotelroiarthur.com - Fermé 16 février-1er mars

PLOMODIERN

✉ 29550 - Finistère - Carte régionale n° **7**-A2 - Carte Michelin 308-F5

✿✿ L'Auberge des Glazicks (Olivier Bellin)

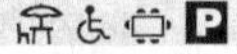

CUISINE CRÉATIVE • TENDANCE XXX Douarnenez, la pointe du Raz, Locronan et sa cité médiévale, Pont-Aven et la cité des peintres : tels sont les paysages qui s'offrent depuis l'Auberge des Glazicks. Cette ancienne maréchalerie attirait autrefois ouvriers et habitants du coin, autour de menus simples et revigorants - soupe, bouchée à reine, gigot d'agneau... C'est sous l'impulsion d'Olivier Bellin, de retour au pays en 1998, que l'Auberge familiale accomplit sa mue : inventif et touche-à-tout, le chef y cultive chaque jour avec passion le meilleur de la pêche locale et du terroir breton. Non loin plane encore la légende de la fontaine de l'Ermitage de Saint-Corentin, avec son poisson extraordinaire qui, après avoir été mangé, se reconstituait le lendemain. Avis aux chefs intéressés : il s'agit d'un mythe. Quoique...

Spécialités : Langoustine, sang de boudin noir, croustillant de pied de cochon. Homard, brioche, condiment pomme et pamplemousse. Tube chocolaté, écume de basilic, chocolat, banane.

Menu 65€ (déjeuner), 100/230€

7 rue de la Plage - ✆ 02 98 81 52 32 - www.aubergedesglazick.com - Fermé 15 mars-1er avril, 15 novembre-2 décembre, lundi, mardi, dimanche soir

PLONÉOUR-LANVERN

✉ 29720 - Finistère - Carte régionale n° **7**-A2 - Carte Michelin 308-F7

℩O Manoir de Kerhuel

CUISINE MODERNE • SIMPLE XX Dans ce cadre charmant, une table qui ne l'est pas moins ! On y déguste une jolie cuisine actuelle, réalisée à base de bons produits régionaux, et servie dans une salle avec vue sur la terrasse et le jardin.

Menu 29/65€ - Carte 57/62€

route de Quimper - ✆ 02 98 82 60 57 - www.manoirdekerhuel.fr - Fermé 1er-31 janvier, lundi midi, mardi midi, mercredi midi, jeudi midi, vendredi midi, samedi midi, dimanche

PLOUBALAY

✉ 22650 - Côtes-d'Armor - Carte régionale n° **7**-C1 - Carte Michelin 309-J3

Restaurant de la Gare

CUISINE MODERNE • TENDANCE XX Si vous parcourez les stations de la Côte d'Émeraude, faites donc un arrêt dans cette Gare gourmande ! À travers une cuisine personnelle et savoureuse, Thomas Mureau joue sans excès avec la tradition régionale, la mer et la terre bretonnes. Évidemment, les menus s'adaptent aux opportunités du marché... qualité oblige.

Spécialités : Fine gelée de pintade et foie gras au cidre, salade de haricots verts aux noisettes. Cabillaud, jus de moules au thym citron et safran. Sablé breton, rhubarbe et fraise.

Menu 22€ (déjeuner), 31/65€ - Carte 40/70€

4 rue des Ormelets - ✆ 02 96 27 25 16 - www.restaurant-la-gare-ploubalay.com - Fermé 16 février-5 mars, 28 juin-11 juillet, 11-21 novembre, lundi soir, mardi soir, mercredi

PLOUBAZLANEC - Côtes-d'Armor (22) ➜ Voir Paimpol

PLOUFRAGAN - Côtes-d'Armor (22) ➜ Voir St-Brieuc

PLOUGASNOU

✉ 29630 - Finistère - Carte régionale n° **7**-B1 - Carte Michelin 308-I2

La Maison de Kerdiès

CUISINE TRADITIONNELLE • CONVIVIAL XX Cette maison de la pointe du Trégor fut à l'origine un sémaphore, avant d'être transformée en colonie de vacances, puis en restaurant. De la salle, on profite d'une vue panoramique sur Roscoff et l'île de Batz... Mais on se recentre vite sur l'assiette, et sur cette généreuse cuisine de tradition remise au goût du jour, servie avec le sourire !

Spécialités : Noix de Saint-Jacques, bouillon de potimarron à l'orange. Lotte, lard fumé et sauce au blé noir. Mousse fraise et basilic, craquant au grué de cacao.

Menu 21 € (déjeuner), 24/34 €

5 route de Perherel, lieu-dit St-Samson - ✆ 02 98 72 40 66 - www.maisonkerdies.com - Fermé 1er janvier-8 février, lundi, dimanche soir

PLOUGUERNEAU

✉ 29880 - Finistère - Carte régionale n° **7**-A1 - Carte Michelin 308-D3

À la Maison (N)

CUISINE MODERNE • SIMPLE X Ici, on réalise une cuisine bistrotière de bel aloi, mettant en avant les produits de la région. Le chef affectionne travailler les plats en déclinaison, comme le cochon ou l'agneau. Parmi les spécialités maison : le boudin noir, l'œuf parfait, et l'andouille de Guéméné. Le petit restaurant ne paie pas de mine mais dispose d'une agréable terrasse sur l'arrière. Une adresse attachante.

Menu 23 € (déjeuner) - Carte 30/50 €

21 place de l'Europe - ✆ 02 98 01 76 21 - www.alamaison.bzh - Fermé 16 février-1er mars, 22-25 décembre, lundi soir, mardi soir, mercredi, samedi midi, dimanche soir

PLOUHARNEL

✉ 56340 - Morbihan - Carte régionale n° **7**-B3 - Carte Michelin 308-M9

L'Hippocampe

POISSONS ET FRUITS DE MER • CONVIVIAL X Le calme de la campagne, la proximité de la mer, dont les embruns, parfois, s'invitent à table, et une assiette qui associe les deux, pour une traversée goûteuse du terroir régional et de ses produits (huîtres, homard, pêche du jour), à dos d'hippocampe. Une adresse dynamique et iodée.

Menu 19/34 € - Carte 32/46 €

Kerhueno - ✆ 02 97 29 10 17 - www.restaurant-lhippocampe.com - Fermé 4 novembre-28 janvier, lundi, mercredi midi, dimanche soir

Carnac Lodge

BOUTIQUE HÔTEL • CONTEMPORAIN Entre Carnac et Plouharnel, cet hôtel dispose de chambres au décor soigné, un brin branché (plexiglas, touches néobaroques, etc.). Agréable piscine ; jardin calme et verdoyant.

20 chambres - 👫 95/215 € - ☕ 13 €

Kerhueno - ✆ 02 97 58 30 30 - www.carnaclodge.com - Fermé 16 novembre-24 décembre

PLOUIDER

✉ 29260 - Finistère - Carte régionale n° **7**-A1 - Carte Michelin 308-F3

La Table de La Butte (Nicolas Conraux)

CUISINE MODERNE • TENDANCE XXX Nicolas et Solenne Conraux sont la troisième génération de cet hôtel-restaurant. En cuisine, Nicolas garde un œil sur la mer et la baie de Goulven, qu'on aperçoit en contrebas, et l'autre sur la campagne bretonne. Huîtres, homard, cochon, ormeaux mais aussi algues, légumes et même le patrimoine fromager armoricain dessinent la carte de son Finistère gourmand. Chaque plat, ou presque, navigue entre mer et campagne, à l'image de ces asperges vertes cuisinées à l'eau de mer, nappées d'une crème d'ail des ours et lovées dans des feuilles de salades croquantes. Le pain est un délice (le chef possède aussi la boulangerie de l'autre côté de la rue), avec différents beurres made in Bretagne (aux algues, cristaux de sel...). La Butte, un petit sommet de gourmandise.

Spécialités : Huîtres pochées et crème légère de sarrasin. Ormeau d'élevage, dulse, pommes de terre et jus de volaille. Gros lait fermier, gingembre frais et miel des dunes.

Menu 36 € (déjeuner), 62/124 € - Carte 90/110 €

La Butte, 12 rue de la Mer - ✆ 02 98 25 40 54 - www.labutte.fr - Fermé 16 février-12 mars, lundi, mardi, samedi midi

Le Comptoir de La Butte

CUISINE TRADITIONNELLE • TENDANCE X L'annexe de la table gastronomique vaut aussi son pesant de gourmandise. Le cadre moderne, avec cuisine ouverte et boutique, met en appétit ; confirmation ensuite dans l'assiette avec une cuisine de tradition généreuse, déclinée dans une formule efficace.

Spécialités : La complète kraz. Poitrine de cochon de Kervilavel. Crème de gros lait fermier, kouign amann.

Menu 28 €

La Butte, 12 rue de la Mer - ✆ 02 98 25 40 54 - lecomptoir.labutte.fr

La Butte

TRADITIONNEL • CONTEMPORAIN Une saga familiale débutée en 1952... et qui n'est pas prête de se terminer ! Les chambres, contemporaines et épurées, donnent toutes sur la mer, un spa est à disposition, et le petit-déjeuner se révèle excellent. Une maison idéale pour se ressourcer au grand air...

33 chambres - 115/400 € - 20 €

12 rue de la Mer - ✆ 02 98 25 40 54 - www.labutte.fr

La Table de La Butte • **Le Comptoir de La Butte** - Voir la sélection des restaurants

PLOUMANACH - Côtes-d'Armor (22) ➜ Voir Perros-Guirec

LE POËT-LAVAL - Drôme (26) ➜ Voir Dieulefit

POINTE DE ST-MATHIEU - Finistère (29) ➜ Voir Conquet

POINT-SUBLIME

✉ 04120 - Alpes-de-Haute-Provence - Carte régionale n° **24**-C2 - Carte Michelin 334-G10

Auberge du Point Sublime

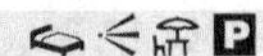

CUISINE PROVENÇALE • RUSTIQUE X Un point de vue... sublime, au cœur des gorges du Verdon ! Cette sympathique auberge familiale propose une cuisine qui fleure bon le terroir (soupe au pistou, pieds et paquets à la provençale, nombreuses salades), dans un cadre à l'ancienne. Pratique : les petites chambres pour l'étape.

Menu 29/42 € - Carte 40/70 €

D952 - ✆ 04 92 83 60 35 - www.auberge-pointsublime.com - Fermé 3 novembre-30 avril, mercredi, jeudi midi

POISSON - Saône-et-Loire (71) ➜ Voir Paray-le-Monial

POITIERS

✉ 86000 - Vienne - Carte régionale n° **20**-C1 - Carte Michelin 322-H5

Les Archives

CUISINE TRADITIONNELLE • ÉLÉGANT XX Au cœur du vieux Poitiers, cette chapelle du 19e s., tout en colonnes et arcs, a été transfigurée par un aménagement contemporain... une réussite. On pourra même être témoin de la préparation des assiettes, car les cuisines sont ouvertes sur la salle.

Menu 19 € (déjeuner), 28/54 € - Carte 38/53 €

Mercure Centre, 14 rue Édouard-Grimaux - ✆ 05 49 30 53 00 - www.lesarchives.fr

L'Essentiel selon Pierric Casadebaig

CUISINE MODERNE • BISTRO Sise dans un ancien hôtel particulier, cette jeune enseigne du centre-ville de Poitiers propose des recettes dans l'air du temps, à l'instar de ce velouté de courge, magret fumé, et noisettes. A l'arrière, petit patio-terrasse, l'été.

Menu 24 € (déjeuner), 39/44 € – Carte 39/54 €

188 Grand-Rue – 05 49 46 79 71 – www.lessentiel-poitiers.fr – Fermé dimanche

à Croutelle 6 km au Sud - Ouest, sortie Hauts - de - Croutelle - Carte régionale n° **20**-C1

La Chênaie

CUISINE TRADITIONNELLE • ÉLÉGANT Le restaurant est installé dans un parc planté de... chênes, bien sûr. On admire leurs ramures centenaires à travers les grandes baies vitrées de la salle à manger, en appréciant une cuisine plaisante, plutôt traditionnelle, aussi soignée que parfumée.

Spécialités : Pot-au-feu de foie gras et petits légumes. Rognon de veau, sauce aigre-douce. Palet chocolat et sorbet chocolat-fève tonka.

Menu 21/49 € – Carte 48/88 €

rue du Lejat - lieu-dit La Berlanderie – 05 49 57 11 52 – www.la-chenaie.com – Fermé 24 février-9 mars, 20 juillet-10 août, lundi, mercredi soir

POLIGNY

39800 – Jura – Carte régionale n° **6**-B3 – Carte Michelin 321-E5

à Barretaine 3,9 km au Sud par D68 et D256 – Carte régionale n° **6**-B3

Maison Zugno

DEMEURE HISTORIQUE • PERSONNALISÉ Cette maison du 17ᵉ s. au cachet bourgeois abrite des chambres confortables et personnalisées. Une adresse de renom emportée par l'enthousiasme d'un jeune couple, qui a redonné vie à cette bâtisse perdue dans la nature. Produits franc-comtois à l'honneur au restaurant.

8 chambres – 120/180 € – 10 €

route Nationale 5, Les Monts de Vaux – 03 84 53 10 31 – www.maison-zugno.com – Fermé 5-15 janvier, 5-15 avril, 30 août-9 septembre, 29 novembre-9 décembre

POLLIAT

01310 – Ain – Carte régionale n° **2**-B1 – Carte Michelin 328-D3

Téjérina-Hôtel de la Place

CUISINE TRADITIONNELLE • CONTEMPORAIN L'auberge familiale par excellence, où l'on vous sert avec le sourire une goûteuse et généreuse cuisine du terroir. Tête de veau, poulet à la crème, soufflé aux foies de volaille et grenouilles sont à l'honneur ! Chambres bien tenues pour prolonger l'étape.

Spécialités : Ballottine fermière aux citrons confits. Poitrine de porc confite, pommes de terre à la graisse de canard. Fondant au chocolat, coulis à l'orange.

Menu 24/73 € – Carte 36/56 €

51 Place de la Mairie – 04 74 30 40 19 – www.restaurant-tejerina-logis.fr – Fermé 6 juillet-4 août, 26 décembre-10 janvier, lundi, dimanche soir

POMEROL

33500 – Gironde – Carte régionale n° **18**-C1 – Carte Michelin 335-J5

La Table de Catusseau

CUISINE MODERNE • CONVIVIAL A la tête de ce restaurant, Kendji Wongsodikromo, chef-patron né en Nouvelle Calédonie, tombé amoureux du Sud-Ouest... et de Nadège, son épouse, en salle. Le jeune couple, motivé, a du métier et cela se sent : en témoigne la belle cuisine du marché, mitonnée avec soin, goûteuse et régionale. Un jolie adresse.

Spécialités : Pressé de joue et pied de cochon, velouté de châtaignes. Maigre rôti, raviole de champignons, bouillon de crevettes à la citronnelle. Coulant noix et noisettes.

Menu 21€ (déjeuner), 33/55€ - Carte 48/61€

86 rue de Catusseau - ✆ 05 57 84 40 40 - Fermé 17 février-1er mars, 24-31 août, 19 octobre-8 novembre, lundi, samedi midi, dimanche soir

POMMARD - Côte-d'Or (21) ➜ Voir Beaune

LA POMMERAYE

✉ 14690 - Calvados - Carte régionale n° **17**-B2 - Carte Michelin 303-J6

Château de la Pommeraye

DEMEURE HISTORIQUE · ÉLÉGANT Un palais vénitien au cœur de la Suisse normande ! Au cœur d'un domaine de 24 hectares, cette vaste demeure abrite cinq chambres luxueuses et harmonieuses, meublées avec goût : armoires bressanes, fauteuils 19e s., tapis et tableaux... Superbe et atypique.

5 chambres - 175/295€ - 19€

✆ 02 31 69 87 86 - www.chateaudelapommeraye.com

PONTAUBERT - Yonne (89) ➜ Voir Avallon

PONT-AVEN

✉ 29930 - Finistère - Carte régionale n° **7**-B2 - Carte Michelin 308-I7

Sur le Pont ...

CUISINE MODERNE · BISTRO Cette maison ancienne s'appuie en partie sur le vieux pont qui enjambe l'Aven... Un lieu plein de charme, au service d'une cuisine dans l'air du temps et concentrée sur le poisson : le chef l'accommode à toutes les sauces, avec ce qu'il faut d'originalité, sans jamais dénaturer le produit.

Spécialités : Raviolis de langoustines. Lotte en lasagne. "Trop bon" à la mangue.

Menu 33/58€ - Carte 40/50€

11 place Paul-Gauguin - ✆ 02 98 06 16 16 - www.surlepont-pontaven.fr - Fermé 15 novembre-10 décembre, lundi, dimanche soir

Moulin de Rosmadec

CUISINE MODERNE · CONTEMPORAIN Un charmant moulin rénové, avec sa belle terrasse fleurie au bord de l'eau : déjà, le cadre est prometteur ! Même joie en découvrant la cuisine de Maxime Crouzil, le chef, qui met en avant les produits bretons avec talent. C'est gourmand et plein de saveurs, à l'image de ces ravioles d'épaule d'agneau croustillante ou de cette barbue de ligne en cannelloni.

Menu 35€ (déjeuner), 48/75€ - Carte 46/75€

venelle de Rosmadec (près du pont) - ✆ 02 98 06 00 22 - www.rosmadec.com - Fermé 11 novembre-1er décembre, lundi

PONTCHARTRAIN

✉ 78760 - Yvelines - Carte régionale n° **15**-A2 - Carte Michelin 311-H3

Bistro Gourmand

CUISINE MODERNE · CONVIVIAL Au menu, une cuisine au goût du jour, pleine de peps, à déguster dans un cadre chaleureux et cosy... ou en terrasse (au calme) à l'été venu.

Menu 40/48€

7 route du Pontel - ✆ 01 34 89 25 36 - www.bistrogourmand.fr - Fermé lundi, mercredi soir, dimanche soir

PONTCHÂTEAU

✉ 44160 - Loire-Atlantique - Carte régionale n° **23**-A2 - Carte Michelin 316-D3

Le 11 Bistrot Gourmand

CUISINE MODERNE · CONVIVIAL Au cœur de Pontchâteau, ce bistrot minimaliste fait saliver la région. À sa tête, un chef qui a, comme on dit, du métier, et qui revient ici à plus de simplicité, avec des plats ancrés dans une jolie tradition gourmande (rillettes de maquereau et pain grillé, onglet de bœuf et légumes braisés, éclair passion-citron, etc.).

Spécialités : Joue de bœuf, croustillant de sarrasin et foie gras. Pigeonneau rôti, barigoule d'artichaut. Poêlée de mirabelles, sabayon et glace vanille.

Menu 26 € (déjeuner)/33 €

11 rue de Verdun - ✆ 02 40 42 23 28 - www.restaurant-le11.fr - Fermé lundi, mercredi soir, dimanche

PONT-DE-BRIQUES - Pas-de-Calais (62) ➜ Voir Boulogne-sur-Mer

PONT-DE-FILLINGES - Haute-Savoie (74) ➜ Voir Bonne

PONT-DE-L'ARCHE

✉ 27340 - Eure - Carte régionale n° **17**-D2 - Carte Michelin 304-G6

Aux Damps 2 km à l'Est, au bord de l'Eure - Carte régionale n° **17**-D3

L'Auberge de la Pomme

CUISINE MODERNE · CONTEMPORAIN Un nom hautement normand, une façade à colombages typique de la région... mais l'image d'Épinal s'arrête là ! La maison cache un décor très contemporain, et des assiettes qui mettent bien en valeur les producteurs locaux.

Menu 35 € (déjeuner), 58/90 € - Carte 85/95 €

44 route de l'Eure - ✆ 02 35 23 00 46 - www.laubergedelapomme.com - Fermé lundi, dimanche

PONT-DE-L'ISÈRE - Drôme (26) ➜ Voir Valence

PONT-DE-ROIDE

✉ 25150 - Doubs - Carte régionale n° **6**-C2 - Carte Michelin 321-K2

La Tannerie

CUISINE TRADITIONNELLE · FAMILIAL Au menu de cette maison toute simple qui borde le Doubs, une cuisine traditionnelle bien tournée, où les produits locaux sont privilégiés. Aux beaux jours, profitez de la terrasse au-dessus de la rivière.

Menu 34 € - Carte 28/46 €

1 place du Général-de-Gaulle - ✆ 03 81 92 48 21 - www.restaurantlatannerie.com - Fermé 1er-8 avril, 7-14 octobre, 23 décembre-6 janvier, mercredi , samedi midi et le soir sauf samedi

PONT-DE-VAUX

✉ 01190 - Ain - Carte régionale n° **2**-B1 - Carte Michelin 328-C2

Le Raisin (Frédéric Michel)

CUISINE MODERNE · CLASSIQUE Dans cette maison cossue et élégante, en plein cœur de Pont-de-Vaux, la tradition est entre de bonnes mains. Noix de Saint-Jacques au chou-fleur ; cuisses de grenouilles en persillade ; poulet de Bresse en deux façons... Les classiques sont revisités subtilement par un chef au métier solide, qui cultive autant la finesse que l'originalité, et qui renouvelle chaque mois son menu au fil de son inspiration et du marché. À noter que la carte des vins aussi vaut le coup d'œil, avec notamment un bon choix de bourgognes. Service attentif et souriant.

Spécialités : Cuisine du marché.

Menu 24 € (déjeuner), 34/92 € - Carte 56/83 €

2 place Michel-Poisat - ☎ 03 85 30 30 97 - www.leraisin.com - Fermé 5 janvier-6 février, 15-26 novembre, lundi, mardi midi, dimanche

Les Platanes

CUISINE TRADITIONNELLE • AUBERGE XX L'enseigne de cette auberge régionale ne ment pas : elle jouit d'une terrasse... sous les platanes ! La cuisine est bressane, évidemment, mais le chef propose aussi quelques plats dans l'air du temps. Dans un cas comme dans l'autre, la générosité est là. Quelques chambres confortables pour l'étape.

Menu 24/70 € - Carte 32/79 €

93 route de Mâcon - ☎ 03 85 30 32 84 - www.hotelplatanes.com - Fermé 20 février-15 mars, 24 décembre-3 janvier, lundi, vendredi midi, dimanche soir

à St-Bénigne 2 km au Nord - Est par D2

St-Bénigne

CUISINE TRADITIONNELLE • RUSTIQUE X Un vrai restaurant de campagne ! On vient ici pour les grenouilles au beurre et à la persillade, la spécialité de la maison, mais pas seulement : le chef, en bon artisan, travaille les produits locaux et maîtrise de nombreuses recettes de la région...

Menu 15 € (déjeuner), 25/45 € - Carte 34/53 €

995 route de St-Trivier - ☎ 03 85 30 96 48 - www.restaurant-le-saint-benigne.fr - Fermé 23 mars-1er avril, 22 juin-1er juillet, 28 septembre-7 octobre, 21 décembre-5 janvier, lundi, mardi soir, mercredi soir, jeudi soir, vendredi soir, dimanche soir

PONT-DU-CASSE - Lot-et-Garonne (47) → Voir Agen

PONT-DU-CHÂTEAU

✉ 63430 - Puy-de-Dôme - Carte régionale n° **1**-B2 - Carte Michelin 326-G8

Auberge du Pont

CUISINE MODERNE • COSY XX Rodolphe Regnauld possède la fougue du vent breton (il a grandi dans la péninsule) et la passion des produits de sa région d'adoption qu'il marie dans des assiettes terre-mer : grosses langoustines croustillantes aux cèpes rôtis ; lieu jaune confit au beurre demi-sel, écrasé de pommes de terre de Limagne et andouille de Guémené. Quant au cadre, chaleureux et contemporain, entre auberge et loft, il séduit.

Menu 31 € (déjeuner), 43/145 € - Carte 74/98 €

70 avenue du Docteur-Besserve - ☎ 04 73 83 00 36 - www.auberge-du-pont.com - Fermé 1er-14 janvier, 27 avril-4 mai, 16 août-8 septembre, lundi, mercredi, dimanche soir

PONT-DU-GARD

✉ 30210 - Gard - Carte régionale n° **21**-D2 - Carte Michelin 339-M5

à Castillon-du-Gard 4 km au Nord - Est par D19 et D228 - Carte régionale n° **21**-D2

Le Vieux Castillon

CUISINE MODERNE • CLASSIQUE XX Tout autour ce ne sont que ruelles médiévales et champs de lavande... Dans ce coin de Provence inondé de lumière, cette table élégante - aux couleurs du Sud - vit au rythme des saisons et des produits gorgés de soleil.

Menu 29 € (déjeuner), 55/70 € - Carte 57/78 €

rue Turion-Sabatier - ☎ 04 66 37 61 61 - www.vieuxcastillon.fr - Fermé 4 novembre-27 mars

L'Amphitryon
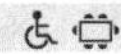

CUISINE MODERNE • COSY XX Voûtes, pierre brute et touches modernes composent le cadre de cette demeure ancienne. Joli patio pour l'été. Cuisine régionale actualisée, ambiance à la fois chic et conviviale.

Menu 59/78€

place du 8-Mai-1945 – ✆ 04 66 37 05 04 – www.restaurant-lamphitryon.com – Fermé mardi, mercredi

Le Vieux Castillon

LUXE • PERSONNALISÉ Au cœur de ce beau village médiéval, surplombant la région, un havre au luxe discret : vieilles pierres, patios, terrasses, décor provençal, grand confort... Le charme intemporel du Sud, à quelques encablures du pont du Gard.

32 chambres – 120/430€ – 23€ – 2 suites

rue Turion-Sabatier – ✆ 04 66 37 61 61 – www.vieuxcastillon.fr – Fermé 4 novembre-27 mars

Le Vieux Castillon – Voir la sélection des restaurants

à Vers-Pont-du-Gard 3,5 km au Nord par D19 et D112 – Carte régionale n° **21**-D2

La Bégude Saint-Pierre

MAISON DE CAMPAGNE • ÉLÉGANT À proximité du pont du Gard, autour d'une cour fermée, un charmant corps de bâtiment du 17e s. tout en vieilles pierres et toits de tuiles. L'ensemble a été rénové avec grand soin et joue avec réussite la sobriété contemporaine, entre design zen et luxe sage. Comment ne pas avoir le béguin pour cette Bégude ?

25 chambres – 127/385€ – 15€

295 chemin des Bégudes (rive gauche du Gardon) – ✆ 04 66 02 63 60 – www.hotel-begude-saint-pierre.com – Fermé 20 octobre-2 avril

LE PONTET – Vaucluse (84) → Voir Avignon

PONTGIBAUD

✉ 63230 – Puy-de-Dôme – Carte régionale n° **1**-B2 – Carte Michelin 326-E8

Poste

CUISINE TRADITIONNELLE • FAMILIAL XX Les gourmands, au régime par exemple, pourront toujours cacher leur forfait en disant qu'ils vont à La Poste.... Dans cette maison de pays, au cœur d'un bourg tranquille, on se régale de recettes régionales à l'abri des regards. Chambres pour l'étape.

Menu 32/58€ – Carte 47/69€

place de la République – ✆ 04 73 88 70 02 – www.hoteldelaposte-pontgibaud.com – Fermé 1er-22 janvier, 1er-15 octobre, lundi, mardi, dimanche soir

à La Courteix 4 km à l'Est par D941B

L'Ours des Roches

CUISINE TRADITIONNELLE • ÉLÉGANT XXX Non loin de Vulcania, sous les voûtes d'une ancienne bergerie : un cadre de pierre pour une cuisine de douceur, signée par un chef amoureux du produit. Dans l'assiette, le terroir n'est jamais très loin et le rythme des saisons respecté. Une éruption de saveurs !

Menu 34/69€ – Carte 48/69€

La Courteix – ✆ 04 73 88 92 80 – www.oursdesroches.com – Fermé 2-24 janvier, 27 avril-1er mai, 14-30 septembre, lundi, mardi

PONTIVY

✉ 56300 – Morbihan – Carte régionale n° **7**-C2 – Carte Michelin 308-N6

Al Dente

CUISINE MODERNE • ÉLÉGANT Dans une rue calme proche du centre, ce bistrot propose une cuisine italienne de bonne facture, parsemée de touches françaises. Pâtes maison et risotto feront le plaisir des amateurs, d'autant que les assiettes sont présentées avec soin. Petite terrasse pour les beaux jours.

Menu 16 € (déjeuner), 27/33 €

22 rue de Lourmel - 02 97 25 85 24 - Fermé 6-27 octobre, lundi, dimanche

PONTOISE - Val-d'Oise (95) → Voir Autour de Paris

PONT-STE-MARIE - Aube (10) → Voir Troyes

PONT-SCORFF

56620 - Morbihan - Carte régionale n° **7**-B2 - Carte Michelin 308-K8

L'Art Gourmand

CUISINE MODERNE • TENDANCE La maison célèbre l'art sous toutes ses formes. Les artistes locaux sont à l'honneur sur les murs et, en cuisine, le chef s'exprime à travers les bons produits, en particulier le poisson. Beaucoup de simplicité, presque de la modestie, mais également un certain sens du détail, ce qui est loin d'être l'enfance de l'art...

Spécialités : Merlu en chaud-froid, sauce aillée, légumes croquants et croûtons. Paleron de bœuf, légumes étuvés, sauce vin rouge et beurre d'escargot. Millefeuille à la vanille.

Menu 17 € (déjeuner), 24/32 € - Carte 43/48 €

14 place de la Maison des Princes - 02 97 32 65 08 - www.lartgourmand.com - Fermé 10-19 février, 6-10 juillet, mardi soir, mercredi, dimanche soir

LES PONTS-DE-CÉ - Maine-et-Loire (49) → Voir Angers

PORNIC

44210 - Loire-Atlantique - Carte régionale n° **23**-A2 - Carte Michelin 316-D5

Auberge La Fontaine aux Bretons

CUISINE TRADITIONNELLE • RUSTIQUE Une superbe salle à manger à la mode d'autrefois, pour une cuisine du terroir saine et savoureuse, concoctée avec de bons produits et les légumes bio du jardin. A déguster dans une ancienne ferme (1867), entre mer et campagne, vignes et potager. Sans oublier l'enclos pour les animaux ! Sincère et bucolique.

Menu 25/58 €

chemin des Noëlles - 02 51 74 08 08 - www.lafontaineauxbretons.fr

PORNICHET

44380 - Loire-Atlantique - Carte régionale n° **23**-A2 - Carte Michelin 316-B4

Château des Tourelles

LUXE • PERSONNALISÉ Sur le front de mer, difficile de manquer cette élégante demeure de 1850, avec ses tours, ses dépendances et son grand parc. On y trouve tout le confort souhaitable : piscine avec jacuzzi, plusieurs hammams et un sauna, des chambres luxueuses avec balcon donnant sur la mer... Tout simplement délicieux.

103 chambres - 150/500 € - 29 € - 2 suites

1 avenue Léon-Dubas - Pointe du Bec - 02 40 60 80 80 - www.thalasso-tourelles.com - Fermé 23 novembre-4 décembre

PORQUEROLLES (ÎLE DE) - Var (83) → Voir Île de Porquerolles

PORSPODER

✉ 29840 – Finistère – Carte régionale n° **7**-A1 – Carte Michelin 308-C3

✿ Le Château de Sable

CUISINE MODERNE • ÉLÉGANT XX Après deux ans au service de la superstar Gordon Ramsay, et une année bistronomique à Lausanne, le chef Anthony Hardy s'est vu confier les clés de ce Château de Sable nord-finistérien. Avec une brigade acquise à sa cause, il a confirmé le virage du locavorisme (priorité à la Bretagne !) et régale sans couper les cheveux en quatre : couteaux de plongée, crémeux à l'ail, salicorne et caviar Sturia ; homard de nos côtes bretonnes, navet glacé, blette, chorizo et sauce homard… Les produits sont de premier ordre, les créations percutantes et subtiles, et la qualité se maintient d'un bout à l'autre du repas. Un bonheur.

Spécialités : Couteaux de plongée, crémeux à l'ail, salicornes et caviar. Turbot de ligne poché, fèves, haricots, cerises confites et jus de cochon aux cerises. Soufflé poire Belle-Hélène.

Menu 25 € (déjeuner), 49/92 € – Carte 80/120 €

38 rue de l'Europe – ✆ 02 29 00 31 32 – www.lechateaudesablehotel.fr

Le Château de Sable

BOUTIQUE HÔTEL • CONTEMPORAIN Face à la presqu'île St-Laurent – un lieu hors du temps –, un établissement à la pointe de la réglementation environnementale (bois, verre, etc.). Les chambres sont lumineuses, aux teintes douces et tournées en grande partie vers la côte sauvage et l'océan… Idéal pour se reposer entre deux châteaux de sable !

24 chambres – 90/350 € – 14 € – 3 suites

38 rue de l'Europe – ✆ 02 29 00 31 32 – www.lechateaudesablehotel.fr

✿ **Le Château de Sable** – Voir la sélection des restaurants

PORT-CAMARGUE – Gard (30) → Voir Grau-du-Roi

PORT-DE-GAGNAC – Lot (46) → Voir Bretenoux

PORT-DE-SECHEX – Haute-Savoie (74) → Voir Thonon-les-Bains

PORT-EN-BESSIN

✉ 14520 – Calvados – Carte régionale n° **17**-B2 – Carte Michelin 303-H3

Le Botaniste

CUISINE MODERNE • ÉLÉGANT XXX Boiseries, superbe parquet, mobilier du 18e s. : un cadre plein de noblesse et d'élégance. La cuisine est aussi délicate, avec de jolies variations autour du terroir normand et d'agréables mariages de saveurs.

Menu 57/95 € – Carte 64/91 €

La Chenevière, à Commes – ✆ 02 31 51 25 25 – www.le-botaniste.com – Fermé 15 décembre-15 mars, lundi, mardi midi, mercredi midi, jeudi midi, vendredi midi, samedi midi, dimanche

La Chenevière

DEMEURE HISTORIQUE • ÉLÉGANT Cette demeure normande du 18e s. et ses dépendances entourées d'un parc allient grâce et grand confort. Entre tissus imprimés et mobilier de style, il règne ici l'esprit d'un manoir anglais. La cuisine bistronomique du Petit Jardin, logé dans l'ancienne orangerie (sous une belle verrière métallique) qui met en avant les produits du potager, se révèle une bonne alternative à la table gastronomique.

25 chambres – 230/675 € – 26 € – 4 suites

à Commes – ✆ 02 31 51 25 25 – www.lacheneviere.com – Fermé 15 décembre-15 mars

Le Botaniste – Voir la sélection des restaurants

PORT-GOULPHAR – Morbihan (56) → Voir Belle-Ile-en-Mer

PORTICCIO – Corse-du-Sud (2A) → Voir Corse

PORTIVY - Morbihan (56) ➜ Voir Quiberon

PORT-JOINVILLE - Vendée (85) ➜ Voir Île d'Yeu

PORT-LESNEY

✉ 39330 - Jura - Carte régionale n° **6**-B2 - Carte Michelin 321-E4

Le Bistrot Pontarlier

CUISINE TRADITIONNELLE • BISTRO Au bord de la Loue, un grand bistrot foisonnant de bibelots chinés, une terrasse digne d'une guinguette et… une ode au terroir : comté, truite de rivière, etc. Évidemment, c'est sur une nappe à carreaux que l'on savoure le repas, généreux et canaille à souhait !

Spécialités : Œuf poché sauce meurette, écrasé de pomme de terre et fondue de poireaux. Lieu jaune, légumes en tempura, sauce béarnaise. Île flottante surprise à l'anis de Pontarlier.

Menu 32 €

place du 8-Mai-1945 - ✆ 03 84 37 83 27 - www.bistrotdeportlesney.com - Fermé 5-24 janvier, mercredi, jeudi

Château de Germigney

CUISINE MODERNE • COSY Dans cet élégant Château, cossu et chic comme il se doit, la Provence et le Jura se sont unis pour le meilleur… Dans la salle voûtée, à l'orangerie ou sur la terrasse, on sert une cuisine centrée autour de produits régionaux et méditerranéens.

Menu 45 € (déjeuner), 65/120 € - Carte 63/105 €

31 rue Edgar-Faure - ✆ 03 84 73 85 85 - www.chateaudegermigney.com - Fermé 5-21 janvier, 23 février-3 mars, lundi midi, mardi midi

Château de Germigney

DEMEURE HISTORIQUE • ÉLÉGANT Bucolique ! Un parc superbe, une piscine écologique (l'eau d'un étang filtrée naturellement) et ce joli manoir, avec ses grandes chambres élégantes et pleines de charme. Tissus choisis, raffinement romantique, fumoir avec une cheminée monumentale… Tout cela pour vous donner une petite idée de la vie de château.

19 chambres - 150/350 € - 23 € - 1 suite

31 rue Edgar-Faure - ✆ 03 84 73 85 85 - www.chateaudegermigney.com - Fermé 5-21 janvier, 23 février-3 mars

Château de Germigney - Voir la sélection des restaurants

PORT-LOUIS

✉ 56290 - Morbihan - Carte régionale n° **7**-B2 - Carte Michelin 308-K8

Avel Vor (Patrice Gahinet)

CUISINE MODERNE • ÉLÉGANT Un Avel Vor ("vent de mer" en breton) souffle sur cette table installée sur les quais : le chef Patrice Gahinet reçoit ses poissons directement sur le seuil de sa porte, livrés par des artisans marins pêcheurs. Cet air iodé sied visiblement à cette cuisine pleine de finesse et sublimant, entre autres, les poissons, tels ces filets de sole drapés dans leurs feuilles d'épinard et accompagnés d'une effilochée d'endives au lard dans une délicieuse sauce au vin jaune. Un menu est également dédié au homard. En salle, Catherine, la sœur du chef, souffle une douce brise sur un cadre contemporain et raffiné. Belle carte des vins. Trois agréables chambres contemporaines pour l'étape.

Spécialités : Rouget barbet, anchoïade, melba de pain et aubergine confite. Veau, raviole de carotte et pomme anna. Dôme pêche et framboise, sablé vanille et ganache verveine citronnelle.

Menu 31/97 €

25 rue de Locmalo - ✆ 02 97 82 47 59 - www.restaurant-avel-vor.com - Fermé 2-26 janvier, 28 juin-9 juillet, 12-28 octobre, lundi, mardi, dimanche soir

PORT-MANECH

29920 – Finistère – Carte régionale n° **7**-B2 – Carte Michelin 308-I8

Manoir Dalmore

HÔTEL PARTICULIER • ÉLÉGANT Un ravissant manoir de 1926, isolé au-dessus de la plage de Port-Manec'h… Une situation idyllique, avec un chemin d'accès direct à la mer ! Les chambres mêlent avec goût l'ancien (cheminées, mobilier de famille) et des notes plus épurées ; la cuisine fait la part belle aux produits de la mer.

10 chambres – 100/230 € – 14 €

7 corniche de Pouldon (plage de Port-Manec'h) – 02 98 06 82 43 – www.manoirdalmore.com – Fermé 5-30 janvier, 7-17 décembre

PORT-NAVALO – Morbihan (56) → Voir Arzon

PORTO-VECCHIO – Corse-du-Sud (2A) → Voir Corse

PORT-SUR-SAÔNE

70170 – Haute-Saône – Carte régionale n° **6**-B1 – Carte Michelin 314-E6

à Vauchoux 3 km au Sud par D6 – Carte régionale n° **6**-B1

Château de Vauchoux (Jean-Michel Turin)

CUISINE CLASSIQUE • ÉLÉGANT XXX Comment soupçonner dans ce petit village-rue, composé essentiellement de fermes, la présence de ce château qui a connu un étonnant destin ? Ancien relais de chasse de Louis XV, il est devenu l'une des meilleures tables de la région. La petite cour d'honneur soignée, le parc ombragé et fleuri en bord de Saône, la belle terrasse : il y a de la séduction dans l'air. La salle de restaurant au cadre classique, en partie voûtée d'ogives, allie mobilier de style et authentiques pièces design des années 2000 comme ces fauteuils Louis Ghost et ces lampes de table en plexiglass, réalisées par Starck pour Kartell. Dans l'assiette, en revanche, pas de mélange des genres avec une cuisine de tradition centrée sur le produit. Très belle sélection de vins.

Spécialités : Turbot grillé, beurre blanc au curcuma. Chausson de foie gras d'oie et truffe melanosporum. Magie du chocolat noir et sorbet de menthe fraîche.

Menu 88/145 €

34 Grande-Rue – 03 84 91 53 55 – www.chateaudevauchoux.fr – Fermé 24 février-1er mars, lundi, mardi, mercredi

PORT-VENDRES

66660 – Pyrénées-Orientales – Carte régionale n° **21**-B3 – Carte Michelin 344-J7

Le Cèdre

CUISINE MODERNE • COSY XX Ici, la cuisine met en valeur l'incontestable richesse du terroir catalan, et varie librement au fil des saisons : impossible de se lasser ! Quant au cadre, il appelle à la rêverie : la baie vitrée donne sur la belle terrasse et, au-delà, le port et la mer… Ce Cèdre ne manque décidément pas d'attraits.

Menu 25 € (déjeuner), 33/49 € – Carte 57/64 €

Les Jardins du Cèdre, 29 Route de Banyuls – 04 68 82 62 20 – www.restaurant-lecedre.com – Fermé 10 février-23 mars, lundi, mardi midi, mercredi midi

Côte Vermeille

POISSONS ET FRUITS DE MER • CONVIVIAL XX Sous l'égide de deux frères, une belle table marine ancrée sur le port ! On revendique ici une cuisine simple et fraîche, dans le respect absolu du produit : poissons de la pêche locale, en direct de petits bateaux de Port la Nouvelle.

Menu 30/58 € – Carte 50/70 €

Quai du Fanal (en direction de la criée) – 04 68 82 05 71 – www.restaurantlacotevermeille.com – Fermé lundi, dimanche soir

Les Clos de Paulilles

CUISINE RÉGIONALE • CONVIVIAL X Prisonnier entre vignes et mer, à deux pas de la plage, le site laisse rêveur ; la maison Cazes – de grands vignerons de la région – a pris les rênes de ce domaine de 90 ha, pour le ravissement de nos sens. Les recettes, régionales, n'utilisent que des produits locaux. Ne manquez pas la superbe terrasse face aux vignes...

Menu 39/59 € – Carte 36/45 €

Baie de Paulilles – ✆ 04 68 81 49 79 – www.lesclosdepaulilles.com – Fermé 1er octobre-31 mars

POUILLON

✉ 40350 – Landes – Carte régionale n° **18**-B3 – Carte Michelin 335-F13

L'Auberge du Pas de Vent

CUISINE TRADITIONNELLE • RUSTIQUE XX Il faut l'avouer, c'est presque réconfortant de découvrir cette cuisine à l'ancienne, insensible aux sirènes de la mode et aux gimmicks. Le jeune chef célèbre la tradition et le produit local (bœuf de Chalosse, alose, truite saumonée, breuil landais...) dans des assiettes franches et généreuses, qui vont droit au cœur. Bravo !

Spécialités : Pain au lait, bonbons de pieds de cochon et lard des Pyrénées. Pavé de merlu rôti au chorizo, caviar d'aubergine épicé et beurre blanc. Sablé grand-mère, ganache chocolat praliné et fruits secs caramélisés.

Menu 13 € (déjeuner)/27 € – Carte 41/52 €

281 avenue Pas-de-Vent – ✆ 05 58 98 34 65 – www.auberge-dupasdevent.com – Fermé lundi soir, mardi soir, mercredi, dimanche soir

POUILLY-EN-AUXOIS

✉ 21320 – Côte-d'Or – Carte régionale n° **5**-C2 – Carte Michelin 320-H6

à Ste-Sabine 8 km au Sud - Est par D981, D977bis et D970 –

Carte régionale n° **5**-C2

Le Lassey
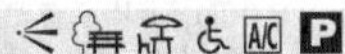

CUISINE MODERNE • ÉLÉGANT XXX Dans le cadre historique du château Sainte-Sabine, né au Grand Siècle, face au parc et à son plan d'eau, une table élégante et raffinée. Marbré de foie gras de canard en gelée de volaille, marmelade citron ; selle d'agneau rôtie, aubergine confite et poireaux crayons. Formule plus simple au déjeuner : voici les belles spécialités du jeune chef passé par des tables renommées.

Menu 28 € (déjeuner), 45/80 € – Carte 60/80 €

Château Sainte-Sabine, 8 route de Semur – ✆ 03 80 49 22 01 – www.saintesabine.com – Fermé 5 janvier-5 mars, mercredi midi

Château Sainte-Sabine

DEMEURE HISTORIQUE • ÉLÉGANT L'art de vivre à la française imprègne ce beau château du 17e s., d'architecture classique. Chic et impeccables, les chambres jouent la carte d'une élégance intemporelle, dans une version plus "châtelaine" pour celles de la tour. Et l'on ne se lasse pas des belles échappées sur le parc environnant, où vagabondent des animaux en liberté...

22 chambres – 120/260 € – 15 €

8 route de Semur – ✆ 03 80 49 22 01 – www.saintesabine.com – Fermé 5 janvier-5 mars

Le Lassey – Voir la sélection des restaurants

LE POUZIN

✉ 07250 – Ardèche – Carte régionale n° **2**-B3 – Carte Michelin 331-K5

La Cardinale

TRADITIONNEL • CLASSIQUE Un beau mas, un parc aux essences choisies, un élégant restaurant, une jolie piscine, des kiosques... c'est charmant ! Les chambres sont raffinées (salles de bains rétro), certaines de plain-pied dans l'annexe récente (avec terrasse). Un établissement de qualité.

8 chambres – 155/265 € – 16 €

quartier serre-Petou – ✆ 04 75 41 20 39 – www.hotel-restaurant-privas.com – Fermé 30 septembre-15 avril

PRADELLES-EN-VAL

✉ 11220 – Aude – Carte régionale n° **21**-B3 – Carte Michelin 344-G4

La Bourdasso

CUISINE ITALIENNE • VINTAGE ✕ Cette belle bâtisse traditionnelle perdue dans les Corbières, a été investie de la fougue d'une famille italienne, tombée amoureuse de la région. On y déguste une cuisine italienne authentique, dont une mozzarella artisanale divine, issue de leur exploitation de bufflonnes, importées d'Italie ! La large terrasse laisse apprécier la nature environnante. Très sympathique.

Carte 35/42 €

La Bourdasse – ☎ 04 68 78 08 31 – www.bourdasso.com – Fermé 17 février-11 mars, 18 novembre-9 décembre, lundi, mardi, mercredi midi, jeudi midi, vendredi midi

PRADES

✉ 66500 – Pyrénées-Orientales – Carte régionale n° **21**-B3 – Carte Michelin 344-F7

Le Galie (N)

CUISINE MODERNE • CONTEMPORAIN ✕ Ici, inutile de s'attarder au rez-de-chaussée : direction l'étage pour découvrir une salle moderne et confortable, où un jeune couple sympathique nous régale d'une cuisine du marché bien dans l'air du temps. La spécialité du chef ? La fricassée de homard en homardine et son vermicelle de riz...

Menu 24 € (déjeuner), 29/73 € – Carte 40/65 €

3 avenue du Général-de-Gaulle – ☎ 04 68 05 53 76 – www.restaurantlegalie.com – Fermé 1er-10 mai, 22-29 juin, 31 août-7 septembre, 22-28 décembre, lundi, mercredi soir, dimanche

à Clara 5 km au Sud par D35 – Carte régionale n° **21**-B3

Les Loges du Jardin d'Aymeric

CUISINE TRADITIONNELLE • AUBERGE ✕✕ Une adresse campagnarde comme on les aime, où l'on travaille avec une passion intacte ! Mordu de bons produits, le chef travaille les légumes de son potager, les agrumes des environs, et réalise lui-même son pain à base de farines anciennes. Pour le reste, service simple et familial, tarifs raisonnables : on passe un super moment.

Spécialités : Jarret et pied de cochon, vinaigrette d'herbes, tomate et poivron confits. Poisson du moment, tarte fine, sauce romesco et citron confit. Vacherin, marmelade et sorbet de framboise, meringue au feu de bois.

Menu 32/65 €

7 rue du Canigou – ☎ 04 68 96 08 72 – www.logesaymeric.com – Fermé 2-31 janvier, lundi, dimanche soir

LE PRADET

✉ 83220 – Var – Carte régionale n° **24**-C3 – Carte Michelin 340-L7

aux Oursinières 3 km au Sud par D86

La Chanterelle

CUISINE PROVENÇALE • ÉLÉGANT ✕✕ Une cuisine provençale délicate et pleine d'arômes, que l'on déguste avec plaisir dans une jolie maison en pierre (plafond en bois sculpté, jardin fleuri). Quelques spécialités de la maison : queues de crevettes rouges sautées au caramel de framboise et tuile au parmesan ; maigre au fenouil, vinaigrette à l'orange...

Menu 26 € (déjeuner)/46 € – Carte 38/59 €

50 rue de la Tartane, port des Oursinières – ☎ 04 94 08 52 60 – www.restaurantlachanterelle.fr – Fermé 6 janvier-6 mars, 2 novembre-11 décembre, lundi, mardi

PRATS-DE-MOLLO-LA-PRESTE

✉ 66230 – Pyrénées-Orientales – Carte régionale n° **21**-B3 – Carte Michelin 344-F8

Bellavista

CUISINE MODERNE • ÉLÉGANT XX Au pied des remparts, un plaisir sans cesse renouvelé... La carte fleure bon le terroir régional, et pour cause : le chef met en valeur les petits producteurs locaux, qui viennent dans la cité uniquement pour le livrer. Agneau catalan, fromage des Pyrénées : plus qu'une simple carte, c'est une ode à nos régions. Chambres pour l'étape.

Spécialités : Mousse de morue au charbon végétal, gambas, huile de chorizo. Agneau, légumes de printemps. Choco'sapin.

Menu 33/49 € – Carte 49/60 €

Bellevue, place du Foiral – ✆ 04 68 39 72 48 – www.hotel-le-bellevue.fr – Fermé 24 novembre-12 février, mercredi

PRATZ

✉ 39170 – Jura – Carte régionale n° **6**-B3 – Carte Michelin 321-E8

Les Louvières

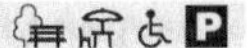

CUISINE MODERNE • ÉPURÉ X C'est au bout d'une petite route qu'apparaît cette ferme de pays, à l'environnement paisible, rénovée dans un esprit chic et contemporain, sans renier son cachet montagnard. Un endroit attachant, où l'on savoure une cuisine alléchante, tel ce ris de veau au Madère.

Menu 49 €

Les Louvières – ✆ 03 84 42 09 24 – www.leslouvieres.com – Fermé 18 février-31 mars, 15 novembre-10 février, lundi, mardi, dimanche soir

LE PRAZ - Savoie (73) ➜ Voir Courchevel

PRÉNERON - Gers (32) ➜ Voir Vic-Fezensac

PRENOIS - Côte-d'Or (21) ➜ Voir Dijon

LE PRÉ-ST-GERVAIS - Seine-Saint-Denis (93) ➜ Voir Autour de Paris

PRINGY - Haute-Savoie (74) ➜ Voir Annecy

PRINGY

✉ 77310 – Seine-et-Marne – Carte régionale n° **15**-C2 – Carte Michelin 312-E4

L'Inédit

CUISINE CLASSIQUE • TENDANCE XX C'est le chef Kévin Kowal, ancien de la galaxie Ducasse, qui a repris en 2018 les fourneaux de cette maison installée non loin de Melun. Sa cuisine a de forts accents classiques (en témoigne ce pigeonneau des douves en tourte royale, une réussite) avec quelques traits de modernité. Cuissons maîtrisées, saveurs marquées : du bon travail.

Menu 28 € (déjeuner), 75/95 € – Carte 70/100 €

20 avenue de Fontainebleau – ✆ 01 60 65 57 75 – www.linedit.fr – Fermé 4-10 mai, 27 juillet-16 août, 22-30 décembre, mardi soir, mercredi soir, dimanche soir

PRIVAS

✉ 07000 – Ardèche – Carte régionale n° **2**-B3 – Carte Michelin 331-J5

La Boria

CUISINE MODERNE • CONVIVIAL X La Boria ? Une petite pépite, tout simplement ! Le jeune chef valorise le meilleur du terroir ardéchois dans des assiettes raffinées, résolument modernes, où le visuel et le goût vont toujours de pair. On profite de ces douceurs dans une salle à manger d'esprit rétro, joliment relookée, où l'on se sent vraiment bien.

Spécialités : Ravioles d'olives et truite fario, vierge de tomates et piment doux. Omble de Labatie-d'Andaure, concombres et algues. Mûres sauvages du plateau, lait fermenté, bière blanche et basilic pourpre.

Menu 19 € (déjeuner), 33/60 €

3 cours du Palais - ✆ 04 75 64 48 48 - www.la-boria.com - Fermé lundi, mardi soir, dimanche soir

PROPRIANO - Corse-du-Sud (2A) ➜ Voir Corse

PROVINS

✉ 77160 - Seine-et-Marne - Carte régionale n° **15**-D2 - Carte Michelin 312-I4

Demeure des Vieux Bains

HISTORIQUE • ÉLÉGANT Bienvenue dans cette belle demeure seigneuriale (12e-17e s.) à flanc de colline. Le nom de chaque chambre évoque son élégant décor : Hortensia, Flamande, ou encore la Dolce Vita, spacieuse et contemporaine, qui peut accueillir une famille entière... Un lieu charmant.

5 chambres - 135/280 €

7 rue du Moulin-de-la-Ruelle (au pied de la cité médiévale) - ✆ 06 74 64 54 00 - www.demeure-des-vieux-bains@gmail.com - Fermé 7-15 mars, 5-28 novembre

PUJAUDRAN - Gers (32) ➜ Voir L'Isle-Jourdain

PUJAUT

✉ 30131 - Gard - Carte régionale n° **21**-D2 - Carte Michelin 339-N4

Entre Vigne et Garrigue (Serge et Maxime Chenet)

CUISINE MODERNE • CLASSIQUE XXX Tout près d'Avignon, cette ferme provençale isolée, entre falaise et vignoble, ne transige pas sur l'authenticité. La garrigue est là, avec ses effluves qui embaument même la salle de restaurant. En cuisine, Serge, Meilleur Ouvrier de France et breton exilé, est aidé par Maxime, son fils. Tous deux partagent le même amour du naturel et du beau produit de saison que la région alentour leur sert sur un plateau gorgé de soleil. Ils concoctent à quatre mains une savoureuse cuisine du marché d'inspiration provençale : ravioli de langoustines, fenouil confit et son bouillon anisé ; dos de saint-pierre rôti, artichauts violets, jus au pistou ; fleur de courgette farcie et thon de Méditerranée mi-cuit, bisque à l'estragon et risotto d'épeautre.

Spécialités : Tartare de thon de Méditerranée, foie gras poêlé, soja et gingembre. Quasi de veau et lasagne d'artichaut violet. Soufflé chaud au citron vert et son sorbet.

Menu 60 € (déjeuner), 78/125 €

600 route de St-Bruno - ✆ 04 90 95 20 29 - www.vigne-et-garrigue.com - Fermé 10 janvier-3 février, 16-25 mars, 24 août-2 septembre, lundi

PUJOLS

✉ 33350 - Gironde - Carte régionale n° **18**-C2 - Carte Michelin 335-K6

La Poudette

CUISINE TRADITIONNELLE • AUBERGE X Dans le parc, s'ébrouent des chevaux... Quoi de plus naturel dans une ancienne ferme ? Ici, on est vraiment à la campagne et l'on se régale d'une jolie cuisine de produits, fraîche et fine. Et pour se mettre au vert, il y a aussi deux confortables chambres - simples, mais au calme.

Menu 22 € (déjeuner)/35 € - Carte 30/50 €

✆ 05 57 40 71 52 - www.la-poudette.com - Fermé 20 décembre-30 mars, lundi, mardi, dimanche soir

PUJOLS

✉ 47300 - Lot-et-Garonne - Carte régionale n° **18**-C2 - Carte Michelin 336-G3

La Toque Blanche

CUISINE TRADITIONNELLE · CLASSIQUE XX Une auberge au décor classique et feutré, et une cuisine qui va droit au but : recettes dans les règles de l'art, produits de qualité (légumes, volaille ou encore cochon issus des circuits courts), goût au rendez-vous. Et n'oublions pas la jolie terrasse panoramique donnant sur les vallons environnants...

Menu 25 € (déjeuner), 39/85 € - Carte 60/90 €

lieu-dit Bel-Air - ✆ 05 53 49 00 30 - www.la-toque-blanche.com - Fermé lundi, dimanche

PULIGNY-MONTRACHET

✉ 21190 - Côte-d'Or - Carte régionale n° **5**-A3 - Carte Michelin 320-I8

Le Montrachet

CUISINE MODERNE · ÉLÉGANT XXX Classique et élégant : voilà qui qualifie à merveille ce restaurant - tout en poutres et pierres apparentes - et la cuisine de saison que l'on y sert... À noter également, la très belle cave de 1000 références dont plus de 200 grands crus.

Menu 34 € (déjeuner), 66/96 € - Carte 80/100 €

10 place du Pasquier-de-la-Fontaine (ex place des Marronniers) - ✆ 03 80 21 30 06 - www.le-montrachet.com - Fermé 22 novembre-9 janvier

PUPILLIN - Jura (39) ➜ Voir Arbois

PUTEAUX - Hauts-de-Seine (92) ➜ Voir Autour de Paris

LE PUY-EN-VELAY

✉ 43000 - Haute-Loire - Carte régionale n° **1**-C3 - Carte Michelin 331-F3

Regina

CUISINE TRADITIONNELLE · FAMILIAL XX Dans cet hôtel, le restaurant est en plein dans la tradition : sol en pierre ou bois, œuvres d'art au mur... sans oublier, au milieu de la pièce, un imposant jambon de San Daniele prêt à la découpe. Les bons produits sont au rendez-vous dans l'assiette, servie par une équipe efficace.

Menu 24/48 € - Carte 40/60 €

34 boulevard Maréchal-Fayolle - ✆ 04 71 09 14 71 - www.hotelrestregina.com

Tournayre

CUISINE TRADITIONNELLE · RUSTIQUE XX Croisées d'ogives, boiseries, fresques... Le cadre rare et charmant d'une ancienne chapelle du 16e s. ! La cuisine y est gardienne d'une certaine tradition, pour le meilleur (lentilles, veau du Velay, jambon cru d'Auvergne, fromages, etc.).

Menu 30/65 €

12 rue Chenebouterie - ✆ 04 71 09 58 94 - www.restaurant-tournayre.com - Fermé 1er-15 janvier, 29 juin-5 juillet, 31 août-6 septembre, lundi, mardi, dimanche soir

à Espaly-St-Marcel 3 km au Nord - Ouest par N102

L'Ermitage

CUISINE TRADITIONNELLE · ÉLÉGANT XX Cette ancienne grange a conservé son charme rustique et le côté naturel de ses origines. On y apprécie une cuisine de tradition fine et bien réalisée, avec notamment la découpe en salle de certains poissons et pièces de bœuf. N'oublions pas la cheminée, en hiver, et la sympathique terrasse aux beaux jours. Un vrai plaisir.

Menu 28/60 € - Carte 40/60 €

73 avenue de l'Ermitage - ✆ 04 71 04 08 99 - Fermé 24 février-9 mars, 24 août-2 septembre, lundi, mercredi soir, dimanche soir

PUYLAROQUE

82240 - Tarn-et-Garonne - Carte régionale n° **22**-C1 - Carte Michelin 337-F6

Les Sens

CUISINE CRÉATIVE • AUBERGE Situé sur la place du bourg, cette maison de village abrite un restaurant, dont la cuisine créative et les beaux produits ne sauraient laisser indifférent. Le chef se plaît à travailler légumes, fleurs et herbes du potager, situé en contre-bas de la terrasse ; sa source d'inspiration ! Menu truffe en saison.

Menu 28 € (déjeuner), 42/91 €

2 place de la Libération - ✆ 05 63 02 82 25 - www.restaurantlessens.com - Fermé 2-14 janvier, lundi, mardi, dimanche soir

PUYLAURENS

81700 - Tarn - Carte régionale n° **22**-C2 - Carte Michelin 338-E9

Cap de Castel

CUISINE MODERNE • COSY Sur l'agréable terrasse, toisant les Pyrénées lointaines et la Montagne noire toute proche, on déguste les créations de Lydia et Thomas, couple au parcours solide (Côte St-Jacques, Michel Sarran). Leur cuisine, moderne, met bien en valeur le terroir : de quoi passer un agréable moment.

Menu 40/55 € - Carte 43/65 €

36 rue Cap-de-Castel - ✆ 05 63 70 21 76 - www.capdecastel.com - Fermé 1er-31 janvier, lundi midi, mardi midi, mercredi midi, jeudi midi, vendredi midi, samedi midi, dimanche

Cap de Castel

MAISON DE CAMPAGNE • PERSONNALISÉ Ici, tout est beau dans sa simplicité : l'accueil souriant, le charme d'une maison du pays, les chambres pleines de caractère réparties dans deux demeures historiques (16e et 18e s.)... Sans oublier la petite piscine et sa vue sur la campagne !

11 chambres - 96/180 € - 16 €

36 Rue Cap de Castel - ✆ 05 63 70 21 76 - www.capdecastel.com - Fermé 1er-31 janvier

Cap de Castel - Voir la sélection des restaurants

PUY-L'ÉVÊQUE

46700 - Lot - Carte régionale n° **22**-B1 - Carte Michelin 337-C4

Le Médiéval

CUISINE MODERNE • COSY Le chef bourguignon Pierre Creuzet (ancien second de Jacques Lameloise), s'est installé dans cette petite adresse de la vieille ville, où il compose une attachante cuisine de qualité, entre recettes traditionnelles et préparations plus actuelles. En salle, son épouse Loren, sommelière de métier, l'épaule avec complicité. Rapport plaisir/prix imbattable !

Spécialités : Œuf poché façon meurette, sauce au malbec. Carré de cochon rôti, oignon glacé et pomme de terre fondante. Ganache au chocolat, croustillant noisette, sorbet griotte.

Menu 15 € (déjeuner), 27/35 €

24 Grand'Rue - ✆ 09 86 31 80 88 - www.lemedieval-puyleveque.fr - Fermé lundi, dimanche

PUYMIROL

47270 - Lot-et-Garonne - Carte régionale n° **18**-C2 - Carte Michelin 336-G4

Michel Trama

CUISINE CRÉATIVE • ÉLÉGANT Michel Trama et Puymirol, c'est une longue histoire. Cet ex-champion de plongée et étudiant en Arts décoratifs à Montparnasse doit sa vocation à l'amour... de sa femme Maryse. C'est elle qui l'initie à la gastronomie. Celui qui multipliait les petits boulots se fixe et ouvre un bistrot rue Mouffetard, à Paris, avec la "Cuisine gourmande" de Michel Guérard en guise de référence. Puis en 1979 c'est l'installation dans cette maison du 13e s. à Puymirol, dans le Lot-et-Garonne, un lieu splendide : on s'y installe sous les voûtes médiévales ou sur la plaisante terrasse, dans l'ancien cloître... Place aux agapes, entre tradition et invention, au gré d'une carte immuable qui multiplie les clins d'œil aux grandes heures de la maison.

Spécialités : Papillote de pomme de terre à la truffe. Pigeonneau rôti aux épices, carotte fondante à l'orange. Cristalline de pomme verte.

Menu 75/150 € – Carte 112/208 €

52 rue Royale – 05 53 95 31 46 – www.aubergade.com – Fermé 5-28 janvier, lundi, mardi midi, dimanche soir

La Poule d'Or

CUISINE TRADITIONNELLE • BISTRO X Au sein de sa maison mère – le célèbre restaurant de Michel Trama –, cette Poule d'Or a tout d'une auberge chic. Au menu, du grand classique de bistrot -parmentier de queue de bœuf, tête de veau sauce poulette, gros chou à la crème au caramel... Tout est maîtrisé, savoureux et gourmand. Une adresse en or !

Spécialités : Œuf bio à l'ivrogne. Tête de veau poulette. Gros chou à la crème.

Menu 33/42 €

Michel Trama, 52 rue Royale – 05 53 95 31 46 – www.aubergade.com – Fermé 5-28 janvier, lundi, mardi midi, dimanche soir

Michel Trama

HISTORIQUE • PERSONNALISÉ Drapés de soie, baldaquins, mobilier 19e s., tons cramoisi et pourpre, etc. Au cœur d'un village de la campagne agenaise, ce décor opulent et théâtral est signé Jacques Garcia. Étape luxueuse et onirique entre ces murs superbes des 13e-17e s. !

8 chambres – 220/420 € – 29 € – 1 suite

52 rue Royale – 05 53 95 31 46 – www.aubergade.com – Fermé 5-28 janvier

Michel Trama • **La Poule d'Or** – Voir la sélection des restaurants

LE PUY-STE-RÉPARADE – Bouches-du-Rhône (13) → Voir Aix-en-Provence

PYLA-SUR-MER – Gironde (33) → Voir Bassin d'Arcachon

QUARRÉ-LES-TOMBES

89630 – Yonne – Carte régionale n° **5**-B2 – Carte Michelin 319-G7

Le Morvan

CUISINE MODERNE • FAMILIAL XX Un petit salon feutré et une salle cosy, des poutres apparentes, une belle horloge comtoise... Tout invite à la découverte du terroir, joliment revisité par le chef, au plus près des saisons. L'été, attablez-vous dans le jardin fleuri et musardez au soleil ! Une bonne étape à l'entrée du Parc naturel régional du Morvan.

Spécialités : Petit gâteau d'escargots et fricassée de girolles. Mignon de veau en cocotte, sauce au ratafia et morilles. Sablé à la fraise, rhubarbe et glace miel d'acacia.

Menu 26/58 € – Carte 39/59 €

6 rue des Écoles (face au parc municipal) – 03 86 32 29 29 – www.le-morvan.fr – Fermé 14 décembre-20 mars, lundi, mardi, mercredi midi

aux Lavaults 5 km au Sud - Est par D10

Auberge de l'Âtre

CUISINE CLASSIQUE • TRADITIONNEL XXX Cette auberge de campagne installée dans un joli cadre arboré distille un charme rustique. Pour ne rien gâter, la carte célèbre les bons vins et le terroir (spécialité de champignons), et les desserts sont particulièrement soignés. Chambres très bien tenues, agréables pour un séjour.

Menu 36/65 € – Carte 59/79 €

03 86 32 20 79 – www.auberge-de-latre.com – Fermé 23 février-18 mars, 22 juin-3 juillet, lundi, mardi

QUÉVEN – Morbihan (56) → Voir Lorient

QUIBERON

✉ 56170 – Morbihan – Carte régionale n° **7**-B3 – Carte Michelin 308-M10

La Chaumine

CUISINE TRADITIONNELLE · CONVIVIAL XX Sur la route du port, c'est dans leur ancienne maison de famille qu'officient le chef et sa sœur – qui assure l'accueil. Une demeure lumineuse qui a l'esprit du large (mouettes en bois, coque de bateau, etc.), comme la cuisine, très iodée et gourmande... Un refuge idéal après une balade sur la Côte Sauvage !

Spécialités : Palourdes farcies au beurre de citron vert. Aile de raie pochée, beurre noisette. Gratin de fruits à la crème d'amande.

Menu 34/50 € – Carte 41/57 €

79 rue de Port-Haliguen – ✆ 02 97 50 17 67 – www.restaurant-lachaumine.com – Fermé 4 novembre-28 mars, lundi, mardi midi, dimanche soir

Sofitel Diététique

THERMAL · CONTEMPORAIN Un hôtel parfait pour retrouver la ligne... Les chambres, sur le thème de l'eau, sont spacieuses et très confortables. On accède directement au spa de 1 000 m² et le restaurant propose des menus diététiques. Pas une goutte d'alcool, même au bar !

68 chambres – 250/510 € – 27 € – 5 suites

Pointe de Goulvars – ✆ 02 97 50 20 00 – www.sofitel-quiberon-thalassa.com – Fermé 8-27 décembre

Sofitel Thalassa

SPA ET BIEN-ÊTRE · ÉLÉGANT Pour un séjour iodé et tonique, ce complexe hôtelier fait face à la plage et communique avec l'institut de thalassothérapie. Au programme : un décor résolument contemporain et un grand confort. Certaines chambres donnent sur les flots, tout comme les deux restaurants (produits de la mer).

104 chambres – 119/510 € – 27 € – 22 suites

Boulevard Louison-Bobet – ✆ 02 97 50 20 00 – www.sofitel.com – Fermé 8-27 décembre

à Portivy 6 km au Nord par D768 et rte secondaire – Carte régionale n° **7**-B3

Le Petit Hôtel du Grand Large (Hervé Bourdon)

CUISINE MODERNE · BISTRO X Décidément, la publicité mène à tout... à condition d'en sortir ! Hervé Bourdon, ancien directeur artistique parisien, et son épouse Catherine, ont tout plaqué pour reprendre ce modeste hôtel-restaurant. À moins de vingt mètres de la mer, l'emplacement est idyllique : air iodé, embruns et soleils rougeoyants... L'assiette est résolument locavore, avec poissons et coquillages de la petite pêche locale, mais aussi herbes, fleurs et légumes de l'un des potagers bio du restaurant. Le chef travaille le lieu jaune comme personne, grillé au teppanyaki et accompagné par de goûteuses variations sur le céleri-rave et le céleri-branche : en tranche cuite en croûte de pain, en purée fine, en jus réduit, et on en passe. Tout cela est sublimé par sa créativité, et par l'amour qu'il porte à son biotope. Et on ne raconte pas ça pour lui faire de la pub...

Spécialités : Cuisine du marché.

Menu 45 € (déjeuner), 65/95 €

11 quai St-Ivy – ✆ 02 97 30 91 61 – www.lepetithoteldugrandlarge.fr – Fermé 6 janvier-8 février, mardi, mercredi, dimanche soir

QUIMPER

✉ 29000 – Finistère – Carte régionale n° **7**-B2 – Carte Michelin 308-G7

Allium (Lionel Hénaff)

CUISINE CRÉATIVE · BRANCHÉ XXX Avec l'aide des internautes (sous la forme d'un financement participatif), Frédérique et Lionel Hénaff ont créé ici le restaurant de leurs rêves - et ça se sent. La cuisine inventive du chef, au look rock'n roll, joue une partition privilégiant les produits de première saveur (asperges blanches de la Torche etc.) et volontiers portée sur les agrumes. Les poissons, de première fraîcheur, s'accompagnent d'une belle sélection de vins de petits propriétaires, sélectionnés par madame. On se régale dans une atmosphère sobre et élégante. L'osmose entre cuisine et salle est évidente, et ajoute au plaisir de l'expérience une délicate touche d'émotion.

Spécialités : Langoustine "XXL crispy" et mayonnaise tiède. Pêche de petit bateau. Fruits de saison et chocolat grand cru.

Menu 32 € (déjeuner), 57/100 €

88 boulevard de Creach-Gwen (ZA de Créac'h-Gwen) - ✆ 02 98 10 11 48 - www.restaurant-allium.com - Fermé 16 février-2 mars, 4-21 juillet, 1er-9 novembre, lundi, dimanche

Auberge de Ti-Coz

CUISINE MODERNE • AUBERGE XX Comme un rêve de Bretagne : une charmante auberge en pierre, à la fois rustique, moderne et élégante. Le chef y prépare une savoureuse cuisine, qui fait la part belle aux meilleurs produits du terroir breton. En ancien sommelier passionné, il accompagne ses recettes d'une belle carte des vins (500 références).

Spécialités : Confit de lapereau, œuf parfait, crème de parmesan. Poisson de pêche côtière de Loctudy, sarrasin, pommes et céleri. Profiteroles au chocolat.

Menu 26 € (déjeuner), 33/60 € - Carte 60/85 €

4 Hent-Koz - ✆ 02 98 94 50 02 - www.restaurantticoz.com - Fermé lundi, dimanche soir

L'Ambroisie

CUISINE MODERNE • INTIME XX À la recherche d'une cuisine bretonne bien dans son époque ? Direction cette table au décor moderne, dont le jeune chef cuisine la région au gré de ses envies du moment : poitrine de porc confite en cocotte, chou de Lorient et oseille sauvage... Produits locaux de première qualité, service aux petits soins : on aime.

Menu 29 € (déjeuner), 48/65 €

49 rue Elie-Fréron - ✆ 02 98 95 00 02 - www.ambroisie-quimper.com - Fermé 1er mars-6 avril, lundi, mercredi soir, dimanche

La Ferme de l'Odet

CUISINE MODERNE • COSY XX Situation privilégiée pour cette ferme bordant l'Odet ; la terrasse, en particulier, ouvre sur les berges et les bois voisins. Un cadre champêtre qui se prête à la dégustation d'une cuisine bien tournée, allant à l'essentiel avec des produits de qualité. Intéressante formule au déjeuner et recettes plus pointues le soir.

Menu 27 € (déjeuner), 39/51 € - Carte 45/60 €

74 chemin de la Baie-de-Kerogan - ✆ 02 98 95 63 13 - www.lafermedelodet.fr - Fermé lundi soir, mardi soir, mercredi, dimanche soir

Ginkgo (N)

HÔTEL PARTICULIER • CONTEMPORAIN Un établissement plein de charme, installé dans les pierres de l'ancien prieuré de Locmaria, au bord de l'Odet. Cadre historique préservé, vastes chambres décorées avec goût, espace détente et parking... Une étape de choix.

18 chambres - 128/228 € - 15 € - 2 suites

1 rue du Chanoine-Moreau - ✆ 02 30 99 75 35 - www.hotel-ginkgo.com

QUIMPERLÉ

29300 - Finistère - Carte régionale n° **7**-B2 - Carte Michelin 308-J7

La Cigale Égarée

CUISINE CRÉATIVE • CONVIVIAL X Une cigale égarée en Bretagne, qui n'en finit pas de chanter dans son décor néoprovençal atypique : original ! À la carte : Breizh Egg Mayo, Saint-Jacques Roméo et Juliette, etc. On l'aura compris, l'insecte est créatif.

Menu 28 € (déjeuner), 45/70 €

Villeneuve-Braouic - ✆ 02 98 39 15 53 - www.lacigaleegaree.com - Fermé 9-25 février, 20 octobre-4 novembre, lundi, dimanche

QUINT-FONSEGRIVES - Haute-Garonne (31) → Voir Toulouse

QUISSAC

✉ 30260 – Gard – Carte régionale n° **21**–C2 – Carte Michelin 339-J5

L'ArtYsan

CUISINE MODERNE · CONTEMPORAIN Yohann Boucard a transformé la gare de Quissac en un restaurant très agréable : lignes épurées, ferronneries d'artisans locaux... Dans l'assiette, la prestation se révèle tout aussi emballante, grâce à des produits bien choisis et des associations de saveurs toniques et originales. Service pro et efficace.

Spécialités : Pannacotta d'oignons doux, mouillettes boudin, chips de mimolette. Merlu de ligne, fondue de poireaux et couteaux, écume d'étrilles. Saint-honoré amandes, tartare et sorbet pêche de vigne.

Menu 22 € (déjeuner), 32/42 €

35 plan de la Gare – ✆ 04 66 77 02 45 – www.lartysan.com – Fermé 24 décembre-24 janvier, mercredi, jeudi

RAGUENÈS-PLAGE – Finistère (29) → Voir Névez

RAISMES – Nord (59) → Voir Valenciennes

RAMATUELLE

✉ 83350 – Var – Carte régionale n° **24**–C3 – Carte Michelin 340-O6

✿✿ La Voile

CUISINE MODERNE · DESIGN Mettez les voiles pour un univers de luxe et de bien-être ! Au sein de cet hôtel exclusif s'il en est, œuvre de l'architecte Jean-Michel Wilmotte qui l'a parfaitement intégré à son environnement naturel, ce restaurant jouit d'une vue sublime sur la mer. Natif de Manosque, le chef Éric Canino a été marqué par sa longue et fructueuse collaboration avec l'inventeur de la cuisine bien-être, Michel Guérard *himself* ! Il s'inspire du maître pour composer sa propre partition provençale, avec fruits et légumes, poissons et fruits de mer (plus quelques volailles), relevés d'herbes aromatiques et d'huile d'olive – le beurre et la crème n'ont guère droit de cité ici. Du thon frotté aux épices de voyage au saint-pierre aux agrumes, chaque recette aspire à la santé et à la légèreté...

Spécialités : Thon rouge frotté aux épices, niçoise acidulée. Filet de daurade cuit dans une nage de légumes, ravioles de courgette et truffe noire. Soufflé au tokaji.

Menu 135/155 € – Carte 110/155 €

La Réserve Ramatuelle, chemin de la Quessine – ✆ 04 94 44 94 44 – www.lareserve-ramatuelle.com – Fermé 14 octobre-10 avril

La Réserve Ramatuelle

PALACE · ÉLÉGANT Un lieu caché, rare... Dès l'arrivée, le bâtiment éblouit : tout en transparence, comme suspendu au-dessus de la mer, avec la flore méditerranéenne pour écrin. Chaque chambre, au minimalisme racé, est un balcon sur la Grande Bleue ! Un sommet de luxe contemporain, qui capte l'essence de cette côte si azurée...

19 suites – 2600/8500 € – 8 chambres

chemin de la Quessine – ✆ 04 94 44 94 44 – www.lareserve-ramatuelle.com – Fermé 14 octobre-10 avril

✿✿ **La Voile** – Voir la sélection des restaurants

RAMBOUILLET

✉ 78120 – Yvelines – Carte régionale n° **15**–A2 – Carte Michelin 311-G4

L'Orangerie des Trois Roys

POISSONS ET FRUITS DE MER · ÉLÉGANT Une salle à manger en véranda garnie de sculpltures, tableaux, plantes vertes : voici le ravissant cadre de cette Orangerie. Le chef fait la part belle aux poissons et fruits de mer – à l'instar de ces pâtes fraîches au homard et soufflé au Grand Marnier –, et son épouse concocte de délicieuses pâtisseries. Terrasse au calme.

Carte 57/157 €

4 rue Raymond-Poincarré – ✆ 01 30 88 69 95 – www.lorangeriedestroisroys.fr – Fermé lundi, dimanche

à Gazeran 5 km au Sud - Ouest par D906

Villa Marinette

CUISINE MODERNE • ÉLÉGANT XXX Cette ancienne auberge cache un intérieur cossu, au décor soigné, et, l'été, une agréable terrasse dressée dans le joli jardin clos. Au menu, une cuisine au goût du jour rythmée par les saisons, signée par un jeune chef respectueux du produit. Accueil souriant.

Menu 38 € (déjeuner)/69 € – Carte 62/71 €

20 avenue du Général-de-Gaulle – ✆ 01 34 83 19 01 – www.villamarinette.fr – Fermé lundi, mardi, dimanche soir

RANGUEIL – Haute-Garonne (31) ➜ Voir Toulouse

RAYOL-CANADEL-SUR-MER

✉ 83820 – Var – Carte régionale n° **24**-C3 – Carte Michelin 340-N7

Le Relais des Maures

CUISINE TRADITIONNELLE • RUSTIQUE X Cette grande auberge cultive le goût du Sud. Le chef y réalise une cuisine pétrie de tradition, calée sur le marché et bien ficelée, pour un excellent rapport plaisir/prix. Quelques chambres pour prolonger le séjour, avec vue sur la mer au 2e étage. Une adresse sympathique.

Menu 37 € – Carte 51/63 €

1 avenue Charles-Koecklin, Le Canadel – ✆ 04 94 05 61 27 – www.lerelaisdesmaures.fr – Fermé 1er novembre-4 avril

Le Bailli de Suffren

LUXE • BORD DE MER Superbe vue sur les îles d'Hyères depuis ce bel hôtel les pieds dans l'eau, entièrement rénové dans une veine contemporaine méditerranéenne jaune (sable, soleil) et bleu (mer et ciel). Plage privée, balcons et terrasses face aux flots, restaurants panoramiques... Ou comment vivre en intimité avec la mer ! Petit espace bien-être, avec salles de soins.

55 chambres – 210/750 € – 28 €

avenue des Américains – ✆ 04 98 04 47 00 – www.lebaillidesuffren.com – Fermé 14 octobre-5 mai

RÉ (ÎLE DE) – Charente-Maritime (17) ➜ Voir Île de Ré

REIGNIER

✉ 74930 – Haute-Savoie – Carte régionale n° **4**-F1 – Carte Michelin 328-k4

La Table d'Angèle

CUISINE TRADITIONNELLE • BISTRO X Ce restaurant avec véranda propose une appétissante cuisine de bistrot dans un cadre contemporain. Au hasard de la carte : grosse raviole de chèvre frais, miel et bouillon d'oignons ; filet de lotte, mousse de chorizo et risotto... Agréable terrasse couverte.

Menu 20 € (déjeuner), 35/48 € – Carte 32/48 €

273 Grande-Rue – ✆ 04 50 31 16 16 – www.tabledangele.com – Fermé 8-25 août, 20 décembre-5 janvier, lundi, mardi midi, dimanche

REIMS

✉ 51100 – Marne – Carte régionale n° **11**–B2 – Carte Michelin 306-G7

On aime...

Des pierres et des bulles ! Parmi les trésors de Reims, il y a cette cathédrale, l'une des plus vastes de France, un joyau à contempler en fin d'après-midi, quand le soleil effleure sa grande rosace et ses milliers de sculptures... Il y a aussi les somptueuses caves des maisons de champagne, qui conservent jalousement leurs flacons au cœur des crayères de la colline Saint-Nicaise. Profondes et labyrinthiques, les caves de Reims jouissent d'une réputation mondiale. Mumm, Taittinger, Veuve Clicquot-Ponsardin, Ruinart : la visite de l'une d'entre elles, au moins, s'impose. Autre visite incontournable : les halles du Boulingrin et leur voûte en béton armé des années 1920 – véritable prouesse architecturale. Au sol des étals fixes en faïence se couvrent de produits frais trois jours par semaine. À vous jambon de Reims, charcuteries des Ardennes et fromages comme le chaource ou le langres !

FoodCollection/Photononstop

Restaurants

✿✿✿ Assiette Champenoise (Arnaud Lallement)

CUISINE CRÉATIVE • LUXE XXXX Arnaud Lallement a pour ainsi dire grandi à L'Assiette Champenoise, créée à l'origine par ses parents. Aujourd'hui aux manettes, il montre qu'il a été à bonne école (Vergé, Guérard, Chapel) et mitonne une cuisine de haute volée, classique et généreuse, surtout très gourmande, où pointent aussi ses origines bretonnes (du côté de sa mère). Omniprésent en salle, pédagogue et truculent, l'"aubergiste" Lallement régale en toute simplicité. Beaux produits traités avec amour (lors de notre dernier passage, superbe barbue à la chair nacrée, morilles de la forêt d'Argonne et sauce au coteaux-champenois), assiettes lisibles et rehaussées de sauces mémorables... Une partition synonyme de plaisir.

Spécialités : Langoustine royale, citron caviar et nage crémée. Homard bleu "hommage à mon papa". Chocolat croquant.

Menu 110 € (déjeuner), 215/315 € - Carte 165/245 €

Plan A2-e - *40 avenue Paul-Vaillant-Couturier, à Tinqueux - ✆ 03 26 84 64 64 - www.assiettechampenoise.com - Fermé 9 février-6 mars, 2-20 août, mardi, mercredi*

✿✿ Le Parc Les Crayères

CUISINE MODERNE • LUXE XXXXX Qu'attendre d'autre, dans cette magnifique demeure nichée au cœur d'un parc, qu'un repas mémorable ? Bingo : le chef manceau Philippe Mille, à l'impressionnant CV (Ritz, Lasserre, Pré Catelan, Drouant), montre qu'il est un admirable artisan... et qu'il continue de progresser.

Son style de prédilection : le classique revisité avec élégance. Les produits nobles sont en bonne place sur la carte (homard, langoustine, foie gras, turbot), travaillés tout en délicatesse. Les mariages de saveurs ne doivent rien au hasard, les sauces et les jus se révèlent remarquables, les jeux de textures aussi... Au final, une partition envoûtante.

N'oublions pas, bien sûr (nous sommes à Reims !), une carte de champagnes à tomber de sa chaise : près de 750 références sélectionnées avec soin, dans une recherche permanente de cohérence avec la cuisine.

Spécialités : Champagne et coquillages, crémeux de chou-fleur cuit sur le gril, chou iodé de caviar et salicornes. Verjus et turbot de ligne, granny smith au champagne, royale de céleri et jus de cuisson crémé. Crème de Signy-l'Abbaye, craquant et crémeux au chocolat de São Tomé.

Menu 75 € (déjeuner), 155/290 € - Carte 170/250 €

Plan F3-a - *Hôtel Domaine Les Crayères, 64 boulevard Henry-Vasnier - ✆ 03 26 24 90 00 - www.lescrayeres.com - Fermé 22 décembre-14 janvier, lundi, mardi, mercredi midi*

✿✿ Racine (Kazuyuki Tanaka)

CUISINE MODERNE • ÉPURÉ XX Au cœur de Reims, il se passe assurément quelque chose dans ce petit restaurant (20 couverts au maximum) dont la façade largement vitrée permet d'observer la cuisine et les cuisiniers à l'œuvre. Sobre et épurée, la salle à manger invite à se concentrer sur l'assiette, et uniquement elle. Le chef japonais Kazuyuki Tanaka cisèle une cuisine complexe, aux saveurs et influences multiples : anguille et navet ; maigre et chou-rave ; rhubarbe, yuzu et sel. On apprécie sa capacité à multiplier les surprises tout au long du repas, son usage malicieux des herbes aromatiques et des plantes, du végétal en général - pas étonnant de la part de l'ancien second de Régis Marcon.

Spécialités : Cuisine du marché.

Menu 65 € (déjeuner), 95/185 €

Plan E2-e - *6 place Godinot - ✆ 03 26 35 16 95 - www.racine.re - Fermé 23 février-4 mars, 27 avril-13 mai, 17 août-2 septembre, mardi, mercredi, jeudi midi*

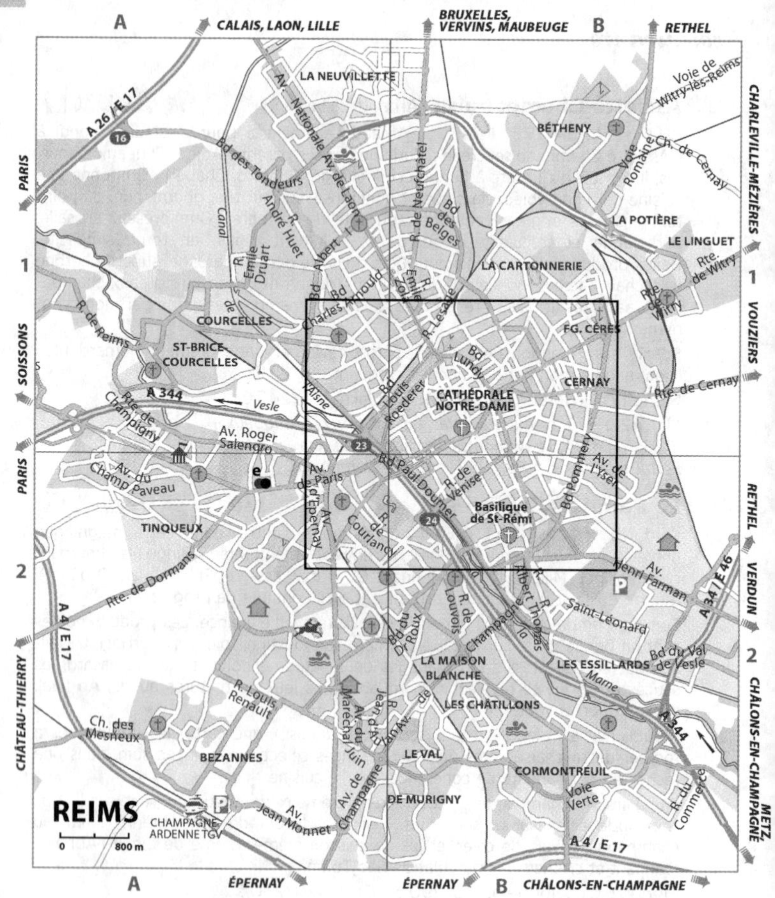

✿ **Le Foch** (Jacky Louazé)

CUISINE MODERNE • COSY XXX Dans cette maison sérieuse, installée au bord des fameuses Promenades (des cours ombragés), le chef Jacky Louazé attire à lui une clientèle fidèle, pour ne pas dire dévouée. Qu'est-ce qui lui vaut un tel succès ? Sans doute cette manière créative qui n'appartient qu'à lui, mais aussi plus généralement cette carte où les produits de qualité sont rois et notamment les poissons et crustacés : homard bleu, céréales aux épices, agrumes ; déclinaison autour de la mer ; bar entier cuit en croûte d'argile de Vallauris ; turbot au beurre demi-sel, pommes de terre de Noirmoutier...

Spécialités : Homard bleu, quinoa, melon et pamplemousse. Bar cuit en terre d'argile de Vallauris. Choux chocolat et cacahouètes.

Menu 35 € (déjeuner), 54/100 € – Carte 80/125 €

Plan D1-a – *37 boulevard Foch –*
✆ 03 26 47 48 22 – www.lefoch.com –
Fermé 2-9 janvier, 24 février-1er mars, 26 juillet-24 août, lundi, samedi midi, dimanche soir

Le Millénaire (Hervé Raphanel)

CUISINE MODERNE • ÉLÉGANT XXX Non loin de la place Royale, cette table appréciée des Rémois entame une nouvelle page de son histoire. Emmenée par le chef Hervé Raphanel, l'équipe en place préserve les fondamentaux de la maison : technique solide, portions généreuses, produits de grande qualité, saveurs bien présentes... Les habitués ne seront pas désorientés, d'autant que le décor est inchangé : prestance toute contemporaine, associant tons crème, chêne clair et lignes élégantes. Quant au service, il se révèle pro et efficace : une belle prestation. Cette institution reste bien ancrée dans le siècle... et dans le Millénaire.

Spécialités : Quenelles de brochet aux écrevisses sauce Nantua, tombée de tétragone, girolles et crêpes parmentières. Bar cuit à l'unilatéral, rosace de pommes de terre, fricassée de cèpes, jus de tête vivifié au vinaigre Clovis. Millefeuille vanille, glace caramel au beurre d'Isigny.

Menu 37/110 € – Carte 100/130 €

Plan E2-s – *4 rue Bertin – ✆ 03 26 08 26 62 – www.lemillenaire.com – Fermé lundi, dimanche*

Le Jardin Les Crayères

CUISINE TRADITIONNELLE • TENDANCE X La "petite adresse" du Domaine Les Crayères est située dans une dépendance du parc : une brasserie chic, très contemporaine, avec sa jolie véranda et sa terrasse. On y apprécie une savoureuse cuisine de saison réalisée avec de beaux produits.

Spécialités : Ballottine de foie gras, chutney de fruits. Filet d'espadon, cocotte de légumes du soleil à l'huile d'olive. Tiramisu.

Menu 31/49 € – Carte 51/81 €

Plan F3-b – *Hôtel Domaine Les Crayères, 7 avenue du Général-Giraud – ✆ 03 26 24 90 90 – www.lescrayeres.com – Fermé 22 décembre-14 janvier*

Le Pavillon CG

CUISINE MODERNE • TENDANCE XX Cette maison bourgeoise (1850) abritait une banque avant d'être transformée en restaurant. Une valeur sûre pour apprécier une cuisine réalisée avec de beaux produits. Et n'oublions pas le service aimable et l'agréable terrasse au calme.

Menu 33/60 €

Plan D1-w – *7 rue Noël – ✆ 03 26 03 15 15 – www.le-pavillon-cg.com – Fermé 13-26 avril, 21 juillet-5 août, 23 décembre-6 janvier, mardi, mercredi, dimanche soir*

Le Crypto

CUISINE MODERNE • BISTRO X En face du célèbre cryptoportique de Reims (une galerie souterraine datant de l'époque romaine), ce bistrot est tenu par Frédéric Dupont, cuisinier au parcours éloquent. Bons risottos, solide carte des vins, service attentionné : une belle adresse.

Menu 25 € (déjeuner) – Carte 45/66 €

Plan E2-a – *14 place du Forum – ✆ 03 26 25 27 81 – Fermé 1er-6 janvier, 23 février-2 mars, 2-16 août, lundi, dimanche*

Hôtels

Domaine Les Crayères

HISTORIQUE • GRAND LUXE Dans un grand parc, un décor brillant comme... du champagne. Faut-il préciser que cette superbe demeure est entourée des caves les plus renommées ? Un vrai symbole du luxe à la française que cet établissement, tout en raffinement, tentures épaisses, mobilier bourgeois...

20 chambres – 395/955 € – 31 €

Plan F3-a – *64 boulevard Henry-Vasnier – ✆ 03 26 24 90 00 – www.lescrayeres.com – Fermé 22 décembre-14 janvier*

Le Parc Les Crayères • **Le Jardin Les Crayères** – Voir la sélection des restaurants

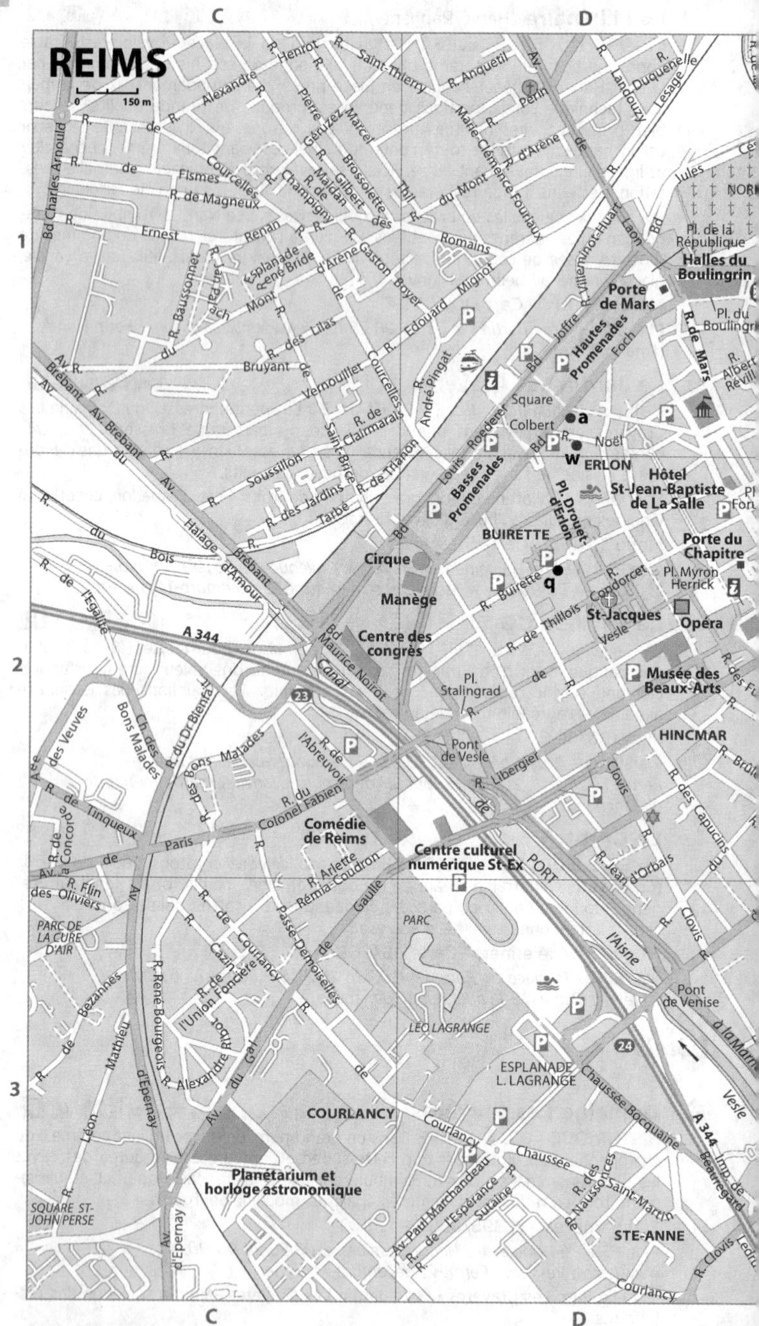
REIMS
0
150 m
C
D
1
2
3
Bd Charles Arnould
R. Alexandre Henrot
R. Saint-Thierry
R. Anquetil
Périn
R. Landouzy
R. Duquenelle
R. Lesage
R. de Fismes
R. de Courcelles
R. de Magneux
R. Ernest Renan
R. Pierre Marcel
R. Gilbert
R. Brossolette
R. Gérusez
R. de Champigny
R. de Maldan
R. des Romains
R. du Thil
R. Marie-Clémence Fourlaux
R. du Mont d'Arène
Av. de Laon
R. Villeminot-Huart
Jules
NORD
Pl. de la République
Halles du Boulingrin
Porte de Mars
Pl. du Boulingrin
R. de Mars
R. Albert Réville
Esplanade René Bride
R. Baussonnet
R. Lapie
R. du Mont d'Arène
R. Gaston Boyer
R. Edouard Mignot
R. des Lilas
R. Bruyant
R. Vernouillet
R. de Courcelles
R. André Pingat
Bd Joffre
Hautes Promenades
Bd Foch
Square Colbert
a
R. Noël
w
ERLON
Av. Brébant
R. de Clairmarais
R. Saint-Brice
R. Soussillon
R. des Jardins
R. de Trianon
R. Tarbé
Bd Louis Roederer
Basses Promenades
Pl. Drouet-d'Erlon
Hôtel St-Jean-Baptiste de La Salle
Porte du Chapitre
BUIRETTE
R. du Bois d'Amour
R. du Halage
R. de l'Égalité
Cirque
Manège
R. Buirette
q
R. Condorcet
Pl. Myron Herrick
St-Jacques
Opéra
R. de Thillois
R. de Vesle
A 344
Bd Maurice Noirot
Canal
Centre des congrès
Pl. Stalingrad
Musée des Beaux-Arts
R. des Fusiliers
23
HINCMAR
Allée des Veuves
Ch. des Bons Malades
R. du Dr Bienfait
R. des Bons Malades
R. de l'Abreuvoir
Pont de Vesle
R. Libergier
R. Clovis
R. Brûlée
R. des Capucins
R. de Tinqueux
R. de la Concorde
R. du Colonel Fabien
Av. de Paris
Comédie de Reims
Centre culturel numérique St-Ex
PORT
R. Jean d'Orbais
R. Flin
des Oliviers
R. Arlette Rémia-Coudron
Av. de Gaulle
PARC DE LA CURE D'AIR
PARC
R. de Courlancy
R. Passe-Demoiselles
l'Aisne
R. Cazin
R. de l'Union Foncière
R. René-Bourgeois
R. de Bezannes
R. Léon Mathieu
Av. d'Epernay
R. Alexandre Ribot
Av. du Gal
LÉO LAGRANGE
Pont de Venise
à la Marne
24
ESPLANADE L. LAGRANGE
Chaussée Bocquaine
Vesle
COURLANCY
R. de Courlancy
Chaussée Saint-Martin
A 344
Imp. de Beauregard
Planétarium et horloge astronomique
SQUARE ST-JOHN PERSE
Av. d'Epernay
Av. Paul Marchandeau
R. de l'Espérance
R. Sutaine
R. des Naussonces
STE-ANNE
R. Clovis
Ledru
R. de Courlancy

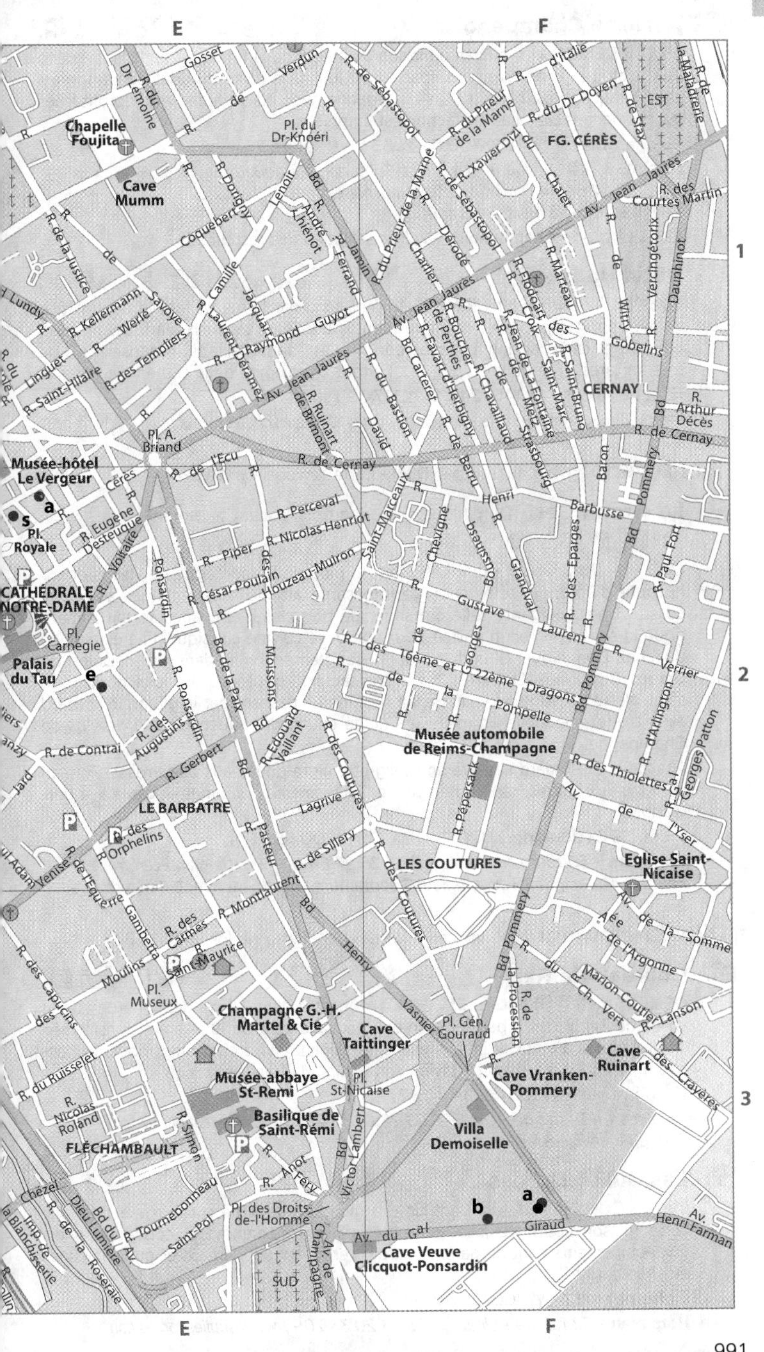
E
F
1
2
3
Chapelle Foujita
Cave Mumm
Pl. du Dr-Knoéri
FG. CÉRÈS
EST
CERNAY
Pl. A. Briand
Musée-hôtel Le Vergeur
Pl. Royale
CATHÉDRALE NOTRE-DAME
Pl. Carnegie
Palais du Tau
Musée automobile de Reims-Champagne
LE BARBATRE
LES COUTURES
Eglise Saint-Nicaise
Pl. Museux
Champagne G.-H. Martel & Cie
Cave Taittinger
Pl. Gén. Gouraud
Cave Ruinart
Cave Vranken-Pommery
Musée-abbaye St-Remi
Pl. St-Nicaise
Basilique de Saint-Rémi
Villa Demoiselle
FLÉCHAMBAULT
Pl. des Droits-de-l'Homme
Cave Veuve Clicquot-Ponsardin
SUD
Av. Jean Jaurès
R. de Cernay
Bd de la Paix
Bd Pommery
Bd Henry Vasnier
Bd Victor Lambert
Av. du Gal Giraud
Av. Henri Farman
R. Gerbert
R. Ponsardin
Bd Carteret
R. de Sébastopol
R. Henri Barbusse
R. Gustave Laurent
R. des 16ème et 22ème Dragons
R. de la Pompelle
Av. de l'Yser
Av. de la Somme
R. des Capucins
R. Gambetta
Bd Dauphinot

 Assiette Champenoise 

LUXE • DESIGN Une élégante maison de maître de la fin du 19e s., dans un grand parc clos. Les chambres, très spacieuses, jouent la carte du goût contemporain avec beaucoup de réussite. On les regagne avec plaisir après avoir profité des délices de la table… La satisfaction est complète.

25 chambres – 480/780 € – 33 € – 8 suites

Plan A2-e – *40 avenue Paul-Vaillant-Couturier, à Tinqueux – ✆ 03 26 84 64 64 – www.assiettechampenoise.com – Fermé 9 février-6 mars, 2-20 août*

✿✿✿ **Assiette Champenoise** – Voir la sélection des restaurants

Hôtel de la Paix 

BUSINESS • CONTEMPORAIN Cet hôtel, tenu par la même famille depuis 1912, vit avec son temps : jolies chambres contemporaines (tableaux d'artistes rémois), bar pop et cadre design à la brasserie Au Café de la Paix, qui propose fruits de mer, tartares, côte de veau poêlée… Le tout à proximité de la cathédrale.

162 chambres – 140/240 € – 17 € – 1 suite

Plan D2-q – *9 rue Buirette – ✆ 03 26 40 04 08 – www.hotel-lapaix.fr*

à Montchenot 11 km au Sud par D951 – Carte régionale n° **11**–B2

✿ Le Grand Cerf (Dominique Giraudeau et Pascal Champion)

CUISINE CLASSIQUE • ÉLÉGANT XXX Au pied de la montagne de Reims et sur la route d'Épernay, cette auberge imposante affiche sans ambages son style cossu… Dans l'élégante salle à manger de bois clair, l'ambiance se fait romantique le soir venu : écrin parfait pour une belle cuisine classique. Elle est signée du chef Dominique Giraudeau, qui a longtemps brillé dans les cuisines de Gérard Boyer aux Crayères. Il y a contracté le goût des produits nobles, du saint-pierre sauvage au veau de lait fermier, en passant par le gibier, le homard et la truffe, à laquelle un menu est dédié en saison. Superbe carte de vins de Champagne.

Spécialités : Homard et poire en vinaigrette aigre-douce aux baies roses. Poisson de ligne aux huîtres, sauce champagne. Tarte fine aux pommes et glace à la bergamote.

Menu 39 € (déjeuner), 120/140 € – Carte 100/155 €

Hors plan – *50 route Nationale – ✆ 03 26 97 60 07 – www.le-grand-cerf.fr – Fermé 3-11 mars, 21-28 avril, 11 août-2 septembre, mardi, mercredi, dimanche soir*

à Rilly-la-Montagne 14 km par D951 et D26 – Carte régionale n° **11**–B2

Château de Rilly 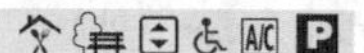

DEMEURE HISTORIQUE • ÉLÉGANT Au centre d'un village de vignerons de la vallée de Reims, cette belle maison bourgeoise datant du 19e s. a été transformée en un hôtel charmant et intime, avec son élégant cadre classique (moulures, lustres à pampilles, mobilier de style), son jardin à la française…

15 chambres – 194/230 € – 22 €

Hors plan – *38 rue de Reims – ✆ 03 26 07 53 21 – www.lechateauderilly.com – Fermé 1er janvier-6 février*

 Les Bulles Dorées 

LUXE • CONTEMPORAIN Dans un charmant village situé sur la route des vins, cette maison abrite de jolies chambres d'hôtes, luxueuses et contemporaines, aux équipements haut de gamme. Jardin verdoyant sur l'arrière et petit-déjeuner au champagne !

5 chambres – 160/200 €

Hors plan – *32 rue de Reims – ✆ 06 03 20 33 20 – www.lesbullesdorees.com*

à Sillery 11 km au Sud - Est par D944 et D8E

Le Relais de Sillery

CUISINE TRADITIONNELLE • TENDANCE XXX Une auberge élégante dont la terrasse domine la Vesle. Le cadre est bucolique, la gastronomie classique : fricassée de rognon et ris de veau aux champignons, soufflé au Grand Marnier… La cave – aux prix étudiés – impressionne !

Menu 27/72 € – Carte 56/86 €

Hors plan – *3 rue de la Gare – ✆ 03 26 49 10 11 – www.relaisdesillery.fr – Fermé 2-9 janvier, 24 février-3 mars, 9 août-2 septembre, lundi, mardi, dimanche soir*

à Vrigny 12 km à l'Ouest par A344 puis D27 – Carte régionale n° **11**-B2

Le Clos des Terres Soudées

LUXE • ÉLÉGANT Un paisible petit village de deux cents âmes. Huit générations de vignerons. Un nom digne de Tolkien. On pénètre au Clos des Terres Soudées par un grand portail en fer forgé. Les chambres, chic, jouent du noir mat. Et pour les amateurs, dégustation du champagne de la propriété.

5 chambres – 245/445 €

Hors plan – *25 rue Saint-Vincent – ✆ 03 26 03 61 65 – www.closdesterressoudees.fr – Fermé 1er janvier-2 avril, 15 novembre-31 décembre*

RÉMALARD-EN-PERCHE

61110 – Orne – Carte régionale n° **17**-C3 – Carte Michelin 310-N4

D'une Île (N)

CUISINE DU TERROIR • MAISON DE CAMPAGNE X L'annexe campagnarde de Septime. On y réalise une cuisine durable, saisonnière et rustique ancrée dans son environnement, ne se nourrissant que des produits de qualité des marchés environnants (Sarthe ou Normandie) - et dans une moindre mesure, de la récolte du potager de la ferme. Côté salle, un lieu rustique chic, décoré avec goût. Dans le même esprit, quelques chambres invitent à s'attarder sur cette colline boisée du Perche, avec arbres fruitiers, ruches ainsi qu'un sauna donnant sur la nature. Une démarche culinaire et humaine très louable.

Carte 33/51 €

Domaine de l'Aunay, lieu-dit l'Aunay – ✆ 02 33 83 01 47 – www.duneile.com – Fermé 6 janvier-22 février

REMIREMONT

88200 – Vosges – Carte régionale n° **12**-C3 – Carte Michelin 314-H4

Le Clos Heurtebise

CUISINE MODERNE • ÉLÉGANT XX Cette engageante maison bourgeoise, tenue par un couple sympathique, propose une cuisine au goût du jour parfumée, rythmée par les saisons – ainsi cette soupe à l'oignon aux escargots, truffes et foie gras poché. La terrasse d'été offre une jolie vue sur les ballons des Vosges.

Spécialités : Bonite, quinoa, vinaigrette sauce soja et sésame. Échine de porc, purée de pomme de terre, jus olives-tomate-marjolaine. Croustillant au grué de cacao, mousse chocolat à la liqueur de sapin.

Menu 31/69 €

13 chemin des Capucins – ✆ 03 29 62 08 04 – www.leclosheurtebise.com – Fermé 17 août-4 septembre, lundi, mercredi, dimanche soir

Poule ou Coq

CUISINE MODERNE • CONVIVIAL X Poule ou Coq ? Un jeu pratiqué par les enfants dans les villages vosgiens… et ce restaurant emmené par un jeune chef, pâtissier de formation. Il propose une cuisine du terroir gourmande et bien ficelée, réalisée à partir de produits de bonne qualité, à déguster dans un intérieur moderne mêlant bois, acier et béton.

Menu 29/39 € – Carte 40/55 €

56 rue Charles-de-Gaulle – ✆ 03 29 26 54 76 – www.restaurant-pouleoucoq.com – Fermé 18 août-2 septembre, lundi

La Quarterelle

CUISINE MODERNE • INTIME X C'est en couple qu'on préside à la destinée de cette Quarterelle. Monsieur concocte une cuisine mâtinée d'épices et madame vous accueille avec le sourire. Pensez à réserver !

Menu 35/39 € - Carte 16/39 €

3 rue de la Carterelle - ✆ 03 29 23 98 69 - Fermé 1er-10 janvier, 30 mars-10 avril, 29 juin-10 juillet, 28 septembre-9 octobre, lundi soir, mardi soir, mercredi, dimanche soir

à Dommartin-lès-Remiremont 5 km à l'Est par D23

Le Karelian

CUISINE MODERNE • CONTEMPORAIN XX Une salle feutrée, épurée, écrin idéal d'une cuisine moderne et créative. Aux fourneaux, le chef n'a de cesse d'affiner son style culinaire. En salle, son épouse évolue avec prestance et professionnalisme. Le séduisant chariot de desserts ravira les amateurs de douceurs.

Menu 32/62 € - Carte 32/64 €

36 rue du Cuchot - ✆ 03 29 62 44 05 - www.lekarelian.com - Fermé 27 juillet-9 août, lundi, dimanche soir

RENAISON

✉ 42370 - Loire - Carte régionale n° **2**-A1 - Carte Michelin 327-C3

Jacques Cœur

CUISINE TRADITIONNELLE • COLORÉ XX "À cœur vaillant, rien d'impossible ! " La devise de Jacques Cœur accompagne le chef, qui ne manque pas d'allant lorsqu'il s'agit de mitonner de bons petits plats de tradition : tête de veau sauce gribiche, terrine de langoustines, etc.

Menu 25/65 €

15 rue de Roanne - ✆ 04 77 64 25 34 - www.restaurant-jacques-coeur.fr - Fermé 6-21 avril, 16 novembre-1er décembre, lundi, mardi, dimanche soir

St-Haon-le-Vieux 3 km au Nord par D8

Auberge du Bon Accueil

CUISINE TRADITIONNELLE • FAMILIAL XX Dans le vignoble de la côte roannaise, en face des caves d'affinage d'un fromager Maître Ouvrier de France, cette agréable auberge, affublée d'un petit jardin et d'une terrasse ombragée, propose une cuisine dans l'air du temps où priment les saisons.

Menu 29/60 €

1301 route de Renaison (La Croix-Lucas) - ✆ 04 77 64 40 72 - www.restaurant-lebonaccueil.fr - Fermé 19 janvier-7 février, 31 août-16 septembre, lundi, mardi soir, mercredi soir, jeudi soir, dimanche soir

RENESCURE

✉ 59173 - Nord - Carte régionale n° **13**-B2 - Carte Michelin 302-C3

La Table de Romain

CUISINE CLASSIQUE • CONVIVIAL X Située au cœur du bourg, en face du château de Zuthove, cette maison de village est le quartier-général d'un jeune chef plein d'allant. Il réalise une cuisine goûteuse, bien ancrée dans la région : recettes, produits, fournisseurs... Le tout dans un intérieur chic et convivial.

Spécialités : Croquettes aux crevettes grises. Potjevlesch, frites fraîches. Mousse glacée au genièvre et sauce chicorée.

Menu 20 € (déjeuner)/32 €

1 rue Gaston-Robbe - ✆ 09 67 35 23 60 - www.tablederomain.kazeo.com - Fermé 1er-15 août, lundi, mardi soir, mercredi soir, jeudi soir, samedi midi, dimanche soir

CatLane/iStock

RENNES

✉ 35000 – Ille-et-Vilaine – Carte régionale n° **7**–D2 – Carte Michelin 309-L6

On aime...

La capitale de la région Bretagne n'a pas encore l'image gastronomique d'une ville comme Bordeaux ou Toulouse. Pourtant, entre mer et campagne, la ville des Transmusicales est en train de devenir un rendez-vous de "foodies" ! Elle le doit beaucoup à l'emblématique marché des Lices dont les premières traces remontent à 1622. Chaque samedi, quelque 300 producteurs et marchands accueillent 10 000 visiteurs dans deux halles historiques. La proximité de la mer est une bénédiction pour les amateurs d'huîtres, qui trouveront de nombreux ostréiculteurs de Cancale et du Morbihan, ainsi que des coquilles Saint-Jacques en direct de la baie de St-Brieuc. Volailles, légumes, fruits ou encore cidres méritent aussi le détour. Évidemment, on ne quitte pas le marché sans avoir croqué dans une galette-saucisse, une tradition du pays.

Hussenot/SoFood/Photononstop

Restaurants

Racines (Virginie Giboire)

CUISINE MODERNE • COSY XX Quand une jeune cheffe rennaise pleine de talent, Virginie Giboire, ouvre son premier restaurant dans sa ville natale, elle l'appelle forcément Racines ! Elle est dotée d'un CV en or massif dont on retiendra seulement ses postes aux côtés de Guy Martin et de Thierry Marx qui, dit-elle "lui a tout appris". Elle passe ses commandes avec son voisin, le chef Julien Lemarié du restaurant étoilé IMA, situé dans la rue d'à côté. Avec ces beaux produits, venus des nombreux petits producteurs bretons, elle compose une cuisine intelligente et limpide, qui tombe toujours juste, organisée autour d'une carte courte. Jeux de textures intéressants, subtilité des associations de saveurs... Le tout dans une ambiance feutrée et intimiste et une cuisine ouverte sur un côté.

Spécialités : Cuisine du marché.

Menu 32€ (déjeuner), 55/70€

Plan A3-p – *12 rue de l'Arsenal Déménagement prévu au printemps – 02 99 65 64 21 – www.racines-restaurant.fr – Fermé 24 décembre-2 janvier, lundi, samedi midi, dimanche*

Holen (N) (Tugdual Debéthune)

CUISINE DU MARCHÉ • COSY X "La saisonnalité dans l'assiette" : tel est le credo de ce chef talentueux, au parcours étincelant (Auberge de l'Ill, Michel Bras, Emile Yung). Ses recettes, aux influences bretonnes, confirment son attachement aux meilleurs produits : légumes de petits producteurs locaux élevés en permaculture, poissons issus de petits chaluts côtiers et non de pêche intensive (ce qui lui vaut d'être labélisé Greenfood). Holen possède également son potager et compost. Dans l'assiette, une cuisine éthique et goûteuse, finement réalisée d'un très bon rapport qualité prix, comme ce médaillon de lotte rôti à la laitue de mer, ou le "clafoutis", fraises confites et crème glacée shiso. A déguster dans un bistrot relooké et décontracté aux matières naturelles. Un petit bonheur.

Spécialités : Cuisine du marché.

Menu 32/45€

Plan B3-p – *2 rue des Carmes – 02 99 79 28 95 – restaurant-holen.fr – Fermé 24 mai-3 juin, 22 août-7 septembre, 24 décembre-8 janvier, lundi, dimanche*

Ima (Julien Lemarié)

CUISINE MODERNE • ÉPURÉ X "La cuisine a toujours été pour moi un moyen de voyager", explique le chef Julien Lemarié, qui a promené ses couteaux de Londres à Tokyo en passant par Singapour. Le nom de son restaurant, IMA, signifie "maintenant" en Japonais. Fort de préparations irréprochables, le voyage culinaire se déroule en temps réel sur un grand comptoir à manger. Le menu dégustation navigue entre terroir rennais et influences subtilement asiatiques. Technicien sorcier, le chef transcende chacun des plats à coup de bouillons, d'infusions, d'épices aromatiques et d'algues. Son œuf à la cuisson parfaite, jaune coulant et blanc crémeux, entouré d'une émulsion à l'anis vert et saupoudré de paillettes d'algues nori, continuera longtemps à faire parler de lui...

Spécialités : Thon blanc, miso, tomate et tagète citronnée. Saint-pierre, betterave et hibiscus, épinard de Malabar. Noisette, thé matcha et vinaigre de prune.

Menu 30€ (déjeuner), 70/90€

Plan A3-n – *20 boulevard de la Tour-d'Auvergne – 02 23 47 82 74 – www.ima.restaurant – Fermé 26 juillet-25 août, 29 décembre-7 janvier, lundi, mardi, dimanche*

Essentiel

CUISINE MODERNE • CONTEMPORAIN XX Sur le pittoresque canal d'Ille-et-Rance, un bâtiment original, tout de verre vêtu, prolongé d'une agréable terrasse face au canal. Bois, briques, tons gris : le lieu évoque un loft urbain. Bien installée aux commandes, la cheffe Blandine Lucas y propose d'alléchantes adresses dans l'air du temps.

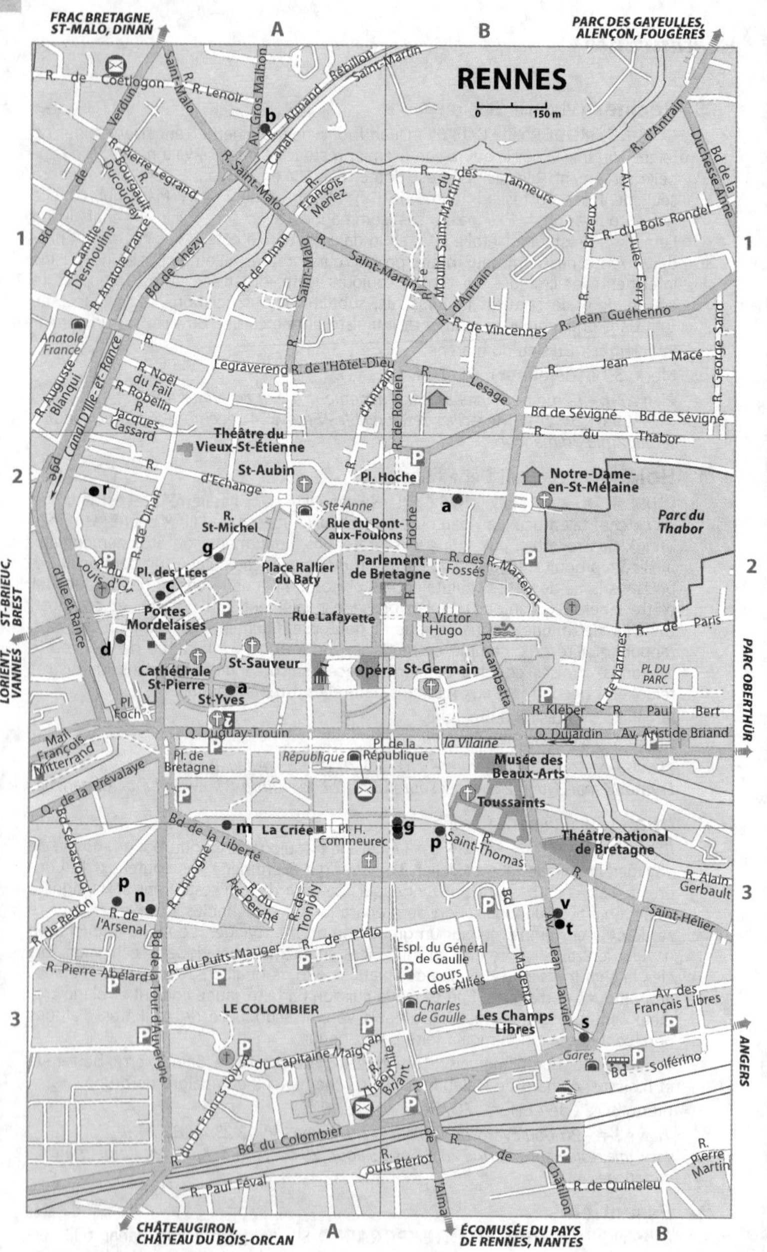
RENNES
FRAC BRETAGNE, ST-MALO, DINAN
PARC DES GAYEULLES, ALENÇON, FOUGÈRES
LORIENT, VANNES
ST-BRIEUC, BREST
PARC OBERTHÜR
ANGERS
CHÂTEAUGIRON, CHÂTEAU DU BOIS-ORCAN
ÉCOMUSÉE DU PAYS DE RENNES, NANTES
Théâtre du Vieux-St-Étienne
St-Aubin
Pl. Hoche
Notre-Dame-en-St-Mélaine
Parc du Thabor
Rue du Pont-aux-Foulons
Place Rallier du Baty
Parlement de Bretagne
Pl. des Lices
Portes Mordelaises
Rue Lafayette
St-Sauveur
Cathédrale St-Pierre
St-Yves
Opéra
St-Germain
Musée des Beaux-Arts
Toussaints
La Criée
Théâtre national de Bretagne
LE COLOMBIER
Les Champs Libres
Espl. du Général de Gaulle
Cours des Alliés
Gares
Anatole France
Ste-Anne
République
Charles de Gaulle
Pl. de la République
Pl. de Bretagne
Pl. Foch
Pl. H. Commeurec
PL DU PARC
la Vilaine
Canal d'Ille-et-Rance
Mail François Mitterrand
Bd de la Liberté
Bd du Colombier
Bd Solférino
Bd de Sévigné
R. de Paris
Q. Duguay-Trouin
Q. Dujardin
Av. Aristide Briand
R. de l'Hôtel-Dieu
R. Jean Guéhenno
R. Jean Macé
R. d'Antrain
R. Saint-Malo
R. Saint-Martin
R. de Dinan
R. Paul Féval
R. de Quineleu
R. de Chatillon
R. de Redon
R. Pierre Abélard
R. du Puits Mauger
R. de Plélo
R. du Capitaine Maignan
Av. Jean Janvier
Bd Magenta
R. Alain Gerbault
R. Saint-Hélier
Av. des Français Libres
R. Kléber
R. Paul Bert
R. Gambetta
R. Victor Hugo
R. Saint-Thomas
R. d'Echange
R. St-Michel
Bd Sébastopol
R. de l'Arsenal
Bd de la Tour d'Auvergne
R. Chicogné
R. de Tronjoly
R. Louis Blériot
R. de l'Alma
Av. Gros Malhon
R. de Coëtlogon
Bd de Verdun
Bd de Chézy
R. Legraverend
R. Lesage
R. du Thabor
R. Hoche
R. de Robien
R. des Fossés
R. Martenot
Bd de la Duchesse Anne
R. du Bois Rondel
Av. Jules Ferry
R. Brizeux
R. George Sand
R. de Vincennes
R. des Tanneurs
R. du Moulin Saint-Martin
R. François Menez
Canal Saint-Martin
R. Armand Rébillon
R. Lenoir
R. Pierre Legrand
R. Bourgault Ducoudray
R. Camille Desmoulins
R. Anatole France
R. Auguste Blanqui
R. Noël du Fail
R. Robelin
R. Jacques Cassard
R. du Louis d'Or
Q. de la Prévalaye
R. du Pré Perché
R. Théophile Briant
R. du Dr Francis Joly
R. de Viarmes
R. Pierre Martin
0 150 m
A
B
1
2
3

Spécialités : Œuf parfait, betterave, comté et granny smith. Pluma de cochon, persil, tomate, olive noire. Éclair au yuzu, meringue et glace au sésame noir.

Menu 22 € (déjeuner), 34/45 €

Plan A1-b – *11 rue Armand-Rébillon – ✆ 02 99 14 25 14 – www.restaurantessentiel.com – Fermé 2-24 août, lundi, dimanche*

La Petite Ourse

CUISINE DU MARCHÉ • BISTRO De retour sur les lieux de leur rencontre, Charlotte et Germain ont ouvert ce restaurant à leur image : convivial et respirant la joie de vivre ! Le succès fut immédiat, et pour cause : produits choisis avec soin (maraîcher et volailles bio du coin, idem pour le pain paysan), assiettes pleines de goût et de bonnes idées, cuisine simple et efficace à des tarifs plus que raisonnables...

Spécialités : Ravioles de betterave, crème fumée au foin. Maquereau, nouilles sarrasin, beurre de nage, pickles. Pavlova, rhubarbe, fraises, oxalys.

Menu 17 €

Plan B3-m – *48 boulevard de la Liberté – ✆ 09 52 84 33 61 – restaurantlapetiteourse.com – Fermé 2-24 août, samedi, dimanche et le soir*

La Fontaine aux Perles

CUISINE MODERNE • ÉLÉGANT Ce petit manoir du 19ᵉ s., assoupi à l'ombre d'un jardin arboré, propose une cuisine d'inspiration régionale, au plus près des saisons, avec une prédilection pour les produits de la mer. On s'installe dans les salons contemporains et design, riches en œuvres d'art, ou sur la jolie terrasse, en été.

Menu 34 € (déjeuner), 49/89 € – Carte 68/102 €

Hors plan – *96 rue de la Poterie (quartier de la Poterie) – ✆ 02 99 53 90 90 – www.lafontaineauxperles.com – Fermé lundi, dimanche soir*

Le Galopin

CUISINE TRADITIONNELLE • COSY Un sympathique restaurant à la façade rétro, avec banquettes, vivier, et salle feutrée entièrement rénovée. La carte, entre terre et mer – dont un menu homard –, manifeste un vrai souci de qualité.

Menu 33/43 € – Carte 40/70 €

Plan B3-v – *21 avenue Janvier – ✆ 02 99 31 55 96 – www.legalopin.fr – Fermé 1er-15 août, samedi midi, dimanche*

Le Carré

CUISINE MODERNE • HISTORIQUE Cet ancien hôtel particulier du 17ᵉ s. dispose de deux salles principales, mariant l'ancien au moderne. Le chef réalise une cuisine au goût du jour, élaborée à partir de produits de choix, avec une prédisposition pour les desserts. Cave de dégustation au sous-sol.

Menu 24 € (déjeuner), 36/72 € – Carte 43/66 €

Plan A2-c – *34 place des Lices – ✆ 02 23 40 21 21 – www.lecarrerennes.fr – Fermé 9-24 août, lundi, dimanche*

La Table du Balthazar

CUISINE MODERNE • COSY La courte carte, très alléchante, laisse entrevoir de belles assiettes de saison. Une bonne impression confirmée pendant le repas, avec des préparations sobres et soignées, où retentissent des saveurs harmonieuses. Quant à la disposition des tables, au coude-à-coude, elle est la garantie d'un repas animé !

Menu 33/69 €

Plan B2-g – *Balthazar Hôtel & Spa, 28 rue Vasselot – ✆ 02 99 32 76 14 – www.hotel-balthazar.com – Fermé samedi midi, dimanche soir*

Bercail

CUISINE DU MARCHÉ • CONTEMPORAIN Dans un coin animé du vieux centre, deux jeunes pleins de talent, Sibylle et Grégoire, composent à quatre mains une cuisine bistronomique de premier ordre. Les assiettes pétillent de saveurs, les produits varient au gré du marché, on profite même de leurs judicieux conseils sur le vin. Une adresse attachante.

Menu 24 € (déjeuner), 43/56 €

Plan B2-a – *33 rue Saint-Melaine – ✆ 02 99 87 50 25 – www.bercail-restaurant.com – Fermé lundi, mardi midi, samedi midi, dimanche*

Crêperie La Saint-Georges

CUISINE BRETONNE · TENDANCE Dans une vieille rue piétonne du centre historique de Rennes, cette demeure du 17ᵉs. à colombages dissimule un petit paradis pour amateurs de galettes et de crêpes, traditionnelles ou originales, toutes cuites avec soin et parfumées. Si la crêperie affiche complet, même enseigne et même carte rue Jules Simon.

Carte 14/28 €

Plan A2-a – *11 rue du Chapitre – 02 99 38 87 04 – www.creperie-saintgeorges.fr – Fermé 1er-13 janvier, lundi, dimanche*

Le Paris-Brest N

CUISINE MODERNE · CONTEMPORAIN La désormais ultra-moderne gare de Rennes s'est choisie un cuisinier breton emblématique pour réinventer son buffet de gare : Christian le Squer, chef du restaurant 3 étoiles du George V à Paris. Il revisite avec gourmandise la cuisine traditionnelle de ses origines - ainsi le kouign amann salé en soupe de lait ribot, la poitrine de cochon confite et caramélisée, ou le Paris-Brest. On se régale.

Menu 48 € – Carte 33/48 €

Plan B3-s – *Place de la Gare, Niveau 1, hall départs – 02 99 53 59 89 – www.parisbrest.bzh*

Pierre - Restaurant de Copains N

CUISINE TRADITIONNELLE · CONTEMPORAIN Pierre Eon, jeune chef médiatisé lors de Top Chef 2016, a ouvert cette table dans sa ville natale. Dans un cadre actuel, il propose une goûteuse cuisine du marché aux influences bistrotières agréablement dépoussiérées - maquereau au vin blanc, sauté de veau, mais aussi, au dîner, une "bouillabreizh" (saint-pierre, langoustines, dorade). C'est soigné, franc, et parfumé. Bien joué.

Menu 19 € (déjeuner) – Carte 35/50 €

Plan A2-d – *33 rue Nantaise – 02 99 65 51 30 – Fermé 10 août-1er septembre, 20 décembre-3 janvier, lundi, dimanche*

Hôtels

Balthazar Hôtel & Spa

BOUTIQUE HÔTEL · ÉLÉGANT Inauguré mi-2014, l'établissement s'impose d'emblée comme le meilleur de la ville : derrière une belle façade classique, peinte de gris perle, les aménagements allient lignes élégantes et larges volumes, matières naturelles et ambiance feutrée, services de qualité et agréable spa... Un ensemble contemporain qui fera date.

56 chambres – 160/550 € – 25 €

Plan B2-g – *19 rue du Maréchal-Joffre – 02 99 32 32 32 – www.hotel-balthazar.com*

La Table du Balthazar – Voir la sélection des restaurants

Le Saint-Antoine

BOUTIQUE HÔTEL · PERSONNALISÉ Une grande façade de verre sur une avenue passante entre gare et centre-ville, pour cet hôtel ouvert en janvier 2016. Le décor des chambres joue la sobriété et la modernité. Au sous-sol, le joli spa propose hammam et bassin de nage à contre-courant.

60 chambres – 120/300 € – 19 € – 1 suite

Plan B3-t – *27 avenue Jean-Janvier – 02 23 44 33 33 – www.saint-antoine-hotel.fr*

Magic Hall

BOUTIQUE HÔTEL • PERSONNALISÉ Cet ancien bâtiment de l'armée, un temps transformé en cinéma, s'est réinventé en hôtel. Les chambres jouent sur l'originalité, autour de quatre thèmes : théâtre, cinéma, musique et danse. Il y a même un studio de répétition ! Le copieux petit-déjeuner achèvera de vous convaincre de la magie des lieux. Résolument atypique.

19 chambres – 75/250 € – 14 €

Plan A2-r – *17 Rue de la Quintaine – 02 99 66 21 83 – www.lemagichall.com – Fermé 22-26 décembre*

à Cesson-Sévigné 6 km à l'Est – Carte régionale n° **7**-D2

Zest

CUISINE MODERNE • SIMPLE X La terrasse arborée, au bord de la Vilaine, est souvent prise d'assaut... et pour cause, on s'y sent bien ! Mais le succès de ce Zest tient surtout au travail d'un chef appliqué, qui régale les papilles à grands coups de recettes pétillantes et savoureuses. Service souriant et prévenant.

Spécialités : Ceviche de daurade royale, leche de tigre au jus de kalamensi. Dos de saumon laqué au kumquat, bouillon dashi au galanga, riz à sushi croustillant. Pavlova aux fruits exotiques.

Menu 21 € (déjeuner), 33/54 €

Hors plan – *32 cours de la Vilaine – 02 99 83 82 06 – www.restaurant-zest.fr – Fermé 7-15 avril, 15 septembre-1er octobre, 23 décembre-7 janvier, lundi, mardi soir, mercredi soir, dimanche*

Le Germinal

CUISINE TRADITIONNELLE • TENDANCE XX Une terrasse aux airs de pont de bateau avec vue plongeante sur la rivière... Ah, la douceur champêtre d'un moulin sur la Vilaine ! Dans ce très sympathique restaurant, on savoure une cuisine traditionnelle bien tournée.

Menu 22 € (déjeuner), 33/43 €

Hors plan – *9 cours de la Vilaine – 02 99 83 11 01 – www.legerminal.com – Fermé 14 février-1er mars, 1er-25 août, 21 décembre-5 janvier, samedi, dimanche*

à Noyal-sur-Vilaine 12 km à l'Est – Carte régionale n° **7**-D2

Auberge du Pont d'Acigné (Sylvain Guillemot)

CUISINE MODERNE • ÉLÉGANT XXX Aux portes de Rennes, le long de la Vilaine, cette maison en granit mérite toute notre attention. Les propriétaires, Sylvain Guillemot et son épouse Marie-Pierre, se sont rencontrés chez Alain Passard. Ce chef au métier solide, qui revendique une "cuisine d'instant et d'instinct" travaille le terroir avec inventivité, et une maîtrise de tous les instants. Il bichonne particulièrement ses relations avec ses amis producteurs, dont certains sont bien connus, comme l'éleveur de volailles Paul Renault ou le beurrier fromager Jean-Yves Bordier. Le cadre, élégant et lumineux, la terrasse en bord de la Vilaine, comme le service, très agréable, ajoutent au plaisir de cette parenthèse gastronomique. Très beau choix de vins.

Spécialités : Tarte de petits pois et raviole de coques. Thon rouge, piment "petit bec" et criste marine. Framboises, mousse de concombre.

Menu 28 € (déjeuner), 55/120 € – Carte 60/130 €

Hors plan – *lieu-dit Pont d'Acigné – 02 99 62 52 55 – www.auberge-du-pont-dacigne.com – Fermé 1er-8 janvier, 11-22 avril, 2-26 août, 21 octobre-2 novembre, lundi, mardi, dimanche soir*

Les Forges

CUISINE TRADITIONNELLE • FAMILIAL XX Cette auberge, située au bord de la route, est installée dans les anciennes forges de la ville. On se restaure dans des salles sobres et blanches. Côté cuisine, on est en plein dans la tradition : tout est fait maison et le chef travaille comme un véritable artisan.

Menu 17 € (déjeuner), 26/38 € – Carte 30/46 €

Hors plan – *22 avenue du Général-de-Gaulle – 02 99 00 51 08 – Fermé 22 février-1er mars, 3-27 août, vendredi soir, samedi, dimanche soir*

Le Rheu 8 km à l'Ouest par N24 et D129

Les Tourelles

CUISINE MODERNE • ROMANTIQUE XXX Bienvenue au château ! Installez-vous sous les plafonds en ogive et les boiseries pour découvrir une cuisine d'aujourd'hui, créative, valorisant les produits locaux. À déguster en terrasse, l'été, face au vaste parc.

Menu 29/80 € – Carte 64/65 €

Hors plan – *Château d'Apigné, route de Chavagne – ✆ 02 99 14 80 66 – https://www.chateau-apigne.fr – Fermé 24 février-1er mars, 26 octobre-1er novembre, lundi, mardi midi, mercredi midi, samedi midi, dimanche soir*

Château d'Apigné

DEMEURE HISTORIQUE • PERSONNALISÉ Envie de jouer les aristocrates le temps d'une escapade en Bretagne ? Dans ce cas, cet élégant château néo-Renaissance (1833), au cœur d'un parc immense, est fait pour vous ! Vous apprécierez les chambres alliant classicisme et raffinement : boiseries, moulures, parquet d'époque... Préférez le château au pavillon.

16 chambres – 100/300 € – 18 €

Hors plan – *route de Chavagne – ✆ 02 99 14 80 66 – www.chateau-apigne.fr – Fermé 24 février-1er mars, 26 octobre-2 novembre*

Les Tourelles – Voir la sélection des restaurants

à St-Grégoire 3 km au Nord par D82 – Carte régionale n° **7**-D2

Le Saison (David Etcheverry)

CUISINE MODERNE • ÉLÉGANT XXX Ce pourrait être une simple longère aux portes de Rennes, c'est un petit havre de design contemporain, élégant et lumineux... Né au Pays basque, fils de paysans, David Etcheverry a trouvé en Bretagne un petit monde de producteurs et de pêcheurs qui n'est pas sans lui rappeler sa terre natale. Le repas n'en est que plus agréable : le chef signe une cuisine de saison très soignée, centrée sur le produit et subtile dans ses effets. Et il parvient même à marier ses deux cultures, basque et bretonne, dans son dessert-signature : un kouign amann et sa girolle de fromage de brebis, accompagné d'une glace au pain brûlé...

Spécialités : Langoustines royales au vieux rhum, avocat et gingembre. Pigeonneau cuisiné en cocotte, céleri, kumquat et pain d'épice. Feuilles caramélisées, concombre, framboise et fleur d'oranger.

Menu 36 € (déjeuner), 58/98 € – Carte 92/142 €

Hors plan – *Les Patios, Impasse du Vieux-Bourg (près de l'église) – ✆ 02 99 68 79 35 – www.le-saison.com – Fermé lundi, dimanche soir*

Les Patios

BOUTIQUE HÔTEL • ÉPURÉ Lassé par l'agitation de la ville ? Faites une pause dans cet hôtel situé à 6 km au nord de Rennes. Avec son joli jardin et son décor zen et épuré, l'endroit respire la sérénité. Et les chambres, immenses et très soignées, comptent incontestablement parmi les plus belles de la métropole rennaise...

5 chambres – 195/215 €

Hors plan – *Impasse du Vieux-Bourg (près de l'église) – ✆ 02 99 68 79 35 – www.le-saison.com*

Le Saison – Voir la sélection des restaurants

REPLONGES

✉ 01750 – Ain – Carte régionale n° **2**-B1 – Carte Michelin 328-C3

La Huchette (Didier Goiffon)

CUISINE MODERNE • CONTEMPORAIN XX Après 19 ans passés à La Marelle, dans les environs de Bourg-en-Bresse, Sandra et Didier Goiffon ont pris leurs quartiers aux portes de Mâcon. L'auberge, datant des années 1950, a été joliment restaurée tout en conservant son cachet historique, et notamment ces fresques de chasse de la maison alsacienne Zuber. Là, le chef propose la cuisine qui lui ressemble : récréative et spontanée, basée sur des produits de choix (maraîchers du val de Saône, par exemple), avec juste ce qu'il faut de créativité. Bref, c'est un plaisir, que l'on peut même prolonger en réservant l'une des confortables chambres.

Spécialités : Œuf fermier en pickles, crémeux de maïs. La "bouillabresse". Poire tapée au vin jaune.

Menu 49/98 €

372 route de Bourg – ✆ 03 85 31 03 55 – www.lahuchette.fr – Fermé lundi, dimanche, le midi sauf samedi

RESTONICA (GORGES DE LA) - Haute-Corse (2B) ➜ Voir Corse (Corte)

RETHONDES - Oise (60) ➜ Voir Compiègne

REUGNY

✉ 03190 – Allier – Carte régionale n° **1**-B1 – Carte Michelin 326-C4

La Table de Reugny

CUISINE MODERNE • CONVIVIAL XX Dans les cuisines de cette jolie maison rose aux volets blancs, Jean-Luc Sanguillon a la main sûre. "Mon plus grand bonheur, explique-t-il, est de donner une émotion à mes convives. " C'est plutôt réussi : les plats du terroir ne manquent ni d'énergie, ni de générosité.

Menu 24/56 €

25 route de Paris – ✆ 04 70 06 70 06 – www.restaurant-reugny.com – Fermé 2-15 janvier, 17 août-18 septembre, lundi, mardi, dimanche soir

REUILLY

✉ 36260 – Indre – Carte régionale n° **8**-C3 – Carte Michelin 323-I4

Les 3 Cépages

CUISINE MODERNE • CONTEMPORAIN XX En plein cœur du Berry, au centre du célèbre village viticole de Reuilly, cet ancien hôtel à la façade blanche a trouvé un second souffle sous la houlette d'un couple japonais passionné de cuisine française. On réalise ici une cuisine fine, savoureuse et bien maîtrisée, à partir de produits de belle qualité.

Menu 30 € (déjeuner), 48/88 €

17 rue de la Gare – ✆ 02 54 03 23 13 – www.les-3-cepages.com – Fermé 2-17 janvier, lundi, mardi, dimanche soir

REUILLY-SAUVIGNY

✉ 02850 – Aisne – Carte régionale n° **14**-C3 – Carte Michelin 306-D8

Auberge Le Relais

CUISINE MODERNE • COSY XXX Cette auberge élégante, avec sa véranda tournée vers les vignes et la verdure, propose une cuisine honnête, entre tradition et modernité.

Menu 33/95 € – Carte 80/140 €

2 rue de Paris – ✆ 03 23 70 35 36 – www.relaisreuilly.com – Fermé 17 août-3 septembre, mardi, mercredi

REVIGNY-SUR-ORNAIN

✉ 55800 – Meuse – Carte régionale n° **12**-A2 – Carte Michelin 307-A6

La Maison Forte

HISTORIQUE • PERSONNALISÉ Cette demeure du 18e s. fut jadis la propriété du duc de Bar, puis du duc de Lorraine. Les chambres ont été personnalisées dans des tons doux, avec de jolis matériaux (pierre, tomettes) ; au petit-déjeuner, on se régale de confitures et tartes maison.

5 chambres – 85/140 €

6 place Henriot-du-Coudray – ✆ 06 63 46 03 26 – www.lamaisonforte.fr

REXINGEN

✉ 67320 – Bas-Rhin – Carte régionale n° **10**-A1 – Carte Michelin 315-H3

La Charrue Ⓝ

CUISINE TRADITIONNELLE • AUBERGE Cet établissement familial (père et fille en cuisine, la mère en salle) propose une cuisine traditionnelle inspirée de jolis produits (foie gras de canard "origine Alsace" au Gewurztraminer, abricot et jus de clair de fraise ; homard de petite pêche aux girolles fraîches, mousseline de pomme de terre). Menu unique et plus simple le midi. Réservation fortement conseillée.

Menu 14 € (déjeuner), 32/59 € – Carte 45/55 €

13 rue Principale – ✆ 03 88 01 77 36 – Fermé 22 juin-7 juillet, lundi, mardi, mercredi soir

LE RHEU – Ille-et-Vilaine (35) → Voir Rennes

RHINAU

✉ 67860 – Bas-Rhin – Carte régionale n° **10**-B2 – Carte Michelin 315-K7

Au Vieux Couvent (Alexis Albrecht)

CUISINE CRÉATIVE • CONTEMPORAIN On repère de loin cette engageante maison couleur terre, ornée de quelques colombages emblématiques du Bas-Rhin, et située près des berges fleuries du Brunnwasser : une ancienne dépendance de l'abbaye cistercienne de Koenigsbruck. À l'intérieur, une salle baignée de lumière dont les tons chauds s'accordent au crépi extérieur, mais aussi à l'esthétique bucolique du lieu. Dans l'assiette, on profite du travail d'Alexis Albrecht, passé au fameux Crocodile, chez les frères Pourcel à Montpellier et même chez Jacques Maximin en Provence. Sa cuisine s'inscrit dans l'histoire de son terroir, qu'il revisite avec inventivité. Dès qu'il le peut, il met en avant les poissons des rivières alsaciennes... et les bons légumes du potager familial.

Spécialités : Œuf de ferme sur un lit de blette et d'olive, sauce aurore au parmesan. Brochet du Rhin, légumes du potager et vinaigrette blanche à l'huile de tagète. Éphémère à la crème de citron, fruits frais et sorbet à la fraise.

Menu 39/104 € – Carte 75/105 €

6 rue des Chanoines – ✆ 03 88 74 61 15 – www.vieuxcouvent.fr – Fermé 17 février-6 mars, 6-24 juillet, lundi soir, mardi, mercredi

RIBEAUVILLÉ

✉ 68150 – Haut-Rhin – Carte régionale n° **10**-C2 – Carte Michelin 315-H7

Auberge du Parc Carola

CUISINE MODERNE • CONTEMPORAIN La jeune chef allemande, Michaela Peters, continue de régaler les gourmands à quelques pas de la source Carola. Avec son compagnon pâtissier, elle signe une cuisine sincère et inspirée, en utilisant de beaux produits de saison : champignons et gibier, truffe, asperges... Jolie terrasse sous les arbres.

Spécialités : Œuf parfait, jambon ibérique et purée de petits pois. Rumsteck d'agneau grillé au romarin, tomates à la provençale et mousseline de pommes de terre. Quetsches pochées au pinot noir, glace au poivre du Sichuan.

Menu 27 € (déjeuner), 36/68 € – Carte 56/75 €

48 route de Bergheim – ✆ 03 89 86 05 75 – www.auberge-parc-carola.com – Fermé 9 février-11 mars, 16 août-2 septembre, 25 octobre-11 novembre, lundi soir, mardi, mercredi

Au Relais des Ménétriers

CUISINE MODERNE · COSY XX Le temps est loin où les ménétriers, ces violonistes itinérants, allaient d'auberge en auberge... mais l'hospitalité est toujours la règle en ce relais, comme les bons plats ! Le chef concocte une bonne cuisine dans l'air du temps, qui met en valeur le terroir alsacien. Le résultat est là : générosité et goût.

Spécialités : Terrine de veau, volaille et foie gras. Dos de cabillaud, crémeux ricotta, fromage blanc. Pavlova aux myrtilles et framboises.

Menu 17 € (déjeuner), 33/45 € – Carte 48/62 €

10 avenue du Général-de-Gaulle – ✆ 03 89 73 64 52 – www.restaurant-menetriers.com – Fermé 23 février-10 mars, 9-28 juillet, 12-20 novembre, lundi, jeudi soir, dimanche soir

Wistub Zum Pfifferhüs

CUISINE ALSACIENNE · RUSTIQUE X Cette charmante winstub est un modèle du genre (boiseries, vieilles poutres, fresques) ; la convivialité règne, surtout lors du Pfifferdaj (fête des ménétriers). Le chef tient à ce que tout soit fait maison et défend avec amour la cuisine du terroir.

Menu 26 €

14 Grand'Rue – ✆ 03 89 73 62 28 – Fermé mercredi, jeudi

Le Clos St-Vincent

TRADITIONNEL · PERSONNALISÉ Quelle vue sur la plaine d'Alsace ! Des vignes, des montagnes... Devant cette grande et belle maison, elles se déroulent à perte de vue. Les chambres y sont spacieuses, toutes personnalisées et confortables. Et pour se détendre, on file à l'espace bien-être pour profiter du sauna et du jacuzzi.

19 chambres – 170/340 € – 19 € – 4 suites

1 lieu-dit Spiegel – ✆ 03 89 73 67 65 – www.leclossaintvincent.com – Fermé 14 décembre-19 mars

LES RICEYS

✉ 10340 – Aube – Carte régionale n° **11**-B3 – Carte Michelin 313-G6

Le Magny

CUISINE TRADITIONNELLE · AUBERGE XX Une auberge au cadre champêtre, où le chef aime travailler produits du terroir et poissons, clin d'œil à sa Bretagne natale. Sur la carte des vins, les champagnes de l'Aube ont la part belle. Une sympathique adresse.

Menu 17/55 € – Carte 30/55 €

38 rue du Général-Leclerc – ✆ 03 25 29 38 39 – www.hotel-lemagny.com – Fermé 6 janvier-2 mars, 23-28 août, mardi, mercredi

Le Marius 

AUBERGE · COSY Ces quatre belles maisons du 16e s. ont appartenu à Marius, le grand-père de l'actuelle propriétaire. On est ici chez des vignerons ; poutres, cheminées et pierres apparentes donnent un vrai charme aux onze chambres dont les noms sont très... champenois. Une adresse où l'on se sent bien.

11 chambres – 65/160 € – 11 €

2 place de l'Eglise – ✆ 03 25 29 31 65 – www.hotel-le-marius.com – Fermé 11 novembre-13 janvier

RICHARDMENIL

✉ 54630 – Meurthe-et-Moselle – Carte régionale n° **12**–B2 – Carte Michelin 307-I7

Le Bon Accueil

CUISINE MODERNE • FAMILIAL XX Il y a d'abord le charme suranné de cette maison typique des années 1960… il y a ensuite l'association d'un frère (aux fourneaux) et d'une sœur (en salle), qui l'un et l'autre ne cessent de gagner en assurance. Cuisine dans l'air du temps, jolie cave à vins, agréable terrasse pour les beaux jours : bingo.

Spécialités : Carpaccio de poulpe, chorizo ibérique, tomates multicolores. Suprême de pintade, champignons de Paris, mûre et cœur de sucrine. Abricot cuit à la verveine, crumble et glace yaourt.

Menu 32/57 € – Carte 49/65 €

1 rue de Laval – ✆ 03 83 25 62 10 – www.aubonaccueil-restaurant.com – Fermé lundi, mercredi soir, dimanche soir

RICHERENCHES

✉ 84600 – Vaucluse – Carte régionale n° **24**–A2 – Carte Michelin 332-C7

O'Rabasse

CUISINE MODERNE • FAMILIAL X Repris par un jeune couple de la région, O'Rabasse continue de célébrer la gourmandise au cœur de la "capitale de la truffe". Tout est fait maison par le chef, avec l'appui de fournisseurs locaux, et dans le respect scrupuleux des saisons. On passe un agréable moment, d'autant que l'accueil est souriant et le service efficace.

Menu 33/120 €

*5 place de la Pompe – ✆ 09 52 97 34 93 – www.orabasse.com –
Fermé 16 mars-6 avril, 19 octobre-9 novembre, mardi, mercredi, jeudi midi*

RIEDISHEIM – Haut-Rhin (68) ➜ Voir Mulhouse

RILLY-LA-MONTAGNE – Marne (51) ➜ Voir Reims

RIMBACH-PRÈS-GUEBWILLER – Haut-Rhin (68) ➜ Voir Guebwiller

RIOM

✉ 63200 – Puy-de-Dôme – Carte régionale n° **1**–B2 – Carte Michelin 326-F7

Le Flamboyant

CUISINE MODERNE • INTIME XX Ce restaurant a été créé dans une ancienne école de filles. Que les gourmands se détendent, les interrogations écrites n'y ont plus cours depuis longtemps ! À présent, installé dans trois petites salles (dont une en mezzanine), on apprécie une cuisine… aux notes actuelles.

Menu 22 € (déjeuner), 38/48 €

*21 bis rue de l'Horloge – ✆ 04 73 63 07 97 – www.restaurant-le-flamboyant.com –
Fermé 1er-13 janvier, 1er-15 juillet, lundi, mercredi soir, dimanche soir*

Le Moulin de Villeroze

CUISINE MODERNE • ÉLÉGANT XX Dans la salle élégante de ce moulin bâti à la fin du 19e s, près de la cheminée ou sur la terrasse, les gourmands apprécient des recettes dans l'air du temps. La carte est saisonnière, mais vous trouverez toute l'année le dessert emblématique de la maison, la pomme de Marsat, accompagnée d'une crème légère au beurre salé et tuiles de sésame.

Menu 30/62 € – Carte 55/85 €

*144 route de Marsat – ✆ 04 73 38 62 23 – www.le-moulin-de-villeroze.fr –
Fermé 27 avril-4 mai, 23 août-11 septembre, lundi, mercredi soir, dimanche soir*

RIONS

✉ 33410 – Gironde – Carte régionale n° **18**–B2 – Carte Michelin 335-I6

Le Chaudron d'Anna

CUISINE TRADITIONNELLE • AUBERGE Stéphane Floris a baptisé son restaurant en hommage à sa grand-mère Anna, qui lui mitonnait de bons petits plats lorsqu'il était gamin... et dont le portrait trône aujourd'hui près de l'entrée du restaurant ! Perpétuant cet héritage, il compose une cuisine de saison, imprégnée par le terroir régional, qu'il agrémente à sa manière très personnelle.

Spécialités : Emietté de crabe aux agrumes, papaye, crème d'avocat et huile de pamplemousse. Dos de maigre, jus de veau, risotto et écume persil. Sablé cœur d'amande, framboises et crémeux pistache.

Menu 18 € (déjeuner), 29/39 € - Carte 39/55 €

4-5 place Cazeaux-Cazalet - ✆ 05 56 27 43 31 - www.lechaudrondanna.com - Fermé lundi, mardi soir, mercredi soir, dimanche

RIORGES - Loire (42) → Voir Roanne

RIQUEWIHR

✉ 68340 - Haut-Rhin - Carte régionale n° **10**-C2 - Carte Michelin 315-H8

La Table du Gourmet (Jean-Luc Brendel)

CUISINE CRÉATIVE • CONTEMPORAIN À Riquewihr, Jean-Luc Brendel a construit tout un écosystème : en plus de son restaurant gastronomique, il possède une winstub moderne, ainsi que des chambres d'hôtes haut de gamme pour faire étape. À la Table du Gourmet, en plein cœur de la cité, le chef cuisine de supers produits de saison, avec du soin et ce qu'il faut de créativité pour sortir des sentiers battus. Son menu "Du jardin à l'assiette" met en valeur les produits de son potager bio, comme ce délicieux chou kale venu accompagner du gibier... alsacien, forcément. L'Alsace domine aussi la carte des vins, avec toutefois quelques touches de Bourgogne, et le tout se déguste dans un décor entre cachet ancien (la maison date du 16e s.) et notes plus contemporaines au niveau du mobilier et de l'éclairage. Une valeur sûre.

Spécialités : Omble chevalier, oxalis et lait d'écorce de sapin. Chevreuil cuisiné sur la braise, moutarde de figue et jus intense. Soufflé de carotte, sorbet lime et romarin.

Menu 38 € (déjeuner), 88/125 €

5 rue de la 1ère-Armée - ✆ 03 89 49 09 09 - www.jlbrendel.com - Fermé 5 janvier-13 février, mardi, mercredi, jeudi midi

La Grappe d'Or

CUISINE TRADITIONNELLE • RUSTIQUE Cette maison de 1554, joliment fleurie, vous invite à pousser sa porte. À l'intérieur, la décoration typique a tout le charme d'autrefois. Viennent ensuite les délices du terroir : choucroute, baeckeofe, jambonneau, paupiettes de truite... auxquelles viennent s'ajouter quelques préparations plus actuelles.

Menu 22/39 € - Carte 30/56 €

1 rue des Écuries-Seigneuriales - ✆ 03 89 47 89 52 - www.restaurant-grappedor.com - Fermé 11-27 avril, jeudi, vendredi midi

Au Trotthus

CUISINE MODERNE • CONVIVIAL Le chef a vécu plus de 20 ans à Kyoto, où il tenait un restaurant français. De là l'originalité de sa cuisine, qui mêle bons produits locaux et esprit japonisant. Terrine de foie gras cuit au torchon, maquereau au wakamé, tarte fine aux pommes sont les spécialités incontournables du chef. Service attentionné.

Menu 48/110 € - Carte 70/140 €

9 rue des Juifs - ✆ 03 89 47 96 47 - www.trotthus.com - Fermé lundi midi, mardi midi, mercredi, dimanche soir

d'Brendelstub

CUISINE ALSACIENNE • CONTEMPORAIN Dans la rue principale de cette jolie cité, on reconnaît cette maison vigneronne (14e s.) à sa façade lie-de-vin. Cette winstub moderne, au décor tendance, propose cuisine alsacienne et spécialités cuites au feu de bois ou à la rôtissoire.

Menu 21/45 € - Carte 27/60 €

48 rue du Général-de-Gaulle - ✆ 03 89 86 54 54 - www.jlbrendel.com - Fermé 5 janvier-7 février, mardi, mercredi

Le Schoenenbourg

SPA ET BIEN-ÊTRE • PERSONNALISÉ Près de la route des vins et du cœur historique de Riquewihr, ces constructions récentes se dressent au pied des vignes, au grand calme. Les chambres, contemporaines ou plus traditionnelles, sont confortables et bien tenues. Le copieux petit-déjeuner, proposé sous forme de buffet, privilégie les produits de la région. Autre atout indéniable, le spa, flambant neuf.

67 chambres – 95/215 € – 14 € – 2 suites

2A rue de la Piscine – 03 89 49 01 11 – www.schoenenbourg.fr – Fermé 5 janvier-13 février

Le B. Suites

HISTORIQUE • COSY Cette magnifique maison au cœur du village date de la Renaissance... mais cultive avec art le luxe contemporain ! Design, racé et confortable : un ensemble très réussi. Les familles et les amoureux de charme bucolique apprécieront aussi le B. Cottage, et sa déco rétro, à l'écart dans le luxuriant jardin où s'épanouissent herbes et légumes oubliés...

5 chambres – 139/275 € – 18 € – 3 suites

48 rue du Général-de-Gaulle – 03 89 86 54 54 – www.jlbrendel.com – Fermé 16-19 novembre

à Zellenberg 1 km à l'Est par D3 – Carte régionale n° **10**-C2

Maximilien (Jean-Michel Eblin)

CUISINE MODERNE • ÉLÉGANT XXX Jean-Michel Eblin, le chef-patron de cet établissement du joli village de Zellenberg, est clair là-dessus : jamais il ne vendra ! On comprend son attachement quasi viscéral à cette maison, qui est construite sur une parcelle de vignoble (du pinot noir) ayant appartenu à sa famille. Avec la régularité d'un métronome, il réalise une cuisine aux solides bases classiques, avec quelques notes plus modernes. Dans l'assiette, turbot, asperges vertes et morilles, ou encore effiloché de noix de Saint-Jacques, truffe et sucrine... Les produits sont frais et d'excellente qualité, l'ensemble est rehaussé d'une belle carte des vins : tous les ingrédients sont réunis pour passer un bon moment.

Spécialités : Foie gras de canard poêlé, rhubarbe confite et fraises. Fricassée de ris de veau et d'écrevisses, réduction de jus de carcasses. Mirabelles caramélisées, tuiles et crème au Philadelphia, gel de citron.

Menu 36 € (déjeuner), 57/104 € – Carte 90/110 €

19A route d'Ostheim – 03 89 47 99 69 – www.le-maximilien.com – Fermé 24 août-10 septembre, 23 décembre-7 janvier, lundi, vendredi midi, dimanche soir

Auberge du Froehn

CUISINE TRADITIONNELLE • AUBERGE X Ancien de la Vieille Forge, à Kaysersberg, le jeune chef revisite ici la tradition à sa sauce (filet de bœuf Rossini, gratin dauphinois), en toute simplicité. Les prix sont convenables, l'accueil charmant : on passe un bon moment.

Menu 25/47 € – Carte 35/50 €

5 route d'Ostheim – 03 89 47 81 57 – www.auberge-du-froehn-zellenberg.com – Fermé lundi, mardi midi, dimanche soir

RIVESALTES

66600 – Pyrénées-Orientales – Carte régionale n° **21**-B3 – Carte Michelin 344-I6

La Table d'Aimé

CUISINE MODERNE • ÉLÉGANT X Le chef de cette adresse bucolique, installée dans les locaux d'une maison viticole, concocte une cuisine du marché inspirée, privilégiant les produits bios. Aux beaux jours, la terrasse ouverte sur les chais invite à prolonger l'instant de gourmandise. Sympathique carte des vins.

Spécialités : Escalivade de légumes. Filet de bœuf, réduction de vin rouge, sucrine snackée et grenailles. Parfait au muscat de Rivesaltes.

Menu 29 € (déjeuner)/34 €

4 Rue Francisco Ferrer – 04 68 34 35 77 – www.latabledaime.com – Fermé 22 décembre-7 janvier, lundi, dimanche

RIXHEIM - Haut-Rhin (68) ➜ Voir Mulhouse

ROANNE

✉ 42300 – Loire – Carte régionale n° **2**–A1 – Carte Michelin 327-D3

Le Central

CUISINE TRADITIONNELLE • BRASSERIE X L'adresse bis gourmande de la famille Troisgros. Michel et Marie-Pierre ont imaginé ce "bistrot-épicerie" dans un hôtel des années 1920. Original et chaleureux : tel est son décor, inspiré d'une échoppe d'autrefois. La carte, traditionnelle, épouse la courbe des saisons. L'affaire ne désemplit pas : un succès mérité.

Spécialités : Minestrone glacée de petits légumes. Truite à la nage folle. Crème au thé et à la framboise.

Menu 24 € (déjeuner), 26/33 €

20 cours de la République (face à la gare) – ✆ 04 77 67 72 72 – www.troisgros.com – Fermé 2-24 août, 22 décembre-1er janvier, lundi, dimanche

L'Astrée

CUISINE MODERNE • ÉLÉGANT XXX Cette table réputée et appréciée sur Roanne a été reprise fin 2017 par l'ancien maître d'hôtel de la Maison Troisgros, qui assure ici un accueil et un service de grande élégance. Tout en conservant de solides bases classiques, le chef propose désormais une cuisine plus moderne, attentive aux saisons. Cadre chic et harmonieux.

Menu 25 € (déjeuner), 38/55 € – Carte 40/75 €

52 cours de la République (face à la gare) – ✆ 04 77 72 74 22 – www.lastree-restaurant.fr – Fermé lundi, dimanche

Le Tourdion

CUISINE MODERNE • CONTEMPORAIN XX Une déco contemporaine et épurée, bien en phase avec une cuisine qui fait la part belle aux produits, aux saveurs, aux couleurs... Les assiettes sont aussi jolies que bonnes, avec une pointe de raffinement qui achève de séduire. Très recommandable !

Menu 20 € (déjeuner), 29/54 € – Carte 43/63 €

17 rue de Sully – ✆ 04 77 70 84 58 – www.restaurant-letourdion.fr – Fermé mercredi soir, dimanche

au Coteau (rive droite de la Loire)

L'Atelier Locavore (N)

CUISINE MODERNE • CONTEMPORAIN X L'ancienne Auberge Costelloise a été reprise par un jeune chef du coin, et c'est une bonne nouvelle. La table propose une cuisine du marché goûteuse, riche d'un menu déjeuner à petit prix (ce jour-là, soupe glacée de tomates, burger maison et ses frites fraîches, crumble aux fruits rouges) ainsi qu'un menu-carte plus élaboré, dont on profite dans une salle à la "décoration industrielle" (pierres apparentes, briques rouges, ampoules nues...). A noter : des produits "sourcés" pour la plupart dans un rayon de deux-cent kilomètres.

Menu 18 € (déjeuner), 30/44 €

2 avenue de la Libération – ✆ 04 77 68 12 71 – www.atelier-locavore.fr – Fermé 1er-11 mai, 15-31 août, 25 décembre-6 janvier, lundi, dimanche

à Ouches 10 km au Sud - Ouest par D207 et D31 – Carte régionale n° **2**–A1

Troisgros - Le Bois sans Feuilles (Michel et César Troisgros)

CUISINE CRÉATIVE • ÉLÉGANT XXXX En 2017, s'est jouée à Roanne une petite révolution de palais : les Troisgros quittent la maison historique pour investir un charmant domaine à Ouches, à quelques kilomètres de la cité fondatrice. C'est désormais au sein d'un décor naturaliste, imaginé par l'architecte Patrick Bouchain, où les salles à manger vitrées s'articulent autour d'un grand chêne centenaire, que Michel et César perpétuent l'héritage familial de superbe manière, avec une cuisine qui porte plus que jamais la "patte" Troisgros - ainsi la cervelle d'agneau pour ne pas oublier, ou l'oreiller de lotte belle anette. Les assiettes, originales, s'autorisent de pertinentes audaces végétales, assorties de subtiles pointes d'acidité et d'amertume. Produits sublimés, préparations fines et aventureuses, potager en permaculture et étang : plus que jamais, un restaurant d'exception, dans un cadre à couper le souffle.

Spécialités : Champs colorés d'artichauts. Lotte aux baies potagères. Légèreté au sésame et au sarrasin.

Menu 165 € (déjeuner), 290/480 € - Carte 190/295 €

Troisgros, 728 route de Villerest - ✆ 04 77 71 66 97 - www.troisgros.com - Fermé 1er-28 janvier, 3-14 août, 22-26 décembre, lundi, mardi

Troisgros

LUXE · PERSONNALISÉ Bienvenue dans le nouvel univers de la maison Troisgros ! Dans un vaste domaine (17 hectares) de la campagne roannaise, le manoir de 1860 accueille des chambres élégantes et personnalisées, avec une jolie vue sur la campagne environnante... Délicieux et exclusif.

15 chambres - 300/630 € - 35 €

728 route de Villerest - ✆ 04 77 71 66 97 - www.troisgros.com - Fermé 1er-28 janvier, 3-14 août, 22-26 décembre

✿✿✿ **Troisgros - Le Bois sans Feuilles** - Voir la sélection des restaurants

à Riorges 3 km à l'Ouest par D31

Le Bistro du Beaulieu

CUISINE MODERNE · CONVIVIAL X C'est l'histoire d'amour entre un cuisinier et une pâtissière... et ce n'est pas du cinéma. Ce jeune couple en porte témoignage, qui se susurre des mots sucrés, entre ballotine de volaille et quasi de veau. Ici, pas de sentiments à basse température ! Une adresse très appréciée de la clientèle locale.

Menu 15 € (déjeuner)/32 €

10 rue St-André - ✆ 04 77 23 12 27 - www.beaulieu-riorges.com - Fermé 2-5 janvier, 1er-15 août, lundi soir, mardi soir, mercredi soir, dimanche

à Villerest 6 km au Sud - Ouest par D53 - Carte régionale n° **2**-A1

Château de Champlong

CUISINE MODERNE · ÉLÉGANT XXX Moments aussi gourmands que charmants dans cette demeure du 18es. nichée dans la verdure ; on dîne d'une cuisine actuelle dans la "salle des peintures", sous les tableaux d'époque. Appétissante formule déjeuner et belle carte des vins.

Menu 30/105 € - Carte 50/75 €

100 chemin de la Chapelle (près du golf) - ✆ 04 77 69 69 69 - www.chateau-de-champlong.com - Fermé 17 février-10 mars, 26 octobre-11 novembre, lundi, mardi midi, dimanche soir

Château de Champlong

DEMEURE HISTORIQUE · ÉLÉGANT Cette belle demeure du 18e s. est une respiration au cœur de la verdure. C'est élégant et feutré, original aussi, comme cette chambre au sol en verre transparent. Très beau spa et piscine extérieure chauffée.

12 chambres - 140/220 € - 20 €

100 chemin de la Chapelle (près du golf) - ✆ 04 77 69 69 69 - www.chateau-de-champlong.com - Fermé 17 février-10 mars, 26 octobre-11 novembre

Château de Champlong - Voir la sélection des restaurants

ROCAMADOUR

✉ 46500 - Lot - Carte régionale n° **22**-C1 - Carte Michelin 337-F3

Jehan de Valon

CUISINE RÉGIONALE · CONTEMPORAIN XX Dans cet agréable restaurant, on déguste croustade aux truffes, magret rôti, ou un épatant gigot fermier du Quercy, découpé en salle au guéridon. Le tout accompagné (évidemment) de vins du Sud-Ouest ! En outre, les lieux offrent une jolie vue sur la vallée de l'Alzou.

Menu 26/36 € - Carte 37/72 €

Beau Site, rue Roland-le-Preux (Cité médiévale) - ✆ 05 65 33 63 08 - www.beausite-rocamadour.com - Fermé 3 novembre-13 février

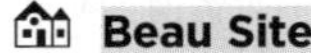

Beau Site

TRADITIONNEL • COSY Au cœur de la cité, cette maison du 15e s. abrite une réception d'inspiration médiévale et des chambres de style et de superficie variables. Celles de l'annexe, cosy et feutrées, offrent une jolie vue sur la vallée.

35 chambres – 105/165 € – 14 €

rue Roland-le-Preux (Cité médiévale) – 05 65 33 63 08 – www.beausite-rocamadour.com – Fermé 3 novembre-13 février

Jehan de Valon – Voir la sélection des restaurants

LA ROCHE-BERNARD

56130 – Morbihan – Carte régionale n° **7**-C3 – Carte Michelin 308-R9

Auberge des Deux Magots

CUISINE MODERNE • CONVIVIAL XX Deux anciens du domaine de la Bretesche (à Missillac) ont repris cette ancienne auberge. Ils y proposent une cuisine soignée, parfumée et sagement créative, à des prix défiant toute concurrence. Et, par-dessus le marché, le chef fait le pain lui-même... Fraîcheur, saveurs : une renaissance appétissante !

Spécialités : Saint-pierre à la plancha, crème de girolles. Pigeonneau de Mesquer, cromesquis et pastilla parfumés au kari-gosse. Vacherin pistache et fruits rouges.

Menu 24 € (déjeuner), 32/50 €

1 place du Bouffay – 02 99 90 60 75 – www.aubergedesdeuxmagots.fr – Fermé 13-19 avril, 29 juin-5 juillet, 2-8 novembre, 21 décembre-5 janvier, lundi, dimanche soir

L'Auberge Bretonne

CUISINE MODERNE • CLASSIQUE XXX Ne vous fiez pas aux apparences... Cette maison de granit n'a pas un cœur de pierre ! À l'image de la cuisine du chef, dans l'air du temps et respectant les saisons, qui console bien des gourmands. À cela s'ajoute le joli décor de la salle, donnant sur un petit jardin où poussent des herbes aromatiques. Attrayant !

Menu 39/65 €

1 place Duguesclin – 02 99 90 60 28 – www.auberge-bretonne.com – Fermé 17 février-4 mars, 14-25 novembre, lundi, dimanche

Le Domaine de Bodeuc

HISTORIQUE • VINTAGE Près de La Roche-Bernard, ce petit manoir du 19e s. et ses dépendances se nichent dans un parc aux arbres centenaires, avec piscine ! Piano et cheminée confèrent aux salons un charme intime. Chambres plus spacieuses dans l'annexe. Restauration traditionnelle.

14 chambres – 85/184 € – 13 € – 1 suite

route de Redon – 02 99 90 89 63 – www.hotel-bodeuc.com – Fermé 15 décembre-15 février

ROCHECORBON – Indre-et-Loire (37) → Voir Tours

ROCHEFORT

17300 – Charente-Maritime – Carte régionale n° **20**-B2 – Carte Michelin 324-E4

Mercure La Corderie Royale N

HISTORIQUE • COSY Sur les berges de Charente, la fameuse Corderie Royale de Rochefort accueille cet hôtel superbe, rénové avec soin : vaste réception décorée de fresques coloniales, chambres cosy et élégantes, au grand calme, sans oublier le restaurant et sa verrière Eiffel... Une délicieuse plongée dans l'histoire.

51 chambres – 85/145 € – 15 € – 1 suite

8 quai Joseph-Bellot – 05 46 99 35 35 – www.accorhotels.com

ROCHEFORT-EN-YVELINES

✉ 78730 – Yvelines – Carte régionale n° **15**–B2 – Carte Michelin 311-H4

L'Escu de Rohan

CUISINE TRADITIONNELLE • RUSTIQUE XX Dans les murs d'un relais de poste du 16e s., un charmant restaurant d'esprit rustique : charpente apparente, cheminée monumentale... Au menu, une bonne cuisine traditionnelle, avec pour spécialités la tête de veau sauce gribiche, le gibier en saison et les profiteroles au chocolat. Une adresse sympathique.

Menu 38€

15 Rue Guy le Rouge – ✆ 01 30 41 31 33 – www.lescuderohan.com – Fermé 11-19 avril, 27 juillet-23 août, lundi, mardi

ROCHEGUDE

✉ 26790 – Drôme – Carte régionale n° **2**–B3 – Carte Michelin 332-B8

Château de Rochegude

CUISINE CLASSIQUE • ÉLÉGANT XXX Châtelain, classique, élégant... Un cadre plaisant, au service d'une agréable cuisine gastronomique, tenante d'un certain classicisme : ballottine de gibier et châtaignes, cassolette de homard et ris de veau, etc.

Menu 35€ (déjeuner), 49/95€ – Carte 81/106€

place du Colombier – ✆ 04 75 97 21 10 – www.chateauderochegude.com – Fermé 20-26 décembre, lundi, mardi midi, dimanche

LA ROCHE-L'ABEILLE

✉ 87800 – Haute-Vienne – Carte régionale n° **19**–B2 – Carte Michelin 325-E7

Le Moulin de la Gorce (Pierre Bertranet)

CUISINE CLASSIQUE • ÉLÉGANT XXX Dans les années 1970, le chef Jean Bertranet, pâtissier limougeaud de renom, transforme en hôtel-restaurant un superbe moulin Renaissance, avec son étang et son parc romantique. Ce pâtissier, qui avait travaillé pour Vincent Auriol (toute une époque !), a fait de ce lieu une véritable institution dans le département. Avec un amour sincère des belles traditions gastronomiques, l'équipe réalise une cuisine classique revisitée, d'une belle finesse et respectueuse des produits. Et dans cette belle bâtisse qui ne manque pas de cachet, il y a même des chambres cosy à souhait...

Spécialités : Pied de cochon désossé, farce fine de volaille et vinaigrette à l'huile de truffe. Filet de bœuf limousin poêlé, mousseline de pomme de terre truffée et sauce bordelaise. Puits d'amour aux framboises, crème légère à la vanille Bourbon et coulis de fraises.

Menu 89/109€ – Carte 89/109€

La Gorce – ✆ 05 55 00 70 66 – www.moulindelagorce.com – Fermé 1er novembre-12 février, lundi, mardi, mercredi midi

La Table du Moulin

CUISINE TRADITIONNELLE • BISTRO X Le chef du Moulin de la Gorce a transformé ce café de village en un charmant bistrot, mêlant patine rustique et élégance contemporaine. On s'y régale de petits plats traditionnels et canailles qui fleurent bon le terroir. Pas de doute, la gourmandise est au rendez-vous !

Spécialités : Soupe de châtaignes, langoustines et foie gras. Rognon de veau, farcidure limousine, épinards et sauce moutarde. Paris-brest, coulis exotique.

Menu 33/65€

3 Rue du 8 Mai 1945 – ✆ 05 55 00 22 03 – www.moulindelagorce.com – Fermé 21 décembre-5 janvier, lundi, mardi, dimanche midi

Eva-Katalin/iStock

LA ROCHELLE

✉ 17000 – Charente-Maritime – Carte régionale n° **20**–A2 – Carte Michelin 324-D3

On aime...

L'appel du large reste très fort dans ce port qui a vu partir tant d'explorateurs. Mais si la cité phare du nautisme continue de se tourner vers la mer, sa vieille ville déborde de charme et... de goût(s). Ses rues piétonnes, bordées d'arcades et d'hôtels aristocratiques, concentrent de nombreux commerces de bouche. L'animation bat également son plein sous la magnifique charpente du Marché central, qui vaut à elle seule le déplacement. On y trouve pommes de terre de l'île de Ré, beurre fermier et produits laitiers de la région ; mer oblige, les mareyeurs rivalisent de propositions, huîtres Marennes-Oléron, moules (dont on fait l'éclade et la mouclade) et bien sûr poissons d'une fraîcheur exceptionnelle – dont le chef étoilé Christopher Coutanceau est l'ambassadeur incontesté. Pour le dessert, tentez le tourteau fromager, reconnaissable à son dôme noir. La Rochelle est aussi le lieu idéal pour s'initier aux splendeurs du cognac.

stsvirkun/iStock

Restaurants

✿✿✿ Christopher Coutanceau

POISSONS ET FRUITS DE MER · ÉLÉGANT XXXX Sur la plage de la Concurrence, la devanture du restaurant annonce la couleur : "Christopher Coutanceau, cuisinier et pêcheur". Tout est dit ! La pêche, voici une passion qui court dans la famille depuis longtemps – le grand-père, puis Richard, le père, étaient déjà des fondus de produits marins. Christopher va plus loin : en plus d'être un pêcheur émérite, il milite en faveur de la pêche durable et contre le gaspillage. Sa cuisine, admirable, est le prolongement de cet engagement, un vrai bouquet de senteurs marines, une ode à l'océan vivante et percutante. Les plus beaux produits de la mer (bar de ligne, turbot, sole, oursins, lotte et langoustines, huîtres, tourteaux et tant d'autres) sont magnifiés avec tendresse et beaucoup d'imagination : de l'entrée au dessert, c'est un enchantement.

Spécialités : Langoustines de la Cotinière en tartare, gelée de pinces et rôties aux girolles. Sardines de la tête à la queue, glace au bouffi. Variation de l'Estran.

Menu 75 € (déjeuner), 120/165 € – Carte 152/230 €

Plan A3-r – *plage de la Concurrence – ✆ 05 46 41 48 19 – www.coutanceaularochelle.com – Fermé 5-20 janvier, 8-23 mars, lundi, dimanche*

La Côte Rôtie

CUISINE MODERNE · BAR À VIN X Cuisine du marché fraîche et bien troussée à la Côte Rôtie, bistrot contemporain chaleureux et coloré. On se régale d'un poisson frais du jour ou d'une volaille à la rôtissoire, à accompagner d'une bonne bouteille, que chacun va choisir directement à la cave... Service souriant et efficace.

Spécialités : Cuisine du marché.

Menu 32 € – Carte 46/57 €

Hors plan – *2 boulevard Maréchal-Lyautey – ✆ 05 46 44 04 19 – Fermé lundi soir, mardi soir, mercredi soir, dimanche*

Le Mail (N)

CUISINE MODERNE · CONTEMPORAIN X Cadre charmant (mobilier dans l'esprit brasserie, luminaires métalliques, baies vitrées), cuisine simple et fraîche mettant en avant les poissons de la région (La Rochelle, La Cotinière, Royan) et les légumes de Charente-Maritime... Tout est réuni pour passer un super moment, d'autant que l'accueil est courtois et chaleureux. La classe.

Spécialités : Couteaux en persillade. Merlu, sauce citronnée, écrasé de pomme de terre et algues. Mousse au chocolat.

Menu 26/32 € – Carte 33/57 €

Hors plan – *16 allée du Mail – ✆ 05 46 34 12 52 – www.restaurant-le-mail.com*

Les Flots

POISSONS ET FRUITS DE MER · COSY XX Turbot en kadaïf crousti-moelleux, ris de veau et langoustine, sole à la plancha : dans cette adresse du vieux port, la mer a des reflets d'argent ! Élégance dans l'assiette mais aussi dans le décor, sobrement contemporain. Terrasse agréable.

Menu 32 € (déjeuner), 49/79 € – Carte 75/90 €

Plan A2-g – *1 rue de la Chaîne – ✆ 05 46 41 32 51 – www.les-flots.com*

Les Quatre Sergents

CUISINE TRADITIONNELLE · ÉLÉGANT XX Un authentique jardin d'hiver, avec une élégante structure métallique, à deux pas du port : voilà qui est charmant... Le chef y cultive des plaisirs très naturels : produits locaux et bio, vins de petits viticulteurs indépendants (sans omettre les grands crus). L'espace Le Mess, situé au sommet de la verrière, est privatisable et doté d'un fourneau où le chef peut cuisiner un menu surprise devant quelques clients privilégiés.

Menu 27/65 € – Carte 48/100 €

Plan A2-a – *49 rue St-Jean-du-Pérot – ✆ 05 46 41 35 80 – www.les4sergents.com – Fermé lundi*

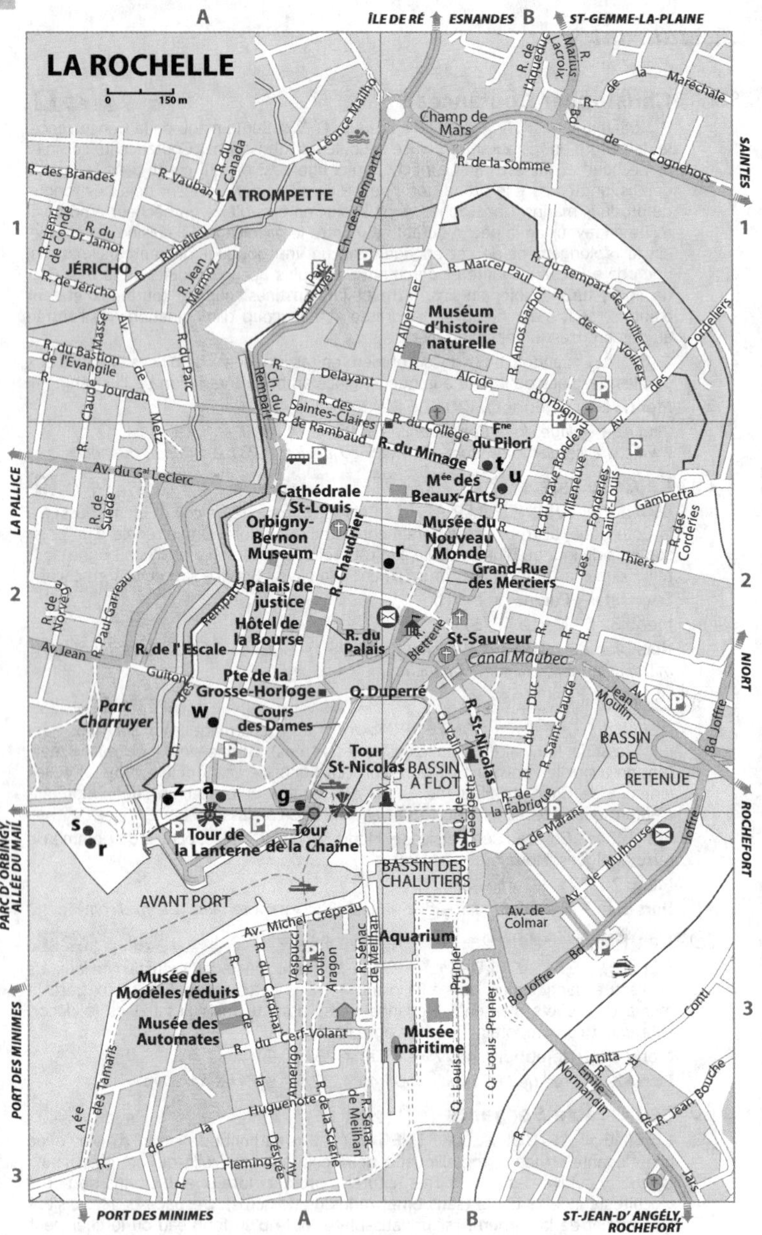

LA ROCHELLE
0
150 m
ÎLE DE RÉ
ESNANDES
ST-GEMME-LA-PLAINE
SAINTES
LA PALLICE
NIORT
ROCHEFORT
PARC D'ORBIGNY, ALLÉE DU MAIL
PORT DES MINIMES
ST-JEAN-D' ANGÉLY, ROCHEFORT
LA TROMPETTE
JÉRICHO
Champ de Mars
Muséum d'histoire naturelle
Cathédrale St-Louis
Orbigny-Bernon Museum
Mée des Beaux-Arts
Musée du Nouveau Monde
Grand-Rue des Merciers
Palais de justice
Hôtel de la Bourse
R. de l' Escale
R. du Palais
St-Sauveur
Canal Maubec
Pte de la Grosse-Horloge
Q. Duperré
Cours des Dames
Parc Charruyer
Tour St-Nicolas
BASSIN À FLOT
BASSIN DE RETENUE
Tour de la Lanterne
Tour de la Chaîne
BASSIN DES CHALUTIERS
AVANT PORT
Aquarium
Musée des Modèles réduits
Musée des Automates
Musée maritime
R. du Minage
R. Chaudrier
R. St-Nicolas
Fne du Pilori
Av. du Gal Leclerc
Av. Michel Crépeau
Bd Joffre
Av. de Colmar
Av. de Mulhouse
Q. de Marans
R. de la Fabrique
R. Marcel Paul
R. du Rempart des Voiliers
Bd de Cognehors
R. de la Somme
R. Léonce Mailho
Ch. des Remparts
R. des Brandes
R. Vauban
R. du Canada
R. Richelieu
R. Jean Mermoz
R. de Jéricho
R. du Dr Jamot
R. Henri de Condé
R. du Bastion de l'Evangile
R. Jourdan
R. du Parc
Av. Jean Guiton
R. Paul Garreau
R. de Suède
R. de Norvège
R. Albert 1er
R. Alcide d'Orbigny
R. Amos Barbot
R. Delayant
R. des Saintes-Claires
R. de Rambaud
R. du Collège
R. Gambetta
R. Thiers
R. des Corderies
R. du Brave Rondeau
R. Villeneuve
R. des Fonderies
R. Saint-Louis
R. Saint-Claude
R. du Duc
Av. Jean Moulin
R. Bletterie
Q. Valin
Q. de la Georgette
Q. Louis Prunier
R. de l'Aqueduc
R. Marius Lacroix
R. de la Maréchale
R. du Cardinal
R. du Cerf-Volant
R. de la Huguenote
R. de la Désirée
R. Fleming
R. Amerigo Vespucci
R. Louis Aragon
R. Sénac de Meilhan
R. de la Scierie
Aée des Tamaris
R. Anita Conti
R. Emile Normandin
R. Jean Bouche
R. des Jars

La Yole de Chris

POISSONS ET FRUITS DE MER • ÉLÉGANT Cette pétillante adresse de Christopher Coutanceau offre deux plaisirs incomparables, celui des yeux et celui des papilles. Un long comptoir en forme de yole (embarcation légère, longue et étroite), abrite la cuisine ouverte où s'active la brigade. Ici, la carte fait la part belle aux produits de la mer (huîtres, coquillages et crustacés) et à la pêche du jour... à déguster sur la terrasse face à la mer, aux beaux jours. Réservation recommandée pour embarquer !

Menu 27 € (déjeuner) – Carte 37/100 €

Plan A3-s – *Plage de la Concurrence – ✆ 05 46 41 41 88 – www.layoledechris.com*

Le Bistrot des Bonnes Femmes

CUISINE MODERNE • BISTRO Bistronomie pour tout le monde dans cette adresse branchée et conviviale ! Les produits sont au top (poissons de la criée, légumes des Halles voisines) et les préparations nettes et précises, sans superflu ni artifice. Et, aux beaux jours, on profite d'un repas dans l'agréable patio...

Menu 20 € (déjeuner)/30 € – Carte 34/50 €

Plan B2-t – *5 rue des Bonnes Femmes – ✆ 05 46 52 19 91 – www.lebistrotdesbonnesfemmes.com – Fermé dimanche*

Le Bouillon

CUISINE MODERNE • ÉLÉGANT Jemmy Brouet, passé par le Jules Verne (Alain Ducasse), a ouvert ce bistrot chic aux briques rouges et couleurs ensoleillées, écrin d'un menu du marché goûteux, avec options végétariennes. Le soir, le chef propose des menus surprise dont le nombre de plats varie en selon l'appétit et le budget des convives. Un peu excentré, mais facile d'accès. Terrasse au calme.

Menu 25 € (déjeuner), 38/89 €

Hors plan – *15 rue du Docteur-Bigois – ✆ 05 46 42 05 29 – www.le-bouillon-larochelle.fr – Fermé 11-25 août, 23 décembre-2 janvier, lundi soir, mardi soir, mercredi soir, samedi midi, dimanche*

Lerouge aux lèvres

CUISINE TRADITIONNELLE • BISTRO Cette sympathique cave à vins très prisée par les habitués abrite un restaurant de qualité, tenu par Stéphane Lerouge... sommelier expérimenté, passé par chez Hélène Darroze. Les produits, rondement mitonnés, sont choisis avec soin. Dans l'assiette se lit l'empreinte de la tradition, revisitée en douceur par un jeune chef compétent. Côté vin, on est très nature, bio ou biodynamie ; pas de carte, en revanche : le patron invite les clients à parcourir les étagères de la cave.

Menu 20 € (déjeuner) – Carte 35/50 €

Plan B2-u – *4 rue des Cloutiers – ✆ 05 46 50 08 17 – www.lerouge-auxlevres.fr – Fermé mardi, mercredi, dimanche soir*

Hôtels & maisons d'hôtes

Les Brises

TRADITIONNEL • BORD DE MER Ce bâtiment de cinq étages construit à la fin des années 1960 et entièrement rénové, bénéficie d'un superbe emplacement au bord de l'eau, entre la mer et l'entrée du vieux port de La Rochelle. Les chambres sont contemporaines et agrémentées de petites touches marines : demandez celles avec balcon, qui ouvrent sur la mer. La terrasse au-dessus des flots se fait irrésistible à l'approche des beaux jours.

50 chambres – 70/205 € – 13 €

Hors plan – *rue Philippe-Vincent (chemin de la digue de Richelieu) – ✆ 05 46 43 89 37 – www.hotel-les-brises.com – Fermé 14 février-8 mars, 18 décembre-3 janvier*

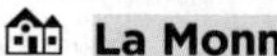

La Monnaie

HISTORIQUE • CONTEMPORAIN Près de la tour de la Lanterne, un hôtel particulier du 17e s., où l'on frappait jadis la monnaie, d'où son nom. Il arbore aujourd'hui un décor contemporain : beaucoup de noir et blanc, des douches à l'italienne, un espace bien-être, une cour intérieure où l'on prend le petit-déjeuner l'été...

38 chambres - 89/269 € - 19 € - 3 suites

Plan A2-z - *3 rue de la Monnaie - 05 46 50 65 65 - www.hotelmonnaie.com*

François 1er

URBAIN • PERSONNALISÉ Difficile dans les parages de trouver plus décalé que cet hôtel urbain, titillé par l'âme artistique et l'esprit rock. Photographies, peintures, street art, expo de guitares : les chambres portent toutes la marque de cette originalité. On y organise aussi des résidences artistiques.

36 chambres - 79/159 € - 11 €

Plan B2-r - *13-15 rue Bazoges - 05 46 41 28 46 - www.hotelfrancois1er.fr*

Entre Hôtes

MAISON DE MAÎTRE • PERSONNALISÉ Cette maison d'armateur du 18e s., avec un ravissant jardin à l'anglaise, se trouve à cinq minutes à pied du centre historique de la ville. Les chambres se révèlent élégantes et romantiques – l'une d'entre elles, insolite à souhait, est même installée dans l'ancienne cave voûtée !

5 chambres - 125/180 €

Plan A2-w - *8 rue Réaumur - 05 16 85 93 33 - www.entre-hotes.com*

à la Jarrie 13 km à l'Est par D939 – Carte régionale n° **20**–B2

L'Hysope (Nicolas Durif)

CUISINE CRÉATIVE • CONTEMPORAIN XX Créatif, ce Nicolas Durif ! Il a pris pied au fond d'une ruelle, accessible à pied uniquement, dans un charmant petit village à une quinzaine de kilomètres de la Rochelle. Dans un ancien logement transformé en cabinet de curiosités, il s'adonne à sa passion de la collection, notamment de vaisselle. Exilé en Vendée pour suivre son épouse, cet Alsacien a donné un nom de plante à son restaurant : il en utilise jusqu'à 60 en été, de France comme du monde entier. Sa patrie d'origine s'exprime par touches discrètes, de la moutarde par ici, du raifort ou de la cannelle par là. Il met à l'honneur la production locale (légumes et poissons), même si son plat signature demeure un filet de taureau accompagné de coquillages, viande qu'il a apprivoisée aux côtés du Nîmois Michel Kayser.

Spécialités : Huître pochée et grillée, fudge de fruits secs et émulsion d'eau de mer. Pavé de taureau, tagliatelles de céleri et beignet d'anchois, coques et palourdes. Galet façon cheesecake au citron vert et au gingembre, sorbet kalamensi.

Menu 32 € (déjeuner), 45/98 € - Carte 70/88 €

Hors plan - *25 rue de l'Aurore (accès piéton par la ruelle des Deux-Places) - 05 46 68 52 21 - www.lhysope.com - Fermé 24 février-10 mars, 22 juin-7 juillet, 19 octobre-3 novembre, lundi, mercredi soir, dimanche soir*

à St-Rogatien 10 km à l'Est par D108 et D111

La Pierrevue

CUISINE MODERNE • MAISON DE CAMPAGNE XX "Il y a six saisons dans l'année" : forte de cet adage, la cheffe Cécile Richard adapte ses recettes au gré des temps, avec une volonté créative qui se lit dans sa cuisine fraîche, nette et précise. Poisson de la pêche locale, fruits et légumes des maraîchers bio, herbes aromatiques et fleurs du jardin se dégustent dans cette ancienne ferme rénovée dans un style rustique plaisant. Jolie cave vitrée de 120 références. La carte change tous les deux mois.

Menu 28 € (déjeuner), 42/68 € - Carte 40/60 €

Hors plan - *2 Place de la Mairie - 05 46 31 67 08 - www.lapierrevue.fr - Fermé 8-27 août, 22 décembre-3 janvier, lundi, mardi soir, mercredi soir, dimanche*

ROCHE-ST-SECRET-BECONNE

✉ 26770 – Drôme – Carte régionale n° **2**-B3 – Carte Michelin 332-D7

Mas de l'Adret

MAISON DE CAMPAGNE • DESIGN Cette ancienne bergerie, isolée dans les collines entre vignes et champs de lavandin abrite de luxueuses chambres design. Piscine ombragée, massage en plein air avec vue sur le vallon verdoyant... Et même une table d'hôtes sur demande, et des séjours truffes en hiver (Richerenches, "capitale de la truffe", n'est pas loin). Il ne manque rien. On dirait le sud.

5 chambres – 130/250€

Chemin de l'Adret – 09 87 88 37 68 – www.mas-ladret.com

LA ROCHE-SUR-YON

✉ 85000 – Vendée – Carte régionale n° **23**-B3 – Carte Michelin 316-H7

Les Reflets

CUISINE MODERNE • COSY Rythmé par un jeune couple, ce minuscule restaurant joue souvent à guichets fermés. Ça n'a rien d'un hasard : la cuisine du chef est aussi séduisante qu'efficace, techniquement très maîtrisée, et s'appuie sur les beaux produits de la région. On se régale, d'autant que les prix sont raisonnables.

Spécialités : Œuf bio fumé et caviar râpé. Poulet de Challans en 3 façons, écume d'estragon. L'éclosion.

Menu 19€ (déjeuner), 31/41€

227 rue Roger-Salengro – 09 83 25 83 71 – www.restaurantlesreflets.fr – Fermé 2-17 août, lundi, mardi soir, samedi midi, dimanche soir

L'Atable

CUISINE MODERNE • CONTEMPORAIN Une cuisine "bistronomique" mettant en avant les produits de la région et les artisans du quartier, une jolie salle contemporaine : cette maison n'a pas usurpé son excellente réputation ! Les menus se réinventent régulièrement. Épicerie fine.

Menu 36/59€

20 bis rue Raymond Poincaré – 02 51 36 21 35 – www.latable-larochesuryon.net – Fermé 26 juillet-13 août, lundi, mardi soir, mercredi soir, dimanche

ROCHETOIRIN – Isère (38) ➜ Voir La Tour-du-Pin

RODEZ

✉ 12000 – Aveyron – Carte régionale n° **22**-C1 – Carte Michelin 338-H4

Les Jardins de l'Acropolis

CUISINE MODERNE • CONVIVIAL Les gourmands se donnent régulièrement rendez-vous dans ce restaurant contemporain, dont le chef concocte une cuisine du marché savoureuse, moderne et bien ficelée. Jarret de veau de lait confit, guimauve maison grillée au thé d'Aubrac... Des produits de qualité, des assaisonnements bien marqués : c'est frais et bon !

Spécialités : Asperges de pays à l'œuf de poulette « parfait ». Lotte, épinards, artichaut et dashi. Tarte croquante au cacao, crumble sarrasin et glace café.

Menu 26€ (déjeuner), 33/60€ – Carte 35/47€

rue d'Athènes, à Bourran – 05 65 68 40 07 – www.restaurant-acropolis.com – Fermé 3-10 mai, 2-16 août, lundi soir, dimanche

ET

CUISINE MODERNE • CONVIVIAL Attention, voici un jeune couple plein d'avenir ! Formés auprès des meilleurs – Pierre Gagnaire et Michel Bras pour lui, Alain Ducasse pour elle –, ils se relaient aux fourneaux de cette maison en plein cœur de Rodez. Dans l'assiette c'est inventif, malin, les cuissons sont parfaites et les saveurs bien présentes, le tout réalisé avec les produits de la région.

Menu 26€ (déjeuner), 42/72€ – Carte 60/100€

24 place du Bourg – 05 65 68 95 00 – www.restaurant-et.fr – Fermé lundi, mercredi soir, dimanche

Mercure Cathédrale

BUSINESS • CONTEMPORAIN Non loin de la cathédrale et du musée Soulages, un hôtel 1930 dont on a conservé les parties classées : mosaïques Art déco, grand escalier en bois massif, peintures...

36 chambres – 95/170 € – 15 €

1 Avenue Victor Hugo – 05 65 68 55 19 – www.mercure.com

à Onet-le-Château 4 km au Nord par D988 – Carte régionale n° **22**-C-D1

Château de Canac

DEMEURE HISTORIQUE • HISTORIQUE Voilà un "château d'hôte" du 16e s. de belle prestance, serti d'un vaste parc aux arbres centenaires. Vitraux d'époque, imposante cheminée, et trois chambres élégantes. Cuisine goûteuse à la table d'hôtes.

3 chambres – 160/210 € – 15 €

Impasse de Canac – 05 31 97 10 50 – www.chateaudecanac.com

à Onet-le-Château Village 6, 5 km au Nord – Carte régionale n° **22**-C-D1

Château de Labro

DEMEURE HISTORIQUE • PERSONNALISÉ Un château ravissant, avec des chambres romantiques (beaux meubles chinés) ou, pour les baroudeurs chics, une cabane dans un arbre. Le petit-déjeuner est servi au milieu des objets de brocante, il y a aussi une piscine dans les vignes, un petit spa et un restaurant ouvert le soir... Un lieu délicieux.

20 chambres – 95/280 € – 16 € – 1 suite

Onet-Village – 05 65 67 90 62 – www.chateaulabro.fr

ROHAN

56580 – Morbihan – Carte régionale n° **7**-C2 – Carte Michelin 308-06

L'Eau d'Oust

CUISINE MODERNE • CONTEMPORAIN Une ancienne ferme, située à la sortie du village, près du plan d'eau : le cadre n'est pas désagréable. Dans un intérieur contemporain et convivial, les propriétaires déclinent une cuisine franchement gourmande, avec quelques touches de créativité. Les produits sont frais et de qualité, le service est souriant : on passe un très bon moment.

Spécialités : Effiloché de lapin à la moutarde, gelée de coing. Pavé de lieu jaune, petit épeautre et asperges. Millefeuille sablé de mousseline de marron et pannacotta vanille.

Menu 18 € (déjeuner), 30/40 € – Carte 37/80 €

6 rue du Lac – 02 97 38 91 86 – www.leaudoust.fr – Fermé 2-8 janvier, 19 février-4 mars, mardi soir, mercredi, dimanche soir

ROLLEBOISE

78270 – Yvelines – Carte régionale n° **15**-A1 – Carte Michelin 311-F1

Le Panoramique - Domaine de la Corniche

CUISINE MODERNE • ÉLÉGANT Nul besoin de résider au Domaine de la Corniche pour apprécier ce restaurant contemporain, son belvédère et sa carte alléchante. Ici, place aux produits de proximité, dans une démarche locavore aboutie : Saint-Jacques de la baie de Seine, agneau fermier des fermes des environs, petits fruits et légumes de producteurs locaux. Il en résulte une cuisine pleine de fraîcheur, où les recettes débordent de goût et de saveurs marquées. Truffes noires, foie gras des Landes (évidemment !), langoustines, turbot sauvage : les produits nobles se succèdent dans l'assiette. Et aux beaux jours, on dîne en terrasse, face aux méandres de la Seine.

Spécialités : Cuisine du marché.

Menu 39 € (déjeuner), 49/110 € – Carte 90/135 €

Le Domaine de la Corniche, 5 route de la Corniche – 01 30 93 20 00 – www.domainedelacorniche.com – Fermé 1er-24 novembre, lundi, mardi

Le Domaine de la Corniche

SPA ET BIEN-ÊTRE • DESIGN Quelle "folie" Léopold II de Belgique ne fit-il pas pour son dernier amour ! Le résultat est cette jolie demeure dominant la Seine. Les amoureux d'aujourd'hui apprécieront son intérieur design, les chambres avec vue, la piscine panoramique et le superbe spa...

44 chambres – 99/419 € – 22 €

5 route de la Corniche – 01 30 93 20 00 – www.domainedelacorniche.com

Le Panoramique - Domaine de la Corniche – Voir la sélection des restaurants

ROMANÈCHE-THORINS

71570 – Saône-et-Loire – Carte régionale n° **5**–C3 – Carte Michelin 320-I12

Rouge & Blanc

CUISINE TRADITIONNELLE • CONTEMPORAIN XX Rouge et (Georges) Blanc : le célèbre chef bressan est propriétaire de cet établissement où la tradition régionale est évidemment reine, de même que les vins locaux et le célèbre cru du village, le moulin-à-vent. Ne manquez pas la volaille à la crème de la Mère Blanc, spécialité de la maison. Au cœur de la bonne chère bourguignonne !

Menu 23 € (déjeuner), 25/57 € – Carte 41/76 €

Les Maritonnes Parc & Vignoble, 513 route de Fleurie (près de la gare) – 03 85 35 51 70 – www.lesmaritonnes.com

ROMANS-SUR-ISÈRE

26100 – Drôme – Carte régionale n° **3**–E2 – Carte Michelin 332-D3

L'Instant

CUISINE MODERNE • ÉLÉGANT XX Excentrée dans un quartier résidentiel proche de la gare, cette belle maison bourgeoise – datant des années 1930 – vous accueille dans un joli décor contemporain ; on vous sert une délicieuse cuisine du marché, réalisée à partir de bons produits frais. Des assiettes qui s'avalent... en un Instant !

Menu 25 € (déjeuner), 44/54 € – Carte 40/60 €

10 rue de Delay – 04 75 45 40 72 – www.restaurant-instant.com – Fermé 1er-6 janvier, 9-18 août, lundi, mardi soir, mercredi soir, dimanche

Nature Gourmande

CUISINE MODERNE • INTIME X Entrez donc dans ce restaurant de poche et faites preuve d'une Nature Gourmande ! Madame reçoit avant de rejoindre monsieur, en cuisine, pour préparer les pâtisseries. Dans l'assiette, les bons produits du marché sont à l'honneur. Un régal...

Menu 37/63 €

37 place Jacquemart – 04 75 05 30 46 – www.restaurant-naturegourmande.com – Fermé 25 juillet-27 août, 20 décembre-7 janvier, lundi, dimanche

GRANGES-LES-BEAUMONT – Drôme (26) → Voir Romans-sur-Isère

à Granges-lès-Beaumont 6 km à l'Ouest – Carte régionale n° 3–E2

Les Cèdres (Jacques Bertrand)

CUISINE CLASSIQUE • ÉLÉGANT XXXX Il est des tables discrètes, qui cultivent l'excellence à l'abri du tumulte médiatique : incontestablement, les Cèdres font partie de cette catégorie-là. Entre Romans et Tain-l'Hermitage, dans la Drôme, on pénètre dans cette maison toute de vert vêtue, installée à l'ombre des... cèdres, donc, pour y découvrir le travail des frères Bertrand : Jacques en cuisine et Jean-Paul en salle.

Depuis 1988, les deux frangins ont développé leur restaurant à force de travail, d'humilité, avec un talent pour se remettre toujours en question. Le résultat ? Une cuisine noble, volontiers classique, qui plonge à deux mains dans les trésors de ce gigantesque marché à ciel ouvert qu'est le département de la Drôme.

On se souviendra de cette pomme de ris de veau dorée et cuite avec justesse, moelleuse en bouche, piquée d'un bâton de citronnelle et accompagnée de carottes fondantes et de petits oignons glacés... un plat de haute volée. Cerise sur le gâteau, l'accueil n'est pas en reste, chaleureux et efficace d'un bout à l'autre du repas.

Spécialités : Médaillon de homard au caviar, bavaroise d'étrilles et mousse de petit pois à la menthe. Pigeon cuit en cocotte, aiguillette sur une galette de maïs, filet sauce salmis et cuisse confite. Tarte chaude au chocolat et glace chocolat Caraïbes.

Menu 55 € (déjeuner), 100/165 €

25 rue Henri-Machon – ✆ 04 75 71 50 67 – www.restaurantlescedres.fr – Fermé 20 avril-5 mai, 17 août-1er septembre, 21 décembre-5 janvier, lundi, mardi, dimanche soir

ROMORANTIN-LANTHENAY

✉ 41200 – Loir-et-Cher – Carte régionale n° **8**–C2 – Carte Michelin 318-H7

✿ Grand Hôtel du Lion d'Or (Didier Clément)

CUISINE MODERNE • ÉLÉGANT XXXX Maison emblématique de la gastronomie en Sologne, le Grand Hôtel du Lion d'Or doit sa réputation à un couple de professionnels passionnés, Marie-Christine et Didier Clément. Véritable théoricien de son terroir, le chef a passé sa carrière à en révéler les épices et herbes oubliées : graine de paradis, rocambole, angélique et thym de bergère, mais aussi légumes comme le panais ou la pomme de terre vitelotte. Chez lui, expérience et curiosité vont de pair ; il régale dans une veine classique, sans afféterie, avec en particulier de succulents jus et sauces. Un régal, d'un bout à l'autre du repas.

Spécialités : Mikado de thon blanc laqué ail et gingembre, gaspacho de piment doux. Saint-pierre rôti, jus brun truffé et oignon doux caramélisé. Soufflé chaud de pêche blanche et glace au thé vert.

Menu 64 € (déjeuner), 110/145 € – Carte 125/165 €

69 rue Clemenceau – ✆ 02 54 94 15 15 – www.hotel-liondor.fr – Fermé 17 février-27 mars, mardi midi

Grand Hôtel du Lion d'Or

HISTORIQUE • CLASSIQUE Cette belle demeure Renaissance (avec des encadrements de pierre caractéristiques en façade) est un hôtel depuis 1774, et la récente rénovation a confirmé l'élégance du lieu : confort exquis, cour intérieure, espace...

14 chambres – 190/510 € – 26 € – 2 suites

69 rue Clemenceau – ✆ 02 54 94 15 15 – www.hotel-liondor.fr – Fermé 17 février-27 mars

✿ **Grand Hôtel du Lion d'Or** – Voir la sélection des restaurants

RONCE-LES-BAINS

✉ 17390 – Charente-Maritime – Carte régionale n° **20**–A2 – Carte Michelin 324-D5

La Plage de la Ribaudière

CUISINE DU MARCHÉ • CONVIVIAL X Spécialités charentaises, retour de pêche, viandes et poulpes cuits au barbecue, salades savoureuses : en lisière de la plage, on se régale dans cette ancienne école de voile devenue un charmant bistrot. Une ambiance "pêcheur" que l'on retrouve jusqu'au dessert, avec ce paris-brest reconverti en... paris-plage !

Spécialités : Sardines de Royan marinées, fumées, tomates confites à l'eau de mer et algues fraîches. Dos de merlu, pommes de terre de l'île, beurre d'algues aux coquillages. Jonchée, cassonade et cognac.

Menu 27 € – Carte 34/69 €

52 avenue de la Cèpe – ✆ 05 46 36 60 01 – Fermé 8 novembre-14 avril, mardi, mercredi

RONCHAMP

✉ 70250 – Haute-Saône – Carte régionale n° **6**–C1 – Carte Michelin 314-H6

La Maison d'Hôtes du Parc

MAISON DE MAÎTRE • PERSONNALISÉ Au pied de la colline de la chapelle Notre-Dame-du-Haut, cette belle maison de maître du 19e s. est nichée dans un joli parc au bord de la rivière... À l'intérieur, prime à l'élégance et au classicisme (mobilier de famille, papiers peints et tissus) sans une once de nostalgie ! Table d'hôtes avec produits du potager en saison.

5 chambres – 110/130 €

12-14 Rue du Tram – 03 84 63 93 43 – www.hotesduparc.com

ROPPENHEIM

67480 – Bas-Rhin – Carte régionale n° **10**–B1 – Carte Michelin 315-M3

Auberge à l'Agneau

CUISINE TRADITIONNELLE • TAVERNE Généreuse table que celle de cette maison alsacienne du 18e s. En cuisine, les petits plats mijotent sous l'œil attentif du chef, amoureux de sa région. Dans l'assiette, on apprécie les spécialités du pays et de viandes. Simple et authentique !

Carte 24/71 €

11 rue Principale – 03 88 86 40 08 – www.auberge-agneau.com – Fermé 28 avril-4 mai, 15 juillet-15 août, 20 décembre-8 janvier, lundi, dimanche et le midi

ROQUEBRUNE-CAP-MARTIN

06190 – Alpes-Maritimes – Carte régionale n° **25**–E2 – Carte Michelin 341-F5

Victoria

TRADITIONNEL • DESIGN Un décor tout en bleu et blanc : telle est la signature de cet hôtel balnéaire, idéalement situé sur le front de mer. On appréciera le confort contemporain des chambres, leurs grands balcons face aux flots, et la situation, idéale pour découvrir la côte, de Monaco à Menton.

32 chambres – 89/350 € – 14 €

7 promenade du Cap-Martin – 04 93 35 65 90 – www.hotel-victoria.fr – Fermé 7-26 décembre

ROQUEFORT

40120 – Landes – Carte régionale n° **18**–B2 – Carte Michelin 335-J10

Le St-Vincent

CUISINE MODERNE • CLASSIQUE Originaire du Lot-et-Garonne, le jeune chef a voulu fêter son retour dans le Sud-Ouest en renouant avec la clientèle locale. Il a donc pris le parti d'une cuisine simple et efficace, accessible à toutes les bourses, mais... nullement oublieuse de la qualité des produits. Tout en saveurs, le pari est réussi !

Spécialités : Tomate, croustillant de sardine. Merlu, haricot vert, pimprenelle. Chocolat, fraise.

Menu 24/42 €

76 rue Laubaner – 05 58 45 75 36 – www.lestvincent.com – Fermé 12-19 janvier, jeudi, dimanche soir

LA ROQUE-GAGEAC

24250 – Dordogne – Carte régionale n° **18**–D3 – Carte Michelin 329-I7

La Belle Étoile

CUISINE TRADITIONNELLE • CLASSIQUE Manger à La Belle Étoile en plein jour, c'est possible ! Rendez-vous donc dans cette demeure tournée vers la Dordogne... La cuisine réserve de belles surprises : savoureuse et gourmande, elle sait mettre le terroir en valeur et régale ! Et de petites chambres permettent de prolonger son séjour dans ce joli village.

Spécialités : Fines tranches de lotte marinées, citron, pomme et concombre. Cabillaud rôti, embeurrée de choux vert, crémeux de coquillages. Perles du Japon, fraises et sorbet noix de coco.

Menu 33/55 €

Le Bourg – ✆ 05 53 29 51 44 – www.belleetoile.fr – Fermé 5 novembre-1er avril, lundi, mercredi midi

O'Plaisir des Sens

CUISINE MODERNE • COSY XX Bruno, chef passionné au beau parcours, imagine ici une cuisine actuelle très soignée, qui fait ressortir le meilleur du terroir : viande achetée sur carcasse, fruits et légumes de maraîchers locaux... Que ce soit côté gastronomique, ou bistrot à midi, on passe un excellent moment.

Spécialités : Petits pots d'escargots aux cèpes et croûtons dorés. Tournedos de canard, légumes de saison. Pastilla au chocolat grand cru, sucre roussi au lait.

Menu 25 € (déjeuner), 33/65 €

Sous la Grande Vigne (à 3 km au Sud-Est par D703) – ✆ 05 53 29 58 53 – www.o-plaisirdessens.com – Fermé 11 novembre-6 décembre, mardi, dimanche soir

ROSCOFF

✉ 29680 – Finistère – Carte régionale n° **7**-B1 – Carte Michelin 308-H2

Le Brittany

CUISINE MODERNE • ÉLÉGANT XXX Ce Brittany est bien élégant avec sa grande cheminée en pierre et ses fenêtres voûtées s'ouvrant sur le spectacle splendide de la baie. Au menu : une belle gastronomie marine, portée par l'extrême qualité et la fraîcheur océane des produits de la région. Avec une femme japonaise et un sous-chef nippon, pas étonnant que les assiettes louchent aussi vers le pays de Mishima et Miyazaki (dashi, koji). Le cadre magnifique, en bord de mer, invite à la méditation.

Spécialités : Araignée de mer, salmis de pigeonneau au chouchen et hibiscus. Barbue, févettes, gros lait et groseille maquereau. Autour de l'artichaut.

Menu 65/159 € – Carte 85/140 €

boulevard Ste-Barbe – ✆ 02 98 69 70 78 – www.hotel-brittany.com – Fermé 8 novembre-6 février, lundi, le midi

Le Brittany

LUXE • PERSONNALISÉ Ce beau manoir du 17e s. fut démonté puis reconstruit à l'identique sur le port de la petite cité corsaire ! Chambres au charme discret, salons cossus, spa avec piscine, sens de l'accueil : tout est mis en œuvre pour que l'on se sente bien.

32 chambres – 132/495 € – 25 € – 2 suites

Boulevard Ste-Barbe – ✆ 02 98 69 70 78 – www.hotel-brittany.com – Fermé 8 novembre-6 février

Le Brittany – Voir la sélection des restaurants

ROSENAU

✉ 68128 – Haut-Rhin – Carte régionale n° **10**-B3 – Carte Michelin 315-J11

Au Lion d'Or - Chez Théo

CUISINE MODERNE • ÉLÉGANT XX Une auberge sympathique et élégante, tenue par la même famille depuis 1928, et c'est la cinquième génération qui prend la main ! Un monument historique ? Nullement, car le chef mêle avec brio saveurs d'aujourd'hui et richesses du terroir. La jolie salle, sobre et cosy, a tout pour séduire ; toutefois, aux beaux jours, on lui préfère la terrasse qui donne sur le jardin fleuri..

Spécialités : Sardine marinée, focaccia d'olives façon pissaladière. Filet mignon de cochon, chou en texture et palet de pomme de terre fondant. Mousse faisselle, abricot poché au serpolet et sorbet thym-abricot.

Menu 23 € (déjeuner), 34/47 € – Carte 34/62 €

5 rue Village-Neuf – ✆ 03 89 68 21 97 – www.auliondor-rosenau.com – Fermé lundi, mardi

ROSHEIM

✉ 67560 – Bas-Rhin – Carte régionale n° **10**–A2 – Carte Michelin 315-I6

Hostellerie du Rosenmeer

CUISINE MODERNE • CONTEMPORAIN XXX La cuisine d'Hubert Maetz ? Une valeur sûre de la région. La carte fait la part belle aux produits de la terre d'Alsace, et aux poissons de Loctudy.

Menu 37 € (déjeuner), 52/128 € – Carte 57/77 €

45 avenue de la Gare – ✆ 03 88 50 43 29 – www.le-rosenmeer.com – Fermé 17-29 février, 20 juillet-5 août, lundi, mercredi, dimanche soir

LA ROSIÈRE 1850

✉ 73700 – Savoie – Carte régionale n° **2**–D2 – Carte Michelin 333-O4

Hyatt Centric La Rosière

LUXE • CONTEMPORAIN Cet hôtel haut de gamme, mariant harmonieusement contemporain et montagne chic, propose chambres confortables et suites d'exception, bénéficiant d'une superbe vue sur la vallée de la Tarentaise, digne d'une carte postale ! Agréable Spa de 420 m², piscine, jacuzzi (in et out), hammam et sauna. Deux restaurants, une brasserie, et la Tavola (spécialités italiennes).

47 chambres – 150/450 € – 22 suites

Les Eucherts – ✆ 04 79 04 12 34 – www.hotellarosiere.com – Fermé 25 avril-1er juillet, 4 septembre-14 décembre

ROUBAIX

✉ 59100 – Nord – Carte régionale n° **13**–C2 – Carte Michelin 302-H3

Le Bô Jardin

CUISINE TRADITIONNELLE • BRASSERIE X Au cœur du magnifique parc de Barbieux, une grande salle lumineuse et une terrasse donnant toutes les deux sur le plan d'eau – une vue très agréable. Salades et petits plats de saison sont à la carte. Une cuisine simple et bien faite, accompagnée d'une jolie sélection de grands crus bordelais.

Menu 34 € – Carte 32/44 €

avenue Le Nôtre (Parc Barbieux) – ✆ 03 20 20 61 85 – www.lebeaujardin.fr – Fermé lundi soir, mardi soir, mercredi soir, jeudi soir, vendredi soir, samedi soir, dimanche soir

ROUBION

✉ 06420 – Alpes-Maritimes – Carte régionale n° **24**–D2 – Carte Michelin 341-D3

Auberge Quintessence

CUISINE MODERNE • MONTAGNARD XX Au col de la Couillole, en plein Mercantour, on trouve cet ancien refuge, aujourd'hui tenu par un jeune couple. Ces deux-là vous réservent une cuisine actuelle aux inspirations montagnardes (herbes, en particulier)… et proposent de jolies chambres pour l'étape.

Menu 39/75 €

route du Col de la Couillole – ✆ 04 93 02 02 60 – www.auberge-quintessence.com – Fermé 10 mars-3 avril, 12 novembre-18 décembre, lundi midi, mardi, mercredi, jeudi midi, vendredi midi

ROUEN

✉ 76000 – Seine-Maritime – Carte régionale n° **17**–D2 – Carte Michelin 304-G5

On aime...

Le cœur gourmand de la vieille ville, vous le trouverez entre la place du Vieux-Marché et la cathédrale, et notamment dans la rue du Gros-Horloge, la plus évocatrice du vieux Rouen, avec ses gros pavés et ses maisons à pans de bois. La capitale de la Normandie, ce "pays gras et savoureux" dont parlait déjà un chroniqueur médiéval, aime manger ! Le lait, véritable or blanc, coule à flots : beurre et crème fermières, fromages qu'on ne présente plus (camembert, neufchâtel, livarot et pont-l'évêque). Le poulet "vallée d'Auge" associe même beurre, crème ainsi que le calvados et cidre, les deux boissons emblématiques de ce terroir. L'herbe grasse nourrit des volailles comme le canard de Duclair (à l'origine de la recette du canard au sang) ou le pigeonneau. Côté mer, c'est un véritable raz-de-marée de poissons, de crustacés et de coquillages en provenance des criées de la façade maritime.

boschettophotography/iStock

Restaurants

✿✿ Gill (Gilles Tournadre)

CUISINE MODERNE • ÉLÉGANT XXXX La ferme familiale, le père et le grand-père pâtissiers tous deux, l'arrachage des pommes de terre, les allers-retours au poulailler, la coloration progressive du beurre dans la baratte... C'est dans son enfance normande, proche des produits et de la terre, que se niche l'origine de la vocation de Gilles Tournadre.

Rouennais de racine et de cœur, le chef porte haut les deux étoiles Michelin acquises en 1990. Dans un intérieur élégant et raffiné, il décline cette cuisine fine et délicate, où les grands classiques (pigeon à la rouennaise, millefeuille à la vanille bourbon) côtoient des plats plus inventifs.

Prenons au hasard ces langoustines en carpaccio marinées au gingembre, avec mousse d'huîtres et gelée de crustacés : l'alliance idéale d'un beau produit, d'un assaisonnement sans ostentation, avec ce qu'il faut de relief et un sens aigu de l'équilibre des saveurs.

Spécialités : Huîtres snackées, vinaigrette aux condiments, tuile au seigle et jus d'huîtres au citron caviar. Pigeon à la rouennaise farci de foie gras en tournedos, ravioli aux herbes. Millefeuille à la vanille Bourbon.

Menu 45 € (déjeuner), 80/120 € – Carte 95/130 €

Plan B2-a – *9 quai de la Bourse – ✆ 02 35 71 16 14 – www.gill.fr – Fermé 12-28 avril, 2-25 août, 21-28 décembre, lundi, dimanche*

✿ Rodolphe (Rodolphe Pottier)

CUISINE MODERNE • CONTEMPORAIN XX Depuis son ouverture, la table de Rodolphe Pottier n'en finit pas de faire le buzz, à Rouen mais pas seulement. Difficile en effet de résister aux fulgurances de ce natif d'Évreux, dont le jeune âge – pas encore trente ans ! – cache une sacrée dose de talent et de finesse. Le menu unique est ici la règle (3 plats à midi, 5 et 7 le soir), où se succèdent des recettes créatives plus enthousiasmantes les unes que les autres. Ajoutez à cela une jeune équipe au diapason, avec notamment Jordan, le grand frère, en salle, qui se révèle un sommelier très avisé. Le buzz est largement mérité, et il y a un revers à cette médaille : vu le petit nombre de couverts (une grosse vingtaine), il faudra réserver très à l'avance pour en profiter.

Spécialités : Cuisine du marché.

Menu 39 € (déjeuner), 65/90 €

Plan B1-a – *35 rue Percière – ✆ 02 35 73 32 58 – www.restaurant-rodolphe.com – Fermé 1er-6 janvier, 30 avril-5 mai, 30 juillet-19 août, lundi, samedi, dimanche*

✿ L'Odas (Olivier Da Silva)

CUISINE CRÉATIVE • CONTEMPORAIN X Idéalement situé en plein cœur de la vieille ville, à deux pas de la cathédrale, ce restaurant est la création d'Olivier Da Silva. Il régale en toute décontraction : sa cuisine, bien de saison, est tout en justesse et en équilibre, avec des notes d'agrumes ici et là pour apporter du peps et de la vivacité. On pourra même observer le travail en cuisine depuis la salle, un spectacle toujours réjouissant. N'oublions pas enfin la terrasse agréable, à l'abri des regards, et le service aussi détendu que professionnel. De bout en bout, une expérience très plaisante.

Spécialités : Raviole de langoustine, aubergine fumée et parmesan, vieux vinaigre balsamique. Homard rôti au beurre, poitrine de cochon fondante laquée au soja et légumes de saison. Légèreté de framboise et de vanille, pistaches croustillantes.

Menu 36 € (déjeuner), 59/119 € – Carte 85/95 €

Plan C2-t – *4 passage Maurice-Lenfant – ✆ 02 35 73 83 24 – www.lodas.fr – Fermé lundi, dimanche soir*

Les Nymphéas

CUISINE CLASSIQUE • ÉLÉGANT XXX Dans le vieux Rouen, cette maison historique connaît bien ses classiques... et ose même les réinterpréter avec brio, à l'image de ce civet de homard. L'intérieur ouvre sur une charmante terrasse intérieure très appréciée aux beaux jours.

Menu 33/75 € – Carte 65/100 €

Plan B2-h – *9 rue de la Pie – ✆ 02 35 89 26 69 – www.lesnympheas-rouen.fr – Fermé 24-30 août, lundi, dimanche soir*

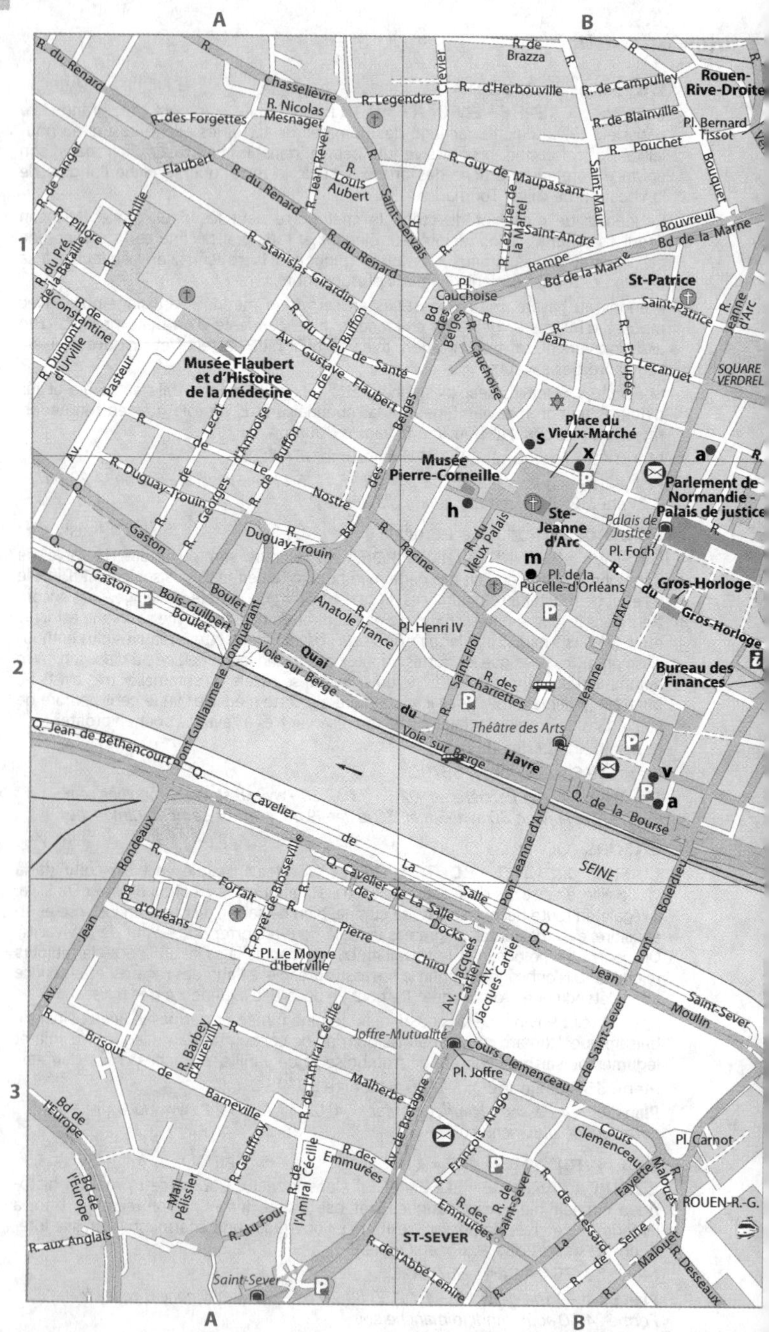

A
B
1
2
3
R. du Renard
R. Chasselièvre
R. Nicolas Mesnager
R. Legendre
R. Crevier
R. de Brazza
R. d'Herbouville
R. de Campulley
Rouen-Rive-Droite
R. de Blainville
Pl. Bernard Tissot
R. Pouchet
R. Bouquet
R. des Forgettes
R. de Tanger
R. Flaubert
R. Jean Revel
R. Louis Aubert
R. Saint-Gervais
R. Guy de Maupassant
R. Saint-Maur
R. Lézurier de la Martel
R. Saint-André
Rampe Bouvreuil
Bd de la Marne
R. Pillore
R. Achille
R. Stanislas Girardin
R. du Pré de la Bataille
R. de Constantine
R. Dumont d'Urville
Pl. Cauchoise
St-Patrice
R. Saint-Patrice
R. Jeanne d'Arc
R. du Lieu de Santé
R. de Buffon
Av. Gustave Flaubert
Bd des Belges
R. Cauchoise
R. Jean Lecanuet
R. Etoupée
SQUARE VERDREL
Musée Flaubert et d'Histoire de la médecine
R. Pasteur
R. de Lecat
R. d'Amboise
Place du Vieux-Marché
Musée Pierre-Corneille
Av. Pasteur
R. Duguay-Trouin
R. Georges d'Amboise
R. Le Nostre
Parlement de Normandie - Palais de justice
Ste-Jeanne d'Arc
Palais de Justice
Pl. Foch
R. du Vieux Palais
Q. Gaston Boulet
R. Duguay-Trouin
R. Racine
Pl. de la Pucelle-d'Orléans
Gros-Horloge
R. du Gros-Horloge
Q. de Boulet
R. Bois-Guilbert
R. Anatole France
Pl. Henri IV
Bureau des Finances
Pont Guillaume le Conquérant
Voie sur Berge
Quai du Havre
R. Saint-Eloi
R. des Charrettes
Théâtre des Arts
R. Jeanne d'Arc
Q. Jean de Béthencourt
Q. Cavelier de La Salle
Q. de la Bourse
SEINE
Pont Boieldieu
R. Rondeaux
R. Forfait
R. Poret de Blosseville
R. des Docks
Pont Jeanne d'Arc
Bd d'Orléans
R. Pierre Chirol
Q. Jean Moulin
Pl. Le Moyne d'Iberville
Av. Jacques Cartier
Q. Cavelier de La Salle
Av. Jean Rondeaux
Saint-Sever
Joffre-Mutualité
Cours Clemenceau
R. Brisout de Barneville
R. Barbey d'Aurevilly
R. de l'Amiral Cécille
R. Malherbe
Pl. Joffre
R. de Saint-Sever
Bd de l'Europe
R. Geuffroy
Av. de Bretagne
R. François Arago
Cours Clemenceau
Pl. Carnot
R. des Emmurées
R. Lafayette
R. Malouet
ROUEN-R.-G.
Mall Pélissier
R. de l'Amiral Cécille
R. des Emmurées
R. de Saint-Sever
R. de Lessard
R. du Four
ST-SEVER
R. de Seine
R. aux Anglais
R. de l'Abbé Lemire
R. Desseaux
Saint-Sever
s
x
a
h
m
v
a

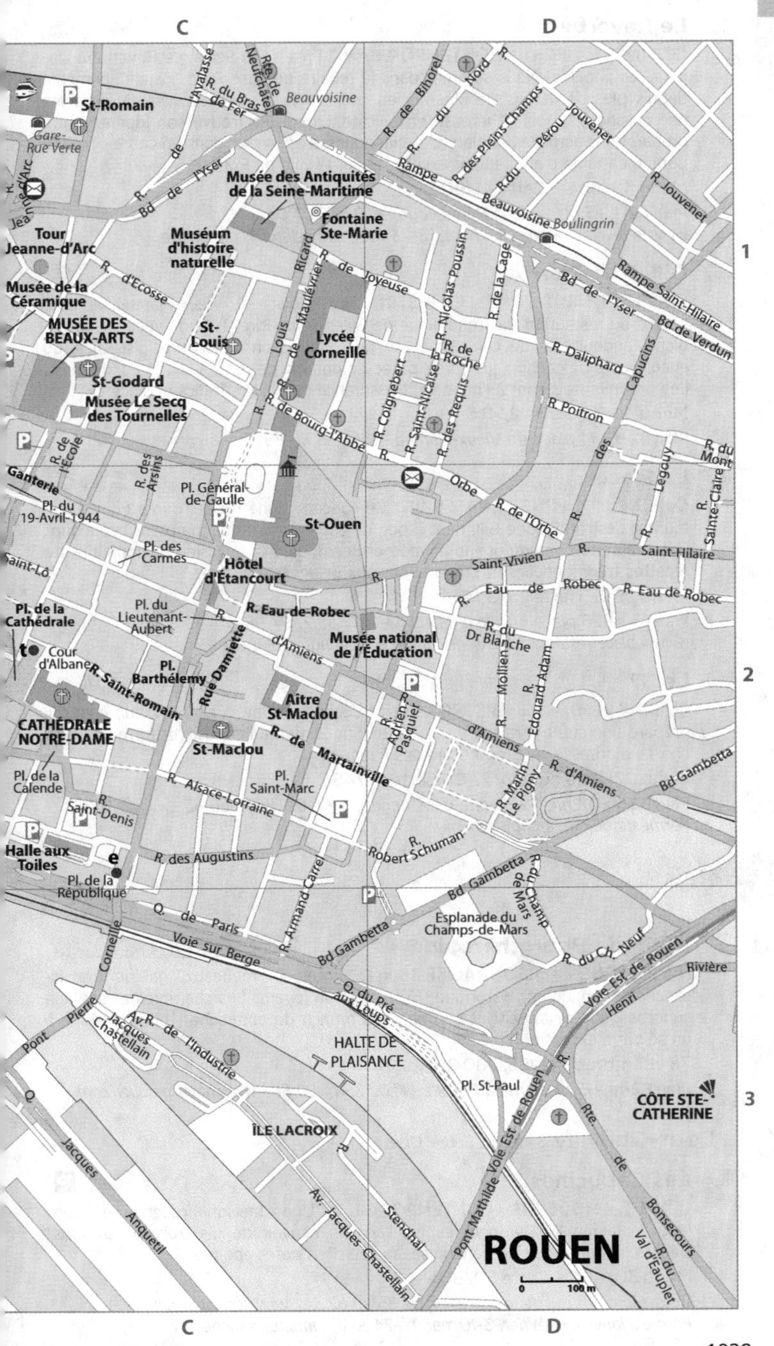
C
D
1
2
3
ROUEN
0
100 m
St-Romain
Gare-Rue Verte
Beauvoisine
Boulingrin
Musée des Antiquités de la Seine-Maritime
Fontaine Ste-Marie
Muséum d'histoire naturelle
Tour Jeanne-d'Arc
Musée de la Céramique
MUSÉE DES BEAUX-ARTS
St-Louis
St-Godard
Musée Le Secq des Tournelles
Lycée Corneille
Ganterie
Pl. du 19-Avril-1944
Pl. Général-de-Gaulle
St-Ouen
Pl. des Carmes
Hôtel d'Étancourt
Pl. de la Cathédrale
Pl. du Lieutenant-Aubert
R. Eau-de-Robec
Musée national de l'Éducation
Cour d'Albane
R. Saint-Romain
Pl. Barthélemy
Rue Damiette
Aître St-Maclou
CATHÉDRALE NOTRE-DAME
St-Maclou
R. de Martainville
Pl. de la Calende
Pl. Saint-Marc
R. Alsace-Lorraine
R. Saint-Denis
Halle aux Toiles
R. des Augustins
Pl. de la République
R. Robert Schuman
Bd Gambetta
R. du Champ de Mars
Esplanade du Champs-de-Mars
Q. de Paris
Voie sur Berge
R. Armand Carrel
Q. du Pré aux Loups
R. du Ch. Neuf
Voie Est de Rouen
Henri Rivière
HALTE DE PLAISANCE
Pl. St-Paul
CÔTE STE-CATHERINE
Pont Pierre Corneille
Av. Jacques Chastellain
R. de l'Industrie
ÎLE LACROIX
R. Stendhal
Av. Jacques Chastellain
Q. Jacques Anquetil
Pont Mathilde Voie Est de Rouen
Rte. de Bonsecours
R. du Val d'Eauplet
R. de Bihorel
R. du Nord
R. des Pleins Champs
R. du Pérou
R. Jouvenet
Rampe Beauvoisine
Rampe Saint-Hilaire
Bd de l'Yser
Bd de Verdun
R. du Bras de Fer
R. de l'Avalasse
Rte. de Neufchâtel
R. Jeanne-d'Arc
R. d'Ecosse
R. Louis Ricard
R. de Joyeuse
R. de Mauléviier
R. Nicolas Poussin
R. de la Cage
R. de la Roche
R. Daliphard
R. des Capucins
R. Poitron
R. Colgnebert
R. Saint-Nicaise
R. des Requis
R. de Bourg-l'Abbé
R. Orbe
R. de l'Orbe
R. Legouy
R. du Mont
R. Sainte-Claire
R. Saint-Hilaire
R. Saint-Vivien
R. Eau de Robec
R. du Dr Blanche
R. Mollien
R. Edouard-Adam
R. d'Amiens
R. Adrien Pasquier
R. Marin Le Pigny
R. de l'Ecole
R. des Arsins
R. Saint-Lô
R. de l'Yser

Le Réverbère

CUISINE MODERNE • CONTEMPORAIN XXX Près de la Seine, ce Réverbère illumine les papilles ! Nous sommes dans le repaire de José Rato, installé ici-même depuis plus de 40 ans (le plus ancien chef sur la place rouennaise !) qui signe une cuisine à la fois généreuse et délicate. La cuisine trouve son identité entre préparations actuelles et plats plus classiques, à apprécier dans un cadre contemporain. La table d'affaires par excellence sur la ville de Rouen.

Menu 48/65 € – Carte 41/60 €

Plan C2-e – *5 place de la République – ✆ 02 35 07 03 14 – www.le-reverbere-rouen.fr – Fermé 3-23 août, samedi midi, dimanche*

Gill Côté Bistro

CUISINE TRADITIONNELLE • BISTRO X Sur la place du Vieux-Marché, le "côté bistro" du restaurant gastronomique de Gilles Tournadre. Tête de veau sauce gribiche, andouillette de campagne pur porc, saucisson chaud aux pistaches, ou encore côte de cochon, jus corsé, purée de pomme de terre à l'ail et aux herbes... Les produits frais sont à l'honneur. L'assurance de plaisirs francs et sincères !

Menu 30 € – Carte 31/41 €

Plan B2-x – *14 place du Vieux-Marché – ✆ 02 35 89 88 72*

La Place

CUISINE MODERNE • BRASSERIE X Ce concept signé Gilles Tournadre, du restaurant gastronomique Gill, tient à peu de choses, mais qui comptent beaucoup : une brasserie contemporaine animée et conviviale ; une cuisine naviguant entre recettes traditionnelles et préparations aux influences diverses.

Menu 25 € – Carte 25/35 €

Plan B1-s – *26 place du Vieux-Marché – ✆ 02 35 71 97 06 – www.laplace-restaurant-brasserie.com – Fermé lundi, dimanche*

Le 37

CUISINE MODERNE • BISTRO X Bistrot décontracté avec, au piano, un chef qui prépare une cuisine fraîche et pétillante. Suggestion à l'ardoise, et formules marché. Une adresse sûre, appréciée des habitués.

Menu 22 € (déjeuner)/27 € – Carte 37/45 €

Plan B2-v – *37 rue St-Etienne-des-Tonneliers – ✆ 02 35 70 56 65 – www.le37.fr – Fermé lundi, dimanche*

Hôtels

Hôtel de Bourgtheroulde

HISTORIQUE • PERSONNALISÉ Tourelle gothique, meneaux, galerie Renaissance : ce monument historique (16e s.) est un joyau... Ses chambres et son spa superbes, son restaurant et son bar, son brunch du dimanche : tout contribue à un séjour d'exception.

78 chambres – 185/780 € – 22 €

Plan B2-m – *15 place de la Pucelle – ✆ 02 35 14 50 50 – www.hotelsparouen.com*

au Petit-Quevilly 3 km au Sud - Ouest

Les Capucines

CUISINE MODERNE • CONTEMPORAIN XXX Une maison rouennaise dans laquelle la famille Demoget cultive l'art de recevoir depuis trois générations ! Décor élégant et cuisine généreuse, ancrée dans notre époque.

Menu 30/65 € – Carte 50/80 €

Hors plan – *16 rue Jean-Macé – ✆ 02 35 72 62 34 – www.les-capucines.fr – Fermé 2 janvier-6 février, 3-10 mai, 1er-24 août, lundi, dimanche*

ROUFFACH

68250 – Haut-Rhin – Carte régionale n° **10**–A3 – Carte Michelin 315-H9

Restaurant Bohrer

CUISINE MODERNE • ÉLÉGANT Une belle demeure régionale à l'élégance bourgeoise et champêtre, pour une cuisine gastronomique associée à un judicieux choix de vins, notamment régionaux. Ambiance conviviale à la Brasserie Chez Julien, aménagée dans un ancien cinéma.

Menu 25/99 € – Carte 58/86 €

Rue Raymond-Poincaré – 03 89 49 62 49 – www.domainederouffach.com – Fermé lundi midi, mercredi midi, dimanche

ROUFFIAC-TOLOSAN – Haute-Garonne (31) → Voir Toulouse

ROUILLAC

16170 – Charente – Carte régionale n° **20**–C2 – Carte Michelin 324-J5

Villa A

MAISON DE MAÎTRE • ROMANTIQUE Ancien designer et architecte, Bernard Astor semble avoir laissé libre cours à ses rêves. La maison est charentaise mais la décoration s'inspire de l'Italie, emprunte à l'Empire et au Directoire avec des centaines de toiles et de sculptures. Salons richement meublés, home cinéma et salles à dîner (sur réservation) complètent le tableau. Le parc arboré de 6 hectares qui descend vers la rivière abrite une piscine de nage. Une demeure d'esthète.

3 chambres – 150/200 €

Les Petits Champs – 06 87 77 37 36 – www.villa-a.fr – Fermé 7-14 février, 21 décembre-3 janvier

LE ROURET

06650 – Alpes-Maritimes – Carte régionale n° **25**–E2 – Carte Michelin 341-D5

Le Clos St-Pierre

CUISINE PROVENÇALE • MÉDITERRANÉEN Face à l'église de ce village dédié aux parfums, une charmante auberge où l'on propose des menus imposés (sans choix), développés avec les beaux produits du marché. Agréable terrasse, service rapide et efficace.

Menu 40 € (déjeuner), 57/69 €

Place de la Mairie (quartier St-Pons) – 04 93 77 39 18 – www.le-clos-saint-pierre.com – Fermé 2 février-5 mars, 20-30 décembre, mardi, mercredi

Hôtel du Clos

FAMILIAL • COSY Dans le haut du village, voilà bien un hôtel de charme... Un grand jardin planté d'oliviers centenaires et d'arbres fruitiers, des murs en pierre, des toits de tuiles, de jolies chambres toutes différentes, etc. : l'ensemble est résolument orienté côté Provence.

12 chambres – 129/260 € – 15 €

3 chemin des Ecoles – 04 93 40 78 85 – www.hotel-du-clos.com

ROUSSILLON

84220 – Vaucluse – Carte régionale n° **25**–E1 – Carte Michelin 332-E10

David

CUISINE MODERNE • ÉLÉGANT Qu'il fait bon, le soir venu, s'installer dans cette belle maison de village ! L'équipe revisite la tradition avec sérieux : ravioles de haddock, étuvée de courgettes, émulsion au fenouil ; ris de veau au beurre noisette, jus aux morilles... à déguster sous la glycine pendant les beaux jours. À midi, carte plus simple dans un esprit de bistrot.

Menu 38/47 € – Carte 56/62 €

Le Clos de la Glycine, place de la Poste – 04 90 05 60 13 – www.leclosdelaglycine.fr – Fermé 2 janvier-13 février, mercredi midi

ROUVROIS-SUR-OTHAIN - Meuse (55) → Voir Longuyon (Meurthe-et-Moselle)

ROYAN

✉ 17200 - Charente-Maritime - Carte régionale n° **20**-A3 - Carte Michelin 324-D6

Boulevard 45

CUISINE MODERNE • **CONTEMPORAIN** X Près du front de mer, vous êtes chez Cassandra et Loïc, un couple sympa et accueillant, qui mise tout sur le marché et la fraîcheur. Fort d'un parcours impressionnant, Loïc nous régale dans le respect du goût et des saisons. Le menu est renouvelé chaque semaine, ce qui devrait vous inciter à revenir... On parie ?

Spécialités : Œuf mollet, courges, sot-l'y-laisse à la bourguignonne. Selle d'agneau aux herbes, samoussa d'épaule, tomate, harissa et fromage de brebis. Parfait glacé granny smith, mousse caramel au beurre salé, gâteau au cidre.

Menu 28/37 €

45 boulevard de la République - ✆ 05 16 65 85 43 - Fermé 1er-31 janvier, lundi, mardi soir, dimanche

Les Filets Bleus

CUISINE TRADITIONNELLE • **COLORÉ** XX En léger retrait du front de mer, ce restaurant offre un sympathique décor marin : plancher en bois d'acajou, hublots, ancres marines, lampes-tempête... Dans l'assiette, l'esprit est le même, le chef s'appuyant largement sur les produits de l'Atlantique pour composer sa carte.

Menu 21 € (déjeuner), 30/65 € - Carte 50/90 €

14 rue Notre-Dame - ✆ 05 46 05 74 00 - Fermé 9-18 février, 21 juin-7 juillet, 5-14 novembre, lundi, dimanche

à Breuillet 10 km au Nord - Carte régionale n° **20**-A3

L'Aquarelle (Xavier Taffart)

CUISINE CRÉATIVE • **CONTEMPORAIN** XX Ce grand pavillon cubique contemporain offre une étape gourmande au cœur de la campagne royannaise. Le chef de l'Aquarelle, Xavier Taffart, est fils d'ostréiculteur : autant dire qu'il en connaît un rayon sur les huîtres charentaises. Dans l'assiette, il se montre créatif et inspiré, ne travaillant que les beaux produits locaux. Adepte des associations terre-mer, il ne rechigne pas à l'exotisme : ormeau rôti, courge et châtaigne, truffe ; escargots de mer, consommé de porc et couenne, topinambours... Côté décor, le design prévaut dans la grande salle panoramique, y compris sur la table, où trônent la porcelaine contemporaine d'un artisan poitevin et les couteaux siglés d'un coutelier rochelais. Un sens du détail qui cadre parfaitement avec les assiettes esthétiques et graphiques du chef.

Spécialités : Pastrami de thon et foie gras, pickles de radis et concombre. Barbue fumée aux aiguilles de pin et couenne de porc soufflée. Poire en trompe-l'œil, sorbet poire-laurier.

Menu 52/120 € - Carte 85/96 €

71 A route du Montil - ✆ 05 46 22 11 38 - www.laquarelle.net - Fermé 2-14 janvier, 1er-10 juin, lundi, mardi midi, dimanche soir

à St-Palais-sur-Mer 5 km à l'Ouest - Carte régionale n° **20**-A3

Restaurant de la Plage

CUISINE MODERNE • **CONTEMPORAIN** XX La finesse est la qualité principale de la cuisine du chef, dont la passion et l'envie de bien faire se dévoilent dans chaque assiette. Une partition bien tournée, de beaux produits : tout est là ! Le tout dans un décor lumineux et contemporain. Quelques chambres simples pour l'étape.

Spécialités : Daurade royale marinée, avocat et crumble de noix de cajou. Bar, raviole de langoustine, petits pois et citron confit. Crème brûlée au chocolat noir, pâte sucrée au grué et parfait framboise.

Menu 33 €

1 place de l'Océan - ✆ 05 46 23 10 32 - www.hoteldelaplage-stpalais.fr - Fermé 5 novembre-1er mars, lundi midi, dimanche soir

L'Arrosoir 

CUISINE MODERNE · CONTEMPORAIN XX La situation magnifique, avec la belle terrasse donnant sur la plage de Nauzan, fait déjà de cette maison un lieu à part... mais on vient aussi pour découvrir le travail d'un chef passionné, qui célèbre la région dans des préparations soignées.

Menu 24 € (déjeuner)/41 €

73 avenue de Pontaillac (plage de Nauzan) - ✆ 05 46 02 12 41 - www.restaurant-l-arrosoir.com - Fermé 4 novembre-8 février, lundi, mardi midi, dimanche soir

à Vaux-sur-Mer 3 km à l'Ouest

Résidence de Rohan

FAMILIAL · TRADITIONNEL Jadis résidence d'été de la famille de Rohan, cette jolie demeure à l'architecture typique de la fin du 19e s. est douce et feutrée. Même atmosphère dans les deux annexes au cœur du beau parc dominant la plage. Le grand calme !

43 chambres - 90/195 € - 15 €

7 avenue de Rohan - ✆ 05 46 39 00 75 - www.residence-rohan.com - Fermé 11 novembre-28 mars

ROYAT - Puy-de-Dôme (63) ➜ Voir Clermont-Ferrand

ROYE - Haute-Saône (70) ➜ Voir Lure

ROYE

✉ 80700 - Somme - Carte régionale n° **14**-B2 - Carte Michelin 301-J9

La Flamiche

CUISINE MODERNE · COSY XXX Rien d'étonnant à ce que ce restaurant, du nom de la fameuse spécialité locale, propose une cuisine à l'accent régional ! La salle à manger, juste rénovée, et la reprise de l'affaire par le chef laissent poindre de jolies ambitions...

Menu 39 € (déjeuner), 37/60 € - Carte 55/120 €

20 place de l'Hôtel-de-Ville - ✆ 03 22 87 00 56 - www.laflamiche.fr - Fermé 2-15 janvier, 10-20 août, lundi, mardi midi, dimanche soir

LE ROZIER

✉ 48150 - Lozère - Carte régionale n° **21**-B1 - Carte Michelin 330-H9

L'Alicanta

CUISINE MODERNE · FAMILIAL X On connaît depuis longtemps cette Alicanta, nichée au bord de la rivière Jonte, dans le cadre exceptionnel des gorges du Tarn... Son chef y exécute une partition solide, où tout est fait maison ; la carte est renouvelée à chaque saison, à l'exception notable du rognon et des ris de veau poêlés, les incontournables de la maison... Miam, miam et re-miam !

Spécialités : Escargots de l'Aubrac, senteur du sous-bois et œuf poché. Quasi d'agneau en croûte d'herbes, céleri fondant et jus aux épices. Ananas confit, crème vanillée et sorbet noix de coco.

Menu 29/39 €

route de Meyrueis - ✆ 05 65 62 60 25 - www.hotel-doussiere.com - Fermé 1er novembre-25 mars, lundi midi

Hôtel de la Muse et du Rozier

TRADITIONNEL · CONTEMPORAIN Dans le jardin de ce grand hôtel centenaire, une plage privée au bord du Tarn ! L'esprit des lieux ? Contemporain, sobre et zen, en harmonie avec les sublimes paysages environnants. Une certaine idée de l'élégance...

27 chambres - 120/225 € - 16 € - 1 suite

La Muse - ✆ 05 65 62 60 01 - www.hotel-delamuse.fr - Fermé 2 novembre-9 avril

RUEIL-MALMAISON - Hauts-de-Seine (92) ➔ Voir Autour de Paris

RUNGIS - Val-de-Marne (94) ➔ Voir Autour de Paris

LES SABLES-D'OLONNE

✉ 85100 - Vendée - Carte régionale n° **23**-A3 - Carte Michelin 316-F8

Cabestan

CUISINE TRADITIONNELLE • **COSY** Sur le quai animé du port, ce restaurant au look contemporain et cosy propose une cuisine de la mer, élaborée selon le retour de la criée des Sables, mais aussi des spécialités du terroir vendéen, comme la célèbre volaille de Challans.

Menu 26 € (déjeuner), 42/59 €

Plan C2-b – *17 quai René Guiné – ✆ 02 51 95 07 50 – www.cabestan85.com – Fermé 22 juin-1er juillet, 16 novembre-3 décembre, lundi, mardi soir, dimanche soir*

La Cuisine de Bertrand

CUISINE TRADITIONNELLE • **COSY** Face au port de pêche, ce petit restaurant assez discret mérite pourtant que l'on s'y attarde ! Deux courts menus, des produits frais de qualité... le chef va à l'essentiel et le fait bien. Son feuilleté de langoustines et son paris-brest sont les meilleurs témoignages d'une cuisine qui s'épanouit sans artifices.

Menu 34/44 €

Plan C2-q – *22 quai de Franqueville – ✆ 02 51 95 37 07 – Fermé 1er-28 février, 30 juin-14 juillet, mardi, mercredi*

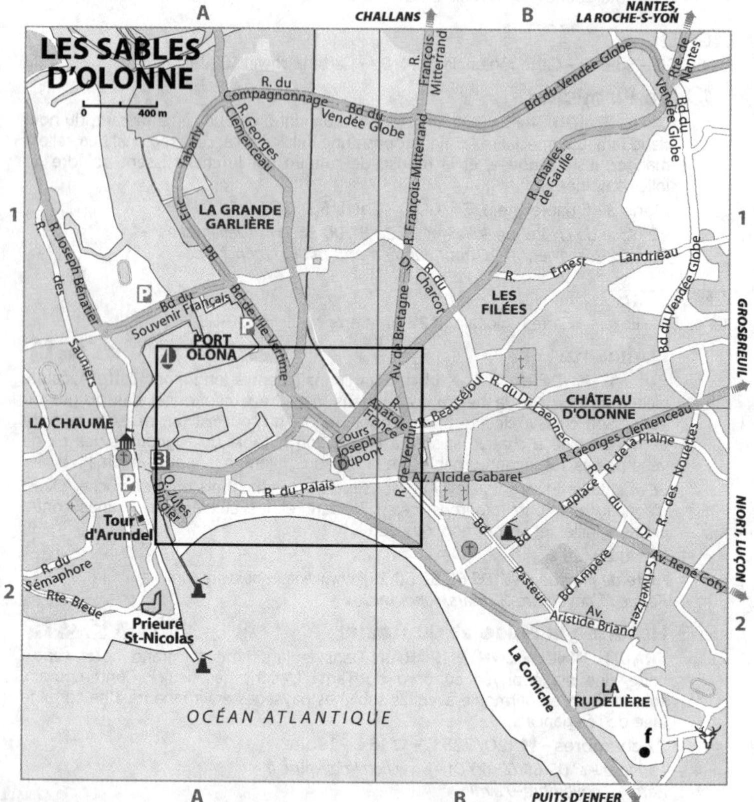

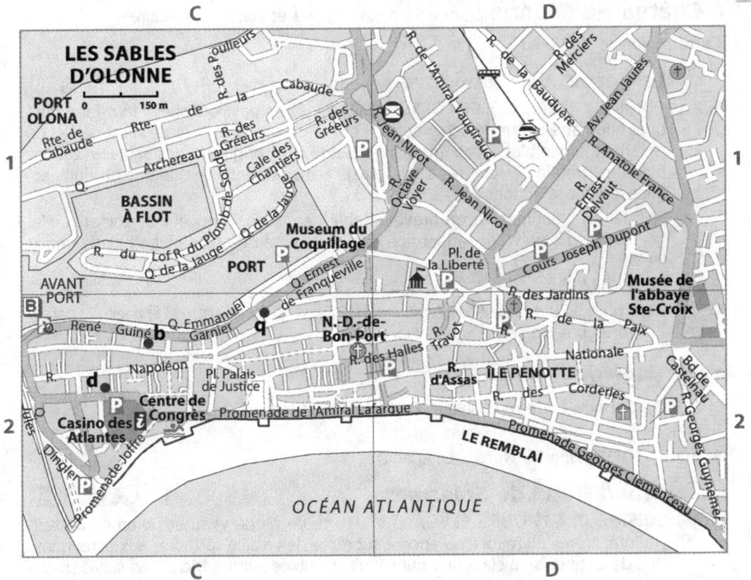

La Suite S'il Vous Plaît

CUISINE MODERNE • CONTEMPORAIN Située derrière le casino et les plages, cette table fait souffler un vent frais sur la restauration sablaise. Dans un décor de bistrot moderne, la jeune chef (ex-Robuchon) fait assaut de créativité : ses recettes, renouvelées très souvent, jouent habilement sur les textures et les saveurs.

Menu 20€ (déjeuner), 32/50€ – Carte 44/53€

Plan C2-d – *20 boulevard Franklin-Roosevelt – 02 51 32 00 92 – www.lasuitesvp.com – Fermé 1er janvier-12 mars, lundi, mardi midi, dimanche soir*

Côte Ouest Thalasso & Spa

SPA ET BIEN-ÊTRE • BORD DE MER Situé en retrait de la mer, dominant le lac de Tanchet, cet établissement nous plonge dans l'atmosphère élégante et feutrée des paquebots des années 1930, avec leurs belles malles et le mobilier d'époque. Chambres contemporaines offrant soit une vue pinède, soit une belle vue sur l'océan.

97 chambres – 155/595€ – 23€

Plan B2-f – *Lac de Tanchet – 02 51 21 77 77 – www.restaurant-cote-ouest.fr*

à l'anse de Cayola 7 km au Sud - Est par la Corniche

Cayola

CUISINE MODERNE • ROMANTIQUE Dans la salle ou sur la terrasse, la vue sur l'Atlantique est superbe et l'on se prend à rêver de croisières au long cours. Mais l'évasion est déjà dans l'assiette : les produits de la mer sont rois en ce royaume...

Menu 39€ (déjeuner), 69/98€ – Carte 90/105€

Hors plan – *76 promenade de Cayola – 02 51 22 01 01 – www.le-cayola.com – Fermé 23 décembre-20 janvier, lundi, dimanche soir*

à Château-d'Olonne 5 km à l'Est par D2949 et route secondaire – Carte régionale n° **23**–A3

La Ferme de Villeneuve

CUISINE MODERNE • COLORÉ Dans une zone pavillonnaire, il faut faire quelques kilomètres pour dénicher cette "Ferme" chaleureuse... On ne vient pas ici par hasard ! Chaque plat démontre la maîtrise du chef, originaire des Sables-d'Olonne, qui nous gratifie de recettes dans l'air du temps et n'utilise que des produits soigneusement sélectionnés.

Spécialités : Saumon façon gravlax, sablé parmesan, caponata de tomates. Maigre, artichauts poivrade, aubergine confite et purée de fenouil. La balade chocolatée.

Menu 23/49 €

Hors plan – *28 rue du Pré-Etienne – ✆ 02 51 33 41 83 – Fermé 13 janvier-1er mars, 27 septembre-8 octobre, lundi, mardi*

SABLÉ-SUR-SARTHE

✉ 72300 – Sarthe – Carte régionale n° **23**–C1 – Carte Michelin 310-G7

à Solesmes 3 km au Nord - Est par D22

Grand Hôtel de Solesmes

CUISINE CLASSIQUE • ÉLÉGANT Tarte de ris de veau et pommes de terre vitelote, crème au raifort, ou encore suprême de volaille sarthoise aux écrevisses... Une délicate cuisine classique qui séduit d'emblée ; on ne triche pas sur la qualité des produits. De plus, l'accueil et le service sont charmants !

Menu 31/68 € – Carte 49/95 €

16 place Dom-Guéranger – ✆ 02 43 95 45 10 – www.grandhotelsolesmes.com – Fermé 26 décembre-4 janvier, dimanche soir

SACHÉ – Indre-et-Loire (37) ➜ Voir Azay-le-Rideau

SACY

✉ 51500 – Marne – Carte régionale n° **11**–B2 – Carte Michelin 306-F7

Château de Sacy

MAISON DE MAÎTRE • ÉLÉGANT Nichée au cœur des vignes sur les hauteurs de Reims, cette bâtisse de 1850 abrite des chambres décorées avec goût (entre vintage et Art déco), avec une salle de fitness et des bains norvégiens... Une belle étape.

12 chambres – 200/500 € – 20 €

Rue des Croisettes – ✆ 03 26 07 60 38 – www.chateaudesacy-reims.fr – Fermé 6-17 janvier

ST-AFFRIQUE

✉ 12400 – Aveyron – Carte régionale n° **22**–D2 – Carte Michelin 338-J7

La Table de Jean

CUISINE MODERNE • TENDANCE Les anciens propriétaires de l'hôtel Les Raspes (St-Rome-de-Tarn) ont ouvert ce restaurant dans le centre de St-Affrique. Un retour aux sources pour lui, cuisinier de formation ; il revisite la tradition avec finesse et montre de beaux accents méditerranéens.

Menu 30/42 € – Carte 40/60 €

7 boulevard Émile Trémoulet – ✆ 05 65 49 50 05 – Fermé lundi, dimanche soir

ST-AIGNAN

✉ 41110 – Loir-et-Cher – Carte régionale n° **8**–A2 – Carte Michelin 318-F8

Le Mange-Grenouille

CUISINE TRADITIONNELLE • AUBERGE Décoration baroque, mobilier chiné et grenouilles en tous genres offertes par les clients : cet ancien relais de poste ne manque pas de caractère ! On s'y régale d'une cuisine traditionnelle simple et bonne, qui évolue régulièrement, avec comme spécialité… les cuisses de grenouilles. Attachant !

Menu 19 € (déjeuner), 35/50 €

10 rue Paul-Boncour – 02 54 71 74 91 – www.lemangegrenouille.fr – Fermé 22 juin-10 juillet, 21 septembre-18 octobre, lundi, samedi midi, dimanche soir

ST-ALBAN-LES-EAUX

42370 – Loire – Carte régionale n° **2**-A1 – Carte Michelin 327-C3

Le Petit Prince

CUISINE MODERNE • COSY Ce charmant restaurant n'est pas tombé d'un astéroïde : il a été fondé en 1805 par les arrière-grand-tantes de l'actuel patron ! Sa cuisine, fraîche, colorée et inventive, combine légèreté et gourmandise. Ce Petit Prince saura vous apprivoiser… Belle cave à visiter.

Menu 38/90 €

Le bourg – 04 77 65 87 13 – www.restaurant-lepetitprince.fr – Fermé 2-31 janvier, lundi, mardi

ST-ALBAN-SUR-LIMAGNOLE

48120 – Lozère – Carte régionale n° **21**-C1 – Carte Michelin 330-I6

La Petite Maison

CUISINE TRADITIONNELLE • RUSTIQUE Une table régionale où règne une atmosphère chaleureuse et rustique. Les spécialités de la maison ? La viande de bison d'Amérique (depuis 1992 !), la friture de truitelle, le whisky (400 références) et les vins du Languedoc-Roussillon. A quelques mètres, chambres d'antan dans une gentilhommière du 19es.

Menu 29/69 € – Carte 48/88 €

avenue de Mende – 04 66 31 56 00 – www.la-petite-maison.fr – Fermé 1er octobre-30 avril, lundi midi, mardi midi, mercredi midi, jeudi midi, vendredi midi, samedi midi

ST-AMOUR-BELLEVUE

71570 – Saône-et-Loire – Carte régionale n° **5**-C3 – Carte Michelin 320-I12

Au 14 Février (Masafumi Hamano)

CUISINE CRÉATIVE • CHIC Il est évidemment question d'amour au 14 Février : l'amour du produit, l'amour du geste, l'amour de la chose bien faite. Le chef japonais Masafumi Hamano cisèle des assiettes comme de véritables œuvres d'art : il trouve toujours l'ingrédient supplémentaire qui booste l'ensemble et fait la différence. Le voici maître de cérémonie d'un mariage en grande pompe entre la France et le Japon (encore une histoire d'amour !), mariage auquel nous assistons avec une gourmandise non dissimulée. Darne de saumon mariné relevé d'une crème d'ail aux anchois et purée de céleri-rave ; foie de canard poêlé avec quartiers de mangue et feuilles d'endives croquantes ; ou encore cette lotte en piccata servie sur une carbonara de citron et pois chiche… Vous laisserez-vous séduire ?

Spécialités : Foie gras de canard poêlé. Homard bleu rôti. Dôme de chocolat blanc.

Menu 65/120 €

Le Plâtre-Durand – 03 85 37 11 45 – www.sa-au14fevrier.com – Fermé 2-16 janvier, 17 août-3 septembre, mardi, mercredi, jeudi, dimanche soir

Auberge du Paradis

CUISINE CRÉATIVE • ROMANTIQUE Dans un cadre cosy, une cuisine soignée, plutôt inventive, qui évolue selon l'inspiration du chef ; le tout réalisé avec de beaux produits, travaillés dans le respect des saisons.

Menu 75 €

Le Plâtre-Durand – 03 85 37 10 26 – www.aubergeduparadis.fr – Fermé 31 décembre-15 janvier, lundi, mardi, le midi sauf dimanche

Joséphine à Table – Voir la sélection des restaurants

Joséphine à Table

CUISINE TRADITIONNELLE • BISTRO Le bistrot de l'Auberge du Paradis, accolé à la maison mère, propose de bons petits plats à l'ardoise - terrine maison, planche de charcuterie, poulet fermier au citron et estragon, souris d'agneau au curcuma. On en profite dans un cadre contemporain et convivial façon industriel chic, avec cuisines ouvertes, torchons de cuisine en guise de serviettes, caves vitrées en self-service (beaujolais et bourgogne blanc) et tire-bouchons attachés au bord des tables.

Carte 30/35€

Auberge du Paradis, Le Plâtre-Durand – 03 85 37 10 26 – josephineatable.fr – Fermé 31 décembre-15 janvier, lundi, dimanche

Auberge du Paradis

BOUTIQUE HÔTEL • PERSONNALISÉ Un petit paradis en effet, aux chambres originales et contemporaines, décorées avec goût comme l'ensemble de l'établissement. Autres atouts : le couloir de nage, le salon de lecture, l'exceptionnel petit-déjeuner, et deux offres de restauration : créative au gastronomique, ou plus traditionnelle, au Bistrot Joséphine à Table (pâté en croûte etc.).

13 chambres – 150/285€ – 22€

Le Plâtre-Durand – 03 85 37 10 26 – www.aubergeduparadis.fr – Fermé 31 décembre-15 janvier

Auberge du Paradis • **Joséphine à Table** – Voir la sélection des restaurants

ST-ANDRÉ-DE-CUBZAC

33240 – Gironde – Carte régionale n° **18**–B1 – Carte Michelin 335-I5

La Table d'Inomoto

FUSION • BISTRO Ancien du Pavillon des Boulevards, Seiji Inomoto tient désormais ce bistrot très attachant. Au programme, une cuisine franco-japonaise bien maîtrisée, où la "modestie" des produits est compensée par des cuissons parfaites et des assaisonnements bien sentis. C'est bon, souvent original, et le rapport qualité-prix laisse bouche bée. Courez-y.

Spécialités : Œuf mollet, velouté de champignons, croquette de turbot. Poulet fermier en trois façons. Île flottante, fraises et sorbet yuzu.

Menu 17€ (déjeuner), 30/40€

85 rue Nationale – 09 74 56 17 63 – www.latabledinomoto.fr – Fermé 2-24 août, 22 décembre-7 janvier, lundi, mardi soir, samedi midi, dimanche

ST-ANDRÉ-DE-NAJAC

12270 – Aveyron – Carte régionale n° **22**–C2 – Carte Michelin 338-E5

Relais Mont le Viaur

CUISINE TRADITIONNELLE • RUSTIQUE Le chef de cette jolie ferme régionale, chaleureuse et conviviale, a été auparavant sommelier dans plusieurs tables étoilées. Une chose le guide : la passion ! Il réalise ici une savoureuse cuisine du terroir : terrine de jarret de porc, foie gras maison, veau du Ségala... Pour l'étape, des chambres agréables.

Menu 25/45€ – Carte 35/65€

La Croix-Grande – 05 65 65 08 68 – www.montleviaur.fr – Fermé 20 décembre-12 janvier, lundi, mardi soir, mercredi soir, dimanche soir

ST-ANTONIN-NOBLE-VAL

82140 – Tarn-et-Garonne – Carte régionale n° **22**–C2 – Carte Michelin 337-G7

Le Carré des Gourmets

CUISINE MODERNE • INTIME Sur les bords de l'Aveyron, un restaurant au cadre contemporain, tout en nuances de gris. Derrière les fourneaux, le chef concocte une cuisine dans l'air du temps riche de produits du terroir, comme ce veau du Ségala, noix snackée et épaule confite. Terrasse face à la rivière.

Menu 24€ (déjeuner), 30/40€ – Carte 40/50€

13 boulevard des Thermes – 05 63 30 65 49 – www.carredesgourmets.fr – Fermé 1er-31 janvier, mardi soir, mercredi, dimanche soir

ST-AUBIN-DE-MÉDOC

✉ 33160 – Gironde – Carte régionale n° **18**–B1 – Carte Michelin 335-G5

Thierry Arbeau

CUISINE TRADITIONNELLE • ÉPURÉ XX Duo de foie gras aux fruits de saison, pigeonneau aux épices douces, côte de veau aux champignons... Une cuisine traditionnelle de bonne facture, pour un vrai moment de gourmandise.

Menu 29/62 €

Pavillon de St-Aubin, route de Picot – ✆ 05 56 95 98 68 – www.pavillonsaintaubin.com – Fermé 24 août-14 septembre, lundi, samedi midi, dimanche soir

ST-AVÉ – Morbihan (56) ➜ Voir Vannes

ST-AVIT-SÉNIEUR

✉ 24440 – Dordogne – Carte régionale n° **18**–C1 – Carte Michelin 329-F7

La Table de Léo

CUISINE MODERNE • BISTRO X Une maison en pierre au cœur du village, avec une belle terrasse au-dessus de la place de l'église... L'ensemble cache une vraie bonne petite adresse, dont le chef ose sortir des sentiers battus des recettes régionales, et démontre une vraie attention aux produits, aux dressages et aux cuissons. De la légèreté, du goût...

Spécialités : Foie gras mi-cuit à la gelée de sangria. Magret d'oie, polenta et déclinaison de carottes. Tiraminoix.

Menu 33/42 €

Le Bourg – ✆ 05 53 57 89 15 – www.latabledeleo.fr – Fermé 2-16 janvier, 29 juin-5 juillet, 26 octobre-3 novembre, lundi

ST-BEAUZEIL

✉ 82150 – Tarn-et-Garonne – Carte régionale n° **22**–B1 – Carte Michelin 337-B5

Château de l'Hoste

DEMEURE HISTORIQUE • PERSONNALISÉ Au cœur de la campagne quercynoise, dans un superbe jardin, une gentilhommière du 17ᵉ s. pleine de caractère et de confort. Que dire de la bibliothèque, du bar ou encore de la piscine ? Le temps d'un week-end ou d'un séjour plus long, on se rêve lady et gentleman-farmer...

20 chambres – 110/200 € – ☕ 15 €

route d'Agen – ✆ 05 63 95 25 61 – www.chateaudelhoste.com – Fermé 12 octobre-25 avril

ST-BÉNIGNE – Ain (01) ➜ Voir Pont-de-Vaux

ST-BENOÎT-SUR-LOIRE

✉ 45730 – Loiret – Carte régionale n° **8**–C2 – Carte Michelin 318-K5

Le Grand St-Benoît

CUISINE MODERNE • CLASSIQUE XX Une maison chaleureuse, avec une jolie terrasse, au cœur de ce village où repose le poète Max Jacob. Au menu, de délicieux petits plats joliment cuisinés, avec de subtils mariages de saveurs. De quoi trouver l'inspiration !

Spécialités : Finger de saumon fumé, céleri rémoulade. Dos de cabillaud, vinaigrette au pistou. Comme un vacherin, banane, citron vert.

Menu 34 € – Carte 44/59 €

7 place St-André – ✆ 02 38 35 11 92 – www.restaurant-grand-saint-benoit.com – Fermé 3-11 janvier, 21 février-2 mars, 16 août-2 septembre, 21-29 décembre, lundi, dimanche soir

ST-BONNET-LE-CHÂTEAU

✉ 42380 – Loire – Carte régionale n° **2**–A2 – Carte Michelin 327-D7

La Calèche

CUISINE MODERNE · HISTORIQUE XX Cet hôtel particulier du 17e s., au décor coloré, abrite une table généreuse et habile à secouer les saveurs (truite fumée et andouille, carré de veau du Haut Forez et gnocchis aux écrevisses), avec juste ce qu'il faut de sophistication et d'audace. Cette Calèche augure d'une jolie promenade en gourmandise !

Menu 21 € (déjeuner), 32/66 € – Carte 43/60 €

2 place du Commandant-Marey – ✆ 04 77 50 15 58 – www.restaurantlacaleche.fr – Fermé 2-20 janvier, 9-19 septembre, lundi, mardi, mercredi soir, jeudi soir, dimanche soir

ST-BONNET-LE-FROID

✉ 43290 – Haute-Loire – Carte régionale n° **1**–D3 – Carte Michelin 331-I3

Régis et Jacques Marcon

CUISINE CRÉATIVE · DESIGN XXXX Chez les Marcon, je demande le père, Régis, auvergnat-transalpin autoproclamé, cuisinier d'exception, entrepreneur et sommité gastronomique… et le fils, Jacques, qui assure la relève avec aplomb et occupe une place grandissante dans la conception des assiettes. Ici, les choses sont claires : c'est le marché et la cueillette qui dictent la carte. Il y en a pour tous les goûts : viandes du plateau, lentilles vertes du Puy, asperges, fèves, agrumes… et surtout champignons, la grande spécialité de la famille, qu'ils vont cueillir en automne dans l'intimité des sous-bois rougissants. Une cuisine enracinée, à l'image de ces grenouilles poêlées à l'ail des ours, de ce duo asperges et pleurotes : net et sans bavure. Sans oublier le beau plateau de fromages où salers, fourme et saint-nectaire nous font les yeux doux !

Spécialités : Chaud et froid de langoustines à la reine-des-prés. Omble chevalier en court bouillon de serpolet et velouté à la verveine. Feuillets croustillants à l'amande, compotée d'abricots et caramel de morilles.

Menu 175/280 € – Carte 180/200 €

Larsiallas – ✆ 04 71 59 93 72 – www.regismarcon.fr – Fermé 24 août-2 septembre, 23 décembre-4 avril, mardi, mercredi

Bistrot la Coulemelle

CUISINE TRADITIONNELLE · RUSTIQUE XX Au cœur du village, voici la délicieuse "annexe bistrotière" du grand restaurant de Régis Marcon. Terrine de volaille aux pépites de foie gras, filet de daurade royale au basilic, fromages d'Ardèche et d'Auvergne : rien à dire, tout est généreux et diablement bon. Et les cuisines ouvertes ajoutent un côté chaleureux à l'ensemble…

Spécialités : Pâté en croûte de canard aux figues. Suprême de poularde, jus façon piperade et purée de maïs. Marjolaine, biscuit dacquoise, ganache chocolat et praliné.

Menu 32/50 €

Hôtel Clos des Cimes-Découverte & Spa, 2 rue du Fanget – ✆ 04 71 65 63 62 – www.regismarcon.fr – Fermé 5 janvier-8 février, 24 août-3 septembre, mardi, mercredi

Le Fort du Pré

CUISINE MODERNE · ÉLÉGANT XX St-Bonnet-le-Froid peut bien se targuer du titre de "village gourmand" si l'on en juge par l'existence de ce Fort du Pré ! On y propose une savoureuse cuisine d'aujourd'hui, mettant admirablement en valeur le travail des producteurs de la région. Le tout dans un environnement verdoyant… Une valeur sûre.

Menu 31/71 € – Carte 49/70 €

Route du Puy – ✆ 04 71 59 91 83 – www.le-fort-du-pre.fr – Fermé 30 août-4 septembre, 6 décembre-12 mars, lundi, dimanche soir

ST-BRIAC-SUR-MER

✉ 35800 – Ille-et-Vilaine – Carte régionale n° **7**–C1 – Carte Michelin 309-J3

Les Deux Sardines 

CUISINE DU MARCHÉ • BISTRO Adélaïde Perissel est à la barre de cette maison à la déco minimaliste, en léger retrait de la mer. Sa cuisine, en perpétuel mouvement, témoigne d'une démarche écolo sincère et d'un amour du bon produit local. Quant à son mari, Grégory, il assure un service d'une grande gentillesse. Une belle découverte.

Menu 23€ (déjeuner)/33€ - Carte 40/60€

2 boulevard de la Houle - ✆ 09 80 83 44 04 - Fermé 9 janvier-7 février, 26 juin-3 juillet, 2-11 octobre, mercredi, jeudi, vendredi midi

ST-BRIEUC

✉ 22000 - Côtes-d'Armor - Carte régionale n° **7**-C2 - Carte Michelin 309-F3

Aux Pesked (Mathieu Aumont)

POISSONS ET FRUITS DE MER • TENDANCE En ville... et déjà à la campagne : décorée dans un style résolument contemporain, cette maison offre une vue plongeante sur les rives verdoyantes du Gouët. Logiquement, les *pesked* ("poissons" en breton) sont à l'honneur, très frais et cuisinés avec soin et tendresse par le chef Mathieu Aumont : ainsi les ormeaux sauvages sont-ils massés trois jours durant pour les rendre onctueux et d'une texture irréprochable. On profite aussi des conseils judicieux de madame pour les accords mets et vins. Une cuisine iodée, d'une justesse parfaite.

Spécialités : Ormeaux sauvages. Homard breton en deux services. Le citron en variation.

Menu 32€ (déjeuner), 54/95€

59 rue du Légué - ✆ 02 96 33 34 65 - www.auxpesked.com - Fermé 2-6 janvier, 22 février-2 mars, 20-27 avril, 27 juillet-10 août, lundi, samedi midi, dimanche soir

Ô Saveurs 

CUISINE MODERNE • INTIME Difficile d'indiquer les spécialités du chef, car la carte, courte et de saison, change très souvent. Ce jour-là, truite de mer marinée gravelax de citrons verts, fenouil mariné et champignons râpés ; filet de pigeon rôti sur coffre à l'ail noir et citron ; cuisse confite et jus réduit ; Paris-Brest aux pralines roses... Une valeur sûre de la ville.

Spécialités : Truite de mer, gravlax de citron vert et fenouil. Lieu jaune, pesto d'ortie, spaghetti encre de seiche et légumes rôties. « Melba Ô Saveurs».

Menu 30/59€ - Carte 42/56€

10 rue Jules-Ferry - ✆ 02 96 94 05 34 - www.osaveurs-restaurant.com - Fermé 15-29 février, 15-29 août, lundi, mardi soir, mercredi soir, dimanche

L'Air du Temps

CUISINE MODERNE • BISTRO Dans une petite rue en plein centre-ville, près des Halles, un bistrot dont le cachet mêle l'actuel et l'ancien. On y prépare une cuisine traditionnelle revisitée, mitonnée en cocotte : rognons de veau, Saint-Jacques... accompagnés d'une jolie sélection de vins.

Menu 19€ - Carte 32/50€

4 rue de Gouët - ✆ 02 96 68 58 40 - www.airdutemps.fr - Fermé 8-22 février, 4-21 juillet, 10-27 octobre, lundi, dimanche

à Cesson 3 km à l'Est par r. de Genève

La Croix Blanche 

CUISINE MODERNE • ÉLÉGANT Deux frères : l'un en cuisine, l'autre en salle... On travaille en famille dans ce plaisant restaurant ouvert sur un joli jardin. La cuisine est gourmande et raffinée, à l'image de cette excellente pannacotta Dubarry à l'émietté de tourteau et émulsion de crustacés. Un rapport plaisir-prix à marquer d'une croix blanche.

Menu 24€ (déjeuner), 35/80€

61 rue de Genève - ✆ 02 96 33 16 97 - www.restaurant-lacroixblanche.fr - Fermé 15 février-2 mars, lundi, dimanche soir

à Plérin 3 km au Nord - Est par Port Légué et D24 – Carte régionale n° **7**-C1

La Vieille Tour (Nicolas Adam)

CUISINE MODERNE • TENDANCE XX Le cadre, très contemporain, jouant sur la lumière et les matières (verre, wengé...), est en totale adéquation avec les saveurs fines et iodées de cette maison de pays, située face au chenal. Le cadre intime (notamment ces petites alcôve en forme d'anémone) se prête à la dégustation de produits de belle qualité, aux cuissons toujours justes. Le chef Nicolas Adam ne se contente pas de titiller les saveurs : il est aussi le créateur épanoui d'une boulangerie, et du festival Rock'n Toques, qui propose, une fois l'an et en musique, de la street food de qualité. Ou quand la gastronomie se veut ludique. Jolie cave vitrée, riche de 350 références.

Spécialités : Grosse langoustine, carotte au curry et émulsion au lard de Colonnata. Turbot sauvage, pomme de terre fumée et tempura d'asperge. Demi-sphère chocolat, caramel au beurre salé et glace à la fève tonka.

Menu 34 € (déjeuner), 48/79 €

75 rue de la Tour – ✆ 02 96 33 10 30 – www.la-vieille-tour.com – Fermé 1er-14 janvier, 10-26 février, 25 août-10 septembre, lundi, samedi midi, dimanche

à Ploufragan 5 km au Sud - Ouest par rte de Quintin – Carte régionale n° **7**-C2

Le Brézoune

CUISINE MODERNE • CONVIVIAL X Un jeune couple formé à bonne école a repris cette adresse traditionnelle : si les pierres et poutres demeurent, la déco a pris un virage contemporain, comme la carte, où les produits du terroir breton se marient à des notes d'Asie. Originalité, fraîcheur et accueil charmant au menu !

Spécialités : Raviole de moules, émulsion marinière au chorizo. Souris d'agneau confite, jus citronnelle-gingembre. "Le Brezoune" : sablé breton, pommes confites, caramel au beurre salé et mousse mascarpone.

Menu 19 € (déjeuner), 30/60 €

15 rue de la Poste – ✆ 02 96 01 59 37 – lebrezoune.fr – Fermé lundi, mercredi soir, samedi midi, dimanche soir

ST-CALAIS

✉ 72120 – Sarthe – Carte régionale n° **23**-D1 – Carte Michelin 310-N7

Château de la Barre

DEMEURE HISTORIQUE • GRAND LUXE Le comte et la comtesse de Vanssay, vingtièmes du nom, vous accueillent dans leur château des 15e-18e s. Un bijou d'élégance à la française... Portraits ancestraux, meubles d'époque, imprimés foisonnants et, dans le parc, des jardins à thème (japonais, italien, inca, etc.). Une villégiature rêvée pour les amateurs !

5 chambres – 295/670 €

Route de la Ferté-Bernard – ✆ 02 43 35 00 17 – www.chateaudelabarre.com – Fermé 10 janvier-29 mars

ST-CANNAT

✉ 13760 – Bouches-du-Rhône – Carte régionale n° **24**-B3 – Carte Michelin 340-G4

Le Mas Bottero (Nicolas Bottero)

CUISINE MODERNE • ÉLÉGANT XX Installé près d'Aix en Provence, le chef patron Nicolas Bottero (autrefois à Grenoble) propose une cuisine enthousiasmante, savoureuse et parfumée. Enfant, il venait dans la région chez sa grand-mère : il en a conservé la nostalgie des couleurs du sud, et un attachement au terroir. En témoignent le joli maigre de Méditerranée, minestrone aux coquillages, jus de rouille ou le dos d'agneau de Provence farci, asperges et morilles. Les producteurs des environs sont mis à contribution, un petit potager fournit les herbes aromatiques. La terrasse située sur l'arrière de la maison donne sur un petit jardin. Nicolas Bottero ? Discrétion, humilité, passion. Un coup de cœur.

Spécialités : Tartelette de légumes et caillé de chèvre aux herbes du jardin. Dos d'agneau grillé, cannelloni d'aubergines et poivrons doux. Figues et combava dans l'esprit d'un calisson.

Menu 29 € (déjeuner), 42/87 € – Carte 70/95 €

2340 route d'Aix-en-Provence – ✆ 04 42 67 19 18 – www.lemasbottero.com – Fermé 24 août-8 septembre, lundi, mardi, dimanche soir

ST-CÉRÉ

✉ 46400 – Lot – Carte régionale n° **22**-C1 – Carte Michelin 337-H2

✿ Les Trois Soleils de Montal (Frédérik Bizat)

CUISINE MODERNE • CLASSIQUE XXX Le soleil brille sur ce domaine situé sur le causse de Gramat, tout près de Saint-Céré : un hôtel avec ses restaurants, un parc au calme, une piscine, un golf pas très loin... Le restaurant gastronomique séduit avec sa salle à manger élégante et bourgeoise, ouverte sur la terrasse d'été et le parc. Les toiles pré-impressionnistes sur les murs évoquent l'une des passions du chef, antiquaire dans une vie antérieure. Aujourd'hui, ce dernier ne se consacre qu'à la cuisine en régalant ses hôtes avec des produits de qualité et beaucoup de finesse d'exécution. Le tout pour un excellent rapport qualité-plaisir. Du côté de l'Informel, l'autre restaurant en bord de piscine, on vous propose une cuisine simple de saison.

Spécialités : Tartare de crustacés, condiments et caviar d'Aquitaine. Porc noir de Bigorre en cuisson lente, condiments et fruits de saison. Tarte sablée aux abricots et à la pistache.

Menu 38 € (déjeuner), 59/92 €

Les Prés-de-Montal, St-Jean-Lespinasse – ✆ 05 65 10 16 16 – www.3soleils.fr – Fermé 2-17 janvier, 2-13 mars, 12 novembre-19 décembre, lundi, mardi midi, dimanche soir

L'Informel

CUISINE TRADITIONNELLE • CONVIVIAL X L'annexe gourmande du restaurant étoilé "Les Trois Soleils de Montal". Le chef propose une cuisine traditionnelle généreuse et goûteuse, concoctée à base de produits frais et de saison. On pense notamment au gigotin d'agneau grillé au thym, d'une belle qualité. Convivial et informel.

Menu 20 € (déjeuner)/32 €

Les Trois Soleils de Montal, Les Prés-de-Montal, St-Jean-Lespinasse – ✆ 05 36 48 00 30 – www.3soleils.fr – Fermé 1er-30 janvier, lundi, jeudi soir, samedi midi

Les Trois Soleils de Montal

FAMILIAL • À LA CAMPAGNE Dans cette campagne lotoise si bucolique, qui plus est dans un parc charmant, à deux pas du château de Montal : l'adresse est idéale pour voir la vie en vert ! Chambres spacieuses et confortables, dans une veine plutôt moderne.

25 chambres – 95/158 € – 14 € – 4 suites

Les Prés-de-Montal, St-Jean-Lespinasse – ✆ 05 65 10 16 16 – www.3soleils.fr – Fermé 2-17 janvier, 2-13 mars, 12 novembre-19 décembre

L'Informel • ✿ **Les Trois Soleils de Montal** – Voir la sélection des restaurants

ST-CHAMAS

✉ 13250 – Bouches-du-Rhône – Carte régionale n° **24**-A3 – Carte Michelin 340-F4

Le Rabelais

CUISINE MODERNE • AUBERGE XX Installé dans la jolie salle voûtée du 17e s. d'un vieux moulin à blé, un restaurant que n'aurait pas renié le héros de Rabelais, l'insatiable Gargantua ! On y sert une goûteuse cuisine, ancrée dans les saisons et préparée avec le plus grand soin. Pour faire étape, deux jolies chambres à l'étage.

Spécialités : Velouté de haricots blancs, cèpes et lard de Colonatta. Lotte, serrano, confit d'olive noire et jus de viande. Tarte chaude aux pêches et nectarines, crème glacée yaourt-groseille.

Menu 31/50 €

8 rue Auguste-Fabre (centre-ville) – ✆ 04 90 50 84 40 – www.restaurant-le-rabelais.com – Fermé lundi, mercredi soir, samedi midi, dimanche soir

ST-CHAMOND

✉ 42400 – Loire – Carte régionale n° **2**–B2 – Carte Michelin 327-G7

à St-Paul-en-Jarez 7,1 km à l'Est par D36

Éclosion

CUISINE CRÉATIVE · CONTEMPORAIN XX Ayant fait son nid dans ce beau château 1905, le jeune chef Pierre Carducci propose une cuisine, aussi créative qu'audacieuse, où les produits bio, notamment les légumes de son père maraîcher, rayonnent particulièrement. Chambres épurées portant des noms de plantes poussant dans le parc.

Menu 29 € (déjeuner), 58/95 €

40 avenue du Château – ✆ 04 77 61 99 09 – www.restauranteclosion.fr – Fermé 2-9 janvier, 10-25 août, lundi, mardi, dimanche soir

ST-CHÉLY-D'APCHER

✉ 48200 – Lozère – Carte régionale n° **21**–B1 – Carte Michelin 330-H6

à La Garde 9 km au Nord par D809 – Carte régionale n° **21**–B1

Château d'Orfeuillette

CUISINE MODERNE · ROMANTIQUE XX Atmosphère châtelaine, feutrée et romantique pour une table associant élégance des vieilles pierres et esprit très contemporain. Avec de bons produits locaux, le chef concocte une cuisine d'aujourd'hui, fine et plaisante.

Menu 42/72 €

✆ 04 66 42 65 65 – www.chateauorfeuillette.com – Fermé 1er novembre-1er avril, lundi, mardi midi, mercredi midi, jeudi midi, vendredi midi, samedi midi

Le Rocher Blanc

CUISINE MODERNE · TENDANCE X Une auberge campagnarde et... branchée ! Le chef, fan de déco, aime bousculer les habitudes, dans le décor – aux styles mêlés – comme dans l'assiette. À la carte : goût du terroir et zeste d'audace (escargots de Massiac sautés avec une touche d'anis et de parmesan, pavés de lotte rôtis au vinaigre de Xérès...). Une réussite !

Menu 25/42 € – Carte 30/60 €

route du Gévaudan – ✆ 04 66 31 90 09 – www.lerocherblanc.com

Château d'Orfeuillette

DEMEURE HISTORIQUE · PERSONNALISÉ Dans le parc paressent des ânes et des chevaux... Au cœur du Gévaudan, voilà bien un lieu paisible et raffiné : ce château de la fin du 19e s. mêle charme de l'ancien, mobilier design et touches baroques avec un caractère certain ! Également quelques chambres côté "Orangerie".

16 chambres – 85/235 € – 17 € – 2 suites

✆ 04 66 42 65 65 – www.chateauorfeuillette.com – Fermé 3 novembre-23 mars

Château d'Orfeuillette – Voir la sélection des restaurants

ST-CIRQ-LAPOPIE

✉ 46330 – Lot – Carte régionale n° **22**–C1 – Carte Michelin 337-G5

Auberge du Sombral - Les Bonnes Choses

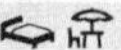

CUISINE DU TERROIR • AUBERGE ✗ Dans cette maison, au pied du château des Lapopie, on sait ce que sont Les Bonnes Choses ! La preuve : on y savoure une sympathique cuisine du terroir où les produits locaux ont la part belle (agneau, foie gras, fromages...). Quelques jolies chambres pour prolonger la visite de ce village dominant le Lot.

Menu 20 € (déjeuner)/33 €

05 65 31 26 08 - www.lesombral.com - Fermé 11 novembre-1er avril, lundi soir, mardi soir, mercredi, jeudi soir, vendredi soir, samedi soir, dimanche soir

à Tour-de-Faure 2 km à l'Est par D8 - Carte régionale n° **22**-C1

Le Saint-Cirq

SPA ET BIEN-ÊTRE • COSY Face au cirque de Lapopie, cet hôtel récent s'inspire d'un hameau quercynois : pierre, bois, tommettes au sol, parc planté d'arbres fruitiers, etc. Les chambres, confortables, donnent envie de s'attarder... tout comme la piscine et le beau spa avec hammam et sauna.

25 chambres - 88/248 € - 13 €

Lieu-dit le Mas (face à St-Cirq-Lapopie) - 05 65 30 30 30 - www.hotel-lesaintcirq.com

ST-CLAIR - Var (83) → Voir Le Lavandou

ST-CLÉMENT-LES-PLACES

69930 - Rhône - Carte régionale n° **2**-A1 - Carte Michelin 327-F5

L'Auberge de Saint-Clément

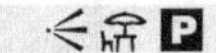

CUISINE TRADITIONNELLE • AUBERGE ✗ Dans les monts du Lyonnais, cette paisible auberge offre, depuis la terrasse, une jolie vue sur la campagne. Les propriétaires, sympathiques et bons vivants, y servent une cuisine de bistrot préparée en toute simplicité. Ne manquez pas leur spécialité : la tarte aux pommes bien beurrée !

Menu 25 € (déjeuner)

Le Bourg - 04 74 26 03 83 - Fermé 31 juillet-27 août, lundi soir, mardi soir, mercredi, jeudi soir, vendredi soir, samedi soir, dimanche soir

ST-COUTANT-LE-GRAND

17430 - Charente-Maritime - Carte régionale n° **20**-B2 - Carte Michelin 324-F4

Logis du Péré

DEMEURE HISTORIQUE • COSY Huit chambres douillettes et chaleureuses sont réparties dans ce domaine seigneurial du 14e s., installé en pleine nature. Le calme est olympien, les équipements modernes : bref, on s'y sent très bien.

8 chambres - 100/350 € - 14 €

lieu-dit Logis du Péré - 05 46 84 07 17 - www.logis-du-pere-.com - Fermé 17 février-18 mars

ST-CRÉPIN

05600 - Hautes-Alpes - Carte régionale n° **24**-C1 - Carte Michelin 334-H4

Les Tables de Gaspard (Sébastien Corniau)

CUISINE MODERNE • ROMANTIQUE ✗ On passe un excellent moment dans ce restaurant plein de cachet, installé dans une ancienne étable voûtée datant du 16e s., où le fer et la pierre se marient harmonieusement. Après de nombreuses années passées à Bora Bora, Virginie Blampoix et Sébastien Corniau sont rentrés en métropole pour continuer leur aventure culinaire. Lui, en cuisine, célèbre de beaux produits (Saint-Jacques de plongée, par exemple) avec la manière : cuissons parfaites, saveurs bien équilibrées... C'est généreux, et les tarifs se révèlent plutôt raisonnables. Sans surprise, la formule séduit et le restaurant est souvent complet : pensez à réserver ! Trois chambres bien tenues pour l'étape.

Spécialités : Lieu noir de ligne fumé au bois d'agrume, crème et salade de pois chiches aux condiments. Cassolette de homard, dos de lapin bardé de mangalica et légumes de saison. Ma tarte au citron.

Menu 36/71€

rue Principale – ✆ 04 92 24 85 28 – www.lestablesdegaspard.com – Fermé 1er-13 juin, 1er-15 octobre, 22 novembre-18 décembre, mardi, mercredi

ST-CYPRIEN

✉ 66750 – Pyrénées-Orientales – Carte régionale n° **21**-B3 – Carte Michelin 344-J7

à St-Cyprien-Sud 3 km

✿ L'Almandin

CUISINE CRÉATIVE • ÉLÉGANT XxX Un site pour le moins étonnant que cette île artificielle – un complexe hôtelier avec piscine et spa – séparé de la Méditerranée par un cordon littoral. Le cadre contemporain de cette table, et notamment la terrasse au bord de l'eau, a de quoi séduire ! On est séduit en tout cas par le talent du chef Christophe Schmitt, finaliste MOF 2014. Cet Alsacien a commencé sa carrière avec Émile Jung au Crocodile et l'a poursuivie notamment chez Jacques Lameloise, avant d'obtenir une étoile à Paris. Ici, il travaille exclusivement en local sur les viandes et légumes et les poissons proviennent de Palamos. Sa cuisine savoureuse et maîtrisée fait le reste.

Spécialités : Carabineros cuites en vapeur de sel à la verveine, fleur de courgette soufflée et moutarde de Crémone. Faux-filet de bœuf de Galice cuit sur des coquilles d'huîtres, pomme de terre en croûte d'algue et coulis de roquette. Chocolat jivara lacté, noix de pécan, bourgeons de sapin du Canigou et crème glacée fumée.

Menu 39€ (déjeuner), 64/115€ – Carte 90/105€

L'Île de la Lagune, boulevard de l'Almandin (par av. Armand-Lanoux) – ✆ 04 68 21 01 02 – www.hotel-ile-lagune.com – Fermé 20 janvier-13 février

L'Île de la Lagune

SPA ET BIEN-ÊTRE • ÉLÉGANT Au bout d'une petite route, sur une marina artificielle et... au grand calme ! Le bâtiment, entièrement rénové en 2012, se dresse sur les rives. Au programme : thalasso, piscine sur le toit et plage... L'été, un bateau y conduit même les clients.

18 chambres – 210/440€ – ☕ 25€ – 6 suites

boulevard de l'Almandin (par av. Armand-Lanoux) – ✆ 04 68 21 01 02 – www.hotel-ile-lagune.com – Fermé 21 janvier-13 février

✿ **L'Almandin** – Voir la sélection des restaurants

ST-CYR-AU-MONT-D'OR – Rhône (69) ➜ Voir Lyon

ST-CYR-SUR-LOIRE – Indre-et-Loire (37) ➜ Voir Tours

ST-DENIS-D'OLÉRON – Charente-Maritime (17) ➜ Voir Île d'Oléron

ST-DENIS-LÈS-BOURG – Ain (01) ➜ Voir Bourg-en-Bresse

ST-DENIS-LE-VÊTU

✉ 50210 – Manche – Carte régionale n° **17**-A2 – Carte Michelin 303-D6

La Baratte

CUISINE TRADITIONNELLE • AUBERGE XX Au cœur de la petite bourgade, cette maison en pierre du pays – ancien bar-épicerie – est devenue une coquette auberge familiale... Le cadre est délicieusement rustique, avec une agréable terrasse pour les beaux jours ; la cuisine, dans l'air du temps, s'ancre sur de solides bases traditionnelles et les producteurs locaux.

Menu 17€ (déjeuner), 35/47€ – Carte 35/47€

Le Bourg – ✆ 02 33 45 45 49 – www.restaurant-labaratte.fr – Fermé 17-24 février, 13-22 avril, 19-25 octobre, lundi soir, mardi soir, mercredi, dimanche soir

ST-DIDIER-DE-LA-TOUR - Isère (38) → Voir La Tour-du-Pin

ST-DONAT-SUR-L'HERBASSE

✉ 26260 - Drôme - Carte régionale n° **3**-E2 - Carte Michelin 332-C3

Chartron

CUISINE MODERNE • ÉLÉGANT XxX Une institution locale au sein de ce village célèbre pour son festival Jean-Sébastien-Bach (en juillet). Les préparations, basées sur de bons produits, révèlent un savoir-faire certain ; le chef cuisine notamment les truffes en saison.

Menu 38/98 € - Carte 58/80 €

1 avenue Gambetta - ✆ 04 75 45 11 82 - www.restaurant-chartron.com - Fermé 27 avril-7 mai, 7-30 septembre, mardi, mercredi

La Mousse de Brochet

CUISINE TRADITIONNELLE • FAMILIAL X Après avoir admiré les orgues de la collégiale, faites une halte dans ce petit restaurant joliment rénové à la mode contemporaine. En véritable artisan à l'ancienne, le chef privilégie les produits frais, souvent de la région. Mention spéciale pour... la mousse de brochet, évidemment.

Menu 23 € (déjeuner)/40 €

6 avenue du Commandant-Corlu - ✆ 04 75 45 10 47 - www.restaurant-lamousse-stdonat.fr - Fermé 2-10 janvier, 21 juin-12 juillet, lundi, mardi, mercredi soir, jeudi soir, vendredi soir, dimanche soir

ST-ÉMILION

✉ 33330 - Gironde - Carte régionale n° **18**-C1 - Carte Michelin 335-K5

Hostellerie de Plaisance

CUISINE MODERNE • ÉLÉGANT XxxX L'Hostellerie de Plaisance : quand Bretagne et Aquitaine se rencontrent au cœur de Saint-Émilion. Descendu de sa Chèvre d'Or, à Èze, le chef (et fils d'aubergiste) Ronan Kervarrec est aux fourneaux de cette institution locale, ancien couvent où des nonnes offraient protection aux pèlerins et aux voyageurs. "Authentique et franche, simple et lisible" : ainsi s'annonce sa cuisine, où il mêle ses origines bretonnes (menu "souvenirs de mon enfance") et le terroir aquitain. Véritable amoureux du produit, il parcourt cette lande à la recherche des meilleurs produits (champignons, fromage de chèvre, ostréiculteurs d'Arcachon, etc.) qu'il sublime dans des assiettes parfois inoubliables. Le tout arrosé (évidemment !) de vins du vignoble alentour...

Spécialités : Champignons blonds, feuilleté, vin jaune et fèves tonka. Homard à la braise, wakamé et boudin blanc. Gavotte bretonne, chouchen, sarrasin et caramel.

Menu 74 € (déjeuner), 140/195 € - Carte 145/185 €

5 place du Clocher - ✆ 05 57 55 07 55 - www.hostelleriedeplaisance.com - Fermé 13 décembre-12 février, lundi, dimanche

Logis de la Cadène

CUISINE MODERNE • ÉLÉGANT XX C'est en plein cœur de St-Émilion, dans une petite cour piétonne, qu'on déniche le Logis de la Cadène. L'accueil charmant et sans fausse note, en tailleur et costume, met tout de suite dans l'ambiance. On s'installe dans un confortable fauteuil, au milieu d'une salle à manger à l'élégant cachet classique (pierre apparente, vieux parquet) : la fête peut commencer ! Alexandre Baumard, le chef, met à profit le meilleur du terroir dans des assiettes fines et inventives. Ici, la truffe noire de Guillaume Gé est travaillée en risotto à la cuisson parfaite, là le pigeonneau se présente sous toutes ses formes : cuisses confites, suprême rôti, abats en nem, accompagné d'une déclinaison autour de la betterave... Ces douceurs s'arrosent de crus bien choisis : plus de 700 références à la carte.

Spécialités : Truffe tuber aestivum en risotto lié au parmesan. Pigeonneau en trois cuissons, suprême rôti, cuisse confite et abats en nem. Framboises dans l'esprit d'un vacherin et crémeux basilic.

Menu 39 € (déjeuner), 62/95 €

3 Place du Marché au Bois - ✆ 05 57 24 71 40 - www.logisdelacadene.fr - Fermé 19 décembre-13 février, lundi, dimanche

Château Grand Barrail

CUISINE MODERNE • HISTORIQUE XX Dans ce charmant domaine, une table non moins séduisante ! Les assiettes sont réalisées par une jeune cheffe formée dans de belles maisons, en France et ailleurs. On passe un bon moment, avec une mention spéciale pour les excellents desserts. Grande terrasse tournée vers le jardin et les vignes.

Menu 34 € (déjeuner), 60/90 € – Carte 55/90 €

Route de Libourne –
✆ 05 57 55 37 00 – www.grand-barrail.com

Huitrier Pie

CUISINE MODERNE • COSY XX Dans cette ruelle du pittoresque village, la courette est toujours aussi agréable aux beaux jours… et l'on profite désormais de la cuisine de Camille et Soufiane, les jeunes propriétaires. Assiettes modernes et contrastées, service solide et accueil courtois : on passe un bon moment.

Menu 34 € (déjeuner), 48/105 € – Carte 55/80 €

11 rue de la Porte-Bouqueyre – ✆ 05 57 24 69 71 – www.lhuitrier-pie.com –
Fermé 16 décembre-8 février, mardi, mercredi

La Terrasse Rouge

CUISINE TRADITIONNELLE • BISTRO X Adossée à l'ancienne maison de maître, habillée de lames en inox rouge, cette cathédrale écarlate est signée Jean Nouvel. On déjeune dans une vaste salle panoramique, aux baies vitrées tournées vers les vignobles de Saint-Emilion et de Pomerol. Bon rapport qualité-prix. Une expérience inédite.

Menu 28 € (déjeuner)/39 € – Carte 43/65 €

Château La Dominique – ✆ 05 57 24 47 05 – www.laterrasserouge.com

Hostellerie de Plaisance

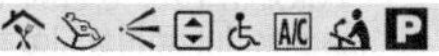

DEMEURE HISTORIQUE • ÉLÉGANT Ces trois demeures (deux situées au cœur de la cité, la troisième nichée dans les vignes) offrent luxe, calme et douceur de vivre. Les chambres, à l'élégance feutrée, offrent pour la plupart une vue inoubliable sur les toits de St-Émilion et les vignes alentour…

18 chambres – 410/770 € – 36 € – 3 suites

5 place du Clocher – ✆ 05 57 55 07 55 – www.hostelleriedeplaisance.com –
Fermé 13 décembre-12 février

Hostellerie de Plaisance – Voir la sélection des restaurants

Château Grand Barrail

DEMEURE HISTORIQUE • PERSONNALISÉ Au milieu du vignoble, ce château édifié en 1902, d'allure si romantique. Le parc verdoyant ; le spa et la piscine pour se prélasser ; les chambres – douillettes, raffinées et pleines de caractère dans la bâtisse principale ; le restaurant gastronomique… tout ici a du cachet !

43 chambres – 195/390 € – 24 € – 3 suites

Route de Libourne – ✆ 05 57 55 37 00 – www.grand-barrail.com

Château Grand Barrail – Voir la sélection des restaurants

Logis de la Cadène

DEMEURE HISTORIQUE • ÉLÉGANT Sur une place du centre du village, impossible de ne pas succomber au charme de ces deux maisons anciennes (le logis, et la maison), typiques de Saint-Émilion. Les chambres y ont du caractère (mobilier chiné, vieux plancher) et l'on profite d'un restaurant (partie logis) et d'un espace "remise en forme" avec sauna et hammam (partie maison).

5 chambres – 200/330 € – 4 suites

3 Place du Marché au Bois – ✆ 05 57 24 71 40 – www.logisdelacadene.fr –
Fermé 19 décembre-13 février

Logis de la Cadène – Voir la sélection des restaurants

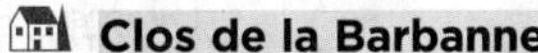

MAISON DE CAMPAGNE · ÉLÉGANT Une maison girondine au cœur des vignes, et des propriétaires vignerons, qui vendent leur nectar en direct. Les chambres sont spacieuses et épurées. Sur demande, la maîtresse des lieux vous régalera de ses petits plats du terroir, que les amoureux dégusteront dans une petite salle à manger privée. Agréable jardin et piscine couverte.

4 chambres – 180/210 €

2 route de Berlière – 05 57 24 08 79 – www.closdelabarbanne.com – Fermé 1er-15 janvier

ST-ESTÈPHE

33180 – Gironde – Carte régionale n° **18**–B1 – Carte Michelin 335-G3

La Maison D'Estournel

CUISINE TRADITIONNELLE · COSY Cèpes fraîchement ramassés, agneau de St-Émilion, huîtres et crevettes du Médoc, produits de la chasse en saison... Ce sont d'abord les produits qui parlent ici, choisis et bichonnés par un chef qui possède même son propre potager. Et s'il fait beau, profitez de la terrasse avec vue sur le superbe parc et les vignes !

Menu 29 € (déjeuner) – Carte 50/70 €

Lieu-dit Leyssac, route de Poumeys – 05 56 59 30 25 – www.lamaison-estournel.com

La Maison d'Estournel

MAISON DE MAÎTRE · CLASSIQUE Au sein d'un joli parc entouré par les vignes, l'ex-Château Pomys (qui fut aussi l'habitation de Louis Gaspard d'Estournel) est devenu un hôtel charmant. L'élégance et le classicisme dominent dans les chambres : la garantie d'un séjour délicieux.

14 chambres – 190/450 €

Lieu-dit leyssac, route de Poumeys – 05 56 59 30 25 – www.lamaison-estournel.com – Fermé 1er décembre-15 mars

La Maison D'Estournel – Voir la sélection des restaurants

ST-ÉTIENNE

42000 – Loire – Carte régionale n° **2**–A2 – Carte Michelin 327-F7

Insens

CUISINE MODERNE · CONTEMPORAIN Un joli restaurant, simple et convivial, dont le nom évoque à la fois les cinq sens et le goût de l'insensé. Consommé de bœuf et raviole sur l'idée d'une soupe à l'oignon ; tarte fine d'escargots persillés etc. : son chef signe une cuisine pétillante, colorée et ludique, fondée sur un vrai tour de main. Sans doute le meilleur rapport plaisir-prix de Saint-Étienne. Ne vous en privez pas !

Spécialités : Raviole de tourteau, cappuccino de crustacés. Tournedos de sandre, déclinaison de légumes. Fraises gariguette, biscuit de Gênes à l'huile d'olive.

Menu 20 € (déjeuner), 28/58 € – Carte 32/48 €

Plan B2-t – *10 rue de Lodi – 04 77 32 34 34 – www.insens-restaurant.fr – Fermé 1er-31 août, 22 décembre-1er janvier, lundi, dimanche*

À la Table des Lys

CUISINE MODERNE · ÉLÉGANT Nouveau départ et nouvelle adresse pour ce chef dont on connaît l'attachement à une cuisine éprise de fraîcheur, de légèreté et de finesse, attentive aux saisons et au choix des producteurs. Des Lys en délices...

Menu 34/105 € – Carte 40/100 €

Plan C3-q – *58 rue Saint-Simon – 04 77 25 48 55 – www.latabledeslys.fr – Fermé 1er-8 mai, 27 juillet-21 août, samedi, dimanche*

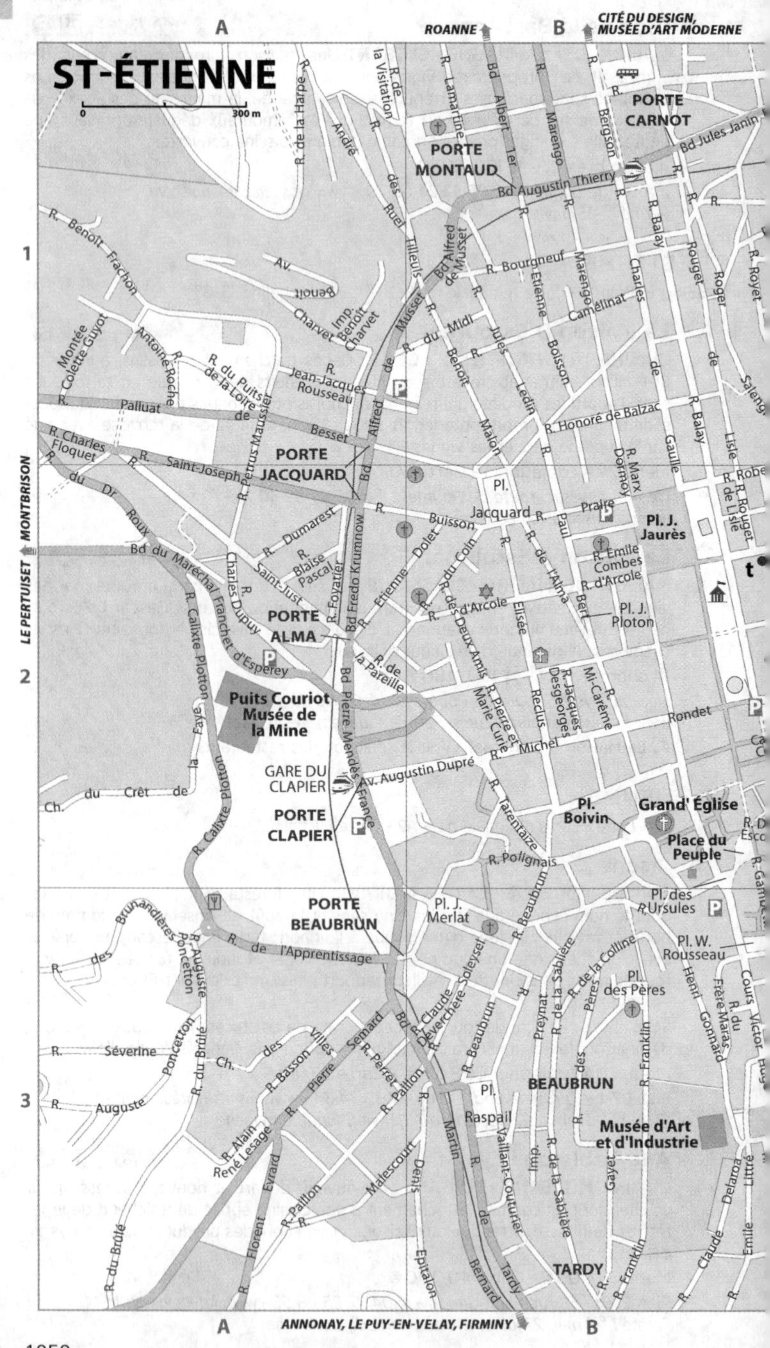
ST-ÉTIENNE
0
300 m
A
B
ROANNE
CITÉ DU DESIGN, MUSÉE D'ART MODERNE
LE PERTUISET
MONTBRISON
ANNONAY, LE PUY-EN-VELAY, FIRMINY
1
2
3
PORTE CARNOT
PORTE MONTAUD
PORTE JACQUARD
PORTE ALMA
PORTE CLAPIER
PORTE BEAUBRUN
Puits Couriot Musée de la Mine
GARE DU CLAPIER
Pl. Jacquard
Pl. J. Jaurès
Pl. J. Ploton
Pl. Boivin
Grand' Église
Place du Peuple
Pl. des Ursules
Pl. W. Rousseau
Pl. J. Merlat
Pl. des Pères
Pl. Raspail
BEAUBRUN
TARDY
Musée d'Art et d'Industrie
Bd Augustin Thierry
Bd Jules Janin
Bd Alfred de Musset
Bd Fredo Krumnow
Bd Pierre Mendès France
Bd du Maréchal Franchet d'Esperey
Av. Augustin Dupré
R. de l'Apprentissage
R. Saint-Joseph
R. Palluat de Besset
R. Charles Floquet
R. Benoît Frachon
Montée Colette Guyot
R. Calixte Plotton
R. Honoré de Balzac
R. Charles de Gaulle
R. Michel Rondet
R. Tarentaize
R. Polignais
Cours Victor Hugo
Ch. du Crêt de la Faye
R. Séverine
R. Auguste Poncetton
R. du Brûlé
R. Basson
R. Pierre Semard
R. Alain René Lesage
R. Florent Evrard
R. Martin Bernard
R. Vaillant-Couturier
R. de la Sablière
R. Franklin
R. Henri Gonnard
R. Claude Delaroa
R. Émile Littré

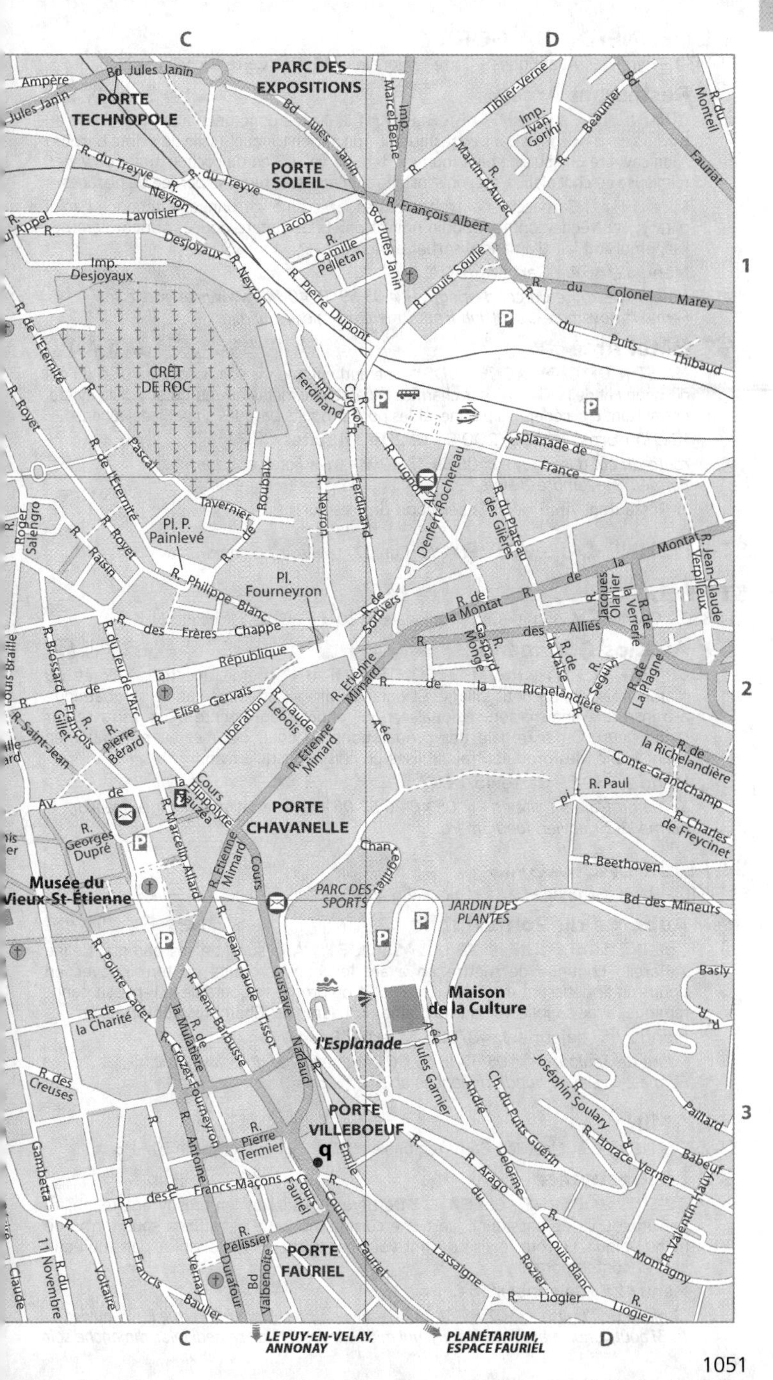
C
D
PARC DES EXPOSITIONS
PORTE TECHNOPOLE
PORTE SOLEIL
CRÊT DE ROC
Pl. P. Painlevé
Pl. Fourneyron
PORTE CHAVANELLE
PARC DES SPORTS
JARDIN DES PLANTES
Maison de la Culture
l'Esplanade
Musée du Vieux-St-Étienne
PORTE VILLEBOEUF
PORTE FAURIEL
1
2
3
LE PUY-EN-VELAY, ANNONAY
PLANÉTARIUM, ESPACE FAURIEL

ST-ÉTIENNE-DE-BAÏGORRY

✉ 64430 – Pyrénées-Atlantiques – Carte régionale n° **18**–A3 – Carte Michelin 342-D5

Restaurant Arcé

CUISINE TRADITIONNELLE • ÉLÉGANT XX Faites donc une halte gourmande au pied du col d'Ispéguy ! Dans ce restaurant – un ancien trinquet (salle de pelote basque) –, on savoure une cuisine bien tournée : tête de veau, pied de cochon, truite du vivier, religieuse au chocolat... L'été, on s'installe sur l'agréable terrasse bordée de platanes.

Spécialités : Carpaccio de truite, zestes et crème citronnée. Cochon au miel d'Iraty, ventrèche confite, boudin noir et palets de patate douce. Abricot caramélisé, émulsion lait d'amande, sorbet abricot.

Menu 32/46 € – Carte 35/60 €

Hôtel Arcé, route du col d'Ispéguy – ✆ 05 59 37 40 14 – www.hotel-arce.com – Fermé 1er novembre-8 avril, lundi midi, mercredi midi, jeudi midi

Hôtel Arcé

MAISON DE CAMPAGNE • COSY Une authentique maison basque au pied du col d'Ispéguy et de la Nive. Atouts charme : la passerelle métallique au-dessus de la rivière, permettant d'accéder à la piscine, et les bons produits basques au petit-déjeuner...

16 chambres – 👥 100/200 € – ☕ 20 € – 4 suites

route du col d'Ispéguy – ✆ 05 59 37 40 14 – www.hotel-arce.com – Fermé 1er novembre-8 avril

Restaurant Arcé – Voir la sélection des restaurants

ST-ÉTIENNE-DU-VAUVRAY – Eure (27) ➔ Voir Louviers

ST-FÉLIX

✉ 17330 – Charente-Maritime – Carte régionale n° **20**–C3 – Carte Michelin 324-K7

Au Clos Gourmand

CUISINE TRADITIONNELLE • CONTEMPORAIN X Il était une fois, à l'orée du marais poitevin, un petit village. Et dans ce village, un jeune couple sympathique a transformé une maison régionale en joli endroit, agrémenté d'une terrasse sur jardin fleuri. On se régale des préparations du chef, qui met au maximum en avant le bio, des produits frais utilisés en cuisine jusqu'au vin.

Menu 29/39 € – Carte 45/50 €

51 rue du Marais-Poitevin – ✆ 05 46 26 52 06 – www.restaurantauclosgourmand.fr/ – Fermé 12-29 janvier, lundi, mardi

ST-FÉLIX-LAURAGAIS

✉ 31540 – Haute-Garonne – Carte régionale n° **22**–C2 – Carte Michelin 343-J4

Auberge du Poids Public

CUISINE TRADITIONNELLE • CLASSIQUE XXX À la suite de ses parents, Céline Taffarello continue de mettre en avant les bons produits du terroir, avec en bonus un appétissant menu végétarien. Et on profite toujours de la terrasse panoramique, avec sa jolie vue sur la plaine du Lauragais. Chambres confortables.

Menu 27 € (déjeuner), 48/82 € – Carte 58/84 €

Route de Toulouse – ✆ 05 62 18 85 00 – www.auberge-du-poids-public.fr – Fermé 2-16 janvier, lundi, dimanche soir

ST-FIRMIN

✉ 54930 – Meurthe-et-Moselle – Carte régionale n° **12**–B2 – Carte Michelin 307-H8

Le Presbytère

CUISINE MODERNE • ÉLÉGANT X Derrière l'église, l'ancien presbytère, réhabilité par un couple de passionné, sert une cuisine moderne et raffinée sous forme de menu unique. Le tout réalisé devant vous par le chef Maye Cissoko, dans un écrin chic et contemporain.

Menu 42 € (déjeuner)/56 €

13 place de l'Église – ✆ 07 83 31 43 86 – www.le-presbytere.fr – Fermé 1er-15 janvier, 1er-31 août, lundi, mardi, mercredi, jeudi midi, vendredi midi, samedi midi, dimanche soir

ST-FLORENT - Haute-Corse (2B) ➜ Voir Corse

ST-FLOUR

✉ 15100 - Cantal - Carte régionale n° **1**-B3 - Carte Michelin 330-G4

L'Ander

CUISINE TRADITIONNELLE • CONVIVIAL XX Pourquoi ne pas faire un tour dans la ville basse ? Ce sera l'occasion de découvrir une cuisine du terroir repensée, volontiers originale, imaginée par un chef qui se fournit auprès des producteurs des environs. Une adresse solide.

Menu 21/55 € - Carte 30/45 €

6 avenue du Commandant-Delorme - ✆ 04 71 60 21 63 - www.hotel-ander.com - Fermé 18 février-31 mars, dimanche soir

ST-FORGEUX-LESPINASSE

✉ 42640 - Loire - Carte régionale n° **2**-A1 - Carte Michelin 327-C3

L'Assiette Roannaise

CUISINE MODERNE • CONTEMPORAIN XX Voilà une table qui joue la carte de l'originalité ! À l'unisson de la déco, contemporaine, le chef est à l'affût des nouvelles tendances et techniques : ses assiettes se révèlent très esthétiques, privilégiant créativité et fraîcheur.

Menu 19 € (déjeuner), 31/75 € - Carte 35/60 €

Place de Verdun - ✆ 04 77 65 65 99 - www.restaurant-assiette-roannaise.fr - Fermé 24 août-6 septembre, mardi, mercredi

ST-FRONT-DE-PRADOUX

✉ 24400 - Dordogne - Carte régionale n° **18**-C1 - Carte Michelin 329-D5

Château la Thuilière

DEMEURE HISTORIQUE • PERSONNALISÉ Dans son parc arboré, cet élégant châtelet dévoile de belles ambiances : très 19es. (boiseries, stucs) ou résolument contemporaines (lignes épurées, grand confort), tout en grâce et équilibre. Et la table d'hôte sait jouer la carte des produits locaux et... de la créativité.

5 chambres - 135/250 € - 12 €

La Thuilière - ✆ 06 45 35 36 82 - www.lathuiliere.net - Fermé 6 janvier-6 février

ST-GALMIER

✉ 42330 - Loire - Carte régionale n° **2**-A2 - Carte Michelin 327-E6

La Source

CUISINE MODERNE • CONTEMPORAIN XXX Originaire de Cuzieu, à... deux kilomètres de là, Antoine Bergeron est la définition même d'un enfant du pays. Ambitieux et passionné par son métier, il est avant tout un solide technicien - y compris en pâtisserie : son titre de vice-champion de France de dessert en 2009 en atteste ! Tout en finesse et en délicatesse, généreuse et créative juste ce qu'il faut, sa cuisine enchante d'un bout à l'autre du repas. Bien installé dans une salle lumineuse et contemporaine, on profite à fond de cette balade dans le terroir et les marchés locaux. Une Source de plaisir, rien de moins !

Spécialités : Cuisine du marché.

Menu 35 € (déjeuner), 55/85 €

La Charpinière, 8 allée de La Charpinière - ✆ 04 77 52 75 00 - www.lacharpiniere.com - Fermé 2-15 janvier, 13-28 juillet, lundi, mardi, dimanche soir

La Charpinière

BUSINESS • CONTEMPORAIN À l'entrée de la ville, dans un environnement verdoyant, cette ex-gentilhommière tapissée de vigne vierge a été transformée en hôtel contemporain, pour tourisme ou business. Chambres sobres et fonctionnelles, piscine, tennis et spa. Deux restaurants, brasserie et gastronomique.

56 chambres - 126/163 € - 16 € - 1 suite

8 allée de La Charpinière - ✆ 04 77 52 75 00 - www.lacharpiniere.com

La Source - Voir la sélection des restaurants

ST-GÉLY-DU-FESC - Hérault (34) ➜ Voir Montpellier

ST-GENIEZ-D'OLT

✉ 12130 - Aveyron - Carte régionale n° **22**-D1 - Carte Michelin 338-J4

Château de la Falque

HISTORIQUE · ÉLÉGANT Cet ancien couvent (17e s.), composé de plusieurs bâtisses en pierre, a été admirablement réhabilité. Les chambres, bien équipées, sont décorées avec goût (tableaux, sculptures, objets) et nous transportent du Maroc en Chine... Un hôtel plein de charme !

7 chambres - 90/165 € - 14 € - 3 suites

Route de Prades - ✆ 05 65 62 45 60 - www.chateau-la-falque.fr - Fermé 1er janvier-12 février, 8 novembre-3 décembre

ST-GEORGES-DE-MONTAIGU - Vendée (85) ➜ Voir Montaigu

ST-GEORGES-DE-RENEINS

✉ 69830 - Rhône - Carte régionale n° **2**-B1 - Carte Michelin 327-H3

Hostellerie de Saint-Georges

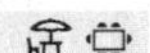

CUISINE MODERNE · RUSTIQUE Entre cuisine du marché et plats du terroir, cette maison trace son sillon sous la houlette d'un chef d'expérience. Toutes les recettes s'appuient sur de bons produits frais, et même les glaces sont faites maison ! Gibier en saison. Terrasse appréciée aux beaux jours.

Menu 18 € (déjeuner), 27/45 € - Carte 40/67 €

27 Avenue Charles de Gaulle - ✆ 04 74 67 62 78 - www.hostellerie-saint-georges.com - Fermé 29 février-8 mars, 27 avril-3 mai, 5-26 août, lundi soir, mardi soir, mercredi, jeudi soir, dimanche soir

ST-GERMAIN-DES-VAUX

✉ 50440 - Manche - Carte régionale n° **17**-A1 - Carte Michelin 303-A1

Le Moulin à Vent

POISSONS ET FRUITS DE MER · TENDANCE Sur la route des Caps, on se réfugie avec plaisir dans cette ancienne auberge de pays : au menu, une carte courte, des produits locaux (pigeon, agneau, poisson, ormeaux) pour une cuisine inventive avec une attirance à peine dissimulée pour le Japon. A déguster dans une salle épurée, avec vue sur la mer face à l'Anse Saint-Martin.

Menu 39/77 € - Carte 44/69 €

10 route de Port Racine (Hameau Danneville) - ✆ 02 33 52 75 20 - www.le-moulin-a-vent.fr - Fermé 15 février-1er mars, 20 décembre-5 janvier, vendredi, samedi midi

ST-GERMAIN-DU-BOIS

✉ 71330 - Saône-et-Loire - Carte régionale n° **5**-D3 - Carte Michelin 320-L9

Hostellerie Bressane

CUISINE TRADITIONNELLE · AUBERGE Au cœur du village, face à la place du marché, cette grande maison régionale du dix-huitième siècle, prolongée d'une terrasse ponctuée de chaises colorées, propose une bonne cuisine de tradition dans une salle décorée d'anciens tableaux du paysage bressan.

Menu 22/57 € - Carte 48/65 €

2 route de Sens - ✆ 03 85 72 04 69 - www.giot-hostelleriebressane.fr - Fermé 6-13 janvier, lundi, dimanche soir

ST-GERMAIN-EN-LAYE - Yvelines (78) ➜ Voir Autour de Paris

ST-GERMAIN-LÈS-ARLAY

✉ 39210 - Jura - Carte régionale n° **6**-B3 - Carte Michelin 321-D6

Hostellerie St-Germain

CUISINE TRADITIONNELLE • ÉLÉGANT XXX Face à l'église, ce sympathique relais de poste du 17e s. a été entièrement rénové avec élégance dans un style sobre et lumineux. Le chef travaille des produits du terroir – souvent bio – et concocte une cuisine gourmande, accompagnée de bons vins du Jura. Pour l'étape, des chambres confortables, plus calmes côté terrasse.

Menu 30 € (déjeuner), 43/80 € – Carte 60/85 €

635 Grande-Rue – ☎ 03 84 44 60 91 – www.hostelleriesaintgermain.com – Fermé lundi, dimanche soir

ST-GERVAIS-LES-BAINS

✉ 74170 – Haute-Savoie – Carte régionale n° **4**-F1 – Carte Michelin 328-N5

Le Sérac (Raphaël Le Mancq)

CUISINE MODERNE • CONTEMPORAIN XX L'entrée, discrète, s'ouvre sur une grande salle lumineuse et épurée. La cuisine du chef revendique une inspiration saisonnière. Le menu partage permet de déguster de belles pièces de viande, ou de poisson. En somme, une partition fraîche et colorée, des dressages soignés, à l'instar de tête de veau et foie gras poêlé ou de la tartelette aux légumes de saison, crus et cuits, avec en dessert un délicieux soufflé chaud aux fruits de la passion. On en profite dans une agréable salle-à-manger moderne avec vue sur la montagne. Service soigné. Une sympathique adresse.

Spécialités : Escargots au bouillon de petits pois, porc séché et ail noir. Pièce de bœuf cuite au feu de bois et laquée, pomme de terre truffée. Soufflé chaud aux fruits de la passion et biscuit à la noix de coco punché.

Menu 35 € (déjeuner), 45/65 €

22 rue de la Comtesse – ☎ 04 50 93 80 50 – www.3serac.fr – Fermé lundi, dimanche

La Ferme de Cupelin

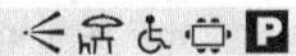

CUISINE RÉGIONALE • AUBERGE XX Non content d'arborer un CV en or massif (Senderens, Flocons de Sel, Murtoli), Romain Desgranges, le chef, est surtout un enfant du pays de Saint-Gervais : ça fait toute la différence. Il célèbre les produits de sa région dans des assiettes nettes et soignées, avec gibier en saison (cerf, faisan), terrines à l'ancienne et bon pain maison... Un bonheur.

Spécialités : Truite fumée, coulis de roquette et chanterelles acidulées. Gigot d'agneau de 7h, jus corsé au pain d'épice. Tube croustillant praliné, émulsion aux noisettes.

Menu 34/59 €

198 route du Château – ☎ 04 50 93 47 30 – www.lafermedecupelin.com – Fermé 19 avril-20 mai, 29 septembre-6 décembre, lundi midi, mardi, mercredi midi

La Table d'Armante Ⓝ

CUISINE MODERNE • CHIC XX Au sein d'un hôtel au luxe discret, ce bistrot de montagne chic et contemporain (bois, pierre, velours, cuisines ouvertes) propose une carte actuelle, signée Antoine Westermann, très axée terroir (mais pas seulement), dont le fameux pâté en croûte de veau, volaille et foie gras. Plat du jour à prix doux, à déguster sur la jolie terrasse avec vue sur les Dômes de Miage.

Menu 39 € (déjeuner)/49 € – Carte 55/96 €

L'Armancette, 4088 route de Saint-Nicolas (au village de Saint-Nicolas-de-Véroce) – ☎ 04 50 78 66 00 – www.armancette.com – Fermé 2 novembre-3 décembre, mercredi midi, jeudi midi

Rond de Carotte

CUISINE MODERNE • CONVIVIAL X Elle, sommelière, vient de Nantes, tandis que lui, cuisinier, est originaire des Alpes. Ils emmènent en duo ce restaurant à la façade façon chalet, et à l'intérieur chaleureux. Carte courte réglée sur les saisons, assiettes savoureuses, fines et bien maîtrisées : une table qui ne manque pas d'atouts.

Menu 30 € (déjeuner), 60/75 € – Carte 60/70 €

50 rue de la Vignette – ☎ 04 50 47 76 39 – www.ronddecarotte.fr – Fermé 22 avril-6 mai, 22 octobre-15 novembre, mercredi, jeudi

L'Armancette

LUXE · MONTAGNARD Un village charmant, une église baroque, un hôtel de montagne intimiste et luxueux aux matériaux choisis (pierre, bois, tissus précieux). Voilà pour la carte postale. On apprécie les chambres confortables, dont beaucoup sont adaptées à des familles (de 3 à 6 personnes), mais aussi le spa avec piscine intérieure et extérieure, le fitness dernier cri, ainsi que le bar à cocktails et le salon de thé.

17 chambres – 299/850 € – 25 €

4088 route de Saint-Nicolas (au village de Saint-Nicolas-de-Véroce) – 04 50 78 66 00 – Fermé 2 novembre-3 décembre

La Table d'Armante – Voir la sélection des restaurants

La Ferme de Cupelin

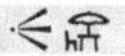

TRADITIONNEL · MONTAGNARD Sur les hauteurs de Saint-Gervais, avec vue sur le massif du Mont-Blanc, cette ferme datant de 1870 porte haut le flambeau de l'esprit montagnard : le feu crépite dans la cheminée, les tableaux de gibier et autres peaux de bêtes habillent l'espace... et l'accueil est charmant.

7 chambres – 85/145 € – 14 €

198 route du Château – 04 50 93 47 30 – www.lafermedecupelin.com – Fermé 19 avril-20 mai, 20 septembre-10 décembre

La Ferme de Cupelin – Voir la sélection des restaurants

ST-GILDAS-DE-RHUYS

56730 – Morbihan – Carte régionale n° **7**-A3 – Carte Michelin 308-N9

Le Vert d'O

CUISINE MODERNE · COSY XX Installez-vous sur la belle terrasse avec vue sur la mer de cette coquette maison... et profitez d'une cuisine délicate et parfumée, mettant en valeur les produits locaux : riz au lait de tourteau et citron vert, crème à la seiche, cotriade de poissons et crustacés au safran de Bretagne. Coloré et goûteux.

Spécialités : Œuf mollet en barigoule. Médaillon de lotte au beurre d'orange. Mini poivrons et chocolat.

Menu 29/50 €

94 rue de Guernevé – 02 97 45 25 25 – www.levertdo.fr – Fermé 1er-10 novembre, 23 décembre-20 janvier, lundi, mardi, mercredi midi

Mor Braz

POISSONS ET FRUITS DE MER · CONVIVIAL X Situé dans un coin sauvage de la presqu'île, ce petit restaurant convivial propose des produits de la mer de première fraîcheur. Une cuisine généreuse et iodée à déguster en terrasse, aux beaux jours, la narine chatouillée par les embruns.

Menu 19 € (déjeuner), 26/38 € – Carte 30/70 €

100 route du Rohu – 02 97 45 21 47 – Fermé 1er octobre-31 mars, lundi, dimanche soir

ST-GILLES-CROIX-DE-VIE

85800 – Vendée – Carte régionale n° **23**-A3 – Carte Michelin 316-E7

au Golf des Fontenelles 13 km par D6 route d'Aizenay

Le Balata

CUISINE TRADITIONNELLE · CONTEMPORAIN X En bordure du golf des Fontenelles, on vient s'attabler entre amis dans une salle feutrée et sobrement décorée... ou sur la terrasse, avec une jolie vue sur les greens ! Dans l'assiette, tradition et simplicité dominent.

Menu 19 € (déjeuner)/29 € – Carte 34/50 €

02 28 10 63 96 – www.lebalata.com – Fermé 23 décembre-23 janvier, lundi, mercredi soir, dimanche soir

ST-GIRONS

✉ 09200 - Ariège - Carte régionale n° **22**-B3 - Carte Michelin 343-E7

Auberge d'Antan

CUISINE TRADITIONNELLE • RUSTIQUE X Dans l'ancienne grange du château, cette salle en impose par sa hauteur sous charpente ; jambons suspendus, pierres et poutres dégagent une belle atmosphère campagnarde. On retrousse ses manches au moment de s'attabler face à l'immense cheminée, où sont préparés grillades, plats traditionnels et cochons de lait...

Menu 16 € (déjeuner), 31/41 € - Carte 35/50 €

Château de Beauregard, Avenue de la Résistance - ✆ 05 61 64 11 02 - www.chateaubeauregard.net - Fermé 1er-17 janvier, lundi, samedi midi, dimanche soir

à St-Lizier 2 km au Nord - Ouest par D117 - Carte régionale n° **22**-B3

Le Carré de l'Ange

CUISINE MODERNE • ÉLÉGANT XX On doit laisser sa voiture pour accéder aux caves voûtées du palais épiscopal. Un cadre exceptionnel pour une cuisine tournée vers de beaux produits, souvent régionaux, à l'instar du foie gras du Plantaurel poêlé ou de l'agneau du pays cuit 7 h. La belle terrasse surplombe le village.

Spécialités : Ravioles de chèvre frais, épinards et potiron, jus de cresson. Filet de canette cuit rosé, farce des mendiants, sauce quatre-épices. Pyramide au chocolat, cœur passion, crème glacée noix de coco.

Menu 23 € (déjeuner), 34/65 €

Palais des Évêques - ✆ 05 61 65 65 65 - www.lecarredelange.com - Fermé 4 novembre-1er avril, lundi, dimanche soir

ST-GRÉGOIRE - Ille-et-Vilaine (35) → Voir Rennes

ST-GUÉNOLÉ

✉ 29760 - Finistère - Carte régionale n° **7**-A2 - Carte Michelin 308-E8

Sterenn

POISSONS ET FRUITS DE MER • TRADITIONNEL XX Dans ce sympathique restaurant de la pointe de Penmarch, les poissons issus de la pêche côtière locale (port de Saint-Guénolé, pour être précis) sont préparés avec attention et joliment présentés dans l'assiette. Excellent rapport qualité-prix. Pour l'étape, quelques chambres avec vue sur la mer.

Menu 29/49 € - Carte 40/90 €

422 rue de la Joie - ✆ 02 98 58 60 36 - www.hotel-sterenn.com - Fermé 8 décembre-28 janvier, lundi, samedi midi, dimanche soir

ST-HAON-LE-VIEUX - Loire (42) → Voir Renaison

ST-HERBLAIN - Loire-Atlantique (44) → Voir Nantes

ST-HILAIRE-DE-BRETHMAS - Gard (30) → Voir Alès

ST-HIPPOLYTE

✉ 25190 - Doubs - Carte régionale n° **6**-C2 - Carte Michelin 321-K3

Le Bellevue

CUISINE TRADITIONNELLE • VINTAGE XX Truite blanche, pieds de porc... Une agréable cuisine traditionnelle concoctée à quatre mains par un père et son fils. On la déguste dans un cadre rustique et cossu, ou sur la terrasse ombragée aux beaux jours.

Menu 17 € (déjeuner), 29/43 € - Carte 33/65 €

28 Grande-Rue - ✆ 03 81 96 51 53 - www.le-bellevue-hotel.com - Fermé 1er-5 janvier, lundi midi, dimanche soir

ST-HIPPOLYTE

✉ 68590 – Haut-Rhin – Carte régionale n° **10**-C1 – Carte Michelin 315-I7

Joséphine

CUISINE MODERNE • ÉLÉGANT XXX Cœur de ris de veau aux écrevisses, sauce nantua ; suprême de pigeonneau contisé à la truffe ; Granny smith virtuelle et écume de manzana : raffinée, moderne sans extravagance, cette élégante Joséphine saura vous séduire. Et pour une partition plus classique, direction la winstub Rabseppi-Stebel.

Menu 48 € (déjeuner), 55/70 € – Carte 71/84 €

Le Parc, 6 rue du Parc – ✆ 03 89 73 00 06 – www.le-parc.com – Fermé 7-29 janvier, 22 juin-7 juillet, lundi, mardi

Le Parc

FAMILIAL • CONTEMPORAIN Un hôtel cosy où les chambres sont à la fois tendance et raffinées. Pour décompresser, on profite de l'espace détente et de la piscine avant de se régaler au restaurant ou à la winstub. Un programme des plus plaisants !

32 chambres – 105/200 € – 18 €

6 rue du Parc – ✆ 03 89 73 00 06 – www.le-parc.com – Fermé 7-29 janvier, 22 juin-7 juillet

Joséphine – Voir la sélection des restaurants

ST-JEAN-AUX-BOIS – Oise (60) ➜ Voir Pierrefonds

ST-JEAN-CAP-FERRAT

✉ 06230 – Alpes-Maritimes – Carte régionale n° **25**-E2 – Carte Michelin 341-E5

Le Cap

CUISINE CRÉATIVE • LUXE XXXXX Mettez le cap sur ce palace mythique du début du 20e s. ! Situé tout au bout d'une péninsule magique face à la grande bleue, le Grand-Hôtel du Cap-Ferrat est caché au milieu de jardins luxuriants où les *people* du monde entier aiment à flâner. Pour vous attabler, vous aurez le choix entre la superbe salle à manger ou la terrasse rafraîchie par les immenses pins d'Alep… Aux fourneaux, on trouve le chef Yorik Tièche, natif d'Aix-en-Provence. Il puise son inspiration dans l'histoire de la Provence gourmande et met superbement en valeur les produits méditerranéens : sardines, crème de haddock fumé, pommes de terre et caviar ; homard bleu piqué à la menthe, aubergine, yaourt au ras-el-hanout ; lisettes marinées, crémeux de fenouil et soupe de roche…

Spécialités : Carabineros cuites sous le grill, pâtes fraîches et coquillages. Queue de homard bleu rôtie à vif, bouillon de poivrons jaunes. Chocolat, croustillant aux noisettes du Piémont.

Menu 138/198 € – Carte 162/196 €

Grand Hôtel du Cap Ferrat, 71 boulevard du Général-de-Gaulle (au Cap-Ferrat) – ✆ 04 93 76 50 50 – www.fourseasons.com/fr/capferrat – Fermé 4 octobre-5 mai et le midi

La Table du Royal

CUISINE MÉDITERRANÉENNE • ÉLÉGANT XXX Un jeune chef italien interprète ici une partition aux accents provençaux, matinée parfois d'épices, gingembre, citronnelle, etc. comme autant de souvenirs de Bora-Bora. La carte de saison, le service au guéridon, tout est de bon goût, avec une mention spéciale pour le superbe soufflé abricot et sorbet abricot ! Imaginez-vous assis sur la terrasse, la mer à perte de vue… décidément, Bora-Bora n'est pas loin.

Menu 45 € (déjeuner), 70/100 €

Royal Riviera, 3 avenue Jean-Monnet – ✆ 04 93 76 31 00 – www.royal-riviera.com – Fermé 15 novembre-10 janvier

Grand Hôtel du Cap Ferrat

PALACE • ÉLÉGANT Époustouflant ! Le parc divin et ses superbes pins parasols, la vue sur la côte tout simplement sublime, la somptueuse piscine à débordement, la gourmandise des restaurants, les suites avec leur piscine privée... L'élégance luxueuse d'un grand hôtel mythique, né en 1908. Tout ici est une invitation au farniente !

49 chambres - 310/3900 € - 50 € - 24 suites

71 boulevard du Général-de-Gaulle (au Cap-Ferrat) - 04 93 76 50 50 - www.fourseasons.com/fr/capferrat - Fermé 29 novembre-8 mars

Le Cap - Voir la sélection des restaurants

Royal Riviera

LUXE • PERSONNALISÉ Une bâtisse construite en 1904, avec son beau jardin. La plupart des chambres donnent sur la Grande Bleue et, dans l'Orangerie, elles adoptent un style entre contemporain et provençal chic. Plage privée, belle piscine, cuisine fusion au restaurant.

94 chambres - 195/505 € - 42 € - 3 suites

3 avenue Jean-Monnet - 04 93 76 31 00 - www.royal-riviera.com - Fermé 15 novembre-10 janvier

La Table du Royal - Voir la sélection des restaurants

ST-JEAN-DE-BEAUREGARD - Essonne (91) → Voir Autour de Paris

ST-JEAN-DE-BLAIGNAC

33420 - Gironde - Carte régionale n° **18**-C1 - Carte Michelin 335-K6

Auberge St-Jean (Thomas L'Hérisson)

CUISINE CRÉATIVE • ÉLÉGANT XX En bord de Dordogne, avec de grandes baies vitrées donnant directement sur la rivière, voici la maison familiale par excellence. L'antithèse d'une grosse machine : on travaille ici en artisan et en petit effectif, en se donnant au maximum ! Le chef exécute une partition précise et généreuse, avec quelques morceaux de bravoure : on pense à cette déclinaison de chevreau (carré, filet, épaule), un mets plutôt rare dans les assiettes, ici parfaitement cuit et accompagné d'une brunoise de citrons confits et des légumes d'un maraîcher voisin. Fraîcheur, peps : un plat convaincant. Décidément, une maison très attachante.

Spécialités : Raviole de langoustine à l'encre de seiche, condiment thaï et bouillon de langoustine. Ris de veau doré au sautoir, légume-fruit déshydraté. Mousse glacée chocolat aux noix de cajou, caramel chocolat noir.

Menu 60/88 € - Carte 80/90 €

8 rue du Pont - 05 57 74 95 50 - www.aubergesaintjean.com - Fermé 18 février-11 mars, 18 août-2 septembre, mardi soir, mercredi, dimanche soir

ST-JEAN-DE-BRAYE - Loiret (45) → Voir Orléans

ST-JEAN-DE-LINIÈRES - Maine-et-Loire (49) → Voir Angers

ST-JEAN-DE-LUZ

✉ 64500 – Pyrénées-Atlantiques – Carte régionale n° **18**–A3 – Carte Michelin 342-C4

On aime...

Face à l'océan, dotée d'une baie superbe, cette petite cité dégage une exquise douceur de vivre. On la savoure en farniente sur la Grande Plage ou en balades dans le petit port de pêche. Autour de la place Louis-XIV s'étalent de nombreuses terrasses. Lieu de rendez-vous des Luziens, cette place vit en été au rythme des manifestations et concerts. On y trouve la Maison Adam, dont les macarons, gâteaux basques, tourons et chocolats, mettent l'eau à la bouche ! On continue avec la Maison Thurin, qui déniche de part et d'autre de la frontière franco-espagnole des produits d'exception : jambon de Bayonne, fromages de brebis, piments d'Espelette, foie gras, et tant d'autres. Enfin, les superbes Halles, inaugurées en 1884, valent le coup d'œil ; elles accueillent des producteurs "indépendants" de la région, et notamment les poissons de la petite flotte luzienne.

FoodPhotography Eising/StockFood Creative/Getty Images

Restaurants

Le Kaïku (Nicolas Borombo)

CUISINE MODERNE • COSY XX Au cœur de la station qui vit les épousailles de Louis XIV et de l'infante d'Espagne Marie-Thérèse d'Autriche, on se réfugie avec plaisir dans la maison qui serait la plus ancienne de la cité corsaire (16e s.). Derrière ces hauts murs et ces fenêtres à meneaux se cache un restaurant cosy et élégant et rien de vieux cependant à la carte. Un basque de Bayonne, fils et petit-fils de rugbymen, Nicolas Borombo, s'y est installé après une solide expérience parisienne, à l'Hôtel Crillon avec Dominique Bouchet et Jean-François Piège, et au George V avec Philippe Legendre. Amoureux de son terroir, il signe une belle cuisine, originale et raffinée, qui valorise les produits régionaux.

Spécialités : Langoustines "pêche au casier" rôties, émulsion coco et citron vert. Cochon façon teriyaki et chou pak-choï. L'instant yuzu et thé matcha.

Menu 38 € (déjeuner)/78 € - Carte 80/95 €

Plan A2-x – *17 rue de la République – ✆ 05 59 26 13 20 – www.kaiku.fr – Fermé 14-29 janvier, 1er-8 juillet, mardi, mercredi*

Le Brouillarta (Guillaume Roget)

CUISINE MODERNE • CONVIVIAL XX Son nom évoque une "entrée maritime subite, accompagnée de nuages qui obscurcissent le ciel". C'est ici, le long de la promenade, face à la baie de Saint-Jean-de-Luz, avec en ligne de mire le fort de Socoa et la colline de Sainte-Barbe, que vous découvrirez cette pépite. Originaire de la Soule, petite province basque, Guillaume Roget fut sommelier dans une première vie, notamment au côté du grand chef Stéphane Carrade, à Jurançon. Passé de l'autre côté du piano, ce cuisinier à la carrure de rugbyman, fan de pelote, travaille les produits de l'agriculture paysanne et de l'élevage basques et landais dans une ambiance décontractée. Gourmand avant tout, il signe une cuisine de haut vol, basée sur des recettes traditionnelles, émaillées de touches créatives.

Spécialités : Cuisine du marché.

Menu 49/59 €

Plan A1-v – *48 promenade Jacques-Thibaud – ✆ 05 59 51 29 51 – www.restaurant-lebrouillarta.com – Fermé 17 février-4 mars, 1er-17 juin, 18 novembre-17 décembre, lundi, mardi*

Les Lierres

CUISINE MODERNE • BOURGEOIS XXX La table de l'hôtel Parc Victoria est à l'image de l'établissement : raffinée et élégante. Dans la salle Art déco ou au bord de la piscine, on savoure une cuisine bien en prise avec son époque. Carte plus simple le midi (grillades, salades).

Menu 53/65 € - Carte 65/95 €

Hors plan – *Parc Victoria, 5 rue Cépé – ✆ 05 59 26 78 78 – www.parcvictoria.com – Fermé 15 novembre-15 mars, lundi midi, mardi midi, mercredi midi, jeudi midi, vendredi midi*

L'Aho Fina

CUISINE MODERNE • ÉLÉGANT XX L'Aho Fina (la fine bouche en basque) propose une cuisine gourmande à base de produits régionaux, dans le cadre mythique du Grand Hôtel. Le midi, formule plus simple au bistrot Badia. Et toujours une splendide terrasse sur l'océan !

Menu 67/92 € - Carte 65/95 €

Plan B1-d – *Grand Hôtel Thalasso & Spa, 43 boulevard Thiers – ✆ 05 59 26 35 36 – www.luzgrandhotel.fr – Fermé 24 novembre-8 décembre, lundi, mardi midi, mercredi midi, jeudi midi, vendredi midi, samedi midi, dimanche*

SENTIER DU LITTORAL, POINTE STE-BARBE
LE JARDIN BOTANIQUE, LITTORAL PAUL JOVET

ST-JEAN-DE-LUZ

0 150 m

A B 1 2

Digue aux Chevaux · Bd Thiers · R. Vauban · Av. Pellot · Av. de Lohobiague · Av. d'Olabaratz · Av. d'Etcheverry · R. Michel Le Basque · Av. Pellot · Av. Larreguy · R. Hirigoyen · R. du Conte · FRONTON · Av. André Ithurralde · Av. de Chantaco · PARC DUCONTENIA · R. Martin de Sopite · R. Sopite · R. Loquin · Bd Victor Hugo · GOLFE DE GASCOGNE · R. Garat · R. du Midi · R. Biscarbidea · St-Jean Baptiste · Maison Louis XIV · R. Mazarin · Q. de l'Infante · Pl. Louis-XIV · R. Pocalette · Av. Jauréguiberry · R. Salagoïty · Av. des Pyrénées · Av. de Habas · R. Marcel Hiribarren · Av. Labrouche · Av. de Verdun · Bd du Commandant Passicot · Av. du Professeur Gregorio Marañon · R. Bibal · R. Ignace-François · Axular · Maison natale de Maurice Ravel · PORT · Ch. de Gurutzeta · St-Vincent · CIBOURE · FRONTON · Av. Jean Jaurès · Av. Pierre Larramendy · R. Philippe Veyrin · R. des Ormeaux · R. de la Larramendy · Rhune · NIVELLE · R. de Nivelle · Av. Jean Poulou · R. Aristide Bourousse · R. Ramiro Arrue · R. Rhin et Danube · R. Jules Paquier · Av. Pierre

TOUR BORDAGAIN, VILLA LEÏHORRA
HENDAYE-PLAGE, SOCOA, CORNICHE BASQUE
BIARRITZ, BAYONNE, ÉCOMUSÉE BASQUE
CAMBO-LES-BAINS, ASCAIN
URRUGNE, CHÂTEAU D'URTUBIE, HENDAYE, DONOSTIA-SAN SEBASTIÁN

Ilura

CUISINE MODERNE • CONTEMPORAIN XX Au sein de l'hôtel La Réserve situé sur les hauteurs de St-Jean-de-Luz, avec une superbe terrasse en surplomb de l'Océan, cette table élégante promet un joli moment de gastronomie. On se délecte de beaux produits de la mer, d'une fraîcheur irréprochable, en provenance du port de Saint-Jean-de-Luz.

Menu 45 € (déjeuner)/80 € – Carte 55/70 €

Hors plan – *La Réserve, Rond-Point Ste-Barbe –*
05 59 51 32 00 – www.hotel-lareserve.com –
Fermé 9 novembre-15 mars, lundi, dimanche soir

Zoko Moko 

CUISINE MODERNE • CONVIVIAL XX Dans l'ancien quartier de pêcheurs de la ville, cette table est bien connue des Luziens. On y propose une jolie cuisine actuelle dans un décor élégant et convivial, ou sur la petite terrasse.

Menu 27 € (déjeuner), 46/60 €

Plan A2-a – *6 rue Mazarin –*
05 59 08 01 23 – www.zoko-moko.com –
Fermé 10-20 mars, 25 novembre-3 décembre, lundi, dimanche soir

Instincts

CUISINE MODERNE • TENDANCE Belle surprise que cette jeune adresse, tenue par un couple dynamique qui s'en va revisiter la bonne gastronomie de bistrot, dans un lieu contemporain -briquette, bois, et cuisine ouverte. Tartare de thon, groseilles, fenouil ; bœuf maturé, courgette, olive noire : on se régale ! Un coup de cœur.

Menu 55 € - Carte 36/41 €

Plan A2-b - *20 rue Joseph-Garat - ✆ 05 59 24 66 98 - Fermé 5 janvier-5 février, lundi, mardi*

Hôtels

Grand Hôtel Thalasso & Spa

LUXE • ÉLÉGANT Élevé en 1909 face à l'océan, cet hôtel balnéaire de la Belle Époque séduit par ses chambres très confortables, dans un esprit contemporain élégant, les plus prisées offrant un superbe panorama sur la baie de St-Jean-de-Luz. Au sous-sol, bel espace de thalassothérapie et spa de 1000 mètres carrés, zen et cosy.

44 chambres - 160/1000 € - 30 € - 8 suites

Plan B1-d - *43 boulevard Thiers - ✆ 05 59 26 35 36 - www.luzgrandhotel.fr - Fermé 22 novembre-6 décembre*

L'Aho Fina - Voir la sélection des restaurants

La Réserve

TRADITIONNEL • CONTEMPORAIN Au faîte des falaises de la pointe Ste-Barbe, à l'écart de la station, cette Réserve domine superbement l'Océan, que l'on observe à loisir en se promenant dans le grand jardin ou de la piscine à débordement... Vue sur les flots également de la majorité des chambres, confortables et cossues. L'Atlantique est à vous !

37 chambres - 105/350 € - 20 € - 4 suites

Hors plan - *Rond-Point Ste-Barbe - ✆ 05 59 51 32 00 - www.hotel-lareserve.com - Fermé 9 novembre-15 mars*

Ilura - Voir la sélection des restaurants

à Ciboure 1 km à l'Ouest par D912

Chez Mattin

CUISINE BASQUE • RUSTIQUE Ambiance très familiale dans cette maison de pays rustique à souhait (poutres, cuivres...). Spécialités basques et suggestions au gré du marché, pour une cuisine spontanée, qui étonne et détonne. Le poisson est à l'honneur et c'est un vrai bonheur !

Menu 51 €

Plan A2-v - *63 rue E.-Baignol - ✆ 05 59 47 19 52 - www.chezmattin.fr - Fermé 15 février-19 mars, 27 juin-2 juillet, 14 novembre-3 décembre, lundi, dimanche*

à Urrugne 4 km au Sud par D810

Ferme Lizarraga

CUISINE MODERNE • CONTEMPORAIN Dans un bel environnement naturel - *lizarraga* signifie "forêt de frênes" en basque -, une auberge du 17e s. au caractère préservé, à la fois chic et champêtre. Le chef offre une version revisitée de la cuisine du marché : on en profite en terrasse, à l'ombre d'un noyer centenaire... Délicieux, tout simplement.

Menu 22 € (déjeuner), 39/50 €

Hors plan - *Chemin de Lizarraga - ✆ 05 59 47 03 76 - www.lizarraga.fr - Fermé lundi, mardi*

ST-JEAN-DE-THOUARS - Deux-Sèvres (79) → Voir Thouars

ST-JEAN-DE-TRÉZY

✉ 71490 - Saône-et-Loire - Carte régionale n° **5**-C3 - Carte Michelin 320-H8

Domaine de Rymska

CUISINE MODERNE • COSY Le concept mêlant agriculture et hôtellerie fonctionne ici du tonnerre : à table, on se régale d'un menu unique ultra-local, où les produits de l'exploitation sont bien mis en valeur. Une cuisine de qualité, maîtrisée, sincère : on se régale en toute simplicité.

Menu 32 € (déjeuner), 49/96 €

1 rue du Château-de-la-Fosse - ✆ 03 85 90 01 01 - www.domaine-rymska.com - Fermé 22-30 mars, 30 août-7 septembre, 15 décembre-20 janvier, lundi, dimanche

Domaine de Rymska

LUXE • CONTEMPORAIN Sur la route des vins, au cœur d'un domaine agricole de 80 hectares, ce bel établissement a trouvé l'équilibre du luxe (vastes chambres décorées avec goût, chacune portant le nom d'un cheval né sur l'exploitation) et du naturel. Service attentionné.

5 chambres - 150/340 €

1 rue du Château-de-la-Fosse - ✆ 03 85 90 01 01 - www.domaine-rymska.com - Fermé 22-30 mars, 30 août-7 septembre, 15 décembre-20 janvier

Domaine de Rymska - Voir la sélection des restaurants

ST-JEAN-DU-BRUEL

✉ 12230 - Aveyron - Carte régionale n° **22**-D2 - Carte Michelin 338-M6

Midi-Papillon

CUISINE TRADITIONNELLE • CLASSIQUE Au bord de la Dourbie, une maison romantique où la famille Papillon choie ses hôtes depuis 1850... On produit presque tout sur place : légumes, fruits, lapins, volailles – sans oublier les cochons de la ferme voisine (délicieuses charcuteries) et les cèpes des bois alentour. Conclusion : une savoureuse cuisine du terroir !

Menu 15 € (déjeuner), 22/40 € - Carte 20/52 €

place du Manège - ✆ 05 65 62 26 04 - www.hoteldumidipapillon.fr - Fermé 11 novembre-4 avril

ST-JEAN-PIED-DE-PORT

✉ 64220 - Pyrénées-Atlantiques - Carte régionale n° **18**-B3 - Carte Michelin 342-E6

Les Pyrénées (Philippe Arrambide)

CUISINE CLASSIQUE • FAMILIAL Située au pied du col de Roncevaux, sur la route de l'Espagne, l'ancien relais de diligence est dirigé par la même famille depuis quatre générations. Le chef Firmin Arrambide avait donné ses lettres de noblesse à la cuisine basque dès les années 1970. Son fils Philippe a repris les rênes derrière lui, après avoir connu les maisons d'Alain Dutournier et des frères Pourcel. Aujourd'hui, dans le décor comme dans l'assiette, ce chef discret cultive avec délicatesse et finesse le goût du Pays basque et des Pyrénées. Le choix de produits de grande qualité n'y est pas pour rien, de l'agneau des Pyrénées à la sole de petit bateau, en passant par la morue. En salle, la sœur du chef, Sandrine, accueille les habitués comme les étrangers de passage avec un sens de l'hospitalité rare.

Spécialités : Spaghettis de piperade, jambon de pays, poudre de pain frit et émulsion de poivron rouge. Fricassée de homard breton aux artichauts, espuma de carotte des sables et royale d'oignon. Soufflé chaud au fruit de la passion, sorbet kiwi-mangue.

Menu 42/115 € - Carte 78/115 €

19 place Charles-de-Gaulle - ✆ 05 59 37 01 01 - www.hotel-les-pyrenees.com - Fermé 5 janvier-7 février, 15 novembre-4 décembre, mardi

Les Pyrénées

FAMILIAL • TRADITIONNEL Au cœur de ce joli village – dernière étape française pour les pèlerins de Compostelle –, ce relais de poste jouit d'un jardin luxuriant (avec piscine) et abrite des chambres sobres et modernes, bien confortables. Une bonne étape avant l'Espagne !

14 chambres – 105/260 € – 18 € – 4 suites

19 place Charles-de-Gaulle – 05 59 37 01 01 – www.hotel-les-pyrenees.com – Fermé 5 janvier-7 février, 15 novembre-4 décembre

Les Pyrénées – Voir la sélection des restaurants

ST-JOACHIM

44720 – Loire-Atlantique – Carte régionale n° **23**–A2 – Carte Michelin 316-C3

La Mare aux Oiseaux (Eric Guérin)

CUISINE CRÉATIVE • ÉLÉGANT XXX Grand voyageur, amoureux des oiseaux (qui s'ébattent en liberté dans son jardin), Éric Guérin s'est créé un univers qui n'appartient qu'à lui. Sur une île ceinturée de canaux circulaires, au cœur du parc naturel régional de Brière, il s'est immergé dans son terroir pour le réinterprèter de superbe façon. Avec des ingrédients de premier choix, il compose une cuisine "nature" qui a de la personnalité, de l'allure, de la délicatesse, de la fraîcheur... et confine même à la poésie par instants. Le charme des lieux, et notamment les chambres "exotiques" pour prolonger le séjour, la gentillesse et l'efficacité de l'accueil d'une jeune équipe enthousiaste font le reste !

Spécialités : Fine raviole de langoustine en coussin végétal, fèves et petits pois à la menthe des marais. Carré de cochon et homard de bretagne, fondue d'oignon doux et rhubarbe au safran du Morbihan. Soufflé ambré au muscovado, ananas en marmelade et cardamome, givre de rhum.

Menu 55 € (déjeuner), 78/120 €

223 rue du Chef-de-l'Île-Fedrun – 02 40 88 53 01 – www.mareauxoiseaux.fr – Fermé 2 janvier-31 mars, lundi, mardi

La Mare aux Oiseaux

MAISON DE CAMPAGNE • ÉLÉGANT C'est un charmant village aux maisons à toit de chaume, sis dans le parc naturel régional de Brière, véritable paradis pour les oiseaux. La demeure se trouve au diapason de ce paysage idyllique. Dispersées en plusieurs endroits de la propriété (chaumière principale, maisons sur pilotis), les chambres sont douillettes et confortables - le mobilier provient des nombreux voyages d'Éric Guérin. Espace bien-être avec jacuzzi et sauna.

15 chambres – 135/230 € – 20 € – 2 suites

223 rue du Chef-de-l'Île-Fedrun – 02 40 88 53 01 – www.mareauxoiseaux.fr – Fermé 2 janvier-31 mars

La Mare aux Oiseaux – Voir la sélection des restaurants

ST-JOUIN-BRUNEVAL

76280 – Seine-Maritime – Carte régionale n° **17**–C1 – Carte Michelin 304-A4

Les Pins de César

SPA ET BIEN-ÊTRE • COSY Proche d'Etretat et de ses célèbres falaises dont Arsène Lupin fit son refuge, au cœur d'un parc et forêt de pins de 20 hectares, cette maison de famille et ses dépendances ont été transformées en un hôtel de charme. Au choix, les chambres, cosy et feutrées, ou le chalet, idéal pour les familles ; et pour tous, le très beau spa, assorti d'un insolite sauna nordique en pleine nature... Une adresse élégante, idéale pour se ressourcer, loin du bruit et de la pollution.

13 chambres – 150/425 € – 18 € – 1 suite Tablet. PLUS

1 chemin des Échos – 02 32 73 69 10 – www.lespinsdecesar.com

ST-JULIEN-CHAPTEUIL

✉ 43260 – Haute-Loire – Carte régionale n° **1**-C3 – Carte Michelin 331-G3

Vidal

CUISINE DU TERROIR • ÉLÉGANT XXX Après un beau parcours (Guérard, Roth, Ducasse à Londres, Boulud à New York), le fils Vidal a rejoint son père aux fourneaux de la maison familiale. Le résultat est enthousiasmant : dressages soignés, recettes pleines de fraîcheur et de peps. L'accueil, assuré en famille lui aussi, se révèle charmant.

Spécialités : Pâté en croûte d'Aurélien. Volaille fermière, ravioles aux légumes et émulsion de thym. Cueillette gourmande fraises, reine-des-prés, petits pois.

Menu 31/80 € – Carte 64/74 €

Place du Marché – ✆ 04 71 08 70 50 – www.restaurant-vidal.com – Fermé 12 janvier-23 février, lundi, mardi soir, dimanche soir

ST-JULIEN-EN-GENEVOIS

✉ 74160 – Haute-Savoie – Carte régionale n° **4**-F1 – Carte Michelin 328-J4

Les Cocottes Porte de Genève

CUISINE TRADITIONNELLE • BISTRO X Ce restaurant (situé dans un casino) propose une cuisine traditionnelle gourmande, servie dans une décoration de style bistrot, sur le modèle des autres "Cocottes" (œuf mimosa de "Mamie Constant", tarte au chocolat etc.).

Menu 24 € (déjeuner), 33/60 € – Carte 34/58 €

route d'Annecy (au casino) – ✆ 04 50 49 61 07 – www.maisonconstant.com

à Bossey 7 km à l'Est par D1206 – Carte régionale n° **4**-F1

La Ferme de l'Hospital (Jean-Jacques Noguier)

CUISINE MODERNE • ÉLÉGANT XXX Un livre de compte du 17e s. mentionne déjà la production de cette ancienne ferme de l'hôpital du canton de Genève. La bâtisse impressionne par ses dimensions : rassurez-vous, entre ces murs de caractère où le bois domine, une convivialité gourmande se diffuse sous la houlette d'un chef... méditerranéen. Natif du Vaucluse, Jean-Jacques Noguier a aiguisé très jeune son appétit dans les grandes tables étoilées du Sud. Il est resté fidèle au Midi mythique pour le choix de ses asperges des Alpilles et autres truffes du Vaucluse, mais il puise aussi dans le lac Léman ses perches, féras, ombles chevaliers et autres brochets. Quelques viandes d'exception nourrissent cette cuisine aux solides bases classiques.

Spécialités : Biscuit du lac aux écrevisses et bouillon crémeux à la mélisse. Féra du Léman à la verveine infusée, carotte et agrumes, mousse de lait. Coque agrumes et safran, sorbet yuzu.

Menu 38 € (déjeuner), 68/92 € – Carte 100/120 €

route du Golf – ✆ 04 50 43 61 43 – www.ferme-hospital.com – Fermé 10 février-1er mars, 28 juillet-18 août, lundi, dimanche

ST-JULIEN-EN-VERCORS

✉ 26420 – Drôme – Carte régionale n° **2**-C2 – Carte Michelin 332-F3

Café Brochier

CUISINE TRADITIONNELLE • VINTAGE X Une institution dans ce village de 200 âmes, reprise en 2014 par un chef qui délaissa l'événementiel pour l'essentiel, la gastronomie ! Tête de veau sauce gribiche, omble chevalier au beurre blanc : son travail, fondé sur le produit frais, est généreux et bon – tout simplement !

Menu 23/33 €

place du Village – ✆ 04 75 48 20 84 – www.cafebrochier.com – Fermé 1er-30 avril, 26 octobre-30 novembre, mardi, mercredi

ST-JUNIEN

✉ 87200 – Haute-Vienne – Carte régionale n° **19**-A2 – Carte Michelin 325-C5

Lauryvan

CUISINE MODERNE • COSY XX Dans le cadre verdoyant d'un petit bois tout proche de la Vienne, on profite d'une cuisine moderne et inventive, réglée sur les saisons. L'été, on pourra même s'installer sur la jolie terrasse pour profiter de la vue sur l'étang... Un régal.

Menu 40/65€ - Carte 50/63€

200 allée du Bois-au-Boeuf - ✆ 05 55 02 26 04 - www.lauryvan.fr - Fermé 2-13 janvier, 1er-10 mai, lundi, dimanche soir

ST-JUST-ST-RAMBERT

✉ 42170 - Loire - Carte régionale n° **2**-A2 - Carte Michelin 327-E7

Gare & Gamel

CUISINE TRADITIONNELLE • BISTRO X L'ancien Neuvième Art (déménagé à Lyon) est devenu un bistrot contemporain et convivial. La carte courte décline une cuisine traditionnelle, à l'instar de la tête de veau sauce gribiche, ou l'île flottante aux pralines. Les produits locaux ont aussi la part belle : en saison, on se régale d'un faux-filet de bœuf fin-gras du Mézenc.

Menu 17€ (déjeuner)/32€ - Carte 32/54€

place du 19-mars-1962 - ✆ 04 77 06 51 05 - www.gare-gamel.fr - Fermé 9-23 août, lundi soir, mardi soir, mercredi, dimanche

ST-LARY-SOULAN

✉ 65170 - Hautes-Pyrénées - Carte régionale n° **22**-A3 - Carte Michelin 342-N8

La Grange

CUISINE TRADITIONNELLE • RUSTIQUE XX Sur la route d'Autun, cette ancienne grange est aujourd'hui un restaurant chic et chaleureux, où règne une ambiance montagnarde. Dans l'assiette, une cuisine goûteuse et soignée, réalisée avec de beaux produits régionaux : tapas du terroir, côte de porc noir de Bigorre aux morilles... Une belle adresse.

Menu 27/45€ - Carte 43/53€

13 route d'Autun - ✆ 05 62 40 07 14 - www.restaurant-saint-lary.com - Fermé mardi, mercredi

ST-LAURENT-SUR-SÈVRE

✉ 85290 - Vendée - Carte régionale n° **23**-B3 - Carte Michelin 316-K6

Château de la Barbinière

DEMEURE HISTORIQUE • CONTEMPORAIN Sis au cœur d'un espace verdoyant de 13 ha du nord de la Vendée, à proximité de Puy-du-Fou, ce château de 1793 propose six chambres, amples et modernes. Les autres sont réparties dans plusieurs maisons situées dans le parc parfaitement entretenu, où vous apprécierez la belle piscine, le petit golf de quatre trous, l'étang, des chemins invitant à la promenade ainsi qu'un haras. Cuisine contemporaine au restaurant.

30 chambres - 89/290€ - 13€

La Barbinière - ✆ 02 51 92 46 00 - www.chateau-barbiniere.com - Fermé 23 décembre-6 janvier

ST-LIEUX-LÈS-LAVAUR

✉ 81500 - Tarn - Carte régionale n° **22**-C2 - Carte Michelin 338-C8

Le Colvert

CUISINE MODERNE • RUSTIQUE XX Longtemps, cette charmante maison de 1860, baignée de verdure, a été une boulangerie-épicerie ; aujourd'hui, c'est un repaire gourmand ! Le chef concocte une cuisine du marché au gré des saisons - canard colvert, suprême de pintade farci de brousse et trompettes de la mort -, et réserve de beaux crus pour accompagner ses plats.

Spécialités : Cuisine du marché.

Menu 15€ (déjeuner), 27/55€ - Carte 27/50€

8 rue d'en Boyer - ✆ 05 63 41 32 47 - www.restaurantlecolvert.com - Fermé 1er-6 janvier, lundi, samedi midi, dimanche soir

ST-LIZIER - Ariège (09) → Voir St-Girons

ST-LÔ

✉ 50000 – Manche – Carte régionale n° **17**–A2 – Carte Michelin 303-F5

Intuition (Mickaël Marion)

CUISINE CRÉATIVE • ÉLÉGANT XX À l'étage de la Brasserie Les Capucines, il faut gravir quelques marches pour mériter cette table intime et feutrée, qui fait face au château. Transfuge de Coutances où il régalait déjà ses fidèles, Mickaël Marion retrouve sa ville natale pour mieux laisser aller sa créativité. Défenseur depuis toujours des produits locaux, il aime herboriser dans la campagne et les marais pour cueillir des plantes et des herbes. De retour aux fourneaux, il en fait son miel à l'image de cette glace à la reine des prés, de ce pesto d'herbes sauvages et de livèche. Puis, dans ses assiettes, il parvient à marier avec subtilité d'excellents produits du terroir normand – Saint-Jacques, poissons de petits bateaux – et saveurs exotiques. Une table qui ne laisse pas indifférent.

Spécialités : Homard du Cotentin, jaune d'œuf fumé et feuilles sauvages. Saint-pierre de petit bateau, yuzu, fenouillette et pistache grillée. Abricot, reine des prés, caramel, gingembre confit.

Menu 27 € (déjeuner), 44/72 €

1 rue Alsace-Lorraine (1er étage) – ✆ 02 33 05 14 91 – www.restaurant-intuition.com – Fermé lundi, mardi, mercredi, dimanche

Brasserie Les Capucines – Voir la sélection des restaurants

Brasserie Les Capucines

CUISINE TRADITIONNELLE • BRASSERIE X Une salle de brasserie relookée à la mode contemporaine avec son long comptoir, ses mange-debout, ses couleurs actuelles – chocolat, crème et orange... Les plats sont à l'avenant : tartare, huîtres, salades, ou encore le pied de cochon grillé sauce béarnaise ou le paris-brest. Sans prétention, simplement bon !

Menu 19 € (déjeuner), 22/30 € – Carte 30/60 €

Intuition, 1 rue Alsace-Lorraine – ✆ 02 33 05 15 36 – www.brasserie-les-capucines.com – Fermé dimanche

ST-LOUIS

✉ 68300 – Haut-Rhin – Carte régionale n° **10**–B3 – Carte Michelin 315-J11

Le Trianon

CUISINE MODERNE • ÉLÉGANT XX Il ne manque pas d'élégance, cet intérieur décoré dans une veine contemporaine ; quant à la cuisine du chef, qui mêle terroir et saveurs d'aujourd'hui, elle se révèle goûteuse et soignée.

Menu 24 € (déjeuner), 33/75 € – Carte 42/62 €

46 rue de Mulhouse – ✆ 03 89 67 03 03 – Fermé lundi, mercredi soir, dimanche soir

La Villa K

BOUTIQUE HÔTEL • DESIGN Cette demeure de maître fut l'élégante "maison Katz", dont la lettre K perdure jusqu'à aujourd'hui. L'hôtel mêle très subtilement l'ancien et le contemporain, et fait évoluer ses chambres dans un esprit tendance et chaleureux. Espace bien-être, ambiance de bar à vins au bistrot La Cave.

41 chambres – 105/280 €

10 avenue de Bâle – ✆ 03 89 70 93 40 – www.lavillak.com

à Hésingue 4 km à l'Ouest par D419

Au Bœuf Noir

CUISINE CLASSIQUE • CONVIVIAL XX Les produits frais de qualité rythment la vie de cette maison, de même que la fraîcheur et le goût dans les assiettes : risotto de homard façon paëlla, lièvre à la royale pendant la saison de la chasse... Jolie petite terrasse sur l'arrière, idéale aux beaux jours.

Menu 29 € (déjeuner), 40/70 € – Carte 45/75 €

2 rue Folgensbourg – ✆ 03 89 69 76 40 – www.auboeufnoir.fr – Fermé lundi, samedi midi, dimanche soir

à Huningue 2 km à l'Est par D469

Autour de la Table

CUISINE CLASSIQUE • TRADITIONNEL L'adresse revendique un côté "école hôtelière" avec sa carte classique (paupiette de sole, filet de bœuf, crêpe soufflée à l'eau-de-vie de quetsche), son service sérieux et appliqué – on y pratique encore l'art oublié de découpe et la préparation en salle. Quand la tradition et le classicisme ont du bon, autour et surtout sur la table...

Menu 25/68 € – Carte 48/72 €

17 a rue de Village-Neuf – 09 81 11 40 17 – www.restaurant-autourdelatable.fr – Fermé lundi, mardi

ST-LYPHARD

44410 – Loire-Atlantique – Carte régionale n° **23**-A2 – Carte Michelin 316-C3

Auberge le Nézil

CUISINE MODERNE • AUBERGE Une façade blanche percée de petites fenêtres et coiffée d'un lourd toit de chaume : voilà une auberge typique de la Brière ! Rien de passéiste cependant entre ses murs, dans le décor comme dans l'assiette, laquelle met en valeur des recettes originales et de bons produits (notamment anguilles et grenouilles).

Spécialités : Tataki de thon, sésame noir, agrumes et mayonnaise raifort. Lieu jaune, couteau, algues et navet. Gâteau nantais, ananas, coulis passion-kalamensi.

Menu 34/42 €

route de St-Nazaire (lieu-dit le Nézil) – 02 40 91 41 41 – www.aubergelenezil.fr – Fermé lundi, mercredi soir, dimanche soir

à Bréca 6 km au Sud par D47 et rte secondaire

Auberge de Bréca

CUISINE TRADITIONNELLE • AUBERGE Cette maison a gagné en confort et en luminosité, tout en assumant fièrement son passé de relais de chasse – ah, ce toit de chaume ! Comme il se doit, le gibier – à plumes et à poils – est à l'honneur en saison, et le reste de la carte est une ode à la tradition : Saint-Jacques, anguilles, cuisses de grenouilles...

Menu 36/50 € – Carte 40/52 €

Auberge de Bréca – 02 40 91 41 42 – www.auberge-breca.com – Fermé 6-26 janvier, 11 novembre-1er décembre, lundi, dimanche soir

ST-MACAIRE - Gironde (33) → Voir Langon

ST-MALO

✉ 35400 – Ille-et-Vilaine – Carte régionale n° **7**–D1 – Carte Michelin 309-J3

On aime...

Ses toits d'ardoises jaillissent par-delà les remparts granitiques sur lesquels trône son chemin de ronde. Ouvrez grand vos sens : dans la Cité corsaire, tout se hume, se vit et se goûte. Visitez le comptoir des épices Roellinger, reflet de l'esprit voyageur du cuisinier cancalais. Goûtez les beurres d'un artisan réputé, Jean-Yves Bordier, familier de bien des tables étoilées. Un peu plus loin, découvrez le sarrasin, une petite graine bretonne qui a la cote, dans une boutique imaginée par le créateur des Breizh Café, Bertrand Larcher. Miels, biscuits, tuiles, bonbons... la diversité des produits est surprenante. Enfin, pour déguster les délices de la mer, poissons et surtout crustacés et coquillages (huîtres, coquilles Saint-Jacques, araignée de mer, praires, tourteaux et homards), rendez-vous sur les nombreux marchés !

E. Ereza/age fotostock

Intra-muros

Le Bistrot du Rocher

CUISINE TRADITIONNELLE • BISTRO X Un peu en retrait de l'animation malouine, ce bistrot gourmand est emmené par un jeune chef passionné. Les saveurs sont bien maîtrisées, les cuissons et assaisonnements sans faille : de la bonne cuisine bistrotière comme on l'aime.

Spécialités : Rémoulade d'araignée, radis croquants et pesto des fanes. Lieu jaune, artichauts et pâtissons au sarrasin. Bavarois prune et café.

Menu 22 € (déjeuner) - Carte 30/50 €

Plan E2-u - *19 rue de Toulouse - ✆ 02 99 40 82 05 - Fermé 20-28 décembre, lundi soir, mardi soir, mercredi, dimanche soir*

Le Cambusier

CUISINE MODERNE • TENDANCE X Au cœur de la cité historique, bienvenue dans ce bar à vins lumineux et convivial. La patronne, charmante, se dit "Bretonne 100 % pur beurre" ! En cuisine, son mari réalise une cuisine créative avec les produits de la côte : maquereaux marinés aux poireaux et gingembre, tarte au citron revisitée...

Spécialités : Maquereau mariné, poireaux et gingembre au vinaigre de cidre. Dos de cabillaud, coques et beurre à la verveine, écrasé de pomme de terre. Tarte au citron revisitée.

Menu 22 € (déjeuner), 32/42 € - Carte 42/59 €

Plan F2-h - *6 rue des Cordiers - ✆ 02 99 20 18 42 - www.cambusier.fr - Fermé dimanche*

Le Comptoir Breizh Café

CUISINE BRETONNE • CONVIVIAL X Dans le dédale de l'intra-muros, une crêperie qui bat au rythme de la Bretagne. Les produits locaux (lard, andouilles, légumes) sont utilisés dans le respect de la tradition ; comme il se doit, le sarrasin et la pomme sont les deux piliers de l'établissement... sans oublier le cidre breton, mais aussi d'Italie et d'Allemagne.

Spécialités : Breizh roll. Classique, jambon artisanal de Bretagne, œuf bio, comté. Crêpe beurre-sucre roux.

Carte 19/40 €

Plan F2-z - *6 rue de l'Orme - ✆ 02 99 56 96 08 - www.breizhcafe.com - Fermé lundi, mardi*

L'Ancrage

POISSONS ET FRUITS DE MER • CONVIVIAL X Jetez l'ancre dans ce restaurant digne d'une cabine de bateau (boiseries sombres, lampes en laiton) ou dans sa salle voûtée ! Le chef prépare des recettes résolument tournées vers la mer. Une bonne adresse pour faire le plein d'iode sur les remparts.

Menu 25/36 € - Carte 38/68 €

Plan F1-r - *7 rue Jacques-Cartier - ✆ 02 99 40 15 97 - Fermé 6 janvier-6 février, mardi, mercredi*

Bistro Autour du Beurre

CUISINE MODERNE • CONTEMPORAIN X Le restaurant attenant à la célèbre maison Bordier, dont le beurre se retrouve sur les plus grandes tables. Sur la courte carte, la tradition domine, avec des plats pleins de fraîcheur... et une remarquable sélection de beurres. Et côté décor, des bouteilles de lait font des luminaires et une baratte une table...

Menu 23 € (déjeuner) - Carte 40/75 €

Plan F2-n - *7 rue de l'Orme - ✆ 02 23 18 25 81 - www.lebeurrebordier.com - Fermé 6 janvier-2 février, 22 juin-5 juillet, 28 septembre-11 octobre, lundi, mardi soir, mercredi soir, dimanche*

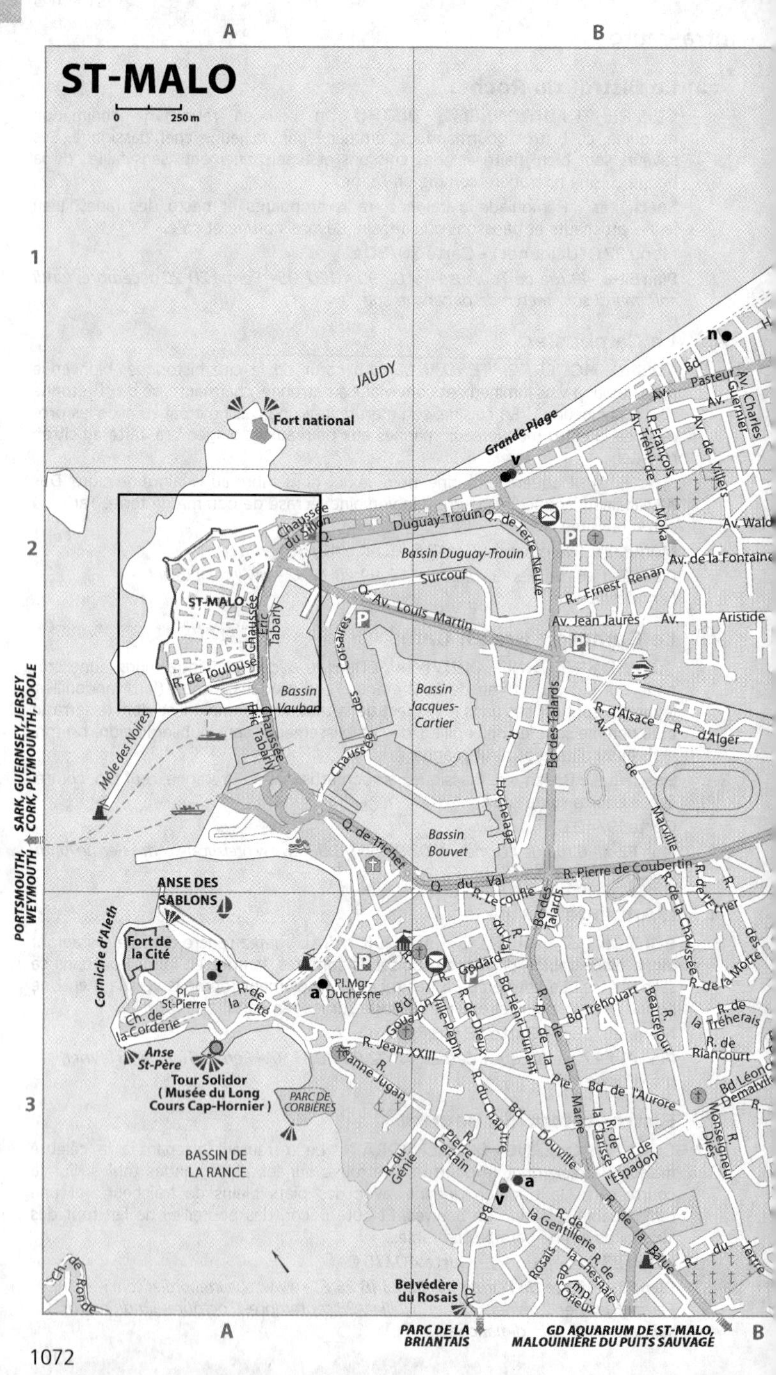

ST-MALO
0 250 m
A
B
1
2
3
JAUDY
Fort national
Grande Plage
Chaussée du Sillon
Q. Duguay-Trouin
Q. de Terre Neuve
Bassin Duguay-Trouin
Surcouf
Q. Av. Louis Martin
ST-MALO
Chaussée Eric Tabarly
R. de Toulouse
Bassin Vauban
Q. des Corsaires
Bassin Jacques-Cartier
Chaussée
Môle des Noires
Q. de Trichet
Bassin Bouvet
Q. du Val
ANSE DES SABLONS
Corniche d'Aleth
Fort de la Cité
Pl. St-Pierre
R. de la Cité
Ch. de la Corderie
Anse St-Père
Tour Solidor (Musée du Long Cours Cap-Hornier)
PARC DE CORBIÈRES
BASSIN DE LA RANCE
Pl. Mgr-Duchesne
Bd Gouazon
R. Jean XXIII
R. Jeanne Jugan
R. Ville-Pépin
R. de Dreux
R. du Chapitre
R. Pierre Certain
R. du Génie
Bd des Talards
R. Hochelaga
R. Lecoufle
R. Godard
R. du Val
Bd Henri Dunant
R. de la Pie
Bd Douville
Bd Tréhouart
R. de la Marne
R. de la Clarisse
Bd de l'Espadon
R. de la Balue
R. de la Gentillerie
R. de la Chesnaie
R. des Rosais
Imp. des Orieux
Belvédère du Rosais
R. du Tertre
Ch. de Ronde
PARC DE LA BRIANTAIS
GD AQUARIUM DE ST-MALO, MALOUINIÈRE DU PUITS SAUVAGE
PORTSMOUTH, SARK, GUERNSEY, JERSEY WEYMOUTH, CORK, PLYMOUTH, POOLE
Bd Pasteur
Av. Charles Guernier
R. François Av. Tréhu de Moka
Av. de Villers
Av. Wald
Av. de la Fontaine
R. Ernest Renan
Av. Jean Jaurès
Av. Aristide
R. d'Alsace
R. d'Alger
Av. de Maryville
R. Pierre de Coubertin
R. de la Chaussée
R. de l'Etrier
R. de la Motte
R. Beauséjour
R. de la Tréherais
R. de Riancourt
Bd de l'Aurore
Bd Léon Demalvilain
R. Monseigneur Dies
n
v
t
a

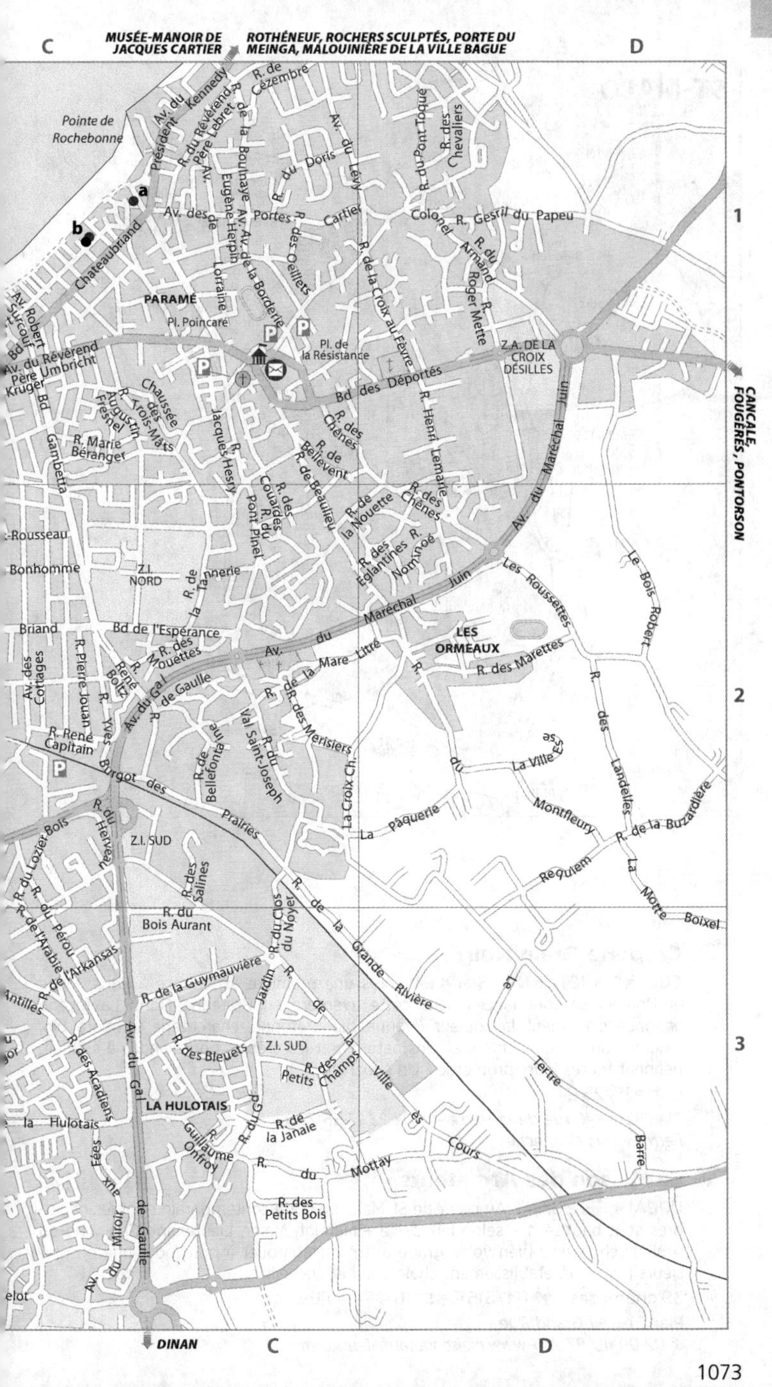

C
MUSÉE-MANOIR DE JACQUES CARTIER
ROTHÉNEUF, ROCHERS SCULPTÉS, PORTE DU MEINGA, MALOUINIÈRE DE LA VILLE BAGUE
D
Pointe de Rochebonne
PARAMÉ
Pl. Poincaré
Pl. de la Résistance
Z.A. DE LA CROIX DÉSILLES
Bd des Déportés
Av. du Maréchal Juin
CANCALE, FOUGÈRES, PONTORSON
Z.I. NORD
Bd de l'Espérance
LES ORMEAUX
R. des Marettes
Z.I. SUD
R. du Bois Aurant
R. de la Guymauvière
R. de la Grande Rivière
LA HULOTAIS
R. du Mottay
R. des Petits Bois
Av. du Gal de Gaulle
DINAN
C
D
1
2
3

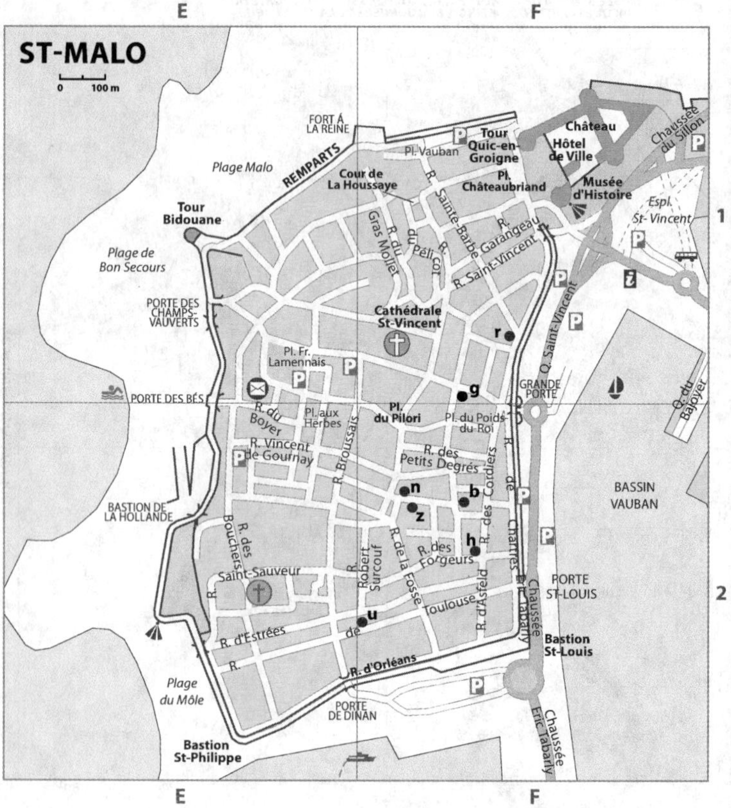

Crêperie Grain Noir

CUISINE BRETONNE · SIMPLE Après une première expérience à Paris, Marie et Romain se sont lancés dans cette aventure en Bretagne Nord. La façade annonce clairement la couleur ("farine bio bretonne, charcuterie fermière bio, légumes du marché, cidres et vins nature") et les crêpes, gourmandes à souhait, tiennent toutes leurs promesses. Un super plan.

Carte 15/25 €

Plan F2-b – *16 rue de la Herse – ✆ 02 23 17 56 79 – Fermé lundi, dimanche*

La Maison des Armateurs

URBAIN · ÉLÉGANT Au cœur de St-Malo, un hôtel contemporain dont les chambres sont baptisées – selon leur taille – Matelot, Major, Lieutenant, Capitaine ou Amiral : choisissez bien votre grade avant d'embarquer à bord pour une ou plusieurs nuits ! Un établissement chaleureux et accueillant.

39 chambres – 84/315 € – 16 € – 6 suites

Plan F1-g – *1 Grand Rue – ✆ 02 99 40 87 70 – www.maisondesarmateurs.com*

St-Malo Est et Paramé Carte régionale n° **7**-D1

Les 7 Mers

CUISINE MODERNE • TENDANCE XXX Sur la plage du Sillon, face à la baie de St-Malo, la salle panoramique donne envie de parcourir les mers... C'est chose faite au cours du repas, où le terroir marin – mais aussi terrestre – est subtilement mis en valeur. Fraîcheur, soin, saveurs : une jolie échappée gastronomique.

Menu 49/79 € – Carte 50/95 €

Plan B2-v – *Le Nouveau Monde, 64 chaussée du Sillon – ✆ 02 99 40 40 00 – www.hotel-le-nouveau-monde.fr*

Ar Iniz

CUISINE FRANÇAISE CRÉATIVE • COSY XX Le chef de cette table malouine se fend d'assiettes appliquées, pétillantes, à base de produits de première fraîcheur ; menu unique à midi, carte plus élaborée le soir, le tout à déguster dans une salle agréable avec vue sur la mer... ou sur la terrasse aux beaux jours.

Menu 24 € (déjeuner), 35/65 € – Carte 40/75 €

Plan C1-b – *8 boulevard Hébert – ✆ 02 99 56 01 19 – www.ariniz.com – Fermé 6-29 janvier, 2-18 novembre, lundi soir, mardi, mercredi*

Le Coude à Coude

CUISINE DU MARCHÉ • CONTEMPORAIN XX Autodidacte mais issu d'une famille de restaurateurs du Mont-Saint-Michel, le chef tient ici une table chaleureuse, pleine de charme avec sa grande salle lumineuse. Sa cuisine n'est pas en reste, aussi raffinée qu'inventive, à découvrir au gré d'une carte courte à midi, plus élaborée le soir.

Carte 27/52 €

Plan C1-a – *79 boulevard de Rochebonne – ✆ 02 99 20 85 52 – www.coudeacoude.fr – Fermé 6-27 janvier, lundi, mardi*

Grand Hôtel des Thermes

THERMAL • CONTEMPORAIN Sur le front de mer, le palace de Saint-Malo a le charme rétro des villégiatures bourgeoises du 19e s. Ses chambres et suites sont très douillettes (classiques ou contemporaines) ; quant à son centre de thalasso (six piscines à l'eau de mer, soins de qualité), il est superbe !

170 chambres – 195/725 € – 25 € – 7 suites

Plan B1-n – *100 boulevard Hebert – ✆ 02 99 40 75 75 – www.le-grand-hotel-des-thermes.fr – Fermé 5-19 janvier*

Le Nouveau Monde

URBAIN • ÉLÉGANT Face à l'Océan, cet établissement conjugue beaux espaces, confort et élégance contemporaine. Pour tenter d'apercevoir le Nouveau Monde, préférez une chambre avec vue sur le large ! Agréable espace bien-être.

83 chambres – 170/760 € – 20 €

Plan B2-v – *66 Chaussée du Sillon – ✆ 02 99 40 40 00 – www.hotel-le-nouveau-monde.fr*

Les 7 Mers – Voir la sélection des restaurants

Ar Iniz

URBAIN • PERSONNALISÉ Ar Iniz, ce sont les "petites îles" dans la langue bretonne : voilà qui donne le "la" de ce restaurant installé devant la mer ! La déco joue la carte industrielle et moderne ; les petites chambres ouvrent majoritairement sur le large. Cuisine du marché au restaurant.

22 chambres – 70/175 € – 15 €

Plan C1-b – *8 boulevard Hébert – ✆ 02 99 56 01 19 – www.ariniz.com – Fermé 6-29 janvier*

Ar Iniz – Voir la sélection des restaurants

à St-Servan-sur-Mer Carte régionale n° 7-D1

Le St-Placide (Luc Mobihan)

CUISINE MODERNE · DESIGN XxX En retrait de l'agitation touristique, ce restaurant de poche joue la discrétion. Il abrite le chef Luc Mobihan (quel nom prédestiné pour un Breton !), grand spécialiste des produits iodés et des légumes du terroir, passé au Château de la Chenevière à Port-en-Bessin et à l'Amphitryon de Lorient, où il fut le second de Jean-Paul Abadie. Il concocte une jolie cuisine en prise avec son époque, à l'image de ces langoustines en raviole sur leur écume au parmesan et à la coriandre. Quant à son épouse, Isabelle, elle donne libre cours à son goût pour les arts et ceux de la table, en particulier. Accueil prévenant et belle carte des vins (Loire et Bourgogne).

Spécialités : Ormeaux poêlés, écume d'ail. Pêche du jour, sel fumé au bois de hêtre et jus d'arête. Chocolat noir, caramel et graines de sarrasin, crème anglaise parfumée à la chicorée.

Menu 35 € (déjeuner), 52/112 €

Plan B3-a – *6 place du Poncel – ✆ 02 99 81 70 73 – www.st-placide.com – Fermé 5-29 janvier, 19 mars-1er avril, 15-25 novembre, lundi, mardi, dimanche soir*

Bistrot Solidor

CUISINE TRADITIONNELLE · BISTRO X Une ardoise alléchante qui privilégie les produits de saison, une jolie véranda permettant de profiter d'une vue sur la tour Solidor toute proche, une ambiance conviviale assurée par le truculent patron, le tout tenu avec soin... Cette table présente de solides atouts.

Menu 19 € (déjeuner)/40 €

Plan A3-t – *1 place Saint-Pierre – ✆ 02 99 21 04 87 – www.lebistrotdesolidor.com – Fermé samedi, dimanche*

Bistrot Le Poncel

CUISINE TRADITIONNELLE · BISTRO X Ce restaurant bien connu des Malouins affiche souvent complet ! Il faut dire qu'au menu (le midi) comme à l'ardoise (le soir), fraîcheur des produits, simplicité et saveurs sont au rendez-vous. Le tout à savourer dans un décor résolument bistrot. Un bon moment en perspective...

Menu 27 € (déjeuner)/35 € – Carte 36/53 €

Plan B3-v – *3 place du Poncel – ✆ 02 99 19 57 26 – www.restaurant-bistrot-le-poncel.fr – Fermé 13-26 avril, 19 octobre-1er novembre, 23 décembre-3 janvier, lundi soir, mardi soir, dimanche*

ST-MARCELLIN

✉ 38160 – Isère – Carte régionale n° **3**-E2 – Carte Michelin 333-E7

La Tivollière

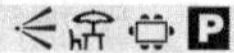

CUISINE MODERNE · COSY XX Aménagé dans un château du 15e s. dominant la ville, ce restaurant dispose d'une belle terrasse donnant sur le Vercors. Au menu, une sympathique cuisine au goût du jour : foie gras de canard cuit au torchon, pain d'épices maison ; suprême de volaille rôti, crémeux de Saint Marcellin... C'est fin, goûteux et servi avec attention !

Menu 25 € (déjeuner), 38/48 € – Carte 40/56 €

Château du Mollard – ✆ 04 76 38 21 17 – www.lativolliere.com – Fermé 2-9 janvier, 20-28 avril, 27 juillet-13 août, lundi, mardi soir, mercredi soir, jeudi soir, dimanche soir

ST-MARTIAL-DE-NABIRAT

✉ 24250 – Dordogne – Carte régionale n° **18**-D2 – Carte Michelin 329-I7

Le St-Martial

CUISINE MODERNE · COSY XX Cette belle maison périgourdine fait la démonstration qu'un zeste de modernité peut magnifier l'authenticité des vieilles pierres ! Derrière les fourneaux, le chef réalise une cuisine en prise avec son époque : asperges vertes de Roques-Hautes et œuf mollet croustillant ; noisettes d'agneau du Lot à l'ail des ours...

Menu 39 € (déjeuner), 54/90 €

Le Bourg – ✆ 05 53 29 18 34 – www.lesaintmartial.com – Fermé 2-6 janvier, 24 février-10 mars, 28 juin-8 juillet, 19-24 décembre, lundi, mardi

ST-MARTIN-DE-BELLEVILLE

✉ 73440 - Savoie - Carte régionale n° **4**-F2 - Carte Michelin 333-M5

✿✿✿ René et Maxime Meilleur

CUISINE CRÉATIVE · RÉGIONAL XXX René, le père, et Maxime, le fils. Meilleurs en duo, Meilleur tout court. Une combinaison d'exception, un yin et yang montagnard qui exprime l'âme d'un terroir et la quintessence d'une passion. Côté yin, une attention scrupuleuse au produit, comme les herbes et baies que René va cueillir au quotidien. Côté yang, la fougue et les inspirations de Maxime. Le résultat, une cuisine "intelligente mais compréhensible". Ici, tout est imaginé en famille, puisque mère, fille, belle-fille et gendre travaillent ensemble en salle et à l'intendance. Sachez enfin que l'on vous accueille aussi pour la nuit : dans un chalet mitoyen, six chambres et suites du dernier chic montagnard vous tendent les bras.

Spécialités : Omble chevalier nacré, badigeonné de génépi, pousses de roquette. Pigeonneau rôti, pommes de terre fondantes, ragoût sur toast, champignons et chénopodes. Le lait dans tous ses états.

Menu 169/335 € - Carte 240/280 €

Hôtel La Bouitte, à St-Marcel - ✆ 04 79 08 96 77 - www.la-bouitte.com - Fermé 27 avril-19 juin, 31 août-11 décembre

Simple et Meilleur Ⓝ

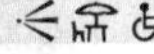

CUISINE SAVOYARDE · RÉGIONAL X Truite au four, fondue de reblochon, charcuteries et fromages de la région, tarte aux myrtilles... les produits savoyards sont à l'honneur dans cette chaleureuse adresse, imaginée par René et Maxime Meilleur, triplement étoilés à la Bouitte. La carte est une ode au terroir, à déguster dans une jolie salle habillée de bois clair, dont les grandes baies vitrées ouvrent sur les massifs. L'hiver, on y accède ski aux pieds... Tapas au rez de chaussée.

Spécialités : Truite confite, beurre de sapin. Fondue de reblochon cuit dans du pain, pommes de terre et lard. Île flottante, caramel beurre salé.

Menu 34 € - Carte 36/58 €

Hôtel La Bouitte, Place Notre-Dame, quartier de Caseblanche - ✆ 04 86 80 02 91 - www.simple-meilleur.com - Fermé 27 avril-19 juin, 31 août-4 décembre

Le Grenier

CUISINE TRADITIONNELLE · RUSTIQUE X Voilà une adresse qui n'est pas à remiser au grenier ! Dans la salle sous charpente, le décor, un brin rustique, colle à merveille avec les cocottes généreuses du chef. Terrasse en front de neige.

Menu 32 € - Carte 42/59 €

Saint-Martin, rue des Grangeraies - ✆ 04 79 00 88 00 - www.hotel-stmartin.com - Fermé 31 mars-21 décembre

La Bouitte

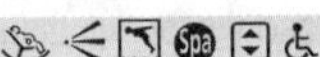

LUXE · MONTAGNARD Si vous avez fait la route pour profiter de l'excellence culinaire de la Bouitte, sachez que l'on vous y accueille aussi pour la nuit. Plusieurs chalets, huit chambres et sept suites du dernier chic montagnard vous attendent. Un véritable cocon !

8 chambres - 300/525 € - 39 € - 7 suites

La Bouitte, à St-Marcel - ✆ 04 79 08 96 77 - www.la-bouitte.com - Fermé 27 avril-19 juin, 31 août-11 décembre

✿✿✿ **René et Maxime Meilleur** · **Simple et Meilleur** - Voir la sélection des restaurants

Saint-Martin

TRADITIONNEL · CONTEMPORAIN Sur les hauteurs de ce village de montagne, un plaisant chalet au toit de lauzes, à deux pas des pistes. Les chambres, d'esprit contemporain, jouissent pour la plupart d'un balcon. Restauration traditionnelle.

20 chambres - 310/470 € - 7 suites

rue des Grangeraies - ✆ 04 79 00 88 00 - www.hotel-stmartin.com - Fermé 14 avril-19 décembre

Le Grenier - Voir la sélection des restaurants

ST-MARTIN-DE-LONDRES

✉ 34380 - Hérault - Carte régionale n° **21**-C2 - Carte Michelin 339-H6

L'Accent du Soleil

CUISINE CLASSIQUE · ÉLÉGANT XX Ancien chef du Château de Mercuès, dans le Lot, Philippe Combet sert ici une bonne cuisine de saison, qui met en valeur les produits de la région. Menu truffe ou asperges, agneau du Quercy... le tout servi en salle par son épouse avec gentillesse et professionnalisme.

Menu 42/73 €

19 route des Cévennes - ✆ 04 67 55 23 10 - www.laccentdusoleil.fr - Fermé lundi, mardi, dimanche soir

ST-MARTIN-DE-RÉ - Charente-Maritime (17) ➜ Voir Île de Ré

ST-MARTIN-DU-FAULT - Haute-Vienne (87) ➜ Voir Limoges

ST-MARTIN-DU-TERTRE - Yonne (89) ➜ Voir Sens

ST-MARTIN-DU-TOUCH - Haute-Garonne (31) ➜ Voir Toulouse

ST-MARTIN-SUR-LA-CHAMBRE

✉ 73130 - Savoie - Carte régionale n° **4**-F2 - Carte Michelin 333-K5

Le Clocher des Pères (Pierre Troccaz)

CUISINE CRÉATIVE · CONVIVIAL XX Perchée à 600 m d'altitude, cette maison logée dans une ancienne tour de guet toise la chaîne de Belledonne, dont le Clocher des Pères. Au cœur du village, c'est un lieu plein de cachet pour une cuisine séduisante, œuvre d'un couple discret et passionné, Éloïse et Pierre Troccaz. Ce chef, qui s'est construit patiemment à l'écart des voies toutes tracées, signe une cuisine fine et créative, ennemie de la routine et en partie improvisée grâce au retour du marché. Il multiplie aussi les clins d'œil à la tradition et aux produits savoyards - millefeuille de truite, homard et diot (saucisse), omble et crème de beaufort, biscuit de Savoie et myrtilles. Accueil charmant proche du client, jolies chambres pour la nuit.

Spécialités : Cuisine du marché.

Menu 50/80 €

Le Mollard - ✆ 04 79 59 98 06 - www.leclocherdesperes.com - Fermé 1er-15 janvier, 19 avril-7 mai, 20 octobre-7 novembre, lundi midi, mardi, mercredi, jeudi midi, vendredi midi

ST-MAURICE-DE-SATONNAY

✉ 71260 - Saône-et-Loire - Carte régionale n° **5**-C3 - Carte Michelin 320-I11

Auberge des Grenouillats

CUISINE TRADITIONNELLE · BISTRO X Face à l'église, une jolie bâtisse en pierre apparente, avec sa terrasse à l'ombre des platanes... voici comment se présente ce bistrot centenaire, tenu aujourd'hui par un couple sympathique et travailleur. Au menu : une cuisine généreuse et sans fioritures.

Menu 27 € - Carte 35/44 €

Le Bourg - ✆ 03 85 33 40 50 - les-grenouillats-bourgogne.fr - Fermé mardi soir, mercredi, dimanche soir

ST-MAXIMIN-LA-STE-BAUME

✉ 83470 - Var - Carte régionale n° **24**-B3 - Carte Michelin 340-K5

La Table de Bruno

CUISINE MODERNE · ÉPURÉ XX Après avoir fait les beaux jours de maisons provençales de qualité, Bruno Gazagnaire a créé cette table avec son épouse, elle-même pâtissière. Fleurs de courgettes farcies et risotto Arborio aux champignons de saison, etc. : la carte cultive avec délicatesse les codes de la gastronomie d'aujourd'hui.

Menu 28 € (déjeuner)/50 €

2 avenue Maréchal-Foch - ✆ 04 94 80 50 39 - Fermé lundi, dimanche soir

ST-MÉDARD

✉ 46150 - Lot - Carte régionale n° **22**-B1 - Carte Michelin 337-D4

✿ Le Gindreau (Pascal Bardet)

CUISINE CRÉATIVE · ÉLÉGANT XXX C'est un petit village surplombant les coteaux. Une ancienne école de village s'est réinventée en restaurant. Bienvenue au Gindreau, à Saint-Médard. Le chef Pascal Bardet, natif du Lot et ancien d'Alain Ducasse pendant 18 ans – notamment au Louis XV –, s'épanouit derrière les pianos. "En cuisine, rien n'est figé", glisse ce timide plein d'assurance. De fait, il met bien en valeur les produits du terroir – comme la truffe, en saison, dont il est un spécialiste. Installez-vous en terrasse sous les marronniers, et profitez du coucher de soleil sur le Lot...

Spécialités : Truite marinée aux feuilles de moutarde et de roquette, bavaroise d'anguille et de sandre acidulée. Suprême de caille fermière et foie gras mijotés aux truffes, lentilles en vinaigrette tiède. Craquelin de framboises et de groseilles, parfait au fromage blanc vanillé.

Menu 42€ (déjeuner), 65/159€

Le bourg - ✆ 05 65 36 22 27 - www.legindreau.com - Fermé 13-28 avril, 19 octobre-17 novembre, lundi, mardi, dimanche soir

ST-MICHEL-MONT-MERCURE

✉ 85700 - Vendée - Carte régionale n° **23**-B3 - Carte Michelin 316-K7

Château de la Flocellière

DEMEURE HISTORIQUE · CLASSIQUE Les origines de ce superbe château remontent au Moyen Âge : de quoi se rêver preux chevalier ou gente dame ! Les chambres charmantes, parées de tableaux et antiquités, donnent sur le magnifique parc de 30 hectares, ses jardins et ses étangs. Insolite et historique : un séjour de choix.

5 chambres - 160/235€

30 rue du Château - ✆ 02 51 57 22 03 - www.chateaudelaflocelliere.com - Fermé 2 janvier-31 mars

ST-NAZAIRE

✉ 44600 - Loire-Atlantique - Carte régionale n° **23**-A2 - Carte Michelin 316-C4

Le Sabayon

CUISINE TRADITIONNELLE · DE QUARTIER X Sur une rue semi-piétonne, cette petite adresse familiale propose, dans un décor tout simple, une cuisine respectueuse de la tradition (préparations maison, produits frais).

Menu 22/50€ - Carte 30/60€

7 rue de la Paix - ✆ 02 40 01 88 21 - Fermé 21 février-2 mars, 2-24 août, lundi, dimanche

Le Skipper

CUISINE MODERNE · ÉLÉGANT X Situé face à une ancienne base sous-marine transformée en centre culturel, ce Skipper, imaginé par un ex-footballeur du FC Nantes, propose une cuisine particulièrement soignée et gourmande. Le chef, ancien du Fort de l'Océan (au Croisic), laisse voguer son inspiration, au gré des saisons. Le tout dans un cadre moderne.

Menu 35€ - Carte 39/57€

1 avenue René-Coty - ✆ 02 40 22 20 03 - www.le-skipper.com - Fermé 24 décembre-2 janvier, samedi midi, dimanche

ST-NEXANS - Dordogne (24) → Voir Bergerac

ST-OMER

✉ 62500 – Pas-de-Calais – Carte régionale n° **14**–B2 – Carte Michelin 301-G3

à Tilques 10 km au Sud par D943 et rte secondaire – Carte régionale n° **13**–B2

Château Tilques

CUISINE MODERNE • ÉLÉGANT XX Les anciennes écuries du château de Tilques vous tendent les bras ! Si l'antique cheminée est toujours à sa place (on y prépare des grillades et autres plats mijotés), le reste du décor a bénéficié d'un beau coup de jeune : murs blanc et bleu, mobilier moderne... Service agréable.

Menu 25 € (déjeuner), 35/55 € – Carte 30/60 €

rue du Château – ✆ 03 21 88 99 99 – www.tilques.najeti.fr

Château Tilques

DEMEURE HISTORIQUE • CLASSIQUE Ne soyez pas surpris de voir des paons se promener dans le parc de ce château du 19e s. ! Quiétude et nature sont les maîtres mots de cette adresse à deux pas du parc naturel des Caps et Marais d'Opale. Tentures fleuries et meubles de style dans les chambres ; décoration plus contemporaine dans l'annexe.

52 chambres – 114/210 € – 16 €

rue du Château – ✆ 03 21 88 99 99 – www.tilques.najeti.fr

Château Tilques – Voir la sélection des restaurants

ST-OUEN – Seine-Saint-Denis (93) → Voir Autour de Paris

ST-OUEN-LES-VIGNES – Indre-et-Loire (37) → Voir Amboise

ST-PAIR-SUR-MER – Manche (50) → Voir Granville

ST-PALAIS-SUR-MER – Charente-Maritime (17) → Voir Royan

ST-PATERNE – Sarthe (72) → Voir Alençon

ST-PATRICE-COTEAU SUR LOIRE – Indre-et-Loire (37) → Voir Langeais

ST-PAUL-DE-VENCE

✉ 06570 – Alpes-Maritimes – Carte régionale n° **25**–E2 – Carte Michelin 341-D5

Au Jardin de la Vague

CUISINE MODERNE • DESIGN XX Côté jardin, la grande salle lumineuse et contemporaine, encadrée de baies vitrées, accueille la table de l'hôtel. La courte carte alléchante se base sur de bons produits frais, avec quelques touches asiatiques par endroits ; elle s'accompagne d'une jolie carte des vins.

Menu 29 € (déjeuner), 49/69 € – Carte 50/70 €

La Vague de St-Paul, chemin des Salettes – ✆ 04 92 11 20 00 – www.vaguesaintpaul.com – Fermé 15 novembre-3 avril

Le Saint-Paul

LUXE • ÉLÉGANT Belles pierres, fresques champêtres, fontaine, chambres au charme feutré... Voilà le décor élégant de cette demeure provençale du 16e s. perchée dans le village médiéval.

13 chambres – 250/580 € – 29 € – 3 suites

86 rue Grande (au village) – ✆ 04 93 32 65 25 – www.lesaintpaul.com – Fermé 3 novembre-3 avril

La Colombe d'Or

AUBERGE • VINTAGE Cet hôtel-restaurant est un vrai musée ! Il abrite une superbe collection de peintures et de sculptures d'artistes ayant séjourné ici, tels Braque, Léger, Ben... Cadre "vieille Provence" et chambres au décor rustique, terrasse ombragée, et magnifique piscine en pâte de verre.

13 chambres – 280/370 € – 18 € – 11 suites

place Charles-de-Gaulle –
04 93 32 80 02 – www.la-colombe-dor.com –
Fermé 6-17 janvier, 19 octobre-19 décembre

La Vague de St-Paul

BUSINESS • CONTEMPORAIN Cette construction en forme de vague, conçue par André Minangoy dans les années 1970, laisse d'abord perplexe, puis séduit. À l'intérieur, grand hall lumineux très "seventies" ; belles chambres épurées et rehaussées de couleurs vives. Plaisant !

46 chambres – 110/210 € – 20 € – 4 suites

chemin des Salettes – 04 92 11 20 00 – www.vaguesaintpaul.com –
Fermé 2 janvier-15 mars

Au Jardin de la Vague – Voir la sélection des restaurants

ST-PAUL-EN-JAREZ – Loire (42) → Voir St-Chamond

ST-PAUL-LÈS-DAX – Landes (40) → Voir Dax

ST-PÉE-SUR-NIVELLE

64310 – Pyrénées-Atlantiques – Carte régionale n° **18**-A3 – Carte Michelin 342-C4

L'Auberge Basque (Cédric Béchade)

CUISINE CRÉATIVE • ÉLÉGANT XX Tout près de Saint-Jean-de-Luz et de la côte, cette ancienne ferme basque abrite une aile contemporaine, ouverte sur la Rhune et la campagne. C'est ici, en plein cœur du Pays basque, que Cédric Béchade et son épouse Marion ont posé leurs valises. Lui est loin d'être un inconnu dans le monde des gastronomes : ancien second de Jean-François Piège au Plaza Athénée, formé à Biarritz à l'Hôtel du Palais sous la férule de Jean-Marie Gauthier, il a fréquenté les cuisines de l'Hostellerie de Plaisance après le départ d'un certain... Philippe Etchebest. En cuisine, ce créatif met en avant des produits basques de belle qualité, travaillés avec tout le soin qu'ils méritent ! Sans oublier, bien sûr, l'incontournable brunch du dimanche.

Spécialités : Piperade aux piments doux. Marmitako de thon rouge de ligne. Fraise perdue entre noisette et manzanilla.

Menu 46 € (déjeuner), 84/118 € – Carte 76/85 €

745 vieille route de St-Pée - quartier Helbarron –
05 59 51 70 00 – www.aubergebasque.com –
Fermé 17 février-15 mars, 15-25 décembre, lundi, mardi midi

Ttotta

CUISINE MODERNE • CONTEMPORAIN X Sur la route de St-Jean-de-Luz, ce sympathique restaurant fait honneur au Pays basque ! Dans un décor contemporain, on déguste une cuisine du terroir avec de beaux produits du marché. Mention spéciale pour la viande et la charcuterie locales. Le tout accompagné de vins du Sud-Ouest. Une bonne adresse.

Spécialités : Piquillos farcis au maïs, gaspacho de concombre et olives. Épaule d'agneau confite, haricots tarbais et jambon de Bayonne. Parfait glacé à l'Izarra verte, gingembre confit et meringue à l'anis vert.

Menu 15 € (déjeuner)/28 € – Carte 33/47 €

Espace Ibarrondoan – 05 59 47 03 55 – www.ttotta.fr – Fermé 23 février-12 mars, 27 octobre-14 novembre, mardi soir, mercredi

L'Auberge Basque

BOUTIQUE HÔTEL · CONTEMPORAIN Non contente de réjouir nos papilles, L'Auberge Basque nous assure aussi des nuits douillettes : ses chambres se révèlent élégantes et décorées avec soin – lignées épurées, parquet ancien, etc. Petit-déjeuner locavore : brioche de St-Pée, gâteau basque maison...

12 chambres – 180/250 € – 2 suites

6477 vieille route de Saint-Pée – 05 59 51 70 00 – www.aubergebasque.com

L'Auberge Basque – Voir la sélection des restaurants

ST-PERAY

07130 – Ardèche – Carte régionale n° **3**-E2 – Carte Michelin 331-L4

La Ruche

CUISINE MODERNE · TENDANCE Au pays de la Marsanne et de la Roussanne (les deux cépages du Saint-Péray blanc), un bistrot contemporain comme on les aime ! Au menu, on découvre une cuisine bistronomique goûteuse et soignée, rythmée par les saisons, avec une belle carte des vins de côtes-du-Rhône septentrionaux. Réservation indispensable.

Spécialités : Terrine de veau, volaille et cochon, mayonnaise fumée. Filet de rascasse, beurre blanc aux fanes de légumes. Fraise, meringue, thé matcha.

Menu 24 € (déjeuner)/35 €

13 quai du Docteur-Jules-Bouvat – 09 82 40 44 38 – www.laruche-saintperay.com – Fermé lundi, dimanche

Auberge de Crussol

GRILLADES · AUBERGE Située sur les hauteurs de Saint-Péray, à deux minutes des ruines du château de Crussol, cette ancienne bergerie propose désormais une cuisine de terroir ardéchoise. Viandes, poissons et légumes sont cuits au feu de bois, ou dans une grande rôtissoire. Amateurs de burgers, réjouissez-vous : l'un des employés a été élu champion de France du burger en 2019. Une adresse chaleureuse.

Menu 19 € (déjeuner), 26/32 € – Carte 26/40 €

Chemin de Beauregard (quartier de Crussol) – 04 75 40 47 65 – https://aubergedecrussol.com/ – Fermé 23 décembre-5 janvier

ST-PIERRE-DE-JARDS

36260 – Indre – Carte régionale n° **8**-C3 – Carte Michelin 323-H4

Les Saisons Gourmandes

CUISINE TRADITIONNELLE · RUSTIQUE Avec ses poutres peintes en "bleu berrichon", l'endroit est éminemment sympathique et la gourmandise y est au rendez-vous, sous l'égide du chef qui puise son inspiration dans la tradition et les beaux produits... ainsi ce foie gras poché au Reuilly ou ce pigeon cuit au foin. Aux beaux jours, réservez une table en terrasse.

Menu 24 € (déjeuner), 29/49 € – Carte 31/49 €

place des Tilleuls – 02 54 49 37 67 – www.lessaisonsgourmandes.fr – Fermé 2-9 janvier, 20-30 octobre, lundi, mardi soir, mercredi soir, dimanche soir

ST-PIERRE-D'OLÉRON

– Charente-Maritime (17) → Voir Île d'Oléron

ST-POL-DE-LÉON

29250 – Finistère – Carte régionale n° **7**-B1 – Carte Michelin 308-H2

La Pomme d'Api (Jérémie Le Calvez)

CUISINE CRÉATIVE • RUSTIQUE XXX Le restaurant de Jérémie Le Calvez a pris ses quartiers d'excellence au Clos Saint Yves, jolie maison en pierre datant du 17e s. La cuisine du chef joue résolument la carte des recettes d'aujourd'hui et de la fraîcheur. Les assiettes, fines et inventives, mettent en valeur les meilleurs produits du terroir breton, le tout au rythme des saisons. On se régale des Saint-Jacques, risotto, épinards, truffe, jus de bardes, ou des langoustines, agrumes, kabu dans la belle salle à manger aux pierres apparentes, qui donne sur un petit jardin. En salle, Jessica donne le tempo. Les charmantes chambres d'hôtes invitent à prolonger le séjour et partir à la découverte de la région. Un jeune couple enthousiaste, pour une partition de haute volée.

Spécialités : Cuisine du marché.

Menu 25 € (déjeuner), 52/112 € – Carte 90/113 €

5 rue St-Yves – ✆ 02 98 69 04 36 – www.lapommedapi.com – Fermé lundi, dimanche soir

ST-PRIEST – Rhône (69) ➜ Voir Lyon

ST-QUENTIN

✉ 02100 – Aisne – Carte régionale n° **14**-C2 – Carte Michelin 306-B3

Auberge de l'Ermitage

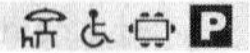

CUISINE TRADITIONNELLE • COSY XX Un "ermitage" un peu à l'écart du centre-ville, à l'atmosphère contemporaine et feutrée. Le patron fait œuvre de tradition avec sérieux ; le filet de bœuf, le cœur de ris de veau et le foie gras de canard sont ses plats signatures.

Menu 23 € (déjeuner), 34/80 €

331 route de Paris – ✆ 03 23 62 42 80 – www.aubergedelermitage.com – Fermé 3-27 août, lundi soir, mardi soir, mercredi, samedi midi, dimanche soir

ST-QUENTIN-DE-CAPLONG

✉ 33220 – Gironde – Carte régionale n° **18**-C1 – Carte Michelin 335-L6

La Girarde

MAISON DE CAMPAGNE • COSY Une belle maison en pierre ayant jadis appartenu à Jean Carrive, l'un des fondateurs du mouvement surréaliste. Nous sommes ici en pleine nature, entre vignobles et forêt ; les chambres, spacieuses et cosy, donnent envie de ne plus repartir... d'autant que la table d'hôte met à l'honneur les petits producteurs de la région !

5 chambres ☕ – 👥 115/130 €

lieu-dit La Girarde – ✆ 05 57 41 02 68 – www.lagirarde.com – Fermé 30 novembre-1er février

ST-QUENTIN-EN-YVELINES – Yvelines (78) ➜ Voir Autour de Paris

ST-QUENTIN-LA-POTERIE – Gard (30) ➜ Voir Uzès

ST-QUENTIN-SUR-LE-HOMME – Manche (50) ➜ Voir Avranches

ST-QUIRIN

✉ 57560 – Moselle – Carte régionale n° **12**-D2 – Carte Michelin 307-N7

Hostellerie du Prieuré

CUISINE TRADITIONNELLE • FAMILIAL XX Dans cet ancien couvent du 18e s., le chef s'en donne à cœur joie avec les produits du terroir (mirabelles, perche de Vasperviller, etc.) ; les portions sont généreuses, et les desserts de Maeva, la fille des patrons, savoureux. Spécialité de la maison : le ballotin de pied de porc, farci au foie gras. Quelques chambres bien pratiques.

Spécialités : Civet d'escargots au vin rouge. Dodine de caille farcie à la mousseline. Chou craquant à la crème, fruits de saison.

Menu 15 € (déjeuner), 34/85 € – Carte 40/70 €

163 rue du Général-de-Gaulle – ✆ 03 87 08 66 52 – www.prieuresaintquirin.com – Fermé 15 février-2 mars, 24-30 août, 17 octobre-2 novembre, mardi soir, mercredi, samedi midi

ST-RAPHAËL

✉ 83700 – Var – Carte régionale n° **24**-C3 – Carte Michelin 340-P5

La Terrasse

CUISINE PROVENÇALE · MÉDITERRANÉEN Un lieu unique et magique au sein d'un hôtel « les pieds dans l'eau » : un roof-top au-dessus de la grande bleue avec en ligne de mire l'île d'Or. La partition gastronomique du chef Joël Bailly s'inspire de la "cuisine provençale de tradition populaire" du poète et félibrige René Jouveau, grand défenseur de la langue et de la culture occitane. Pêche et huile d'olive locales, fromage de brebis et légumes des potagers des environs : voilà l'ordinaire de ce cuisinier qui élabore des recettes modernes, parfois inventives, goûteuses et aux dressages précis. Le végétal et l'iode s'y taillent souvent la part du lion : tartare de loup et petits pois, rouget de roche sur medley de légumes en ratatouille, et, en dessert, une variation sur le citron et le fenouil, pleine de caractère...

Spécialités : Cuisine du marché.

Menu 98/145 €

Les Roches Rouges, 90 boulevard de la 36ème-Division-du-Texas – ✆ 04 89 81 40 60 – www.hotellesrochesrouges.com – Fermé 5 octobre-16 mai, lundi, mardi, le midi

Les Voiles

POISSONS ET FRUITS DE MER · BISTRO Sur le port de plaisance, ce sympathique bistrot de la mer vous propose une traversée gourmande : au menu, une cuisine du marché soignée et parfumée, comme ce généreux carpaccio de saumon, ou ce filet de dorade grise au yuzu et caviar d'aubergines... Embarquez les yeux fermés.

Spécialités : Carpaccio de saumon mariné. Filet de dorade grillé au fenouil. Baba au rhum.

Menu 33/49 €

101 quai Commandant-le-Prieur (au Port de Santa-Lucia - Palais des Congrès) – ✆ 04 94 40 39 15 – Fermé 9 décembre-29 janvier, lundi, mardi

Les Roches Rouges

LUXE · MÉDITERRANÉEN Face à l'île d'Or, un hôtel les pieds dans l'eau. Les chambres aux intérieurs épurés (béton armé et mobilier scandinave) invitent à la méditation. Plus qu'un hôtel, une philosophie. D'ailleurs, pas de télévision : elle empêcherait d'admirer la mer... Loin des ondes, plus près de l'onde.

45 chambres ☕ – 👥 290/840 €

90 boulevard de la 36ème-Division-du-Texas – ✆ 04 89 81 40 60 – www.hotellesrochesrouges.com – Fermé 13 octobre-7 mai

La Terrasse – Voir la sélection des restaurants

Le Touring

URBAIN · ART DÉCO Une belle renaissance pour cet hôtel à la situation idéale, au centre-ville, et décoré avec goût, dans le style Art Déco. Des tableaux d'art contemporain décorent couloirs et chambres, qui donnent toutes (exceptée la plus petite) sur le port de plaisance. Salle de fitness, hammam, et salle de massage. Une réussite.

10 chambres – 👥 170/390 € – ☕ 18 € – 2 suites

1 quai Albert-1er – ✆ 04 94 55 01 50 – www.letouring.fr

à Boulouris 4 km au Sud - Est par D558 - Carte régionale n° **25**-E2

Le Bougainvillier

CUISINE MODERNE • ÉLÉGANT XX Voilà donc Sébastien d'Onghia (ancien d'Il Cortile, à Mulhouse), tout juste arrivé dans le cadre enchanteur de La Villa Mauresque. Le chef propose une carte aux influences méditerranéennes, parfois matinée de clins d'œil aux Pouilles, dont est issue sa famille, et servie dans cette belle villa qui regarde la mer dans les yeux. Excellents produits, saveurs équilibrées et fraîcheur garantie.

Menu 45 € (déjeuner), 85/125 € - Carte 112/126 €

La Villa Mauresque, 1792 route de la Corniche - 04 94 83 02 42 - www.villa-mauresque.com - Fermé 1er janvier-1er mars, lundi, mardi

La Villa Mauresque

LUXE • ÉLÉGANT En bord de mer, cette magnifique villa d'inspiration mauresque - datant de 1881 - ne manque pas d'atouts. Mobilier chiné, bibelots et tableaux orientaux habillent superbement les chambres, toutes différentes et baptisées d'après de grands artistes (Degas, Wilde, Rimbaud...). Une demeure d'exception !

23 chambres - 250/800 € - 5 suites

1792 route de la Corniche - 04 94 83 02 42 - www.villa-mauresque.com - Fermé 1er janvier-1er mars

Le Bougainvillier - Voir la sélection des restaurants

à Valescure 5 km au Nord - Est

Le Jardin de Sébastien

CUISINE PROVENÇALE • ÉLÉGANT XX Près des golfs de Valescure, une villa méditerranéenne cernée par les pins et les mimosas. Le couple charmant qui préside à ses destinées concocte une cuisine aux parfums de Provence : croustillant d'agneau braisé aux aubergines confites, crêpes chaudes au caramel d'orange... À déguster sur la charmante terrasse.

Menu 30/50 €

595 avenue des Golfs - 04 94 44 66 56 - www.jardinsebastien.canalblog.com - Fermé 17 octobre-9 novembre, lundi, mercredi midi, dimanche soir

ST-RÈGLE - Indre-et-Loire (37) ➜ Voir Amboise

ST-RÉMY - Saône-et-Loire (71) ➜ Voir Chalon-sur-Saône

ST-RÉMY - Côte-d'Or (21) ➜ Voir Montbard

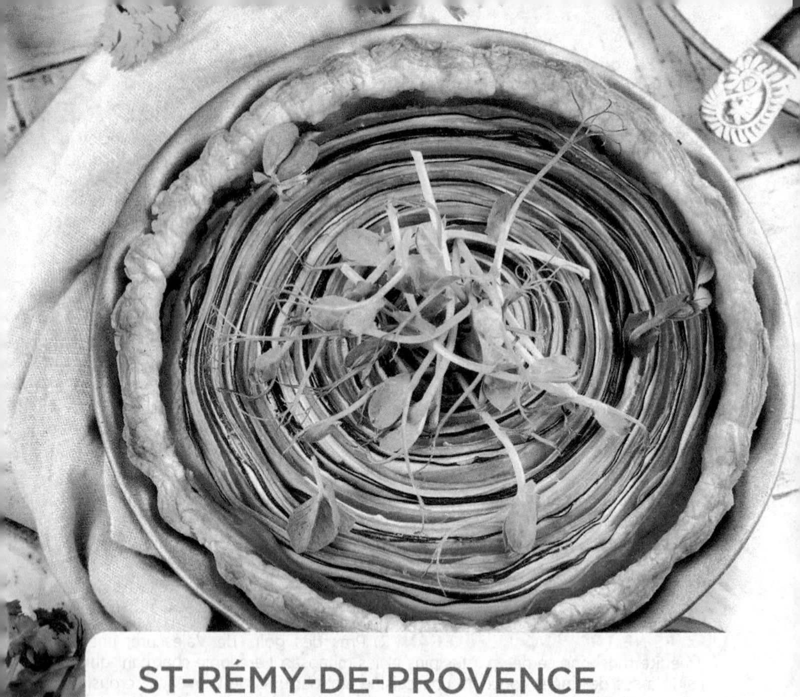

ST-RÉMY-DE-PROVENCE

✉ 13210 – Bouches-du-Rhône – Carte régionale n° **25**–E1 – Carte Michelin 340-D3

On aime...

Au cœur des Alpilles, boulevards ombragés et ruelles de charme, terrasses caressées par le soleil, places ornées de fontaines, senteurs de thym et de romarin... Tout, dans ce village, invite à profiter du moment présent. Très touristique, le lieu a quand même conservé d'authentiques artisans de bouche. À la confiserie le Petit Duc, on célèbre les recettes anciennes (nougats, calissons, croquants aux amandes). Confiseur familial depuis 1886, Lilamand a conservé ses procédés artisanaux de fabrication de fruits confits. Quant au chocolatier Joël Durand, il demeure l'un des meilleurs de la région, célébré pour son alphabet tout chocolat et ses ganaches mémorables. Le marché reflète à merveille le terroir local : vous y trouverez les fromages de chèvre des Alpilles, fabriqués aux portes de la ville, mais aussi les légumes et les fruits de producteurs locaux, de l'huile d'olive et des miels. La Provence comme on l'aime.

Sarsmis/iStock

Restaurants

Restaurant de Tourrel

CUISINE MODERNE • CHIC C'est entre les murs de ce magnifique hôtel particulier que Charles Gounod fit entendre les premières mesures de son opéra Mireille à l'écrivain provençal Frédéric Mistral, auteur du livret... Aujourd'hui, au rez-de-chaussée, on vient goûter la partition méditerranéenne d'un jeune chef marseillais, Jérémy Scalia, ancien protégé de Lionel Lévy, également passé au Bristol. Notre palais chante et s'enchante des mélodies fraîches et savoureuses de ce jeune ténor. Dans une ambiance joliment rétro, avec quelques touches Art déco, il glorifie les produits de la région : tomates de Provence de pleine terre, rouget en bouillabaisse, agneau de la Crau et mêmes sardines au barbecue. Aucun air ne lui fait peur !

Spécialités : Sardine au barbecue, poireau fumé et jus vert à l'ail des ours. Agneau de la Crau, anchois, ail, oignon et cébettes. Abricot confit, pesto à l'estragon, amandes et épeautre soufflé.

Menu 70/120 €

Plan A1-c – *Hôtel de Tourrel, 5 rue Carnot – ✆ 04 84 35 07 20 – www.detourrel.com – Fermé 1er novembre-15 mars, lundi, dimanche, le midi*

Fanny Rey & Jonathan Wahid

CUISINE MODERNE • ÉLÉGANT Fanny Rey, finaliste de Top Chef 2011, est aux fourneaux de cette vénérable Auberge (et ancien relais de diligence) qui s'abrite derrière un portail discret du boulevard circulaire. Derrière, on découvre une cour avec sa fontaine design et ses ombrelles en suspension – tout un chic contemporain pour une belle soirée d'été. Aux fourneaux, la cheffe décline une savoureuse cuisine du marché, se jouant des terroirs et des influences, de la Méditerranée à la Bretagne. À ses côtés, on trouve nul autre que... Jonathan Wahid, son compagnon (et frère de Sylvestre, brillant chef parisien), pâtissier émérite et ancien champion de France du dessert. Un duo de choc, complice et serein, dont les belles combinaisons de saveurs pétillent !

Spécialités : Moules, maïs et caviar. Agneau rôti à l'ail rose, ratatouille. Éternel craquant au caramel.

Menu 75 € (déjeuner), 110/170 €

Plan B1-d – *12 boulevard Mirabeau – ✆ 04 90 92 15 33 – www.aubergesaintremy.com – Fermé 27 janvier-2 avril, lundi, dimanche*

Le Vallon de Valrugues

CUISINE MODERNE • ÉLÉGANT Une table d'une certaine élégance (cheminée monumentale, tables rondes) dont le chef, entouré d'une équipe motivée, propose une cuisine classique, mâtinée de modernité. Formule bistronomique au déjeuner ; agréable terrasse en saison.

Menu 39 € (déjeuner), 75/95 € – Carte 86/108 €

Hors plan – *Le Vallon de Valrugues & Spa, chemin Canto-Cigalo – ✆ 04 90 92 04 40 – www.vallondevalrugues.com*

Hôtels

Le Château des Alpilles

DEMEURE HISTORIQUE • PERSONNALISÉ Superbe demeure du 19es. décorée avec goût, dans un parc aux platanes centenaires. Chambres classiques au château, contemporaines dans les annexes : mas, lavoir, chapelle... Impossible de ne pas trouver son bonheur !

18 chambres – 230/490 € – 28 € – 2 suites

Hors plan – *Route du Rougadou – ✆ 04 90 92 03 33 – www.chateaudesalpilles.com – Fermé 6 janvier-14 mars*

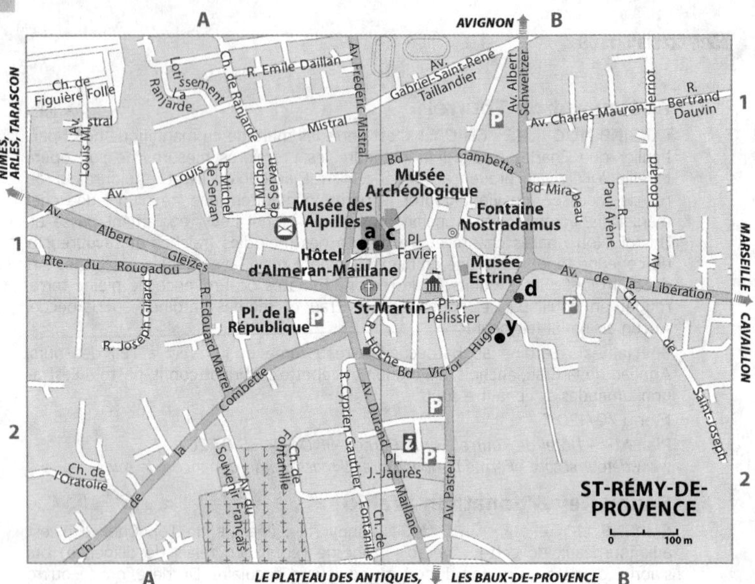

Hôtel de Tourrel

LUXE • DESIGN Ce superbe hôtel particulier du 17e s., au confort raffiné, possède l'élégance d'un palace. Le luxe discret des chambres dissimule toujours un atout – ici, une charpente apparente, là, une vue sur les toits... Exceptionnel, tout simplement.

9 chambres – 250/690 € – 22 €

Plan A1-a – *5 rue Carnot* – *04 84 35 07 20* – *www.detourrel.com* – *Fermé 1er novembre-15 mars*

Restaurant de Tourrel – Voir la sélection des restaurants

Hôtel de l'Image

BOUTIQUE HÔTEL Joli destin que celui de cet ancien cinéma et music-hall métamorphosé en hôtel design ! Les chambres, aux lignes épurées, disposent pour la moitié d'une terrasse. À noter : une originale suite-cabane dans un arbre et un amusant labyrinthe dans le parc.

25 chambres – 190/350 € – 19 € – 7 suites

Plan B2-y – *36 boulevard Victor-Hugo* – *04 90 92 51 50* – *www.hoteldelimage.com*

au Domaine de Bournissac 9 km à l'Est par D99, D30 et D29

La Maison de Bournissac

CUISINE MÉDITERRANÉENNE • ÉLÉGANT XX Pour déguster une cuisine du Sud dans le calme de la campagne provençale, loin de tout... Les sens en éveil – sous les figuiers l'été –, on profite de saveurs méridionales : bouillabaisse le vendredi, homard le dimanche...

Menu 39 € (déjeuner), 55/92 € – Carte 87/110 €

Hors plan – *Montée d'Eyragues* – *04 90 90 25 25* – *www.lamaison-a-bournissac.com* – *Fermé lundi, mardi, dimanche soir*

à Eyragues 6, 5 km au Nord par D571

Le Pré Gourmand

CUISINE MODERNE · ÉLÉGANT XX Raviole végétale de homard fumé au foin ; volaille en viennoise de céréales, barbajuan de cuisse et cucurbitacées : voici deux exemples de ce qui se déguste dans cette sympathique adresse, située à la sortie du village. Et au bout du pré recouvert de fleurs, quelques jolies chambres vous attendent...

Menu 32 € (déjeuner), 48/75 € - Carte 62/72 €

Hors plan *- 175 avenue Max-Dormoy - ✆ 04 90 94 52 63 - www.restaurant-lepregourmand.com - Fermé lundi, samedi midi, dimanche soir*

à Maillane 7 km au Nord - Ouest par D5 - Carte régionale n° **25**-E1

L'Oustalet Maïanen

CUISINE PROVENÇALE · COSY XX Le chef de cette maison, Christian Garino, est un vrai passionné qui prend lui-même les commandes et fait parfois le service... Ici, on ne triche pas ! Sous la tonnelle de vigne vierge ou dans le patio, les Mireille d'aujourd'hui savourent ses créations gorgées de soleil, qui font la part belle aux produits régionaux.

Spécialités : Fricot d'aubergines, céleri, brousse et sirop de tomate. Merlu de ligne rôti, pommes de terre bouchon, fenouil et sauce pistouli. Sablé citron-fraise-ricotta.

Menu 34/58 € - Carte 44/58 €

Hors plan *- 16 avenue Lamartine - ✆ 04 90 95 74 60 - www.restaurant-saint-remy-de-provence.fr - Fermé 29 novembre-5 mars, lundi, mardi, dimanche soir*

ST-ROGATIEN - Charente-Maritime (17) ➜ Voir la Rochelle

ST-ROMAIN-DE-COLBOSC

✉ 76430 - Seine-Maritime - Carte régionale n° **17**-C1 - Carte Michelin 304-C4

Juste à Côté Ⓝ

CUISINE TRADITIONNELLE · BISTRO X N'hésitez pas à franchir la porte de cet ancien « routier » transformé en bistrot convivial par le chef Olivier Foulon, épaulé en salle par son épouse Amandine. Sa cuisine bistronomique, rythmée par les saisons et les produits des maraîchers des environs, fait aussi la part belle aux poissons de la criée du Havre. Une adresse sérieuse.

Menu 14 € (déjeuner), 24/39 € - Carte 40/50 €

18 avenue du Maréchal-de-Lattre-de-Tassigny - ✆ 02 35 20 15 09 - Fermé 15 février-1er mars, 3-24 août, 19-27 décembre, samedi, dimanche

ST-ROMANS

✉ 38160 - Isère - Carte régionale n° **3**-E2 - Carte Michelin 333-E7

Au Romans du Vercors

CUISINE MODERNE · SIMPLE X Le cadre, simple, met en valeur des recettes de saison, goûteuses et travaillées – en témoignent l'intrusion d'herbes, de fleurs, d'épices lointaines ou de légumes (vraiment) oubliés tels l'héliantis, lointain cousin du topinambour, artisan d'une judicieuse association, autour d'un filet de canette et noix.

Menu 25 € (déjeuner), 37/80 € - Carte 54/69 €

321 Grande Rue - ✆ 04 76 64 75 95 - www.restaurant-roman-du-vercors.com - Fermé 21-28 avril, 11-26 août, mardi, mercredi, dimanche soir

ST-SATURNIN-LÈS-APT

84490 - Vaucluse - Carte régionale n° **25**-E1 - Carte Michelin 332-F10

Domaine des Andéols

LUXE · DESIGN Comment résumer un tel endroit ? L'environnement magnifique (un grand parc entouré de champs de lavande et de palmiers), les "junior suites" installées dans de petites maisons et décorées à la mode contemporaine, mais aussi le Platane, un bistrot niché à l'ombre d'un impressionnant platane multicentenaire... Saisissant !

16 suites - 349/1250 € - 19 € - 3 chambres

D2 - 04 90 75 50 63 - www.andeols.com - Fermé 31 décembre-1er mars

ST-SAVIN

38300 - Isère - Carte régionale n° **2**-B2 - Carte Michelin 333-E4

Les 3 Faisans

CUISINE MODERNE · CONVIVIAL XX Aux pieds des vignes, ce restaurant abrite deux petites salles chaleureuses ; on peut aussi s'installer sur la terrasse ombragée, pendant que mijotent les délicieux plats imaginés par le chef – œuf poché, crème de pomme de terre et coppa, magret d'oie au gingembre confit... Jolie carte des vins qui compte environ 200 références.

Spécialités : Œuf parfait de la ferme d'à côté, crème d'oignon doux et lard de Colonnata. Mousseline de truite, risotto de pommes de terre. Abricots, verveine du jardin, crème glacée praline rose.

Menu 32/60 € - Carte 45/65 €

330 rue des Auberges - 04 74 28 92 57 - www.les3faisans.fr - Fermé 15 juillet-1er août, 21 octobre-5 novembre, mardi, mercredi, dimanche soir

ST-SAVIN - Hautes-Pyrénées (65) → Voir Argelès-Gazost

ST-SERNIN-DU-BOIS - Saône-et-Loire (71) → Voir le Creusot

ST-SERVAN-SUR-MER - Ille-et-Vilaine (35) → Voir St-Malo

ST-SULPICE-LE-VERDON

85260 - Vendée - Carte régionale n° **23**-B3 - Carte Michelin 316-H6

Thierry Drapeau

CUISINE CRÉATIVE · ÉLÉGANT XXX En mars 1796, Charette était arrêté dans cette commune par les troupes républicaines, ce qui marqua la fin du soulèvement de la Vendée... Dans ces lieux porteurs du tumulte de l'histoire, Thierry Drapeau nous invite à une réconciliation par les papilles. Il met son sens de l'invention au service des saveurs : ainsi ces sardines de Saint-Gilles-Croix-de-Vie marinées au citron vert, ou encore ce lotillon rôti au beurre frais, pommes de terre fondantes, épinards et émulsion au chorizo... Une cuisine élaborée finement, parfois même complexe, qui témoigne du travail minutieux d'un très bon artisan. N'oublions pas, côté vins, une sélection très aboutie, qui accompagne notre repas de superbe façon.

Spécialités : Asperge blanche de Loire, jambon vendéen et mâche nantaise. Filet de canard de Challans, crème citron-pruneau au vin, navet et jus court. Fraîcheur chocolat carotte, cake au cumin et émulsion aigre douce.

Menu 58 € (déjeuner), 78/108 € - Carte 100/150 €

Le Logis de la Chabotterie - 02 51 09 59 31 - www.thierry-drapeau.fr - Fermé lundi, mardi, dimanche soir

Thierry Drapeau

LUXE · CONTEMPORAIN En pleine campagne, cette bâtisse toute de bois vêtue semble ne vouloir faire qu'un avec la nature. Les chambres, très confortables, à l'agréable décor contemporain et au grand calme, donnent sur la verdure ; pour se détendre, on se rend à l'espace bien-être avec sauna et jacuzzi. Un parfait complément à la table gastronomique de Thierry Drapeau.

14 chambres - 120/280 € - 28 €

Le Logis de la Chabotterie - 02 51 40 00 03 - www.thierry-drapeau.com

Thierry Drapeau - Voir la sélection des restaurants

ST-SYLVESTRE-SUR-LOT - Lot-et-Garonne (47) ➜ Voir Villeneuve-sur-Lot

ST-TROJAN-LES-BAINS - Charente-Maritime (17) ➜ Voir Île d'Oléron

ST-TROPEZ

✉ 83990 - Var - Carte régionale n° **24**-C3 - Carte Michelin 340-O6

✿✿✿ La Vague d'Or - Cheval Blanc St-Tropez

CUISINE CRÉATIVE • LUXE XXXX Originaire de Normandie, Arnaud Donckele a trouvé à St-Tropez un cadre enchanteur - un hôtel sous les pins, face à la mer. Sa Vague d'Or promet chaque jour à ses clients une expérience exceptionnelle ! L'assiette, en premier lieu, vaut bien des superlatifs. Avec les meilleurs produits (légumes du potager, poissons et crustacés), Donckele rend un magnifique hommage à ces contrées ensoleillées. Accords de saveurs enivrants, jus et sauces parfaits, travail méticuleux sur les textures... Comment rester insensible devant tant d'inspiration et d'exigence ? On peut citer ce désormais classique tourton de légumes de Provence et sa langouste de Méditerranée, l'un des plats favoris du chef, où toute sa philosophie de cuisinier s'exprime librement. Si, avec cela, cette Vague d'Or n'emporte pas tout sur son passage...

Spécialités : La borgne contemporaine. Saint-pierre cuit en immersion d'haliotis de la lagune de Thau, poireau crayon et oignon rouge. Accord autour de l'abricot, de l'amande et du thym serpolet.

Menu 300/380 € - Carte 240/320 €

Hors plan - *Cheval Blanc St-Tropez, plage de la Bouillabaisse -*
✆ 04 94 55 91 00 - www.chevalblanc.com -
Fermé 3 octobre-13 mai, mercredi et le midi

L'Olivier

CUISINE MODERNE • ROMANTIQUE XXX Le Sud prend ses aises dans le cadre feutré de l'hôtel La Bastide... De beaux produits nobles (denti sauvage, homard bleu) sont mis à l'honneur dans des préparations équilibrées : chaque saveur est à la bonne place. A noter aussi, le Bistr'o, pour une cuisine méditerranéenne plus simple, mais tout aussi goûteuse.

Menu 80/125 € - Carte 60/85 €

Hors plan – *La Bastide de St-Tropez, 25 route des Carles – ✆ 04 94 55 82 55 – www.bastidesaint-tropez.com – Fermé 1er janvier-14 février, lundi midi, mardi midi, mercredi midi, jeudi midi, vendredi midi, samedi midi, dimanche midi*

Le Belrose

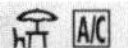

CUISINE MODERNE • LUXE XXX Situation exceptionnelle pour cette table, avec vue imprenable sur le golfe de Saint-Tropez. Dans l'assiette, la Méditerranée est à l'honneur : tarte de légumes de saison, gamberi rossi et ricotta de brebis, filet de turbot, artichauts en barigoule.... Menu 100% italien en saison.

Menu 89/159 € - Carte 125/160 €

Hors plan – *Villa Belrose, boulevard des Crêtes – ✆ 04 94 55 97 88 – www.villabelrose.com – Fermé 1er janvier-23 avril, 11 octobre-31 décembre, lundi midi, mardi midi, mercredi midi, jeudi midi, vendredi midi, samedi midi*

Cucina Byblos N

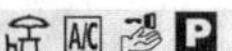

CUISINE ITALIENNE • TENDANCE XX En lieu et place de Rivea, le restaurant du Byblos se réinvente toujours sous la houlette d'Alain Ducasse. Fort de son succès parisien, il adapte Cucina à la mode Saint-Tropez. Un endroit chic et convivial avec grande cuisine vitrée, murs végétaux et terrasse sous les platanes. Dans l'assiette, une cuisine italienne de partage généreuse, à base de produits transalpins de belle qualité.

Carte 52/110 €

Plan B2-m – *Byblos, 27 avenue du Maréchal-Foch – ✆ 04 94 56 68 20 – www.byblos.com/prestations/cucina-byblos – Fermé 4 octobre-20 avril, et le midi*

Le Patio

CUISINE ITALIENNE • ÉLÉGANT XX Au sein de l'hôtel Yaca, à quelques encablures de l'animation du port, ce Patio propose une cuisine italienne goûteuse et raffinée, qui doit beaucoup à d'excellents produits importés directement de la Botte. Un moment encore plus agréable lorsqu'on s'installe sur la terrasse ombragée, autour de la piscine...

Carte 65/105 €

Plan B1-e – *Le Yaca, 1-3 boulevard d'Aumale – ✆ 04 94 55 81 00 – www.hotel-le-yaca.fr – Fermé 4 octobre-29 avril*

La Table du Mas

CUISINE TRADITIONNELLE • ÉLÉGANT XX À l'abri du tumulte tropézien, cette élégante bastide du 17e s. célèbre au quotidien les trésors méditerranéens – loup, rouget, saint-pierre, poulpe – mais aussi les savoureux légumes de la région ; la carte va à l'essentiel au rythme des saisons, et se révèle en parfaite harmonie avec l'esprit de la maison, entre luxe et authenticité. Belle terrasse sous la tonnelle.

Menu 60/150 € - Carte 85/115 €

Hors plan – *Mas de Chastelas, 2 chemin du Chastelas, quartier Bertaud – ✆ 04 94 56 71 71 – www.chastelas.com – Fermé 4 octobre-23 avril, et le midi*

La Ponche

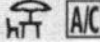

CUISINE TRADITIONNELLE • MÉDITERRANÉEN XX Soupe de poissons de roche tropéziens, petits farcis provençaux, loup en croûte de sel, œuf cocotte aux truffes du haut Var : voici les indéboulonnables spécialités de ce bel établissement, qui cultive l'esprit méditerranéen sans nostalgie. La terrasse offre une agréable échappée sur la mer.

Menu 35 € (déjeuner) - Carte 60/100 €

Plan B1-v – *5 rue des Remparts (place Revelin) – ✆ 04 94 97 09 29 – www.laponche.com – Fermé 28 octobre-10 avril*

La Table d'Augustin

CUISINE MÉDITERRANÉENNE • RUSTIQUE XX Langoustes, denti, pagres, dorade sauvage... Bienvenue au paradis des amateurs de poissons. Le chef travaille avec des pêcheurs locaux. Ici, tout est frais (légumes bio du potager des parents) et fait maison (huile d'olive, glaces). Du sur-mesure pour vos papilles !

Menu 48/98 €

Hors plan – *La Ferme d'Augustin, 979 route de Tahiti – ✆ 04 94 55 97 00 – www.fermeaugustin.com – Fermé 5 novembre-5 avril*

La Petite Plage

CUISINE MÉDITERRANÉENNE • TENDANCE X Dans ce restaurant du port du village, Eric Frechon signe la carte et la mer fait le reste. On se délecte d'une goûteuse cuisine méditerranéenne les pieds dans le sable face aux yachts. Le soir, en été, un DJ anime les lieux, Saint-Tropez oblige ! Une jolie découverte.

Carte 50/150 €

Plan B1-b – *9 quai Jean-Jaurès – ✆ 04 94 17 01 23 – www.lapetiteplage-saint-tropez.com – Fermé 6 janvier-9 avril, 4-30 novembre*

Le BanH Hoï

CUISINE ASIATIQUE • ROMANTIQUE X Quel joli décor ! Lumière tamisée, atmosphère romantique, murs et plafonds laqués de noir, bouddhas stylisés servent d'écrin à une sympathique cuisine parfumée, vietnamienne et thaïlandaise.

Carte 61/87 €

Plan B1-a – *12 rue Petit-St-Jean – ✆ 04 94 97 36 29 – www.banh-hoi.com – Fermé 11 octobre-9 avril, le midi*

Byblos

PALACE • PERSONNALISÉ Le palace mythique de St-Tropez, véritable village dans le village – un ensemble de maisons colorées entrelacées de jardins et de patios. Les chambres regorgent d'œuvres d'art, le spa est superbe, la boîte de nuit incontournable... L'alliance du luxe et de la convivialité.

50 suites – 910/3850 € – 48 € – 41 chambres

Plan B2-d – *20 avenue Paul-Signac – ✆ 04 94 56 68 00 – www.byblos.com – Fermé 15 octobre-15 avril*

Cucina Byblos – Voir la sélection des restaurants

Château de la Messardière

PALACE • PERSONNALISÉ Niché dans un parc de 10 ha dominant la baie, un château de conte de fées (1890) aux teintes ensoleillées. Tout y est si brillant et impeccable, que l'on voudrait y pénétrer avec des patins de feutre et préserver à jamais ce magnifique ensemble ! Mention spéciale au spa et aux services proposés, bien dignes d'un palace.

94 chambres – 350/1440 € – 23 suites

Hors plan – *Route de Tahiti – ✆ 04 94 56 76 00 – www.messardiere.com – Fermé 28 octobre-9 avril*

Cheval Blanc St-Tropez

RESORT • PERSONNALISÉ Un beau bouquet de pins maritimes, une vue superbe sur le golfe, une plage privée avec son ponton. Et à l'intérieur, chambres d'un confort intense, bois sablé, lumière nacrée, spa Guerlain, cave à parfums... Tout a été refait à neuf, avec Wilmotte en chef d'orchestre, le céramiste Capron en guest star, et le bleu roi comme couleur rayonnante. Tous les délices de la Côte d'Azur, vécus dans la plus douce intimité qui soit. L'élégance absolue.

27 chambres – 500/3100 € – 6 suites

Hors plan – *plage de la Bouillabaisse – ✆ 04 94 55 91 00 – www.chevalblanc.com – Fermé 3 octobre-13 mai*

La Vague d'Or - Cheval Blanc St-Tropez – Voir la sélection des restaurants

La Bastide de St-Tropez

LUXE • ROMANTIQUE Atmosphère chic et feutrée dans cette maison tropézienne et ses quatre mas : mobilier chiné, pointe de baroque et soupçon provençal relevés d'un luxuriant jardin méditerranéen. Un havre de paix et de charme à l'écart du centre-ville.

21 chambres - 300/1420 € - 30 € - 5 suites

Hors plan - *25 route des Carles - 04 94 55 82 55 - www.bastidesaint-tropez.com - Fermé 1er janvier-14 février*

L'Olivier - Voir la sélection des restaurants

Hôtel de Paris Saint-Tropez

LUXE • PERSONNALISÉ Le dernier-né des grands hôtels tropéziens n'a rien à envier à ses aînés. Ici triomphe la "design attitude". Un exemple ? Le patio, surmonté d'une piscine, avec vue sur le port. Les chambres, spacieuses, dévoilent des thématiques différentes : Paris, les arts, St-Tropez... Culte !

58 chambres - 224/780 € - 35 € - 32 suites

Plan A2-g - *1 Traverse de la Gendarmerie - 04 83 09 60 00 - www.hoteldeparis-sainttropez.com - Fermé 8 novembre-4 mars*

Sezz

LUXE • ÉLÉGANT Le Sezz à St-Tropez ? Ultramoderne, design et ouvert au maximum sur l'extérieur pour profiter du climat... Dans chaque chambre : matériaux naturels, terrasse et douche extérieure. Un art de vivre très tendance !

35 chambres - 310/1140 € - 35 € - 2 suites

Hors plan - *151 route des Salins - 04 94 55 31 55 - https://saint-tropez.hotelsezz.com/ - Fermé 5 octobre-16 avril*

Villa Belrose

GRAND LUXE • ÉLÉGANT Cette grande villa contemporaine embrasse la baie de St-Tropez ! Colorée et lumineuse, elle semble tutoyer le soleil... Les prestations sont superbes, soignées jusqu'au moindre détail (marbre italien, mobilier de style, grand confort, etc.).

40 chambres - 395/1675 € - 3 suites

Hors plan - *Boulevard des Crêtes, la Grande Bastide - 04 94 55 97 97 - www.villabelrose.com - Fermé 12 octobre-23 avril*

Le Belrose - Voir la sélection des restaurants

Villa Marie

LUXE • PERSONNALISÉ Raffinement, luxe et charme réunis sous le même toit en cette villa enchanteresse nichée dans une pinède dominant la baie de Pampelonne. Les chambres, soigneusement décorées dans un esprit de demeure bourgeoise provençale, ont un charme fou !

40 chambres - 320/1030 € - 32 € - 5 suites

Hors plan - *1100 chemin du Val-Rian - 04 94 97 40 22 - www.villamarie.fr*

La Ferme d'Augustin

FAMILIAL • PERSONNALISÉ Dans ce vaste domaine arboré et fleuri, une demeure familiale délicieuse, où l'on cultive l'art de recevoir. Les chambres sont d'une élégante sobriété (murs blancs, tomettes lustrées). Un havre de douceur loin du bling-bling. Et si c'était cela, le vrai luxe ?

44 chambres - 255/855 € - 20 € - 2 suites

Hors plan - *979 route de Tahiti - 04 94 55 97 00 - www.fermeaugustin.com - Fermé 4 novembre-12 avril*

La Table d'Augustin - Voir la sélection des restaurants

Pan Deï Palais

MAISON DE MAÎTRE • PERSONNALISÉ Une demeure construite en 1835, présent d'un général napoléonien à son épouse indienne. Ici règne un élégant parfum d'exotisme : tissus chamarrés, bois précieux, hammam, nombreux tableaux et autres bibelots... Un lieu pétri de charme, que l'on quitte à regret !

10 chambres - 250/1430 € - 36 € - 1 suite

Plan B2-v - *52 rue Gambetta - 04 94 17 71 71 - www.pandei.com - Fermé 1er novembre-17 décembre*

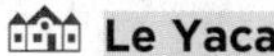

Le Yaca

DEMEURE HISTORIQUE · À THÈME Cet hôtel de charme (18e s.), le premier de St-Tropez, fut et demeure le refuge des artistes et des célébrités (P. Signac, Colette, B. Bardot, etc.). Tomettes et meubles anciens : tel est le caractère des chambres, rénovées dans une veine italienne chic. Un coup de cœur !

32 chambres – 325/1035 € – 50 € – 2 suites

Plan B1-e – *1-3 boulevard d'Aumale – 04 94 55 81 00 – www.hotel-le-yaca.fr – Fermé 4 octobre-29 avril*

Le Patio – Voir la sélection des restaurants

La Ponche

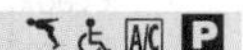

TRADITIONNEL · MÉDITERRANÉEN Ces anciennes maisons de pêcheurs, dans le pittoresque quartier de la Ponche, firent le bonheur de Romy Schneider, entre autres personnalités. Mobilier, tissus, vue sur les toits de tuiles… l'esprit de la région s'exprime dans chaque chambre.

20 chambres – 240/670 € – 25 € – 4 suites

Plan B1-v – *5 rue des Remparts (place Revelin) – 04 94 97 02 53 – www.laponche.com – Fermé 29 octobre-17 avril*

La Ponche – Voir la sélection des restaurants

Hôtel des Lices

FAMILIAL · CONTEMPORAIN Près de la place des Lices, cette adresse familiale distille une atmosphère chaleureuse et cossue, pleine de cachet et de vie. Nombreux sont les habitués à en avoir fait un lieu de villégiature privilégié !

41 chambres – 160/420 € – 17 €

Plan B2-n – *10 avenue Augustin-Grangeon – 04 94 97 28 28 – www.hoteldeslices.com – Fermé 5 janvier-25 mars, 1er novembre-25 décembre*

ST-VAAST-LA-HOUGUE

50550 – Manche – Carte régionale n° **17**-A1 – Carte Michelin 303-E2

France et Fuchsias

CUISINE MODERNE · RUSTIQUE XX Les beaux produits normands, huîtres en tête, sont mis en valeur dans des assiettes actuelles et gourmandes. Trois possibilités pour en profiter : l'agréable salle à manger ; la véranda sous verrière, ouverte sur un étonnant jardin planté de palmiers, de mimosas et d'eucalyptus ; et la jolie terrasse aux beaux jours.

Spécialités : Cromesquis d'épaule d'agneau, crème de fèves au yaourt et menthe. Pavé de lieu infusé à la betterave, combava, blette, poivre Timut. La fraise et la coriandre, opaline à la confiture de lait et sablé.

Menu 33/75 € – Carte 46/83 €

20 rue du Maréchal-Foch – 02 33 54 40 41 – www.france-fuchsias.com – Fermé 3 janvier-13 février, 29 novembre-15 décembre, lundi, mardi midi

ST-VALENTIN – Indre (36) → Voir Issoudun

ST-VALERY-EN-CAUX

76460 – Seine-Maritime – Carte régionale n° **17**-C1 – Carte Michelin 304-E2

Restaurant du Port

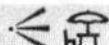

POISSONS ET FRUITS DE MER · TRADITIONNEL XX Ce restaurant n'a pas volé son nom : il domine le quai, où oscillent les bateaux. La salle est parée de photos en noir et blanc des falaises du pays de Caux ; quant à la cuisine de la mer, elle est réalisée avec de bons produits – cabillaud, sole, turbot – achetés exclusivement auprès des pêcheurs locaux.

Menu 27/49 € – Carte 60/83 €

18 quai d'Amont – 02 35 97 08 93 – www.restaurant-du-port-76.fr – Fermé lundi, jeudi soir, dimanche soir

ST-VALERY-SUR-SOMME

✉ 80230 - Somme - Carte régionale n° **14**-A1 - Carte Michelin 301-C6

La Table des Corderies

CUISINE MODERNE • TENDANCE Sur les hauteurs de la ville, en surplomb du quartier médiéval, cette imposante maison vaut aussi pour son assiette ! Le chef, originaire de la baie de Somme, est un éminent "locavore" : il s'entoure exclusivement de producteurs des parages (pêcheurs, maraichers, mais aussi apiculteur, meunier...) et concocte une cuisine sincère, où le produit est bien mis en valeur.

Menu 45 € (déjeuner), 60/80 € - Carte 64/72 €

Les Corderies, 214 rue des Moulins - ☎ 03 22 61 30 61 - www.latabledescorderies.com - Fermé 5-26 janvier, lundi, mardi midi

Au Vélocipède

CUISINE MODERNE • BRANCHÉ Dans la partie haute de la ville, pédalez jusqu'à ce fringant Vélocipède ! Il séduit autant sur la forme – une belle devanture contemporaine et, derrière, un intérieur vintage garni d'objets chinés – que sur le fond, avec une courte carte alléchante mettant en avant les petits producteurs locaux. Terrasse pour les beaux jours.

Carte 29/39 €

1 rue du Puits-Salé - ☎ 03 22 60 57 42 - www.auvelocipede.fr - Fermé 1er janvier-7 février, lundi soir, mardi, mercredi soir, jeudi soir, vendredi soir, samedi soir, dimanche soir

Les Corderies

SPA ET BIEN-ÊTRE • CONTEMPORAIN Un imposant hôtel blanc comme l'albâtre, sur les hauteurs de St-Valéry. Sobriété, design et confort : quel plaisir de regagner sa chambre après un passage à l'espace bien-être ou une balade sur la plage... surtout si l'on a opté pour la vue sur la baie !

18 chambres - 180/270 € - 18 €

214 rue des Moulins - ☎ 03 22 61 30 61 - www.lescorderies.com - Fermé 5-26 janvier

La Table des Corderies - Voir la sélection des restaurants

Le Castel

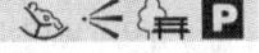

LUXE • COSY Au cœur de la ville haute, cette magnifique propriété est un ravissement... Son parc de 2 ha s'abrite derrière les anciens remparts du château médiéval, d'où l'on jouit d'une vue superbe sur la baie de Somme. La demeure (19e s.) a un charme fou : parquet à chevrons, cheminées, moulures, etc. Et l'accueil est charmant !

5 chambres - 175/195 €

Rue du Castel - ☎ 03 22 60 45 79 - www.castel-baie-de-somme.com - Fermé 15 novembre-15 mars

ST-VÉRAN

✉ 05350 - Hautes-Alpes - Carte régionale n° **24**-C1 - Carte Michelin 334-J4

Le Roc Alto

CUISINE MODERNE • CONTEMPORAIN Situé dans l'une des maisons de l'hôtel, cet élégant restaurant sous charpente dévoile une vue plongeante sur la cuisine. En coulisses, une équipe motivée, emmenée par un jeune chef passé chez Ducasse, concocte une jolie cuisine actuelle, qui flatte les produits régionaux.

Menu 65/115 €

L'Alta Peyra Hôtel & Spa, quartier haut de la ville - ☎ 04 92 22 24 00 - www.hotel-altapeyra.com - Fermé 31 mars-1er juin, 30 septembre-20 décembre, lundi, mardi midi, mercredi midi, jeudi midi, vendredi midi, samedi midi, dimanche soir

L'Alta Peyra Hôtel & Spa

SPA ET BIEN-ÊTRE · MONTAGNARD Dans le parc naturel du Queyras, la plus haute commune d'Europe (2040 m !) peut s'enorgueillir d'un hôtel luxueux conçu comme un petit hameau. Deux restaurants – dont un gastronomique –, bar à vins, lounge bar, piscine extérieure chauffée, espace spa, jacuzzi, parking, ski shop...

55 chambres – 215/540 € – 4 suites

quartier haut de la ville – ✆ 04 92 22 24 00 – www.altapeyra.com – Fermé 31 mars-1er juin, 30 septembre-20 décembre

Le Roc Alto – Voir la sélection des restaurants

ST-VICTOR – Allier (03) ➜ Voir Montluçon

ST-VINCENT-DE-COSSE

24220 – Dordogne – Carte régionale n° **18**–D3 – Carte Michelin 329-H6

La Table de Monrecour

CUISINE MODERNE · CONTEMPORAIN XXX Au sein de ce domaine dominant la campagne périgourdine, avec une véranda qui donne sur le château, une table gastronomique cultivant l'air du temps à travers des recettes de bonne facture et savoureuses. Une formule plus simple est proposée à midi, les jours de semaine.

Menu 19 € (déjeuner), 32/52 €

Château de Monrecour – ✆ 05 53 28 33 59 – www.monrecour.com – Fermé lundi midi

ST-VINCENT-DE-TYROSSE

40230 – Landes – Carte régionale n° **18**–B3 – Carte Michelin 335-D13

Le Hittau (Yannick Duc)

CUISINE MODERNE · RUSTIQUE XX Sur la route des plages, on remarque à peine cette ancienne bergerie lovée dans son écrin de verdure, avec sa charpente apparente. Elle cache pourtant bien son jeu... Le chef Yannick Duc y régale ses convives d'une cuisine spontanée, pleine de vie, résolument moderne, qui privilégie les bons produits de saison et notamment les poissons de la criée de Capbreton. Ce chef aime aussi manier les aromates, les épices et surtout le moulin à poivre, fouettant son pigeon aux betteraves et potimarron d'un trait de poivre long rouge Kampot ou son ris de veau aux gambas d'un nuage de poivre vert de Malabar. À déguster en terrasse, aux beaux jours.

Spécialités : Homard, raviole de curry vert, émulsion de presse des carapaces et lait de coco. Lotte et coques, bouillon d'herbes et de citronnelle. Fraises mara des bois, chocolat blanc et chutney de fruits rouges.

Menu 32 € (déjeuner), 66/88 € – Carte 70/80 €

1 rue du Nouaou (avenue du Hittau) – ✆ 05 58 77 11 85 – www.lehittau.fr – Fermé 23 février-11 mars, 28 juin-8 juillet, 18 octobre-4 novembre, lundi, dimanche

ST-YBARD – Corrèze (19) ➜ Voir Uzerche

STE-ANNE-D'AURAY

56400 – Morbihan – Carte régionale n° **7**–A3 – Carte Michelin 308-N8

L'Auberge

CUISINE MODERNE · ÉLÉGANT XXX Ste-Anne-d'Auray est une ville pieuse et Jean-Paul II se serait arrêté au restaurant de l'Auberge en 1996. On aurait tort de croire la respectueuse maison tournée vers le passé : la jeune génération propose des assiettes savoureuses, avec une priorité aux produits de la mer de qualité, comme ce Saint-Pierre, semoule de chou-fleur, et cromesquis d'herbes. Ici, se régaler n'est pas un vœu pieux.

Menu 32 € (déjeuner), 46/89 € – Carte 48/74 €

56 rue de Vannes – ✆ 02 97 57 61 55 – www.auberge-sainte-anne.com – Fermé 3-15 janvier, 17 février-4 mars, 19 octobre-11 novembre, lundi, mardi midi, mercredi midi

L'Aubergine 

CUISINE CLASSIQUE • CONVIVIAL X On rend ici hommage à la belle tradition, en toute simplicité : rognon de veau sauce moutarde, entrecôte au beurre persillé et pommes Anna, far à la pistache... et bons vins de toutes les régions de France. Tout simplement bon.

Menu 19 € (déjeuner), 25/35 € - Carte 30/40 €

8 rue de Vannes - ✆ 02 97 31 37 19 - www.restaurant-aubergine-56.com - Fermé 17 février-4 mars, 19 octobre-4 novembre, mardi soir, mercredi

STE-ANNE-LA-PALUD (CHAPELLE DE)

✉ 29550 - Finistère - Carte régionale n° **7**-A2 - Carte Michelin 308-F6

La Plage 

CUISINE MODERNE • ÉLÉGANT XXX Depuis 1924, cette table domine la plage et le va-et-vient des marées. Le cadre est idyllique et la cuisine met à l'honneur de beaux produits, en particulier de la mer : exemple, ce tronçon de barbue, déclinaison de carottes d'antan, menthe, cromesquis de couteaux et beurre d'agrumes...

Menu 62/126 € - Carte 70/95 €

✆ 02 98 92 50 12 - www.plage.com - Fermé 3 novembre-4 avril, lundi midi, mardi midi, mercredi midi, vendredi midi

La Plage 

TRADITIONNEL • PERSONNALISÉ Un emplacement superbe, directement sur la plage, au pied de la chapelle ! Les chambres, cossues comme toute la demeure, donnent sur la baie ou sur le jardin fleuri. Mobilier de famille, antiquités, esprit contemporain... Comment mieux profiter de la plage ?

19 chambres - 196/530 € - 22 €

✆ 02 98 92 50 12 - www.plage.com - Fermé 3 novembre-4 avril

La Plage - Voir la sélection des restaurants

STE-APOLLINE - Yvelines (78) → Voir Autour de Paris (Plaisir)

STE-CÉCILE

✉ 71250 - Saône-et-Loire - Carte régionale n° **5**-C3 - Carte Michelin 320-H11

L'Embellie 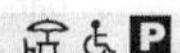

CUISINE MODERNE • AUBERGE XX Un jeune couple motivé est aux commandes de ce restaurant installé dans une ancienne étable au cachet rustique - poutres, meubles en frêne, cheminée. La cuisine, actuelle, revisite certains plats du terroir : ravioles ouvertes d'escargots à l'ail des ours ; ris de veau au jus, pleurotes et émulsion au vin jaune... Glaces et pain maison. Agréable terrasse d'été.

Spécialités : Frites de tête de veau aux graines de moutarde, champignons et sauce gribiche. Poulet aux écrevisses, légumes de saisons. Le citron dans tous ses états.

Menu 18 € (déjeuner), 28/50 € - Carte 40/63 €

le Bourg - ✆ 03 85 50 81 81 - www.restaurant-lembellie.com - Fermé 21 février-11 mars, 24 août-2 septembre, 23 novembre-2 décembre, mardi, mercredi, dimanche soir

STE-CÉCILE-LES-VIGNES

✉ 84290 - Vaucluse - Carte régionale n° **24**-A2 - Carte Michelin 332-C8

Campagne, Vignes et Gourmandises

CUISINE MODERNE • COSY X Avec son ambiance entre charme rustique (pierres apparentes, mobilier en bois peint) et modernité (tableaux contemporains), ce restaurant ne manque pas de cachet. Côté cuisine, le chef, Sylvain Fernandes, travaille des produits frais et célèbre avec délicatesse les parfums du Sud. Et le service est d'une grande gentillesse !

Spécialités : Fleur de courgette farcie de brousse et sardines. Agneau, aubergine, menthe et ail confit. Mendiant noisette, crème vanille et framboises.
Menu 26/43 € – Carte 45/65 €
629 chemin des Terres (route de Suze-la-Rousse) – ✆ 04 90 63 40 11 – www.restaurant-cvg.com – Fermé 1er-22 janvier, 30 septembre-14 octobre, lundi, mardi, dimanche soir

STE-FOY-LA-GRANDE

✉ 33220 – Gironde – Carte régionale n° **18**-C1 – Carte Michelin 335-M5

Côté Bastide

CUISINE MODERNE • CONVIVIAL XX Légèrement en retrait du centre-ville, voici le fief de Laurence et Cédric : elle, en cuisine, réalise des plats gourmands réglés sur les saisons ; lui, sommelier de formation, choisit les meilleurs vins – notamment de Bordeaux – pour accompagner les plats concoctés par sa compagne. Un duo qui fonctionne à merveille !
Spécialités : Terrine de confit de canard, asperges, noisettes et vinaigrette balsamique. Ventrèche de thon aller-retour, crème de chorizo doux, riz noir aux piquillos. Tarte façon Tatin à l'ananas.
Menu 27/37 €
4 rue de l'Abattoir – ✆ 05 57 46 14 02 – www.cote-bastide.org – Fermé 1er-15 septembre, 23-30 décembre, lundi, mardi soir, dimanche

STE-GEMME-MORONVAL – Eure-et-Loir (28) ➜ Voir Dreux

STE-GENEVIÈVE-DES-BOIS – Essonne (91) ➜ Voir Autour de Paris

STE-JULIE – Ain (01) ➜ Voir Chazey-sur-Ain

STE-LUCIE-DE-PORTO-VECCHIO – Corse-du-Sud (2A) ➜ Voir Corse

STE-MARIE-DE-RÉ – Charente-Maritime (17) ➜ Voir Île de Ré

STES-MARIES-DE-LA-MER – Bouches-du-Rhône (13) ➜ Voir après Saintes

STE-MARINE – Finistère (29) ➜ Voir Bénodet

STE-MAURE – Aube (10) ➜ Voir Troyes

STE-MAURE-DE-TOURAINE

✉ 37800 – Indre-et-Loire – Carte régionale n° **8**-B3 – Carte Michelin 317-M6

La Ciboulette

CUISINE MODERNE • CONTEMPORAIN XX À proximité de l'autoroute, de bonnes recettes sont servies dans un intérieur élégant ou sur la terrasse bordée d'un jardinet où vous trouverez peut-être... de la ciboulette. Les gourmands de passage ont aussi un faible pour l'île flottante de la maison.
Menu 32/67 € – Carte 34/70 €
78 route de Chinon (face à l'échangeur A 10, sortie n°25) – ✆ 02 47 65 84 64 – www.laciboulette.fr

STE-MAXIME

✉ 83120 – Var – Carte régionale n° **24**-C3 – Carte Michelin 340-O6

La Badiane

CUISINE MODERNE • ÉLÉGANT XX Voilà un chef végétarien cuisinant les légumes avec talent pour réaliser une cuisine bien-être, tournée vers le végétal (beurre et crème sont bannis). Mais que les amateurs de viande se rassurent : ils sont aussi les bienvenus ! Formule plus simple au déjeuner.
Menu 32 € (déjeuner), 53/102 € – Carte 80/120 €
6 rue Fernand-Bessy – ✆ 04 94 96 53 93 – www.restaurant-la-badiane.fr – Fermé 8-31 janvier, lundi midi, mercredi midi, samedi midi, dimanche

Le Bistrot Paul Bert

CUISINE MODERNE · BISTRO Ne vous trompez pas de porte ! Au milieu des attrape-touristes, dans une rue piétonne de la vieille ville, on trouve ce petit bistrot tenu par un couple du métier. Leurs spécialités : œuf cocotte au foie gras, tranche de thon rouge mi-cuit, ris de veau à la sauce morilles... à déguster en terrasse, aux beaux jours.

Menu 33 €

54 rue Paul Bert – 04 94 56 98 30 – www.lebistrotpaulbert.fr – Fermé 24 novembre-14 mars, lundi, mardi midi, mercredi midi, jeudi midi, vendredi midi, samedi midi, dimanche soir

Royal Bon Repos

FAMILIAL · ÉLÉGANT Nichée dans une impasse proche d'une église et du musée de la Tour-Carrée, cette bâtisse de 1939 a tout de l'élégante demeure de famille : mobilier provençal, tableaux chinés, billard... Les chambres, avec leurs vieux parquets ou leurs tomettes, sont élégantes et décorées avec goût. Un bel hôtel de caractère.

22 chambres – 80/237 € – 18 €

11 rue Jean Aicard – 04 94 96 08 74 – www.hotelroyalbonrepos.fr

STE-PREUVE

02350 – Aisne – Carte régionale n° **14**-D2 – Carte Michelin 306-F5

Les Épicuriens

CUISINE MODERNE · ÉLÉGANT Voilà bien une table destinée aux épicuriens ! Sérieux professionnel, le chef signe une cuisine raffinée, mêlant inspiration traditionnelle et méridionale : les assiettes ravissent l'œil comme le palais... Quant au cadre, il est élégant et ouvre sur la verdure. Service attentif.

Menu 32 € (déjeuner), 44/105 € – Carte 64/102 €

Domaine de Barive – 03 23 22 15 15 – www.domainedebarive.com

Domaine de Barive

DEMEURE HISTORIQUE · PERSONNALISÉ Une superbe bâtisse du 19e s. dans un immense parc : calme champêtre... Les chambres sont cosy (mansardées au 2e étage) et décorées avec soin ; on profite aussi de nombreux services (sauna, jacuzzi, tennis, salle de remise en forme) et d'un accueil prévenant.

15 chambres – 115/250 € – 7 suites

03 23 22 15 15 – www.domainedebarive.com

Les Épicuriens – Voir la sélection des restaurants

Le Prieuré

FAMILIAL · COSY Calme et détente assurés en cette ancienne ferme qui allie beaux volumes, éléments vintage et confort contemporain, jusqu'au sauna et au jacuzzi. Les chambres, joliment décorées, sont toutes mansardées et donnent sur la nature environnante. Idéal pour un week-end au vert.

5 chambres – 155/185 €

Domaine de Barive – 03 23 22 15 15 – www.domainedebarive.com

SAINTES

17100 – Charente-Maritime – Carte régionale n° **20**-B3 – Carte Michelin 324-G5

Le Dallaison (Jérôme Dallet)

CUISINE MODERNE · CONTEMPORAIN C'est un authentique bonheur de découvrir la cuisine de Jérôme Dallet, jeune chef aux solides références (Emmanuel Renaut à Megève, Anne-Sophie Pic à Valence). Il compose un excellent menu autour de produits très frais, dont les légumes du marché et des herbes issues de sa propre cueillette : les parfums sont au rendez-vous, et l'émotion aussi. Éclade de moules en mouclade ; œuf fermier, déclinaison de légumes de saison et brunoise de viande des Grisons ; filet de canette de Challans rôti et navets... Une expérience réjouissante, à vivre dans une longue salle à manger moderne avec élégant mobilier contemporain, joli parquet en chêne blond et luminaires originaux. Un grand coup de cœur.

Spécialités : Éclade de moules de bouchot en mouclade, légumes de saison croquants. Ris de veau rôti au poêlon, céleri et café, jus aux bourgeons de sapin. Tarte sablée au chocolat, glace au café torréfié.

Menu 18 € (déjeuner), 30/40 €

89 avenue Gambetta –
✆ 05 46 92 08 18 – www.ledallaison.com –
Fermé lundi, mardi midi, dimanche

La Table du Relais du Bois St-Georges

CUISINE MODERNE • COSY XXX Les produits d'excellence (dont certains issus du potager situé dans le parc) clament sans ambages la qualité de ce restaurant installé dans une ancienne ferme à l'extérieur de Saintes, et plébiscité par les gourmets du secteur. La carte, oscillant entre bistronomie et gastronomie, se met au diapason des saisons. Côté décor, on profitera des baies vitrées ouvertes sur la terrasse, la fontaine et le petit étang.

Spécialités : Huître, poire, chou rouge. Merlan, abricot, reine-des-prés. Chocolat, noisettes, poivre de Madagascar.

Menu 34/73 € – Carte 52/89 €

Le Relais du Bois St-Georges, 132 cours Genet (Le Pinier-Parc Atlantique) –
✆ 05 46 93 50 99 – www.relaisdubois.com

Saveurs de l'Abbaye

CUISINE DU MARCHÉ • TENDANCE XX À deux pas de l'abbaye aux Dames, devenue "cité musicale", ce restaurant au décor épuré propose une cuisine légère, fraîche et spontanée, privilégiant les beaux produits locaux du marché, arpenté tous les jours, panier en main, par le chef Vincent Coiquaud. Pour la nuit, des chambres sobres et agréables.

Spécialités : Tartare de dorade aux huîtres, consommé de crevettes grises. Poisson du moment, lait de coco, combava et friture d'artichaut. Vacherin contemporain.

Menu 19 € (déjeuner), 28/48 € – Carte 35/55 €

1 place St-Pallais –
✆ 05 46 94 17 91 – www.saveurs-abbaye.com –
Fermé 22 mars-6 avril, 20 octobre-11 novembre, lundi, dimanche

Le Parvis

CUISINE MODERNE • TENDANCE XXX Dans cette jolie maison en bord de Charente, tout près du centre-ville, Pascal Yenk concocte une cuisine attentive à l'air du temps, comme ce maki de langoustines aux oursins, bouillon gingembre et citronnelle ou le pigeon cuit au foin, Aux beaux jours, on profite de la terrasse jardin fort plaisante, au calme.

Menu 19 € (déjeuner), 30/65 €

12 quai de l'Yser (Petite-Rue-du-Bois-d'Amour) – ✆ 05 46 97 78 12 –
www.restaurant-le-parvis.fr – Fermé lundi, dimanche

Le Relais du Bois St-Georges

TRADITIONNEL • CLASSIQUE Banquise, Tombouctou, Monte-Cristo, Cerisaie, Clé des Champs, Saint-Georges et le dragon... Les chambres, décorées par thèmes, se révèlent spacieuses et bien équipées. Si vous avez le temps, prenez le temps de vous promener dans le parc de 6 hectares, le long des étangs.

30 chambres – 99/249 € – 22 €

132 cours Genet (Le Pinier-Parc Atlantique) – ✆ 05 46 93 50 99 –
www.relaisdubois.com

La Table du Relais du Bois St-Georges – Voir la sélection des restaurants

, , , , &

STE-SABINE

24440 – Dordogne – Carte régionale n° **18**–C2 – Carte Michelin 329-F7

Étincelles - La Gentilhommière (Vincent Lucas)

CUISINE CRÉATIVE • RUSTIQUE XX Entre Bergerac et Villeneuve-sur-Lot, cette chaleureuse maison périgourdine promet un concept singulier : on réserve au plus tard la veille, car le chef Vincent Lucas ne travaille que des produits frais. Il a le feu sacré, ce Niçois exilé en Périgord, et il aime surprendre et se surprendre lui-même, quitte à faire des... étincelles ! Sa créativité se fonde sur la découverte, chaque matin, des pépites que lui apportent ses producteurs : truite, pigeon, asperge, escargot, foie gras, huiles locales et même le caviar d'une ferme aquacole de la région – sans oublier les herbes aromatiques et les légumes de son jardin. Pour autant, ce chef, qui a beaucoup voyagé, aime aussi les épices exotiques, les mariages terre-mer et autres sucrés-salés lumineux...

Spécialités : Cuisine du marché.

Menu 51€ (déjeuner), 63/120€

05 53 74 08 79 – www.gentilhommiere-etincelles.com – Fermé 1er octobre-31 janvier, lundi midi, mardi, mercredi, jeudi midi, vendredi midi, samedi midi, dimanche soir

STE-SABINE – Côte-d'Or (21) ➜ Voir Pouilly-en-Auxois

STES-MARIES-DE-LA-MER

13460 – Bouches-du-Rhône – Carte régionale n° **24**–A3 – Carte Michelin 340-B5

L'Estelle en Carmargue

CUISINE MODERNE • ÉLÉGANT XX Cette table n'est pas pour rien dans la réputation de l'hôtel qui l'accueille. On s'installe autour de la belle piscine pour le déjeuner, ou dans une salle à manger de style Art déco pour le dîner ; dans les deux cas, on se régale de préparations goûteuses et colorées, réalisées par un chef qui connaît bien son métier.

Menu 35€ (déjeuner), 45/105€ – Carte 60/105€

L'Estelle en Camargue, route du Petit-Rhône – 04 90 97 89 01 – www.hotelestelle.com – Fermé 3 janvier-6 février, 12 novembre-18 décembre

Mas de la Fouque

MAISON DE CAMPAGNE • PERSONNALISÉ Des étangs, des chevaux, des flamants roses... Ce domaine séduisant joue, à l'écart de tout, la carte de la décontraction chic pour une clientèle discrète ; on y trouve même trois chambres originales dans des roulottes. Une fois installé, il n'y a plus qu'à profiter du calme des lieux !

27 chambres – 187/641€

Route du Petit-Rhône – 04 90 97 81 02 – www.masdelafouque.com – Fermé 1er janvier-6 février

STE-VERGE – Deux-Sèvres (79) ➜ Voir Thouars

LES SAISIES

73620 – Savoie – Carte régionale n° **2**–D1 – Carte Michelin 333-M3

La Table des Armaillis

CUISINE MODERNE • CONTEMPORAIN XX Excellent rapport qualité/prix dans ce restaurant qui propose des plats emblématiques du terroir savoyard (truite légèrement fumée aux écorces d'épicéa, épaule de caïon confite au poivre etc.). On se régale dans un cadre contemporain, parsemé de touches montagnardes. Indéniablement la bonne adresse des environs.

Spécialités : Cromesquis d'escargots aux herbes et pesto ail des ours. Épaule de caïon confite au poivre, gratin de polenta et épinards. Meringue, fruits rouges, faisselle et glace vanille.

Menu 32/55€ – Carte 45/60€

97 rue des Prés – 04 79 89 26 15 – www.latabledesarmaillis.fr – Fermé 25 avril-19 juin, 13 septembre-11 décembre, lundi midi, mardi midi, mercredi midi, jeudi midi

SALEILLES - Pyrénées-Orientales (66) ➜ Voir Perpignan

SALERS

✉ 15140 - Cantal - Carte régionale n° **1**-B3 - Carte Michelin 330-C4

Le Bailliage

CUISINE TRADITIONNELLE • **TENDANCE** XX Dans la région, tout le monde connaît ce Bailliage gourmand ! Les meilleurs éleveurs fournissent le restaurant en viande... de salers, et l'on se presse pour goûter ris de veau aux morilles, truite de Romanange fumée etc., et de délicieux fromages auvergnats, dont... le salers. Une cuisine du terroir généreuse et débordante de saveurs !

Menu 27/57 € - Carte 32/59 €

Rue Notre-Dame - ✆ 04 71 40 71 95 - www.salers-hotel-bailliage.com - Fermé 11 novembre-9 février, lundi, dimanche soir

L'Évasion

CUISINE MODERNE • **AUBERGE** X Au cœur de ce village, une adresse où la simplicité règne. Les deux associés alternent entre cuisine et salle, travaillant le terroir régional de belle manière mais aussi le poisson ; il en résulte des assiettes bien ficelées, avec une touche de modernité.

Menu 34/55 €

11 rue Notre-Dame - ✆ 04 71 40 74 56 - Fermé 1er décembre-1er mars, mercredi, jeudi

Le Bailliage

FAMILIAL • **COSY** Cette grande demeure régionale constitue un point de chute plein de vie pour découvrir le village, si pittoresque. Les chambres, spacieuses et décorées avec goût, donnent sur le jardin ou la campagne ; certaines arborent un style plus moderne.

22 chambres - 75/130 € - 13 € - 2 suites

Rue Notre-Dame - ✆ 04 71 40 71 95 - www.salers-hotel-bailliage.com - Fermé 11 novembre-9 février

Le Bailliage - Voir la sélection des restaurants

SALIES-DE-BÉARN

✉ 64270 - Pyrénées-Atlantiques - Carte régionale n° **18**-B3 - Carte Michelin 342-G4

Restaurant des Voisins

CUISINE MODERNE • **TENDANCE** XX Esprit design, œuvres contemporaines, cuisines ouvertes, etc. : voilà le décor, chic et éclectique, de cette maison qui serait la plus ancienne du village. Un jeune couple y propose une cuisine bien ficelée, gourmande et originale, accompagnée d'une belle carte des vins (du Sud-Ouest, surtout). Une adresse où l'on aimerait toujours pouvoir venir en voisin...

Spécialités : Ravioles de langoustines, bouillon de crustacés à l'estragon. Quasi de veau, crème d'aubergine, panisse, jus aux éclats de noisettes. Choux craquelin à la vanille, coulis d'abricots et gelée basilic.

Menu 33/47 €

12 rue des Voisins - ✆ 05 59 38 01 79 - www.restaurant-des-voisins.fr - Fermé lundi, mardi, mercredi

SALIGNAC-EYVIGUES

✉ 24590 - Dordogne - Carte régionale n° **18**-D1 - Carte Michelin 329-I6

La Meynardie N

CUISINE MODERNE • **MAISON DE CAMPAGNE** XX Niché dans un charmant coin de Dordogne, ce restaurant n'est pas si facile d'accès... mais le jeu en vaut la chandelle, aucun doute là-dessus ! Le jeune couple aux commandes propose une cuisine fine et millimétrée, tout en gourmandise, avec de belles cuissons (saisi, rôti...) et des dressages appétissants. En témoignent, lors d'un de nos passages, ce marbré de courgettes et fenouil et cette truite rafraîchie à la verveine. D'un bout à l'autre du repas la magie opère, grâce aussi au décor d'une grande authenticité (poutres, pierres, terrasse sous la treille), et à un service aussi aimable que dynamique.

Spécialités : Foie gras poêlé et laqué à la liqueur de noix. Pigeonneau rôti et blettes aux abats. Comme une tarte au citron.

Menu 25 € (déjeuner), 44/83 € – Carte 50/75 €

Lieu-dit La Meynardie – ✆ 05 53 28 85 98 – www.domainedelameynardie.com – Fermé 3 janvier-14 février, 15 novembre-15 décembre, mardi

LES SALVAGES – Tarn (81) ➜ Voir Castres

LE SAMBUC – Bouches-du-Rhône (13) ➜ Voir Arles

SAMOËNS

✉ 74340 – Haute-Savoie – Carte régionale n° **4**-F1 – Carte Michelin 328-N4

Le 8M des Monts

CUISINE MODERNE • BISTRO Une carte courte et efficace, une sélection de bons produits favorisant le bio et les circuits courts, un accueil charmant : voilà quelques-uns des (nombreux) atouts de ce petit restaurant installé sur la place du village. Les plats changent régulièrement : une bonne excuse pour revenir au plus vite.

Carte 40/50 €

Place de l'Église – ✆ 04 50 21 30 01 – Fermé 2 mai-27 juin, 2 octobre-12 décembre, jeudi midi, dimanche

SAMOUSSY – Aisne (02) ➜ Voir Laon

SAMPANS – Jura (39) ➜ Voir Dole

SANARY-SUR-MER

✉ 83110 – Var – Carte régionale n° **24**-B3 – Carte Michelin 340-J7

La P'tite Cour

CUISINE MODERNE • COSY La jeune patronne, pâtissière de formation, mitonne avec le plus grand soin une succulente cuisine du marché, que l'on déguste idéalement dans la p'tite cour ensoleillée, cachée à l'arrière de la maison. Belle spécialités de poisson, produits de saison soigneusement travaillés : on se régale... d'autant que le service est impeccable.

Spécialités : Bouchée de poisson-pomme de terre, velouté de persil. Porc confit, spaghettini maison et carotte. Parfait glacé au nougat-cassis, figues au vin rouge.

Menu 30/45 €

6 rue Barthélemy-de-Don – ✆ 04 94 88 08 05 – www.laptitecour.com – Fermé 23 décembre-10 janvier, mardi, mercredi

Hostellerie La Farandole

LUXE • BORD DE MER Face aux rondeurs de la baie, sur la plage de la Gorguette (entre Sanary et Bandol), un bâtiment géométrique, tout en pierre, bois et verre. Inaugurée en 2011, cette luxueuse hostellerie associe esprit Côte d'Azur et art de vivre contemporain, entre plage et spa.

25 chambres – 108/898 € – 18 € – 2 suites

140 chemin de la Plage de la Gorguette – ✆ 04 94 90 30 20 – www.hostellerielafarandole.com – Fermé 7-20 janvier

SANCERRE

✉ 18300 – Cher – Carte régionale n° **8**-D2 – Carte Michelin 323-M3

La Pomme d'Or

CUISINE TRADITIONNELLE • AUBERGE N'hésitez pas à croquer dans cette pomme ! Ici, le chef joue la carte de la tradition pour le plus grand bonheur des gourmands. Dans l'assiette, c'est parfumé et coloré. Le tout accompagné, cela va de soi, d'un verre de sancerre blanc, rosé ou rouge... selon votre envie.

Spécialités : Ravioles de crottin de Chavignol. Sandre, jus gingembre et agrumes. Craquant aux fruits de saison.

Menu 23 € (déjeuner), 33/65 €

Rue de la Panneterie - ✆ 02 48 54 13 30 - lapommedor-sancerre.fr - Fermé 1er-8 juillet, 23 décembre-3 janvier, lundi, mardi, dimanche soir

La Tour

CUISINE MODERNE • CONVIVIAL XX Dans cette maison nichée au pied d'une tour du 14e s., au cœur du Sancerrois historique, le chef concocte une cuisine de caractère, basée sur de bons produits. Le tout se déguste dans une salle élégante et contemporaine, avec quelques touches d'époque : poutres, plafond, moulures...

Menu 30 € (déjeuner), 48/82 € - Carte 50/70 €

31 Nouvelle-Place - ✆ 02 48 54 00 81 - www.latoursancerre.fr - Fermé 5-20 janvier, lundi, dimanche

Le Panoramic

BOUTIQUE HÔTEL • CONTEMPORAIN Bonne nouvelle : le Panoramic a fait peau neuve ! Il offre toujours le plus beau point de vue du Sancerrois sur les vignes ; on y dort dans des chambres modernes et confortables, décorées sur le thème du vin. Bar à vins, boutique et belle piscine.

52 chambres - 75/180 € - 15 € - 6 suites

Rempart des Augustins - ✆ 02 48 54 22 44 - www.panoramic-hotel.fr

à Chavignol 4 km au Nord par D955 et D183

La Côte des Monts Damnés

CUISINE TRADITIONNELLE • COSY XX Jean-Marc Bourgeois poursuit son exploration gastronomique, en synergie avec les vins du domaine. Certains classiques de la maison méritent le détour : tagliatelles au crottin, tourte au chèvre et jambon de Sancerre, soufflé à la mirabelle. Gourmand à se damner.

Menu 26/61 €

Place de l'Orme - ✆ 02 48 54 01 72 - www.montsdamnes.com - Fermé 23 décembre-7 janvier, mardi

SAN-MARTINO-DI-LOTA - Haute-Corse (2B) → Voir Corse (Bastia)

SANTENAY

✉ 21590 - Côte-d'Or - Carte régionale n° **5**-A3 - Carte Michelin 320-I8

L'Ouillette

CUISINE MODERNE • COSY XX Un jeune couple motivé est aux commandes de cette auberge familiale, installée sur la place centrale du village. En cuisine, Simon navigue entre bonne tradition (œufs en meurette, jambon persillé, coq au vin) et recettes plus actuelles ; Maude, en salle, assure un service attentif et efficace. On passe un excellent moment : longue vie à cette Ouillette !

Menu 22 € (déjeuner), 28/58 € - Carte 42/60 €

Place du Jet-d'Eau - ✆ 03 80 20 62 34 - www.ouillette.fr - Fermé 27 janvier-26 février, 22 juin-1er juillet, 16-25 novembre, mardi, mercredi

Le Terroir

CUISINE TRADITIONNELLE • COLORÉ XX Au cœur du village, une maison pimpante et chaleureuse au service d'une cuisine régionale appétissante : escargots de Bourgogne, beurre, ail, persil et amandes ; coq au vin rouge ; ou encore crème brûlée au pain d'épices... Joli choix de vins au verre.

Menu 29/45 € - Carte 52/65 €

19 place du Jet-d'Eau - ✆ 03 80 20 63 47 - www.restaurantleterroir.com - Fermé 8 décembre-14 janvier, mercredi soir, jeudi, dimanche soir

SARE

✉ 64310 – Pyrénées-Atlantiques – Carte régionale n° **18**–A3 – Carte Michelin 342-C5

Olhabidea

CUISINE TRADITIONNELLE • FAMILIAL XX Une ferme basque du 16e s. où l'on propose une cuisine goûteuse, élaborée avec finesse et passion, qui s'appuie largement sur les fruits et légumes du potager du chef. Autour, on flâne dans un parc de quatre hectares planté d'érables, de conifères et de camélias... Quel charme !

Menu 45 €

Quartier Sainte-Catherine (chemin d'Olha) – ✆ 05 59 54 21 85 – www.olhabidea.fr – Fermé 1er janvier-14 février, lundi, mardi, mercredi midi, dimanche soir

Arraya

FAMILIAL • COSY Cet ancien relais de Compostelle, d'architecture traditionnelle, abrite des chambres coquettes (mobilier en bois, tissus cousus main), certaines ouvrant sur le jardin classé. Décor basque au restaurant, avec terrasse ombragée : plats régionaux et boutique gourmande.

15 chambres – 96/195 € – 13 €

Place du Village – ✆ 05 59 54 20 46 – www.arraya.com – Fermé 2 novembre-31 mars

SARLAT-LA-CANÉDA

✉ 24200 – Dordogne – Carte régionale n° **18**–D3 – Carte Michelin 329-I6

Le Grand Bleu (Maxime Lebrun)

CUISINE CRÉATIVE • COSY XX En retrait du centre historique de la capitale du Périgord noir, cette maison abrite le restaurant de Maxime Lebrun, ancien de la Tour d'Argent, du Relais d'Auteuil ou encore du Grand Véfour. Son parcours lui a appris l'amour du travail bien fait, l'importance de la générosité et de l'esprit d'invention, loin des sempiternels confits de canard... Il dédie l'un de ses menus à son grand-père charcutier-traiteur. On goûte chez lui une cuisine de l'instant, en phase avec les saisons, qui n'hésite pas à alterner entre les incontournables de la maison et des préparations plus inventives.

Spécialités : Foie gras mi-cuit aux fruits de saison, granité au vin de noix. Ris de veau caramélisé au beurre d'échalote, réduction de porto. Macaron à l'olive noire, crème d'asperge verte au basilic.

Menu 26 € (déjeuner), 58/130 €

43 avenue de la Gare – ✆ 05 53 31 08 48 – www.legrandbleu.eu – Fermé 10 novembre-17 avril, lundi, mardi midi, mercredi midi, dimanche soir

SARPOIL – Puy-de-Dôme (63) → Voir Issoire

SARRAS

✉ 07370 – Ardèche – Carte régionale n° **3**–E2 – Carte Michelin 331-K2

Le Vivarais

CUISINE CLASSIQUE • TRADITIONNEL XX Au menu de cette sympathique maison traditionnelle, on découvre une généreuse cuisine classique, réalisée par un chef qui connaît son sujet sur le bout des doigts ! Mention spéciale pour le chariot de desserts, toujours aussi appétissant... Une jolie étape sur la route des vacances.

Menu 19 € (déjeuner), 34/62 € – Carte 45/68 €

30 avenue du Vivarais – ✆ 04 75 23 01 88 – Fermé 27 janvier-18 février, 3-25 août, lundi soir, mardi, dimanche soir

SARREGUEMINES

✉ 57200 – Moselle – Carte régionale n° **12**–D1 – Carte Michelin 307-N4

✿ Auberge St-Walfrid (Stephan Schneider)

CUISINE TRADITIONNELLE • ÉLÉGANT XXX Sur la route qui mène de Metz à Strasbourg, il était une fois une bien jolie auberge, ancienne dépendance agricole rattachée à l'église de Welferding. Stephan Schneider incarne aujourd'hui la cinquième génération d'une famille qui exerce ici depuis la fin du 19e s. Il a repris les rênes de cette maison que son père avait inscrite sur la carte régionale de la gastronomie. On s'attable dans une grande salle bourgeoise et chaleureuse au parquet ancien, parmi les vitrines où brille la faïence de Sarreguemines. Le chef est un défenseur de la belle tradition ! Il aime travailler avec les maraîchers de la région (il possède lui-même un potager), acheter des bêtes entières, pour les préparer lui-même – y compris les charcuteries. À la force du goût.

Spécialités : Langoustine royale frite et en tartare, légumes du moment. Langoustine royale frite et en tartare, légumes du moment. Tartelette feuilletée aux quetsches poêlées, crème glacée à la cannelle.

Menu 42/128 € – Carte 65/105 €

58 rue de Grosbliederstroff – ✆ 03 87 98 43 75 – www.stwalfrid.com – Fermé 16 février-2 mars, 26 juillet-10 août, lundi midi, samedi midi, dimanche

Le Petit Thierry

CUISINE MODERNE • TENDANCE X Cet ancien moulin, face à la Sarre, arbore le look d'un bistrot contemporain... mais conserve son imposant poêle en faïence ! On y apprécie une cuisine du marché à travers un menu-carte qui change régulièrement. Frais, coloré, et d'agréables fumets viennent titiller vos narines... Entrez donc !

Menu 39 €

135 rue de France – ✆ 03 87 98 22 59 – Fermé 15-31 janvier, mercredi soir, jeudi

Auberge St-Walfrid

FAMILIAL • CLASSIQUE À la sortie de la ville, une belle maison en pierre où, depuis cinq générations, la même famille cultive l'art de recevoir. Grandes chambres pleines de charme, dont plusieurs sont installées dans une extension contemporaine.

22 chambres – 115/400 € – 15 €

58 rue de Grosbliederstroff – ✆ 03 87 98 43 75 – www.stwalfrid.com

✿ **Auberge St-Walfrid** – Voir la sélection des restaurants

à Wœlfling-lès-Sarreguemines 10, 8 km au Sud - Est par D –

Carte régionale n° **12**-D1

Restaurant Dimofski

CUISINE ACTUELLE • VINTAGE XX Julien Dimofski est un chef motivé, et son enthousiasme se découvre au gré d'assiettes soignées et savoureuses, humant l'air du temps. Décor rustique et lumineux, à une dizaine de kilomètres de Sarreguemines.

Spécialités : Escargots en coque de pomme de terre. Omble chevalier de la source du Heimbach, sauce mousseline. Tarte fine craquante aux quetsches.

Menu 30/90 € – Carte 60/94 €

2 Quartier de la Gare – ✆ 03 87 02 38 21 – Fermé 1er février-1er mars, 10-31 août, lundi, mardi, samedi midi, dimanche soir

SARTÈNE – Corse-du-Sud (2A) ➜ Voir Corse

SARZEAU

✉ 56370 – Morbihan – Carte régionale n° **7**-A3 – Carte Michelin 308-O9

Le Kerstéphanie

CUISINE MODERNE • MAISON DE CAMPAGNE XX Cette ancienne ferme en pierres, recouverte de vigne vierge et entourée d'un parc arboré, propose une cuisine actuelle, joliment inventive. Tourteau au citron vert et siphon d'avocat ; poisson de ligne, tomate et réglisse à l'huile de basilic... que l'on déguste, aux beaux jours, sur la terrasse ombragée.

Menu 25 € (déjeuner), 35/55 €

Route de Roaliguen – ✆ 02 97 41 72 41 – www.lekerstephanie.fr – Fermé mardi, mercredi

Le Manoir de Kerbot

CUISINE MODERNE • TRADITIONNEL XX Ce manoir du 16e s. (et ancien orphelinat) s'est réinventé en repaire de gastronomes : on y déguste une cuisine au goût du jour – huîtres du golfe pochées, pressé de homard et moules de bouchot, grenadin de veau à la tapenade d'olive verte… Le service est fort attentionné, et la terrasse très agréable.

Menu 32/65 € – Carte 40/55 €

Lieu-dit Kerbot – ✆ 02 97 26 40 38 – www.kerbot.com – Fermé 7-28 janvier, lundi, dimanche soir

Le Manoir de Kerbot

BOUTIQUE HÔTEL • CONTEMPORAIN Neuf grandes chambres contemporaines ont été aménagées dans les dépendances du Manoir : mobilier design, pierre apparente, vue sur le plan d'eau… Un ensemble qui ne manque pas de cachet.

9 chambres – 110/210 € – 18 €

Lieu-dit Kerbot – ✆ 02 97 26 40 38 – www.hotelrestaurantkerbot.com – Fermé 7-28 janvier

Le Manoir de Kerbot – Voir la sélection des restaurants

à Penvins 7 km au Sud - Est par D198

La Pergola

CUISINE MODERNE • ROMANTIQUE XX Sise dans le charmant petit bourg de Penvins, cette coquette maison, devancée d'une jolie terrasse avec pergola, abrite une table de qualité. Les assiettes y sont savoureuses et parfumées, à l'instar de ces makis de sardines au blé noir et chèvre frais au haddock. Du cachet, du goût, un charme fou !

Menu 37/46 € – Carte 60/70 €

21 rue Ker-an-Poul – ✆ 02 97 67 40 80 – www.lapergola.penvins.com – Fermé 13 janvier-3 février, 24-30 juin, 30 septembre-13 octobre, lundi, mardi, dimanche soir

SASSETOT-LE-MAUCONDUIT

✉ 76540 – Seine-Maritime – Carte régionale n° **17**-C1 – Carte Michelin 304-D3

Le Relais des Dalles

CUISINE TRADITIONNELLE • AUBERGE XX Un Relais qui fleure bon la Normandie… La maison est rustique à souhait, mais notre préférence va au jardin, charmant (terrasse). La carte cultive la tradition, avec un beau choix de vins. Quelques jolies chambres dans la maison attenante.

Menu 36/65 € – Carte 43/70 €

6 rue Elisabeth-d'Autriche (près du château) – ✆ 02 35 27 41 83 – www.relais-des-dalles.fr – Fermé 20 décembre-10 janvier, lundi, mardi midi, mercredi midi

SAUBION - Landes (40) ➜ Voir Hossegor

SAUGUES

✉ 43170 – Haute-Loire – Carte régionale n° **1**-C3 – Carte Michelin 331-D4

La Terrasse

CUISINE MODERNE • CLASSIQUE XX Le chef Benoît Fromager est bien installé aux fourneaux de cette Terrasse du centre du village, et ses intentions sont très claires : proposer une cuisine bien dans son temps, célébrant le terroir sans chercher à coller aux modes. Quant à l'intérieur, il est rustique et confortable…

Menu 17/32 €

Cours du Docteur-Gervais – ✆ 04 71 77 83 10 – www.hotellaterrasse-saugues.com – Fermé 1er novembre-1er avril, lundi, dimanche soir

SAUJON

✉ 17600 – Charente-Maritime – Carte régionale n° **20**-B3 – Carte Michelin 324-E5

Le Ménestrel

CUISINE MODERNE • TRADITIONNEL XX Sans verser dans la chanson de gestes, David Ménestrel laisse aller son imagination pour créer des plats actuels, qui rendent hommage aux produits de la région. Agréable terrasse sous les arbres, aux beaux jours.

Menu 30 € (déjeuner), 40/139 € – Carte 61/91 €

Place Richelieu – ✆ 05 46 06 92 35 – www.restaurant-lemenestrel.com – Fermé 17 février-2 mars, 15-29 juin, 5-19 octobre, mardi, mercredi

SAULES – Doubs (25) → Voir Ornans

SAULIEU

✉ 21210 – Côte-d'Or – Carte régionale n° **5**-C2 – Carte Michelin 320-F6

La Côte d'Or

CUISINE MODERNE • ÉLÉGANT XXXX Voilà plus de 35 ans que Patrick Bertron a posé ses valises au Relais Bernard Loiseau. C'est lui, en 2003, qui a repris les rênes en cuisine après la brutale disparition du maître ; son mérite, toutes ces années, a été de rester fidèle à la philosophie de Loiseau, tout en enrichissant la carte des plats de son invention. Il trouve son inspiration dans sa Bretagne natale, avec ses merveilleux produits de la mer (homard, langoustine, turbot), mais aussi en Bourgogne, dont il a appris au fil des années à apprivoiser les trésors : champignons (girolles, cèpes), bœuf de Charolles, mais aussi truffe noire, asperges, et on en passe. Ensuite, dans l'assiette, c'est l'expérience qui parle... Quant à la magnifique sélection de vins, elle est mise en musique par Eric Goettelmann, sommelier Meilleur Ouvrier de France.

Spécialités : Jambonnettes de grenouilles à la purée d'ail et au jus de persil. Bœuf de Charolles, jus au regain. Vanille intense et croustillante.

Menu 75 € (déjeuner), 150/245 € – Carte 142/256 €

Le Relais Bernard Loiseau, 2 rue d'Argentine – ✆ 03 80 90 53 53 – www.bernard-loiseau.com – Fermé 20 janvier-5 février, mardi, mercredi

Loiseau des Sens

CUISINE MODERNE • COSY X Dans un cadre zen et épuré, on déguste une "cuisine santé" fine et goûteuse, avec de nombreuses préparations bio ou sans gluten. Les cuissons sont maîtrisées, l'ensemble ne manque pas de subtilité ; on passe un bon moment.

Menu 35/65 € – Carte 67/84 €

Le Relais Bernard Loiseau, 4 avenue de la Gare – ✆ 03 45 44 70 00 – www.bernard-loiseau.com – Fermé 20 janvier-7 février, jeudi, vendredi

Le Relais Bernard Loiseau

LUXE • ÉLÉGANT Un Relais dans la grande tradition française, qui fait honneur à l'hospitalité bourguignonne. Murs du 18e s., poutres et colombages patinés par les ans, sols en terre cuite, mobilier ancien... mais aussi spa imposant et piscine idyllique. Intemporel et furieusement chic !

32 chambres – 99/705 € – 35 € – 12 suites

2 rue d'Argentine – ✆ 03 80 90 53 53 – www.bernard-loiseau.com – Fermé 20 janvier-5 février

La Côte d'Or • **Loiseau des Sens** – Voir la sélection des restaurants

SAUMUR

✉ 49400 – Maine-et-Loire – Carte régionale n° **23**-C2 – Carte Michelin 317-I5

Le Gambetta (Mickael Pihours)

CUISINE CRÉATIVE • INTIME XXX Dans cette ville réputée pour son vin, son château et ses intrigues balzaciennes, la créativité se joue un peu à l'écart du centre-ville... Une adresse discrète abrite un décor intimiste et épuré, d'esprit bourgeois. Quelle surprise quand on y découvre les audaces maîtrisées de Mickaël Pihours ! Ce natif d'Angers a appris la cuisine dans sa ville natale avant de s'envoler pour Londres puis de revenir en France dans les tables étoilées. Il a beaucoup appris aux côtés du chef Laurent Saudeau du Manoir de la Boulaie. Mickaël a fait du chemin depuis et, un temps influencé par Ferran Adrià, ce créatif a entrepris de bousculer en douceur la tradition. Il joue sur les textures et les associations de saveurs surprenantes, comme dans ce foie gras de canard, anguille et asperge verte.

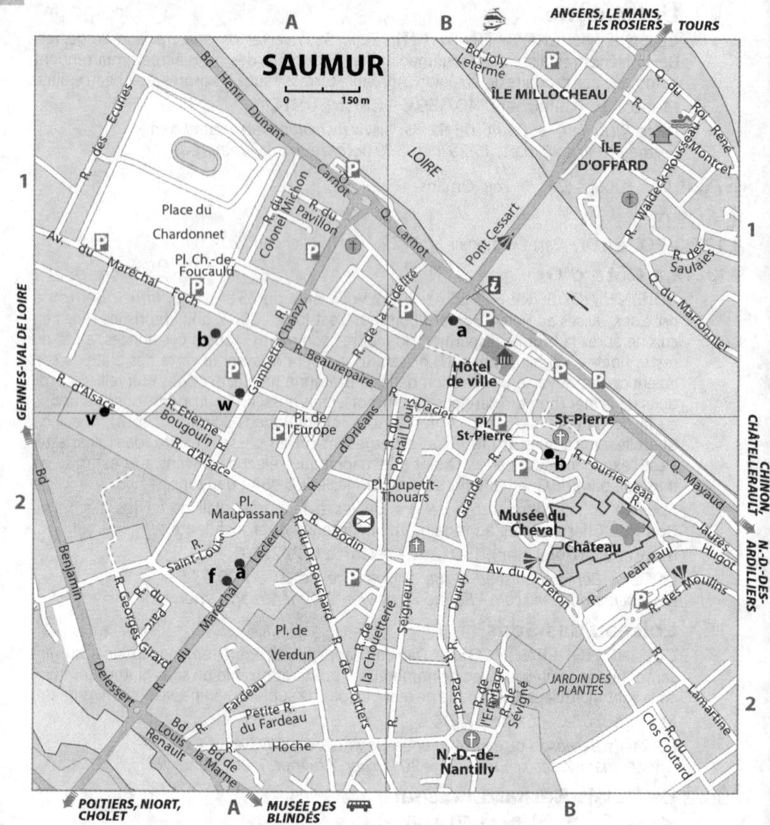

Spécialités : Homard breton, mangue, haricots plats et poivre rouge des Bolovens. Poitrine de pigeonneau aux saveurs orientales, jus à la bergamote et pain pita. Pomme granny smith, gingembre et vanille Bourbon.

Menu 32 € (déjeuner), 42/117 € – Carte 84/100 €

Plan A1-w – *12 rue Gambetta – ✆ 02 41 67 66 66 – www.restaurantlegambetta.fr – Fermé 25 juillet-12 août, 22-29 décembre, lundi, dimanche*

L'Escargot

CUISINE TRADITIONNELLE · COSY Agréable cadre contemporain et épuré pour une cuisine sans fioriture, qui va à l'essentiel, autour de plats phares comme les escargots farcis en coquilles à l'ail et au persil, le carré d'agneau rôti, ou en dessert, le"vrai" pain perdu d'antan. C'est goûteux, généreux, et les produits sont de premier choix. Un joli petit Escargot où prendre le temps de se restaurer… sur la jolie terrasse, en été.

Spécialités : Escargots aux trois beurres. Carré d'agneau rôti et gratin dauphinois. Pain perdu de ma maman, glace caramel au beurre salé.

Menu 21 € (déjeuner), 32/40 €

Plan A2-a – *30 rue du Maréchal-Leclerc – ✆ 02 41 51 20 88 – Fermé 18 février-4 mars, 11 août-2 septembre, 27 octobre-11 novembre, mardi, mercredi, samedi midi*

La Table du Château Gratien

CUISINE MODERNE • CHIC XX Dans le parc paysager des caves Gratien et Meyer, ce joli petit château de la fin du 19ème siècle séduit par son cachet - parquet en point de Hongrie, lustres à pampilles et mobilier contemporain. La cuisine met en valeur les beaux produits de la région - champignons, bœuf de race Parthenaise, anguille de Loire - avec soin et sans superflu. Herbes du potager, excellent pain maison, madeleines tièdes servies avec le café... Une bonne adresse.

Menu 34€ (déjeuner), 48/64€

Hors plan – *94 route de Montsoreau (caves Gratien Meyer) – ✆ 07 87 08 29 05 – www.restaurant-saumur-gratien.fr – Fermé lundi, mardi midi, dimanche soir*

L'Alchimiste

CUISINE MODERNE • DE QUARTIER X Dans ce petit restaurant contemporain, pas de cuisine moléculaire ou alchimiste, mais de bons petits plats cuisinés avec savoir-faire. Le rapport saveurs-prix est bon ! Mieux vaut réserver car l'établissement, bien que discret, est souvent complet...

Menu 25/37€ – Carte 33/50€

Plan A1-b – *6 rue de Lorraine – ✆ 02 41 67 65 18 – www.lalchimiste-saumur.fr – Fermé 16-23 février, 5-12 juillet, 18 octobre-3 novembre, lundi, dimanche*

L'Aromate

CUISINE MODERNE • CONVIVIAL X Herbes, épices, condiments... Le chef célèbre les aromates ! On travaille ici en famille, au service d'une jolie cuisine bistronomique qui évolue avec les saisons, et se déguste dans une salle agréable. Sympathique et chaleureux.

Menu 20€ (déjeuner), 37/42€ – Carte 35/45€

Plan A2-f – *42 rue du Maréchal-Leclerc – ✆ 02 41 51 31 45 – www.laromate-restaurant.com – Fermé 1er-15 mars, 15-30 juin, 15-30 octobre, lundi, dimanche*

Le Boeuf Noisette

CUISINE TRADITIONNELLE • BISTRO X On s'installe dans une salle de style bistro vintage, avec banquettes, tables en marbre et miroirs pour déguster une carte courte et soignée, centrée autour de produits régionaux (notamment le bœuf rouge des prés). Placement idéal au centre-ville, derrière le théâtre, et parallèle aux quais de la Loire, proche d'un grand parking public. Produits de qualité et circuits courts. Goûteux.

Menu 30/35€

Plan B1-a – *29 rue Molière – ✆ 09 81 73 73 10 – Fermé lundi, mercredi midi, samedi midi*

Château de Verrières

DEMEURE HISTORIQUE • ÉLÉGANT Le lieu idéal pour un séjour romantique : un bel édifice Napoléon III, des boiseries aux teintes apaisantes, un décor Belle Époque et un grand parc... où trônent un noyer d'Amérique et un cyprès, aussi vieux que la demeure ! Espace bien-être et accueil amical.

10 chambres – 198/338€ – ☕ 24€

Plan A1-v – *53 rue d'Alsace – ✆ 02 41 38 05 15 – www.chateau-verrieres.com – Fermé 1er décembre-29 février*

SAUTERNES

✉ 33210 – Gironde – Carte régionale n° **18**-B2 – Carte Michelin 335-I7

La Chapelle au château Guiraud

CUISINE TRADITIONNELLE • RÉGIONAL X Le cadre de ce restaurant, situé sur une propriété viticole, laisse sans voix. On s'installe sous de grosses poutres, pour goûter à une cuisine française de tradition, basée sur les beaux produits du Sud-Ouest : agneau de Pauillac, bœuf de race bazadaise... La terrasse, fort plaisante, est au grand calme.

Menu 25€ (déjeuner)/39€ – Carte 36/65€

5 Château Guiraud – ✆ 05 40 24 85 45 – www.lachapelledeguiraud.com – Fermé lundi soir, dimanche soir

La Sauternaise

MAISON DE MAÎTRE • ÉLÉGANT Au centre du célèbre village viticole, derrière la charmante église, cette demeure du 18^{e}s. rénovée avec goût sous l'impulsion d'un couple de la région, offre le confort des vieilles maisons bourgeoises, du coquet salon, égayé de meubles chinés, aux quatre chambres, inspirées de styles différents, dont nous vous laissons découvrir les noms... et l'attention portée aux salles de bain. Un charmante étape.

4 chambres – 115/125 €

22 rue Principale – 06 78 00 64 18 – www.lasauternaise.com – Fermé 1er-31 janvier, 16-30 août

à Bommes 2,5 km au Nord - Ouest – Carte régionale n° **18**–B2

✿ Lalique

CUISINE CLASSIQUE • LUXE XXX Dans ce joli château installé au cœur du vignoble Lafaurie-Peyraguey, tous les ingrédients sont réunis pour un repas de haute volée. Jérôme Schilling, chef au parcours immaculé (Guy Lassausaie, Joël Robuchon, Thierry Marx...) a pris le temps de composer une carte intelligente, entre classicisme et spécialités régionales. En bonne place, on trouve par exemple le bœuf de Bazas, l'agneau de Pauillac, les huîtres du bassin d'Arcachon, ou encore les truffes de Barsac, qu'il travaille avec un talent certain. Et toutes ces douceurs s'accompagnent d'une carte des vins pléthorique (2500 références) où le Sauternes est à l'honneur. Quant au cadre intérieur, il est à tomber : une luxueuse salle à manger décorée avec beaucoup de goût, parée d'un lustre en feuille de cristal Lalique (l'évidence même !), et dont la verrière est ouverte sur les vignes... Un lieu hors du temps.

Spécialités : Foie gras de canard poêlé et confit douze heures au vin de Sauternes. Foie gras de canard poêlé et confit douze heures au vin de Sauternes. Feuillet au sarrasin, fruits des bois et glace vanille de Madagascar fumée.

Menu 65 € (déjeuner), 95/245 € – Carte 90/110 €

Château Lafaurie-Peyraguey, Lieu-dit Peyraguey – 05 24 22 80 11 – www.lafauriepeyragueylalique.com – Fermé 1er janvier-5 février, mardi, mercredi

Château Lafaurie-Peyraguey

DEMEURE HISTORIQUE • ÉLÉGANT Au cœur du vignoble de Sauternes, ce château du 17e s. a été joliment rénové par son propriétaire. Chambres sobres aux tons apaisants, avec une décoration largement signée Lalique, vue sur les vignes et grand calme : posez vos valises et profitez, tout simplement !

10 chambres – 240/500 € – 3 suites

Lieu-dit Peyraguey – 05 24 22 80 11 – www.lafauriepeyragueylalique.com – Fermé 1er janvier-5 février

✿ **Lalique** – Voir la sélection des restaurants

SAUVETERRE-DE-ROUERGUE

12800 – Aveyron – Carte régionale n° **22**–C1 – Carte Michelin 338-F5

✿ Le Sénéchal (Michel Truchon)

CUISINE MODERNE • ÉLÉGANT XXX Un poisson rouge en bocal sur chaque table, des œuvres d'art : le cadre sert à merveille la cuisine fine et délicate du chef, Michel Truchon. Il joue judicieusement sur les textures, proposant de beaux visuels, le tout avec des produits soigneusement choisis, à l'image de ce maquereau de St-Jean-de-Luz ou des légumes du marché qu'il utilise toujours à bon escient. Les saveurs sont nettes, franches, aussi directes que complémentaires : le chef ne s'embarrasse pas du superflu, et cela fonctionne ! Quelques chambres pour l'étape.

Spécialités : Cuisine du marché.

Menu 35/130 €

Le bourg – 05 65 71 29 00 – www.hotel-senechal.fr – Fermé 2 janvier-20 mars, lundi, mardi midi, dimanche soir

SAUVIGNY-LE-BOIS – Yonne (89) → Voir Avallon

SAUXILLANGES - Puy-de-Dôme (63) ➜ Voir Issoire

SAUZON - Morbihan (56) ➜ Voir Belle-Ile-en-Mer

SAVERNE

✉ 67700 - Bas-Rhin - Carte régionale n° **10**-A1 - Carte Michelin 315-I4

✿ Kasbür (Yves Kieffer)

CUISINE MODERNE • ÉLÉGANT XXX Né en 1932, le Kasbür est lié à la famille Kieffer depuis trois générations. Cette adresse des abords de Saverne doit son nom à l'arrière-grand père, un paysan qui faisait ici-même ses fromages. Son arrière-petit-fils, Yves Kieffer, a fait entrer cette belle bâtisse dans la modernité avec sa salle à manger semi-circulaire ouvrant sur l'opulente campagne alsacienne. Après avoir connu les cuisines de la Tour d'Argent et celles de Marc Meneau à Vézelay, le chef est revenu, animé par la force de l'héritage et... une exigence jamais démentie. Il propose des produits de qualité qu'il aime travailler à parfaite maturité, de la morille à la canette des Dombes en passant par les asperges du Kochersberg.

Spécialités : Gambas sauvages au lard paysan, sauce wasabi et fruit de la passion. Pigeon rôti et fumé au foin, nem des cuisses au foie gras et chutney de fruits rouges. L'estragon du jardin et la framboise d'Alsace.

Menu 25 € (déjeuner), 55/97 € - Carte 73/96 €

8 route de Dettwiller, à Monswiller - ✆ 03 88 02 14 20 - www.restaurant-kasbur.fr - Fermé 17 février-3 mars, lundi, mardi, dimanche soir

Staeffele

CUISINE MODERNE • CONTEMPORAIN XX Une cuisine dans l'air du temps, attentive aux saisons et aux inspirations du chef, est proposée dans un cadre contemporain. Louis XV, Louis XVI ou encore Goethe - hôtes du château tout proche - auraient sans doute apprécié !

Menu 26 € (déjeuner), 48/62 €

1 rue Poincaré - ✆ 03 88 91 63 94 - www.staeffele.com - Fermé 3-23 août, lundi, mardi, dimanche soir

Taverne Katz

CUISINE ALSACIENNE • RUSTIQUE X Pour trouver ce restaurant, rien de plus simple : rendez-vous à l'hôtel de ville, c'est juste à côté ! Dans cette superbe maison à colombages (1605), on défend la cuisine locale dans une atmosphère conviviale.

Menu 14 € (déjeuner), 45/56 € - Carte 35/60 €

80 Grand'Rue - ✆ 03 88 71 16 56 - www.tavernekatz.com - Fermé mardi

SAVIGNY-LÈS-BEAUNE - Côte-d'Or (21) ➜ Voir Beaune

SAVIGNY-SOUS-FAYE - Vienne (86) ➜ Voir Lencloitre

SAVIGNY-SUR-ORGE - Essonne (91) ➜ Voir Autour de Paris

SAVONNIÈRES

✉ 37510 - Indre-et-Loire - Carte régionale n° **8**-B2 - Carte Michelin 317-M4

La Maison Tourangelle

CUISINE MODERNE • ÉLÉGANT XX Le rustique marié au moderne, une délicieuse terrasse sur le Cher et une belle cuisine de produits, gourmande et précise : voilà les atouts - et non des moindres - qui font de cette maison tourangelle l'une des tables les plus courues du département.

Spécialités : Taboulé coriandre, crevettes et moules, bisque crémeuse. Merlu en tournedos de lard fumé, houmous de cocos et jus de viande. Biscuit citron, abricot confit et mousseline chocolat blanc.

Menu 34/110 €

9 route des Grottes-Pétrifiantes - ✆ 02 47 50 30 05 - www.lamaisontourangelle.com - Fermé 2-9 janvier, 9-24 mars, 1er-18 août, lundi, mardi, dimanche soir

SAZILLY - Indre-et-Loire (37) ➜ Voir L'Île-Bouchard

SCHERWILLER - Bas-Rhin (67) ➜ Voir Sélestat

SCHILTIGHEIM - Bas-Rhin (67) ➜ Voir Strasbourg

LA SCHLUCHT (COL DE) - Vosges (88) ➜ Voir Col de la Schlucht

SECLIN

✉ 59113 - Nord - Carte régionale n° **13**-C2 - Carte Michelin 302-G4

Auberge du Forgeron

CUISINE MODERNE · ÉLÉGANT XXX Une auberge familiale pleine de charme. Côté restaurant gastronomique, la carte épouse l'air du temps, et les spécialités du chef – poêlée de Saint-Jacques aux truffes noires, ris de veau au fenouil – font mouche. À l'heure du repos, on profite de chambres confortables et bien tenues.

Menu 33/76 € - Carte 42/69 €

17 rue Roger-Bouvry - ✆ 03 20 90 09 52 - www.aubergeduforgeron.com - Fermé 2-17 août, 24-30 décembre, lundi, samedi midi, dimanche

SEDAN

✉ 08200 - Ardennes - Carte régionale n° **11**-C1 - Carte Michelin 306-L4

La Ronde des Sens

CUISINE MODERNE · CONVIVIAL XX Les sens sont à la fête dans ce restaurant du centre-ville, proche de la place de la Halle. La cuisine, généreuse et soignée, attentive aux saisons, évoque la Méditerranée. Profitez de la verrière !

Menu 16 € (déjeuner) - Carte 37/43 €

34 rue du Ménil - ✆ 03 24 33 57 27 - www.larondedessens.fr - Fermé 6-26 janvier, 17-31 août, lundi, jeudi soir, dimanche soir

à Donchery 10 km à l'Ouest par D334

Domaine Château du Faucon

DEMEURE HISTORIQUE · PERSONNALISÉ Ce joli château du 17e s., entouré d'un beau parc de 19 ha, distille une ambiance feutrée ; ses chambres mêlent élégamment classique et contemporain. On peut même aller voir les chevaux dans les écuries voisines !

33 chambres - 119/209 € - 19 € - 3 suites

Route de Vrigne-aux-Bois - ✆ 03 24 41 87 83 - www.domaine-chateaufaucon.com - Fermé 21-27 décembre

SEIGNOSSE

✉ 40510 - Landes - Carte régionale n° **18**-A3 - Carte Michelin 335-C12

Villa de l'Étang Blanc (David Sulpice)

CUISINE MODERNE · ROMANTIQUE X L'étang Blanc est un délicieux petit plan d'eau protégé, peuplé d'oiseaux que l'on a tout loisir d'observer depuis la jolie terrasse ou la salle grande ouverte. Ou comment conjuguer les joies de la nature et de la gastronomie ! En cuisine, c'est David Sulpice, dont le parcours l'a mené de Sydney à Manchester, en passant par l'île de Wight. Goûteuses et équilibrées, sans rien de trop pour souligner les saveurs, ses assiettes donnent la priorité aux produits du terroir landais et au bio. Tout entière dévouée au bien-être de ses clients, son épouse Magali, qui était du périple australien également, s'occupe avec brio de l'hôtellerie, de la salle et du vin.

Spécialités : Cuisine du marché.

Menu 35 € (déjeuner), 65/75 €

2265 route de l'Étang-Blanc - ✆ 05 58 72 80 15 - www.villaetangblanc.fr - Fermé 1er-5 janvier, 16 février-1er mars, 22-26 juin, lundi soir, mardi, mercredi

SEILLANS

✉ 83440 - Var - Carte régionale n° **24**-C3 - Carte Michelin 340-O4

Hôtel des Deux Rocs

CUISINE DU MARCHÉ • ROMANTIQUE La salle a le charme de la région, la terrasse prend ses aises sur les pavés et... sous les platanes, et la cuisine du marché, imaginée par un chef qui honore la gastronomie provençale par de savoureuses recettes. Ces Deux Rocs cultivent une vraie douceur de vivre, avec une pointe de raffinement.

Menu 23 € (déjeuner)/31 € – Carte 31/52 €

1 place Font-d'Amont – 04 94 76 87 32 – www.hoteldeuxrocs.com – Fermé 2 novembre-9 mars, lundi, mardi midi

Chez Hugo

CUISINE TRADITIONNELLE • AUBERGE Cette petite auberge est tenue par deux enfants du pays, aubergistes de mère en fils. Hugo en cuisine, augmenté de Stéphane en salle, revisite le terroir de la Provence avec punch, signant une cuisine ensoleillée qui va à l'essentiel. Le duo, épatant, remporte tous les suffrages ; en témoignent les nombreux habitués, et la terrasse, qui l'été, affiche complet.

Carte 25/40 €

4 rue de l'Hospice – 04 94 85 54 70 – www.chezhugo.fr – Fermé 15 décembre-13 février, lundi, mardi

La Gloire de mon Père

CUISINE PROVENÇALE • BRASSERIE L'atout de ce restaurant : sa terrasse dressée sur la place du village, entourant la belle fontaine et le lavoir. Au frais sous les vieux platanes, les plats traditionnels (bourride de poisson de roche, barigoule d'artichauts) n'en ont que plus de saveurs...

Menu 32/42 € – Carte 38/62 €

1 place du Thouron – 04 94 60 18 65 – www.lagloiredemonpere.fr – Fermé mercredi

Hôtel des Deux Rocs

AUBERGE • PERSONNALISÉ Il règne dans cette belle bastide de la fin du 16e s., postée sur les hauteurs du bourg, l'atmosphère et le charme des maisons d'antan : mobilier ancien, jolis objets chinés, salles de bains rétro... Pour une escapade dans la Provence d'autrefois !

14 chambres – 75/195 € – 15 €

1 place Font-d'Amont – 04 94 76 87 32 – www.hoteldeuxrocs.com – Fermé 2 novembre-9 mars

Hôtel des Deux Rocs – Voir la sélection des restaurants

SÉLESTAT

67600 – Bas-Rhin – Carte régionale n° **10**-C1 – Carte Michelin 315-I7

Au Bon Pichet

CUISINE TRADITIONNELLE • CONVIVIAL Il fait bon se restaurer dans cette maison tenue par la même famille depuis quatre générations ! Comme hier, le chef concocte de bonnes recettes traditionnelles : jarret de porc fumé en choucroute de pommes de terre, quenelles de sandre et sauce matelote... L'accueil convivial et le décor de winstub confirment que les règles du bien vivre sont indémodables !

Spécialités : Foie gras d'oie mi-cuit, chutney de fruits secs, brioche toastée. Onglet de bœuf, pommes boulangères. Torche aux marrons.

Menu 23 € (déjeuner)/33 €

10 place du Marché-aux-Choux – 03 88 82 96 65 – www.aubonpichet.fr – Fermé 7-21 juillet, lundi, dimanche

La Vieille Tour

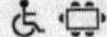

CUISINE TRADITIONNELLE • RUSTIQUE Au cœur du vieux Sélestat, dans cette chaleureuse maison alsacienne flanquée d'une tour (13e-15e s.), on propose une cuisine traditionnelle réalisée à partir de bons produits... le tout à prix raisonnables.

Menu 21 € (déjeuner), 34/42 € – Carte 25/58 €

8 rue de la Jauge – 03 88 92 15 02 – www.vieille-tour.com – Fermé mardi, mercredi

à Scherwiller 6 km au Nord - Ouest par route secondaire

Auberge Ramstein

CUISINE TRADITIONNELLE • AUBERGE XX Priorité à la tradition dans cette maison où l'on travaille en famille ! Les clients se régalent au gré de trois menus composés selon la saison, et le week-end, de menus thématiques (accords mets-vins ; truffe etc.), avec toujours l'ambition de réinterpréter le terroir alsacien.

Menu 37/69 €

1 rue du Riesling – ✆ 03 88 82 17 00 – www.hotelramstein.fr – Fermé 2-15 mars, 25 décembre-5 janvier, lundi, mardi midi, mercredi midi, jeudi midi, vendredi midi, samedi midi, dimanche soir

SEMBLANÇAY

✉ 37360 – Indre-et-Loire – Carte régionale n° **8**-B2 – Carte Michelin 317-M4

La Mère Hamard

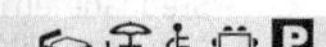

CUISINE MODERNE • TRADITIONNEL XX Une véritable institution que cette belle bâtisse en pierre née en 1903 ! Chaleureuse, elle se pare d'une charmante terrasse sous les glycines, où l'on déguste des plats gourmands et délicats, exécutés dans le respect du produit. L'accueil est attentionné, et l'on profite d'une belle sélection de vins de Touraine – vouvray, en particulier.

Menu 35/95 € – Carte 52/84 €

2 rue du Petit Bercy – ✆ 02 47 56 62 04 – www.lamerehamard.com – Fermé 16 février-5 mars, lundi midi, mardi midi, mercredi midi, jeudi midi

SÉNART – Seine-et-Marne (77) ➜ Voir Autour de Paris

SÉNAS

✉ 13560 – Bouches-du-Rhône – Carte régionale n° **25**-E1 – Carte Michelin 340-F3

Le Bon Temps

CUISINE TRADITIONNELLE • CONVIVIAL X Au bord de la route, cette petite adresse ne paie pas de mine, et pourtant ! On y rencontre un couple de trentenaire attachants et pleins de bonne volonté, qui mitonnent une cuisine gourmande et généreuse. Fraîcheur des produits (légumes, en particulier), amour du travail bien fait, prix imbattables : il n'y a pas de mal à prendre un peu de Bon Temps...

Menu 26/50 €

Le Crillon – ✆ 04 90 73 24 47 – Fermé 16 août-1er septembre, 20-31 décembre, lundi, dimanche

SÉNÉ – Morbihan (56) ➜ Voir Vannes

SENLIS

✉ 60300 – Oise – Carte régionale n° **14**-B3 – Carte Michelin 305-G5

Le Julianon

CUISINE CRÉATIVE • BISTRO X Dans cette charmante petite maison du 17e s., le décor de bistrot contemporain invite à s'asseoir et à profiter du repas. Le chef propose une cuisine inventive, jouant avec tact sur les textures et les harmonies de saveurs ; il fait évoluer la carte au gré des saisons et de son inspiration du moment.

Menu 26 € (déjeuner), 37/57 €

5 place Gérard-de-Nerval – ✆ 03 44 32 12 05 – www.le-julianon.fr – Fermé lundi, samedi midi, dimanche

Le Scaramouche

CUISINE TRADITIONNELLE • BISTRO X Comme dans la Commedia dell'arte – dont Scaramouche est issu –, il se joue ici une sympathique pièce ! Terrine de canard à l'orange, blanquette d'agneau au riz pilaf et pignons de pin, des œufs à la neige à la praline rose... On se régale d'une cuisine bistrotière joliment réalisée, goûteuse et généreuse.

Menu 25 € – Carte 30/50 €

4 place Notre-Dame – ✆ 03 44 53 01 26 – www.le-scaramouche.fr – Fermé 3-23 août, lundi, dimanche

SENONCHES

✉ 28250 - Eure-et-Loir - Carte régionale n° **8**-B1 - Carte Michelin 311-C4

La Forêt

CUISINE MODERNE • COSY XX Inspirée : voilà l'adjectif qui caractérise le mieux la cuisine de Nicolas Lahouati. Le jeune chef entremêle à merveille son itinéraire professionnel (Thaïlande, Mexique) et des produits locaux de qualité - viandes de la Charentonne, tome et féta du Perche... Ses assiettes sont aussi savoureuses que soignées : on se régale.

Spécialités : L'œuf aux saveurs printanières. Blanquette de veau sauce Albufera. La pomme verte et le céleri.

Menu 18 € (déjeuner), 34/56 € - Carte 46/70 €

22 rue de Verdun - ✆ 02 37 37 78 50 - www.hoteldelaforet-senonches.com - Fermé 14-29 août, 23 décembre-4 janvier, lundi soir, mardi soir, mercredi soir, dimanche soir

SENONES

✉ 88210 - Vosges - Carte régionale n° **12**-C2 - Carte Michelin 314-J2

Au Bon Gîte

P

CUISINE MODERNE • CONTEMPORAIN X Sur la place centrale de cette bourgade, ancienne capitale de la principauté de Salm, cette auberge familiale fondée en 1874 abrite aujourd'hui un restaurant sobre et contemporain. La cuisine, actuelle, s'accompagne de quelques préparations traditionnelles : tripes au vin blanc d'Alsace, parmentier de homard aux œufs de truite, millefeuille à la vanille Bourbon...

Menu 23 € (déjeuner), 26/38 € - Carte 33/50 €

3 place Vautrin - ✆ 03 29 57 92 46 - www.aubongite.fr - Fermé 2-23 mars, 7-28 septembre, lundi, dimanche soir

SENS

✉ 89100 - Yonne - Carte régionale n° **5**-B1 - Carte Michelin 319-C2

La Madeleine (Patrick Gauthier)

A/C P

CUISINE MODERNE • CONVIVIAL XXX Le bourguignon Patrick Gauthier a quitté le cœur de Sens pour s'installer dans un restaurant ultramoderne, au bord de la rivière. Le design s'inspire de ses innombrables voyages en Scandinavie et en Asie. "Cuisinier avant tout", comme il se définit, ce chef passionné continue de présenter lui-même son menu du jour. Amoureux des marchés locaux, il signe une cuisine authentique, à base de beaux produits, très enlevée et pleine de saveurs : pétulante poêlée de girolles avec leur tranche de foie gras ; belle darne de turbot, fenouil, oignon rouge et truffe d'été ; magnifiques myrtilles sauvages et crème glacée au lait d'amande.

Spécialités : Cuisine du marché.

Menu 50 € (déjeuner), 68/120 €

35 quai Boffrand - ✆ 03 86 65 09 31 - www.restaurant-lamadeleine.fr - Fermé 7-24 juin, 9-26 août, 20 décembre-6 janvier, lundi, mardi midi, dimanche

Le Clos des Jacobins

A/C

CUISINE TRADITIONNELLE • CLASSIQUE XX Tout près de l'Yonne et de la cathédrale, dans un recoin plutôt discret, cette maison bien connue des Sénonais continue de mettre en avant la tradition, dans un cadre sobre et contemporain. On passe un agréable moment.

Menu 24 € (déjeuner), 32/45 € - Carte 35/63 €

49 Grande Rue - ✆ 03 86 95 29 70 - www.restaurantlesjacobins.com - Fermé 17 février-3 mars, 10 juillet-2 août, 23 décembre-6 janvier, mardi soir, mercredi, dimanche soir

Au Crieur de Vin

CUISINE TRADITIONNELLE • BISTRO Un bistrot typique, où tradition et convivialité sont de mise. Aux fourneaux, la jeune chef maîtrise bien son sujet : sa cuisine, qui s'articule autour d'une courte carte, se révèle aussi fraîche que spontanée.

Menu 28/50 € - Carte 35/55 €

1 rue d'Alsace-Lorraine - 03 86 65 92 80 - www.patrickgauthier.fr - Fermé 7-24 juin, 9-26 août, 20 décembre-6 janvier, lundi, mardi midi, dimanche

à St-Martin-du-Tertre 4 km au Nord - Ouest

Le Martin Bel Air

CUISINE MODERNE • CONVIVIAL Pour la petite (et la grande) histoire, Martin-Bel-Air est le nom donné à la commune de Saint-Martin-du-Tertre pendant la Révolution française. Ce bistrot de campagne est la première affaire d'un jeune chef passé par de bonnes maisons de la région : il compose une cuisine du marché moderne et enlevée, au bon rapport qualité-prix.

Menu 23 € (déjeuner), 29/45 € - Carte 51/57 €

Place du 19-Mars-1962 - 03 86 66 47 95 - www.lemartinbelair.com - Fermé 12-28 janvier, 7-27 avril, 16 août-1er septembre, lundi, mardi soir, dimanche soir

SÉRIGNAN

34410 - Hérault - Carte régionale n° **21**-C2 - Carte Michelin 339-E9

L'Harmonie

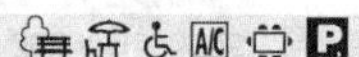

CUISINE MODERNE • TENDANCE Une maison ocre (1800) avec une terrasse au bord de l'Orb, à deux pas de la salle de spectacle La Cigalière. C'est dire qu'ici, on chante toute l'année, avec ou sans bise, mais toujours le plaisir de savoureuses assiettes aux notes méridionales. Et le rapport qualité-prix sait aussi contenter... les fourmis.

Menu 25 € (déjeuner), 35/90 € - Carte 60/85 €

Chemin de la Barque, parking de la Cigalière - 04 67 32 39 30 - www.lharmonie.fr - Fermé 21 octobre-18 novembre, lundi midi, samedi midi, dimanche soir

SÉRIGNAN-DU-COMTAT - Vaucluse (84) → Voir Orange

SERRE-CHEVALIER

05330 - Hautes-Alpes - Carte régionale n° **24**-C1 - Carte Michelin 334-H3

à Chantemerle Carte régionale n° 24-C1

Les Planches

CUISINE MODERNE • MONTAGNARD Situé face à la piste Luc Alphand, ce restaurant en met plein les yeux, mais n'oublie pas les papilles : le chef propose un menu-carte à base de produits régionaux, signé parfois d'une griffe plus exotique. On se régale tranquillement d'un œuf poché sauce Meurette, air de pommes de terre et croûtons ou d'une poitrine de porc cuite 24 heures, laquée au sirop d'érable, lentilles du Puy et pickles.

Menu 39 € - Carte 39/44 €

Grand Hôtel, place du Téléphérique - 04 92 24 15 16 - www.grandhotel.fr - Fermé 15 avril-30 juin, 1er septembre-15 décembre, le midi

Grand Hôtel

TRADITIONNEL • ÉPURÉ Entièrement rénové, le Grand Hôtel mise sur une gamme imposante de services (spa avec jacuzzi, hammam, sauna et douche sensorielle, ski-shop, casiers à ski) et des chambres sobres et épurées, entre modernité et esprit montagnard.

66 chambres - 105/390 € - 5 suites

Place du Téléphérique - 04 92 24 15 16 - www.grandhotel.fr - Fermé 15 avril-30 juin, 1er septembre-15 décembre

Les Planches - Voir la sélection des restaurants

au Monêtier-les-Bains

Maison Alliey

CUISINE MODERNE • MONTAGNARD Dans cet agréable intérieur montagnard et bourgeois, on déguste une cuisine pleine de parfums, variée et inventive, qui fait la part belle au terroir ; on l'accompagne de vins judicieusement sélectionnés par nos hôtes. Cerise sur le gâteau : l'accueil est sympathique !

Menu 28/39 € – Carte 39/51 €

Alliey, 11 rue de l'École – ✆ 04 92 24 40 02 – www.alliey.com – Fermé 19 avril-5 juin, 19 septembre-1er décembre, lundi midi, mardi midi, mercredi midi, jeudi midi, vendredi midi, samedi midi, dimanche

La Table du Chazal

CUISINE MODERNE • MONTAGNARD Un charmant hameau, une ancienne grange, deux salles voûtées, aux murs couverts de chaux... Le cadre, reposant, accueille la cuisine goûteuse d'un jeune chef ayant grandi à Briançon. Mention spéciale au baba !

Menu 35/66 €

Les Guibertes – ✆ 04 92 24 45 54 – www.restaurant-chazal.fr – Fermé 4 novembre-15 décembre, lundi, mardi midi, mercredi midi, jeudi midi, vendredi midi, samedi midi

Alliey

FAMILIAL • PERSONNALISÉ Une simple maison de village ? Un véritable refuge, charmant et très chaleureux, tout en bois blond... En termes d'agrément, l'espace balnéo n'est pas en reste. Une adresse très recommandable pour un séjour dans cette belle station des Alpes du Sud !

20 chambres ☕ – 👥 108/219 €

11 rue de l'École – ✆ 04 92 24 40 02 – www.alliey.com – Fermé 19 avril-5 juin, 15 septembre-1er décembre

Maison Alliey – Voir la sélection des restaurants

à Villeneuve-la-Salle

Rock Noir & Spa

TRADITIONNEL • CONTEMPORAIN Cet hôtel situé au pied des pistes de "Serre-Che" devrait séduire les skieurs – et même les autres ! – avec sa décoration épurée mêlant bois brut, velours et fourrures, influences montagnardes et touches design... Confortable et original !

32 chambres – 👥 118/525 € – ☕ 18 €

1 place de l'Aravet – ✆ 04 92 25 54 90 – www.rocknoir.fr – Fermé 16 avril-29 juin, 4 septembre-13 décembre

SERVON

✉ 50170 – Manche – Carte régionale n° **17**-A3 – Carte Michelin 303-D8

Auberge du Terroir

CUISINE TRADITIONNELLE • RUSTIQUE L'ancienne école de filles et l'ex-presbytère de Servon (fin 18e s.) prêtent désormais leurs murs à cette charmante auberge, où l'on se régale d'une cuisine traditionnelle bien gourmande. Pour l'étape, des chambres coquettes et champêtres.

Spécialités : Cassolette de moules aux épices. Dos de cabillaud, jus de persil. Nougat glacé au miel.

Menu 25/48 € – Carte 30/65 €

Le Bourg – ✆ 02 33 60 17 92 – Fermé 1er-10 mars, 18 novembre-11 décembre, mercredi, jeudi midi

SESSENHEIM

✉ 67770 – Bas-Rhin – Carte régionale n° **10**–B1 – Carte Michelin 315-L4

Auberge au Bœuf (Yannick Germain)

CUISINE MODERNE • COSY XXX On est forcément séduit par cette auberge alsacienne, avec ses bancs d'église, ses murs revêtus de boiseries, son mobilier régional et son petit musée dédié à Goethe... Ce village typique offrit l'hospitalité aux amours du grand écrivain allemand et de Frédérique Brion, la fille du pasteur local. Quant au chef, incarnant la quatrième génération de la famille, il propose une délicate cuisine de saison, tout en finesse et en maîtrise, en se basant sur des produits choisis avec soin. Il a notamment mis sur pied une petite filière en direct qui lui permet d'avoir de magnifiques poissons de Plouguerneau, à l'image de cette barbue top fraîcheur accompagnée d'une variation sur l'asperge blanche.

Spécialités : Truite légèrement fumée, émulsion de pomme de terre et jaune d'œuf cuit au Melfor. Jeune chevreuil, croustillant de pomme de terre, jus au cassis et au poivre. Coing en jeu de textures.

Menu 35€ (déjeuner), 59/95€ – Carte 81/103€

1 rue de l'Église – ✆ 03 88 86 97 14 – www.auberge-au-boeuf.fr – Fermé 2-10 janvier, 24 février-3 mars, 13-28 juillet, lundi, mardi

SÈTE

✉ 34200 – Hérault – Carte régionale n° **21**–C2 – Carte Michelin 339-H8

The Marcel

CUISINE MÉDITERRANÉENNE • TENDANCE XX Cette institution proustienne, ancien bistrot populaire, connaît une seconde vie sous la houlette de ses propriétaires. D'un côté, le Comptoir, lieu culturel qui régale de tapas et de concerts ; de l'autre, un restaurant gastronomique doté d'une grande salle à manger aux beaux volumes avec cuisine ouverte, comptoir et banquettes en skaï rétro, poutres et pierres apparentes, œuvres d'art aux murs. Le chef ? Il s'agit de Fabien Fage, transfuge du Prieuré (Villeneuve-lès-Avignon). Cet Arlésien se plaît à magnifier les trésors méditerranéens avec délicatesse, comme ces deux rougets de roche et leur pain moelleux à l'encre de seiche, légumes croquants, coquillages et jus d'arête, ou encore ce poulpe aux tomates confites et olives, d'une finesse toute canaille...

Spécialités : Poulpe de Frontignan moelleux et croustillant, vierge de tomate confite aux condiments. Rouget de roche, pain à l'encre de seiche et coquillages. Mousseline de chocolat araguani, crémeux guanaja et sorbet passion.

Menu 38€ (déjeuner), 78/92€ – Carte 70/90€

5 rue Lazare-Carnot – ✆ 04 67 74 20 89 – www.the-marcel.fr – Fermé 2-21 janvier, lundi, dimanche

Quai 17

CUISINE MODERNE • CLASSIQUE XX On s'installe dans une salle bourgeoise, sous des lustres à pampilles, pour déguster une cuisine de saison méditerranéenne qui fait la part belle au poisson. On peut citer par exemple ces goujonnettes de lotte, ou ce risotto de homard à la sétoise. Quand la magie de Sète s'invite dans l'assiette.

Spécialités : Sauté de seiche, farce à l'encre, jus et croustillant d'oignon. Bourride comme à Sète. Tarte fine aux pommes, glace vanille et sauce caramel.

Menu 33/48€ – Carte 43/75€

Le Grand Hôtel, 17 quai Maréchal-de-Lattre-de-Tassigny – ✆ 04 67 74 71 91 – www.legrandhotelsete.com – Fermé 22 décembre-5 janvier, samedi midi, dimanche

Paris Méditerranée

CUISINE MODERNE • BISTRO X L'enseigne rend hommage à Brassens, né à Sète, mais aussi au chef, originaire de Paris, ainsi qu'à son épouse sétoise. Ici, on réinvente les recettes locales selon l'humeur du chef et la pêche du jour. À deux pas, le bar à tapas Le Barbu, tenu par le même propriétaire, est très recommandable.

Spécialités : Pavé de thon mi-cuit, épices et salade marocaine. Poêlée d'encornets à la soubressade, risotto à l'encre et bouillon à la poutargue. Moelleux au chocolat et crème au Zan.

Menu 34/50 €

47 rue Pierre-Semard - ✆ 04 67 74 97 73 - Fermé 15-30 juin, lundi, samedi midi, dimanche

La Coquerie

CUISINE MODERNE • CONTEMPORAIN X Une petite maison chic et contemporaine, avec la Méditerranée pour horizon. Cette table propose une cuisine de première fraîcheur, composée au gré du marché (dont un menu unique en 6 temps, en soirée). Ses recettes jonglent entre inspirations méditerranéennes (les "plats de réconfort") et préparations plus inventives. Aux beaux jours, on sert exclusivement en terrasse, d'où on profite d'une belle vue mer.

Menu 65 €

1 chemin du Cimetière-Marin - ✆ 06 47 06 71 38 - www.restaurantlacoquerie.com - Fermé dimanche

Le Petit Bistrot

CUISINE TRADITIONNELLE • SIMPLE X Un petit bistrot d'aujourd'hui, chaleureux et convivial, où les habitués aiment à se retrouver autour d'un patron plein de verve. Bons petits plats traditionnels : huîtres du bassin, supions à la plancha, salade d'artichaut et tartare de thon, entre autres.

Menu 20/33 € - Carte 30/110 €

14 route de la Corniche-de-Neubourg - ✆ 04 99 02 43 89 - Fermé 15 décembre-15 janvier, lundi, dimanche

La Senne

POISSONS ET FRUITS DE MER • CONVIVIAL X Cette affaire, tenue par une famille de thoniers depuis les années 1950, propose un superbe étal de poissons, qui évolue au gré des arrivages. Ici, la spécialité, c'est le thon rouge, en sashimi, tartare, ventrèche, etc. mais aussi les fruits de mer et crustacés. Service avenant et fraîcheur incomparable : un régal.

Carte 30/80 €

40 quai Maximin-Liciardi - ✆ 04 67 53 01 91 - Fermé 1er janvier-2 avril, 29 juin-6 juillet, 31 août-8 septembre, lundi, mardi, dimanche soir

SEVENANS - Territoire de Belfort (90) → Voir Belfort

SÉVRIER - Haute-Savoie (74) → Voir Annecy

LA SEYNE-SUR-MER

✉ 83500 - Var - Carte régionale n° **24**-B3 - Carte Michelin 340-K7

à Fabrégas 4 km au Sud par rte de St - Mandrier et rte secondaire

Chez Daniel et Julia - Restaurant du Rivage 

POISSONS ET FRUITS DE MER • VINTAGE XX Julia est l'âme de cette institution centenaire, nichée dans une charmante crique. En terrasse, à l'ombre des tamaris, on déguste bouillabaisse, pignate (ragoût aux fruits de mer), bourride - sur commande - ou poissons grillés. Cette maison historique a récemment donné naissance à un bouchon provençal, le Fabrègue, qui propose des plats plus simples, sardines grillées, soupe de roche etc.

Menu 45/60 € - Carte 38/140 €

Route de Fabrégas - ✆ 04 94 94 85 13 - www.chezdanieletjulia.com - Fermé 1er-30 novembre, lundi, dimanche soir

aux Sablettes 4 km au Sud - Est

Horizon

CUISINE MODERNE • CHIC XXX Un bel écrin, cette salle en rotonde ouverte sur la mer... Horizon porte bien son nom ! Le chef propose une partition moderne et variée, qui fait de jolis clins d'œil à la région. Menu unique en plusieurs déclinaisons.

Menu 48 € (déjeuner), 78/118 €

Grand Hôtel des Sablettes-Plage, 575 avenue Charles-de-Gaulle – 04 94 98 00 00 – www.ghsplage.fr – Fermé lundi, mardi, dimanche soir

Grand Hôtel des Sablettes-Plage

BOUTIQUE HÔTEL • ÉLÉGANT Une bien jolie renaissance pour cet hôtel du début du 19es., tout de blanc immaculé, face à la grande bleue. Les chambres, de grand confort, offrent (pour la plupart) une vue mer. Agréable suite avec jacuzzi particulier en terrasse. Une invitation au voyage de grande élégance.

59 chambres – 100/460 € – 22 € – 15 suites

575 avenue Charles-de-Gaulle – 04 94 17 00 00 – www.ghsplage.fr

Horizon – Voir la sélection des restaurants

SIERCK-LES-BAINS

57480 – Moselle – Carte régionale n° **12**-C1 – Carte Michelin 307-J2

à Montenach 3,5 km au Sud - Est sur D956 – Carte régionale n° 12-C1

Le K

CUISINE MODERNE • CONVIVIAL XX Une belle propriété située à quelques kilomètres seulement de la frontière commune entre l'Allemagne, le Luxembourg et la France. Piliers et voûtes en pierre... On se croirait dans de l'ancien, mais c'est tout neuf ! La cuisine, dans l'air du temps, met en valeur les produits de saison. Le lieu déborde de charme.

Menu 49/79 € – Carte 65/112 €

Le Domaine de la Klauss, 2 impasse du Klaussberg – 03 82 83 19 75 – www.domainedelaklauss.com – Fermé 1er-19 janvier, lundi midi, mardi midi, mercredi midi, jeudi midi, vendredi midi, samedi midi, dimanche

Le Domaine de la Klauss

SPA ET BIEN-ÊTRE • CONTEMPORAIN Maisons en pierre naturelle, chambres chic et spacieuses, joli spa... Un lieu débordant de charme. A l'Auberge, on cuisine et on vend les produits de la ferme familiale (canards, cochons, foie gras, charcuteries etc.). Fraîcheur et dépaysement assurés.

21 chambres – 166/304 € – 22 € – 7 suites

2 impasse du Klaussberg – 03 82 83 19 75 – www.domainedelaklauss.com – Fermé 1er-19 janvier

Le K – Voir la sélection des restaurants

SIERENTZ

68510 – Haut-Rhin – Carte régionale n° **10**-A3 – Carte Michelin 315-I11

Auberge St-Laurent (Laurent Arbeit)

CUISINE MODERNE • AUBERGE XXX Ce relais de poste du 18e s., à la longue façade fleurie et avenante, est une institution familiale locale, authentique et élégante, plébiscitée aussi bien par les fidèles que par les nombreux voyageurs étrangers qui traversent l'Europe. Tous célèbrent à l'envi le sens de l'accueil et du service, les chambres mignonnes et douillettes, et bien sûr la bonne chère qu'on y sert. Aux fourneaux, on trouve le chef Laurent Arbeit, qui a étrenné ses couteaux chez Haeberlin et Ducasse. En véritable aubergiste des temps modernes, il compose une cuisine harmonieuse et fine, aux saveurs bien équilibrées. Une franche réussite.

Spécialités : Risotto gourmand de knepfle, râpée de truffe fraîche. Pigeonneau d'Alsace rôti, croque-monsieur d'abattis, mûres et feuilles de figuier au vinaigre de sureau. Soufflé chaud au whisky, glace au café et crème fouettée cacao.

Menu 33 € (déjeuner), 47/86 € - Carte 70/85 €

1 rue de la Fontaine - ✆ 03 89 81 52 81 - www.auberge-saintlaurent.fr - Fermé 6-23 janvier, lundi, mardi

Winstub À Côté

CUISINE RÉGIONALE • CONVIVIAL X Dans le prolongement de l'Auberge St-Laurent, cette winstub joue la carte alsacienne - tarte flambée au saumon d'Écosse mariné, spaetzle maison façon "grand-mère" - dans un décor franchement contemporain (mobilier et luminaires design, comptoir en cuivre). Attention : c'est souvent complet.

Spécialités : Tarte flambée "mais autrement" selon la saison. Spaetzle de grand-mère mijotés comme un risotto aux cèpes. Cappuccino de chocolat.

Menu 20 € (déjeuner)/29 € - Carte 34/48 €

2 rue Rogg-Haas - ✆ 09 83 37 16 80 - www.auberge-saintlaurent.fr - Fermé 5-13 janvier, 16-26 février, 2-16 juillet, 14-24 septembre, mardi, mercredi

SILLERY - Marne (51) ➜ Voir Reims

SIMIANE-LA-ROTONDE

✉ 04150 - Alpes-de-Haute-Provence - Carte régionale n° **24**-B2 - Carte Michelin 334-B9

Le Chapeau Rouge

CUISINE DU TERROIR • AUBERGE X L'auberge est située en bas du village, et dévoile une jolie petite terrasse sous la tonnelle... Elle est tenue par un couple de passionnés : elle, en cuisine, célèbre le terroir avec des plats mijotés pleins de sincérité, tandis que son mari (un enfant du pays) distille d'excellents conseils sur les vins de la région.

Menu 25 € (déjeuner), 33/39 € - Carte 27/47 €

Les Granges - ✆ 04 92 74 22 86 - www.restaurantlechapeaurouge04.fr - Fermé 15-31 janvier, 12-22 novembre, 24-28 décembre, lundi, mardi

SOCHAUX

✉ 25600 - Doubs - Carte régionale n° **6**-C1 - Carte Michelin 321-L1

à Étupes 4 km par D663 et D437 - Carte régionale n° **6**-C2

Au Fil des Saisons

CUISINE MODERNE • DESIGN X Dans la jolie maison de Stéphane et Fabienne Robinne, le fil des saisons est bien sûr un leitmotiv, mais pas seulement : les beaux produits sont à l'honneur, mis en valeur à travers de judicieuses harmonies de saveurs et une certaine recherche esthétique. Respect de la tradition et sensibilité d'aujourd'hui !

Spécialités : Carpaccio de saumon d'Ecosse, vinaigrette yuzu. Dos de cabillaud rôti, risotto de légumes. Pomme reinette confite, caramel au lait et biscuit lorrain.

Menu 26/42 € - Carte 38/66 €

3 rue de la Libération - ✆ 03 81 94 17 12 - www.aufildessaisons.eu - Fermé 28 juillet-18 août, 22 décembre-8 janvier, lundi, dimanche soir

SOCX

✉ 59380 - Nord - Carte régionale n° **13**-B1 - Carte Michelin 302-C2

Au Steger

CUISINE TRADITIONNELLE • AUBERGE XX Cette table traditionnelle s'est forgée une belle réputation dans la région, à raison : le chef est passionné par le vin et les terroirs. Parmi les spécialités maison, on se régale d'un potjeveesch, du waterzoï de poissons, ou d'un parfait glacé au spéculos, le tout dans un cadre contemporain et une ambiance conviviale. Une adresse pleine de dynamisme !

Menu 28/39 € - Carte 25/60 €

27 route de St-Omer - ✆ 03 28 68 20 49 - www.restaurant-lesteger.com - Fermé 5-25 août, lundi soir, mardi soir, mercredi soir, jeudi soir, vendredi soir, dimanche soir

SOISSONS

✉ 02200 – Aisne – Carte régionale n° **14**–C2 – Carte Michelin 306-B6

Relais des Vignes

CUISINE MODERNE • BRASSERIE XX Dans un agréable décor façon brasserie chic, on apprécie une bonne cuisine de saison avec, par exemple, un menu du marché et des spécialités bistrotières concoctés avec des produits frais.

Menu 25 € (déjeuner), 30/45 € – Carte 43/55 €

Hôtel des Francs, 62 boulevard Jeanne-d'Arc – ✆ 03 60 71 40 00 – www.hoteldesfrancs.fr – Fermé dimanche soir

SOLESMES - Sarthe (72) ➜ Voir Sablé-sur-Sarthe

SOLIGNAC-SOUS-ROCHE

✉ 43130 – Haute-Loire – Carte régionale n° **1**–C3 – Carte Michelin 331-F2

Lou Pinatou

CUISINE MODERNE • RUSTIQUE X Lui est né au Puy, elle est de Marseille. Il aime les beaux produits et les saveurs franches, elle a un penchant pour la pâtisserie. Ils tiennent ici un double repaire gourmand : dans les anciennes pierres de l'auberge, un bistrot attaché à la tradition ; dans une structure flambant neuve, un restaurant gastronomique avec vue sur la vallée.

Spécialités : Terrine de foie gras, jambon cru et perles du Velay. Selle d'agneau, croûte de cistre, jus corsé et crémeux de cèpes. Chocolat croustillant, framboises, poivron.

Menu 13 € (déjeuner), 30/47 €

Le Bourg – ✆ 04 71 65 21 54 – www.auberge-loupinatou.fr – Fermé 1er-11 juin, 31 août-10 septembre, 22 décembre-13 février, jeudi, dimanche soir

SOLUTRÉ-POUILLY

✉ 71960 – Saône-et-Loire – Carte régionale n° **5**–C3 – Carte Michelin 320-I12

La Courtille de Solutré

CUISINE MODERNE • BISTRO X Une jolie maison de pays, sa charmante terrasse à l'ombre d'un vieux marronnier... et ce jeune chef basque dynamique, qui travaille avec passion de fort bons produits, à accompagner d'une belle sélection de pouilly-fuissé ! Quelques chambres pour l'étape.

Menu 24 € (déjeuner), 40/44 €

Route de la Roche – ✆ 03 85 35 80 73 – www.lacourtilledesolutre.fr – Fermé 17-30 août, 9-15 novembre, 23-30 décembre, lundi, mardi, dimanche soir

SOMMIÈRES

✉ 30250 – Gard – Carte régionale n° **21**–C2 – Carte Michelin 339-J6

Le Patio by Lou Caléou

CUISINE MODERNE • CONVIVIAL X Ils ont travaillé ensemble dans des maisons de renom, et ont décidé d'ouvrir à Sommières ce restaurant au cadre minéral, avec un charmant patio pour l'été. Résultat : coup de cœur assuré ! Opéra de foie gras de canard et magret fumé ; pavé de filet de veau, sauce aux morilles ; Saint-Jacques rôties au topinambour et truffe... Un vrai délice.

Spécialités : Tarte fine de lisette, compotée d'oignons doux et crème légère à l'aneth. Cochon fermier cuit en basse température, patates douces et légumes croquants. Gratin de fruits frais de saison et sorbet abricot.

Menu 25 € (déjeuner), 33/66 €

23 place de la Libération – ✆ 04 66 77 50 98 – www.lou-caleou-next.com – Fermé lundi, dimanche

Chez Tibère

CUISINE TRADITIONNELLE • BISTRO Machines à coudre, tables de tailleur... Ce bistrot contemporain joue la carte post-industrielle version textile ! Point de cuisine cousue de fil blanc pour autant ; au contraire, des spécialités de brasserie concoctées à grand renfort de produits frais. Un conseil : ne passez pas à côté des pâtisseries maison.

Menu 21 € (déjeuner) – Carte 33/42 €

1 rue Compane (parking du Vidourle) – ✆ 04 66 51 32 72 – Fermé 20 octobre-12 novembre, lundi, jeudi soir, dimanche

à Villevieille 3 km au Nord par D6110

La Canopée

CUISINE MODERNE • HISTORIQUE Dans cette ancienne salle d'armes voûtée de style Renaissance (5m de haut, tout de même !), on découvre une cuisine à la gloire des terroirs cévenol et camarguais. Elle s'accompagne d'une jolie sélection de petits vins de la région.

Menu 31 € (déjeuner), 45/62 € – Carte 50/70 €

Château de Pondres, 2 allée du Pigeonnier – ✆ 04 66 35 97 20 – www.chateaudepondres.fr – Fermé lundi, dimanche soir

Château de Pondres

HISTORIQUE • HISTORIQUE Tout proche du village médiéval de Sommières, un château d'aspect Renaissance entouré d'un joli parc de 15 ha et d'une rivière. Décoration "nature" et brute au restaurant (tommettes, luminaires en métal, bois), chambres dans l'esprit du lieu, avec vue sur le hameau ou les vignes et le pic Saint-Loup... un cachet indéniable.

9 chambres – 112/273 € – 2 suites

2 allée du Pigeonnier – ✆ 04 66 35 97 20 – www.chateaudepondres.com

La Canopée – Voir la sélection des restaurants

SORGES

✉ 24420 – Dordogne – Carte régionale n° **18**-C1 – Carte Michelin 329-G4

Auberge de la Truffe

CUISINE RÉGIONALE • FAMILIAL Le "diamant noir" est roi en Périgord blanc, et plus encore en cette auberge classique, où il est la star d'un menu spécial, incontournable pour les amateurs ! Plus largement, le terroir et les belles recettes classiques sont à l'honneur, à l'image de ce lièvre à la royale cuisiné dans les règles de l'art...

Menu 20 € (déjeuner), 27/115 € – Carte 35/90 €

14 rue Jean Chateaureynaud – ✆ 05 53 05 02 05 – www.auberge-de-la-truffe.com – Fermé lundi midi, mercredi midi

SORGUES

✉ 84700 – Vaucluse – Carte régionale n° **25**-E1 – Carte Michelin 332-C9

La Table de Sorgues

CUISINE TRADITIONNELLE • ÉLÉGANT Au cœur de la localité, une belle maison de maître (1891) avec une terrasse dans une cour ombragée par deux grands pins. Idéal pour déguster de savoureux plats de saison, sans cesse réinventés au gré de l'inspiration du chef. Très belle sélection de Châteauneuf-du-Pape.

Menu 33 € (déjeuner), 38/67 € – Carte 52/52 €

Rue du 19 Mars 1962 (pl. de l'Hôtel-de-Ville) – ✆ 04 90 39 11 02 – www.latabledesorgues.fr – Fermé 5-18 août, 21 décembre-6 janvier, lundi, dimanche

SOUCHEZ

✉ 62153 - Pas-de-Calais - Carte régionale n° **13**-B2 - Carte Michelin 301-J5

Le Domaine des Loups

GRAND LUXE • CONTEMPORAIN Dans un joli petit village proche de l'Anneau de la Mémoire, cette belle bâtisse en brique rouge abrite quatre chambres de grand standing. Équipements de qualité, terrasse ou balcon privatif dans chacune d'entre elle : le confort est total.

4 chambres - 119/129 € - 12 €

31 rue du Docteur-Wagon - 06 78 72 60 64 - ledomainedesloups.com

SOUDORGUES

✉ 30460 - Gard - Carte régionale n° **21**-C2 - Carte Michelin 339-H4

La Balade Gourmande

CUISINE TRADITIONNELLE • AUBERGE X Situé au milieu de nulle part, à 500 m d'altitude, ce restaurant tenu par une chef autodidacte ne désemplit pas. L'équation gagnante ? Des produits de saison, de la générosité, une jolie salle voûtée en pierre... le tout pour un rapport qualité-prix imbattable. Et pour les amateurs, deux boulodromes. Réservez !

Menu 29 € - Carte 34/36 €

Place du Village - 04 66 85 43 94 - www.labaladegourmande.fr - Fermé 1er décembre-15 mars, lundi, mardi

SOUSCEYRAC

✉ 46190 - Lot - Carte régionale n° **22**-C1 - Carte Michelin 337-I2

Au Déjeuner de Sousceyrac (Patrick Lagnès)

CUISINE CLASSIQUE • TRADITIONNEL XX La maison sérieuse par excellence ! Patrick Lagnès, le chef, mène sa barque avec le plus grand professionnalisme... et un caractère bien trempé. Sa cuisine se révèle appliquée, avec de solides bases classiques, et se base sur des produits de grande qualité. Il ose même, au fil de son inspiration, quelques recettes plus actuelles ; quant aux desserts, ils sont assurés en cuisine par sa fille. Le tout se déguste dans un décor intimiste, petite salle à manger bourgeoise avec boiseries murales et mobilier classique. Bon rapport qualité-prix, et chambres fraîches pour l'étape.

Spécialités : Escargots en persillade crémeuse à l'ail des ours. Brochette de cœur de ris de veau fermier au vinaigre de framboise. Sabayon glacé à la châtaigne et myrtilles sauvages.

Menu 30/100 € - Carte 80 €

Rue Pierre-Benoit - 05 65 33 00 56 - www.au-dejeuner-de-sousceyrac.com - Fermé 10 novembre-1er mars, lundi, dimanche soir

SOUSTONS

✉ 40140 - Landes - Carte régionale n° **18**-B2 - Carte Michelin 335-D12

Auberge Batby

CUISINE TRADITIONNELLE • CONVIVIAL XX Un restaurant situé juste au bord du lac, où l'on favorise le terroir : ravioles de langoustine, poularde farcie au foie gras, pibales (alevins d'anguilles)... C'est goûteux, généreux, et les prix sont très doux. Quelques chambres agréables permettent de prolonger l'étape.

Menu 18 € (déjeuner), 29/49 €

63 avenue Galleben - 05 58 41 18 80 - www.aubergebatby.fr - Fermé 11-20 mai, 19 novembre-17 décembre, 21-28 décembre, lundi, mardi soir, dimanche soir

LA SOUTERRAINE

✉ 23300 - Creuse - Carte régionale n° **19**-B1 - Carte Michelin 325-F3

à Fursac 11 km au Sud par route de Fursac (D1) – Carte régionale n° **19**–B1

Nougier

CUISINE MODERNE • ÉLÉGANT XX Depuis trois générations, cette réjouissante auberge cultive l'art du bon accueil et du bien manger. Le chef, très attaché aux herbes et aux agrumes, concocte des plats soignés, comme autant d'hommages aux saisons. Alors, attablez-vous et commandez en confiance.

Spécialités : Terrine de lapin, abricots, pruneaux et fruits secs. Merlu de ligne, polenta au citron et piquillos. Île flottante aux pralines roses.

Menu 29/59 € – Carte 48/65 €

2 place de l'Église – ✆ 05 55 63 60 56 – www.hotelnougier.fr – Fermé 1er décembre-15 mars, lundi, mardi midi, dimanche soir

Nougier

FAMILIAL • COSY Cette auberge du bas du village, installée sur une placette face à l'église, est tenue en famille depuis trois générations. On vous accueille dans dix chambres spacieuses et confortables, joliment décorées à la mode contemporaine. Coquet petit jardin avec terrasse et piscine.

10 chambres – 86/114 € – 10 €

2 place de l'Eglise – ✆ 05 55 63 60 56 – www.hotelnougier.fr

Nougier – Voir la sélection des restaurants

SOUVIGNY

✉ 03210 – Allier – Carte régionale n° **1**–B1 – Carte Michelin 326-G3

Auberge des Tilleuls

CUISINE TRADITIONNELLE • AUBERGE X Située à deux pas du célèbre prieuré St-Pierre (11e-15e s.), cette auberge traditionnelle, reprise par un jeune chef, joue la carte du terroir avec goût et passion : foie gras d'Auvergne, espadon aux tomates et poivrons marinés, aumônière à la tome de la maison Déret…

Menu 14 € (déjeuner), 27/53 € – Carte 35/55 €

Place St-Eloy – ✆ 04 70 43 60 70 – Fermé 30 décembre-26 janvier, mercredi, dimanche soir

SOYAUX – Charente (16) ➜ Voir Angoulême

STEIGE

✉ 67220 – Bas-Rhin – Carte régionale n° **10**–C1 – Carte Michelin 315-H6

Auberge Chez Guth

CUISINE CRÉATIVE • COSY XX Dans la vallée de Villé, sur les hauteurs du village de Steige, cette ancienne ferme auberge est la toile sur laquelle le jeune chef Yannick Guth déroule ses créations gastronomiques – ainsi l'œuf de poule crousti-coulant et son velouté fumé, ou la volaille marbrée noire et émulsion coco. Parfois surprenant, toujours audacieux.

Menu 28 € (déjeuner), 40/72 €

5A rue des Bas-des-Monts – ✆ 03 88 58 12 05 – www.auberge-chez-guth.fr – Fermé 6-29 janvier, 6-15 juillet, 28 septembre-14 octobre, lundi, mardi

STIRING-WENDEL – Moselle (57) ➜ Voir Forbach

STRASBOURG

✉ 67000 – Bas-Rhin – Carte régionale n° **10**-B1 – Carte Michelin 315-K5

On aime...

Du salé au sucré, en passant par les grands vins, l'Alsace sait tout faire, et Strasbourg en est la preuve. Partez à la découverte de ses incontournables charcuteries comme la saucisse de Strasbourg, les jambons et bien sûr le délicieux presskopf, un fromage de tête de porc. La variété des plats donne le vertige : coq au riesling, poularde aux morilles et à la crème, truite des Vosges au bleu, carpe frite du Sundgau, matelote d'anguille, civet de marcassin ou de cerf à la confiture d'airelles – et, bien sûr, le foie gras, grand seigneur de la gastronomie alsacienne. Mais n'oublions pas non plus la choucroute et la tarte flambée ! Côté sucré, les becs fins ne seront pas déçus : le fameux kougelhopf (une brioche aux raisins secs et aux amandes) côtoie les pains d'épices et autres douceurs. Enfin, les vins d'Alsace comptent de nombreux grands crus répartis sur des terroirs d'exception.

GMVozd/iStock

Restaurants

✿ 1741

CUISINE MODERNE · COSY XXX Face au palais Rohan, chef-d'œuvre du classicisme achevé en 1741, cette table cultive un esprit boudoir aussi intime qu'élégant, à travers une décoration façon baroque chic, à l'éclairage tamisé. Ce cadre séduisant est né de la collaboration fructueuse entre le chef Olivier Nasti et le restaurateur et entrepreneur Cédric Moulot, propriétaire notamment du fameux Crocodile. À peine assis, les couverts argentés et ouvragés nous font de l'œil. Formé entre autres par Yannick Alléno et Alexandre Gauthier, le chef Fabien Raux a beaucoup voyagé, du Maghreb à la Chine. Il signe une cuisine tout en finesse, savoureuse et parfumée, accompagnée d'une belle sélection de vins d'Alsace (grands crus, bio, etc.).

Spécialités : Anguille et écrevisse comme un gâteau croustillant, sauce nantua infusée à la mélisse. Omble chevalier fumé aux bourgeons de sapin, petits pois et framboises. Alchimie chocolat et cacahouète, sorbet aux fruits exotiques.

Menu 42€ (déjeuner), 99/129€ – Carte 105/120€

Plan 6 L3-p – *22 quai des Bateliers* –
✆ 03 88 35 50 50 – www.1741.fr –
Fermé 21-31 janvier, 28 juillet-14 août, mardi, mercredi

✿ Buerehiesel (Eric Westermann)

CUISINE MODERNE · ÉLÉGANT XXX Cette belle ferme à colombages du 17e s. a été remontée pierre à pierre dans le parc de l'Orangerie, à côté du Conseil de l'Europe. La salle en verrière et la terrasse offrent une vue toute bucolique sur ce havre de verdure. Éric, fils d'Antoine Westermann, poursuit avec vaillance l'œuvre paternelle. Les fidèles lui savent gré d'avoir gardé quelques classiques de la maison, comme les cuisses de grenouille poêlées au cerfeuil, accompagnées de leurs "schniederspaetle" (des ravioles inventées ici-même), ou encore la fameuse brioche, glace à la bière et poire rôtie, un dessert gourmand que l'on mange sans retenue. Le chef cultive sa propre patte à travers une cuisine actuelle qui caresse la tradition locale – mais sans s'y attarder.

Spécialités : Cuisses de grenouilles poêlées au cerfeuil et schniederspaetzle. Poulette pattes noires cuite entière comme un baeckeofe. Brioche caramélisée à la bière, glace à la bière et poire rôtie.

Menu 44€ (déjeuner), 79/109€ – Carte 77/105€

Plan 4 H1-a – *4 parc de l'Orangerie* –
✆ 03 88 45 56 65 – www.buerehiesel.fr –
Fermé 16-27 février, 2-24 août, 24 décembre-4 janvier, lundi, dimanche

✿ Les Funambules (Guillaume Besson)

CUISINE MODERNE · CONTEMPORAIN XX C'est un duo de saltimbanques qui se sont rencontrés sur les bancs du lycée hôtelier. Guillaume Besson a appris à jongler avec les assiettes et le sommelier Jean-Baptiste Becker avec des... quilles, évidemment ! En guise de piste aux étoiles, une salle sobre de style contemporain aux murs blancs décorés de tableaux et de photos, parquet au sol et objets en bois dont un magnifique pied de table en teck noueux. Leur "menu sur le fil" est une démonstration de dressages simples et nets, appuyé sur des produits impeccablement cuits. Un numéro bien dans l'air du temps, qui vaut pour sa limpidité et ses quelques audaces. Ces Funambules ont le sens de l'équilibre...

Spécialités : Cuisine du marché.

Menu 27€ (déjeuner), 52/62€

Plan 4 G2-a – *17 rue Geiler* –
✆ 03 88 61 65 41 – www.restaurantlesfunambules.com –
Fermé 15 février-3 mars, 10-31 août, lundi, mercredi soir, dimanche

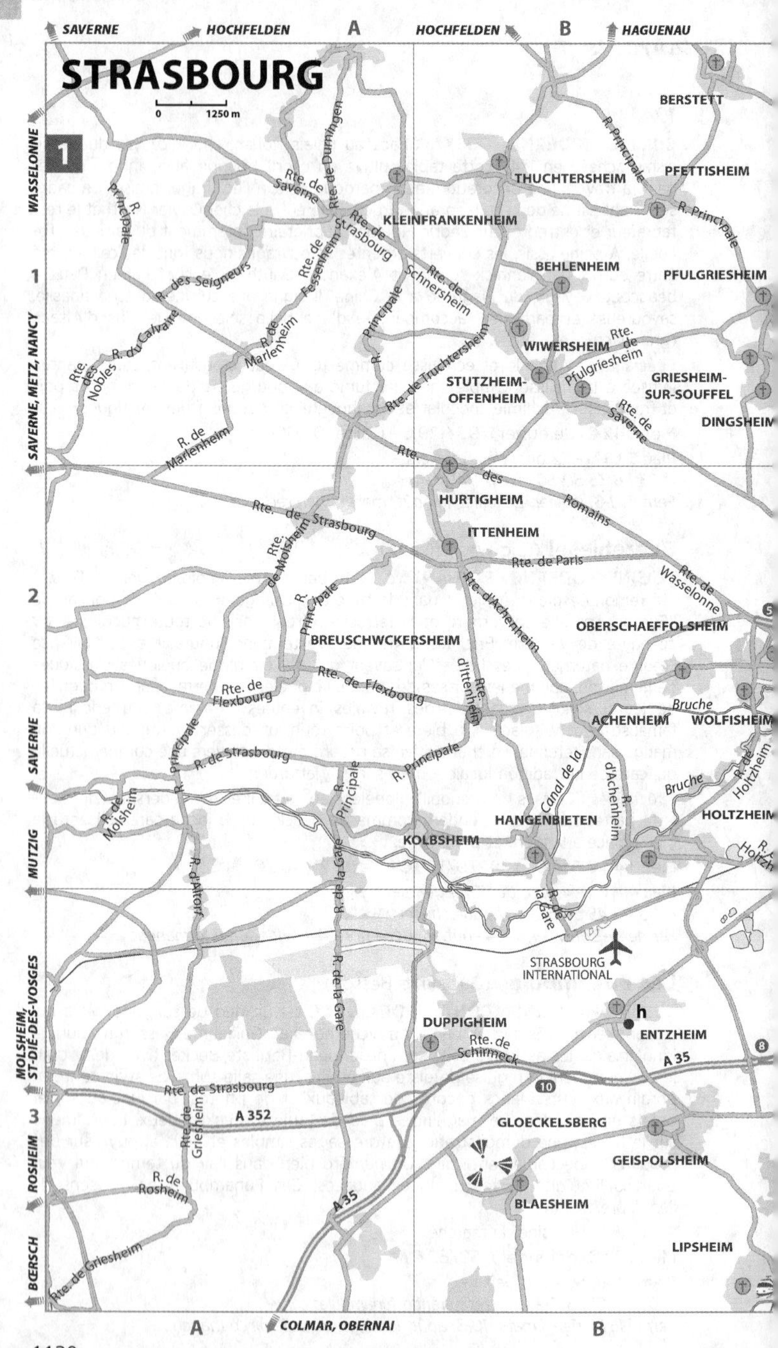
STRASBOURG
0 1250 m
1
2
3
A
B
SAVERNE
HOCHFELDEN
HOCHFELDEN
HAGUENAU
WASSELONNE
SAVERNE, METZ, NANCY
SAVERNE
MUTZIG
MOLSHEIM, ST-DIÉ-DES-VOSGES
ROSHEIM
BŒRSCH
COLMAR, OBERNAI
BERSTETT
THUCHTERSHEIM
PFETTISHEIM
KLEINFRANKENHEIM
BEHLENHEIM
PFULGRIESHEIM
WIWERSHEIM
STUTZHEIM-OFFENHEIM
GRIESHEIM-SUR-SOUFFEL
DINGSHEIM
HURTIGHEIM
ITTENHEIM
OBERSCHAEFFOLSHEIM
BREUSCHWCKERSHEIM
ACHENHEIM
WOLFISHEIM
HOLTZHEIM
HANGENBIETEN
KOLBSHEIM
STRASBOURG INTERNATIONAL
DUPPIGHEIM
ENTZHEIM
GLOECKELSBERG
GEISPOLSHEIM
BLAESHEIM
LIPSHEIM
R. Principale
Rte. de Saverne
Rte. de Durningen
Rte. de Strasbourg
Rte. de Fessenheim
Rte. de Schnersheim
R. des Seigneurs
R. du Calvaire
Rte. des Nobles
R. de Marlenheim
Rte. de Truchtersheim
Rte. de Pfulgriesheim
Rte. de Saverne
Rte. des Romains
Rte. de Strasbourg
Rte. de Molsheim
Rte. de Paris
Rte. de Wasselonne
Rte. d'Achenheim
Rte. de Flexbourg
Rte. d'Ittenheim
R. de Strasbourg
Bruche
Canal de la Bruche
R. d'Achenheim
R. de Holtzheim
R. de Molsheim
R. d'Altorf
R. de la Gare
Rte. de Schirmeck
A 35
A 352
Rte. de Strasbourg
Rte. de Griesheim
R. de Rosheim
Rte. de Griesheim
h
5
8
10

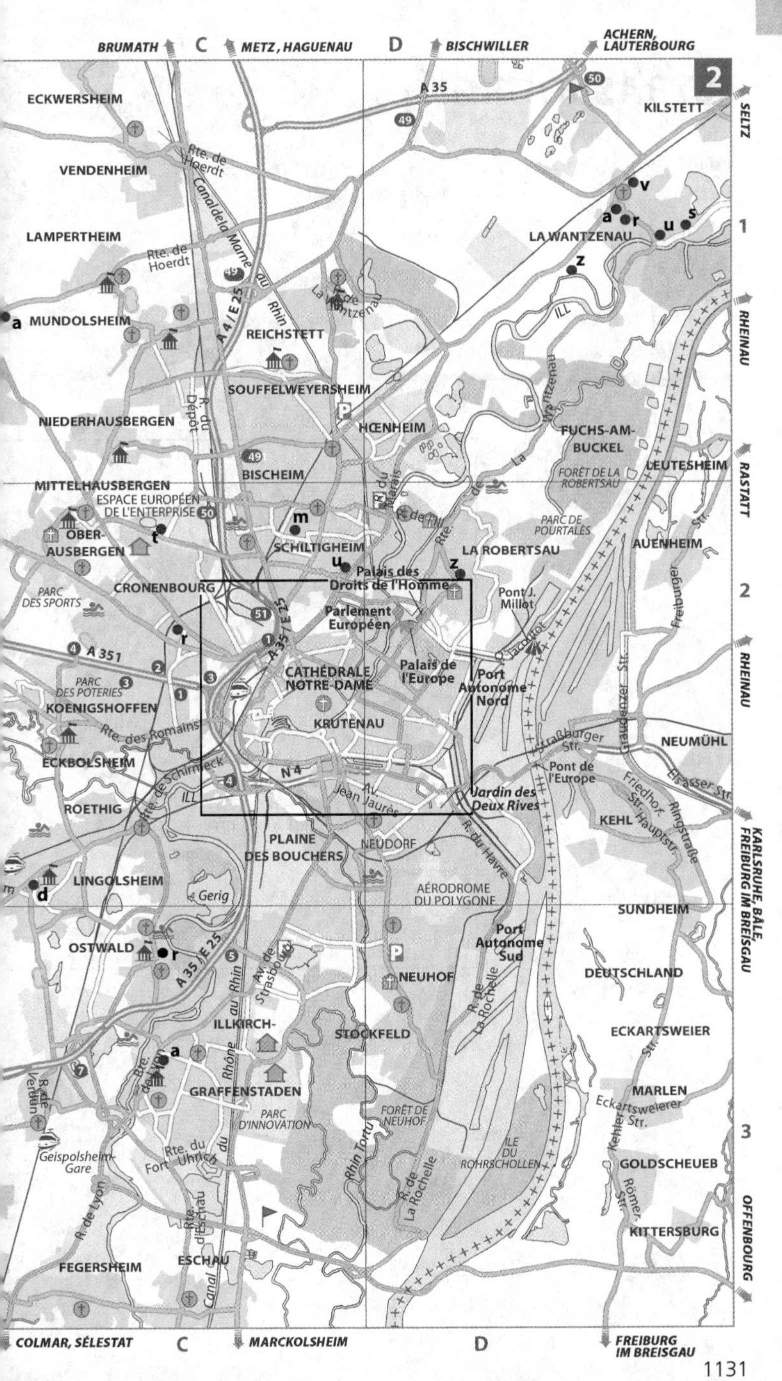
BRUMATH
METZ, HAGUENAU
BISCHWILLER
ACHERN, LAUTERBOURG
2
SELTZ
RHEINAU
RASTATT
RHEINAU
KARLSRUHE, BÂLE, FREIBURG IM BREISGAU
OFFENBOURG
COLMAR, SÉLESTAT
MARCKOLSHEIM
FREIBURG IM BREISGAU
ECKWERSHEIM
VENDENHEIM
LAMPERTHEIM
MUNDOLSHEIM
REICHSTETT
SOUFFELWEYERSHEIM
NIEDERHAUSBERGEN
HŒNHEIM
BISCHEIM
MITTELHAUSBERGEN
ESPACE EUROPÉEN DE L'ENTERPRISE
OBER-AUSBERGEN
SCHILTIGHEIM
CRONENBOURG
PARC DES SPORTS
Palais des Droits de l'Homme
Parlement Européen
CATHÉDRALE NOTRE-DAME
Palais de l'Europe
KRUTENAU
Port Autonome Nord
PARC DES POTERIES
KOENIGSHOFFEN
ECKBOLSHEIM
ROETHIG
LINGOLSHEIM
OSTWALD
PLAINE DES BOUCHERS
NEUDORF
AÉRODROME DU POLYGONE
Jardin des Deux Rives
Port Autonome Sud
NEUHOF
STOCKFELD
ILLKIRCH-GRAFFENSTADEN
PARC D'INNOVATION
FORÊT DE NEUHOF
ILE DU ROHRSCHOLLEN
FEGERSHEIM
ESCHAU
Geispolsheim-Gare
KILSTETT
LA WANTZENAU
FUCHS-AM-BUCKEL
FORÊT DE LA ROBERTSAU
PARC DE POURTALÈS
LA ROBERTSAU
LEUTESHEIM
AUENHEIM
Pont J. Millot
NEUMÜHL
Pont de l'Europe
KEHL
SUNDHEIM
DEUTSCHLAND
ECKARTSWEIER
MARLEN
GOLDSCHEUEB
KITTERSBURG
A 35
A 4 / E 25
A 35 / E 25
A 351
N 4
Rte. de Hoerdt
Canal de la Marne au Rhin
Rte. des Romains
Rte. de Schirmeck
Av. Jean Jaurès
R. du Havre
R. de La Rochelle
Rhin Tortu
Canal du Rhône au Rhin
Av. de Strasbourg
Rte. du Fort Uhrich
Rte. d'Eschau
R. de Lyon
R. de Verdun
Straßburger Str.
Freiburger Str.
Friedhof Str.
Hauptstr.
Ringstraße
Elsasser Str.
Eckartsweierer Str.
Kehler Str.
Römer Str.
R. du Dépôt
R. de l'Ill
ILL
Gerig
C
D
1
2
3

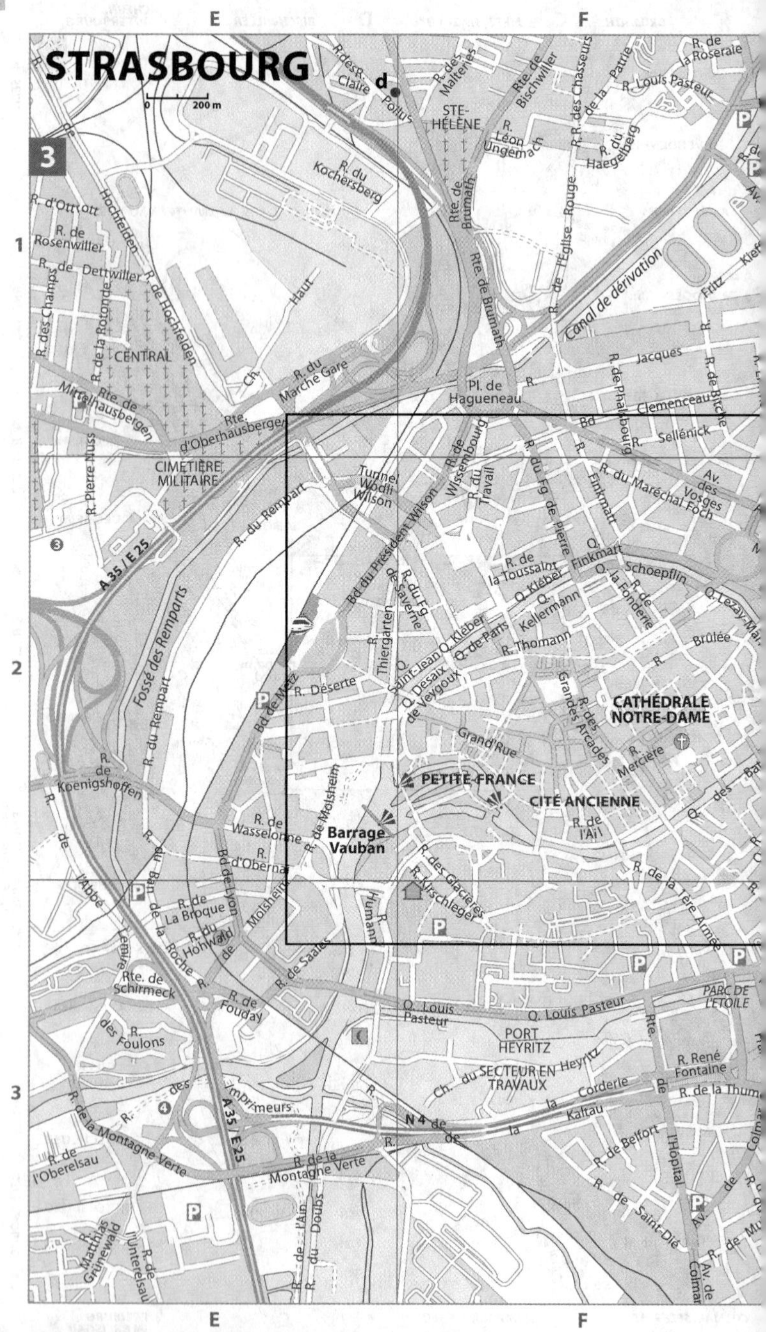
STRASBOURG
0
200 m
3
E
F
1
2
3
STE-HÉLÈNE
CENTRAL
CIMETIÈRE MILITAIRE
Canal de dérivation
Pl. de Hagueneau
R. du Rempart
Fossé des Remparts
A 35 / E 25
Bd du Président Wilson
Bd de Metz
R. Déserte
Tunnel Wodli Wilson
CATHÉDRALE NOTRE-DAME
PETITE-FRANCE
CITÉ ANCIENNE
Barrage Vauban
Grand'Rue
R. de Koenigshoffen
R. de Wasselonne
R. d'Obernai
Bd de Lyon
R. de la Broque
R. du Hohwald
R. de Saales
Rte. de Schirmeck
R. de Fouday
R. des Foulons
Q. Louis Pasteur
PORT HEYRITZ
SECTEUR EN TRAVAUX
PARC DE L'ETOILE
R. de la Montagne Verte
R. de l'Oberelsau
N 4
R. de Belfort
R. de Saint-Dié
Av. de Colmar
R. René Fontaine
Rte. de l'Hôpital
R. des Glacières
R. Kirschleger
R. de la 1ère Armée
Q. Kléber
Q. Desaix
Q. de Paris
R. Thomann
R. des Grandes Arcades
R. Mercière
R. de l'Ail
R. du Maréchal Foch
Av. des Vosges
Bd Clemenceau
R. Sellénick
R. Finkmatt
Q. Finkmatt
Schoepflin
R. de la Toussaint
R. du Fg de Pierre
R. du Travail
R. de Wissembourg
Rte. de Brumath
Rte. de Bischwiller
R. des Chasseurs
R. Louis Pasteur
R. de la Roseraie
R. du Kochersberg
R. du Marché Gare
Rte. d'Oberhausbergen
Rte. de Mittelhausbergen
R. de Hochfelden
R. de Dettwiller
R. de Rosenwiller
R. d'Ottrott
R. des Champs
R. de la Rotonde
R. Pierre Nuss
R. Jacques
R. de Phalsbourg
R. de Bitche
R. Léon Ungemach
R. du Haegelberg
R. de l'Église Rouge
R. des Malteries
R. des Poilus
R. Claire
R. de Molsheim
R. Thiergarten
R. du Fg de Saverne
Q. Saint-Jean
Q. de Veygoux
R. Humann
R. du Ban de la Roche
R. de l'Abbé Lemire
R. des Imprimeurs
R. de l'Ain
R. du Doubs
R. de l'Unterelsau
R. Matthias Grünewald
Ch. du Heyritz
R. de la Kaltau
R. de la Thumenau
Q. Lezay-Marnésia
R. Brûlée
d

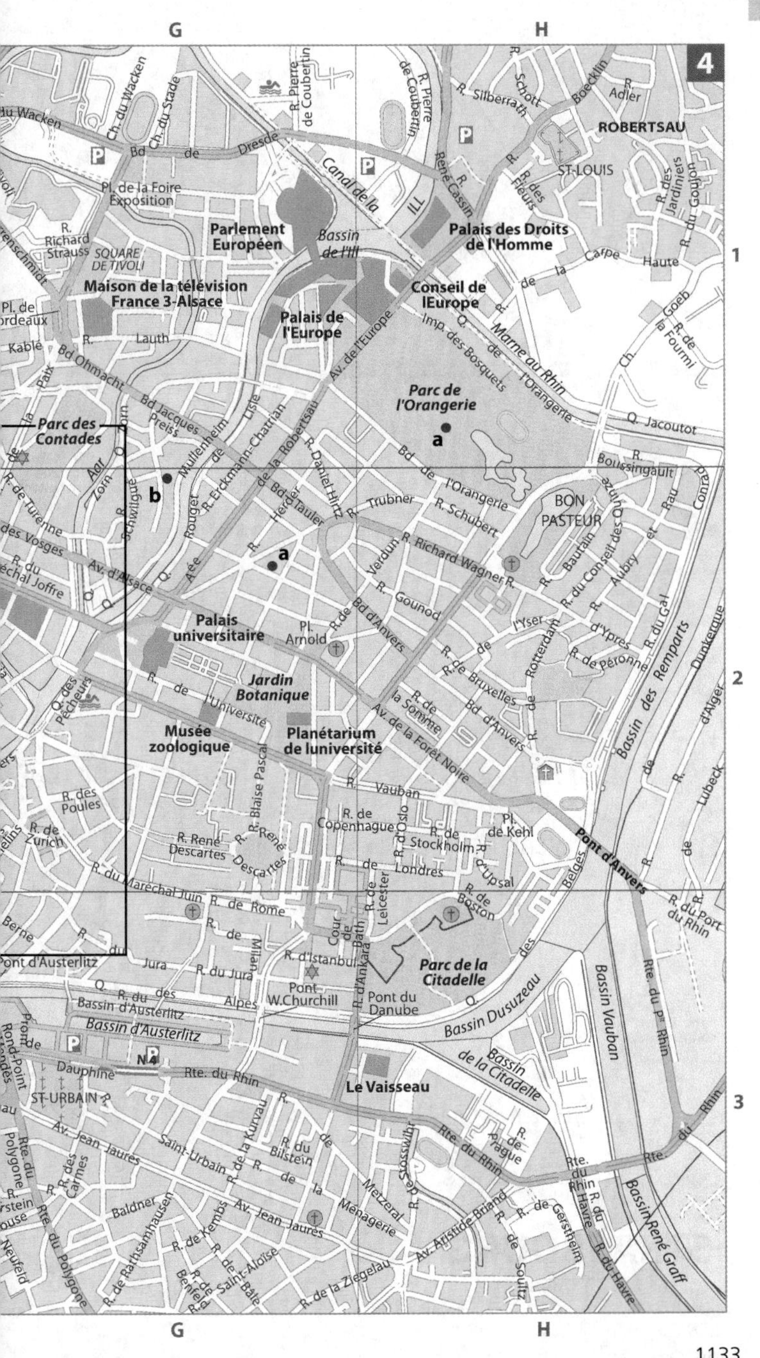

G
H
4
ROBERTSAU
ST-LOUIS
Parlement Européen
Palais des Droits de l'Homme
Maison de la télévision France 3-Alsace
Conseil de lEurope
Palais de l'Europe
Parc de l'Orangerie
Parc des Contades
BON PASTEUR
Palais universitaire
Jardin Botanique
Musée zoologique
Planétarium de luniversité
Parc de la Citadelle
Le Vaisseau
ST-URBAIN
Bassin de l'Ill
Bassin d'Austerlitz
Bassin Dusuzeau
Bassin de la Citadelle
Bassin Vauban
Bassin des Remparts
Bassin René Graff
Pont d'Anvers
Pont du Danube
Pont W.Churchill
Pont d'Austerlitz
Canal de la Marne au Rhin
Av. de l'Europe
Bd de l'Orangerie
Av. d'Alsace
Av. de la Forêt Noire
Rte. du Rhin
Av. Jean Jaures
1
2
3

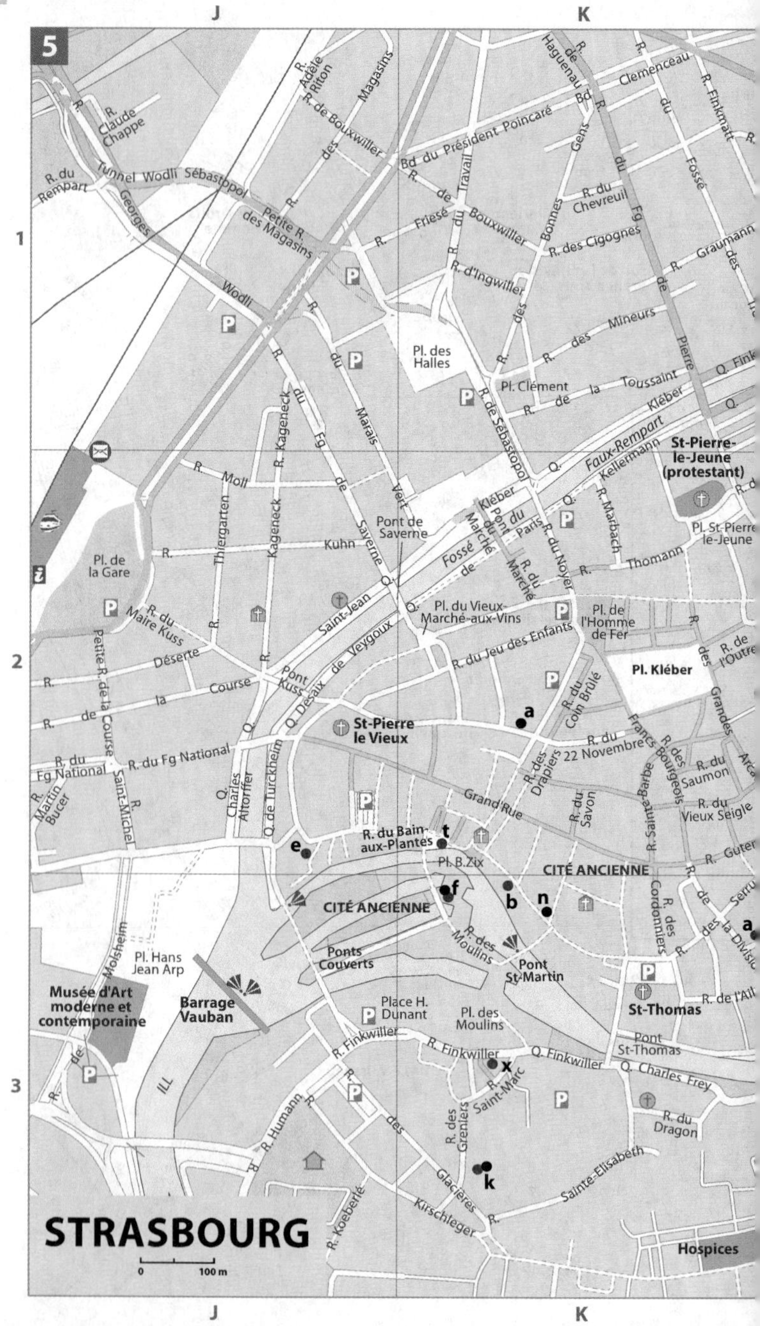
J
K
5
1
2
3
STRASBOURG
0
100 m
Pl. des Halles
Pl. Clément
Pl. de la Gare
Pont de Saverne
Pl. du Vieux-Marché-aux-Vins
Pl. de l'Homme de Fer
Pl. Kléber
St-Pierre-le-Jeune (protestant)
Pl. St-Pierre le-Jeune
St-Pierre le Vieux
CITÉ ANCIENNE
Pl. B.Zix
Ponts Couverts
Pont St-Martin
Pl. Hans Jean Arp
Barrage Vauban
Musée d'Art moderne et contemporaine
Place H. Dunant
Pl. des Moulins
St-Thomas
Pont St-Thomas
Hospices
Tunnel Wodli Sébastopol
Bd du Président Poincaré
Bd Clemenceau
Grand'Rue
Faux-Rempart
Fossé du Faux-Rempart
Q. Kléber
Q. Kellermann
Q. Saint-Jean
Q. Desaix
Q. de Turckheim
Q. Charles Altorffer
Q. Finkwiller
Q. Charles Frey
R. du 22 Novembre
R. du Jeu des Enfants
R. du Fg National
R. du Maire Kuss
R. de la Course
R. Déserte
R. Kuhn
R. Moll
R. Kageneck
R. Thiergarten
R. du Fg de Saverne
R. du Marais Vert
R. de Sébastopol
R. des Bonnes Gens
R. du Noyer
R. du Marché
R. Marbach
R. Thomann
R. des Francs Bourgeois
R. des Drapiers
R. du Savon
R. du Coin Brûlé
R. du Bain-aux-Plantes
R. des Moulins
R. Finkwiller
R. Saint-Marc
R. des Greniers
R. des Glacières
R. Kirschleger
R. Sainte-Elisabeth
R. Humann
R. Koeberlé
R. Molsheim
R. du Dragon
R. des Cordonniers
R. Sainte-Barbe
R. du Vieux Seigle
R. du Saumon
R. des Grandes Arcades
R. de l'Outre
R. du Fg de Pierre
R. Finkmatt
R. du Fossé
R. Graumann
R. des Mineurs
R. de la Toussaint
R. d'Ingwiller
R. des Cigognes
R. du Chevreuil
R. du Travail
R. de Bouxwiller
R. Friesé
R. des Magasins
Petite R. des Magasins
R. Adèle Riton
R. Claude Chappe
R. du Rempart
R. Georges Wodli
Petite R. de la Course
R. Saint-Michel
R. Martin Bucer
R. de Haguenau
Pont Kuss
Pont du Marché
R. Gutenberg
R. de la Division
R. de l'Ail
ILL
a
b
e
f
k
n
t
x

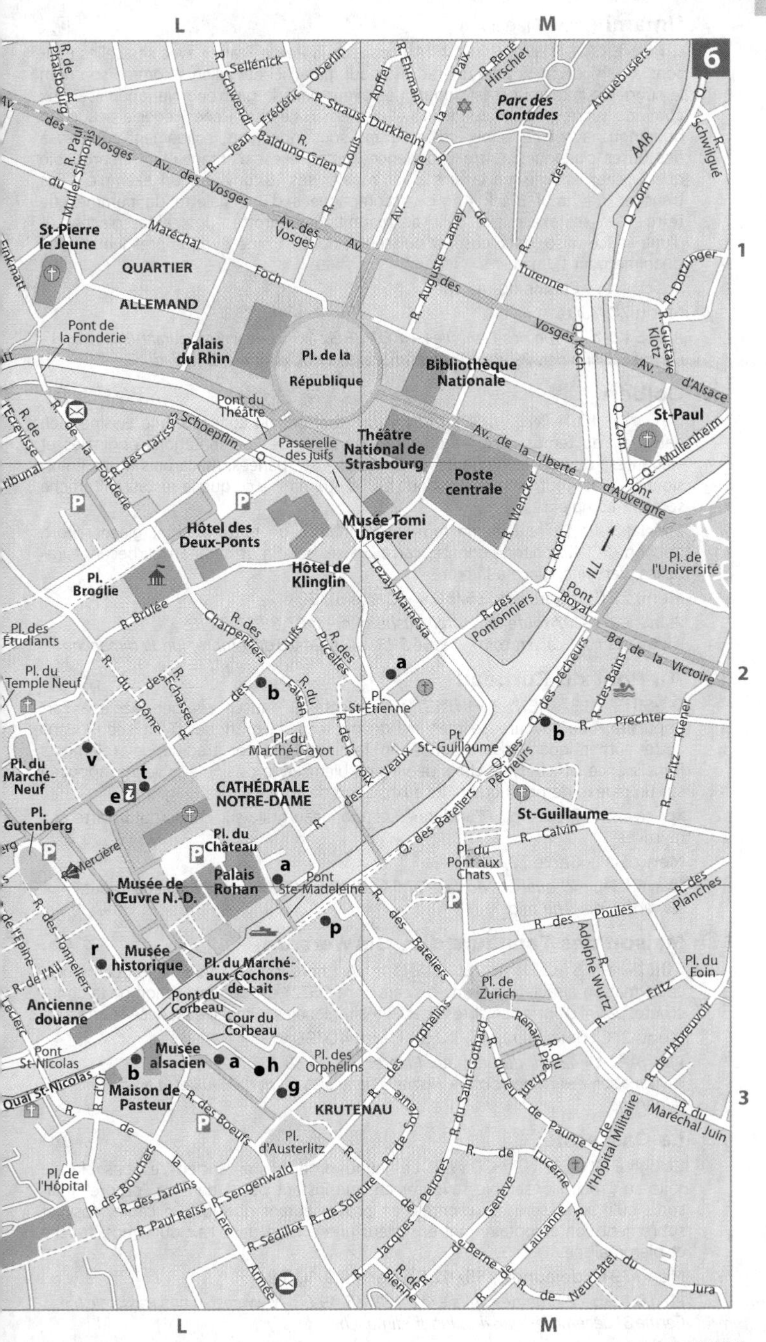
L
M
6
1
2
3
Parc des Contades
St-Pierre le Jeune
QUARTIER ALLEMAND
Pont de la Fonderie
Palais du Rhin
Pl. de la République
Bibliothèque Nationale
Pont du Théâtre
Passerelle des juifs
Théâtre National de Strasbourg
Poste centrale
St-Paul
Hôtel des Deux-Ponts
Musée Tomi Ungerer
Hôtel de Klinglin
Pl. Broglie
Pl. de l'Université
Pont Royal
Pl. des Étudiants
Pl. du Temple Neuf
Pl. St-Étienne
Pl. du Marché-Gayot
Pt. St-Guillaume
Pl. du Marché-Neuf
CATHÉDRALE NOTRE-DAME
St-Guillaume
Pl. Gutenberg
Pl. du Château
Pl. du Pont aux Chats
Palais Rohan
Pont Ste-Madeleine
Musée de l'Œuvre N.-D.
Musée historique
Pl. du Marché-aux-Cochons-de-Lait
Pl. de Zurich
Pl. du Foin
Ancienne douane
Pont du Corbeau
Cour du Corbeau
Pont St-Nicolas
Musée alsacien
Pl. des Orphelins
Maison de Pasteur
KRUTENAU
Pl. d'Austerlitz
Pl. de l'Hôpital
Quai St-Nicolas
Av. des Vosges
Av. de la Liberté
Bd de la Victoire
R. du Maréchal Juin
R. de l'Hôpital Militaire
ILL
AAR
L
M

Umami (René Fieger)

CUISINE CRÉATIVE • COSY XX Au cœur de la Petite France avec ses belles maisons à pans de bois, voici une adresse qui mêle l'ici et l'ailleurs comme son nom le suggère : l'umami est la cinquième saveur dans la gastronomie japonaise, aux côtés du sucré, du salé, de l'acide et de l'amer. Le chef René Fieger a beaucoup bourlingué avant de signer cette cuisine sous influences, solidement adossée à des bases classiques. Cette expérience gustative est d'autant plus remarquable que le chef est seul en cuisine pour régaler ses 16 convives. Un exemple ? Ses tranches de bœuf Black Angus, accompagnées d'une galette de pommes de terre, d'un shiitaké relevé d'ail, de magnifiques carottes des sables glacées et d'une sauce miso, onctueuse et puissante, dont l'arôme évoque presque le café. Unanime pour l'Umami !

Spécialités : Cuisine du marché.

Menu 70/130 €

Plan 5 K3-b – *8 rue des Dentelles – ✆ 03 88 32 80 53 – www.restaurant-umami.com – Fermé 8-24 février, 29 août-13 septembre, samedi, dimanche, le midi*

Colbert

CUISINE MODERNE • COSY XX Le jeune chef-patron concocte une cuisine bien dans l'air du temps, soignée et parfumée, avec des présentations originales et élégantes : on ne citera que ces grenouilles juste panées, macaronis et jus émulsionné... C'est tout simplement bon : rien d'étonnant à ce que le restaurant affiche souvent complet !

Spécialités : Truite blanche fumée, déclinaison de betteraves et glace raifort. Cochon de lait : poitrine confite, carré braisé, boudin et chou au barbecue. Mirabelles, verveine, glace à la bière.

Menu 25 € (déjeuner), 35/50 € – Carte 51/69 €

Plan 2 C2-r – *127 route de Mittelhausbergen – ✆ 03 88 22 52 16 – www.restaurant-colbert.com – Fermé 5-15 juillet, 24-28 décembre, lundi, dimanche*

Au Pont du Corbeau

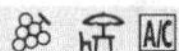

CUISINE ALSACIENNE • WINSTUB X À côté du Musée alsacien dédié à l'art populaire, une savoureuse manière de passer à la pratique ! Tout séduit dans cette authentique winstub tenue en famille : le décor traditionnel (éléments Renaissance, affiches), le choix de vins et, bien sûr, la cuisine alsacienne, appuyée sur un réseau de producteurs locaux... Coup de cœur !

Spécialités : Presskopf à l'ancienne. Jambonneau grillé sur choucroute. Tarte aux myrtilles.

Menu 31 € – Carte 29/45 €

Plan 6 L3-b – *21 quai St-Nicolas – ✆ 03 88 35 60 68 – Fermé 27 juillet-23 août, samedi, dimanche midi*

Maison des Tanneurs dite Gerwerstub

CUISINE ALSACIENNE • ÉLÉGANT XXX Au bord de l'Ill, dans la Petite France, cette maison alsacienne pleine de caractère (1572) est une institution de la choucroute, parmi d'autres célèbres spécialités régionales. Accueil et service charmants.

Menu 21 € (déjeuner), 45/70 € – Carte 40/90 €

Plan 5 K2-t – *42 rue du Bain-aux-Plantes – ✆ 03 88 32 79 70 – www.maison-des-tanneurs.com – Fermé 12 janvier-5 février, 26 juillet-4 août, lundi, dimanche*

La Casserole

CUISINE MODERNE • COSY XX Le jeune propriétaire, ancien responsable de salle au Crocodile, semble savourer chaque instant passé dans sa "propre" maison... qu'il se rassure : sa clientèle en profite autant que lui ! Le cadre, cosy et sobrement contemporain, met en valeur une cuisine dans l'air du temps, fraîche et bien réalisée.

Menu 39 € (déjeuner), 55/112 € – Carte 79/100 €

Plan 6 L2-b – *24 rue des Juifs – ✆ 03 88 36 49 68 – www.restaurantlacasserole.fr – Fermé 31 décembre-5 janvier, lundi, dimanche*

Maïence

CUISINE MODERNE • CONTEMPORAIN XX Maïence : dans l'usage moderne, le terme désigne "la cuisine de bord" d'un bateau. C'est aussi le nouveau restaurant de Cédric Moulot, qui conjugue la cuisine du poisson à l'univers du végétal. Élégant cadre contemporain sur deux étages, dont les luminaires muraux évoquent des hublots.

Menu 42 € (déjeuner), 92/122 € - Carte 79/105 €

Plan 6 L3-r - *7 rue du Vieux-Marché-aux-Poissons - ✆ 03 88 10 09 19 - www.maience.com - Fermé lundi, mardi midi, dimanche*

Le Pont Tournant

CUISINE MODERNE • ÉLÉGANT XX L'emplacement au cœur de la Petite France est séduisant ; la cuisine, talentueuse, marie de bons produits frais. Par beau temps, on dîne sur la terrasse en teck, installée au bord du canal et d'une écluse : de quoi réconcilier n'importe quel couple ! Attention : le restaurant n'est ouvert qu'au dîner.

Menu 55/75 € - Carte 49/68 €

Plan 5 K3-f - *Régent Petite France & Spa, 5 rue des Moulins - ✆ 03 88 76 43 00 - www.regent-petite-france.com - Fermé lundi, mardi midi, mercredi midi, jeudi midi, vendredi midi, samedi midi, dimanche*

Gavroche

CUISINE MODERNE • INTIME XX Dans cette maison du centre historique de Strasbourg, on sent le souci de satisfaire les clients, en salle comme en cuisine. Les assiettes sont honnêtes, précises techniquement, et basées sur de bons produits. Accueil aimable.

Menu 35 € (déjeuner)/65 € - Carte 65/90 €

Plan 6 L3-g - *4 rue Klein - ✆ 03 88 36 82 89 - www.restaurantgavroche.com - Fermé 27 juillet-12 août, 28 octobre-3 novembre, 25 décembre-3 janvier, samedi, dimanche*

Maison Kammerzell

CUISINE ALSACIENNE • HISTORIQUE XX À côté de la cathédrale, cette maison strasbourgeoise du 16ᵉs. classée dégage une authentique ambiance médiévale : vitraux, fresques, bois sculpté, voûtes gothiques. Cuisine du terroir, avec en spécialité la choucroute aux trois poissons créée en 1970.

Menu 30/48 € - Carte 36/55 €

Plan 6 L2-e - *16 place de la Cathédrale - ✆ 03 88 32 42 14 - www.maison-kammerzell.com*

Villa Casella

CUISINE ITALIENNE • MÉDITERRANÉEN XX Fermez les yeux, vous voilà en Italie ! Derrière les fourneaux, le chef, venu du sud de la Botte, met beaucoup de cœur à défendre la cuisine de ses origines. Pour preuve, il réalise lui-même ses pâtes... Que l'on dévore parmi les habitués, dans une ambiance méditerranéenne, ou en terrasse si le temps le permet.

Menu 21 € (déjeuner), 55/75 € - Carte 38/60 €

Plan 5 K3-a - *5 rue du Paon - ✆ 03 88 32 50 50 - www.villacasella.fr - Fermé dimanche*

Le Violon d'Ingres

CUISINE CLASSIQUE • INTIME XX Cette maison alsacienne est l'une des plus anciennes du quartier de la Robertsau, par-delà le Parlement européen. À la carte, une cuisine classique teintée de modernité, avec homard, foie gras, poisson, gibier en saison, etc. À déguster dans l'élégante salle à manger ou en terrasse, à l'ombre d'un imposant marronnier...

Menu 36 € (déjeuner), 58/64 € - Carte 60/70 €

Plan 2 D2-z - *1 rue du Chevalier-Robert (à La Robertsau) - ✆ 03 88 31 39 50 - www.violondingres.com - Fermé 5-13 janvier, 5-13 mars, 15 août-2 septembre, 12-20 décembre, lundi, samedi midi, dimanche soir*

Zuem Ysehuet

CUISINE MODERNE • CONTEMPORAIN XX Dans un quartier huppé au bord de l'Ill, cette jolie auberge est recouverte de vigne vierge. L'intérieur est résolument contemporain ; quant aux recettes, elles font la part belle aux produits de saison (légumes du potager), que l'on accompagne de l'une des 700 références présentes sur la carte des vins. Agréable terrasse au calme.

Menu 30 € (déjeuner), 42/92 €

Plan 4 G2-b – *21 quai Mullenheim – ✆ 03 88 35 68 62 – www.zuem-ysehuet.com – Fermé 3 février-10 mars, 15 août-1er septembre, lundi midi, samedi midi, dimanche*

La Brasserie des Haras

CUISINE MODERNE • DESIGN X Sous la tutelle du grand chef Marc Haeberlin, une table élégante et raffinée, au sein des anciens haras nationaux construits sous Louis XV. On y apprécie de belles recettes traditionnelles, sans oublier quelques plats du terroir local. Et le superbe décor contemporain, avec cuisines ouvertes, vaut le coup d'œil !

Menu 31 € (déjeuner)/36 € – Carte 42/66 €

Plan 5 K3-k – *23 rue des Glacières – ✆ 03 88 24 00 00 – www.les-haras-brasserie.com – Fermé 1er-10 janvier, 2-16 août*

Le Banquet des Sophistes

CUISINE DE SAISON • TENDANCE X Difficile d'obtenir une table dans cette adresse qui ne désemplit pas, située dans le nouveau quartier "qui bouge" de la Krutenau. Succès mérité pour ce bistrot de bel aloi, qui propose un menu imbattable au déjeuner et une carte plus élaborée le soir. Préparations travaillées, fraîches et parfumées, dans un esprit éclectique discrètement inventif, aux frontières de la cuisine fusion. Stimulant pour les papilles, et convivial. Qui dit mieux ?

Menu 19 € (déjeuner)/54 € – Carte 45/53 €

Plan 6 L3-a – *5 rue d'Austerlitz – ✆ 03 88 68 59 67 – www.le-banquet.com – Fermé 24 août-15 septembre, lundi, dimanche*

Le Bistrot d'Antoine

CUISINE DU MARCHÉ • BISTRO X Près de la place Saint-Étienne et de la rue des Frères, un super bistrot qui réunit tous les ingrédients de la réussite : goûteux produits de saison, assiettes généreuses, ambiance conviviale, judicieuse carte de vins nature et en biodynamie... sans oublier le bon rapport qualité-prix.

Menu 33/50 € – Carte 43/65 €

Plan 6 M2-a – *3 rue de la Courtine – ✆ 03 90 24 93 25 – www.lebistrotdantoine.com – Fermé dimanche*

Fink'Stuebel

CUISINE ALSACIENNE • WINSTUB X Tranche de terrine de foie gras de canard, choucroute traditionnelle, kouglof glacé au kirsch... pas de confusion possible ici, on célèbre bien la tradition alsacienne ! Les produits sont de qualité, les portions plus que généreuses : la maison mérite amplement sa réputation.

Menu 28 € (déjeuner) – Carte 37/65 €

Plan 5 K3-x – *26 rue Finkwiller – ✆ 03 88 25 07 57 – www.restaurant-finkstuebel.com – Fermé 22 février-2 mars, 3-24 août, lundi, dimanche*

In Vino Veritas

CUISINE ITALIENNE • BISTRO X Situation superbe pour ce restaurant italien, situé au pied de la majestueuse cathédrale. Carte courte pour préparations gourmandes et généreuses, au service de sa majesté le produit : vitello tonnato, antipasti, gnocchi, tiramisu... La terrasse est très prisée aux beaux jours. Très belle carte des vins.

Carte 46/66 €

Plan 6 L2-t – *25 place de la Cathédrale – ✆ 03 88 32 75 85 – www.restaurant-invinoveritas.fr – Fermé dimanche*

Mademoiselle 10

CUISINE MODERNE · CONVIVIAL X Père et fille travaillent de concert dans ce sympathique bistrot, qui célèbre la tradition et régale ses convives à prix très raisonnables (surtout à midi). Terrine de volaille ; filet de merlu rôti, riz noir, cèpes et girolles ; millefeuille aux pommes et noix de pécan... aussi simple que gourmand.

Menu 22 € (déjeuner)/41 € – Carte 30/50 €

Plan 6 M2-b – *10 quai des Pêcheurs – ✆ 03 88 35 10 60 – www.mlle10.fr – Fermé 1er-16 janvier, lundi, samedi midi, dimanche*

Pierre Bois & Feu

CUISINE TRADITIONNELLE · BISTRO X Dans une ruelle proche des quais, ce petit bistrot contemporain est abrité dans une maison datant du 17e s. Tables en bois brut, cuisine ouverte : l'endroit a du charme. À la carte, de beaux produits (légumes bio, notamment) avec pour spécialité la viande de salers... cuite au fer à repasser. Tout cela, associé à la convivialité et la passion du chef, donne envie de revenir !

Menu 55 €

Plan 6 L2-a – *6 rue du Bain-aux-Roses – ✆ 03 88 36 25 59 – Fermé 16 août-1er septembre, lundi midi, mercredi midi, dimanche*

S'Burjerstuewel - Chez Yvonne 

CUISINE ALSACIENNE · WINSTUB X Atmosphère animée dans cette winstub qui fait figure d'institution (photos et dédicaces de stars à l'appui). On y mange au coude à coude et la carte respecte la plus pure tradition alsacienne. Ne passez pas à côté de l'une des spécialités maison : le coq au riesling. Une belle adresse.

Carte 29/60 €

Plan 6 L2-v – *10 rue du Sanglier – ✆ 03 88 32 84 15 – www.chez-yvonne.net*

La Vieille Tour

CUISINE TRADITIONNELLE · DE QUARTIER X Cette adresse, toute proche de la Petite France, cultive le goût de la tradition, au gré du marché (ardoise). Décor simple, relevé d'affiches humoristiques sur l'Alsace.

Menu 29 € (déjeuner)/39 € – Carte 40/70 €

Plan 5 J2-e – *1 rue Adolphe-Seyboth – ✆ 03 88 32 54 30 – Fermé dimanche*

Hôtels

Régent Petite France & Spa  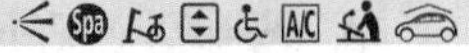

LUXE · PERSONNALISÉ Dans la Petite France, une grande et belle adresse, aménagée dans les ex-glacières des bords de l'Ill. Intérieurs confortables, modernes et chic, sans ostentation ; chambres agréablement feutrées, dont 17 récemment ouvertes dans le "Pavillon", un bâtiment datant du 15e s...

75 chambres – 205/876 € – 27 € – 10 suites

Plan 5 K3-f – *5 rue des Moulins – ✆ 03 88 76 43 43 – www.regent-petite-france.com*

Le Pont Tournant – Voir la sélection des restaurants

Le Bouclier d'Or 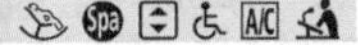

HISTORIQUE · PERSONNALISÉ Cet établissement prend ses aises dans un ancien hôtel particulier dont la partie la plus ancienne remonte au 16e s. Chambres spacieuses de charme, avec plusieurs ambiances – alsacienne, bourgeoise, etc.

22 chambres – 151/706 € – 22 € – 4 suites

Plan 5 K3-n – *1 rue du Bouclier – ✆ 03 88 13 73 55 – www.lebouclierdor.com*

, , , , &

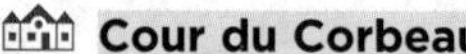

Cour du Corbeau

HISTORIQUE · ÉLÉGANT Près du pont du Corbeau, cet hôtel s'épanouit dans plusieurs superbes maisons anciennes. Mais ce qui le distingue surtout, c'est sa cour intérieure Renaissance, avec ses coursives en bois héritées du temps jadis...

63 chambres – 176/693 € – 25 €

Plan 6 L3-h – *6 rue des Couples – ✆ 03 90 00 26 26 – www.cour-corbeau.com*

Hannong

BOUTIQUE HÔTEL · PERSONNALISÉ Un hôtel familial sur le site de la faïencerie Hannong (18e s.). Façade néoclassique, salon sous verrière, décoration sur le thème des années 1930 : l'ensemble est accueillant et parfaitement tenu. Agréable espace terrasse et élégant bar à vin.

72 chambres – 89/349 € – 16 €

Plan 5 K2-a – *15 rue du 22-Novembre – ✆ 03 88 32 16 22 – www.hotel-hannong.com – Fermé 1er-5 janvier*

Les Haras

HISTORIQUE · CONTEMPORAIN Au cœur de Strasbourg, l'établissement, imaginé dans les anciens haras nationaux du 18e s., bénéficie d'un cadre exceptionnel, où le moindre détail est réfléchi. Les chambres, au décor épuré, sont spacieuses (17 à 35 m^2). Un lieu rare.

55 chambres – 150/600 € – 24 €

Plan 5 K3-k – *23 rue des Glacières – ✆ 03 90 20 50 00 – www.les-haras-hotel.com*

à Entzheim 12 km par A35 (sortie n° 8), D400 et D392

Steinkeller

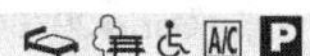

CUISINE ALSACIENNE · RUSTIQUE Une belle winstub, une grande véranda, un caveau en pierre (d'où ce nom de "Steinkeller"), etc. : un vrai univers alsacien, regorgeant de bois sculpté, de vitraux, de mobilier traditionnel... Flammekueche, presskopf et autres recettes traditionnelles portent aussi haut les couleurs de la région ! Prix mesurés.

Menu 29 € – Carte 26/41 €

Plan 1 B3-h – *34 route de Strasbourg – ✆ 03 88 68 91 65 – www.hotel-perebenoit.com – Fermé 26 juillet-16 août, 24 décembre-3 janvier, lundi midi, samedi midi, dimanche*

à Illkirch-Graffenstaden 5 km au Sud – Carte régionale n° **10**-B1

Estaminet à l'Agneau

CUISINE TRADITIONNELLE · BISTRO Bouchées à la reine, pot-au-feu de skrei, tartare de bœuf au couteau, crêpes flambées et éclair façon paris-brest... Dans un intérieur digne d'un bistrot parisien, Guillaume Kern régale désormais ses clients avec des petits plats du marché goûteux, généreux et variés. Le tout à prix doux !

Spécialités : Vichyssoise Saint-Germain au jambon de Paris. Canard en deux cuissons Montmorency. Grosse tranche de savarin aux trois rhums.

Carte 30/39 €

Plan 2 C3-a – *185 route de Lyon – ✆ 03 88 66 06 58 – www.agneau-illkirch.fr – Fermé 3-23 août, 28 décembre-3 janvier, lundi, samedi midi, dimanche soir*

à Lingolsheim 5 km au Sud - Ouest

L'ID

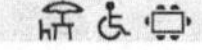

CUISINE MODERNE · CONTEMPORAIN Une belle maison de maître, décorée avec goût – tons gris et noisette, magnifique escalier en bois datant du 18e s. À l'ardoise, une bonne cuisine du marché rythmée par les saisons, avec une place importante accordée au poisson... À déguster sur l'agréable terrasse aux beaux jours.

Menu 32 € (déjeuner) – Carte 40/60 €

Plan 2 C2-d – *11 rue du Château – ✆ 03 88 78 40 48 – www.restaurant-id.fr – Fermé 3-17 août, lundi soir, dimanche*

à Ostwald 7 km au Sud - Ouest

Château de l'Ile

DEMEURE HISTORIQUE • CLASSIQUE Dans un parc baigné par l'Ill, un petit château à l'architecture éclectique (19e s.) entouré de bâtiments dans un style alsacien traditionnel. Ils abritent des chambres spacieuses et confortables, tout en tissus imprimés et mobilier de style. Restaurant gastronomique et winstub.

60 chambres - 129/399€ - 24€ - 2 suites

Plan 2 C3-r - *4 quai Heydt - 03 88 66 85 00 - www.chateau-ile.fr*

à Pfulgriesheim 10 km au Nord - Ouest - Carte régionale n° **10**-B1

Bürestubel

CUISINE ALSACIENNE • AUBERGE Cette ferme à colombages respire l'Alsace ! Joli décor régional et spécialités (très) locales : flammekueche, lewerknepfle, sirops et sorbets réalisés avec les fruits du verger... Ici, on aime la simplicité et le travail bien fait. Une adresse sûre.

Spécialités : Pâté en croûte, crudités de saison. Jarret caramélisé à la bière de fleur d'oranger. Crêpe aux pommes et griottes.

Menu 20€ (déjeuner) - Carte 28/45€

Plan 2 C1-a - *8 rue de Lampertheim - 03 88 20 01 92 - www.burestubel.fr - Fermé 18 janvier-2 février, 2-19 août, 23-28 décembre, lundi, samedi midi, dimanche*

à Schiltigheim 4 km au Nord - Carte régionale n° **10**-B1

La Carambole

CUISINE MODERNE • CONTEMPORAIN Dans un quartier d'affaires légèrement à l'écart de Strasbourg, cet élégant restaurant occupe le 3e étage d'un immeuble contemporain. Le chef, passé par de bonnes maisons, dévoile une cuisine généreuse en s'appuyant sur des produits de qualité. Une adresse plaisante.

Menu 35€ (déjeuner), 62/75€ - Carte 58/69€

Plan 2 C2-u - *14 avenue Pierre-Mendès-France - 03 88 47 44 44 - www.restaurant-lacarambole.com - Fermé 13-19 avril, 3-24 août, 21 décembre-3 janvier, mercredi soir, samedi midi, dimanche*

Côté Lac

CUISINE MODERNE • CONTEMPORAIN Dans une zone d'activité du nord de la ville, on est surpris de découvrir ce parallélépipède de béton brut et de verre, posé au bord d'un petit lac. L'intérieur a tout du loft moderne, avec ses éclairages modernes et ses tableaux contemporains ; on y déguste une cuisine actuelle, soignée, qui évolue régulièrement.

Menu 30/69€ - Carte 50/55€

Plan 2 C2-t - *2 place de Paris (Espace Européen de l'Entreprise) - 03 88 83 82 81 - www.cote-lac.com - Fermé lundi soir, samedi midi, dimanche*

La Fabrique

CUISINE MODERNE • ÉLÉGANT Des recettes hautes en couleur, une belle maîtrise des cuissons, une pointe de créativité sans excès : on doit cette belle partition culinaire à un jeune chef au solide parcours, qui donne ici un aperçu de l'étendue de son talent.

Menu 28€ (déjeuner), 48/62€ - Carte 52/62€

Plan 2 C2-m - *32 rue de la Gare - 03 88 83 93 83 - www.lafabrique-restaurant.com - Fermé 24 décembre-1er janvier, lundi, dimanche*

Les Plaisirs Gourmands

CUISINE MODERNE • CONTEMPORAIN Le chef Guillaume Scheer (ex-1741, à Strasbourg) a maintenant trouvé ses marques aux portes de la ville. Bons produits de saison, assaisonnements et cuissons justes, service aimable : tout est réuni pour passer un agréable moment.

Menu 28€ (déjeuner), 48/64€ - Carte 59/67€

Plan 3 E-F-d - *35 route du Général-de-Gaulle - 03 88 83 55 55 - www.les-plaisirs-gourmands.com - Fermé 1er-6 janvier, 16 février-2 mars, 26 avril-4 mai, 5-20 juillet, lundi, dimanche*

à La Wantzenau 12 km au Nord - Est

Relais de la Poste

CUISINE MODERNE · ÉLÉGANT XXX Une partition classique aux touches alsaciennes, une institution vénérable : voilà les principaux atouts de cette maison. Le décor, avec boiseries et véranda face à la terrasse, se révèle plutôt agréable, et l'accueil est de qualité.

Menu 35 € (déjeuner), 52/86 € - Carte 64/92 €

Plan 2 D1-a - *21 rue du Général-de-Gaulle - ✆ 03 88 59 24 80 - www.relais-poste.com - Fermé 1er-12 janvier, 27 juillet-14 août, lundi, samedi midi, dimanche soir*

Au Moulin

CUISINE CLASSIQUE · COSY XX Un cadre élégant et lumineux, dans les dépendances d'un ancien moulin posté au bord de l'Ill. La terrasse profite du calme de la campagne environnante. Cuisine classique.

Menu 24/74 € - Carte 30/150 €

Plan 2 D1-z - *2 impasse du Moulin - ✆ 03 88 96 20 01 - www.restaurant-moulin-wantzenau.fr - Fermé 6-28 juillet, 26 décembre-3 janvier, lundi, mardi, dimanche soir*

Au Pont de l'Ill

POISSONS ET FRUITS DE MER · BRASSERIE XX Fruits de mer et poissons jouent les vedettes sur la carte de cette brasserie très fréquentée, abritant pas moins de cinq salles (au choix : style marin, Art nouveau, etc.). À deux pas de Strasbourg, vous voilà au bord de la mer !

Menu 29/43 € - Carte 25/60 €

Plan 2 D1-u - *2 rue du Général-Leclerc - ✆ 03 88 96 29 44 - www.aupontdelill.com - Fermé samedi midi*

Le Jardin Secret

CUISINE MODERNE · COSY XX Face à la petite gare, un accueillant restaurant tenu par une jeune équipe. Le cadre est contemporain, et la cuisine... bien d'aujourd'hui et ambitieuse. Et pour jardin secret, une terrasse sur l'arrière de la maison.

Menu 30 € (déjeuner), 54/63 € - Carte 56/68 €

Plan 2 D1-v - *32 rue de la Gare - ✆ 03 88 96 63 44 - www.restaurant-jardinsecret.fr - Fermé 10-23 août, 26 décembre-3 janvier, lundi, mardi midi, samedi midi, dimanche soir*

Les Semailles

CUISINE MODERNE · COSY XX Jolie petite graine que cette maison alsacienne chatoyante, dressée dans une petite rue calme. Au menu : des produits de qualité, de justes cuissons, et une association pertinente de saveurs. L'été venu, profitez de la terrasse ombragée sous une glycine centenaire...

Menu 34 € (déjeuner), 38/92 € - Carte 40/72 €

Plan 2 D1-s - *10 rue du Petit-Magmod - ✆ 03 88 96 38 38 - www.semailles.fr - Fermé mercredi, jeudi, dimanche soir*

Zimmer

CUISINE TRADITIONNELLE · CLASSIQUE XX Indifférente aux modes, cette maison au glorieux passé continue de décliner une belle cuisine de tradition, teintée de notes plus actuelles : blanquette de poussin aux petits oignons et champignons, gratin de macaronis au parmesan ; matelote de poissons au riesling, fricassée de pâtes... Terrasse aux beaux jours.

Menu 28/65 € - Carte 41/78 €

Plan 2 D1-r - *23 rue des Héros - ✆ 03 88 96 62 08 - www.restaurant-zimmer.fr - Fermé 15 février-3 mars, 21 juillet-10 août, lundi, dimanche soir*

SURESNES - Hauts-de-Seine (92) ➜ Voir Autour de Paris

SURVILLE

27400 - Eure - Carte régionale n° **17**-D2 - Carte Michelin 304-G6

Manoir de Surville

LUXE • COSY Au cœur de la Normandie, un jeune couple passionné propose "d'être au manoir comme à la maison", et ça fonctionne ! Un ancien corps de ferme du 16^{e}s., des chambres et suites luxueuses et cosy, un jardin pour flâner, un long bassin de nage, sans oublier l'espace bien-être... Cuisine du marché au restaurant.

9 chambres - 180/275€ - 2 suites

82 rue Bernard-Petel - 02 32 50 99 89 - www.manoirdesurville.com - Fermé 18-28 octobre, 19 décembre-3 janvier

TAILLADES

84300 - Vaucluse - Carte régionale n° **25**-E1 - Carte Michelin 332-D10

L'Atelier L'Art des Mets

CUISINE MODERNE • SIMPLE Le jeune chef propose une cuisine actuelle et personnelle, dont l'acteur principal est l'herbe sauvage, qu'il a appris à connaître auprès d'une cueilleuse de la région. Chénopode, mélisse sauvage, pourpier, armoise... il y a de la poésie dans ses préparations- et du goût, à l'instar de ce suprême de poulet jaune fermier à l'Armoise, cuit à basse température, et artichauts en barigoule. On en redemande !

Spécialités : Soupe d'orties sauvages aux herbes, foie gras poêlé. Cochon du Ventoux, pressé de pomme de terre à la sarriette. Baba au thym revisité.

Menu 18€ (déjeuner), 33/49€

500 route de Robion - 04 90 72 37 55 - www.latelierlartdesmets.fr - Fermé mercredi soir, dimanche

L'Auberge des Carrières

CUISINE MODERNE • AUBERGE Au pied du Luberon, une auberge tenue par un charmant couple belge, installé en Provence depuis dix ans. Le temps de prendre place sur la jolie terrasse, et voilà déjà notre assiette ; la cuisine sent bon la Méditerranée, avec notamment la grande spécialité du chef : le ris de veau poêlé...

Menu 23€ (déjeuner), 42/49€ - Carte 50/60€

Place de la Mairie - 04 32 50 19 97 - www.aubergedescarrierres.com - Fermé 16 février-3 mars, 22-31 mars, 4-20 octobre, lundi, dimanche

TAIN-L'HERMITAGE

26600 - Drôme - Carte régionale n° **3**-E2 - Carte Michelin 332-C3

Maison Gambert

CUISINE MODERNE • CONVIVIAL Cette ancienne ferme rénovée, prolongée d'une jolie terrasse ombragée et entourée de vignes, a été reprise par Mathieu Chartron, chef au joli parcours. Résultat : des préparations goûteuses et soignées, des cuissons justes - au four à bois pour les viandes et certains poissons... On passe un bon moment.

Spécialités : Velouté de carottes à la citronnelle et crabe mariné. Suprême de pintadeau, pommes de terre grenaille et sauce porto. Soupe de pêches, sorbet de thé Earl Grey.

Menu 33€ - Carte 40/60€

2 rue de la Petite-Pirelle - 04 75 09 19 85 - www.maisongambert.com - Fermé lundi, mardi

Le Mangevins

CUISINE MODERNE • BISTRO Ici, la déco mêle esprit de bistrot et modernité, quant à la cuisine, aucune inquiétude : elle célèbre plus que jamais le marché, et se révèle soignée. Belle sélection de crus de la région.

Spécialités : Gaspacho et tempura de fleurs de courgette. Onglet de veau, jus corsé et légumes de saison. Pêche pochée, émulsion de yaourt de brebis, muesli et miel.

Menu 34/49€ - Carte 34/42€

7 rue des Herbes - 04 75 08 00 76 - Fermé 17 avril-3 mai, 30 juillet-17 août, samedi, dimanche

Le Quai

CUISINE TRADITIONNELLE • BRASSERIE X On pourrait rester à quai pendant des heures, à admirer le Rhône et les vignobles... En terrasse ou dans la salle, très lumineuse, on se croirait presque sur un paquebot ! Et dans ce bistrot des temps modernes, les assiettes sont généreuses. Une bonne adresse.

Spécialités : Gravlax de saumon au citron confit, salade de quinori et houmous. Épaule de porcelet rôtie 12 heures, jus caramélisé et caviar d'aubergine. Pain perdu à la pogne de Romans, confiture d'orange et glace au chocolat.

Menu 24/42€ - Carte 40/61€

17 rue Joseph-Peala - ✆ 04 75 07 05 90 - www.maisonchabran.com

La Péniche by Edward Cristaudo (N)

CUISINE MODERNE • CONTEMPORAIN X C'est bercé par le Rhône et l'imagination culinaire d'Edward Cristaudo, ancien collaborateur de Frédéric Anton, qu'on se laisse embarquer sur cette péniche amarrée à Tain l'Hermitage. Escapade gourmande au déjeuner, et voyage gastronomique dans la "Cale", le soir, avec une attention particulière accordée au végétal, et (évidemment) aux produits de l'Ardèche et de la Drôme.

Menu 24€ (déjeuner), 42/89€

Promenade Robert-Schuman - ✆ 04 75 08 34 50 - www.lapeniche.biz - Fermé 20-27 décembre, lundi, dimanche

Vineum

CUISINE TRADITIONNELLE • BAR À VIN X La cave à vins du Domaine Paul Jaboulet Aîné abrite ce restaurant/bar à vins au cadre traditionnel fort cosy, où le joli plafond boisé évoque la chaleur d'antan, quand les hommes, au coin du feu, racontaient des fables de vie. Sachez que le vin servi au restaurant est vendu au prix de la cave, avis aux amateurs !

Menu 27€ (déjeuner)/34€

25 place du Taurobole - ✆ 04 75 09 26 20 - www.vineum.blogspot.com - Fermé 1er-12 janvier, lundi, le soir

TALLOIRES

✉ 74290 - Haute-Savoie - Carte régionale n° **4**-F1 - Carte Michelin 328-K5

Jean Sulpice

CUISINE CRÉATIVE • CONTEMPORAIN XXX Quelle belle renaissance que celle de L'Auberge du Père Bise, sous l'impulsion de Jean Sulpice et de son épouse Magali, désormais en salle ! En sportif affûté, le chef propose une cuisine fine, saine et légère. Les herbes, fleurs et plantes sauvages apportent contraste et couleurs à des assiettes subtiles, qui dessinent une promenade pleine de gourmandise autour des poissons du lac. Ainsi la fera cuite dans son eau de cresson, ou l'écrevisse et ortie, toutes en fraîcheur et en précision. Cette mise en scène, sobre et poétique, se déguste dans une salle lumineuse, ouverte sur la terrasse et les rives argentées du lac d'Annecy, le plus pur d'Europe. Un écrin de choix pour une gastronomie épurée et audacieuse.

Spécialités : La cueillaison au rythme des saisons. Omble chevalier et beurre maître d'hôtel à l'épicéa. La fraise et la livèche.

Menu 115€ (déjeuner), 195/235€

Auberge du Père Bise, 303 route du Port - ✆ 04 50 60 72 01 - www.perebise.com - Fermé 22 décembre-7 février, mardi, mercredi

L'Auberge de Montmin (N) (Florian Favario)

CUISINE TRADITIONNELLE • CHAMPÊTRE X Le col de la Forclaz (1147 m) était déjà connu pour sa magnifique vue en belvédère sur le lac d'Annecy, et pour être le paradis des parapentistes. Il le sera désormais aussi pour cette belle table, ouverte en 2019 par Sandrine Deley et son compagnon Florian Favario. Dans ce chalet à l'intérieur bardé de bois clair, le chef a installé des cuisines toute neuves ; il travaille dans un style simple et gourmand, avec le meilleur des produits locaux (agneaux et porcelets, légumes potagers, fruits de saison), et un coup de main sans faille. Un vrai régal, à plus forte raison sur la terrasse avec vue sur les alpages...

Spécialités : Gros oignon cuit en croûte de sel au beaufort et lard paysan. Ris de veau aux girolles. Tarte aux myrtilles et fruits rouges.

Menu 42 €

1199 route du Col de la Forclaz (au Col de la Forclaz) - ✆ 04 50 63 85 40 - Fermé 21 avril-6 mai, 20 octobre-11 novembre, 22-30 décembre, lundi midi, mardi, mercredi, jeudi midi, vendredi midi

Le Cottage

CUISINE CLASSIQUE · ÉLÉGANT XXX Un restaurant cossu et bourgeois, une terrasse avec le lac pour horizon et de belles saveurs classiques, avec des touches actuelles : par exemple, gambas au cresson, mangue, fleurs et bulbes... On passe ici un moment gastronomique bien sympathique.

Menu 40 € (déjeuner), 49/85 € - Carte 49/80 €

Le Port - ✆ 04 50 60 71 10 - www.cottagebise.com - Fermé 3 octobre-25 avril

L' Abbaye de Talloires

CUISINE MODERNE · ROMANTIQUE XX Les produits du terroir sont en bonne place à la carte (cochon, fera, sérac...) travaillés par le chef dans des préparations gorgées de soleil. L'été, il fait bon savourer ces douceurs en terrasse, face au lac, en les arrosant d'un bon vin (800 références).

Menu 49 € (déjeuner), 68/140 € - Carte 70/105 €

L'Abbaye de Talloires, Chemin des Moines - ✆ 04 50 60 77 33 - www.abbaye-talloires.com - Fermé 10 novembre-7 février, lundi, mardi et le midi en semaine

1903

CUISINE TRADITIONNELLE · CONVIVIAL X Un environnement privilégié, au pied du lac, et c'est peu dire. Le bistrot 1903, dont le nom rend hommage à l'année de création de la maison, propose une carte bistrotière revisitée, signée Jean Sulpice : quenelle de brochet, crème à la livèche et citron confit ; gratin de queue d'écrevisses "autrement" ; tarte verveine framboise... Une halte pleine de gourmandise.

Menu 44/48 € - Carte 58/92 €

Auberge du Père Bise, 303 route du Port - ✆ 04 50 60 72 01 - www.perebise.com - Fermé 22 décembre-7 février, lundi

Auberge du Père Bise

LUXE · CONTEMPORAIN Un environnement féerique, au pied du lac. L'âme de l'auberge est toujours présente, même si l'ensemble a été réaménagé avec goût. Tout y est feutré, et les chambres sont d'un luxe sobre, équipées pour la plupart de terrasses et balcons. Le tout bénéficiant de l'enthousiasme d'un jeune couple motivé, et ravi d'être là !

20 chambres - 260/820 € - 33 € - 3 suites

303 route du Port -
✆ 04 50 60 72 01 - www.perebise.com -
Fermé 22 décembre-7 février

Jean Sulpice · **1903** - Voir la sélection des restaurants

L'Abbaye de Talloires

HISTORIQUE · CLASSIQUE Cette abbaye a traversé l'histoire, au point fêter ses mille ans d'existence en 2018 ! Le calme et la vue sur le lac en sont les principaux atouts, sans oublier les chambres d'un classicisme raffiné, le jardin face aux flots avec ponton privé... Un dépaysement total.

36 chambres - 124/743 € - 25 € - 4 suites

chemin des Moines -
✆ 04 50 60 77 33 - www.abbaye-talloires.com -
Fermé 10 novembre-7 février

L' Abbaye de Talloires - Voir la sélection des restaurants

Le Cottage

TRADITIONNEL · CLASSIQUE Face à l'embarcadère, ces maisons des années 1930 ont des airs de... cottage chic. Vue sur le lac, le jardin ou la montagne ; décor soigné et frais : les chambres, cosy et dans l'air du temps, ont toutes ce petit quelque chose qu'on nomme le charme !

29 chambres – 150/320 € – 22 € – 7 suites

Le Port – 04 50 60 71 10 – www.cottagebise.com – Fermé 3 octobre-25 avril

Le Cottage – Voir la sélection des restaurants

Beau Site

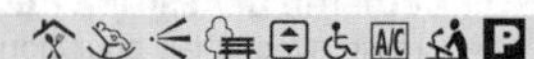

HÔTEL PARTICULIER · CONTEMPORAIN En plus d'une situation idéale – au bord de l'eau, avec plage privée et parc –, cet hôtel a bénéficié d'une rénovation d'ampleur : on y loge dans des chambres chaleureuses et naturelles, décorées avec goût, dont certaines donnent sur le lac.

32 chambres – 120/400 € – 20 €

118 rue André-Theuriet – 04 50 27 00 65 – www.beausite-talloires.com – Fermé 12 octobre-8 avril

TAMNIÈS

24620 – Dordogne – Carte régionale n° **18**-D3 – Carte Michelin 329-H6

Laborderie

TRADITIONNEL · À LA CAMPAGNE Dans cette ancienne ferme périgourdine, tout est paisible ! Chambres fraîches et coquettes, plus actuelles dans l'annexe tournée vers la vallée. Au restaurant, on apprécie une généreuse cuisine régionale ; à la belle saison, direction la terrasse.

44 chambres – 68/120 € – 12 €

Le Bourg – 05 53 29 68 59 – www.hotel-laborderie.com – Fermé 1er novembre-3 avril

LA TANIA - Savoie (73) → Voir Courchevel

TARARE

69170 – Rhône – Carte régionale n° **2**-A1 – Carte Michelin 327-F4

Jean Brouilly

CUISINE CLASSIQUE · ÉLÉGANT XXX Dans un grand parc arboré bordant la route de Roanne, une belle maison bourgeoise datant de 1906 : un décor tout indiqué pour honorer la tradition. Le classicisme culinaire est ici de mise, comme la générosité et la gentillesse. Une valeur sûre.

Menu 30/78 € – Carte 44/84 €

3ter rue de Paris – 04 74 63 24 56 – www.restaurant-brouilly.com – Fermé 9-24 mars, 27 juillet-13 août, lundi, mardi, dimanche soir

TARASCON-SUR-ARIÈGE

09400 – Ariège – Carte régionale n° **22**-C3 – Carte Michelin 343-H7

Saveurs du Manoir

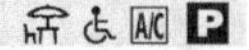

CUISINE MODERNE · BISTRO XX Sur la route qui va de Toulouse à l'Espagne, ce Manoir était jadis le restaurant attitré des cadres de l'usine Péchiney locale. On y revisite aujourd'hui la cuisine ariégeoise, avec du gibier en saison ; le pigeon en deux cuissons et la gratinée aux framboises sont les deux spécialités de la maison.

Menu 22 € (déjeuner), 31/55 € – Carte 39/68 €

Le Manoir d'Agnès, 2 Avenue Saint-Roch – 05 61 64 76 93 – www.manoiragnes.com – Fermé 6-18 janvier, 16-30 novembre, lundi, dimanche soir

TARBES

65000 – Hautes-Pyrénées – Carte régionale n° **22**-A3 – Carte Michelin 342-M5

L'Ambroisie

CUISINE MODERNE • BOURGEOIS XX Face à la cathédrale, cet ancien presbytère de 1882, doté d'une agréable terrasse, abrite un restaurant de bon aloi, qui propose une cuisine classique : une visite chez Daniel Labarrère, c'est toujours une bonne nouvelle pour nos papilles…

Menu 20 € (déjeuner), 27/45 € – Carte 45/60 €

48 rue de l'Abbé-Torné – ✆ 05 62 93 09 34 – Fermé 2-8 janvier, lundi, dimanche

L'Arpège

CUISINE CRÉATIVE • CONTEMPORAIN XX Ce couple de chefs japonais signe une jolie cuisine créative aux touches nippones, dans laquelle bouillons, algues et assaisonnements mettent en valeur des produits de bonne qualité. Le cadre est à l'image de l'assiette : élégant et contemporain.

Menu 26 € (déjeuner) – Carte 55/75 €

22 place de Verdun – ✆ 05 62 51 15 76 – arpege65.fr – Fermé 26 janvier-2 février, 21-28 juin, 27 septembre-4 octobre, 22-29 novembre, lundi, mardi midi, dimanche soir

L'Empreinte

CUISINE MODERNE • CONTEMPORAIN X Ce petit restaurant cosy, avec sa cuisine ouverte sur la salle, est désormais le repaire d'un chef-patron à la technique irréprochable, qui actualise avec talent la tradition : en témoigne ce pigeonneau rustanais, conchiglioni farcis des cuisses, mousseline betterave et framboise.

Menu 17 € (déjeuner), 32/57 € – Carte 49/59 €

2 rue Gaston-Manent – ✆ 05 62 44 97 48 – www.restaurant-empreinte.com – Fermé lundi, mardi midi, dimanche soir

Le Fil à la Patte

CUISINE TRADITIONNELLE • BISTRO X L'atmosphère est conviviale et sans chichis dans ce restaurant où l'on s'attable coude à coude autour de plats du marché et de saveurs qui fleurent bon le terroir. Le chef puise son inspiration dans les produits de qualité.

Menu 20 € – Carte 20/32 €

30 rue Georges-Lassalle – ✆ 05 62 93 39 23 – Fermé 1er-8 janvier, 20-28 juillet, 11-19 septembre, lundi, mardi soir, mercredi soir, dimanche

Le Petit Gourmand

CUISINE MODERNE • BISTRO X Sur une avenue proche du centre-ville de Tarbes, ce restaurant porte bien son nom. Derrière les fourneaux, le chef réalise une savoureuse cuisine du marché avec de beaux produits du terroir. On se régale du début à la fin !

Menu 23 € – Carte 40/48 €

62 avenue B.-Barère – ✆ 05 62 34 26 86 – lepetitgourmand.eatbu.com – Fermé lundi, samedi midi, dimanche soir

TARNAC

✉ 19170 – Corrèze – Carte régionale n° **19**-C2 – Carte Michelin 329-M1

Hôtel des Voyageurs

CUISINE TRADITIONNELLE • CLASSIQUE X Au bord du plateau de Millevaches, un chef autodidacte met la tradition dans tous ses états ! Dans l'assiette, c'est bon, généreux, résolument gourmand, notamment grâce aux fleurs et légumes du potager maison. L'accueil est du même tonneau, simple et agréable, et quelques chambres sont disponibles : les voyageurs seront ravis.

Menu 33/43 € – Carte 52/66 €

18 avenue de la Mairie – ✆ 05 55 95 53 12 – www.hotelcorreze.com – Fermé 18 novembre-28 février, lundi, dimanche soir

TAVEL

✉ 30126 - Gard - Carte régionale n° **21**-D2 - Carte Michelin 339-N4

La Courtille

CUISINE TRADITIONNELLE • SIMPLE Cette ancienne magnanerie en pierre blanche propose une bonne cuisine régionale et méditerranéenne. Langue de veau sauce gribiche, rillettes de maquereau citron et aneth, rognons de veau... se dévorent toute l'année et se dégustent en été sur la jolie terrasse, abritée sous un cèdre ancien. Prix imbattables à midi.

Menu 18 € (déjeuner) - Carte 38/45 €

208 chemin de Cravailleux (Au Clos de la Genestière) - ✆ 04 66 82 37 19 - www.restaurant-la-courtille.business.site - Fermé 25 octobre-1er avril, samedi midi, dimanche

TENCIN

✉ 38570 - Isère - Carte régionale n° **4**-F2 - Carte Michelin 333-I6

La Tour des Sens (Jérémie Izarn)

CUISINE CRÉATIVE • CONTEMPORAIN Sur les hauteurs de Tencin, en balcon au-dessus de la vallée du Grésivaudan, cette Tour saura combler vos cinq sens ! À la tête du restaurant, on trouve le chef Jérémie Izarn, un Isérois pur grain. Vainqueur Top Chef 2017, il avait séduit les téléspectateurs et le jury par sa créativité. Bonne nouvelle : chez lui, il propose une cuisine dans la même veine ! Grand défenseur de son territoire et de ses producteurs, Jérémie s'inspire de la nature - de ses herbes, fruits et légumes, voire des bourgeons de sapin - qu'il décline sous forme de menus (Inspiration, Tour d'Horizon, Diapason, Sensation). Et s'il fait beau, direction la terrasse avec sa vue superbe sur le massif de la Chartreuse...

Spécialités : Foie gras, cœur de poireau et déclinaison de kiwi. Œuf parfait, bouillon mousseux aux trompettes-de-la-mort et condiment d'ail doux. Fine perle en sucre soufflé, mousse de lait de coco, mûre et noisette en textures.

Menu 54/94 € - Carte 62/70 €

Lieu-dit La Tour - ✆ 04 76 04 79 67 - www.latourdessens.fr - Fermé lundi, mardi midi, mercredi midi, dimanche

TERRAUBE

✉ 32700 - Gers - Carte régionale n° **22**-B2 - Carte Michelin 336-F6

Maison Ardure

MAISON DE CAMPAGNE • PERSONNALISÉ Une superbe demeure gasconne du 17es. entourée d'un joli parc planté d'arbres fruitiers. Les chambres sont décorées avec goût par la propriétaire, qui allie de beaux matériaux aux pierres apparentes et à la charpente. Jacuzzi, hammam, fitness et massages.

4 chambres - 103/149 € - 1 suite

Lieu-dit Ardure - ✆ 05 62 68 59 56 - www.ardure.fr - Fermé 5 janvier-31 mars, 30 septembre-20 octobre, 11 novembre-23 décembre

THARON-PLAGE

✉ 44730 - Loire-Atlantique - Carte régionale n° **23**-A2 - Carte Michelin 316-C5

Le Belem

CUISINE MODERNE • CONTEMPORAIN Une maquette du Belem, célèbre trois-mâts français datant de 1896, attire le regard, dans la salle à manger de cet élégant restaurant situé à deux pas de la mer. On profite de saveurs iodées (lotte rôtie, filets de rougets grillés), dans deux salles lumineuses, décorées dans un esprit marin. Il y a même du gibier en saison - le chef est chasseur.

Menu 25/35 €

56 avenue de la Convention - ✆ 02 40 64 90 06 - www.restaurantlebelem.fr - Fermé 6-27 janvier, lundi, mercredi soir, dimanche soir

THENAY

✉ 36800 - Indre - Carte régionale n° **8**-B3 - Carte Michelin 323-E7

Auberge de Thenay

CUISINE TRADITIONNELLE • AUBERGE X Une véritable auberge, accueillante et chaleureuse, où l'on se régale : viandes rôties à la broche, saumon fumé maison à froid, escargots du Berry aux noix et fromage... Le propriétaire a vécu en Grande-Bretagne et organise des soirées irlandaises et écossaises (jolie carte de whiskys). Chambres agréables et originales.

Menu 14 € (déjeuner), 34/45 €

23 rue René d'Helbingue – ✆ 02 54 47 99 00 – www.auberge-de-thenay.fr – Fermé 25 janvier-8 février, 1er-15 septembre, lundi, dimanche soir

THÉOULE-SUR-MER

✉ 06590 – Alpes-Maritimes – Carte régionale n° **25**-E2 – Carte Michelin 341-C6

à Miramar 5 km par D6098 rte de St - Raphaël – Carte régionale n° **25**-E2

L'Or Bleu

CUISINE MODERNE • ROMANTIQUE XX Depuis la terrasse, la vue somptueuse sur les roches rouges de l'Esterel et la mer devrait vous occuper quelques instants. Puis, l'assiette arrive : place à une cuisine méridionale légère et bien parfumée, avec quelques touches d'inventivité bien maîtrisées... un équilibre qui ne manque pas de séduire !

Menu 45 € (déjeuner), 75/115 €

Tiara Yaktsa, 6 boulevard de l'Esquillon – ✆ 04 92 28 60 30 – www.tiara-hotels.com – Fermé 15 octobre-15 avril, le midi en semaine

Le Coup de Fourchette N

CUISINE TRADITIONNELLE • BISTRO X Dans une rue commerçante à quelques mètres de la plage, le chef décline une carte traditionnelle aux accents méditerranéens, soignée et goûteuse, avec une prédilection particulière pour le poisson : dorade, morue, maquereau... Une adresse sérieuse.

Menu 32 € – Carte 40/50 €

15 avenue Charles-Dahon – ✆ 04 93 93 50 05 – www.restaurant-le-coup-de-fourchette.fr – Fermé 27 juin-8 juillet, 22-28 août, 19 octobre-31 janvier, mercredi

Tiara Miramar Beach Hotel & Spa

LUXE • MÉDITERRANÉEN Au cœur du massif de l'Esterel et au creux d'une calanque de roches rouges, les pieds dans l'eau. Depuis les chambres, parées de couleurs chatoyantes et de touches orientales, on distingue la jolie plage privée, en contrebas... La Méditerranée (presque) pour soi seul.

55 chambres – 230/1100 € – 4 suites

47 avenue de Miramar – ✆ 04 93 75 05 05 – www.tiara-hotels.com

Tiara Yaktsa

LUXE • PERSONNALISÉ Accrochée à la falaise, cette demeure abrite des chambres élégantes qui marient l'Orient et la Méditerranée. Un cadre sublime avec, notamment, une piscine à débordement bordée de transats et de lits balinais... d'où l'on profite d'une superbe vue sur le massif de l'Esterel.

20 chambres – 250/1100 € – 1 suite

6 boulevard de l'Esquillon – ✆ 04 92 28 60 30 – www.tiara-hotels.com – Fermé 15 octobre-15 avril

L'Or Bleu – Voir la sélection des restaurants

THIERS

✉ 63300 – Puy-de-Dôme – Carte régionale n° **1**-C2 – Carte Michelin 326-I7

La Table du Clos

CUISINE MODERNE • CONTEMPORAIN XX Jolie surprise que cette Table du Clos, qui propose une cuisine fine et soignée, réalisée à base de bons produits, toujours en phase avec les saisons : langoustines de nos côtes simplement poêlées, légumes crus et cuits. A déguster, aux beaux jours, sur l'agréable terrasse.

Menu 25 € (déjeuner), 44/69 € – Carte 59/90 €

Le Clos St-Eloi, 49 avenue du Général-de-Gaulle – ✆ 04 73 53 80 80 – www.clos-st-eloi.fr – Fermé dimanche soir

THIONVILLE

✉ 57100 - Moselle - Carte régionale n° **12**-B1 - Carte Michelin 307-I2

Aux Poulbots Gourmets

CUISINE CLASSIQUE · ÉLÉGANT XXX On connaissait les poulbots de Montmartre, il faut désormais compter avec ceux de Thionville ! De grandes baies vitrées, des chaises Lloyd Loom et des lustres modernes participent au charme contemporain du lieu, où l'on dîne d'une salade de homard et légumes de saison, ou d'une poêlée de grenouilles...

Menu 50/75 € - Carte 57/82 €

9 place aux Fleurs - ✆ 03 82 88 10 91 - www.poulbotsgourmets.com - Fermé 24 août-13 septembre, lundi, mardi, dimanche soir

à Manom 4 km au Nord - Est

Les Étangs

CUISINE MODERNE · TENDANCE XX À la sortie de Manom, prenez donc la route de Garche, vous tomberez sur cette bâtisse moderne, et sa terrasse au bord de l'eau. La cuisine, soignée et précise, se déguste dans une salle à dîner chic et tendance. De belles viandes maturées font de l'œil aux carnivores, depuis une cave de maturation...

Menu 45/55 € - Carte 55/69 €

Route de Garche - ✆ 03 82 53 26 92 - www.restaurantlesetangs.com - Fermé lundi, mardi, dimanche soir

THIRON-GARDAIS

✉ 28480 - Eure-et-Loir - Carte régionale n° **8**-B1 - Carte Michelin 311-C6

Auberge de l'Abbaye

CUISINE MODERNE · AUBERGE X Un doux moment à la campagne... Deux frères sont installés dans cette jolie maison en pierre, qui jouxte l'abbaye et le collège royal de Thiron-Gardais. Dans l'assiette, plats de saison et recettes revisitées sans esbroufe, avec une bonne maîtrise des cuissons. Sympathique.

Menu 19 € (déjeuner), 29/36 € - Carte 35/51 €

15 rue du Commerce - ✆ 02 37 37 04 04 - www.aubergedelabbaye.fr - Fermé lundi soir, mardi, mercredi, dimanche soir

THOIRY

✉ 78770 - Yvelines - Carte régionale n° **15**-A2 - Carte Michelin 311-G2

À Table ! Chez Éric Léautey

CUISINE MODERNE · CONVIVIAL XX On se sent bien chez Eric Léautey : le petit porche prépare à la dégustation, on s'aiguise les papilles devant la carte. Les suggestions, volontiers canailles, s'en vont taquiner les saisons et chatouiller le terroir, comme cette côte de veau, tendre et juteuse à souhait. Qu'attendez-vous donc ? À table !

Menu 30 € (déjeuner)/37 € - Carte 30/80 €

28 rue Porte-St-Martin - ✆ 01 34 83 88 73 - www.ericleautey.com - Fermé 10-24 mars, 17 août-10 septembre, mardi, mercredi

THOIRY

✉ 01710 - Ain - Carte régionale n° **2**-C1 - Carte Michelin 328-I3

Les Cépages

CUISINE CLASSIQUE · ÉLÉGANT XXX Dans cette maison à l'ambiance intimiste et feutrée, on profite d'une cuisine de facture classique, en accord avec des crus choisis - 1 200 références en cave ! Une cuisine généreuse, avec en complément un bar à vins et de petites assiettes façon tapas.

Menu 32 € (déjeuner), 59/159 € - Carte 90/120 €

Rue Briand-Stresemann - ✆ 04 50 20 83 85 - www.lescepages.com - Fermé 2-13 août, lundi, mardi, dimanche soir

LE THOLONET - Bouches-du-Rhône (13) ➜ Voir Aix-en-Provence

THONON-LES-BAINS

✉ 74200 – Haute-Savoie – Carte régionale n° **4**–F1 – Carte Michelin 328-L2

Raphaël Vionnet

CUISINE MODERNE • **CONTEMPORAIN** XX À quelques mètres du port de Thonon, ce restaurant offre une belle vue sur le lac Léman. La cuisine, résolument moderne, s'appuie sur les circuits courts et les poissons et crustacés du lac comme les écrevisses, la perche ou la féra.

Menu 34 € (déjeuner), 60/110 € – Carte 79/110 €

43 avenue du Général-Leclerc – ✆ 04 50 72 24 61 – www.raphaelvionnet.fr – Fermé 1er-31 janvier, 11-28 novembre, lundi, mardi

Savoie Léman

CUISINE CLASSIQUE • **ÉLÉGANT** XX Une agréable cuisine traditionnelle à déguster dans un cadre cossu (et centenaire !), celui de l'École hôtelière de Thonon. Avec même quelques confortables chambres – à préférer côté lac Léman.

Menu 22 € (déjeuner), 28/40 €

40 boulevard Carnot – ✆ 04 50 81 13 50 – www.ecole-hoteliere-thonon.com/hotel-restaurants – Fermé 21 février-9 mars, 17 avril-11 mai, lundi midi, samedi, dimanche

à Anthy-sur-Léman 6 km au Sud - Ouest par D33

L'Auberge d'Anthy

CUISINE TRADITIONNELLE • **AUBERGE** X Ce petit hôtel-restaurant-café traditionnel mise tout sur des joies simples ! L'adresse est idéale pour apprécier le poisson du lac Léman (féra et omble), fourni par des pêcheurs locaux. Et le chef aime aussi mettre en valeur les charcuteries et fromages du terroir chablaisien.

Menu 25/46 € – Carte 30/60 €

2 rue des Ecoles – ✆ 04 50 70 35 00 – www.auberge-anthy.com – Fermé 19-26 avril, lundi, dimanche soir

au Port-de-Séchex 7 km au Sud - Ouest

Le Clos du Lac

CUISINE MODERNE • **TRADITIONNEL** XX Dans cette vieille ferme restaurée, on a certes conservé les mangeoires en pierre, mais tout est feutré et élégant. Le chef réalise une cuisine soignée et bien sentie, mettant en avant ses trouvailles du marché et les beaux produits régionaux. Quant aux chambres, colorées et contemporaines, elles sont bien agréables.

Menu 35/70 € – Carte 60/80 €

2 route des Meules – ✆ 04 50 72 48 81 – www.restaurant-leclosdulac.com – Fermé 4-21 janvier, 22 juin-3 juillet, 26 octobre-5 novembre, lundi, mardi, dimanche soir

THORIGNÉ-SUR-DUÉ

✉ 72160 – Sarthe – Carte régionale n° **23**–D1 – Carte Michelin 310-M6

Le Saint-Jacques

CUISINE MODERNE • **TRADITIONNEL** XX Un jeune couple est aux commandes de cette maison où la décoration plutôt traditionnelle est rehaussée de touches actuelles. Le chef est passionné et cela se sent ! Sa cuisine, rythmée par les saisons, privilégie les produits du terroir local.

Spécialités : Fricassée d'escargots du Maine, émulsion d'ail doux. Saint-pierre, émulsion de bouillabaisse, barrette d'aïoli. Soupe de fraise, sorbet, mousse vanille.

Menu 33/60 €

Place du Monument – ✆ 02 43 89 95 50 – www.hotel-sarthe.fr – Fermé 17-24 février, 10-24 août, 19 octobre-2 novembre, lundi, mardi midi, dimanche soir

LE THOU

✉ 17290 – Charente-Maritime – Carte régionale n° **20**-B2 – Carte Michelin 324-E3

L'Instant Z

CUISINE MODERNE • CONVIVIAL X L'Instant Z, comme... Zanchetta, le patronyme du chef. Avec le meilleur du marché et des petits producteurs bio du coin, il mitonne des assiettes aux influences métissées, avec ce qu'il faut de raffinement dans la présentation. Le décor est chaleureux et convivial, le service sympathique : un vrai plaisir.

Menu 21€ (déjeuner), 32/45€ – Carte 43/54€

1 bis rue du Château-de-Cigogne – ✆ 05 46 68 58 87 – www.restaurant-linstantz.com – Fermé mardi soir, mercredi, dimanche soir

THOUARS

✉ 79100 – Deux-Sèvres – Carte régionale n° **20**-B1 – Carte Michelin 322-E3

à Ste-Verge 4 km au Nord

Le Logis de Pompois

CUISINE TRADITIONNELLE • CLASSIQUE XXX Prenant ses aises dans l'ancien chai d'un élégant domaine viticole des 18e-19e s., le restaurant est associé à un centre d'aide par le travail. On joint donc l'utile à l'agréable en dégustant une cuisine d'aujourd'hui, accompagnée d'un beau choix de vins du Val de Loire.

Menu 30/50€ – Carte 36/50€

13 rue de la Gosselinière – ✆ 05 49 96 27 84 – www.logis-de-pompois.com – Fermé 29 juillet-21 août, 26 décembre-8 janvier, lundi, mardi

à St-Jean-de-Thouars 3 km au Sud par D938 – Carte régionale n° **20**-B1

Hôtellerie St-Jean

CUISINE CLASSIQUE • CONVIVIAL XX Cette bâtisse des années 1970 cache une table très gourmande : le mérite en revient au chef, homme passionné, soucieux de dénicher les meilleurs produits et de les cuisiner avec soin. Son père cultive un grand potager dans les environs et lui fournit fruits et légumes. Excellent rapport tradition-prix ! Une adresse comme on les aime.

Spécialités : Foie gras de canard, chutney pomme et figue. Dorade rôtie, jus de crustacés. Nougat glacé, coulis de fruits rouges.

Menu 20/47€ – Carte 30/44€

25 route de Parthenay – ✆ 05 49 96 12 60 – www.hotellerie-st-jean.com – Fermé 24 février-1er mars, 18-24 mai, 10-23 août, lundi, dimanche soir

THUIR

✉ 66300 – Pyrénées-Orientales – Carte régionale n° **21**-B3 – Carte Michelin 344-H7

Arbequina

CUISINE MODERNE • RUSTIQUE X La cuisine du chef, méditerranéenne, parfumée et savoureuse, démontre son talent pour mettre en valeur le produit. Au hasard de la carte, on opte pour un pavé de morue fraîche, céleri et pommes de terre façon risotto... à déguster dans un décor de bistrot chic et convivial.

Spécialités : Minestrone glacé au pistou, croquettes de cochonnailles. Filet de canette, panisse et jus réduit. Bombe glacée façon crème catalane et abricot.

Menu 18€ (déjeuner)/32€ – Carte 39/46€

21 rue de la République – ✆ 04 68 34 46 64 – www.arbequina-restaurant.com – Fermé 15-28 juin, 23 décembre-20 janvier, lundi, mardi

TIGNES

✉ 73320 – Savoie – Carte régionale n° **2**-D2 – Carte Michelin 333-O5

Les Suites du Montana

LUXE • ÉLÉGANT Sur les hauteurs de la station, ce "hameau" de cinq chalets allie tranquillité et proximité des pistes du fameux Espace Killy. De grandes suites - de style savoyard, tyrolien ou provençal - vous y attendent, avec balcon et même sauna ou jacuzzi ! Le plus bel hôtel de Tignes.

27 suites - 430/715 € - 1 chambre

Les Almes - 04 79 40 01 44 - www.village-montana.com - Fermé 15 avril-15 décembre

Le Taos

LUXE • ÉPURÉ Sur les hauteurs de Tignes, cet hôtel à la façade de bois clair et de pierres propose des chambres et appartements dans un style montagnard (table basse en tronc, peau de vache au sol...) - et quelle vue ! Espace bien-être, accès direct aux pistes. Possibilité de restauration sur place.

52 chambres - 130/445 € - 22 €

Route du Rosset - 04 79 06 27 81 - www.hotel-le-taos.com - Fermé 1er mai-1er juillet, 1er septembre-1er décembre

au Val Claret 2 km au Sud - Ouest - Carte régionale n° **2**-D2

Ursus (Clément Bouvier)

CUISINE CRÉATIVE • CHIC XXX Niché dans un bel hôtel de la station, ce restaurant aime la nature ! Déjà, son nom rend hommage à la dernière race d'ours de Savoie. Ensuite, la salle s'est muée en forêt avec ses troncs d'arbres séparant chaque table dans un bosquet, son plafond tendu d'une toile qui simule des feuillages, ses magnifiques tables en noyer... Enfin, son chef adore herboriser sur les chemins de montagne. Cet ancien second de Jean-François Piège signe ici une belle cuisine alpestre dans l'air du temps, à la fois généreuse, goûteuse et techniquement maîtrisée. Le tout dans le respect scrupuleux des saisons et la recherche permanente des meilleurs produits du terroir. Chariot de fromages tout Savoie, assorti d'une belle carte des vins.

Spécialités : Soupe de pommes de terre de mon grand-père. Truite royale, sauce reine-des-prés. Pavlova aux myrtilles sauvages.

Menu 98/138 €

Maison Bouvier - Les Suites, rue du Val-Claret - 04 79 01 11 43 - www.maison-bouvier.com - Fermé 3 mai-3 juillet, 29 août-27 novembre, dimanche, le midi

La Table de Jeanne

CUISINE RÉGIONALE • MONTAGNARD XX Cette agréable table montagnarde imaginée par la famille Bouvier (Les Suites, Ursus, Panoramic) propose une cuisine généreuse, mettant en valeur les produits du terroir, le tout dans une ambiance chaleureuse. Jolis vins et prix raisonnables.

Menu 28 € - Carte 33/59 €

14 avenue de la Grande-Motte - 04 79 06 99 90 - www.maison-bouvier.com - Fermé 3 mai-3 juillet, 29 août-28 novembre

Le Panoramic

CUISINE TRADITIONNELLE • COSY X On accède en funiculaire à ce restaurant d'altitude qui tutoie le ciel (3032 m !), pour un bol d'air et de gourmandise. Dans un intérieur douillet, tout de bois vêtu, une équipe en costume traditionnel nous sert une authentique cuisine au feu de bois, typique du terroir savoyard. Dépaysement garanti.

Carte 50/110 €

Glacier de la Grande Motte (accès piéton par le funiculaire de Tignes-Val-Claret) - 04 79 06 47 21 - www.jeanmichelbouvier.com - Fermé le soir

Maison Bouvier - Les Suites

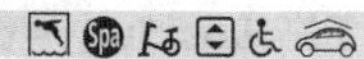

LUXE • CONTEMPORAIN Original, cet hôtel donne à voir l'univers montagnard dans le plus pur style contemporain : tronçons de bois massif, blocs de pierre, béton, tons sombres, etc. Le luxe à l'état brut, pour amateurs avertis : chambres et suites de 25 à 75m 2, bar élégant, spa... et même un salon de coiffure !

24 chambres - 140/445 €

Rue du Val-Claret - 04 79 41 68 30 - www.maison-bouvier.com - Fermé 3 mai-3 juillet, 29 août-3 octobre

Ursus - Voir la sélection des restaurants

TILQUES - Pas-de-Calais (62) → Voir St-Omer

TOUL

54200 - Meurthe-et-Moselle - Carte régionale n° **12**-B2 - Carte Michelin 307-G6

à Lucey 5 km au Nord - Ouest par D908

Auberge du Pressoir

CUISINE MODERNE • TENDANCE XX L'ancienne gare du village est devenue un restaurant simple et moderne, bien en phase avec la cuisine du chef. Les menus ("Vigneron", "Pressoir", "Terminus") déclinent une cuisine résolument actuelle. En été, on se presse en terrasse pour profiter du soleil !

Menu 26/62 € - Carte 40/60 €

7 rue des Pachenottes - 03 83 63 81 91 - www.aubergedupressoir.com - Fermé 17 février-2 mars, 17 août-2 septembre, lundi, mardi soir, mercredi soir, dimanche soir

TOULON

83000 - Var - Carte régionale n° **24**-C3 - Carte Michelin 340-K7

Carré 2 Vigne

CUISINE MODERNE • CONVIVIAL X L'adresse passe presque inaperçue dans la vieille ville, mais une fois la porte franchie, on est conquis par son esprit accueillant... Le chef aime cuisiner les tomates de plein champ, et les champignons, qu'il s'en va cueillir à l'automne. Tout est fait sur place, glace et pain compris. Courez-y !

Spécialités : Soupe de poissons de roche, rouille et croûtons. Déclinaison autour du lapin : le râble farci au foie gras, la cuisse en tourte, poêlée de légumes et jus de viande. Comme une forêt-noire.

Menu 30/49 € - Carte 40/49 €

Plan F2-x - *14 rue de Pomet - 04 94 92 98 21 - www.carre2vigne.com - Fermé 4-13 janvier, 10 juillet-15 août, lundi, dimanche*

Le Local

CUISINE MODERNE • BISTRO X Voilà une adresse, discrète et savoureuse, telle qu'on les aime. Aux commandes, un jeune couple élabore une partition authentique, autour d'un menu ultra court, faisant la part belle aux produits locaux - ainsi le gaspacho de courgettes jaunes, mozzarella di bufala et chorizo bellota. Service des plus bienveillants.

Spécialités : Cuisine du marché.

Menu 35 €

Plan B2-b - *455 Littoral Frédéric-Mistral - 04 94 20 61 32 - www.restaurant-lelocal.fr - Fermé lundi, mardi midi, dimanche*

Au Sourd

POISSONS ET FRUITS DE MER • TENDANCE XX Une véritable institution toulonnaise, créée par un artilleur de Napoléon III, rendu sourd au combat ! Mais pas question de rester sourd aux arguments du chef : sa cuisine attire des bancs entiers d'amateurs de poisson (bouillabaisse et bourride sur commande) dans une atmophère chic et contemporaine...

Menu 28 € (déjeuner)/38 € - Carte 44/80 €

Plan F2-w - *10 rue Molière - 04 94 92 28 52 - www.ausourd.com - Fermé lundi, dimanche*

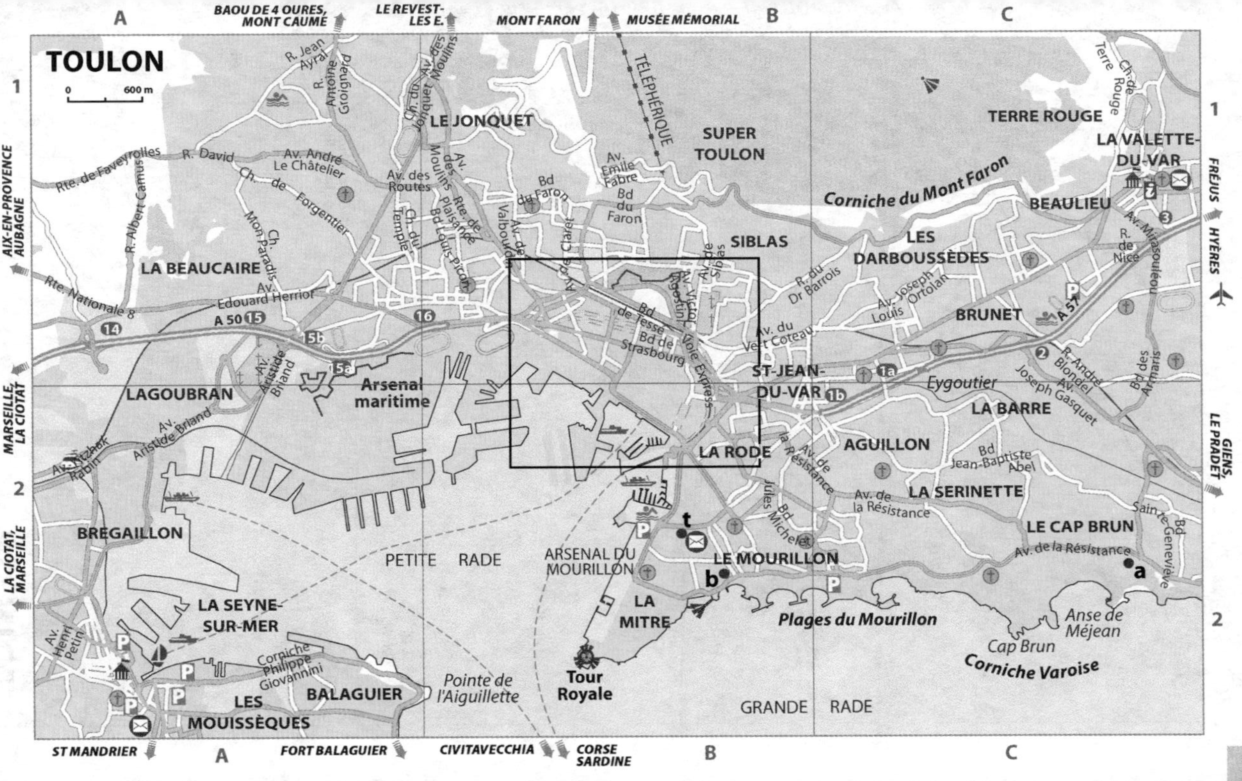
TOULON
0
600 m
BAOU DE 4 OURES, MONT CAUMÉ
LE REVEST-LES E.
MONT FARON
MUSÉE MÉMORIAL
AIX-EN-PROVENCE AUBAGNE
MARSEILLE, LA CIOTAT
LA CIOTAT, MARSEILLE
FRÉJUS
HYÈRES
GIENS, LE PRADET
ST MANDRIER
FORT BALAGUIER
CIVITAVECCHIA
CORSE SARDINE
TÉLÉPHÉRIQUE
LE JONQUET
SUPER TOULON
TERRE ROUGE
LA VALETTE-DU-VAR
BEAULIEU
Corniche du Mont Faron
SIBLAS
LES DARBOUSSÈDES
BRUNET
LA BEAUCAIRE
ST-JEAN-DU-VAR
LAGOUBRAN
Arsenal maritime
LA BARRE
AGUILLON
LA RODE
LA SERINETTE
LE CAP BRUN
BREGAILLON
PETITE RADE
ARSENAL DU MOURILLON
LE MOURILLON
LA MITRE
Plages du Mourillon
Anse de Méjean
Cap Brun
Corniche Varoise
LA SEYNE-SUR-MER
Pointe de l'Aiguillette
Tour Royale
GRANDE RADE
LES MOUISSÈQUES
BALAGUIER
Corniche Philippe Giovannini
Av. Henri Petin
Av. Itzhak Rabin
Av. Aristide Briand
Rte. Nationale 8
A 50
Av. Edouard Herriot
Ch. Mon Paradis
Ch. de Forgentier
Av. André Le Châtelier
R. David
Rte. de Faveyrolles
R. Albert Camus
R. Jean Ayral
R. Antoine Groignard
Ch. du Jonquet
Av. des Moulins
Av. des Routes
Ch. du Temple
Rte. de Plaisance
Bd Louis Picon
Av. de Valbourdin
Bd du Faron
Av. Emile Fabre
Av. de Claret
Bd de Tesse
Bd de Strasbourg
Av. Victor Agostini
Voie Express
Av. de Siblas
Av. du Vert Coteau
R. du Dr Barrois
Av. Joseph Louis Ortolan
R. de Nice
Av. Mirasouléou
Ch. de Terre Rouge
Bd des Armaris
R. André Blondel
Av. Joseph Gasquet
Eygoutier
Bd Jean-Baptiste Abel
Av. de la Résistance
Bd Jules Michelet
Bd Sainte-Geneviève
A 57
A
B
C
1
2

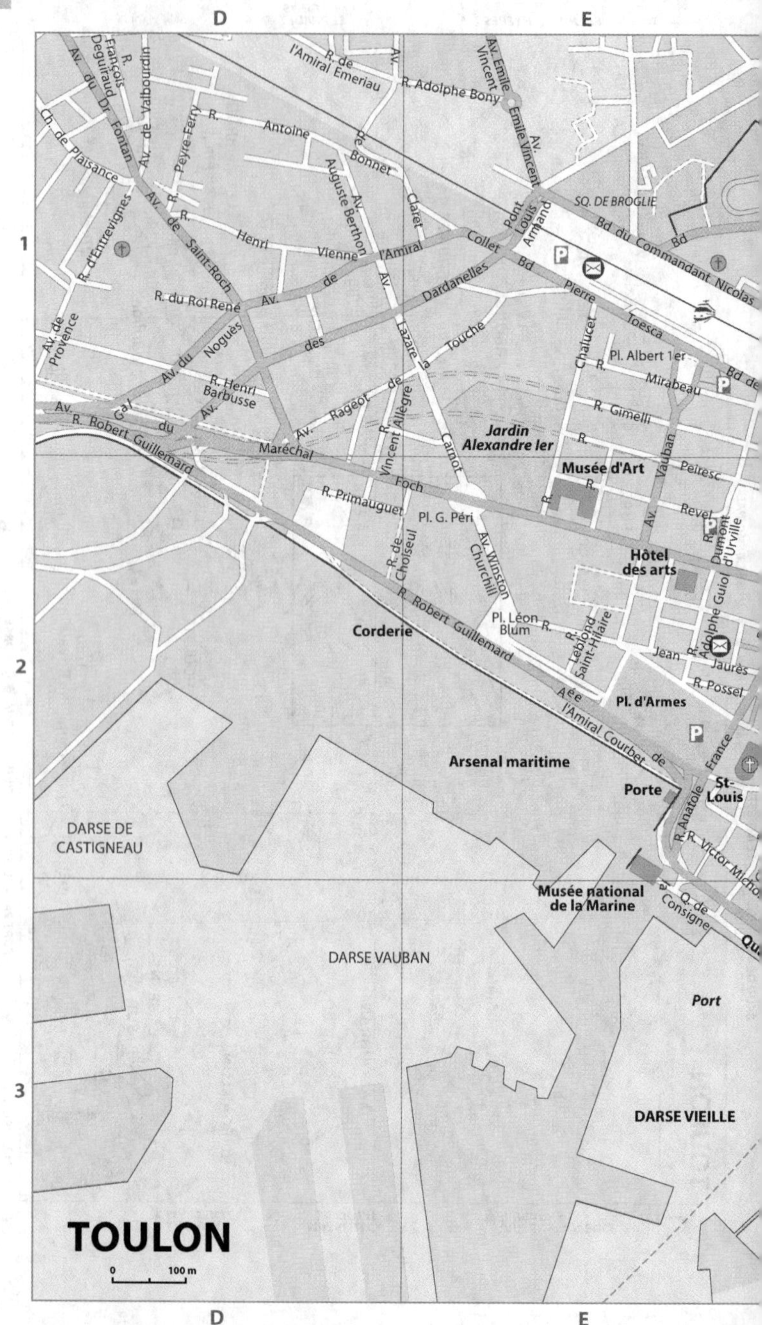
D
E
1
2
3
TOULON
0
100 m
R. de l'Amiral Emeriau
R. Adolphe Bony
Av. Emile Vincent
Av. Emile Vincent
R. François Deguiraud
Av. du Dr Fontan
Av. de Valbourdin
R. Antoine de Bonnet
R. Peyre-Ferry
Ch. de Plaisance
Av. Auguste Berthon
Av. Claret
Av. de Saint-Roch
R. Henri Vienne
Av. de l'Amiral Collet
Pont Louis Armand
SQ. DE BROGLIE
Bd du Commandant Nicolas
R. d'Entrevignes
R. du Roi René
Av. des Dardanelles
Bd Pierre Toesca
Av. de Provence
Av. du Noguès
Av. Lazare Carnot
R. Chalucet
Pl. Albert 1er
R. Mirabeau
Bd de
R. Henri Barbusse
Av. Rageot de la Touche
R. Gimelli
Av. Gal
R. Robert Guillemard
Av. du Maréchal Foch
R. Vincent Allègre
Jardin Alexandre Ier
R. Peiresc
Musée d'Art
R. Revel
Av. Vauban
R. Primauguet
Pl. G. Péri
R. Dumont d'Urville
Hôtel des arts
R. de Choiseul
Av. Winston Churchill
R. Guiol
R. Robert Guillemard
Pl. Léon Blum
R. Lebiond
R. Saint-Hilaire
Corderie
R. Adolphe
Jean Jaurès
R. Possel
Aée de l'Amiral Courbet
Pl. d'Armes
Arsenal maritime
Porte
R. Anatole France
St-Louis
R. Victor Micholet
DARSE DE CASTIGNEAU
Musée national de la Marine
Q. de la Consigne
DARSE VAUBAN
Port
DARSE VIEILLE

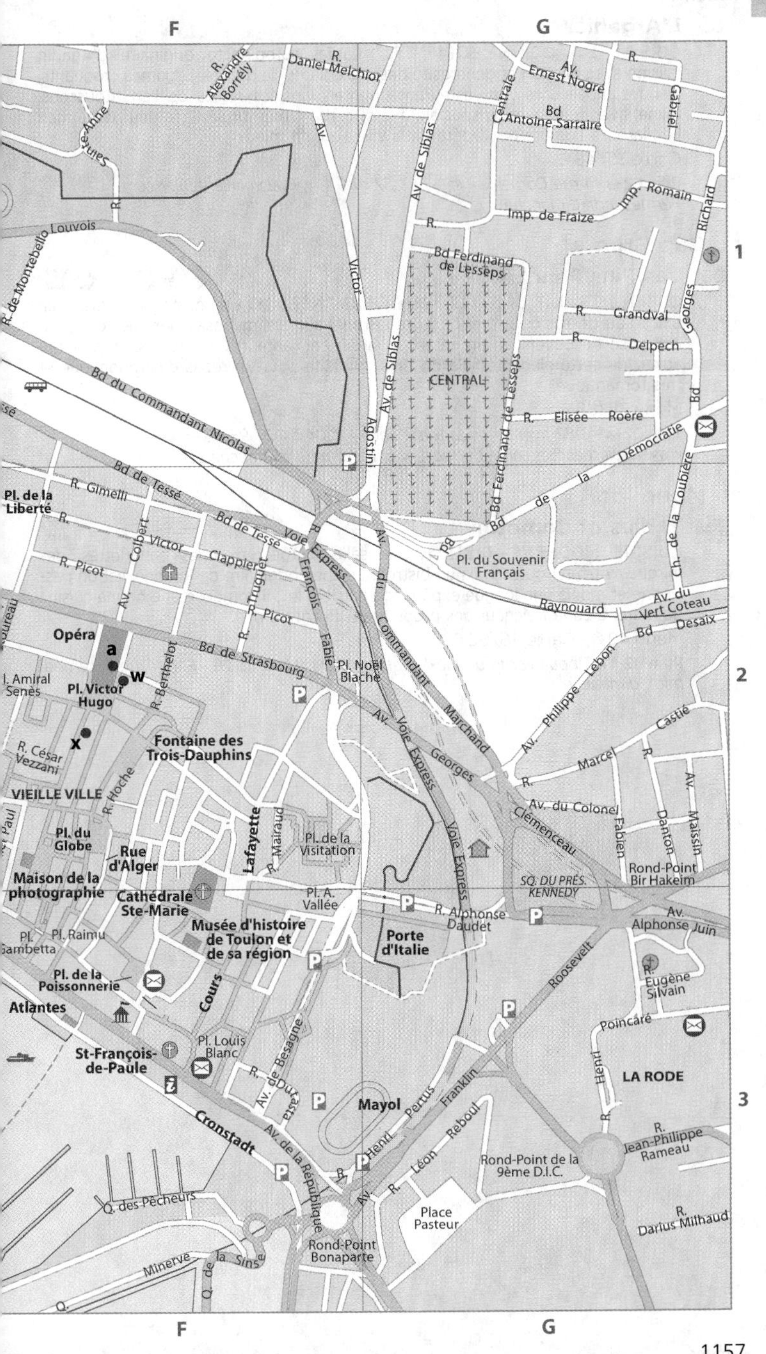
F
G
1
2
3
R. Alexandre Borrély
R. Daniel Melchior
Av. Ernest Nogré
Bd Antoine Sarraire
Centrale
R. Gabriel
R. Sainte-Anne
Av. Victor Agostini
Av. de Siblas
Imp. Romain
Imp. de Fraize
R. Richard
R. de Montebello
Louvois
Bd Ferdinand de Lesseps
R. Grandval
R. Delpech
Bd Georges
CENTRAL
R. Elisée Roère
Bd du Commandant Nicolas
Bd de la Démocratie
Bd de Tessé
Pl. de la Liberté
R. Gimelli
Voie Express
Av. du Commandant Marchand
Bd Ferdinand de Lesseps
Ch. de la Loubière
R. Victor Clappier
R. Picot
Av. Colbert
R. Truguet
R. François Fabié
Pl. du Souvenir Français
Raynouard
Av. du Vert Coteau
Bd Desaix
Opéra
Bd de Strasbourg
Pl. Noël Blache
R. Amiral Senès
Pl. Victor Hugo
R. Berthelot
Av. Philippe Lebon
R. Castié
R. César Vezzani
Fontaine des Trois-Dauphins
Av. Georges Clémenceau
R. Marcel
VIEILLE VILLE
R. Hoche
Av. du Colonel Fabien
R. Danton
Av. Maissin
Pl. du Globe
Rue d'Alger
Lafayette
R. Mairaud
Pl. de la Visitation
Voie Express
SQ. DU PRÉS. KENNEDY
Rond-Point Bir Hakeim
Maison de la photographie
Cathédrale Ste-Marie
Pl. A. Vallée
R. Alphonse Daudet
Av. Alphonse Juin
Musée d'histoire de Toulon et de sa région
Porte d'Italie
Pl. Raimu
Pl. Gambetta
Pl. de la Poissonnerie
Cours
R. Eugène Silvain
Roosevelt
Atlantes
Pl. Louis Blanc
Poincaré
St-François-de-Paule
Av. de Besagne
R. Henri
LA RODE
R. Dutasta
Mayol
Cronstadt
Av. de la République
Henri Perus
Franklin
R. Léon Reboul
Rond-Point de la 9ème D.I.C.
R. Jean-Philippe Rameau
Q. des Pêcheurs
Place Pasteur
R. Darius Milhaud
Rond-Point Bonaparte
Minerve
la Sinse
Q. de
Q.
a
w
x

L'Arganier

CUISINE MAROCAINE · ORIENTAL Latifa, autodidacte originaire d'Agadir, cuisine avec passion et générosité des ingrédients de qualité. Légumes croquants, viandes moelleuses : un restaurant oriental dans les règles de l'art. Couscous, tajine, avec une mention spéciale à la superbe crème brûlée à la fleur d'oranger. Le Maroc, à l'ombre de l'Opéra de la ville : qui dit mieux ?

Carte 35/48 €

Plan F2-a – *1 rue Corneille – ✆ 04 83 57 41 97 – www.larganier-toulon.com – Fermé lundi, dimanche*

au Cap Brun

Les Pins Penchés

CUISINE TRADITIONNELLE · MÉDITERRANÉEN Un must : la terrasse en balcon au-dessus de la mer et du cap Brun. Palmiers, mimosas, agrumes ou eucalyptus se découvent en arpentant le jardin enchanteur. Ce n'est pas le moindre attrait de cette élégante villa du 19e s., parfaite pour un repas gastronomique et très romantique.

Menu 78/88 €

Plan C2-a – *3182 avenue de la Résistance – ✆ 04 94 27 98 98 – www.lespinspenches.com – Fermé lundi, mardi midi, dimanche soir*

au Mourillon

Tables et Comptoir

CUISINE MODERNE · BISTRO Une salle plutôt rétro, des banquettes, des miroirs… Aucun doute : voilà un bistrot ! Le chef, originaire de Roanne, est un passionné et a déjà une longue expérience derrière lui ; il compose une bonne cuisine du marché où la fraîcheur des produits est le critère n° 1.

Menu 42 € – Carte 46/62 €

Plan B2-t – *3 boulevard Eugène-Pelletan – ✆ 04 94 10 83 29 – Fermé lundi, samedi midi, dimanche*

Anna Fedorova/iStock

TOULOUSE

✉ 31000 – Haute-Garonne – Carte régionale n° **22**–B2 – Carte Michelin 343-G3

On aime...

Marché des Carmes ou marché Saint-Cyprien ? Marché bio de la place du Capitole ou marché Victor-Hugo ? Ô Toulouse ! Ta générosité, comme ta cuisine, sont sans limite. La place Victor-Hugo est en quelque sorte le ventre de Toulouse : tout autour de la halle et de sa centaine de commerces, vous ne trouverez que des artisans de bouche ou presque. Ici, à côté du roi cassoulet, la saucisse fraîche s'impose par son excellence. On trouve aussi un succulent jambon noir de Bigorre, fabriqué sur les terres pyrénéennes. L'oie et le canard se savourent en foie gras et en confit, le pigeon du Lauragais est très recherché, tout comme les asperges du Tarn. Enfin, dans cette ville festive, on ne compte plus les cavistes de bon conseil qui sauront vous guider vers les meilleurs crus locaux.

Restaurants

✿✿ Michel Sarran

CUISINE CRÉATIVE · ÉLÉGANT XXX Est-ce l'esprit du Sud ? La poésie de la ville rose ? La personnalité du chef, peut-être ? Quoi qu'il en soit, Sarran, c'est une maison plus qu'un restaurant. L'ambiance, bien que feutrée, ne ressemble pas à ces restaurants sentencieux où l'on propose une cuisine sur la pointe des pieds. Non, chez Sarran, on mange certes, mais on vit surtout ! Il ne faut pas oublier que Michel Sarran est un homme du Sud, de la trempe des Gascons. D'origine gersoise, il partage son parcours entre Sud-Ouest et Méditerranée avant de s'installer à Toulouse en 1995, dont il devient l'un des ambassadeurs culinaires : "Je me plais à puiser dans les tiroirs de ma mémoire, à jouer avec la lavande et la violette, le foie gras et le parmesan, les rougets et le potiron...". Le restaurant est complet 3 mois à l'avance – notoriété médiatique du chef oblige.

Spécialités : Langoustines marinées à l'huile d'argan, artichaut au corail, caviar, crémeux à l'armagnac. Lotte à l'olive noire, millefeuille de légumes, olive verte, émulsion fenouil au lait d'amandes. Pruneaux en coque soufflée, mousse de haricots tarbais et pruneaux, gelée de mandarine.

Menu 60 € (déjeuner), 110/205 € – Carte 120/171 €

Plan 3 E1-m – *21 boulevard Armand-Duportal –*
✆ 05 61 12 32 32 – www.michel-sarran.com –
Fermé 1er-30 août, 21-29 décembre, mercredi midi, samedi, dimanche

✿✿ Py-r (Pierre Lambinon)

CUISINE MODERNE · DESIGN XX Quelle fougue, ce Pierre Lambinon ! De son propre aveu, il serait bien incapable de proposer deux fois le même menu. À deux pas du Pont-Neuf, sa cuisine est aussi bouillonnante que les eaux de la Garonne par gros temps. Jamais à court d'idées, il improvise avec une maîtrise remarquable, des amuse-bouches (un vrai festival de saveurs !) jusqu'au dessert, en mettant à profit le meilleur du marché du moment. C'est original, mais ça fonctionne toujours : le signe d'un talent certain. Côté décor, une superbe salle où le blanc domine, avec quelques tableaux d'artistes contemporains pour accrocher l'œil. Décidément, une table qui a de l'allure.

Spécialités : Cuisine du marché.

Menu 58/78 €

Plan 4 G2-f – *19 descente de la Halle aux Poissons –*
✆ 05 61 25 51 52 – www.py-r.com –
Fermé 3-24 août, lundi midi, samedi, dimanche

✿ Le Cénacle

CUISINE MODERNE · ÉLÉGANT XXX L'atmosphère feutrée – superbe cheminée, reproduction d'une toile du Caravage – invite à s'attarder dans ce Cénacle, et la cuisine n'est pas en reste. Savoir-faire indéniable, équilibre entre terroir régional et touches contemporaines, le tout basé sur des produits de première fraîcheur : le chef, Thomas Vonderscher, met un point d'honneur à nouer des partenariats solides avec ses producteurs (maraîcher bio du Gers, éleveurs). Voilà un cuisinier qui sait où il va, et qu'on accompagne avec plaisir. Enfin, pour les petits budgets, le menu déjeuner tombe à point nommé !

Spécialités : Foie gras de canard, bœuf gascon, mini-légumes et bouillon gingembre-citronnelle. Pithiviers de pigeon et foie gras, mesclun à la vinaigrette truffée, jus de pigeon. Pomme confite, noix caramélisées et sorbet au lait fermenté.

Menu 39 € (déjeuner), 57/110 € – Carte 94/104 €

Plan 4 G2-h – *La Cour des Consuls Hôtel & Spa, 46 Rue des Couteliers –*
✆ 05 67 16 19 99 – www.lacourdesconsuls.com –
Fermé samedi midi, dimanche

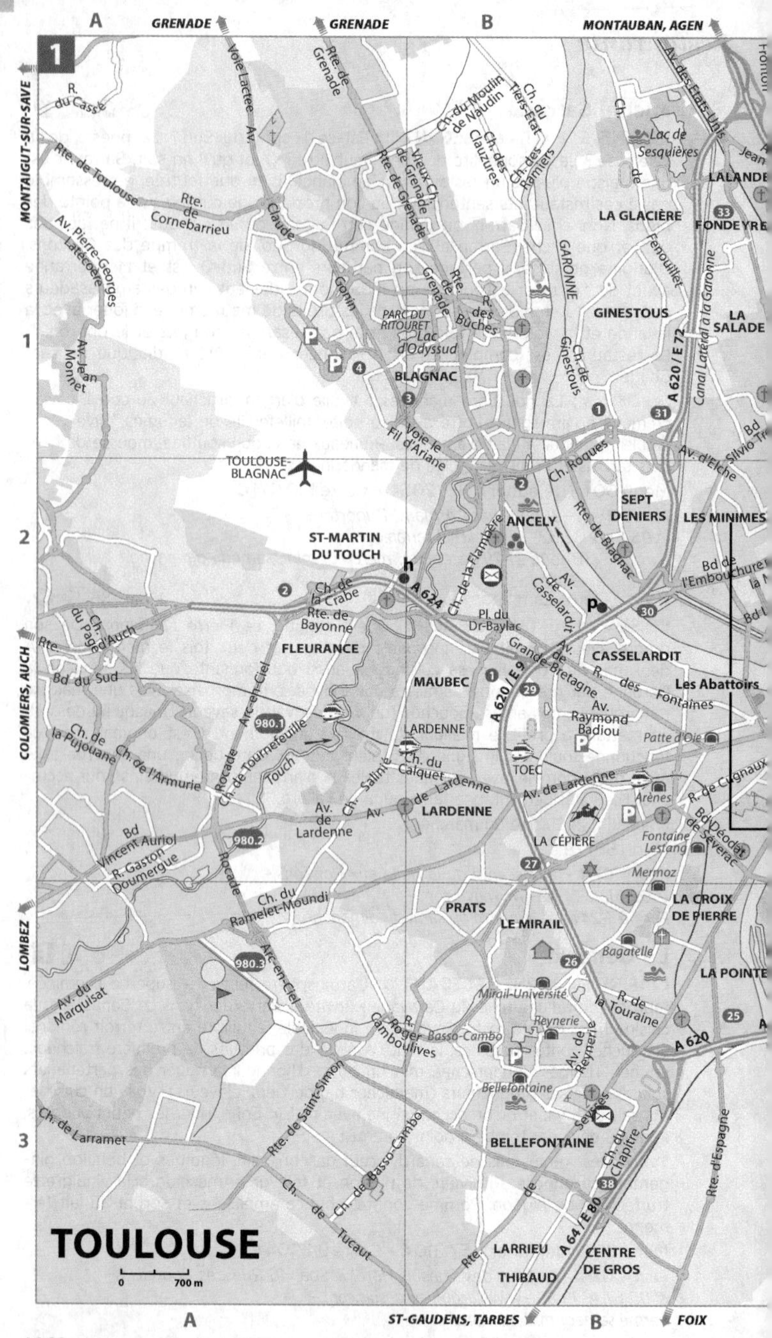

A
B
GRENADE
GRENADE
MONTAUBAN, AGEN
MONTAIGUT-SUR-SAVE
COLOMIERS, AUCH
LOMBEZ
ST-GAUDENS, TARBES
FOIX
1
2
3
TOULOUSE-BLAGNAC
BLAGNAC
ST-MARTIN DU TOUCH
FLEURANCE
MAUBEC
LARDENNE
PRATS
LE MIRAIL
BELLEFONTAINE
LARRIEU
THIBAUD
CENTRE DE GROS
ANCELY
CASSELARDIT
SEPT DENIERS
LES MINIMES
GINESTOUS
LA GLACIÈRE
FONDEYRE
LALANDE
LA SALADE
LA CROIX DE PIERRE
LA POINTE
Les Abattoirs
LA CÉPIÈRE
PARC DU RITOURET
Lac d'Odyssud
Lac de Sesquières
GARONNE
A 620 / E 72
A 620 / E 9
A 624
A 620
A 64 / E 80
Canal Latéral à la Garonne
TOULOUSE
0
700 m

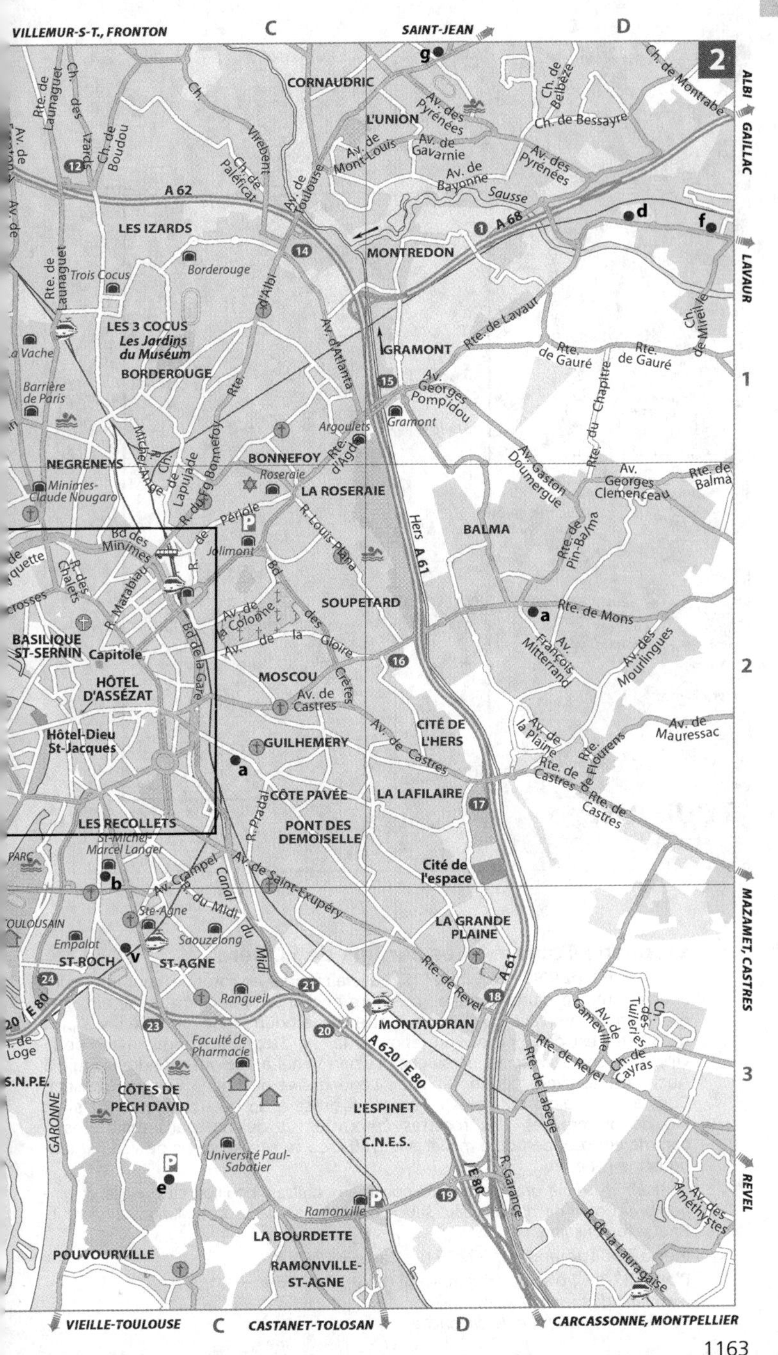
VILLEMUR-S-T., FRONTON
C
SAINT-JEAN
D
2
ALBI
GAILLAC
LAVAUR
MAZAMET, CASTRES
REVEL
1
2
3
CORNAUDRIC
L'UNION
LES IZARDS
MONTREDON
LES 3 COCUS
Les Jardins du Muséum
BORDEROUGE
GRAMONT
NEGRENEYS
BONNEFOY
LA ROSERAIE
BALMA
SOUPETARD
BASILIQUE ST-SERNIN
Capitole
HÔTEL D'ASSÉZAT
Hôtel-Dieu St-Jacques
MOSCOU
GUILHEMERY
CITÉ DE L'HERS
CÔTE PAVÉE
LA LAFILAIRE
LES RECOLLETS
PONT DES DEMOISELLE
Cité de l'espace
LA GRANDE PLAINE
ST-ROCH
ST-AGNE
MONTAUDRAN
CÔTES DE PECH DAVID
L'ESPINET
C.N.E.S.
LA BOURDETTE
POUVOURVILLE
RAMONVILLE-ST-AGNE
A 62
A 68
A 61
A 620 / E 80
Hers
Canal du Midi
GARONNE
VIEILLE-TOULOUSE
C
CASTANET-TOLOSAN
D
CARCASSONNE, MONTPELLIER

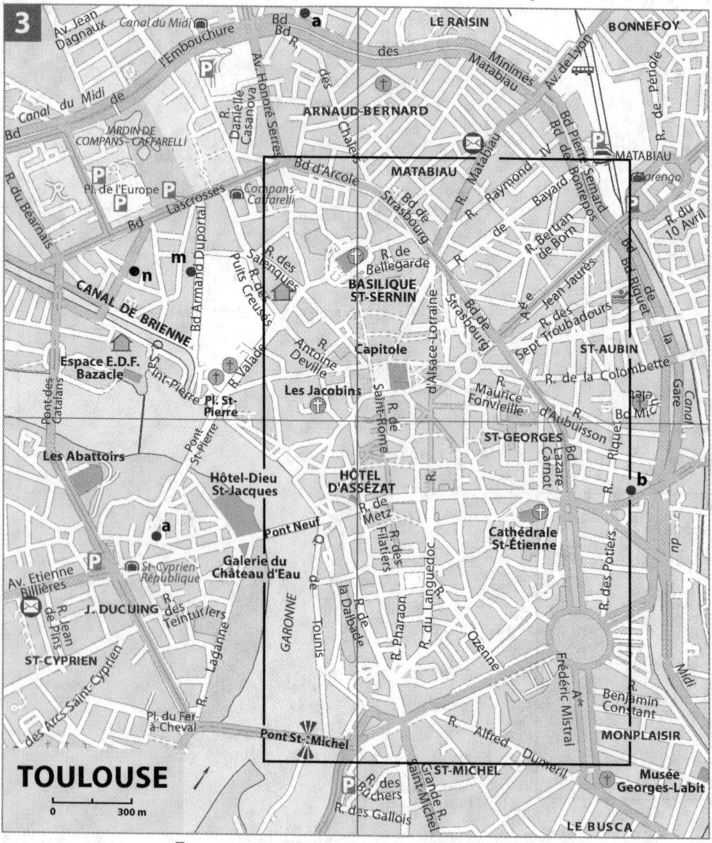

✿ Stéphane Tournié - Les Jardins de l'Opéra

CUISINE MODERNE • ÉLÉGANT XXX Salle à manger en rotonde, cour intérieure fleurie sommée d'une verrière : ce cadre enchanteur, si calme, si serein, surprend en pleine place du Capitole. Cette scène gourmande, ouverte il y a plus de 30 ans, est occupée par un ténor de talent, Stéphane Tournié. Natif de la ville rose, ce cuisinier est passé chez Lucien Vanel à Toulouse, André Daguin à Auch, au Taillevent période Philippe Legendre et au Crillon époque Christian Constant. On aime qu'il aille à l'essentiel grâce à de beaux produits frais (et bio de préférence), des recettes éprouvées et des cuissons maîtrisées – comme cet œuf de poule mollet à la truffe, ou ce pressé de ris de veau et langoustine rôtie.

Spécialités : Foie gras de canard poché aux huîtres, bouillon citronnelle et gingembre. Cœur de ris de veau, sauce blanquette au citron et langoustine rôtie. Brique toulousaine.

Menu 32 € (déjeuner), 68/99 € – Carte 98/102 €

Plan 4 G2-q – *1 place du Capitole* – *✆ 05 61 23 07 76* – *www.lesjardinsdelopera.fr* – *Fermé 1er-6 janvier, lundi, dimanche*

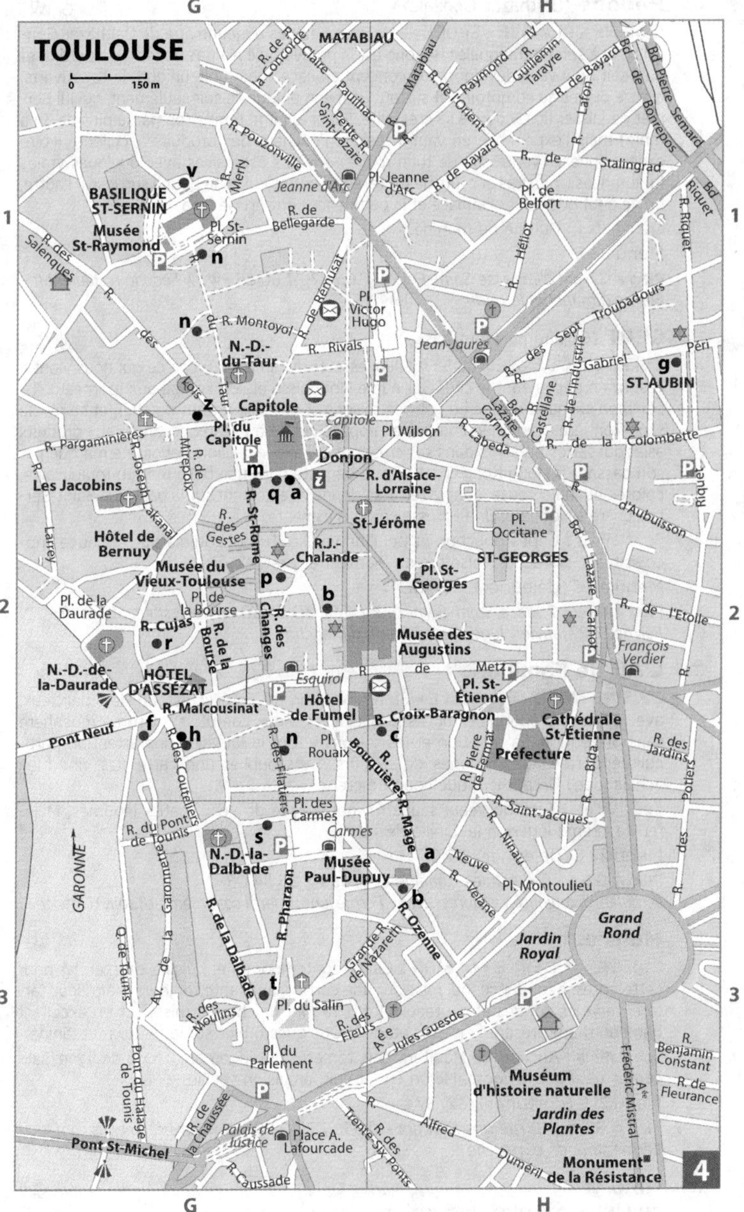
TOULOUSE
0
150 m
G
H
1
2
3
4
MATABIAU
BASILIQUE ST-SERNIN
Musée St-Raymond
N.-D.-du-Taur
Capitole
Pl. du Capitole
Donjon
Les Jacobins
Hôtel de Bernuy
Musée du Vieux-Toulouse
St-Jérôme
ST-GEORGES
ST-AUBIN
Musée des Augustins
N.-D.-de-la-Daurade
HÔTEL D'ASSÉZAT
Hôtel de Fumel
Cathédrale St-Étienne
Préfecture
N.-D.-la-Dalbade
Musée Paul-Dupuy
Grand Rond
Jardin Royal
Muséum d'histoire naturelle
Jardin des Plantes
Monument de la Résistance
GARONNE
Pont Neuf
Pont St-Michel
Pl. Jeanne d'Arc
Pl. de Belfort
Pl. Victor Hugo
Pl. Wilson
Pl. Occitane
Pl. St-Georges
Pl. St-Étienne
Pl. Rouaix
Pl. des Carmes
Pl. Montoulieu
Pl. du Salin
Pl. du Parlement
Place A. Lafourcade
Pl. de la Daurade
Pl. de la Bourse
Pl. St-Sernin
R. Pouzonville
R. de Bellegarde
R. de Rémusat
R. Rivals
R. Montoyol
R. Pargaminières
R. Joseph Lakanal
R. de Mirepoix
R. St-Rome
R. des Changes
R. de la Bourse
R. Cujas
R. Malcousinat
R. des Couteliers
R. du Pont de Tounis
R. de la Dalbade
R. Pharaon
R. des Filatiers
R. Croix-Baragnon
R. Bouquières
R. Mage
R. Ozenne
R. Saint-Jacques
R. Ninau
R. Neuve
R. Velane
R. d'Alsace-Lorraine
R. Labeda
R. de la Colombette
R. d'Aubuisson
R. de Metz
R. de l'Etoile
R. des Jardins
R. des Potiers
R. Gabriel Péri
R. des Sept Troubadours
R. de l'Industrie
R. Castellane
Bd Lazare Carnot
R. de Stalingrad
R. de Bayard
R. Lafon
R. Raymond IV
R. Guillemin Tarayre
R. de l'Orient
R. Matabiau
R. Pauilhac
Petite R. Saint-Lazare
R. Claire
R. de la Concorde
Bd de Bonrepos
Bd Pierre Semard
Bd Riquet
R. Riquet
R. Héliot
R. Merly
R. des Salenques
R. des Lois
R. du Taur
R. Larrey
R. des Gestes
R.J.-Chalande
R. Pierre de Fermat
R. Bida
François Verdier
Jean-Jaurès
Jeanne d'Arc
Capitole
Esquirol
Carmes
Palais de Justice
Grande R. de Nazareth
R. des Fleurs
Allée Jules Guesde
R. Alfred Duméril
R. des Trente-Six Ponts
R. Caussade
R. de la Chaussée
R. des Moulins
Av. de la Garonnette
Q. de Tounis
Pont du Halage de Tounis
Allée Frédéric Mistral
R. Benjamin Constant
R. de Fleurance

Hedone (Balthazar Gonzalez)

CUISINE CRÉATIVE · ÉPURÉ XX Ne vous fiez pas au jeune âge de Balthazar Gonzalez, ni à son air tranquille : Hedone est la preuve qu'il n'a pas de temps à perdre, et qu'il sait où il va. Il développe un concept efficace : une table unique de 12 couverts, quatre places au comptoir... et surtout un menu unique, le soir seulement, qui lui permet de laisser libre cours à sa créativité. Il faut avoir le temps (on passe plus de 3h à table) mais l'expérience en vaut la peine ! Fraîcheur des produits excellente, voire exceptionnelle (ventrèche de thon rouge), saveurs explosives avec quelques vraies fulgurances (foie gras et œufs de truite, entre autres)... D'une bonne surprise à l'autre, on ne peut que saluer l'audace et la pertinence : on sort de là ravi.

Spécialités : Cuisine du marché.

Menu 83€

Plan 2 C2-a – *2 impasse Saint-Félix – ✆ 05 82 74 60 55 – www.hedone-restaurant.fr – Fermé dimanche, le midi*

SEPT (Guillaume Momboisse)

CUISINE MODERNE · COSY XX Jeunesse et dynamisme : voilà ce qui nous vient à l'esprit en découvrant le chef Guillaume Monboisse et son équipe aux fourneaux. La partition culinaire évolue au gré des saisons et des inspirations du chef, et se révèle sans frontières : son menu unique en appelle autant au veau occitan qu'aux produits asiatiques, très présents dans ses créations – il avoue d'ailleurs avoir été marqué par son passage à Hong Kong. Tout cela se déguste dans une belle maison toulousaine, colorée et chaleureuse, dont la terrasse donne directement sur la basilique Saint-Sernin, chère à Nougaro. Une adresse enthousiasmante.

Spécialités : Cèpes bouchon et bouillon vanillé. Turbot rôti, salsifis et sauce chocolat blanc-pistache. Noisettes du Piémont et praliné.

Menu 48€ (déjeuner), 78/108€

Plan 4 G1-v – *7 Place Saint-Sernin – ✆ 05 62 30 05 30 – www.restaurant-sept.fr – Fermé 12-27 janvier, lundi, mardi midi, dimanche*

L'Air de Famille (N)

CUISINE TRADITIONNELLE · SIMPLE X L'Air de Famille est un lieu délicieux, avec sa déco d'époque (affiches publicitaires, vieux comptoir) et son atmosphère sans prétention. La tradition et les saisons y font la loi, avec une attention particulière portée aux mariages de saveurs. Sans oublier une carte des vins bien achalandée ! Un authentique coup de cœur.

Spécialités : Tête de veau, sauce ravigote. Pavé de veau, petits légumes. Millefeuille, crème légère à la vanille de Tahiti.

Menu 22€ (déjeuner)/32€

Plan 4 G2-p – *6 rue Jules-Chalande – ✆ 05 67 06 54 08 – lairdefamilletoulouse.wordpress.com – Fermé lundi, mardi soir, mercredi soir, dimanche*

Monsieur

CUISINE MODERNE · DESIGN X Cadre contemporain et cuisine du marché pour cette adresse tendance, qui mise sur une carte changeante toujours maîtrisée : tartare de veau, coques et couteaux ; lotte, ragoût de chou et miso... Et un excellent baba au rhum présenté en trois étages ! Quelques tables sur la petite mezzanine.

Spécialités : Anchois de Méditerranée, tomates et gingembre. Merlu de ligne, salicornes et sauce ravigote. Melon cru et cuit, émulsion vanille.

Menu 21€ (déjeuner), 32/37€

Plan 4 G2-n – *40 rue des Filatiers – ✆ 05 61 25 07 07 – www.maisonmarius.com – Fermé samedi, dimanche*

Nino (N)

CUISINE MODERNE · BISTRO X Tout de blanc vêtu, ce bistrot moderne est installé non loin de son grand frère, le restaurant Py-r du chef Pierre Lambinon. Même attention au détail chez Nino, au fil d'une carte courte et de saison. Saumon gravlax et son coulis de betterave, pavlova aux fruits exotiques... Tout est soigné, tout a du caractère, et les prix sont canons.

Spécialités : Saumon gravlax. Tourte de pomme de terre au reblochon. Tarte Tatin, glace vanille.

Carte 26/33 €

Plan 4 G2-r – *28 rue Peyrolières – 05 61 38 50 79 – www.nino-restaurant.com – Fermé 5-26 août, lundi, mardi, dimanche soir*

Une Table à Deux

CUISINE MODERNE • SIMPLE X Dans le quartier des Carmes, juste en face du Musée Paul Dupuy, voici la première affaire d'un jeune couple ayant fréquenté les étoilés de la région... et les saveurs d'autres rivages (Malaisie, Corée). Le résultat, c'est une cuisine du terroir moderne, qui met en valeur les produits de saison. Menu midi à prix canon.

Spécialités : Cuisine du marché.

Menu 19 € (déjeuner), 35/55 €

Plan 4 H3-b – *10 rue de la Pleau – 05 61 25 03 51 – www.unetableadeux.fr – Fermé 31 août-14 septembre, mercredi midi, samedi, dimanche*

Anges et Démons

CUISINE MODERNE • ÉLÉGANT XXX De beaux murs en brique apparente et de superbes voûtes du 16es. au sous-sol : nous ne sommes ni au paradis ni en enfer, mais au cœur de Toulouse, à laquelle le rose va si bien ! Au menu, une cuisine recherchée, qui prête au péché de gourmandise...

Menu 57/100 €

Plan 4 H3-a – *3 rue Perchepinte – 05 61 52 66 69 – www.restaurant-angesetdemons.com – Fermé lundi, mardi midi, mercredi midi, jeudi midi, vendredi midi, samedi midi, dimanche*

Au Pois Gourmand

CUISINE MODERNE • ÉLÉGANT XX Cette élégante villa toulousaine de 1869 se mire dans la Garonne... Les expériences asiatiques du chef se retrouvent dans l'assiette (comme avec ce sashimi de homard), mais que les puristes se rassurent : il mitonne aussi le gibier en saison ! Agréable terrasse au bord de l'eau.

Menu 24 € (déjeuner), 45/100 € – Carte 50/70 €

Plan 1 B2-p – *3 rue Emile-Heybrard – 05 34 36 42 00 – www.pois-gourmand.fr – Fermé 9-23 août, 20 décembre-4 janvier, samedi midi, dimanche*

Genty Magre

CUISINE CLASSIQUE • COSY XX Ce restaurant lorgne vers l'esprit bistrot, et mêle le neuf (déco moderne) à l'ancien (les poutres apparentes, les murs en brique...). Côté cuisine, on revisite joyeusement le terroir, avec un incontournable de la maison : le cassoulet avec confit et saucisses, à déguster dans des assiettes en céramique. Un vrai plaisir.

Menu 22 € (déjeuner)/50 € – Carte 50/80 €

Plan 4 G2-b – *3 rue Genty-Magre – 05 61 21 38 60 – www.legentymagre.com – Fermé 2-31 août, 29 décembre-6 janvier, lundi, mercredi midi, dimanche*

Le Bibent

CUISINE TRADITIONNELLE • BRASSERIE X Un emplacement privilégié, au cœur de la Ville rose, et un superbe décor Belle Époque : le chef Christian Constant (originaire de Montauban) a rendu à l'établissement tout son lustre de brasserie historique. On s'y presse pour ses grands classiques : terrine de campagne, cassoulet montalbanais, tarte au chocolat...

Menu 27 € (déjeuner)/33 € – Carte 41/55 €

Plan 4 G2-m – *5 place du Capitole – 05 34 30 18 37 – www.maisonconstant.com*

Les P'tits Fayots

CUISINE MODERNE • BRANCHÉ X Ce restaurant cosy et élégant, disposé sur deux niveaux, propose une cuisine moderne et créative, au centre de laquelle trônent les bons produits du Gers. Le jeune chef-patron anime cette adresse de sa fougue, affairé dans sa cuisine bien en vue des clients : vous n'en manquerez pas une miette...

Menu 28 € (déjeuner), 56/75 €

Plan 4 G1-n – *8 rue de l'Esquile – 05 61 23 20 71 – www.lesptitsfayots.com – Fermé 1er-13 janvier, 3-24 août, samedi, dimanche*

Antipodes

CUISINE MODERNE • BISTRO Un bon petit restaurant monté par deux associés, anciens de l'école hôtelière de Toulouse. Au déjeuner, ils proposent un menu à prix honnête, composé au gré du marché ; le soir, des recettes sensiblement plus voyageuses. C'est simple, c'est frais : ça nous plaît.

Menu 15 € (déjeuner)/20 € - Carte 35/45 €

Plan 3 E2-a - *9 rue du Pont-Saint-Pierre - 05 32 02 24 92 - www.antipodes-restaurant.com - Fermé 24 juillet-17 août, lundi, dimanche*

Colette

CUISINE TRADITIONNELLE • CONTEMPORAIN "Je veux que mes clients ressortent de mon restaurant avec le sourire" : tel est l'objectif de cet ancien de chez Christian Constant (brasserie Bibent, à Toulouse). "Colette" rend hommage à sa grand-mère, qui cuisinait avec amour les recettes traditionnelles. Dans l'assiette, des produits régionaux (poissons de Saint-Jean-de-Luz, légumes essentiellement bio.), et une évidente générosité, à déguster dans un cadre contemporain : Colette serait fière.

Menu 25 € (déjeuner), 39/48 €

Plan 4 H2-c - *17 rue Croix-Baragnon - 05 61 53 34 24 - www.restaurant-colette.fr - Fermé samedi, dimanche*

Les Complices

CUISINE MODERNE • CONVIVIAL Les atouts de ce bistrot créé par trois complices ? Son ambiance décontractée, mais surtout sa cuisine de saison sans fioritures, où les saveurs annoncées au menu se retrouvent effectivement dans l'assiette. Ne manquez pas le menu en cinq temps, qui remporte tous les suffrages... et la tarte au citron, le tube de la maison !

Menu 20 € (déjeuner)/35 € - Carte 25/35 €

Plan 3 F2-b - *13 place Dominique-Martin-Dupuy - 05 31 48 69 91 - www.restaurant-lescomplices.com - Fermé 29 juillet-20 août, 23 décembre-1er janvier, lundi, mardi soir, dimanche*

Émile

CUISINE DU TERROIR • BISTRO Belle carte des vins, solide cuisine traditionnelle 100 % maison - produits frais et producteurs locaux sont à l'honneur - et, cerise sur le gâteau, jolie terrasse sur une agréable place. Quant à la vedette des lieux, c'est le cassoulet, évidemment !

Menu 22 € (déjeuner), 38/52 € - Carte 45/70 €

Plan 4 H2-r - *13 place Saint-Georges - 05 61 21 05 56 - www.restaurant-emile.com - Fermé 25 décembre-5 janvier, lundi, dimanche*

Le Pic Saint Loup

CUISINE MODERNE • SIMPLE Le cadre est volontairement dépouillé, car ici c'est l'assiette qui est reine : filet de Saint-Pierre au citron confit et noix, purée de chou-rave ; millefeuille au caramel et chocolat au lait, sorbet poire. Sympathique terrasse au calme dans la cour à l'arrière.

Menu 20 € (déjeuner), 30/50 € - Carte 28/56 €

Plan 2 C2-b - *7 rue Saint-Léon - 05 61 53 81 51 - www.restaurantlepicsaintloup.com - Fermé 9 août-2 septembre, lundi, mardi, dimanche*

Les Planeurs

CUISINE DU MARCHÉ • BISTRO Un chef japonais et son associé ont ouvert ce lieu atypique dans un décor volontiers bohème et décalé. On y déguste une cuisine française précise, bien pensée, originale, équilibrée et parfumée, à l'instar de ces asperges blanches, tataki de bonite, sauce pesto. Bon rapport qualité-prix. Une belle adresse.

Menu 19 € (déjeuner), 38/50 €

Plan 3 E1-a - *56 boulevard des Minimes - 09 86 51 56 95 - www.lesplaneurs.com - Fermé 1er-16 août, mercredi midi, samedi, dimanche*

Les Sales Gosses

CUISINE MODERNE • BISTRO Ces Sales Gosses déclinent sur de grandes ardoises des plats bistrotiers de bon aloi. On les doit au chef Bruno, qui a troqué le bonnet d'âne pour une toque de premier de la classe ! Et si l'adresse affiche complet, place au plan B : le Bistrot, non loin de là, rue de l'Industrie.

Menu 22 € (déjeuner)/33 €

Plan 4 H1-g – *81 rue Riquet – 09 67 15 31 64 – www.lessalesgosses.fr – Fermé 22 juillet-13 août, 23 décembre-1er janvier, samedi, dimanche*

Sixty-Two

CUISINE MODERNE • TENDANCE Carpaccio de chevreuil, champignons et légumes acidulés ; bar fumé, chou-fleur et airelles... : on apprécie les libertés gastronomiques que s'autorise le chef, formé dans de belles maisons suédoises. Une agréable cuisine, à déguster dans la petite salle à manger aux murs décorés d'œuvres de Street art. Petite terrasse sur gazon synthétique.

Menu 22 € (déjeuner), 35/56 €

Plan 4 G1-n – *Villa du Taur, 62 rue du Taur – 05 34 25 28 82 – www.sixty-2.com – Fermé lundi, dimanche soir*

Solides

CUISINE MODERNE • BISTRO En lieu et place de la Rôtisserie des Carmes (une institution toulousaine), face au marché du même nom, cette adresse se distingue d'abord par la bonne cuisine de bistrot de son chef, mais aussi par son excellente (et pertinente) carte de vins "nature". Service et ambiance très décontractés.

Menu 25 € (déjeuner), 45/65 €

Plan 4 G3-s – *38 rue des Polinaires – 05 61 53 34 88 – www.solides.fr – Fermé 1er-8 janvier, lundi midi, dimanche*

La Table de William 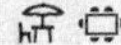

CUISINE MODERNE • DESIGN À l'abri cette maison toulousaine typique, on régale d'une "cuisine de convivialité", bistronomique et de saison, parsemée de touches méditerranéennes ou asiatiques. Les habitués ne manquent pas : c'est en général bon signe...

Menu 20 € (déjeuner), 28/35 €

Plan 2 C3-v – *90 rue St-Roch – 05 67 33 34 99 – www.latabledewilliam.com – Fermé 31 juillet-31 août, lundi soir, samedi, dimanche*

Les Têtes d'Ail

CUISINE MODERNE • BRANCHÉ La bistronomie tendance Sud-Ouest, c'est ici que ça se passe ! Cuisine du marché soignée et goûteuse, réglée sur les saisons, produits locaux bien choisis, super rapport qualité-prix (à midi surtout)... le tout dans une rue commerçante et animée, près de la place des Carmes. L'adresse ne désemplit pas, et ce n'est pas un hasard.

Menu 20 € (déjeuner), 32/48 €

Plan 4 G3-t – *6 rue de la Fonderie – 05 61 13 40 41 – Fermé 5-20 avril, 2 août-4 septembre, 20 décembre-4 janvier, lundi, dimanche*

Hôtels

La Cour des Consuls Hôtel & Spa

LUXE • CONTEMPORAIN Dans un ancien hôtel particulier du 16e s. du quartier des Carmes, un beau mariage de styles ! Les éléments d'époque (parquets, cheminées) frayent avec une déco franchement contemporaine ; les chambres, spacieuses, témoignent d'un luxe sans faute de goût.

32 chambres – 200/400 € – 26 € – 6 suites

Plan 4 G2-h – *46 Rue des Couteliers – 05 67 16 19 99 – www.lacourdesconsuls.com*

Le Cénacle – Voir la sélection des restaurants

Hôtel de Brienne

URBAIN • DESIGN À deux pas du canal du même nom, en bordure d'une avenue boisée, cet établissement contemporain offre un confort optimal. L'accueil est charmant. Bref, on s'y sent bien !

77 chambres – 88/167 € – 15 €

Plan 3 E1-n – *20 boulevard Maréchal-Leclerc – 05 61 23 60 60 – www.hoteldebrienne.com*

Le Grand Balcon

HISTORIQUE • DESIGN Il accueillit les plus grandes légendes de l'Aéropostale. La déco – design et créative – leur rend hommage, et la chambre n° 32 reproduit fidèlement celle qu'occupait Saint-Exupéry dans les années 1930. Une adresse mythique !

47 chambres – 130/420 € – 18 €

Plan G2-z – *10 rue Rominguières – 05 34 25 44 09 – www.grandbalconhotel.com*

à Auzeville-Tolosane 13 km au Sud par D813 – Carte régionale n° **22**-B2

La Table d'Auzeville

CUISINE CLASSIQUE • CONVIVIAL XX Dans la banlieue de Toulouse, cette maison blanche propose de jolies recettes de tradition, réalisées par un chef enthousiaste au parcours impeccable – dont plusieurs maisons trois étoiles ! Risotto aux coquillages et copeaux de parmesan, filet de canette rôtie aux groseilles acidulées... Un régal à petit prix.

Spécialités : Foie gras mi-cuit. Filet de canette, jus au porto. Fondant au chocolat.

Menu 19 € (déjeuner)/33 € – Carte 39/100 €

Hors plan – *35 chemin de l'Église – 05 61 13 42 30 – www.la-table-dauzeville.fr – Fermé 17 août-6 septembre, lundi, mardi, dimanche soir*

à Balma 5 km à l'Est par D50 – Carte régionale n° **22**-B2

L'Équilibre

CUISINE MODERNE • CONTEMPORAIN X Formidable succès pour ce restaurant tenu par un couple trentenaire, qui fait dans le bon et le simple. Le chef agrémente les produits frais du marché avec bonheur, comme en témoigne cet œuf coulant parfaitement cuit, avec crème de poireau au gingembre, haddock et pickles de carottes... Rapport qualité-prix exceptionnel. Un sans-faute.

Spécialités : Œuf, magret séché, pommes de terre fumées. Thonine grillée, céleri, beurre blanc aux algues. Prunes et figues pochées, crumble sarrasin et noix.

Menu 25 € (déjeuner), 32/55 €

Plan 2 D2-a – *10 place de la Libération – 05 61 45 70 43 – www.restaurant-lequilibre.fr – Fermé 30 août-15 septembre, 22 décembre-7 janvier, lundi, dimanche*

à Castanet-Tolosan 14 km au Sud par D813 – Carte régionale n° **22**-B2

La Table des Merville (Thierry Merville)

CUISINE MODERNE • ÉLÉGANT XX Une extension tout en verre sur une jolie place arborée avec terrasse, des cuisines ouvertes sur la salle donnant l'impression que le chef Thierry Merville travaille parmi les clients : ce Nordiste formé à Arras s'épanouit sur les terres opulentes de la Haute-Garonne, celles de son épouse Claudie. À deux, ils ont su créer un lieu original... et une cuisine qui séduit les fidèles venus de Toulouse. Pressé de joue et queue de bœuf au foie gras, gelée au vin chaud, bouillon de grosses crevettes, effilochée de légumes et crème de maïs, fricassée de lotte, coquilles Saint-Jacques et coquillages aux parfums de tagète, lièvre désossé farci à la royale, purée à la truffe (des truffes issues de leur propre truffière) : leurs assiettes, aussi joliment contemporaines que soignées, dégagent un doux parfum de... "Mervilleux".

Spécialités : Ravioles de homard bleu de Bretagne au safran bio de Pompertuzat. Cassoulet "Champion du monde 2019" aux haricots tarbais. Millefeuille croustillant à la gousse de vanille.

Menu 30 € (déjeuner), 40/110 € – Carte 78/120 €

Hors plan – *3 Place Pierre Richard – 05 62 71 24 25 – www.table-des-merville.fr – Fermé 20-26 avril, 9-23 août, lundi, dimanche*

à Lacroix-Falgarde 13 km au Sud par D4 – Carte régionale n° **22**-B2

Le Bellevue

CUISINE CLASSIQUE • COSY XX Quand on s'promène au bord de l'eau... Le Gabin de la "Belle Équipe" n'aurait pas renié cette charmante adresse, pas guindée pour un sou. Le sympathique chef mitonne une cuisine classique mais ouverte au changement ; aux beaux jours, la terrasse, perchée au bord de l'Ariège et ombragée, est un régal.

Spécialités : Carpaccio de poulpe, yuzu. Filet de dorade, tagliatelles de courgette, pesto de roquette. Soufflé au Grand Marnier.

Menu 21 € (déjeuner), 33/45 € – Carte 45/70 €

Hors plan – *1 avenue des Pyrénées – ✆ 05 61 76 94 97 – www.restaurant-lebellevue.com – Fermé 2 janvier-3 février, mardi, mercredi*

à Montrabé 8 km au Nord - Ouest par D112 – Carte régionale n° **22**-B2

L'Aparté (Jérémy Morin)

CUISINE MODERNE • CONVIVIAL XX En proche périphérie de Toulouse, dans un quartier moderne tout près de l'autoroute d'Albi, cette ancienne toulousaine accueille un chef de talent. Ses créations, très bien exécutées, naviguent entre classique et moderne. Ne manquez pas sa cocotte de légumes à la truffe, ni le gibier qu'il travaille en saison. Son lièvre à la royale, en particulier, mérite toute votre attention ! Le tout à déguster dans une ambiance sympathique, à l'intérieur ou sur l'agréable patio-terrasse, à l'ombre d'un beau tilleul. Service attentionné.

Spécialités : Homard rôti en cocotte, bisque au château-chalon et fricassée de petits légumes. Saint-pierre à la plancha, bayaldi d'aubergine au paprika et sorbet au curcuma. Fraise gariguette et rhubarbe en marmelade, quinoa croustillant et sorbet framboise-myrtille.

Menu 32 € (déjeuner), 50/95 € – Carte 85/95 €

Plan 2 D2-d – *21 rue de l'Europe (Parc d'activités du Terlon) – ✆ 05 34 26 43 44 – www.restaurant-laparte.fr – Fermé 1er-6 janvier, 1er-11 mai, 26 juillet-17 août, lundi, dimanche*

L'Instant...

CUISINE MODERNE • BRANCHÉ X L'Instant... d'une parenthèse gourmande non loin de Toulouse ! On s'installe dans un intérieur simple et moderne. Derrière les fourneaux, le chef régale avec les produits de la région, et s'autorise même quelques touches asiatiques. Ne manquez pas le menu "L'instant gourmet".

Spécialités : Œuf croustillant, asperges vertes, pesto de basilic et poitrine fumée. Maigre, crème de carotte, boulgour aux herbes et citron confit. Banane aux épices douces et cheesecake.

Menu 19 € (déjeuner), 31/45 € – Carte 40/55 €

Plan 2 D2-f – *13/14 chemin du Logis-Vieux – ✆ 05 61 48 25 24 – www.restaurant-linstant.fr – Fermé lundi, mardi soir, dimanche*

à Quint-Fonsegrives 8 km à l'Est par D826 – Carte régionale n° **22**-B2

En Pleine Nature (Sylvain Joffre)

CUISINE MODERNE • CONTEMPORAIN XX Le chef-patron Sylvain Joffre vous accueille dans cette jolie maison en bordure de rond-point. Voici un chef appliqué, sérieux, qui n'a pas la folie des grandeurs. Son objectif est simple : proposer une cuisine haut de gamme tout en contenant les tarifs. Pari réussi ! En s'appuyant sur une liste de producteurs locaux longue comme le bras, il compose une cuisine généreuse et bien maîtrisée, avec des recettes renouvelées en permanence pour coller aux saisons. Côté décor, un intérieur sobre, ou une agréable terrasse à l'ombre des parasols : de quoi profiter du beau temps sans être accablé par le redoutable soleil toulousain...

Spécialités : Cuisine du marché.

Menu 31 € (déjeuner), 55/80 €

Hors plan – *6 place de la Mairie – ✆ 05 61 45 42 12 – www.en-pleine-nature.com – Fermé 1er-8 mai, 1er-31 août, lundi, samedi, dimanche*

à Rangueil 6 km au Sud

Mas de Dardagna

CUISINE TRADITIONNELLE • RUSTIQUE X Voilà une cuisine respectueuse des produits (le chef se fournit au maximum en circuits courts), simple et bien faite... Aucun doute, cette ferme typiquement toulousaine est un joli repaire gourmand. Et aux beaux jours, on profite même d'une terrasse sous la glycine.

Menu 23€ (déjeuner), 32/55€

Plan 2 C3-e – *1 chemin de Dardagna (près de l'hôpital Rangueil) – ✆ 05 61 14 09 80 – www.masdedardagna.com – Fermé 31 juillet-31 août, samedi, dimanche*

à Rouffiac-Tolosan 12 km au Nord - Est par D888 – Carte régionale n° **22**-B2

Ô Saveurs (David Biasibetti)

CUISINE MODERNE • COSY XXX Cèpe, trompette de la mort et velouté de cèpe; saint-jacques, topinambour, sauce des bardes au gingembre et citronnelle: dans un joli petit hameau pittoresque, situé à quinze minutes du centre de Toulouse, David Biasibetti, pâtissier de formation, propose des menus du marché en phase avec les saisons, qui mettent joliment en valeur la production locale. Le chef avoue une passion pour le chocolat... que l'on retrouve dans ses desserts. Une adresse agréable.

Spécialités : Cuisine du marché.

Menu 28€ (déjeuner), 48/98€

Hors plan – *8 place des Ormeaux (au village) – ✆ 05 34 27 10 11 – www.o-saveurs.com – Fermé 17-24 février, 4-10 mai, 17 août-1er septembre, lundi, samedi midi, dimanche soir*

à St-Martin-du-Touch 7 km à l'Ouest par D2B

Le Cantou

CUISINE MODERNE • CONVIVIAL XX On se croirait à la campagne et l'on est pourtant à deux pas de la ville! Découvrez cette ancienne ferme, sa jolie terrasse sous la glycine, ainsi que la brique et le bois qui habillent son intérieur. Au menu: une cuisine calée sur le marché, un incontournable cassoulet toulousain, et une sélection de vins de près de 1400 références.

Menu 37/68€ – Carte 50/68€

Plan 1 B2-h – *98 rue de Velasquez – ✆ 05 61 49 20 21 – www.cantou.fr – Fermé 6-28 août, 21 décembre-6 janvier, samedi, dimanche*

à l'Union 7 km au Nord - Est par D888

La Bonne Auberge

CUISINE TRADITIONNELLE • RUSTIQUE XX Dans une ancienne ferme rénovée, toute proche de la départementale, on découvre cette auberge au cadre rustique et chaleureux: l'endroit rêvé pour déguster une généreuse cuisine du terroir. Au menu: saumon gravlax, cassoulet toulousain et parillade de poissons grillés, entre autres.

Menu 20€ (déjeuner), 31/60€ – Carte 40/60€

Plan 2 D1-g – *2bis rue Autan-Blanc – ✆ 05 61 09 32 26 – www.bonneauberge31.fr – Fermé 11-31 août, 21 décembre-6 janvier, lundi, mardi soir, dimanche*

TOUQUES – Calvados (14) → Voir Deauville

LE TOUQUET-PARIS-PLAGE

✉ 62520 – Pas-de-Calais – Carte régionale n° **13**-A2 – Carte Michelin 301-C4

Le Pavillon

CUISINE CRÉATIVE • ÉLÉGANT XXX Une brise gourmande gonfle le Pavillon du Westminster, ce beau palace chic des années 1930, fleuron de la Côte d'Opale. Cet emblème de l'élégance Art déco de la station balnéaire offre golf, piscine intérieure et spa, sans oublier une table étoilée dans la grande salle à manger revêtue de moquette rouge à motifs. Aux murs, des reproductions de toiles de Tamara de Lempicka. Un navigateur aguerri pilote depuis de nombreuses années les cuisines de ce vaisseau, William Elliot, un enfant du pays et un ami du chef Alexandre Gauthier. On déguste sa cuisine volontiers inventive, mettant en valeur des produits de qualité. Remarquable carte des vins.

Spécialités : Cuisine du marché.
Menu 70/165 € - Carte 100/115 €
Le Westminster - Barrière, avenue du Verger - ✆ 03 21 05 48 48 - www.hotelsbarriere.com - Fermé 1er décembre-31 mai, mardi, mercredi, le midi

Côté Sud

CUISINE MODERNE • CONVIVIAL XX On a beau être au Nord, on n'en a pas moins le soleil dans le cœur : la preuve avec Côté Sud ! Accueil sympathique dans ce restaurant situé le long de la digue du Touquet, face à la mer. Les gourmands y savourent une cuisine dans l'air du temps, honorant le poisson, dans un cadre aux teintes douces et reposantes...
Menu 26 € (déjeuner)/37 € - Carte 40/54 €
187 boulevard Docteur-Pouget - ✆ 03 21 05 41 24 - Fermé 15 février-2 mars, 23 juin-1er juillet, 1er-18 décembre, lundi midi, mercredi, dimanche soir

Le Paris

CUISINE MODERNE • CONVIVIAL XX À quelques rues du bord de mer, une table en prise sur le marché et les saisons, très appréciée des gourmets de la station ! Les associations y sont heureuses et goûteuses, comme avec ces asperges, œuf, morilles et pancetta, ou encore ce maigre accompagné de câpres et épinards. Accueil charmant.
Menu 25/39 € - Carte 48/65 €
88 rue de Metz - ✆ 03 21 05 79 33 - www.restaurant-leparis.com - Fermé 17-28 février, 22 juin-2 juillet, mardi, mercredi

Le Westminster - Barrière

LUXE • ART DÉCO Ce séduisant palace de style anglo-normand est posté entre la mer et la pinède. L'intérieur est du même acabit : superbes ascenseurs dans le hall ; chambres de style Art déco et bar rétro chic. Sans oublier le très beau spa !
103 chambres - 175/874 € - 20 € - 1 suite
avenue du Verger - ✆ 03 21 05 48 48 - www.hotelsbarriere.com - Fermé 1er décembre-31 mai
✿ **Le Pavillon** - Voir la sélection des restaurants

TOURCOING

✉ 59200 - Nord - Carte régionale n° **13**-C2 - Carte Michelin 302-G3

La Baratte

CUISINE TRADITIONNELLE • TENDANCE XX Une petite maison en briques dans un quartier résidentiel de Tourcoing. Surprise à l'intérieur : on découvre une salle résolument contemporaine et élégante, avec une agréable vue sur le jardin et sa terrasse en teck. Côté cuisine, le chef fait montre d'inventivité... pour le bonheur du produit frais !
Menu 35/54 € - Carte 60/80 €
395 rue du Clinquet - ✆ 03 20 94 45 63 - www.la-baratte.com - Fermé 1er-8 mai, 10-23 août, lundi, samedi midi, dimanche soir

Villa Paula

MAISON DE MAÎTRE • ART DÉCO À l'entrée de la ville, cette jolie maison en brique, datant de 1929, a fière allure... Et son intérieur est d'une richesse incomparable : collection de photos, objets chinés, avec même un tigre blanc qui trône, majestueux, dans le salon. L'été, on prend son petit-déjeuner dans le superbe jardin.
4 chambres - 150/220 €
44 rue Ma-Campagne - ✆ 06 12 95 97 97 - www.villapaula.fr

TOUR-DE-FAURE - Lot (46) ➜ Voir St-Cirq-Lapopie

LA TOUR-DU-PIN

✉ 38110 - Isère - Carte Michelin 333-F4

à Rochetoirin 4 km au Nord - Ouest par N6 et D92 - Carte régionale n° **2**-B2

Le Rochetoirin

CUISINE CRÉATIVE · TENDANCE XX Dans une grande salle avec pergola, on se laisse emporter par le travail d'une équipe ambitieuse ! Quasi de veau, salsifis rôtis et coquillettes aux trompettes ; spéculoos, chocolat noir, effluves de whisky... Fraîcheur, couleur et mouvement.

Spécialités : Tartare de saumon, tomates et crémeux de petits pois-menthe. Lieu jaune, tomates confites, taboulé et sauce coco-persil. La cerise c'est maintenant !.

Menu 24 € (déjeuner), 26/44 € - Carte 29/50 €

Route du Village - ✆ 04 74 97 60 38 - www.lerochetoirin.fr -
Fermé 16 août-1er septembre, 22 décembre-13 janvier, lundi, mercredi soir, samedi midi, dimanche soir

à St-Didier-de-la-Tour 3 km à l'Est par N6 - Carte régionale n° **2**-C2

Ambroisie (André Taormina)

CUISINE MODERNE · ÉLÉGANT XXX D'abord, il y a ce lac, juste devant nous, qui nous saute aux yeux avec ses rives arborées : rien que l'emplacement vaut déjà le coup d'œil. Mais il y a surtout le remarquable travail du chef, puisqu'on est tout de même venu pour ça... Bases classiques affirmées, pour ne pas dire claironnées (risotto de truffes au parfum entêtant, superbe dans sa simplicité), exécution soignée, avec en dessert des créations plus modernes (on se souviendra d'un abricot en trompe-l'œil beau et bon, entre autres). À noter, pour les amateurs, que le chef propose un menu truffes toute l'année : on aurait tort de se priver.

Spécialités : Éclats de ris de veau et artichaut barigoule. Pigeonneau, truffe et foie gras servis en croûte. Citron en trompe-l'œil.

Menu 35 € (déjeuner), 68/110 € - Carte 76/115 €

64 route du Lac - ✆ 04 74 97 25 53 - www.restaurant-ambroisie.fr -
Fermé 2-7 janvier, 20 avril-5 mai, 10-27 août, 21-26 décembre, lundi, mardi, dimanche soir

TOURNON-SUR-RHÔNE

✉ 07300 - Ardèche - Carte régionale n° **3**-E2 - Carte Michelin 332-B3

Le Cerisier

CUISINE MODERNE · CONVIVIAL XX Ne vous laissez pas dérouter par la rue sans charme : à l'intérieur, la carte de ce petit restaurant est aussi alléchante que les plats sont réussis, à l'image de la spécialité maison, le pâté en croûte. Belle carte des vins de la vallée du Rhône et de Bourgogne.

Spécialités : Pâté en croûte à la volaille. Râble de lapin au chorizo. Paris-tournon, crème pralinée et marrons.

Menu 32/46 € - Carte 39/65 €

1 rue Saint-Joseph - ✆ 04 75 08 91 02 - www.lecerisier-restaurant.fr -
Fermé 2-14 janvier, 22 juin-7 juillet, lundi, mercredi midi, dimanche soir

Le Tournesol

CUISINE MODERNE · CONVIVIAL XX Un restaurant chaleureux, aux murs habillés de pierre ou de bois. Comme le tournesol, ici, la carte suit le soleil et les saisons. Les amateurs de vins apprécieront la belle sélection de côtes-du-rhône exposés dans une cave vitrée. Prix attractifs.

Menu 29/49 € - Carte 34/55 €

44 avenue Maréchal-Foch - ✆ 04 75 07 08 26 - www.letournesol.net -
Fermé 25 février-3 mars, 27 juillet-19 août, mardi, mercredi, dimanche soir

Le Chaudron

CUISINE TRADITIONNELLE · VINTAGE Un petit bistrot sympathique, dans une ruelle du centre-ville. Boiseries, banquettes... et dans le chaudron du chef, les produits du marché. Les gosiers affamés se délecteront de sa spécialité : les ris de veau travaillés sous différentes formes, selon la saison. Joli choix de vins du Rhône. Terrasse ombragée.

Menu 25/34 € - Carte 25/50 €

7 rue St-Antoine - 04 75 09 63 67 - Fermé 1er-7 janvier, 8-23 août, mardi soir, jeudi soir, dimanche

Hôtel de la Villeon

DEMEURE HISTORIQUE · ÉLÉGANT Au cœur du village, ce palais du 18e s. abrite un luxe sobre et discret, d'une élégance rare. On est particulièrement séduit par le jardin suspendu, sa glycine centenaire et ses terrasses avec vue sur le clocher de l'église de St-Julien et les collines de l'Hermitage... Superbe !

16 chambres - 95/330 € - 20 €

2 rue Davity - 04 75 06 97 50 - www.hoteldelavilleon.com - Fermé 15 décembre-13 janvier

TOURNUS

71700 - Saône-et-Loire - Carte régionale n° **5**-C3 - Carte Michelin 320-J10

L'Écrin de Yohann Chapuis

CUISINE CRÉATIVE · CONTEMPORAIN Sis entre les murs de cet ancien orphelinat rendu fameux par Jean Ducloux, ce restaurant offre un écrin de choix pour la cuisine de Yohann Chapuis, chef formé notamment chez Lameloise. Fini les "plats cultes" d'autrefois (pâté en croûte, quenelle de sandre... mais qui retrouvent leur place au Bouchon Bourguignon, à côté), place à une cuisine "de goûts et d'émotions", réalisée à partir de beaux produits de saison : asperges vertes de Mallemort, couteaux, coques, bigorneaux et poivre Sansho ; poisson "ikejime", raviole petits pois, pamplemousse et oignons nouveaux. Très belle carte des vins et sommelier de bon conseil.

Spécialités : Sandre de Saône. Bœuf de Charolles. Soufflé chaud.

Menu 48/130 € - Carte 95/130 €

1 rue Albert-Thibaudet - 03 85 51 13 52 - www.restaurant-greuze.fr - Fermé mardi, mercredi

Le Bouchon Bourguignon - Voir la sélection des restaurants

Aux Terrasses (Jean-Michel Carrette)

CUISINE MODERNE · CONTEMPORAIN Après la visite de l'abbaye Saint-Philibert, une étape s'impose sur ces terrasses de charme ! De grandes baies vitrées inondent de lumière ce décor de matériaux bruts (pierre et bois), ces grandes tables en chêne massif sans nappage. Sans oublier le jardin paisible et l'accueil attentionné de l'épouse du chef... Son mari, Jean-Michel, est un passionné capable de changer ses propositions gourmandes d'une table à l'autre au cours d'une même soirée. Seul lui importe le moment présent et l'émotion. Et d'émotion, sa cuisine n'en manque pas, entretenant une délicieuse complicité avec le terroir, notamment végétal, ne cédant rien sur la qualité des produits et la précision des cuissons.

Spécialités : Cuisine du marché.

Menu 28 € (déjeuner), 68/98 € - Carte 88/100 €

18 avenue du 23-Janvier - 03 85 51 01 74 - www.aux-terrasses.com - Fermé 1er-20 janvier, 28 juin-9 juillet, 18 octobre-6 novembre, lundi, dimanche

Le Bouchon Bourguignon N

CUISINE RÉGIONALE · CONTEMPORAIN L'annexe du restaurant gastronomique de Yohann Chapuis (situé juste à côté) propose une cuisine régionale, généreuse et soignée, avec chariot d'entrées (pâté en croûte, jambon persillé, ballottine de volaille), plats emblématiques (volaille de Bresse aux morilles et vin jaune, grenouilles, escargots, viande charolaise) et un chariot de douceurs (tarte aux pralines, île flottante), à savourer dans un cadre contemporain, pour des prix raisonnables.

Spécialités : Œuf meurette, oignons grelot, champignons et sauce au chardonnay. Quenelle de brochet de Saône, sauce aurore. Chariot de desserts.

Menu 25/37 € - Carte 43/70 €

L'Écrin de Yohann Chapuis, 1 rue Albert-Thibaudet - ✆ 03 85 51 13 52 - www.restaurant-greuze.fr - Fermé lundi, dimanche

Le Terminus

CUISINE MODERNE • CONTEMPORAIN À la carte de cet ancien buffet de gare 1900, une cuisine au goût du jour qui place la fraîcheur au-dessus de toutes les vertus ! On déjeune ou on dîne côté brasserie, dans une salle intime et cosy. À l'étage, quelques chambres.

Menu 22 € (déjeuner)/33 € - Carte 40/70 €

21 avenue Gambetta - ✆ 03 85 51 05 54 - www.hotel-terminus-tournus.com - Fermé mercredi, dimanche

Aux Terrasses

BOUTIQUE HÔTEL • CONTEMPORAIN Un hôtel familial aux chambres spacieuses, confortable, fort bien tenues, et aux tarifs raisonnables. Pour un confort supérieur, on peut dormir "sous les toits", dans de magnifiques chambres contemporaines.

20 chambres - 140/260 € - 17 €

18 avenue du 23-Janvier - ✆ 03 85 51 01 74 - www.aux-terrasses.com - Fermé 1er-20 janvier, 28 juin-9 juillet, 18 octobre-6 novembre

Aux Terrasses - Voir la sélection des restaurants

La Tour du Trésorier

HISTORIQUE • PERSONNALISÉ Dans cette belle maison médiévale, charme historique, épure contemporaine et raffinement font bon ménage. Le magnifique jardin domine la Saône. Riche de 250 références, la carte des vins se dévoile, en dégustant une ardoise de fromages locaux.

5 chambres - 155/220 €

9 place de l'Abbaye - ✆ 03 85 27 00 47 - www.tour-du-tresorier.com - Fermé 15 novembre-1er mars

à Brancion 14 km à l'Ouest par D14

La Montagne de Brancion

MAISON DE CAMPAGNE • CONTEMPORAIN Les vignes et les monts du Mâconnais à perte de vue : cette charmante demeure est si paisible... Côté déco, l'esprit zen et contemporain domine dans les chambres. N'oublions pas le beau jardin arboré et la piscine.

12 chambres - 100/230 € - 19 € - 3 suites

La Montagne de Brancion - ✆ 03 85 51 12 40 - www.lamontagnedebrancion.com - Fermé 4 novembre-1er avril

à Ozenay 6 km au Sud - Ouest par D14 - Carte régionale n° **5**-C3

Le Relais d'Ozenay

CUISINE MODERNE • CONTEMPORAIN Dans un village pittoresque, ne manquez pas ce restaurant au décor moderne et élégant. Le chef, passé par de belles maisons dont celle de Bernard Loiseau, travaille des produits de qualité, souvent bio et locaux. Le tout s'accompagne de bons vins du Mâconnais.

Menu 24 € (déjeuner), 33/75 € - Carte 56/78 €

Le Bourg - ✆ 03 85 32 17 93 - www.le-relais-dozenay.com - Fermé 1er-24 janvier, 19-30 octobre, mardi, mercredi

à Le Villars 4 km au Sud par N6 et D210

L'Auberge des Gourmets

CUISINE CLASSIQUE • COSY Une jolie petite auberge jaune aux volets bleus, cosy avec ses pierres et ses poutres apparentes. Par la lucarne, on peut observer le chef s'affairer aux fourneaux... avant d'apprécier ses recettes classiques et bien tournées : terrine maison aux foies de volaille ; ris de veau, crème aux morilles...

Menu 29/68 € - Carte 40/75 €

9 place de l'Eglise - ✆ 03 85 32 58 80 - www.laubergedesgourmets.com - Fermé 4-27 janvier, 8-17 juin, 2-12 novembre, mardi, mercredi, dimanche soir

TOURRETTES

✉ 83440 – Var – Carte régionale n° **24**–C3 – Carte Michelin 340-P4

✿ Faventia

CUISINE MODERNE • LUXE XXXX Délicieux moment au sein du luxueux domaine hôtelier de Terre Blanche, qui semble si protégé du monde extérieur ! En terrasse, le panorama est superbe, toute l'équipe est pleine d'attentions pour les clients et la cuisine de Philippe Jourdin s'inscrit dans la droite ligne de cet art de vivre dit à la française... Après une aventure marocaine, le chef a repris les rênes de cette table qu'il avait lui-même inaugurée en 2004 au sein de ce lieu d'exception. Ce brillant technicien, meilleur ouvrier de France en 1993, signe une carte d'inspiration méditerranéenne : rougets de roche rôtis, bar de ligne et aïgo de coquillages, agneau fumé aux herbes, pigeonneau laqué au miel...

Spécialités : Gambon écarlate, vinaigrette de coquillages au yuzu et jus des têtes en quenelle glacée. Agneau fermier rôti puis fumé aux herbes, fleur de courgette méchouïa et caillette soubressade. Chocolat aaguani, caramel sobatcha, gavotte au Baileys, crème glacée au café et chocolat blanc.

Menu 75/185 € – Carte 117/156 €

Terre Blanche, 3100 route de Bagnols-en-Forêt (Domaine de Terre Blanche) – ✆ 04 94 39 90 00 – www.terre-blanche.com – Fermé 4 octobre-14 avril, lundi, dimanche, le midi

Terre Blanche

GRAND LUXE • DESIGN Sentiment d'exclusivité sur les hauteurs de l'arrière-pays, entre St-Raphaël et Cannes... Tout semble idyllique dans ce domaine de 301 ha, dédié au repos des sens : luxe sans ostentation (beaux matériaux naturels), espace (vastes suites disséminées dans 45 villas), piscines, deux golfs 18 trous, plusieurs restaurants... Mention spéciale au spa, sommet du genre !

115 suites – 340/840 € – 46 €

3100 route de Bagnols-en-Forêt (Domaine de Terre Blanche) – ✆ 04 94 39 90 00 – www.terre-blanche.com – Fermé 4 octobre-14 avril

✿ **Faventia** – Voir la sélection des restaurants

TOURRETTES-SUR-LOUP

✉ 06140 – Alpes-Maritimes – Carte régionale n° **25**–E2 – Carte Michelin 341-D5

✿ Clovis (Julien Bousseau)

CUISINE MODERNE • BISTRO X Tables en chêne brut, banquette et chaises en cuir : voilà pour l'intérieur de cette table de poche (20 couverts) installée dans l'une des ruelles du village médiéval. On peut commencer par boire un apéritif au bar à vins, en l'accompagnant de charcuterie et autres grignotages ; on découvre ensuite le travail d'un chef respectueux du produit (courgette, ombrine, etc.), qu'il décline avec soin et simplicité. Assiettes colorées et parfumées, cuissons justes, relief et caractère, le tout bien mis en valeur par le service chaleureux et efficace : on passe un excellent moment.

Spécialités : Picanha de veau et ventrèche de thon, sauce à l'œuf mollet au caviar, concombre et câpres. Carré de veau rôti, cèpes, sauce au café et aux noisettes du Piémont. Figues de pays rôties à l'huile d'olive et à la vanille, sorbet au cassis.

Menu 51/110 €

21 Grande-Rue (accès piéton) – ✆ 04 93 58 87 04 – www.clovisgourmand.fr – Fermé 11 février-4 mars, 13 octobre-4 novembre, mardi, mercredi, samedi midi

Les 4 Éléments

MAISON DE CAMPAGNE • CONTEMPORAIN Sur les hauteurs de Tourrettes, le grand jardin domine mer et collines : un panorama exceptionnel. Entourée de palmiers, d'oliviers et d'œuvres d'art, la bastide accueille quatre chambres sobres et confortables, décorées sur le thème des quatre éléments. Douceur et raffinement.

4 chambres – 200/240 €

765 route de la Madeleine – ✆ 06 72 31 59 51 – www.les4elements.eu

TOURS

✉ 37000 – Indre-et-Loire – Carte régionale n° **8**–B2 – Carte Michelin 317-N4

On aime...

La rue du Grand-Marché, avec ses nombreuses façades à colombages garnies de brique ou d'ardoise, est l'une des plus intéressantes du vieux Tours. Elle mène aux halles qui s'animent les mercredis, samedis et dimanches matin. Dans la capitale tourangelle, patrimoine et gastronomie sont étroitement liés ! La patrie de Rabelais est d'ailleurs à l'origine de l'inscription, par l'Unesco, du repas gastronomique à la française. Les halles, superbes, en témoignent à leur manière : on y trouve le meilleur de tout. Des préparations charcutières comme les rillettes de porc ou d'oie (Vouvray et Tours s'en disputent la paternité), les rillons (des cubes de viande entrelardés) ou l'andouille de Jargeau. La Touraine est aussi une terre de fromages de chèvre dont le crottin de Chavignol et le sainte-maure-de-touraine, cette bûche cendrée traversée par une paille. Enfin, la ville de Balzac est entourée de très beaux vignobles dont vous trouverez les crus chez les cavistes de la ville.

Jacques Palut/Fotolia.com

Restaurants

Le Saint-Honoré

CUISINE MODERNE • RUSTIQUE Installé dans une ancienne boulangerie de 1625 qui a conservé son four et, au sous-sol, une belle cave voûtée, ce restaurant a tout pour plaire aux amateurs d'authenticité. Le chef fait pousser ses légumes dans son potager et signe une cuisine délicate, gourmande, pleine de saveurs... servie avec le sourire. Pensez à réserver : l'adresse a du succès !

Spécialités : Pâté de Tours au foie gras, poire tapée et gelée au vouvray. Filet de canette, vinaigre à l'orange et légumes de saison. Sablé d'abricots au thym et miel, crème glacée pistache.

Menu 31/54 € – Carte 50/63 €

Plan F1-a – *7 place des Petites-Boucheries – ✆ 02 47 61 93 82 – Fermé 17-23 février, 3-18 août, 23 décembre-5 janvier, samedi, dimanche*

Charles Barrier

CUISINE MODERNE • ÉLÉGANT Cette institution, dont Charles Barrier a fait le renom dans les années 1970, demeure l'illustration du grand restaurant avec ses lustres en cristal, ses boiseries, ses tentures, son jardin fleuri... Côté cuisine, si la carte reste ancrée dans la tradition gastronomique, l'équipe n'hésite pas à en bousculer les codes.

Menu 37 € (déjeuner), 50/115 € – Carte 60/130 €

Plan A1-e – *101 avenue de la Tranchée – ✆ 02 47 54 20 39 – www.charles-barrier.fr – Fermé samedi midi, dimanche*

La Roche Le Roy

CUISINE TRADITIONNELLE • ÉLÉGANT La table qui monte à Tours ! À deux minutes du centre-ville, dans cette charmante gentilhommière bien connue des Tourangeaux, Maximilien Bridier travaille le produit avec passion et se fend de belles assiettes classiques, précises et sans superflu. Accueil et service charmants.

Menu 35 € (déjeuner), 60/75 € – Carte 72/88 €

Plan B3-r – *55 route de St-Avertin – ✆ 02 47 27 22 00 – www.larocheleroy.com – Fermé 24 février-1er mars, 3-17 août, 25-28 décembre, lundi, dimanche*

Les Bartavelles

CUISINE MODERNE • COLORÉ Les Bartavelles : un hommage rendu à Marcel Pagnol par une fratrie de jeunes passionnés – Ghislain en cuisine, Véronique en salle. Dans l'assiette, on trouve une cuisine fraîche et colorée, des produits locaux à foison, de belles inspirations, le tout servi avec le sourire... que demander de plus ?

Menu 39/51 € – Carte 48/60 €

Plan D1-a – *33 rue Colbert – ✆ 02 47 61 14 07 – www.bartavelles.fr – Fermé 9-25 août, lundi, mercredi soir, dimanche*

Le Chien Jaune

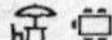

CUISINE TRADITIONNELLE • BISTRO On ne présente plus cette institution tourangelle née en 1930 ! Le temps n'a pas de prise sur cet endroit : la salle conserve tout son cachet (vieilles plaques publicitaires, murs couleur beurre, grand miroir, etc.) et, au gré des saisons, la tradition bistrotière respire la fraîcheur du marché...

Menu 27/37 €

Plan E2-t – *74 rue Bernard-Palissy – ✆ 02 47 05 10 17 – Fermé 4-10 mai, 27 juillet-9 août, 21 décembre-9 janvier, lundi, dimanche*

La Deuvalière

CUISINE MODERNE • TENDANCE Julien et Alexandra mettent toute l'énergie de leur jeunesse pour séduire les gourmands de passage... et ils y parviennent sans problème ! Leur cuisine, réglée sur les saisons, réserve de jolies surprises. Le cadre intemporel, celui d'une maison ancienne avec poutres et tomettes, ne fait qu'ajouter à notre plaisir.

Menu 21 € (déjeuner)/35 €

Plan D1-e – *18 rue de la Monnaie – ✆ 02 47 64 01 57 – www.restaurant-ladeuvaliere.com – Fermé 18-25 janvier, samedi, dimanche*

Le Laurenty

CUISINE MODERNE · CONVIVIAL Nichée dans une rue semi-piétonne du centre-ville, cette table est le repaire d'un chef énergique et sûr de sa cuisine. Ses préparations, bien dans l'air du temps, ne manquent pas de peps, à l'image de cette poulette de Racan en deux cuissons, son plat signature. On passe un excellent moment.

Menu 16 € (déjeuner), 28/40 € – Carte 36/55 €

Plan E1-b – *54 rue Colbert – 02 47 64 56 54 – Fermé 10-23 mars, 3-17 août, 17-23 novembre, lundi, dimanche*

Nobuki

CUISINE JAPONAISE · ÉPURÉ Un cadre élégant et zen, tout de bois clair, et une cuisine japonaise de saison, qui marque par sa fraîcheur et son originalité. Beignets de dorade et sauce au sésame blanc, ou encore *butanokakuni* – porc braisé à la japonaise... Attention : fermé les soirs de semaine, à l'exception du vendredi : réservation impérative.

Menu 25 € (déjeuner), 39/54 €

Plan E2-a – *3 rue de Buffon – 02 47 05 79 79 – www.nobuki.fr – Fermé 15 avril-4 mai, 1er-24 août, lundi soir, mardi soir, mercredi soir, jeudi soir, samedi, dimanche*

O & A

CUISINE MODERNE · BISTRO Bien connu dans les parages, Olivier Arlot accueille dans un cadre agréable, aux touches industrielles (éclairage, etc.).

Menu 38 €

Plan C2-a – *Place Gaston-Paillhou – 02 47 55 87 73 – Fermé 10-18 août, 24 décembre-3 janvier, samedi, dimanche*

QG

CUISINE MODERNE · ÉPURÉ Traçabilité, éthique, produits issus des circuits courts : ainsi se résume la philosophie de Thierry, patron passionné de ce QG installé au cœur du vieux Tours. On se régale de plats de bistrot aux saveurs 100% naturelles, accompagnés de vins qui le sont tout autant. Agréable terrasse sur la place du marché.

Menu 28/42 €

Plan C2-b – *19 place du Grand-Marché – 02 47 61 49 29 – Fermé lundi, dimanche*

La Rissole

CUISINE MODERNE · CONTEMPORAIN Le nom de ce bistrot rend hommage à un grand cuisinier du siècle passé et célèbre les joies de la cuisson. Dans un cadre contemporain, une carte courte met en valeur les produits de la région et la saisonnalité. La cuisine est simple et goûteuse à l'image de cette fricassée d'escargots et légumes verts au romarin, lard fumé. Allons rissoler sans tarder !

Menu 18 € (déjeuner), 33/39 €

Plan C2-c – *51 place du Grand-Marché – 02 47 49 20 04 – www.larissole.fr – Fermé 15-27 février, 21 décembre-3 janvier, lundi, dimanche*

Hôtels

Océania L'Univers

HISTORIQUE · ART DÉCO Accueil en grande pompe, dans le hall, avec une fresque représentant les plus célèbres clients de l'hôtel : Fernandel, Gainsbourg, Piaf... Depuis 1846, le meilleur établissement de Tours reçoit dans un esprit "petit palace". Le must : siroter un cocktail au bar !

87 chambres – 135/280 € – 15 € – 4 suites

Plan E2-u – *5 boulevard Heurteloup – 02 47 05 37 12 – www.oceaniahotels.com*

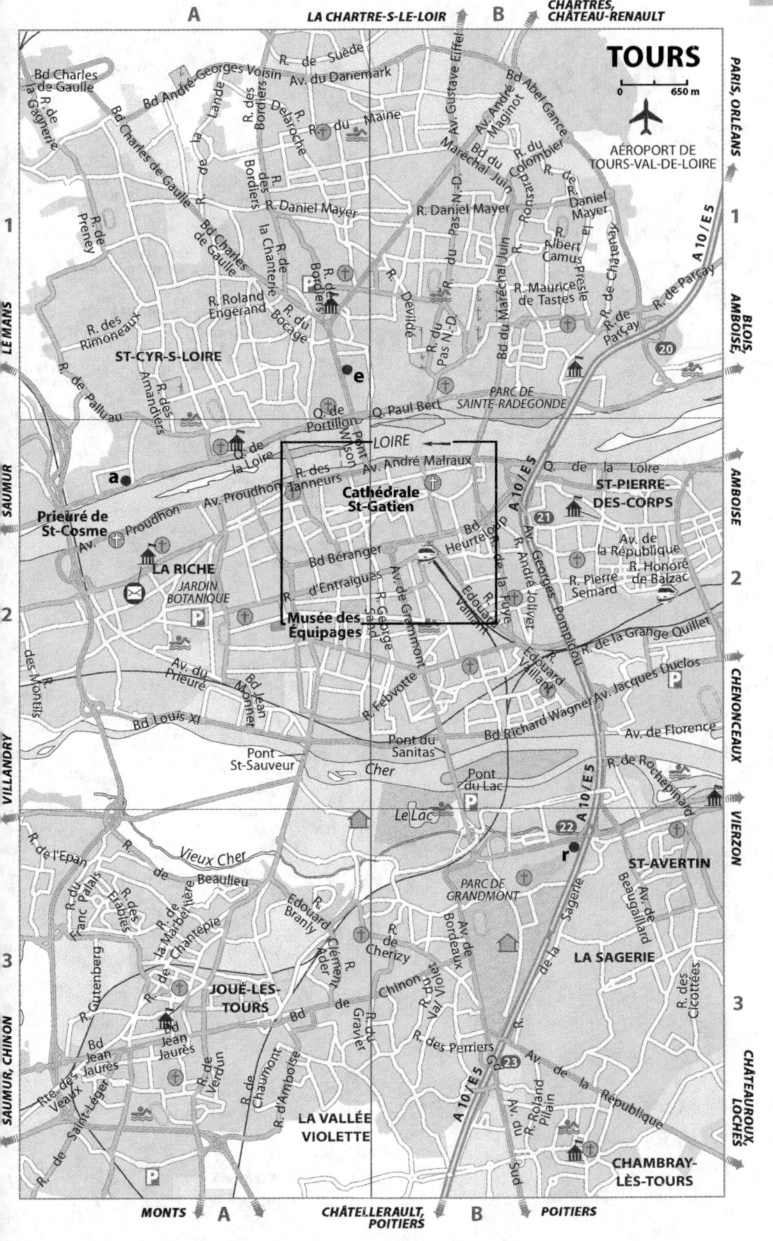
TOURS
0
650 m
AÉROPORT DE TOURS-VAL-DE-LOIRE
LA CHARTRE-S-LE-LOIR
CHARTRES, CHÂTEAU-RENAULT
PARIS, ORLÉANS
BLOIS, AMBOISE,
AMBOISE
CHENONCEAUX
VIERZON
CHÂTEAUROUX, LOCHES
POITIERS
CHÂTELLERAULT, POITIERS
MONTS
SAUMUR, CHINON
VILLANDRY
SAUMUR
LE MANS
A
B
1
2
3
ST-CYR-S-LOIRE
LA RICHE
JARDIN BOTANIQUE
Prieuré de St-Cosme
Cathédrale St-Gatien
Musée des Équipages
ST-PIERRE-DES-CORPS
ST-AVERTIN
LA SAGERIE
JOUÉ-LÈS-TOURS
LA VALLÉE VIOLETTE
CHAMBRAY-LÈS-TOURS
PARC DE SAINTE-RADEGONDE
PARC DE GRANDMONT
LOIRE
Cher
Le Lac
Vieux Cher
A 10 / E 5
Pont Wilson
Pont du Sanitas
Pont St-Sauveur
Pont du Lac
Q. Paul Bert
Q. de Portillon
Q. de la Loire
Av. André Malraux
Av. Proudhon
R. des Tanneurs
Bd Béranger
Bd Heurteloup
R. d'Entraigues
Av. de Grammont
R. George Sand
R. Edouard Vaillant
Av. Georges Pompidou
R. André Jollyet
R. de la Fuye
R. de la Grange Quillet
Av. Jacques Duclos
Bd Richard Wagner
Av. de Florence
R. de Rochepinard
Av. de la République
R. Honoré de Balzac
R. Pierre Semard
R. Daniel Mayer
Bd Charles de Gaulle
Bd André-Georges Voisin
Av. du Danemark
R. de Suède
R. du Maine
Av. Gustave Eiffel
Bd Abel Gance
Av. André Maginot
Bd du Maréchal Juin
R. du Colombier
R. Ronsard
R. Albert Camus
R. Maurice de Tastes
R. de Parçay
R. de Chatenay
R. du Pas N.-D.
R. Devildé
R. de la Chanterie
R. des Bordiers
R. Delaroche
R. du Bocage
R. Roland Engerand
R. des Rimoneaux
R. des Amandiers
R. de Palluau
R. de Preney
R. de la Gagnerie
R. de la Lande
Av. du Prieuré
Bd Jean Monnet
Bd Louis XI
R. des Montils
R. Febvotte
R. de l'Epan
R. de Beaulieu
R. du Franc Palais
R. des Erables
R. de la Marbellière
R. de Chantepie
R. Edouard Branly
R. Clément Ader
R. de Cherizy
Av. de Bordeaux
R. du Val Violet
Bd de Chinon
R. du Gravier
R. des Perriers
R. Gutenberg
Bd Jean Jaurès
Rte des Veaux
R. de Saint-Léger
R. de Verdun
R. de Chaumont
R. d'Amboise
R. Roland Pilain
Av. du Sud
R. de la Sagerie
Av. de Beaugaillard
R. des Cicottées
20
21
22
23
a
e
r
P

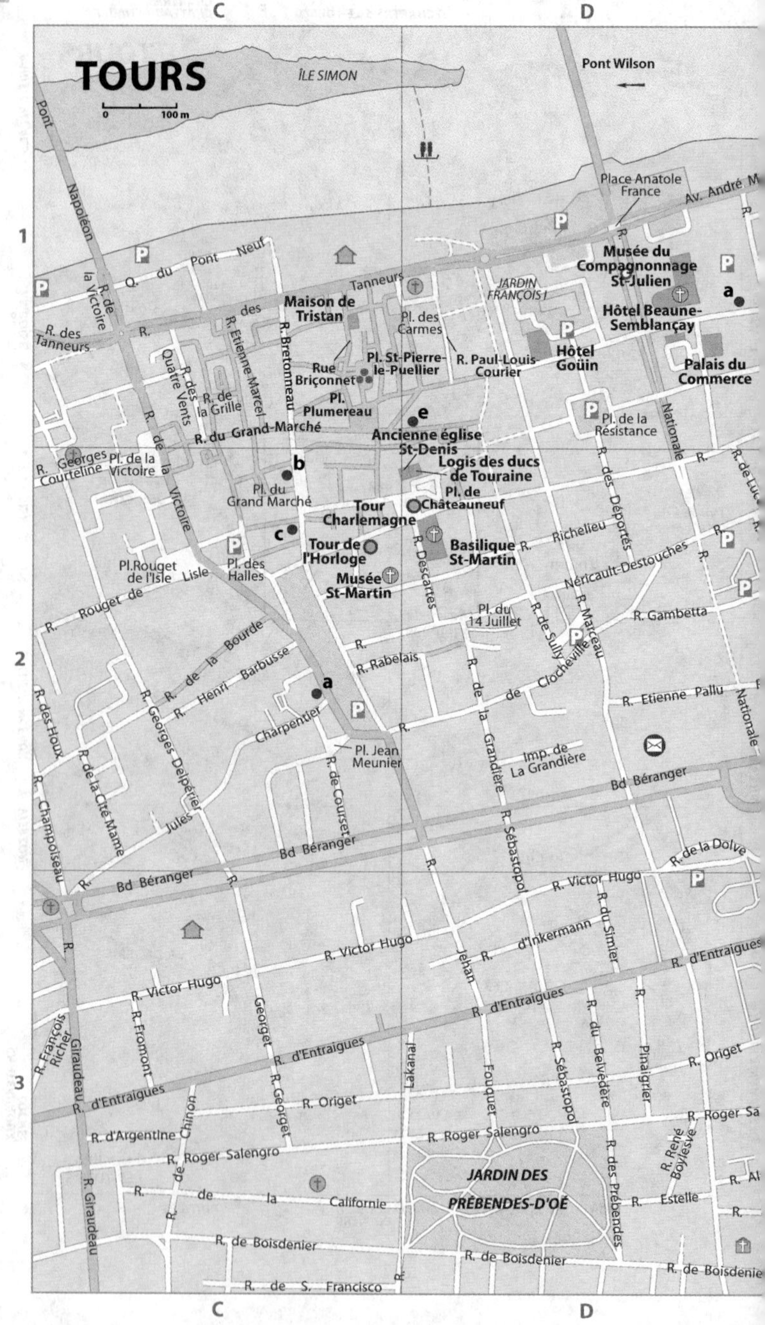

C
D
TOURS
0
100 m
ÎLE SIMON
Pont Wilson
Pont Napoléon
1
2
3
Place Anatole France
Av. André M
Q. du Pont Neuf
R. des Tanneurs
Tanneurs
R. de la Victoire
Maison de Tristan
R. Bretonneau
R. Etienne Marcel
R. des Quatre Vents
R. de la Grille
Pl. des Carmes
R. Paul-Louis-Courier
JARDIN FRANÇOIS I
Musée du Compagnonnage St-Julien
Hôtel Beaune-Semblançay
Hôtel Goüin
Palais du Commerce
Pl. St-Pierre-le-Puellier
Rue Briçonnet
Pl. Plumereau
R. du Grand-Marché
Ancienne église St-Denis
Logis des ducs de Touraine
Pl. de la Résistance
R. des Déportés
Nationale
R. Georges Courteline
Pl. de la Victoire
Pl. du Grand Marché
Tour Charlemagne
Pl. de Châteauneuf
Tour de l'Horloge
Basilique St-Martin
R. Richelieu
Musée St-Martin
R. Descartes
Pl. Rouget de l'Isle
Pl. des Halles
R. Rouget de Lisle
R. Néricault-Destouches
R. Gambetta
Pl. du 14 Juillet
R. de Sully
R. Marceau
R. Rabelais
R. de la Bourde
R. Henri Barbusse
R. de Clocheville
R. de la Grandière
R. Etienne Pallu
R. des Houx
R. Georges Delpérier
Charpentier
Pl. Jean Meunier
R. de Courset
Imp. de La Grandière
R. de la Cité Mame
R. Champoiseau
Jules
Bd Béranger
R. Sébastopol
R. de la Dolve
R. Victor Hugo
R. du Simier
R. d'Inkermann
Jehan
R. d'Entraigues
R. François Richer
R. Fromont
Georget
R. Georget
Lakanal
Fouquet
R. du Belvédère
R. Pinaigrier
R. Origet
R. Giraudeau
R. d'Argentine
R. de Chinon
R. Roger Salengro
R. René Boylesve
JARDIN DES PRÉBENDES-D'OÉ
R. des Prébendes
R. de la Californie
R. Estelle
R. de Boisdenier
R. de S. Francisco
a
b
c
e

E F

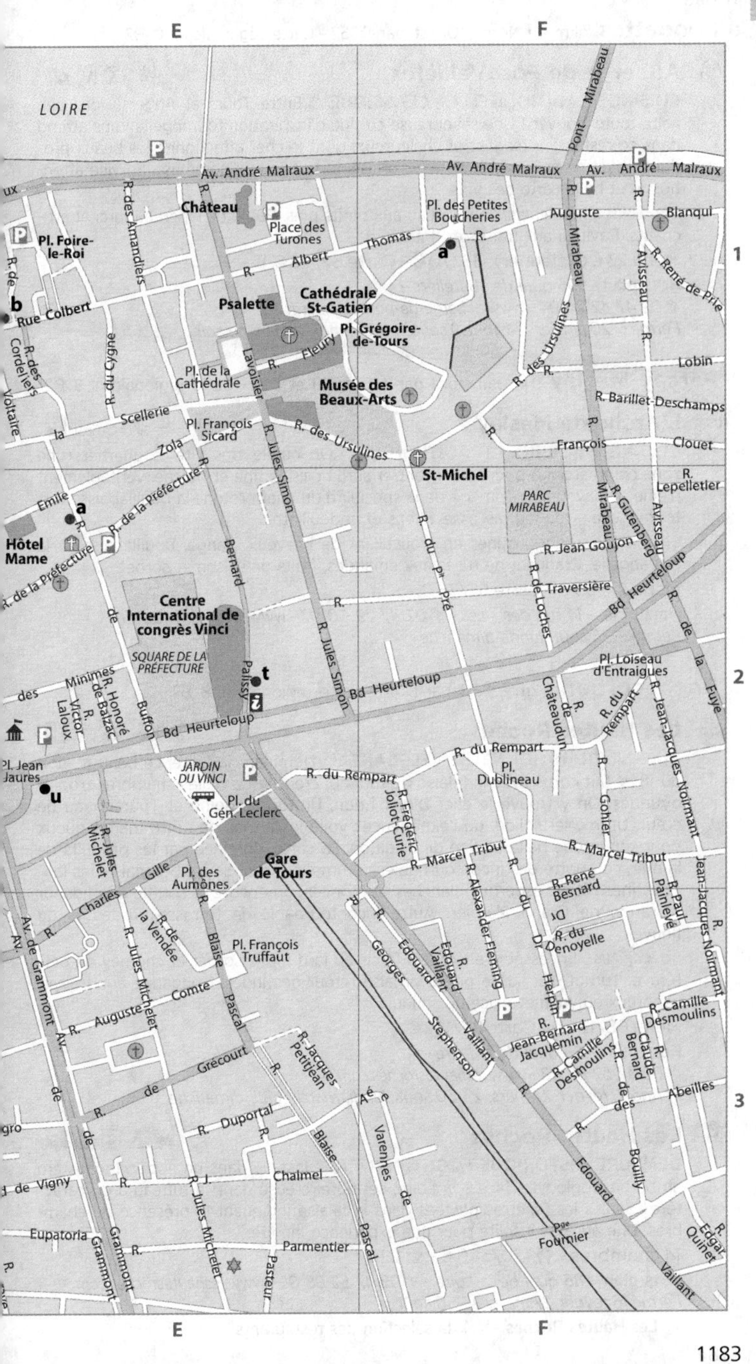
LOIRE
Av. André Malraux
Château
Place des Turones
Pl. Foire-le-Roi
Pl. des Petites Boucheries
R. Albert Thomas
Cathédrale St-Gatien
Psalette
Pl. Grégoire-de-Tours
Rue Colbert
R. des Cordeliers
R. du Cygne
R. des Amandiers
Pl. de la Cathédrale
R. Lavoisier
R. Fleury
Musée des Beaux-Arts
R. Auguste Blanqui
R. Mirabeau
Pont Mirabeau
R. Avisseau
R. René de Prie
R. des Ursulines
R. Lobin
R. Barillet-Deschamps
R. François Clouet
R. Lepelletier
St-Michel
PARC MIRABEAU
R. Scellerie
Pl. François Sicard
R. Zola
R. Emile
R. de la Préfecture
Hôtel Mame
R. Bernard Palissy
R. Jules Simon
R. du Pt Pré
R. Gutenberg
R. Jean Goujon
R. Traversière
R. de Loches
Bd Heurteloup
Centre International de congrès Vinci
SQUARE DE LA PRÉFECTURE
R. des Minimes
R. Honoré de Balzac
R. Victor Laloux
R. de Buffon
Pl. Jean Jaures
Pl. Loiseau d'Entraigues
R. de Châteaudun
R. du Rempart
R. Jean-Jacques Noirmant
R. de la Fuye
JARDIN DU VINCI
Pl. Dublineau
R. Frédéric Joliot-Curie
Pl. du Gén. Leclerc
Gare de Tours
R. Gohier
R. Marcel Tribut
R. Jules Michelet
R. Charles Gille
Pl. des Aumônes
R. Alexander Fleming
R. René Besnard
R. Paul Painlevé
R. du Dr Herpin
R. du Denoyelle
Av. de Grammont
R. de la Vendée
R. Blaise Pascal
Pl. François Truffaut
R. Georges Stephenson
R. Edouard Vaillant
R. Auguste Comte
R. Jean-Bernard Jacquemin
R. Camille Desmoulins
R. Claude Bernard
R. des Abeilles
R. de Grecourt
R. Jacques Petitjean
R. Duportal
Allée de Varennes
R. de Bouilly
R. de Vigny
R. J. Chalmel
R. Eupatoria
R. Parmentier
R. Pasteur
Pge Fournier
R. Edgar Quinet
1
2
3

E F

à Fondettes 7 km au Nord - Ouest par D952 – Carte régionale n° **8**–B2

Auberge de Port Vallières

CUISINE TRADITIONNELLE • CLASSIQUE XX Entre Tours et Angers, voici une halte toute trouvée ! Une savoureuse cuisine d'inspiration tourangelle vous attend dans ce restaurant élégant et chaleureux, dont le chef affectionne les beaux produits : civet de homard, ris de veau braisé, tarte fine aux pommes... Service attentionné et belle carte des vins.

Spécialités : Fraîcheur de tourteau aux petits pois. Râble de lapereau farci et artichauts. Pavlova aux fraises et figues.

Menu 23 € (déjeuner), 33/70 € – Carte 62/78 €

Hors plan – *195 quai des Bateliers – ✆ 02 47 42 24 04 – www.auberge-de-port-vallieres.fr – Fermé 6-20 janvier, 24 août-9 septembre, lundi, dimanche soir*

à Parçay-Meslay 9 km au Nord par A10, D129 et D77 – Carte régionale n° **8**–B2

L'Arche de Meslay

CUISINE MODERNE • TRADITIONNEL XX On oublie très vite le quartier (une zone commerciale) pour se concentrer sur la cuisine fine et fraîche, véritablement pleine de saveurs... À l'image de la spécialité du chef breton : la bouillabaisse à la tourangelle – rouget, rascasse, rillons et andouillette !

Spécialités : Langoustines en croustillant de cheveux d'ange. Bouillabaisse à la tourangelle. Craquant de tuiles aux amandes, fruits de saison et sorbet.

Menu 23/65 € – Carte 55/75 €

Hors plan – *14 rue des Ailes – ✆ 02 47 29 00 07 – www.larchedemeslay.fr – Fermé 2-26 août, lundi, dimanche*

à Rochecorbon 6 km à l'Est par D140 – Carte régionale n° **8**–B2

Les Hautes Roches

CUISINE TRADITIONNELLE • ÉLÉGANT XXX Dominant la Loire, ce beau manoir du 18e s. fait corps avec la falaise de tuffeau, creusée de belles chambres troglodytiques. On y trouve le chef Didier Edon, Breton d'origine et Tourangeau de cœur. Un métier solide, de l'expérience : voilà les armes de notre maître-queux pour signer une belle cuisine de tradition. La carte, dominée par les produits de la mer, comporte des incontournables comme le turbot sauce béarnaise, les langoustines rôties, asperges blanches et morilles, ou encore le soufflé à la liqueur d'orange de Grand Marnier. Autre incontournable, la terrasse au-dessus du fleuve...

Spécialités : Fricassée d'encornets farcis au lard fumé, sorbet et chutney de betterave. Turbot cuit sur le gril, béarnaise retour des Indes. Nougatine aux fraises, vaporeux au yuzu et glace de son jus.

Menu 68/125 € – Carte 87/122 €

Hors plan – *86 quai de la Loire – ✆ 02 47 52 88 88 – www.leshautesroches.com – Fermé 16 février-27 mars, 23-30 août, lundi, mardi midi, dimanche*

Les Hautes Roches

DEMEURE HISTORIQUE • CONTEMPORAIN Installé dans un ancien monastère en partie troglodyte, face à la Loire, cet hôtel creusé dans le tuffeau a du caractère ! Seules les fenêtres percées dans la falaise indiquent la présence de chambres. Une adresse insolite pour une expérience inédite.

14 chambres – 170/380 € – 22 €

Hors plan – *86 quai de la Loire – ✆ 02 47 52 88 88 – www.leshautesroches.com – Fermé 16 février-27 mars, 23-30 août*

Les Hautes Roches – Voir la sélection des restaurants

à St-Cyr-sur-Loire 2 km à l'Ouest par D952 – Carte régionale n° **8**–B2

L'Atelier d'Olivier Arlot

CUISINE MODERNE • BRANCHÉ X Installé par Olivier Arlot sur les quais de la Loire, ce bistrot joue la modernité sur les deux tableaux : dans le décor et dans l'assiette. L'exemple même d'une bistronomie futée, vivante, avec plancha de rigueur, et renouvellement très régulier de la carte. Excellent rapport qualité-prix.

Spécialités : Cuisine du marché.

Menu 33/43 €

Plan A2-a – *55 quai des Maisons-Blanches – 02 47 73 18 63 – Fermé 24 février-2 mars, 3-24 août, 24 décembre-2 janvier, lundi, dimanche*

TOURTOUR

83690 – Var – Carte régionale n° **24**–C3 – Carte Michelin 340-M4

La Table

CUISINE MODERNE • INTIME X Charmant petit restaurant contemporain situé à l'étage d'une maison en pierre. La cuisine, savoureuse, valorise les produits du marché, notamment les légumes (excellent menu végétarien, à prix doux). À déguster sur la terrasse ombragée. L'accueil est aussi chaleureux que le service, dynamique.

Spécialités : Caviar d'aubergine, lait coco et mesclun. Piquillos farcis au boulgour, sauce aigre-douce. Moelleux au chocolat, glace à l'huile d'olive.

Menu 29/47 € – Carte 50/82 €

1 traverse de Jas, Les Ribas – 04 94 70 55 95 – www.latable.fr – Fermé mardi

La Bastide de Tourtour

AUBERGE • TRADITIONNEL Quel site ! Cette bastide – aux allures de château – domine le massif des Maures et... toute la région. Une partie des chambres, avec balcon, ouvrent sur ce fabuleux panorama. Cependant, beaux matériaux et grand confort dessinent une dimension... toute humaine. Agréable petit spa, idéal pour la détente.

23 chambres – 169/380 € – 21 €

Route de Flayosc (au village) – 04 98 10 54 20 – www.bastidedetourtour.com

TRAENHEIM

67310 – Bas-Rhin – Carte régionale n° **10**–A1 – Carte Michelin 315-I5

Zum Loejelgucker

CUISINE TRADITIONNELLE • RUSTIQUE XX Dans un village viticole au pied des Vosges, cette ferme alsacienne du 18e s. ne manque pas de charme : bons plats régionaux avec quelques suggestions plus actuelles, boiseries sombres, fresques et cour fleurie l'été. Une maison sérieuse.

Menu 29/49 € – Carte 27/57 €

17 rue Principale – 03 88 50 38 19 – www.loejelgucker-auberge-traenheim.com – Fermé 13-19 juillet, 24 décembre-5 janvier, lundi soir, mardi soir

LA TRANCHE-SUR-MER

85360 – Vendée – Carte régionale n° **23**–B3 – Carte Michelin 316-H9

Le Pousse-Pied (Anthony Lumet)

CUISINE DU MARCHÉ • CONTEMPORAIN XX Quel pied quand un ancien collaborateur d'Alexandre Couillon à Noirmoutier – il était un temps aux fourneaux de la Table d'Élise – part à l'aventure dans sa propre embarcation ! Derrière une façade anonyme coincée entre des échoppes à touristes, Anthony Lumet s'est concocté un chaleureux décor contemporain : murs couleur métal ou en pierre plaquée, jolis fauteuils de type scandinave en velours bleu pétrole, tables en bois brut. Il décline ici une cuisine nette et épurée, sans artifices d'aucune sorte, au fil de la saison et des arrivages, avec une prédilection marquée pour les poissons et les coquillages.

Spécialités : Cuisine du marché.

Menu 19 € (déjeuner), 37/70 €

84 boulevard des Vendéens – ✆ 02 51 56 23 95 – www.lepoussepied.fr – Fermé 9-13 mars, 16 novembre-17 décembre, lundi soir, mardi, mercredi

TRANGÉ

✉ 72650 – Sarthe – Carte régionale n° **23**-C1 – Carte Michelin 310-J6

La Groirie (N)

LUXE • PERSONNALISÉ Adossé à un château du 17e s. ayant survécu aux guerres de Vendée, cet hôtel a été créé par des amoureux du patrimoine... et ça se voit ! Belles et vastes chambres, grand parc verdoyant, piscine : si ce n'est pas le paradis, ça y ressemble.

13 chambres – 159/500 € – 15 €

Château de La Groirie – ✆ 09 70 37 24 59 – www.lagroirie.com – Fermé 21 décembre-5 janvier

TRÈBES – Aude (11) → Voir Carcassonne

TRÉBEURDEN

✉ 22560 – Côtes-d'Armor – Carte régionale n° **7**-B1 – Carte Michelin 309-A2

Manoir de Lan-Kerellec

POISSONS ET FRUITS DE MER • CLASSIQUE XXX Un cadre magique : la salle est couverte d'une splendide charpente en forme de carène de bateau renversée, et la vue porte sur la Manche et les îles. C'est désormais le jeune chef d'origine normande Anthony Avoine, ex-second ici même, qui est à la barre de la table gastronomique de ce beau manoir. Les produits bretons sont joliment mis en valeur au sein d'une partition volontiers créative, jouant des associations terre et mer, à l'image du saint-pierre, galette au sarrasin et pied de porc, ou encore de cette barbue côtière, tortellini aux câpres, jeunes pousses d'épinards, coriandre et sauce charcutière. Produits locaux, fraîcheur garantie.

Spécialités : Langoustine, sardine à la fleur de sel et au kari-gosse, émulsion au blé noir et coquillages. Homard breton, spirale de pomme de terre, oignon de Roscoff et sauce au beurre de truffe. Sablé cassonade, marmelade et crémeux de citron jaune, sorbet au lait ribot.

Menu 30 € (déjeuner), 62/96 € – Carte 85/120 €

Allée centrale de Lan-Kerellec – ✆ 02 96 15 00 00 – www.lankerellec.com – Fermé 1er novembre-14 mars, lundi midi, mardi midi, mercredi midi, jeudi midi

Ti al Lannec

CUISINE CLASSIQUE • ÉLÉGANT XXX Un restaurant bourré de charme avec ses beaux salons bourgeois. Dans la salle à manger panoramique, le spectacle vaut le coup d'œil et les produits de la mer valent... le coup de fourchette. Judicieuse sélection de vins. Carte plus simple en semaine, le midi.

Menu 30 € (déjeuner), 49/81 € – Carte 60/94 €

14 allée de Mezo Guen – ✆ 02 96 15 01 01 – www.tiallannec.com – Fermé 23 novembre-6 mars

Manoir de Lan-Kerellec

LUXE • PERSONNALISÉ Dominant les îles de la Côte de Granit rose, ce noble manoir breton du début du 20e s. est plein de charme : vastes chambres avec balcon ou terrasse, jardin luxuriant et atmosphère familiale. Un lieu de plénitude, propice à l'écriture et aux rêveries des promeneurs solitaires.

18 chambres – 210/680 € – 22 €

Allée centrale de Lan-Kerellec – ✆ 02 96 15 00 00 – www.lankerellec.com – Fermé 1er novembre-14 mars

Manoir de Lan-Kerellec – Voir la sélection des restaurants

Ti al Lannec

TRADITIONNEL • ÉLÉGANT Voilà l'adresse idéale pour profiter de Trébeurden dans une atmosphère luxueuse et feutrée, aux délicieux salons. Juchée sur une colline face à la mer, cette grande villa Belle Époque (1906) distille un charme sûr. Des meubles anciens, des tentures fleuries, un spa : délectable.

27 chambres – 217/404 € – 19 € – 6 suites

14 allée de Mezo Guen – 02 96 15 01 01 – www.tiallannec.com – Fermé 23 novembre-6 mars

Ti al Lannec – Voir la sélection des restaurants

TRÉBOUL – Finistère (29) ➔ Voir Douarnenez

TREFFORT-CUISIAT

01370 – Ain – Carte régionale n° **2**-B1 – Carte Michelin 328-F3

Voyages des sens

CUISINE MODERNE • AUBERGE XX Après avoir côtoyé plusieurs grands chefs (dont Michel Guérard), Nicolas Morelle s'est installé dans ce village charmant pour faire la cuisine qu'il aime. On se régale par exemple d'escargots de Bresse, mousse et chips de topinambour, dans une ambiance familiale, animée et chaleureuse : bons vivants, soyez les bienvenus.

Spécialités : Truite marinée à la framboise, crème de chez nous et brioche tiède aux citrons confits. Suprême de poulet de l'Ain, confit de pomme pont-neuf. Comme un vacherin aux fraises et herbes du jardin.

Menu 14 € (déjeuner), 33/65 € – Carte 52/69 €

33 rue Principale – 04 74 51 39 94 – www.voyagesdessens.com – Fermé 27 janvier-11 février, 13-29 septembre, lundi, mardi, dimanche soir

TRÉGUIER

22220 – Côtes-d'Armor – Carte régionale n° **7**-B1 – Carte Michelin 309-C2

Aigue Marine

CUISINE CRÉATIVE • CONTEMPORAIN XX Allons-y franco - cet hôtel de bord de route ne paie vraiment pas de mine, et c'est précisément à cela que l'on reconnaîtra les vrais gastronomes : ils accepteront de se laisser surprendre par cette cuisine pleine de peps, oscillant entre terre et mer, que prodigue le jeune chef, originaire de la Manche. Il a toujours voulu être cuisinier et ça se sent : sa signature culinaire s'exprime d'emblée au gré d'assiettes colorées et herbacées, dont les associations étonnantes (comme ses desserts à base de légumes) témoignent d'un indéniable talent.

Spécialités : Cuisine du marché.

Menu 21 € (déjeuner), 49/95 € – Carte 80/98 €

5 rue Marcelin-Berthelot (sur le port) – 02 96 92 97 00 – www.aiguemarine-hotel.com – Fermé 3 janvier-8 mars, 12-30 novembre, lundi, dimanche

TREILLES

11510 – Aude – Carte régionale n° **21**-B3 – Carte Michelin 344-I5

L'Atelier Acte 2

CUISINE MODERNE • CONVIVIAL X Ah, cette terrasse bordée de pins sur les hauteurs de Leucate, en plein cœur du vignoble de Fitou... Le chef vous y sert des plats régionaux savoureux, dont sa spécialité : l'épaule d'agneau en croûte d'aïoli. Il y a des accents catalans dans cette cuisine d'artisan, simple mais soignée, qui n'a d'autre prétention que celle de vous régaler.

Menu 24 € (déjeuner), 32/49 €

6 route des Corbières – 04 68 33 08 59 – www.atelier-acte2.com – Fermé lundi, dimanche soir

TREMBLAY-EN-FRANCE – Seine-Saint-Denis (93) ➔ Voir Autour de Paris

LE TREMBLAY-SUR-MAULDRE

✉ 78490 - Yvelines - Carte régionale n° **15**-A2 - Carte Michelin 311-H3

✿ Numéro 3 (Laurent Trochain)

CUISINE MODERNE · DESIGN XXX Voici un village jadis fréquenté par le célèbre marchand de tableaux Ambroise Vollard, mais aussi par Francis Picabia, Picasso et surtout Blaise Cendrars qui y est enterré ! Julie et Laurent Trochain y tiennent une bonne table, un ancien relais de chasse qu'ils ont entièrement rénové. Quelle métamorphose ! Oubliées les poutres, la cheminée et même la façade traditionnelle ; place à un cadre éminemment contemporain, géométrique et design. Natif de Maubeuge, formé dans les belles maisons, et notamment chez Pierre Gagnaire, Laurent défend le terroir d'Ile-de-France à travers une cuisine délicate et colorée. Tous les fondamentaux sont au rendez-vous : beaux produits, geste soigné et recettes nouvelles.

Spécialités : Déclinaison de textures autour des légumes de saison. Suprême de volaille fermière et légumes du potager. Entremet aux fruits de saison.

Menu 49 € (déjeuner), 70/90 €

3 rue du Général-de-Gaulle - ✆ 01 34 87 80 96 - www.restaurant-numero3.fr - Fermé 6-21 janvier, 13-21 avril, 10-25 août, 19-27 octobre, lundi, mardi

Les Chambres du Numéro 3

AUBERGE · CONTEMPORAIN Cette maisonnette de village et sa grange accueillent trois belles chambres confortables et spacieuses, tout en beaux matériaux (bois, pierre). L'une d'entre elles, en duplex, domine la jolie cour pavée. Un ensemble élégant et accueillant, à l'unisson du restaurant Numéro 3 dont il dépend.

3 chambres - 135 € - 17 €

4 rue du Général-de-Gaulle - ✆ 01 34 87 80 96 - www.restaurant-numero3.fr

TREMBLAY-VIEUX-PAYS - Seine-Saint-Denis (93) ➜ Voir Tremblay-en-France - Autour de Paris

TRÉMOLAT

✉ 24510 - Dordogne - Carte régionale n° **18**-C3 - Carte Michelin 329-F6

✿ Le Vieux Logis

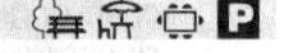

CUISINE MODERNE · ÉLÉGANT XXX Une valeur sûre que cette table de tradition, dont le cadre - un ancien séchoir à tabac, tout en pierre et bois peint - est tout à fait charmant. Comme le reste de ces bâtisses en pierre de pays, une ancienne propriété agricole, où l'on devine les vestiges d'un ancien prieuré. En gardien éclairé de la tradition, voici le chef Vincent Arnould, Meilleur Ouvrier de France. Vosgien tombé amoureux du Périgord, il sait choisir ses produits afin de proposer une belle carte actuelle, assise sur de solides bases classiques. À midi, la maison propose un menu dans un esprit tapas périgourdin, à un prix intéressant. De la gastronomie en mouvement.

Spécialités : Vichyssoise de légumes glacés à la truffe blanche, jambon et parmesan. Sandre de Dordogne, jus de tomate truffé et fleur de courgette farcie. Vacherin aux fraises, sorbet fraise, citron et basilic.

Menu 60 € (déjeuner), 85/135 € - Carte 105/125 €

Le Bourg - ✆ 05 53 22 80 06 - www.vieux-logis.com - Fermé mercredi, jeudi

Bistrot de la Place

CUISINE TRADITIONNELLE · BISTRO X Une adresse pour se restaurer dans le village où Claude Chabrol tourna le film Le Boucher (1970). Vieilles pierres, poutres et réjouissante cuisine régionale, avec notamment un menu "tout canard" qui ravira les amateurs du célèbre palmipède... Un moment très sympathique.

Menu 20 € (déjeuner), 29/39 € - Carte 39/49 €

Le Bourg - ✆ 05 53 22 80 69 - www.vieux-logis.com - Fermé lundi, mardi

Le Vieux Logis

HISTORIQUE • ÉLÉGANT Cet ancien prieuré est le vivant récit de l'histoire de la famille des propriétaires, vieille de presque cinq siècles ! Les chambres sont meublées avec goût et le jardin est superbe. Un Logis extrêmement chaleureux.

25 chambres – 220/520 € – 25 €

Le Bourg – 05 53 22 80 06 – www.vieux-logis.com

Le Vieux Logis – Voir la sélection des restaurants

LE TRÉPORT

76470 – Seine-Maritime – Carte régionale n° **17**-D1 – Carte Michelin 304-I1

Le Goût du Large

CUISINE MODERNE • BISTRO En léger retrait de l'agitation touristique des quais et du port, cette petite table réserve une jolie surprise : la cuisine goûteuse et actuelle du jeune chef Jonathan Selliez (aidé par sa maman en pâtisserie) bien en phase avec les saisons. Escargots à la purée d'ail et beurre d'ail ; filet de turbot, gnocchis et légumes... on prendra le large plus tard.

Menu 26/56 € – Carte 43/49 €

4 place Notre-Dame – 02 35 84 39 87 – Fermé 2 janvier-3 février, lundi, mardi, dimanche soir

LA TRINITÉ-SUR-MER

56470 – Morbihan – Carte régionale n° **7**-B3 – Carte Michelin 308-M9

L'Azimut

CUISINE MODERNE • COSY Ambiance maritime tous azimuts dans la salle à manger et agréable terrasse offrant une échappée sur le port... À la carte, de très beaux poissons et fruits de mer (dont un menu homard) et un joli choix de vins de plus de 500 appellations. L'une des meilleures tables des environs.

Menu 28 € (déjeuner), 38/65 € – Carte 50/70 €

1 rue du Men-Du – 02 97 55 71 88 – www.lazimut-latrinite.com – Fermé mardi, mercredi

L'Arrosoir

POISSONS ET FRUITS DE MER • BISTRO On entre dans ce restaurant par sa terrasse en teck grande ouverte sur la mer. À l'intérieur, c'est un coquet décor de bistrot marin qui sert d'écrin à une jolie cuisine océane.

Menu 23 € (déjeuner) – Carte 35/60 €

4 place Yvonne-Sarcey – 02 97 30 13 58 – www.leshortensias.info – Fermé mardi midi, mercredi midi

Le Lodge Kerisper

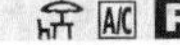

TRADITIONNEL • COSY Les bâtiments de cette ancienne ferme du 19e s. ont beaucoup de cachet : intérieur tout en matériaux nobles, meubles chinés et parquets bruts. Ajoutez à cela un salon cosy, des chambres fraîches, et cocooning. Un véritable "boutique hôtel" !

17 chambres – 89/184 € – 15 € – 3 suites

4 rue du Latz – 02 97 52 88 56 – www.lodgekerisper.com – Fermé 5-30 janvier, 22 novembre-16 décembre

LA TRONCHE - Isère (38) → Voir Grenoble

LE TRONCHET

35540 – Ille-et-Vilaine – Carte régionale n° **7**-D2 – Carte Michelin 309-K4

Le Jardin de l'Abbaye

CUISINE ACTUELLE • COSY Aux fourneaux de cette table au sein de l'Abbaye, un jeune chef met la bistronomie à l'honneur de belle manière : filet de saint-pierre à la plancha, sauce vierge et petits légumes ; carré d'agneau en croûte d'herbes... Le tout dans un décor plaisant : sol en chêne clair, plafond noir, chaises en rotin, cave vitrée.

Menu 32/52 €

L'Abbaye, L'Abbatiale – 02 99 16 94 41 – www.hotel-de-labbaye.fr/le-restaurant/ – Fermé 18 novembre-13 mars, lundi, mardi et le midi

L'Abbaye

DEMEURE HISTORIQUE · CONTEMPORAIN En pleine campagne, au bord d'un étang, cette ravissante abbaye du 12e s. a été rénovée avec beaucoup de goût. Belle cour encadrée de bâtisses en pierre, chambres confortables et résolument modernes, qui ne manquent pas d'élégance, et dont certaines disposent d'une terrasse privative... Tout simplement charmant !

44 chambres – 97/240 € – 15 € – 1 suite

L'Abbatiale – 02 99 16 94 41 – www.hotel-de-labbaye.fr – Fermé 18 novembre-13 mars

Le Jardin de l'Abbaye – Voir la sélection des restaurants

TROUVILLE-SUR-MER

14360 – Calvados – Carte régionale n° **17**–A3 – Carte Michelin 303-M3

1912

CUISINE CRÉATIVE · ÉLÉGANT XXX Les anciennes cures ont ressuscité sous la forme d'un palace Belle Époque, rénové par l'architecte à qui l'on doit les métamorphoses de la piscine Molitor. Un écrin de choix pour les créations harmonieuses et pleines de relief de Johan Thyriot. Le jeune chef, qui a dirigé le restaurant nippon de Michel Bras, laisse voguer son inspiration avec quelques savoureux détours par l'Asie. Il fait usage d'épices et de poivres rares sur ses préparations autour des produits de la mer (menu Eau), de la viande (menu Terre), et du végétal (menu Air). En résulte une cuisine engagée, subtile et convaincante, qui ne laissera personne indifférent, à l'instar de ce morceau fondant de veau bio aux couteaux et poivre blanc de Penja ou de ce turbot, géranium bourbon et poivre de Voatsiperifery.

Spécialités : Tomates, tanaisie et poivre long d'Ishigaki. Bar, capucine et poivre voatsiperifery. Chocolat mokaya, thé à l'ananas épicé et poivre timiz.

Menu 70/110 € – Carte 75/120 €

Plan A2-r – *Hôtel Les Cures Marines, Boulevard de la Cahotte – 02 31 14 25 90 – www.le1912.com – Fermé 6-12 janvier, lundi, mardi et le midi sauf dimanche*

La Petite Auberge

CUISINE TRADITIONNELLE · FAMILIAL X Dans une rue au cœur de Trouville, une Petite Auberge conviviale et vraiment mignonne où l'on se sent tout de suite bien. La table valorise le terroir et les produits régionaux. Dans l'assiette, c'est généreux, gourmand et savoureux. En bref, une adresse sympathique !

Menu 44 € – Carte 61/79 €

Plan A2-f – *7 rue Carnot – 02 31 88 11 07 – www.lapetiteaubergesurmer.fr – Fermé 15-30 janvier, 15-30 juin, lundi soir, mardi midi, mercredi midi*

Les Cures Marines

SPA ET BIEN-ÊTRE · GRAND LUXE Cet hôtel, installé dans un imposant bâtiment néoclassique (1912) entre port et plage, en plein cœur de Trouville, signe le retour du balnéaire chic ! Tout y respire l'élégance et le confort, avec ce vaste hall superbement décoré, ces chambres lumineuses, et ce spa marin unique en son genre... Exceptionnel.

97 chambres – 250/700 € – 28 € – 6 suites

Plan A2-r – *Boulevard de la Cahotte – 02 31 14 26 00 – www.lescuresmarines.com – Fermé 6-12 janvier*

1912 – Voir la sélection des restaurants

Le Flaubert

VILLA · BORD DE MER Il suffit de poser un pied dehors pour fouler les célèbres "planches" : cette villa à colombages très romantique (1936) est quasiment posée sur la plage ! Les chambres, plutôt classiques, sont coquettes et disposent pour la moitié d'une jolie vue sur la mer.

31 chambres – 139/229 €

Plan A2-t – *2 rue Gustave-Flaubert – 02 31 88 37 23 – www.flaubert.fr – Fermé 11 novembre-7 février*

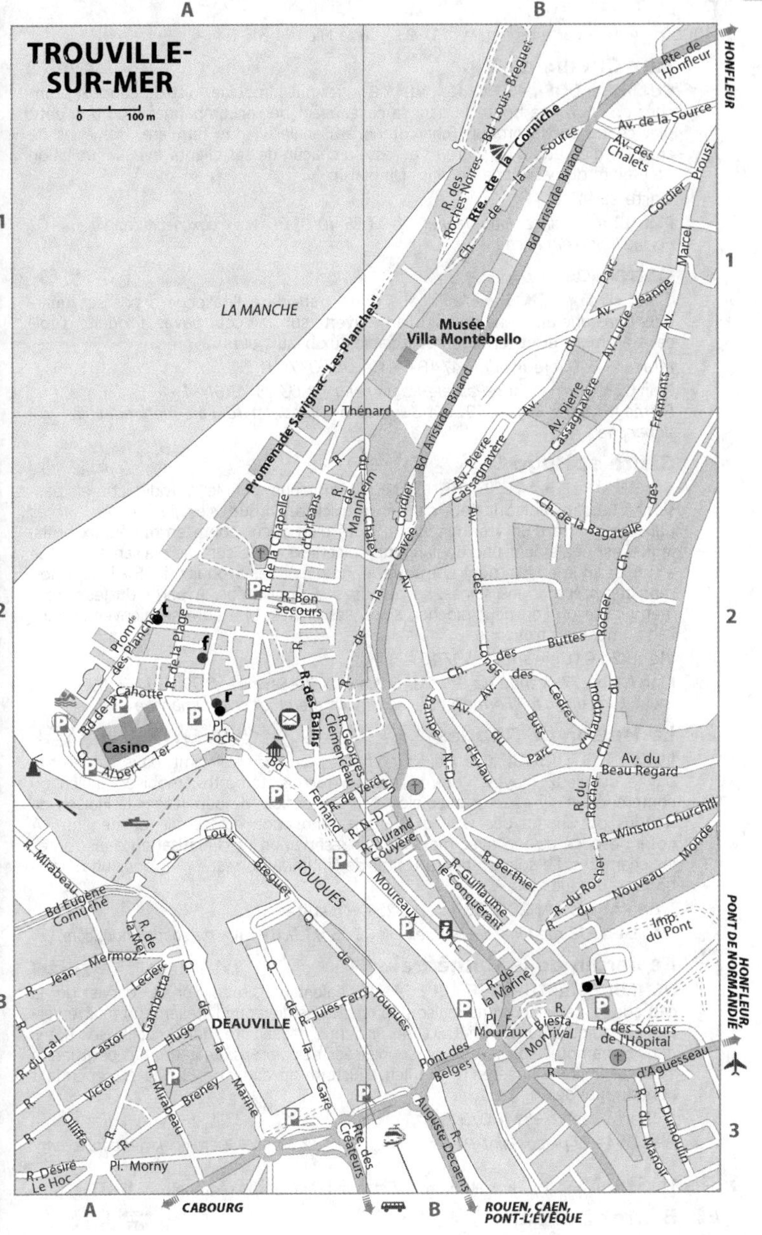

TROUVILLE-SUR-MER
0
100 m
A
B
1
2
3
LA MANCHE
Musée
Villa Montebello
Promenade Savignac "Les Planches"
Rte. de la Corniche
Bd Louis Breguet
R. des Roches Noires
Ch. de la Source
Bd Aristide Briand
Rte. de Honfleur
Av. de la Source
Av. des Chalets
Cordier
Proust
Marcel
Av. du Parc
Av. Lucie Jeanne
Av. Pierre Cassagnavère
Frémonts
Pl. Thénard
R. de la Chapelle
R. d'Orléans
R. de Mannheim
R. du Chalet
Cordier
R. de la Cavée
Ch. de la Bagatelle
Ch. des Rochers
R. Bon Secours
Prom. des Planches
R. de la Plage
R. de la Cahotte
Bd de la Cahotte
R. des Bains
Casino
Pl. Foch
Q. Albert 1er
Bd Fernand
R. Georges Clemenceau
Ch. des Buttes
Av. des Longs Buts
Av. du Parc
Rampe N.-D.
Av. d'Eylau
des Cèdres
du Hautpoul
Av. du Beau Regard
R. du Rocher
R. Winston Churchill
R. de Verdun
R. N.-D.
R. Durand Couyère
Moureaux
R. Guillaume le Conquérant
R. Berthier
R. du Rocher
R. du Nouveau Monde
Imp. du Pont
R. de la Marine
Pl. F. Mouraux
R. Biesta Monrival
R. des Soeurs de l'Hôpital
R. d'Aguesseau
R. du Manoir
R. Dumoulin
Pont des Belges
R. Auguste Decaens
Rte. des Créateurs
TOUCHES
Q. Louis Breguet
Q. de la Touques
R. Mirabeau
Bd Eugène Cornuché
R. de la Mer
R. Jean Mermoz
Leclerc
Gambetta
Q. de la Marine
DEAUVILLE
R. Jules Ferry
Q. de la Gare
R. du Gal
Castor
Hugo
R. Victor
R. Mirabeau
Breney
R. Olliffe
R. Désiré Le Hoc
Pl. Morny
HONFLEUR
HONFLEUR, PONT DE NORMANDIE
CABOURG
ROUEN, CAEN, PONT-L'ÉVÊQUE
t
f
r
v

TROYES

✉ 10000 – Aube – Carte régionale n° **11**-B3 – Carte Michelin 313-E4

Aux Crieurs de Vin

CUISINE MODERNE • BAR À VIN X Briques nues, mobilier bistrot, concept branché : on choisit sa bouteille dans la cave, avant de l'accompagner d'un bon petit plat centré sur le produit (charcuterie artisanale, viande fermière, fromages de chez Bordier, etc.). Le patron s'adresse à chacun de ses clients, avec la jubilation non feinte du passionné de vins ! Un plaisir.

Carte 28/42 €

Plan C2-n – *4 place Jean-Jaurès – ✆ 03 25 40 01 01 – www.auxcrieursdevin.fr – Fermé lundi, dimanche*

Caffè Cosi

CUISINE ITALIENNE • FAMILIAL X Cette trattoria à l'italienne a pris ses quartiers dans une ancienne galerie d'art, ouverte sur une cour pavée. Produits d'épicerie à emporter et terrasse appréciable aux beaux jours.

Menu 24 € (déjeuner), 44/48 € – Carte 40/70 €

Plan C2-z – *5 rue Marie-Pascale-Ragueneau – ✆ 03 25 76 61 34 – Fermé 16 février-3 mars, 10 août-3 septembre, lundi, mardi soir, mercredi soir, dimanche*

Claire et Hugo (N)

CUISINE DU MARCHÉ • TENDANCE X Un jeune couple autodidacte et passionné, auparavant à la tête d'un food-truck remarqué, s'est lancé avec succès dans l'aventure d'un vrai restaurant. Doté d'un décor sobre en matériaux bruts, le lieu est également une boulangerie-épicerie ouverte sur une plaisante terrasse et un jardin intérieur (dont une serre à agrumes). Les produits, à 95% bios, inspirent des préparations saines, savoureuses et équilibrées. A partir du jeudi soir, menu-carte où l'on peut piocher, selon ses envies. Une adresse bienvenue dans l'agglomération troyenne.

Menu 24 € (déjeuner), 39/46 €

Plan A2-b – *77 avenue du Général-Galliéni, à Ste-Savine – ✆ 09 73 14 18 69 – www.claireethugo.fr – Fermé lundi, mardi soir, mercredi soir, dimanche*

La Maison de Rhodes

LUXE • HISTORIQUE Ces belles demeures du 17e s. nichent dans une ruelle pavée du vieux Troyes. Poutres, pierres, torchis, tomettes, mobilier ancien ou contemporain s'y marient avec élégance. Impossible de départager la Maison de Rhodes du Champ des Oiseaux, tant la rénovation est subtile et élégante. A noter : espace balnéo avec massage sur réservation et climatisation dans toutes les chambres. Le soir, on peut profiter de l'intimité du restaurant pour un dîner à base de produits bio.

11 chambres – †† 209/259 € – ☕ 25 € – 4 suites

Plan D1-e – *18 rue Linard-Gonthier – ✆ 03 25 43 11 11 – www.maisonderhodes.com*

Le Jardin de la Cathédrale (N)

DEMEURE HISTORIQUE • ÉLÉGANT Idéalement située sur le parvis de la cathédrale, cette ancienne maison de chanoines devenue l'atelier d'un maître verrier est aujourd'hui propriété d'une ancienne paysagiste, qui accueille ses hôtes dans 5 chambres spacieuses, personnalisées et colorées. Le charmant petit jardin intérieur invite à la sérénité. Un lieu d'histoire au cœur de la ville et cependant hors du monde.

5 chambres ☕ – †† 180/210 €

Plan D1-f – *12 place Saint-Pierre – ✆ 06 63 10 32 32 – www.jardindelacathedrale.com*

à Pont-Ste-Marie 3 km au Nord - Est par D77 – Carte régionale n° **11**-B3

Bistrot DuPont

CUISINE TRADITIONNELLE • BISTRO X Au bord de la Seine, ce sympathique bistrot traditionnel joue la carte des bonnes recettes à l'ancienne : blanquette, coq au vin, suprême de volaille, que l'on dévore dans une ambiance animée... Et ne ratez pas la spécialité de la maison : l'andouillette.

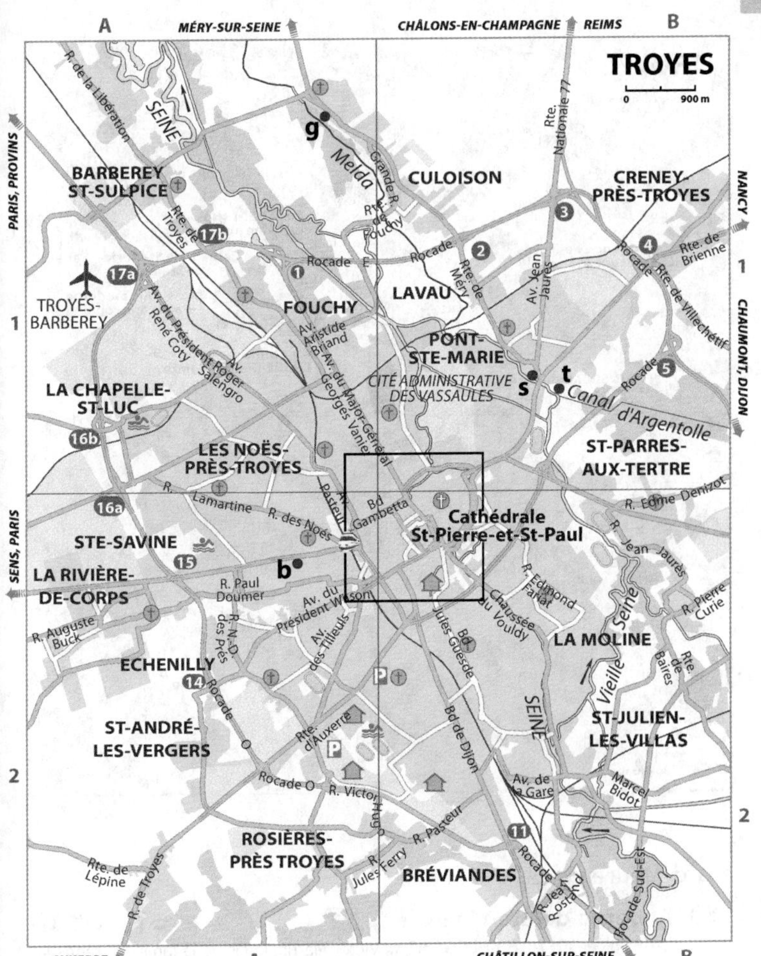

Spécialités : Velouté de moules aux Saint-Jacques. Filets de caille, ratafia de Champagne. Mousse au chocolat à volonté.

Menu 19/40 € – Carte 30/63 €

Plan B1-s – *5 place Charles-de-Gaulle – ✆ 03 25 80 90 99 – www.bistrotdupont.com – Fermé 31 juillet-24 août, 25 décembre-4 janvier, lundi, jeudi soir, dimanche soir*

🍴 Le Bois de Bon Séjour

CUISINE TRADITIONNELLE • CONVIVIAL Au bord du canal d'Argentolle, cette jolie maison abrite un restaurant, qui propose un menu unique le midi, plus sophistiqué en soirée, mais soucieux des saisons, à toute heure ! Ambiance conviviale et jolie terrasse dans un jardin verdoyant. Idéal pour réceptions ou séminaires.

Menu 22 € (déjeuner)/39 €

Plan B1-t – *2 rue Roger-Salengro – ✆ 03 25 81 04 54 – www.leboisdubonsejour.com – Fermé 24 décembre-5 janvier, lundi soir, mardi soir, mercredi soir, dimanche soir*

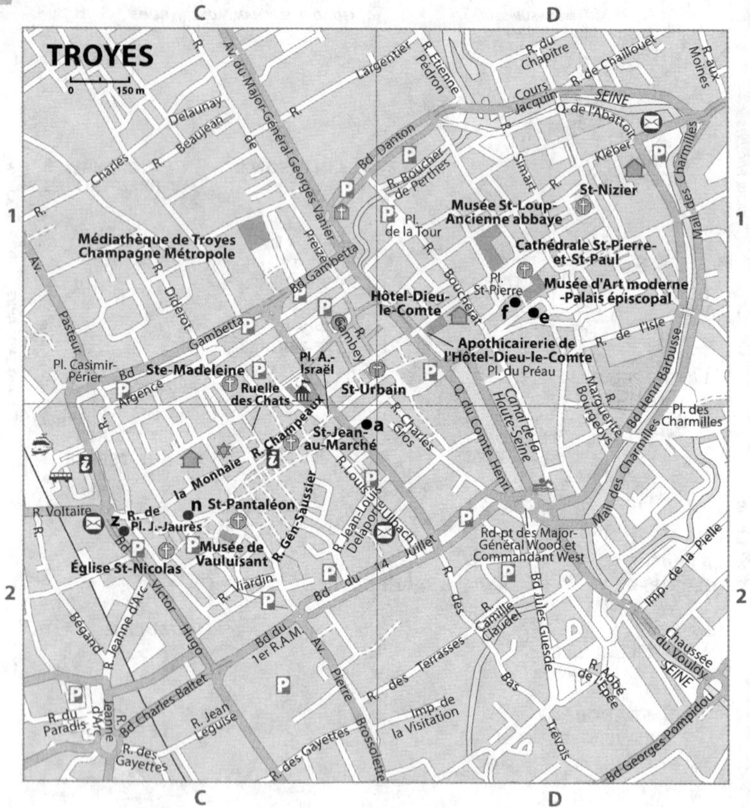

à Ste-Maure 7 km au Nord par D78

Auberge de Ste-Maure

CUISINE MODERNE • ÉLÉGANT XX Victor Martin, le fils de la famille, a repris les rênes avec des convictions solides. Les assiettes sont bien tournées (œuf parfait, carbonara et pain aux lardons ; suprême de pintade farcie à la noix), avec glaces maison. Ajoutons-y le service souriant, le bon rapport qualité-prix, et l'agréable terrasse au bord de l'eau...

Menu 29/49 € – Carte 57/88 €

Plan A1-g – *99 route de Méry – ☎ 03 25 76 90 41 – www.auberge-saintemaure.fr – Fermé 23 décembre-16 janvier, lundi, dimanche soir*

TULLE

✉ 19000 – Corrèze – Carte régionale n° **19**–C3 – Carte Michelin 329-L4

Les 7

CUISINE MODERNE • TENDANCE X Cette adresse de poche (25 couverts au maximum) est le fief d'un jeune couple plein d'allant. Les assiettes sont dressées avec beaucoup de soin, les saveurs et textures sont complémentaires. N'oublions pas de dire aussi un mot sur le service, absolument charmant.

Spécialités : Œuf mollet, caponata, basilic et pignons de pin. Épaule d'agneau de 7h, citron confit, risotto aux olives. Biscuit moelleux aux dragées, ananas confits et crème légère noix de coco.

Menu 21€ (déjeuner), 31/42€

32 quai Baluze – ✆ 05 44 40 94 89 – www.restaurant-les7.fr – Fermé lundi, mercredi soir, dimanche soir

Le Bouche à Oreille

CUISINE TRADITIONNELLE • CONVIVIAL XX On découvre ici le travail d'un chef aimable et discret, aussi modeste que bon cuisinier. Ses préparations font la part belle aux saisons (soupe de châtaignes de Corrèze et flan au foie gras) ainsi qu'aux beaux produits (magret de canard du sud-ouest, rôti rosé, façon bigarade). C'est goûteux et bien ficelé : on se régale, on y retourne.

Menu 27€ (déjeuner)/37€

39 avenue Charles-de-Gaulle – ✆ 05 44 40 40 30 – www.leboucheaoreille-tulle.com – Fermé 23 août-7 septembre, lundi soir, mardi soir, dimanche

LA TURBALLE

✉ 44420 – Loire-Atlantique – Carte régionale n° **23**-A2 – Carte Michelin 316-A3

Le Terminus

POISSONS ET FRUITS DE MER • CONVIVIAL XX On y descend pour la vue sur le port de La Turballe, dont on jouit depuis toutes les tables ! La cuisine explore évidemment les produits de la mer.

Menu 29/41€ – Carte 34/111€

18 quai Saint-Paul – ✆ 02 40 23 30 29 – www.laturballe.com/restaurant-terminus – Fermé 17 février-4 mars, 9-22 novembre, lundi, mardi, dimanche soir

LA TURBIE

✉ 06320 – Alpes-Maritimes – Carte régionale n° **25**-E2 – Carte Michelin 341-F5

Hostellerie Jérôme (Bruno Cirino)

CUISINE MÉDITERRANÉENNE • ÉLÉGANT XXX Oh, la noble hostellerie ! Oh, le pimpant décor à l'italienne ! Oh, l'incroyable cave de 40 000 bouteilles ! Chez Bruno Cirino, on s'exclame avant même d'avoir pris place. Et ce n'est que le début. Il est vrai que son restaurant, l'ancien réfectoire d'une annexe de l'abbaye de Lérins, a de l'allure : vaste hauteur sous plafond, voûte peinte, fresques fruits et légumes façon Pompéi, beau carrelage et cheminée du 17e s. Une petite terrasse fleurie profite d'une échappée vers la mer. Nous attendons désormais les assiettes, tous sens éveillés.

Bruno Cirino symbolise l'homme méridional dans toute sa splendeur : généreux, tenace, plein de caractère et s'exprimant avec autant de gestes que de mots. Sa cuisine, locavore (pêche d'à côté, légumes des paysans), a un pied en France et l'autre en Italie. Le grand terroir méditerranéen est son terrain de jeu. Tout le Sud est là.

Spécialités : Langoustines de Méditerranée à la vapeur, voile de citronnelle, jasmin et citron. Rougets de roche cuits sous le grill au fenouil sauvage et haricots calabrais. Figue blanche "goutte d'or" rôtie, cassata aux feuilles de figuier et peau de figue noire.

Menu 110/170€ – Carte 120/140€

20 rue Comte-de-Cessole – ✆ 04 92 41 51 51 – www.hostellerie-jerome.com – Fermé 15 novembre-13 février, lundi, samedi midi, dimanche, le midi

Café de la Fontaine

CUISINE TRADITIONNELLE • BISTRO X Repas au coude-à-coude entre des habitués gouailleurs et des gourmands ravis, atmosphère très conviviale : pas de doute, on est dans un authentique café de village. Ode aux terroirs ensoleillés, la cuisine – bistrotière et généreuse à souhait – est réalisée avec les meilleurs produits du marché et cela se sent ! Réservation conseillée.

Spécialités : Terrine de saumon en gelée. Cabillaud, légumes et aïoli. Tarte aux pommes caramélisées.

Carte 30/45 €

4 avenue du Général-de-Gaulle – ✆ 04 93 28 52 79 – www.hostellerie-jerome.com

UCHAUX

✉ 84100 – Vaucluse – Carte régionale n° **24**-A2 – Carte Michelin 332-B8

Côté Sud

CUISINE MODERNE • ROMANTIQUE XX Un jeune couple au beau parcours concocte une cuisine simple, et des recettes bien ficelées, aux inspirations régionales. Vous passerez un moment plaisant dans cette maison en pierre, son jardin et son agréable terrasse. Service charmant.

Spécialités : Pigeon farci au foie gras, légumes croquants, réduction de porto. Maigre, chou-fleur, curry et coriandre. Parfait glacé à la cerise, crumble aux amandes et glace à l'estragon.

Menu 26/50 € – Carte 51/65 €

Route d'Orange – ✆ 04 90 40 66 08 – www.restaurantcotesud.com – Fermé 6-31 janvier, 15 octobre-1er novembre, mardi, mercredi

Château de Massillan

CUISINE MODERNE • CHIC XX Filets de rougets barbet, carré d'agneau de Provence… le chef rend un hommage malicieux à la cuisine provençale et aux produits locaux, souvent bio. En été, installez-vous dans la magnifique cour du château, autour d'une fontaine, face au jardin. *So romantic.*

Menu 24 € (déjeuner), 49/79 € – Carte 65/80 €

Hauteville – ✆ 04 90 40 64 51 – www.chateaudemassillan.fr – Fermé 3 février-8 mars

Le Temps de Vivre

CUISINE PROVENÇALE • TRADITIONNEL XX Chant des cigales, garrigue, vignes… Cette maison en pierre du 18e s. – mais au décor contemporain – invite à prendre le temps de vivre, en particulier sur sa terrasse ombragée. Le chef est un sérieux professionnel : il suffit de le voir préparer un fond de veau. Au menu : la générosité de la Provence, avec les légumes du beau-père en saison !

Menu 25 € (déjeuner), 34/50 € – Carte 47/57 €

322 route de Bollène (Les Farjons) – ✆ 04 90 40 66 00 – www.letempsdevivre-uchaux.com – Fermé mercredi, jeudi

Château de Massillan

DEMEURE HISTORIQUE • PERSONNALISÉ Diane de Poitiers aurait séjourné dans ce châtelet des 16e-17e s. niché dans un magnifique parc entouré de vignes… Pierres et poutres d'époque, tentures et mobilier élégants : l'ensemble est splendide, et pour les esprits zen, annexe dans un esprit bio et naturel.

32 chambres – 140/540 € – 19 €

Hauteville – ✆ 04 90 40 64 51 – www.chateaudemassillan.fr – Fermé 3 février-8 mars

Château de Massillan – Voir la sélection des restaurants

L'UNION – Haute-Garonne (31) → Voir Toulouse

UNTERMUHLTHAL – Moselle (57) → Voir Baerenthal

URÇAY

✉ 03360 – Allier – Carte régionale n° **1**-B1 – Carte Michelin 326-C3

L'Étoile d'Urçay

CUISINE TRADITIONNELLE • AUBERGE X Après une balade dans la forêt de Tronçais toute proche, arrêtez-vous dans ce restaurant familial. Au son de la musique d'ambiance, on s'installe dans un décor classique pour apprécier des recettes traditionnelles bien ficelées. Le chef sélectionne les meilleurs produits et, dans l'assiette, cela se sent !

Menu 45 € – Carte 34/50 €

42 route Nationale – ✆ 04 70 06 92 66 – www.letoiledurcay.eatbu.com – Fermé 15 février-12 mars, lundi, mardi soir, mercredi soir, jeudi soir, dimanche soir

URIAGE-LES-BAINS

✉ 38410 – Isère – Carte régionale n° **2**-C2 – Carte Michelin 333-H7

✿✿ Maison Aribert (Christophe Aribert)

CUISINE CRÉATIVE • ÉLÉGANT XXX Christophe Aribert s'est installé dans une belle maison du 19e s. adossée à la colline, au cœur du parc d'Uriage. Cet amoureux fou de la nature a fait de l'éco-responsabilité l'alpha et l'omega de son établissement : traitement des déchets, chauffage à granulés, tissus en coton bio... Tout ici est pensé en fonction du respect de l'environnement. Dans l'assiette, le chef affirme encore davantage son attachement aux herbes et racines des montagnes environnantes, véritable ponctuation de sa cuisine. C'est bien simple, ici le produit fait la loi : exemple parfait, ce plat autour de la carotte, brillante démonstration culinaire, ou comment la technique peut sublimer un produit d'une grande "banalité"... Une leçon, tout simplement.

Spécialités : Truite fario, persil, pois gourmand et radis noir. Cristivomer d'Archiane rôti, écrevisse, livèche et courgette. Fruits rouges du jardin, glace à l'aneth et tagette.

Menu 79 € (déjeuner), 125/195 €

280 allée du Jeune-Bayard – ✆ 04 58 17 48 30 – www.maisonaribert.com – Fermé 24 août-8 septembre, 21 décembre-19 janvier, lundi, mardi, mercredi midi, jeudi midi, dimanche soir

Café A – Voir la sélection des restaurants

Café A (N)

CUISINE MODERNE • BISTRO X Le café À, véritable lieu de vie de la maison Aribert, demeure fidèle à sa thématique "café de village", qui revisite les recettes inspirées des mères et grand-mères, autour d'une belle cuisine bistronomique à prix doux, simple et réalisée à partir de produits sélectionnés avec soin. Excellent rapport qualité/gourmandise : une valeur sûre. Brunch le dimanche.

Spécialités : Soupe de pastèque, herbes et sureau. Paupiettes de blettes et citron confit. Sablé, fraises et glace vanille.

Menu 33 €

Maison Aribert, 280 allée du Jeune-Bayard – ✆ 04 58 17 48 30 – www.maisonaribert.com

La Table d'Uriage (N)

CUISINE ACTUELLE • ÉLÉGANT XX La jeune cheffe Carmen Thelen délivre une cuisine simple et franche, bien maîtrisée, avec un soin particulier apporté au visuel. Cette jolie partition de saison se déguste dans un intérieur moderne et lumineux, ouvert sur la terrasse et le parc.

Menu 37/70 €

Grand Hôtel & Spa, 60 place Déesse-Hygie – ✆ 04 76 89 10 80 – www.grand-hotel-uriage.com – Fermé 20 décembre-5 janvier

La Tour Maline

CUISINE MODERNE • COSY X En bordure du magnifique parc thermal, c'est une curiosité que ce restaurant construit dans une jolie tour ronde en brique rouge, surmontée d'un petit toit conique. Le chef, passionné, cuisine selon l'humeur du moment : filet de truite confit et crème acidulée au raifort ; filet de bœuf poêlé, jus au porto, pomme dauphine et céleri... Du très sérieux !

Menu 30/58 €

Allée des Cèdres – ✆ 04 76 89 15 04 – www.la-tour-maline.fr – Fermé 15 octobre-15 avril, mardi, mercredi

Grand Hôtel & Spa

TRADITIONNEL • PERSONNALISÉ Véritable institution d'Uriage, ce bel hôtel Napoléon III, relié au centre thermal, invite à un voyage au pays des arts... D'un grand raffinement, les chambres répondent aux noms de Coco Chanel, Colette, Mistinguett, Pierre Bonnard, etc., autant d'hôtes illustres dont elles perpétuent le souvenir.

35 chambres – 140/220 € – 18 € – 3 suites

60 place Déesse-Hygie – ✆ 04 76 89 10 80 – www.grand-hotel-uriage.com – Fermé 20 décembre-5 janvier

La Table d'Uriage – Voir la sélection des restaurants

URMATT

✉ 67280 – Bas-Rhin – Carte régionale n° **10**–A2 – Carte Michelin 315-H5

La Poste

CUISINE TRADITIONNELLE • AUBERGE XX Les amateurs de tradition seront heureux de découvrir cette auberge familiale installée en face de l'ancienne mairie. Gibier en saison, truite au bleu, tournedos de bœuf Rossini, foie gras d'oie et autres terrines de campagne... La cuisine est généreuse et l'ambiance sympathique.

Menu 22/46 € – Carte 36/60 €

74 rue du Général-de-Gaulle – ✆ 03 88 97 40 55 – www.hotel-rest-laposte.fr – Fermé lundi, dimanche soir

URRUGNE – Pyrénées-Atlantiques (64) ➜ Voir St-Jean-de-Luz

URVILLE-NACQUEVILLE

✉ 50460 – Manche – Carte régionale n° **17**–A1 – Carte Michelin 303-B1

Le Landemer

CUISINE MODERNE • COSY XX Dans cette belle maison en pierre, au toit en schiste et au charme indéniable, un jeune et sympathique chef hollandais concocte une cuisine moderne, un brin créative, attentive aux produits locaux, notamment poissons, légumes, herbes sauvage et fleurs. Précis et maîtrisé.

Menu 29 € (déjeuner), 43/69 € – Carte 54/68 €

2 rue des Douanes – ✆ 02 33 04 05 10 – www.le-landemer.com – Fermé 13 décembre-19 janvier, lundi, mardi midi, dimanche soir

Le Landemer

TRADITIONNEL • COSY Au pied de la falaise, cette ravissante maison a vu passer du beau monde (Boris Vian, Françoise Sagan, Édith Piaf et Marcel Cerdan) et ce n'est pas un hasard : ses chambres, cosy et confortables, offrent une vue imprenable sur la Manche. Un établissement plein de charme.

9 chambres – 95/188 € – 17 €

2 rue des Douanes – ✆ 02 33 04 05 10 – www.le-landemer.com – Fermé 13 décembre-19 janvier

Le Landemer – Voir la sélection des restaurants

URZY – Nièvre (58) ➜ Voir Nevers

USCLADES-ET-RIEUTORD

✉ 07510 – Ardèche – Carte régionale n° **2**–A3 – Carte Michelin 331-G5

à Rieutord

Ferme de la Besse

CUISINE TRADITIONNELLE • RUSTIQUE X Les volailles, veaux et brebis de la ferme familiale sont la matière première d'un jeune chef sympathique et bosseur, qui ne ménage pas ses efforts. Des recettes pleines de fraîcheur et de peps, une ambiance naturelle et conviviale : un vrai plaisir.

Menu 25/40 €

✆ 04 75 38 80 64 – www.aubergedelabesse.com – Fermé 30 novembre-15 mars, lundi, dimanche soir

USSEL

✉ 19200 – Corrèze – Carte régionale n° **19**–D2 – Carte Michelin 329-O2

Auberge de l'Empereur

CUISINE TRADITIONNELLE • VINTAGE X Au milieu de la verdure, cette ancienne grange est devenue une auberge coquette et chaleureuse. Cheminée, charpente en coque de bateau renversée : l'endroit a beaucoup de cachet ! Dans l'assiette, de jolis produits travaillés avec soin et générosité : morilles de l'empereur, carré d'agneau au foin...

Menu 26 € (déjeuner), 35/60 € – Carte 45/70 €

La Goudouneche (parc d'activité de l'Empereur) – ✆ 05 55 46 04 30 – www.aubergedelempereur.com – Fermé lundi, dimanche soir

UZER

✉ 07110 - Ardèche - Carte régionale n° **2**-A3 - Carte Michelin 331-H6

Château d'Uzer

FAMILIAL • PERSONNALISÉ La fibre décorative des propriétaires, leur hospitalité, le mélange des styles, la piscine, le petit-déjeuner maison : ce château médiéval a tout pour plaire... sans oublier le "cabanon" et les deux roulottes, où vous pouvez passer la nuit ! Table d'hôtes ouverte sur réservation.

5 chambres - 155/180 €

Château d'Uzer - ✆ 04 75 36 89 21 - www.chateau-uzer.com - Fermé 6 janvier-5 avril

UZERCHE

✉ 19140 - Corrèze - Carte régionale n° **19**-B3 - Carte Michelin 329-K3

Joyet de Maubec

HISTORIQUE • COSY Cet ancien hôtel particulier, redécoré avec beaucoup de goût et de très beaux matériaux, n'a rien perdu de son caractère d'antan. Le charme y est niché dans tous les coins, depuis le parterre pavé de l'accueil jusqu'aux chambres spacieuses et délicieusement rétro.

11 chambres - 95/240 € - 16 €

Place des Vignerons - ✆ 05 55 97 20 60 - www.hotel-joyet-maubec.com - Fermé 1er-31 janvier

à St-Ybard 6 km au Nord - Ouest par D920 et D54

Auberge Saint-Roch

CUISINE TRADITIONNELLE • CONVIVIAL XX Dans le village, une maison en pierre très engageante, avec sa terrasse abritée par une superbe glycine... Le chef réalise une cuisine fraîche et bien ficelée, où l'on trouve aussi bien des bons plats de tradition - tête de veau, sandre au beurre blanc - que des recettes plus actuelles.

Menu 29/39 €

2 rue du Château - ✆ 05 55 73 00 05 - www.aubergesaintroch.com - Fermé 15 décembre-15 janvier, lundi, mardi

UZÈS

✉ 30700 - Gard - Carte régionale n° **21**-D2 - Carte Michelin 339-L4

La Table d'Uzès

CUISINE MODERNE • COSY XX C'est LA table gastronomique des environs, aucun doute là-dessus : deux salles à manger cossues et élégantes, avec deux patios qui le sont tout autant, des tables dressées avec soin, mais surtout un chef épanoui et plein d'allant, Christophe Ducros. Sa cuisine est résolument méridionale, assemblage de saveurs franches et équilibrées. Queue de lotte, fleur de courgette et fumet infusé à la badiane ; sphère de rhubarbe, yuzu et sorbet aux fruits rouges... La cohérence de l'ensemble est indéniable. On pourra même profiter de ces douceurs sur la terrasse, autour du tilleul : décidément, un vrai plaisir de gastronome.

Spécialités : Le meilleur de la pêche selon arrivage. Selle d'agneau de Provence rôtie aux parfums de garrigue, jus aux pignons torréfiés. Pavlova aux fruits de saison.

Menu 34 € (déjeuner), 59/115 €

La Maison d'Uzès, 18 rue du Docteur-Blanchard - ✆ 04 66 20 07 00 - www.lamaisonduzes.fr - Fermé 16 février-3 mars, 22 novembre-8 décembre, lundi

Le Comptoir du 7

CUISINE MODERNE • CONTEMPORAIN X A l'entrée de la ville, dans un ancien tunnel où circulaient les fiacres, ce bistrot contemporain sert une cuisine décomplexée, concoctée à base de produits frais et préparée avec professionnalisme, comme cette selle d'agneau, purée d'artichaut, et asperges. Une bonne adresse.

Menu 23 € (déjeuner) - Carte 39/57 €

7 boulevard Charles-Gide - ✆ 04 66 22 11 54 - www.maisonsaintgeorges.com - Fermé 27 janvier-4 février, 1er novembre-2 décembre, lundi, dimanche

Le 80 Jours 

CUISINE TRADITIONNELLE · CLASSIQUE Voûtes et vieilles pierres, décor ethnique, joli patio ombragé : il fait bon s'attabler dans cette brasserie moderne dont l'enseigne évoque Jules Verne et… les voyages du maître des lieux. De quoi donner envie de voguer, à son tour, vers d'autres horizons – mais seulement après un bon repas.

Menu 23 € (déjeuner), 29/39 € – Carte 45/60 €

2 place Albert-1er – 04 66 22 09 89 – Fermé 1er-28 février, lundi, dimanche

La Maison d'Uzès 

HISTORIQUE · PERSONNALISÉ Dans la vieille ville, cet hôtel particulier du 17e s. accueille les voyageurs dans une atmosphère cosy et feutrée ; les chambres, aux noms poétiques – L'Écrin, Les Trois Lucarnes, La Dérobée, etc. –, sont confortables. Une charmante étape !

9 chambres – 130/400 € – 26 € – 3 suites

18 rue du Docteur-Blanchard – 04 66 20 07 00 – www.lamaisonduzes.fr – Fermé 16 février-3 mars, 22 novembre-8 décembre

La Table d'Uzès – Voir la sélection des restaurants

à Argilliers 4km au Sud - Est par D981

Le Tracteur 

CUISINE MODERNE · CONVIVIAL Restaurant, cave à vin, mais aussi épicerie et centre d'exposition : ce lieu tendance ne se laisse pas distraire par son originalité. Le chef y réalise une cuisine d'instinct, où le marché, comme souvent, dicte sa loi. Grande terrasse, à l'ombre de voiles tendues… Et jus de fruits artisanaux vendus sur place.

Carte 25/32 €

Quartier Bord Nègre – 04 66 62 17 33 – Fermé lundi soir, mardi soir, mercredi soir, jeudi soir, samedi, dimanche

à Baron 12,8 km au Nord - Ouest par D931 – Carte régionale n° **21**–C2

La Maison d'Ulysse 

MAISON DE CAMPAGNE · DESIGN Cette ancienne magnanerie du 16e s. a délaissé l'élevage des vers à soie pour un lieu, dont l'élégance champêtre invite à se sentir du côté de chez soi. Jardin provençal, belle piscine, élégants volumes des chambres, mobilier design ou art déco : tout ici évoque le luxe tranquille, et sans afféterie. La table propose une cuisine au goût des jours et des saisons. Mais aussi : terrain de boule, hammam…

6 suites – 319/539 € – 3 chambres

20 place Ulysse-Dumas – 04 66 81 38 41 – www.lamaisondulysse.com – Fermé 1er octobre-10 avril

à Montaren-et-St-Médiers 6 km au Nord - Ouest par D337 – Carte régionale n° **21**–D2

La Table 2 Julien 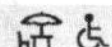

CUISINE MODERNE · BISTRO Les passions du jeune chef ? Les légumes, la cuisine virevoltante et les voyages. Il en résulte ces bons plats aux touches créoles ou asiatiques, à l'instar de ces gambas dans une raviole chinoise, lait de coco et curry. Terrasse sur deux niveaux à l'arrière. Accueil charmant !

Menu 30 € (déjeuner)/35 € – Carte 40/50 €

12 route d'Uzès – 04 66 03 75 38 – Fermé 20 août-5 septembre, lundi, mardi, dimanche

Domaine de Fos 

DEMEURE HISTORIQUE · À LA CAMPAGNE Elle a de l'allure, cette bastide provençale nichée en pleine nature tout près d'Uzès, on croirait presque une villa toscane ! Un patio-cloître charmant, des chambres confortables, une piscine chauffée autour de laquelle on déguste une salade, l'été… Un vrai petit paradis.

4 chambres – 110/220 € – 1 suite

119 chemin de Fos – 04 66 62 34 38 – www.domainedefos.com – Fermé 3 février-3 avril, 12 novembre-3 janvier

à St-Quentin-la-Poterie 5 km au Nord par D5

La Table du Clos

CUISINE MODERNE • TENDANCE X Dès que la météo le permet, prenez la direction de la terrasse face au jardin, véritable belvédère sur la vallée… Un horizon verdoyant, fort agréable pour déguster une cuisine gastronomique à l'accent régional, mais avant tout originale et soucieuse du bon produit !

Menu 29/39 € – Carte 36/53 €

Clos de Pradines, Place du Pigeonnier – ✆ 04 66 20 04 89 – www.clos-de-pradines.com – Fermé 1er janvier-1er février, 15-30 novembre, lundi midi

VAGNEY

✉ 88120 – Vosges – Carte régionale n° **12**-C3 – Carte Michelin 314-I4

Les Lilas

CUISINE MODERNE • COSY XX Dans cette localité au pied des Vosges, impossible de manquer la grande bâtisse rose saumon sur le bord de la route ! Vous serez chaleureusement accueillis par Armelle, dans la salle aux belles verrières Art déco tandis que Lionel, en cuisine, réalise de bons plats actuels, augmentés parfois de quelques touches créatives. Agréable terrasse.

Menu 19 € (déjeuner), 29/54 € – Carte 39/52 €

12 rue du Général-de-Gaulle – ✆ 03 29 23 69 47 – www.restaurantleslilas.fr – Fermé 8-24 janvier, 11-20 mai, 17 août-4 septembre, lundi soir, mardi soir, mercredi

VAILHAN

✉ 34320 – Hérault – Carte régionale n° **21**-C2 – Carte Michelin 339-E7

Äponem - Auberge du Presbytère (Amélie Darvas)

CUISINE MODERNE • ÉLÉGANT XX Äponem signifie "bonheur" en langue Pataxo. Cette auberge d'un ancien presbytère du dix-septième siècle, sise dans le Haut-Languedoc, distille une indéniable sérénité. Tel était le souhait de la cheffe Amélie Darvas : "Se rapprocher de l'essentiel, revenir à nous-mêmes et aux produits sans intermédiaires". Entourée de deux commis, elle travaille les produits du marché et de son potager en permaculture : "Se rapprocher de la vérité passait aussi par cultiver notre propre terre, travailler notre pain, un endroit où notre travail prendrait tout son sens". Son associée, italo-brésilienne et sommelière de formation assure le service de beaux vins de la région. Des assiettes de haute tenue, à déguster dans un cadre pimpant avec vue sur la campagne environnante ou sur la charmante terrasse, à l'ombre d'une glycine. Äponem est plus qu'un restaurant, c'est un projet de vie.

Spécialités : Cuisine du marché.

Menu 38 € (déjeuner)/85 €

3 Impasse de l'Église – ✆ 04 67 24 76 49 – www.aponem-aubergedupresbytere.fr – Fermé mardi, mercredi

VAILLY

✉ 74470 – Haute-Savoie – Carte régionale n° **4**-F1 – Carte Michelin 328-M3

Le Moulin de Léré (Frédéric Molina)

CUISINE MODERNE • RUSTIQUE X Au cœur de la vallée du Brevon, cet ancien moulin du 17e s. tourne grâce à deux passionnés : le chef Frédéric Molina, fils de viticulteur ayant promené ses couteaux dans toute l'Europe, et sa compagne Irene Gordejuela, originaire d'un petit village entre Pays basque et Rioja. Cette dernière accueille avec un délicieux accent et veille sur la carte des vins qui met en valeur les crus locaux et… espagnols. Leur philosophie commune, c'est l'éco-responsabilité : ils mettent en avant l'agriculture raisonnée locale, avec des producteurs triés sur le volet, et vont jusqu'à utiliser des contenants biodégradables. Le menu surprise en 4 ou 8 plats est un vrai régal ; on profite aussi d'un excellent pain local, au levain naturel bio.

Spécialités : Cuisine du marché.

Menu 50/80 €

270 route de Léré, Sous la Côte – ✆ 04 50 73 61 83 – www.moulindelere.com – Fermé 1er-16 juin, 21 octobre-12 novembre, lundi, mardi, mercredi midi, jeudi midi, dimanche soir

VAISON-LA-ROMAINE

✉ 84110 – Vaucluse – Carte régionale n° **24**-B2 – Carte Michelin 332-D8

Bistro du'O

CUISINE MODERNE • CONVIVIAL XX "Bistro du'O" car l'adresse se trouve dans la ville haute (et même dans les anciennes écuries du château de Vaison, aux belles voûtes du 12e s.) et est tenue par... un jeune duo complice. Elle en salle, lui aux fourneaux, cuisinant au plus près des saisons et des producteurs locaux. Nous voilà... en haut de la gourmandise !

Menu 28/73€ – Carte 57/59€

Rue Gaston-Gevaudan – ✆ 04 90 41 72 90 – www.bistroduo.fr – Fermé lundi, dimanche

Le Bateleur

CUISINE MODERNE • CONVIVIAL X À un jet de lances du pont romain, aux pieds de la ville médiévale, le jeune chef propose une cuisine du marché, attentive aux saisons et concentrée sur les produits provençaux... à déguster en terrasse, sous des cieux cléments. Une belle étape pour découvrir la cuisine régionale !

Menu 39/59€ – Carte 52/57€

1 place Théodore Aubanel – ✆ 04 90 36 28 04 – www.restaurant-lebateleur.com – Fermé lundi, dimanche

VALADY

✉ 12330 – Aveyron – Carte régionale n° **22**-C1 – Carte Michelin 338-G4

Auberge de l'Ady

CUISINE MODERNE • CONVIVIAL XX Au cœur d'un village rural de l'Aveyron, une agréable auberge, épurée et contemporaine. On y sert une cuisine fraîche, savoureuse et bien dans son époque, dressée avec soin et privilégiant les produits bio... Avec 200 références de vins au choix !

Spécialités : Foie gras de canard de Clairvaux en terrine. Bœuf d'Aubrac maturé, polenta torréfiée et gnocchis à l'huile de noix. Nem au chocolat coulant.

Menu 19€ (déjeuner), 33/72€ – Carte 50/69€

1 avenue du Pont-de-Malakoff (près de l'église) – ✆ 05 65 72 70 24 – www.auberge-ady.com – Fermé 2-23 janvier, 29 juin-13 juillet, lundi, mardi soir, dimanche soir

VALAURIE

✉ 26230 – Drôme – Carte régionale n° **2**-B3 – Carte Michelin 332-B7

Le Moulin de Valaurie

MAISON DE CAMPAGNE • À LA CAMPAGNE À l'extérieur du village, prenez un chemin bordé de vignes pour accéder à ce beau moulin du 19e s. Les chambres, décorées dans un esprit provençal (objets et meubles chinés), sont des plus charmantes. Restaurant traditionnel.

19 chambres – 100/340€ – 19€

Le Foulon – ✆ 04 75 97 21 90 – www.lemoulindevalaurie.com – Fermé 16 février-1er mars

VALBONNE

✉ 06560 – Alpes-Maritimes – Carte régionale n° **25**-E2 – Carte Michelin 341-D6

La Table by Richard Mebkhout

CUISINE MODERNE • BISTRO X Au centre de ce village pittoresque, un restaurant de poche animé par un chef passé par de belles maisons. Ce dernier signe une jolie cuisine du marché, déclinée dans un menu-carte qui change toutes les trois semaines, le tout à des prix raisonnables.

Menu 29/65€ – Carte 50/74€

6 rue de la Fontaine – ✆ 04 92 98 07 10 – Fermé lundi, dimanche

VAL-CLARET – Savoie (73) → Voir Tignes

VALDAHON

✉ 25800 – Doubs – Carte régionale n° **6**-C2 – Carte Michelin 321-I4

Relais de Franche Comté

CUISINE RÉGIONALE • TRADITIONNEL XX La gastronomie franc-comtoise à portée de bourse : terrines maison, gibier, sauce au vin jaune et aux morilles, fromages locaux (comté, bleu de Gex), vins d'Arbois... Simplicité et authenticité au menu !

Menu 16 € (déjeuner), 25/49 € - Carte 27/56 €

1 rue Charles-Schmitt - ✆ 03 81 56 23 18 - www.relais-de-franche-comte.com - Fermé 27 avril-3 mai, 24-31 août, 21 décembre-12 janvier, vendredi soir, samedi midi, dimanche soir

VAL-DE-SAANE

✉ 76890 - Seine-Maritime - Carte régionale n° **17**-D1 - Carte Michelin 304-F3

Auberge de La Mère Duval

CUISINE MODERNE • COSY XX Un jeune couple mène cette jolie petite auberge de pays, fondée en son temps par la mère Duval... Si le chef rend parfois hommage à cet héritage, c'est sans aucune nostalgie ; d'ailleurs, sa cuisine se révèle de plus en plus personnelle avec le temps.

Spécialités : Foie gras, confiture de courgettes. Filet de bœuf, petits pois, oignons grelots et girolles. Fraises, meringue et crème glacée basilic.

Menu 25/45 € - Carte 35/62 €

Place Daniel-Boucour - ✆ 02 35 32 30 13 - www.lamereduval.fr - Fermé lundi soir, mardi, mercredi midi

VAL-D'ISÈRE

✉ 73150 - Savoie - Carte régionale n° **2**-D2 - Carte Michelin 333-O5

L'Atelier d'Edmond (Benoît Vidal)

CUISINE CRÉATIVE • MONTAGNARD XXX La vue des lieux laisse rêveur : un beau chalet au toit en lauze, tout droit sorti d'une gravure. Le restaurant dévoile un cadre rustique, boisé, organisé autour de la majestueuse cheminée centrale. Pas de doute, nous sommes à la montagne ! Le chef Benoît Vidal, natif de Perpignan, formé auprès de Michel Guérard (Eugénie-les-Bains) et Michel Trama (Puymirol), concocte une cuisine savoureuse pleinement ancrée dans le présent : par exemple, ces rissoles d'escargots et cochon fermier, crémeux de racine de persil relevé au raifort... suivies d'un digestif en mezzanine, dans le petit salon cosy. Délicieux.

Spécialités : Écrevisses et mousseline de brochet au citron confit, extraction des têtes infusées à l'aspérule odorante. Suprême de pigeon mi-fumé et rôti, jus des abats aux fèves de cacao et sarrasin. Feuille à feuille de pain craquant, fève tonka et crème glacée au lait fermier et foin.

Menu 55 € (déjeuner), 125/185 € - Carte 115/140 €

Le Fornet - ✆ 04 79 00 00 82 - www.atelier-edmond.com - Fermé 1er mai-11 décembre, lundi et midi

Bistrot Gourmand - Voir la sélection des restaurants

La Table de l'Ours

CUISINE MODERNE • ÉLÉGANT XXX Sur les hauteurs de Val-d'Isère, un luxueux hôtel aux airs de chalet cossu héberge cette table gastronomique. Une grande cheminée illumine ce décor boisé. Antoine Gras, jeune Auvergnat qui a exercé chez Arnaud Donckele et chez René et Maxime Meilleur à Saint-Martin-de-Belleville, est un fidèle de cette maison où il a fait ses preuves à différents postes. Passionné et consciencieux, il travaille dans le strict respect du produit, mis en avant dans des recettes savoureuses et sans chichis. Les accords de saveurs tombent juste, à l'image de cette féra, orange sanguine, noix et sauce maltaise. En salle, une jeune équipe déploie un enthousiasme contagieux et notamment la sommelière, porte-parole des vins de Savoie.

Spécialités : Gratiné de crozets à la truffe d'hiver, champignons acidulés et beaufort. Turbot cuit au chou, saveurs iodées, bardes et sommités. Fruits exotiques, safran et meringue.

Menu 95/160 € - Carte 122/142 €

Les Barmes de l'Ours, Chemin des Carats - ✆ 04 79 41 37 00 - www.hotellesbarmes.com - Fermé 19 avril-4 décembre, lundi, dimanche, le midi

Bistrot Gourmand

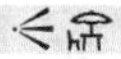

CUISINE TRADITIONNELLE · MONTAGNARD Le bistrot est situé au rez-de-chaussée du restaurant gastronomique, mais notre gourmandise, elle, atteint des sommets ! Le jeune chef, originaire de Perpignan, mijote une cuisine de grand-mère savoureuse (délicieuse soupe de potimarron), volontiers canaille. Et pour en profiter, une terrasse plein sud.

Spécialités : Salade de tête de veau. Échine de cochon, pommes de terre et champignons. Crème brûlée aux bourgeons de sapin.

Menu 33 €

L'Atelier d'Edmond, Le Fornet - 04 79 00 21 42 - www.atelier-edmond.com - Fermé 1er mai-3 juillet, 31 août-7 décembre, lundi

La Table des Neiges

CUISINE MODERNE · COSY Les gourmands de Val-d'Isère connaissent bien cette adresse ! Dans la belle salle sous charpente, un foie gras snacké et son tatin de pommes voisinent un cabillaud confit aux agrumes. De bons produits frais sont à l'honneur ; la carte est renouvelée régulièrement.

Menu 58/64 € - Carte 65/85 €

Le Tsanteleina, Avenue Olympe - 04 79 06 12 13 - www.tsanteleina.com - Fermé 3 mai-6 décembre

La Table d'Yvonne

CUISINE TRADITIONNELLE · MONTAGNARD Tartare de truite marinée aux herbes ; magret de canard poêlé, fondue de choux et polenta : servie dans un décor rustique, la carte, courte et appétissante, reprend les grands classiques de la cuisine de famille. Original : le mercredi soir, le restaurant propose un "goûter/dîner", équivalent du brunch en soirée. Brunch le dimanche.

Menu 26 € (déjeuner)/38 € - Carte 47/55 €

Les 5 Frères, Rue Nicolas-Bazile - 04 79 06 00 03 - www.les5freres.com - Fermé 1er mai-23 juin, 1er septembre-28 novembre, lundi midi, mardi midi, mercredi midi, jeudi midi, vendredi midi

Les Barmes de l'Ours

GRAND LUXE · ÉLÉGANT Différentes ambiances dans cet hôtel idéalement situé au pied des pistes... une véritable invitation au voyage. Les aménagements sont luxueux et le confort à son apogée, depuis le bar au coin du feu jusqu'au restaurant gastronomique et à la rôtisserie. Hibernation en vue !

56 chambres - 335/1650 € - 20 suites

Chemin des Carats - 04 79 41 37 00 - www.hotellesbarmes.com - Fermé 19 avril-4 décembre

La Table de l'Ours - Voir la sélection des restaurants

Christiania

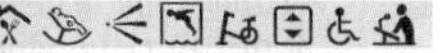

TRADITIONNEL · CLASSIQUE Charme indéniable pour cet hôtel familial ouvert en 1950. Salon avec fumoir, bar et restaurant, le tout décoré dans un esprit de paquebot. Chambres confortables, de tailles diverses. Après quelques descentes sur les pistes, vous aimerez vous installer devant la cheminée du salon ou sur la belle terrasse panoramique.

68 chambres - 349/1169 € - 1 suite

Rue du Parc-des-Sports - 04 79 06 08 25 - www.hotel-christiania.com - Fermé 14 avril-11 décembre

Avenue Lodge

BOUTIQUE HÔTEL · MONTAGNARD "Noir, c'est noir" : tel pourrait être le nom de ce chalet où dominent les couleurs sombres. Dans les chambres, tissus "peau de bête", bois wengé et petit coin salon semblent réinventer l'imaginaire de l'hiver... Bistrot, agréable bar et spa complet.

51 chambres - 435/1035 € - 3 suites

Avenue Olympique - 04 79 00 67 67 - www.hotelavenuelodge.com - Fermé 21 avril-10 décembre

L'Aigle des Neiges

RESORT • CONTEMPORAIN Comme l'oiseau à qui il emprunte son nom, cet hôtel est perché au cœur de la station, à deux pas des pistes... Contemporain, confortable, disposant de nombreux services de qualité (espace enfants, piscine, salle de massage), il se révèle une étape fort agréable.

109 chambres - 250/700 €

Rue de la Poste - 04 79 06 18 88 - www.hotelaigledesneiges.com - Fermé 19 avril-28 novembre

Le Blizzard

LUXE • CONTEMPORAIN Blizzard, vous avez dit Blizzard ? Ici, point de tempête de neige, mais des chambres cosy, la plupart rénovées dans un esprit contemporain (certaines avec cheminée ou poêle). Très beau spa. Carte classique au restaurant, spécialités fromagères à La Luge.

64 chambres - 460/1170 € - 6 suites

Avenue Olympique - 04 79 06 02 07 - www.hotelblizzard.com - Fermé 1er mai-1er décembre

Le Tsanteleina

SPA ET BIEN-ÊTRE • MONTAGNARD Du nom du plus haut sommet au-dessus de Val-d'Isère, un agréable hôtel, au cœur de l'animation de la mythique station. Les chambres sont spacieuses et chaleureuses, avec, côté sud, vue sur la piste olympique de Bellevarde ! Superbe espace bien-être.

35 chambres - 242/697 € - 19 suites

Avenue Olympique - 04 79 06 12 13 - www.tsanteleina.com - Fermé 3 mai-6 décembre

La Table des Neiges - Voir la sélection des restaurants

Le Yule

TRADITIONNEL • MONTAGNARD Yule, c'est la fête du solstice d'hiver, dans les pays scandinaves. C'est aussi le nom de cet hôtel de luxe de Val-d'Isère, situé au pied des pistes, face aux pics de la Solaise et de Bellevarde. Matériaux bruts (avec une prédominance du bois), suites avec vue sur les pistes, spa, et piscine intérieure.

33 chambres - 290/1600 € - 8 suites

Front de Neige - 04 79 06 11 73 - www.leyule.fr - Fermé 3 mai-7 décembre

Les 5 Frères

FAMILIAL • COSY Les deux jeunes femmes propriétaires des lieux ont su offrir une âme à cet hôtel, au décor contemporain et soigné, et aux chambres spacieuses. Ici, on ne renie pas boiseries ni héritage montagnard. Repos assuré... Une vraie maison de famille !

17 chambres - 200/400 €

Rue Nicolas-Bazile - 04 79 06 00 03 - www.les5freres.com - Fermé 1er mai-23 juin, 1er septembre-28 novembre

La Table d'Yvonne - Voir la sélection des restaurants

VALENÇAY

36600 - Indre - Carte régionale n° **8**-B3 - Carte Michelin 323-F4

à Veuil 6 km au Sud par D15 et rte secondaire - Carte régionale n° **8**-B3

Auberge St-Fiacre

CUISINE MODERNE • RUSTIQUE XX Le couple à la tête de cette auberge d'un petit village proche de Valençay réalise un travail admirable : en vrai "artisan" passionné, le chef privilégie les produits régionaux pour concocter des préparations fines et goûteuses, que l'on déguste dans un cadre rustique charmant ou sur la délicieuse terrasse fleurie, aux beaux jours. En raison du succès (et de l'excellent rapport qualité/prix), les réservations sont indispensables.

Spécialités : Cervelas de langoustines, pickles de légumes. Volaille fermière, écrasé de pomme de terre fumée. Fraîcheur de citron, crumble pistache et fruits du moment.

Menu 23/52 € - Carte 40/55 €

5 rue de la Fontaine - 02 54 40 32 78 - www.aubergesaintfiacre.com - Fermé 2 janvier-1er février, 7 septembre-2 octobre, lundi, mardi, dimanche soir

VALENCE

✉ 26000 - Drôme - Carte régionale n° **3**-E2 - Carte Michelin 332-C4

On aime...

Le jeudi et le samedi matin, les terrasses de la place des Clercs se replient pour permettre au marché de prendre ses aises. Les producteurs de la région viennent vendre le meilleur de leur ouvrage dans une ambiance conviviale. Les becs sucrés se régaleront de nougat de Montélimar, de pogne (une brioche aromatisée à la fleur d'oranger) et, en saison, de noix de Grenoble, de myrtilles et de marrons d'Ardèche. Côté salé, faites le plein de ravioles, ces petites pâtes fraîches farcies de comté, de fromage blanc frais et de persil. Ajoutez une caillette, un petit pâté de porc aromatisé aux herbes et quelques fromages de chèvre comme le picodon et le saint-félicien. En saison, la truffe noire, dont la Drôme est le premier producteur, s'accorde à merveille avec les crus de la vallée du Rhône, saint-joseph ou crozes-hermitage...

andresr/iStock

Restaurants

✿✿✿ Pic (Anne-Sophie Pic)

CUISINE CRÉATIVE • LUXE XXXXX La Maison Pic, dans la Drôme, c'est d'abord une atmosphère particulière. Salle tamisée, où la lumière n'éclaire que l'assiette; créations florales; moquette épaisse qui suspend le pas de la brigade, mixte, en tenue classique. Ici, on sert à l'ancienne, à l'assiette clochée en porcelaine... On retrouve dans l'assiette les sublimes obsessions - culte du Japon, souci de l'assemblage inédit - de celle que l'on a surnommé "la funambule des saveurs". Membre du club très fermé des femmes trois étoiles, Anne-Sophie Pic occupe une place à part, ambassadrice et modèle pour beaucoup d'aspirantes cuisinières; très engagée, elle dirige aujourd'hui la fondation "Donnons du goût à l'enfance". Au-delà de son talent débordant, un indispensable symbole.

Spécialités : Berlingots au banon, thé matcha bergamote. Ris de veau de lait. Millefeuille blanc, crème légère à la vanille de Tahiti.

Menu 120€ (déjeuner), 180/380€

Plan A2-f - *285 avenue Victor-Hugo - ✆ 04 75 44 15 32 - www.anne-sophie-pic.com - Fermé 25 décembre-19 janvier, lundi, mardi midi, dimanche soir*

✿ Flaveurs (Baptiste Poinot)

CUISINE MODERNE • INTIME XXX C'est au cœur de la vieille ville de Valence qu'on découvre cette belle table gastronomique lovée dans un décor coloré, avec sa moquette flashy et ses tables en châtaignier... Un grand-père traiteur a peut-être décidé de la carrière du jeune chef Baptiste Poinot, qui a étudié à l'école hôtelière de Vienne, a reçu les leçons de Michel Chabran à Pont-de-l'Isère, d'Anne-Sophie Pic, ou encore de Joël Robuchon. Ce cuisinier sensible, qui cherche avant tout à transmettre une émotion, délivre des assiettes qui attestent une réflexion mûrie, avec des produits excellents et une technique soignée. Ces flaveurs - sensation provoquée conjointement par le goût et l'odeur d'un aliment - sont flatteuses.

Spécialités : Truite du Diois fondante, salmorejo de tomates, terre croustillante au curry noir. Veau de l'Ardèche cuit en douceur, aubergine brûlée et jus corsé à la myrtille. Chocolat grand cru et le pain, évocation d'un goûter d'enfance.

Menu 30€ (déjeuner), 58/98€

Plan C1-b - *32 Grande-Rue - ✆ 04 75 56 08 40 - www.flaveurs-restaurant.com - Fermé 1er-14 janvier, 28 juillet-19 août, samedi, dimanche*

✿ La Cachette (Masashi Ijichi)

CUISINE CRÉATIVE • INTIME XX Dans la partie basse de Valence, une Cachette très discrète, qui gagne pourtant à être découverte! Vous y ferez la connaissance d'un chef précis et inspiré, Masashi Ijichi, d'origine japonaise. Ses préparations fines et délicates organisent la rencontre irrésistible entre le terroir drômois et les fulgurances asiatiques. Noix de Saint-Jacques snackées et quartier d'artichauts rôtis; côte de veau d'Yssingeaux, lentilles vertes du Puy, jeunes carottes et champignons japonais... On passe un excellent moment, notamment grâce à un service discret et efficace.

Spécialités : Tartare de ventrèche de thon de Méditerranée, gelée de consommé de tomates et verveine. Pigeon de la Drôme rôti, sauce aux épices douces. Tarte aux fraises mara des bois, sorbet basilic.

Menu 45€ (déjeuner), 70/120€

Plan C1-x - *16 Rue des Cévennes - ✆ 04 75 55 24 13 - Fermé 1er-10 janvier, 16-24 août, lundi, dimanche*

Le Clos Syrah

CUISINE TRADITIONNELLE • CLASSIQUE XX Ici, on découpe sur guéridon viandes et poissons entiers! Les recettes, bien exécutées, s'accordent à la superbe carte des vins de la région des Côtes du Rhône septentrionaux. On passe un moment fort agréable.

Menu 30€ - Carte 38/58€

Plan B2-a - *Clos Syrah, Boulevard Pierre-Tezier - ✆ 04 75 55 52 52 - www.clos-syrah.fr - Fermé 23 décembre-5 janvier, samedi midi, dimanche*

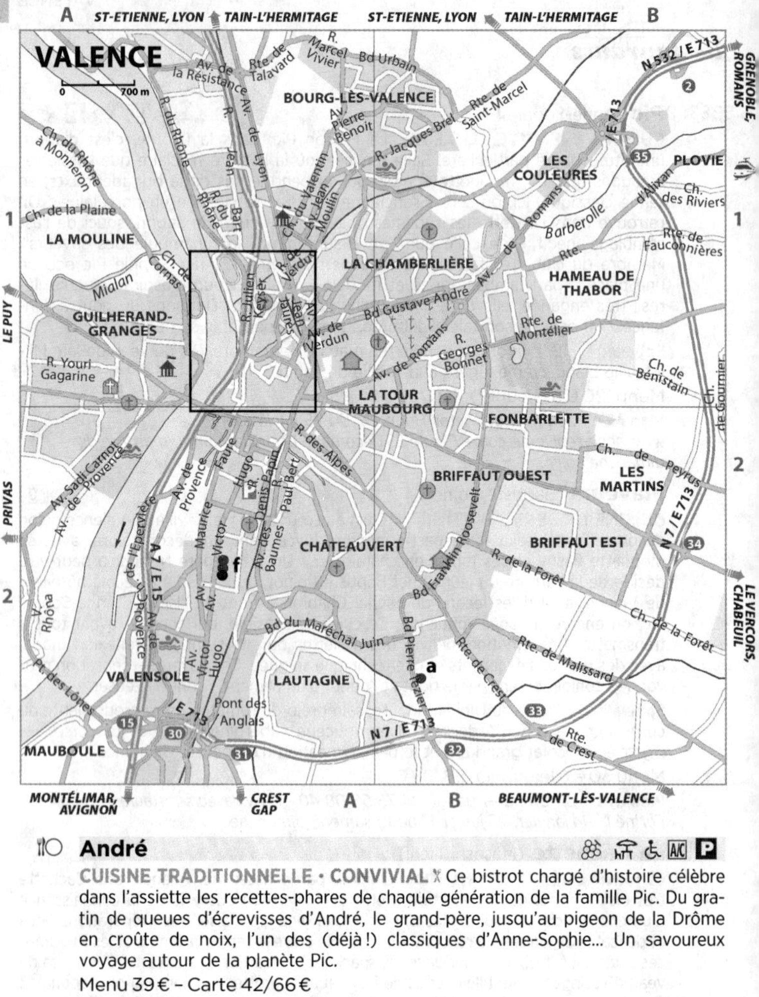

André

CUISINE TRADITIONNELLE • CONVIVIAL Ce bistrot chargé d'histoire célèbre dans l'assiette les recettes-phares de chaque génération de la famille Pic. Du gratin de queues d'écrevisses d'André, le grand-père, jusqu'au pigeon de la Drôme en croûte de noix, l'un des (déjà !) classiques d'Anne-Sophie... Un savoureux voyage autour de la planète Pic.

Menu 39 € – Carte 42/66 €

Plan A2-f – *Pic, 285 avenue Victor-Hugo – ✆ 04 75 44 15 32 – www.anne-sophie-pic.com*

Hôtels

Pic

GRAND LUXE • CONTEMPORAIN L'une des grandes maisons nées avec la N 7 et qui accueille aujourd'hui... une clientèle internationale, entre New York et Tokyo ! Aura d'une cuisine d'exception et d'un art de l'accueil sans cesse renouvelé : les lieux sont d'un chic extrême, valant un précis de styles contemporains, tel le jardin, véritable îlot zen en ville...

15 chambres – 250/600 € – 38 € – 1 suite

Plan A2-f – *285 avenue Victor-Hugo – ✆ 04 75 44 15 32 – www.anne-sophie-pic.com – Fermé 25 décembre-19 janvier*

Pic • **André** – Voir la sélection des restaurants

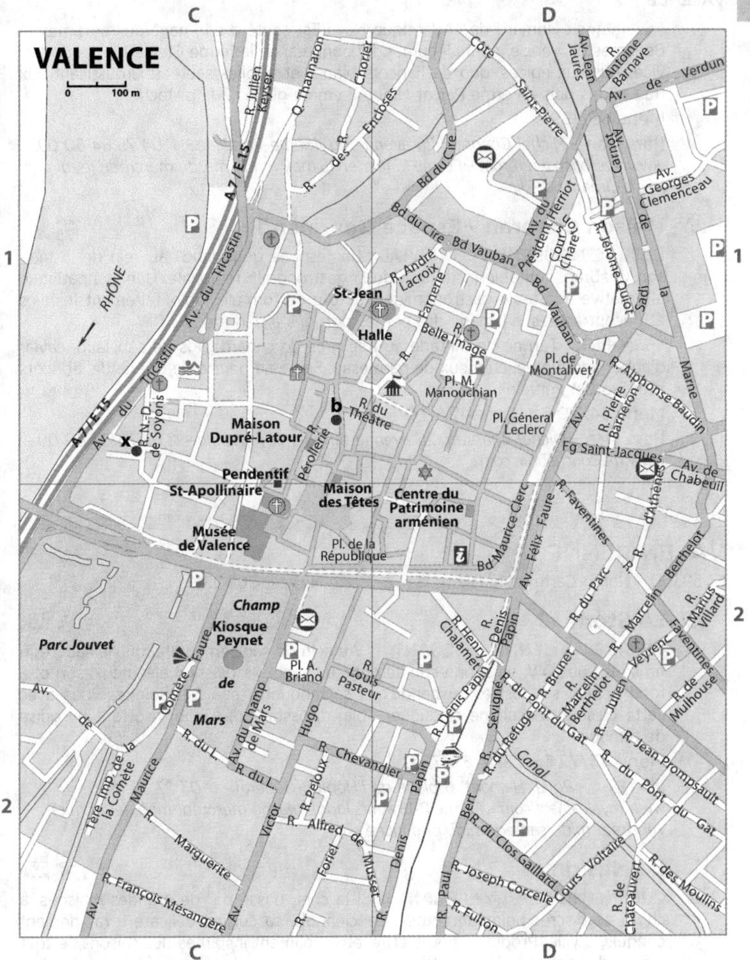

à Pont-de-l'Isère 9 km au Nord par N7 – Carte régionale n° **3**–E2

✿ Maison Chabran - La Grande Table

CUISINE CLASSIQUE • ÉLÉGANT XXX Il en a fait du chemin, le petit bistrot des années 1930, installé au bord de la mythique N7 ! Michel Chabran, petit-fils des premiers propriétaires, en a fait une étape gastronomique entre Dauphiné et Provence. Lui qui a appris son métier dans les jupons de sa grand-mère et de sa mère, en regardant par la fenêtre pousser les vignes sur la colline de l'Hermitage... Aujourd'hui, il passe doucement le témoin à son fils Louis en cuisine. Bien connue dans la région, la table défend avec talent le classicisme : cuisses de grenouilles sautées au beurre, dos d'agneau rôti sur l'os et croûte aux herbes, rattes écrasées à la truffe, filet de bœuf au vieil hermitage...

Spécialités : Homard de l'Atlantique Nord-Est sauté à cru, nage aux agrumes et Beaumes de Venise, petits légumes. Pigeonneau de la ferme Chabert en deux services, jus aux épices, duo de haricots blancs et girolles sautées. Croustillant aux fraises des bois « Ferme Perrot Minot », crème glacée à la pistache.

Menu 69/159€

Hors plan - *Michel Chabran, 26 avenue du 45ème-Parallèle - ✆ 04 75 84 60 09 - www.maisonchabran.com - Fermé 15 février-15 mai, lundi, mardi, mercredi, jeudi midi, dimanche soir*

Maison Chabran - Espace Gourmand

CUISINE MODERNE · CONVIVIAL X Un "espace gourmand" au sein de la maison Chabran, véritable institution de la gastronomie régionale. Une sympathique alternative à la table gastronomique, autour de formules volontairement festives et décontractées, à l'image des petites portions à partager...

Spécialités : Terrine de pintade au foie gras de canard. Dos de cabillaud, caviar d'aubergine fumée, crémeux de parmesan. Sablé au beurre de Guérande, abricots rôtis, sorbet verveine.

Menu 34/79€ - Carte 42/61€

Hors plan - *Michel Chabran, 26 avenue du 45ème-Parallèle - ✆ 04 75 84 60 09 - www.maisonchabran.com*

VALENCIENNES

✉ 59300 - Nord - Carte régionale n° **13**-C2 - Carte Michelin 302-J5

La Storia (N)

CUISINE ITALIENNE · ÉLÉGANT XXX Au sein de l'ancien hôpital du Hainaut, édifié sous Louis XV, voici un écrin somptueux avec ses piliers majestueux, son plafond aérien, ses lustres suspendus et sa moquette épaisse. Soignez-vous avec cette cuisine transalpine classique - plin di ossobuco, vitello, risotto - en guise de remède !

Menu 43/72€ - Carte 52/76€

Plan B1-g - *Royal Hainaut, 6 place de l'Hôpital-Général - ✆ 03 27 35 15 15 - www.royalhainaut.com - Fermé 2-18 août, lundi, mardi, mercredi midi, jeudi midi, vendredi midi, samedi midi, dimanche soir*

Le Musigny

CUISINE MODERNE · ÉLÉGANT XX Si le chef, passé par de grandes maisons, a choisi ce discret point de chute valenciennois, sa cuisine délicate a rapidement conquis la ville. Produits choisis et recettes joliment inspirées des saisons, le tout à déguster dans un décor entièrement rénové, ou sur la terrasse : la garantie d'un moment délicieux.

Menu 35€ (déjeuner), 51/92€ - Carte 40/120€

Plan B1-t - *90 avenue de Liège -*
✆ 03 27 41 49 30 - www.lemusigny.fr -
Fermé 27 juillet-19 août, 21-30 décembre, lundi, samedi midi, dimanche soir

Royal Hainaut (N)

GRAND LUXE · HISTORIQUE Le Hainaut a son palace ! Édifiée sous Louis XV, l'architecture monumentale de l'ancien hôpital du Hainaut laisse ébahi. Admirez cette cour d'honneur couronnée d'une verrière, cette chapelle superbement restaurée, ce sous-sol majestueux qui abrite piscine et spa. Avec leur hauteur sous plafond et leur standing impeccable, les chambres sont au diapason.

42 suites - 169/705€ - 18€ - 37 chambres

Plan B1-g - *6 place de l'Hôpital-Général -*
✆ 03 27 35 15 15 - www.royalhainaut.com

La Storia - Voir la sélection des restaurants

Le Grand Duc

MAISON DE MAÎTRE • PERSONNALISÉ Cette maison bourgeoise a une âme d'artiste, comme son propriétaire. Non seulement elle mêle les styles avec goût (seventies, baroque...), mais elle accueille en son sein des soirées jazz et théâtre, sans oublier les cours de cuisine et la table d'hôte. Et le joli parc à l'anglaise se prête lui aussi à la fantaisie !

5 chambres – 105 € – 12 €

Hors plan – *104 avenue de Condé – 03 27 46 40 30 – www.legrandduc.fr – Fermé 1er-31 août*

à Raismes 5 km au Nord - Ouest par D169

La Grignotière

CUISINE MODERNE • ÉLÉGANT Dans cette petite localité près de Valenciennes, on prend place dans une enfilade de salles contemporaines aux tons clairs ; les assiettes, d'une grande simplicité, laissent le produit parler de lui-même. Terrasse pour les beaux jours.

Menu 39/80 € – Carte 51/84 €

Hors plan – *6 rue Jean-Jaurès – 03 27 36 91 99 – www.la-grignotiere.com – Fermé 11-27 avril, 27 juillet-9 août, lundi, mercredi soir, samedi midi, dimanche soir*

VALESCURE - Var (83) → Voir St-Raphaël

VALLAURIS - Alpes-Maritimes (06) ➜ Voir Golfe-Juan

VALLIÈRES-LES-GRANDES

✉ 41400 - Loir-et-Cher - Carte régionale n° **8**-A1 - Carte Michelin 318-D7

Les Closeaux

CUISINE TRADITIONNELLE • AUBERGE X Sous l'Ancien Régime, ces Closeaux - avec leur domaine de 10 hectares - faisaient office de relais de chasse pour les rois de France. Aujourd'hui, le chef des lieux privilégie les producteurs locaux et les circuits courts, et réalise une bonne cuisine traditionnelle.

Menu 24/33 € - Carte 29/44 €

Lieu-dit les Closeaux - ✆ 02 47 57 32 73 - www.lescloseaux.com - Fermé 1er janvier-7 février, 16-27 novembre, mardi, mercredi

VALLON-EN-SULLY

✉ 03190 - Allier - Carte régionale n° **1**-B1 - Carte Michelin 326-C3

Auberge des Ris

CUISINE MODERNE • AUBERGE XX Ici, tonneaux et pressoir font partie du décor. Derrière les fourneaux, le chef concocte une bonne cuisine, mêlant tradition et recettes dans l'air du temps, à base de produits choisis.

Menu 30/56 € - Carte 19/32 €

Lieu-dit Les Ris - ✆ 04 70 06 51 12 - www.aubergedesris.com - Fermé 2-21 janvier, 22-28 juin, lundi, mardi, mercredi midi, jeudi midi, vendredi midi

VALLON-PONT-D'ARC

✉ 07150 - Ardèche - Carte régionale n° **2**-A3 - Carte Michelin 331-I7

Restaurant de Chames

CUISINE CRÉATIVE • MAISON DE CAMPAGNE X Un jeune chef ambitieux propose ici une cuisine de qualité, qui met en avant le terroir ardéchois et la saisonnalité. Présentations soignées, couleurs et parfums : le plaisir est au rendez-vous dans l'assiette. Et n'oublions pas la terrasse, qui offre une vue de carte postale sur les falaises et l'Ardèche...

Menu 34 € (déjeuner), 36/84 €

Route des Gorges - ✆ 06 07 66 17 09 - www.restaurantdechames.com - Fermé 3 novembre-8 février, lundi, mardi midi

VALLOUX - Yonne (89) ➜ Voir Avallon

VALMONT

✉ 76540 - Seine-Maritime - Carte régionale n° **17**-C1 - Carte Michelin 304-D3

Le Bec au Cauchois (Pierre Caillet)

CUISINE CRÉATIVE • CONTEMPORAIN XX Meilleur Ouvrier de France 2011, Pierre Caillet n'est pas seulement un technicien talentueux : il dévoile aussi une vraie sensibilité, et une énergie communicative. Créations originales (ces fougueuses noix de Saint-Jacques en croûte de passion en sont l'exemple parfait), jeux sur les textures et les saveurs, beaux produits du terroir normand... sans oublier l'utilisation judicieuse des herbes et légumes de l'imposant potager : le compte est bon. Dernier atout, cette auberge du 19es. propose aussi des chambres chaleureuses et cosy, avec terrasses privatives tournées vers l'étang.

Spécialités : Foie gras fumé et poché, raviole d'herbes sauvages et bouillon à la livèche. Côte de veau au foin, légumes du potager. Courgette jaune du jardin, amande et verveine citronnée.

Menu 36 € (déjeuner), 51/95 €

22 rue André-Fiquet - ✆ 02 35 29 77 56 - www.lebecaucauchois.com - Fermé 29 juin-8 juillet, 22 décembre-20 janvier, mardi, mercredi, dimanche soir

VALMOREL

✉ 73260 - Savoie - Carte régionale n° **4**-F2 - Carte Michelin 333-L5

L'Oxygène

CUISINE MODERNE · MONTAGNARD XX On est ravis de présenter ce duo d'associés, Benjamin (en cuisine) et Cyril (en salle), qui ont quitté les gorges du Verdon pour rejoindre les hauteurs de Valmorel… et ont déjà fait de ce restaurant d'hôtel une adresse tout à fait attachante. Assiettes soignées et savoureuses, ambiance de chalet cosy : à découvrir au plus vite.

Spécialités : Cuisine du marché.

Menu 32/69€

La Charmette - ✆ 04 79 09 81 80 - www.oxygene-hotel.fr - Fermé lundi midi, mardi midi, mercredi midi, jeudi midi

VALS-LES-BAINS

✉ 07600 - Ardèche - Carte régionale n° **2**-A3 - Carte Michelin 331-I6

Le Vivarais

CUISINE MODERNE · ÉLÉGANT XXX Situé en plein cœur de ville juste à côté du casino, ce grand hôtel de style Belle Époque en impose. Au piano, le chef Stéphane Polly, fils de restaurateur élevé au milieu des marmites, se montre scrupuleux dans le choix de ses produits (fournisseurs locaux), rigoureux et élégant dans l'exécution de ses recettes : saucisse d'escargots de la vallée de l'Eyrieux, grenouilles meunières, haricots et crème d'ail noir ; agneau de lait d'Ardèche, ail doux et amandes, jus réduit. C'est la table d'un vrai artisan, entier dans son envie de satisfaire les clients et de faire chanter le terroir ardéchois.

Spécialités : Foie gras de canard aux abricots, crémeux de cardamome et safran d'Ardèche. Pigeonneau rôti, petite tomate farcie, déclinaison de courgettes et condiment cassis. Marron d'Ardèche en mousse légère sur une tartelette à l'orange et son sorbet.

Menu 31€ (déjeuner), 47/98€ - Carte 62/132€

Helvie, 5 avenue Claude-Expilly - ✆ 04 75 94 65 85 - www.hotel-helvie.com - Fermé 16 février-6 mars, 2 novembre-4 décembre, lundi, samedi midi, dimanche soir

Helvie

TRADITIONNEL · CLASSIQUE À proximité du parc et du casino, cet hôtel Belle Époque conserve tout son éclat d'antan, chic et feutré. Chambres confortables, salon cossu, belle piscine et restaurant de qualité : le plaisir est complet !

27 chambres - 80/199€ - 15€

5 avenue Claude-Expilly - ✆ 04 75 94 65 85 - www.hotel-helvie.com - Fermé 16 février-6 mars, 2 novembre-4 décembre

Le Vivarais - Voir la sélection des restaurants

VAL-THORENS

✉ 73440 - Savoie - Carte régionale n° **4**-F2 - Carte Michelin 333-M6

Les Explorateurs

CUISINE MODERNE · COSY XX Au cœur d'un sublime hôtel posé à 2 345 m d'altitude, cette table de haute volée vaut l'ascension. Le jurassien Josselin Jeanblanc a troqué ses montagnes natales pour jouer ici le sherpa inspiré. Il sait faire monter un repas crescendo au fil de créations simples et inspirées, basées évidemment sur des produits de haute qualité "sourcés" dans toute la France. Dès leur arrivée en salle, les dressages soignés annoncent la couleur (et le goût !). Le pâté en croûte, le ris de veau et gratin dauphinois, la pièce d'agneau en cocotte de foin ou la volaille et morilles montrent une évidente maîtrise technique et la volonté forte de n'être pas qu'un "énième" restaurant d'hôtel de luxe… Pari réussi, notamment grâce à un service attentionné et souriant.

Spécialités : Pâté en croûte de gibier, foie gras et ris de veau. Suprême de volaille de Bresse truffée, sauce Albufera, céleri confit et bonbon d'abattis. Textures chocolatées, sablé de gaudes et vinaigre de miel.

Menu 89/150€ - Carte 90/120€

Pashmina, place du Slalom - ✆ 04 79 00 09 99 - www.hotelpashmina.com - Fermé 30 avril-19 décembre, lundi, le midi

Le Diamant Noir

CUISINE MODERNE • ÉLÉGANT XX Dans ce récent hôtel perché au sommet de la station (2 400m), un Bistrot baigné de lumière, avec sa charpente en bois et ses hauts plafonds. Une carte actuelle, pas forcément régionale. Le diamant noir rend hommage à la truffe noire proposée sur de nombreux plats, à la carte toute la saison.

Menu 65/125 € – Carte 80/195 €

Koh-I Nor, rue Gébroulaz – ✆ 04 79 31 00 00 – www.hotel-kohinor.com – Fermé 26 avril-26 novembre, lundi midi, mardi, mercredi midi, jeudi midi, vendredi midi, samedi midi, dimanche midi

Fitz Roy

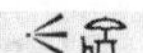

CUISINE MODERNE • CONTEMPORAIN XX Des produits sélectionnés et bien travaillés, avec une inclination pour le terroir savoyard : voilà, en quelques traits, le travail du chef dans cet hôtel de Val-Thorens. Service décontracté.

Carte 60/100 €

Place de l'Église – ✆ 04 79 00 04 78 – www.hotelfitzroy.com – Fermé 22 avril-30 novembre

Chalet de la Marine

CUISINE TRADITIONNELLE • MONTAGNARD X Impossible de rester insensible au charme de ce chalet situé à 2 500 m d'altitude : jolie salle tout en bois, objets agrestes, flambée dans la cheminée... Dans ce restaurant, tout est fait maison ; on se régale de bons plats traditionnels et d'un généreux buffet de desserts. Cette adresse a vraiment une âme !

Carte 60/100 €

Piste les Dalles (accès à ski par le télésiège des Cascades) – ✆ 04 79 00 11 90 – www.chaletmarine.com – Fermé 2 mai-9 décembre

Altapura

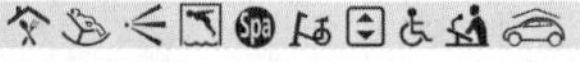

LUXE • DESIGN Né au début des années 2010, l'établissement rivalise de luxe et d'élégance. Dans les chambres, le charme montagnard côtoie l'épure contemporaine. Le must : un spa de 1 000 m², où une salle igloo permet de goûter aux bienfaits des soins nordiques. Pour une délicieuse parenthèse au pays des neiges...

72 chambres – 220/750 € – 26 € – 16 suites

Route du Soleil (à l'entrée de la station) – ✆ 04 80 36 80 36 – www.altapura.fr – Fermé 28 avril-22 novembre

Pashmina

LUXE • TENDANCE C'est un projet fou et insolite pour ceux qui associent la montagne au luxe. Les chambres, très spacieuses, offrent un confort absolu. Hammam privé dans certaines suites, superbe spa de 450m², piscine intérieure... et même la possiblité de passer une nuit à la belle étoile dans un igloo refuge !

36 chambres – 278/744 € – 18 suites

Place du Slalom – ✆ 04 79 00 09 99 – www.hotelpashmina.com – Fermé 3 mai-20 novembre

Les Explorateurs – Voir la sélection des restaurants

Koh-I Nor

LUXE • ÉLÉGANT Cet hôtel des 3-Vallées a été baptisé d'après un célèbre diamant, et l'on comprend pourquoi : tout en haut de la station, l'imposant bâtiment, de bois et de verre, resplendit ! Intérieur moderne et lumineux, service attentionné et convivial... et vue sur les sommets.

60 chambres – 250/730 € – 3 suites

Rue Gebroulaz – ✆ 04 79 31 00 00 – www.hotel-kohinor.com – Fermé 26 avril-27 novembre

Le Diamant Noir – Voir la sélection des restaurants

Fitz Roy

LUXE • FONCTIONNEL Cette paisible institution, installée à 2 300 m d'altitude, a bénéficié d'un lifting complet ! Décoration en pierre et chêne dans les parties communes, style montagnard contemporain dans les chambres ; certaines d'entre elles donnent directement sur les pistes.

53 chambres - 310/800 € - 5 suites

Place de l'Église - 04 79 00 04 78 - www.hotelfitzroy.com - Fermé 22 avril-30 novembre

Fitz Roy - Voir la sélection des restaurants

Trois Vallées

FAMILIAL • MONTAGNARD Un petit hôtel familial pour profiter du domaine des 3-Vallées. Entièrement rénovées dans un esprit montagnard chic, les chambres sont chaleureuses et confortables. Au bar, on sirote un verre en admirant les sommets... Quel charme !

28 chambres - 150/525 €

Grande Rue - 04 79 00 01 86 - www.hotel3vallees.com - Fermé 30 avril-1er décembre

LE VALTIN - Vosges (88) → Voir Gérardmer

LA VANCELLE - Bas-Rhin (67) → Voir Lièpvre

VANNES

✉ 56000 – Morbihan – Carte régionale n° **7**–A3 – Carte Michelin 308-O9

On aime...

Vannes est la quintessence de la ville bretonne où il fait bon vivre, ou tout simplement flâner pour nous autres gourmets de passage. Des ruelles médiévales bordées de superbes maisons à colombages, jusqu'aux remparts fleuris en passant par la place des Lices et la cathédrale Saint-Pierre, l'appétit s'aiguise au fil de la promenade. Située en plein cœur de la ville, la halle aux poissons, datant de 1880, est un must dont l'animation culmine les mercredis, vendredis et samedis. Les femmes des pêcheurs viennent y vendre le meilleur de la marée : étrilles, crevettes, maquereaux, merlans, seiches, rougets resplendissants. Complément indispensable, la halle des Lices accueille une trentaine de commerçants ainsi qu'une quinzaine de producteurs. Enfin, deux fois par semaine (mercredi et samedi), les places des Lices et du Poids-Public accueillent l'un des plus beaux marchés de France.

dianefotofoto/iStock

Restaurants

La Gourmandière - La Table d'Olivier (Olivier Samson)

CUISINE MODERNE • CONTEMPORAIN XX Comme tout Breton qui se respecte, Olivier Samson fut un grand voyageur, de La Réserve de Beaulieu au Parc des Eaux Vives à Genève, en passant par Anne-Sophie Pic... Mais il arrive un jour où le marin et son épouse rentrent au port, en l'occurrence un magnifique corps de ferme du 19e s. à une vague de Vannes. Et le retour à la mer, Olivier, ça lui réussit : sa cuisine iodée fait preuve d'une créativité de tous les instants. La fraîcheur des produits de la mer lui inspire de belles recettes, toujours pertinentes, accompagnées des meilleurs fruits et légumes de saison. Tout juste sorti d'un casier de pêcheur posé au large de Lorient, son homard bleu est traité comme un roi en douce cuisson beurrée. Et que dire du mariage du maquereau et de la tomate cœur de bœuf ?

Spécialités : Cuisine du marché.

Menu 59/88 €

Hors plan – *Rue de Poignant – ✆ 02 97 47 16 13 – www.la-gourmandiere.fr – Fermé 14-27 avril, 16 août-2 septembre, lundi midi, mardi, mercredi, jeudi midi, vendredi midi, dimanche soir*

La Gourmandière - Le Bistr'Aurélia – Voir la sélection des restaurants

Roscanvec (Thierry Seychelles)

CUISINE CRÉATIVE • TENDANCE XX Une maison à colombages du 17e s. dans le cœur historique de Vannes près de la cathédrale... Classique ? C'est sans compter avec un vrai décor contemporain et une équipe enthousiaste : les sœurs Sarah et Karine Kaczorowski forment un duo dynamique en salle, et le chef Thierry Seychelles (qui a travaillé avec Alain Passard et Pierre Gagnaire) régale aux fourneaux. À rebours des vieilles pierres qui l'entoure, il cultive une fine cuisine bien dans le goût de notre époque, avec un beau respect des saveurs – extrême gourmandise que cette épatante pomme de ris de veau dorée à la plancha, artichaut barigoule et cassolette de morilles liée au beurre et foie gras...

Spécialités : Carpaccio de bar, avocat, caviar, huile de combava et râpée de poutargue. Canard, échalote, sarriette et moutarde en condiment. Chocolat noir et fève tonka, praliné noisette et sorbet kalamensi.

Menu 34 € (déjeuner), 57/94 € – Carte 90/110 €

Plan A2-s – *17 rue des Halles – ✆ 02 97 47 15 96 – www.roscanvec.com – Fermé 11-28 janvier, 27 juin-10 juillet, lundi, dimanche*

L'Arlequin

CUISINE MODERNE • ÉLÉGANT XX On est tout de suite séduit par l'élégant intérieur de cet Arlequin : salle à manger lumineuse et contemporaine, extension coiffée d'une petite verrière... Quant à l'assiette, elle nous en fait toujours voir de toutes les saveurs : avec un œil sur la tradition, le chef concocte une cuisine bien ancrée dans son époque.

Menu 46 € – Carte 45/60 €

Hors plan – *3 allée Denis-Papin, parc d'activités de Botquelen – ✆ 02 97 40 41 41 – Fermé lundi, mercredi soir, samedi midi, dimanche soir*

L'Amarré (N)

POISSONS ET FRUITS DE MER • ÉLÉGANT X Un lieu atypique tant par le cadre, l'accueil, le service (décontracté), la carte ultra courte, que par les recettes marines originales du chef musicien Nicolas Sfintescu (ex-chanteur du duo électro Nôze) reconverti dans la cuisine par passion. Sa compagne Cécile Helleu, écrivaine et ancienne publicitaire, passionné de déco et de vins, l'accompagne dans son aventure (pour la petite histoire, son arrière-grand-père, né à Vannes en 1859, peintre reconnu internationalement a réalisé le plafond de la Grand Central, à New York). Une adresse chaleureuse, où l'on prend le temps de vivre.

Menu 32/45 € – Carte 43/54 €

Plan A2-a – *6 rue Pasteur – ✆ 02 97 66 59 89 – https://www.lamarre-restaurant-vannes.com – Fermé 22 février-9 mars, lundi, dimanche et le midi*

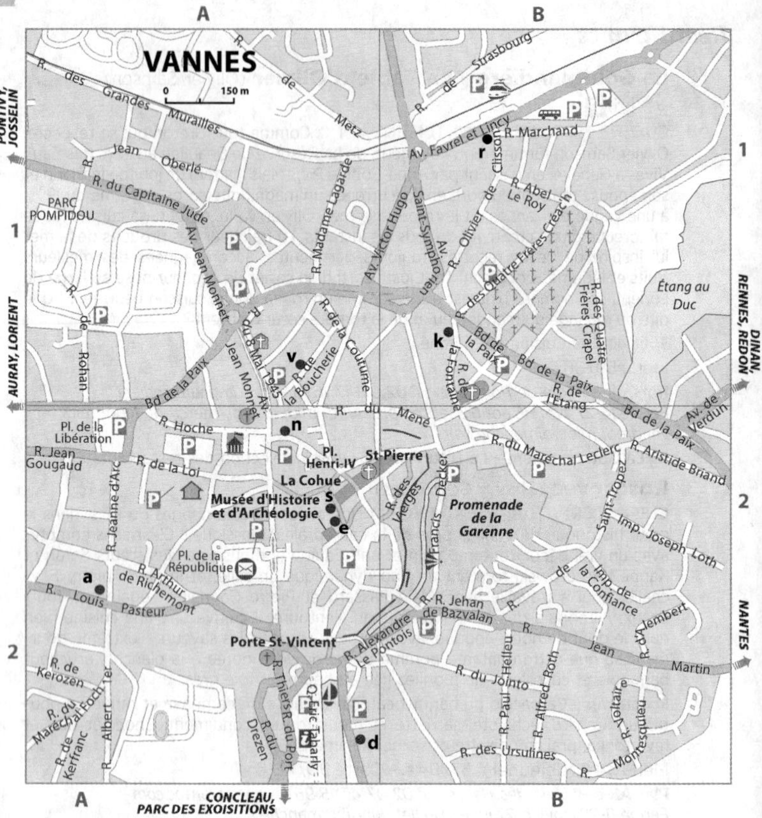

VANNES

0 150 m

A B 1 2

R. des Grandes Murailles
R. de Metz
R. de Strasbourg
Av. Favrel et Lincy
R. Marchand
R. Jean Oberlé
R. du Capitaine Jude
PARC POMPIDOU
Av. Jean Monnet
R. Madame Lagarde
Av. Victor Hugo
Av. Saint-Symphorien
R. Olivier de Clisson
R. Abel Le Roy
R. des Quatre Frères Créach
R. des Quatre Frères Crapel
Étang au Duc
R. de Rohan
R. du 8 Mai 1945
R. de la Boucherie
R. de la Coutume
Bd de la Paix
R. de la Fontaine
R. de l'Etang
Av. de Verdun
R. du Mené
R. Hoche
Pl. de la Libération
R. Jean Gougaud
R. de la Loi
Pl. Henri-IV
St-Pierre
La Cohue
R. du Maréchal Leclerc
R. Aristide Briand
R. Saint-Tropez
Imp. Joseph Loth
Musée d'Histoire et d'Archéologie
R. des Vierges
R. Francis Decker
Promenade de la Garenne
R. Jeanne d'Arc
Pl. de la République
R. Arthur de Richemont
R. Louis Pasteur
R. de la Confiance
Imp. de la Confiance
R. Jehan de Bazvalan
R. Alexandre Le Pontois
R. d'Alembert
R. Jean Martin
Porte St-Vincent
R. Thiers
R. du Port
R. du Drezen
Q. Eric Tabarly
R. du Jointo
R. Paul Helleu
R. Alfred Roth
R. Voltaire
R. Montesquieu
R. des Ursulines
R. de Kerozen
R. du Maréchal Foch
R. Albert 1er
R. de Kerfranc

PONTIVY, JOSSELIN
AURAY, LORIENT
DINAN, RENNES, REDON
NANTES
CONCLEAU, PARC DES EXOISITIONS

L'Annexe

CUISINE MODERNE · BISTRO Élise et David, deux jeunes professionnels pleins d'allant, tiennent les rênes de cette maison conviviale. La cuisine met l'accent sur la fraîcheur des produits, majoritairement issus de producteurs locaux, dont le nom est même affiché fièrement à la carte. Beaux accords mets et vins.

Menu 27 € (déjeuner), 40/75 € – Carte 36/67 €

Plan A2-n – *18 rue Émile-Burgault – ✆ 02 97 42 58 85 – https://restaurantlannexe.eatbu.com/ – Fermé 26 janvier-11 février, 21 juin-7 juillet, 18-26 octobre, lundi, dimanche*

La Gourmandière - Le Bistr'Aurélia

CUISINE TRADITIONNELLE · CONVIVIAL Bienvenue dans la partie bistrot de la Gourmandière. Ouverte uniquement le midi, elle permet de profiter du savoir-faire d'Olivier Samson dans des menus simples et gourmands, dont un "retour du marché" qui porte bien son nom... le tout à prix raisonnables.

Menu 26/42 € – Carte 40/55 €

Hors plan – *La Gourmandière - La Table d'Olivier, rue de Poignant – ✆ 02 97 47 16 13 – www.la-gourmandiere.fr – Fermé 14-27 avril, 16 août-2 septembre, lundi soir, mardi soir, mercredi, jeudi soir, vendredi soir, samedi, dimanche*

Le K19

CUISINE MODERNE · CONTEMPORAIN X Dans ce coin très calme du centre-ville – rue de la Boucherie, tout un programme ! –, belles viandes et poissons du marché (merlan, lieu jaune, sabre...) sont travaillés par un chef aux solides références, dans le respect de la tradition et du produit. À découvrir dans un décor élégant et feutré : on passe un bon moment.

Menu 19 € (déjeuner), 32/42 €

Plan A1-v – *19 rue de la Boucherie – ✆ 02 97 61 50 90 – www.lek19.fr – Fermé 18-26 avril, 25 juillet-11 août, 22-30 décembre, lundi, samedi midi, dimanche*

Le Tandem

CUISINE MODERNE · CONVIVIAL X Un couple voyageur (ils ont notamment passé deux ans à Montréal) est au guidon de ce Tandem, dans le vieux Vannes. Recettes dans l'air du temps aux influences bretonnes, produits au top (poissons sauvages et légumes et herbes des environs), desserts à tomber – jetez-vous sur le "beurre-sucre", un kouign-amann revisité... le tout à prix juste.

Menu 19 € (déjeuner), 29/36 €

Plan A2-e – *13 rue des Halles – ✆ 02 97 63 53 37 – www.letandem.bzh – Fermé lundi, mardi*

La Tête en l'air

CUISINE MODERNE · CONVIVIAL X L'ancien Boudoir est aujourd'hui le fief d'un jeune couple dynamique et accueillant, qui a bel et bien la tête... sur les épaules. Les assiettes sont modernes en diable, soignées et pleines de saveurs, à l'ardoise le midi et déclinées le soir dans un menu à l'aveugle en 5 ou 7 temps. Vu le prix, il serait vraiment dommage de se priver.

Menu 30 € (déjeuner), 50/70 €

Plan B1-k – *43 rue Fontaine – ✆ 02 97 67 31 13 – www.lateteenlair-vannes.fr – Fermé 17 février-4 mars, 22 juin-8 juillet, lundi, mardi, mercredi*

Le Vent d'Est

CUISINE ALSACIENNE · BISTRO X Un Vent d'Est souffle sur la côte Ouest : face au port, cette véritable winstub transporte en Alsace ! Flammekueche, choucroute, kougelhopf, etc. Les spécialités de la région trônent à la carte, avec quelques incursions dans le terroir breton. Ou comment deux régions se rencontrent... à petits prix et avec gourmandise.

Menu 18 € (déjeuner)/27 € – Carte 27/47 €

Plan A2-d – *25 Rue Ferdinand le Dressay – ✆ 02 97 01 34 53 – www.leventdest.fr – Fermé 20 juin-13 juillet, lundi, dimanche*

à Arradon 7 km à l'Ouest par D101, D101^{A} et D127 – Carte régionale n° **7**-A3

Les Vénètes

CUISINE TRADITIONNELLE · ÉLÉGANT XX Pour manger les pieds dans l'eau ! On s'installe dans la salle, superbement située au bord de la *mor bihan* ("petite mer" en breton). Une vue qui met en valeur de beaux produits iodés : huîtres et palourdes du golfe, poissons du jour... avec même un menu autour du homard. Quelques chambres pour prolonger le moment.

Menu 38 € (déjeuner), 49/89 € – Carte 70/100 €

Hors plan – *A la pointe – ✆ 02 97 44 85 85 – www.lesvenetes.com – Fermé 17 février-8 mars, 16-30 novembre, lundi, dimanche soir*

à Conleau 4,5 km au Sud - Est

Le Roof

BUSINESS · CONTEMPORAIN La presqu'île de Conleau domine une anse peuplée de voiliers... et c'est là que se dresse cet hôtel-restaurant construit en 1989. Baignées de lumière, la majorité des chambres ouvrent sur les flots et les rives constellées de pins qui font le charme si pittoresque du golfe du Morbihan.

40 chambres – 79/245 € – 14 €

Hors plan – *10 allée des Frères-Cadoret – ✆ 02 97 63 47 47 – www.le-roof.com*

à St-Avé 6 km au Nord par D767 (près du centre hospitalier spécialisé) - Carte régionale n° **7**-A3

Le Pressoir (Vincent David)

CUISINE MODERNE • INTIME XXX Le chef Vincent David, natif de Saint-Brieuc, a fréquenté cette institution vannetaise en culotte courte avec ses grands-parents. C'est d'ailleurs là qu'il a pris goût à la cuisine des restaurants étoilés. Quelques décennies plus tard, après avoir convaincu de son talent des chefs comme Dominique Bouchet ou Marc Meneau, il a repris cette maison emblématique au cadre rustico-chic et chaleureux, à l'image du mobilier en rotin. Passionné par les mariages terre-mer, il signe une vraie cuisine d'auteur, inspirée et soignée, où des produits de belle qualité sont conjugués avec équilibre. Son oursinade de homard gratiné au parfum d'estragon, poutargue en galette et boudin noir, nous a laissé un souvenir mémorable de gourmandise et de finesse.

Spécialités : Langoustine, foie gras et artichaut aux cinq vinaigres. Ris de veau et homard, caramel d'oignon. Chocolat noir, passion, cacahouète et nuage de lait.

Menu 36 € (déjeuner), 52/105 € - Carte 75/95 €

Hors plan - *7 rue de l'Hôpital - ✆ 02 97 60 87 63 - www.le-pressoir.fr - Fermé lundi, dimanche soir*

à Séné 3 km au Sud - Est par N165 - Carte régionale n° **7**-A3

Le Puits des Saveurs

CUISINE MODERNE • CONVIVIAL X On oublie tout de la zone commerciale peu avenante où se trouve le restaurant dès que l'on en découvre l'élégant et chaleureux décor, en camaïeu de gris et bois clair. Le plaisir de l'assiette fait le reste : présentations soignées, saveurs enlevées, produits de qualité... le chef puise son inspiration à la source du bon.

Spécialités : Cuisine du marché.

Menu 22 € (déjeuner), 34/45 €

Hors plan - *Route de Nantes, Le Poulfanc - ✆ 02 97 42 60 69 - Fermé lundi, mercredi soir, dimanche soir*

LES VANS

✉ 07140 - Ardèche - Carte régionale n° **2**-A3 - Carte Michelin 331-G7

Likoké (Piet Huysentruyt)

CUISINE CRÉATIVE • CONVIVIAL X Très largement belge, la jeune brigade de cette maison est emmenée par Piet Huysentruyt, installé en Ardèche après une belle carrière en Belgique. Le programme, c'est un menu unique où se succèdent les petites bouchées récréatives, véritables bombinettes de saveurs, avec moults clins d'œil aux différents pays visités par le chef et ses seconds. Une expérience au sens fort du terme, un moment hors des clous gastronomiques - jusqu'à l'omniprésence de la musique en salle... Ici, on célèbre le terroir (vins bio et naturels de la région, fromages de producteurs locaux, truite bio du mont Lozère), mais aussi la fête et le savoir-vivre : voilà une table bien dans sa peau, synonyme de plaisir.

Spécialités : Cuisine du marché.

Menu 49 € (déjeuner), 95/145 €

7 route de Païolive - ✆ 04 75 88 09 74 - www.likoke.com - Fermé 31 octobre-10 avril, lundi, mardi midi, mercredi midi, dimanche

VARADES

✉ 44370 - Loire-Atlantique - Carte régionale n° **23**-B2 - Carte Michelin 316-J3

La Closerie des Roses

CUISINE CLASSIQUE • TENDANCE XX Ce restaurant est ancré depuis 1938 en bord de Loire : un site ravissant, presque en symbiose avec le fleuve... Et de la salle panoramique, on admire l'abbatiale de St-Florent-le-Vieil, illuminée le soir. Le chef achète son poisson aux pêcheurs du coin et concocte une délicieuse cuisine régionale. Le plaisir est complet.

Spécialités : Fraîcheur de crabe, rémoulade aux herbes. Croustillant de cabillaud à l'embeurrée de choux et beurre blanc. Meringue soufflée aux fraises du Val de Loire.

Menu 33/67 € - Carte 49/59 €

455 La Haute-Meilleraie - ✆ 02 40 98 33 30 - www.lacloseriedesroses.com - Fermé 17 février-4 mars, 24 août-3 septembre, 19 octobre-4 novembre, lundi soir, mardi soir, mercredi, dimanche soir

VARETZ - Corrèze (19) → Voir Brive-la-Gaillarde

VAUCHOUX - Haute-Saône (70) → Voir Port-sur-Saône

VAUDEVANT

✉ 07410 - Ardèche - Carte régionale n° **2**-B2 - Carte Michelin 331-J3

La Récré

CUISINE MODERNE • CONVIVIAL ✗ Installé dans l'ancienne école de garçons du village, dont il a conservé les vestiges – tableau noir, cartes de géographie –, ce restaurant ne pouvait mieux porter son nom. On y découvre des créations pétillantes, qui piochent allègrement dans les produits du terroir ; et c'est encore meilleur lorsqu'on est attablé dans la cour ombragée...

Spécialités : Foie gras de canard poêlé, tatin aux pommes caramélisées. Gambas sauvages à la plancha, sauce surprise. Tartelette au chocolat et fruits de saison.

Menu 28/39 €

70 route de Satillieu - ✆ 04 75 06 08 99 - www.restaurant-la-recre.com - Fermé 30 novembre-13 janvier, lundi, mardi, dimanche soir

VAULT-DE-LUGNY - Yonne (89) → Voir Avallon

VAUX-EN-BEAUJOLAIS

✉ 69460 - Rhône - Carte régionale n° **3**-E1 - Carte Michelin 327-G3

Auberge de Clochemerle

CUISINE MODERNE • CONTEMPORAIN ✗✗ On se sent bien, dans la salle à manger tout en sobriété de l'auberge de Clochemerle. Le menu surprise fait la part belle aux produits de saison, avec des assiettes élaborées avec soin. De quoi régaler les (nombreux) habitués, mais aussi les clients de passage. Quelques chambres confortables pour l'étape.

Menu 48/96 €

173 rue Gabriel-Chevallier - ✆ 04 74 03 20 16 - www.aubergedeclochemerle.fr - Fermé 2-22 janvier, 17-26 août, 21-30 décembre, lundi midi, mardi, mercredi

VAUX-LE-PÉNIL - Seine-et-Marne (77) → Voir Melun

VAUX-SUR-MER - Charente-Maritime (17) → Voir Royan

VELLUIRE - Vendée (85) → Voir Fontenay-le-Comte

VENCE

✉ 06140 - Alpes-Maritimes - Carte régionale n° **25**-E2 - Carte Michelin 341-D5

Le Saint-Martin

CUISINE MODERNE • LUXE ✗✗✗✗ Tout, ici, est un ravissement. L'élégant cadre, chic et raffiné, la vue à couper le souffle sur les collines de Vence et la Méditerranée... mais, par-dessus tout, une cuisine qui est une fête pour les papilles ! Grand sportif, compétiteur-né, le chef peut se vanter d'un parcours varié, allant des grands palaces à des maisons plus confidentielles. Fort de son expérience, il compose des assiettes fines et délicates, avec de jolies trouvailles dans les associations de produits. Quant aux desserts, assurés par la cheffe pâtissière Ève Moncorger, ils se révèlent un point fort du repas.

Spécialités : Œuf mollet en coque de brioche et légumes de saison. Bar de ligne en croûte de pistache, polenta aux olives et artichaut poivrade. Chocolat andoa, noisettes, caramel et glace au Baileys.

Menu 65/130 € – Carte 87/123 €

Château Saint-Martin & Spa, 2490 Avenue des Templiers – ✆ 04 93 58 02 02 – www.chateau-st-martin.com – Fermé 19 octobre-1er mai

Les Bacchanales

CUISINE CRÉATIVE • BRANCHÉ XX A l'écart de la ville, dans une zone résidentielle, cette adresse propose une cuisine du marché plutôt créative, d'une fraîcheur sans cesse renouvelée, autour de menus en quatre, cinq, sept ou neuf plats. Cadre moderne et terrasse.

Menu 65 € (déjeuner), 75/120 €

27 avenue de Provence – ✆ 04 93 24 19 19 – www.lesbacchanales.com – Fermé 2-11 juin, 24 décembre-31 janvier, mardi, mercredi, jeudi midi

Comme Chez Soi

CUISINE MODERNE • CONTEMPORAIN XX Un voyageur du monde : voici comment se définit le chef de cette sympathique table, installée non loin de la fontaine du Peyra. Né au Portugal, formé dans la marine, il réalise une cuisine moderne et soignée, influencée par ses nombreux voyages. Décor contemporain tout en épure.

Menu 28 € – Carte 52/62 €

41 avenue Marcellin-Maurel – ✆ 09 81 19 97 27 – www.commechezsoivence.com – Fermé 1er-31 octobre, lundi, mardi midi, mercredi midi, jeudi midi, dimanche

La Farigoule

CUISINE TRADITIONNELLE • COSY XX La farigoule ? Du côté de Vence, c'est comme cela que l'on appelle le thym. À l'image de l'aromate, le restaurant ne manque ni de fraîcheur ni de parfums : demi-homard en gratin, sauce Thermidor ; pavé de loup de ligne cuit sur sa peau, purée de pommes de terre à l'huile d'olive, sauce vierge. On redécouvre la Provence. Joli patio.

Carte 46/64 €

15 Avenue Henri Isnard – ✆ 04 93 58 01 27 – www.lafarigoule-vence.fr – Fermé lundi, mardi

Les Agapes

CUISINE MODERNE • CONVIVIAL X Le chef propose une cuisine moderne, lisible, attentive aux saisons et sujette aux inspirations du chef, à découvrir à l'ardoise. Tartare de saumon aux légumes croquants et gingembre frais ; sablé breton, mousseline de citron jaune et framboises : on se fait plaisir en toute simplicité dans ce petit restaurant sympathique et contemporain.

Menu 24 € (déjeuner)/35 € – Carte 30/50 €

4 place Clemenceau – ✆ 04 93 58 50 64 – www.les-agapes.net – Fermé 2-10 juin, lundi, dimanche

La Cassolette

CUISINE PROVENÇALE • TRADITIONNEL X Sur une ravissante place pavée de la vieille ville, face à la mairie, ce restaurant intimiste est tenu par un chef expérimenté. Il compose une cuisine du marché goûteuse, aux accents provençaux, que l'on déguste dans une jolie salle ou en terrasse, sur la place. Le tout à prix doux !

Menu 25 € (déjeuner)/40 € – Carte 40/70 €

9 Place Georges Clemenceau – ✆ 04 93 58 84 15 – www.restaurant-lacassolette-vence.com – Fermé 1er-15 janvier, mardi, mercredi

Château Saint-Martin & Spa

GRAND LUXE · CLASSIQUE Cadre d'exception pour ce luxueux hôtel provençal dominant Vence et la mer depuis son vaste parc planté d'oliviers. Décor d'un parfait confort ; villas nichées dans la verdure ; chambres et suites mêlant touches contemporaines et provençales ; superbe piscine et spa délicieux. Le luxe sans ostentation : l'élégance, en somme.

38 chambres – 350/1420 € – 40 € – 8 suites

2490 avenue des Templiers – ✆ 04 93 58 02 02 – www.chateau-st-martin.com – Fermé 19 octobre-1er mai

Le Saint-Martin – Voir la sélection des restaurants

La Maison du Frêne

HÔTEL PARTICULIER · PERSONNALISÉ Une belle demeure du 18e s., son escalier en fer forgé, ses tomettes superbes et, partout, des œuvres d'art contemporain... C'est pop et design, frais, atypique et très ludique. Le temps d'un séjour au chic décalé, les propriétaires – collectionneurs chevronnés – sauront vont faire partager leur passion.

4 chambres – 137/165 €

1 place du Frêne – ✆ 06 88 90 49 69 – www.lamaisondufrene.com

VENDÔME

41100 – Loir-et-Cher – Carte régionale n° **8**-B2 – Carte Michelin 318-D5

Pertica (Guillaume Foucault)

CUISINE CRÉATIVE · ÉPURÉ Pertica, c'est le Perche en latin. Le chef, Guillaume Foucault, est à ce point attaché à sa région natale qu'il en a fait l'alpha et l'oméga de son restaurant. Mission accomplie : ici, le Perche est partout. Dans l'enduit ocre des murs, dans le grès des assiettes et le bois des couteaux (poirier, épine noire), mais aussi et surtout dans l'assiette : Guillaume Foucault a réuni autour de lui une pléiade de petits producteurs qui partagent sa vision. Jamais passéiste, le chef travaille par exemple le lapin fermier à la manière d'un lièvre à la royale, cuit pendant 36 heures. Accompagné d'une farce vanillée et d'une sauce au vinaigre de poire maison, ce plat tout en arômes suaves fond littéralement dans la bouche – comme une douceur venue de l'enfance.

Spécialités : Cuisine du marché.

Menu 48/90 €

15 place de la République – ✆ 02 54 23 72 02 – www.restaurantpertica.com – Fermé 13-19 avril, 17 août-3 septembre, 21-31 décembre, lundi, mercredi midi, dimanche

VENTABREN

13122 – Bouches-du-Rhône – Carte régionale n° **24**-B3 – Carte Michelin 340-G4

Dan B. (Dan Bessoudo)

CUISINE MODERNE · DESIGN Assurément l'un des restaurants les plus élégants de la région, au cœur de la charmante bourgade de Ventabren. Le cadre, rénové à grands frais, frappe par sa modernité : mobilier scandinave, panneaux brillants au plafond, sans oublier la superbe vue panoramique sur l'étang de Berre et la vallée de l'Arc. Dans l'assiette, le plaisir est aussi au rendez-vous, sous la houlette du chef toulonnais Dan Bessoudo : cuisine fraîche et colorée, franchement créative (les menus se nomment "bois" ou "béton"), tout en contrastes, réalisée à base de produits locaux bien choisis. Côté ambiance, la convivialité domine : décidément, un bonheur.

Spécialités : Caviar d'aubergines fumées, crème froide de chèvre frais de pays, parmesan et pastèque glacée. Filet de bar sauvage, mousseline légère de cocos blancs, pétales de tomates confits. Avocat aux agrumes, entremet avocat, crémeux citron et biscuit moelleux aux amandes.

Menu 54 € (déjeuner), 79/115 € – Carte 84/118 €

1 rue Frédéric-Mistral – ✆ 04 42 28 79 33 – www.danb.fr – Fermé 23 décembre-31 janvier, lundi, mardi midi

VERDUN

✉ 55100 – Meuse – Carte régionale n° **12**–A1 – Carte Michelin 307-D4

Les Jardins du Mess

DEMEURE HISTORIQUE • CONTEMPORAIN Cet ancien mess de sous-officiers, bâti à la fin du 19e s. sur les quais de la Meuse, a été entièrement rénové : on s'y repose aujourd'hui dans des chambres contemporaines et bien aménagées, côté ville pour la vue ou côté jardin pour le calme. Bar plaisant.

40 chambres – 114/237 € – 16 €

22 quai de la République – 03 29 80 14 18 – www.lesjardinsdumess.fr

aux Monthairons 13 km au Sud par D34 – Carte régionale n° **12**–A1

Hostellerie du Château des Monthairons

CUISINE MODERNE • BOURGEOIS XXX Émincé de canette au verjus de mirabelle ; parfait glacé à la dragée de Verdun : cette table châtelaine, tenue en famille, permet d'apprécier une cuisine mêlant joliment bases classiques et touches plus actuelles. Et, comme on l'imagine, le cadre est superbe : moulures, vieux parquet, tentures épaisses...

Menu 49/102 € – Carte 68/80 €

26 route de Verdun – 03 29 87 78 55 – www.chateaudesmonthairons.fr – Fermé 2 janvier-8 février, 19-25 octobre, lundi, mardi midi

VERFEIL

✉ 31590 – Haute-Garonne – Carte régionale n° **22**–C2 – Carte Michelin 343-H3

La Promenade (Nicolas Thomas)

CUISINE CRÉATIVE • TENDANCE XX Autant le dire : on se régale lors cette promenade gastronomique, entraîné par un chef passionné, ancien violoncelliste professionnel, ayant quitté le monde de la musique pour... un piano de cuisson ! Cela explique peut-être en partie l'approche 'improvisée" de sa cuisine, qui change en permanence au fil des saisons et de ses inspirations. Son menu unique, sans choix, nous emmène d'une surprise à une autre... Bref, cette belle bâtisse toulousaine abrite un petit miracle créatif, tout en finesse et en fraîcheur ! Décidément, une adresse à découvrir à tout prix.

Spécialités : Cuisine du marché.

Menu 30 € (déjeuner), 70/100 €

2 promenade Jean Jaurès – 05 34 27 85 42 – www.restaurant-la-promenade.fr – Fermé lundi, mardi, mercredi midi, dimanche soir

VERGONCEY

✉ 50240 – Manche – Carte régionale n° **17**–A3 – Carte Michelin 303-D8

Château de Boucéel

DEMEURE HISTORIQUE • GRAND LUXE En pleine campagne normande, un très beau château (1763) au cœur d'un parc à l'anglaise. Pour les âmes romantiques, rien de tel qu'une balade autour des étangs avant de regagner la quiétude raffinée des chambres... Mobilier ancien, superbe parquet, portraits d'ancêtres : du style !

5 chambres – 200/400 €

Lieu-dit Boucéel – 02 33 48 34 61 – www.chateaudebouceel.com

VERGONGHEON

✉ 43360 – Haute-Loire – Carte régionale n° **1**–C2 – Carte Michelin 331-B1

La Petite École

CUISINE MODERNE • VINTAGE X Ce restaurant a remplacé l'ancienne école du village voilà quelques années. La cuisine, fine et savoureuse, mérite un A sans hésitation. Copie parfaite pour ces créations précises et savoureuses, que l'on doit à un chef amoureux du bon produit. Une cantine de choix, sans fausse note, doublée d'un excellent rapport qualité-prix.

Menu 33/48 €

à Rilhac – 04 71 76 97 43 – www.restaurant-lapetiteecole.com – Fermé 8-23 janvier, 18-28 juin, 8 septembre-10 octobre, lundi, mardi midi, samedi midi, dimanche soir

VERNEUIL-SUR-AVRE

✉ 27130 – Eure – Carte régionale n° **17**–C3 – Carte Michelin 304-F9

Le Clos

CUISINE MODERNE • ÉLÉGANT XXX Deux élégantes et intimes salles à manger au cœur de ce luxueux castel : parquets anciens, tapis persans, moulures, trompe-l'œil, tables dressées dans les règles de l'art... Comme auparavant, l'assiette célèbre le terroir normand, avec une poignée de recettes plus audacieuses.

Menu 62/97 € – Carte 67/92 €

98 rue de la Ferté-Vidame – ✆ 02 32 32 21 81 – www.leclos-normandie.com – Fermé 1er-28 février, lundi midi, mardi midi, mercredi midi, jeudi midi, vendredi midi, samedi midi

Le Clos

LUXE • ÉLÉGANT Ce castel normand cultive, derrière sa belle façade en briques polychromes, un luxe jusque dans les détails. Les équipements de pointe, le superbe parc, l'étonnante véranda de style Eiffel, l'espace bien-être, mais aussi passion et l'enthousiasme des hôtes : tout garantit un séjour délicieux.

10 chambres – 220/320 € – 25 € – 5 suites

98 rue de la Ferté-Vidame – ✆ 02 32 32 21 81 – www.leclos-normandie.com – Fermé 1er-28 février

Le Clos – Voir la sélection des restaurants

VERNON

✉ 27200 – Eure – Carte régionale n° **17**–D2 – Carte Michelin 304-I7

Le Bistro des Fleurs

CUISINE TRADITIONNELLE • BISTRO X Voilà un bistrot comme on les aime, avec un beau comptoir où s'accoudent les clients pressés et une incontournable ardoise du jour. Courte, traditionnelle et alléchante, celle-ci atteste le parti pris de la cheffe : rien que du frais, au gré du marché et de ses inspirations. Dernière fleur : un excellent choix de vins au verre...

Menu 21 € – Carte 26/37 €

73 rue Carnot – ✆ 02 32 21 29 19 – Fermé 27 juillet-18 août, lundi, dimanche

VERNOUILLET – Eure-et-Loir (28) ➜ Voir Dreux

VERRUYES – Deux-Sèvres (79) ➜ Voir Mazières-en-Gâtine

VERS

✉ 46090 – Lot – Carte régionale n° **22**–C1 – Carte Michelin 337-F5

La Truite Dorée

FAMILIAL • TRADITIONNEL Au bord du Vers – où fraie peut-être quelque truite dorée –, l'adresse bénéficie d'un cadre très mignon... Les chambres sont confortables, et certaines d'entre elles jouissent même d'une terrasse au bord de la rivière. Cuisine traditionnelle au restaurant.

28 chambres – 94/140 € – 11 €

Rue de la Barre – ✆ 05 65 31 41 51 – www.latruitedoree.fr – Fermé 18 décembre-8 février

VERSAILLES – Yvelines (78) ➜ Voir Autour de Paris

VERS-PONT-DU-GARD – Gard (30) ➜ Voir Pont-du-Gard

VERT-BOIS – Charente-Maritime (17) ➜ Voir Île d'Oléron

VERTOU – Loire-Atlantique (44) ➜ Voir Nantes

VERTUS

✉ 51130 - Marne - Carte régionale n° **11**-B2 - Carte Michelin 306-G9

à Bergères-les-Vertus 3, 5 km au Sud par D9

Hostellerie du Mont-Aimé

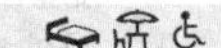

CUISINE TRADITIONNELLE • CLASSIQUE XXX Un cadre cossu et bourgeois, pour une cuisine traditionnelle généreuse qui valorise notamment les produits nobles (ainsi ce cœur de ris de veau au jus de truffe). Autre plaisir, la belle carte des vins et ses nombreuses références de champagne.

Menu 30 € (déjeuner), 45/90 € - Carte 64/90 €

4-6 rue de Vertus - ✆ 03 26 52 21 31 - www.hostellerie-mont-aime.com - Fermé 23 décembre-2 janvier, dimanche soir

VESC

✉ 26220 - Drôme - Carte régionale n° **2**-B3 - Carte Michelin 332-D6

Chez Mon Jules

CUISINE DU TERROIR • BISTRO X Au cœur du village, voilà une sympathique adresse ! Dans une salle où objets chinés, tables et chaises en bois font bon ménage, on se régale d'une savoureuse cuisine du terroir, tels la caillette maison au foie gras ou l'agneau de pays confit 7h. Aux beaux jours, profitez de la terrasse à l'ombre des canisses.

Spécialités : Caillette au foie gras, bouillon aux herbes. Risotto de petit épeautre, légumes et œuf 64°. Soupe de nectarine, agastache et sorbet.

Menu 34/57 €

5 rue Étienne-de-Vesc - ✆ 04 75 04 20 74 - www.chezmonjules.com - Fermé 1er-31 janvier, lundi, mardi, mercredi, dimanche soir

VESOUL

✉ 70000 - Haute-Saône - Carte régionale n° **6**-B1 - Carte Michelin 314-E7

Le Caveau du Grand Puits

CUISINE MODERNE • CONVIVIAL X Dans cet ancien relais de diligence, nul besoin de voyager pour être le bienvenu ! Entrez donc dans la salle voûtée ou faufilez-vous dans la cour intérieure pour apprécier la goûteuse cuisine de saison du chef. Service jeune et décontracté.

Menu 21 € (déjeuner), 29/60 € - Carte 25/40 €

3 place du Grand Puits - ✆ 03 84 76 66 12 - Fermé 14-31 août, 23 décembre-2 janvier, mercredi soir, samedi midi, dimanche

à Épenoux 5 km au Nord rte de St - Loup - sur - Semouse et D10 - Carte régionale n° **6**-B1

Château d'Épenoux

DEMEURE HISTORIQUE • CLASSIQUE Petit château du 18e s. dans un parc planté d'arbres centenaires. Dans les chambres, à la tenue irréprochable, rien ne semble avoir changé depuis le Siècle des lumières : parquet, boiseries, moulures... La quintessence d'un cadre bourgeois.

5 chambres ☕ - 👫 149/189 €

5 rue Ruffier-D'Epenoux - ✆ 03 84 75 19 60 - www.chateau-epenoux.com - Fermé 20 décembre-2 février

VEUIL - Indre (36) → Voir Valençay

VEUVES

✉ 41150 - Loir-et-Cher - Carte régionale n° **8**-A1 - Carte Michelin 318-D7

🍴 L'Auberge de la Croix Blanche 

CUISINE TRADITIONNELLE • RUSTIQUE X Point de voitures à cheval devant cet ancien relais de poste (1888), mais un décor suggestif qui n'est pas sans évoquer les folles équipées d'antan... On y déguste une généreuse cuisine traditionnelle, avec des produits de saison. Terrasse au jardin.

Menu 27/37 € - Carte 33/45 €

2 avenue de la Loire - ✆ 02 54 70 23 80 - www.auberge-delacroixblanche.fr - Fermé lundi, dimanche soir

VEYNES

✉ 05400 - Hautes-Alpes - Carte régionale n° **24**-B1 - Carte Michelin 334-C5

🍴 La Sérafine

CUISINE MODERNE • CONVIVIAL XX Dans un hameau, cette jolie bergerie tout en pierre, datée du 18e s., conserve le nom de sa propriétaire... La cheffe, d'origine vietnamienne, réalise une cuisine moderne et instinctive, avec quelques plats de tradition. Intérieur élégant et raffiné.

Menu 40/54 €

Les Paroirs - ✆ 04 92 58 06 00 - www.restaurantserafine.com - Fermé 7 janvier-13 février, mardi, mercredi, jeudi midi

VEYRIER-DU-LAC - Haute-Savoie (74) ➜ Voir Annecy

VÉZELAY

✉ 89450 - Yonne - Carte régionale n° **5**-B2 - Carte Michelin 319-F7

Les Glycines 

MAISON DE MAÎTRE • ROMANTIQUE À 50 m de la Basilique, cette ancienne propriété du menuisier du roi abrite un hôtel de charme dont le cachet historique, le joli salon cossu et les agréables chambres mansardées dessinent un lieu de bon goût. Les petits-déjeuners se prennent sur la terrasse, aux beaux jours.

13 chambres - 78/181 € - ☕ 13 €

33 rue Saint-Pierre - ✆ 03 86 47 29 81 - www.vezelay-laterrasse.com - Fermé 5 janvier-13 mars

VIADUC DE GARABIT

✉ 15100 - Cantal - Carte régionale n° **1**-B3 - Carte Michelin 330-H5

🍴 Beau Site 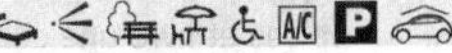

CUISINE TRADITIONNELLE • FAMILIAL XX Au pied du célèbre viaduc - la salle panoramique offre une vue imprenable sur l'édifice -, le chef compose une bonne cuisine revisitant la tradition : suprême de volaille en croûte de moutarde de Charroux, filet de sandre en écaille de pomme de terre et sauce au saint-pourçain blanc...

Menu 20 € (déjeuner), 28/42 € - Carte 25/50 €

N9 - ✆ 04 71 23 41 46 - www.beau-site-hotel.com - Fermé 1er janvier-26 mars

VIC-EN-BIGORRE

✉ 65500 - Hautes-Pyrénées - Carte régionale n° **22**-A2 - Carte Michelin 342-M4

🍴 Le Réverbère 

CUISINE TRADITIONNELLE • CONVIVIAL X Venez vous régaler à la lumière de ce plaisant Réverbère, dont l'intérieur -entièrement relooké - se révèle moderne et lumineux. On vient y profiter des créations du chef, au plus près du terroir : il travaille avec de nombreux producteurs locaux pour un résultat généreux et goûteux, plein de saveurs.

Menu 16 € (déjeuner), 26/39 €

Rue d'Alsace - ✆ 05 62 96 78 16 - www.hotellereverbere.com - Fermé 1er-31 janvier, samedi, dimanche soir

VIC-FEZENSAC

✉ 32190 – Gers – Carte régionale n° **22**–A2 – Carte Michelin 336-D7

à Préneron 6 km au Sud - Ouest par N124, D157 et rte secondaire –

Carte régionale n° **22**–A2

Auberge La Baquère

CUISINE TRADITIONNELLE • SIMPLE Cette ferme-auberge a beau être isolée en pleine campagne, les clients sont nombreux. Et pour cause : canard, ramier, truite et anguille y sont cuisinés avec style. Une bonne maison.

Spécialités : Cassolette d'escargots et pieds de cochon gratinée. Poulet du Gers, queues d'écrevisses, jus réduit au floc de Gascogne. Meringue, figues, pain d'épice et sorbet mentholé.

Menu 18/59 € – Carte 32/49 €

Lieu-dit la Baquère – ✆ 05 62 06 42 75 – www.aubergelabaquere.com – Fermé mardi, mercredi, jeudi

VICHY

✉ 03200 – Allier – Carte régionale n° **1**–C1 – Carte Michelin 326-H6

Maison Decoret (Jacques Decoret)

CUISINE CRÉATIVE • ÉLÉGANT Une bâtisse du 19^{e}s., une grande véranda cubique jouant sur la transparence : tel est le décor voulu par Jacques Decoret. Recherche esthétique et finesse sont au rendez-vous dans l'assiette, autour de très beaux produits : le chef maîtrise son sujet, sans faire montre d'ostentation (ainsi la poulette du Bourbonnais et boulgour, jus de roquette et artichaut). On apprécie aussi la personnalité qui se dégage des amuses bouches et de la sauce à la reine des près. Pour ceux qui souhaitent prolonger le séjour, quelques chambres style maison d'hôtes rappellent agréablement l'esprit contemporain du lieu.

Spécialités : Grenouilles fraîches avec une touche d'acidité. Truite de la montagne bourbonnaise étuvée, champignons, cèpes secs, noix fraîche et pimprenelle. Tubes de sarrasin au caramel de cidre et glace à la vanille de Madasgascar.

Menu 45 € (déjeuner), 78/135 €

Plan A2-b – *15 rue du Parc – ✆ 04 70 97 65 06 – www.maisondecoret.com – Fermé 24 février-14 mars, 28 avril-1er mai, 16 août-11 septembre, mardi, mercredi*

La Table d'Antoine

CUISINE MODERNE • ÉLÉGANT Voyageur invétéré, le chef aime manier les épices et livre une cuisine gourmande et parfumée. On sent la générosité du passionné... Quant au décor, entre pierre de Volvic, verrière incrustée de motifs végétaux et cuir de Salers, il joue sur une évocation contemporaine de l'Auvergne. Original !

Spécialités : Œuf meurette, lentilles vertes, mouillette au lard fumé. Saint-pierre, bouillon à l'anis vert et légumes de saison. Citron sous les brindilles, sorbet aux herbes.

Menu 29 € (déjeuner), 34/74 € – Carte 53/77 €

Plan A2-d – *8 rue Burnol – ✆ 04 70 98 99 71 – www.latabledantoine.com – Fermé 20 février-11 mars, lundi, dimanche soir*

La Table de Marlène

CUISINE MODERNE • DESIGN Une soucoupe posée sur un lac, voilà qui n'est pas banal ! À fleur d'eau, dans un décor de verre et d'acier, les bons produits sont préparés avec justesse et les saveurs sont au rendez-vous. L'été, le bistrot permet même de profiter de la terrasse. La vérité n'est pas ailleurs : elle est dans l'assiette.

Spécialités : Œuf mollet, royale et émulsion légère aux lentilles vertes. Fricassée de seiches, tomates confites au basilic. Vacherin glacé au cassis, vanille Bourbon.

Menu 34/70 € – Carte 68/80 €

Plan A1-a – *Boulevard de Lattre-de-Tassigny (La Rotonde) – ✆ 04 70 97 85 42 – www.restaurantlarotonde-vichy.com – Fermé 6-26 janvier, 23-29 mars, lundi, mardi*

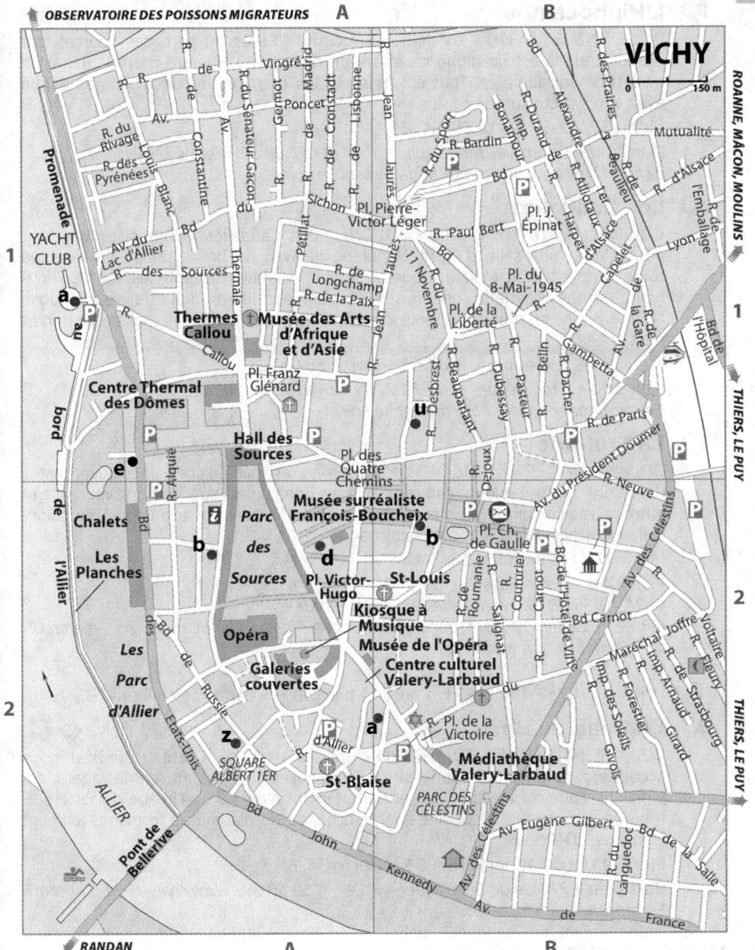

L'Alambic

CUISINE TRADITIONNELLE · CLASSIQUE Jean-Jacques et Marie-Ange se l'étaient promis : dans leur restaurant, il y aurait peu de couverts, pour pouvoir mieux régaler les clients. Pari réussi ! Sur une base traditionnelle, le chef marie les produits de saison avec gourmandise. C'est goûteux, parfumé et généreux... sans être alambiqué.

Spécialités : Boules de risotto farcies aux escargots. Tataki de thon, lentilles vertes, crème de tomate à la feuille de citronnier. Soupe de fraise glacée à la Verveine du Velay.

Menu 30/52 €

Plan B1-u – *8 rue Nicolas-Larbaud – 04 70 59 12 71 – Fermé 23 février-11 mars, 9 août-2 septembre, lundi, mardi, dimanche soir*

L'Hippocampe

POISSONS ET FRUITS DE MER · ÉLÉGANT XX Près du parc des Sources, cet Hippocampe-là est un digne représentant de la mer ! Homard breton, médaillon de lotte, bouillabaisse... Tout est frais et bien préparé. Joli décor contemporain avec vue directe sur les cuisines.

Menu 32/42 € – Carte 38/60 €

Plan A2-z – *3 boulevard de Russie – ✆ 04 70 97 68 37 – Fermé 1er-12 janvier, 22 juin-12 juillet, lundi, mardi midi, dimanche soir*

Les Caudalies

CUISINE TRADITIONNELLE · COLORÉ X Ces Caudalies vichyssoises ont tout pour plaire : une salle d'esprit Napoléon III avec de belles tables dressées en toute simplicité ; au mur, quelques toiles où les fruits et légumes sont à l'honneur... et dans l'assiette, une cuisine fleurant bon les produits du marché. Jolie carte des vins en prime – et pour cause, le chef et son épouse sont de véritables passionnés !

Menu 24 € (déjeuner), 35/65 € – Carte 55/80 €

Plan B2-a – *7 rue Besse – ✆ 04 70 32 13 22 – www.les-caudalies-vichy.fr – Fermé lundi, mercredi soir, dimanche soir*

La Truffade

CUISINE MODERNE · BISTRO X Malgré son nom, pas de spécialités auvergnates dans cette petite table du centre-ville, mais une cuisine du marché savoureuse et efficace, réglée sur les saisons. L'épouse du chef assure en salle un service convivial et efficace. Réservation indispensable.

Menu 17 € (déjeuner), 28/31 €

Plan B2-b – *16 rue Ravy-Breton – ✆ 04 70 98 28 57 – www.restaurant-la-truffade.fr – Fermé 1er-22 juin, 19-26 octobre, 21 décembre-3 janvier, lundi, mardi soir, mercredi soir, jeudi soir, dimanche soir*

à Bellerive-sur-Allier 3,5 km au Sud par D1093 – Carte régionale n° 1-C1

Château du Bost

CUISINE MODERNE · CONTEMPORAIN X La table du Château du Bost nous accueille dans un cadre épuré, où de jolies toiles colorées attirent le regard. On y profite d'une cuisine classique et parfaitement maîtrisée, à l'image de cette poitrine de veau confite et poêlée à la plancha, ou du plateau de fromages joliment composé... Délicieux.

Menu 23 € (déjeuner), 35/85 € – Carte 54/65 €

Hors plan – *27 Rue de Beauséjour – ✆ 04 70 59 59 59 – www.chateau-du-bost.com – Fermé lundi, dimanche soir*

VIC-SUR-CÈRE

✉ 15800 – Cantal – Carte régionale n° **1**-B3 – Carte Michelin 330-D5

Au Col de Curebourse 6 km au Sud - Est par D54

Hostellerie Saint-Clément

CUISINE TRADITIONNELLE · CHAMPÊTRE XX Aucun bandit de grand chemin ne rôde autour de cet établissement posé sur le col de Curebourse. Pressé de porc et lentilles, marmite du pêcheur (rouget, lotte, daurade, crevettes) : père et fils concoctent une cuisine pleine de goût et de saveurs, précise et gourmande, où les cuissons sont toujours justes.

Spécialités : Foie gras de canard mi-cuit, chutney de pomme et fruits secs. Filet mignon de porc, viennoise aux noisettes. Clair de lune, crème diplomate et fruits de saison.

Menu 32/65 € – Carte 45/80 €

Col de Curebourse – ✆ 04 71 47 51 71 – www.hotelstclementcantal.com – Fermé 1er novembre-29 mars, lundi, dimanche soir

VIENNE

✉ 38200 – Isère – Carte régionale n° **2**-B2 – Carte Michelin 333-C4

✿✿ La Pyramide - Patrick Henriroux

CUISINE MODERNE • ÉLÉGANT XXXX L'institution viennoise a été rendue célèbre par le mythique Fernand Point, formateur d'une foule de toques d'élite : Bocuse, frères Troisgros et frères Haeberlin, Chapel... C'est en 1989 que la famille Henriroux a repris la maison. Entre autres qualités, la cuisine de Patrick Henriroux se distingue par sa précision et sa sobriété. Homard en trois façons (pinces en salpicon, bisque en raviole, queue rôtie aux douces épices et cassis), soufflé à la vieille Chartreuse réalisé dans les règles de l'art : les preuves d'un savoir-faire aussi discret qu'imparable. Le tout dans un décor très design, d'une élégance extrême : on ne peut qu'applaudir.

Spécialités : Crème soufflée de crabe dormeur au caviar, émietté de tourteau et croquant d'artichaut comme en Provence. Veau du Limousin, crémeux de pomme de terre, champignons aux amandes et jus à l'amaretto. Piano au chocolat, sorbet noir et or, sauce au café grillé.

Menu 69 € (déjeuner), 149/180 € – Carte 155/210 €

14 boulevard Fernand-Point – ✆ 04 74 53 01 96 – www.lapyramide.com – Fermé 3 février-5 mars, 13-19 août, mardi, mercredi

L'Espace PH3

CUISINE MODERNE • COSY XX Au sein de la Pyramide, voici la seconde table de la famille Henriroux. Décor sobre et chic, dans un esprit végétal, cuisine santé et bien-être... On l'aura compris, le lieu fait peau neuve. Et tout est mené tambour battant par une équipe dont la motivation est communicative. Que d'énergie, que de saveurs !

Menu 26 € (déjeuner) – Carte 49/59 €

La Pyramide - Patrick Henriroux, 14 boulevard Fernand-Point – ✆ 04 74 53 01 96 – www.lapyramide.com – Fermé 2 février-11 mars, 2-10 août

L'Estancot

CUISINE TRADITIONNELLE • BISTRO X Une valeur sûre en ville que ce bistrot contemporain sympathique et généreux ! Les habitués apprécient les criques – des galettes de pommes de terre –, spécialités de la maison, garnies par exemple de foie gras poêlé ou de noix de Saint-Jacques et gambas.

Menu 27/36 € – Carte 27/54 €

4 rue de la Table-Ronde – ✆ 04 74 85 12 09 – Fermé lundi, mardi midi, dimanche

Les Saveurs du Marché

CUISINE TRADITIONNELLE • BISTRO X Un bistrot joliment moderne et très vivant... tout au service des saveurs du marché, bien entendu ! On aurait tort de se priver de cette cuisine très fraîche, soignée et savoureuse, rehaussée par une belle carte de vins de la vallée du Rhône. Et le couple de propriétaires est charmant...

Menu 17 € (déjeuner), 28/47 € – Carte 30/60 €

34 cours de Verdun – ✆ 04 74 31 65 65 – www.lessaveursdumarche.fr – Fermé 27 juin-4 août, 20 décembre-5 janvier, samedi, dimanche

La Pyramide - Patrick Henriroux

LUXE • PERSONNALISÉ Sur la N7, une adresse historique rénovée dans un style contemporain et une dynamique écolo-responsable. L'ensemble est élégant, avec ses parties communes, ses confortables chambres et ses matériaux choisis avec soin. Une belle adresse pour l'étape.

19 chambres – 200/255 € – 30 € – 4 suites

14 boulevard Fernand-Point – ✆ 04 74 53 01 96 – www.lapyramide.com – Fermé 3 février-5 mars

L'Espace PH3 • ✿✿ **La Pyramide - Patrick Henriroux** – Voir la sélection des restaurants

à Chonas-l'Amballan 9 km au Sud par N7 – Carte régionale n° **2**-B2

La Table de Philippe Girardon

CUISINE MODERNE • ÉLÉGANT XXX Plus de 25 ans d'étoile pour cette maison, et pourtant nulle trace de routine ni d'ennui dans les assiettes. Les produits sont impeccables, le terroir gonfle le torse, les assiettes finement travaillées dans une veine classique. Il faut dire que cette élégante demeure du 18e s., nichée dans un parc de trois hectares, fut jadis une villégiature pour les évêques de Lyon. C'est dans ce cadre chaleureux que l'on déguste le foie gras de canard mi-cuit macéré au saké ou un filet de veau du Limousin, jus à la sarriette... Une adresse agréable, un bon rapport qualité/prix.

Spécialités : Truite de l'Isère, confite aux agrumes et caviar d'Aquitaine. Ris de veau du Limousin, tortellinis de champignons au gingembre, mûres, girolles et livèche. Le jardin des Hespérides et sa déclinaison de citrons.

Menu 35 € (déjeuner), 70/135 €

Les Jardins de Clairefontaine, Chemin des Fontanettes – ✆ 04 74 58 81 52 – www.domaine-de-clairefontaine.fr – Fermé 16 décembre-17 janvier, lundi, mardi

Le Cottage

CUISINE TRADITIONNELLE • BRANCHÉ X Le restaurant du Cottage est emmené par Philippe Girardon, chef dont la passion et l'expérience sont incontestables ; il réalise ici une cuisine bistrotière à base de beaux produits frais, que l'on dévore dans la grande salle à manger ou en terrasse, à l'ombre des platanes...

Spécialités : Carpaccio de bœuf au parmesan, anchois et câpres. Volaille fermière aux morilles, gratin dauphinois. Baba au rhum, chantilly vanillée.

Menu 30 € – Carte 35/55 €

Le Cottage de Clairefontaine, 616 chemin du Marais – ✆ 04 74 58 83 28 – www.domaine-de-clairefontaine.fr – Fermé 16 février-4 mars

Les Jardins de Clairefontaine

TRADITIONNEL • PERSONNALISÉ Tranquillité, espace et verdure : un environnement de choix pour ces chambres aménagées dans les anciennes écuries du domaine. Charme champêtre et atmosphère apaisante font leur effet...

18 chambres – 140/180 € – 17 €

Chemin des Fontanettes – ✆ 04 74 58 81 52 – www.domaine-de-clairefontaine.fr – Fermé 16 décembre-17 janvier

La Table de Philippe Girardon – Voir la sélection des restaurants

VIERZON

✉ 18100 – Cher – Carte régionale n° **8**-C2 – Carte Michelin 323-I3

Les Petits Plats de Célestin

CUISINE TRADITIONNELLE • BRASSERIE X "Des petits plats réconfortants, qu'on aime retrouver" : voilà ce que défend ce Célestin. La terrine et le saumon fumé comptent parmi les incontournables de la maison, et l'on peut aussi se régaler d'un croustillant de pied de cochon ou d'un tajine d'agneau... à déguster dans une jolie rotonde vitrée, avec vue sur le jardin public.

Menu 27 € – Carte 27/50 €

20 avenue Pierre-Semard (face à la gare) – ✆ 02 48 83 01 63 – www.lespetitsplatsdecelestin.com – Fermé 5-22 janvier, 23 février-4 mars, 12-22 avril, 16 août-2 septembre, lundi, dimanche

VIGNIEU

✉ 38890 – Isère – Carte régionale n° **2**-B2 – Carte Michelin 333-F4

Le Capella

CUISINE MODERNE • CLASSIQUE XX Présentations soignées, jeux sur les textures, utilisation de bons produits : voici les savoureux arguments de ce Capella. Le cadre n'est pas en reste : deux salles voûtées en pierre, et une terrasse face à la piscine et au jardin. Carte des vins pointue, avec 450 références (surtout de la vallée du Rhône).

Menu 35 € (déjeuner), 49/89 €

Château de Chapeau Cornu, 312 Rue de la Garenne – ✆ 04 74 27 79 00 – www.lecapella.com – Fermé 21 décembre-14 janvier, lundi midi, mardi midi, mercredi, dimanche soir

Château de Chapeau Cornu

HISTORIQUE • ROMANTIQUE Dans un cadre verdoyant, au sein d'un parc arboré, ce château du 13e s. vous accueille dans des chambres romantiques et personnalisées, plutôt spacieuses (certaines ont même un baldaquin !). La belle piscine chauffée est un plus indéniable : une adresse idéale pour se mettre au vert.

14 chambres – 139/269 € – 18 €

22 Rue de la Garenne – ✆ 04 74 27 79 00 – www.chateau-chapeau-cornu.fr – Fermé 21 décembre-5 janvier

Le Capella – Voir la sélection des restaurants

VIGNY-LES-PARAY – Saône-et-Loire (71) ➜ Voir Digoin

VILLARD-DE-LANS

✉ 38250 – Isère – Carte régionale n° **2**-C2 – Carte Michelin 333-G7

La Doline

CUISINE TRADITIONNELLE • CONVIVIAL X Sous l'égide d'un jeune chef autodidacte, dans un décor associant montagne et modernité, cette petite table propose une cuisine traditionnelle – ainsi ce filet de truite fumée, le confit de canard maison ou les cèpes du Vercors.

Menu 29/45 €

La Roseraie, 297 Avenue du Professeur Nobécourt – ✆ 04 76 95 11 99 – www.ladoline.com – Fermé 1er avril-1er juin, 1er octobre-15 décembre, lundi midi, mardi midi, mercredi midi, jeudi midi, vendredi midi, samedi midi

La Ferme du Bois Barbu

CUISINE TRADITIONNELLE • FAMILIAL X Non loin des pistes de ski de fond et des chemins de randonnée, dans un environnement préservé – que la région est pittoresque ! –, une adresse sympathique, montagnarde mais nullement rude : au cœur de l'hiver, par exemple, le bon feu de cheminée va si bien à la cuisine du terroir...

Menu 22/30 €

à Bois-Barbu – ✆ 04 76 95 13 09 – www.fermeboisbarbu.com – Fermé 2-29 novembre, mercredi, dimanche soir

Les Trente Pas

CUISINE MODERNE • COLORÉ X À une trentaine de pas de l'église de Villard, un restaurant de poche au décor soigné. Dans une jolie salle à manger, l'œil s'attarde sur les tableaux d'un artiste local... Derrière ses fourneaux, le chef honore les produits (notamment du Vercors) au gré du marché et de son inspiration. Un travail soigné.

Menu 21 € (déjeuner), 31/50 € – Carte 31/45 €

16 Avenue des Francs Tireurs – ✆ 04 76 94 06 75 – www.lestrentepas.fr – Fermé 22-30 juin, lundi soir, mardi, mercredi soir

à Corrençon-en-Vercors 6 km au Sud par D215 - Carte régionale n° **2**-C2

Palégrié

CUISINE MODERNE · MONTAGNARD Le chef Guillaume Monjuré a exercé son métier chez de nombreux chefs prestigieux, de Jean-Pierre Vigato à Olivier Roellinger, avant d'ouvrir avec sa complice et compagne Chrystel son premier Palégrié à Lyon. Le couple a ensuite délocalisé son restaurant sur le plateau du Vercors. Grâce aux beaux produits régionaux, aux plantes, aux herbes et aux légumes des environs, le chef s'épanouit dans ce nouvel environnement... Il réalise des assiettes à la fois fines et goûteuses, s'autorisant des pointes de créativité bien maîtrisée. Le tout est accompagné des bons vins sélectionnés par Chrystel.

Spécialités : Cuisine du marché.

Menu 45/98 €

Hôtel du Golf, Les Ritons - 04 76 95 84 84 - www.hotel-du-golf-vercors.fr - Fermé 1er avril-17 mai, 15 octobre-15 décembre, lundi midi, mardi midi, mercredi midi, jeudi midi, vendredi midi

Hôtel du Golf

FAMILIAL · PERSONNALISÉ Quelle métamorphose pour ce qui n'était il y a cinquante ans qu'une minuscule auberge... L'œuvre de trois générations successives, qui ont créé un bel établissement sans perdre l'esprit de famille (aujourd'hui, le benjamin de la fratrie, menuisier, assure le travail du bois !). Espace, calme, grand confort, prestations variées : on quitte les lieux à regret...

17 chambres - 111/200 € - 16 € - 5 suites

Les Ritons - 04 76 95 84 84 - www.hotel-du-golf-vercors.fr - Fermé 1er avril-17 mai, 15 octobre-15 décembre

Palégrié - Voir la sélection des restaurants

LE VILLARS - Saône-et-Loire (71) → Voir Tournus

VILLARS

84400 - Vaucluse - Carte régionale n° **25**-E1 - Carte Michelin 332-F10

La Table de Pablo

CUISINE MODERNE · CONVIVIAL Pour goûter une cuisine délicate et volontiers créative, à base de beaux produits régionaux, ce restaurant entre vignes et cerisiers est tout trouvé : en témoigne ce pigeon en deux cuissons, plat signature de la maison... Mention spéciale pour la paisible terrasse bercée par le chant des cigales !

Spécialités : Dorade marinée à la main de bouddha, aneth et huile d'olive, chantilly au wasabi. Filet de canard, crumble de noisette, poitrine de porc fumée, chorizo et oignon. Crémeux chaud de chocolat, cœur framboise.

Menu 33/50 €

Hameau Les Petits-Cléments - 04 90 75 45 18 - www.latabledepablo.com - Fermé 10 décembre-13 février, mercredi, jeudi midi, samedi midi

LA VILLE-BLANCHE - Côtes-d'Armor (22) → Voir Lannion

VILLEBLEVIN

89340 - Yonne - Carte régionale n° **5**-A1 - Carte Michelin 319-B2

Auberge L'Escale 87

CUISINE TRADITIONNELLE · COSY Une bien chaleureuse auberge au bord de l'ancienne N6, dont l'intérieur coquet se pare de divers objets agrestes et de mobilier rustique. La tradition est de mise dans les assiettes, goûteuses, colorées, et servies avec le sourire par-dessus le marché : on passe un moment très agréable.

Menu 24/51 € - Carte 39/64 €

Le Petit-Villeblevin - 03 86 66 42 56 - www.lescale87.fr - Fermé 13-25 août, 23-27 décembre, lundi soir, mardi, mercredi, jeudi soir, dimanche soir

VILLECHAUD - Nièvre (58) → Voir Cosne-Cours-sur-Loire

VILLECOMTAL-SUR-ARROS

✉ 32730 – Gers – Carte régionale n° **22**–A2 – Carte Michelin 336-D9

Le Rive Droite

CUISINE MODERNE • CLASSIQUE XXX George Sand séjourna dans cette élégante chartreuse (18e s.) située au bord de la rivière. L'ancien et le contemporain s'y mêlent avec brio, et la cuisine honore la tradition autant qu'elle ose une audacieuse créativité. Une adresse de grande qualité.

Menu 45€

1 chemin Saint-Jacques – ✆ 05 62 64 83 08 – www.lerivedroite.com – Fermé 2-18 novembre, lundi, mardi, mercredi midi

VILLE-D'AVRAY – Hauts-de-Seine (92) ➜ Voir Autour de Paris

VILLEDIEU-LES-POÊLES

✉ 50800 – Manche – Carte régionale n° **17**–A2 – Carte Michelin 303-E6

Manoir de l'Acherie

CUISINE TRADITIONNELLE • RUSTIQUE XX Au cœur du bocage, on se réfugie avec plaisir dans la chaleur de ce manoir du 17e s., dont le chef met un point d'honneur à travailler les produits des fermes voisines. Les assiettes sont franchement généreuses, comme ces grillades au feu de bois dans la grande cheminée en pierre...

Menu 24/52€ – Carte 30/60€

37 rue Michel-de-l'Epinay (à Ste-Cécile) – ✆ 02 33 51 13 87 – www.manoir-acherie.fr – Fermé 24 février-8 mars, 12 novembre-4 décembre, lundi

VILLEDIEU-SUR-INDRE

✉ 36320 – Indre – Carte régionale n° **8**–B3 – Carte Michelin 323-F5

La Gourmandine

CUISINE TRADITIONNELLE • RUSTIQUE XX Une salle à manger rustique et plutôt coquette (cheminée, pierres, poutres), une cuisine traditionnelle de bonne facture, avec un menu déjeuner très prisé des habitués : voici ce qui vous attend dans cette maison. On passe un moment agréable, d'autant que l'accueil est charmant.

Menu 18€ (déjeuner), 32/45€ – Carte 40/60€

1 avenue de la Gare – ✆ 02 54 29 87 91 – www.lagourmandine36.fr – Fermé 5-12 janvier, 29 mars-5 avril, 2-23 août, lundi, mercredi soir, dimanche soir

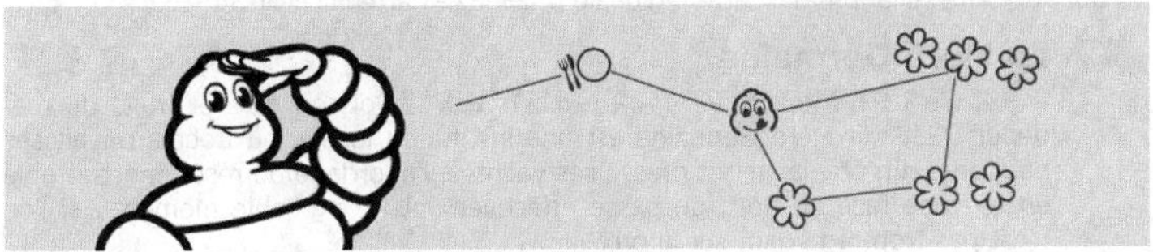

VILLE-DU-PONT – Doubs (25) ➜ Voir Montbenoît

VILLEFRANCHE-DE-ROUERGUE

✉ 12200 – Aveyron – Carte régionale n° **22**–C1 – Carte Michelin 338-E4

Côté Saveurs

CUISINE MODERNE • COSY XX L'ancienne caserne des pompiers a été revisitée à la mode contemporaine, et le résultat est à la hauteur ! Quant à la cuisine, elle met en valeur le terroir aveyronnais de fort belle manière : pavé de veau de l'Aveyron, salsifis et moelleux de patate douce, tarte au citron revisitée à la crème citron vert...

Spécialités : Tomates en plusieurs textures, gelée à la coriandre, crème au brebis. Ballottine de pintade rôtie, confit d'oignons et pommes de terre nouvelles. Sphère de chocolat blanc, cœur fruits rouges, glace verveine citronnée.

Menu 23 € (déjeuner), 34/65 € - Carte 55/70 €

Place Louis Fontanges (La Caserne, 1er étage) - ✆ 05 65 65 83 64 - www.cote-saveurs.fr - Fermé lundi, dimanche

L'Univers

CUISINE CRÉATIVE • TENDANCE X Au bord de la rivière, cette table ne désemplit pas... et c'est bien mérité ! Deux anciens de Top Chef, Quentin Bourdy et Noémie Honiat, s'y partagent les tâches : lui, côté salé, compose des assiettes spontanées et créatives ; elle, pâtissière de formation, imagine de savoureux desserts.

Spécialités : Tartare de veau, écume au fromage de Rodez et jeunes légumes. Ris d'agneau rissolés, carottes et jus corsé rafraîchis d'agrumes. Tartelette aux noix caramélisées, sablé breton et crème glacée au fromage blanc.

Menu 18 € (déjeuner), 34/60 € - Carte 44/68 €

Place de la République - ✆ 05 65 45 15 63 - www.lunivers-villefranche.com - Fermé lundi, dimanche

Les Fleurines

BUSINESS • CONTEMPORAIN À deux pas de la chapelle des Pénitents-Noirs, deux engageantes bâtisse en pierre (l'une d'entre elles arbore un mur végétal), avec des chambres contemporaines - dont une partie plus haut-de-gamme. Sobre et design, mais néanmoins très cosy : le meilleur hôtel du centre-ville.

28 chambres - 69/119 € - 13 € - 2 suites

17 Boulevard Haute Guyenne - ✆ 05 65 45 86 90 - www.lesfleurines.com

au Farrou Nord 4 km par D1[E]

Relais de Farrou

CUISINE MODERNE • ÉLÉGANT XX Cette maison est chargée d'histoire : c'était autrefois un relais de poste, c'est désormais un relais gourmand ! Demi-pigeon de la Coulonnière et jus corsé aux airelles, veau de l'Aveyron à l'aligot et caviar d'aubergine : on se régale de jolis petits plats accompagnés de vins bien choisis.

Menu 25/60 € - Carte 52/65 €

Relais de Farrou - ✆ 05 65 45 18 11 - www.relaisdefarrou.com - Fermé lundi midi, samedi midi, dimanche soir

VILLEFRANCHE-SUR-MER

✉ 06230 - Alpes-Maritimes - Carte régionale n° **25**-E2 - Carte Michelin 341-E5

La Mère Germaine

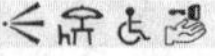

POISSONS ET FRUITS DE MER • RUSTIQUE XX Poisson frais et fruits de mer depuis 1938 : la Mère Germaine est une institution locale, où Cocteau avait ses habitudes. En été, la jet-set presse ses yachts à l'abordage du restaurant ; attablé en terrasse face au port, on passe effectivement un agréable moment... si l'on n'est pas trop regardant sur le prix.

Menu 49 € - Carte 60/80 €

9 quai Amiral Courbet - ✆ 04 93 01 71 39 - www.meregermaine.com - Fermé 8 novembre-9 février

VILLEFRANCHE-SUR-SAÔNE

✉ 69400 - Rhône - Carte régionale n° **3**-E1 - Carte Michelin 327-H4

La Ferme du Poulet

CUISINE TRADITIONNELLE • CONVIVIAL XX Joli endroit que cet ancien monastère, avec sa jolie terrasse sous la glycine. L'établissement est le repaire d'un couple de bons professionnels (le chef est champion du monde 2016 de pâté en croûte !), qui servent une cuisine réjouissante, axée sur les produits de la région.

Spécialités : Tartelette sarrasin, escargots en persillade et crémeux de fenouil. Mousseline de brochet, poirette et velouté de cresson. Financier pistache, compotée de rhubarbe, glace réglisse.

Menu 20 € (déjeuner), 32/67 € – Carte 48/82 €

180 rue Georges Mangin – ✆ 04 74 62 19 07 – www.lafermedupoulet.com – Fermé 2-24 août, 24 décembre-1er janvier, lundi, dimanche

à Jassans-Riottier 4 km à l'Est par D904

L'Embarcadère

CUISINE TRADITIONNELLE • BRASSERIE X "Cuisine de campagne au bord de l'eau" : voilà le credo de cette adresse griffée Georges Blanc, au bord de la Saône, entre guinguette chic et brasserie contemporaine. Quand la tradition se fait tendance... Embarquement immédiat !

Menu 22 € (déjeuner), 25/57 € – Carte 37/69 €

15 avenue de la Plage – ✆ 04 74 07 07 07 – www.lespritblanc.com

VILLEGENON

✉ 18260 – Cher – Carte régionale n° **8**-C2 – Carte Michelin 323-L2

La Récréation Gourmande

CUISINE TRADITIONNELLE • CONVIVIAL X Dans cette ancienne école du début du 20 e s., où trône un vieux poêle surmonté d'un bonnet d'âne, les mauvais élèves ne sont pas mis au pain sec et à l'eau ! Quel que soit le niveau de la classe, tout le monde se régale d'une cuisine de produits généreuse et goûteuse. Une agréable Récréation Gourmande...

Spécialités : Saumon fumé maison. Quenelle de brochet, beurre blanc au sancerre. Moelleux au chocolat.

Menu 14 € (déjeuner), 25/30 € – Carte 31/40 €

3 rue de l'Ancienne-École – ✆ 02 48 73 45 36 – www.la-recreation-gourmande.com – Fermé 10-30 juillet, 25 décembre-9 janvier, lundi soir, mardi soir, mercredi, jeudi soir, dimanche soir

VILLEMAGNE-L'ARGENTIÈRE – Hérault (34) ➜ Voir Bédarieux

VILLEMUR-SUR-TARN

✉ 31340 – Haute-Garonne – Carte régionale n° **22**-C2 – Carte Michelin 343-H1

L'Alto

CUISINE MODERNE • RÉGIONAL XX Dans ce joli château de brique rose niché en pleine campagne, Gérald Garcia (ancien chef du Château de la Pomarède, dans l'Aude) travaille de bons produits avec professionnalisme. Le terroir est à l'honneur dans les assiettes – foie gras, boudin, pigeon –, travaillé dans une veine moderne : on passe un bon moment.

Menu 25 € (déjeuner), 48/135 € – Carte 62/75 €

740 chemin de Pellausy – ✆ 05 62 22 35 50 – www.restaurant-alto.com – Fermé 2-24 août, 22 décembre-6 janvier, lundi, mardi soir, mercredi soir, dimanche

VILLENEUVE

✉ 12260 – Aveyron – Carte régionale n° **22**-C1 – Carte Michelin 338-E4

Le Jardin des Causses

CUISINE MODERNE • TENDANCE XX La jeune cheffe de ce Jardin en a repensé le décor (murs blancs, ambiance épurée) et travaille en direct avec les producteurs locaux. Les recettes sont bien ficelées, et s'accompagnent d'une courte carte de vins bien choisis. Une bonne adresse.

Menu 19 € (déjeuner), 32/40 €

Place Cardalhac – ✆ 05 65 65 84 95 – www.lejardindescausses.com – Fermé lundi, mardi soir, samedi midi, dimanche soir

VILLENEUVE-DE-BERG

✉ 07170 - Ardèche - Carte régionale n° **2**-B3 - Carte Michelin 331-J6

✿ Auberge de Montfleury (Richard Rocle)

CUISINE MODERNE · ÉLÉGANT XX Arrêtez-vous dans cette discrète auberge, presque anonyme, située en bord de route et face à la gare. C'est la maison d'un couple de professionnels passionnés, Angèle Faure et David Rocle. Elle assure un service à la fois efficace et chaleureux dans l'élégant cadre contemporain de la salle ; lui, aux fourneaux, mitonne une cuisine actuelle entre terroir et modernité, qui fait la part belle aux petits producteurs. Porcs fermiers élevés en plein air, escargots, safran, fromages de chèvre, herbes sauvages ramassées par un cueilleur : tout est produit aux alentours.

Spécialités : Pomme de ris de veau, cédrat confit et sauce fumée aux notes marines. Fin gras du Mézenc en interprétation iodée. Chocolat noir extra bitter, crème à la truffe, streuzel et glace truffée.

Menu 25 € (déjeuner), 52/87 € - Carte 62/74 €

200 route des Cépages, à St-Germain - ✆ 04 75 94 74 13 - www.auberge-de-montfleury.fr - Fermé 2-8 janvier, 2-8 mars, 15-21 juin, 16-29 novembre, lundi, mardi, dimanche soir

La Table de Léa

CUISINE MODERNE · CLASSIQUE XX Dans cette ancienne grange, la cheffe élabore une cuisine du marché assez personnelle. Pendant ce temps-là, on profite de la belle terrasse sous les marronniers...

Menu 28/67 € - Carte 58/60 €

Le Petit Tournon - ✆ 04 75 94 70 36 - www.restaurant-table-lea.com - Fermé 9-20 mars, 2 novembre-2 décembre, lundi midi, mardi midi, mercredi, jeudi midi

VILLENEUVE-LA-SALLE - Hautes-Alpes (05) ➜ Voir Serre-Chevalier

VILLENEUVE-LÈS-AVIGNON

✉ 30400 - Gard - Carte régionale n° **21**-D2 - Carte Michelin 339-N5

✿ Le Prieuré

CUISINE MODERNE · ÉLÉGANT XXX De l'autre côté du Rhône, en face du Palais des Papes, la petite cité de Villeneuve-lès-Avignon collectionne elle aussi les monuments... et le Prieuré est l'un d'entre eux. Cet ancien cloître a du charme à revendre. Il a d'ailleurs séduit Jean-André Charial, le chef et propriétaire du mythique Oustau de Baumanière, qui l'a ajouté à sa collection de belles adresses. Le jeune chef Marc Fontanne a choisi, lui, d'y continuer une carrière prometteuse commencée à l'auberge des Templiers puis poursuivie à la Réserve de Beaulieu. Bien maîtrisée, basée sur de très beaux produits, sa cuisine fine et goûteuse aime les cuissons impeccables et les dressages précis, comme ce filet de canette au pamplemousse et fenouil, ou encore cette pélamide (un genre de bonite) aux brocolis et citron vert.

Spécialités : Tartare de tomate noire de Crimée parfumé aux olives, au citron et au basilic, glace à la tomate. Canon d'agneau, crème de concombre à la menthe, tomate confite à l'ail et brousse de brebis. Framboises à l'estragon, fenouil à la vinaigrette de miel et tuile aux pignons de pin.

Menu 52 € (déjeuner), 70/110 € - Carte 94/116 €

7 place du Chapitre - ✆ 04 90 15 90 15 - www.leprieure.com - Fermé 31 octobre-20 mars

La Magnaneraie

CUISINE TRADITIONNELLE · ÉLÉGANT XXX La Provence s'invite à la table de ce bel établissement des environs d'Avignon ! Terrine de foies de volaille, pavé de thon grillé et sa ratatouille, autant de préparations goûteuses et soignées que l'on déguste dans une salle élégante, éclairée par un puits de jour.

Menu 20 € (déjeuner), 26/34 € - Carte 47/62 €

37 rue Camp-de-Bataille - ✆ 04 90 25 11 11 - www.magnaneraie.najeti.fr - Fermé 1er novembre-6 mars, lundi midi, samedi midi, dimanche

Le Prieuré

LUXE • PERSONNALISÉ Le palais des Papes n'est pas si loin... Au cœur de la cité médiévale de Villeneuve, ce prieuré du 14e s. distille un je-ne-sais-quoi d'exclusivité. Vieilles pierres, dernier chic contemporain, superbe jardin... à l'écart du monde.

26 chambres – 150/656 € – 27 € – 13 suites

7 place du Chapitre – 04 90 15 90 15 – www.leprieure.com – Fermé 31 octobre-20 mars

Le Prieuré – Voir la sélection des restaurants

La Suite

BOUTIQUE HÔTEL • CONTEMPORAIN Au cœur de la ville, ce petit hôtel de charme se niche dans une ancienne biscuiterie du 17e s. Les chambres et les suites ont chacune leur univers : ethnique, années pop, urbain... Bel espace détente et joli jardin. Une adresse à croquer !

6 chambres – 129/269 € – 10 € – 3 suites

65 rue de la République – 04 90 21 51 07 – www.hotellasuite.fr – Fermé 12 octobre-10 avril

VILLENEUVE-LOUBET

06270 – Alpes-Maritimes – Carte régionale n° **25**-E2 – Carte Michelin 341-D6

à Villeneuve-Loubet-Plage Carte régionale n° **25**-E2

La Flibuste-Martin's

CUISINE MODERNE • ÉLÉGANT XXX Bienvenue à la Flibuste ! La jeune capitaine de ce navire (situé au pied d'une imposante résidence et face à sa marina), Eugénie Béziat, joue une partition gastronomique et contemporaine. Son parcours détone : alors en fac de lettres, elle connaît une révélation chez Hélène Darroze en dégustant un plat à base d'huîtres en gelée et pommes vertes. Elle quitte aussitôt la fac pour intégrer le lycée hôtelier de Toulouse, obtient un premier poste de commis chez Michel Guérard... Aujourd'hui, elle signe un œuf parfait sauce hollandaise kalamansi et citron ; un filet de bœuf d'Aubrac, purée d'oignons, et jus court à l'ail rose, ou un soufflé au citron de Nice et son sorbet citron menthe. Une flibustière dans le vent.

Spécialités : Couteaux, fleur de courgette, crème de pois chiche et sauge. Chapon de roche farci au maïs grillé et salicorne, jus des arêtes à la fève tonka. Abricot rouge et lavande.

Menu 35 € (déjeuner), 55/88 € – Carte 70/107 €

Avenue Jean Marchand (port Marina Baie-des-Anges) – 04 93 20 59 02 – www.restaurantlaflibuste.fr – Fermé 2 novembre-3 décembre, lundi, samedi midi, dimanche soir

VILLENEUVE-SUR-LOT

47300 – Lot-et-Garonne – Carte Michelin 336-G3

à St-Sylvestre-sur-Lot 8 km par D911 – Carte régionale n° **18**-C2

Le Jasmin

CUISINE MODERNE • ÉLÉGANT XXX Ferme fortifiée au Moyen-Âge, ce château a évolué jusqu'à devenir cette folie d'opérette, peinte aux couleurs de l'arc-en-ciel, agrémentée de son parc où le loisir est roi, entre piscine, fitness et mini-golf. C'est dans un cadre opulent de miroirs et nappages froufroutants, entre baroque et rococo, que le chef picard Xavier Lesueur sert une délicieuse cuisine classique dans l'air du temps. Elle met à l'honneur de beaux produits, ennoblis par la grâce de bon jus et de beaucoup de finesse dans le dressage et la réalisation, sans jamais sacrifier le goût. Au dessert, un pâtissier nordiste complice du chef signe des perles gourmandes, fines et équilibrées, où le gras et le sucre font profil bas pour plus de légèreté...

Spécialités : Cuisine du marché.

Menu 35 € (déjeuner), 55/95 € - Carte 72/78 €

Le Stelsia, lieu-dit Lalande - ✆ 05 53 01 14 86 - www.lestelsia.com - Fermé 6 janvier-5 février, lundi, mardi, mercredi, jeudi midi, dimanche soir

Le Bistrot du Stelsia

CUISINE TRADITIONNELLE • DESIGN Ce joli bistrot contemporain au cadre détonant (murs noirs, tables en bois clair, petits fauteuils colorés) propose une goûteuse cuisine aux accents du Sud-Ouest : os à moelle grillé, fricassée de petits pois ; pluma de cochon ibérique, oignon braisé, sauce chorizo... Très agréable terrasse ombragée, tournée vers le parc.

Menu 20 € (déjeuner)/28 €

Le Stelsia, Lieu-dit Lalande - ✆ 05 53 01 14 86 - www.lestelsia.com

Le Stelsia

DEMEURE HISTORIQUE • PERSONNALISÉ Les origines du château remontent au Moyen Âge ; une fois les grilles franchies, l'histoire laisse place à la féerie (façades chatoyantes, œuvres d'art, etc.). À l'intérieur, l'univers très rococo accueille des chambres dignes de contes de fées. Et aussi : le plus grand minigolf d'Europe (5000m^2 et 18 trous), dans un parc de 27 hectares.

29 chambres - 180/260 € - 20 € - 2 suites

Lieu-dit Lalande - ✆ 05 53 01 14 86 - www.lestelsia.com

Le Bistrot du Stelsia • **Le Jasmin** - Voir la sélection des restaurants

VILLENEUVE-TOLOSANE

31270 - Haute-Garonne - Carte régionale n° **22**-B2 - Carte Michelin 343-G3

D'Cadei

CUISINE MODERNE • TENDANCE Avec son nouveau décor élégant et moderne - tapisseries claires, baies vitrées, mobilier contemporain -, la table de Damien Cadei est méconnaissable ! On s'y régale toujours de bonnes assiettes réglées sur les saisons : Saint-Jacques en croûte de noisette, texture de betterave ; bœuf charolais, jus de veau truffé ; sphère au chocolat grand cru, sorbet cacao...

Menu 19 € (déjeuner), 27/57 € - Carte 45/70 €

8 place de l'Hôtel-de-Ville - ✆ 05 61 92 72 68 - www.dcadei.fr - Fermé lundi, mercredi soir, dimanche

VILLEREST - Loire (42) → Voir Roanne

VILLERS-LE-LAC

25130 - Doubs - Carte régionale n° **6**-C2 - Carte Michelin 321-K4

Le France (Hugues Droz)

CUISINE MODERNE • ÉLÉGANT Entre Morteau et la Chaux-de-Fonds, à quelques encablures de la frontière franco-suisse, ce restaurant accueille les voyageurs au cœur des montagnes du Haut-Doubs. Le chef Hugues Droz y pratique l'hospitalité franc-comtoise héritée de son père, qui lui-même la tenait de ses parents. Adepte des saisons, il célèbre les épousailles du terroir et de l'invention. Il aime aussi les repas thématiques, à l'image de ce menu dédié à la morille : ce champignon accompagne le mangeur jusqu'au dessert, avec une banane morille et glace spéculoos. On y goûte aussi de savantes variations autour du homard, de la saucisse de Morteau, de la volaille de Bresse, de l'omble chevalier et du foie gras. Le proverbe allemand ne dit-il pas "heureux comme Dieu en France" ?

Spécialités : Copeaux de foie gras, morilles et noix caramélisées. Variation autour du homard du vivier, fenouil et absinthe. Déclinaison de sorbets, alliance surprenante de saveurs du Haut-Doubs.

Menu 23 € (déjeuner), 41/84 € - Carte 60/90 €

8 place Maxime Cupillard - ✆ 03 81 68 00 06 - www.hotel-restaurant-lefrance.com - Fermé 26 octobre-5 novembre, 20 décembre-21 janvier, lundi, mardi midi, dimanche soir

VILLESÈQUE-DES-CORBIÈRES

✉ 11360 – Aude – Carte régionale n° **21**-B3 – Carte Michelin 344-I4

Place des Marchés

CUISINE MODERNE • RUSTIQUE Dans ce village perdu des Corbières, une maison jaune abrite le bistrot d'Éric Delalande, passionné de fraîcheur, de produits locaux... et de vins des Corbières ! L'assiette se laisse porter par les humeurs du chef et du marché. Une cuisine vérité, généreuse et sans chichi particulièrement appréciée par les vignerons du coin.

Menu 14 € (déjeuner)/32 € – Carte 30/45 €

8 avenue de la Mairie – ✆ 04 68 70 09 13 – www.placedesmarches-restaurant.com – Fermé 1er-30 novembre, lundi, mardi

Château Haut Gléon

HISTORIQUE • PERSONNALISÉ Dans la vallée du paradis, ce domaine de 260 hectares (dont 35 de vignes) s'offre au visiteur comme un havre de paix absolu. Le château (fondé au 13e s.) et la demeure des vendangeurs abritent des chambres confortables. Profitez de la piscine et de la vue splendide sur les vignes. Possibilité d'emporter des paniers pique-nique, composés de produits locaux et de vins du domaine.

5 chambres – 90/180 €

Gléon-le-Haut – ✆ 04 68 48 85 95 – www.hautgleon.com – Fermé 21 décembre-4 janvier

VILLEVIEILLE – Gard (30) → Voir Sommières

VILLIÉ-MORGON

✉ 69910 – Rhône – Carte régionale n° **3**-E1 – Carte Michelin 327-H3

à Morgon 2 km au Sud par D68

Le Morgon

CUISINE RÉGIONALE • RUSTIQUE Escargots de Bourgogne au beurre d'ail, escalope de ris de veau au jus de raisin, île flottante aux pralines... Un repas ancré dans le terroir et la tradition : voilà ce que propose cette sympathique auberge à l'intérieur rustique, située au cœur de ce village viticole du Beaujolais. L'hiver, réservez donc une table au coin du feu !

Menu 21/43 € – Carte 32/46 €

774 rte de Morgon – ✆ 04 74 69 16 03 – www.restaurantlemorgon.fr – Fermé 15 décembre-1er février, mardi soir, mercredi, dimanche soir

VILLIERS-SUR-MARNE

✉ 52320 – Haute-Marne – Carte régionale n° **11**-C3 – Carte Michelin 313-K4

La Source Bleue

CUISINE TRADITIONNELLE • COSY On peut aimer les retours aux sources sans pour autant rejeter son époque ! Ici, les gourmands apprécient une cuisine traditionnelle revisitée. Les recettes sont maîtrisées et accompagnées d'un choix de vins astucieux. Aux beaux jours, profitez de la terrasse les pieds dans l'eau.

Menu 35/55 € – Carte 35/60 €

La Papeterie – ✆ 03 25 94 70 35 – www.hotelsourcebleue.com – Fermé 21 mars-5 avril, 25 octobre-8 novembre, 20 décembre-3 janvier, lundi midi, mardi midi, mercredi midi, jeudi midi, vendredi midi, dimanche soir

La Source Bleue

MAISON DE CAMPAGNE • COSY Un joli moulin à eau du 18e s. dans un grand parc baigné par une rivière. Les chambres se trouvent dans une bâtisse plus récente ; décorées dans un esprit Art déco, spacieuses et bien tenues, elles jouissent d'une terrasse privative face à l'étang ou la verdure. En prime : deux belles roulottes pour les amateurs !

13 chambres – 85/140 € – 14 € – 1 suite

La Papeterie – ✆ 03 25 94 70 35 – www.hotelsourcebleue.com – Fermé 21 mars-5 avril, 25 octobre-8 novembre, 20 décembre-3 janvier

La Source Bleue – Voir la sélection des restaurants

VINAY - Marne (51) ➜ Voir Épernay

VINCELOTTES - Yonne (89) ➜ Voir Auxerre

VINCENNES - Val-de-Marne (94) ➜ Voir Autour de Paris

VIOLAY

✉ 42780 - Loire - Carte régionale n° **2**-A1 - Carte Michelin 327-F4

Loïc Picamal

CUISINE TRADITIONNELLE • AUBERGE XX Un jeune couple est aux commandes de ce restaurant convivial, installé dans un ancien bar-tabac. La cuisine est franche, avec un penchant pour le travail du poisson, qu'il se fait livrer en direct de Bretagne...

Menu 28/53 € - Carte 38/63 €

8 route de Boussuivre - ✆ 04 74 63 95 74 - www.loic-picamal.com - Fermé 24 février-12 mars, 10 août-3 septembre, mardi soir, mercredi, dimanche soir

VIRE

✉ 14500 - Calvados - Carte régionale n° **17**-B2 - Carte Michelin 303-G6

Manoir de la Pommeraie

CUISINE MODERNE • CONTEMPORAIN XX Non loin de Vire, une maison du 18e s. rustique en apparence, délicate en réalité, avec sa belle véranda qui ouvre sur le parc... Aux fourneaux œuvre un couple à la scène comme à la ville : Masako, japonaise et pâtissière, et Julien, qui affine d'année en année des créations tout en harmonie et en belles trouvailles. Une bonne table !

Spécialités : Foie gras mi-cuit, gelée cassis et betterave. Rumsteak rôti, aubergine grillée et jus à l'olive noire. Délice chocolat et praliné, crème à la menthe, glace stracciatella.

Menu 33/58 € - Carte 40/45 €

L'Auvère - ✆ 02 31 68 07 71 - www.manoirdelapommeraie.com - Fermé lundi, mercredi soir, dimanche soir

VIRÉ

✉ 71260 - Saône-et-Loire - Carte régionale n° **5**-C3 - Carte Michelin 320-J11

Frédéric Carrion Cuisine Hôtel

CUISINE MODERNE • COSY XX L'élégante salle à manger associe le cachet de cet ancien relais de poste (parquet, cheminée) à des notes plus cosy et feutrées. Le chef travaille les beaux produits régionaux dans des préparations volontiers créatives. On accompagne le tout d'une jolie sélection de vins, en particulier de viré-clessés. Jolies chambres et espace bien-être pour agrémenter un séjour d'oenotourisme.

Menu 67/99 € - Carte 84/99 €

Place André-Lagrange - ✆ 03 85 33 10 72 - www.hotel-restaurant-carrion.fr - Fermé 12-22 janvier, 9-17 mars, 5-13 octobre, lundi, mardi, mercredi midi, jeudi midi, vendredi midi, samedi midi

VITRÉ

✉ 35500 - Ille-et-Vilaine - Carte régionale n° **7**-D2 - Carte Michelin 309-O6

Le Petit Bouchon

CUISINE DU TERROIR • CONVIVIAL X Non loin du centre historique, cette ancienne forge en pierre est devenue le rendez-vous des gastronomes locaux. On les comprend : le chef s'attache à travailler les bons produits du pays (volaille de Janzé, andouille du Coglais...), qu'il met en valeur dans des créations soignées et savoureuses. Le tout à prix doux !

Menu 17 € (déjeuner), 26/50 € - Carte 25/40 €

37 rue du Petit-Rachapt - ✆ 02 99 74 52 01 - www.lepetitbouchon.com - Fermé lundi soir, mardi soir, mercredi soir, jeudi soir, samedi midi, dimanche

VIUZ-EN-SALLAZ

✉ 74250 – Haute-Savoie – Carte régionale n° **4**–F1 – Carte Michelin 328-L4

La Table d'Emilie

CUISINE CRÉATIVE • SIMPLE À la barre de ce sympathique restaurant, on trouve un jeune couple bien décidé à mettre en valeur de beaux produits. À déguster dans la nouvelle salle, et par beau temps, sur l'agréable jardin-terrasse, également rénovée ! Belle sélection de vins.

Menu 28 € (déjeuner), 40/65 €

1069 avenue de Savoie – 04 50 36 67 84 – www.latabledemilie.fr – Fermé lundi, mercredi soir, dimanche soir

VOISINS-LE-BRETONNEUX - Yvelines (78) → Voir Autour de Paris (St-Quentin-en-Yvelines)

VOLLORE-VILLE

✉ 63120 – Puy-de-Dôme – Carte régionale n° **1**–C2 – Carte Michelin 326-I8

Château de Vollore

DEMEURE HISTORIQUE • CLASSIQUE Aujourd'hui propriété des descendants du général de La Fayette, le château offre une belle vue sur le Sancy. Salons en enfilade, plafond vertigineux et chambres avec lits à baldaquin... Les historiens, chevronnés ou non, apprécieront.

5 chambres – 200/300 €

Château de Vollore – 04 73 53 71 06 – www.chateauvollore.com – Fermé 9 novembre-31 mars

VOLMUNSTER

✉ 57720 – Moselle – Carte régionale n° **12**–D1 – Carte Michelin 307-P4

L'Argousier

CUISINE MODERNE • CONTEMPORAIN Dans ce restaurant à la jolie décoration contemporaine, la cuisine du jeune chef valorise les produits de saison. Les cuissons et assaisonnements sont justes, les présentations soignées, la cuisine en mouvement : on ne s'ennuie jamais. Quant au service, il est aux petits oignons ! Très beau choix de vieux rhums.

Menu 28 € (déjeuner), 38/60 € – Carte 50/62 €

1 rue de Sarreguemines – 03 87 96 28 99 – www.largousier.fr – Fermé lundi soir, mardi, mercredi

VOLNAY - Côte-d'Or (21) → Voir Beaune

VONNAS

✉ 01540 – Ain – Carte régionale n° **3**–E1 – Carte Michelin 328-C3

Georges Blanc

CUISINE CRÉATIVE • ÉLÉGANT Quel destin pour l'enfant de Bourg-en-Bresse, dont les ancêtres étaient limonadiers et marchands de charbon ! Il est vrai que sa propre grand-mère avait été sacrée meilleure cuisinière du monde par Curnonsky. Georges Blanc est aujourd'hui à la tête d'un petit empire à Vonnas. D'une demeure de 100 mètres carrés, il a bâti un domaine de plusieurs hectares : la mise en scène lumineuse des jardins et maisons du village le soir est magique. Mais le spectacle se trouve aussi dans l'assiette : on y retrouve la Bresse et son emblématique poularde AOP, les sauces aux goûts profonds et les cuissons savantes. La maison Georges Blanc est l'établissement le plus anciennement étoilé au monde, avec la première étoile acquise en 1929. Elle ravira aussi les amateurs de jolis crus, avec une carte des vins à damner Dionysos.

Spécialités : Truite de la source du moulin de l'Etre au safran de Bresse pimenté. Poularde de Bresse "Elisa Blanc", crêpes vonnassiennes. Dans l'esprit d'un saint-honoré, variation d'agrumes à la verveine odorante.

Menu 230/295€ - Carte 205/285€

Place du Marché - ✆ 04 74 50 90 90 - www.georgesblanc.com - Fermé 2 janvier-7 février, lundi, mardi, mercredi midi, jeudi midi

L'Ancienne Auberge

CUISINE TRADITIONNELLE · AUBERGE X Un décor rétro à la mémoire de l'auberge - ex-fabrique de limonade - ouverte par la famille Blanc à la fin du 19e s. Photos d'époque, affiches anciennes, etc. Ici, on cultive une certaine nostalgie... qui sied à merveille aux spécialités bressannes proposées par le chef.

Menu 25€ (déjeuner), 39/64€ - Carte 45/70€

place du Marché - ✆ 04 74 50 90 50 - www.georgesblanc.com - Fermé 2 janvier-8 février

Georges Blanc

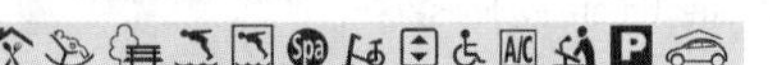

GRAND LUXE · ÉLÉGANT D'une génération à l'autre, Vonnas est devenu... Blanc. Cette hôtellerie de grande tradition cultive l'art de recevoir à la bressane ! Luxe sans ostentation, bois, pierre, superbe parc : une image du terroir qui sait vivre avec son temps.

28 chambres - 180/535€ - 35€ - 14 suites

Place du Marché - ✆ 04 74 50 90 90 - www.georgesblanc.com - Fermé 2 janvier-7 février

✿✿✿ **Georges Blanc** - Voir la sélection des restaurants

Hôtel du Bois Blanc

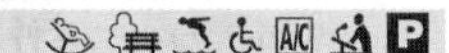

HISTORIQUE · CONTEMPORAIN Au sein du domaine d'Epeyssoles, sur un parc de 16 ha, ce château du 13e s. aux allures toscanes abrite des chambres spacieuses avec terrasses privatives, réparties dans trois villas autour de la piscine chauffée. Joli restaurant (fresques et plafonds à la française) et terrasse. La nuit, le château s'illumine !

18 chambres - 109/280€ - 25€

Route de Mezeriat - ✆ 04 74 42 42 42 - www.georgesblanc.com

VOUGEOT

✉ 21640 - Côte-d'Or - Carte régionale n° **5**-D1 - Carte Michelin 320-J6

à Gilly-lès-Cîteaux 2 km à l'Est par D251

Le Clos Prieur

CUISINE TRADITIONNELLE · ÉLÉGANT XXX Dans cette belle salle voûtée d'ogives - jadis cellier des moines (14e s.) -, on savoure une agréable cuisine gastronomique - tendance bourguignonne - et l'on se sent vite d'humeur romantique et châtelaine.

Menu 36€ (déjeuner), 54/74€ - Carte 55/80€

Château de Gilly, 2 place du Château - ✆ 03 80 62 89 98 - www.restaurant-closprieur.fr

VOUGY - Haute-Savoie (74) ➜ Voir Bonneville

VOUVRAY

✉ 37210 - Indre-et-Loire - Carte régionale n° **8**-B2 - Carte Michelin 317-N4

Les Gueules Noires

CUISINE CLASSIQUE · RUSTIQUE X La salle à manger troglodytique, la cheminée crépitante en hiver, la terrasse sous la glycine aux beaux jours : on succombe tout de suite au charme discret de cette adresse. Au menu : une cuisine franche et goûteuse, basée sur les produits du terroir tourangeau et accompagnée de bons vins de Loire. Réservation conseillée.

Menu 45/60€

66 rue de la Vallée-Coquette - ✆ 02 47 52 62 18 - www.gueulenoirevouvray.wixsite.com/les-gueules-noires- - Fermé 1er-15 janvier, 1er-10 juin, 6-22 septembre, lundi, mardi, dimanche soir

VRIGNY - Marne (51) ➜ Voir Reims

WAMBRECHIES

✉ 59118 - Nord - Carte régionale n° **13**-C2 - Carte Michelin 302-G3

Balsamique

CUISINE MODERNE • CONTEMPORAIN X Qu'elle est agréable, la petite terrasse au calme du Balsamique, surtout les soirs d'été ! Le jeune chef a plus d'un tour dans son sac : sa cuisine créative, assez originale, s'appuie sur des produits impeccables (poisson de Boulogne-sur-Mer, par exemple) et se pare de belles influences asiatiques. Service hyper-efficace et beau choix de champagnes.

Spécialités : Foie gras poêlé, framboises, pain aux fruits secs. Ris de veau à la réglisse. Le Benjamin.

Menu 33/45€ - Carte 38/59€

13 place du Général-de-Gaulle - ✆ 03 20 93 68 55 - www.balsamique-restaurant.com - Fermé lundi, dimanche

LA WANTZENAU - Bas-Rhin (67) ➜ Voir Strasbourg

WESTHALTEN

✉ 68250 - Haut-Rhin - Carte régionale n° **10**-A3 - Carte Michelin 315-H9

Auberge du Cheval Blanc

CUISINE MODERNE • ÉLÉGANT XXX Une maison cossue, tenue par la même famille depuis 1785. Dans la jolie salle contemporaine, le repas s'accompagne de charmants vins d'Alsace, dont une intéressante sélection au verre. Le style culinaire s'affine, les produits sont beaux, les dressages élégants. La volonté de bien faire est communicative : on en sort ragaillardis. Chambres pour l'étape.

Menu 29€ (déjeuner), 54/92€ - Carte 49/82€

20 rue de Rouffach - ✆ 03 89 47 01 16 - www.restaurant-koehler.com - Fermé 13-29 janvier, 17-25 février, lundi, mardi

Auberge au Vieux Pressoir

CUISINE TRADITIONNELLE • RUSTIQUE XX Au cœur du vignoble, cette maison de vigneron a bénéficié d'une modernisation bienvenue ; sa salle à manger garde toutefois son atmosphère d'autrefois, attachante et pleine de cachet. Cuisine du terroir et dégustations de vins de la propriété.

Menu 30/90€ - Carte 40/120€

Domaine de Bollenberg - ✆ 03 89 49 60 04 - bollenberg.com - Fermé 6-29 janvier, 22-27 décembre, mardi, mercredi

WETTOLSHEIM - Haut-Rhin (68) ➜ Voir Colmar

WEYERSHEIM

✉ 67720 - Bas-Rhin - Carte régionale n° **10**-B1 - Carte Michelin 315-K4

Auberge du Pont de la Zorn

CUISINE ALSACIENNE • AUBERGE X Marqueteries d'art de l'Atelier Spindler, objets anciens, poutres éclaircies et tables en bois brut : la salle s'éclaire de couleurs alsaciennes ! Dans l'assiette, de savoureuses spécialités régionales (à l'image de ce bœuf gros sel) et tartes flambées servies le soir. Bucolique terrasse en bord de Zorn. Une adresse au succès mérité.

Spécialités : Tarte flambée au feu de bois. Pot-au-feu de bœuf, pommes de terre sautées. Profiterole glacée à la vanille, sauce chocolat.

Menu 32€ - Carte 28/51€

2 rue de la République - ✆ 03 88 51 36 87 - www.pontdelazorn.fr - Fermé 24 février-8 mars, 17 août-3 septembre, lundi soir, mardi soir, mercredi soir, jeudi soir

WIERRE-EFFROY

62720 - Pas-de-Calais - Carte régionale n° **13**-A2 - Carte Michelin 301-D3

La Ferme du Vert

CUISINE MODERNE • AUBERGE X Dans le cadre de cette ancienne ferme du 19e s., sous l'égide de trois frères, une fromagerie artisanale en activité (vente à emporter) et cet agréable restaurant où l'on déguste des petits plats traditionnels soignés et savoureux ! Le tout à prix doux.

Spécialités : Terrine de volaille, lard fumé et condiments. Travers de porc marinés au miel, pommes grenaille, jus corsé. Crème brûlée, érable et thym.

Menu 34 € - Carte 38/65 €

Rue du Vert - 03 21 87 67 00 - www.fermeduvert.com - Fermé 6 janvier-6 février, lundi midi, samedi midi, dimanche

WIHR-AU-VAL - Haut-Rhin (68) → Voir Munster

WILLGOTTHEIM

67370 - Bas-Rhin - Carte régionale n° **10**-A1 - Carte Michelin 315-J4

La Cour de Lise

CUISINE CLASSIQUE • ROMANTIQUE XX Une auberge devenue ferme, puis retournée à ses premières amours. Dans une salle coquette, on savoure une cuisine classique et goûteuse. La carte change deux fois par mois. Pour l'étape, des chambres en pierre apparente et mobilier chiné, romantiques et accueillantes.

Menu 22 € (déjeuner), 45/65 € - Carte 54/60 €

26 rue Principale - 03 88 64 93 36 - www.lacourdelise.fr - Fermé 1er-14 janvier, 8-16 juin, 7-15 septembre, 21-26 décembre, lundi, mardi, dimanche soir

WIMEREUX

62930 - Pas-de-Calais - Carte régionale n° **13**-A2 - Carte Michelin 301-C3

La Liégeoise (Benjamin Delpierre)

CUISINE MODERNE • TENDANCE XXX En étage, sur la digue : impossible d'échapper au panorama sur la mer ! Au sein de cet hôtel familial de la plus ancienne station balnéaire de la Côte d'Opale, on est d'emblée séduit par ce décor refait de frais dans un style vintage. Si papa est en bas qui s'occupe du bistrot, le fiston Benjamin Delpierre est en haut au gastro. Avant de s'ancrer face à la Manche, ce cuisinier a posé ses filets chez Jean-Michel Lorain à la Côte Saint-Jacques puis au Ritz de Michel Roth, avant un cabotage du côté des Caraïbes avec son épouse, aujourd'hui en salle. Ici, les poissons et les fruits règnent sans partage dès l'entrée - rouget, escargots, huîtres, couteaux et moules - mis en valeur par une belle cuisine de la mer.

Spécialités : Cuisine du marché.

Menu 75/95 € - Carte 70/86 €

Atlantic Hôtel, 6 rue Notre-Dame - 03 21 32 41 01 - www.atlantic-delpierre.com - Fermé 10 février-4 mars, lundi, mardi, mercredi midi, jeudi midi, vendredi midi, dimanche soir

L'Aloze

CUISINE TRADITIONNELLE • BRASSERIE XX La brasserie de l'Hôtel Atlantic se distingue par sa cuisine d'une grande fraîcheur, largement basée sur les produits de la pêche locale. Présentations soignées, cuissons et assaisonnements maîtrisés, saveurs bien présentes : un moment agréable.

Menu 31/45 €

Atlantic Hôtel, 6 rue Notre-Dame - 03 21 32 41 01 - www.atlantic-delpierre.com - Fermé 10 février-4 mars

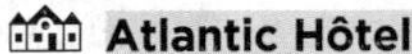

Atlantic Hôtel

TRADITIONNEL • FONCTIONNEL Sur la digue du front de mer, cet hôtel toise la Manche ! On observe les flots à loisir depuis toutes les chambres, qu'elles soient romantiques, de style balnéaire chic ou très contemporaines.

18 chambres - 147/250 € - 16 €

6 rue Notre-Dame - 03 21 32 41 01 - www.atlantic-delpierre.com - Fermé 10 février-4 mars

La Liégeoise • **L'Aloze** - Voir la sélection des restaurants

WINGEN-SUR-MODER

67290 - Bas-Rhin - Carte régionale n° **10**-A1 - Carte Michelin 315-I3

Villa René Lalique

CUISINE CRÉATIVE • LUXE XxxX Peu connu du grand public, René Lalique fut le joaillier le plus en vue du tournant du siècle et du mouvement Art nouveau. Son héritage perdure à Wingen-sur-Moder avec un musée, un hôtel de grand standing... et cette table emmenée par Jean-Georges Klein et Paul Stradner, qui conduisent à quatre mains une partition culinaire de très haut niveau. Remarquables amuse-bouches entre France, Espagne et Japon ; émulsion de pommes de terre et lamelles de truffes (un grand classique de JGK) ; pomme de ris de veau, douceur de maïs au parmesan et citronnelle, etc. Des créations remarquables de finesse et d'intelligence, une créativité savamment dosée, des saveurs savamment distillées qui montent en puissance au fil du repas... Superbe.

Spécialités : Émulsion de pomme de terre et truffe. Saint-pierre en croûte de sel, risotto aux herbes et sauce vierge. Opéra revisité façon Lalique, glace à l'orge torréfié.

Menu 78 € (déjeuner), 112/198 € - Carte 110/230 €

18 rue Bellevue - 03 88 71 98 98 - www.villarenelalique.com - Fermé 27 juillet-12 août, 30 décembre-22 janvier, mardi, mercredi, samedi midi

Château Hochberg

CUISINE MODERNE • CHIC XX On profite ici de produits frais travaillés au fil des saisons, dans le respect des saveurs. Arnaud Barberis interprète une goûteuse cuisine de saison, sans négliger ses classiques : saumon d'Isigny fumé maison, rognon de veau poêlé, oignons doux des Cévennes et jus au madère, bouchée à la Reine royale. Simple et sans chichis. Jolie terrasse pour les soirées estivales.

Menu 22 € (déjeuner), 36/46 € - Carte 43/58 €

2 rue de Château-Teutsch - 03 88 00 67 67 - www.chateauhochberg.com - Fermé 1er-29 janvier, 1er-14 juillet, lundi, mardi

Château Hochberg

DEMEURE HISTORIQUE • DESIGN Situé en face du musée Lalique, cette splendide demeure du 19e s. entièrement rénovée offre le confort de chambres raffinées, dont les plus personnalisées se déclinent en harmonies de couleurs, Ombelle, Venise et Dahlia. Un endroit à part.

15 chambres - 150/320 € - 18 €

2 rue de Château-Teutsch - 03 88 00 67 67 - www.chateauhochberg.com - Fermé 1er-29 janvier, 1er-14 juillet

Château Hochberg - Voir la sélection des restaurants

WISSEMBOURG

67160 - Bas-Rhin - Carte régionale n° **10**-B1 - Carte Michelin 315-L2

Au Pont M

CUISINE MODERNE • CONTEMPORAIN XX Au cœur du quartier de la "Petite Venise", l'ancienne boucherie du coin est devenue un point de rendez-vous pour profiter des trouvailles du chef, un véritable amoureux du produit. Le nec plus ultra ? Prendre son repas sur la terrasse au bord de la Lauter, ou dans la salle avec vue sur l'église St-Pierre-et-St-Paul...

Menu 20 € (déjeuner), 33/50 € - Carte 40/60 €

3 rue de la République - 03 88 63 56 68 - www.aupontm.com - Fermé lundi, mardi, dimanche soir

Hostellerie du Cygne

CUISINE TRADITIONNELLE • CLASSIQUE XX Une salle classique largement boisée d'un côté, une salle de style alsacien Renaissance de l'autre, et dans les deux cas, une savoureuse cuisine traditionnelle. Une chose est sûre, le chant du cygne n'est pas près de se faire entendre… et ce ne sont pas les gourmands qui s'en plaindront ! Quelques chambres confortables pour l'étape.

Menu 35/80 € - Carte 38/80 €

3 rue du Sel - ✆ 03 88 94 00 16 - www.hostellerie-cygne.com - Fermé 16 février-1er mars, 1er-15 juillet, 4-18 novembre, mercredi, jeudi midi, dimanche soir

à Altenstadt 2 km au Sud par D3

Rôtisserie Belle Vue

CUISINE TRADITIONNELLE • CLASSIQUE XX Dans cette grande maison familiale, on est reçu chaleureusement et on savoure une cuisine traditionnelle dans une atmosphère cossue.

Menu 35/50 € - Carte 30/68 €

1 rue Principale - ✆ 03 88 94 02 30 - www.bellevue-wiss.fr - Fermé 17 février-5 mars, 3-27 août, lundi, mardi, dimanche soir

WOLFGANTZEN

✉ 68600 - Haut-Rhin - Carte régionale n° **10**-C2 - Carte Michelin 315-i8

Kastenwald (N)

CUISINE TRADITIONNELLE • CONTEMPORAIN XX Une cuisine classique sans fioritures, réalisée dans les règles de l'art, où les produits du marché sont bien mis en valeur : voilà ce qui vous attend dans cet ancien relais de poste installé en face de l'église. Les habitués s'y pressent… et on les comprend.

Menu 13 € (déjeuner) - Carte 25/45 €

39 rue Principale - ✆ 03 89 27 39 99 - www.restaurant-kastenwald.com - Fermé 3-18 août, 24 décembre-5 janvier, lundi, mardi

WŒLFLING-LES-SARREGUEMINES - Moselle (57) ➜ Voir Sarreguemines

XONRUPT-LONGEMER - Vosges (88) ➜ Voir Gérardmer

YERRES - Essonne (91) ➜ Voir Autour de Paris

YEU (ÎLE D') - Vendée (85) ➜ Voir Île d'Yeu

YGRANDE

✉ 03160 - Allier - Carte régionale n° **1**-B1 - Carte Michelin 326-E3

Château d'Ygrande

DEMEURE HISTORIQUE • HISTORIQUE Charme et élégance règnent dans ce château de 1854. Des séjours à thème sont proposés (équitation, randonnée) et le panorama sur la campagne est exquis. Les poètes apprécieront les belles hauteurs sous plafond, propices aux pensées en apesanteur, et les affamés, le restaurant…

19 chambres - 109/305 € - 16 €

Le Mont - ✆ 04 70 66 33 11 - www.chateauygrande.fr - Fermé 1er janvier-22 février

YSSINGEAUX

✉ 43200 - Haute-Loire - Carte régionale n° **1**-C3 - Carte Michelin 331-G3

Le Bourbon

CUISINE DU TERROIR • TRADITIONNEL XX Passé par de belles maisons - dont celle de Michel Chabran à Pont-de-l'Isère -, Rémy Michelas propose ici une carte alléchante, qui fait la part belle aux producteurs auvergnats et célèbre le gibier en saison. Deux univers au choix (gastronomique, ou bistrot le midi) et un seul mot d'ordre : le plaisir !

Spécialités : Maquereaux aux agrumes et chorizo. Onglet de bœuf, raviole à la tomate. Chocolat T.

Menu 24/69 € - Carte 53/82 €

5 place de la Victoire - ✆ 04 71 59 06 54 - www.le-bourbon.com - Fermé 1er-9 janvier, 1er-8 juillet, lundi, dimanche soir

YVOIRE

✉ 74140 - Haute-Savoie - Carte régionale n° **4**-F1 - Carte Michelin 328-K2

Les Jardins du Léman

CUISINE MODERNE · ÉLÉGANT XX Au cœur de la cité médiévale, cette vénérable auberge propose des plats gourmands, joliment travaillés, et un sympathique menu gibier à l'automne. Le plus ? Une somptueuse terrasse panoramique sur le lac Léman, où vous vous attablerez les soirs d'été.

Spécialités : Féra fumée, crème de petits pois et émulsion à l'ail noir. Cochon des montagnes, sauce aigre-douce au piment d'Espelette, légumes glacés et polenta. Tartelette sablée, ganache yuzu et sorbet citron.

Menu 25 € (déjeuner), 33/60 € - Carte 50/80 €

Grande-Rue - ✆ 04 50 72 80 32 - www.lesjardinsduleman.com - Fermé 17 novembre-3 février, mercredi

Le Pré de la Cure

CUISINE TRADITIONNELLE · CONVIVIAL XX Une plongée dans le Léman ! Évidemment, il y a la vue, superbe, mais pas seulement... Le chef réalise une cuisine axée sur les produits de la pêche : selon l'arrivage, brochets, truites ou encore perches peuvent être de la fête. Pour l'étape, chambres spacieuses et grande piscine couverte.

Menu 29/55 € - Carte 40/60 €

Place de la Mairie - ✆ 04 50 72 83 58 - www.pre-delacure.com - Fermé 28 octobre-7 mars

Vieille Porte

CUISINE TRADITIONNELLE · RUSTIQUE XX Maison du 14e s. appartenant à la même famille depuis 1587. Tomettes, poutres et pierres, terrasse à l'ombre des remparts : rien ne manque, et tout cela accompagne à merveille la sympathique cuisine traditionnelle et régionale du chef. Belle sélection de bordeaux à prix raisonnable.

Menu 29/45 € - Carte 45/65 €

2 place de la Mairie - ✆ 04 50 72 80 14 - www.la-vieille-porte.com - Fermé 11 novembre-9 février, lundi, dimanche soir

Villa Cécile

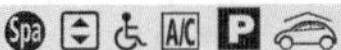

FAMILIAL · COSY Aux portes de la cité médiévale, ce charmant hôtel doit beaucoup à l'imagination et au dévouement de sa jeune propriétaire, Cécile Kung. Chambres confortables, bonne cuisine de saison servie face au lac, espace détente... Idéal pour un séjour au calme.

20 chambres - 190/390 € - 19 €

156 route de Messery - ✆ 04 50 72 27 40 - www.villacecile.com - Fermé 24 décembre-31 janvier

YVOY-LE-MARRON

✉ 41600 - Loir-et-Cher - Carte régionale n° **8**-C2 - Carte Michelin 318-I6

Auberge du Cheval Blanc

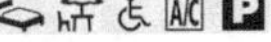

CUISINE TRADITIONNELLE · AUBERGE XX Après une balade en forêt solognote, installez-vous à la table du Cheval Blanc... Tomettes, poutres, trophées de chasse et bois sombre : tout un idéal champêtre ressuscité ! Terrine de foie gras de canard, fricassée de rognons de veau à la berrichonne : le patron rend hommage à la tradition avec un soin tout particulier.

Menu 33/55 € - Carte 49/90 €

1 place du Cheval Blanc - ✆ 02 54 94 00 00 - www.aubergeduchevalblanc.com - Fermé 1er-26 mars, 20 décembre-7 janvier, lundi, mardi midi, mercredi midi

YZEURES-SUR-CREUSE

✉ 37290 - Indre-et-Loire - Carte régionale n° **8**-B3 - Carte Michelin 317-O8

Relais de La Mothe

CUISINE TRADITIONNELLE · COSY XX Dans cette maison d'angle, juste à côté de l'église, on est accueilli dans une ambiance familiale et chaleureuse. En cuisine, tout est fait maison, au goût du jour - par exemple, salade d'artichauts barigoule, pintade à l'estragon - sous la direction d'un chef au solide parcours.

Menu 15 € (déjeuner), 28/38 € - Carte 30/45 €

1 Place du 11 Novembre - ✆ 02 47 91 49 00 - www.relaisdelamothe.com - Fermé 13 janvier-6 février, 29 juin-12 juillet, dimanche soir

ZELLENBERG - Haut-Rhin (68) ➜ Voir Riquewihr

ZIMMERBACH

✉ 68230 - Haut-Rhin - Carte régionale n° **10**-C2 - Carte Michelin 315-H8

Au Raisin d'Or

CUISINE TRADITIONNELLE · CONVIVIAL X Cette auberge à la bonne franquette a profité d'un petit relooking, mais n'a rien changé à ses habitudes. Les habitués sont toujours là et se régalent des propositions du jour et des classiques du chef (tête de veau, quenelles de foie, bœuf gros sel, etc.).

Spécialités : Consommé de bœuf, quenelles à la moelle. Bœuf gros sel, crudités et pommes de terre sautées. Vacherin glacé minute.

Menu 16 € (déjeuner), 28/43 € - Carte 36/47 €

1 rue de l'Église - ✆ 03 89 71 05 69 - www.raisindor.fr - Fermé mardi

ZOUFFTGEN

✉ 57330 - Moselle - Carte régionale n° **12**-B1 - Carte Michelin 307-H2

La Lorraine

CUISINE MODERNE · ÉLÉGANT XXX Sous la grande véranda de cette maison bourgeoise, dont le sol vitré laisse apparaître la cave à vin, on apprécie une cuisine au goût du jour, inspirée du terroir lorrain. Petits plats du terroir dans l'annexe, La Stuff, façon winstub.

Menu 60/150 €

80 rue Principale - ✆ 03 82 83 40 46 - www.la-lorraine.fr - Fermé lundi, mardi

vichie81/iStock

PRINCIPAUTÉ
DE MONACO

MONACO Capitale de la Principauté

✉ 98000 - Monaco - Carte régionale n° **25**-E2

à Fontvieille

Beefbar

VIANDES • TENDANCE XX Un "bar à viandes"... de bœuf (en provenance d'Europe, d'Amérique du Sud ou des États-Unis) réservé aux carnivores. Cadre tendance, très prisé de la clientèle locale, tout comme les belles vitrines de maturation des viandes !

Carte 45/130 €

Plan E3-e - *42 quai Jean-Charles-Rey - ✆ 97 77 09 29 - www.monaco.beefbar.com*

MONTE-CARLO Centre Mondain de la Principauté

✉ 98000 - Monaco - Carte régionale n° **25**-E2 - Carte Michelin 341-F5

Le Louis XV - Alain Ducasse à l'Hôtel de Paris

CUISINE MÉDITERRANÉENNE • LUXE XXXXX Difficile de présenter le Louis XV, sans évoquer Alain Ducasse. Son existence se conjugue au superlatif. L'enfant d'Orthez, aux amours méditerranéennes, chef et homme d'affaires brillant, devenu citoyen monégasque, se trouve à la tête d'un empire de plus de 20 établissements, et 1400 employés sur tous les continents du monde. Il n'a que 33 ans lorsqu'il décroche trois étoiles au Louis XV pour un niveau qui ne se démentira jamais. Et ce n'est pas un hasard si les menus autour de la "Naturalité", proposés au Plaza Athénée aujourd'hui, s'inspirent du menu "Jardin de Provence" à Monaco autour des légumes, lancé le 27 mai 1987. La signature Alain Ducasse est ici mise en scène par son fidèle lieutenant, Dominique Lory. On y célèbre la vérité du produit et la déesse Méditerranée, avec maestria, toujours.

Spécialités : Gamberoni de San Remo, fine gelée de poissons de roche et caviar. Loup de Méditerranée aux agrumes du mentonnais. Baba au rhum de votre choix, crème mi-montée.

Menu 180 € (déjeuner), 260/380 € - Carte 236/348 €

Plan E1-y - *Hôtel de Paris, place du Casino - ✆ 98 06 88 64 - www.ducasse-paris.com - Fermé 9 février-4 mars, 8-30 décembre, mardi, mercredi, jeudi midi*

Joël Robuchon Monte-Carlo

CUISINE MODERNE • ÉLÉGANT XXXX Par où commencer ? Tout ici respire l'élégance et le style. À tout seigneur tout honneur, commençons par la précision des assiettes de Christophe Cussac, où se rencontrent des produits magnifiques sélectionnés auprès des meilleurs producteurs du monde entier. Parlons aussi de l'imposant chariot de desserts, et d'une carte des vins à vous donner le tournis - dont plusieurs grands vins en magnums... tout cela se savoure dans le cadre cossu et raffiné de l'hôtel Métropole, véritable joyau monégasque. N'hésitez pas à venir au déjeuner, le prix du menu est plutôt raisonnable. Service aimable et aux petits soins.

Spécialités : Œuf de poule bio mollet, friand au caviar et saumon fumé. Filet de saint-pierre en bohémienne méridionale. Chariot de desserts.

Menu 62 € (déjeuner), 99/220 € - Carte 130/300 €

Plan E1-z - *Métropole, 4 avenue de la Madone - ✆ 93 15 15 10 - www.metropole.com - Fermé 15-29 février, mercredi*

Le Grill

CUISINE CLASSIQUE • CHIC XXX Rénovation réussie pour le Grill, au huitième étage de l'Hôtel de Paris : décoration modernisée, confort amélioré... et toujours cette vue à couper le souffle ! Ici, on connaît la signification du travail précis sur de beaux produits, Dans l'assiette, la cuisson au charbon de bois est de mise, et millimétrée : minestrone printanier, turbot côtier en tronçon, carré d'agneau à la sarriette, poussin fermier au doux parfum de Provence... Le soufflé chaud framboise et pistache est une pure merveille. Une cuisine qui a du goût, et sur laquelle plane l'ombre talentueuse de Franck Cerutti, fidèle d'Alain Ducasse.

Spécialités : Gamberoni de San Remo. Poussin fermier parfumé aux herbes des collines. Soufflés.

Menu 65 € (déjeuner)/135 € - Carte 115/220 €

Plan E1-y - *Hôtel de Paris, place du Casino - ✆ 98 06 88 88 - www.hoteldeparismontecarlo.com - Fermé 6 janvier-2 février*

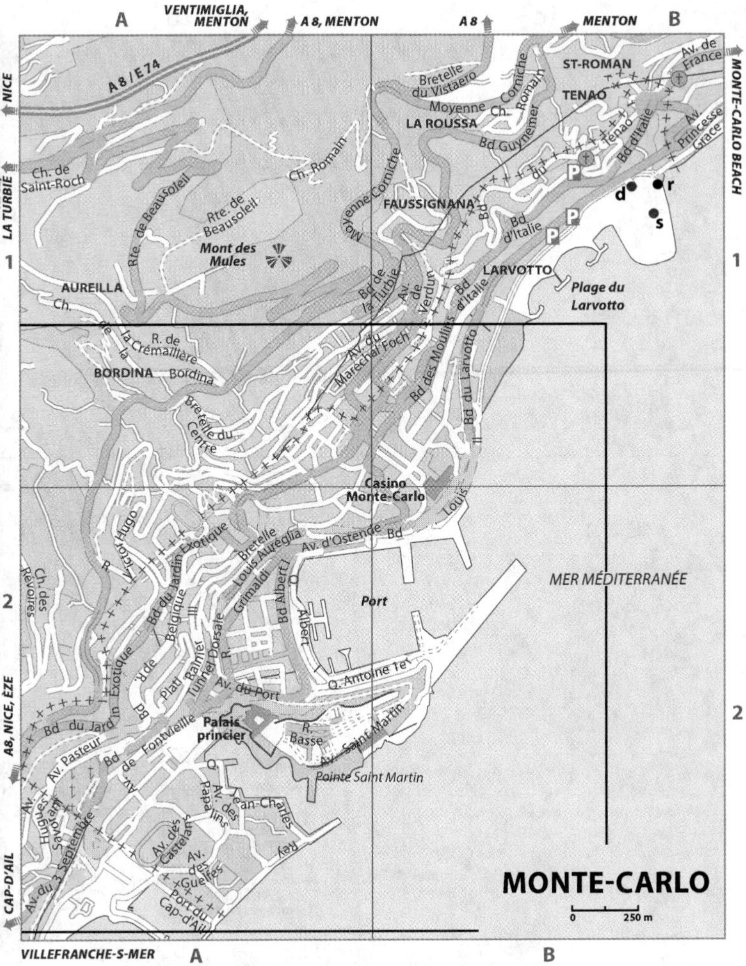

MONTE-CARLO

Vistamar

CUISINE MODERNE • ÉLÉGANT XXX Le Vistamar n'a pas usurpé son nom. La table de l'hôtel Hermitage de Monte-Carlo est un restaurant mythique, ne serait-ce que pour sa sublime terrasse regardant le port et le littoral monégasque, et qui semble tenir tête à la fois aux cieux et aux flots. Ici, dans ce palace de la Belle Époque, on profite du beau décor moderne tout en teintes douces, écrin rêvée pour une gastronomie raffinée. Le chef et sa brigade composent pour vous une cuisine du sud « sur mesure », raffinée et colorée, où les beaux produits se taillent la part du lion. Respect des saisons, fraîcheur des produits, rigueur d'exécution. Une table historique.

Spécialités : Homard bleu en fraîcheur. Bouillabaisse en trois paliers. Abricot rôti au miel bio de nos ruches.

Menu 59 € (déjeuner), 78/140 € – Carte 90/190 €

Plan E1-r – *Hermitage, square Beaumarchais – ✆ 98 06 98 98 – www.montecarloresort.com – Fermé 6 janvier-9 février, samedi midi, dimanche midi*

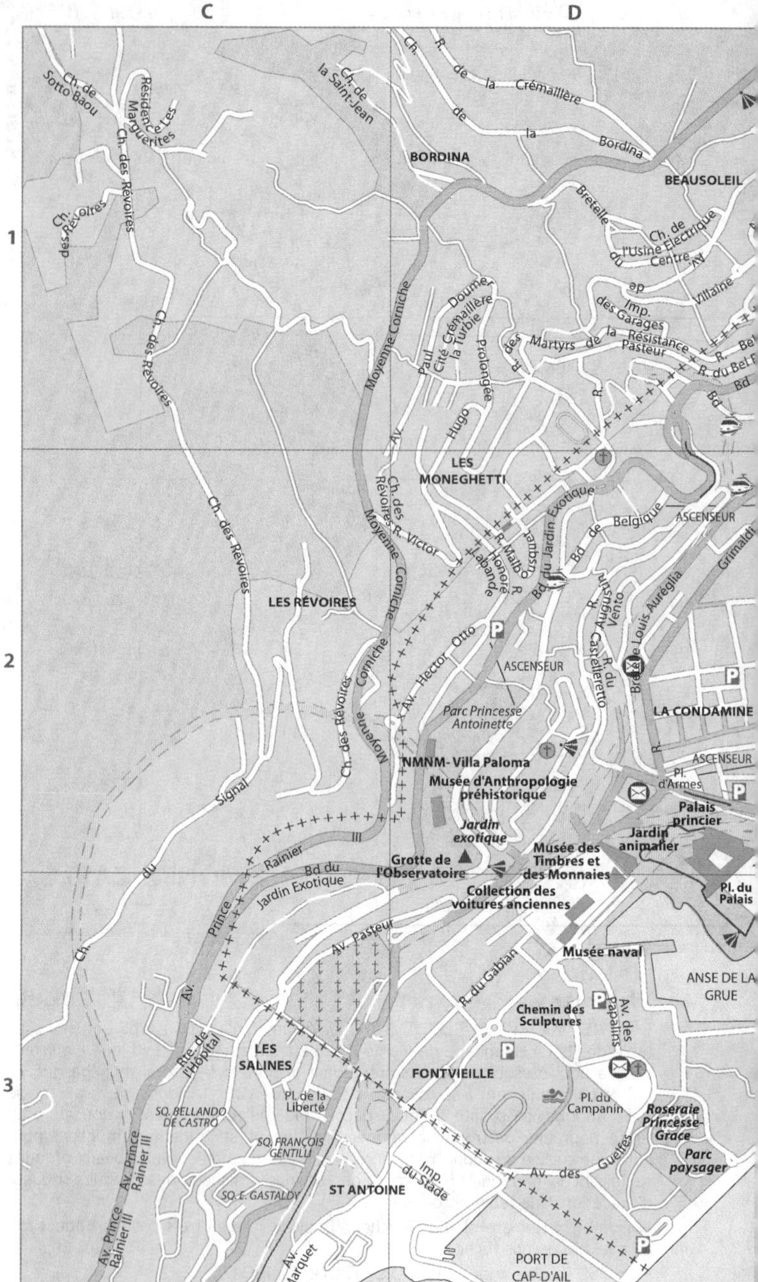

C
D

1
2
3

Ch. de Sotto Baou
Résidence Les Marguerites
Ch. des Révoires
Ch. de la Saint-Jean
Ch.
R. de la Crémaillère
R. de la Bordina
BORDINA
BEAUSOLEIL
Bretelle du Centre
Ch. de l'Usine Electrique
Av. Villaine
Imp. des Garages
Doumer
Paul
Cité Crémaillère
la Turbie
Prolongée
Moyenne Corniche
R. des Martyrs de la Résistance
Pasteur
R. Bel
R. du Bel
Bd
Hugo
Av.
LES MONEGHETTI
Ch. des Révoires
R. Victor
Moyenne Corniche
Bd du Jardin Exotique
Bd de Belgique
ASCENSEUR
Grimaldi
R. Malbousquet
R. Honoré Labande
R. Augustin Vento
R. du Castelleretto
Bd de Louis Auréglia
LES RÉVOIRES
Av. Hector Otto
ASCENSEUR
Parc Princesse Antoinette
LA CONDAMINE
ASCENSEUR
R.
Pl. d'Armes
NMNM- Villa Paloma
Musée d'Anthropologie préhistorique
Palais princier
Jardin exotique
Jardin animalier
Grotte de l'Observatoire
Musée des Timbres et des Monnaies
Pl. du Palais
Collection des voitures anciennes
Signal
Ch. du Signal
Av. Prince Rainier III
Bd du Jardin Exotique
Av. Pasteur
Musée naval
ANSE DE LA GRUE
R. du Gabian
Chemin des Sculptures
Av. des Papalins
Rte. de l'Hôpital
LES SALINES
FONTVIEILLE
Pl. de la Liberté
SQ. BELLANDO DE CASTRO
Pl. du Campanin
Roseraie Princesse-Grace
SQ. FRANÇOIS GENTILLI
Av. des Guelfes
Parc paysager
Imp. du Stade
SQ. E. GASTALDY
ST ANTOINE
Av. Prince Rainier III
Av. Marquet
PORT DE CAP-D'AIL

C
D

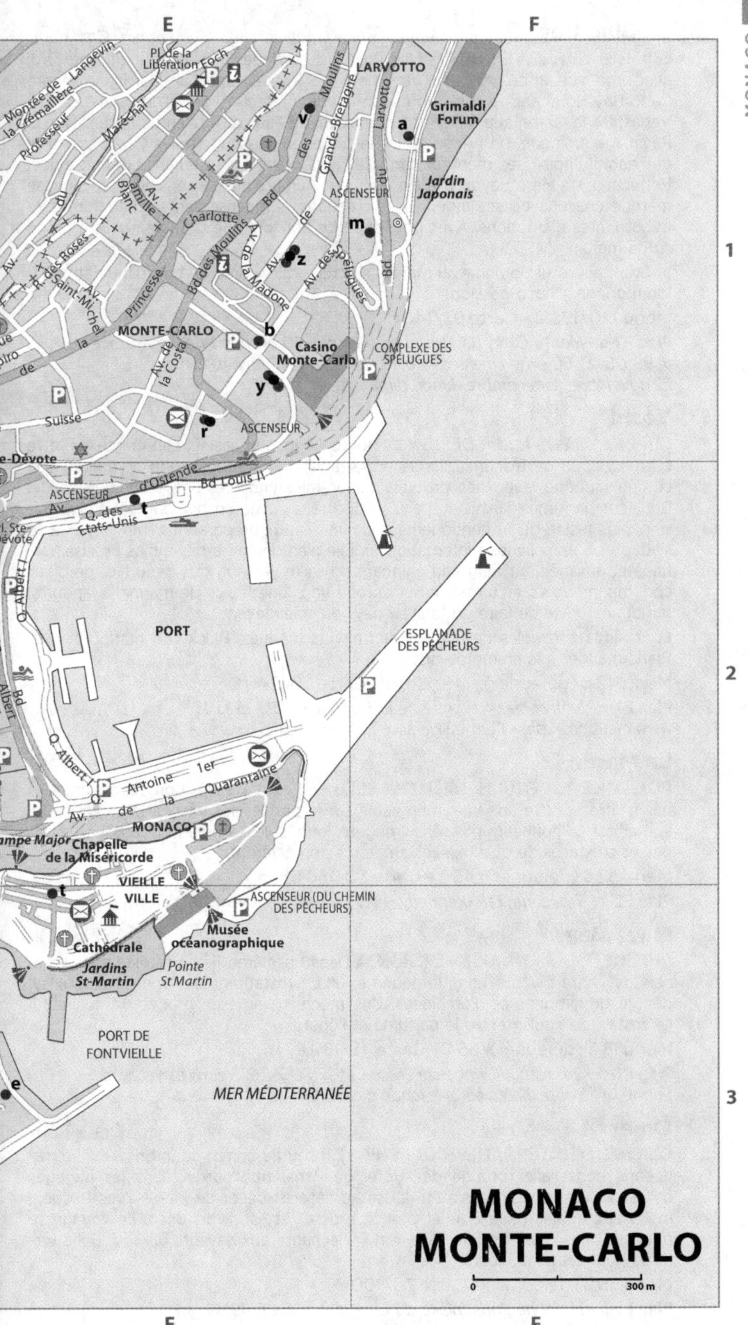
MONACO
MONTE-CARLO
0
300 m
LARVOTTO
Grimaldi Forum
Jardin Japonais
Pl. de la Libération Foch
Montée de la Crémaillère
Langevin
Professeur
Maréchal
Av. Camille Blanc
Bd des Moulins
Bd de Grande-Bretagne
Av. du Larvotto
ASCENSEUR
Charlotte
Av. de la Madone
Av. de
Av. des Spélugues
Bd
R. des Roses
Av. Saint-Michel
Princesse
MONTE-CARLO
Av. de la Costa
Casino Monte-Carlo
COMPLEXE DES SPÉLUGUES
Suisse
ASCENSEUR
te-Dévote
d'Ostende
Bd Louis II
ASCENSEUR
Q. des Etats-Unis
Pl. Ste-Dévote
Q. Albert I
PORT
ESPLANADE DES PÊCHEURS
Bd Albert
Q. Albert I
Q. Antoine 1er
Quarantaine
Av. de la
MONACO
ampe Major
Chapelle de la Miséricorde
VIEILLE VILLE
ASCENSEUR (DU CHEMIN DES PÊCHEURS)
Musée océanographique
Cathédrale
Jardins St-Martin
Pointe St Martin
PORT DE FONTVIEILLE
MER MÉDITERRANÉE
a
v
m
z
b
y
r
t
t
e
E
F
1
2
3

✿ Le Blue Bay

CUISINE CRÉATIVE • DESIGN XXX Posé au bord de la presqu'île du Larvotto, avec une vue imprenable sur la pointe de Roquebrune-Cap-Martin, le Monte Carlo Bay Hotel and Resort impressionne par son faste digne d'un palace de Las Vegas. De la Martinique à Monaco, d'un rocher à l'autre, le talentueux chef Marcel Ravin a bourlingué, de l'Alsace à la Belgique, en passant par les Caraïbes. Au fil de l'eau, il choisit ses mentors parmi les plus grands, de Bernard Loiseau à Joël Robuchon, de Marc Veyrat à Alain Ducasse. Aujourd'hui, sa sensibilité voyageuse marque chacune de ses ingénieuses créations, soigneusement architecturées et débordantes d'émotions. Avec pour superbe horizon, une terrasse ouvrant grand sur la mer...

Spécialités : Œuf de poule au manioc. Pêche locale, confit au bois d'Inde et bouillon moringa. Choco-passion.

Menu 120/195 € - Carte 92/140 €

Plan B1-s - *Monte Carlo Bay Hotel and Resort, 40 avenue Princesse-Grace - ✆ 98 06 03 60 - www.montecarlobay.com - Fermé 16 février-18 mars, 22 novembre-16 décembre, lundi, dimanche et le midi*

✿ Yoshi

CUISINE JAPONAISE • DESIGN XX Monte-Carlo, son casino, son prince, sa terre battue... et sa gastronomie. La seconde table du Métropole rend hommage à la cuisine nippone, avec des produits de premier choix et une technique solide. Bouillons parfumés, sushis et makis y sont traités avec Yoshi ("bonté"). Cette cuisine, plus fusion qu'authentiquement japonaise, aux préparations "new style" a su s'adapter à une clientèle internationale. Elle n'en demeure pas moins précise, raffinée et affirmée, à l'image du ghindara no saiko yaki, un très beau filet de black cod, mariné au saké cuit au pot et enrobé dans une feuille de magnolia japonais, qui donne envie de faire un tour au pays du soleil levant.

Spécialités : Ravioles de homard aux navets marinés. Black cod mariné et cuit. Blanc-manger à la crème de pistache.

Menu 42 € (déjeuner), 149/220 € - Carte 80/240 €

Plan E1-z - *Métropole, 4 avenue de la Madone - ✆ 93 15 13 13 - www.metropole.com - Fermé 31 janvier-14 février, lundi, mardi*

La Marée

POISSONS ET FRUITS DE MER • ÉLÉGANT XXX La salle, bordée de grandes baies vitrées, offre une vue imprenable sur le port et ses yachts. Dans l'assiette, la mer est à l'honneur : poissons (rougets, loup, sole, turbot) mais aussi coquillages et crustacés de qualité... Les amateurs apprécieront.

Menu 32 € (déjeuner)/45 € - Carte 50/150 €

Plan E2-t - *7 avenue J.-F.-Kennedy - ✆ 97 97 80 00 - www.lamaree.mc*

Maya Bay

CUISINE THAÏLANDAISE • DESIGN XX Dans un même lieu, un restaurant japonais au cadre inventif et ultramoderne, et un restaurant thaïlandais, plus cosy, décoré de kimonos et d'orchidées. Une même gamme de prix et de qualité ; il ne reste qu'à choisir entre le parfumé et l'épure.

Menu 18 € (déjeuner)/65 € - Carte 45/180 €

Plan B1-d - *24 avenue Princesse-Grace - ✆ 97 70 74 67 - www.mayabay.mc - Fermé 19 octobre-19 novembre, lundi, dimanche*

Ômer N

CUISINE MÉDITERRANÉENNE • CHIC XX Il souffle comme une brise méditerranéenne dans l'aile rotonde de l'Hôtel de Paris, transportée dans les bagages d'Alain Ducasse. Ici, rien n'a été laissé au hasard : décor de Pierre-Yves Rochon, matériaux nobles (cuir, bois et bronze brossé) et esprit art déco. Le voyage se poursuit dans l'assiette avec une carte alléchante aux saveurs du sud. Belle terrasse pour les beaux jours.

Menu 55 € (déjeuner) - Carte 70/100 €

Plan E1-b - *Hôtel de Paris, place du Casino - ✆ 98 06 39 39 - www.montecarlosbm.com*

Song Qi

CUISINE ASIATIQUE • LUXE XX Un restaurant gastronomique chinois ; ces termes ne sont plus antinomiques. On s'installe dans un cadre (forcément) chic pour y déguster une carte alléchante, de la soupe pékinoise au poulet fumé, à ces crevettes croustillantes du dragon à la moutarde chinoise, en passant par les inévitables *dim sum*. Réservez !

Menu 29 € (déjeuner) – Carte 80/120 €

Plan F1-a – *7 avenue Princesse-Grace – ✆ 99 99 33 33 – www.song-qi.mc – Fermé 21-30 octobre*

Eqvita

CUISINE VÉGÉTALIENNE • CONVIVIAL X 100% végétal et 0% gluten : voici le credo d'Eqvita, sorti de l'imagination du tennisman Novak Djokovic – qui a lui-même adopté de longue date un régime sans gluten. Le chef italien s'en donne à cœur joie : gnocchis de légumes, burger de haricot noir et riz complet... Attention, fermeture le mardi.

Carte 33/45 €

Plan F1-m – *7 rue Portier – ✆ 97 77 07 49 – www.eqvitarestaurant.com*

Loga

CUISINE TRADITIONNELLE • FAMILIAL X La cuisine vitrée donne sur une salle à manger coquette et chaleureuse : on est déjà séduit. En véritable passionné, le chef travaille viandes, poissons et pâtes avec la même dévotion ; ne manquez pas sa spécialité : l'escalope milanaise "oreille d'éléphant", aplatie jusqu'à atteindre 27 cm de long...

Menu 38 € – Carte 38/98 €

Plan E1-v – *25 boulevard des Moulins – ✆ 93 30 87 72 – www.loga.mc – Fermé 22 février-2 mars, 8-26 août, mercredi soir, dimanche*

La Montgolfière-Henri Geraci

CUISINE MODERNE • CONVIVIAL X Dans une ruelle piétonne du rocher, à deux pas du palais princier, ce petit restaurant familial est un parfait contrepied à toutes les adresses branchées et "bling-bling" de Monaco ! En toute simplicité, le chef signe une cuisine soignée et goûteuse, parfois mâtinée d'influences asiatiques. Accueil charmant.

Menu 49/56 € – Carte 31/50 €

Plan E3-t – *16 rue Basse – ✆ 97 98 61 59 – www.lamontgolfiere.mc – Fermé 25 janvier-6 mars, mercredi, dimanche*

Hermitage

GRAND LUXE • CLASSIQUE Derrière une foisonnante façade 1900, une coupole signée Eiffel, un déluge de mosaïques, moulures, pampilles... Confort extrême, à la pointe de l'élégance contemporaine dans les deux ailes rénovées. Beaux équipements pour séminaires. Petite restauration et salon de thé au Limun Bar.

244 chambres – 👥 480/1525 € – ☕ 44 € – 34 suites

Plan E1-r – *square Beaumarchais – ✆ 98 06 40 00 – www.montecarlosbm.com – Fermé 6 janvier-10 février*

✿ **Vistamar** – Voir la sélection des restaurants

Hôtel de Paris

GRAND LUXE • ÉLÉGANT Luxe et élégance, chambres superbes, équipements dernier cri : après une rénovation de fond en comble, le plus prestigieux des palaces monégasques continue d'enchanter les voyageurs de passage. Ainsi perdure le mythe de ce fleuron de la Côte d'Azur...

208 chambres – 👥 530/950 € – ☕ 48 € – 57 suites

Plan E1-y – *place du Casino – ✆ 98 06 30 00 – www.hoteldeparismontecarlo.com*

✿✿✿ **Le Louis XV - Alain Ducasse à l'Hôtel de Paris** • ✿ **Le Grill** **Ômer** – Voir la sélection des restaurants

Métropole

GRAND LUXE · PERSONNALISÉ Luxe et raffinement à tous les étages de ce palace (1886) situé tout près du casino et relooké par Jacques Garcia. Les beaux salons, le décor cossu et volontiers baroque des chambres, le magnifique spa, le bar feutré, le restaurant en période estivale : les superlatifs manquent !

64 chambres – 350/3000 € – 38 € – 62 suites

Plan E1-z – *4 avenue de la Madone – 93 15 15 15 – www.metropole.com*

Joël Robuchon Monte-Carlo · **Yoshi** – Voir la sélection des restaurants

Monte Carlo Bay Hotel and Resort

LUXE · CONTEMPORAIN Ce palace monégasque s'étend sur quatre hectares gagnés sur la mer... Un univers en soi, avec une extraordinaire "piscine-lagon" (bassin à fond de sable), des jardins méditerranéens, de superbes chambres contemporaines, plusieurs restaurants et un casino !

312 chambres – 415/1650 € – 38 € – 22 suites

Plan B1-r – *40 avenue Princesse-Grace – 98 06 02 00 – www.montecarlobay.com*

Le Blue Bay – Voir la sélection des restaurants

à Monte-Carlo-Beach (France Alpes - Mar.) 2, 5 km au Nord - Est -

Carte régionale n° **25**–E2

Elsa

CUISINE MÉDITERRANÉENNE · DESIGN Magnifique palace des années 1930, dont l'architecture a été revue en 2009, le Monte-Carlo Beach surplombe la mer à quelques centaines de mètres de la principauté de Monaco. Cet écrin de rêve a obtenu pour les beaux yeux d'Elsa une certification 100% bio. Aux fourneaux, le chef Benoit Witz, "l'ancien commis de Paul Bocuse et d'Alain Ducasse", comme il aime parfois à se définir, fou de méditerranée, mise pour cela sur des produits et des poissons de première fraîcheur venus des rivieras française et italienne. Imaginé autour de recettes saines et parfumées, sans fioritures, le repas est ici un vrai plaisir simple, à la fois "bon, propre et juste" comme le voulait Carlo Petrini, le fondateur de Slow Food. Après tout ici, l'Italie n'est jamais loin.

Spécialités : Cuisine du marché.

Menu 58 € (déjeuner), 98/158 €

Hors plan – *Monte-Carlo Beach, Avenue Princesse Grace – 04 93 28 66 57 – www.monte-carlo-beach.com – Fermé 12 octobre-14 mars*

Monte-Carlo Beach

LUXE · PERSONNALISÉ Ce luxueux hôtel né dans les années 1930 dresse toujours sa belle façade couleur terracotta au-dessus de la mer... L'atmosphère des chambres, ouvertes sur les flots, évoque l'esprit des croisières (tons bleu et blanc, mobilier marin), et l'on peut profiter de l'impressionnant complexe balnéaire pour la détente.

31 chambres – 460/1445 € – 9 suites

Hors plan – *Avenue Princesse-Grace – 04 93 28 66 66 – www.monte-carlo-beach.com – Fermé 14 octobre-19 mars*

Elsa – Voir la sélection des restaurants

Carnet de notes

Index thématiques

LES TABLES ÉTOILÉES

N **Établissement nouvellement distingué**
Newly awarded distinction

Annecy (74) — Le Clos des Sens
Les Baux-de-Provence (13) — L'Oustau de Baumanière **N**
Chagny (71) — Maison Lameloise
Courchevel/ Courchevel 1850 (73) — Le 1947
Eugénie-les-Bains (40) — Les Prés d'Eugénie - Michel Guérard
Fontjoncouse (11) — Auberge du Vieux Puits
Le Castellet/ Circuit Paul Ricard (83) — Christophe Bacquié
Marseille (13) — Le Petit Nice
Megève/ Leutaz (74) — Flocons de Sel
Menton (06) — Mirazur
Monte-Carlo — Le Louis XV - Alain Ducasse à l'Hôtel de Paris
Paris 1er — Kei **N**
Paris 4e — L'Ambroisie
Paris 6e — Guy Savoy
Paris 7e — Arpège
Paris 8e — Alain Ducasse au Plaza Athénée
Paris 8e — Alléno Paris au Pavillon Ledoyen
Paris 8e — Le Cinq
Paris 8e — Épicure au Bristol
Paris 8e — Pierre Gagnaire
Paris 16e — Le Pré Catelan
Reims (51) — Assiette Champenoise
Roanne/ Ouches (42) — Troisgros - Le Bois sans Feuilles
La Rochelle (17) — Christopher Coutanceau **N**
Saint-Bonnet-le-Froid (43) — Régis et Jacques Marcon
Saint-Martin-de-Belleville (73) — René et Maxime Meilleur
Saint-Tropez (83) — La Vague d'Or - Cheval Blanc St-Tropez
Valence (26) — Pic
Vonnas (01) — Georges Blanc

Annecy/ Veyrier-du-Lac (74) — Yoann Conte
Arbois (39) — Maison Jeunet

Arles (13)	L'Atelier de Jean-Luc Rabanel	
Bassin d'Arcachon/ Pyla-sur-Mer (33)	Le Skiff Club	**N**
Béthune/ Busnes (62)	Meurin	
Bonnieux (84)	La Bastide de Capelongue	
Bordeaux (33)	La Grande Maison de Bernard Magrez	
Bordeaux (33)	Le Pressoir d'Argent - Gordon Ramsay	
Bordeaux/ Martillac (33)	La Grand'Vigne	
Cancale (35)	Le Coquillage	
Cannes (06)	La Palme d'Or	
Cannes/ Le Cannet (06)	Villa Archange	
Carcassonne (11)	Le Parc Franck Putelat	
Cassis (13)	La Villa Madie	
Chaudes-Aigues (15)	Serge Vieira	
Clermont-Ferrand (63)	Le Pré - Xavier Beaudiment	
Colmar (68)	JY'S	
Courchevel/ Courchevel 1850 (73)	Le Chabichou by Stéphane Buron	
Courchevel/ Courchevel 1850 (73)	Le Kintessence	
Courchevel/ Courchevel 1850 (73)	Le Montgomerie	
Courchevel/ Courchevel 1850 (73)	Sarkara	**N**
Dijon (21)	William Frachot	
Èze (06)	La Chèvre d'Or	
Le Havre (76)	Jean-Luc Tartarin	
L'Herbaudière (85)	La Marine	
Honfleur (14)	SaQuaNa	
Illhaeusern (68)	Auberge de l'Ill	
Joigny (89)	La Côte Saint-Jacques	
Jongieux (73)	Les Morainières	
Kaysersberg (68)	La Table d'Olivier Nasti	
L'Isle-Jourdain/ Pujaudran (32)	Le Puits St-Jacques	
Laguiole (12)	Bras	
Lembach (67)	Auberge du Cheval Blanc	
Lyon (69)	Mère Brazier	
Lyon (69)	Le Neuvième Art	
Lyon (69)	Takao Takano	
Lyon/ Collonges-au-Mont-d'Or (69)	Paul Bocuse	
Magescq (40)	Relais de la Poste	
Manigod (74)	La Maison des Bois - Marc Veyrat	
Marseille (13)	AM par Alexandre Mazzia	
Megève (74)	1920	
Megève (74)	La Table de l'Alpaga	**N**
Monte-Carlo	Joël Robuchon Monte-Carlo	
Montlivault (41)	La Maison d'à Côté	
Montreuil/ La Madelaine-sous-Montreuil (62)	La Grenouillère	
Narbonne (11)	La Table Saint-Crescent	**N**
Nice (06)	Flaveur	
Nîmes/ Garons (30)	Alexandre	
Obernai (67)	La Fourchette des Ducs	
Onzain (41)	Domaine des Hauts de Loire	
Paris 1er	Le Grand Véfour	
Paris 1er	Le Meurice Alain Ducasse	

Paris 1er	Sur Mesure par Thierry Marx
Paris 1er	La Table de l'Espadon
Paris 7e	L'Atelier de Joël Robuchon - St-Germain
Paris 7e	David Toutain
Paris 7e	Sylvestre
Paris 8e	L'Abysse au Pavillon Ledoyen **N**
Paris 8e	L'Atelier de Joël Robuchon - Étoile **N**
Paris 8e	Le Clarence
Paris 8e	Le Gabriel
Paris 8e	Le Grand Restaurant - Jean-François Piège
Paris 8e	La Scène **N**
Paris 8e	Le Taillevent **N**
Paris 16e	L'Abeille
Paris 16e	Astrance
Paris 17e	Maison Rostang
La Plaine-sur-Mer (44)	Anne de Bretagne
Plomodiern (29)	L'Auberge des Glazicks
Porto-Vecchio (2A)	Casadelmar
Ramatuelle (83)	La Voile **N**
Reims (51)	Le Parc Les Crayères
Reims (51)	Racine **N**
Romans-sur-Isère/ Granges-les-Beaumont (26)	Les Cèdres
Rouen (76)	Gill
Saint-Amour-Bellevue (71)	Au 14 Février
Saint-Émilion (33)	Hostellerie de Plaisance
Saulieu (21)	La Côte d'Or
Talloires (74)	Jean Sulpice
Toulouse (31)	Michel Sarran
Toulouse (31)	Py-r **N**
La Turbie (06)	Hostellerie Jérôme
Uriage-les-Bains (38)	Maison Aribert
Val-d'Isère (73)	L'Atelier d'Edmond
Vienne (38)	La Pyramide - Patrick Henriroux
Wingen-sur-Moder (67)	Villa René Lalique

AUVERGNE-RHÔNE-ALPES

Alleyras (43)	Le Haut-Allier
Ambierle (42)	Le Prieuré
Ambronay (01)	Auberge de l'Abbaye
Annecy (74)	L'Esquisse
Le Bourget-du-Lac (73)	Atmosphères
Le Bourget-du-Lac (73)	Lamartine
Bourgoin-Jallieu/ La Grive (38)	L'Émulsion

Le Broc (63)	Origines **N**
Chamonix-Mont-Blanc (74)	Albert 1er
Charmes-sur-Rhône (07)	Le Carré d'Alethius
Chasselay (69)	Guy Lassausaie
Chazelles-sur-Lyon (42)	Château Blanchard
Clermont-Ferrand (63)	Apicius
Clermont-Ferrand (63)	Jean-Claude Leclerc
Clermont-Ferrand (63)	L'Ostal
Clermont-Ferrand/ Chamalières (63)	Radio
Courchevel/ Courchevel 1850 (73)	Baumanière 1850
Courchevel/ La Tania (73)	Le Farçon
Courchevel/ Le Praz (73)	Azimut **N**
Crest (26)	Le Kléber
Les Deux-Alpes (38)	Le P'tit Polyte
Douvaine (74)	Ô Flaveurs
Évian-les-Bains (74)	Les Fresques
Grignan (26)	Le Clair de la Plume
Issoire (63)	L'Atelier Yssoirien
La Tour-du-Pin/ Saint-Didier-de-la-Tour (38)	Ambroisie
Lyon (69)	Les Apothicaires **N**
Lyon (69)	Au 14 Février
Lyon (69)	Auberge de l'Île Barbe
Lyon (69)	Le Gourmet de Sèze
Lyon (69)	Jérémy Galvan
Lyon (69)	Les Loges
Lyon (69)	Le Passe Temps
Lyon (69)	Prairial
Lyon (69)	La Sommelière
Lyon (69)	Les Terrasses de Lyon
Lyon (69)	Têtedoie
Lyon (69)	Les Trois Dômes
Lyon/ Charbonnières-les-Bains (69)	La Rotonde
Lyon/ Écully (69)	Saisons **N**
Machilly (74)	Le Refuge des Gourmets
Marcolès (15)	Auberge de la Tour
Megève (74)	Prima
Méribel (73)	L'Ekrin by Laurent Azoulay
Montluçon (03)	La Chapelle **N**
Pont-de-Vaux (01)	Le Raisin
Replonges (01)	La Huchette **N**
Saint-Galmier (42)	La Source
Saint-Gervais-les-Bains (74)	Le Sérac
Saint-Julien-en-Genevois/ Bossey (74)	La Ferme de l'Hospital
Saint-Martin-sur-la-Chambre (73)	Le Clocher des Pères
Talloires (74)	L'Auberge de Montmin **N**
Tencin (38)	La Tour des Sens
Tignes/ Val Claret (73)	Ursus
Vailly (74)	Le Moulin de Léré
Val-d'Isère (73)	La Table de l'Ours
Val-Thorens (73)	Les Explorateurs

Valence (26) La Cachette
Valence (26) Flaveurs
Valence/ Pont-de-l'Isère (26) Maison Chabran - La Grande Table
Vals-les-Bains (07) Le Vivarais
Les Vans (07) Likoké
Vichy (03) Maison Decoret
Vienne/ Chonas-l'Amballan (38) La Table de Philippe Girardon
Villard-de-Lans/ Corrençon-en-Vercors (38) Palégrié
Villeneuve-de-Berg (07) Auberge de Montfleury

BOURGOGNE-FRANCHE-COMTÉ

Avallon/ Vault-de-Lugny (89) Château de Vault de Lugny
Beaune (21) Le Bénaton
Beaune (21) Le Carmin
Beaune (21) Le Jardin des Remparts
Beaune/ Levernois (21) Hostellerie de Levernois
Beaune/ Pernand-Vergelesses (21) Le Charlemagne **N**
Belfort/ Danjoutin (90) Le Pot d'Étain
Bonnétage (25) L'Étang du Moulin
La Bussière-sur-Ouche (21) 1131
Buxy (71) L'Empreinte **N**
Chaintré (71) La Table de Chaintré
Chalon-sur-Saône/ Saint-Rémy (71) L'Amaryllis
Chamesol (25) Mon Plaisir
Charolles (71) Frédéric Doucet
Chassagne-Montrachet (21) Ed.Em
Courban (21) Château de Courban
Dijon (21) L'Aspérule
Dijon (21) Loiseau des Ducs
Dijon/ Prenois (21) Auberge de la Charme
Dole (39) La Chaumière
Dole/ Sampans (39) Château du Mont Joly
Fleurville/ Mirande (71) La Marande
Gevrey-Chambertin (21) La Table d'Hôte **N**
Mâcon (71) Pierre
Mâcon/ Fuissé (71) L'O des Vignes
Malbuisson (25) Le Bon Accueil
Montbéliard (25) Le St-Martin
Port-sur-Saône/ Vauchoux (70) Château de Vauchoux
Sens (89) La Madeleine
Tournus (71) Aux Terrasses
Tournus (71) L'Écrin de Yohann Chapuis
Villers-le-Lac (25) Le France

BRETAGNE

Auray (56) Terre-Mer au Domaine de Kerdrain
Bénodet/ Sainte-Marine (29) Les Trois Rochers
Billiers (56) Domaine de Rochevilaine

Brest (29)	Le M
Cancale (35)	La Table Breizh Café
Carantec (29)	Nicolas Carro **N**
Carnac (56)	Côté Cuisine
Le Conquet/ Pointe de Saint-Mathieu (29)	Hostellerie de la Pointe St-Mathieu
Dinard (35)	Le Pourquoi Pas
Guer (56)	Maison Tiegezh
La Gouesnière (35)	La Gouesnière
Kervignac (56)	Château de Locguénolé **N**
Lannion (22)	L'Anthocyane
Lannion/ la Ville-Blanche (22)	La Ville Blanche
Lorient (56)	L'Amphitryon
Mûr-de-Bretagne (22)	Auberge Grand'Maison
Plouider (29)	La Table de La Butte
Porspoder (29)	Le Château de Sable
Port-Louis (56)	Avel Vor
Quiberon/ Portivy (56)	Le Petit Hôtel du Grand Large
Quimper (29)	Allium
Rennes (35)	Holen **N**
Rennes (35)	Ima
Rennes (35)	Racines
Rennes/ Noyal-sur-Vilaine (35)	Auberge du Pont d'Acigné
Rennes/ Saint-Grégoire (35)	Le Saison
Roscoff (29)	Le Brittany
Saint-Brieuc (22)	Aux Pesked
Saint-Brieuc/ Plérin (22)	La Vieille Tour
Saint-Malo/ Saint-Servan-sur-Mer (35)	Le St-Placide
Saint-Pol-de-Léon (29)	La Pomme d'Api
Trébeurden (22)	Manoir de Lan-Kerellec **N**
Tréguier (22)	Aigue Marine
Vannes (56)	La Gourmandière - La Table d'Olivier
Vannes (56)	Roscanvec
Vannes/ Saint-Avé (56)	Le Pressoir

CENTRE-VAL DE LOIRE

Amboise (37)	Château de Pray
Les Bézards (45)	Auberge des Templiers
Blois (41)	Assa
Chartres (28)	Le Georges
Gien (45)	Côté Jardin
Issoudun/ Saint-Valentin (36)	Au 14 Février
Montbazon (37)	L'Évidence
Orléans (45)	Le Lièvre Gourmand
Orléans/ Ardon (45)	La Table d'à Côté
Le Petit-Pressigny (37)	La Promenade
Romorantin-Lanthenay (41)	Grand Hôtel du Lion d'Or **N**
Tours/ Rochecorbon (37)	Les Hautes Roches
Vendôme (41)	Pertica

CORSE

Calvi (2B)	La Signoria
Lumio (2B)	A Casa di Ma **N**
Murtoli (2A)	La Table de la Ferme
Porto-Vecchio/ Golfe de Santa Giulia (2A)	U Santa Marina

GRAND-EST

Altkirch (68)	L'Orchidée
Ammerschwihr (68)	Julien Binz
Baerenthal/ Untermuhlthal (57)	L'Arnsbourg
Châlons-en-Champagne (51)	Jérôme Feck
Champillon (51)	Le Royal
Colmar (68)	L'Atelier du Peintre
Colmar (68)	Girardin - Gastronomique
Colombey-les-Deux-Églises (52)	Hostellerie la Montagne
Épernay (51)	Les Berceaux
Épinal (88)	Les Ducs de Lorraine
Faulquemont (57)	Toya
Forbach/ Stiring-Wendel (57)	La Bonne Auberge
Hagondange (57)	Quai des Saveurs
Kaysersberg (68)	L'Alchémille
Languimberg (57)	Chez Michèle
Laubach (67)	La Merise
Lièpvre/ La Vancelle (67)	Auberge Frankenbourg
Lunéville (54)	Château d'Adoménil
Marlenheim (67)	Le Cerf
Metz (57)	Maison Dufossé - La Table
Mulhouse (68)	Il Cortile
Mulhouse/ Riedisheim (68)	Maison Kieny
Mulhouse/ Rixheim (68)	Le 7ème Continent
Munster/ Wihr-au-Val (68)	La Nouvelle Auberge
Nancy (54)	Transparence - La Table de Patrick Fréchin
Obernai (67)	Thierry Schwartz - Le Restaurant
Reims (51)	Le Foch
Reims (51)	Le Millénaire
Reims/ Montchenot (51)	Le Grand Cerf
Rhinau (67)	Au Vieux Couvent
Riquewihr (68)	La Table du Gourmet
Riquewihr/ Zellenberg (68)	Maximilien
Sarreguemines (57)	Auberge St-Walfrid
Saverne (67)	Kasbür
Sessenheim (67)	Auberge au Bœuf
Sierentz (68)	Auberge St-Laurent
Strasbourg (67)	Buerehiesel
Strasbourg (67)	Les Funambules
Strasbourg (67)	1741
Strasbourg (67)	Umami

HAUTS-DE-FRANCE

Armentières (59)	Nature
Belle-Église (60)	La Grange de Belle-Église
Boulogne-sur-Mer (62)	La Matelote
Cassel (59)	Haut Bonheur de la Table
Chantilly (60)	La Table du Connétable
Clermont/ Étouy (60)	L'Orée de la Forêt
Lille (59)	Rozó
Lille (59)	La Table
Lille/ Bondues (59)	Val d'Auge
Lille/ Marcq-en-Barœul (59)	Le Marcq
Pierrefonds/ Saint-Jean-aux-Bois (60)	Auberge à la Bonne Idée
Le Touquet-Paris-Plage (62)	Le Pavillon
Wimereux (62)	La Liégeoise

ÎLE-DE-FRANCE

Aulnay-sous-Bois (93)	Auberge des Saints Pères
Bougival (78)	Le Camélia
Couilly-Pont-aux-Dames (77)	Auberge de la Brie
Dampierre-en-Yvelines (78)	La Table des Blot - Auberge du Château
Dampmart (77)	Le Quincangrogne
Fontainebleau (77)	L'Axel
Marly-le-Roi (78)	Le Village
Méry-sur-Oise (95)	Le Chiquito
Meudon (92)	L'Escarbille
Paris 1er	Le Baudelaire
Paris 1er	Carré des Feuillants
Paris 1er	La Dame de Pic
Paris 1er	Les Jardins de l'Espadon
Paris 1er	Jin
Paris 1er	La Poule au Pot
Paris 1er	Restaurant du Palais Royal
Paris 1er	Yam'Tcha
Paris 2e	Accents Table Bourse
Paris 2e	ERH
Paris 2e	Fleur de Pavé **N**
Paris 2e	Frenchie
Paris 2e	Marcore **N**
Paris 2e	Pur' - Jean-François Rouquette
Paris 2e	Sushi B
Paris 3e	Anne **N**
Paris 4e	Benoit
Paris 4e	Restaurant H
Paris 4e	Le Sergent Recruteur **N**
Paris 5e	Alliance
Paris 5e	Baieta
Paris 5e	Mavrommatis

Paris 5e	Oka
Paris 5e	Sola
Paris 5e	Solstice **N**
Paris 5e	Tour d'Argent
Paris 6e	Emporio Armani Caffè Ristorante
Paris 6e	Marsan par Hélène Darroze
Paris 6e	Quinsou
Paris 6e	Relais Louis XIII
Paris 6e	Yoshinori
Paris 6e	Ze Kitchen Galerie
Paris 7e	Aida
Paris 7e	Auguste
Paris 7e	Les Climats
Paris 7e	Divellec
Paris 7e	ES
Paris 7e	Le Jules Verne **N**
Paris 7e	Loiseau Rive Gauche
Paris 7e	Nakatani
Paris 7e	Pertinence
Paris 7e	Tomy & Co
Paris 7e	Le Violon d'Ingres
Paris 8e	Akrame
Paris 8e	Apicius
Paris 8e	L'Arôme
Paris 8e	114, Faubourg
Paris 8e	Le Chiberta
Paris 8e	Copenhague
Paris 8e	Dominique Bouchet
Paris 8e	L'Écrin
Paris 8e	Le George
Paris 8e	Helen
Paris 8e	Lasserre
Paris 8e	Lucas Carton
Paris 8e	L'Orangerie
Paris 8e	Pavyllon **N**
Paris 8e	Penati al Baretto
Paris 9e	Aspic **N**
Paris 9e	La Condesa
Paris 9e	L'Innocence **N**
Paris 9e	Louis
Paris 9e	NESO
Paris 10e	Abri
Paris 11e	Automne
Paris 11e	Le Chateaubriand
Paris 11e	Qui Plume la Lune
Paris 11e	Le Rigmarole **N**
Paris 11e	Septime
Paris 12e	Table - Bruno Verjus
Paris 12e	Virtus
Paris 14e	Cobéa

Paris 15e	Neige d'Été
Paris 15e	Pilgrim
Paris 16e	Alan Geaam
Paris 16e	Antoine
Paris 16e	L'Archeste
Paris 16e	Comice
Paris 16e	Étude
Paris 16e	La Grande Cascade
Paris 16e	Nomicos
Paris 16e	L'Oiseau Blanc **N**
Paris 16e	Pages
Paris 16e	Shang Palace
Paris 17e	Agapé
Paris 17e	Le Faham by Kelly Rangama **N**
Paris 17e	Frédéric Simonin
Paris 17e	Jacques Faussat **N**
Paris 17e	La Scène Thélème
Paris 18e	L'Arcane
Paris 18e	Ken Kawasaki
Paris 18e	La Table d'Eugène
Pontoise (95)	L'Or Q'idée
Rolleboise (78)	Le Panoramique - Domaine de la Corniche
Le Tremblay-sur-Mauldre (78)	Numéro 3
Versailles (78)	Gordon Ramsay au Trianon
Versailles (78)	La Table du 11
Ville-d'Avray (92)	Le Corot
Vincennes (94)	L'Ours

NORMANDIE

Argentan (61)	La Renaissance
Bagnoles-de-l'Orne (61)	Le Manoir du Lys
Barneville-Carteret/ Carteret (50)	La Marine
Bayeux (14)	Château de Sully
Beuvron-en-Auge (14)	Le Pavé d'Auge
Blainville-sur-Mer (50)	Le Mascaret
Le Bourg-Dun (76)	Auberge du Dun
Caen (14)	À Contre Sens
Caen (14)	Initial
Caen (14)	Ivan Vautier
Caudebec-en-Caux (76)	G.a. au Manoir de Rétival
Cherbourg-en-Cotentin (50)	Le Pily
Clères/ Frichemesnil (76)	Au Souper Fin
Deauville (14)	L'Essentiel
Deauville (14)	Maximin Hellio
Dieppe (76)	Les Voiles d'Or
Dieppe/ Offranville (76)	Le Colombier
Flers/ La Ferrière-aux-Étangs (61)	Auberge de la Mine
Giverny (27)	Le Jardin des Plumes
Lyons-la-Forêt (27)	La Licorne Royale

Rouen (76)	L'Odas
Rouen (76)	Rodolphe
Saint-Lô (50)	Intuition
Trouville-sur-Mer (14)	1912
Valmont (76)	Le Bec au Cauchois

NOUVELLE-AQUITAINE

Agen (47)	Mariottat
Agen/ Moirax (47)	Auberge Le Prieuré
Ainhoa (64)	Ithurria
Bassin d'Arcachon/ Arcachon (33)	Le Patio
Bergerac/ Moulin de Malfourat (24)	La Tour des Vents
Biarritz (64)	L'Atelier Alexandre Bousquet **N**
Biarritz (64)	L'Impertinent
Biarritz (64)	Les Rosiers
Biarritz/ Arcangues (64)	Moulin d'Alotz **N**
Bidart (64)	La Table des Frères Ibarboure
Bordeaux (33)	Garopapilles
Bordeaux (33)	L'Oiseau Bleu **N**
Bordeaux (33)	Le Pavillon des Boulevards
Bordeaux (33)	Soléna **N**
Bordeaux (33)	La Table d'Hôtes - Le Quatrième Mur
Bordeaux (33)	Tentazioni **N**
Bordeaux/ Bouliac (33)	Le Saint-James
Bordeaux/ Lormont (33)	Le Prince Noir - Vivien Durand
Brantôme (24)	Le Moulin de l'Abbaye
Brive-la-Gaillarde (19)	La Table d'Olivier
Espelette (64)	Choko Ona **N**
Guéthary (64)	Brikéténia
Jarnac/ Bourg-Charente (16)	La Ribaudière
Langon (33)	Claude Darroze **N**
Limoges/ Saint-Martin-du-Fault (87)	Chapelle Saint-Martin
Massignac (16)	Dyades au Domaine des Étangs
Monestier (24)	Les Fresques
Mont-de-Marsan (40)	Les Clefs d'Argent
Montbron (16)	Moulin de la Tardoire **N**
Pauillac (33)	Château Cordeillan-Bages
Périgueux (24)	L'Essentiel
Périgueux (24)	Un Parfum de Gourmandise
Puymirol (47)	Michel Trama
La Roche-l'Abeille (87)	Le Moulin de la Gorce
La Rochelle/ La Jarrie (17)	L'Hysope
Royan/ Breuillet (17)	L'Aquarelle
Saint-Émilion (33)	Logis de la Cadène
Saint-Jean-de-Blaignac (33)	Auberge St-Jean
Saint-Jean-de-Luz (64)	Le Brouillarta
Saint-Jean-de-Luz (64)	Le Kaïku
Saint-Jean-Pied-de-Port (64)	Les Pyrénées
Saint-Pée-sur-Nivelle (64)	L'Auberge Basque
Saint-Vincent-de-Tyrosse (40)	Le Hittau
Sainte-Sabine (24)	Étincelles - La Gentilhommière
Saintes (17)	Le Dallaison **N**

Salignac-Eyvigues (24)	La Meynardie **N**
Sarlat-la-Canéda (24)	Le Grand Bleu
Sauternes/ Bommes (33)	Lalique
Seignosse (40)	Villa de l'Étang Blanc
Trémolat (24)	Le Vieux Logis
Villeneuve-sur-Lot/ Saint-Sylvestre-sur-Lot (47)	Le Jasmin

OCCITANIE

Assignan (34)	La Table de Castigno
Aumont-Aubrac (48)	Cyril Attrazic
Aureville (31)	En Marge
Banyuls-sur-Mer (66)	Le Fanal
Belcastel (12)	Vieux Pont
Bozouls (12)	Le Belvédère
Cahors/ Mercuès (46)	Le Duèze
Cajarc (46)	L'Allée des Vignes
Carcassonne (11)	La Barbacane
Carcassonne (11)	Domaine d'Auriac
Collioure (66)	La Balette
Conques (12)	Hervé Busset
Lacave (46)	Château de la Treyne
Lacave (46)	Pont de l'Ouysse
Lastours (11)	Le Puits du Trésor
Leucate (11)	Le Grand Cap
Montner (66)	Auberge du Cellier
Montpellier (34)	La Réserve Rimbaud
Nîmes (30)	Jérôme Nutile
Nîmes (30)	Skab
Perpignan (66)	La Galinette
Pézenas (34)	Restaurant De Lauzun
Pujaut (30)	Entre Vigne et Garrigue
Saint-Céré (46)	Les Trois Soleils de Montal
Saint-Cyprien (66)	L'Almandin
Saint-Médard (46)	Le Gindreau
Sauveterre-de-Rouergue (12)	Le Sénéchal
Sète (34)	The Marcel
Sousceyrac (46)	Au Déjeuner de Sousceyrac
Toulouse (31)	Le Cénacle
Toulouse (31)	Hedone **N**
Toulouse (31)	SEPT
Toulouse (31)	Stéphane Tournié - Les Jardins de l'Opéra
Toulouse/ Castanet-Tolosan (31)	La Table des Merville
Toulouse/ Fonsegrives (31)	En Pleine Nature
Toulouse/ Montrabé (31)	L'Aparté
Toulouse/ Rouffiac-Tolosan (31)	Ô Saveurs
Uzès (30)	La Table d'Uzès
Vailhan (34)	Äponem - Auberge du Presbytère
Verfeil (31)	La Promenade
Villeneuve-lès-Avignon (30)	Le Prieuré

PAYS DE LA LOIRE

Angers (49)	Le Favre d'Anne	
Angers (49)	Lait Thym Sel	
Brem-sur-Mer (85)	Les Genêts	
Brétignolles-sur-Mer (85)	Jean-Marc Pérochon	
Chambretaud (85)	La Table du Boisniard	**N**
Le Champ-sur-Layon (49)	La Table de la Bergerie	
Fontevraud-l'Abbaye (49)	Fontevraud Le Restaurant	
Le Mans (72)	L'Auberge de Bagatelle	
Mayenne (53)	L'Éveil des Sens	
Montaigu (85)	La Robe	
Nantes (44)	L'Atlantide 1874 - Maison Guého	
Nantes (44)	LuluRouget	
Nantes/ Haute-Goulaine (44)	Manoir de la Boulaie	
Saint-Joachim (44)	La Mare aux Oiseaux	
Saint-Sulpice-le-Verdon (85)	Thierry Drapeau	
Saumur (49)	Le Gambetta	
La Tranche-sur-Mer (85)	Le Pousse-Pied	

PRINCIPAUTÉ DE MONACO

Monte-Carlo	Le Blue Bay	
Monte-Carlo	Le Grill	
Monte-Carlo	Vistamar	
Monte-Carlo	Yoshi	
Monte-Carlo-Beach	Elsa	

PROVENCE-ALPES-CÔTE D'AZUR

Aix-en-Provence (13)	Château de la Gaude	**N**
Aix-en-Provence (13)	Pierre Reboul	
Aix-en-Provence/ Le Tholonet (13)	Le Saint-Estève	
Ansouis (84)	La Closerie	
Antibes (06)	Le Figuier de St-Esprit	
Antibes/ Cap d'Antibes (06)	Les Pêcheurs	
Les Arcs (83)	Le Relais des Moines	
Arles/ Le Sambuc (13)	La Chassagnette	
Avignon (84)	La Mirande	
Avignon (84)	Restaurant Sevin	
Avignon (84)	La Vieille Fontaine	**N**
Bandol (83)	Les Oliviers	
Les Baux-de-Provence (13)	L'Aupiho	
Beaulieu-sur-Mer (06)	Restaurant des Rois	
Biot (06)	Les Terraillers	
Cadenet (84)	Auberge La Fenière	
La Cadière-d'Azur (83)	Hostellerie Bérard	
Callas (83)	Hostellerie Les Gorges de Pennafort	
Cavaillon (84)	Maison Prévôt	
La Celle (83)	Hostellerie de l'Abbaye de la Celle	

Château-Arnoux-Saint-Auban (04)	La Bonne Étape
La Ciotat/ Le Liouquet (13)	La Table de Nans
La Colle-sur-Loup (06)	Alain Llorca
La Croix-Valmer/ Gigaro (83)	La Palmeraie
Cucuron (84)	La Petite Maison de Cucuron
Eygalières (13)	Maison Hache **N**
Èze-Bord-de-Mer (06)	La Table de Patrick Raingeard
Forcalquier/ Mane (04)	Le Cloître
Gémenos (13)	La Magdeleine - Mathias Dandine **N**
Gigondas (84)	L'Oustalet
Gordes (84)	Les Bories
Grasse (06)	La Bastide St-Antoine
L'Isle-sur-la-Sorgue (84)	Le Vivier
Joucas (84)	La Table de Xavier Mathieu
Juan-les-Pins (06)	La Passagère
Lagarde-d'Apt (84)	Le Bistrot de Lagarde
Lauris (84)	Le Champ des Lunes
Le Lavandou (83)	L'Arbre au Soleil **N**
Lorgues (83)	Bruno
Lorgues (83)	Le Jardin de Benjamin
Marseille (13)	Alcyone
Marseille (13)	L'Épuisette
Marseille (13)	Saisons
Marseille (13)	Une Table au Sud
Maussane-les-Alpilles/ Paradou (13)	Cicada - La Table du Hameau
Mougins (06)	Le Candille
Moustiers-Sainte-Marie (04)	La Bastide de Moustiers
Nice (06)	L'Aromate
Nice (06)	Le Chantecler
Nice (06)	JAN
Nice (06)	Pure & V **N**
Saint-Cannat (13)	Le Mas Bottero **N**
Saint-Crépin (05)	Les Tables de Gaspard
Saint-Jean-Cap-Ferrat (06)	Le Cap
Saint-Raphaël (83)	La Terrasse
Saint-Rémy-de-Provence (13)	Fanny Rey & Jonathan Wahid
Saint-Rémy-de-Provence (13)	Restaurant de Tourrel
Tourrettes (83)	Faventia
Tourrettes-sur-Loup (06)	Clovis
Vence (06)	Le Saint-Martin
Ventabren (13)	Dan B.
Villeneuve-Loubet/ Villeneuve-Loubet-Plage (06)	La Flibuste-Martin's **N**

BIB GOURMAND

N **Établissement nouvellement distingué**
Newly awarded distinction

AUVERGNE-RHÔNE-ALPES

Annecy (74)	Cozna	**N**
Annecy (74)	Le Denti	
Annecy (74)	Minami	
Annecy (74)	1er Mets	
Anse (69)	Au Colombier	
Aoste (38)	Au Coq en Velours	
Aubenas (07)	L'Aubépine	
Aubenas (07)	Les Coloquintes	
Aurillac (15)	Quatre Saisons	
Bâgé-le-Châtel (01)	La Table Bâgésienne	
Belleville (69)	Le Beaujolais	
Bessas (07)	Auberge des Granges	
Billy (03)	Auberge du Pont	
Bonneville/ Vougy (74)	Le Capucin Gourmand	
Boudes (63)	Le Boudes La Vigne	
Bourg-en-Bresse (01)	Mets et Vins	
Bressieux (38)	Auberge du Château	
Cevins (73)	La Fleur de Sel	
Chamonix-Mont-Blanc (74)	Akashon	**N**
Chamonix-Mont-Blanc (74)	Atmosphère	
Chamonix-Mont-Blanc (74)	La Maison Carrier	
Chamonix-Mont-Blanc (74)	La Télécabine	
Charlieu (42)	Relais de l'Abbaye	
Charroux (03)	Ferme Saint-Sébastien	
Chaudes-Aigues (15)	Sodade	
Clermont-Ferrand (63)	Le Bistrot d'à Côté	
Clermont-Ferrand (63)	Le Chardonnay	
Clermont-Ferrand (63)	L'Écureuil	
Clermont-Ferrand (63)	Un Grain de Saveur	
Clermont-Ferrand (63)	Le Saint-Eutrope	
Clermont-Ferrand (63)	Smørrebrød	
Clermont-Ferrand/ Lempdes (63)	B2K6	
Clermont-Ferrand/ Orcines (63)	Auberge de la Baraque	
Clermont-Ferrand/ Orcines (63)	Auberge de la Fontaine du Berger	
Clermont-Ferrand/ Royat (63)	La Flèche d'Argent	
Coligny (01)	Au Petit Relais	
Évian-les-Bains (74)	Le Muratore	

Les Gets (74)	L'As des Neiges	**N**
Grenoble (38)	Le Rousseau	**N**
Grignan (26)	Le Bistro Chapouton	
Lans-en-Vercors (38)	Le Bois des Mûres	
Lent (01)	Auberge Lentaise	
Lyon (69)	Ani	
Lyon (69)	Aromatic	
Lyon (69)	Le Canut et les Gones	
Lyon (69)	Daniel et Denise Créqui	
Lyon (69)	Danton	
Lyon (69)	Le Jean Moulin	
Lyon (69)	Le Kitchen Café	
Lyon (69)	M Restaurant	
Lyon (69)	Racine	
Lyon (69)	Sakù Restaurant	
Lyon (69)	Sauf Imprévu	
Lyon (69)	Sémantème	
Lyon (69)	Substrat	
Lyon (69)	La Table 101	
Lyon (69)	33 Cité	
Menthon-Saint-Bernard (74)	Le Confidentiel	
Méribel (73)	Le Cèpe	
Mirmande (26)	La Capitelle	
Montanges (01)	L'Auberge du Pont des Pierres	
Montarcher (42)	Le Clos Perché	
Montélimar/ Malataverne (26)	Le Bistrot 270	**N**
Montluçon (03)	Le Bistrot Saint Jean	**N**
Montmarault (03)	Hôtel de France	
Moulins (03)	Le Bistrot de Guillaume	
Néris-les-Bains (03)	Côté Toqués	
Notre-Dame-de-Bellecombe (73)	La Ferme de Victorine	
Nyons/ Condorcet (26)	La Charrette Bleue	
Pailherols (15)	L'Auberge des Montagnes	
Plaisians (26)	Auberge de la Clue	
Polliat (01)	Téjérina-Hôtel de la Place	
Privas (07)	La Boria	
Roanne (42)	Le Central	
Saint-Bonnet-le-Froid (43)	Bistrot la Coulemelle	
Saint-Étienne (42)	Insens	
Saint-Gervais-les-Bains (74)	La Ferme de Cupelin	**N**
Saint-Julien-Chapteuil (43)	Vidal	
Saint-Martin-de-Belleville (73)	Simple et Meilleur	**N**
Saint-Péray (07)	La Ruche	**N**
Saint-Savin (38)	Les 3 Faisans	**N**
Les Saisies (73)	La Table des Armaillis	**N**
Solignac-sous-Roche (43)	Lou Pinatou	
Tain-l'Hermitage (26)	Maison Gambert	
Tain-l'Hermitage (26)	Le Mangevins	
Tain-l'Hermitage (26)	Le Quai	
La Tour-du-Pin/ Rochetoirin (38)	Le Rochetoirin	

Tournon-sur-Rhône (07)	Le Cerisier
Treffort (01)	Voyages des sens **N**
Uriage-les-Bains (38)	Café A **N**
Val-d'Isère (73)	Bistrot Gourmand
Valence/ Pont-de-l'Isère (26)	Maison Chabran - Espace Gourmand
Valmorel (73)	L'Oxygène
Vaudevant (07)	La Récré
Vesc (26)	Chez Mon Jules
Vic-sur-Cère/ Col de Curebourse (15)	Hostellerie Saint-Clément
Vichy (03)	L'Alambic
Vichy (03)	La Table d'Antoine
Vichy (03)	La Table de Marlène
Vienne/ Chonas-l'Amballan (38)	Le Cottage
Villefranche-sur-Saône (69)	La Ferme du Poulet
Yssingeaux (43)	Le Bourbon
Yvoire (74)	Les Jardins du Léman

BOURGOGNE-FRANCHE-COMTÉ

Arbois/ Pupillin (39)	Le Grapiot
Avallon/ Valloux (89)	Auberge des Chenêts
Belfort (90)	Les Capucins
Bonlieu (39)	La Poutre
Bonnétage (25)	Le Bistrot
La Bussière-sur-Ouche (21)	Le Bistrot des Moines
Chagny (71)	Pierre & Jean
Cluny (71)	Hostellerie d'Héloïse
Combeaufontaine (70)	Le Balcon
Le Creusot/ Montcenis (71)	Le Montcenis
Dijon (21)	DZ'envies
Dijon (21)	L'Essentiel
Dijon (21)	So
Dijon/ Messigny-et-Vantoux (21)	Auberge des Tilleuls
Dole (39)	Grain de Sel
Dole (39)	Iida-Ya
Gevrey-Chambertin (21)	Bistrot Lucien
Gevrey-Chambertin (21)	Chez Guy
Noyers (89)	Les Millésimes
Ornans/ Saules (25)	La Griotte
Port-Lesney (39)	Le Bistrot Pontarlier
Quarré-les-Tombes (89)	Le Morvan
Sainte-Cécile (71)	L'Embellie
Sochaux/ Étupes (25)	Au Fil des Saisons
Tournus (71)	Le Bouchon Bourguignon **N**

BRETAGNE

Auray (56)	Le P'tit Goustan **N**
Baden (56)	Le Gavrinis
Cancale (35)	Côté Mer

Cancale (35)	L'Ormeau
Concarneau (29)	Le Flaveur
Dinard (35)	Au Bouchon Breton
Fouesnant/ Cap-Coz (29)	La Pointe du Cap Coz
Guidel (56)	La Table D'eux - Laurent Le Berrigaud
Guilvinec (29)	Le Poisson d'Avril
Guingamp (22)	Le Clos de la Fontaine
Kervignac (56)	Chai l'amère Kolette
Landéda (29)	Le Vioben
Langoëlan (56)	L'Atelier Bistrot
Lannion (22)	Le Brélévenez
Locronan (29)	Ar Maen Hir **N**
Locronan (29)	Comptoir des Voyageurs
Lorient (56)	Le Sabayon
Lorient (56)	Le Tire Bouchon
Perros-Guirec (22)	La Maison de Marie
Perros-Guirec (22)	Le Manoir du Sphinx
Ploubalay (22)	Restaurant de la Gare
Plougasnou (29)	La Maison de Kerdiès
Plouider (29)	Le Comptoir de La Butte **N**
Pont-Aven (29)	Sur le Pont ...
Pont-Scorff (56)	L'Art Gourmand
Quiberon (56)	La Chaumine
Quimper (29)	Auberge de Ti-Coz
Rennes (35)	Essentiel
Rennes (35)	La Petite Ourse **N**
Rennes/ Cesson-Sévigné (35)	Zest
La Roche-Bernard (56)	Auberge des Deux Magots
Rohan (56)	L'Eau d'Oust
Saint-Brieuc (22)	Ô Saveurs
Saint-Brieuc/ Ploufragan (22)	Le Brézoune
Saint-Gildas-de-Rhuys (56)	Le Vert d'O
Saint-Malo (35)	Le Bistrot du Rocher
Saint-Malo (35)	Le Cambusier
Saint-Malo (35)	Le Comptoir Breizh Café
Vannes/ Séné (56)	Le Puits des Saveurs

CENTRE-VAL DE LOIRE

Aubigny-sur-Nère (18)	La Chaumière
Bourges (18)	Le Beauvoir
Bracieux (41)	Le Rendez-vous des Gourmets
Châteaudun (28)	Aux Trois Pastoureaux
Châteauroux (36)	Jeux 2 Goûts
Chédigny (37)	Le Clos aux Roses
Chilleurs-aux-Bois (45)	Le Lancelot
Chinon (37)	Au Chapeau Rouge
Contres (41)	La Botte d'Asperges **N**
Dreux/ Cherisy (28)	Le Vallon de Chérisy
Gien (45)	Le P'tit Bouchon

L'Île-Bouchard (37)	Auberge de l'Île
Langeais (37)	Au Coin des Halles
Montlivault (41)	Côté Bistro
Neuillé-le-Lierre (37)	Auberge de la Brenne
Onzain (41)	Bistrot des Hauts de Loire
Orléans (45)	La Dariole
Orléans (45)	L'Hibiscus
Orléans (45)	La Parenthèse
Oucques (41)	Ô en Couleur
Saint-Benoît-sur-Loire (45)	Le Grand St-Benoît
Sancerre (18)	La Pomme d'Or
Savonnières (37)	La Maison Tourangelle
Senonches (28)	La Forêt **N**
Tours (37)	Le Saint-Honoré
Tours/ Fondettes (37)	Auberge de Port Vallières
Tours/ Parçay-Meslay (37)	L'Arche de Meslay
Tours/ Saint-Cyr-sur-Loire (37)	L'Atelier d'Olivier Arlot
Valençay/ Veuil (36)	Auberge St-Fiacre
Villegenon (18)	La Récréation Gourmande

CORSE

Bastia/ San-Martino-di-Lota (2B)	La Corniche
L'Île-Rousse/ Pigna (2B)	A Mandria di Pigna

GRAND-EST

Berrwiller (68)	L'Arbre Vert
Blienschwiller (67)	Le Pressoir de Bacchus
La Bresse (88)	La Table d'Angèle
Charleville-Mézières (08)	La Table d'Arthur
Charleville-Mézières/ Montcy-Notre-Dame (08)	L'Auberge du Laminak
Colmar/ Ingersheim (68)	La Taverne Alsacienne
Delme (57)	À la 12
Écouviez (55)	Les Épices Curiens
Épernay (51)	Cook'in
Épernay (51)	La Grillade Gourmande
Épernay (51)	Le Théâtre
Épinal (88)	In Extremis
Feldbach (68)	Cheval Blanc
Fouday (67)	Julien
Fréland (68)	Restaurant du Musée
Guebwiller/ Rimbach-près-Guebwiller (68)	L'AO - L'Aigle d'Or **N**
Gundershoffen (67)	Le Cygne
Haguenau (67)	Le Jardin
Hattstatt (68)	L'Altévic
Itterswiller (67)	Winstub Arnold
Kaysersberg (68)	La Vieille Forge
Kaysersberg (68)	Winstub du Chambard

Kruth/ Le Frenz (68) Les Quatre Saisons
Labaroche (68) La Rochette
Muhlbach-sur-Munster (68) Perle des Vosges
Munster (68) Les Grands Arbres **N**
Nancy (54) Madame **N**
Nancy (54) La Toq'
Natzwiller (67) Auberge Metzger
Niedersteinbach (67) Au Cheval Blanc
La Petite-Pierre/ Graufthal (67) Au Cheval Blanc
La Petite-Pierre/ Graufthal (67) Au Vieux Moulin
Reims (51) Le Jardin Les Crayères
Remiremont (88) Le Clos Heurtebise
Ribeauvillé (68) Auberge du Parc Carola
Ribeauvillé (68) Au Relais des Ménétriers
Richardménil (54) Le Bon Accueil **N**
Rosenau (68) Au Lion d'Or - Chez Théo
Saint-Quirin (57) Hostellerie du Prieuré
Sarreguemines/ Wœlfling-lès-Sarreguemines (57) Restaurant Dimofski
Sélestat (67) Au Bon Pichet
Sierentz (68) Winstub À Côté
Strasbourg (67) Au Pont du Corbeau
Strasbourg (67) Colbert
Strasbourg/ Illkirch-Graffenstaden (67) Estaminet à l'Agneau
Strasbourg/ Pfulgriesheim (67) Bürestubel
Troyes/ Pont-Sainte-Marie (10) Bistrot DuPont
Weyersheim (67) Auberge du Pont de la Zorn
Zimmerbach (68) Au Raisin d'Or

HAUTS-DE-FRANCE

Aire-sur-la-Lys/ Isbergues (62) Le Buffet
Amiens/ Dury (80) La Bonne Auberge
Argoules (80) Auberge du Coq-en-Pâte
Beauvais (60) La Baie d'Halong
Bermicourt (62) La Cour de Rémi
Béthune/ Busnes (62) Le Jardin d'Alice
Boulogne-sur-Mer (62) L'Îlot Vert
Caëstre (59) L'Auberge… **N**
Calais (62) Au Côte d'Argent
Calais (62) Histoire Ancienne
Chantilly/ Apremont (60) Auberge La Grange aux Loups
Douai/ Brebières (62) Air Accueil
Dunkerque/ Coudekerque-Branche (59) Le Soubise
Favières (80) La Clé des Champs
Laon (02) Zorn - La Petite Auberge
Liessies (59) Le Carillon
Lille (59) Gabbro
Lille (59) SOlange **N**
Renescure (59) La Table de Romain **N**

Wambrechies (59)	Balsamique **N**
Wierre-Effroy (62)	La Ferme du Vert

ÎLE-DE-FRANCE

Paris 1er	Mee
Paris 1er	Zen
Paris 2e	Dépôt Légal
Paris 2e	Itacoa
Paris 2e	L'Oseille
Paris 5e	Cucina
Paris 5e	Kokoro
Paris 6e	Esttia **N**
Paris 6e	La Méditerranée
Paris 6e	Le Timbre
Paris 7e	Au Bon Accueil
Paris 7e	Chez les Anges
Paris 7e	Les Cocottes - Tour Eiffel
Paris 7e	Pottoka
Paris 7e	20 Eiffel
Paris 8e	Kisin
Paris 8e	Mandoobar
Paris 8e	Le Mermoz
Paris 8e	Pomze
Paris 9e	Abri Soba
Paris 9e	Le Caillebotte
Paris 9e	Les Canailles Pigalle
Paris 9e	Le Pantruche
Paris 9e	Richer
Paris 10e	Chez Michel **N**
Paris 10e	52 Faubourg St-Denis
Paris 10e	Mamagoto
Paris 10e	Les Résistants
Paris 11e	Auberge Pyrénées Cévennes
Paris 11e	Clamato
Paris 11e	Tempi Lenti **N**
Paris 11e	Le Villaret
Paris 12e	Jouvence
Paris 13e	Impérial Choisy
Paris 13e	Pho Tai
Paris 13e	Tempero
Paris 14e	Aux Plumes **N**
Paris 14e	Bistrotters
Paris 15e	L'Antre Amis
Paris 15e	Biscotte
Paris 15e	Le Casse Noix
Paris 15e	Le Radis Beurre
Paris 17e	Comme Chez Maman
Paris 17e	L'Envie du Jour
Paris 17e	Le Petit Verdot du 17ème

Paris 18e	Etsi	
Paris 18e	Mokko	**N**
Paris 18e	Le Réciproque	
Paris 19e	Cheval d'Or	**N**
Paris 19e	Mensae	
Paris 20e	Les Canailles Ménilmontant	
Paris 20e	Le Grand Bain	**N**
Paris 20e	Sadarnac	**N**
Paris 20e	La Vierge	**N**
Versailles (78)	Le Bistrot du 11	
Sainte-Geneviève-des-Bois (91)	La Table d'Antan	
Yerres (91)	Bird	
La Garenne-Colombes (92)	Le Saint Joseph	
Nanterre (92)	Cabane	**N**
Puteaux (92)	Saperlipopette !	
Suresnes (92)	Les Petits Princes	**N**
Tremblay-en-France/ Tremblay-Vieux-Pays (93)	La Jument Verte	

NORMANDIE

Bayeux (14)	L'Angle Saint-Laurent	
Bayeux (14)	Au Ptit Bistrot	
Bellême/ Nocé (61)	Auberge des 3 J	
Bernay (27)	Le Moulin Fouret	**N**
Caen (14)	Le Dauphin	
Caen/ Bénouville (14)	Manoir Hastings	**N**
Caen/ Hérouville-Saint-Clair (14)	L'Espérance - Stéphane Carbone	
Cherbourg-en-Cotentin (50)	Le Vauban	
Clères (76)	Auberge du Moulin	
Dieppe (76)	Bistrot du Pollet	
Évreux (27)	La Gazette	
Falaise (14)	Ô Saveurs	
Flers (61)	Au Bout de la Rue	
Gasny (27)	Auberge du Prieuré Normand	
Hambye (50)	Auberge de l'Abbaye	
Le Havre (76)	Le Bouche à Oreille	
Le Havre (76)	Le Margote	**N**
Heugueville-sur-Sienne (50)	Athome	
Honfleur (14)	Le Bréard	
Honfleur (14)	La Fleur de Sel	
Houlgate (14)	L'Éden	
Juvigny-sous-Andaine (61)	Au Bon Accueil	**N**
Louviers/ Saint-Étienne-du-Vauvray (27)	La Ferme de la Haute Crémonville	
Mortagne-au-Perche/ Le Pin-la-Garenne (61)	La Croix d'Or	
Le Neubourg (27)	La Longère	**N**
Ouistreham (14)	La Table d'Hôtes	
Le Pin-au-Haras (61)	La Tête au Loup	
Saint-Vaast-la-Hougue (50)	France et Fuchsias	
Servon (50)	Auberge du Terroir	

Val-de-Saâne (76)	Auberge de La Mère Duval **N**
Vire (14)	Manoir de la Pommeraie

NOUVELLE-AQUITAINE

Agen (47)	L'Affranchi **N**
Angoulême (16)	Cokotte **N**
Beaulieu-sur-Dordogne (19)	Le Turenne
Bergerac (24)	Le Bistro d'en Face
Bidart (64)	Ahizpak Le Restaurant des Sœurs
Bordeaux (33)	Le Cent 33 **N**
Bordeaux (33)	Mets Mots
Bordeaux (33)	Racines by Daniel Gallacher
Briscous (64)	Maison Joanto
Brive-la-Gaillarde (19)	En Cuisine
Brive-la-Gaillarde (19)	La Toupine
Châtelaillon-Plage (17)	Les Flots
Chénérailles (23)	Le Coq d'Or **N**
Cognac (16)	La Maison **N**
Coulombiers (86)	Auberge Le Centre Poitou
Coulon (79)	Le Central
Daglan (24)	Le Petit Paris
Dax (40)	L'Amphitryon
Les Eyzies-de-Tayac (24)	Le Bistro des Glycines
Le Grand-Village-Plage (17)	Le Relais des Salines **N**
Guéthary (64)	Briket' Bistrot
Guiche (64)	Le Gantxo
Irissarry (64)	Art'zain
Jarnac/ Bourg-Charente (16)	La Table du Fleuve **N**
Limoges (87)	Le Vanteaux
Montendre (17)	La Quincaillerie
Montgibaud (19)	Le Tilleul de Sully
Niort (79)	Le P'tit Rouquin
Pau (64)	Lou Esberit
Pauillac (33)	Café Lavinal
Périgueux (24)	L'Atelier **N**
Périgueux/ Champcevinel (24)	La Table du Pouyaud
Périgueux/ Chancelade (24)	La Verrière
Poitiers/ Croutelle (86)	La Chênaie **N**
Pomerol (33)	La Table de Catusseau
Pouillon (40)	L'Auberge du Pas de Vent
Puymirol (47)	La Poule d'Or
Rions (33)	Le Chaudron d'Anna
La Roche-l'Abeille (87)	La Table du Moulin
La Rochelle (17)	La Côte Rôtie **N**
La Rochelle (17)	Le Mail **N**
Ronce-les-Bains (17)	La Plage de la Ribaudière
Roquefort (40)	Le St-Vincent
La Roque-Gageac (24)	La Belle Étoile
La Roque-Gageac (24)	O'Plaisir des Sens

Royan (17)	Boulevard 45 **N**
Royan/ Saint-Palais-sur-Mer (17)	Restaurant de la Plage
Saint-André-de-Cubzac (33)	La Table d'Inomoto **N**
Saint-Avit-Sénieur (24)	La Table de Léo
Saint-Étienne-de-Baïgorry (64)	Restaurant Arcé
Saint-Jean-de-Thouars (79)	Hôtellerie St-Jean
Saint-Pée-sur-Nivelle (64)	Ttotta
Sainte-Foy-la-Grande (33)	Côté Bastide
Saintes (17)	Saveurs de l'Abbaye
Saintes (17)	La Table du Relais du Bois St-Georges
Salies-de-Béarn (64)	Restaurant des Voisins
La Souterraine/ Fursac (23)	Nougier
Tulle (19)	Les 7

OCCITANIE

Albi (81)	L'Épicurien
Albi (81)	La Table du Sommelier
Alès (30)	Épices et Tout
Argelès-Gazost/ Saint-Savin (65)	Le Viscos
Argelès-sur-Mer (66)	La Bartavelle
Auch (32)	Domaine de Baulieu
Auvillar/ Bardigues (82)	Auberge de Bardigues
Ax-les-Thermes (09)	Le Chalet
Bagnères-de-Bigorre (65)	Le Jardin des Brouches
Berlou (34)	Le Faitout
Béziers (34)	Pica Pica **N**
Bozouls (12)	À la Route d'Argent
Cahors (46)	L'Ô à la Bouche
Cahors/ Cieurac (46)	La Table de Haute-Serre
Cajarc (46)	Jeu de Quilles
Carcassonne/ Aragon (11)	La Bergerie
Castéra-Verduzan (32)	Le Florida
Castres (81)	La Part des Anges
Castres/ Les Salvages (81)	Les Mets d'Adélaïde
Caussade/ Monteils (82)	Le Clos Monteils
Cruzy (34)	Le Terminus
Dunes (82)	Les Templiers
Font-Romeu-Odeillo-Via (66)	La Chaumière
Générac (30)	L'Instant du Sud
Lagrasse (11)	Le Bastion **N**
Lamalou-les-Bains/ Combes (34)	Auberge de Combes
Laroque-des-Albères (66)	Côté Saisons
Lavaur/ Ambres (81)	Chez John
Lectoure (32)	L'Auberge des Bouviers
Martel (46)	Relais Ste-Anne
Martres-Tolosane (31)	Le Castet
Mende/ Chabrits (48)	La Safranière
Montauban/ Montech (82)	Bistrot Constant
Montpellier (34)	Anga

Montpellier (34)	L'Artichaut
Montpellier (34)	Le Bistro Urbain
Montpellier/ Castries (34)	Disini
Nîmes (30)	Aux Plaisirs des Halles
Nîmes (30)	Le Lisita
Nîmes (30)	La Pie qui Couette
Palavas-les-Flots (34)	Le St-Georges
Perpignan (66)	Le Garriane
Pézenas (34)	Le Pré St-Jean
Prades/ Clara (66)	Les Loges du Jardin d'Aymeric **N**
Prats-de-Mollo-la-Preste (66)	Bellavista
Puy-l'Évêque (46)	Le Médiéval
Quissac (30)	L'ArtYsan **N**
Rivesaltes (66)	La Table d'Aimé
Rodez (12)	Les Jardins de l'Acropolis
Le Rozier (48)	L'Alicanta
Saint-Girons/ Saint-Lizier (09)	Le Carré de l'Ange **N**
Saint-Lieux-lès-Lavaur (81)	Le Colvert
Sète (34)	Paris Méditerranée
Sète (34)	Quai 17
Sommières (30)	Le Patio by Lou Caléou
Thuir (66)	Arbequina
Toulouse (31)	L'Air de Famille **N**
Toulouse (31)	Monsieur
Toulouse (31)	Nino **N**
Toulouse (31)	Une Table à Deux **N**
Toulouse/ Auzeville-Tolosane (31)	La Table d'Auzeville
Toulouse/ Lacroix-Falgarde (31)	Le Bellevue
Toulouse/ Montrabé (31)	L'Instant...
Toulouse/Balma (31)	L'Équilibre
Valady (12)	Auberge de l'Ady
Vic-Fezensac/ Préneron (32)	Auberge La Baquère
Villefranche-de-Rouergue (12)	Côté Saveurs
Villefranche-de-Rouergue (12)	L'Univers

PAYS DE LA LOIRE

Ancenis (44)	La Toile à Beurre
Angers/ Saint-Jean-de-Linières (49)	Auberge de la Roche
Beaulieu-sous-la-Roche (85)	Café des Arts **N**
La Bernerie-en-Retz (44)	L'Artimon
Chaize-Giraud (85)	La Chaize Gourmande **N**
Challans/ La Garnache (85)	Le Petit St-Thomas
Château-Thébaud (44)	Auberge La Gaillotière
Cholet (49)	L'Ourdissoir
Couëron (44)	Le François II
Le Croisic (44)	L'Estacade
La Ferté-Bernard (72)	Restaurant du Dauphin
Fontenay-le-Comte/ Velluire (85)	Auberge de la Rivière
Geneston (44)	Le Pélican

L'Herbaudière (85)	La Table d'Élise	
Les Herbiers (85)	L'Envers du Décor	
Mesquer (44)	La Vieille Forge	
Nantes (44)	L'Instinct Gourmand	
Nantes (44)	L'Océanide	
Noirmoutier-en-l'Île (85)	L'Assiette au Jardin	**N**
Pontchâteau (44)	Le 11 Bistrot Gourmand	
La Roche-sur-Yon (85)	Les Reflets	**N**
Les Sables-d'Olonne/ Château-d'Olonne (85)	La Ferme de Villeneuve	
Saint-Lyphard (44)	Auberge le Nézil	
Saumur (49)	L'Escargot	
Thorigné-sur-Dué (72)	Le Saint-Jacques	
Varades (44)	La Closerie des Roses	

PROVENCE-ALPES-CÔTE D'AZUR

Arles (13)	Bistro À Côté	
Arles (13)	Esperluète	**N**
Avignon (84)	L'Agape	
Avignon (84)	Italie là-bas	
Bandol (83)	L'Espérance	
Bormes-les-Mimosas/ La Favière (83)	Mimosa	
Briançon (05)	Au Plaisir Ambré	
Cairanne (84)	Coteaux et Fourchettes	
Cannes/ Le Cannet (06)	Bistrot des Anges	
Cannes/ Le Cannet (06)	Bistrot St-Sauveur	
Caromb (84)	Le 6 à Table	
Châteauneuf-de-Gadagne (84)	La Maison de Celou	
Cogolin (83)	La Grange des Agapes	
Draguignan/ Flayosc (83)	Le Nid	
Fayence (83)	La Table d'Yves	
Fontaine-de-Vaucluse (84)	Philip	
Fréjus (83)	L'Amandier	
Gassin (83)	Bello Visto	
Gassin (83)	La Verdoyante	
Gémenos (13)	Les Arômes	
Golfe-Juan/ Vallauris (06)	Les Dilettants	**N**
Grasse (06)	Lougolin	
Hyères (83)	L'Arum	
Hyères (83)	La Colombe	
L'Isle-sur-la-Sorgue (84)	La Balade des Saveurs	
Laragne-Montéglin (05)	L'Araignée Gourmande	
Lauris (84)	La Cuisine d'Amélie	
Lorgues (83)	Le Bistrot	
Marseille (13)	L'Arôme	
Marseille (13)	La Cantinetta	
Marseille (13)	Madame Jeanne	
Marseille (13)	Otto	
Marseille (13)	Schilling	

Montferrat (83)	Le Clos Pierrepont
Mougins (06)	L'Amandier de Mougins
Nice (06)	Bistrot d'Antoine
Nice (06)	Fine Gueule
Nice (06)	La Merenda
Nice (06)	Olive et Artichaut
Nice (06)	Vegan Gorilla
Peillon (06)	Les Plaisirs
Saint-Chamas (13)	Le Rabelais
Saint-Raphaël (83)	Les Voiles
Saint-Rémy-de-Provence/ Maillane (13)	L'Oustalet Maïanen
Sainte-Cécile-les-Vignes (84)	Campagne, Vignes et Gourmandises
Sanary-sur-Mer (83)	La P'tite Cour
Taillades (84)	L'Atelier L'Art des Mets
Toulon (83)	Carré 2 Vigne
Toulon (83)	Le Local
Tourtour (83)	La Table
La Turbie (06)	Café de la Fontaine
Uchaux (84)	Côté Sud
Villars (84)	La Table de Pablo

NOS PLUS BEAUX HÔTELS

HÔTELS & MAISONS D'HÔTES DE CHARME

AUVERGNE-RHÔNE-ALPES

Alpe-d'Huez (38)	Au Chamois d'Or
Ambierle (42)	Demeure Bouquet
Annecy (74)	Le Clos des Sens
Annecy (74)	L'Impérial Palace
Annecy/ Sévrier (74)	Black Bass
Annecy/ Veyrier-du-Lac (74)	Yoann Conte
Les Arcs (73)	Aiguille Grive Chalets Hôtel
Arzay (38)	Château d'Arzay
Avoriaz (74)	Les Dromonts
Bagnols (69)	Château de Bagnols
Banne (07)	Auberge de Banne
Bourbon-l'Archambault (03)	Grand Hôtel Montespan-Talleyrand
Les Carroz-d'Arâches (74)	Les Servages d'Armelle
Chambéry (73)	Petit Hôtel Confidentiel
Chamonix-Mont-Blanc (74)	Grand Hôtel des Alpes
Chamonix-Mont-Blanc (74)	Hameau Albert 1er
Chamonix-Mont-Blanc (74)	Mont-Blanc
Chamonix-Mont-Blanc (74)	Refuge du Montenvers
Chamonix-Mont-Blanc/ Le Lavancher (74)	Les Chalets de Philippe
Chavagnac (15)	Instants d'Absolu
Chazey-sur-Ain/ Sainte-Julie (01)	Les Chambres de la Renaissance
Clermont-Ferrand/ Royat (63)	Princesse Flore
La Clusaz (74)	Au Cœur du Village
Coise-Saint-Jean-Pied-Gauthier (73)	Château de la Tour du Puits
Cordon (74)	Les Roches Sweet Hôtel & Spa
Courchevel/ Courchevel 1850 (73)	Les Airelles
Courchevel/ Courchevel 1850 (73)	L'Apogée
Courchevel/ Courchevel 1850 (73)	Cheval Blanc
Courchevel/ Courchevel 1850 (73)	Le K2 Djola
Courchevel/ Courchevel 1850 (73)	Le K2
Courchevel/ Courchevel 1850 (73)	Le K2 Altitude
Courchevel/ Courchevel 1850 (73)	La Sivolière

Courchevel/ Courchevel 1850 (73) Le Strato
Crozet (01) Jiva Hill Resort
Cruseilles/ Les Avenières (74) Château des Avenières-La Maison des Écureuils
Les Deux-Alpes (38) Chalet Mounier
Duingt (74) Clos Marcel
Évian-les-Bains (74) Ermitage
Évian-les-Bains (74) Royal
Les Gets (74) Alpina
Les Gets (74) Crychar
Gex/ Col de La Faucille (01) La Mainaz
Le Grand-Bornand (74) Le Chalet 1864
Le Grand-Bornand/ Le Chinaillon (74) Les Cimes
Grenoble (38) Le Grand Hôtel
Grenoble (38) Park Hôtel
Grignan (26) Le Clair de la Plume
Hauteluce (73) La Ferme du Chozal
Jongieux (73) Château de la Mar
Lamastre (07) Château d'Urbilhac
Lezoux/ Bort-l'Étang (63) Château de Codignat
Lyon (69) Carlton
Lyon (69) Cour des Loges
Lyon (69) Intercontinental Lyon-Hôtel Dieu
Lyon (69) Le Royal
Lyon (69) Villa Florentine
Lyon (69) Villa Maïa
Lyon/ Charbonnières-les-Bains (69) Le Pavillon de la Rotonde
Magland (74) L'Annexe 1888
Manigod (74) Chalet Hôtel Croix-Fry
Manigod (74) La Maison des Bois - Marc Veyrat
Megève (74) Alpaga
Megève (74) Chalet du Mont d'Arbois
Megève (74) Au Coin du Feu
Megève (74) Le Chalet Zannier
Megève (74) Cœur de Megève
Megève (74) Les Fermes de Marie
Megève (74) Four Seasons Megève
Megève (74) Lodge Park
Megève (74) Mont-Blanc
Megève/ Leutaz (74) Flocons de Sel
Méribel (73) Allodis
Méribel (73) Le Grand Cœur & Spa
Méribel (73) L'Hélios
Méribel (73) Le Kaïla
Montailleur (73) Suites de la Tour
Montélimar/ Malataverne (26) Le Domaine du Colombier
Montluçon (03) Château Saint-Jean
Morzine (74) Bergerie
Pailherols (15) L'Auberge des Montagnes
La Plagne/ Plagne-Bellecôte (73) Carlina

Roanne/ Ouches (42) Troisgros
Roanne/ Villerest (42) Château de Champlong
Roche-Saint-Secret-Béconne (26) Mas de l'Adret
Saint-Gervais-les-Bains (74) L'Armancette
Saint-Gervais-les-Bains (74) La Ferme de Cupelin
Saint-Martin-de-Belleville (73) La Bouitte
Salers (15) Le Bailliage
Talloires (74) Auberge du Père Bise
Talloires (74) Beau Site
Tignes/ Val Claret (73) Maison Bouvier - Les Suites
Tournon-sur-Rhône (07) Hôtel de la Villeon
Uriage-les-Bains (38) Grand Hôtel & Spa
Uzer (07) Château d'Uzer
Val-d'Isère (73) Avenue Lodge
Val-d'Isère (73) Les Barmes de l'Ours
Val-d'Isère (73) Les 5 Frères
Val-Thorens (73) Altapura
Val-Thorens (73) Fitz Roy
Val-Thorens (73) Pashmina
Valaurie (26) Le Moulin de Valaurie
Valence (26) Pic
Vienne (38) La Pyramide - Patrick Henriroux
Vollore-Ville (63) Château de Vollore
Vonnas (01) Georges Blanc
Vonnas (01) Hôtel du Bois Blanc
Ygrande (03) Château d'Ygrande
Yvoire (74) Villa Cécile

BOURGOGNE-FRANCHE-COMTÉ

Aillant-sur-Tholon (89) Domaine du Roncemay
Arbois (39) Closerie les Capucines
Avallon/ Vault-de-Lugny (89) Château de Vault de Lugny
Beaune (21) Le Cep
Beaune (21) Hostellerie Cèdre
Beaune (21) Chez Les Fatien
Beaune/ Levernois (21) Hostellerie de Levernois
La Bussière-sur-Ouche (21) Abbaye de la Bussière
Chagny (71) Maison Lameloise
Charolles (71) Maison Doucet
Chassagne-Montrachet (21) Château de Chassagne-Montrachet
Cluny (71) Maison Tandem
Courban (21) Château de Courban
Faverney/ Breurey-lès-Faverney (70) Château de la Presle
Joigny (89) La Côte Saint-Jacques
Leugny (89) La Borde
Poligny/ Barretaine (39) Maison Zugno
Port-Lesney (39) Château de Germigney
Pouilly-en-Auxois/ Sainte-Sabine (21) Château Sainte-Sabine
Ronchamp (70) La Maison d'Hôtes du Parc

Saint-Amour-Bellevue (71)	Auberge du Paradis
Saint-Jean-de-Trézy (71)	Domaine de Rymska
Saulieu (21)	Le Relais Bernard Loiseau
Tournus (71)	La Tour du Trésorier
Vesoul/ Pusy-et-Épenoux (70)	Château d'Épenoux
Vézelay (89)	Les Glycines

BRETAGNE

Arzon/ Port du Crouesty (56)	Miramar la Cigale
Baden (56)	Le Val de Brangon
Bazouges-la-Pérouse (35)	Château de la Ballue
Bénodet/ Sainte-Marine (29)	Villa Tri Men
Billiers (56)	Domaine de Rochevilaine
Cancale (35)	La Ferme du Vent
Cancale (35)	Hostellerie de la Motte Jean
Cancale (35)	Les Maisons de Bricourt - Château Richeux
Cancale (35)	Les Rimains
Le Conquet (29)	Sainte-Barbe
Dinan (22)	La Maison Pavie
Dinard (35)	Castelbrac
Dinard (35)	Royal Emeraude
Dinard (35)	Villa Reine Hortense
Douarnenez/ Tréboul (29)	Ty Mad
Guingamp (22)	La Demeure
Île de Groix (56)	Le Sémaphore de la Croix
Locquirec (29)	Le Grand Hôtel des Bains
Moëlan-sur-Mer (29)	Manoir de Kertalg
Perros-Guirec/ Ploumanach (22)	Castel Beau Site
Porspoder (29)	Le Château de Sable
Port-Goulphar (56)	Castel Clara Thalasso & Spa
Port-Manech (29)	Manoir Dalmore
Quiberon (56)	Sofitel Diététique
Quiberon (56)	Sofitel Thalassa
Rennes (35)	Balthazar Hôtel & Spa
Rennes (35)	Magic Hall
Rennes/ Saint-Grégoire (35)	Les Patios
Roscoff (29)	Le Brittany
Saint-Malo/ Paramé (35)	Ar Iniz
Saint-Malo/ Paramé (35)	Le Nouveau Monde
Sarzeau (56)	Le Manoir de Kerbot
Trébeurden (22)	Manoir de Lan-Kerellec
Trébeurden (22)	Ti al Lannec
La Trinité-sur-Mer (56)	Le Lodge Kerisper
Le Tronchet (35)	L'Abbaye

CENTRE-VAL DE LOIRE

Amboise (37)	Au Charme Rabelaisien
Amboise (37)	Château de Pray

Amboise/ Saint-Règle (37)	Château des Arpentis
Aubigny-sur-Nère (18)	La Grange des Cardeux
Azay-le-Rideau (37)	Hôtel de Biencourt
Les Bézards (45)	Auberge des Templiers
Chambord (41)	Relais de Chambord
Chartres (28)	Le Grand Monarque
Chenonceaux (37)	Auberge du Bon Laboureur
Chinon/ Marçay (37)	Château de Marçay
Langeais/ Saint-Patrice (37)	Château de Rochecotte
Montbazon (37)	Domaine de la Tortinière
Onzain (41)	Domaine des Hauts de Loire
Orléans (45)	Empreinte
Tours/ Rochecorbon (37)	Les Hautes Roches

CORSE

Ajaccio (2A)	Les Mouettes
Ajaccio (2A)	Le Week End
Bonifacio (2A)	Genovese
Bonifacio (2A)	U Capu Biancu
Bonifacio (2A)	Version Maquis Citadelle
Bonifacio (2A)	Version Maquis Santa Manza
Cagnano (2B)	Misincu
Calvi (2B)	La Signoria
Calvi (2B)	La Villa
Corte/ Gorges-de-la Restonica (2B)	Dominique Colonna
Erbalunga (2B)	Castel Brando
L'Île-Rousse/ Monticello (2B)	A Piattatella
L'Île-Rousse/ Monticello (2B)	Minera
Oletta (2B)	La Dimora
Oletta (2B)	U Palazzu Serenu
Porto-Vecchio (2A)	Les Bergeries de Palombaggia
Porto-Vecchio (2A)	Casadelmar
Porto-Vecchio (2A)	Don Cesar
Porto-Vecchio/ Cala Rossa (2A)	Grand Hôtel de Cala Rossa
Porto-Vecchio/ Presq'île de Benedettu (2A)	La Plage Casadelmar
Propriano (2A)	Miramar Boutique Hôtel

GRAND-EST

Baerenthal/ Untermuhlthal (57)	L'Arnsbourg
Barr (67)	5 Terres Hôtel & Spa
Champillon (51)	Royal Champagne
Colmar (68)	Hostellerie Le Maréchal
Colmar (68)	La Maison des Têtes
Colombey-les-Deux-Églises (52)	Hostellerie la Montagne
Colroy-la-Roche (67)	Hostellerie La Cheneaudière
Épernay (51)	Hôtel Jean Moët
Épernay (51)	La Villa Eugène

Ville	Hôtel
Épernay/ Avize (51)	Les Avisés
Épernay/ Vinay (51)	Hostellerie La Briqueterie
Fouday (67)	Julien
Fréland (68)	La Pierre d'Eau
Gérardmer (88)	Le Manoir au Lac
Gérardmer/ Bas-Rupts (88)	Les Bas-Rupts
Gundershoffen (67)	Le Moulin
Illhaeusern (68)	Hôtel des Berges
Jungholtz (68)	Les Violettes
Kaysersberg (68)	Chambard
Lunéville (54)	Château d'Adoménil
Lunéville (54)	Domaine de Stanislas
Mulhouse (68)	Peonia at Home
Mulhouse (68)	Villa Éden
Nancy (54)	Hôtel d'Haussonville
Nancy (54)	Maison de Myon
Obernai (67)	Le Parc
Obernai/ Ottrott (67)	Hostellerie des Châteaux
Reims (51)	Assiette Champenoise
Reims (51)	Domaine Les Crayères
Reims/ Rilly-la-Montagne (51)	Les Bulles Dorées
Reims/ Vrigny (51)	Le Clos des Terres Soudées
Revigny-sur-Ornain (55)	La Maison Forte
Ribeauvillé (68)	Le Clos St-Vincent
Les Riceys (10)	Marius
Riquewihr (68)	Le B. Suites
Saint-Louis (68)	La Villa K
Sierck-les-Bains/ Montenach (57)	Le Domaine de la Klauss
Strasbourg (67)	Le Bouclier d'Or
Strasbourg (67)	Cour du Corbeau
Strasbourg (67)	Hannong
Strasbourg (67)	Les Haras
Strasbourg (67)	Régent Petite France & Spa
Troyes (10)	Le Jardin de la Cathédrale
Troyes (10)	La Maison de Rhodes
Villiers-sur-Marne (52)	La Source Bleue
Wingen-sur-Moder (67)	Château Hochberg

HAUTS-DE-FRANCE

Ville	Hôtel
Arras (62)	Hôtel Particulier
Béthune/ Busnes (62)	Le Château de Beaulieu
Boulogne-sur-Mer (62)	La Matelote
Chantilly (60)	Auberge du Jeu de Paume
La Chapelle-en-Serval (60)	Mont Royal
Courcelles-sur-Vesle (02)	Château de Courcelles
Fère-en-Tardenois (02)	Château de Fère
Hardelot-Plage (62)	Les Jardins d'Hardelot
Lille (59)	Clarance
Lille (59)	L'Hermitage Gantois
Lumbres (62)	Hôtel du Golf
Montreuil (62)	Château de Montreuil

Montreuil/ La Madelaine-sous-Montreuil (62) La Grenouillère
Neuville-Bosc (60) Le Clos des Vignes
Omiécourt (80) Château d'Omiécourt
Saint-Omer/ Tilques (62) Château Tilques
Saint-Valery-sur-Somme (80) Le Castel
Saint-Valery-sur-Somme (80) Les Corderies
Sainte-Preuve (02) Domaine de Barive
Sainte-Preuve (02) Le Prieuré
Souchez (62) Le Domaine des Loups
Le Touquet-Paris-Plage (62) Le Westminster - Barrière
Tourcoing (59) Villa Paula
Valenciennes (59) Le Grand Duc
Valenciennes (59) Royal Hainaut

ÎLE-DE-FRANCE

L'Isle-Adam (95) La Villa de l'Écluse
Paris 1er Le Burgundy
Paris 1er Costes
Paris 1er Hôtel du Louvre
Paris 1er Mandarin Oriental
Paris 1er Le Meurice
Paris 1er Nolinski
Paris 1er Ritz
Paris 1er Le Roch
Paris 1er Thérèse
Paris 2e Hôtel des Grands Boulevards
Paris 2e The Hoxton
Paris 2e Park Hyatt Paris-Vendôme
Paris 2e St-Marc
Paris 3e Jules et Jim
Paris 3e Pavillon de la Reine
Paris 3e Le Petit Moulin
Paris 3e Sinner
Paris 4e Hôtel de Jobo
Paris 5e Atmosphères
Paris 5e Les Dames du Panthéon
Paris 5e Monge
Paris 6e La Belle Juliette
Paris 6e L'Hôtel
Paris 6e Hôtel d'Aubusson
Paris 6e Lutetia
Paris 6e Récamier
Paris 6e Relais Christine
Paris 7e Le Bellechasse
Paris 7e Le Cinq Codet
Paris 7e Juliana
Paris 7e Le Narcisse Blanc
Paris 7e Le Saint
Paris 7e Thoumieux
Paris 8e Le Bristol
Paris 8e Chavanel

Paris 8e	Crillon
Paris 8e	Le Damantin
Paris 8e	Fouquet's Barrière
Paris 8e	Four Seasons George V
Paris 8e	Grand Powers
Paris 8e	Hôtel de Sers
Paris 8e	L'Hôtel Fauchon
Paris 8e	Les Jardins du Faubourg
Paris 8e	Marquis Faubourg Saint-Honoré
Paris 8e	Le Pavillon des Lettres
Paris 8e	Plaza Athénée
Paris 8e	Prince de Galles
Paris 8e	La Réserve
Paris 8e	Le Royal Monceau
Paris 8e	Splendide Royal
Paris 8e	Vernet
Paris 9e	Adèle & Jules
Paris 9e	Athénée
Paris 9e	The Chess Hotel
Paris 9e	Hôtel de Nell
Paris 9e	Parister
Paris 10e	Providence
Paris 11e	Bastille Boutet
Paris 11e	Fabric
Paris 11e	Maison Bréguet
Paris 13e	Henriette
Paris 14e	Niepce
Paris 15e	Ares
Paris 15e	Platine
Paris 16e	Brach
Paris 16e	Molitor
Paris 16e	The Peninsula
Paris 16e	Raphael
Paris 16e	Saint James Paris
Paris 16e	Shangri-La
Paris 17e	B Montmartre
Paris 17e	Hidden
Paris 17e	Regent's Garden
Paris 18e	L'Hôtel Particulier Montmartre
Paris 18e	Terrass' Hôtel
Provins (77)	Demeure des Vieux Bains
Saint-Germain-en-Laye (78)	Pavillon Henri IV
Le Tremblay-sur-Mauldre (78)	Les Chambres du Numéro 3
Versailles (78)	Trianon Palace
Ville-d'Avray (92)	Les Étangs de Corot

NORMANDIE

Bagnoles-de-l'Orne (61)	Le Manoir du Lys
Barneville-Carteret/ Carteret (50)	La Marine
Bayeux (14)	Château de Sully
Bayeux (14)	Tardif Noble Guesthouse
Bayeux (14)	Villa Lara

Bayeux/ Audrieu (14)	Château d'Audrieu
Connelles (27)	Le Moulin de Connelles
Crépon (14)	Ferme de la Rançonnière
Deauville (14)	Manoir de Benerville
Deauville (14)	Normandy Barrière
Deauville (14)	Royal Barrière
Étretat (76)	Dormy House
Fleury-sur-Andelle (27)	Château de Bonnemare
Le Havre (76)	Vent d'Ouest
Honfleur (14)	La Chaumière
Honfleur (14)	L'Écrin
Honfleur (14)	La Ferme Saint-Siméon
Honfleur (14)	La Maison de Lucie
Honfleur (14)	Les Maisons de Léa
Honfleur/ Barneville-la-Bertran (14)	Auberge de la Source
Lyons-la-Forêt (27)	La Licorne
La Pommeraye (14)	Château de la Pommeraye
Port-en-Bessin (14)	La Chenevière
Rouen (76)	Hôtel de Bourgtheroulde
Saint-Jouin-Bruneval (76)	Les Pins de César
Surville (27)	Manoir de Surville
Trouville-sur-Mer (14)	Les Cures Marines
Urville-Nacqueville (50)	Le Landemer
Vergoncey (50)	Château de Boucéel
Verneuil-sur-Avre (27)	Le Clos

NOUVELLE-AQUITAINE

Agen/ Pont-du-Casse (47)	Château de Cambes
Bassin d'Arcachon/ Arcachon (33)	Villa Lamartine
Bassin d'Arcachon/ Arcachon (33)	Ville d'Hiver
Bassin d'Arcachon/ Pyla-sur-Mer (33)	La Co(o)rniche
Bassin d'Arcachon/ Pyla-sur-Mer (33)	La Guitoune
Bassin d'Arcachon/ Pyla-sur-Mer (33)	Ha(a)ïtza
Bergerac/ Saint-Nexans (24)	La Chartreuse du Bignac
Biarritz (64)	Beaumanoir
Biarritz (64)	Hôtel de Silhouette
Biarritz (64)	Hôtel du Palais
Biarritz (64)	Le Regina
Bidarray (64)	Ostapé
Bidart (64)	Hostellerie des Frères Ibarboure
Biscarrosse/ Biscarrosse-Plage (40)	Grand Hôtel de la Plage
Blaye (33)	Clos Réaud de la Citadelle
Bordeaux (33)	Le Clos d'Émile
Bordeaux (33)	Hôtel Cardinal
Bordeaux (33)	Hôtel des Quinconces
Bordeaux (33)	InterContinental - Le Grand Hôtel
Bordeaux (33)	Le Palais Gallien
Bordeaux (33)	Yndo
Bordeaux/ Bouliac (33)	Le Saint-James
Bordeaux/ Martillac (33)	Château Le Thil

Bordeaux/ Martillac (33)	Les Sources de Caudalie
Brantôme (24)	Le Moulin de l'Abbaye
Brantôme (24)	Moulin de Vigonac
Brantôme/ Champagnac-de-Belair (24)	Le Moulin du Roc
Brive-la-Gaillarde/ Lissac-sur-Couze (19)	Château de Lissac
Carsac-Aillac (24)	La Villa Romaine
Casteljaloux (47)	Clos Castel
Châtelaillon-Plage (17)	La Grande Terrasse Mgallery
Cognac (16)	Chais Monnet
Dissay (86)	Château de Dissay
Dolus-d'Oléron/ La Remigeasse (17)	Le Grand Large
Domme (24)	1 Logis à Domme
Eugénie-les-Bains (40)	La Maison Rose
Eugénie-les-Bains (40)	Les Prés d'Eugénie
Hossegor (40)	Villa Seren
Hossegor/ Saubion (40)	Les Échasses
Jarnac (16)	Ligaro
Latillé (86)	La Gentilhommière
Limoges/ Saint-Martin-du-Fault (87)	Chapelle Saint-Martin
Lugon-et-l'Île-du-Carnay (33)	Manoir d'Astrée
Magescq (40)	Relais de la Poste
Margaux/ Labarde (33)	Château Giscours
Marquay (24)	Maison de Marquay
Massignac (16)	Le Domaine des Étangs
Mirambeau (17)	Château de Mirambeau
Monestier (24)	Château des Vigiers
Monpazier (24)	Edward 1er
Montignac (24)	Hôtel de Bouilhac
Moulon (33)	5 Lasserre
Pauillac (33)	Château Cordeillan-Bages
Périgueux/ Annesse-et-Beaulieu (24)	Château de Lalande
Puymirol (47)	Michel Trama
La Rochelle (17)	Entre Hôtes
Rouillac (16)	Villa A
Saint-Coutant-le-Grand (17)	Logis du Péré
Saint-Émilion (33)	Château Grand Barrail
Saint-Émilion (33)	Clos de la Barbanne
Saint-Émilion (33)	Hostellerie de Plaisance
Saint-Émilion (33)	Logis de la Cadène
Saint-Estèphe (33)	La Maison d'Estournel
Saint-Étienne-de-Baïgorry (64)	Hôtel Arcé
Saint-Front-de-Pradoux (24)	Château la Thuilière
Saint-Jean-de-Luz (64)	Grand Hôtel Thalasso & Spa
Saint-Martin-de-Ré (17)	La Baronnie Hôtel & Spa
Saint-Martin-de-Ré (17)	Clos St-Martin
Saint-Martin-de-Ré (17)	Hôtel de Toiras et Villa Clarisse
Saint-Quentin-de-Caplong (33)	La Girarde
Sare (64)	Arraya
Sauternes (33)	La Sauternaise
Sauternes/ Bommes (33)	Château Lafaurie-Peyraguey
Trémolat (24)	Le Vieux Logis

Uzerche (19)	Joyet de Maubec
Villeneuve-sur-Lot/ Saint-Sylvestre-sur-Lot (47)	Le Stelsia

OCCITANIE

Aigues-Mortes (30)	Les Remparts
Aigues-Mortes (30)	Villa Mazarin
Albi (81)	Alchimy
Albi (81)	L'Autre Rives
Albi (81)	La Réserve
Alès/ Saint-Hilaire-de-Brethmas (30)	Comptoir St-Hilaire
Argelès-sur-Mer (66)	Château Valmy
Bagnols-sur-Cèze (30)	Château de Montcaud
Barbotan-les-Thermes (32)	La Bastide en Gascogne
Baron (30)	La Maison d'Ulysse
Bélesta (66)	Riberach
Béziers (34)	L'Hôtel Particulier
Cahors/ Mercuès (46)	Château de Mercuès
Cahuzac-sur-Vère (81)	Château de Salettes
Camon (09)	L'Abbaye-Château de Camon
Carcassonne (11)	Domaine d'Auriac
Carcassonne (11)	Hôtel de La Cité
Carcassonne (11)	Hôtel du Château
Carcassonne (11)	Pont Levis Hôtel - Franck Putelat
Conques (12)	Hervé Busset
Cuzance (46)	Manoir de Malagorse
Gaillac (81)	Domaine de Perches
La Malène (48)	Château de la Caze
Lacave (46)	Château de la Treyne
Lacave (46)	Pont de l'Ouysse
Lectoure (32)	Hôtel Particulier Guilhon
Marciac (32)	La Villa Toscane
Marseillan (34)	Le Domaine Tarbouriech
Marsolan (32)	Lous Grits
Mazamet (81)	La Villa de Mazamet
Mende (48)	Hôtel de France
Molitg-les-Bains (66)	Château de Riell
Molitg-les-Bains (66)	Le Grand Hôtel
Montcuq (46)	Four
Montpellier (34)	Baudon de Mauny
Montpellier/Lavérune (34)	Domaine de Biar
Montpellier/ Castelnau-le-Lez (34)	Domaine de Verchant
Najac (12)	Château de Longcol
Nîmes (30)	Jardins Secrets
Nîmes/ Garons (30)	Le Mas de l'Espérance
Palavas-les-Flots (34)	Plage Palace
Pont-du-Gard/ Castillon-du-Gard (30)	Le Vieux Castillon
Pont-du-Gard/ Vers-Pont-du-Gard (30)	La Bégude Saint-Pierre
Puylaurens (81)	Cap de Castel
Rodez/ Onet-le-Château (12)	Château de Canac

Rodez/ Onet-le-Château Village (12)	Château de Labro
Saint-Chély-d'Apcher/ La Garde (48)	Château d'Orfeuillette
Saint-Cirq-Lapopie/ Tour-de-Faure (46)	Le Saint-Cirq
Saint-Cyprien (66)	L'Île de la Lagune
Saint-Geniez-d'Olt (12)	Château de la Falque
Terraube (32)	Maison Ardure
Toulouse (31)	La Cour des Consuls Hôtel & Spa
Toulouse (31)	Le Grand Balcon
Uzès (30)	La Maison d'Uzès
Uzès/ Montaren-et-Saint-Médiers (31)	Domaine de Fos
Villefranche-de-Rouergue (12)	Les Fleurines
Villeneuve-lès-Avignon (30)	Le Prieuré
Villeneuve-lès-Avignon (30)	La Suite
Villesèque-des-Corbières (11)	Château Haut Gléon

PAYS DE LA LOIRE

Alençon/ Saint-Paterne (72)	Château de Saint-Paterne
Angers (49)	21 Foch
Angers/ Briollay (49)	Château de Noirieux
La Baule (44)	L'Hermitage Barrière
Beaulieu-sur-Layon (49)	Château Soucherie
Chambretaud (85)	Château du Boisniard
Chênehutte-Trèves (49)	Château Le Prieuré
Le Croisic (44)	Le Fort de l'Océan
La Flèche (72)	Le Gentleman
Fontevraud-l'Abbaye (49)	Fontevraud L'Hôtel
L'Herbaudière (85)	La Maison Moizeau
Nantes (44)	Sozo
Noirmoutier-en-l'Île (85)	Général d'Elbée
La Plaine-sur-Mer (44)	Anne de Bretagne
Pornichet (44)	Château des Tourelles
Les Sables-d'Olonne (85)	Côte Ouest Thalasso & Spa
Saint-Calais (72)	Château de la Barre
Saint-Joachim (44)	La Mare aux Oiseaux
Saint-Michel-Mont-Mercure (85)	Château de la Flocellière
Saint-Sulpice-le-Verdon (85)	Thierry Drapeau
Saumur (49)	Château de Verrières

PRINCIPAUTÉ DE MONACO

Monte-Carlo	Hermitage
Monte-Carlo	Hôtel de Paris
Monte-Carlo	Métropole
Monte-Carlo	Monte Carlo Bay Hotel and Resort
Monte-Carlo-Beach	Monte-Carlo Beach

PROVENCE-ALPES-CÔTE D'AZUR

Aix-en-Provence (13)	Château de la Gaude
Aix-en-Provence (13)	Le Pigonnet

Aix-en-Provence (13)	Villa Gallici
Aix-en-Provence/ Le Puy-Sainte-Réparade (13)	Château de Fonscolombe
Aix-en-Provence/ Le Puy-Sainte-Réparade (13)	Villa La Coste & Spa
Aix-en-Provence/ Le Tholonet (13)	Les Lodges Sainte-Victoire
Antibes/ Cap d'Antibes (06)	Cap d'Antibes Beach Hôtel
Antibes/ Cap d'Antibes (06)	Hôtel du Cap-Eden-Roc
Antibes/ Cap d'Antibes (06)	Impérial Garoupe
Arles (13)	L'Arlatan
Arles (13)	Cloître
Arles (13)	L'Hôtel Particulier
Arles/ Le Sambuc (13)	Le Mas de Peint
Avignon (84)	La Divine Comédie
Avignon (84)	La Mirande
Bandol (83)	Île Rousse - Thalazur
Les Baux-de-Provence (13)	Baumanière
Les Baux-de-Provence (13)	Benvengudo
Les Baux-de-Provence (13)	Domaine de Manville
Beaulieu-sur-Mer (06)	La Réserve de Beaulieu & Spa
Bonnieux (84)	La Bastide de Capelongue
La Cadière-d'Azur (83)	Hostellerie Bérard & Spa
Cagnes-sur-Mer/ Haut-de-Cagnes (06)	Château Le Cagnard
Callas (83)	Hostellerie Les Gorges de Pennafort
Cannes (06)	Five Seas
Cannes (06)	Majestic Barrière
Cannes (06)	Martinez
Carpentras/ Mazan (84)	Château de Mazan
Cassis (13)	Les Roches Blanches
Le Castellet/ Circuit Paul Ricard (83)	Hôtel & Spa du Castellet
Cavalière (83)	Le Club de Cavalière & Spa
La Celle (83)	Hostellerie de l'Abbaye de la Celle
Château-Arnoux-Saint-Auban (04)	La Bonne Étape
Châteauneuf-Villevieille (06)	La Parare
La Colle-sur-Loup (06)	Alain Llorca
Crillon-le-Brave (84)	Crillon le Brave
La Croix-Valmer/ Gigaro (83)	Château de Valmer
La Croix-Valmer/ Gigaro (83)	Lily of The Valley
La Croix-Valmer/ Gigaro (83)	La Pinède-Plage
Cucuron (84)	Le Pavillon de Galon
Èze (06)	Château de la Chèvre d'Or
Èze (06)	Château Eza
Èze (06)	Les Terrasses d'Eze
Èze-Bord-de-Mer (06)	Cap Estel
Forcalquier (04)	Auberge Charembeau
Forcalquier (04)	La Bastide Saint Georges
Forcalquier/ Mane (04)	Le Couvent des Minimes & Spa
Fuveau (13)	Domaine Rampale
Gargas (84)	Coquillade - Provence Village
Gordes (84)	La Bastide de Gordes

Gordes (84)	Les Bories & Spa
Gordes (84)	Ferme Oléicole Les Callis
Grasse (06)	La Bastide St-Antoine
Ile de Porquerolles (83)	Le Mas du Langoustier
L'Isle-sur-la-Sorgue (84)	Grand Hôtel Henri
L'Isle-sur-la-Sorgue (84)	La Maison sur la Sorgue
Joucas (84)	Hostellerie Le Phébus & Spa
Joucas (84)	Le Mas des Herbes Blanches
Juan-les-Pins (06)	Belles Rives
Juan-les-Pins (06)	Juana
Juan-les-Pins (06)	Mademoiselle
Juan-les-Pins (06)	La Villa Cap d'Antibes
Lauris (84)	Domaine de Fontenille
Lorgues (83)	Château de Berne
Marseille (13)	Les Bords de Mer
Marseille (13)	C2
Marseille (13)	Grand Hôtel Beauvau
Marseille (13)	Intercontinental-Hôtel Dieu
Marseille (13)	Le Petit Nice
Maussane-les-Alpilles/ Paradou (13)	B design & Spa
Maussane-les-Alpilles/ Paradou (13)	Hameau des Baux
Ménerbes (84)	La Bastide de Marie
Mougins (06)	Le Mas Candille
Moustiers-Sainte-Marie (04)	La Bastide de Moustiers
Nice (06)	Boscolo Exedra
Nice (06)	Le Negresco
Nice (06)	La Pérouse
Orgon (13)	Le Mas de la Rose
Orres (05)	Cimes
Ramatuelle (83)	La Réserve Ramatuelle
Rayol-Canadel-sur-Mer (83)	Le Bailli de Suffren
Le Rouret (06)	Hôtel du Clos
Saint-Jean-Cap-Ferrat (06)	Grand Hôtel du Cap Ferrat
Saint-Jean-Cap-Ferrat (06)	Royal Riviera
Saint-Paul-de-Vence (06)	Le Saint-Paul
Saint-Raphaël (83)	Les Roches Rouges
Saint-Raphaël (83)	Le Touring
Saint-Raphaël/ Boulouris (83)	La Villa Mauresque
Saint-Rémy-de-Provence (13)	Le Château des Alpilles
Saint-Rémy-de-Provence (13)	Hôtel de Tourrel
Saint-Saturnin-lès-Apt (84)	Domaine des Andéols
Saint-Tropez (83)	La Bastide de St-Tropez
Saint-Tropez (83)	Byblos
Saint-Tropez (83)	Château de la Messardière
Saint-Tropez (83)	Cheval Blanc St-Tropez
Saint-Tropez (83)	La Ferme d'Augustin
Saint-Tropez (83)	Hôtel de Paris Saint-Tropez
Saint-Tropez (83)	Pan Deï Palais
Saint-Tropez (83)	Sezz
Saint-Tropez (83)	Villa Belrose

Saint-Tropez (83)	Le Yaca
Sainte-Maxime (83)	Royal Bon Repos
Seillans (83)	Hôtel des Deux Rocs
Serre-Chevalier/ Chantemerle (05)	Grand Hôtel
Théoule-sur-Mer/ Miramar (06)	Tiara Miramar Beach Hotel & Spa
Théoule-sur-Mer/ Miramar (06)	Tiara Yaktsa
Tourrettes (83)	Terre Blanche
Tourrettes-sur-Loup (06)	Les 4 Éléments
Tourtour (83)	La Bastide de Tourtour
Uchaux (84)	Château de Massillan
Vence (06)	Château Saint-Martin & Spa
Vence (06)	La Maison du Frêne

LES HÔTELS AVEC SPA

AUVERGNE-RHÔNE-ALPES

Aix-les-Bains (73) Golden Tulip
Alpe-d'Huez (38) Au Chamois d'Or
Alpe-d'Huez (38) Daria-I Nor
Alpe-d'Huez (38) Les Grandes Rousses
Alpe-d'Huez (38) Le Pic Blanc
Alpe-d'Huez (38) Royal Ours Blanc
Annecy (74) L'Impérial Palace
Annecy (74) Les Trésoms
Annecy/ Sévrier (74) Black Bass
Les Arcs/ Arc 2000 (73) Taj-I Mah
Avoriaz (74) Les Dromonts
Bagnols (69) Château de Bagnols
Chamonix-Mont-Blanc (74) Hameau Albert 1er
Chamonix-Mont-Blanc (74) L'Héliopic
Chamonix-Mont-Blanc (74) Mont-Blanc
Châtel (74) Macchi
La Clusaz (74) Au Cœur du Village
La Clusaz (74) St-Alban
Courchevel/ Courchevel 1850 (73) Les Airelles
Courchevel/ Courchevel 1850 (73) Aman Le Mélézin
Courchevel/ Courchevel 1850 (73) Annapurna
Courchevel/ Courchevel 1850 (73) L'Apogée
Courchevel/ Courchevel 1850 (73) Le Chabichou
Courchevel/ Courchevel 1850 (73) Cheval Blanc
Courchevel/ Courchevel 1850 (73) Le K2
Courchevel/ Courchevel 1850 (73) Le K2 Altitude
Courchevel/ Courchevel 1850 (73) Les Neiges
Courchevel/ Courchevel 1850 (73) La Sivolière
Courchevel/ Courchevel 1850 (73) Le Strato
Crozet (01) Jiva Hill Resort
Les Deux-Alpes (38) Chalet Mounier
Évian-les-Bains (74) Ermitage
Évian-les-Bains (74) Hilton
Évian-les-Bains (74) Royal
Flaine (74) Terminal Neige Totem
Les Gets (74) Crychar
La Rosière-1850 (73) Hyatt Centric La Rosière
Lyon/ Charbonnières-les-Bains (69) Le Pavillon de la Rotonde
Manigod (74) La Maison des Bois - Marc Veyrat
Megève (74) Alpaga
Megève (74) Chalet du Mont d'Arbois
Megève (74) Le Chalet Zannier
Megève (74) Cœur de Megève
Megève (74) Les Fermes de Marie

Megève (74)	Four Seasons Megève
Megève (74)	Lodge Park
Megève (74)	Mont-Blanc
Megève/ Leutaz (74)	Flocons de Sel
Les Menuires (73)	Chalet Hôtel Kaya
Méribel (73)	Allodis
Méribel (73)	Le Grand Cœur & Spa
Méribel (73)	L'Hélios
Méribel (73)	Le Kaïla
Montluçon (03)	Château Saint-Jean
La Plagne/ Plagne-Bellecôte (73)	Araucaria
La Plagne/ Plagne-Bellecôte (73)	Carlina
Roanne/ Villerest (42)	Château de Champlong
La Rosière-1850 (73)	Hyatt Centric La Rosière
Saint-Galmier (42)	La Charpinière
Saint-Gervais-les-Bains (74)	L'Armancette
Saint-Martin-de-Belleville (73)	La Bouitte
Salers (15)	Le Bailliage
Tignes (73)	Les Suites du Montana
Tignes/ Val Claret (73)	Maison Bouvier - Les Suites
Uriage-les-Bains (38)	Grand Hôtel & Spa
Val-d'Isère (73)	L'Aigle des Neiges
Val-d'Isère (73)	Avenue Lodge
Val-d'Isère (73)	Les Barmes de l'Ours
Val-d'Isère (73)	Le Blizzard
Val-d'Isère (73)	Le Tsanteleina
Val-d'Isère (73)	Le Yule
Val-Thorens (73)	Altapura
Val-Thorens (73)	Fitz Roy
Val-Thorens (73)	Koh-I Nor
Val-Thorens (73)	Pashmina
Vignieu (38)	Château de Chapeau Cornu
Vonnas (01)	Georges Blanc
Yvoire (74)	Villa Cécile

BOURGOGNE-FRANCHE-COMTÉ

Beaune (21)	Le Cep
Besançon/ Geneuille (25)	Château de la Dame Blanche
Bonnétage (25)	L'Étang du Moulin
Courban (21)	Château de Courban
Dijon (21)	Grand Hôtel La Cloche
Joigny (89)	La Côte Saint-Jacques
Saulieu (21)	Le Relais Bernard Loiseau

BRETAGNE

Arzon/ Port du Crouesty (56)	Miramar la Cigale
Billiers (56)	Domaine de Rochevilaine
Cancale (35)	La Ferme du Vent
Le Conquet (29)	Sainte-Barbe
Dinard (35)	Novotel Thalassa

La Gacilly (56)	Grée des Landes
Locquirec (29)	Le Grand Hôtel des Bains
Paimpol/ Ploubazlanec (22)	Les Terrasses de Bréhat
Perros-Guirec (22)	L'Agapa
Plouider (29)	La Butte
Port-Goulphar (56)	Castel Clara Thalasso & Spa
Quiberon (56)	Sofitel Diététique
Quiberon (56)	Sofitel Thalassa
Rennes (35)	Balthazar Hôtel & Spa
Rennes (35)	Le Saint-Antoine
Roscoff (29)	Le Brittany
Saint-Malo/ Paramé (35)	Grand Hôtel des Thermes
Trébeurden (22)	Ti al Lannec

CENTRE-VAL DE LOIRE

Amboise/ Saint-Ouen-les-Vignes (37)	L'Aubinière
Augerville-la-Rivière (45)	Château Golf & Spa d'Augerville
Chartres (28)	Le Grand Monarque
Chenonceaux (37)	Auberge du Bon Laboureur
Maintenon (28)	Castel Maintenon
Onzain (41)	Domaine des Hauts de Loire
Orléans (45)	Empreinte
Tours (37)	Océania L'Univers

CORSE

Cagnano (2B)	Misincu
Calvi (2B)	La Signoria
Calvi (2B)	La Villa
Porticcio (2A)	Sofitel Thalassa
Porto-Vecchio (2A)	Casadelmar
Porto-Vecchio (2A)	Don Cesar
Porto-Vecchio/ Cala Rossa (2A)	Grand Hôtel de Cala Rossa

GRAND-EST

Barr (67)	5 Terres Hôtel & Spa
Champillon (51)	Royal Champagne
Colroy-la-Roche (67)	Hostellerie La Cheneaudière
Ensisheim (68)	Le Domaine du Moulin
Épernay/ Vinay (51)	Hostellerie La Briqueterie
Étoges (51)	Le Château d'Étoges
Fouday (67)	Julien
Gérardmer (88)	Le Grand Hotel et Spa
Gérardmer/ Xonrupt-Longemer (88)	Les Jardins de Sophie
Illhaeusern (68)	Hôtel des Berges
Jungholtz (68)	Les Violettes
Kaysersberg (68)	Chambard
Lembach (67)	Auberge du Cheval Blanc

Morsbronn-les-Bains (67)	La Source des Sens
Obernai (67)	Le Parc
Obernai/ Ottrott (67)	Hostellerie des Châteaux
Riquewihr (68)	Le Schoenenbourg
Saint-Hippolyte (68)	Le Parc
Sierck-les-Bains/ Montenach (57)	Le Domaine de la Klauss
Strasbourg (67)	Le Bouclier d'Or
Strasbourg (67)	Régent Petite France & Spa
Strasbourg/ Ostwald (67)	Château de l'Ile

HAUTS-DE-FRANCE

Chantilly (60)	Auberge du Jeu de Paume
Fère-en-Tardenois (02)	Château de Fère
Lille (59)	L'Hermitage Gantois
Saint-Valery-sur-Somme (80)	Les Corderies
Sainte-Preuve (02)	Domaine de Barive
Le Touquet-Paris-Plage (62)	Le Westminster - Barrière
Valenciennes (59)	Royal Hainaut

ÎLE-DE-FRANCE

Barbizon (77)	Les Pléiades
Enghien-les-Bains (95)	Le Grand Hôtel
Paris 1er	Le Burgundy
Paris 1er	Maison Albar Paris Céline
Paris 1er	Mandarin Oriental
Paris 1er	Le Meurice
Paris 1er	Nolinski
Paris 1er	Ritz
Paris 1er	Le Roch
Paris 2e	Park Hyatt Paris-Vendôme
Paris 6e	Hôtel d'Aubusson
Paris 6e	Lutetia
Paris 6e	Relais Christine
Paris 7e	Le Narcisse Blanc
Paris 8e	Le Bristol
Paris 8e	Crillon
Paris 8e	Fouquet's Barrière
Paris 8e	Four Seasons George V
Paris 8e	Les Jardins du Faubourg
Paris 8e	Plaza Athénée
Paris 8e	La Réserve
Paris 8e	Le Royal Monceau
Paris 9e	Intercontinental Le Grand
Paris 11e	Bastille Boutet
Paris 16e	Molitor
Paris 16e	The Peninsula
Paris 16e	Shangri-La
à Presles (95)	Le Domaine des Vanneaux

Rolleboise (78)	Le Domaine de la Corniche
Versailles (78)	Trianon Palace
Ville-d'Avray (92)	Les Étangs de Corot

NORMANDIE

Deauville (14)	Manoir de Benerville
Deauville (14)	Normandy Barrière
Deauville (14)	Royal Barrière
Forges-les-Eaux (76)	Forges Hôtel
Honfleur (14)	La Ferme Saint-Siméon
Honfleur/ Cricquebœuf (14)	Manoir de la Poterie & Spa
Lyons-la-Forêt (27)	Le Grand Cerf
Lyons-la-Forêt (27)	La Licorne
Rouen (76)	Hôtel de Bourgtheroulde
Saint-Jouin-Bruneval (76)	Les Pins de César
Trouville-sur-Mer (14)	Les Cures Marines

NOUVELLE-AQUITAINE

Bassin d'Arcachon/ Pyla-sur-Mer (33)	Ha(a)ïtza
Biarritz (64)	Hôtel du Palais
Biarritz (64)	Le Regina
Bordeaux (33)	InterContinental - Le Grand Hôtel
Bordeaux/ Martillac (33)	Les Sources de Caudalie
Châtelaillon-Plage (17)	La Grande Terrasse Mgallery
Cognac (16)	Chais Monnet
Dax (40)	Le Splendid
Dissay (86)	Château de Dissay
Eugénie-les-Bains (40)	Les Prés d'Eugénie
Hossegor (40)	Les Hortensias du Lac
Hossegor (40)	Villa Seren
Magescq (40)	Relais de la Poste
Massignac (16)	Le Domaine des Étangs
Mirambeau (17)	Château de Mirambeau
Monestier (24)	Château des Vigiers
Pau (64)	Parc Beaumont
Saint-Émilion (33)	Château Grand Barrail
Saint-Jean-de-Luz (64)	Grand Hôtel Thalasso & Spa
Saint-Martin-de-Ré (17)	La Baronnie Hôtel & Spa
Saint-Martin-de-Ré (17)	Clos St-Martin
Sainte-Marie-de-Ré (17)	Atalante
Villeneuve-sur-Lot/ Saint-Sylvestre-sur-Lot (47)	Le Stelsia

OCCITANIE

Aumont-Aubrac (48)	Chez Camillou
Barbotan-les-Thermes (32)	La Bastide en Gascogne
Cahuzac-sur-Vère (81)	Château de Salettes
Carcassonne (11)	Hôtel de La Cité
Carcassonne (11)	Hôtel du Château

Marseillan (34) Le Domaine Tarbouriech
Marsolan (32) Lous Grits
Molitg-les-Bains (66) Le Grand Hôtel
Montpellier/ Castelnau-le-Lez (34) Domaine de Verchant
Nîmes (30) Maison Albar L'Imperator
Palavas-les-Flots (34) Plage Palace
Pont-du-Gard/ Castillon-du-Gard (30) Le Vieux Castillon
Saint-Cirq-Lapopie/ Tour-de-Faure (46) Le Saint-Cirq
Saint-Cyprien (66) L'Île de la Lagune
Saint-Geniez-d'Olt (12) Château de la Falque
Uzès (30) La Maison d'Uzès

PAYS DE LA LOIRE

La Baule (44) L'Hermitage Barrière
La Baule (44) Le Royal La Baule
Chambretaud (85) Château du Boisniard
Noirmoutier-en-l'Île (85) Général d'Elbée
Pornichet (44) Château des Tourelles
Les Sables-d'Olonne (85) Côte Ouest Thalasso & Spa

PRINCIPAUTÉ DE MONACO

Monte-Carlo Hermitage
Monte-Carlo Hôtel de Paris
Monte-Carlo Métropole
Monte-Carlo Monte Carlo Bay Hotel and Resort
Monte-Carlo-Beach Monte-Carlo Beach

PROVENCE-ALPES-CÔTE D'AZUR

Aix-en-Provence (13) Villa Gallici
Aix-en-Provence/ Le Puy-Sainte-Réparade (13) Villa La Coste & Spa
Aix-en-Provence/ Le Tholonet (13) Les Lodges Sainte-Victoire
Antibes/ Cap d'Antibes (06) Hôtel du Cap-Eden-Roc
Arles (13) Jules César
Les Baux-de-Provence (13) Baumanière
Les Baux-de-Provence (13) Domaine de Manville
Beaulieu-sur-Mer (06) La Réserve de Beaulieu & Spa
Bonnieux (84) La Bastide de Capelongue
La Cadière-d'Azur (83) Hostellerie Bérard & Spa
Cannes (06) Five Seas
Cannes (06) Majestic Barrière
Cannes (06) Martinez
Cannes (06) Radisson Blu 1835 Hotel & Thalasso
Le Castellet/ Circuit Paul Ricard (83) Hôtel & Spa du Castellet
Cavalière (83) Le Club de Cavalière & Spa
La Croix-Valmer/ Gigaro (83) Château de Valmer

La Croix-Valmer/ Gigaro (83)	Lily of The Valley
Èze (06)	Les Terrasses d'Eze
Èze-Bord-de-Mer (06)	Cap Estel
Forcalquier (04)	La Bastide Saint Georges
Forcalquier/ Mane (04)	Le Couvent des Minimes & Spa
Gargas (84)	Coquillade - Provence Village
Gordes (84)	La Bastide de Gordes
Gordes (84)	Les Bories & Spa
Ile des Embiez (83)	Hélios
Joucas (84)	Hostellerie Le Phébus & Spa
Joucas (84)	Le Mas des Herbes Blanches
Lorgues (83)	Château de Berne
Marseille (13)	Les Bords de Mer
Marseille (13)	Intercontinental-Hôtel Dieu
Marseille (13)	nhow Marseille
Marseille (13)	Sofitel Vieux Port
Maussane-les-Alpilles/ Paradou (13)	B design & Spa
Montgenèvre (05)	Anova
Mougins (06)	Le Mas Candille
Nice (06)	Boscolo Exedra
La Palud-sur-Verdon (04)	Hôtel des Gorges du Verdon
Ramatuelle (83)	La Réserve Ramatuelle
Rayol-Canadel-sur-Mer (83)	Le Bailli de Suffren
Saint-Jean-Cap-Ferrat (06)	Grand Hôtel du Cap Ferrat
Saint-Paul-de-Vence (06)	La Vague de St-Paul
Saint-Raphaël (83)	Les Roches Rouges
Saint-Tropez (83)	Byblos
Saint-Tropez (83)	Château de la Messardière
Saint-Tropez (83)	Cheval Blanc St-Tropez
Saint-Tropez (83)	Hôtel de Paris Saint-Tropez
Saint-Tropez (83)	Sezz
Saint-Tropez (83)	Villa Marie
Saint-Véran (05)	L'Alta Peyra Hôtel & Spa
Saintes-Maries-de-la-Mer (13)	Mas de la Fouque
Sanary-sur-Mer (83)	Hostellerie La Farandole
Serre-Chevalier/ Chantemerle (05)	Grand Hôtel
Serre-Chevalier/ Le Monêtier-les-Bains (05)	Alliey
Serre-Chevalier/ Villeneuve-la-Salle (05)	Rock Noir & Spa
La Seyne-sur-Mer/ Les Sablettes (83)	Grand Hôtel des Sablettes-Plage
Théoule-sur-Mer/ Miramar (06)	Tiara Miramar Beach Hotel & Spa
Tourrettes (83)	Terre Blanche
Tourtour (83)	La Bastide de Tourtour
Vence (06)	Château Saint-Martin & Spa

Votre avis est essentiel pour améliorer nos produits.

Aidez-nous en répondant à notre questionnaire sur le site :

satisfaction.michelin.com

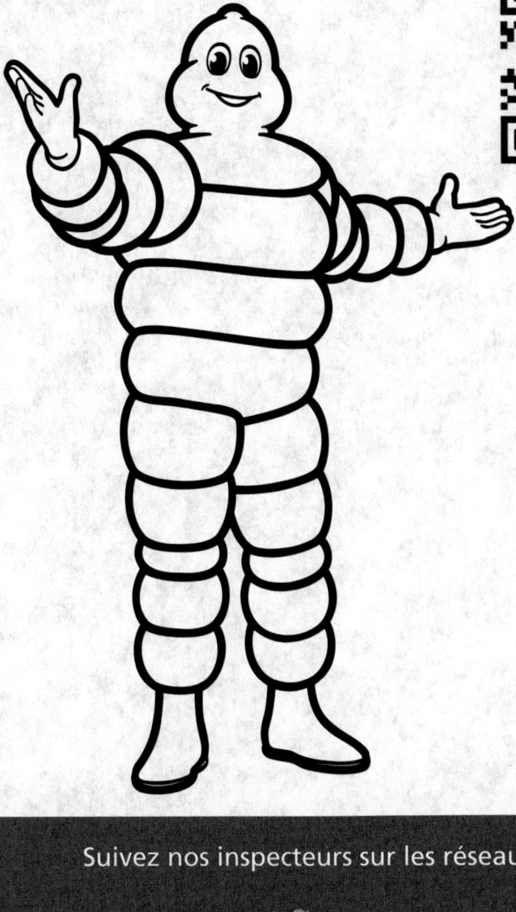

Suivez nos inspecteurs sur les réseaux sociaux :

 @guideMICHELINfr

 @guideMichelinFR

 michelinguide

Michelin Travel Partner
Société par actions simplifiée au capital de 15 044 940 €
27 cours de l'Ile Seguin - 92100 Boulogne -Billancourt (France)
R.C.S. Nanterre 433 677 721

Dépôt légal : 12-2019
Imprimé en Allemagne 12-2019
Sur du papier issu de forêts gérées durablement

Compogravure : JOUVE, Saran (France)

Imprimeur : GGP Media GmbH (Allemagne)

L'équipe éditoriale a apporté le plus grand soin à la rédaction de ce guide et à sa vérification. Toutefois, les informations pratiques (formalités administratives, prix, adresses, numéros de téléphone, adresses Internet...) doivent être considérées comme des indications du fait de l'évolution constante de ces données : il n'est pas totalement exclu que certaines d'entre elles ne soient plus, à la date de parution du guide, tout à fait exactes ou exhaustives. Avant d'entamer toutes démarches (formalités administratives et douanières notamment), vous êtes invités à vous renseigner auprès des organismes officiels. Ces informations ne sauraient de ce fait engager notre responsabilité.